ENCYCLOPÉDIE

MÉTHODIQUE,

OU

PAR ORDRE DE MATIERES;

PAR UNE SOCIÉTÉ DE GENS DE LETTRES, DE SAVANS ET D'ARTISTES;

Précédée d'un Vocabulaire univerſel, *ſervant de Table pour tout* l'Ouvrage, *ornée des Portraits de* MM. DIDEROT & D'ALEMBERT, *premiers Éditeurs de* l'Encyclopédie.

ENCYCLOPÉDIE
MÉTHODIQUE.

GÉOGRAPHIE-PHYSIQUE.

PAR M. DESMAREST.

TOME QUATRIÈME.

A PARIS,

Chez H. Agasse, Imprimeur-Libraire, rue des Poitevins, n°. 6.

M. DCCCXI.

EAU

EAU. Nous ne confidérerons ici l'*eau* que relativement aux grands effets qu'elle a produits &
qu'elle produit chaque jour par fa circulation. Quoi
de plus intéreffant que de voir ces maffes d'eau,
qui forment les nuées qui flottent dans l'air, &
qui retombent enfuite en pluies, en neiges, &c.
C'eft par cette circulation continuelle que l'*eau*
fert à la nourriture & à l'accroiffement des végétaux, à la formation, à l'entretien des fources &
des fontaines, des lacs, des rivières & des fleuves, & à la continuation de l'approfondiffement
des vallées.

De toutes les opérations naturelles que nous
connoiffons, aucune n'eft plus furprenante que
celle de la circulation de l'*eau*. La nature entière
en jouit, & ne fubfifte que par fes effets.

PREMIÈRE PARTIE.

EAUX PLUVIALES.

Prefque tous les auteurs fyftématiques ont oublié les effets des *eaux* pluviales qui ont circulé à
la furface de la Terre. Ils ont tellement pris en
affection les agens qu'ils ont créés en grande partie,
qu'ils les ont chargés de toutes les opérations régulières ou irrégulières, qui font vifiblement les
effets des *eaux* pluviales. Suivant ce fyftème, tout
s'explique bien plus fimplement par les *eaux* courantes, dont nous pouvons fuivre les effets, que
par des agens dont la marche & les opérations
font précaires.

Une fois que le travail des eaux pluviales, courantes à la fuperficie des continens, eft bien déterminé, qu'il eft bien diftingué de ce qu'a pu
faire l'*eau* de la mer en maffe, on peut tirer de
cette diftinction des conféquences très-inftructi-
ves, qui éclairent fur ce qui s'eft fait fous la mer,
& le diftingue de ce qui s'eft fait hors de la mer,
& ce qui exige néceffairement fon abfence & l'état
de Continent à fec. Toute vallée formée, fuivie
& creufée à la furface du fol d'un canton quelconque, eft due aux *eaux* courantes, fournies &
alimentées par les pluies.

L'eau en maffe, comme celle de la mer, occupant une grande fuperficie, peut faire des ravages, mais jamais elle ne peut creufer des vallées avec des bords parallèles, & qui aient des
formes telles que nous les voyons en parcourant
les vallons de toute efpèce. Ce travail de l'*eau*
courante eft fi important, qu'il me paroît devoir
occuper d'abord les obfervateurs qui commencent
l'étude d'un pays d'une certaine étendue. En appréciant bien ce travail, on rétablit tout dans

l'état où il étoit primitivement, & l'étude devient
bien plus facile au moyen de ces reftitutions.

§. Ier. *Circulation de l'eau pluviale dans les parties*
fuperficielles de la Terre.

Il importe beaucoup d'étudier toute la marche
de l'*eau* pluviale, qui, échappant à l'imbibition,
ou fe trouvant furabondante à l'imbibition, va
chercher les lits, où elle eft recueillie pour fervir
à l'entretien des fources. Cette étude n'a jamais
été faite ni même projetée par les phyficiens qui
fe font tant occupés de la queftion qui a pour objet
la manière dont les fources étoient entretenues.
Cette marche étant bien connue, on trouvera que
dans tous les cas il faut diftinguer la percolation
de l'*eau* pluviale & fa pénétration par les fentes
de toute efpèce d'imbibition.

Il ne refte plus aucun doute fur la manière dont
la nature exécute cet entretien des fources d'un
côté, fournit de l'autre à la nourriture des végétaux, & enfin aux différentes crues des rivières.
La première opération varie comme l'organifation
des parties fuperficielles du globe; la feconde
comme la nature des terres végétales ou des pierres
qui s'imbibent par l'*eau*, & la troifième comme
les pentes que rencontre l'*eau* torrentielle.

L'eau pluviale humecte certainement toutes les
terres végétales qui fe trouvent à la fuperficie du
globe, & elle les humecte plus ou moins, fuivant
la nature de ces terres. Cette partie de l'*eau* pluviale eft employée à la végétation des plantes tant
qu'elle y refte, ou bien eft repompée de nouveau
par l'évaporation de l'atmofphère. Au moyen de
cet emploi, cette portion d'*eau* ne peut pas être
comptée parmi celles qui fert à l'entretien &
l'augmentation des fources. Or, fuivant les expériences de M. de la Hire, l'*eau* employée par la
végétation ne peut être eftimée précifément.

Il y a des parties de la fuperficie de la Terre,
qui ne font pas couvertes de terre végétale: celles-
là ne s'humectent pas. L'*eau* coule fur ces parties,
& pénètre alors par les fentes multipliées qu'offre
la furface des couches de plufieurs fortes.

Outre cela, dans certaines pluies abondantes,
l'*eau* humecte peu les terres; elle court en fuivant
les pentes, ou elle pénètre par les iffues qu'elle
rencontre, ou bien parvient en maffe jufqu'aux
ruiffeaux & aux rivières.

On voit par-là que voici encore une quantité
confidérable de l'*eau* pluviale à fouftraire de celle
qui, pénétrant par les iffues & par les fentes, va
fe raffembler de toutes parts fur les lirs d'argile,

qui font dans l'intérieur des couches, ou bien par les fentes de dessiccation.

De cette considération générale il résulte que l'*eau* qui sert à l'entretien des sources, ne s'introduit point par l'imbibition des substances dont sont composées les couches superficielles du globe, mais par une pénétration en masse ou en filets qui saisissent les fentes perpendiculaires ou de dessiccation.

Je dois dire encore que cette marche de l'*eau* qui pénètre dans l'intérieur des terres par filets, est modifiée suivant l'organisation des parties superficielles du globe. Ainsi l'*eau* pluviale pénètre différemment les parties superficielles de l'ancienne terre, & les couches de la moyenne & de la nouvelle.

Cette facilité de pénétration doit varier infiniment, non-seulement de l'ancienne à la nouvelle terre, mais encore d'un massif de granit à l'autre, & dans ceux des schistes qui offrent une infinité de fentes de dessiccation, & qui n'offrent que de ces fentes. (*Voyez* ANCIENNE TERRE.)

Il en est de même de la moyenne terre, où il y a tant de ruptures & même tant de massifs les uns sur les autres. L'*eau* entre, pénètre & s'établit sur les fonds. Enfin, dans la nouvelle, il y a une infinité de variations; mais malgré cela il y a plus de régularité, parce que la marche de l'*eau* & ses résultats sont plus connus dans la moyenne terre, qui offre plus de moyens compliqués, & encore plus de l'ancienne terre, dont aucun physicien n'a jamais parlé.

§. II. *Circulation de l'eau dans les contrées granitiques anciennes de la France, & spécialement dans le Limousin.*

Le Taurion rassemble les eaux d'une grande superficie, tant par lui-même que par deux ou trois rivières secondaires qui ont un cours assez étendu. Si l'on y ajoute la Mande, qui recueille les eaux de l'intervalle du bassin du Taurion & de celui de la Vienne, on aura une idée de la distribution des *eaux* courantes dans les environs de Bourganeuf.

En examinant les montagnes arrondies qui se trouvent entre le Taurion, la Mande & la Vienne, on voit qu'il n'y a aucune de ces montagnes un peu considérable, qui ne verse en même tems ses *eaux* au moins dans deux ruisseaux qui ont un cours différent ou même opposé; en sorte que la forme arrondie de ces montagnes s'explique aisément par cette distribution de l'*eau* vers ces différens points de l'horizon, & de là encore la multiplicité des vallons qui ont leur origine vers ces centres de distribution, & leurs ouvertures & leurs débouchés vers les rivières secondaires.

Je vois que les hautes montagnes du Limousin présentent de même une chaîne de sommets arrondis par les *eaux*. L'*eau* se distribue comme les mas-

sifs primitifs du terrain ont déterminé sa marche, & réciproquement, par une suite du travail de l'*eau*, les formes du terrain se sont modifiées. Il y a donc eu en tout cela quelque base primitive : ce sont les masses graniteuses & leur élévation; ensuite l'*eau* pluviale, tombant sur ces masses & circulant suivant les pentes, a fait les montagnes, a détaché leur sommet en les arrondissant, & ces formes se perfectionnent ou se dégradent suivant que le travail de l'*eau* est plus ou moins avancé.

Dans un très-petit espace on voit les sources du Cher, de la Creuse, du Taurion, de la Mande, de la Vienne, de la Vézère, &c. qui sont des rivières principales, auxquelles de petites rivières du second ordre viennent s'aboucher. Tous ces canaux servent à vider les *eaux*, non-seulement d'un canton fort élevé qui est abreuvé abondamment, mais même des plans secondaires qui le sont presqu'autant, & enfin de tous les plans de la nouvelle terre que ces rivières grossies ou réunies rencontrent jusqu'à la mer.

Lorsqu'on approche d'Aubusson en venant de Saint-Avit, on voit des masses de granit, qui, quant à la hauteur, sont subordonnées aux hautes montagnes du Limousin, lesquelles s'étendent de l'est à l'ouest en passant par le sud. On voit d'ailleurs des rivières qui, sortant des hautes montagnes, se font jour à travers ces masses secondaires. Lorsqu'on a saisi cet ensemble, il est évident que l'*eau* pluviale a creusé de mille manières tous ces massifs, suivant que les pentes ont déterminé son travail, & c'est le même système de pentes qui le continue. Ainsi les pentes primitives & la quantité d'*eau* sur une surface quelconque étant données, il a dû en résulter la forme & la distribution des vallons tels que nous les voyons à peu près; & même, après le travail de l'approfondissement, le même système de pentes subsiste encore.

On observe en même tems, dans ce canton, que les vallées des rivières principales sont distribuées suivant les lieux où elles prennent leurs sources, & l'élévation de ces lieux au dessus du niveau de la mer. Ainsi, par exemple, le Cher, qui, comme les Tardelles, prend sa source dans les montagnes d'une moyenne hauteur de la Combraille, continue son cours dans la suite de ces mêmes montagnes jusqu'à son débouché dans la nouvelle terre près d'Argenton.

La Creuse, qui approche plus des hautes montagnes, les côtoie, & traverse ensuite, mais beaucoup plus tard que le Cher, les moyennes montagnes.

Le Taurion, qui prend sa source dans les hautes montagnes, y a creusé son canal, les coupe & les traverse jusqu'à ce qu'il ait réuni ses *eaux* à celles de la Vienne.

La Gartempe, qui prend sa source, de même que le Cher, dans une bordure des moyennes montagnes, fuit toujours & côtoie les montagnes jufqu'à la nouvelle terre.

La Vienne, qui prend fa fource & coule long-tems dans les hautes montagnes, reçoit au pied de ces montagnes, & dans un baffin qu'elles ceignent d'abord, toutes les rivières qui partent de ces mêmes montagnes, telles que la Mande & le Taurion ; enfuite d'autres fecondaires, puis les rivières qui ont pris leur fource dans les moyennes montagnes, fuivant l'ordre d'élévation de ces montagnes, & fuivant leur débouché.

Cette diftribution des rivières mérite la plus grande attention, & l'on voit qu'elle dépend actuellement de la forme générale des maffifs de granits de cette contrée, de la Marche & du Limoufin, & que par conféquent elle a dépendu primitivement & dans toute la fuite des tems, d'une forme toujours femblable, qui a déterminé la marche particulière de chacune des rivières, ainfi que leurs rapports & leur correfpondance, qui, comme je l'ai dit, eft l'effet de la route de l'eau fur les pentes.

Ce canton eft celui de toute la France d'où fortent le plus grand nombre de rivières, & il eft d'une toute autre importance que ce plateau prétendu de Langres, dont on a exagéré la hauteur. C'eft par cette raifon que j'ai cru devoir m'attacher à le décrire, en donnant une idée de la diftribution primitive & générale des eaux pluviales dans les rivières, ainfi que de la correfpondance des rivières entr'elles.

On voit par-là que l'eau d'une rivière principale ou fecondaire, pour creufer fon lit, a d'abord couru fur la furface la plus élevée de toutes les maffes qu'elle a coupées, & au pied defquelles elle coule actuellement. Sans cette difpofition primitive des chofes, elle auroit rencontré des obftacles, des contre-pentes qui auroient interrompu fon cours. C'eft dans ces premiers tems que l'eau deffinoit ainfi des lits des rivières, & c'eft la fuite de ce premier plan, bien exécuté, qui fe retrouve dans les vallées actuelles, dans leurs dégradations & dans leurs raccordemens, qui vident l'eau fans interruption & fans effort.

Sans cela la régularité admirable de cette diftribution des eaux qui coulent par divers plans dirigés fous tous les afpects de l'horizon, n'auroit pu s'établir & gagner un égout général, qui eft le lit des rivières principales, & enfuite le baffin de la mer. Je retrouve cette même régularité, non-feulement dans les ruiffeaux multipliés, qui font proprement la fource des rivières, mais encore dans les rivières fecondaires de tous les ordres qui fe rendent & s'abouchent dans les premières : fans cela il n'y auroit pas eu tant de réunions à une tige principale, à laquelle toutes les pentes font fubordonnées.

Il faut voir & étudier ce pays intéreffant, pour reconnoître l'enfemble de cette diftribution des eaux courantes, retrouver le principe & les effets de leur activité & de leur mouvement, cette continuité non interrompue des pentes, qui fubfifte encore comme elle a commencé ; fuivre l'étendue des déblais immenfes qui fe font opérés par l'approfondiffement des vallons de tous les ordres qui portent toutes les formes que leur a imprimées l'agent actif qui fe frayoit des paffages & des débouchés pour parvenir au niveau le plus bas, où finiffent fa marche & fon déplacement.

Lorfqu'on a été témoin de quelque féchereffe un peu confidérable, comme celle de 1785, on peut fe convaincre que c'eft aux pluies feules que les pays de l'ancienne terre doivent toute l'eau des filets multipliés dont nous avons parlé ci-deffus, comme on le prouve de même dans la nouvelle terre, en montrant que la diftribution de l'eau des fources dépend du niveau des couches d'argile, qui retiennent cette eau qui s'y rend de la furface.

Tous ces filets d'eau manquoient faute de pluies ; ce qui paroiffoit par le deffèchement total des rigoles d'arrofement dans les prairies les plus baffes, par la difparution de l'eau des fources artificielles, & enfin par la fuppreffion des ruiffeaux qui, dans tout autre tems, coulent au fond de chacun des vallons, quelque court, quelque peu profond qu'il foit, enfin par la diminution confidérable des rivières principales, qui ne fourniffoient pas affez d'eau pour le fervice des moulins. Tel étoit l'état de la Marche, du Haut-Limoufin & de l'Auvergne granitenfe en juin 1785, avant les pluies & après une féchereffe de trois mois.

On a bien vu en juillet, & furtout dans le mois d'août, au retour des pluies, que c'eft l'eau qui donne la vie à ces pays de granits, qui, l'abforbant moins dans leur intérieur & la confervant à une petite profondeur, font que les végétaux en jouiffent davantage à leur fuperficie. Il n'eft donc pas étonnant que, lorfque la pluie manque pour continuer cette provifion & fournir à cette confommation, ces pays fe trouvent plus tôt dénués de ce fecours que d'autres, & par conféquent plus à plaindre.

§. III. *Circulation de l'eau pluviale dans les contrées anciennement volcaniques.*

Dans des culots de la moyenne époque & au deffous des courans qui appartiennent à cette époque, vers l'extrémité furtout des produits de chaque éruption, il fort des fources plus ou moins abondantes. Elles donnoient beaucoup d'eau au mois de juillet 1785, malgré la féchereffe qui avoit régné au commencement de l'été. Ce font ces fources multipliées qui fervent non-feulement à l'arrofement des pâturages, mais encore aux beftiaux qu'on y abreuve à différentes heures du jour. Les terres cuites tiennent l'eau bien plus long-tems que les terres des débris de granits.

Il en est des sources des pays de montagnes volcaniques de la moyenne époque, comme de celles qu'on voit dans les pays de granits, intactes : ce sont des suintemens multipliés & qui se montrent au pied des culots, comme à l'extrémité des différens courans : c'est de leur réunion que se forment les ruisseaux qui circulent sur les plateaux & le long des courans.

Lorsque ces courans absorbent, par des fentes multipliées, l'*eau* superficielle, & qu'ils sont encaissés au fond des vallons, ils donnent à leurs extrémités des sources abondantes comme les courans modernes : il y en a même qui ont de semblables sources sur les côtes, lorsqu'ils sont guindés sur des sommets qui mettent ces côtes à découvert ; mais sur les revers des monts Dor les courans ne donnent point de sources ni le long de leurs flancs ni à leurs extrémités, parce que les terres cuites ont fermé toutes les issues & toutes les ouvertures par lesquelles l'*eau*, dans les courans modernes, peut gagner le dessous des laves, se rassembler & circuler à la surface du sol intact, qui la conserve toute entière.

Les sources qui sortent de l'extrémité des courans modernes ont plutôt l'apparence de ruisseaux qui, ayant eu un cours à couvert de la lave, se continuent au-delà & à leurs extrémités. Les cantons d'Auvergne, où se trouvent les ruisseaux les plus abondans & les plus multipliés, sont ceux qui sont couverts des courans anciens & modernes : les uns les montrent plutôt à leur surface, les autres les conservent sous une croûte très-alongée, qui s'oppose à l'évaporation de l'*eau*, en même tems qu'elle leur livre un passage & des routes suivies souterraines.

Il faudroit une description générale & un plan de tous les ruiss. aux qui circulent dans les monts Dor & dans les environs du Puy-de-Dôme : on pourroit ensuite y ajouter les *eaux* courantes du Salers & du Cantal, ainsi que celles du Cezallier. On seroit étonné combien ces divers cantons sont abondans en ruisseaux qui coulent fort rapidement ; ce qui fournit une quantité d'*eau* énorme aux rivières principales qui en sortent ; & si, à surface égale, on comparoit un canton dans le granit, on y trouveroit une différence fort grande.

SECONDE PARTIE.

EAUX COURANTES A LA SURFACE DE LA TERRE.

Puisque les *eaux* dégradent les massifs terreux, soit en les délayant ou bien en les minant par leur choc, & qu'elles dégradent même les rochers par la seule action de l'humidité, qui, les pénétrant, en gonfle les parties & les oblige à s'éclater & à se désunir, il arrive donc que les rivages, susceptibles d'être attaqués, s'ébouleront s'ils sont de terre, & s'écrouleront s'ils sont de rocher. Les terres délayées dans les *eaux* seront emportées, & les rochers, en roulant les uns sur les autres, se briseront avant d'être parvenus au courant. S'ils s'arrêtent, les points du canal où ils reposent, sans cesse minés, les forceront de rouler plus loin, & par cette marche successive l'*eau* les conduira, sans grands efforts, à des distances très-éloignées de leur origine. C'est ainsi que tous les décombres des rivages ont une tendance générale pour se rendre dans le courant. Là les *eaux* ayant toute leur force, laquelle s'accroît même par cette résistance, leur masse sera d'autant plus exposée à se briser & à s'user par le roulis. Comme leur cours devient irrégulier, ces masses comminuées doivent prendre une direction oblique au grand courant. La pression latérale des *eaux* les en écarte de plus en plus, & les détermine à se porter ou contre les parties saillantes ou dans les parties voisines, où, se traînant sur les pentes, elles parviendront à former des bancs immobiles.

Il suit de tout ce que nous venons d'exposer, que les décombres des rivages, transportés & dégrossis par les *eaux* courantes, doivent :

1°. Se trouver dans des positions où les *eaux* ont pu couler en force, comme le long des bords des anciens lits, sur les pentes des angles saillans, dans les fonds de cuve des vallons & des vallées, ou dans les plaines ;

2°. Être plus petits & en plus grande quantité, à proportion de l'éloignement des lieux de leur origine ;

3°. Être dégrossis à un certain point, suivant la nature des pierres primitives.

On peut donc conclure que, de quelque matière que soient les pierres qui réuniront ces trois conditions, elles devront leur forme, leur transport & leur déposition aux *eaux* courantes, & qu'elles seront des témoins irrévocables de leur passage dans ces lieux ; & puisque la description des montagnes du Dauphiné fait mention de décombres qui ont ces caractères, ils forment tous seuls des preuves convaincantes du travail des *eaux* dans les deux groupes.

Je distingue avec soin ces décombres en pierres perdues & dégrossies, en galets ou cailloux roulés, polis & arrondis, lesquels se trouvent dans les vallées des grandes rivières, & même dans certaines couches de la terre : c'est par cette raison que l'on trouve souvent de ces galets de pierres dures dans les rivières, même les plus grandes, & le long des côtes de la mer, quoique ces rivières coulent ou bordent des contrées où l'on ne rencontre que des pierres à chaux, ou tout au moins qui ne sont nullement de la qualité de ces cailloux. Il faut donc qu'ils y aient été amenés & déposés par d'autres *eaux* que celles des rivières auprès desquelles ces galets sont déposés. Je dirai quelque jour à quelles circonstances il convient de rapporter les amas qu'on en trouve, & qui ne peuvent être les effets des *eaux* courantes.

A l'égard des terres, étant délayées dans toute la maffe, elles font pour ainfi dire corps avec elles, & doivent conféquemment en fuivre le cours avec uniformité ; mais il eft à croire qu'aufïïtôt que la force impulfive qui les entraîne, ne furmontera plus celle de leur pefanteur fpécifique, ces terres fe précipiteront, & couvriront les corps dépofés avant elles, à caufe de leur plus grande pefanteur ; mais ces dépôts doivent fe faire fuivant un ordre qu'il faut expliquer.

Les parties des corps délayés par les *eaux* font à peu près réduites à leur plus petit volume : ainfi la dépofition des matières entraînées doit fe faire fuivant la loi de la pefanteur fpécifique ; & comme les élémens de pefanteur égale font de même nature, & par conféquent au moins à peu près de forme pareille, toutes les parties les plus pefantes fe précipitent les premières, & ainfi de fuite, felon l'ordre de leur pefanteur. Le dépôt doit être uniforme, c'eft-à-dire, d'une égale épaiffeur : d'où il fuit qu'il prendra la forme des furfaces qu'il recouvrira. Mais le mouvement des *eaux*, foit durant le dépôt ou bien après, peut altérer ou changer cet ordre ; la preffion ou le poids de leur volume peut comprimer une partie plus que l'autre ; l'agitation peut déranger ces couches encore molles ; enfin le courant, qui tend toujours à rafer tout ce qui s'élève au deffus du niveau général du plan.

L'effet des *eaux* courantes, par rapport aux terres & aux fables, eft donc :

1°. De les dépofer plus tard que les pierres & autres corps dégroffis ; mais moins comminués que les terres & les fables ;

2°. De faire les dépôts uniformes, d'égalifer les fuperficies, foit horizontales, foit inclinées ou bien arrondies.

Par la defcription des groupes, les pentes des montagnes couvertes de terres, les fonds des vallons & des vallées ont ces difpofitions du haut en bas, fauf les altérations inévitables que le tems y imprime journellement.

Autres preuves de l'action des *eaux* courantes :

Toute *eau* courante doit avoir une iffue vers un point beaucoup plus bas que celui d'où elle découle, fans quoi les *eaux* accumulées fortiroient de leur lit.

Raffemblons maintenant les effets d'une *eau* courante.

1°. La forme tortueufe des lits, la correfpondance & l'arrondiffement des parties faillantes & rentrantes ;

2°. La difperfion ou l'amas des pierres à des diftances confidérables des maffes dont elles ont fait partie, leur dégroffiffement, leur diminution en proportion de l'éloignement ou du trajet qu'elles ont fait dans l'*eau* ;

3°. La forme unie des pentes formées de terres ou de fables, l'applaniffement des vallons ou des plaines ;

4°. L'iffue de leur lit vers un point plus bas, & la diminution de largeur jufqu'à fon origine.

Comme perfonne ne peut contefter que l'*eau* feule peut être la caufe de tous ces effets, on ne peut s'empêcher de les reconnoître partout où ils fe trouvent, & de les lui attribuer.

Les effets que je viens de détailler ne réfultent, à proprement parler, que de l'action d'un feul courant. Toutefois l'afpect feul des montagnes indique que leurs formes font dues aux efforts combinés d'un grand nombre de ces courans. Il eft donc néceffaire d'examiner ce qui doit réfulter de cette combinaifon.

Si l'on fuppofe que les courans entraînent des terres, des fables & des pierres, on pourra remarquer :

1°. Que les pierres pourront s'accumuler fur les bords d'un des courans particuliers, ou bien fe jeter dans l'angle mort du confluent, là s'y accumuler, & prolonger la pointe du bec, &, par la grandeur & la réfiftance du dépôt, éloigner le confluent ;

2°. Le même effet peut arriver aux fables & aux terres qui recouvriront les pierres déjà dépofées, comme nous venons de le dire.

On peut donc tirer de là deux caractères inconteftables pour reconnoître & noter les excavations & les dépôts produits par le concours des *eaux* courantes, tels que :

1°. L'inclinaifon des lits qui fe joignent vers un même point de réunion, & la pente de ce lit commun vers un point plus bas ;

2°. L'efpèce de baffin produit par les embouchures des trois lits & par le reflux des *eaux* ;

3°. L'abaiffement du terrain compris dans l'angle du confluent, qui fe talude de tous côtés, & fe termine par l'angle ou par le bec ;

4°. Les amas, foit de pierres ou de fables & de terres, au confluent & aux embouchures particulières.

Que l'on imagine maintenant qu'un terrain foit traverfé par plufieurs courans, felon des directions diverfes. En commençant l'examen par les parties les plus élevées, on remarquera :

1°. Que chacun fe tracera un lit, & continuera d'y courir jufqu'à ce qu'il foit arrivé au point le plus bas. Plufieurs dans leur marche fe rencontreront, & prendront, à la fuite de cette réunion, une direction analogue au terrain & à la force abfolue de chacun. Leurs *eaux* réunies pourront en rencontrer d'autres, & les mêmes lois s'exécuteront. Enfin, parvenues à ce terrain inférieur, toutes ces *eaux* continueront de couler dans un lit proportionné à leur volume.

Maintenant fi l'on fuppofe que le terrain ait été

entamé à de certaines profondeurs, les terres des deux bords des excavations ne pourront se soutenir à une hauteur verticale; de sorte qu'elles s'ébouleront jusqu'à ce qu'elles aient pris la pente qui leur convient, depuis le fond jusqu'au bord supérieur. Il résulte de là que plus les excavations seront profondes, moins le sol du lit sera élevé au dessus du point le plus bas, qui est celui du rendez-vous général, & par conséquent plus la pente du courant se rapprochera du niveau de ce point, moins elle sera rapide, & plus elle sera unie.

Si quelqu'obstacle placé dans la direction d'un courant le force à se diviser, tant que les *eaux* creuseront, cet obstacle recevra l'impulsion des deux courans; & comme le plus grand effort se portera sur le point de séparation, il sera donc le plus dégradé, & se reculera toujours de plus en plus. D'ailleurs, les deux courans battant les faces latérales avec violence, toutes les parties opposées directement seront détruites par eux, & la masse totale, ne pouvant conserver une pointe aiguë dans le point de séparation ni dans son front, tendra à se rétrécir en s'arrondissant.

Je dis plus : les parties terreuses ou pierreuses, détachées des faces de l'obstacle, vont se réfugier à sa pointe inférieure, & en conséquence du remous elles s'y déposent, & servent ainsi à l'agrandissement de cette île par la partie inférieure.

On peut tirer maintenant, de ce que nous venons de dire, des caractères fixes pour reconnoître les vallons formés par les *eaux* confluentes, puisque nous avons vu, lorsque les *eaux* y concouroient, que les lits particuliers étoient inclinés vers le lit commun; que l'angle de confluence étoit le plus souvent aigu, & que le terrain s'abaissoit par une pente générale qui règne de tous côtés.

L'*eau* ayant abandonné toutes les vallées qu'elle a creusées dans le terrain dont nous avons parlé, on reconnoît aisément que tous les lits se communiquent entr'eux depuis le point le plus élevé jusqu'à celui où le terrain est le plus bas; que les lits supérieurs inclinent vers les inférieurs; que tous les décombres & les terres se sont accumulés dans les parties basses. D'après tous ces caractères, on reconnoît si un terrain a été excavé par les *eaux* courantes.

Dans les deux groupes du Dauphiné, que j'ai décrits, on voit que la distribution des vallées étoit assujettie à tous ces arrangemens. Il est donc certain que leur forme extérieure est due au moins principalement aux *eaux* courantes, qui ont concouru depuis les points les plus éminens jusqu'aux vallées larges & profondes : cependant les montagnes & les vallons ont une configuration particulière, qui ne peut être due à l'action des courans qui auroient toujours été isolés entre eux, comme le sont les rivières ou les ruisseaux dans le tems présent.

Points de distribution des eaux courantes.

Il y a, sur la surface de la Terre, des contrées élevées, qui sont des points marqués par la nature pour la distribution des *eaux*. Ce n'est pas seulement les environs du Mont-Saint-Gothard qui soient un de ces points en Europe. Un autre point est le plateau situé entre les provinces de Belozera & de Vologda en Moscovie : c'est de là que descendent des rivières, dont les unes vont à la Mer-Blanche, d'autres à la Mer-Noire & à la mer Caspienne.

En Asie, le pays des Tartares mogols est encore un point de partage : il en coule des rivières, dont les unes vont se rendre dans la mer du Nord, d'autres au golfe Linchidolin, d'autres à la mer de Corée, d'autres enfin à la mer de la Chine : de même le petit Thibet, d'où l'on voit partir des rivières considérables, dont d'un côté coulent dans la mer de la Chine, de l'autre se rendent dans le golfe du Bengale ; enfin d'autres vont se jeter dans le golfe de Cambaie & vers le lac Aral.

En Amérique, la province de Quito fournit des *eaux* à la mer du Sud, à la mer du Nord & au golfe du Mexique. Dans l'Amérique septentrionale, on trouve aussi différens points de distribution des *eaux* par de grands fleuves.

Il faut distinguer, au reste, différens ordres de points de distribution des *eaux* : les uns, les plus élevés, fournissent aux plus grands fleuves; les autres à des fleuves considérables, & qui se jettent dans les plus grands; enfin les autres à un niveau plus bas, & enfin les points de partage voisins des côtes de la mer. Les fleuves du Limousin sont au même niveau que ceux d'Auvergne.

Il y a aussi des lignes de points de distribution des *eaux* : ce sont les limites des bassins, que je nomme *points de partage*. Les différens points de distribution des *eaux* ont cela de commun, que les *eaux* en descendent sur tous les points de l'horizon par des rivières particulières; au lieu que les lignes ou arêtes ne versent que sur deux côtés, tantôt dans un bassin, tantôt dans un autre. Ce qu'il y a de très-vrai, c'est que leur niveau est bien différent : ainsi le point de partage du Mont-Saint-Gothard est bien différent du point de partage des Vosges, de l'Auvergne, du Velay & du Limousin; que ceux-ci sont encore plus élevés que le point de partage de Langres, du Morvan, de celui du Hainaut.

Enfin, le quatrième niveau ne donne naissance qu'à des rivières du troisième ordre : tels sont les points des rivières de Forges, des environs d'Alençon & de Saint-Lo. Voici un moyen de les reconnoître : les rivières du premier point sont principales, & reçoivent, comme secondaires, celles du second; & celle de ce second point sont primitives pour celles du point de partage qui vient enfuite, & qu'il eft inutile de citer ici.

Ainfi, en partant de Langres, je trouve des points de diftribution des rivières de tous les degrés, jufqu'à ce que je fois arrivé au bord de la mer, où font les rivières côtières. Il eft aifé de comprendre la raifon de cette économie générale dans la difpofition de la furface de la Terre & la diftribution des *eaux*.

Points de partage des eaux.

Il y a encore entre les points de partage fecondaires & les points de partage primitifs une dépendance fi grande, que les points de partage fecondaires qui font fitués à l'afpect nord du point de partage primitif ne mêleront jamais leurs *eaux* avec celles des autres points de partage fecondaires fitués à l'afpect fud du même point primitif. Ces points de partage fecondaires font trop bas pour franchir les arêtes qui fervent de limites aux baffins des points de partage primitifs ; &, au niveau où ils font, les *eaux* qui circulent ne peuvent les atteindre. Il en eft de même des autres points de partage fecondaires, relativement aux autres primitifs ; mais d'un point de partage primitif à l'autre point de partage, & dans tous les degrés d'élévation des autres points de partage, il peut y avoir des mélanges d'*eau* d'un grand point de partage à un autre du même ordre, & d'un point de partage fecondaire avec les points de partage fecondaires d'un autre point primitif.

Ceci nous conduit à la véritable idée des baffins des rivières. Les *eaux* des rivières appartiennent à plufieurs points de partage primitifs ou fecondaires, mais non pas à plufieurs points de partage fecondaires de différens afpects & mêmes points primitifs. Ainfi on doit diftinguer les baffins des rivières des points de partage ; & fi l'on fe borne à n'admettre, fous l'idée de baffins, qu'un feul afpect d'une pente primitive, alors on ne confidérera guère qu'une feule rivière, & non pas la totalité du fleuve.

Mais comme il importe, pour la géographie-phyfique, que l'on confidère un baffin d'une rivière comme une excavation faite par l'*eau* de la rivière, on ne peut guère regarder comme un feul baffin ce qui eft le travail de plufieurs maffes d'*eau*, qui ont agi dans plufieurs directions & par des pentes différentes. Ces chofes doivent être bien nétoyées, bien circonfcrites, afin qu'il n'y ait aucune équivoque dans la confidération des effets relativement aux caufes. Ainfi les points de partage verfent des *eaux* qui appartiennent à plufieurs baffins : les baffins recueillent les *eaux* de plufieurs points de partage. Les points de partage contribuent à féparer les baffins dans lefquels ils verfent fous différens afpects ; mais ils n'excluent pas les *eaux* des autres points de partage du même ordre ni d'un ordre fecondaire.

TROISIÈME PARTIE.

EAUX SOUTERRAINES.

§. Ier. *Eaux courantes.*

C'eft fu tout dans les contrées où fe perdent les rivières, que peuvent fe rencontrer de ces *eaux* courantes, qui femblent remplacer dans le fein de la terre toutes les *eaux* qui fe perdent dans les vallées des diverfes rivières qui fe deffèchent par les pertes fucceffives. Effectivement, pour peu qu'on fuive & qu'on étudie même la marche & la circulation des *eaux* dans ces contrées, on voit que cette tranfpofition des *eaux* courantes qui difparoiffent de la furface de la Terre doit fe faire dans l'intérieur des collines & des montagnes.

Il eft facile au refte d'accumuler plufieurs preuves de cet état des fouterrains. Le torrent qui paffe aux Rechins, près l'Aigle, & qu'on appelle le *Lemme*, fe perd peu à peu dans les pâturages voifins. Dans les grandes averfes, il continue à couler jufque dans le fein du Lemme, d'où il tire peut-être fon nom ; mais il faut que les *eaux* foient bien groffes pour cela.

A Saint-Symphorien, près de l'Aigle, on a creufé un puits qui a cinquante-deux pieds de profondeur. L'eau y blanchit lorfqu'il furvient de grandes pluies ; elle perd cette teinte & s'éclaircit au bout de deux jours de beau tems.

Cette *eau* ne peut ainfi blanchir que parce que l'eau de la pluie pénètre les terres, traverfe les bancs de marne, dont elle délaie les parties, & qu'elle entraîne dans l'*eau* du puits en fe mêlant avec elle ; & lorfque le dépôt des parties terreufes eft fait, l'eau s'éclaircit & reprend fa première limpidité.

Il n'eft pas rare de trouver, dans tous ces cantons, des marnières inondées affez promptement. On voit une de ces marnières entre Épinai & Briffy, village à deux lieues de Saint-Aubin-fur-Rille. On prétend que cette marnière ne s'eft remplie que par les *eaux* d'une rivière fouterraine. On entend même le bruit d'une de ces rivières dans une marnière creufée près le Lemme, qui eft à une lieue de Breteuil. On a ceffé d'extraire des terres de cette marnière, parce qu'on n'auroit pu continuer à la creufer plus avant fans percer le lit de l'*eau* fouterraine, & s'expofer ainfi à inonder la marnière.

C'eft ce qui eft arrivé plufieurs fois en faifant de femblables fouilles. L'*eau* entre dans ces trous de marnes alors d'une façon fi prompte & avec une telle abondance, que plufieurs marniers ont penfé périr. Ce font les craintes de ces accidens qui fouvent encore privent de marnes des paroiffes entières. Bordigny, village qui eft à une demi-lieue de Breteuil, & Glatigny, font dans ce cas : on ne peut en tirer dans ces cantons ; car

&... q'on est parvenu au banc de marne, l'*eau* gagne & inonde la marnière.

L'idée de rivières ou de ruisseaux souterrains est assez communément répandue dans ces cantons de la ci-devant province de Normandie. On prétend que, dans un lieu que l'on appelle le *lit sec du Lemme*, & qui est un peu avant Sainte-Susanne, il y a une de ces rivières. C'est sans doute cette rivière que l'on a vue en creusant la marnière dont il a été parlé plus haut, & qu'on assure avoir retrouvée dans la fouille de plusieurs autres. Lorsque le lit du Lemme est rempli, l'*eau* qui y coule, vient des étangs de Charanvilliers, qui sont à deux lieues de là. Cette *eau* n'est que le trop plein des étangs, & même elle ne coule ordinairement que l'hiver; elle va jusqu'à un quart de lieue de Conches, où l'on commence à rencontrer des fontaines. Comme ces fontaines coulent toujours, on présume, dans le pays, qu'elles sont les débouchés de la rivière souterraine : on pourroit croire aussi que cette rivière souterraine doit une partie de ses *eaux* à ces mêmes étangs de Charanvilliers.

Je puis rapporter encore à l'appui de ces écoulemens souterrains dans les cantons où les rivières se perdent, ce qu'on observe dans une carrière des environs d'Évreux. Cette carrière, appelée *Bapeaume*, est située dans un vallon de la forêt d'Évreux, lequel est à une demi-lieue des Baux. C'est de cette carrière qu'on a tiré les pierres dont la cathédrale, l'abbaye de Saint-Taurin d'Évreux & le château de Navarre ont été construits. Dans le fond de cette carrière, qui est assez vaste, coule, sur un lit de marne, un ruisseau plus que suffisant pour faire tourner un moulin. L'*eau* en est claire & transparente. On y a pêché quelques truites excellentes. Les femmes des Baux-Sainte-Croix y viennent laver leur linge ; ce qui est très-commode pour elles en hiver, à cause de la chaleur de cette excavation assez profonde. Dans quelqu'endroit que ce ruisseau prenne son origine, & qui ait un débouché à la surface de la terre, il est prouvé incontestablement par le fait, qu'il existe des ruisseaux souterrains, & particulièrement dans ce canton, où passe une rivière qui se perd. On peut donc compter que les autres qu'on y soupçonne y existent réellement. C'est toujours partout à peu près la même constitution physique du sol. Au reste, il y a plusieurs sortes de terrains propres à s'imbiber d'*eau*, de façon à recueillir, à une certaine profondeur, des ruisseaux entiers, même des rivières ; enfin les *eaux* des sources abondantes.

C'est surtout le terrain des sables gras & remplis de cailloux qui est propre à cette absorption abondante. Tout sol d'ailleurs où les bancs de pierres sont entr'ouverts par plusieurs fentes & appuyés sur des marnes ou des lits terreux faciles à délayer, y est également propre ; & souvent ces deux sortes de terrains se trouvent établis l'un

sur l'autre. Une des meilleures preuves qu'on peut en apporter, est le grand nombre de rivières qui se perdent dans un canton de la Normandie. Il n'y a peut-être pas de pays qui, dans un aussi petit espace, en renferme autant ; car on y trouve quatre rivières principales qui s'y perdent ; savoir : la Rille, l'Itou, l'Aure, la rivière de Sap-André. Ce canton peut avoir vingt-cinq lieues de largeur, sur une pareille étendue en longueur.

Une même constitution physique se rencontre aussi dans la ci-devant province d'Angoumois, aux environs de la Rochefoucauld. Trois rivières se perdent également par des trous distribués sur une certaine partie de leurs lits, & ce qui confirme cette opinion, c'est que ces rivières coulent sans se perdre, en parcourant un assez long terrain, mais dont la constitution physique diffère sensiblement, & quant à la nature des matières, & quant à leur arrangement & à leur disposition.

§. II. *Jeux des eaux souterraines.*

Un grand nombre de montagnes renferment des amas d'*eau* souterrains. Des suintemens, des filtrations & d'autres signes extérieurs annoncent souvent ces réservoirs, qui d'ailleurs, comme on sait, dominent toutes les sources des différens ruisseaux qui circulent à la surface de la terre.

Les grottes considérables, dans lesquelles on peut pénétrer à une certaine profondeur, offrent presque toutes des masses d'*eaux* stagnantes : ainsi la grotte de la Balme en Dauphiné, celle d'Arcy en Bourgogne, en contiennent de très-considérables. Je fais voir même à l'article GROTTES, que ces cavités n'ont été creusées & ne continuent à se creuser que par des courans d'*eau* souterrains qui alimentent ces lacs & fournissent souvent à des sources abondantes.

On en rencontre de pareilles dans les hautes montagnes de la moyenne terre, telle que le Jura, certaines parties des Alpes & des Pyrénées. Les *eaux* qui tombent sur ces masses, dont les rochers ont éprouvé des dérangemens & des déplacemens notables, trouvent des fentes, filtrent par ces issues, & pénètrent en tout sens dans les cavités intérieures, où elles se rassemblent en plus ou moins grande abondance, suivant la capacité de ces cavités, suivant la disposition qu'elles ont à contenir l'*eau*, & ne la versent au dehors que dans certaines circonstances. Si les amas d'*eau* sont considérables & peuvent fournir à un écoulement abondant & continuel, cet épanchement donne lieu à des fontaines & à des rivières.

Il faut bien distinguer les *eaux* souterraines occupant des cavités, de celles qui s'insinuent dans les terres & dans les couches, soit de sables & de graviers, soit de pierres calcaires remplies de fentes perpendiculaires. Lorsqu'on creuse des puits au milieu de ces assemblages de couches pénétrées

d'eau,

d'*eau*, & qui la raſſemblent ſur des nappes d'argiles ou de marnes, alors les puits ſont le rendez-vous général, les cavités artificielles où les *eaux* ſe portent d'abord goute à goute, enſuite en filets continus lorſque les routes ſont ouvertes aux *eaux* plus éloignées de la nappe qui les fournit, & l'*eau* des puits eſt d'autant plus abondante, que la nappe alimentée par l'*eau* des pluies eſt plus épaiſſe ; & lorſque cette nappe a peu de profondeur, ou qu'elle ſe trouve à différens niveaux, les puits étant abreuvés d'une quantité d'*eau* conſidérable, elle approche des bords (*Voyez* PUITS), où l'on conſidère toutes les circonſtances les plus favorables pour l'approfondiſſement des puits dans les trois maſſifs de l'ancienne, de la moyenne & de la nouvelle terre.

Si d'un côté les réſervoirs intérieurs des montagnes & des plaines fourniſſent, comme nous l'avons dit, à des ſources & à des rivières, d'un autre côté il eſt néceſſaire qu'ils reçoivent un approviſionnement momentané par les filtrations des *eaux* des pluies, ou bien continuel par l'abſorption des *eaux* courantes : c'eſt ainſi que pluſieurs ruiſſeaux & rivières diſparoiſſent, & ne reſſortent de la terre qu'à de grandes diſtances. On peut voir à l'article des RIVIÈRES QUI SE PERDENT, combien ce phénomène ſe préſente fréquemment en France. Les filtrations ſont encore plus multipliées, & doivent être conſidérées comme la plus grande reſſource qu'ait la nature pour mettre en réſerve dans le ſein de la terre une grande partie de l'*eau* des pluies, & diminuer l'autre partie que je nomme *torrentielle*, parce que, coulant à la ſurface de la terre ſans y pénétrer, elle ſert ou à former des torrens ou les crues torrentielles des ruiſſeaux & des rivières. Les iſſues par où les filtrations des *eaux* pluviales ſe font, ſont de pluſieurs formes & de pluſieurs eſpèces, ſuivant la conſtitution naturelle du ſol des divers cantons qui reçoivent les pluies. (*Voyez* SOURCES, FONTAINES.)

QUATRIÈME PARTIE.

EAUX CHARGÉES DE MATIÈRES ÉTRANGÈRES.

§. Ier. *Eaux pétrifiantes.*

Les *eaux* pétrifiantes ſont des *eaux* chargées de pluſieurs molécules qui y flottent, & qui par le repos s'attachent, ou par leur nature viſqueuſe s'appliquent à d'autres corps, & y forment des incruſtations qui revêtent les corps qu'elles ſemblent pétrifier. Elles ne couvrent que la ſuperficie, ſemblables à ces décompoſitions & diſſolutions de métaux dans l'eau-forte, qui s'attachent aux corps métalliques, & y forment une couche ou de particules d'argent ou de cuivre.

Les *eaux* d'Arcueil & du pré Saint-Gervais revêtent d'une croûte pierreuſe les corps qui ſéjournent dans leurs canaux, & parviennent même,

par des additions ſucceſſives d'incruſtations additionnelles, à boucher les tuyaux de plomb qui les conduiſent dans la capitale.

La fontaine de Saint-Alyre, dans la ville de Clermont-Ferrand, capitale de l'Auvergne, a une qualité des plus pétrifiantes ; elle fait en un mois l'obſtruction que les *eaux* d'Arcueil ne font qu'en pluſieurs. Cette *eau* minérale entraîne avec elle quantité de terre ſéléniteuſe, dont le dépôt forme l'incruſtation ; ce qui a élevé une eſpèce de chauſſée de plus de cent quarante pas de long ſur quinze à vingt pieds de haut, & large de dix à douze. Le plus ſingulier eſt une voûte ou arcade de pont formée par cette incruſtation, & ſous laquelle coule un ruiſſeau qui fait tourner deux moulins, & ſur lequel on paſſe. L'épaiſſeur eſt telle, qu'on a pu y pratiquer des eſpèces de degrés pour monter & deſcendre ſur les pentes formées par l'élévation de l'arcade.

On obſerve, dans cette incruſtation, que l'*eau* qui prend un degré de température plus froide à meſure qu'elle s'éloigne de ſa ſource, dépoſe de plus en plus ſon ſédiment, & le ſtalactite qui s'en forme a plus de volume.

§. II. *Eaux chargées de calorique ou eaux thermales.*

(*Voyez l'article* THERMES.)

§. III. *Eaux minérales.*

On ſera peut-être étonné de trouver cet article dans un dictionnaire de géographie-phyſique ; mais on ceſſera de l'être lorſque, faiſant réflexion à l'objet de cette ſcience, on verra que la diſtribution des *eaux* minérales à la ſurface de la terre tient à la ſtructure des maſſifs & à la nature des ſubſtances dont ces maſſifs ſont compoſés. Mais je vois que, dans l'examen & dans l'analyſe des *eaux* minérales, ce ſont ces circonſtances qui peuvent lier ces détails au plan de la géographie-phyſique, qui ont été les plus négligées. Aucun des chimiſtes ou des médecins qui ſe ſont occupés à faire l'analyſe des *eaux* minérales, qui les ont décrites, n'a donné des caractères ſur l'emplacement de ces *eaux*, qui pût faire connoître les ſubſtances ou la ſtructure des maſſifs au milieu deſquels circulent & ſourdiſſent les *eaux* minérales. Si cette partie étoit faite, & que les *eaux* minérales fuſſent rangées ſuivant la différence des maſſifs à meſure que la connoiſſance chimique & phyſique des *eaux* minérales ſe perfectionneroit, on pourroit en tirer, relativement à ces *eaux* & aux principes qu'elles tiennent en diſſolution, des inductions très-piquantes & très-curieuſes, relativement à leur claſſification. Ce que je propoſe ici ſeroit facile à établir par l'obſervation des environs d'une ſource, & les ſources d'*eaux* minérales étant connues, ce travail ſe compléteroit aiſément. Par la connoiſſance que j'ai déjà de pluſieurs fources d'*eaux* minérales, je crois que fouvent leur compofition tient à tel ou tel maffif; de forte que ces *eaux* ne fe montrent que là & non ailleurs. Certaines efpèces d'*eaux* minérales fe montrent indifféremment dans des maffifs totalement oppofés. Il faut, dans ce cas, craindre une illufion qui eft fort commune, c'eft de juger des maffifs par ce qui paroît à la fuperficie de la terre, & qui ne font fouvent que de foibles veftiges de couches accidentelles, qui n'influent point dans la nature des *eaux* auxquelles ces couches donnent feulement paffage : telles font les *eaux* de Vichi, qui fortent en apparence de couches de tuf calcaire, mais qui réellement ont eu pour réfidence le fchifte.

J'ai vu beaucoup d'*eaux* aériennes qui fortoient de deffous les courans modernes, en Auvergne : il y en a auffi qui fortent des couches inclinées des pierres de fable de la moyenne terre ; mais, par des recherches fuivies, j'ai vu que ces courans d'*eaux* chaudes bouillantes, en Auvergne, fortent de deffous les matières volcaniques : telles font celles du Mont-Dor, de la Bourboule & de Chaudes-Aigues.

Il y en a de bouillonnantes qui fortent, en Lorraine, des couches de pierres de fable ou des fchiftes : telles font celles de Plombières.

Je faifois ces réflexions à l'occafion du catalogue raifonné des *eaux* minérales de France, par M. Carrère.

§. IV. *Eau foufrée.*

A quatorze milles de Rome, en allant à Tivoli, on paffe fur un ruiffeau qui a quatre à cinq pieds de largeur, & autant de profondeur, dont l'eau, qui coule affez rapidement, exhale une forte odeur de foufre, qui lui a fait donner le nom d'*acqua zolfa.* Cette odeur fe répand affez loin aux environs, & furtout quand elle eft portée par un vent qui n'eft pas affez violent pour la diffiper : on dit même que, dans certains tems, & principalement pendant la nuit, on en eft incommodé jufqu'à Rome, quoique cette ville en foit éloignée de près de cinq lieues communes de France.

Ces fources d'eau foufrée ne font pas rares en Italie. Aux environs de Viterbe elles fe font fentir quelquefois aux paffans. Il y en a de pareilles fur le grand chemin de Rome à Naples, au deffous de Sermonetta. Elles font prefque toujours plus chaudes que l'air de l'atmofphère, & d'une couleur laiteufe, femblable à celle du girafol. La vapeur qui en fort, pénètre infenfiblement les pierres les plus dures qui s'y trouvent expofées : elle les enduit de fleur de foufre ; elle les calcine intérieurement, & les diffout de telle forte, qu'elles deviennent légères, & perdent beaucoup de leur confiftance de pierre.

C'eft par cette raifon que l'acqua zolfa de Tivoli a peine à fe contenir dans le lit qu'elle s'eft

creufé, & qu'on prend foin d'entretenir dans un terrain rempli de roches qui font à fleur de terre. Elle s'extravafe en plufieurs endroits, & par la fucceffion des tems, en fuivant la pente du terrain, elle a excavé tout le deffous de la plaine qui eft entre le ruiffeau & la montagne, au bas de laquelle elle rencontre le Teverone. La terre entr'ouverte, les lits de pierres enfoncés y forment quantité de précipices & plufieurs foupiraux d'où l'on voit fortir une vapeur épaiffe, & par lefquels on entend le bruit des *eaux* qui fe précipitent d'une cavité dans l'autre. Partout ailleurs ces excavations fouterraines s'annoncent par un bruit fourd que font entendre les pas des chevaux, & même ceux des hommes qui appuient un peu en marchant.

En remontant le ruiffeau, on trouve quelques-unes de ces excavations profondes. Ces fortes de grottes, creufées dans des lits de pierre travertine, avoient, pour la plupart, la forme d'un entonnoir incliné, & au fond duquel l'*eau* échappée du ruiffeau alloit fe perdre comme dans un gouffre. C'eft là qu'on apperçoit, du dehors, une grande quantité de fleurs de foufre fublimées, & qu'il feroit peut-être imprudent d'aller recueillir au dedans, en y pénétrant à une certaine profondeur.

L'*eau* du ruiffeau eft chaude, mais modérément ; car un thermomètre plongé dans cette *eau* fe fixa foit au fond, foit au milieu, foit vers la furface, à 20 degrés partout.

En remontant ce courant d'*eau* jufqu'à fa fource, qui eft à deux milles du chemin, au nord, c'eft un petit lac qui peut avoir trente ou quarante toifes de largeur tout au plus, dont les bords font couverts de joncs & de rofeaux. On voit fur cette *eau*, qu'on dit être extrêmement profonde dans le milieu, plufieurs petites îles, dont le terrain reffemble tout-à-fait à celui des bords du lac, & qui font couvertes des mêmes plantes. Ces îles, dont la plus grande n'a pas trente pieds de diamètre, flottent au gré des vents, & fe trouvent quelquefois difperfées, quelquefois réunies.

Il y a grande apparence que ces îles flottantes ne font autre chofe que des portions du terrain même des bords du lac, avec lequel elles ont tant de reffemblance, lefquelles, après avoir été minées par-deffous, fe font enfin détachées de ces bords. Puifqu'un canal, prefqu'entièrement creufé dans la pierre, a peine à contenir cette *eau*, puifqu'elle fe fraie des routes par des excavations dans des lits de pierres qui s'affaiffent enfuite & fe rompent par morceaux, cette même *eau* ne peut-elle pas produire les mêmes effets à fa fource ? Ces îles ne font donc qu'une croûte de terre fuperficielle qui fe trouve affez légère pour flotter fur l'*eau*, parce que ce n'eft qu'un tiffu de racines mêlées avec une petite quantité de terre bitumineufe. Ce qui a fait croire à ces effets, c'eft que prefque tous les bords du lac ont l'air d'être creufés en deffous ; & l'on croit, avec vraifemblance dans le pays, que ce petit lac n'eft que l'ouverture d'un abîme d'*eau* beaucoup plus large , qui s'étend davantage sous le marais. On remarque qu'il s'élève à la surface de l'*eau* du lac un affez grand nombre de bulles qui viennent continuellement crever. Ce font de petites portions d'air ou de vapeur dilatée, qui s'élèvent du fond à mefure que l'*eau* y arrive ; car comme la fource ne fe manifefte en aucun endroit ni par de gros bouillons ni par des jets qui répondent à la quantité d'eau qui fort du lac pour former le ruiffeau dont on a parlé, il eft à préfumer que cette *eau* vient du fond par une infinité d'iffues ; & fi elle y eft amenée de plus loin par des canaux qui communiquent avec l'atmofphère, elle peut avoir entraîné une certaine quantité d'air qui s'élève en petites bulles jufqu'à la furface. *Acad. des Sc. , pag.* 54, *ann.* 1750.

§. V. *Eau cémentatoire.*

On nomme *eau* cémentatoire , *aqua cementatoria* (Hift. natur. & Minéral.) , & cement wafler en allemand , des fources d'*eau* très-chargées de vitriol de Vénus , que l'on trouve au fond de plufieurs mines de cuivre : on en voit furtout en Hongrie , près de la ville de Neufol , au pied des monts Crapacks. On leur attribue vulgairement la propriété de convertir le fer en cuivre, quoique , pour peu que l'on ait de connoiffance de la chimie , il foit facile de voir qu'il ne fe fait point de tranfmutation , mais feulement une fimple précipitation caufée par le fer que l'on trempe dans cette *eau.* Voici comment on s'y prend pour faire cette prétendue tranfmutation.

L'*eau* cémentatoire eft très-claire & très-limpide dans fa fource : l'on fait des réfervoirs pour la recevoir , afin qu'elle puiffe s'y raffembler ; l'on fait entrer l'eau de ces réfervoirs dans des auges ou canaux de bois qui ont environ un pied de large & autant de profondeur. Quant à leur longueur , elle n'eft point déterminée : on la pouffe auffi loin que l'on peut , quelquefois même jufqu'à cent ou cent cinquante pieds. On appelle ces auges ou canaux *cementers ,* fuivant M. Schlutter. On les remplit de vieilles férailles , autant qu'il y en peut tenir : l'on fait enfuite entrer l'*eau* cémentatoire dans ces auges ; elle couvre le fer , le diffout & le détruit , & met en fa place le cuivre dont elle eft chargée. Il prend la figure & la forme que la féraille avoit auparavant : de forte qu'en trois mois de tems , plus ou moins , fuivant la force de l'*eau* vitriolique , tout le fer fe trouve confommé & détruit , & le cuivre eft entièrement précipité. La raifon pour laquelle le cuivre précipité prend la même figure qu'avoit le fer, c'eft que l'acide vitriolique, ayant plus d'affinité avec le fer , lâche le cuivre qu'il tenoit en diffolution , pour s'y attacher. Il arrive de là qu'il fe précipite précifément autant de cuivre qu'il fe diffout de fer ; de façon que l'on prend la place de l'autre , & qu'il fe met toujours une portion de cuivre à la place de celle de fer ,

qui a été mife en diffolution. (*Voyez* Wallérius , *Hydrologie* , pag. 62 , §. 23.)

Voilà la manière dont on s'y prend pour obtenir , à peu de frais & fans grande peine , une quantité quelquefois très-confidérable de cuivre très-bon , & que l'on dit même plus ductile & plus malléable que celui qui , par des fontes réitérées , a été tiré de fa mine. Ce cuivre eft mou & femblable à du limon tant qu'il eft fous l'*eau* ; mais il prend de la confiftance & fe durcit auffitôt qu'il vient à l'air.

Les deux plus fameufes fources d'*eau* de cémentation de la Hongrie font celles de Smolnitz & des Heregrund. L'on affure que la première peut fournir tous les ans jufqu'à fix cents quintaux de cuivre précipité de la manière qui vient d'être décrite ; ce qui vient de la grande abondance de cette fource & de la prodigieufe quantité de vitriol de Vénus dont elle eft chargée. Outre cela , le fer que l'on y met tremper fe trouve entiérement diffous en trois femaines de tems , & le cuivre a pris fa place ; au lieu que dans d'autres fources il faut trois mois , & même quelquefois un an pour que cette opération fe faffe.

L'on trouve en Hongrie plufieurs fources qui ont les mêmes propriétés. Il y en a de pareilles en Allemagne , près de Goflars , en Suède , &c. L'on attribue la même qualité à une fource que l'on voit à Chieffy dans le Lyonnois. (*Voyez* E. Schwedenbord , t. III , pag. 49 & fuiv.) Henckel nous explique dans fa *Pyritologie* , p. 674 , la caufe de ces phénomènes , favoir : que les *eaux* qui compofent ces fources , venant à paffer fur des pyrites cuivreufes qui ont été décompofées dans les entrailles de la terre , en détachent les parties vitrioliques qui s'y font formées , & les entraînent avec elles.

C'étoit une tranfmutation femblable à celle qui vient d'être décrite , que produifirent , il y a quelques années , des perfonnes qui avoient trouvé le fecret d'obtenir un privilége exclufif pour convertir le fer en cuivre , dans toute l'étendue du royaume. L'on fut très-flatté de l'idée de pouvoir fe paffer du cuivre de l'étranger , & de pouvoir en produire autant que l'on voudroit. Tout le fecret confiftoit dans une *eau* vitriolique , où , en faifant tremper du fer , il fe faifoit une précipitation de cuivre tout-à-fait femblable à celle que nous venons d'expliquer dans cet article ; mais comme ces convertiffeurs de métaux n'avoient point à leur difpofition une fource d'*eau* vitriolique auffi abondante que celle de Smolnitz , qui pût fournir long-tems à faire leur prétendue tranfmutation , la fraude fe découvrit , & le public fut en peu de tems défabufé.

C'eft un fait , que tout ce que nous avons dit rend certain & indubitable que l'ordre & la difpofition de nos terrains font entiérement l'ouvrage de l'*eau*. La Terre lui doit tout, & pour l'arrangement de tout ce que nous offre l'intérieur de fa maffe, & pour les inégalités de fa fuperficie. Sans parler de ces grands effets qu'elle a opérés dans le baffin de la mer, tous les jours l'*eau* dérange en détail, entraîne peu à peu & dépofe en tous lieux les débris des différentes parties de la Terre. Ce même agent reprend les terres & les abandonne, compofe & décompofe les différens lits. C'eft un élément dont l'action infatigable fait des tranfports continuels de vafes & de limons, qui, en lui cédant, obéiffent toujours aux lois de la pefanteur, à laquelle cet élément lui-même eft foumis. C'eft par cette marche de l'*eau* que les fubftances terreufes tendent toujours à defcendre vers le centre de la Terre. Chaque particule terreftre à laquelle l'*eau* a communiqué fon mouvement, prend une place inférieure à celle qu'elle occupoit auparavant. C'eft en conféquence de cette loi, qu'il faut conclure, en voyant des lits de vafe & de fable répandus & pofés uniformément partout, que ces amas ne peuvent provenir que des lieux fupérieurs d'où l'*eau* les a entraînés.

C'eft ainfi que la Terre nous préfente des lieux bas engraiffés aux dépens des lieux hauts; qu'aux confluens des rivières fe trouvent des dépôts formés par les anciennes *eaux* courantes defcendues des fommets élevés qu'elles ont dépouillés. C'eft ainfi que le limon de nos prairies ou des plaines baffes qui font en culture a été voituré, & continue à l'être par le cours des *eaux* pluviales parcourant en filets plus ou moins multipliés les croupes qui bordent nos vallées.

Lorfque, dans nos étangs, les *eaux* ont été longtems retenues, la fertilité des vafes eft furprenante. L'induftrie des cultivateurs en fait bien tirer parti en changeant l'état de ces amas d'*eau* & en les mettant en prés ou en culture. Or, il eft à croire que de grandes parties, ainfi couvertes de limon & defféchées, n'ont pas eu d'autre origine que celle de nos étangs & de nos prairies.

Recherche de l'eau.

La recherche des *eaux* (Hydraul.) fe fait ordinairement dans les mois d'août, de feptembre & d'octobre. La terre, alors déchargée de toutes fes humidités, eft plus fèche, & toute l'*eau* qui s'y trouve, peut s'appeler *fource*.

Sans s'arrêter à tous les moyens indiqués par les auteurs pour découvrir les fources, on dira que l'afpect du terrain, la fituation du lieu & la nature des terres font les trois chofes effentielles qu'il faut confulter.

Un praticien qui voit une terre couverte de plantes aquatiques, telles que des rofeaux, des creffons, des baumes fauvages, vitex, lierres terreftres, argentines, joncs, queues de renard, connoît aifément qu'il y a de l'*eau*, & juge de fa

profondeur jufqu'au lit de glaife qui la retient & qui fe découvre fouvent à mi-côte : on fuppofe que ces herbes y croiffent naturellement, & que ce ne font point des marais ou des *eaux* fauvages.

La fituation du lieu s'entend de fa difpofition avantageufe pour les *eaux*, tel que feroit à mi-côte un terrain couvert de verdure, dont la pente, peu confidérable, feroit d'une vafte étendue. Si ce terrain eft l'égout naturel d'une hauteur plus élevée, le fommet pouffera les glaifes à mi-côte & les découvrira à la vue.

La nature des terres doit encore être examinée : leur couleur blanchâtre ou verdâtre, telle que celle des glaifes, annonce fûrement de l'*eau* qui les a fait changer de nature, & les a pour ainfi dire engraiffées. Les terres franches, le gravier, la pierre rouge, font les meilleurs terrains pour la durée d'une fource, parce qu'elle fe tient en réferve dans ces fortes de terres, & fournit plus longtems que fur un lit de glaife, qui fouvent gliffe & change de place avec elle.

EAUSAN. C'étoit un petit pays du Bas-Armagnac, dans la ci-devant Gafcogne, le long de la Gelife, entre Gabaret & Fezenfac. On lui donnoit huit lieues dans fa plus grande longueur, fur cinq de largeur. Eaufe en étoit le chef-lieu. Ce pays eft coupé par plufieurs petits ruiffeaux. Les pâturages y font excellens, & d'ailleurs on y recueille beaucoup de blé & de vin. Ce pays fait aujourd'hui partie des départemens du Gers & des Landes.

EAUSE, ville du département du Gers, arrondiffement de Condom, & à cinq lieues & demie de cette ville. Cette ville étoit la capitale du petit pays qu'on appeloit *Eaufan*, qui étoit lui-même compris dans celui qu'on nommoit le *Bas-Armagnac*, dans la ci-devant Gafcogne.

Cette petite ville eft fur la rivière de la Gelife, près des ruines d'une ancienne ville qui fe nommoit *Elufa*, capitale du pays des *Elufates*, & enfuite de toute la *Novempopulanie*. La place où étoit cette ancienne ville s'appelle encore la *Cité*. On y voit des reftes d'antiquités, & l'on y découvre, en labourant, des blocs de marbre & d'anciennes monnoies romaines.

EAUX-BONNES, village du département des Baffes-Pyrénées, arrondiffement d'Oléron. Il y a une fontaine d'eau minérale, qui a donné le nom à ce village. A une demi-lieue, au fud, on trouve de la mine de fer en chaux, dure & de couleur brune. Elle contient beaucoup de pyrites jaunes, qui tombent difficilement en efflorence : on les convertit en fer dans la forge de Béon. Il fe trouve auffi de la mine de fer en chaux à un quart de lieue à l'eft du même village. Elle eft brune, folide, & chargée de petites protubérances chatoyantes. On voit encore, à une lieue, du même côté, de la mine de fer en chaux, folide & d'un brun-noirâtre. Elle eft fouvent criftallifée en forme de tuyaux d'orgue.

EAUY (Forêt de), du département de la Seine-Intérieure, arrondiffement de Dieppe, canton de Bellencombre. Elle a trois lieues de long, fur une lieue de large.

EBERWALD (Forêt d'), du département de la Sarre, canton de Raunen, dans le Bas-Palatinat, au pays de Hundfruch. Elle renferme plufieurs villages. On y trouve une fource d'eau minérale, dont l'eau eft froide & aigrelette, & qui eft très-fameufe. Il faut la prendre avec modération.

ÉBOULEMENT, chute latérale d'une maffe de pierres ou de terres, dont une eau courante a fappé les fondemens. C'eft par cette action continuelle des ruiffeaux, des rivières & des fleuves contre leurs bords efcarpés, que la plus grande partie des vallons ont été creufés, & continuent à s'approfondir par l'eau qui ofcille & qui produit ces *éboulemens*, dont nous pouvons fuivre les différens progrès. C'eft faute d'avoir fuivi cette marche de l'eau & fes effets, qu'on a méconnu les reffources de la nature dans l'approfondiffement des vallons de tous les ordres : & c'eft faute d'avoir connu cette marche, qu'on a fuppofé que l'eau a dû remplir, bord à bord, les vallons, ou qu'ils avoient été creufés dans le baffin de la mer.

ÉBREUILLE, ville du département de l'Allier, arrondiffement de Gannat, & à deux lieues de cette ville, fur la Sioule. Les environs d'*Ébreuille* font fertiles, & les vignes d'un bon produit.

ÉCHAUSSINES D'ENGHEIN, village du département de Jemmapes, à une lieue & demie de Braine-le-Comte. Il y a aux environs de cette commune beaucoup de carrières de pierres, qui occupent chacune une cinquantaine d'ouvriers.

ÉCHAUX (Forges d'), du département des Baffes-Pyrénées, canton & commune de Baygorry, & à une demi-lieue de Baygorry.

ÉCHELLES (les), village du département du Mont-Blanc, fur le Guiers-Vif, à deux lieues un quart de Pont-de-Beauvoifin. Il y a beaucoup de tifferands qui y fabriquent des toiles. Ce village doit être confidéré comme l'ouvrage le plus hardi & le plus opiniâtre qu'on ait entrepris dans les montagnes.

ÉCLANCE, village du département de l'Aube, canton de Soulaines. C'eft dans ce village, ainfi que dans les environs de Soulaines, qu'on peut obferver l'amas de coquilles, qui fe trouve fur les bords de l'ancienne mer du Morvan. On y trouve des pierres calcaires compofées d'une pâte plus ou moins fine, qui lie des huîtres plates & épaiffes, des gryphites, des peignes, des nautilites, des cornes d'Ammon, ainfi que leurs noyaux.

ÉCLARON, bourg du département de la Haute-Marne, arrondiffement de Waffy, canton de Saint-Difier, & à deux lieues de cette ville. C'eft là où domine la mine de fer de ce département, ainfi que les coquillages foffiles dont nous avons fait mention dans l'article ci-deffus.

ÉCLUSE, village du département de la Dyle, à une lieue trois quarts de Tirlemont. Ses productions font en grains, pâturages & bois, dont cette commune tire de grands avantages.

ÉCLUSE, ville du département de l'Efcaut, à quatre lieues un quart de Bruges. Elle eft fituée d'ailleurs dans la ci-devant province hollandoife. On lui a donné le nom d'*Éclufe* à caufe des *éclufes* qui s'y trouvent établies, au moyen defquelles on peut inonder tous les environs. C'étoit autrefois un des plus beaux ports de l'Europe ; il pouvoit contenir cinq cents navires, mais il eft fort diminué. *Éclufe* eft le chef-lieu d'une préfecture.

ÉCLUSE, village du département des Pyrénées-Orientales, canton de Céret, & à deux lieues de cette ville. Ce village comprend deux parties : l'une s'appelle l'*Éclufe-Haute*, l'autre l'*Éclufe-Baffe*. Près de cette dernière il y a une carrière de pierres calcaires. Non loin de là, vers le fud, on voit du fchifte groffier mêlé avec du granit ; ces deux fortes de pierres renferment, entre l'*Éclufe-Haute* & l'*Éclufe-Baffe*, quelques bancs de marbre gris, qui fe prolongent dans la direction ordinaire.

ÉCOMOI, bourg du département de la Sarthe, à quatre lieues & demie nord-oueft de Château-du-Loir. On y fabrique des toiles communes. Il y a une tuilerie où l'on fait des tuiles & du carreau : on y fait auffi beaucoup de chaux.

ÉCOSSE (l'), un des trois royaumes de la Grande-Bretagne, eft féparée de l'Angleterre par des rivières & des montagnes. Sa longueur eft d'environ cinquante lieues. L'air y eft plus pur qu'en Angleterre, & la vie de l'homme y eft plus longue. Il y a beaucoup de lacs qui, foit par leur pofition, foit par la manière dont ils font fournis d'eau, ne gèlent jamais. On y trouve beaucoup de rivières qui fe terminent par des baies fort larges, & enfin les vallées de ces rivières font très-fertiles. Les beftiaux y font d'une excellente qualité. Ce pays, qui le cède peut-être par le fol, ne le cède pas par le climat. Les habitans de l'*Écoffe* ont finguliérement cet avantage, qu'au moyen d'un grand nombre de baies & de golfes formés par la mer, aucune de leurs fermes n'en est éloignée de plus de vingt lieues : cette situation facilite le transport de leurs productions & la rentrée des denrées du dehors.

L'hiver commence au mois de novembre, & ne cesse d'être rigoureux qu'à la fin de mars : pendant ce tems les vents du nord ou ceux du nord-est soufflent continuellement ; le premier amène la gelée, le second amène la neige. Les plus hautes montagnes de l'*Écosse* en sont couvertes toute l'année.

Dans les parties septentrionales de l'*Écosse* les grands jours d'été durent dix-huit heures, & la chaleur augmente par des progrès assez rapides, & elle augmente au degré convenable pour mûrir les fruits de la terre.

L'automne est la saison la moins agréable. Les pluies continuelles & les brouillards épais occasionnent des maladies, mais passagères.

Les chevaux sauvages qu'on trouve en grande quantité dans les montagnes sont petits, mais forts & vigoureux : on n'a pas de peine à les apprivoiser.

Le charbon de terre est ici d'une qualité bien supérieure à celui de Newcastle. Dans les provinces du nord on voit des forêts depuis quinze jusqu'à dix-huit lieues de tour, & l'on y trouve des sapins d'une hauteur prodigieuse & quantité d'autres arbres pour la marine.

Le plat pays de l'*Écosse* ressemble à une vaste commune, où l'on apperçoit quelques habitations dispersées çà & là.

Trois chaînes de montagnes qui communiquent ensemble, occupent presque toute la partie méridionale de l'*Écosse* jusqu'à Édimbourg ; elles changent de nom suivant les contrées qu'elles partagent.

Depuis Dumbarton jusqu'à l'embouchure de la Clyde, dans la partie septentrionale de l'île, les montagnes, entassées les unes sur les autres, laissent entr'elles des vallées profondes, & sont toujours couvertes de neiges, principalement vers les sommets. Leurs chaînes, disposées de l'est à l'ouest, présentent un aspect imposant ; & plus on les considère, plus on est frappé de leurs masses énormes & de leurs irrégularités. Leurs sommets sont des rochers de granits dépouillés de toute terre végétale.

Une de ces montagnes, dans le Lochabar, est fort élevée jusqu'au sommet, dont une grande partie est inabordable. On rencontre, dans la visite de ces montagnes, des rivières rapides dans certaines parties de leur cours, & profondes dans d'autres, & sur lesquelles sont de petits lacs.

Côtes de l'Écosse.

Les côtes de cette partie de la Grande-Bretagne commencent par la Tweed ou l'ancien Alnunus,

limite étroite & géographique entre l'Angleterre & l'*Écosse*. Après ce court espace de basse-terre, le cap Saint-Ebb, promontoire fort élevé, projette dans la mer, & sa base est creusée par les cavernes les plus remarquables. Il est hanté, dans la saison, par les pingouins, les guillemots & tous les oiseaux du Baff, excepté le goëland-brun. Ce cap, avec Fiteness, qui est à environ trente milles de distance, forme l'entrée de ce magnifique bras de mer, appelé le *Firth* de Forth, qui s'étend soixante milles dans les terres, & avec le canal de Carron au Firth de Clyde il isole entièrement l'ancienne Caledonie. Firth, en écossois, signifie une baie étroite & enfoncée bien avant dans les terres.

Près du côté septentrional de cette entrée paroît l'île May, & près du côté méridional est le vaste rocher du Baff, qui s'élève comme une tour. Cette île est le rendez-vous d'été d'une innombrable multitude d'oiseaux qui, après avoir accompli le premier devoir de la nature, vont chercher, avec leur jeune famille, d'autres rivages ou d'autres climats. C'est une des places peu nombreuses de l'hémisphère nord où les goëlands-bruns font leur nid. Leur grosseur, leur plumage blanc comme la neige, leur vol doux & léger, leur plongeon précipité sur leur proie les distinguent de tous les autres oiseaux habitans de l'île, des cormorans & des pingouins dont le vol est rapide, & des mouettes dont le vol est lent & pesant. Près du Baff, l'entrée se rétrécit, ensuite elle s'élargit, &, creusant en dedans, elle forme de chaque côté une superbe baie. Le firth redevient très-étroit vers Queen's-Ferry ; ensuite il tourne & trace une belle courbe, jusqu'à ce qu'il se termine au-delà d'Alloa, dans la rivière à laquelle il doit son nom. Les rivages sont bas, en partie rocailleux, en partie une grève agréable, mais partout d'une beauté & d'une population incomparable. Édimbourg, la capitale, s'élève avec grandeur près du rivage, avec le port de Leith au dessous. On voit son riche marché, où les marées montent quelquefois à quinze ou seize pieds, & à dix-sept & dix-huit lorsque l'eau est chassée de force dans le firth par un vent violent de nord-est. Presque chaque lieue du contour de cette grande baie est embellie de villes ou de villages, nés du commerce & de l'industrie. L'élégante description que Johnston nous a laissée de la côte de Fife, est loin d'être exagérée, & peut, avec autant de vérité, s'appliquer à chaque rivage.

Le Fifeshire, borné par les firth de Forth & de Tay, s'avance fort loin dans la mer. C'est un pays florissant par son industrie, & riche en ports nombreux formés par la nature & par l'art, où perfectionnés par tous les deux. Le charbon de terre & la pierre à chaux, productions naturelles de ce comté, sont exportés par quantités immenses. Si l'on excepte la charbonnière peu considérable de Sutherland, celles de l'Argowood, à moitié chemin, entre la baie & Saint-André, font les dernières de ce côté du nord de la Grande-Bretagne. Les côtes de cette vaste province font en général flanquées de rochers & de précipices, mais fort peu élevées. Les baies, particuliérement la belle baie de l'Argo, font agréablement bordées de rivages ou graveleux ou pierreux, &, dans la plupart des différens lieux, la terre s'élève vers l'intérieur des terres. A l'extrémité nord la rivière d'Edin & fa petite baie indiquent, par la confonnance, la Tinna de l'ancien géographe.

ÉCOUCHÉ, ville du département de l'Orne, à deux lieues ouest d'Argentan. Elle a plufieurs fabriques particulières de draps dits d'*Ecouché*, façon de Vire, de toiles, d'étamines & autres étoffes de laines de la province : outre cela il y a quelques ufines, telles que moulins à tan & tanneries, où l'on prépare des cuirs & des peaux. On y travaille aussi beaucoup en horlogerie.

ÉCOUEN, *Equam memento rebus in arduis fervare mentem non fecùs ac bonis*, bourg du département de Seine & Oife. Ce bourg, auquel cette ftrophe d'Horace a donné fon nom, eft dominé par un ancien château d'une belle architecture, rédigée par Bullant. La tour du château eft environnée de quatre portiques ornés de colonnes corinthiennes. La terrasse qui fert d'entrée au château eft remarquable par la belle vue qu'elle préfente.

ÉCOUIS, bourg du département de l'Eure, arrondissement du Grand-Andely, & à une lieue deux tiers de cette ville. Ce bourg faifoit partie du Vexin-Normand. Il y a aux environs de ce bourg plufieurs vallées d'eaux courantes, qui fe jettent dans la vallée de la Seine, & dont les bords font garnis de plufieurs îles terreftres.

ÉCOUVES (Forêt d') dans le département de l'Orne, arrondissement d'Alençon. Elle a trois lieues trois quarts de longueur, fur deux lieues trois quarts de largeur.

ÉCOYEUX, bourg du département de la Charente-Inférieure, à deux lieues eft de Taillebourg, & à trois lieues fud de Saint-Jean-d'Angely. Il eft fitué dans une plaine, affez près d'un grand bois. Il y a dans cette commune des terres propres à faire des tuiles, des briques & de la faïence.

ÉCRETÉVILLE, village du département de la Seine-Inférieure, arrondissement d'Yvetot, à deux lieues & demie de Cany. Le clocher de l'église eft une pyramide conftruite avec une pierre blanche. Les habitans font commerce du lin qu'on y file, & avec lequel d'ailleurs on fabrique de belles toiles.

ÉCULLY, village du département du Rhône, arrondissement de Lyon, & à trois quarts de lieues de cette ville. On a, dans les environs, des carrières d'une terre couleur de paille, propre à la fabrication de la faïence. Dans le jardin d'une maifon de campagne fituée dans ce village, il y a une fontaine pétrifiante, qui forme des colonnes très-délicates, fouvent adoffées & collées enfemble, avec des tubulaires dans toute leur longueur: on les obferve furtout à la voûte de la terraffe d'où l'eau defcend.

ÉCUREY, village du département de la Meufe, arrondissement de Mont-Médi. Il y a une tuilerie, où l'on emploie une excellente argile.

ÉCURRAS, village du département de la Charente, arrondissement d'Angoulême, à trois lieues & demie de la Rochefoucauld. Il y a des mines de plomb près de ce village & dans le lieu dit *Monet*.

ÉCURY-SUR-COOLE, village du département de la Marne, à une lieue un tiers fud-oueft de Châlons. On y a établi une papeterie, dont l'ufine eft compofée de cylindres hollandais.

EDAN (Montagne d') dans le département de la Haute-Garonne, canton de Bagnères-de-Luchon, & à deux lieues & demie de cette ville. Cette maffe ifolée fe trouve dans un canton des Pyrénées, où elle offre la conftitution de ces montagnes, la plus intéressante pour ceux qui l'étudient.

EFFIAT, village du département du Puy-de-Dôme, canton d'Aigue-Perfe. Il y a une butte qui renferme plufieurs bancs de plâtre, fous différentes formes bien intéressantes.

ÉGYPTE. La vallée de l'*Égypte* eft bornée par deux chaînes de montagnes nues & efcarpées, formant un triangle très-aigu, dont les côtés offrent des finuofités. La jonction des montagnes qui forment le fommet de ce triangle fe fait à Sièhe. L'un des côtés fépare l'*Égypte* de l'ancienne péninfule, qui eft entr'elle & la Mer-Rouge; & l'autre, à l'oueft, la fépare des grands déferts de la Libye : tels font les confins de cette portion intéressante de terre que le Nil a conquife fur la mer aux dépens de la Nubie. Cette précieufe conquête, il l'a fertilifée chaque année au milieu de ces vaftes contrées, envahies par les fables qu'on voit auffi s'avancer avec rapidité dans la partie nord-eft, fur plufieurs points du Delta. C'eft donc, à proprement parler, une île arrofée périodiquement par un grand fleuve, au milieu des mers de fables mouvans dont le voifinage n'eft pas moins redoutable que celui des eaux. Ces fables font déjà au niveau des rochers, & franchiffent journellement les digues formidables qui bornent l'*Égypte*, & qui continrent très-long-tems les eaux de la Méditerranée.

L'*Égypte* fut jadis un golfe de la Méditerranée. En effet, l'on ne peut révoquer en doute que l'emplacement de l'*Égypte* ne fût jadis un golfe de la Méditerranée : cette mer, forcée de refluer sur elle-même pour faire place aux dépôts des terres entraînées par les torrens, ou de celles plus confidérables encore charriées par le fleuve, reçut ces dépôts, qui formèrent un nouveau domaine pour les hommes, après avoir été celui des poissons. Ce grand exemple fournit cette vérité, que les torrens, quelle que foit leur nature, font paroître dans une contrée ce qu'ils ont enlevé à d'autres.

Ainfi l'*Égypte* s'est formée avec les dépouilles des contrées fupérieures & latérales. Le Nil en-traîne dans fa pente la couche des terres de la Nubie & de l'Abyffinie. Les torrens de la Libye, ceux de la péninfule orientale, apportèrent les terres d'aussi loin qu'ils purent les rouler; & les torrens qui descendirent de l'Arabie-Pétrée n'y laiffèrent que les triftes veftiges qui lui méritent fi juftement fon nom.

Les mêms caufes, favorifées par le flux & le re-flux de l'Océan, formèrent graduellement l'ifthme entre la Méditerranée & la Mer-Rouge. Le fond du golfe arabique s'exhauffa, & forma cette mul-titude d'îlots, de bancs de fable & de récifs qui rendent la navigation difficile. Mais le fond de ce golfe ne s'exhaussa pas fans occafionner à cette mer un léger exhauffement. Cette hauteur, qui est, à ce que j'ai ouï dire, d'environ trente pieds à Suez, paroît confidérable au premier coup-d'œil; mais il faut obferver que cette élévation, fût-elle plus confidérable encore, fe perd fur l'étendue qui eft entre Suez & le détroit de Babël-Mandel.

Ce détroit eft encore embarrassé par l'île Perrin & d'autres îlots, en forte que les flots de la mer des Indes, affluant dans cette étroite plus vîte qu'ils n'en reffortent, font capables peut-être de maintenir dans le golfe arabique cette légère élévation qu'on dit être au deffus de la mer Méditerranée.

D'après ces faits, il eft aifé de concevoir que fi la jonction qui unit l'Arabie à l'Afrique ne fe fût pas opérée à Suez, elle auroit toujours eu lieu au détroit de Babel-Mandel (fort dou-teux).

C'eft donc aux dépens des contrées dont il vient d'être parlé, que la riche vallée de l'*Égypte* s'eft formée à l'aide des torrens. Ces changemens ont été caufés par la main imprudente des hommes, qui a détruit les végétaux des montagnes, en forte que les torrens mêmes ont difparu.

Les effets qui doivent réfulter dès dégradations des montagnes font particuliérement fenfibles dans les contrées habitées par des hommes à qui la civi-lifation n'a point donné des idées d'ordre & de prévoyance : telles font ces grandes peuplades de fauvages, qui abattent de grands efpaces de bois pour faire leurs plantations de vivres; elles font toujours précédées du feu, pour confumer le bois & faciliter la culture. Ces brûlées, faites fans précaution, altèrent non-feulement l'efpace abattu, mais fouvent, pouffées par le vent, embrâfent des contrées entières; & dès que les plantations ont épuifé les principes de la végéta-tion, le fauvage, fans fe donner la peine d'y fup-pléer, quitte cet endroit, & va s'établir autre part, où la même opération fe répète.

Il faut encore joindre à ces caufes les incendies naturels & ceux que les fauvages occafionnent en traverfant les forêts où ils allument des feux qu'ils abandonnent enfuite, fans fonger aux évé-nemens; ajoutez encore le fléau des ouragans qui ravagent des contrées entières, & vous aurez une idée de la deftruction des forêts dans les pays où l'homme n'eft pas civilifé.

Si je donne l'efquiffe de la deftruction des forêts chez les fauvages, c'eft pour en avoir vu le ta-bleau en grand en voyageant parmi eux dans la Guianne françaife & dans le voifinage des lacs Heviers & Ontario. On peut dire, avec vérité, que les anciens Gaulois ne traitèrent pas avec moins d'infouciance notre domaine. Il fuffit de jeter les yeux fur les montagnes des Pyrénées orientales, du Languedoc, de la Provence, du Vivarais, du Dauphiné. Cette nudité fe fait re-marquer fur une grande partie des montagnes de l'intérieur de la France, dont beaucoup porteront à jamais l'empreinte des incendies confidérables qu'y firent les Gaulois pour s'oppofer aux incur-fions de ce redoutable romain leur oppreffeur.

D'après tous ces faits on apperçoit pourquoi les terres d'alluvion contiennent beaucoup de par-ties charbonneufes, notamment celles d'*Égypte*, ainfi que nous le verrons plus loin.

Quelles font les digues naturelles contre les dé-gradations des pentes couvertes de bois, fi ce ne font les racines robuftes de la végétation ligneufe dont l'entrelacement en tout fens retient les dé-pouilles annuelles des forêts qui forment cette terre fubftantielle.

C'eft autour des rochers qui couronnent les mon-tagnes, que les nuages fe réfolvent en pluies; elles entraînent cette terre, fource de la fécondité des collines & des vallées. Voilà l'origine de la fécon-dité des terres inférieures; mais tout difparoît dès que la parure végétale difparoît : les plaines alors s'élèvent, tandis que les montagnes s'abaiffent.

Si d'un côté les dépouilles de ces contrées, en formant l'*Égypte*, ont un peu refferré le do-maine de la Méditerranée en rompant la com-munication avec l'Océan par le golfe arabique, elle s'en eft bien dédommagée en réfluant toute par le paffage étroit des colonnes d'Hercule, & où elle maîtrife, par fon courant continuel de l'eft à l'oueft, le flux de la grande mer, forcé de refpecter fon petit domaine. Cette conféquence eft eſt une ſuite dé la Mer-Noire dans la Méditerranée, par le paſſage du Boſphore & du détroit de l'Helleſpont.

Si quelques obſervateurs voluoient plutôt attribuer le défaut de marée, dans la Méditerranée, au paſſage étroit qui ſe trouve entre les deux mers, qu'au courant de la petite mer dans l'Océan, ils reviendroient de leur erreur s'ils réfléchiſſoient que le flux de la mer des Indes ſe fait ſentir, ſuivant Niebur, au fond du golfe arabique à Suez, & que le détroit de Babel-Mandel eſt plus étroit que celui de Gibraltar.

D'un autre côté, la Méditerranée rejette continuellement ſur ſes bords, des ſables mobiles avec leſquels les vents jettent la déſolation dans les lieux voiſins. Déjà ces vaſtes contrées de l'Afrique & de l'Aſie, près de la Méditerranée, ſont diviſées en eſpaces plus ou moins grands, que les ſables reſſerrent & menacent d'engloutir : ils cernent pareillement de toutes parts l'Égypte, qu'ils ont déjà en partie envahie, & il eſt indubitable qu'un jour cette belle partie du globe diſparoîtra ſous les ſables qui l'environnent; ils rétréciſſent chaque jour la bande de terre cultivable qui ſe prolonge de chaque côté du Nil.

C'eſt le grand Hérodote, ce célèbre obſervateur de la nature, qui nous fit connoître que le Delta ſeulement étoit une production du Nil; mais l'on ne pouvoit ſuppoſer que les digues de la mer, avant la formation de l'Égypte, euſſent été les confins trop foibles qui bornent aujourd'hui ce vaſte triangle, & qui ſont de la même nature de terre. La mer, avant cette époque, ne pouvoit être contenue qu'entre les chaînes des montagnes qui s'évaſent davantage depuis les pyramides, dont l'une, à l'eſt, va former l'un des promontoires de l'iſthme de Suez, & l'autre, à l'oueſt, ſe perd ſous les ſables de la Libye.

Telles ſont en général les digues formidables que la nature poſa entre les mers & la terre, pour réſiſter aux efforts continuels des vagues énormes que les vents pouſſent avec force contre les rivages. Les montagnes ſont donc les bornes que la mer ſe réſerva dans les tems qu'elle découvrit les parties du globe que les hommes habitent. Les coquillages & autres productions marines que l'on rencontre ſur les plus hautes montagnes de l'une & de l'autre Terre, les mines de ſel gemme, les ſalines de l'intérieur du continent, rendent cette opinion aſſez probable, comme l'expérience démontre que les plaines qui ſont au niveau des mers ſont formées par des alluvions.

Les ſalines qui ſont aux environs de Dunkerque, les contrées d'Auge & d'Iſigny en Normandie, ſi vantées par leurs gras pâturages, ſont des conquêtes ſur la mer, d'une date aſſez récente.

Les plaines de l'intérieur des continens que nous voyons, furent elles-mêmes, dans le principe, des lacs plus ou moins grands. Les points ſaillans

qu'on y apperçoit, furent, ſelon toute apparence, de petites îles. En effet, la réunion des eaux des pluies forma des ruiſſeaux plus ou moins grands, qui s'aſſemblèrent d'abord dans les baſſins & dans les vallées, juſqu'à ce que les eaux trouvant une iſſue, & tombant ſucceſſivement de l'un à l'autre baſſin, le courant des fleuves s'établit en applaniſſant ces vallées étroites qui aboutiſſent à la mer toujours par le ſommet d'un golfe.

D'après ces données on peut douter que la nature, économe dans ſa marche, n'ait voulu mettre à profit les alluvions, pour en former les plaines qui ſont au niveau de la mer, dans laquelle les fleuves impétueux arrivent chargés des dépouilles de la terre; mais à leur entrée dans leur grand réſervoir, les flots leur font éprouver une réſiſtance opiniâtre, qui les force à dépoſer la terre & les autres ſubſtances dont ils étoient chargés dans leur cours. Ces vagues diſputent leur domaine & maintiennent leur limpidité contre l'eau douce, dont elles n'admettent le mélange que lorſqu'elle eſt purifiée : ce phénomène offre à l'obſervateur un coup-d'œil intéreſſant.

C'eſt du combat des flots de la mer contre les courans des fleuves, que réſultent, après un laps de tems incalculable, ces barres ou bancs de terres que l'on rencontre aſſez ordinairement à l'embouchure des fleuves. Ces ſortes de digues tranſverſales changent la direction des fleuves, & inclinent leur cours tantôt d'un côté, tantôt de l'autre, de manière que ce jeu répété élève le fond du golfe par couches, qui, une fois arrivées où les rayons du ſoleil peuvent faire ſentir leur influence bienfaiſante, concourent à la végétation des plantes aquatiques. Cette végétation eſt pour la terre que les courans charient, une digue naturelle qui fait des progrès plus rapides à meſure qu'elle approche de la ſurface de l'eau : c'eſt par elle que ſe forment ces vaſtes marais qui, acquérant de la ſolidité, donnent naiſſance à des îles plus ou moins grandes.

L'induſtrie de l'homme ſuccède à cette marche de la nature : il deſſèche d'un côté, comble de l'autre, & force le ſol, par ſes travaux, à prendre une ſurface régulière; c'eſt ainſi que ſe forment les plaines du voiſinage de la mer.

Sous le climat brûlant de l'Égypte les premiers canaux formés pour les deſſéchemens ſervirent peu de tems après ceux d'irrigation, ſans leſquels l'agriculture ne peut avoir lieu dans cette contrée où il ne tombe preſque jamais de pluie.

On peut donc avancer que la nature prévoyante n'a découvert à l'homme ſon domaine qu'à trois différentes époques : elle lui offrit en premier lieu les montagnes, enſuite les plaines continentales qu'elle lui découvrit ſucceſſivement, & enfin les plaines de la formation la plus récente.

Les portions des plaines continentales dont partie n'a pas encore été comblée par les alluvions, tant à cauſe de leur profondeur que de leur ſituation, reſtèrent & ſont encore aujourd'hui ce qu'elles furent primitivement, des lacs. Elles ont, à la vérité, diminué de capacité : on peut les diviſer en ſupérieures & inférieures. Les premières ſont deſtinées à devenir, avec le tems, des plaines plus enfoncées : tels ſont les lacs des Oſvegos, des Aſſendas & du Saint-Sacrement ; les autres ſont, comme on le ſait, les réſervoirs qui donnent naiſſance aux grands fleuves. Les montagnes ſont la première & la plus intéreſſante des parties du domaine de l'homme. Quoique, dans le principe, il les ait découvertes ſans ménagement, cependant elles lui préſentent en Europe, particuliérement en France, dans la partie méridionale, des grains de bonne qualité, des vins exquis, de bonnes huiles & de bons fruits. Entre les tropiques les montagnes offrent le meilleur café, le cacao, le coton, l'indigo, les épiceries fines, le meilleur ſucre, le riz ſec, &c. Les montagnes ſont, en dernière analyſe, les mères nourricières des meilleures productions, & fourniſſent les bois dont on ne peut ſe paſſer nulle part.

C'eſt ſans doute d'après ce qui vient d'être dit, relativement aux plaines, qu'Hérodote a avancé que le Delta étoit ſeulement de formation nouvelle : c'eſt donc ſans fondement qu'il a été contredit par beaucoup d'écrivains, notamment par James Bruce, qui vint ſur les lieux, & qui a pris comme à tâche de contredire tous les voyageurs qui l'ont précédé en Égypte. Il s'eſt élevé particuliérement contre ce voyageur grec, qui a démontré d'une manière certaine cette grande vérité géologique, qui préſente dans tous les pays du Monde la marche inconteſtable de la nature ſur la formation des plaines : celles formées par la Tamiſe, le Humbert, la Garonne, l'Allier, la Seine & le Rhin auroient dû prouver au voyageur Bruce, qu'il étoit dans l'erreur. Rapportons ſeulement une des fables dont la foule gonfle ſon voyage, & voyons entr'autres choſes ce qu'il dit.

Par exemple, il avance avoir vu en Égypte des bornes de granit taillées en têtes gigantesques, ce ſont ſes expreſſions, qui fixoient les limites des biens de cette contrée dès la plus haute antiquité, ſans qu'on s'apperçoive qu'elles ſoient plus enterrées qu'à l'époque où elles furent placées.

Il faut que ce voyageur n'ait vu que de loin ce qu'il a pris pour des bornes. S'il s'en fût approché, il auroit vu que ce n'étoit autre choſe que de petites colonnes de terre d'environ un mètre de diamètre, & deux de hauteur. Ces colonnes ſont éparſes au milieu des champs cultivés de la Haute-Égypte, & les fellaches ou payſans montent deſſus pour écarter, en frappant avec force dans leurs mains, ſoit en jetant des mottes de terre, ces légions d'oiſeaux qui aſſiègent de toutes parts les ſemences & les récoltes.

Ces colonnes de terre n'ont aucun rapport avec des blocs de granit. Obſervons en outre qu'il n'y a de borné en Égypte que les houſſiers, les biens des moſquées & très-peu d'autres, & que ces limites ſont formées avec de petites bornes qu'on ne peut appercevoir qu'en voyageant par terre.

J'ajouterai cependant qu'on a lieu d'être un peu ſurpris qu'Hérodote n'ait pas remarqué que non-ſeulement le Delta, mais encore l'Égypte entière, eſt de formation nouvelle ; car cette contrée préſente partout une pente uniforme & une même nature de terre. On remarque ſeulement, en remontant du côté de Siène, & ſurtout aux approches de l'embouchure des torrens deſſéchés, que la terre eſt plus rude, plus groſſière ; que les couches ſont moins épaiſſes que dans les parties voiſines du centre de la vallée. Il eſt aiſé de rendre compte de ces différences.

Tout le monde a pu remarquer que les torrens, indépendamment des terres qu'ils charrioient, entraînoient pareillement des pierres, des arbres, des quartiers de rochers. Ces différentes maſſes ſont portées à des diſtances très-inégales ; elles ſe dépoſent à raiſon de leur peſanteur ſpécifique : c'eſt pourquoi l'on diſtingue, dans le lit des torrens, des pierres énormes, d'autres d'une moindre groſſeur, dont les angles, plus arrondis, plus uſés, diminuent de volume ſuivant la diſtance que les eaux leur font parcourir.

Ainſi les maſſes conſidérables ſont roulées & abandonnées à de très-petites diſtances de l'embouchure des fleuves & des torrens ; elles ſont immédiatement ſuivies des lits de pierres ou moins volumineuſes, dont les parties terreuſes rempliſſent les intervalles : c'eſt au deſſous de celles-ci que ſe placent ces cailloux ovales, ronds ou de toute autre forme, puis ces lits de graviers, de gros ou moyen ſable, qui s'allient avec la terre la plus groſſière.

A l'égard des terres plus légères, elles ſe mêlent aux ſables les plus fins. L'eau les diviſe à l'infini, de manière qu'elles ſont dépoſées à meſure que le courant d'eau diminue de viteſſe : c'eſt pourquoi elles ſont auſſi portées à de plus grandes diſtances ; en ſorte que les terres du Delta ſont tellement atténuées, qu'on diroit qu'elles ont été tamiſées. Cet arrangement occaſionne des différentes épaiſſeurs & qualités dans la couche végétale des plaines, de même que les inégalités dans leur ſurface : c'eſt pourquoi on y remarque ces grandes flaches qui occaſionnent par ſuite de tems, des contre-pentes dans les plaines. On les rencontre en Égypte dans les baſſins de Thèbes, de Girgé, de Syout, de Beneſnes, de Memphis, de Belbeys, dans l'Abairrey & dans le Delta. Cette vérité eſt connue de tous les ingénieurs-géographes qui ont parcouru l'Égypte. Les grandes crues du Nil, qui ſont nappes immédiatement au deſſous des cataractes de Siène, entraînent la ſuperficie du terrain, & contribuent à la médiocrité du ſol de la partie ſupérieure de la vallée.

D'après ces observations sur la formation des plaines, il est aisé de concevoir que le Saïd, qui est sur la même pente que le Delta, ne peut appartenir à l'ordre des plaines des continens, qui sont les plaines de première formation. Il faudroit, pour que le Saïd fût une de ces plaines, qu'il y eût, entre lui & le Delta, une digue naturelle, telle qu'un banc de rocher qui traverseroit le pays, joignant le mont Mokaltam à la chaîne libyque, en face des pyramides; mais il n'y a rien de semblable d'un bout de l'*Égypte* à l'autre. Au contraire, le Nil, en face de Memphis, a moins de pente que partout ailleurs. Cette digue, qu'il auroit fallu pour lutter contre les flots impétueux de la mer avant la formation du Delta, n'existe réellement qu'à Siène, où se terminoit cet ancien golfe parallèle à la Mer-Rouge. On remarque assez généralement, dans les chaînes de montagnes qui bordent la vallée de l'*Égypte*, que l'angle saillant d'une montagne répond à l'angle rentrant de l'autre: il y a seulement deux endroits où cette correspondance n'a pas lieu; par exemple, au dessus d'Esnech, à Guebelein (les deux montagnes) & au dessous d'Edfou, à Guebel-Silcily (passage de la chaîne). On voit dans ces deux endroits, que les angles saillans de l'une & de l'autre chaîne sont opposés; ils se rapprochent tellement, qu'il n'y a de place que pour le lit du fleuve.

J'observerai pareillement que la vallée de l'*Égypte*, depuis les cataractes au cap Bourlos, est d'une pente uniforme, sans aucune interruption brusquée, & qu'il n'y a d'inégalités que celles factices provenant des déblais des canaux creusés de main d'homme, de même que les collines formées par les décombres qui sont aux environs des villes modernes, ainsi que dans le voisinage de l'emplacement des anciennes cités d'*Égypte*. Il faut cependant excepter de ces sortes d'inegalités les petites collines naturelles qui sont dans le Delta, au nord de Métoubès. Elles se prolongent de l'est à l'ouest. La nature de leur terre, qui est grossière & graveleuse, indique assez que ces collines furent autrefois de petites îles au milieu de cet ancien golfe. Elles sont aujourd'hui stériles, & environnées de lagons & de marais qui se dessèchent en partie lorsque le Nil est bas.

D'après ce qui vient d'être observé, on voit que la vallée de l'*Égypte* incline un peu au nord. Les couches de la terre sont partout les mêmes, soit qu'on les remarque dans les fouilles des puits à roue qu'on veut construire, soit dans les profonds trous ou fouilles qui sont auprès de chaque village, dans lesquels on prend la terre pour fabriquer les briques destinées à la bâtisse.

Lorsque le Nil est à son plus bas, on remarque, sur les berges qui l'encaissent, ces couches de terre d'un brun-noirâtre plus ou moins foncé, ou mélangées de sablon jaunâtre: l'on en remarque encore d'une couleur de rouille plus ou moins forte. Ces nuances sont les mêmes sur les côtés du canal Joseph, & forment, d'après l'analyse qui a été faite de la terre cultivée de l'*Égypte*, cet heureux mélange d'alumine, de silice, de carbone, de carbonate de fer, d'un peu de sel marin & d'un peu plus de nitre. Les sels y existent en petite quantité, le carbone en quantité très-considérable, le carbonate de fer dans une moins grande, & l'alumine & la silice dans une proportion telle, qu'il résulte de ce mélange une terre extraordinairement légère. Ces molécules sont si atténuées, qu'elles permettent au fluide d'y circuler librement & rapidement. Joignez à ces qualités une épaisseur de terre depuis six jusqu'à dix mètres, avec une chaleur tempérée une partie de l'année, très-chaude pendant l'autre, & vous aurez une juste idée des causes de la prodigieuse fertilité de l'*Égypte*. Je dois cette analyse à la complaisance de M. Noël, pharmacien de première classe & chimiste instruit employé dans l'armée française en Égypte.

C'est pareillement cette surface plane, d'une pente imperceptible, presqu'au niveau de la mer, qui occasionne, sous un ciel toujours pur, cette chaleur excessive concentrée entre les chaînes des montagnes, dont l'élévation moyenne est entre quatre cents & cinq cents pieds. Elles réfléchissent encore cette chaleur à mesure qu'on se rapproche de Siène, où la vallée est plus étroite & les montagnes plus élevées. Pendant son séjour à Minié, M. Chabrié a observé le thermomètre dans la campagne, à l'air libre & à l'ombre. Exposé au nord, il lui a donné constamment 15 à 20 degrés.

Il est aisé de juger, par ce tableau, de la chaleur qu'il devoit faire, à la même époque, à Esnech & à Siène, plus rapprochés du tropique: telles sont les nuances, particulierement occasionnées par les vents de sud-est, de sud & de sud-ouest, qui entraînent dans leurs courans cette chaleur réfléchie par les déserts qu'ils parcourent avant d'arriver en *Égypte*, où alors elle est par fois suffoquante, surtout quand elle est refoulée par le vent du nord.

Cette température n'est naturelle à l'*Égypte* que par la disposition de son site, puisqu'à la vérité on ne la retrouve nulle part sous la même latitude, très-rarement même entre les tropiques, & je ne me souviens pas d'avoir vu le thermomètre à cette hauteur dans les plaines où coule l'Amazone; il ne descend jamais au dessous de 14 degrés dans cet endroit. Cette vérité me persuade que l'atmosphère qui occasionne la marche du tableau n°. 1, où le thermomètre a marqué 36 degrés & demi, est la cause de la dégénération de la majeure partie des productions des contrées septentrionales de l'Europe, notamment de celle de la végétation ligneuse (dont la grosseur & la saveur du fruit sont si différentes de ceux de l'Europe), à laquelle le repos de l'hiver paroît si nécessaire. Mais je suis pareillement convaincu que la plus grande partie de la végétation ligneufe d'entre les tropiqnes, notamment le café, les épiceries, &c., ne s'accommoderoit pas mieux de la faifon où le climat de l'*Egypte* opère cette variation oppofée du tableau n°. 2, où le thermomètre defcend du deuxième degré au deffous de zéro.

De ce qui précède il réfulte que la couche végétale eft partout la même, aux modifications près, que nous avons expliquées; mais partout auffi où les puits à roue s'éloignoient des rives du fleuve & fe rapprochoient du défert, l'eau étoit faumâtre à ne pouvoir être bue; ce qui prouve que le fond de la terre eft très-fortement imprégné des fels que la mer y laiffa : c'eft au point que, diffous par l'eau & attirés par les rayons du foleil qui l'évaporent, les fels reftent criftallifés fur la furface de la terre. On les apperçoit particuliérement fur les terres *Bour* & encheraquées : les premières font celles qui reftent plufieurs années fans culture; mais dès qu'on veut les remettre en état, leur produit fournit à peine, les trois premières années, les frais de labour & d'enfemencement. Ces caufes, que je développerai en traitant des cultures, font oppofées à ce qui eft connu en Europe pour les terres nouvellement défrichées ou qu'on a laiffé repofer.

Ce fait explique pourquoi dans les baffes eaux le fel fe criftallife fur les bords du lac Caron & fur ceux du lac Gara, qui font environnés de falines, comme on le voit fur le plan des lagons faifant partie de notre Atlas. L'eau exceffivement falée qu'on rencontre dans les baffins qui embelliffoient les palais de Carnack, celles d'Hermonts, d'Elethia ou Elcab, de même que la fource d'eau faumâtre qui eft dans la colline de Wouadé-d'Erac, dépofent en faveur de cette affertion.

Il faut auffi ajouter aux caufes de la falure du fol celles dues aux collines de fel gemme, qui fe trouvent fur le flanc des chaînes de montagnes qui bordent la vallée. On remarque ces mines de fel gemme près d'Ilaou-Ofcirincus, au deffus de Minié : ces témoins inconteftables prouvent des dépôts marins. On en rencontre auffi dans le Delta, près des petites collines naturelles dont nous avons parlé.

Si les coquillages qui fe recontrent fur l'une & l'autre montagne, fi les lits de poudingues à petits grains qui font fur la rive orientale du fleuve près Guebel-Silcily, fi ces pierres pareilles à celles que l'on trouve fur le rivage de la mer, en allant au cap Bourlos, fi enfin tous ces faits étoient infuffifans pour établir les preuves que la mer a baigné le pied des rochers de Siène, je vais en rapporter une dernière qui, fans être étayée des autres, pourra feule le perfuader.

En effet, quel eft l'agent affez puiffant pour ofer couper à pic le mont Mokaltam fur prefque toute fa longueur, & particuliérement les parties qui font tête au nord & nord-oueft de l'une &

l'autre chaîne ? La même chofe a lieu dans la montagne qui fépare le défert de Fayoum & qui borde le lac Caron. La chaîne orientale préfente prefque partout l'afpect d'un mur de fortification, tant elle eft efcarpée; raifon qui l'a fait appeler par les habitans *Mokaltam*, c'eft-à-dire, *Montagne taillée*. On diftingue fur fon efcarpement les couches qui la forment : quelques-unes font d'un jaune-rougeâtre plus ou moins foncé.

Ces couches font horizontales, fuivant l'ordre naturel; mais on en voit par intervalle (telle que celle en face de Gyrgey derrière Syout, &c.) de plus ou moins inclinées, dont les filons commencent au pied de la montagne, & vont fe terminer au fommet à une plus ou moins grande diftance; mais plus rarement, font prefque verticales. (On remarque celle-ci à Guebeltar, au bas de Minié & au monaftère de la Poulée.) J'ignore ce qui a pu occafionner ce défordre, à moins que ce ne foient les volcans, dont il exifte; dit-on, des traces dans les montagnes qui féparent l'*Egypte* de la Mer-Rouge.

Si ces accidens furent occafionnés par la puiffance volcanique, il s'enfuit que les éboulemens du mont Mokaltam en feroient les fuites néceffaires s'ils n'exiftoient qu'en face des endroits que nous venons de citer. Mais ces éboulemens qui fe remarquent d'une de ces extrémités à l'autre, & plus fortement dans les parties qui regardent le nord & le nord-oueft, prouvent l'exiftence d'un agent au moins auffi puiffant; car fi c'étoient des effets volcaniques, ces blocs énormes, détachés des montagnes, exifteroient dans leur voifinage; mais ces veftiges font très-rares du côté du mont Mokaltam.

Ils font plus communs fur l'autre chaîne. Ils fe font remarquer à l'entrée d'Ylaon, derrière Syout-d'Indera, en face de Kené & fur l'angle qui regarde Karnack, où il paroît que les blocs reftèrent fufpendus plus long-tems, puifque l'on ne voit au deffous du refte que les traces d'une dégradation occafionnée par les intempéries de l'atmofphère.

Mais où font paffées les parties qui manquent au mont Mokaltam ? Qui peut avoir caufé un pareil défordre, dont il refte des traces auffi remarquables ? C'eft une puiffance dont le voifinage n'eft guère moins redoutable que celui des volcans; c'eft la mer qui, avec le tems, a opéré ce grand ouvrage. Les mêmes effets fe font remarquer fur les côtes où elles fe brifent continuellement. Les vents du nord règnent dans ces parages plus de neuf mois de l'année. Ne font-ce pas les vagues de la mer, pouffées dans ce golfe étroit avec la violence & l'impétuofité de ces vents, qui caufèrent, par leurs fecouffes continuelles, ces profondes excavations, & qui précipitèrent fous les flots ces maffes énormes détachées fucceffivement des montagnes ? De proche en proche cette action s'eft répétée, au point que dans certains endroits la moitié de la montagne a disparu & a été recouverte par les alluvions.

Tel est l'aspect que présentent le mont Mokaltam & les parties de la chaîne libyque exposée au nord. Elles offrent un contraste sensible avec les parties qui furent moins maltraitées par les vents opposés ; de sorte que la majeure partie de la chaîne occidentale & les endroits de la chaîne orientale qui furent respectés, se terminent dans la vallée, plus ou moins rapidement, par la modification des collines dont elles sont flanquées par gradins.

Objecteroit-on que l'escarpement des montagnes qui bornent l'*Égypte*, est le résultat de la construction des villes & des grands monumens égyptiens ? Je répondrai qu'il paroît certain qu'il n'y eut en ce pays que les édifices publics bâtis en pierre de grès, que ces matériaux ont été fournis par les carrières qui sont au dessus d'Edson ; que les temples d'Acmocium & de Gao sont en pierres numismales prises dans leur voisinage. Les villes modernes d'Antinoë, Oxirmeus & Alexandrie furent construites en pierres tirées des carrières qui sont dans leurs environs. D'ailleurs, les parties du mont Mokaltam qui ont disparu, seroient plus que suffisantes pour couvrir de pareils monumens la surface de l'*Égypte*.

Tel est l'aspect de la vallée depuis les pyramides jusqu'aux cataractes d'Asovan, où elle se termine par le rapprochement des montagnes. Cette jonction s'opère par une ramification de la branche orientale qui vient joindre la chaîne occidentale, & forme les premières cataractes au dessus de l'île éléphantine.

C'est à cette jonction que se forme la digue naturelle où se terminoit cet ancien golfe : c'est aussi le point où le pays change brusquement de figure & annonce son antiquité par son élévation, & Siène offre à la fois par gradins le tableau des trois âges. La couche granitique la plus élevée forme le premier ; celle de grès & calcaire le second ; la vallée de l'*Égypte* le troisième.

Tels sont les vastes, les sublimes caractères que la nature a tracés sur la surface du globe pour nous transmettre la connoissance de sa marche.

Je ne veux point terminer cet article sans dire deux mots sur le Fayoum, & sans revenir sur l'article important des canaux. Celui de Joseph ne fut jamais une déviation artificielle, mais bien le lit principal du fleuve qui s'inclinoit, suivant sa pente naturelle, le long de la chaîne libyque. Son lit est dénaturé, obstrué au dessus de Taroute-el-cherif, d'où il tire actuellement ses eaux, qui coulent dans un canal desséché par intervalles une partie de l'année. Ce canal est pour le moins aussi large, aussi profond & aussi sinueux que celui où coule aujourd'hui le Nil. On ne voit le long de ses bords aucun vestige de déblais ; seulement

ses rives, comme celles du Nil, sont plus élevées que le reste du terrain.

Cette cause physique des bords plus élevés du Nil fut attribuée comme phénomène particulier, quoiqu'elle lui soit commune avec tous les fleuves, rivières ou ruisseaux de la Terre, à qui il est naturel d'élever leurs bords. C'est pour cette raison que les cultivateurs riverains des courans qui débordent, sont obligés de faire des saignées ou fossés pour rappeler les eaux dans leur lit ordinaire lorsque les terres labourables & les prairies sont suffisamment imbibées.

Le défaut de ces précautions occasionne ces vastes marais & ces lacs le long des grands fleuves. Les lacs de Scindas, des Osvegos & du Saint-Sacrement, dans le voisinage du fleuve Saint-Laurent, nous en fournissent un exemple.

Mais la branche improprement nommée *canal Joseph* couloit le long de la chaîne occidentale dans la Libye, en passant dans le Fayoum par le détroit d'Illaoum. Cette petite province, encadrée dans les déserts de la Libye, est sensiblement plus basse que l'*Égypte*. Le courant du fleuve y trouvoit une pente plus rapide ; en sorte que le Fayoum fut très-long-tems ravagé par les eaux, qui le divisèrent par de grands ravins, & par la suite le courant s'y trouva encaissé sans pouvoir sortir de son lit.

La branche du Nil, dont il est question, se divisoit, au dessous du détroit d'Yllaoum, en deux principales parties, qui contournent le Fayoum dans le lac Caron, qui débouchoit par la vallée du sud-ouest, pour se rendre au lac Maréotis. En supposant le contraire, on submerge totalement le Fayoum.

Il paroît que cette communication a été obstruée par les dunes de sables dès le moment que le courant a diminué, & ses branches ne sont plus que de larges & profonds ravins qui portent l'empreinte de la puissance du courant d'alors. Ces ravins ont par fois jusqu'à quatre cents toises de large. On peut juger du volume d'eau qui couloit jadis en *Égypte*, par celui qui passoit par le Fayoum, époque sans doute où les terres furent arrosées naturellement par le débordement du Nil. Les machines hydrauliques si usitées aujourd'hui par toute l'*Égypte* n'étoient pas en usage dans ces tems reculés ; du moins on n'en voit aucun vestige sur les monumens égyptiens, tandis que l'effigie des instrumens d'agriculture s'y rencontre partout. Pourquoi eût-on oublié de rapporter les moyens qui sont le principal mobile de l'agriculture dans cette contrée, où il ne tombe pour ainsi dire jamais de pluie. Néanmoins, d'après un examen particulier des bas-reliefs, il m'a paru que les anciens Égyptiens avoient imaginé un moyen simple, par lequel ils répandoient les eaux du Nil sur les terres lorsqu'il étoit rentré dans son lit.

Mais les eaux ayant diminué à leur source, &

la majeure partie du fleuve s'étant détournée le long de la chaîne orientale du pays & au deſſus de Girgey, une autre portion, priſe à l'entrée du détroit d'Yllaoum, s'étant dirigée dans le nord-oueſt de Bénéſuef, coulant enſuite le long de la chaîne libyque, néceſſitèrent, pour l'*Égypte* & le Fayoum, un nouveau ſyſtème d'irrigation pour favoriſer la ſortie de la portion d'eau qui lui reſtoit des larges & profonds ravins dans leſquels elle ſe trouvoit encaiſſée, ſans pouvoir opérer le bien à ſa ſurface : c'eſt ce qui obligea de conſtruire à l'entrée du détroit d'Yllaoum une forte digue qui s'attache aux deux montagnes oppoſées, & qui eſt ſoutenue par une maçonnerie éperonnée. Au milieu de cette digue eſt un pont ſous lequel paſſe l'eau deſtinée au Fayoum, laquelle fut portée par ce moyen & celui du batardeau conſtruit à la tête de chaque ravin particulier qui va aboutir dans l'oueſt de Médine & du Fayoum, où, après l'avoir traverſé, il ſe diviſe & ſe ſubdiviſe. Ce canal eſt le ſeul appelé par les habitans, *bar-el-Youſef* (canal Joſeph). En conſtruiſant cette précieuſe digue on a eu l'intention de mettre à profit le plus d'eau poſſible. Elle forme, du côté de la pyramide, un vaſte réſervoir où lac, qui contenoit un volume d'eau conſidérable, deſtiné à féconder les environs. On voit dans le ſud du village de Sarke un pareil ouvrage, qui ſervit ſans doute au même uſage que le précédent. Ces monumens, qui font honneur aux ſiècles qui nous ont précédés, furent, ſuivant les apparences, négligés ſous le gouvernement deſtructeur des Turcs, de manière que ces digues n'opéroient plus la fécondité dans leurs environs, ni même dans le lieu de leur emplacement. La partie près le pont d'Yllaoum étoit, dans l'an 8 de la République, ſans la moindre culture ; l'autre partie, près le village de Sarke, qui forme, à certaines époques, une vaſte flache, étoit à la vérité couverte de la plus riche moiſſon.

On y a trouvé, dans un petit marais qui eſt au bas de la chauſſée de ce dernier ouvrage, le lotus, qui a totalement diſparu dans toute la *Haute-Égypte*.

Quoi qu'il en ſoit, on peut dire avec vérité que le ſyſtème d'irrigation du Fayoum eſt le mieux raiſonnné de toute l'*Égypte* ; ce qui rend cette petite province la plus intéreſſante & la plus fertile de cette contrée, malgré la qualité inférieure de ſon ſol, dont la ſuperficie fut emportée par les eaux, qui cauſèrent auſſi les inégalités qui ſont à ſa ſurface.

Tels ſont les faits à l'égard du canal Joſeph & des ouvrages de l'inſuffiſance de ſa portion d'eau néceſſita. Si les voyageurs français euſſent viſité les lieux, ils ſe ſeroient diſpenſés, l'un de croire à des pétrifications de vaiſſeaux & de mâts pour juſtifier ſon ſyſtème, l'autre d'une longue diſcuſſion ſur le même ſujet, qui ſe termine par monter

ſur la grande pyramide, comme ſi de là il avoit pu viſiter le Saïd.

Nous obſerverons encore que les monumens de l'*Égypte* ſont ordinairement ſitués le long des montagnes, particuliérement près la chaîne libyque : c'eſt ſans doute parce qu'on arrivoit plus tôt à la terre ſolide pour en aſſeoir les fondemens. On pourroit préſumer que les monumens de Luxor, Carnak, d'Indéra, Gaho & Acmonnain furent élevés ſur des îles ou reſcifs de cet ancien golfe, qui avoient à cette époque quelque ſolidité malgré les alluvions.

Tel eſt le précis des obſervations que M. Chabrié, chef de bataillon du génie, a raſſemblées pendant un ſéjour de près de quatre ans, ſur la géologie de l'*Égypte*, ſur les cauſes particulières de la fertilité de ce beau pays. Il a moins cherché à bâtir un ſyſtème qu'à rapporter des faits, & s'eſt renfermé dans l'expoſé ſimple & nu de la vérité.

Des lacs de la Baſſe-Égypte.

Les lacs de la *Baſſe-Égypte* occupent des baſſins dont la plupart ont pour fond les couches calcaires du ſol, lequel a été encombré du côté de la mer par les ſables que ſes flots y ont accumulés. Voilà ce qu'il importe de ſavoir concernant les baſſins de ces lacs. Maintenant il faut faire connoître comment ils ſont alimentés. D'abord on y voit affluer les eaux douces ou chargées de natrum, qui viennent de l'intérieur des terres, & qui, ſuivant les ſaiſons, débordent par les émiſſaires qui aboutiſſent à la Méditerranée. Dans d'autres tems les eaux de la mer, qui, comme on l'a dit, ont contribué à former les digues des lacs, débordent dans les terres, de manière à faire éprouver un remoux aux eaux des émiſſaires, & à ſe porter juſque dans les lacs ; en ſorte que dans ces tems de tourmente les eaux ſalées ſe trouvent ſurabondantes aux eaux douces. C'eſt à la ſuite de ces inondations qu'on voit ſe former, par une forte évaporation, de grands amas de criſtaux, qui ſont les réſultats des eaux ſalées de la mer Méditerranée & des eaux douces ou chargées de natrum.

En ſuivant avec attention la forme des digues de ces lacs on pourroit eſtimer l'ancien niveau des eaux de la Méditerranée, particuliérement d'après leur plus grande hauteur. On ne peut pas douter que la formation & l'entretien de certains lacs de la *Baſſe-Égypte* n'aient eu lieu à la ſuite de circonſtances particulières, quant à la poſition des terrains, bien différente en cela de tout ce qui concerne les lacs des bords de la mer dans les landes & le long des côtes du Languedoc, leſquels ſont tous remplis d'eaux douces, ſans éprouver aucun remoux des eaux ſalées de la mer. Mais il y en a d'autres dont la poſition eſt aſſez ſemblable. C'eſt pour déterminer cette diſtinction, qu'il faudra par la fuite voir en détail les lacs d'*Égypte*.

D'après l'infpection des cartes de Danville, je crois qu'il y a des lacs qui font dans des pofitions différentes : les uns font fur les bords de la mer, comme ceux des landes de Bordeaux & des côtes du Languedoc. Ainfi il y a grande apparence qu'ils doivent leur formation & leur entretien aux mêmes caufes & aux mêmes circonftances. Mais ceux qui font dans l'intérieur des terres, & à une certaine diftance des bords de la mer, peuvent être rapportés à l'explication précédente. Au refte, il me paroît qu'il convient de raffembler tous les détails qui peuvent fe trouver dans les voyageurs, & déterminer ce qui peut avoir quelqu'application à ces lacs dans les circonftances que j'ai développées ci-devant, & que je regarde d'ailleurs comme les circonftances fondamentales de la formation des lacs voifins des bords de la mer, mais pourtant placés à un certain éloignement.

ELBE (Ile d'), île de la mer de Tofcane, remarquable furtout par une mine de fer criftalliſée.

De toutes les mines de fer connues, il n'y en a pas de plus digne que celle de l'île d'*Elbe*, d'intéreffer à la fois le minéralogifte, le métallurgifte, & celui qui, fous le nom générique de naturalifte, s'attache à envifager les rapports généraux des différens amas de fubftances minérales.

On a dit & on a écrit que l'île d'*Elbe* eft toute de fer, ou tellement chargée de la mine de ce métal, qu'on en rencontre partout. On ajoute même que, la bouffole perdant fa direction aux approches de cette île, les navigateurs ne voguent plus qu'à l'aventure fi la lumière du jour ne vient à leur fecours.

Il s'en faut bien que l'île d'*Elbe* foit toute de fer. La mine de ce métal y eft fans doute abondante, mais feulement dans un certain canton, comme on va le faire voir. Dans les autres on trouve des terres, des empreintes ferrugineufes qui décèlent à la vérité la matière du fer, mais à peu près comme on en rencontre dans plufieurs provinces, qu'on ne regarde pas pour cela comme des pays à mines de fer ; car on fait que rien n'eft plus commun partout que ces indices ferrugineux.

Quant à ce qu'on raconte de la bouffole, le fer & l'aimant n'agiffent pas fur l'autre à de pareilles diftances ; & ce qui détruit encore plus cette fable ridicule, c'eft que la mine de l'île d'*Elbe* n'eft pas attirable à l'aimant.

Il n'y a dans toute l'île d'*Elbe* qu'une mine de fer exploitée ; elle eft fituée fur la côte orientale & qui borde le canal de Piombino, par lequel cette île eft féparée de la Tofcane.

La montagne qui borde cette côte préfente réellement des morceaux de mine de fer à chaque pas, non à la furface du fol, qui eft recouvert prefque partout de plufieurs pieds de terre rou-

geâtre, mais dans tous les endroits où l'action des pluies & de la mer a entraîné cette terre ou feulement les pierres. Les rochers qui forment la côte font tous fillonnés de veines ferrugineufes entre-mêlées de quartz, quelquefois colorées en rouge ; quelques-unes même de ces roches paroiffent être des maffes de mine affez pures. Ces rochers, ces pierres roulées dans les ravins, font quelquefois des fchiftes ; mais généralement ce font des pierres de cette efpèce, qu'on nomme *pierre à rafoir*, qui appartient bien au genre des fchiftes, qui doit, comme eux, fon origine à l'argile, mais qui fait une claffe diftincte de celle des pierres fchifteufes proprement dites.

Affez fréquemment on rencontre dans cette partie de l'île, & même à plufieurs lieues de la montagne dont on a parlé, des morceaux, des blocs même de cette pierre, qui annoncent avec quelle prodigalité la nature a répandu la matière du fer dans ce canton. Quelques-uns font tout gercés, & portent dans leurs fentes des impreffions noirâtres, femblables à ces fortes de végétations figurées que laiffe toujours un fluide preffé entre deux furfaces qui s'appliquent l'une contre l'autre. Quelques-unes de ces végétations font brillantes, parce qu'elles font formées par des filtrations de mica ; mais le plus fouvent elles font brunes, & ne font autre chofe que de l'ocre figuré. Il y a de ces pierres qui ne font point gercées, qui font d'un grain très-compacte, &, qui, dans toute leur épaiffeur, portent de ces fortes de végétations ferrugineufes, qui alors font très-petites & reffemblantes à de la mouffe.

C'eft généralement la pierre à rafoir qui domine dans toute l'île d'*Elbe*; elle fe montre à plufieurs degrés de perfection & de dureté. Sur le rivage & dans les fonds elle paroît ordinairement comme une argile blanche & très-fine qui commence à fe durcir, & par gradation cette pierre fe trouve devenir pierre à rafoir très-dure & très-compacte. Dans les fonds & fur les petites montagnes, les bancs de cette pierre font affez horizontaux; mais fur le fommet des montagnes les plus élevées les couches deviennent prefque perpendiculaires. On obferve conftamment cette perpendicularité dans les couches des hautes montagnes de l'île d'*Elbe*, ainfi que dans celle de Corfe, lefquelles, fchifteufes pour la plupart, préfentent fort fouvent des feuillets perpendicula res ou prefque perpendiculaires, contournés quelquefois comme les filamens ligneux qui compofent ce qu'on appelle les *nœuds d'un arbre*. Cet ordre perpendiculaire, furtout lorfqu'il eft joint à ces directions ondulées, eft fans doute ce qu'il y a de plus difficile à expliquer dans la formation des maffifs.

Celui dans lequel fe trouve la mine de fer a tout au plus cinq cents pieds d'élévation & difpofé par couches horizontales. On n'y voit point de ces têtes de rochers mis à nu par la chute des pluies, la fonte des neiges & l'action des vents dans une immense révolution de tems. Il est tout recouvert d'un amas de terre végétale qui semble régner uniformément sur une épaisseur considérable. Si on en jugeoit par les ravins où elle se montre assez constamment sur des épaisseurs de quinze à vingt pieds, on pourroit croire que ce massif en est généralement formé ; mais l'endroit où l'on peut le mieux juger de sa composition est celui où l'on exploite la mine ; car elle est entamée dans cet endroit sur une hauteur de plus de quarante-cinq toises par échelons. On ne voit à nul ordre constant, point de couches régulières & suivies : tout annonce les culbutes & le désordre. On voit des lits brisés & interrompus, tantôt de pyrites, des dépôts d'ocres de toutes couleurs ; tantôt de sable, de roches grises d'argile & de mine de fer en masse & entre-mêlée, sans aucune suite, sans aucun arrangement : c'est l'image d'un chaos épouvantable. On ne peut s'empêcher de croire qu'elle n'ait été entiérement renversée par l'effet de quelque grande explosion ; dont les tas de pyrites qu'on rencontre fréquemment, le soufre qui se montre dans les crevasses & les amas de mine de fer auront aisément fourni la matière.

Ces explosions, ces culbutes qu'il est difficile de ne pas admettre dans la plupart des hautes masses, sont démontrées dans la mine d'*Elbe* par des monceaux de scories, ainsi qu'à leurs souffures & à leurs fractures on est forcé de reconnoître pour des matières métalliques & des terres vitrifiables fondues ensemble. Elles se rencontrent à chaque pas ; elles varient de couleur & de consistance, selon la nature & les proportions des matières qui sont entrées dans leur composition & le degré du feu qu'elles ont essuyé.

Toute cette masse, au moins dans l'endroit où se fait l'extraction de la mine, n'existe point par filons, mais par blocs plus ou moins considérables, qui se montrent à différentes profondeurs, qui commencent & finissent sans aucun ordre, sans aucune continuité, comme les autres matières qui forment le sol de cet endroit.

Ces masses présentent la mine dans différens états. Il n'est peut-être pas au monde d'exemple de plus d'espèces de mines de fer réunies dans un même endroit : mine en roche, grise noire ; mine de fer sablonneuse, mine de fer limonneuse, mica, ocre de toutes nuances, manganèse, hématite, mine cristallisée. On en voit de toute espèce, excepté la mine de fer blanche & la mine spéculaire.

Mais la plus abondante de toutes ces espèces, c'est la mine cristallisée ; les autres ne paroissent que ses décompositions. Cette mine, qu'on prétend unique en son espèce, est absolument particulière à l'île d'*Elbe*, offre des variétés à l'infini, tant pour la forme que pour la couleur de ces cristallisations. L'espèce la plus ordinaire est celle qui est cristallisée en forme de pyramides ou d'aiguilles entassées les unes sur les autres, sans angles

ni sens déterminés, & forment cependant des masses rassemblées. Cette mine est d'une couleur grise comme le fer en gueuse, & brille à peu près du même éclat.

L'espèce la plus commune après celle-là est la mine cristallisée en boutons. Ces boutons sont ordinairement taillés en pointes de diamant ; quelques-uns sont courts, d'autres sont alongés, & forment des prismes de toutes les formes. Ils sont ordinairement d'une grosseur médiocre : il en est cependant d'aussi gros que le doigt, comme il y en a d'une petitesse imperceptible.

Après cette espèce viennent les cristallisations feuilletées ou en écailles. Ces écailles sont implantées les unes sur les autres, en différens sens ; elles forment cependant assez extraordinairement des suites d'une étendue plus ou moins grande, qui paroissent naître d'une même base. On trouve des gâteaux de cette sorte de toute grandeur : il y en a des roches entières. Ces gâteaux portent des cristallisations, non-seulement tout autour de leur superficie, mais encore dans toutes les cavités qui peuvent se rencontrer dans leur épaisseur. Le volume des cristaux est ordinairement proportionné à l'étendue des cavités où ils existent, & où vraisemblablement ils se sont formés.

Ces deux dernières espèces de cristallisations n'ont point de couleur déterminée : le plus ordinairement elles ont la couleur & l'éclat de l'acier poli ; mais souvent elles sont colorées en vert, en rouge, en noir, en jaune, en brun, en bleu, en violet de toutes les nuances ; quelquefois le quartz se mêle à ces cristallisations métalliques, & il en adopte les couleurs. On voit de ces morceaux qui paroissent être l'assemblage de toutes les pierres précieuses, & offrir à l'œil enchanté l'apparence des topazes, des émeraudes, des rubis, des diamans & des saphirs réunis : tout cela cependant n'est que du fer coloré par des vapeurs phlogistiques, comme on le verra par la suite.

Ces cristallisations ne conservent pas long-tems leur éclat quand elles sont exposées à l'air ; elles se couvrent d'une petite rouille rougeâtre ou jaunâtre, qui d'abord est peu adhérente, & qui, lorsqu'elle est essuyée, laisse à la cristallisation tout son brillant. Dans les cabinets où les garantit de la poussière & de l'humidité, ce brillant se soutient infiniment plus long-tems ; mais à la longue, même dans les cabinets, il disparoît, & ces curiosités naturelles ont le même sort que les ouvrages où l'art emploie la même matière, & auxquels on a donné le même éclat : la rouille les détruit.

Outre la propriété d'être cristallisée, la mine d'*Elbe* en a d'autres qui, sans lui être particulières, servent cependant à la caractériser : elle est d'abord d'un poids plus considérable que toutes celles qu'on connoît ; elle paroît avoir à la main la

pésanteur

pefanteur du fer, comme elle en a l'éclat. Elle eſt cependant d'une peſanteur aſſez inférieure à celle de ce métal, puiſque dans l'eau elle perd plus d'un ſixième de ſon poids, tandis que le fer n'en perd qu'un ſeptième au plus.

Sa dureté eſt très-grande lorſqu'elle eſt en maſſe compacte & lorſqu'elle n'a pas eſſuyé l'action du feu. Quand elle eſt criſtalliſée elle doit ſa fragilité aux intervalles que laiſſent entr'elles les criſtalliſations.

Elle ſe préſente preſque toujours pure, c'eſt-à-dire, ſans être aſſociée à des matières terreuſes ou métalliques étrangères, ſenſibles à l'œil, & tellement confondue avec elles, qu'on ne puiſſe les ſéparer que par le bocard ou par le feu. La ſeule eſpèce de ces dernières qu'on y rencontre, ſont des marcaſſites cuivreuſes qui exiſtent quelquefois en groupes aſſez conſidérables, mais rarement mêlées avec la mine de fer, de manière à ne pas en être ſéparées avec le marteau ſeul.

Le quartz s'y rencontre beaucoup plus fréquemment, & il eſt quelquefois mêlé avec elle en ramifications ſi déliées ou en criſtalliſations ſi menues, qu'on ne peut les ſéparer que par le feu.

La pierre à raſoir & le ſchiſte s'y mêlent auſſi quelquefois, mais très-rarement : on n'y voit pas de ſpaths ni de pierres calcaires.

Dans les grillages en grand on n'y ſent aucune odeur qui décèle la préſence de l'arſenic, mais bien celle du ſoufre, & quelquefois même en ſi grande abondance, qu'elle eſt inſoutenable, & qu'elle oblige les ouvriers à ſortir de l'atelier.

C'eſt donc ſinguliérement par le ſoufre que le fer eſt minéraliſé dans la mine d'Elbe : peut-être les acides vitrioliques & marins y entrent-ils auſſi comme minéraliſateurs, ainſi qu'on le dira plus bas en parlant des couleurs de cette mine.

On imagine bien qu'étant auſſi chargée de ſoufre, elle eſt très-fuſible, lors même que les grillages qu'il faut lui faire ſubir pour la traiter l'ont délivrée de la plus grande partie de ce ſoufre.

Les acides, aidés même de la chaleur, n'ont point d'action ſur elle.

L'aimant n'en a pas davantage.

Telles ſont les propriétés remarquables de la mine d'Elbe. La plus ſingulière de toutes ſans contredit, c'eſt la criſtalliſation & cet éclat métallique qui lui ſont particuliers. Cette propriété ne peut ſûrement être attribuée à ce que la matière du fer entre ſeule ou preſque ſeule dans la compoſition de cette mine, puiſqu'on a vu que le ſoufre la minéraliſe ſi abondamment, & qu'on verra par la ſuite que ſon produit en fer eſt inférieur à celui de certaines mines qui n'ont aucun éclat métallique, telle que la mine d'Alvar en Dauphiné, la mine blanche en Sybérie, & même certaines mines ordinaires en roche griſe.

La minéraliſation étant ainſi admiſe, il paroît qu'on peut expliquer d'une manière aſſez probable comme il ſe fait que la mine d'Elbe ſoit

criſtalliſée, comment elle eſt ſi compacte, comment, ayant une peſanteur ſi approchante de celle de ce métal & tout ſon éclat, il ſe fait cependant qu'elle ſoit inférieure en produit à beaucoup de mines, qui n'ont pas à beaucoup près des apparences ſi riches.

Il ſuffit pour cela, ce me ſemble, de conſidérer que le ſoufre étant le minéraliſateur de cette mine, & cette ſubſtance ayant une très-forte analogie au fer, ſes molécules ſont dans le cas de ſe combiner très-facilement & très-intimement avec celles de ce métal ſi les circonſtances favoriſent cette combinaiſon.

D'après cette conſidération & d'après les obſervations précédentes on peut croire que la mine ou le tout qui réſultera de la combinaiſon du ſoufre & du fer ſera dans le cas d'être compacte, très-peſant, & capable même d'une criſtalliſation régulière, & qu'il aura ces propriétés à un degré d'autant plus éminent, que la combinaiſon ſe ſera faite avec plus de lenteur & avec moins d'obſtacles.

D'après la deſcription qu'on a donnée de cette maſſe d'où l'on tire la mine d'Elbe, les perſonnes même convaincues de la reproduction ou de la production journalière des minéraux, qui ſavent qu'il n'eſt pas plus rare de rencontrer dans d'anciens travaux des outils incruſtés de minéraux, que des criſtalliſations qui contiennent des animaux ou des corps étrangers à ces criſtalliſations, ces perſonnes pourroient croire que les fentes, les crevaſſes de cette maſſe, qui ſervoient de conduits ou de filières aux matières métalliques ou minéraliſantes, ayant été bouchées ou interrompues, le laboratoire, ſi on oſe s'exprimer ainſi, ayant été bouleverſé, la nature a dû ceſſer d'opérer, & que toute la mine qu'on trouve aujourd'hui dans cette maſſe, préexiſtoit au bouleverſement; mais ces perſonnes en ſeroient déſabuſées par pluſieurs obſervations qu'on a faites ſur de nouvelles criſtalliſations, & en particulier par l'inſpection de deux pics à roc trouvés dans l'intérieur du maſſif, entre deux blocs de mines, & recouverts de criſtaux de fer. Ces faits ſuffiſent pour convaincre que depuis le bouleverſement, quelle qu'ait été ſon époque, la nature avoit repris ces opérations, qu'elle les continuoit journellement, & que, travaillant avec les mêmes matériaux, avec la même lenteur, elle faiſoit les mêmes ouvrages.

Il reſte maintenant à parler de ce qui concerne l'exploitation de la mine d'Elbe.

Cette mine n'exiſtant point par filons réguliers, ainſi qu'on l'a déjà dit, on ne peut exploiter par des galeries : il a fallu marcher à ciel ouvert. La maſſe eſt donc attaquée ſur une hauteur de plus de vingt-cinq toiſes, & ſur une étendue circulaire de plus de quatre cents. Du point où ces travaux paroiſſent avoir été commencés, juſqu'à celui où l'on travaille actuellement, il y a environ mille toises. Autrefois on n'exploitoit pas la mine à plus de vingt-cinq à trente toises de profondeur. Depuis quelques années on s'est enfoncé, & on marche actuellement environ à cent cinquante pieds au dessus du niveau de la mer. Il a semblé que la mine qu'on tiroit du fond étoit généralement plus riche & mieux cristallisée que celle qu'on prenoit dans le haut. Il est à présumer que plus on s'enfonceroit, plus on auroit lieu d'être content, par la raison applicable à toutes les mines en général, que les filons doivent être d'autant plus riches, qu'ils paroissent plus voisins du centre d'où semblent partir les émanations métallisantes. On sait cependant qu'il y a des mines dont les filons se montrent plus riches dans la hauteur que dans la profondeur; mais cela est rare. Il y auroit d'autant plus d'avantage à s'enfoncer dans celle-ci, qu'on s'épargneroit le déblai de la croûte de cette masse dont on ne tire point de mine, puisqu'il est, comme on l'a déjà dit, tout de terre végétale, quelquefois sur une épaisseur de trente à quarante pieds; déblai cependant indispensable pour marcher en avant.

Tout le travail de l'extraction de cette mine consiste à déblayer d'abord cette croûte, ensuite les amas de cette même terre qui se trouve mêlée avec les roches, les tas de pyrites, les micas, les ocres, les argiles, &c. Plusieurs de ces matières, la roche surtout, fourniroient peut-être une mine dont on pourroit tirer un aussi bon parti, & peut-être meilleur que la mine cristallisée, qui ne rend pas tout ce qu'elle promet à l'œil, ainsi qu'on le verra par la suite; mais ce choix exigeroit des connoissances & de l'attention dans les mineurs. On a trouvé plus simple de borner leur discernement à la mine cristallisée, qui, offrant l'éclat métallique le plus décidé, ne peut tromper l'homme le moins connoisseur.

On déblaie donc tout ce qui n'est pas de cette mine. Ces déblais consistent pour la plupart en terre facile à piocher, ou en sable ou en argile, & opposant conséquemment peu d'obstacles. Le rocher pur y est rare, & se présente encore plus rarement en grosse masse. Au reste, comme il est toujours environné de terre, on le cerne, & s'il est trop gros on le laisse à sa place, & on marche aux blocs de mine, qui, avec les terres, forment la plus grande partie de la minière. Quand on a mis ces blocs à découvert on les attaque par le pétard, qui les met en éclats. On rompt ces éclats à coups de masse, on sépare la mine cristallisée de celle qui ne l'est pas, ainsi que des morceaux de roche, de quartz ou d'autres matières terreuses qui peuvent s'y trouver adhérentes. On transporte ensuite sur la plage, qui est à cinq cents toises, cette mine, qui est alors assez pure pour n'avoir pas besoin d'être bocardée: c'est là qu'on la vend le quintal environ vingt-quatre de nos sous aux bâtimens qui viennent la charger.

On n'en fond point du tout dans l'île d'Elbe,

à cause du manque absolu de bois, qui oblige les habitans à semer des roseaux pour échalasser les vignes. Il est à présumer cependant qu'il y en avoit autrefois; car ce terrain y est généralement très convenable; mais les anciennes exploitations de la mine les auront fort diminués, & le peu de vigilance sur cette importante reproduction les aura détruits.

Le manque de bois, qui fait que dans l'île d'Elbe on n'a pu établir même un seul fourneau, fait aussi qu'on renonce à extraire du vitriol des tas de pyrites qu'on rencontre quelquefois dans la minière, & qu'il faut déblayer pour attaquer la mine de fer.

Ainsi, tout ce qui n'est pas mine de fer cristallisée est porté aux déblais. Quelques ouvriers mettent seulement à part des ocres fines lorsqu'ils en rencontrent, & ils les vendent aux peintres pour leur compte particulier.

Cette mine fournit à la consommation en fer de la plus grande partie des États du roi de Sardaigne, de ceux du Grand-Duc, à l'État de Gênes, à celui de l'Église, & jusqu'à ce moment-ci à la Corse. Plusieurs de ces pays, & la Corse notamment, ont cependant des mines de fer; mais le bas prix auquel la facilité de l'extraction a permis d'établir la mine d'Elbe, la commodité du transport pour tous ces États maritimes, la facilité d'en tirer un excellent fer, l'y font passer.

C'est principalement sur la côte de Toscane que se fait la grande consommation de la mine d'Elbe. Sur cette côte & dans tous les autres pays où l'on fait usage de cette mine, excepté l'État de Gênes & la Corse, on la fond après, bien entendu, lui avoir fait subir un long grillage: on n'y ajoute aucun fondant, cette mine par sa nature n'en ayant pas besoin, ainsi qu'on a pu le voir. Ce travail étant absolument le même que le nôtre, ne mérite aucun détail.

Mais dans l'État de Gênes & en Corse on opère d'une toute autre manière: on extrait le fer sans fondre la mine, selon la méthode usitée en Catalanne.

Il suffit de dire ici que la manière d'opérer ordinaire ou par les hauts fourneaux la mine d'Elbe rend environ soixante-dix pour cent en gueuse ou fer coulé, & que cette gueuse se réduit à soixante-dix à cinquante lorsqu'elle est en fer battu.

On est étonné de ce produit, qui paroît si foible lorsqu'on considère le poids & l'éclat de cette mine, qui la feroit prendre pour du fer pur. Ce déchet inattendu est causé par le soufre, qui, étant très-abondant, fait d'abord une perte considérable de poids par sa disparition, mais qui en occasionne une autre encore par une portion considérable de la partie ferrugineuse de la mine, qu'il entraîne en scories.

Mais le fer qui résulte de l'une ou l'autre manière d'opérer, lorsque les opérations ont été bien dirigées, est de la meilleure qualité. Il se travaille à chaud & à froid avec la plus grande facilité: il est d'une difficulté singulière à rompre; il se lime

& se polit très-bien ; il soutient parfaitement le feu quand on le ménage comme il faut, & on le fait aisément arriver à cet état qu'on appelle *nerveux*, qu'on doit regarder comme l'état de perfection du fer, puisque c'est celui où il jouit de toutes ses propriétés avec le plus d'étendue, la malléabilité, la ténacité, &c.

ELBEUF, ville du département de la Seine-Inférieure, chef-lieu de canton, sur la rive gauche de la Seine, à deux lieues ouest du Pont-de-l'Arche. La ville d'Elbeuf est célèbre par une manufacture de draps qui s'est toujours soutenue depuis 1667 qu'elle y fut établie, jusqu'à nos jours. Cette manufacture a plus de trois cents métiers, d'où il sort par an dix mille pièces de draps de cinq quarts, façon d'Hollande & d'Angleterre, qui rapportent plus de deux millions de francs. Elle occupe & fait exister, tant dans la ville que dans les environs, plus de neuf mille ouvriers de tout genre. Les draps d'*Elbeuf* sont d'une qualité inférieure à ceux de Louviers, Sedan & Abbeville ; mais le bon marché leur procure un plus grand débit. Outre les draps, *Elbeuf* a des fabriques de bas & de tapisseries de Bergame & de point de Hongrie, qui occupent plus de cinq cents individus. Il y a d'ailleurs des tanneries, deux moulins à blé & un moulin à foulon, que le petit ruisseau qui vient d'un coteau voisin d'*Elbeuf* fait mouvoir. *Elbeuf* a un sous-inspecteur des forêts.

ÉLÉPHANS FOSSILES. Quoiqu'on ait remarqué depuis long-tems entre les *éléphans* d'Asie & ceux d'Afrique des différences considérables par rapport à la taille, aux habitudes & aux lieux dans lesquels ils habitent ; quoique les peuples asiatiques aient su de tems immémorial apprivoiser les *éléphans* qu'ils prennent à la chasse, tandis que ceux de l'Afrique n'ont jamais été domptés, & qu'on ne les chasse que pour se nourrir de leur chair, pour leur enlever leur ivoire ou pour se débarrasser de leur dangereux voisinage, cependant les auteurs qui ont traité de l'histoire naturelle des *éléphans* les ont toujours regardés comme ne formant qu'une seule & même espèce.

Les premiers soupçons qu'il y en a plus d'une sont nés de la comparaison de plusieurs dents molaires qu'on savoit appartenir à des *éléphans*, & qui présentoient des différences considérables, les unes ayant leur couronne comme sculptée en forme de losange, les autres en forme de rubans festonnés.

Depuis on a su que les têtes d'*éléphans* qui ont des dents à rubans festonnés venoient de Ceilan, & que celles dont les dents ont des losanges venoient du Cap de Bonne-Espérance. Outre cela, en jetant un coup-d'œil sur ces têtes, on voit, soit dans leur profil, soit dans leurs proportions, des différences qui ne permettent pas de les regarder comme la même espèce. Cette base, décidée par

les anatomistes, peut servir à ceux qui s'occupent de la structure de la Terre, qui recueillent les monumens de l'histoire physique du globe.

Chacun sait qu'on trouve sous terre, en Sibérie, en Allemagne, en France, au Canada, & même au Pérou, des ossemens d'animaux énormes, & qui ne peuvent avoir appartenu à aucune des espèces qui habitent aujourd'hui dans ces climats.

On en trouve par exemple dans tout le nord de l'Europe, de l'Asie & de l'Amérique, qui ressemblent tellement aux os d'*éléphans* par leur forme, & par la texture de l'ivoire qui constitue leurs défenses, que tous les savans les ont pris aujourd'hui pour tels : d'autres ont paru être des os de rhinocéros, & s'en rapprochent effectivement beaucoup. Or, il n'y a aujourd'hui d'*éléphans* & de rhinocéros que dans la zône torride de l'ancien Continent. Comment leurs dépouilles osseuses se trouvent-elles en si grand nombre dans le nord des deux Continens ?

On s'est épuisé là-dessus en conjectures. Les uns ont supposé de grandes inondations qui les y auroient transportées. Les habitans de la Sibérie croient que ces os proviennent d'un animal souterrain, semblable à nos taupes, qui ne se laisse jamais prendre en vie. Ils le nomment *mammouth*, & les cornes de mammouth, qui sont semblables à l'ivoire, sont pour eux une branche assez intéressante de commerce.

Rien de tout cela ne pouvoit satisfaire un naturaliste éclairé. L'hypothèse de Buffon étoit plus plausible, en supposant qu'elle ne fût pas combattue par des raisons d'un autre genre. La Terre, selon lui, sortie brûlante de la masse du soleil, avoit commencé à se refroidir par les pôles : c'étoit là qu'avoit commencé à vivre & à s'établir la nature vivante. Les espèces formées les premières, & qui ont besoin de plus de chaleur, avoient été chassées successivement vers l'équateur par l'accroissement du froid, &, ayant parcouru toutes les latitudes, il n'étoit pas étonnant qu'on en trouvât partout les dépouilles.

Un examen scrupuleux de ces os fait par les anatomistes, en nous apprenant qu'ils ne sont pas assez semblables à ceux de l'*éléphant* pour être regardés comme absolument de la même espèce, pourra-t-il nous dispenser d'avoir recours aux explications dont nous venons de parler. Les dents de mammouth & ses mâchoires ne ressemblent pas, il est vrai, très-exactement à celles de l'*éléphant*. Quant aux mêmes parties dans l'animal de l'Ohio, il suffit d'un coup-d'œil pour voir qu'elles s'en éloignent encore davantage.

Mais que sont devenus ces deux énormes animaux, s'ils ne sont pas des *éléphans*, si les rhinocéros fossiles de Sibérie sont très-différens de tous les rhinocéros connus ? Il en est de même des prétendus ours fossiles d'Anspach, du crocodile fossile de Maëstricht, de l'espèce de cerf du même lieu, de l'animal de douze pieds de long sans dents incifives, à doigts armés de griffes, dont on a découvert le fquelette au Paraguay, aucun de tous ces animaux n'a d'analogue vivant.

Tous ces faits analogués entr'eux paroiffent exiger un ordre de chofes différent de celui dont nous fommes témoins; mais le paffage de l'un à l'autre fuppofe encore une fuite de moyens dans la nature, dont il eft fort difficile de trouver les traces & les veftiges.

ELHORN (l'), rivière du département du Finifterre, canton de Pleyben. Sa fource, à une lieue & demie de Brafpars, verfe fes eaux au nord-nord-oueft, puis au nord, puis redefcend à l'oueft-fud-oueft, paffe à Landernau, & fe rend dans la rade de Breft, à fept lieues nord-oueft de fa fource, à la pointe de Roftivier.

ÉLINGEN, village du département de la Dyle, canton de Hall, à trois quarts de lieue eft-fud de Hennich-Saint-Martin, & à une lieue un tiers fud-eft de Hall. Il y a dans ce village une brafferie & une geniévrerie, & le territoire d'ailleurs abonde en grains de toute efpèce.

ELNE, ville du département des Pyrénées-Orientales, canton de Perpignan, fur le Tech, près de la Méditerranée. Cette ville s'appeloit *Illiberis* lorfque Hélène, mère de Conftantin, la fit rebâtir. Les bords de la rivière de Tech, qui paffe près & au nord d'*Elne*, font couverts de pierres roulées.

ELSGAU, riche & grande vallée du ci-devant évêché de Bâle, qui renferme la ville & le château de Porentruy, trente-deux villages & treize mille habitans. Elle faifoit autrefois partie de la Rauracie, aux confins du pays des Séqunnois. Cette vallée formoit un bailliage de cinq lieues de longueur, fur trois lieues de largeur, arrofé par la Halle ou l'Aleine. C'eft, de l'évêché de Bâle, la partie la plus fertile en blé, fourrages, fruits & légumes, & la feule dont les produits fuffifent aux befoins.

On y parle la langue françoife, à laquelle cependant les campagnards fubftituent ufuellement un patois nommé *roman*, compofé de mots latins, celtes & français. Il s'y faifoit peu de commerce à caufe du féjour de la cour, des charges, des emplois & des bénéfices qu'elle diftribuoit aux habitans de Porentruy; mais l'exemple leur a prouvé combien de pareilles reffources font précaires en comparaifon de celles qu'ils pouvoient rencontrer dans l'induftrie. On y trafique cependant fur les ouvrages de tricot, fur les toiles, le bois, les planches, le bétail, le plâtre, & principalement fur la poterie & la faïencerie qu'on fabrique à Bonfol & à Cornol. Quoique le prince-évêque de Bâle réfidât à Porentruy depuis plufieurs fiècles, cette ville & fon territoire dépendirent du diocèfe

de Befançon jufqu'en 1779; que l'évêque de Porentruy & fon haut chapitre conclurent avec l'archevêque de Befançon leur métropolitain, un concordat, par lequel ils échangèrent entre le fiége de Befançon & celui de Bâle vingt-neuf paroiffes dans l'ancienne Franche-Comté, contre la ville de Porentruy & le bailliage d'Ajoie; mais depuis la nouvelle organifation du culte en 1801, Porentruy & le ci-devant évêché de Bâle font de la juridiction épifcopale de Strasbourg. L'Ajoie, réunie à la France le 25 mars 1793, avec le pays de Porentruy, fous le nom de *département du Mont-Terrible*, forme à préfent le canton de Porentruy dans le département du Haut-Rhin, auquel celui du Mont-Terrible eft incorporé depuis 1799.

ELVIN, bourg du département du Morbihan, arrondiffement de Vannes & à trois lieues un quart de cette ville. La montagne de Kerzy, fituée près de cette commune, entre le Bourg & le pont de Guillemai, fournit des criftaux blancs, tranfparens, héxagones, qui, étant taillés, ont les mêmes réfultats que ceux du Rhin.

ÉMALE, village du département de la Meufe-Inférieure, arrondiffement & canton fud de Maëftricht, commune d'Éhen-fur-la-Jaar, à une lieue & demie fud-oueft de Maëftricht. Ce village fut pris le 20 août 1794. (*Voyez* l'article du MASEYCK, où l'on expofe l'importance de cette expédition.)

EMBOUCHURES DES FLEUVES (Aterriffemens des). On ne doit pas confidérer comme la fuite de la retraite de l'Océan les aterriffemens faits par les fleuves d'un certain ordre à leurs *embouchures*. Ces aterriffemens, d'un autre côté, méritent d'être examinés & difcutés à part : c'eft ainfi que l'on prouvera que le Delta eft l'ouvrage du Nil, pendant qu'on fera voir d'ailleurs que la Baffe-Égypte eft le produit des dépôts de la mer. C'eft ainfi que, fuivant la remarque de Polybe, on trouve, vers l'*embouchure* du Danube, dans la Mer-Noire, un banc de fable de mille ftades de longueur. Nous favons que les alluvions du Pô élèvent de larges plaines le long du golfe de Venife. Enfin, une grande partie du Brabant hollandais eft formée des dépôts du Rhin, de la Meufe & de l'Efcaut.

Il en eft de même du Rhône, dont les débordemens ont accumulé de larges fédimens que les flots de la Méditerranée ont concentrés à l'extrémité de l'ancien golfe de ce fleuve. Je pourrois citer également le Gange, l'Indus, dont les delta font fi confidérables & fi étendus entre les bras de leurs *embouchures*, parce qu'ils éprouvent, par la pofition de leur cours, des inondations périodiques femblables à celle du Nil. (*Voyez* ATERRISSEMENT DES FLEUVES, DELTA, &c.)

Je crois que le fleuve des Amazones doit avoir

de grands aterriſſemens le long des canaux qui terminent ſon cours. Nous ſavons d'ailleurs que ces aterriſſemens s'étendent le long des côtes de la Guiane, depuis le Para, & qu'ils ont une grande largeur. Ce ſont viſiblement des vaſes entraînées par les eaux du fleuve dans ſes débordemens, avec des arbres que ces eaux détachent des bords.

Je dois mettre au nombre de ces fleuves à grands aterriſſemens, le Miſſiſipi, qui offre à ſon *embouchure* des îles, des bancs de ſable d'une nouvelle formation. Ces dépôts ont rapport à tous ceux qui remontent ou qui deſcendent ſon cours, ſi on ne trouve le ſol natif primitif qu'à une très-grande diſtance de leur *embouchure* dans la mer; ce qui donne lieu de préſumer que l'ancienne *embouchure* formoit un golfe particulier, auſſi large que profond.

Si toutes les *embouchures* des fleuves qui offrent ces aterriſſemens dont je viens de faire mention, étoient connues & notées ſur une carte, le bord de la mer ſeroit pour lors denté d'une manière ſingulière. Si l'on remontoit à l'ancien état des choſes, on retrouveroit que le ſol primitif rempliſſoit les mêmes vides que les aterriſſemens ont occupé depuis; je veux parler ſeulement de la ſimple *embouchure* du fleuve. On voit par-là les avantages qu'il y a de rapprocher les uns à côté des autres les différens états par leſquels certains ſols ont paſſé depuis qu'ils font partie des Continens, juſqu'à nos jours.

EMBOUCHURES DES RIVIÈRES DANS LA MÉDITERRANÉE. La mer Méditerranée, & principalement la mer Adriatique, nous préſente deux phénomènes bien curieux & bien intéreſſans, le prolongement des plages en divers lieux, & le rehauſſement uniforme de la ſuperficie de la mer. On pourroit, par un ſeul principe, rendre raiſon de ces deux phénomènes, en diſant que les matières tranſportées par les rivières & amaſſées ſur le rivage l'alongent, & qu'ainſi, en reſſerrant le circuit de la mer, elles doivent en faire élever la ſuperficie. Cette explication paroîtroit fort plauſible ſi la mer Baltique ne nous préſentoit en même tems le prolongement des plages & l'abaiſſement de ſon niveau, & s'il n'étoit pas évident que toutes les mers devant être de niveau entre elles, la hauteur abſolue de l'eau ne peut augmenter dans l'une ſans qu'elle augmente en même tems dans toutes les autres. Mais pour nous en tenir aux ſeuls faits, nous voyons dans les Mémoires de l'Académie de Stockholm, que MM. Celſius, Dalin, Stembeck & pluſieurs autres nous ont décrit une longue ſuite de faits qui prouvent manifeſtement le prolongement de toutes les plages.

Ces faits ſont entr'autres, que la pêche a manqué en pluſieurs endroits, à cauſe que le fond eſt trop bas; que pluſieurs anſes & ports du golfe de Bothnie, qui pouvoient autrefois recevoir de gros navires, ne ſont plus praticables que pour les petites barques; que de nos jours pluſieurs îles ſe ſont unies au Continent, & que même tout le Continent de la Suède n'étoit autrefois qu'un amas de pluſieurs îles. Le prolongement des plages pourroit encore s'accorder avec l'élévation du niveau de la mer, dans le cas où les cauſes particulières concourroient plus à l'accroiſſement du rivage, que les cauſes générales ne concourent à l'élévation du fond & de la ſuperficie de la mer. Mais les obſervations de l'Académie de Suède nous donnent encore une diminution de la hauteur abſolue de l'eau : on y voit que pluſieurs pointes où l'on pêchoit autrefois des chiens marins, ſont préſentement, par leur hauteur, hors de la portée de la pêche; qu'à préſent on peut diſtinguer facilement pluſieurs écueils où les navires ſe briſoient autrefois, & ſurtout que les ſignaux & les marques de la hauteur à laquelle arrivoit autrefois la ſuperficie de la mer ſont à préſent notablement au deſſus de cette ſuperficie.

L'élévation continuelle du niveau des eaux dans la mer Adriatique n'a pas été inconnue aux ſavans du ſeizième ſiècle, & l'ingénieur Sabbadini en a parlé formellement dans ſon *Diſcours ſur la lagune de Veniſe.* Euſtache Manfredi a été le premier qui ait établi cette opinion. S'étant trouvé à Ravenne, quelques nivellemens lui firent appercevoir que les pavés de pluſieurs anciens édifices de cette ville étoient au deſſous du niveau de la mer. Les principaux de ces édifices ſont ceux du Dôme, de la Rotonde & de la magnifique égliſe de Saint-Vital, bâtie ſous le règne d'Amalaſonte, que je n'ai pu voir ſans un grand ſentiment d'eſtime pour les architectes de ce tems-là. Or, puiſque la mer arrivoit autrefois à Ravenne, & qu'on ne peut pas croire que ces habiles architectes euſſent voulu bâtir dans des lieux expoſés au regorgement des eaux, il faut donc dire que dans ces tems-la ſuperficie de la mer étoit plus baſſe. Bernardin Zendrini a confirmé cette même opinion par d'autres obſervations ſemblables qu'il a faites à Veniſe, où il a vu que les anneaux qui ſervoient autrefois pour arrêter les barques, étoient aujourd'hui au deſſous du niveau de la mer; que l'égliſe ſouterraine de Saint-Marc n'eſt plus d'aucun uſage, parce qu'elle eſt ſurmontée par les eaux, & que quelquefois le ſol de la place eſt inondé dans les marées un peu hautes, quoique depuis quelque tems on l'ait relevé d'environ un pied. On obſerve les mêmes choſes dans la mer Méditerranée. Dans l'île de Caprée, tout le terre-plein d'un ancien édifice des Romains, placé ſur le rivage de la mer, eſt à préſent inondé : on voit auſſi à Viareggio & en d'autres lieux pavés pareillement inondés. Mais pour lever toutes les objections que l'on pourroit former en diſant que de pareils changemens pourroient provenir de quelqu'abaiſſement accidentel de tout le ſol, il ſuffit de produire les obſervations faites par le célèbre Donati le long de la côte de Dalmatie. A Liſſa, à Dielo, à Zara & en d'autres lieux le niveau de la mer est plus élevé que le terre-plein des bâtimens très-anciens, que l'on doit supposer avoir été construits au dessus de ce même niveau. Pour qu'ils pussent être sains & avoir les écoulemens convenables, & ces bâtimens étant posés sur la pierre vive dont toute cette plage est entiérement composée, on ne peut pas soupçonner que ces bâtimens se soient abaissés d'un seul point.

Le prolongement des plages est aussi prouvé évidemment en plusieurs endroits de l'Italie, & principalement de la Toscane, de la Romagne & de la Marche. L'ancien port de Pise est à présent très-éloigné de la mer, & il en est de même de diverses tours bâties anciennement pour la défense de ces côtes. La ville de Ravenne, qui étoit autrefois sur la mer Adriatique, est à présent en terre-ferme. Il est même de fait que toute la plage du Pô, jusqu'à Ancône, se prolonge sensiblement toutes les années. Zendrini, dans le chapitre IV de son rapport sur la dérivation du Ronco & du Montone, a déduit d'une dixaine d'observations, que ce prolongement étoit d'environ vingt-trois perches par an. Il en a donné en outre deux différentes raisons physiques. En premier lieu, il a observé que le susdit rivage est exposé au sud-ouest & au sud, & que la propriété de ces vents est de le bêcher, pour se servir du langage des gens de mer, en emportant les sables, & qu'il est exposé en face au nord-est & à l'est, qui poussent les sables à la plage & les y accumulent. Or, comme la mer, non-seulement dans les tempêtes, mais encore dans ses flux ordinaires, soulève les sables du fond, il en résulte que, la direction des vents concourant à les transporter & à les amonceler sur le rivage, la plage continue à se prolonger de plus en plus, ainsi que la mer à s'éloigner. Ensuite, comme les plus grands bancs de sable se trouvent aux *embouchures* des rivières Sabio, Ronco, Montone, &c., & qu'ils s'y étendent principalement sur la droite, Zendrini a cru devoir attribuer la continuation de ces bancs au mouvement lent de la mer & aux troubles & sables qu'y portent ces mêmes rivières; enfin, Zendrini ayant visité tous les ports de la Romagne afin de se mettre en état de connoître quelles étoient les circonstances qui pouvoient opérer leur plus grande sûreté, & n'ayant jamais vu que les sables des rivières fussent transportés le long de la plage, à plus de six ou sept milles, il a déterminé, entr'autres conditions, qu'un port ne devoit avoir aucune rivière trouble, soit à la droite, soit à la gauche, à la distance de sept à huit milles.

La question des dommages que peuvent causer aux ports de mer les troubles & les sables des rivières a déjà été traitée par Geminiano Montanari, dans son *Discours sur la mer Adriatique*. A l'occasion du soupçon que quelques personnes avoient alors que les troubles de la vieille Piave étoient transportés plus de neuf ou dix milles vénitiens

jusqu'au port de Saint-Nicolas, cet illustre philosophe soutint que le transport des troubles ne pouvoit provenir d'aucune autre cause que des courans, c'est-à-dire, du mouvement littoral & rasant, par lequel l'eau, entrant continuellement par le détroit de Gibraltar, du côté de la Barbarie, après avoir parcouru toute la circonférence de la mer supérieure & inférieure, c'est-à-dire, de l'Adriatique & de la Méditerrahée, sort ensuite du côté de l'Espagne. Les gens de mer se sont apperçus de ce mouvement, dès le seizième siècle, par la différence du tems, qu'en parité des vents & des autres circonstances, ils employoient pour aller & revenir de Corfou à Venise; & c'est de là qu'est venu l'usage de côtoyer les rives septentrionales du golfe en allant de Corfou à Venise, & de côtoyer, au retour de Venise à Corfou, les rives méridionales, le long de l'État ecclésiastique & du royaume de Naples. On a ensuite trouvé, par le mouvement des corps flottans, la direction précise de ce courant, tant dans la mer Adriatique que dans la Méditerranée. Montanari a déterminé, d'après les observations qui ont été faites sur ce mouvement, que la vitesse de ce courant n'étoit que de trois ou quatre milles en vingt-quatre heures: d'où il suit que la vitesse des eaux des rivières étant d'environ trois ou quatre milles par heure, la proportion des deux vitesses devoit être celle d'un à vingt-quatre. Montanari a été encore plus avant, & il a déterminé, d'après les mêmes principes, qu'il falloit nécessairement trois conditions pour que les troubles de la vieille Piave fussent transportés jusqu'au port de Saint-Nicolas, que les troubles restassent en chemin trois jours entiers; que pendant ces trois jours la situation de la mer fût telle que les troubles ne pussent être déposés au fond, & que les tempêtes de la mer & les grandes eaux de la rivière arrivassent dans le même tems. Or, comme ces circonstances se réunissent trop difficilement ensemble, Montanari en a conclu que les troubles des rivières n'avoient aucune part aux atterrissemens de ports aussi éloignés. Mais il y a encore d'autres considérations qui méritent d'être pesées sur ce fait particulier. En combinant le mouvement littoral de la mer avec le mouvement de quelque rivière à son *embouchure*, il est clair que les eaux de la rivière doivent prendre une moyenne direction & tourner leur cours à la droite, comme l'a remarqué Guglielmini dans le septième corollaire de la quatrième proposition du chapitre septième. De cette manière le courant & la rivière étant détournés de leur première direction, & le courant l'étant plus que la rivière, attendu que la vitesse de la rivière est environ vingt-quatre fois plus grande que celle du courant littoral, la mer qui sera sur la droite, entre le lieu de la direction composée de toutes les eaux & la plage, sera plus aidée par ce même courant, qui a déjà été rompu & détourné: d'où il résultera que les matières incorporées aux eaux de la mer commenceront à se déposer le long de la plage, & formeront divers bancs de sable, qui iront peu à peu & continuellement en augmentant; & ainsi la rivière, trouvant toujours de plus grands empêchemens sur la droite, se tournera peu à peu vers l'endroit où son cours sera plus libre, & parviendra enfin, avec le tems, à établir sa direction tout au contraire de celle qu'elle avoit au commencement, c'est-à-dire, en se pliant constamment sur la gauche de son *embouchure*. Montanari a observé que c'est précisément de cette manière que se maintiennent les *embouchures* du Tagliamento, de la Piave & des autres rivières de l'État vénitien. Zendrini a encore ajouté l'exemple des rivières de la Romagne, & il a appliqué les mêmes maximes aux rivières de la Méditerranée, avec la seule différence que, le flux & le reflux de la mer étant plus foibles dans la Méditerranée, le mouvement littoral y est plus sensible, & qu'il se fait, à de grandes distances, des dépôts beaucoup plus abondans sur la droite, sans que l'on en voie jamais aucun à la gauche.

EMBOUNES (Étang d'), du département de l'Hérault, arrondissement de Béziers & canton d'Agde, & à une lieue est-sud-est de cette ville. Il a deux cents toises de long, sur cent cinquante toises de large. Il se décharge dans la mer & fournit à une bonne pêche.

EMBRUN, ville du département des Hautes-Alpes, sur la plate-forme d'un rocher escarpé, près le cours de la Durance. Le lieu où est située cette ville est la plus haute habitation d'Europe. Son nom, *Ebrodunum*, veut dire en langue celte, *montagne* ou *hauteurs fertiles*; ce qui ne peut convenir à celles-ci. Quoi qu'il en soit, elle jouit, du tems des Romains, de quelques considérations. Le principal commerce de cette ville consiste en moutons. Il y a plusieurs tanneries. Dans les montagnes des environs on trouve beaucoup de marcassites, & la montagne d'Or produit des cristaux assez beaux.

Environs d'Embrun.

La petite ville de Seine est située sur une petite élévation entourée de hautes montagnes, à l'est & au nord. La partie de l'ouest & du sud est beaucoup plus ouverte, parce que les montagnes sont plus éloignées & moins élevées. Tout cet espace est parsemé de coteaux, de prairies & de champs fertiles, traversé de quantité de ruisseaux & de torrens. Parmi les pierres qu'ils détachent des montagnes attenantes on trouve quelquefois du grès, des morceaux de serpentines, des pierres de roche cornée, du quartz, des schistes argileux, & souvent la pierre calcaire compacte, spathique. Ces pierres indiquent l'organisation des montagnes supérieures : c'est proprement ici la

région des Alpes, où commencent ces masses primitives dont la chaîne se propage fort loin.

Le baromètre donne à Seine cinq cents toises d'élévation au-dessus du niveau de la mer. Le climat de ces contrées est très-rude en hiver. Le printems ne s'y annonce qu'au mois de mai, & les plus hautes montagnes sont encore couvertes de neige à la fin de juin. L'hiver y commence avant la fin d'octobre. Les changemens des saisons ne sont pas aussi brusques ici que dans la Provence méridionale. Les habitans y sont d'une bonne santé, & la vie moyenne va au moins à quarante ans.

Le village d'Ubaye est situé au-delà de la rivière qui lui donne son nom; & au bas des montagnes qui séparent son territoire du Dauphiné & de la vallée de Barcelonnette. Tout le terroir d'Ubaye, jusqu'à la montagne de Morgon, ne présente qu'un assemblage de petits coteaux dénués de gazon, dont la pierre est presqu'à nu par les pluies d'orage & les ravins qui y sont beaucoup de dégâts.

Le Mont-Morgon, qui est en face de la montagne de Saint-Vincent, fameuse par ses bois de mélèze & de sapins, est couvert de très-bons pâturages. Ce mont, ainsi que celui de Moriès qui en est voisin, passe pour être un des plus élevés des Alpes. Ces montagnes sont très-riches en minéraux. Les Anciens ont parlé des mines d'argent contenues au bas du Mont-Morgon, & les orichtologistes modernes les ont désignées dans ces contrées. La pierre vitrifiable, le quartz de plusieurs espèces & la roche dure & calcaire qui forment la principale organisation de ces masses élevées, présentent des indices de l'argent & du cuivre qu'elles recèlent dans leur sein. On croit que la mine de Morgon, dont les vieillards ont connoissance, & à laquelle ils ont vu travailler, contient non-seulement de l'argent, mais encore du cuivre, du fer & même de l'or.

EMBRUNOIS. C'étoit un pays du ci-devant Haut-Dauphiné, attenant aux confins de la ci-devant Provence. Ce pays fait aujourd'hui partie du département des Hautes-Alpes. Il est borné au septentrion par le Briançonnois & le Champsaur, au midi par le diocèse de Digne & la vallée de Barcelonnette, au couchant par le Gapençois, & au levant par le Briançonnois. On lui donne douze lieues dans sa plus grande longueur, sur huit lieues dans sa plus grande largeur. La Durance est la seule rivière considérable qui arrose cette contrée. *Embrun* en étoit la capitale. Les autres villes un peu importantes sont Chorges, Guillestre, Mont-Dauphin, Savines, Saint-Clément & Saint-Crépin. Le climat y est un peu plus froid que dans le reste de la province, sans doute à cause de la grande quantité de sommets fort élevés dont ce pays est rempli. On recueille du blé dans les vallées profondes, qui abondent aussi en excellens pâturages, aussi bien que certaines montagnes, quoique la plupart soient fort hautes & couvertes de bois.

On y nourrit beaucoup de moutons dans la bonne saison. Il y a beaucoup de bois pour la charpente & la construction des vaisseaux. (*Voyez*, pour les autres productions, l'industrie, le commerce & ce qui concerne l'*Embrunois*, le département des Hautes-Alpes.)

ÉMINENCE (l'), village du département de la Nièvre, arrondissement de Cosne; & à trois lieues & demie sud-est de cette ville. Il y a plusieurs établissemens de forges très-occupés.

ÉMISSAIRE. C'est le canal naturel ou artificiel par lequel le trop plein des lacs ou amas d'eau quelconque est versé au dehors de ces lacs. Ceux dont le bassin occupe une partie de la vallée d'une rivière ou d'un fleuve ont pour *émissaire* la rivière ou le fleuve lui-même qui en sort. Les lacs qui sont à la source des ruisseaux & des rivières ont pour *émissaires* ces courans d'eau. Les *émissaires* de la première classe tiennent à l'ancienne vallée du fleuve; qui a été creusée librement avant que le lac ait été formé par l'accumulation des matériaux qui en soutiennent les eaux : c'est à l'ouverture de cette digue qui verse le trop plein du lac, que se place l'*émissaire*. Les *émissaires* de la seconde classe sont formés par les premiers écoulemens des eaux avant l'accumulation des matériaux qui ont donné lieu à la digue & aux ouvertures que les agens qui ont concouru à leur accumulation, ont laissés entr'eux.

C'est en suivant ces mêmes idées sur les *émissaires*, que je range parmi eux les bosphores de Thrace & des Dardanelles, qui servent de débouchés aux eaux de la Mer-Noire & à celle de la mer de Maimara. J'en trouve aussi deux beaux & intéressans entre les lacs Onéga & Ladoga, qui sont la Swir & la Néva, de même celui du lac Peypus en la Narowa, du lac Velter en Danemarck.

EMME. Il y a en Suisse deux rivières de ce nom, la grande & la petite *Emme*.

La grande *Emme* sort de l'Entlibuch, canton de Lucerne, entre les montagnes de Rothorn, Schlatten & Nesserstock; mais elle reçoit beaucoup de ruisseaux dans le canton de Berne. Elle parcourt une partie des bailliages de Signau, Trachselwald, Brandis, Berthoud & Landshut, & se jette enfin dans l'Aar à Biberisch, dans le canton de Soleure. Cette rivière est très-remarquable, tant par la singularité de son cours, que par les pierres qu'elle roule & les ravages qu'elle fait sur ses bords.

La petite *Emme* ou la *Wald-Emmen* n'arrose que le canton de Lucerne seul; elle sort d'un petit lac sur une montagne du canton d'Underwalde, & reçoit dans celui de Lucerne plusieurs autres ruisseaux, surtout la *Weiss-Emmen*, près de Clustalden. Elle est très-poissonneuse, avantage que n'a pas la grande *Emme*, qui est un torrent sale & chargé de boue.

La petite *Emme* se jette dans la Reuss au sortir du lac de Lucerne. Je la considère comme la rivière latérale qui a contribué à former la digue du lac, tant par les matériaux qu'elle a entraînés & déposés vers son embouchure, que par les dépôts littoraux de l'ancienne mer, qui se trouvent accumulés sur cette ligne. (*Voyez* le mot DIGUE DES LACS.)

EMMERICH, village du département de la Roër, arrondissement de Creveldt, à une lieue un quart sud-est de Meurs. On y fabrique des draps & des étoffes de laine. Le blé y est un objet de commerce, ainsi que le saumon.

EMPREINTES DE FEUILLES, DE PARTIES ANIMALES, &c. On a distingué plusieurs espèces de ces *empreintes* dans l'un & l'autre de ces deux règnes. Le règne animal nous offre des *empreintes* de madrépores, d'insectes, de crustacés, de coquilles, de poissons, &c.

On reconnoît dans les *empreintes* végétales, des capillaires, des mousses, des chiendents, des bruyères, des feuilles d'arbres, des graines, des siliques, des épis & un grand nombre de fruits. La comparaison de ces *empreintes* avec les analogues que nous fournit la nature dans les deux règnes, jointe à celle des contrées où ces fossiles se trouvent, peut servir à décider plusieurs questions très-importantes sur les anciennes opérations de la nature. Ainsi, pour peu qu'on ait suivi les parties littorales de la nouvelle terre, on voit que ces différens débris de végétaux & d'animaux ont été entraînés dans le bassin de la mer, & ensuite imprimés sur la terre molle, recouverte ensuite & durcie par le laps de tems, comme les ardoises. Ces matières encore molles ont reçu facilement l'*empreinte* parfaite & en creux de la plante ou de quelques-unes de ses parties. La régularité de presque toutes ces *empreintes*, comparées avec leurs analogues vivans, fait présumer que ces plantes ont dû nager dans une eau limoneuse fort épaisse, dont la terre s'est précipitée dessus & a achevé l'*empreinte* des deux côtés. La partie de la plante s'est détruite par la suite; & comme elle a laissé vide le petit espace qu'elle occupoit, on en peut encore discerner l'espèce & tous les détails sur les faces de ces pierres, par les traits, tant de l'organisation, que de la grandeur naturelle de la plante.

Toutes les *empreintes* végétales & presque toutes les animales se trouvent au milieu des pierres schisteuses & même calcaires, feuilletées enfin dans les ardoises voisines des charbons de terre. Celles que nous trouvons en Europe sont pour l'ordinaire exotiques, c'est-à-dire qu'elles ont leurs analogues dans des parties fort éloignées de l'Europe : c'est ainsi que M. Bernard de Jussieu a trouvé dans des carrières de pierres schisteuses à la porte de Saint-Chaumont en Lyonnois, l'*empreinte* du fruit de l'arbre triste. On trouve aussi dans des charbonnières de Bretagne, à plus de trois cents pieds

de

de profondeur, plusieurs *empreintes* de la fougère, arbrisseau qui végète en Chine comme en Amérique.

Une dernière singularité que nous ferons remarquer, c'est que les *empreintes* qui se trouvent à peu de profondeur, portent communément des marques du pays où elles se trouvent, comme des produits d'alluvion. Au reste, toutes ces *empreintes*, plus ou moins parfaites, & trouvées à des profondeurs plus ou moins considérables, sont certainement, si l'on en sait bien analyser les circonstances, des monumens de plusieurs révolutions arrivées à la surface de la Terre : j'en excepte cependant le déluge universel, qui ne peut y figurer en aucune manière.

Dans les environs de Saint-Chaumont en Lyonnois on a trouvé une grande quantité de pierres feuilletées, dont presque tous les feuillets portoient sur leur superficie, l'*empreinte*, ou d'un bout de tige, ou d'une feuille, ou d'un fragment de feuille de quelque plante. La représentation des feuilles étoit toujours exactement étendue, comme si on avoit collé les feuilles sur les pierres avec la main ; ce qui prouve qu'elles avoient été déposées par l'eau, qui les avoit étalées dans cet état ; elles étoient aussi en différentes situations, & quelquefois deux ou trois se croisoient.

On imagine bien qu'une feuille déposée par l'eau sur une vase molle, & couverte ensuite d'une autre vase pareille, imprime sur la première vase l'image de l'une de ses deux surfaces, & sur la seconde l'image de l'autre surface ; de sorte que ces deux lames de vases étant durcies & pétrifiées, elles porteront chacune l'*empreinte* d'une face différente. Mais ceci n'a pas lieu ici : les deux lames ont l'*empreinte* de la même face de la feuille, l'une en relief & l'autre en creux. Dans toutes ces pierres les *empreintes* sont toujours plus foncées que le reste, & quelquefois même ces figures paroissent couvertes d'une couche légère de bronze ou d'argent.

Le nombre de ces feuillets, la facilité de les séparer & leur grande variété peuvent faire regarder, par les naturalistes, ces pierres comme autant de volumes de botanique, qui, dans la même carrière de Saint-Chaumont, composent la plus ancienne bibliothèque du Monde.

Cette bibliothèque est d'autant plus curieuse, que toutes ces plantes, ou n'existent plus, ou n'existent que dans des pays éloignés. Quoique dans l'état où elles sont on puisse difficilement les caractériser, on peut cependant assurer que ce sont des plantes capillaires & des espèces de fougères, qui approchent de celles de l'Amérique & des Indes orientales.

Il y a aussi de ces débris qui paroissent appartenir aux palmiers & à d'autres arbres étrangers.

Ce sont, dans cette découverte, trois singularités qui la rendent remarquable : la première est de ne trouver dans le pays aucune des espèces de plan-

tes dont les *empreintes* sont marquées sur ces pierres ; la seconde est que, parmi ce nombre infini de feuilles de diverses plantes imprimées sur les feuillets de ces pierres, aucune ne s'y trouve pliée, & qu'elles y sont dans leur étendue, de même que si on les avoit collées ; la troisième singularité est que les deux lames de ces pierres ne représentent chacune sur leurs superficies internes, par lesquelles elles se touchent, qu'une seule face d'une feuille de plante en relief d'un côté, & en creux de l'autre.

Ces singularités supposent diverses causes nécessairement dépendantes les unes des autres.

La première, que ces plantes inconnues en Europe ne peuvent venir que des pays chauds, des Indes ou de l'Amérique, & qu'elles n'ont pu être amenées que de ces pays ou de quelqu'autre d'une situation semblable.

La seconde, que, comme leur *empreinte* les représente étendues, elles ont été déposées par l'eau sur laquelle elles ont dû flotter.

La troisième, que cette eau a été celle de la mer ; ce qui est prouvé par un grand nombre de coquillages dont on ne peut aujourd'hui voir les semblables dans aucune des rivières d'eau douce de France ni même de l'Europe, & qui au contraire naissent, les unes sur nos côtes, & les autres dans celles des mers les plus éloignées par rapport à nous.

Ces phénomènes tiennent à la grande inondation de l'Océan, qui a couvert une grande partie de la surface du Globe. Toutes les observations que l'on a faites en différentes contrées de nos continens prouvent qu'elles ont servi de lit à la mer & fait partie de son bassin.

On pourroit donc croire que la mer auroit apporté des Indes les plantes qui sont ensevelies dans les pierres de Saint-Chaumont, & même dans les minières de charbon de la province de Glocester en Angleterre, sur les pierres desquelles on voit figurées la plupart des mêmes plantes, & que ces plantes ont été déposées sur le fond de la mer, voisine des minières de charbon de terre, ou à la suite de la révolution qui a pu présider à la formation de ces mines.

Leibnitz nous apprend que, dans le pays de Brunswick, aux environs d'Osterode, dans le comté de Mansfeld, aux environs d'Eissleben & en beaucoup d'autres endroits d'Allemagne, on trouve des massifs d'ardoises dont les lames sont à peu près horizontales, où il y a des *empreintes* très-exactes & très-finies de diverses sortes de poissons, ou même de plantes, qui paroissent dans leur longueur ou largeur naturelle. Ces *empreintes* sont souvent pyriteuses. Il y a quelques-unes de ces plantes qu'on retrouve dans les herbiers des Indes. Quant aux poissons, il ne paroît pas qu'on ait fait encore aucun travail pour décider quelle est leur espèce & le pays où leurs analogues se retrouvent actuellement.

Ce qu'il faut bien remarquer, c'est que ces

fortes d'*empreintes*, tant de plantes que de poiſſons, ſont au milieu des couches horizontales, qui conſtituent inconteſtablement des dépôts formés dans le baſſin de la mer, & non une ſuite d'envaſemens particuliers.

Ces *empreintes* ſont la ſuite d'un envaſement des poiſſons ou des plantes au milieu des dépôts ſoumarins : la ſubſtance des poiſſons s'eſt détruite, ainſi que la parenchime des plantes ; mais les ſquelettes des uns & des autres ayant été conſervés exactement, ont conſervé ou ont fourni une certaine forme de vides qui ont été remplis depuis par des matières métalliques quelconques ou par d'autres infiltrations qui ont peut-être la ſubſtance de la pierre.

La matière du poiſſon ou de la plante étant détruite en partie, elle a laiſſé ſa forme *empreinte* dans l'ardoiſe, & il eſt reſté un creux après la deſtruction, lequel creux a été rempli par différentes matières. On ne peut pas conſidérer ces repréſentations de plantes ou de poiſſons comme des jeux de la nature : ici elle s'eſt aſſujettie à exprimer exactement les plus petits traits des originaux & à conſerver leurs dimenſions.

Il peut y avoir quelque difficulté à expliquer pourquoi les plantes dont les impreſſions ſe trouvent ſur les ardoiſes d'Allemagne, ne ſe trouvent qu'aux Indes ; mais il y a déjà pluſieurs autres difficultés du même genre qu'il faut avoir le courage d'expoſer ſans les affoiblir, en attendant qu'on puiſſe les réſoudre.

Les pierres qui renferment des poiſſons, c'eſt-à-dire, les ſquelettes de poiſſons, où l'on voit les os & les écailles, ſont très-communes à Œningen, dans le dioceſe de Conſtance. M. Scheuchzer cite dans ſon ouvrage *De Piſcium querelâ*, un grand brochet qui eſt bien conſervé. Il cite deux os des vertèbres d'un homme & même d'une plume d'oiſeau trouvés dans des pierres ; mais on trouve toujours plus de poiſſons. Ces poiſſons ont pu, à l'embouchure de certaines rivières, demeurer enveloppés dans la vaſe, laquelle ſe durciſſant enſuite, a formé des lits : c'eſt par la même raiſon qu'il ſe trouve beaucoup plus de coquillages que de poiſſons enfermés dans des pierres, & que toutes ces dépouilles ſont bien conſervées.

ENCLAVE-D'ARTOIS, petit pays du ci-devant comté d'Artois, qui renfermoit treize paroiſſes & communes. Il eſt ſitué ſur les ci-devant frontières occidentales de l'Artois, près de Montreuil, au levant de Créci. Les communes de cet arrondiſſement furent démembrées de l'Artois & unies à la France. Ce pays fait actuellement partie du département du Pas-de-Calais.

ENCOSSE, village du département de la Haute-Garonne, arrondiſſement de Saint-Gaudens, & à une lieue & demie de cette ville. Il y a des eaux minérales très-limpides & ſans ſaveur bien ſenſible ; à quelque auſtérité près.

ENCOUSSE, village du département du Gers, canton de Cologne, & à une lieue ſud-eſt de cette ville. Il y a des eaux minérales limpides, & qui n'ont preſque point de ſaveur ; elles ont beaucoup de réputation dans le pays.

ENCUVAGE, fond naturel d'un vallon : c'eſt la baſe des dépôts que les eaux ont faits dans les plaines qu'on trouve au milieu des vallées. L'*encuvage* eſt à découvert dans les parties des vallées où l'eau torrentielle entraîne tous les matériaux qu'elle détache des bords. Il eſt couvert à une fort grande profondeur dans les lieux où les rivières oſcillent. C'eſt ſur l'*encuvage* que réſident les bonnes eaux des ſources que fourniſſent les coupures des bords naturels d'une vallée ; c'eſt juſqu'à ce fond de cuve qu'il faut parvenir lorſqu'on creuſe des puits dans les plaines des vallées. Tant que la fouille s'arrête dans les maſſifs des dépôts, les ſources ne donnent pas de bonnes eaux ou n'ont pas de courant ſoutenu. C'eſt auſſi ſur le fond de cuve qu'il eſt prudent d'établir les fondations des bâtimens qui exigent une grande ſolidité, ſurtout lorſque les dépôts n'ont pas par eux-mêmes une certaine conſiſtance & une certaine fermeté.

Il y a ſouvent ſur l'*encuvage* ou fond de cuve deux ſortes de dépôts, ceux ſoumarins faits dans le tems que la vallée étoit couverte par les eaux de la mer, qui en avoient formé un golfe, & ceux qui ſont dus à l'alternative des eaux pluviales & torrentielles depuis que le travail des eaux s'eſt fait à la ſurface des continens ſecs.

Depuis le tems que la vallée a été abandonnée par la mer, & que les fleuves & les rivières ont repris leur cours dans leurs anciennes vallées, on conçoit qu'il n'y a qu'un ſeul ordre de dépôts dans les vallées qui n'ont pas été des golfes & qui n'offrent qu'un ſeul ſol dans les fonds de cuve. Je diſtingue trois ſortes de fonds de cuve, 1°. ceux de l'ancienne terre graniteuſe ou ſchiſtograniteuſe ; 2°. les fonds de la moyenne terre ſablonneuſe ou calcaire en couches inclinées ; 3°. les fonds de la nouvelle terre en couches horizontales, compoſées de matériaux variés.

On juge ſouvent de l'*encuvage*, de ſa nature & de ſes époques par la reconnoiſſance des deux bords correſpondans des vallées, lorſqu'on ne peut pas les appercevoir ſous les dépôts, & l'on ne peut être induit à erreur ſur cette reconnoiſſance.

En parcourant une vallée depuis la ſource d'une rivière principale juſqu'à ſon embouchure dans une autre ou dans la mer on rencontre ſouvent ces trois ſortes de fonds de cuve, & ceci s'obſerve ſurtout en France, dans les vallées du Rhône, de la Loire, de l'Allier, de la Dordogne, de la Garonne, & dans celle du Pô.

ENGELBERG en Suisse, canton d'Underwald. Au sortir de la plaine où se trouve le petit lac d'Engstlen on monte beaucoup pour arriver aux limites du territoire de l'abbaye d'Engelberg. De beaux schistes rouges mêlés de schistes verts sont jonchés sur le terrain. Tout ce canton est sans arbres & sans buissons. Ce qui n'est pas rocher est couvert d'un gazon ras & fin, & cette verdure est au pied des glaces & des neiges. On trouve ensuite la montagne de Joch. Sur ses croupes est un gros rocher saillant & élevé qui est schisteux, argileux & feuilleté, & des mêmes schistes rouges & verts qu'on a trouvés auparavant répandus sur le terrain.

On laisse à droite le petit lac Trubli pour côtoyer une grande suite de rochers calcaires, énormes pour la hauteur & élevés comme un mur. Les couches en sont inclinées à l'horizon, de neuf à dix degrés. C'est depuis ce petit lac qu'on découvre la fameuse montagne de Tittlisberg, une des plus hautes de la Suisse. Les glaciers immenses qui couvrent sa cime & sa pente fournissent un torrent qui se jette dans ce petit lac. On descend très-rapidement parmi un cahos de décombres des rochers calcaires dont nous avons parlé. Tout est couvert de pierres, tout est nu d'ailleurs & sans autre végétation que le très-court gazon. On descend ainsi sans trouver un arbrisseau.

L'abbaye d'Engelberg & un village à côté sont situés dans le fond d'un vallon ovale & de niveau, où il n'y a que des pâturages & point de champs cultivés ni d'arbres fruitiers : à peine peut-on y élever quelques légumes. Ce vallon est entouré de fort hautes montagnes, sur lesquelles il y a des amas prodigieux de neiges & de glaces. La montagne d'Engelberg, qui a donné son nom à tout ce canton, a une forme à peu près conique, dont la base est fort large. Des pâturages & des forêts de sapins en couvrent le pied. Elle est aride sur le haut & toute composée de roches calcaires, dont on apperçoit les couches & les lits en différens endroits où le rocher est à pic. Derrière l'abbaye, à un quart de lieue, est une belle cascade qui mérite d'être vue.

Les montagnes considérables qu'on traverse en sortant d'Engelberg ne sont composées que de débris des hautes montagnes qu'on vient de quitter. Ces produits des éboulemens arrivés à la suite des siècles environnent de tous côtés ces hautes montagnes, étendent leurs bases, & procurent un moyen de parvenir comme par degrés au pied de la chaîne glacée. La terre dont ces hors-d'œuvres sont couverts y facilite la production des végétaux. Ces montagnes sont ordinairement ornées de sapins & de forêts, dont les parties les mieux exposées sont employées en pâturages & quelquefois en cultures, quoiqu'elles soient encore fort élevées. Les montagnes par lesquelles on descend d'Engelberg, tournées au midi, sont couvertes de belles forêts où il y a beaucoup d'herbes, & dont les bois se précipitent dans le torrent d'Aa, qui passe au fond : on y flotte ce bois jusqu'au lac de Lucerne.

Après avoir descendu une heure & demie assez rapidement depuis Engelberg, on parvient sur un terrain moins inégal, & qui n'a de pente que celle de l'eau courante. Ce canton, plus bas, plus abrité & moins rude, commence à produire des arbres fruitiers : l'abbaye d'Engelberg y a une belle maison de campagne. À un quart de lieue au-dessous on a taillé dans le roc les limites d'Engelberg & du canton d'Underwald. L'Aa ne roule que des pierres calcaires. A peine y voit-on un granit : il en est de même de tous les torrens de ces cantons.

ENGHIEN, ville du département de Jemmappes, arrondissement de Mons. Cette ville est riche, & dépendoit du Hainaut-Autrichien. Le duc d'Aremberg y faisoit son séjour. Son château est ancien, & le parc d'une grande beauté. Le duc d'Aremberg avoit fait construire près de là un hôtel dit Hôtel-Royal, pour la commodité des étrangers, où l'on pouvoit loger plus de cent personnes. Les manufactures de toiles font la principale richesse de cette ville, & il s'y fabrique annuellement environ neuf cent soixante mille aunes de toiles : on tire près de là du cobalt.

ENGREMIER (Étang d'), dans le département des Bouches-du-Rhône, canton d'Istres, à une lieue deux tiers de cette ville. Il a, du nord au sud, une demi-lieue de long, sur un quart de lieue de large, & donne lieu à de bonnes pêches.

ENGSTLEN. On appelle Alpes d'Engstlen une suite de montagnes qui forment un vallon assez uni dans le fond, montant vers les hauteurs du Joch, & n'ayant qu'une seule issue contre le Gentelhoden, par lequel on y monte, & qui ouvre un écoulement au petit lac d'Engstlen. Ce vallon est entouré de hautes montagnes : au sud-ouest est le Hohenstollen, au pied duquel se trouve le Melchtal; au sud se trouve le Tellistoch, qui prolonge vers le Jochberg sa crête chargée de plusieurs beaux glaciers. De là on apperçoit le pays de Hasli. On découvre dans le lointain la Planblatte, le vallon d'Urbach bordé de montagnes fort hautes, couvertes de glaciers. Nous allons maintenant donner un détail de tous ces objets.

Au sortir de Mulithal on monte par des chemins extraordinairement escarpés pour arriver au sommet du Gentel, où l'on apperçoit sur la droite le glacier de Trist sur la montagne du même nom. En passant le Gentel on apperçoit sous ce torrent un large banc d'argile bleue, au dessus duquel on voit suinter, en différens endroits, un guhr ferrugineux, provenant de l'intérieur de la montagne. Le haut du Gentel est un vallon qui est en pâturages d'été; il est bordé de roches calcaires & à pic. Ce petit vallon se trouvant ouvert au midi & abrité contre les vents du nord, il y fait une cha-

E 2

leur affez vive. On ne peut s'empêcher d'être furpris de trouver, à de pareilles hauteurs & parmi les neiges; les plus beaux & les plus grands arbres d'efpèces qu'on n'a vu dans ces contrées qu'à des diftances éloignées, & qu'on ne croit pas trouver dans un pareil climat; car depuis la région des lacs les bois & les forêts ne font guère que des fapins, au lieu qu'ici ce font des chênes, des hêtres & des érables de la plus belle venue. De droite & de gauche on voit tomber de petites cafcades provenantes de la fonte des neiges qui font fur les rochers élevés. A droite une fontaine fingulière attire l'attention : ce font neuf jets ou écoulemens d'eau affez gros qui s'élancent à peu près à même hauteur d'un rocher calcaire à pic & fort fec : on la nomme *Jungibrunnen*. Les rochers calcaires compofés de couches permettent aux eaux de s'infiltrer dans leur intérieur; elles en abforbent beaucoup qui s'y amaffent. La pente d'une de ces couches conduit les eaux à l'extérieur, où des ouvertures proportionnées au poids ou à la quantité d'eau qui pèfe deffus les font jaillir en avant du rocher. On remarque fouvent au pied des montagnes calcaires qui font couvertes de neiges, de grandes fources d'eau ou des ruiffeaux tout formés qui fortent de terre : c'est pour cela que tous les efcarpemens des pierres calcaires font fecs, pendant que les autres efpèces de rochers qui n'abforbent pas les eaux font humectés par-deffus, parce que les eaux, ne les pénétrant pas, en dégouttent de tous côtés.

Plus loin on trouve une belle cafcade : un grand volume d'eau tombe d'une roche élevée, compofée de couches régulières qui defcendent en gradins. L'eau forme autant de cafcades qu'il y a de gradins ou de couches, en s'élargiffant toujours de plus en plus par le bas; elle fe termine par une belle nappe d'eau qu'un beau baffin de figure ovale reçoit; enfin on arrive à cinq ou fix chalets, où les bergers font leurs fromages. C'est près de ces chalets que fe trouve une fontaine intermittente. 1°. Elle eft doublement intermittente; elle ne coule que pendant la fonte des neiges, & ceffe de couler quand les neiges font fondues ou que les gelées recommencent; 2°. elle ne coule en été que vers le foir, quand la chaleur du jour a eu le tems de remplir le réfervoir intérieur par la fonte des neiges. Après avoir vu ces phénomènes, tels que les comporte la faifon, on arrive au petit lac d'*Engftlen*, d'un quart de lieue de longueur : les eaux en font noirâtres, & fournies par les neiges & les glaces qui couvrent les montagnes environnantes.

ENHYDRE. On donne ce nom à des géodes remplies d'eau, ou à des agathes contenant des bulles d'eau dont le mouvement eft très-fenfible à la vue fimple. Il n'eft queftion maintenant que d'expliquer la fuite des procédés que la nature a mis en œuvre pour renfermer une goutte d'eau dans une pierre dure & folide de quelque nature qu'elle foit.

ENSIEDLEN *ou* EINSIEDLEN, *ou bien encore* NOTRE-DAME-DES-HERMITES, belle abbaye dans le canton de Schwitz : c'eft le centre d'une contrée que nous allons décrire.

Après avoir traverfé le lac de Lucerne, au fortir de l'Underwald, on débarque à Brunen, & de là on gagne Schwitz, chef-lieu du canton. Il n'y a que des pâturages dans tous les environs, quelques jardins & point de terres labourées. On monte la montagne fort rapide, au pied de laquelle eft fitué Schwitz. Parvenu à une certaine hauteur on voit dans le fond, à gauche, le petit lac de Wertz, qui eft féparé du lac de Lucerne par des montagnes. On paffe enfuite au pied des deux montagnes calcaires en pointe, qui dominent Schwitz & tous les environs. La plus élevée eft remarquable en ce qu'elle eft d'un beau marbre rouge à fon fommet, avec une grande partie de marbre gris dans fon milieu. Après avoir monté une heure & demie on arrive tout-à-fait fur la hauteur. Des bois & des pâturages couvrent tous les terrains qui ne font pas des rochers. On reconnoît facilement que la montagne qu'on vient de monter n'eft compofée que de décombres. Quoiqu'elle foit couverte de pâturages, on apperçoit cependant, de tems à autre, des fchiftes feuilletés; d'autres fois des pierres calcaires qui fortent du terrain. Sur le revers de la montagne on en voit d'autres qui font formées de même, & dans la compofition defquelles il entre beaucoup d'argile jaunâtre.

On defcend pendant une heure & demie par des chemins garnis de rondins & d'arbres en travers pour éviter les argiles & les terrains marécageux occafionnés par les eaux qui defcendent de tous côtés. On ne voit que des ravins, des fondrières, des torrens qui ne charient abfolument que des pierres calcaires prefque toutes grifes, avec des veines de fpath blanc. Le plateau où eft fitué *Einfiedlen* eft fort élevé : fon climat eft froid & rude. A côté du bourg il y a une carrière de pierre fablonneufe, par couches, d'un tiffu folide & bien lié.

On chemine une demi-heure fur le plateau d'*Einfiedlen*, où il y a des pâturages & quelque culture d'orge. On defcend enfuite & l'on arrive à la rivière de Sill, qui, dans le tems de la fonte des neiges, eft un torrent impétueux & fait de grands ravages. Les collines environnantes, qui font fort élevées, ne font compofées que de galets ou de pierres calcaires roulées. Le fond du terrain eft argileux. De la hauteur à côté de la chapelle de Saint-Mainard on apperçoit toute l'étendue du lac de Zurich, qui a plus de fept lieues de longueur, puis un immenfe pays compofé de montagnes & de collines qui fe dégradent & vont fe perdre dans l'horizon.

Ce n'eft qu'après avoir bien defcendu qu'on s'apperçoit combien le plateau d'*Einfiedlen* eft élevé. Ces terrains ne font auffi que de pierres roulées. Dans le fond on trouve une quantité de granits très-beaux, dont la plupart sont rouges, & des cailloux ou galets de jaspe, mêlés de quelques blocs de pierres fablonneuses. Quelques lits de la même pierre traversent de tems à autre ces amas de pierres roulées : le tout annonce que c'est un dépôt des eaux.

Pour aller à Raperschweil on prend un sentier à droite, qui descend jusqu'au bas de la colline, composée de pierre de fable par lits, & qui continue sur tous les bords du lac, comme on le remarque aux environs de plusieurs autres lacs de Suisse. Avant d'arriver au lac il y a une petite demi-lieue de plaine à passer, dans laquelle il y a beaucoup d'arbres fruitiers. On passe le lac sur un pont qui a plus de six cents toises de longueur, & établi dans une partie du bassin du lac, qui est peu profonde. Si l'on repasse le lac pour aller à Lachen, on y trouve un pays couvert de riches pâturages, d'arbres fruitiers & de bois. Après Richenburg, dernier village du canton de Schwitz, on trouve une plaine remarquable, au milieu de laquelle coule le Lintz, qui va se jeter dans le lac de Zürich; elle paroît avoir été occupée par les eaux du lac; car le fond du terrain où l'on passe depuis Lachen & la partie inférieure des montagnes à droite sont tous couverts de pierres roulées & de masses de ces mêmes pierres agglutinées ensemble par des graviers & des fables. Plus loin ces masses de poudingues sont adossées contre le pied des montagnes calcaires qui s'élèvent au dessus. On passe par Belten, premier village du canton de Glaris : on y voit les mêmes amas de galets agrégés.

ENSESHEIM, ville du département du Haut-Rhin, arrondissement de Colmar, & à cinq lieues un quart sud de cette ville. Elle est située sur un bras de la rivière d'Ill, connu sous le nom de *Mulbach*, dans une position très-agréable. Cette ville, son château & le landgraviat de la Haute-Alsace vinrent aux comtes d'Hasbourg avant la guerre de Suède; enfin, par la paix de Munster, elle a été cédée à la France avec le landgraviat de la Haute-Alsace.

ENSIVAL, bourg du département de l'Ourthe, arrondissement de Malmedi. Les draps qui s'y fabriquent, l'emportent sur la manufacture des Pays-Bas pour la finesse, l'éclat & la solidité des couleurs. On les exporte en Allemagne, en Italie & dans le Levant. Ce bourg fait par an plus de sept mille pièces de drap.

ENTONNOIR. C'est une incavation qui se fait à la surface de la terre par un affaissement qui survient à la voûte des grottes souterraines, & qui prend la forme d'un *entonnoir* renversé. J'ai remarqué surtout un grand nombre de ces *entonnoirs* dans les environs des sources abondantes, & particuliérement sur la route des réservoirs souterrains qui leur fournissent de l'eau. On en trouve aussi également le long du canal de certaines rivières qui se perdent & qui reparoissent en grande partie dans ces sources.

Les dégorgeoirs qui jettent de l'eau en certains tems ont le plus souvent la forme d'un *entonnoir*.

On remarque aussi de semblables *entonnoirs* à la suite des éboulemens qu'éprouve le ciel de certaines carrières qu'on fouille par des galeries profondes & mal soutenues.

Ces accidens ont lieu surtout lorsque le ciel des carrières est composé de bancs & de lits très-foibles, ou bien faute de piliers forts & réservés à des espaces peu considérables.

ENTRE-DEUX-MERS, département de la Gironde, arrondissement de Bordeaux, pays & contrée situés près de Bordeaux, entre la Garonne & la Dordogne. Cette situation a fait donner ce nom à une longue lisière qui est arrosée par les affluences dans les deux rivières principales. Cette lisière forme les deux cantons de Carbon-Blanc & de Créon, qui composent l'arrondissement de Bordeaux.

ENTREVAUX, ville du département des Basses-Alpes, arrondissement de Castellane, au pied des montagnes, sur le Var, & à deux lieues & demie d'Annot.

Cette ville, fortifiée & placée sur une hauteur qui la met à l'abri des inondations du Var, s'est accrue des ruines de Glandèves, qui étoit sur l'autre rive. A quelque distance d'*Entrevaux* on trouve une pierre grise veinée, du spath blanc susceptible de poli & pleine de pyrites ferrugineuses qui teignent la pierre. Cette ville dépend de la huitième division militaire : il y a un capitaine du génie.

ENTREVERNES, village du département du Mont-Blanc, arrondissement d'Annecy. Il y a une mine de houille placée dans une gorge qui prend naissance à la commune de la Thuille, située à l'extrémité du lac d'Annecy, & qui sépare deux sommités de roche calcaire originaire. Elle est élevée de plus de dix-huit cents pieds perpendiculaires au dessus de cette commune : il faut, pour y arriver, gravir à travers les rochers, les broussailles, & suivre les sentiers roides & tortueux que les chamois, les chèvres, les vaches & ceux qui les conduisent y ont pratiqués.

ENVERMENIL, bourg dans le département de la Seine-Inférieure, arrondissement de Dieppe, & à trois lieues de cette ville. Les terres de ce lieu sont fertiles en grains, en fruits & en bons pâturages.

ÉPERIES (Mine de sel de la ville d'). A une demi-heure de chemin de la ville d'*Éperies* en Hongrie, se trouve une mine de sel très-fameuse; elle a cent quatre-vingts brasses de profondeur depuis le commencement de la defcente jufqu'au fond : la mine eft pour la plus grande partie dans la terre, & non dans le roc.

Les veines de fel font larges, & on en tire des morceaux qui vont jufqu'à dix milliers. On coupe ordinairement le fel en longues pièces carrées de deux pieds de long, fur un d'épaiffeur. Pour s'en fervir, on le broie entre deux meules. La mine eft froide & humide ; mais le fel y étant en pierres, ne s'y diffout pas aifément, au moins il ne s'en diffout pas beaucoup à cette humidité : mais l'eau de la mine eft fi imprégnée de fel, qu'on la tire de la mine dans de grands baquets, & on la fait évaporer pour en obtenir un fel noirâtre qu'on donne aux beftiaux du pays.

La couleur du fel en pierre de cette mine n'eft pas blanche pour l'ordinaire, mais un peu grife. Lorfqu'on le broie, il devient auffi blanc que s'il étoit rafiné. Ce fel eft compofé de parties pointues. Il y en a auffi dans la même mine une autre efpèce, qui eft compofée de carrés & de tables, & une troifième qui paroît compofée de plufieurs branches.

Le fel de cette mine n'eft pas tout de la même couleur. Celui qu'on trouve groffièrement mêlé avec la terre, en conferve un peu la couleur. Le plus pur & le plus tranfparent reçoit fouvent des teintures de différentes couleurs. On a vu au milieu d'un morceau de fel bien criftallin, qui avoit de longues branches, une légère couleur bleue, un autre morceau d'un très-beau jaune. Il y en a d'autres qui font très-purs & très-tranfparens, & fi durs, qu'on leur donne différentes figures. Quoique ces fels fe confervent fecs, fans aucun foin dans d'autres pays, pendant plufieurs mois, néanmoins ils ont commencé à s'humecter peu de tems après qu'ils ont été envoyés en Angleterre. Si on les garde dans une étuve ou quelqu'autre lieu chaud, ils perdent bientôt leur tranfparence. On n'a pas ouï dire qu'il y eût aucune vapeur dans les mines qui les renferment.

ÉPERNAY, ville du département de la Marne, à fix lieues & demie fud de Rheims. Cette ville du ci-devant Rémois, au milieu du pays le plus riant & le plus fertile du département, & fur un fol de craie favorable pour la plantation des vignes, faifoit partie du gouvernement général de la Champagne. C'eft dans le territoire d'Épernay que l'on recueille le vin dit de Champagne, qu'on recherche le plus, & c'eft ce qui fait la principale branche de fon commerce, indépendamment des vins des fameux coteaux d'Aï, d'Hautvilliers, de Piery & de Cumières. Outre le fol de craie qui n'eft pas planté en vignes, on en cultive en grains de certaines parties, qu'on fertilife par des terres jaunes mêlées de fumiers. Il y a en outre à Épernay une fabrique de poterie, d'où fortent toutes fortes d'ouvrages & des poêles très-eftimés. Près de cette ville croiffent des forêts confidérables de chênes & de charmes propres à faire des échalas, des lattes à tuiles, des bois de conftruction & de chauffage, & du charbon avec le petit bois. La ville d'Épernay eft environnée d'une quantité d'eaux vives, & arrofée d'un petit ruiffeau nommé Carbry.

Il y a dans cette ville un infpecteur des forêts. La vallée de la Marne, dont on a la perfpective de la ville d'Épernay, offre des croupes de craies fort élevées, & un fond de cuve fort large, au milieu duquel la rivière circule.

ÉPERNAY (Forêt d'), département de la Marne & à un tiers de lieue de cette ville. Elle a de l'eft à l'oueft deux mille trois cents toifes, & du nord au fud douze cents toifes. Elle tient à la forêt de Bourfaut par la partie de l'oueft.

ÉPERNAY. La montagne de Saint-Martin d'Abloy tient à celle d'Épernay, & la limite vers le couchant. Son organifation intérieure eft femblable à celle de la montagne d'Épernay : on y trouve cependant dans les bois quelques minerais de fer, près du village de Saint-Martin : il y a de même au fommet beaucoup de meulières, & à un certain niveau une fource abondante qui fait tourner toutes les ufines d'un moulin à papier. Le Mont-Félix eft contigu à la montagne d'Épernay, du côté du fud, & à celle de Saint-Martin-d'Abloy : il a près d'une lieue de longueur fur un mille de largeur : fes croupes font en partie cultivées, couvertes de vignes. Il y a cinq villages diftribués fur fes coteaux. Les matières qui compofent les couches de cette montagne font différentes de celles des montagnes voifines. La terre végétale eft colorée par l'ochre : on y trouve des grès rougeâtres & rubanés, enfuite une terre noire, colorée par le fer. Sous cette terre noire eft un banc de fable de dix pieds d'épaiffeur, très-pur & très-blanc. Après ce banc on rencontre de la pierre meulière dont on fait ufage dans la bâtiffe : entre les maffes de ces pierres on trouve de petits filex roulés & des galets agglutinés enfemble par un ciment calcaire. Sous cette couche pierreufe, qui a fept à huit pieds d'épaiffeur, on trouve un tuf calcaire, au milieu duquel font des filex, des pyrites & des coquilles foffiles. Enfin, le banc de craie forme la bafe de toutes ces montagnes, ainfi que prefque toutes les chaînes calcaires des environs, & que nous avons décrites dans des articles particuliers :

ÉPERNON, ville du département d'Eure & Loir, arrondiffement de Chartres, canton de Maintenon. Cette ville eft placée au bord de la rivière d'Ouille, dans une belle fituation. Les Anglais s'en emparèrent fous Charles VI, & ne l'abandonnèrent qu'en la ruinant, fuivant leur coutume générale.

EPFFIG, village du département du Bas-Rhin,

arrondissement & canton de Bar., & à deux lieues de Benfelden. Il y a aux environs d'excellente argile à potier.

ÉPIE, rivière du département de la Seine-Inférieure. Elle prend sa source au dessus de la commune de Rebergre, canton de Forges, coule au sud-est, passe à Gournay, ensuite près du village de Neufmarché, coule ensuite au sud-ouest en séparant le département de l'Eure de ceux de l'Oise & de Seine & Oise, & se jette dans la Seine à deux lieues au dessous de la Roche-Guyon.

ÉPIERRES, village du département du Mont-Blanc, canton de la Chambre. Il y a une forge qui rend annuellement cinq cents milliers de fer, & un fourneau qui donne une fonte blanche cristallisée confusément en rayons divergens. Une goutte d'acide nitreux affoibli, versée sur cette fonte, laisse une teinte noire très-sensible. On fait grand cas de cette fonte à la fabrique d'acier de Rides, quoiqu'on ne l'emploie pas seule pour faire l'acier. On la mélange ordinairement dans la proportion de deux septièmes avec deux septièmes de fonte d'Allevard & trois septièmes de Saint-Vincent.

ÉPIES, village du département du Loiret, canton de Meun. Dans l'étendue de cette commune, on voit plusieurs souterrains, entr'autres un qui offre les débris d'un cloître taillé dans le tuf, & carrelé en terre cuite à fourneaux. Près de ce village on a trouvé plusieurs vis de canons & des gouttières de terre cuite, qui servoient à couler le métal fondu.

ÉPINAC, village du département de Saône & Loire, arrondissement d'Autun, & à trois lieues trois quarts de cette ville. Ce village étoit du duché de Bourgogne. Il y a une mine de charbon de terre de bonne qualité.

ÉPIOUX (Bas), forges du département des Forêts, arrondissement de Neufchâteau, canton de Florenville, commune de Chiny, dans la forêt & à trois quarts de lieue nord-ouest de Chiny, au dessus d'un étang.

ÉPIOUX (Haut), forges, même département, arrondissement de Neufchâteau, canton de Florenville, à deux lieues & demie de Neufchâteau, près le Samoisi.

ÉPOQUES DE LA NATURE. J'appelle Époques les limites d'un tems déterminé, qui correspond à une certaine masse de faits & à un certain ordre d'événemens. J'appelle révolution le passage d'un état à un autre état, à ces masses de faits & d'événemens qui constituent une époque. C'est ainsi que les différentes & successives révolutions du Globe ne peuvent être distinguées & comptées que par les caractères mêmes des époques.

Toutes les époques doivent être circonscrites par des limites précises, pour être décidées époques, sans quoi on ne peut déterminer la révolution. Une révolution qui s'opère n'est pas réputée révolution, mais elle peut avoir différens âges, le tems du progrès & celui du retour. Il y a des opérations qui se présentent lentement & qui s'exécutent de même. Ces opérations se défigurent ensuite, & c'est ce que j'appelle le retour. Si ce sont les mêmes opérations, le même travail, les mêmes agens, assujettis à d'autres circonstances seulement, la révolution doit renfermer & le progrès & le retour; mais si le retour est la suite d'un agent différent, pour lors le progrès & la perfection d'une opération formeront une époque, & le retour une autre. Il faut que l'opération de la nature, pour décider la distinction d'une époque, soit une de ces grandes démarches qui changent l'état du Globe, & qui fassent révolution en un mot, comme je l'ai assez indiqué; car une opération quelconque ne peut constituer elle seule une époque; elle peut faire partie d'une époque, comme un événement contemporain & parallèle à d'autres, mais elle ne fera pas une époque. Un des caractères principaux de l'époque, c'est d'être distincte de toute autre, de pouvoir en même tems indiquer une correspondance entre ce qui précède & ce qui suit, d'annoncer un nouveau spectacle dans l'Univers, un nouvel ordre de choses, un progrès dans les opérations qu'elle renferme: sans cela l'époque est sans fondement comme sans aucune utilité.

L'époque est proprement une collection de faits; elle ne doit pas rejeter les causes si elles se présentent d'elles-mêmes; ainsi les couches horizontales font une époque comme dépôt de la mer. Cette considération y entre aussi; car je ne ferai pas une époque des simples dépôts de la mer avant d'avoir considéré les couches horizontales. Le caractère des époques se tirera des faits d'abord, & se complétera par les causes: d'un autre côté, l'époque peut subsister sans qu'on puisse indiquer les causes des événemens, pourvu qu'ils aient un caractère commun & distinct qui leur convienne, & qu'on puisse reconnoître & leur appliquer aisément.

L'époque peut prendre sa dénomination des causes connues. Telle est l'époque torrentielle, qui est celle de la formation des vallons par les eaux courantes. La retraite de la mer est un fait qui n'a pas laissé de cause connue; elle formera cependant une époque. Il est vrai que je ne puis la fixer par aucune des traces de révolution, qui subsiste; je suis obligé de la supposer faite. Je ne vois que les pentes des continens, qui aient déterminé sa marche. Le bassin actuel de la mer sera de même une époque. Je ne vois aucune observation pour laquelle il auroit été déplacé, & je ne vois pas non plus dans quel massif il a été creusé. Je le répète: la retraite de la mer & l'approfondissement de son bassin sont deux époques, dont les causes & les circonstances sont à trouver en partie; mais comme ces révolutions font nécessaires, puisque tout prouve que la mer occupoit un autre baffin plus étendu vers certaines parties, il faut donc fuppofer qu'elle a eu des caufes décidées de retraite, ou lentes & infenfibles, ou brufquées.

ÉPOQUES (Élémens des). Quelques-uns des phyficiens qui ont recueilli certaines obfervations fur la pétrification & fes progrès, ont été curieux de déterminer au jufte le tems que la nature employoit à perfectionner les pierres. Mais la plupart des faits fur lefquels on a voulu établir ces calculs, étoient des réfultats d'opérations ifolées, fans aucune correfpondance avec l'enfemble des opérations générales de la nature; & il n'eft pas étonnant que des réfultats de ces calculs l'on n'ait pu tirer aucune conféquence jufte & précife pour decider la durée du tems que la nature a mis à former telle ou telle pierre. Le calcul que l'Empereur a voulu faire au fujet des incruftations dont étoient couvertes les poutres du pont du Danube, conftruit par Trajan, n'a aucune folidité. Les cinq quarts de pouce formés en quinze cents ans n'établiffent aucune règle qu'on puiffe généralifer, parce que les pétrifications de cette nature font dépendantes d'un nombre infini de circonftances, dont le concours eft très-difficile à bien apprécier avec précifion.

M. Guettard, en parlant des matériaux qui rempliffent le fond de la plaine de Grenelle, & dont la nature & la quantité ont été connues par la fouille du puits de l'École royale-militaire, s'eft attaché à quelques élémens de calculs fort incertains, pour déterminer le tems qu'il a fallu à la Seine pour former tous ces dépôts; mais il s'en faut bien qu'il ait envifagé toutes les données néceffaires à la folution de ce problème. Cette difcuffion demandoit, fur les progrès & la caufe des dépôts fluviaux, des détails qu'il n'étoit guère en état d'entendre. Il n'a pas vu, par exemple, que, parmi ces matériaux, il y en a beaucoup qui font venus des croupes laterales de la vallée de la Seine, & qui ont été mêlés aux produits des alternatives de ces états fluvials & torrentiels. Il n'a pas vu non plus qu'il a été un tems où la rivière ne faifoit aucun dépôt, mais creufoit fa vallée jufqu'à la profondeur où l'on a trouvé les couches naturelles vers le fond du puits. Toutes ces circonftances doivent être mifes en ligne de compte dans les calculs qu'on entreprendroit fi l'on croyoit devoir hafarder cette fpéculation.

J'ai reconnu la même méprife dans les élémens du calcul que les naturaliftes fuédois ont tenté d'établir fur les progrès de la diminution de l'eau de la Baltique. Il eft évident qu'ils ont omis une infinité de circonftances qui fe rencontrent dans ce qui conftitue les méditerranées, & qui font fujettes à varier de telle manière, qu'on ne peut les réduire au calcul fans des obfervations particulières. On conçoit en général que fi l'on avoit omis un des élé-

mens de ces circonftances, les réfultats devoient être très-inexacts, & que la méprife feroit encore plus forte fi l'on omettoit une circonftance entière comme l'a fait M. Guettard, ainfi que je l'ai indiqué. C'eft d'après la difficulté prefqu'infurmontable de pouvoir fixer les époques par les calculs faits d'après ces mauvais plans, fur des élémens auffi vagues & des circonftances auffi peu complètes, que j'ai cru devoir envifager, fous un autre point de vue, les époques qu'il eft fi important de diftinguer lorfqu'on examine le travail de la nature. J'ai cru devoir étendre en quelque forte les limites, &, en partant de certains points fixes bien avérés, les refferrer autant que les caractères des opérations le permettroient, & parvenir, par ces voies des limites, à des réfultats qui puiffent claffer les opérations elles-mêmes & leurs époques. Je renvoie à l'article époques, la méthode qu'on a cru devoir adopter pour parvenir à ce but. (Voyez les Recherches de Paw, Lettre fur les viciffitudes du Globe, t. 2, p. 320.)

Je crois qu'il faudroit appeler âges ce que j'ai nommé époques dans beaucoup de cas, c'eft-à-dire, de certaines maffes de faits, circonfcrits entre plufieurs fortes de limites. Dans ces âges il doit y avoir des événemens qui font décidément antérieurs à d'autres, & ces événemens peuvent être indiqués comme époques; ainfi l'époque de la retraite de la mer eft antérieure à l'écoulement des eaux pluviales dans des vallons ébauchés. La formation des vallons fur les parties du Globe, abandonnées par la mer jufqu'à l'état actuel, eft un âge. Les différens états de l'eau font des âges de cette époque torrentielle, auxquels je donne les noms d'âge : l'âge torrentio-fluviale, l'âge fluvio-torrentiel, l'âge fluvial, &c. L'époque eft particuliérement attachée à un tems précis, en forte qu'elle fe compofe de deux ou trois âges, lefquels lui fervent de limites, & décident de fon antériorité fur une autre.

Le premier âge du Globe eft celui de la formation de l'ancienne terre.

Le fecond âge du Globe eft celui de la création de la moyenne terre.

Le troifieme âge du Globe eft celui de la nouvelle terre.

Le quatrième âge du Globe eft celui qui fuccède à ces trois tems, & qui n'eft pas complet comme eux.

A ces diftinctions il faut joindre les dégradations des eaux fur les produits des trois premiers âges, ou conjointement, ou féparément. Cet ordre de chofes correfpond à tous les âges, & les comprend tous fucceffivement. Suivant cette diftribution des âges, le premier feul a été expofé à l'action des pluies pendant la durée du fecond; le premier & le fecond enfemble, pendant la durée du troifième; le premier, le fecond & le troifième enfin, pendant la durée du quatrième. Le quatrième n'a pas encore été foumis au retour, en forte que les effets de cet ordre de chofes doivent être actuellement dans le troifième état que j'ai fuppofé : c'eft l'état actuel & compliqué que le Globe nous préfente à la fuite de ces âges. Il a fallu beaucoup d'analyfes pour parvenir à décompofer ces différens effets & produits des pluies, démontrer leur diftinction, & apprendre à les reconnoître par des caractères précis.

En conféquence, toutes chofes égales d'ailleurs, l'ancienne terre, qui a été plus long-tems expofée aux dégradations des eaux, doit être plus altérée que la moyenne, & la moyenne plus que la nouvelle. Celle-ci doit l'être moins que toutes les autres.

On ne peut juger de ces effets des eaux, fur l'ancienne & la moyenne terre, que par les parties qui font reftées à découvert & qui ont été continuellement auffi expofées à leur action, c'eft-à-dire (pour ce qui concerne l'ancienne terre), qu'on ne peut en faire l'application que fur les parties que la moyenne & la nouvelle n'ont point recouvertes; &, pour ce qui concerne la moyenne, que fur les parties que la nouvelle n'a point recouvertes. Quant à la nouvelle, elle n'a pas reçu de couverture, parce que le produit de cet âge n'eft pas encore forti du fond de la mer.

Il y a auffi des variétés dans les agens des dégradations, & ces variétés peuvent encore fe combiner avec la durée de l'action des eaux & la réfiftance des produits des différens âges: de là il réfulte trois chofes à comparer, la réfiftance des matières qui font expofées aux dégradations des eaux des pluies, la quantité & l'abondance de ces eaux & la durée de leur action; en forte que fi l'on appelle R la réfiftance de la matière, A la quantité d'eau, F leur durée, l'état actuel pourra être exprimé par A F. Les dégradations font en raifon compofées directe de R, l'eau & le tems, & en raifon inverfe de la dureté ou de la réfiftance de la matière.

Il y a encore des *époques* différentes dans chaque âge, mais avec quelques variétés. La première circonftance des eaux eft de les déterminer toutes torrentielles; la feconde eft de les obtenir plus torrentielles que fluviales; & enfin la troifième, plus fluviales que torrentielles. Ces trois états fucceffifs demandent des difcuffions infinies. L'état torrentiel eft le plus ordinaire dans l'ancienne terre; il eft moins ordinaire dans la moyenne terre, & moins encore dans la nouvelle terre; il n'a lieu que dans les tems d'orage. Quant à la réfiftance de la matière, la moyenne terre vient après l'ancienne, puis la nouvelle: mais il y a beaucoup d'exceptions dans ces vûes générales; car la moyenne & la nouvelle renferment l'une & l'autre des marbres qui font également durs. Il y a d'autres mélanges qui fe trouvent dans ces trois terres, & qui fe prêtent bien également à la deftruction.

On peut préfumer que les dégradations ne fe foient portées, fur les produits des différens âges, que fucceffivement; ce qui feroit une nouvelle férie. Il faut voir fi les obfervations peuvent décider quel-

ques réfultats à ce fujet. Je crois que les limites font tranchées bien nettes; ainfi point de fuite interrompue : il faudra donc établir cet ordre fi effentiel des âges & des époques.

J'ai vu quelques écrivains qui ont voulu mêler les faits hiftoriques aux grands faits de la nature, fans doute pour rendre ceux-ci plus croyables, en fixant leurs époques & en recueillant quelques traces des anciennes révolutions. De ce nombre eft Boullanger, qui, dans plufieurs écrits & dans l'article du déluge, a fait valoir des étymologies vagues & incertaines. Lorfqu'on a recours à ce fupplément, l'on n'a pas affez bien vu les faits de la nature, leurs circonftances, leurs dépendances; car ces faits, ainfi bien difcutés, font d'une toute autre force que les faits hiftoriques. M. de Buffon a recours à la fable de l'Atlantide, que Platon a imaginée, ou dont il cite des gârans auffi peu fûrs que fon imagination. Les hiftoriens de la nature, fans penfer aux archives immenfes qui font établies fur toute la furface du Globe, ont la foibleffe de fouiller dans les chartes du dixième ou douzième fiècle, comme fi ces petits intervalles de tems pouvoient fournir à la nature le tems de produire une nuance décidée dans un fait. Quoique ces faits foient altérés par une fuite de révolutions continuelles, on peut les retrouver en grande partie fi l'on fait bien attention aux états anciens, en appréciant avec fagacité les deftructions. Ainfi les altérations elles-mêmes du premier fait deviennent de nouveaux faits auffi effentiels que le premier. Or, cette manière de procéder nous éloigne abfolument de tous les tems hiftoriques, & nous rejette dans tous les tems primitifs, où les révolutions de la nature n'ont, en aucune façon, confervé les monumens hiftoriques. Les hommes fauvages, qui auroient été témoins de quelques-uns de ces faits, n'avoient aucun intérêt à les obferver, & ne les auront pas vus. Qui eft-ce qui obferve la dégradation des bords d'une rivière? N'eft-ce pas un propriétaire, intéreffé aux pertes ou aux avantages des ofcillations des eaux courantes dans leur lit. Or, le fauvage qui eft propriétaire de tout un pays, ne s'attache à aucune partie. Ils étoient d'ailleurs peu inftruits, comme l'étoient les premiers habitans d'un grand nombre de nos contrées du moyen monde ou du nouveau. Celles de l'ancien monde étoient fi peu de chofe, qu'elles n'ont pu être habitées que petit à petit.

Il convient de diftinguer préfentement l'ancienne terre, compofée de granits à grains uniformément diftribués; la moyenne terre, à laquelle appartiennent peut-être les granits à bandes, les fchiftes, les ardoifes, les charbons de terre, puis les couches calcaires, fablonneufes, inclinées, ondées, & les différens gîtes des mines. Enfuite vient la nouvelle terre, compofée de couches calcaires horizontales. A cela il faut ajouter les maffifs de plâtre, les amas de fel marin, qui fe trouvent difperfés dans ces couches. Enfin on y comprendra les dépôts intérieurs & littoraux de brafiers ou de pierres de fables, les dépôts torrentiels de lavages extérieurs, fur les limites de l'ancienne & de la nouvelle terre qui font fort étendues; enfin les anciens lits des grandes rivières, ainfi que leurs embouchures, les mines de fer, tous phénomènes que nous fommes en état de diftinguer par des caractères affez précis, lefquels conviennent aux différens maffifs qui s'offrent à la furface du Globe, & dont nous avons fait une étude particulière, en conféquence de laquelle nous nous croyons autorifés à joindre les *époques* fucceffives qui conviennent à chacun d'eux, & qui les feront connoître aux naturaliftes qui ont pu les obferver. Si nous envifageons de même leur conformation extérieure, nous découvrirons, à l'aide d'une analyfe exacte, qu'elle eft l'ouvrage d'une infinité de dégradations qui appartiennent à toutes ces *époques*, & qui font remarquables à la furface de tous ces maffifs; car la plus grande partie de toutes ces dégradations ont été vifiblement affujetties à une certaine marche régulière, dont les traces principales font aifées à reconnoître & à fuivre, & qu'il eft également important de décrire & d'expofer en détail.

1°. Le premier maffif dans l'ordre des tems, celui que l'ordre fynthétique nous préfente d'abord, eft l'ancienne terre. Le caractère propre de ce maffif eft d'offrir de grands amas de granits, fans couches diftinctes. On y remarque feulement quelques fentes avec des faces fort larges, & très-unies dans tous les fens, & qui font vifiblement les effets de la deffication de la matière, qui fe trouve divifée par trapézoïdes plus ou moins réguliers. Autre caractère diftinctif de ce maffif; les trois principes qui compofent les granits, y font le plus fouvent diftribués uniformément, & criftallifés entr'eux, c'eft-à-dire, que le quartz, le feld-fpath & le mica font réunis affez régulièrement enfemble, quoique dans des proportions qui varient. La nature même du feld-fpath change auffi. Cette ancienne terre paroît être la bafe primitive du Globe. Le plus ordinairement les parties de ce monde ancien, qui fe montrent à découvert, occupent un niveau plus élevé que celui de la nouvelle terre, & la dominent. Il paroît même, dans ces circonftances, fervir de bafe à ce maffif, ou bien il en trace les limites en s'élevant infenfiblement au deffus; ce qui porteroit à croire qu'il s'enfonce fous les parties de la nouvelle terre, dans toute l'étendue de l'affemblage des couches horizontales qui le compofent, mais à une profondeur indéfinie qu'on n'a encore reconnue que dans certains lieux ou aux environs de leurs limites, ou par les fouilles de certaines mines de charbon de terre.

2°. Le fecond maffif eft la moyenne terre, que je fuis tenté de fubdivifer en deux grandes claffes de maffifs, à qui je donnerois la dénomination de moyenne terre graniteufe & de moyenne terre calcaire.

La moyenne terre graniteufe eft compofée des matériaux du granit, diftribués par raies ou par lames inclinées à l'horizon fous toutes fortes d'angles. Malgré les flexions multipliées que ces lames éprouvent dans leur longueur, elles ont fouvent une allure affez conftante, & une direction fuivie vers certains points de l'horizon. Ce maffif eft affez fouvent mêlé avec le précédent : il y a même des cas où l'ancienne terre m'a paru former des îles, totalement enveloppées par la moyenne terre graniteufe. Les granits rayés qu'elle renferme, peuvent être confidérés comme les matrices ordinaires des filons de plomb, de cuivre, d'argent, d'antimoine & de fer. Le fchifte graniteux, les ardoifes, les couches inclinées de grès, qui fervent de toits & de murs aux mines de charbon de terre, les mines de charbon de terre elles-mêmes, fe rencontrent auffi dans ce maffif, & plus fouvent fur fes limites. Cette moyenne terre eft d'une formation poftérieure à l'ancienne terre puifqu'elle la recouvre, & que dans beaucoup de pays il eft aifé d'y reconnoître les matériaux de l'ancienne, difpofés feulement différemment. Il eft vrai que, dans certains cantons, ils font plus défigurés, foit par les révolutions, foit par des mélanges. Quoiqu'il foit affez difficile d'affigner une caufe à cette organifation nouvelle, on ne peut en méconnoître une particulière, foit dans la diftribution des principes du granit entr'eux, foit dans la fuite des filons des mines, & furtout dans l'allure des filons des charbons de terre.

3°. La moyenne terre calcaire eft compofée de couches ou bancs calcaires, plus épais que ceux de la moyenne terre graniteufe, fablonneux, inclinés & courbés dans tous les fens. Ce maffif fe trouve placé fur les deux précédens. Je l'ai reconnu & obfervé fur les fommets les plus élevés des Alpes, des Pyrénées & de l'Apennin : en forte que fa bafe fe trouvera formée des deux maffifs dont nous avons parlé; ou bien il préfente une large enceinte qui circonfcrit les deux premiers maffifs; il étend des branches fort alongées, & fe lie dans fes appendices à la nouvelle terre, dont il atteint le niveau & les collines. Malgré cela les limites des deux terres, moyenne & nouvelle, font toujours plus ou moins diftinctes, & toujours reconnoiffables à des yeux exercés.

4°. La nouvelle terre calcaire eft un maffif très-étendu, qui offre un affemblage de lits & d'affifes compofées de fubftances calcaires, fablonneufes ou argileufes. Ces lits font conftamment affujettis à la difpofition horizontale. La fubftance dominante eft un produit de la vie animale, un débris de coquillages ou les coquillages eux-mêmes. Ce maffif eft le plus moderne de tous, celui dont l'organifation eft la plus régulière & la plus fimple, celui dont il eft plus aifé de déterminer les phénomènes & leur caufe, celui par lequel on a voulu expliquer la formation du Globe, & par conféquent celle des autres maffifs, quoiqu'on doive reconnoître dans ceux-ci un fyftème d'agens, totalement différent des causes qui ont figuré dans toute l'économie de la nouvelle terre ; enfin , c'est celui par lequel il faut commencer à étudier notre Globe , mais sans s'y borner , si l'on est jaloux d'acquérir des connoissances complètes de notre Globe , & si l'on ne veut pas s'exposer à rencontrer une infinité de phénomènes qui feroient autant d'exceptions aux principes qu'on auroit tenté de généraliser.

Quoique ce massif soit le plus simple , il se trouve entre les dépouilles des animaux & les débris des coquillages , ainsi qu'au milieu des couches qui le composent , des substances aussi stratifiées , qui méritent une attention générale & nos recherches particulières. Ces substances sont , 1°. les sables mêlés de quartz , de mica & de feld-spath , disposés par couches sur les limites de l'ancienne & de la nouvelle terre : on y rencontre parmi ces stratum , beaucoup de cailloux roulés de quartz , de granits , de schistes , de pierres ollaires & de pierres calcaires infiltrées. Les quartz , les granits , sont tirés de l'ancienne terre ou de la moyenne graniteuse , & les pierres calcaires de la moyenne graniteuse , & les pierres de grès de la moyenne calcaire. Ces transports & ces dépôts ont eu lieu lorsque l'ancienne mer baignoit les côtes des anciennes terres , & formoit des dépôts sur les bords de la nouvelle terre. J'appelle ces substances qui ont été voiturées de l'ancienne terre & de la moyenne , soit graniteuses , soit calcaires , & déposées par les eaux de l'ancienne mer , le produit d'un lavage intérieur. Ces matériaux , qui sont immenses , ont été visiblement chariés de l'ancienne terre dans la nouvelle , par les eaux pluviales & torrentielles qui ont dégradé successivement l'ancienne terre & les deux classes de la moyenne lorsque ces terres formoient des îles à la surface du Globe , & servoient de bords à la mer dans le tems où la nouvelle terre se formoit dans son sein.

Je distingue encore , 1°. d'autres matériaux que je nomme les produits des lavages extérieurs , ou bien ce sont des matériaux de l'ancienne & de la moyenne terre , transportés à la surface de la nouvelle , ou seulement des matériaux de la nouvelle terre , déplacés. Parmi les premiers , je place les mines de fer , dilatées & déposées sur les cimes des collines de la nouvelle terre , toujours dans les directions qui indiquent leur sortie de l'ancienne terre ou des moyennes , ou toujours aussi dans la proximité des limites de ces classes de massifs ; 2°. des sables , des débris de granits sur les limites de ces différens massifs ; 3°. des cailloux roulés , composés des matériaux des trois terres , arrondis & déposés le long des vallées des grandes rivières , lesquelles prennent leurs sources dans les contrées dépendantes des trois terres , & particuliérement de l'ancienne.

Les matériaux de la nouvelle terre , déplacés , sont , ou des cailloux roulés , déposés sur les croupes des vallées à de grands canaux , ou des sables mêlés de dépôts ferrugineux , accumulés à la rencontre des eaux courantes ou dans le milieu des continens , ou à l'embouchure des grandes rivières , dans des lieux où ces rivières avoient éprouvé des débordemens très-étendus lorsqu'elles n'étoient pas encore contenues dans un lit bien approfondi.

ÉPOQUES DES VOLCANS.

Sur la détermination de quelques époques de la nature par les produits des Volcans , & sur l'usage de ces époques dans l'étude des Volcans (1).

M. Desmarest , s'étant livré d'une manière particulière à l'étude des volcans éteints de l'Auvergne , sentit bientôt la nécessité de mettre par ordre & de classer les différens produits du feu , suivant leur degré de cuisson , & suivant les matières premières qui avoient servi de base à la fonte. Il vit bien que c'étoit faute de cette nomenclature précise , que les observateurs qui avoient publié quelques faits relatifs aux opérations du feu dans les volcans enflammés , s'étoient toujours bornés à des assertions très-vagues. Ce premier pas fait , il s'occupa de la distribution des matières volcaniques à la superficie des cantons ravagés par le feu. Il voyoit avec peine , que certains observateurs , en annonçant des volcans éteints , n'eussent pas indiqué nettement les cratères & les courans de laves sortis de ces cratères ; il trouvoit plutôt dans leurs écrits , des cantons volcaniques que des volcans ; des produits du feu en désordre , que des laves & des courans sortis de certains centres d'éruption. C'est pour éviter ces inconvéniens , qu'il crut devoir ramener ses observations & leurs résultats à une précision , sans laquelle l'étude de la nature ne pourroit être une science capable d'occuper un homme raisonnable. Le travail sur les *époques* des différens produits du feu est le fruit de cette marche méthodique qu'il a cru nécessaire de suivre dans ses observations ; & nous le publions avec d'autant plus d'empressement , qu'il pourra dispenser de la même étude ceux qui en auront bien saisi l'esprit & les résultats.

Après avoir étudié long-tems les différens produits des volcans , après avoir suivi & reconnu la distribution & les transports immenses des laves autour des centres d'éruption , M. Desmarest trouva tant de différence dans les résultats de ses observations , qu'au lieu d'en recueillir des vérités précises , il éprouva l'embarras que doit naturellement faire naître une multitude de faits disparates. Ici certaines productions du feu lui offroient une correspondance aussi régulière qu'instructive ; il pouvoit y saisir des circonstances simples & uni-

---

(1) Le Mémoire dont on donne ici l'extrait , a été lu dans la séance publique de l'Académie royale des sciences , à la rentrée de la Saint-Martin 1775.

formes : tels font les cratères, dont la bouche large & profonde étoit couverte de fcories, des courans enveloppés des mêmes fcories & fortant du pied de ces cratères; mais plus loin, il rencontroit tant de défordre apparent dans l'arrangement des laves, fi peu d'enfemble dans leur diftribution, qu'il fut tenté d'attribuer ce dernier état aux accès tumultueux du feu & aux irrégularités de fes effets dans les éruptions de certains volcans; mais plufieurs confidérations le détrompèrent.

Il conçut d'abord que les embrâfemens des volcans étant des accidens dans l'ordre des phénomènes de la nature, leurs retours n'avoient été affujettis à aucune période fixe. Il conclut de cette première vue, que les produits des éruptions fucceffives, ayant été difperfés à la fuperficie de certains cantons de la terre, dans des tems plus ou moins reculés, avoient dû fubir des altérations d'autant plus confidérables, qu'ils avoient été plus longtems expofés à l'action continuelle & deftructive des eaux.

Un coup-d'œil jeté fur ces divers produits lui préfenta des fuites régulières d'altérations, qui le confirmèrent dans ces premières idées. Enfuite, comparant plus en détail les phénomènes les plus fimples, c'eft-à-dire, les formes primitives des derniers produits du feu, avec les diverfes altérations dont d'autres produits offroient, en certains cas, des nuances très-marquées, il fentit bientôt la néceffité & les avantages de ranger par claffes les faits qui appartenoient à certains états des matières volcaniques, & d'adopter, pour les apprécier, une méthode analytique, fondée fur l'examen des altérations & fur la comparaifon de ces altérations avec les circonftances de l'état primitif des volcans; il parvint ainfi à circonfcrire, dans des limites précifes, chacune des circonftances correfpondantes & parallèles qui croiffoient ou qui s'altéroient dans le même ordre.

Le réfultat de cette difcuffion & de ce travail fut de lui faire démêler dans les éruptions des volcans, dont les produits s'étoient préfentés avec telle circonftance ou fous telle forme particulière, des époques & des âges dont il fixa en même tems l'ordre, la fucceffion & les limites. Il entend donc par époques, la réunion de certaines circonftances & de certains états où fe trouvent les productions de la nature, d'après lefquels on peut déterminer, non la date précife, mais l'ordre fucceffif des événemens qui ont concouru à ces productions.

Comme ces époques, diftinguées par M. Defmareft, ne font fondées que fur la confidération des monumens de la nature, qui n'ont rien ou prefque rien de commun avec les monumens hiftoriques, il n'envifage point ici les tems connus ou foupçonnés. Dans fon travail, les révolutions de la nature font conftatées par leurs traces & leurs veftiges encore fubfiftans.

La diftinction des époques qu'admet M. Defmareft étant le réfultat de l'analyfe des faits, elle

l'a mis en état de réfoudre, d'une manière fimple & naturelle, les principales difficultés que le premier examen des pays volcanifés lui avoit offertes. Il a été même bientôt convaincu, par l'ufage & les applications qu'il a eu occafion d'en faire, que c'étoit faute d'avoir diftingué ces époques, qu'on avoit recueilli tant de faits, ou inutiles, ou auffi mal vus que mal interprétés, & dont l'affemblage confus n'étoit propre qu'à obfcurcir l'hiftoire naturelle des volcans : au lieu qu'avec cette méthode, non-feulement on peut avancer d'un pas fûr dans la recherche des fragmens de cette hiftoire, mais on les lie enfemble, on en forme un tout qui, quoiqu'incomplet, fait voir que la nature a été affujettie à la même marche dans les fiècles les plus reculés, comme dans les tems les plus modernes.

Outre les grandes reffources qu'il a trouvées dans la diftinction des époques pour mettre d'accord entr'elles les obfervations qui concernoient les effets des feux fouterrains, cette même diftinction lui a encore préfenté, comme une conféquence immédiate des principaux faits qui avoient fervi à l'établir, la folution d'un grand nombre de queftions fur l'hiftoire phyfique du Globe.

On doit fentir, d'après ces détails, quel doit être l'objet de ce Mémoire. M. Defmareft y expofe d'abord les différentes circonftances qui lui ont paru caractérifer chacune des époques, & appuyer la diftinction qu'il en fait & l'ordre qu'il leur donne. Il indique enfuite les différens cantons où il a obfervé & reconnu les circonftances de ces époques. Enfin, il montre les conféquences qu'on en peut tirer & les applications qu'on en peut faire, foit dans l'étude des produits du feu, foit dans plufieurs points intéreffans de l'hiftoire naturelle du Globe.

L'analyfe des faits qui a déterminé M. Defmareft à diftinguer des époques dans les produits du feu, lui a fait auffi connoître l'ordre qu'il devoit fuivre dans l'examen & dans l'expofition des circonftances qui caractérifent chacune de ces époques; il s'eft fixé d'abord à celle qui renfermoit, dans fes limites, les opérations du feu les plus récentes. Cette marche analytique eft fondée fur ce principe, que les réfultats des dernières opérations de la nature font plus fimples & moins altérés par les changemens qui furviennent chaque jour dans les formes primitives, & qu'on y reconnoît plus aifément les agens, parce que les traces de leur marche y font plus fenfibles. D'ailleurs, cet état primitif eft un objet de comparaifon, qui doit être continuellement préfent aux yeux d'un obfervateur s'il veut juger fûrement de l'étendue & du progrès des altérations fucceffives.

Première Époque.

D'après ces vues, la première époque qu'il diftingue, eft celle qui renferme dans fes limites les

produits des volcans enflammés où les plus nouvellement éteints. C'est autour de ces bouches,
encore ouvertes, que l'on contemple facilement
la diftribution des matières fondues, leurs différens
états, les mélanges qui s'y rencontrent, & qu'on
s'accoutume à reconnoître la difposition de tous
les produits de ces grands & vaftes laboratoires.
Les indices & les caractères font, 1°. la forme
des montagnes arrondies, & préfentant à leur fommet tronqué ou fur leurs flancs, un cratère ou
bouche large & profonde : l'intérieur du cratère
& les croupes extérieures font recouvertes par des
fcories ou laves trouées, légères, & par des matières cuites, fpongieufes. 2°. Les courans de laves
qui fe font fait jour par le flanc entr'ouvert de la
montagne, fe font répandus dans les plaines voifines. Ces courans font compofés d'une lave compacte dans le centre, fpongieufe & remplie de fou-
flures à la bafe & à la furface : ainfi ils font accompagnés & enveloppés ; dans toute leur étendue, par
des fcories, des terres cuites & des ponces, femblables à celles qui recouvrent le cratère. 3°. Une
troifième circonftance importante eft que ces
courans font affujettis à toutes les inégalités actuelles de la furface du fol des environs : on en voit,
par exemple, proche le Puy-de-Dôme en Auvergne, qui, après s'être étendus fur un plateau
élevé, fe font précipités dans des plaines baffes,
en fuivant la pente & le débouché des vallons qui
y conduifent, & ont occupé le fond de ces vallons & de ces plaines à plus de deux cents toifes du
niveau de leur foyer, & à plus de deux lieues de
diftance de ce même centre d'éruption.

Ces courans offrent encore une particularité intéreffante : ils font formés pour ainfi dire d'un
feul jet, depuis le volcan jufqu'à leur extrémité la
plus éloignée, c'eft-à-dire, que leur maffe continue ne paroît avoir été ni coupée ni divifée par
aucun nouveau vallon.

En rapprochant les caractères des produits du
feu qui appartiennent à la première *époque*, on les
faifit aifément dans les cratères plus ou moins profonds, recouverts par des amas de fcories ; dans
les courans de laves enveloppés de mêmes fcories,
occupant le fond des vallons fans coupure & fans
interruption confidérables ; mais cet enfemble de
circonftances ne convient guère qu'aux premiers
âges de cette *époque*. M. Defmareft a cru devoir,
outre cela, renfermer dans les limites de cette première *époque*, les premières altérations qu'ont ef-
fuyées les cratères, les fcories, & enfin les courans eux-mêmes, relativement aux différens emplacemens qu'ils ont occupés dans les vallons.
Toutes ces circonftances annoncent des changemens
qui ont fenfiblement les mêmes progrès correfpondans. Dès que l'on apperçoit les cratères, dont les
bords s'émouffent ou s'évafent, ou qui commencent à fe combler, les fcories commencent à fe
réduire en une fubftance terreufe pulvérulente ; &
outre cela, les courans qui font fortis de ces cen-

tres d'éruption, n'occupent plus le fond des vallons ; ils font placés à mi-côte, le vallon s'étant
approfondi depuis que le courant eft venu s'établir
fur fon ancien fond. Enfin, on remarque dans la
longueur des courans quelques coupures & quelques interruptions peu confidérables.

Seconde époque.

Si l'on fuit la marche de tous ces effets qui paroiffent avoir des progrès correfpondans, comme
je l'ai dit, on parvient à un état où l'on ne trouve
prefque plus de fcories ni de matières cuites fpongieufes, où les cratères ont difparu totalement,
où les courans font placés à la fuperficie des plaines élevées, où enfin différentes portions de
ces courans font féparées par des vallons larges &
profonds. C'eft à ces caractères que M. Defmareft
reconnoît la feconde *époque* ; c'eft par toutes ces
circonftances qu'il la défigne.

Ce précis rapide de ce qui diftingue la feconde
époque montre que M. Defmareft y a été conduit
infenfiblement à la fuite d'un examen févère &
méthodique des altérations & des changemens que
les matières volcanifées des derniers âges de la
première *époque* lui avoient offerts : il montre
auffi que les indices de cette feconde *époque* ne
font proprement que des réfultats d'altérations plus
complètes, qui ont exigé, pour être appréciés, la
la même marche analytique, le même plan de difcuffion que M. Defmareft avoit commencé à fuivre
dans la première *époque*. Mais pour affurer de plus
en plus la juftefse de ce plan, remontons, avec
M. Defmareft, vers l'origine des chofes.

Si, dans tous les tems, le feu des volcans s'eft
manifefté de la même manière, fi fes éruptions fe
font faites par de vaftes cheminées, fi les matières
fondues par l'action de la flamme ont été d'abord
contenues dans un creufet factice, & fe font épanchées au dehors, à travers les flancs entr'ouverts
des montagnes volcaniques qui faifoient l'office
de creufets, il eft évident que les produits du feu,
rapportés à la feconde *époque*, ont dû fe préfenter
pendant un certain tems fous les mêmes formes
primitives que ceux de la première *époque*, & dans
des circonftances parfaitement femblables. Et, à
en juger par les veftiges qui nous en reftent, on ne
peut douter qu'il n'y ait eu pour lors des cratères
ouverts, des fcories, des courans continus enveloppés de fcories, & placés dans les parties les
plus baffes du fol actuel, vers lefquels tendent les
matières fondues, qui ont dû fuivre toujours les
pentes favorables à leur écoulement.

Ce n'eft donc que par une longue fuite de fiècles,
que toutes ces formes & toutes ces circonftances
ont changé. M. Defmareft nous indique les caufes
& les progrès de ces changemens. L'obfervation
nous apprend d'abord que les fcories & les terres
cuites fpongieufes éprouvent une comminution
affez fenfible, & fe réduifent enfin, dans un court

efpace de tems, en fubſtances terreuſes pulvérulentes ; elle nous montre d'ailleurs l'eau des pluies & des neiges fondues déplaçant continuellement ces matériaux mobiles. En conſéquence de ce double travail de l'eau, les bords des cratères, formés en grande partie de ſcories, ont dû s'émouffer ; ces bouches ont dû ſe combler par des nuances inſenſibles, & enfin diſparoître entièrement, & il n'eſt reſté à leur place que des amas confus de grumeaux pulvérulens, débris de différens produits du feu, ou bien des maſſifs de laves compactes, qui, n'ayant pas été verſées au dehors lors de l'extinction du volcan, ſe ſont refroidies dans ces vaſtes creuſets, & y ont formé des culots (1) plus ou moins conſidérables. Ainſi, lorſque la deſtruction des cratères eſt complète, on ne trouve plus, au lieu d'une bouche large & profonde, que des débris de laves légères, mêlés aux laves compactes, ou bien des maſſifs de laves compactes, élevés & eſcarpés de tous côtés : ce ſont des culots dont les fourneaux & les creuſets ont diſparu. Voilà où l'analyſe des faits a conduit M. Deſmareſt. Il en eſt de même des courans ſortis de ces centres d'éruption. Dans l'état primitif ils ont dû être enveloppés de ſcories, mais ils ſont réduits actuellement aux ſeules laves compactes & ſolides, & n'offrent, dans les fentes de ces laves & dans les interſtices des différens lits accumulés les uns ſur les autres, que les matières pulvérulentes dont on a parlé ci-devant.

Voici encore un changement qui a dû naître des mêmes cauſes. Les courans qui avoient recouvert les parties les plus baſſes des plaines voiſines des centres d'éruption ſe ſont trouvés, par le progrès de l'excavation des ravines & des vallées, placés ſur des plateaux élevés, & par une ſuite néceſſaire du travail de l'eau ces courans ont été coupés & diviſés en différentes portions, à meſure que les vallons ſe ſont multipliés & approfondis ; en ſorte que, pour retrouver l'ancienne continuité de ces courans, il faut combler en grande partie tous ces vallons & rétablir le plain-pied qui a ſervi autrefois à l'écoulement des laves.

Ainſi les produits du feu, dans ce ſecond état, ne ſont plus accompagnés de ſcories : on n'y voit plus, à l'origine des courans, de cratère ouvert. Le ſeul moyen de reconnoître les centres d'éruption eſt de retrouver l'origine commune de pluſieurs courans : c'eſt de ce point élevé que ces courans ſemblent, en ſuivant des pentes favorables, s'être diſtribués ſur les plaines environnantes, couvertes de leurs laves dilatées. Ces centres d'éruption ſe trouvent auſſi fort ſouvent marqués par les culots immenſes de matières fondues dont nous avons parlé.

Comme les courans de cette *époque* occupent

conſtamment les plaines hautes, & même quelques ſommets applatis de montagnes iſolées, par une ſuite de cette diſpoſition on en voit ſouvent les coupes le long de la bordure ſupérieure des vallons qui ont été creuſés dans le maſſif de ces plaines : on apperçoit même aſſez communément les portions d'un même courant, placées ſur les deux bords oppoſés & correſpondans d'un vallon, & l'on ſe convainc aiſément que ces différentes maſſes de laves ont été coupées & ſéparées par ces vallons, & qu'elles ont appartenu à un même tout anciennement continu, lorſqu'on conſidère le grain ſemblable des laves, la forme & le module des priſmes de baſaltes engagés dans les courans, le nombre des étages & des rangées de ces priſmes, qui ſont les mêmes des deux côtés du vallon ; enfin, ſi l'on réfléchit à la néceſſité du plain-pied pour le tranſport de la lave dans toute la longueur des courans.

Cette circonſtance de la ſeconde *époque* a paru très-importante à M. Deſmareſt par rapport aux conſéquences qu'il eſt en droit d'en tirer. Il en déduit un principe évident par l'expoſition ſimple du fait, ſavoir : que les courans de laves, pendant le tems de cette *époque*, ſe ſont répandus ſur les plaines hautes avant qu'aucun vallon ait été creuſé dans le maſſif de ces plaines, & il en conclut que ces courans ſont antérieurs à l'approfondiſſement des vallons, puiſqu'ils n'ont pu parcourir tout le trajet qu'ils ont ſuivi ſans que le vide actuel des vallons ne fût rempli.

Voici encore une circonſtance qui convient à cette *époque*. Tous les courans qui datent de cet âge ont recouvert également, ſurtout vers leurs extrémités inférieures, les maſſifs de granit comme la ſuperficie des couches horizontales les plus élevées. Lorſque ce dernier cas a lieu, il eſt viſible que les courans ſont poſtérieurs à la formation des couches horizontales. M. Deſmareſt a ſaiſi cette circonſtance des couches horizontales, en tant qu'elles ſe trouvent couvertes par les courans de laves de la ſeconde *époque*, comme un moyen ſimple de fixer leur date avec préciſion, &, par une conſéquence immédiate, celle de l'approfondiſſement des vallons, qui eſt poſtérieur à la diſtribution de ces courans comme à la formation des couches horizontales.

Troiſième époque.

Cette même conſidération des couches horizontales a conduit auſſi M. Deſmareſt à la troiſième *époque*, & pour la diſtinction de cette *époque* il n'a beſoin que de la diſpoſition relative des couches horizontales. Dans la ſeconde elles ſont, comme nous l'avons vu, toujours recouvertes par les produits du feu. Dans la troiſième, au contraire, elles recouvrent ces produits ou ſont mêlées avec eux. Les cantons où dominent les produits du feu, appartenans à la troiſième *époque*, ont offert de toutes

---

(1) On appelle *culot* tout ce qui, dans la fonte des matières métalliques, ſe trouve au fond du creuſet, dégagé des ſcories.

parts à M. Defmareft les maffifs de laves enfevelis fous un affemblage de couches horizontales, compofées ou de fubftances calcaires & argileufes hullement altérées par le feu, ou bien formées de matières volcanifées que la mer a dépofées par bancs entre-mêlés avec les couches des matières intactes. On voit auffi, parmi ces dépôts, des lits fort épais de cailloux roulés, qui font des laves de plufieurs efpèces.

Tout maffif de laves couvert de couches horizontales & fuivies doit avoir été fondu & refroidi avant que la mer ait formé ces dépôts; car les éruptions du feu & les explofions des matières enflammées qui accompagnent prefque toujours la fonte des laves auroient culbuté les couches qui les auroient recouvertes, & auroient produit dans leur diftribution un défordre qu'on imagine aifément, mais dont on peut d'ailleurs citer plus d'un exemple. Or, on ne voit aucun de ces dérangemens dans la plus grande partie des couches horizontales qui couvrent ou enveloppent les maffifs de laves; car dans l'Auvergne & dans l'Italie, où les dépôts de la mer, qui recouvrent ou enveloppent les maffifs énormes de laves, ont quelquefois une épaiffeur de cent & même de cent cinquante toifes, les lits les plus profonds qui font établis fur les laves les plus baffes font auffi fuivis & auffi réguliers que ceux qui font établis fur les fommets les plus élevés des laves. Voilà donc une épaiffeur de neuf cents pieds en couches horizontales, qui a dû fe former tranquillement dans le baffin de la mer fans avoir éprouvé le moindre dérangement de la part des feux fouterrains. Toutes ces maffes de laves étoient donc fondues & en place avant que la mer ait formé aucune partie des dépôts qui les recouvrent. M. Defmareft ne prétend pas au refte que toutes les laves couvertes par les couches horizontales datent du commencement du féjour de la mer dans les cantons qui nous offrent de ces maffifs: il cite au contraire des produits d'éruptions qui ont eu lieu pendant ce féjour; il a trouvé des courans de laves très-compactes & très-folides établis deffus des couches horizontales, & enfuite recouverts par une addition de couches femblables dépofées fur ces laves. La pâte molle des débris de coquilles a rempli exactement les trous des fcories & des laves fpongieufes difperfées à la fuperficie du courant. Ces matières fondues font quelquefois placées vers la moitié de l'épaiffeur totale des couches horizontales, & depuis l'éruption du volcan qui a produit ces lits de laves, a formé tranquillement une épaiffeur de couches d'environ cent toifes. Nous omettons ici plufieurs autres preuves auffi décifives, & en particulier ces amas de poix qui, en Auvergne, font engagés dans les couches horizontales de pierres calcaires intactes, & y occupent différens niveaux. Ils fe trouvent dans le voifinage de certains lits horizontaux compofés d'un mélange de matières calcaires & de fubftances volcanifées très-comminuées.

Conféquences de ces époques.

M. Defmareft, ayant fixé les circonftances où fe trouvent les produits du feu dans chaque *époque*, ainfi que la fucceffion de ces *époques* fuivant l'ordre analytique qu'il a adopté dans fes recherches, renverfe enfuite cet ordre & reprend ces *époques* pour les confidérer fuivant la fucceffion naturelle des tems.

Il trouve d'abord la plus ancienne dans celle qu'il nomme toujours la troifième: elle conftate que plufieurs éruptions des feux fouterrains ont fondu des maffes énormes de laves, avant la formation des couches horizontales & avant l'invafion de la mer elle même; qu'au furplus ces feux ont eu des accès & des reprifes pendant le tems qu'a duré cette invafion. Les limites qu'il fixe à cette *époque* comprennent une certaine portion du tems qui a précédé le féjour de la mer dans ces cantons, ainfi que tout le tems de ce féjour. Voilà deux âges de la même *époque* bien diftincts. Le dernier comprend certainement ce qu'il a fallu de tems à la nature pour former une épaiffeur de cent & cent cinquante toifes de couches horizontales qui recouvrent les laves.

Dans l'*époque* qui fuit, & qui eft la feconde fuivant l'ordre analytique, M. Defmareft nous montre les laves cheminant fans obftacles à la fuperficie des maffifs de granit & des couches horizontales, & fe diftribuant fur toute l'étendue des plaines élevées, où elles ont trouvé le fol de plainpied, fans aucune coupure confidérable, fans aucun vallon bien approfondi; par conféquent cette *époque* eft poftérieure à la formation des couches horizontales, car les produits du feu les recouvrent, & antérieure au creufement des vallons, puifque les courans de laves appartenans à cette *époque* n'en ont rencontré aucun dans tout le trajet qu'ils ont parcouru. Ses deux limites font comprifes entre la découverte des couches horizontales par la mer & l'excavation des vallons, portée à une certaine profondeur.

L'*époque* qui vient enfuite, & qui eft la moins ancienne de toutes, & la première dans l'ordre analytique, nous ramène, en rétabliffant les altérations des phénomènes, jufqu'à l'état primitif des volcans & jufqu'à nos jours. Elle occupe tout le tems qu'il faut accorder à l'eau pluviale pour creufer les vallons; elle nous montre même les différens progrès de ce travail, en nous offrant les courans à tous les niveaux poffibles fur les croupes inclinées des vallons, & en nous indiquant par-là que chaque point qui fert de bafe & d'emplacement aux courans a été fucceffivement un fond du vallon lors des éruptions des volcans qui ont produit ces divers courans.

C'eft dans cette *époque* que les couches horizontales formées dans la troifième & la plus ancienne ont été coupées par des vallons; que les cratères appartenans à la feconde *époque* ont été détruits; que les scories qui y étoient accumulées, ont été réduites en une substance terreuse, pulvérulente & propre à produire des végétaux; que les différentes parties des courans eux-mêmes établis à la superficie des couches horizontales ont été séparées, comme ces couches, par des coupures qui sont devenues insensiblement des vallons du premier ordre. C'est cette première *époque* qui, nous conduisant insensiblement à la seconde, nous apprend que les vallons qui séparent les portions du même courant doivent croître & s'approfondir en même raison que s'opère la destruction des cratères & la comminution des scories. C'est cette *époque* qui, après nous avoir familiarisés avec tous les produits du feu, nous met en état de les reconnoître ensuite, quoiqu'il n'y ait plus de cratères ou de scories qui les accompagnent, & quoique les courans de laves soient divisés par masses placées sur les sommets de montagnes isolées de toutes parts, ou que les laves soient ensevelies sous les couches horizontales; enfin elle nous fait comprendre qu'il ne faut pas commencer l'étude des volcans par des pays où il ne se trouve que des monumens de la seconde & de la troisième époque. M. Desmarets indique ce défaut de plan comme la source des erreurs & des méprises des naturalistes, qui n'ont ni connu ni suivi cette marche analytique.

C'est faute de cette méthode, qu'ils ont nié l'existence des laves qu'il place sous la troisième & la seconde *époque*; qu'ils les ont rangées, ainsi que les basaltes prismatiques, les unes parmi les dépôts de l'eau, les autres parmi les schistes; d'autres enfin dans la classe des pierres de corne; qu'ils ont indiqué pour d'anciens cratères certaines parties évasées des vallons que les eaux ont creusées au milieu de laves de la seconde *époque*, & même de la première; qu'enfin ils ont pris les bassins des lacs, qu'on trouve fréquemment dans les pays volcanisés, pour d'anciens cratères.

Cette dernière méprise donne lieu à M. Desmarest de parler d'une circonstance de la première *époque* qu'il avoit omise. Dans les cantons que recouvrent les produits du feu appartiennent à cette *époque*, l'on n'apperçoit jamais ni sources ni ruisseau d'eau courante qui circule à la superficie des matières volcanisées. Les cratères sont tous à sec. On conçoit aisément que les amas de scories qui enveloppent les courans de laves ouvrent partout des issues qui facilitent la filtration de l'eau pluviale à travers tous les courans. Cette eau est recueillie ensuite dans le sol intact qui sert de base aux courans, & ne paroît plus qu'à leur extrémité, où elle sort en formant des sources très-abondantes.

Il n'est pas nécessaire de montrer ici le peu de fondement de la supposition de ceux qui ont placé des lacs dans les cratères anciens: il suffit de dire que souvent ils les ont placés ainsi dans les cantons appartenans à la seconde *époque*, où il n'y en a pas de bien apparens.

Dans les pays où les produits du feu de la seconde *époque* dominent, où les scories ont été réduites en une substance terreuse pulvérulente, qui est susceptible d'un certain tassement, l'eau pluviale ne pénètre pas aussi profondément que dans les cantons de la première *époque*; aussi y remarque-t-on quelques ruisseaux, mais on n'y trouve plus de cratères, & les bassins des lacs y sont constamment placés ou sur un sol intact qui tient l'eau, ou sur des substances cuites réduites en terre. Quant aux bords de ces bassins, ils sont formés, ou par un assemblage de couches horizontales comme ceux du lac de Bolsène, ou par la réunion de plusieurs courans qui semblent avoir investi ces bassins sans les remplir.

Nous pourrions joindre à tous ces détails plusieurs autres considérations sur ces trois *époques*, particulièrement sur les moyens employés par M. Desmarets pour raccorder les dates des laves qui recouvrent seulement les pays de granits avec les dates des laves qui ont couru sur les couches horizontales. Quelqu'intéressans qu'ils puissent être pour l'établissement de toute sa doctrine, nous les supprimons. Nous supprimons de même les indications de tous les endroits de la France & d'Italie qui lui ont offert les monumens naturels de ses trois différentes *époques*. Quant à ce qui concerne l'Auvergne, nous renvoyons au Mémoire sur le basalte, publié dans ceux de l'Académie des sciences pour l'année 1771. La distribution qu'il y fait des courans de laves en trois classes principales est fondée sur les mêmes circonstances qui lui ont servi à la distinction des *époques*. Il est aisé de voir que toute la doctrine que nous venons d'exposer, appuyée sur ces faits, peut être très-utilement appliquée, soit à l'étude des produits du feu, soit à l'examen de plusieurs points intéressans de l'histoire naturelle du Globe.

Nous indiquerons, par exemple, ici l'usage qu'on peut faire de ces *époques*, pour apprécier les progrès & l'étendue des destructions qu'ont éprouvées certaines parties de la surface de la Terre par l'action de l'eau & l'alternative des saisons. Qu'on suive deux courans de laves appartenans, l'un à la première, & l'autre à la seconde *époque*, on sent aisément qu'ayant recouvert certaines parties de la surface de la Terre en différens tems, & par conséquent dans les divers états par lesquels cette surface a passé successivement, ces couches de laves ont conservé la disposition du sol qui leur sert de base, telle qu'elle étoit à ces deux *époques*. Reconnoissant ensuite l'ordre des *époques* par rapport aux laves, on assignera de même par rapport à telle ou telle forme de la superficie générale de certains cantons, & l'on pourra estimer l'étendue des changemens que le laps de tems qui sépare une *époque* d'une autre aura pu produire à cette surface, car les témoins de ces changemens gisent sous les laves. Si, d'un autre côté, on compare avec les parties recouvertes

&

& confervées par les laves, celles qui, dans les environs, font reftées à nu & expofées à l'action deftructive des eaux, on verra que fouvent le fol eft abaiffé, dans ces dernières parties, de cent cinquante & même de deux cents toifes au deffous du niveau des premières, & qu'au lieu d'offrir, comme les parties recouvertes de laves, une plaine élevée d'une furface uniforme, les maffifs de granits en défordre, hériffés de pointes coupées de ravines, annoncent une immenfe deftruction par les débris de toutes fortes dont ils font couverts. C'eft ainfi que la comparaifon des parties couvertes de laves & des parties reftées à nu offrira partout des contraftes intéreffans. Les divers témoins de ces changemens fucceffifs qu'a éprouvés la furface de la Terre, confervés par la lave, font donc auffi précieux pour un naturalifte, que le peuvent être pour les amateurs d'une antiquité plus moderne les produits des arts confervés dans Herculanum par une enveloppe de femblables matières.

ÉRA & STERZA, rivières de Tofcane.
La *Sterza* naît des monts della Caftellina; l'*Era*, derrière Volterre, dans les montagnes de Colle. Les plaines qui traverfent ces deux rivières, un peu avant de s'unir, ne font pas très-grandes; mais elles feroient très-belles & très-fertiles fi ces rivières ne les dévaftoient pas d'une manière extraordinaire. La *Sterza* principalement, en changeant continuellement de lit, occupe toute la plaine qu'elle traverfe, & en laiffe peu où l'on puiffe femer. Si l'on pouvoit régler le cours de ces eaux, & les contenir dans un lit fixe, on acquerroit un terrain confidérable & très-précieux; mais les digues formées de la terre limoneufe de ces plaines ne réfifteroient guère à l'impétuofité des troubles momentanées & foudaines que portent ces rivières.
L'*Era*, qui recueille les eaux d'une vafte furface de terrain calcaire, porte des troubles plus denfes & plus impétueufes. Ces inondations rendent quelquefois l'air mal-fain, parce que la crue d'eau ayant ceffé, il refte dans le vafte efpace elle occupoit, un grand nombre de lagunes, du limon defquelles il s'élève des vapeurs nuifibles. Quelque grand que foit le dommage que l'*Era* caufe aux plaines du Volterre, celui qu'elle produit dans les campagnes de Pife, depuis l'endroit où elle reçoit les eaux de la *Sterza* jufqu'à la mer, eft beaucoup plus confidérable, parce que fon volume d'eau étant beaucoup plus grand & trouvant moins de pente, il s'étend au loin, & parce qu'il trouve fouvent une grande réfiftance à fon embouchure dans l'Arno. D'ailleurs, la campagne de Pife eft de plus grande valeur & cultivée avec de grandes dépenfes, tandis que dans le territoire de Volterre elle eft inculte.

ERBRAY, village du département de la Loire-Inférieure, arrondiffement de Château-Briant, &

à deux lieues de cette ville. Il y a une carrière de marbre compofé de petits grains réunis, formé par un grand nombre de taches blanches, rouges & bleuâtres.

ERCÉ, village du département de l'Arriége, arrondiffement de Saint-Girons. Il y a des mines de fer aux environs. Dans la vallée d'*Ercé* eft une mine d'étain & une forge fur la rivière de Garbet

ERCH (Ile d'), département des Côtes du Nord, arrondiffement de l'Annion, & à deux lieues & un quart de cette ville, dans les fables de la mer. Elle a du nord au fud deux cents toifes de longueur, fur cent toifes de largeur.

ERGUEL (l'), contrée affez confidérable de la ci-devant principauté de Porentruy, de dix lieues de longueur, fur quatre à cinq lieues de largeur. Elle eft entre-coupée de montagnes dont la Chafferal eft la principale, & de vallées parmi lefquelles celle de Saint-Génier eft la plus confidérable. La partie fupérieure de l'*Erguel* renferme de bons & gras pâturages; mais elle eft moins fertile que la partie inférieure, qui produit du blé, des fourages, des légumes & des fruits, quoiqu'en quantité infuffifante aux befoins. Il fe fait dans le haut & bas *Erguel* un commerce très-confidérable en bétail, en chevaux, & furtout en horlogerie. On évalue à foixante mille le nombre de montres de toutes les efpèces qui s'y fabriquent annuellement. Son territoire abonde en minéraux & pétrifications, ainfi que tout celui du pays de Porentruy en général. La Sufe, qui arrofe l'*Erguel* dans toute fa longueur, produit d'excellentes truites. Ce pays renferme environ quinze mille individus. Ses habitans font laborieux & intelligens.

ESCALT (l') ou BLAUD, village des environs de Mirepoix, département de l'Arriège. Ce village eft fur le grand chemin de Chalabre, au pays de Sault, dans un vallon affez étroit, renfermé de toutes parts de hautes montagnes, excepté du côté du nord-oueft, où en s'élargiffant il fe joint à la plaine de Pivert. Deux ou trois cents pas au-delà de ce village, & environ à mi-côte, la montagne fur laquelle il eft bâti, appelée *le Puy-du-Till* ou *Tilleul*, eft percée de plufieurs trous ou foupiraux, dans une étendue d'environ deux cents pas en long, & cent cinquante en large. Un des plus grands de ces foupiraux eft au bord même du chemin. C'eft par ces trous qu'il fort du creux de cette montagne un vent appelé *le vent de Pas*, qui fouffle dans toute l'étendue du vallon, c'eft-à-dire, depuis ces fentes jufqu'au village de *Blaud*, & deux ou trois cents pas encore plus loin.
Voici les principales particularités qu'on remarque dans le cours de ce vent, telles que je les ai obfervées moi-même, ou qu'elles m'ont été

rapportées par des gens du pays, dignes de foi.

Ce vent souffle d'abord vers l'ouest, parce que le côté de la montagne d'où il sort, a cet aspect; mais comme il est forcé de s'étendre selon la direction du vallon, il se détourne bientôt vers le nord-ouest, parce que le vallon a cette position, ainsi qu'on l'a remarqué.

Ce vent souffle toujours; mais la force avec laquelle il souffle, est sujète à de grandes variations: tantôt il est violent jusqu'à déraciner les arbres; tantôt au contraire il est si foible, & quelquefois même on ne peut s'en appercevoir qu'en mettant la main dans les soupiraux ou en y introduisant quelque chose qui puisse être facilement agité.

Ces variations répondent exactement à la sérénité de l'air & au chaud. Quand le tems est clair, serein & chaud le vent est fort violent; il s'affoiblit au contraire, & cesse même d'être sensible quand le tems est couvert, pluvieux, chargé de brouillards ou extrêmement froid.

De là vient qu'en été ce vent règne avec violence & presque sans discontinuation, parce qu'alors le tems est presque toujours serein & que la chaleur est grande; au lieu qu'il ne souffle que rarement & foiblement en hiver, parce que la chaleur est moindre & la sérénité plus rare.

De là vient aussi que ce vent est fort & violent même quand le vent de sud-est ou vent d'Autan souffle, au lieu qu'il est plus foible & paroît même cesser quand le vent d'ouest ou le Cers règne, parce que le vent d'Autan rend l'air chaud & serein, au lieu que celui de Cers y amène la pluie & le froid.

Cependant ce vent ne souffle, du moins d'une manière sensible, que la nuit, & jamais pendant le jour. Il commence quand le soleil est déjà bas, se fortifie à l'entrée de la nuit, souffle avec force toute la nuit, diminue à la pointe du jour, & enfin cesse de souffler sensiblement dès que le soleil est un peu haut. C'est un ordre invariable en tout tems & en toute saison; ce qui fait aussi que les paysans de Blaud, qui n'ont point d'autre vent en été que ce vent de Pas, ne peuvent vanner, comme on parle dans ce pays, venter leur blé que pendant la nuit.

Enfin ce vent est fort frais en été, & rafraîchit tout le vallon pendant la nuit. On assure que les bouteilles de vin que les paysans vont quelquefois mettre à rafraîchir dans les soupiraux, y deviennent aussi fraîches que si elles avoient été mises à la glace. Au contraire en hiver, ce même vent est tempéré, & il empêche qu'il ne se forme aucune gelée blanche dans le vallon, où il n'en paroît jamais tant qu'il souffle, quelque rude que soit l'hiver.

L'origine singulière de ce vent souterrain, & les différentes variations auxquelles il est sujet, mais dont l'ordinaire est constant & réglé, semblent devoir exciter l'envie d'en pénétrer la cause. Pour y réussir, ou du moins pour pouvoir établir

quelque chose de plausible, il faut auparavant faire attention à la disposition des lieux.

Les différens soupiraux dont la montagne du Till est percée, & par où sort le vent en question, doivent communiquer à une vaste concavité qui doit occuper le milieu de cette montagne. L'inspection du lieu, la disposition des soupiraux, la sortie du vent qui s'en échappe, tout donneroit lieu de former cette conjecture. Mais pourquoi s'en tenir à des conjectures? Le hasard a fourni autrefois des preuves certaines de ce que nous supposons. Il y eut ordre du Roi, en 1680, de réparer le chemin de Sault, par où M. de Louvois devoit passer en revenant du Mont-Louis qu'il étoit allé visiter. En élargissant ce chemin sur cette montagne, on fit sauter plusieurs pièces de rocher qui le resserroient, & qui renfermoient un de ces soupiraux, & l'on découvrit par ce moyen un abîme ou, pour me servir du terme même du pays, un barrenc très-profond. M. de Louvois, qui passa peu de tems après, prit plaisir à l'examiner; mais il ordonna sagement de le boucher au plus tôt, de peur que la facilité qu'on auroit d'y jeter les cadavres & de cacher ainsi les meurtres & les assassinats, ne donnât occasion d'y en commettre. En conséquence de cet ordre, on boucha ce trou en y jetant des arbres entiers & de grands quartiers de rocher qu'on couvrit de terre. Les choses demeurèrent quelque tems en cet état; mais le vent qui se formoit dans le creux de la montagne, & qui avoit peine à sortir par les autres soupiraux qui étoient trop étroits, se creusa bientôt dans le même endroit une nouvelle issue, qui est actuellement assez grande pour y introduire la main.

Un peu plus loin que les soupiraux dont on vient de parler, & au pied de la même montagne, il y a dans le fond du vallon de Blaud deux antres ou cavernes séparées, mais qui se réunissent bientôt & qui vont aboutir à un grand bassin ou réservoir d'eau, enfoncé dans la montagne de cinquante ou soixante pas. Ces cavernes ne fournissent rien dans l'été, mais dans l'hiver elles vomissent à gros bouillons un torrent d'eau, qui forme la plus grande partie de la rivière qui serpente dans le vallon de Blaud.

On a des preuves que cette eau vient, par des routes souterraines, du pays de Sault, qui n'en est éloigné que d'environ une lieue. C'est un petit pays où l'on entre dès qu'on a atteint le sommet des montagnes qui bornent le vallon de Blaud du côté du midi, avec lesquelles ce pays est presque de niveau. L'on trouve, en y entrant, une assez grande plaine d'environ une lieue & demie de diamètre, dont les eaux pluviales n'ont aucune issue. Elles sont obligées de se ramasser vers le milieu, qui est plus bas, & elles forment, en été, deux mares grossies dans l'hiver par les eaux pluviales & par différens torrens qui s'y rendent des montagnes voisines, forment, en se réunissant, une espèce de lac, dont les eaux vont se précipiter avec violence dans un trou ou goufre qui eſt auprès. Ce trou eſt appelé, par les gens du pays, l'*entonnadou*, c'eſt-à-dire, l'*entonnoir*. On a expérimenté pluſieurs fois que de la paille, de la ſciure de bois ou de petits morceaux de liége que l'on avoit jetés dans ce goufre en hiver, ont été bientôt rejetés par les cavernes que nous venons de décrire, & répandus dans le vallon de Blaud.

De là il eſt aiſé de conclure que les eaux pluviales qui tombent dans cette partie du pays de Sault, & qui ſe rendent au goufre de l'entonnadou, ſont portées par des voies ſouterraines vers la montagne de Blaud, s'y précipitent dans la concavité que cette montagne renferme, & ſortent enfin par les deux antres qui ſont au pied de la même montagne, & qui ſont pour ainſi dire les deux égouts de cette plaine.

Comme ces antres jettent une grande quantité d'eau pendant l'hiver, il eſt bien évident qu'il doit y en avoir beaucoup alors dans le creux de la montagne de Blaud, avec lequel ces antres communiquent ; mais il doit y en avoir auſſi dans l'été, même le plus ſec, quoiqu'il n'en ſorte point, puiſque dans ce tems-là même l'on trouve dans le fond des antres un grand baſſin d'eau, qui doit, ſuivant les apparences, s'étendre aſſez avant dans la montagne, & pour le moins juſqu'au deſſous des ſoupiraux dont nous avons parlé.

On peut expliquer la cauſe du vent de Pas, ſi l'on compare le creux de la montagne de Blaud à un éolipyle. Perſonne n'ignore que ſi l'on met dans un éolipyle quelques gouttes d'eau, & qu'on expoſe enſuite l'éolipyle au feu, il ſort un vent impétueux par l'ouverture étroite dont il eſt percé, à meſure que l'eau ſe réſout en vapeurs par la chaleur du feu.

Dans la montagne de Blaud il y a une cavité qui répond à la cavité de l'éolipyle : dans le fond de cette concavité il y a de l'eau, comme il y en a dans l'éolipyle ; il y a enfin, ainſi que dans l'éolipyle, une chaleur intérieure que le ſoleil communique partout aux entrailles de la Terre, & qui s'y conſerve toujours malgré les variations qui arrivent ſur ſa ſurface. Cette eau doit donc, de même que dans l'éolipyle, s'y réſoudre en vapeurs par l'action de cette chaleur, & ces vapeurs, après avoir rempli les concavités de la montagne, doivent enfin s'échapper avec violence par les ſoupiraux dont elle eſt percée, & produire par ce moyen un vent très-ſenſible.

C'eſt de cette manière que ſe forme cette eſpèce de vent coulis que l'on ſent ſortir en été des ſoupiraux des caves qui ſont profondes. L'humidité dont ces caves ſont pleines, ſe réſout alors en vapeurs par la chaleur de la ſaiſon, & ces vapeurs, qui s'échappent en foule par les ſoupiraux, produiſent, en ſortant, un vent aſſez ſenſible. Cet exemple ſert merveilleuſement à confirmer ce que nous avançons. Ce qui ſe paſſe en petit dans les caves doit ſe paſſer en grand dans le creux de la montagne de Blaud ; & ſi le peu de vapeurs qui s'élèvent dans l'étendue d'une ſeule cave, peut, en ſortant par un ſoupirail aſſez grand, faire un vent aſſez ſenſible quoique foible, il faut à proportion que les vapeurs abondantes qui ſe forment dans les concavités ſpacieuſes de cette montagne, & qui ſont obligées de ſortir par des ſoupiraux très-étroits, forment un vent très-fort & très-impétueux.

Cette ſuppoſition une fois admiſe, il eſt aiſé de rendre raiſon de tous les phénomènes que l'on obſerve dans le cours de ce vent.

Il ſouffle toujours, du moins auprès des ſoupiraux, & cela parce qu'il ſe forme toujours des vapeurs dans le creux de la montagne, qui s'échappent au dehors.

Ce vent, quoique continuel, ſouffre de grandes variations dans la force avec laquelle il ſouffle : tantôt il eſt impétueux, & tantôt il eſt foible & preſqu'imperceptible ; ce qui peut venir de deux différentes cauſes, ou de la quantité des vapeurs qui ſe forment dans la concavité de la montagne, laquelle tantôt augmente & tantôt diminue, ou de la réſiſtance que les vapeurs trouvent à ſortir, laquelle eſt tantôt plus grande & tantôt moindre.

C'eſt par la première de ces cauſes que ce vent eſt fort, tant que l'Autan ou le vent de ſud-eſt ſouffle, & qu'il eſt foible au contraire & devient même imperceptible dès que le vent d'oueſt ou de nord-oueſt, qu'on y appelle le vent de *Cers*, prend le deſſus. Le vent de ſud-eſt eſt chaud, & contribue par conſéquent à faire former dans le creux de la montagne une plus grande quantité de vapeurs : le vent d'oueſt ou de nord-oueſt y eſt au contraire très-froid, & doit par conſéquent, en refroidiſſant l'air, diminuer la quantité de vapeurs qui ſe forment dans ces concavités.

C'eſt par la même cauſe que ce vent eſt violent quand le tems eſt clair, beau & ſerein ; au lieu qu'il diminue & ceſſe même quand le tems eſt couvert & pluvieux. Le beau tems eſt toujours cauſé, dans ce pays-là, par le vent de ſud-eſt ou l'Autan, qui eſt chaud, au lieu que la pluie y eſt toujours amenée par le vent d'oueſt ou le Cers, qui eſt froid.

C'eſt par la même cauſe encore que ce vent ſouffle avec violence & preſque continuellement en été, parce qu'alors la chaleur eſt grande & continuelle ; au lieu qu'il ne ſouffle que rarement & foiblement en hiver, pendant lequel la chaleur eſt foible & le beau tems plus rare.

Mais c'eſt de la ſeconde des cauſes que nous avons rapportées, que dépendent les variations journalières qui font que ce vent ceſſe le jour & ne commence à ſouffler que la nuit. Pendant le jour l'air du dehors, échauffé & raréfié par les rayons du ſoleil, contre-balance & arrête la ſortie des vapeurs qui ſe préſentent aux ſoupiraux, & par conſéquent affoiblit ou ſupprime le vent que ces vapeurs formeroient. Ce n'eſt que vers le ſoir que ces vapeurs, retenues & multipliées dans les conca-vités de la montagne, l'emportent enfin sur la ré-sistance de l'air extérieur, qui commence à se con-denser par l'approche de la nuit, & c'est alors aussi que ces vapeurs, en s'échappant, commencent à produire un vent sensible, qui se renforce ensuite pendant la nuit à mesure que l'air continue de se refroidir. Mais enfin ces vapeurs presqu'épuisées sont arrêtées derechef le lendemain par la raré-faction nouvelle qui survient dans l'air au retour du soleil, & le vent disparoît pour lors de nou-veau pour recommencer de la même manière la nuit suivante. Comme les changemens que le cours journalier du soleil cause dans la raréfaction de l'air suivent un ordre constant & régulier dans leur vicissitude, les variations que ces changemens produisent sur le vent de Pas doivent garder de même un ordre fixe & périodique, & c'est aussi ce que les observations justifient.

Ce vent est froid dans l'été; il sort de concavités qui, quoique plus chaudes en été, qu'elles ne le sont en hiver, le sont pourtant moins à proportion que la surface de la Terre & que l'air qui l'envi-ronne. Ce vent doit donc participer de la même température, & paroître par conséquent en été moins chaud, ou, ce qui revient au même, plus froid que l'air extérieur.

Ce vent, au contraire, est plus tempéré en hiver que l'air extérieur, & il empêche, quand il souffle, qu'il ne se forme de la gelée blanche dans le vallon de Blaud : c'est qu'alors les concavités d'où il sort, sont plus chaudes que la surface de la Terre & que l'air extérieur, quoiqu'elles le soient pourtant moins que dans l'été, & par conséquent ce vent, qui est au même degré de chaleur, doit être plus chaud aussi que l'air extérieur, & empêcher la pro-duction de la gelée blanche dans les endroits où il souffle.

Ainsi ce vent, qui sert à rafraîchir le vallon de Blaud en été, sert à l'échauffer au contraire en hi-ver; il y entretient par ce moyen une température presqu'uniforme, & par-là bien différente de celle des lieux d'alentour, où l'on éprouve les change-mens de tems les plus fréquens & les plus ex-traordinaires. Il chasse en même tems du vallon les brouillards qui pourroient s'y former, & les mauvaises exhalaisons dont l'air pourroit être chargé. C'est par ces moyens qu'il contribue à la fertilité de ce vallon, qui abonde en toutes sortes d'arbres fruitiers, quoique dans un pays très-froid : c'est par-là aussi qu'il procure la santé & la longue vie de ceux qui y habitent, dont plusieurs atteignent la centième année sans infirmités, & dont quelques-uns ont joüi d'une vieillesse vigoureuse jusqu'à cent onze & cent dix-huit ans, ainsi qu'il étoit justi-fié par deux exemples assez récens en 1713, lorsque j'y fus.

Les vents de l'espèce de celui qu'on vient de décrire ne sont pas rares. Tel étoit autrefois celui qui sortoit du creux du mont Parnasse, par un trou renfermé dans le sanctuaire du temple de Delphes, & que la Pythie, assise sur le sacré trépied qui le couvroit, devoit recevoir, à ce qu'on croyoit, pour être en état de rendre des oracles. Tels étoient encore ceux qui s'engendroient dans certaines ca-vernes, au rapport de Pline, d'où ils souffloient sans distinction. *Sine fine*, dit-il, *ventos generant jam quidam specus*. Tels sont aujourd'hui un grand nombre de vents souterrains qui sortent des fentes de plusieurs montagnes, & dont on trouve beau-coup d'exemples dans les auteurs modernes.

Le Père Kircher rapporte qu'assez près de Terni, il sort un vent froid de quelques fentes de la mon-tagne sur laquelle la petite ville de Cesi est bâtie; que ce vent souffle principalement en été; que les habitans de Cesi le conduisent par des tuyaux dans leurs caves & dans leurs maisons pour rafraîchir leur vin & pour se rafraîchir eux-mêmes pendant les chaleurs; qu'en ouvrant, au point qu'il leur plaît, le tuyau qui le conduit, ils en prennent à leur gré la quantité qu'ils veulent; enfin que ce vent leur est très-avantageux pour la conservation de la santé & pour la prolongation de la vie.

On trouve précisément le même détail sur cette montagne dans le *Voyage d'Italie* de Misson, où cet auteur parle de ce vent comme d'un fait dont il a été témoin. Il rapporte, dans le même ouvrage, une autre observation presque pareille au mont Vé-suve; mais il avertit qu'il ne la rapporte que sur la foi d'un ami dont il transcrit la lettre : « Le mont » Vésuve, y est-il dit, souffle le froid & le chaud; » d'un côté il y a des soupiraux ardens répandus » en différens endroits vers son sommet, & de » l'autre on voit vers Ottaviano certaines ouver-» tures d'où il sort un vent si froid, qu'il n'est » pas possible d'y tenir la main. »

Gassendi parle, dans la *Vie de Peiresc*, à l'occa-sion du vent appelé *Pontias*, qui règne près de Nions en Dauphiné, & qui est sujet à des varia-tions réglées de même que le vent de Pas, de quel-ques vents qui sortent du creux de plusieurs mon-tagnes, comme du mont Coyer & du mont Ma-lignon en Provence, du mont Ventoux dans le Comtat, & d'une montagne peu éloignée de Vi-cence en Italie, sur laquelle est bâti un bourg que Gassendi appelle *Gustosa*.

Ce dernier lieu est décrit plus exactement dans un ouvrage de géographie, intitulé *Geographiæ com-pendium, & Hispaniæ, Galliæ, ac Italiæ totius bre-vis & accurata descriptio*.

On y rapporte qu'en allant de Vicence à Este, on trouve une chaîne de collines fertiles & agréables que les gens du pays appellent la *Riviera*; que sur cette chaîne, & à cinq milles de Vicence, est bâti le village de Custosa, en latin *Custodia* (c'est le Gustosa de Gassendi); qu'il y a en cet endroit une caverne très-profonde, longue de sept mille pas; & soutenue par plus de mille colonnes formées par congélation; enfin qu'assez près de cette caverne, il y a un autre antre appelé *Cubola*, d'où il sort un vent froid qu'un particulier de Vicence a eu l'art de conduire, par des canaux sous terre, dans une maison de campagne qu'il avoit dans le voisinage. On trouve dans ce même ouvrage l'inscription que cet homme de Vicence avoit fait mettre sur la porte de sa maison pour l'authenticité du fait, la même que Gassendi indique, qu'il dit que Peiresc eut soin de copier, & qu'il ne rapporte pourtant pas.

M. de Marca fait mention d'un autre vent de la même espèce dans l'ouvrage qui a été publié après sa mort, sous le titre de *Marca Hispanica.* « Il y a, » dit-il, dans la viguerie de Campredon en Cata- » logne, près de la petite ville d'Olot, une mon- » tagne dont l'intérieur est creux, & d'où il sort » un vent continuel par quelques fentes qui s'y » trouvent, & que les gens du pays appellent *los* » *Bouffadours*, c'est-à-dire, *les Soufflets*. Les habi- » tans du voisinage, ajoute-t-il, ont eu l'adresse d'en » retirer un avantage considérable, en conduisant » ce vent dans leurs maisons par des tuyaux, » pour modérer les chaleurs de l'été. »

Gabriel Boule, médecin de Nions en Dauphiné, fit imprimer à Orange, en 1647, un Traité sur un vent particulier qui souffle dans le vallon de la ville de Nions, appelé *le Pontias.* Il paroît bien, par ce qu'il en dit, que ce vent sort d'un trou de la montagne du Till ; mais il faut avouer que le reste des propriétés du Pontias ne s'accorde point avec les propriétés connues du vent de Pas. Cet auteur parle, à cette occasion, dans le même ouvrage, de plusieurs autres vents qui naissent du creux de montagnes, comme du vent qui sort d'une montagne appelée le *Rochas de Mirabel* ou *Peires rousses*, dans le mandement de Bouvières en Dauphiné ; de celui qui sort de *la Baume de la Mène*, sur la pente septentrionale du mont Ventoux dans le Comtat Venaissin ; de celui qui sort en été de la fontaine de Vaucluse dans le même Comtat ; enfin de celui de *la Vézine*, qui sort de quelques fentes de rochers, au pied d'une montagne au dessous du village de Piles, à trois lieues de Nions en Dauphiné.

M. Scheuchzer rapporte de même, dans ses *Voyages des Alpes*, qu'il sort des vents froids du creux de la montagne de Chiavenne, dont les habitans savent se servir à propos pour rafraîchir leurs caves, qui sont creusées dans la montagne même. Cet auteur avoit dit un peu plus haut, dans la description du même Voyage, qu'il sortoit un vent souterrain d'un trou qui étoit au pied de la montagne de Blattisberg, sur le lac de Wahlenstat, près de la ville de Wesen.

Enfin l'auteur de *l'État & des Délices de la Suisse* parle de quelques autres vents semblables qui sortent des cavernes de plusieurs montagnes du canton de Glaris, & surtout d'un vent qui sort d'une montagne près du bourg de Codelago, sur le bord du lac de Lugano, dans le bailliage du même nom. Tous ces différens vents souterrains se forment

de la même manière que le vent de Pas, & l'explication que nous venons de donner de ce vent peut servir à expliquer la génération de tous les autres. Je serois même tenté de croire, quoique les auteurs ne le disent pas de tous expressément, que, par une suite de cette conformité, tous ces vents souterrains sont sujets à des variations & à des périodes réglées, de même que le vent de Pas, parce qu'il semble que les causes qui produisent ces variations dans le vent de Pas doivent en produire aussi dans les autres vents de la même espèce. Mais ces périodes ne sont pourtant pas les mêmes dans tous les vents souterrains : plusieurs de ces vents gardent, dans leurs cours, un ordre différent de celui du vent de Pas. Le vent qui sort de la montagne de Cefi en Italie souffle à la vérité en été & non en hiver, comme celui de Pas ; mais il ne souffle que le jour, suivant le Père Kircher, & cesse de souffler à l'approche de la nuit. Le vent de Pontias, près de Nions en Dauphiné, souffle principalement pendant la nuit, comme le vent de Pas ; mais c'est dans l'hiver qu'il règne avec plus de violence, selon Gabriel Boule, & il est peu sensible en été ; enfin le vent de la Vézine près de Piles en Dauphiné paroît répondre exactement aux périodes du vent de Cefi, & souffler de même en été & non en hiver, le jour & non la nuit, au rapport du même Boule.

ESCAUT (Département de l'). Ce département tire son nom d'une rivière considérable, qui, navigable depuis Valenciennes, département du Nord, passe à Gand en traversant celui de l'Escaut du midi au nord.

Les bornes de ce département sont au nord la Hollande, à l'est l'*Escaut* lui-même, qui le sépare du département des Deux-Nèthes & de celui de la Dyle ; au sud celui de Jemmapes, & à l'ouest celui de la Lys.

La superficie de ce département est d'environ cinq cent soixante-cinq mille neuf cent quatre-vingt-six arpens carrés, ou deux cent quatre-vingt-huit mille huit cent soixante-dix hectares, & sa population est de cinq cent quatre-vingt-cinq mille deux cent cinquante-huit individus. Il est composé de trois cent quarante-deux communes. Il est divisé en quatre arrondissemens communaux ou sous-préfectures, & en quarante-un cantons ou justices de paix. La préfecture de ce département est à Gand. Oudenarde, Termonde & Sas-de-Gand sont les sièges des sous-préfectures. Ce département, compris dans l'évêché de Gand, dépend de la vingt-quatrième division militaire, dont le commandant réside à Bruxelles, département de la Dyle.

Les principales rivières sont l'*Escaut*, dont il est parlé au département de l'Aisne ; la Lys, voyez le département du Pas-de-Calais ; la Dendre, département de Jemmapes ; la Durme, département de l'*Escaut*.

Les principales villes font Gand, Termonde, Oudenarde, Aloft & Sas-de-Gand.

Les rivières qui prennent leurs fources dans le département font Durme, Meule-Beck, Roeland-Beck & Suit-Lede.

Les canaux font ceux d'Aloft, de Gand à Bruges, Moer-Beck-Vaert, Nieucle & Sas-de-Gand.

Productions. Il eft fertile en grains de toute efpèce, fruits, houblon, colza, lin, chanvre, &c.

Induftrie. On y fait un commerce confidérable en toiles de toutes fortes d'aunage, fils & dentelles provenans de fon territoire. Il n'eft point de village ni de ferme qui n'ait une fabrique de lin. Les cultivateurs eux-mêmes le travaillent fur le métier après que leurs femmes & leurs enfans l'ont filé. Il en eft qui ont fept à huit métiers, fuivant le nombre de perfonnes qui compofent leur famille. C'eft à Gand que ces artifans vont recevoir le prix de leur main-d'œuvre. Cette ville, qui a auffi fes fabriques particulières dans le même genre, eft le centre du commerce du département de l'*Efcaut* : c'eft là que tous les négocians étrangers vont prendre leurs affortimens en toiles, fils & dentelles de toute efpèce, depuis les plus fines jufqu'aux plus groffières. Les toiles de première qualité que l'on blanchit au lait ont cinq à fept quarts de large, & s'exportent, ainfi que les toiles écrues, en Efpagne, en Amérique, &c. : les fils fuivent la même progreffion. On en compte de quatre-vingt-huit qualités différentes, depuis le n°. 12 jufqu'au n°. 100 : il en eft de même des fi's à coudre & à faire de la dentelle. Toute cette fabrication eft infiniment fupérieure à celle des nations étrangères. Le linge de table & les toiles propres à faire des draps de lit ne font pas moins recherchés, & c'eft peut-être l'endroit où il fe fait le plus grand commerce. On y fabrique auffi quelques étoffes de laine, & furtout beaucoup d'huile de colza.

ESCAUT (l'), rivière du département de l'Aifne ; elle prend fa fource à une lieue un quart à l'eft du Catelet, monte au nord, paffe à Cambray & Bouchain ; où elle prend à gauche la Cenfe ; & au deffous, à droite, la Sille arrofe Valenciennes & la Rouffelle, où elle commence à être navigable ; paffe à Condé, reçoit à droite l'Aifne, & à gauche la Scarpe ; paffe à Tournay, à Gand & à Anvers.

ESCHEIL, village du département de l'Arriège, arrondiffement & canton de Saint-Girons, près du Salat, à une demi-lieue de Saint-Girons. Il y a des bancs de marbre gris & de fchifte fort dur dans les environs de ce village.

ESCLANIDES, village du département de la Lozère, arrondiffement de Marvejols, canton de Chanac, fur le Lot, à deux lieues de Mende. On y fabrique des ferges connues fous le nom de *cadis*

de la montagne, des étoffes en laine, où l'on emploie furtout les laines du pays. Ces ferges fervent furtout pour doublures aux habillemens d'hommes & de femmes. Les tifferands ont leurs métiers chez eux.

ESCMAEL, village du département de la Dyle, arrondiffement de Louvain, canton d'Houguerde, & à une lieue & demie de Tirlemont. On récolte dans ce village toutes fortes de grains : il y a auffi des pâturages & des bois. On emploie une partie de ces reffources dans une brafferie.

ESCORAILLES, village du département du Cantal, arrondiffement de Mauriac, & à une lieue de cette ville. Dans ce village, fitué fur une montagne, on prétend qu'il exifte un château qui date du tems des rois de la première race.

ESCOT, village du département des Baffes-Pyrénées, arrondiffement d'Oléron, & à une lieue un quart de cette ville. Il y a des eaux minérales renommées, & qui paffent pour être rafraîchiffantes. Dans le terroir d'*Efcot* on trouve auffi des couches de pierres calcaires, qui fe féparent facilement par lames : outre cela, à une petite diftance fud de ce village, on apperçoit des bancs prefque perpendiculaires de marbre gris. Dans une région fupérieure il y a des montagnes de marbre, dont la couleur approche de celle du précédent : il eft compofé d'une infinité de petits corps ronds qu'on ne peut s'empêcher de confidérer comme une feule efpèce de coquille. Ces maffes de marbre préfentent d'ailleurs, à leur furface, des criftaux de fpath calcaire à trois pans. Entre la fontaine d'*Efcot* & le village de Sarrance, fur la montagne de Coquéron, il y a une mine de plomb.

ESCOUBONS (l'), lac du département des Hautes-Pyrénées, arrondiffement d'Argelès, canton de Luz. Il a, du nord au fud, trois cents toifes de long, fur cent cinquante toifes de large.

ESCOUSSENS, village du département du Tarn, arrondiffement de Caftres, & à trois lieues un quart de cette ville, fur la Bernafoubre. On trouve, aux environs, des mines de cuivre affez riches, dont l'exploitation procureroit un grand bénéfice.

ESCRECHIN, village du département du Nord, arrondiffement & canton oueft de Douay, & à une lieue de cette ville. Il y a deux forges, où l'on fabrique des inftrumens aratoires.

ESCUDADER (l'), rivière du département de la Haute-Garonne, arrondiffement de Saint-Gaudens. Elle prend fa fource à deux lieues deux tiers fud-eft de Saint-Béat, coule au nord-eft, &

se rend dans le Modan, à une demi-lieue de sa source.

ESNOUVEAUX, village situé à l'orient de Chaumont-en-Bassigny, département de la Haute-Marne, sur un ruisseau qui descend d'Ys à Andelot, & qui tombe dans la Marne. A un quart de lieue de ce ruisseau on rencontre une carrière de pierres blanches calcaires. Elle est placée sur une hauteur qui peut avoir plus de deux cents pieds au dessus du niveau de ce ruisseau, & le terrain dans lequel on tire la pierre de taille peut avoir une demi-lieue en longueur. On y travaille à voie ouverte. Après la terre labourable, qui est d'un jaune rougeâtre, & dont le lit a six pieds d'épaisseur, elle est parsemée de fragmens de pierres blanches, formés de fausses pisolithes. Dessous ce lit en est un autre d'une pierre semblable à la précédente, mais qui forme un banc continu d'environ trois pouces d'épaisseur, & dont on fait des carreaux. La pierre qui suit celle-ci est dure & rouge: elle a deux pieds d'épaisseur; elle est placée au dessus d'un autre banc d'une pierre également dure, remplie de poulettes lisses, ondées ou striées. On y trouve aussi des masses considérables de madrépores. Le banc suivant est composé d'oolithes & de poulettes; il a environ dix pieds d'épaisseur, sans aucune fente. Le dernier banc est encore d'une pierre propre aux bâtimens : elle est plus dure & remplie de fentes; elle renferme des oolithes, des poulettes, &c. Les intervalles qui se trouvent entre les différens bancs de cette carrière sont d'une terre semblable à celle qui est au dessous de la terre labourable. Il y a encore beaucoup d'autres couches au dessous des bancs de pierres de taille ; mais comme on ne les exploite pas, on ne peut en donner le détail. Au reste, ils s'étendent à une très-grande profondeur.

ESPAGNE. On pense, avec quelque vraisemblance, que l'*Espagne* fut connue des Phéniciens près de mille ans avant l'ère chrétienne. Il est probable que le Tarsich des Phéniciens & des Hébreux comprenoit toute la péninsule, quoique le savant Huet le restreigne à la Bétique, c'est-à-dire, à la partie méridionale de l'*Espagne*, contrée qu'on fait avoir été pour les Phéniciens ; qui en tiroient une grande quantité d'argent, ce qu'est le Mexique pour les Espagnols d'aujourd'hui.

L'*Espagne* est comprise entre le 36°. & le 44°. degré de latitude nord. Son extrémité occidentale est sous le 11°. degré de longitude à l'ouest de Paris. Sa plus grande longueur de l'ouest à l'est embrasse environ cinq cent dix milles, & sa largeur du nord au sud plus de quatre cent trente milles. La contrée, en y comprenant le Portugal, forme ainsi un carré entier, dont trois côtés sont tracés par la mer, tandis que le quatrième boulevard naturel sur les frontières de France se compose des Pyrénées. On croit que l'*Espagne* a onze millions d'ames, sur une surface de cent vingt-sept mille sept cent soixante milles à cent quarante huit milles anglais carrés ; ce qui fait environ soixante-quatorze personnes par mille anglais carré.

La population originaire d'*Espagne* s'est composée primitivement de Celtes venus des Gaules, & de Maures d'Afrique ; mais ces derniers, plus entreprenans & plus guerriers, chassèrent les premiers & passèrent même de l'Aquitaine en France. Il est probable que les Maures furent puissamment assistés dans l'expulsion des Celtes originaires par les Phéniciens, & ensuite par les Carthaginois, & c'est pour cette raison sans doute que ces derniers conservèrent un si grand pouvoir dans certaines parties reculées du pays.

L'est se peupla de grandes colonies de Carthaginois, & plus tard de Romains. Cette contrée, rivale de l'Italie par le sol & le climat, attira & fixa même un grand nombre de ces derniers, & fut le berceau de plusieurs écrivains classiques. L'*Espagne*, graces à la situation naturelle, est peut-être de toutes les contrées de l'Europe celle dont la population a été la plus mélangée. Les Maures mahométans ayant été chassés, ils ne peuvent entrer dans l'énumération actuelle, quoiqu'on puisse trouver en *Espagne* quelques familles d'extraction arabe. Il faut en conséquence considérer les Espagnols modernes comme les descendans des Ibères d'Afrique, des Celtibères ou Gaulois de Germanie, des Romains & des Visigots. La conquête des Maures établit dans la géographie espagnole une distinction importante, celle d'*Espagne* chrétienne & d'*Espagne* mahométane, distinction qui se retrouve encore dans les époques historiques dont nous allons nous occuper.

Telles sont, d'après ces vues, les principales époques historiques de l'*Espagne*.

1°. Population primitive composée d'Africains & de Gaulois de Germanie.

2°. Établissement des Carthaginois en *Espagne*.

3°. L'*Espagne* conquise par les Romains, qui en conservèrent la possession pendant plus de cinq cents ans.

4°. Assujettissement de la contrée aux Vendales vers 415.

5°. Les Visigots, sous le commandement d'Euric, s'emparent de l'*Espagne*, la Galice exceptée, qu'occupoient les Suèves entrés avec les Vendales. Les Galiciens ont aujourd'hui une supériorité marquée sous les rapports de l'industrie. Euric, l'an 472, commence le royaume & l'histoire moderne d'*Espagne*.

6°. Les Arabes ou Maures portent leurs armes en *Espagne* vers l'an 709, & bientôt ils ont subjugué tout le pays, à l'exception des Asturies & de la Biscaye, dont les montagnes offrirent une retraite au roi Pélagius. Jusqu'au milieu du treizième siècle, ce sont les Maures qu'il faut regarder comme le premier peuple de l'*Espagne*.

7°. Effectivement, les Maures dominent en *Espagne* sous le commandement des gouverneurs nommés par les califes jusqu'en 756, époque à laquelle le maure Abdoul Rahman s'empare du sceptre espagnol & devient roi de Cordoue. Ses successeurs continuèrent à déployer beaucoup de richesses & de puissance, & étendirent le commerce d'*Espagne*. Cette dynastie se maintint jusqu'en 1038, qu'expira le califat espagnol.

La dixième époque est remarquable par la conquête du royaume de Grenade, la dernière des royautés maures, & par la réunion des couronnes de Castille & d'Arragon dans les personnes de Ferdinand & d'Isabelle.

On ne peut que difficilement supposer qu'il existe quelques monumens de ces différentes époques. Si l'on excepte les monnoies des Carthaginois, qu'on a trouvées en grand nombre, l'*Espagne* ne possède aucun monument authentique de ce peuple célèbre.

Les antiquités romaines y sont au contraire si multipliées, que le détail en seroit fastidieux. L'aqueduc de Ségovie est un des plus beaux édifices qu'aient laissés les Romains. Il renferme cent cinquante-neuf arches, qui occupent une longueur de deux mille deux cent vingt pieds : sa hauteur, au dessus de la vallée qu'il traverse, a plus de quatre-vingt-quatorze pieds. Le théâtre de l'ancienne Sagonte, qui a pu contenir près de dix mille spectateurs, est taillé dans le roc, travail moins difficile qu'on ne pourroit croire, vu que les couches, en *Espagne*, sont assez généralement gypseuses & calcaires bien décidées.

Mais les monumens des Maures y sont nombreux & pleins de magnificence. La mosquée de Cordoue fut commencée par leur premier calife. La mosquée de Cordoue étonne encore les voyageurs par la multitude des colonnes qui la décorent, & qui sont au nombre de huit cents. A trois milles de Cordoue étoit une ville où le troisième calife maure fit construire un palais magnifique. On y comptoit mille quatorze colonnes de marbre d'Afrique & d'*Espagne*, dix-neuf envoyées d'Italie, & cent quarante d'une beauté extraordinaire, présent de l'Empereur grec. On voit que ces Maures avoient le goût de la plus grande magnificence.

On a beaucoup vanté le climat d'*Espagne* ; cependant l'air est mal-sain dans les provinces méridionales, & occasionne quelquefois des fièvres malignes qui enlèvent bien des victimes. Ces épidémies ont apparemment leur source dans l'état négligé du pays, dans ces marais stagnans qu'on pourroit, par le desséchement, convertir en eaux courantes & en vertes prairies. Mais le plus terrible des fléaux qui frappe l'*Espagne*, c'est ce funeste vent de sud-est, connu sous le nom de *solano*, qui semble souffler les désordres & les crimes. Ces effets sont tels que, sous son influence, il se commet plus de meurtres en trois jours que durant tout le reste de l'année.

Les chaînes de montagnes qui traversent cette contrée de l'est à l'ouest semblent tempérer le climat & envoyer des brises rafraîchissantes. Dans le sud la brise de mer, soufflant dès neuf heures du matin jusqu'à cinq du soir, vient fort à propos tiédir l'air brûlant de l'été ; & vers le nord la rigueur de l'hiver est adoucie par le voisinage de l'Océan, qui donne des vents humides plutôt que froids.

Ce pays offre, presque dans toutes les saisons, un aspect délicieux. Que laisseroient-ils à desirer après ces pâturages embaumés, ces riches vignobles, ces bois d'orangers, ces collines revêtues de thym, & de mille autres plantes odorantes, ces rivières qui coupent les plaines & les fertilisent, puis arrosent les vallons ? enfin ces chaînes de montagnes, qui répandent dans la perspective les plus belles variétés ?

En général, le sol en *Espagne* est léger & porte sur des lits de gypse, qui est un excellent engrais. Voici quel est, aux environs de Barcelone, l'ordre des cultures. Les champs reçoivent d'abord du froment, qui mûrit en juin, & qui est aussitôt remplacé par le blé de Turquie, le chanvre, le millet, des choux, des haricots ou des laitues. L'année suivante les semences & les récoltes se succèdent dans le même ordre ; mais dans la troisième on commence par les orges, les haricots ou la vesce, dont on fait la récolte avant le milieu de l'été, pour y substituer d'autres grains, comme dans les années précédentes, sans autres changemens que ceux que demandent la saison & le desir de varier autant qu'il est possible les espèces sur le même sol.

Le même auteur nous apprend (Townsend) qu'auprès de Carthagène c'est d'abord du froment, la seconde année de l'orge, & dans la troisième on laisse les terres en jachère. Ils labourent trois fois pour le froment, & le sèment depuis le mois de septembre jusqu'à la mi-novembre. En juillet ils récoltent de dix à cent pour un, en proportion de l'humidité de l'année.

La riche vallée d'Alicante, la Huerta, donne une succession continuelle de moissons. L'orge s'y sème en septembre, s'y moissonne en avril, & est remplacé par le maïs, coupé en septembre, & par un mélange de plantes comestibles qui viennent ensuite. Le froment est semé en septembre, coupé en juin. Le chanvre est semé en septembre, arraché en mai.

Dans la vallée de Valence le froment rend de vingt à quarante pour un, l'orge de dix-huit à vingt-quatre, l'avoine de vingt à trente, le maïs cent, le riz quarante. La terre est presqu'aussi fertile dans les provinces méridionales, & dans les environs de Grenade on cultive avec succès la canne à sucre.

Rien n'est plus nuisible à l'agriculture espagnole,

que

que ces innombrables troupeaux à laine qu'un code spécial, la *mesta*, autorise à voyager de province en province, & à paître, sans autre distinction que celle des saisons, sur les montagnes & dans les vallées. On compte de ces moutons privilégiés, connus sous le nom de *mérinos*, cinq millions. Un seul grand en possède quelquefois quarante mille. Leur laine est estimée une valeur double de celle des autres brebis : malgré cela on ne pense pas qu'ils puissent dédommager du tort incalculable qu'ils font à l'agriculture.

Des trois provinces de la Biscaye, celles de Vizcasa & de Guipuscoa manquent de grains ; mais celle d'Alava est assez fertile pour en approvisionner non-seulement les deux autres, mais même une partie de la Castille & de la Navarre. La Biscaye proprement dite produit une immense quantité de châtaignes. On cultive la garance dans les environs de Valladolid, ainsi que dans les environs de Burgos & de Ségovie, dans les Asturies, l'Andaloufie, l'Arragon & la Catalogne. Les environs de Valès-Maga offrent encore quelques restes de la culture de la canne à sucre, introduite autrefois par les Maures industrieux, surtout à Torro.

Parmi les principales rivières d'*Espagne* on doit distinguer l'Ebre, d'où l'ancienne Ibérie tiroit son nom. Ce beau fleuve naît dans les montagnes des Asturies, au fond d'une petite vallée, à l'est de Reinosa. C'est l'eau de la source qui donne la forme à la vallée. Elle poursuit sa course au sud-est, & se jette dans la Méditerranée après avoir parcouru un espace de trois cent quatre-vingts milles. D'autres rivières de moindre importance coulent à l'est, telles que le Guadalavir, la Xucata & la Segura, qui arrosent les fertiles vallées de Murcie. A l'ouest est le Guadalquivir, autrefois le Bœtis, qui donnoit son nom à la contrée qu'il arrose maintenant. Il a sa source dans Sierra-Morena, & se rend dans le golfe de Cadix après un cours de trois cents milles. La Guadiana sort du flanc septentrional de la Sierra-Morena, quoique ses principales sources semblent être plutôt dans les montagnes de Tolède ; elle arrose le Portugal dans une partie de son cours, &, faisant un circuit à peu près semblable à celui de l'Ebre, elle va tomber dans le golfe de Cadix. Mais le Tage occupe le premier rang. Humble à sa naissance, ce n'est d'abord que le produit d'une source connue auprès d'*Alberracin*, dans la partie de l'ouest de l'Arragon, sous le nom d'*Abrega* (abreuvoir) ; mais ce filet d'eau grossit en fuyant, & il devient enfin, usurpateur de plusieurs eaux courantes, le premier fleuve de tous. Le cours du Tage est de quatre cent cinquante milles. Les sources du Douro sont près des ruines de l'ancienne Numance : son cours ne doit pas avoir moins de trois cent cinquante milles. Le Minho sort des montagnes de Galice ; il est surtout remarquable en ce qu'il forme une partie des limites qui séparent cette province du Portugal. Plusieurs autres rivières parcourent les

provinces septentrionales ; mais comme elles sont moins importantes, nous n'en parlerons pas maintenant.

L'*Espagne* a si peu de lacs, & ceux qu'elle a sont tellement circonscrits, qu'ils ne méritent pas qu'on en parle : nous dirons cependant qu'on voit au sud-est de la Nouvelle-Castille une singulière suite de petits lacs, qui forment, suivant quelques observateurs, la source de la Guadiana.

La nature a distribué les montagnes sur la surface de l'*Espagne*, en plusieurs chaînes distinctes. On regarde comme un prolongement des Pyrénées la chaîne la plus septentrionale, qui, passant au sud de la Biscaye & des Asturies, file dans la Galice. Elle reçoit différens noms provinciaux, comme montagnes de Biscaye, Sierra, des Asturies, les montagnes de Mondonedo en Galice, auxquels il faut ajouter ceux de montagnes de Santillane, de Vindo & d'Oca. Excepté les Alpes, les Pyrénées, l'Apennin & d'autres de pays civilisés depuis long-tems & familiarisés avec les vues générales de la science, on connoît à peine une chaîne de monts, distinguée par une dénomination uniforme ; ce qui cependant est bien nécessaire pour la netteté géographique. Il est bon de reconnoître ici que le terme *Sierra*, particulier à l'*Espagne*, signifie une chaîne de monts, dont les pics successifs offrent la forme d'une scie.

Les montagnes argileuses & gypseuses de cette contrée, montrant peu de ces élévations éminentes qui distinguent les montagnes granitiques, durent naturellement suggérer l'idée & le mot. Une seconde chaîne s'étend des environs de Soria au nord-est, vers le Portugal, dans une direction nord-ouest : on la nomme la *chaîne d'Urbia* ou de *Guadarama*, ou encore les *montes Carpentanos*. Celle de Tolède, à peu près parallèle à la dernière, tient le troisième rang : ces deux chaînes centrales paroissent renfermer beaucoup de granits.

Vient ensuite, vers le sud, la Sierra-Morena, après laquelle on voit la chaîne la plus méridionale, la Sierra-Nevada.

A l'est est encore une grande chaîne qui lie les deux du centre, & s'avance vers la Méditerranée dans le nord de Valence : il y a aussi dans cette partie du royaume plusieurs longues suites de collines élevées, généralement dirigées du nord au sud.

Il ne faut pas passer sous silence une montagne solitaire & très-remarquable qui s'élève non loin de Barcelone, & du sommet de laquelle on découvre les îles de Majorque & de Minorque, distantes de cinquante lieues. Le mont Serrat présente, à une certaine distance, la figure d'un pain de sucre ; mais de près, hérissé de rocs pyramidaux, il pourroit rappeler le tronc du dattier. Sa masse est composée de poudingues. La région adjacente montre un schiste argileux comme la composition des Pyrénées, & principalement calcaire ;

les cailloux mêmes, à de grandes diſtances, ſont de même nature, & cette montagne paroît s'être formée, d'une manière inexplicable, des matériaux entraînés par les eaux des Pyrénées.

Non loin du Montſerrat, près du village de Cardona, on voit une colline de trois milles de circonférence, qui n'eſt qu'une immenſe maſſe de ſel gemme. On l'emploie, dans ce climat ſec, à faire des vaſes, des tabatières, des breloques, enfin aux mêmes uſages que le ſpath fluor du Derbiſhire en Angleterre.

Les Pyrénées eſpagnoles n'ont pas encore été ſoigneuſement examinées; & comme les minéralogiſtes français ont porté des regards ſavans dans la partie qui appartient à la France, nous avons placé les détails que nous avions ſur cette chaîne, dans la deſcription de cet État. Manquant enfin d'une deſcription générale & ſcientifique des montagnes eſpagnóles, nous nous bornerons à quelques remarques tirées du voyage de Townſend. Suivant l'opinion de cet habile obſervateur, la partie ſeptentrionale des Pyrénées eſt principalement calcaire & recouverte de ſchiſte argileux; mais au ſud elles deviennent granitiques, & par conſéquent ſtériles. La plus haute rangée de montagnes du côté de l'Eſpagne, près de Duroca-Berce, au commun du Tage & de l'Ebre, ſemble compoſée de ſchiſte argileux & de pierre calcaire, dont le granit eſt probablement la baſe. Au voiſinage d'Anchula les montagnes ſont compoſées de pierre à chaux & de coquilles: il s'y rencontre auſſi quelquefois des lits de gypſe rouge avec des criſtaux de même couleur. En général, le gypſe abonde autant en Eſpagne, que la craie en Angleterre; il y produit des criſtaux de ſel marin & de ſel d'epſom, & beaucoup de ſel de nitre.

Les montagnes au nord de Madrid, faiſant partie de la chaîne centrale, ſont granitiques. Celles au nord de Léon ſont compoſées principalement de marbres ou de pierre à chaux, ſur une baſe de ſchiſte argileux, & portent aux nues ces rocs affreux & déchirés qui protégèrent long-tems les reſtes expirans de la liberté eſpagnole. Retournant vers le ſud, nous trouverons dans la Manche un ſol ſablonneux & des roches de gypſe.

Les régions ſupérieures de la Sierra-Morena ſont granitiques, & les inférieures ſont compoſées de ſchiſte argileux, de gypſe & de pierre à chaux. Il y a deux variétés de granits, le rouge & le blanc.

Auprès de Cordoue les plus hautes collines ſont couvertes de blocs de granit arrondis, de ſablon & de pierre à chaux. Auprès de Malaga s'étendent des branches de la Sierra-Nevada, non également applicables à la chaîne centrale qui diviſe les deux Caſtilles. Ces deux branches offrent la pierre à chaux & le marbre recouverts d'un ſchiſte argileux. Auprès d'Alhama, ſud-eſt de la ville de Grenade, on trouve, ſur une baſe de gravier plat ou ſphérique, des roches qui offrent du marbre avec des coquilles, & au deſſus des poudingues; mais en

général ce ſont des roches de plâtre, poſées ſur des couches de la même ſubſtance criſtalliſée.

La partie ſud-eſt de l'Eſpagne paroît également calcaire, & la cathédrale de Murcie eſt bâtie en piſolite, eſpèce de pierre calcaire formée d'amas d'œufs de poiſſon en apparence; mais près du cap de Gate les montagnes doivent être granitiques, comme ſemble le prouver une eſpèce d'aventurine apportée de ces lieux.

L'Eſpagne eſt couverte de nombreuſes forêts, dues en partie au peu de progrès de l'agriculture, & en partie à la paſſion que ſes rois ont eue pour la chaſſe: c'eſt à ce plaiſir qu'eſt deſtinée celle du Pardo, qui a plus de vingt-cinq milles de longueur. Il y en a qui ſont le repaire de contrebandiers & de brigands, leſquels mettent les voyageurs à contribution & ſouvent leur ôtent la vie.

Quoique la grande péninſule à l'oueſt des Pyrénées ſoit diviſée, par des intérêts politiques, en deux gouvernemens indépendans, l'Eſpagne & le Portugal, cependant la diſtribution des différentes eſpèces de ſols & des productions naturelles diffèrent ſi peu, que l'expoſition de la flore de l'un de ces deux pays doit néceſſairement renfermer les grands traits de celle de l'autre: ainſi, pour éviter les répétitions, nous donnerons une eſquiſſe générale de la flore d'Eſpagne & du Portugal.

L'Eſpagne, en comprenant ſous cette dénomination tout le pays à l'oueſt des Pyrénées, conſidérée relativement à ſes productions végétales, peut admettre les diviſions ſuivantes, d'abord les côtes, puis les hautes montagnes, les collines, les terres labourables, les pâturages & les marais, les bords des rivières, & enfin les environs de Lisbonne & d'Oporto.

Les côtes préſentent moins de choſes intéreſſantes que les parties de l'intérieur. Pour la plupart elles reſſemblent, dans leurs productions végétales, aux côtes ſeptentrionales de la Méditerranée. Les lieux arides & ſablonneux ſe couvrent de l'aſphodèle de mer, *pancratium maritimum*; du *feſtuca maritima* & de l'*elymus caput Meduſæ*, deux eſpèces aſſez groſſières de gramen; de la *ſalicornia fruticoſa* & des *ſalſola ſoda* & *ſativa*. On voit ſurtout de vaſtes plantations de cette dernière aux environs d'Alicante & de Barcelone. Ses cendres fourniſſent la barille eſpagnole, l'alkalin d'une extrême pureté, dont on fabrique tous les ans quelques milliers de tonneaux, tant pour le commerce étranger, que pour la préparation du ſavon fin d'Eſpagne.

Les rochers du rivage ſont principalement calcaires & abondans en paſſe-pierres, *crithmum maritimum*; en violiers, *viola arboreſcens*; en aſtragale de Montpellier, *aſtragalus tragacantha*; en muſle de veau, *antirrhinum luſitanicum*; en caprier épineux, *capparis ſpinoſa*; enfin en *ſtipa tenaſſiſſima*, célèbre gramen, qui pour ſa force extraordinaire eſt employé à faire des cordages; des nattes, des chaises; en un mot, tous les ouvrages connus sous le nom de *sparterie*.

Les grandes montagnes de ce pays, n'étant ni aussi élevées ni aussi vastement entassées que celles de la Suisse, ne se couvrent de neige en hiver que pour quelques semaines: c'est pourquoi l'on trouve ici, & dans les moyennes hauteurs qui bordent la baie de Biscaye, nombre de végétaux communs dans les plaines de l'Europe septentrionale. Les plus beaux arbres de construction croissent en *Espagne* dans ces régions élevées. Le chêne commun, le tilleul, le bouleau, le frêne des montagnes, l'yeuse, le hêtre, le larix & le genévrier y croissent d'une grosseur remarquable. Parmi les arbrisseaux & les plantes herbacées on distingue le raisin d'ours, *arbutus uva ursi*; la *minuartia montana*, l'*asperula pyrenaica*, l'*eryngium alpinum*, *arenaria triflora*, *draba aizoides* & *pyrenaica*, *saxifraga cuneifolia* & *bryoides*; le *rhododendrum ferrugineum*, l'*alyssum montanum*, l'*empetrum album*.

Les longs enchaînemens d'élévations médiocres qui occupent la plus grande partie de l'*Espagne* sont composés de grands espaces arides, couverts de sables; de grès friable & de débris ferrugineux formant les bruyères, de districts calcaires & secs servant de pâturages, & de croupes humides, inégales, composées de granit & de marbre, revêtues d'un sol très-mince formant les forêts & les bois.

Les bruyères y sont plus riantes & plus riches en végétaux, que dans aucune autre contrée d'Europe. Sur quelques points s'élèvent des bois épais d'ifs à feuilles de sapins & de pins. Ailleurs sont répandus de petits bois de chênes liéges, *quercus suber*. Ici le voyageur aime à respirer le parfum de mille plantes aromatiques, telles que le marum-mastic, *thymus-mastichina*; la lavande à épis, *lavandula spica* & *stœchas*; la *melissa nepeta*, l'*origanum heracleoticum*, le *teucrium iva*, *spinosum* & *lusitanicum*; la sauge commune & d'*Espagne*, *salvia officinalis* & *hispanica*, & le romarin, *rosmarinus officinalis*. Plus loin il admire les fleurs dorées du genêt épineux, *ulex europeus*, plante qui abonde surtout en Espagne, & les fleurs à la fois blanches, incarnates & pourprées; des bruyères arborescentes, *erica umbellata*, *arborea*, *purpurascens*, *scoparia*, *vagans*, *australis*, &c., qui, loin de se nuire par leurs beautés rivales, s'embellissent du jeu de leurs nuances confondues. Tantôt c'est la taille élevée & noble du *juniperus oxycedrus* & *phœnicea*, qui réclame notre attention; tantôt elle se repose avec plaisir sur l'œillet, *dianthus caryophyllus*, qui se balance sous son ombre; ensuite l'élégant *lithospermum fruticosum* s'élance dans les bosquets du myrte nain, & toute butte de sable, tous rochers arides, oubliés des autres végétaux, se parent des *cistus* parfumés, dont l'*Espagne* possède au moins quatorze espèces d'une beauté remarquable par leurs grandes fleurs satinées blanches ou jaunes, & tachetées de pourpre. Tel est le *cistus* à fleur de laurier, *cistus laurifolius*, qu'on rencontre très-fré-

quemment dans la Vieille-Castille; mais le plus commun de tous est le ciste ladanifère, *cistus ladaniferus*, arbrisseau de six à sept pieds de haut, d'une élégance admirable & d'un parfum délicieux, qui embellit des lieues entières de rochers, & forme un des traits particuliers aux paysages d'*Espagne*. Les pâturages sont de grands espaces découverts, sans d'autres abris que quelques bois de châtaigniers ou de chênes-verts qu'on rencontre à des distances plus ou moins grandes.

Le *dactylis cynosuroides*, l'*aira minuta*, le *cynosurus lima* & *aureus*, la *festuca calycina* & le *ligeum spartum*, telles sont les graminées qu'on y apperçoit le plus fréquemment. Les autres productions de ces terrains élevés sont la *scabiosa stellata*, la *galega officinalis*, l'*anthyllis lotoides* & *erinacea*, le *cucubalus bacciferus* & la *psoralea bituminosa*.

Les forêts & les bois d'*Espagne*, sous le rapport de leurs productions végétales, méritent aussi une attention particulière. On n'y trouve point cet ombrage ténébreux qui donne un aspect solennel & religieux aux profondeurs des forêts de l'Allemagne & de l'Angleterre. Les arbres n'y sont pas aussi grands: leurs feuilles ne sont pas aussi riches & aussi vastes. Le châtaigner & le buis y couvrent plusieurs des cimes calcaires; mais la grande masse des bois se compose du chêne-vert aux glands doux, *quercus ballota*. Cet arbre atteint la taille d'un grand poirier, avec lequel il a même quelque ressemblance. Ses feuilles sont alongées & pointues, vertes par-dessus, blanches par-dessous, verticillées & un peu maigres. Il produit abondamment des glands qui ont une saveur douce, dont on engraisse les cochons, & dont les paysans mêmes font un aliment. A côté de cet arbre croissent l'olivier sauvage, le chêne-kermès, le noyer & le caroubier, *ceratonia siliqua*. L'amandier pénètre & se fixe dans les fentes des rochers avec le *rhus coriaria* ou sumach, & le *coriaria myrtifolia*. Le laurier mâle & femelle, la lauréole & le laurier de Portugal s'y élèvent à la hauteur de petits arbres, & leur ombrage épais conserve la fraîcheur même au milieu des étés qui embrâsent ce climat. Le grand nombre d'arbrisseaux fleuris dont les bois se décorent, ne nous permet pas d'en donner l'énumération. Voici seulement les principaux: la *phyllirea augustifolia*, le *linum arboreum*, *daphne gnidium*, *cytisus nigricans*, *collutea arborescens*; l'arbousier, *arbutus unedo*; le cyprès, *cupressus sempervirens*; le genêt des Canaries & du Portugal, *genista canariensis* & *lusitanica*; le jasmin jaune, *jasminum fruticans*; le rosier de Provence, *rosa gallica*; le buisson ardent, *mespillus pyracantha*.

Aux lieux où la terre est profonde & humide & propre à la culture & au gros pâturage paroissent, en automne & au printemps, des racines bulbeuses qui donnent au paysage un aspect des plus rians. Deux espèces d'asphodèles, celle à fleurs blanches & celle à fleurs jaunes, sont, on peut se dire, naturelles à toute cette contrée, & les plantes sui-

vantes ne font guère moins communes : l'amaryllis
jaune, *amaryllis lutea* ; la perce-neige d'automne,
leucoium autumnale; la jonquille narciſſus, *narciſſus
jonquilla*, *Taʒetta*, *bulbocodium ſerotinum*;la jacinthe
paniculée, *hyacinthus racemoſus & comoſus* ; la
dent de chien, *erythronium dens canis*, *anthericum
liliaſtrum* ; le lis orangé & martagon, *lylium bulbi-
ferum & martagon*; la tubéreuſe, *polyanthes tube-
roſa* ; la tulipe ſauvage, *tulipa ſilveſtris*. Diverſes
plantes ombellifères, fortement odorantes, ſont
originaires d'*Eſpagne*, telles que le romarin des
montagnes, *cachrys libanotis* ; le fenouil, *anethum
fœniculum* ; la férule commune, *ferula communis*,
qui donne de la gomme connue ſous le nom de
ſagapenum ; la férule galbanifère, *ferula ferulago*,
qui donne le *galbanum*. Les landes & les buiſſons,
exempts d'humidité, abondent en palmiers-
éventails, *chamærops humilis* ; en lupins jaunes,
lupinus luteus ; en fumeterre à épis, *fumaria ſpi-
cata* ; en genêt d'*Eſpagne* & en une autre eſpèce
à fleurs jaunes, *ſpartium junceum & ſphærocarpon* ;
en genêt monoſperme à corolle blanche, *ſpartium
monoſpermum* ; enfin, en *antirrhinum amethyſtinum*.
Dans les haies & ſur les côtés des chemins ombragés
ſe voient le laurier, *prunus lauro ceraſus* ; l'iris ailé
& à feuilles de jonc, *iris alata & juncea* ; l'*atropa
mandragora* ; le *ſmillax aſpera*; trois eſpèces de di-
gitales, *dïgitalis ambigua*, *lutea & furruginea* ; la pi-
voine vulgaire, *pæonia officinalis* ; la fleur de la
paſſion commune, *paſſiflora cœrulea* ; le bois
puant, *anagyris fœtida* ; l'ariſtoloche ronde, *ariſ-
tolochia rotunda*.

L'*Eſpagne* & le Portugal manquent d'eau dans la
majeure partie de leurs territoires, parce que les
rivières coulent dans des lits pleins de roches, &
il y a peu de marais & peu d'eaux ſtagnantes; mais
les ruiſſeaux y ont une bordure charmante : on y
voit le laurier roſe, le citiſe, le tamaris & le myrte,
qui mélangent leurs fleurs & leur verdure, toujours
abondantes dans cette ſituation. On y trouve auſſi
l'iris xiphium & pumila, le cyperus longus & eſcu-
lentus, l'arundo donax (roſeau d'*Eſpagne*), la droſera
luſitanica, la pinguicula luſitanica.

Le voiſinage de Lisbonne, d'Oporto & de quelques autres villes de la côte, quant aux plantes
par nombre d'individus de l'Inde, de l'Afrique,
de l'Amérique, qui des jardins ont paſſé dans les
champs cultivés & ſe ſont parfaitement naturaliſées
avec le ſol & le climat, il n'eſt pas rare d'y rencontrer des haies entières d'aloés américain, *agave
americana*, à côté du *cactus opuntia*. Les bords fertiles du Tage ſe décorent de la brillante *ſcilla
hyacintoides*, de l'*ornithogalum arabicum* & de
l'*allium ſpecioſum*. Les bocages abrités & les rocs
de Belem, expoſés au ſoleil, offrent le magnifique
magnolia grandiflora, le *cercis ſiliquaſtrum*, le *phœ-
nix dactylifera* (palmier dattier), le *cupreſſus luſitanica*, belle eſpèce de cyprès originaire de Goa;
l'arbre à thé de la Chine, *thea viridis*, *olea fra-
grans* ; le *gardenia florida* (jaſmin du Cap) ; le

meſembryanthemum ficoides (la glaciale), & pluſieurs autres du même genre, originaires du Cap de
Bonne-Eſpérance, avec l'odorante *myrica faya*,
apportée de Madère. Les Eſpagnols & les Portugais
cultivent nombre de végétaux & de fruits comeſ-
tibles, dont voici les principaux, outre ceux dont
il a été parlé : froment & avoine, ſeigle & riz,
oryʒa ſativa, en petite quantité; avoine, preſque
pas; maïs, *ʒea mais* ; le grand millet noir ou *ſorgo*
d'Afrique, *holcus ſorghum* ; millet, *panicum milia-
ceum*, en grande quantité; patate douce, *convolvulus
batatas*; plantains, *muſa paradiſiaca* ; pois-chiche,
cicer arietinum; lupin, *lupinus albus*; dolics à gouſſes
menues, *dolichos catjang*; topinambour, *helianthus
tuberoſus*; pomme-d'amour, *ſolanum lycoperſicum*;
toutes les variétés des courges, concombres &
melons, figuier, *ficus carica* ; raiſins, oranges,
limons, bergamotes, & tous ces fruits délicats
que les contrées ſeptentrionales ne poſſèdent que
dans les jardins.

La gloire de la zoologie de l'*Eſpagne*, c'eſt le
cheval ; il a été, dans tous les tems, célèbre dans
cette contrée. Il tire probablement ſon origine du
barbe, courſier de l'Afrique ſeptentrionale, beau,
plein de feu ; en un mot, le deſcendant immédiat
de l'étalon arabe. Les mules eſpagnoles ſont excellentes, & l'âne n'y eſt pas traité comme animal
ignoble, quoiqu'il le cède à celui d'Arabie, dont
l'on pourroit tirer une race ſupérieure de ces utiles
animaux. Pline louoit les chevaux de la Galice &
des Aſturies; Martial, ceux de l'Arragon ſa patrie.
Mais la multiplication des mules a preſque anéanti
la race des bons-chevaux dans les deux Caſtilles,
les Aſturies & la Galice, & les meilleures races
paroiſſent avoir dégénéré. Dans ce moment on
s'occupe à les rétablir en faiſant croiſer de belles
jumens normandes avec des étalons eſpagnols,
ſuivant le rapport de Bourgoing.

Le gros bétail eſt peu remarquable ; mais la race
des brebis eſt depuis long-tems renommée comme
ſupérieure peut-être à toutes celles du Globe, non-
ſeulement par la fineſſe de la toiſon, mais encore
par la délicateſſe de la chair. Un air pur, un
herbage aromatique, contribuent ſans doute à ces
qualités. Les meilleures laines de l'*Eſpagne* ſont
celles des cantons de Ségovie, de la terre de Buy-
trago, à ſept ou huit lieues au levant de Pedraza,
au nord de Ségovie & en tirant vers le Douro. On
a naturaliſé les moutons d'*Eſpagne* en Suède, en
Danemarck & encore mieux en France, où ils ne
paroiſſent pas avoir dégénéré, comme je m'en ſuis
aſſuré par les produits que j'ai ſuivis & bien examinés. On compte juſqu'à treize millions de brebis
en *Eſpagne*, dont cinq millions voyagent, & huit
millions ſont ſédentaires & attachées à leur ſol.
L'*Eſpagne* produit un ou deux quadrupèdes & quelques oiſeaux qui ſont inconnus dans le reſte de
l'Europe, tels que la *viverra genetta*, le *vultur perc-
nopterus*, le *cuculus glandarius*, le *tridactila*, la *mo-
tacilla hiſpanica*, les *hirundines melba* & *rupeſtris*.

Cette dernière se trouve aussi dans la Carniole. La sauterelle espagnole est le seul insecte de cette nombreuse famille, qui ait des ailes couleur de rose & est indigène. Il n'est pas de contrée d'Europe qui pût avoir de plus belles ménageries que l'*Espagne*, & qui ait autant de facilité pour naturaliser les animaux des autres parties du Monde. On peut voir se promener librement, dans les beaux jardins d'Aranjuez, l'éléphant & le chameau, les zèbres d'Afrique & des guanacos de l'Amérique méridionale.

La minéralogie de l'*Espagne* fut autrefois plus considérable qu'elle ne l'est aujourd'hui. Pline, après avoir observé que l'argent se trouvoit généralement mêlé à la galène ou mine de plomb, cherche à établir que le plus beau étoit tiré de l'*Espagne*, où les mines ouvertes sous Annibal subsistoient encore de son tems, avec les noms de ceux qui les avoient découvertes les premiers. Celle de Bebelo avoit donné à Annibal, trois cent pesant par jour. Pour l'exploiter, on avoit fait, à travers une montagne, une ouverture d'environ une lieue de longueur, par laquelle les mineurs faisoient écouler des eaux abondantes : méthode qui ressemble à ce que les écrivains modernes ont nommé *husching*.

Strabon nous apprend que la province des *Turditani*, l'Andalousie moderne, étoit celle qui produisoit le plus de métaux précieux ; que l'or, l'argent, le cuivre & le fer n'étoient nulle part plus abondans ni de meilleure qualité ; que les rivières charioient l'or avec le sable, & l'on sait d'ailleurs que le Tage avoit cette propriété. D'après lui, on peut aussi conclure qu'on suivoit, dans les exploitations, la méthode d'Husching : il ajoute que quoique les Gaulois affectassent de préférer à tous les autres leurs métaux précieux qu'ils tiroient du mont Commenus, principalement vers les Pyrénées ou de cette partie des Cevennes qui avoisine Foix, cependant ceux d'*Espagne* avoient une supériorité incontestable, puisqu'on y rencontroit quelquefois des blocs d'or natif, du poids d'une demi-livre, mais que souvent il s'y trouvoit sous la forme d'électrum ou mêlé avec l'argent. Strabon place aussi des mines d'argent chez les Artabri, au nord du Portugal, & Polybe nous donne des détails sur les mines d'argent près de Carthagène, qui occupoient nombre d'ouvriers, & rendoient aux Romains vingt-cinq mille drachmes par jour. On trouvoit d'autres mines d'argent auprès des sources du Bœtis. Aujourd'hui il n'y a presque d'autres mines d'argent en *Espagne*, que celles de Guadalcanal dans la Sierra-Morena ; mais il existe en plusieurs lieux de riches veines de ce métal, dans un état fuligineux. A Almaden, dans la Manche, sont des mines précieuses de mercure, qu'on porte dans l'Amérique espagnole pour le raffinage des métaux plus précieux. La calamine se montre auprès d'Alcaons ; le cobalt, dans les Pyrénées ; l'antimoine, dans la Manche ; le cuivre, sur les frontières du Portugal ; l'étain, dans la Galice. Le plomb est commun dans plusieurs districts. Le fer abonde en *Espagne*, & conserve toujours son excellente qualité. On tire du charbon de terre du district de Villa-Franca en Catalogne, où se trouvent aussi du fer, de l'argent, du cuivre & du plomb. L'ambre & le jayet se trouvent ensemble dans le territoire de Beloncia dans les Asturies. L'ambre est entre des lits d'ardoise, sous forme de bois ; mais en le brisant on apperçoit comme des nœuds blancs, où est renfermée la substance qui est d'un jaune clair. La Biscaye exploite beaucoup de fer. L'*Espagne* a plus de plomb qu'il ne lui en faut pour ses arsenaux. Sa principale mine est celle de Linares, dans le royaume de Jaen : elle peut en exporter environ vingt mille quintaux par an ; elle a aussi plusieurs mines de cuivre. Celle de Rio-Tinto est la plus abondante ; mais on en tire aussi des Indes. La Biscaye & les Asturies fournissent le fer nécessaire à l'artillerie espagnole. L'*Espagne* est un des pays de l'Europe, le plus riche en salpêtre. La Manche & l'Arragon ont la réputation d'en fournir beaucoup & d'excellent. Les montagnes qui environnent Malaga renferment, suivant Bourgoing, du jaspe, de l'albâtre, de l'antimoine, du mercure, du soufre, du plomb, de l'amiante, de l'aimant, &c.

Les autres minéraux qui nous restent à décrire, présentent plus d'objets de curiosité que d'importance : tels sont les beaux cristaux de soufre de Conilla, non loin de Cadix ; le marbre élastique de Malaga ; le marbre vert, semblable au *verde antico* des environs de Grenade ; le gypse rouge & les cristaux rouges de Compostelle. Murcie produit une terre fine de couleur rouge, connue sous le nom d'almagra, qu'on mêle avec le tabac d'*Espagne*. L'aventurine paroît devoir son nom aux Espagnols, qui les premiers, à ce qu'on croit, la découvrirent dans l'Arragon & près du cap Gate. Au royaume de Grenade, c'est un feld-spath chatoyant & brillanté de paillettes d'or. On en a apporté du Piémont, & des connoisseurs prétendent que les plus riches morceaux viennent de la petite île russe de Celdovatoi, dans la mer Blanche.

L'*Espagne* a beaucoup d'eaux minérales, dont peu sont célèbres. Les sources chaudes de Rivera d'Abajo, situées non loin d'Oviedo, ont quelque ressemblance avec celles de Bath en Angleterre. Près d'Alicante sont les bains de Buzot, sources chaudes, d'une nature ferrugineuse, se formant parmi les montagnes calcaires.

On connoît peu les objets de curiosités naturelles de l'*Espagne*. Le roc de Gibraltar, comme on sait, renferme en quelques endroits des os qu'on avoit pris pour des dépouilles d'hommes ; mais on a reconnu qu'ils appartenoient à des quadrupèdes, & qu'ils y avoient été introduits par des crevasses supérieures. Ce que ce roc calcaire offre de plus curieux après ces os fossiles, est la grotte de Saint-Michel, ornée de stalactites. La Guadiana, qui naît dans un sol calcaire, paroît & disparoît comme

beaucoup d'autres rivières de France & d'Angleterre.

Iles espagnoles.

Les principales îles circonvoisines qui appartiennent à l'*Espagne*, sont Majorque, Minorque &
Iviça. Majorque a environ quarante-sept milles de
longueur sur vingt-huit milles de largeur. La partie
nord-ouest est montagneuse : le reste abonde en
terres cultivées, en vignobles, en vergers & en
prairies. L'air y est tempéré. Le miel que cette île
produit, est très-renommé. La capitale, située sur
une belle baie, est une jolie ville, & l'on croit
qu'elle renferme environ dix mille habitans. C'est
là que naquit Raymond-Lulle, célèbre visionnaire
du quatorzième siècle.

Majorque est généralement dans un trop bon
état de défense pour qu'il soit facile de la conquérir. Minorque a environ vingt-cinq milles de
longueur sur dix milles de largeur. L'air y est humide, & le sol, principalement calcaire, offre dans
certains endroits, du plomb & de beau marbre, &
d'ailleurs est très-peu fertile. Le vin en est estimé,
& les habitans ont en partie conservé leur ancienne
réputation d'excellens frondeurs. Citadella sa capitale a un assez bon port ; mais la population est
peu nombreuse & les fortifications peu importantes. Port-Mahon, au sud-est, possède un havre
excellent.

Iviça, qui de toutes ces îles est la plus voisine
de l'*Espagne*, a treize milles de long sur dix de
large. Elle est remarquable par ses fruits & la grande
quantité d'excellent sel qu'on en tire.

On estime le nombre des habitans de Majorque
à cent quatre-vingt-cinq mille neuf cents ; celui de
Minorque à vingt-huit mille cent soixante-dix, &
celui d'Iviça à treize mille sept cents.

§. Iᵉʳ. Considérations particulières sur les chaînes de montagnes de l'Espagne.

Quoiqu'on n'ait pas encore ni étudié ni figuré
bien en détail les chaînes de montagnes de l'*Espagne*, cependant il peut être utile d'en tracer ici
une ébauche, par laquelle on aura quelque facilité
de connoître, en suivant les points de partage des
eaux, l'enceinte des bassins des rivières & des
fleuves, ainsi que leur distribution à la surface de
ce royaume.

Suivant ce plan, j'indiquerai, 1°. une chaîne de
montagnes au nord-est de l'*Espagne* : ce sont les
Pyrénées, où des neiges continuelles entretiennent les sources de la Garonne, de l'Adour, &c.
du côté de la France, & celles de quelques autres
rivières moins considérables du côté de l'*Espagne*.

2°. Une autre chaîne qui commence dans la partie
du nord-ouest, & qui, s'élevant sous les douzième
& quatorzième degrés de longitude, y donne
naissance au Minho, au Duero & à l'Ebre, puis,

s'avançant par le sud-est jusqu'au-delà du quinzième
degré, forme les masses où se trouve Moncayo,
une des hauteurs la plus connue de l'*Espagne*.
Dans cette chaîne se trouve la source du Tage &
de quelques autres rivières qui se joignent au
Duero.

Cette chaîne, en s'avançant sans interruption
dans la direction du nord au sud, sous le seizième
degré de longitude, s'élève vers le quarantième
degré de latitude, & forme une masse où sont les
sources qui fournissent par le sud-ouest les eaux de
la Guadiana & du Guadalquivir, & par l'est, le
Guadalquivir, le Xucar, &c.

3°. Entre les trente-huitième & trente-neuvième degrés de latitude, la même chaîne qui
forme deux branches, l'une au nord du Tage, &
l'autre au nord de la Guadiana, se sépare encore
en deux autres branches ; l'une s'étend à l'ouest,
en suivant la limite septentrionale du bassin du
Guadalquivir, sous le nom de Sierra-Morena ou
montagnes noires ; l'autre descend au sud, & va se
terminer au cap de Gate, tandis que d'autres masses
montueuses, courant de l'est à l'ouest, forment
la Sierra-Nevada ou les montagnes neigées. Elles
s'avancent au sud où est Gibraltar, & à la pointe de
terre la plus avancée dans le détroit où se trouve
Tarifa.

4°. Une petite chaîne de montagnes, séparées
des autres par le lit de la Guadiana, termine la
partie du sud-ouest où est le cap Saint-Vincent.
C'est entre ces montagnes & la mer que se trouve
la portion de pays nommé par les Arabes, Algarves.

Chaîne de montagnes qui parcourent la partie septentrionale de l'Espagne.

A partir du cap Finisterre, où les terres sont fort
basses, aussi bien qu'au cap Ortegal, le sol va toujours en s'élevant de l'ouest à l'est, sous le qua-
rante-troisième degré de latitude jusqu'aux sources
de l'Ebre : là les masses montueuses ont acquis
leur plus grande hauteur, & de quelque côté
qu'on s'éloigne de ce point on est obligé de descendre.

La plus grande partie de ces montagnes est composée de pierres de sable. L'air est extrêmement
froid sur les plateaux les plus élevés, qui sont toujours couverts de neiges.

A quelque distance des sources de l'Ebre, on
trouve une montagne que l'on nomme Arandillo,
& qui est fort élevée ; mais son sommet s'est décomposé, de manière qu'il forme actuellement une
vaste plaine couverte de prairies abondantes.

Sa composition d'ailleurs est très-singulière. Au
pied on voit du gypse, au sommet de la pierre de
sable, &, dans la moyenne région, de la pierre
calcaire, renfermant des cornes d'ammon, & une
quantité prodigieuse de l'espèce de coquilles qu'on
nomme peigne. Sur le chemin de Reinosa, lieu peu

éloigné des fources de l'Ebre , on rencontre de grandes maffes de marbre noir , parfemé de veines blanches. Il y a auffi quelques montagnes d'ardoife, dont les fentes trapézoïdales font obliques à l'horizon.

En s'éloignant d'Efpinofa jufqu'à Mondragon , & même jufqu'à la rivière de Bidaffoa , le pays eft couvert de montagnes de différentes hauteurs , & par quelques plaines que l'on peut confidérer comme de grands vallons. Prefque toutes les montagnes de la partie orientale de ce pays , c'eft-à-dire , depuis le quinzième jufqu'au feizième degré de longitude, même au-delà du quarante-troifième degré de latitude , font compofées de bancs d'argile. D'ailleurs , les pierres de ces montagnes fe décompofent , & de leur décompofition il réfulte une terre forte & compacte qu'on ne rend fertile que par un mélange de chaux. Chaque année il faut mettre de cet engrais fur ces terres , parce que la matière calcinée redevient pierre calcaire en réabforbant de l'air fixe. D'ailleurs , il eft vraifemblable que cette décompofition des pierres argileufes qui s'opère perpétuellement , amène fans ceffe de nouvelle terre forte , qui a également befoin d'un nouvel engrais pour redevenir propre à la végétation; car il faut que le remède foit proportionné au mal.

Outre cela , on trouve dans le même canton un grand nombre de montagnes à couches inclinées de mille manières différentes & pliées dans tous les fens : telles font les montagnes des quatre couronnes, des environs du port du Paffage , de Saint-Sébaftien , de Bilbao.

Cette partie de l'Efpagne renferme auffi beaucoup de fer. De ces mines , les unes font en couches, les autres en rognons, & quelques-unes en filons : on y trouve des hématites de toutes les formes & de toutes les groffeurs. La mine la plus abondante eft celle de Somoroftro , qui eft un compofé de lames ou de petites écailles minces comme le papier, appliquées les unes fur les autres par l'effet de l'eau qui a tenu ces principes en diffolution.

Vers le fud-eft de Bilbao , les montagnes qui courent à l'eft commencent à prendre le nom de Pyrénées; elles font compofées , de ce côté, de roches ardoifées , de pierres de fable & de bancs calcaires.

C'eft dans les environs qu'on trouve , entr'autres lieux remarquables , le village de Salinas , nommé ainfi d'une fource d'eau falée , dont on retire du fel en la faifant bouillir. Le coteau où eft Salinas eft prodigieufement élevé : outre l'amas de fel , on y voit des coquillages pétrifiés dans une efpèce de marbre bleu.

Dans toutes ces montagnes il y a très-peu de fontaines, quoiqu'il y pleuve fréquemment. Il eft vifible, pour peu qu'on ait obfervé la furface du pays, que ce défaut de fources provient de la nature des terres qui font difperfées à la furface du pays , & qui , n'admettant point les eaux plu-viales , ne peuvent permettre à ces eaux de former de ces réfervoirs intérieurs qui fervent à alimenter les fources & à les former. Tous les produits des pluies font alors torrentiels , & les rivières dont le cours eft foutenu & réglé, ne font guère entretenues que par les neiges fondues.

Chaîne de montagnes qui s'étend depuis Moncayo jufqu'au cap de Gate.

1°. Cette chaîne , qui commence à l'endroit le plus élevé de l'*Efpagne* , ne laiffe pas à l'orient un très-grand baffin vers la Méditerranée ; mais à l'oueft , elle a plufieurs branches qui forment les baffins de plufieurs grands fleuves. Je les parcourrai les uns après les autres.

La montagne appelée *Moncayo* eft une efpèce de grand plateau. Le Duero & plufieurs autres rivières y ont leurs fources. Cette montagne eft de roches calcaires, qui fe décompofent continuellement & fe convertiffent en terre; auffi la fol y eft-il couvert de toutes fortes de plantes.

Molina d'Arragon eft vers le fud-eft de cette grande maffe, où le froid règne pendant neuf mois de l'année. On la regarde comme la partie la plus élevée de l'intérieur de l'*Efpagne*. Les rochers aux environs de Molina font de marbre blanc & de couleur de chair, partie en blocs, partie en couches. Plufieurs coteaux voifins ont à leurs fommets de cette efpèce de marbre : au deffous eft une pierre à plâtre , rouge , cendrée & blanche , & vers leur bafe on trouve des pierres arrondies par couches, liées enfemble par un ciment fablonneux & quartzeux.

Dans ce même endroit font deux mines de fer ; l'une dans la partie calcaire de la montagne ; l'autre eft placée au milieu du quartz.

On voit auffi aux environs de Molina & dans quelques autres endroits de l'*Efpagne* , une pierre de fable , imprégnée de fel , & qui eft tantôt en bloc , tantôt par couches. Comme quelques maifons font conftruites de cette pierre faline , les chevaux & les mulets en lèchent les murs.

La rivière qui paffe à Molina a creufé un ravin qui a plus de cent trente pieds de profondeur, entre deux bords verticaux. On apperçoit, en examinant avec foin cette coupure, que la pierre, en fe décompofant , a contribué à fon approfondiffement. A une petite diftance de Molina on trouve un petit coteau , compofé de pierre calcaire, remplie de pétrifications : on y trouve différentes efpèces de coquilles foffiles , comme les cœurs de bœuf, les huîtres de différentes efpèces, des bélemnites.

2°. La chaîne de montagnes qui s'avance du nord au fud au deffous de Molina , porte le nom de *Sierra*. C'eft le nom général que les Efpagnols donnent aux montagnes dont les fommets ont la forme de pics , femblables aux dents d'une fcie. On défigne celle-ci par la dénomination de *Sierra de Cuença.* A quatre lieues de diſtance eſt la lagune de Ugna, où il y a un îlot flottant, qui change continuellement de place. Il y a deſſus des plantes & des arbriſſeaux.

On y trouve différentes ſortes de pétrifications, & ſurtout une très-grande quantité de cornes d'ammon, qui ſont viſiblement un dépôt de mer. Si l'on réuniſſoit, par la penſée, les différentes maſſes qui, dans les montagnes de l'*Eſpagne*, renferment des coquillages, & qu'on en déterminât le niveau général, on verroit évidemment que la mer a couvert une grande partie de ſa ſurface, & même qu'elle s'eſt portée à des hauteurs très-conſidérables.

3°. Il va être queſtion maintenant de toutes les montagnes qui verſent leurs eaux dans la Méditerranée, depuis le cap de Creus juſqu'au détroit de Gibraltar.

Le cap de Creus eſt ſous le vingt-unième degré de longitude, un peu au-delà du quarante-deuxième de latitude; il fait ſuite avec les Pyrénées dont il eſt une extenſion, & s'avance conſidérablement dans la mer, comme pour offrir une borne naturelle entre les côtes orientales de l'*Eſpagne* & les côtes méridionales de la France. Les bancs & les couches de ce cap, qui ſe montrent à l'extérieur, ſont de pierres calcaires.

A peu de diſtance au ſud-oueſt de ce cap & un peu plus dans l'intérieur des terres, préciſément entre Girone & Figueras, on trouve des traces d'anciens volcans. Ce ſont deux montagnes pyramidales, d'égale hauteur, & qui ſe touchent par leur baſe. C'eſt vers cette baſe qu'on trouve des dépôts ſoumarins, remplis de coquillages pétrifiés. Mais pour conſtater tous les monumens des ravages du feu & du ſéjour de l'eau, il faudroit qu'ils euſſent été obſervés & décrits par des naturaliſtes inſtruits. Depuis le cap Creus juſqu'à l'embouchure de l'Ebre, la côte de l'*Eſpagne* court du nord-eſt au ſud-oueſt. On remarque dans l'Ebre une eſpèce de digue, qui s'oppoſe à ce que les poiſſons qui remontent de la Méditerranée, puiſſent remonter plus haut. Cette conſtruction, faite par les habitans de Tortoſe, les rend maîtres de toute la pêche de la rivière & de tout le commerce du poiſſon dans le royaume d'Arragon.

Avant d'arriver à l'embouchure de l'Ebre, on ſe trouve reſſerré entre les montagnes & la mer. Toute cette côte, depuis le cap de Creus juſqu'au-delà de l'Ebre, comprend la principauté de Catalogne.

On voit que l'Ebre, à ſon embouchure, a formé de grands atterriſſemens que la force du courant a fort heureuſement rangés de chaque côté de ſon lit.

Des montagnes calcaires s'avancent du nord-oueſt, & bordent d'aſſez près le rivage de la mer.

L'eſpace ſe rélargit enſuite, & ouvre le beau baſſin où coulent le Guadalavir & Xucar.

Au nord de l'embouchure du premier de ces fleuves, on trouve Morviedro, ville ſituée au pied d'une montagne de marbre noir avec des veines blanches : ce marbre eſt en couches qui ſont traverſées par pluſieurs fauſſes veines de ſpath. Au ſommet de la montagne, ce marbre eſt jaune & roux. C'eſt une ſorte de brèche : on en trouve auſſi quelques morceaux mêlés de taches bleues & de veines blanchâtres.

En s'avançant dans le pays, on trouve une chaîne de monticules compoſés de marbre roux, de pierres calcaires & de pierres de ſable. Les ravins des environs ſont remplis de galets, ainſi que de débris détachés des montagnes par les eaux des torrens.

Il y a, dans ce même lieu, beaucoup de ce marbre que l'on appelle *brèche* ; elle eſt compoſée de morceaux de pierres à chaux, qui ne différent du ciment qui ſert à les unir, que par le volume & les couleurs variées.

En s'approchant des montagnes à l'oueſt, on trouve une maſſe de gypſe roux, bleuâtre & blanc. A quelque diſtance de là on voit un ruiſſeau dont les eaux ont creuſé, à plus de cent toiſes, les maſſifs des roches calcaires qui ſe trouvent ſur ſes bords.

Dans ce même canton, encore ſur la droite du Guadalavir, on trouve de mauvais jais noir, bitumineux ; mais les terres changent ſi l'on ſe porte vers le ſud-eſt.

La plaine où ſe trouve ſituée la ville de Valence eſt compoſée de deux couches d'argile, au milieu deſquelles il y a une terre ſablonneuſe & un ſable pur. On trouve au deſſous de la première de ces couches, une nappe d'eau qui peut avoir quinze pieds d'épaiſſeur.

Comme l'argile ne laiſſe pas filtrer aiſément l'eau, on ſent pourquoi cette eau s'inſinue ainſi entre les deux couches argileuſes du territoire de Valence. Mais dans les endroits où la couche ſupérieure vient à manquer, comme elle ne peut être que très-peu abondante, la couche inférieure forme une eſpèce d'inondation. On préſume que c'eſt à cette abondance d'eau ſouterraine qu'eſt dû le lac d'Albufera, qui ſe trouve au ſud de Valence, & dont les eaux communiquent avec celles de la mer. Le fond du baſſin de ce lac eſt auſſi formé d'une argile pure & très-propre à contenir ſes eaux.

Les pierres calcaires des montagnes & des couches de toute cette contrée de l'*Eſpagne* ont un grain de même nature que celui de la pierre calcaire des Hautes-Alpes, & paroît devoir être rapportée à la même *époque*.

Le Guadalavir, dont j'ai déjà parlé, reçoit les eaux d'un grand nombre de torrens & de ruiſſeaux, & avec elles toutes les terres qu'elles tiennent dans un état de ſuſpenſion. Ce fleuve les porte à la mer de Valence, laiſſant à ſa droite & à ſa gauche des bandes d'eau teintes de jaune. Comme ces terres rencontrent dans la mer une grande quantité de véhicules pour les tenir ainſi toujours ſuſpendues,

il n'est pas étonnant qu'elles ne se précipitent pas
sur les bords de la mer; mais on auroit grand tort
d'en conclure que toutes ces terres éprouvent un
changement continuel & successif qui les déna-
ture.

Le Xucar coule au midi de Valence, & de l'ouest
à l'est. Il prend sa source dans un endroit très-élevé
au nord & fort voisin de la source du Tage; mais
la pente des terrains qu'il arrose le conduit vers
d'autres points de l'horizon. Dans les provinces
qu'il traverse, & à peu de distance d'Iniesta, il y a
une mine considérable de sel gemme, dans la juridiction du village de la Mingranilla. (*Voyez cet*
article.)

En descendant au sud, lorsque l'on a passé le
Xucar, on trouve à quelque distance de la mer,
en allant vers Mogente, 1°. une montagne escarpée, composée de pierres calcaires posées sur une
base de plâtre mêlé de sable, &, tant à la superficie qu'au centre de ces bancs de pierres, on trouve
des cristaux de forme régulière. Au pied de la même
montagne sont des amas de coquillages pétrifiés,
& sur le sommet une couche de pierre à fusil.
Enfin dans les environs, les mêmes couches correspondantes de plâtre & de pierres calcaires un peu
sablonneuses se retrouvent encore. On y remarque
aussi une roche calcaire blanchâtre, parsemée de
petits cristaux rouges, blancs & noirs, qui donnent des étincelles avec l'acier trempé.

En arrivant à Mogente, le terrain s'aplanit; la
terre est un débris de pierres calcaires, cendrée
& profonde. A six ou huit pieds de profondeur on
trouve de l'eau dans quelqu'endroit qu'on fouille.
Cette humidité souterraine, jointe à la culture,
contribue à la fertilité de ce sol, qui donne deux
récoltes par an.

Près de la ville de Villena, au sud, est un marais
de deux lieues de circuit, dont l'eau donne du sel,
comme celle des marais salans; mais à quatre lieues
de distance, on trouve un coteau entièrement composé d'une masse de sel gemme, qui est recouvert
d'une couche de plâtre de différentes couleurs.

En revenant à Villena, on voit de grosses veines
d'albâtre, encaissées dans les rochers blancs calc-
caires, voisins de cette ville.

De même en se rapprochant d'Alicante, on
trouve, dans l'intérieur des terres, un souterrain à
peu près semblable aux belles grottes d'Antiparos;
il offre partout de belles stalactites, qui préparent
journellement & lentement pour les races futures
des carrières d'albâtre. C'est ainsi que la nature
travaille dans la plupart des grottes & des cavernes.
(*Voyez ces articles & le mot* ALICANTE.)

Gandia, que l'on trouve sur le bord de la mer,
offre des collines dans son voisinage, qui donnent
des pierres de taille calcaires.

A l'est se trouve le cap Saint-Martin, qui est
avancé dans la mer de plus de dix lieues. Nous passons, en supprimant ce qui concerne Alicante & ses
environs, au cap de Santa-Pola, dans le voisinage

duquel est un grand marais qui n'a aucune communication apparente avec la mer : on en tire malgré
cela une très-grande quantité de sel. A mesure que
l'eau s'évapore le sel se cristallise. Arrivé à cet état,
il est brisé en gros débris, dont on charge des bâtimens. Cet endroit se nomme *la Mara.*

La Segura, que l'on traverse un peu au sud, sort
des montagnes qui sont à l'ouest.

A une certaine distance de la mer on trouve, peu
loin de cette rivière, un rocher dans l'intérieur
duquel est un souterrain fort profond, & vers les
sources de la Segura il y a une mine qui contient
un peu d'or, un peu d'argent, du cuivre, du
plomb, du zinc, &c.

Plus près des côtes de la mer, le terrain porte
l'empreinte du ravage que le feu y a causé dans des
tems reculés. Cependant on a cru voir dans une
des montagnes voisines de Carthagène, les restes
d'un volcan dont le cratère existe encore. A
quelques lieues aux environs on voit les mêmes
traces du feu; & à trois lieues à l'est de Carthagène, non-seulement on voit des cavernes de même
nature, mais encore des vestiges d'une mine d'alun
& quatre sources d'eau chaude. Il seroit à désirer
que, pour constater ces anciens ravages du feu, nous
eussions de ses effets des descriptions plus raisonnées & plus précises, rédigées par des naturalistes
habitués à l'observation des volcans.

La campagne à l'ouest de Carthagène offre une
grande plaine où l'on recueille de la soude & de la
barille, dont les cendres sont connues dans le commerce sous le nom de *soude d'Alicante.* Pour retirer
l'alcali de ces plantes, on les coupe, puis on les
fait sécher au soleil, ensuite on les met par tas dans
des fosses qu'on bouche de manière qu'il n'y entre
que l'air suffisant pour y entretenir le feu : on y
met le feu : les cendres se vitrifient en partie, &
forment des masses fort dures avec la terre cuite
qui se mêle à la partie saline. C'est en cet état
qu'on les exporte dans les pays étrangers sous le
nom de *soude.*

En s'éloignant de Carthagène vers le sud-ouest,
on trouve au village d'Almazaront, une grande
quantité de terre bolaire fine, rouge & sans mélange de sable : on s'en sert pour doucir les glaces
& pour saumurer le fameux tabac de Séville.

On ne trouve que des montagnes formées de
pierres calcaires en s'avançant encore vers le sud.
Sur le sommet d'une de ces premières montagnes
on trouve une grande quantité de coquilles fossiles
qui ont reçu une teinte couleur de feu.

Vers le seizième degré de longitude, près de la
côte, on trouve une haute montagne dont le sommet est composé de grandes masses de marbre blanc
veiné de rouge, & le reste du pays continue à
offrir des montagnes calcaires.

On est à peu près sous le trente-septième degré
de latitude lorsqu'on rencontre le mont Filabrès.
Cette montagne prodigieuse n'est proprement
qu'un bloc de marbre blanc, d'une lieue de circuit

I

& de deux mille pieds de hauteur, fans mélange d'autres pierres ni d'autres terres ; elle eſt preſque plate à ſon ſommet, & le marbre y eſt parfaitement à découvert, fans que ni les eaux, ni les vents, ni les autres agens qui décompoſent les rochers les plus durs, y aient laiſſé la moindre impreſſion. On peut ſe convaincre, là comme dans beaucoup d'autres endroits, qu'il n'y a point de terres végétales où il n'y a point de décompoſition de pierres.

De cette belle plate-forme, on découvre, du côté de l'oueſt, tout le royaume de Grenade, dont la ſuperficie offre l'aſpect que préſentent naturellement les montagnes & les vallées qui les ſéparent. On auroit grand tort de croire que cet aſpect eſt le réſultat des vagues d'une mer agitée, comme l'ont prétendu des naturaliſtes nullement habitués à l'obſervation de tous ces détails.

En ſe portant au ſud on arrive au cap de Gate : la montagne qui le forme, eſt compoſée d'une terre argileuſe & de ſable, ſans aucun principe calcaire. La pierre fait feu au briquet, & n'eſt point attaquable par les acides.

L'eſpèce de preſqu'île à l'extrémité de laquelle ſe trouve le cap de Gate, préſente quatre maſſes montueuſes, que l'on nomme le *Sucriſtain, les deux Moines & la Montagne-Blanche.*

Le cap de Gate, du côté de la mer, peut avoir environ huit lieues de circuit ; il offre pluſieurs objets intéreſſans : 1°. un rocher de plus de deux mille pieds de hauteur à cinquante pas de la mer, entièrement criſtalliſé en maſſes compoſées de feuillets encaiſſés les uns dans les autres, d'un gris cendré ;

2°. Une caverne dans la montagne que l'on nomme *de Bujo* : on y trouve des pierres roulées par la mer, & qui ont été détachées de la montagne ;

3°. Enfin, des traces de volcan.

A l'oueſt, ſous le trente-ſeptième degré de latitude environ, eſt la chaîne de montagne que l'on nomme *Sierra-Nevada* à cauſe des neiges qui la couvrent. Elle eſt formée de matériaux non calcaires, qui ſervent à la compoſition de collines dont le ſommet eſt arrondi.

Sur les bords de la mer au contraire, à commencer à une petite diſtance du cap de Gate vers l'oueſt, on trouve d'abord une grande plaine remplie de grenats dans du mica. Ces pierres proviennent de la décompoſition de la montagne d'où ſort un torrent. On côtoie enſuite des montagnes compoſées tantôt de marbre, depuis la baſe juſqu'au ſommet, tantôt de roches calcaires, & enfin de roches argileuſes. Les bords de la mer ſont comblés de ſable.

Près d'Almeria eſt la montagne de Gador, qui ne forme qu'un bloc de marbre prodigieuſement élevé, & dont on fait de très-bonne chaux.

A deux lieues à l'oueſt de Malaga, on trouve une caverne dans laquelle l'eau forme d'énormes ſtalactites. Dans quelques-unes le fond eſt blanc,

mêlé de veines de différentes couleurs ; mais ordinairement quand ces morceaux ſont polis, ils offrent une ſurface d'un gris agréable, mêlé d'autres teintes variées. Cette caverne eſt préciſément au deſſous d'un grand banc de pierre calcaire : il eſt aiſé de voir que c'eſt de la décompoſition de ces maſſes & de l'infiltration des eaux chargées de principes calcaires que ſe forment les ſtalactites de la caverne.

En ſortant de Malaga, le terrain va en s'élevant vers l'oueſt juſqu'à Ronda ; il eſt compoſé en partie de cailloux & d'une terre rouſſe qui réſiſte au feu, & qui ſert utilement à la conſtruction des fourneaux deſtinés à fondre les mines de fer qui ſont fort voiſines. Ces mines ſont ſituées dans les vallées profondes, formées par différentes montagnes compoſées de roches calcaires, dont les bancs ſont en feuillets & en couches inclinées à l'horizon ; & à la profondeur d'environ quatre-vingts pieds, tous ces filons de mines de fer ſont preſque verticaux, tandis que dans d'autres endroits tous ſe préſentent par couches horizontales fort régulières.

En continuant d'avancer vers le ſud, on trouve la montagne ſur laquelle eſt ſitué Gibraltar ; elle eſt toute entière de pierre calcaire, au milieu de laquelle ſe trouvent des os d'animaux d'une eſpèce inconnue. On peut avancer encore au ſud, où eſt Tarifa, & les rochers ſont toujours conſtamment calcaires.

§. II. *Sur les troupeaux de moutons en Eſpagne.*

Il y a en *Eſpagne* deux eſpèces de brebis : celles dont la laine eſt commune, paſſent leur vie où elles naiſſent, ne changent point de paturage & reviennent tous les ſoirs à la bergerie ; les autres, dont la laine eſt fine, voyagent tous les ans ; & après avoir paſſé l'été ſur des montagnes, en deſcendent pour gagner les prairies des provinces méridionales, où elles trouvent une température fort chaude. Ces brebis ambulantes peuvent être au nombre de quatre ou cinq millions.

Pour l'ordinaire un troupeau eſt compoſé de dix mille brebis, dont le ſoin eſt confié à un maître berger, qui en a cinquante autres ſous ſes ordres, avec autant de chiens qui conduiſent ces troupeaux.

Les bergers, en arrivant à l'endroit où ils doivent paſſer l'été, commencent par donner aux brebis autant de ſel qu'elles en veulent. Mille brebis conſomment en cinq mois vingt-cinq quintaux de ſel ; elles le lèchent ſur des pierres dont on ſe ſert à cet effet.

A la fin de juillet, le berger introduit les béliers dans le troupeau, au nombre de ſix à ſept dans les troupeaux de cent. Trois toiſons de bélier donnent ordinairement vingt-cinq livres de laine, au lieu que pour cette quantité il faut réunir cinq toiſons de brebis.

A la fin de ſeptembre, les brebis ambulantes ſe

mettent en marche pour se rendre dans des climats plus chauds : leur route est réglée par les lois. Comme elles passent par des contrées cultivées, les propriétaires sont obligés de leur réserver un passage de quatre-vingt-dix pieds de large. Ces troupeaux font environ cent cinquante lieues en quarante jours. Arrivés au terrain qu'ils occupoient l'année précédente, on les y parque, & peu après les brebis mettent bas..... Au mois d'avril les troupeaux se remettent en route pour regagner la montagne, & au mois de mai on les tond. Un homme en tond sept à huit par jour. Lorsqu'on veut tondre les brebis, on les renferme dans une grande cour d'où on les fait passer dans une étuve. Comme elles y sont extrêmement serrées, elles y suent beaucoup : cela graisse leur laine & la rend plus aisée à couper. Cette précaution est encore plus nécessaire avec les moutons, dont la laine est plus rude & tient davantage.

Les bergers ne laissent jamais sortir les brebis du parc, que le soleil n'ait pompé la rosée de la nuit. Il ne les laisse pas boire non plus dans aucun ruisseau ni dans aucun marais après qu'il a gelé; l'expérience a fait connoître que sans cette précaution les brebis périroient.

Les brebis d'Andalousie ont toutes la laine grossière, parce qu'elles ne changent pas de climat. M. Bowley ajoute une remarque, que les animaux qui ne changent point de climat ont toujours les mêmes couleurs, comme on le voit par les cochons d'Estramadure, qui sont toujours noirs. Ce n'est que parmi les animaux domestiques que l'on en voit de blancs & de noirs.

L'Espagne, considérée sous des rapports géologiques, présente des phénomènes qui expliquent l'étonnante variété des climats & des températures qu'on observe en cette contrée. Placée entre le trente-sixième & le quarante-quatrième degré de latitude; baignée à l'ouest par l'Océan, à l'est par la Méditerranée, au sud par les deux mers; bornée au nord & au midi, & coupée dans l'intérieur par des chaînes de hautes montagnes, elle doit éprouver tour-à-tour, suivant l'influence des abris & le plus ou moins d'élévation du sol au dessus du niveau de la mer, tantôt des chaleurs brûlantes, & tantôt des froids excessifs.

Si l'on se représente l'Espagne, coupée de l'ouest à l'est par une ligne qui, partant de Lisbonne & passant à Madrid, se termine à Valence, on remarque la Sierra de Guadarama, dont la cime s'élève à plus de douze cents toises au dessus du niveau de l'Océan. Madrid, placé à trois cent neuf toises, & la Sierra-Cuença qui, quoique non mesurée, doit néanmoins s'élever à de grandes hauteurs, puisque le Tage, la Guadiana & le Guadalquivir, fleuves dont le cours est rapide & très-prolongé, y prennent leurs sources.

Si d'autre part on considère l'Espagne du nord au sud, en partant du centre des Pyrénées & se dirigeant vers la Sierra-Nevada dans le royaume de Grenade, l'œil fixe d'abord le Mont-Perdu, dont la hauteur est de dix-sept cent soixante-trois toises, & le cours rapide de l'Ebre, qui, prenant sa source sur les montagnes de Saint-Ander, à quinze lieues environ des côtes de l'Océan, va se jeter dans la Méditerranée après avoir traversé près de cent lieues de plaine. On remarque ensuite les montagnes très-élevées de Soria, souvent couvertes de neige toute l'année, & le Duero, dont le cours est aussi prolongé que celui de l'Ebre. On voit sur le revers de la Guadarama, Ségovie, les esquileos de Très-Casas, d'Alfaro, de Villa-Castin & de Lespiner, situés à peu près sur la même ligne de hauteur que Saint-Ildephonse, à cinq cent quatre-vingt-treize toises. On s'élève à Puerto de Nava-Cerrada, jusqu'à neuf cent quarante-cinq toises, & d'un autre côté on retrouve Madrid à trois cent neuf toises; & l'on descend à Aranjuez sur les bords du Tage, à deux cent soixante-six toises. On finit par traverser une chaîne de montagnes, qui lie la Sierra-de-Cuença avec les hauteurs de l'Estramadure, pour arriver à la Guadiana, & on remonte la Sierra-Morena, chaîne fort élevée, qui court de l'est à l'ouest; & après avoir passé le Guadalquivir, on entre dans les Alpuxaras, où se trouve la Sierra-Nevada, haute de dix-huit cent vingt-quatre toises, & dont le sommet surpasse de soixante-une toises celui du Mont-Perdu.

Il résulte de cet aperçu géologique, que, sous certaines zônes & suivant les aspects, l'Espagne doit éprouver, dans l'état de l'atmosphère, des effets qui sembleroient ne devoir appartenir qu'à des régions beaucoup plus septentrionales. Ces observations suffisent pour attester l'influence qu'exercent sur ces contrées méridionales l'élévation du sol & l'élévation des montagnes.

Le génie pastoral a su tirer le parti le plus avantageux des diversités de température, pour créer un régime de troupeaux toujours en harmonie avec les saisons, & dont les résultats ont été tels dans les races qui y ont été soumises, qu'il a été permis de douter si la perfection de ces races venoit plutôt de leur primitive origine, que du système adopté pour leur amélioration.

En effet, en considérant les habitudes de ces troupeaux, on les voit, en hiver, dans les plaines tempérées de l'Estramadure & sous une latitude dont l'action n'est contrariée par aucune des causes physiques, qui, à de légères distances de cette ligne, changent ou modifient considérablement le climat. Dans cette partie de l'Espagne, la neige, les gelées, sont des phénomènes inconnus, & les paturages y abondent lorsque, dans les provinces plus septentrionales, ils y sont entièrement anéantis.

Quand l'été se fait sentir en Estramadure, le printems commence dans les Sierra des deux Castilles. Alors les cavagnes s'ébranlent, les races léonèses se dirigent vers les esquileos de Ségovie, où elles retrouvent, dans la chaîne de Guadarama, un air pur & une verdure naissante. Après la tonte, les troupeaux fe portent vers les Sierra de Léon & de la Vieille-Caftille pendant les mois de juil-let & d'août, où ils jouiffent d'un nouveau prin-tems, en s'élevant par degrés à des zônes qui tem-pèrent les feux de la faifon. En feptembre, lorfque, par la déclinaifon du foleil, la température com-mence à fe refroidir, les troupeaux defcendent dans les moyennes régions. Enfin, au commence-ment d'octobre, la fraicheur de l'automne ayant ravivé la végétation, ils peuvent defcendre dans la plaine & fe rendre dans leur ftation d'hiver.

Dans ce fyftème paftoral, les moutons font tou-jours en plein air, dans un air pur & tempéré. Ils habitent prefqu'en tout tems les montagnes ou les pentes élevées, &, en Efpagne plus qu'ailleurs, les végétaux font éminemment toniques & nutri-tifs. Ils font tenus dans une action continuelle; ce qui renforce leur tempérament & les rend propres à fupporter les fatigues & les voyages de long cours. Toutes ces caufes, jointes à une attention judicieufe & conftante dans les accouplemens, n'auroient-elles pas contribué, à la longue, au maintien & peut-être au perfectionnement d'une race que les uns prétendent indigène de l'Efpagne, les autres être venue d'Afrique, quelques-uns d'Angleterre, & dont cependant on ne retrouve ni types nulle part.

Un paffage de Martial attefte (Martial étoit Ef-pagnol, & vivoit dans le premier fiècle de notre ère) que, de fon tems, les laines de la Bétique & de la Cantabrie étoient très-eftimées à Rome. Or, la rive gauche de la Guadiana, dont Emerita-Au-gufta, & aujourd'hui Merida, étoit la capitale, fait partie de la Bétique; d'autre part, Julio-Briga, chef-lieu de la Cantabrie, fe retrouve dans Aguilar-del-Campo, vers les fources de l'Ebre.

Si l'on confidère que ces mêmes lieux font en-core le centre de l'habitation des belles races léo-nêfes, qu'une partie de la Bétique répondoit à celle de l'Eftramadure, où ces troupeaux paffent le tems de l'hivernage, & que la Cantabrie com-prenoit les extrémités de Léon & de la Vieille-Caftille, où ils fe rendent l'été, on trouvera fans doute des raifons fuffifantes pour ne pas affigner à ces races une autre patrie que celle où nous les retrouvons aujourd'hui.

On a cité l'importation de quelques moutons africains par Columelle, & on a cru y trouver l'ori-gine des mérinos; mais ni l'hiftoire ni la tradi-tion ne nous ont rien tranfmis fur la prééminence des moutons d'Afrique fur ceux des autres contrées. D'ailleurs, Columelle étoit contemporain de Mar-tial; & fi l'amélioration des troupeaux avoit été l'effet du croifement des races africaines & efpa-gnoles, elle n'auroit pu s'étendre affez rapide-ment pour parvenir du fond de la Bétique (Co-lumelle habitoit Cadix) jufqu'aux montagnes de la Cantabrie, & attirer en fi peu de tems l'atten-tion des artiftes de Rome.

La Cantabrie avoit peu de rapport avec les au-tres provinces. Les Cantabres n'avoient jamais été entiérement fubjugués; ils habitoient des régions très-éloignées de la Bétique. On ne fauroit donc admettre que l'importation de Columelle, qui n'étoit qu'une expérience tentée à l'extrémité mé-ridionale de l'Efpagne, ait pu étendre fpontané-ment fon influence jufque dans les parties les plus fep-tentrionales & jufque dans la chaîne des Pyrénées.

Si l'on fe reporte à des époques plus anciennes, on voit les côtes de la Péninfule, & quelques pro-vinces de l'intérieur, occupées par les Phéniciens, par les Carthaginois, peuples plus marchands qu'a-griculteurs, efpèces de flibuftiers qui ne fe por-toient en Efpagne que dans le même but qui, dans les tems modernes, a précipité les Efpagnols eux-mêmes vers la recherche des métaux qu'offroit le Nouveau-Monde.

Aux Carthaginois fuccédèrent les Romains. On fait affez que la politique de ces conquérans étoit plutôt d'enlever aux vaincus ce qu'ils poffédoient d'utile ou de précieux, que d'ajouter à leurs moyens d'induftrie ou de profpérité. Si les Romains avoient porté leurs penfées vers l'amélioration des troupeaux; fi, au milieu de leurs triomphes ou chez les peuples voifins de leurs frontières, ils avoient remarqué les avantages que procure cette branche d'économie rurale, n'auroient-ils pas voulu enrichir l'Italie, plutôt que la Bétique ou le pays des Cantabres?

C'eft donc en vain que l'on cherche, dans ces différens âges, à quelles époques les races à laines fines auroient été introduites en Efpagne, & les lieux d'où elles auroient pu être importées. C'eft en vain qu'on interroge les relations des voyageurs, pour s'affurer fi les types primitifs de la race des mérinos ont exifté, & s'ils fe retrouvent encore dans d'autres contrées que dans la Péninfule.

Quelques-uns ont cru que le Korafan étoit la vé-ritable patrie de cette précieufe race, & que fon introduction en Efpagne étoit due aux Arabes. Mais, comme on l'a vu plus haut, les laines de la Bétique & de la Cantabrie étoient en réputation long-tems avant que l'Efpagne fût affujettie aux fectateurs de Mahomet. D'ailleurs, une particularité qui a été confervée par les hiftoriens, détruit toutes les probabilités de cette fuppofition, en nous appre-nant que, dans le neuvième fiècle, les Califes de Perfe & d'Afrique envoyèrent à Charlemagne une certaine quantité de laines d'Efpagne, comme un préfent digne d'être offert à un grand prince, par l'extrême beauté de la matière qui en étoit l'objet.

Enfin, on a dit que les races de moutons efpa-gnols avoient été relevées par une importation très-confidérable de bêtes à laine, données en dot à une princeffe de la maifon de Lancaftre, mariée à un prince héréditaire de Caftille, fils de Henri III. Mais cette affertion eft la plus invraifemblable de toutes, foit fous le rapport de la différence des formes & des caractères extérieurs entre les mérinos & les moutons anglois , soit sous celui de l'espèce, de la finesse & de la qualité de la laine. Au milieu de toutes ces incertitudes ressortent quelques considérations qui paroissent devoir fixer sur l'origine des mérinos une opinion probable.

En suivant les données historiques & traditionnelles, & se reportant depuis notre époque jusqu'à l'an 69 sous le règne de Galba , tems où Martial écrivoit, nous voyons que dans tous les tems l'*Espagne* a été en possession de fournir à l Europe les laines les plus rénommées. Ce commerce étoit immense dans le seizième siècle, sous Ferdinand & Isabelle, & sous Charles-Quint. On comptoit sous leur règne , jusqu'à huit millions de mérinos ; il florissoit sous la domination des Maures & surtout sous celle des Goths. Enfin , les laines d'*Espagne* étoient en réputation sous les premiers Empereurs. Ainsi , en remontant des effets aux causes , on est autorisé à conclure que la science pastorale s'est constamment maintenue dans ces contrées , & que les soins pour la conservation des races & la beauté des espèces ont été suivis sans interruption. Maintenant , si à ces considérations on ajoute tous les avantages que présente le climat de l'*Espagne* pour la propagation des bêtes à laine ; si on réfléchit qu'il n'a pas dû être plus difficile aux pâtres espagnols de conserver pure & sans mélange la race de leurs moutons , qu'aux Arabes du désert celle de leurs excellens chevaux, on conviendra qu'il est inutile de chercher ailleurs qu'en *Espagne* même , l'origine des mérinos. Mais quelles que soient les objections que l'on oppose à cette opinion , & que l'on s'obstine à soutenir que cette race a dû être importée, il n'en restera pas moins démontré que l'Histoire ni la tradition n'en ont conservé aucun souvenir ; que cette importation , si elle a eu lieu , doit remonter aux tems les plus reculés, & que l'on ne retrouve nulle part les types originels & très-caractéristiques qui distinguent cette espèce précieuse des autres quadrupèdes semblables.

ESPALION , ville du département de l'Aveyron, chef-lieu d'arrondissement & de canton , sur le Lot, qui divise cette ville en deux, à une lieue ouest de Saint-Côsme. Il y a des fabriques de burats & des tanneries considérables, où l'on prépare des cuirs & des peaux. On y fabrique aussi du maroquin.

ESPALONGUE , village du département des Basses-Pyrénées, arrondissement d'Oléron, canton & commune de Larans , & à une lieue sud-est de Larans. Il y a , près de ce village , des bancs de schiste , qui se divisent par feuillets. Au sud du moulin de ce lieu , on trouve des couches de pierre calcaire fissile , & , sous le château d'Espalongue , il y a des bancs de pierre calcaire grise , espèce de marbre d'un grain fort gros.

ESPÈCE HUMAINE (Variétés de l'). C'est un des objets les plus importans qu'ait à nous offrir la géographie-physique, que l'histoire des *variétés de l'espèce humaine* , qui se trouvent dans les différens climats. La première & la plus remarquable de ces variétés est celle de la couleur de la peau des hommes & de l'état des cheveux ; la seconde est celle de la forme & de la grandeur de la taille , & la troisième est celle de la manière de vivre & des mœurs.

En parcourant, dans cette vue, la surface de la Terre, & en commençant par le nord, on trouve en Laponie & sur les côtes septentrionales de l'Europe & de l'Asie une race d'hommes de petite stature , d'une figure bizarre, dont la physionomie est aussi sauvage que les mœurs. Ces hommes ne laissent pas que d'être assez nombreux & d'occuper des contrées assez étendues. Les Lapons danois & suédois , les Lapons moscovites & indépendans, les Borandiens, les Samoïèdes & les Koriaques de l'ancien continent, les Groënlandois & les Esquimaux sur la terre de Labrador & dans les parties voisines du nouveau continent semblent être tous de la même race , qui s'est étendue & multipliée le long des côtes des mers septentrionales & sous un climat inhabité par toutes les autres nations.

Tous ces peuples ont le visage large & plat, le nez camus & écrasé , l'iris de l'œil jaune-brun & tirant sur le noir , les joues extrêmement élevées , la bouche très-grande , les lèvres grosses & relevées , la voix grêle , la tête grosse, les cheveux noirs & lisses , la peau basanée. Ils sont très-petits & trapus, quoique maigres. La plupart n'ont que quatre pieds de hauteur , & les plus grands que quatre pieds & demi. Cette race est , comme on voit , bien différente des autres. Il semble même que ce soit une espèce particulière , dont les individus sont des avortons. Au reste, il y a des différences parmi les peuples de cette race dégénérée, qui ne tombent cependant sur sur le plus ou le moins de difformité. Par exemple , les Samoïèdes sont plus trapus que les Lapons ; ils ont outre cela la tête plus grosse , le nez plus large & le teint plus obscur , les jambes plus courtes & moins de barbes, parce qu'ils se l'arrachent. Les Groënlandois ont encore la peau plus basanée qu'aucun des autres ; ils sont couleur d'olive-foncée.

Chez tous ces peuples les femmes sont aussi laides que les hommes , & leur ressemblent si fort , qu'on ne peut , par la seule apparence des traits , les en distinguer. Les femmes groënlandoises sont de fort petite taille ; mais elles ont une forme dont toutes les parties sont bien proportionnées. Elles ont aussi les cheveux plus noirs & la peau moins douce que les femmes samoïèdes. Leurs mamelles sont molles , & le mamelon est noir comme du charbon. La peau de leur corps est couleur olivâtre très-foncée. Elles ont l'évacuation périodique ordinaire à leur sexe, le visage large , les yeux petits, très-noirs & très-vifs ; les pieds courts aussi bien que les mains, & elles ressemblent, pour le reste, aux femmes samoïedes. Les sauvages qui font sur les côtes de la terre de Labrador, & qui font connus sous le nom d'*Esquimaux*, ressemblent à ces Groënlandois.

Non-seulement ces peuples se ressemblent par la petitesse de la taille, la couleur des cheveux & des yeux, mais ils ont tous à peu près les mêmes inclinations & les mêmes mœurs ; ils font tous également grossiers, superstitieux & stupides. Les Lapons danois ont un gros chat noir auquel ils disent tous leurs secrets, & qu'ils consultent pour savoir s'il faut aller à la chasse ou à la pêche. Chez les Lapons suédois il y a dans chaque famille un tambour pour consulter le diable. Ils se servent, pour marcher & même pour courir sur la neige, de patins de bois de sapin fort longs, & larges à proportion. Ces patins font relevés en pointe sur le devant, & percés dans le milieu pour y passer des courroies, qui servent à les attacher au pied. Ils portent un bâton ferré, pointu d'un bout & arrondi de l'autre : ce bâton leur sert à se mettre en mouvement, à se diriger, soutenir, s'arrêter & à percer les animaux qu'ils chassent. Les patins dont se servent les Samoïèdes font bien plus courts, car ils n'ont que deux pieds de longueur. Chez les uns comme chez les autres, les femmes s'en servent comme les hommes. Ils avoient tous l'usage de l'arc, de l'arbalête, & ils y étoient assez adroits & assez forts ; mais depuis qu'ils connoissent les armes à feu ils n'en font plus d'usage. Ils vont tous à la chasse des animaux qui donnent de belles pelleteries, qu'ils échangent avec des denrées, dont ils ont besoin. Leur nourriture est du poisson sec, de la chair de renne ou d'ours. Ils réduisent en poudre l'écorce intérieure du pin & du bouleau, dont ils font du pain. La plupart ne font aucun usage du sel. Leur boisson est de l'huile de baleine, & de l'eau dans laquelle ils laissent infuser des grains de genièvre.

Ils n'ont pour ainsi dire aucune religion ni aucun culte ; ils font plus grossiers que sauvages. Ils se baignent nus & tous ensemble, & en sortant des bains chauds ils vont se jeter dans une rivière très-froide.

Les Lapones font habillées l'hiver de peaux de rennes, & l'été de peaux d'oiseaux qu'elles ont écorchés. Les Groënlandoises s'habillent de peaux de chien de mer ; elles se peignent le visage de jaune & de bleu, & portent des pendans d'oreille. Tous vivent sous terre ou dans des cabanes presqu'entièrement enterrées & couvertes d'écorce d'arbres & d'os de poisson : quelques-uns font des tranchées souterraines pour communiquer de cabanes en cabanes chez leurs voisins pendant l'hiver. Une nuit de plusieurs mois les oblige à conserver de la lumière dans ce séjour souterrain, par le moyen de lampes qu'ils entretiennent avec la même

huile de baleine qui leur sert de boisson. L'été ils ne font guère plus à leur aise que l'hiver ; car ils font obligés de vivre continuellement dans une épaisse fumée : c'est le seul moyen qu'ils aient imaginé pour se garantir de la piqûre des moucherons, plus abondans peut-être dans ce climat glacé, qu'ils ne le font dans les pays les plus chauds. Avec cette manière de vivre, si dure & si triste, ils ne font presque jamais malades, & ils parviennent tous à une vieillesse extrême. La seule incommodité à laquelle ils font sujets, & qui est fort commune parmi eux, est la cécité. Comme ils font éblouis continuellement par l'éclat de la neige pendant l'hiver, l'automne & le printems, & toujours aveuglés par la fumée pendant l'été, il n'est pas étonnant que la plupart perdent la vue en avançant en âge.

Les Samoïèdes, les Borandiens, les Lapons, les Groënlandois, les Esquimaux, font donc, comme on vient de voir, des hommes de la même race, puisqu'ils se ressemblent par la taille, par la couleur, par la physionomie & les principaux traits du visage, & même par les mœurs & la bizarrerie des coutumes.

En examinant tous les peuples voisins de cette longue bande de terre qu'occupe la race lapone, on trouve qu'ils n'ont aucun rapport avec cette race : il n'y a guère que les Ostiaques & les Tungufes qui leur ressemblent. Ces derniers peuples touchent aux Samoïèdes du côté du midi & du sud-est. Les Samoïèdes & les Borandiens ne ressemblent point aux Russes. Les Lapons, de même, ne ressemblent point, lorsqu'ils font purs & fans mélanges, aux Finnois, aux Danois, aux Norvégiens. Les Groënlandois & les Esquimaux font aussi très-différens des Indiens, soit des environs des détroits d'Hudson & de Baffin, soit de la terre de Labrador & du Canada. Tous ces peuples font grands, bien faits ; & quoiqu'ils diffèrent entr'eux à un certain point, ils diffèrent infiniment plus de la race lapone. Mais les Ostiaques semblent être des Samoïèdes un peu moins laids & moins raccourcis que les autres ; car ils font petits & mal faits : ils vivent de poisson ou de viande crue ; ils boivent plus volontiers du sang que de l'eau ; ils font pour la plupart idolâtres & errans comme les Lapons & les Samoïèdes ; enfin ils paroissent faire la nuance entre la race lapone & la race tartare ; ou, pour mieux dire, les Lapons, les Samoïèdes, les Borandiens, les Groënlandois & les Esquimaux font peut-être des Tartares dégénérés, autant qu'il est possible, par le climat & la nourriture. Les Ostiaques font des Tartares qui ont moins dégénéré ; les Tungufes encore moins que les Ostiaques, parce qu'ils font moins petits & moins mal faits, quoique tout aussi laids. Les Samoïèdes & les Lapons font environ sous le soixante-huitième ou soixante-neuvième degré de latitude, au lieu que les Ostiaques & les Tungufes habitent sous le soixantième degré. Les Tartares qui font au cinquante-cinquième degré, le long du Wolga, sont grossiers, stupides & brutaux ; ils ressemblent aux Tunguses, qui n'ont, comme eux, presqu'aucune idée de religion.

Nation tartare.

La nation tartare, prise en général, occupe des pays immenses en Asie ; elle est répandue, dispersée même dans toute l'étendue des pays compris depuis la Russie jusqu'au Kamtzchatka, c'est-à-dire, sur un espace de onze ou douze cents lieues en longueur, & de plus de sept cent cinquante lieues en largeur. Les Tartares bornent l'empire de la Chine du côté du nord & de l'ouest, les royaumes de Boutan, d'Ava, l'empire du Mogol & celui de Perse jusqu'à la mer Caspienne du côté du nord ; ils se sont aussi répandus le long du Wolga & de la côte occidentale de la mer Caspienne, jusqu'au Daghestan. Ils ont pénétré jusqu'à la côte septentrionale de la Mer-Noire, & se sont établis dans la Crimée, dans la petite Tartarie, près de l'Ukraine.

Tous ces peuples ont le haut du visage fort large & ridé, même dans la jeunesse ; le nez court & gros, les yeux petits & enfoncés, les joues fort élevées, le bas du visage étroit, le menton long & avancé, la mâchoire supérieure enfoncée, les dents longues & séparées, les sourcils qui couvrent les yeux, la face plate, le teint basané & olivâtre, les cheveux noirs. Ils sont de stature moyenne, mais très-forts & très-robustes. Ils n'ont que très-peu de barbe, & elle est par petits poils séparés comme celle des Chinois. Ils ont les cuisses grosses & les jambes courtes. Les plus laids de tous sont les Calmouks, dont l'aspect a quelque chose d'effroyable.

Ils sont tous errans & vagabonds, habitent sous des tentes de feutres, de peaux. Ils mangent la chair de cheval, de chameau, &c. crue ou un peu mortifiée sous la selle de leurs chevaux ; ils mangent aussi du poisson desséché au soleil. Leur boisson ordinaire est du lait de jument fermenté avec de la farine de millet. Ils ont presque tous la tête rasée, à l'exception du toupet, qu'ils laissent croître assez pour en faire une tresse de chaque côté du visage. Les femmes, qui sont aussi laides que les hommes, portent leurs cheveux ; elles les tressent, & y attachent de petites plaques de cuivre & d'autres ornemens de cette espèce. La plupart de ces peuples n'ont aucune religion, aucune retenue dans leur conduite, aucune décence dans leurs mœurs. Ils sont naturellement portés au vol ; & ceux du Daghestan, voisins des pays policés, font un grand commerce d'esclaves qu'ils enlèvent de vive force pour les vendre aux Turcs & aux Persans. Leurs principales richesses consistent en chevaux, & il y en a peut-être plus dans la Tartarie qu'en aucun autre pays du Monde. Ces peuples se font une habitude de vivre avec leurs chevaux :

ils s'en occupent continuellement ; ils les dressent avec tant d'adresse & les exercent si souvent, qu'ils semblent que ces animaux n'aient qu'un même esprit avec ceux qui les manient.

Pour connoître les différences particulières qui se trouvent dans cette race tartare, il ne faut que parcourir, d'après les voyageurs, les différens peuples qui la composent.

Les Calmouks qui habitent les environs de la mer Caspienne, entre les Russes & les grands Tartares, sont robustes, mais très-laids & très-difformes ; ils ont le visage si plat & si large, que, d'un œil à l'autre, il y a l'espace de cinq à six doigts. Leurs yeux sont extraordinairement petits, & le peu qu'ils ont de nez est si plat, qu'on n'y voit que deux trous au lieu de narines.

Les Tartares du Daghestan sont, après les Calmouks, les plus laids des Tartares. Les petits Tartares ou Tartares nogais sont beaucoup moins laids que les Calmouks ; ils ont cependant le visage large, les yeux petits, la forme du corps semblable à celle des Calmouks, & l'on peut croire que ces petits Tartares ont perdu une partie de leur laideur, parce qu'ils se sont mêlés avec les Circassiens, les Moldaves & les autres peuples dont ils sont voisins. Les Tartares vagolistes en Sibérie ont le visage large comme les Calmouks, le nez court & gros, les yeux petits ; & quoique leur langage soit différent de celui des Calmouks, ils ont tant de ressemblance, qu'on doit les regarder comme étant de la même race. Les Tartares bratski sont, suivant le Père Avril, de la même race que les Calmouks. A mesure qu'on avance vers l'orient, dans la Tartarie indépendante, les traits des Tartares se radoucissent un peu ; mais les caractères essentiels de leur physionomie & de leur race se conservent toujours. Enfin les Tartares mogols, qui ont conquis la Chine, & qui de tous ces peuples étoient les plus policés, sont encore aujourd'hui ceux qui sont les moins laids & les moins mal faits ; ils ont cependant, comme tous les autres, les yeux petits, le visage large & plat, peu de barbe, noire ou rousse ; le nez écrasé & court, le teint basané, mais moins olivâtre que les autres. Les peuples du Thibet & des autres provinces méridionales de la Tartarie sont, aussi bien que les Tartares voisins de la Chine, beaucoup moins laids que les autres.

Le Tartare de Crimée & de la province de Cuban, jusqu'auprès d'Astracan, sont de taille médiocre, ont les épaules larges, les membres nerveux, les yeux noirs & le teint basané. Ils errent dans les déserts qui sont entre la Crimée & l'Ukraine. Les Tartares kergisi & tcheremiss, qui sont au nord d'Astracan, depuis le cinquantième jusqu'au soixantième degré de latitude, sont plus petits & plus trapus : ils sont moins agiles & plus grossiers que les précédens ; ils ont aussi les yeux noirs, le teint basané & le visage encore plus large que ces premiers.

Parmi ces variétés de Tartares on trouve plufieurs hommes & femmes qui ne leur reffemblent
point, ou qui ne leur reffemblent qu'imparfaitement, & dont quelques-uns font auffi blancs que
les Polonois. Comme il y a parmi ces nations plufieurs efclaves, hommes & femmes, enlevés en
Pologne & en Ruffie, que leur religion leur permet la polygamie & la multiplicité des concubines, & que leurs fultans ou murzas, qui font
les nobles de ces nations, prennent leurs femmes
en Circaffie & en Géorgie, les enfans qui naiffent
de ces alliances font moins laids & plus blancs
que les autres. Il y a même parmi ces Tartares un
peuple entier dont les hommes & les femmes font
d'une beauté fingulière : ce font les Kabardinski ;
ils ont le vifage agréable, frais & vermeil ; les
yeux grands, vifs & noirs ; la taille haute & bien
prife, & les femmes font auffi belles que les
hommes. Cette nation, fi différente des Tartares
qui l'environnent, vient originairement de l'U-
kraine, & a été tranfportée dans le canton de
Kabarda il y a environ cent foixante ans.

Ce fang tartare s'eft mêlé d'un côté avec les
Chinois, & de l'autre avec les Ruffes orientaux,
& ce mélange n'a pas fait difparoître en entier
les traits de cette race pure, car il y a parmi les
Mofcovites beaucoup de vifages tartares ; & quoiqu'en général cette nation foit du même fang que
les autres nations européennes, on y trouve cependant beaucoup d'individus qui ont la forme
du corps carrée, les cuiffes groffes, les jambes
courtes comme les Tartares. Mais les Chinois ne
font pas, à beaucoup près, auffi différens des Tartares, que le font les Mofcovites, & il n'eft pas
même bien fûr qu'ils foient primitivement d'une
race différente. La feule chofe qui pourroit le faire
croire, c'eft la différence totale du naturel, des
mœurs & des coutumes de ces peuples. Les
Tartares, en général, font naturellement fiers,
belliqueux, chaffeurs : ils aiment la fatigue, l'indépendance ; ils font durs & groffiers jufqu'à la
brutalité. Les Chinois ont des mœurs tout oppofées : ce font des peuples mous, pacifiques, indo-
lens, fuperftitieux, foumis, dépendans jufqu'à
l'efclavage, cérémonieux, complimenteurs jufqu'à
la fadeur ; mais fi on les compare aux Tartares par
la figure & par les traits, on y trouvera des caractères d'une reffemblance non équivoque.

Nation chinoife.

Les Chinois ont les membres bien proportionnés,
& font gros & gras : ils ont le vifage large & rond,
les yeux petits, les fourcils grands, les paupières
élevées, le nez petit & écrafé ; ils n'ont que fept
ou huit épis de barbe noire à chaque lèvre, & fort
peu au menton. Ceux qui habitent les provinces
méridionales font plus bruns, & ont le teint plus
bafané que les autres ; ils reffemblent, quant à la
couleur, aux peuples de la Mauritanie & aux Ef-

pagnols les plus bafanés, au lieu que ceux qui habitent les provinces du milieu de l'empire font blancs
comme les Allemands.

Les voyageurs hollandois s'accordent tous à dire
que les Chinois ont en général le vifage large, les
yeux petits, le nez camus, & n'ont prefque point
de barbe ; que ceux qui font nés à Canton & tout
le long de la côte méridionale, font auffi bafanés
que les habitans de Fez en Afrique ; mais que ceux
des provinces intérieures font blancs pour la plupart. Les femmes font tout ce qu'elles peuvent
pour faire paroître leurs yeux petits ; ce qui, joint
à un nez écrafé & à des oreilles larges & ouvertes,
les rend des beautés parfaites. Pour peu qu'on
compare les defcriptions que les voyageurs font
des Chinois avec celles des Tartares, on ne
pourra guère douter que, quoiqu'il y ait quelques
variétés dans la forme du vifage & de la taille des
Chinois, ils n'aient cependant beaucoup plus de
rapport avec les Tartares, qu'avec aucun autre
peuple, & que ces variétés ne viennent du climat
& du mélange des races. C'eft le fentiment de
Chardin. « Les petits Tartares, dit ce voyageur,
» ont communément la taille plus petite de quatre
» pouces que la nôtre, & plus groffe à proportion.
» Leur teint eft rouge & bafané ; leurs vifages
» font plats, larges & carrés ; ils ont le nez écrafé
» & les yeux petits. Or, comme ce font là tout-
» à-fait les traits des habitans de la Chine, j'ai
» trouvé, après avoir bien obfervé la chofe dans
» mes voyages, qu'il y a la même configuration
» de taille & de vifage dans tous les peuples qui
» font à l'orient & au feptentrion de la mer Caf-
» pienne & à l'orient de la prefqu'île de Malaca ;
» ce qui depuis m'a fait croire que ces divers
» peuples fortent tous d'une même fouche, quoi-
» qu'il paroiffe des différences dans leur teint &
» dans leurs mœurs ; car pour ce qui eft du teint,
» la différence vient de la qualité du climat & de
» celle des alimens ; & à l'égard des mœurs, la
» différence vient auffi de la nature du terroir &
» de l'opulence plus ou moins grande. »

Le Père Parennin, qui a fi bien obfervé les Chinois & leurs voifins, dit que ces voifins, du côté
de l'occident, depuis le Thibet, en allant au nord
jufqu'à Chamo, femblent être différens des Chinois par les mœurs, par la langue, par les traits
du vifage, par la configuration extérieure ; que
ce font gens ignorans, groffiers, fainéans, défauts
rares parmi les Chinois ; que quand il vient quelques-uns de ces Tartares à Pekin, & qu'on demande aux Chinois la raifon de cette différence,
ils difent que cela vient de l'eau & de la terre,
c'eft-à-dire, de la nature du pays, qui opère ce
changement fur le corps & l'efprit des habitans.
Il ajoute que cela paroît encore plus vrai à la
Chine que partout ailleurs, & qu'il fe fouvient
qu'ayant fuivi l'Empereur jufqu'au quarante-huitième degré de latitude nord dans la Tartarie, il
y trouva des Chinois de Nankin, qui s'y étoient
établis,

établis, & que leurs enfans y étoient devenus de vrais Tartares mongoux, ayant la tête enfoncée dans les épaules, les jambes cagneuses, & en tout l'air d'une grossiéreté & d'une mal-propreté qui rebutoient.

Japonnois.

Les Japonnois sont assez semblables aux Chinois, pour qu'on puisse les regarder comme ne faisant qu'une seule & même race d'hommes ; ils sont seulement plus jaunes ou plus bruns, parce qu'ils habitent un climat plus méridional. En général, ils sont de forte complexion. Ils ont la taille ramassée, le visage large & plat, le nez écrasé, les yeux petits, peu de barbe ; les cheveux noirs. Ils sont d'un caractère fort haut, aguerris, adroits, vigoureux, féconds en complimens, mais inconstans & fort vains. Ils supportent avec une constance fort grande toutes les incommodités de la vie. Ils sont laborieux & très-habiles dans les arts ; ils ont en général à peu près les mêmes mœurs & les mêmes coutumes que les Chinois.

L'une des plus bizarres, & qui est commune à ces deux peuples, est celle par laquelle ils s'appliquent à rendre les pieds des femmes si petits, qu'elles ne peuvent presque pas se soutenir.

Les Japonnois & les Chinois sont donc une seule & même race d'hommes, qui se sont très-anciennement civilisés, & qui diffèrent des Tartares, plus par les mœurs, que par la figure. La bonté du sol, la douceur du climat, le voisinage de la mer, a pu contribuer à rendre ces peuples policés, tandis que les Tartares, éloignés de la mer & du commerce des autres nations, & séparés des autres peuples, du côté du midi, par de hautes montagnes, sont demeurés errans dans leurs vastes déserts, sous un ciel dont la rigueur, surtout du côté du nord, ne peut être supportée que par des hommes durs & grossiers.

Le pays d'Yeço, qui est au nord du Japon, quoique situé sous un climat qui devroit être tempéré, est cependant très-froid, très-stérile, parce qu'il est fort montueux ; aussi les habitans de cette contrée sont-ils tout différens des Japonnois & des Chinois. Ils sont grossiers, brutaux, sans mœurs, sans arts. Ils ont le corps court & gros, les cheveux longs & hérissés, les yeux noirs, le front plat, le teint jaune, mais un peu moins que celui des Japonnois. Ils sont fort velus sur le corps, & même sur le visage. Ils vivent comme des sauvages, & se nourrissent de lard de baleine & d'huile de poisson. Ils sont très-paresseux, très-mal-propres dans leurs vêtemens. Les enfans vont presque nus. Le femmes n'ont trouvé, pour se parer, d'autre moyen que de se peindre de bleu les sourcils & les lèvres. Les hommes n'ont d'autre plaisir que d'aller à la chasse des loups marins, des ours, des élans, des rennes, & à la pêche de la baleine. Il y en a cependant qui ont quelques coutumes japon-

noises ; mais en général ils ressemblent plus directement aux Tartares septentrionaux, qu'aux Japonnois.

Maintenant si l'on examine les peuples voisins de la Chine, au midi & à l'occident, on trouvera que les Cochinchinois qui habitent un pays montueux & plus méridional que la Chine, sont plus basanés & plus laids que les Chinois & que les Tunquinois, dont le pays est meilleur, & qui, vivant sous un climat moins chaud que les Cochinchinois, sont mieux faits & moins laids. On sait que les Tunquinois sont en général de moyenne taille ; ils ont le teint basané comme les Indiens, mais avec cela la peau si belle & si unie, qu'on peut s'appercevoir du moindre changement qui arrive sur leur visage lorsqu'ils pâlissent ou qu'ils rougissent ; ce qu'on ne peut pas reconnoître sur le visage des autres Indiens. Ils ont communément le visage plat & ovale, le nez & les lèvres assez bien proportionnés ; les cheveux noirs, longs & fort épais. Ils se rendent les dents aussi noires qu'il leur est possible. Selon les relations qui sont à la suite des *Voyages de Tavernier*, les Tunquinois sont de belle taille & d'une couleur un peu olivâtre ; ils n'ont pas le nez & le visage aussi plats que les Chinois, & ils sont en général mieux faits.

Ces peuples, comme l'on voit, ne diffèrent pas beaucoup des Chinois ; car ils ressemblent, par la couleur, à ceux des provinces méridionales de la Chine : s'ils sont plus basanés encore, c'est qu'ils habitent sous un climat plus chaud ; & quoiqu'ils aient le visage moins plat & le nez moins écrasé que les Chinois, on peut les regarder comme des peuples de même origine. Il en est de même des Siamois, des habitans du Pégu, des peuples d'Aracan, de Laos, &c. : tous ces peuples ont des traits assez ressemblans à ceux des Chinois ; & quoiqu'ils en diffèrent plus ou moins par la couleur, ils ne diffèrent pas autant des Chinois que des autres Indiens.

Les Siamois sont plutôt petits que grands ; ils ont le corps bien fait. Leur visage est large, élevé par le haut des joues, & tout d'un coup leur front se rétrécit & se termine autant en pointe que leur menton. Ils ont les yeux petits & fendus obliquement, le blanc de l'œil jaunâtre, les joues creuses, parce qu'elles sont trop élevées par le haut ; la bouche grande, les lèvres grosses & les dents noircies. Leur teint est d'un brun mêlé de rouge. Il y en a qui sont d'un gris-cendré, à quoi le hâle continuel contribue autant que la naissance. Ils ont le nez court & arrondi par le bout, les oreilles grandes ; & plus elles sont grandes, & plus ils les estiment.

Ce goût pour les longues & grandes oreilles est commun à tous les peuples de l'Orient ; mais les uns tirent leurs oreilles par le bas pour les alonger, sans les percer, qu'autant qu'il faut pour y attacher des boucles ; d'autres, comme au pays des Laos, en agrandissent le trou considérablement,

Pour les Siamois, ils ne les ont qu'un peu plus grandes que les nôtres, & c'eſt naturellement & ſans aucun artifice. Leurs cheveux ſont gros, noirs & plats : les hommes & les femmes les portent ſi courts, qu'ils ne leur deſcendent tout autour de la tête qu'à la hauteur des oreilles. Ils ont peu de barbe, & ils arrachent le peu qu'ils en ont. Les femmes ſiamoiſes portent des pendans d'oreilles fort maſſifs & fort peſans. Le teint des hommes & des femmes eſt fort baſané : leur taille n'eſt pas avantageuſe, mais elle eſt bien priſe. En général ils ſont doux & polis. Ces peuples ſe noirciſſent les dents avec un vernis, parce qu'ils croient qu'il ne convient point à des hommes d'avoir les dents blanches comme les animaux.

Les habitans du royaume de Pégu, d'Aracan reſſemblent aſſez aux Siamois, & ne diffèrent pas beaucoup des Chinois par la forme du corps ni par la phyſionomie ; ils ſont ſeulement plus baſa-nés. Ceux d'Aracan eſtiment un front large & plat ; & pour le rendre tel, ils appliquent une lame de plomb ſur le front des enfans qui viennent de naître. Ils ont les narines larges & ouvertes, les yeux petits & vifs, & les oreilles très-alongées. Ils mangent ſans dégoût des ſouris, des rats, des ſer-pens & du poiſſon corrompu. Les femmes portent les oreilles auſſi alongées que celles des hommes. Les peuples d'Achen, qui ſont encore plus au nord que ceux d'Aracan, ont auſſi le viſage plat & la couleur olivâtre. Ils laiſſent aller leurs enfans tout nus : les filles ont ſeulement une plaque d'argent ſur leurs parties naturelles.

Tous ces peuples, comme l'on voit, ne dif-fèrent pas beaucoup des Chinois, & tiennent en-core des Tartares les petits yeux, le viſage plat, la couleur olivâtre ; mais en deſcendant vers le midi, les traits commencent à changer d'une ma-nière plus ſenſible, ou du moins à ſe modifier. Ainſi les habitans de la preſqu'île de Malaca & de l'île de Sumatra ſont noirs, petits ; ils ſont bien proportionnés dans leur petite taille ; ils ont même l'air fier, quoiqu'ils ſoient nus de la ceinture en haut, à l'exception d'une petite échape qu'ils portent tantôt ſur l'une & tantôt ſur l'autre épaule. Ils ſont naturellement braves, & même redoutables lorſqu'ils ont pris l'opium dont ils font ſouvent uſage, & qui leur cauſe une eſpèce d'ivreſſe fu-rieuſe. Les habitans de Malaca & de Sumatra ſont de la même race ; ils parlent à peu près la même langue ; ils ont tous l'humeur hautaine ; la taille moyenne, le viſage long, les yeux noirs, le nez d'une grandeur médiocre, les lèvres minces, & les dents noircies par le fréquent uſage du bétel.

Dans l'île de Pugniatan, à ſeize lieues de Su-matra, les naturels ſont de grande taille & d'un teint jaune comme celui des Bréſiliens. Ils portent de longs cheveux fort liſſes, & vont abſolument nus. Ceux des îles Nicobar, au nord de Suma-tra, ſont d'une couleur baſanée & jaunâtre ; ils vont auſſi preſque nus. Ils ſont grands & bien propor-

tionnés, ont le viſage aſſez long, les cheveux noirs & liſſes, & le nez d'une grandeur moyenne.

Les habitans des îles de Sombreo, au nord de Nicobar, ſont fort noirs ; ils ſe bigarrent le viſage de diverſes couleurs, comme de vert, de jaune, &c.

Tous ces peuples de Malaca, de Sumatra & des petites îles voiſines, quoique différens entr'eux, le ſont encore plus des Chinois, des Tartares, & ſemblent être iſſus d'une autre race : cepen-dant les habitans de Java, qui ſont voiſins de Sumatra & de Malaca, ne leur reſſemblent point, & ſont aſſez ſemblables aux Chinois, à la cou-leur près, qui eſt comme celle des Malais, rouge, mêlée de noir. Ils ſont d'une forte complexion & d'une taille carrée ; ils ne ſont ni trop grands ni trop petits ; ils ont le viſage plat, les joues élevées, les ſourcils gros & avancés, les yeux petits, la barbe noire ; ils en ont fort peu, & peu de che-veux, qui ſont très-courts & très-noirs. Les femmes, qui ne ſont pas expoſées, comme les hommes, aux ardeurs du ſoleil, ſont moins baſanées que les hommes ; elles ont le viſage agréable, le ſein elevé & bien fait, le teint uni, quoique rembruni ; la main belle, l'air doux, les yeux vifs, le rire agréable : il y en a qui danſent avec grace. Les voyageurs hollandois confirment tous ces détails. Par toutes ces relations, on peut juger que les habitans de Java reſſemblent beau-coup aux Tartares & aux Chinois, tandis que les Malais & les peuples de Sumatra & des petites îles voiſines en diffèrent, & par les traits du viſage, & par la forme du corps ; ce qui a pu arriver tout naturellement ; car la preſqu'île de Malaca & les îles de Sumatra & de Java, auſſi bien que toutes celles de l'Archipel indien, doivent avoir été p.uplées par les nations des parties du continent voiſines, & même par les Européens, qui s'y ſont habitués depuis plus de deux cent cinquante ans ; ce qui fait qu'on doit y trouver une très-grande variété dans les hommes, ſoit pour les traits du viſage & la couleur de la peau, ſoit pour la forme du corps & la proportion des membres.

Par exemple, il y a dans cette île de Java une nation qu'on appelle Chacrelas, qui eſt toute dif-férente, non-ſeulement des autres habitans de cette île, mais même de tous les autres Indiens. Ces Chacrelas ſont blancs & blonds ; ils ont les yeux foibles & ne peuvent ſupporter le grand jour ; au contraire, ils voient la nuit : le jour, ils marchent les yeux baiſſés & preſque fermés.

Tous les habitans des îles Moluques ſont ſem-blables à ceux de Sumatra & de Java pour les mœurs, la façon de vivre, les armes, les vête-mens, le langage, la couleur, &c. Les hommes de ces îles ſont plutôt noirs que baſanés : les femmes ſeulement le ſont moins. Ils ont tous les cheveux noirs & liſſes, les yeux gros, les ſour-cils & les paupières larges, le corps fort & ro-buſte. Ils ſont adroits & agiles. Cependant chaque île a ſon langage particulier ; en ſorte qu'on doit croire que ces îles ont été peuplées par différentes nations. Les habitans de Bornéo & de Baly ont le teint plutôt noir que basané. Les habitans de Ternate font de la même couleur que les Malais, c'est-à-dire, un peu plus bruns que ceux des Philippines. Leur physionomie est belle ; les hommes & les femmes font bien faits & ont grand soin de leurs cheveux.

Les naturels de l'île de Timor, qui est une des plus voisines de la Nouvelle-Hollande, ont la taille moyenne, le corps droit, les membres déliés, le visage long, les cheveux noirs, la peau fort noire ; ils font adroits & agiles, mais paresseux.

Si l'on remonte vers le nord on trouve Manille & les autres îles Philippines, dont le peuple est peut-être le plus mêlé de l'Univers, par les alliances qu'ont faites ensemble les Espagnols, les Indiens, les Chinois, les Malabares, les Noirs, &c. Les Noirs qui vivent dans les rochers & les bois de cette île diffèrent entièrement des autres habitans : quelques-uns ont les cheveux crépus comme les Nègres d'Angola ; les autres les ont longs. La couleur de leur visage est comme celle des autres Nègres : quelques-uns un peu moins noirs.

Les habitans de l'île de Mindanao, qui est une des principales & des plus méridionales des Philippines, font d'une taille moyenne, ont les membres petits, le corps droit & la tête menue, le visage ovale, le front plat, les yeux noirs & peu fendus, le nez court, la bouche assez grande, les lèvres petites & rouges, les cheveux noirs & lisses, le teint tanné, mais tirant plus sur le jaune-clair que celui de certains autres habitans. Les femmes ont le teint plus clair que les hommes : elles font aussi mieux faites ; elles ont le visage plus long & leurs traits font assez réguliers, si ce n'est que leur nez est fort court & tout-à-fait plat entre les yeux ; elles ont les membres fort petits, les cheveux noirs & longs.

Certains voyageurs assurent en général que les habitans des Philippines ressemblent aux Malais, qui ont autrefois conquis ces îles, & que c'est de là que les habitans des Philippines ont, comme les Malais, le nez petit, les yeux grands, la couleur olivâtre-jaune, & le langage & les coutumes à peu près les mêmes.

Au nord de Manille on trouve l'île Formose, qui n'est pas éloignée de la côte de la province de Fokien à la Chine. Ces insulaires ne ressemblent cependant pas aux Chinois. Les hommes y font de petite taille, particulièrement ceux qui habitent les montagnes : la plupart ont le visage large. Les femmes ont les mamelles grosses & pleines, & de la barbe comme les hommes : elles ont les oreilles fort longues, & elles en augmentent la longueur par le poids de certaines grosses coquilles qui leur servent de pendans ; elles ont les cheveux fort noirs & fort longs. Il y en a de jaunes-blanches & de tout-à-fait jaunés. Ces peuples font fort fainéans. Leurs armes font le javelot & l'arc,

dont ils tirent très-bien ; ils font aussi excellens nageurs.

Les îles Mariannes ou des Larrons, qui font les îles les plus éloignées du côté de l'Orient, & pour ainsi dire les dernières terres de notre hémisphère, font peuplées d'hommes très-grossiers. Ils ont le teint basané, mais cependant moins brun & plus clair que celui des habitans des Philippines. Ils font plus forts & plus robustes que les Européens. Leur taille est haute, & leur corps bien proportionné. Quoiqu'ils ne se nourrissent que de racines, de fruits & de poisson, ils ont beaucoup d'embonpoint ; mais cet embonpoint ne les empêche pas d'être fort souples & fort agiles. Ils vivent long-tems. Ils ont pour la plupart les cheveux crépus, le nez gros, de grands yeux, & la couleur du visage comme celle des Indiens.

Les habitans de Guan, l'une de ces îles, ont les cheveux noirs & longs, les yeux ni trop gros ni trop petits, le nez grand, les lèvres grosses, le visage long, l'air farouche. Ils font très-robustes & d'une taille avantageuse : on dit même qu'ils ont jusqu'à sept pieds de hauteur.

Au midi des îles Mariannes, & à l'orient des Moluques, on trouve la terre des Papous & la Nouvelle-Guinée. Ces Papous font noirs comme les Caffres ; ils ont les cheveux crépus, le visage maigre & fort désagréable ; & parmi ce peuple si noir on trouve quelques individus qui font aussi blancs & aussi blonds que les Allemands. Ces peuples font en général fort noirs, sauvages & brutaux : ils font forts & bien proportionnés dans leur taille ; ils ont assez de barbe, les cheveux noirs, qui n'approchent pas cependant autant de la laine que ceux des Nègres ; ils font agiles à la course ; ils se servent de massues, de lances, de sabres & d'autres armes faites de bois dur. Les femmes font laides.

Les habitans de l'île de Sabala, dans la Nouvelle-Guinée, font une forte d'Indiens fort basanés, qui ont les cheveux noirs, & qui, par leurs manières, ne diffèrent pas beaucoup de ceux de l'île Mindanao & des autres naturels de ces îles orientales : il y a aussi des Nègres qui ont les cheveux crépus & cotonnés.

Les habitans d'une autre île appelée *Garret-Denys* font noirs, vigoureux, bien taillés, ont la tête grosse & ronde, les cheveux frisés & courts : ils les coupent de différentes manières, & les teignent de différentes couleurs ; ils ont le visage rond & large, avec un gros nez plat ; ils se défigurent le visage par une espèce de cheville dont ils traversent les deux narines ; ils ont aussi de gros trous aux oreilles, où ils mettent des chevilles comme au nez.

Les habitans de la côte de la Nouvelle-Hollande font peut-être les gens du Monde les plus misérables & les plus brutes ; ils font grands, droits & menus ; ils ont les membres longs & déliés, la tête grosse, le front rond, les sourcils épais ; ils ont le nez gros, les lèvres grosses & la bouche grande; ils n'ont point de barbe. Leur visage est long & d'un aspect très-désagréable. Leurs cheveux sont courts, noirs, crépus comme ceux des Nègres; aussi leur peau est noire comme celle des Noirs de Guinée. Ils n'ont point d'habits, mais seulement un morceau d'écorce d'arbre attaché au milieu du corps en forme de ceinture. Ils n'ont point de maisons; ils couchent à l'air, sans aucune couverture, & n'ont pour lit que la terre; ils demeurent en troupe de vingt à trente hommes, femmes & enfans, tout cela pêle-mêle. Leur unique nourriture est un petit poisson qu'ils prennent par le moyen de réservoirs de pierre pratiqués au fond des bras de mer.

Les peuples d'une autre côte de la Nouvelle-Hollande semblent être de la même race que ceux dont nous venons de parler; ils ont de même la peau noire, les cheveux crépus, le corps grand & délié. (Voyez notre article AUSTRALES, où l'on fait connoître d'une manière plus particulière ces habitans de la Nouvelle-Hollande.)

Il paroît, par toutes les descriptions des naturels des îles & des côtes de l'Océan indien, que ces terres ont été peuplées par des hommes de races différentes entr'elles. Les habitans de Malaca, de Sumatra & des îles Nicobar semblent tirer leur origine des Indiens de la presqu'île de l'Inde; ceux de Java, des Chinois, à l'exception des hommes blancs & blonds, qui doivent venir des Européens. Ceux des îles Moluques paroissent venir, pour la plupart, de la presqu'île de l'Inde; mais les habitans de l'île Timor, qui est la plus voisine de la Nouvelle-Hollande, sont à peu près semblables aux peuples de cette contrée. Ceux de l'île Formose & des îles Mariannes se ressemblent par la hauteur de la taille & la force des traits. Ils paroissent former une race à part, différente de toutes les autres qui les avoisinent. Les Papous & les habitans des terres voisines de la Nouvelle-Guinée sont de vrais Noirs, & ressemblent à ceux d'Afrique, quoiqu'ils en soient prodigieusement éloignés, & que cette terre soit séparée du continent de l'Afrique par un intervalle de deux mille deux cents lieues de mer. Les habitans de la Nouvelle-Hollande ressemblent aux Hottentots; mais avant que de tirer des conséquences de ces rapports, & avant de raisonner sur ces différences, il est nécessaire de continuer l'examen des peuples de l'Asie & de l'Afrique.

Les Mogols & les autres peuples de la presqu'île de l'Inde ressemblent assez aux Européens par la taille & par les traits; mais ils en diffèrent plus ou moins par la couleur. Les Mogols sont olivâtres, quoiqu'en langue indienne mogol veuille dire blanc. Les femmes y sont extrêmement propres; car elles se baignent très-souvent. Elles sont de couleur olivâtre comme les hommes; elles ont les jambes & les cuisses fort longues, & le corps assez court; ce qui est le contraire des femmes européennes.

Dès qu'on a passé Lahor & le royaume de Cachemire, toutes les femmes du Mogol n'ont point de poil en aucune partie du corps, & les hommes ont très-peu de barbe. Les femmes mogols sont assez fécondes, quoique très-chastes; elles accouchent aussi fort aisément. Au royaume de Decan on marie les garçons à dix ans, & les filles à huit, & il y en a qui ont des enfans à cet âge; mais les femmes qui ont eu des enfans de si bonne heure, cessent ordinairement d'en avoir après l'âge de trente ans, & sont pour lors extrêmement ridées. Parmi ces femmes il y en a qui se peignent la peau en fleurs de diverses couleurs.

Les Bengalois sont plus jaunes que les Mogols; ils ont aussi des mœurs toutes différentes. Les femmes sont beaucoup moins chastes: on prétend même qu'elles sont les plus lascives de toute l'Inde. On fait au Bengale un grand commerce d'esclaves mâles & femelles: on y fait aussi beaucoup d'eunuques, soit de ceux auxquels on n'ôte que les testicules, soit de ceux auxquels on fait l'amputation toute entière. Ces peuples sont beaux & bien faits; ils aiment le commerce, & ont beaucoup de douceur dans les mœurs.

Les habitans de la côte de Coromandel sont plus noirs que les Bengalois; ils sont aussi moins civilisés. Les gens du peuple vont presque nus.

Les habitans de la côte de Malabar sont encore plus noirs: ils ont tous les cheveux noirs, lisses & fort longs; ils sont aussi de la taille des Européens. Les femmes portent des anneaux d'or au nez. Les hommes, les femmes & les filles se baignent ensemble & publiquement dans des bassins au milieu des villes. Les femmes sont propres & bien faites, quoique noires ou du moins très-brunes: on les marie dès l'âge de huit ans.

Les coutumes de ces différens peuples de l'Inde sont toutes fort singulières, & même bizarres. Les Banianes ne mangent de rien de ce qui a eu vie: ils craignent même de tuer le moindre insecte, pas même les poux qui les rongent; ils jettent du riz & des fèves dans la rivière pour nourrir les poissons, & des graines sur la terre pour nourrir les oiseaux & les insectes. Quand ils rencontrent ou un chasseur ou un pêcheur, ils les prient de se défister de leurs entreprises, ou bien ils les troublent dans leurs opérations.

Les Naires de Calicut sont des militaires qui sont tous nobles, & qui n'ont d'autre profession que celle des armes. Ce sont des hommes beaux & bien faits, quoiqu'ils aient le teint de couleur olivâtre. Ils ont la taille élevée; ils sont hardis, courageux & adroits à manier les armes; ils s'agrandissent les oreilles. Ces Naires ne peuvent avoir qu'une femme, mais les femmes peuvent prendre tant de maris qu'il leur plaît: seulement les bourgeoises ne peuvent avoir qu'un mari. Il est vrai qu'elles adoucissent leur sort en s'abandonnant aux étrangers. Les mères prostituent leurs filles le plus jeunes qu'elles peuvent. Ces bourgeois de Calicut sem-

blent être d'une autre race que les nobles ou
Naires ; car ils font, hommes & femmes, plus
laids, plus jaunes, plus mal faits & de plus petite
taille.

Les habitans de Ceylan reſſemblent aſſez à ceux
de la côte de Malabar : ils ont les oreilles auſſi
larges, auſſi baſſes & auſſi pendantes ; ils ſont ſeulement moins noirs, quoiqu'ils ſoient cependant
fort baſanés ; ils ont l'air doux, & ſont naturellement fort agiles, adroits & ſpirituels ; ils ont tous
les cheveux très-noirs : les hommes les portent
fort courts. Les gens du peuple ſont preſque nus :
les femmes ont le ſein découvert ; cet uſage eſt
même aſſez général dans l'Inde. Il y a des eſpèces
de ſauvages dans l'île de Ceylan, qu'on appelle
Bedas ; ils occupent, dans la partie ſeptentrionale
de l'île, un très-petit canton. Ces Bedas ſont une
race d'hommes toute différente de celle de ces
climats. Ils habitent un canton couvert de bois ſi
épais, qu'il eſt fort difficile d'y pénétrer ; & ils s'y
tiennent ſi bien cachés, qu'on a peine à en découvrir quelques-uns. Ils ſont blancs comme les Européens : il y en a même quelques-uns qui ſont roux.
Ils ne parlent pas la langue de Ceylan, & leur langage n'a aucun rapport avec les langues des Indes.
Ils n'ont ni villages, ni maiſons, ni communication
avec perſonne. Leurs armes ſont l'arc & les flèches,
avec leſquelles ils tuent beaucoup de ſangliers &
de cerfs. Ils ne font jamais cuire leur viande ; mais
ils la confiſent dans du miel, qu'ils ont en abondance. On ne ſait pas l'origine de cette nation,
qui n'eſt pas fort nombreuſe, & dont les familles
demeurent ſéparées les unes des autres. Il paroît
que ces Bedas de Ceylan, auſſi bien que les Chacrelas de Java, ſont de race européenne, d'autant
plus qu'ils ſont les uns & les autres en très-petit
nombre. Il eſt à préſumer que quelques hommes
& quelques femmes européennes aient été abandonnés autrefois dans ces îles, ou qu'ils y aient
abordé en un naufrage, & que, dans la crainte
d'être maltraités des naturels du pays, ils ſoient
demeurés, eux & leurs deſcendans, dans les bois
& dans les lieux les plus eſcarpés des montagnes,
où ils continuent à mener la vie de ſauvages, qui
peut-être a ſes douceurs lorſqu'on y eſt accoutumé.

On croit que les habitans des Maldives viennent
des habitans de Ceylan : cependant ils ne leur reſſemblent guère ; car les habitans de Ceylan ſont
noirs & mal formés, au lieu que les Maldivois ſont
bien formés & bien proportionnés, & qu'il y a
peu de différence d'eux aux Européens, excepté
qu'ils ſont de couleur olivâtre. Au reſte, c'eſt un
peuple mêlé de toutes les nations. Ceux qui habitent les îles du côté du nord ſont plus civiliſés
que ceux qui habitent les îles au ſud : ces derniers
ne ſont pas ſi bien faits & ſont plus noirs. Les
femmes y ſont aſſez belles, quoique de couleur
olivâtre : il y en a auſſi quelques-unes qui ſont
auſſi blanches qu'en Europe. Toutes ont les che-

veux noirs ; ce qu'ils regardent comme une beauté.
Une autre beauté pour les femmes eſt de les
avoir fort longs & fort épais ; ils ne ſont jamais
friſés, mais toujours liſſes. Les hommes y ſont
velus par le corps, plus qu'on ne l'eſt ordinairement en Europe. Les Maldivois aiment l'exercice
& ſont induſtrieux dans les arts ; ils ſont ſuper-
ſtitieux & fort adonnés aux femmes, qui s'abandonnent fort aiſément. Elles ſont fort oiſives & ſe
font bercer continuellement ; elles mâchent à tout
moment du bétel, qui eſt une herbe chaude, &
prennent beaucoup d'épices à leurs repas. Pour
les hommes, ils ſont beaucoup moins vigoureux
qu'il ne convient à leurs femmes.

Les habitans de Cambaie ont le teint gris ou
couleur de cendre, les uns plus, les autres moins,
& ceux qui ſont voiſins de la mer ſont plus noirs
que les autres. Les habitans de Guzarate ſont
jaunâtres, les uns plus, les autres moins : ils ſont
de même taille que les Européens. Les femmes,
qui ne s'expoſent que très-rarement aux ardeurs
du ſoleil, ſont un peu plus blanches que les hommes. Ceux du côté du midi ſont plus baſanés ou
olivâtres que les autres. Les hommes y ſont forts
& bien proportionnés ; ils ont le viſage large &
les yeux noirs. Les femmes ſont de petite taille,
mais propres & bien faites : elles portent les cheveux longs ; elles ont auſſi des bagues aux narines
& de grands pendans d'oreilles. Les anciens habitans de Guzarate ſont aiſés à reconnoître : on les
diſtingue des autres par leur couleur, qui eſt beaucoup plus noire ; ils ſont auſſi plus ſtupides & plus
groſſiers.

Les Perſans ſont voiſins des Mogols, & ils leur
reſſemblent aſſez : ceux ſurtout qui habitent les
parties méridionales de la Perſe ne diffèrent preſque pas des Indiens. Les habitans d'Ormus, ceux
de la province de Baſcie & de Balaſcie ſont très-
bruns & très-baſanés ; ceux de la province de
Cheſmur & des autres parties de la Perſe, où la
chaleur n'eſt pas ſi grande qu'à Ormus, ſont moins
bruns, & enfin ceux des provinces méridionales
ſont aſſez blancs.

Les femmes des îles du golfe Perſique ſont
brunes ou jaunes & fort peu agréables : elles ont
le viſage large & de vilains yeux ; elles ont auſſi
des modes & des uſages ſemblables à ceux des
femmes indiennes, comme celle de ſe paſſer dans
le cartilage du nez des anneaux, & une épingle d'or
au travers de la peau du nez, près des yeux.

Cet uſage de ſe percer le nez pour porter des
bagues & d'autres joyaux s'eſt étendu beaucoup
plus loin ; car il y a beaucoup de femmes chez les
Arabes, qui ont une narine percée pour y paſſer un
grand anneau ; & c'eſt une galanterie chez ces
peuples, que de baiſer la bouche de leurs femmes
à travers ces anneaux, qui ſont quelquefois aſſez
grands pour enfermer toute la bouche dans leur
arrondiſſement.

Le ſang des anciens Perſans eſt naturellement

groſſier ; cela ſe voit aux Guèbres, qui ſont le reſte des anciens Perſans. Ils ſont laids, mal faits, peſans, ayant la peau rude & le teint coloré : cela ſe voit auſſi dans les provinces les plus prochés de l'Inde, où les habitans ne ſont guère moins mal faits que les Guèbres, parce qu'ils ne s'allient qu'entr'eux ; mais dans le reſte du royaume le ſang perſan eſt préſentement devenu fort beau, par le mélange du ſang de la Géorgie & de la Circaſſie. Ce ſont les deux pays du Monde où la Nature forme de plus belles perſonnes ; auſſi il n'y a preſqu'aucun homme de qualité en Perſe, qui ne ſoit né d'une mère géorgienne ou circaſſienne. Le roi lui-même eſt ordinairement géorgien ou circaſſien d'origine, du côté maternel ; & comme il y a un grand nombre d'années que ce mélange a commencé de ſe faire, les Perſanes ſont devenues fort belles & fort bien faites, quoique ce ne ſoit pas au point des Géorgiennes. Pour les hommes, ils ſont communément d'une belle taille, droits, vermeils, vigoureux, de bon air & de belle apparence. La bonne température de leur climat & la ſobriété dans laquelle on les élève, ne contribuent pas peu à leur beauté corporelle : ils ne la tiennent pas de leurs pères ; car ſans le mélange dont je viens de parler, les gens de qualité de Perſe ſeroient les plus laids hommes du Monde, puiſqu'ils ſont originaires de la Tartarie, dont les habitans ſont, comme nous l'avons dit, laids, mal faits & groſſiers ; ils ſont au contraire fort polis & ont beaucoup d'eſprit. Leur imagination eſt vive, prompte & fertile. Ils ſont galans, même voluptueux ; ils mangent beaucoup de fruits.

On voit en Perſe une quantité de belles femmes de toutes couleurs ; car les marchands qui les amènent de tous les côtés choiſiſſent les plus belles. Les blanches viennent de Pologne, de Moſcovie, de Circaſſie, de Géorgie & des frontières de la grande Tartarie ; les baſanées des terres du Grand-Mogol & de celles du roi de Golconde & du roi de Viſapour ; & les noires ſont amenées de la côte de Melinde & de celles de la Mer-Rouge.

Les peuples de la Perſe, de la Turquie, de l'Arabie, de l'Égypte & de toute la Barbarie peuvent être regardés comme une même nation, qui, dans le tems de Mahomet & de ſes ſucceſſeurs, s'eſt extrêmement étendue, a envahi des terrains immenſes, & s'eſt prodigieuſement mêlée avec les peuples naturels de tous ces pays : les Perſans, les Turcs, les Maures ſe ſont policés juſqu'à un certain point ; mais les Arabes ſont demeurés pour la plupart dans un état d'indépendance qui ſuppoſe le mépris des lois. (*Voyez l'article* ARABES.)

Les Égyptiens, qui ſont ſi voiſins des Arabes, qui ont la même religion, & qui ſont comme eux ſoumis aux Turcs, ont cependant des coutumes fort différentes de celles des Arabes. Les Égyptiennes ſont fort brunes ; elles ont les yeux vifs. Leur taille eſt au deſſous de la médiocre ; la manière dont elles ſont vêtues n'eſt point du tout agréable. Elles ſont fort fécondes ; ce que quelques auteurs attribuent à l'inondation du Nil. D'autres voyageurs prétendent au contraire que le débordement du Nil produit des maladies fâcheuſes, & ſurtout des maux d'yeux & des dyſſenteries.

Les femmes ſont communément aſſez petites & trapues, ſurtout dans les campagnes ; ce qu'on attribue, non à la nature, mais à l'uſage où ſont les jeunes filles de la campagne d'aller tous les jours pluſieurs fois chercher de l'eau du Nil, qu'elles portent toujours dans une jarre ſur leur tête ; ce qui leur affaiſſe le cou & la taille, les rend trapues & plus carrées aux épaules : elles ont néanmoins les bras & les jambes bien faits, quoiqu'un peu gros ; elles vont preſque nues, ne portant qu'un petit jupon très-court.

Les hommes au contraire ſont aſſez grands & menus ; auſſi les garçons ne portent jamais de fardeaux ſur la tête. Les hommes & les femmes ſont, généralement parlant, de couleur olivâtre ; & plus on s'éloigne du Caire en remontant le Nil, plus les habitans ſont baſanés, juſqu'à-là que ceux qui ſont aux confins de la Nubie ſont preſqu'auſſi noirs que les Nubiens mêmes. Les défauts les plus naturels aux Égyptiens ſont l'oiſiveté & la poltronerie. Ils ſont fort ignorans, & cependant pleins d'une vanité ridicule. Ils ſont ſi triſtes & ſi mélancoliques, qu'ils ont beſoin de plus de fêtes qu'aucun autre peuple.

Les Cophtes eux mêmes ne ſont pas exempts de ces vices ; & quoiqu'ils ne puiſſent pas nier qu'ils aient perdu leur nobleſſe, les ſciences, leur propre hiſtoire, & leur langue même, & que d'une nation illuſtre & vaillante ils ne ſoient devenus un peuple vil & eſclave, leur orgueil va juſqu'à mépriſer les autres nations.

Les autres habitans de l'Égypte ſont des Arabes Sarraſins qui ont conquis le pays & ſe ſont mêlés par force avec les naturels.

Les nations nombreuſes qui habitent les côtes de la Méditerranée depuis l'Égypte juſqu'à l'Océan, & toute la profondeur des terres de Barbarie juſqu'au mont Atlas & au-delà, ſont des peuples de différentes origines. Les naturels du pays, les Arabes, les Vandales, les Eſpagnols, & plus anciennement les Romains & les Égyptiens, ont peuplé ſucceſſivement & à différentes époques cette contrée d'hommes aſſez différens entr'eux. Par exemple, les habitans des montagnes d'Aureſſ ont une phyſionomie différente de celle de leurs voiſins : leur teint, loin d'être baſané, eſt au contraire blanc & vermeil, & leurs cheveux ſont d'un jaune-foncé, au lieu que les cheveux de tous les autres ſont noirs ; ce qui, ſuivant M. Shaw, pourroit faire croire que ces hommes blonds deſcendent des Vandales, qui, après avoir été chaſſés, trouvèrent le moyen de ſe rétablir dans quelques endroits de ces montagnes.

Les femmes du royaume de Tripoli ne ressemblent point aux Égyptiennes, dont elles sont voisines : elles sont grandes, & elles font même consister la beauté à avoir la taille excessivement longue ; elles se font, comme les femmes arabes, des piqûres sur le visage, principalement aux joues & au menton ; elles estiment beaucoup les cheveux roux comme en Turquie, & elles font même peindre en vermillon les cheveux de leurs enfans.

En général les femmes Maures affectent toutes de porter des cheveux longs ; & celles qui n'ont pas beaucoup de cheveux en portent de postiches, & toutes les tressent avec des rubans. Elles se teignent le poil des paupières avec de la poudre de mine de plomb ; elles trouvent que la couleur sombre que cela donne aux yeux est une beauté singulière : cette coutume est ancienne ; car les femmes grèques & romaines se brunissoient les yeux.

La plupart des femmes Maures passeroient pour belles, même dans ce pays-ci : leurs enfans ont le plus beau teint du monde & le corps fort blanc. Il est vrai que les garçons, qui sont exposés au soleil, brunissent bientôt ; mais les filles, qui se tiennent à la maison, conservent leur beauté jusqu'à l'âge de trente ans, qu'elles cessent communément d'avoir des enfans ; en récompense elles en ont souvent à onze.

On a remarqué que les habitans des montagnes de la Barbarie sont blancs, au lieu que les habitans des côtes de la mer & des plaines sont basanés & très-bruns. Les habitans de Capez, ville du royaume de Tunis, sont noirs ; de même ceux qui habitent le long de la rivière de Dara, dans la province d'Escure, au royaume de Maroc, sont fort basanés : au contraire, les habitans de Zarhou & des montagnes de Fez, du côté du mont Atlas, sont fort blancs. Ces derniers sont si peu sensibles au froid, qu'au milieu des neiges & des glaces de ces montagnes, ils s'habillent fort légèrement & vont tête nue toute l'année.

Mais les habitans de la Numidie sont plus basanés que nous : les habitans y sont même assez blancs, & ont beaucoup d'embonpoint quoique les hommes soient maigres. Mais les habitans de Gueden, dans le fond de la Numidie, sur les frontières du Sénégal, sont plutôt noirs que basanés ; au lieu que dans la province de Dara les femmes sont belles, fraîches, & que partout il y a une grande quantité d'esclaves nègres de l'un & de l'autre sexe.

Tous les peuples qui habitent entre le vingtième & le trente-cinquième degré de latitude nord dans l'ancien Continent, depuis l'empire du Mogol jusqu'en Barbarie, & même depuis le Gange jusqu'aux côtes occidentales du royaume de Maroc, ne sont donc pas fort différens les uns des autres, si l'on en excepte les variétés particulières occasionnées par le mélange d'autres peuples plus septentrionaux qui ont conquis ou peuplé quelques-unes de ces vastes contrées. Cette étendue de terre, sous les mêmes parallèles, est d'environ deux mille lieues. Les hommes, en général, y sont bruns & basanés ; mais ils sont en même tems assez beaux & assez bien faits. Si nous regardons maintenant ceux qui habitent sous un climat plus tempéré, nous trouverons que les habitans des provinces septentrionales du Mogol & de la Perse, les Arméniens, les Turcs, les Géorgiens, les Mingreliens, les Circassiens, les Grecs & tous les peuples de l'Europe, sont les hommes les plus beaux, les plus blancs, les mieux faits de toute la Terre, & que quoiqu'il y ait fort loin de Cachemire en Espagne, ou de la Circassie en France, il ne laisse pas d'y avoir une singulière ressemblance entre ces peuples si éloignés les uns des autres, mais situés à peu près sous les mêmes degrés de latitude.

Les Cachemiriens sont renommés pour la beauté : ils sont aussi bien faits que les Européens, & ne tiennent en rien du visage tartare ; ils n'ont point ce nez écaché & ces petits yeux qu'on trouve chez leurs voisins. Les femmes surtout sont très belles ; aussi la plupart des étrangers nouveaux venus à la cour du Mogol se fournissent de femmes cachemiriennes, afin d'avoir des enfans qui soient plus blancs que les Indiens, & qui puissent aussi passer pour vrais Mogols.

Le sang de Géorgie est encore plus beau que celui de Cachemire : on ne trouve pas un laid visage dans ce pays, & la nature a répandu sur la plupart des femmes des grâces qu'on ne voit pas ailleurs. Elles sont grandes, bien faites, extrêmement déliées à la ceinture ; elles ont le visage charmant. Les hommes sont aussi fort beaux : ils ont naturellement de l'esprit, & ils seroient capables de cultiver les sciences & les arts avec succès ; mais leur mauvaise éducation les rend très-ignorans & très-vicieux ; & il n'y a peut-être pas de pays au Monde où le libertinage & l'ivrognerie soient à un si haut point qu'en Géorgie. Avec tous ces vices les Géorgiens ne laissent pas d'être civils, humains, graves & modérés ; ils ne se mettent que très-rarement en colère, quoiqu'ils soient ennemis irréconciliables lorsqu'ils ont conçu de la haine contre quelqu'un.

Les femmes sont aussi fort belles & fort blanches en Circassie ; elles ont le plus beau teint & les plus belles couleurs du Monde. Leur front est grand & uni, & sans le secours de l'art elles ont si peu de sourcils, qu'on diroit que le leur n'est qu'un filet de soie recourbé. Elles ont les yeux grands, doux & pleins de feu ; le nez bien fait, les lèvres vermeilles, la bouche riante & petite, & le menton comme il doit être pour achever un parfait ovale. Elles ont le cou & la gorge parfaitement bien faits, la peau blanche comme neige, la taille grande & aisée, les cheveux du plus beau noir ; elles paroissent toujours fraîches jusqu'à l'âge de quarante-cinq à cinquante ans ; elles sont toutes fort laborieuses, & elles s'occupent souvent des travaux les plus pénibles. Ces peuples ont conservé la plus grande liberté dans le mariage ; car s'il arrive que le mari ne soit pas content de sa femme & qu'il s'en plaigne le premier, le Seigneur du lieu envoie prendre la femme, la fait vendre & en donne une autre à l'homme qui s'en plaint ; & de même si la femme se plaint, on la laisse libre & on lui ôte son mari.

Les Mingreliens sont tout aussi beaux & aussi bien faits que les Géorgiens ou les Circassiens, & il semble que ces trois peuples ne fassent qu'une seule & même race d'hommes. En Mingrelie, les femmes sont belles & bien faites, d'une taille admirable & d'un port majestueux. Elles ont outre cela, suivant Chardin, un regard qui caresse tous ceux qui les voient. Les moins belles & celles qui sont âgées, se peignent tout le visage : elles ont de l'esprit ; elles sont civiles & affectueuses, mais en même tems perfides. Les hommes ont aussi de bien mauvaises qualités : ils sont tous élevés au vol & au larcin ; ils se permettent le concubinage, la bigamie. Les maris sont peu jaloux. Quand un homme prend sa femme sur le fait avec une autre, il a droit de le contraindre de lui payer un cochon, & d'ordinaire il ne prend pas d'autre vengeance, & le cochon se mange entre le mari, la femme & le galant. Il n'est pas étonnant que, dans un pays où l'on fait commerce d'esclaves, les hommes aient plusieurs femmes & plusieurs concubines pour multiplier une denrée qui leur produit de l'argent ou des marchandises en échange.

Les Turcs qui achètent un très-grand nombre de ces esclaves, sont un peuple composé de plusieurs autres peuples. Les Arméniens, les Géorgiens, les Turcomans, se sont mêlés avec les Arabes, les Egyptiens & même avec les Européens, dans le tems des croisades. Il n'est donc guère possible de reconnoître dans ce mélange les habitans naturels de l'Asie Mineure, de la Syrie & du reste de la Turquie. Tout ce qu'on peut dire, c'est qu'en général les Turcs sont des hommes robustes & assez bien faits. Les femmes sont aussi ordinairement belles, bien faites & agréables : elles sont fort blanches parce qu'elles sortent peu, & que quand elles sortent elles sont toujours voilées.

Il n'y a femme de laboureur ou de paysan en Asie, suivant Belon, qui n'ait le teint frais & la peau délicate & blanche ; elles se peignent les sourcils en noir. Les Turcs, hommes & femmes, ne portent de poils en aucune partie du corps, excepté les cheveux & la barbe ; ils se servent de rusma & d'autres dépilatoires pour enlever tous ces poils. Les femmes turques se mettent de la tutie brûlée & préparée dans les yeux pour les rendre plus noirs ; elles se baignent aussi très-souvent & se parfument tous les jours. Les femmes persanes se recherchent encore plus sur la propreté que les turques. Les Persans préfèrent les brunes, & les Turcs les rousses.

On a prétendu que les Juifs, qui tous sortent originairement de la Syrie & de la Palestine, ont encore aujourd'hui le teint brun : mais cela n'est vrai que des Juifs portugais ; car les Juifs allemands sont aussi blancs que les autres Allemands. Aujourd'hui les habitans de la Judée ressemblent aux autres Turcs ; seulement ils sont plus bruns que les Turcs de Constantinople ou des côtes de la Mer-Noire, comme les Arabes sont aussi plus bruns que les Syriens parce qu'ils sont plus méridionaux.

Il en est de même chez les Grecs : ceux de la partie septentrionale de la Grèce sont fort blancs ; ceux des îles ou des provinces méridionales sont bruns. Généralement parlant, les femmes grecques sont encore plus belles & plus vives que les turques, & elles ont de plus l'avantage d'une beaucoup plus grande liberté. Les femmes grecques ont les plus beaux cheveux du Monde, & surtout dans le voisinage de Constantinople ; mais elles n'ont pas les traits aussi beaux & aussi réguliers que les autres Grècques.

Les Grecs regardent comme une très-grande beauté dans les femmes, d'avoir de grands & de gros yeux & les sourcils fort élevés, & ils veulent aussi que les hommes les aient encore plus gros & plus grands. Les habitans des îles de l'Archipel sont presque tous nageurs & bons plongeurs.

Les Grecs, les Napolitains, les Siciliens, les habitans de Corse & de Sardaigne, enfin les Espagnols, étant situés à peu près sous le même parallèle, sont assez semblables pour le teint. Tous ces peuples sont basanés aux Français, les Anglais, les Allemands, les Polonais, les Moldaves, les Circassiens & tous les habitans du nord de l'Europe jusqu'en Laponie, où, comme nous l'avons dit au commencement de cet article, on trouve une autre race d'hommes. Lorsqu'on fait le voyage d'Espagne, on commence à s'appercevoir, dès Bayonne, de la différence de couleur. Les femmes ont aussi le teint un peu plus brun & les yeux plus brillans.

Les Espagnols sont maigres & assez petits : ils ont la taille fine, la tête belle & les traits réguliers, les yeux beaux, les dents assez bien rangées ; mais ils ont le teint jaune & basané. Les petits enfans naissent fort blancs & sont fort beaux ; mais en grandissant leur teint change d'une manière surprenante. L'air les jaunit, le soleil les brûle, & il est aisé de reconnoître les Espagnols & de les distinguer par-là des autres nations. On a remarqué que, dans quelques provinces d'Espagne, comme aux environs de la rivière de Bidassoa, les habitans ont de grandes oreilles.

Les hommes à cheveux noirs ou bruns commencent à être rares en Angleterre, en Flandre, en Hollande & dans les provinces septentrionales de l'Allemagne. On n'en trouve presque point en Danemarck, en Suède, en Pologne. Les Goths ont les cheveux lissés, blonds & argentés, la taille haute

haute, & l'iris de l'œil bleuâtre. Les Finnois ont le corps musculeux & charnu, les cheveux blonds, jaunes & longs, l'iris de l'œil jaune-foncé. Les femmes sont fort fécondes en Suède : il n'est pas rare d'en voir qui ont huit à dix enfans. Il y a beaucoup de vieillards. Cette fécondité des femmes ne suppose pas qu'elles aient plus de penchant à l'amour. Les hommes mêmes sont beaucoup plus chastes dans les pays froids, que dans les climats plus chauds. On est moins amoureux en Suède, qu'en Espagne & en Portugal, & cependant les femmes y sont beaucoup plus d'enfans. Tout le monde sait que les nations du nord ont inondé l'Europe, au point que les historiens ont appelé ces contrées *officina gentium*.

Si les hommes vivent en Suède plus long-tems que dans la plupart des autres royaumes de l'Europe, on doit l'attribuer à la salubrité de l'air de ce climat. Il en est à peu près de même du Danemarck. Les Danois sont grands & robustes, d'un teint vif & coloré ; ils vivent fort long-tems à cause de la pureté de l'air qu'ils respirent. Les femmes sont aussi fort blanches, assez bien faites & très-fécondes.

Avant le czar Pierre Ier., les Moscovites étoient encore presque barbares. Le peuple, né dans l'esclavage, étoit grossier, brutal, cruel, sans courage & sans mœurs. Ils se baignoient très-souvent, hommes & femmes, pêle-mêle dans des étuves échauffées à un degré de chaleur, insoutenable pour tout autre que pour eux. Ils alloient ensuite, comme les Lapons, se jeter dans l'eau froide au sortir de ces bains chauds. Ils se nourrissoient fort mal : leurs mets favoris n'étoient que des concombres ou des melons d'Astracan, qu'ils mettoient pendant l'été confire avec de l'eau, de la farine & du sel. Ils se privoient de quelques viandes, comme des pigeons ou de veau, par des scrupules ridicules. Cependant, dès ce tems-là même, les femmes savoient se mettre du rouge, se peindre les sourcils, porter des pierreries, parer leurs coiffures de perles, &c. Ceci ne prouveroit-il pas que la barbarie commençoit à finir ? Ce peuple est aujourd'hui civilisé en grande partie, commerçant, curieux des arts & des sciences, aimant les nouveautés & s'est montré très-brave dans toutes les guerres qu'il a eues à soutenir.

Les Ingriens & les Caréliens, qui habitent les provinces septentrionales de la Moscovie, & qui sont naturels des environs de Pétersbourg, sont des hommes vigoureux & d'une constitution robuste : ils ont pour la plupart des cheveux blancs ou blonds ; ils ressemblent assez aux Finnois dont ils parlent la langue, laquelle n'a aucun rapport avec les autres langues du nord.

Lorsqu'on suit avec attention la description historique que nous venons de faire de tous les peuples de l'Asie & de l'Europe, on voit aisément que la couleur de chacun de ces peuples dépend beaucoup du climat, sans cependant qu'on puisse dire

qu'elle en dépende entièrement. En effet, plusieurs causes doivent influer sur la couleur & sur la forme du corps & des traits des différens peuples. Cette dernière ressemblance peut être considérée comme la suite de la propagation d'une souche primitive, & la considération des coutumes semblables peut servir à reconnoître cette filiation des peuples de la même race.

Cependant une seule & même race a reçu quelques modifications, surtout par la manière de vivre & par la nourriture. Un peuple policé, qui vit dans une certaine aisance, qui est accoutumé à une vie réglée, douce & tranquille, qui est à l'abri d'une certaine misère & ne manque pas des choses de première nécessité, doit par cette raison être composé d'hommes plus beaux & mieux faits si la race primitive est forte & vigoureuse. Si cette même race se trouve dans un canton où le peuple mène une vie sauvage & indépendante, où chaque individu, ne tirant aucun secours de la société, est obligé de pourvoir à sa subsistance, de souffrir alternativement la soif & la faim ou les excès d'une nourriture souvent mauvaise, de s'épuiser de travaux & de lassitude, d'éprouver les rigueurs du climat sans pouvoir s'en garantir, en supposant ces deux nations dérivées d'une même souche, sous le même climat, on peut croire que les hommes de la nation sauvage seront plus basanés, plus laids, plus petits, plus ridés que ceux de la nation policée. S'ils avoient quelqu'avantage sur ceux-ci, ce seroit par la force ou par la dureté de leur corps. Mais outre cela, le pays de la nation civilisée, quoique sous le même climat, sera lui-même plus civilisé, d'une température plus douce, par les travaux raisonnés de la culture.

Ainsi j'admettrois d'abord, pour cause principale de la variété des races, la force & l'influence du climat : c'est lui qui fait la constitution du corps des habitans ; c'est lui aussi qui fournit la nourriture, laquelle est une seconde cause très-puissante. Enfin, à la suite du climat sont les mœurs & la manière de vivre.

Mais avant de développer ces conséquences, qui découlent naturellement des faits que nous avons exposés, il est nécessaire de donner la description des peuples de l'Afrique & de l'Amérique.

Nous avons déjà parlé des nations de la partie septentrionale de l'Afrique, depuis la mer Méditerranée jusqu'au Tropique. Tous ceux qui sont au-delà du Tropique, depuis la Mer-Rouge jusqu'à l'Océan, sur une largeur d'environ cent ou cent cinquante lieues, sont encore des espèces de Maures, mais si basanés qu'ils paroissent presque tout noirs. Les hommes surtout sont extrêmement bruns. Les femmes sont un peu plus blanches, bien faites & assez belles. Parmi ces Maures, il y a une quantité assez considérable de mulâtres, qui sont encore plus noirs qu'eux, parce qu'ils ont pour mères des Négresses que les Maures achètent, &

desquelles ils ne laissent pas que d'avoir beaucoup d'enfans. Au-delà de cette contrée, sous le dix-septième ou dix-huitième degré de latitude nord & au même parallèle, on trouve les Nègres du Sénégal & ceux de la Nubie, les uns sur la mer océane, & les autres sur la Mer-Rouge; & ensuite tous les autres peuples de l'Afrique, qui habitent depuis ce dix-huitième degré de latitude nord, jusqu'au dix-huitième degré de latitude sud, sont noirs, à l'exception des Ethiopiens ou Abyssins. Ainsi, la portion du Globe qui est départie par la nature aux Nègres, est une étendue de terrain parallèle à l'équateur, d'environ neuf cents lieues de largeur, sur une longueur bien plus grande, surtout au nord de l'équateur; & au-delà des dix-huitième & vingtième degrés de latitude sud, les hommes ne sont plus des Nègres, comme nous le dirons en parlant des Caffres & des Hottentots.

On a été long-tems en erreur au sujet de la couleur & des traits des Ethiopiens, parce qu'on les a confondus avec les Nubiens leurs voisins, qui sont cependant d'une race différente par la couleur & par les traits. La couleur des Ethiopiens est brune ou olivâtre, comme celle des Arabes méridionaux, desquels ils ont probablement tiré leur origine. Ils ont la taille haute, les traits du visage bien marqués, les yeux beaux & bien fendus, le nez bien fait, les lèvres petites & les dents blanches; au lieu que les habitans de la Nubie ont le nez écrasé, les lèvres grosses & épaisses, & le visage fort noir. Ces Nubiens sont des espèces de Nègres assez semblables à ceux du Sénégal.

Les Ethiopiens sont un peuple à demi policé: leurs vêtemens sont de toile de coton, & les plus riches en ont en soie. Ils aiment assez la viande crue; ils ont une graine qu'on appelle teef, avec laquelle ils font du pain & une espèce de bière qui a un goût aigrelet. Il y a de vastes déserts en Ethiopie & dans cette grande pointe qui s'étend jusqu'au cap Gardafui. Ce pays, qu'on peut regarder comme la partie orientale de l'Ethiopie, est presque entièrement inhabité. Au midi, l'Ethiopie est bornée par les Bedouins & par quelques autres peuples qui suivent différentes religions. Il est probable que les Arabes auront, à différentes époques, envahi l'Ethiopie. Ces Arabes se sont même étendus le long de la côte de Mélinde, car les habitans de cette côte ne sont que basanés.

Dès le huitième degré de latitude nord commence le peuple de Galles, divisé en plusieurs tribus, qui s'étendent peut-être jusqu'aux Hottentots, & ces peuples de Galles sont pour la plupart blancs. Dans ces vastes contrées comprises entre le dix-huitième degré de latitude sud, on ne trouve les Nègres que sur les côtes & dans les pays bas voisins de la mer; mais dans l'intérieur, où les terres sont élevées & montagneuses, tous les hommes sont blancs; ils sont même presque aussi blancs que les Européens, parce que toute cette terre de l'Afrique est fort élevée sur la sur-

face du Globe, & n'est pas exposée à des chaleurs excessives. D'ailleurs, il y tombe des pluies abondantes & presque continuelles, qui, dans certaines saisons, rafraichissent encore la terre & l'air, au point de faire de ce climat une région tempérée. Les montagnes qui s'étendent depuis le Tropique du Cancer jusqu'à la pointe de l'Afrique, partagent cette grande presqu'île dans sa longueur, & sont toutes habitées par des Blancs. Ce n'est que dans les contrées où les terres s'abaissent, que l'on trouve des Nègres. Or, elles se dépriment beaucoup du côté de l'occident, vers le pays de Congo, d'Angola, & tout autant du côté de l'orient, vers Mélinde & Zanguedar. C'est dans ces contrées basses, excessivement chaudes, que se trouvent les hommes noirs, les Nègres à l'occident, & les Caffres à l'orient. Au reste, les naturels de la côte orientale de l'Afrique sont noirs d'origine, & les hommes basanés ou blancs qu'on y trouve, sont venus d'ailleurs. Mais, pour se former une idée juste des différences qui se trouvent entre ces peuples noirs, il est nécessaire de les examiner plus particuliérement.

Il paroît d'abord qu'il y a autant de variétés dans la race des Noirs, que dans celle des Blancs. Les Noirs ont, comme les Blancs, leurs Tartares & leurs Circassiens. Ceux de Guinée sont extrêmement laids, & ont une odeur insupportable: ceux de Sofala & de Mozambique sont beaux, & n'ont aucune mauvaise odeur. Il semble qu'il conviendroit de diviser les Noirs en différentes races. Or, on peut les réduire à deux principales: celle des Nègres & celle des Caffres. Dans la première, on peut comprendre les Noirs de Nubie, du Sénégal, du Cap-Verd, de Gambie, de Sierra-Leona, de la Côte-des-Dents, de la Côte-d'Or, de celle de Juda, de Benin, de Gabon, de Lowango, de Congo, d'Angola & de Benguela, jusqu'au Cap-Nègre.

Dans la seconde, on peut placer les peuples qui sont au-delà du Cap-Nègre jusqu'à la pointe de l'Afrique, où se trouvent les Hottentots & tous les peuples de la côte orientale de l'Afrique, comme ceux de la terre de Natal, de Sofala, de Monomotapa, de Mozambique, de Mélinde. Les Noirs de Madagascar & des îles voisines seront aussi des Caffres & non pas des Nègres. Ces deux races d'hommes se ressemblent plus par la couleur que par les traits du visage: leurs cheveux, leur peau, l'odeur de leur corps, leurs mœurs & leur naturel sont aussi très-différens.

Ensuite, en examinant particuliérement les différens peuples qui composent chacune de ces races d'hommes noirs, on y trouve autant de variétés que dans les races des hommes blancs, & l'on y trouve toutes les nuances du brun au noir, comme nous avons trouvé dans les races d'hommes blancs, toutes les nuances du brun au blanc.

Si nous commençons maintenant par les pays qui sont au nord du Sénégal, & que nous suivions le long de toutes les côtes de l'Afrique, tous les différens peuples que les voyageurs ont reconnus, nous trouverons que les naturels des îles Canaries ne font pas des Nègres, puisque ces voyageurs affurent que les anciens habitans de ces îles étoient des hommes bien faits, d'une taille avantageuse & d'une forte complexion; que les femmes étoient belles & avoient des cheveux fort beaux & fort fins, & que ceux qui occupoient la partie méridionale de chacune de ces îles, étoient plus olivâtres que les habitans diftribués fur les côtes feptentrionales. Ils nous apprennent, en particulier, que les habitans de l'île de Teneriffe étoient robuftes & de haute taille, mais maigres & bafanés, & que la plupart avoient le nez plat. Ces peuples, comme on voit, n'ont rien de commun avec les Nègres, que le nez écrafé. Nous devons remarquer que les peuples qui habitent la partie du Continent, fituée à la hauteur de ces îles, font des Maures affez bafanés, mais qui ne tiennent pas, plus que ces infulaires, à la race des Nègres.

Les habitans du Cap-Blanc font encore des Maures qui ne demeurent pas long-tems dans un même lieu : ils font errans comme les Arabes, fuivant les paturages qu'ils trouvent pour leur bétail, dont le lait eft leur principale nourriture. Ils ont des chevaux, des chameaux, des bœufs, des chèvres, des brebis; ils commercent avec les Nègres, qui leur donnent huit ou dix efclaves pour un cheval, & deux ou trois pour un chameau. C'eft de ces Maures que nous tirons la gomme arabique; ils en font diffoudre dans le lait dont ils fe nourriffent; ils ne mangent que très-rarement de la viande, & ne tuent leurs beftiaux que lorfqu'ils font près de mourir de vieilleffe ou de maladie.

Ces Maures s'étendent jufqu'à la rivière de Sénégal, qui les fépare des Nègres : ces Nègres ne font que bafanés; ils occupent toute la partie au nord du fleuve. Les Nègres font au midi & font abfolument noirs. L'une & l'autre nation a des mœurs bien différentes : les Maures font errans dans tout le pays qu'ils habitent; les Nègres font fédentaires & occupent des villages. Les premiers font libres & indépendans; les feconds ont des rois dont ils font efclaves. Les Maures font affez petits, maigres & de mauvaife mine, avec de l'efprit & de la fineffe : les Nègres au contraire font grands, gros, bien faits, mais niais & fans efprit. Le pays habité par les Maures n'eft qu'un fond de fable fi ftérile, qu'on n'y trouve de la verdure qu'en très-peu d'endroits; au lieu que le pays des Nègres eft gras, fécond en paturages, en millet & en arbres toujours verts.

On trouve en quelques endroits, au nord & au midi du fleuve, une race d'hommes qu'on appelle Foules, & qui femblent faire la nuance entre les Maures & les Nègres, & qui pourroient bien n'être que des mulâtres produits par le mélange de ces deux nations. Ces Foulés ne font pas tout-à-fait

noirs comme les Nègres, mais ils font bien plus bruns que les Maures, & tiennent, quant à la teinte de noir, le milieu entre les deux. Ils font plus civilifés que les Nègres, & reçoivent affez bien les étrangers.

Les îles du Cap-Verd font de même toutes peuplées de mulâtres provenus des premiers Portugais qui s'y établirent & des Nègres qu'ils y trouvèrent : on les appelle Nègres couleur de cuivre, parce qu'en effet, quoiqu'ils reffemblent affez aux Nègres par les traits, ils font cependant moins noirs ou plutôt jaunâtres. Au refte, ils font bien faits & fpirituels, mais fort pareffeux; car ils ne vivent pour ainfi dire que de chaffe & de pêche, & ils échangent ce qu'ils peuvent prêter ou donner, pour des épingles ou des marchandifes de pareille valeur.

Les premiers Nègres que l'on trouve en Afrique font donc ceux qui habitent le bord méridional du Sénégal. Ces peuples, auffi bien que ceux qui occupent toutes les terres comprifes entre cette rivière & celle de Gambie, s'appellent Jalofes; ils font tous fort noirs, bien proportionnés & d'une taille avantageufe. Les traits de leur vifage font moins durs que ceux des autres Nègres : les femmes furtout ont les traits fort réguliers. Ils ont auffi les mêmes idées que nous de la beauté; car ils veulent de beaux yeux, une petite bouche, les lèvres proportionnées & un nez bien fait. Il n'y a que fur le fond du tableau qu'ils penfent différemment : il faut que la couleur foit très-noire & très-luifante; ils ont auffi la peau très-fine & très-douce, & on trouve, dans ce canton, d'auffi belles femmes à la couleur près, que dans aucun autre pays du Monde. Elles font ordinairement très-bien faites, très-gaies, très-vives & très-portées à l'amour : elles ont du goût pour tous les hommes, & particulièrement pour les blancs, qu'elles recherchent avec empreffement. Au refte, ces femmes ne laiffent pas que d'avoir une odeur défagréable lorfqu'elles font échauffées, quoique l'odeur de ces Nègres du Sénégal foit beaucoup moins forte que celle des autres Nègres. Elles fe baignent fouvent, & la plupart des filles, avant de fe marier, fe font découper & broder la peau de différentes figures d'animaux & de fleurs.

Les Négreffes portent prefque toujours leurs petits enfans fur le dos pendant qu'elles travaillent. Ils ont tous les cheveux noirs & crépus comme de la laine frifée. C'eft auffi par les cheveux & par la couleur, que les Nègres diffèrent principalement des autres hommes; car leurs traits ne font peutêtre pas fi différens de ceux des Européens, que le vifage tartare l'eft du vifage français. Chez prefque tous les peuples, autres que celui du Sénégal, les groffes lèvres & le nez large & épaté font des traits donnés par la nature, qui ont fervi de modèle à l'art qui peut être, chez tous ces peuples, d'aplatir le nez & de groffir les lèvres à ceux qui font nés fans cette perfection.

Les Négreffes font fort fécondes, & accouchent avec beaucoup de facilité & fans aucun fecours, & après un jour ou deux de repos elles font rétablies : elles font très-bonnes nourrices, & elles ont une très-grande tendreffe pour leurs enfans ; elles font auffi beaucoup plus fpirituelles & plus adroites que les hommes.

Les Nègres de l'île de Gorée & de la côte du Cap-Verd font, comme ceux du bord du Sénégal, bien faits & très-noirs ; ils font un fi grand cas de leur couleur, qui eft en effet d'un noir profond & éclatant, qu'ils méprifent les autres Nègres qui n'ont pas cette belle teinte, à peu près comme les blancs méprifent les bafanés. Quoiqu'ils foient forts & robuftes ils font très-pareffeux : ils ne vivent que de poiffon & de millet ; ils ne mangent que très-rarement de la viande, &, quoiqu'ils aient peu de mets à choifir, ils ne veulent point manger d'herbes. Au refte, ils aiment paffionnément l'eau-de-vie, dont ils s'enivrent fouvent ; ils vendent leurs enfans, leurs parens & même quelquefois ils fe vendent eux-mêmes pour en avoir. ils vont prefque nus : leur vêtement ne confifte que dans une toile de coton, qui les couvre depuis la ceinture jufqu'au milieu de la cuiffe : c'eft tout ce que la chaleur du pays leur permet de porter fur eux. La mauvaife chère qu'ils font & la pauvreté dans laquelle ils vivent, ne les empêchent pas d'être contens & fort gais. Ils croient que leur pays eft le meilleur & le plus beau climat de la Terre ; qu'ils font eux-mêmes les plus beaux hommes de la Terre, parce qu'ils font les plus noirs ; & fi leurs femmes ne marquoient pas du goût pour les Blancs, ils en feroient fort peu de cas à caufe de leur couleur.

Les Nègres de Sierra-Leona ne font pas tout-à-fait auffi noirs que ceux du Sénégal ; ils font d'un noir un peu moins foncé, à peu près comme ceux de Guinée. Ces Nègres de Sierra-Leona & de Guinée fe peignent fouvent tout le corps de rouge & d'autres couleurs ; ils fe peignent auffi le tour des yeux de blanc, de jaune, de rouge, & fe font des raies de différentes couleurs fur le vifage. Les femmes font encore plus débauchées que celles du Sénégal. Ces Nègres, hommes & femmes, vont toujours la tête découverte : ils fe rafent & fe coupent les cheveux qui font fort courts, de plufieurs manières différentes ; ils portent des pendans d'oreilles qui font fort pefans : ces pendans font des dents, des coquilles, des cornes, des morceaux de bois. Il y en a qui fe font percer la lèvre fupérieure ou les narines pour y fufpendre de pareils ornemens. Leur vêtement confifte en une efpèce de tablier fait d'écorce d'arbre, avec quelques peaux de finge qu'ils portent par-deffus. Ils couchent fur des nattes de jonc ; ils mangent du poiffon & de la viande lorfqu'ils peuvent en avoir, mais leur principale nourriture font des ignames & des bananes ; ils n'ont aucun goût que celui des femmes, & aucun defir que celui de ne rien faire.

Quoique les Nègres de Guinée foient d'une fanté ferme & très-bonne, rarement cependant arrivent-ils à une certaine vieilleffe. Un Nègre de cinquante ans eft, dans fon pays, un homme fort vieux. Ils paroiffent l'être dès l'âge de quarante. L'ufage prématuré des femmes eft peut-être la caufe de la briéveté de leur vie. Les enfans fe livrent, dès leur plus tendre jeuneffe, à tout ce que la nature leur fuggère.

Les habitans de l'île Saint-Thomas, de l'île d'Ambon, font des Nègres femblables à ceux du Continent voifin : ils y font feulement en bien petit nombre, parce que les Européens les ont chaffés, & qu'ils n'ont gardé que ceux qu'ils ont pu réduire en efclavage ; ils font nus, hommes & femmes, à l'exception d'un petit tablier de coton.

Les Nègres de la côte de Juda & d'Arada font moins noirs que ceux du Sénégal & de Guinée, & même que ceux de Congo. Ils aiment beaucoup la chair de chien, & la préfèrent à toutes les autres viandes.

Les Nègres de Congo font noirs ; mais il commence à y avoir de la variété dans leur teinte, qui eft toujours moindre que celle des Sénégalois. Ils ont, pour la plupart, les cheveux noirs & crépus ; mais quelques-uns les ont roux. Les hommes font de grandeur médiocre : les uns ont les yeux bruns, & les autres couleur de vert de mer. Ils n'ont pas les lèvres auffi groffes que les autres Nègres, & les traits de leur vifage font affez femblables à ceux des Européens.

Les Nègres du Sénégal, de Gambie, du Cap-Verd, d'Angola & de Congo font d'un plus beau noir que ceux de la côte de Juda, d'Iffigni, d'Arada & des lieux circonvoifins. Ils font tous bien noirs quand ils fe portent bien ; mais leur teint change quand ils font malades : ils deviennent alors couleur de biftre ou même couleur de cuivre. On préfère dans nos îles, les Nègres d'Angola à ceux du Cap-Verd, pour la force du corps ; mais ils fentent fi mauvais lorfqu'ils font échauffés, que l'air des endroits où ils ont paffé, en eft infecté pendant plus d'un quart d'heure. Ceux du Cap-Verd n'ont pas une odeur fi mauvaife à beaucoup près que ceux d'Angola, & ils ont auffi la peau plus belle & plus noire, le corps mieux fait, les traits du vifage moins durs, le naturel plus doux & la taille plus avantageufe. Ceux de Guinée font auffi très-bons pour le travail de la terre & pour les autres gros ouvrages. Ceux du Sénégal ne font pas fi forts, mais ils font plus propres pour le fervice domeftique, & plus capables d'apprendre des métiers.

Les Bambaras font les plus grands Nègres, mais ils font fripons. Les Aradas font ceux qui entendent le mieux la culture des terres. Les Congos font plus petits ; ils font fort habiles pêcheurs, mais ils défertent aifément. Les Nagos font les plus humains ; les Mondongos les plus cruels ; les

Mimes les plus réfolus, les plus capricieux & les plus fujets à fe défefpérer.

Les Nègres de Guinée ont l'efprit extrêmement borné : il y en a même plufieurs qui paroiffent être tout-à-fait ftupides, au point qu'ils ne peuvent jamais compter au-delà de trois. Ils ont le naturel fort doux ; ils font dociles, fimples, crédules, affez fidèles & affez braves.

Quoique les Nègres aient peu d'efprit, ils ne laiffent pas d'avoir beaucoup de fentimens ; ils font gais ou mélancoliques, laborieux ou fainéans, amis ou ennemis, fuivant la manière qu'on les traite. Ils prennent le chagrin fort à cœur, & périffent de mélancolie : autant ils font fenfibles aux bienfaits, aux bons traitemens, autant ils reffentent les outrages. Ils font compatiffans & même tendres pour leurs enfans, pour leurs amis, pour leurs compatriotes.

On ne connoît guère les peuples qui habitent les côtes & l'intérieur des terres de l'Afrique, depuis le Cap-Nègre jufqu'au cap des Voltes ; ce qui fait une étendue d'environ quatre cents lieues. On fait feulement que ces hommes font beaucoup moins noirs que les autres Nègres, & ils reffemblent affez aux Hottentots, defquels ils font voifins du côté du midi. Ces Hottentots au contraire font bien connus : ce ne font point des Nègres ; mais des Caffres, qui ne feroient que bafanés s'ils ne fe noirciffoient pas la peau avec des graiffes & des couleurs. Ils ont tous les cheveux courts, noirs, frifés & laineux comme ceux des Nègres ; mais ils diffèrent des Nègres en ce qu'ils font couleur d'olive. Outre cela, leur naturel eft différent de celui des Nègres : ceux-ci aiment la propreté, font fédentaires, & s'accoutument aifément au joug de la fervitude. Les Hottentots au contraire font de la plus affreufe mal-propreté ; ils font errans, indépendans & très-jaloux de leur liberté. Ces différences paroiffent fuffifantes pour regarder les Hottentots comme un peuple diftingué des Nègres que nous avons décrits.

Les Hottentots, outre cela, font plus petits que les Européens, maigres & fort légers à la courfe ; ils font fort laids, quoiqu'ils n'aient pas le nez fi plat que les Nègres. Par tous ces détails, il eft aifé de voir que les Hottentots ne font pas de vrais Nègres, mais des hommes qui, dans la race des Nègres, commencent à fe rapprocher des Blancs, comme les Maures, dans la race blanche, commencent à fe rapprocher des Noirs. Ces Hottentots ont coutume de faire aux jeunes gens de dix-huit ans, une opération cruelle, qui confifte à leur ôter un tefticule.

Tous les Hottentots ont le nez plat & fort large ; ils ne l'auroient pas tel fi les mères ne fe faifoient un devoir de leur aplatir le nez peu de tems après leur naiffance. Ils ont auffi les lèvres fort groffes, furtout la fupérieure ; les dents fort blanches, les fourcils épais, la tête groffe, le corps maigre, les membres menus ; ils ne vivent guère au-delà de quarante ans. La mal-propreté dans laquelle ils fe plaifent & croupiffent, les viandes infectées & corrompues dont ils font leur principale nourriture, font fans doute les caufes qui contribuent le plus au peu de durée de leur vie.

En remontant le long de la côte d'Afrique au-delà du Cap de Bonne-Efpérance, on trouve la terre de Natal, dont les habitans font déjà différens des Hottentots. Ils font beaucoup moins mal-propres & moins laids, naturellement plus noirs ; ils ont le vifage ovale, le nez bien proportionné, les dents blanches, le vifage agréable, les cheveux naturellement frifés ; mais ils ont auffi un peu de goût pour la graiffe, car ils portent des bonnets faits de fuif de bœuf, & ces bonnets ont huit ou dix pouces de hauteur. Ils diffèrent auffi des Hottentots, en ce qu'ils ne begaient point, qu'ils ne frappent pas leur palais de leur langue, qu'ils ont des maifons, qu'ils cultivent la terre, y fèment du maïs dont ils font de la bière, liqueur inconnue aux Hottentots.

Après la terre de Natal, on trouve celle de Sofala & du Monomotapa. Les peuples de Sofala font noirs, mais plus grands & plus gros que les autres Caffres.

Ceux de Monomotapa font affez grands, bien faits dans leur taille, noirs & de bonne complexion. Les jeunes filles vont nues, & ne portent qu'un morceau de toile de coton ; mais dès qu'elles font mariées, elles prennent des vêtemens. Ces peuples, quoiqu'affez noirs, diffèrent des Nègres ; ils n'ont pas les traits fi durs ni fi laids : leur corps n'a pas de mauvaife odeur, & ils ne peuvent fupporter la fervitude ni le travail.

Les peuples de Mozambique font noirs, les uns plus, les autres moins. Il en eft de même de ceux de Madagafcar : feulement ceux-ci ont les cheveux du fommet de la tête moins crépus que les peuples de Mozambique. Ni les uns ni les autres ne font de vrais Nègres ; & quoique ceux de la côte foient fort foumis aux Portugais, ceux de l'intérieur du Continent font fort fauvages & jaloux de l'indépendance. Ils vont tous abfolument nus, hommes & femmes ; ils fe nourriffent de la chair des éléphans & font commerce d'ivoire. Il y a des hommes de différentes races à Madagafcar, furtout des noirs & des blancs, qui, quoique fort bafanés, diffèrent des premiers. Les Noirs ont les cheveux noirs & crépus ; les feconds les ont moins noirs, moins frifés & plus longs. Les Blancs le font plus que les Caftillans à l'égard des Noirs ; ils ne font pas camus comme ceux du Continent, & ils ont outre cela les lèvres affez minces. Il y a auffi, dans cette même île, une grande quantité d'hommes de couleur olivâtre ou bafanée ; ils proviennent probablement du mélange des Noirs & des Blancs. Cette île de Madagafcar eft extrêmement peuplée ; & quoique les habitans foient fort pareffeux, ils ne laiffent pas d'avoir beaucoup de laboureurs & des artifans. Ils mangent la chair prefque crue, & vont presque tout nus. Il y a aussi , dans cette même île , une race d'hommes nains. (*Voyez l'article* MADA-GASCAR.)

Il paroît , par tout ce que nous venons de rapporter sur les différens peuples du Continent d'Afrique & des îles voisines , que les Nègres proprement dits sont différens des Caffres , qui sont des Noirs de race différente. Mais ce que ces détails indiquent encore plus clairement , c'est que la couleur dépend principalement du climat , & que les traits dépendent beaucoup des coutumes ou des usages où sont les différens peuples , de s'écraser le nez , de se tirer les paupières , de s'alonger les oreilles , de se grossir les lèvres , de s'aplatir le visage , &c. Rien ne prouve mieux combien le climat influe sur la couleur , que de trouver sous le même parallèle , à plus de mille lieues de distance , des peuples aussi semblables que le sont les Nubiens & les Sénégalois ; de voir que les Hottentots , qui n'ont pu tirer leur origine que de nations noires , sont cependant les moins noirs de tous les peuples de l'Afrique , parce qu'en effet ils sont dans le climat le plus froid de cette partie du Monde. Et si l'on s'étonne de ce que , sur les bords du Sénégal , on trouve , d'un côté , une nation basanée , & de l'autre une nation entièrement noire , il faut observer d'abord que la nation basanée est distribuée , partie sur les montagnes & partie dans les plaines , & qu'elle change par conséquent assez souvent de climat pour ne porter qu'une impression modérée de la chaleur des plaines. Joignez encore à cela la différence de nourriture , qui doit résulter de la différence & du changement assez fréquent de climats.

L'origine des Noirs a dans tous les tems fait une grande question. Les Anciens, qui ne connoissoient guère que ceux de la Nubie , les regardoient comme faisant la dernière nuance des peuples basanés , & ils les confondoient avec les Ethiopiens & les autres nations de cette partie de l'Afrique , qui , quoiqu'extrêmement bruns , tiennent plus de la race blanche que de la race noire. Ils pensoient donc que la différente couleur des hommes ne provenoit que de la différence du climat , & que ce qui produisoit la noirceur de ces peuples étoit l'ardeur excessive du soleil , à laquelle ils sont perpétuellement exposés. Cette opinion , qui est très-vraisemblable , a souffert quelque difficulté lorsqu'on a reconnu au-delà de la Nubie , dans un climat encore plus méridional & sous l'équateur même , comme à Mélinde & à Monbaza , que la plupart des hommes ne sont pas noirs comme les Nubiens , mais seulement fort basanés , & lorsqu'on eut observé qu'en transportant des Noirs de leur climat brûlant dans des pays tempérés , ils n'ont rien perdu de leur couleur , & l'ont également transmise à leurs descendans. Mais si l'on fait attention , d'un côté , à la migration des différens peuples , & de l'autre au tems qu'il faut pour noircir ou pour blanchir une race , on verra facilement que tout

peut se concilier avec le sentiment des Anciens ; car les habitans naturels de cette partie de l'Afrique sont les Nubiens , qui sont noirs , & qui habiteront perpétuellement noirs tant qu'ils habiteront le même climat & qu'ils ne se mêleront pas avec les Blancs. Les Ethiopiens au contraire, les Abyssins & même ceux de Mélinde , qui tirent leur origine des Blancs, puisqu'ils ont les mêmes usages que les Arabes , & qu'ils leur ressemblent par la couleur , sont à la vérité plus basanés que les Arabes méridionaux ; mais cela prouve que , dans une même race d'hommes , le plus ou le moins de noir dépend de la plus ou le moins grande ardeur du climat. Il faut peut-être plusieurs siècles & une succession d'un grand nombre de générations pour qu'une race blanche prenne par nuance la couleur brune , & devienne enfin tout-à-fait noire. Il y a grande apparence qu'avec le tems , un peuple blanc , transporté du nord à l'équateur , pourroit devenir brun & même tout-à-fait noir si , en changeant de climat , ce peuple changeoit de mœurs , & ne se servoit , pour nourriture , que des productions du pays chaud dans lequel il auroit été transporté.

L'objection qu'on pourroit faire contre cette opinion & qu'on voudroit tirer de la différence des traits , ne paroît pas bien forte ; car on peut répondre qu'il y a moins de différence entre les traits d'un Nègre qu'on n'aura pas défiguré dans son enfance , & les traits d'un Européen , qu'entre ceux d'un Tartare ou d'un Chinois , & ceux d'un Circassien ou d'un Grec.

A l'égard des cheveux , leur nature dépend si fort de celle de la peau , qu'on ne peut les regarder que comme faisant une différence très-accidentelle. Puisqu'on trouve dans le même pays & dans la même ville , des hommes qui , quoique blancs , ne laissent pas d'avoir des cheveux très-différens les uns des autres , au point qu'on voit même , en France , des hommes qui les ont aussi courts & aussi crépus que les Negres , & que d'ailleurs on voit que le climat , le froid & le chaud influent si fort sur la couleur des cheveux des hommes & du poil des animaux , qu'il n'y a point de cheveux noirs dans les royaumes du nord , & que les écureuils , les lièvres , les belètes & plusieures autres animaux y sont blancs , tandis qu'ils sont gris ou bruns dans les pays moins froids. Cette différence , qui est produite par l'influence du froid ou de la chaleur , est même si marquée , que , dans la plupart des pays du nord , comme dans la Suède , certains animaux , tels que les lièvres , sont tout gris pendant l'été , & tout blancs pendant l'hiver.

Mais il y a une autre raison qui paroît beaucoup plus forte contre cette opinion : c'est qu'on a découvert un Continent entier , un nouveau Monde , dont la plus grande partie des terres habitées se trouvent situées dans la zône torride , & où cependant il ne se trouve pas un homme noir ;

tous les habitans de cette partie de la Terre étant plus ou moins rouges, plus ou moins basanés ou couleur de cuivre ; car on auroit dû trouver aux îles Antilles, au Mexique, au royaume de Santafé, dans la Guiane, dans le pays des Amazones & dans le Pérou, des Nègres ou du moins des peuples noirs, puisque ces pays de l'Amérique sont situés sous la même latitude que le Sénégal, la Guinée & le pays d'Angola dans l'Afrique. On auroit dû trouver au Brésil, au Paraguay, au Chili, des hommes semblables aux Caffres, aux Hottentots, si la seule distance du pôle étoit la cause de la couleur des hommes ; mais avant d'exposer ce qu'on peut dire à ce sujet, je crois qu'il est nécessaire de considérer tous les différens peuples de l'Amérique, comme on a considéré ceux des autres parties de l'ancien Continent & surtout de l'Afrique, après quoi nous serons en état de faire de justes comparaisons & d'en tirer des résultats généraux.

Amérique.

En commençant par le nord, on trouve, comme nous l'avons déjà dit, dans les parties les plus septentrionales de l'Amérique, une race d'hommes assez semblables aux Lapons d'Europe & aux Samoïèdes d'Asie ; & quoiqu'ils soient peu nombreux en comparaison de ceux-ci, ils ne laissent pas d'être répandus dans une étendue de terrain très-considérable. Ceux qui habitent les côtes du détroit de Davis, sont petits & d'un teint olivâtre : ils ont les jambes courtes & grosses ; ils sont habiles pêcheurs ; ils mangent leur poisson & leur viande crus : leur boisson est de l'eau pure ou du sang de chien de mer. Ils sont très-robustes & vivent très-long-tems. Voilà, comme l'on voit, la figure, la couleur & les mœurs de nos Lapons. Bien plus, de même qu'on trouve auprès de ces Lapons les Finnois, qui sont fort blancs, bien faits & grands, on trouve aussi auprès de ces Lapons d'Amérique, une autre race d'hommes, grands, bien faits & assez blancs, avec les traits du visage réguliers.

Les sauvages de la baie d'Hudson & du nord de la terre de Labrador ont beaucoup de ressemblance avec ces premiers ; ils sont laids, petits, mal faits, ont les mêmes mœurs. L'hiver, ils vivent sous terre comme les Lapons & les Samoïèdes ; ils vivent aussi fort long-tems, & ils ne se nourrissent que de chair & de poisson crus. Les sauvages de Terre-Neuve ressemblent assez à ceux du détroit de Davis ; ils sont de petite taille ; ils n'ont que peu ou point de barbe : leur visage est large & plat ; leurs yeux sont gros, & ils sont assez généralement camus. Nous appellerons ces sauvages, *Esquimaux.* M. Héarne en a aussi trouvé dans les terres les plus septentrionales de l'Amérique, assez près des côtes de l'Océan, qu'il a reconnues.

Au dessous de ces sauvages on trouve d'autres sauvages plus nombreux & tout différens des premiers. Ces sauvages sont ceux du Canada & de toute la profondeur des terres, jusqu'aux Assiniboëls. Ils sont tous assez grands, robustes, forts & assez bien faits : ils ont tous les cheveux & les yeux noirs, les dents très-blanches, le teint basané, peu de barbe, & point ou presque point de poil en aucune partie du corps ; ils sont durs & infatigables à la marche, très-légers à la course ; ils supportent aussi aisément la faim que les plus grands excès de nourriture ; ils sont hardis, courageux, fiers, graves & modérés ; enfin, ils ressemblent si fort aux Tartares orientaux par la couleur de la peau, des cheveux & des yeux, par le peu de barbe & de poils, & aussi par le naturel & les mœurs, qu'on les croiroit issus de cette nation si on ne les regardoit pas comme séparés les uns des autres par un détroit assez large. Ils sont aussi sous la même latitude ; ce qui prouve, en passant, combien le climat influe sur la couleur & sur les principaux traits des hommes. En un mot, on trouve dans le nouveau Continent comme dans l'ancien, d'abord des hommes au nord, semblables aux Lapons, & aussi des hommes blancs & à cheveux blonds, semblables aux peuples du nord de l'Europe ; & enfin les sauvages du Canada & de toute la terre-ferme jusqu'au golfe du Mexique, qui ressemblent aux Tartares par tant de traits, qu'on ne douteroit pas qu'ils ne fussent Tartares en effet. La difficulté de la migration est bien peu de chose, depuis que l'on connoît le détroit de Bœring & l'étendue de la mer qu'il a fallu franchir. D'ailleurs, on n'a trouvé, dans cette étendue de terres immenses, qu'un si petit nombre d'hommes, & qui étoient si peu civilisés, qu'on ne peut guère se refuser à croire que toutes ces nations sauvages ne soient de nouvelles peuplades produites par quelques individus échappés d'un peuple plus nombreux. En général, l'Amérique, si l'on ne considère que les contrées réduites aux habitans naturels dont il est ici question, est si déserte, qu'on ne rencontre des habitations de sauvages qu'à des distances extrêmement grandes les unes des autres, & dans lesquelles il n'y avoit souvent qu'une seule famille, quelquefois deux ou trois, mais rarement plus de vingt personnes ensemble. Il est vrai que, le long des fleuves & des lacs qu'on a remontés, on a trouvé des nations sauvages, composées d'un bien plus grand nombre d'hommes ; mais ces nations se réduisent encore à trois ou quatre mille personnes, qu'on doit considérer comme répandues sur un espace de terrain souvent plus grand que le royaume de France. Comme c'est le nombre des hommes, augmenté à un certain point, qui produit presque nécessairement la société, il est à présumer que, comme l'on n'a trouvé dans toute cette partie de l'Amérique aucune nation civilisée, le nombre des hommes y étoit trop petit, & leur établissement dans ces contrées trop nouveau pour qu'ils aient pu sentir la nécessité ou les avantages de se réunir en société ; car quoique ces nations fauvages euffent des efpèces de mœurs ou de coutumes particulières à chacune, & que les unes fuffent plus ou moins farouches, plus ou moins crnelles, plus ou moins courageufes, elles étoient toutes également ftupides, également ignorantes, & également dénuées d'arts & d'induftrie.

Si l'on n'a trouvé, dans toute l'Amérique feptentrionale, que des fauvages, on a trouvé au Mexique & au Pérou des hommes civilifés, des peuples policés, foumis à des lois & gouvernés par des rois; ils avoient de l'induftrie, des arts, & une efpèce de religion; mais il nous refte, avant de nous occuper de ces peuples, à fuivre notre examen des fauvages mêmes: ceux de la Floride, du Miffiffipi & des autres parties méridionales de l'Amérique feptentrionale font plus bafanés que ceux du Canada, fans cependant qu'on puiffe dire qu'ils foient bruns. L'huile & les couleurs dont ils fe frottent le corps, les font paroître plus olivâtres qu'ils ne le font en effet. Les femmes de la Floride font grandes, fortes & de couleur olivâtre comme les hommes; elles ont les bras, les jambes & le corps peints de plufieurs couleurs. Ces femmes font fort agiles; elles paffent à la nage de grandes rivières en tenant même leurs enfans fur le bras, & elles grimpent avec une égale agilité fur les arbres les plus élevés: tout cela leur eft commun avec les femmes fauvages du Canada & des autres contrées de l'Amérique.

Les Apalachites, peuples voifins de la Floride, font des hommes d'une affez grande ftature: ils font de couleur olivâtre & bien proportionnés dans toutes les parties de leurs corps; ils ont tous les cheveux noirs & longs. Les Caraïbes ou fauvages des îles Antilles fortent des fauvages de la Floride; ils ont confervé, par tradition, le fouvenir de leur migration.

Les naturels des îles Lucayes font moins bafanés que ceux de Saint-Domingue & de l'île de Cuba; mais il refte fi peu des uns & des autres aujourd'hui, qu'on ne peut guère vérifier ce que nous en ont dit les premiers voyageurs qui ont parlé de ces peuples.

Les Caraïbes en général font des hommes d'une belle taille & de bonne mine: ils font puiffans, forts & robuftes, très-difpos & très-fains; ils ont les yeux noirs & affez petits; mais la difpofition de leur front & de leur vifage les fait paroître affez gros; ils ont les dents belles, blanches & bien rangées, les cheveux longs & liffes, & tous les ont noirs: on n'en a jamais vu un feul avec les cheveux blonds. Ils ont la peau bafanée ou de couleur d'olive. Tous ces fauvages prennent indifféremment leurs parens ou même leurs filles. Ils fe nourriffent de coquillages, de tortues, de lézards, de ferpens, de poiffons qu'ils affaifonnent avec du piment & de la farine de manioc. Comme ils font extrêmement pareffeux & accoutumés à la

plus grande indépendance, ils déteftent la fervitude, & l'on n'a jamais pu s'en fervir comme on fe fert des Nègres.

Les femmes fauvages font toutes plus petites que les hommes: celles des Caraïbes font affez bien faites; elles ont les yeux & les cheveux noirs, le tour du vifage rond, la bouche petite, l'air plus gai, plus riant, plus ouvert que les hommes; elles font cependant affez réfervées; elles fe barbouillent de rocou, mais elles ne fe font pas des raies noires fur le vifage & fur le corps comme les hommes; elles ne portent qu'un petit tablier de toile de coton. Un dernier ornement qui leur eft particulier, c'eft une efpèce de brodequin de toile de coton, qui prend depuis la cheville du pied jufqu'au deffus du gras de la jambe. Dès que les filles ont atteint l'âge de puberté, on leur donne un tablier, & on leur met en même tems des brodequins aux jambes.

Les peuples qui habitent maintenant le Mexique & la Nouvelle-Efpagne font fi mêlés, qu'à peine trouve-t-on deux vifages qui foient de la même couleur. Dans la ville de Mexico on voit des Blancs d'Europe, des Indiens du nord & du fud de l'Amérique, des Nègres d'Afrique, des mulâtres, des métis; en forte qu'on y trouve toutes les nuances de couleur qui peuvent être entre le blanc & le noir. Les naturels du pays font fort bruns & olivâtres, bien faits & difpos; ils ont peu de poils, même aux fourcils: leurs cheveux font cependant fort longs & fort noirs.

Les habitans de l'ifthme de l'Amérique font ordinairement de bonne taille, la jambe fine, les bras bien faits, la poitrine large; ils font actifs & légers à la courfe. Les femmes au contraire font petites & ramaffées, & n'ont pas la vivacité des hommes, quoique les jeunes aient de l'embonpoint; la taille jolie & l'œil vif; les uns & les autres ont le vifage rond, le nez gros & court, les yeux grands & pour la plupart gris, le front élevé, les dents blanches & bien rangées, les lèvres minces, la bouche d'une grandeur médiocre, & en général tous les traits affez réguliers: ils ont auffi tous, hommes & femmes, les cheveux noirs, longs, plats & rudes. Les hommes auroient de la barbe s'ils ne fe la faifoient arracher; ils ont le teint bafané, de couleur de cuivre ou d'orange, & les fourcils noirs comme du jais.

Ces hommes ne font pas les feuls habitans naturels de l'ifthme: on trouve parmi eux des hommes tout différens; & quoiqu'ils foient en très-petit nombre, ils méritent d'être remarqués. Ces hommes font blancs; mais ce blanc n'eft pas celui des Européens, c'eft plutôt un blanc de lait qui approche beaucoup du poil d'un cheval blanc. Leur peau eft auffi toute couverte, plus ou moins, d'un duvet court & blanchâtre, mais qui n'eft pas fi épais fur les joues & fur le front, qu'on ne puiffe diftinguer la peau. Leurs fourcils font d'un

blanc

blanc de lait auffi bien que leurs cheveux, qui font de la longueur de fept à huit pouces & à demi frifés.

Ces Indiens, hommes & femmes, ne font pas fi grands que les autres; & ce qu'ils ont encore de très-fingulier, c'eft que leurs paupières font d'une figure oblongue, en forme de croiffant, dont les pointes tournent en bas. ils ont les yeux fi foibles, qu'ils ne voient prefque pas en plein jour; ils ne peuvent fupporter la lumière du foleil, & ne voient bien qu'à la lumière de la lune; ils font d'une complexion fort délicate; ils craignent les exercices pénibles; ils recherchent l'obfcurité & les endroits fombres, comme les oifeaux nocturnes. Au refte, ces hommes ne forment pas une race particulière & diftincte; car il arrive quelquefois qu'un père & qu'une mère, qui font tous deux couleur de cuivre jaune, ont un enfant tel que nous venons de le décrire. Si cela eft, cette habitude fingulière du corps feroit une efpèce de maladie; mais fi, au lieu de provenir des Indiens jaunes, ils forment une race à part, ils reffembleroient fort aux Chacrelas de Java & aux Bedas de Ceilan. Si ce fait étoit bien vrai, que ces Blancs naiffent de pères & de mères couleur de cuivre, on pourroit croire également que les Chacrelas & les Bedas viennent auffi de pères & de mères bafanés, & que tous ces hommes blancs qu'on trouve à de fi grandes diftances les uns des autres font des individus qui ont dégénéré de leur race par quelque caufe accidentelle; & cette opinion paroît effectivement plus vraifemblable que de tirer ceux-ci de race européenne. Ce qui paroît appuyer cette manière de penfer, c'eft que, parmi les Nègres, il naît auffi des Blancs de pères & de mères noirs. Il eft vifible que les Nègres blancs font des Nègres dégénérés de leur race: il en eft de même des plantes étiaulées, fi l'on peut comparer ces effets; mais cette explication n'eft pas de notre objet. Nous dirons feulement que ces Blancs dégénérés fe trouvent fous le même degré de latitude.

Les Indiens du Pérou font auffi couleur de cuivre, comme ceux de l'ifthme de Darien, furtout ceux qui habitent les terres baffes du bord de la mer; car ceux qui habitent les pays élevés qui font fitués aux deux côtés de la chaîne des Cordillières font prefqu'auffi blancs que les Européens. Les uns font à une lieue de hauteur au deffus des autres, & cette différence en élévation au deffus du niveau de la mer fait autant qu'une différence de plufieurs degrés de latitude pour la température du climat.

En effet, tous les Indiens naturels de la terre ferme qui habitent le long de la rivière des Amazones & le continent de la Guiane, font bafanés & de couleur rougeâtre plus ou moins claire. La diverfité de la nuance a vifiblement pour caufe principale la diverfité de température de l'air des pays qu'ils habitent, variée depuis la grande cha-

leur de la zône torride, jufqu'au froid caufé par le voifinage des neiges & des glaces.

Quelques-uns de ces fauvages, comme les Omagnas, aplatiffent le vifage de leurs enfans; quelques autres fe percent les narines, les lèvres ou les joues pour y paffer des os de poiffon, des plumes d'oifeaux: la plupart fe percent auffi les oreilles & fe les agrandiffent confidérablement, & y mettent plufieurs fortes de pendans d'oreilles.

Les fauvages du Bréfil font à peu près de la taille des Européens, mais plus forts, plus robuftes & plus difpos. Leurs cheveux font noirs. Ils font bafanés & d'une couleur brune qui tire un peu fur le rouge; ils ont la tête groffe, les épaules larges & les cheveux longs; ils s'arrachent la barbe, le poil du corps, & même les fourcils & les cils; ce qui leur donne un regard extraordinaire & farouche. Ils fe percent la lèvre inférieure pour y paffer un petit os poli comme l'ivoire, ou une pierre verte affez groffe. Les mères écrafent le nez de leurs enfans peu de tems après leur naiffance. Ils vont tous abfolument nus, & fe peignent le corps de différentes couleurs.

Ceux qui habitent dans les terres voifines des côtes de la mer fe font un peu civilifés par le commerce volontaire ou forcé qu'ils ont avec les Portugais; mais ceux de l'intérieur des terres font encore pour la plupart abfolument fauvages.

Les habitans du Paraguai ont communément la taille affez belle & affez élevée; ils ont le vifage un peu long & la couleur olivâtre.

Les Indiens du Chili ont une couleur bafanée qui tire un peu fur celle de cuivre rouge comme celle des Indiens du Pérou. Cette couleur eft différente de celle des mulâtres, qui, venant d'un Blanc & d'une Négreffe ou d'une Blanche & d'un Nègre, ont une couleur brune, c'eft-à-dire, mêlée de blanc & de noir; au lieu que, dans tout le continent de l'Amérique méridionale, les Indiens font d'un jaune rougeâtre.

Ces habitans du Chili font de bonne taille; ils ont les membres gros, la poitrine large, le vifage peu agréable & fans barbe, les yeux petits, les oreilles longues, les cheveux noirs, plats & gros comme du crin; ils s'alongent les oreilles & s'arrachent la barbe. La plupart vont nus; & quoique le climat foit froid, ils portent feulement fur leurs épaules des peaux d'animaux. C'eft à l'extrémité du Chili, vers les terres magellaniques, que fe trouve cette race d'hommes, d'une taille forte, qui a été reconnue par les derniers voyageurs. Nous en traitons dans un article particulier. (*Voyez* PATAGONS.)

Les habitans des terres du détroit de Magellan & des îles voifines font d'une taille affez forte; ils font de couleur olivâtre; ils ont la poitrine large, le corps affez carré, les membres gros, les cheveux noirs & plats; en un mot, ils reffemblent à

M

tous les autres sauvages de l'Amérique, & quant à la couleur, & quant aux cheveux.

Il n'y a donc, dans tout le nouveau Continent, qu'une seule & même race d'hommes, qui tous sont plus ou moins basanés; & à l'exception du nord de l'Amérique, où il y a une race d'hommes semblables aux Lapons, & aussi quelques hommes à cheveux blonds, semblables aux Européens du nord, tout le reste de cette vaste partie du Monde ne contient que des hommes parmi lesquels il y a peu de diversité; au lieu que, dans l'ancien Continent, nous avons trouvé & indiqué une prodigieuse variété dans les différens peuples. La raison de cette uniformité dans les hommes de l'Amérique vient de ce qu'ils vivent tous de la même façon. Tous les Américains étoient ou sont encore sauvages ou à demi sauvages; car les Mexicains & les Péruviens ne doivent pas faire une grande exception, & leur état prouve qu'ils étoient depuis peu policés. Tous les Américains sortent donc à peu près d'une même souche, & ils ont conservé les caractères de leur race primitive sans une grande variation, parce qu'ils sont tous demeurés sauvages, qu'ils ont tous vécu à peu près de la même manière, & surtout parce que les climats de l'Amérique ne sont pas, à beaucoup près, aussi inégaux pour le froid & pour le chaud, que celui de l'ancien Continent, & qu'étant nouvellement établis dans leurs diverses contrées, les causes qui produisent des variétés bien décidées n'ont pu agir assez long-tems pour opérer des effets sensibles.

Chacune des raisons que je viens d'indiquer mérite d'être pesée & discutée particuliérement. Il semble d'abord qu'on ne peut douter que les Américains ne soient des peuples nouvellement établis dans les divers cantons de l'Amérique; lorsqu'on fait attention à leur petit nombre & au peu de progrès que les plus civilisés d'entr'eux avoient fait dans les arts; car il paroît, par les monumens des Péruviens, qu'il n'y avoit pas plus de trois cents ans qu'ils avoient cessé d'être, comme les autres, entiérement sauvages. La facilité avec laquelle on a conquis toute l'Amérique prouve qu'elle étoit très-peu peuplée, & par conséquent nouvellement habitée.

Dans l'Amérique la température des différens climats diffère beaucoup moins que dans l'ancien Continent: ainsi, sous la zône torride, il fait beaucoup moins chaud dans le nouveau Continent, que sous la zône torride en Afrique, surtout dans les plaines & dans les terres basses voisines du bord de la mer. Les pays compris sous cette zône en Amérique sont le Mexique, la Nouvelle-Espagne, le Pérou, le pays des Amazones, la Guiane & le Brésil. La chaleur n'est pas fort grande au Mexique, à la Nouvelle-Espagne, au Pérou, parce que ces contrées sont fort élevées au dessus du niveau de la mer. La température au Pérou est modérée. La neige qui couvre le sommet des mon-

tagnes entretient cette température dans tous les pays qui se trouvent distribués à quelque distance du pied de ces montagnes; aussi les habitans, au lieu d'être noirs ou très-bruns, sont seulement basanés plus ou moins.

Dans la terre des Amazones on trouve beaucoup de ruisseaux & de rivières, un grand nombre de forêts qui entretiennent une certaine humidité dans l'air, & par conséquent une température plus douce qu'elle ne le seroit à la même latitude dans un pays sec, bas & découvert.

D'ailleurs, on doit considérer que le vent d'est qui souffle constamment, n'arrive au Brésil, à la terre des Amazones & à la Guiane, qu'après avoir traversé l'Océan atlantique, sur lequel il prend de la fraîcheur qu'il porte ensuite sur toutes les terres orientales de l'Amérique équinoxiale.

Le même vent, après avoir traversé les terres basses de l'Amérique, rencontre une contrée très-élevée, une chaîne de montagnes couvertes de neiges, qui le refroidissent & lui enlèvent toute la chaleur qu'il auroit acquise en traversant ces terres; ainsi il ne porte aucune chaleur au Pérou.

On remarque cependant que la différence dans les températures de ces divers pays est assez forte pour se rendre sensible sur la couleur des habitans; car ceux qui sont plus exposés à la chaleur ont des habitans plus jaunes; & ceux qui occupent les vallées entre les montagnes, & qui sont à couvert du vent chaud, sont moins basanés que les autres. Toutes ces circonstances concourent donc à rendre les climats de la zône torride, en Amérique, beaucoup moins chauds que dans l'Afrique. Il n'est pas étonnant qu'on n'y trouve pas des hommes noirs ni même bruns, comme on en trouve dans l'ancien Continent.

La dernière raison qui fait qu'il y a peu de variétés dans l'espèce humaine en Amérique, c'est l'uniformité dans la manière de vivre; car on les a tous trouvés ou sauvages ou nouvellement civilisés. Chaque famille faisoit une nation toujours semblable à elle-même & presque semblable aux autres, parce que le climat & la nourriture étoient toujours à peu près semblables; ils n'avoient donc aucun moyen de dégénérer ni de se perfectionner faute de races avec lesquelles ils pussent s'allier.

Quant à leur première origine, nous en avons parlé ailleurs à l'article AMÉRIQUE. Les nouvelles découvertes faites par les Russes & par le capitaine Cook ne laissent aucun doute sur la possibilité du passage en Amérique par les Tartares orientaux & par les autres races voisines du détroit: il en résulte que les premiers hommes qui sont venus dans le nouveau Continent, ont abordé sur les côtes situées au nord-ouest de la Californie; que le froid de ces terres les força à gagner les parties les plus méridionales, & qu'ils se fixèrent d'abord au Mexique & au Pérou, d'où ils se sont ensuite répandus dans toutes les parties de l'Amérique septentrionale & méridionale ; car le Mexique & le Pérou peuvent être regardés comme les terres les plus anciennement peuplées, puisqu'elles sont les seules où l'on ait trouvé des hommes réunis en société.

On peut aussi présumer, avec une très-grande vraisemblance, que les habitans du nord de l'Amérique, au détroit de Davis & aux côtes septentrionales de la terre de Labrador, sont venus du Groënland, qui n'est séparé de ces pays que par la largeur du détroit, laquelle n'est pas considérable ; car ces sauvages du détroit de Davis & ceux du Groënland se ressemblent parfaitement. (*Voyez ces articles.*) Et quant à la manière dont le Groënland a été lui-même peuplé, on peut croire, avec tout autant de vraisemblance, que les Lapons y auront passé du Cap-Nord ; & d'ailleurs l'Islande a pu servir d'entrepôt pour toutes ces migrations. D'ailleurs, les Danois eux-mêmes, qui ont été dans les premiers tems des navigateurs hardis, & qui ont formé des colonies dans le Groënland, peuvent avoir transporté des hommes blancs à cheveux blonds, qu'on trouve aussi au détroit de Davis, lesquels se seront conservés dans les terres des environs.

Autant il y a d'uniformité dans la couleur & dans la forme des habitans naturels de l'Amérique, autant on trouve de variété dans les peuples de l'Afrique sur ces différens points. Cette partie du Monde est très-anciennement & assez abondamment peuplée. Le climat y est brûlant dans certaines parties seulement, & beaucoup plus tempéré dans d'autres. Les mœurs des peuples sont aussi fort différentes, comme on a pu le voir par les descriptions que nous en avons données. Toutes ces causes ont donc concouru à produire en Afrique, dans l'espèce humaine, une variété plus grande que partout ailleurs. Nous avons fait voir d'abord que la chaleur n'étant pas très-forte en Barbarie & dans l'étendue des terres voisines de la mer Méditerranée, les hommes y sont un peu basanés. Toute cette terre de la Barbarie est rafraîchie d'un côté par l'air de la mer Méditerranée, & de l'autre par les neiges du mont Atlas ; elle est d'ailleurs située dans la zône tempérée, en deçà du tropique ; aussi tous les peuples qui se trouvent depuis l'Egypte jusqu'aux îles Canaries, sur cette ligne, sont seulement un peu plus ou un peu moins basanés. Au-delà du tropique & de l'autre côté du mont Atlas la chaleur devient beaucoup plus grande, & les hommes sont très-bruns ; mais ils ne sont pas encore noirs. Ensuite, au dix-septième ou dix-huitième degré de latitude nord, on trouve le Sénégal & la Nubie, dont les habitans sont entièrement noirs ; aussi la chaleur y est-elle excessive. On sait qu'au Sénégal elle est si grande, que la liqueur du thermomètre monte jusqu'au trente-huitième degré, tandis qu'au Pérou, quoique situé sous la zône torride, elle est

presque constamment au même degré, & ne s'élève guère au dessus de vingt-cinq.

De même la chaleur est très-forte en Nubie : les déserts sablonneux qui sont entre la Haute-Egypte & la Nubie échauffent l'air au point que le vent du nord, pour les Nubiens, doit être un vent brûlant. D'un autre côté, le vent d'est, qui règne le plus ordinairement entre les tropiques, n'arrive en Nubie qu'après avoir parcouru les terres de l'Arabie, sur lesquelles il prend une chaleur que la Mer-Rouge ne peut guère tempérer. On ne doit donc pas être étonné d'y trouver des hommes tout-à-fait noirs : cependant ils doivent l'être encore plus au Sénégal ; car le vent d'est ne peut y arriver qu'après avoir parcouru toutes les terres de l'Afrique dans leur plus grande largeur ; ce qui doit le rendre d'une chaleur insoutenable.

D'un autre côté, si l'on prend toute la partie de l'Afrique comprise entre les tropiques, & où le vent d'est souffle plus constamment qu'aucun autre, on concevra facilement que toutes les côtes occidentales de ce Continent doivent éprouver & éprouvent effectivement une chaleur plus grande que les côtes orientales, parce que le vent d'est arrive sur les côtes orientales avec la fraîcheur qu'il a prise en parcourant une vaste mer ; au lieu qu'il prend une ardeur brûlante en traversant les terres de l'Afrique avant d'arriver aux côtes occidentales ; aussi les côtes du Sénégal, de Sierra-Leona, de Guinée, en un mot toutes les terres occidentales de l'Afrique, situées sous la zône torride, sont les contrées les plus chaudes de la Terre ; & l'on voit en même tems pourquoi les côtes orientales n'éprouvent pas, à beaucoup près, une chaleur aussi considérable. On peut citer les Noirs de Mozambique, de Monbaza, &c. pour preuve de cette différence dans la chaleur.

C'est pour cette raison qu'on trouve les vrais Nègres, c'est-à-dire, les plus noirs de tous les Noirs, dans les terres occidentales de l'Afrique, & qu'au contraire les Caffres, c'est-à-dire, les Noirs moins noirs sont le long des côtes occidentales du même Continent. La différence marquée qui se trouve entre ces deux nuances de Noirs vient de celle de la chaleur dont nous avons indiqué les circonstances & les degrés.

Au-delà du tropique du Capricorne, du côté du sud, la chaleur est considérablement diminuée ; aussi les hommes de cette contrée sont naturellement moins noirs. Ces effets comparés prouvent clairement que le climat est la principale cause des variétés qu'on remarque en Afrique dans ces différentes contrées. On peut citer les Hottentots, dont la couleur noire ne peut avoir été affoiblie que par la température du climat.

Si nous examinons tous les autres peuples qui sont sous la zône torride en Asie, nous nous confirmerons encore plus dans cette opinion. Les habitans des Maldives, de Ceilan, de la presqu'île de l'Inde, de Sumatra, de Malaca, de Borneo, des Célèbes, des Philippines, &c. &c., sont tous extrêmement bruns, sans être absolument noirs, parce que toutes ces terres sont des îles ou des presqu'îles, & que la mer tempère, dans ces différentes contrées, l'ardeur du soleil. D'ailleurs, la chaleur n'y peut pas être aussi grande que sur les côtes occidentales de l'Afrique, parce que les vents d'est ou d'ouest qui règnent alternativement dans cette partie du Globe, n'arrivent sur les terres de l'Archipel indien qu'après avoir passé sur des mers d'une vaste étendue. C'est pour toutes ces raisons que ces terres ne sont peuplées que d'hommes bruns, parce que la chaleur n'y est pas assez forte.

Dans la Nouvelle-Guinée ou terre des Papous, on retrouve des hommes noirs, & qui paroissent être de vrais Nègres par ce que les voyageurs nous en apprennent. Ces terres forment un large continent du côté de l'est; en conséquence, le vent qui traverse ces terres, doit être beaucoup plus brûlant que celui qui règne dans l'Océan indien.

Dans la Nouvelle-Hollande, où l'ardeur du climat n'est pas si grande, parce que cette grande terre commence à s'éloigner de l'équateur, on retrouve des peuples moins noirs & assez semblables aux Hottentots. Or, comme on ne peut pas soupçonner qu'il y ait jamais eu de communication de l'Afrique à ces terres australes, & qu'on y retrouve les mêmes nuances de couleur, parce que les mêmes circonstances relatives aux mêmes degrés de chaleur s'y rencontrent, on doit y reconnoître la nouvelle preuve que la couleur noire dépend du climat.

On ne trouve donc les Nègres que dans les climats de la Terre, où toutes les circonstances sont réunies pour produire une chaleur constante & toujours excessive. Cette chaleur est si nécessaire, non-seulement à la production, mais même à la conservation des Nègres, qu'on a remarqué dans nos îles, où la chaleur, quoique très-forte, n'est pas comparable à celle du Sénégal, que des enfans nouveaux-nés des Nègres sont si susceptibles des impressions de l'air, que l'on est obligé de les tenir, pendant les neuf premiers jours après leur naissance, dans des chambres bien fermées & bien chaudes.

Concluons, de tous ces faits comparés, que la chaleur du climat est la cause principale de la couleur noire des hommes qui habitent sous l'influence de ces climats. Lorsque cette chaleur est excessive, comme au Sénégal & en Guinée, les hommes sont tout-à-fait noirs. Lorsqu'elle est un peu moins forte, comme sur les côtes orientales de l'Afrique, les hommes sont moins noirs. Lorsqu'elle commence à devenir un peu plus tempérée, comme en Barbarie, au Mogol, en Arabie, les hommes ne sont que bruns. Et enfin, lorsqu'elle est tout-à-fait tempérée, comme en Europe & en Asie, les hommes sont blancs. On n'y

remarque seulement que quelques variétés dans la couleur, qui ne viennent que de la manière de vivre. Par exemple, tous les Tartares sont basanés, tandis que les peuples d'Europe qui sont sous la même latitude, sont blancs. Il semble qu'on doit attribuer cette différence à ce que les Tartares sont toujours exposés à l'air; qu'ils n'ont ni villes ni demeures fixes; qu'ils couchent sur la terre; qu'ils vivent d'une manière dure & sauvage. Cette manière de vivre suffit pour qu'ils soient moins blancs que les peuples de l'Europe, auxquels il ne manque rien de tout ce qui peut rendre la vie douce. C'est par une suite de ces mêmes raisons, que les Chinois sont plus blancs que les Tartares, auxquels ils ressemblent beaucoup par tous les traits du visage. Ils habitent dans des villes; ils sont policés; ils ont tous les moyens de se garantir des injures de l'air, auxquelles les Tartares sont exposés continuellement.

Mais lorsque le froid devient extrême, il produit quelques effets de la chaleur excessive. Les Samoïèdes, les Lapons, les Groënlandois, les Esquimaux, sont fort basanés. Rien ne prouve mieux l'influence du climat, que cette race lapone qui se trouve placée tout le long du cercle polaire dans une très-longue zône, dont la largeur est bornée par l'étendue du climat excessivement froid, & finit dès qu'on arrive dans un pays plus tempéré. (Voyez PEUPLES ARCTIQUES.)

Le climat le plus tempéré est compris entre le quarantième & le cinquantième degré de latitude nord. C'est dans cette zône que se trouvent les hommes les plus beaux & les mieux faits. C'est sous ce climat qu'on doit prendre l'idée de la vraie couleur naturelle à l'homme. C'est là où l'on doit se former une idée de l'unité ou du modèle auquel on peut rapporter toutes les autres nuances de couleur & de beauté. Les deux extrêmes dans ce cas sont également éloignés du vrai & du beau. Les pays policés, situés sous cette zône, sont la Géorgie, la Circassie, l'Ukraine, la Turquie d'Europe, la Hongrie, l'Allemagne méridionale, l'Italie, la Suisse, la France & la partie septentrionale de l'Espagne. Ces peuples sont aussi les plus beaux & les mieux faits de toute la Terre.

On peut donc regarder le climat comme la cause première & presqu'unique de la couleur des hommes; mais la nourriture, qui fait très-peu pour la couleur, fait beaucoup plus pour la forme. Une nourriture grossière, mal-saine ou mal préparée peut faire dégénérer l'espèce humaine. Tous les peuples qui vivent misérablement, sont laids & mal faits. En France, dans les villages où la pauvreté est moins grande, les hommes sont mieux faits & les visages moins laids. L'air & le sol influent beaucoup sur la forme des hommes, des animaux & des plantes. Ainsi les hommes qui habitent les terres élevées, comme les sommets des collines, comparés avec ceux qui, dans le même canton, occupent le milieu des vallées voisines, sont bien

plus agiles, plus difpos, mieux faits & plus vigoureux; au lieu que dans le pays plat, où l'air eft
épais, les payfans font groffiers, pefans, & ont
le corps affaiffé.

Qu'on amène des chevaux d'Efpagne ou de
Barbarie en France, il ne fera pas poffible de perpétuer leur race. Ils commencent à perdre de leurs
qualités dès la première génération, & fans aucun
mélange ils deviendront des chevaux français.
Ainfi le climat & la nourriture influent fur la
forme des animaux, d'une manière affez prompte
& affez marquée, &c., quoiqu'ils foient moins
prompts & moins fenfibles fur les hommes; cependant ces effets fe manifeftent à la longue par les
variétés qu'on y trouve, & qui font toujours relatives à ces caufes. Tout concourt donc à prouver
que le genre humain n'eft point compofé d'efpèces
d'hommes, effentiellement différentes entr'elles;
qu'au contraire il n'y a eu originairement qu'une
feule efpèce, qui, s'étant multipliée & répandue
à la furface de la Terre, a fubi différens changemens par l'influence des climats, par la différence
de la nourriture, par celle de la manière de vivre;
que d'abord ces altérations n'étoient pas fi marquées & n'ont produit que des variétés individuel-
les; mais enfuite elles font devenues variétés de
l'efpèce, parce qu'elles font devenues plus générales, plus conftantes par l'action foutenue &
continuée des mêmes caufes; & enfin elles fe per-
pétuent de génération en génération. Il eft probable qu'elles difparoîtroient auffi peu à peu, &
avec le tems, fi les mêmes caufes ne fubfiftoient
plus, ou même qu'elles deviendroient différentes
de ce qu'elles font aujourd'hui fi les caufes fe
trouvoient affujetties à d'autres circonftances combinées différemment.

ESPERAZA, village du département de l'Aude,
canton de Guillon, à une lieue deux tiers de cette
ville. On y fabrique des chapeaux, & on y prépare
des cuirs & des bafanes. Il y a auffi un moulin à
fcier les planches.

ESPINASSE (Forêt d'), du département de
l'Allier, arrondiffement de Mont-Luçon, à quatre
lieues un quart fud-fud-oueft de Cerilly. Elle a
deux mille fix cents toifes de long, fur feize cents
toifes de large.

ESCUIT (Péne d'), montagne du département des Baffes-Pyrénées, canton d'Accous, à
un tiers de lieue fud de cette ville. C'eft la pointe
d'une montagne bordée de rochers, qui a de
l'oueft-nord-oueft à l'eft-fud-eft deux lieues de
longueur.

ESSCHÈNE, village du département de la Dyle,
canton d'Afcha, à une lieue fud-oueft de cette
ville. Il y a un moulin à huile d'un produit confidérable, deux brafferies & deux genièvreries. Les

productions d'ailleurs confiftent en grains de toute
efpèce, en pâturages & bois.

ESSÉ, village du département d'Ille & Villaine, canton de la Guerche, à trois lieues un
quart de cette ville. Sur les confins de ce village
& du Theil, au fud-eft de Rennes, on voit un
monument de fuperftition gauloife, compofé de
pierres énormes. C'eft une efpèce de galerie couverte, appelée la Roche-aux-Fées, formée par un
affemblage de quarante-un blocs bruts de pierres
fchifteufes, dont l'entrée fe trouve difpofée vers
le fud.

ESSOMES, village du département d'Aifne,
arrondiffement & canton de Château-Thierry,
près la Marne, à une demi-lieue de cette ville :
on y fait récolte & commerce de bons vins
blancs.

ESSONNE, village du département de Seine
& Oife, canton de Corbeil, à un quart de lieue
de cette ville. Effonne eft dans une contrée
agréable : il y a une manufacture de toiles peintes.
C'eft aux environs que fe trouvent établis un moulin à poudre & la fabrique de papiers à cylindres
hollandois. C'eft de cette ufine que fortent de
beaux papiers. Il y a beaucoup d'autres ufines fur
la petite rivière d'Effonne. Ainfi on y trouve des
tanneries & des moulins à farine, à tan & à
tabac.

Les croupes de la vallée de la belle rivière
d'Effonne font couvertes, en plufieurs endroits, de
gros quartiers de meulières, la plupart dans une
fituation inclinée, & dépouillées de terres. Pour
peu qu'on creufe autour, dans les parties fupérieures de ces croupes; on trouve des maffes fortes épaiffes qui font reftées en place, & qu'on débite
en petit quartiers pour la conftruction des édifices
du pays. On obferve, outre cela, que les fommets
& arêtes de ces différentes croupes, ainfi que les
plateaux qui font un prolongement de ces fommets, fe préfentent à un niveau inférieur de beaucoup aux fommets & aux plateaux qui appartiennent
à la vallée de la Seine; ce qui doit être fi les rivières latérales qui fe jettent dans la Seine & qui fe
réuniffent à cette rivière, ont coulé fur les pentes
des côtés de la vallée principale & primitive.

Les arêtes, qui font ainfi inférieures aux autres,
& qui bordent la vallée de la rivière d'Effonne,
offrent des pierres un peu dégroffies par les eaux,
des filex & d'autres débris mêlés de fables lavés;
ce qui prouve & attefte la marche des eaux courantes à cette hauteur, & inconteftablement avant
l'approfondiffement des vallées qui les avoifinent.
On coupe trois fois par an les plantes qui croiffent
dans fon lit; & à juger de leur abondance par
les convois que la rivière en charrie journellement,
on peut fe convaincre que, dans l'ancien état de la
rivière, où ces plantes pouvoient fe multiplier fans

obſtacle, la maſſe des végétaux qui s'accumuloient pour lors dans le lit de la rivière, a dû produire les tourbes que nous y voyons maintenant, en même tems que nous pouvons obſerver les moyens qu'ont pris les propriétaires des uſines qui ſont ſur cette belle rivière, pour détruire les principes de la formation des tourbes qui nuiroient à ces établiſſemens. C'eſt ainſi que les cauſes de l'ancien état naturel des choſes peuvent ſe retrouver & ſe comparer aux effets qui ſubſiſtent encore, mais qui ne ſe continuent pas depuis que les hommes ont changé cet état ancien. Au milieu de ces changemens on trouve toujours la force de la Nature, lorſqu'on ſait l'obſerver.

ESSOYE, bourg du département de l'Aube, arrondiſſement de Bar-ſur-Seine, & à trois lieues & demie eſt-ſud-eſt de cette ville, ſur l'Ource. On y récolte conſidérablement de vins.

ESTABLES (Calanque des), département du Var, canton d'Hières, à la côte de l'île du levant, entre l'île de l'Eſquilladon & le cap du Quart-des-Rouſſes.

ESTABLES DE RANDON, village du département de la Lozère, arrondiſſement de Mende. On fait dans ce village un très-bon emploi des laines du pays, dans la fabrication des ſerges de Mende ou cadis de la montagne, qui ont quelque réputation.

ESTAING, ville du département de l'Aveyron, arrondiſſement d'Eſpalion, à deux lieues nord-oueſt de cette ville. On y fabrique des burats, & outre cela il s'y trouve des tanneries conſidérables, où l'on prépare des cuirs & des peaux.

ESTAIRES, ville du département du Nord, arrondiſſement d'Hazecroubk, à trois lieues & demie de cette ville. Preſque tous les habitans fabriquent des toiles & des ſerviettes.

ESTAUBE (Gave d'), rivière du département des Hautes-Pyrénées, arrondiſſement d'Argelez. Il prend ſa ſource au ſommet des Pyrénées, entre le port de Pinade & le Port-Vieux, à cinq lieues ſud-oueſt de Luz, coule au nord-oueſt, & ſe rend dans la gave de Heas, à deux lieues nord-oueſt de ſa ſource.

ESTENOS, village du départemeut de la Haute-Garonne, arrondiſſement de Saint-Gaudens, près de la Garonne. Très-près de ce village, au deſſus du pré de Buſch, il y a une mine de plomb en filon. On en trouve une autre de même métal dans la montagne du Mail-de-Caſtel, près la fontaine de Portet. Enfin, on peut obſerver aux environs du même village, des bancs de marbre gris,

& dans les montagnes, au ſud, des maſſes de granit.

ESTIALESQ, village du département des Baſſes-Pyrénées, arrondiſſement d'Oleron, & à une lieue un quart de cette ville. Aux fours à chaux de ce village, il y a des bancs d'une pierre blanche ſuſceptible d'une forte de poli.

ESTIGNY (Forêt d'), département de Seine & Oiſe, arrondiſſement de Corbeil, & à deux lieues oueſt-nord-oueſt de cette ville. Elle a de l'eſt à l'oueſt, mille cinq cents toiſes de long, & du nord au ſud mille toiſes de large.

ESTIVADOU (Lac de l'), département du Puy-de-Dôme, canton de Beſſe, & à une lieue ſud-oueſt de cette ville. Proche une des ſources de la Crouſe, il a cent cinquante toiſes de longueur, ſur cinquante toiſes de largeur.

ESTOILER, village du département des Pyrénées orientales, arrondiſſement de Prades, & à une lieue un quart de cette ville. Il y a, près de ce village, une mine de cuivre tenant argent, ſituée derrière le col de la colline.

ESTOM (Lac d'), département des Hautes-Pyrénées, arrondiſſement & canton d'Argelez. Il a, du nord au ſud, cinq cents toiſes de long ſur deux cent cinquante toiſes de large.

ESTOM-SOUBIRAN (Lacs d'), département des Hautes-Pyrénées, arrondiſſement & canton d'Argelez. Il y en a cinq qui ſont dans des baſſins voiſins de la ſource du gave de Lutour, & dont le plus grand a deux cents toiſes de long, ſur cent toiſes de large.

ESTOURT-BLANQUE (Lac d'), département des Hautes-Pyrénées, canton de Luz. Il a, du nord au ſud, quatre cents toiſes de long & cent cinquante toiſes de large.

ESTRECHY, bourg du département de Seine & Oiſe, arrondiſſement & canton d'Étampes, & à une lieue un quart de cette ville. Il s'y fait un commerce conſidérable de chevaux. On trouve près de ce bourg, des roches de grés d'une étendue conſidérable.

ESTRÉES SAINT-DENIS, village du département de l'Oiſe, arrondiſſement de Compiègne & à trois lieues oueſt de cette ville. Il y a, dans cette commune, une mine d'or dont l'exploitation n'a pas été ſuivie. Le principal commerce conſiſte en blé, en chevaux, en toiles, & cordes de fil, dont il y a pluſieurs fabriques fort bien conduites.

ESTUEF-FOND-BAS, village du département du Haut-Rhin, arrondissement de Béfort & à deux lieues de cette ville. Il y a, près de ce village, une mine de cuivre tenant argent, & une mine de plomb.

ESVANS, village dans le département du Jura, canton de Dampierre. Il y a une fabrique de carrés de montre.

ÉTAIN, ville du département de la Meuse, arrondissement de Verdun. *Étain* est située dans une plaine un peu marécageuse. Elle a des filatures de coton & de laine, des fabriques de drap, de molleton; une forge où l'on travaille le fer de différentes sortes. Ses environs sont fertiles en grains, froment, seigle, avoine, orge, très-estimés, navette & fruits. C'est la résidence d'un sous-inspecteur des forêts.

ÉTALIÈRES (Lac d'). Ce lac est curieux en ce que ses eaux se perdent par des canaux souterrains, dans lesquels on a construit trois moulins à blé, à cent pieds au dessous du bassin de ce lac. L'eau du lac tombe successivement dans cinq réservoirs, d'où elle sort pour mettre en mouvement les roues des moulins ; elle se perd ensuite dans les fentes des rochers, & va former la rivière de Reuse.

Le lac d'*Étalières* est contenu dans une combe qui est très-propre à contenir les eaux du lac, comme toutes les combes obstruées. Son bassin est une combe. C'est encore une sorte de bassin qu'il faut comprendre dans les différens bassins des lacs : tous les lacs du Jura sont ainsi placés, à ce qu'il paroît. (*Voyez* COMBES.) Ce sont des espèces de vallons fermés, qui sont la suite des affaissemens des couches dans une certaine étendue, où l'eau souterraine a d'abord fait des enlévemens, & s'est ensuite obstruée par des dépôts abondans.

ÉTAMPES, ville du département de Seine & Oise, chef-lieu d'arrondissement & de canton, sur la Juine, dans un pays fertile, à trois lieues sud-est de Dourdan. Il y a une manufacture de draperie, une autre de couvertures, un moulin à foulon, un moulin à chamois, un autre à tan, deux tanneries en cuirs forts & en veau, une mégisserie, une chamoiserie & seize moulins à farine. On y fait aussi le commerce de blé, dont son territoire abonde, & en laines qui sont voiturées aux fabriques d'Orléans & de Beauvais.

Aux environs de cette ville on voit des masses considérables de grès, qui servent de base à des couches calcaires.

ÉTANCHE (l'), village du département des Vosges, arrondissement & canton de Neufchâteau, à une lieue de cette ville. Ce village est situé sur la rive gauche d'une petite rivière qui se jette dans la Verre, près du village de Frutel, dans un vallon qu'on appeloit *le Vallon-du-Duc*. La quantité d'eau qui se décharge dans ce vallon a fait donner à ce village le nom qu'il porte.

ÉTANGS, amas d'eaux dormantes, contenues dans un bassin naturel par une digue, ou artificielle ou naturelle. Quelques-uns des *étangs* versent par les digues dont nous venons de parler, un trop-plein plus ou moins considérable, suivant l'abondance des eaux qui y affluent : on y nourrit du poisson; aussi les Latins, qui en faisoient usage, nommoient-ils ces *étangs* des *piscines*. Un des *étangs* les plus considérables de la France est celui de Villers dans le Berry; il a environ six lieues de circuit. On voit dans la Chine quantité d'*étangs* faits & ménagés avec beaucoup d'industrie pour recueillir l'eau des pluies, & les fournir, pendant la sécheresse de l'été, aux habitans des campagnes qui sont trop éloignés des rivières, ou dont le sol n'est pas propre à donner de l'eau par le moyen des puits.

On connoît, sous le nom d'*étangs*, des espèces de lacs qui sont le long des bords de la mer & à l'embouchure des rivières. On en distingue de deux sortes; les uns ne renferment que des eaux douces, parce qu'ils sont totalement abreuvés par les rivières qui s'y déchargent; les autres sont salés, parce qu'ils reçoivent les eaux de la mer ; aussi se sert-on de leur eau pour en former des marais salans, où l'on fait cristalliser le sel marin : tels sont les *étangs* de Maguelone en Languedoc , & celui de Martigues, entre Marseille & le Rhône. (*Voyez* MAGUELONE, MARTIGUES.)

Il y a plusieurs sortes d'*étangs* :

Les uns sont des amas d'eaux retenues dans une ou deux vallées, & particuliérement à leur origine, par une chaussée artificielle. L'emplacement des *étangs* est déterminé par l'eau que les sources ou les ruisseaux peuvent y verser pour leur entretien. Dans la nouvelle terre il faut que ces *étangs* soient effectivement au dessous du niveau des sources; dans l'ancienne ils peuvent être placés à toutes les hauteurs.

Il y en a d'autres qui sont sur le bord de la mer, & qui sont proprement des lacs digués par des espèces de dunes.

Il y en a qui se trouvent placés le long du cours de certaines rivières, & qui servent au mouvement de différentes usines, comme celles des forges de fer, des papeteries, &c.

Les *étangs* artificiels sont sujets à se remplir par la queue, les eaux qui les alimentent entraînant beaucoup de sables & de terres qui se distribuent réguliérement le long des bords supérieurs; & ces additions, à mesure qu'elles se forment à un niveau au dessus des eaux moyennes, se garnissent de plantes & de roseaux, qui sont une nouvelle ressource qu'a la Nature pour consolider ces aterrissemens.

§. I.er. ÉTANGS NATURELS DE FRANCE.

Ils font prefque tous littoraux, & fitués fur les côtes de l'Océan, au deffous de Bordeaux, ou fur les bords de la Méditerranée, depuis Perpignan jufqu'au Var.

Étangs du département des Landes.

Il y a des *étangs* depuis l'Adour jufqu'à la Garonne, & ces détails méritent d'être décrits.

Depuis l'Adour jufqu'à l'embouchure de la rivière de Bourette on trouve, dans l'ancien lit de l'Adour, onze *étangs* liés enfemble, qui n'ont point d'autre débouché que cette embouchure. Cinq de ces *étangs* reçoivent l'eau d'autant de ruiffeaux. Outre cela, trois *étangs* intérieurs, dont le plus confidérable eft celui d'Orn, alimentés par plufieurs ruiffeaux, verfent leur trop-plein dans les *étangs* qui fe terminent, comme on voit, au même débouché ; ainfi ce font deux fyftèmes d'é-tangs ou d'amas d'eaux formés par des fables entre l'embouchure de la rivière de Bourette & l'ancienne embouchure de l'Adour ou Vieux-Boucaut. Il y a dans l'ancien lit de l'Adour, neuf *étangs* qui ne reçoivent aucun ruiffeau de l'intérieur, mais dont une partie verfe dans l'embouchure de la rivière de Bourette, & une autre au contraire reçoit de l'eau des débordemens du Vieux-Boucaut.

Je dois faire obferver ici que, dans l'intérieur des terres, & au-delà des anciennes dunes, il y a l'*étang* de Toffe qui a plufieurs embranchemens, & qui reçoit les eaux de plufieurs ruiffeaux, lequel fe décharge dans l'*étang* de Soufions, alimenté auffi par huit ruiffeaux & une rivière, & qui fe décharge par le Vieux-Boucaut dans l'Océan.

Le Vieux-Boucaut reçoit encore la rivière de Moliets, dont le cours eft entre les nouvelles & les anciennes dunes, & fert à lier trois étangs, dont le plus confidérable eft celui de Moifiac.

Étang de Léon. Il reçoit les eaux de fept ruiffeaux & de la rivière de la Palue, qui en reçoit fept autres dans fon cours. Cet *étang* verfe fon trop-plein dans l'Océan, par un canal qui traverfe les dunes.

Il faut obferver qu'entre les deux *étangs* de Soufions & de Léon il y a d'anciennes dunes, avancées au niveau des bords intérieurs de chacun de ces *étangs*. Il paroît que les dunes, dans ces intervalles, fe font avancées jufque-là, pendant que les eaux des deux *étangs* ont empêché la marche des fables dans les parties du rivage où elles fe font affemblées.

Étang de Saint-Julien & de Lit. Il reçoit les eaux de cinq ruiffeaux, dont deux affez confidérables ; mais avant de fe jeter dans le baffin de cet *étang*, les lits de ces deux ruiffeaux fe fubdivifent en plufieurs canaux, occafionnés par les fables, comme à l'embouchure des grands fleuves. Cet *étang* verfe fon trop-plein dans l'Océan, par un canal qui, après

avoir traverfé les dunes par un cours de l'eft à l'oueft, fe déverfe vers le fud-oueft.

Étang de Cafau & de Bifcaroffe. Il reçoit les eaux de deux ruiffeaux au nord ; il fe verfe dans l'*étang* de Bifcaroffe, & celui-ci dans l'*étang des Gaftes & de Parentis.* Ce dernier reçoit outre cela, de l'intérieur des terres, un ruiffeau au nord-oueft qui vient des dunes, & celle d'une rivière ; il verfe fes eaux dans l'*étang* de Mimifan, & dans ce trajet le canal reçoit les eaux du ruiffeau de Sainte-Eulalie.

Étang du Mimifan. Il reçoit deux petits filets d'eau au nord-oueft, au pied des dunes, & trois autres au fud, & deux rivières principales qui reçoivent plufieurs ruiffeaux. Son trop-plein, après avoir traverfé les dunes, décline au fud pour fe jeter dans l'Océan.

Je vois que toutes les eaux des trop-plein prennent leur cours au fud, étant détournées apparemment par l'action du courant de l'Océan, ou par le vent du nord-oueft : tels font les boucaus de l'*étang* de Léon, celui de l'*étang* de Saint-Julien, & enfin celui de l'*étang* de Mimifan.

Étang de Carcans. Il paroît verfer au dehors fes eaux dans des foffes d'écoulement, ou bien d'en recevoir par des ruiffeaux. A l'oueft il eft adoffé aux dunes, & à l'eft au landes plates, en fuivant la ligne de fon grand diamètre au nord, outre le canal de décharge, environ une vingtaine de flaques d'eau, dont l'intervalle peut être marécageux.

Étangs des départemens des Pyrénées orientales, de l'Aude, de l'Hérault & du Gard.

Ces *étangs*, qui feront décrits fpécialement à leurs articles refpectifs, font :

L'étang des Roufes, alimenté par un ruiffeau & fans débouché dans la Méditerranée.

Le *lac de Villeneuve de la Raho*, dans l'intérieur des terres.

Le *lac de Poulaftres*, fitué dans un vallon & fans iffue.

L'*étang de Saint-Naçaire*, alimenté par une rivière confidérable & deux ruiffeaux fans débouché apparent dans la mer Méditerranée.

Le grand *étang de Leucate*, qui débouche dans la mer par les deux extrémités, & qui eft alimenté par deux ruiffeaux & le trop-plein d'un lac.

L'*étang de la Palme*, alimenté par deux petits ruiffeaux communiquant à la mer par deux grands.

Celui de *la Franqui* & celui de *Jongrauffe*.

L'*étang de Bages*, alimenté par plufieurs ruiffeaux & une rivière confidérable, & qui communique à la Méditerranée par le grau du fort de la Nouvelle.

L'*étang de Gruiffan*, dont les deux embranchemens communiquent à la Méditerranée par les graus de la Vieille-Nouvelle & par celui de Grazelle.

Les deux *étangs* de Pech-Menau ; l'un intérieur, alimenté par un ruiffeau ; l'autre alimenté par deux ruiffeaux & communiquant par un grau obftrué.

L'étang

L'*étang de Fleury*, alimenté par un ruisseau, & communiquant à la Méditerranée par le grau de Piffevaques, & le grau de Vendres à l'embouchure de l'Aude.

L'*étang de Vendres*, alimenté par l'Aude & par deux petits ruisseaux; il communique à la Méditerranée par le grau de Valleras.

L'*étang de la Redoute de Roque*; il ne communique point avec la mer.

L'*étang de Carouqui* reçoit les eaux de deux à trois ruisseaux, & communique avec la mer au deffus du grau d'Agde.

L'*étang de Laino*, qui ne commun'que point avec la mer, non plus que l'*étang d'Embonnes*: celui-ci n'eft pas alimenté par un canal apparent.

L'*étang de Capiftang*, dans l'intérieur des terres, alimenté par fept ruiffeaux; il communique à la mer par l'Aude.

L'*étang de Bagnes*, alimenté par un ruiffeau & digué par le canal.

L'*étang de Thau*, alimenté par feize ruiffeaux; il communique à la mer par le canal de l'*étang* de Maguelone.

L'*étang de Maguelone*, alimenté par plufieurs ruiffeaux & *étangs* communiquant à la mer par le grau de Maguelone, & celui de Palavas, qui eft à l'embouchure du Les.

L'*étang de Pérols*, alimenté par un ruiffeau & par des communications avec le Les, fe décharge dans la mer par le grau de Pérols.

Il eft uni avec l'*étang de Manguio*, qui reçoit neuf ruiffeaux & trois rivières; il ne communique à la mer que par une décharge dans l'*étang* de Repauffet & dans celui de Pérols.

L'*étang de Repauffet* & autres *étangs* d'Aigues-Mortes, qui reçoivent du côté des terres plufieurs canaux & rivières, & qui fe déchargent dans la mer par le grau du Roi.

Auprès de l'embouchure du Rhône font beaucoup de lacs, fans aucun ruiffeau ni graus; ce font des flaques d'eau alimentées par des marais entre deux terres.

L'*étang de Valcares*, qui ne reçoit d'aliment que des marais de Valcares & de celui du Pont-de-Rofty.

L'*étang de Beau-Duc*, qui communique à la mer, ainfi que celui de Giraud.

Je ne m'étendrai pas davantage fur chacun de ces *étangs*: cette indication fuffira ici. Je me contente de renvoyer à leurs articles.

Étangs du département des Bouches-du-Rhône.

L'*étang de Berre* eft circonfcrit par les territoires de Saint-Chamas, de Califfane, de Rognac & de Marignane. Cet *étang* perd tous les jours une partie du terrain qu'il occupoit dans les premiers tems, terrain qui étoit de l'ancienne vallée de l'Arc, qui y verfe fes eaux; c'eft auffi lui qui y voiture des fables. Il en eft de même de la Touloubre; il ne

refte que l'ancienne embouchure de ces deux rivières, qui fervent de débouché à l'*étang*. Les deux ruiffeaux de Marignane y fourniffent auffi.

L'*étang de Berre* fournit du poiffon frais aux bourgs & villages qui l'environnent; il fournit auffi environ quatre cents quintaux d'anguilles. On y fait près de quarante quintaux de boutargue, préparation faite avec les œufs de mulet bien nétoyés, falés, aplatis & féchés au foleil. Cette boutargue fe vend à l'étranger, & paffe pour un mets fort délicat & fort nourriffant: on en fait un grand ufage en Italie.

Il paroît que la digue qui fert à la retenue des eaux des rivières qui s'y rendent de plufieurs côtés eft un amas de fables rabattus par la mer, qui s'en eft retirée à mefure que les mêmes fables fe font accumulés par les mêmes flots. (*Voyez* MARTIGUES.)

Étangs du département du Var.

Dans ce département je diftinguerai les *étangs* littoraux de ceux qui font formés dans l'intérieur des terres, parce que leur origine & leur régime font différens. Quant à ce qui concerne les *étangs* littoraux du département du Var, il s'en forme à prefque toutes les embouchures des rivières dans la mer, par le concours de toutes les circonftances fuivantes: les vents d'eft & de fud-oueft, foulevant les flots de la mer, forment des dunes élevées. Si en même tems les berges des rivières font plus hautes que le terrain, les rives, fe liant aux dunes & au prolongement des coteaux voifins, forment enfemble les bords continus d'un baffin qui fe remplit aux époques des débordemens.

Lorfque les vents d'eft & de fud-eft foufflent avec violence, le niveau de la mer s'élève d'environ un mètre, & baiffe autant par ceux du nord-oueft. Les eaux des *étangs* littoraux obéiffant fimultanément à la même loi, il y a lieu de penfer qu'ils communiquent avec la mer, à travers la dune qui les en fépare en apparence; mais comme cette efpèce n'eft entretenue que par les pluies & les infiltrations de la mer, il doit arriver que l'époque de fes plus baffes eaux, foit pendant l'été, qui eft tout à la fois la faifon la plus fèche, & eft celle où la mer baiffe le plus; & fi l'*étang* eft alors réduit à peu de profondeur, il devient marais, & en produit les finiftres effets.

Étang de Villepey. Il eft fitué près de l'embouchure de l'Argens, dans un fol filiceux. Il a commencé par être un golfe ou enfoncement de la mer. Les fables voiturés par les vagues ont fermé la communication, & l'*étang* s'eft formé: c'eft ainfi que prefque tous les *étangs* littoraux ont dû leur formation. La fuperficie de l'*étang de Villepey* eft de douze cents ares. Ses eaux, profondes pendant l'hiver, baiffent confidérablement pendant l'été. Les gaz paludeux qui s'en exhalent, prennent alors un caractère effrayant de malignité, & tout ce qui respire, en évite l'atmosphère avec soin. La profondeur réduite de ses hautes eaux est de trois mètres, & celle des basses eaux d'un mètre. Cet *étang* est un des foyers principaux de l'insalubrité qui règne à Fréjus. Son fond est inférieur au niveau de la mer; il ne peut être desséché par des saignées; mais il est aisé de l'encombrer en dirigeant le torrent de Fournet, qui, descendant des montagnes de Roquebrune, charie dans ses crues une quantité considérable de vase & de gravier. La dépense de cette dérivation ne pourroit pas excéder 20,000 francs. On semeroit en grains le sol encombré, & on y cultiveroit la soude.

Étang de la Napoule. On présume qu'il occupe la place d'un grand chenal destiné à conduire, dans un port projeté par les Romains au fond de la plaine de Laval, une certaine quantité d'eau. Son sol est argilo-calcaire, & sa superficie est de trois cent cinquante ares. La profondeur réduite de ses hautes eaux est de sept mètres, & celle des basses eaux est de quatre mètres. Rien n'annonce que le port ait été commencé; mais de grands travaux préalables ont été exécutés entr'autres pour en faciliter l'approfondissement & le préserver des aterrissemens de la Siagne. Les Romains avoient détourné cette rivière par un nouveau lit dirigé à l'est, & à quinze cents mètres de l'*étang*; elle y coule encore aujourd'hui, soutenue sur les points les plus élevés, d'où elle verse ses débordemens dans les parties basses, & forme une infinité de petites mares.

Les eaux de l'*étang*, abondantes pendant l'hiver, baissent pendant l'été. A la même époque, son embouchure se ferme par les apports des vagues de la mer, &, n'étant avivé de nulle part, il se convertit en un marais pestilentiel. Dans l'espace d'un demi-siècle, les communes situées dans son atmosphère ont perdu les neuf dixièmes de leur population. Les villages de Mandelieu & de la Napoule n'offrent plus que des ruines abandonnées. Les propriétaires ont fui leurs champs. Cependant la position des lieux indique ce qu'il faut faire pour détruire ce foyer de méphitisme. Il suffira, 1°. de remettre la Siagne dans son ancien lit, dont l'*étang* occupe la partie inférieure : pour lors la Siagne, coulant dans les lieux les plus bas, ne déborderoit jamais. 2°. Les écoulemens de la plaine, s'y rendant par leur pente naturelle, ne formeroient plus de marais. 3°. L'*étang*, renouvelé par les eaux vives & fraîches, ne produiroit plus aucune émanation méphitique. 4°. Enfin, à l'aide du tems, son encombrement s'opéreroit lentement; il est vrai, mais nécessairement des dépôts successifs de la même rivière qui, par un bienfait préalable, l'aura d'abord avivé. La longueur du lit à rétablir est de six mille mètres, avec une section de quarante mètres carrés. Cet ouvrage coûteroit moins de 50,000 fr.

Étangs de Tourves. Ils sont au nombre de deux, & situés à peu de distance l'un de l'autre, au nord-est du village & au pied d'une colline calcaire. Le premier, de forme circulaire, a quarante mille mètres de superficie, sur douze mètres de profondeur; il baisse, pendant l'été, d'environ trois mètres. Le *nymphea* à fleurs jaunes, le roseau & le jonc croissent sur ses bords. Le second, avec la même profondeur, a dix-huit cents mètres de superficie : son pourtour est de la même forme. Les eaux de ces *étangs* sont salées, & nourrissent des carpes, des meuniers & des tanches. L'eau se soutenant constamment au même niveau dans tous les deux, il est à présumer qu'ils communiquent intérieurement, & sont des parties apparentes d'un grand amas d'eau souterraine & salubre.

Étang de Besse. Il est situé au nord du village, au pied d'une montagne calcaire qui lui fournit une source abondante. Sa superficie est de soixante mille mètres, & sa plus grande profondeur de trente-trois mètres. Son écoulement entretient un canal pour l'irrigation des terres. Dans les grandes sécheresses ses eaux baissent d'environ sept mètres, & laissent des marais sur ses rives : alors les émanations mal-saines de cet *étang* rendent les fièvres intermittentes communes à Besse. Les eaux contenues dans le bassin de l'*étang* sont douces, & nourrissent des truites, des tanches, des anguilles, des barbeaux, des carpes, des meuniers & quelques écrevisses. Les roseaux & les joncs qui croissent sur ses bords, servent de retraite aux plongeons, aux poules-d'eau & aux macreuses.

Garonnes du golfe de Grimaud. Ce sont de petits *étangs* sur un sol siliceux, & entretenus par des sources : on en compte douze. La première est près de la route de Saint-Tropès : ses eaux sont douces & sans mouvement, & nourrissent des muges. Il en est de même des trois autres, qui sont poissonneuses & ne sont point mal-saines. Les neuf qui suivent, ont des eaux mal-saines, & les quatre dernières sont souvent à sec pendant l'été. Les *garonnes* paroissent avoir pour origine des sources particulières qui baissent plus ou moins, & dont un grand nombre tarissent tout-à-fait. Ceux de ces *étangs* qui sont poissonneux, servent à abreuver les bestiaux & ne vicient point l'atmosphère. Les émanations des autres sont très-méphitiques & très-ardemment desirées partout le golfe de Grimaud; mais il est à craindre que, dans cette opération, les remblais ne soient déblayés & emportés par les eaux des sources abondantes qui, pendant l'hiver, entretiennent ces petits *étangs*.

Ainsi que les *étangs*, les marais du département du Var sont le produit des aterrissemens des embouchures des rivières, & ont une autre origine que ceux de l'intérieur des terres : il convient donc de les distinguer aussi.

Marais de Mourraillon, à l'est de Toulon. Il occupe un aterrissement encore imparfait, & produit par les débordemens du ruisseau de l'Esgoutier & les apports des eaux pluviales de la vallée des Boucheries; il communique avec la mer. Lors du siège de Toulon, au commencement du siècle dernier, ce marais avoit encore assez de fond pour qu'on ait pu y conduire & y faire échouer de gros navires qui furent convertis en batteries, & couvrirent la partie des approches de la place que le fort de la Malgue protège aujourd'hui. Son fol eſt un mélange calcaire & filiceux. Sa fuperficie eſt de trente mille mètres. La profondeur réduite de ſes hautes eaux eſt de trois mètres. Elles baiſſent d'environ deux mètres. Leurs émanations ſont mal-ſaines. On a commencé à y verſer la vaſe provenante du curement des ports & de la rade, & pour accélérer on a preſcrit à la mairie de Toulon d'y faire dépoſer les décombres de la ville pour exhauſſer le ſol de ce marais juſqu'à un mètre au deſſus du niveau des baſſes eaux de la rade.

Marais d'Hières. Entre la vallée d'Hières & la mer eſt un aterriſſement du Gapeau, qui, ſenſiblement de niveau depuis le pied de la ville juſqu'à cent mètres du rivage, s'y termine en contre-pente, & forme une dune. C'eſt le long de cette butte que le marais d'Hières ſe développe parallélement à la côte, ſur un ſol argilo-filiceux. Sa ſuperficie eſt de cent trente-huit hectares, alimenté par les débordemens du Gapeau & les écoulemens de la plaine d'Hières. Ses hautes eaux ſont de quatre mètres : il les verſe dans la mer par l'*étang* du Paſquier; mais, dans la ſaiſon où ces eaux baiſſent & ſont réduites à deux mètres, il ceſſe de communiquer avec l'*étang*, & devient marais : tel eſt le foyer actif d'où l'évaporation s'élève, & d'où les vents de mer apportent ſur cette ville infortunée les gaz délétères qui l'affligent pendant les chaleurs. Des fièvres inflammatoires & putrides s'y développent annuellement & elles furent épidémiques en 1775 & 1781. Ainſi l'eau, ce fluide bienfaiſant, ſource de fraîcheur & de vie quand le mouvement l'anime, devient, dans le repos, une origine infecte d'émanations méphitiques.

Ailleurs, du moins, la Nature avertit qu'il faut fuir promptement & au loin. La route d'Hières à Giens traverſe les marais ſur une chauſſée percée de pluſieurs ponts & ponceaux : au deſſous ſont encore les traces d'anciens canaux d'écoulement, aujourd'hui comblés. Ces ouvrages annoncent des tentatives faites autrefois pour le deſſéchment; mais la tradition, qui en ignore l'époque, ne dit pas non plus s'ils ont été abandonnés par négligence ou par défaut de ſuccès. Il eſt cependant probable qu'en fortifiant la tête du marais contre les débordemens du Gapeau, & en détournant le ruiſſeau du Roubaud qui s'y jette aujourd'hui, on réduiroit ſes eaux aux écoulemens pluvials d'un quart de lieue carrée. Un canal de peu de largeur ſuffiroit pour les recevoir, &, en attendant qu'on pût en unir & en paver le fond, il ſeroit avivé par la ſeule attention de tenir toujours libre ſa communication avec le Paſquier.

On obtiendroit l'aſſainiſſement d'une manière plus brillante encore en exécutant un ancien projet, qui conſiſte à ouvrir un canal de niveau avec le fond de l'*étang* du Paſquier, juſqu'à la jonction du torrent de Roubaud, & qui de là s'éleveroit juſqu'au pied de la ville d'Hières, où il s'arrondiroit en baſſin pour former un port. La partie ſupérieure ſeroit entretenue par les eaux dérivées du Gapeau ou de quelques autres ſources, & la partie inférieure, ſe trouvant plus baſſe que le fond du marais, lui ſerviroit de dégorgement.

La dépenſe approximative de l'encombrement & de l'avivement eſt évaluée 60,000 francs.

Le *Palu.* Ce marais, au ſud-oueſt de Fréjus, a ſoixante-ſeize ares de ſuperficie. La profondeur réduite de ſes hautes eaux eſt de cinq mètres; elles baiſſent d'environ deux mètres, & ſont très-mal-ſaines. Son propriétaire en a commencé l'encombrement en y dirigeant trois petits torrens. Leurs dépôts ont déjà ſenſiblement exhauſſé le ſol. La dépenſe approximative pour achever cet encombrement eſt évaluée 10,000 francs.

Marais de Valgrenier. Il eſt ſitué dans la vallée de ce nom, à l'eſt du village de Biot. Son ſol eſt argilo-filiceux. Sa ſuperficie eſt de vingt-cinq hectares. Sa profondeur moyenne, dans les hautes eaux, eſt de quatre mètres, & dans les baſſes d'un mètre cinquante centimètres. Il eſt alimenté par les écoulemens de quelques collines ſablonneuſes. On a pluſieurs fois eſſayé de le mettre à ſec à l'aide d'un foſſé d'écoulement dans la mer, dont il n'eſt ſéparé que par une bande étroite de galets; mais les éboulemens de ces cailloux liſſes & ſans liaiſon encombroient le canal, tandis que les apports des vagues en fermoient l'embouchure. Sa partie la plus baſſe eſt au deſſous du niveau de la mer : on ne peut donc eſpérer une deſſiccation complète par la voie des ſaignées. D'ailleurs, ce marais eſt éloigné de tout torrent propre à l'encombrement. Il ne reſte donc que le moyen diſpendieux d'y transporter les graviers de la côte, qu'on peut prendre à une diſtance réduite de trois cents mètres. Cette dépenſe eſt évaluée 1000 fr.

Marais des ſourees d'Argens, ſitués à Bras. La rivière d'Argens, près de ſa ſource, couvre de ſes débordemens un terrain bas de ſeize hectares de ſuperficie, qui, après la retraite des eaux, demeure ſubmergé. La profondeur réduite des plus hautes eaux eſt de trois mètres; celle des baſſes eaux eſt d'un mètre. Il s'en élève alors des brouillards méphitiques qui altèrent la ſanté des habitans, & achèvent de détruire dans les champs les blés & les légumes que les inondations ont épargnés. Ces marais ſe formant des débordemens de l'Argens, on en détruiroit la cauſe en baiſſant le lit de cette rivière depuis ſa ſource juſqu'au moulin de Bruis. Une chute conſidérable qui ſe trouve au deſſous de ce moulin, rend cette opération facilement praticable; elle eſt évaluée 42,000 francs. Le projet en fut préſenté aux Etats de Provence en 1775, & l'on ignore pourquoi il n'a pas été exécuté.

§ II. Étangs intérieurs.

Indication des feuilles de la Carte de France de l'Académie, qui renferment le plus d'étangs artificiels.

Argentan. Étangs proche Laigle.

Arras. Somme & rivières d'Albert, marécageuses & tourbières.

Aubuffon. Étangs fur la haute montagne & dans la Combraille.

Autun. Étangs aux environs d'Autun, d'Arnay-le-Duc & de Saulieu.

Auxerre. Étangs aux environs de Charny, de Courtenay & d'Auxerre.

Bayeux. Quelques *étangs* & rivières marécageuses près de Carentan.

Leblanc. Couverte d'*étangs*, ou Châteauroux.

Blois. Quantité d'étangs à Romorentin, au deffous de Chambord, & le long de la Loire.

Bourges. Étangs proche Dun-le-Roi, Villequier & Baugy.

Cambrai. Rivières marécageuses en tout tems.

Châlons-fur-Marne. Quelques rivières marécageuses, *étangs* aux environs de Vitry.

Châlons-fur-Saône. Quelques *étangs*.

La Châtre. Quelques *étangs feulement*.

Noyon. Les environs de Laon, de la Fère & de Chauny ont beaucoup d'*étangs* & de rivières marécageuses. La Somme en a beaucoup.

Nevers. Beaucoup d'*étangs* fur l'Arou, la Cenne & d'autres petites rivières : outre cela, beaucoup de petites rivières marécageuses.

Moulins. Quelques *étangs*, mais peu nombreux.

Meaux. Marais de Saint-Gond & ruiffeau de Pleurs, marécageux.

Moyenne. Vers les fources de la Caulache & de la Vilaine il y a deux grands marais, & puis quelques *étangs* affez étendus.

Orléans. Voir les *étangs* de la forêt d'Orléans.

Reims. Rivière de Vefles, marécageuse & à tourbe; quelques *étangs* proche Sainte-Ménéhould.

Saint-Malo. Étang de Châteauneuf, marais de Dol.

Saint-Omer. La Canche, la Bife & la rivière de Saint-Omer.

Cofne. Aux environs de Saint-Fargeau.

Coutances. Aux environs de Blainville & fur le bord de la mer.

Dieppe. Rivières marécageuses dans le Marquenterre.

Dijon. Quelques rivières marécageuses.

Le Dorat. Étangs à l'angle du nord-ouest.

Dunkerque. Rivières marécageuses d'Ardres à Calais, & de Rhonsbrucge à Dixmude; les Moëres, *étangs* de Nieuport.

Évaux ou *Mont-Luçon.* Petits *étangs* difperfés.

Évreux. Étangs de Rambouillet & quelques autres.

Fontainebleau. Environs de Moret.

Forges. Rivières marécageuses, foit à l'origine de l'Epte, foit le long de la rivière de Dieppe.

Gien. Beaucoup d'*étangs* & de rivières marécageuses aux environs de Neuvy, de Briare, de Salbris, de Lamotte-Beuvron.

La Hogue. Beaucoup de marais le long des côtes de la mer, & quelques fables.

Joinville. Quelques rivières marécageuses.

Lyon. Beaucoup d'*étangs* & de rivières marécageuses dans la plaine fluviale de la Loire, depuis Sury-le-Contal jufqu'à Balbigny.

Luçon. Marais de Luçon, ceinture de deffèchement encore marécageufe, ruiffeaux marécageux aux environs de Valvine & de Fontaine.

Poitiers. Quelques *étangs* à l'ouest.

Loches. Étangs dans les environs des fources de la rivière qui paffe à Loches.

Lifieux. Parties marécageuses de la Touque, depuis Pont-l'Évêque jufqu'à la mer, & de la Dive jufqu'à la mer.

Lille. Rivières marécageuses & tourbeuses de Douay à Saint-Amand, & au-delà de Condé, de Lille, des environs de Bouvines & de Flers.

Saintes. Étang de Saint-Marinal, étendu. Il y a des queues mouffes, parce que les contours de fon baffin n'offrent aucune vallée.

La Rochelle. Marais de la Sèvre niortoife.

Dole. Beaucoup d'*étangs*.

Blaye. Étangs de Saint-Simon, de Saint-Eftéphe & de Saint-Vivjen, deffèchés.

Lons-le-Saulnier. Étangs & quelques lacs.

Bourg-en-Breffe. Quantité d'*étangs* confidérables dans un fol voifin du Jura.

Belley. Au nord-ouest beaucoup d'*étangs*.

Grenoble. Le lac de Paladru & trois autres *étangs* latéraux.

Befançon. Quelques *étangs* & lacs.

Nozeroi. Quelques lacs.

Saumur. Marais proche Moncontour.

Toul. Étang proche Commercy.

Tours. Étangs & marais.

Troyes. Beaucoup d'*étangs*.

Verdun. Quelques *étangs*.

Vendôme. Étangs affez confidérables.

Deux *étangs* fort confidérables dans les Planches de Tours & de Verdun.

Étangs du ci-devant Limoufin.

Il y a plufieurs fortes d'*étangs* dans le Limoufin, on les confidère, & quant à leurs emplacemens, & quant à leurs ufages; les uns font deftinés à nourrir le poiffon qu'on pêche après certains tems; ceux-ci font placés de manière à recueillir plufieurs petits filets d'eau qui, dans le granit, font fort foibles, mais très-multipliés à la naiffance des vallons : on choifit ordinairement un vallon large & un fol fablonneux.

Les autres font placés à une certaine diftance de

l'origine des vallons , & même au milieu du cours
des ruisseaux d'une certaine force , & alors on a
un double objet, celui de la pêche & celui du
mouvement d'une usine. Comme par les chaussées
de ces *étangs* les eaux sont soutenues à une certaine
élévation, on pourroit tirer des chutes d'eau une
grande force pour faire mouvoir les roues principales des moulins à blé , des foulons , des papeteries ; on pourroit même y établir des scieries.
Dans la plupart de ces *étangs* il s'en faut bien qu'on
ait tiré tout le parti qu'on pouvoit de l'eau soutenue , parce que les usines sont mal placées , & que
les roues ne sont pas construites de manière à en
recevoir tout l'effort.

Les *étangs* les plus étendus en superficie sont ceux
dont la chaussée est placée à l'embouchure de
plusieurs vallons , & s'élève à un niveau assez considérable pour faire refluer les eaux dans tous les
vallons qui viennent s'aboucher vers la chaussée.
On voit pour lors que l'eau retenue a pris la forme
des divers contours des croupes de ces vallons ,
& surtout les enfoncemens particuliers qui correspondent à chaque embouchure des vallons collatéraux.

Ce qui s'observe dans ces *étangs*, qui sont des
lacs artificiels , quant à la chaussée , doit nous
donner une idée de ce qui a lieu dans les lacs.
J'ai vu, à la queue de plusieurs de ces *étangs*,
des amas de sables & de terres qui ont comblé entièrement les parties du vallon où s'étendoit autrefois l'eau de ces *étangs*. J'ai remarqué de plus que
partout où il y a de ces dépôts recouverts encore par
l'eau , il y a beaucoup de joncs & de glayeuls : ces
productions végétales, réunies aux terres voiturées par les eaux, font des amas de tourbes assez
étendus.

Les amas de terres sont d'autant plus abondans
à la queue des *étangs*, & même le long des bords
de leur bassin, que les eaux courantes qui se rendent dans l'*étang*, parcourent des pentes dont les
terres superficielles sont mobiles & à découvert :
tels sont les endroits cultivés ou des rochers en
destruction ; ce que l'on reconnoît, après les pluies,
par des ravines qui aboutissent à l'*étang*. On ne
voit au contraire, sur les bords des *étangs*, aucun
amas de vases ou de sables lorsque l'eau qui les
alimente , parcourt des pentes couvertes exactement de gazons ou fort douces.

Il y a plusieurs de ces *étangs*, en Limousin, dont
la destination principale est l'arrosement des prairies qui sont distribuées sur les croupes & dans le
fond de la partie du vallon qui est au dessous de
l'*étang* : ainsi ces vues dirigent encore le choix de
l'emplacement des *étangs* d'une certaine étendue.

Les serves sont l'abrégé de ces *étangs*. (*Voyez*
ARROSEMENT.)

On compte aujourd'hui , dans la partie du Limousin qui forme le département de la Haute-
Vienne, plus de trois cents *étangs* qui occupent,
par leur superficie, environ mille soixante-douze

hectares. Ils sont presque tous situés dans des lieux
arides & découverts : il en est très-peu qui soient
placés dans des bois & dans de bons terrains. Lorsque les bords des vallons se rapprochent assez pour
qu'on puisse construire des chaussées solides afin
de retenir les eaux courantes dans presque tous les
vallons du Limousin , & de les faire refluer à quelque distance dans ces vallons & dans d'autres supérieurs, alors ces emplacemens sont ordinairement
choisis pour l'établissement des *étangs*. Si le volume d'eau qu'on est parvenu à rassembler est un
peu considérable, on y construit une usine, on y
place une forge ou un moulin. Indépendamment
de leur produit immédiat & de leur utilité pour
l'empoissonnement des rivières, les *étangs*, dans
ce département, peuvent être considérés comme
de vastes réservoirs qui reçoivent & retiennent
les eaux dans les grandes pluies, pour ensuite les
distribuer & les faire servir, soit aux irrigations,
soit à l'entretien des ruisseaux.

Considérés sous ce point de vue intéressant, il
seroit à desirer que leur nombre fût plus considérable, car c'est particuliérement en multipliant ces
réservoirs qu'on peut multiplier les prairies & augmenter ces ressources agricoles. Il est vrai qu'il
conviendroit, pour compléter ces ressources, de
faire une loi générale sur les irrigations, non-
seulement en Limousin, mais encore dans les départemens voisins, où domine le même sol favorable à de semblables établissemens.

Quant à la question de savoir si les *étangs* construits sur ces principes nuisent à la salubrité de
l'air, on croit pouvoir répondre par la négative
pour ce département & pour tous ceux dont la
constitution & l'organisation physique sont à peu
près les mêmes ; ce qui comprend une grande
étendue de pays.

En effet, l'emplacement ordinaire des *étangs* est
vers la naissance des ruisseaux, sur des terrains
infertiles, marécageux & remplis de fondrières.
C'est donc contribuer à la salubrité de l'air, ou
du moins en corriger les mauvaises influences,
que de masquer ces marais en les couvrant de
nappes, auxquelles on conserve un certain mouvement, & qui les défendent contre les ardeurs du
soleil.

ÉTAPES , village du département de l'Aube ,
canton de Brienne-le-Château. Il a cela de remarquable dans sa situation, qu'il offre la limite de
la plaine de Brienne, sur la gauche de la rivière,
par l'amas de graves qui s'y trouvent.

ÉTAPLES, ville & port de mer dans le département du Pas-de-Calais, à l'embouchure de la
Canche, sur la Manche, & à deux lieues nord-
ouest de Montreuil-sur-Mer. Cette petite ville fait
un commerce avantageux de poisson frais & salé
& la meilleure pêche de hareng se fait en automne,

fur les côtes d'Angleterre. C'est par *Étaples* que se fait une partie du commerce du ci-devant Artois; car il en reçoit les vins, les eaux-de-vie, le vinaigre, le sel & l'huile de baleine. Cette ville a un syndic des marins.

ETCHADAR, village du département des Basses-Pyrénées, arrondissement de Mauléon, & à trois lieues & demie de cette ville. A la montagne d'Habinga il y a une mine de fer schisteuse, bleuâtre, en filon, dans un rocher gris-verdâtre, quartzeux & argileux, & une autre mine de fer, de même nature, à un demi-quart de lieue nord-est de ce village, dans la colline de Tassa. Dans la colline de Mettatia il existe un autre minier, où l'on trouve du mica de fer, rouge, friable, & du spath calcaire blanc : ces mines font exploitées pour la forge de Larrau.

ÉTÉSIENS (Vents). Les Anciens donnoient le nom d'*étésiens*, qui signifie *anniversaire a'été*, à des vents dont le souffle se faisoit sentir régulièrement chaque année, & rafraîchissoit l'air pendant six ou sept semaines, depuis le solstice jusque dans la canicule. Dans leur théorie, le règne des *vents étésiens* étoit annoncé, durant quelques jours, par ceux que l'on nommoit, pour cette raison, *prodromes* ou *précurseurs*.

Ces vents, mettant de la fraîcheur dans l'air pendant la saison des chaleurs, la plus commune opinion est qu'ils souffloient de la bande du nord : & c'est ainsi que, le vent de nord étant le traverfier des bouches du Nil, dont le cours, en général, est du midi au septentrion, les Anciens attribuoient aux *vents étésiens*, pendant juin & juillet, le refoulement des eaux du fleuve, qui pouvoit contribuer à son débordement régulier dans la même saison. Le rhumb de ce vent n'est pas néanmoins tellement fixé à cette région du Monde, qu'il ne participe de plusieurs autres, & le nom d'*étésiens* est appliqué à des vents venant du couchant, comme à ceux qui soufflent du septentrion. C'est par cette raison que, dans plusieurs auteurs anciens, les vents *étésiens* sont indiqués comme favorables, sur la Méditerranée, à ceux qui font route d'occident en orient, & considérés comme contraires à la route opposée. On trouve même, dans Pline & dans Strabon, d'après Posidonius, que des vents, soufflant de l'est, font appelés *étésiens*; ce qui nous donne lieu de croire que cette dénomination étoit plutôt, dans le sens des Anciens, appliquée à des vents réguliers, qu'à des vents qui souffloient d'un point constant de l'horizon. Il en est de même des *vents alisés*, quoique ces mots désignent spécialement les vents qui règnent sur les mers renfermées entre les tropiques, &, qui, dans la mer du sud particulièrement, conduit les navigateurs d'orient en occident. (*Voyez* VENT & ALISE.)

ÉTHIOPIE. Le sel y est d'une blancheur éclatante & dur comme la pierre. On le tire des montagnes, où il est distribué par couches de deux à trois pouces. On le détache facilement, parce qu'il est fort tendre dans la mine; mais il durcit à l'air, & prend une consistance qui en permet aisément le transport. On le voiture dans les magasins de l'empire, où l'on en forme des tablettes longues d'un pied, & larges de trois pouces : dix de ces tablettes valent un écu de France. On les rompt suivant le paiement que l'on veut faire, & elles servent à la fois, & d'argent pour le commerce, & d'assaisonnement pour la table.

L'extrême chaleur du climat est une des causes qui rendent les Éthiopiens si peu propres au travail; elle est insupportable dans les plaines & dans les vallées, & principalement sur les côtes de la Mer-Rouge, où elle dessèche & pèle la peau. L'air est plus frais dans les montagnes, où l'on se trouve quelquefois exposé au froid; mais il n'y tombe jamais de neige, parce qu'elle ne s'élève pas à une certaine hauteur qui la reçoit & la conserve.

On ne distingue, en *Éthiopie*, que trois saisons : le printems, qui commence au mois de septembre; l'été, dont on jouit au mois de janvier, & l'hiver, qui se montre au mois de juin; mais cette dernière saison est moins le tems des frimats, que la saison des pluies. Dès que le soleil se couche elles tombent jusqu'à son lever, avec des tonnerres & des éclairs très-fréquens. Aussitôt que l'orage cesse, le ciel devient serein, & la terre se sèche si rapidement sur les hauteurs, qu'à peine s'apperçoit-on qu'elle ait été mouillée; mais il se forme, dans les vallées, des torrens affreux, qui causent des ravages considérables. Les rivières se débordent, les campagnes voisines de leurs lits font couvertes d'eau, & les habitans font obligés de chercher des asyles dans les lieux élevés : aussi les laboureurs qui cultivent les plaines, se trouvent-ils forcés de s'établir sur les pentes des montagnes & des collines, pour que leurs habitations ne soient pas enveloppées dans les inondations.

Le pays est sujet à un vent qu'on appelle *serpent*, parce que les tourbillons qui l'excitent, ont la forme des mouvemens de ce reptile : c'est un ouragan qui renverse les maisons & les arbres, & qui brise la mâture des vaisseaux.

Ce pays est hérissé de montagnes dans certaines parties, & elles font plus élevées que les Pyrénées & les Alpes. On trouve entr'elles des vallées profondes & de belles plaines. Quelques-uns des sommets de ces montagnes offrent l'aspect de tours, de murailles, de bastions, de pyramides; mais d'autres, couronnées de plateaux, offrent des pâturages, des bois, des sources abondantes & des lacs : toute cette différence, dans ces montagnes, vient de leur constitution primitive, & dans la facilité que les pluies ont trouvée à les dégrader.

Plusieurs grandes & belles rivières arrosent l'*Éthiopie* : la principale est le Nil, dont les sources, long-tems ignorées, ont donné lieu à tant de fables ; il n'est pas même sûr qu'on les connoisse exactement. On prétend que dans le royaume de Gojam est une montagne fort élevée, sur le penchant de laquelle sont deux fontaines, qui sont les sources du Nil ; l'une coule à l'orient, & l'autre à l'occident, & elles forment deux ruisseaux qui se précipitent avec impétuosité dans une terre spongieuse couverte de cannes & de joncs. Ces eaux ne reparoissent qu'à dix ou douze lieues de là, &, se réunissant, elles forment, dit-on, le fleuve du Nil, qui grossit là dans un très-petit trajet au-delà, par la jonction de plusieurs rivières. On prétend qu'il traverse le lac de Dembée, à qui on donne cent lieues de longueur, sur trente ou quarante de largeur.

En général, toute l'*Éthiopie* jouit d'une merveilleuse abondance : les montagnes mêmes sont cultivées, & la terre y est si féconde, qu'on y fait même assez souvent jusqu'à deux moissons par an. On y recueille du froment, de l'orge & du millet. Les fruits les plus communs sont les pêches, les oranges, les citrons, les grenades & les amandes.

La bonté des pâturages procure à ce pays une quantité prodigieuse de bestiaux. On y voit des bœufs d'une grosseur monstrueuse, que l'on n'engraisse qu'avec du lait ; ce qui en rend la chair délicieuse : leurs cornes sont si grandes, qu'elles peuvent contenir jusqu'à dix pintes de liqueur : les habitans s'en servent au lieu de cruches ; ils s'appliquent surtout à élever beaucoup de vaches, dont le lait fait leur principale nourriture ; & comme ils n'en tuent jamais, ces animaux multiplient excessivement. Quand on veut apprécier les richesses d'un homme, on dit qu'il a mille, deux mille, trois mille vaches.

On estime beaucoup les chevaux de ce pays ; ils sont forts, de bonne taille, bien moulés & pleins d'ardeur. Les mulets sont les montures ordinaires des voyageurs, surtout dans les montagnes. Les chameaux servent plus communément dans les plaines. Je ne parlerai ici ni des lions, ni des éléphans, ni des hippopotames, quoique fort communs dans l'*Éthiopie* ; je ne m'en occuperai que dans d'autres articles, où je montrerai leur dispersion à la surface de la Terre.

ETHNA. (*Voyez* ETNA.)

ÉTIVAL, village du département du Jura, arrondissement de Saint-Claude, & à trois lieues un quart de cette ville, près de la forêt du château de Joux. C'est dans cette commune que l'on fait quantité de meubles, tels que buffets, tables, armoires, coffres, & généralement tous les meubles qu'on fait avec le sapin qu'on débite dans le Jura.

ETNA ou ETHNA. Ce volcan allumé, situé en Sicile, a été visité par beaucoup de voyageurs. Nous emprunterons d'un des derniers, M. Houel, ce qui peut intéresser dans sa description, principalement sous le rapport de la géographie-physique.

« Le *Mont-Etna*, situé sous le 32.e deg. 22. min. de longitude, & le 37.e deg. 47 min. de latitude, si renommé dans l'antiquité, également célèbre par les poètes qui l'ont chanté, & par les savans qui en ont étudié les phénomènes & les productions, se présente sous un aspect aussi majestueux qu'il nous est annoncé par les descriptions que les voyageurs nous en ont transmises. Sa position doit en effet être plus frappante que celle des autres montagnes de notre globe. On en trouve de plus élevées parmi celles des Alpes & des Pyrénées en Europe, & surtout des Cordillières en Amérique ; mais ces différentes montagnes, liées entr'elles dans les différens pays par une chaîne très-étendue, ne présentent point à l'œil une seule masse isolée comme le *Mont-Etna*.

» Son élévation a été jusqu'à présent si mal mesurée, & ceux qui ont essayé de la connoître sont si peu d'accord entr'eux sur le résultat de leurs opérations, qu'on ne peut raisonnablement fonder son opinion sur les comptes qu'ils en ont rendus. Pour s'arrêter cependant à ce qui paroît le plus vraisemblable, on doit lui supposer environ deux mille toises d'élévation sur le niveau de la mer. Il paroît constant que la circonférence est d'environ cent cinquante milles d'Italie, ou cinquante lieues de France.

» L'idée que donne M. Bridon dans son *Voyage de Sicile*, des trois régions circulaires dont cette montagne est composée depuis sa base jusqu'à son sommet, est en général très-fidelle ; mais ce voyageur est infiniment exagéré dans les détails qu'il en fait. Il est effectivement très-vrai que la région inférieure est fort riante & fort bien cultivée, qu'elle porte en grande abondance des arbres fruitiers ; mais il n'est pas vrai que ce soit le sol le plus fertile que l'on puisse voir, & il s'en faut sûrement beaucoup qu'il ne soit aussi bon que celui de la plaine de Catane. Il n'est pas non plus vrai que la région mitoyenne appelée *Regione nemorosa* fournisse les plus beaux arbres du Monde : ces arbres sont assez gros par leur grande vétusté ; mais ils ne sont ni droits ni fort élevés, & font voir d'une façon très-sensible, que le terrain où ils croissent, est peu favorable à leur végétation. La peinture que fait M. Bridon de la troisième région qui couronne le sommet de la montagne laisse encore bien des choses à desirer.

» Quelques voyageurs ont cru devoir faire une quatrième distinction des régions, pour l'appliquer à une partie assez étendue qui commence à l'endroit où l'on ne trouve plus de bois, & ne finit qu'à celui où l'on ne trouve plus que de la cendre ; mais il n'est pas prouvé que le bois ne croîtroit pas dans cette partie s'il y étoit cultivé. D'ailleurs, elle produit des plantes & des herbes en abondance ; elle reçoit par conséquent de la terre les sucs de la végétation, & cette ressemblance avec la *regione nemorofa* paroît devoir la faire comprendre fous le même nom.

» La région inculte que M. Bridon appelle avec raifon la *regione freda*, eſt entiérement couverte de cendres. La lave que l'on trouve en ſi grande abondance dans les deux autres régions, n'eſt pas préciſément la même dans celle-ci, ou du moins cette production du volcan y eſt très-pulvériſée. Cette différence vient ſans doute de la quantité de cendres que vomit le grand cratère, & qui y couvre entiérement la terre. On doit juger auſſi par-là que les éruptions ont été beaucoup plus rares & beaucoup plus anciennes que dans les deux autres.

» La couleur noire de la cendre qui s'étend ſur toute cette région élevée, la fumée abondante qui ſort de la bouche du grand cratère, l'odeur ſulfureuſe que l'on reſpire de toutes parts, préſentent, en avançant vers le ſommet de la montagne, un des tableaux les plus impoſans, & les mieux faits pour nous donner une image de cet enfer que la poéſie & la ſuperſtition ſe ſont efforcés tour-à-tour de nous préſenter ſous des traits ſi effrayans.

» On remarque quelque différence entre la cendre qui ſe trouve près du grand cratère & celle qui en eſt plus éloignée : cette dernière, plus pulvériſée, un peu moins noire, ſe rapproche de la couleur & de la friabilité du ſable. La première au contraire eſt abſolument ſemblable aux gros morceaux qui ſe trouvent dans le charbon de pierre lorſqu'il a été conſumé dans une forge.

» L'abondance de la fumée qui ſort du grand cratère varie infiniment : il y a des jours où elle eſt ſi foible, qu'elle permet de regarder dans le goufre, & par conſéquent de juger de la forme & de l'étendue de ſon orifice ; mais elle étoit ſi forte le jour que nous y fûmes, qu'elle nous priva entiérement de ſatisfaire notre curioſité à cet égard, & nous incommoda même beaucoup par la quantité des vapeurs ſulfureuſes que le vent dirigeoit ſur nous à pluſieurs repriſes, malgré tous nos efforts pour les éviter. Nous fûmes également privés de ce ſpectacle enchanteur dont parle M. Bridon d'une façon ſi poétique, de cette vue du haut de la montagne d'où l'on découvre preſque juſqu'aux côtes de Barbarie, où toute la Sicile paroît tracée ſous les yeux comme une carte géographique. Une partie de l'horizon étoit couverte de nuages quand nous arrivâmes au ſommet de la montagne, & nous laiſſa ſeulement voir dans quelques points, & par intervalles, ce qu'il falloit pour mieux regretter tout ce que nous perdions en ce moment.

» Dans une ſeconde tentative quelques jours plus tard, les circonſtances nous ſervirent beaucoup mieux, où nous vîmes très-diſtinctement toute la forme & l'étendue du grand cratère, parce qu'il n'en ſortoit alors preſque point de fumée. Les dimenſions de la bouche de ce volcan ont environ un mille de circonférence, d'une forme ovale, plus ouverte dans la partie ſeptentrionale. Au reſte, ces dimenſions & cette figure ſont aſſez indifférentes

à décrire, parce que ce cratère, dont toute la couronne n'eſt formée que des cendres jetées par la bouche du volcan, s'éboule, & s'élève alternativement d'une façon très-irrégulière. La fumée qui nous laiſſoit ainſi appercevoir toute la circonférence du grand cratère, nous permit auſſi de voir dans l'intérieur, juſqu'à la profondeur de près de deux cents pieds. Toutes les parois de cette large ouverture ſont de roc taillé à pic, & couvertes du ſoufre & du noir de fumée qui en ſortent en ſi grande abondance. On ne peut guère ſe figurer un ſpectacle plus impoſant, & plus effrayant pour les imaginations foibles & romaneſques.

» Des obſervations météorologiques ſur la nature & les degrés du froid qu'il fait ſur le haut de cette montagne, dans toutes les ſaiſons de l'année, ſeroient infiniment curieuſes. Le chanoine Recupero, qui depuis vingt ans en obſerve conſtamment les phénomènes, aſſure que le thermomètre eſt preſque toujours à la ſommité de vingt degrés de Réaumur plus bas qu'à Catane ; mais cette obſervation n'a été faite que pendant la belle ſaiſon. Il ſeroit bien intéreſſant de ſavoir ſi cette règle générale ſeroit la même pendant les mois de janvier & février. Le thermomètre ne deſcend pas alors à Catane plus bas que neuf degrés au deſſus de la glace ; ce qui feroit onze degrés au deſſous de la ſommité de l'*Etna*, & il y a toute apparence qu'il y règne alors un froid beaucoup plus vif.

» Le même obſervateur nous aſſura avoir été obligé d'y faire un trou au milieu de la terre, & de s'y enfoncer bien vîte pour n'y pas périr de froid pendant la nuit, quoique ce fût au milieu du mois d'août. Le jour que nous y montâmes, le 26 juin, le thermomètre deſcendit à midi plus de deux degrés au deſſous du terme de la glace. Les nuages qui traverſoient l'endroit où nous étions, couvroient nos cheveux de givre, & quelqu'un qui y avoit monté la nuit du 24 au 25 du même mois, nous aſſura y avoir eu la ſalive gelée ſur les lèvres, & y avoir ſouffert un froid exceſſif quoiqu'il eût pris tous ſes vêtemens & toutes les fourrures dont on pourroit ſe couvrir en Laponie. »

Il réſulte de cette expérience, que l'on devroit trouver toute la ſommité de ce volcan couverte de neige & de glace, comme on le voit ſur la cime des plus hautes montagnes des Alpes & des Pyrénées, où je me rappelle avoir trouvé des maſſes de neige très-conſidérables, beaucoup au deſſous de la ſommité, & qui ne fondoient point, du moins d'une façon ſenſible, quoique le thermomètre fût alors à vingt-un degrés au deſſus de la glace. Mais s'il eſt vrai, comme l'aſſure le chanoine Recupero, que la vivacité du froid qui ſe fait ſentir, doit être attribuée à la violence du vent du nord, on en doit conclure que, pendant l'été, il s'y trouve ſouvent des tems où la température eſt favorable à la fuſion de la neige. D'ailleurs, le vent, toujours plus fort ſur cette montagne iſolée,

» isolée, qu'il ne le sauroit être sur les autres masses de montagnes, comme celles des Alpes ou des Pyrénées, contribue encore à dissiper la neige lorsqu'elle ne tombe pas en assez grande abondance, ou qu'elle n'est pas condensée par un froid vif & constant; ce qui ne peut guère arriver pendant l'été.

» Le sol de ce volcan est absolument différent de celui des Alpes & des Pyrénées. Toute la partie supérieure, composée de cendres, étant nécessairement moins dense par sa nature, présente à la neige une surface moins favorable à sa condensation. D'ailleurs, l'expérience nous prouve que la chaleur & le froid s'entretiennent par la masse des objets qui les environnent, & qui éprouvent à peu près la même température. Ne doit-il pas résulter de cette expérience, que la constance du froid doit être beaucoup plus grande dans ces chaînes de montagnes de quatre-vingts ou cent lieues de long, de quarante d'épaisseur, que dans une seule montagne absolument isolée, comme l'*Etna*, & qui ne rencontre dans aucun des objets qui l'entourent, de quoi entretenir ou accroître cette température.

» Ce ne peut être sans doute qu'à ces causes que l'on doit attribuer cette espèce d'inconséquence de la Nature, qui dissipe presqu'entièrement la neige sur le mont *Etna*, & la conserve sur d'autres montagnes qui n'ont pas une plus grande élévation.

» La description que donne M. Bridon, de la forme de tous les petits cratères causés par les différentes éruptions, de la forme sous laquelle la lave coule dans la partie inférieure de la montagne, de la fertilité de cette lave au bout d'un grand nombre de siècles, est trop exacte pour entrer ici dans un détail qui ne pourroit être qu'une copie de son voyage.

« Le chanoine Recupero lui a dit que la lave qui sortoit des entrailles de la montagne, dans les différentes éruptions, fournissoit des pierres & des terres de toutes les espèces, du genre vitrifiable, calcaire, gypseux & argileux. Ce seroit sans doute un objet bien intéressant, que d'analyser toutes ces pierres par les expériences recherchées que nous indique la chimie, & la plus intéressante & la plus curieuse de ces recherches seroit de découvrir à quoi on peut attribuer ce principe de fertilité qui se trouve dans la lave au bout de douze ou quinze siècles, & dont elle est privée pendant un si long tems après être sortie des entrailles de la terre. Mais cette expérience importante ne pourroit se faire que sur les lieux : il faudroit, pour cet effet, prendre de la lave de tous les âges & de toutes les espèces, la pulvériser, l'employer tantôt seule, tantôt mêlée avec d'autre lave, tantôt avec de la terre ordinaire, &, en essayant d'y planter divers végétaux, tâcher de démêler si ce principe de fertilité qu'elle

obtient après un si long tems, est dû à une décomposition qui se fait de ses parties intégrantes par le contact de l'air, ou doit être attribuée à une certaine quantité de terre végétale que l'air lui apporte peu à peu, & dont elle se couvre, au bout de plusieurs siècles, en assez grande abondance pour devenir fertile.

Le peu de moyens que l'on a trouvé jusqu'à présent pour mesurer l'intensité du feu & la rareté des éruptions de l'*Etna*, ne permet guère de pouvoir juger quel degré de chaleur éprouve la lave au sortir de la montagne, quand elle est encore dans son état de fluidité. Lors de l'éruption de 1767, le chanoine Recupero y jeta du plomb, qui disparut à l'instant du contact, comme auroit pu faire une liqueur spiritueuse. Et lors de l'éruption de 1669, lorsque cette lave bouillante venoit à tomber dans la mer, on raconte qu'elle en évaporoit les parties salines, au point que, dans les environs, tous les habitans étoient incommodés de la pluie de sel dont ils étoient couverts, & qui ne pouvoit provenir que de cette évaporation.

» Dans l'éruption de 1767 on a observé que la force de projection qui lançoit les pierres hors de la montagne, en avoit porté, d'une énorme pesanteur, jusqu'à quatre milles de distance. On a observé, dans cette même éruption, que quelques-unes des pierres lancées hors de la montagne mettoient jusqu'à vingt secondes à tomber du point de leur plus grande élévation, & qu'il y en avoit plusieurs qui échappoient à la vue.

« L'accès du mont *Etna* est fort facile du côté méridional : il faut environ trois heures & demie pour monter de Catane à l'abbaye de Saint-Nicolo, placée sur les confins de la *regione coltivata*. Il faut ensuite près de deux heures pour arriver à une grotte nommée *Spelonca delli Cassioli*, située à l'extrémité des bois qui couvrent la partie mitoyenne de la montagne. On arrive en trois heures de cette grotte au pied du grand cratère si la direction du vent, & par conséquent de la fumée, n'y met point d'obstacle, & qu'on n'ait point pour objet de voir le lever du soleil. On peut arriver à un endroit du pied du cratère assez près du sommet pour l'atteindre ensuite à pied dans l'espace d'une demi-heure; mais si l'on est obligé de monter par l'endroit ordinaire que les guides préfèrent toujours pendant la nuit, on est contraint de gravir au moins pendant l'espace d'un mille dans le chemin le plus pénible dont on puisse avoir l'idée, enfonçant jusqu'aux genoux dans les pierres brûlées dont ce cratère est formé; &, comme il faut se reposer fréquemment pour supporter cette fatigue, on emploie près de deux heures pour faire ce dernier mille. La descente du mont *Etna* est plus facile & beaucoup plus courte, à en juger par le tems qu'on y emploie : l'on se rend aisément du sommet à Catane en sept heures & demie.

Rapport de la végétation sur les régions de l'Etna.

On trouve d'abord, dans la *regione selvosa*, des yeufes d'un gros volume, & qui occupent une grande étendue de terrain : enfuite viennent des forêts de chênes, qui, par la vafte étendue de leurs branches & la groffeur de leurs troncs, offrent un fpectacle étonnant. On voit plus haut une grande quantité de hêtres & de plantations de larix, que les habitans de cette région nomment *zappini* ; enfin, dans plufieurs cantons de cette zône productive, on voit des châtaigniers qui portent de très-bons fruits.

Dans les parties où fe voient les lecce & les pins, on trouve les veftiges de courans de laves, qui datent d'une ancienne époque, puifque ces laves ont déjà pris une couleur blanchâtre.

C'eft dans cette même région que fe trouvent les dépôts de neiges qu'on voiture à Catane, & que l'on conferve dans les bois & dans les cavernes profondes qui fe rencontrent encore deffous les courans de laves dont j'ai parlé ci-deffus.

Pour que cette neige ne fe fonde que le moins poffible pendant le tranfport, on l'enveloppe dans une grande quantité de feuilles de chêne ou de hêtre, & même avec des feuilles de fougères, dont toute cette partie boifée eft remplie. On met enfuite cette neige, bien battue, & ainfi enveloppée, dans des facs de toile groffière, & l'on en met deux fur chaque bête de fomme. Les agens de l'évêque de Catane, à qui appartient ce commerce de neige, font chargés d'en fournir les différentes parties de la Sicile, & même l'île de Malte. Elle fe vend ordinairement un fou les deux livres à Catane.

C'eft auffi dans ces bois que fe trouve un courant formé en 1756 par un centre d'éruption un peu plus élevé, & qui en détruifit une grande partie ; & enfin, fur le penchant d'une montagne particulière, on voit une grotte où les voyageurs fe repofent la nuit avant de s'engager dans la région fablonneufe.

Au deffus de la grotte, plus on monte, plus on voit la végétation, foit des arbres, foit des plantes, diminuer : celle-ci même, qu'on trouve en fleur au mois de juin, à l'entrée de la région boifée, *selvofa*, ne s'y trouve, à la lifière fupérieure, que vers le milieu de l'été.

Enfin, on ne voit plus aucune plante après quelques milles, & l'on entre pour lors dans la troifième région, appelée *arenofa* ou *fablonneufe*, dans laquelle on ne trouve plus un brin d'herbe ; mais feulement des fables, débris de fcories, & des bandes de neiges. Il y a cependant un trajet affez long fur une terre compacte, qui fait place, à la fin, aux fables. C'eft auffi dans ce point d'élévation où le froid fe fait fentir, & il paroît qu'il eft encore augmenté, foit par l'évaporation de la neige, foit par les nuages qui flottent à ce niveau, furtout lorfqu'on doit avoir de la pluie l'été.

Les voyageurs, prévenus & prudens, ont foin de fe garnir contre ce froid, même dès la grotte dont on a parlé. On éprouve auffi fouvent, à cette hauteur, des vents violens qui agitent en gros tourbillons, foit les nuages, foit les fumées qui fortent du cratère du volcan, & qui fe rabattent fort bas. On approche, en marchant, au milieu des débris de fcories & de ponces, dont il y a des amas énormes, furtout près du bord du cratère.

C'eft alors qu'on peut voir non-feulement toute la Sicile, mais encore toutes les îles voifines, & même la Calabre.

Le cratère de l'*Etna* eft la cheminée par où le feu qui brûle continuellement dans cette maffe énorme, fe fait jour, & s'échappe des entrailles de la terre. Les éruptions qu'il produit actuellement par cette ouverture, font infiniment moins confidérables qu'elles ne l'étoient autrefois, & il y a grande apparence que l'*Etna* s'éteindra comme un grand nombre d'autres volcans ; mais ce qui doit étonner les phyficiens comme le peuple, c'eft la durée de l'état volcanique de l'*Etna*, qui a été connu des auteurs les plus anciens, & dont les ravages & les éruptions ont fourni des anecdotes aux tems fabuleux.

La figure du mont *Etna* eft conique, & fa hauteur perpendiculaire eft d'une lieue de France.

La circonférence de la bafe de ce volcan, mefurée au bas de la *regione pedemontana*, eft d'environ trente-quatre à trente-cinq lieues, foit fur les croupes de la maffe conique de l'*Etna*, foit hors de l'enceinte de la bafe dont je viens de parler. On trouve un grand nombre de montagnes volcaniques, qui font autant de centres d'éruptions, dont la plupart doivent être rapportées au foyer de l'*Etna*, mais dont un très-grand nombre font dues à des inflammations étrangères à ce grand foyer. Les éruptions qui ont eu lieu dans quelques points de la furface conique de l'*Etna* ont fort dérangé les produits des premières éruptions de l'*Etna*, qui ont difparu deffous les courans de laves plus modernes, de manière qu'il eft difficile de circonfcrire les produits des différentes éruptions, même des plus modernes.

Ainfi l'*Etna* n'offre pas, par cette raifon, aux naturaliftes obfervateurs une fuite de produits du feu caractérifés & dépendans de certaines époques : il paroît même que tout a été confondu par l'action des feux fouterrains, qui ont réduit les laves à un très-petit nombre de variétés, par les fontes réitérées que les premiers produits ont éprouvées. C'eft pour cette raifon que l'on ne trouve que douze variétés de produits du feu dans toute l'étendue de l'*Etna*, au lieu qu'au Véfuve on en a recueilli un grand nombre, attendu que les premiers produits y fubfiftent encore avec des mélanges de matières premières très-peu altérées par le feu.

ÉTRAMBIÈRES, village du département du

Léman, arrondissement de Genève, à une lieue un quart de cette ville, sur l'Arve, au pied du mont Salève. Il y a une source d'eau minérale qui sort d'un rocher, au bord de la rivière. L'odeur en est forte, jusqu'à quarante & cinquante pas de la source. Elle est empreignée d'un soufre vif qui s'en sépare de lui-même, & dont la vapeur suffoque : à cela près elle est claire & limpide.

ÉTRÉPAGNY, bourg du département de l'Eure Il est situé sur la Bonde. Il y a une filature de coton. Les environs en sont abondans en grains, fruits & pâturages. Les chanvres qu'on y recueille, forment un objet de commerce considérable.

ETSAUT, village du département des Basses-Pyrénées, arrondissement d'Oléron, près du gave d'Aspe. Au nord de ce village il y a des bancs de marbre gris, &, à peu de distance, des couches de schiste gris, qui se divisent facilement par feuillets : elles se prolongent entre Lascun & le pic d'Anie. Dans cet intervalle, les schistes sont différemment colorés, rouges ou noirâtres.

ETTERBEKE, village du département de la Dyle, arrondissement de Bruxelles, & à une demi-lieue à l'est de cette ville. Ce village est dans un vallon agréable. Il y a dans ce village deux fabriques de potasse & salin, six tanneries, cinq brasseries & une géniévrerie.

EU, ville du département de la Seine-Inférieure, arrondissement de Dieppe, sur la Bresle. Elle est à l'une des extrémités du département. Elle est un entrepôt considérable pour les grains du département de la Somme, qui refluent dans celui de la Seine-inférieure. Il se fait d'ailleurs dans cette ville un grand commerce de serges, de dentelles, de lin, chanvre & toiles. De l'autre côté de la rivière est le faubourg de cette ville, appelé la Chaussée d'Eu. Son territoire est abondant en grains. On y trouve des fabriques de serrurerie & de clincaillerie, des tanneries, une savonnerie, des moulins à huile, une fabrique de tabac. Il y a beaucoup de bois & de verreries dans les environs.

Eu (Forêt d'), arrondissement de Dieppe & de Neufchâtel. Elle se divise en trois parties, haute, moyenne & basse : les deux premières ont neuf lieues & demie de long, sur deux lieues de large, & la troisième a une lieue & demie de long, sur une demi-lieue de large.

EUMONT, village du département de la Meurthe, canton de Vézelise, & à une lieue trois quarts de cette ville. Ce village est situé sur une montagne, au pied de laquelle est une source d'eau ferrugineuse. Cette fontaine a été anciennement en réputation, si l'on en juge du moins par son bassin : il est artistement construit en maçonnerie & en pierres,

& on lui a donné la figure d'un polygone régulier ; il étoit totalement comblé, &, ayant été nétoyé, on en a retrouvé les vraies dimensions premières. L'eau qui coule de cette source, contient du fer en si grande quantité, qu'elle teint de couleur de rouille les terres & les pierres des environs du lit de son canal, qui est entièrement rougeâtre.

EURE (département de l'). Ce département renferme l'ancien évêché d'Evreux & quelques parties de la Haute-Normandie ; il a pour limites au nord le département de la Seine-Inférieure, & pour bornes la vallée de la Seine jusqu'à la rivière d'Andelle ; à l'est, le département de l'Oise ; au sud-est, celui de Seine & Oise, puis au sud le département d'Eure & Loir ; au sud-ouest, celui de l'Orne, & à l'ouest celui du Calvados.

Hydrographie.

Ses principales rivières sont la Seine ; ensuite vient l'Eure, qui donne son nom au département ; elle a sa source dans le département d'Eure & Loir, à quelque distance de Chartres ; arrose cette ville, descend au nord, passe à Louviers, & se jette dans la Seine au Pont-de-l'Arche. L'Epte & l'Andelle, qui terminent le canton des Andelys, se jettent également dans la Seine. L'Aure & l'Iton, qui ont leur source dans le département de l'Orne, se réunissent ; & se jettent dans l'Eure après avoir passé à Evreux : la première seule arrose Verneuil. Enfin la Rille, après avoir traversé l'Aigle & Beaumont, se réunit à la rivière de Charentonne, laquelle seule passe à Broglie, à Bernay, & plus bas va faire mouvoir les usines de Pont-Audemer ; puis l'Aure, l'Iton, la Rille & la Charentonne, après avoir pris leur source dans le département de l'Orne, entrent dans celui de l'Eure ; ensuite l'Aure arrose Verneuil, & se jette dans l'Eure ; l'Iton, de même, passe à Evreux. La Rille enfin passe à Beaumont-le-Roger, après quoi elle reçoit la Charentonne, qui arrose Broglie & Bernay, & plus bas va faire mouvoir les usines de Pont-Audemer, & termine son cours dans la Seine, entre Quillebœuf & Honfleur. Les principales villes de ce département sont Evreux, le Grand-Andely, Gisors, Louviers, Verneuil, Pont-Audemer, Bernay & Quillebœuf. Evreux est le chef-lieu du département, sur l'Iton : son commerce consiste en toiles & draperies. Le Grand-Andely, fabrique de bas & de draperies. Gisors, petite ville sur l'Epte, fabriques de blondes & de rubans de fil. Louviers, ville sur l'Eure, fabriques renommées de draps fins, tanneries & toileries. Verneuil, petite ville sur l'Eure, tanneries & fabrique de peaux de veau pour reliure. Pont-Audemer, belles tanneries anglaises. Bernay, petite ville sur la Charentonne, commerce en bestiaux, cidre & bougies. Rugles, bourg sur la Rille, commerce en fils, rubans de fil, clous & épingles.

O 2

EURE & LOIR (département de l'). Ce département a pris son nom de deux principales rivières qui l'arrosent dans des cantons séparés. Il formoit la partie nord-ouest de l'ancien gouvernement de l'Orléanois, connu sous le nom de *pays Chartrain*, du *Perche-Gouet* & de *la Beauce* ; il occupoit une plus grande étendue de pays.

La plus abondante production de ce département est le blé, dont on y fait un grand commerce.

Ce département est borné au nord-est par celui de Seine & Oise, au sud-est par celui du Loiret, au sud par celui de Loir & Cher, au sud-ouest par celui de la Sarthe, à l'ouest par celui de l'Orne, & au nord-ouest par celui de l'Eure.

Les principales rivières sont le Loir, qui prend sa source au milieu du département, au dessus d'Illiers ; passe à Illiers, à Bonneval, où il reçoit l'Ouanne, qui arrose Authon & Brou, ensuite se rend à Château-Dun en Thimerais, & au dessus il reçoit à droite le Courtpa ; ensuite l'Eure commence à l'ouest, se rend par Courville à Chartres, à Maintenon, à Nogent-Roullebois, & à côté de Dreux, où il reçoit la Blaise. Enfin à l'ouest on trouve l'Huine, qui arrose Nogent-le-Rotrou.

Les principales villes sont Chartres, Dreux, Nogent-le-Rotrou & Château-Dun, Aunau, Authon. Aunau, petite ville, fabrique de bonneterie au tricot ; Authon, fabrique d'étamines ; Brou, fabrique d'étamines & préparation de chanvre. Chartres, grande ville sur l'Eure, dans un pays fertile, commerce en blé, farines, vins, bonnéterie à l'aiguille & tanneries. Dreux, au pied d'une montagne, sur la Blaise, fabrique de draps communs. Nogent-le-Rotrou sur l'Huisne : son commerce consiste en chanvres, fabriques de bonneterie, charbon & foin.

EURIPE. On sait que l'*Euripe* est un détroit de l'Archipel, qui sépare l'ancienne Béotie de l'île d'Eubée, aujourd'hui Négrepont. Environ au milieu de ce détroit, dans la partie la plus resserrée, on voit les eaux affluer tantôt du nord, tantôt du midi, dix, douze, quatorze fois par jour, avec la rapidité d'un torrent : on ne peut guère rapporter ces mouvemens multipliés & souvent inégaux aux marées de l'Océan, qui sont à peine sensibles dans la Méditerranée. La variété, le nombre & la précipitation de ces flux prouveroient, suivant quelques auteurs, qu'ils ont pareillement leur origine dans des montagnes, dont les glacés & les neiges fondent ; car, suivant ces auteurs, l'île d'Eubée, qui est d'un côté du détroit, a des montagnes couvertes de neige pendant six mois de l'année. On raconte aussi que la Béotie, qui est de l'autre côté du même détroit, renferme plusieurs montagnes fort élevées, & quelques-unes même où la glace se conserve en tout tems, telle que celle du Mont-Œta. Si ces flux & reflux de l'*Euripe* arrivent aussi fréquemment en hiver, alors il faudroit en attribuer la cause aux pluies qui tombent dans cette saison sur ces hautes montagnes.

Au reste, pour mettre les lecteurs qui réfléchissent sur les différens phénomènes & qui sentent les avantages d'en rapprocher avec soin les causes, je vais transcrire ici ce que j'ai rapporté ailleurs du lac de Livadie, qui est dans le voisinage de l'*Euripe*. Ce lac reçoit les premières eaux de la fonte des neiges de la Béotie, & les communique, à ce qu'on dit, à l'*Euripe*, à travers les montagnes qui l'en séparent. Il reçoit outre cela plusieurs petites rivières, parmi lesquelles sont le Cephisus, & les autres qui arrosent cette belle plaine, qui a environ quinze lieues de tour. L'eau de ce lac s'enfle quelquefois si fortement par les pluies & les neiges fondues, qu'elle inonde plusieurs villages dispersés dans la plaine ; elle seroit même capable de se déborder régulièrement toutes les années, si la Nature ne lui avoit procuré une sortie par cinq grandes issues sous la montagne voisine de l'*Euripe*, entre Négrepont & Talanda, par où l'eau du lac de Livadie s'engouffre, & se décharge dans la mer au-delà de la montagne. Strabon, parlant de cet étang, dit qu'il n'y paroissoit pas de dégorgeoir de son tems, si ce n'est le Cephisus, qui s'en faisoit quelquefois un sous terre ; mais les autres circonstances qu'il en raconte, autorisent à croire à beaucoup d'autres issues souterraines, à travers une masse de rochers, qui peut bien avoir à peu près dix milles de largeur. Au reste, de pareils canaux souterrains se rencontrent fréquemment dans les pays de montagnes : j'en ai cité plusieurs exemples, & surtout en parlant des vallons fermés.

EUROPE, une des quatre parties du Monde, laquelle renferme le plus grand nombre d'États civilisés. Outre les parties du Continent, qui se trouvent contenues dans l'*Europe*, & dont nous donnerons les positions, nous ferons l'examen & la description des parties de l'Océan, qui l'entourent & le baignent. Nous comprendrons dans ces parages maritimes les trois mers Méditerranées, que nous placerons dans leur ordre de nomenclature, après les avoir désignées quant à leur forme générale.

L'*Europe*, à compter du cap Finisterre à l'ouest de l'Espagne, jusqu'au détroit de Weugath au nord-est, s'étend du 8e. d. 20 m. de longitude, jusqu'au 75e. d. &, en descendant vers le sud, elle avance jusqu'au 8e. deg. de latitude, à compter du cap Matapan, jusqu'au-delà du 71e. Cette étendue est estimée d'environ quatorze cents lieues du sud-ouest au nord-ouest, & de neuf cents du sud au nord ; elle se prolonge depuis la fin du quatrième climat d'heures, jusqu'au premier climat de mois ; ce qui donne pour son plus long jour, quatorze heures, & au nord deux mois.

L'*Europe* est bornée au nord par la Mer-Glaciale, à l'est par l'Asie, la Mer-Noire & l'Archipel ; au fud par la Méditerranée , à l'ouest par l'Océan atlantique.

Quoique l'*Europe* soit la partie du Globe la moins étendue, & que, suivant les calculs de Zimmerman, elle ne contienne que 513,000 lieues carrées, tandis que les autres peuvent être évaluées 4,365,095 lieues carrées, elle n'en est pas moins la plus digne de fixer notre attention. C'est dans l'*Europe* que l'esprit & le génie des hommes ont pris leur plus grand essor. Si nous exceptons les premiers siècles du Monde, c'est en *Europe* que nous trouvons la plus grande diversité de caractères, de mœurs & de gouvernemens. Cette partie du Globe enfin nous offre les connoissances & les observations les plus précises & les plus détaillées sur l'état naturel des choses. La géographie nous découvre, relativement à l'*Europe*, trois circonstances qui ont dû contribuer puissamment à sa supériorité sur les autres parties du Monde. Elles consistent, 1°. dans l'heureuse température dont aucune partie n'est sous la zone torride, & dans la grande variété de sa surface. L'expérience a fait suffisamment connoître l'effet qu'un climat modéré produit sur les animaux & sur les plantes. 2°. Le grand nombre de montagnes qui séparent les différentes contrées de l'*Europe*, est encore un avantage pour les habitans. Ces limites naturelles mettent un frein aux progrès des conquêtes & du despotisme, qui se sont répandus dans les immenses plaines de l'Asie & de l'Afrique. Les montagnes & même les rochers arides ont, sur les sols fertiles qui produisent par une culture facile, l'avantage d'exciter l'industrie & l'émulation des habitans. 3°. Les mers extérieures, & surtout les Méditerranées, qui sont au nombre de trois, facilitent avec les grandes rivières les relations & le commerce avec les nations du dehors & de l'intérieur, & l'on peut dire que l'*Europe* a joui de tout tems de ces grandes ressources, comme nous le ferons voir par la suite.

Les principales mers de l'*Europe* sont, 1°. l'Océan atlantique ou occidental : sa situation est entre l'*Europe*, l'Afrique & l'Amérique ; il s'étend d'un côté vers la mer du nord, & de l'autre vers le sud jusqu'à l'Océan éthiopien. On lui donne aussi des noms particuliers, suivant les différens pays qu'il baigne. On l'appelle en Espagne, *Mer de Biscaye*; en France, *Golfe de Gascogne*; entre la France & l'Angleterre, *Mer britannique*.

Le bras de mer qui divise la France de l'Angleterre, & qui joint la mer d'Allemagne, porte le nom de *Manche*, nom qu'elle doit à sa forme. Elle s'unit à la mer qui est entre l'Angleterre & l'Irlande, & qu'on nomme *Canal Saint-Georges* ou *Mer d'Irlande*. La partie de la Manche la plus resserrée, entre Calais & Douvres, s'appelle *Pas-de-Calais*. Des savans ont prétendu, d'après l'examen des côtes qui se trouvent égales & en même disposition vers Calais & Douvres, qu'en cet endroit il y avoit autrefois un isthme, par où les peuples de la Grande-

Bretagne ont pénétré dans cette île, ainsi que les bêtes féroces.

2°. La mer d'Allemagne est la partie de l'Océan qui est entre la Grande-Bretagne, les Provinces-Unies, l'Allemagne, le Danemarck & la Norwège. Comme sa situation est au nord, relativement à l'Allemagne & aux Provinces-Unies, on l'a nommée *Mer du Nord*; on la nomme aussi *Mer occidentale*. Près du Jutland elle prend le nom de *Mer cimbrique* : cette mer a le flux d'orient, & le reflux d'occident. Près des côtes de Norwège le flux est de quatre à huit pieds au plus; mais en Angleterre, en Hollande & dans la Manche, il est beaucoup plus considérable.

3°. La mer orientale ou Baltique est un grand golfe ou méditerranée, située entre le Danemarck, l'Allemagne, la Prusse, la Courlande, la Russie & la Suède. Elle est divisée en deux golfes, le golfe de Bothnie & celui de Finlande, & elle forme, près de la Livonie, le golfe de Riga & de Livonie. De la mer Baltique on peut aller à la mer Caspienne par différens golfes, lacs, fleuves & canaux. J'appelle la Baltique *Méditerranée*, parce qu'elle tire toutes ses eaux de l'intérieur des terres, par les fleuves, & non de l'invasion de l'Océan par le Sund. Aussi y a-t il un courant qui traverse ce détroit & se jette dans la mer; aussi la Baltique n'a point de flux.

4°. Plus haut que la Baltique, au nord, est la grande mer du Nord, dont un bras forme, près d'Archangel, un golfe qui est connu sous le nom de *Mer-Blanche*. Une autre partie s'appelle *Mer-Glaciale*, à cause des glaces qui y résident presque toute l'année.

5°. La Mer-Noire ou Pont-Euxin : c'est un lac qui est l'égout de quelques fleuves de l'*Europe*. Elle communique avec la Méditerranée. On présume qu'elle peut avoir douze cent soixante-six lieues de circuit. On l'appelle *Mer-Noire* parce qu'elle est fort orageuse. Ses eaux sont plus douces que celles des autres mers, & elles gèlent entièrement dans certains hivers. Elle joint la mer d'Azof par le détroit de Caffa.

6°. La mer d'Azof ou de Zabacha, autrefois connue sous le nom de *Palus-Méotides*, s'étend depuis la petite Tartarie jusqu'à Azof. Sa direction est de l'est à l'ouest. Au sud, elle est bornée par la Crimée & l'Asie. Elle entre dans la Mer-Noire par le détroit que les Anciens ont appelé *Bosphore cimmérien*. On prétend que les fleuves qui y ont leur embouchure, y jettent tant de vase, que la navigation en devient de plus en plus difficile.

7°. Vers le sud-ouest de la Mer-Noire est la mer de Propontide, dans laquelle déborde la Mer-Noire, par le Bosphore de Thrace. Elle se réunit, par l'Hellespont, à l'Archipel, autrement la mer Égée. On a observé que le milieu du canal n'étoit pas navigable. L'Archipel renferme dans son sein un nombre considérable d'îles célèbres. Il fait partie de la grande mer Méditerranée.

8°. La mer Méditerranée est située au milieu des plaines & des terrains plats, inférieurs aux autres parties voisines du Continent. Elle a reçu dans tous les tems plusieurs autres noms, suivant les différentes provinces & îles qu'elle baignoit en Europe, Asie & Afrique. Le golfe de Venise est le plus célèbre de la Méditerranée; il communique à la mer Atlantique par le détroit de Gibraltar, dont la longueur est de onze lieues, sur quatre & demie de largeur. Outre les îles de l'Archipel, on trouve, dans le milieu de la Méditerranée, des îles très-intéressantes : la première est la Sicile, au centre de laquelle est l'Etna, volcan célèbre, & digne, même actuellement, de toute sa célébrité ; la seconde est la Sardaigne, très-fertile en grains ; puis la Corse, très-remarquable par l'industrie de ses habitans ; enfin des îles de moindre importance, Majorque, Minorque & Ivica, voisines de l'Espagne. On se trompe en considérant la Méditerranée comme un grand golfe, car elle ne tire point ses eaux de l'Atlantide, quoiqu'il y ait un courant qui se précipite désagréablement de cette mer dans la Méditerranée, à travers le détroit de Gibraltar ; car il est visible que la plus grande quantité de ses eaux y est voiturée par les fleuves qui s'y jettent. (Voyez l'article MEDITERRANEE.)

Dans la partie septentrionale de l'Europe on trouve, au nord de la Russie, la Mer-Blanche; entre la Russie, la Suède, le Danemarck & l'Allemagne, la mer Baltique, qui a, au sud-est, les golfes de Bothnie & de Finlande ; au nord-est de l'Ecosse, le golfe de Murrai; le golfe de Biscaye entre la France & l'Espagne, au sud ; puis la Manche entre l'Angleterre & la France.

Enfin, au midi de l'Europe, est la mer Méditerranée, qui n'est pas un golfe, mais qui en renferme plusieurs : les principaux sont le golfe de Lyon, celui de Gênes, à l'est du premier; ceux de Venise, entre l'Italie & la Grèce; de Lépante, entre la terre ferme de la Grèce & la presqu'île de Morée; la mer de Marmara, entre la Mer-Noire & l'Hellespont ; enfin, la Mer-Noire & la mer d'Azof, qui sont séparées par le détroit dont nous allons faire mention.

Les principaux détroits, en commençant par le nord, sont Weigath, le Sund, à l'entrée de la mer Baltique ; le canal Saint-Georges, entre l'Angleterre & l'Irlande ; le Pas-de-Calais, entre la France & l'Angleterre, sur la Manche; le détroit de Gibraltar, à l'entrée de la Méditerranée, entre l'Espagne & l'Afrique; le phare de Messine, entre l'Italie & la Sicile; le détroit des Dardanelles, à l'entrée de la mer de Marmara ; le canal de Constantinople, faisant la communication entre la mer de Marmara & l'Archipel ; les détroits de Caffa, entre la mer de Zabache & la Mer-Noire : ces

trois détroits sont entre l'Europe & l'Asie, & en établissent, à un certain point, les limites.

L'Europe, considérée comme Continent, est traversée, dans toute sa longueur, du sud-ouest au nord-est, par une grande chaîne de montagnes, qui commence au détroit de Gibraltar & va se continuer jusqu'en Asie. De cette chaîne en partent quatre autres, dont deux vont au nord & font le tour de la mer Baltique, & deux qui se portent au sud & environnent la Mer-Noire. La surface de l'Europe se trouve par-là divisée en six pentes de terrains inclinés vers autant de mers, ou en six bassins terrestres. Il y en a trois au nord de la grande chaîne de montagnes, celui de la mer Glaciale, celui de la mer Baltique & celui de l'Océan ; & trois au sud, qui sont celui de la Méditerranée, celui de la Mer-Noire & celui de la mer Caspienne.

J'ajoute ici que les deux chaînes de montagnes de l'Asie, qui vont à l'ouest, se réunissent à celles qui s'y portent de l'Europe. Les chaînes que nous venons de considérer, renferment les montagnes les plus considérables & les plus célèbres de toute la Terre : telles sont les Pyrénées, les Alpes, les Vosges, &c. Il est donc fort utile de se former un tableau exact de leur direction & de leur enchaînement.

Les principales montagnes de l'Europe sont les monts Krapachs, qui sont en Pologne, & s'étendent à l'est de la Moravie & au nord de la Hongrie; les Alpes, entre la France, la Suisse & l'Italie ; l'Appennin, dans la longueur de l'Italie ; les Pyrénées, entre la France & l'Espagne ; les montagnes de l'Auvergne, du Limousin, les Cévennes & les Vosges.

Les principaux caps sont le Cap-Nord, au nord de la Laponie ; le cap Finisterre, au nord-ouest de l'Espagne ; le cap Saint-Vincent, au sud-ouest du Portugal, & le cap Matapan, au sud de la Morée.

J'ajouterai ici, pour échantillon des caps terrestres, l'extrémité de la chaîne d'Angoulême.

Les principales îles sont les britanniques, divisées en deux grandes, l'Angleterre & l'Irlande, & en plusieurs petites, les Orcades & les Westernes, au nord & à l'ouest de l'Ecosse.

Les îles de Danemarck, savoir, celles de Zélande, de Sunen, à l'entrée de la mer Baltique, & d'Islande au nord, presque sous le cercle polaire.

Dans la Méditerranée, en allant de l'est à l'ouest, toutes les îles célèbres de l'Archipel, Malte, la Sicile, la Sardaigne, la Corse, Ivica, Majorque & Minorque.

Nous allons maintenant entrer dans de plus grands détails sur toutes les matières dont nous venons de donner un court exposé.

C'est une grande tâche que de donner une idée générale du sol de l'Europe : on sera bien éloigné d'y pouvoir satisfaire tant qu'on n'aura pas étudié

& connu bien en détail les différens fols de chaque contrée, & de les avoir comparés entr'eux ; fuivant leur nature différente. Outre la difficulté de l'entreprife, je dois dire ici que ceux qui ont imaginé ce travail, ne connoiffoient pas la marche qu'il convenoit de fuivre pour embraffer & diftinguer les principaux objets de cette étude. Il ne paroît pas qu'ils aient fenti la néceffité de reconnoître les maffifs différens qui font apparens à la furface de la Terre, d'en fixer les limites fuivant les baffins qu'on a cru devoir déterminer en *Europe* : ils ne connoiffoient pas enfin les élémens de ce travail. Effectivement, on ne nous a rien dit, après avoir annoncé l'examen du fol de l'*Europe*, fur la diftinction de l'ancienne & de la nouvelle terre, fur les avantages & les inconvéniens de l'habitation & de la culture de ces deux maffifs ; cependant cette diftinction me paroît être la bafe de la connoiffance du fol d'un pays étendu, comme peut être celui de l'*Europe*.

Il s'en faut bien que ce qu'on dit fur les pays de mines & fur leur exploitation rempliffe les mêmes vues ; car tous ces fols font bien éloignés d'influer fur le climat d'un pays, fur la fanté de fes habitans, comme l'ancienne & la nouvelle terre, & même la moyenne, qu'on a jufqu'à préfent fi méconnues, quant à leurs productions particulières & aux influences de leurs fols. On peut auffi envifager les fols des montagnes, les fols des vallées, les fols des grandes plaines, les fols des centres des Continens, les fols des bords de la mer, toutes différentes difpofitions fi remarquables, qu'on peut être étonné qu'on n'ait pas dirigé l'étude des fols fur ce plan, & qu'on fe foit borné à une diftinction parfaitement infignifiante & vague, qui ne fuppofe aucune obfervation précife, aucun rapprochement des caufes avec les effets qu'on fe propofoit cependant de difcuter.

Après la diftinction d'un fi grand nombre de baffins dans l'*Europe*, comment n'a-t-on pas fenti qu'on pouvoit fuivre l'examen des fols fuivant qu'ils pouvoient conftituer les différentes parties de ces baffins : ainfi les parties élevées des enceintes, les arêtes, ne font-elles pas propres à offrir une nature de fols totalement différente de celle des terrains qui forment les fonds de ces baffins ; car il m'a femblé que, dans beaucoup de provinces de l'*Europe*, les fols varioient bien fenfiblement, fuivant ces différens niveaux.

Par exemple, le fol de la Limagne eft bien différent de celui des deux maffes de montagnes qui lui fervent d'enceinte, tant du côté du Puy-de-Dôme, à l'oueft, que du côté du Forez, à l'eft : ainfi l'on doit fentir combien il faut avoir parcouru de contrées, de pays, de provinces avant de parler du fol de l'*Europe*, & d'en parler généralement.

Une des chofes les plus importantes dans l'examen des fols, furtout relativement aux climats, c'eft celle de l'organifation des maffifs, & celle de leur conftitution, qui influe fur la manière dont fe fait l'imbibition des eaux pluviales, & fur la circulation plus ou moins facile, plus ou moins abondante de cette eau ; enfin, plus ou moins profonde dans l'intérieur de la terre ; c'eft ce qui me paroît diftinguer d'une manière particulière l'ancienne & la nouvelle terre de Rouelle, & c'eft cependant ce qui n'a été ni indiqué ni connu par aucun naturalifte. Je puis dire que je fuis le feul qui ai faifi & marqué par des traits très-pofitifs ces différens caractères : & pour peu qu'on ait comparé toutes les circonftances de la circulation de l'eau avec la manière de vivre & la méthode de culture, on ne peut méconnoître la correfpondance bien intime & bien fenfible de tous ces objets. Pourquoi un médecin les a-t-il donc ignorés, en parlant des fols? Pourquoi a-t-il mis, à la place, des chofes infignifiantes?

Pourquoi auffi n'a-t-on pas fait entrer dans la difcuffion fur les fols des diverfes contrées de l'*Europe* la diftinction des terrains qu'avoit voulu introduire parmi les naturaliftes un médecin? Quoique fa méthode d'étudier ces terrains, quoique fon fyftème d'en faire le partage foit refté fort imparfait, cependant ce qui en a été fait ou ébauché entroit bien mieux dans le plan de l'examen des fols qu'on fe propofoit de généralifer, que tout ce qu'on a dit en difcutant ici l'imperfection de ce travail. J'indique ici les vues qui m'ont paru les plus propres à le perfectionner ; mais je dois finir par dire que nous fommes bien éloignés de pouvoir entreprendre cette revue générale des fols de l'*Europe*.

§. Ier. *Climats de l'Europe, dépendans des difpofitions de lieux, des vents & des autres météores.*

La température des lieux ne dépend pas entièrement de l'éloignement plus ou moins grand de l'équateur. Outre cela, la durée & la nature des faifons doivent être rapportées à d'autres circonftances : les viciffitudes des mouvemens de l'atmofphère, dépendantes de la fituation des lieux, de leur expofition, de la difpofition des contrées qui les environnent, & tant d'autres caufes qu'on n'a pas encore étudiées comme il convient, contribuent à former les différences des climats.

§. II. *Du froid & de la chaleur, dépendans des circonftances locales.*

Le fait le plus remarquable en *Europe*, quant à la difproportion de la température des lieux avec leur pofition aftronomique, eft celui que j'ai annoncé dans l'expofition des zônes, relativement à la Norwège.

J'ai dit que la Norwège occidentale étoit, quoique fous un même parallèle, expofée à une température beaucoup plus douce que la Norwège orientale & que la Suède, & à plus forte raison que les montagnes qui les séparent.

Dans la partie orientale de la Norwège, c'est-à-dire, depuis la chaîne des Filefields jusqu'aux frontières de la Suède, l'hiver commence au milieu d'octobre & se soutient jusqu'au milieu d'avril. Pendant ce tems les eaux sont gelées jusqu'à une forte épaisseur ; les vallées & les montagnes sont revêtues de neige. Mais tandis que l'hiver exerce ainsi ses rigueurs dans ce pays, dans la Norwège occidentale au contraire tous les lacs & les baies, quoique placés sous le même parallèle que ceux de la partie orientale, sont généralement navigables. L'air y est couvert de nuages, & rarement les gelées y durent-elles quinze jours ou tout au plus trois semaines de suite. Dans le centre de l'Allemagne, qui est de deux cents lieues plus voisin de la ligne, les hivers sont en général plus rigoureux, les gelées plus pénétrantes que dans le diocèse de Bergen, où les habitans sont étonnés de lire dans les papiers publics, que les gelées & les neiges se montrent en Allemagne, & surtout en Pologne, avant de paroître dans ces contrées. Les ports d'Amsterdam, de Hambourg, de Copenhague & de Lubeck sont gelés dix fois plus souvent que ceux de la Norwège occidentale. D'ailleurs, l'hiver, à Bergen, est si doux, que les mers sont toujours praticables pour les pêcheurs & les matelots. Il est rare même que les baies & les criques soient gelées, excepté celles qui sont fort avant dans les terres & vers les montagnes de Filefields, où il règne un vent de terre sec & piquant qui souffle nord-est. D'ailleurs, la mer du Nord est navigable, tant l'hiver que l'été, jusqu'aux quatre-vingt & quatre-vingt-deuxième degrés, excepté dans les criques & sur les côtes du Finmarck, de l'Islande & du Groënland. Dans les hivers très-rigoureux, quand la Baltique est gelée, les cygnes, qui ne sont pas des oiseaux propres à la Norwège, se réfugient sur les côtes de la Norwège occidentale.

Quelques physiciens attribuent cette douceur dans la température de la Norwège occidentale, au voisinage de la mer, dont les vapeurs se mêlent à l'atmosphère, & lui communiquent une humidité continuelle, qui n'a pas lieu dans les pays méditerranés. Cependant cet effet bien remarquable dans les parties de l'Océan, que nous avons indiquées, n'a pas également lieu dans les autres pays environnés par la mer ; car nous savons que la Baltique se gèle, & que ses côtes sont exposées à des hivers rigoureux. Outre cela, la Mer-Glaciale, à mesure qu'on pénètre vers l'est, devient moins accessible au nord ; & tandis qu'à l'occident du Spitzberg plusieurs navigateurs se sont avancés jusqu'au quatre-vingt-deuxième degré vers le nord, le détroit de Waigatz, situé en deçà du soixante-dixième, & sur le bord méridional de la Nouvelle-Zemble, est souvent obstrué par les glaces, même dans l'été.

Les mêmes effets du froid ont été observés souvent à l'ouest, le long des côtes de l'Islande & dans les parages intermédiaires, entre cette île & le Groënland, où la mer cesse d'être navigable à des latitudes bien plus avancées vers le sud ; en sorte que les avantages de cette température douce semblent, à cette latitude, renfermés entre le premier méridien & le quarante-cinquième degré de longitude.

C'est à la suite de cette douceur de température, que le fameux hiver de 1709, si remarquable par ses effets désastreux en France, ne fut pas, à Bergen, plus rigoureux que les hivers ordinaires, & que l'Irlande, l'Écosse, les îles de Shetland & les Orcades, toutes situées à la même latitude, se sont peu ressenties de la violence de cet hiver extraordinaire. Il paroît même que c'est ce qui arrive à ces contrées, & surtout aux Orcades, dont les hivers amènent plus généralement les pluies que les neiges ; car les neiges & les gelées n'y durent pas autant que dans les autres parties septentrionales de l'Écosse ; mais les vents, en récompense, y soufflent avec une telle violence, que la pluie y tombe par flots, comme si toute une nuée étoit précipitée dans un instant. Pareillement aux îles Féroë, les hivers ne sont pas très-froids, quoique ces îles soient placées vers le soixante-deuxième degré de latitude septentrionale : rarement gèle-t-il plus d'un mois, & d'ailleurs si modérément, que jamais on n'y voit de glaces dans les baies, & qu'on n'est pas obligé d'y mettre à couvert les brebis ni les bœufs.

Si ensuite on compare à ces effets de température dépendans de la mer, ce qu'on éprouve dans la portion de la Norwège orientale, située entre les Filefields qui la séparent de la Norwège occidentale, & dans la Suède, dont elle est séparée par d'autres montagnes désignées sous le nom de *Lemyfields*, dans le pays plat, l'hiver est tellement rigoureux, que les voyageurs courent risque de perdre le nez & les doigts s'ils ne prennent les précautions nécessaires pour garantir ces parties. On peut citer, à cette occasion, l'accident désastreux arrivé à une partie de l'armée de Charles XII, qui s'en retournoit en Suède lors de la mort de ce prince devant Fréderickshall : sur dix mille hommes dont elle étoit composée, il n'en échappa, selon les uns, que cinq cents, &, selon d'autres, que deux mille cinq cents : tout le reste périt gelé.

La chaleur des étés, également forte, à ce qu'il paroît, en Norwège & en Suède, dépend, comme on sait, de la durée des jours & de la permanence du soleil au dessus de l'horizon pendant plusieurs jours. Cette chaleur a une telle force, que la végétation parcourt ses périodes avec une si grande rapidité, que, dans la Norwège, la récolte vient deux mois après les semailles. En Suède, dans la Westro-Gothie, l'intervalle entre les semailles & la moisson n'est guère que de quarante jours, &

en

en particulier l'orge, femé fur la fin de juin, fe récolte à la moitié d'août.

Ces effets, au refte, font parfaitement d'accord avec les températures qui doivent réfulter de la marche du foleil. L'obfervation véritablement digne de remarque dans ces contrées eft celle de l'inégalité du froid fous le même parallèle, & dans des circonftances femblables en apparence, comme celles qui femblent communes à la Norwège occidentale, aux côtes méridionales de la Norwège orientale, & aux côtes de la Suède, fur la Baltique. Cette efpèce de privilége commun aux côtes occidentales de la Norwège, au nord de l'Écoffe, aux Orcades, aux îles de Schetland & à celle de Féroë, de n'avoir qu'un hiver modéré dans une latitude très-feptentrionale, a été attribuée à plufieurs caufes bien conjecturales. Les uns y ont vu les effets des volcans fouterrains, qu'ils ont fuppofé exifter fous la mer, à cette latitude. Ils ont rapproché, à ce fujet, l'Hécla, qui, au milieu des glaces de l'Iflande, éprouvoit des éruptions violentes; la formation d'une terre nouvelle fortie du fond de la mer près des Orcades, toute compofée de produits volcaniques, mais qui, en difparoiffant peu de tems après, n'a pu être foumife à l'examen de ces phyficiens. Enfin, ils ont cité une relation de voyageurs hollandais, qui prétendoient avoir pénétré jufqu'au quatre-vingt-neuvième degré dans les terres arctiques, & y avoir obfervé un volcan, &, d'après ce dernier fait, avoient vu & indiqué une fuite de volcans fouterrains, depuis les Orcades jufqu'au pôle.

Cependant ne peut-on pas demander pourquoi cette température douce, commune aux îles Orcades, à celles de Schetland & aux îles Féroë, ne s'étend pas jufqu'à l'Iflande, qui donne iffue à plufieurs volcans, & qui, quoiqu'à la même latitude feptentrionale que les îles Féroë, éprouve fur ces côtes mêmes méridionales, des froids rigoureux.

D'autres phyficiens ont cru devoir attribuer la douce température de cet affemblage de terres côtières aux courans de la mer, qui, favorifés par les marées, amènent des maffes d'eau échauffées fous des latitudes voifines de la ligne ou du tropique, & dont la marche eft prouvée par l'affluence des débris & fruits de végétaux & de troncs de bois propres à l'Amérique, qui viennent aboutir fur ces côtes; ils ajoutent que les mêmes effets ne peuvent être produits fur les côtes de l'Iflande, parce que les eaux qui la baignent, font refroidies par les glaces flottantes qui fe détachent du Groënland. On peut voir, à l'article OCÉAN (*Baffin de l'*) ce que nous avons dit de ces courans & des différens effets qui en réfultent, quant à la température des pays, aux vents & autres météores.

La différence des températures qu'on remarque dans des régions parallèles tient à d'autres caufes phyfiques qu'on connoît beaucoup mieux, parce qu'elles font à la portée des obfervateurs des effets

généraux. Une de ces caufes principales eft celle qui fe manifefte à mefure qu'on s'éloigne des régions voifines de l'Océan, & qu'on s'avance vers le centre du Continent en fe portant de l'oueft à l'eft; c'eft ce qu'on obferve fenfiblement dans toutes les zônes dont nous avons diftinguées. Souvent il arrive que la même différence d'intenfité fe rencontre dans la chaleur des étés, au moins jufqu'à une certaine élévation vers le pôle. Nous pourrions étendre les mêmes confidérations au Continent de l'Afie, qui n'en fait abfolument qu'un avec l'*Europe*. Cette réunion des deux offre de l'oueft à l'eft une étendue immenfe, qui préfente la plus vafte continuité de terre qui foit fur le Globe.

Il eft une feconde caufe qui occafionne la différence des températures entre les mêmes parallèles: c'eft l'élévation des terrains au deffus du niveau de la mer. Les contrées montagneufes font les plus froides, & les fommets couverts de neiges, ainfi que les vallées qui reçoivent les glaces qui fe propagent de ces fommets, étendent à de grandes diftances le froid dont elles font pénétrées.

Ces deux caufes tiennent peut-être à un même principe. En effet, puifque le cours des fleuves annonce que certaines parties des Continens font conftamment inclinées vers les mers qui les baignent, il en réfulte que plus on s'éloigne des mers, plus le Continent fe trouve élevé, & par conféquent plus ce Continent a d'étendue, plus fon centre eft élevé, relativement à fes bords que la mer baigne. Si donc les températures fe refroidiffent dans la proportion fuivant laquelle les terrains s'élèvent, il en faut conclure que, dans les mêmes parallèles, à mefure que les contrées qu'on parcourt, s'approchent du centre d'un grand Continent, elles doivent fenfiblement être plus froides, furtout fi l'inclinaifon des terrains fe trouve avoir fon afpect au nord, parce qu'alors l'obliquité des rayons folaires eft plus grande, relativement à leur difpofition. Au refte, ceci ne doit s'entendre que des contrées qui, comme les zônes européennes, s'éloignent plus ou moins des tropiques; car le contraire a lieu en général pour les régions voifines de la ligne & toutes celles qui font renfermées dans l'étendue de la zône torride, parce que le foleil frappe le fol perpendiculairement une partie de l'année, & que le refte du tems fes rayons n'ont pas une obliquité confidérable. C'eft en conféquence de ces circonftances que le centre de ces Continens eft très-chaud quand il n'eft pas couvert de montagnes & de fommets élevés; & il n'y a pour lors que le voifinage des eaux & de la mer qui rende la chaleur fupportable.

C'eft, comme nous l'avons dit à l'article ROME, par la raifon de l'obliquité des rayons folaires, qu'il eft généralement vrai que les revers feptentrionaux des montagnes, & par conféquent tous les pays fitués fur des plans très-inclinés au nord & particuliérement vers l'origine de cette inclinaifon, font plus froids que dans toute autre fituation. Il réfulte de là, dans les contrées montagneufes, des différences remarquables de température à des diftances très-peu confidérables.

L'obfervation confirme tous ces principes, car, fous les mêmes parallèles, la France, les parties correfpondantes de l'Allemagne, de la Pologne, de la Ruffie, deviennent progreffivement plus froides en avançant vers l'eft, quoique la Pologne foit peu montagneufe, excepté vers les monts Crapacks. Non-feulement les montagnes font froides en elles-mêmes, mais elles portent au loin leur température froide; & dans l'Italie, l'Efpagne & la Grèce, où les plaines font brûlées par un foleil ardent pendant l'été, les pays placés au pied des montagnes jouif-fent en même-tems d'une température moyenne. Si, dans les contrées montagneufes, les terrains qui font expofés au nord & élevés font froids & peu fer-tiles, les coteaux oppofés qui reçoivent l'action des rayons du foleil au fud, font fort échauffés dans l'été, & couverts de productions vigoureufes. Outre cela les coteaux qui ont l'afpect du fud, réfléchif-fant les rayons du foleil concentrés dans leurs val-lées, s'échauffent à tel point, qu'il eft ordinaire de voir dans ces vallées de montagnes des hivers ri-goureux remplacés par des étés fort chauds. C'eft ce qu'on voit dans les parties des Alpes qui avoi-finent le Piémont, dans la Hongrie, dans le Ti-rol, &c.

§. III. Zônes des climats en Europe.

La révolution annuelle & diurne du Globe au-tour du foleil & le mouvement de nutation de fon axe produifent les phénomènes des années & des faifons, & c'eft d'après les différens afpects du Globe, que l'on a divifé fa furface en bandes cir-culaires & parallèles à l'équateur, défignées fous la dénomination de climats.

On fait que, fous l'équateur, la révolution diurne de vingt-quatre heures eft toujours également par-tagée entre la nuit & le jour. On fait auffi que, fous le pôle, c'eft la révolution annuelle qui fe divife en fix mois de jours & fix mois de nuits, en ajou-tant cependant aux jours & retranchant aux nuits l'effet des longs crépufcules.

Nous dirons qu'entre ces deux termes de l'é-quateur d'un côté, & du pôle de l'autre, l'égalité des jours & des nuits n'a lieu qu'au tems des équi-noxes, & que les jours les plus longs ont lieu au folftice d'été, & les plus longues nuits au folftice d'hiver. Outre cela la durée des longs jours eft d'autant plus grande qu'on s'approche plus du pôle, & d'autant moindre qu'on fe trouve plus dans le voifinage de l'équateur.

C'eft d'après cette proportion des plus longs jours en été, & des plus longues nuits en hiver, que l'on a divifé l'hémifphère feptentrional ou auf-tral, qui s'étend de l'équateur au pôle, en plu-fieurs climats ou zônes, felon la plus ou moins

grande durée des jours d'été ou des nuits d'hiver, en comprenant dans les nuits les tems des crépuf-cules, & en prenant pour premier terme les jours de douze heures. Le nombre de ces zônes eft de trente. Les vingt-quatre premières font diftribuées fuivant une augmentation de demi-heure, & fe ter-minent au cercle polaire. Les fix fuivantes font dif-pofées par mois, & vont en augmentant jufqu'au pôle.

Le Continent de l'Europe s'étend du fud au nord dans une latitude de trente-fix degrés, c'eft-à-dire, du trente-fixième degré au foixante-douzième de latitude nord. Il commence un peu avant le fixième climat, & il s'étend jufqu'à la moitié du vingt-fep-tième. La partie la plus rapprochée de l'équateur a fes plus longs jours d'été de quatorze heures & demie, &, dans la partie la plus rapprochée du pôle, le plus long jour du folftice d'été a deux mois & demi de durée.

Dans toute l'Europe les faifons font divifées entre les équinoxes & les folftices, & fe comptent de l'équinoxe au folftice, & du folftice à l'équinoxe. Entre l'équinoxe & le folftice d'hiver fe compte l'automne, & l'hiver en revenant du folftice à l'é-quinoxe. Entre l'équinoxe & le folftice d'été fe place le printems, & l'été depuis le folftice juf-qu'à l'équinoxe.

C'eft cette marche du foleil qui, en déterminant les faifons que nous venons d'indiquer, eft la premiere caufe des températures de chaque zône. Ce-pendant les proportions du froid & du chaud font loin de répondre partout à ces quatre intervalles de l'éloignement & du rapprochement du foleil.

Au refte, le printems & l'automne font bien moins diftincts dans les pays feptentrionaux, que dans les diftances moyennes de l'équateur au pôle. On pourroit même n'en reconnoître que deux, la faifon de la chaleur & celle des neiges & des glaces, comme, vers le pôle, il conviendroit d'y ajouter la faifon de la nuit & celle du jour, & même entre deux, celle des crépufcules; car toutes ces circonf-tances influent fur la température.

Nous avons fait voir, à l'article de HALLEY, que l'obliquité des rayons folaires affoibliffoit beaucoup l'action de cet aftre fur les régions feptentrionales, & que la brièveté des jours d'hiver augmentoit la rigueur de cette faifon à un point exceffif. D'un autre côté, pendant l'été, la chaleur devient affez confidérable, à caufe de la longue durée des jours; mais l'affoibliffement que la chaleur éprouve par l'obliquité des rayons folaires, n'eft pas à beau-coup près compenfé par la longueur des jours; car des glaces éternelles couvrent plufieurs des contrées où les jours du folftice font de plufieurs mois.

Dans la Laponie, qui eft fituée en grande partie au-delà du cercle polaire, la chaleur des longs jours d'été n'empêche pas que la neige ne fubfifte dans les foffés & dans les lieux où le foleil ne donne pas. L'hiver y dure neuf mois, & fes rigueurs y font exceffives. En Suède, & même dans le climat de

Stockholm, où les longs jours durent au-delà de dix-huit heures, les neiges commencent souvent à tomber dès le mois de septembre, & la chaleur ne se fait sentir de nouveau qu'au mois de mai. Dans tout cet espace de tems le froid est constant, & les glaces, les neiges & les frimats n'éprouvent point d'intervalles. L'été y est de même exempt de nuages, & la chaleur du jour n'y est point refroidie par les orages, & pendant deux mois de l'été les chaleurs y sont aussi fortes & aussi constantes, que les froids y sont cuisans pendant deux mois de l'hiver. A peine l'intervalle de ces deux saisons y est-il marqué par une température moyenne : l'automne & le printems y sont peu connus. Cependant le climat de la partie la plus méridionale de ce royaume est assez tempéré.

A mesure qu'on se rapproche de l'équateur, le premier terme du froid est moins fixe & est moins sujet à avancer. L'automne, comme le printems, est distingué de l'été & de l'hiver par des signes plus marqués. Ainsi, dans les contrées septentrionales de l'Allemagne, qui éprouvent des hivers rigoureux, on ne passe pas subitement d'un grand froid à une grande chaleur.

Dans les contrées septentrionales de la France, le premier terme de froid se fait sentir le plus ordinairement vers la fin de novembre ou le commencement de décembre, & le dernier terme s'étend jusqu'à la fin de février. Tout ce tems, au reste, n'est pas entièrement consacré au froid, & souvent la température qui produit la glace, n'a pas, dans les trois mois que nous avons désignés pour l'hiver, une durée de quinze jours ou trois semaines. On ressent, à la vérité, quelquefois les premières atteintes du froid vers le commencement d'octobre ou même dès la fin de septembre, surtout dans les pays de montagnes que les neiges viennent couvrir, & que la gelée y fixe pendant quelque tems : souvent aussi le mois de mai offre quelques effets des frimats ; mais ces froids précoces ou tardifs sont assez variables, & séparés par des intervalles de chaleur, des gelées de l'hiver. Dans ces contrées aucun degré de température n'y est vraiment constant. Il est des hivers où le froid y est à peine sensible, & des étés où l'inconstance des tems & les retours fréquens des pluies détruisent les effets de la chaleur que le soleil doit produire naturellement.

Dans la France méridionale, & plus encore en Italie & dans l'Espagne, un mois seul semble consacré au froid, & les mêmes dispositions de température règnent à peu près dans l'ancienne Grèce. L'été, dans ces contrées, y est fort chaud, & la chaleur, assez constante, y est entretenue par la sérénité du ciel. Les pluies, fort abondantes, y paroissent réservées pour le tems du passage de la chaleur au froid, & par conséquent pour les saisons du printems & de l'automne.

En général, dans toute l'Europe, du sud au nord, le centre de l'hiver & du froid est le mois de janvier, & celui des chaleurs les plus fortes est le mois de juillet, toutes époques qui succèdent aux solstices.

D'après ce que nous venons d'indiquer sur les nuances successives du chaud & du froid en *Europe*, on pourroit partager ce Continent, en embrassant toute son étendue, du nord au sud, en cinq zones, graduées par les différences de températures, mais dont les termes ne peuvent être déterminés comme ceux des zônes astronomiques, parce que le passage de l'une à l'autre est réglé par des circonstances assez singulières.

Zône première.

La zône la plus voisine du pôle septentrional est celle où, malgré la longueur des jours d'été & la chaleur que répand le soleil pendant tout le tems qu'il reste au dessus de l'horizon, la neige & la glace subsistent en grandes masses dans les lieux placés à l'ombre & éloignés de l'influence immédiate des rayons de cet astre : tels sont l'Islande, les Laponies danoise & suédoise, la Laponie russienne & le pays des Samoïèdes européens.

Zône seconde.

La zône suivante est celle où un été brûlant succède presque sans intervalle à un hiver long & rigoureux. Dans cette zône les deux températures opposées sont fortes, constantes, & ne sont point sujètes à des variations ni à des intervalles déterminés d'une température moyenne, intermédiaire. Le printems & l'automne y sont ou inconnus ou trop courts pour y être distingués comme des saisons particulières. Dans cette zône se trouvent le nord de l'Écosse, la Norwège, pour laquelle il y a des exceptions locales, la plus grande partie de la Suède, le Danemarck, la partie septentrionale de la Pologne, qui renferme le duché de Courlande, & cette partie de la Russie où se trouve Saint-Pétersbourg.

Zône troisième.

La troisième zône est sujete à des hivers rigoureux, mais moins longs. Le printems & l'automne y sont marqués par un tems de l'année, assez long pour qu'on puisse les considérer comme des saisons particulières, qui se distinguent des fortes chaleurs de l'été & des grands froids de l'hiver, autant par leur durée que par leur modération. L'Irlande, l'Angleterre, les Pays-Bas, la Hollande, le nord de l'Allemagne & une grande partie de la Pologne & de la Russie sont renfermés dans son étendue.

Zône quatrième.

La zône suivante, qui pourroit être réunie en une seule avec la précédente, puisque les saisons intermédiaires y font également bien marquées, eft la plus tempérée, mais la plus inconftante dans l'ordre de fes faifons. Ses hivers, tantôt doux, tantôt rigoureux, & communément offrant la réunion de toutes les températures, fujets à des changemens fréquens & quelquefois fubits, des étés non moins irréguliers, non moins variables, amenant rarement de longues féchereffes & de longues chaleurs, toute l'année portant les caractères d'inconftance, caractérifent cette zône, dans laquelle fe trouve un des pays les plus fertiles & les plus rians de l'*Europe*, la France.

Il faut remarquer que c'eft à peu près au milieu de l'hémifphère boréal, à égale diftance de l'équateur & du pôle, que fe trouve placé ce climat intermédiaire entre la grande chaleur & le grand froid : ainfi, toute la partie méridionale de l'Allemagne, prefque toute la Hongrie, la Moldavie, la petite Tartarie, & une portion méridionale de la Ruffie, peuvent être confidérées comme répondant à cette zône. Nous indiquerons, au refte, par la fuite, toutes les exceptions qui peuvent fe rencontrer dans ces différentes contrées.

Zône cinquième.

La zône de l'*Europe* la plus méridionale eft remarquable par la chaleur de fes étés & le peu de durée de fes hivers, qui, rarement accompagnés de fortes gelées, plus rarement de neiges durables, doivent leurs plus grandes rigueurs au vent de nord-oueft, *Maeftro*, ou au nord-eft, *Tramontana*. Le printems y eft délicieux, comme nous le repréfentent les poètes de ce pays; mais les étés y font fecs & brûlans, & il n'y a que les nuits qui réparent la chaleur des jours : l'Espagne, la France méridionale, l'Italie, la Grèce & la Crimée appartiennent à cette zône.

Il eft bon d'obferver que fi l'on réunit en une feule zône la troifième & la quatrième, qui, en effet, ne diffèrent que par des nuances, alors les quatre grandes parallèles de l'*Europe* fe trouveront à peu près égales, c'eft-à-dire, de huit à dix degrés de latitude chacune : la cinquième, en effet, s'étendra depuis le trente-fixième degré jufqu'au quarante-cinquième ou environ : la quatrième & la troifième depuis le quarante-cinquième jufqu'au cinquante-cinquième : la feconde s'étendra jufqu'au foixante-troifième, & la plus feptentrionale, du foixante-troifième au foixante-douzième. Ce partage de l'*Europe* en cinq climats principaux eft le réfultat de l'éloignement où les différentes zônes ou bandes font de l'équateur : on n'y a pas compris d'autres circonftances, qui font cependant très-dignes d'attention ; car, par exemple, les fols montagneux font en général plus froids que les pays de plaines environnent : ainfi les pays plats & maritimes, ou dans lefquels font des lacs nombreux & des rivières multipliées,

peuvent être confidérés comme étant en général d'une température plus douce que tous les terrains élevés contenus dans les mêmes parallèles.

Les pays renfermés dans les Alpes, & qui, par leur pofition, appartiennent à la quatrième & à la cinquième zône, peuvent être confidérés comme appartenans, par leur température, au climat de la troifième & de la feconde. Les départemens du Puy-de-Dôme & du Cantal, placés dans la France, vers la partie méridionale de la quatrième zône, ont de même des hivers très-froids : les neiges y couvrent les hauteurs de bonne heure & fe fondent très-tard. C'eft auffi, par une conféquence de ce qui vient d'être dit, que les côtes de la Norwège ne font pas fous un ciel auffi rigoureux que la Suède, tandis que les Dofrefields ou les hautes montagnes qui féparent le Danemarck de la Suède, font couverts de neiges & de glaces qui y fubfiftent toute l'année, & qui repréfentent le climat des côtes feptentrionales de la Laponie ou celui du Spitzberg & de la Nouvelle-Zemble. Au refte, les caufes de ces différences, qui ne tiennent point aux divifions de la fphère, mais aux difpofitions des lieux, méritent un examen particulier. Je difcuterai, au refte, les caufes principales de ces exceptions en parlant des mouvemens généraux des mers.

§. IV. *Vents en Europe.*

Les vents ont une grande influence fur la différente température des lieux : ils augmentent l'évaporation des liquides à un degré confidérable ; ils occafionnent une diminution bien fenfible de chaleur, tant dans les corps à la furface defquels l'évaporation fe fait, que dans l'air au milieu duquel cette opération fe paffe ; ainfi : quel que foit le vent qui opère cette évaporation, il refroidit généralement. Il faut excepter le vent du midi lorfqu'il chaffe devant lui une maffe d'air fort échauffée. On fait que fi le vent du nord fouffle, le refroidiffement eft très-confidérable.

Les vents font extrêmement variables au-delà du trentième degré, des deux côtés de l'équateur. Dans l'*Europe*, fituée toute entière au-delà du trente-cinquième degré, aucune marche régulière n'a jufqu'ici caractérifé les vents. Ils foufflent de tous les rhumbs en tout tems, & l'hiftoire d'une année ne fe raccorde point avec celle de l'année qui précède ou qui fuit. Cependant il eft dans certains pays des vents qui font remarqués entre tous les autres, par leur fréquence, leur violence & leurs effets.

§. V. *Mers de l'Europe.*

Dans l'expofition & la defcription de ces mers, je fuivrai un plan qui appartient plus à l'hydrographie qu'à la géographie, quoiqu'il fatisfaffe également à ces deux parties de la connoiffance de notre

Globe, surtout dans ce qui concerne l'instruction publique. Je me flatte, au reste, d'avoir adopté à ce sujet des vues nouvelles, aussi lumineuses qu'elles peuvent être agréables. Du moins il me paroît qu'il résultera de mon travail un nouvel ensemble, qui est le rapport des mers avec les bassins terrestres que parcourent les rivières ou fleuves qui se jettent dans ces mers.

Ce qui frappe & ce qui nous intéresse le plus en *Europe*, c'est le nombre & l'étendue des mers intérieures, considérées avec raison comme les premiers canaux de la grande industrie & de la civilisation de cette partie du Globe, & par conséquent de sa supériorité sur les trois autres. Si l'Afrique eût été pénétrée à l'ouest d'une grande mer intérieure, il est probable que les bienfaits de l'industrie s'y seroient répandus avec facilité. La Méditerranée obtient parmi les mers intérieures, une prééminence méritée, puisqu'elle a été le centre de la civilisation de l'*Europe* ancienne & moderne. Les Colonnes d'Hercule marquoient ses bornes à l'occident : c'étoient le Mont ou le Roc d'Abila, aujourd'hui Ceuta, & le Calpé en Espagne, maintenant le célèbre Gibraltar. De ces points à sa dernière extrémité en Syrie, la Méditerranée a une longueur d'environ mille sept cent vingt milles. Au nord elle s'ouvre en deux grands golfes, l'Archipel & celui de Venise, le premier la mer Égée des Anciens, & le second la mer Adriatique. De la mer Égée, le détroit des Dardanelles, autrefois l'Hellespont, conduit à la mer de Marmara, la Propontide ancienne : de là l'ancien Bosphore de Thrace, maintenant canal de Constantinople, communique avec le Pont-Euxin ou la Mer-Noire, qui présente au nord le bas-fond des Palus-Méotides ou de la mer d'Azof, qui de son côté est la dernière limite de ces parties de la mer intérieure de l'*Europe*. C'est aussi de ces points intéressans, que l'eau a commencé à couler lors du premier approfondissement du bassin de la Méditerranée. La vaste étendue de ce bassin est interrompue par un grand nombre d'îles, & bordée de côtes opulentes, où la Nature a prodigué ses traits les plus pittoresques & les plus intéressans. Excepté dans les plus resserrées, on n'apperçoit pas l'effet des marées; mais, suivant l'opinion des observateurs naturalistes, il y règne un courant qui, le long du rivage italien, se dirige de l'est à l'ouest &, dans le sens contraire, vers la côte d'Afrique. Dans l'Adriatique, le courant suit la direction nord-ouest vers la Dalmatie, & la disposition contraire en retournant le long de l'Italie. La Méditerranée, très-abondante en poissons, nous en offre plusieurs espèces inconnues dans les latitudes plus septentrionales. Les principales pêches sont celles du thon, du spadon, du marsouin, espèce de goulu de mer, & des anchois. Ce sont aussi ces mêmes parages où l'on trouve très-abondamment le corail, qu'on sait aujourd'hui être l'ouvrage des insectes de mer ou plutôt des zoophytes. Il se présente sous trois couleurs, le rouge, le vermillon & le blanc, & dans sa plus grande hauteur il n'a jamais plus d'onze pouces. Sa dureté est la même au fond des eaux qu'à l'air libre. On le recueille avec une espèce de filet, à la profondeur de soixante à cent vingt pieds. C'est à l'hydrographe à donner l'énumération des écueils & des rochers; mais les bancs de pêche sont d'une grande importance générale, & nous dirons qu'il y en a quelques-uns près les côtes de la Sicile.

Si nous remontons à la mer d'Azof, nous dirons que cette mer est pleine de vase à l'embouchure du Don ou Tanaïs. C'est de là que lui vient la dénomination de *Palus* ou *Marais* que lui donnèrent les Anciens, comme nous l'avons dit ci-dessus. Elle communique avec la Mer-Noire par le détroit de Caffa, autrefois Bosphore cimmérien. Nous quittons la Méditerranée en renvoyant à son article pour une infinité de détails que nous croyons devoir supprimer ici, & nous passons à la Baltique, la seconde des grandes mers intérieures de l'*Europe*. Les Allemands la nomment *Mer orientale*, & les Anglois *Eastern-Sea*, d'où viennent les Easterlings de l'Histoire d'Angleterre, qui étoient les peuples voisins des rivages de la Baltique. Elle débouche sur l'Océan atlantique septentrional; ce que prouvent les courans que parcourent les différens golfes de cette mer, & qui en portent les eaux aux trois débouchés qui s'y sont ouverts lorsque les fleuves qui y concourent, en ont creusé les bassins, lesquels continuent à les abreuver. Effectivement, cette mer intérieure se partage en trois branches, dont une se porte au sud, forme le petit golfe de Livonie, nommé aussi *golfe de Riga*. La seconde, qui se dirige vers l'est, & qui est plus considérable que la première, s'enfonce dans la Finlande, sous le nom de *golfe de Finlande*. La troisième, plus considérable que les deux autres, se porte dans le nord à travers la Scandinavie, jusqu'au soixante-sixième parallèle, celui de Tornéo, célèbre par les travaux des Académiciens français, & elle reçoit le nom de *golfe de Bothnie*, qu'elle tire de cette province de la Laponie suédoise, que ce golfe divise en Bothnie orientale & en Bothnie occidentale. Il ne me reste plus qu'à faire connoître les fleuves qui d'un côté abreuvent les golfes, & qui, après avoir arrosé les bassins terrestres, se réunissent aux côtes correspondantes. D'un autre côté, il convient d'examiner les trois passages qui ont formé les îles de Danemarck : savoir, au nord, l'Ore-Sund ou passage du Sund entre la Scanie & l'île de Séélande au milieu; entre cette île & celle de Fionie, le passage du Grand-Belt, & au sud, entre l'île de Fionie & le Jutland, le passage du Petit-Belt. Nous achevons de réunir ces débouchés de la Baltique avec l'Océan atlantique septentrional, en indiquant le Categat & la Manche de Danemarck. Parmi les divisions des différens golfes ou mers qui environnent les États de l'*Europe*, nous citerons la mer d'Allemagne, ainsi nommée parce qu'elle baigne les côtes de l'ancienne Germanie, depuis le Rhin jusqu'à l'extrémité du Jutland. Buache l'appelle aussi *Mer du Nord*, nom qui vient sans doute des Hollandais. On pourroit la considérer comme une partie de l'Océan atlantique. Elle est remarquable parce qu'elle rassemble les eaux d'un grand bassin que parcourent la Meuse & le Rhin. Elle se termine au Pas-de-Calais, où commence la Manche, qui s'étend à l'ouest, & forme un canal de séparation entre l'Angleterre & la France. Si-nous continuons à nous porter le long des côtes occidentales de la France, nous y rencontrerons un grand enfoncement entre le cap Finistère, la pointe extrême du nord-ouest de l'Espagne & l'île d'Ouessant, & l'extrémité occidentale de la France. Les Français lui donnent le nom de *golfe de Gascogne*, & les Anglais celui de *golfe de Biscaye*. Croyons qu'aucune de ces dénominations ne lui convient pour désigner le golfe dont les eaux baignent plus de deux cents lieues de côtes, lorsque nous voyons que la Gascogne n'en occupe pas plus de quarante, & la Biscaye pas plus de vingt. Mais en considérant que les côtes de France, sans désignation particulière, se développent ici sur un contour de plus de cent trente lieues, qui offre aux armées navales & aux vaisseaux de commerce les ports de Brest, de l'Orient, de Vannes, de Nantes, d'Olonne, de la Rochelle, de Rochefort, de Bordeaux, de Bayonne, de Saint-Jean-de-Luz, &c. & les îles de Belle-Isle, de Ré, d'Oléron, nous rappelons en même tems que, dans les siècles anciens, ce golfe fut nommé *Sinus gallicus*, que nous devons rendre à juste titre par golfe de France. La pointe qui termine ce golfe du côté du nord, lui est commune avec le canal qui sépare la France de l'Angleterre & que j'ai déjà indiqué sous le nom de *Manche*. Cette dénomination, assez impropre, seroit bien remplacée par celle de *canal de France & d'Angleterre*. J'ajoute ici le canal de Bristol & le canal Saint-Georges, deux larges golfes qui séparent l'Irlande de l'Angleterre.

Il seroit superflu de faire l'énumération des moindres golfes, des détroits & des autres sinuosités que peuvent offrir les côtes des mers de l'*Europe*, & de donner une liste insignifiante de noms qui figurent mieux sur les cartes. D'ailleurs, cette manière de faire connoître ces parties de l'hydrographie est inconvénante, & je ne puis y avoir recours; mais il manqueroit des traits essentiels à ce tableau des mers européennes, si nous le terminions sans faire quelques observations sur les bancs de sable, espèce de bas-fonds, qu'on suppose être les vestiges des hauteurs submergées, & qui, étant fréquentés par la morue & plusieurs autres sortes de poissons, appellent la plus grande attention des pêcheurs industrieux. Les sables de Goodwin, dans les parages du comté de Kent en Angleterre, sont plus dangereux pour les marins, qu'attrayans pour les pêcheurs; mais sur les côtes de Hollande & de Flandre sont plusieurs bancs qui fournissent d'excellens poissons, des turbots, des soles, des plies,

&c. Plus au nord est le Dogger-Banc, qui, s'étendant du sud-est au nord-ouest dans un espace de soixante & douze lieues, commence à douze lieues environ de la pointe de Flamborough, & se termine vers la côte de Jutland. Entre les bancs de Dogger & de Well, se voient au sud les silverpits (mines d'argent) des marins, qui fournissent de la morue; poisson qui se plaît dans les profondeurs voisines des bancs, tandis que le poisson plat aime & recherche les bas-fonds. L'Ore & le Lémon gissent entre ces bancs & les côtes de l'Angleterre. Au nord-ouest du Dogger est le Hornriff, langue de sable qui s'étend jusqu'au Jutland. Le Juts-Riff est un banc de sable de la forme d'un croissant, qui, du débouché de la mer Baltique, semble vouloir embrasser la mer d'Allemagne.

Le banc de Mar commence en face de Berwick, mais n'a que treize milles de longueur. Plus à l'est se prolonge, de Buchan-Ness à Neu-Castle, le Long-Fortys, distant de la côte d'Angleterre de trente-cinq à quatre-vingt-cinq milles. De la côte de Buchan un banc s'étend aussi à travers la mer d'Allemagne, vers le Jutts-Riff. Ce qu'on appelle *les Trous de Montrose* (Montrose-Pitz), comme étant sous la latitude de cette ville, quoiqu'à l'est du Long-Fortys, sont des bassins de trois ou quatre milles de diamètre, de soixante & dix à mille brasses de profondeur, avec un fond uni & vaseux, dans un banc de sable d'environ cinquante milles de longueur, & couvert de quarante brasses d'eau.

Au nord de l'*Europe* est l'Océan arctique, affreuse & solitaire région de glace. Cependant cet abîme & ce chaos sont, dans les mains de la Providence, une source abondante de provisions pour l'homme qui habite des contrées plus traitables & plus tempérées. C'est là que les innombrables colonnes de harengs ont un asile contre la foule de leurs ennemis, & multiplient leur espèce par millions. Sortant de leur retraite vers le milieu de l'hiver, ils forment trois divisions. La première va couvrir, à l'ouest, les rivages d'Amérique jusqu'à la baie de Chesapeack & la Caroline; la seconde, moins considérable, passe le détroit qui sépare l'Asie de l'Amérique, & va visiter les côtes de Kamtzchatka. La plus étonnante de ces phalanges va, au commencement de mars, environner l'Islande de ses rangs pressés, fort profonds, & d'une telle étendue, qu'ils couvrent une surface de mer, égale, à ce qu'on dit, à celles de la Grande-Bretagne & de l'Irlande réunies. Cependant ils se subdivisent en colonnes innombrables, longues de cinq à six milles, larges de trois à quatre, que suivent des nuées d'oiseaux de mer, & qu'on distingue au bouillonnement de l'eau. En avril ou en mai, l'avant-garde de ceux destinés aux possessions britanniques approche des îles Shetland, où le grand corps arrive en juin. C'est vers la fin de ce mois & dans celui de juillet, qu'ils ont acquis la plus grande perfection; ce que savent fort bien les pêcheurs hollandais, qui prenoient à cette époque cette espèce supérieure; première source de la richesse de ces provinces. De Shetland, une division s'avance à l'est jusqu'à Yarmouth, où elle paroît en octobre; l'autre détachement, affe à l'ouest, & longe les côtes d'Irlande. On rencontre de tems en tems quelques bandes de traîneurs, qui, s'étant engagés trop loin, ne peuvent retourner. Mais on présume généralement qu'une grande partie de ces bandes regagne l'Océan arctique, & qu'elles y déposent leur frai vers le mois d'octobre.

§. VI. *Rivières de l'Europe.*

- L'indication des principales rivières de l'*Europe* doit se trouver à côté des mers qu'elles abreuvent. C'est ainsi que les fleuves & rivières qui appartiennent à la Méditerranée, doivent reparoître à mesure qu'on fera connoître son cours & la suite de l'approfondissement de son large & vaste bassin. Nous commençons donc par le Danube, viennent ensuite le Don où le Dnieper & le Tanais; puis succèdent le Pénée en Thessalie, le Nil en Egypte, le Pô à la tête du golfe adriatique, le Rhône dans le golfe de Lyon, l'Ebre & la Guadalaviar sur les côtes d'Espagne. Sur l'Océan occidental, la Guadiana, le Tage, la Gironde & la Loire. Au milieu de la Manche, la Seine, la Meuse, le Rhin & l'Escaut, sur les côtes de la mer d'Allemagne; sur la mer du nord, l'Ems, l'Elbe & le Veser; sur les côtes de la Baltique, l'Oder, la Vistule, le Niémen & la Duna, qui parcourent les bassins terrestres de cette Méditerranée. J'ajoute la rivière de Tornéo à l'extrémité du golfe de Bothnie. Enfin, la Dwina sur la Mer-Blanche ou de Laponie, & la Peizola sur la Mer-Glaciale, limite des mers de l'*Europe*.

Nous allons donner quelques détails sur quelques-unes des principales rivières de l'*Europe*, détails qui nous intéressent particuliérement.

La Loire prend sa source dans le Mont-Gerbier, au nord du Velay. Elle se dirige d'abord à l'ouest, pour gagner l'Océan bien au dessous de Nantes. Elle ne commence à former un fleuve un peu considérable qu'après sa jonction avec la Sarthe. Indépendamment d'une vingtaine des plus petites, la Loire reçoit huit rivières du second rang, qui sont l'Allier, le Cher, l'Indre, la Vienne, la Mayenne, la Sarthe, le Loir & la Sèvre. Le cours de ce fleuve ne commence à être navigable pour de petits bateaux que près de Saint-Rambert, qui est à peine à trente lieues de sa source de Nevers, où il se grossit de l'Allier jusqu'à Briare. Il porte de grandes barques à charbon de terre. Ce n'est qu'entre Nantes & la mer, qu'il peut recevoir de gros navires. Son embouchure est tellement obstruée de vase & de sable, quoiqu'elle ait une largeur de deux lieues, qu'ils y forme de tems en tems de nouveaux bancs de sable & des îlots qui rendent la navigation fort peu sûre. Ses débordemens subits causent de fâcheux dégâts aux habitans qui sont établis près de ses rives. Une partie de ces dégâts se trouvent pré-

venus par de fortes digues qui resserrent dans son lit les sables qui, sans ces préservatifs, inonderoient de longues plaines & de larges vallées.

Le *Rhône*. Ce fleuve dont la France ne possède que les parties inférieures de son cours, n'est navigable qu'à Seissel, à plusieurs lieues au dessous de Genève, & d'une manière très-peu uniforme; mais depuis Arles jusqu'à la mer il porte des tartanes. Il a plusieurs embouchures, dont quelques-unes sont navigables, mais souvent encombrées par des sables. Ces embouchures sont au nombre de six, & se nomment *les Gras*. Le plus considérable est le Grand-Gras du midi. Les eaux du Rhône sont fort limpides; elles débordent fréquemment, mais rentrent aussi promptement dans leur lit. Ce fleuve se grossit dans son cours d'un grand nombre de rivières, dont la Saône, l'Isère, la Drôme & la Durance sont les plus importantes.

Le cours de la *Garonne*, mesuré sur la grande carte de France, depuis la montagne d'Aure dans le Val-d'Arau, Pyrénées de la Catalogne, où elle prend sa source, est de plus de cent lieues de France. Dès le Bec-d'Ambès, où elle reçoit la Dordogne, elle a deux milles ou une lieue de largeur; elle en a cinq milles devant Mortagne, & l'étendue de son lit ne diminue pas sensiblement jusqu'à la mer. Aucune rivière de France n'a une aussi vaste embouchure. Elle commence à porter bateau à Muret, & quelquefois même à plusieurs lieues au dessus. Elle a trois rivières tributaires considérables, le Tarn, le Lot & la Dordogne; mais ce n'est qu'après sa jonction avec cette dernière, qu'elle forme cette large rivière qu'on nomme *Gironde*. Les plus gros navires marchands peuvent y naviguer jusqu'à la mer. La Gironde est partagée dans le milieu de son canal par des bancs de sable & par quelques îles d'une assez grande fertilité. Il y a six de ces îles au dessus de Toulouse : trois d'entre elles, Casaux, Isan & Carmel, sont renommées à cause des bestiaux qui y trouvent de gras pâturages.

La *Seine*. La longueur du cours de cette rivière varie, suivant certains géographes; mais les mesures prises exactement sur la grande carte de France ont donné trois cent trente-deux mille toises, ou cent soixante-six lieues de deux mille toises chaque. Elle prend naissance en Bourgogne par deux sources, dont l'une se trouve à Chanceaux, & l'autre en est éloignée de deux lieues, entre Chanceaux & le bourg de Saint-Seine. Elle commence à être navigable au dessous de Troyes en Champagne, mais ce n'est que dans les saisons pluvieuses, & la navigation en est encore difficile même après la confluence de l'Aube. Plus loin elle reçoit l'Aisne & la Marne, & alors elle est assez forte pour porter jusqu'à Rouen de grosses barques marchandes. Les navires plus considérables qui viennent de la mer sont retenus à Quillebœuf par un banc de sable. Il n'y a pas de rivière en France qui éprouve autant d'oscillations que la Seine, &

qui foit par conféquent auffi avantageufe dans les diverfes directions de fon cours. En mefurant fur la grande carte de France le terrain qu'elle parcourt pour fe rendre de Paris à Meulan, on trouve une longueur de quarante-fept mille toifes, tandis que le trajet en ligne directe n'eft que de trente mille toifes. De Courcelle à Gunberville, au deffus de Rouen, qui ne font éloignés l'un de l'autre que de vingt-huit mille toifes, fon cours tortueux eft de foixante & dix mille cinq cents toifes. La rade qui fe trouve à l'embouchure de la Seine, permet à trois cents navires de venir mouiller près du Hâvre-de-Grace : il y en a même une partie qui peut contenir jufqu'à trente gros bâtimens de guerre. Le baffin de la Seine eft au moins des deux tiers de celui de la Loire, & la longueur de fon cours n'eft guère que de la moitié.

L'*Efcaut*. Cette rivière prend fa fource à la ci-devant abbaye du Mont-Saint-Martin, à deux lieues à l'eft du Catelet. Après avoir parcouru une très-foible partie de l'arrondiffement de Saint-Quentin, elle fe rend dans le département du Nord, où elle fe groffit, près de Mortagne, des eaux de la Scarpe : de là elle paffe à Cambrai. L'Efcaut a, devant les murs d'Anvers, trois cent foixante toifes de largeur, & trente pieds de profondeur à marée baffe : cette marée monte de quinze pieds. Depuis Anvers jufqu'à fon embouchure à Fleffingue, il coule dans un cours de vingt-huit lieues en reculant fucceffivement fes bords, & confervant toujours la même profondeur. Il a beaucoup de bancs de fable à fon embouchure, qu'il faut connoître pour y naviguer en toute fûreté. Le Dépôt de la marine a publié une excellente carte de l'entrée de ce fleuve, qu'on peut confulter avec intérêt.

Bien d'autres rivières, moins fameufes à la vérité, décorent & enrichiffent la France : telle eft la Saône, que le Rhône entraîne près de Lyon; tels font le Lot & la Dordogne, qui vont groffir la Garonne : telles font auffi toutes les rivières tributaires de la Loire. La Meufe & même le Rhin peuvent être comptés au nombre des rivières de France.

Indépendamment des canaux, les Pays-Bas font arrofés par tant de rivières, qu'il nous fuffira d'indiquer les principales feulement. Une petite portion de la Meufe arrofe le comté de Namur. L'Efcaut, dont nous avons parlé, reçoit deux autres rivières, la Lys & la Scarpe, qui ont leur fource dans le comté d'Artois. La Dyle prend fa fource à peu de diftance de Namur, & joint l'Efcaut au deffus de Niel, après avoir reçu la Dermer de l'eft, la Rêthe du nord, & la Senne du fud.

La *Mofelle* a fa fource dans l'arrondiffement de Remiremont, au pied de la côte de Tay, dont le point le plus élevé forme la limite du département des Vofges & du Haut-Rhin. Cette fource ne donne d'abord qu'un filet d'eau, mais bientôt groffie par les eaux qui defcendent de la montagne

de Drumont, à trois quarts de lieue de fon origine, la Mofelle fe fait déjà connoître. Cette rivière coule généralement entre les rocs, fur un fond de fable & de gravier, avec une rapidité peu commune.

Les principales rivières des Provinces-Unies font le Rhin & la Meufe. Le Rhin prend fa fource dans le pays des Grifons, d'un glacier qui fe trouve fur le fommet du mont Bedus, à l'entrée d'une vallée qui a neuf lieues de longueur. Cette montagne & cette vallée font rarement vifitées par les Suiffes. D'ailleurs, la partie fupérieure préfente d'horribles folitudes de glace & de neige, parmi lefquelles le fleuve naiffant ébauche & pourfuit fon cours, tantôt découvert, & tantôt caché par les voûtes de glace, à travers lefquelles il fe fait jour : telle eft, à ce qu'on prétend, la principale fource du Rhin, & ce courant eft appelé, par les Français, le *Haut-Rhin* ou *Rhin fupérieur*, &, par les Allemands, le *Bas-Rhin poftérieur*. Le moyen, qui prend fa fource dans le mont Saint-Gothard, eft cependant le courant le plus long, & par cette raifon étoit regardé comme la véritable fource. Mais celui qui eft à l'orient, eft probablement le plus confidérable. M. de Sauffure nous dit que le Rhin d'au-delà, qu'il croit avoir été ainfi appelé parce que c'eft le courant le plus près de l'Allemagne, prend fa fource dans une chaîne de montagnes qui fe trouve à l'entrée de la vallée de Difentis, appelée *Crifpalt*, tandis que fon fommet fe nomme *Badur*. Le Rhin mitoyen, fuivant le même auteur, prend fa fource dans la vallée de Madelo, qui dépend du Saint-Gothard, & ces deux fources réunies en reçoivent une troifième qui defcend du mont Avicule, appelé, par les Français, *Haut-Rhin* ou *Rhin fupérieur*, & par les Allemands *Bas-Rhin*; car, dans quelques cartes françaifes, ces noms ont été intervertis. Les hauteurs font ici d'environ fix mille cent quatre-vingts pieds au deffus du niveau de la mer. A compter de fa fource jufqu'à l'extrémité de la Suiffe, le Rhin fournit un cours de cent foixante-dix milles environ, & coule au nord-eft jufqu'au lac de Conftance; il fe courbe enfuite jufqu'à Bâle, où il commence fa longue courfe vers le nord.

La Meufe reçoit l'Aa vers fon embouchure, joint au Domel, qui vient du fud; ce qui en groffit le volume à un certain point. Vers le nord elle fe joint au grand débouché du Rhin, que l'on nomme le *Vaal*. A trente-fix milles plus loin, la feconde grande embouchure du Rhin, où le Leck joint la Meufe, & enfuite, fimple ruiffeau, paffe près de Leyde, & fe jette dans la mer du Nord. La principale rivière qui tombe dans le Zuyderzée eft l'*Yffel*, qui prend fa fource non loin du fud-oueft de Munfter, & qui, après avoir reçu dans fes eaux le canal de Drufus, près de Duisberg, devient lui-même une rivière confidérable.

Au nord de cette dernière fe trouve la petite embouchure de la Wecht, qui prend fa fource

au

au nord de Munſter. Les rivières de la Friſe & de Groningue ſont ſi peu conſidérables, qu'elles ſe perdent en partie dans de nombreux canaux avant de parvenir juſqu'à la mer voiſine.

Nous renvoyons les détails que nous avons raſsemblés ſur toutes les autres rivières principales de l'*Europe*, à leurs articles reſpectifs.

Lacs & îles côtières de l'Europe.

Les lacs ſont des réſervoirs plus ou moins étendus, où l'eau s'épanche d'un terrain élevé dans un terrain inférieur; ils ſont placés, ou dans les gorges formées par les ſommets des montagnes, ou bien au pied même des montagnes & dans les vallées qui leur ſuccèdent, ou enfin près des bords de la mer lorſque la plage, trop peu inclinée, eſt diſpoſée à recevoir les eaux des fleuves, auxquelles les eaux de la mer oppoſent une réſiſtance ſouvent conſidérable.

Ces trois ordres de lacs peuvent être conſidérés ſous un autre point de vue. Les uns ſont placés ſur des plateaux où ſont les ſources de quelques fleuves, & leur donnent naiſſance; les autres ſe trouvent dans leurs vallées, & ſont traverſés par eux; d'autres enfin ſe forment à leurs embouchures. Il réſulte de toutes ces conſidérations, que les lacs ſe rencontrent dans les pays de montagnes ou le long des bords de la mer.

L'*Europe* renferme dans ſes régions montagneuſes pluſieurs lacs remarquables.

En ſuivant la grande maſſe de montagnes qui ſe trouve dans le milieu, les premiers qu'on y rencontre, ſont dans les Alpes ſuiſſes; ils ſont en fort grand nombre. Il faut en donner le dénombrement, comme je l'ai fait dans l'hydrologie de la Suiſſe.

L'épanchement de ce premier ordre de lacs ſe fait au nord & à l'oueſt, & leurs eaux finiſſent par ſe réunir au Rhin & au Rhône.

Au pied des Alpes valaiſannes & ſavoiſiennes, qui forment la partie occidentale, ſont les lacs de Genève, d'Annecy & du Bourget. Le plus grand des trois eſt celui de Genève, que traverſe le Rhône, & les deux autres verſent leurs eaux dans le même fleuve.

C'eſt dans la partie des Alpes piémontaiſes & lombardes, que ſont pluſieurs lacs, dont les plus petits occupent les hauteurs, & les plus conſidérables les parties inférieures qui bordent les plaines.

Les plus conſidérables ſont le lac Majeur, le lac Lugano, le lac de Côme, celui d'Iéſo, & enfin le lac de Garde. Le Teſin, l'Adda, l'Oglio & le Mincio en traverſent pluſieurs qui finiſſent par recevoir leur trop-plein, & le porter au Pô.

En ſuivant toujours cette même maſſe montueuſe, on trouve peu de lacs remarquables juſqu'aux monts Crapacks. Ils commencent à devenir plus fréquens & plus conſidérables dans la partie

de cette ligne qui remonte de l'extrémité des Crapacks par la Pologne & la Lithuanie, juſque dans la Ruſſie. Les eaux de ces lacs ſe verſent dans le Niémen, le Niéper & la Dwina. Au-delà de la Dwina ſont des lacs plus conſidérables: les uns, à l'eſt, épanchent leurs eaux vers le Wolga, tandis qu'à l'oueſt les mêmes montagnes fourniſſent des eaux aux lacs Peypus, Ilmen, Ladoga & Onéga.

Au-delà, ſi l'on ſuit le reſte de cette ligne qui, de l'eſt à l'oueſt, va gagner les monts Poyas, & qui fait la limite du baſſin méridional, on voit, au ſud de cette ligne, le Bielo-Ozero ou le Lac-Blanc, & quelques autres dont les eaux ſont emportées dans le baſſin du Wolga par la rivière de Stefna, & au nord pluſieurs autres lacs auſſi conſidérables, dont les eaux ſont reçues par diverſes rivières, & portées à la Dwina.

Dans les prolongemens du nord, la ligne des montagnes moyennes n'eſt ni la ſeule chaîne qui offre des lacs, ni celle qui en offre le plus grand nombre. Il eſt bien remarquable que c'eſt dans les contrées ſeptentrionales que l'on rencontre les lacs conſidérables & les plus multipliés. Il s'en faut bien que, dans les enceintes des baſſins méridionaux, on en trouve autant.

Il ne paroît pas qu'il y en ait dans les montagnes qui ſéparent les différens fleuves de l'Eſpagne: on n'en annonce aucun d'une certaine étendue dans les Pyrénées, même du côté de la France.

Les prolongemens de la chaîne moyenne, qui traverſent la France en différens ſens, ſoit entre la Garonne & la Loire, ſoit entre la Loire & la Seine, ſoit entre celle-ci & les Pays-Bas, n'en préſentent preſqu'aucun. Je n'en trouve que deux dans le Dauphiné, & trois ou quatre de très-peu d'étendue dans les Voſges, & quelques-uns auſſi ſur le Jura.

Si nous paſſons en Angleterre, nous en trouverons très-peu; mais en Écoſſe & en Irlande, où les montagnes ſont plus élevées, on en rencontre un certain nombre & d'une certaine étendue, & ſurtout vers le nord de ces contrées.

Le prolongement qui, vers la partie orientale de la Bohême, part de la chaîne moyenne, & qui s'avançant entre l'Elbe & l'Oder, rtaverſe la Siléſie, la Luſace, le Brandebourg, le Mecklenbourg & la Baſſe-Saxe, préſente la même obſervation. Dans la partie du ſud & de l'oueſt, il offre peu de lacs, & dans ſa partie ſeptentrionale on en rencontre un certain nombre, dont la plupart ont une certaine étendue.

La chaîne de montagnes qui courent dans la Scandinavie, en Norwège, en Suède & en Laponie, & qui ſont toujours couvertes de neige & de glace, ſous le nom de *Dofrefields*, offrent une multitude innombrable de lacs. Soit au dehors de cette chaîne, ſoit en dedans, chaque rivière a ſon lac au moins, & il n'eſt à peu près aucun point de cette enceinte immenſe, qui n'en contienne plufieurs. Il y en a deux remarquables dans la partie méridionale de la Suède, qui font les lacs de Wener & de Wetter.

On voit dans toutes les contrées renfermées entre le golfe de Bothnie & celui de la Mer-Blanche, jufqu'au golfe de Finlande & aux lacs Ladoga & Onéga, la même diftribution des eaux courantes contenues dans des lacs très-multipliés & d'une forme de baffin très-bizarre. C'eft après ce fyftème de lacs, qu'on en rencontre un autre où fe trouve, d'un côté, le lac Bielo-Ozero, & de l'autre les lacs Sacza-Ozero, Wofe-Ozero & Kubinskoë. Les deux premiers verfent leurs eaux dans la Mer-Blanche, par la rivière Onéga, & le troifième dans la Dwina.

Entre les vallées de l'Oder, de la Viftule, du Niémen & de la Dwina, un grand nombre de riviéres qui, après avoir arrofé la Pologne & la Pruffe, fe jettent dans ces fleuves, donnent naiffance à des lacs, principalement en Pruffe, où ils portent le nom de Sée ou de mer.

Telle eft la diftribution des lacs qui accompagnent la chaîne moyenne à fon nord-oueft. Au fud-eft de cette chaîne il s'en préfente beaucoup moins. L'Apennin en Italie & fes divers prolongemens latéraux n'offrent que trois lacs remarquables : celui de Pérugin, celui de Bolféne & celui de Celeno.

La chaîne qui, partant des Alpes, traverfe le Tirol, envoie fes ramifications dans la Bavière, l'Autriche & la Hongrie, & qui verfe fes eaux dans le Danube, en préfente quelques-uns. Ils font affez multipliés près de l'origine de cette chaîne ; ils deviennent plus rares à mefure qu'on s'en éloigne, & le dernier digne de remarque eft le lac Balaton, qui fe trouve placé entre la Drave & l'Inn; mais fitôt que cette chaîne fe porte du nord au fud, on n'y voit plus de lacs, à l'exception d'un ou de deux dans l'Albanie, & du petit nombre de ceux qui fe trouvent dans l'ancienne Grèce.

Les lacs qui font difperfés le long des bords de la mer, en général peu profonds, fouvent fort étendus, font plus connus fous le nom d'étangs, particuliérement fur les côtes de la Guienne & fur celles du Languedoc. Ils bordent les côtes peu élevées, & occupent les environs des dunes & les fols fablonneux. Ils font alimentés par les eaux douces feules, & quelquefois auffi les eaux falées s'y mêlent en certaine proportion. Ainfi l'on peut ranger dans cette claffe d'amas d'eaux, non-feulement les étangs abreuvés par les eaux épanchées des fleuves ou des riviéres, mais encore ceux qui font formés par les eaux de la mer, qui fe répandent fur les plages inférieures aux plus hautes marées. Il faut bien diftinguer ces étangs ou lacs des canaux multipliés entre un grand nombre d'îles détachées de certaines côtes, quoique ces canaux admettent l'eau de la mer affez profondément dans les terres; mais ces canaux n'ont point de digues, comme les étangs dont je viens de parler.

Depuis le centre du golfe de Gafcogne, à commencer vers Bayonne, jufqu'à l'embouchure de la Loire, la plage fort baffe offre des lacs ou étangs, des marais & des lieux propres à l'établiffement de marais falans. Ces lacs ou étangs, difperfés fur les côtes qui bordent les Landes, le Médoc & l'Aunis, font digués par les fables que la mer apporte contre les terres.

La côte occidentale d'Irlande eft, furtout à fa partie feptentrionale, bordée de golfes & de lacs. La même difpofition eft encore bien remarquable fur la côte occidentale d'Écoffe, qui eft bordée d'îles, & coupée intérieurement par des riviéres qui donnent naiffance à des lacs fort longs.

Le nombre des îles & des lacs maritimes augmente encore le long des côtes de Norwège & de la Laponie danoife, & furtout en fe portant du fud au nord. Les montagnes plus rapprochées des côtes, le cours des fleuves moins étendu, & plus rapide, leurs eaux groffiffant fréquemment par la fonte des neiges qui environnent leurs fources, font autant de caufes qui augmentent l'effort des eaux courantes, & les réfiftances qu'elles éprouvent dans les terrains qu'elles fillonnent : ajoutez à cela l'action des vagues de la mer, qui ont accumulé les materiaux propres à les diguer. Le tems & l'impétuofité des eaux courantes ont creufé les baffins des lacs qui les reçoivent, & qui, comme réfervoirs, en ménagent l'écoulement. Les îles multipliées à l'embouchure des riviéres font évidemment les débris du Continent rompu fur fes bords, & divifé pour ouvrir leurs débouchés.

Les mêmes effets fe montrent encore fur les côtes de la Laponie, mais ils ceffent d'être remarquables à la partie méridionale & orientale du golfe de la Mer-Blanche, où les montagnes qui verfent les fleuves principaux s'éloignent des côtes; en forte que le cours de ces fleuves perd en rapidité ce qu'il gagne en étendue.

Si nous paffons maintenant à la confidération de l'état des côtes, tant de la Baltique que de la mer d'Allemagne, nous trouverons beaucoup d'îles côtières & de lacs maritimes.

La Norwège méridionale, traverfée par des montagnes très-rapprochées des côtes, offre la même difpofition qui règne dans fa partie feptentrionale & dans la Laponie, comme nous l'avons indiqué ci-deffus.

Le Jutland eft une prefqu'île connue précédemment fous le nom de Cherfonèfe cimbrique, & dont la partie feptentrionale eft pénétrée par des golfes qui en traverfent toute la largeur. Dans le refte des côtes, à l'occident, les plus longues riviéres qui s'y déchargent, n'ont pas plus de dix lieues de cours, & malgré cela on y trouve des bordures d'îles côtières. Vers l'orient les riviéres ont un moindre cours, & fe terminent par des lacs & des débouchés plus fréquens.

Les montagnes de la baffe Saxe & de la Weftphalie fourniffent à l'Elbe & au Wefer des riviéres dont l'origine est très-voisine de l'embouchure de ces fleuves, & dès-lors leurs eaux courantes, devant occuper plus d'espace dans ces contrées de plaines, sont remplies d'îles nombreuses.

Mais nulle part les eaux des fleuves & de la mer ne présentent plus de résultats de leurs mouvemens réciproques que dans ces contrées que l'industrie a su agrandir & conserver. Ces contrées, depuis Embden jusqu'à Ostende, sont traversées par mille canaux que forment de grandes rivières & de grands fleuves, car on y trouve l'Embs, l'Aa, le Rhin, la Meuse & l'Escaut. Ce terrain, partagé en cent subdivisions différentes par ces rivières, pénétré d'ailleurs par des golfes plus larges que profonds, inondé de lacs & de marais, dont la plupart sont l'ouvrage des hommes, offre un système de dégradations, où l'on ne peut, qu'avec un grand soin, y retrouver l'ouvrage de la Nature. Au reste, en ceci la mer paroît y avoir eu la principale part, & il est certain qu'elle y auroit continué ses désastres sans les obstacles qu'on oppose continuellement à ses inondations & invasions.

A l'ouest & au nord de la Suède, les Dofresfields & les branches qui s'en détachent, sont autant rapprochées des côtes de la Baltique, que de celles de la mer du Nord, c'est-à-dire, qu'on y trouve des lacs très-multipliés & des îles côtières fort nombreuses, surtout à l'embouchure des fleuves.

Outre que l'entrée du golfe de Bothnie est presque fermée par une chaîne d'îles nombreuses, pour arriver à Stockholm on traverse une sorte d'Archipel, placé à la décharge du lac Meler. Les côtes orientales de la Baltique présentent à peu près les mêmes dispositions, & la grande province de Finlande, tant le long du golfe de Bothnie & du golfe de Finlande, que dans son intérieur, est couverte par une infinité de lacs qui versent & qui reçoivent les eaux d'un grand nombre de rivières : tel est l'état d'un pays où les glaces & les neiges dominent la plus grande partie de l'année.

La partie méridionale des côtes de la Baltique, prise de l'est à l'ouest, depuis le fond du golfe de Finlande jusqu'au détroit du Sund, & à la pointe septentrionale du Jutland, reçoit ses eaux de contrées placées sous un ciel moins rigoureux que celui de la Suède, & qui ne sont pas ensevelies aussi long-tems sous les glaces & les neiges ; elles présentent des lacs moins nombreux que les côtes septentrionales, & des îles côtières moins multipliées : il faut en excepter, à l'ouest, le Jutland & l'Archipel danois, & à l'est l'extrémité du golfe de Finlande, où Saint-Pétersbourg est bâti sur plusieurs îles & à l'embouchure de la Néva, qui sort du lac Onéga. Cependant, en parcourant l'intervalle de ces deux points, les côtes sont plus brisées & garnies de lacs & de golfes à mesure qu'elles s'étendent plus à l'ouest : là elles sont plus voisines des montagnes qui fournissent des eaux à l'Oder & à la Vistule.

Cette côte peut se partager en cinq divisions,

de l'est à l'ouest, savoir : la côte méridionale du golfe de Finlande, le golfe de la Dwina ou de Riga, le golfe prussien dépendant des embouchures du Niémen & de la Vistule, le golfe de l'Oder, terminé, à l'ouest, par l'île de Rugen, & le golfe du Mecklembourg, qui joint le Jutland.

Beaucoup de lacs & de petits sinus bordent ce dernier golfe. Les îles qui bordent la partie occidentale du golfe de l'Oder sont évidemment les débris des côtes continuellement attaquées par la mer, & rompues par les bouches de l'Oder. Le golfe de Prusse présente deux baies, l'une formée par les bouches de la Vistule & du Prégel, & l'autre par celle du Niémen ou de la Reuss. Le golfe de la Dwina est formé par les îles d'Oesel & de Dago, qui doivent avoir été unies autrefois aux côtes d'Estonie & de Courlande. Enfin, la côte méridionale du grand golfe de Finlande, quoique peu éloignée des lacs Peypus & Ilmen, est peu brisée, & singulièrement différente de la côte septentrionale du même golfe, morcelée, en mille endroits, par des golfes & des presqu'îles. On voit, par les descriptions qu'on vient de faire des côtes, que celles qui sont au nord sont plus divisées & inondées que les méridionales, & les occidentales beaucoup plus coupées que les orientales : ceci, au reste, dépend de plusieurs autres circonstances qu'il convient de faire connoître, comme nous le ferons voir ailleurs.

Tel est l'état des côtes de la Baltique & des effets que toutes les eaux courantes qui y affluent, y ont produits.

Si nous passons maintenant à l'examen des côtes de la grande mer Méditerranée, nous trouverons que, sur celle qui forme le golfe de Lyon, depuis Perpignan, c'est-à-dire, depuis l'extrémité orientale des Pyrénées jusqu'à Marseille & au-delà, la côte, fort basse, forme des étangs, & en quelques endroits de plusieurs lieues d'étendue : tels sont, au dessous de Perpignan, l'étang de Saint-Nazaire, celui de Leucate ; au dessous de Narbonne, ceux de Bages, de Sigean & de Gruissau, celui de Vendres ; l'étang de Thau, depuis Agde jusqu'à Cette, & depuis Cette jusqu'au Rhône, les étangs de Maguelone, de Perols, de Manguio ; les marais qui environnent Aigues-Mortes, l'étang de Camargue & les marais qui, entre Arles & la mer, remplissent l'intervalle compris entre les différentes bouches du Rhône ; enfin, entre ces bouches, l'étang de Berre & celui de Martigues.

Après Marseille, la côte éprouve plusieurs dispositions très-variées jusqu'au Var ; ensuite elle se soutient escarpée jusqu'au golfe de la Spezia, & même jusqu'au port de Livourne. Nous ne trouvons que des côtes basses jusqu'aux marais Pontins, qu'on pourroit dessécher si facilement en suivant le système des Anciens.

Il seroit possible de trouver, depuis Terracine jusqu'au port de Naples, beaucoup de lacs & de golfes aux environs de Pouzzoles.

Dans l'efpace dont il vient d'être parlé, les lieux mémorables, par leurs étangs & par leurs marais, font ceux où la plage eft expofée à l'impétuofité d'un fleuve très-rapide, comme le Rhône, ou bien eft baffe & rapprochée des montagnes : telles font les plaines maritimes du Languedoc, qui reçoivent les eaux de l'Hérault & des autres rivières, & qui fe trouvent encombrées des matériaux que les vagues de la Méditerranée ne ceffent d'accumuler contre les embouchures de ces rivières.

Au pied des Pyrénées & des Alpes on ne voit point de pareils amas d'eau, parce que les maffes montueufes & les rochers baignent dans la mer Méditerranée, ou bien n'en font pas féparées par de larges plaines, dont les eaux qui en découlent, puiffent fe réunir en lacs.

En fuivant maintenant la côte orientale de l'Italie, on trouve qu'elle offre, vers le fond du golfe adriatique, le lac ou le marais de Comacchio, ainfi que les plaines marécageufes & fouvent inondées qui environnent les bouches du Pô; enfuite, au fond même du golfe, on voit des amas d'îles nombreufes, fur lefquelles s'élève Venife, le port de Triefte, celui qui eft au deffous de l'Iftrie. Les côtes de Dalmatie & d'Albanie offrent une grande quantité d'îles côtières, qui ne font évidemment que des parties de la côte même, qui ont été féparées par la mer; & dans toute l'étendue de cette côte, les Alpes de Lombardie, celles du Tirol & leur prolongement, qui va gagner le Péloponnèfe & la Morée, font dans le voifinage des côtes.

Du détroit de Conftantinople jufqu'à l'île de Rhodes, il paroît que l'*Europe* a autrefois joint l'Afie, & que les îles qui rempliffent cet efpace font les debris réfultans de leur féparation : on doit remarquer que plufieurs de ces îles font volcaniques.

Si l'on fuit l'enceinte de la Mer-Noire, on trouve qu'elle n'offre de remarquable, du côté de l'*Europe*, que les bouches du Danube, celles du Dniefter & du Nieper, & à l'orient le grand golfe qu'elle forme vis-à-vis l'embouchure du Don, & qui eft connu fous le nom de *Mer a'Azof*. Mais le lieu le plus digne d'attention eft la prefqu'île qui forme l'enceinte de ce golfe, & qui eft la Crimée, ou anciennement la Cherfonnèfe taurique ou cimmérienne. Cette côte eft pénétrée par plufieurs golfes ou lacs, & du côté de la mer d'Azof elle eft traverfée, dans toute fa longueur, par un long golfe appelé *la Mer pourrie*.

Telles font les obfervations les plus remarquables que l'on peut faire fur la diftribution des eaux en *Europe*. Si on les confidère relativement aux trois principaux centres montagneux dont il a été fait mention dans les articles précédens, on verra que, de tous ces fommets, ceux qui donnent naiffance au plus grand nombre de lacs, foit montagneux, foit maritimes, font ceux qui dépendent des montagnes de Dofræfields, & qui font renfermés dans leur arrondiffement; que le centre méridional des Alpes contient moins de lacs, mais des lacs plus grands, furtout au pied des grandes maffes qui verfent leurs eaux au nord & au midi : outre cela on trouve, à une certaine diftance de leurs bafes, très-peu de lacs maritimes; qu'enfin le centre montagneux du plateau de Ruffie eft celui dont les lacs font moins nombreux; car les plus remarquables font ceux qu'on rencontre proche les limites des montagnes de Dofrefields & des côtes du golfe de Finlande : ce font les lacs Ladoga & Onéga, car les lacs Peypus & Ilmen tiennent aux côtes méridionales des lacs de Finlande.

Au refte, tous ces lacs & étangs dépendent moins des montagnes que des flots de la mer, qui accumulent, fur les bords des plages, des vafes & des fables chariés par les fleuves.

Je vois, en tout cela, que les lacs qui fe trouvent aux pieds des montagnes, bien examinés, annoncent les mêmes circonftances, quant à la formation de leur baffin & quant à la manière dont ils font alimentés, que ceux qui font actuellement le long des bords de la mer. Dans l'un & l'autre cas, les baffins des lacs ont été creufés par les eaux courantes des fleuves & des rivières, & digués par les flots de la mer & le concours des rivières qui s'y déchargeoient : c'eft cette comparaifon des circonftances qui ont concouru à la formation des lacs dans les deux pofitions qu'on a diftinguées ci-deffus, qu'il importoit de faire connoître, & qu'on a ignorée jufqu'à préfent. Au refte, tout ceci fera décrit & difcuté d'une manière particulière à l'article LAC.

Defcription phyfique & abrégée des principaux États de l'Europe.

Empire ruffe. Cet empire, qui contient les parties feptentrionales de l'*Europe* & de l'Afie, s'étend des côtes de la Baltique & de la Suède, qui le bornent à l'oueft, au Kamtzchatka & à l'Océan oriental, qui le borne à l'eft; des terres glaciales au nord, aux contrées de la petite Tartarie, de la Géorgie, à la Mer-Noire, à la mer Cafpienne, à la Tartarie chinoife, & aux autres régions d'Afie, qui ne font pas connues, & qui les bornent au fud.

Ruffie d'Europe. La Ruffie d'*Europe* eft bornée, au nord, par la Mer-Glaciale; au fud, par la Mer-Noire, la mer d'Azof & la Turquie d'*Europe*; au fud-eft, par les fleuves du Don & du Volga, le gouvernement de Cafan & les monts Poyas; à l'oueft, par la Suède, les golfes de Finlande & de Riga, & la Pologne.

Les noms de Ruffie & de Mofcovie, qu'on donne indifféremment à cet empire, dérivent probablement du nom des anciens habitans, Ruffie ou Boruffie, & de celui de la rivière Mofca, fur laquelle fut bâtie l'ancienne capitale, Mofcow; mais nous n'avons là-deffus rien de certain.

Dans les parties-méridionales de la Ruffie, le plus long jour de l'année ne paffe pas quinze heures &

demie, tandis que, dans les parties septentrionales, le soleil, pendant l'été, paroît deux mois de suite sur l'horizon ; ce qui produit une grande diversité de sols & de climats ; ainsi l'on voit & l'on ressent les deux extrèmes dans ce vaste empire.

Cependant le climat est extrèmement dur dans la Russie proprement dite. Le docteur Jean Glen-King, qui a résidé onze ans en Russie, observe que le froid, à Pétersbourg, d'après le thermomètre de Farenheit, pendant les mois de décembre, janvier & février, va communément de huit à quinze ou vingt degrés au dessous de zéro, c'est-à-dire, de quarante ou cinquante-deux degrés au dessous de la glace, quoique communément, dans le cours de l'hiver, il descende de quelques degrés de plus pendant huit à dix jours. Le même écrivain remarque qu'il est difficile, pour un habitant de notre climat tempéré, de se faire une idée d'un froid aussi grand ; il observe que lorsqu'une personne sort dans cette saison rigoureuse, le froid lui fait verser des larmes qui gèlent aussitôt, & restent suspendues aux cils en forme de glaçons. Comme les paysans sont dans l'usage de porter leurs barbes, on voit de longs glaçons pendre de leurs mentons. Néanmoins, dans cette circonstance, la barbe est d'un grand secours pour protéger les glandes de la gorge ; & les soldats, qui ne portent point de barbe, sont obligés d'envelopper leur menton d'un mouchoir pour y suppléer. Toutes les parties du visage qui sont à découvert, sont très-sujettes à être gelées. On a cependant observé souvent que ceux qui sont attaqués de la gelée l'ignorent, à moins d'en être avertis par ceux qu'ils rencontrent, qui leur conseillent de se frotter la figure avec de la neige ; moyen le plus usité pour se dégeler. La partie qui a été une fois gelée est, par la suite, plus sujète à pareil accident. Dans quelques hivers très-rudes on a vu des moineaux, quoique d'une espèce vigoureuse, se trouver tout-à-fait engourdis par la rigueur du froid & hors d'état de voler, & des charretiers, assis sur leurs voitures, sont quelquefois morts gelés dans cette attitude. Lorsque le thermomètre étoit à vingt-cinq degrés au dessous de zéro, de l'eau bouillante, jetée en l'air avec une pompe, est retombée en grêle parfaitement dure. Une bouteille d'eau est devenue, en une heure un quart, au rapport du docteur Glen-King, un bloc de glace. Une bouteille de bière forte se glaça également en une heure & demie ; mais au milieu de cette masse se trouva la valeur d'une tasse à thé de liqueur non gelée, aussi forte & aussi inflammable que l'eau-de-vie ou l'esprit-de-vin. Cependant, malgré l'excessive rigueur du froid en Russie, les habitans ont tant de moyens de s'en préserver, qu'ils en souffrent beaucoup moins qu'on ne l'imagineroit. Les maisons des personnes aisées en sont si bien garanties, tant au dehors qu'en dedans, qu'on les entend rarement se plaindre du froid. La méthode des Russes, pour échauffer leurs maisons, est de construire des fours avec plusieurs

tuyaux, & on les alimente d'autant plus aisément, que le bois, qui est le chauffage commun, est très-abondant dans ce pays. Ces fours en consomment beaucoup moins qu'on ne croiroit, & cependant ils servent en même tems au peuple pour préparer ses alimens. On y met un fagot, qu'on laisse brûler seulement jusqu'à ce que la plus épaisse fumée soit évaporée : on ferme alors le conduit de la cheminée, pour retenir dans l'appartement toute la chaleur, qui par ce moyen se conserve vingt-quatre heures, & souvent telle, que ces gens restent fort peu couverts, surtout les enfans, qui se contentent de leur chemise. Les fenêtres des cabanes des pauvres sont très-petites, afin de laisser entrer le moins de froid possible. Les fenêtres des maisons des gens de condition sont calfeutrées à l'approche de l'hiver, & d'ordinaire elles ont double châssis vitré. En un mot, on peut, dans ces appartemens, régler la chaleur avec une grande exactitude sur le thermomètre, en ouvrant ou fermant les conduits qui la répandent. Lorsque les Russes sortent, ils sont si chaudement couverts, qu'ils peuvent presque défier & la neige & la gelée : on doit d'ailleurs observer que le vent est rarement violent en hiver ; mais aussi, lorsqu'il est fort, le froid est excessivement piquant.

Un avantage que les Russes tirent de la rigueur de leur climat, c'est de pouvoir conserver leurs provisions. Les bonnes ménagères, dès qu'elles voient venir la gelée vers la fin d'octobre, tuent leurs volailles, & les entassent dans des cuves avec des couches de neige qui les séparent ; elles les tirent de là à mesure que leurs besoins le requièrent. Par ce moyen elles épargnent la nourriture de plusieurs mois de ces animaux. Le veau gelé d'Archangel, qu'on porte à Pétersbourg, est estimé le meilleur du pays. On ne peut même le distinguer de celui qui est fraîchement tué, car il est également succulent. De cette manière, les marchés de Pétersbourg sont, pendant l'hiver, approvisionnés de toute espèce de denrées, à meilleur compte qu'on ne pourroit le faire autrement. Ce n'est pas un spectacle peu curieux à voir, que ces piles de cochons, de moutons, de poissons & d'autres animaux, qui sont exposés dans les marchés pour être vendus. La méthode employée en Russie pour dégeler ces viandes, consiste à les plonger dans l'eau froide ; car, lorsqu'on les fait dégeler par la chaleur, il en résulte une violente fermentation, & presqu'une putréfaction soudaine : au lieu que si l'on emploie l'eau froide, la glace semble être attirée au dehors, & forme une incrustation transparente autour du corps d'où elle est chassée. Lorsqu'on dégèle avec de l'eau froide un chou glacé jusqu'au cœur, il est aussi frais que s'il venoit d'être cueilli ; mais si on le dégèle par le moyen du feu ou de l'eau chaude, il devient d'un goût si rance & si fort, qu'on ne peut le manger.

La promptitude de la végétation en Russie est à peu près la même que dans la Suède, la Norwège,

& le Danemarck, qu'on appelle *Scandinavie*. Les productions des trois règnes de la Nature sont éparses dans cet empire. Il fournit des mâts, des bois de construction, des planches, des douves de tonneau, du bois à brûler, du goudron, de la poix, de la potasse, des huiles, des pelleteries, & surtout des cuirs. La neige est l'engrais naturel de ce pays, où le grain vient en abondance dans les environs de la Pologne & dans les provinces les plus chaudes ; néanmoins le bas peuple a une assez mauvaise nourriture. Le sol fournit une très-grande quantité de champignons ; &, dans quelques lieux, outre les chênes & les sapins, la Russie produit rhubarbe, lin, chanvre, coton, houblon, tabac, fruits & vin, cire, miel, riz & melons ; elle a de bons pâturages. Les gens de la campagne s'occupent particuliérement à faire du miel, qui leur donne abondamment de l'hydromel, leur boisson ordinaire. Ils tirent aussi du seigle une liqueur spiritueuse, qu'ils préférent à l'eau-de-vie.

On ne peut nier qu'une grande partie de la Russie n'ait été jadis très-peuplée, quoiqu'il soit également certain que les habitans, il y a peu de tems encore, entendoient fort peu l'agriculture, & suppléoient au défaut du pain, comme font même à présent les habitans de la Scandinavie, par une espèce de sciure de bois & une préparation d'arêtes de poisson. Pierre-le-Grand & ses successeurs, jusqu'à Catherine II, ont eu une peine incroyable à introduire l'agriculture dans leur domination ; & quoique le sol ne soit pas partout propre à donner du blé, son extrême fertilité dans quelques provinces permet de le rendre aussi commun en Russie, que dans les contrées méridionales de l'*Europe*. Les nombreuses communications que les parties intérieures de cet empire ont entr'elles par le moyen des rivières, peuvent fournir aisément, à celles qui en manquent, les productions qui abondent dans plusieurs provinces. Quant aux mines & aux minéraux, ils ne sont pas moins communs en Russie que dans la Scandinavie, & le peuple en perfectionne chaque jour l'exploitation. On trouve, dans quelques lieux, des montagnes riches en mines de fer, dont la plupart produisent de l'aimant, & rapportent de cinquante à soixante & dix pour cent.

On y trouve aussi du marbre, de l'albâtre, le talc transparent, le jaspe & d'autres espèces de pierres ; du sel de mer & de source, de l'alun, de l'or, &c.

Montagnes, forêts, aspect du pays.

La Russie est en général un pays plat, excepté vers le nord, où sont les monts Poyas, que l'on croit être les fameux monts Riphées des Anciens, maintenant appelés la *Ceinture de la Terre*. Au rivage occidental du Niéper se termine une chaîne des monts Krapacks ; & entre la Mer-Noire & la mer Caspienne, le Caucase borde une suite de vastes plaines qui s'étendent jusqu'à la mer d'Aral. Nous

pouvons observer ici que de Pétersbourg à Pékin, on rencontreroit difficilement une montagne sur la route qui traverse la Tartarie indépendante ; & de la même ville de Pétersbourg, vers la partie septentrionale de la France par Dantzick, Hambourg & Amsterdam, on peut à peine appercevoir la moindre colline.

Les forêts sont extrêmement multipliées dans cet immense pays, & les provinces du nord & du nord-ouest sont en quelque sorte désertes. On ne peut appeler plutôt chrétiens que païens, le peu d'habitans qu'elles contiennent.

Mers, golfes, lacs & fleuves.

La Baltique, qu'on appeloit autrefois la *Mer des Varaignes*, & qui a la forme d'un grand golfe, baigne la Livonie à l'ouest. L'Océan lui fournit moins d'eau qu'elle n'en reçoit des lacs & des fleuves de la Russie, de la Suède, de la Pologne & de l'Allemagne ; aussi est-elle peu salée. La plus grande profondeur n'est que de cinquante toises, & les savans de Suède ont observé qu'elle diminue de quarante-cinq pouces en un siècle. Lorsqu'elle est violemment agitée, elle dépose de l'ambre sur les rivages de la Courlande & de la Prusse.

Le golfe de Finlande communique avec cette mer : il commence au dessous de Pétersbourg ; il a cinq cents lieues de long & vingt-six de large. Le golfe de Riga, qu'on appelle autrement *golfe de Livonie*, appartient aussi à la mer Baltique. La Mer-Glaciale baigne au nord toutes les côtes de la Russie, dans une étendue de cent cinquante-huit degrés de longitude. Les principaux lacs sont le Ladoga ; il a plus de quarante lieues du sud au nord, sur environ vingt-six de large ; il donne naissance à la Néva, qui se jette dans le golfe de Finlande. Les fréquentes tempêtes dont il est agité, changent les bancs de sable, & rendent la navigation très-dangereuse. C'est ce qui a engagé Pierre Ier. à faire creuser un canal qui commence à Schlusselbourg, suit la rive septentrionale du lac, & se termine au Volkhof. Il a vingt-cinq écluses, & reçoit les eaux de cinq rivières qui se jetoient auparavant dans le Ladoga.

Le lac Onéga est situé au nord-est du Ladoga, entre ce lac & la Mer-Blanche. Il a du sud au nord quarante-cinq lieues de long sur vingt de large ; il reçoit par plusieurs rivières les eaux de plusieurs lacs inférieurs, & lui-même, par le Svir, jette les siennes dans le Ladoga. Le Biélo-Ozero ou lac blanc est au sud-est de l'Onéga ; il grossit le Volga, avec lequel il communique par la Chekna. Le lac Ilmen est célèbre dans les antiquités russes, parce que ses bords s'élèvent à Novogorod. Il a dix lieues de long sur sept de large ; il reçoit les eaux de plusieurs rivières. Le Volkhof, qui se jette dans le Ladoga, y prend sa source. Le lac Peypus ou Peipons forme à son extrémité méridionale un golfe qu'on appelle le *lac de Pleskof*. Le Peypus se décharge dans le lac de Finlande par la Navora, qui a donné son nom à la ville de Narva. Les fleuves les plus considérables sont, 1°. le Volga : il a ses sources dans plusieurs lacs & marais dans le Novogorod, court est & sud; il prend sa source dans la forêt de la province de Welik-Louki, &, après avoir arrosé les villes de Twer, Vglitsels, Kostroma, Nisni, Novogorod, Damiensk & Samara, & par mille sinuosités prolongé son cours dans une longueur de mille lieues, il se jette dans la mer Caspienne, au dessous d'Astracan. Il est reconnu, non-seulement comme le plus grand fleuve de l'*Europe*, mais comme un des plus favorables à la fertilité. Il renferme toutes sortes de poissons, & féconde toutes les terres qui le bordent, & qui sont enrichies d'arbres, de fruits & de légumes. L'on compte qu'il nourrit plus d'un million de pêcheurs & de travailleurs. Il est à remarquer que, dans un si long cours, il n'a pas une seule cataracte qui puisse interrompre la navigation; mais plus il approche de son embouchure, plus il forme d'îles en se divisant, plus qu'aucun autre fleuve du Monde, en une multitude de bras, & ces bras se subdivisent en d'autres plus petits qui se rejoignent de nouveau; en sorte que le Volga se décharge dans la mer Caspienne par plus de soixante & dix bouches. Par le moyen de ce superbe fleuve, la ville de Moscow entretient communication, non-seulement avec les parties méridionales de la Russie, mais avec la Perse, la Géorgie, la Tartarie & autres pays qui bordent la mer Caspienne. 2°. Le Don ou Tanaïs, qui sépare de l'*Asie* la partie la plus orientale de la Russie. Dans son cours vers l'est, il s'approche tellement du Volga, que le dernier Czar avoit entrepris d'établir de l'un à l'autre une communication en creusant un canal. Ce grand projet fut renversé par l'irruption des Tartares. Ce fleuve, sans parler de ses circuits & sinuosités, se jette dans les Palus-Méotides ou mer d'Azof, à environ trois cent trente lieues de sa source, qui est à vingt-cinq lieues de Moscow, dans le lac Iwan. 3°. Le Borysthène ou Niéper, qui est également un des plus grands fleuves de l'*Europe*, a sa source à vingt lieues nord-est de Smolensko, traverse la Lithuanie, le pays des Cosaques Zaporog & celui des Tartares Nogais, & se jette dans la Mer-Noire à Kinburn, près d'Oczakow; il a treize cataractes vers la quarante-huitième degré. Dans un assez petit espace à ces trois fleuves, on peut ajouter les deux Dwina ou Duna, dont l'une, à l'ouest, sort d'un lac dans le gouvernement de Pleskow, non loin de Toropetz, & se jette dans la Baltique à Riga; l'autre, au nord, a sa source près d'Ustioug, &, se divisant en deux branches près d'Archangel, se perd dans la Mer-Blanche. La Néva est large & profonde : elle sort du Ladoga, & tombe dans le golfe de Finlande après un cours de quinze lieues; elle se divise en trois bras différens en traversant Pétersbourg.

Suède. Ce pays est borné, au sud, par la mer Baltique, le Sund & le Categat ou Scagerac; à

l'ouest, par les montagnes impraticables de la Norwège; au nord, par la Laponie danoise ou norwégienne, & à l'est par la Russie. On divise la Suède en cinq grandes parties : 1°. la Suède propre; 2°. le Gothland; 3°. la Finlande; 4°. la Laponie suédoise; 5°. les îles suédoises. Il y a une grande réduction à faire sur l'étendue de la Suède, pour les lacs & les parties incultes, qui sont si considérables, que la partie susceptible d'être habitée est resserrée dans des bornes étroites. Suivent les dimensions qu'on nous donne de ce royaume.

Elle ne ressemble pas moins à ces pays sous le rapport du climat & du sol. L'été naît de l'hiver, & la végétation est plus prompte que sous les climats méridionaux; car le soleil est si ardent, qu'il brûle quelquefois les forêts. Les poils & de bonnes fourrures tempèrent l'excès du froid, qui est quelquefois si rude, que les habitans en ont le nez & les extrémités attaqués. Le meilleur remède que l'on ait trouvé pour ces cas-là, est de frotter avec de la neige la partie endommagée. Jusqu'au tems de Charles XII, les Suédois se sont donné des peines incroyables pour corriger la stérilité naturelle de leur pays, en établissant des collèges d'agriculture, qui, dans quelques lieux, ont eu de grands succès. Le sol est, en grande partie, le même qu'en Danemarck & en Norwège, en général très-mauvais, quoique l'on trouve des vallées d'une fertilité surprenante. Les Suédois, jusqu'à ces derniers tems, n'ont pas eu assez d'industrie pour remédier à l'aridité & améliorer les endroits fertiles. Des paysans suivent à présent les principes d'agriculture des François & des Anglais, & l'on prétend qu'ils recueillent assez de grains pour l'approvisionnement des naturels. La Gothie produit froment, seigle, orge, avoine, pois & fèves; & en cas de disette, le peuple tire des denrées de la Livonie & des provinces baltiques. En été, les champs sont couverts de verdure & de fleurs; ils produisent des fraises, des framboises, des groseilles rouges & d'autres menus fruits. Les gens du peuple s'entendent peu à la culture des pêchers, des abricotiers, brugnons, ananas & autres arbres fruitiers; mais, dans les saisons de sécheresse, les melons sont portés à la perfection.

La Suède abonde en cristaux, améthystes, lapis-lazuli, agates, cornalines, marbres & autres minéraux. Cependant la principale richesse de ce royaume se tire des mines d'argent, de cuivre, de plomb & de fer. L'exploitation de ce dernier métal n'occupe pas moins de quatre cent cinquante forges, moulins à marteaux & fonderies. On a aussi découvert en Suède une mine d'or, mais si peu considérable, que, de 1741 à 1747, elle n'a produit que 2,389 ducats d'or, évalués à 11 l. 4 s. La première galerie d'une mine d'argent est à cent toises sous terre : le plafond en est soutenu par d'énormes poutres de chêne, & de là les mineurs descendent de quarante toises jusqu'aux plus basses veines. Il y a des mines qui rapportent jusqu'à

120,000 francs par an. Le produit des mines de cuivre eſt certain ; mais elles ſont chargées de fortes taxes & redevances envers le Gouvernement, qui n'a pas d'autres reſſources pour les beſoins de l'État. Ces demeures ſouterraines ſont prodigieuſement ſpacieuſes, & en même tems commodes pour leurs habitans ; elles ſemblent former un monde caché. Des chutes d'eau, en Suède, ſont d'un très-grand avantage pour faire tourner les moulins à forges ; &, depuis quelques années, l'exportation du fer a été à 7,000,200 francs. Buſching croit que ces exportations donnent les deux tiers des revenus publics. On doit obſerver néanmoins que les extorſions du Gouvernement ſuédois & l'importation du fer en barre en _Europe_ par les Américains ont conſidérablement diminué cette fabrication en Suède ; de ſorte que les habitans de ce pays ſeront obligés de s'adonner à d'autres branches de commerce & d'amélioration, ſurtout en agriculture.

Norwège. La ſignification naturelle de Norwège eſt _le chemin du Nord._ Elle eſt bornée au ſud par l'entrée de la Baltique, qu'on nomme _Scaggerac_ ou _Categat_ ; à l'oueſt & au nord par la mer du nord, & à l'oueſt elle eſt ſéparée de la Suède par une longue chaîne de montagnes qui portent différens noms, tels que _Fileſield, Dofreſield, Runſield & Dourſield._

Le climat de la Norwège varie ſuivant ſon étendue & ſa ſituation vers la mer. Dans l'intérieur du pays, & vers l'eſt, l'air eſt pur & ſain ; à l'oueſt, vers les côtes, il eſt humide par les pluies fréquentes qui tombent dans cette contrée. La température varie beaucoup ; ce qui occaſionne ſouvent le ſcorbut. A Berghen, l'hiver eſt modéré, & la mer navigable. Pontopidan obſerve que les ports d'Amſterdam, d'Hambourg, de Copenhagne, de Lubec, ſont plus ſouvent fermés par les glaces, que ceux de Norwège. Les parties orientales de la Norwège ſont ordinairement couvertes de neige, tandis que celles qui ſont à l'oueſt, quoiqu'à la même latitude, ſont échauffées par les douces briſes de mer. Le froid commence vers le milieu d'octobre, & y eſt très-rigoureux juſqu'au milieu d'avril. Les eaux y ſont, en tout tems, couvertes de glaces d'une épaiſſeur conſidérable. En 1719, ſept mille Suédois partis pour attaquer Drontheim, périrent dans les neiges des montagnes qui ſéparent la Suède de la Norwège. Mais les glaces & la neige ont auſſi leurs avantages ; elles facilitent les tranſports par terre. Quant aux parties de ce pays qui ſont les plus reculées vers le nord, telles que le Finmarck, le froid y eſt ſi vif, qu'elles ſont très-peu connues. A Berghen, les plus longs jours ſont d'environ dix-neuf heures, & les plus courts d'environ cinq heures. A minuit, en été, les habitans peuvent lire & écrire à la ſimple clarté du ciel ; & dans les parties les plus au nord, vers le milieu de l'été, le ſoleil ne diſparoît jamais totalement de l'horizon. Dans le cœur de l'hiver ces pays n'ont, à midi qu'une faible lueur pendant environ une heure & demie ; elle provient de la ré-

flection des rayons du ſoleil ſur les montagnes. Pendant cette obſcurité, le ciel eſt toutefois ſi ſerein, la lune & l'aurore boréale ſi brillantes, que les habitans vont à la pêche, & s'occupent de différens métiers en plein air.

Dans quelques parties de l'intérieur du pays, l'air eſt ſi pur, que les habitans y vivent très-long-tems. Quoi qu'il en ſoit, les dégels ſubits & les neiges continuelles y produiſent quelquefois des effets funeſtes, & détruiſent entièrement des villages.

Dans l'été, les chaleurs ſont exceſſives dans les vallées, quoique de courte durée. Elles proviennent en partie de ce que les hautes montagnes réfléchiſſent de tous côtés, dans les vallées, les rayons du ſoleil. La plus grande preuve que l'on puiſſe donner de la chaleur de l'été en Norwège, c'eſt que pluſieurs végétaux, & notamment le blé, pouſſent & mûriſſent en quelques endroits en ſix ſemaines ou deux mois. La plus grande partie de la Norwège étant inégale, pierreuſe & couverte de montagnes, de rochers & de marais, renfermant des contrées ſauvages & quelques déſerts, eſt peu propre à l'agriculture ; auſſi, ſi les habitans des côtes ne s'entretenoient de la pêche, comme ceux qui ſont dans l'intérieur du pays vivent du tranſport & de la vente des bois de charpente, du charbon qu'ils fourniſſent pour l'exploitation des mines, du bétail & de la chaſſe, la moitié mourroit de faim. Les grains périſſent ſouvent tant par les froids ſubits, que par la ſéchereſſe qu'occaſionne la grande chaleur, ou par la trop grande quantité d'eaux qui tombent des rochers & des montagnes durant les étés pluvieux. Les grains qu'on recueille, ſont le ſeigle, l'orge, l'avoine, des pois, du blé ſarraſin, du lin & du chanvre. La cherté ſuit toujours les mauvaiſes récoltes, & lorſque l'importation n'y ſuppléé pas, les habitans ſont affligés de la famine.

La Norwège paſſe pour un des pays les plus montagneux de l'Univers ; elle comprend une chaîne de montagnes d'inégale hauteur, qui s'étendent du ſud au nord. La traverſe de celle d'Ardanger eſt d'environ vingt lieues, & celle des autres d'environ dix-ſept. Dofreſield eſt regardée comme la plus haute montagne de la Norwège ; ſa hauteur perpendiculaire, au deſſus du niveau de la mer, eſt évaluée à environ mille ſept cents toiſes. Les rivières & les cataractes qui entrecoupent ces effrayans précipices, & qu'on ne peut paſſer que ſur des ponts de bois très-fragiles, rendent les voyages fort dangereux dans ces pays, quoique le Gouvernement ait établi & entretienne aux différentes ſtations une maiſon où l'on trouve du feu, de la lumière & des uſtenſiles de cuiſine. Indépendamment de la chaîne dont nous venons de parler, toute la Norwège eſt couverte d'autres montagnes énormes. Sur la cime de quelques-unes on trouve des réſervoirs d'eau. L'enſemble de ce pays préſente une perſpective impoſante. Les habitans montrent une adreſſe & une activité très-étonnantes à retirer leurs

brebis

brebis & leurs chèvres d'entre les rochers, lorsqu'un faux pas les y précipite. Celui à qui l'animal appartient, se fait descendre dans le précipice, à califourchon sur un bâton attaché à une longue corde. Lorsqu'il arrive à l'endroit, il lie la chèvre ou la brebis avec cette corde, & on la remonte avec lui. Les cavernes qu'on rencontre dans ces montagnes sont peut-être les plus extraordinaires qui existent sur le Globe. Deux ecclésiastiques qui visitèrent, en 1750, celle qu'on nomme *Dolsteen*, s'y avancèrent jusqu'à un endroit où ils entendirent le bruit des vagues de la mer au dessus de leur tête. Le passage étoit aussi spacieux & aussi élevé qu'une église ordinaire : les côtés étoient perpendiculaires, & le comble formoit une voûte. Ils descendirent un escalier fait par la Nature ; mais arrivés à un autre, ils n'osèrent pas se hasarder plus loin, & revinrent sur leurs pas.

La principale richesse de la Norwège consiste dans ses forêts : elles fournissent aux étrangers des mâts, des poutres, des planches & du goudron ; elles servent en outre pour tous les usages domestiques, & particuliérement pour la construction des maisons, des ponts & des navires : on en fait du charbon pour les fonderies. Les arbres qui croissent dans ce pays sont le pin, le sapin, l'orme, le frêne, l'if, le benteed, espèce de bois fort curieux ; le bouleau, le hêtre, le chêne, l'aulne, le genévrier, le tremble, le prunier sauvage, le noisetier, le sureau, l'ébène ; & au bas des montagnes de Kolen, le tilleul & le saule. Les bois de la Norwège produisent des sommes très-considérables. Le cours des rivières & la position des lacs sont très-favorables à l'industrie des habitans ; ils facilitent non-seulement le transport par flotage, mais l'établissement des moulins pour le sciage des poutres qu'ils réduisent en planches. La dîme de tous les bois sciés appartient au roi de Danemarck, & n'est pas la branche la plus indifférente de ses revenus.

La Norwège abonde en carrières de très-beau marbre & de diverses autres sortes de pierres. On y trouve l'aimant dans les mines de fer, l'amiante ou asbeste, qui est d'une nature incombustible, composée d'une infinité de filamens cotoneux dont on fabrique une sorte d'étoffe qu'on nétoie en la passant au feu : on y rencontre des cristaux, des granits, des améthystes, des agates & la pierre de la foudre. On a fabriqué des ducats de l'or trouvé dans la Norwège, & le roi de Danemarck exploite encore une mine d'argent à Konsberg, dont il tire un grand bénéfice. Dans diverses parties de ce pays on a découvert des mines. On peut voir, au Musée de Copenhague, plusieurs masses d'argent qu'on en a extraites : il y en a une du poids de cinq cent soixante livres. Les mines de plomb, de cuivre, de fer y sont très-communes. La mine de cuivre Ro-Raas passe pour la plus riche de l'*Europe*. La Norwège produit du vif argent, du sel, du charbon, du vitriol, de l'alun en différentes sortes de

lut, & dont les manufactures rendent beaucoup d'argent à la couronne.

Les rivières & les lacs de ce pays sont remplis de poissons, & ne sont pas navigables. La plupart des rivières ne sont que des torrens qui se précipitent des montagnes, & qui, embarrassés par des rochers, forment quelquefois des cascades ou cataractes étonnantes, dont quelques-unes ont jusqu'à six cents pieds de hauteur. On remarque entr'autres la cataracte de la Glamer, qui, à quelque distance de son embouchure, se précipite de si haut, qu'on en entend le bruit à douze lieues de là : c'est une des plus fameuses du Monde. La singularité la plus remarquable de ces lacs est qu'on y voit des îles flottantes, formées par la cohésion des racines des arbres & des plantes. Quoique détachées de la terre, elles produisent des herbages & des arbres. En 1702, le terrain de Borge, situé près de Frédérickstadt, & appartenant à une famille noble, fut subitement englouti, avec ses tours & ses dépendances, dans un abîme de cent toises de profondeur. Son site fut immédiatement rempli d'eau, & forma un lac d'environ mille pieds de long, sur environ moitié de large. Ce funeste accident, qui fit périr quatorze personnes & deux cents animaux domestiques, fut occasionné par les eaux d'une rivière qui avoit miné les fondations. On distingue aussi en Norwège trois caps remarquables, celui de Lindesnes au sud, les pointes de Stad au milieu, & le Nord-Cap au nord.

On trouve dans cette contrée tous les animaux qu'on voit dans le Danemarck, & plusieurs espèces qui n'y sont point connues. Les sauvages sont l'élan, le renne, le lièvre, le lapin, l'ours, le loup, le lynx, le renard, le glouton, l'hermine & le martin. L'élan est un grand animal couvert d'un poil gris-cendré. Sa conformation tient de celle du cheval & du cerf. Il n'est point méchant, & dans l'hiver il est presque familier : sa chair a un goût de venaison. Le renne est une espèce de cerf, dont nous aurons occasion de parler plus amplement. Les lièvres sont très-petits : on prétend qu'ils se nourrissent de souris pendant l'hiver, & que leur poil brun blanchit. Les ours de la Norwège sont forts & rusés : on assure qu'ils ne font jamais de mal aux enfans. Quant à leurs autres inclinations, elles sont conformes à celles des animaux de leur espèce qui habitent les différens pays du nord, & on a peine à croire aux traits de sagacité que les Norwégiens en racontent. Ils se servent, pour la chasse aux ours, d'une sorte de chiens d'une fort petite taille, & quelques-uns préfèrent un jambon d'ours au meilleur de la Westphalie. Les loups de la Norwège, quoique féroces, ont peur d'une vache ou même d'une chèvre, à moins qu'ils ne soient affamés. Les habitans du pays sont très-habiles à leur tendre des piéges, & les tuent quand ils s'y laissent prendre. Le lynx est plus petit qu'un loup & plus dangereux ; il tient un peu du chat ; ses griffes ressemblent à celles des tigres ; il creuse la terre, & s'introduit

      R

quelquefois, par ce moyen, dans les parcs des brebis, où il fait de grands ravages. La peau du lynx est très-belle, & auſſi recherchée que celle du renard noir. On trouve auſſi, dans la Norwège, des renards blancs & rouges; ils reſſemblent d'ailleurs aux renards de tous les pays. La ruſe qu'ils emploient pour tirer les homars ou écreviſſes de mer, eſt fort plaiſante; ils laiſſent pendre leur queue ſur la ſurface de l'eau: l'écreviſſe s'y accroche, & le renard l'entraîne à terre. Le glouton, qu'on nomme *ervam* & *viefras*, reſſemble à l'eſpèce de chiens dont on ſe ſervoit autrefois pour tourner la broche. Il a le corps alongé, de groſſes pattes, des griffes & des dents très-aiguës. Sa fourrure, jaſpée de différentes couleurs, eſt ſi précieuſe, qu'on a grand ſoin d'émouſſer les dards qu'on lui lance, dans la crainte d'endommager la peau. Cet animal eſt très-hardi, & ſi vorace qu'il dévore, dit-on, des carcaſſes plus volumineuſes que la ſienne. Lorſqu'il ſent ſon eſtomac trop chargé, il le débarraſſe en le mettant à la preſſe entre deux arbres preſque contigus, où il tâche de ſe gliſſer. L'hermine eſt un petit animal très-timide & très-propre: ſa fourrure contribue en partie à la magnificence royale. Il y a fort peu de différence entre le martin & le chat des bois de la groſſe eſpèce: ſa tête & ſon muſeau ſont un peu plus pointus.

La Norwège eſt le pays où l'on trouve la plus grande variété d'oiſeaux de toute eſpèce. Les faucons font leurs nids ſur les rochers; ils volent quelquefois en ſi grand nombre, qu'ils obſcurciſſent le jour: le bruit de leurs ailes reſſemble à la tempête; ils ſont généralement de la taille d'un gros canard; ils ſont, comme lui, aquatiques, & leur chair eſt beaucoup plus eſtimée. On compte, en Norwège, trente ſortes de grives. Il y a une grande quantité de pigéons de différentes eſpèces, & de très-beaux canards ſauvages. Le coq ſauvage eſt d'une couleur noire ou gris-foncé: ſes yeux reſſemblent à ceux du faiſan: c'eſt, dit-on, le plus gros de tous les oiſeaux mangeables. La Norwège produit des aigles de deux eſpèces, celui de terre & celui de mer. Les premiers ſont ſi vigoureux, qu'on en a vu enlever un enfant de deux ans. L'aigle de mer eſt plus gros que l'autre; il ſe nourrit d'animaux aquatiques: on en a vu ſe précipiter ſur de gros poiſſons avec tant d'impétuoſité, que, n'en pouvant plus débarraſſer leurs ſerres, ils ont été entraînés dans la mer, & ſubmergés.

Laponie. Tout le pays de la Laponie s'étend, autant qu'il eſt connu, du Nord-Cap, à 71 deg. 30 min. de latitude nord, à la Mer-Blanche, ſous le cercle arctique.

Une partie de ce pays appartient aux Danois, & eſt compriſe dans le gouvernement de Wardhus; une autre partie eſt aux Suédois, & c'eſt la meilleure; quelques autres, à l'eſt, appartiennent à la Ruſſie. Il eſt inutile de connoître l'étendue de chacune de ces diviſions; on peut l'évaluer à cent

milles d'Allemagne en longueur, & quatre-vingt-dix en largeur. Elle comprend tout le pays depuis la Baltique juſqu'aux montagnes qui ſéparent la Norwège de la Suède. La partie ruſſe s'étend vers l'eſt, entre le lac Enarak & la Mer-Blanche. Ces pays, malgré la rigueur du climat, ſont diviſés en petits diſtricts qui la plupart tirent leurs noms des rivières. Mais à l'exception de la partie ſuédoiſe, qui eſt adminiſtrée par un préfet, on peut dire que les Lapons ne vivent ſous aucun Gouvernement régulier. La Laponie ſuédoiſe eſt donc celle que les auteurs ont eue principalement en vue dans les deſcriptions de ce pays. On regarde les Lapons comme deſcendans des Finlandais chaſſés de leur pays, & qu'ils avoient tiré leur nom du mot *lappes* (*exilés*). En Laponie, le ſoleil eſt, pendant quelques mois de l'été, ſans ſe coucher, & quelques mois de l'hiver ſans ſe lever; mais les habitans tirent un ſi grand ſecours du crépuſcule & des aurores boréales, qu'ils n'interrompent point leurs travaux pendant la ſaiſon de l'obſcurité.

Dans l'hiver, le froid eſt ſi exceſſif chez les Lapons, que leur vaſe ſe gèle ſur leurs lèvres en buvant, & que, dans quelques thermomètres, l'eſprit-de-vin ſe glace. Il n'eſt pas rare de voir les membres des habitans gelés par le froid. Le voyageur eſt ſouvent menacé d'être enſeveli ſous des monceaux de neige, & la terre en eſt ſouvent couverte d'une couche de quatre ou cinq pieds. Quelquefois un dégel arrive, & la gelée qui reprend, offre aux Lapons une ſurface de glace unie, ſur laquelle ils voyagent avec une viteſſe inconcévable, dans un traîneau attelé d'un renne. Les chaleurs de l'été ſont exceſſives pendant quelque tems, & les cataractes qui ſe précipitent des montagnes, préſentent à l'œil les tableaux les plus pittoreſques.

Pour avoir une idée de la Laponie, il faut ſe former celle d'une maſſe énorme de montagnes entaſſées ſans régularité, ſéparées, dans quelques endroits, par des rivières & des lacs qui embarraſſent une multitude d'îles, dont quelques-unes offrent des habitations délicieuſes, & paſſent, dans l'eſprit des naturels, pour le Paradis terreſtre. Dans l'été, les bords en ſont ornés de roſes & d'autres fleurs; mais ce ſont de courts momens de douce température, car en général le climat eſt fort rude. Les forêts ſombres, des marais malſains, & des plaines arides couvrent une grande partie du pays plat; en ſorte que rien n'eſt plus triſte que l'exiſtence des habitans.

On a découvert & exploité avec grand avantage, en Laponie, des mines d'or & d'argent, ainſi que des mines de fer, de cuivre & de plomb. Ce pays a de fort beaux criſtaux, quelques améthyſtes & topazes, diverſes eſpèces de pierres minérales, polies d'une manière ſurprenante par la main même de la Nature. On a également trouvé

dans les rivières , mais jamais dans les mers adjacentes, des perles de prix.

Danemarck. Ce pays eſt ſéparé de la Norwège,
au nord par la mer de Seagerac & de la Suède ; à
l'eſt par le Sund , borné au ſud par l'Allemagne &
la mer Baltique. La mer d'Allemagne le ſepare à
l'oueſt de la Grande-Bretagne.

Le Danemarck proprement dit eſt diviſé en deux
parties : la péninſule du Jutland , connue des Anciens ſous le nom de *Cimbrica Cherſonéſus,* & les
îles ſituées à l'entrée de la Baltique , dont il eſt
fait mention dans le tableau général des poſſeſ-
ſions du Danemarck.

Le Jutland eſt une des provinces les plus vaſtes
& les plus fertiles de ce royaume. il produit toutes ſortes de graines en abondance, blé , ſarraſin,
navette , légume , foin , lin , houblon. Du côté de
l'oueſt le terrain eſt gras & humide , & on prend
beaucoup d'huîtres. Il eſt couvert de pâturages ,
& on peut le regarder en tout tems comme le grenier de la Norwège. On y élève une grande quantité de beſtiaux qui paſſent dans le Holſtein , où
on les engraiſſe pour les vendre aux marchands de
Hambourg, Lubeck & Amſterdam. Les chevaux
y ſont fort eſtimés. Le Jutland eſt de toutes parts
entrecoupé de montagnes. Du côté de l'eſt , on
trouve de belles forêts de chênes , de ſapins, de
hêtres, de bouleaux, &c. ; mais le côté de l'oueſt
ne jouit pas du même avantage, & les habitans
ſont réduits à brûler de la tourbe & des bruyères
dans preſque toute la Zélande. Le ſol eſt ſablonneux , mais fertile en grains & en pâturages , &
agréablement varié en bois & en lacs. Les vapeurs
de la mer , dont ce pays eſt environné , rendent
ſon climat plus tempéré que celui de quelques
contrées ſituées au midi de l'*Europe.*

Le printems & l'automne ſont deux ſaiſons
preſqu'inconnues dans ce royaume : on paſſe ſou-
dainement du froid au chaud , & de la chaleur au
froid. Dans toutes les provinces ſituées au nord de
ce royaume, les hivers ſont ſi rigoureux , que les
habitans traverſent ſouvent la mer en patinant ſur
les glaces qui , pendant l'hiver , ferment tous les
ports.

Dans le Danemarck & le Holſtein , preſque toutes les terres ſont des fiefs , & au moyen des do-
nations ſucceſſivement extorquées à la Couronne
par les anciens nobles, ceux-ci devinrent ſi puiſſans , & opprimèrent ſi impitoyablement leurs fermiers & ceux qui vivoient ſur leurs domaines, qu'à
la fin ils les réduiſirent entièrement à l'eſclavage.
Ils furent regardés comme la propriété de leurs
ſeigneurs , qui les vendoient & les achetoient avec
les terres, dont ils étoient cenſés faire partie.

Il réſulte de cet aſſerviſſement , que les neuf
dixièmes des habitans ſont dans la miſère. Si les
fermiers étoient ſûrs de conſerver leurs poſſeſ-
ſions, & de retirer le fruit de leurs peines, les terres du Danemarck ſeroient mieux cultivées , &
leur produit pourroit faire ſubſiſter une population beaucoup plus nombreuſe que celle d'aujour-
d'hui.

Iſlande. Cette île prend ſon nom (*Iceland,* qui
ſignifie , en langue du nord , *pays des glaces*) des
énormes glaces de ſes environs.

Quoique cette île ſoit très-reculée vers le nord,
les tremblemens de terre & les volcans y ſont plus
communs que dans des climats beaucoup plus
chauds. Les premiers y ont ſouvent répandu la
déſolation , & particuliérement dans les années
1734, 1752 & 1755. Des éruptions de feu s'échap-
pèrent du ſein de la terre , & eurent des ſuites
très-déplorables. Des montagnes couvertes de
neige ont été peu à peu converties en volcans.
Dans le nombre de ceux-ci, le mont Hécla eſt le
plus connu, particuliérement des étrangers. Il eſt
ſitué dans la partie méridionale de l'île, à environ
cinq quarts de lieue de la mer. Le ſommet forme
trois pointes : celle du milieu eſt la plus haute. Il
faut quatre heures de marche pénible pour y parvenir. On a eſtimé ſon élévation perpendiculaire à
huit cent quarante toiſes au deſſus du niveau de
la mer. Il en ſort ſouvent des flammes & un torrent de matières brûlantes. Ce fut en 1693 que ces
éruptions firent leurs plus grands ravages. Elles
étoient ſi violentes, que les cendres furent lancées dans toutes les parties de l'île , juſqu'à la diſtance de ſoixante lieues. Elles commencèrent le
5 avril, & continuèrent ſans interruption juſqu'au
7 ſeptembre ſuivant ; mais il ne vomit point de
laves. D'autres montagnes, ſurtout celles d'O-
craiſe & de Kotlegau, en ont eu d'aſſez violentes
pour répandre la terreur dans ce pays peut-être
entiérement volcaniſé.

Parmi les curioſités de l'Iſlande , rien ne mérite
autant de fixer l'attention, que les ſources d'eaux
chaudes jailliſſantes, dont cette île abonde. Celles
d'Aix-la-Chapelle , de Carlsbad , de Bath , &
pluſieurs autres qu'on trouve dans la Suiſſe & en
Italie, paſſent pour des phénomènes ; mais à l'exception de quelques-unes des dernières, on ne
connoît point de ſource chaude dont l'eau ſorte
auſſi bouillante, ni qui jailliſſe à une auſſi prodigieuſe hauteur que celles de l'Iſlande. Tous les
jets d'eau , conſtruits avec tant d'art & des frais
ſi énormes, n'en approchent point, & ne peuvent
entrer avec elles en comparaiſon. A Saint-Cloud ,
dont les caſcades & les jets d'eau paſſent pour les
plus curieux de la France, il y a un jet d'eau qui
monte à quatre-vingts pieds de hauteur, tandis
que des ſources de l'Iſlande on voit jaillir des colonnes d'eau de pluſieurs pieds d'épaiſſeur , qui
s'élèvent à la hauteur d'un grand nombre de toiſes,
ou, comme quelques-uns l'aſſurent , à quelques
centaines de pieds.

Ces ſources n'ont pas toutes le même degré de
chaleur. L'eau fort de quelques-unes, auſſi paiſible-
ment que des ſources ordinaires : on les appelle
alors *bains.* Les autres lancent à grand bruit des
eaux bouillantes , & on les nomme *chaudières*

quoique le degré de chaleur soit inégal. Le docteur Van-Troil ne se rappelle pas d'en avoir trouvé au dessus du degré de 188 du thermomètre de Fahrenheit. A Geyser, Reykum & Laugarvatn elles étoient à 212 degrés, & à ce dernier endroit il y avoit sous terre un petit courant d'eau chaude à 215 degrés. Il n'est pas rare de voir quelques-unes de ces sources cesser de jaillir, & d'autres les remplacer. Des tremblemens de terre fréquens & de grands bruits souterrains qu'on entend dans le même tems, répandent la terreur parmi ceux qui habitent les environs. Les habitans les plus proches de quelques-unes de ces sources chaudes y font cuire leurs légumes ou leurs viandes en y suspendant le pot rempli d'eau froide, dans lequel ils mettent la viande : ils se baignent aussi dans les ruisseaux qui en découlent, & qui s'attiédissent peu à peu, ou se tempèrent par la jonction d'autres ruisseaux d'eau froide. Les vaches qui boivent l'eau de ces sources donnent, dit-on, une quantité de lait extraordinaire. On prétend aussi que la boisson en est très-salutaire.

La plus abondante de toutes ces sources de l'Islande est connue sous le nom de *Geyser*; elle est à environ deux journées de marche de l'Hécla, à peu de distance & au nord de Skalhot. Lorsqu'on en approche, on entend un bruit semblable à celui d'un torrent qui se précipite à travers des rochers. L'eau y jaillit plusieurs fois par jour, mais toujours par secousses & par intervalle. Quelques voyageurs ont assuré que cette source lance ses eaux à la hauteur de soixante toises; elles s'élèvent quelquefois plus & quelquefois moins haut. Durant son séjour le docteur Van-Troil estima leur plus grande élévation à quatre-vingt-huit pieds. L'ouverture de cette source, sur le mont appelé du même nom, a la forme d'un chaudron de cinquante-neuf pieds de diametre.

Les blocs de basalte sont très-communs en Islande : on présume qu'ils sont l'ouvrage de feux souterrains. La dernière classe du peuple croit que des géans les ont entassés l'un sur l'autre. Ces blocs ont communément de trois à sept faces de quatre à six pieds d'épaisseur, & de quarante à cinquante pieds de longueur, sans aucune division horizontale. Dans quelques endroits on les voit répandus çà & là, avec la lave, sur les montagnes; mais dans d'autres ils s'étendent en longueur à environ une lieue sans interruption.

L'Islande produit des faucons si estimés, que le roi de Danemarck en fait présent à d'autres princes.

Des masses de glaces énormes causent, tous les ans, de grands dommages à ce pays, & influent considérablement sur le climat. Elles arrivent généralement du Groënland par les vents de nord-ouest & de nord-nord-ouest. Les glaces plates ont deux ou trois toises d'épaisseur; mais elles sont séparées par les vents, & on les redoute moins que les rochers ou montagnes de glace qui s'élèvent sou-

vent de cinquante pieds & même plus, au dessus du niveau de la mer, & qui doivent avoir, sous l'eau, pour le moins neuf fois autant de profondeur. Ces masses s'arrêtent souvent dans des bas-fonds, où elles semblent porter à terre; elles y restent durant un grand nombre d'années sans se dissoudre, & répandent un froid très-vif dans l'atmosphère, à quelques lieues à la ronde. Lorsqu'un grand nombre de ces masses flottent ensemble, les bois qu'elles entraînent souvent, sont froissés avec tant de violence, qu'ils s'enflamment, & c'est ce qui a occasionné les contes des glaces enflammées. Ces glaces produisirent en 1753 & 1754, un froid si violent, que les brebis & les chevaux tomboient morts. Ces amas funestes de glaces les avoient, à la vérité, privés de leur subsistance. On vit alors des chevaux dévorer des carcasses d'animaux, & des brebis manger mutuellement leurs toisons. Il arrive tous les ans, avec les glaces, un grand nombre d'ours qui font beaucoup de ravages, particuliérement parmi les brebis. Dès que les Islandais apperçoivent ces bêtes féroces, ils s'occupent de les détruire; ils s'assemblent, & les poursuivent jusque sur les glaçons, qui les remportent. Faute d'avoir des armes à feu, les habitans sont réduits, dans ces occasions, à s'armer de piques. Le Gouvernement encourage la destruction des ours par une récompense de cinquante francs par chaque tête d'ours. Le roi achète aussi les peaux, & il n'est permis de les vendre qu'à lui.

Il est étonnant que le bois croisse si difficilement dans cette île : on y rencontre à peine un arbre. Il est cependant évidemment prouvé qu'il y en avoit autrefois en profusion. Le blé y vient aussi fort mal. Quatre ou cinq jardins, qui sont les seuls de l'île, produisent des choux, du persil, des navets & des pois.

Angleterre. Cet État, ayant en longueur cent vingt-sept lieues, & en largeur cent lieues, est situé entre le 50°. & le 55°. deg. de latitude nord, & entre le 0 deg. 40 m. & le 8°. deg. de longitude ouest. Il est borné au nord par l'Écosse, à l'est par la mer d'Allemagne, à l'ouest par le canal Saint-Georges, & au sud par la Manche.

Le jour le plus long de l'année, dans les parties septentrionales, a dix-sept heures trente minutes, & le plus court, dans les méridionales, est de huit heures.

La situation de l'Angleterre, baignée de trois côtés par la mer, l'expose à de grandes variations de température, qui occasionnent sur les côtes beaucoup de froid. C'est aussi à cette situation que l'on doit attribuer cette verdure perpétuelle qui distingue l'Angleterre.

Le sol de l'Angleterre & de la principauté de Galles varie dans chaque contrée, moins par sa nature, qui cependant doit produire des différences sensibles, qu'à raison des progrès que les habitans ont faits dans la culture des terres, des jardins, des défrichemens des marais & de beaucoup d'autres ameliorations locales qui ont été portées au plus haut degré de perfection.

Le fol paroît être fpécialement propre à élever des bois de conftruction, & les plantations d'arbres font très-abondantes.

En beaucoup d'endroits l'air eft chargé de vapeurs que les vents d'oueft apportent de l'Océan atlantique; mais ces vapeurs font diffipées par des vents & des tempêtes. Le climat de l'Angleterre eft infalubre pour les étrangers & les perfonnes d'une fanté délicate. La température en eft capricieufe au dernier point, & affez contraire à certaines conftitutions, pour forcer un grand nombre d'habitans d'aller, dans les pays étrangers, chercher le rétabliffement de leur fanté.

Les parties baffes de l'Angleterre font en général arrofées d'excellentes fources, quoiqu'un goût délicat puiffe y reconnoître quelque faveur minérale. Dans quelques parties hautes, les habitans manquent d'eau, & y fuppléent en creufant des puits profonds. Le tempérament des Anglais & les maladies auxquelles ils font fujets, leur ont fait porter un œil attentif fur les eaux minérales qui peuvent fervir au rétabliffement de la fanté; auffi l'Angleterre contient-elle peut-être autant de fources minérales d'une efficacité connue, qu'aucun pays du Monde; Les plus célèbres font les bains chauds de Bath & de Briftol en Sommerfetshire, & de Buxton & Matrock en Derbyshire; les eaux minérales de Tunbridge, d'Epfom, d'Harrowgate & de Scarborough. Rien n'égale la beauté des afpects qu'offrent les parties cultivées de l'Angleterre. La variété des terres hautes & baffes, le mouvement de terrain qui forme des vues égales à ce que l'imagination la plus féconde peut concevoir, les terres à blé & les prairies, le mélange de clos & de plantations, les châteaux des grands, les maifons commodes, les villages rians, les fermes opulentes, fouvent dans le voifinage des villes, décorées des plus vives couleurs de la Nature, tout cela eft d'une grande richeffe. Les lieux les plus ftériles ne font pas fans verdure; mais ce qui doit donner la plus haute idée de l'induftrie anglaife, c'eft que quelques-uns des plus rians comtés du royaume, naturellement ftériles, n'ont dû leur fertilité qu'au travail.

Quoique l'Angleterre préfente à chaque pas de délicieufes collines, & les pentes douces les plus agréables, elle a peu de montagnes. Les plus remarquables font le Pic en Derbyshire, l'Endle en Lancashire, les Wolds en Yorkshire, les hauteurs de Cheviot fur les frontières de l'Ecoffe, la Chiltern dans les Bucks, la Malvern en Worceftershire, la Cotfwould en Glocefterfhire, le Wrekin en Shropshire; avec celles de Plinlinunon & de Snowdon, dans la principauté de Galles. En général, cependant, cette dernière province & les parties feptentrionales peuvent être regardées comme montagneufes.

Les rivières d'Angleterre ajoutent à fa beauté,

autant qu'elles contribuent à fon commerce. La Tamife prend fa fource fur les frontières du Glocefterfhire, un peu au fud-oueft de Cirencefter, &, après avoir reçu les eaux tributaires de plufieurs rivières, paffe à Oxford, vient traverfer Abingdon, Wallingford, Reading, Marlow & Windfor, de là court jufqu'à Kingfton, où elle rencontroit autrefois la marée, laquelle, depuis la conftruction du pont de Weftminfter, ne remonte pas plus haut que Richmond: de là elle coule jufqu'à Londres, &, après avoir partagé les comtés de Kent & d'Effex, elle s'élargit dans fon cours, & fe jette dans la mer au nord, d'où elle eft navigable pour de gros vaiffeaux, jufqu'au pont de Londres.

La rivière Medway, qui prend fa fource près de Tunbridge, fe jette dans la Tamife à Sheerneff, & eft navigable, pour les plus forts vaiffeaux, jufqu'à Chatam. La Saverne, que fon importance fait regarder comme la feconde rivière d'Angleterre, & qui eft la plus grande de toutes, naît à Plinlimmonhill, dans le nord de la principauté de Galles; devient navigable à Welsh-Pool, court à l'eft jufqu'à Shrewsbury, puis, tournant au fud, traverfe Bridgnorh, Worcefter & Tewkesbury, où elle reçoit la branche fupérieure de l'Avon, paffe à Glocefter, prend une direction fud-oueft; reçoit près de fon embouchure, la Wye & Luftre, & fe jette dans la Manche près de King-Road, où s'arrêtent les gros vaiffeaux qui ne peuvent remonter jufqu'à Briftol. La Trente fort des marais de Staffordshire, &, courant au fud-eft par Newcaftle, partage ce comté en deux; puis tournant au nordeft fur les confins du Derbyshire, vifite Nottingham, coupe ce comté dans fa longueur jufqu'en Lincolnshire, & groffie vers fon embouchure par l'Oufe & plufieurs autres, prend le nom d'*Humber*, & fe jette dans la mer au fud-eft de Hull.

Les autres rivières principales font l'Oufe, laquelle tombe dans l'Humber après avoir reçu les eaux de plufieurs autres rivières; une autre Oufe, qui prend fa naiffance dans les Bucks, & fe jette dans la mer près Lynn à Norfolks; la Tyne, qui court de l'oueft à l'eft à travers le Northumberland, & fe jette dans la mer d'Allemagne à Tinmouth, au deffous de Newcaftle. La Tees court de l'oueft à l'eft, fépare Durham du Yorkshire, & fe jette dans la mer d'Allemagne, au deffous de Stockton. La Tweed court de l'oueft à l'eft fur les frontières d'Ecoffe, & fe perd dans la mer d'Allemagne à Berwick. L'Eden court du fud au nord à travers le Weftmoreland & le Cumberland, &, paffant par Carlifle, tombe dans le Frith (bras de mer) de Solway, au deffous de cette ville. L'Avon inférieur court à l'oueft, à travers Wiltshire, jufqu'à Bath, & de là, féparant le Sommerfetshire du Glocefterfhire, court à Briftol, & fe jette dans l'embouchure de la Saverne, au deffous de cette ville. La Derwent court de l'oueft à l'oueft à travers le Cumberland, &, paffant par Cockermouth, fe perd dans la mer d'Irlande, un peu au deffous. La Ribble court de l'eſt à l'oueſt à travers le Lancashire, &, paſſant par Preſton, vient tomber dans la mer d'Irlande. La Merſey court du ſud-eſt au nord-oueſt en traverſant le Cheshire, puis, partageant le comté de Lancashire, paſſe par Liverpool, & tombe dans la mer d'Irlande, un peu au deſſous de cette ville. La Dée prend ſa ſource dans la principauté de Galles, ſépare le Flintshire du Cheshire, & a ſon embouchure dans le canal d'Irlande, au deſſous de Cheſter.

Les lacs ſont en petit nombre : cependant l'Hiſtoire & en quelques endroits l'aſpect même du pays nous apprennent que les marais & les étangs étoient communs en Angleterre avant que l'induſtrie les eût deſſéchés & convertis en terres labourables. Les principaux lacs qui ſubſiſtent encore ſont Soham-Mère (marais), Wittleſéa-Mère, & Ramſey-Mère dans l'île d'Ely, dans le comté de Cambridge. Dans la ſaiſon pluvieuſe tous ces marais ſont inondés, & forment un lac de quatorze ou dix-ſept lieues de circonférence. En Weſtmoreland on remarque Winander-Mère, & de petits lacs en Derbyshire ſont connus ſous le nom d'eaux de Dervent.

Le premier rang des métaux eſt dû aux mines d'étain de Cornouaille. Elles étoient connues des Grecs, & ſurtout des Phéniciens, pluſieurs ſiècles avant l'ère chrétienne; & depuis, les Anglais ont établi ſur ce lieu des manufactures de fer-blanc, qui ſont d'un bénéfice immenſe pour la Nation. On trouve dans les lits d'étain un minéral nommé Mundic, dont on faiſoit peu de cas; mais il y a ſoixante & dix ans que ſir Gilbert Clarke découvrit l'art de le travailler. Il rapporte, dit-on, maintenant 150,000 liv. ſterl. ou 3,600,000 fr. par an, égale en bonté le meilleur cuivre d'Eſpagne, & fournit une quantité proportionnée de pierres calaminaires pour faire de l'airain.

On y a découvert auſſi un peu d'or, & le plomb anglais eſt imprégné d'argent.

Le Devonshire & autres comtés d'Angleterre renferment des pierres poliſſables; mais la meilleure ſorte, qui reſſemble au granit d'Égypte, eſt exceſſivement dure à mettre en œuvre. On trouve en divers endroits des carrières de marbre. Le Northumberland & le Cheshire donnent de l'alun & des ſalines. La terre à foulon eſt d'une telle importance pour les fabriques de draps, que l'exportation en eſt défendue ſous les peines les plus ſévères. Le charbon de terre ſe trouve en pluſieurs comtés de l'Angleterre; mais la cité de Londres, pour encourager un trafic qui eſt la pépinière des matelots, tire le ſien en grande partie des mines du Northumberland & de l'évêché de Durham. Les cargaiſons s'embarquent à Newcaſtle & à Sunderland; & l'exploitation eſt une branche de commerce très-conſidérable.

Les quadrupèdes anglais ſont ſemblables à ceux de France.

Les oiſeaux de baſſe-cour ſont les mêmes en Angleterre qu'ailleurs; ſavoir : dindons, paons, volaille commune, telle que coqs, poules & chapons, oies & canards ſauvages, ſarcelles, oiſeau niai, pluvier, faiſan, perdrix, coq de bruyère, grue, caille, râle de genêt, becaſſe, râmier, faucon de différentes ſortes, milan, chat-huant, héron, corneille, grolle, corbeau, pie, ſanſonnet, geai, merle, grive, roſſignol, chardonneret, linot, alouette, & une grande variété de petits oiſeaux.

Peu de pays ſont auſſi favoriſés de la Nature, en poiſſon de mer & d'eau douce. Les rivières & les étangs ſont remplis de ſaumons, de truites, d'anguilles, de brochets, de perches, d'éperlans, de carpes, de tanches, de barbots, de goujons, de rougets, de vandoiſes, de mulets, de brêmes, de plies, de carrelets, d'écreviſſes, &c.

Pays de Galles. Quoique cette principauté ſoit, ſous le rapport politique, compriſe dans l'Angleterre, comme elle a un langage & des mœurs tout-à-fait différens, on a cru devoir lui conſacrer un article ſéparé.

Ce pays étoit autrefois plus étendu qu'il ne l'eſt à préſent, & n'avoit de bornes que la Saverne & la Dée; mais après que les Saxons ſe furent rendus maîtres de tout ce plat pays, les Gallois ou anciens Bretons furent reſſerrés dans de plus étroites limites, & furent obligés de ſe retirer du côté de l'oueſt. Il ne paroît pourtant pas que les Saxons aient jamais fait des conquêtes plus loin que le Montmouthshire & le Herefondshire, qui ſont maintenant partie de l'Angleterre. Cette contrée eſt diviſée en quatre arrondiſſemens.

Climat, ſol & eaux. Les ſaiſons ſont à peu près les mêmes que dans les parties ſeptentrionales de l'Angleterre, & l'air eſt vif, mais ſain. Le ſol, ſurtout vers le nord, eſt montagneux, mais contient de riches vallées, qui produiſent des récoltes abondantes de froment, de ſeigle & d'autres grains. On y trouve pluſieurs carrières d'ardoiſes & de pierres de taille, pluſieurs mines de plomb & quantité de mines de charbon de terre. Le pays eſt arroſé de ſources ſaines. Les principales rivières ſont la Clwyd, le Wheeler, la Dée, la Saverne, l'Elwy & l'Alen, qui fournit le Flintshire de poiſſons.

Montagnes. Le Snowdon, dans le Caernarvonshire & le Plinlimmon, qui appartient en partie au Montgomery & au Cardiganshire, ſont les plus fameuſes, & ce fut à la faveur de cette ſituation que les naturels oppoſèrent une ſi longue réſiſtance aux Romains, aux Anglo-Saxons & aux Normands.

Écoſſe. On croit que les Celtes ou Gaulois ſont les habitans originaires de ce royaume. Les Écoſſois, tribu de Scythes, l'envahirent vers le commencement du quatrième ſiècle, & lorſqu'ils eurent vaincu les Pictes, le territoire des uns & des autres fut nommé *Écoſſe.* Le mot Scot (Écoſſois) n'eſt qu'une corruption de Scuyth ou Scythie, les Écoſſois étant originaires de cette immenſe contrée, que les Anciens nommaient *Scythie.*

L'Écosse, ainsi nommée en français, est appelée *Scotia* par les Italiens, *Escotia* par les Espagnols, & *Scotland* par les Écossois, les Allemands & les Anglais.

L'Écosse, qui contient une surface de trois mille neuf cents lieues carrées, est bornée au sud par l'Angleterre ; au nord, à l'est & l'ouest par les mers d'Allemagne & d'Irlande, ou, pour parler plus juste, par l'Océan atlantique.

Dans les parties du nord, le jour, au solstice d'été, dure dix-huit heures cinq minutes ; & dans l'hiver le jour & la nuit durent en proportion. L'air est plus tempéré en Écosse, qu'on ne l'imagineroit dans un climat aussi septentrional. Cette température résulte en partie du nombre des collines, des vallées, des rivières & des lacs, mais principalement, comme en Angleterre, du voisinage de la mer, d'où viennent des vents chauds, qui non-seulement adoucissent la vivacité naturelle de l'air, mais, en le tenant dans une perpétuelle agitation, le rendent pur & salubre, & empêchent ces épidémies qui règnent dans d'autres contrées. Cependant, aux environs des hautes montagnes, qui sont en général couvertes de neige, l'air est froid, & piquant pendant près de neuf mois. Le sol n'est pas si fertile qu'en Angleterre, &, dans plusieurs cantons, il est moins propre au labourage qu'au pâturage ; mais aussi il y a quelques plaines & vallées d'une fertilité extraordinaire. Les particules terrestres les plus fines, continuellement entraînées du haut des montagnes par les eaux, & déposées dans ces vallées, y forment un engrais très-productif, & capable de faire pousser parfaitement les plus fortes plantes, quoique l'expérience ait appris que beaucoup de légumes & d'herbes potagères ne viennent pas aussi promptement à maturité dans ce pays, qu'en Angleterre. Il y a en effet, en Écosse, une grande variété de sols : la surface en est charmante & agréablement diversifiée par un mélange des productions de la Nature. Les grandes & nombreuses inégalités du terrain, si elles ne sont pas favorables aux travaux du cultivateur, plaisent du moins au voyageur, & produisent des sites délicieux pour les maisons de campagne, que la noblesse & la bourgeoisie d'Écosse se sont bâties avec beaucoup de choix. C'est plus par l'agrément de leur situation, que par une magnificence dispendieuse que les habitations des ducs d'Argile & d'Athol, de lord Hoptoun, & de plusieurs autres fixent l'attention des voyageurs. Les eaux d'Écosse dépendent, comme partout, des qualités du sol qu'elles traversent. L'eau qui passe sur des terres fortes est trouble & mal-saine ; mais celle qui filtre à travers des sables & graviers est limpide, légère & excellente à l'estomac. Telle est, en général, l'eau d'Écosse, meilleure que dans la plupart des provinces méridionales, en proportion de ce que le terrain est plus ingrat.

Les principales montagnes d'Écosse sont les côtes de Grampian, qui courent est & ouest ; des environs d'Aberdeen à Cowal dans le comté d'Argile, traversant presqu'entiérement le royaume. Une autre chaîne de montagnes nommées *Pentland-Hills* ou *Côtes de Pentland*, passe à travers Lothian, & se joint aux montagnes de Twedale ; une troisième chaîne, appelée *Lammer-Muir*, s'élève du voisinage de la côte orientale, & court à l'est à travers la Merse. Indépendamment de ces chaînes, auxquelles nous pouvons ajouter les côtes de Cheviot ou Tiviot, sur les frontières d'Angleterre, l'Écosse a plusieurs montagnes détachées, qui, à cause de leur figure conique, sont quelquefois désignées par le nom celtique de *Lawe*. Il y en a plusieurs qui sont d'une hauteur prodigieuse & d'une forme pittoresque ; mais elles sont en trop grand nombre pour être décrites ici.

La plus large rivière d'Écosse est le Forth, qui prend sa source dans le Montheith, près de Calendar, &, passant par Stirling après nombre de détours agréables, se jette, près d'Édimbourg, dans un bras de la mer d'Allemagne, auquel elle donne le nom de *Détroit de Forth*. La seconde rivière est le Tay, qui sort du lac Tay, dans le Broadalbin, &, courant au sud-est, arrose la ville de Perth, & se jette dans la mer à Dundée. Le Spey, que l'on dit la rivière la plus rapide d'Écosse, sort d'un lac de même nom dans le Badenoch, &, courant du sud-ouest au nord-est, se perd dans la mer, près d'Elgin, de même que les rivières Dée & Don, qui coulent de l'ouest à l'est, & ont leurs embouchures à Aberdeen. La Twéed a sa source sur les confins du comté de Lanerk, &, après mille sinuosités, se décharge dans la mer, à Berwick, où elle forme, à l'est, la limite entre l'Angleterre & l'Écosse. La Clide est une grande rivière dans la partie occidentale de ce royaume. Elle a sa source dans l'Annandale, traverse la vallée de ce nom, &, courant au nord-ouest après avoir passé Lanerk, Hamilton, Glascow, Renfrew, Dumbarton & Greenock, tombe dans le détroit de Clyde, vis-à-vis l'île de Bute. Outre ces rivières principales, l'Écosse en a beaucoup d'autres moins considérables, qui abondent en saumons, truites & autres poissons, & enrichissent le pays en même tems qu'elles l'embellissent. Plusieurs de ces rivières sont désignées par le nom d'*Esk*, vieux mot celtique qui signifioit *eau*. Le plus grand avantage qu'ait éprouvé la navigation dans cette partie de la Grande-Bretagne est dû à une société de personnes animées de l'amour du bien public, qui ont entrepris, à très-grands frais, la jonction des rivières de Forth & de Clyde ; ce qui a ouvert, entre les mers de l'est & de l'ouest, une communication très-avantageuse au royaume.

Les lacs d'Écosse, que l'on nomme *lochs* dans le pays, sont trop nombreux pour être décrits avec détail. Ceux du nom de *Loch-Tay*, *Loch-Lomond*, *Loch-Ness*, *Loch-Au*, & un ou deux autres, présentent des tableaux pittoresques, tels qu'on en trouveroit difficilement de pareils en *Europe*, si ce n'est en Irlande. Plusieurs de ces lacs sont agréablement bordés de bois, & abondent en poissons d'eau douce. Les Écossois donnent quelquefois à des bras de mer le nom de *loch*, témoin Loch-Fin, qui a vingt lieues de long & une & demie de large, & qui est fameux par ses harengs. Le loch de Spinie, près d'Elgin, est remarquable par la multitude de cygnes qui le couvrent, & qui quelquefois obscurcissent l'air en s'envolant. Quelques personnes attribuent cette multiplicité de cygnes à l'attrait de la plante *olorina*, qui vient dans les eaux de ce loch, & porte une tige droite, surmontée d'une grappe de semences. Près de Loch-Ness est une montagne qui a près de dix-huit cents toises de hauteur perpendiculaire, & au sommet de laquelle est un lac d'eau douce, long de cinquante toises, trop profond pour être sondé, & qui ne gèle jamais, tandis qu'à cinq ou six lieues de là le lac Lochanwin ou lac Verd est couvert de glace toute l'année. L'ancienne province de Lochaber a pris ce nom des lochs qui y ont leurs embouchures, & qui probablement ont mis les Calédoniens, descendans des Celtes, en état de se conserver indépendans des habitans de la plaine, & de ne se pas mêler avec eux. Outre ces rivières & ces lacs, & d'autres encore, les côtes d'Écosse sont, en plusieurs endroits, coupées en baies très-navigables & en bras de mer : tels sont la baie de Glenluce & celle de Wigtown ; quelquefois on les nomme *frith*, comme Solway-Frith, qui sépare l'Écosse de l'Angleterre à l'ouest ; le frith de Forth, Murray-Frith, & ceux de Cromartie & de Dornoch.

L'Écosse, dans les parties où elle-même a un aspect moins agréable, présente aux yeux les preuves les plus évidentes qu'elle abondoit jadis en bois de charpente. On trouve, sous les mousses les plus épaisses & dans les marécages, de grosses souches des anciens bois ; & les eaux, étant imprégnées d'une substance térébenthineuse, ont une qualité conservatrice, comme il paroît par les corps humains qui ont été découverts sous ces mousses. La forêt de Calédonie, dont on présume que les restes se voient encore dans le bois d'Ettrick, de l'Écosse, étoit fameuse dans l'antiquité par la quantité de sangliers qui s'y retiroient de toutes les parties de la Calédonie ; mais on ne voit plus maintenant un seul de ces animaux en Écosse. Plusieurs bois subsistent encore néanmoins, & l'on a essayé de les convertir en charbon pour l'usage des fourneaux & fonderies ; mais comme ces bois sont éloignés des rivières & des canaux, ces travaux, qui avoient un plein succès, n'ont pu être continués. Les sapins viennent parfaitement presque dans toute l'Écosse, & forment de superbes plantations. Le chêne de ce pays est excellent dans les montagnes, où quelques forêts ont jusqu'à huit ou dix lieues de longueur, & une ou deux de

largeur ; mais elles sont peu productives pour les propriétaires par le défaut de canaux.

Isles d'Ecosse.

Situation & étendue. Les îles de Shetland sont au nord-est des Orcades, entre les 60e. & 61e. degrés de latitude nord, & elles font partie du comté des Orcades.

Les Orcades sont au nord du cap Dungsby, entre les 59e. & 60e. degrés de latitude nord, séparées du Continent par un détroit sujet à des tempêtes, nommé le *golfe de Pentland*, long de huit lieues & large de quatre.

Les Hébrides ou îles occidentales sont en grand nombre, & quelques-unes assez étendues ; elles sont situées entre les 56e. & 59e. degrés de latitude nord.

Climat. Il y a très-peu de différence de climat entre ces îles : l'air y est vif, piquant & salubre, & quelques-uns des naturels y vivent très-longtems. Dans les îles de Shetland & des Orcades, au mois de juin & de juillet, on peut lire à minuit ; & pendant quatre mois de l'été les habitans, par curiosité ou pour affaires, ont de fréquentes relations d'île à île, ou avec le Continent. Le reste de l'année ces îles sont presqu'inabordables à cause des brouillards & de l'obscurité des tempêtes.

Sol, mines & carrières. Le sol des îles septentrionales & occidentales de l'Écosse a souffert une altération surprenante. Il est évident que ces îles ont été l'habitation des Druides, dont les temples étoient entourés de bosquets, quoiqu'aucun arbre, aucun arbrisseau, ne se trouve aujourd'hui dans leur voisinage. Cependant on y découvre les souches des anciens arbres, ainsi que plusieurs vestiges de grandeur, même postérieurs à l'introduction du Christianisme dans ce pays ; ce qui prouve le décroissement de richesses, de puissance & de population des habitans. L'expérience fait voir tous les jours que si, jusqu'à ces derniers tems, le sol des îles du nord & de l'ouest a été froid, stérile & désolé, il faut l'attribuer au manque de culture ; car les terrains qui sont maintenant cultivés, produisent du blé, des racines & des légumes au-delà du besoin des habitans, & même les fruits viennent à maturité. On a découvert dans ces îles des mines de fer blanc, de plomb & d'argent, de la marne, de l'ardoise, de la pierre, & même des carrières de marbre. Elles ne sont pas non plus dénuées d'eau douce, ni de lacs & de petites rivières qui abondent en excellentes truites. Mais le sol est à présent aride, & on n'y voit presque point d'arbres, si ce n'est ceux que l'on plante dans les jardins.

Irlande. L'Irlande est une île située à l'ouest de l'Angleterre, & au sud-ouest de l'Écosse ; elle contient 11,067,712 acres de plantations d'Irlande ; ce qui fait 17,927,864 acres d'Angleterre. Sa proportion avec l'Angleterre & le pays de Galles est

comme

comme 18 eſt à 30. De la partie orientale de Wexford à celle de Saint-David dans le pays de Galles,
on compte cinq lieues; mais le paſſage entre Do-
naghadée & Port-Patrick en Ecoſſe eſt de quelque choſe de plus que ſept lieues, & le paſſage
de Holy-Heard, à venir au nord du pays de Galles, eſt d'environ dix-ſept lieues.

Climat, ſaiſons & ſol. Le climat d'Irlande diffère peu de celui de l'Angleterre, excepté qu'il
eſt plus humide, parce que le ciel y eſt en général
plus pluvieux. Il pleut pendant un plus grand
nombre de jours dans le cours d'une année en Irlande, qu'en Angleterre.

Ce qui frappe le plus en Irlande c'eſt la qualité rocailleuſe du ſol. On croiroit que cette
particularité devroit nuire à ſa fertilité; mais il
arrive préciſément le contraire. On y trouve ſi
généralement ce fond pierreux, qu'il y a tout lieu
de croire que l'île entière eſt un vaſte rocher compoſé de couches de différentes eſpèces de pierres,
& qui s'élève ainſi du fond de la mer. On a rarement ouï dire qu'on eût creuſé la terre à une certaine profondeur, ſans rencontrer le rocher. Dans
toutes les parties du royaume, on le voit, par intervalles, s'élever juſqu'à la ſurface dans les contrées les plus fertiles & les plus plates, telles que
Limerick, Tipperary & Meath. On le trouve ſans
qu'il ſoit néceſſaire de creuſer plus avant que dans
les endroits arides.

On ne rencontre de ſols ſablonneux, en Irlande,
que dans les défilés étroits de quelques montagnes ſituées ſur le bord de la mer. On n'y a jamais
vu de fond crayeux, & on n'a jamais ouï dire qu'il
en exiſtât en Irlande.

Les rivières principales ſont le Suin, le Black-
water, le Liffey, la Boyne, le Nore, le Barrow
& le Shannon: toutes ces rivières arroſent de
magnifiques payſages. Il y a peu de ces rivières,
tant le pays eſt généralement pierreux, qui ne ſoient
embarraſſées par des bancs de graviers; ce qui gêne
beaucoup la navigation intérieure.

Les montagnes principales ſont le Mangerton &
les Recks dans le comté de Kerry, les Galties dans
celui de Corck, les hauteurs de Mourne dans celui
de Down, Crow-Patrick & Nephin dans celui de
Mayo.

Le ſol de cette contrée, quoique pierreux, eſt
extrêmement fertile, peut-être plus encore
que celui de l'Angleterre quand il eſt cultivé
comme il doit l'être. On y trouve d'excellens fonds
tant en prairies naturelles, qu'en terres labourables; mais, dans ces derniers tems, le labourage y
a été négligé, quoique le ſol y ſoit extraordi-
rement propre à la culture des grains de toute
eſpèce.

On recueille dans quelques-unes des parties ſeptentrionales du royaume, beaucoup de lin & de chanvre. Cette culture eſt particuliérement utile pour
l'entretien des manufactures de toiles. On élève en
Irlande beaucoup de gros bétail & de bêtes à

laine, & la laine de ce pays eſt d'une excellente
qualité. Les quantités prodigieuſes de beurre & de
proviſions ſalées, ſans y comprendre le poiſſon,
qui ſont embarquées à Corck, & tranſportées dans
toutes les parties du Monde, prouvent inconteſtablement la fertilité naturelle du ſol de l'Irlande.

Il ſe trouve dans cette île des marais fort étendus: ceux d'Allen occupent un eſpace de vingt-
ſept lieues, & l'on eſtime qu'ils contiennent trois
cent mille acres. D'autres encore, les uns grands,
les autres plus petits, ſont diſſéminés ſur toute la
ſurface du pays; mais on a obſervé que les petits
n'y ſont pas en plus grand nombre qu'il n'eſt néceſſaire pour fournir du chauffage aux habitans.

Le Shannon prend ſa ſource dans les marais
d'Allen, comté de Leitrim, & ſépare la province
de Connaught des trois autres: il forme dans ſon
cours pluſieurs lacs magnifiques, &, après avoir
parcouru cinquante lieues, va ſe jeter dans l'O-
céan, entre la pointe de Kerry & Loop-Heard; il
a, en cet endroit, trois lieues de large. La navigation de ce fleuve eſt interrompue par une
rangée de rochers qui le traverſent dans toute ſa
largeur, au ſud de Killaloe.

Le Ban ſe décharge dans l'Océan, près de Cole-
raine. La Boyne tombe dans le canal de Saint-
Georges à Drogheda; le Liffey y tombe auſſi, à la
baie de Dublin. Cette dernière rivière n'eſt point
extrêmement grande; elle ſeroit peu remarquable
ſi ce n'eſt qu'elle traverſe cette capitale de l'Irlande, & forme en cet endroit un havre ſpacieux.
Le Barrow, le Nore & le Suire arroſent la partie
méridionale de cette île, &, après avoir réuni leurs
courans, vont ſe jeter dans le canal, au havre de
Waterford.

Les baies, ports, havres & criques qui s'étendent tout le long de la côte, ſont ce qui diſtingue
particuliérement l'Irlande, & procure à cette contrée plus de facilités pour le commerce avec l'é-
tranger, que n'en peuvent avoir les autres pays
maritimes de l'*Europe.* Les principales baies ſont
celles de Carrickferges, Dublin, Strangfort,
Dundrum, Carlingford, Dundalk, Warterford,
Dungarvan, Corck, Kinſal, Baltimore, Glandore,
Dunmanus, Bantry, Kenmare, Dingle, Shannon-
Mouth, Gaiway, Sligo, Donegal, Killebengs,
Lough-Swilly & Lough-Foile.

L'Irlande contient un grand nombre de lacs ou
loughs, comme ils les appellient autrefois: il s'en
trouve principalement dans les provinces d'Ulſter
& de Connaught. Pluſieurs de ces lacs ſont extraordinairement poiſſonneux, & le poiſſon en eſt
excellent. Le grand lac de Neagh, ſitué entre Antrim, Down & Armagh, eſt remarquable par la
qualité pétrifiante de ſes eaux. Quelques lacs
d'Irlande offrent les plus magnifiques perſpectives,
& entr'autres celui de Killarney, qui prend ſon
nom d'une petite ville ſituée dans le comté de
Kerry. Ce lac, qu'on peut diviſer en trois parties,
eſt entouré, de tous les côtés, de montagnes, de

rochers & de précipices. Toutes ces collines font couvertes de bois, &, en quelques endroits, de ces arbres d'hiver qui conservent en toutes faisons leur verdure. Ces bois s'étendent depuis le fommet, ou peu s'en faut, jusqu'au pied de la montagne que baignent les eaux du lac. De tous côtés on voit des ruiffeaux tomber le long des précipices, quelques-uns de la hauteur d'environ trois cents pieds.

Forêts. Les plus grandes forêts d'Irlande font situées dans les comtés de Leinfter, du Roi & de la Reine, & dans ceux de Wexford & de Carlow; cependant il y en a de grandes auffi dans les comtés d'Ulfter, de Donegal, & dans la partie feptentrionale de Tyronne; dans le comté de Fermanagh, le long du lac Earn, dans le nord du comté de Down, d'où l'on tire quelques bons bois de merrain, & entr'autres du chêne que l'on eftime auffi bon & auffi propre à la conftruction des vaiffeaux, que le meilleur qui croiffe en Angleterre.

Métaux & minéraux. Les mines d'Irlande font des découvertes modernes : plufieurs contiennent de l'argent & du plomb, & l'on dit que trente livres pefant de leur mine produifent une livre pefant d'argent ; mais la mine d'argent la plus riche eft à Wicklow. On a découvert dans le comté de Tipperary des mines de cuivre, de plomb & de fer. Dans une des parties du royaume eft un courant d'eau fortement imprégnée de cuivre, & qui fournit une quantité confidérable de ce métal. On trouve auffi du charbon de terre à Kilkenny.

Hollande. Ce pays eft borné à l'eft par la Weftphalie, au fud par la Belgique, à l'oueft & au nord par la mer d'Allemagne.

Ces provinces, fituées fur le côté oriental de la mer d'Allemagne, font face à l'Angleterre, à la diftance de trente lieues. Elles ne confiftent qu'en une langue de terre étroite, baffe & marécageufe, entrecoupée par les embouchures de plufieurs grandes rivières. Ses habitans ont fucceffivement gagné du terrain fur la mer, au moyen des digues qu'ils ont élevées & maintenues à force de travaux & de dépenfes.

La Hollande, malgré tous fes avantages pour le commerce, n'eft pas un pays agréable à habiter, particuliérement pour des étrangers. On n'y voit ni montagnes ni coteaux, très-peu de fources ou de ruiffeaux d'eau douce. En contemplant la furface de ce pays du haut d'une tour ou d'un clocher, on croiroit voir un vafte marais entrecoupé de foffés, à certaines diftances. Les canaux, qui fervent de grandes routes, font remplis, durant les mois d'été, d'eaux fangeufes & croupies, qui exhalent une odeur défagréable & mal-faine.

Les rivières font d'une grande importance pour ce pays. La principale eft le Rhin, l'une des plus confidérables de l'*Europe*; la Meufe, la Scheldt & la Vechl. Plufieurs autres rivières plus petites & une infinité de canaux fe déchargent dans celles que nous venons de nommer.

France. La France proprement dite eft bornée au nord par la Manche, le Pas-de-Calais & par la Hollande ; à l'eft par le Rhin & les Alpes qui la féparent de l'Italie ; au fud par la Méditerranée & les Pyrénées, qui la féparent de l'Efpagne ; à l'oueft par l'Océan.

Le fol de la France eft généralement très-bon ; il produit des bles, des vins & prefque toutes les douceurs de la vie. Les fruits ont plus de faveur que ceux de l'Angleterre ; mais les pâturages ne font pas comparables à ceux de cette île. Dans les provinces du midi l'ardeur du foleil deffèche la fuperficie du fol, grille l'herbe, & arrête la végétation. La verdure n'y a pas toujours la fraicheur qu'on lui voit chez les Anglais ; mais on y trouve toutes les productions animales & végétales en abondance, & on peut confidérer ce pays comme un de ceux que la Nature a le plus favorifés.

Montagnes. Les principales montagnes de la France ou de fes frontières font les Alpes, qui la féparent de l'Italie ; les Pyrénées, qui la féparent de l'Efpagne ; les Vofges, qui féparent la Lorraine de la Bourgogne & de l'Alface ; le mont Jura, qui fépare la Franche-Comté de la Suiffe ; les Cévennes, fituées dans la province de Languedoc ; le Mont-Dor, le Mont-Cantal, le Puy-de-Dôme en Auvergne ; la Côte-Dor en Bourgogne ; le Mont-Terrible près de Bâle ; le Mont-Tonnerre, qui donne fon nom à un département de la rive gauche du Rhin.

Mers, rivières, lacs. Les mers qui baignent la France font la mer du Nord, la Manche, l'Océan & la Méditerranée.

Les principales rivières font la Loire, le Rhône, la Garonne & la Seine. La Loire prend fa fource dans les Cévennes, paffe à Roanne, où elle commence à être navigable ; à Nevers, à Orléans, à Blois, à Tours, à Saumur, à Nantes, & fe jette dans l'Océan au deffous de Paimbœuf. En comprenant toutes les finuofités de fon cours, qui eft nord & nord-oueft, on a calculé qu'il eft d'environ cent foixante-dix lieues. Le Rhône prend fa fource au mont de la Fourche, près le Saint-Gothard en Suiffe, court au fud-oueft & enfuite au fud, jufqu'à la Méditerranée, où il fe précipite après avoir traverfé le lac de Genève, & arrofé Genève, Lyon, Vienne, Valence, Avignon, Tarafcon & Arles. La Garonne prend fa fource au val d'Aran dans les Pyrénées, & fon cours au nord-eft ; elle communique à la Méditerranée au moyen d'un canal conftruit fous le règne de Louis XIV. Les villes qu'elle arrofe, font Muret, Touloufe, Agen & Bordeaux. La Seine, à une petite diftance de fa fource, à Saint-Seine en Bourgogne, prend fon cours au nord-oueft, paffe à Troyes, Paris, Rouen, & fe décharge au Havre, dans la Manche ou la mer qui fépare l'Angleterre de la France. A ces rivières on peut ajouter la Saône, qui fe jette dans le Rhône à Lyon ; la Charente, qui prend fa fource dans le Limoufin, & fe décharge

dans l'Océan à Rochefort, entre les îles de Rhé &
d'Oléron. Le Rhin, qui prend sa source au mont
Saint-Gothard en Suisse, sert de limite orientale
à la France par son cours au nord, & se partage
en plusieurs branches, dont l'une prend le nom de
Waall, & se joint à la Meuse, & l'autre se perd
dans les sables, près le Zuyderzée; la Somme,
qui court nord-est à travers la Picardie, & se jette
dans la Manche, au dessous d'Abbeville; le Var,
qui prend sa source dans les Alpes, court au sud,
entre la France & l'Italie, & se jette dans la Méditerranée.

Les eaux de Barèges, situées sur les confins de
l'Espagne, au pied des Pyrénées, ont obtenu
depuis quelque tems la confiance & la préférence
sur toutes les autres sources minérales de la France.
On attribue toutefois les cures qu'elles ont opérées, plutôt encore à la salubrité de l'air & du
sol, qu'aux propriétés des eaux. Les eaux de Sultzbach en Alsace guérissent, dit-on, la paralysie,
les relâchemens de nerfs & la pierre. A Bagnères,
près de Barèges, il y a des eaux minérales & des
bains très-salutaires, très-fréquentés dans le printems & l'automne. Le bourg de Forges en Normandie a des eaux minérales très-renommées.
Celles de Saint-Amand guérissent la gravelle & les
obstructions. On peut mettre au nombre de ces
sources remarquables celle d'Aigue-Perse, petite
ville de la basse Auvergne, dont l'eau bout à gros
bouillons, & ne laisse pas d'être froide au toucher. Elle n'a point de goût extraordinaire; mais
on assure qu'elle est funeste aux animaux qui en
boivent. Les bains de Plombières dans les Vosges,
& ceux du Mont-Dor en Auvergne, sont très-
renommés.

On récolte en France beaucoup de tabac. L'Alsace, la Lorraine, & particulièrement les montagnes des Pyrénées, produisent des bois de construction & autres en grande abondance. Les récoltes des soies y sont extrêmement abondantes,
& produisent un commerce très-étendu; néanmoins les Français en tirent un supplément de l'é-
tranger. Ils ont d'excellentes races de chevaux;
mais cette partie est depuis long-tems très-négligée.
Les troupeaux de gros & petit bétail sont en très-
grand nombre: on y recueille des laines en grande
quantité. Celles du Berry sont très-estimées; mais
ils en font une si grande consommation, qu'ils sont
forcés de tirer des brebis & des laines de leurs
voisins. Les provinces méridionales, celles qui
avoisinent les Pyrénées, conviennent spécialement
aux moutons propres à fournir les laines courtes,
frisées, fines & feutrales. La partie septentrionale
de France, au contraire, paroît particulièrement
propre aux moutons qui donnent les laines longues
& lisses. Les moutons d'Espagne & d'Angleterre
commencent à être naturalisés en France: on en
fait des élèves à Rambouillet, à Mareuil-le-Port,
à Boulogne-sur-Mer, à Montbar, qui se conservent dans la pureté de leurs races, surtout ceux

d'Espagne. La province du Gâtinois produit du
safran en abondance. Les vins de Champagne, de
Bourgogne, de Bordeaux, de Gascogne & des
autres provinces sont connus pour leurs qualités
supérieures. Il suffira de dire que, quoique leur
goût & leurs propriétés diffèrent, ils sont tous excellens, particulièrement ceux de Champagne, de
Bourgogne, de Bordeaux, de Pontac, de l'Hermitage & de Frontignan. Il y a peu d'hommes,
quelque valétudinaires qu'ils puissent être, à qui
l'un ou l'autre de ces vins ne soit salutaire.

On récolte en France, annuellement, des vins
pour la valeur de 360,000,000 de francs, dont
la huitième partie au moins est exportée, indépendamment des eaux-de-vie & des vinaigres.
Dans les provinces voisines de la Méditerranée on
fait une très-grande quantité d'huile d'olives; mais
la consommation est si forte, qu'on en tire encore
de l'Italie. La qualité inférieure sert pour les manufactures de savons.

La France produit des chênes, des ormes, des frênes & autres bois de toute espèce. On prétend néanmoins que le bois de chauffage commence à devenir rare dans les provinces du centre. On fait une
grande quantité de sel dans l'île de Rhé & dans les
environs de Rochefort, sur la côte de Saintonge.
Le Languedoc produit une herbe qu'on nomme
kali: on la brûle, & ses cendres forment une excellente potasse pour la fabrique des savons. Les
Français étoient autrefois fort renommés pour l'arrangement & la tenue de leurs jardins; mais la
manière anglaise a généralement aujourd'hui la
préférence. Les environs de Bordeaux & de Toulon produisent des câpres & des prunes.

Les principales forêts de la France sont celle
des Ardennes, celle d'Orléans, qui contient
quatorze mille acres de bois de différentes espèces, des chênes, des ormes, des frênes, &c.,
& la forêt de Fontainebleau, à peu près de la
même étendue. Il y a en outre, dans différentes
provinces, un grand nombre de bois considérables,
auxquels on pourroit donner le nom de *forêts*,
mais trop éloignées des bords de la mer pour être
d'une grande utilité nationale. Celles de Compiègne, de Villers-Coterêts, de Saint-Germain, &c. sont aussi très-étendues, & ont de huit
à dix lieues de tour.

Suisse. La Suisse est bornée au nord par l'Allemagne & la France, à l'ouest par la France, au
sud par l'Italie, & à l'est par l'Allemagne.

La Suisse étant un pays montagneux & situé sur
les Alpes, qui forment un amphithéâtre de plus
de trente-trois lieues, l'hiver y est très-dur,
parce que, dans certaines années, les montagnes
sont constamment couvertes de neige. L'été,
l'extrême inégalité du sol rend, dans la même province, la température très-différente. Souvent on
fait récolte d'un côté de ces montagnes, tandis
que l'on ensemence de l'autre; néanmoins les
plaines sont chaudes, productives & bien culti-

vées, & rien n'est plus délicieux que les mois d'été dans ce pays. Il est sujet à la pluie & aux orages. C'est pour cette raison qu'on y rencontre partout des greniers publics, établis pour suppléer à la destruction des moissons. En général, l'eau est excellente en Suisse; elle tombe souvent des montagnes en grandes & petites cataractes; qui font un effet magnifique.

Il n'est peut-être point de pays au Monde, dans lequel les avantages d'une industrie active & infatigable soient plus évidens qu'en Suisse. Le voyageur, en traversant les montagnes, est frappé d'admiration à la vue de rochers autrefois stériles & aujourd'hui couverts de vignes ou de riches pâturages : il y apperçoit les traces de la charrue sur les flancs de précipices si escarpés, qu'on conçoit à peine comment les chevaux ont pu y monter. En un mot, les habitans paroissent avoir vaincu tous les obstacles que le sol, la position & le climat y avoient accumulés; ils ont rendu fertiles des cantons que la Nature sembloit avoir condamnés à une stérilité éternelle. Le pied des montagnes & quelquefois leur sommet sont couverts de vignes, de champs de blé, de prairies & de pâturages; dans d'autres quartiers le pays est affreux : ce ne sont presque partout que des rochers inaccessibles & stériles, dont quelques-uns sont toujours ensevelis sous les glaces & les neiges. Les plaines qui sont situées entre ces montagnes de glacées, blanchies par la neige, ressemblent à autant de lacs congelés, d'où se détachent d'énormes glaçons qui vont tomber dans les endroits plus productifs qu'ils dominent. Dans quelques cantons il existe une gradation régulière de l'extrême stérilité à la culture la mieux entendue; dans d'autres le passage de l'une à l'autre est rapide & très-frappant. Ailleurs, une chaîne non interrompue de montagnes cultivées, richement garnies de bois, couvertes de hameaux, de chaumières qui s'élèvent les unes sur les autres en forme d'amphithéâtre, de pâturages qui paroissent suspendus dans les airs, forment le paysage le plus délicieux que l'on puisse imaginer.

Plus loin, ce sont des rochers escarpés, des cataractes, des montagnes d'une hauteur prodigieuse, où règnent d'éternels frimats.

Il n'est point, dans l'histoire naturelle, de sujet plus curieux que l'origine de ces glaciers : ce sont des plaines immenses de glace, qui d'ordinaire sont dans une direction inclinée. Ces glaces sont poussées en avant par la puissance de leur propre poids, & foiblement supportées par les rochers escarpés sur lesquels elles dominent : elles sont entrecoupées en travers par d'immenses précipices; elles représentent des murailles, des pyramides, & ont mille autres formes bizarres, à quelque hauteur & dans quelque situation qu'on les considère, partout où leur pente surpasse trente ou quarante degrés.

Dans ce pays montagneux, où la Nature est partout majestueuse, on distingue particuliérement le Mont-Blanc, dont nous parlerons ici, parce qu'il touche aux montagnes de la Suisse. Son sommet & ses côtés sont enveloppés d'un manteau de neige, à une étendue considérable, & à peine la vue du plus petit rocher vient-elle ternir l'éclat de cette blancheur éblouissante. Suivant le calcul de M. Duluc, qui a perfectionné le baromètre au point de relever des hauteurs jusqu'alors incommensurables, cette montagne s'élève, au dessus de la mer, de deux mille trois cent quatre-vingt-onze toises & demie de France, ou, suivant sir Georges Shuckborough, de quinze mille six cent soixante-deux pieds anglais. On a long-tems cru que le pied du Ténériffe & le mont Etna étoient les points les plus élevés du Globe; mais, suivant ses meilleures observations, on doit conclure que le Mont-Blanc est beaucoup plus élevé, & qu'il n'y a point de montagnes qui l'égalent en hauteur. Il faut cependant excepter celles de l'Amérique, principalement Chimboraco, le point le plus élevé des Cordillières, dont l'élévation, suivant M. de la Condamine, a plus de trois mille toises, ou dix-neuf mille deux cents pieds, & selon d'autres vingt mille six cent huit pieds. Dans le pays de Hasly, au sud-est du lac de Thun, est une longue suite de rochers d'une épouvantable hauteur, qui vont, en s'élevant, jusqu'au Scheckhorn, qui est à cinq ou six lieues du lac de Brientz, & qui est estimée une des plus hautes montagnes du Monde. On lui donne deux mille quatre cents toises d'élévation. Le mont Eiger, qui est plus à l'ouest, est percé à jour. Le mont Pilate, dans le canton de Lucerne, a de hauteur, selon Cappellier, cinq mille sept cent quatre-vingt-six pieds. Le mont Saint-Gothard, dans le canton d'Uri, est une des plus hautes pointes des Alpes. On lui donne neuf mille soixante-quinze pieds d'élévation au dessus de la mer.

Les principales rivières de la Suisse sont le Mein, qui prend sa source dans cette chaîne de montagnes qui entourent le mont Saint-Gothard, l'Aar, le Ruff, le Tesin, l'Inn, l'Oglio, l'Adda, le Rhin & le Rhône. L'Aar a sa source au mont de la Fourche, forme, dans une très-vaste vallée, les lacs de Brientz & de Thun, passe à Berne, à Soleure, & va se rendre dans le Rhin, au lieu appelé *Coblentz*. Le Ruff commence aussi au mont Saint-Gothard, du côté opposé aux sources du Rhône; il traverse du sud au nord une vallée assez étroite, &, allant du sud-est au nord-ouest, coupe le lac de Lucerne, puis remonte par Mellingen, & se rend dans l'Aar à l'ouest de Baden. Les lacs sont ceux de Brientz, dont nous avons parlé à l'article FRANCE, de Constance, de Thunb, de Wallenstat, de Lucerne, de Zurich, de Neuchâtel, de Bienne. Le lac de Neuchâtel a du sud au nord six lieues de long, sur une lieue & demie de large. A l'est est le petit lac de Morat. Le lac de Bienne est au nord-nord-ouest de celui de Neuchâtel, & a deux lieues un quart de long & peu de largeur. Le lac de Lucerne, en le prenant depuis

Altorf, a plus de huit lieues de long. Celui de Zurich, en partant de l'embouchure de la Limmat, a plus de dix lieues. Le lac de Wallenstat, aussi sur ces montagnes, à l'est, a quatre lieues de long.

Les montagnes renferment des mines de fer, de cuivre, de plomb, de cristal, & des sources d'eaux minérales.

La Suisse nourrit quantité de moutons & de superbes bestiaux ; elle produit du vin, du froment, de l'orge, de l'avoine, du lin & du chanvre, beaucoup de pommes, de poires, de noix, de cerises, de prunes & de châtaignes : on y fait du beurre & des fromages excellens. Les cantons voisins de l'Italie abondent en pêches, amandes, figues, citrons & grenades, & presque tout le pays produit du bois de construction. On y jouit de la chasse, de la pêche & de la chasse aux oiseaux. Sur le sommet des Alpes, dans les parties les moins accessibles, on voit le bouquetin & le chamois, dont on conçoit à peine l'adresse à se frayer un chemin parmi des rochers roides & escarpés, & à traverser les précipices. Le sang de ces deux espèces d'animaux est naturellement si chaud, que les habitans de quelques-unes de ces montagnes, qui sont sujets aux pleurésies, se guérissent, dit-on, de cette maladie avec quelques gouttes de ce sang mêlées dans de l'eau. On trouve une espèce de lièvre qui, dans l'été, ressemble parfaitement aux autres, mais qui devient tout blanc l'hiver ; de sorte qu'on le distingue à peine sur la neige. Mais cette assertion a été dernièrement réfutée : on ne sait seulement pas si les deux espèces de lièvres s'accouplent ensemble. Le lièvre blanc quitte rarement les rochers. On remarque la plus merveilleuse espèce d'aigles que l'on connoisse, dont les ailes étendues ont jusqu'à quatorze pieds d'une extrémité à l'autre. La force de cet oiseau est proportionnée à sa taille. Il y a aussi des renards jaunes & blancs, qui dans l'hiver descendent par fois dans les vallées.

Valais. Ce pays, nouvellement réuni à la France sous le nom de département du *Simplon*, est une grande vallée qui s'étend de l'est à l'ouest, & qui est enclavée au nord & au sud entre de hautes montagnes. Au sud est le grand Saint-Bernard, autrefois appelé *Mons Penninus*, & duquel les Apennins tirent leur nom. Il est élevé au dessus de la mer de mille deux cent quarante-une toises. Au nord, on voit le mont Gemmi, qui a dix mille pieds de hauteur, & à travers lequel on ne peut passer en hiver. La descente du côté du Valais étoit autrefois si rapide, que l'on ne pouvoit y passer sans frémir ; mais on a fait sauter plusieurs rochers, & élever des murs dans les endroits les plus dangereux ; & depuis 1736, cette route est praticable à pied & à cheval, c'est-à-dire, en montant ; car on ne peut pas la descendre à cheval. La Fourche, qui tire son nom de sa figure fourchue, est plus élevée que le mont Saint-Gothard. Du pied de la montagne au sommet, il y a onze lieues. Entre le Val-de-Bagne & le Visp, il y a un glacier qui a quatorze lieues

de long. La vallée est chaude & fertile. La moisson commence en mai & finit en octobre. Elle produit en abondance du blé, du seigle, de l'orge & du bon vin. Il y a même d'excellent vin muscat, diverses espèces de fruits, tels que pommes, poires, prunes, cerises, châtaignes, mûres, noix, amandes, figues, grenades, &c. : on y recueille aussi une grande quantité de safran. Le gibier & les bestiaux y sont communs. On prétend qu'il s'y trouve des mines d'argent, de cuivre & de plomb, mais on ne les exploite pas. Il y a aussi du charbon de terre. Le Valais est, d'un bout à l'autre, arrosé par le Rhône, qui se forme sur la haute montagne de la Fourche, des eaux qui viennent des deux glaciers. Vers le milieu du pays les habitans sont fort sujets au goître. Il y a même des villages entiers dont tous les habitans en sont défigurés, tandis que dans plusieurs endroits personne n'en est attaqué. Il y a peu de familles où il n'y ait quelqu'idiot, dont plusieurs sont même sourds & muets : on donne à ces malheureux le nom de *Cretins*. On divise le Valais en haut à l'est, & en bas à l'ouest. Les habitans sont presque tous catholiques romains. Population, cent mille habitans.

Allemagne. Elle est bornée au nord par la mer Baltique, le Danemarck & la mer d'Allemagne ; à l'ouest par la Hollande & le Rhin, qui la sépare de la France ; au sud par la Suisse & l'Italie, & à l'est par la Hongrie & la Pologne.

Un pays si étendu présente nécessairement de grandes variétés physiques & géologiques. Cependant nous en donnerons un aperçu rapide, en réduisant toutes les contrées à cinq grandes régions physiques. La première de ces régions est celle du centre ; elle comprend toute la Bohême, la Saxe électorale, le pays d'Anhalt, la Thuringe, la Haute-Franconie, la Hesse, le Grubenhagen, l'Eichsfeld, le duché de Westphalie, une partie des comtés de la Lippe & de la Marck, & finit vers Coblentz & Francfort. On rencontre, dans cette région, des montagnes d'une hauteur moyenne, renfermant de grandes richesses minérales, de l'argent & du cuivre, &c., offrant surtout, dans la partie occidentale, des traces volcaniques, telles que basaltes, layes, pierres-ponces : entre ces chaînes s'étendent des plaines fertiles, élevées & bien arrosées. L'air, dans cette région, est beaucoup plus froid que dans les latitudes correspondantes de la France ; ce qui est occasionné par les grandes forêts & l'exposition du terrain, qui presque partout est septentrionale : là où l'exposition est australe, & au milieu des plaines, ce froid est beaucoup adouci. En revanche les saisons sont plus constantes & plus belles que dans le reste de l'Allemagne. Le sol produit suffisamment de grains & de blés ; il ne se refuse pas absolument à la vigne ; cependant il est inégal, & a besoin de l'industrie.

La deuxième région, ou celle des Alpes, a le sol & le climat de la Suisse. Les habitans de la Forêt-Noire, la haute Souabe, la haute Bavière, le

Tyrol, le Salzbourg, la Carinthie, la Carniole & la Styrie voient souvent leurs montagnes escarpées, granitiques ou calcaires, couvertes d'un côté des glaces de l'hiver, tandis que les revers sont échauffés par le soleil d'Italie; & même le vent de siroco se fait sentir dans leurs vallons. Toute cette région n'est qu'une continuation de l'Helvétie : mêmes productions, mêmes beautés, mêmes inconvéniens, & jusqu'aux mêmes maladies. Les montagnes de cette région ont surtout du fer.

Ces deux premières régions contiennent toutes les sources des fleuves d'Allemagne, & même de quelques rivières qui vont arroser d'autres pays.

Nous considérerons maintenant les deux grands bassins qui entourent le Rhin & le Danube. Le bassin du Rhin, réuni à ceux du Mein & du Necker, & aux revers des Vosges & du Hunds-Ruck jusqu'à quelques lieues au dessus de Coblentz, forme la troisième région physique de l'Allemagne. L'air qui règne dans ces plaines est moins pur, les saisons sont moins constantes, le climat en général moins salubre que dans la première région; mais la prodigieuse fertilité du sol, qui produit les plus excellens vins de l'Europe, & un été beaucoup plus agréable, plus égal que celui de Paris, assignent à ces contrées une place parmi les plus fortunées de l'Europe.

La quatrième région, ou les pays qui environnent le Danube, présente un aspect semblable à celui de la région rhénane, partout où l'exposition du terrain est méridionale. Mais en considérant le cours des fleuves qui vont se jeter dans le principal canal du bassin du Danube, on verra que l'exposition du terrain, dans cette région danubienne, est presque partout septentrionale. L'air & le climat sont pour cette raison à peu près les mêmes que dans la région du centre. L'hiver de Vienne & de Munich ne cède en rien à celui de la Saxe. Le sol y est propre à la vigne vers Vienne; mais dans tous les autres pays, il abonde en riches pâturages & en blés.

La cinquième région, ou l'immense plaine qui s'étend au nord de la région du centre, consiste en longs coteaux couverts de bruyères, terrains sablonneux, marécages riches en houille, & enfin en terres basses, qu'on appelle Marschland, terres nées du limon, & souvent conquises sur la mer ou les fleuves par la main des hommes. On voit que la fertilité doit ici être très-inégale. Cette région a des déserts semblables aux landes de la Gascogne, où à peine quelques abeilles & moutons trouvent de quoi se nourrir. Mais aussi souvent l'industrie a vaincu la Nature : les sables du Brandebourg & les marais de Brême sont à présent transformés en champs cultivés. D'un autre côté, cette région offre dans ce marschland le spectacle de la plus étonnante fécondité & de tout le luxe de la végétation pour les grains & les herbes; mais la mer menace souvent de reprendre son ancien domaine, & les débordemens des fleuves font souvent trembler

les riches habitans. L'air de cette région est épais & humide. La proximité de la mer rend la température assez douce, & les nombreux fleuves y entretiennent une fraîcheur salubre.

Pour compléter l'idée que, dans l'article précédent, nous avons donnée du sol de l'Allemagne, nous indiquerons ici les noms des principales chaînes de montagnes & leurs sommets, d'après leur liaison. Voici la chaîne du sud ou des Alpes : les montagnes de la Forêt-Noire & celles dites Alb dans la haute Souabe, l'Arlberg ou Adelberg (montagne de l'Aigle) avant le Tyrol, les Alpes tyroliennes, avec les glacières du Grand-Ferner, d'Ortelos & autres, les Alpes de Carniole (en allemand Birnbaumerwald), parmi lesquelles Terklou a dix mille cent quatre-vingt-quatorze pieds de hauteur. C'est par cette branche que les Alpes communiquent aux montagnes de la Dalmatie & de la Grèce : de l'autre côté le Sémering & la forêt de Vienne vont joindre la chaîne des Alpes carpathiennes & hercyniennes.

Les montagnes du centre, qui forment la chaîne hercynienne, commencent vers Coblentz, où elles se lient presqu'immédiatement avec la chaîne de Hunds-Ruck & des Vosges. Le Westerwald (c'est-à-dire, forêt de l'ouest) s'étend vers la Hesse; il touche au Thuringerwald par le Spessart, & au Harzwald par les montagnes du duché de Westphalie, qui s'étendent vers le nord-ouest dans le comté de Lippe. Le Harzwald ou forêt hercynienne, dont le sommet, appelé Broken, a trois mille six cent soixante & dix pieds de hauteur, se perd peu à peu vers le nord; au sud elle est contiguë aux montagnes de Thuringe, qui, séparant la Franconie de la Saxe, vont s'unir dans un centre commun avec celles de la Bohême : c'est le Fichtelberg, dans la principauté de Bareuth, haut de trois mille six cent trente pieds. Ici commence cette chaîne presque circulaire de montagnes qui, sous les noms de Erzgebürge (montagnes de Minerai), de Bohemerwald (forêt de Bohême), Manhartsberg & Riesengeburge (monts de Géans), séparent la Bohême de la Saxe, de la Bavière, de l'Autriche, de la Moravie, enfin de la Silésie. Le Riesengeburge ou les Sudètes, parmi lesquels Schnekoppe a quatre mille huit cents pieds de hauteur, vont, entre Cracovie & Vienne, se joindre aux Alpes carpathiennes.

Forêts. Les principales sont la Forêt-Noire dans la Souabe, celle d'Hercynie, qui, du tems de César, avoit neuf jours de marche de longueur & six de largeur; elle est maintenant bien diminuée. Le nom reste toujours à une chaîne de montagnes entre la basse & la haute Saxe. A présent il n'y a que les parties montagneuses de l'Allemagne qui abondent en bois. L'administration forestière est, hors les États prussiens & saxons, assez négligée, & la cherté du bois se fait quelquefois sentir d'une manière effrayante : cependant on commence à replanter. La plûpart des bois consistent en pins, sapins, chênes & hêtres. Le châtaignier vient dans quelques provinces méridionales. Le tilleul & les différentes espèces de peupliers ornent presque tous les jardins & promenades. Les arbres & arbustes de l'Amérique septentrionale, surtout le *Robinia-pseudo-accacia*, sont maintenant cultivés avec beaucoup de succès. On fait d'excellentes liqueurs, telles que kirschenwasser & autres, avec les fruits sauvages de la Forêt-Noire.

Il est peu de pays qui puissent se vanter d'avoir une plus grande variété de beaux fleuves & de grandes rivières, que l'Allemagne. Le principal est le Danube ou Donaw. Il prend sa source près de la Forêt-Noire, dans le cercle de Souabe. C'est le plus grand fleuve de l'*Europe*, & un des plus beaux. Depuis Vienne jusqu'à Belgrade en Hongrie il est si large, que, dans les guerres entre les Turcs & les Chrétiens, il y a eu dessus des combats navals, & sa commodité pour le transport seroit infinie si des cataractes, des goufres & des bas-fonds n'interrompoient pas son cours rapide. Une de ses cataractes les plus connues est celle appelée *Strudel*, au dessus de Vienne. Son cours est d'environ cinq cents lieues. Il passe à Ulm, à Donawert, à Neubourg, à Ingolstadt, à Ratisbonne, à Stranbing, à Passaw, à Lintz, à Vienne, & va se jeter, par plusieurs bouches, dans la Mer-Noire. Le Danube reçoit, dans l'Allemagne, le Lech, qui sépare la Bavière de la Souabe; l'Isère, qui passe à Munich; l'Inn, qui vient des Grisons & du Tyrol, & qui égale la Seine; l'Ens, venant de la Styrie; la Morawa, qui vient de la Moravie. Observons aussi que toutes les eaux de la Carniole se versent par les deux grandes rivières, la Save & la Drave, dans le Danube.

Le Rhin, dont nous avons décrit la course à l'article FRANCE, reçoit, outre l'Aar (*Voyez* la SUISSE, la MOSELLE & la FRANCE.) le Necker, qui traverse le Wurtemberg; le Mayne ou Mein, qui serpente par la Franconie; la Lahn & la Lippe. Le cours du Rhin est de deux cent vingt lieues.

L'Elbe a sa source à l'extrémité septentrionale de la Bohême qu'il traverse, & dont il reçoit toutes les eaux; il passe ensuite à Dresde, à Wittemberg & à Magdebourg, reçoit la Saale & autres fleuves de la haute Saxe. Le Havel, venant du Brandebourg, se partage en plusieurs branches au dessus de Hambourg, &, après s'être réuni dans un superbe canal, large d'une lieue & demie, mêle ses eaux avec celles de la mer d'Allemagne, à dix-huit lieues de Hambourg & à cent soixante-dix de sa source. *Elbe* ou *Elv* est un ancien mot germanique, conservé en Suède & en Norwège; il signifie *fleuve*.

L'Oder prend sa source dans la Silésie, près de la ville d'Oder au sud-ouest; traverse cette province, passe à Breslaw, Glogaw, Crossen, Francfort-sur-l'Oder; est grossi par la Warta, grande rivière de la Pologne; parcourt la Poméranie, s'élargit au dessus de Stettin, en un grand

lac appelé *Grosse-Haf*, & se jette par trois embouchures dans la Baltique. Ce fleuve cause beaucoup de ravages par ses débordemens. Son cours est de cent cinquante lieues.

Le Weser se forme de la réunion de deux rivières; savoir: le Werra, venant de la haute Franconie, & la Fulde, qui sort du même pays, sépare la basse Saxe de la Westphalie, reçoit la rivière d'Aller; & se jette, au dessus de Brême, dans la mer d'Allemagne. Ce fleuve a peu de profondeur.

Les principaux lacs d'Allemagne sont le lac de Constance ou de Bregentz, le Chiemzée, Walchenzée, Wurmzée & autres dans la Bavière; le Zirnitzersée dans le duché de Carniole, dont les eaux se retirent souvent, & reviennent d'une manière extraordinaire; les nombreux lacs de la haute Autriche, ceux du Mecklenbourg & du Brandebourg, & celui de Steinhude en Westphalie. Les lacs & fleuves de l'Allemagne sont très-poissonneux. Il se trouve même des perles dans quelques rivières & lacs de la Bohême & de la Lusace. La mer fournit des harengs & des huitres.

L'Allemagne abonde en métaux & en minéraux. La Styrie, la Carinthie, la Carniole, le Frioul, le pays de Salzbourg, le haut Palatinat, la Bohême, la Silésie, la Saxe électorale, la forêt hercynienne ou Harzwald, les montagnes de Weiterwald & d'autres contrées, contiennent de l'or, de l'argent, du vif-argent, du cuivre, du fer, du plomb, de l'antimoine, de l'arsenic, du zinc, enfin toutes sortes de minéraux, hors le platine. On trouve du salpêtre & des mines de sel en Autriche, en Bavière, dans la haute & basse Saxe. La Bohême, le Tyrol, le Palatinat, la Saxe électorale & autres provinces produisent différentes sortes de pierres précieuses, mais inférieures à celles des Indes: les améthystes & les carnioles sont quelquefois très-belles. On retire plus d'utilité des carrières d'albâtre, de jaspe, de marbre, d'ardoises, de craie, d'ocre, de crayon rouge, d'alun, de bitume, de nitre, de soufre, de cadmée, de vitriol, d'asbeste, d'aimant, qui se trouvent dans plusieurs contrées. Les pierres empreintes & les pétrifications se trouvent dans beaucoup d'endroits. La Saxe & l'Autriche produisent de la terre de porcelaine. La terre sigillée de Mayence, à laquelle on attribue même des vertus antidotiques, doit aussi être remarquée. On trouve, en beaucoup d'endroits, des mines de charbon de terre; mais elles n'égalent pas celles d'Angleterre. La houille suppléé en grande partie au bois, surtout dans la Westphalie & la basse Saxe, où tous les marais en sont remplis.

Prusse. Ce pays est borné au nord par la mer Baltique & la Pologne, au sud & à l'est par la Pologne, & à l'ouest par l'Allemagne & la mer Baltique.

Le nom de *Prusse* vient probablement des Borusses, anciens habitans du pays. L'air de ce pays en général est sain, & le sol fertile en blé; il produit toutes les commodités de la vie. Le charbon de terre & de bois de chauffage y sont très-communs. Quant au règne minéral, il est peu de provinces qui ne possèdent quelques richesses en ce genre. Beaucoup de mines sont en exploitation, & l'on travaille à multiplier les fabriques pour la consommation des matières qu'on en retire. Les productions animales consistent en chevaux, brebis, cerfs, daims, bêtes sauvages & renards. Les rivières & les lacs abondent en poissons, & l'ambre se trouve sur les côtes, près de la Baltique. Les bois fournissent les habitans, de cire, de miel, de poix, outre une grande quantité de potasse.

Rivières. Le Pregel, formé près de Georgenbourg du confluent de l'Inster & de l'Angerap, reçoit la Lisse, l'Alle, la Deume, & se divise à une lieue de Kœnisberg, en deux bras, dont le droit se nomme *Vieux Pregel*, & le gauche *Nouveau Pregel*. Les deux bras se rejoignent dans cette ville, & se jettent, à trois quarts de lieue de là, par deux embouchures, dans le golfe de Frisch-Haff. Cette rivière est navigable depuis Insterbourg. Le Memel, appelé *Niémen* en Pologne, où il a sa source, se partage en deux bras, dont l'un est appelé *Russee* & l'autre *Gilge;* ils se jettent tous les deux dans le Curish-Haff. La Passarge prend sa source près de Hochstein & a son embouchure dans le Frisch-Haff, près du village de Passarge. Les rivières débordent considérablement dans certaines saisons lorsqu'il y a des vents impétueux; elles sont toutes fort poissonneuses. La Prusse renferme d'autres eaux fort considérables, dont les principales sont le Frisch-Haff, qui a depuis une lieue & demie jusqu'à trois lieues de largeur, & seize de longueur. Il communique avec la Baltique près de Pilau, & forme un détroit appelé *le Gatt,* & en est séparé par une langue de terre, nommée *Frisch-Nerung.* Le détroit de Gatt a un quart de lieue de large, & douze pieds de profondeur. Le Frisch-Haff n'est pas si profond que le Pregel; ce qui l'empêche de porter de gros bâtimens: il est renommé pour la pêche d'esturgeons. Le Curisch-Haff a vingt-une lieues de long, sur huit de large: il est séparé de la mer Baltique par une langue de terre, appelée *Curisch-Nerung;* il communique avec cette mer près de Mémel, où il forme un détroit qui a une demi-lieue de largeur, & dix-neuf pieds de profondeur. Ce golfe est coupé par des bancs de sable & des bas-fonds, & est souvent agité par des ouragans très-dangereux. Les lacs d'eau douce les plus considérables sont ceux de Spirding, d'Angerbourg, de Rein & de Drausen. Les principaux canaux sont: 1°. la Nouvelle Gilge qui commence près de l'Apphnen, & se termine à la Gilge, près de Skepen: ce canal fut commencé en 1613, & perfectionné en 1616; 2°. la Nouvelle-Deine, qui commence près de la ferme royale de Schmerberg, & va en ligne directe jusqu'à Tapian, où elle se jette dans le Pregel; 3°. le Petit-Fossé de Frédéric, qui commence à la Gilge, près de Zautenbourg, &, après un cours d'une lieue, se jette dans la rivière de Nemmonin, aux environs de Petriken; 4°. le Grand-Fossé de Frédéric, qui commence à la Wippe, & se jette, après un cours de cinq lieues, dans la Deine, près de Labiau.

Pologne. Avant le démembrement extraordinaire de ce pays en 1793, & le partage définitif en 1795, qui le raya de la liste des États de l'*Europe,* ce royaume & république, y compris le grand-duché de Lithuanie (autrefois appelé *Sarmatie*), étoit borné au nord par la Livonie, la Russie & la mer Baltique; à l'est par la Russie; au sud par la Hongrie, la Turquie & la Petite-Tartarie, & à l'ouest par l'Allemagne.

L'air de la Pologne est varié. Les provinces situées au nord sont froides, mais saines. Les monts Krapacks, qui séparent la Pologne de la Hongrie, sont toujours couverts de neige, qui y tombe au milieu de l'été. Cependant, en général, le climat de la Pologne est tempéré, & soit l'été, soit l'hiver, il n'est point aussi variable que le climat des pays aussi septentrionaux; mais l'air y est plus mal-sain que dans les autres contrées septentrionales, par l'effet de la grande quantité de forêts & de marais qu'on y trouve.

La Pologne est en général un pays plat, & le terroir y est fertile en blé: on le voit aisément par la grande quantité qui descend la Vistule jusqu'à Dantzick, d'où les marchands étrangers, & surtout les Hollandais, le transportent dans leur pays. Les pâturages de la Pologne, notamment ceux de la Podolie, sont excellens. Ce pays contient des mines d'argent, de cuivre, de fer, d'ocre, d'agate noire, de pyrites de cuivre & de fer de différentes espèces; du granit rouge & gris; des diamans faux & des pétrifications marines. L'intérieur de la Pologne est couvert de forêts, d'où l'on tire des bois en si grande quantité, qu'on les emploie à la construction des maisons, de préférence à la brique, à la pierre ou à la tuile. On y trouve diverses sortes de fruits & de végétaux, & quelques raisins, qui sont delicieux lorsqu'on en soigne la culture, mais qui sont rarement ou même jamais de bon vin. La Pologne produit encore différentes sortes de terres, dont on fait des pipes & de la poterie. Il y a des sources d'où l'on tire du sel en faisant bouillir l'eau. Dans le palatinat de Cracovie on voit une source dont les eaux augmentent ou diminuent à certaines époques: on assure que les habitans des environs vivent très-vieux, & que quelques-uns vivent cent ans. Cette source est inflammable: lorsqu'on y jette un flambeau allumé, l'eau prend feu, comme l'esprit-de-vin le plus subtil. Cependant la flamme voltige sur la surface de l'eau sans l'échauffer, & si l'on n'a pas soin de l'éteindre, ce qui peut bien arriver, elle pénètre, par des conduits souterrains, aux racines des arbres d'une forêt voisine, & les

consume

consumé. Un malheur de cette espèce arriva il y a environ quarante ans, & le feu dura trois ans avant qu'il fût possible de l'éteindre entièrement.

La Vistule, à l'ouest, prend sa source en Silésie, traverse la Pologne & la Prusse du sud au nord, & se jette dans la mer Baltique. Le Bug commence dans le pays de Belez, traverse les palatinats de Podlaquie & de Mazovie du sud aunord-ouest, & a l'embouchure dans la Vistule. La Warta a sa source dans le palatinat de Cracovie, passe à Siradie, à Posna, & se jette dans l'Oder en Allemagne. Le Niémen prend sa source dans le palatinat de Minski en Lithuanie, qu'il traverse de l'est à l'ouest, & se débouche dans la Baltique. Le Niester, au sud, commence près les monts Krapacks, sépare la Podolie de la Moldavie, & se jette dans la Mer-Noire. Le Bog prend sa source dans la Podolie, au nord, & se jette dans la Mer-Noire, entre le Niéper & le Niester. Les autres fleuves sont le Niéper & la Dwina.

Il y a peu de lacs en Pologne. Les principaux sont: Gopto, dans le palatinat de Brzescie & Birals ou le Lac-Blanc, dont les eaux ont, dit-on, la propriété de blanchir les personnes dont le teint est basané.

Hongrie. Elle est bornée au nord par la Gallicie orientale, à l'ouest par l'Autriche & la Moravie, au sud par la Croatie & l'Esclavonie, & à l'est par la Transilvanie & la Bukowine.

Dans la partie méridionale de la Hongrie, la quantité de lacs, d'eaux stagnantes & de marais corrompt l'air, & rend le climat mal-sain; mais la partie septentrionale étant montagneuse & aride, l'air y est doux & salubre. Il n'existe, dans aucun pays, un sol plus fertile que celui de cette plaine, qui, depuis Presbourg jusqu'à Belgrade, renferme une étendue de cent lieues. Elle produit du blé, du foin, des légumes bons à manger, du tabac, du safran, de la garance, des asperges, des melons, du houblon, des liqueurs, du millet, du sarafin, des vins délicieux, des fruits de différentes espèces, des pêches, des mûres, des châtaignes: on en tire aussi des bois. Le blé y vient en grande abondance.

Les principales rivières sont: le Danube, qui la traverse du nord-ouest au sud-est; la Morawa, le Vag, le Gran & la Theisse, qui y coulent du nord au sud, & qui arrosent la partie qui est au nord & à l'est du Danube; la Drave & la Save, qui y coulent de l'ouest à l'est, & arrosent la partie qui est au sud du Danube.

La Hongrie renferme plusieurs lacs, dont quatre particulièrement se trouvent dans les monts Krapacks. On remarque ceux-ci par leur étendue & la quantité de poissons qu'ils contiennent. Les bains & les eaux minérales de la Hongrie sont regardés comme les plus salutaires de l'Europe; mais on laisse tomber en ruines, & surtout à Bude, les magnifiques bâtimens que les Turcs y avoient

construits lorsqu'ils étoient les maîtres de ce pays.

Les principales montagnes sont les monts Krapacks, qui, vers le nord, séparent la Hongrie de la Pologne. On y trouve encore plusieurs montagnes détachées dans l'intérieur du pays. Leurs sommets sont en général couverts de bois, & leurs flancs produisent de très-beaux raisins.

Les métaux & les minéraux abondent également dans la Hongrie. Cette contrée renferme non-seulement une grande quantité de mines d'or & d'argent, mais on y trouve en profusion le cuivre de la meilleure qualité, le vitriol, le fer, l'orpiment, le mercure, le pastel, le borax & la terre sigillée. Le fer se trouve dans les palatinats de Gomor, de Sol, de Klein-Hunt, de Vesprim, de Zips, d'Abruiwar. Avant que la Hongrie fût tombée au pouvoir de la Maison d'Autriche, ces mines étoient pourvues des ouvrages & des travailleurs nécessaires à leur exploitation, & rapportoient d'immenses revenus aux Souverains naturels de cette contrée. L'or & l'argent de la Hongrie suffisoient pour occuper, non-seulement les hôtels des monnoies du pays, mais tous ceux d'Allemagne & du reste du Continent. Ces mines, dont les ouvrages ont été ruinés ou démolis, ont maintenant perdu une grande partie de leur intérêt.

La Hongrie est connue par une belle race de chevaux, en général gris, & très-estimés par les officiers de cavalerie; ce qui fait qu'on en vend beaucoup dans l'étranger. On trouve, aux environs de Presbourg, une race de moutons remarquables par leur grosseur. Les autres productions animales & végétales de la Hongrie sont les mêmes que celles de l'Allemagne & des contrées voisines. Cependant les vins de Hongrie, & particulièrement ceux de Tokay, sont préférables à tous les autres, du moins à tous ceux de l'Europe.

Transilvanie. Elle est bornée au nord par les monts Krapacks, qui la séparent de la Pologne, à l'est par la Moldavie & la Valachie, au sud par la Valachie, & à l'ouest par la haute & basse Hongrie.

Cette province est environnée de hautes montagnes: on y trouve les mêmes animaux & les mêmes productions végétales qu'en Hongrie. L'air y est sain & tempéré; les eaux sont mauvaises; le terroir est fertile en vins, qui, quoique bons, ne sont pas comparables à ceux de Hongrie. Dans quelques-unes de ses montagnes, qui sont en grand nombre, & dans d'autres endroits, on trouve des mines d'or au nombre de quarante, d'argent, de fer, de sel, d'antimoine, d'alun, de vitriol, d'arsenic, de vif-argent, de charbon de terre, de cinnabre, de plomb, de cuivre, &c. On y fabrique des housses, des draps & étoffes grossières, des ouvrages en fer, en cuivre & en laiton. On y trouve quelques verreries, des fabriques de vitriol & d'alun: on y fait aussi de la bière, de

T

l'eau-de-vie, du vinaigre, du papier & du tabac.

Gallicies.

1°. *Gallicie orientale.* Cette province comprend les royaumes de Gallicie & de Lodomerie.

Ce pays est une partie considérable de la Petite-Pologne, cédée en 1772 à la Maison d'Autriche. Il est formé des contrées suivantes : de la partie méridionale du palatinat de Cracovie, des démembremens de ceux de Sandomir, de Lublin, de Belzk, & du pays de Chelm, de la Russie rouge & de tout le pays de Halitsch. Ce pays a pour limites, au nord la Vistule, à l'est la Moldavie & le district de Bukowine, cédé par la Turquie à l'Empereur; à l'ouest la Silésie autrichienne, & au sud les monts Krapacks, qui le séparent de la Hongrie.

Il est arrosé de rivières dont plusieurs sont considérables. Outre la Vistule qui le borne au nord, & qui a sa source dans le mont Sanna, aux confins de la Hongrie, on y trouve le Niester, sortant aussi d'une montagne de la Hongrie ; le Pruth, qui sort d'une montagne de la Transilvanie ; le San, le Bug, la Dounajetz & la Wisloka. La Vistule, le Sann & le Bog sont toujours navigables; les autres dans certaines saisons seulement. On n'y rencontre point de lacs, mais de vastes étangs, dont les plus grands sont dans le district de Lemberg.

On n'y trouve point de montagnes d'une grande hauteur, quoique diverses contrées offrent une agréable variété de coteaux & de collines, dont quelques-unes sont assez élevées. Les monts Krapacks, qui le bordent au sud, tout sauvages qu'ils sont, sont revêtus d'une bonne terre argileuse, & sont couverts de bois. On y trouve même des marais sur les sommets les plus élevés.

L'air n'y est point mal-sain quoique certaines contrées soient souvent couvertes d'épais brouillards au milieu de l'été. On y rencontre beaucoup de vieillards, & le nombre en seroit plus grand sans l'usage immodéré de l'eau-de-vie, qui mine les tempéramens les plus robustes. La terre y est d'une grande fertilité, on en tire toutes les espèces de grains & de légumes, mais surtout du froment, de l'avoine & du blé noir, qui fait la principale nourriture du paysan. Les plantes potagères, les asperges, les melons, surtout les melons d'eau, & plusieurs autres plantes, y croissent spontanément & en grande quantité dans plusieurs contrées ; & sur les riantes collines qui sont entre Lemberg & Winitzki il croît de la rhubarbe & d'autres plantes semblables.

Il y a très-peu de mines dans ce pays. La seule Starostie de Nowitarg produit d'excellent fer; mais le fossile que la Nature a répandu avec profusion dans cette contrée, est le sel. On connoît les salines de Wieliska & de Bochnia, qui peuvent aisément en livrer chaque année six à sept cent mille quintaux. On en a établi une nouvelle à Bajowa, qui n'est pas inférieure. On a découvert, près de Visc, une carrière de meules & de pierres à aiguiser, qui est très-abondante : on en tire aussi de la terre à porcelaine très-fine. Près la petite ville de Baligrod est une montagne qui renferme du vif-argent & des quartz semblables à ceux de Bohême. Les autres productions sont le lin, le chanvre, le tabac, le suif, la cire, la laine, les bestiaux, dont on tire trois cent cinq mille bœufs, & deux cent quatre-vingt-six mille neuf cent chevaux par an.

2°. *Gallicie occidentale.* Cette province est la partie de la Pologne échue à l'Autriche par le partage de ce pays en 1795. On l'appelle *Gallicie occidentale* parce qu'elle est située à l'ouest de l'orientale, dont elle est aussi au sud-ouest. Ses productions consistent en grains, manne, kermès, bœufs, chevaux, moutons & chèvres, gibier & abeilles.

Portugal. Il est borné au nord & à l'est par l'Espagne; au sud & à l'ouest par l'Océan atlantique : c'est le royaume le plus occidental du continent d'*Europe.*

Ce pays est naturellement divisé, par sa forme, en trois parties, en provinces du nord, du milieu & du sud.

Le Portugal contient un grand nombre de mines qui ne sont pas exploitées, une grande variété de pierreries & de marbres, des meules, & une excellente mine de salpêtre près de Lisbonne. Le bétail & la volaille y sont d'assez foible qualité. L'air, notamment dans le voisinage de Lisbonne, est reconnu doux & très-salubre pour les personnes attaquées de consomption ; il n'est pas aussi brûlant que celui de l'Espagne, étant rafraîchi par les brises de mer. Les hivers y sont en général fort pluvieux; mais il est très-rare qu'il y pleuve pendant l'été, surtout depuis l'Estramadure jusqu'à l'extrémité des Algarves. Le plus grand fléau qui désole cette contrée, ce sont les tremblemens de terre plus ou moins violens. Celui de 1755, qui détruisit toute la ville de Lisbonne, & dont on voit encore les horribles traces, a exercé la sagacité des physiciens. Le résultat de leurs observations est une source inépuisable d'alarmes pour les malheureux habitans. Il paroît démontré, d'après les ravages qu'a produits ce fléau, particulièrement à l'endroit où cette ville est bâtie, que le foyer de la fermentation se trouve précisément au dessous de son sol.

Le sol du Portugal est montagneux, ou, pour mieux dire, rocailleux ; car les montagnes y sont la plupart stériles. Les principales sont celles qui séparent les Algarves de l'Alentejo, celles de Traslos-Montes, & le rocher de Lisbonne à l'embouchure du Tage.

Quoique tout ruisseau, en Portugal, soit regardé comme une rivière, les principales qui l'arrosent, sont le Douro, le Tage, la Guadiana, dont nous décrirons le cours à l'article ESPAGNE; le Minho, qui prend fa fource en Gallice, & le Cavado, qui a fa fource dans la province de Tras-los-Montes. Toutes ces rivières fe jettent dans l'Océan atlantique. Le Portugal renferme plufieurs fources & lacs, dont quelques-uns abforbent les objets les plus légers, tels que bois, liéges & plumes. D'autres fources, une en particulier à quinze lieues de Lisbonne, font médicinales & très-falutaires contre les maladies. On trouve aufſi quelques bains chauds dans le petit royaume des Algarves.

Les promontoires ou caps font le cap Mondego, près de l'embouchure de la rivière de ce nom; le cap Roca, à l'entrée feptentrionale du Tage; le cap Épichel, à l'entrée méridionale, & le cap Saint-Vincent, à la pointe fud-oueſt des Algarves. Les baies font celles de Cadoan ou Sétuva au fud de Lisbonne, & la baie de Lagos aux Algarves.

Efpagne. L'Efpagne eſt bornée à l'oueſt par le Portugal & l'Océan atlantique; à l'eſt par la Méditerranée; au nord par la baie de Bifcaye & les monts Pyrénées qui la féparent de la France, & au fud par le détroit de Gibraltar. Elle eſt maintenant divifée en quatorze provinces, fans compter les îles de la Méditerranée.

Excepté le tems des pluies de l'équinoxe, l'air d'Efpagne eſt fec & ferein, mais exceſſivement chaud dans les provinces méridionales pendant les mois de juin, de juillet & d'août. Les vaſtes montagnes qui traverfent l'Efpagne font néanmoins très-avantageufes aux habitans, par les vents rafraîchiſſans qu'elles procurent aux pays méridionaux, quoique celles qui font fituées au nord foient extrêmement froides pendant l'hiver.

Telle eſt l'humidité des collines, bornées au nord par la baie de Bifcaye, & au fud par des montagnes couvertes de neige, qu'avec tous les foins imaginables, les habitans ne peuvent empêcher leurs grains & leurs fruits de fe moifir & de fe gâter, ni leurs inſtrumens de fer de fe rouiller. La fermentation acide & putride y fait des progrès rapides. Outre l'humidité du climat, la nourriture des habitans contribue beaucoup à la plupart des maladies qui dominent dans la principauté des Aſturies. Cependant, quoique fujet à une fi grande variété de maladies, il y a peu de pays qui fourniffent plus d'exemples d'une longue vie. Plufieurs perfonnes vivent jufqu'à cent ans, quelques-unes jufqu'à cent dix, & d'autres davantage. Cette obſervation eſt applicable à la Galice, où, dans la paroiſſe de San-Juan-de-Poyo, l'an 1724, le curé donna la communion à treize perfonnes dont les âges réunis faifoient mille quatre cent quatre-vingt & dix-neuf ans : la plus jeune avoit cent dix ans, & la plus vieille cent vingt-fept. Mais dans la Villa-de-Fofinanes, un nommé Juan de Outeyro, pauvre ouvrier, mourut en l'année 1726, âgé de plus de cent quarante-fix ans.

Le fol de l'Efpagne étoit autrefois très-fertile en

blé; mais les habitans en ont depuis peu éprouvé la difette par la difcontinuation du labour, qu'on peut attribuer à leur indolence & aux guerres qu'ils ont eues à foutenir. Il produit, dans quelques endroits prefque fans culture, les fruits les plus délicieux que l'on trouve en France & en Italie : des oranges, des citrons, des prunes, des amandes, du raifin & des figues. Ses vins, particuliérement le Sack & le Sherry (vins d'Andaloufie), font fort eſtimés chez les étrangers. Dans le diſtrict de Malaga, felon M. Townfend, il y a quatorze mille preſſoirs, principalement occupés à faire cet excellent vin que l'on appelle de *Montagne* quand il eſt blanc, d'après la nature du pays; & quand il eſt rouge, *Vinotinto*, d'après fa couleur. Le bon montagne fe vend de 312 à 384 francs le muid de cinq cent quarante bouteilles, felon fon âge ou fa qualité. Il entre tous les ans dans le port de Malaga, de huit cent à mille vaiſſeaux dont le dixième eſt efpagnol, & les exportations en vins, fruits, huile & poiſſons font évaluées à environ 9,000,000 de francs par an; mais il y a eu des tems où elles ont été beaucoup plus confidérables.

L'Efpagne offre à la vérité à l'œil du voyageur de vaſtes étendues de terrains peu féconds, parce qu'ils ne font pas cultivés; mais il n'y a peut-être pas de pays qui entretienne un auſſi grand nombre d'habitans fans travailler, tant eſt grande la fertilité du fol. Les cannes à fucre même viennent bien en Efpagne, & l'on y trouve en abondance du fafran & du miel. Mais de toutes les productions, les lainages forment l'objet le plus important. On peut dire que l'Efpagne tient, à cet égard, dans fa dépendance, toutes les nations qui fabriquent des draps fins ou autres ouvrages dans les belles qualités. Les meilleures fe récoltent dans les cantons de Ségovie, de Pédraza, d'Avila, de Léon, &c. La tonte des moutons fe fait en grand dans de vaſtes édifices deſtinés à cet ufage, & qui contiennent cinquante à foixante mille de ces animaux. Chaque mouton fournit quatre efpèces de laine, felon l'endroit d'où on la tire. La tonte finie, on en recueille le produit, dont on forme des ballots que l'on conduit, foit aux ports de mer pour y être embarqués, foit aux lavoirs diſtribués dans la Caſtille.

Il eſt prefqu'impoſſible de faire l'énumération des montagnes, tant elles font nombreufes. Les principales & les plus élevées font les Pyrénées, qui ont près de foixante-fept lieues de longueur, s'étendant depuis la baie de Bifcaye jufqu'à la Méditerranée; elles féparent l'Efpagne de la France. Dans ces montagnes il n'y a que cinq paſſages étroits pour aller en France, & la route qui traverfe celle qui fépare le Rouſſillon de la Catalogne fait beaucoup d'honneur à l'ingénieur qui en a donné le plan. Il falloit autrefois la force de trente hommes & celle de prefqu'autant de bœufs pour faire monter une voiture que quatre chevaux traînent aujourd'hui avec beaucoup de facilité. Les montagnes appelées *Cantabriennes* font une efpèce de continuation des Pyrénées, & vont jufqu'à la mer atlantique, au fud du cap Finifterre. Tout le monde connoît le mont Calpé, maintenant appelé le *mont Gibraltar*, & autrefois l'une des colonnes d'Hercule; l'autre, qui eft le mont Abyla, eft fitué vis-à-vis, fur la côte d'Afrique.

Parmi les montagnes d'Efpagne, le mont Serras eft particuliérement digne de l'attention du voyageur curieux. C'eft une des montagnes les plus fingulières du Monde, tant par fa fituation & fa forme, que par fa compofition. Elle eft au milieu d'une vafte plaine, à environ dix lieues de Barcelone & prefqu'au centre de la Catalogne. Les Catalans l'appellent *Monte-Serrado* ou mont Scie, ce qui fignifie mont coupé en fcie, & tire ce nom de fa forme bizarre & extraordinaire; car cette montagne eft fi rompue, fi divifée & fi couverte de cônes fpiraux ou de têtes de pin, que de loin elle paroît être l'ouvrage des hommes; mais quand on s'en approche, on voit évidemment que c'eft la production de la Nature. C'eft un endroit fi propre à la retraite & à la contemplation, que depuis des fiècles il n'eft habité que par des moines & des hermites, dont le premier vœu eft de ne jamais le quitter.

Les fleuves font le Douro, autrefois Darius, qui prend fa fource vers les frontières de l'Arragon près de Soria, le traverfe prefqu'entier de l'eft à l'oueft, ainfi que les royaumes de Léon & de Portugal, & fe jette dans la mer atlantique au deffous de Porto. Le Tage ou *Tajus*, autrefois célèbre par fon fable d'or, a auffi fa fource fur les confins de l'Arragon, dans une montagne près d'Albarazin; paffe à Tolède, à Alcantara, à Santarem, & de là remonte fur les confins du royaume des Algarves & de l'Eftramadure, qui tombe dans la même mer au deffous de Lisbonne. Le Guadiana prend fa fource dans la Manche, province de la Nouvelle-Caftille, & fe décharge auffi dans le même Océan près de Cadix, ainfi que le Guadalquivir, qui a fa fource vers les confins du royaume de Murcie, au pied du mont Sierra-Ségura; traverfe l'Andaloufie, paffe à Cordoue, à Séville, & tombe dans l'Océan, près de San-Lucar; & l'Ebre, l'ancien *Iberus*, qui vient des Afturies, côtoie la Bifcaye & la Navarre, traverfe l'Arragon, & fe jette dans la Méditerranée, au deffous de Tortofe.

La rivière Tinto, qui a des qualités fort extraordinaires, prend fa fource dans la Sierra-Morena, & fe décharge dans la Méditerranée, près d'Helva. Le nom de *Tinto* lui vient de la couleur de fes eaux, qui font jaunes, & qui agglomèrent le fable, & le pétrifient d'une manière tout-à-fait furprenante. Quand il y tombe une pierre & qu'elle fe trouve fur une autre, elles font parfaitement unies au bout d'un an, & ne forment plus qu'une feule maffe. Cette rivière deffèche toutes les plantes qui croiffent fur fes rives, ainfi que les

racines d'arbres, auxquelles elle donne la couleur de fes eaux. Aucune efpèce d'herbe ne pouffe là où elle peut atteindre, & aucun poiffon ne vit dans fes eaux. Quand on les donne à boire aux beftiaux, elles font mourir les vers qu'ils ont dans l'intérieur; mais en général aucun animal ne veut boire dans cette rivière, excepté les chèvres, dont la chair a cependant une faveur excellente. Elle conferve ces fingulières qualités jufqu'à ce que d'autres ruiffeaux fe mêlent avec elle & changent fa nature; car quand elle paffe à Niébla elle n'eft pas différente des autres rivières. Elle tombe dans la Méditerranée, fix lieues au deffous de cette ville.

Plufieurs lacs d'Efpagne, particuliérement celui de Beneventa, abondent en poiffons, & entr'autres en excellentes truites. La chaleur du foleil transforme en fel l'eau d'un lac près d'Antiquera.

Les principales baies font celles de Bifcaye, du Ferrol, de la Corogne (communément appelé *la Groyne*), de Vigo, de Cadix, de Gibraltar, de Carthagène, d'Alicante, d'Altea, de Valence, de Rofer, de Majorque, dans cette île; & du Port-Mahon dans l'île Minorque. Le détroit de Gibraltar fépare l'*Europe* de l'Afrique.

Métaux & minéraux. L'Efpagne en a une grande abondance, & ils y font auffi variés que dans aucun pays de l'*Europe*. On y trouve des cornalines, des agates, des pierres d'aimant, des hyacinthes, des turquoifes, du vif-argent, du cuivre, du plomb, du foufre, de l'alun, des calamines, du criftal, du marbre de plufieurs fortes, du porphyre, du jafpe le plus beau & des améthyftes.

Royaume d'Italie. Ce royaume eft borné au nord par la Suiffe & le Tirol; au fud par la République de Gênes, le duché de Parme & la Tofcane; à l'eft par le golfe de Venife & la partie des États vénitiens cédés à l'Empereur, & à l'oueft par le Piémont.

Fleuves & rivières. Les principales rivières qui l'arrofent, font: le Teffin, l'Adda, l'Adige.

L'Agogna, torrent qui arrofe le territoire de Confiença, bourg de Vigenavafe.

Le Lorio eft le nom ancien du lac de Côme.

L'Olona, petite rivière qui fe jette dans le Pô.

Le Serio, qui paffe à Crema & fe jette dans l'Adda.

La Mella, petite rivière qui arrofe la vallée de Trompio dans le Brefcian.

Le Pô: nous avons décrit fon cours.

Le Mincio, rivière qui prend fa fource dans les Alpes, & après avoir arrofé le Mantouan, fe jette dans le Pô à Borgo-Forte.

Le Croftollo, rivière qui arrofe le Mantouan & fe jette dans le Pô près Luzzara.

Le Tanaro, rivière qui a fa fource dans l'Apennin, & après avoir arrofé le Modenois, fe jette dans le Pô.

Le Reno, rivière qui a fa fource dans l'Apennin, & après avoir arrofé le Bolonois, fe jette dans des marais en-deçà du Pô, de Primaro, à l'ouest de Ferrare.

Le Rubicone, rivière de la Romagne, qui a aussi le nom de *Luso* & *Coule*, dans les environs de Rimini.

Duché de Parme. Cet État, réuni à la France, étoit borné d'un côté par le royaume d'Italie, & de l'autre par l'État de Gênes. Il renfermoit les duchés de Parme, de Plaisance & de Guastalla.

Ses principales revières sont : le *Pô*, qui le borne au nord.

La *Trebia*, qui prend sa source dans l'Apennin, passe à Plaisance & se jette dans le Pô. C'est sur ses bords que s'est livrée, en l'an 7, la sanglante bataille entre les Austro-Russes & les Français, qui furent battus après la plus vigoureuse résistance. Le général Macdonald, qui les commandoit, n'en effectua pas moins la retraite la plus difficile, après avoir traversé le royaume de Naples & l'État romain.

La *Nura*, qui se jette aussi dans le Pô.

La *Parma*, qui passe à Parme, & se jette pareillement dans le Pô.

Les territoires de Parme & de Plaisance sont extrêmement fertiles, & produisent surtout des olives, des pommes de terre & des châtaignes. Les pâturages & les bestiaux y sont excellens, surtout dans les environs de Plaisance, parce que les prairies peuvent être inondées à la faveur de quelques ruisseaux qui charient une espèce de terre grasse. C'est dans cette contrée que l'on fait cet excellent fromage connu sous le nom de *Parmesan*, dont il se fait au dehors un débit si considérable. Il y a à Salso des salines fort importantes, & à Lusignan deux sources d'eaux minérales excellentes. On recueille dans plusieurs endroits, de l'huile de Pétrole, autrement appelée *l'huile de montagne*. Dans les mines de plâtre & de craie de Bardi on trouve des cristaux héxagones. Il y a des mines de cuivre & de fer dans la partie de l'Apennin, au sud de ce pays.

République de Gênes. La République de Gênes, réunie à la France, étoit bornée au nord par le Milanois & le Parmesan, & s'étendoit le long de la mer Méditerranée, dans un espace d'environ soixante lieues. Elle étoit divisée en rivière du Levant, qui étoit la partie orientale de la république sur la mer Méditerranée, & en rivière du Ponent, qui est la partie occidentale sur la même mer. La ville de Gênes sépare ces deux parties, qui sont arrosées par plusieurs rivières, mais peu considérables.

Ce pays est montagneux & peu fertile en blé, mais les habitans le tirent de l'Afrique, de la Sicile & d'autres pays; néanmoins ils cultivent les terrains les plus arides, & se procurent par ce moyen, toute l'année, les plus belles productions du jardinage & les meilleurs légumes. Ils récoltent non-seulement du vin ordinaire, mais même du muscat, ainsi que d'excellens fruits, tels que limons, oranges, olives, figues & amandes. Il s'y

fait un grand commerce de soies blanches & jaunes, de confitures sèches & glacées, de vermicelle, macaroni, fromage de Parme, huile d'olives, savons, parfums, café & drogues du Levant pour la teinture & la médecine.

Les soies blanches que l'on recueille dans le territoire de Novi sont fort estimées pour leur finesse; leur égalité & leur blancheur; elles suppléent, en quelque sorte, aux nankins, & passent en France & en Angleterre pour les fabriques de gazes.

Toscane. La Toscane est bornée au nord par le royaume d'Italie, au sud & à l'est par les ci-devant États de l'Église, à l'ouest par la mer jadis appelée *mare Thyrenum*, & maintenant *mer de Toscane*; elle comprend environ les deux tiers de l'ancienne Étrurie, qui s'étendoit depuis la Ligurie jusqu'au Tibre.

On divise la Toscane en trois parties, le Florentin, le Pisan & le Siennois.

Ses principales rivières sont l'Arno, qui prend sa source au mont Falterona, passe à Florence, à Pise, & de là se jette dans la mer.

La Chiana, qui, après un cours de quelques lieues, se divise, & va se jeter, au nord, dans l'Arno, &, au sud, dans le Tibre.

L'Ombrone, qui coule dans le Siennois, & se jette dans la mer, à quelque distance de Grosseto.

L'air de la Toscane est mal-sain en quelques endroits, comme dans la plaine de Pise, dans le territoire de la Volterra, de Chiusi, de Massa, & généralement dans toute la partie du Siennois qui avoisine la mer; ce qui vient des marais, des eaux stagnantes & des plaines incultes que ces cantons renferment. On y trouve des mines de cuivre : il y a de belles salines. L'eau salée coule sous des couches d'albâtre : on y rencontre, outre cela, de la calcédoine & du soufre.

Près de Massa il y a du vert de montagne; dans les environs de Piombino, des améthystes, & dans ceux de Barge de beau jaspe. Il y a dans le voisinage de Stazzema, de l'ardoise, dont on fait des tables; des carrières de marbre & des mines de fer. Près de Gallena on a trouvé des mines d'argent qu'on a abandonnées, & près de Montieri des cristaux de roche. A Monteleo on fait beaucoup d'alun. Dans la partie du Siennois, appelée *Maremma*, on recueille de la manne, qui découle du frêne & de l'orme par les incisions que l'on fait à leur écorce. Il y a dans ce pays beaucoup de bains & d'eaux minérales. Le territoire est très-fertile, & produit toutes sortes de blés & de légumes. On y cultive, avec succès, le safran & le lin, surtout dans le Florentin.

État romain. L'État de l'Église ou l'État romain occupe une partie considérable du milieu de l'Italie. Il est borné au nord par la Toscane & le royaume d'Italie, au sud par le royaume de Naples, à l'est par la mer Adriatique, & à l'ouest par la mer Méditerranée.

Les principales rivières qui l'arrosent, sont : le Tibre, le Teverone, le Velino, le Tronto, la Nera.

Le territoire de cet État seroit très-fertile s'il étoit mieux cultivé. Il produit du vin, des fruits excellens, assez de blé, de l'huile, de la soie, &c.; mais il est pauvre & mal peuplé. Les taxes dont les grains sont surchargés & les réglemens donnés par différens Papes sont les causes qui empêchent l'agriculture d'y fleurir.

Royaume de Naples. Le royaume de Naples ou Sicile citérieure est borné au nord par l'État romain, à l'ouest & au sud par la mer Méditerranée, à l'est par la mer Adriatique. Sa forme, très-inégale, fait qu'on lui compte près de quatre cents lieues de côtes.

Il est arrosé par beaucoup de rivières, dont les principales sont : la Basienta, le Crati, le Bradano, mais aucune n'est considérable. Il est traversé, dans toute sa longueur, par les monts Apennins, qui aboutissent au détroit qui le sépare de la Sicile.

Le Vésuve, ce fameux volcan dont les éruptions sont quelquefois si funestes, est à deux lieues de la ville de Naples, & ne tient point aux monts Apennins. La partie de cette montagne qui s'abaisse vers la mer est couverte d'arbres fruitiers & de vignobles, & le canton qui est au dessous est de la plus grande fertilité. Toute la plaine qui règne autour est agréable & jouit d'un air pur & salubre. Le vin précieux qu'on y recueille, est de trois sortes ; savoir : le vin grec, le vin muscat de couleur jaune, & le vin rouge appelé *Lacryma-Christi.*

Iles d'Italie.

Malte. L'île de Malte a sept lieues de long sur quatre de large : elle se nommoit jadis *Melita ;* elle est située à 12 deg. 40 min. de longitude est, & à 36 deg. de latitude nord, à vingt lieues au sud du cap de Passaro en Sicile. Sa figure est ovale, de sept lieues de long & de quatre de large. L'air en est serein, mais très-chaud. La population est d'environ cinquante mille habitans. Toute l'île paroît n'être qu'un roc blanchâtre, couvert d'une légère couche de terre, qui est néanmoins étonnamment fertile en fruits exquis, surtout en oranges, dont on connoît la réputation ; végétaux, fruits & jardinage de toute espèce. Elle produit aussi beaucoup de coton, dont ont fait un commerce considérable.

Goze. Cette île, à deux lieues nord-ouest de celle de Malte dont elle dépend, a environ cinq lieues de long sur deux de large. Elle est bien fortifiée de tous côtés. Sa population est d'environ vingt mille ames. L'air y est sain, & le terrain extrêmement fertile. Quoique montueuse, elle est presqu'entièrement cultivée, & produit beaucoup de coton, que les habitans savent si industrieuse-

ment mettre en œuvre, qu'ils se procurent du dehors, au moyen de cette production, non-seulement les denrées de première nécessité qui leur manquent, mais encore de l'argent comptant. Il y a dans cette île une petite ville bien bâtie & bien fortifiée, portant le nom de l'île, & des villages très-propres. Prise par le général Bonaparte en 1798, les Anglais s'en sont emparés en 1800.

Comino. Cette petite île est entre Malte & Goze, & dépend de la première. Elle a environ une lieue carrée. Il y a un fort.

Pantalaria. Cette île est située entre la Sicile & l'Afrique, au 36e. deg. 55 m. de latitude nord, & au 10e. deg. 12 m. de longitude est. Elle a environ sept lieues de tour. Le terroir en est sec, pierreux, & produit peu de blé. Les habitans sont obligés d'en tirer de la Sicile ; mais on y recueille des légumes, du vin, du coton & des fruits excellens. Ces insulaires sont pauvres, & vivent, à la religion près, comme les Maures d'Afrique. Ils sont très-bons nageurs.

Il y a dans l'île une petite ville du même nom, défendue par un château situé sur un rocher escarpé.

Iles Agades. Ce sont trois petites îles à l'ouest de la Sicile, situées au 38e. deg. 5 m. de latitude nord, & au 10e. deg. 20 m. de longitude est, & qui en dépendent ; savoir : Levenzo, Fagognana, Maretimo.

Fagognana. Cette île a six lieues de tour, & un fort appelé *Sainte-Catherine.*

Maretimo. Cette île peut avoir quatre lieues de tour, a un château où l'on renferme les prisonniers d'État. Elles produisent toutes deux beaucoup de miel.

Ustica. Cette petite île est à l'ouest des îles Lipari. Elle est située au 38e. deg. 50 m. de latitude nord, & au 11e. deg. 3 m. de longitude est, & dépend de la Sicile. Ce n'est guère qu'un rocher, où il y a un fort, dans lequel on entretient une petite garnison pour empêcher les Barbaresques d'y aborder. Il y a fort peu de culture & d'habitans.

Lipari. Les îles de Lipari, appelées jadis *îles d'Éole, îles de Vulcain,* à cause des volcans qu'elles renferment, sont situées au nord de la Sicile, & en dépendent. Elles sont au nombre de dix, & ont chacune leur nom particulier. Elles sont situées entre les 38e. & 39e. deg. de latitude nord, & entre les 12e. & 13e. deg. 10 m. de longitude est.

Stromboli. Cette île, la plus voisine de l'Italie, a environ quatre lieues de tour, & un volcan qui jette continuellement des feux très-apparens, surtout pendant la nuit, dans la partie du nord & de l'est. La base de la montagne se prolonge, forme une plaine qui se termine par une plage au bord de la mer. Cette plaine est couverte de vignes ; & comme il y a plus d'un siècle qu'il n'y a eu d'éruption de ce côté, les habitans vivent dans la plus grande sécurité, & cultivent la vigne & le coton, dont l'échange suffit à leurs besoins. C'est dans cette île que les Anciens croyoient qu'Éole préfidoit aux vents & aux tempêtes.

Panaria. Cette île n'a que trois lieues de tour. Elle a une plaine très-cultivée, un port & une rade. On compte dans cette île environ trois cents habitans.

Lisca-Bianca. C'est une petite île qui doit son nom à la couleur blanche de ses laves, qui sont granitiques. Elle a un mille de circuit, & n'est point cultivée. On y voit quelques vestiges d'anciennes habitations.

Bazilurro. Cette île a deux milles de tour; & quoiqu'elle ne soit point habitée, elle est cultivée sur sa pente extérieure.

Datolo. C'est un rocher de laves, au pied duquel est une source d'eau bouillante.

Dolomieu, après un examen très-attentif, pense que ces trois dernières îles n'ont pas été, comme les autres, formées chacune par un volcan particulier, mais qu'elles ne formoient, avec l'île de Panaria, qu'une même île, dont elles ont été séparées par une grande révolution. Le volcan qui devoit se trouver entre les unes & les autres ne se laisse plus appercevoir.

Lipari. C'est la plus considérable de ces îles, & a donné son nom à toutes les autres lorsqu'on les prend collectivement. Elle a sept lieues de tour. Elle est très-fertile, & produit d'excellens fruits. Il y a des bains que l'on fréquentoit beaucoup autrefois. On y voyoit jadis des volcans qui jetoient des flammes; mais leurs éruptions ont cessé. Elle a pour capitale une petite ville de même nom, située sur un rocher escarpé de tous côtés, & défendue par une citadelle. La population de cette île est d'environ quinze mille habitans, dont une grande partie habite la ville; les autres sont répandus dans la campagne.

Volcano. Cette île est toute entourée de rochers, & présente une pente roide & escarpée. Tout y porte l'empreinte du feu auquel elle doit sa formation. Sa forme est celle d'un cône tronqué à base circulaire. Sa hauteur est de près d'un demi-mille. Lorsqu'on en frappe le sol avec un peu de force, on entend un bruit considérable & assez continu, qui indique que c'est une espèce de voûte creuse dessous, comme la Solfatara. Elle brûle continuellement, & du cratère ou bouche du volcan il sort de toutes parts une fumée épaisse, blanche, sulfureuse & suffocante, qui paroît la nuit une flamme très-lumineuse. L'île de *Vulcanello* ou *Petit Volcano* n'en est pas éloignée. Elle jetoit aussi des flammes autrefois.

Salina ou l'île des salines. Cette île a environ six lieues de tour. Elle doit son nom au sel qui s'y fait. Les habitans, divisés en quatre villages, sont environ au nombre de quatre mille. Comme ils ne recueillent pas de blé, ils s'en procurent par l'échange de leur sel & de leurs raisins secs, connus sous le nom de *Passolis.*

Felicuda. Cette île renferme environ trois cents

habitans, & abonde en pâturages. On y cultive du blé & des vignes.

Alicuda. Quoiqu'habitée, cette île est peu cultivée. Sa population n'excède pas le nombre de deux cents habitans. Il y croît des palmiers.

Capri. C'est l'ancienne Caprée, où César Auguste alloit souvent pour sa santé & son plaisir, & dont Tibère fit le théâtre des plus infâmes débauches. Elle est vis-à-vis Sorrento, dont la principauté citérieure est au 40e. deg. 30 m. de latitude nord, & au 12e. deg. 40 m. de longitude est. Elle a deux lieues de long sur une de large. La partie occidentale n'est en grande partie qu'un rocher continu, prodigieusement haut & inaccessible du côté de la mer. Cependant Ano-Capri, la plus grande ville de l'île, est sur ce roc, & il y a dans ce canton plusieurs parties couvertes d'un terrain fertile. L'extrémité orientale de l'île s'élève en rochers escarpés presqu'aussi hauts que ceux de l'occidentale, mais non aussi longs. Entre les montagnes rocailleuses de chaque extrémité est une langue d'un terrain bas qui traverse l'île, & forme un des plus agréables lieux qu'on puisse imaginer. Elle est couverte de myrtes, d'oliviers, d'amandiers, d'orangers, de figues, de raisins, & de champs de blés qui paroissent d'une beauté & d'une fraîcheur ravissante. Vu des hauteurs des montagnes voisines, ce petit paysage est enchanteur. La ville de Caprée y est située, ainsi que le palais épiscopal. Au milieu de cette plaine fertile s'élève une colline qui, sous le règne de Tibère, étoit probablement couverte de bâtimens dont on voit encore quelques traces; mais les ruines les plus considérables sont à l'extrémité du promontoire oriental. De ce lieu on a une vue admirable. En face on voit le promontoire verdoyant de Sorrento, & de l'autre côté la baie de Naples. On y chasse beaucoup d'oiseaux, & surtout des cailles, dont il passe annuellement une si grande quantité, qu'elles font le principal revenu de l'île.

Ischia. Cette île a environ cinq lieues de tour. Elle est très-montueuse & fertile, surtout en vin. Elle renferme un grand nombre de sources d'eaux chaudes, qui font des bains fort salubres, & une petite ville de même nom que l'île, & défendue par une forteresse située sur un rocher fort élevé.

Nisida. Cette île ressemble à un grand jardin composé de plusieurs éminences. Vers le midi est un petit port appelé *Porto-Pavone,* & sur un rocher attenant au port il y a un lazareth où les vaisseaux qui sont à Naples font la quarantaine.

Procida. Cette île a environ deux lieues de tour, & renferme une population de près de quatre mille habitans. Elle est fertile, surtout en bon vin, & peuplée de faisans & de perdrix. La petite ville du même nom que l'île qui s'y trouve, est située sur un endroit élevé de la partie méridionale. Il y a aussi un bourg au nord, en face de la terre ferme.

Ces trois dernières îles n'ont rien qui les distingue, que les débris de leurs antiquités.

Ponza. Cette île, au nord des précédentes,

en face du golfe de Gaëte, a un bourg avec un petit fort. Elle fournit beaucoup de fel.

Palmaria, non loin de Pouza, est une petite île assez bien cultivée. Toutes ces îles dépendent du royaume de Naples. Ces cinq îles sont situées entre les 40e. deg. 44 min. & 41e. deg. de lat. nord, entre les 10e. deg. 40 min. & 11e deg. 35 min. de longitude est.

Giglio. Cette petite île, sur la côte de Toscane, est toute hériffée de collines couvertes de bois, & dans lesquelles on trouve de très-beau marbre. Sa population est d'environ neuf cents habitans, qui s'occupent de la pêche. Elle est défendue par un fort, où le grand duc de Toscane entretenoit une garnison. Elle est située au 42e.deg. 23 m. de lat. nord, & 8e. deg. 44 m. de longit. est. Dolomieu y a trouvé des tourmalines vertes.

Les petites îles de Gianuti, de Monte-Christo, de Pianosa appartiennent aussi à la Toscane, ainsi que les îlots appelés le *Formiche*, & ne sont habités que par des pêcheurs.

Elbe. Cette île est située dans & sur la côte de Toscane, entre la Corse & l'Italie, au 42e. deg. 45 min. de lat. nord, & au 8e. deg. 12 min. de long. est. Elle a vingt-cinq à trente lieues de tour & une population de huit mille habitans. Elle appartient maintenant à la France, qui n'avoit naguère que Porto-Longone & les terres adjacentes. Le grand duc de Toscane avoit Porto-Ferraïo, & ses environs, conformément au traité de Florence, du 18 mars 1801. Cette île est renommée, même dans l'antiquité, pour ses mines de fer, qui sont d'un grand rapport, & dont Virgile & Ariste ont fait mention dans leurs ouvrages. La mine de fer la plus abondante est dans le territoire de Rio, près de la côte de l'est ; elle produit aussi beaucoup d'autres sortes de métaux.

Ile & royaume de Sardaigne. C'est une des grandes îles de la Méditerranée entre l'Afrique & l'Italie, au sud de l'île de Corse, dont elle n'est séparée que par un bras de mer de quatre à cinq lieues de large, & au nord-ouest de la Sicile.

Presque tous les auteurs disent que la Sardaigne a été ainsi nommée de Sardus, fils d'Hercule, qui y conduisit une colonie grecque ; mais Bouchart lui donne une étymologie phénicienne. Sans nous arrêter à ces sortes de recherches, nous savons que les Carthaginois s'emparèrent de cette île, dont ils furent les maîtres jusqu'à la première guerre punique, qui les en chassa. Les Romains s'y établirent l'an de Rome 521, sous la conduite de Pomponius ; & comme ils conquirent la Corse l'année suivante, ces deux îles furent soumises à un même préteur.

Cette île est toujours aussi mal-saine que fertile : on pourroit cependant remédier au mauvais air qu'on y respire, en faisant écouler les eaux qui croupissent & en abattant des bois qui empêchent l'air de circuler ; car le climat n'est pas mauvais en lui-même. L'île est couverte, de tous tems, de

fleurs & de verdure. Le bétail y paît au milieu de l'hiver. Les campagnes sont abondamment arrosées par plusieurs rivières, telles que la Coceana, qui parcourt, du sud à l'est, une partie du Capo Logidori ; le Mentaggio, qui court, nord-est, dans la même partie, & se rend dans le golfe d'Oristagni ; la Flumendosa, qui se jette dans la Méditerranée, au sud-ouest du Capo Cagliari, près de Porto-Cavallo, & la Mulgargia, qui, dans une direction nord-est, traverse aussi cette portion de l'île : ces rivières se grossissent, dans leurs cours, d'une infinité de ruisseaux. Les bêtes à cornes multiplient merveilleusement dans la Sardaigne, & donnent des laines, des peaux & des fromages. Les chevaux de cette île sont estimés. Les montagnes, les plaines & les collines fournissent une aussi grande chasse de bêtes fauves & de gibier qu'en aucun pays d'*Europe*. Tous les fruits y sont excellens. Les bois sont couverts d'oliviers, de citroniers & d'orangers. Les montagnes y renferment des mines de plomb, de fer, d'alun & de soufre. Les côtes produisent du thon, du corail, & surtout ces petits poissons si vantés, connus sous le nom de *sardines* ; à cause de la grande quantité qui s'en pêche autour de l'île. Enfin, on y peut recueillir des grains en abondance, comme on y en recueilloit du tems des Romains, où la Sardaigne étoit mise au nombre des magasins de Rome. Pompée, dit Cicéron, sans attendre que la saison fût bonne pour naviguer, passa en Sicile, visita l'Afrique, aborda en Sardaigne, & s'assura de ces trois magasins de la république.

Turquie d'Europe. La Turquie d'*Europe* est bornée au nord par la Hongrie & la Russie d'*Europe*, à l'ouest par la mer Adriatique, au sud par la mer Méditerranée, & à l'est par la mer de Marmara & la Mer-Noire.

La Nature a prodigué aux habitans de la Turquie ses bienfaits les plus précieux, sous ses différens rapports. L'air y est salubre, & d'une grande pureté, à moins qu'il ne soit corrompu par les émanations mal-faisantes des contrées voisines & la mal-propreté naturelle aux Turcs dans leur manière de vivre. Le sol, mal cultivé, est productif au-delà de l'expression. Les saisons y sont régulières & riantes, & ont été chantées dans les siècles les plus reculés de l'antiquité. Enfin, la limpidité & l'extrême salubrité des eaux dans toutes les dominations des Turcs invitent ces peuples à des bains fréquens.

Les montagnes de ce pays sont les plus célèbres du Monde : la plupart sont très-fertiles. Le mont Athos est sur une péninsule qui s'avance dans la mer. Le Pinde & l'Olimpe, célèbres dans les fables des Grecs, séparent la Thessalie de l'Épire. Le Parnasse, dans l'Achaïe, est si fameux pour avoir été consacré aux Muses, qu'il suffit de le nommer. L'Hémus a été aussi souvent cité par les poètes ; mais la plupart des autres montagnes ont changé de nom, témoins les Shúa, Staras, Witoska,

Plamina

Plamina & plufieurs autres ; & même les monts fameux, cités plus haut, ont reçu des Turcs leurs nouveaux maîtres, des noms modernes, ainfi que beaucoup d'autres.

L'Euxin ou Mer-Noire, le Palus Méotide ou mer d'Azof, la mer de Marmara ou Propontide, qui fépare l'*Europe* de l'Afie ; l'Archipel, autrefois mer Égée ; la mer Ionienne ou mer Adriatique & celle du Levant prouvent évidemment que la Turquie d'*Europe*, & furtout la partie où fe trouve Conftantinople, fembloit, par les avantages que lui avoit prodigués la Nature, plus propre que toute autre contrée à devenir la maîtreffe du Monde.

Les détroits de l'Hellefpont & du Bofphore font joints à la mer de Marmara, & ne font pas moins renommés dans l'Hiftoire moderne, que dans l'ancienne. Le premier, l'Hellefpont ou les Dardanelles, n'a que deux milles & demi de large, & eft fameux par le paffage de Xercès lors de fon invafion en Grèce, & par celui d'Alexandre dans fon expédition d'Afie. Le premier de ces rois, pour faciliter le paffage de fes troupes nombreufes, fit jeter un pont de bateaux fur ce détroit, qui fait communiquer la mer de Marmara avec l'Archipel. Le Bofphore, qui la fait communiquer avec la Mer-Noire, n'eft pas moins célèbre chez les poètes par l'hiftoire de Héro & Léandre, & le courage de celui qui le traverfoit à la nage pour aller trouver fon amante, mais qui une nuit fe noya avant d'avoir pu gagner la tour où l'attendoit Héro.

Le Danube, la Save, le Niefter, le Niéper & le Don font les rivières les plus connues de ce pays, quoique plufieurs autres aient été célébrées par les auteurs, tant en vers qu'en profe. Nous avons déjà parlé de ces fleuves à l'article des pays qu'ils traverfent.

Les lacs ne font pas fort remarquables, & ni les Anciens ni les Modernes n'en font de mention diftinguée. Le lac de Scutari, qui eft en Albanie, communique avec ceux de Slave & de Holti. En Morée eft le Stymphale, fi fameux par fes harpies & fes corbeaux, & le Phénée eft regardé, d'après la qualité de fes eaux, comme le lac d'où les Anciens faifoient fortir le Styx, qu'ils croyoient être le paffage aux enfers.

ÉVÊQUE (Forêt de l'), département du Calvados, arrondiffement de Vire, canton de Bony, & à une lieue un quart nord-oueft de cette ville. Elle a, du nord au fud, feize cents toifes, & de l'eft à l'oueft douze cents toifes.

ÉVÊQUEMONT, village du département de Seine & Oife, canton de Meulan, près la Seine, dont ce village couronne le bord très-élevé & très-efcarpé. Je dois faire connoître des éboulemens affez fuivis le long du pied de ces efcarpemens, fur lefquels domine *Évêquemont*, & dont les détails bien obfervés mettent en évidence le beau travail de l'approfondiffement des vallées, & furtout fes extenfions & ofcillations latérales : c'eft là où je puis renvoyer les obfervateurs qui veulent s'inftruire fur les veftiges qui fubfiftent encore de ce travail des eaux courantes de la Seine. Je les ai fuivis & examinés avec la plus grande attention ; ils m'ont remis fur la voie d'une grande partie de ce que la théorie m'avoit fait connoître.

ÉVÈRE, village du département de la Dyle, arrondiffement de Bruxelles, & à une lieue un quart de cette ville. Le territoire abonde en grains de toute efpèce, avec d'excellens pâturages & des bois.

ÉVERGHEN, village du département de l'Efcaut, arrondiffement de Gand, & à une lieue & demie de cette ville. Il y a dans ce village des chantiers pour la conftruction de petits bâtimens de cent cinquante à deux cents tonneaux.

ÉVREUX, ville du département de l'Eure, chef-lieu du département, fur l'Iton. La ville d'*Évreux* renferme plufieurs manufactures de coutils, de ratines, efpagnolettes & draps de différentes qualités. Les draps de coton qu'on y fabrique, font très-eftimés, ainfi que les cotonades & les mouflines. Les eaux de la rivière d'Iton font très-bonnes pour l'apprêt des laines. Outre le commerce des objets ci-deffus, il s'en fait encore un très-confidérable en blé, feigle, avoine ; en vins, eau-de-vie, cidre & poiré. *Évreux* eft le fiège d'une préfecture & d'un évêché qui relève de Rouën.

Nous ferons connoître les environs d'*Évreux*, furtout en décrivant ceux du Château de Navarre.

ÉVREUX (Forêt d'), département de l'Eure, arrondiffement d'*Évreux*, à une demi-lieue de cette ville. Elle a, du nord au fud, quatre mille toifes de long, & de l'oueft à l'eft quatre mille deux cents toifes de large.

FAL

FALAISE, ville du département du Calvados, sur l'Anté, à dix lieues nord-est de Séez. Cette ville est dans une situation fort agréable : c'est une des plus anciennes du pays des Marches. Elle est longue & étroite. Il y a un ancien château construit sur une grande masse de rochers que je nomme *Roc vif*, dont il y a d'ailleurs plusieurs échantillons aux environs de Séez, & particuliérement le Rocher-du-Diable, qui occupe une vallée au nord-est de *Falaise*, & qui mérite l'examen des naturalistes qui desireroient faire une étude des masses de Roc vif, qui sont recouvertes par les couches horizontales de la nouvelle terre. Dans *Falaise* & dans ses faubourgs il y a des fabriques de serges, de toiles fines, de dentelles façon de Dieppe, de coutellerie & chaudronnerie, auxquelles on peut ajouter les tanneries abreuvées par les eaux abondantes qui y ont leurs sources. La foire, connue parmi les négocians sous le nom de *Guibray*, se tient toujours dans un des faubourgs de *Falaise*.

FALAISE (la), village du département de Seine & Oise, arrondissement de Mantes, & à deux lieues de cette ville, sur la Mandre. Il y a des pressoirs pour les vins & les bons cidres qu'on y récolte.

FALAISES (les) : ce sont de grands & fameux rochers qui se trouvent sur les bords de la Manche, & qui sont lavés par les vagues de la mer.

FALAISES : ce sont les bords escarpés de la mer, & qui éprouvent, de la part de la vague qui en sappe le pied, une destruction continuelle. On connoît les *falaises* des environs de Dieppe, qui ont deux cents pieds de hauteur perpendiculaire, & qui, soit par le jeu de la vague, soit par l'action de la gelée sur les marnes crayeuses, tombent par morceaux dans la mer, & fournissent, par leurs débris, les matériaux primitifs des galets qui infestent tous les ports & toutes les anses de cette côte, depuis l'embouchure de la Seine au Havre, jusqu'à peu près l'embouchure de la Somme. Ces *falaises* sont des témoins de l'action de la mer & du progrès de la destruction de ses côtes, & des principes de l'élargissement continuel & journalier des golfes & des détroits. C'est en suivant les progrès de ce travail, qu'on peut, sans rien hasarder, déterminer le tems qu'il a fallu à la Nature pour franchir l'intervalle immense qu'il y avoit entre les petites vallées primitives qui occupoient le centre de la Manche & l'état actuel de ce golfe, qui a fini par devenir un détroit. D'abord j'y vois l'assemblage de lits de quelques rivières ; plus, la réunion de ces lits ou petites vallées en une seule ; ensuite un golfe qui s'élargit par la destruction des *falaises*, & enfin un long & large détroit par la destruction de l'isthme des *falaises*. Voilà ce que j'ai reconnu aux pieds des *falaises* de Dieppe. (*Voyez les articles* MANCHE, GALETS & ISTHME DE CALAIS, &c.)

FALUN, FALUNIÈRES : c'est un amas considérable, formé, ou de coquilles entières qui ont seulement perdu leurs couleurs & leur vernis, ou de coquilles brisées par fragmens, & réduites en poussière, ou enfin de débris de substances marines, de madrépores, &c. L'on donne surtout le nom de *falun* à la portion de cet amas où la substance des coquilles est la plus divisée, & celle qui est réduite en poussière fort fine. Les *falunières* de Touraine ont trois grandes lieues & demie de longueur, sur une largeur moins considérable, mais dont les limites ne sont pas aussi précisément déterminées ni connues. Cette étendue comprend depuis la petite ville de Sainte-Maure jusqu'au Mantelan, & renferme les paroisses circonvoisines de Sainte-Catherine, de Fierbois, de Louan, de Bossée.

Le *falun* ne forme point un banc fermé & solide : c'est un massif dont l'épaisseur n'est ni fixe ni déterminée. On sait seulement qu'il a plus de vingt pieds de profondeur.

Voilà donc un banc de coquilles d'environ neuf lieues carrées en surface, sur une épaisseur au moins de vingt pieds. Ce prodigieux amas dans un pays éloigné de la mer ne doit pas étonner tous les naturalistes qui ont suivi les dépôts immenses de la mer, & les dépouilles des animaux marins, que l'on rencontre au milieu des Continens.

C'est l'usage qu'on fait du *falun* qui l'a fait connoître aux naturalistes. Les laboureurs & petits cultivateurs dont les terres sont naturellement stériles, tirent des *falunières* de quoi les féconder, & répandent cette poussière de coquilles sur leurs champs. Cet engrais les rend fertiles, comme dans beaucoup d'autres provinces de France la marne ou les craies.

Mais parmi les *falunières* on n'exploite que celles qu'on peut travailler avec profit. On commence donc par faire une fouille à l'aide de laquelle on puisse s'assurer à quelle profondeur est le *falun* ; quelquefois il se montre assez près de la surface, mais ordinairement il est recouvert d'une couche de terre de trois à quatre pieds d'épaisseur. Si la couche de terre a plus de huit à neuf pieds, il est rare qu'on fasse la fouille. On sait que les endroits bas, aquatiques, peu couverts d'herbes, promettent du *falun* proche de la surface de la terre.

Quand on a percé un trou, on en tire, dans le jour, tout ce qu'on peut en extraire. Ce travail demande une grande célérité, parce que l'eau se présente de tous côtés pour remplir le trou à mesure qu'on l'approfondit, & on est obligé d'épuiser l'eau à mesure qu'on travaille.

Il est rare qu'on emploie moins de quatre-vingts ouvriers à la fois, & l'on en assemble souvent plus de cent cinquante.

Les trous sont à peu près carrés, & les côtés ont jusqu'à quatre toises de longueur. La première couche de terre enlevée, & le *falun* qui peut être extrait étant jeté sur les bords du trou, le travail se partage ; une partie des travailleurs creuse, & l'autre épuise l'eau.

A mesure qu'on creuse, on ménage des retraites en gradins pour placer les ouvriers : on les distribue sur ces gradins, depuis le bord du trou jusqu'au fond de la minière, où les uns puisent l'eau à seau, & les autres le *falun* ; l'eau & le *falun* montent ainsi de main en main : l'eau se jette d'un côté du trou, & le *falun* de l'autre.

On commence le travail de grand matin, &, sur les trois ou quatre heures après midi, on se trouve communément obligé de l'abandonner ; mais on ne revient plus à un trou abandonné, parce qu'on trouve moins pénible & plus avantageux d'en percer un autre, que d'épuiser le premier de l'eau qui le remplit. Cette eau, filtrée à travers les lits de coquilles, est claire & n'a pas de mauvais goût.

Quoiqu'on soit parvenu jusqu'à vingt pieds de profondeur, on n'a jamais trouvé la limite du *falun*. Les bancs de ce fossile n'offrent aucun mélange de matières étrangères, qui ne soit pas un débris de coquilles blanches. Il seroit sans doute curieux de creuser dans un très-grand nombre d'endroits, & d'extraire le *falun* à la plus grande profondeur où l'on pourroit en trouver, afin de reconnoître quelle peut être à peu près l'épaisseur de cette masse singulière.

On ouvre ordinairement les *falunières* vers le commencement d'octobre, parce qu'alors on craint moins l'affluence des eaux ; mais comme c'est le tems des labours, on se trouve dans une saison peu commode pour cette exploitation. Quelquefois on a hasardé ce travail au printems, mais cela est rare.

Quand le *falun* a été tiré, & qu'il est bien essoré, on l'étend dans les champs. Il y a des terres qui en demandent trente à trente-cinq charretées par arpent, & d'autres pour lesquelles quinze à vingt suffisent. On ne donne aux terres qu'on fertilise ainsi aucune préparation particulière : on laboure comme à l'ordinaire, & l'on répand le *falun* comme le fumier.

Il y a de la marne dans le voisinage des *falunières*, mais elle ne convient pas aux terres pour lesquelles le *falun* est bon. Les terres qu'on fertilise avec le *falun* ne produisent seules que des bruyères ; les autres plantes y croissent à peine : on les appelle, dans le pays, des *bornais*. La moindre pluie les bat & les affaisse ; le *falun* les entr'ouvre & les ameublit. Telle est la fertilisation qu'elles reçoivent de ce mélange, comme un grand nombre d'autres terres où l'on répand des marnes dans d'autres provinces.

Sur l'observation que le *falun* & la marne ne fertilisoient pas également les terres, M. de Réaumur a conclu que la nature de cet engrais étoit entièrement différente ; mais il devoit seulement en conclure que la marne n'agissoit pas de la même manière, & ne produisoit pas une division aussi complète. (*Voyez l'article* MARNE, où nous expliquons cette manière d'agir des engrais terreux.)

Une terre une fois falunée l'est pour trente ans. L'effet du *falun* est moins sensible la première année que les suivantes, parce qu'alors le *falun* est mêlé plus uniformément dans la terre du champ, & c'est alors que les terres falunées sont d'un très-bon rapport.

Le *falun* tiré après les premières couches est extrêmement blanc : les coquilles entières qu'on y remarque, sont toutes placées horizontalement & sur le plat : d'où il résulte qu'on ne peut attribuer ces dépôts à des mouvemens violens, qui auroient produit une confusion & un désordre qu'on ne remarque point dans les *falunières*.

Le massif des *falunières* est distribué par couches distinctes & séparées les unes des autres ; ce qui prouve encore qu'il est le résultat de plusieurs dépôts successifs formés dans le bassin d'une mer fixe & tranquille, & dont les mouvemens ne s'opposoient pas à la disposition horizontale. On trouve dans cet amas, les coquilles les plus communes sur les côtes du Poitou, comme les palourdes, les lavignans, les huîtres ; mais en même tems on y trouve abondamment des espèces totalement inconnues sur ces côtes, telles que les *cardium*, les mactres, les vénéricardes, les cythérées ; les cérithes, les pyrules, les casques, les cônes, les volutes, les pleurotômes, les turritelles, les huîtres plissées, ainsi que les madrépores, les rétipores, les champignons de mer.

Ces corps s'étant accumulés par des accroissemens insensibles au fond de la mer, & ayant séjourné un tems infini sous les eaux, il n'est pas étonnant que la plupart, réduits en petits fragmens, n'aient formé un massif uniforme sans vides, sans interruptions, sans ruptures, sans inégalités. (*Voyez Mém. de l'Acad. ann.* 1720.) Voyez FOSSILES & les articles de Grignon, de Courtagnon, où l'on décrit plus amplement les dépôts de coquilles fossiles.

FANGE (Forêt de), département de l'Aude, arrondissement & canton de Quillan, & à une lieue fud-eft de cette ville. Elle a, de l'eft à l'ouest, deux cents toifes, & du nord au fud douze cents toifes. Elle eft toute en fapins.

FANJAUX, bourg du département de l'Aude. Ses environs, quoique remplis de montagnes, font fertiles en grains & en bons pâturages.

FAON (le), rivière du département du Finif- terre, arrondiffement de Châteaulin, canton de Faon, à deux lieues eft duquel elle prend fa fource, ver.e fes eaux à l'ouest, & fe rend à la mer dans la baie de Breft, à trois lieues de fa fource. A l'ouest- nord-ouest de fon embouchure eft fituée la petite île de Tibity dans les fables, près la côte.

FARGUES, village du département du Lot & Garonne, à deux lieues & demie de Caftel-Jaloux. Il y a une forge pour la fabrication du fer, des fabriques d'huile, de térébenthine & de gou- dron.

FAUCIGNY, pays d'une certaine étendue en Savoie. Il étoit borné, vers le nord, par le Chablais; vers l'occident par le Genevois; vers le midi par le refte de la Savoie & la Tarantaife; à l'orient par le Valais, & de ce côté-là il eft féparé par les Hautes-Alpes que les Anciens nommoient Graiennes. Il eft cependant affez près des Alpes, où les pays font rudes, âptes & ftériles, à l'exception de quel- ques endroits favorifés de la Nature. Le Faucigny, réuni à la France, fait partie du département du Léman.

FAUCOGNEY, ville du département de la Hautè-Saône, au pied des montagnes des Vofges, fur la Breuchin. On y fait le commerce de fil, de toiles, & d'eau de cerifes ou kirchenwaffer.

FAUX (Forêt de la), du département de la Côte-Dor, canton de Nuits, & à une lieue un quart de cette ville. Elle a du nord au fud une lieue de longueur, & de l'eft à l'ouest trois quarts de lieue.

FAUX, village du département de la Creufe. Le territoire eft excellent en pâturages qu'on peut arrofer, furtout pour les moutons d'une forte race, dont on fait un gros commerce en Limoufin, fous le nom de moutons de Faux.

FAVERGES, village du département du Mont- Blanc. On y trouve une fabrique de papier, deux tanneries où l'on prépare plufieurs fortes de cuirs; une manufacture de cuivre, dans laquelle on frappe au marteau toutes fortes d'uftenfiles de ménage, & une ufine où l'on forge différens outils propres à l'agriculture.

FAVERGES, canton du département du Mont-

Blanc. Ce canton eft fitué au fud-eft de la ville d'Annecy. Le bourg, fort confidérable, eft fur le torrent d'Eau-Morte & dans une pofition agréable à l'extrémité d'un affez grand baffin ouvert au nord-ouest & au pied d'une haute colline. Le pied du château eft baigné par un ruiffeau dont les eaux font très-limpides, & meuvent les ufines d'une belle papeterie.

La vallée de Faverges commence à l'extrémité fud-eft du lac d'Annecy; elle s'étend à peu près du nord au fud fur une longueur d'environ trois my- riamètres, & fa largeur varie beaucoup. Son fol eft partout de nature calcaire, mêlée d'argile. La vigne, les prairies & les terres à blé y donnent en général d'abondantes récoltes. Les montagnes fecondaires qui la bordent à l'eft & à l'ouest offrent des couches tourmentées en tous fens & fous tous les rapports. Après une heure de marche on traverfe le village de Vertiers, jufqu'où probablement s'étendoit au- trefois le lac d'Annecy. Après Verriers, le chemin parcourt une chaîne de montagnes compofées de pierres calcaires feuilletées, entre-mêlées de cou- ches argileufes qui reffemblent à un fchifte tendre. Ces efpèces de fchiftes prennent un caractère plus propre à mefure que l'on avance. Les couches paroiffent de l'ordre des primitives, & font veinées de fpath. Il règne le plus grand défordre dans leur fituation, particuliérement à l'approche de Viu- Faverges. La chaîne de montagnes depuis Talloires jufqu'à Viu-Faverges a fon efcarpement tourné contre la vallée, tandis que celles fituées fur la rive gauche lui préfentent leurs talus, qui font en géné- ral inclinés & couverts de bois. La vallée s'élargit enfuite, & l'on entre dans le fertile baffin de Fa- verges, à l'extrémité duquel eft fituée la ville de ce nom. De Faverges on communique avec les vallées de l'Ifère, de la Tarantaife & de la Maurienne par le col de Tamies. Ce chemin fe dirige au fud-eft. Il fuit toujours un fol très-montueux & couvert de bois, traverfe les grandes & belles forêts de Tamies. Il paroît que les montagnes de Tamies font une ef- pèce de prolongement de celles de Beauges, à l'eft defquelles elles fe trouvent fituées.

Lorfque d'Annecy on veut aller à Ugine, l'on vient paffer dans Viu-Faverges, fitué à l'entrée d'une belle & fertile plaine. A la fortie du Viu-Faverges on entre dans ce baffin, que de hautes montagnes entourent de toutes parts. La chaîne que l'on a eue à main droite, depuis Vertiers jufqu'à Viu, fe replie du côté du nord, en s'appuyant contre des efpèces de grès quartzèux d'une grande dureté, & dont les couches font entre-mêlées de feuillets fchifteux. Le fol du baffin eft compofé en partie d'une terre d'alluvion qui repofe fur un fond de gravier. Vers fon extrémité l'on paffe le torrent de la Chèze, qui vient de la vallée de Serraval, & fe jette dans l'Arly au deffus d'Ugine. Les crues de ce torrent interceptent quelquefois les routes; & parmi les décombres qu'il entraîne dans fon cours, on a remarqué plufieurs indices de minerai

de cuivre, ainſi que de petits criſtaux arſeni-
caux.

FAVIÈRE (plage de), du département du
Var, à trois quarts de lieue de l'île & des rocs de
la Fournigue. Elle tient aux pointes du Parc & de
Gourdon.

FAYENCE, bourg du département du Var, dans
une belle ſituation, ſur une hauteur près de la rivière de Biou. Il y a une fabrique de faïence qui eſt
un objet de commerce : outre cela on y voit neuf
moulins à huile.

FAYAL, l'une des Açores. Cette île eſt ſous un
beau ciel. L'air y eſt excellent, & conſerve pendant l'hiver une température aſſez douce pour qu'on
puiſſe ſe paſſer de feu. Pendant l'été on y eſt continuellement rafraîchi par les vents qui rendent la
chaleur ſupportable, & l'humidité qui règne d'ailleurs ſur les montagnes y entretient une certaine
fertilité ; car leur cime eſt couverte d'arbres qui
conſervent une verdure continuelle : on ne voit
point ailleurs, ni plus de troupeaux ni plus de volaille. La montagne la plus élevée de cette île ſe
trouve à peu près à ſon centre ; elle vomiſſoit autrefois des torrens de flamme avec des matières
embraſées, & ſes éruptions cauſoient des tremblemens de terre bien ſenſibles. La dernière mit à découvert un grand baſſin qui ſe trouve environné
d'un mur très-élevé. Ce mur paroît fait avec tant
de régularité, qu'on le prendroit pour un ouvrage
de l'art ſi l'on ne voyoit d'ailleurs qu'il doit ſon
origine aux feux ſouterrains. Les eaux de pluie ont
rempli ce baſſin, qu'il faut bien diſtinguer du crater
de l'ancien volcan, & il s'y eſt formé un lac ou
plutôt un réſervoir de la plus belle eau.
L'île du Pic n'eſt qu'à deux petites lieues de
Fayal, & prend ſon nom d'une montagne volcanique qui eſt preſqu'auſſi haute que celle de Ténériffe. C'eſt la ſeule qu'il y ait dans l'île, à la
ſurface de laquelle cette groſſe maſſe ſe détache, &
ſe montre de manière à frapper d'étonnement les
ſpectateurs.

FÉCAMP, ville & petit port de mer du département de la Seine-Inférieure. Fécamp tire ſon nom
de la rivière au bord de laquelle elle eſt ſituée.
Cette rivière forme à ſon embouchure un petit
port qui n'eſt fréquenté que par des barques de
pêcheurs & par des bâtimens marchands. Son commerce conſiſte d'ailleurs en draperies & ſerges, en
filature de lin, mouchoirs fil & coton. Il y a quatre
huileries, neuf tanneries, cinq corderies, quatre
briqueteries, une braſſerie & une fabrique de
tabac. Le port de cette ville fait partie du deuxième
arrondiſſement maritime, dont le port du Havre
eſt chef-lieu.

FECHINGEN, village du département de la

Sarre, arrondiſſement de Sarbruck. Il y a, dans
les environs, des carrières de plâtre en exploitation.

FELLETIN, ville du département de la Creuſe,
arrondiſſement d'Aubuſſon, & à deux lieues ſud
de cette ville. On trouve à Felletin une manufacture de tapis de haute & baſſe liſſe, qui eſt proprement ſuccurſale de celle d'Aubuſſon. Une autre
de gros draps appelés burre, & une papeterie. Il
s'y fait un commerce conſidérable de ſel. On trouve
à un quart de lieue de Felletin une ſource d'eaux
minérales, bonnes pour la guériſon des fièvres,
ſurtout des fièvres quartes.

FENESTRANGE, ville du département de la
Meurthe, arrondiſſement de Sarrebourg, & à
trois lieues de cette ville. Feneſtrange, ſituée à la
gauche de la Sarre, a deux tanneries pour la fabrication des cuirs forts, deux fabriques de bas
& bonnets de laine, & une fabrique de chapeaux
communs. C'eſt la réſidence d'un ſous-inſpecteur
des forêts.

FENIERS, village du département de la Creuſe,
arrondiſſement d'Aubuſſon. Comme il y a d'excellens pâturages bien arroſés, on y élève beaucoup
de beſtiaux dont on fait un commerce conſidérable,
ſurtout à Limoges.

FENIL (le), torrent du département de la
Dore, qui a ſa ſource au col de Champorcher, &
qui tombe à Fenil dans la Dorabaltea. C'eſt ce village qui donne ſon nom au vallon que parcourt le
torrent, qui a trois lieues & demie de cours.

FENOUILLÈDES. C'étoit un petit pays du bas
Languedoc, formant la partie méridionale du dio-
cèſe d'Alet. Saint-Paul de Fenouillèdes étoit le lieu
principal. Les autres communes les plus conſidérables étoient la Tour & Fourria. Ce petit pays fait
partie aujourd'hui du département des Pyrénées
orientales.

FENTES. En me ſervant du mot fentes dans
la plupart des deſcriptions des pays à couches ou
des pays à maſſes, je n'ai pas prétendu indiquer
d'autres effets que ceux de la deſſiccation des matières, qui s'opèrent par l'évaporation de l'eau &
par la retraite de la matière ; mais je diſtingue ces
fentes de celles qui peuvent procéder de la décompoſition d'une partie des rochers qui ſe ſéparent &
ſe déſuniſſent par l'alternative du chaud & du froid,
de l'humidité & de la ſéchereſſe. Dans ce cas les
fentes ſe multiplient & s'élargiſſent en même raiſon
que la décompoſition fait des progrès. Mais j'ajouterai ici que ſouvent les fentes primitives de deſſiccation ont donné lieu aux ſecondes, & en ont
facilité les effets ; car, comme ces dernières ſont
produites par l'humidité, & qu'elle attaque avec
d'autant plus d'avantage, que les maſſifs lui pré-

fentent plus de faces où elle peut agir, on fent que les *fentes* de décompofition viennent naturellement à la fuite des *fentes* de defficcation.

Les féparations horizontales des rochers n'ont rien de commun avec les *fentes* accidentelles, qui font la fuite de la defficcation ou de la décompofition. Ce font les conféquences naturelles de la fucceffion des dépôts & des changemens des matières dépofées, qui n'ont pu former de liaison entr'elles. L'opinion contraire ôte à l'obfervateur une reffource très-précieufe pour diftinguer les maffifs qui font par couches, de ceux qui n'en ont pas ; des maffifs qui appartiennent à la moyenne terre, de ceux qui font partie de l'ancienne ; car c'eft ainfi que j'ai cru devoir les diftinguer en étudiant tout ce qui concerne les *fentes* dont je viens d'expofer les circonftances. (*Voy. l'article* FILON.)

FENTES PERPENDICULAIRES. On trouve de ces fortes de *fentes* dans tous les maffifs de la terre, qui font par couches ; elles font fenfibles, ouvertes, & très-aifées à reconnoître & à fuivre dans les carrières de pierres de taille calcaires, de marbres, de pierres de fable, comme dans les lits d'argile & de marne. On peut les obferver fur toutes les coupes un peu profondes de terrains mis à découvert par des excavations quelconques, fur les bords efcarpés des vallées, &c. On les appelle *fentes perpendiculaires*, parce que ce n'eft que par accident qu'elles font obliques, & que d'ailleurs elles font toujours *perpendiculaires* aux fyftèmes des couches qu'elles traverfent, foit que ces couches foient horizontales ou inclinées.

Woodward & Ray font les premiers obfervateurs qui nous aient parlé de ces *fentes* ; mais ils ne leur donnent pas la dénomination de *perpendiculaires*, parce qu'ils n'avoient pas fuivi cette circonftance ni fenti l'importance dont elle pouvoit être dans l'hiftoire de la Terre.

Il eft vifible que ces *fentes* ont été produites par la defficcation des matières qui compofent les couches horizontales ; car la defficcation fe faifant de manière que la retraite qui en eft la fuite, fépare les matières par une ligne qui s'étend d'un bord à l'autre du banc. Une fuite de ces féparations a dû fouvent fe porter d'une couche à l'autre, & leur réunion former les *fentes perpendiculaires*. Toute *fente* eft bien perpendiculaire à la direction des couches ; mais je n'envifage ici, fous le nom de *fentes perpendiculaires*, que celles qui traverfent un grand nombre de couches & de bancs. Je comprends auffi fous ce nom toutes les féparations naturelles des rochers qui ont gliffé fur leur bafe, & qui, par une rupture quelconque, autre que celle produite par la defficcation, fe font éloignés les uns des autres ; & dans ce cas, lorfqu'il eft arrivé quelque déplacement confidérable à de grandes maffes, ces *fentes* préfentent des ouvertures très-confidérables & affez fouvent obliques. Avec un peu d'attention, il eft aifé de reconnoître que

ces ouvertures traverfent toujours les maffes & les bancs perpendiculairement à leur direction.

Souvent une *fente* ou féparation perpendiculaire qui a commencé par l'effet de la defficcation, s'eft continuée enfuite par des déplacemens. Les *fentes* ont des ouvertures irrégulières ; elles font quelquefois plus confidérables vers la furface de la terre, qu'à une certaine profondeur. Ailleurs elles s'élargiffent beaucoup dans les couches inférieures, & ne préfentent qu'une foible ouverture à la furface de la terre.

On voit aifément que c'eft par ces *fentes perpendiculaires*, & qui traverfent un nombreux affemblage de couches, que l'eau pluviale pénètre dans l'intérieur de la terre affez abondamment, comme c'eft par les petites *fentes* qu'elle filtre jufqu'à la couche où elle s'amaffe & réfide.

On obferve que, dans la plupart des *fentes perpendiculaires*, foit larges, foit étroites, les parois fe correfpondent affez exactement, comme celles des *fentes* d'une boue fendue à la fuite d'une defficcation vive & complète.

Affez fouvent on trouve, dans les *fentes perpendiculaires*, des matières entraînées par l'eau des pluies qui s'y engoufre : ce font des graviers, des fables, d'autres matières pulvérulentes, qui quelquefois y font accumulées de manière à remplir exactement la capacité de ces *fentes*, ou au moins à y caufer des obftructions affez complètes.

Les *fentes perpendiculaires* font fort étroites toutes les fois que les maffifs au milieu defquels on les voit, ont éprouvé une retraite peu confidérable, ou bien qu'ils n'ont pas éprouvé, dans les parties féparées par ces *fentes*, de grands déplacemens ; c'eft tout le contraire lorfque la defficcation a produit de fortes retraites, ou que les maffes féparées ont gliffé fur leurs bafes.

C'eft par les *fentes perpendiculaires* qu'on attaque fouvent un certain fyftème de couches, pour y former une fouille & y exploiter une carrière. Ces ouvertures facilitent, comme il eft aifé de le concevoir, les premiers déblais, ou même ceux qui ont lieu dans le cours de l'exploitation lorfque ces *fentes* fe rencontrent dans les diverfes galeries qu'on eft dans le cas d'ouvrir, en fuivant les bancs les plus propres aux conftructions.

FENTES DE DESSICCATION DANS LES COUCHES. Les *fentes*, par l'effet de la retraite, n'ont pu avoir lieu dans les couches que depuis que les couches ont été mifes à découvert par le changement du baffin de la mer, & à mefure qu'elles ont pris une certaine confiftance par le travail de la pétrification : ainfi, comme la totalité des bancs & des couches étoit formée, il n'eft pas étonnant, 1°. que les *fentes* embraffent plufieurs couches à la fois, & qu'une *fente* fe continue dans deux ou plufieurs bancs fur une même ligne.

2°. Les différentes circonftances de ces *fentes* font en même raifon que la différence des volumes que les matières des couches ont pris en se consolidant ; en sorte que s'il y a eu des progrès dans la retraite , & des progrès fort longs, il doit s'y être formé différens ordres de *fentes*, ou bien les premières *fentes* se sont élargies.

3°. L'état différent où se trouvent les matières de chaque couche doit avoir influé sur le nombre des *fentes*, leur distribution, leur longueur, leur largeur : il y a certain grain qui s'y oppose.

4°. Les parois des *fentes* doivent être & sont restées correspondantes, & sont restées telles toutes les fois que l'eau qui a circulé au milieu de ces *fentes* n'a pas altéré cette correspondance avant le remplissage qu'en ont fait les infiltrations.

5°. Les *fentes* ont quelquefois la forme angulaire & se terminent par des pointes ; mais le plus souvent elles ont une égale épaisseur dans toute leur étendue. La dessiccation lente & continue avant bien pu s'opérer également dans une certaine profondeur, on trouve aussi, dans certaines couches profondes, autant de veines, & des veines aussi larges que dans les couches supérieures les plus proches de la surface de la terre.

De là je conclus que les veines qui se trouvent dans les différens massifs séparés par bancs & par couches ne sont que des gerçures remplies, ou par des matières brutes que les eaux ont entraînées, ou bien par des eaux chargées de matières propres à former ces cristallisations : quelquefois ces *fentes* de dessiccation sont inclinées au plan des couches ; quelquefois elles se croisent dans le même banc, & se distribuent de là dans les autres contigus, supérieurs & inférieurs.

La largeur est souvent irrégulière dans les veines : il y a des veines dont la continuité & le prolongement ont été dérangés par la rupture des couches.

La continuité du plan des lits, leur situation & leur ordre respectif ne sont pas altérés par les premières veines surtout.

FÈRE (la), ville du département de l'Aisne, arrondissement de Laon, & à cinq lieues nord-ouest de cette ville. *La Fère* est entourée de coteaux couverts de bois, sous lesquels règne une belle prairie. Il y a un moulin à poudre très-remarquable, & des moulins à scie pour les planches. La forêt de *la Fère*, considérable par son étendue, est à l'orient de l'Oise. Il y a plusieurs verreries où l'on fabrique toutes sortes d'ouvrages. La manufacture des glaces est des plus remarquables ; elle est au milieu de la ville, dans le château de Saint-Gobin. Le volume des glaces qu'on y fait, n'est borné que par la difficulté du poli ; car il est impossible qu'un ouvrier puisse polir des glaces qui auroient plus de soixante pouces de large. Il en est sorti de cette manufacture qui avoient cinq cents pouces de hauteur, sur soixante de largeur. Ces glaces se coulent sur une table de métal. On en envoie à Paris, où elles reçoivent leur dernière perfection dans la manufacture du faubourg Saint-

Antoine. On exploite, aux environs de *la Fère*, des terres végétales pyriteuses.

FÈRE (Forêt de la), département de l'Aisne, canton de *la Fère*, & à une demi-lieue sud de cette ville. Elle a, du nord au sud, quatre mille huit cents toises de long, & de l'est à l'ouest environ quinze cents toises de large ; ce qui annonce une certaine étendue considérable de bois, dont on peut tirer de grands avantages.

FÉRE EN TARDENOIS, ville du département de l'Aisne, arrondissement de Château-Thierry. Comme cette commune a, le long de la Marne, de bons pâturages, elle les met à profit pour faire un commerce de chevaux & de bestiaux.

FERMETÉ (la), village du département de la Nièvre, arrondissement de Nevers, & à trois lieues de cette ville. Il y a trois forges où l'on fabrique du fer marchand, & un fourneau pour la fonte de canons de petit calibre.

FEROË (Isles de). Ces îles sont situées au soixante-deuxième degré de latitude, au nord de l'Écosse, entre les îles de Shetland & d'Islande ; elles sont au nombre de dix-huit ou vingt.

Ces îles abondent en pâturages excellens, où l'on nourrit des bœufs qui donnent jusqu'à cent livres de graisse ; elles produisent beaucoup de plantes bonnes à manger, comme racines, légumes, laitues, cresson, sariète & autres. On y trouve aussi, en grande quantité, la tormentille, dont on se sert pour préparer les peaux ; l'angélique sauvage, dont on mange la tige, & dont la racine est d'un grand secours dans les tems de disette ; enfin la racine de Rhode, dont on fait une eau distillée, qui a le goût & l'odeur de l'eau de rose. Cette plante croît ordinairement au pied des montagnes, au bord des eaux courantes ou de la mer.

Les troupeaux de brebis paissent d'eux-mêmes dans ces îles : ce sont pour ainsi dire des brebis sauvages & qu'on ne garde point, & qui restent toujours dans les champs, été & hiver ; quelquefois même elles sont toutes couvertes de neiges, & l'on ne pourroit les trouver s'il ne s'élevoit, de l'endroit où elles sont, une vapeur sensible, qui avertit les paysans. Il leur arrive quelquefois de demeurer un mois sous les neiges, étant réduites à la nécessité, pour se nourrir, de brouter jusqu'aux racines des plantes, & même de se manger la laine les unes aux autres ; mais souvent les plus forts moutons du troupeau parviennent à se faire jour à travers les neiges, & viennent à bout d'échapper & de faire échapper tous les autres par la même issue. Ces bestiaux supportent plutôt le froid que le chaud ; aussi le plus grand nombre meurt-il au retour des premières chaleurs : cela n'est pas étonnant. Leurs corps, affoiblis & exténués par les froids exceffifs, ne peuvent réfifter aux ardeurs du foleil. On fait la chaffe à ces animaux avec le fecours des chiens que les bergers font aller partout où ils veulent. Dans la partie feptentrionale de ces îles la plupart des brebis font blanches ; mais elles font prefque toutes noires dans la partie méridionale.

Parmi les oifeaux de proïe le corbeau eft le plus commun dans ce pays, & en même tems le plus redoutable aux brebis ; ce qui fait qu'on lui donne la chaffe : c'eft même un ufage établi, que tous les ans, un certain jour de l'année, chaque habitant apporte à la chambre de juftice un bec de corbeau. Les corbeaux font ici, comme en Iflande, ou tout blancs ou mêlés de blanc & de noir.

Le corbeau a pour ennemi un oifeau qu'on appelle *kielder* dans le pays ; & qui eft connu dans le pays fous le nom de *pie-de-mer*. Il eft de la groffeur d'un geai. Il a le bec jaune, long & obtus. Il fond avec rapidité fur le corbeau, l'attaque à coups de bec, & l'oblige à fe tenir caché : comme il fait la guerre à un oifeau nuifible, les habitans en font un très-grand cas.

On trouve dans ces îles beaucoup d'oifeaux aquatiques. Le canard à duvet y eft très-commun : c'eft celui qui produit l'édredon. Un oifeau nommé *imbrim*, & qui ne fort jamais de l'eau, eft confidéré, par les gens du pays, comme une efpèce d'alcyon ; mais il y a une grande différence entre ces deux oifeaux. L'imbrim eft plus gros qu'une oie. Ce qui le fait prendre pour une efpèce d'alcyon, c'eft qu'on dit que ce dernier couve fes œufs dans l'eau, de même que l'imbrim, qui ne peut pas fortir de l'eau ni vivre fur la terre, parce que fes pieds font placés trop en arrière, & font fi foibles qu'ils ne pourroient foutenir le poids de fon corps. D'ailleurs, fes ailes font trop petites pour qu'il puiffe voler. On a encore remarqué qu'il a fous chaque aile un creux capable de contenir un œuf : c'eft là qu'on croit communément qu'il tient fes œufs cachés & qu'il les couve, avec d'autant plus de vraifemblance, qu'on a obfervé que cet oifeau ne fait jamais éclore plus de deux petits. On voit encore dans cette île le *columbus pedibus palmatis indivifis* de Linné, affez femblable à l'imbrim par fa groffeur, par la voïe & par la pofition de fes pieds, qui l'empêche de marcher, ainfi que par la petiteffe de fes ailes, qui l'empêche de voler facilement.

On trouve dans ces îles différentes efpèces d'oifeaux aquatiques bons à manger. Outre trois efpèces d'oies fauvages, on mange encore le skraben, la lunde, la huppe & la corneille aquatique. Quoique tous ces oifeaux ne pondent chaque année qu'un œuf, cependant on en trouve dans ces îles une quantité prodigieufe. Outre qu'on en prend, tous les ans, dans ces îles, des milliers de ces oifeaux pour la nourriture des habitans, on en voit partir des bandes innombrables de deffus les rochers efcarpés de ces îles.

La mer qui environne les îles de *Feroë* abonde en poiffons de toute efpèce, & particuliérement en phoques & en baleines. Les phoques font gros comme des bœufs : ils ont leur retraite dans les creux & les cavernes des rochers : c'eft là qu'ils font leurs petits. On entre avec de petites barques dans les grotes pour furprendre & tuer ces animaux. Les vieux efquivent le coup de la maffue & échappent fouvent aux pêcheurs ; mais, pour peu qu'on les frappe fur la tête, ils tombent & préfentent la goïge au couteau. On en égorge quelquefois, de cette manière, jufqu'à cinquante dans un jour. On les dépouille, & leur cuir tanné fert à faire des fouliers. On fond le lard pour en faire du fain-doux, ou bien on le fale pour le manger.

Parmi les cétacées qui habitent la côte, on en diftingue particuliérement trois : le premier, le plus commun, eft le grindeval : c'eft auffi le plus petit des trois : on en mange la chair féchée & le lard falé. On fale le lard avec une efpèce de foude qui contient une grande proportion de fel marin, & que l'on retire des cendres de l'algue marine. Quand la chair en eft fraîche & bien cuite elle a beaucoup d'analogie avec celle du bœuf.

La feconde efpèce de baleine eft nommée *Doglinge* ; elle a environ trente-deux pieds de long fur huit de diamètre. Les pêcheurs les chaffent près des côtes, dans la baie de Qualboë de l'île de Suderoë. Lorfqu'ils les apperçoivent, ils leur font un trou avec leur lance, affez ordinairement près des paupières. Après qu'ils ont enfoncé leur lance, ils y attachent une corde qu'ils tirent au rivage, & forcent ainfi l'animal à fuivre. Lorfqu'ils y font arrivés, ils attachent la corde à une groffe pierre, & percent l'animal à coups de lance jufqu'à ce qu'ayant perdu tout fon fang, il ne donne plus figne de vie. On ne retire de cet animal, que l'huile qui fait un objet de commerce.

La troifième efpèce de baleine fe nomme *Froid-Wal* ; elle eft fi groffe, que les pêcheurs n'ofent pas l'attaquer ; elle culbute fouvent leurs barques, ou la foulève en paffant par-deffous, & la foutient fur fon dos comme fur un rocher. Auffi ont-ils pris le parti de l'éloigner en mettant du *caftoreum* dans leurs barques, ou en lui jetant des copeaux de genièvre. L'odeur pénétrante de ces deux fubftances la fait cacher au fond de l'eau.

On voit dans ces îles beaucoup de *fontaines* & de fources au fommet des plus hautes montagnes, auxquelles on attribue des mouvemens de flux & reflux correfpondans à ceux de la mer ; mais ces mouvemens n'ont pas été obfervés avec affez de foin & d'intelligence pour mériter la moindre croyance.

J'ajoute que les îles Feroë ont offert aux voyageurs curieux & occupés de l'Hiftoire naturelle, de quoi former une nombreufe collection de produits de volcans, qu'avoit fu fe procurer un ambaffadeur de France en Danemarck ; ainfi ces îles font la plupart volcaniques.

FERGUES,

FERQUES, village du département du Pas-de-Calais, arrondissement de Boulogne, & à trois lieues & demie de cette ville. Le territoire des environs renferme trois carrières remarquables. La première, nommée *carrière du Haut-Banc*, est composée de seize couches d'une épaisseur de quatre toises, & qui fournit un marbre gris-foncé ou bleuâtre, généralement connu sous le nom de *stinkal*, & qu'on emploie avec succès à faire des manteaux de cheminées & des carreaux pour paver des édifices publics. La seconde, dite du *petit Haut-Banc*, est très-étendue & très-riche, & procure un marbre de la même qualité que la première carrière. La troisième, distante d'une lieue des précédentes, est appuyée sur le tuf. Le marbre qu'on en tire, est pareil à celui des deux autres. On trouve encore à Elinghem, hameau dépendant de *Ferques*, quatre carrières, dont celle de marbre blanc, veiné, que l'on n'a trouvé encore que par blocs. C'est le plus beau marbre du pays.

FERRET (col), département de la Dore, passage dangereux & fréquenté du val *Ferret* dans le Valais. Le val d'Aoste communique au Valais par ce passage.

FERRIÈRE, bourg du département de l'Allier, arrondissement de la Palisse. Le territoire fournit beaucoup de bois de sapin.

FERRIÈRE, bourg du département du Loiret, arrondissement de Montargis, & à deux lieues un quart au nord de cette ville. Ce bourg fut ainsi appelé à cause de la quantité de fer qu'on y exploitoit autrefois. On peut ajouter, d'après la même considération, une trentaine de villages qui portent le même nom, & qui sont répandus dans différentes provinces où les mines de fer se trouvent dispersées, & où l'on a essayé de même leur exploitation. C'est ainsi que ces dénominations peuvent faire connoître l'état primitif des habitations de ces villages.

FERRIÈRE, village du département de la Manche, arrondissement de Mortain, & à deux lieues trois quarts de cette ville. On a trouvé dans le territoire de cette commune, une mine de plomb très-remarquable.

FERRIÈRE (Forêt de), département d'Indre & Loire, arrondissement de Tours. Elle a trois mille six cents toises de longueur, sur quinze cents toises de largeur.

FERRIÈRE-SUR-ALLEVARD (la), village du département de l'Isère. Il a été découvert en 1767, à Vaujulas, village de cette commune, une mine de charbon de terre, dont le filon a deux pieds de large à sa surface; il est de bonne qualité. La même année & dans le même lieu, on a trouvé une terre

argileuse, blanche, très-douce au toucher, & savonneuse. Elle a été éprouvée dans les fourneaux de faïence & dans les forges au feu de soufflets; elle forme une brique très-dure, telle qu'il la faut pour la porcelaine; ainsi elle ne peut ni se vitrifier ni se déformer.

FERRIÈRE-BECHET, village du département de l'Orne, canton de Séez. Ce lieu est remarquable par une carrière de schiste noir & pyriteux, dont les charpentiers & les menuisiers font usage pour prendre leurs mesures & pour la coupe des bois qu'ils emploient & mettent en œuvre. Ce massif schisteux fait partie d'une chaîne de montagnes plus ou moins élevées, qui s'étendent depuis Alençon jusqu'à Séez, & qui sont composées de granits de diverses sortes, & de schistes plus ou moins noirs & plus ou moins pyriteux, dont la continuation s'observe même jusqu'à Séez, qui n'est éloigné que d'une lieue & demie de *Ferrière-Bechet*.

FERRIÈRE-SUR-RILLE, bourg du département de l'Eure, canton de Conches, & à deux lieues & demie à l'ouest de cette ville. Il y a un fourneau où l'on fabrique la fonte de fer, & l'on trouve d'ailleurs de la mine de fer aux environs.

FERTÉ-ALAIS, ville du département de Seine & Oise, arrondissement d'Etampes, sur la Seine. On y fait commerce de chevaux, de bœufs, de vaches, de moutons, & autres marchandises, telles que toileries & draperies. Les grès sont très-abondans aux environs, & les carrières y sont en pleine activité; ils sont employés à paver Paris & les routes à une certaine distance de cette ville.

FERTÉ-BERNARD, ville du département de la Sarthe, sur l'Huisne. Cette ville est dans un pays fertile en blé & en pâturages, entre Nogent-le-Rotrou & Connère. On engraisse quantité de bœufs dans les pâturages de la *Ferté*, & les fromens qu'on récolte dans son territoire sont d'une bonne qualité. On y fait le commerce de vaches & de fromages. Il y a deux fabriques de toiles & d'étamines, un moulin à tan pour le service des tanneries, & un autre à foulon pour les étoffes de laine. La forêt de Talla, située dans les environs, renferme des carrières d'où l'on tire une grande quantité d'ardoises fort grossières.

FERTÉ-EN-BRAY, village du département de la Seine-Inférieure, canton de Forges-lès-Eaux. Il est situé sur une petite hauteur arrondie, que je nomme *Ile-terrestre*. C'est là où se trouve un sol propre aux pâturages du *Bray*, & à la nourriture des bestiaux, qui donnent beaucoup de fromages.

FERTÉ-SOUS-JOUARE, ville du département de Seine & Marne, arrondissement de Méaux. Cette petite ville de la ci-devant Galvesse ou Brie pouilleuse est située sur la Marne ; & la Marne divise cette commune en trois parties. L'une des trois est une île, occupée presque toute entière par un château. Elle a un pont de bois sur la Marne à l'endroit où elle reçoit le Grand-Morin, & un autre pont sur cette rivière. On fait dans cette ville un grand commerce de meules de moulin, dont on exploite beaucoup de carrières dans les environs. Le commerce de blé, de bois, de charbon, de tuiles y est très-considérable. On y construit des bateaux de vingt toises de long, destinés aux transports des bois, des vins, des grains, des fers & autres objets du commerce de la Marne, qui sont fort nombreux. (*Voyez l'article* MARNE.)

FERTÉ-SUR-AUBE, ville du département de la Haute-Marne, à quatre lieues sud de Bar-sur-Aube. Il y a des forges bien tenues, & exploitées avec soin & intelligence.

FERVAQUES, bourg du département du Calvados, arrondissement de Lisieux, & à deux lieues trois quarts sud de cette ville. On y fabrique beaucoup de frocs & d'étoffes de laine, lesquels se débitent dans toute l'étendue de ce pays & dans les départemens environnans. Il y a aussi des tanneries.

FEU (Ile de). C'est l'une des îles du Cap-Verd, dans l'Océan atlantique. Cette île n'est proprement qu'une haute montagne remarquable par les flammes qu'elle vomit, & qui incommodent beaucoup le voisinage : ces flammes ne s'apperçoivent que la nuit ; mais on les voit alors de bien loin en mer. Il sort, par le cratère, quantité de pierresponces, qui, roulant dans la mer, sont portées, par les courans, de côté & d'autre, jusqu'à San-Jago.

Il y a encore une autre *île de feu*, entre le Japon & Formose.

FEU (Terre de). Les îles de la *Terre de feu* sont situées entre le détroit de Magellan & celui de Lemaire. Il y en a plusieurs qui s'étendent, est & ouest, le long du détroit de Magellan, & qui en forment la côte méridionale. On croyoit d'abord que ces îles tenoient à quelque partie des terres australes ; mais dès qu'on eut découvert le détroit de Lemaire, on vit bien qu'elles étoient isolées. La côte de la *Terre de feu* est très-élevée : le pied des montagnes est garni d'arbres fort gros ; mais leur sommet est presque toujours couvert de neiges. Il règne dans ces îles, de fréquentes tempêtes produites par les vents d'ouest.

Wafer dit que, près de la *Terre de feu*, il a rencontré plusieurs glaçons flottans, qu'il prit d'abord pour des îles : quelques-uns paroissoient avoir une lieue ou deux de longueur, & le plus gros de tous lui parut avoir quatre ou cinq cents pieds de haut.

FEU CENTRAL. Quelques physiciens ont placé au centre de la Terre un *feu* perpétuel, nommé *central* à cause de la place qu'il occupoit ; ils le regardoient comme la cause efficiente des minéraux, des végétaux & des animaux. Comme ils supposoient que la chaleur du soleil ne pénétroit jamais plus de dix pieds dans l'intérieur de la Terre, ils attribuoient à ce *feu* tous les effets que la chaleur pouvoit produire au-delà de cette limite. M. Gassendi a chassé ce *feu* du poste qu'on lui avoit assigné, en montrant qu'on l'avoit placé, sans aucune raison, dans un lieu où l'air & l'aliment lui manquoient, & que tout ce qu'on pouvoit conclure des *feux* qui se manifestent par des éruptions & autres effets semblables, c'est qu'il y avoit des *feux* souterrains, dont le foyer résidoit à une moyenne distance de la surface de la Terre, où des matières inflammables les y entretiennent.

L'existence de ces *feux* est incontestable. 1°. Ils se font sentir par plusieurs volcans qui sont actuellement en activité dans toutes les parties du Monde ; car les voyageurs de notre tems font mention d'un grand nombre de ces centres d'éruption ou montagnes brûlantes, dont on connoît les ravages.

2°. Quand ces *feux* souterrains sont sous la mer, ils en agitent les eaux avec violence, &, soulevant certaines parties du fond de son bassin, ils donnent naissance à des écueils, à des îles qui se montrent à la surface des eaux.

Les *feux* souterrains vomissent assez de matériaux pour élever du fond de la mer des masses énormes, des montagnes, & former ainsi de petites îles au milieu de l'Océan, lesquelles continuent à brûler comme d'autres volcans ; mais il est bien important de borner les effets de ces *feux* souterrains, & de ne pas leur donner l'énorme tâche de la formation des grandes chaînes de montagnes, comme celles des Alpes, & des Pyrénées, & de tous les rochers les plus élevés qui se trouvent répandus à la surface de la Terre. (*Voyez* ILES, MONTAGNES.)

Les *feux* contenus dans le sein de la Terre n'agissent pas toujours avec la même fureur ; souvent ils brûlent sans bruit. On ne reconnoît leur présence que par des embrasemens fort tranquilles, & qui ne donnent que des flammes.

Il faut distinguer encore ces *feux* souterrains des inflammations superficielles du naphe, du pétrole & des bitumes, même des charbons de terre. Nous en parlerons à l'article PÉTROLE.

FEU DES VOLCANS. On a dit & l'on a répété que le *feu* des volcans étoit alimenté par des amas de pyrites qui s'enflammoient spontanément : on a même cru avoir imité ces effets par des compositions chimiques ; mais lorsqu'on cherche, par l'observation, des preuves pour appuyer ces prétentions hasardées, on ne trouve que des raisons de douter. Où a-t-on jamais découvert des amas assez considérables de pyrites, pour avoir fourni d'aliment à des *feux* violens & foutenus qui ont fondu toutes ces laves, lefquelles forment ces courans immenfes ? D'ailleurs, par quelles expériences me prouvera-t-on que les pyrites enflammées puiffent produire une flamme d'un volume & d'une expanfion affez grande pour fe faire jour par les cheminées des volcans, & fe montrer au dehors à deux ou trois cents toifes au deffus du foyer, & enfin d'une activité affez forte pour fondre les parois de ces cheminées.

On imagine, fans aucun motif raifonnable, que le foufre eft d'une grande reffource pour produire auffi ces effets ; mais on ne fait pas attention que tout concourt à le faire envifager plutôt comme un produit du *feu*, que comme un aliment de la flamme.

D'ailleurs, qu'on examine les environs des cratères & des entonnoirs par où la flamme & la fumée fe font élancées en tourbillons affreux, on verra que ces cratères & ces entonnoirs font couverts d'amas immenfes de fcories parfaitement femblables aux réfidus de la combuftion du charbon de terre, qu'on nomme *efcarbille*. C'eft de ce réfidu que les torrens de laves font couverts & enveloppés. Ce réfidu paroît même uni en différentes proportions avec les laves qui forment la bafe des courans de matières fondues, quoiqu'en général il occupe affez conftamment la partie fupérieure de ces courans comme matière plus légère qui a furnagé. Or, pourquoi trouveroit-on des amas auffi prodigieux de ces réfidus de la combuftion du charbon de terre, fi les pyrites & le foufre étoient les alimens principaux du *feu* des volcans ?

Ces efcarbilles ou rapillos fe trouvent furtout à l'ouverture des cratères, parce que la flamme les élance au dehors à chaque accès qu'elle éprouve, & même la fort grand nombre de ces cheminées par l'accumulation des efcarbilles. D'ailleurs, l'état des laves pleines de trous qui fe trouvent tout autour des parois des cheminées eft une preuve que la flamme, en fondant ces parois, a entraîné le débris d'efcarbille, qui, en s'attachant aux matières amollies par l'action de la flamme, leur ont non-feulement fervi de fondant, mais encore leur ont communiqué la couleur qui les caractérife. C'eft par le même mélange, peut-être plus intime, que les laves qui ont reçu le contact de la flamme, ont toutes contracté une couleur noire ou grife, pendant que les fubftances que la flamme n'a point atteintes, qu'elle n'a pas léchées, & fur lefquelles elle n'a point dépofé les réfidus qu'elle enlève dans fon torrent, n'ont point contracté ces caractères que leur donne, felon moi, le mélange de l'efcarbille. Il ne fe trouve ni trous ni couleur noire au milieu de certaines matières voifines de la bouche des volcans, quoiqu'elles foient parvenues à l'état de fufion ; elles font pour lors, comme les matières fondues, ou fous la moufle, ou dans un creufet bien luté.

C'eft ainfi que la Nature fait employer dans

fes opérations tout ce qui peut en favorifer les réfultats : c'eft ainfi que nous décidons de fes reffources, fans avoir penfé à recueillir ce qui peut nous faire connoître le concours de tout ce qui figure dans fon laboratoire.

Les fyftématiques négligent les fcories comme une fubftance de rebut qui n'entre point dans les vues de la Nature. C'eft cependant en m'attachant à ces fcories, que j'ai pu remonter jufqu'aux fubftances primitives qui ont fourni l'aliment au *feu* des volcans, & que je me fuis mis en état de combattre les fauffes idées des géologues, qui ont cru pouvoir deviner la Nature fans voir les réfultats.

Dans ces recherches j'ai faifi les différens caractères de l'efcarbille ou du rapillo en grenailles, & de l'efcarbille en tortillons, où les grains font réunis, liés & fondus enfemble ; des ponces recuites, des ponces vitreufes à filets ou en maffes ; des tortillons formés par des terres cuites, courbées fous différentes formes.

On avoit indiqué tous ces produits du *feu* qu'on trouve en très-grands amas proche les cheminées des volcans, fous le nom générique de *fcories*, quoique la plupart n'en fuffent pas.

J'ai déjà dit que les rapillos font les réfidus de la combuftion du charbon de terre ; qu'ils offroient de groffes grenailles de formes irrégulières, percées de trous, avec des cloifons fort dures, qui ont éprouvé un certain degré de fufion, quoique malgré cela le refte foit affez friable. Ces différentes formes font celles de l'efcarbille lancée par l'ouverture des cheminées, & accumulées autour des cratères ouverts.

Lorfque cette fubftance a été verfée au dehors avec les courans de matières fondues, elle forme des tortillons dont les grains font liés & fondus enfemble ; mais l'intérieur eft plein de trous & de cloifons folides, parce que la matière n'eft pas fufceptible d'une union bien complète.

Les groffes ponces recuites font des fcories plus légères, moins fondues encore que les premières, mais remplies de trous.

Les ponces vitreufes à filets, en maffes, font connues des naturaliftes.

Les tortillons font des terres cuites, qui font déformées & courbées d'une manière très-variée ; elles ne font pas trouées : leur intérieur laiffe voir un tiffu femblable à celui de la brique cuite. La pâte molle & fondue paroît avoir fouffert une extenfion marquée dans un fens ; ce qui les a réduits en filets alongés. Il paroît que le produit du *feu* n'a pas reçu un certain mélange de l'efcarbille.

Les terres cuites font les cendres des matières combuftibles qui ont été leffivées, ou le produit d'une cuiffon imparfaite de l'argile, ou bien enfin le produit de la décompofition des fcories par l'action de l'eau & de l'air. Ces terres cuites dominent fur les autres produits du *feu* dans toutes les contrées où l'on ne trouve plus ni de cratères ni de cheminées ouvertes, c'eft-à-dire, dans les contrées où les volcans appartiennent à la seconde époque.

On m'objectera peut-être que certaines mines de charbon de terre font en *feu* , & que cette inflammation n'eft pas fuivie de tous les défaftres, de tous les accès de ces éruptions tumultueufes que les volcans éprouvent, & qu'il eft néceffaire d'admettre d'autres agens qui fe mêlent à l'aliment du *feu* pour obtenir tous ces effets fi bruyans.

J'avoue que les feules matières combuftibles ne font pas capables de produire tous les effets des volcans ; mais cela ne doit jeter aucun doute fur la néceffité de ces matières pour fervir d'aliment à la flamme des volcans. L'eau qui entre en expanfion paroît être enfuite la force active capable d'exécuter tout le jeu des éruptions, & de produire tout le fracas qui les accompagne ; mais il n'en eft pas moins vrai que l'état de tous les produits des *feux* fouterrains annonce les charbons de terre comme les feuls matériaux propres non-feulement à opérer leur fufion, mais encore à fournir, par leur immenfe quantité & par leur difpofition dans les entrailles de la Terre, à la dépenfe des *feux* fouterrains, & furtout à fournir, par le mélange de l'efcarbille, tout ce qui peut contribuer à la formation des laves trouées & compactes.

FEUILLADE , village du département de la Charente, arrondiffement d'Angoulême, fur le Bandiat. Il y a un haut fourneau & une forge.

FEUILLADE (Forêt de), département de la Creufe, arrondiffement d'Aubuffon. Elle a trois mille fix cents toifes de long, fur cinq à fix cents toifes de large.

FEUILLÉE (la), village du département du Finifterre, arrondiffement de Châteaulin. Dans ce village, fitué fur une colline, les maifons font conftruites avec des blocs de granits & couvertes d'ardoifes. Les terres qui l'environnent, font peu fertiles, comme les terres graniteufes. Il y a une mine de plomb dans le territoire de ce village & des tourbières.

FEUILLES PÉTRIFIÉES. On trouve fréquemment dans les carrières de pierres fiffiles ou d'ardoifes, des pierres qui font voir des empreintes de différentes efpèces de feuilles d'arbres ou de plantes marines ou terreftres très-bien confervées & fort reconnoiffables : on en voit auffi de grands amas au milieu de certaines couches ou lits calcaires. Ces empreintes ont une origine fort différente, par rapport à leur âge. Quelques-unes furtout, celles qu'on trouve dans les ardoifes & dans les marnes feuilletées, ou dans des pierres plus dures & de fables, doivent leur origine à des inondations, foit générales, foit particulières, pendant lefquelles les dépouilles des végétaux ont été couvertes de limon ou d'autres matières, de nature à pouvoir prendre

les empreintes & les conferver après avoir acquis une telle dureté. Cela fe prouve parce qu'on les trouve entre les lames de pierres fiffiles, formées par conféquent à plufieurs reprifes ou par des dépôts fucceffifs.

Celles qu'on rencontre en grande quantité dans les tufs ou dépôts formés par les eaux ont une origine fort différente ; car elles ont différens âges, comme ces concrétions qui fe forment chaque jour fous nos yeux. Les eaux qui charient des particules de terres calcaires & limoneufes les abandonnent fouvent fur des végétaux enfouis, &, après que l'eau s'eft écoulée, que les matières dépofées fe font endurcies, il n'eft pas étonnant qu'on trouve, fous ces dépôts, des empreintes de feuilles & de plantes de toute efpèce.

Il eft peu d'arbres ou de plantes ordinaires & exotiques dont on ne trouve les feuilles, les calices, les tiges imprimées dans le tuf. On y rencontre auffi toutes fortes de mouffes, mêlées avec des branches, des coquilles terreftres & quelques fruits.

Quant aux premières fortes d'empreintes qu'on trouve au milieu des ardoifes & dans les pierres dures feuilletées, elles paroiffent avoir été formées dans le baffin de la mer, où ces dépouilles de végétaux ont été voiturées par les eaux de deffus les continens.

On y trouve beaucoup de feuilles de plantes, des impreffions de fougère, de bruyère, de chêne, de rofeaux, d'algue marine. (*Voyez l'article* FOSSILES.)

FEUQUIÈRES , village du département de l'Oife, à une lieue & demie oueft de Grand-Villiers. Ce lieu renferme un grand nombre de manufactures de laines, connues fous les noms de *Blicourt* & de *Grand-Villiers.*

FEURS, ville du département de la Loire. Elle a donné fon nom au Forez. La ville de *Feurs* eft fituée dans la plaine, à la chute de la petite rivière du Lignon. Sa fituation eft heureufe. Ses habitans font très-laborieux. Elle a fur la Loire un port très-fréquenté, & qui peut la mettre à portée d'étendre fon commerce.

FEZENZAC , petit pays du ci-devant Armagnac en Gafcogne. Il eft borné au nord par le Condomois, au midi par l'Aftarac, au couchant par le bas Armagnac, & au levant par la partie haute de la même province. On lui donnoit fept lieues dans fa plus grande longueur, fur fix lieues de largeur. Ce pays eft arrofé par plufieurs rivières qui toutes dirigent leur cours vers le nord. La Baife, qui coule dans la partie du levant, eft la principale de ces rivières. Le fol en eft très-fertile. On y recueille du froment, du vin & toutes fortes de fruits. Les pâturages y font excellens, & le gibier fort abondant.

Le *Fezenzac* fait actuellement partie du département du Gers.

FEZENZAQUET, petite contrée située à l'est du ci-devant haut Armagnac, avoit tout au plus quatre lieues dans sa plus grande longueur, sur à peu près autant de largeur. Elle est fort arrosée & très-abondante en pâturages. On y recueille d'ailleurs du blé, du vin & toutes sortes de fruits. Cette contrée, comme la précédente, fait aujourd'hui partie du département du Gers.

FIGEAC, ville du département du Lot, sur la Selle. Le principal commerce de cette ville consiste en vin, & en gros & menu bétail. Il y a une mine de houille & une belle carrière de pierre de taille.

FIGURÉES (Pierres). On a donné cette dénomination aux pierres dans lesquelles on remarque une conformation assez régulière, quoiqu'elles soient composées de la même substance que les autres pierres brutes. On distingue ordinairement deux sortes de *pierres figurées* : 1°. les premières ne doivent leur figure qu'au hasard. Ces *pierres figurées* sont en très-grand nombre. Des circonstances toutes naturelles, & qui ont pu varier à l'infini, paroissent avoir concouru pour faire prendre à la matière lapidifique, molle dans son origine, des figures singulières & étrangères au règne minéral, & qu'elle a conservées après avoir acquis un plus grand degré de dureté. La Nature, en les formant, a agi sans suivre de règles constantes. Elles ne sont donc redevables qu'à de purs accidens, de la figure qu'on y remarque ou, pour mieux dire, qu'on croit y remarquer. On peut regarder comme *pierres figurées* de cette espèce, les marbres de Florence, sur lesquels on voit ou l'on croit voir des ruines de villes & de châteaux ; les cailloux d'Égypte, qui nous présentent comme des paysages, des grottes ; un grand nombre d'agates, les dendrites, les pierres herborisées, quelques pierres qui ressemblent à des fruits ou à quelques autres substances végétales ou animales. Cependant je dois dire ici que la Nature, dans toutes les opérations qui nous ont donné de ces résultats, a suivi souvent une marche assez constante, parce que des circonstances assez les mêmes y ont concouru : telles sont les dendrites, les herborisations qui se trouvent entre certaines lames de pierres, dont les fentes sont assez semblables, & entre lesquelles les principes colorans, qui ont tracé les figures, sont nécessairement assujettis à la même marche. Il y a donc peu de hasard dans les opérations de la Nature, qui paroissent le plus susceptibles d'accidens.

2°. Il y a des *pierres figurées* qui sont réellement redevables de leur forme à des corps étrangers au règne minéral, & qui ont servi comme de moules, dans lesquels la matière lapidifique, encore molle,

ayant été reçue peu à peu, s'est durcie après avoir pris la figure du corps dans lequel elle a été moulée, tandis que le moule s'est trouvé insensiblement détruit. Cependant il en reste quelquefois des parties attachées encore au noyau qui en a pris la figure. On doit regarder comme des *pierres figurées* de cette seconde sorte, un grand nombre de celles qui ressemblent aux coquilles marines, au bois, aux poissons, à des parties d'animaux, ou qui portent les empreintes des végétaux & de quelques insectes.

Voilà les seules pierres qui méritent d'être considérées comme *pierres figurées*. On auroit tort de confondre avec ces pierres, les coquilles, les madrépores, les ossemens de poissons, de quadrupèdes, qui n'ont souffert aucune décomposition dans les entrailles de la Terre : on sent aisément que ces corps n'appartiennent point au règne minéral.

On pourroit, avec plus de raison, donner le nom de *pierres figurées* aux cristaux qui affectent une forme régulière & déterminée, & qui appartiennent réellement au règne minéral, & en forment une des parties les plus curieuses.

FILONS. Pour une plus grande intelligence de ce que j'ai à dire sur la formation des filons, je crois qu'il est nécessaire de commencer par donner une notion succincte des *filons* en général. Les *filons* sont des gîtes particuliers de minéraux de forme plate, qui coupent presque toujours les strata des montagnes, & qui sont remplis d'une matière minérale plus ou moins différente de celle qui constitue la roche.

Les strata sont des parties de la roche, comprises entre des fentes ou fissures parallèles qui les séparent les unes des autres. Ces parties séparées sont donc des masses plates, de substances & natures homogènes, parallèles entr'elles & plus ou moins épaisses. Les montagnes & les roches ainsi divisées se nomment *roches stratifiées*. Toutes les montagnes & toutes les roches ne présentent pas cette division.

Des différences dans la position, la direction & l'épaisseur des strata proviennent les différences dans la stratification, qui doit être distinguée de la superposition des roches : par celle-ci on entend l'ordre dans lequel les diverses espèces de roches & de montagnes, dont l'ensemble forme la partie solide du Globe, sont placées les unes à l'égard des autres. Il ne faut pas non plus confondre la stratification avec la texture des roches, quoiqu'elles aient de grands rapports, principalement dans les roches schisteuses, la direction des strata & des feuillets y étant la même.

On définiroit encore plus exactement les *filons* en disant que les *filons* sont des fentes qui se sont faites dans les montagnes, & qui ont été ensuite remplies de diverses substances minérales, dont la nature est plus ou moins différente de la roche. Les *filons* coupent les strata des roches, & ont une direction & une inclinaison différente de la leur. Les gîtes des minerais d'une autre espèce, telles sont les couches, ont au contraire la même direction que les autres strata de la montagne, &, au lieu de les couper, ils leur sont parallèles : telle est la différence caractéristique entre les *filons* & les gîtes.

Les *flockverkes* : ce sont des parties de roches plus ou moins étendues, qui sont pénétrées & traversées en toutes sortes de directions par une quantité presqu'innombrable de petits *filons* ou veines. On appelle une *formation de filons* tous les *filons* d'une seule & même origine, ou qui ont été formés à une même époque, & qui sont composés de la même substance. Lorsque plusieurs *filons* d'une même formation se trouvent ensemble dans une même contrée, ils forment ce qu'on appelle un *dépôt de filons* : c'est ainsi qu'on dit : Le *dépôt d'étain d'Altenberg*, *schiets*, & *blende jaune de Scharfenberg*. Enfin, on nomme *district de mines* un assemblage de plusieurs dépôts de minerais qui sont ensemble dans une même contrée. Ainsi l'on désigne *le district des mines de Freyberg*.

Il nous reste maintenant à donner l'histoire des différentes théories qui ont été publiées sur la formation des *filons*.

Dans les auteurs classiques grecs & latins qui traitent des mines, on trouve quelques passages sur les *filons*, qui prouvent qu'on les connoissoit alors. Il n'y a pas de doute qu'ils ne fussent connus long-tems auparavant, & certainement ils l'ont été du moment que l'on a commencé à exploiter des mines. Mais il n'est pas vraisemblable que dans ce tems on ait distingué les *filons* des autres gîtes de minerais, ni qu'on ait cherché à expliquer leur formation.

Diodore de Sicile, au commencement du passage où il parle des fameuses mines d'or d'Égypte, assure que les montagnes de ce pays sont noirâtres ; qu'elles sont traversées par des veines d'une pierre blanche qui surpasse tout par son éclat, & que c'est de cette pierre que les inspecteurs des mines font extraire l'or. Plus bas, en traitant de la richesse des mines d'or & d'argent de l'Espagne, il nous dit que les montagnes y sont traversées par plusieurs veines métalliques. Pline, parlant de la manière dont l'or se trouve dans les montagnes, nous apprend que les veines d'or courent çà & là dans la roche, & s'attachent aux parois des puits.

Agricola est le premier des Modernes qui ait écrit sur les *filons*, & il l'a fait très en détail ; il en parle en plusieurs endroits, & cherche non-seulement à les définir & à les décrire, mais encore à expliquer leur formation. Il n'a cependant pas connu la différence qu'il y a entre les véritables *filons* & les autres gîtes de minerais qui leur ressemblent. Il parle de la grandeur, de la position, de la rencontre de plusieurs *filons* dans son *Bermannus*, & encore plus en détail dans son grand ouvrage *de Re metallicâ*. Pour la formation

des *filons*, il en parle dans son ouvrage *de Ortu & Caufis fubterraneorum*. Il pense que les fentes & les fissures dans lesquelles nous trouvons les *filons*, se sont formées en partie en même tems que les montagnes, & en partie après, par le moyen de l'eau qui y a pénétré. Quant aux terres & pierres qu'on trouve dans les *filons*, il pense que les premières sont des particules détachées de la roche, & conduites dans les *filons* par les eaux. Il regarde les minerais comme provenans d'une dissolution dans laquelle les terres & l'eau sont intimement combinées & mêlées en de certaines proportions.

Agricola est ainsi le premier qui ait écrit quelque chose de solide sur la formation des *filons* & des matières qu'ils contiennent. Ainsi sa théorie sur la manière dont les *filons* ont été remplis, a été conservée à quelques petites modifications près, & elle est encore reçue par plusieurs savans. Au reste, il rejetoit celle généralement admise de son tems, & imaginée par les astrologues ; savoir : que les planetes exerçoient une influence sur la formation des métaux. Il regardoit également comme contradictoire à tous les faits, l'opinion de ceux qui croient que les *filons*, tels que nous les voyons aujourd'hui, ont été formés en même tems que notre Globe.

Apres Agricola, Balthafar Roefler est le premier qui mérite d'être cité. Il semble croire que les *filons* ont d'abord été des fentes qui se sont ensuite remplies. Ce qui constitue le *filon* en lui-même, ce que le *filon* renferme & qui forme sa largeur, est, ou la matière dans laquelle on trouve le minerai ou le minerai métallique, ou une espèce de limon, du quartz, du spath, &c. La roche renferme quelquefois des druses : ce sont des cavités rondes, oblongues, petites ou grandes, qui se trouvent ordinairement dans les *filons*. Quelquefois les *filons* contiennent beaucoup de druses ; ce qui fait dire qu'ils sont ouverts. Un *filon* est fermé lorsqu'il est entièrement massif, soit que sa masse soit composée de substances pierreuses ou de substances métalliques. Il arrive souvent que les druses sont elles-mêmes fermées & remplies de limon ou d'autres matières ; alors le *filon* est fermé quoiqu'il contienne des druses. Il paroît, par tous ces faits, que Roefler regarde les fentes & les *filons* comme ayant la même origine. Les premières sont des espaces ouverts & vides ; les seconds sont ces mêmes espaces entièrement ou presqu'entièrement remplis.

C'est sans contredit dans les écrits de M. Doppel, que l'on trouve ce qu'on a encore publié de plus intéressant sur les *filons*. Il admet positivement & sans restriction ce principe, que *les filons ont été autrefois des fentes ouvertes dans leur partie supérieure.*

On appelle *fissure* une crevasse ou une fente dans le rocher, & qui est vide. Ces fissures sont ordinairement fort étroites. Un *filon* est au contraire une fente d'une grande étendue dans une montagne ; il divise & coupe le rocher , & se trouve rempli d'une matière différente de celle qui constitue ce rocher.

Ni les fentes ni les *filons* ne suivent la direction des strata de la montagne ; ils peuvent les traverser & les couper. La substance minérale qui remplit les fentes d'un rocher & qui est toujours d'une nature différente de celle de la montagne se nomme *masse du filon*.

Il établit le caractère distinctif des *filons* en disant qu'ils traversent & coupent les couches des montagnes. Quant à ce qui concerne les couches, voici ce qu'il en dit : « Une couche de minéraux est d'une substance différente , au moins en partie de celle des autres couches & assises de la même montagne ; elle a outre cela la même direction & leur est parallèle. »

Il ne fait aucune difficulté de donner le nom de *couche* aux couches minérales qui s'y trouveroient, dont les strata sont verticaux ou presque verticaux, mais qui auroient les propriétés d'être d'une substance hétérogène à celles des autres couches , & d'avoir la même inclinaison & position qu'elles.

La recherche des causes, dit-il , qui ont produit les fentes dans le sein de la Terre , & la recherche de la manière dont elles ont été remplies , ne sont point des objets d'une simple curiosité , mais ils sont dignes de toute l'attention du naturaliste. L'étude de ces objets est sans contredit une des principales , des plus utiles & des plus avantageuses de la science des *filons* , des fentes & de toute la minéralogie , & c'est peut-être une de celles dont on s'est le moins occupé jusqu'à présent.

Je passe maintenant aux nouvelles notions & définitions des *filons* que M. Doppel a données dans le *Traité sur l'exploitation des mines*; il y parle d'une manière plus détaillée que dans son *Introduction à la géométrie souterraine*.

La structure intérieure du Globe semble nous apprendre qu'après la formation des montagnes primitives & secondaires les plus considérables, elles ont éprouvé de grands desséchemens & de fortes secousses. Les révolutions ont fait que les rochers & des montagnes qui ne formoient autrefois qu'un seul tout ou un même massif se sont fendus, & en se fendant il a pu se faire , ou qu'une partie du rocher ait glissé sur l'autre sans cesser de la toucher, ou bien que ces deux parties se soient écartées l'une de l'autre en laissant des espaces vides entr'elles, lesquels se sont ensuite remplis de diverses substances minérales , au moins en grande partie. La plupart de ces grands événemens appartiennent à cette partie de l'Histoire naturelle souterraine , qui ne peut guère tirer des lumières & des résultats que des faits mêmes que nous présente le Globe. Au reste, soit que les fentes & les *filons* aient été réellement formés de la manière dont nous venons de l'exposer ou non , il n'en est pas moins vrai que cette manière de se les représenter , tant par rapport à leur forme qu'à leur manière d'être les uns à l'égard des autres dans les montagnes , est la plus

simple. Elle explique les lois uniformes qu'ils présentent , tant en général qu'en particulier. Cette hypothèse seroit encore plus satisfaisante pour le naturaliste , s'il étoit aussi aisé de concevoir comment dans ces fentes , telles que nous venons de nous les représenter , il a pu se former une nouvelle substance minérale qui paroîtroit d'une nature différente de celle de la roche dans laquelle les *filons* se trouvent.

On appelle *filon* une fente dans la roche , dont la direction & la position peuvent exister de toutes sortes de manières à l'égard de l'arrangement des couches de la roche , & qui a été ensuite remplie de substances minérales d'une nature différente de celles qui constituent la montagne.

Il est difficile de concevoir qu'il ait pu se former dans un rocher , des fentes alongées & des ouvertures considérables sans que quelques parties du roc adjacentes à la fente n'aient éprouvé les effets d'un effort qui aura réellement détaché des morceaux des parois & produit des fentes latérales , & sans qu'une fente principale ne dégénère à son extrémité en plusieurs fentes plus petites. Ces petites fentes , lorsqu'elles sont remplies de la même matière que le *filon* , se nomment *veines* , *rameaux du filon* , & l'on dit , du *filon* , qu'il se perd en petites veines.

Lorsque dans une montagne à couches il se forme un *filon* ou une fissure , il arrive quelquefois que le *filon* , non-seulement traverse une couche , mais encore qu'il la dérange ; c'est-à-dire , qu'une des deux parties de la couche , coupée par le *filon* , change de position en s'élevant ou en s'abaissant par rapport à l'autre partie : alors le *filon* qui a causé ce dérangement se nomme *changeur*.

Dans les enfoncemens & les vallons les plus profonds de montagnes moyennes on trouve que les *filons* les plus puissans suivent la direction des vallons.

Lorsqu'un *filon* est coupé & dérangé par une veine visible, on le retrouve en suivant la veine. On suppose cependant que les parties du *filon* coupé ont été écartées simplement l'une de l'autre.

Le conseiller des mines, Baumer , mérite une place parmi les auteurs qui ont écrit sur la théorie des *filons*. Il parle de cet objet dans sa *Géographie & Hydrographie souterraine*. Voici ce qu'il en dit, tant par rapport à la forme , que par rapport à leur substance. « Ces *filons* diffèrent des bancs des montagnes : leur formation est postérieure à celle de ces montagnes. D'après plusieurs faits , il paroît qu'ils ont été formés sous l'ancienne mer ; car leur extrémité supérieure est souvent recouverte de plusieurs couches schisteuses , & l'on trouve quelquefois dans les cavités & la masse même des veines, des animaux marins pétrifiés. » Cette observation au sujet des pétrifications est de la plus grande importance. Ces substances pétrifiées sont indiquées en général dans la Hesse ; ce qui nous a paru trop vague.

Après avoir montré comme les écrivains ont varié dans leur théorie, je vais m'attacher à ce qui concerne les principales vues de Werner sur cette matière.

Tous les *filons* proprement dits ont été, suivant ce minéralogiste, de véritables fentes ouvertes par leur partie supérieure, & qui, presque toutes, ont été par la suite remplies par le haut.

Les fentes d'un autre côté peuvent provenir de plusieurs causes différentes. 1°. Les montagnes, formées d'abord par l'accumulation des couches, ont dû à la suite s'affaisser & se fendre, en conséquence d'une certaine retraite produite par le desséchement. 2°. Les précipitations qui, par la voie humide, ont formé les strates & les couches, ont également fourni les masses des *filons*. Cela s'est fait dans un tems où la dissolution qui a donné les précipités couvroit le terrain où se trouvoient les fentes existentes, comme nous l'avons dit, & qui étoient alors entièrement ou en partie vides & ouvertes par leur partie supérieure. Les *filons* ont été formés à des époques très-différentes, & les caractères distinctifs de l'*âge relatif* des *filons* sont les suivans.

1°. Tout *filon* qui en traverse un autre est plus nouveau que le *filon* traversé & que tous ceux qu'il traverse. Par conséquent les *filons* les plus anciens sont traversés par les autres plus modernes, & ces nouveaux traversent les plus anciens.

Cette manière d'être des *filons*, des uns à l'égard des autres, est très-importante à observer, & même indispensable à connoître dans l'étude des *filons*.

La substance métallique ou autre qui est dans le milieu du *filon* est d'une formation plus ancienne que celle qui est plus proche des salbandes, & ce qu'on rencontre dans la partie supérieure d'un *filon* est également moins ancien que ce qui est à une grande profondeur.

Il est assez aisé de reconnoître & de distinguer les diverses formations des *filons*. Lorsque les *filons* renferment les mêmes gangues & les mêmes minerais, & que ces matières y sont placées dans le même ordre, on peut croire qu'ils appartiennent à une seule & même formation; & cette conséquence est d'autant plus sûre, que les *filons* contiennent un très grand nombre de minéraux de différentes sortes. Les différences dans la richesse des *filons* proviennent de la quantité & de la nature des substances métalliques qui y ont pénétré, soit par là partie supérieure ou par des canaux déférens, intérieurs, ou par une filtration à travers la masse du *filon*, soit par la jonction d'un nouveau *filon* métallifère. Cette dernière cause paroît avoir eu lieu à Kongsberg en Norwège, où les *filons* abondent en minerais, principalement lorsqu'ils traversent certaines couches de la montagne. C'est dans des districts particuliers que l'on trouve des *filons*, & ils y occupent des étendues plus ou moins considérables. Leur fréquence dans ces lieux dépend beau-

coup de la forme de la montagne ou des chaînes. Dans les montagnes d'une pente douce & sur les plateaux qu'elles présentent, on rencontre ces nombreux *filons*; mais les grandes montagnes escarpées, les chaînes déchirées, ne contiennent souvent que peu de *filons*.

Dans une seule & même contrée il se rencontre souvent & à la fois des *filons* de formations très-différentes. Ces diverses formations constituent un district de mines, & les collections de *filons* qui se trouvent dans ces circonstances ne portent pas seulement les marques d'une formation différente, mais encore les caractères distinctifs des époques de leur formation. C'est pour donner une idée de ces *filons*, que nous ferons connoître, d'après Werner, le district des mines de Freyberg.

On verra d'abord, dans cette description abrégée, deux espèces de *filons*, très-différentes les unes des autres. Une d'elles consiste en *filons* méridionaux & septentrionaux, c'est-à-dire, en *filons* qui courent depuis neuf heures jusqu'à trois heures de la boussole du mineur, c'est-à-dire, entre le nord-ouest & le nord-est. Ils donnent de la galène, de la blende noire, des pyrites sulfureuses, cuivreuses, arsenicales, du quartz & du spath brunissant. Cette formation, comme le premier dépôt de *filons* métalliques, sera décrite par la suite. La seconde espèce de *filons* qui traversent la première, & qui n'en est jamais traversée, contient de la galène avec un peu de pyrite rayonnée, du spath pesant, du spath fluor & du quartz; elle s'étend entre la sixième heure & la neuvième; elle formera le troisième dépôt de *filons*.

Le district des mines d'Ehrenfriedersdorf renferme des *filons*, dont les uns contiennent de l'étain, & les autres de l'argent. Ceux d'étain sont toujours traversés par ceux d'argent. La direction des premiers est en grande partie entre six & neuf heures; celle des derniers entre neuf heures & trois.

Les masses constituantes des *filons*, d'une formation quelconque, se découvrent dans des *filons* propres, mais encore dans l'intersection de deux *filons* d'espèces différentes, & dans le milieu de leur allure, & rarement sur la salbande d'un *filon* d'une autre espèce.

En définissant les *filons*, les produits des fentes entr'ouvertes dans les roches & ensuite remplies par la partie supérieure de substances, on suppose deux effets dans la Nature. D'abord il s'est formé des fentes nécessaires aux dépôts des *filons*; puis les matériaux des *filons* ont rempli les fentes dans leur étendue, à peu près suivant les circonstances. Ainsi les *filons*, quant à leur volume, à leur position, à leur manière d'être les uns à l'égard des autres, ainsi qu'à l'égard des montagnes où ils résident, nous annoncent partout les fentes qui, dans la longue durée de l'existence de notre Globe, se sont formées & se forment tous les jours.

D'ailleurs, je crois devoir remarquer qu'outre les *filons*, on rencontre des matières semblables à celles

celles qui conftituent leur maffe, lefquelles fe font dépofées fous la forme de précipités dans les fentes qui exiftoient alors, & qui étoient très-propres à les recevoir. Je vais effayer de prouver que les efpaces qu'occupent les *filons* font des fentes qui fe font ouvertes dans les rochers, & qui ont commencé par être des fiffures, des crevaffes, & enfin des fentes ouvertes par le haut, & plus ou moins larges. Les preuves de cette propofition fe développeront aifément. 1°. Elles fe préfentent partout dans les affaiffemens & les bouleverfemens que les maffes de montagnes ont éprouvés. 2°. On fait qu'il fe forme chaque jour beaucoup de fentes plus ou moins confidérables. 3°. Les *filons*, quant à leur forme & à leur pofition, reffemblent parfaitement aux fentes qui fe font ouvertes dans la terre & dans les roches. Ces *filons*, comme les fentes, fe rétréciffent vers leur extrémité : la plupart ont les uns & les autres des inclinaifons qui fuivent les pentes des montagnes. 4°. Les drufes, avec les criftaux qui en tapiffent les parois, ne font que certaines parties des *filons*, qui ne font pas entièrement remplies, & par conféquent font les reftes des vides des fentes dans lefquelles les *filons* fe font formés. 5°. On a des *filons* qui font uniquement remplis de galets ou pierres arrondies & roulées, qui ont pénétré par la partie fupérieure bien ouverte. Parmi les exemples de galets réfidans dans les *filons*, il n'en eft aucun de plus frappant que celui dont M. Duhamel fait mention dans fa *Géométrie fouterraine.* Voici fes propres expreffions : « Le » *filon* principal de la mine de plomb & d'argent » d'Huelgoat en Baffe-Bretagne eft accompagné, » tant au toit qu'au mur, d'une épaiffeur de dix à » douze pieds de pierres roulées ou galets de dif- » férentes groffeurs. Ils font parfaitement fphé- » riques ou oblongs, le plus grand nombre étant » quartzeux, & femblables à ceux que l'on trouve » fur les bords de la mer & dans le lit des rivières. » Les interftices font remplis d'une terre blanche & » quelquefois ocreufe. Les travaux font à cinq cents » pieds au deffous de la montagne, & le *filon* eft » incliné de foixante à foixante & dix degrés. La » difpofition du *filon* ne permet pas de douter qu'il » a été formé poftérieurement aux bancs de galets » qui lui fervent de parois. Ne pourroit-on pas » penfer que les deux bancs de galets n'en ont fait » qu'un, qui par la fuite fe fera fendu ou partagé » par de nouvelles caufes, & qu'enfuite le *filon* fe » fera formé en rempliffant le vide ? »

En lifant cet article dans l'ouvrage de M. Duhamel, *Géométrie fouterraine* (*page* 43 & *fuivante*), on ne peut s'empêcher de rendre à ce favant la juftice de dire qu'il a connu déjà depuis long-tems (1775) la vraie théorie des *filons*, & qu'il a fu diftinguer outre cela les diverfes époques de leur formation. Le *filon* de la mine d'Huelgoat nous préfente, ajoute-t-il, plufieurs époques qui doivent être très-éloignées les unes des autres ; 1°. celle de la fente qui contient le *filon* ; 2°. celle

du rempliffage de cette fente par les galets & la terre qui eft dans les interftices ; 3°. celle de la féparation de cette maffe de pierres roulées ; 4°. enfin celle de la formation du *filon* métallique. J'ajoute que la diftance de chaque époque a dû confommer des tems très-confidérables. On trouve à Chalanches, près d'Allemont en Dauphiné, des *filons* qui font uniquement remplis de pierres roulées, comme celui d'Huelgoat, fuivant ce que M. Schreiber remarque dans fes *Obfervations fur les montagnes de Chalanches.* M. Werner nous dit enfin avoir vu à Altenberg en Saxe, & dans une roche de gneis, un *filon* dont il a retiré des cailloux de quartz, exactement femblables à ceux que l'on trouve dans le lit des rivières. Il réfulte définitivement que plufieurs fubftances, tourmentées par les eaux courantes à la furface du Globe, ont pénétré dans les fentes qu'ont occupées depuis les *filons*.

6°. *On remarque des fragmens de la roche adjacente.* Ces fragmens de la roche adjacente font encore des preuves que les gîtes des *filons* ont été des fentes ouvertes. Ces fragmens ont abfolument la forme de débris détachés des parois & tombés dans le *filon*. Lorfqu'ils font grands, leurs couches font parallèles à celles de la roche du toit & du mur ; ce qui prouve qu'ils n'ont été que déplacés. Mais lorfque les débris font petits, ils affectent toutes fortes de directions : preuve évidente qu'ils font confufément tombés dans des efpaces vides. Au refte, il n'y a guère que les roches de nature fchifteufe & feuilletée, telles que l'ardoife, le gneis, &c., dans lefquelles on puiffe obferver cette fingularité que préfentent les difpofitions, les fragmens & les débris de roche que l'on remarque dans les *filons*.

7°. *Fragmens de la maffe des filons dans les filons mêmes.* Les fragmens de la maffe du *filon* que l'on trouve quelquefois en plus ou moins grande quantité dans le *filon* même, & qui, empâtés dans une autre fubftance, forment une véritable brèche, ces fragmens, dis-je, prouvent que les *filons* ont été autrefois des fentes vides. Ils peuvent être tombés dans le *filon* de deux manières différentes : d'abord le *filon* peut avoir été rempli & s'être ouvert de nouveau par la fuite, c'eft à-dire que dans le *filon* il s'eft formé une nouvelle fente dans la même direction que la première ; fecondement, un ancien *filon* peut avoir été traverfé par une nouvelle fente. Dans ces deux cas, une partie de la maffe du *filon* déjà formé peut être brifée, & les fragmens en feront tombés dans la fente derniérement formée. On trouve beaucoup de ces brèches dans plufieurs *filons* du Hartz, &c.

8°. *On trouve des pétrifications dans les filons.* M. de Born, dans fes Lettres écrites fur divers objets de minéralogie, pendant fon voyage en Hongrie, cite des porphytes trouvés à une profondeur de quatre-vingt-neuf toifes dans le *filon* de la montagne Spitaler, au milieu du cinnabre compacte. M. Baumer parle de pétrifications qui fe

Y

trouvent dans les *filons*, comme d'une chofe qui n'eft pas extrêmement rare. J'ajouterai à cette particularité le fel gemme & la houille, qui fe rencontrent auffi dans certains *filons*.

9°. Les granits, les porphyres, les pierres calcaires, fe rencontrent dans plufieurs *filons* de quelques diftricts de mines, que je ne crois pas devoir parcourir ici. Je renvoie aux articles GRANITS, WAKKE, PORPHYRE, &c., où il fera queftion de ces réunions fingulières.

10°. *Manière d'être des filons, les uns à l'égard des autres.* La formation des gîtes affignés aux *filons* eft encore inconteftable par la manière dont ils fe comportent les uns à l'égard des autres. Effectivement, ils fe traverfent, fe croifent, fe dérangent mutuellement, & fe jettent hors de leur direction primitive. Dans leurs interfections, ils fe ramifient, fe joignent, s'uniffent & s'interceptent les uns les autres. Toutes ces particularités font les effets d'une fente nouvelle fur une fenre plus ancienne qui étoit déjà remplie entièrement ou en partie.

11°. *Manière d'être des filons à l'égard de la roche.* Les rapports des *filons* à l'égard de la roche, & notamment à l'égard de fes couches & ftrates, prouvent encore très-évidemment que les *filons* ont fuccédé à des fentes. En effet, lorfqu'un *filon* traverfe les ftrates de la roche, il arrive prefque toujours que la partie d'une ftrate adjacente au toit fe trouve plus baffe que la partie de cette même ftrate adjacente au mur, & cette différence de niveau eft d'autant plus confidérable, que le *filon* eft plus puiffant. On peut plus aifément obferver cette particularité dans les roches dont les couches hétérogènes diffèrent les unes des autres par leur couleur & par leur apparence extérieure : ce phénomène ne caufe fouvent de l'embarras que dans la pratique.

12°. Il nous refte à traiter de la ftructure intérieure des *filons*. En confidérant cette ftructure avec attention, furtout celle de ceux qui offrent une réunion de plufieurs efpèces de minéraux, on voit qu'ils ont fuccédé à des fentes ouvertes qui fe font remplies peu à peu. Ces *filons* font compofés de couches parallèles aux falbandes. Leurs criftallifations démontrent que ces couches ont été dépofées les unes fur les autres, & que le plus fouvent celles qui font immédiatement fur les falbandes ont été dépofées les premières.

Nous fupprimons ici ce qui concerne les montagnes, leurs couches, les différentes matières métalliques qui s'y trouvent, & nous nous propofons d'en traiter plus en détail à l'article MONTAGNE, perfuadés que la connoiffance des maffes montueufes importe beaucoup aux développemens des principes qui doivent faire la bafe de la théorie des *filons*, qui fe trouve liée à la théorie de la Terre & à la géologie.

En obfervant attentivement ce qui eft furvenu aux deux faces des fentes de deffication du granit, on trouve, 1°. que, dans plufieurs de ces fentes, les faces fe touchent très-exactement, fans qu'il foit furvenu aucun changement depuis leur formation ; que, 2°. dans d'autres occafions, les parois des deux faces de ces fentes font recouvertes d'un dépôt quartzeux très-mince, foit que ces fentes foient inclinées à l'horizon, foit qu'elles foient verticales : c'eft vifiblement une incruftation faite par l'eau. Ceci eft très-apparent dans les granits rayés qui ont commencé à fe détruire. Ces incruftations ont environ une ligne d'épaiffeur.

Dans certaines occafions le travail de l'eau a infiltré chaque côté des fentes fur une épaiffeur de deux ou trois lignes d'épaiffeur, & la partie infiltrée & durcie fe diftingue & fe détache aifément du refte de la maffe granireufe qui commence à fe décompofer. L'intérieur du granit rayé fe réduit quelquefois en poudre fous les doigts, pendant que cette double bordure fe caffe par petits morceaux affez durs, détritus que produit l'infiltration. Ce dernier travail de l'eau eft vifiblement la fuite du premier : il femble avoir commencé d'abord par une incruftation fur les faces des fentes, & continué enfuite à une certaine diftance de ces faces : d'où il eft réfulté des bandes affez larges de granits, où l'on ne voit plus qu'une bordure de granits, fans aucune trace des raies & des feuillets primitifs. Il femble que ces bandes aient éprouvé, par cette infiltration, une criftallifation uniforme par la nouvelle difpofition des principes du granit ; & lorfque deux fentes fe font trouvées voifines l'une de l'autre, l'intervalle alors, ainfi travaillé, offre un *filon* d'une nature particulière de granit qui a toute l'épaiffeur de l'intervalle. Il n'y a que dans les vides, que fe forment les *filons* compofés, ou de fimples quartz ou de feld-fpath purs.

En fuivant toutes ces obfervations aux environs de Limoges & dans plufieurs autres parties du Limoufin, j'ai pris une idée du travail de l'eau dans la formation des *filons* qui font conftamment affujettis aux fimples fentes, ou qui fe trouvent dans l'intervalle de deux fentes fort voifines. Si les matériaux de ces *filons* ont une difpofition & un arrangement différens des principes du granit rayé, il eft vifible qu'ils font la fuite du travail de l'eau, non dans un vide, mais dans un plein encore propre à recevoir des dépôts quartzeux ou des dépôts fpathiques.

Quant à ce qui concerne les *filons* purement quartzeux ou fimplement fpathiques, ils n'ont pu fe former que dans un vide où il ne fe trouvoit aucun autre principe que celui qui a été dépofé par l'eau circulant au milieu des maffifs où elle fe chargeoit des principes.

Il paroît que, dans les granits rayés, il y a, toutes chofes d'ailleurs égales, beaucoup plus de quartz que dans le granit à criftaux uniformément diftribués ; auffi c'eft cette raifon qui a multiplié les dépôts quartzeux dans les fentes des granits rayés où les *filons* fe trouvent. D'un autre côté, les *filons* spathiques ne se rencontrent guère que dans le cas où le feld-spath domine, & même il y a des cristaux de feld-spath dans les fentes des granits à cristaux uniformes, où le feld-spath est dominant, comme je l'ai dit. Il est vrai que les fentes à filons sont rares dans les cantons de ces granits à cristaux uniformes.

Filons spathiques graniteux. Il y a des filons de granits rayés & feuilletés au milieu de granits à cristaux uniformément distribués, & des filons de granits à cristaux uniformément distribués dans les granits rayés & feuilletés. Dans ce cas il y a beaucoup de variétés, soit dans la cristallisation, soit dans le grain, soit dans les couleurs du feld-spath, soit dans la proportion du mélange de ce principe avec les autres.

Un seul filon de feld-spath m'a offert toutes les nuances d'infiltration qui en ont fait des quartz dans certaines parties, & de tous les degrés de décomposition dans d'autres qui en ont fait du pétuntzé, même du kaolin. Le pétuntzé du Limousin est le premier degré de destruction des lames du feld-spath, & le kaolin le dernier terme qui les réduit en poussière. Ce filon avoit environ douze à quinze pouces de largeur, sur seize à dix-sept pieds de longueur dans un plan vertical. Il se trouvoit au milieu du granit rayé en destruction; il n'étoit pas le seul dans ce canton: il y en avoit à côté & aux environs plusieurs petits filons vagues, détruits en partie. Dans ceux où les morceaux de quartz dominoient, on voyoit quelques restes de feld-spath en divers états, & les morceaux de quartz offroient, sur quelques-unes de leurs faces, des lames qui chatoyoient, que je regarde comme les restes de la cristallisation primitive des feld-spath qui ont servi de base aux quartz.

Filons quartzeux. Les filons quartzeux ont éprouvé des fentes de dessiccation, en conséquence desquelles les morceaux de quartz se détachent aisément de leur gîte à mesure que le granit se détruit, & c'est ordinairement, comme je l'ai dit, du granit rayé & feuilleté.

Il y a des filons de feld-spath, divisés de même par morceaux, en conséquence des fentes multipliées qui les coupent ordinairement par un plan perpendiculaire aux deux faces de la fente. On apperçoit ordinairement des pointes quartzeuses dans les morceaux de feld-spath.

Quelquefois les morceaux de feld-spath paroissent avoir pris la dureté & un peu de couleur du quartz, sans que leur cristallisation primitive par lames ait cessé d'être sensible; & dès-lors je présume que, par un certain travail de la Nature, qui est peut-être plus commun que l'on ne pense, le quartz a eu primitivement pour base des morceaux de feld-spath ou bruts ou cristallisés.

Je dois dire, outre cela, que les filons de feld-spath éprouvent, dans certaines parties, une décomposition qui en fait du kaolin, pendant que dans d'autres il s'opère une infiltration quartzeuse,

& enfin le reste s'est conservé sous forme & dans la nature de feld-spath.

FILTRATIONS. Les eaux des rivières filtrent beaucoup dans l'intérieur des terres, fort loin de leur lit, si les bords en sont garnis par des dépôts sablonneux: on peut en juger par le mouvement de l'eau des puits creusés dans ces dépôts. Cette eau hausse à mesure que les rivières croissent, & baisse à mesure que l'eau des rivières diminue. Dans les grandes crues des rivières, comme de la Seine, toutes les caves de Paris, creusées dans le dépôt de la rivière, se remplissent d'eau, & à un très-grand éloignement des rivières, pour peu que la hauteur de l'eau se soutienne à un certain degré au dessus du niveau des caves. Cet effet est plus sensible dans les puits. Cet effet vient de deux causes qu'il ne faut pas prendre séparément, parce qu'elles agissent en même tems. Ces deux causes sont l'action de l'eau de la rivière, qui pénètre un peu dans les terres; la seconde, l'eau qui vient sur les côtés, & qui, ne pouvant pas gagner le lit des rivières à cause de la réaction de l'eau de la rivière, se soutient à une certaine hauteur dans les terres.

Pour peu qu'il y ait des fossés creusés dans les terres, dans les fonds de vallée, l'eau y est claire, limpide, pendant que celle de la rivière est sale; en sorte que, vers le lit de la rivière, l'eau est sale, & à une bonne distance elle est claire & limpide, & sans se mêler à la première.

FIMARÇON: c'étoit un petit pays de la ci-devant Gascogne, situé partie dans le ci-devant Condomois, partie dans le ci-devant Armagnac. On lui donne environ douze lieues de tour. Il renfermoit seize communes, dont la principale étoit Castelnau; elles étoient sous les trois diocèses de Condom, d'Auch & de Lectoure. *Fimarçon* fait actuellement partie des départemens du Gers & de Lot & Garonne, & y donne plusieurs productions excellentes.

FINISTERRE (Département du). On a formé pour ce département, une nouvelle dénomination, ou plutôt on a appliqué à cette partie de la France, la plus avancée à l'ouest, vers l'Atlantique, un nom que les Anciens avoient donné au promontoire du nord-ouest de l'Espagne, appelé aujourd'hui le cap *Finisterre*. Ce nom emporte très-bien avec soi l'idée d'une partie de terre très-avancée en mer, & au-delà de laquelle tout finit. En conséquence, ce département a la mer du nord à l'ouest, & du sud à l'est les départemens des Côtes-du-Nord & du Morbihan pour limites.

La superficie de ce département est d'environ un million trois cent cinquante-huit mille cinq cent cinquante-quatre arpens carrés, & sa population de quatre cent soixante-quatorze mille trois cent quarante-neuf habitans. Il renferme deux cent quatre-vingt-fix communes. Ce département eft dans l'évêché de Quimper & de la troifième divifion militaire. Il eft du reffort du tribunal d'appel féant à Rennes, & dans la troifième confervation foreftière.

Les principales rivières, qui ne font pas confidérables, font l'Aulne, qui prend fa fource vers l'oueft de ce département, paffe à Châteauneuf, à Châteaulin, & fe rend au fond de la baie de Breft.

L'Odes, qui commence au nord-eft de Quimper, arrofe cette ville & fe jette à la mer.

Ce département eft une partie de la ci-devant Bretagne, & n'eft pas très-fertile, excepté en quelques efpèces de grains. Les habitans y parlent une langue qu'on croit être l'ancien celtique.

Les principales rivières qui prennent leur fource dans ce département, font au nombre de quinze, parmi lefquelles je diftinguerai l'Aber, l'Aber-Benoît, l'Aber-Idut & l'Aber-Vrach, l'Aulne, Landernau, Faon, Morlaix, Odes & Quimper; ce qui prouve que le terrain eft bien arrofé.

Les rades font au nombre de trois : celles de Breft, de Galieftan & de Poulbras. Quant aux ports, j'en ai compté trente-trois le long de cette côte fi dentelée.

Enfuite fuccèdent les îles, qui, au nombre de vingt, s'annoncent comme des portions de terres détachées de la côte. J'ai déjà parlé d'Oueffant à l'article de Breft.

Les pointes viennent à la fuite, au nombre de quinze, & achèvent de prouver le travail de l'Océan contre la côte; & fe terminent par les baies, qui, outre celle de Breft, font d'ailleurs au nombre de quatre : celles d'Audierne, de Douarnenez, de Foret & des Trépaffés.

Je ne puis finir que par les anfes, que je dois préfenter en détail, & qui font les Blancs-Sablons, le Conquet-Dinant, Dour, Gouloux, Luguène, Penthièvr-Poultres, Profperpor, Renaudet, Toulbroch, Minon & Toulinguet, que j'ai obfervés avec foin, & qui rendent les parties voifines des bords de la mer fort intéreffantes.

Productions. Les terres de ce département font de peu de rapport; elles produifent néanmoins du blé, du lin, du chanvre & des légumes : on y exploite des carrières d'ardoife & des mines de plomb. Châteaulin & Plougaftel ont des eaux minérales affez eftimées.

Induftrie. Les principaux objets qu'on y fabrique, font des toiles de lin & de chanvre, étroites, groffières, pour la chiourme. Il s'en fait à Morlaix un commerce confidérable, ainfi que de toiles à voiles pour les vaiffeaux, de toiles blanches & rouffes, de bas, de chandelle, de poudre à canon, de cuirs forts, de cuirs en croûtes, de papiers & de faïence. On y prépare des fardines & autres poiffons.

FINLANDE, contrée qui commence au cercle polaire arctique, & forme une bordure étroite le long des côtes, depuis la Norwège jufqu'à la Mer-Blanche.

Vue de la mer, c'eft une terre plate, bornée par une chaîne de montagnes toujours couvertes de neige. La profondeur de l'eau le long des rivages eft depuis cent jufqu'à cent cinquante braffes. Les habitans quittent leurs cabanes à l'approche de l'hiver, & n'y reviennent que l'été. Au milieu de cette faifon, les Lapons des montagnes y viennent auffi pêcher, & s'y établir avec leurs tentes & leurs provifions; enfuite ils retournent en automne à leurs montagnes. Quelques-uns d'eux reftent au bord de la mer & y vivent. C'eft à ce pays que commence affez brufquement une race d'hommes qui mérite d'être remarquée. Leur ftature eft de quatre à quatre pieds & demi : leurs cheveux font courts, noirs & rudes. Ils ont la tête groffe, la peau bafanée & les jambes comme des fufeaux; ils ont les bras fi forts, qu'ils peuvent tirer un arc qu'un fort Norwégien pourroit à peine bander, mais pareffeux jufqu'à l'engourdiffement, avec quelques variations & quelques exceptions très-rares : tels font les habitans de toutes les côtes arctiques de l'Europe, de l'Afie & de l'Amérique. Ils font, quant à l'efprit & au corps, une race diftincte de leurs voifins.

Les mers & les rivières de la *Finlande* norwégienne regorgent de poiffons. L'Alten de la *Finlande* occidentale, après un cours paifible à travers les montagnes & les forêts, forme une belle cataracte qui fe précipite d'un rocher fort élevé dans un vafte baffin où fe rendent nombre de navires pour la pêche ou la vente du faumon. Les naturels du pays prennent les faumons dans des pêcheries conftruites fur le plan des pêcheries de Norwège, & ils en font avec les marchands de Bergen un grand article de commerce.

La rivière de Tana tombe dans le fond de la baie avec un bruit prodigieux, & forme, par fa chute, une cataracte fuperbe. Ainfi que l'Alten, elle a fa fource bien avant dans la Laponie, & ne fe décharge dans la baie qu'après un long cours à travers les montagnes & les marais. Parmi les rivières qui fe déchargent dans la même mer, quelques-unes ont été fameufes par leurs caftors & par leurs moules à perles. La Tana eft d'ailleurs la plus célèbre de tout le nord pour fes faumons. On les diftingue à leur courte groffeur & à l'excellence de leur chair. La pêche en commence de bonne heure au printems, & les loix de Norwège obligent à la terminer quatorze jours après la Saint-Jean-Baptifte.

A l'eft de cette rivière eft l'île de Vardoë, qui a un beau port. Il s'eft établi dans cette île, au voifinage d'un fort, jufqu'à trois cents cabanes norwégiennes, habitées par les pêcheurs. Au-delà du promontoire de Domfneff, la mer tourne à l'oueft & forme une baie profonde. La rivière de Pæs fert de limite entre la domination norwégienne & la domination mofcovite. L'île des Pêcheurs, un peu à l'eft de l'embouchure de la rivière de Pæs, s'étend le long de la côte. On obferve qu'à la hau-

teur de cette île une mer vaste & profonde s'élevoit également, & par les vents du nord-ouest, &
par ceux du nord-est ; ensuite la côte, depuis le
Cap-Nord, se dirige au sud, jusqu'à l'extrémité de
la Mer-Blanche : pour lors la hauteur des côtes diminue par degrés, & le nombre des îles s'éclaircit.
La grande rivière de Kola se découvre un peu à l'est
de l'île des Pêcheurs ; elle a environ un mille de
largeur près de la ville de Kola, située à plus de
sept lieues de son embouchure : on y fait encore un
grand commerce de saumons & d'huile de poisson
qu'on extrait du foie des requins, dont on pêche,
dans ces parages, plusieurs espèces.

La morue & la plupart des bons poissons de la
mer d'Allemagne abondent jusqu'à cette latitude
élevée. On a vu même le thon poursuivre le maquereau dans ces mers froides & long-tems glacées.

FINTELLE (Fort du), du département de la
Lys, canton de Loo, sur le canal & près de Loo,
dans la ci-devant province de Flandre. Près de ce
fort, par le moyen de quelques moulins & d'autres
machines, on lève les barques, quoique chargées,
pour les mettre dans le canal qui vient de Furnes
& de Loo dans la rivière de l'Isère, d'où elles se
rendent ensuite par la Knoque à Yprès.

FIRBEIX, village du département de la Dordogne, canton de Saint-Pardoux-la-Rivière, sur la
Drôme. Il y a un fourneau de forge.

FIRMI - FIRMI, bourg du département de
l'Aveyron, canton de Saint-Albin, & à une lieue
de cette ville. Il y a une mine de cuivre & une
mine de charbon de terre.

FIRMINI, bourg du département de la Loire,
arrondissement de Saint-Étienne, & à deux lieues
sud-ouest de cette ville. Ce bourg est dans une
plaine arrosée par trois ruisseaux. Il y a une fabrique
de cloux assez considérable. On y fait aussi des rubans. Le terroir est fertile en blé, avoine & fourrages. On tire beaucoup de charbon de terre de
trois fosses ; il est employé à la fonderie des fers
& batterie de cuivre au lieu de Marcou, & pour
la fabrique des clous & chauffage.

FISMES, ville du département de la Marne.
Cette ville du ci-devant Rémois est située entre
les deux rivières de Vesle & d'André, un peu au
dessus de leur confluent. Il y a des carrières de
pierres calcaires à coquilles, qui sont par bancs
suivis & très-étendus.

FLAMANVILLE, village du département de
la Manche, arrondissement de Valognes. Il se
trouve aux environs de très-beaux blocs de granit
gris : on y voit aussi entre les rochers une fente
considérable qui aboutit à la mer, & au fond on

trouve une galerie horizontale où l'on peut observer l'organisation des granits de l'ancienne terre.

FLAISES DE SAINT-MIHEL. On observe sur
les bords de la Meuse, proche Saint-Mihel, des
rochers appelés *flaises* dans le pays, sans doute par
corruption du mot *falaise*, employé pour désigner
les rochers escarpés des bords de la mer. (*Voyez
cet article.*)

Ces rochers sont au nombre de sept, tous adossés à la côte de *Saint-Mihel*. Ils présentent des
masses élevées à plus de trente mètres au dessus de
leur base, que baignent les eaux courantes de la
rivière. Outre cela le sommet des collines contre
lesquelles ils sont adossés, les domine de plus de
quarante mètres. Ils sont rangés en ligne droite sur
une longueur de plus de trois cents mètres dans la
direction du lit de la rivière.

Ils se détachent en avant du massif des collines,
environ de dix mètres, sur une largeur de quinze
à vingt-cinq mètres dans le milieu.

La pierre dont ils sont formés, comme tous les
bancs pierreux de cette suite de côtes, est calcaire,
chargée de madrépores. Le ciment qui lie ces fossiles est de même nature. Il s'y montre sous un grain
plus ou moins transparent que le reste : souvent il
y forme des veines continues, & quelquefois des
cristaux spathiques bien prononcés.

Ces masses de rochers présentent diverses formes, toutes irrégulières. Quelques-uns ont pris la
forme de cônes tronqués, pendant que d'autres
offrent celle de cônes entiers. On remarque dans
quelques autres, des têtes, des têtes de chapiteaux
avec des moulures en corniches, &c. Ils sont détachés les uns des autres sur des distances qui varient
depuis quinze jusqu'à quarante mètres : on y observe enfin des fentes à peu près parallèles à leurs
faces : le pied de plusieurs semble avoir éprouvé un
déplacement en s'avançant sur le sol.

Après l'examen de ces caractères qui leur sont
communs avec ceux des rochers escarpés des bords
des rivières, nous devons insister sur des formes
très-remarquables, qui les distinguent assez singulièrement des autres masses de rochers : ce sont des
sillons ou excavations qui les traversent horizontalement à plusieurs hauteurs distinctes, & toutes
correspondantes d'un rocher à l'autre, voisin &
régnant également sur toutes les faces des sept.
Partout ces excavations présentent des arrondissemens fort lisses & fort polis sur leurs extrémités
supérieures & inférieures.

La profondeur ordinaire de ces sillons est d'un
& de deux décimètres : il y en a qui sont approfondis jusqu'à deux tiers de mètres. Enfin ceux
qui sont le moins creusés, n'ont guère que six à
huit centimètres de profondeur. Nous supprimerons
ici les autres détails qui concernent la largeur, la
position, les variations de tous ces sillons. Ce qu'il
importe le plus de remarquer, c'est la correspon-

dance de ces excavations, en les suivant d'une masse à l'autre.

Nous reviendrons ensuite à ces fillons, dont nous donnerons une explication simple. Nous passons à ce qui concerne la séparation de ces rochers, soit entr'eux, soit de la masse des collines auxquelles ils ont appartenu. Quelle est la cause qui a pu contribuer à ces arrachemens, qui sont aussi étendus que multipliés? Ne semble-t-il pas probable que ces effets sont particuliérement dus à l'action des eaux pluviales, qui non-seulement ont entraîné les terres mobiles qui recouvroient ces rochers, mais encore ont démoli les parties des bancs solides qui en formoient l'union, soit entr'eux, soit avec le corps des collines. Ce sont tous ces changemens, toutes ces destructions, qui ont contribué à la plus grande partie des derniers phénomènes qui nous occupent.

Il nous reste cependant à considérer les fillons dont nous avons parlé d'abord, leur direction horizontale & leur correspondance. La marche de l'eau pluviale qui circule suivant les pentes & les ouvertures ou fentes qu'elle rencontre, ne peut nous donner la solution de ce problême. Quelques observateurs géologues ont prétendu qu'il faut avoir recours à un courant d'eau mu sur des lignes horizontales, correspondantes à la direction des fillons, & dont la hauteur aura varié suivant la position respective de ces fillons, & enfin dont la durée, à chaque degré d'élévation, aura été proportionnée à la profondeur de ces cavités. Ils ajoutent même que, comme les fillons les plus élevés sont les plus profonds, il faut supposer que les courans d'eau les plus actifs ont séjourné le plus long-tems à ces degrés d'élévation. Enfin ils en concluent que tous ces courans, dont les traces se trouvent encore sur les rochers qui occupent les bords de la vallée de la Meuse, ne peuvent être que les eaux de cette rivière, lesquelles se sont élevées aux différentes hauteurs, d'abord des fillons, c'est-à-dire, à plus de cinquante mètres au dessus du niveau de leur surface actuelle. Enfin ils font suivre aux eaux tous les mouvemens qu'ils ont cru nécessaires pour rendre raison de toutes les formes de ces rochers, sans considérer les effets des eaux pluviales, à l'action desquelles ces masses se sont trouvées exposées depuis que la vallée de la Meuse a été approfondie à un certain point.

Il s'en faut beaucoup que ces géologues aient connu la marche ordinaire des eaux courantes des rivières dans l'approfondissement des vallées. Ils auroient vu qu'ayant suivi toute l'étendue des plans inclinés, opposés aux bords escarpés des flaises avant de parvenir à la base qu'elles baignent actuellement, la masse des eaux du fleuve n'a pu atteindre à chaque degré d'approfondissement qu'elle a opéré dans la vallée, chacun des points de la face des rochers où se trouvent les fillons, & les creuser comme on l'a prétendu; car, suivant nos principes, les eaux courantes de la Meuse n'ont touché aux

rochers que lorsqu'elles sont parvenues à la base de ces rochers. Les fillons doivent donc être attribués à des circonstances dont il ne paroît pas que les géologues lorrains aient su bien saisir les influences. C'est dans l'exposition de ces circonstances, que nous trouverons la solution d'un problême qui, dans son genre, a dû piquer notre curiosité.

En observant avec soin de semblables fillons qui se trouvent creusés dans les massifs de certaines parties des Juras, soit de Franche-Comté, soit du Dauphiné & de la Provence, il a été facile de reconnoître qu'ils avoient ainsi été creusés dans les bancs les plus tendres, dont le grain le moins serré se prêtoit plus facilement à cette espèce de démolition qu'éprouvent les couches supérieures & inférieures. J'ai vu d'ailleurs que ces fillons étoient tellement dépendans de ces bancs, qu'ils en suivoient constamment la direction, soit que les assemblages de couches aient été conservés dans leur première situation horizontale, soit qu'ils eussent éprouvé un déplacement à la suite duquel les bancs avoient été inclinés à l'horizon. D'après toutes ces considérations, je pense que les flaises de Saint-Mihel doivent la configuration des fillons qui les traversent, aux différens degrés d'élévation dont nous avons parlé, aux bancs tendres ou bouzins qui, dans leur état primitif, se sont trouvés susceptibles d'une démolition prompte & facile, mais surtout depuis qu'ils ont été exposés à l'air libre & aux alternatives de l'humidité & de la sécheresse. (Voy. BOUZIN, FALAISES, PLANS INCLINÉS, BORDS ESCARPÉS, où toute la marche des eaux courantes des rivières dans l'approfondissement des vallées est expliquée de manière à faire connoître les causes qui ont concouru successivement à l'état actuel des bords de la vallée de la Meuse, aux environs de Saint-Mihel.)

FLAMBOROUGH (Cap de). Au cap de *Flamborough* commencent les côtes dures ou de roches de ce côté de la Grande-Bretagne; elles continuent sans autres interruptions que quelques baies sablonneuses & des basses-terres, jusqu'à l'extrémité du royaume. Souvent il arrive que le fond de la mer participe de la nature de l'élément voisin; aussi, aux environs de ce cap, & à quelques milles au nord, les rivages sont souvent rocailleux, & offrent des retraites aux écrevisses & autres crustacées; ensuite une étendue de sable fin, depuis un mille jusqu'à cinq de large, se prolonge vers l'est, & depuis ces bords jusqu'à ceux du Dogger-Bank c'est un fond inégal, hérissé de roches caverneuses, avec une mer profonde, & presque partout revêtu de coralines & autres plantes marines.

La disposition du rivage procure aux habitans de cette côte la pêcherie avantageuse qu'ils possèdent; car, d'un côté, le rivage, & de l'autre les côtes du Dogger-Bank, comme les côtes d'un piége, donnent la direction à la multitude des espèces de morues qui viennent annuellement de l'Océan septentrional, séjourner, s'égayer, & déposer leur frai dans les parties voisines des côtes d'Angleterre. Elles trouvent une nourriture abondante dans les plantes des roches, dans les vers des sables, & un abri pour leur frai dans les creux de ce fond rocailleux; elles le déposent dans le canal, entre les bancs & les rivages : c'est là qu'on les prend, ou bien dans les trous, entre les bancs d'Ogger & Wall ; car elles n'aiment pas l'agitation de l'eau sur les surfaces sans profondeur. Au contraire, les scates, espèces de raies à peau dure, les holibutes, les carrelets & autres poissons plats, s'ensevelissent dans le sable, & s'y mettent à l'abri de l'agitation des flots.

Une prodigieuse multitude de habdècles, espèce de merlus, visitent cette côte à des périodes marquées. Généralement ils arrivent vers décembre, & s'étendent trois milles de largeur depuis le rivage, & en longueur depuis le cap *Flamborough* jusqu'au château de Turmouth, & peut-être plus encore vers le nord. Une armée d'une petite espèce de goulus à piquans borde les flancs de ce banc de merlus pour en faire leur proie. Quand les pêcheurs jettent leurs lignes plus loin qu'à trois milles de la terre, ils ne prennent autre chose que ce poisson vorace.

Entre le cap *Flamborough* & Scarborough se projette Fileybrig : c'est un rebord de rochers qui s'avancent fort loin dans la mer & qui occasionnent de fréquens naufrages : succède le château de Scarborough, situé sur un vaste rocher qui s'avance au milieu des flots. Les marées, dans les équinoxes, s'élèvent ici de vingt-quatre pieds, & dans les autres tems seulement de vingt, & les basses marées s'élèvent depuis douze jusqu'à seize ; ensuite vient Whithg, connu par les manufactures d'alun établies dans son voisinage, & encore plus par son beau havre, le seul qui se trouve sur toute la côte. L'entrée est un canal étroit entre deux collines. Bientôt il s'élargit considérablement dans l'intérieur, & la rivière d'Esk sert à le nétoyer. De là jusqu'à l'embouchure de la Tées, qui sert de limite entre ce comté & celui de Durham, est une côte rude & haute, dentelée par plusieurs bancs, & diversifiée par de petits villages de pêcheurs, singulièrement bâtis & mêlés parmi les falaises dont ils couvrent tous les bords saillans, à peu près comme ceux des paysans de la Chine dans les parties escarpées & pittoresques de cet empire.

La Tées, limite septentrionale de ce grand comté, ouvre dans la mer une large bouche sur un fond fangeux : c'est là le *Dunum Œstuarium* de Ptolomée. Elle présente aux navigateurs une entrée dans le pays, mais dans un court espace. Presque toutes les rivières du nord descendent rapidement de leur source ou de leur réservoir montagneux, & ne fournissent qu'une courte navigation. C'est de là qu'on importe le plomb des mines de Durham, & le blé de ces cantons plus unis. Dans le limon

de cette embouchure on trouve particuliérement en abondance la *mixine glutinosa* de Linné, nommée *bag* par les pêcheurs voisins. C'est un ver qui entre dans la bouche du poisson pris à l'hameçon, & qui, restant pendant une marée sous l'eau, le dévore en entier. C'est ce même ver qui convertit l'eau en une espèce de colle.

FLAYOSC, bourg du département du Var. Il est situé dans le pays calcaire : on y recueille de l'huile, du vin & du blé. Quelques sources arrosent une petite partie de ses terres cultivées ; ce qui les féconde dans la situation où cette habitation se trouve. Le chêne blanc & le chêne vert, & le petit pin maritime, couvrent celles qui sont en friche. On fabrique à *Flayosc* des draps & des chapeaux grossiers.

FLÈCHE (la), ville du département de la Sarthe, sur la rive droite du Loir. Elle est dans une situation agréable. On fabrique dans cette ville des étamines à pavillon, & les laines que l'on y emploie, sont du pays. Il y a un moulin à foulon. On y fabrique aussi de la faïence & de la poterie. On trouve un grand amas d'huîtres fossiles de la grande espèce dans les montagnes voisines de la ville & du collège de la *Flèche*.

FLEURAT, village du département de la Creuse, arrondissement de Guéret, & à trois lieues trois quarts de cette ville. On nourrit & on engraisse, dans les bons pâturages des environs, une grande quantité de bestiaux, dont on fait un commerce considérable.

FLEURIGNY, village du département de l'Yonne, arrondissement de Sens, & à deux lieues deux tiers de cette ville : on y voit un château, dans la chapelle duquel on observe un vitrage peint par Jean Cousin, qui représente la Sibylle montrant à l'empereur Auguste la Vierge & son fils, & l'empereur prosterné qui l'adore.

FLEUVE. C'est un amas d'eau courante, qui a son origine dans des montagnes élevées, & qui, après s'être grossi par la réunion des ruisseaux & des rivières, va se jeter à la mer. On distingue ordinairement les *fleuves* des rivières, en ce que le *fleuve* est une grande rivière qui porte son nom jusqu'à la mer, où elle a son embouchure, au lieu que la rivière se perd avant d'arriver à la mer. Au reste, plusieurs rivières, comme la Somme, l'Hérault, les Deux-Sèvres, ont leurs embouchures dans la mer, sans avoir pris par cette raison le nom de *fleuve*. Il faut que la rivière soit d'une certaine importance, quant à la longueur de son cours, au volume de ses eaux & à la navigation, pour avoir reçu la dénomination de *fleuve*.

Il y a sur le globe de la Terre certains plateaux, certains points de partage marqués pour la distribution des eaux, & pour les sources & l'origine des *fleuves*. Les environs du mont Saint-Gothard sont un de ces points en Europe : là se trouvent les sources du Rhin, de l'Inn, du Tessin, du Rhône. Il seroit fort aisé de multiplier les exemples de pareils points de partage & de l'origine des *fleuves*, qui semblent distribués dans tout le contour de ces plateaux, & d'en conclure que toutes ces eaux courantes qui coulent depuis ces points élevés jusqu'aux différentes mers qui correspondent aux pentes différentes que ces *fleuves* ont suivies, n'ont point de direction constante dans leur cours. On s'est donc trompé grossiérement lorsqu'on nous a établi comme une règle générale de la Nature, que les *fleuves* couloient d'orient en occident ; car il seroit facile de trouver des *fleuves* qui coulent du sud au nord, tels que l'Oby, la Jenisca, la Lena, le Nil, le Rhin, ou du nord au midi, comme le Rhône, les grands *fleuves* du Pégu, de Siam, de l'Indus, du Gange, &c. Enfin on pourroit en citer un grand nombre, dont le cours varie beaucoup dans toutes leurs parties. L'essentiel, dans ces sortes de matières, est d'établir des règles que la Nature puisse avouer, parce qu'elles sont fondées sur l'examen & la connoissance de toutes les circonstances qui concourent à certains effets. Or, il est visible que la direction des *fleuves* dépend constamment de la distribution des massifs à la surface du Globe, & des pentes de ces massifs vers les mers.

Les *fleuves* sont sujets à de grandes variations par rapport au volume des eaux qu'ils charient, suivant les différentes saisons de l'année, & quelquefois dans un même jour. Ces changemens sont occasionnés par les pluies & par la fonte des neiges.

Certains *fleuves* sont sujets à des débordemens périodiques qui inondent toutes les terres voisines de leurs bords, en y portant la fertilité & l'abondance. Parmi ces *fleuves*, le plus célèbre est le Nil ; il inonde une grande partie de l'Égypte, qui fait proprement le fond de sa vallée & les plans inclinés vers ce fond. Il en est de même de l'Indus, du Gange, du *fleuve* de Siam, qui ont des débordemens assujettis aux mêmes lois que le Nil. (*Voyez*, pour les circonstances & les effets de ces débordemens, les articles de tous ces *fleuves*.) Ces débordemens périodiques sont dus, comme on sait, aux pluies de la Torride, qui règnent aux environs de la ligne & dans certains tems de l'année.

Les plus grands *fleuves* de l'Europe sont le Volga, le Danube, le Don, le Niéper, la Dwina, le Rhin, le Rhône, la Loire, la Garonne, la Seine, la Meuse, l'Escaut, l'Ébre, le Tage, la Guadalquivir, le Pô & le Tibre. Les plus grands *fleuves* de l'Asie sont l'Oang, le *fleuve* Amour, le Jenisca, l'Oby, le Kiang, le Gange, l'Indus, l'Euphrate & le Tigre. Les plus grands *fleuves* de l'Afrique sont le Nil, le Niger, le Zaïre, le Coanza, la Gambie, le Zambèze. Les plus grands *fleuves* de l'Amérique, qui sont les plus grands *fleuves* de la Terre, sont la rivière des Amazones, le Mississipi, qui

reçoit le Missouri, l'Orénoque, celui de la Plata & le *fleuve* Saint-Laurent. Les *fleuves* les plus rapides de tous sont le Tigre, l'Indus, le Danube, l'Irtis en Sibérie, le Malmistra en Cilicie, & le Rhône en France.

Un assez grand nombre de *fleuves* se perdent dans le sein de la Terre : quelques-uns, comme le Rhône, disparoissent dans des goufres ou des cavernes qu'ils se sont creusées, mais se remontrent ensuite & continuent leur cours ; d'autres se perdent, vers leurs embouchures, dans les sables que leurs eaux ont voiturés dans la mer, & que les flots ont repoussés & accumulés de manière à combler leur lit.

Un des spectacles les plus imposans, après celui du volume d'eau que les *fleuves* charient, c'est celui des grandes vallées, au milieu desquelles ils ont creusé leur lit. Quiconque a suivi les vallées du Rhône, du Pô & de l'Allier, surtout dans la Limagne, ne peut cesser d'admirer ces coupures énormes qui présentent toutes les formes d'un terrain creusé & approfondi par les eaux courantes, & ensuite envahi par la mer, qui en forme autant de golfes larges & profonds. Quelques *fleuves* se déchargent dans la mer par une seule embouchure, mais le très-grand nombre par plusieurs à la fois. Ainsi le Danube se jette dans la Mer-Noire par sept embouchures, & le Volga par soixante-dix au moins. Le Nil, autrefois, n'en avoit qu'une seule ; ensuite les sables qu'il a chariés lui avoient formé jusqu'à sept embouchures, *septem ostia Nili* ; mais l'accumulation en a depuis obstrué une grande partie, & il n'en reste aujourd'hui que deux qui soient navigables.

La pente de presque tous les *fleuves* va toujours en diminuant jusqu'à leurs embouchures ; mais souvent il y a des pentes très-brusquées, qui forment des chutes plus ou moins rapides, qu'on connoît sous le nom de *rapides*, de *cascades*, de *cataractes*. (*Voyez ces mots.*) Une singularité remarquable, c'est que les lits des *fleuves* éprouvent des sinuosités, des balancemens considérables lorsqu'ils approchent de la mer. On prétend qu'en Amérique les sauvages jugent, par ce moyen, à quelle distance à peu près ils sont de la mer ; mais ces indices sont sujets à erreur.

Il y a dans l'ancien Continent quatre cent trente *fleuves* & rivières, grandes comme l'est la Somme en Picardie, & qui ont leurs embouchures dans l'Océan, dans la Méditerranée ou dans la Mer-Noire ; mais le nouveau Continent n'en a guère que cent quatre-vingts qui aillent se décharger immédiatement dans la mer.

Les eaux des *fleuves*, en descendant des plateaux élevés où ils prennent leur source, acquièrent une vitesse & une accélération qui servent à en entretenir le courant. A mesure qu'ils font plus de chemin, leur vitesse diminue, tant à raison du frottement de l'eau contre le fond & les côtés des bancs de sables qu'elle rencontre, que parce que les *fleuves*

arrivent

arrivent après un certain trajet dans un pays plat, de plaines & de collines où elles coulent presqu'horizontalement. Le choc des eaux contre les rivages en rompt d'autant plus la violence, qu'il leur présente plus de surface, & plus le cours en est sinueux, plus ce choc est répété. Effectivement, les plans inclinés se prolongent jusque dans le lit des *fleuves*, & arrêtent, dans toute la partie qu'ils occupent, le mouvement de l'eau, qui éprouve un détour & un ralentissement notable dans toutes les alternatives de ces angles saillans; mais, d'un autre côté, les eaux des *fleuves* rongent continuellement les bords de leurs lits, qui sont opposés aux plans inclinés, & vont déposer leurs débris à l'extrémité de leur prolongement; en sorte que leur courant en devient de plus en plus tortueux; ce qui continue jusqu'à ce qu'il y ait équilibre entre la force de l'eau & la résistance des bords. (*Voyez* MOUVEMENT VERMICULAIRE DES FLEUVES.) Les *fleuves* font que quantité de mers abandonnent les côtes voisines de leurs embouchures; car elles parviennent à déposer sur le rivage assez de matières & de sédimens pour augmenter la hauteur de la côte, de manière que la mer n'est plus en état de la couvrir de ses eaux. C'est ainsi que se font formés tous les terrains nouveaux qui sont à l'embouchure des *fleuves*; c'est ainsi que plusieurs parties de la Hollande, de la Gueldre ont été formées; c'est ainsi que les environs de l'embouchure du Rhône se sont prolongés; ainsi que de grandes plages qui bordent la Méditerranée le long des côtes du Languedoc; c'est ainsi que les Delta du Nil & du Gange ont été formés. Ces sortes de terrains nouveaux sont non-seulement l'ouvrage de l'eau de *fleuves* qui voiturent les matériaux, mais encore celui des vagues, des flots de la mer, qui les rabattent dans les anses & sur les rivages plats.

Direction des fleuves.

On a prétendu, fort gratuitement d'abord, que toutes les grandes montagnes formoient des chaînes, dirigées d'orient en occident; ensuite on a dit que les grands fleuves couloient de même dans une direction parallèle à celle des plus grandes montagnes; mais toutes ces suppositions sont certainement fausses. Pour se convaincre du contraire, il faut parcourir les grandes masses de montagnes, & l'on verra que tous les grands fleuves & toutes les rivières principales sortent des montagnes, toujours par une ligne perpendiculaire aux croupes de ces montagnes, & qu'il s'en détache par conséquent dans tout le contour des masses montueuses & vers tous les aspects de l'horizon. Ainsi la partie supérieure du cours de tous les fleuves est assujettie à cette disposition générale; & pour peu qu'on ait vu avec attention les grandes montagnes, & qu'on ait étudié la distribution des eaux, il est facile de remarquer que cette loi est générale. Quant à la suite du cours des fleuves jusqu'à leur embouchure

dans la mer, ceci tient certainement à d'autres circonstances qu'à la direction des grandes montagnes, mais au contraire à l'intervalle de ces montagnes, aux plaines, & aux parties de la terre formées depuis & de leurs débris, & enfin au débouché de ces plaines vers la mer.

S'il falloit montrer en détail ce que j'avance ici comme une observation générale, il ne faudroit pas se contenter de jeter les yeux sur un globe ordinaire; il faudra suivre le cours des fleuves dans le plus grand détail.

Il est visible d'abord, en commençant par l'Espagne, que le Vigo, le Douro, le Tage & la Guadiana se détachent perpendiculairement des massifs de montagnes qui sont distribuées dans le centre de l'Espagne, & qu'elles sont dirigées d'orient en occident. L'Ébre, qui part des croupes opposées, va d'occident en orient. Il y en a d'autres enfin qui, au commencement de leur cours, sont dirigées vers le sud, parce que les croupes des grandes ont cet aspect.

Il suit de là que les montagnes sont dirigées du nord au sud, & forment dans la Galice & les Asturies une branche qui se détache des Pyrénées, & la Sierra-Morena s'étend aussi dans la même direction vers le détroit : donc les chaînes de montagnes n'ont pas la même direction que les fleuves.

Si l'on vient en France, on trouvera ce même arrangement dans la direction des montagnes & dans celle des rivières & des fleuves.

On voit que les rivières se détachent des Vosges par tous les points de leurs contours, telles que la Moselle, la Saône & la Sarre; ensuite, qu'elles s'éloignent de ce centre, & à mesure qu'elles s'éloignent de ce centre, elles conservent leur direction primitive, ou bien elles en changent suivant que les intervalles entre les montagnes y influent. Ainsi le cours des fleuves n'est pas seulement modifié par les grandes montagnes, mais encore par les pentes secondaires des pays de collines, des terres basses de la nouvelle terre.

De même les rivières qui prennent leur source aux environs de Langres, sont dirigées vers tous les points de l'horizon, excepté au midi.

La Loire & l'Allier coulent d'abord du sud au nord; ensuite elles se dirigent à l'ouest. Il en est de même de la Charente, qui coule d'abord du sud au nord, puis du nord au sud; enfin se dirige vers l'ouest à la moitié de son cours.

La Garonne est dirigée dans la partie supérieure de son cours, du sud au nord; puis elle coule d'orient en occident jusqu'à la mer. La Dordogne a une direction assez constante d'orient en occident.

La Saône suit dans tout son cours la direction du nord au sud. Le Doubs coule d'abord du sud au nord, puis du nord au sud, & va se jeter obliquement dans la Saône.

Les rivières qui prennent naissance en Limousin, débouchent par tous les points, la Vienne, la Garthempe, le Cher & la Loire.

Il en est de même du Lot & des autres rivières du Gevaudan, du Vivarais, qui suivent une pente contraire à celles qui coulent dans le Rhône & l'Allier, & qui débouchent, d'orient en occident, l'Isère, la Drôme & la Durance; mais elles suivent la direction perpendiculaire à la bordure des Alpes du Dauphiné.

En Allemagne d'abord, le Rhin est dirigé du sud au nord dans toute l'étendue de son cours; ensuite le Danube coule de l'ouest à l'est; mais tous les autres fleuves qui s'y jettent, coulent du nord au sud.

Tous les fleuves qui se jettent dans la Mer-Noire, excepté le Danube, coulent du nord au sud. Il en est de même des fleuves qui se jettent dans la mer Caspienne.

Si l'on suit le cours de tous les fleuves de l'Asie, il est aisé de voir qu'ils ont plusieurs directions, suivant les massifs des grandes montagnes, & la plupart sont dirigés du nord au sud, direction contraire à celle que suppose M. de Buffon : tels sont le Don, le Wolga, le Niéper, &c.

On doit donc dire, en général, que, dans l'Europe, l'Asie & l'Afrique, les fleuves & les rivières ont toutes sortes de directions, & que dans le cas où ils s'étendent d'orient en occident ou d'occident en orient, ce qui n'est pas le plus fréquent, cela ne vient pas de ce que les chaînes de montagnes sont dirigées dans ce sens, mais du nord au sud.

Dans l'Amérique méridionale le cours des fleuves s'est communément dirigé de l'ouest à l'est, ou de l'est à l'ouest; ce qui vient certainement de ce que la chaîne principale des Cordillières est dirigée du nord au sud, & que les fleuves, dans ce Continent comme dans l'ancien, coulent suivant une direction perpendiculaire aux croupes des montagnes & à leur allure.

Dans la considération de la direction du cours des fleuves, il faut faire entrer celle de tous les massifs que nous avons distingués à la surface du Globe. Les longues chaînes des grandes montagnes déterminent d'abord les sources des fleuves, & la direction de la première partie de leur cours. Après cela viennent les parties basses du Globe, les pays à collines, qui se continuent depuis le pied des hautes montagnes jusqu'à la mer, & souvent ces parties basses se trouvent former les golfes terrestres & de longs intervalles entre les chaînes; alors les fleuves suivent le milieu, à peu près, de ces longs golfes. Par conséquent la direction générale du cours des fleuves n'est jamais déterminée par l'allure générale de la chaîne des montagnes d'où sortent les fleuves. Toutes les directions sont possibles, d'abord quant à la partie supérieure du cours des fleuves, puisque toutes les croupes des massifs des hautes montagnes peuvent servir de lits à ces fleuves; ensuite les parties inférieures peuvent avoir toutes sortes de pentes du pied des montagnes jusqu'aux côtes de la mer, où est nécessairement l'embouchure des fleuves.

D'ailleurs, on ne peut pas considérer le canal principal d'un fleuve comme déterminant la marche des eaux qui contribuent à l'alimenter. La plus grande partie des eaux est versée dans ce canal principal par des routes & des pentes perpendiculaires à la direction de ce canal. Par conséquent la considération simple de la direction du canal principal d'un fleuve ne peut donner aucun résultat général par rapport à la distribution des pentes qui favorisent l'écoulement des eaux dans les différentes contrées de la Terre, prises sur une certaine étendue.

Cependant la plupart des pentes collatérales qui versent des eaux dans un tronc principal, participent un peu de la pente de ce tronc, & leur débouché a pris une direction moyenne entre la pente collatérale & la pente de la rivière principale; aussi la rivière collatérale se réunit-t-elle à la principale, sous un angle obtus du côté de l'embouchure de la rivière.

Embouchures des fleuves & des rivières dans la mer.

Il faut distinguer les embouchures des confluences dans les confluences : ce sont deux rivières dont les eaux courantes se réunissent, & il faut y considérer dans ce cas tout ce qui peut appartenir à chacune des deux rivières, mais encore ce qui dépend de leur réunion. Dans les embouchures il est question d'une rivière ou d'un fleuve, qui sont, il est vrai, toujours assez considérables, & qui se jettent dans la mer. Il est vrai que, fort souvent, dans ces circonstances, les canaux des rivières & des fleuves se partagent en plusieurs canaux, & forment ainsi plusieurs îles avant de gagner la même mer. Outre cela, il faut considérer la manière dont l'eau courante des rivières se comporte avec le flux & le reflux de la mer par rapport aux dépôts qui se forment à l'endroit même où le mouvement de l'eau du fleuve s'affoiblit considérablement & se trouve suspendu, & où il se forme des barres; les dépôts, outre cela, dans le prolongement de la terre-ferme; les amas de sables & d'autres matériaux qui se forment aux environs de ces embouchures; en un mot, tout ce que le fleuve porte à la mer, de même ce que la mer fait contre l'eau courante des fleuves; ce qu'elles ont fait seules & séparément; ce que ces deux forces combinées ont produit; les barres, les plages & les autres aterrissemens, ce qui est considérable; les mascarets ou barres, les cailloux roulés. Dans l'article des EMBOUCHURES DES RIVIERES, il faut considérer tous ces rapprochemens. Il paroit effectivement que c'est aux embouchures des rivières qu'appartiennent principalement ces deux grands effets : les dunes, par les amas des sables qui se forment fort près de ces embouchures dans la mer, & les cailloux roulés, dont les matériaux sont voiturés par les rivières dans la mer, toujours aux environs de leur embouchure.

Il n'y a rien de si simple qu'une embouchure d'une rivière dans la mer. La géographie ne présente ceci que sous cette idée simple, ces circonstances si simples : mais la *Géographie-Physique* doit s'occuper, en parlant de ces embouchures, de beaucoup d'objets intéressans qui en dépendent, & qu'il faut rapprocher le plus méthodiquement qu'il est possible. Voilà la marche que suit la *Géographie-Physique* :

Dépôts des fleuves.

Si l'on considère le nombre d'années qu'il a fallu aux fleuves pour détacher les débris des Continens, les entraîner & les déposer vers leurs embouchures, on peut prendre une idée de la durée du Monde. Combien cette durée ne recevra-t-elle pas d'extension si l'on ajoute à cette première considération celle de l'excavation des vallées, où la plupart des *fleuves* ont fait leurs dépôts, car ce travail de l'excavation a dû nécessairement précéder celui du remplissage produit par les dépôts !

Ne voyons-nous pas que tous les *fleuves*, toutes les rivières un peu considérables ont formé des pays nouveaux? Je puis rappeler ici le Nil, le Niger, le Zaïre, l'Indus, le Gange, les *fleuves* de la Chine, le Wolga, le Danube, le Rhin, le Rhône, le Pô, &c. qui ont tous formé des pays plats & des canaux naturels.

La nature & la disposition de ces différens dépôts des *fleuves* peuvent fournir autant de monumens pour attester l'antiquité & les différentes époques de leur travail successif.

Il est vrai que, dans l'examen de ces divers dépôts des *fleuves*, on doit faire entrer, non-seulement le volume & la rapidité des eaux du *fleuve*, mais encore le concours de la mer à l'embouchure, ses invasions & ses retraites : toutes ces circonstances, tous ces grands événemens, sont discutés dans les articles des différens *fleuves* dont il vient d'être fait mention, de manière à donner une idée complète du travail de la Nature par les *fleuves* & les autres eaux courantes, & du tems qu'il a dû exiger.

Phénomènes & variations des fleuves.

Les *fleuves* sont sujets à de grands changemens dans une même année, suivant les différentes saisons, & quelquefois dans un même jour. Ces changemens sont occasionnés pour l'ordinaire par les pluies & par les neiges fondues. Par exemple, dans le Pérou & dans le Chili, il y a des fleuves qui ne sont presque rien pendant la nuit, & qui ne coulent que de jour, parce qu'ils sont alors augmentés par la fonte des neiges qui couvrent les montagnes. De même le Wolga grossit considérablement pendant les mois de mai & de juin ; de sorte qu'il couvre alors entièrement des sables qui sont à sec tout le reste de l'année. Le Nil, le Gange,

l'Indus, &c. grossissent souvent jusqu'à déborder, & cela arrive, tantôt dans l'hiver à cause des pluies, tantôt en été par la fonte des neiges.

FLOIRAC, village du département de Lot & Garonne, arrondissement d'Agen, & à trois lieues un quart de cette ville. Il y a des carrières de plusieurs sortes de marbres, toutes à grain très-fin.

FLORAC, ville du département de la Lozère, sur le Tarn. Cette ville est située dans un vallon fort resserré, mais agréable. Les coteaux qui la dominent, sont couverts de vignes, & au dessus encore s'élèvent des châtaigniers & même des chênes. A l'ouest est une chaîne de hauts rochers, dont la base présente un banc de pierres entr'ouvert, d'où jaillit une source abondante. Ses eaux, très-bonnes à boire, passent encore pour être minérales. Le territoire produit d'ailleurs des grains, des fourrages & toutes sortes de fruits.

FLORENCE (Pierre de). On trouve la *pierre de Florence* dans plusieurs endroits du territoire de cette ville, principalement à Rimacio, près SanCaciano, qui est à deux milles de Florence.

Cette pierre offre deux parties bien distinctes: la partie inférieure, qui représente les ruines de bâtimens, & la partie supérieure, qui représente le fond du dessin, le ciel du tableau. La partie de ces pierres qui forme les ruines est ordinairement plus argileuse & plus ferrugineuse que celle du fond, qui est plus calcaire & moins chargée de teintes de fer.

Ce mélange de terre argileuse & marneuse a été exposé à se fendre par la dessiccation, dans le tems où elle a pris une certaine consistance, & que son grain acquéroit un certain degré d'induration. Ces fentes ont été fort nombreuses, & particulièrement irrégulières à la surface des couches : il en est résulté plusieurs faces trapézoïdales, qui représentent différentes formes de toits & de combles.

C'est sur ces faces que les eaux, chargées de ces sucs ferrugineux dont j'ai parlé, ont laissé des teintes de couleurs jaunes ou noires, plus ou moins foncées.

Telle est la base sur laquelle la Nature a formé ensuite des dépôts postérieurs, des bancs d'une espèce de superfétation. C'est cette base qu'il est très-aisé de distinguer dans les carrières de la *pierre de Florence*. Elle offre, comme nous l'avons dit, des ruines de bâtimens, des clochers, des tours, des édifices démantelés : ce sont les extrémités de toutes les fentes de dessiccation qu'a éprouvée le mélange de marne & d'argile, & qui se trouvent dans la première couche de dépôts : c'est sur ce premier lit qu'un second dépôt s'est formé, qu'il a rempli les vides des fentes, & qu'ensuite il a recouvert par des additions horizontales. Lorsqu'on a observé ces masses, on voit que les pre-

miers fédimens font d'une époque bien antérieure
à celle desfeconds, & c'eft en diftinguant ces deux
différens ordres de dépôts, qu'on trouve la folution de ce problème, qui confifte dans la connoiffance de la variété des formes, dans la correfpondance des vides des fentes & des rempliffages,
& enfin dans la différence du grain & de la couleur de ces fédimens, dont l'un a formé les ruines,
& l'autre le fond du tableau & le ciel : l'un appartient à ce que les naturaliftes de Florence con-
fidèrent comme une dépendance des montagnes
primitives ; & l'autre comme une fuperfétation due
au travail des collines. Toute cette diftinction admet les différences qui fe trouvent dans la *pierre de
Florence*. Ce travail de la Nature appartient à deux
époques fucceffives, & fes réfultats bruts en donnent la vraie folution. On voit, en comparant ce
petit article avec le long Mémoire de Daubenton,
la différence qui fe trouve dans l'explication d'un
obfervateur de la Nature vue en grand, & d'un
obfervateur de la Nature par échantillons : ce font
ceux-ci qui ont dominé jufqu'à préfent.

Les pierres à rafoir de Lorraine font quelquefois
mêlées de veines noires, qui en pénètrent toute
la fubftance. Ces veines paroiffent venir de l'ardoife, qui a fourni ces principes à l'eau qui a rempli les fentes primitives des pierres à rafoir d'une
matière étrangère. Cette explication, fort fimple &
fort vraifemblable, peut s'appliquer à tous les faits
pareils, & particuliérement aux *pierres de Florence*,
où l'on voit des plantes, des arbres, des châteaux,
des clochers. Tout cela eft le réfultat de femblables veines très-fines & très-finement ramifiées
d'une matière étrangère qui s'eft infinuée dans les
fentes.

Mais pour compléter cette explication, il faut
donner une idée de la manière dont les fentes fe
font ouvertes, & du fyftème de ces interftices qui
ont été diftribués dans les *pierres de Florence*, de
manière à repréfenter toutes ces figures ; car je
regarde les fentes comme en étant une première
ébauche, un premier trait. Au moyen de cette
première bafe connue, tout s'explique aifément :
fans cela vous ne pouvez rendre raifon de la forme
des châteaux. Ce n'eft pas le cours de la matière
étrangère qui a produit feule ces apparences imparfaites ; c'eft la taille primitive, les fentes de
defficcation de la matière des *pierres de Florence*,
qui a fait ces toits par des pointes ou plans tronqués, & qui a repréfenté tout ce qui pouvoit faire
illufion.

Il refte encore les ciels, qui font quelquefois fi
beaux, & qui fervent à détacher les bas, les villes,
les villages : ceci s'expliquera facilement lorfqu'on
aura vu, dans la carrière, les *pierres de Florence*, &
qu'on aura remarqué fenfiblement que c'eft un dépôt, une fuperfétation de couches horizontales
qui font venues s'étendre fur la première ébauche
dont j'ai parlé, & par le moyen des principes colorans ferrugineux, ou que l'eau a voiturés dans

les interftices, ou formé les bordures qui détachent
les figures des maifons, des châteaux, &c.

FLUIDITÉ DE LA TERRE. Plufieurs phyficiens, à la tête defquels on peut mettre Defcartes,
enfuite Stenon, Burnet, Woodward, ont effayé
d'expliquer mécaniquement la formation de la
Terre.

Ceux qui ont envifagé le globe de la Terre comme
compofé de différens lits de fables, d'argiles & de
pierres, affez exactement parallèles entr'eux & concentriques à la furface du Globe, ont cru pouvoir
expliquer fa formation en imaginant qu'une liqueur chargée de ces différentes matières les a
dépofées fucceffivement, fuivant les lois de la pefanteur ; ce qui a produit leur arrangement par couches circulaires, qui auront eu toutes le centre de
la Terre pour centre commun, & cette précipitation
a fait ceffer la *fluidité* qu'ils ont fuppofé avoir précédé cette difpofition & cet arrangement. Ils ont
cru qu'on ne pouvoit attribuer à aucune autre
caufe le parallélifme & la concentricité des couches. Ils ont cité, à l'appui de ce fyftème, les parties d'animaux terreftres ou aquatiques, les branches d'arbres, les feuilles, trouvés dans des lits de
pierres affez profonds.

Cependant fi l'on fait bien attention à l'ordre
des matières qui compofent les couches de la Terre,
à la diftinction & à la féparation de ces matières,
qui ne pouvoit avoir lieu dans le cas d'une maffe
fluide, où toutes ces matières feroient confondues
& mêlées enfemble, & précipitées auffi confufément, on ne peut plus admettre cet état de *fluidité*
du Globe comme un moyen d'expliquer la diftinction des lits, la féparation & le triage des matières
hétérogènes, comme il a eu lieu dans le fyftème actuel. C'eft à quoi n'ont pas penfé les phyficiens, qui,
n'ayant pas obfervé tous les détails dont ils avoient
befoin, ne pouvoient prévoir ces difficultés. C'eft
l'écueil où viendront échouer tous ceux qui veulent expliquer, par des vues générales, les phénomènes, qui ne font encore vus que d'une manière
incomplète.

Il y a encore d'autres faits qui s'oppofent à ce
qu'on admette la *fluidité* générale du Globe. Toute
la fuperficie du Globe eft compofée de maffes dif-
parates, qui n'ont pas été dépofées de même par
couches ou au même niveau, comme cela auroit
dû avoir lieu, dans la fuppofition d'une *fluidité* générale dans le globe de la Terre. Ainfi les granits
criftallifés en grandes maffes & fans veftiges de
couches, les couches inclinées qui forment des
maffifs fort étendus & fort élevés au deffus des pays
à couches horizontales, tout cela offre des phénomènes généraux, dont la difcordance ne permet
pas d'avoir recours à cet état de *fluidité*, qui n'explique pas, à beaucoup près, tous les phénomènes.

On a remarqué que, dans plufieurs carrières
d'où l'on tire des pierres, fouvent des lits d'une

fubftance très-dure & d'un tiffu ferré fe trouvent établis fur des fubftances molles & légères. Or, dans le fyftème de la *fluidité* générale, les matières les plus pefantes ont dû fe précipiter au fond, & il ne peut y avoir des couches alternativement plus légères & plus pefantes. Il ne peut pas même y avoir cette diftinction de couches & de lits, & il ne doit y avoir eu qu'un feul lit ou couche.

FLUX & REFLUX : c'eft le mouvement journalier & périodique qu'on obferve dans les eaux de la mer; & dont les détails, relativement aux différentes côtes, vont nous occuper dans cet article,

Dans les mers vaftes & profondes on remarque que les eaux montent & defcendent alternativement deux fois par jour. Elles s'élèvent pendant environ fix heures, & s'étendent fur les rivages: c'eft ce que l'on appelle le *flux*. Elles reftent un petit efpace de tems, c'eft-à-dire, quelques minutes dans cet état de repos, après quoi elles redefcendent pendant environ fix autres heures; ce qui forme le *reflux*. Au bout de ces fix heures & d'un très-petit repos, elles remontent de nouveau & ainfi de fuite.

Pendant le *flux* les eaux des fleuves s'enflent & remontent vers leurs fources; ce qui vient évidemment de ce qu'elles font refoulées par les eaux de la mer. (*Voyez* BARRE, MASCARET.) Pendant le *reflux* les eaux de ces mêmes fleuves ou rivières reprennent le cours ordinaire.

On a défigné le *flux* & le *reflux* par le feul mot de *marée*. Le moment où finit le *flux*, lorfque les eaux font ftationnaires, s'appelle la *haute-mer*. La fin du *reflux* s'appelle la *baffe-mer*.

Dans tous les endroits où le mouvement des eaux n'eft pas retardé par des îles, des caps, des détroits, ou par d'autres obftacles femblables, on obferve trois périodes à la marée : la période journalière, la période menftruelle & la période annuelle. La période journalière eft de vingt-quatre heures quarante-neuf minutes, pendant lefquelles le *flux* arrive deux fois, & le *reflux* auffi deux fois, & cet efpace de vingt-quatre heures quarante-neuf minutes eft le tems que la lune met à faire fa révolution journalière autour de la Terre, ou, pour parler plus exactement, le tems qui s'écoule entre fon paffage par le méridien, & fon retour au même méridien.

La période menftruelle confifte en ce que les marées font plus grandes dans les nouvelles & les pleines lunes, que quand la lune eft en quartier, ou, pour parler plus exactement, les marées font les plus grandes dans chaque lunaifon quand la lune eft environ à dix-huit degrés au-delà des pleines ou nouvelles lunes; & les plus petites, quand elle eft à environ dix-huit degrés au-delà du premier & du dernier quartier. Les nouvelles ou pleines lunes s'appellent *Syzygies*; les quartiers, *Quadratures*.

La période annuelle confifte en ce qu'aux équinoxes, les marées font les plus grandes vers les nouvelles & pleines lunes, & que celle des quar-

tiers font plus grandes qu'aux autres lunaifons. Au contraire, dans les folftices les marées des nouvelles & pleines lunes ne font pas fi grandes qu'aux autres lunaifons; au lieu que les marées des quartiers font plus grandes qu'aux autres lunaifons.

On voit déjà, par ce premier détail, que le *flux* & le *reflux* ont une connexion marquée avec les mouvemens de la lune, & qu'ils en ont même, jufqu'à un certain point, avec ceux du foleil, ou plutôt avec le mouvement de la Terre autour du foleil: d'où l'on peut conclure, en général, que la lune & le foleil, & furtout le premier de ces deux aftres, font la caufe du *flux* & du *reflux*, quoiqu'on ne fache pas encore comment cette caufe opère. Mais fuivons les phénomènes du *flux* & du *reflux*, auxquels nous devons nous borner dans cet article.

Dans la période journalière on obferve encore, 1°. que la haute-mer arrive aux rades orientales plus tôt qu'aux rades occidentales; 2°. qu'entre les deux tropiques, la mer paroît être entraînée par un mouvement général, qui la porte de l'eft à l'oueft; 3°. que dans la zône torride, à moins de quelques obftacles particuliers, la haute-mer arrive en même tems aux endroits qui font fous le même méridien; au lieu que, dans les zônes tempérées, elle arrive plus tôt à une moindre latitude qu'à une plus grande, & au-delà du foixante-cinquième degré le *reflux* n'eft plus fenfible.

Dans la période menftruelle on obferve, 1°. que les marées vont en croiffant, des quadratures aux fyzygies &, en décroiffant, des fyzygies aux quadratures. 2°. Quand la lune eft aux fyzygies ou aux quadratures, la haute-mer arrive trois heures après le paffage de la lune au méridien. Si la lune va des fyzygies aux quadratures, le tems de la haute-mer arrive plus tôt que ces trois heures : c'eft le contraire fi la lune va des quadratures aux fyzygies. 3°. Soit que la lune fe trouve dans l'hémifphère auftral ou dans le boréal, le tems de la haute-mer n'arrive pas plus tard aux plages feptentrionales.

Enfin, dans la période annuelle on obferve, 1°. que les marées du folftice d'hiver font plus grandes qu'aux folftices d'été; 2°. que les marées font d'autant plus grandes, que la lune eft plus près de la Terre, & elles font les plus grandes, toutes chofes d'ailleurs égales, quand la lune eft périgée, c'eft-à-dire, à fa plus petite diftance de la Terre. Elles font auffi d'autant plus grandes, que la lune eft plus proche de l'équateur. Et en général, les plus grandes de toutes les marées arrivent quand la lune eft à la fois dans l'équateur, périgée, & dans les fyzygies. 3°. Enfin, dans les contrées feptentrionales, les marées des nouvelles & pleines lunes font, en été, plus grandes le foir que le matin; & en hiver, plus grandes le matin que le foir.

Tous ces phénomènes s'expliquent aifément par l'action de la lune & du foleil, fuivant leur pofition, foit par rapport à la Terre, foit entr'eux. Je laiffe donc aux géomètres & aux phyficiens à faire

l'application de ces forces à chacun de ces phénomènes.

Les marées seroient régulièrement comme nous
l'avons dit ci-dessus, si les mers étoient partout
également profondes. Mais si les bas-fonds qui se
trouvent en certains endroits & le peu de largeur
de certains détroits où doivent passer les eaux,
font cause de la grande variété que l'on remarque
dans les hauteurs des marées, l'on ne peut rendre
compte de ces effets sans avoir une connoissance
exacte de toutes les particularités & inégalités des
côtes, c'est-à-dire, de la position des terres, de
la largeur & de la profondeur des canaux.

Ces effets sont visibles, par exemple, dans les
détroits entre Portland & le cap de la Hogue en
Normandie, où la marée ressemble à ces eaux qui
sortent d'une écluse qu'on vient de lever : de même,
elle seroit encore plus rapide entre Calais & Douvres si elle n'y étoit pas contre-balancée par celle
qui fait le tour de l'Angleterre, & qui s'étend dans
la mer d'Allemagne.

L'eau de la mer, après avoir reçu l'impression
de la force lunaire, la conserve assez long-tems,
& continue de s'élever fort au dessus de la hauteur
ordinaire qu'elle a dans l'Océan, surtout dans les
endroits où elle trouve un obstacle direct, & dans
ceux où elle trouve un canal qui s'étend fort avant
dans les terres, & qui se rétrécit vers son extrémité : c'est ce qu'on observe dans la Severn, près
de Bristol.

Les bas-fonds de la mer & les continens qui l'entrecoupent, sont aussi cause, en partie, que la haute
marée n'arrive point en plein Océan dans le tems
que la lune s'approche du méridien, mais toujours
quelques heures après, comme on le remarque sur
toutes les côtes occidentales de l'Europe & de
l'Afrique, depuis l'Irlande jusqu'au cap de Bonne-
Espérance, où la lune ne produit les hautes marées que lorsqu'elle se trouve placée entre le midi
& le couchant. On assure que le même phénomène a lieu sur les côtes occidentales de l'Amérique.

Les vents & les courans irréguliers contribuent
aussi beaucoup à déranger la marche ordinaire du
flux & du *reflux*.

On ne finiroit point si l'on vouloit entrer dans
le détail des solutions ou explications de tous les
effets, qui ne sont que des corollaires aisés à déduire des mêmes principes. Ainsi l'on voit aisément
pourquoi la mer Caspienne, la Mer-Noire, la mer
Méditerranée, la mer Baltique, la Mer-Blanche,
n'ont point de marées sensibles. L'on voit que ce
sont des espèces de lacs qui n'ont point de communication réelle ou assez considérable avec l'Océan.
Elles doivent surtout être moindres dans la Baltique
& la Mer-Blanche, à cause de l'éloignement de
l'équateur. C'est par la même raison que, proche
le pôle, il n'y a pas de *flux* ni de *reflux*. Dans le
golfe de Venise la marée est plus sensible que dans le
reste de la Méditerranée ; mais cet effet doit être

attribué à la figure de ce golfe, qui le rend propre à élever davantage les eaux en les resserrant.

Nous dirons ici un mot des marées qui ont lieu
dans le port de Tunking à la Chine ; elles diffèrent
de toutes les autres, & présentent des singularités
fort remarquables. Dans ce port on ne s'apperçoit
que d'un *flux* & d'un *reflux*, qui se fait en vingt-
quatre heures de tems. Quand la lune s'approche
de la ligne équinoxiale il n'y a point de marée du
tout, & l'eau y est immobile ; mais quand la lune
commence à avoir une déclinaison, on commence
à s'appercevoir d'une marée.

FOIX (Pays de). Il étoit borné au nord par le
diocèse de Rieux, au midi par la vallée d'Andorre,
au couchant par le Couserans, au levant par le
diocèse de Mirepoix, le Donnesan & la Cerdagne.
On lui donnoit vingt lieues dans sa plus grande
longueur du nord au midi, sur sept à huit lieues
dans sa plus grande largeur de l'est à l'ouest. La
ville de Pamiers en est la capitale.

Ses principales rivières sont l'Arriège, qui prend
sa source dans les Pyrénées, & qui traverse ce pays
dans toute sa longueur ; la Rise & l'Arget. Ce pays
est rempli de montagnes, surtout dans la partie
haute. Le climat y est en général fort doux ; mais
il est plus tempéré dans la partie basse que dans
celle du midi, où les froids & les chaleurs sont
quelquefois excessifs. Cette dernière partie produit
des bois, d'excellens pâturages, beaucoup de
plantes médicinales, & des fleurs dont les nuances
sont très-vives. On estime surtout beaucoup les tulipes qu'on y cultive. Il y a aussi quantité de mines
de fer. La plus abondante est dans la vallée de Vic-
Defos : c'est pourquoi les habitans s'y occupent
principalement du travail des forges. Il y en a trois
principales en activité.

On trouve des mines d'argent dans les environs
de Saint-Pan, de Lourdat, &c. : il y en a aussi d'argent & de turquoise aux Cabanes. On en trouve
même de cuivre, de plomb & de turquoise dans
plusieurs endroits. D'ailleurs, le pays de *Foix* offre
plusieurs carrières de marbres & de jaspes.

Foix, ville du département de l'Arriège, au
pied des Pyrénées, sur l'Arriège : on y fabrique
des chapeaux & beaucoup de bonneterie. On y fait
outre cela commerce de bestiaux, de poix-résines,
de térébenthine, de liége, de fer & de draperies.
Il y a des forges à martinets, & des mines de
houille qui servent à leur usage.

FOLIE (la), village du département de la
Haute-Marne, canton de Joinville. Il y a un fourneau de forges & des mines de houille qui servent
à l'aliment de ces forges.

J'observerai ici, en passant, qu'on trouve dans
le dénombrement des villages vingt-quatre habitations qui ont le nom de *la Folie*.

FOLIGNO. A trois milles de cette ville il y a une grotte dont la figure eſt irrégulière, & qui a depuis trente juſqu'à quarante pieds de hauteur, ſur dix à douze pieds de largeur. Ses murs ſont revêtus d'une belle incruſtation de couleur un peu jaunâtre, qui eſt relevée, de diſtance en diſtance, par des colonnes compoſées de la même matière. Du haut de la voûte deſcendent d'autres colonnes ſemblables; les unes juſqu'à terre, & qui ont vingt-cinq pieds de longueur; les autres ont plus ou moins de longueur: leur diamètre varie auſſi de grandeur. Parmi toutes ces diverſités, il y a une régularité fort remarquable: la hauteur des murs, celle des colonnes, tant de celles qui ſont adoſſées contre les murs, que de celles qui ſont iſolées, eſt diviſée en deux parties inégales par un cordon qui règne partout, & ſe trouve dans le même plan horizontal, élevé d'environ quatre pieds au deſſus du plancher. Tout ce qui eſt au deſſus du cordon eſt plus égal, plus uniforme, moins raboteux que ce qui eſt au deſſous. Depuis le cordon, les colonnes vont en groſſiſſant vers le bas, juſqu'à une certaine diſtance, après quoi elles diminuent. Dans ce renflement, la circonférence d'une des colonnes a été trouvée de trente pouces, au lieu qu'elle n'étoit que de vingt-deux au deſſus du cordon. Le plancher de la grotte eſt couvert de plaques de la matière des colonnes, plus ou moins épaiſſes, plus ou moins ſolides. Proche de l'endroit où ſe trouve la grotte, il y a une rivière dont les eaux ont un goût & une odeur ſoufrée: on conjecture que les eaux de cette rivière, en filtrant à travers les terres, auront formé les dépôts qui ſe trouvent dans cette grotte, en y laiſſant les matières dont elles ſont chargées. Des matières diſpoſées plus également ont formé les incruſtations plus égales & plus uniformes, qui ſont au deſſus du cordon. Une précipitation plus abondante & plus bruſquée a formé celles qui ſont au deſſous du cordon.

FOLLEMBRAY, village du département de l'Aiſne, arrondiſſement de Laon, au bord de la forêt baſſe, à deux lieues de Chauny. On voit près de ce village une verrerie à bouteilles, deſtinée pour la Champagne. On y occupe cent vingt ouvriers, non compris ceux du dehors.

FONDRIERE, eſpèce de goufre plein de terre limoneuſe, toujours détrempée. On donne ce nom en général à toutes les profondeurs répandues à la ſurface de la Terre, qui ſont la ſuite d'affaiſſémens & d'éboulemens de terrains pénétrés & minés par l'eau: ce ſont en général des parties de couches terreuſes, qui ont éprouvé ces affaiſſemens par la deſtruction de la baſe qui les ſoutenoit. On en trouve beaucoup ſur le bord de la mer, à l'embouchure des rivières où ſe ſont formés de grands dépôts terreux qui ſont abreuvés par la marée, qui les pénètre dans le tems de la haute-mer. J'en ai rencontré de bien dangereuſes, où l'homme & le cheval diſparoiſſent ſi l'on n'a ſoin de les tourner avec prudence, dans les environs de Marennes, de Brouage, autour des marais ſalans abandonnés.

Irruption de la fondrière de Solway en Angleterre.

L'altération que ce phénomène a produite ſur la ſurface de la Terre eſt la plus conſidérable qui ſoit arrivée en Angleterre par des cauſes naturelles, depuis la deſtruction de la terre du comté de Goodwin.

Le 16 décembre 1772, il tomba un déluge de pluie dans tout le nord de l'Angleterre.

La *fondrière* de Solway (*Solway-Moſſ*) contient treize cents acres de mouſſe très-profonde & très-molle, qu'il étoit impoſſible de traverſer, même en été, à pied. Elle eſt compoſée d'une eſpèce de tourbe recouverte de gazon, de bruyères & de plantes aquatiques, mais ſi molle & ſi aqueuſe en deſſous, que ſi l'on perce une fois le gazon avec un bâton, on peut le pouſſer aiſément, dans toute ſa longueur, juſqu'au fond. Lorſqu'un homme s'aventure ſur ces mouſſes, elles ſe courbent en forme de vague ſous ſes pieds; & ſi la ſurface vient à rompre, il eſt en danger d'être englouti. Sa ſurface, en divers endroits, étoit plus élevée de cinquante à quatre-vingts pieds que la belle & fertile plaine qui ſe trouve entre la *fondrière* & la rivière d'Esk.

Cette *fondrière*, étant accrue par les pluies, déborda, vers les onze heures du ſoir, par une petite gorge, &, trouvant une pente ſuffiſante, ſe répandit dans la plaine. Elle ſurprit, dans leur lit, les habitans de douze villages. Perſonne ne périt; mais pluſieurs ne ſe ſauvèrent qu'avec beaucoup de difficultés. Le lendemain matin trente-cinq familles ſe trouvèrent dépoſſédées de leurs biens-fonds, & privées de preſque tous leurs grains & de pluſieurs beſtiaux. Dans une étable à vaches entr'autres, où il y en avoit huit, on n'en put ſauver qu'une, après qu'elle eut été ſoixante heures dans l'eau & dans le bourbier juſqu'au cou. Quand elle en fut dehors elle ne refuſa pas de manger, mais elle ne voulut pas goûter de l'eau, & elle ne pouvoit même en boire ſans donner des ſignes ſenſibles d'horreur. On en vit d'autres enſevelies dans la mouſſe juſqu'au chaume, à huit pieds de hauteur.

Le lendemain matin plus de deux cents acres de terrains étoient entièrement ſubmergés; & ce corps de mouſſe & d'eau, qui étoit de conſiſtance aſſez liquide pour ſe mouvoir librement, continua de ſe répandre de tous les côtés pendant pluſieurs jours. Il étoit arrêté, après avoir couvert trois cents acres, lorſque je le vis; mais chaque nouvelle pluie le remet en mouvement, & il en a maintenant recouvert plus de quatre cents. Il a atteint la rivière d'Esk, dont l'eau étoit auparavant très-claire; elle eſt maintenant auſſi noire que de l'encre par le mélange de cette mouſſe bourbeuſe, & il n'y eſt plus entré de ſaumon depuis.

La terre qui a été envahie, étoit toute enclose de haies, portoit de belles moissons de blés & de turneps, & rendoit de onze à quatorze schellings par acre, outre les charges, qui étoient de quatre schellings.

La nouvelle *fondrière* est plus ou moins profonde, suivant les inégalités du terrain ; elle a arrêté les eaux d'un ruisseau qui forme maintenant un lac.

Environ quatre cents acres de l'ancienne *fondrière*, vers l'endroit par où elle s'est dégorgée, paroissent s'être affaissés depuis cinq jusqu'à vingt-cinq pieds, & cet affaissement a occasionné de grands déchiremens dans les parties de la mousse, qui n'ont pu se prêter à la dépression. Ces fentes ont de quatre à huit pieds de largeur, & autant de profondeur. La surface de l'ancienne *fondrière* a été déchirée çà & là en gros morceaux, qui ont suivi la nouvelle, & dont quelques-uns ont de vingt à cinquante pieds de longueur ; mais la plus grande partie est restée entière, & n'a fait que s'affaisser, la bourbe, délayée par l'inondation, ayant seulement coulé par-dessous.

Un grand nombre d'Écossais de l'armée commandée par Olivier Saint-Clair, dans le tems de Henri VIII, y perdirent la vie, & on dit qu'en y creusant pour de la tourbe, il y a quelques années, on y a trouvé le squelette d'un cavalier & de son cheval, avec l'armure complète.

Fondrière mouvante.

Le samedi 26 janvier 1745, une partie d'une *fondrière* nommée *Pilling-Moss*, s'éleva à une hauteur surprenante, & après un tems très-court elle s'enfonça autant au dessous de son premier niveau, & se mit lentement vers le midi : en une demi-heure elle couvrit vingt acres de terre. Le terrain contigu à la partie de la *fondrière* qui se mut, est un espace circulaire, concave, qui est presque rempli de mousse & d'eau. On croit que, dans quelques endroits, il a quinze pieds de profondeur. Une famille a été chassée de sa demeure, qui est entiérement environnée & qui s'écroule. Une forte gelée retarde aujourd'hui les progrès de la *fondrière* ; mais je crains qu'elle ne détruise encore un grand espace de terrain. La partie enfoncée, comme le lit d'une rivière, court nord & sud. Elle a plus d'un mille de longueur, & près d'un demi-mille de largeur ; en sorte que je crains qu'il n'y ait un courant continuel vers le sud. Un homme marchoit sur la *fondrière* lorsqu'elle commença de se mouvoir. Tandis qu'il alloit vers l'est, il s'apperçut, à sa grande surprise, que le sol, sous ses pieds, alloit vers le midi. Il s'enfuit précipitamment en arrière & eut le bonheur de n'être pas englouti.

FONSANCHE (Fontaine de). La fontaine de

Fonsange est dans le département du Var, entre Sauve & Quissac, à la droite de la rivière du Vidourle, & assez près du lit de cette rivière. Elle sort de terre à l'extrémité d'une pente très-roide, tournée au levant, & tenant à une assez longue chaîne de montagnes appelées *Coutach*.

Cette fontaine est intermittente, c'est-à-dire qu'elle est sujète à des variations, ou plutôt à des interruptions réglées & périodiques ; elle coule réguliérement deux fois dans l'espace de vingt-quatre heures, & elle cesse de couler deux fois aussi dans le même tems. Chaque écoulement dure un peu plus de sept heures ; chaque intermission qui succède, n'en dure que cinq ; enfin, les écoulemens sont d'un peu plus de trois quarts d'heure chaque jour, par rapport aux écoulemens du jour précédent, auxquels ils répondent.

FONTAINE. C'est une quantité d'eau qui, en sortant de certaines couches de la terre, entr'ouvertes, se trouve recueillie dans un bassin plus ou moins considérable, dont l'écoulement perpétuel ou interrompu fournit à une partie de la dépense des différens canaux distribués sur la surface des continens & des îles.

Je crois qu'il est à propos de fixer ici les acceptions précises, suivant lesquelles il paroît que sont employés les termes de *fontaine* & de *source*. Source semble être en usage dans toutes les occasions où l'on se borne à considérer ces canaux naturels qui servent de conduits souterrains aux eaux, à quelque profondeur qu'ils soient placés, ou bien le produit de ces espèces d'aqueducs. *Fontaine* indique un bassin à la surface de la terre, & versant au dehors ce qu'il reçoit par des sources ou intérieures ou voisines. Les sources du Rhône, du Tessin, du Rhin, sont dans le mont Saint-Gothard. La fontaine d'Arcueil est à mi-côte. La source de Rungis fournit environ cinquante pouces d'eau. Les sources des mines sont très-difficiles à épuiser. Les sources des puits de Modène sont à soixante-trois pieds de profondeur. La plupart des lacs qui versent leurs eaux dans les fleuves sont entretenus par des sources intérieures. Dans le bassin de cette *fontaine* on apperçoit l'eau des sources, qui, en jaillissant, écarte les sables d'où elle sort. Après les pluies & à l'entrée de l'hiver, les sources qui inondent les terres donnent beaucoup.

La première question qui se présente à ceux qui ont considéré avec attention ces sources perpétuelles & abondantes est de demander quelle peut être la cause du cours perpétuel de ces *fontaines* qui, par la réunion de leurs eaux, servent à entretenir le Rhône, le Rhin, le Danube, le Wolga, les fleuves Saint-Laurent, de la Plata, des Amazones ; quels sont les réservoirs invisibles qui remplissent les canaux multipliés des rivières & les vastes lits des fleuves ; par quel mécanisme enfin ces réservoirs réparent abondamment leurs pertes journalières.

Ensuite,

Enfuite, à mefure qu'on étudie plus en détail les *fontaines*, on y obferve plufieurs fingularités très-frappantes, tant dans leur écoulement, que dans leurs eaux, & ces difcuffions font, par leurs objets, auffi agréables qu'utiles. D'après ces confidérations, nous croyons devoir nous attacher, dans cet article, à deux points de vue intéreffans fur les *fontaines*, leur origine & leurs fingularités.

Origine des fontaines. L'origine des *fontaines* a de tout tems piqué la curiofité des philofophes. Les Anciens ont leurs hypothèfes fur ce méçanifme, ainfi que les Modernes; mais ce font, pour la plupart, des plans informes, qui, furtout dans les premiers, & même dans certains écrivains de nos jours, ont le défaut général que Sénèque reprochoit avec tant de fondement aux phyficiens de fon tems, dont il connoiffoit fi bien les reffources philofophiques. *Illud antè omnia dicendum eft, opiniones veterum parùm exaêtas effe & rudes; circà verùm adhuc errabatur; nova omnia erant primò tentantibus.* Quæft. Nat. lib. VI, cap. IV.

Les Anciens, en parlant de l'origine des *fontaines*, ne nous préfentent rien de précis & de fondé. Outre qu'ils n'ont traité cette queftion qu'en paffant, & fans infifter fur les détails, ils ne paroiffent s'être attachés ni aux faits particuliers ni à leur concert. Ces raifons font plus que fuffifantes pour nous déterminer à paffer légèrement fur leurs hypothèfes. Quel fruit peut-on tirer pour l'éclairciffement de la queftion préfente, en voyant Platon ou d'autres anciens philofophes au nom defquels il parle, indiquer, pour le réfervoir commun des *fontaines* & des fources, les goufres du Tartare, & faire remonter l'eau par cafcades ce goufre à la furface de la Terre? Peut-être que des erudits trouveront dans ces rêveries populaires l'abîme que Woodward prétend faire fervir à la circulation des eaux fouterraines. Nous ne croirons pas, au refte, devoir revendiquer pour notre fiècle cette dernière hypothèfe, comme plus appuyée que l'ancienne. Quelles lumières & quelles reffources trouve-t-on dans le fyftème embraffé par Ariftote & par Sénèque le naturalifte? Ces philofophes ont imaginé que l'air fe condenfoit & fe changeoit en eau par la ftagnation & l'humidité qu'il éprouvoit dans les fouterrains. Ils fe fondoient fur ce principe, que tout fe fait de tout; ainfi, felon eux, l'air fe change en eau, & l'eau en air par les tranfmutations, au milieu defquelles la Nature fait garder une jufte compenfation qui entretient toujours l'équilibre entre les élémens. Ces tranfmutations livreroient toute l'économie admirable de la Nature à une confufion & à une anarchie affreufe. L'eau, confidérée fans mélange, fera toujours eau & inaltérable dans les élémens. (*Voy.* EAU, *élément.*) Il eft vrai qu'on a obfervé de nos jours un fait qui fembleroit autorifer ces prétentions. L'eau la plus pure laiffe, après plufieurs diftillations réitérées, quelques principes terreux au fond de la cucurbite. Ce fait, remarqué par Boyle & par Hook, avoit donné lieu

à Newton, de conclure que l'eau fe changeoit en terre; mais Boerhaave, qui a vérifié effectivement ce réfultat, prétend, avec beaucoup plus de raifon, que les molécules de l'eau font inaltérables, & que le réfidu terreux eft le produit des corps légers qui flottent dans l'air, ou la fuite d'une inexactitude indifpenfable dans la manipulation. Ainfi les Anciens n'étoient autorifés à fuppofer ces tranfmutations que par le befoin qu'ils en avoient. Si après cela nous voyons Ariftote avoir recours aux montagnes qui boivent les eaux fouterraines comme des éponges, ou à d'autres agens, ces fecours fubfidiaires ne nous offrent aucune unité dans fes idées. Pline nous rapporte quelques faits, mais donne peu de vues. Vitruve a entrevu le vrai en s'attachant au produit des pluies.

Saint-Thomas & les fcholaftiques de Conimbre tranchent plutôt la queftion qu'ils ne la réfolvent, en admettant, ou l'afcendant des aftres, ou la faculté attractive de la Terre, qui raffemble les eaux dans fon fein par une force que la Providence lui a départie fuivant fes vues & fes deffeins. Vanhelmont prétend que l'eau renfermée dans les entrailles de la Terre n'eft point affujettie aux règles de l'hydroftatique, mais qu'elle dépend alors uniquement de l'impreffion que lui communique cet efprit qui anime le monde fouterrain, & qui la met en mouvement dans les abîmes profonds qu'elle remplit. En conféquence de ces idées il met en jeu ce qu'il appelle la *Propriété vivifiante du fable pur*, & la circulation animée qui en réfulte des eaux de la mer vifible dans une mer invifible qu'il s'efforce de prouver par l'Écriture. Cet abus n'eft pas particulier à ce fameux médecin. Plufieurs autres écrivains ont cru décider la queftion par des paffages des livres facrés qu'ils interprétoient felon leurs caprices, ou fe font fervis de cette autorité refpectable comme de preuve fubfidiaire. On ne peut trop s'élever contre ce procédé religieux en apparence, mais qui, aux yeux d'un phyficien éclairé & chrétien, n'eft que l'emploi indécent d'un langage facré, fait pour diriger notre croyance & notre conduite, & non pour appuyer des préjugés, des préventions & des inductions imaginaires, en un mot des fyftèmes. Ces efpèces de théologies phyfiques, dérogeant à la majefté de l'Écriture & aux droits de la raifon, ne laiffent appercevoir qu'un mélange toujours ridicule de faits divins & d'idées humaines.

L'érudition de Scaliger ne nous préfente que des difcuffions vagues fur ce que les autres ont penfé & fur ce qu'il fe croit en droit d'y ajouter, mais ne nous offre d'ailleurs aucun fait décifif. Cardan, après avoir examiné d'une vue affez générale les deux principales hypothèfes qui étoient en honneur de fon tems, & avoir groffi les difficultés de chacune, finit par les embraffer toutes les deux en affignant à l'une & à l'autre fes opérations particulières. Dans l'une, on attribuoit l'origine des *fontaines* uniquement aux pluies; dans l'autre, on prétendoit qu'elles n'empruntoient leurs eaux que de la mer. Ces deux opinions font prefque les feules qui aient partagé les physiciens dans tous les tems. Plufieurs écrivains, depuis Cardan, ont adopté l'une des deux; mais la plupart fe font bornés à des moyens très-imparfaits : tels font Lydias, Davity, Gaffendi, Duhamel, Scottus & le Père François. On peut confulter, fur ces détails, le Traité de Perrault, de l'*Origine des Fontaines* : on y trouvera vingt-deux hypothèses, qui toutes fe rapportent aux deux principales dont nous venons de parler. On ajoutera aux auteurs qui y figurent, Plot, dont l'ouvrage eft une efpèce de déclamation où l'on trouve beaucoup de crédulité, peu de raifons, & encore moins de choix & de certitude dans les faits. Cet Anglais adopte les canaux fouterrains. Bernard Paliffy, qui avoit plus vu & mieux vu que tous ces favans, étoit fi perfuadé que les pluies formoient les *fontaines*, & que l'organifation des premières couches de la Terre étoit très-favorable à l'amas des eaux, à leur circulation & à leur émanation, qu'il publioit hautement être en état de les imiter. Il auroit organifé un petit monticule, fuivant la diftribution des couches qu'il avoit remarquées à la furface de la Terre dans les lieux qui lui avoient offert des fources. On verra, par la fuite, que cette promeffe n'étoit point l'effet de ces charlatanifmes dont les favans ne font point exempts, & que les ignorans qui s'en plaignent & qui en font les dupes, rendent fouvent néceffaires.

La première chofe qui fe préfente dans cette queftion eft que les fleuves & les rivières vont fe rendre dans des golfes ou dans de grands lacs où ils portent continuellement leurs eaux. Or, depuis tant de fiécles que ces eaux fe raffemblent dans ces grands réfervoirs, l'Océan & les autres mers auroient débordé de toutes parts, & inondé la Terre fi les vaftes canaux qui s'y déchargent, y portoient des eaux étrangères qui ajoutaffent à leur immenfe volume. Il faut donc que ce foit la mer qui fourniffe aux *fontaines* cette quantité d'eau qui lui rentre, & qu'en conféquence de cette circulation les fleuves puiffent couler perpétuellement, & tranfporter une maffe d'eau confidérable fans trop remplir le vafte baffin qui la reçoit.

Ce raifonnement eft un point fixe auquel doivent fe réunir toutes les opinions qu'il eft poffible d'imaginer fur cette matière, & qui fe préfentent d'abord dès qu'on fe propofe de difcuter celles qui fe font déjà. Mais comment l'eau va-t-elle de la mer aux *fontaines* ? Nous favons bien la route qu'elle tient pour retourner des *fontaines* à la mer, parce que les canaux de conduite font pour la plupart expofés à la vue du peuple comme des phyficiens; mais ces derniers ne font pas d'accord fur le mécanifme qui reporte l'immenfe quantité d'eau que les fleuves charient dans les réfervoirs de leurs fources.

Je confidère, en fecond lieu, que l'eau de la mer eft falée, & que celle des *fontaines* eft douce, ou que, fi elle eft chargée de matières étrangères, on

peut fe convaincre aifément qu'elle ne les tire pas de la mer. Il faut donc que le mécanifme du tranf-port ou que nos tuyaux de conduite foient orga-nifés de façon à faire perdre à l'eau de la mer, dans le trajet, fa falure, fa vifcofité & fon amertume.

En combinant les moyens que les auteurs qui ont écrit avec le plus de lumière & de fageffe fur l'origine des *fontaines*, ont effayé d'établir pour fe procurer ce double avantage, on peut les rappeler à deux claffes générales. Dans la première font ceux qui prétendent que les vapeurs qui s'élèvent par évaporation de deffus la furface de la mer, emportées & diffoutes dans l'atmofphère, voiturées enfuite par les vents, fous la forme de nuages épais & de brouillards, arrêtées par les fommets élevés des montagnes, condenfées en rofée, en neige, en pluie; faififfant les diverfes ouvertures que les plans inclinés des collines leur offrent pour s'infi-nuer dans le corps des montagnes ou dans les cou-ches propres à contenir l'eau, s'arrêtent & s'af-femblent fur des lits de tuf & de glaife, & forment, en s'échappant par la pente de ces lits & par leur propre poids, une *fontaine* paffagère ou perpé-tuelle, fuivant l'étendue du baffin qui les raffemble, ou plutôt fuivant celle des couches qui fourniffent au baffin.

Dans la feconde claffe font ceux qui imaginent, dans la maffe du Globe, des canaux fouterrains, par lefquels les eaux de la mer s'infinuent, fe filtrent, fe diftillent, & vont infenfiblement, en s'élevant, remplir des cavernes qui fourniffent à la dépenfe des *fontaines*. Ceux qui foutiennent cette dernière opinion, l'expofent ainfi : la Terre eft remplie de grandes cavités & de canaux fouterrains qui font comme autant d'aqueducs naturels, par lefquels les eaux de la mer parviennent dans des cavernes creufées fous les bafes des montagnes. Le feu fou-terrain fait éprouver aux eaux raffemblées dans ces efpèces de cucurbites, un degré de chaleur ca-pable de la faire monter en vapeurs dans le corps même de la montagne, comme dans le chapiteau d'un alambic. Par cette diftillation, l'eau falée dépofe fes fels au fond de ces grandes chaudières, mais le haut de ces cavernes eft affez froid pour condenfer & fixer les vapeurs qui fe raffemblent & s'accrochent aux inégalités des rochers, fe filtrent à travers les couches de terre entr'ouvertes, cou-lent fur les premiers lits qu'elles rencontrent, juf-qu'à ce qu'elles puiffent fe montrer en dehors par des ouvertures favorables à un écoulement, ou qu'après avoir formé un amas, elles fe creufent un paffage & produifent une *fontaine*.

Cette diftillation, cette efpèce de laboratoire fouterrain, eft de l'invention de Defcartes (*Princip. IV part. §. 64*), qui dans les matières de phy-fique imagina trop, calcula peu, & s'attacha encore à renfermer les faits dans de certaines limites, & à s'aider, pour parvenir à la folution des queftions obfcures, de ce qui étoit expofé à fes yeux. Avant Defcartes, ceux qui avoient admis ces routes fou-

terraines, n'avoient pas diftillé pour dégager les
fels de l'eau de la mer ; & il faut avouer que cette
reffource auroit fimplifié leur échaffaudage, fans le
rendre néanmoins plus folide.

Dans la fuite, M. de la Hire (*Mém. de l'Acad.,
ann. 1703*) crut abandonner les alambics comme
inutiles, & comme un travail imité de l'art, toujours fufpeét de fuppofition dans la Nature. Il fe ref-
treignit à dire qu'il fuffifoit que l'eau de la mer par-
vînt par des conduits fouterrains, dans de grands
réfervoirs placés fous les continens au niveau de
la mer, d'où la chaleur du fein de la Terre, ou
même le feu central, pût l'élever dans de petits
canaux multipliés qui vont fe terminer aux couches
de la furface de la Terre, où les vapeurs fe con-
denfent en partie par le froid, & en partie par des
fels qui les fixent. C'eft, pour le dire en paffant,
une méprife affez fingulière, de prétendre que les
fels qui fe diffolvent dans les vapeurs, puiffent les
fixer. Selon d'autres phyficiens, cette même force
qui foutient les liqueurs au deffus de leur niveau
dans les tubes capillaires ou entre des plans contigus, peut faciliter confidérablement l'élévation
de l'eau marine adoucie. (*Voyez* CAPILLAIRE,
TUBE, ATTRACTION.) On a fait jouer auffi par
fupplément l'action du flux & du reflux : on a cru en
tirer avantage, en fuppofant que fon impulfion étoit
capable de faire monter à une très-grande hauteur,
malgré les lois de l'équilibre, les eaux qui circulent dans les canaux fouterrains. Ils ont cru auffi
que le reffort de l'air, dilaté par la chaleur fouterraine, & qui foulève les molécules du fluide parmi
lefquelles il eft difperfé, y entroit auffi pour beaucoup.

La diftillation imaginée par Defcartes avoit pour
but de deffaler l'eau de la mer, & de l'élever au
deffus de fon niveau. Mais ceux qui fe font conten-
tés de la faire filtrer au travers des lits étroits & des
couches de la Terre, comme M. de la Hire, ont
cru, avec l'aide de la chaleur, obtenir le même avantage, & ils fe font fait illufion. 1°. L'eau de la
mer, que l'on veut faire monter par l'action des
canaux capillaires formés entre les interftices des
fables ou autres terres, ne produit jamais aucun
écoulement, parce que les fables & les terres n'attirent point les eaux douces ou falées en affez
grande quantité pour produire cet effet. M. Perrault (*Orig. des Font. pag.* 154) prit un tuyau de
plomb d'un pouce huit lignes de diamètre & de
deux pieds de long ; il attacha un réticule de toile
par le bas, & l'emplit de fable de rivière fec &
paffé au gros fas. Ce tuyau ayant été placé perpendiculairement dans un vafe d'eau à la profondeur
de quatre lignes, le liquide monta à cinquante-
neuf pouces dans le fable. Boyle, Haukfbée & de
la Hire ont fait de femblables expériences, &
l'eau s'eft élevée de même à une hauteur confidérable : mais M. Perrault alla plus loin ; il fit à fon
tuyau de plomb une ouverture latérale de fept à
huit lignes de diamètre, &, à deux pouces au def-

fus de la furface de l'eau du vafe à cette ouverture, il adapta, dans une fituation inclinée, un tuyau
auffi plein de fable, & y plaça un morceau de papier gris qui débordoit vers l'orifice inférieur. L'eau
pénétra dans cette efpèce de goutière & dans le
papier gris, mais il n'en tomba aucune goute par
ce canal : on n'en put même exprimer en preffant
avec les doigts le papier gris mouillé. Tout cet
équipage, tiré hors du vafe, ne produifit aucun
écoulement : Il n'avoit lieu que lorfqu'on verfoit
de l'eau par le haut du tuyau ; & le tuyau ayant
été rempli de terre au lieu de fable, on n'apperçut
aucun écoulement, & la terre abforboit plus d'eau
que le fable quand on en verfoit par le haut ; ce qui
a été obfervé depuis par M. Réaumur. Il paroît
qu'il faut, pour pénétrer la Terre, une quantité
d'eau égale au tiers de fa maffe.

2°. M. Perrault foumit la même expérience de
l'eau falée. Les fables contractoient d'abord un
certain degré de falure, & l'eau diminuoit un
peu de fon amertume ; mais lorfque les couloirs
s'étoient une fois chargés de fels, l'eau qui s'y fil-
troit, n'en dépofoit plus ; & d'ailleurs, des percolations réitérées au travers de cent différentes
matières fablonneufes n'ont point entièrement
deffalé l'eau de la mer. Voilà des faits très-deftruc-
tifs des fuppofitions précédentes. On peut ajouter,
à ces expériences, d'autres faits auffi décififs. Si
l'eau fe deffaloit par la filtration, moins elle auroit
fait de trajet dans les couches terreftres, & moins
elle feroit deffalée. Or, on trouve des *fontaines* &
même des puits d'eau douce fur les bords de la
mer, & des fources même dans le fond de la mer,
comme nous le verrons par la fuite. Il eft vrai que
quand les eaux de la mer pénètrent dans les fables
en fe réuniffant aux pluies, elles produifent un mélange faumache & falin ; mais il fuffit qu'on trouve
des eaux douces dans des *fontaines* abondantes &
dans des puits voifins de la mer, pour que l'on
puiffe foutenir que les eaux de la mer ne peuvent
fe deffaler par une filtration fouterraine. On n'al-
léguera pas fans doute les eaux falées, puifqu'il
s'en trouve au milieu des terres, comme en Alface, en Franche-Comté, à Salins ; & d'ailleurs,
il eft certain que cette eau n'eft falée que parce
qu'elle diffout des mines de fel. En général, on
peut oppofer à l'hypothèfe que nous venons de décrire, plufieurs difficultés très-fortes.

1°. On fuppofe, fort gratuitement, des paffages libres & ouverts, depuis le lit de la mer jufqu'au pied des montagnes. On n'a pu prouver, par
aucun fait, l'exiftence de ces canaux fouterrains :
on a plutôt prouvé le befoin que l'on en a, que leur
réalité ou leur ufage. Comment concevoir que le
lit de la mer foit criblé d'ouvertures, & la maffe du
Globe toute percée de canaux fouterrains ? Voyons-
nous que la plupart des lacs & des étangs perdent
leurs eaux autrement que par des couches de
glaife ? Le fond de la mer eft tapiffé & recouvert
d'une matière vifqueufe, qui ne lui permet pas de

s'extravaſer auſſi facilement & auſſi abondamment qu'il eſt néceſſaire de le ſuppoſer, pour diſperſer avec autant de profuſion les *fontaines* ſur la ſurface des îles & des continens. Quand même la mer pénétreroit certaines couches de ſon fond à une profondeur aſſez conſidérable, on ne peut en conclure la filtration de ſes eaux dans la maſſe du Globe. Prétendre, outre cela, que les goufres qui paroiſſent abſorber l'eau de la mer ſoient les bouches de ces canaux ſouterrains, c'eſt s'attacher à des apparences pour le moins incertaines, comme nous le verrons par la ſuite.

On n'a pas plus de lumières ſur ces grands réſervoirs ou ces immenſes dépôts, qui, ſelon quelques auteurs, fourniſſent l'eau à une certaine portion de la ſurface du Globe; ſur ces lacs ſouterrains décrits dans Kircher (*Mund. ſubterr.*) ſous le nom d'*hydrophilacia*, & dont il a cru devoir donner des plans pour raſſurer la crédulité de ceux qui ſeroient portés à ne les pas adopter ſur ſa parole.

2°. Quand leur exiſtence ſeroit auſſi certaine qu'elle eſt douteuſe à ceux qui n'imaginent pas gratuitement, il ne s'enſuivroit pas que ces lacs euſſent une communication avec la mer. Les lacs ſouterrains que l'on a découverts, ſont d'eau douce. Au ſurplus, ils tirent viſiblement leurs eaux des couches ſupérieures de la Terre. On obſerve conſtamment, toutes les fois qu'on viſite des ſouterrains, que les eaux ſe filtrent au travers de l'épaiſſeur de la croûte de terre qui leur ſert de voûte. Lorſqu'on fait un étalage de ces cavernes fameuſes, par leſquelles on voudroit nous perſuader l'exiſtence & l'emploi de ces réſervoirs ſouterrains, on nous donne lieu de recueillir des faits très-déciſifs contre ces ſuppoſitions; car la caverne de Baumania, ſituée dans les montagnes de la forêt d'Hircinie, celle de Podpetſchio dans la Carniole, celle de la Kiovie, de la Podolie, toutes celles que Scheuchzer a eu lieu d'examiner dans les Alpes, celles qu'on trouve en Angleterre, ſont la plupart à ſec, & l'on y remarque tout au plus quelques filets d'eau qui viennent des voûtes & des congélations formées par les dépôts ſucceſſifs des eaux qui ſe filtrent au travers des couches ſupérieures. La forme des fluors, la configuration des ſtalactites en cul de lampe, la direction des eaux goûtières. Les filets d'eau & ces eſpèces de *fontaines* tariſſent par la ſéchereſſe, comme on l'a remarqué dans les caves de l'Obſervatoire & dans la grotte d'Arcy en Bourgogne, dans laquelle il paſſe, en certain tems, une eſpèce de torrent qui traverſe une de ſes cavités. Si l'on examine l'eau des pluies & des ſources, on trouvera qu'elle a des propriétés dépendantes de la Nature des couches de terres ſupérieures au baſſin qui contient les eaux. Dans la ville de Modène, & à quatre milles aux environs, en quelqu'endroit que l'on fouille, lorſqu'on eſt à la profondeur de ſoixante-trois pieds, & qu'on a percé la terre, l'eau jaillit avec une ſi grande force, qu'elle remplit les puits en

peu de tems, & qu'elle coule même continuellement par-deſſus ſes bords. Or, cet effet indique un réſervoir ſupérieur au ſol de Modène, qui élève l'eau de ſes puits au niveau de ſon terrain, & qui par conſéquent doit être placé dans les montagnes voiſines. Et n'eſt-il pas plus naturel qu'il ſoit le produit des pluies qui tombent ſur les collines & les montagnes de Saint-Pelerin, que de ſuppoſer un effet de filtration ou diſtillation des eaux de la mer, qui ait guindé ces eaux à cette hauteur pour les faire remonter au niveau du ſol de Modène? Ainſi l'on n'a aucun fait qui établiſſe des évaporations, des diſtillations ou des percolations du centre du Globe à la circonférence; mais au contraire, toutes les obſervations nous font remarquer des filtrations dans les premières couches du Globe.

3°. Les merveilleux alambics, la chaleur qui entretient leur travail, le froid qui condenſe leurs vapeurs, la direction du col du chapiteau ou des aludels d'aſcenſion, qui doit être telle qu'elle empêche les vapeurs de retomber dans le fond de la cucurbite, & de produire par-là une circulation infructueuſe, combien de ſuppoſitions pour réunir tous ces avantages! Comment le feu ſeroit-il aſſez violent pour changer en vapeurs cette eau ſalée & peſante qu'on tire de la mer, & la faire monter juſqu'aux premières couches de la Terre? Le degré de chaleur qu'on a eu lieu d'obſerver dans les ſouterrains n'eſt pas capable de produire ces effets. Quelle accélération dans le travail, & quelle capacité dans l'alambic n'exigeroit pas la diſtillation d'une ſource auſſi abondante que celles qu'on rencontre aſſez ordinairement! L'eau, réduite en vapeur à la chaleur de l'eau bouillante, occupant un eſpace quatorze mille fois plus grand, les eaux, réduites en vapeurs & comprimées dans les cavernes, ſont plus capables de produire des agitations violentes que des diſtillations. D'ailleurs, ſi le feu eſt trop violent dans les ſouterrains, l'eau ſortira ſalée de la cucurbite, &c.

4°. Après une certaine interruption de pluies, la plupart des *fontaines*, ou tariſſent, ou diminuent conſidérablement, & l'abondance reparoît dans leur baſſin après des pluies abondantes ou la fonte des neiges. Or, ſi un ſouterrain fournit d'eau les réſervoirs des ſources, que peut opérer la température extérieure pour en ralentir ou en accélérer les opérations? Il eſt vrai que certains phyſiciens ne diſconviennent pas que les eaux pluviales ne puiſſent, en ſe joignant au produit des canaux ſouterrains, former, après leur réunion, une plus grande abondance d'eau dans les réſervoirs, & y faire ſentir un déchet conſidérable par leur ſouſtraction; mais, après cet aveu, ils ne peuvent ſe diſſimuler que les eaux des pluies n'influent très-viſiblement dans les écoulemens des *fontaines*, & que cet effet ne ſoit une préſomption très-forte pour s'y borner, ſi le produit des pluies ſuffit à l'entretien des ſources, comme nous le ferons voir par la ſuite. Woodward prétend qu'il y a, lors des pluies, moins de diffipation dans les couches du Globe, où fe raffemblent les eaux évaporées de l'abîme par leur feu central, & que la féchereffe fournit une tranfpiration abondante de ces vapeurs. Ceci feroit recevable fi la circulation des eaux dans les couches qui peuvent reffentir les différens effets de l'humidité & de la féchereffe ne fe faifoit pas de la circonférence au centre ou dans la direction des couches qui contiennent les eaux.

5°. Pourquoi l'eau de la mer iroit-elle chercher le centre, ou du moins les endroits les plus elevés des continens, pour y entretenir les *fontaines*? Defcartes nous répondra qu'il y a fous ces montagnes & fous ces endroits élevés, des alambics; mais de la mer à ces prétendus alambics, quelle correfpondance a-t-il établie? Ne feroit-il pas plus naturel que les fources fuffent plus abondantes fur les bords de la mer, que dans le centre des terres & dans les plaines, que dans les pays montueux? Outre qu'on ne remarque pas cette difpofition dans les fources, la grande quantité de pluie qui tombe fur les bords de la mer feroit la caufe naturelle de cet effet fi le terrain étoit favorable aux fources.

6°. Il refte enfin une dernière difficulté: 1°. le réfidu des fels dans l'eau fe dépouillant ou par diftillation ou par filtration, ne doit-il pas avoir formé des obftructions dans les canaux fouterrain, & avoir enfin comblé depuis long-tems tous les alambics? 2°. La mer, par ces dépôts, n'a-t-elle pas dû perdre une quantité prodigieufe de fes fels? Pour donner une idée de ces deux effets il faut apprécier la quantité de fel que l'eau de la mer auroit dépofée dans les cavités, & dont elle fe feroit réellement appauvrie. Il paroît, par les expériences de M. le comte de Marfigly, de Halley & de Halles, qu'une livre d'eau de la mer tient en diffolution quatre gros de fel, c'eft-à-dire, un trente-deuxième de fon poids. Ainfi trente-deux livres d'eau produifent une livre de fel, & foixante-quatre en donneront deux. Le pied cube d'eau pefant foixante-dix livres, on peut, pour une plus grande exactitude, compter deux livres de fel dans ces foixante-dix. Nous partirons donc de ce principe, qu'un pied cube d'eau douce doit avoir dépofé deux livres de fel avant de parvenir à la fource d'une rivière. Or, s'il paffe fous le Pont-Royal, fuivant la détermination de M. Mariotte, deux cent quatre-vingt-huit millions de pieds cubes d'eau en vingt-quatre heures, cette quantité d'eau aura dépofé fous terre cinq cent foixante-dix-huit millions de livres de fel.

Cependant, comme ceux qui admettent la circulation intérieure de l'eau de la mer conviennent que les pluies groffiffent les rivières, nous réduifons ce produit à la moitié; ainfi, l'eau de la Seine laiffe chaque jour, dans les entrailles de la Terre, deux cent quatre-vingt-huit millions de livres de fel, & nous aurons plus de cent milliards de livres pour l'année; mais qu'eft-ce que la Seine,

comparée avec toutes les rivières de l'Europe, & enfin du Monde entier? Quel amas prodigieux de fel aura donc formé, dans des canaux fouterrains, la maffe immenfe d'eau que les fleuves & les rivières déchargent dans la mer depuis tant de fiècles! (*Voyez* SALURE & MER.)

On peut réduire à trois claffes les phyficiens qui ont effayé de répondre à ces difficultés.

I. M. Gualtieri (*Journ des Sav. ann.* 1725, *juin*), dans des réflexions adreffées à M. Valifnieri, exige feulement qu'on lui accorde deux propofitions: la première, qu'il fe trouve au fond de la mer une terre particulière ou un couloir au travers duquel l'eau de la mer ne peut paffer fans fe dépouiller de fon fel; la feconde, que l'eau de la mer fait équilibre à une colonne d'eau douce, qui s'infinue dans l'intérieur du Globe à une hauteur qui eft en raifon inverfe de fa pefanteur fpécifique, c'eft-à-dire, dans le rapport de cent trois à cent. Pour établir fa première propofition, il allègue l'analogie des filtrations des fucs dans les animaux & dans les végétaux, & enfin l'adouciffement de l'eau de la mer par évaporation. Ce qui embarraffe d'abord, c'eft de favoir où les fels fe dépoferont dans le filtre particulier qui aura la vertu d'adoucir l'eau de la mer. Dans les animaux, les fucs qui n'entrent point dans certains couloirs font abforbés par d'autres: fans cela il fe formeroit des obftructions, comme il doit s'en former au fond de la mer.

En fecond lieu, fi la colonne d'eau fouterraine eft en équilibre avec celle de l'eau marine, par quelle force l'eau pénétrera-t-elle les couloirs? D'ailleurs, fi l'on fuppofe que la mer eft auffi profonde que les montagnes font élevées, le rapport de pefanteur fpécifique de cent à cent trois, qui fe trouve entre l'eau douce & l'eau falée, ne peut élever l'eau douce qu'au $\frac{3}{103}$ de la hauteur des montagnes; ainfi elle ne parviendra jamais au fommet même des collines de moyenne grandeur.

II. D'autres phyficiens n'ont pas été alarmés des blocs de fels auffi énormes que la mer doit dépofer dans les entrailles de la Terre: leur imagination a été auffi féconde pour creufer des alambics & des canaux fouterrains, que l'eau falée peut être active pour combler les uns & boucher les autres; elle a formé un échaffaudage de nouvelles pièces qui jouent felon les vœux & felon les befoins du fyftème.

On a rencontré, dans l'Océan & dans certains détroits ou mers particulières, des efpèces de goufres où les eaux font violemment agitées, & paroiffent s'engloutir dans des cavités fouterraines qui les rejettent avec la même violence. Le plus fameux de ces goufres eft près des côtes de la Laponie & dans la mer du Nord; il engloutit les baleines, les vaiffeaux, &c., & rejette enfuite les débris de tout ce qu'il paroît avoir abforbé. On en place un autre près de l'île d'Eubée, qui abforbe & rend les eaux fept fois en vingt-quatre heures: celui de Carybde, près des côtes de la Calabre, abforbe & vomit trois fois le jour ; ceux de Scylla dans le détroit de la Sicile, du détroit de Babel-Mandel, du golfe Perfique, du détroit de Magellan, ne font qu'abforbans. On foupçonne, outre cela, que, fous les bancs de fable, fous les roches à fleur d'eau, & dans la mer Cafpienne en particulier, il y a beaucoup de ces goufres, tant abforbans que vomiffans.

Comme ils font près des îles & des continens, on en conclut que les eaux abforbées font englouties dans les fouterrains de la terre-ferme, & que, réciproquement, les eaux rejetées fortent de deffous les continens. Ces goufres ne font que les larges orifices des canaux fouterrains. L'eau de la mer, engloutie d'abord dans ces grandes bouches, fe diftribue enfuite par les branches principales des conduits fouterrains, & fe porte jufqu'au deffous des continens, parvient enfuite, par des ramifications qu'on multiplie à l'infini, fous les montagnes, les cavernes & les autres cavités de la Terre. En vertu de la grande divifion qu'elle éprouve pour lors, elle fe trouve plus expofée à l'action de la chaleur fouterraine, elle eft réduite en vapeurs, & s'élève dans les premières couches de la Terre, où elle forme des réfervoirs qui fourniffent à l'écoulement des fources & des *fontaines*.

Mais ce qu'il faut bien remarquer, l'eau, à l'extrémité des branches principales, perd par évaporation, à chaque inftant, une fi grande quantité d'eau douce, qu'elle acquiert une falure & une gravité fpécifique plus confidérable que celle qui remplit les goufres ; en conféquence, cette eau plus falée eft déterminée, par fon poids, à refluer par les ramifications qui aboutiffent aux branches principales, parce que le fel ne fe dépofe que dans les ramifications où l'évaporation commence ; & ces ramifications, par lefquelles l'eau falée coule, s'abouchent ordinairement aux branches principales d'un autre goufre vomiffant. L'eau fe charge, par ce moyen, dans la mer en y reportant, à chaque inftant, le réfidu falin des eaux évaporées & dulcifiées ; ainfi les conduits fouterrains fe débarraffent du fel qui pourroit s'y accumuler par l'évaporation de l'eau douce, & la mer répare la falure qu'elle perdroit infenfiblement. A mefure que l'évaporation s'opère à l'extrémité des branches principales des goufres abforbans, le produit de cette diftillation trouve des conduits prêts à le recevoir pour le décharger dans un goufre vomiffant. Quelquefois les réfidus falins prendront la route des branches principales du goufre abforbant, & alors ce goufre fera abforbant & vomiffant en même tems ; mais le plus fouvent le goufre vomiffant fera diftingué de l'abforbant. Ainfi les *fontaines* de la Sicile & du royaume de Naples font entretenues par le goufre abforbant de Scylla, qui porte fes eaux dans les fouterrains de l'île & de la pointe de l'Italie. Le réfidu falin de l'évaporation eft reporté à la mer par Carybde, goufre vomiffant, & par quelqu'autre ouverture. Les courans que l'on ob-

ferve affez ordinairement dans les détroits, font produits par la décharge des eaux falées qui refluent des fouterrains : tels font les courans du Bofphore de Thrace, produits par les eaux qui fe déchargent des fouterrains de l'Afie-Mineure, & qui fe jettent dans le Pont-Euxin pour réparer la quantité de falure qu'il perd en coulant dans la Méditerranée par l'Hellefpont, & ne réparant cette eau falée que par l'eau douce des fleuves qu'il reçoit. De même la mer Cafpienne, ayant de ces goufres abforbans qui lui enlèvent de l'eau falée, répare cette perte par des goufres vomiffans qui lui viennent des fouterrains de la Ruffie & de la Tartarie. Les goufres abforbans de l'Océan feptentrional forment les fleuves de la Ruffie & de la Tartarie, & d'autres goufres vomiffans déchargent une partie de leurs fels dans la mer Cafpienne.

Il eft aifé de faire voir que cette complication de nouveaux agens introduits par M. Khun dans l'hypothèfe cartéfienne, les rend fufpects d'avoir été enfantés par le befoin ; car les goufres abforbans & vomiffans, dont on croit reconnoître & indiquer les bouches dans le Maelftroome de Norwège, dans Scylla, dans Carybde, &c. ne font rien moins que des ouvertures de canaux fouterrains, dont les conduits fe continuent dans la folidité du Globe & fous la maffe des continens. La tourmente qu'y éprouve l'eau de la mer eft dépendante des marées, & ces mouvemens réguliers qui balancent les eaux de l'Océan n'ont aucune correfpondance avec les befoins des cucurbites fouterraines. D'ailleurs, après le calme on voit voltiger fur la furface de l'eau les débris de ce qu'il a abforbé. Il en eft de même de tous les autres, qui ne font pas placés au hafard dans les détroits, ou pour répandre les eaux de la mer fous les continens voifins, mais parce que, dans ces parages, le fond de la mer étant parfemé de rochers & creufé inégalement, préfente à la maffe des eaux refferrées dans un canal étroit, des obftacles qui les agitent & les bouleverfent. Struys & le Père Avril avoient prétendu avoir découvert des goufres dans la mer Cafpienne, où les eaux de ce grand lac s'engloutiffoient pour fe rendre, ou dans le Pont-Euxin, ou dans le golfe Perfique. Mais les favans envoyés par le Czar, qui nous ont procuré la véritable figure de cette mer, n'en ont pas même trouvé les apparences. On a trouvé des eaux douces & chaudes dans le goufre de Carybde. Enfin, tous les courans d'eau qu'on a découverts dans des canaux fouterrains font dirigés vers la mer, & ne voiturent abfolument que des eaux douces. Les eaux qui fortent du fond de la mer, dans les golfes Arabique & Perfique, font douces ; ainfi tous les faits femblent détruire les fuppofitions des goufres abforbans & vomiffans.

J'obferve d'ailleurs qu'en fuppofant la réalité de ces goufres, leur travail fouterrain eft contraire aux principes de l'hydroftatique. Ces goufres ont été formés avec le Globe ; car il ne faudroit rien redouter dans ce genre de suppositions, si l'on chargeoit les eaux de produire de telles excavations. Je dis donc que les extrémités intérieures de ces canaux absorbans & vomissans sont inférieures au niveau du fond de la mer, puisque le vomissant prend l'eau où l'absorbant la quitte, c'est-à-dire, dans le lieu où la distillation s'opère. Or, ces deux canaux ont dû d'abord être absorbans, puisque l'eau de la mer a dû s'engloutir également dans leur capacité, en vertu de la même pente.

De ce que deux goufres s'abouchent l'un à l'autre, leurs branches principales peuvent être considérées comme des tuyaux communiquans qui sont adaptés à un bassin commun, & remplis d'une liqueur homogène. Il est donc constant que les liquides ont dû y rester en équilibre jusqu'à ce qu'une nouvelle cause vînt la troubler, & cette cause est l'évaporation de l'eau douce destinée à former les *fontaines* ; mais l'on suppose bien gratuitement que l'évaporation ne s'opère qu'à l'extrémité du goufre absorbant. Pourquoi la chaleur souterraine, qui en est la cause, n'agira-t-elle pas également à l'extrémité des branches principales de ces deux goufres, puisqu'elles sont également exposées à son action, car elles se réunissent l'une à l'autre, l'une reportant à la mer le résidu salin des eaux que l'autre absorbe ? S'il n'y a plus d'inégalité dans la pression, le jeu alternatif des goufres absorbans & vomissans est entièrement déconcerté & réduit à la seule action d'absorber.

Malgré ces difficultés nous supposerons que tout le mécanisme que nous avons décrit, ait pu recevoir de l'activité par des ressources que nous ignorons, de la Nature, mais qu'on imagine. Le travail de la distillation étant une fois commencé, ses canaux absorbans seront toujours pleins. A mesure que l'eau douce s'évaporera, une égale quantité d'eau salée succédera sans violence, & de même le goufre vomissant rejettera insensiblement les eaux salées. On ne doit donc pas remarquer des agitations aussi terribles à l'embouchure des canaux souterrains, & les agitations des goufres de la mer prouveroient trop.

A-t-on au surplus pensé à nous rassurer sur des obstacles qu'on doit craindre à chaque instant pour la circulation libre des eaux ? L'eau évaporée doit être dégagée de toute sa salure avant de s'insinuer dans les ramifications étroites ; car si elle en conserve & qu'elle la perde en route, voilà un principe d'obstruction pour ces petits tuyaux capillaires. Comment le résidu salin est-il déterminé à se porter dans les ramifications des goufres vomissans ? Comment l'eau, devenue plus salée, conserve-t-elle une fluidité assez grande pour refluer avec une célérité & une facilité qui n'interrompront pas le travail de cette circulation continuelle ? Comment l'eau, divisée dans ces cavités très-étroites, n'y dépose-t-elle pas des couches de sel, qui les bouchent, ou ne s'évapore-t-elle pas entière-

ment, de telle sorte que le sel se durcisse en masses solides, car elle est exposée à une chaleur capable d'agir sur des volumes d'eau plus considérables ? Pourquoi enfin toute l'eau ne se sépare-t-elle pas des sels lors de sa première distillation, de sorte que le résidu salin soit une masse solide & incapable d'être entraînée par des canaux étroits ? Combien d'inconvéniens & d'embarras n'éprouvent pas ceux qui veulent compliquer leurs ressources à mesure que de nouveaux faits font naître de nouvelles difficultés ? Ces supplémens, ces secours étrangers, bien loin de soulager la foiblesse d'une hypothèse, la montrent dans un plus grand jour, & la surchargent de nouvelles suppositions qui entraînent la ruine d'un tout mal concerté.

III. Ceux que je place dans cette troisième classe ont tellement réduit leurs prétentions d'après les faits, qu'elles paroissent être les seules de toutes celles que j'ai exposées, qui puissent trouver des partisans parmi les personnes raisonnables & instruites. Pour jeter du jour sur cette matière, ils distinguent exactement ce qui concerne l'origine des *fontaines* d'avec l'origine des rivières. Les *fontaines* proprement dites sont en très-petit nombre, & versent une quantité d'eau peu considérable dans les canaux des rivières : le surplus vient, 1°. des pluies qui coulent sur la Terre sans avoir pénétré dans les premières couches ; 2°. des sources que les eaux pluviales font naître, & dont l'écoulement est visiblement assujetti aux saisons humides ; 3°. enfin des sources insensibles qui doivent être distribuées le long du lit des rivières & des ruisseaux. Perrault, quoiqu'opposé aux physiciens de cette classe, a remarqué que, quand les rivières sont grosses, elles poussent dans les terres, bien loin au-delà de leurs rivages, des eaux qui redescendent ensuite quand les rivières sont plus basses ; & ce dernier observateur, qui a beaucoup travaillé à détruire les canaux souterrains & à établir l'hypothèse des pluies, va même jusqu'à prétendre que les eaux des rivières extravasées remontent jusqu'au sommet des collines & des montagnes, entre les couches de terres qui aboutissent au canal des rivières, & vont former, par cette ascension souterraine, les réservoirs des *fontaines* proprement dites : c'est ce qui fait le fond de son système, qu'il suffira d'avoir exposé ici.

Guglielmini, dans son *Traité des rivières*, a distingué toutes les choses que nous venons de détailler : il a de plus observé, plus précisément que Perrault, ces petites sources qui se trouvent le long des rivières ; il a remarqué que si l'on creusoit dans le lit des ruisseaux qui sont à sec, plusieurs trous, on y trouveroit l'eau à une petite profondeur, & que la surface de ces trous suivroit la pente des ruisseaux ; en sorte que ces espèces de *fontaines* artificielles sont des vestiges encore subsistans des sources qui donnoient dans le tems que les ruisseaux couloient à plein canal. On conclut de tous ces faits, que la plupart des eaux qui remplissent les canaux des rivières proviennent des pluies, & que les sources insensibles & passagères, prises dans la totalité, ont pour principe de leur entretien, les eaux pluviales, comme les observations constantes le prouvent à ceux qui examinent sans préjugés.

Mais on se retranche à dire qu'une partie de l'eau des *fontaines* ou de quelques-unes des *fontaines* proprement dites est élevée de la mer par des conduits souterrains. On insinue que la mer peut bien ne transmettre, dans leurs réservoirs, que le tiers ou le quart des eaux qu'elle verse dans les rivières. Ces physiciens se sont déterminés à un parti aussi modéré par l'évidence des faits, & pour éviter les inconvéniens que nous avons exposés ci-dessus. Nous adoptons les faits qu'ils nous offrent; mais certains inconvéniens restent dans toute leur étendue; car, 1°. l'obstruction des conduits souterrains, par le sel, est toujours à craindre si leur capacité est proportionnée à la quantité d'eau qu'ils tirent de la mer. Un petit conduit doit être aussitôt bouché par une petite quantité d'eau salée qui y circule, que l'on grand canal par une grande masse; 2°. la difficulté du dessalement par les filtrations, &c. subsiste toujours. On ne peut être autorisé à recourir à ce supplément, qu'autant qu'on seroit bien assuré, 1°. que les pluies, qui produisent si manifestement de si grands effets, ne seroient pas assez abondantes pour suffire à tout; 2°. que certaines sources ne pourroient recevoir de la pluie, en vertu de leur situation, une provision suffisante pour leur entretien : c'est ce que nous examinerons par la suite. Pourquoi percer à grands frais la masse du Globe entier, pour conduire une aussi foible provision? Seroit-ce parce qu'on tient encore à de vieilles prétentions adoptées sans examen?

Après l'exposition de tout ce qui concerne cette hypothèse, il se présente une réflexion à laquelle nous ne pouvons nous refuser. En faisant circuler, à force de suppositions gratuites, les eaux salées dans la masse du Globe, & en tirant ces eaux d'un réservoir aussi immense que la mer, on a été séduit sans doute par l'abondance & la continuité de la provision; mais on a perdu de vue un principe bien important. La probabilité d'une circulation libre & infaillible, telle qu'on a dû la supposer d'après l'expérience, décroît comme le nombre des pièces qui jouent pour concourir à cet effet, & comme le nombre des obstacles qui s'opposent à leur jeu. Il n'y a d'avantages au réservoir; mais combien peu de sûretés pour la conduite! Cette défectuosité paroîtra encore plus sensiblement lorsque nous aurons exposé les moyens simples & faciles de l'hypothèse des pluies. Dans le choix des plans physiques on doit s'attacher à ceux où l'on emploie des agens sensibles & apparens dont on peut évaluer les effets & apprécier les limites en se fondant sur des observations susceptibles de précision. N'est-on pas dans la règle lors-

qu'on part de faits, qu'on combine des faits pour en expliquer d'autres, surtout après s'être assuré que ces premiers faits sont les élémens des derniers? D'ailleurs, c'est de l'ensemble de tous les phénomènes du Globe, c'est de l'appréciation de tout ce qui se rencontre en grand dans les effets surprenans qui piquent notre curiosité, qu'on doit partir pour découvrir les opérations compliquées, où la Nature étale sa magnificence en cachant ses ressources; où elle présente, il est vrai, assez d'ouvertures pour la sagacité & l'attention d'un observateur qui a l'esprit de recherche; mais assez peu de prise pour l'imagination & la légéreté d'un homme à système.

Il y a certaines expériences fondamentales sur lesquelles toute une question est appuyée : il faut les faire si l'on veut raisonner juste sur cet objet, autrement tous les raisonnemens sont des spéculations en l'air. Du nombre de ces expériences principales est l'observation de la quantité de pluie qui tombe sur la Terre, & celle de la quantité d'évaporation : de là dépend la théorie des *fontaines*, celle des rivières, des vapeurs, & de plusieurs autres sujets aussi curieux qu'intéressans, dont il est impossible de rien dire de positif sans les précisions que les seuls faits peuvent donner. La plupart de ceux qui ont travaillé sur cette partie de la physique, se sont attachés à ces déterminations fondamentales. Le Père Labbe, jésuite, tourna ses vues de ce côté-là; Wren, au commencement de la *Société* royale, pour faire ses expériences, imagina une machine qui se vidoit d'elle-même lorsqu'elle étoit pleine d'eau, & qui marquoit, par le moyen d'une aiguille, combien de fois elle se vidoit. MM. Mariotte, Perrault, de la Hire, & enfin toutes les Académies & les divers physiciens, ont continué de s'assurer, suivant la diversité des climats & la différente constitution de chaque année, de la quantité d'eau pluviale. Il ne paroît pas qu'on se soit attaché à mesurer avec autant d'attention celle de l'eau évaporée ou celle de la dépense des rivières en différens endroits. Au défaut de ces déterminations locales, nous pouvons nous borner à des estimes générales, avec les restrictions qu'elles exigent.

Ces réflexions nous conduisent naturellement à l'hypothèse qui rapporte l'entretien des *fontaines* aux pluies. Pour rétablir cette opinion, & prouver que les pluies, les neiges, les brouillards, les rosées & généralement toutes les vapeurs qui s'élèvent tant de la mer que des continens, sont les seules causes qui entretiennent les *fontaines*, les puits, les rivières & toutes les eaux qui circulent dans l'atmosphère, à la surface, dans les premières couches du Globe, toute la question se réduit à constater : 1°. si les vapeurs qui s'élèvent de la mer, & qui se résolvent en pluies, sont suffisantes pour fournir d'eau la superficie des continens & le lit des fleuves; 2°. si l'eau pluviale peut pénétrer les premières couches de la Terre, s'y

rassembler

raffembler & former des réfervoirs affez abondans pour entretenir les *fontaines*. Toutes les circonftances qui accompagnent ce grand phénomène du commerce perpétuel de l'eau douce avec l'eau de la mer, s'expliqueront naturellement après l'établiffement de ces deux points importans.

§. 1ᵉʳ. Pour mettre la première propofition dans tout fon jour, il ne faut que déterminer, par le calcul, la quantité d'eau qui peut s'élever de la mer par évaporation, celle qui tombe en pluie, en neige, &c., & enfin celle que les rivières déchargent dans la mer ; & au cas que les deux premières quantités furpaffent la dernière, la queftion eft décidée.

La quantité de vapeurs qui s'élèvent de la mer a été appréciée par M. Halley (*Tranfactions philofophiques*, n°. 189). Il a trouvé, par des obfervations affez précifes, que l'eau falée, au même degré que l'eft ordinairement l'eau de la mer, c'eft-à-dire, celle qui a diffous une quantité de fel égale à la trente-deuxième partie de fon poids, & expofée à un degré de chaleur égale à celle qui règne dans fon étés les plus chauds, perd, par évaporation, la foixantième partie d'un pouce d'eau en deux heures ; ainfi la mer perd une fuperficie d'un dixième de pouce en douze heures.

Nous devons obferver ici que plus l'eau eft profonde, plus eft grande la quantité de vapeurs qui s'en élève : toutes les autres circonftances reftent les mêmes. Ce réfultat, établi par les expériences d'Halley, de MM. Kraft & Richman (*Mémoires de Pétersbourg*, 1749), détruit abfolument une prétention de M. Kuhn, qui foutient fans preuve, que le produit de l'évaporation diminue, comme la profondeur de l'eau augmente.

En nous attachant aux réfultats de M. Halley, & après avoir déterminé la furface de l'Océan ou de quelques-uns de fes golfes, ou d'un grand lac, comme la mer Cafpienne & la Mer-Morte, on peut connoître combien il s'en élève de vapeurs ; car une furface de dix pouces carrés perd tous les jours un pouce cubique d'eau, un degré carré de trente-trois millions de tonnes. En faifant toutes les réductions des irrégularités du baffin de la mer Méditerranée, ce golfe a environ quarante degrés de longueur, fur quatre de largeur, & fon étendue fuperficielle eft de cent foixante degrés carrés ; par conféquent toute la Méditerranée, fuivant la proportion ci-devant établie, doit perdre en vapeurs pour le moins cinq milliards deux cent quatre-vingts millions de tonnes d'eau en douze heures, dans un beau jour d'été.

A l'égard de l'évaporation des vents, qui peut entrer pour beaucoup dans l'élévation des vapeurs & leur tranfport, il n'y a rien de fixe, & nous pécherons plutôt par défaut que par excès, en ne comprenant point ces produits dans notre évaluation.

En donnant à la mer Cafpienne trois cents lieues de longueur & cinquante lieues de largeur, toute

fa fuperficie fera de quinze mille lieues carrées à vingt-cinq au degré, & par conféquent de vingt-quatre degrés carrés : on aura fept cent quatre-vingt-douze millions de tonnes d'eau, qui s'évaporent par jour de toute la furface de la mer Cafpienne. Le lac Aral, qui a cent lieues de longueur fur cinquante de largeur, ou huit degrés carrés, perd deux cent foixante-quatre millions de tonnes d'eau. La Mer-Morte en Judée, qui a foixante-douze milles de long, fur dix-huit milles de large, doit perdre tous les jours près de neuf millions de tonnes d'eau.

La plupart des lacs n'ont prefque d'autres voies que l'évaporation pour rendre l'eau que des rivières très-confidérables y verfent : tels font le lac de Morago en Perfe, celui de Titicaca en Amérique ; tous ceux de l'Afrique, qui reçoivent les rivières de la Barbarie, qui fe dirigent au fud. (*Voyez l'article* LAC.)

Pour avoir une idée de la maffe immenfe du produit de l'évaporation qui s'opère fur toute la mer, nous fuppoferons la moitié du Globe couverte par la mer, & l'autre partie occupée par les continens & les îles. La furface de la Terre étant de cent foixante-onze millions neuf cent quatre-vingt-un mille douze milles carrés d'Italie, à foixante au degré, la furface de la mer fera de quatre-vingt-cinq millions neuf cent quatre-vingt-dix mille cinq cent fix milles carrés ; ce qui donnera quarante-fept milliaffes dix-neuf milliards fept cent quatre-vingt-fix millions de tonnes d'eau par jour.

En comparant maintenant cette quantité d'eau avec celle que les fleuves y portent chaque jour, on pourra voir quelle proportion il y a entre le produit de l'évaporation & la quantité d'eau qui rentre dans le baffin de la mer par les fleuves. Pour y parvenir nous nous attacherons au Pô, dont nous avons des détails affurés. Ce fleuve arrofe un pays de trois cent quatre-vingts milles de longueur ; fa largeur eft de cent perches de Bologne ou de mille pieds, & fa profondeur de dix pieds (*Ricciol. Geog. reformat.*). Il parcourt quatre milles en une heure, & il fournit à la mer vingt mille perches cubiques d'eau en une heure, ou quatre millions huit cent mille en un jour. Mais un mille cubique contient cent vingt-cinq millions de perches cubiques ; ainfi le Pô décharge en vingt-fix jours un mille cubique d'eau dans la mer.

Refteroit à déterminer quelle proportion il y a entre le Pô & toutes les rivières du Globe ; ce qui eft impoffible. Mais pour le favoir à peu près, fuppofons que la quantité d'eau portée à la mer par les grandes rivières de tous les pays foit proportionnelle à l'étendue de ces pays ; ce qui eft très-vraifemblable, puifque les plus grands fleuves font ceux qui parcourent une plus grande étendue de terrain ; ainfi le pays arrofé par le Pô & les rivières qui y tombent de chaque côté, viennent des fources ou des torrens qui fe ramifient à foixante milles de diftance du canal principal ; ainfi ce fleuve & les rivières qu'il reçoit, arrofent ou plutôt épuifent l'eau d'une furface de trois cent quatre - vingts milles de long fur cent vingt milles de large ; ce qui forme en tout quarante-cinq mille fix cents milles carrés. Mais la furface de toute la partie fèche du Globe eft, fuivant que nous l'avons fuppofée, de quatre-vingt-cinq millions neuf cent quatre-vingt-dix mille cinq cent fix milles carrés ; par conféquent la quantité d'eau que toutes les rivières portent à la mer fera mille huit cent foixante & quatorze fois plus confidérable que la quantité d'eau fournie par le Pô. Or, ce fleuve porte à la mer quatre millions huit cent mille perches cubiques d'eau. La mer recevra donc, de tous les fleuves de la Terre, huit milliards neuf cent quatre-vingt-quinze millions deux cent mille perches cubiques dans le même tems ; ce qui eft bien moins confidérable que l'évaporation que nous avons déduire de l'expérience ; car il réfulte, de ce calcul, que la quantité d'eau enlevée par évaporation de deffus la furface de la mer, & tranfportée par les vents fur la Terre, eft d'environ deux cent quarante-cinq lignes ou de vingt pouces cinq lignes par an, & des deux tiers d'une ligne par jour ; ce qui eft un très-petit produit en comparaifon d'un dixième de pouce que l'expérience nous donne. On voit bien qu'on peut la doubler pour tenir compte de l'eau qui retombe fur la mer, & qui n'eft pas tranfportée fur les continens, ou bien de celle qui s'élève en vapeurs de deffus la furface des continens, pour retomber en pluie dans la mer. Toutes ces raifons de compenfation mettront entre la quantité d'eau que la mer perd par évaporation & celle qui lui rentre par les fleuves, une jufte proportion. *Hift. Nat. tom. I.*

Si nous faifons l'application de ces calculs à quelques golfes particuliers, on peut approcher encore plus de cette égalité de pertes & de retours. La Méditerranée, par exemple, reçoit neuf rivières confidérables, l'Èbre, le Rhône, le Tibre, le Pô, le Danube, le Niefter, le Borifthène, le Don & le Nil. Nous fuppoferons, après M. Halley, chacune de ces rivières dix fois plus forte que la Tamife, afin de compenfer les petits canaux qui fe rendent dans le baffin de ce golfe. Or, la Tamife, au pont de Kingfton, où la marée monte rarement, a cent aunes de large & trois aunes de profondeur : fes eaux parcourent deux milles par heure. Si donc on multiplie cent aunes par trois, & le produit trois cent aunes carrées par quarante-huit mille, ou quatre-vingt-quatre mille quatre cent quatre-vingts aunes carrées que la Tamife parcourt en un jour, le produit fera de vingt-cinq millions trois cent quarante-quatre mille aunes cubiques d'eau, ou deux millions trois cent mille tonnes que la Tamife verfe dans la mer. Mais fi chacune des neuf rivières fournit dix fois autant d'eau que la Tamife, chacune d'elles portera donc tous les jours dans la Méditerranée, deux cent trois millions de tonnes par

jour. Or, cette quantité ne fait guère plus que le tiers de ce qu'elle en perd par l'évaporation. Bien loin de déborder par l'eau des rivières qui s'y déchargent, ou d'avoir befoin de canaux fouterrains qui en abforbent les eaux, cette mer feroit bientôt à fec fi les vapeurs qui s'en exhalent, n'y retomboient en grande partie par le moyen des pluies & des rofées.

Comme la Mer-Noire reçoit elle feule prefqu'autant d'eau que la Méditerranée, elle ne peut contenir toute la quantité d'eau que les fleuves y verfent ; elle en décharge le furplus dans la mer de Grèce, par les détroits de Conftantinople & des Dardanelles. Il y a auffi un femblable courant dans le détroit de Gibraltar ; ce qui compenfe auffi en bonne partie ce que l'évaporation enlève de plus que le produit des fleuves. Comme la Mer-Noire perd infenfiblement plus d'eau falée qu'elle n'en reçoit, fuppofant que les fleuves y en portent une certaine maffe, cette déperdition fucceffive doit diminuer la falure de la Mer-Noire, à moins qu'elle ne répare cette perte en diffolvant quelques mines de fel.

Il eft aifé de faire voir que les grands lacs, comme la mer Cafpienne & le lac Aral, ne reçoivent pas plus d'eau qu'il ne s'en évapore de deffus leur furface. Nulle néceffité d'ouvrir des canaux fouterrains de communication avec le golfe Perfique. Le Jourdain fournit à la Mer-Morte environ fix millions de tonnes d'eau par jour ; elle en perd neuf par évaporation. Les trois millions de furplus peuvent lui être aifément reftitués par les torrens qui s'y précipitent des montagnes de Moab & autres qui environnent fon baffin, & par les vapeurs & les pluies qui y retombent.

Il eft donc prouvé, par tous ces détails, que l'Océan & fes différens golfes, ainfi que les grands lacs, perdent par évaporation une plus grande quantité d'eau que les fleuves & les rivières n'en déchargent dans ces grands baffins. Maintenant il ne nous refte qu'à fortifier cette preuve, en comparant ce qui tombe de pluie fur la Terre, avec les produits de l'évaporation & avec la dépenfe des fleuves.

Il réfulte des obfervations faites par l'Académie des fciences pendant une fuite d'années confidérable, que la quantité moyenne de la pluie qui tombe à Paris eft de dix-huit à dix-neuf pouces de hauteur chaque année. La quantité eft plus confidérable en Hollande & le long des bords de la mer, & en Italie elle peut aller à quarante-cinq pouces. Nous réduifons la totalité à trente pouces, ce qui fe trouve excéder la détermination de la dépenfe des fleuves, que nous avons déduire ci-devant d'une évaluation affez groffière ; mais nous remarquerons qu'il tombe beaucoup plus de pluie qu'il n'en entre dans les canaux des rivières & des fleuves, & qu'il ne s'en raffemble dans les réfervoirs des fources, parce que l'évaporation agit fur la furface des terres, & enlève une quantité d'eau affez confidérable qui retombe le plus fouvent en rofées, ou qui entre dans la dépenfe des végétaux:

Pour groffir cette dépenfe des végétaux, on allègue une expérience de M. de la Hire (*Mém. de l'Acad.*, ann: 1703, *pag.* 60), par laquelle il paroît conftant que deux feuilles de figuier de moyenne grandeur abforbèrent deux gros d'eau, depuis cinq heures & demie du matin jufqu'à onze heures du matin. On objecte de même les expériences de Halles, qui préfentent des réfultats capables d'appuyer les mêmes inductions.

Mais j'obferve d'abord que l'imbibition de ces expériences eft forcée, & ne fe trouve pas à ce degré dans le cours ordinaire de la végétation. D'ailleurs, s'il paroît, par des expériences de M. Guettard, année 1752, que les feuilles des végétaux ne tirent pas, pendant la chaleur, les vapeurs de l'atmofphère, ou que les végétaux peuvent fubfifter fans ce fecours, tout fe réduira donc à confidérer la dépenfe que les végétaux font de la pluie, comme une efpèce d'évaporation, puifque tout ce qui entre dans la circulation eft fourni par les racines; ainfi l'on doit entendre que les végétaux tirent de la terre plus ou moins humide, par leurs racines, de l'eau qui s'évapore pendant le jour par les pores des feuilles.

Cette dépenfe eft confidérable, mais il ne faut pas en abufer pour en conclure l'infuffifance des pluies; car quand un terrain eft couvert de plantes, il ne s'évapore que très-peu de l'eau immédiatement du fond de la terre: tout s'opère par les végétaux. D'ailleurs, cette évaporation ne dure qu'une petite partie de l'année, & dans un tems où les pluies font plus abondantes. Au furplus, il pleut davantage fur les endroits couverts de végétaux, comme de forêts; ainfi ce que les végétaux évaporeroient de plus que ce qui s'élève de la terre immédiatement, peut leur être fourni par les pluies plus abondantes. Le furplus fera donc employé à l'entretien des fources, à peu près comme dans les autres cantons nus.

Tous les obfervateurs ont remarqué que l'eau évaporée dans un vafe étoit plus confidérable que l'eau pluviale, & cela dans le rapport de 5 à 3. Si la furface étoit partout unie, fans montagnes & fans vallons, & que la pluie demeurât au même endroit où elle tombe, la furface de la Terre feroit fèche une grande partie de l'année, au moins à Paris; mais parce que cette furface eft inégale, une partie de l'eau s'imbibe dans les terres, comme nous le verrons par la fuite, & s'y conferve fans s'évaporer; l'autre partie fe raffemble dans les lieux bas, où, étant fort haute, & n'ayant que peu de furface par rapport à fon volume, elle n'éprouve qu'une évaporation peu fenfible. Cette diftribution des eaux fait que la fomme de la pluie, quoiqu'inférieure à l'évaporation poffible, fournit aifément au cours perpétuel des *fontaines*. D'un autre côté, les lieux élevés, moins imbibés d'eau, ramaffent les rofées, les brouillards, &c.

En fecond lieu, fi nous comparons la quantité de l'eau pluviale avec celle qui eft néceffaire pour fournir le lit des rivières, nous trouverons que l'eau pluviale eft plus que fuffifante pour perpétuer le cours des *fontaines* & des eaux qui circulent fur la furface des continens. M. Perrault (*Voy. pag.* 158 de *l'Origine des Fontaines*) eft le premier qui ait penfé à recourir à cette preuve de fait, capable d'impofer filence à ceux qui ne veulent qu'imaginer pour fe difpenfer d'ouvrir les yeux fur les détails qu'offre la Nature. Il établit pour principe, qu'un pouce d'eau douce donne, en vingt-quatre heures, quatre vingt-trois muids d'eau à deux cent quarante pintes par muid, ou, ce qui eft la même chofe, huit pieds cubes d'eau; il fe reftreint à dix-neuf pouces un tiers pour la quantité moyenne de pluie qui tombe aux environs de Paris. D'après ces principes, il a évalué la quantité d'eau que la S ine charie depuis fa fource jufqu'à Arnay-le-Duc, & il donne trois lieues de long fur deux lieues de large à la furface du terrain qui peut décharger dans le canal de la Seine les eaux que la pluie peut verfer. Si, fur cette étendue de fix lieues carrées, qui font un million deux cent quarante-cinq mille cent quarante-quatre toifes carrées, il eft tombé dix-neuf pouces un tiers de pluie, ce fera une lame d'eau de dix-neuf pouces un tiers qui recouvrira tout le terrain, en fuppofant que toute cette eau y foit retenue fans pouvoir s'écouler. Si on en calcule le total, on trouvera que cette grande quantité d'eau monte à deux cent vingt-quatre millions huit cent quatre-vingt-dix-neuf mille neuf cent quarante-deux muids qui peuvent fe jeter dans le canal de la Seine, au deffus d'Arnay-le-Duc, pendant l'année, en retranchant ce qui eft enlevé par évaporation. M. Perrault s'eft affuré enfuite que le canal de la Seine ne contenoit que douze cents pouces d'eau courante, qui produifent, fuivant fes principes, trente-fix millions quatre cent cinquante-trois mille fix cents muids d'eau pendant un an, laquelle fomme, étant fouftraite de deux cent vingt-quatre millions huit cent quatre-vingt-dix-huit mille neuf cent quarante-deux muids, produit total de la pluie, donne pour refte cent quatre-vingt-huit millions quatre cent quarante-fix cent quarante-deux muids; en forte que la Seine ne dépenfe pas la fixième partie de l'eau qui arrofe le terrain qu'elle parcourt.

A ce calcul, Plot oppofe le produit des fources de Willow-Bridge, qui eft de trente-deux millions neuf cent un mille huit cent quarante-huit muids, pendant que le terrain qui pourroit raffembler les eaux de pluie dans les réfervoirs de ces fources, ne donne, fur le pied de dix-neuf pouces un tiers, que vingt-neuf millions quatre-vingt-neuf mille neuf cent quatre-vingt-quatorze muids; ce qui fait quatre millions huit cent onze mille huit cent cinquante-quatre muids de moins que la quantité produite par les fources, fans y comprendre ce que l'évaporation, les torrens & les plantes peuvent fouftraire aux réfervoirs des fources. Nous répondrons que, dans certains endroits de l'Angleterre, fuivant des obfervations faites avec précifion, il tombe jufqu'à quarante pouces d'eau. Suivant Derham, il tombe quarante-deux pieds de pluie dans la province de Lancaftre. Halles a trouvé trois pouces de rofée & vingt-deux pouces de pluie ; ce qui fait ving-cinq pouces. *Statiq. des Vég. exp.* 19.

Il ne paroît pas que Plot, qui a differté fi longuement fur les *fontaines*, ait fait aucune obfervation fur le produit des pluies à Willow-Bridge, ni qu'il fe foit affuré de la plus grande étendue des couches qui pouvoient verfer de l'eau dans leur réfervoir.

M. Mariotte, en fuivant le plan de M. Perrault, a embraffé par fes calculs une plus grande quantité de terrain. Il a trouvé, en eftimant le produit de la pluie à quinze pouces, qu'il fe formoit en un an, fur toute la fuperficie que traverfent l'Armanfon, l'Yonne, le Loing, l'Aube, la Marne & les autres rivières qui groffiffent la Seine, une maffe de fept cent quatorze milliards cent cinquante millions de pieds cubes. Le total eût été d'un quart plus fort s'il eût fait l'évaluation fur le pied de vingt pouces. Enfuite M. Mariotte ayant mefuré la quantité de l'eau de la Seine qui paffe fous le Pont-Royal, il la trouva feulement de douze millions de pieds cubes par heure, c'eft-à-dire, de cinq milliards cent vingt millions de pieds cubes par an. L'eau pluviale fe trouve être fextuple de la Seine, proportion déjà trouvée à peu près par Perrault, au deffus d'Arnay-le-Duc.

Je ne dois pas diffimuler ici que M. Gualtieri a trouvé des rapports bien différens en comparant l'eau de pluie qu'il fuppofe tomber en Italie, avec la quantité que les fleuves & tous les canaux portent à la mer. Il réduit toute la furface de l'Italie en un parallélogramme rectangle, dont la longueur eft de fix cents milles, & la largeur de cent vingt ; enfuite il trouve deux trillions fept cents billions de pieds cubes d'eau pour le produit de la pluie, évalué fur le pied de dix-huit à dix-neuf pouces, évaluation trop peu confidérable pour l'Italie ; car, fuivant les obfervations faites avec foin pendant dix ans par M. Poleni, à Padoue, il paroît que la quantité moyenne de la pluie, dans cette partie de l'Italie, eft de quarante-cinq pouces, & quarante-trois pouces un quart à Pife. Il eft vrai qu'il n'en tombe que dix-fept à Rome ; mais en fe reftreignant à quarante pouces, on trouve un réfultat fort approchant de la quantité d'eau que portent dans la mer toutes les rivières de l'Italie pendant un an, fuivant des déterminations trop vagues ou trop vifiblement forcées pour être oppofées à celles de M. Mariotte ; car M. Gualtieri, pour déterminer la quantité d'eau que toutes les rivières de l'Italie portent à la mer pendant un an, la fuppofe, fans aucun fondement, égale à celle que verferoit un canal de mille deux cent cinquante pieds de largeur & de quinze pieds de profondeur, qu'il trouva de cinq mille cinq cent vingt-deux milliaffes, trois

cent quatre-vingt-onze milliards pieds cubes ; ce qui fait deux trillions huit cent vingt-deux billions trois cent quatre-vingt-onze millions de plus que n'en peut fournir la pluie.

Il en eft de même du calcul de M. Gualtieri fur la comparaifon de la quantité d'eau évaporée de deffus la furface de la Méditerranée, avec celle que les fleuves y portent. Nous croyons qu'il n'ébranle point celui que nous avons donné plus haut, fes appréciations étant dirigées fur les prétentions d'un fyftème, pour la défenfe duquel nous l'avons vu figurer affez foiblement.

Après la difcuffion dans laquelle nous venons d'entrer, on peut puifer de nouveaux motifs qui en appuient les réfultats, dans la confidération de la diftribution des fources & la circulation des vapeurs fur le Globe. (*Voyez les articles* SOURCE, VAPEURS, PLUIE, ROSÉE, FLEUVE.) On trouve que ces deux objets font liés comme les caufes le font aux effets.

Nous obferverons ici qu'il y a une très-grande différence entre les eftimes de Riccioli fur la quantité d'eau que le Pô décharge dans la mer, & celles de MM. Perrault & Mariotte par rapport à la Seine. Le terrain qui verfe fes eaux dans le Pô doit lui en fournir à raifon de vingt pouces & demi de hauteur, & fuivant les déterminations de Perrault, le terrain qui environne le canal de la Seine au deffus d'Arnay-le-Duc, lui en fournit feulement trois quarts, ce qui eft la fixième partie de dix-neuf pouces quelques lignes, à quoi on évalue le produit moyen de la pluie aux environs de Paris ; & le terrain qui décharge fes eaux dans la Seine au deffus de Paris, n'en fournit, fuivant Mariotte, qu'à raifon de deux pouces & demi de hauteur. En prenant un milieu entre les deux eftimes de Perrault & de Mariotte, la quantité d'eau que la Seine recevroit de tous les pays qui épanchent leurs eaux dans fon canal fe réduiroit à une couche de trois pouces d'épaiffeur. Or, cette quantité n'eft que la feptième partie ou environ de celle que reçoit le Pô au terrain qu'il parcourt. Le Piémont paroît, il eft vrai plus abondant en eau, que la Bourgogne & la Champagne, & d'ailleurs, étant couvert de neiges pendant plufieurs mois de l'année, il y a moins d'évaporation ; cependant il femble que l'eftime de Riccioli eft trop forte, & Guglielmini l'infinue affez clairement.

Cette difcuffion nous donne lieu de remarquer que, quelque probabilité que les réfultats locaux puiffent avoir, on ne doit pas s'en appuyer pour en tirer des conféquences générales. Or, on ne peut être autorifé, par les déterminations de MM. Mariotte & Perrault, à conclure, par exemple, qu'il n'entre dans le canal des rivières que la fixième partie de l'eau des pluies ; car, fuivant celles de Riccioli fur le Pô, on trouveroit que les rivières entraîneroient tout le produit des eaux pluviales, en l'eftimant à vingt pouces : plufieurs raifons peuvent contribuer à ces variations. Il tombe une plus grande quantité d'eau dans un pays que dans un autre : les canaux qui raffemblent les eaux peuvent les réunir plus favorablement. Une furface, quoique peu étendue, fe trouve coupée par des ruiffeaux fort multipliés ; dans d'autres, les canaux font plus au large, &, fuivant qu'on opérera fur un terrain fur un autre, on en tirera des conclufions plus ou moins défavorables au fyftème des pluies.

On pourra conclure quelque chofe de plus certain & de plus décifif pour les inductions générales fi, au lieu d'un terrain arbitraire que l'on fuppofe fournir de l'eau à une rivière, on s'attachoit à un pays pris en totalité, comme à l'Angleterre, à l'Italie ; mais alors fi la variété des terrains fe fait moins fentir, il y a plus de difficulté d'apprécier d'une vue générale & vague, comme M. Gualtieri, la maffe totale que les rivières charient dans la mer. On ne peut tirer parti de ces généralifations qu'autant qu'on a multiplié les obfervations dans un très-grand nombre d'endroits particuliers, fur le produit de la pluie & la quantité d'eau que les rivieres charient ; en forte que ces obfervations fcrupuleufes font les élémens naturels d'un calcul général qui fe trouve affujetti à des limites précifes.

Si l'on prouve conftamment que ce que chaque pays verfe dans une rivière peut lui être fourni par la pluie, outre ce qui circule dans l'atmofphère en vapeurs, on fera en état de tirer des conclufions générales. Ainfi MM. Perrault & Mariotte ont travaillé fur un bon plan, & il doit être fuivi quoi qu'en dife M. Sedileau, tom. X, *Mém. de l'Acad.*, ann. 1699.

Au refte, les calculs généraux que nous avons donnés d'après M. Halley, tout incertains qu'ils font, portent fur des obfervations fondamentales, & doivent fatisfaire davantage que la fimple négative de ceux qui décident généralement que les pluies font infuffifantes pour l'entretien des *fontaines* & des rivières. J'avoue cependant que ceux qui réduiroient le produit des canaux fouterrains à un vingtième ou à un dixième du produit des rivières, ne pourroient être convaincus par les déterminations que nous avons données, puifqu'elles ne vont pas à ce degré de précifion ; mais il eft d'autres preuves qui doivent les faire renoncer à un moyen auffi caché que la diftillation fouterraine, dont le produit eft fi incertain, pour s'attacher à des opérations auffi évidentes que celles des pluies, & dont les effets font fi étendus & peuvent fe déterminer de plus en plus avec précifion.

Nous avons vu plus haut que ceux qui fe reftreignoient à dire que les canaux fouterrains fourniffoient feulement à une petite partie des fources, alléguoient quelques obfervations pour fe maintenir dans leurs retranchemens. Ainfi M. de la Hire prétend (*Mém. de l'Acad.*, ann. 1703) que la fource de Rungis, près de Paris, ne peut venir des pluies. Cette fource fournit cinquante pouces d'eau ou environ, qui coule toujours & qui fouffre peu de changemens. Or, felon cet aca-

démicien, tout l'efpace de terre dont elle peut tirer ces eaux n'eft pas affez grand pour fournir à ces écoulemens. M. Galtieri objecte de même que les fources du Modenois ne peuvent tirer affez d'eau des montagnes de Saint-Pélerin. Guglielmini affure qu'il y a plufieurs fources, dans la Valteline, &c., qui ne peuvent provenir des eaux pluviales. Mais comme tous ces phyficiens n'allèguent aucun fait précis & ne donnent que des affertions très-vagues, nous croyons devoir nous en tenir à des déterminations plus précifes. Que l'on compare exactement l'eau de pluie, le produit d'une *fontaine* & l'efpace de terrain qui peut y verfer fes eaux, & alors on pourra compter fur ces réfultats.

Voilà les feules objections qu'on puiffe adopter. Par ce qu'on a déjà fait dans ce genre on peut préfumer que l'eau de pluie ne fe trouvera jamais au deffous du produit d'une *fontaine* quelconque.

§. II. Il nous refte à établir la pénétration de l'eau pluviale dans les premières couches de la Terre. Je conviens d'abord qu'en général les terres cultivées dans les terrains plats & montueux ne s'imbibent ordinairement qu'à la profondeur de deux pieds. On obferve auffi la même impénétrabilité fous les lacs ou fous les étangs dont l'eau ne diminue guère que par évaporation.

Mais cependant, quelque parti que l'on prenne fur cette matière, on eft forcé, par des faits inconteftables, d'admettre cette pénétration ; car les pluies augmentent affez rapidement le produit des fources, leurs eaux groffiffent & fe troublent, & leur cours fe foutient dans une certaine abondance après les pluies ; ainfi il faut avouer que l'eau trouve des iffues affez favorables pour qu'elle parvienne à une profondeur égale à celle des réfervoirs de ces fources ; ce qui établit inconteftablement une pénétration de l'eau de pluie, capable d'entretenir le cours perpétuel ou paffager de toutes les *fontaines* fi la quantité d'eau pluviale eft fuffifante, comme nous l'avons prouvé d'après les obfervations. Combien de *fontaines* qui coulent en mai & tariffent en feptembre au pied de ces montagnes couvertes de neiges ! Certains amas de neiges fe fondent en été quand le foleil darde fes rayons deffus, & l'on remarque alors, fur les croupes des montagnes, des écoulemens abondans dans certaines fources pendant quelques heures du jour, & même à plufieurs reprifes, fi le foleil ne donne fur ces neiges qu'à quelques heures différentes de la journée. Le refte du tems, étant à l'ombre des pointes de rochers qui interceptent la chaleur du foleil, elles ne fondent point. Ces alternatives prouvent une pénétration prompte & facile. Combien de puits très-profonds tariffent ou diminuent par la féchereffe ! Les eaux de pluies pénètrent donc les terres affez profondément pour les abreuver, & il ne paroît pas que les *fontaines* qui tariffent ou font fenfibles à la féchereffe & aux pluies aient un réfervoir moins profond ou un cours moins abondant que celles qui coulent perpétuellement fans altération.

J'ai été long tems à portée d'obferver ces effets d'une manière fenfible dans une *fontaine* très-abondante fituée à Soulaines, au nord de Bar-fur-Aube, & à trois lieues de cette ville. Suivant des déterminations qui font fufceptibles d'une grande juftefle, cette fource jette par minute, dans les bafles eaux, quinze cent cinquante pieds cubes, & dans les grandes eaux où fes accès d'augmen-tation, cinq mille huit cent quatorze. Cette *fon-taine* fort d'une roche entr'ouverte, & dont l'ou-verture eft dans une fituation horizontale. Le fond où elle eft placée, eft à l'extrémité d'une gorge for-mée par deux revers de collines, qui, à deux lieues au deffus, vers le midi, vont fe réunir à quelques montagnes d'une moyenne grandeur. Cette difpofition forme un cul-de-fac, & leur af-pect préfente une efpèce d'amphithéâtre dont la pente eft favorable à l'écoulement des eaux, & les dirige toutes vers le bourg au milieu duquel la fource eft placée. C'eft une obfervation conftante, que s'il pleut dans l'étendue de cet amphithéâtre, à la diftance d'une ou de deux lieues & demie, la fource augmente, & acquiert une impétuofité qui lui fait franchir les bords d'un baffin en maçon-nerie, qui a quatre-vingt-deux pieds de longueur, foixante-trois de largeur, fur dix d'élévation au deffus du fol de la place où cette cage de pierres eft conftruite. L'eau devient trouble, & prend une teinture d'une terre jaune que les torrens en-traînent dans fon réfervoir, & cette couleur fe foutient pendant plufieurs jours, fuivant l'abon-dance ou la continuité de la pluie. Ces effets font des fignes certains pour les habitans du bourg, qu'il y a eu quelques orages entre Bar-fur-Aube & le bourg, fuppofé qu'ils n'en aient pas eu connoif-fance autrement. La teinture ne s'annonce dans la fource trois ou quatre heures après la chute de la pluie. Nous obferverons que cette fource, malgré cette dépendance fi marquée qu'elle a avec les pluies, n'a jamais éprouvé d'interruption dans les plus grandes fécherefles, & les autres fources voifines préfentent le même changement de couleur après les pluies, & furtout après les pluies d'orages.

Les obfervations de M. de la Hire, faites pen-dant dix-fept ans, prouvent que l'eau de pluie ne peut pas pénétrer à feize pouces en affez grande quantité pour former le plus petit amas d'eau fur un fond folide (*Mém. de l'Acad.*, ann. 1703); mais ces expériences ne font pas contraires à la pénétration de la pluie, puifqu'au même endroit où cet académicien les a faites (à l'Obfervatoire), il y a, dans les caves, à une profondeur confidé-rable, un petit filet d'eau qui tarit pendant la grande fécherefle, & qui tire par conféquent fes eaux des pluies qui doivent pénétrer au travers de l'épaifleur de la mafle de terre & de pierres qui eft au deffus des caves. On peut voir le détail

des obfervations de M. Pluche fur la manière dont l'eau pluviale pénètre dans les premières couches de la montagne de Laon, & fournit à l'entretien des puits & des *fontaines*, tome III du *Spectacle de la Nature*.

De tous ces détails nous concluons qu'on doit partir de la pénétration de l'eau pluviale comme d'un fait avéré, quand même on ne pourroit en trouver le dénoûment ; mais il s'en faut bien que nous en foyions réduits à cette impoffibilité. La furface du Globe me paroît être organifée d'une manière très-favorable à cette pénétration. Dans le corps de la Terre nous trouvons des cou-ches de terre glaife, des fonds de tuf & des lits de roches d'une étendue de plufieurs lieues. Ces couches font furtout parallèles entr'elles, malgré leurs différentes finuofités. Ces lits recouvrent les collines, s'abaiffent fous les vallons, & fe portent fur le fommet des montagnes, & leur continuité fe propage au loin par la multiplicité de plufieurs lits qui fe fuccèdent dans les différentes parties des continens. Tout le Globe, en général, eft recou-vert, à fa furface, de plufieurs lits de terre ou de pierre, qui, en vertu de leur parallélifme exact, font l'office de fiphons propres à raffembler l'eau à la tranfmettre aux réfervoirs des *fontaines*, & à la laiffer échapper au dehors,

Il faut furtout obferver que ces couches éprou-vent plufieurs interruptions, plufieurs crevafles dans leurs finuofités, & que ces prétendues défec-tuofités font des ouvertures favorables que les eaux pluviales faififlent pour s'infinuer entre ces couches. On remarque ordinairement ces efpèces d'ébou-lemens fur les penchans des vallons ou fur la croupe des montagnes ; en forte que les différens plans in-clinés des maffes montueufes ne font que des ré-fervoirs qui déterminent l'eau à fe précipiter dans les ouvertures fans lefquelles la pénétration ne pour-roit avoir lieu ; car j'avoue que l'eau de la pluie ne peut traverfer les couches de la terre fuivant leur épaiffeur ; mais elle s'infinue entr'elles, fuivant leur longueur, comme dans la capacité cylindrique d'un aqueduc naturel. Parmi les interruptions favora-bles & très-fréquentes, on peut compter les fentes perpendiculaires que l'on remarque, non-feulement dans les rochers, mais encore dans les argiles. (*Voyez l'article* FENTES PERPENDICULAIRES.) Ces couches étant fendues de diftance en diftance, les pluies peuvent s'y infinuer, augmenter la capa-cité des fentes, & s'ouvrir vers les côtés des paf-fages qui procurent leur écoulement ; elles péné-trent même le tiffu ferré de la pierre, criblent les lits, imbibent, diffolvent les matières poreufes, & forment différens dépôts & des criftallifations fingulières dans le fein des rochers ou aux voûtes des cavernes.

Ainfi la pluie qui tombe fur le rocher de la Sainte-Baume en Provence, pénètre en très-peu d'heures à foixante-fept toifes au deffous de la fuperficie du rocher par les fentes, & y forme une très-belle

citerne qui fourniroit à un écoulement fi la citerne pouvoit couler par-deſſus ſes bords. (*Mém.
de l'Acad.* , ann. 1703.)

Les ſommets élevés des montagnes principales ,
les croupes de celles qui ſont adoſſées à la maſſe
des premières , préſentent , plus que tout le reſte du
Globe , des ſurfaces favorables à la pénétration des
eaux. Les Alpes , les Pyrénées offrent à chaque pas
des couches interrompues , des débris de roches
entr'ouvertes , des lits de terre coupés à plomb ;
en ſorte que les eaux des pluies , les brouillards ,
les roſées , ſe filtrent aiſément par toutes ces iſſues ,
& forment des baſſins ou ſe portent dans toute
l'étendue des couches , juſqu'à ce qu'une ouverture favorable verſe cette eau ; ainſi les ſources ne
ſeront proprement que les extrémités d'un aqueduc
naturel , formé par les faces de deux couches ou
lits de terre. Si ces couches ſont plus intérieures
& qu'elles aillent aboutir au deſſous du niveau des
plaines en ſuivant les montagnes adoſſées aux
principales , comme dans la plaine de Modène , elles
forment des nappes d'eau qui entretiennent des
puits ou des ſources qui s'échappent au milieu des
pays plats. Comme ces couches s'étendent quelquefois juſque ſous les eaux de la mer en s'abaiſſant
inſenſiblement pour former ſon baſſin , elles y voiturent des eaux douces qui entretiennent des puits
ſur ſes bords , ou des ſources qui jailliſſent ſous
l'eau ſalée , comme dans la Mer-Rouge , dans le
golfe Perſique & ailleurs.

Linſchot rapporte que , dans la Mer-Rouge , près
de l'île de Bareyn , des plongeurs puiſent de l'eau
douce à la profondeur de quatre à cinq braſſes : de
même aux environs de l'île de Baharan , dans le golfe
Perſique , on prend de l'eau douce au fond. Les
hommes ſe plongent avec des vaſes bouchés , & les
débouchent au fond ; & lorſqu'ils ſont remontés ,
ils ont de l'eau douce. (*Gemelli Carreri,* tom. 2 ,
pag. 453.) Le fond de la mer , laiſſé à ſec près de
Naples lors des éruptions du Véſuve , a laiſſé voir
une infinité de petites ſources jailliſſantes , & le plongeur qui alla dans le goufre de Carybde a prétendu
avoir trouvé de l'eau douce. De même , en creuſant les puits ſur le rivage de la mer , les ſources y
apportent de l'eau , non du côté de la mer , mais du
côté de la terre ; ce qui ſe voit aux Bermudes.

Céſar , dans le ſiège d'Alexandrie , ayant fait
creuſer des puits ſur le bord de la mer , ils ſe rem-
plirent d'eau douce (*Hiſt. Pauſ. Comment. cap.* 9).

Cette correſpondance des couches s'eſt fait ſentir
à une très-grande diſtance. M. Perrault rapporte
(*Traité de l'Origine des Fontaines, page* 271) un
fait très-propre à en convaincre. Il y avoit deux
ſources dans un pré , éloignées l'une de l'autre
d'environ cent toiſes. Comme on vouloit conduire
leurs eaux dans un canal au bas d'un pré , on fit
une tranchée pour recevoir l'eau d'une des deux
ſources , & la contenir ; mais à peine l'eau de cette
ſource fut arrêtée , qu'on vint avertir que l'autre
ſource inférieure à la première étoit à ſec : on

rétablit les choſes dans le premier état , & l'eau
reparut à cette ſource. Enfin on remarqua ces effets
pluſieurs fois , & l'eau de la ſource inférieure étoit
auſſi réguliérement aſſujettie à l'état de la ſource
ſupérieure , que ſi elle s'y fût rendue par un tuyau
de conduite fait exprès : de-même il y a des communications auſſi ſenſibles des montagnes entre
elles.

Les eaux des vallons & des plaines s'élèvent ordinairement par un canal naturel , & franchiſſent
des collines & des montagnes aſſez élevées ſi une
des jambes du ſiphon renverſé , dont la courbure
eſt dans les vallons qui ſéparent les montagnes , ſe
trouve adoſſée le long d'une croupe plus élevée que
les autres , & qui fourniſſe des eaux en aſſez grande
abondance pour donner une impulſion ſucceſſive
aux eaux qui rempliſſent les couches courbées en
ſiphon. La *fontaine,* entretenue par ce mécaniſme ,
paroîtra ſur les revers de quelques collines où les
couches ſouffriront interruption.

On conçoit ainſi que les réſervoirs des *fontaines*
ne ſont pas toûjours des amas d'eaux raſſemblées
dans une caverne dont la capacité ſeroit immenſe ,
vu la grande dépenſe de certaines ſources. Il ſeroit
à craindre que ces eaux , forçant leurs cloiſons , ne
s'échappaſſent au dehors par des inondations ſubites , comme cela eſt arrivé dans les Pyrénées en
1678. (*Voyez l'article* INONDATION.) L'eau d'ailleurs ſe trouvant diſtribuée le long de certaines
couches propres à la contenir , coulant en conſéquence d'une impulſion douce qui en ménage la
ſortie , & en vertu de l'étendue des branches de ces
aqueducs qui recueillent les eaux , il n'eſt pas difficile de concevoir comment certaines ſources peuvent en verſer une ſi grande quantité ; & cette
diſtribution qui demande quelque tems pour s'exécuter , contribue à la continuité de l'écoulement
des rivières.

Ces canaux ſouterrains ſont d'une certaine réſiſtance , & des eaux peuvent ſe faire ſentir contre
leurs parois avec une force capable d'y produire
des crevaſſes. On doit ſurtout ménager leur effort ;
car ſouvent , par des imprudences , on force les
canaux dans les endroits foibles en retenant les eaux
des *fontaines,* & ces interruptions , en ouvrant un
paſſage à l'eau , diminuent d'autant la principale
fontaine vers laquelle ce petit canal entr'ouvert
portoit ſes eaux , ou ſouvent font diſparoître une
ſource entière. Ces effets doivent rendre circonſ-
pects ceux qui ſont chargés de la conduite des eaux.
On en a vu des exemples en pluſieurs endroits : je
puis en citer un fort remarquable. La *fontaine* de
Soulaines , dont j'ai parlé ci-devant , dépoſe dans
ſon baſſin des terres fort compactes , qui la teignent
d'une couleur jaune après les pluies abondantes.
Lorſque la maſſe des dépôts eſt conſidérable , on
vide le baſſin. Pour expédier cette beſogne , les ouvriers imaginèrent de jeter ces terres graſſes dans
l'ouverture de la ſource , au lieu de les jeter au
dehors : il s'y fit une obſtruction ſi complète , que

l'eau, refoulée dans son aqueduc naturel, souleva à cent pas au dessus une roche fort épaisse, & s'extravasa par cette ouverture en laissant le bassin de la *fontaine* à sec. On n'a pu l'y faire rentrer qu'en couvrant d'une masse de maçonnerie cette large ouverture, & laissant un puits d'environ quinze pieds de diamètre, dont on a élevé les bords au dessus des murs de la *fontaine*. Malgré cette précaution, l'eau sort par ce puits & entr'ouvre la maçonnerie, qui menace ruine dans les grandes eaux. Ces effets sont une suite du parti que l'on a pris d'élever l'eau dans le bassin de la *fontaine*, pour le service des moulins qui sont construits sur un côté de son bassin; ce qui tient la source dans un état forcé.

De toute cette doctrine, nous tirerons quelques conséquences que l'expérience confirme.

1°. Ce n'est point en traversant l'épaisseur des couches de la Terre & en les imbibant totalement, que l'eau pluviale pénètre dans les conduits & les réservoirs qui la contiennent, pour fournir aux écoulemens successifs; ainsi les faits qu'on allègue contre la pénétration ne détruisent que la première manière, & ne donnent aucune atteinte à la seconde.

2°. C'est dans les montagnes ou dans les gorges formées par les vallons, que se trouvent le plus ordinairement les sources, parce que les conduits & les couches qui contiennent les eaux s'épanouissent sur les croupes des montagnes pour les recueillir, & se réunissent dans les culs-de-sac pour les verser.

3°. Les *fontaines* nous paroissent, en conséquence de cette observation, occuper une position intermédiaire entre les collines qui reçoivent ou versent les eaux dans les couches organisées, & entre les plaines qui présentent aux eaux un lit & une pente facile pour leur distribution régulière. Quinte-Curce remarque (*Lib. VII, cap.* 14.) que tous les sommets des montagnes se contiennent dans toute l'Asie par des chaînes alongées, d'où tous les fleuves se précipitent, ou dans la mer Caspienne, &c. ou dans l'Océan indien. On ne peut objecter les sources du Don ou Tanaïs, & du Danube près d'Eschinging, qui sont dans des plaines; car qu'est-ce que cette dernière source en comparaison de toutes celles qui se jettent dans le Danube, tant des montagnes de la Hongrie, que du prolongement des Alpes vers le Tyrol? Et de même les Cordillières donnent naissance à plusieurs sources qui se jettent dans la rivière des Amazones en suivant la pente du terrain. Les autres, qui sont sur les croupes occidentales, se jettent dans la mer du sud. Il y a sur le Globe, des points de distribution, en Europe, au mont Saint-Gothard, vers Langres, en Champagne, &c. (*Voyez l'article* SOURCE.)

4°. Si l'on voit quelquefois des sources dans des lieux élevés & même au haut des montagnes, elles doivent venir de lieux encore plus élevés, & avoir été conduites par des lits de glaise ou de terre argileuse, comme par des canaux naturels. Il faut faire attention à ce mécanisme lorsqu'on veut évaluer la surface d'un terrain qui peut fournir de l'eau à une source. On est quelquefois trompé par les apparences. M. Mariotte observe que, dans un certain point de vue, une montagne près de Dijon sembloit commander aux environs; mais dans un autre aspect il découvrit une grande étendue de terrain qui pouvoit y verser ses eaux. Voilà la seule réponse que nous ferons à ceux qui allèguent des observations faites par des voyageurs sur des montagnes elevées. Il n'est pas étonnant que les voyageurs aient pu découvrir, en passant leur chemin, d'où des sources abondantes tiroient leurs eaux. Si, entre une montagne du haut de laquelle il part une source, & une autre montagne plus élevée qui doit fournir de l'eau, il y a un vallon, il faut imaginer la source comme produite par une eau qui, d'un réservoir d'une certaine hauteur, a été conduite dans un canal souterrain, & est remontée à une hauteur presqu'égale à son réservoir. Souvent l'eau des sources qui paroissent sur des croupes ou dans des plaines, peut remonter au dessus des couches entr'ouvertes qui la produisent. A Modène, certains puits coulent par-dessus leurs bords, quoique leurs sources soient à soixante-trois pieds de profondeur. On peut même élever l'eau à six pieds au dessus du terrain, par le moyen d'un tuyau. Près de Saint-Omer on perce ainsi des puits, dont l'eau remonte au dessus du niveau des terres. Tous ces effets supposent des siphons, dont une partie est un conduit naturel depuis les réservoirs jusqu'aux sources : l'autre partie est la capacité cylindrique des puits. En même tems que ces faits rétablissent l'usage des siphons renversés, qui communiquent dans une certaine étendue de terrain, l'inspection des premières couches rend sensible leur existence. On nous objecte que cette communication ne peut s'étendre aux îles de l'Océan, & surtout à celles où il ne pleut pas & où l'on trouve des *fontaines* perpétuelles. Je ne vois pas d'impossibilité que l'eau soit conduite dans quelques-unes de la terre-ferme, par des canaux qui franchissent l'intervalle par-dessous les eaux. Pietro della Valle rapporte que, dans les îles Strophades, selon le récit que lui en firent les Religieux qui les habitent, il y a une *fontaine* qui doit tirer ses eaux de la Morée, parce qu'il sort souvent avec l'eau de la source des choses qui ne peuvent venir que de là. Ces îles sont cependant éloignées considérablement de la terre-ferme, & toutes imbibées d'eau. Par rapport aux autres îles, les rosées y sont abondantes, & les pluies dans certains tems de l'année; ce qui suffit pour fournir à l'entretien des *fontaines*. Halley remarque qu'à l'île de Sainte-Hélène, le verre de sa lunette se chargeoit d'une lame de rosée très-épaisse dans un très-petit intervalle; ce qui interrompoit ses observations.

5°. Lorsque les premières couches de la Terre n'admettent point l'eau pluviale, il n'y a point de

fontaines

fontaines à efpérer, ou bien l'eau des pluies s'éva-pore & forme des torrens, ou bien il n'y pleut plus, comme en certains cantons de l'Amérique. Il y a de grands pays où l'eau manque par cette raifon, comme dans l'Arabie-Pétrée, qui eft un défert, ou dans tous ceux de l'Afie ou de l'Amérique. Les puits font fi rares dans l'Arabie, que l'on n'en compte que cinq depuis le Caire jufqu'au mont Sinaï, & encore l'eau en eft-elle amère.

6°. Lorfque les premières couches admettent les eaux, & qu'il ne fe trouve pas des lits d'argile ou de roche propres à les contenir, elles pénètrent fort avant, & vont former des nappes d'eau ou des courans fouterrains. Ceux qui travaillent aux carrières des pierres blanches près de la vi le d'Aire en Artois, trouvent quelquefois des ruiffeaux fouterrains qui les obligent d'abandonner leur travail. Il y a des puits dans plufieurs villages des environs d'Aire, au fond & au travers defquels paffent des courans qui coulent avec plus de rapidité que ceux qui font à la furface de la Terre. On a remarqué qu'ils couloient de l'orient d'été au couchant d'hiver, c'eft-à-dire, qu'ils fe dirigent du Continent vers la mer; ils font à cent & à cent dix pieds de profondeur. (*Journ. de Trév.*, *ann.* 1703, *mars.*)

7°. Les fecouffes violentes des tremblemens de terre font très-propres à déranger la circulation intérieure des eaux fouterraines. Comme ces canaux ne font capables que d'une certaine réfiftance, les agitations violentes produifent, ou des inondations particulières en comprimant, par des foulévemens rapides, les parois des conduits naturels qui voiturent fecrétement les eaux, & en les exprimant pour ainfi dire par le jeu alternatif des commotions, ou bien un abaiffement ou une diminution dans le produit des fources. Après un tremblement de terre, une *fontaine* ne recevra plus fes eaux à l'ordinaire, parce que fes canaux font obftrués par des éboulemens intérieurs; mais l'eau refoulée fe porte vers les parties des couches entr'ouvertes, & y forme une nouvelle *fontaine*. Ainfi nous voyons (*Hift. de l'Acad.*, *ann.* 1704) qu'une eau foufrée qui étoit fur le chemin de Rome à Tivoli, baiffa de deux pieds & demi en conféquence d'un tremblement de terre. En plufieurs endroits de la plaine appelée *la Teftine*, il y avoit des fources d'eau qui formoient des marais impraticables : tout fut féché, & à la place des anciennes fources il en fortit de nouvelles à environ une lieue des premières; & dans le dernier tremblement de terre de 1755 & 1756, nous avons été témoins de ces effets en plufieurs endroits. (*Voyez l'article* TREMBLEMENT DE TERRE.) Si les eaux fe trouvent entre des couches de fable rouge ou bien entre des marnes ou d'autres matières colorées, les eaux des fources, falies & imprégnées de ces corps étrangers qu'elles entraînent, changent de couleur très-naturellement; mais le peuple effrayé voit couler du fang ou du lait, parce que, dans cet état de commotion qui fe communique de la terre aux efprits, rien ne

Géographie-Phyſique. Tome IV.

doit paroître que fous les idées acceffoires les plus terribles, & un rien aide l'imagination à réalifer les chimères les plus extravagantes.

Singularités des fontaines. On peut confidérer les fingularités des *fontaines* fous deux points de vue généraux, par rapport à leur écoulement, & par rapport aux propriétés & aux qualités particulières du fluide qu'elles produifent.

Quant à ce qui concerne ce dernier objet, voyez l'article HYDROLOGIE, où cette matière fera difcutée. Nous allons traiter ici de ce qui regarde les variations régulières ou irrégulières de l'écoulement des *fontaines*. En les confidérant ainfi, les *fontaines* peuvent être divifées en trois claffes : les uniformes, les intermittentes & les intercalaires.

Les uniformes ont un cours foutenu, égal & continuel, & produifent du moins, dans certaines faifons, la même quantité d'eau.

Les intermittentes font celles dont l'écoulement ceffe, & reparoît à différentes reprifes en un certain tems. Les Anciens les ont connues. (*Voyez* Pline, *lib. II, cap.* 103.)

Les intercalaires font celles dont l'écoulement, fans ceffer entièrement, éprouve des retours d'augmentation & de diminution, qui fe fuccèdent après un tems ou moins confidérable.

Les *fontaines* des deux dernières claffes fe nomment en général *Périodiques.* Dans les intermittentes la période fe compte du commencement d'un écoulement ou d'un flux, à celui qui lui fuccède; de forte qu'elle comprend le tems du flux & celui de l'intermiffion. La période des intercalaires eft renfermée dans l'intervalle qu'il y a entre chaque retour d'augmentation, que l'on nomme *accès*; en forte qu'elle comprend la durée de l'accès & le repos ou l'intercalaifon dans laquelle l'écoulement parvient quelquefois à une uniformité paffagère. Quelquefois auffi on n'y remarque aucun repos ou intercalaifon; mais leur cours n'eft proprement qu'une augmentation & une diminution fucceffive d'eau.

Si l'interruption dure trois, fix ou neuf mois de l'année, les *fontaines* qui l'éprouvent, fe nomment *temporaires* (*temporales* ou *temporariæ*), & en particulier *maïales* (*majales*) lorfque leur écoulement commence aux premières chaleurs, vers le mois de mai, à la fonte des neiges, & qu'il finit en automne.

Les *fontaines* véritablement intermittentes qui ont attiré l'attention du peuple & des philofophes, font celles dont l'intermiffion ne dure que quelques heures ou quelques jours.

Je crois qu'on peut rapporter à la claffe des intercalaires les *fontaines* uniformes qui éprouvent des accroiffemens affez fubits & paffagers après de grandes pluies ou par la fonte des neiges.

Enfin plufieurs *fontaines* préfentent, dans leur cours, des modifications qui les font paffer fucceffivement de l'uniformité à l'intermittence, & de l'intermittence à l'intercalaifon, & revenir enfuite

C c

à l'uniformité par des nuances auſſi marquées. Nous expliquerons tous ces différens phénomènes ; nous tâcherons de donner les dénoûmens de ces bizarreries apparentes. Nous ne parlons pas ici des *fontaines* à flux & à reflux, qui avoient été imaginées avoir quelque rapport dans leur écoulement & leur intermiſſion avec les marées. Après des examens réfléchis, on a vu diſparoître la prétendue analogie qu'on avoit cru trouver entre leurs accès & l'intumeſcence de la mer, & tomber totalement la correſpondance imaginaire de leur réſervoir avec le baſſin de l'Océan. Nous ne croyons donc pas devoir nous aſtreindre à l'ancienne diſtribution des géographes ſur cet article. C'eſt une ſuppoſition révoltante, que d'attribuer aux mouvemens des marées les accès des *fontaines* que l'on trouve au milieu des continens. Cependant il eſt très-poſſible que certaines ſources ſituées à une très-petite diſtance des bords de la mer aient, avec ſes eaux, une communication ſouterraine, & pour lors je conçois que l'intumeſcence produira un refoulement juſque dans le baſſin de ces ſources, aſſez ſemblable à celui que les fleuves éprouvent à leur embouchure lors du flux ; mais cette cauſe n'agit point ſur le mécaniſme intérieur de l'embouchure des *fontaines*.

On doit expliquer ainſi ce que Pline rapporte (*Hiſt. Nat. lib. II, cap. CNJ, & lib. III, cap. XXEJ*), que, dans une petite île de la mer Adriatique, près de l'embouchure de la rivière de Timavo, on trouve des *fontaines* d'eau chaude, qui croiſſent & décroiſſent avec le flux & le reflux qui eſt ſenſible au fond du golfe. On les nomme *Bagni di monte Falcone*. Cluvier en a fait une deſcription exacte, & obſerve qu'ils ne ſont qu'à deux traits d'arbalête de la mer. Il aſſure qu'ils ſont aſſujettis à des retours d'intumeſcence & de détumeſcence dépendans de ceux de la mer. Les ſources mêmes du Timavo, plus éloignées dans les terres, éprouvent, ſuivant le même hiſtorien, de ſemblables variations. Cluvier, *Italia antiqua, lib. I, cap. XX*; Kircher, *Mund. ſubt. lib. V, cap. EJ*, & Fallope, *De aquis therm. cap. III*, nous aſſurent que ces mouvemens ont lieu, parce qu'un goufre ſouterrain, dans lequel il s'engloutit une grande quantité d'eau, communique avec la mer qui reflue juſque-là, ou du moins ſoutient les eaux de ce goufre, & enfle par-là celles du baſſin des ſources du Timavo, avec lequel il s'abouche.

Pour expliquer le mécaniſme des *fontaines* périodiques, ſoit intermittentes, ſoit intercalaires, on a ſuppoſé des réſervoirs & des ſiphons dans les entrailles de la Terre, & ces ſuppoſitions ſont fondées ſur l'inſpection attentive de l'organiſation que le Globe préſente en pluſieurs endroits à ſa ſurface. On rencontre dans les provinces de Derby & de Galles en Angleterre, dans le Languedoc, dans la Suiſſe, des cavernes dont les unes donnent paſſage aux eaux qui y abordent de toutes parts, & d'autres les raſſemblent & ne les verſent qu'après avoir été remplies. Les coupes de ces cavernes qui

s'offrent à découvert aux yeux des obſervateurs dans les pays montueux, nous autoriſent à en placer au ſein des collines, où ſe trouvent les *fontaines* périodiques.

Quant aux ſiphons, dont le jeu n'eſt pas moins néceſſaire, nous les admettons avec autant de fondement. Dans les premières conches de la Terre, on obſerve, comme nous l'avons remarqué ci-devant, des courbures très-propres à donner aux couches qui contiennent les eaux pluviales, la forme d'un ſiphon ; & d'ailleurs, certaines lames de terres étant facilement emportées par des filtrations réitérées, les parois des couches ſupérieures & inférieures formeront une cavité ou un tuyau de conduite qui voiturera l'eau comme les branches d'un ſiphon cylindrique. De cette ſorte de ſiphon ſera un aſſemblage de petits conduits recourbés, pratiqués entre les couches de glaiſe, ou bien entre des rochers fendus & entr'ouverts, ſuivant une infinité de diſpoſitions.

Je conçois même que les ſiphons doivent ſe rencontrer préciſément dans un endroit rempli de cavernes propres à faire l'office de réſervoir. Suppoſons que les couches inclinées A B (*Pl. Suppl. n°. 1, fig. 1*) n'étant point ſoutenues depuis C juſqu'en D, parce qu'il y a au deſſous une caverne C E D, ſe ſoient affaiſſées inſenſiblement, & qu'elles quitté leur première direction & pris la ſituation C F, alors les couches inférieures A C avec C F forment un ſiphon dont les parties C F n'atteignent pas le fond de la caverne, & les autres vers A deſcendent plus bas que ce fond ; mais les portions ſupérieures des couches vers B conſervant leur ſituation inclinée, & leur ouverture en D, formée par l'interruption des couches C F affaiſſées, pourront verſer de l'eau dans la caverne. On voit par-là que la courbure du ſiphon en C eſt moins élevée que l'ouverture des couches qui fourniſſent l'eau ; ce qui eſt eſſentiel pour le jeu du ſiphon.

Maintenant donc la cavité C E D recevra l'eau qui coule entre les couches entr'ouvertes en D, & qui, s'y déchargeant avec plus ou moins d'abondance, ſe remplira juſqu'à ce qu'elle ſoit parvenue à la courbure du ſiphon en C ; alors le ſiphon jouant commence à épuiſer l'eau de la caverne, & il ceſſe lorſque l'eau eſt deſcendue au deſſous de l'orifice de la plus courte jambe en F. Le jeu du ſiphon recommencera dès que l'eau fournie par les couches D aura rempli la cavité au niveau de la courbure C. Cet écoulement ſera ſuivi d'une intermiſſion & l'intermiſſion d'un nouvel écoulement, qui ſe ſuccéderont toujours dans le même ordre périodique tant que le canal d'entretien D fournira la même quantité d'eau ; en ſorte que ſi le ſiphon décharge ſon eau dans des couches qui ſont interrompues en A, ou dans un réſervoir à cet endroit de la ſurface de la Terre, il ſe formera une *fontaine* périodique. (*Voyez l'article* SIPHON.)

On conçoit aiſément que, de la combinaiſon des ſiphons, des réſervoirs & des canaux d'entretien, il doit réfulter des variations infinies dans l'écoulement des *fontaines* périodiques, dont il fuffit d'indiquer ici les plus fingulières ; en un mot, celles que la Nature nous offre en plufieurs endroits.

Fontaines intermittentes. Pour qu'une *fontaine* foit intermittente, il est néceffaire que le fiphon A C F entraîne plus d'eau que le canal d'entretien D n'en fournit ; car fi ce dernier canal en décharge dans le réfervoir autant que le fiphon peut en vider, l'écoulement du fiphon fera continuel, parce que l'eau fe foutiendra dans la caverne toujours à la même hauteur, & la *fontaine* formée par le produit du fiphon en A aura un cours uniforme.

De ce principe & de la fuppofition du mécanifme précédent, nous tirons plufieurs conféquences capables de nous guider dans l'appréciation des différentes variétés des *fontaines* intermittentes.

1°. Le tems de l'intermiffion ou de l'intervalle de deux écoulemens est toujours égal à celui qu'emploie le canal d'entretien à remplir le baffin de la caverne depuis l'orifice de la petite jambe du fiphon F, jufqu'à la courbure C.

2°. L'écoulement est compofé de la quantité d'eau contenue dans le réfervoir, laquelle s'y étoit amaffée pendant l'intermiffion, & de celle que produit le courant d'entretien D pendant tout le tems que le fiphon joue.

3°. Ainfi, connoiffant le tems précis de l'écoulement & de l'interruption, on en tirera le rapport du produit du canal intérieur à la dépenfe du fiphon. On voit effectivement que l'eau étant fuppofée couler avec une égale viteffe par le canal d'entretien & par le fiphon, le calibre du fiphon est à celui du canal d'entretien comme le tems de la période entière est à celui de l'écoulement ; car (n°. 2) le fiphon vide, pendant le feul tems de l'écoulement, l'eau que le canal d'entretien fournit pendant l'interruption & l'écoulement. Or, il est évident que les calibres de deux canaux par lefquels l'eau coule avec la même viteffe, & qui verfent la même quantité d'eau en tems inégaux, font entre eux dans le rapport renverfé des tems.

4°. Le tems de l'écoulement & celui de l'intermiffion formant la période, la connoiffance de la période & de l'écoulement donnera la période, & de même la détermination de la période & de l'intermiffion décide la durée de l'écoulement.

5°. Si le canal d'entretien augmente fon produit après des pluies abondantes ou pendant la fonte des néiges, il est clair que l'intermiffion fera plus courte, & l'écoulement plus long que pendant la fécherefe, où les couches de terre en D fourniffent moins d'eau ; car le fiphon emploira plus de tems pour vider la quantité d'eau qui coule en plus grande abondance dans le réfervoir pendant le tems qu'il l'épuiferoit, fi aucun canal ne s'y déchargeoit.

A mefure que l'abondance d'eau croîtra dans le canal d'entretien, l'intermiffion diminuera toujours, & l'écoulement augmentera jufqu'à ce que,

le produit du canal étant précifément égal à la dépenfe du fiphon, l'intermiffion difparoiffe, & la *fontaine* fera uniforme.

Mais fi la fécherefe vient à diminuer la quantité d'eau fournie par le canal d'entretien, la *fontaine* éprouvera des intermittences très-courtes & des écoulemens fort longs d'abord ; & à mefure que l'eau diminuera dans le canal intérieur, l'intermiffion croîtra, & l'écoulement décroîtra proportionnellement.

On voit par-là que, lorfqu'une *fontaine* commence à être intermittente par la fécherefe, ou qu'elle ceffe de l'être par le retour des pluies, elle doit éprouver des intermiffions très-courtes & des écoulemens fort longs.

6°. Le rapport de l'intermiffion à l'écoulement est difficile à fixer, & il est vifible qu'il ne peut être conftant, & qu'il n'est pas aifé de limiter la période d'une *fontaine*, puifqu'elle peut éprouver des variations par la fécherefe ou par les pluies. C'est à ces variations que l'on doit principalement attribuer les différences qui fe trouvent dans les defcriptions que différens auteurs nous ont données de la même *fontaine* ; car alors ils peuvent l'avoir obfervée dans des circonftances capables de faire varier fenfiblement les réfultats dont ils ont déterminé l'étendue.

Fontaines intermittentes compofées. Les *fontaines* intermittentes éprouvent quelquefois une fuite de petites intermittences & d'écoulement interrompue par une intermiffion confidérable, & il est aifé d'en rendre raifon, foit (*Pl. Suppl. n°. 1, fig. 2*) A B C qui fe décharge dans la cavité F K I d'une moindre capacité par le fiphon G F H qui épuife l'eau de la cavité F K I. Je dis que la *fontaine* formée en H par le fiphon G F H éprouvera des intermittences, des écoulemens fucceffifs, qui dépendront en grande partie du rapport qu'il y aura entre le produit du fiphon G F H & celui de D C E. Enfin, tout le jeu de repos & d'accès fe terminera par une interruption égale au tems employé par le canal A d'entretien à remplir le réfervoir A B C. Si le canal A devient affez abondant pour fournir à la dépenfe continuelle du fiphon D C I, la grande interruption n'aura point lieu ; les intermittences, & les écoulemens fe fuccéderont affez régulièrement.

Ces accès de repos & de flux peuvent être confidérés comme l'écoulement d'une *fontaine* à fimple réfervoir, & la longue interruption comme fon repos.

Et comme, dans les *fontaines* à fimple réfervoir (n°. 5), l'écoulement est tantôt plus long, tantôt plus court, de même auffi la fuite des intermittences & des flux, qui tient lieu d'écoulement dans les *fontaines* compofées, doit varier par les mêmes caufes. Si le petit réfervoir I K F fe vidoit neuf fois pendant que le grand ne fe vide qu'une feule, & qu'il reftât encore outre cela à moitié plein, la *fontaine* en H auroit alternativement neuf intermittences, & dix intermittences par accès entre chaque interruption confidérable, fuppofé que le produit de la fource A fût toujours le même.

En général, le dernier réfervoir étant dans un certain rapport de capacité avec le plus intérieur, le nombre des intermittences & des écoulemens fucceffifs fera égal à celui qui exprime combien de fois le plus petit eft contenu dans le plus grand ; & s'il y avoit une fraction, les retours auroient une intermittence & un écoulement de plus après un nombre d'accès égal au numérateur de la fraction.

7°. Ces efpèces de *fontaines* ont encore cela de particulier, qu'à chaque accès d'écoulement & d'intermittence le premier flux eft plus long que le fecond, & le fecond plus long que le troifième. On voit que c'eft tout le contraire, par rapport aux intermittences ; car le fiphon D C E coulant plus vîte dans le commencement de fon accès, que vers la fin, le réfervoir I K F doit être par conféquent moins de tems à fe remplir, & plus de tems à fe vider (n°. 1) la première fois que la feconde.

8°. *Fontaines intercalaires.* Les *fontaines* intercalaires font le produit d'un courant d'eau continuel & uniforme, combiné avec celui d'un fiphon qui joue à plufieurs reprifes. Soit la caverne D E C (*fig.* 1) qui a une ou plufieurs ouvertures par le bas en E, il eft vifible que l'eau coulera par ces ouvertures tant que le courant d'entretien D en déchargera dans le réfervoir. Si le canal d'entretien eft affez abondant pour le remplir jufqu'à la courbure du fiphon malgré l'écoulement continuel du canal E, la fource en A aura un cours uniforme en vertu de cet écoulement, & éprouvera, de tems en tems, des accès d'intumefcence lorfque le fiphon coulera, & des repos lorfqu'il ceffera de jouer. Les deux canaux venant fe rencontrer à la furface de la terre, vers A, la *fontaine* qui fera formée par leur concours fera intercalaire.

Il eft aifé de fe convaincre que l'intercalaifon où l'intervalle qu'il y a entre les accès dépend du tems qu'emploie le courant d'entretien à remplir la caverne jufqu'à la courbure du fiphon, en fourniffant, outre cela, à la dépenfe du canal en F. C'eft donc l'excès du produit du courant d'entretien D fur la décharge continuelle du canal E qui fournit au jeu du fiphon & à l'accès des intercalaires. Les retours de l'accès dépendent donc de l'abondance de l'eau dans le courant d'entretien de la hauteur de la courbure du fiphon F C & de la capacité de la caverne D E C ; ainfi la période des intercalaires ne doit pas être plus conftante que celle des intermittentes, parce que la féchereffe ou les pluies peuvent y caufer plufieurs variations confidérables. L'intercalaifon fera fort longue & l'accès fort court fi l'eau produite par le canal d'entretien eft peu abondante, que le réfervoir ait peu de capacité, & que le calibre du fiphon foit confidérable. A mefure que l'eau augmentera dans la fource intérieure, toutes chofes reftant d'ail-

leurs les mêmes, l'intercalaifon fera plus courte & l'accès plus long ; en forte que le cours de la *fontaine* fera précifément une augmentation & une diminution fucceffive d'eau fans aucune uniformité interpofée. Si l'eau augmente de telle forte dans le courant d'entretien, qu'il puiffe, en même tems fournir à la dépenfe continuelle du canal E & à l'écoulement foutenu du fiphon F C A, la *fontaine* fera uniforme.

En fupprimant l'ouverture E (*fig.* 1), & fuppofant qu'il y en eût une autre G dans la cavité D G E C plus élevée que F, orifice de la courte jambe du fiphon, & en deffous de fa courbure en C ; il réfultera différens effets.

Si le courant d'entretien peut feulement fournir à ce canal en G, fa décharge produira une fource continuelle & uniforme. Si le courant d'entretien augmente, la cavité fe remplira jufqu'à la courbure du fiphon en C, qui coulera pour lors ; & fon produit fe combinant avec celui du canal G, la *fontaine* qui en réfultera, & qui aura d'abord été uniforme, éprouvera, dans la fuite, des accès d'écoulement ; mais lorfque le fiphon aura épuifé l'eau du réfervoir jufqu'au niveau de l'orifice G, la *fontaine* perdra le produit de ce canal ; elle fera intercalaire ; & lorfque le fiphon aura ceffé de couler, il y aura une intermittence jufqu'à ce que le courant d'entretien ait rempli le réfervoir au niveau de l'ouverture G ; & pour lors l'eau commencera à paroître dans le baffin de la *fontaine*. Après que le fiphon & la décharge de l'ouverture G auront fait baiffer l'eau au deffous de G, le fiphon F G A entraînera autant d'eau que la fource intérieure D en peut fournir ; la *fontaine* entretenue par G, en fuppofant qu'elle ait un baffin éloigné de la fource que le fiphon fournit, fera à fec, & l'eau n'y reparoîtra que lorfque le courant d'entretien D produira moins de dépenfe du fiphon. C'eft par ce mécanifme que l'on peut expliquer pourquoi certaines *fontaines*, telles qu'il y en a plufieurs en Angleterre & ailleurs, coulent l'été ou dans la féchereffe, & font à fec en hiver ou depuis les pluies. On voit que ces *fontaines* augmentent précifément lorfqu'elles font fur le point de tarir, c'eft-à-dire, lorfque l'eau, dans la caverne, approche plus de la courbure C du fiphon ; elles feront plutôt à fec fi l'été eft humide, & elles couleront plus tard après un hiver pluvieux : toutes circonftances avérées par les obfervations. La marche contraire des autres fources vient auffi de la même caufe différemment combinée. Tous ces effets dépendent, comme nous l'avons vu, des pluies : on ne peut donc en tirer aucune conféquence défavorable au fyftème que nous avons embraffé fur la caufe de l'entretien des fources, comme l'ont prétendu Plot & quelques autres phyficiens, auffi peu capables d'apprécier les faits, que de les combiner.

9°. Lorfque les *fontaines* intermittentes ceffent, de l'être, elles éprouvent, un peu après l'inftant où l'intermittence devoit avoir lieu, une espèce d'intercalaison, & leur cours ne consiste, comme nous l'avons vu, que dans un accroissement & une diminution successive d'eau; ce qui forme un accès sensible.

Fontaines intercalaires. Ces sortes de fontaines ne sont précisément que les intermittentes composées, dont le jeu (*fig.* 2) se trouve combiné avec le produit d'un courant en L, continuel & soutenu, qui se réunit en H: leur explication dépendra donc des principes que nous avons établis ci-devant. (n°. 7.).

Quoique nous ayions déjà vu comment les différens produits du courant d'entretien peuvent modifier les phénomènes des *fontaines*, il est aisé de faire voir comment un même mécanisme peut offrir successivement les différens caractères que nous y avons distingués, c'est-à-dire, l'intercalaison, l'intermittence & l'uniformité soient les deux réservoirs A B C & I K F (*fig.* 2) qui communiquent par un siphon D C E.

Le second réservoir a une ouverture par le bas en K. Si le canal d'entretien A fournit plus d'eau qu'il n'en faut pour faire couler continuellement le siphon D C E, le canal versera continuellement de l'eau, & le surplus se déchargera par le siphon G F H; en sorte que la *fontaine* qui recevra le produit de ces deux courans sera intercalaire; mais si le courant A est assez abondant pour fournir à la dépense du canal K & du siphon G F H, ou même à la seule dépense de K, la source aura pour lors un cours uniforme; & si l'eau diminue de telle sorte qu'elle ne puisse fournir à l'entretien du siphon G F H, la *fontaine* en H sera intermittente.

D'après le mécanisme que nous venons de développer, on a réalisé aisément le cours de ces sources, & rendu sensibles leurs effets par des *fontaines* artificielles, dont on peut voir les modèles dans un Mémoire du Père Planque, & dans ceux que le savant M. Astruc a publiés sur l'*Histoire naturelle du Languedoc*, page 283; dans les *Transactions philosophiques*, n°. 423; dans la *Physique* de Desaguliers, & dans nos figures qui en présentent les coupes.

Nous observerons ici que ces machines présentent un moyen très-naturel de varier les effets des eaux jaillissantes ou courantes de nos jardins. L'art n'est jamais sans agrément lorsqu'il imite la Nature.

En conséquence de ces inventions, par lesquelles on est parvenu à rendre, trait pour trait, les opérations de la Nature, on peut assurer que la structure intérieure des *fontaines* est telle qu'on l'avoit supposée d'abord; car en remontant des effets à la cause avec tant de succès, on est tenté d'admettre pour vrai, après une discussion & une explication exacte des phénomènes, ces agens & cet échaffaudage qui n'avoient été d'abord admis que comme possibles & d'une manière purement précaire.

Quoi qu'il en soit, cette explication se trouve dans les *Pneumatiques* de Héron d'Alexandrie, qui vivoit cent vingt ans avant l'ère chrétienne, surtout dans les premières propositions de cet ouvrage. Pline le jeune, *Epistol. lib. IV, Epistol. XXX,* après avoir parcouru plusieurs moyens assez peu raisonnables, tels que les vents souterrains, le balancement des réservoirs, des mouvemens analogues aux marées, pour expliquer les écoulemens singuliers de la *fontaine* de Côme, située près du lac de ce nom, dans le duché de Milan, ajoute: « N'y auroit-il pas plutôt, dit-il, une » certaine capacité dans les veines qui fournissent » cette eau, de telle sorte que, lorsqu'elles sont » épuisées & qu'elles en rassemblent de nouvelles, » le courant est moindre & plus lent, & devient » plus considérable & plus rapide lorsque ces veines » peuvent verser l'eau qu'elles ont recueillie. » *An latentibus venis certa mensura, quæ dùm colligit quod exhauserit, minor rivus & pigrior, cùm collegit agilior majorque profertur ?*

On voit que Pline a senti ce que les physiciens modernes ont développé avec plus de précision. On peut consulter Kircher, *Mund. subterran. lib. V, sect. 5, cap. IV;* le *Cursus mathematicus* de Deschalles; le *Voyage des Alpes* de Scheuchzer, en 1723, tom. 2, pag. 404; les *Trans. philos.* n°. 204 & 423; & enfin les *Mém. sur l'Hist. du Languedoc.*

Opinions populaires sur les fontaines périodiques. Quoiqu'il se trouve parmi les auteurs une certaine tradition assez suivie, qui a transmis ces explications de phénomènes singuliers, le peuple, pour qui les philosophes n'écrivent guère, a toujours été livré, à la vue de ces vicissitudes dont il ignoroit la cause, à des croyances superstitieuses, qui, parmi les matières physiques, sont toujours en partage. Quand même il pourroit saisir la simplicité du mécanisme caché qui produit à ses yeux ces effets, il ne s'y attachera jamais, parce que ce mécanisme ne peut pas tenir lieu, dans son imagination, de ces idées merveilleuses dont il aime à se repaître.

Pline (*lib. XXXI, cap. II*) observe que les Cantabres tiroient des augures de l'état où ils trouvoient les sources du Tamaricus (aujourd'hui la Tamara, dans la Galice): *Dirum est non profluere, eos aspicere volentibus.* Il appuie même ces prétentions sur un fait: *Sicut proximè Lartio Licinio legato post præturam, post septem enim dies occidit.* Le propre de l'esprit de superstition est de réunir en preuves de ses prétentions des circonstances qui n'ont aucune liaison. Combien de gens n'avoient pas vu couler les sources du Tamaricus, sans éprouver le sort du préteur romain ! Mais un seul fait éclatant tient lieu de toutes les petites circonstances où la vertu de la *fontaine* auroit pu se démentir, & d'ailleurs les impressions funestes sont pour les grands. Les prêtres des dieux, qui tenoient registre des tems où ces sources couloient, pouvoient, moyennant des salaires honnêtes, procurer la satisfaction & l'assurance de voir couler les sources, & cette cause a, de tout tems, contribué à entretenir des dupes.

Dans des tems moins reculés nous retrouvons ces préventions répandues parmi les habitans des cantons qui avoisinent certaines sources singulières. Le Père Daschalles rapporte qu'on croit en Savoie, que la *fontaine* de Haute-Combe ne coule point en présence de certaines personnes, & M. Atwyell a trouvé les mêmes idées dans les habitans de Brixam, au sujet de la source périodique de Lawyell, dont nous parlerons dans la suite. Scheuchzer assure de même que les habitans du mont Eng-Shen tiennent pour certain que la *fontaine* périodique qui y prend sa source cesse de couler lorsqu'on y lave quelque chose de sale, &c. Scheuchzer lui-même, qui s'étoit élevé, dans son second voyage, contre cette crédulité, y revient dans son cinquième, & paroît ébranlé par le témoignage constant des habitans du voisinage, qu'il a pu consulter.

Une autre espèce de propriété qu'on a plus constamment attribuée aux *fontaines*, est celle de prédire l'abondance ou la stérilité. Pierre-Jean Fabre, médecin de Castelnaudari, prétend que les habitans de Belleslat en Languedoc, pouvoient juger des années par le cours de Fontestorbe; il ajoute même que le cours continuel & uniforme de cette *fontaine*, en 1624 & 1625, annonçoit la conversion des Prétendus-Réformés. C'est ainsi que Sénèque nous assure que deux années de basses eaux du Nil avoient présagé la défection d'Antoine & les malheurs de Cléopâtre (*lib. III, Quæst. natur.*). Plot, dans son discours sur l'*Origine des Fontaines*, fait mention, à chaque page, de ces prédictions d'années stériles ou abondantes. Ces présages, au reste, peuvent avoir une cause physique aisée à saisir. On sait que certaines années, pluvieuses ou sèches, sont stériles ou abondantes. Une *fontaine* qui éprouvera dans son cours des variations qui seront dépendantes de la sécheresse ou des pluies, sera une espèce de météoromètre qui la plupart du tems rendra des réponses assez justes.

Application de nos principes à un exemple.

Il ne nous reste maintenant qu'à faire l'application des principes que nous venons de développer, aux résultats des observations exactes & précises que l'on a faites sur une de ces *fontaines* singulières. Nous nous attacherons à celle de Fontestorbe, sur laquelle nous avons des détails assez circonstanciés pour y essayer une méthode de calculs, & en tracer le modèle aux observateurs qui auront quelques-unes de ces *fontaines* à examiner.

Fontestorbe, c'est-à-dire, suivant la langue du pays, *fontaine interrompue* ou *intermittente*, est près de Belleslat, dans le diocèse de Mirepoix: à ce village une chaîne de montagnes assez élevées,

qui occupe l'espace d'une lieue, vient se terminer par des rochers escarpés, qui forment un antre spacieux & profond de quatre, à cinq toises, & dont l'ouverture est de quarante pieds de large, sur trente de haut: c'est de cet antre que sort Fontestorbe. Cette *fontaine* est intermittente pendant la sécheresse, en juin, juillet, août, septembre, tantôt plus tôt, tantôt plus tard, suivant que ces mois sont plus ou moins pluvieux. Si le printems ou le commencement de l'été a donné beaucoup de pluies, l'écoulement de Fontestorbe est plus long qu'à l'ordinaire, & son intermission plus courte. On observe même que, dans le tems que cette *fontaine* a repris son intermittence en été, son cours devient soutenu & uniforme après deux ou trois jours de pluies abondantes, & l'intermittence ne paroît que dix ou douze jours après.

Si l'automne est sec, l'intermittence se prolonge au-delà de septembre, & même paroît encore en novembre, décembre & janvier si les neiges qui tombent sur les montagnes ne se fondent pas; mais lorsque cette fonte a lieu ou que ces mois sont pluvieux, Fontestorbe coule uniformément & plus abondamment que dans le plus fort de ses écoulemens périodiques. Elle suffit malgré cela, dans ses accès, après avoir mêlé ses eaux à celles de la petite rivière de Lers, à la dépense d'un moulin à soie & d'un autre à forge, qui se trouvent à quelque distance au dessous.

Le tems de son intermittence est ordinairement en été, suivant M. Astruc, de trente-deux minutes trente secondes: l'écoulement dure trente-six minutes trente-cinq secondes, & par conséquent sa période est de soixante-neuf minutes cinq secondes. Selon les observations du Père Planque de l'Oratoire, qui considère cette *fontaine* comme intercalaire, l'accès est de quarante-quatre minutes, l'intercalaison ou diminution de dix-sept; ce qui donne soixante-une minutes pour sa période; mais ce Père l'a observée en octobre, où la source est plus abondante; car les pluies & la sécheresse dérangent considérablement les proportions de ses intermittences & de ses écoulemens.

Ainsi lorsque la *fontaine* commence à devenir intermittente, ou qu'elle cesse de l'être (n°. 5), le tems de l'intermission est beaucoup plus court, & celui de l'écoulement beaucoup plus long que nous ne l'avons indiqué ci-devant. Ce qui fait considérer cette *fontaine* comme intercalaire par le Père Planque, c'est qu'il coule continuellement, au dessous de son bassin, des filets d'eau.

Avant que l'eau commence à couler dans le bassin extérieur de la *fontaine*, on entend un bruit sourd, & ce bruit précède l'écoulement d'environ douze minutes.

Tels sont les principaux faits auxquels nous allons appliquer notre théorie. Si l'on suppose maintenant, dans l'intérieur de la montagne, deux réservoirs, à différente hauteur, qui communiquent par le moyen d'un siphon , dont la plus courte jambe réponde vers le fond du réservoir supérieur , on a toutes les pièces nécessaires pour la solution des phénomènes dont nous venons de voir le détail. Cet antre, ces rochers escarpés , le bruit sourd de l'eau qui tombe dans les cavités , autorisent la supposition des réservoirs & des siphons.

Je considère d'abord que l'écoulement du siphon commence environ douze minutes avant que l'eau parvienne à la *fontaine*, & de même le siphon a cessé de jouer avant que l'eau cesse de couler dans le bassin extérieur. J'évalue ce tems à huit minutes, parce que l'eau coule plus lentement sur la fin qu'au commencement de l'accès. Par conséquent, pour avoir le tems de l'écoulement vrai, il faut ajouter douze minutes moins huit secondes à trente-six minutes trente-cinq secondes ; ce qui produit quarante minutes trente-cinq secondes. De même l'intermission vraie ne sera plus de trente-deux minutes trente secondes, mais de vingt-huit minutes trente secondes, & la période entière de soixante-neuf minutes cinq secondes ; ainsi le siphon verse, en quarante minutes trente-cinq secondes , l'eau fournie par le canal intérieur pendant le même tems & pendant l'intermission de vingt-huit min. trente secondes. (n°. 2). Son calibre est à celui du courant d'entretien environ comme 829 est à 486 (n°. 3). Mais s'il arrive que l'eau abondante se décharge , par d'autres canaux , dans le réservoir, l'intermission durera moins que vingt-huit minutes trente secondes, & l'écoulement vrai plus quarante minutes trente-cinq secondes. L'écoulement augmentera jusqu'à ce qu'il devienne continuel (n°. 5), c'est-à-dire , lorsque l'eau fournie au réservoir supérieur égalera la dépense du siphon ; & alors le cours de Fontestorbe est uniforme, comme les observations nous l'indiquent en hiver ou dans les circonstances qui nous en font envisager une augmentation d'eau.

Mais si la sécheresse se fait sentir dans les couches qui fournissent au bassin , l'intermission commencera à paroître plus tard , ira toujours en croissant , & l'écoulement en décroissant.

Quand Fontestorbe commence ou qu'elle cesse d'être intermittente , ses intermissions (n°. 4) sont si considérables ; que les eaux du bassin intérieur, où se décharge le siphon , ne sont pas encore écoulées & parvenues au bassin de la *fontaine* avant que le siphon recommence à en verser de nouveau , surtout si l'interruption est moindre que huit minutes ; ainsi l'eau diminuera un peu dans la *fontaine*, & éprouvera incontinent une certaine augmentation ; ce qui fera paroître Fontestorbe intercalaire (n°. 10).

Détail des principales fontaines périodiques.

Nous allons maintenant parler plus succinctement des autres *fontaines* périodiques, dont les détails nous semblent plus assurés , sans donner pour

certains les faits qui n'ont pas pour garans des observateurs exacts.

Pline (*lib. II , c. IV*) parle d'une *fontaine* qui étoit à Dodone , dont l'écoulement cessoit tous les jours à midi , & reparoissoit avec abondance à minuit ; ce qui lui faisoit donner le nom de *fontaine intermittente*, telle qu'elle l'étoit en effet.

Le même historien rapporte que , dans l'île de Ténédos , une *fontaine* débordoit tous les jours , après le solstice d'été , depuis neuf heures du soir jusqu'à minuit ; elle étoit temporaire & intercalaire.

Trois des sources du Tamaricus , rivière de la Cantabrie , aujourd'hui la Tamara en Galice , sont à sec , suivant Pline (*lib. XXXI, c. II*), pendant douze ou même vingt jours , tandis qu'une autre source près de là coule avec abondance & sans interruption.

Josèphe (*VII, c. XXIV de la Guerre des Juifs*) rapporte qu'en Syrie , entre les villes d'Arce & de Raphanées , une rivière, appelée *Sabatique*, étoit à sec pendant six jours , & couloit le septième. Pline (*lib. XXXI, c. II*) dit le contraire , qu'elle couloit pendant six jours , & qu'elle étoit à sec le septième. Dominique Magrius , suivant Kircher (*Mund. subterran., lib. V , sect. 4 , c. IV*), a été témoin de ce phénomène.

Brynolphe Suénon dit avoir vu en Islande , à deux milles & demi de Skalholt, capitale de l'île , une *fontaine* périodique d'eau chaude. Elle annonce son accès par des bouillons qui s'élèvent du fond de son bassin, le remplissent, & s'élancent enfin par-dessus les bords. La *fontaine* se soutient une heure en cet état , après quoi elle baisse , & laisse à sec le bassin. Son intermission est de vingt-trois heures.

Childrey fait mention de plusieurs sources intermittentes dans son *Traité des Curiosités de l'Angleterre ;* il en place une près de Buxton , dans la province de Derby, qui coule chaque quart d'heure. Le même auteur parle aussi d'une autre qui présente à peu près les mêmes variations. Elle est située à Gigglesvich , à un mille de Settle , dans la province d'Yorck , & d'une troisième située dans la province de Westmorland , près du fleuve de Loder , laquelle coule plusieurs fois par jour.

Mais la plus singulière de toutes celles de l'Angleterre est la source de Lawyell , près de Brixam , dans la province de Devonshire , à un mille de la mer. Elle est adossée au revers d'une chaîne de montagnes assez considérables, & sort du pied d'une colline ; elle est proprement intercalaire composée (n°. 11). Il y a un courant d'eau qui se décharge continuellement dans le bassin principal. Lorsque l'accès s'y fait sentir , de petites sources voisines éprouvent un écoulement qui dure autant que l'accès : on remarque dans ces instans , à différentes reprises , une augmentation d'eau considérable dans le bassin , suivie alternativement d'une diminution aussi sensible. Ces flux & ces repos intercalaires se répètent, & même seize fois pendant une demi-heure ; c'est à-dire que chaque flux & chaque repos dure environ deux minutes : cependant, sur la fin de l'accès, le flux produit moins d'eau, & il dure moins qu'au commencement (n°. 8). Il y a même beaucoup de variations dans le nombre de ces révolutions périodiques, & dans leur durée, variations toujours dépendantes de la pluie ou de la sécheresse.

Ces phénomènes s'expliquent, comme nous avons vu aux *fontaines intercalaires composées* (n°. 9), par deux courans, dont l'un traverse deux siphons & deux réservoirs, & l'autre coule immédiatement & continuellement dans le bassin de la *fontaine* ; c'est le courant qui enfile les deux réservoirs, qui produit cette suite de flux & de repos, & l'autre le cours uniforme. (*Voyez* les *Transactions philosophiques*, 423.)

Près de Paderborn en Westphalie, une *fontaine* intermittente, appelée *Bolderborn*, c'est-à-dire, *bruyante*, coule & est à sec deux fois le jour : ses accès s'annoncent par un grand bruit. (*Transact. philosoph.* 1665, n°. 7, & *Varen, Geog. gen. cap. XVIII, propos.* 18.)

Dans le palatinat de Cracovie on trouve, sur le sommet élevé d'une montagne adossée à celles de Hongrie, une *fontaine* qui sort de son bassin avec impétuosité, par des secousses continuelles, qui la font monter en certain tems & baisser en d'autres. On avoit cru remarquer que ces accroissemens & décroissemens étoient dépendans des phases de la lune, mais sans examen assez approfondi. (*Voy.* la Relation qu'en ont publiée le Père Denis & P. Rzéczinski, *Hist. nat. Polon.*)

Dans le royaume de Cachemire, on voit une *fontaine* qui, au mois de mai, tems où les neiges fondent, coule & s'arrête régulièrement trois fois en vingt-quatre heures, au commencement du jour, sur le midi & à l'entrée de la nuit. Son écoulement est pour l'ordinaire de trois quarts d'heure, & son produit assez abondant pour remplir un réservoir en carré, de dix à douze pieds de large & d'autant de profondeur. Après les quinze premiers jours, son cours n'est plus si régulier ni si abondant. Elle tarit enfin, & reste à sec le reste de l'année. Cependant, après de longues pluies, elle coule sans intermittence & sans ordre, comme les autres *fontaines*; ainsi elle est maïale, intermittente & uniforme (Bernier, *Voyage de Cachemire*, p. 160). Varenius place au Japon une *fontaine* thermale & périodique. Ses écoulemens se répètent deux fois par jour, & durent une heure : l'eau en sort avec impétuosité, & forme près de là un lac brûlant. Son eau est, dit-il, plus chaude que l'eau bouillante. Varenius (*c. XVII, prop.* 18) rapporte ces détails sur la foi d'un certain Caron, qui a été à la tête de la Compagnie des Indes de Hollande.

Près du lac de Côme, dans le duché de Milan, à sept milles de la ville de Côme, est une *fontaine*

que Pline le jeune a décrite au long (*lib. IV, epistol.* 30.). Elle hausse & baisse trois fois le jour par des retours périodiques. Deux historiens de la ville de Côme, Thomas Porcacchi & Benoît Jove, confirment ce qu'en dit Pline. Ils ajoutent que près de celle-ci, que l'on nomme *Fontaine de Pline*, est une autre source sujette aux mêmes variations ; elle est intermittente & uniforme, suivant les tems de sécheresse ou de pluie.

La *fontaine* des *Merveilles*, près de Haute-Combe en Savoie, presque sur les bords du lac Bourget, coule & cesse de couler deux fois par heure. Ses écoulemens sont précédés d'un grand bruit : l'eau en est si considérable, qu'elle fait tourner un moulin. Le Père Deschalles, qui l'a vue, assure qu'elle tarit entièrement par la sécheresse ; que pendant les pluies elle coule douze fois par heure. Ce même Père parle aussi d'une autre située au village du Puis-Gros, à deux milles de Chambery, qui est quelquefois entièrement à sec. Après les pluies, elle coule par intervalles quelquefois dix & vingt fois de suite ; de sorte qu'à peine le tems d'un écoulement à l'autre suffit pour laisser vider son bassin. Elle éprouve beaucoup de variations dans ses intermittences.

Scheuchzer, dans ses *Itinera alpina*, fait mention de trois *fontaines* périodiques. La première (*tome* 2, *p.* 401), nommée *An-Dem-Burgenberg*, coule du pied d'une montagne, dans le canton d'Underwalden ; elle est non-seulement maïale, mais encore périodique intermittente. Ses écoulemens paroissent huit ou dix fois par jour. La seconde (*tom.* 1, *pag.* 27) est la *fontaine* d'Hen-Shen dans le comté de Berne, au bailliage de Thun ; elle est maïale & intermittente comme la première. Il n'y a rien de constaté sur ses périodes, ainsi que sur celles de la troisième, nommée *Lugibach*, c'est-à-dire, *Menteuse*, qui est située près d'une glacière, dans le canton d'Underwalden ; elle est temporaire & intermittente (*tom.* 2, *pag.* 485.). Nous ferons observer ici que les *fontaines* prennent leur source dans les croupes de montagnes, aux sommets desquelles les neiges forment des réservoirs & des lacs, dont les eaux se filtrent dans les cavernes intérieures des collines, qui présentent partout au dehors, des antres, des ruptures, des rochers entr'ouverts, & tout ce qui annonce la grande possibilité des réservoirs & des siphons que nous avons supposés d'abord.

Piganiol de la Force (*Description de la France, tome* 8, *p.* 480) parle d'une *fontaine* périodique, située sur le chemin de Touillon à Pontarlier en Franche-Comté. Quand le flux va commencer, on entend un bouillonnement, & l'eau sort aussitôt de trois côtés, en formant plusieurs petits jets arrondis, qui s'élèvent peu à peu jusqu'à la hauteur d'un pied ; ensuite ces jets diminuent en aussi peu de tems qu'ils ont mis à s'élever : tout ce jeu dure environ un demi-quart d'heure. Le repos de l'intermission est de deux minutes. Au reste,

reste, rien de fixe dans ses variations. Il est parlé fort succinctement dans l'ancienne *Histoire de l'Académie des Sciences*, liv. III, chap. III, de deux sources périodiques, situées en Franche-Comté, dont l'une est salée, & l'autre douce, & dont les écoulemens n'étoient assujettis à aucune règle. Celle que nous venons de décrire sera probablement une des deux.

On trouve près de Colmars, dans le diocèse de Senez en Provence, une *fontaine* qui coule huit fois en une heure, & qui s'arrête autant de fois. Un léger murmure annonce ses accès. Gassendi assure que sa période est assez constante dans tout le cours de l'année. La seule inégalité qu'on y ait observée, est que l'intermission dure huit, sept ou six minutes; variations qui ont pour principes les pluies. (Gassendi; *Physic. sect. III, lib. I, c. 7.*)

Fonsanche, dans le diocèse de Nîmes, entre Sauve & Quissac, sort de terre à l'extrémité d'une pente assez roide, adossée à une longue chaîne de montagnes nommée *Contach*; elle coule assez régulièrement deux fois dans vingt-quatre heures, & éprouve deux intermissions dans le même tems. Chaque écoulement est de sept heures vingt-cinq minutes, & chaque intermission de cinq heures. Les écoulemens & les intermissions retardent environ cinquante minutes chaque jour, par rapport aux mêmes effets du jour précédent; ce qui est très-évident, puisque le tems des deux écoulemens & des deux intermissions surpasse vingt-quatre heures de cinquante minutes. Ces deux écoulemens en vingt, & le retard de cinquante minutes, si conformes aux variations des marées, ont fait illusion, & on a regardé long-tems Fonsanche comme une *fontaine* à flux & reflux; mais comment aller chercher à la mer de Gascogne à trente lieues, la mer Méditerranée ne produisant point sensiblement ces effets sur les côtes du Languedoc? D'ailleurs, ceux qui cherchent des analogies entre des effets qui n'en ont point, doivent être déconcertés par une observation constante: c'est que Fonsanche, après de grandes pluies, a un cours uniforme, & qu'elle ne reprend son intermittence qu'après que les pluies ont eu leur écoulement. M. Astruc (*Mém. pour servir à l'Hist. du Languedoc*) a vu & observé cette *fontaine*.

Catel, dans ses *Mémoires sur l'Histoire du Languedoc*, page 171, parle d'une *fontaine* périodique, appelée *Vieissan*, dans le diocèse de Béziers, laquelle sort d'une montagne du même nom, une demi-lieue de Rochebrune, & se rend dans la rivière d'Orb. Cette *fontaine* est intermittente, &, dans les flux, jette de l'eau comme la jambe d'un homme, suivant Catel. On en place une aussi en Poitou, près du village de la Godinière; une au village de Dorgues, à deux lieues & demie de Castres en Languedoc; une à Marsac près de Bordeaux, & une quatrième à Varins, près de Samur. Nous ne les rappelons ici, ainsi que quelques autres qui précèdent, que pour engager des observ-

vateurs exacts à constater leur état, qui paroît incertain, lorsqu'ils se trouveront à portée de le faire.

J'ajouterai ici, comme un phénomène analogue, celui que la source de la Reinette à Forges offre vers les six à sept heures du soir & du matin. L'eau de cette source se trouble, devient rougeâtre, & se charge de flocons roux, sans être plus abondante dans ces changemens. Je serois à portée de croire que cette eau se charge des sédimens qui se sont amassés au fond d'un réservoir qu'un siphon a puisé deux fois en vingt-quatre heures; & comme l'ouverture de la source n'est pas assez considérable pour épuiser l'eau du siphon à mesure qu'elle coule, elle n'éprouve ni intermittence ni accès. Il suffit de supposer pour cela que l'intermittence & l'écoulement du siphon soient de douze heures, & que le réservoir immédiat à la source vide le produit du siphon pendant le tems de son intermittence & de son écoulement.

On peut rapporter au même mécanisme les singularités de quelques étangs: les uns, situés au milieu des continens, sont pleins pendant la sécheresse, & presqu'à sec pendant les pluies; d'autres, assez près de la mer ou de ces rivières qui ont flux & reflux, baissent quand la marée est haute, & montent quand la marée est basse. Pour le premier cas, il suffit de supposer que, pendant la sécheresse, l'eau ne s'élève pas assez dans ces étangs pour parvenir jusqu'au coude d'un siphon par lequel ils communiquent à quelque caverne inférieure où le siphon décharge leurs eaux lorsque, par l'abondance qui est la suite des pluies, elle s'élève jusqu'au coude du siphon. En conséquence de cette évacuation, l'étang est moins plein que pendant la sécheresse: tel est l'étang de Lamsbourne dans le Berkshire en Angleterre. (*Transactions philosph.* 1724, n°. 384; & *Desagul. Phys. expér.* pag. 180, *vol. II.*)

Pour le second cas, il est aisé de supposer que, quand la mer est haute, elle se décharge dans quelque réservoir qui communique par des canaux ou siphons souterrains, à ces étangs singuliers; & comme l'eau ne commence à couler dans le siphon que dans le tems de la haute-mer, elle ne produit d'effet sensible dans l'étang, que lorsque la mer s'est retirée; ensuite quand la mer monte, le siphon est arrêté; & l'étang ayant répandu ses eaux dans des souterrains, il est presqu'à sec quand la marée est arrivée à son plus grand degré de hauteur: tel est l'étang de Greenwich, entre Londres & Gravesende: tel est probablement le puits singulier de Landerneau. (*Hist. de l'Académie*, 1777, *pag.* 9.)

Nous ne parlerons pas ici des *fontaines* simplement temporaires & maïales: on en trouve partout, surtout dans des endroits où les glaises & les roches recueillent les eaux de l'hiver, ou bien dans les montagnes couvertes de neiges. Leur écoulement, au reste, n'a d'autre principe que l'eau des pluies, qui s'insinue entre les premières cou-

D d

ches de la terre, & dont l'écoulement n'est pas assujetti au jeu du siphon ni à celui des autres pièces compliquées, dont nous avons donné le détail & l'application. On peut expliquer, par le mécanisme des *fontaines* périodiques, un phénomène singulier que présentent certaines cavernes. Près de Salsedano, dans les montagnes des environs de Turin, on trouve un rocher entr'ouvert par une fente, perpendiculairement à l'horizon. Pendant un certain tems il en sort un courant d'air assez rapide pour repousser au-dehors les corps légers qu'on expose à son action; ensuite l'air y est attiré, & il absorbe les pailles & ce qu'il peut entraîner. Un semblable rocher, dans la Thuringe, aspire l'air & l'expire aussi sensiblement. Je dis donc que cette respiration a pour principe le mouvement d'un siphon. Tandis que l'eau souterraine qui se décharge dans la caverne, n'est pas parvenue au niveau de l'orifice inférieur du siphon, l'air s'échappe de la caverne par le siphon à mesure que la caverne se remplit; mais il sort ensuite par la fente du rocher lorsqu'il n'a plus l'issue du siphon, & que l'eau d'ailleurs, versée par le canal d'entretien, le comprime. Il y rentre lorsque l'eau coule abondamment par le siphon & que la cavité se vide.

FONTESTORBE (Fontaine de). Fougas & Bellestat sont deux villages du département de l'Arriège, éloignés l'un de l'autre d'une petite lieue. Entre ces deux villages une chaîne de montagnes assez élevées s'avance obliquement, & se termine par des rochers fort escarpés presqu'au bord de la rivière de Lers, qui passe par ces deux villages. On trouve, à l'extrémité de cette chaîne, une voûte grande & spacieuse, profonde de quatre ou cinq toises, & dont l'ouverture a pour le moins quarante pieds de large & trente de haut. L'ouverture de la fontaine est à main droite en entrant dans la voûte; elle est triangulaire aussi, la pointe la plus aiguë étant tournée en haut, & la base se trouvant à fleur de terre; mais le terrain est, en cet endroit, beaucoup plus élevé que le lit du Lers. Cette base n'a guère que huit pieds de large; mais la hauteur de l'ouverture est de douze à treize pieds. Lorsqu'on jette des pierres par cette ouverture, on les entend, après quelque tems, tomber dans de l'eau avec beaucoup de bruit; ce qui prouve qu'il y a, auprès de cette ouverture, un réservoir d'eau assez profond. Cette fontaine n'est intermittente que dans la sécheresse, & c'est ordinairement pendant les mois de juin, juillet, août & septembre.

Elle commence à être intermittente plus tôt ou plus tard, suivant que le tems est plus ou moins sec; ainsi lorsque le commencement de l'été est pluvieux, elle n'est intermittente que dans le mois de septembre, & au contraire, après avoir été intermittente dans l'été, elle cesse de l'être dès le mois de septembre, quand les pluies d'automne

commencent de bonne heure. Dans le tems même qu'elle est intermittente elle cesse de l'être s'il pleut, & le redevient si la sécheresse recommence. On a observé qu'ayant été intermittente dans le mois de juillet, elle cessa de l'être dans le mois d'août, à cause des pluies qui étoient survenues, & qu'elle le redevint dans le mois de septembre parce que la sécheresse recommença.

Des pluies de trois ou quatre jours, & quelquefois de deux, lorsqu'elles sont abondantes, suffisent pour la faire couler d'un cours égal & uniforme, & elle ne redevient intermittente que dans dix ou douze jours, suivant le plus ou le moins de chaleur.

Lorsque l'été est fort pluvieux, elle n'est point du tout intermittente.

Au contraire, en 1692, la neige ayant été gelée pendant deux mois, & n'y ayant point eu de pluie pendant ce tems-là, la fontaine fut intermittente dans les mois de novembre, décembre & janvier.

Lorsqu'elle est intermittente, le tems qu'il y a d'un écoulement à l'autre est à peu près de trente-deux minutes trente secondes, comme on l'a observé avec une montre à minutes.

L'écoulement dure trente-six minutes trente-cinq secondes, de sorte que la période ou le retour entier de la fontaine au même état est de soixante-neuf minutes cinq secondes.

L'intervalle d'un écoulement à l'autre est toujours égal. La durée de chaque écoulement est aussi la même; ce qui ne doit s'entendre que du jour où l'on observe; car d'ailleurs la pluie ou la sécheresse apporte beaucoup de variations dans l'un & dans l'autre.

Pendant tout le tems de l'intermission, il ne coule point d'eau par l'ouverture triangulaire décrite ci-dessus, & c'est alors qu'on y entre à sec. Il coule pourtant alors de l'eau dans le lit, qui va en pente de la fontaine à la rivière de Lers; ce qui prouve qu'il y a des communications secrètes entre ce lit & le grand réservoir dont nous avons parlé.

Dans le plus fort de l'écoulement l'eau occupe toute la largeur de la base de l'ouverture triangulaire, qui est de huit pieds, & s'y élève à la hauteur de quatre ou cinq pouces.

Lorsque la fontaine commence à devenir intermittente, le tems de l'intermission est beaucoup plus court, & celui de l'écoulement plus long que nous n'avons marqué. Au commencement même la fontaine n'est simplement qu'intercallaire pendant quelque tems, c'est-à-dire qu'elle n'est remarquable que par une augmentation ou diminution périodique dans la quantité d'eau qui en sort, car d'ailleurs l'eau en coule alors sans discontinuation.

De la même manière, quand la fontaine va cesser d'être intermittente, le tems de l'intermission commence à devenir plus court, & celui de l'écoulement plus long. L'écoulement ensuite devient continuel, mais sujet pendant quelque tems à des augmentations ou intercalations périodiques. Enfin, les variations ceſſent bientôt, & l'écoulement devient parfaitement uniforme.

En hiver & en été même, quand la ſaiſon eſt pluvieuſe, la fontaine coule toujours d'un cours égal & toujours uniforme, ſans augmentation, ſans diminution & ſans aucune variation.

Quand on s'approche de l'ouverture de la fontaine on entend un bruit ſourd. Ce bruit augmente conſidérablement quelque tems avant que l'eau commence à couler par cette ouverture, & ſe ſoutient, mais en diminuant, preſque tout le tems qu'elle coule. Il paroît évidemment que ce bruit eſt produit par une chute d'eau. Depuis le tems que ce bruit redouble, juſqu'à ce que l'eau ſorte par l'ouverture de la fontaine, il ſe paſſe près d'un quart d'heure ou pour le moins douze minutes.

FORÊTS (Département des). Ce département tire ſon nom de la quantité conſidérable de forêts qui le couvrent. Ses bornes ſont, au nord, les départemens de l'Ourthe & de la Roer ; à l'eſt, celui de la Sarre ; au ſud, ceux de la Moſelle, de la Meuſe, des Ardennes, & à l'oueſt celui de Sambre & Meuſe. Il renferme le canton de Paliſeul, partie intégrante du duché de Bouillon.

La ſuperficie de ce département eſt d'environ un million trois cent cinquante-trois mille neuf cent cinquante-deux arpens carrés, ou ſix cent quatre-vingt-onze mille trente-cinq hectares. Sa population eſt de deux cent vingt-cinq mille cinq cent quarante-neuf ames. Il eſt compoſé de trois cent quatre-vingt-trois communes, & diviſé en quatre arrondiſſemens communaux ou ſous-préfectures. La préfecture de ce département eſt à Luxembourg. Neufchâteau, Bitbourg & Dierkirch ſont les ſiéges des ſous-préfectures. Ce département eſt dans l'évêché de Metz, & dépend de la 25e. diviſion militaire, dont le commandant réſide à Liége, département de l'Ourthe ; il eſt du reſſort du tribunal d'appel, ſéant à Metz, & dans la vingt-deuxième conſervation foreſtière.

Les principales rivières ſont l'Iſle, la Soure, la Semoi & la Moſelle.

Les principales villes ſont Luxembourg, Bitbourg, Ekhrermach, Dierkirch, Arlon, Wirton, Baſtogne.

Les rivières qui prennent leur ſource dans ce département ſont au nombre de cinquante-ſix ; ce qui prouve la quantité d'eau qui en arroſe le ſol, & qui circule dans l'intérieur des terres. D'ailleurs, il eſt à croire que le grand nombre de forêts qui couvrent le ſol du département contribuent à retenir des eaux, ſoit pluviales, ſoit tout autres, qui pénètrent dans les terres d'une manière quelconque.

FOREZ (le) fait actuellement partie du département de la Loire. Il eſt ſéparé de l'Auvergne par une chaîne de montagnes qui environnent la plaine du Forez. Ces montagnes produiſent des pâturages excellens. On y nourrit du bétail, & on y fait des fromages très-eſtimés. Cette plaine s'étend des deux côtés de la Loire ; elle a plus de neuf lieues du ſud au nord, & trois ou quatre lieues du levant au couchant. Cette province eſt arroſée par les rivières ſuivantes : la Loire, le Lignon, le Furand, la Deaume, la Coiſe, la Brevène, la Semenne, le Renaiſon, la Mare, l'Égimond, le Ternay, le Vachery. Toutes ces petites rivières, qui vont ſe rendre dans la Loire ou dans le Rhône, ſervent aux moulins de différentes manufactures, particuliérement pour le fer & l'acier, dont les habitans du Forez font un très-grand commerce en France & dans toute l'Europe. Il y a auſſi pluſieurs étangs, dont les exhalaiſons changent l'air & le rendent mal-ſain. Le terrain produit du blé & beaucoup de beau chanvre. Les coteaux du voiſinage de Roanne ſont couverts de vignobles, dont les vins ſont de bonne qualité. Cette province abonde en forêts de ſapins ; elle fournit auſſi beaucoup de térébenthine claire, liquide, très-belle & odoriférante. On en tire auſſi beaucoup d'ouvrages en fer & en acier, entr'autres des canons de fuſil & des platines pour les armes communes. Les fabriques de rubans & de faveur y ſont en grand nombre. Les autres branches de commerce conſiſtent dans le débit des chanvres, des vins, du bétail, des marons ou châtaignes, des planches de ſapin du pays.

Après Mont-Briſon, qui étoit la capitale de la province, les autres lieux les plus remarquables étoient Saint-Étienne, Roanne, Saint-Galmier, Feurs, Bourg-Argental, Boen, Néronde, Saint-Rambert, Saint-Germain-Laval.

On trouve pluſieurs mines de différentes eſpèces dans le Forez. Celles d'argent ſont négligées ; celles de fer & de plomb y ſont communes. C'eſt de cette province qu'on tire le meilleur charbon de terre de France. Les mines les plus abondantes ſont celles de la ville de Saint-Chaumont & du village de Saint-Étienne. Les carrières de charbon de terre, à dix-ſept toiſes de profondeur, y ſont recouvertes de ſtalactites écailleuſes & feuilletées, de couleur d'ardoiſe, ſur leſquelles ſont imprimées des fougères, des capillaires, bruyères, rhues de murs, aigues-marines & autres plantes de l'Amérique, parfaitement reconnoiſſables. Une partie de ces impreſſions eſt en relief, & l'autre en creux. Les roches de ce pays, du côté de Givors, ſont preſque toutes talqueuſes & feuilletées, & de couleur de plomb. (Voyez, pour les productions, l'induſtrie, le commerce & tout ce qui concerne le ci-devant Forez, le département de la Loire.)

FORFRY, village du département de Seine & Marne, arrondiſſement de Meaux, & à deux lieues & demie de cette ville. Il y a des tourbières.

FORGES, village du département d'Ille & Vilaine, canton de Rennes. Il y a des pyrites sulfureuses en lamelles jaunes; elles sont en forme de petits tubes d'aiguilles. On en trouve de semblables dans les carrières d'ardoises.

FORGES, ville du département de la Seine-Inférieure. En observant les différentes pentes du terrain qui conduisent de Forges, de Gaillé-Fontaine & de Formerie aux bords de la Manche, on trouve un certain nombre de vallées qui renferment autant de rivières parallèles, assez fortes, & très-peu de ruisseaux latéraux. Ce qui paroît contribuer à la force de ces rivières, ce sont les intervalles de leurs canaux. J'y vois donc la Béthune, l'Arque, la Vienne, l'Aulne, la rivière d'Yers; enfin la Bresle, la Melme & l'Aumale.

En partant de Forges, sur une pente opposée du nord au sud, on trouve, à une grande distance, Sainte-Austreberte, Cailly, Bapaume, l'Andelle, l'Epte, le grand & le petit Terrein.

Dans la partie occidentale de ce même plateau il y a des vallées fort étroites, qui sont à sec sur les deux pentes, & l'on ne rencontre guère que deux extrémités inférieures de ces vallées qui soient abreuvées.

Dans tous les massifs terreux fort aisés à creuser, les pluies achèvent d'arrondir les croupes de plusieurs vallées: outre cela, il est visible que d'un côté elles comblent certaines vallées, pendant que de l'autre elles excavent de grandes ravines à l'origine des embranchemens d'un grand nombre d'autres vallées. On a les élémens de tout ce qui figure comme agent à la surface de la terre, soit dans les environs de Forges, soit dans le Bray. Il nous resteroit à faire connoître ce que ce grand plateau offre de curieux & de singulier quant à la surface du terrain aux environs de Formerie, de Buchy & de Grand-Villiers, mais nous renvoyons à ces différens centres, où nous avons étudié ces phénomènes intéressans dans le plus grand détail.

FORMERIE, département de la Seine-Inférieure. C'est le centre d'une grande plaine où l'eau pluviale séjourne sans circuler, faute de pente dans toute l'étendue du plateau. En partant de Beauvais, & dirigeant notre route par Songeons, & suivant les vallées des terrains, nous avons trouvé les craies & les silex sous formes bizarres, & ce sol nous a accompagnés jusqu'à une certaine distance de Formerie: c'est là que nous avons apperçu des amas d'eau dans les bassières des chemins. Ensuite nous avons visité les rues de cette singulière habitation, qui renferme des mares qui se forment abondamment sur les terrains des rues, & qui les inondent de manière que les habitans, pour y circuler, ont des trottoirs le long des maisons. Le grand plateau de Formerie reçoit, comme on voit, les eaux pluviales où elles ne coulent pas; seulement il les absorbe par imbibi-

tion ou bien par des bétoires. Ce qui prouve que l'imbibition s'y opère à un certain point, c'est qu'à l'extrémité de la masse du plateau les différens produits des eaux pluviales se montrent par des sources qui donnent naissance à des rivières; & comme l'imbibition ne peut suffire pour épuiser toute l'eau pluviale qui n'a point d'écoulement, il a fallu avoir recours aux bétoires qu'on établit dans les cours des maisons de Formerie pour se débarrasser de ces eaux. Voici comme on forme l'établissement de ces moyens, qui me paroissent fort simples & ingénieux. A l'extrémité d'une pente qu'on a ménagée d'abord, on commence par creuser un puits plus ou moins profond, qu'on remplit de cailloux ou silex, à l'embouchure duquel est une issue latérale pour l'eau qui se boit dans le puits où bétoire plus ou moins abondamment; ce qui vide en grande partie les environs des cours inondées. Les mêmes établissemens de puits ou bétoires se trouvent placés aussi au milieu de certaines parties de la plaine, où l'on a procuré des pentes assez considérables, au moyen desquelles se rassemblent les eaux dont l'écoulement s'opère très rapidement. Je dois ajouter qu'il se trouve, outre les environs de Formerie, deux contrées à bétoires, les environs de Grand-Villiers & de Buchy, & toutes trois rendent le plateau de Forges remarquable. C'est sous ce point de vue qu'il a fixé mon attention dans la visite que j'en ai faite. Là je me suis convaincu des avantages que les différentes contrées de la Terre retirent des pentes ménagées du terrain pour l'écoulement des eaux pluviales qui se rendent ainsi utiles, pendant que sur les plaines qui sont de niveau elles embarrassent les habitans, qui sont obligés d'avoir recours aux ressources des bétoires comme supplément à l'imbibition.

FOUILLOUSE, village du département des Basses-Alpes, canton & commune de Saint-Paul. Dans les environs de ce village est une montagne nommée Porfillote, où est une mine de fer &, à une certaine distance, du charbon de terre de très-bonne qualité.

FOUILLOUSE (la), village du département de la Loire, sur le Furand, à deux lieues nord-ouest de Saint-Etienne. On y fabrique beaucoup de rubans de diverses espèces. Il y a une papeterie.

FOUQUEREUIL, village du département du Pas-de-Calais, canton de Béthune, & à trois quarts de lieues de cette ville. Il y a des tourbières qu'on exploite avec succès.

FOURCÉS, bourg du département du Gers, arrondissement de Condom. On trouve, aux environs, des mines de turquoises, à peu près semblables à celles de Lorient.

FOURNEAUX, village du département du

Mont-Blanc; canton de Modane, près de l'Arc. Il y avoit une fonderie & toutes ses dépendances, où l'on a fondu du plomb & de l'argent jusqu'en 1792; mais la perte d'un filon en força l'abandon. Il y existe cependant un autre filon de plomb & d'argent, dit l'*Argentière*, qui alimente maintenant cette fonderie.

FOURNELÉ (Étang de), département des Bouches-du-Rhône, près de l'étang de Valeures, avec lequel il communique. Il a, du nord au sud, une lieue de long, sur deux tiers de lieue de large.

FRANCE (1).

Climat & saisons. On peut s'attendre à trouver de grandes variétés dans le climat d'une contrée aussi étendue que la *France*. En général, le ciel y est plus clair & plus serein que celui d'Angleterre; mais cependant les provinces septentrionales y sont sujètes à de fortes pluies, qui produisent une belle verdure & de gras pâturages. On sait qu'en Angleterre la pluie dure rarement un jour entier sans quelques interruptions, au lieu que sur le Continent elle tombe quelquefois sans relâche & sans s'affoiblir. On peut partager la *France* en trois climats, le septentrional, le central & le méridional. Le premier ne donne point de vin; le second donne du vin & point de maïs; & le troisième, du vin, du maïs & des olives. Ces divisions peuvent être marquées & tracées par une ligne oblique du sud-ouest au nord-ouest, & démontrent que la partie orientale de la *France* est de deux à trois degrés plus chaude que l'occidentale, ou du moins plus favorable à la végétation. On convient que la division centrale du climat, quoiqu'exposée à de violentes ondées de grêle, est une des plus belles contrées du Monde. Là se trouve la délicieuse Touraine, si célébrée & qui mérite de l'être. On pourroit se plaindre de certaines incommodités qu'offre le troisième climat, c'est-à-dire, des mouches & du vent mistral. Les mouches, en Espagne, en Italie, en *France*, dans le pays des olives, sont le premier des tourmens. Ce n'est pas que ces insectes mordent, piquent ou blessent; mais ils bourdonnent, ils obsèdent; ils attaquent à la fois la bouche, les yeux, les oreilles, le nez. Tout mets, soit fruits, sucre, lait ou viande, en est couvert. Un grand avantage du climat de la *France*, c'est d'être propre à la culture de la vigne, qui prospère même dans des lieux incapables de produire autre chose.

Le climat des Pays-Bas a de grands rapports avec celui de l'Angleterre méridionale, & en général il est plus humide que chaud. Cependant le duché de Luxembourg produit un peu de vin, qui a probablement l'âpreté de celui du Rhin sans en avoir le feu.

Les hauteurs qui séparent les grands fleuves de la *France*, la Seine, la Loire, la Garonne, le Rhône & le Rhin, & qui en forment autant de bassins distincts, de même les hautes chaînes des Alpes, des Pyrénées, des Cévennes, de l'Auvergne, du Jura & des Vosges, sont les causes générales & importantes qui influent sur les climats des différentes parties de la *France*. Il en est d'autres qui sont locales & particulières, qu'il est bon d'étudier avec soin pour rendre raison des diverses variations de température, & se faire une idée nette du climat général de cette vaste contrée; mais les observations exactes & les documens précis, nous manquent. Il sera cependant facile, à l'aide d'une carte physique & topographique de *France*, de juger, par les températures connues des différens départemens, que nous décrirons dans le plus grand détail, celle qui règne dans ceux sur lesquels nous n'avons pas de renseignemens authentiques.

Sur la rive septentrionale de la Meuse, le climat se rapproche de celui de la Hollande. Dans les départemens des Deux-Nèthes, de Sambre & Meuse & de la Meuse, il est humide & brumeux. Les variations sont fréquentes & subtiles. Les vents dominans règnent pendant toute l'année, depuis le sud-ouest jusqu'au nord-ouest, en passant par l'est. Les vents d'est soufflent très-communément de décembre en janvier. Les vents d'ouest & de sud-ouest amènent les plus fréquentes pluies, mais elles tombent rarement par le vent du nord.

Les vents dominans du département de la Moselle sont ceux du sud-ouest, de l'ouest & du nord-ouest. Dans toutes les contrées contiguës aux Vosges & aux Ardennes, le printems est tardif & l'automne de courte durée. Le vallon de la Moselle est cependant d'une température plus douce que le reste. En général, dans ce département, les blés fleurissent vers le milieu de juin, & on les récolte du 1er au 10 août. La vigne fleurit vers les premiers jours de juillet, & l'on vendange vers le 15 septembre.

Dans le département de l'Orne, près des sources de l'Eure, le climat est en général le même qu'à Paris; mais dans le courant de mai des vents alisés y sont souvent funestes à la floraison; ce qui produit de grandes irrégularités dans les récoltes des fruits & même dans celle des grains.

Dans le département de Maine & Loire, les vents dominans sont les vents du nord, du sud & de l'est: celui de l'est souffle rarement. Le département de l'Indre, au centre de la *France*, & qui n'a dans son voisinage aucune montagne, n'offre point de vents dominans & particuliers; mais ils s'y succèdent fréquemment. Les plus communs sont ceux du sud-ouest, du nord-est & du nord-ouest. Lorsque ce dernier, qu'on appelle *galerne*, souffle au printems, il détruit ordinairement tout l'espoir de l'année. Les plantes les plus précoces commencent, année commune, à végéter le 20 mars, & les arbres les plus hâtifs donnent des fleurs à la

(1) Cet article est extrait de l'excellent *Traité de Géographie* de Pinkerton.

même époque. On moissonne en juillet & en août : on vendange en septembre & en octobre ; mais dans la partie du département, nommée *Champagne-Crayeuse*, qui est un pays plat, dépourvu de haies, de fossés & de bois, le froid & la chaleur se font plus vivement sentir que dans le Bois-Chaud, qui est la partie entrecoupée par des fossés & par des bois, & dans la Brenne, qui est la portion du Bois-Chaud ; couverte d'étangs comme dans le département de l'Indre.

Dans le département de la Charente, près d'Angoulême, le vent souffle du nord en hiver, du midi en été, & du nord-ouest au printems. Ce dernier est aussi connu dans le pays sous le nom de *galerne* ; il est quelquefois très-funeste à la végétation. On remarque aussi dans la température, des passages subits du chaud au froid ; ce qui est produit surtout par l'invasion subite du vent nord-ouest. Cette transition est le fléau des produits de la culture.

Le climat des départemens de la Charente-Inférieure, d'une portion des Deux-Sèvres & du midi de la Vendée, qui sont renfermés dans le bassin de la Charente, doit être à peu près semblable. Dans le département les vents dominans sont le nord-est, le sud-est & le nord-ouest ; mais le partage de ce département en bocage & en plaine fait beaucoup varier la température. Les froids sont plus vifs & plus longs, & les chaleurs de plus courte durée dans le bocage que dans la plaine. C'est en novembre, décembre, janvier, avril & juillet que les pluies sont plus abondantes. Les plus beaux mois sont mai, juin, septembre & octobre.

La différence de l'élévation des terres donne, dans le département de l'Allier ou le Bourbonnois, une des variétés de climat des plus sensible que l'on puisse rencontrer. Les variations occasionnées par la proximité des montagnes ou les vents du sud-ouest, qui au commencement de mai portent, sur presque toute la *France*, un tems doux & humide, n'arrivent, dans ce département, que chargés de frimats qui règnent sur leurs sommets glacés. De là viennent ces froids prolongés, ces gelées de printems qui nuisent si souvent aux produits de la culture. A ces froids succèdent, pour l'ordinaire, de longues sécheresses qui ne sont pas moins nuisibles ; & les mêmes causes, existant aussi pour le département de la Nièvre & pour celui du Puy-de-Dôme, doivent produire les mêmes effets.

La température de l'atmosphère est encore plus variable dans le département de la Lozère où au nord. L'hiver dure six mois, & il y a des années où cette saison dure neuf mois. Vers le sud, l'hiver n'est guère que de quatre mois, & en général les chaleurs n'y sont pas considérables. L'élévation du climat & l'abondance des eaux rendent le pays froid & humide. Les hivers y sont ordinairement rigoureux, les printems pluvieux, les étés souvent orageux, & les automnes beaux, seulement sur la fin ; car le commencement de l'équinoxe amène

communément des pluies si abondantes, que les torrens qui en proviennent, occasionnent les plus grands dégâts, au moins dans les Cévennes.

Il est remarquable que la fenaison, la moisson, les vendanges, se font dans le département de la Haute-Saône, qui fait partie de l'ancienne Franche-Comté, précisément à la même époque que dans le département de Lot & Garonne, situé à une latitude bien plus méridionale ; ce qui porte à penser que les climats, relativement à l'agriculture, doivent être séparés, non par des lignes est & ouest, mais par des lignes nord-est & sud-est.

Le vent du nord souffle assez constamment dans les départemens des Hautes-Alpes, des Basses-Alpes, du Mont-Blanc ou de la Savoie, & dans une partie du Dauphiné. Il en rend le climat froid, parce qu'il passe sur des pics où sont amoncelées des glaces éternelles. L'hiver dure long-tems : d'ailleurs la neige séjourne jusqu'à sept ou huit mois dans quelques vallons, & leurs habitans sont, pendant ce tems-là, privés de toute communication avec leurs voisins. Durant les autres saisons la température varie très-fréquemment. Les vents violens, les ouragans, les alternatives du chaud & du froid dans la même journée, les grêles qui sont très-fréquentes, menacent les récoltes jusqu'au moment de la moisson. Tous les ans il y a des contrées entières frappées par quelque fléau de cette espèce.

La température du département des Bouches-du-Rhône n'est point celle qui est indiquée par sa latitude. Les montagnes alpines ou sousalpines qui le cernent & qui forment sa charpente, rendent l'état de l'air tellement variable, qu'on n'est assuré d'une végétation soutenue que bien avant dans le printems. On a vu la Saône glacée au milieu de mars, & les bourgeons de vigne gelés le 25 avril. La même cause contribue, avec les vents d'ouest & de nord-ouest qui soufflent très-fréquemment, à donner des pluies abondantes. Le vent du sud & est souvent très-violent ; il règne quelquefois plusieurs jours de suite sans amener de la pluie. Le vent d'est produit une atmosphère pure & une chaleur modérée ; mais il est rare. L'automne est la plus belle saison de l'année.

La destruction des arbres des montagnes a contribué à rendre le climat plus chaud dans le département du Var, sur la côte orientale de la Méditerranée. Les vents qui amènent la pluie sont ceux qui soufflent de la mer, entre le nord-nord-est & le sud.

A l'ouest de la *France* & sur la côte la plus méridionale, le voisinage de l'Océan, l'inclinaison du terrain vers le nord-ouest, qui disperse les rayons solaires, concourent à diminuer la chaleur ; & Bayonne, la dernière ville au midi, de ce côté, par la variation de température & le changement partiel des saisons, semble se rapprocher des départemens du nord : cependant les vents du sud règnent constamment de décembre en mars, &

changent l'hiver en printemps. Les vents d'ouest succèdent ensuite, depuis mars jusqu'en juin. Les vents du nord & du nord-est dominent durant l'été & l'automne, mais ils sont légers & interrompus par une longue suite de calmes & par des bouffées de vent du sud.

Aspect du pays. La *France* présente une surface généralement unie, & les seules montagnes qui méritent ce nom s'élèvent dans le sud, en Auvergne & en Languedoc, en Dauphiné & en Provence. La Bretagne, par ses vastes bruyères, a une grande ressemblance avec le comté de Cornouailles en Angleterre. Dans la Lorraine se voient les montagnes des Vosges, bien inférieures aux élévations du midi. Après les différentes beautés qu'offrent les différentes hauteurs, vallées & rivières du Limousin, si nous jetons définitivement nos regards curieux sur la *France*, nous la trouverons agréablement diversifiée en collines & en vallons, & ses rivières, notamment la Seine & la Marne, formant partout des tableaux grandement pittoresques.

Le Brabant est extrêmement uni, & y apperçoit-on l'apparence d'une colline, si ce n'est vers l'orient, où quelques élévations resserrent la vue, ennuyée de la vue d'un pays si uniformément plat.

Sol & agriculture. Un habile agriculteur que nous pouvons citer, Young, a fort bien distingué les variétés du sol de la *France*. La partie nord-est, depuis la Flandre jusqu'à la Loire, est un sol gras. Plus à l'ouest, le sol est maigre & pierreux ; car en Bretagne il se compose généralement d'un sable graveleux. Un lit de craie s'étend par le centre de la *France* jusqu'à la Saintonge, en passant par la Champagne & la Picardie. Au nord du pays montagneux est une grande étendue de sable graveleux, probablement entraîné & déposé dans les premiers tems des sommets montagneux. Outre cela, la région montagneuse du sud est assez généralement fertile, quoique la ci-devant Gascogne offre beaucoup de landes ou bruyères en plaines.

Le même agriculteur a également bien senti les défauts de l'agriculture française, & voici comment il les expose : « Pour mieux concevoir comment la grande différence de produits, entre les récoltes de *France* & d'Angleterre, peut influer sur la culture des deux États, il faut observer que le fermier anglais recueille autant dans son cours de culture, pendant lequel il vient rarement du froment & du seigle, que l'agriculteur français peut le faire dans le sien, où ces sortes de grains reviennent souvent. »

L'Anglais obtient, tous les onze ans, trois boisseaux de froment de plus que le Français ; il fait aussi trois récoltes d'orge ou de fèves, qui rapportent deux fois autant de boisseaux, par acre, que les trois récoltes de grains printaniers du Français. De plus, il a en même tems trois moissons de turneps & deux de trèfle. L'acre de turneps se vendant 48 francs, & celle de trèfle 72, ces récoltes font une somme de 288 francs. Quelle différence énorme ! Plus de froment, près du double des grains printaniers, & en outre 24 francs par acre, chaque année, en turneps & en trèfle. En accordant au système français un produit de vingt boisseaux de grains printaniers, tandis qu'on réduira à trente-deux celui du système anglais, on favorise beaucoup le premier ; car on pourroit supposer que le produit est presque double en Angleterre. Mais en partant de ce qui est établi, deux fermes, l'une en amélioration & l'autre stationnaire, on les trouve dans le rapport de quarante-cinq à vingt-cinq, c'est-à-dire qu'un pays de cent millions d'acres produit autant qu'un autre de cent soixante-huit millions, se trouvant dans la même de quarante-cinq à vingt-cinq. Au reste, si l'on est curieux de connoître plus à fond les défauts des systèmes d'agriculture adoptés en *France*, on peut consulter l'ouvrage d'Young sur cet objet.

Il faut dire pourtant que, dans quelques provinces, on suit un plan adapté à la fertilité du sol. Dans nombre d'autres, on est forcé d'admirer les ressources de l'industrie, & nous pouvons citer les stériles montagnes des Cévennes, auxquelles l'art a su imposer une fertilité factice. Comme les eaux pluviales, en courant sur les flancs de ces montagnes, entraînent une grande quantité de terre dans les ravins, on élève des murs peu rapprochés, qui, retenant les eaux bourbeuses, ne les laissent échapper qu'après qu'elles se sont clarifiées en formant des dépôts ; & c'est ainsi que commence à se former un sol fertile. Une succession de semblables dépôts s'élève, par degrés, jusqu'au sommet des collines & des montagnes. Les eaux s'écoulent ensuite sans obstacles, & ne servent plus qu'à l'aliment des moissons que des arbres fruitiers, plantés pour consolider le nouveau terrain, protègent.

Le sol du Brabant offre en général une terre grasse, sablonneuse, quelquefois entrecoupée de champs d'argile, mais plus souvent de grands espaces de sables : tel a été, dans cette contrée, l'état de l'agriculture dans les siècles les plus reculés, de telle sorte qu'on a regardé les Pays-Bas comme le jardin de l'Europe. Ils partagent cet honneur avec la Lombardie & l'Angleterre. Rien ne montre mieux les avantages que le commerce peut procurer à l'agriculture, que la situation de cette contrée. Tout y prouve que la culture des terres ne peut atteindre son plus haut degré de perfection que par les richesses commerciales, employées de la manière la plus utile. Le simple fermier ne deviendra jamais opulent, si ce n'est par le concours des bénéfices préexistans du commerce. Mais tandis qu'il partage la richesse nationale ainsi acquise, il est tout naturel qu'il attribue ces succès à ses propres travaux. Observons que la Lombardie, également célèbre par son agriculture, fut la patrie des anciens banquiers de l'Europe. Un habile observateur donne beaucoup d'éloges à l'agriculture des Pays-Bas. Les moissons redoublées d'un excellent sain-foin, les choux, les navets, les pures moissons de lin, d'orge, d'avoine, fixèrent, avec raison, son attention. Il remarque que l'agriculture y est en honneur depuis six siècles, c'est-à-dire, depuis la prospérité de leur commerce & de leurs manufactures; & qu'au moment où il les visita, les habitans conservoient toujours l'esprit d'une bonne économie rurale. Leur charrue, munie de roues, étoit tirée par quatre chevaux sans guide; ils labouroient peu profondément, comme s'ils eussent craint de remuer le sable cru. Il vit dans des lieux enfoncés, entre de petites éminences, de grandes plantations de houblon, production indigène & particulière. Les fermiers, dans les Pays-Bas, ne laissent jamais le sol en jachère, & savent que cette pratique a d'abord pour avantages, de détruire les mauvaises herbes, ou ceux qu'on peut obtenir par des plantations de turneps, de féves, de raves & de sainfoin, qui détruisent non-seulement les herbes parasites, mais de plus engraissent le sol.

Je puis citer les environs de Rheims, qui, quoique sol de craie, sont cultivés, avec un certain succès, par des habitans qui s'occupent en même tems du commerce & des manufactures, lesquelles ont pour centre cette grande ville.

Les terres les mieux cultivées de la *France* sont celles du département des Deux-Nèthes, qui touche à la Batavie. Le sol, qui est peu fertile, est un sable gras, posé sur un fond d'argile grisâtre, ou sur un sable jaunâtre ou blanc. Dans ce département les têtres de seconde qualité ne reposent pas, & produisent le plus souvent jusqu'à deux récoltes par an. On y cultive alternativement les pommes de terre, le seigle, les navets, les tréfles & le froment. Le dernier tour de culture est toujours en prairies; mais rien ne prouve mieux l'industrie des habitans de ce département, que la formation des polders. Pour former un polder on observe une partie du terrain, sur laquelle l'Escaut, déposant de la vase chaque année, forme un atterrissement qui s'élève par couches successives. Ces atterrissemens deviennent si considérables avec le tems, qu'ils finissent par être presqu'entièrement découverts pendant les mortes eaux. Ils produisent alors une herbe fine & substantielle. Dans cet état on les nomme *creek* ou *schor.* Ces *schors* deviennent des polders lorsqu'ils sont totalement garantis des inondations. Cette opération se fait en cherchant le plus près du fleuve un fond sur lequel on puisse construire une digue, suffisamment large & suffisamment élevée pour résister à l'action des vagues pendant les vives eaux & pendant les tempêtes. On fait derrière la digue un fossé d'enceinte & des rigoles, en quantité suffisante pour dessécher entièrement le polder. On pratique, lorsqu'il est nécessaire, une écluse dans la digue, pour faciliter l'écoulement des eaux; & lorsque ces diverses opé-

rations sont faites, on s'occupe à mettre le terrain en culture.

A quelque distance au dessus & au dessous de Liége, le vallon de la Meuse est presqu'entièrement consacré à la culture des légumes, des arbres à fruit, & sourtout du noyer, dont le bois est indispensable pour la construction des armes; & enfin du houblon qu'on exporte dans les brasseries. Les coteaux offrent quelques vignobles. Sur la rive droite de la Meuse le pays s'élève de plus en plus, & se hérisse de montagnes, dont une partie renferme d'excellens pâturages.

Au-delà de ces deux contrées, entre les départemens de la Roer & des Forêts, commencent les Ardennes, dont la stérilité est presqu'absolue. C'est un sol élevé, froid, humide, qui n'est couvert que d'une couche très-légère de terre végétale, au dessous de laquelle se trouvent des roches schisteuses, ou un argile imperméable, provenant de leur décomposition. Les Ardennes se divisent en trois parties, sous le rapport de la culture: les terres qui peuvent être cultivées par les moyens ordinaires, quoique avec un foible succès; les sarts, qui sont des landes les mieux fournies en bruyères & en genêts, qui, par leur combustion, leur donnent une fertilité momentanée; & enfin les fagnes, condamnées à la stérilité, & dont on ne retire que de la tourbe.

Excepté dans le vallon riant qu'arrose la Meuse, les terres sablonneuses dominent dans le département de la Meuse-Inférieure; ce qui oblige de cultiver moins de froment que de seigle, dont la racine pivotante va chercher des sucs à une plus grande profondeur, & se trouve ainsi plus à l'abri des grandes sécheresses. Le seigle dont on se sert, est le seigle d'hiver. On cultive encore, mais en moindre quantité, le froment, l'orge d'hiver & printanier, le sarrasin ou blé-noir, l'épeautre & l'avoine; & parmi les plantes légumineuses, les féves, les vesces grises & blanches, la navette, le chanvre & le lin, le colza, le houblon pour les brasseries, le chou dont on fait le *sayerkaut* (qu'on appelle par corruption *choucroute*); la chicorée, qu'on torréfie & qu'on réduit en poudre pour remplacer le café; la garance pour la teinture; la grande carote, d'un jaune-pâle, destinée à l'engrais des porcs; & dans les prairies artificielles, le grand tréfle de Hollande, le tréfle sauvage & la spargèle ou sporée. On ne connoît pas les jachères dans ce département. On cultive aussi avec soin tous les arbres fruitiers & la vigne.

La terre végétale est peu abondante dans le département de Sambre & Meuse, & souvent une grande pluie laisse à nu le schiste & la pierre calcaire. Les charrues sont ordinairement traînées par des chevaux; elles sont à un seul versoir & portées sur des trains. L'épeautre est la plante la plus céréale qu'on y cultive avec le plus d'abondance; il forme le quart des cultures, dont le reste se trouve partagé en froment, en seigle, en avoine, en bois & prairies naturelles. On cultive encore, en petite quantité,

quantité, le lin, le chanvre, le houblon, le tabac. Les plus belles prairies font fituées le long de la Sambre.

Dans le département de la Sarre, le cours commun des cultures eft de trois, quatre, cinq, fix ans, en alternant en blés d'hiver, d'été, de trèfles, légumes, fans friches ou avec deux années de friches. Il y a auffi des terres fauvages, des terres à brûler & des effarts que l'on ne cultive que tous les vingt ans ; elles forment le cinquième de ce département.

La nature du fol, dans l'arrondiffement de Trèves, offre une différence remarquable entre celui fitué fur les rives gauches de la Sarre & de la Mofelle, & celui de la rive droite de ces rivières. Le premier eft généralement fablonneux, fur un fond argileux dans les vallées, & calcaire fur les hauteurs; dans le fecond, le fchifte argileux domine fur les hauteurs comme dans la plaine. Du côté de Sarrebruck, le fol eft léger, fablonneux & froid; il eft marécageux du côté de Prum.

L'agriculture eft peu avancée dans le département de la Mofelle. Les terres font toujours partagées en trois faifons, l'une de blé, l'autre d'orge ou d'avoine, & la troifième de repos ou jachère. De toutes les productions du fol, l'avoine eft celle qui en occupe la plus grande partie ; enfuite viennent le blé, le feigle, l'orge, le chanvre, le lin, chacun dans fon ordre. Dans l'ancienne Lorraine allemande on cultive avec fuccès le maïs, la betterave champêtre ou difette, le chanvre, la navette, le chou-colza & toutes les plantes fouragères. Les feigles ne font femés que dans quelques mauvaifes terres. La navette précède le blé, de même que le chanvre. La culture des vignes eft la partie la plus perfectionnée de ce département ; mais les vins qu'on y obtient, font médiocres. La pomme de terre s'eft fort multipliée, & fupplée à l'infuffifance de la récolte du blé. Plufieurs laboureurs ont fait des prairies artificielles femées en trèfle & en luzerne. La redevance eft toujours payée en nature. Les fermes font petites, compofées de pièces éparfes : il n'y a pas de clôture. Les champs des petits propriétaires, cultivés par eux à la bêche, font les plus productifs. L'art du jardinier eft porté, dans ce département, à un affez haut degré de perfection. L'excellence des fruits & des légumes du pays meffin les a rendus, dans ces derniers tems, un objet d'exportation dans les départemens circonvoifins.

La culture de la garance, introduite en Alface fous Charles-Quint, a été pour ces contrées une fource de richeffes. Celle qu'on y récolte, égale en qualité la garance fi renommée de la Zélande : on dit même que les Anglais, les Allemands & les Suiffes préfèrent celle de *France*. La culture du tabac a été introduite en Alface en 1620, par un nommé *Kœnigfmann*, qui en apporta la graine d'Angleterre & cette culture eft devenue une des principales branches de culture & de commerce

du pays. Sur la fin du dix-feptième fiècle il fe fabriquoit en Alface cinquante mille quintaux de tabac : en 1718 la récolte fut de quatre-vingt mille. On compte, dans le feul département du Bas-Rhin, de dix-huit mille à vingt mille arpens employés à la culture feule du tabac, dont la récolte, année commune, rapporte de cent vingt à cent trente mille quintaux : ainfi chaque localité a fon genre d'induftrie, & *Strasbourg* eft pour la garance & le tabac ce que *Louviers* & *Sedan* font pour les draps, & *Lyon* pour les étoffes en foie.

Le territoire du département des *Vofges* eft comme divifé en deux parties : l'une, fituée à l'oueft d'*Épinal*, que l'on nomme *la plaine* ; l'autre, à l'eft de la même ville, qui eft couverte de montagnes. Dans la première, le fol eft compofé d'une terre calcaire plus ou moins mélangée d'argile, & produit affez abondamment toutes les denrées néceffaires à la vie. On y cultive beaucoup de froment de bonne qualité, du feigle, de l'orge, de l'avoine, des navettes, des colzas, du chanvre & un peu de lin. Dans les parties des montagnes, un fol ingrat, rocailleux, compofé de terres légères & fablonneufes, ne produit qu'à force de travaux & de foins, quelques denrées infuffifantes pour les habitans. On y cultive beaucoup de pommes de terre, du farrafin, de l'orge, de l'avoine, du chanvre & du lin, & très-peu de froment. On y arrofe les prairies avec beaucoup d'art, & elles produifent abondamment; auffi fait-on le commerce d'un excellent fromage connu fous les noms de *Gerardmer* & de *Vachelin*. La culture, dans ce département, fe fait avec des chevaux, & les terres reftent en jachère tous les trois ans. Les propriétés font très-diverfifiées dans l'une & l'autre partie de ce département, & principalement à Fontenoy, & au Valdajol on cultive un grand nombre de merifiers, dont le fruit, fermenté, produit, par la diftillation, la liqueur connue fous le nom de *kirfchenwaffer*, & par corruption *kirchevaffe*.

Le département de l'Aifne renferme des plaines élevées, des vallées peu profondes & bien arrofées : il n'y a que des collines, dont la plus remarquable eft celle de Laon. Ce département eft riche & fertile, & produit des grains, du chanvre, du lin, des vignes, des bois, des arbres fruitiers & des légumes. On cultive auffi du houblon pour les brafferies, furtout dans le canton de Waffigny. Les pommiers des environs de Saint-Quentin & de Chauny fourniffent du cidre. La culture de la vigne ne commence qu'au midi de Laon & fur les coteaux qui bordent le cours des rivières d'Aifne & de Marne. Les terres labourables, qui forment les trois quarts du département, font limoneufes, argileufes, fablonneufes ou calcaires. Les terres qu'on nomme de *montagnes*, qui font celles des plateaux élevés, font des plus fertiles, & produifent les meilleurs blés. La majeure partie des cultures se sont en trois fois ; l'une en froment, méteil ou seigle ; la seconde en avoine, orge, vesce & autres menus grains ; la troisième en jachère, que certains fermiers commencent à supprimer en y substituant du sarrasin & du sainfoin, ou des prairies artificielles : on n'emploie que des chevaux pour le labourage.

Il existe, dans ces environs, une grande couche de tourbe martiale de quarante-cinq lieues de large, sur dix-sept à vingt de longueur moyenne. Sa longueur s'étend du nord-ouest au sud-est, depuis Pienne & la Terrière, entre le Cabelet & Cambray, jusqu'à Beaurieux, sur les bords de l'Aisne, entre Laon & Rheims. Sa largeur, du nord-est au sud-est, s'étend, à partir d'Hombière & Itancourt, jusqu'au-delà des fouilles de Golancourt, entre Ham & Noyon. On se sert plus communément de la tourbe martiale pour engrais, après l'avoir laissée effleurer à l'air, & même y avoir mis le feu. Cet engrais est pour lors connu sous le nom de *cendre noire*.

Le département de la Marne, qui renferme cette portion de la Champagne si renommée par ses vignobles, est un des plus stériles de la *France* ; il n'offre qu'une grande plaine, où l'on ne trouve presque partout qu'un amas de craie ou de grève entraînée par les eaux le long des vallées, recouvert de peu ou point de terre jaune : on y rencontre à peine quelques buissons, quelques arbres foibles ou languissans où l'on puisse reposer la vue ; cependant cette grande étendue de terre est bordée de quelques parties plus fertiles qui en rompent la triste & désolante uniformité. On remarque, à l'ouest de Rheims jusqu'à Fismes, un pays plus favorisé de la Nature. En partant de Fismes & en traversant la vallée de Noron, le bassin occidental de la Marne, partie limitrophe du département de l'Aisne, de Seine & Marne, & de l'Aube, nommée autrefois Brie champenoise, jusque vers Anglure, on trouve des limons de terres fortes & profondes ; enfin le Perthois & la lisière de la Haute-Marne & de la Meuse, depuis Vitry jusqu'à Sainte-Menehould & au-delà, en suivant le cours de l'Aisne, présentent un sol heureux & en général productif. Dans les terres légères & crayeuses de la Champagne on cultive le seigle, l'avoine & le sarrasin. Les terres fortes produisent des blés qui sont estimés, du chanvre, & renferment en outre de vastes forêts ; mais on alterne avec l'orge & l'avoine, & tous les trois ans les terres restent en jachère. On emploie les chevaux pour le labour, & dans les terres fortes on en attelle depuis deux jusqu'à six & huit.

Les méthodes de cultures dans le département de l'Yonne sont très-variées du côté de l'ouest, pays de bocages & d'étangs qui avoisine le Gâtinois. Les champs sont ordinairement très-petits, clos de haies vives & plantés d'arbres fruitiers ou forestiers. La terre y est fortement argileuse, & la charrue y est conduite par deux hommes &

traînée par quatre chevaux, ou huit à dix bœufs. Au sud & à l'est, dans les cantons voisins de la Nièvre, presque tout est vignoble. Au nord on cultive des plantes céréales. Les productions sont des grains de toute espèce en abondance, des chanvres, des légumes, des fruits, du cidre, & surtout du vin.

Les bonnes terres du département de l'Orne en Normandie, & surtout les plaines de Séez & d'Argentan, produisent principalement le blé & l'orge en deux années consécutives ; elles se reposent la troisième année : quelques-unes portent, sur le guéret, du trèfle, de la vesce, différentes qualités de pois & autres plantes que consomment les bestiaux. Les deux tiers, à peu près, des terres sont ainsi cultivés ; l'autre tiers, comprenant la plus grande partie de l'arrondissement de Domfront, une partie de celui d'Argentan, & une petite partie de celui d'Alençon, ne produit guère que le seigle, l'avoine & le sarrasin. La terre se repose ensuite depuis trois jusqu'à sept années. L'herbe & les genêts qui croissent dans cet intervalle servent à la nourriture des bêtes à cornes & à laine, qui sont en assez grand nombre. On cultive aussi beaucoup de pommiers & de poiriers pour faire du cidre dans le département de l'Orne.

Le sol du département d'Ille & Villaine, partie orientale de la Bretagne, généralement argileux & de peu de consistance, est entrecoupé, dans les autres parties, de collines ou de coteaux qui le rendent plus solide. Il n'y a guère que la moitié du terrain en culture. La couche de terre végétale, schisteuse ou graveleuse, très-mince, présente un sol à peine médiocre, où la végétation ne se soutient qu'à la faveur de l'humidité habituelle de l'atmosphère. Le cours des moissons est, 1°. le sarrasin ; 2°. le froment, le méteil, le seigle & l'orge ; 3°. l'avoine. On y cultive aussi un peu la pomme de terre, le lin & le chanvre davantage ; mais le châtaignier y croît en grande quantité, & fournit un aliment tellement abondant, qu'on le nomme l'*arbre à pain* de ces contrées : on la rendu, dans ces dernières années, beaucoup plus productif encore.

Le sol varie dans le département de Maine & Loire, qui fait partie de l'Anjou. Il est argileux dans les terres les plus fécondes, & schisteux du côté d'Angers ; calcaire dans les environs de Baugé & de Saumur, siliceux dans les landes de Beaupréaux & autres lieux. La culture est en même tems variée. Les arrondissemens qui joignent, à l'est, l'ancienne Touraine, sont, comme elle, féconds en fruits & en légumes. Ceux vers l'ouest, attenant à la Bretagne, ont, comme elle, des pâturages, des prairies & des landes vers le sud. Outre les productions de grains, les terrains se prêtent aux prairies artificielles, aux légumes & aux racines pour les bestiaux. Vers le nord, qui tient à l'ancien Maine, outre les fromens, les seigles & les lins qu'on y recueille, on a aussi des pommiers & des châtaigniers.

L'aspect de la Loire-Inférieure & des départemens circonvoisins est enchanteur. Le cours majestueux de la Loire, les rives ombragées de l'Erdre, la Sèvre qui roule souvent comme un torrent à travers les rochers, rappellent les beaux sites de la Suisse & de l'Italie. La Loire-Inférieure produit des fromens, des seigles, peu de sarrasin, des châtaignes, des légumes, des vins d'une excellente qualité.

Dans le département de la Vienne, les terres des environs de Poitiers sont généralement maigres & sablonneuses. La partie du nord est plus fertile. La vigne paroît être la partie dominante, & le sol de ce département est un sable gras, une terre noire, & quelquefois une argile glaiseuse & une marne brûlante. L'arrondissement de Châtelleraut & de Montmorillon est en grande partie couvert de landes & de bruyères, & l'on trouve des plaines sablonneuses qui ne produisent que du seigle; mais, du côté de la Charente, on rencontre des terrains plus fertiles, où se cultive avec avantage le maïs & autres sortes de grains. En général, le territoire de ce département n'est pas productif à un certain point.

Les productions du département de la Haute-Vienne consistent en blés, froment, vignes, seigle, orge, avoine, pois, chanvre, lin, noix, châtaignes, & en quelques endroits en pommes de terre. La charrue est la petite charrue que les gens du pays appellent *areau* (*aratrum*); elle est attelée de deux bœufs. Il y a, du côté de Loudun, de grands marais formés par la Dive & la Pallu, qui pourroient être facilement desséchés. La récolte des blés se fait dans les mois de juillet & d'août.

Dans le ci-devant Poitou, les départemens de la Vendée & des Deux-Sèvres sont coupés par de vastes marais & des bois; ce qui partage le pays en trois parties, le bocage, le marais & la plaine, qui diffèrent, sous le rapport du sol, des produits & même des mœurs & des coutumes de leurs habitans. La topographie des marais de ces contrées est si curieuse & a eu une si grande influence dans la malheureuse guerre de la Vendée, qu'il nous paroît intéressant de la faire connoître en détail. Nous adopterons la description qu'en a faite un auteur, d'après l'examen qu'il en a suivi sur les lieux; elle délassera un peu nos lecteurs des détails arides & uniformes où nous sommes souvent obligés d'entrer.

La partie du marais, située hors des ceintures, présente un aspect bien différent de celui du marais desséché. Les endroits les moins bas de cette partie sont ensevelis sous les eaux depuis novembre jusqu'en juin, & quelquefois plus tard. Les bas-fonds ne se dessèchent jamais. Pour les rendre plus utiles, on les a coupés de canaux innombrables, qui se communiquent tous, & ne sont séparés les uns des autres que par des terriers de douze à quinze pieds de largeur, chargés en couronne du produit de l'excavation. Ces terriers,

extrêmement fertiles, sont tous plantés en saules, en frênes, en aubiers, en peupliers, & quelquefois en chênes. L'émonde de ces arbres, qui ne se brûle pas sur le lieu ou dans l'intérieur, s'exporte, en fagots, à la Rochelle ou à l'île de Rhé. Les troncs, appelés *cosses de marais*, sont très-recherchés dans la plaine; ils produisent un feu brillant & fort durable.

Les habitans de ce pittoresque séjour semblent, au premier coup-d'œil, les plus malheureux des hommes. Leurs chaumières, de branchages & de boue, sont couvertes de roseaux. Le même toit recèle le père, la mère, & presque toujours une nombreuse suite d'enfans, une ou deux vaches, quelques brebis & les chiens; & tous ces individus n'ont souvent, pour prendre leurs ébats, qu'une langue de terre de vingt-cinq à trente pas. Ignorés du reste du Monde, ils vivent, au fond de leurs labyrinthes inaccessibles, du produit de leur pêche & du lait de leurs vaches, dont ils vont chercher la nourriture en bateau dans les canaux des environs. Le silence de ces déserts marécageux, qui n'est interrompu que par le cri de quelques oiseaux aquatiques; l'ombre mystérieuse que répandent sur les canaux les branches entrelacées, la pâleur & l'air misérable des habitans, cette lisière étroite qui semble mettre entr'eux & les autres hommes un intervalle immense, la teinte sombre du paysage, tout inspire, au premier aspect, un sentiment pénible de mélancolie, dont il est difficile de se défendre; mais, en pénétrant dans l'intérieur, la fraîcheur de ces berceaux, les sinuosités de ces promenades sur les eaux, les variétés innombrables d'oiseaux qu'on rencontre à chaque pas, & qu'on ne rencontre que là, font succéder à ce premier sentiment un recueillement qui a aussi ses charmes.

Le froment, l'orge d'hiver & l'orge d'été, appelé communément *baillarge*, un peu d'avoine & presque pas de seigle, sont les produits de la culture du département des Deux-Sèvres dans tous les lieux où l'on ne cultive pas la vigne & qui ne sont pas en prairies; mais, dans l'arrondissement de Melle, petit pays de deux lieues de rayon, l'agriculture est plus perfectionnée, les propriétés ont des clôtures, &, au lieu de laisser les terres en jachère, on y sème du maïs ou blé de Turquie. Le froment se sème en général sur les plateaux & dans les vallées; l'orge, le sarrasin ou blé noir, sur les terres hautes & granitiques. Dans les marais, aux environs de Saint-Maixent, on recueille beaucoup de chanvre & de lin: c'est surtout dans la partie sud-ouest du département, qu'on cultive la vigne, & dans les terrains peu substantiels, graveleux ou pierreux. Le plateau granitique de ce qu'on appelle la *gatine* n'est pas propre à cette culture. Le seigle réussit parfaitement dans ce dernier pays. Les terres dont le fond est schisteux & formé d'un dépôt d'argile pure conviennent à la culture de l'avoine; les uns

& les autres fols font peu favorables au froment, & encore moins à l'orge, & furtout à celui de mars. Ces efpèces réuffiffent parfaitement dans les plaines des premier, deuxième & quatrième arrondiffemens, dont la nature, généralement calcaire, eft, en plufieurs points, mélangée d'argile & de gravier quartzeux. La pomme de terre donne des récoltes, & réuffit furtout dans la gatine. Dans les marais de la Sèvre niortaife on a fait, dans ces derniers tems, des plantations très-confidérables d'ofier. Les charrues font traînées par des bœufs ou des chevaux. Les grains les plus cultivés font le froment & le feigle, qui occupent chacun une portion égale de terrain. L'orge vient enfuite, & l'avoine ne remplit guère que la moitié de l'efpace. Le refte du terrain eft employé en grains de diverfes natures. Les meilleures terres de ce département font cultivées deux années fur trois; en forte qu'un tiers refte continuellement en jachère. Le furplus des terres n'eft cultivé que fur deux ou trois années, fur neuf ou dix, Le terme moyen eft trois années de culture fur douze: il en refte annuellement les trois quarts en repos, & pendant cet intervalle elles ne fervent qu'au pacage. Les baux font à de courtes échéances, & jamais ils n'excèdent neuf années.

En nous dirigeant de ce côté, à l'eft, vers les départemens du centre, nous trouverons des contrées peu fertiles & encore plus mal cultivées. Les départemens de l'Allier, de la Lozère, de la Creuze, de la Loire, de l'Aveyron, de la Corrèze & de la Haute-Vienne font les pays les plus pauvres de la France, après la Champagne pouilleufe, les landes de Bordeaux & de Bretagne. Cependant on doit confidérer que ces contrées reçoivent de grands dédommagemens par leurs différentes limites, qui font riches. De même, à l'exception du vallon de la Loire à Roanne, & de l'efpace compris entre Clermont & Thiers, qui forme ce beau vallon de l'Auvergne qu'on nomme *la Limagne*, de Clermont à Lyon tout eft ftérilité, & fur trente lieues de pays il y en a vingt-quatre de ftériles. En général l'agriculture eft languiffante dans le midi de la *France*, & un auteur habile obferve que fur cent huit départemens que la *France* renferme, quarante font très en retard fous ce rapport, & que ce font précifément ceux qui en occupent le centre, & font fitués dans la zône la plus heureufe & le climat le plus tempéré. On attribue ce défaut de culture à cinq caufes principales: à l'ufage de l'araire ou petite charrue généralement employée dans les pays au midi de la Loire, aux jachères abfolues, à l'enfemencement biennal de près de la moitié du fol en feigle ou en grains encore inférieurs, à l'entretien de la plus petite quantité d'animaux poffible, à l'économie domeftique des payfans, qui eft plutôt négative que pofitive. Ces défauts de la culture, fuivant nous, font furtout très-frappans dans la contrée fituée entre la Loire, la Dordogne, le Rhône &

l'Océan, qui renferment les anciennes provinces de Sologne, Berry, Nivernois, Poitou, Bourbonnois, Forez, Velay, Vivarais, Limoufin, la Marche, l'Auvergne, le Gévaudan, les Cévennes, le Roüergue, & partie du Quercy, efpace immenfe compofant vingt départemens, qui eft le fiège de l'ignorance, le triomphe de la routine en fait de culture.

Si l'on jette un coup-d'œil général fur le département du Cher on trouve, au levant, particuliérement fur les bords de la Loire, & au fud-eft, fur ceux de l'Arnon, un terrain fertile; au fud & au fud-fud-eft, un fol médiocre; au nord, une longue fuite de bruyères & de fables connus fous le nom de *Sologne*; au centre, un mélange de bonnes terres & une grande quantité de mauvaifes. Il fe fait, dans l'arrondiffement de Saint-Amant, département du Cher, furtout du côté de Château-Meillant, une récolte confidérable de châtaignes. Les vins du Sancerre font affez eftimés. On cultive auffi des chanvres.

Dans le département de l'Indre il faut, ainfi que nous l'avons dit, diftinguer le bois-chaud, qui eft la partie entrecoupée par des haies vives ou mortes, par des foffés, par des bois, des étangs, d'avec la Champagne, qui eft la partie du pays plat, fans haies, fans foffés & fans bois. La rotation des récoltes, la plus générale dans le bois-chaud, eft une année en froment, méteil ou feigle, une année en orge, avoine ou farrafin, une année en jachère, & la quatrième en guérets. On enfemence dans le bois-chaud plus de feigle que de froment, & plus d'avoine que d'orge, & l'on laboure plus généralement avec des bœufs. La Champagne eft un pays de grande culture. On laboure la terre à la grande charrue, & prefque généralement avec des chevaux. Les terres labourables ont trois fols ou réages, 1°. le froment ou le feigle; 2°. l'orge; 3°. l'avoine. Ces fols reftent deux ans en jachère, & font mis, la fixième année, en guérets. La charrue & l'arau font également en ufage dans ce département. L'arau eft tout en bois, & il n'y entre aucun ferrement. La culture de la vigne eft répandue dans tous les arrondiffemens, mais en général on y donne peu de foin. Le farclage n'eft ufité prefque nulle part: on moiffonne les blés partout à la faucille, & dans plufieurs endroits on les coupe affez haut au deffus du fol.

La culture du fol, dans le département de l'Allier, varie pour le moins autant que celle du climat. La partie baffe, où coulent les grandes rivières, eft en terre argileufe, la plus fertile du pays. Une autre partie, fur la Rouble, la Sioule, la Bèbre, eft en terre forte. Sur les hauteurs font de vaftes étendues d'argile plus ou moins décompofée à la furface. Ces trois fortes de terres forment à peu près la moitié de ce département. Leurs principales productions font le froment, l'avoine, l'orge, le foin, les légumes, de bons pâturages, des vins rouges, propres au tranfport; des grains

de toute efpèce, quelques feigles médiocres ; &
dans les parties argileufes, des avoines, des feigles de bonne qualité, des foins, des vins blancs,
& principalement une grande quantité de bois
maintenant détruits en partie. L'autre moitié des
terres eft un terrain fablonneux ou mêlé d'un gravier d'une couche mince, fur un fond graniteux.
Ses principales productions font de beaux feigles,
des vins blancs, des fruits, des pommes de terre,
des graines à huile. C'eft auffi dans cette portion
que fe trouve la plus grande partie des veines métalliques connues dans ce département.

Le fol du département de la Charente eft généralement calcaire, fec & brûlant : les collines s'y
élèvent toutes à la même hauteur ; elles font compofées de couches horizontales, dans lefquelles fe
trouve une immenfe quantité de coquillages & de
débris de corps marins. On remarque une différence
tout-à-fait étonnante entre le territoire de la Charente & celui des départemens environnans. A
mefure qu'on s'éloigne, on apperçoit que la pierre
calcaire fe change en filex, & enfuite, au-delà de
la Haute-Vienne, on ne rencontre plus que le granit en maffe ou décompofé, mélangé avec l'argile
qui forme à peu près la terre végétale du ci-devant Limoufin, avec les débris de granit. C'eft là
où l'air eft plus froid que fur les bords de la Charente, le caractère des habitans moins gai, & où
les mœurs, les habitudes, les productions, l'i-
diôme, font différens. On cultive à peu près le
tiers du département de la Charente en grains de
toute efpèce, tels que blé, feigle, orge, mais ou
blé d'Efpagne, farrafin ou blé noir. Un fecond
tiers eft employé à la culture de la vigne, dont le
produit eft converti en eau-de-vie juftement célèbre, fous le nom d'*eau-de-vie de Cognac*. Il s'en ex-
portoit jufqu'à la concurrence de quinze mille
pièces de vingt-fept veltes (environ deux hecto-
litres). On affure que le produit eft diminué d'un
fixième. Le troifième tiers confifte en prairies, bois,
terres incultes, landes & rochers. On cultive auffi
un peu de fafran, du lin, du chanvre & des pommes de terre.

Dans le département de la Corrèze, le fol eft en
général rocailleux, & la couche de terre végétale,
lorfqu'il en exifte une, eft très-mince. Dans les landes, appelées *de Bras*, elle eft à peu près nulle, & le
tuf eft à découvert. La partie feptentrionale, couverte de montagnes, eft peu fertile, & ne produit
qu'un peu de feigle, d'avoine & d'orge. La partie
méridionale, plus fertile, produit du blé, du mais,
des pommes de terre, des vignes & un grand nombre de châtaigniers, qui chauffent & nourriffent le
pauvre. Les environs de Tulle produifent beaucoup de noyers, dont on fait une grande quantité
d'huile.

Le département de la Dordogne eft un pays très-
montueux : fes vallons font généralement étroits &
peu fertiles. Si l'on excepte ceux de la Dordogne
& des principales rivières qui l'arrofent, les au-

tres ne font que des gorges extrêmement refler-
rées, ravagées la plupart par des ravines & des
torrens que produifent les orages fi fréquens dans
cette contrée. Les différentes chaînes de monticules qui coupent ce département dans tous les
fens, font affez fouvent couvertes de vignes ou de
bois ; mais plufieurs auffi font abfolument nues, &
ne préfentent que des rocs & des couches de pierres arides. Sur toutes ces hauteurs on trouve d'immenfes étendues de bruyères, de genêts & de bois
de châtaigniers, où l'on n'apperçoit, pour toute
culture, que quelques feigles épars. Cependant les
cantons qui fe prêtent à la culture, font affez
abondans & furtout très-variés. On voit quelquefois fous un même point de vue des champs agréablement entre-mêlés de blé, de maïs, de légumes,
& des coteaux couverts de bois & de riches vignobles ; mais ces tableaux intéreffans ne fe montrent qu'en peu d'endroits, & le département n'eft
véritablement fertile que dans une très-petite portion de fon étendue. Le fol eft généralement pierreux, fec & aride. Le rocher calcaire qui forme
communément la bafe des terres fe couvre alternativement de fable, d'argile graveleufe, de
pierres à fufil. Quelquefois un même afpect offre
toutes ces variétés, & aucun intervalle ne marque
le paffage d'une fertilité moyenne au dernier degré
de ftérilité. On trouve un champ fécond à côté
du fol le plus ingrat, des marécages tout près
d'une terre aride, & des prairies qu'une fource
heureufe fertilife au milieu des landes & des
rochers. Indépendamment du maïs & du froment,
le département de la Dordogne récolte du feigle,
du farrafin, du baillarge & des légumes.

La nature du fol du département de Lot & Garonne ne doit pas être jugée d'après les larges &
fertiles vallées que préfentent la Garonne & le
Lot. Ces plaines, qui s'offrent feules aux regards
des voyageurs, les ont trompés fur la jufte appréciation du territoire de ce département. S'il eft fitué
fous le plus beau ciel de *France*, fi fa furface eft
variée par des coteaux rians & productifs, il en eft
dans fon enceinte beaucoup d'autres dont le fommet n'a que des terres médiocres & quelquefois
totalement ftériles & fouvent incultes. Vers la
partie orientale, à peu de diftance de la Garonne,
& fur les bords du Lot, fes coteaux deviennent
hideux & repouffent tous les travaux de l'agriculture. Dans toute la partie du haut Agénois, le
pays change tout à coup d'afpect & de nature, &
la terre n'offre plus, dans ces cantons, qu'une
argile ingrate, fortement colorée par le fer. Dans
les landes enfin, contrée glacée en hiver, & brûlante en été, l'air eft corrompu pendant neuf mois
par les exhalaifons des eaux ftagnantes : la conftitution des animaux & des hommes en eft altérée ;
ils y font petits & maigres. Les terres fe fèment
en général de deux années l'une. Outre le froment, leurs produits font en maïs réfervés pour
les bonnes terres, & en feigle pour les fonds lé-

gers. L'orge & l'avoine , en petite quantité, se cultivent presque toujours sur les guérets. Les plantes légumineuses, telles que les pois, les féves, les vesces & les haricots, ainsi que les fourages annuels, sont semées sur les jachères, à l'aide des engrais. Le meilleur & le plus salubre de ces fourages est le maïs. La culture de la vigne est augmentée d'un tiers depuis 1789. Les vins de Claira & de Castelmoron sont estimés. On y cultive aussi un peu de chanvre. La culture du tabac, qui s'y est introduite depuis la révolution, a dû nécessairement diminuer la qualité de la célèbre fabrique de Tonneins, qui travaille le tabac étranger. On cultive aussi beaucoup de prunes dans ces contrées, qu'on exporte dans les pays étrangers, & surtout en Hollande.

Les productions du département de la Haute-Saône sont en blé, en seigle, en orge, en avoine dans les plaines. Dans les montagnes, on cultive le sarrasin, le maïs, les légumes & les pommes de terre, des navets, un peu de chanvre & du tabac; enfin quelques vignobles.

Le sol du département de la Drôme est maigre, sablonneux, & d'ailleurs occupé par des montagnes non susceptibles de culture; & les imprudens abattis de bois qu'on a faits sur ces montagnes contribuent encore à sa stérilité. Les parties les plus abondantes en grains sont le Valoire ou les cantons de Saint-Rambert & de Moras, les plaines de Monteil, d'Étoiles, de Montelimart, les montagnes des environs de Dyle. Les cantons de Nyon, de Saint-Paul-trois-Châteaux, au midi, se dédommagent par la culture de l'olivier. On a introduit dans ce département l'usage des prairies artificielles: on y cultive aussi beaucoup de noyers, dont le produit se convertit en huile, & le meilleur parti qu'on puisse en tirer. On cultive enfin des mûriers pour l'éducation des vers à soie.

Le territoire du département de la Lozère est de trois sortes: les montagnes du nord, qui sont de basalte & de granit; celles du midi & du levant, qui forment les Cévennes, & sont schisteuses; les montagnes du centre, qui sont dirigées du midi au couchant, & qui sont de nature calcaire, & qu'on nomme *Causses*. Les montagnes du nord donnent du seigle, des fourages & très-peu d'orge & d'avoine: celles connues sous le nom de *Causses* sont productives en froment, en orge, en peu de seigle, en fourages & en fruits; c'est la partie la plus fertile des Cévennes. On récolte beaucoup de châtaignes & une assez grande quantité de pommes de terre. On cultive le mûrier, le lin, le chanvre: la garance y croît spontanément.

Les coteaux qui régnent de Belleville à Condrieu, du nord au sud, le long de la Saône & du Rhône, sont plantés en vignes qui produisent des vins estimés. Les vins rouges d'Ampuis ou de Côte-Rôtie & de Condrieu ont une juste célébrité. L'espace de ces coteaux, compris entre Poleymieux & Saint-Cyr, passe pour être le terrain où les pre-

mières vignes furent plantées dans les Gaules par les Romains, au tems de l'empereur Probus, & il fait partie de la montagne qu'ils appelèrent du *Mont-Dor.* Non loin d'Ampuis, & sur le territoire de Saint-Romain-en-Cal ou de Loire, on recueille la première qualité de ces marrons connus sous le nom de *marrons de Lyon.* On n'admet dans les vignes que deux espèces de raisin, le lerine qui est noir, & le viomier qui est blanc. La vigne est renouvelée par provins. A cette méthode on a ajouté, depuis quelques années, celle de la greffe. Depuis les Chères & Anse jusqu'à Villefranche est la plaine la plus considérable du département; elle produit du froment en abondance. On cultive aussi la pomme de terre; mais les vignes sont la principale culture. Les prairies artificielles de sainfoin, de trèsle, de luzerne, d'esparcette y sont pratiquées avec succès depuis plusieurs années; elles ont fait quadrupler le nombre des bestiaux. On cultive peu le mûrier dans ce département; cependant on observe qu'il seroit d'autant plus intéressant d'encourager la culture de cet arbre, que les soies de *France* passent pour être les plus belles de l'Europe; mais que ce qu'elle en récolte est loin de suffire au besoin de ses manufactures, & qu'elle est obligée d'en tirer de Piémont, de Bergame, de Vicence, de Parme, des deux Siciles, du Levant & de Nankin, qui la plupart sont payées en numéraire.

Le département des Hautes-Alpes, hérissé de rochers, de glaciers, coupé par une multitude de torrens & de précipices, n'offre à l'œil rien que de repoussant. On a évalué aux deux tiers du département ce qui est occupé par les montagnes, & perdu pour l'agriculture. Presque tout le reste est composé de couches végétales souvent peu profondes, dès-lors peu fertiles, & menacées chaque jour par les eaux qui se précipitent des hauteurs. Les produits du département des Hautes-Alpes sont du blé, des pommes de terre & du vin; mais tout cela en petite quantité.

Dans le département du Tarn, la charrue n'est pas portée sur des roues, & les habitans prétendent que cette charrue, dont on se sert dans tout le midi, & qu'on nomme *moust* dans ce département, ouvre la terre & la retourne à une plus grande profondeur. Le coutre qui s'y trouve attaché, coupe les racines des mauvaises herbes. Dans la plaine & sur les coteaux, on laboure cinq ou six fois le même champ, en différens tems, avant de l'ensemencer. Dans les montagnes, on donne moins de façon à la terre: on évite surtout de labourer dans les chaleurs. On ne fait que deux ou trois récoltes pour le même champ, & on le laisse ensuite en jachère pendant plusieurs années. Les meilleurs fonds sont réservés pour le chanvre & le froment qu'on cultive dans les plaines, ainsi que pour l'orge & le seigle, &c. Les vignes sont plantées sur les coteaux. Les vallons ou gorges des montagnes forment de belles prairies naturelles. Il y a encore des récoltes propres à certains cantons : celle du pastel dans les plaines d'Albi & des environs ; celle de l'anis & de la coriandre dans dix ou douze communes des arrondissemens d'Albi & de Gaillac. La découverte de l'indigo a beaucoup diminué celle du pastel : on comptoit autrefois jusqu'à trois cents moulins dans les environs d'Albi pour la préparation de cette plante : il en reste à peine aujourd'hui trente ou quarante.

Dans les plaines & dans les vallons, le département des Basses-Pyrénées produit du froment, du seigle, de l'orge, du maïs, du millet, des foins, du lin très-doux & très-fin, dont on fait de belles toiles dites de Béarn. Il produit, sur les coteaux, des vins exquis, nommément ceux appelés du Juran, Congan, &c. Le Labourd cultive une grande quantité de pommiers à cidre.

Jusqu'à présent nous avons fait connoître en détail la nature des différens sols & territoires de chacun de nos départemens, que nous avons cru devoir faire passer en revue, ainsi que leurs productions. Ce travail est un motif de plus pour renvoyer nos lecteurs aux articles de ces départemens que nous avons décrits avec toutes les circonstances qui nous les rendent intéressans : on les trouvera dans le corps de ce Dictionnaire. Ici nous avons présenté, à ce sujet, les fragmens détachés que nous avons extraits avec soin dans les documens importans & les plus utiles que nous avons recueillis dans les résultats des premiers examens des provinces de France.

Rivières de France. Il est tems de porter notre attention sur les rivières de la *France.* Nous en distinguons d'abord quatre principales avec leurs vallées, toutes très-intéressantes : la Seine, la Loire, le Rhône & la Garonne. La Seine, un des plus beaux fleuves de *France*, prend sa source à Saint-Seine, dans le département de la Côte-Dor en Bourgogne. Son cours se dirige au nord-ouest, &, après un trajet d'environ deux cent dix milles, il décharge ses eaux dans la Manche, au Havre-de-Grace. On peut remarquer ici que la longueur assignée aux rivières n'est pas calculée avec exactitude : ce seroit un travail trop pénible & trop incertain. Elle n'est qu'une échelle comparative pour juger du rapport qui existe entre le cours d'une rivière & celui de telle autre.

La Loire prend sa source près le mont Gerbier, dans le Velay, se dirige d'abord au midi, puis tourne à l'ouest pour se rendre à l'Océan, au dessous de Nantes, après avoir parcouru le Nivernois, l'Orléanois & la Touraine. Son cours est de quatre cent trente milles. Elle ne commence à former un fleuve un peu considérable qu'après sa jonction avec la Sarthe.

Le Rhône sort du glacier du mont Fourche, près le Grimsel en Suisse. Après avoir arrosé les beaux vallons du Valais, traversé le lac de Genève, il descend rapidement au sud, & se perd dans la Méditerranée, au golfe de Lyon. Son cours est d'environ trois cent quarante-cinq milles.

La Garonne a son berceau dans les Pyrénées, au val d'Arau. Dans son cours d'environ deux cent dix milles, qu'elle dirige principalement au nord-ouest, elle reçoit la Dordogne, & se rend ensuite à l'Océan sous le nom de *Gironde.*

La Seine est presque partout agréable & pittoresque. La Loire offre de beaux tableaux depuis Angers jusqu'à Nantes ; mais des amas de gravier déshonorent le reste de son cours immense. La Garonne, en général, languit dans un pays plat, entre deux tristes bordures de saules. Le Rhône est grand, rapide & a des bouches intéressantes. Je renvoie aux articles très-étendus & développés de ces quatre fleuves.

Bien d'autres rivières, moins fameuses à la vérité, décorent & enrichissent la *France* : telle est la Saône, que le Rhône entraîne près de Lyon ; tels sont le Lot & la Dordogne, qui vont grossir la Garonne ; telles sont aussi les rivières tributaires de la Loire. La Meuse, la Moselle & même le Rhin peuvent être comptés au nombre des principales rivières de la *France*, & nous les décrirons dans des articles particuliers, ainsi que les suivantes.

Indépendamment des canaux, les Pays-Bas sont arrosés par tant de rivières, qu'il suffira d'indiquer les principales. Seulement une petite partie de la Meuse traverse le comté de Namur, situé dans ces Pays-Bas. L'Escaut est une de ces principales rivières, & il en reçoit deux autres, la Lys & la Scarpe, celle-ci près de Mortagne, & celle-là près de Gand. Toutes ces rivières ont leur source dans le comté d'Artois, à une élévation peu considérable. On ne peut pas donner au cours de l'Escaut une longueur approximative de plus de cent milles. La Dyle prend sa source assez près de Namur & au nord-ouest, & joint l'Escaut au dessus de Niel, après avoir reçu la Dermer de l'est, la Nèthe du nord, & la Senne du sud. La plupart des autres rivières sont moins importantes que les canaux, & en plusieurs cas il seroit difficile de déterminer si leur cours est l'ouvrage de l'art ou celui de la Nature.

Ainsi que l'Espagne, la *France* possède peu de lacs : il s'en trouve quelques-uns dans la Provence & sur les bords de la mer, dans les landes de Bordeaux. Il faut mettre à la tête des lacs français ceux de Genève, d'Annecy & du Bourg, & ces deux derniers sont dans le département du Mont-Blanc. On peut citer encore le lac d'Allègre, au sommet d'une montagne du département du Puy-de-Dôme. Le vaste étang ou la lagune qui se trouve entre Nantes & Machecoult peut être considéré comme un lac qui a une digue fort aisée à reconnoître.

Des montagnes. Avant de visiter la grande chaîne de montagnes qui embrassent le midi de la *France*, jetons un coup-d'œil sur les districts montagneux du nord & de l'est. Les hauteurs de la Bretagne sont granitiques & primitives ; elles jettent des branches vers Breſt & Alençon. On voit que les Voſges, dans le département de ce nom, & au ſud de la Lorraine, communiquent avec les montagnes de la Suiſſe : ces montagnes & le diſtrict à l'eſt forment ce que les Allemands appellent le Hundſruck. La France ayant reculé ſes limites juſqu'au Rhin, cette portion intéreſſante de l'Allemagne eſt une acquiſition précieuſe, renfermant non-ſeulement une grande partie du Palatinat, avec les villes de Mayence, Worms & Spire, mais encore les pays de Simmern, Sponheim, Oberſtein, Birkenfeld & Zweybrucken, qui compoſent l'important duché de Deux-Ponts. A l'oueſt & à l'eſt de Deux-Ponts courent de grandes chaînes de montagnes riches en productions minérales, particuliérement en mercure & en belles agates.

En ſuivant les montagnes des Voſges juſqu'à leur origine, on trouve qu'elles commencent ſur les frontières de la ci-devant Champagne, de la Franche-Comté & de la Lorraine; qu'elles s'étendent de l'oueſt à l'eſt ſur plus de vingt-cinq lieues, vers Béfort; que de là, changeant de direction, elles s'alongent du midi au nord, accompagnent le Rhin, & ſéparent les départemens du Haut & Bas-Rhin de ceux de la Moſelle, de la Meurthe & des Voſges. Au nord du département du Bas-Rhin, elles ſe reſſerrent; mais elles commencent à ſe rélargir vers les frontières du Mont-Tonnerre & de la Moſelle. Sur la gauche, entre les mêmes départemens, elles longent la rivière de la Sarre, s'étendent dans le département de ce nom, & elles ſe joignent au Hundſruck. Sur la droite, ces montagnes s'étendent juſqu'à Neuſtadt, où elles forment le Hardt, qui prend ſa direction vers le nord, juſqu'au-delà de Durkeim. Dans le centre enfin, du midi au nord, elles dirigent vers Lautern, où elles prennent le nom de Weſtrich, que l'on appelle auſſi le Wasgau proprement dit.

J'ai fait connoître depuis long-tems les caractères par leſquels on peut diſtinguer certaines montagnes des Voſges, & les formes par leſquelles on peut les ſéparer des Alpes & du centre des Pyrénées. Le nom de ballons que portent les plus hauts ſommets des Voſges ſuffit, je crois, pour indiquer en quoi je les différencie. (Voyez l'article BALLON.)

Dans les Alpes, des rochers de la forme la plus aiguë, & ſemblables à d'immenſes obéliſques, s'élancent à pluſieurs centaines de mètres au deſſus du corps de la montagne à laquelle ils appartiennent; & portent le nom d'aiguilles. Dans le centre des Pyrénées, de groſſes maſſes de rochers offrent, de toutes parts, des pentes roides, des faces eſcarpées, mais acceſſibles, & reſſemblent à des pyramides; elles portent le nom de pics. Vers l'extrémité de la chaîne des Pyrénées, j'y ai vu des formes arrondies, très-détachées du reſte : telle eſt en particulier la Rune, qui ſe montre en face du port du Paſſage. Dans les Voſges, comme je l'ai déjà dit, on voit, à leurs extrémités, les bal-

lons d'Alſace & de Franche-Comté, qui ont des formes arrondies, des pentes douces, & qui ne préſentent point cet aſpect âpre & rude qui appartient aux autres maſſes. En général, on n'y rencontre aucun de ces grands accidens ſi communs dans les Hautes-Alpes, & qui donnent un ſentiment de ſurpriſe & d'effroi, plutôt que de plaiſir. Dans les Voſges au contraire, l'arc donné par le berceau des vallons, les pentes douces des coteaux, la convexité des ſommets, ainſi que leur moyenne élévation, ſemblent ne devoir annoncer que des montagnes du ſecond ordre, parce que les matières qui les compoſent, ne ſont pas des matières primitives. Il faut tout dire : Deux cauſes donnent la forme de ballons aux maſſes arrondies des Voſges, la compoſition de pierres de ſable, & l'action des eaux ſur ces matières : voilà le dénoûment de tous les phénomènes qu'on obſerve dans les Voſges, & que j'ai remarqué à l'extrémité occidentale des Pyrénées, ainſi que dans les départemens de la Corrèze, où ſont de groſſes maſſes de pierres de ſable. La ſubſtance qui domine Giromagny eſt le pétroſilex. Il conſtitue preſque toutes les montagnes qui bordent la vallée, principalement celles qui renferment les filons.

Les montagnes ou collines qui règnent le long de la Meuſe & de la Sambre, & dont la plus élevée n'a pas plus d'un hectomètre (cinquante-une toiſes) au deſſus du ſol, ſont la plupart des matières calcaires, primitives ou ſecondaires, & recouvertes, tantôt d'argile, tantôt de ſable calcaire ou vitreux.

Les montagnes qui bordent la rive gauche de la Moſelle, arrondiſſement de Trèves, ſont compoſées de pierres de ſable à gros grains, renfermant des empreintes variées de végétaux, & entourées par une autre ſorte de pierre de ſable à grains fins, peu dure. Cette ſorte de pierre eſt de couleur rouge. Il s'y trouve cependant quelques bancs plus ou moins épais d'une jeſpèce de brèche-pouddingue. Des montagnes entières du canton de Daune conſiſtent en baſalte, dont Chaptal a fait faire, ſans aucune addition de ſel, du verre de bouteille, préférable à celui des verreries ordinaires. Les plus hautes montagnes des Voſges, dans le département de ce nom, ſont le Donon, qui a cinq cent ſoixante-dix toiſes d'élévation, & le Ballon, qui en a ſept cent vingt au deſſus du niveau de la mer.

Le mont Jura eſt comme le poſte avancé des Alpes, & ſert de barrière entre la France & la Suiſſe. Le Reculet & la Dole, qui ſont les plus hautes montagnes du Jura, ont de huit cent quatre-vingt-ſix à huit cent quatre-vingt-ſept toiſes d'élévation au deſſus du ſol. Comme le Mont-Blanc eſt définitivement mis au rang des montagnes françaiſes, les autres Alpes ne peuvent rivaliſer ſa ſublime élévation. Le Dauphiné montre pluſieurs branches alpines, qui s'étendent auſſi dans une grande partie de la Provence.

Du côté de Lyon est le mont Pilat, qui ne s'élève guère qu'à cinq cents toises au deſſus du Rhône, mais qui appartient encore à la chaîne primitive : c'eſt à ſon ſommet que ſe raſſemblent les nuages qui viennent former, à Lyon & dans la plaine du Dauphiné, la plupart des orages & des pluies. Les nuées ſombres qui les annoncent, forment ſur le Pilat une eſpèce de chapeau, d'où on a voulu tirer l'origine du nom de la montagne (*mons Pileatus*). Le mont Pilat eſt couvert d'une grande quantité de bois, non-ſeulement à ſa baſe & ſur ſes flancs, mais dans la plus grande partie de ſes hauteurs. On trouve, preſqu'au ſommet, une eſpèce de plaine, où ſont d'excellens pâturages bien arroſés.

A l'oueſt du Rhône s'élève la grande chaîne des Cévennes, dont on nous a donné la deſcription. On obſerve que les Cévennes, multipliant au loin leurs branches, ſemblent être le centre des montagnes primitives de *France*. 1°. La branche principale file le long de l'Ardèche, vers Alais. 2°. Une autre, traverſant le Rhône entre Tournon & Vienne, court vers les plaines du Dauphiné. 3°. Une troiſième, formant les montagnes du Beaujolais, paſſe par Tarare, Autun, &c. & diſparoît près d'Avalon. Sa longueur eſt d'environ ſoixante & dix lieues : ſa largeur eſt quelquefois d'une lieue tout au plus. Elle renferme les mines de Chéſi & de Saint-Bel, avec quelques mines de plomb. On trouve auſſi du charbon ſur les pentes des montagnes. 4°. Une branche qui, ſéparant le baſſin de la Loire du baſſin de l'Allier, forme les montagnes du Forez, paſſe entre Roanne & Thiers, & ſe perd vers Saint-Pierre-le-Moutier. Ces deux dernières plaines granitiques bornent la plaine de Mont-Briſon. 5°. Celle qui ſépare le baſſin de l'Allier de celui du Cher s'avance par Clermont, à Mont-Luçon. 6°. Une ſixième s'étend vers Limoges. 7°. Une ſeptième, de la Dordogne, file vers la Charente. 8°. Enfin, la huitième ſépare la Dordogne de la Garonne.

Cette deſcription eſt aſſez confuſe, parce qu'on y voit beaucoup de branches & pas une chaîne principale & bien ſuivie. La grande chaîne des Cévennes paroît courir du nord au ſud, & émettre des branches vers l'eſt & l'oueſt. Nous avons cru reconnoître, dans les départemens de la Haute-Loire & du Cantal, des veſtiges d'anciens volcans, & ces veſtiges conſiſtent principalement en cratères, en colonnes & en éminences baſaltiques, dont l'origine eſt décidément volcanique. En étudiant les volcans du centre de la *France*, on eſt obligé de convenir que des colonnes baſaltiques ſont des indices inconteſtables d'anciens volcans. Les rocs du Puy, d'Expailly & de Polignac offrent des laves ſous différentes formes, & quelques-unes ſous la forme exactement priſmatique. Les montagnes baſaltiques d'Auvergne ſont trop étendues pour avoir été produites par un volcan, & la conjecture d'une chaîne de volcans, quelque haſardée qu'elle paroiſſe, ſera

toujours bien reçue, d'après les preuves qu'on en apporte de tous côtés. La partie ſeptentrionale de la chaîne volcanique porte le nom du *Puy-de-Dôme* : ce ſont ceux des volcans dont les éruptions ſont les plus récentes, & dont les cratères ſont les plus ouverts. Les Monts-Dor occupent le centre de ce pays, anciennement brûlé, & ſont les plus hautes montagnes de l'intérieur de la *France*, & dont les cratères ont diſparu par le laps de tems. Le Plomb de Cantal eſt ſuivi, pour la hauteur, d'audacieux rivaux, tels que le Puy-de-Griou, le Col-de-Cabre, le Puy-Marie & le Violent. Cet énorme aſſemblage de rocs couvre un eſpace de cent milles, &, ſuivant nos obſervations raiſonnées, eſt principalement volcanique, & même en grande partie baſaltique. Le Puy-de-Sanſi porte une calote de neige preſque continuelle, au deſſous de laquelle ſont des rocs pelés. Ses flancs donnent, avec beaucoup d'autres, naiſſance à la Dordogne, & lui ouvrent deux ſources. A peine s'eſt-elle échappée des Monts-Dor, que, bruyante, elle ſe précipite en caſcades pittoreſques, à travers les colonnes de baſalte. Le 23 juin 1727, un village ſitué ſur la perte d'une de ces montagnes, fut entièrement englouti par ſa chûte. Une partie de la montagne, en maſſes détachées de baſalte, roula dans la vallée : heureuſement que les habitans fêtoient, à quelque diſtance, la veille de la Saint-Jean, ce qui les avoit raſſemblés autour d'un feu de joie. Ces montagnes ſont expoſées, en hiver, à d'épouvantables ouragans de neiges, qu'on appelle *acirs*. En peu de tems les ravins, les précipices, les chemins, les rues, tout eſt comblé, tout eſt mis ſous un fatal niveau. Les habitans ne peuvent ſortir de leurs demeures qu'en creuſant des voûtes ſous l'enveloppe de neige. Malheur au voyageur qui ſe trouve ſurpris ſur la route !

L'été s'y paſſe, accompagné de tonerres terribles, qui ne s'appaiſent que par des torrens de groſſe grêle, ſous laquelle ſont quelquefois abattus les fruits & les troupeaux. Ces animaux paiſſent au milieu de ces cimes, durant ſix mois de l'année, ſous la garde d'un berger, qui bâtit ſon buron où il conſtruit ſes fromages, avec un art qui a mérité mes obſervations, mon examen raiſonné & une deſcription très-détaillée.

Paſſons aux Pyrénées. Cette chaîne immenſe, connue & célèbre depuis Hérodote, appartient autant à l'Eſpagne qu'à la *France*; mais, comme la partie la plus productive & la plus intéreſſante ſe trouve du côté de la *France*, & que les ſavans de ce pays ſe ſont attachés à la décrire, il eſt au moins tout auſſi convenable d'en placer la deſcription, que nous tirerons des relations récentes qu'en ont tirées les naturaliſtes. A la ſurpriſe de ces obſervateurs, les Pyrénées ont préſenté des veſtiges calcaires, & même des coquilles ſur leurs plus hauts ſommets, qui ſont au centre de la chaîne. Le mont Perdu, qui meſure une hauteur de mille ſept cent cinquante-une toiſes au deſſus du niveau de la mer, passe aujourd'hui pour le plus élevé de tous. Le Canigou usurpoit antérieurement cet honneur, quoiqu'il ne dépassât pas mille quatre cent quarante toises. Il est d'autres cimes remarquables, le Tuccaroy, le Marboré, le Pic-du-Midi, le Pic-d'Arni, la Niége-Vieille, le Vignemale, la Brêche de-Roland, &c. La chaîne des Pyrénées paroît de loin, comme une croupe escarpée, présentant à la *France* un segment sphérique, & s'abaissant, par degrés, aux deux extrémités, jusqu'au niveau de l'Océan & de la Méditerranée, où elle disparoît. C'est ainsi qu'à Saint-Jean-de-Luz, on ne voit plus que de hautes collines : il en est de même à l'est au-delà du Canigou. Les élévations diminuent graduellement. Les plus hauts sommets se couvrent d'une neige éternelle. On y trouve des blocs de granit, entre-mêlés de bandes verticales, argileuses & calcaires, ces dernières primitives ou secondaires. C'est de là qu'on tire les beaux marbres de Campan & d'Antin, dont le fond est un beau rouge tacheté de blanc, quoique la masse générale de la montagne offre une couleur grise. Au sud & à l'ouest des Pyrénées, ce n'est partout qu'une effrayante stérilité. Au nord & à l'est, l'inclinaison est moins rapide, plus graduée, & se couvre fréquemment de bois & de pâturages. Outre la terrible chute des rocs minés par les torrens, les Pyrénées offrent le spectacle effrayant des lavanges, montagnes de neige, roulant avec une impétuosité que rien n'arrête : c'est ce qu'en Suisse on nomme *avalanches*. Les Pyrénées ont aussi leurs glaciers & d'autres traits sublimes des Alpes.

Selon plusieurs observateurs, le mont Perdu abonde en dépouilles marines, & doit avoir été couvert par la mer. Ce mont est d'un très-difficile accès, parce que la roche calcaire y prend souvent la forme de murailles perpendiculaires à l'horizon, ayant depuis cent jusqu'à six cents pieds de hauteur, & que les neiges, la glace & les glaciers augmentent encore la difficulté ; aussi nos observateurs n'atteignirent pas ce sommet, mais ils crurent reconnoître que sa roche étoit de la forme & de la nature de celles qu'ils avoient gravies. On remarque des singularités dans ces régions montueuses : ce sont de grands enfoncemens à parois perpendiculaires & circulaires, que les gens du pays appellent *oules* ou marmites.

Près du sommet du mont Perdu est un lac très-vaste, à plus de neuf mille pieds au dessus du niveau de la mer, qui se décharge dans la vallée espagnole de Réousse : c'est ce que les voyageurs que nous avons cités, considèrent comme une preuve que le mont Perdu appartient à l'Espagne, & que la ligne de démarcation passe par Tuccaroy. Il est probable que le sommet du mont Perdu n'est accessible que du côté de l'Espagne, où s'élèvent trois cimes que les Espagnols appellent *las tres Sorrelas*, les trois Sœurs, dont la plus haute est au nord, la plus basse au sud, mais que de vastes glaciers semblent séparer. D'après cet examen des Pyrénées, on conclut qu'il y a des chaînes de montagnes dans lesquelles des bandes verticales de granit, de porphyre, de trapp, d'hornblende & de pétrofilex sont disposées alternativement avec la pierre calcaire primitive, & entre-mêlées de manière à prouver une origine commune ; mais dans les Pyrénées, ces bandes sont surmontées d'une pierre calcaire secondaire, remplie de dépouilles marines, & contenant des squelètes d'animaux : d'où l'on s'hasarde à conclure que les plus hautes montagnes de la chaîne doivent avoir cédé à la furie de l'Océan, & qu'il n'existe aujourd'hui que les parties secondaires. M. Townsend observe que la pierre calcaire & le schiste nourrissent les végétaux au nord des Pyrénées, tandis que le midi est granitique & stérile ; mais, par le fait, les montagnes sont généralement stériles & escarpées au sud & à l'ouest, parce que c'est sur ces points que se dirigent les pluies & les tempêtes les plus violentes.

Nous terminerons ce léger aperçu des Pyrénées par cette observation, c'est qu'on n'a fait, avant 1801, aucune grande recherche, aucune étude laborieuse & entière de la chaîne que nous devons parcourir ; mais depuis qu'on a dit ceci, Ramond a publié un Voyage au mont Perdu. L'extrait de ses observations, que nous allons présenter à nos lecteurs, réclame toute leur attention par l'importance du sujet, la nouveauté & la singularité des résultats.

Les Hautes-Pyrénées sont fondées sur le granit. Cette pierre se montre à découvert dans la partie moyenne de la chaîne, & y forme une masse très-étendue & fort élevée. Sa composition est absolument pareille à celle du granit fondamental des Alpes. Les montagnes qui en sont composées, semblent d'abord formées de masses irrégulières & comme au hasard. Un examen plus attentif y découvre bientôt les indices d'un double arrangement ; il se manifeste dans la disposition des fentes dont les différentes masses sont traversées. Il y en a de deux ordres, les unes partielles, & les autres générales. Les premières appartiennent à la dessiccation ; elles subdivisent les masses, comme le semble exiger cette opération de l'air qui dessèche. Plus la dessiccation est active, & plus les solides circonscrits sont réguliers. Les fentes se distribuent au centre des masses granitiques comme sur les lisières ; les principes qui les constituent s'y prêtent également. Les secondes semblent partager les montagnes entières en bancs parallèles, coupés par des bancs verticaux. Au centre des masses granitiques les fentes sont, le plus souvent, obscures & vagues : on les distingue mieux sur les lisières ; elles deviennent plus marquées aux points où les porphyres & les trapps commencent à s'interposer. On ne peut pas croire cependant que ces fentes appartiennent à la succession chronologique des dépôts de la mer. Les feuillets qui terminent les sommets du terrain granitique paroissent orientés dans le sens de l'ouest-nord-ouest à l'est-sud-est : tout ce qu'il y a de bancs distincts & remarquables semble courir dans le même sens. Le terrain entier constitue une bande qui se prolonge dans la même direction, laissant, à droite & à gauche, deux séries de montagnes que ses bases supportent & que ses cimes séparent. Cette bande n'a pas moins de vingt à vingt-cinq lieues de long, sur deux à quatre de large. A l'orient, elle embrasse Declarbide & Doo, qui font partie de la crête de la chaîne à l'occident ; elle se perd entre les montagnes moyennes des Pyrénées basses. Au centre, elle est hérissée de pics, dont l'élévation le cède peu au mont Perdu : tel est ce que M. Ramond appelle l'*axe primitif des Hautes-Pyrénées*, & qui peut encore exiger un autre examen raisonné dans les Pyrénées ou ailleurs, dans les montagnes formées de matériaux primitifs.

Et en effet, que de cet axe on se porte, soit au nord, soit au midi, on trouvera, de part & d'autre, la même succession de roches, d'abord primitives, puis secondaires, enfin tertiaires, formant autant de bandes subordonnées, qui se répètent sur ses deux faces & s'alignent parallélement à sa direction. Les premières de ces bandes, celles qui avoisinent le plus l'axe granitique, en sont des dépendances immédiates ; elles constituent deux chaînons latéraux, l'un septentrional, l'autre méridional, qui supportent les bandes secondaires, comme ils sont supportés eux-mêmes par le granit fondamental. Le chaînon du sud va former au couchant la crête des Basses-Pyrénées. Le chaînon du nord forme, au levant, les montagnes de granit qu'on rencontre aux sources du Sallat & de l'Arriège ; ainsi la fonction de séparer les bandes secondaires passe successivement de l'axe granitique à chacun des chaînons latéraux. Cette substitution s'opère à mesure que celui-ci s'abaisse & que ceux-là s'élèvent. La chaîne entière n'est qu'une suite de substitutions pareilles. Les chaînons dont elle se compose, se succèdent & se dépassent, par échelons, dans des directions toujours parallèles, & chacun d'eux, dominant à son tour, attire & fléchit de son côté la ligne qui exprime la crête générale, & qui divise les versans des eaux. La bande où toutes les limites se trouvent & où elles sont toutes indécises, est nommée *bande de transition*. Au nord & au sud, ce sont des mélanges analogues, placés sur des parallèles correspondans & au même point des deux séries opposées. Tout est si symmétrique à cet égard, & si l'on ne considéroit la chaîne que dans ses bases, le plan seroit régulier jusque dans ses irrégularités. Au nord de l'axe granitique, la hauteur des montagnes se gradue proportionellement à leur époque. Le pic du midi est inférieur à Néouvielle, & laisse au dessous de lui les amas secondaires que ses bases supportent. Vignemale, qui se trouve au second rang, domine toutes les sommités centrales, & cette

montagne est dominée à son tour par le mont Perdu, qui est placé au troisième.

Notre auteur termine ses remarques en observant que la différence réelle des Alpes avec les Pyrénées se réduit à ce qui suit : 1°. la chaîne des Pyrénées est essentiellement plus simple ; 2°. cependant il y a eu plus de trouble dans la formation des montagnes superposées au primitif ; 3°. le calcaire, soit primitif, soit secondaire, y est sensiblement plus abondant ; 4°. le secondaire s'y est élevé à une hauteur plus considérable ; enfin, suivant le système de l'auteur, l'invasion des eaux s'est effectuée dans une direction contraire.

Tel est le résumé des observations de M. Ramond dans quatre voyages qu'il a faits au mont Perdu, où il essaya en vain d'atteindre la cime de cette montagne élevée. Mais en juillet 1802 il est parvenu au sommet, &, passant par le col de Fanlo ou de Niscle, il a toujours trouvé sur cette route des bancs de chaux carbonatée & compacte dans une situation verticale. Ils renfermoient des bancs de grès calcaire, & il a vu que ces grès recouvroient en couches presqu'horizontales les tranches saillantes des bancs verticaux. Cette pierre calcaire se délite spontanément en petits fragmens irréguliers ; elle répand, par le plus léger frottement, une odeur fétide & nauséabonde. Quelques bancs de cette pierre renferment des rognons de silex, d'autres des amas si considérables de camerines, que la pierre semble en être entiérement composée. Le sommet du mont Perdu est formé d'une pierre calcaire fétide, souillée de quartz, & contenant un peu de fer & de charbon sans alumine. M. Ramond n'y a pas trouvé de débris de coquilles ; mais la nature de cette pierre, analogue à celle des bancs voisins qui en présentent, lui fait penser qu'une recherche plus suivie en feroit découvrir, & en effet, il a aussi trouvé de la pierre noire hépathique au haut du Marboré & au pic Blanc ; il a rencontré la même pierre avec une superbe ammonite. Ramond a déterminé les limites des neiges permanentes & celles de la végétation pour cette partie de la chaîne des Pyrénées. Les neiges s'arrêtent à deux mille quatre cent quarante mètres, c'est-à-dire, à douze cent cinquante-trois toises. Les bois finissent à mille cent toises par les pins de l'espèce de ceux d'Écosse ; viennent ensuite les arbrisseaux à quatorze cent dix-neuf toises. On trouve le *ranunculus parnassiæ folius*, le *saxifraga groenlandica*, &c., puis l'*artemisia rupestris* ; enfin, autour du pic même du mont Perdu, sur les rochers trop inclinés pour retenir les neiges, croissent un *cerastium*, qui est peut-être l'*alpinum* de Linné, & l'*aretia alpina* à fleurs roses.

Le granit, ainsi que nous l'avons observé, constitue les montagnes de l'axe de la chaîne des Pyrénées ; il est le granit fondamental des Alpes & de toutes les grandes chaînes connues. Quartz demi-transparent & feldspath blanc, mica ordinairement noir & souvent doué de sa forme critalline, tels font les élémens du granit. On voit çà & là le mica vert, & affez fouvent la tourmaline noire, opaque, s'introduit dans l'aggrégation; mais la région granitique n'eft pas uniquement compofée de granit proprement dit : ce font fouvent des trapps, des cornéennes, des pétrofilex. Au nord comme au midi de la chaîne granitique, au pic du midi, à la brêche d'Allanz & dans la plaine appelée la *Prade de Saint-Jean*, on trouve le fchifte micacé & le beau gros grain. Du côté de Coumélie, les blocs de granit préfentent des rofettes & des tourmalines. Les calcaires noires & les fchiftes qui s'y interpofent, font farcis de pyrites. Les calcaires blanches font traverfées de blocs de fer fpathique. On trouve enfuite du marbre blanc falin primitif & du fpath calcaire; plus haut, des pierres calcaires, fablonneufes, qui font pleines de gryphites. Entre Néouvielle & le pic d'Eres-Lids la tranfition des montagnes primaires aux montagnes fecondaires préfente d'abord le granit fimple & pur de l'axe granitique, qui eft enfuite remplacé par des granits magnéfiens ou argileux. Le grenat s'y trouve difféminé en criftaux. Dans les granits on voit des veines d'asbeftes & d'abeftoïdes, & à leur furface des flocons d'amiante & des couches d'adulaires. Vers les limites feptentrionales de la bande de tranfition on trouve les marbres de Sarrancolin & de Campan : leurs bancs font épais & foutenus. Les dépôts de coquilles dans les Pyrénées font plus fréquens au couchant qu'au levant, & les couches fecondaires y font en général plus continues. Du côté de l'Océan on ne voit que montagnes calcaires, que terrains d'alluvion, que débris d'êtres organifés. Du côté de la Méditerranée, au contraire, le granit eft prefque toujours à nu, & à cet égard les deux extrémités des Pyrénées repréfentent affez exactement ce que nous avons vu fur les deux lifières.

Telles font la forme & la contexture des Pyrénées. Cependant, après avoir décrit en détail le mont Perdu, cette cime la plus élevée des Pyrénées, nous ne terminerons pas fans dire un mot des autres fommets qui dominent cette vafte chaîne. Vignemale eft le plus haut après le mont Perdu : c'eft même la plus haute montagne des Pyrénées françaifes. Vignemale n'eft inférieur au mont Perdu que de cinquante toifes, & fes connexions font peut-être encore plus importantes & plus étendues : c'eft moins une montagne qu'un amas de montagnes empilées les unes fur les autres, & fon immenfe circuit embraffe les têtes de quatre grandes vallées creufées dans fa maffe & féparées par fes prolongemens. La pointe méridionale eft Cerbellona; elle fe prolonge entre le val de Thène & le val de Broto. Au nord c'eft Pocy-Morou ou le Pic-Noir, qui forme la pierre angulaire entre la vallée d'Offone & deux branches de celle de Cauterès. A l'eft on trouve d'abord Plan-d'Aube, c'eft-à-dire, le plateau du levant; puis Mont-Ferrant qui le furmonte à l'oueft; & enfin

au centre trois ou quatre fommités accolées, qui dominent toutes les autres. La plus élevée eft ce qu'on appelle *Soum d'Eracofte*. Plufieurs glaciers, qui font au nombre des plus beaux des Pyrénées, chamarrent les flancs déchirés de ces montagnes. La hauteur du Vignemale a été fixée à dix-fept cent vingt-deux toifes; Néouvielle ou le Grand-Pic, à feize-cent dix-neuf toifes. Il eft placé dans la région granitique, & il en forme le centre, avec le pic le Long, qui a mille fix cent foixante-huit toifes d'élévation. Le pic de Bergon, qui appartient au même fyftème de montagnes primitives, & fe trouve fur le même alignement, à l'oueft de Néouvielle, a mille quatre-vingt-quatre toifes. Mouné, montagne de la vallée de Cauterès, eft encore plus à l'oueft & fur la même ligne, tandis que Troumoufe, Piméné, Vignemale & le pic du midi de Pau fe trouvent fur le chaînon collatéral qui forme le paffage des montagnes primaires ou fecondaires. Le pic du midi eft de granit à fa bafe, & paroît calcaire à fon fommet : de même, de l'autre côté, & au nord de la chaîne granitique, le pic du midi proprement dit, que les bergers de la vallée de Campan nomment *pic d'Arifes*, appartient à l'autre chaînon co'latéral, & s'élève à une hauteur de quatorze cent foixante-dix toifes au deffus du niveau de la mer. De chaque côté des chaînons collatéraux des Hautes-Pyrénées, au nord & au midi, font les montagnes fecondaires, offrant des pierres coquillières; mais au nord, du côté de la *France*, cette ligne, qui paffe par Bagnères & Lourdes, ne préfente aucune hauteur remarquable; tandis que celle du midi fe preffe contre le chaînon collatéral & offre les gigantefques hauteurs du mont Perdu, du Marboré & du pic Blanc.

Forêts. La *France* poffède un grand nombre de forêts très-étendues; & comme elle n'emploie prefque d'autre combuftible que le bois, leur entretien eft un des grands objets d'adminiftration intérieure. La forêt d'Orléans & celle des Ardennes font les deux plus remarquables; la première, par fon étendue & par fa réputation d'être un repaire de voleurs & d'affaffins; l'autre, pour la renommée que lui ont acquife les hauts faits de la chevalerie. La forêt des Ardennes s'étend de Rheims à Tournay, & vers le nord-eft jufqu'à Sedan, ville du département des Ardennes. Nous pourrions citer la forêt de Fontainebleau, mais nous la ferons connoître en détail à fon article; ainfi que celles de Compiègne, de Saint-Germain, de Villers-Coterêts, dont les produits contribuent en partie à l'approvifionnement de Paris, & dont la dernière a près de quatorze mille hectares. Je pourrois citer plufieurs autres forêts du département de l'Aube, qui méritent quelqu'attention : telles font celles de Soulaines, de la Chaife, de Brienne, de Dienville, de Piney, &c.

Dans le Brabant, quoiqu'il s'élève de petites chaînes de collines dans les comtés de Namur & de Luxembourg, le voyageur doit s'avancer jufqu'aux bords du Rhin pour voir une élévation qui mérite le nom de petite forêt. Il y a néanmoins beaucoup de bois jufque dans le centre de la Flandre, & dans le Brabant est la forêt de Soigne. Plus loin, à l'est & au fud, font des forêts immenfes qui couvrent prefque tout le Hainaut & le Luxembourg, de Valenciennes à Trèves : ce font des reftes remarquables de l'ancienne forêt des Ardennes.

Outre cela, j'ai indiqué, dans le cours de ce Dictionnaire, tous les petits bouquets de bois & forêts qui fe trouvent difperfés dans l'étendue de la *France*, avec leur pofition & leur dimenfion ; ce qui fatisfait à cet objet d'une manière très-fatif-faifante.

Minéraux. La *France* avoit autrefois des mines d'or dans le midi, & quelques ruiffeaux roulent encore des particules de ce métal ; cependant les anciennes monnoies gauloifes font un compofé d'or & d'argent, métal que les Anciens nommoient *electrum*. Les particules d'or qu'on trouve dans les fables du Rhône & dans ceux de l'Ardèche font probablement de la même nature. Beaucoup de rivières & ruiffeaux de *France* coulent, & même plufieurs en affez grande quantité, pour devenir un objet de commerce aux riverains. M. de Réaumur, qui, dans les *Mémoires de l'Académie des Sciences*, a publié en 1718, fur ce fujet, un travail curieux, en compte jufqu'à dix ; ce font :

1°. Le Rhin, depuis Strasbourg jufqu'à Philisbourg, & furtout entre Fort-Louis & Guermesheim : les payfans alors ont trente ou quarante fous par jour pour le ramaffer.

2°. Le Rhône, feulement depuis l'embouchure de la rivière d'Arve jufqu'à cinq lieues au deffous : peut-être eft-ce cette dernière rivière qui charrie l'or dans le Rhône. Dans l'hiver, les payfans gagnoient douze à vingt fous à le ramaffer.

3°. La rivière du Doubs en Franche-Comté n'en roule qu'une petite quantité.

4°. La petite rivière de Cèze, qui tire fon origine près de Villefort dans les Cévennes, ne le cède ni au Rhône ni au Rhin, & M. de Réaumur nous dit qu'un feul homme en a quelquefois ramaffé pour une piftole dans un jour.

5°. La rivière du Gardon, qui, comme celle de Cèze, vient des Cévennes, en produit.

6°. L'Arriége, qui a tiré fon nom de cette propriété, vient du latin *aurigera*, & le mérite. (*Voyez* fon article ci-deffus.)

7°. La Garonne, à quelques lieues de Touloufe, au deffous de l'Arriége, qui probablement fournit des paillettes d'or à cette rivière.

8°. & 9°. Peut-être que l'Arriége elle-même reçoit d'ailleurs une grande partie de fon or, du moins eft-il fûr qu'on en trouve en divers petits ruiffeaux qui la groffiffent de leurs eaux. On ramaffe même des paillettes, furtout dans deux de ces ruiffeaux, favoir ; celui de Ferriel & celui de

Benagues ; ils viennent l'un & l'autre des hauteurs qu'on a à fa gauche quand on defcend de Varilhère à Damiers.

10°. La Salat, petite rivière dont la fource, comme celle de l'Arriége, eft dans les Pyrénées, & qui a fon cours dans le voifinage de Pau ; elle roule affez de paillettes d'or pour occuper pendant quelque tems de l'année les payfans des environs de Saint-Girons à les ramaffer.

Il eft peu de pays, fuivant Réaumur, de l'étendue de la *France*, où il y ait autant de rivières aurifères : c'eft un avantage qu'elle a eu de tout tems, & qui étoit plus connu autrefois. Diodore de Sicile nous apprend que la Nature lui avoit donné, par privilége, l'or, fans le lui faire chercher par l'art & par le travail ; qu'il eft mêlé avec le fable des rivières ; que les Gaulois favoient laver ces fables pour en tirer l'or, le fondre, & qu'ils en faifoient des anneaux & des bracelets : c'eft par le lavage qu'on extrait encore aujourd'hui cet or.

On a exploité autrefois, mais avec défavantage, à Saint-Martin-la-Plaine, département des Bouches-du-Rhône, une mine d'or d'un titre bas.

On trouve des indices de mines d'or autrefois exploitées dans le département du Bas-Rhin, ainfi que des mines d'argent & de cuivre.

Il y a dans le département de l'Ifère, à la Gardette, une mine d'or dont le filon eft en travaux de recherche.

La *France* peut citer les mines d'argent de Sainte-Marie-aux-Mines en Alface, & celles de Geromagny dans le département du Haut-Rhin, près les montagnes des Vofges, faifant également partie de l'ancienne Alface.

Les mines de Challanges, près d'Allemont en Dauphiné, produifent auffi de l'argent ; elles en rapportoient pour environ deux millions par an, mais leur exploitation eft fufpendue depuis 1798.

Le même diftrict renferme des mines de cuivre, métal affez commun dans les départemens des Alpes, dans ceux de la Loire, de la Lozère & de l'Ardèche. Les feules mines de cuivre en *France*, dont l'exploitation foit avantageufe, font celles fituées à Saint-Bel & à Chezy dans le département du Rhône, à fix lieues nord-oueft de Lyon. On en a retiré annuellement, depuis environ cinquante ans, deux à trois mille quintaux de cuivre, & huit à neuf cents quintaux de couperofe. Les travaux font plus actifs à la mine de Chezy que celle de Saint-Bel, parce qu'ils font moins difpendieux & plus productifs. On y trouve le cuivre entre le granit & une roche calcaire traverfée par des gangues de quartz. Ces mines font, dit-on, ouvertes depuis les Romains ; elles furent une des fources de la fortune célèbre de Jacques Cœur ; elles appartiennent en partie à la famille de Jart, dont le nom eft fameux dans l'hiftoire de la minéralogie.

Par quelques médailles qu'on dit avoir été trouvées dans les mines de Baigorry, il paroîtroit qu'elles ont été connues des Romains. Elles ont été depuis ouvertes en 1728, & on les a exploitées avec succès jusqu'au moment où la dernière guerre d'Espagne en a détruit tous les travaux. Il existe encore d'autres mines de cuivre dans la vallée d'Aspe & dans celle d'Ossau, mais elles ne sont pas exploitées.

Au dessus de la mine de fer de Saint-Georges-d'Hustière, dans le département du Mont-Blanc, est une mine de cuivre à rognons, exploitée avec soin.

On trouve des indices d'étain en Bretagne, & même au centre de la *France*. On a découvert récemment à Saint-Léon, département de l'Allier, une mine d'étain & de plomb. Les deux tiers du plomb que fournit tout le pays se tire de la Bretagne, & en particulier des mines de Poullaoven & Huelgoet. Il existe aussi des mines de ce métal dans les Alpes maritimes, dans les Vosges, dans les départemens de la Lozère, de l'Ardèche, &c.

Les mines de plomb sont assez nombreuses sur la rive droite de la Moselle. Une longue chaîne de montagnes de schiste, qui sort des montagnes de Sarrebourg & qui va jusqu'au Rhin, en recouvre une grande quantité. Ces mines sont souvent mélangées de cuivre, & toujours propres à fournir un minerai excellent. La proportion moyenne est de soixante pour cent. Le cuivre se trouve souvent pur, enveloppé dans une pierre argileuse, dure, colorée par l'oxide vert & bleu du même métal : on polit alors ces pierres que l'on rencontre, surtout dans la commune de Reuchenbach, canton de Baumholde, à Oberstein, pour en faire des boutons. Ce minéral est surtout exploité dans le canton de Berncastel, au haut de la commune de ce nom, où il y a trois belles mines de plomb-cuivreux en activité. A la Croix, arrondissement de Saint-Dié, est une mine de plomb & argent, qu'on dit très-abondante ; elle a été découverte en 1315, & paroît avoir donné des profits considérables vers la fin du seizième siècle ; mais elle a été exploitée, dans ces derniers tems, sans beaucoup de succès. Il y a une mine de plomb, très-riche, dans le département de Sambre & Meuse, située sur la commune de Védrin, à une lieue au nord de Namur. Sa découverte remonte au dix-septième siècle. Le plomb s'y trouve dans un oxide jaune de fer, plus ou moins compacte, mêlé de galène à larges facètes, & souvent aussi de sulfures de fer. Ce filon, qui est connu depuis Saint-Marc jusqu'au-delà de la Mouzée, sur une longueur de quinze cents toises, se dirige, du nord-est au sud-ouest, à travers des bancs calcaires, presque verticaux, qui composent la montagne ; il est presque d'aplomb & néanmoins un peu incliné au sud-est. La galène est tantôt massive, tantôt pyriteuse, tantôt ochracée.

Il y a, dans le département de la Lozère, des mines de fer, de cuivre, d'antimoine, qui ne sont pas exploitées. La seule qui le soit est la mine de plomb & argent de Vialas, canton de Villefort. Le

département du Var est riche en mines de plomb, mais elles ne sont pas exploitées, & l'acétite de plomb ou sel de saturne qu'on y travaille & qui est l'objet d'un commerce fort considérable, se fait avec du plomb que l'on tire d'Angleterre. Sur le territoire de la commune de Pesey, arrondissement de Tarentaise, est une mine de plomb & argent, qu'on dit être très-riche ; elle a été découverte en 1719, & exploitée depuis 1742 jusqu'en 1790.

La mine de Valauria, canton de Tente, département des Alpes maritimes, est aussi exploitée avec avantage. Suivant le calcul de Dietrich, les mines de *France*, avant la révolution, produisoient vingt-cinq mille cent cinquante quintaux de plomb marchand ; & à Gorsse, dans la statistique de *France*, le tableau des mines en porte le revenu actuel à un million cent treize mille myriagrammes.

Le département de l'Ardèche donne de l'antimoine, ainsi que celui de l'Allier, à Allemont en Dauphiné, & à celui du Mont-Blanc. Les travaux des mines d'antimoine, dans le département de l'Ardèche, sont interrompus. Les mines exploitées sont celles de Quintillan, dans le département de l'Aude : il y en a deux, l'une sur la montagne de Fregnerole, & l'autre sur les bords du ruisseau de Benalille ; elles rendent soixante & dix livres au quintal. Celle de Lubillac, à une demi-lieue de Massiac, dans le département de la Haute-Loire, rend moitié à la fonte : on trouve dans cette mine des masses cristallisées en longues & grosses aiguilles qui pèsent plusieurs quintaux. Dans le même département est celle de Mercœur, près du ruisseau de la Licorne. Cet antimoine est par aiguilles irrégulièrement engagées les unes dans les autres, de façon qu'elles forment un minéral compacte & solide. Enfin, le même département offre encore la mine d'antimoine de Ronchéry au bois de Roufier. Dans le département du Bas-Rhin est la mine de Charbe, qui donne environ cinquante quintaux par an. Dans celui du Puy-de-Dôme est la mine d'antimoine d'Anglebas. Le régule se fabrique sur les lieux, à Scaron, dans les mines de fer de Filiols, de la Vigne & de Vaspaner. Dans les Pyrénées orientales les mineurs détachent l'antimoine de son lit avec soin, & le vendent 15 & 20 francs le quintal aux potiers de Prades & de Villefranche. Les autres départemens où il y a des mines d'Antimoine sont ceux du Calvados, du Cantal, de la Corrèze, de la Creuse, du Gard, de l'Isère, mais elles ne sont pas exploitées. Il existe aussi, dans la commune de Bresnay, département de l'Allier, une mine d'antimoine qui étoit exploitée il y a seize à dix-sept ans.

Les mines de calamine ou de zinc d'Aix-la-Chapelle sont fameuses. Ces mines sont situées dans le ci-devant pays de Juliers, actuellement département de la Roer : il y en a une dans le comté de Noven, cinq dans le district de Kirchfeld : d'autres dans la commune d'Ellendorf, au lieu de Hernberg. Ces mines , avant la révolution , donnoient quarante-cinq mille quintaux de calamine calcinée , employée par les fonderies de Stolberg. Il y a une mine de calamine, dite de la *Vieille-Montagne* , dans le département de l'Ourthe.

La manganèse se trouve dans le département de la Loire, dans celui des Vosges, & à Romanèche, dans celui de Saône & Loire , de même qu'à Périgueux , d'où on lui a donné le nom de *pierre de Périgord*. Chaptal indique. comme la plus belle & la plus pure mine de manganèse qu'il connût, celle de Saint-Jean-de-Gardonenque dans les Cévennes, département du Gard ; mais la plus considérable est celle de Romanèche , près de Mâcon , qui en fournit de différentes qualités : la plus noire & la plus brillante est la plus recherchée. A Danbech , département du Bas-Rhin, il y a une mine de manganèse exploitée. Celles de Périgueux & de Saint-Martin, au lieu dit *Suquet* , département de la Dordogne , ne sont pas exploitées : il en est de même de celles des Vosges à Gesningutte, Tholey, Laveline , près de Saint-Dié. La manganèse se trouve aussi en abondance dans le département de la Sarre , & s'exploite avantageusement à Kreslenich , près de Dachsoubi , canton de Vadern ; elle y est presque toujours en aiguilles brillantes , prismatiques, se croisant en tout sens. Cette mine est exploitée depuis cinquante ans. Dans le département du Cher , auprès de Culan , il a été récemment découvert une mine de manganèse.—Celle de Sens, dans le comté de Foix, a été décrite par Picot Lapérouse. Presque toutes les mines de fer spathique blanches, qui sont très-nombreuses en *France* , contiennent de la manganèse.

L'Alsace fournit du cobalt. Les nouvelles acquisitions que l'on a faites en Savoie offrent du mercure , & il y en a une mine à Menildot. Le duché de Deux-Ponts , à l'ouest du Rhin , a de tout tems été célèbre pour ses mines de mercure. On trouve aussi sur le banc d'Erzeweiller , canton de Baumholde , département de la Sarre , une mine de mercure , dite *Windfang*, qui étoit exploitée en grand il y a ving-cinq ou trente ans.

Les montagnes des Vosges sont composées principalement de couches de pierres de sable rouge. La chaîne est interrompue près de Gelheim , à l'ouest de Wurms ; mais elle se relève ensuite en deux branches , l'une à l'ouest, appelée *Westrich*, l'autre à l'est de Donnersberg. Les montagnes qui contiennent le mercure embrassent un district de dix à douze lieues en longueur , du sud au nord , depuis Wolfstein jusqu'à Creuznach , & de sept à huit en largeur. Leur composition est un grès tantôt grisâtre, tantôt d'un brun-rougeâtre. Parmi les nombreuses mines de mercure de ce territoire , sont celles de Stahlberg & de Donnersberg, qui ont été exploitées pendant plusieurs siècles. La gangue est une roche composée de stéatites , de barites & de pierres argileuses. Dans la partie adjacente du Palatinat se trouvent des mines semblables , particuliérement dans la montagne de Potzberg , près de la rivière de Glun , composées d'une espèce de substance pareille au kaolin , de particules de quartz très-ténues, de mica & d'argile : il y a environ quarante mines dans le Potzberg. A Wolfstein sont d'autres sources du même minéral. On peut évaluer le produit annuel de ces mines à soixante-sept mille deux cents livres pesant de mercure , & le revenu , tous frais déduits, à 127,517 fr. On trouve près de Trarbach , à l'extrémité de la branche occidentale des Vosges , des mines de cuivre & de plomb avec un peu d'argent. A six milles environ au sud de Trarbach on trouve des jaspes, de beaux porphyres & de beaux granits. La pouzolane & autres produits volcaniques se remarquent sur toute la falaise qui borde les côtes de la mer, depuis Toulon jusqu'à Antibes. Cette contrée possède aussi des mines de charbon de terre , dont les plus abondantes sont dans les terrains calcaires, contre l'opinion de plusieurs minéralogistes qui avoient établi comme règle générale , que ce minéral ne se trouvoit que dans les terrains primitifs.

Sources d'eaux minérales. Les eaux minérales les plus renommées de *France* sont celles de Barège , de Bagnères , de Forges , de Saint-Amand , de Vichi , de Bourbonne-lès-Bains en Champagne, de Balaruc , de Plombières , de Passy près de Paris. Les bains chauds de Barège , au pied des Pyrénées, sont depuis long-tems célèbres : c'est là que la Reine de Navarre place la scène de ses contes. On ne trouve pas, dans les Pays-Bas, d'eaux minérales en grande réputation ; mais dans le cercle voisin de la Westphalie sont celles d'Aix-la-Chapelle & plus près encore celles de Spa , à environ vingt-deux lieues au sud-est des premières. Elles furent découvertes vers le commencement du quatorzième siècle.

Les eaux minérales de Tongres ont l'avantage d'avoir été célébrées par Pline (liv. XXXI), & actuellement, comme de son tems , elles bouillonnent & ont une saveur ferrugineuse. Une analyse bien récente a prouvé qu'elles contenoient du carbonate de fer & du carbonate de magnésie. On ajoute probablement fort peu de foi aujourd'hui aux vertus médicales que Pline leur attribue ; car elles sont peu fréquentées. Les eaux minérales les plus renommées du département des Vosges sont celles de Bains , de Bussang , de Contrexeville & de Plombières. Il en existe encore d'autres à Saint-Dié , à Martigny , à Dammartin près de Remiremont. Les eaux thermales de Vichi , sur les bords de l'Allier , sont célèbres. On trouve aussi , près de Moulins , celles de Bardon , qui sont savonneuses, mais peu renommées. On compte plusieurs sources d'eaux minérales dans le département de l'Orne : les principales sont celles de Saint-Barthélemi près d'Alençon , de la Herse dans les forêts de Bélesme , & de Bagnols dans l'arrondissement de Domfront : ces dernières sont les plus fréquentées. Les eaux minérales du département de l'Allier font les eaux chaudes de Néris, où fe voient les reftes d'un aqueduc & d'un amphithéâtre romains. Lors du tremblement de terre de Lisbonne, une des fources s'éleva au deffus de fon niveau en chariant une quantité fort confidérable de pierres & de fables qui comblèrent la plus grande partie de fon baffin. Les eaux chaudes minérales de Bourbon-l'Archambault, même département, font célèbres. Entre Cérilly & Bourbon fe trouvent les eaux minérales ferrugineufes de Saint-Pardoux. Les eaux minérales du département de l'Yonne font celles de Toucy, d'Appoigny, de Diges & Pourrain, des Écharlis dans la commune de Villefranche, de Neuilly, de Champlot, de Saint-Germains-Champs, de Villefargeau, de la Vault, de Lugny, de Vézelai, de Véron près de Sens, de Tonnerre, de Cerizier, de Belembre près d'Auxerre. A Charbonnière, près de Lyon, eft une fource ferrugineufe & fulfureufe. Les eaux minérales, dans le département d'Indre & Loire, font à Samblancey & à Vallères. Dans le département de la Lozère il y a un grand nombre de fources froides & acidulées ; mais les plus célèbres eaux minérales de ce département font les eaux thermales & fulfureufes de Bagnols. La fontaine fort d'une grande voûte qui eft au bas du village de Bagnols, fitué à l'orient, & bâtie en amphithéâtre dans un terrain pyriteux, fur la gauche du Lot. A Caftera, dans le département du Gers, on trouve des eaux minérales. Dans le département des Baffes-Pyrénées il y a des eaux minérales dans la vallée d'Offau, qui fortent d'un monticule calcaire, & à une demi-lieue de là, dans une gorge étroite, où les montagnes s'élèvent très-majeftueufement, il y a des eaux chaudes qui fortent d'un fond de granit; ce qu'on doit remarquer avec foin comme une circonftance fingulière. On trouve, dans l'île de Corfe, des eaux minérales gazeufes au canton d'Orezza, & d'autres ferrugineufes au cap Corfe, & ailleurs, dans Fiumorbo, les eaux thermales de Migliacciajo.

Il y a encore beaucoup d'autres endroits en *France* où l'on rencontre des fources d'eaux minérales dignes d'être indiquées & décrites ; mais nous nous attacherons à en donner des notices dans les articles particuliers de ce Dictionnaire.

FRANCE (Ifle de). Le contour de cette île eft de quatre-vingt-dix mille fix cent foixante-huit toifes. Son plus grand diamètre eft à peu près, nord & fud, de trente-un mille huit cent quatre-vingt-dix toifes; & fa plus grande largeur, prife à peu près eft & oueft, eft de vingt-deux mille cent vingt-quatre toifes. Sa figure eft ovale, ayant le fommet du nord plus alongé, & celui du fud plus aplati. Sa furface eft de quatre cent trente-deux mille fix cent quatre-vingts arpens à cent perches de vingt pieds de longueur.

Cette île a deux très-beaux ports, l'un plus petit & fitué vers le milieu de la côte de l'oueft de l'île : c'eft là qu'eft le principal établiffement de la côte de l'île. On n'entre dans ce port qu'en fe touant, mais on en fort vent arrière ; il eft connu fous le nom de *Port-Louis*. L'autre port, appelé *Port-Bourbon*, eft vers le milieu de la côte eft de l'île ; il eft très-vafte & fort fûr. On y entre vent arrière ou vent largue ; mais la fortie en eft difficile à caufe des vents qui, foufflant toujours de la partie du fud-eft, donnent prefque directement dans les deux paffes qui forment les débouchés du port.

Le contour de l'île eft en général tout de roche. Le fond de la mer, aux environs de la côte, eft couvert de coraux, de madrépores & d'amas de coquilles : il y a peu de fable véritable, & ce qu'on en trouve fur le bord de la mer n'eft guère qu'un amas de débris de coquillages. La côte eft bordée de reffifs, contre lefquels les vagues viennent fe brifer. Ces reffifs s'étendent quelquefois à plus d'une lieue de la terre; en forte qu'on peut faire en fûreté une bonne partie du tour de l'île dans une fimple pirogue. Il n'y a que la partie du fud, où la mer brife prefque partout, fur la côte même ; ce qui la rend inabordable, excepté dans certains endroits, où un canot peut fe mettre à l'abri de la groffe mer.

La plus grande partie de l'île eft couverte de montagnes, dont les plus élevées ne furpaffent pas quatre cents toifes. Le Port-Louis en eft entouré à demi, ainfi que le Port-Bourbon. Toute la partie du nord-oueft eft fenfiblement unie, & celle du fud-oueft eft toute couverte de chaînes de montagnes de trois cent à trois cent cinquante toifes de hauteur : la plus haute de toutes en a quatre cent vingt-quatre.

Le terrain de l'île eft en général affez bon; mais le fol eft parfemé d'une quantité prodigieufe de pierres de toutes groffeurs, dont la couleur eft cendrée-noire. Une grande partie eft criblée de trous; elles contiennent la plupart beaucoup de fer, & la furface de la terre eft couverte de mines de ce métal. On y trouve auffi beaucoup de pierres-ponces, particuliérement fur la côte feptentrionale de l'île ; des laves ou efpèces de laitier de fer, des grottes profondes & d'autres veftiges manifeftes de volcans éteints.

L'Ifle de *France* eft prefque toute couverte de bois qui font affez beaux, furtout du côté du fud-eft de l'île ; mais ils font fort embarraffés de fouges & de lianes. Les principaux arbres font le palmifte, le latanier, le vacoa, le mapou, le bois de natte à grandes & petites feuilles ; ces deux dernières efpèces font les plus beaux bois rouges de l'*île* : le bois de canele, qui n'eft pas une efpèce de canelier, mais un grand arbre, d'un bois affez liant & léger, le plus propre & le plus employé à la menuiferie; le bois de lait, ainfi appelé d'une liqueur blanche & gluante qui en fort lorfqu'on le caffe fur pied; le colophone, ainfi appelé d'une réfine qui en diftille, mais qui n'eft pas la véritable colophone.

C'eft

C'eſt au reſte un des plus gros & des plus beaux arbres de l'île : le benjoin, gros arbre qui n'a aucun rapport avec le benjoin des îles de la Sonde & des Moluques, mais ainſi nommé, au lieu de bienjoint, parce que c'eſt le bois le plus liant du pays : il ne s'éclate jamais ; il eſt excellent pour le charonage : le faux tacamaca, le bois de ronde, l'ébène, qui eſt de trois ſortes, ſavoir : l'ébène blanc, l'ébène noir, & l'ébène veiné de noir & de blanc : le bois puant, qui eſt très-propre pour la charpente : le citronnier aigre, l'arbre de fougère, le manglier & le veloutier.

L'Iſle-de-France eſt arroſée par plus de ſoixante ruiſſeaux ; ils ſont fort près les uns des autres, dans la partie méridionale de l'île : il y en a même de fort conſidérables, que leur largeur & leur profondeur rendent très-difficiles à paſſer. Le milieu de l'île eſt rempli d'étangs d'eau douce, qui ſont les ſources de la plupart de ces ruiſſeaux. La côte du nord-eſt & du nord-oueſt de l'île eſt ſans eau : on n'y rencontre guère que des mares d'eau ſalée.

Dans les ruiſſeaux de l'Iſle-de-France on pêche des chevrettes, ſemblables à celles qui viennent à Paris des côtes de Normandie ; des anguilles, des cabots, des poiſſons qu'on appelle carpes de rivière, quoiqu'elles ne reſſemblent à nos carpes que par le goût ; & enfin des mulets d'eau douce. Dans les mares & dans les grands trous remplis d'eau, qui ſe trouvent dans les lits des rivières, on pêche des lubines & des anguilles qui ont quelquefois cinq à ſix pouces d'épaiſſeur & quatre à cinq pieds de long ; elles ſont fort voraces, & entraînent même aſſez ſouvent au fond de l'eau ceux qui ont l'imprudence de ſe baigner dans ces mares.

Quant aux poiſſons de mer que l'on prend ſur la côte, on doit mettre à la tête le requin, la groſſe raie, le diable de mer : on y trouve auſſi ſouvent de groſſes tortues de mer, des lamentins, dont on ſe rend maître de la même manière que de la baleine, en les harponant. Il y a beaucoup d'huîtres à l'Iſle-de-France, mais on ne peut les ouvrir qu'en les caſſant avec le marteau. Le poiſſon le plus délicat eſt une eſpèce de turbotin ; il a du moins la figure & le goût de ce poiſſon.

Les animaux qu'on trouve dans l'Iſle-de-France ſont des cerfs, en tout ſemblables à ceux d'Europe, & dont la chair eſt excellente pendant les mois d'avril, mai, juin, juillet & août ; des cabris & des cochons ſauvages : ces derniers ſont rarement bons à manger. On y trouve des lièvres, une grande quantité de ſinges, qui font beaucoup de dégâts dans les champs de maïs & dans les autres plantations ; des rats & des ſouris qui font beaucoup de ravage dans les blés.

Les oiſeaux les plus communs ſont les frégates, les fous ou fouquets, les corbigeaux, les goilans, les alouettes de mer, le pailles-en-cul de deux ſortes, l'une dont le bec, les pattes & les pailles

ſont rouges, & l'autre dont le bec, les pattes & les pailles ſont blancs ; des perroquets de quatre ſortes, & les perruches vertes : on mange de toutes ces eſpèces de perroquets. On trouve, dans les bois, des pintades, des ramiers de deux ſortes, une eſpèce d'épervier qu'on appelle mangeur-de-poule, après lequel les petits oiſeaux s'attroupent. Il y a peu de ces petits oiſeaux ; ils ſont ſemblables à nos linotes & à nos méſanges. Dans les plaines ſont trois ſortes de perdrix, dont le goût eſt aſſez ſemblable à celui des perdrix griſes d'Europe, mais dont les cris n'ont aucun rapport. Le cri du mâle d'une eſpèce reſſemble à celui d'un coq un peu enroué. On y trouve enfin deux eſpèces de chauve-ſouris, l'une plus petite, la même que celle qu'on a en France, & l'autre beaucoup plus groſſe, & de la taille d'un chat de deux mois, fort graſſe dans les mois d'avril, mai, juin, juillet & août, & qu'on met au pot comme on met une volaille.

Les inſectes les plus incommodes & les plus communs ſont des nuées de ſauterelles ; les chenilles, les carias, qui détruiſent les plus gros arbres dans les bois ; les fourmis, dont les maiſons ſont pleines ; les cancrelas de trois eſpèces ; les grillons, les couſins ou maringouins, qui ſont un peu plus gros que les nôtres ; les ſcorpions & les mille-pieds : les maiſons en ſont remplies, ſurtout dans les bas un peu maçonnés & un peu humides.

Il n'y a pas de ſerpens dans l'Iſle-de-France : on prétend qu'ils n'y peuvent vivre, mais que dans les îles voiſines, appelées, l'Ile-Ronde, l'Ile-Longue & le Coin-de-Mire, on trouve beaucoup de couleuvres & de ſerpens. Sur l'île appelée le Coin-de-Mire il y a des lézards longs d'un pied & gros d'un pouce, au lieu qu'à l'Iſle-de-France on n'en voit que de petits courir ſur les murailles, comme ceux des environs de Paris.

La dixième partie de l'île, ou à peu près, eſt défrichée & cultivée. On y ſème du froment, de l'orge, de l'avoine, du riz, du maïs & du millet. Une partie des terres eſt en manioc pour nourrir les Noirs. On fait, en quelques endroits, du ſucre & de fort beau coton. On ne peut labourer les terres à cauſe des pierres : on les façonne à la houe, & l'on jette quelques grains dans les trous qu'on forme ; ainſi les nouveaux terrains défrichés ſont fort fertiles, mais on les fait trop travailler. Les grands abattis de bois qu'on a faits pour établir certains quartiers les ont rendus ſujets à des ſéchereſſes qui donnent aux terres une forme pulvérulente, entretiennent les inſectes & les ſouris.

Les fruits les plus communs ſont les pêches, qui ne ſont pas fondantes ; les bananes, les ananas, les papayes, les goyaves. Il n'y a preſque pas d'oranges douces, ni de citrons doux, ni de mangues, ni de cocos : les pommiers, les poiriers, les pruniers, les noyers n'y peuvent réuſſir : on y mange peu de bons melons, mais beaucoup de melons d'eau.

Peu d'habitans ont des troupeaux : il n'y a guère que le cabri & le cochon de l'Europe & de l'Inde que l'on nourriffe facilement. Les moutons y font fort rares & d'une mauvaife venue : on y trouve quelques troupeaux de bœufs & de vaches venus de Madagafcar. Les vaches amenées ou originaires de Madagafcar donnent très-peu de lait ; celles qui viennent de France s'y vendent trois fois plus cher, parce qu'elles donnent une plus grande quantité de lait.

Cette difette de gros bétail eft caufe qu'il n'y a pas de boucherie dans l'île. On envoie tous les ans deux ou trois bateaux à l'île Rodrigue, qui eft à cinq lieues à l'eft de l'*Ifle-de-France*, pour en rapporter fept ou huit milliers de tortues de terre, & cinq ou fix cents tortues de mer. La chair & la graiffe des tortues de terre font excellentes & très-faines ; celles des tortues de mer font bien moins délicates. Toutes ces provifions font deftinées à fuppléer à la boucherie pour les gens du Gouvernement & pour les hôpitaux. Les habitans vivent de chair de cabri, de volaille, de gibier & de poiffons.

L'air de l'*Ifle-de-France* eft fort fain ; il eft tempéré & même froid le foir & le matin dans les habitations un peu élevées. Les chaleurs font plus grandes au Port-Louis que partout ailleurs, parce que les montagnes voifines le mettent fouvent à l'abri du vent du fud-eft, qui règne ordinairement toute l'année. Le ciel n'eft pas également ferein par toute l'île, car il pleut prefque tous les jours de l'année vers le milieu du jour, & c'eft ce qui entretient les étangs, les ruiffeaux, dont un petit nombre feulement tarit dans la faifon fèche. Aux environs du Port-Louis & dans la partie du nord-oueft de l'île, il ne pleut que dans les mois de janvier, février, mars & avril. Les grains de pluie font cependant fréquens dans les mois de mai, de juin & quelquefois de juillet. La féchereffe dure pendant tout le refte de l'année ; elle rend la vue des environs du port très-défagréable, à caufe des herbes deffechées & brûlées, & des montagnes voifines, nues, dépouillées d'arbres, & hériffées de pierres. Malgré la féchereffe, le ciel eft rarement bien clair : on y voit prefque continuellement rouler de petits pelotons qui viennent du milieu de l'île, où il pleut tous les jours, comme il eft dit ci-devant.

Les vents viennent ordinairement de la partie du fud-eft ; ils font bien moins violens qu'au Cap de Bonne-Efpérance. On trouve cependant des vents variables depuis le mois d'octobre jufqu'au mois d'avril. Le baromètre ne varie guère plus de fix lignes : on l'a vu à 28 pouces 5 lignes & un tiers, & au plus bas à 27 pouces 11 lignes & demie les jours d'une groffe pluie & d'un ouragan qui s'eft fait fentir à l'Ile-Bourbon. Dans le courant de l'année le mouvement du mercure eft prefqu'in-

fenfible, fi ce n'eft qu'il eft toujours plus haut à midi que le foir.

FRASCATI. C'eft une petite ville à quatre lieues de Rome, vers l'orient, dans le Latium ou la Campagne de Rome, près de l'ancienne ville d'Albe ; elle eft fituée dans une pofition heureufe, fur le penchant de la montagne. Quand on la voit d'en-bas on y découvre une vue très-belle & très-variée par les différens plans de la montagne & les différentes maifons qui font deffus, dont les arbres font un très-bel effet. Cet endroit eft remarquable par les fuperbes maifons & les jardins magnifiques qui le décorent : la nature & l'art en ont fait un lieu de délices. On ne fe laffe point de contempler des fites pittorefques, des cafcades charmantes, dont les eaux argentées & limpides réfléchiffent la riante verdure qui les environne, & raniment la fcène enchantereffe qui frappe les regards. Des productions diverfes éclatent de toutes parts, & montrent la beauté du climat & une Nature riche & prodigue. Les collines font couvertes de vignes & de bois. Parmi ceux qui embelliffent ce canton on diftingue le frêne, & l'on voit à prefque tous ces arbres des incifions faites à l'écorce pour faciliter l'écoulement de la manne.

A une petite lieue de *Frafcati* on trouve un vallon qui s'étend du côté de Rome & de la mer, & au fond du vallon coule la Marana ; elle prend fa fource une demi-lieue plus haut, & va entrer dans Rome vers le grand cirque.

FRÉJUS. (*Forum Julii*), ville du département du Var. Son territoire eft traverfé par le Reiran qui le dégrade, & par l'Argens qui l'arrofe & le fertilife ; mais aucune de ces rivières ne remplace les eaux falubres de la Siagne, que les Romains, fi connoiffeurs dans les eaux, y avoient amenées. Les puits, creufés dans le grès fur lefquels cette ville eft bâtie, ne lui donnent qu'une eau faumâtre. La feule qu'on puiffe boire fans danger eft fournie par une fource éloignée & peu abondante. La plaine qui l'entoure, eft un ancien atterriffement fertile en grains & en fourages, & qui d'ailleurs produit l'olivier, le noyer & prefque tous les arbres fruitiers. Les collines conviennent généralement à la vigne & à l'olivier. Si ces cultures y font peu répandues, on ne doit en accufer ni la qualité du fol ni fon expofition, mais furtout la dépopulation de cette malheureufe ville, dont les reftes achèvent de s'éteindre au milieu d'un air méphitique. Ses forêts nourriffent le liège & le grand pin maritime. On obferve avec intérêt, dans fon territoire, des courans volcaniques, des dépôts de pozzolane, des granits, des porphyres, des jafpes & des améthyftes. L'induftrie de *Fréjus* eft réduite à une fabrique de poterie commune.

Fréjus, colonie romaine, fur la voie Aurélienne, fut la réfidence de la huitième légion. Son port, fon cirque, fes aqueducs, monumens la plupart intéreſſans, n'offrent plus que des ruines. Cependant une deſtinée conſtante ſemble avoir lié le nom de cette ville aux grands événemens qui décident des Empires : près de ſes murs, Antoine traita avec Lépide du ſort des Romains. Après la bataille d'Actium, elle vit dans ſon port, & à la ſuite d'Octave, les flottes confondues des vainqueurs & des vaincus ; & de notre tems ſes rivages ſablonneux ont reçu à ſon retour d'Égypte, & rendu à la France le héros qui la gouverne avec gloire.

Je reviens au port de *Fréjus* : ſon ſol eſt ſiliceux ; ſa ſuperficie eſt de quatorze mille ares. La profondeur réduite de ſes hautes eaux eſt de quatre mètres ; elles baiſſent d'environ deux mètres, & ſont très-mal-ſaines. Cet ancien monument de la grandeur des Romains n'étoit plus, depuis huit ſiècles, qu'un vaſte marais. Des vaſes & des eaux croupiſſantes occupoient la place où l'on nous dit que mouillèrent enſemble les reſtes des flottes qui ſe diſputèrent l'empire du Monde.

Vers le milieu du ſiècle dernier les États de Provence ſe déterminèrent à faire diſparoître ce marais. On pouvoit choiſir entre deux moyens également ſûrs, mais d'une difficulté & d'une dépenſe extrêmement inégales.

Le premier conſiſtoit à déblayer le port, & à y introduire de nouveau les eaux de la mer en rouvrant le canal de communication. On objecta, contre ce projet, la difficulté de garantir l'embouchure du canal des ſables que la mer pouſſe conſtamment ſur ſes rivages, & le reſte de ſon cours des dépôts plus lents, mais auſſi inévitables, occaſionnés par les apports des vents & des eaux pluviales. Les Romains avoient eu à combattre cet obſtacle ; mais on ne ſe douta point, lors de cette diſcuſſion, des moyens qu'ils employèrent pour le vaincre.

Entre le Puget & *Fréjus*, ſur la rive gauche de l'Argens, eſt un pont à trois arches, dont le débouché total eſt de douze mètres. Il eſt placé dans un lieu où jamais on n'a vu le plus foible ravin. Ce monument, très-bien conſervé, ſuppoſe néceſſairement un grand volume d'eau. Sa poſition indique que l'Argens la fourniſſoit ; & comme la direction de ſon ouverture eſt vers le port de *Fréjus*, il eſt difficile de ne pas croire que cette grande dérivation étoit deſtinée à entraîner avec elle les dépôts du canal, & à repouſſer les ſables de ſon embouchure. Cette objection n'ayant point été alors réſolue, on propoſa, & les États acceptèrent le ſecond moyen, qui étoit d'achever en entier l'encombrement du port par une dérivation du torrent du Reiran. Cent mille écus furent employés à cet ouvrage, & déjà les deux tiers de la ſuperficie du port étoient aterris juſqu'à l'araſement des quais, lorſqu'une compagnie de ſoumiſſionnaires ſe préſenta pour en obtenir l'aliénation en ſa faveur, vers le milieu de l'an 6. On doit regretter que cette vente ait été conſommée, car les

nouveaux propriétaires ont négligé de continuer l'encombrement du port, & le tiers qui reſtoit encore à l'époque de cet acte continue d'infecter la ville de *Fréjus*.

Le canal de dérivation du Reiran, qui ſert à encombrer le port, eſt en bon état. La ſeule dépenſe néceſſaire, & qui pourroit monter à 2400 fr. par an, ſeroit appliquée à l'entretien des vannes de dérivation, & au ſervice de l'écluſe pendant tout le tems qu'exigeroit l'achévement de l'encombrement.

Aux environs de *Fréjus*, la lave eſt ordinairement noire, quelquefois compacte, ſouvent bourſoufflée, & ces accidens les plus remarquables ſont de renfermer, dans les ſoufflures, du ſpath blanc criſtalliſé. Les laves d'Agay renferment de même beaucoup de feldſpath blanc qui n'eſt preſque point altéré. Ce courant, traverſant les montagnes de l'Eſterel, s'étend près de la Napoule, & reparoît au ſud d'Antibes, ſur les bords de la mer. Il ſeroit à deſirer qu'on eût obſervé le centre d'éruption, qui eſt l'origine du courant ; mais il paroît qu'on ne s'eſt point attaché à découvrir ces centres, & je ſuis le premier qui ait ſenti les avantages de cette étude.

Environs de Fréjus.

Le ci-devant dioceſe de *Fréjus* étoit un des plus conſidérables de la Provence ; il contenoit environ quatre-vingts paroiſſes. Ses limites étoient, au nord, les montagnes ſouſalpines ; à l'occident, le dioceſe d'Aix ; au levant, celui de Graſſe ; & au midi, la Méditerranée & le dioceſe de Toulon. Les montagnes de la Garde-Freinet ſe prolongent vers le couchant juſqu'à la Méditerranée, & au levant juſqu'à *Fréjus* ; elles forment une chaîne d'environ quinze lieues de long, ſur ſept ou huit de large. La plupart de ces montagnes ſont compoſées de granit, de pierres de roche, de quartz & de grès. Celles qui ſont expoſées au midi ſont coupées ordinairement à pic, & préſentent des cimes pelées. On ne trouve point de couches régulières ni de cavités creuſées dans leur intérieur ; ce qui fait que les eaux pluviales qui tombent ſur leurs cimes ſe diſſipent aiſément, ne ſe filtrent point dans leur intérieur, & ne forment ni rivières ni fontaines permanentes. Auſſi ne voit-on, dans les vallées, que des torrens, de petites rivières, des ruiſſeaux qui tariſſent communément en été, pour reprendre leur cours après les pluies d'automne. La plupart des coteaux ſont couverts de ſchiſtes argileux. Le terrain des vallées eſt un mélange de grès, du débris des roches granitueſes, de mica & de ſable ; ce qui le rend aſſez fertile : il ne lui manque qu'une ſuffiſante quantité d'eau pour être regardé comme un des plus fertiles de la Provence ; mais les limons que les rivières entraînent avec elles ne ſéjournent pas aſſez, la plupart n'étant que des torrens, tandis que ceux que le fleuve d'Argens amène de plus loin dans les terres de *Fréjus* & de Roquebrune les bonifient extrêmement.

La montagne de la Magdeleine est couverte de pins; elle présente aux naturalistes quantité de laves qui paroissent avoir été vomies par quelque volcan éteint depuis long-tems. Les traces de ce volcan paroissent même dans la montagne, dont les pierres soufflées & spongieuses ont été portées à des distances fort éloignées; quelques-unes de ces laves sont ferrugineuses & ressemblent à du mâche-fer. La montagne de Maraveille ou Baudufo, voisine de celle de la Magdeleine, présente le cratère d'un volcan éteint : on y trouve beaucoup de laves, & la roche extérieure indique les traces d'un volcan. On trouve aussi des laves sur le Mont-Faucon, qui est une suite des deux premières montagnes. Ces laves sont de couleur brune presque noire, très-dures & très-pesantes.

Le village de Cogolin paroît construit sur une montagne volcanisée ; car à quelque profondeur qu'on creuse la terre, on y trouve des laves dont quelques-unes ont la dureté du basalte.

Le village de Gassin ou Garcin, distant de Cogolin d'environ une lieue, est situé sur une montagne qui a près de trois cents toises d'élévation au dessus de la surface de la mer. Le granit de diverses couleurs forme la base de cette montagne ; elle contient encore de grands bancs de mica, de pierres talqueuses, de l'argile recouverte de lames vitreuses de ce fossile. Le canton de la Carrade renferme une carrière de très-belle serpentine qu'on exploite depuis long-tems. Cette pierre reçoit très-bien le poli.

Les montagnes de Sainte-Maxime vont se joindre d'un côté à celles de Grimaud, dont nous allons parler, & de l'autre à la chaîne des montagnes du plan de la Tour, du Revest & de Roquebrune. Le terrain de tous ces environs est sablonneux & micacé. L'argile couvre les bas-fonds. Les coteaux sont graveleux & secs de leur nature : on les défriche & on les met en valeur en faisant des abattis de pins & de cistes que l'on brûle sur le sol ; mais cette pratique, trop générale dans ces lieux en pente, cause souvent des incendies funestes, que la violence des vents propage au loin; & pour des moissons un peu considérables qu'on en retire pendant deux ou trois ans, on n'a bientôt plus, par l'éboulement des terres mal soutenues, que les roches nues & brûlées. De larges bandes de quartz blanc, à demi vitreux & opaque, sillonnent la superficie des coteaux & des montagnes un peu élevées ; elles s'enfoncent profondément dans la terre, & indiquent presque toujours des mines de plomb.

Le golfe de Grimaud, autrefois *Sinus sambracitanus*, a environ quatre à cinq lieues de long sur autant de large ; il est borné à l'est par les montagnes du plan de la Tour, par celles de la Garde-Freinet au nord, & par les terroirs de la Mole &

de Cogolin au couchant. Les petites rivières de Cogolin & de Grimaud, qui viennent se jeter dans la mer, ont occasionné des bas-fonds, des marais assez larges au terroir de Saint-Pons, où les eaux de la mer pénètrent quelquefois dans les grandes tempêtes que les vents violens de nord-est élèvent. Les eaux de ces rivières & des torrens, qui se filtrent à travers un terrain un peu sablonneux, quoique l'argile en soit la base primitive, ont creusé des mares & des gouffres, connus sous le nom de *garonnes*, dans la plaine. Plusieurs personnes y ont péri. Les débordemens des rivières sont en grande partie la cause de ces garonnes.

Toutes les eaux qui viennent des montagnes qui ceignent le golfe, se précipitent dans la plaine pendant les pluies d'automne. Les orages & charient une quantité d'arbustes, de plantes, de graviers dont ils dépouillent les montagnes, & la plaine en est exhaussée d'une façon manifeste; ce qui nuit extrêmement à la végétation, engrave les prairies, & ne nuit pas peu aux blés par la carie & par la rouille que cela leur cause. Les débordemens sont si terribles en automne, qu'on y a vu la plaine couverte d'eau, formant une continuité avec la mer jusqu'au bas des coteaux. L'inondation que la plaine de Grimaud essuya en 1783, au mois de juillet, fut au dessus de ce qu'on pourroit dire. Il sembloit que tous les élémens fussent conjurés pour abimer ce malheureux pays.

L'atmosphère de tous ces environs est souvent infecté de vapeurs méphitiques, que les vents de sud emportent au loin. Les habitans de Cogolin s'en ressentent le plus, quoique l'air y circule plus facilement depuis qu'on a coupé & incendié les bois de la Mole.

Le village de la Garde-Freinet est situé au pied d'une montagne de nature quartzeuse; elle jette une longue chaîne de l'est à l'ouest. La plus haute de ces montagnes a environ trois cents toises d'élévation au dessus de la mer, que l'on découvre au midi : il n'y a ni gypse ni pierre à chaux dans tout ce terroir, ainsi qu'au golfe de Grimaud. Le bas des coteaux est couvert de schistes fragiles, qui favorisent la culture des vignes & de l'olivier. L'air de tous ces environs est salubre, à cause de leur élévation & des vents de nord & de sud qui y soufflent avec violence : les vapeurs infectes du golfe de Grimaud ne s'élèvent point jusque-là. Les eaux y sont fraîches & limpides. Il y a des mines de cuivre & de plomb dans le territoire de la Garde-Freinet : la principale est celle de Vaucron. C'est une montagne assez haute, d'une roche dure, entre-mêlée de larges bandes de quartz qui servent de gangue au minéral. On trouve des bancs de mica blanc & jaune dans les environs. Cette mine a été exploitée par les Anglais vers 1730; elle rendoit beaucoup d'argent ; mais elle a cessé de l'être par la mésintelligence des concessionnaires. Il en a été de même de la mine du Canèt, au quartier de Saint-Dalmas. Les terres du grand &

du petit Efclans font comprifes dans de grandes vallées, dont la partie feptentrionale eft entièrement calcaire. La montagne de Rouet, au levant de celle de Pennafort, renferme une mine de plomb tenant argent. Il s'eft formé une grotte confidérable au pied de cette montagne, où l'on peut remifer jufqu'à deux cents moutons : il y en a une autre à un quart de lieue de celle-là, qui eft auffi vafte, au fond de laquelle on voit une fontaine d'une eau pure qui tombe en cafcade d'un baffin dans un autre, & fe perd enfuite dans la grotte même. La voûte eft couverte de ftalactites.

La ville de *Fréjus* eft conftruite fur le cratère de quelque volcan éteint, dont on trouve des traces jufqu'à une lieue en tirant vers le nord, au bas des montagnes de l'Efterel. Les laves, les pierres foufflées font communes quand on creufe un peu profondément dans la terre : les murs de l'amphithéâtre & plufieurs des édifices de cette ville en font bâtis. La fituation de la ville de *Fréjus* eft avantageufe ; elle domine la campagne : de hautes montagnes la défendent des vents du nord. La mer paroît au midi, à demi-lieue de diftance. Le fleuve d'Argens, qui fe jette dans la mer à une demi-lieue de cette ville, a formé des marais à fon embouchure. Ses eaux refluent quelquefois fur elles-mêmes, dans les débordemens, par le fouffle impétueux des vents de fud & d'oueft. Toutes les eaux pluviales qui découlent des montagnes voifines, des torrens & des ruiffeaux couvrent bientôt la plaine, qui devient alors une vafte mer par fon défaut de pente & les alluvions qu'elles y ont caufées. Les Romains avoient conftruit un beau port à la partie du midi, au moyen d'un canal qui ouvroit une communication avec la mer. Les aterriffemens du fleuve d'Argens, & les fables foulevés & pouffés par les vents de fud, ont comblé peu à peu ce port ; il n'eft plus aujourd'hui qu'un vafte marais couvert de rofeaux, d'infectes, & trop près de la ville pour ne pas y caufer quelquefois des maladies par les vapeurs putrides qui s'en exhalent. Les mêmes caufes qui ont comblé le port de *Fréjus* préfentent des obftacles invincibles à fon rétabliffement. Il paroît impoffible de recreufer dans les fables un canal qui feroit près de fe recombler à tout moment, & l'on n'ofe toucher à ces marais infects, dont la vafe putride cauferoit la mort des habitans. On a effayé de combler la partie fupérieure de cet ancien port, connue fous le nom de *Lanterne*, en y jetant des pierres, du fable & des décombres ; mais les pluies & les inondations d'automne ont fait bientôt difparoître ce fol nouveau : tout s'enfonça dans la vafe, & les marais reparurent. Sans doute qu'on fera plus heureux dans les nouvelles tentatives qu'on fait maintenant pour combler de nouveau ce port. On y dérive le Reiran, torrent affez confidérable en hiver, qui, venant des montagnes voifines, doit y charier les fables & les pierres qu'il leur arrache, tandis qu'on fait écouler les eaux ftagnantes

des marais voifins par des faignées profondes. *Fréjus* eft totalement dépourvu de bonne eau. La fource qu'on a à quelque diftance de la ville, & au deffous de fon niveau, n'eft pas affez confidérable pour en fournir à tous les habitans ; ils font obligés de boire des eaux de pluie ramaffées dans des citernes. Les Romains y avoient conduit les eaux de la rivière de Siagne, qui en eft éloignée de plus de fept lieues au nord, au moyen d'un aqueduc dont on voit encore les reftes. La branche de cette rivière, qui fort d'un rocher dans la terre de Mons, fourniffoit à cet aqueduc une eau claire & falubre. Le lit de la rivière eft aujourd'hui plus bas que la prife d'eau dans l'aqueduc.

La forêt de l'Efterel, au levant de *Fréjus*, eft terminée au midi par une chaîne de montagnes qui viennent de Saint-Raphaël jufqu'au golfe de la Napoule, où elles s'avancent à une demi-lieue dans la mer par un long promontoire nommé *le Cap de Téoule*. Cette chaîne fe fait remarquer par le granit, le jafpe, le grès & le quartz qu'on y rencontre. Le granit couvre la cime ordinairement pelée de ces montagnes, taillées à pic du côté du midi. Le cap Roux eft la partie la plus élevée de cette chaîne. Le baromètre lui donne trois cent foixante toifes d'élévation au deffus du niveau de la mer.

Dans le ci-devant comté de Calian, au deffus du moulin de ce nom, on trouve une grotte connue fous le nom de *Garamagnes*, qui n'a de remarquable qu'un ruiffeau qui traverfe fon intérieur. Les petites pierres calcaires détachées de la voûte, & qui ont été roulées dans le ruiffeau, qui vient d'affez loin, ont acquis un poli & une forme ronde affez agréables.

FRÉJUS (Golfe de), département du Var, arrondiffement de Draguignan, & fitué à une demi-lieue fud-eft de *Fréjus* ; il a d'ailleurs une demi-lieue de profondeur : outre cela, au fud-fud-oueft, le cap de Saint-Aigons, & au fud-fud-eft deux petites îles nommées *le Lion de terre* & *le Lion de mer*.

FREYBERG en Saxe. Après avoir publié, au mot FILON, la théorie de la formation des filons, nous allons décrire à cet effet les diverfes formations de filons métalliques que l'on obferve dans le diftrict de *Freyberg*. Cette defcription ne fervira pas feulement à expliquer & à éclaircir cette théorie, mais encore elle pourra being être regardée comme le commencement d'une connoiffance plus exacte de ce diftrict de mines. Je le confidère comme contenant plufieurs dépôts de divers minerais. Ce diftrict paroît s'étendre, du côté du midi, jufqu'à Langenau ; du côté du levant, jufqu'à Weiffenborn, & prefque jufqu'à Navendorff ; du côté du nord, jufqu'à Groffchirma ; du côté du couchant il s'étend jufqu'à Walterfdorff ; de forte que l'étendue du diftrict eft d'environ deux milles géométriques d'Allemagne en longueur, & de plus de mille en largeur ; mais comme il eſt difficile de fixer exactement les bornes d'un diſtrict puiſque les formations & les dépôts ſe perdent peu à peu, il peut très-bien ſe faire qu'au-delà des bornes qu'on vient d'aſſigner, on trouve quelques traces de formations de filons qui appartiennent encore au diſtrict de *Freyberg*.

Entre les limites que je viens d'indiquer, je remarquerai au moins huit principaux dépôts de filons métalliques, ſans en compter quelques autres moins conſidérables. Ces dépôts ſont très-diſtincts les uns des autres, & la plupart renferment pluſieurs ſortes de métaux.

Le PREMIER DÉPÔT, bien décidément le plus ancien, eſt un dépôt de plomb argentifère. Eu égard à ſa richeſſe, il eſt un des plus importans du diſtrict ; il conſiſte en galène à gros grains, contenant juſqu'à deux onces & demie d'argent, pyrite arſenicale ordinaire, blende noire à gros grains, pyrite ſulfureuſe ordinaire & hépatique, & quelquefois quelque peu de pyrite cuivreuſe, ainſi qu'une petite quantité de fer ſpathique.

Les pierres de gangue ſont principalement des quartz, quelquefois un peu de ſpath bruniſſant, & rarement un peu de ſpath calcaire, preſque toujours criſtalliſé.

Parmi tous les minéraux de cette formation, le quartz paroît être le plus ancien, & avoir été produit le premier. Ainſi la galène, la blende noire, les pyrites ſulfureuſes, arſenicales & cuivreuſes paroiſſent ordinairement avoir été formées à la même époque, mais poſtérieurement au quartz. La mine de fer ſpathique & le ſpath bruniſſant paroiſſent plus nouveaux. Le ſpath calcaire, que l'on trouve rarement & en petite quantité, eſt le minéral le moins ancien. Ses criſtaux recouvrent les parois des druſes.

SECOND DÉPÔT. C'eſt un dépôt d'argent & de plomb. Les minerais qui le compoſent, ſont la galène à gros & à petits grains, & très-riche en argent ; de la blende noire à petits grains, des pyrites ſulfureuſes ordinaires & hépatiques, & un peu de pyrites arſenicales ; de plus, de la mine d'argent rouge-foncé, de la mine d'argent aigre & de la mine d'argent blanche.

La gangue conſiſte principalement en quartz, beaucoup de ſpath bruniſſant, & ſouvent du ſpath calcaire.

Il eſt aiſé de diſtinguer, dans cette formation de filons, l'âge de différentes eſpèces de minéraux qui la compoſent. Le plus ancien eſt preſque toujours le quartz. Ses criſtaux forment les parois des druſes. Sur & entre ces parois on a la blende noire, la pyrite arſenicale, la galène & la pyrite ſulfureuſe. Il ſemble que la blende & la pyrite arſenicale ſont de formation un peu plus ancienne : par-deſſus vient le ſpath bruniſſant, enſuite les trois minerais d'argent, & encore une fois la ga-

lène, qui eſt plus ancienne & du même tems que les trois minerais d'argent.

TROISIÈME DÉPÔT. Dépôt de galène & de pyrites ſulfureuſes. C'eſt un dépôt de plomb pauvre en argent ; il contient de la galène, qui donne environ une once d'argent par quintal ; beaucoup de pyrites ſulfureuſes, pas beaucoup de blende noire, & preſque toujours un peu d'ocre rouge. La gangue conſiſte en quartz, quelquefois auſſi en terre de chlorite mêlée d'argile.

Ce dépôt paroît être beaucoup moins ancien que les précédens.

QUATRIÈME DÉPÔT. Ce dépôt eſt de plomb pauvre en argent. Le minerai conſiſte en galène, preſque toujours contenant un quartz, & tout au plus trois quarts d'once d'argent. Les pierres de gangue bien diſtinctes ſont le ſpath peſant, preſque toutes les eſpèces de ſpath fluor, quelque peu de quartz.

CINQUIÈME DÉPÔT. C'eſt un dépôt d'argent natif, d'argent ſulfuré & de cobalt. Il contient de l'argent natif capilliforme, dentiforme ; de la mine d'argent ſulfuré, du cobalt, de la galène très-riche en argent, un peu de blende brune à grains fins, de mine de fer ſpathique en grains fins.

La gangue eſt du ſpath peſant, dont les particules ont peu d'adhérence enſemble ; du ſpath fluor d'un bleu-violet, à petits grains.

SIXIÈME DÉPÔT. C'eſt un dépôt d'arſenic natif & de mine d'argent rouge. Il contient principalement de l'arſenic natif, de l'argent rouge-clair, quelquefois auſſi un peu d'orpiment, rarement quelque peu de kupfernikkel, du cobalt, un peu d'argent natif, un peu de galène de plomb, des pyrites martiales & de la mine de fer ſpathique. Ces minerais ſe trouvent dans du ſpath peſant ordinaire ou teſtacé, dans du ſpath fluor, du ſpath calcaire & quelque peu de ſpath bruniſſant.

Cette ſixième formation, de même que la cinquième, eſt décidément poſtérieure à la quatrième, car elle ne ſe trouve que dans les interſections ou dans le milieu des filons de la quatrième. Il eſt difficile de décider laquelle eſt la moins ancienne des deux ; cependant je ſuis porté à croire que c'eſt la dernière, c'eſt-à-dire, celle d'arſenic natif & d'argent rouge.

SEPTIÈME DÉPÔT. Ce dépôt eſt de mine de fer rouge. Il contient uniquement de la mine de fer rouge ocracée ou hématite rouge, quelque peu de fer ſpéculaire dans du quartz, & quelque peu de ſpath peſant.

Cette formation eſt certainement une des plus nouvelles de celles qu'on a décrites, comme il paroît par la poſition qu'elle occupe dans les filons. Peut-être c'eſt elle qui forme les nombreuſes & conſidérables mines de fer rouge qui, commençant dans Oberge-Birge, s'étendent juſque dans le Voigtland & deſcendent juſqu'à Trenfriederſdorff. Il ſe pourroit bien auſſi que la couleur rouge du gneiſs, dans quelques endroits de la ſuperficie des montagnes du diſtrict de *Freyberg*, provint de cette formation de mine de ſer rouge.

HUITIÈME DÉPÔT. C'eſt un dépôt de cuivre. Il conſiſte en pyrite cuivreuſe, verd de montagne, malachite, ocre de ſer rouge & brune, avec quelque peu de quartz & une petite quantité de ſpath fluor.

Tels ſont les dépôts des filons les plus remarquables que préſente le diſtrict des mines de *Freyberg*; & ſi l'on conſidère le nombre & la richeſſe de ces filons, on ne ſera pas étonné de la grande quantité de tréſors qui ſont ſortis de ces mines.

Au reſte, on ne doute nullement qu'à ces formations de filons on n'en puiſſe ajouter quelques autres.

Ainſi, outre les trois dépôts de plomb dont on a parlé, on ſoupçonne qu'il y en a un quatrième qui eſt d'une époque plus récente que les précédens; mais il n'en eſt pas moins intéreſſant. Il conſiſte en galène teſtacée, riche en argent, & en galène compacte, avec une petite quantité de pyrites ſulfureuſes; de blende noire & de mine de ſer ſpathique.

De plus, l'on a tiré de pluſieurs filons du diſtrict de *Freyberg*, du cuivre bigaré avec des pyrites cuivreuſes, & même quelque peu de cuivre vitreux ou cuivre ſulfuré. On ne ſait ſi cette formation doit être comptée parmi les précédentes. Il convient ſurtout d'en faire mention ici.

Je terminerai cette énumération de filons par deux formations d'argent qu'on doit ſoupçonner appartenir à la mine d'argent rouge-clair du quatrième dépôt; elle eſt en partie criſtalliſée, & en partie de forme ſuperficielle, que l'on trouve aſſez fréquemment à Beſchert-Gluck. Ordinairement elle ſe trouve dans les filons ferrugineux.

FRIOUL (Mines de mercure du). La ville d'Idria, au comté de Goritz dans le *Frioul*, eſt ſituée dans un lieu bas, entouré de montagnes de tous côtés. Il y a auprès d'elle une rivière du même nom, qui, quoique Léandro l'appelle *il ſuperbiſſimo fiume d'Idria*, eſt la plupart du tems très-petite & très-baſſe. Cependant lorſqu'elle a été groſſie par les pluies, elle porte le bois dont on a beſoin pour les mines & pour le feu qui y eſt néceſſaire. On a conſtruit à cet effet une eſpèce de digue de pilotis, qui traverſe obliquement la rivière; elle ſert à arrêter les arbres qu'on jette dans la rivière au deſſus de la ville.

Ce qu'il y a de plus remarquable à Idria, ce ſont les mines de mercure très-connues dans le voiſinage, & dont l'utilité s'étend juſqu'aux pays les plus éloignés.

Leur entrée n'eſt pas élevée ſur une haute montagne, comme celle de pluſieurs autres mines; mais elle ſe trouve dans la ville même; ce qui expoſe les mineurs à être fort incommodés par l'eau, contre laquelle ils ſe ſont pourvus de machines & inventions comme dans les mines profondes. La partie la plus baſſe de la mine, depuis ſon entrée, eſt entre cent vingt & cent trente braſſes.

Cette mine fournit deux ſortes de mercure, l'un qu'on appelle *mercure vierge*, & l'autre *mine de mercure*. On appelle mercure vierge celui qui ſe découvre de lui-même ſans qu'il ſoit beſoin d'employer le feu pour le retirer de ſa mine. Il dégoutte dans la mine, & quelquefois il coule en grande quantité.

On appelle auſſi mercure vierge celui qu'on ſépare en lavant le mercure dans un crible, & enſuite dans une auge longue, percée de quelques petits trous à ſon extrémité, ſans qu'il ſoit néceſſaire d'y employer le feu.

L'autre eſpèce de mercure ne ſe laiſſe pas d'abord apercevoir; mais il faut employer le feu. On le retire ou de la mine ou du cinnabre qu'on trouve dans la mine. Cette mine eſt d'une couleur noire mêlée de rouge, la meilleure, & en pierre. On ne l'expoſe pas d'abord à l'action du feu: on la broie, & on la paſſe au tamis afin que ſi elle contient du mercure vierge il puiſſe s'en ſéparer. Cette mine de mercure eſt la plus riche de toutes les mines que l'obſervateur a viſitées; elle donne la moitié de ſon poids de mercure, & quelquefois deux parties de mercure ſur trois de mines.

On n'a pas oui dire qu'il y eût d'exhalaiſons dans cette mine, comme il y en a dans pluſieurs autres: mais les mineurs y ſont expoſés à un aſſez grand nombre d'autres incommodités; car quoiqu'ils ne ſoient pas ſuffoqués ſur-le-champ, le mercure qui pénètre leur corps les fait périr de langueur. On n'a pas non plus entendu parler d'aucune apparition, comme on dit qu'il y en a dans les autres mines.

Le pays des environs eſt fort couvert de bois & orné de très-beaux arbres, entre leſquels on diſtingue des ſapins, des mélèſes, des pins, des pinaſtres, des piccas, & la belle eſpèce d'érable dont on fait les violons & les violes. Ces arbres ſe trouvent auſſi en grande quantité dans le pays de Saltzbourg & dans la Carinthie.

Ces lieux abondent, pendant la nuit, d'un grand nombre de vers luiſans qui, en les mettant dans une feuille de papier, éclairent comme une chandelle dans une lanterne, & l'air eſt rempli de mouches luiſantes qui cauſent un extrême plaiſir à voir.

FRISE. Ce n'eſt pas ſeulement autour de la Baltique actuelle que ſe trouvent les blocs & fragmens de granits plus ou moins arrondis, plus ou moins polis. Ces mêmes débris ſe trouvent encore en Friſe, & même forment des collines où tous ces matériaux ſont diſtribués ſans ordre: il y a non-ſeulement des granits, mais encore des baſaltes & des tronçons de priſmes enſevelis au milieu des ſables qui conſtituent la plus grande partie de ces collines; elles s'étendent depuis Amerfort juſqu'à Hatten: nous les avons retrouvées enſuite en allant de Zutphen à Arnhem, dans un beau village où l'on emploie tous ces matériaux dans les constructions. Il est incontestable que tous ces matériaux ont été voiturés par le Rhin, qui y avoit son embouchure. On ne peut en douter si l'on compare ces matériaux avec ceux qu'on trouve le long du Rhin, & surtout les basaltes & les fragmens de prismes.

Ces collines supposent une grande inondation dans ce pays & dans l'embouchure des eaux courantes quelconques qui ont voituré ces matériaux dans le Velaw.

FROID. C'est l'état de l'atmosphère ou des corps terrestres qui sont privés de chaleur à un certain point par des causes purement naturelles : tel est le *froid* qui se fait sentir en hiver dans nos climats ; tel est celui qu'éprouvent les habitans des zônes glaciales pendant la plus grande partie de l'année.

C'est dans l'air de l'atmosphère, comme je l'ai dit d'abord, que le *froid* dont il est question ici s'excite le plus promptement, & ce n'est qu'à la suite des mêmes circonstances que les autres corps placés à la superficie de notre globe reçoivent les mêmes impressions. Ce *froid* peut être enfin dans l'intérieur de la terre, jusqu'à une profondeur qu'on n'a point encore déterminée.

Tous ces effets ne supposent qu'une chaleur diminuée à un certain point. Or, une grande partie de la chaleur des corps terrestres venant de l'action que le soleil exerce sur eux, il est évident que tout ce qui affoiblit cette action doit par-là même contribuer au *froid*. (*Voyez* le mot CHALEUR.)

Il faut maintenant discuter les causes particulières qui se mêlent à la cause générale. Ces causes accidentelles sont de plusieurs sortes : celles que je considère comme principales sont la situation particulière des lieux, la nature du sol & les vents.

Plusieurs pays sont, par leur situation, beaucoup plus *froids* que leur latitude ne semble le comporter. En général, plus le sol d'un pays est élevé au dessus du niveau de la mer, plus le *froid* qu'on y éprouve est considérable. C'est un effet assez constant, qu'à toutes les latitudes, & sous l'équateur même, la chaleur diminue, & le *froid* augmente à mesure qu'on s'élève au dessus du niveau de la mer : de là vient qu'au Pérou, dans le centre même de la zône torride, les sommets des Cordilières sont couverts de neiges & de glaces qui se renouvellent continuellement. La rareté de l'air, toujours plus grande dans les couches les plus élevées de l'atmosphère, qui correspondent à ces sommets, paroît être la principale cause de ce phénomène. Un air plus rare & plus subtil, étant plus diaphane, doit recevoir moins de chaleur par les rayons du soleil. La chaleur du soleil, réfléchie par les particules de l'air, échauffe beaucoup plus que la chaleur directe. Or, les particules d'un air subtil étant

fort écartées les unes des autres, les rayons qu'elles réfléchissent sont en trop petite quantité pour produire une chaleur sensible.

A cette raison générale j'ajoute que le soleil n'éclaire que pendant peu de temps chacune des faces d'une montagne isolée ; que d'ailleurs les rayons ne sont reçus souvent que très-obliquement sur ces différentes faces, & que d'ailleurs, sur un sommet fort escarpé qui n'offre qu'une très-petite masse, la chaleur des rayons solaires ne peut être fortifiée par une multitude de rayons réfléchis qui se croisent dans les endroits bas de mille manières différentes.

Les pays situés vers le milieu des grands continens sont en général plus élevés que ceux qui sont plus voisins de la mer ; aussi fait-il plus *froid* dans les premiers que dans les derniers. Moscou, par cette raison, est plus *froid* qu'Edimbourg, quoique les latitudes de ces deux villes diffèrent à peine de quelque minutes.

La nature du sol mérite une considération particulière. Par exemple, les pays de granits ou de l'ancienne terre sont, toutes choses d'ailleurs égales, beaucoup plus *froids* que les pays à couches horizontales & à bancs de pierres calcaires : il en est de même des cantons composés de couches argileuses plus ou moins épaisses, qui se laissent difficilement échauffer par les rayons du soleil, & qui par conséquent ne sont susceptibles d'aucune culture. Ils diffèrent bien en cela des terrains sablonneux qui se laissent facilement pénétrer par les rayons du soleil, & qui conservent assez long-tems leur chaleur.

Il y a dans l'intérieur de la terre, au moins jusqu'à une certaine profondeur, un fond de chaleur qui n'est nullement assujetti à la vicissitude des saisons. La température assez constante de certains souterrains, de certaines galeries de mines & de la plupart des lieux bas & profonds, en sont une preuve incontestable. Il y a grande apparence que ce sont les effets d'un fond de chaleur que la terre a acquis depuis qu'elle se trouve exposée aux rayons du soleil. Or, ce fond de chaleur fait qu'il s'élève de la terre des vapeurs chaudes pour peu que ces vains obstacles ne s'opposent pas à leur sortie ; mais il se trouve souvent dans l'intérieur de la terre des nappes d'eau souterraines, & des amas de glace qui interceptent le jeu de ces exhalaisons.

Ces obstacles servent à rendre raison de certains *froids* excessifs qui ne sont pas en proportion de la latitude des lieux où on les éprouve. C'est ainsi que les hivers sont beaucoup plus rigoureux en Sibérie, entre les cinquante-cinquième & soixantième degrés de latitude, que dans la plupart des autres pays situés entre les mêmes parallèles. Outre que la Sibérie est un des pays de la Terre le plus élevé au dessus du niveau de la mer, on y trouve, soit le long des côtes de la mer, soit dans l'intérieur des terres, des amas de glace très-considérables, confidérables, & qui, dans le fein de la Terre, s'étendent à une très-grande profondeur. Nous verrons ailleurs comment ces amas de glace peuvent se conferver fous terre lorfque la chaleur de l'été n'eft pas affez forte pour les fondre entièrement. (*Voyez* GLACE.)

On éprouve à la baie d'Hudfon, fous la latitude de cinquante-fept degrés, un froid pour le moins auffi grand que celui qui fe fait fentir en Sibérie ; & en général, dans le nord-oueft de l'Amérique, le *froid* qu'on reffent en hiver eft fort confidérable & fort long. Mais pour peu qu'on obferve les environs des baies d'Hudfon, de Baffin & du Canada, on trouve que toutes ces terres font entourées d'amas de glaces énormes qui, fe confervant en partie l'été, groffiffent confidérablement en hiver.

L'air froid de la Sibérie, de la baie d'Hudfon & des environs étant emporté, par les vents, dans d'autres régions, y augmente la rigueur de l'hiver. C'eft pour cette raifon qu'il fait beaucoup de *froid* dans la partie méridionale de la Tartarie mofcovite ou chinoife, pendant que certains vents qui viennent de la Sibérie y foufflent. C'eft probablement la principale raifon pour laquelle Quebec & Aftracan, placés à peu près fous les latitudes de quarante-cinq ou quarante-fept degrés, éprouvent des *froids* très-fupérieurs à ceux qu'on reffent en France fous les mêmes parallèles.

Les vents ont une influence très-marquée fur les viciffitudes des faifons ; ils apportent fouvent avec eux l'air *froid* de certaines régions moins chaudes, & le diftribuent dans des contrées qui le font davantage.

Dans notre hémifphère boréal le vent du nord eft *froid*, principalement en hiver, parce qu'il nous vient de pays plus *froids*, par leur pofition, que le nôtre. Il faut dire le contraire du vent du fud, qui, dans notre hémifphère, fouffle des pays chauds vers les pays *froids*. Il eft aifé de comprendre que, dans l'hémifphère auftral, le vent du nord eft chaud, & le vent du midi *froid*.

Si nous nous bornons maintenant à confidérer ce qui fe paffe dans notre hémifphère, nous verrons que puifque, généralement parlant, le vent du nord y eft *froid* & le vent du midi chaud, les plus grands *froids* doivent fe faire fentir en hiver par le vent du nord, ou par ceux de nord-eft & de nord-oueft, qui participent plus ou moins de la froideur du premier, & furtout le nord-eft. C'eft auffi ce que l'on obferve le plus communément.

On remarque fouvent en hiver que quand le vent paffe fubitement du fud au nord, un *froid* vif & piquant fuccède tout à coup à une affez douce température. La raifon de ce dernier changement eft aifée à trouver. Quand le vent du fud règne en hiver, l'air eft plus échauffé que ce vent, qu'il ne le feroit par la feule action des rayons du foleil. Cependant la chaleur, dans ces circonftances, eft

encore affez foible, puifque, dans les provinces méridionales de France, le vent étant au fud dans les mois de décembre, de janvier & de février, le thermomètre de Réaumur ne s'élève guère, le matin, qu'à fix ou fept degrés au deffus de la congélation, & l'après-midi à dix ou onze degrés. La feule privation du vent du fud doit donc caufer, dans l'atmofphère, un refroidiffement qui, fans être très-confidérable, va bientôt jufqu'à un terme fort approchant de celui de la glace, même dans des pays qui ne font pas extrêmement *froids*. Si nous ajoutons que le vent du nord augmente le refroidiffement, nous verrons pourquoi le *froid* eft déjà fort vif lorfqu'à peine il a commencé à fouffler.

On conçoit bien que fi le vent du nord eft déterminé à fouffler en même tems fur une grande partie de la furface de la Terre, le *froid* commencera pour lors en même tems dans des pays fort éloignés : c'eft tout le contraire s'il ne fouffle que dans une très-petite étendue. Ainfi le *froid* eft plus général, ou réduit feulement à de certaines provinces, fuivant que le vent du nord qui l'amène, règne fur une plus grande ou fur une moindre étendue de pays. Il eft d'autant plus confidérable, que les régions d'où vient ce vent font plus chargées de glaces & frimats, & que ce vent a plus de force & d'activité. Il n'y a nulle difficulté d'admettre qu'un vent de nord ou tout autre vent règne en même tems dans une grande partie de notre hémifphère, les caufes qui produifent les vents étant par elles-mêmes affez puiffantes pour imprimer en même tems à une partie confidérable de l'atmofphère un certain mouvement déterminé dans une direction conftante.

Qu'un vent du nord apporte dans notre zône tempérée l'air *froid* des régions voifines du pôle, c'eft ce qui doit arriver dans plufieurs circonftances. Si, par exemple, les vents du fud ont foufflé pendant long-tems avec beaucoup de violence dans une grande partie de notre atmofphère, l'air, fortement comprimé, fe fera referré vers notre pôle. Il doit donc fe rétablir avec force quand les caufes qui produifoient les vents du fud auront ceffé, & s'étendre même au loin. Il fera très-froid, parce que les régions d'où il afflue, font fort feptentrionales & chargées de frimats.

C'eft dans des circonftances à peu près pareilles, que le *froid* devenant plus confidérable & plus étendu, on peut éprouver, dans une grande partie de la Terre, un froid pareil à celui de 1709. Au refte, on ne peut nullement décider qu'on fe foit effectivement trouvé, en 1709, dans les circonftances que nous venons d'indiquer ; car différentes combinaifons des caufes accidentelles du *froid* avec la caufe générale peuvent produire à peu près les mêmes effets. Il eft fouvent très-difficile, quand un *froid* extraordinaire arrive comme celui de 1788 à 1789, de déterminer précifément ce qui peut y avoir donné lieu.

Hh

Le vent de nord nous apporte, en affez peu de tems, l'air *froid* des pays feptentrionaux. On trouve, par un calcul fort facile, que ce vent qui parcourroit quatre lieues par heure, apporteroit à Paris l'air du pôle en moins d'onze jours. Ce même air arriveroit en moins de fept jours par un vent violent, qui feroit, par heure, jufqu'à fix lieues. On voit pareillement qu'un vent de nord-eft viendroit de la Norwège ou de la Laponie en moins de tems.

Bien des phyficiens croient que le vent de nord fouffle prefque toujours de haut en bas, parce qu'il nous apporte un air plus condenfé & plus *froid*. Il me femble que cette direction n'a lieu que pour certains vents de nord qui foufflent dans une étendue de pays peu confidérable. Un vent qui règne dans une grande partie de notre hémifphère ne peut guère s'écarter de la direction horizontale. Je mets à part les obftacles que les montagnes oppofent à la direction du vent. A juger d'ailleurs de la marche des vents par celle des nuages, qui en eft un indice certain, il paroît que les vents foufflent tous dans une direction horizontale, mais qu'ils peuvent defcendre affez rapidement des couches fupérieures de l'atmofphère dans les couches inférieures en fuivant toujours la même direction. Ceci fert à expliquer pourquoi le vent de nord, très-froid, fuccède très-promptement, & quelquefois en moins de vingt-quatre heures, à un vent de fud ou d'oueft. (*Voyez* NUAGES, MÉ-TEOROLOGIE.)

Au refte, il eft certain que toutes les fois qu'un vent prend fa direction du haut en bas, il devient *froid*, parce que les couches fupérieures de notre atmofphère font plus froides que les inférieures.

Les vents qui ont paffé fur les fommets des montagnes élevées, & particuliérement fur ceux qui font couverts de neiges, font *froids*, & refroidiffent beaucoup les plaines voifines dans lefquelles ils fe répandent avec violence. L'effet de ces fortes de vents eft affez connu; mais on connoît moins leur violence & leur froidure fur les montagnes mêmes. Il faut les avoir éprouvés pour avoir l'idée de ces *froides* tempêtes. Au refte, les effets de ces vents font bornés à une étendue de pays peu confidérable, & ils n'occafionnent que des *froids* locaux & concentrés, ou fur les montagnes ou aux environs.

Un vent de nord peut quelquefois, au milieu même du printems, dans un climat d'ailleurs affez tempéré, diminuer une partie des rigueurs de l'hiver. On fait que la fin de l'automne & le commencement du printems font *froids*, par les caufes générales qui contribuent à l'état de l'atmofphère dans ces faifons; mais s'il furvient quelque nouvelle caufe, il peut fe faire que le *froid* de l'hiver foit furpaffé pour lors par ceux de l'automne ou du printems.

Les vents peuvent caufer du dérangement dans les climats fans apporter aucun changement dans l'ordre des faifons. On ne peut nier, par exemple, que le climat de Paris ne foit en général moins chaud que celui de Montpellier : cependant il a fait plus *froid*, en certaines années, à Montpellier qu'à Paris. Un vent de nord-oueft ou de nord-eft, foufflant dans l'une de ces deux villes pendant que le fud-oueft régnoit dans l'autre, peut rendre fuffifamment raifon de cette irrégularité.

Nous avons beaucoup parlé des vents de nord, de nord-oueft, de nord-eft, &c. comme les plus *froids* de tous réguliérement parlant. Les vents d'oueft & furtout d'eft peuvent auffi contribuer, dans certains cas, à la rigueur de l'hiver. Il fuffit pour cela que, dans les contrées d'où ils viennent, le *froid* foit actuellement confidérable. Le vent du fud eft *froid*, même à Paris, quand les montagnes du centre de la France, comme celles d'Auvergne, du Forez, du Velay, du Vivarais & des Cevennes méridionales, à l'égard de la capitale, font couvertes de neiges.

Un vent de nord, comme tout autre vent, felon les obftacles & les différentes réfiftances qu'il rencontre, change de direction & paffe à l'oueft, à l'eft & même au fud fans perdre fon degré de *froid*. On peut expliquer par là pourquoi, en 1709, il gela très-fortement à Paris pendant quelques jours, par un petit vent de fud. Ce vent, fuccédant à un vent qui venoit de loin & qui s'étendoit loin, n'étoit qu'un reflux du même air que le nord avoit pouffé, & qui ne s'étoit refroidi nulle part. (Voyez *Hiftoire de l'Acad. des Scienc.* ann. 1709, *pag.* 9.)

On voit, par tout ce vient d'être dit, jufqu'où peut aller l'influence des vents fur la production du *froid*, & en général fur les faifons. Les vents étant fort variables, fort inconftans dans les zônes tempérées, les faifons, par une conféquence néceffaire, y feront pareillement fujettes à de grandes variations. (*Voyez* VENTS & SAISONS.)

Quoique certains vents, & ceux du nord furtout, produifent le *froid* de la manière dont nous l'avons expliqué, ce n'eft pourtant pas lorfqu'ils foufflent avec le plus de violence, que le plus grand *froid* fe fait fentir. Il ne règne d'ordinaire qu'un petit vent pendant les plus fortes gelées. Il eft vrai que les vents *froids*, violens, refroidiffent plus nos corps que les mêmes vents moins violens. On voit aifément que ces vents enlèvent & diffipent promptement l'atmofphère qui environne nos corps, & que nous avons un peu échauffée : au lieu qu'un air tranquille les laiffe plongés dans une atmofphère d'une chaleur fouvent égale ou un peu inférieure à celle de nos organes. Il n'en faut pas davantage pour qu'un air agité nous paroiffe beaucoup plus *froid* qu'un air tranquille, refroidi, précifément au même degré.

On a obfervé, avec beaucoup d'exactitude, certains *froids* exceffifs en différens lieux de la Terre. La table fuivante fera connoître quelques-uns des principaux réfultats de ces diverfes obfervations; elle eft tirée d'un Mémoire très-curieux de M. De-lifle, fur les grands *froids* de la Sibérie, imprimé dans le Recueil de l'Académie des Sciences de 1749.

TABLE des plus grands degrés de froid obfervés en différens lieux de la Terre.

	Degrés au deffous du point de congélation, divifion de Réaumur.
A Aftracan, en 1746.	24 degrés $\frac{1}{4}$.
A Pétersbourg, en 1749.	30.
A Québec, en 1743.	33.
A Tornéo, en 1737.	37.
A Tornsk en Sibérie, en 1735.	53 $\frac{1}{2}$.
A Kirenga en Sibérie, en 1738.	65 $\frac{1}{3}$.
A Yénifeik en Sibérie, en 1735.	70.

En jetant les yeux fur cette table, on fera bien-tôt convaincu qu'un *froid* égal à celui qui fe fit fentir à Paris en 1709, & qu'on évalue à quinze degrés & demi au deffous de la congélation, eft très-médiocre à beaucoup d'égards, fi on le compare à ceux de trente, de cinquante & de foixante-dix degrés qui fe trouvent marqués dans cette table.

Le *froid* qu'on a marqué le quatrième eft celui qu'éprouvèrent, en 1737, les Académiciens qui allèrent en Laponie pour mefurer un degré du méridien au cercle polaire. Il fit defcendre au 37e. degré les thermomètres de mercure réglés fur la divifion de M. de Réaumur. Les thermomètres à efprit-de-vin fe gelèrent. Par un tel *froid*, lorf-qu'on ouvroit une chambre chaude, l'air du dehors convertiffoit fur-le-champ en neige la vapeur qui s'y trouvoit, & en formoit de gros tourbillons; & lorfqu'on fortoit, l'air fembloit déchirer la poitrine. (Voyez *Mefure de la Terre au cercle polaire, par M. de Maupertuis*.)

Cependant un *froid* qui produit de tels effets eft inférieur de 30 & 33 degr. à ceux qu'on a reffenti quelquefois en Sibérie.

On n'a pas d'obfervations de thermomètre faites à la baie d'Hudfon; mais ce que les voyageurs nous racontent des grands *froids* qu'on y éprouve, & que nous avons indiqués à l'article de cette baie, eft étonnant. Dans ces contrées, lorfque le vent foufle des régions polaires, l'air eft chargé d'une infinité de petits glaçons qui font fenfibles à la vue fimple. Ces glaçons piquent la peau comme autant d'aiguilles, y excitent des ampoules qui d'abord font blanches comme du linge, & qui deviennent par la fuite dures comme de la corne. Chacun fe renferme bien vîte dans des tems fi affreux; mais quelques précautions que l'on prenne, l'on ne peut s'empêcher de fentir vivement le *froid*. Dans les plus petites chambres & les mieux échauffées toutes les liqueurs fe gèlent, fans en excepter

même l'eau-de-vie; & ce qui paroîtra peut-être plus étonnant, c'eft que tout l'intérieur des chambres & les lits fe couvrent d'une croûte de glace épaiffe de plufieurs pouces, & qu'on eft obligé d'enlever tous les jours.

On ne croiroit pas, fi l'expérience ne prouvoit le contraire, qu'un pareil *froid* pût laiffer fubfifter rien de ce qui végète ou de ce qui a vie.

FRONTIGNAN, ville du département de la Garonne, fur l'étang de Maguelonne, à une lieue & demie nord-eft de Cette : cette ville, connue par fes excellens vins mufcats qu'on envoie dans toutes les contrées de l'Europe, eft décorée d'une manière affez fingulière. Quand on fait fécher les raifins mufcats qu'on appelle *pafterilles*, on les attache à de grandes perches, depuis le grenier jufqu'à la rue, & ces efpèces de tapifferies ornent le devant des maifons jufqu'à ce que les raifins, féchés par le foleil, foient ferrés dans des caiffes pour être envoyés dans les différens pays qui en font commerce. Il y a d'ailleurs des eaux miné-rales.

FRONTONAS, village du département de l'I-fère, arrondiffement de la Tour-du-Pin, & à cinq lieues de cette ville. *Frontonas* eft à la proximité de la route de Lyon à Grenoble, & le long des marais de Bourgoin, dont les pâturages abondans lui procurent la facilité d'y faire plus d'élèves que dans les autres communes environnantes.

FROOYD (Rivière de) en Angleterre. Le 1ᵉʳ. janvier 1756, une pauvre femme envoya fa fille chercher de l'eau à la rivière appelée *Frooyd*, près de Pentypool, dans le Monmouthshire, où il y avoit un grand courant d'eau immédiatement auparavant : elle revint toute étonnée, ayant trouvé le lit à fec.

Cette rivière coule entre deux rivages efcarpés, mais peu élevés; elle reçoit fes eaux des montagnes voifines, & après les grandes pluies elle eft fi violente & fi rapide, qu'elle entraîne une pro-digieufe quantité de groffes pierres dans une autre rivière appelée *Avon-Looyd*. Quelques jours après on remonta dans fon lit, qui eft à fec, jufqu'à l'a-bîme qui reçoit maintenant fes eaux. Il a près de vingt pieds de largeur, & environ fix ou huit pieds de profondeur; mais il eft maintenant comblé en partie par les pierres que l'eau y a chariées.

On voit près de la furface un rocher calcaire d'environ deux pieds d'épaiffeur, formant de grands lits de trois ou quatre pieds en carré, plus ou moins féparés en quelques endroits & joints en d'autres. Les efpaces qui font un peu plus grands entre ces lits font remplis de petit gravier. Les côtés du trou au deffous du rocher calcaire pa-roiffent compofés de différens matériaux, comme de gravier & de terre; mais ils font fermes & per-pendiculaires. D'un côté de cette rivière, près de ce trou, font trois creux qui fe font formés dans le même tems : l'un, dont il n'y avoit pas auparavant la moindre trace, eft à trente pieds de diftance ; les deux autres, qui exiftoient depuis plufieurs années, à environ quatre-vingt-dix pieds plus haut dans le terrain élevé qui borde la rivière, font maintenant plus profonds de quelques braffes, & des arbres & arbriffeaux qui étoient autour du bord de ces creux ont été entraînés vers le fond avec le terrain qui les portoit.

On croit que ces creux peuvent avoir environ trente-fix pieds de diamètre à leur orifice, & ils vont en diminuant en forme d'entonnoir. On fuppofe qu'il y a en deffous une concavité dans laquelle la rivière coule maintenant, & qui s'étend au deffous de la rivière Avon-Looyd, à environ un mille de diftance, jufqu'à un endroit où, quelques tems après l'engloutiffement des eaux, trois petites fources qui fourniffoient toujours de l'eau claire, groffirent prodigieufement, & continuèrent depuis à jeter des eaux troubles, pareilles à celles qui fe perdent dans le trou dont nous avons parlé.

FRUGÈRES, village du département de la Haute-Loire, arrondiffement de Brioude, & à deux lieues trois quarts de cette ville. Il y a une mine de charbon de terre.

FUCHSBACH (la), rivière du département du Mont-Tonnerre, canton de Durkheim, à une lieue & demie oueft-nord-oueft, duquel elle prend fa fource, coule au nord-eft, arrofe Frinsheim, remonte au nord, fe rend enfuite dans un baffin formé par l'Ifenac, après avoir traverfé Frankenthal, & fe rend au Rhin après quatre lieues & demie de cours.

FUMAY, bourg du département des Ardennes, arrondiffement de Rocroy, & à trois lieues nord-eft de cette ville. Cette ville eft entourée de montagnes couvertes de bois. Il y a, dans fon territoire, des carrières d'ardoifes, qui en fourniffent près de cent milliers par an.

FUMEL (île), du département de la Gironde, arrondiffement de Bordeaux, canton de Créan, formée par la Gironde près du Bec-d'Ambès, à deux lieues de Bourg.

FUNDY (baie de). Cette baie offre une grande variété d'objets, dont les détails peuvent nous donner une idée de cette côte. Le fond de cette baie, qui a un grand nombre de beaux ports, fe partage en deux autres baies, celle des Mines & celle de Chignaĉto. Toutes les côtes de la Nouvelle-Écoffe font garnies d'une bordure de fable qui s'étend loin en mer. L'eau y eft profonde & l'encrage très-bon. D'ailleurs, les ports de la péninfule offrent les plus fûres retraites. L'île de Grand-

Manan eft très-haute, & fituée à l'entrée de la baie de *Fundy*. La baie de Sainte-Marie, qui eft à l'eft, eft couverte par un prolongement de la terre-ferme & par des îles qui paroiffent en avoir été détachées ; elle a deux entrées fituées entre ces îles. Ces entrées offrent des côtes très-élevées, qui préfentent l'afpect d'une haute muraille, dont la fupérieure eft couronnée par de beaux arbres.

L'entrée du havre d'Annapolis eft étroite, mais n'a pas l'air moins impofante que les deux entrées de la baie de Sainte-Marie. Du milieu de la baie des Mines s'élève avec majefté, hors de l'eau, l'île appelée *Haute*. Ses côtes ont auffi l'air de murailles couronnées d'arbres : en forte qu'il paroît que toutes ces îles, toutes ces coupures ont été faites du même maffif. C'eft ce qu'achèvent de prouver les points de vue des caps Chignaĉto, Doré & Split ou Fendu. Ce dernier cap tire fon nom de grands rochers placés au-devant, & qui ont la forme de colonnes qui s'élèvent à une hauteur prodigieufe. Prefque vis-à-vis eft l'île des Perdrix, remarquable par la difpofition des rochers qui font en couches inclinées. Le cap Blow-me-Down offre à peu de diftance, vers l'eft, les mêmes efcarpemens. Voici des deftructions multipliées le long d'une côte affez étendue. Voyons maintenant quelques-unes des caufes que la Nature a pu y employer. J'obferve d'abord que le courant de la marée roule entre ces rochers, fur le pied de cinq à fix nœuds & même dans la baffe mer ; enfuite que, dans certaines parties de la baie de *Fundy*, les marées s'élèvent à une hauteur prodigieufe, & forcent le paffage dans les grandes criques, avec une maffe ou tête de cinquante à foixante & douze pieds de haut, laquelle fe meut avec une rapidité étonnante. Les porcs qui paiffent le long de ces rivages en connoiffent beaucoup mieux l'approche que les hommes. On remarque qu'alors ils dreffent les oreilles, écoutent avec attention pendant quelques momens, & prennent la fuite pour fe retirer dans l'intérieur des terres.

FURE (la), rivière du département de l'Ifère, canton de Saint-Geoire. Elle prend fa fource à une lieue un quart au nord de cette ville, verfe fes eaux au fud-fud-oueft, traverfe le lac Paladru, va au fud, paffe à Rives, & va fe jeter dans l'Ifère en deux branches.

FURIANI, village du département du Golo, arrondiffement de Baftia, & à une lieue un quart de cette ville. On recueille, aux environs, des raifins qui ont la qualité de ceux de Bourgogne. On y fait auffi du vin blanc excellent, reffemblant à celui de Tokai, & qu'on peut boire pour celui de Syracufe.

FURON (le), rivière du département de l'Ifère, canton de Villars-de-Lans. Elle prend fa source à trois lieues sud-est de Lans, verse ses eaux au nord; passe du nord de Lans à Saffenage, au nord-est duquel elle se rend dans l'Isère, à une lieue ouest-sud-ouest de Grenoble.

FURST (Forêt de), département de la Moselle, canton de Saint-Avold. Elle a deux mille huit cents toises de long, sur neuf cents toises de large.

FUTEAUX, village du département de la Meuse, canton de Clermont-Meuse, & à deux lieues & demie de cette ville. Il y a une verrerie dans le village.

FUREAUX, village du département des Bouches-du-Rhône, arrondissement d'Aix, & à deux lieues un tiers de cette ville : il y a une fabrique d'eau-de-vie. Outre cela, près de *Fureaux*, sont plusieurs mines de charbon de terre.

FYÉ, village du département de la Sarthe, à une lieue de Fresney-sur-Sarthe. Il y a des fabriques de toiles fines & communes.

FYNNON LEINW, fontaine de la province de Tegengel dans la principauté de Galles.

Silvestre Giraud, de Galles, nous a laissé par écrit la relation de son voyage, sous le titre d'*Itinerarium Cambriæ*. Dans cet ouvrage il parle d'une fontaine périodique de la province de Tegengel, près d'un lieu appelé *Ruthlan*, qui coule plusieurs fois par jour. Humfroy Lhoyd a parlé aussi de cette fontaine dans la *Description de la Grande-Bretagne*; il la place dans la même province de Tegengel, à six milles de la mer, & dans la paroisse de Cilcen. Elle ne coule, selon lui, que deux fois par jour; mais il ajoute qu'il a eu occasion depuis d'observer qu'au lieu de couler quand la lune s'élève vers le méridien, ce qui est le tems où la mer monte, c'est alors au contraire que cette fontaine s'arrête. David Povel, professeur en théologie, qui a publié, en 1585, l'*Itinerarium*

Cambriæ avec des notes, a cité ce passage de Lhoyd pour confirmer l'observation de Giraldus, & c'est à cette occasion qu'il remarque que cette fontaine subsistoit encore de son tems, & qu'elle s'appeloit *Fynnon Leinw*, nom qui signifie, en gallois, *fontaine à flux & reflux*, & qui convient à une fontaine telle que celle dont on vient de décrire les propriétés.

Depuis Lhoyd, la plupart des auteurs qui ont écrit sur l'histoire naturelle de la Grande-Bretagne ont fait mention de cette fontaine : du moins Childrey en parle dans son *Histoire des curiosités naturelles d'Angleterre, d'Écosse & du pays de Galles*, & Christophe Merret dans son *Pinax Rerum naturalium britannicarum*; mais ce qu'ils en disent l'un & l'autre est pris de Lhoyd, & est beaucoup moins détaillé que ce que Lhoyd en a dit.

Au reste, ce seroit se tromper que de croire que cette fontaine dût être mise au rang des fontaines à flux & reflux, parce qu'elle en porte le nom. Nous avons vu que Giraldus, qui est le premier qui en ait parlé, assure qu'elle coule plusieurs fois dans le jour : en quoi Merret paroît être d'accord avec lui; & cela doit suffire pour prouver que ce n'est qu'une fontaine simplement périodique. Il est vrai que Lhoyd prétend que cette fontaine ne coule que deux fois par jour; mais en même tems Lhoyd avoue qu'il a observé lui-même qu'elle ne suivoit ni le cours de la lune ni le mouvement des marées; ce qui est directement opposé à la nature des fontaines à flux & reflux.

En voilà assez sur une question qu'il seroit inutile d'examiner plus au long, surtout s'il est vrai que cette fontaine, autrefois si célèbre par ses retours périodiques, ne soit plus sujète aujourd'hui à aucune variation. C'est un fait avancé par Moïse Guillelms, qui a donné, en 1731, une belle édition des œuvres de H. Lhoyd, avec des notes, & c'est un fait qu'il prétend tenir d'un homme qui demeure dans le voisinage de cette fontaine; ce qui n'empêche pas, comme il le remarque, que cette fontaine ne conserve toujours son ancien nom de *Fynnon Leinw*.

GAB

GABAS (le), rivière du département des Hautes-Pyrénées, arrondissement de Tarbes, canton d'Ossun. Elle prend sa source à une lieue sud-ouest d'Ossun, coule au nord-ouest, traverse le canton de Pau du sud-est au nord-ouest, & se jette dans l'Adour au dessus de Montaut

GABAS, hameau du département des Basses-Pyrénées, à côté du village de Goes, arrondissement d'Oléron, canton & commune de Laruns, sur la rive gauche du Gave, près de l'embouchure de la rivière de la plaine de Broussette, à deux lieues & demie sud de Laruns, même distance des limites de France & d'Espagne. On voit, dans le territoire de ce hameau, des masses de granit à découvert, dont les hautes montagnes environnantes sont formées. Dans le lieu même de Gabas, qui est entouré de noirs sapins qui rendent cette solitude affreuse, on trouve les mêmes masses de granit. A une petite distance sud de ce lieu, on rencontre des bancs de marbre gris, auxquels le granit sert de base. On trouve aussi à une demi-lieue de Gabas, sur le chemin qui mène à Broussette, d'autres bancs de marbre gris, placés entre des masses de granit; ils semblent être toujours distingués de cette roche. Plus loin on rencontre, en montant au quartier de Bius, des couches d'ardoises argileuses, dans lesquelles on a découvert une ardoisière. Les montagnes, jusqu'au pic du midi de la vallée d'Ossau, présentent des bancs argileux & calcaires, qui se succèdent alternativement: c'est communément du marbre & du schiste qui ne se débite pas par lames. Le pic du midi a son sommet composé de couches calcaires. Derrière ce pic on voit des couches de schiste qui reparoissent à l'est, du côté de Broussette, mais son isolée, à quatre mille toises sud de Gabas. On trouve au-delà des bancs de marbre gris, qui traversent le vallon de Broussette. Avant d'arriver au col d'Ancon, on apperçoit des couches argileuses. Au nord de ce passage on trouve des bancs de marbre gris; au col d'Ancon, des couches de schistes qui se divisent en feuillets, avec quartz blanc laiteux. On y rencontre quelques petits cristaux de roche. Les mêmes lits se trouvent dans une partie des montagnes qui dominent, du côté du nord, les riches pâturages d'Ancon; ils traversent ensuite le chemin du port de Salient. Au sud du col d'Ancon on retrouve des bancs de marbre gris presque horizontaux, qui terminent le sommet des montagnes supérieures.

GABAS (Forêt de), du département des Basses-Pyrénées, arrondissement d'Oléron, canton d'A-rudy, à quatre lieues un tiers sud de Gabas; elle a, du nord-ouest au sud-est, six mille quatre cents toises de long, & du nord-est au sud-ouest dix-huit cents toises.

GABAS (Gave de), rivière des Basses-Pyrénées, même arrondissement & même canton; il prend sa source à la frontière, à six lieues deux tiers sud-ouest de Bielle, coule au nord-est, reçoit la Broussette, le Valentin, passe à l'est d'Aiudy, tourne au nord-ouest, prend le nom de Gave d'Ossau, se réunit à Oléron au gave d'Aspe, & forme le gave d'Oléron, qui prend le Vert, passe à Navarreins, à Sauveterre, & se rend dans le gave de Pau à Peyrehorade.

GABIAN, bourg du département de l'Hérault, arrondissement de Beziers, & à quatre lieues est de cette ville. A quelque distance de Gabian, situé au nord-est de Beziers, & assez près de la petite rivière de Tongre, il y a une petite montagne appelée la montagne des Diamans, où l'on trouve des cristaux à facettes, qui, comme le diamant même, coupent le verre. On en découvre en plus grande quantité lorsque la terre a été labourée ou qu'il a plu. Au lever du soleil on les voit briller le long des sillons. Il y a aussi, dans ce territoire, des mines de charbon de terre & de vitriol, & de ces sortes de fossiles que les naturalistes appellent Bélemnites. Sur la cime d'une autre montagne voisine il y a une carrière dont la moitié est de pierres-ponces qui, jetées dans l'eau, surnagent, & au pied de cette montagne est une source d'eau minérale qui ne tarit jamais, & qui sert avec succès pour la guérison de plusieurs maladies; mais de toutes les curiosités naturelles que l'on voit dans le pays, la fontaine d'huile de pétrole est la plus singulière, & la seule de cette espèce que l'on connoisse en France. Cette huile médicinale est nommée pétrole, parce qu'elle sort d'un rocher. La source n'est pas éloignée du bourg de Gabian, sur le bord d'un ruisseau, dans un vallon formé par les deux petites montagnes dont on vient de parler; elle se rend avec l'eau qu'elle surnage, par des conduits souterrains, dans un bassin que renferme un bâtiment, & elle se soutient toujours sur l'eau sans s'y mêler. Cette huile & l'eau entrent dans le bassin par une petite voûte construite à cet effet. En été il est assez ordinaire de voir, dans le canal de cette voûte, une écume rousseâtre qui surnage l'huile. Le bassin forme un carré d'environ six pieds de long sur quatre de large, avec treize à quatorze pieds de profondeur; il est à découvert, & exposé à l'air. L'huile s'y amasse, & l'eau, à mesure qu'elle vient, s'en sépare au moyen d'un chanteplevre qui la reçoit & la verse dans un aqueduc, d'où elle gagne le prochain ruisseau : il y a beaucoup de boue dans le bassin. On ramasse ordinairement tous les huit jours le pétrole, & on le met dans un baril, où on le laisse rasseoir quelques momens afin que l'eau s'en sépare : on vide ensuite cette eau dans le bassin de la fontaine par un trou qui est au bas du baril, & lorsque le pétrole commence à sortir, on le reçoit dans des vaisseaux de terre, où il achève de s'épurer. Cette source fut découverte en 1608. L'huile qu'elle donne, est employée utilement pour la brûlure, les plaies, la colique, les vers des enfans, les douleurs des nouvelles accouchées, les enclouures des chevaux, &c.

GAGNY, village du département de Seine & Marne, arrondissement de Pontoise, canton de Gonesse, à trois lieues de cette ville, Dans ce village, près la forêt de Livry & de Bondy, il y a des plâtrières en exploitation.

GALL (Saint-). Les environs de Saint-Gall ressemblent à une continuation de ville remplie de jardins, tant il y a de fabriques, de maisons & d'habitations. Le terrain s'élève en amphithéâtre derrière Saint-Gall. D'un autre côté, des collines cultivées vont, par une pente insensible, jusqu'au lac de Constance. De ce même point on voit la même dégradation de terrain par une autre pente jusqu'au même lac. On descend beaucoup pour arriver à Saint-Gall. La montagne est toujours composée de galets & de pierres sablonneuses qui suivent les pentes de la montagne. Nous expliquerons à l'article GALETS, PIERRES ROULÉES, comment les eaux ont pu accumuler une si grande quantité de galets; quelle a été la force qui a pu déterminer les courans de la mer à rassembler dans un même point tant de pierres. Nous verrons qu'elles s'y sont placées successivement, & en même tems que les autres matières qui les lient & les enveloppent, se déposoient dans le bassin de la mer; enfin, nous ferons voir pourquoi ces galets sont de plusieurs sortes de pierres différentes. On ne trouveroit des difficultés à résoudre le problème qui renferme toutes ces conditions, que parce qu'on se borneroit aux seules eaux courantes dés fleuves, tandis qu'il faut avoir recours au travail des eaux de la mer aux embouchures des grands fleuves auprès des côtes, qui fournissent, par leurs destructions successives, des matériaux propres à être roulés & arrondis, comme les silex des falaises de Dieppe, qui nous donnent un exemple fort instructif de ce qu'opéroit pour lors la mer lorsqu'elle couvroit ces contrées.

GALÈNE de Saxe (1). Nous connoissons plu-

(1) Cet article est extrait du Traité des Filons de Werner.

sieurs formations de ce métal, qui sont assez intéressantes pour que nous en présentions ici une suite bien distincte les unes des autres, avec leurs caractères. Ainsi, 1°. nous présenterons la galène, mêlée avec la pyrite cuivreuse & l'or natif dans le quartz; elle se trouve à Muenwinkel & à Hirzbach, dans le pays de Salzbourg. Dans le premier de ces lieux elle est par couches.

2°. La galène avec la blende brune à petits grains; elle se trouve auprès de Beermanngrun, non loin de Scharzenberg. On l'exploite dans le mur d'une puissante couche calcaire.

3°. La galène riche en argent, avec de la blende brune à grains fins, & quelque peu de pyrite cuivreuse & sulfureuse dans du quartz. Elle se voit à Hermersdorf auprès de Geier, & se trouve dans une couche de schiste qui approche de la chlorite schisteuse.

4°. La galène riche en argent, avec beaucoup de blende noire, de pyrite arsenicale, de pyrite sulfureuse, quelquefois avec un peu de pyrite cuivreuse, plus rarement avec de la mine de fer spathique dans le quartz, joint à un peu de spath brunissant. Elle se trouve en quantité dans le district des mines de Freyberg & d'autres lieux du Enzbeburge, presque toujours en filons.

5°. La galène très riche en argent, avec de la blende noire, très-peu de pyrite arsenicale, de la pyrite sulfureuse dans le quartz & le spath brunissant. Cette formation se rencontre fréquemment dans le district des mines de Freyberg, principalement au Brand; elle y est en filons.

6°. La galène très-riche en argent, avec un peu de blende noire, de la pyrite sulfureuse, de la mine d'argent rouge-foncé, d'argent sulfuré aigre, de la mine d'argent blanche, de l'argent en barbe de plume dans le quartz, uni à un spath brunissant d'une couleur rouge de chair. On a vu jusqu'ici cette formation principalement aux environs du Brand; elle est toujours en filons.

7°. Galène pauvre en argent, avec beaucoup de pyrites sulfureuses, de la blende, souvent de l'ocre rouge de fer dans le quartz, & avec de l'argile verte plus ou moins mêlée de chlorite. Elle se trouve dans beaucoup de filons, particulièrement dans le district de Halsbrucke.

8°. La galène riche en argent, avec de la blende jaune, dite fuhlerz; de la pyrite sulfureuse ordinaire dans du quartz & du spath brunissant. Elle se trouve à Scharfenberg auprès de Meissen, & à Kapnik dans la haute Hongrie; elle est en filons.

9°. La galène pauvre en argent, avec de la pyrite sulfureuse rayonnée, rarement un peu de blende brune dure, le spath fluor pesant, le spath fluor, quelquefois avec du spath calcaire & du quartz. On la rencontre fréquemment dans plusieurs endroits du Erzgeburge en Saxe, dans le Derbishire en Angleterre, dans la province de Schonen en Suède : partout elle se trouve en filons.

10°. La *galène* ordinaire testacée & la *galène* compacte, avec un peu de blende noire, de la pyrite sulfureuse & de la mine de fer spathique. Elle se trouve en filons dans quelques mines du district de Freyberg ; elle paroît être une des plus récentes formations de *galène*.

11°. La *galène* avec beaucoup de blende brune, de mine de fer spathique, quelque peu de pyrites sulfureuses, du fahlerz, des pyrites cuivreuses dans le quartz.

GALET. On a vu souvent, sur les bords de la mer, soit que la marée monte ou qu'elle descende, les vagues jetées sur la grève entraîner avec elles, en se retirant ou en montant, le *galet* ou les cailloux, & qu'elles les font rouler les uns sur les autres. Le bruit qu'ils font prouve le frottement qu'ils essuient. On conçoit aisément que ce mouvement, répété & continué, use ces pierres à la longue, & que l'eau dont elles sont baignées facilite cette opération, & que, par une suite de ces transports en sens contraires, ces pierres doivent prendre la figure ovale ou approchant, ainsi qu'il arrive à tout corps assujetti à un roulement pareil. On voit ce même effet sur toutes les pierres qui se trouvent au bord de la mer, même aux silex les plus durs, qui à la vérité facilitent le roulement par un commencement d'arrondissement naturel. D'ailleurs, comme on connoît la forme naturelle des blocs de pierres avant qu'ils aient essuyé ces roulemens & ces frottemens, on peut suivre les différens changemens de forme qu'ils subissent, jusqu'à ce qu'ils aient pris celle des *galets*. On ne peut douter, d'après ces observations qui sont à la portée de tout le monde, que la forme des cailloux & des *galets* ne soit occasionnée par ces transports alternatifs des vagues. Ce qui se fait dans la mer lentement & successivement, mais par une longue continuité de tems, ne peut pas s'opérer dans les vallées, quelles que soient la violence & la rapidité des transports ; ils ne peuvent équivaloir à la durée du tems & à la continuité des frottemens qui ont lieu sur les bords de la mer. La plupart des naturalistes ont été exposés à prendre le change à ce sujet, en observant dans le lit des rivières un grand nombre de cailloux roulés, arrondis & polis primitivement par les vagues de l'ancienne mer, & abandonnés ensuite sur ses bords, cailloux que les eaux courantes des rivières formées au milieu des parties abandonnées par la mer ont repris & ont entraînés de nouveau dans leurs lits.

Nous avons cru nécessaire de faire ces remarques à l'occasion des *galets*, parce qu'on a pris le change sur les véritables moyens que la Nature a employés pour arrondir & polir ces pierres. Nous voyons qu'on attribue trop souvent cette forme

aux eaux courantes des rivières, & qu'on n'a pas su distinguer l'état où se trouvoient les pierres qu'on rencontre dans le lit des rivières les plus rapides, de celui des pierres roulées sur les bords de l'ancienne mer & entraînées par les rivières ensuite. L'observation nous prouve que le même effet ne peut être attribué à des causes momentanées & subites. Les faits nous forcent d'avoir recours à une longue suite de siècles. Au reste, il faut considérer que des masses de granit, du poids de plusieurs milliers, ont pu être agitées, roulées & promenées assez long-tems par les eaux courantes avant que d'être exposées aux eaux de la mer pour achever de s'arrondir & prendre leur dernier poli ; & c'est ainsi qu'on peut concevoir que le double agent a contribué au poliment des cailloux roulés ; car une masse, quelque pesante qu'elle soit, dès qu'elle se trouve sur un terrain en pente, dès qu'elle est mise en mouvement, accélère sa course par son propre poids, & parcourt un grand espace tant que la chute du terrain la favorise. Mais il faut bien distinguer ces transports des pierres perdues, de leur poliment & de leur arrondissement, qui exigent d'autres circonstances.

A l'égard des *galets* qu'on trouve dans les terres, dans les vallées des rivières & au milieu de certaines chaînes de montagnes qui paroissent assujetties aux bords de l'ancienne mer, il est visible que leurs matériaux ont été portés dans la mer par les fleuves qui avoient leurs embouchures dans ces parages & leur cours dans les contrées voisines, qui servoient de bords à la mer & qui ont fourni les matériaux de ces *galets*. Plusieurs auteurs ont cru que les *galets* étoient ainsi arrondis par les eaux courantes des fleuves & des rivières ; mais ils se sont trompés visiblement, car les pierres qui n'ont été exposées qu'aux transports & au balotement des eaux des fleuves & des rivières, & qui sont d'une certaine dureté, ne sont point ni polies exactement ni arrondies comme les *galets* qu'on trouve sur le bord de la mer ou sur les limites de la nouvelle terre. Il est vrai que l'on en trouve de parfaitement arrondis & polis dans les lits des fleuves & des rivières ; mais il est visible que ces rivières & ces fleuves coulent dans des vallées qui ont été d'anciens golfes de la mer, & sur les bords desquels la mer a déposé des *galets* que les eaux courantes des rivières & des fleuves qui traversent ces dépôts sousmarins entraînent dans leurs lits actuels. C'est ainsi qu'on trouve des *galets* dans certaines parties des vallées du Rhône, de la Durance, de l'Allier, de la Loire, du Pô, parce que ces vallées ont été d'anciens golfes où les flots de la mer ont pu user & arrondir ces *galets*. (*Voyez* Pô, RHÔNE, LOIRE, ALLIER, &c.) Il en est de même dans la partie basse des Pyrénées & de la lisière septentrionale des Alpes, qui correspond aux lacs de Lucerne, de Zuric, où l'on trouve beaucoup de *galets* ou mobiles ou empâtés

dans

dans de la pierre de fable. (*Voyez* CRAU D'AR-
LES, DAUPHINÉ, SUISSE, CREDO.)

GAN, ville du département des Baffes-Pyrénées,
canton oueſt de Pau, ſur la Nées, rivière à une
lieue deux tiers de cette ville. Les vins de ce canton ſont très-renommés. Il exiſte, ſur le territoire
de cette ville, des ſources d'eaux minérales. On
avoit eu le projet d'y conſtruire des bains après
avoir réuni les eaux de ces ſources. Gan a, outre
cela, une tuilerie. A une petite diſtance, au ſud,
on découvre de l'argile jaunâtre. Plus loin ſont
des bancs de pierres calcaires & de grès argileux,
qui ſe ſuccèdent alternativement. A Guilhampau,
maiſon ſituée à la diſtance d'environ quinze cents
toiſes ſud de *Gan*, on voit des bancs de pierres
calcaires blanches d'un pied ou environ d'épaiſſeur,
& ſuſceptibles d'un poli groſſier. La même eſpèce
de pierre ſe trouve encore à trois quarts de lieue,
à côté de la route d'Oléron à Pau : de là ces bancs
calcaires ſe prolongent, à l'oueſt, vers Laſſaube,
pour former l'éminence de la Côte-Blanche. Au
ſud de Guilhampau il y a de l'argile & des bancs
d'une pierre à chaux qui renferme du mica. Ces
bancs calcaires, ſéparés par des couches marneuſes, ſe trouvent un peu au nord de la chapelle
du haut de *Gan*.

GANAC, village du département de l'Arriége,
arrondiſſement & canton de Foix, à deux lieues
trois quarts de Taraſcon. Sur la pente orientale de
la montagne de *Ganac*, au levant du col de la
Selle, au couchant de Trafine, & en vue de ce
village, dans un champ nommé *Pruciette*, eſt une
mine micacée, d'un gris-noir, qui au premier aſpect reſſembleroit à certaines mines de cuivre
griſes ; mais elle eſt friable, ſe déteint aux doigts,
& on la regarde comme de la plombagine. On la
trouve ſous une veine d'ocre qui eſt immédiatement ſous la terre végétale.

GAND, ville du département de l'Eſcaut,
chef-lieu de département. Cette grande, belle &
très-ancienne ville de la ci-devant Flandre autrichienne eſt coupée par les rivières de l'Eſcaut,
de la Lys, de la Lieve & de la Moëre, & par
quantité de canaux qui, en rendant ſa ſituation
des plus agréables, y forment juſqu'à vingt-ſix
îles. L'enceinte eſt de forme triangulaire, parmi
un grand nombre de ponts. La maiſon-de-ville eſt
fort belle.

Cette ville eſt placée très-avantageuſement pour
ſon commerce, par la quantité de rivières qui s'y
réuniſſent. Il conſiſte d'abord en vins & en huile.
On voit à *Gand* un grand nombre de manufactures
de toiles très-floriſſantes & en fils de toute eſpèce, qui ſurpaſſent en qualité les fils des fabriques étrangères. On y fait auſſi des dentelles
que l'on confond ſouvent, à cauſe de leur beauté,
avec celles de Valenciennes. Il y a auſſi pluſieurs

fabriques d'étoffes de laine, d'indiennes, de
baſins, de colle-forte, de bleu de Hollande, de
blanc, de plomb, de rubans, de bonneterie,
d'épingles, de chapelleries, de faïence, de poterie, de ſiamoiſes, &c. On compte juſqu'à vingt-
deux imprimeries en toiles de coton ; neuf raffineries de ſel conſidérables, & d'autres moins importantes ; huit papeteries pour papiers d'impreſſion & à écrire. On y fabrique des maſques, dont
on fourniſſoit ordinairement la ville de Veniſe
pour 120,000 francs par an. Il y a auſſi des chantiers de conſtruction pour les bâtimens, depuis
cent vingt juſqu'à deux cents tonneaux ; enfin,
l'imprimerie & la librairie y ont été en fort grande
activité.

GAND (Canal de) à Bruges, département de
l'Eſcaut, arrondiſſement de *Gand*. Il part de
cette ville, allant au nord-oueſt, puis à l'oueſt ;
reçoit les eaux du canal de Nieuve-Cacèle, qui,
venant de Nivelle, ſe rend dans celui de *Gand*,
&, allant un peu à l'oueſt-nord-oueſt, ſe termine à
Bruges. Il a neuf lieues de longueur.

GANGE, grand fleuve d'Aſie.

Inondations annuelles du Gange.

Ce fleuve paroît devoir ſes crues annuelles, autant aux pluies qui tombent dans les montagnes
voiſines de ſes ſources & des rivières qui s'y
joignent au nord, qu'aux pluies qui tombent dans
les plaines de l'Indoſtan ; car dans les derniers
jours de juin, les eaux du fleuve montent de quinze
pieds & demi ; ce qui eſt à peu près la moitié de
leur accroiſſement total. On ſait que la ſaiſon pluvieuſe ne commence, dans les plaines de l'Indoſtan, que vers la fin de juin. Dans les montagnes
des contrées du nord, les pluies commencent à
tomber au mois d'avril. Les vapeurs, chaſſées en
grande abondance par les mouſſons du ſud & du
ſud-oueſt, ſont arrêtées par les hautes chaînes des
montagnes du Thibet, qui vont de l'eſt à l'oueſt.
L'accumulation & la condenſation de ces vapeurs
doit naturellement avoir lieu d'abord dans le voiſinage des obſtacles qui s'oppoſent à leur marche,
& peu à peu dans les parties plus éloignées, à
meſure que les vapeurs arrivent de la mer : on
voit que c'eſt dans le voiſinage de ces montagnes
que les pluies doivent commencer.

On ne s'aperçoit, au Bengale, de l'augmentation
des eaux qu'à la fin d'avril, & cette augmentation
s'annonce par des degrés inſenſibles. Dans la première quinzaine elle n'eſt que d'environ un pouce
par jour. La crue eſt enſuite d'environ deux ou
trois pouces par jour avant que les pluies commencent à tomber dans les plaines du Bengale.
Enfin, lorſque les pluies tombent généralement
partout, la crue des eaux du *Gange* eſt d'environ
cinq pouces par jour. A la fin de juillet toute la

partie baffe du Bengale, entre le *Gange* & le Bur-rampooter, eſt inondée dans un eſpace de plus de cent milles de largeur. Les maiſons & les arbres paroiſſent alors ſeuls ſur la ſurface des eaux.

Les inondations du Bengale diffèrent de celles de l'Egypte, en ce que le Nil ſeul produit celles-ci; au lieu que les pluies qui tombent dans le Bengale ſuffiſent pour inonder le pays. Ce qui le prouve, c'eſt que le Bengale eſt inondé long-tems avant que le lit du *Gange* ſoit rempli. Il faut obſerver que le terrain dans le voiſinage du fleuve, & à une diſtance de pluſieurs milles, eſt beaucoup plus élevé que le reſte du pays. C'eſt là une barrière qui ſépare les eaux de l'inondation des eaux du fleuve juſqu'à ce qu'il finiſſe par déborder. Cette barrière eſt quelquefois couverte d'un pied d'eau. La profondeur de l'inondation varie dans le reſte du pays, ſuivant le niveau du terrain; mais en général elle ne ſurpaſſe guère douze pieds dans aucun endroit.

Lorſque l'inondation eſt générale, on diſtingue encore le cours du fleuve par les réſeaux de ſes bords, par la rapidité du courant & par la vaſe qu'il charie. La couleur de l'eau devient bientôt noirâtre par ſa ſtagnation & la décompoſition des végétaux. Cette couleur reſte la même malgré le mélange qui ſe fait enſuite de l'eau du fleuve; ce qui montre que celle-ci eſt en quantité relativement conſidérable. La viteſſe du courant de l'inondation n'eſt que d'un demi-mille par heure.

Il y a des parties du pays dont la culture n'exige pas ou ne comporte pas l'inondation, & qui cependant ſeroient inondées ſi on ne les garantiſſoit par des digues. Ces travaux, fondés & entretenus à grands frais, ne rempliſſent pas toujours l'objet, parce que les matériaux dont on les compoſe, ont très-peu de ténacité. Par un calcul aſſez exact, on penſe que les digues deſtinées à garantir ces terrains de l'inondation ont plus de mille milles de longueur. Quelques-unes de ces jetées ont une épaiſſeur égale à celle d'un parapet ordinaire. Il n'y a qu'une branche du *Gange* qui ſoit navigable dans la ſaiſon des pluies, & cette branche eſt alors égale en largeur à la Tamiſe, vers Chelſea; elle eſt encaiſſée entre deux jetées de ſoixante-dix milles de longueur. Lorſqu'on voyage ſur cette branche du fleuve, on domine conſidérablement tout le pays environnant, qui reſte à ſec. Dans les grandes eaux du fleuve, la marée perd le pouvoir de faire rebrouſſer le courant. Ce n'eſt même que très-près de la mer que le flux & le reflux ſont ſenſibles. Il arrive quelquefois qu'un vent forcé qui contrarie le courant fait monter les eaux de deux pieds, & de tels accidens font périr des récoltes de riz. En 1763, il arriva un événement fort tragique à Luckipour, à cinquante milles de la mer. Dans le moment où l'inondation étoit parvenue à peu près à ſa plus grande hauteur, un vent violent qui ſouffloit contre le courant, fit monter les eaux de ſix pieds au deſſus de leur plus haut niveau. Les

habitans d'un diſtrict fort étendu furent emportés avec leurs maiſons & leurs beſtiaux, & malheureuſement encore ce canton eſt abſolument dépourvu d'arbres, qui auroient pu ſauver quelques hommes.

Les embarcations de toutes grandeurs traverſent l'inondation; celles qui remontent, coupent au court dans les eaux tranquilles, & évitent le courant du fleuve, qui pour lors a la rapidité d'un torrent. Le vent qui, dans cette ſaiſon-là, ſouffle régulièrement du ſud-eſt, favoriſe les tranſports dans cette direction, & un voyage de dix journées dans les baſſes eaux, en remontant le cours du fleuve, s'effectue alors dans ſix jours. Toutes les opérations de l'agriculture ſont ſuſpendues. Le payſan vogue ſur les champs qu'il eſt accoutumé à labourer, & il eſt heureux pour lui que l'élévation des bords mette les fourrages à l'abri, car les beſtiaux périroient de faim.

Voici le tableau des obſervations faites ſur la crue des eaux du *Gange* à Jellinghy & à Daca.

Les eaux montent

	à Jellinghy,	à Daca,
En mai, de	6 pieds 0 pouces.	2 pieds 4 pouces.
En juin, de	9 6	4 6
En juillet, de	11 6	5 6
Dans les quinze premiers jours d'août, de	4 0	1 11
	31 pieds 0 pouces.	14 pieds 3 pouces.

Ces obſervations ont été faites dans une année où les eaux montèrent plus que de coutume.

Il faut obſerver que le *Gange*, ainſi que le Burrampooter, s'élève davantage dans la ſaiſon pluvieuſe, que les autres rivières qui communiquent avec lui. Cela eſt évident par ce que l'on obſerve du cours de l'eau dans les canaux de communication entre le *Gange* & la Teeſta. Cette grande rivière ſuit un cours preſque parallèle au *Gange*, dans un eſpace de cent cinquante milles; elle communique enſuite avec lui par deux canaux ſitués à vingt milles l'un de l'autre, & ſe décharge auſſi dans la Megna ou le Burrampooter par un troiſième canal. Pendant la ſaiſon ſèche, l'eau coule de la Teeſta au *Gange*. Dans les grandes eaux, l'eau va du *Gange* à la Teeſta, qui ſe décharge pour lors toute entière dans la Megna. On peut conclure de ces faits, combien peu il y a de pente dans le lit de ces rivières, dont le cours dépend moins de l'inclinaiſon du terrain, que de la hauteur reſpective de leurs eaux dans les différentes ſaiſons.

L'inondation eſt à peu près ſtationnaire pendant quelques jours, vers le milieu d'août, puis elle commence à décroître; car quoique les pluies continuent dans le plat pays en août & en ſeptembre, comme elles ceſſent alors dans une partie des montagnes, la quantité de l'eau pluviale ne suffit plus pour soutenir les eaux de l'inondation à la même hauteur. L'abaissement successif des eaux suit à peu près la proportion ci-après. Pendant la dernière quinzaine d'août & tout septembre, elles diminuent de trois à quatre pouces par jour. En octobre & en novembre la diminution, d'abord de trois pouces, se réduit à un pouce & demi par jour. Enfin, la moyenne de la diminution journalière, depuis novembre jusqu'à la fin d'avril, est seulement d'un pouce & demi. Cette proportion doit s'entendre des parties du fleuve qui ne sont pas affectées par le flux & le reflux; car la diminution des eaux de l'inondation ne suit pas réguliérement la diminution des eaux du fleuve, à cause de la hauteur du terrain vers ses bords. Mais dès le commencement d'octobre, tems auquel les pluies cessent, l'inondation diminue assez rapidement par l'évaporation. Les terres, à la suite de ce passage des eaux, restent enrichies par le dépôt du limon, & sont prêtes à donner d'abondantes récoltes sur un seul labour.

Il y a dans les crues du *Gange* une circonstance peu connue ou peu remarquée jusqu'à présent, parce qu'on n'a pas fait d'observations comparables sur la hauteur des eaux en différens lieux. Cette circonstance est la différence qui existe dans la marche de l'accroissement des eaux à des endroits différemment distans de la mer. C'est un fait confirmé par des observations répétées, qu'à commencer de l'endroit où l'influence de la marée devient sensible jusqu'au bord de la mer, l'accroissement des eaux est graduellement moins considérable, & qu'enfin cet accroissement devient nul à l'endroit où les eaux du fleuve arrivent à la mer. Ce fait est parfaitement conforme aux lois d'après lesquelles les fluides prennent leur niveau.

L'Océan conserve dans toutes les saisons le même niveau, toutes circonstances du flux & du reflux d'ailleurs égales; il influe nécessairement sur le niveau des eaux qui communiquent avec lui, à moins qu'elles ne s'y précipitent en cataractes. Si l'on suppose que la colonne d'eau de trente-un pieds d'élévation, qui représente la crue du *Gange*, pût se soutenir jusqu'à son arrivée à l'Océan; si l'action de la force qui auroit soutenu les eaux cessoit tout à coup, la tête de la colonne se répandroit sur la surface de la mer & dans le reste de la colonne, aussi loin que s'étend l'influence de la mer. Il s'établiroit une pente qui, dans sa totalité, auroit trente-un pieds de hauteur perpendiculaire. C'est précisément ce qui a lieu à l'endroit où les eaux du fleuve se mêlent à l'Océan. Le niveau est le même dans toutes les saisons; les marées étant supposées égales. A Luckipour, la différence de hauteur, dans les deux saisons, n'est que de six pieds; A Daca, elle est de quatorze, & à Cuttée de trente-un pieds. Il y a donc une pente régulière; car les distances de ces lieux à la mer sont en proportion avec ces hauteurs.

Cette pente doit ajouter à la rapidité du courant. Si l'on suppose qu'avant l'inondation, l'inclinaison du lit du fleuve étoit de quatre pouces par mille, elle se trouvera de cinq pouces & demi. Cuttée est à environ deux cent quarante milles de la mer en suivant le cours du fleuve, & dans la saison sèche la surface de l'eau du *Gange* y est à quatre-vingts pieds au dessus du niveau de l'Océan à marée haute. L'Océan fait sentir son influence jusque-là; c'est-à-dire que, dans la saison sèche, la marée est sensible jusqu'à cette distance, & que, dans la saison pluvieuse, il réduit la hauteur des eaux du *Gange* jusqu'à son propre niveau.

La même chose s'observe dans la Hoogly, la Jellinghy & le Burrampooter, & il est à croire que ce phénomène est commun à tous les fleuves qui sont sujets à des crues d'eau périodiques ou accidentelles. Non-seulement la hauteur de l'inondation diminue en se rapprochant de la mer, mais encore la hauteur des bords du fleuve diminue dans la même proportion. L'on pourroit être porté à croire que la moindre élévation des bords du fleuve, dans le voisinage de la mer, est la véritable cause de la moindre élévation de l'eau, parce que là où les bords sont élevés, l'eau encaissée est obligée de s'élever aussi, au lieu qu'elle se déborde & s'étend au loin où les bords ne la contiennent pas. On peut répondre à cette difficulté, qu'il est prouvé par l'observation, que la quantité de la crue, dans un moment donné à différens endroits du lit du fleuve, est toujours en proportion exacte avec la totalité de la crue des eaux dans la saison à chacun de ces mêmes endroits; ainsi lorsque le fleuve a monté de trois pieds à Daca, où la totalité de la crue est de quatorze pieds, l'eau a monté de six pieds & demi à Cuttée, où la totalité de la crue est de trente-un pieds.

La quantité d'eau que le *Gange* décharge dans la mer pendant la saison sèche, dans l'espace d'une seconde, est de quatre-vingt mille pieds cubes. Dans les hautes eaux du fleuve est triple. Le mouvement est accéléré dans la raison de trois à cinq, & la quantité d'eau qui passe à chaque seconde est alors de quatre cent cinq mille pieds cubes; ainsi la moyenne sur l'année est d'environ cent quatre-vingt mille pieds cubes d'eau par seconde.

Le Burrampooter prend sa source dans les mêmes montagnes que le *Gange*, & coule d'abord dans une direction opposée à celle de ce fleuve, du côté de l'est, au travers du Thibet, où il est connu sous le nom de *Sampoo* ou *Zancin*, mots qui signifient *rivière*. Son cours dans le Thibet, tel qu'il a été indiqué par le Père Duhalde, & tracé sur la carte de Danville, est suffisamment exact pour les objets généraux de la Géographie, mais non pour la longueur totale du fleuve. Il suit les confins du pays de l'Assa, où réside le Grand-Lama; il se dirige au sud-est, & se rapproche jusqu'à deux cent vingt milles de la province de Yunan, la partie la plus occidentale de la Chine; il tourne ensuite brusquement à l'oueft, passe par Affam, & entre dans le Bengale par le nord-eft. A Affam on le nomme Burrampoot. Après être entré dans le Bengale, il fait un circuit autour des montagnes de Garrow, puis il prend son cours vers le sud, & mêle ses eaux à celles du *Gange*, à quarante milles de la mer.

Le Père Duhalde témoigne quelques doutes sur la direction que suit la Sampoo après être sortie du Thibet, & il soupçonne qu'elle se jette dans le golfe du Bengale. M. Danville a présumé que la Sampoo & l'Ava étoient la même rivière. Les données qu'il avoit, justifioient cette supposition. Le Burrampooter lui étoit présenté comme figurant parmi les rivières du second ordre qui se jettent dans le *Gange*; il ne devoit pas soupçonner que ce fût la Sampoo. L'Ava, d'après son cours connu dans un espace de plusieurs centaines de milles au deffus de son embouchure, sembloit être une continuation de cette rivière. Il la désigna ainsi dans ses cartes qui faisoient autorité, en sorte que, jusqu'en 1765, le Burrampooter, comme fleuve égal ou supérieur au *Gange*, étoit inconnu en Europe.

Lorsque le major Rennel fit la reconnoissance de ce fleuve en 1765, il fut très-surpris de le trouver au moins égal au *Gange*, & il le fut également de voir qu'il entroit dans le Bengale en venant de l'eft, tandis que les relations le représentoient comme venant du nord. Les recherches qu'il fit ensuite le conduisirent, en remontant ce fleuve, jusqu'à cent milles de l'endroit où le Père Duhalde avoit laissé la Sampoo. Il ne douta plus alors que ce ne fût le même fleuve. Le rapport des habitans d'Affam confirme d'ailleurs cette présomption; ils disent que leur rivière vient du nord-ouest en passant par les montagnes de Boutan. Enfin, il a une carte dessinée à la main, qui prouve que la Sampoo & l'Ava sont deux rivières différentes, & que l'Ava est la grande *Noukiàm* ou *Yunan*. Cette carte remonte jusqu'à cent cinquante milles de l'endroit où le Père Duhalde a laissé la Noukian dans son cours du côté de l'Ava. D'ailleurs, il est informé par des témoignages authentiques qui établissent que la Noukian est navigable depuis Ava jusque dans la province de Yunan en Chine.

Dans un cours de quatre cents milles au travers du Bengale, le Burrampooter ressemble si parfaitement au *Gange*, que la description de celui-ci peut lui être également appliquée. Il y a cependant une exception, c'est que, dans les soixante milles qui précèdent sa jonction avec le *Gange*, il présente un canal régulier de quatre à cinq milles de largeur, lequel ressemble à un bras de mer.

On peut tenter d'expliquer la grande largeur de la Megna en supposant que le *Gange* la joignoit autrefois où Issa-Mutty la joint aujourd'hui, & que les eaux réunies de ces deux grands fleuves avoient creusé ce large canal. La réunion qui s'o-

père aujourd'hui au dessous de Luckipour produit une masse d'eau douce courante, qui n'a point d'égale dans l'ancien hémisphère, & qui peut-être n'est surpassée par celle d'aucun fleuve de l'Amérique. Le golfe, formé par les eaux de ces deux fleuves, est parsemé d'îles qui ne sont pas inférieures en étendue & en fertilité à l'île de Wight. Dans les tems ordinaires l'eau est légérement saumâtre à l'extrémité de ces îles, du côté de la mer, & dans la faison pluvieuse la surface de l'Océan est parfaitement douce jusqu'à plusieurs lieues en mer.

On observe, dans les principales branches du *Gange* & dans la Megna, un phénomène qu'on nomme *the hore*; c'est un courant de la marée, qui pénètre tout à coup dans le fleuve. La Hoogly & les passages entre les îles & les bancs de sable du golfe sont particuliérement exposés à l'action de ce courant extraordinaire. Cela est dû peut-être à ce que l'embouchure de cette rivière & de ces passages est très-large, relativement à leurs canaux. Une grande masse d'eau se trouve ainsi engagée, par le courant de la marée montante, dans un passage relativement étroit. Une autre circonstance qui peut rendre ces courans plus sensibles dans ces passages, c'est qu'il n'y a point d'ouverture assez considérable, assez à portée pour servir à dégorger promptement les eaux accumulées par la marée montante. Dans la Hoogly ou la rivière de Calcutta le *hore* commence à la rivière de Hoogly, qui est l'endroit où le canal de la rivière commence à se resserrer; & se fait sentir jusqu'au dessus de la ville de Hoogly. Le courant en est si rapide, qu'il parcourt un espace de soixante-dix milles en moins de quatre heures. Le *hore* fait quelquefois monter les eaux subitement de cinq pieds à Calcutta, &, dans toute l'étendue qu'il affecte, les bateaux, à son approche, quittent les bords pour gagner le milieu de la rivière, où ils sont plus en sûreté.

On rapporte que, dans les canaux qui séparent les îles de l'embouchure de la Megna, le *hore* excède douze pieds d'élévation, & qu'il est tellement redouté, qu'aucun bateau ne hasarde à passer pendant les marées du printems. Au dessus des îles on ne voit d'autre trace du *hore* qu'une élévation subite des eaux à mer montante.

GANGES, ville du département de l'Hérault, chef-lieu de canton, près de l'Hérault. Son commerce consiste en vins, huile, & principalement en soie. On y fabrique des bas de soie, dont la qualité, inférieure à celle des bas de soie de Lyon & de Paris, les réduit à un prix plus modéré, comme ceux de Nîmes. Il y a aussi des tanneries qui font un grand négoce avec l'étranger. Les environs sont remplis de pâturages, où l'on élève des moutons, dont la chair est extrêmement délicate. On y trouve aussi des mines de houille.

GANNAT, ville du département de l'Allier, chef-lieu d'arrondissement, sur l'Andelot. A quelques pas du grand chemin de cette ville est une source minérale. On a découvert, entre *Gannat* & Ebreuil, une carrière de marbre statuaire; mais une fouille exacte a convaincu les naturalistes, que ce n'étoit que du quartz friable, non susceptible de poli. Cette ville est le siége d'une sous-préfecture.

GANNES, village du département de l'Oise, à deux lieues & demie de Breteuil : il y a vingt-huit fabriques particulières de toiles de chanvre.

GARD. La rivière qui arrose ce département porte le nom de *Gardon*; mais dans les mots où il entre pour en faire un nom composé, tels que le *Vers-du-Gard*, le *Pont-du-Gard*, on abrège ce mot, & c'est ce mot ainsi abrégé qui a été donné à ce département.

Il est formé d'une partie du ci-devant Languedoc, & a pour bornes, au nord le département de l'Ardèche, à l'est celui de Vaucluse, au sud-est le département des Bouches-du-Rhône, au sud la mer, au sud-ouest le département de l'Hérault, à l'ouest ceux de l'Aveyron & de la Lozère. Ce pays est rempli de montagnes.

La superficie de ce département est d'environ un million cent soixante-quinze mille quarante-quatre arpens carrés, ou cinq cent quatre-vingt-dix-neuf mille sept cent vingt-trois hectares, & sa population est de trois cent neuf mille cinquante-deux ames. Il est composé de trois cent soixante-six communes, & divisé en quatre arrondissemens communaux ou sous-préfectures, & en trente-huit cantons & justices de paix. La préfecture de ce département est à Nîmes. Alais, Uzès & Vigan sont les siéges des sous-préfectures. Ce département est dans l'évêché d'Avignon, & dépend de la neuvième division militaire, dont la résidence est à Montpellier. Il est du ressort du tribunal d'appel séant à Nîmes, & dans la quinzième conservation forestière.

Les principaux fleuves sont :

Le Rhône, qui borne la partie orientale, & dont il est fait mention dans le département du Rhône; le Gardon : ce fleuve se forme de la réunion de deux rivières qui coulent, l'une en passant par Salle, Alais, &c. sous la dénomination du *Gardon-d'Alais*; l'autre du nord-ouest, passant à Saint-André, à Saint-Jean, par le nord d'Anduze, sous le nom de *Gardon-d'Anduze*; elles se réunissent au sud, à peu de distance de Vezenobre. De là le Gardon passe près de Boncoiran, Saint-Chapres, le Pont-du-Gard, Montfrein, & se jette dans le Rhône, au nord de Beaucaire. Il prend sa source dans le département de la Lozère.

Un des principaux monumens de ce département est le pont du *Gard*, ouvrage des Romains, composé de trois rangs d'arcades construites les unes au dessus des autres, celles d'en-bas servant de pont, & celles d'en haut d'aqueduc.

Les principales villes de ce département sont Nîmes, Alais, Uzès & le Vigan, auxquelles on peut ajouter Beaucaire & le Pont-Saint-Esprit.

Les rivières qui prennent leur source dans ce département sont au nombre de trente-quatre; ce qui est assez considérable.

Il y a outre cela deux canaux, celui de Beaucaire & celui de Roubine.

Les marais sont au nombre de trois : celui de Bellegarde, de Castagnotte & de Larmitune.

Les montagnes un peu remarquables sont au nombre de quatre, savoir : Laigonal, Lengias, Lesperon & Seignet.

Les forêts sont au nombre de six : Clary, Duren, Gosnes & Calcailis, Livron, Malmont, Pinède.

Quoique ce soit un pays de montagnes, il est néanmoins assez fertile. Il y a d'excellens pâturages. Les vins qu'on y récolte, sont très-estimés. On y recueille beaucoup de fruits. Les huiles & la soie forment sa principale richesse : telles sont en général les productions qui distinguent toutes ces contrées.

L'industrie n'est pas partout la même, mais en général elle fait l'objet d'un gros commerce. Le nombre des fabriques de ce département, comme des produits qui en sortent, présente une nomenclature considérable, qui prouve que ce département a de très-grands moyens de s'enrichir. Au Vigan & aux environs sont des fabriques de coton, de laine, de soie & de tonneaux. A Alais & aux environs, soierie, bas, rubans de soie, soie à coudre, bas & étoffes de filoselle; bonnets, bas de coton, couperose, papéterie, verrerie, faïence noire, arçons de selle & clous. A Nîmes, étoffes en coton, mousseline à carreaux, mouchoirs de coton & de soie; taffetas en soie, gros-de-tours de soie, fleuret de soie, molleton soie & coton; éternelle soie & coton; bas de soie, bas de filoselle, bas de fil, bas de laine, burat & filoselle, papeline, &c. A Saint-Hippolyte & aux environs, draperie, filature de coton, filature de laine pour couvertures; fabrique de métiers à bas, en fer; fabriques de bas de soie, de coton, de chapeaux, de colle-forte, de tonneaux, & de cuirs de veau pour empeignes. A Uzès, manufactures de cadis & serges, papéterie & fabriques de bas. A Beaucaire, cinq fabriques de tricot blanc, en laine. On sait que cette dernière ville est renommée par une foire où l'on fait, année commune, pour six à sept millions d'affaires en huit jours. Enfin, Sommières & ses environs fabriquent des molletons & des tricots, des chapeaux, des aiguilles propres aux métiers à bas, de l'eau-de-vie, de l'esprit-de-vin, de l'eau de lavande, de l'huile de laurier, de l'huile d'aspic, le tournesol appelé *maurille*. On y a beaucoup de tanneries & de savonneries. Ce département est fécond en mines de fer, de plomb, d'argent, de charbon de terre, de vert-de-montagne, de turquoises, de carrières de pierres à chaux, de fontaines d'eaux minérales, dispersées en douze ou treize lieux du département fort connus.

GARDANE, ville du département des Bouches-du-Rhône, arrondissement d'Aix, & à deux lieues de cette ville. Il y a une mine de houille non exploitée. On y trouve, outre cela, du grès propre à paver & des pierres à aiguiser.

GARDE (la), village du département de l'Arriège, canton de Mirepoix, à une lieue & demie de cette ville. On y trouve des grès durs & gris, propres à paver.

GARDE (la), rivière du département de la Lozère, arrondissement de Marvejols, & à cinq lieues ouest-nord-ouest de cette ville, où elle prend sa source. Elle verse ses eaux à l'est, traverse le lac de Souverols & celui de Salliens, & se rend dans la Bés, à quatre lieues & demie nord-nord-ouest de Marvejols.

GARDE-FRENET (la), village du département du Var, arrondissement de Draguignan, & à cinq lieues & demie de Fréjus. On croit que ce lieu est l'ancienne Frascinet. Il y a maintenant des fabriques de chapeaux, de cuirs forts tannés, de mégisseries, d'étoffes de laine grossière, de couvertures à matelas, de bouchons de liège, & dans le territoire une mine de fer. Les marrons y sont abondans.

GARDINA (Roggia), ruisseau dérivé de la Dora, département de la Sesia, pour l'arrosement de rizières. Il se jette dans la Narola, près Verceil, après avoir passé sous les murs de Fricero. Son cours est de douze lieues.

GARDON (la vallée de). Cette rivière me paroît infiniment intéressante, parce que j'y trouve deux états différens & appartenans à des époques distinctes l'une de l'autre. Le premier état est une vallée creusée dans un massif composé d'une pierre d'un grain fort fin & très-dure, où l'on trouve des dépouilles de coquilles d'une famille particulière. Voilà donc un système de couches fort ancien, & qui forme l'encaissement d'une première vallée, laquelle a dû coûter un long espace de tems pour être approfondie comme on en voit certaines parties, & comme on en soupçonne d'autres. C'est particuliérement aux environs d'Uzès que l'on trouve des parties de cette ancienne vallée du Gardon, qui sont très-profondes par l'enlèvement des dépôts modernes, à côté d'autres qui sont restées comblées par les mêmes dépôts. Ces dépôts secondaires offrent une pierre d'un tissu & d'un grain infiniment différent de

celui qui a fourni l'encaissement de la première vallée ; mais encore des coquilles de familles totalement différentes. On voit que c'est avec ces matériaux que la première vallée a été comblée, & que par leur enlèvement cette première vallée a été mise à découvert par le même travail du Gardon, qui a creusé la seconde vallée.

Il résulte de tous ces faits, que la première vallée du Gardon a dû être creusée par une rivière qui a eu son cours dans toute la contrée où la seconde circule actuellement, & parfaitement semblable ; que cette contrée étoit un continent sec à cette première époque ; puisque, sans cette circonstance, l'eau courante de la première rivière n'auroit pu s'y creuser la première vallée ; que la contrée a été ensuite envahie par la mer, & que pendant cette invasion l'ancienne vallée a été comblée, jusqu'à un certain point, par les dépôts de la mer ; que bien loin que l'ancienne forme de cette partie du bassin de la mer ait produit un courant qui entretînt la vallée dans son ancien état, elle s'y est comblée par les dépôts secondaires dont nous avons parlé. Il est donc prouvé par-là que, bien loin que les vallées se soient creusées par la mer dans son bassin, elle a comblé celles qui y étoient approfondies, & par conséquent le rapprochement de ces circonstances détruit toute l'hypothèse de M. de Buffon. Mais voici encore d'autres conséquences, aussi importantes, qui résultent de tous ces faits : c'est que la mer a éprouvé des mouvemens qui nous forcent à croire que ce n'est pas par des diminutions absolues qu'elle a fait sa retraite, qu'elle a oscillé, en un mot, dans son bassin par des moyens dont nous n'avons pas les premiers apperçus.

GARDON (le), fleuve du département de la Lozère. Il prend sa source à trois lieues deux tiers sud sud-ouest de Villefort, laquelle verse ses eaux au sud-est ; passe par Salle & Alais, sous le nom de Gardon-d'Anduze, à deux lieues sud-est d'Alais, tourne au sud-est, puis à l'est, & va se rendre dans le Rhône, à une lieue nord de Beaucaire, après avoir baigné les murs de Saint-Privat, de Vaez & de Châtillon. Le Gardon roule des paillettes d'or en grande quantité.

GARDON-D'ANDUZE (le), rivière du département de la Lozère, arrondissement & canton de Florac. Il prend sa source à trois lieues sud-est de Florac, coule à l'est-sud-est, passe à Saint-André de Valborgue, à Anduze, & va se rendre dans le Gardon, à deux lieues deux tiers sud-est d'Alais.

GARDONNET (le), rivière du département de la Lozère, arrondissement de Florac. Il prend sa source à trois quarts de lieue sud de Vialas, coule au sud, & se rend dans le Gardon, au nord du collet de Dezés.

GARONNE (la), rivière qui a sa source au val d'Aran, traverse les Pyrénées, coule au nord, passe à Saint-Beat, à Saint-Bertrand, entre Valentine & Saint-Gaudens ; à Mattres, Cazères, Rieux, Carbonne, Noé, Muret, Toulouse, où est la tête du canal ; ensuite monte au nord-ouest, passe à Grenade, à Verdun, près de Castel-Sarrasin, à Saint-Nicolas, à Auvillars, à Layral, Agen, Sainte-Marie, Aiguillon, Tonneins, Marmande, la Réole, entre Saint-Macaire & Langon ; à Cadillac & à Bordeaux, où elle a presqu'un quart de lieue de large. Elle prend à Bourg le nom de Gironde, & se rend dans l'Océan. Son cours est d'environ cent quarante lieues. La Gironde est affreuse à son entrée par la mer. Les bords de son canal ne présentent aux yeux que des rochers & des bruyères ; mais lorsqu'on a passé Blaye, on ne découvre plus que de belles prairies, une campagne superbe, & un rivage orné de belles maisons de campagne jusqu'à Bordeaux & au-delà. Elle roule des paillettes d'or.

GARONNE (département de la Haute-). Ce département a pris ce nom parce qu'il s'étend au sud, presqu'aux sources de la Garonne.

Il comprend une partie du pays des Basques, que l'on appelle *Pays de Comminges;* outre cela, les diocèses de Toulouse & de Rieux, qui faisoient partie du Languedoc.

Ce département est borné, au nord, par ceux du Lot & de Lot & Garonne, à l'est par ceux du Tarn & de l'Aude, au sud-est par celui de l'Arriège, & à l'ouest par ceux du Gers & des Basses-Pyrénées.

Les principales rivières sont la *Garonne* & le Tarn. La *Garonne* entre dans ce département par le sud-est ; elle passe d'abord par Saint-Beat, Saint-Bertrand de Comminges, ensuite à Montrejean : c'est là qu'elle éprouve un changement de direction de l'ouest à l'est, opéré visiblement par l'influence de la Neste, après quoi elle arrose Saint-Gaudens, Saint-Martory, les Martres, Cazères, Carbonne, Noé, Muret & Toulouse. C'est à l'extrémité de ce trajet que, devenue grande rivière, elle modifie son cours vers le nord ; ce qu'elle me paroît devoir à l'Arriège & à Lersmorte, vallée que suit le canal dans cette partie. Au dessous de Toulouse, la *Garonne* passe à Blagnac, à Grenade, à Verdun & à Castel-Sarrasin, & enfin à Saint-Nicolas-la-Grave.

Cette rivière reçoit à droite le Gers, qui passe à Aspet ; ensuite la Salac, qui passe à Salies ; puis la Volpe, qui arrose Montesquieu-de-Volvestre & Rieux. Assez loin de l'Arriège, rivière assez forte, qui passe à Tintegabelle & à Auterive, & qui se trouve grossie à droite par le Lers, la Bize & la Guèze, & à gauche par le Lezat, qui arrose Saint-Sulpice. Après un grand trajet, la *Garonne* reçoit le Lersmorte, grossie de la Marcassonne, du Seillon & du Giron, rivières qui par-

courent de grandes plaines. C'est aux environs de Saint-Félix-de-Carmaing, où le Giron prend sa source, que se trouvent le Sir, & la Rigole de la plaine, qui passe à Revel. Depuis Grenade, où se fait la jonction du Lers, la *Garonne* ne reçoit rien jusqu'à la confluence du Tarn, & qui sert de limite au département, tant au nord qu'à l'est. Il passe à Villemur, & reçoit ensuite la petite rivière du Tescou ; à gauche de la *Garonne*, la Pique, rivière formée de trois ruisseaux qui se réunissent à Bagnères-de-Luchon ; ensuite la Neste, puis la Noue, qui tombe à Saint-Martory.

Bagnères-de-Luchon, célèbre par ses eaux minérales.

Boulogne, ville, commerce de grains, de châtaignes, fil de lin & tannerie.

Saint-Beat, petite ville au confluent de la *Garonne* & de la Pique, commerce de chevaux & de mulets.

Saint-Gaudens, sur la *Garonne*, draperies de plusieurs espèces.

Saint-Porquier, commerce de tabac.

Toulouse, grande ville sur la *Garonne*. On y fabrique des étoffes de laine & de soie : on s'y occupe du transport des marchandises par le canal.

Ce pays est fertile dans beaucoup d'endroits. Il produit des grains & des pâturages. On trouve de beaux marbres dans la partie méridionale. Il s'y fait d'ailleurs un assez grand commerce de bestiaux, & surtout de mulets.

Longe, réunie à la Nère, qui arrose Fousseret & qui y tombe à Muret ; après quoi viennent le Touche, qui arrose l'Heim ; l'Aussonnelle, la Save qui arrose Levignac ; le Mardan, réuni au Margataut ; le Lambon, la Lessonne, la Gimonne qui arrose Beaumont-de-Lomagne, & enfin la Serre.

Hors du bassin de la *Garonne*, vers l'ouest, sont l'Aussour, la Save, grossie de la Saigonade, & qui passe à l'Ile-en-Dodon ; la Gesse & la partie supérieure du cours de la Gimonne.

Toutes les rivières qui se jettent dans la *Garonne* sont fort longues, & n'offrent qu'un seul courant qui suit de longues plaines.

GARONNE, rivière du département du Var, arrondissement de Draguignan, canton de Fréjus ; elle prend sa source au pied de la montagne du Vinaigre, à une lieue trois quarts nord-nord-est de Fréjus, verse ses eaux au sud, puis au sud-ouest, & se rend dans la mer au golfe de Fréjus.

GARONNE (Montagne de la), même département, arrondissement & canton est de Toulon, près du cap de la Carqueyranne, à deux lieues sud-est de Toulon.

GARONNE (Cap de la), même département, arrondissement & canton est de Toulon, à l'est &

à l'entrée de la grande rade, entre la plage de la *Garonne* & la Cirqueyranne.

GARONNE (Plage de la), arrondissement & canton est de Toulon, à l'est dans la grande rade, entre la batterie du cap Brun & celui de la *Garonne*.

GARVAS, sorte de brouillard ou nuage qui couvre une partie du Pérou sans y tomber autrement qu'en pluie fine. La foiblesse des vents du sud, & quelquefois leur cessation totale pendant plusieurs jours, donne lieu à la formation du nuage qui couvre le soleil dans la partie basse du Pérou. Comme il n'y a point de vent qui agite l'air, les vapeurs humides qui s'élèvent de la terre s'y arrêtent. Le nuage n'est jamais aussi élevé que la partie haute de la terre, & se tient à une hauteur moyenne déterminée; mais si les vents du sud, qui sont continuels dans la mer du Sud (on les appelle aussi sud-ouest), perdent leur force dans la partie basse de l'atmosphère qui couvre le Pérou, ils la conservent dans la partie la plus élevée. Comme ils parcourent une région supérieure aux nuages, ils se trouvent au niveau de la partie haute, & la traversent sans aucun obstacle : de cette manière ils empêchent non-seulement qu'il ne s'y forme des nuages, mais même ils les dissipent, parce qu'ils y soufflent continuellement & qu'ils les poussent vers la partie opposée.

Quand au contraire l'été règne, les vents se portent avec force à leur superficie, de manière à dissiper les nuages, & les jours sont clairs. Ces vents ne s'élèvent plus alors autant qu'il le faudroit pour balayer la partie haute : ceux de terre règnent pour lors de différens côtés, & permettent ainsi aux nuages de s'amasser & de s'épaissir : d'où il résulte des pluies.

Pour revenir aux *garvas*, nous dirons qu'à Lima & aux environs, la terre est couverte, pendant tout l'hiver, d'un brouillard si épais, qu'il intercepte les rayons du soleil ; ce qui cause un froid assez sensible dans cette contrée. Les vents soufflent sous ces brouillards, & entretiennent le froid qu'ils apportent du lieu d'où ils soufflent. Ces brouillards paroissent aussi épais dans les vallées qui sont au nord; ils ne sont pas bornés à la terre: on les voit aussi couvrir une partie de la mer le long des côtes. C'est régulièrement pendant toute la matinée qu'ils couvrent la terre, & ils sont si épais, qu'ils obscurcissent tous les objets. Vers dix à onze heures après midi, un peu plus tôt ou plus tard, ces nuages s'élèvent, se partagent, mais non en totalité : seulement ils ne dérobent plus la vue des objets, quoiqu'ils continuent toujours à cacher le soleil pendant le jour, & les étoiles pendant la nuit.

On voit donc que, dans ces contrées du Pérou, le ciel est continuellement caché par le brouillard, avec cette différence qu'il est tantôt plus, tantôt

moins près de la terre. De tems à autre ces vapeurs se dilatent, & laissent appercevoir le disque du soleil ; mais ses rayons ne font sentir aucune chaleur. Il est à propos de remarquer qu'à deux ou trois lieues de Lima, ces vapeurs s'éclaircissent beaucoup plus que dans la ville même. On y voit entièrement le soleil, & il y modère le froid par son influence. Voilà pourquoi l'hiver est plus doux, & le tems plus serein dans le port de Callao, qui n'est qu'à deux lieues & demie de Lima.

Cependant il arrive, comme on l'a déjà dit, que ces brouillards se convertissent en bruines qui humectent la terre. Alors les montagnes & les vallées, qui dans les autres saisons paroissent arides & stériles, se couvrent de toutes sortes de plantes. Ces bruines, au reste, ne sont jamais assez épaisses pour empêcher les voyageurs de se mettre en route; elles sont si fines, que les habits mêmes les plus légers n'en sont pénétrés qu'au bout d'un tems assez long ; mais comme elles durent tout l'hiver sans que le soleil puisse percer à travers, elles pénètrent & humectent assez le sol pour le fertiliser, & faire produire des plantes aux superficies les plus sèches & les moins propres à la végétation.

En résumant ici toutes les circonstances qui se trouvent réunies dans les *garvas*, pour en apprécier mieux les effets, on peut faire cette comparaison d'un homme qui, se trouvant près d'un grand feu, & ayant devant lui un corps plus ou moins épais interposé entre lui & le feu, éprouveroit moins de chaleur que celui qui en seroit plus éloigné, mais qui ne seroit garanti de ses effets par aucun obstacle. Il en est de même des grands effets de la Nature par rapport à la terre, dans le Pérou. Nous voyons que, par la constitution de l'atmosphère, la Nature interpose un voile qui empêche les rayons du soleil de pénétrer jusqu'à la terre ou d'y faire une trop forte impression en modérant ainsi sa chaleur au premier instant qu'il passe par le zénith de cette contrée. Or, ce phénomène a lieu dans toute cette bande de terrains bas, qui se prolonge depuis le troisième degré de latitude sud jusqu'au tropique du même hémisphère, & même dans toute la largeur de cette bande. (*Voyez* PÉROU, ses saisons.)

GASCOGNE, ancienne province de France, qui a environ trente lieues de longueur sur autant de largeur ; elle est bornée au sud par les Pyrénées, à l'est par l'ancienne province de Languedoc, au nord par le Querci, l'Agenois, la Guienne & le Bazadois, & à l'ouest par les Landes, le Béarn & le Bigorre; elle est fort élevée au dessus de la grande vallée de Tarbes & de la plaine de la Garonne, qui la circonscrit depuis Morejeau jusqu'à Aiguillon, qui est à l'embouchure de la Baïse. Cette riche plaine décrit un demi-cercle autour

autour de la *Gafcogne*, qui l'embraffe à l'eft & au nord.

La conftitution phyfique de cette province eft telle, que le fol eft plus élevé au fud qu'au nord, puifque toutes les rivières qui l'arrofent, coulent dans la direction du midi au feptentrion, & que la plupart prennent leur fource dans la bordure méridionale. En fuivant leur cours, on peut juger de la nature & de la forme du terrain où fe trouvent creufées leurs vallées, & qui fert de féparation à ces vallées. Je vois d'abord huit rivières principales, qui prennent leur fource affez près les unes des autres dans la partie fud de la province, & elles coulent en rayons divergens vers la Garonne, où elles ont toutes leur embouchure. D'après cette difpofition des eaux courantes, il eft aifé de voir que la direction des maffes de collines qui occupent l'intervalle de leurs vallées eft affujettie au même ordre de chofes ; que ces collines partent toutes des mêmes points, c'eft-à-dire, de la partie du fud, & fe prolongent, en fe dégradant, jufqu'à la plaine de la Garonne. Il eft aifé de voir que cette conftitution phyfique, quoique voifine du pied des Pyrénées, n'a rien de commun avec la compofition de ces montagnes, mais que ce maffif appartient prefque totalement à la nouvelle terre & à ce que j'appelle *dépôts littoraux*, qui circonfcrivent les maffifs de la nouvelle terre.

Ces chaînes de collines, qui font au même nombre que les rivières, en ont auffi la même direction, & leurs fommets plats, s'abaiffant fenfiblement vers le nord, laiffent entr'elles de belles vallées, au fond defquelles font des plaines très-fertiles.

D'après cette idée générale du fol de la *Gafcogne*, on voit qu'on peut le divifer en plaines placées au fond des vallées, & en plaines qui font proprement les fommets des collines, la furface primitive du terrain lorfqu'il eft forti de la mer, & avant qu'il ait été fillonné par les eaux courantes, qui ont fuivi d'abord les pentes générales des dépôts fous-marins.

Ces plaines élevées, ces anciens fommets des collines font coupés affez fréquemment par une infinité de ravins qui ont fouvent donné une forme arrondie à de grandes parties de ces fommets plats, qui font tous reftés au même niveau, & toujours réunis par leur bafe. Lorfqu'on eft placé fur un de ces fommets & qu'on rétablit les parties enlevées par les eaux, foit des rivières, foit des ravins, on retrouve en idée, autour de foi, l'ancien fol de la *Gafcogne* fous la forme primitive qu'avoient les dépôts de la mer.

Si nous examinons maintenant l'intérieur de ces collines, nous les trouverons compofées de différentes couches horizontales, foit de matières roulées, foit de pierres coquillières. Ces couches font établies fur un banc argileux qui règne au niveau des fources, & qui s'enfonce très-peu au deffous

du niveau du fond de cuve des vallées. Si l'on creufe au pied des collines à la profondeur de quinze à vingt pieds, & qu'on parvienne jufqu'au fond de cuve naturel de la couche d'argile en enlevant les dépôts formés par les eaux courantes des rivières, l'eau afflue de toutes parts, & avec une telle abondance dans les puits, qu'ils ne tariffent jamais dans les plus grandes fécherefles.

On eft obligé d'avoir recours aux puits, furtout dans les cantons où la couche argileufe étant au deffous du niveau des plaines baffes des vallées, les fources ne fe montrent pas fur les croupes de ces vallées ; auffi ne voit-on de fontaines un peu abondantes que fur les flancs des collines qui bordent les vallées, & où la couche d'argile eft au deffus du niveau de leurs plaines. Les autres petites fources qui fe voient difperfées fur les croupes & dans des endroits un peu élevés, ou qui fourdent au pied des coteaux, font le produit des eaux pluviales, qui, filtrant à travers les fentes de deffication des couches pierreufes, font fujètes à tarir tous les étés ou dans les tems de fécherefle.

Les rivières mêmes les plus confidérables, n'étant pas alimentées par un fond d'eau de fources continuelles, font à fec plus de huit mois de l'année, & même en hiver lorfqu'il ne pleut pas. Leur lit ne commence à fe remplir qu'après des pluies abondantes, quand la terre, complétement imbibée d'eau, en rejette au dehors la partie furabondante à l'imbibition ; auffi, dans le tems des crues, les eaux des rivières font expofées à être chargées d'une grande quantité de parties terreufes les plus faciles à délayer.

En conféquence de cette furabondance de la partie torrentielle qui concourt à l'entretien des rivières, elles font fujètes à des crues, pendant lefquelles les plaines baffes des vallées font inondées, furtout pendant les pluies d'automne & les orages du printems ; car, dans ces deux faifons, les eaux tombent très-abondamment. Ces débordemens ont lieu parce que les rivières ne font point encaiffées, qu'elles ont peu de pente, & que le courant eft fufpendu de diftance en diftance par les éclufes des moulins, qui font très-multipliées. Ces débordemens font d'autant plus fâcheux & plus redoutés, furtout au printems, qu'ils détruifent en peu de tems les efpérances des propriétaires riverains, en fablant leurs prairies & en gâtant tous les foins. D'ailleurs, l'eau rentre difficilement dans le lit des rivières, parce que les dépôts qu'elle fait lorfqu'elle déborde, ayant lieu particuliérement le long des deux rives du canal, ces rives fe trouvent prefque partout plus élevées que le refte des plaines. Il faut donc que cette eau refte en ftagnation, & pourriffe toutes les plantes des grandes prairies qu'elle couvre jufqu'à ce que l'évaporation l'ait diffipée.

Les chaleurs, en *Gafcogne*, font fort grandes & commencent de bonne heure. Il n'eft que trop ordinaire de voir le thermomètre à vingt-quatre degrés aux mois d'avril & de mai, & s'élever jusqu'à vingt-huit & trente en été. Ces chaleurs font d'autant plus incommodes, qu'il règne en même tems, dans l'atmofphère, un calme parfait ou un vent du fud-eft qui vient de la Méditerranée, & eft chargé d'une certaine humidité.

Un autre effet de la grande culture & de la deftruction des bois eft la rareté des pluies : il ne s'élève prefque plus, de ce fol deffèché, des vapeurs affez abondantes pour former des nuages qui tombent en pluies : ceux qui donnent de l'eau viennent des contrées circonvoifines, & furtout de l'Océan par le vent d'oueft. Les pluies commencent ordinairement au mois d'octobre & finiffent au folftice d'hiver. Le vent d'oueft fe trouvant refferré à un certain point dans le golfe de Gafcogne y acquiert une force proportionnée à la réfiftance qu'il y éprouve ; il arrive chargé de vapeurs raffemblées fur la mer qu'il a parcourue, & il les laiffe précipiter en pluies fur toute cette grande province.

La conftitution & la forme de ce pays concourent à augmenter la chaleur & la féchereffe qui y règnent. On a vu que les grandes plaines étoient ouvertes & dirigées du fud au nord, & que les coteaux qui font expofés à l'occident font efcarpés & dénués en général de plantes. Il n'eft donc pas étonnant que les vents qui circulent le plus librement dans ces contrées foient ceux du nord, que rien n'arrête dans leur courfe : ceux du midi, par la même raifon, peuvent y circuler avec la même facilité ; mais comme ceux-ci font obligés de franchir la chaîne des Pyrénées, leur mouvement fe trouve interrompu, & ils arrivent avec moins de force que les vents du nord, lefquels eux-mêmes perdent une partie de leur viteffe & de leur force en traverfant les montagnes du Limoufin, du Quercy & de la Guienne, qui coulent du fud-eft au nord-oueft.

GATTES. Les montagnes nommées *Gattes* ou *Apennins indiens* s'étendent depuis la rivière Tapty ou rivière de Surate jufqu'au cap Comorin. Ces fameux Apennins, qui marquent avec plus de précifion peut-être qu'aucune autre, limite la ligne d'été & d'hiver, ou plutôt du fec & de l'humide, s'étendent dans l'efpace de treize degrés, comme nous venons de le dire, depuis le cap Comorin jufqu'à Surate, à l'exception d'une vallée de quatorze ou quinze milles, vis-à-vis Paniany, à d'inégales diftances de la côte, rarement plus de foixante-dix milles, & communément quarante milles, & dans un court efpace feulement ces montagnes s'approchent à fix milles de la mer. Quoique leur hauteur ne foit point connue, on fait qu'elle fuffit pour empêcher de paffer au-delà les nuages qui s'élèvent de la mer, & conféquemment qu'il en réfulte que les mouffons nord-eft & fud-oueft qui foufflent alternativement font une faifon plu-

vieufe fur un côté de la montagne feulement, c'eft-à-dire, celui d'où vient le vent. Il paroît cependant qu'il paffe au deffus de ces montagnes affez de nuages pour occafionner une faifon pluvieufe à une diftance confidérable de l'autre côté du vent où ces nuages defcendent, quoique dans le tems où ils ont paffé fur les *Gattes* ils devoient être trop hauts, & conféquemment trop légers pour s'y réfoudre en pluie. Je fuis engagé à penfer ainfi par le détail que fait le lieutenant Ewart des faifons à Nagpour au centre de l'Inde, où elles diffèrent peu de ce qu'elles font au Bengale & dans la partie occidentale de l'Inde. La mouffon fud-oueft y occafionne une faifon pluvieufe ; mais les pluies n'y font pas fi fortes ni fi longues que dans les lieux précédemment nommés. La mouffon fud-oueft occafionne auffi une faifon pluvieufe à l'embouchure de la rivière Gadavery. Cette rivière gonfle alors & fe déborde, & cet endroit eft auffi loin au vent des *Gattes* que Nagpour. Nous pouvons, il me femble, conclure que les *Gattes* n'abritent qu'une certaine étendue, au-delà de laquelle les nuages légers & plus élevés qui paffent par-deffus, defcendent & fe réfolvent en pluie.

On a cru, jufqu'à ces derniers tems, que toute la prefqu'île de l'Inde étoit partagée, du nord au fud, par les *Gattes*, depuis le royaume de Boutan jufqu'au cap Comorin ; mais les différentes faifons n'ont lieu-à-la-fois que dans une partie de la prefqu'île, parce que la caufe ceffe fous le parallèle de Surate. Cette chaîne de montagnes fe détourne à l'eft & fuit le cours de la rivière Tapty, & les vents fud-oueft, qui ne trouvent plus d'obftacle, portent partout, loin & près, l'humidité dont ils font chargés.

GAUJAC. Le bitume de *Gaujac* fe trouve dépofé dans un fyftème de couches horizontales calcaires intactes ; il fort par les fentes des intervalles de ces couches lorfque la chaleur extérieure le ramollit, le fait tranffuder au dehors. Si l'on fouille dans ces couches, & qu'on parvienne jufqu'à l'origine de ces tranffudations de bitumes, on voit qu'il occupoit des trous arrondis dans les couches, & que par conféquent il a été dépofé en gros tampons dans les couches en même tems qu'elles fe font formées.

Il n'eft plus queftion que de favoir d'où vient originairement ce bitume, & par quelles fuites de circonftances il s'eft trouvé dans les lieux du baffin de la mer où les couches fe formoient, & où il a pu être mêlé aux débris des corps marins qui font entrés dans leur compofition.

En Auvergne, où il y a de femblables dépôts de bitume qui tranffude de même, on a les volcans antérieurs à l'invafion de la mer, & qui ont pu fournir ces fubftances bitumineufes.

GAVE : nom fynonyme de celui de rivière

dans le ci-devant pays de Béarn. Les *gaves* ont tous leur fource dans les Pyrénées, aux confins de l'Arragon, & leur rapidité eſt cauſe qu'ils ne portent point de bateau. Au reſte, ces rivières ſont très-poiſſonneuſes : on y pêche des truites, des brochets, des ſaumons & des ſaumonneaux qui ſont d'un goût exquis.

Le *gave* d'Aſpe a deux ſources, l'une au port d'Aragues (*port* ſignifie en béarnois *paſſage* ou *gorge entre les montages*), & l'autre auprès de Sainte-Chriſtine, ſur les frontières de l'Arragon : de là, ſerpentant vers le ſeptentrion, il reçoit les rivières d'Anſave & de Sanshèſe, qui ſe joignent auprès de Leſcum, &, continuant de traverſer la vallée d'Aſpe qui lui donne ſon nom, il ſe charge de quelques ruiſſeaux, comme le Vert, la rivière de Bourdios, & arrive à Oléron, qu'il ſépare de Sainte-Marie.

Le *gave* d'Oſſan prend ſa ſource au port d'Oſſan, ſuit la vallée de ce nom du midi au nord, & arrive à Arudy ; il circule & ſe détourne vers le couchant, puis vers le couchant d'hiver, pour arriver à Oléron, qu'il ſépare de Marcader. Au ſeptentrion d'Oléron il rencontre le *gave* d'Aſpe, avec lequel il ſe mêle : dès-lors ces deux *gaves* perdent leurs noms particuliers & prennent celui de *gave* d'Oléron. Le *gave* d'Oléron, s'étant ainſi formé des *gaves* d'Aſpe & d'Oſſan, reçoit enſuite quelques autres rivières, telles que le Vert, la Larune, le Jos, paſſe à Navarreins, reçoit l'Arancar, puis baigne Sauveterre, ſe groſſit de la rivière de Soule, appelée *le Suſon*, enſuite d'une autre rivière.

GAVERNY (Lacs de). Pluſieurs des écrivains qui ont décrit la vallée de *Gaverny* ont ſuppoſé que les lacs qui ſe trouvent au fond de cette vallée avoient été primitivement pleins d'eau, & qu'enſuite leur digue avoit été détruite par les eaux qu'ils contenoient ; mais on ne m'a pas encore expliqué comment les baſſins de ces lacs ont été creuſés & approfondis, & je ne puis concevoir que ce travail ait été exécuté naturellement par l'action d'une eau courante avant que la digue ait été formée & ait contenu la maſſe d'eau que nous y voyons dans quelques-uns, & qui, dans l'état de repos où elle ſe trouve, ne peut pas enlever & forcer ces digues.

Par conſéquent les digues qui ſe trouvent forcées & démolies l'ont été de tout tems, & les brèches approfondies en même raiſon que le reſte du prétendu baſſin que je conſidère comme un cul-de-ſac de vallon, mais qui n'a jamais été baſſin de lac. Je répète que les lacs qui s'y trouvent, ne l'ont pas toujours été, mais qu'ils ne ceſſeront pas de l'être par la rupture de la digue, à moins que ces digues ne ſe trouvent ſurchargées par de grandes inondations.

GELÉE. On appelle ainſi les effets du froid qui convertit l'eau en glace dans certains cantons de la Terre, dans des régions déterminées. Ces effets tiennent à la température & à la conſtitution de l'atmoſphère. On ſait que l'eau ſe gèle partout au même degré de froid, & que la *gelée* n'a lieu que quand la température du milieu qui environne les corps ſur leſquels elle agit, eſt parvenue à ce degré, bien entendu que ſi cette température excède ce degré, la *gelée* devient plus forte & ſes effets plus marqués. Ce qu'il nous importe de conſidérer ici après avoir établi ces principes, ce ſont l'intenſité & l'étendue de la *gelée* dans les différentes contrées de la Terre, tant ſur les végétaux que ſur les animaux, ſuivant la forme & la diſpoſition des terrains. Ainſi, nous verrons qu'il ne gèle jamais ſous la zône torride ni aux extrémités des zônes tempérées, voiſines des tropiques dans les régions qui ne s'élèvent qu'à un certain point au deſſus du niveau de la mer ; car ſur des hauteurs qui excèdent cette ligne il y gèle aſſez ſouvent, même ſous la ligne, & il y a de certains degrés d'élévation où la *gelée* eſt continuelle & produit des effets étonnans, dont nous expoſerons les détails dans les articles locaux qui concernent ces pays.

De même, dans les zônes glaciales, la *gelée* varie dans certains endroits, pendant qu'elle eſt conſtante dans d'autres. Au milieu de ces deux zônes extrêmes, les zônes tempérées ont des viciſſitudes de *gelée* & de dégel plus étonnantes encore dans ces zônes. L'action des deux zônes voiſines tend à une eſpèce d'équilibre, & peut-être parviendra-t-on à découvrir les lois de l'inconſtance même.

Nous ferons voir, dans pluſieurs articles, que la *gelée* & ſes retours dans toutes les zônes déterminent non-ſeulement l'exiſtence de certains végétaux indigènes dans les diverſes contrées de la Terre, mais encore l'introduction des exotiques par les hommes cultivateurs : il en eſt de même des eſpèces d'animaux qui habitent certains pays naturellement, ou bien dont on a fait des élèves tirés d'autres parties de la Terre, ſuivant qu'il y gèle plus ou moins fort, plus ou moins long-tems. C'eſt ce point de température qu'on ne ſauroit obſerver avec trop d'attention & trop de préciſion.

GEMMI. Une des plus hautes montagnes du Vallais, & ſituée ſur une baſe très-élevée, eſt la *Gemmi* : elle fait partie de la grande chaîne qui ſépare le canton de Berne du Vallais ; elle eſt remarquable par la route importante qu'on y a pratiquée, par les grandes difficultés qu'il a fallu ſurmonter pour la tracer, & parce qu'elle eſt la ſeule communication qui ſoit ouverte entre les deux cantons. Nous nous bornerons à décrire ici la nature de cette maſſe prodigieuſe.

La *Gemmi* eſt la partie la plus haute de cette chaîne, qui commence aux galeries ; elle eſt en général calcaire. On commence à monter inſenſi-

blement en fortant de Loiche. On traverfe beaucoup de pâturages : on voit quelques champs de
feigles , des bofquets & de petits bois de fapins.
Des maffes confidérables de rochers, des monceaux de pierres entaffées, defcendues des hauteurs , couvrent cette fuperficie, qui prend une
pente d'autant plus rapide, qu'on approche davantage du pied de cette maffe. Cette pente , qu'on
trouve partout au pied des montagnes efcarpées,
eft formée vifiblement des pierres & des menus
débris qui fe détachent des hauteurs , & produifent à la longue des talus en pain de fucre, adoffés
contre les parties efcarpées. Les plus groffes
pierres , roulant & fe précipitant plus bas , fervent de point d'appui aux matériaux qui viennent
enfuite & qui s'y arrêtent; enfin , la hauteur des
talus s'augmente à mefure que les bafes s'élargiffent, & tous ces produits des éboulemens journaliers finiffent par devenir des montagnes très-
confidérables, dont la maffe eft en raifon de la
quantité des débris qu'ont pu fournir les parties
furincumbentes.

Il eft facile de diftinguer ces fortes de maffes
des autres , au pied defquelles elles font fituées,
& qui en ont fourni les matériaux. Comme elles
font compofées de plufieurs fortes de débris , il
n'eft pas étonnant qu'elles foient plus fertiles , plus
couvertes de végétaux, d'arbres & de forêts. Nous
ferons voir à l'article VALLAIS, que les maffes calcaires étoient affifes fur des maffes de fchifte &
d'ardoife , qui, par l'arrangement de leurs feuillets & de leurs bancs, paroiffent avoir été formées & arrangées fucceffivement. Les autres
grandes maffes tiennent auffi à des formations &
à des arrangemens particuliers & bien antérieurs;
mais ce qui les rend plus méconnoiffables, ce
font les changemens qui y font furvenus, & qui
mafquent leur correfpondance & leurs anciennes
difpofitions. Ce n'eft qu'en appréciant au jufte
l'étendue de ces changemens, qu'on pourroit
parvenir à reconnoître leur ancien état.

En arrivant au pied de l'efcarpement de la
Gemmi , le premier objet qui frappe , ce font des
bancs de fchiftes ou d'ardoifes bleuâtres, mêlés
de larges filons de quartz, qui forment la bafe fur
laquelle eft élevé ce mur de pierres calcaires qui
eft à pic. Les lits d'ardoife font un peu inclinés
vers le couchant, ainfi que tout ce qui repofe
deffus. La deftruction de cette bafe a caufé la
chute des rochers fupérieurs , qui repofoient également deffus. Il eft à croire que l'enveloppe calcaire couvroit entièrement ces lits de fchiftes partout où ils s'étendoient. Il n'eft plus queftion maintenant que de trouver une caufe deftructive de la
bafe, laquelle a occafionné en même tems la chute
de l'enveloppe calcaire , & a réduit la Gemmi dans
l'état où elle fe trouve actuellement. Comme il
peut être utile de connoître la compofition de
cette maffe , nous allons placer, par ordre , les

différentes fubftances pierreufes, telles qu'elles fe
préfentent en montant.

1°. Bafe de fchifte ou d'ardoife feuilletée,
bleuâtre, traverfée de larges filons de quartz. On
ne peut eftimer l'épaiffeur de cette bafe, parce
qu'une grande partie eft enterrée.

2°. Immédiatement deffus pofe la pierre calcaire; elle eft d'un grain fin, ferré, couleur d'un
gris-jaunâtre, ainfi que tout le refte.

3°. Des filons de différentes épaiffeurs, d'un
fpath calcaire jaunâtre.

4°. Quelques petits filons de fchifte pur.

5°. De la pierre calcaire d'un plus gros grain.

6°. D'autres couches d'un grain plus fin.

7°. Couches de pierres calcaires, mêlées d'une
quantité de fable fuffifante pour faire feu avec le
briquet, fans que les morceaux ceffent de faire
efferveſcence avec les acides.

8°. De petits filons ou couches ondoyantes de
fpath.

9°. De la pierre calcaire, dans laquelle font renfermées des efpèces de noyaux oblongs, quelquefois par couches, mais fans fuite, compofés
d'un fable fin, d'une couleur grifâtre, faifant feu
au briquet, & fans faire aucune efferveſcence avec
les acides.

10°. On retrouve encore des couches minces,
fablonneufes, mêlées de parties calcaires.

11°. D'autres de pierre calcaire compacte &
d'une épaiffeur confidérable.

12°. Alternativement de moins compacte.

13°. Quelques filons de fpath jaunâtre, entre-
mêlés de véines de fchifte pur, ne faifant pas efferveſcence.

14°. De la pierre calcaire.

15°. Des fchiftes mêlés de pierres calcaires.

16°. De la pierre calcaire pure.

17°. De la pierre calcaire pure, d'un gris plus
foncé que dans le bas.

18°. Des couches calcaires jaunâtres.

19°. Enfin, tout le haut n'eft que pure pierre
calcaire, grife & altérée. Cette partie fupérieure
de la Gemmi eft fort étendue. Tout ce qui eft fur
le lieu qui va en pente affez douce vers le milieu,
ne paroît pas avoir fouffert des roulis & des frottemens. Il n'y a que la longueur du tems qui l'ait
dégradée, & lui ait imprimé le caractère de la
vétufté. On n'y voit que des pierres calcaires, remplies de trous, de fentes & de crevaffes. Beaucoup
paroiffent poreufes, comme de la pierre-ponce
groffière. Le féjour des neiges, des eaux, la gelée
& l'intempérie des faifons ont tout fait. On voit,
de tous côtés, que l'eau s'infiltre & fe perd dans les
fentes. D'ailleurs, l'arrangement de la pierre calcaire par couches, facilite l'entrée des eaux dans
l'intérieur de la montagne, pour aller donner naiffance à des fources, à des torrens, & quelquefois
à d'affez fortes rivières qui fortent du pied de ces
montagnes calcaires. Lors de la fonte des neiges,
l'eau ne fe verfe point par la furface des fommets

& des croupes de ces sortes de montagnes, comme de desssus les autres masses, composées de substances pierreuses différentes, & qui absorbent moins les eaux.

Dans le milieu du haut de la *Gemmi* il y a un petit lac d'un grand quart de lieue de long, de forme ovale, où se rassemblent les eaux des neiges fondues. Il n'y a pas d'issue superficielle à ce lac: Ses eaux sont absorbées, & se perdent dans l'intérieur de la montagne.

Un glacier est sur la droite, se prolonge & va fermer le sommet du vallon où est Loiche : c'est le même glacier qu'on apperçoit derrière les sources chaudes. Deux aiguilles fort hautes, & de forme conique, s'élèvent au dessus du sommet; elles sont toujours couvertes de neiges. Leur ressemblance & leur proximité ont fait donner à la masse totale le nom de *Gemmi* (Jumeaux). On voit à ses pieds, à une profondeur immense, le village de Loiche : il faut cependant une grande heure & demie pour s'y rendre. Le chemin qui est pratiqué dans le rocher y a été taillé partout. Il le contourne dans certains endroits : dans d'autres, il est creusé de façon qu'il forme une voûte couverte, & qu'on a le rocher suspendu au dessus de soi. Les chevaux & les mulets passent par ce chemin effrayant.

On ne peut douter, après avoir examiné cette masse prodigieuse, que ce ne soient les eaux qui aient déposé successivement tous les lits ou couches qui la composent : on n'y voit aucun vestige de corps marins. Il est rare de trouver l'occasion de pouvoir examiner & détailler, avec autant de facilité, une montagne d'une hauteur pareille. A compter les galeries jusqu'aux glaciers de la *Gemmi*, ces rochers perpendiculaires & à pic ont plus de trois lieues de largeur; ils diminuent en hauteur à mesure que le pays s'élève, & qu'il se confond avec les plus hautes Alpes, qui sont surmontées de masses de rochers d'une nature différente.

De l'autre côté du vallon, & vis-à-vis des masses qui forment la *Gemmi*, est la montagne du midi, séparée par le Dala, torrent qui vient du glacier qui est à la tête du vallon, dont les eaux paroissent avoir creusé le lit étroit & profond. Cette montagne est calcaire comme la *Gemmi*, & paroît en avoir fait partie. Tout est dans un grand bouleversement sur sa croupe, qui est fort rapide. Vers le milieu, au pied des rochers à pic, il y a un grand amas de pierres sablonneuses, mêlées de très-petits fragmens de quartz. Ces pierres, comme dans bien d'autres endroits, font effervescence avec les acides, & feu avec le briquet. Ces différentes masses sont fort variées pour les couleurs. Je les désignerai sous le nom de *pierre de sable*. A environ trois quarts de lieue des bains, un sentier fort difficile, qui passe sur les décombres de cette montagne, conduit à un rocher perpendiculaire, comme sont presque tous ceux du canton, & de

là on descend à son pied avec des échelles. Les sapins qui sortent des fentes & des saillies de ce rocher n'ont point de branches de son côté, parce l'air nécessaire à leur production n'y circule pas assez abondamment. Du côté opposé, on voit des éboulemens qui ont formé de nouveaux terrains recouverts de pâturages. Ce sont ceux d'Inden, dont on voit quelques chalets.

GENERAC, village du département du Gard, arrondissement de Nîmes, & à deux lieues trois quarts de cette ville. Il y a cinq fabriques d'eaux-de-vie & trois tuileries.

GÉNERARGUES, village du département du Gard, arrondissement d'Alais, & à deux lieues de cette ville. Il y a deux manufactures de laine pour les armées, deux carrières à plâtre & des masses de porphyre.

GÊNES (montagne de), département de la Drôme, arrondissement de Nions, & à cinq lieues un quart de cette ville. Sa direction est de l'ouest-nord-ouest à l'est-sud-est ; elle a une lieue de longueur.

GÊNES (ville & département de). L'ancienne république de Gênes ne contenoit pas plus de cinq cent mille habitans; ce qui annonce le peu d'étendue de son territoire.

L'Apennin, que l'on peut considérer comme un rameau des Alpes, se détache de celles-ci entre Gênes & Turin, & descend de là jusqu'à l'extrémité de l'Italie; en se rangeant plus près de la côte occidentale que de l'orientale. Il est, comme les Alpes, bordé en bas de collines composées de sables, de grès & d'autres débris, mais moins abondans & d'un moins grand volume que ceux des Alpes. Les montagnes de l'Apennin sont presque toutes de seconde formation, calcaires, ollaires, schisteuses : il y a cependant quelques places où le granit perce au travers de ces pierres secondaires. Ces montagnes renferment des mines & des marbres; mais elles n'offrent aucun vestige de l'action des feux souterrains.

L'ardoise est extrêmement commune dans cette partie de l'Italie : on en trouve une carrière considérable près de Lavagna. Le fond de la montagne de *Gênes* paroît être principalement schisteux. La ville est bâtie de schistes remplis de veines de spath ou de quartz. Toutes les montagnes, depuis *Gênes* jusqu'à Ottagio, sont de ces mêmes pierres, & les villages y sont couverts d'une ardoise qui est d'un beau noir, & meilleure que celle qu'on emploie à *Gênes*. Tout ce canton semble donc être un pays schisteux, & par conséquent de l'ancienne formation. Il y a cependant aussi de la pierre à chaux, & l'on y exploite de beaux marbres, mais on observe que quelquefois le terrain des pierres calcaires se trouve dans celui des schistes.

Les rivières qui font auprès de *Gênes* roulent des cailloux de fchiftes, de granits, de porphyres & de marbre. Ces matières viennent de plus haut.

Parmi les objets d'hiftoire naturelle qu'on remarque dans l'État de *Gênes*, on ne doit pas paffer fous filence le phénomène fingulier qu'on obferve au milieu du golfe de la Spezia, l'un des plus beaux ports que la Nature ait formés. On trouve, au milieu de ce golfe, une fource d'eau douce, qui foulève de quelques pouces le niveau de la mer, & y forme une convexité de vingt pieds de diamètre, où les bâteaux ne fauroient refter. L'eau en eft toujours trouble, lors même que celle de la mer eft la plus claire. L'eau de la furface eft moins falée que celle de la mer; & à la profondeur de trente-huit pieds & demi, où la fource fort de la terre, elle eft douce, plus froide que celle de la mer, & fort trouble.

Le fol de l'État de *Gênes* eft fec & ftérile. Les chofes utiles à la fubfiftance de l'homme y croiffent en petite quantité. Peu de vin & encore moins de blé oblige les Génois à tirer tout de chez leurs voifins. Les oliviers réuffiffent affez bien, & quelques cantons font renommés pour la bonté de leurs fruits. Parmi ceux qui viennent dans cette contrée, on diftingue les orangers, les citroniers & les cédras, qui, par les effences qu'on en retire, fourniffent une branche de commerce avantageufe aux habitans.

Le climat y eft doux & agréable.

Les huiles font la branche la plus confidérable du commerce d'exportation de *Gênes*.

Les manufactures font en vigueur dans cette ville. La plus importante eft celle des velours: il s'en fabrique de toutes les efpèces, mais principalement des noirs: ceux-ci paffent pour être d'un plus beau noir que partout ailleurs. Cependant les Génois ne fe vantent d'aucun fecret particulier; ils difent que c'eft la qualité des eaux qui produit cet effet fur les teintures. On y fait des velours à deux faces, de couleurs différentes, ordinairement un côté rouge, & l'autre noir. On y pratique la méthode de redreffer le poil des velours, qui n'eft pas d'ufage en France, & qui cependant eft bien utile & bien fimple. On fe fert pour cela d'une plaque de cuivre, pliée de manière qu'elle forme deux plans inclinés d'environ neuf pouces de pente, & d'une longueur fuffifante pour foutenir la largeur d'une pièce de velours. La ligne de réunion des deux plans eft d'une forme demi-circulaire, & très-polie pour que le velours gliffe fur cette efpèce de toit: on met au deffous un brafier qui règne dans toute fa longueur, pour échauffer le cuivre. Quand il eft médiocrement chaud, on déroule la pièce de velours, & l'on pofe la partie dont on veut redreffer le poils fur la plaque; enfuite on la frotte à deux ou trois reprifes, en fens différens, avec une petite broffe très-ferrée & très-forte, & l'on ôte promptement

le velours de deffus le cuivre, parce qu'il fe gâteroit pour peu qu'il y reftât. La couleur noire a befoin d'un peu plus de chaleur que les autres couleurs.

On fabrique encore à *Gênes* d'autres étoffes de foie. Les damas font les plus confidérables après les velours, & ces étoffes s'envoient dans toute l'Europe. Il y a auffi des manufactures de laine & de toile; mais elles font peu de chofe en comparaifon des premières. Les fleurs artificielles s'y travaillent dans un grand degré de perfection, & font les plus belles qu'il y ait au Monde.

Les papiers de *Gênes* ont une qualité particulière, qui les rend précieux pour les nations qui font moins de cas du coup-d'œil que de l'utilité réelle. Ils ne font point fujets à être rongés des vers, comme le beau papier d'Hollande; auffi les Efpagnols & les Italiens en font-ils grand ufage, foit pour les titres qu'ils veulent conferver, foit pour envelopper les marchandifes. Ce papier a d'ailleurs une bonne odeur quand on le brûle, qualité qui lui eft particulière.

On travaille très-bien le marbre à *Gênes*: on l'y emploie plus que partout ailleurs. Un des plus beaux eft le *mifchio* ou *alabaftro di Seftri*, qui fe trouve à deux lieues de *Gênes*. Les marbres de la rivière ou rive de *Gênes* étoient autrefois un objet de commerce. On tiroit du marbre vert & rouge de la Polcevera, à quatre lieues de *Gênes*; mais on n'exploite plus ces carrières parce qu'elles rendent trop peu, & que le marbre en eft en général trop tendre; mais les Génois font grand ufage de celui de Carrare.

De tous les arts mécaniques, celui où les Génois ont le mieux réuffi, eft l'ébénifterie; ils font, en ce genre, des ouvrages très-délicats, très-folides & du meilleur goût.

Quelques auteurs ont fort décrié le caractère moral des habitans de cette ancienne République; ils les ont accufés d'être avares, trompeurs, jaloux & vindicatifs: on a reproché les mêmes chofes aux Italiens en général. Cependant M. de Lalande n'y a rien apperçu de femblable. Il affure au contraire que, dans la bonne compagnie de *Gênes*, on y eft aimable autant que dans aucune ville d'Italie; que la jeuneffe y eft mieux réglée que dans aucun des endroits qu'il a parcourus. Il a paru feulement au favant Académicien, qu'on y fait moins d'accueil aux étrangers, qu'on y eft moins inftruit & plus fier que dans les autres grandes villes d'Italie. Les Génois font fins & très-intelligens dans le commerce: les moins cultivés ont un talent fingulier pour les affaires d'intérêt; ils font attentifs à toutes les circonftances favorables au commerce, & les faififfent toujours avec avantage.

Gênes mérite, à jufte titre, la célébrité dont elle jouit. Sa fituation, affife fur le penchant de la montagne & tout autour du port, préfente le coup-d'œil le plus agréable & le plus grand que l'on puiffe voir (à l'exception de celui de Naples). En arrivant par Saint-Pierre-d'Arena la ville paroît sortir pour ainsi dire du fond de l'eau, mais on la voit s'élever d'une façon singulière à mesure que l'on descend vers le port.

L'enceinte extérieure de *Gênes* fait un circuit de neuf mille sept cents toises, c'est-à-dire, quatre lieues de France. L'intérieur est rempli de beaux palais, & il n'y a point de ville au Monde si superbe en édifices de marbre.

Les fontaines de la ville sont formées par un aqueduc qui vient de la Senffara, à cinq milles au levant de *Gênes*; il passe par la porte Saint-Barthélemi, fait aller des moulins dans l'intérieur même de la ville, & se partage en plusieurs canaux dans différens quartiers de la partie orientale de *Gênes*. Dans la partie occidentale, il y a des sources, des réservoirs d'eau & des citernes.

Les eaux des pluies & des torrens qui viennent des hauteurs, & qui ont besoin d'écoulement, sont reçues dans six canaux placés de distance en distance, & qui débouchent dans le port, l'un dans la darse des galères, les autres en différens endroits.

Le port de *Gênes* est un demi-cercle qui a mille toises de diamètre, & la ville est bâtie tout autour en amphithéâtre, sur une longueur de plus de dix-huit cents toises.

Le port est fermé par deux môles, l'un à l'orient, l'autre à l'occident: des vaisseaux de quatre-vingts canons peuvent entrer dans le port, & se placer dans l'angle du môle.

L'ouverture du port, entre les deux môles, est de trois cent cinquante toises; elle est sujète au vent du sud-ouest, appelé *libecio*, qui fatigue souvent beaucoup les vaisseaux, même dans le port, quoiqu'il n'y vienne pas directement. Quoique cette ouverture soit très-grande, l'entrée en est difficile, & il faut prendre avec soin sa direction du levant au couchant pour y entrer sans risque.

GENESVILLE, village du département de Seine & Oise, arrondissement de Mantes, à trois lieues un tiers de cette ville. Dans le territoire de ce village il y a plusieurs indices d'une mine d'argent. Le propriétaire fit faire un puits de deux toises de profondeur & d'égale largeur, à environ trois toises de distance du moulin de ce lieu: on a vendu à des orfévres des morceaux de minerais qu'on en avoit tirés. Suivant la tradition du pays, la mine n'est pas à plus de deux toises de profondeur.

GENÈVE (Lac de) ou lac LÉMAN. Son nom de *Léman* lui est donné par César & d'autres auteurs anciens, sans doute d'après le nom que les Celtes ou Gaulois, premiers habitans de ce pays, employoient pour le désigner. On sait qu'en langue celtique, *limen* ou *liman* signifioit un lac.

Ce lac est situé à peu près au milieu d'une large vallée qui sépare les Alpes du mont Jura. Le Rhône, en sortant des Alpes du Vallais, à l'extrémité desquelles il a sa source, vient traverser cette vallée qu'il a creusée lui-même, & qui a servi depuis de bassin au lac. Ses eaux remplissent ce bassin, étant soutenues par une chaussée qui est placée aux environs de *Genève*, & qu'ils franchissent pour verser son trop-plein. Là le Rhône se dépouille du limon dont il étoit chargé; il sort ensuite très-pur de ce grand réservoir lorsqu'il vient traverser la ville de *Genève*.

La longueur du lac, mesurée sur la rive occidentale, depuis *Genève* jusqu'à Ville-Neuve, en passant par Versoix & par le pays de Vaud, est, suivant M. Fatio, de dix-huit lieues communes & trois quarts; mais cette même distance, mesurée en ligne droite par-dessus le Chablais, n'est que de quinze lieues. D'après les mesures qu'ont prises MM. Mallet & Pictet en levant la carte du lac, cette dernière distance de *Genève* à Ville-Neuve, en passant en ligne droite par-dessus le Chablais, est de trente-trois mille six cent soixante-dix toises de France; ce qui fait à peu près quatorze lieues trois quarts de vingt-cinq au degré. Quant à la distance de *Genève* à Ville-Neuve, en passant par le pays de Vaud, comme M. Fatio ne dit point s'il l'a mesurée en suivant toutes les sinuosités du lac ou de promontoire en promontoire, on ne sait comment la vérifier. La plus grande largeur du lac, mesurée d'une rive à l'autre, entre Rolle & Thonon, est, suivant M. Fatio, de sept mille deux cents toises. MM. Mallet & Pictet l'ont trouvée de trois cents toises plus grande, c'est-à-dire, de sept mille cinq cents toises ou de trois lieues & un quart. La plus grande largeur après celle-là est entre Prévérenge & Amphion: on l'a trouvée de six mille neuf cent trente-trois toises.

Le lac a très-peu de profondeur auprès de la ville de *Genève*, & à un quart de lieue de la ville, dit M. Fatio, il y a un banc couvert d'eau en tout tems, qui traverse le lac d'un côté à l'autre, & qui s'étend jusque dans la sortie du Rhône. Son bord supérieur est situé entre le cap de Sécheron & le dessous de Coloqui. Ce banc est en partie composé de terre glaise fort molle, recouverte en quelques endroits d'un peu de sablon. Le bord du même banc le plus avancé dans le lac se nomme le *Travers*. Trois quarts de lieue plus haut le lac devient beaucoup plus profond. Les eaux du lac sont parfaitement claires dans toute son étendue, excepté auprès de l'embouchure du Rhône; car ce fleuve, quand il se jette dans le lac, est encore chargé des débris des montagnes & des terres qu'il mine & qu'il entraîne dans sa course rapide. Ces matières se déposent dans le lac aux environs de l'embouchure du Rhône. Les sablons que le Rhône charie, étant agités par les vagues, sont repoussés contre le rivage lorsqu'il souffle des vents d'occident, compris entre le sud & le nord, & ce rivage en reçoit chaque année un accroissement considérable. Ces mêmes sédimens paroissent avoir formé le fond de la vallée du Rhône, depuis son entrée dans le lac, jusqu'à Aigle & au deffus ; car cette vallée eft parfaitement horizontale, compofée de lits parallèles de fable & de limon, peu élevée au deffus du niveau des eaux qui la pénètrent encore & qui la rendent marécageufe.

La hauteur des eaux du lac varie beaucoup, fouvent de plus de fix pieds. Elles croiffent depuis le mois d'avril jufqu'au mois d'août, & diminuent depuis feptembre jufqu'en décembre. Cette variation dépend de la quantité d'eau que verfe le Rhône & toutes les rivières qui ont leur fource dans les Alpes. Il ne pleut prefque jamais en hiver fur les Alpes : il n'y tombe que des neiges qui s'accumulent pendant cette faifon, & qui groffiffent, quand elles fondent, les rivières qui en defcendent. Une autre variation du niveau des eaux de ce lac, plus fingulière fans doute, eft celle qu'on nomme, dans le pays, des *feiches*. Dans des journées orageufes d'été on voit le lac s'élever tout à coup de quatre ou cinq pieds, s'abaiffer enfuite avec la même rapidité, & continuer ces alternatives pendant quelques heures. Les phyficiens ont donné de ce phénomène diverfes explications, dont le détail nous meneroit trop loin.

La hauteur du lac de *Genève*, par-deffus le niveau de la Méditerranée, a été mefurée par M. Deluc ; & eftimée de cent quatre-vingt-fept toifes & demie dans le tems de la plus grande hauteur du lac.

Ce lac eft poiffonneux, mais la qualité de fes poiffons eft plus recommandable encore que leur quantité. La perche, le ferrat, fes grandes & excellentes truites & fes ombres-chevaliers font des poiffons très-eftimés. Les oifeaux les plus rares qui s'y obfervent, font la grèbe, dont les plumes, d'un blanc-argenté, font une fourrure précieufe ; la bécaffine ou guinguette, un rare & beau courlis vert, une grande variété de canards, &c.

La plus grande profondeur connue de ce lac eft près du village de Meillerie.

GENÈVRE (Mont), haute & fameufe montagne des Alpes-Cotiennes, dont elle eft la fommité la plus méridionale entre les départemens du Pô & des Hautes-Alpes. Il y a un col ou paffage très-fréquenté, & praticable pour les voitures.

GENIS, village du département de la Dordogne, arrondiffement de Périgueux, canton d'Exideuil, & à deux lieues à l'eft de cette ville. Il y a une fonderie & une forge fituée aux environs.

GENLY, village du département de Jemmapes, arrondiffement de Mons, & à une lieue trois quarts de cette ville. Il y a des mines de houille.

GÉNOIS (Plage des), département du Var,

arrondiffement de Toulon, au fud-oueft de la prefqu'île où eft fitué le lazaret, à une lieue un tiers fud de Toulon, entre la plage Verne & le cap Monégau. Il y a une redoute.

GENOLHAC, ville du département du Gard, arrondiffement d'Alais, & à huit lieues un quart nord-oueft de cette ville. On y fabrique des arçons de felle. Il y a auffi une mine de plomb non exploitée.

GENOS (Pic du midi de), montagne du département des Hautes-Pyrénées, arrondiffement de Bignères, à quatre lieues fud d'Arreau. Elle a du fud au nord une demi-lieue de pente. Il y a une belle mine de plomb. On y voit auffi de belles carrières d'ardoifes, dont la plupart font verdâtres. A une petite diftance fud de *Genos* on a découvert quelques bancs de marbres gris.

GENOUILLY, village du département du Cher, arrondiffement de Bourges, à trois lieues un quart de Vurfon. On y a découvert un bol blanc, qui fert, étant broyé, à peindre les boiferies, comme le blanc de Cérufe.

GENSANO. *Genfano* eft un bourg fitué à une petite lieue d'Albano & de la Riccia, à fix lieues de Rome, vers le fud eft.

Le lac appelé *Lago-di-Nemi*, qui eft à côté de *Genfano*, a quatre milles de tour ; il donne fon nom au château qui eft de l'autre côté du lac, & qui s'appelle auffi *Nemi*.

Les campagnes de ce canton font belles & fertiles.

GENTHOD, village du département du Léman, arrondiffement & canton oueft de Genève, & à une lieue & demie au nord de cette ville. Au bas de ce beau village, bâti fur une colline fituée vers le nord, & près les bords du lac de Genève, on voit un vafte baffin bordé par le Chablais, fur lequel s'élèvent des monts couverts de pâturages & de forêts. Outre cela des prairies & des vignes l'uniffent au lac, & d'ailleurs de magnifiques maifons embellies par de vaftes jardins y attirent les regards. Cet endroit, au refte, eft entouré par les anciennes bornes de la France & le lac.

GENTILLY (le grand), village du département de la Seine, canton de Villejuif, fur la Bièvre ou rivière des Gobelins, à une lieue du Bourg-Egalité. La plus fine terre argileufe fe prend à *Gentilly*, dans un endroit où l'on trouve beaucoup de marcaffites fulfurées. Les potiers s'en fervent pour faire de la brique & des tuiles. On en fait des carreaux pour les appartemens, des pots à fleurs, &c.

GÉOVREISSET, village du département de l'Ain,

l'Ain, arrondissement de Nantua, & à trois lieues de cette ville. Il y a une usine à scier le bois, dont on fait un grand usage.

GER, village du département de la Manche, arrondissement de Mortain, & à deux lieues trois quarts de cette ville. Il y a une fabrique de grès très-estimée, où l'on fait toutes sortes de pots & de vaisseaux propres aux travaux des chimistes.

GERARDMER, village du département des Vosges, arrondissement de Saint-Dié, & à cinq lieues & demie de cette ville, près le lac de Gerardmer. Ce village est situé au dessous des lacs de Longemer & de Retournemer, à la source de la Vologne. Ses maisons & ses granges se trouvent dispersées entre de grands rochers d'éboulemens, le long des bords du lac. Le principal commerce de cette habitation singulière consiste surtout en fromages connus sous le nom de Géromé, en boîtes de sapin & en vaisselle de bois. Il y a dans ce village un sous-inspecteur des forêts, qui a de grands objets de surveillance.

GERBEVILLER, village du département de la Meurthe, arrondissement de Lunéville, & à deux lieues & demie sud de cette ville. Cette ville, de la ci-devant Lorraine, étoit chef-lieu d'une terre considérable : on y voit des fabriques de gros draps, de ratines, d'estamette croisée, de molleton, de serge croisée, où l'on fait un emploi très-avantageux des laines du pays.

GERDE, village du département des Hautes-Pyrénées, arrondissement de Bagnères, & à une demi-lieue de cette ville. Il y a, aux environs, des mines de houille non exploitées.

GÈRE (la), rivière du département de la Charente-Inférieure, arrondissement de Rochefort. Sa source se trouve près de Saint-Médard, verse ses eaux au nord-ouest, qui passent à Surgères, & qui, tournant au sud-ouest, vont se rendre dans les marais qui sont près de Rochefort.

GÈRE (le), rivière du département de l'Isère, arrondissement de Vienne. Elle prend sa source à une demi-lieue de Chatonney, verse ses eaux à l'ouest-nord-ouest, reçoit la Valaise, & va se réunir au Véga, & se rendent ensemble dans le Rhône après avoir traversé la ville de Vienne.

GÈRE (le), montagne du département des Basses-Pyrénées, arrondissement d'Oléron, canton d'Arudy. Elle a de l'ouest-sud-ouest à l'est-nord-est un tiers de lieue de longueur.

GERGOVIA, montagne du département du Puy-de-Dôme, arrondissement & canton sud de Clermont, à une lieue & demie sud-sud-ouest

de cette ville. Sur le sommet de cette montagne étoit bâtie une ancienne forteresse des Gaulois, où les Auvergnats balancèrent long-tems la fortune de Jules-César, & où Vercingetorix, chef des Gaulois, défit les légions romaines, & les força à lever honteusement le siège. On croit être fondé à supposer que ce lieu est véritablement l'antique montagne de Gergovia, dont parle Jules-César dans ses Commentaires. Les médailles impériales, les lances, les vases & d'autres monumens anciens en sont des preuves suffisantes. Les environs de cette montagne sont agréables & fertiles : il y a des plaines très-bien cultivées, des vallons formant des vergers précieux, & des coteaux chargés de vignobles. Quant au sol intérieur de cette montagne, on ne peut se dissimuler qu'il ne se ressente de l'action des feux souterrains, qui y ont laissé plusieurs centres d'éruptions. (Voyez LIMAGNE.)

GERMAINE, village du département de la Marne, arrondissement de Reims, sur la montagne qui environne cette ville. Le territoire de cette commune fournit de grands amas de cailloux qu'on nomme Biocaille.

GERMAINVILLIERS, village du département de la Haute-Marne, arrondissement de Chaumont, canton de Bourmont, & à deux lieues un quart de cet endroit. Il y a une fabrique de peignes.

GERMERSHEIM, ville du département du Mont-Tonnerre, arrondissement de Spire, & à trois lieues sud de cette ville. Cette ville est située au confluent de la Gueish & du Rhin; elle a beaucoup souffert des dernières guerres d'Allemagne. Cette ville est célèbre, parce que c'est dans ses environs & dans ceux de Seltz que se tire du Rhin le meilleur or. C'est de cet or que les florins & les ducats du Rhin ont pris leur nom. Les rivières qui l'arrosent, sont très-abondantes en poisson. On trouve aussi, sur la lisière des bois, beaucoup de gibier. Germersheim est une place de guerre de la vingt-sixième division.

GERS (Département du). Ce département tire son nom d'une rivière principale qui l'arrose du sud au nord. Il répond à l'ancienne province d'Armagnac. Ses bornes sont, au nord, le département de Lot & Garonne ; à l'est, le département de la Haute-Garonne; au sud, partie de celui qui précède, avec ceux des Hautes-Pyrénées & des Basses; à l'ouest, le département des Landes.

Sa principale rivière est, comme nous l'avons dit, le Gers, qui traverse le département du sud au nord. Il débouche à l'ouest du mont Astarac, passe à Masseube, à Pessan, à Auch, à Fleurance & à Lectoure. Cette rivière n'en reçoit aucune à droite: seulement à gauche la Souson s'y joint au dessus d'Auch. Le reste de la superficie du département est arrosé d'un grand nombre de rivières, dont le cours eſt parallèle. C'eſt ainſi que la rivière des Rats, qui part des environs du mont Aſtarac, quitte le département après avoir arroſé Mauveſin & Saint-Clarlomagne, pour ſe jeter dans la Garonne. Il en eſt de même de l'Auze, qui ſe réunit à la Gimône, près de Saranon, laquelle reçoit Marcaou & Sarampion, & qui paſſe à Cologne. A l'eſt on trouve encore la Save, qui paſſe à Lombès, à Samatan & à l'Iſle-Jourdan après avoir reçu l'Auſſour & la Bailouze..

Si nous paſſons à l'oueſt du *Gers*, nous trouverons la Baïſe de devant qui ſe réunit à la Baïſe de derrière, qui arroſe Mirande, puis l'Iſle-ſur-Baïſe à leur jonction, qui, après avoir reçu l'Auloue à Valence, paſſe à Condom.

Plus à l'oueſt, l'Oſſe, groſſi de la Liſette à Monteſquiou, reçoit la Guirone à Vic-ſur-Loſſe, & parcourt enſuite le reſte du département.

Je puis y joindre l'Aubone, qui paſſe à Gondrain & à Montréal, & à Fources, puis la Geliſe, qui arroſe Eauze; enſuite l'Ouſſour, qui paſſe à Lupiac, Manciet, Caſaubon & à la Baſtide d'Armagnac; enfin les différens embranchemens du Nidou, qui paſſe à Aignan & à Nogaro.

Il ne reſte plus que l'Adour, qui paſſe à Riſcle & à Barcelonne, & qui reçoit à droite toutes les rivières dont le cours eſt parallèle à celle dont il a été queſtion, & à l'Adour même : ce ſont l'Arros, groſſi de l'embranchement de Boues, lequel arroſe Mielan & Marciao, après qui l'Arros paſſe à Beaumarchez & à Plaiſance ; enfin le Banoui.

Les principales villes & habitations ſont Auch, Lectoure, Condom, Mirande & Lombès.

Aignan, ville près de la ſource de la Midouſe.

Auch, ville ſur une montagne près du *Gers*, vins & eau-de-vie, fabrique de cadis & de burats.

Condom, ſur la Baïſe, commerce d'eau-de-vie, vins & cuirs.

Gimont, petite ville, mines de turquoiſes.

Lectoure, ville forte.

Ce pays eſt fort fertile en grains.

GETTE (la grande), rivière du département de la Dyle, canton de Perwez, à trois quarts de lieue ſud duquel elle prend ſes ſources en quatre endroits différens; elle verſe ſes eaux au nord-nord-eſt, arroſe Hougaerde, Tirlemont ; reçoit les eaux de la petite Gette à une demi-lieue nord de Léau, & , montant au nord, va ſe rendre dans la Demer après treize lieues de cours.

GÉVAUDAN (le). C'étoit un pays faiſant partie des Cévennes, au ci-devant gouvernement général du Languedoc, dans la partie baſſe de cette province. Ce petit pays étoit borné au ſeptentrion par l'Auvergne, au levant par le Vélay & le Vivarais, au midi par le dioçèſe d'Alais, & au couchant par le Rouergue. La rivière du Lot le partageoit en haut & bas Gévaudan. La première partie eſt ſituée vers le midi dans les montagnes

des Cévennes, & l'autre vers le ſeptentrion, du côté de l'Auvergne. Les autres rivières du pays ſont la Trueyre, le Tarn, l'Allier & pluſieurs autres moins conſidérables. Toutes ces rivières, auſſi bien que le Lot, y prennent leur ſource. Le Gévaudan pouvoit avoir vingt lieues dans ſa plus grande longueur, ſur environ quinze lieues de largeur. Mende en étoit la capitale. Les autres villes remarquables étoient Florac, Iſpagnac, Langone, le Malſieu & Marvejols. Le Gévaudan eſt un pays couvert de montagnes & fort ſtérile ; ce qui a toujours forcé les habitans à chercher leur vie ailleurs par leur travail. En conſéquence ils vont en Eſpagne pour y être journaliers. On leur donne le nom de *Gavatcho*, ſobriquet qui eſt reſté, en Eſpagne, aux Français qui vont travailler aux ouvrages pénibles. Ceux des habitans qui reſtent dans le pays ſuppléent, par leur induſtrie, à l'ingratitude de leur ſol ; ils s'occupent à fabriquer des cadis, des ſerges & pluſieurs petites étoffes qui leur font un gain ſûr, attendu que leurs manufactures ſont entretenues par les marchands de Mende & de Saint-Léger, qui font teindre ces étoffes & en exportent en Allemagne & en Italie, & même dans les îles de l'Archipel. On trouve dans le Gévaudan pluſieurs carrières de jais. (*Voyez* le département de la Lozère, dont ce pays fait actuellement partie.)

GEX. C'étoit un petit pays qui n'avoit rien d'important que le pas ou paſſage de l'Ecluſe, qui défend l'entrée du Bugey & de la Breſſe par un fort creuſé dans le roc, qui fait partie du mont Jura, très-eſcarpé dans cet endroit, & borné par le Rhône, qui coule au pied. Son commerce ſe fait avec Genève, & conſiſte en fromages très-eſtimés, un peu de vin & de charbon. Le peuple vit de châtaignes quatre mois de l'année. Le Rhône, qui côtoie le pays de *Gex*, n'y eſt navigable en aucun endroit. La ville de *Gex* en étoit la capitale. Ce petit pays fait aujourd'hui partie du département du Léman.

La plaine que le Rhône parcourt depuis le fort de l'Ecluſe juſqu'au lac de Genève a fait partie de l'ancienne vallée du Rhône, laquelle a été inondée par l'invaſion de la mer, comme toutes les autres parties inférieures de cette vallée. Par conſéquent tous les dépôts qui s'y trouvent, ſont dus au ſéjour que la mer y a fait à la ſuite de cette invaſion, & ſont de la même époque. Le ſol du pays de *Gex* doit donc être conſidéré comme ayant été formé dans ces circonſtances. C'eſt pour cela qu'on y trouve tant de débris, tant de ſable, tant de cailloux roulés, tant de pierres de ſable en pierres perdues. Une fois cette invaſion de la mer étant admiſe, il n'y a plus de difficulté d'expliquer la diſtinction de ce qui conſtitue le ſol du pays de *Gex* de la moyenne terre qui lui ſert d'enceinte, qu'on peut reconnoître dans le Jura, dans les voiſins & dans les autres buttes & collines compofées de couches de pierres du même grain & des mêmes coquillages que celles du Jura.

Cette diftinction des deux fortes de dépôts de la mer étant établie fur des caractères précis, il refte encore à fuivre les changemens que les eaux courantes, foit fluviales, foit torrentielles, ont pu y opérer, & qui font faciles à reconnoître & à déterminer : c'eft auffi dans cette partie fupérieure de la vallée du Rhône qu'on doit fuivre les effets des quebrades, qui font, comme je l'ai fait voir dans plufieurs articles de ce Dictionnaire, autant d'extenfions dans la culture de plufieurs productions ; car c'eft là que fe voient les produits de cette belle température de la Vaud, fufceptible de la culture de la vigne & des fruits : c'eft là que je retrouve, au milieu des montagnes, ces enfoncemens, ces anfes & ces golfes terreftres qui offrent tant de variétés de climats agraires, & que les naturaliftes doivent envifager comme les réfultats les plus beaux & les plus affurés de l'expérience induftrielle des hommes. Ici il n'y a pas d'hypothèfe. La Nature a travaillé, à deux reprifes différentes, à ces difpofitions des terrains & à la nature des fols. Je dois y ajouter que les hommes ont fu tirer un parti avantageux de cette bafe naturelle, & que les beaux réfultats de l'obfervation & de l'induftrie des hommes doivent être reconnus & appréciés ce qu'ils valent par les naturaliftes obfervateurs, dont quelques-uns femblent avoir vu les premiers ces faits.

GEX, ville du département du Léman, arrondiffement de Genève & à quatre lieues nord-oueft de cette ville, au pied du mont Saint-Claude, entre le mont Jura & le Rhône. Cette ville étoit, comme nous l'avons dit, la capitale des pays du même nom ; elle eft fituée au pied du mont Jura, fur le torrent de Jornant, chargé d'un pont, & eft divifée en trois parties. La première occupe une hauteur ; la feconde forme l'emplacement de la ville, fermée de tous côtés par des jardins particuliers. Le commerce y eft prefque nul : il n'y a que quelques tanneurs. Celui qu'elle fait avec Genève confifte en fromages très-eftimés, un peu de vin & de charbon.

GEYEN (le), rivière du département des Forêts, canton de Neverbourg, à une lieue & demie nord-eft duquel elle prend fa fource, qui verfe fes eaux au fud-oueft, puis au fud-eft, arrofe plufieurs villages, & va fe rendre dans la Sure à une lieue & demie de Freylingen ; elle a cinq lieues de cours.

GÈZE (le), rivière du département des Hautes-Pyrénées, canton de Caftelnau-de-Magnoac. Elle prend fa fource près de Gizos, à une lieue fud-oueft de Caftelnau ; verfe fes eaux au nord-eft, paffe près de Caftelnau, & fe rend dans le Gers à deux lieues nord-eft de fa fource.

GIANINET, montagne des Alpes pennines, entre le val Pollina & le val Tournanche, prefqu'à la fource de la Pollina, hauteur de mille quatre-vingt-dix-neuf toifes.

GIBERCOURT, village du département de l'Aifne, arrondiffement de Saint-Quentin, & à deux lieues & demie de cette ville. On y exploite des terres végétales pyriteufes, propres à l'engrais de certains fols des environs.

GIENS (grande rade de), département du Var, canton d'Hières, à une lieue fud de Giens ; elle a une lieue & demie de large du nord-oueft au fud-eft, & du fud-oueft au nord-eft une lieue & demie de profondeur : il y a outre cela, à l'oueft, la plage des Salattes & celle du Bord-Rouge, & à l'eft la plage de Manarre & les vigies du Marchepied, qui font des rochers à écueils.

GIENS (prefqu'île de), département du Var, canton d'Hières, & à deux lieues fud de cette ville. Son entrée dans le plus étroit a une lieue de large, & eft occupée par un étang qui ne laiffe qu'environ cent à cent vingt toifes de paffage de chaque côté. Le château de Giens eft placé au centre de la prefqu'île, qui a une lieue & demie de large de l'eft à l'oueft.

GIER (Rivière de). La rivière de Gier prend fa fource fur le revers du mont Pila, dans un puits ou un amas d'eaux, d'une forme alongée & fi étroite, qu'on le faute aifément : l'eau en eft affez claire & fort tranquille. Les habitans de ce pays ont ignoré pendant long-tems que ce puits étoit la véritable origine ou la fource du Gier : elle fe perd fous terre au moment de fa naiffance ; elle reparoît bientôt pour aller fe précipiter entre deux montagnes ; elle tombe avec un grand bruit fur les rochers : une chute fuit l'autre. Le fpectacle eft magnifique, mais il eft effrayant : c'eft ce que l'on appelle le faut du Gier. Cette rivière, après avoir coulé à la Valla, à Saint-Chaumond & à Rive, va fe perdre dans le Rhône à Givors ; elle fournit d'excellentes truites faumonnées.

GIGORS, village du département de la Drôme, canton nord de Creft, & à deux lieues de cette ville : il y a une fabrique de draperie & de ratines de quatre quarts & de deux tiers.

GILETTE, village du département des Alpes maritimes, arrondiffement de Puy & de Theniers, & à quatre lieues fud-eft de cette ville : il y a deux ufines bien montées, l'une à farine, & l'autre à huile.

GILLEY, village du département du Doubs, arrondiffement de Pontarlier, & à quatre lieues un quart de cette ville : il y a un amas de fable propre à la fabrication des verres de montre.

GILLY - SUR - LOIRE, village du département de Saône & Loire, canton de Bellevue-lès-Bains, à deux lieues de Bourbon-Lancy. On trouve du marbre d'un gris-fale, à veines jaunes, dans le territoire de ce lieu. Cette commune est dans le syndicat de l'inscription maritime du quartier de Nevers.

GILY, village du département de Jemmappes, arrondissement de Charleroy, & à trois quarts de lieue est-nord-est de cette ville. L'extraction des houilles très-abondantes fait un objet d'une très-grande partie du commerce de cette commune, & occupe le plus grand nombre de ses habitans.

GIMEL, village du département de la Corrèze, arrondissement & canton sud de Tulle, sur la montagne à une lieue deux tiers de cette ville : il y a plusieurs mines de houille & différentes masses de granit.

GIMONNE (la), rivière du département des Hautes-Pyrénées, arrondissement de Bagnères, canton de Mauléon. Elle prend sa source à trois quarts de lieue de cette ville, & coule au nord-nord-est, passe à l'ouest de Boulogne, arrose Simorre & Gimont, passe à l'est de Blomiac, au sud-est de Beaumont, de Comagne, & va se rendre dans la Garonne à trois quarts de lieue sud de Castel-Sarrasin, après vingt-cinq lieues de cours.

GIMONT, ville du département du Gers, arrondissement d'Auch, & à cinq lieues est de cette ville. Près de Gimont on trouve des mines de turquoises fort peu inférieures à celles de l'Orient. Elle est sur la Garonne.

GINAS (Madrague de), département des Bouches-du-Rhône, canton de Martigues, près de la côte, entre le port de Meigeau & celui de Rouet, à deux lieues & demie sud de Marignane. C'est une pêcherie faite de cables & de cordages, pour le thon & autres poissons semblables.

GIRAUD (Étang de), département des Bouches-du-Rhône, arrondissement d'Aix, canton de Foz-lès-Martigues, près de la mer, dans l'île du Plan-du-Bourg, à quatre lieues sud-ouest de Foz. Il a, du nord au sud, une lieue & demie de long, sur deux tiers de large ; il est fort poissonneux.

GIRGENTI ou AGRIGENTE, ville de Sicile, fondée par les habitans de Géla vers la quatrième olympiade, cinq cent soixante-dix-neuf ans avant Jésus-Christ. Cette ville s'appeloit, en grec, Agragas, non du mont sur lequel elle étoit en partie située, mais du fleuve qui couloit le long de ses murs. Au reste, la ville, le fleuve & la montagne s'appeloient Agragas à cause de la bonté du sol environnant, de deux mots grecs qui signifioient la tête de la terre, à peu près dans le même sens qu'en Bourgogne l'on donne le nom de tête des vins à ceux qui, par leur excellence, sont au dessus de tous les autres. Le terroir d'Agrigente étant si fertile, il ne faut pas s'étonner qu'en moins d'un siècle elle fût devenue une des plus riches & des plus magnifiques villes du Monde. Cette contrée, au rapport de Diodore de Sicile, regorgeoit de toutes sortes de belles productions. On y voyoit des vignobles plus grands & d'un plus beau rapport qu'en aucun autre lieu de la Terre. Elle produisoit aussi des oliviers en abondance. Ces fruits excellens faisoient l'objet de son commerce avec Carthage ; car il n'y avoit alors aucun de ces plants en Afrique, & les Agrigentins gagnèrent des richesses immenses par ce trafic.

Un lac de sept stades de tour & de vingt pieds de profondeur, creusé auprès de la ville, fournissoit abondamment aux tables des habitans, du poisson & des oiseaux aquatiques : il y avoit dans ce vivier un grand nombre de cygnes, d'oies, de canard & d'autres oiseaux qui, par la variété de leur plumage, faisoient un spectacle fort agréable sur cet étang. Les Agrigentins avoient soin aussi d'y jeter une multitude prodigieuse de poissons de toute espèce, & surtout de celle qui pouvoit le plus flatter le goût.

Je ne suivrai pas ce que les auteurs anciens nous ont appris sur la splendeur de cette ville & la magnificence de ses habitans, pour me borner à la description de la constitution du sol sur lequel cette grande cité étoit établie, tellement précise, qu'il en résulte une connoissance très-détaillée de ce qui contribuoit à abreuver le vivier dont il a été parlé ci-dessus. Cet étang étoit situé dans un vallon profond, entre la ville & la citadelle. Voici quelques-uns des moyens qu'on avoit pris pour l'abreuver. Les croupes fort alongées de ce vallon, surtout celles qui bordoient les hauteurs voisines de la citadelle & qui étoient au nord de la ville, avoient été creusées par des galeries souterraines qui s'étendoient dans le massif de ces collines ; de telle sorte que les couches, interrompues par ces fouilles, fournissoient des filets d'eau multipliés : d'où il résultoit autant de ruisseaux que de galeries.

Pour appuyer ces détails intéressans sur la circulation des eaux souterraines dans les couches voisines de la surface de la terre, je vais rassembler ici tous les détails que m'offrent à ce sujet les voyageurs, & surtout le Voyage pittoresque des îles de Sicile, de Lipari & de Malte, par M. Houel.

Au pied de la colline sur laquelle le temple de Castor & Pollux étoit élevé dans Agrigente, on voyoit la place où étoit ce fameux étang d'environ un mille de circonférence & de vingt coudées de profondeur. Son bassin étoit au fond d'un vallon.

Au deſſus du lieu où fut cet étang, on tróuve des ſouterrains creuſés dans le maſſif de la montagne en différens endroits : il y en a qui ſont tellement étroits, qu'il n'y peut paſſer qu'un ſeul homme à la fois. Ces ſouterrains s'étendent très-avant dans la terre, & même dans les rochers; ils ont toutes ſortes de directions : il y en a pluſieurs ſur les rives de l'Agragas, ſurtout en remontant ce fleuve, au pied de la colline élevée d'*Agrigentino in comicus* & en bien d'autres lieux eſcarpés, & notamment au deſſous du lieu où fut jadis la fortereſſe de Cocale, au couchant.

L'approfondiſſement de ces ſouterrains & de ces galeries dans toutes les croupes de ces collines avoit eu en général pour but de déterminer l'épanchement des eaux qui circuloient au milieu des couches, & opérer par ce moyen leur raſſemblement dans les cavités, de manière qu'elles puſſent ſervir aux beſoins des habitans voiſins de ces lieux; car ces eaux couloient vers l'embouchure de ces ſouterrains, & y formoient des fontaines foibles, mais permanentes. Quelques-unes même, par l'abondance des eaux qu'elles donnoient en tout tems, paroiſſoient des prodiges qui étonnoient les voyageurs qui les obſervoient : telle eſt celle qui ſubſiſte encore ſur le chemin qui mène de la mer à la ville de *Girgenti*, à mi-côte, un peu au deſſus de l'Agragas, proche *Agrigentino in comicus*. On y voit un grand abreuvoir toujours rempli d'une eau très-bonne, très-utile pour les gens de la campagne, pour tous les voyageurs, pour tous ceux qui vont du port à la ville, & de la ville au port.

De tous ces aqueducs ſouterrains, le plus étonnant eſt celui qui eſt placé à trente ou quarante pieds au bas de la montagne, ſur le plateau de laquelle étoit jadis la forterefſe de Cocale, & où eſt aujourd'hui le ſéminaire de *Girgenti*. Cet aſſemblage de couches eſt tellement imbibé d'eau, qu'au moyen de ces galeries ſouterraines il fournit, en été, une aſſez grande quantité d'eau pour approviſionner toute la partie de la ville de *Girgenti*, qui eſt de ce côté, c'eſt-à-dire, au couchant de la montagne. Cette même ſource factice fournit auſſi à la conſommation du faubourg Rabbato. Du côté du nord, la croupe eſcarpée de cette montagne donne en bien des endroits, au moyen des galeries ſouterraines, l'eau qu'elle contient abondamment, & qu'elle rend même au travers des terres, qui, du pied des couches, ſont inclinées juſqu'au fond du vallon, où cette eau ſe réunit.

Agrigente & ſes environs ne ſont pas le ſeul endroit où les Siciliens aient penſé à tirer des rochers ſpongieux cet étonnant avantage pour arroſer des terrains qui, ſans cet artifice & cette reſſource, euſſent été condamnés à une aridité & à une ſtérilité continuelles. Nous parlerons par la ſuite d'un puits d'Acra de Palazzolo, qui offre les mêmes phénomènes.

GIROMAGNY, ville du département du Haut-Rhin, arrondiſſement de Béfort, & à deux lieues & demie de cette ville. Il y a, près de cette commune, des mines de cuivre & de plomb tenant argent. Ces mines, ſituées au pied des Vofges, ſont celles de Saint-Paul, montagne de Saint-Jean, & celles de Saint-Joſeph, où ſe trouvent deux mines d'argent. Les Voſges offrent, outre cela, trois autres mines : l'une eſt Saint-Daniel, l'autre Saint-Nicolas, & la troiſième Saint-Louis; elles tiennent toutes argent, cuivre & plomb. L'exploitation en eſt ſuſpendue. Il y a une école-pratique des mines.

GIRONDE (département de la). Ce département a pris ſon nom de la rivière qui le baigne. La partie ſeptentrionale, & qui eſt formée de la réunion de deux autres principales, la Garonne & la Dordogne, s'étend du Bec-d'Ambez à la mer. Il comprend le Bordelais, l'Entre-Deux-Mers, le Médoc, les environs de Bourg, de Livourne & Bazas.

Ses bornes ſont au nord, la *Gironde*, qui le ſépare du département de la Charente-Inférieure; à l'eſt, celui de la Dordogne; au ſud-eſt, celui de Lot & Garonne; au ſud, celui des Landes, & à l'oueſt le golfe de Gaſcogne.

Ses principales rivières ſont, après la *Gironde*, la Garonne, la Dordogne & l'Iſle.

La *Gironde* arroſe, à droite, Saint-Ciers de Caneſſe, Blaye, & reçoit la Venue, qui paſſe à Étauliers, & à gauche elle baigne le fort Médoc & Pauliac.

La Garonne paſſe à la Réolle, à Langon, Saint-Macaire, Cadillac, Podenſac, Langoiran, Caſtres, Bordeaux, Macau, & reçoit dans ce trajet, à droite le Dropt, qui paſſe à Monſegur, & à gauche le Ciron, qui arroſe Prechac & Noaillant; puis le Gumer, qui s'y jette à Caſtres, & au deſſous de Bordeaux la Jalle, qui paſſe à Blanquefort.

La Dordogne paſſe à Sainte-Foi, à Caſtillon, à Braune, à Libourne, à Fronſac & à Voyres, à Saint-André de Cubjac & à Bourg. La ſeule rivière que la Dordogne reçoive dans ce trajet eſt l'Iſle, groſſie de la Saye & de la Drôme.

Les principales villes ſont Bordeaux, Libourne, Bourg, Blaye, Coutras, Bazas, la Réolle & Langon.

Bazas, petite ville.

Blaye, place forte ſur la *Gironde*, commerce de vins, grains & eau-de-vie.

Bordeaux, grande ville ſur la Garonne, avec un port très-grand, commerce de vins, de farines, d'eau-de-vie & des productions coloniales, &c.

GISORS, ville du département de l'Eure, dans un terrain fertile, arrondiſſement du Grand-Andely, & à cinq lieues de cette ville. *Gifors* étoit autrefois capitale du ci-devant Vexin-Normand.

L'air de cette ville est fort sain, & tous ses dehors sont agréables. Elle est séparée en deux groupes de maisons, par l'Epte, qui remplit une partie de ses fossés. Son commerce consiste en froment. On y fabrique des draps façon d'Angleterre, des rubans de fil, des blondes & des dentelles. Il y a une verrerie, six tanneries, plusieurs mégisseries & quatre corroieries. Les tanneries fabriquent des cuirs forts de vaches, de bœufs, de veaux & des basanes. On trouve, près de *Gisors*, les eaux minérales de Tintry; elles ont de la réputation. Leurs propriétés approchent beaucoup de celles d'Aumale & de Forges; elles sont moins savonneuses, & plus salutaires pour les estomacs foibles. On les dit très-bonnes contre les vapeurs, les chaleurs & les douleurs chroniques, d'entrailles, &c. Aux environs est une mine de fer appelé *Daugn*, dont la marcassite est pleine de brillans.

GIVONNE, village du département des Ardennes, arrondissement & canton nord de Sédan, à une lieue nord-est de cette ville. Il y a une platinerie, où l'on fabrique des faulx, des ustensiles de cuisine & de la poëlerie.

GIVORS, ville du département du Rhône, arrondissement de Lyon, & à quatre lieues & demie sud de cette ville. *Givors* est situé sur le bord du Rhône. Le passage continuel des fers & des charbons de terre de Saint-Étienne à Lyon en fait un lieu très-vivant. Il y a une verrerie qui fait subsister près de deux cents ouvriers : on y consume cent cinquante bannes de charbon par jour, & il en sort cinq cent mille bouteilles par an. Outre cela il s'y fabrique du verre plat. Les environs de *Givors* sont fertiles & agréables : on y recueille de très-bon vin. Les roches que l'on découvre aux environs de cette ville sont presque talqueuses, feuilletées & couleur de plomb.

GIVRAINES, village du département du Loiret, arrondissement & canton de Pithiviers, & à deux lieues de cette ville. On cultive, avec succès, le safran dans cette commune. Un seigneur de Boynes apporta, dans le quatorzième siècle, cette plante d'Avignon, & la fit cultiver chez lui. Cette culture s'étendit dans sept ou huit communes des environs, & elle s'est beaucoup plus répandue depuis le commencement du siècle dernier : c'est une culture difficile, coûteuse & sujète à des accidens. Les terres destinées à recevoir le safran ont été affermées autrefois jusqu'à 50 francs l'arpent; mais depuis que la culture de cette plante a franchi les bornes du Gâtinois, depuis que les contrées voisines de la ci-devant Beauce lui ont offert des terres neuves & en quantité considérable, les fermages sont diminués d'un quart. Les moindres terres à safran s'afferment encore 24 à 30 francs, prix ordinaire de la livre de safran, poids de marc, de bonne qualité : on le

vend quelquefois un peu moins. En général, le safran du Gâtinois est de la meilleure qualité : il n'en est aucun qu'on lui préfère. La plus grande partie est enlevée par les étrangers, & surtout par les Hollandais, pour la consommation des peuples du nord, qui en font un très-grand usage.

GIVRANVAL, village du département de la Meuse, arrondissement de Bar-sur-Ornain, & à trois lieues trois-quarts de cette ville. On y exploite des carrières de pierres de taille.

GHILAN. L'étendue du pays qu'on appelle aujourd'hui *Ghilan*, autrefois connu sous le nom d'*Hircanie*, borde la mer Caspienne dans une longueur d'environ cent vingt-cinq werstes depuis Keskar jusqu'à un mille au-delà du village de Sckalarut. Comme les montagnes qui accompagnent les côtés de cette même mer Caspienne, depuis Berbent jusqu'à Astrabat, décrivent une espèce de demi-cercle qui s'éloigne plus ou moins du plat-pays, il en résulte que l'étendue du *Ghilan*, en largeur, est très-diverse. Cependant là où il y a en a le plus, savoir depuis Enzelli jusqu'aux montagnes, en prenant par Keskar, cela ne va pas au-delà de vingt werstes. Cette province se divisant naturellement en haute & en basse, ses productions doivent varier comme l'élévation du terrain, & différer considérablement. Cette différence se manifeste surtout dans les productions qui sont un objet d'économie rustique, & dans les animaux.

Les endroits de la plaine, qui sont marécageux, fournissent du riz à la nourriture de l'homme, & les endroits secs produisent de l'orge pour l'homme & pour les chevaux. Le froment & le seigle ne se cultivent que dans les montagnes. En revanche les mûriers, dont le fruit est très-agréable au goût, ne réussissent point du tout dans la montagne, & viennent avec la plus grande abondance dans les contrées les plus basses, souvent même les plus marécageuses de la province, où le seul ver à soie fait vivre une infinité de monde. Les espèces de bois de la plus excellente qualité, tels que le noyer, l'arbre de fer, croissent tout le long du rivage de la mer; & forment les plus belles forêts sur les basses montagnes.

Montagnes du Ghilan.

La chaîne de montagnes qui confine au *Ghilan* semble l'embrasser dans un demi-cercle, & ne présente que des forêts où, vu la nature grasse & argileuse du sol, les arbres jouissent d'une surabondance de sucs nourriciers qui se portent aux racines, dont l'accroissement rend les chemins d'autant plus incommodes, qu'elles sont, pour la plupart, pourvues d'épines, ou que d'autres plantes épineuses s'entortillent autour. Les montagnes du *Ghilan* ne sont autre chose qu'un prolongement du Caucase, qui se suit toujours depuis Derbent ; mais ce prolongement n'a lieu que dans sa longueur, car derrière les montagnes du *Ghilan* il ne s'en trouve plus que deux d'égale hauteur, lesquelles se terminent à une plaine qui conduit de Kasbin jusqu'à Ispahan, au lieu que les alpes du Derbent forment une chaîne non interrompue, qui s'étend jusqu'à la Mer-Noire. Cette plaine est un prolongement de la Morgane, qui commence entre Sallian & Enzelli ; & avant que la Morgane commence qui a fait derrière Schamachie, la principale chaîne tire entièrement vers l'ouest, une seule branche exceptée, qui, s'étendant en longueur le long de la mer Caspienne, prend sa direction vers le sud-ouest.

Du village de Tschurdast, qui est pourtant déjà situé à la moitié de la montagne, on croiroit qu'on pourroit se rendre, dans l'espace d'une couple d'heures, au sommet de la première montagne couverte de neige ; mais lorsqu'on entreprend ce voyage, on trouve qu'il reste encore à monter quantité de montagnes, grandes & petites, qui font cachées les unes derrière les autres ; & comme elles sont en même tems séparées par quantité de vallées, il faut au moins faire dix lieues avant de pouvoir parvenir au haut de la plus prochaine montagne couverte de neige. Le tems change plusieurs fois le jour dans ces montagnes. Les vapeurs qui s'élèvent continuellement de la mer Caspienne, & qui font produites tantôt par la chaleur, tantôt par les vents, trouvent ici un lieu très-propre à les rassembler ; aussi viennent-elles s'y condenser en brouillards & former de vrais nuages, qui font quelquefois si épais, qu'on n'est pas en état de distinguer un objet à la distance d'un pied. Or, ce font ces vapeurs qui causent ces continuelles variations de tems : car la quantité de ces vapeurs est déterminée par la nature & la direction des vents sur lesquels ces vapeurs, réagissent à leur tour, ainsi que l'expérience journalière le démontre. Lorsqu'en été le tems est serein au lever du soleil, il peut très-bien arriver qu'il vienne à pleuvoir au bout de deux heures ; que bientôt après le ciel s'éclaircisse de nouveau, & que cela varie ainsi plusieurs fois jusqu'au soir. Il arrive même qu'il ne règne pas le même tems sur toute la montagne, car souvent un amas de vapeurs se trouve pris entre deux montagnes plus basses & y occasionne de la pluie, tandis qu'on jouit du tems le plus serein lorsqu'on s'élève un peu au dessus. Sur certains sommets la neige se fond en très-grande partie pendant les mois de l'été ; de sorte que toutes les eaux qui prennent leur source dans ces montagnes grossissent alors considérablement & vont se précipiter dans la mer Caspienne. Les differens progrès de la fonte des neiges, suivant que la chaleur est plus ou moins forte, donnent lieu à une espèce de rivières qui ont un cours périodique. Les sommets les plus élevés de ces montagnes, malgré la plus puissante

activité des rayons du soleil, restent couverts d'une neige éternelle, dont l'usage qu'on en fait pour rafraîchir les boissons apporte un grand soulagement aux habitans des lieux situés dans les plaines durant les chaleurs presqu'insupportables de leurs étés.

Ces montagnes font formées de pierres de roche, dont on rencontre tantôt des masses d'une grandeur énorme, tantôt des morceaux détachés qui ont roulé à certaines distances, & qui font extrêmement incommodes au voyageur. Ces pierres font quelquefois homogènes, & quelquefois mélangées & parsemées de quartz & de mica : on y trouve fréquemment une pierre cornée, disposée par couches, sans être feuilletée, ainsi qu'une pierre de roche parsemée de cailloux, qui est également très-commune. Quant aux coquilles pétrifiées qui font si abondantes aux environs de Baku & de Derbent, ces montagnes n'en offrent pas les moindres vestiges.

Au revers de ces montagnes couvertes de neiges on voit les tulipes fleurir dessous la neige, pendant que les autres fleurs liliacées restent fermées. Dans les lieux où le soleil peut exercer son activité, on y voit de belles plantes qui varient suivant les niveaux. On retrouve dans la plaine les plantes particulières à la province, & sur les hauteurs des plantes alpines. La juliane (*hesperis*) s'y montre surtout en grande abondance & embaume toute la contrée de son agréable odeur.

Les montagnes qu'on appelle *les monts tawlischiniens*, qui font une continuation des moganiens, se réunissent ensuite avec les montagnes du *Ghilan*, derrière Lagischau & Langorod. Cette triple chaîne de montagnes, tout en décrivant beaucoup de sinuosités, ne se dirige qu'en longueur, & s'étend très-peu en largeur ; elle forme pour ainsi dire un mur de séparation entre le *Ghilan* & l'intérieur de la Perse ; car aussitôt qu'on les a laissées derrière soi, l'on se trouve sur une steppe aride qui mène vers Kasbin.

Il faut croire que M. Gmelin s'étoit essoufflé en montant, & qu'en même tems le préjugé agissoit avec trop de vivacité sur son imagination, d'autant qu'il y a même grande apparence qu'il n'a pas monté jusque sur les pointes couvertes de neiges ; au moins n'en parle-t-il pas dans sa relation.

J'ai gravi les cimes les plus élevées de l'Europe, bien au dessus de l'hospice des capucins du mont Saint-Gothard, j'ai monté jusqu'au sommet d'autres montagnes très-élevées de la Suisse, & n'y ai jamais éprouvé la moindre gêne dans la respiration ; je m'y trouvois au contraire beaucoup plus dispos que dans la plaine. M. de Luc assure la même chose dans la relation de son voyage aux glaciers de Savoie. (*Voyez Recherches sur les modifications de l'atmosphère, &c.*, tom. II, §. 940, 941, 942.) Ce que les voyageurs racontent des effets de l'extrême subtilité de l'air dans les montagnes du Pérou paroît être très-fondé sur d'autres causes.

Mais, quoi qu'il en foit, M. de la Condamine & M. Bourguer font montés fur les cimes les plus élevées de ces montagnes, où ils ont vu defcendre le mercure du baromètre jufqu'à quinze pouces neuf lignes, & nommément fur la cime du Pinchincha, où la chofe leur eft arrivée, & où l'air doit être par conféquent bien plus atténué qu'il ne l'eft dans les lieux les plus élevés de la Suiffe. Malgré tout cela, ces deux illuftres favans n'y ont point éprouvé la moindre incommodité, & y ont refpiré avec autant de liberté qu'au pied de la montagne. M. de la Condamine paffa cependant trois femaines confécutives fur ce même fommet du Pinchincha.

C'eft encore là un phénomène affez commun dans les alpes de la Suiffe, & quantité de fources périodiques qu'on y obferve, n'ont point d'autre caufe.

Les habitans de la brûlante Sicile jouiffent des mêmes reffources, & le mont Etna, malgré les flammes qu'il vient de vomir, leur fournit en abondance la neige néceffaire pour tempérer par des breuvages rafraîchiffans les exceffives chaleurs qu'ils éprouvent en été & les leur rendre plus fupportables. Il eft au refte peu de pays chauds en Europe, où les montagnes voifines ne fourniffent pas ce foulagement délicieux.

Il eût été très-important que M. Gmelin eût mieux examiné les parties conftituantes de ces montagnes, & furtout qu'il les eût déterminées plus foigneufement. On peut cependant inférer du peu qu'il en rapporte, que ce font ou des montagnes totalement primitives, ou tout au moins des montagnes fecondaires, compofées de fchiftes de nature cornée, dont les couches, felon les obfervations de MM. de Born, Ferber, Pallas, pofent fur le granit primitif, mais ne renferme jamais aucun corps marin. Si la roche eft compofée de quartz, de fpath dur & de mica, on la nomme *granit*; mais lorfque les parties effentielles de la roche font de quartz, dans lequel il y a des taches ou des raies groffières de mica, féparées les unes des autres, elle doit être nommée alors *roche cornée*; & l'on ne doit donner le nom de *fchifte corné* qu'à l'efpèce de pierre où le quartz eft intimement lié avec le mica, de manière qu'ils ne fauroient être diftingués l'un de l'autre à la vue. (*Voyez* Ferber, Brief Aus Welfchland, pag. 401 & 403.) M. le B. de Dietrich a donné une excellente traduction de ces importantes lettres fous le titre fuivant : *Lettres fur la minéralogie & fur divers autres objets de l'hiftoire naturelle de l'Italie*. (*Voyez* pag. 491 & 492 de cette traduction.)

Vent chaud du Ghilan.

Rafcht étant fous le trente-fixième degré quarante minutes de latitude, on peut en inférer à quel point le foleil fe fait fentir dans toute la province. Les chaleurs y font fi infupportables pendant les mois de juillet & d'août, qu'on ne fait où fe réfugier vers le milieu du jour; & ce chaud jette dans un tel affaiffement, qu'il n'eft pas poffible de réfifter au fommeil. On effuie un petit nombre de fois, dans le courant de l'été, & pendant un tems très-court, un vent du fud qu'on nomme vent d'Arabie ou de Bagdad, à caufe qu'il vient de ces contrées-là. Ce n'eft point qu'il fouffle avec une violence extraordinaire; mais il amène une chaleur fi brûlante, que dès qu'il commence à fouffler on fe croiroit dans une étuve portée à fon point de chaleur. Ce vent eft en même tems d'une putridité fi infecte, qu'on eft obligé de fe boucher le nez & la bouche avec fon mouchoir. Comme il ne dure guère ici au-delà d'un quart d'heure, il n'y devient pas précifément bien dangereux; mais il tue en revanche bien des Perfans & bien des Arméniens fur la route de Bagdad. Leur unique reffource, en pareil cas, eft de fe creufer au milieu du chemin, des trous dans la terre, & de s'y tenir jufqu'à ce que ce vent foit paffé, fans quoi leur perte eft infaillible. Il en eft beaucoup à qui l'expérience à appris à connoître d'avance quand ce vent doit venir, de forte qu'ils ont le tems de prendre leurs précautions.

GLACES POLAIRES. Quoique nous ayions fait mention, dans plufieurs articles, des *glaces* qu'on trouve en ces contrées particulières, nous avons cru, pour remplir mieux notre plan, réunir ce que nous avons à en dire dans cet article, qui fervira en même tems d'explication à deux cartes où font repréfentées les *glaces* tant flottantes que fixes des deux pôles.

Dans celle du pôle arctique on voit d'abord les longues *glaces* flottantes trouvées à foixante-dix degrés de latitude près du détroit de Weigatz, & les *glaces* fixes qu'on a vues à foixante-dix-fept & foixante-dix-huit degrés de latitude à l'eft de ce détroit, qui eft maintenant entièrement obftrué par les *glaces*. Nous y avons fait figurer les *glaces* immobiles, reconnues entre le Spitzberg & la Nouvelle-Zemble, & le grand banc qui occupe les mers fituées entre le Spitzberg & le Groënland, que les vaiffeaux occupés à la pêche de la baleine rencontrent conftamment à la hauteur de foixante-dix-fept & foixante-dix-huit degrés de latitude, & que les navigateurs nomment le *banc de l'oueft*, parce qu'il s'étend de ce côté vraifemblablement jufqu'aux côtes & aux mers voifines du vieux Groënland, qu'on fait être couvertes de *glaces*. La route du capitaine Phipps eft marquée fur cette carte, avec la continuité des *glaces* qui l'ont arrêté au nord & à l'oueft du Spitzberg.

On a tracé fur cette carte les *glaces* flottantes que l'on a rencontrées vers le cinquante-huitième & le cinquante-neuvième degré à l'eft du cap Farewel, celles que Forbisher trouva dans le détroit qui porte fon nom, & qui par leur augmentation l'ont entièrement obftrué. On a cru devoir y ajouter

celles

celles que ce même navigateur rencontra vers le soixante-deuxième degré de latitude, proche la côte de Labrador; celles que Baffin vit au fond de la baie de son nom. On peut suivre l'ensemble de celles qui sont dans la baie d'Hudson, dès le soixante-troisième degré, & dont le Walconie est quelquefois couvert; enfin de celles dont la baie de Repulse a été trouvée embarrassée par Middleton. On y peut voir aussi les *glaces* flottantes dont presqu'en tout tems le détroit de Davis est obstrué, & celles qui pénètrent dans celui d'Hudson, quoique situé moins au nord de cinq à six degrés. L'Isle-aux-Ours, qui est au dessous du Spitzberg à soixante-quatorze degrés, se voit aussi au milieu des *glaces* flottantes; mais l'île de Jean de Mayen, située près du vieux Groënland à soixante-dix degrés & demi, n'est engagée dans les mêmes *glaces* que le long de ses côtes occidentales.

Si nous revenons aux côtes de la Mer-Glaciale, nous trouverons désignées sur la même carte les *glaces* qui flottent le long des bords de cette mer, & surtout aux embouchures de toutes les grandes rivières de la Sibérie, depuis l'Irtich, réuni à l'Oby, jusqu'à la rivière de Kolima. Nous avons parlé des obstacles que ces *glaces* flottantes opposoient à la navigation de ces côtes, & dont nous avons indiqué que la direction des vents, dont les uns la ramènent à la côte, & dont les autres les en éloignent.

On voit sur notre carte le banc de la *glace* résidant au pôle, qui s'étend à soixante-seize degrés jusque au cap de Piasida, & enveloppe cette pointe de terre, qui n'a pu être doublée ni par l'ouest en partant de l'Oby, ni par l'est en partant de la Lena, dont les bouches sont embarrassées de glaçons flottans. D'autres *glaces* immobiles au nord-est de l'embouchure de la Jana ne laissent aucun passage ni à l'est ni au nord. Les *glaces* flottantes devant l'Olenck & le Chatanga s'étendent jusqu'aux soixante-quatorzième & soixante-treizième degrés de latitude. On les trouve aussi à la même hauteur devant l'Indigirka, & vers les embouchures du Kolyma, qui paroît être le dernier terme où soient parvenus les Russes dans les navigations ou cabotages qu'ils ont tentés à travers les *glaces* de la Mer-Glaciale.

C'est d'après les expéditions de ces aventuriers, que nous avons tracé ces *glaces* sur la carte. Il est probable que les *glaces* fixes ont engagé le cap Szalaginskoy, &, ce qui en est une suite, la côte nord-est de la terre des Tschutschis; car ces aventuriers n'ont jamais pu y pénétrer, & on ne les connoît que par des expéditions par terre: c'est aussi d'après ces notions qu'elles ont été figurées. Toutes ces *glaces* qui s'étendent le long des côtes septentrionales de l'Asie, celles qui se sont emparées des parages de la Nouvelle-Zemble, du Spitzberg & du vieux Groënland; celles qui couvrent en partie les baies de Baffin, d'Hudson & leurs détroits, ne sont que comme les bords de

la grande glacière du pôle, qui en occupe toutes les régions adjacentes jusqu'au quatre-vingtième degré. Cependant la plupart de ces *glaces*, ou se forment sur la mer dans ces mêmes parages ou le long des côtes dans certains golfes, ou sont chariées par les rivières dans la mer. Ce n'est donc pas le pôle qui doit être considéré comme le centre de la formation de ces *glaces*, qui trouvent dans les lieux où elles sont fixes ou flottantes, toutes les circonstances favorables à leur formation, bien loin d'être considérées comme des appendices de la glacière du pôle.

Toute la partie des côtes du pôle boréal a été réduite & figurée d'après les cartes les plus étendues, les plus nouvelles & les plus estimées. Le nord de l'Asie, depuis la Nouvelle-Zemble & Archangel, jusqu'au cap Szalaginskoy, la côte des Tschutschis & de Kamtzchatka, ainsi que les îles Aliutes, ont été figurés d'après la grande carte de l'Empire de Russie, publiée en 1777. La position des terres de l'Amérique, vis-à-vis Kamtzchatka, a été déterminée d'après le dernier voyage du capitaine Cook, & les *glaces* du détroit de Bering & des côtes qui le bordent, ont été figurées de même d'après la reconnoissance de cet habile navigateur & de ses lieutenans; ainsi les détails de cette partie sont aussi exacts & aussi assurés qu'ils étoient vagues & incertains auparavant.

La position & la figure du Spitzberg sont tracées sur la carte, d'après celle du capitaine Phipps. Le Groënland, les baies de Baffin & d'Hudson, ainsi que leurs détroits, les grands lacs de l'Amérique, y sont figurés d'après les meilleures cartes des différens voyageurs qui ont ou découvert ou fréquenté ces régions dans ces derniers tems. Par cette réunion on aura sous les yeux les gisemens & les correspondances de toutes les côtes des terres polaires & des passages tentés pour tourner par le nord & à l'est de l'Asie. On y voit les découvertes qui se sont faites dans cette partie de mer comprise entre l'Asie & l'Amérique, & que nous avons décrites & présentées en détail dans plusieurs articles de cet ouvrage. L'on y remarquera que la terre avancée de Szalaginskoy, s'étendant jusqu'aux soixante-treizième & soixante-quatorzième degrés de latitude, il n'y a plus d'apparence qu'on puisse doubler ce cap, soit en venant par la Mer-Glaciale (*Voyez* cet article) le long des côtes septentrionales de l'Asie, soit en remontant du Kamtzchatka & tournant autour de la terre des Tschutschis. Quand même un vaisseau seroit parvenu, en 1646, à exécuter cette navigation de la Mer-Glaciale au Kamtzchatka, on doit croire que l'augmentation des *glaces* depuis cent quarante-quatre ans pourroit bien la rendre impraticable aujourd'hui, puisque, dans le même espace de tems, le détroit de Wayaetz s'est entiérement obstrué par ces *glaces*, & que la navigation de la mer du nord de l'Asie, à commencer de l'embouchure de l'Oby jusqu'à celle du Kolyma, eſt devenue bien plus difficile qu'elle ne l'étoit alors, au point que les Ruſſes l'ont entiérement abandonnée.

La carte du pôle antarctique préſente les glaces qui ont été reconnues aux environs de ce pôle par pluſieurs navigateurs, & particuliérement par le célèbre capitaine Cook dans ſes deux voyages, le premier en 1769 & 1770, & le ſecond en 1773, 1774 & 1775. On y voit que la portion du Globe, couverte de glaces dans les environs du pôle auſtral, eſt bien plus conſidérable que celle de la région glacée du pôle arctique, puiſqu'elle s'étend à dix-huit ou vingt degrés. M. Cook, le plus grand de tous les navigateurs, ayant fait le tour preſqu'en entier de cette zône auſtrale, a trouvé partout des glaces, & n'a pu pénétrer nulle part au-delà du ſoixante-onzième degré, & cela dans un ſeul point, au nord-oueſt de l'extrémité de l'Amérique. Les glaces s'étendent outre cela en pluſieurs points juſqu'au ſoixantième degré, & les énormes glaçons qui s'en détachent, voyagent & ont été rencontrés flottans ſur la mer juſqu'au cinquantième & même juſqu'au quarante-huitième degré de latitude, en pluſieurs parages.

On voit, dans notre carte, que les glaces les plus avancées vers l'équateur ſe trouvent, & vis-à-vis les mers les plus étendues, & les terres les plus éloignées du pôle : on en trouve ainſi aux quarante-huitième, quarante-neuvième, cinquantième & cinquante-unième degrés de latitude, ſur une étendue de dix degrés en longitude à l'oueſt, & de trente-cinq de longitude à l'eſt, & pour lors tout l'eſpace entre le cinquantième & le ſoixantième degré de latitude eſt rempli de glaçons briſés, dont quelques-uns forment des îles d'une grandeur conſidérable. On voit que ſous ces mêmes longitudes les glaçons ſont encore plus fréquens & les glaces preſque continues aux ſoixantième & ſoixante-unième degrés de latitude, & qu'enfin tout paſſage a été fermé aux navigateurs par la continuité des glaces aux ſoixante-ſixième & ſoixante-ſeptième degrés, où ils ont été forcés de retourner ſur leurs pas ; en ſorte que la maſſe continue de la glace permanente qui couvre le pôle auſtral & la zône qui l'entoure, s'étend, dans ces parages, juſqu'au-delà du ſoixante-ſixième degré de latitude.

On trouve de même des îles & des plaines de glaces dès le quarante-neuvième degré de latitude à trente degrés de longitude, à l'eſt du méridien de Paris, & en plus grand nombre à quatre-vingts & à quatre-vingt-dix degrés de longitude, ſous la latitude de cinquante-huit degrés, & encore en plus grand nombre ſous les ſoixantième & ſoixante-unième degrés de latitude, mais tout l'eſpace compris depuis le quatre-vingt-dixième degré juſqu'au cent quarante-cinquième degré de longitude à l'eſt.

De l'autre côté, à trente degrés environ de longitude oueſt, M. Cook a découvert la terre de Sandwich à cinquante-neuf degrés de latitude, & l'île Géorgie ſous le cinquante-cinquième, & il a reconnu des glaces au cinquante-neuvième degré de latitude, dans une étendue de dix à douze degrés de longitude oueſt avant d'arriver à la terre de Sandwich, qu'on peut regarder comme le Spitzberg du pôle auſtral, c'eſt-à-dire, comme la terre la plus avancée vers le pôle antarctique ; il en a de même trouvé de pareilles en beaucoup plus grand nombre aux ſoixantième & ſoixante-unième degrés de latitude, depuis le vingt-neuvième degré de longitude oueſt juſqu'au cinquante-unième, & le capitaine Furneaux en a trouvé ſous le ſoixante-troiſième degré, à ſoixante-cinq & ſoixante-dix degrés de longitude oueſt.

On a auſſi marqué les glaces immobiles que Davis a vues ſous les ſoixante-cinquième & ſoixante-ſixième degrés de latitude, vis-à-vis du cap Horn, & celles dans leſquelles le capitaine Cook a fait une pointe juſqu'au ſoixante-onzième degré de latitude. Ces glaces s'étendent depuis le cent dixième degré de longitude oueſt juſqu'au cent vingtième. Enſuite on a figuré les glaces flottantes depuis le cent trentième degré de longitude oueſt juſqu'au cent ſoixante-dixième, ſous les latitudes de ſoixante à ſoixante-dix ; en ſorte que, dans toute la circonférence de cette grande zône environnant le pôle antarctique, il n'y a que quarante à quarante-cinq degrés en longitude, dont les glaces n'aient pas été reconnues ; ce qui ne fait pas la huitième partie de cette immenſe calotte de glace.

Les glaces les plus avancées du côté de l'équateur, dans ces régions auſtrales, ſe trouvent ſur les mers les plus éloignées des terres, comme dans la mer des Indes & vis-à-vis le Cap de Bonne-Eſpérance, & qu'au contraire les glaces les moins prolongées ſe trouvent dans les parages des mers les plus proches des terres, comme à la pointe de l'Amérique, & des deux côtés de cette pointe, tant dans la mer Atlantique que dans la mer du Sud. Ainſi la partie la moins froide de cette grande zône antarctique eſt vis-à-vis l'extrémité de l'Amérique, qui s'étend juſqu'au cinquante-ſixième degré de latitude, tandis que la partie la plus froide de cette même zône eſt vis-à-vis de la pointe de l'Afrique, qui ne s'avance qu'au trente-quatrième degré, & vers la mer de l'Inde, où il n'y a pas de terre. Or, s'il en eſt de même du côté du pôle arctique, la partie la moins froide de cette région ſeroit celle qui avoiſine le Spitzberg & le Groënland, dont les terres s'étendent à peu près juſqu'au quatre-vingtième degré, & la région la plus froide ſeroit celle de la partie de mer entre l'Aſie & l'Amérique ; ce qui paroît confirmé par les dernières obſervations du capitaine Cook & de ſes coopérateurs. De toutes les reconnoiſſances faites par Cook on peut conclure que la portion du Globe, occupée par les glaces depuis le point du pôle antarctique juſqu'aux limites de cette zône glacée, eſt en ſuperficie au moins cinq ou ſix fois plus étendue que l'espace envahi par les *glaces* autour du pôle arctique ; ce qui provient de deux causes assez évidentes : la première est le séjour du soleil, plus court de sept à huit jours par an dans l'hémisphère austral, que dans le boréal ; la seconde & plus puissante cause est la quantité de terres, infiniment plus grande dans cette portion de l'hémisphère boréal, que dans la portion égale & correspondante de l'hémisphère austral ; car ces continens de l'Europe, de l'Asie & de l'Amérique s'étendent jusqu'au soixante-dixième degré & au-delà vers le pôle arctique, tandis que, dans les régions australes, il n'existe aucune terre depuis le cinquantième & même le quarante-cinquième, que celle de la pointe de l'Amérique, qui encore ne s'étend qu'au cinquante-sixième, avec les îles Falkland, la petite île Géorgie & celle de Sandwich, qui est moitié terre & moitié *glace* ; en sorte que cette grande zône australe étant maritime & aqueuse, & la boréale beaucoup plus terrestre, le froid en doit être beaucoup plus grand ou plus étendu, & les *glaces* occuper une bien plus vaste superficie dans ces régions australes que dans les boréales. La Nouvelle-Zélande, la pointe de la Nouvelle-Hollande & les pointes des terres magellaniques sont, comme l'on voit, les seules & dernières terres habitables de cet hémisphère austral.

On a fait représenter sur la carte toutes les îles & plaines de *glaces* reconnues & indiquées par les différens navigateurs, & notamment par les capitaines Cook & Furneaux, en s'attachant aux points de longitude & de latitude marqués dans leurs cartes de navigation. Nous observerons cependant que comme les reconnoissances des mers australes & de leurs *glaces* ont été faites dans les mois de novembre, décembre, janvier & février, c'est-à-dire, dans la saison d'été de cet hémisphère austral, de l'été à l'hiver, il doit survenir de grands changemens. Cependant quoique ces *glaces* ne soient pas fixes & permanentes, & qu'elles voyagent suivant qu'elles sont ou entraînées par les courans ou poussées par les vents, il est vraisemblable que, comme elles ont été vues dans l'été, elles s'y trouveroient d'une manière équivalente, & même en bien plus grande quantité dans les autres saisons, & que par conséquent nous avons pu les considérer comme permanentes, quoiqu'elles ne soient pas cependant stationnaires aux mêmes points.

Au reste, il est indifférent qu'il y ait des terres ou non dans cette vaste région australe, puisqu'elle est entièrement couverte de *glaces* & perdue dans les *glaces* & sous les *glaces* depuis le soixantième degré de latitude jusqu'au pôle, & l'on peut aisément concevoir que toutes les vapeurs aqueuses qui forment les brumes sur les neiges se convertissent en *glaces*. Toute l'eau se gèle, & les glaçons s'accumulent à la surface de la mer comme sur celle de la terre. Rien ne peut donc s'opposer à la formation ni même à l'augmentation des glacières polaires produites par l'effet du froid local des *glaces* elles-mêmes ; ainsi cette masse de *glaces* permanentes s'oppose à l'idée qu'on a eue long-tems de pouvoir arriver à l'un ou à l'autre pôle par une mer ouverte ou par des terres praticables.

GLACIALE (Mer-). Cette mer mérite notre attention par l'embouchure des grandes rivières qui s'y jettent, par la forme de ses côtes ; par ses glaces, & enfin par les poissons qu'on y pêche.

L'embouchure de l'Oby forme une baie profonde qui s'ouvre dans la *Mer-Glaciale*, à la latitude de 73 deg. 30 min. Les bords de cette rivière, ainsi que ceux de l'Irtisch qui s'y jette, sont, en plusieurs endroits de la Sibérie, couverts d'immenses forêts ; mais les arbres déracinés par la force irrésistible des énormes quartiers de glace que charient les torrens formés par la fonte des neiges, ces arbres sont entraînés dans la *Mer-Glaciale* & dans les autres mers voisines, & fournissent ces *bois flottés* dont nous avons parlé à cet article.

Le Jenisei se forme de deux rivières, Ullu-Kem & Bei-Kem, à 51 deg. 30 min. de latitude nord, & coule droit au nord dans la *Mer-Glaciale*, formant une embouchure semée d'une multitude d'îles. De l'embouchure du Jenisei, l'immense promontoire de Taïmura s'étend très-loin, au nord de toute cette région, dans la *Mer-Glaciale*. A l'est de ce cap, l'Katanga, l'Anabara & l'Olenek se jettent dans la mer, & forment, chacun à son embouchure, une large baie. La marée monte dans le Katanga, à la pleine & à la nouvelle lune, de deux pieds, & dans les autres phases beaucoup moins. Nous pouvons en conclure que, si elle ne s'élève pas plus haut dans ce lieu resserré & dans le golfe de Kara, elle doit être très-foible sur les rivages libres & étendus de la *Mer-Glaciale*.

Les côtes de cette mer sont en général peu profondes : c'est ce qui a fait la sûreté des petits navires qui s'y sont hasardés. Ce peu de profondeur les a préservés de ces glaçons énormes & en forme de montagnes, qui se fixent au fond dès qu'ils le touchent, & par conséquent n'arrivent point à la côte.

Rivages de la Mer-Glaciale.

Nous allons faire connoître maintenant la vaste étendue des rivages de la *Mer-Glaciale*. La côte Jouratzhaine, qui est entre l'Oby & le Jenisei, est haute, mais sans montagnes, & entièrement composée de graviers & de sables : en plusieurs cantons on trouve des bas-fonds. Ce n'est pas seulement dans les bas-fonds, mais encore sur les terres les plus élevées, que l'on rencontre de grands troncons de bois & souvent des arbres entiers, tous de la même espèce d'arbres résineux. Le sapin, le mélèze & le pin, verts & nouvellement déposés : ceux-là sont cependant à portée des flots de la mer; mais ailleurs, bien au deſſus de cette portée, ſont de grands amas de bois flotté, vieux, ſec & pourri.

Cela n'eſt pas l'unique preuve de la diminution de l'eau de la *Mer-Glaciale* ainſi que des autres mers; car, dans ces mêmes endroits, on voit une eſpèce de glaiſe ou vaſe, appelée *gi* par les Ruſſes, qui eſt exactement ſemblable à celles que dépoſent les eaux de la mer, & cette vaſe forme un lit de huit pouces d'épaiſſeur, qui recouvre exactement les bois flottés.

En avançant toujours à l'eſt, la côte offre des montagnes compoſées de pierres, & renfermant des mines de charbon de terre. Sur le ſommet de la chaîne, à l'eſt de Simovie Retchinoie, eſt un lit de petites moules, d'une eſpèce qui ne ſe trouve pas dans la *Mer-Glaciale* qui baigne ſes côtes: enſuite on retrouve pluſieurs bas-fonds; mais la mer, près du rivage, eſt hériſſée de rochers pointus. La côte autour de la baie du cap d'Iſchutski, qui eſt l'extrémité de l'Aſie la plus orientale, eſt remplie de rochers dans certains endroits, & dans d'autres elle eſt en pente douce & verdoyante; mais dans l'intérieur des terres le ſol s'élève en double rang de hautes montagnes.

Des glaces de la Mer-Glaciale.

Vers la fin d'août, il n'y a point de jour où cette mer ne puiſſe geler; mais en général elle ne tarde pas à être gelée plus tard que le 1er. octobre. Le dégel y commence vers les premiers jours de juin, en même tems qu'à l'embouchure du Jeniſei. Au bout des grands & vaſtes promontoires il y a en tout tems une glace fixe, en blocs hériſſés & montagneux, qui ſe prolongent au loin dans la mer. En conſéquence, il n'eſt pas de mer dont la ſurface ſoit ſi variable & ſi périlleuſe, relativement aux glaces flottantes, que la *Mer-Glaciale*. Dans l'été, le vent ne ſouffle jamais avec force du nord, pendant vingt-quatre heures de ſuite, que toutes les parties du rivage ne ſe rempliſſent de glaces à une grande diſtance, & il n'y a pas juſqu'au détroit de Bering qui n'en ſoit obſtrué. Au contraire, ſi le vent du ſud violent vient à ſouffler, il écarte tous ces amas de glace vers le pôle, & dégage entièrement la côte de toutes celles qui ſont flottantes & mobiles.

Pendant l'hiver, la mer eſt couverte de glaces au moins juſqu'à la diſtance de ſix degrés des côtes. Markof, hardi Coſaque, entreprit, le 26 mars 1715, avec neuf autres volontaires, un voyage depuis l'embouchure de la Jana au 71e. deg. de latitude nord, ſur la glace & ſur des traîneaux tirés par des chiens, & il avança fort heureuſement pendant pluſieurs jours, juſqu'à ce qu'il eût atteint le 77e. ou 78e. deg. de latitude; alors il ſe trouva barré par des montagnes de glaces. Il gravit juſqu'au ſommet d'une de ces montagnes, & ne découvrant devant lui que de ſemblables maſſes

auſſi loin que ſa vue pouvoit porter, il revint le 3 avril avec les plus grandes difficultés.

Des poiſſons de la Mer-Glaciale.

On eſt aſſez peu inſtruit des poiſſons de la *Mer-Glaciale*: on ne connoît bien que les eſpèces *anadromes*, c'eſt-à-dire, celles qui vont, dans certaines ſaiſons, des rivières à la mer, ou qui remontent de la mer dans les rivières de la Sibérie. L'Oby & les autres rivières qui ſe jettent dans la *Mer-Glaciale* ſont viſitées par la baleine *beluga*, l'eſturgeon commun, le ſterlet ou *acipenſer ruthenus*; mais, d'un autre côté, le docteur Pallas nous apprend qu'elles n'ont ni carpes, ni brêmes, ni barbots, ni anguilles, ni la perche-brochet, ni la truite commune, que donnent le fleuve d'Amur & les autres rivières qui ſe jettent dans l'Océan oriental. En revanche, les rivières de Sibérie fourniſſent abondamment un grand nombre des variétés de l'eſpèce du ſaumon, qui ſe plaiſent dans les eaux glaciales de ces pays. Le ſaumon commun y eſt le plus rare; mais on y pêche le ſaumon *nelma*, qui croît juſqu'à la longueur de trois pieds; le ſaumon *taïnen*, qui pèſe juſqu'à dix & quinze livres; le ſaumon *gwiniard*, le ſaumon *albula*, &c.

Le ſaumon *winiba* & le ſaumon *naſus* ſont extrêmement communs dans l'Oby; les autres évitent cette rivière tranquille, & cherchent le Jeniſei & autres fleuves rapides & à fond pierreux: tels ſont le ſaumon *lenok*, le ſaumon *oxyrhincus*, le ſaumon *omul*, qui tous les ans s'ouvrent un paſſage de la mer à la latitude de 78 deg. juſqu'à 51 deg. 40 min. dans le lac de Baïkal, ce qui fait un trajet de plus de 20 deg. ou d'environ dix-huit cents milles. L'*omul* traverſe le lac, & monte, dans le mois d'août, juſqu'à la rivière Selinga, où on le pêche en grande quantité, & ſe conſerve pour la proviſion de toute l'année; & ceux qui échappent après avoir dépoſé leur frai ſur les parties pierreuſes du lit de la même rivière, retournent à la mer. Le ſaumon *lenok* remonte auſſi Jeneſei & la Tuba juſqu'à Madchar, lac qui eſt à une diſtance prodigieuſe dans les montagnes.

Le ſaumon arctique & le ſaumon *thimalus* ou *lombre* peuvent encore s'ajouter aux poiſſons des rivières de Sibérie & de la *Mer-Glaciale*. On ne trouve le ſaumon *cylindraceus* que dans la Lena, la Kowima & l'Indigirska. Gmelin nous aſſure que le brochet, la perche, la carpe, la brême, la tanche, le rouget, l'able & le goujon ſe trouvent auſſi dans l'Oby & dans d'autres rivières; mais en cela il eſt contredit par M. Pallas. Le même naturaliſte nous apprend que le ſaumon *kundsha* abonde dans les golfes de la *Mer-Glaciale*, mais ne remonte point dans les rivières, & le *flatan* ou *pleuronectes glacialis* eſt commun ſur les rivages ſablonneux.

De quelques tentatives faites pour arriver à travers la *Mer-Glaciale* à celle de Kamtzchatka, la

première se fit en 1636. L'on partit du gouvernement d'Yakutzk. Les rivières depuis la Jana jusqu'à
la Kolyma furent découvertes. En 1646, une compagnie de Russes, chasseurs de zibelines, firent
un voyage de Kolyma au pays des Tschutschis, &
trafiquèrent avec ce peuple; ils firent un second
mais infructueux voyage l'année suivante. En
1648, Deschneu commença, le 20 juin, son mé-
morable voyage, eut le bonheur de rencontrér
une mer libre de glaces, doubla le Tschutski-
Noss, arriva près de la rivière Olutora, au sud de
la rivière d'Anadyr, où il fit naufrage; mais il
eut le bonheur d'échapper & de jouir des hon-
neurs de la découverte. On renouvela depuis plusieurs autres tentatives; mais tout ce que firent
ces voyageurs caboteurs fut de franchir, pendant
un été, l'étendue de la côte qui se trouvoit entre
l'embouchure d'une rivière & celle d'une autre.
Je trouve très-peu de noms mémorables sur la
côte de la *Mer-Glaciale*, si ce n'est des noms de
rivières, attendu que ce sont les seuls objets que
ces voyageurs aient remarqués dans une si vaste
étendue.

A l'est du promontoire de Taimura, celui de
la Sainte-Transfiguration borne le côté oriental
de la baie de Chatanga, latitude 74 deg. 40 min.,
& long. de l'île de Fer, 125. Swaitoi-Noss ou le
cap Saint, latitude 78 deg. 15. min., est une masse
de terre qui s'avance fort loin dans la mer, & qui,
avec les îles de la Lena & un autre promontoire intermédiaire, forme deux vastes baies. De la
plus orientale, où la rivière Yana se décharge,
Schalouroff, marchand russe, partit pour faire des
découvertes à l'orient. Il commença son voyage
en juillet 1760; mais il fut tellement barré par
les glaces, qu'il fut forcé d'entrer dans la Yana,
où il fut détenu tout l'hiver jusqu'au 20 juillet
1761 : ce ne fut que le 6 septembre qu'il doubla
le cap Saint. Suivant quelques-uns, il vit au nord
un pays montagneux, peut-être une île. Il fut huit
jours à se tirer du passage entre le continent &
l'île de Saint-Diomède, qui est un peu au sud-est
du cap Saint. Il passa, à l'aide d'un vent favorable,
les bouches de l'Indigirka & de l'Alaseia, &, se
trouvant embarrassé parmi les glaces, entre l'île
des Ours & la côte, il fut réduit à mettre en
sûreté son vaisseau dans une des bouches de la
Kolyma pour y passer l'hiver, où il subsista de
rennes qui se trouvoient par grands troupeaux sur
ses bords dans la saison rigoureuse, & de diverses espèces de saumons & de truites qui re-
montoient la rivière avant qu'elle fût gelée. A la
suite de cette tentative il en fit deux autres en
1768; il franchit le cap Peszcanoi & entra dans la
baie nommée *Tschaoum-Skaja-Gouba*, qui a l'île de
Sabedei à son embouchure; à l'est, le grand cap
Schalatskoi, & dans son enfoncement la petite
rivière de Tschaoum, qui vient s'y rendre du pays
des Tschutschis. Il ne trouva aucun moyen de subsister dans cette baie; il fut donc obligé de gagner

la Lena, & il fut puissamment secondé dans son
passage par la force du courant qui vient de l'est
par une marche uniforme. En 1764, il fit sa dernière entreprise, où il périt, ayant été tué, suivant
qu'on l'a conjecturé, par les Tschutschis. On n'a pas
su s'il avoit doublé le fameux cap de ce nom.

Mer-Glaciale d'Amérique.

Ce que nous dirons sur cette partie de la *Mer-
Glaciale* embrassera tous les détails intéressans qui
ont été reconnus par le capitaine Cook & ses successeurs, & ceux que nous a procurés le voyage
par terre que M. Samuel Hearne fit en 1770 dans
les parties les plus septentrionales de l'Amérique.
La *Mer-Glaciale*, sur la côte de l'Amérique, commence à la pointe Mulgrave, latitude 67 deg.
45 min., longitude 194 deg. 51 min. La terre est
basse, & dans l'intérieur des terres parsemées de
collines d'une hauteur moyenne, mais toutes nues
& sans arbres. De cette pointe le pays tourne légérement à l'ouest. Le cap Lisburn est a la latitude
99, & le cap de Glace, la terre la plus reculée
qui ait été vue à la latitude de 70 deg. 29 min.
par Cook. Au 70 deg. 41 min. il rencontra des
glaces si fortes & si serrées, qu'il renonça à tout
projet de pénétrer plus avant & de s'ouvrir un
passage par le nord-est; & tout ce que ses successeurs ont fait depuis a parfaitement confirmé cette impossibilité. C'est à ces illustres navigateurs que nous devrons de connoître avec précision tout l'espace contenu entre le promontoire
le plus au nord de l'Asie & la partie accessible de
l'Amérique la plus avancée. C'est une étendue
d'une centaine de lieues. Ce trajet à parcourir
offroit les plus grandes difficultés & le plus grand
danger. La mer est peu profonde, ou bien elle
change subitement de la plus grande profondeur,
qui n'excède pas trente brasses, à la plus petite,
qui n'est guère que de huit. Le fond est vaseux, à
cause de la quantité de terre apportée par les
grandes rivières qui s'y déchargent du côté de
l'Asie; elle en reçoit beaucoup moins du côté de
l'Amérique.

La raison du peu de profondeur de cette mer
vient d'abord de ce que les marées & ses courans
sont peu considérables, ensuite de ce que son issue
à travers le détroit de Bering est fort étroite &
même embarrassée par les îles de Saint-Diomède,
deux obstacles qui empêchent le nétoiement de la
vase. Le courant, tout foible qu'il est, vient principalement du sud-ouest, & c'est encore un nouvel obstacle à l'approfondissement de cette mer.

La terre de chacun des deux continents est fort
basse vers les rivages, & haute à une petite distance. La première disposition est une preuve que
la mer voisine, qui correspond à ses côtes, a peu
de profondeur. Les sondes, devant chaque continent, étoient exactement les mêmes aux mêmes
distances du rivage.

La glace de cette mer diffère beaucoup de celle du Spitzberg, & il est probable qu'elle se forme dans ces mêmes parages : outre cela, elle n'est bornée nulle part par une haute terre dans les vallées de laquelle puissent se rassembler les énormes glaciers ou icebergs qui, en s'écroulant ensuite, forment ces hautes îles de glaces dont nous parlerons à l'article du SPITZBERG. Ici la glace est mobile, excepté autour des grands promontoires qui sont investis de montagnes de glace pleines d'aspérités. On sait qu'un vent, soufflant du nord avec force, couvre de glaçons toute la côte en vingt-quatre heures dans la largeur de plusieurs milles, comble le détroit de Bering, & même les mers de Kamtzchatka, & enfin des glaçons les moins considérables gagnent jusqu'aux îles : ce sont principalement des glaçons plats, dont quelques-uns sont très-étendus, & autour desquels flottent des glaçons plus petits : on en voit depuis deux ou trois toises d'étendue, jusqu'à vingt & vingt-cinq. Les masses de glaces les plus épaisses ont environ trente pieds sous l'eau ; dans les autres, la plus grande hauteur au dessus de l'eau est de seize à dix-huit. Les glaçons étoient transparens, excepté à la surface, qui étoit poreuse & souvent pleine d'aspérités.

Quelquefois cependant les glaçons sont formés de plusieurs morceaux de glaces amoncelés les uns sur les autres : telle étoit la montagne de glace sur laquelle monta le cosaque Morkof. La destruction de la glace n'est pas l'ouvrage du soleil dans un climat où ces brouillards règnent beaucoup plus que ses rayons ne peuvent agir à découvert. Il ne paroît pas que le détroit de Bering en reçoive jamais assez de chaleur pour dégager la mer de ses glaces : il en seroit même en très-peu de tems entiérement comblé sans l'action des vents qui font heurter les glaçons les uns contre les autres, de manière à les briser & à les réduire en petits morceaux qui se fondent très-facilement.

Les animaux de la Mer-Glaciale des environs du détroit de Bering sont très-peu nombreux, & peuvent se réduire au walruse, au veau marin, & à l'ours polaire, qui ne diffère pas des autres ours arctiques. Les walruses sont couchés par milliers sur les plateaux de glace, & dans les tems brumeux ils ont servi, par leurs rugissemens, à écarter les navigateurs anglais de ces glaces. On les voit ordinairement endormis, mais jamais sans quelques sentinelles éparses qui annoncent de proche en proche le danger. Ces animaux sont un objet de chasse pour les Tschutschis qui en mangent la chair, & couvrent de leurs peaux leurs huttes & leurs canots.

Les baleines abondent dans cette mer. Le poisson qui sert de nourriture aux veaux marins & aux ours polaires doit nécessairement s'y trouver aussi. Les coquillages & les plantes marines qui sont l'aliment des walruses ne peuvent y manquer.

Les oies & les canards ont été vus dans le mois d'août, soit venant de leur ponte qu'ils font probablement dans une terre autour du pôle, soit de la partie du continent de l'Amérique, qui s'étend fort loin.

On y voit quelques bois de flottage ; mais ce sont surtout des arbres avec leurs racines, sans écorces ni branches, preuve qu'ils ont été apportés de loin & dépouillés ainsi par les glaces.

Voyage à la Mer-Glaciale par M. Hearne.

M. Samuel Hearne, au service de la compagnie de la baie d'Hudson, suivant le désir des directeurs, entreprit, le 7 décembre 1770, un voyage dans le voisinage des côtes septentrionales de l'Amérique. Il partit du fort du prince de Galles, latitude cinquante-huit, trente. Il dirigea d'abord sa course au nord-ouest, traversa le lac Menischric à la latitude de soixante-un. Ce lac a trente-cinq milles de largeur ; il est rempli d'un grand nombre d'îles fort belles, & verse ses eaux dans la rivière Namassy ; ensuite il passa les lacs Wiethen & Cassed, & de ce dernier il prit sa route droit à l'ouest. Au mois d'avril il atteignit Thieweyaza-Yeth, petit lac à dix-neuf degrés de longitude, à l'ouest du fort Churchill, latitude soixante-un, trente, près duquel il fit quelque séjour : il y construisit des canots propres à résister aux glaces. De ce lac sa route changea de direction & fut dirigée droit au nord. Dans ce trajet il traversa une suite de lacs liés ensemble, dont Titumee en est un, à la latitude de soixante-quatre. Il s'embarqua sur le lac Peshew, ensuite sur le lac Cogeed, d'où sort une rivière qui coule au nord-est ; & qu'on suppose se décharger dans la baie de Baffin. Vers le milieu de juin il passa la grande rivière Conga-Catha-Wha-Chaga, latitude soixante-huit, quarante-six, & à l'ouest de la rivière Churchill, vingt-quatre degrés deux minutes de longitude. Dans ce canton sont des montagnes de pierres qui s'étendent en longitude depuis cent seize degrés jusqu'à cent vingt-deux du méridien de Londres. Ces montagnes sont escarpées, & présentent des formes effrayantes. Le 7 juillet il arriva au lac Buffalo, latitude soixante-neuf degrés trente minutes : c'est là qu'il vit le buffle musqué. Près de son extrémité septentrionale est une montagne, latitude soixante-dix, qui sert de retraite à un grand nombre de ces animaux.

Le 13 juillet il atteignit les bords de la rivière de Cuivre, qui coule droit au nord dans la Mer-Glaciale. Dans les parties méridionales du cours de cette rivière il y a beaucoup de forêts & des collines fort hautes. Son courant est très-rapide. Son canal est embarrassé de rochers qui barrent son lit, & y occasionnent trois grandes cataractes. Ses bords sont fort élevés. Elle a quatre-vingt-dix toises de largeur ; mais, en quelques endroits, elle s'élargit en forme de lac.

Dans une île de cette rivière il se trouva un camp d'été de cinq tentes d'Esquimaux. En vain

M. Hearne fupplia des Indiens qui l'accompagnoient d'épargner ces pauvres gens ; ils les égor-
gèrent tous. Leurs habillemens reffembloient beaucoup à ceux des Efquimaux de la baie d'Hudfon.

M. Hearne apperçut la *Mer-Glaciale* pour la
première fois le 16 juillet, à la diftance de huit
milles : il alla jufqu'à l'embouchure de la rivière,
latitude foixante-douze, longitude occidentale de
Londres, cent vingt-un degrés ; il la trouva remplie de rochers, de cafcades, & inacceffible à la
marée, qui paroiffoit s'élever de douze à quatorze
pieds. La mer étoit alors couverte de glaçons, &
fur plufieurs de ces glaçons il apperçut des veaux
marins. La terre s'étendoit à l'eft & à l'oueft, &
la côte étoit bordée d'îles. Le terrain des environs de la rivière Copper ou de Cuivre, dans l'efpace de neuf à dix milles, étoit marécageux, rempli, en plufieurs endroits, de grands faules, mais
fans aucun arbufte à baies. D'ailleurs, il n'y a point
de bois dans l'efpace de trente milles jufqu'à l'embouchure de la rivière, & ceux qu'on voit enfuite
ne font que des pins avortés & rabougris.

Les peuples les plus voifins de cette rivière font
les Indiens de *mine de cuivre* & de *plate côte de
chien*; ils n'ont aucun commerce direct avec la
baie d'Hudfon ; mais ils y vendent leurs fourrures
à des Indiens plus méridionaux, qui viennent les
chercher, & les apportent jufqu'aux établiffemens
européens.

M. Hearne fe mit en route le 22 juillet pour
retourner à la baie d'Hudfon ; il prit, en quelques
lieux, un chemin différent de celui qu'il avoit
tenu en allant, & il n'arriva aux établiffemens
qu'en juin 1772. M. Hearne affure que toutes les
rivières & tous les lacs qu'il a traverfés, foit en
canots, foit glacés, font des amas ou des courans
d'eau douce ; que de la plupart des lacs il fort
des rivières ; qu'enfin on y pêche, ainfi que dans
les rivières, des brochets, poiffons connus pour
ne fréquenter jamais l'eau falée.

Si nous fuivons maintenant la *Mer-Glaciale*,
nous la trouverons dans l'ancien Groënland. A la
pointe de l'Iflande commence la partie autrefois
habitée par l'ancien Groënland. Un détroit fort
profond s'ouvre à peu près en face de Snoefelnas,
& traverfe le Groënland près du havre de Jacob
jufqu'au détroit de Davis, de manière qu'il ifole
cette contrée. Maintenant ce détroit eft entiérement bouché par les glaces, & il remplit annuellement les mers des plus grandes montagnes de
glaces qui s'en détachent. Un peu au nord de l'entrée orientale font deux montagnes d'une hauteur
confidérable, qui font enveloppées d'une glace
continuelle. Tout ce pays, même à l'extrémité
fud, offre de femblables montagnes avec la même
enveloppe. Un petit nombre eft découvert, &
montre des maffes pierreufes. La plus grande partie du pays offre d'énormes glaciers, dont les fommets pointus fendent les nues ou s'étendent en
furfaces pleines d'afpérités.

Ce pays fut habité autrefois par les Norwégiens, qui furent probablement chaffés de la côte
par les glaces. Les tentatives qu'on a faites en
différens tems pour repeupler l'ancien Groënland
ont prouvé que les glaces oppoferont déformais
un obftacle invincible à ces établiffemens. Ce n'eft
qu'une étendue effrayante de glaciers depuis la
latitude quatre-vingt-une, jufqu'à Staten-Hook
ou le cap Farewel, fon extrémité méridionale :
ceci fe prolonge auffi fur une île détachée de cette
pointe, latitude cinquante-neuf. Les deux côtes de
cette étendue font profondément creufées de baies,
& bordées de promontoires de glace. Plufieurs de
ces baies ont fait partie de détroits acceffibles,
qui avoient divifé le pays en plufieurs îles ; mais
ces détroits font abfolument fermés par des maffifs de glace.

Décrire maintenant le nouveau Groënland, ce
feroit montrer des neiges, des glaciers qui ont
plus de mille toifes de hauteur, & qui s'élèvent,
fous la forme de pyramides, au deffus de vallées
qui n'ont d'autres végétaux que des mouffes ; &
ailleurs, des montagnes à fommets plats font couvertes de neiges & de glaces. Le pays, au lieu de
s'améliorer, fe charge de glaces. Les glaciers gagnent conftamment fur les vallées, & détruifent
toute efpérance de changement avantageux. Il
fuffit, pour en donner une idée, de décrire ces
étonnans glaciers, le Ice-Blink ou le Ice-Glance.
C'eft un amas inconcevable de glaces accumulées
à l'embouchure d'une petite baie qui s'élève à
une hauteur incroyable, & qui brille aux yeux des
navigateurs à plufieurs lieues de diftance. A fa bafe
elle préfente une fuite d'arcades magnifiques dans
l'étendue de huit lieues de longueur fur huit de
largeur. Entre ces ouvertures ou arcades étonnantes on voit déboucher d'énormes quartiers de
glace, qui, au tems du dégel, font entraînés dans
la mer. Ces quartiers font fournis par les différens glaciers, & garniffent la mer de glaçons flottans en remplacement de ceux qui fe brifent & fe
fondent. Les détroits, aujourd'hui fermés à la
navigation, font également ouverts dans le fond
par des arcades femblables à celles dont on vient
de parler ; car on a reconnu qu'une quantité confidérable de glaçons fortoit annuellement de leurs
vaftes embouchures.

Les îles de glaces du Groënland ont des couleurs fort éclatantes. Le vert eft auffi vif que l'é-
meraude, & le bleu auffi beau que le faphir. On
prétend que la première couleur eft produite par
l'eau douce, & la feconde par l'eau falée. L'on
trouve de fréquens exemples d'eau de mer gelée
autour de ces îles, & fouvent il fe forme un pont
de glace d'une île à l'autre.

Si nous paffons maintenant à l'extrémité méridionale du Spitzberg, à foixante-feize degrés
trente minutes de latitude nord, nous trouverons
le plus vafte amas de glaces qu'il y ait dans ces
parties voifines du pôle feptentrional. Les îles des

Sept-Sœurs, les dernières de la terre connue, atteignent jufqu'à quatre-vingts degrés quarante-deux minutes. Toutes ces îles font fort hautes. Du fommet d'une de ces îles les navigateurs de 1773 eurent la vue de dix à douze lieues de glace unie qui fe continuoit vers l'eft & le nord-eft, où elle n'avoit de bornes que l'horizon. C'eft entre ces îles & le nord-eft-land que le lord Mulgrave fut pris par les glaces, qui environnèrent de toutes parts les deux vaiffeaux de l'expédition. Après avoir lutté long-tems contre ces glaces, à la fin un heureux vent s'élève, les glaces s'écartent, fe féparent affez pour céder à l'action des vaiffeaux qui portoient toutes leurs voiles, &, après avoir travaillé fans relâche pour vaincre la réfiftance des plaines de glace, ils arrivèrent à l'extrémité occidentale du Spitzberg. Le malheur du lord Mulgrave fut de rencontrer, dans cette faifon, ces étonnans bancs de glace qui quelquefois couvrent ces mers dans une étendue de plufieurs lieues; elles forment, depuis la latitude de foixante-dix-huit degrés trente minutes jufqu'à quatre-vingts degrés quarante minutes, un front de glace fans la moindre ouverture, & ayant la force & l'apparence d'un mur folide & continu. On fait très-bien que les côtes de Sibérie, après une tempête occafionnée par un vent du nord, deviennent inacceffibles fur une grande étendue qui fe trouve couverte par les glaces du pôle que la tempête met en mouvement, & qu'elle y pouffe & accumule; mais on fait auffi qu'un vent violent du midi rechaffe ces glaces dans leurs premières retraites, & rend pour lors les rivages de la *Mer-Glaciale* auffi libres que ceux des mers de l'équateur. Ceux qui ont trouvé la *Mer-Glaciale* dégagée ainfi de glace ont atteint de plus hautes latitudes.

Les Ruffes, fous le vice-amiral Tfhit-Shaghes, ont tenté de s'avancer jufqu'au pôle même par la côte orientale du Spitzberg, & ils fe font convaincus que cette étendue de mer eft abfolument impraticable, & obftruée par les glaces.

Les formes que prennent les glaces dans ces froids climats font très-fingulières. La furface de celle qui fe forme d'eau de mer congelée eft plate & unie, dure, opaque, reffemblant à du fucre blanc. Les grandes portions ou plaines de ces glaces occupent plufieurs lieues de longueur. Les moins grandes fervent de retraite aux veaux marins. Le mouvement des plus petites pièces de glace eft auffi rapide que celui des courans. Les plus grandes, qui ont quelquefois autant d'étendue en fuperficie que la France, fe meuvent d'un mouvement lent & majeftueux : fouvent elles s'arrêtent, pour un tems, dans un repos dont tout le pouvoir de l'Océan ne peut les déplacer, & alors il en réfulte cette blancheur apparente que les marins appellent *clairs de glace*. L'approche de deux grandes plaines de glace produit un phénomène fingulier. Les petites plaines font forcées de s'élever hors de l'eau & de monter fur les premières, auxquelles elles s'ajoutent. Une feconde vient, puis une troifième, &c. qui font forcées de monter l'une fur l'autre; en forte que, de ces additions fucceffives, il réfulte un entaffement d'une épaiffeur effrayante. Ces maffes flottent dans l'Océan comme autant de montagnes, & ont fouvent trois cents toifes d'épaiffeur; mais la plus grande partie refte cachée fous les eaux. Leur épaiffeur croît continuellement par la congélation de l'écume de la mer ou par la fonte des neiges qui tombent affez fouvent fur ces plaines de glace, & cet accroiffement fe foutient tant que ces énormes glaçons reftent dans ce climat froid; mais ceux qui font pouffés par le vent du nord dans dès latitudes plus tempérées s'y fondent par degrés, tant par l'action de l'eau de la mer, que par celle des rayons du foleil, & finiffent par fe brifer par gros débris, qui fe diffipent enfin & difparoiffent au milieu de l'Océan.

Le choc des grandes plaines de glace, dans les hautes latitudes, eft fouvent accompagné d'un fracas épouvantable : celui des grands morceaux produit un bruit aigre comme celui de grandes maffes fonores qui s'écrafent avec un effort terrible. Les vagues, qui viennent battre & fe brifer contre les montagnes de glace, s'y congèlent fous une infinité de formes variées; ce qui préfente de loin aux navigateurs l'afpect de tours, de pyramides & d'autres figures que l'imagination achève d'embellir.

Les *icebergs* ou glaciers du nord-eft du Spitzberg font une des plus grandes merveilles de cette contrée; ils font au nombre de fept, & placés à des diftances confidérables les uns des autres. Chacun remplit & comble des vallées dont l'étendue n'eft pas connue, parce que, dans cette région, l'intérieur de ces vallées eft abfolument inacceffible. Quelques-uns préfentent fouvent un front à peu près femblable à celui des glaciers de la Suiffe dans quelques vallées baffes; mais dans leur partie fupérieure ils offrent un front de trois cents pieds de hauteur, qui a la couleur d'un verd d'émeraude. Des cafcades de neige fondue fe précipitent des fommets, & des montagnes pyramidales à fond noir & à raies blanches fe montrent fur les côtes de la mer. Il paroît que les glaciers cheminent auffi, & finiffent par jeter dans la mer d'immenfes fragmens, qui tombent avec le plus horrible fracas. On a vu un de ces fragmens qui, précipité fur un fond de vingt-quatre braffes, s'élevoit encore de cinquante pieds au deffus de l'eau. De pareils glaciers font fréquens dans toutes les régions arctiques, & c'eft à leur écroulement qu'eft due une grande partie de ces montagnes de glace folide qui hériffent ces mers.

La gelée fe joue auffi fur ces glaciers, & leur donne des formes ou majeftueufes ou bizarres. Au refte, ces *icebergs* font l'ouvrage des fiècles; ils croiffent continuellement par la chute des neiges

&

& des pluies qui fe gèlent en tombant, & c'eft par ces reffources que ces glaciers réparent la perte continuelle que leur caufe la chaleur du foleil ou bien les écroulemens fréquens qu'ils éprouvent à leurs extrémités inférieures. Nous terminerons ce que nous nous propofions de dire fur les différens états des mers glacées autour du pôle nord par la Mer-Blanche, qui tous les hivers eft remplie des glaces que la *Mer-Glaciale* lui envoie, & avec elles une efpèce de phoque.

GLACIÈRES, GLACIERS. Ces grands amas de neiges & de glaces font des phénomènes des hautes montagnes, qui méritent le plus d'attention de la part du phyficien-naturalifte. Pour les faire connoître d'une manière particulière, il eft effentiel d'en décrire toutes les parties avec foin, en montrant tout ce qui contribue à leur formation, à leur entretien à leur deftruction, & enfin l'influence générale que les *glacières* peuvent avoir, non-feulement fur la température des cantons qui les renferment, mais encore fur celle du Globe.

La chaîne des Alpes eft compofée de hautes montagnes entaffées les unes fur les autres, qui, s'élevant par degrés, parviennent enfin à cette région de l'air où il n'y a plus affez de chaleur pour que l'eau refte dans fon état de fluidité, mais où elle fe maintient fous la forme de neige ou de glace. Il eft vifible que le froid eft d'autant plus grand, qu'on s'élève davantage au deffus du niveau de la mer. Dans le centre même de la zône torride, au Pérou, les plus hautes montagnes y font toujours couvertes de neige & de glace. Il faut par conféquent attribuer le froid des hautes montagnes à la petite quantité de rayons du foleil qui s'y réfléchiffent, & à la petite quantité de chaleur qu'ils y produifent.

Au printems & en automne, quand il pleut au pied des montagnes, il tombe de la neige fur les fommets élevés à un certain niveau, & il en tombe des quantités prodigieufes, dont une partie même ne fond qu'en été & au milieu du jour, encore faut-il que la chaleur des rayons du foleil foit favorifée par la difpofition des lieux; mais il y gèle toutes les nuits. Ainfi cette eau de neige fondue, qui ne parvient pas à une certaine région baffe avant la reprife du froid, devient glace, & furtout celle qui eft à la fuperficie des amas de neiges; auffi trouve-t-on des couches alternatives de glace & de neige dans les plus grandes hauteurs, & des glaces de différentes couleurs & denfités. Ces glaces intermédiaires, mêlées à la neige, outre cela la fonte de la neige par la partie qui touche la terre immédiatement, produifent des maffes énormes de neige qui s'accumulent fur les fommets & fur les pentes rapides, fe précipitent dans les fonds, les comblent à des hauteurs confidérables, & forment une continuité de glaces & de neiges, qui n'eft interrompue que par les pics & les fommets verticaux où la neige n'a pu s'éta-

blir. Ce font ces montagnes, ces vallons, ces vallées, couverts ou comblés en partie de glaces & de neiges, qu'on nomme *glacières*. Vues de loin, elles ne paroiffent former qu'une même couche ou une même croûte, & s'étendre à de grandes diftances. La *glacière* la plus confidérable, quant à fon étendue, eft celle qui fépare le canton de Berne du Vallais: fa longueur eft de trente lieues ou environ, en admettant de très-petites interruptions. Les rameaux qui partent des principaux centres forment autant de *glacières*, dont l'afpect n'offre, à l'obfervateur étonné, que des amas de neiges & de glaces qui entretiennent un hiver continuel dans les environs.

Ce ne font pas toujours les fommets les plus élevés qui font les plus couverts de neiges, parce qu'elles fe précipitent & s'arrêtent à mi-côte, & que ces fommets fe trouvant fouvent au deffus de la région des nuages, il y neige moins qu'à un niveau inférieur. C'eft au haut de ces flancs rapides & à pic où la neige n'a pu fe foutenir, qu'on peut le mieux juger de l'épaiffeur de celle qui eft accumulée au deffus & au deffous. Il eft aifé de voir qu'elle a fouvent jufqu'à cent & cent trente pieds d'épaiffeur. On ne peut guère eftimer la hauteur de celles qui comblent les fonds, autrement qu'en fuivant les pentes des montagnes qui font cachées deffous jufqu'au point où elles fe joignent. Quand ces énormes tas de neiges ont comblé les vallées, & que par le dégel & la congélation alternatifs elles ont été converties en glaces, les nouvelles glaces qui y arrivent, s'écoulent comme des torrens pour fe répandre dans les vallées, où elles defcendent fouvent au deffous de la région où les neiges ne fondent plus, & où toute végétation ceffe pour venir couvrir des terrains cultivés: ce font ces écoulemens de glaces qu'on nomme *glaciers*, & qui font l'objet de l'attention des curieux. On peut les vifiter, les examiner avec le plus de facilité dans leurs parties principales; au lieu qu'on ne voit les *glacières* que de loin, de points fort élevés & de difficile accès. C'eft alors qu'on embraffe, d'une feule vue, le rapport des *glacières* aux *glaciers*, & l'enfemble de ce travail étonnant de la Nature. Pour le faire connoître en détail, nous allons raffembler les phénomènes qu'on remarque, tant aux *glaciers* de la Savoie, qu'à ceux de la Suiffe; ils font partout les mêmes, & ne fe modifient qu'en raifon de leur fite & du local. Nous pourrions y joindre ceux des *glaciers* qu'on trouve dans les pays voifins des pôles.

Le premier phénomène qui attire l'attention en arrivant l'été aux *glaciers* eft cette énorme quantité de glace qui remplit la capacité du fond d'un vallon plus ou moins large, & au pied de laquelle on voit en même tems des pâturages, des arbres, ainfi que fur les flancs du vallon où ils font, & qui font beaucoup plus élevés que les glaces. On fe perfuade qu'il faut que cette glace fe foit écoulée,

& qu'elle ait été forcée de descendre dans une région où elle ne paroît pas devoir se conserver, puisqu'il y fait assez chaud pour qu'une quantité de végétaux y croissent & y mûrissent.

L'eau coule, de tous côtés, du pied du *glacier*. On voit que la glace se fond, & que s'il s'en maintient dans cette saison, ce n'est que par la prodigieuse quantité qu'il y en a; mais on reconnoît bien d'autres moyens qu'employe la Nature pour conserver ces amas de glaces si l'on approche de plus près ces *glaciers*, & qu'on parcoure une certaine étendue de glace.

Pour arriver sur ces *glaciers* par le pied, on est obligé de monter sur des tas de décombres composés de terres, de graviers, de pierres, & de masses de rochers qui forment une enceinte le long du bord du *glacier*, & qu'on nomme *murème*. Si l'on y monte par le côté, il faut monter les croupes du vallon & les redescendre ensuite : on voit que la glace est affaissée, & va en pente quelquefois vers l'ouverture du vallon que le *glacier* remplit.

Outre cela cette glace, qui de loin paroissoit seulement raboteuse & inégale, offre à l'observateur curieux qui la parcourt, une surface remplie de hauteurs & de cavités, & il y a partout des fentes, des crevasses & des trous. Ces inégalités inquiètent d'abord sur des pentes de glaces où le pied paroît peu assuré; mais comme certaines parties sont chargées de terres & de graviers sur les bords, on peut les choisir pour faciliter sa marche. Plus on avance sur la glace, plus on a besoin d'un bâton ferré; & si l'on a eu la précaution de se procurer des souliers armés de clous, comme les montagnards, on marche, comme eux, sûrement sur ces glaces. Il est plus difficile de parcourir & de visiter les *glaciers* avant que le soleil en ait fondu la superficie, parce que la partie dégelée le jour s'est gelée la nuit, & offre un verglas très-uni, sur lequel on ne pourroit marcher qu'avec des souliers ferrés. Les fentes, dans le bas du *glacier*, sont dans sa direction, c'est-à-dire, en long, & suivant le fil des eaux qui en découlent. Au milieu, & dans les autres parties du *glacier*, elles se trouvent en différens sens, & elles sont profondes à proportion de l'épaisseur des glaces : c'est presque toujours le lit du *glacier* incliné plus ou moins, qui produit la plus grande partie des fentes. Partout où la pente est rapide, les glaces entraînées par leur poids, & inégalement soutenues par le fond raboteux qui les porte, se divisent en grandes tranches transversales, & séparées par de profondes crevasses. Ainsi le lit du *glacier* du Grindewald étant fort incliné & inégal à son issue, il n'est pas étonnant que le *glacier* soit, dans ces parties, rempli de crevasses & de pyramides. Si l'on monte plus haut derrière le Rettenberg, on voit que la surface du même *glacier*, sur un lit plus approchant du plan de l'horizon, & moins inégal, est presqu'unie, n'a point de pyra-

mides, très-peu de crevasses, dont la plupart sont assez étroites. Dans d'autres *glaciers* il y en a qui font des goufres effroyables, & qui vont en se rétrécissant par le bas. On a raison de craindre d'y glisser, de se trouver serré & suspendu entre ces murs de glaces, dont souvent on ne voit pas le fond : il y en a de huit & dix pieds de large & quelquefois plus. La fente s'élargit ou se rétrécit, suivant les parties de la base des glaçons où la chaleur du soleil agit plus fortement, & qu'elle fond plus abondamment. Souvent elles se contournent & prennent différentes sinuosités. On voit même des trous & des cavités arrondies, surtout à la naissance des fentes. Ordinairement les masses de glaces qui sont entre les crevasses, sont convexes, & présentent un dos-d'âne à leur milieu; & il résulte de là que la surface totale d'un *glacier* est couverte de hauts & de bas de ces inégalités qui ressemblent aux vagues d'une mer agitée, & qui se seroient gelées subitement. C'est la meilleure idée qu'on ait pu donner de ces vastes étendues de glace en les appelant *mers de glaces* quand elles sont sur un fond qui est presque horizontal.

Ce qui étonne le plus ensuite, c'est la couleur des glaces. Les rayons du soleil traversant les parties isolées, la lumière qui se rend sensible dans la partie opposée des fentes donne à la glace une couleur bleue-verdâtre, qui augmente & se fonce à mesure que les fentes sont plus profondes. Cette couleur est très-agréable dans les parties les plus éclairées; elle contraste bien avec la superficie du *glacier*, qui, vue d'un certain aspect, est d'un blanc éblouissant; & réfléchit les rayons du soleil comme de l'argent poli. Ces trous & ces crevasses sont remplis d'eau qui quelquefois est limpide, & d'autres fois trouble comme celle qui sort du pied des *glaciers*. Comme elle est le produit de la fonte des neiges & des glaces, & qu'elle coule par-dessous les glaçons, elle se charge de tous les corps étrangers qu'elle rencontre; aussi entend-on le bruit des eaux qui coulent sous les glaçons.

On voit quelquefois des fentes qui se sont reprises & ressoudées, après que les bords s'en sont rejoints; d'autres ne sont soudées que par l'eau dont elles étoient remplies & qui s'est gelée. Cette nouvelle glace se distingue très-bien par sa transparence & par sa couleur plus bleue.

Plus on avance sur les *glaciers*, plus on approche des hauteurs où se trouvent les amas de neige, plus le froid augmente. On rencontre aussi quelquefois, dans ces parties supérieures, des vallées d'où découlent d'autres *glaciers* qui se joignent au premier.

En été, les fentes sont nombreuses & se multiplient chaque jour; elles sont aussi plus ou moins larges. En hiver, elles sont couvertes de neiges, & sont d'autant plus dangereuses, qu'on s'y précipite sans les connoître, parce qu'elles changent souvent d'emplacement. La façon d'y voyager en hiver eft d'avoir une perche fous le bras & portée horizontalement, afin qu'on puiffe refter fufpendu au deffus de la fente fi l'on avoit le malheur d'y tomber. Si l'on eft plufieurs, on marche à une certaine diftance les uns des autres, & chacun tient la même corde qui fert à retirer celui qui eft tombé dans quelque fente. Quand on a voyagé fur ces *glaciers* & qu'on a été à leurs parties fupérieures, on reconnoît que ce qu'on a pris de loin pour de la neige eft de la glace : fur quoi nous ferons obferver que les nuages ne fourniffent que de la neige, & que c'eft par le dégel qui fuccède, que cette neige eft couverte de glace. Il faut donc que le dégel ait pénétré dans toute l'épaiffeur de la neige, pour qu'elle devienne glace pure & tranfparente. Ainfi ce n'eft qu'en été qu'on trouve des glaces partout, & l'hiver tout eft couvert de neiges qui confervent leur état primitif.

Les *glaciers* ont fouvent plufieurs lieues de longueur, c'eft-à-dire que les vallons remplis de ces courans de glaces s'étendent à cette diftance avant d'arriver aux limites de leur accroiffement. Il y a des *glaciers* qui ont toutes fortes de grandeurs, parce qu'ils ont toutes fortes de pofitions. S'ils font fur les croupes rapides des montagnes, les neiges & puis les glaces s'amoncèlent jufqu'à ce qu'elles aient gagné le niveau où elles fondent abondamment, ou bien où elles coulent. Un rocher, une montagne qui fe trouve dans le chemin du glacier, l'oblige à fe détourner pour gagner la pente la plus prochaine. Ces écoulemens de glaces font affujettis à des règles dépendantes de l'inclinaifon plus ou moins confidérable du fond des vallées & de l'accroiffement de chaleur, & de fonte que les glaçons éprouvent dans les différentes parties du glacier. Au refte, nous expoferons toutes ces circonftances par la fuite.

Fentes & crevaffes des glaciers, & leur marche.

Par la chaleur de la terre, la neige & la glace fe fondent davantage à la partie inférieure, qu'à leur furface. Cet effet fe remarque également fur les plus hautes montagnes, & dans le plus fort de l'hiver; car dans cette faifon il fort toujours de l'eau par-deffous les *glaciers*, même fort élevés. L'été la fonte eft confidérable; auffi les fleuves & les rivières qui tirent leur fource de montagnes où il y a des *glacières*, ne débordent que dans les grandes chaleurs de l'été. La chaleur de la terre fe communique promptement de proche en proche, que toutes les glaces qui touchent à la terre & aux rochers fe trouvent fondues à une certaine diftance. C'eft cette caufe qui fépare l'extrémité des *glaciers* des enceintes de pierres ou murême qui les enveloppent. Les pierres mêmes qui fe trouvent au milieu des *glaciers* font entourées d'un vide occafionné par la fonte de la glace, & le vide eft plus confidérable du côté où les pierres ont reçu en plein les rayons du foleil. L'évaporation qui fe fait au deffous du *glacier*, étant

renfermée fous les glaces, n'en devient que plus active, & pour lors on comprend que la fonte occafionne de grands vides, & de grands creux fous des glaçons d'une étendue confidérable. Les porte-à-faux fur un terrain inégal occafionnent des ruptures & des affaiffemens dans le *glacier*, qui augmentent les inégalités de fa furface. Ces changemens ne peuvent s'opérer fans qu'il s'y forme des fentes & des crevaffes de tous côtés & en différens fens, & furtout dans le fens de la direction du vallon.

Nous avons déjà remarqué qu'en arrivant fur le *glacier* par les côtés, on trouve que la glace alloit en pente, non-feulement de la tête du vallon à fon embouchure, mais encore des bords vers le milieu. Enfin, deux difpofitions des glaçons méritent d'être remarquées & confidérées comme les bafes des explications qui nous reftent à donner.

Les affaiffemens des glaçons fe font avec un bruit & un fracas qu'on entend à plufieurs lieues. On croiroit que ce font un grand nombre de pièces d'artillerie qu'on décharge à la fois. Les échos & les vallées contribuent à propager le bruit. On a dit que ces bruits fréquens étoient une annonce de changemens de tems & de pluie : c'eft le baromètre des habitans voifins des *glaciers*. On prétend qu'ils fe font entendre plus fouvent à l'entrée de la nuit, à caufe de la fonte du jour.

L'eau qui fe gèle dans les fentes occafionne auffi des dilatations & des craquemens, mais moins confidérables que ceux produits par les ruptures des glaçons. La chute des aiguilles de glace fe fait auffi entendre en raifon de la maffe & de la hauteur d'où elles fe précipitent. Quand il fe fait quelque rupture de glaçons & des affaiffemens, il femble que le bruit parcourt le *glacier* d'une extrémité à l'autre. Quand cet affaiffement fe fait fur un terrain en pente, les glaçons font déterminés à fe porter dans le fens de la pente, & les autres fuivent de proche en proche; & fi l'on y ajoute la preffion des maffes énormes qui font au deffus, qui augmentent & s'accumulent annuellement par la fonte des neiges & leur converfion en glace, & leur gliffement, on concevra facilement comment s'opère la marche des *glaciers* dont on ne peut plus douter quand on a raffemblé toutes les circonftances que nous venons de rappeler ici, & qui doivent y concourir néceffairement.

Beaucoup d'autres faits établiffent cette marche. On fait que différentes vallées étoient autrefois des communications entre les pays limitrophes; elles font actuellement obftruées de glaces, & inabordables. Les titres de biens & de poffeffions fituées dans ces vallées font encore exiftans, & ne datent pas de fort loin. Toutes les obfervations fuivies qu'on a faites des *glaciers* prouvent que les glaces augmentent, & que la quantité qui fe fond l'été eft inférieure à celle qui fe forme l'hiver & les autres faifons. Cela doit être, puifqu'en raifon de l'étendue des glaces, le froid de

Nn 2

l'atmofphère environnante doit s'accroître & contribuer à produire de nouvelles glaces en confervant celles qui exiftent.

Par la même raifon, les rivières & les fleuves qui font entretenus par les *glaciers* doivent augmenter en volume d'eau, & leurs débordemens, dans les étés chauds, augmenter en raifon des magafins de glaces qui les produifent. Ne feroit-ce pas à cet accroiffement des *glaciers* qu'il faudroit attribuer les débordemens des fleuves qu'on dit être plus fréquens, & le changement de température qu'on a cru remarquer? Car les vents qui paffent fur ces amas de glaces doivent être d'autant plus froids & plus fréquens, que l'efpace glacé s'étend davantage. L'accroiffement des *glaciers* n'eft pas cependant annuel & conftamment le même : il y en a qui font moins avancés dans les vallées, qu'ils ne l'étoient autrefois ; ainfi c'eft la maffe totale qui s'accroît à quelques modifications près.

Pierres fur les glaciers.

Une nouvelle preuve bien fenfible de la marche des *glaciers*, ce font ces tas de graviers, de pierres & quelquefois de maffes étonnantes de rochers qu'on trouve à côté & fur les différentes parties des *glaciers*. La première idée qui vient quand on rencontre ces matériaux eft qu'ils y ont été précipités des rochers environnans : cela eft vrai pour quelques parties des *glaciers*. Il en eft de même de la terre & des fables qui fe trouvent fur les bords de ces *glaciers*, & qui en font quelquefois couverts entièrement ; ils proviennent des pluies & des avalanches qui les y ont entraînés : mais il eft queftion de ces quartiers de rocher qui ne peuvent être amenés de bien loin, & qui font étrangers à la vallée où fe trouve le *glacier*.

Convaincus, par ce qui précède, de la marche des *glaciers*, il ne s'agit plus que de s'affurer d'où provenoient ces pierres. Il falloit donc reconnoître leur nature & celle des pierres que pouvoient fournir les montagnes environnantes. D'après ce double examen, on a reconnu que les rochers des montagnes entre lefquelles couloient certains *glaciers*, étoient calcaires, pendant que les graviers & les pierres qu'on voyoit fur le *glacier*, étoient des granits mêlés de quelques débris de criftaux de oche. Ces débris ne provenoient fûrement pas des montagnes calcaires environnantes, qui fervoient comme de baffin aux *glaciers*. Nulle pierre calcaire ne fe trouvoit fur le glacis. Il étoit naturel d'aller à la découverte du lieu d'où pouvoient provenir ces granits, & on les a trouvés dans les fommets élevés qui étoient au haut des *glaciers*. On s'eft affuré pour lors que les granits pris fur les glaces, comparés avec les fortes qui les dominent, étoient les mêmes ; que c'étoient les avalanches & la dilatation des glaces interpofées dans les fentes des granits, qui les détachoient, & que les glaçons, dans leur marche, les entraî-

noient fur les *glaciers*, & les faifoient parvenir aux bords & au pied des *glaciers*, à moins qu'ils ne gagnaffent le deffous des glaçons par les fentes. Ce font toutes ces pierres qui forment les enceintes ou les murèmes des *glaciers*. Le volume de ces enceintes peut faire juger de l'ancienneté d'un *glacier* & de fes pofitions antérieures.

La plûpart des *glaciers* de la Suiffe font entourés, à leurs pieds, de montagnes calcaires prodigieufement hautes, & leurs murèmes font de granits ou de fchiftes argileux micacés, mêlés de quartz, c'eft-à-dire, de pierres différentes de celles des montagnes au pied defquelles font les *glaciers*. Cette obfervation feroit plus que fuffifante pour décider la marche & la progreffion des glaçons dans les *glaciers*, fi d'autres circonftances pouvoient laiffer quelques doutes à ce fujet. La même obfervation prouve auffi, comme nous l'avons fait voir ailleurs, & furtout dans les articles du *Vallais*, de *Saint-Bernard*, que les plus hautes montagnes font de granits & de roches fchifteufes micacées. Ce que nous venons de dire doit auffi détruire les contes ridicules des gens du pays, qui affurent que ces pierres font rejetées par les *glaciers*. Si cela étoit, on ne verroit plus de *glaciers* ; ils feroient tous couverts de pierres.

Il feroit intéreffant de connoître de combien eft la progreffion des glaciers dans un tems donné ; mais elle doit beaucoup dépendre de la différente température des faifons, qui ne font pas les mêmes chaque année. Si à un hiver fort long où il fera tombé beaucoup de neige qui aura augmenté la maffe fupérieure du *glacier*, il fuccède un été fort chaud, que des pluies chaudes concourent avec la chaleur pour faire fondre la glace, alors la partie inférieure du *glacier* fondra très-abondamment, difparoîtra même à fes extrémités comme on l'a vu dans plufieurs *glaciers*, & en particulier aux *glaciers* de Chamouni. Cette partie inférieure, dégarnie de glace, fera place aux glaces fupérieures furincumbentes, qui, privées de ce point d'appui, avanceront plus facilement, & parcourront plus de terrain. Les glaçons feront d'ailleurs d'autant plus de chemin, que la pente les favorifera davantage.

On s'eft au refte affuré, par le fait, de la marche des *glaciers*, & d'ailleurs de la quantité à peu près de cette marche, en plantant des arbres à travers les plaines de glace dans l'alignement d'un objet remarquable fur les bords, & on a trouvé que ces arbres avoient cheminé debout avec les glaçons dans lefquels ils étoient implantés, & qu'ils avoient avancé de quatorze pieds vers l'extrémité inférieure du *glacier*. Ces épreuves, faites à différentes reprifes, ont donné les mêmes réfultats : d'où l'on peut conclure une grande probabilité que la maffe totale du *glacier* eft à peu près dans cette proportion avec les variétés que différentes caufes peuvent y apporter.

Quand le terrain eft fort en pente ou que les

rochers qui font deſſous vont par gradins, le *gla-cier* eſt alors en amphithéâtre, où il reſſemble à une nappe d'eau ſe précipitant par caſcades, qui auroit été ſubitement gelée. Le côté d'un *glacier* s'élève quelquefois verticalement, & préſente une face unie toute de glace : on l'appelle pour lors *mur de glace*. Un cône, un mamelon, le haut d'une montagne, ſont quelquefois entourés & revêtus de glace unie, ſans qu'il y ait des fentes ou des crevaſſes apparentes, parce qu'il n'y a pas d'affaiſſemens par-deſſous, ou qu'ils ſont peu ſenſibles : ce ſont des revêtemens de glace.

Le local modifie, comme on le comprend aiſément, la forme des glaciers de mille façons diverſes, quoiqu'ils aient la même origine. Il nous reſte à parler de ces pyramides & de ces aiguilles de glaces qui ſont de ſi grands effets vues de loin, & qui étonnent lorſqu'on les examine de près. On ne les apperçoit jamais mieux que lorſque ces aiguilles viennent aboutir à un ſommet de rocher à pic, où ſe termine un *glacier* ; elles ſe détachent avantageuſement ſur le beau ciel d'azurfoncé qu'on n'apperçoit que ſur les hautes montagnes. On voit que ces aiguilles ſont le réſultat des fentes qui s'étoient formées dans la direction des *glaciers*, & que leurs faces ne ſont que la profil des lames ou maſſes de glaces qui ſont intermédiaires entre les fentes. Si l'on voit de côté ces aiguilles, elles ne paroiſſent plus pointues, mais plates & carrées par le haut. On les voit tomber & ſe précipiter des bords eſcarpés, & s'amonceler dans le fond pour être emportées par le torrent général des autres glaçons.

Des caſcades ſe précipitent de tous côtés des rochers eſcarpés, parce que la fonte de la glace y eſt d'autant plus conſidérable, que le ſoleil échauffe davantage ce flanc de rocher découvert.

Les pyramides les plus élevées ſe trouvent particuliérement dans les parties ſupérieures des *glaciers*, où la glace s'eſt amoncelée pour combler les fonds ; elles ſont aſſez diſtantes les unes des autres pour qu'on les diſtingue de loin, & pour qu'il en réſulte l'apparence d'un champ de glace tout hériſſé de glaçons pyramidaux.

On en voit auſſi ſur les côtés des *glaciers* & en différens endroits, où la glace eſt plus ancienne & moins expoſée aux progreſſions du *glacier*.

La hauteur de ces pyramides de quoi ſurprendre lorſqu'on les voit de près : il y en a de toutes hauteurs, & même juſqu'à quatre-vingts & cent pieds d'élévation ; ce qui eſt prodigieux. C'eſt dans ces pyramides qu'on obſerve plus facilement la différente denſité qui eſt remarquable dans les couches de glace dont elles ſont compoſées : on voit que les moins tranſparentes ſe fondent plus facilement ; on y voit auſſi des lits de ſable & de gravier qui ſont placés entre ces couches de glace. Les plus anciennes couches, ou celles de la baſe, étoient moins épaiſſes que celles du haut. Ces pyramides ne ſont point pentagones

comme on l'a dit, ou n'ont point, quant au nombre de leur face, une figure déterminée ; elles ſont toutes très-irrégulières, de formes variées & bizarres, & par conſéquent ne ſe reſſemblent point. La plupart ſont tronquées par le ſommet. La même pyramide paroîtra pointue ſous un certain aſpect, & ſous un autre elle reſſemblera à un parallélépipède. Il en eſt de même de ces pics, de ces aiguilons ou dents de rochers qui paroiſſent pointues de loin. Si l'on monte à leurs ſommets, on y trouve des plateaux, des emplacemens conſidérables. Ces maſſes ne ſont pas auſſi peu acceſſibles qu'elles le paroiſſent.

Cavernes de glaces.

Après les pyramides de glace nous devons faire mention des cavernes de glaces qu'on trouve & qu'on admire au pied des *glaciers* ; elles ſe forment dans l'endroit où beaucoup d'eau ſe raſſemble pour déboucher du *glacier*. Plus il y a d'eau, plus ces grottes deviennent grandes & profondes. Leur excavation eſt produite par les mêmes agens réunis qui ſont diſperſés ſous les *glaciers*, & qui produiſent les affaiſſemens locaux. L'eau qui ſort du *glacier* étant beaucoup moins froide que la glace, il n'eſt pas étonnant qu'elle fonde une grande partie des glaçons qu'elle touche, & qu'elle donne la forme des bouillons aux vides qui en réſultent : de là naiſſent les cavernes que l'on trouve à l'origine de l'Arve & de l'Arveiron, &c. Il ſort de ces cavernes de glace un froid conſidérable, occaſionné par le mouvement des eaux & par l'air qui ſe dégage avec elles de deſſous les *glaciers*. Les eaux, ſuivant leur volume, contribuent à augmenter l'ouverture par laquelle on les voit ſortir, & par conſéquent la capacité des cavernes. L'eau en ſort fumante, & les glaçons qui forment la voûte de ces cavités ſont poreux, parce qu'ils ſont en deſtruction, parce que les eaux s'y font jour de tous côtés. Cependant ces glaçons s'y trouvent diſpoſés de manière qu'ils peuvent ſe ſoutenir réciproquement, comme ſont les pierres dont on compoſe les différentes ſortes de voûtes. Ces grottes, au reſte, changent continuellement de forme, ſurtout l'été, où l'eau eſt abondante & moins froide, & qu'il ſe détache des voûtes des morceaux de glace qui ne peuvent plus ſe ſoutenir, vu la deſtruction continuelle qui s'opère en eux & à côté d'eux.

C'eſt dans ces cavernes qu'on diſtingue particuliérement la couleur des glaces quand le ſoleil donne deſſus. La lumière, paſſant à travers différentes épaiſſeurs, produit toutes les teintes de la couleur d'aigue-marine.

L'eau ſort de ces cavernes avec bruit & en bouillonnant ; elle ſort trouble, blanche ou jaunâtre communément, quelquefois comme une forte eau de ſavon ; d'autres fois noirâtre, ſuivant les terrains que l'eau & les glaces parcourent.

Les montagnards prétendent que ces eaux font fort faines & ne les incommodent jamais, quoiqu'ils foient dans l'ufage d'en boire lorfqu'ils ont fort chaud; ils les préférent aux eaux de fources. Dans tous les endroits où les habitans font un ufage habituel de ces eaux, on ne remarque pas de goîtreux comme dans le Vallais, & il y a grande apparence que ce ne font pas les eaux produites par la fonte des glaces, qui occafionnent cette indifpofition: on leur attribue même des qualités bienfaifantes, celles de délaffer, de guérir de la dyffenterie & de la fièvre.

C'eft encore aux pieds de ces *glaciers* qu'on voit ces marèmes ou enceintes de pierres dont nous avons parlé: c'eft là qu'on remarque auffi ces maffes étonnantes de glace qui labourent le terrain par leur poids, & pouffent devant elles tout ce qui n'eft point attaché au fol. Une obfervation particulière à ce fujet, faite à Chamouni en Savoie, à côté de la grotte d'où fort l'Arveiron, & qui prouve la force & la puiffance avec laquelle ces glaces avancent, ce font les effets du frottement de deux groffes maffes de granit, qui, appuyées l'une contre l'autre, fe font rayées en conféquence de la pouffée des glaces; elles fe trouvent en avant d'un énorme tas de granit, dont plufieurs blocs font d'un volume prodigieux. Il a fallu que le *glacier* mît en mouvement toutes ces maffes pour que les frottemens aient produit de femblables rayures.

Conféquences générales relatives aux faits expofés fur les glaciers.

Nous n'avons confidéré jufqu'ici les *glaciers* & leurs phénomènes que comme des effets naturels qui méritoient la plus grande attention par euxmêmes; mais il nous refte à montrer les avantages qui en réfultent. D'abord, c'eft le grand moyen que la Nature emploie pour conferver & ménager à la partie des montagnes où ils fe trouvent, une quantité d'eau toujours proportionnée à nos befoins; car ce font les *glacières* qui fourniffent les eaux aux plus grands fleuves de l'Europe & à un grand nombre de rivières qui finiffent par s'y réunir. En ne faifant mention que de la Suiffe, le Rhône, le Teffin, l'Adda, l'Inn, la Maira, l'Albula, la Reuff & l'Aar tirent leur fource des *glaciers* de la Suiffe, fans compter nombre de torrens & de ruiffeaux qui vont remplir les baffins des lacs nombreux que renferme ce pays. Toutes ces eaux courantes fuffifent pour réparer en grande partie ce que l'évaporation des étés très-chauds enlève aux befoins de la végétation. Ces fleuves & ces rivières qui fortent des *glacières* ne groffiffent & ne débordent que pendant l'été & à la fonte des neiges, c'eft-à-dire, dans la faifon où les autres rivières font à fec, & où la plupart des fources & des fontaines font taries & ne donnent prefque plus d'eau; au tems enfin où nous en avons le plus

grand befoin pour humeſter l'air & la terre. Ces rivières & ces fleuves, par leurs circuits multipliés, arrofent d'immenfes pays avant d'arriver aux différentes mers où ils fe jettent. C'eft cette même eau, diftribuée à la furface de ces pays & dans les baffins des mers, qui, tranfportée par les vents, va fe repofer en vapeurs fur les cimes des mêmes montagnes & remplir de nouvelles eaux les réfervoirs des *glaciers* & des fontaines des pays de collines.

Il faut donc confidérer les *glacières* comme d'immenfes magafins d'eau folide que la Nature tient en réferve, & où elle en amoncèle chaque jour pour la diftribuer en raifon de la chaleur & du befoin. Si l'on peut fe faire une idée de la quantité d'eau que peut fournir la fonte des neiges par la remarque faite fur le feul lac de Genève, & qui conftate que ce lac, qui a vingt-fix lieues carrées, croît en été jufqu'à dix pieds & plus par la fonte des neiges, on reconnoîtra en même tems combien eft grande la quantité de neige & de glace en comparant l'écoulement de quelque grand fleuve avec les amas qui fervent à l'alimenter. Il faut, en effet, fe placer fur quelques-unes des hautes montagnes d'où l'on peut découvrir les *glacières*, on verra que le plus grand fleuve ne paroît qu'un foible & petit ruiffeau à caufe de la diftance, & que les amas de glaces d'où il découle, font toujours grands & immenfes; enfin on ne peut fe diffimuler qu'il faudroit plufieurs années pour les épuifer, quand même de nouvelles glaces ne remplaceroient pas celles qui fe fondent. Cette comparaifon peut fe faire d'un coup-d'œil. On conçoit auffi à cette infpection, que de grands pays pourroient être inondés totalement s'il fe faifoit une fonte fubite de cette énorme quantité de glace. Le foible fouvenir que l'Hiftoire nous a confervé de grandes inondations qui ont ravagé certains pays ne pourroient-elles pas avoir été produites par quelque fonte fubite de *glacières*, occafionnée par une chaleur extraordinaire; & s'il peut avoir exifté des *glacières* dans des pays où il n'y en a plus actuellement, il eft vifible qu'il manqueroit à l'obfervateur qui parcourroit ces pays un moyen d'expliquer plufieurs formes fingulières que la furface de la Terre auroit prifes fous l'empire des glaces. Il en eft à peu près de même lorfqu'on vifite un pays qui n'a pas toujours été foumis aux effets des neiges & des glaces, & qui a reçu au contraire les impreffions des eaux courantes. C'eft ainfi que les *glacières* & les *glaciers* fe trouvent renfermés dans des vallées qui peuvent être l'ouvrage des eaux dont le cours eft libre & continuel, ces formes ayant été données aux anciens maffifs par les mêmes agens dont on retrouve les effets dans les pays de montagnes où il n'y a pas de neiges ni de glaces permanentes.

Nous ne finirons pas ce que nous nous propofions de dire ici fur les *glaciers*, fans rapporter ce que tous les curieux qui vifitent les *glaciers* de

Chamouni en Savoie ont occasion de voir, relativement aux ravages que peuvent faire ces amas de glaces lorsqu'ils éprouvent une fonte subite & extraordinaire. On voit aux environs du *glacier* de l'Argentière une énorme quantité de terre, de gravier, & surtout de pierres roulées couvrir des terrains considérables. On voit parmi ces décombres, des sapins, des mélèzes, des aulnes fort gros, arrachés, renversés, quelques-uns même rompus : plus loin, des ravins profonds ont été creusés dans les endroits où l'eau formoit un torrent plus vif & plus décidé, à côté desquels se trouvent des blocs prodigieux de granit ; enfin on apperçoit à travers tous ces dépôts, ouvrage de l'eau torrentielle, des vestiges de culture, des restes d'enclos & de possession que l'eau avoit respectés. On apprend en même tems que ce désastre a eu lieu à la suite d'une grande pluie chaude qui dura vingt-quatre heures ; que la nuit on avoit entendu un bruit & un fracas épouvantables produits par les pierres qui rouloient avec les eaux de la fonte des glaces.

Il est aisé de voir de quelle hauteur ces pierres étoient descendues, en suivant la route que les torrens ont tracée au dessous du *glacier*. Plus on monte, moins on trouve les pierres déformées & dégrossies. La pluie tomba sur les montagnes environnantes, qui étoient alors chargées de neige, & sur le *glacier* même. Elle fondit les neiges, élargit les fentes du *glacier* par la même raison, & y forma des vides & des gouffres effroyables. On pense bien que ce volume d'eau entraîna les terres, les graviers & les pierres de la marème ou enceinte gauche du *glacier*. Les pierres & les morceaux de granit qui étoient restés en place, parce qu'ils ne s'étoient pas trouvés immédiatement dans le passage du torrent, étoient semblables à celles des décombres du bas : seulement n'ayant pas éprouvé le frottement du transport & du roulement, elles étoient plus anguleuses ;

Le premier volume d'eau qui tomba d'abord, ayant entraîné les terres, les graviers & les pierres les plus petites qui se trouvent mêlées aux gros blocs, avoit privé celles-ci de leur assiette ; mais la fonte des neiges & des glaces se trouvant jointe ensuite à la grande pluie qui tomboit, entraîna de même les plus grosses masses, qui, roulant & bondissant de rochers en rochers, & se heurtant dans leur chute, occasionnèrent ce bruit & ce fracas épouvantables, qui alarmèrent les habitans de Chamouni. Le frottement & l'égrisement de cette énorme quantité de granit produisirent aussi une poussière qui, malgré la pluie, voltigeoit autour de cet endroit. On remarquoit, sur un grand nombre de ces pierres, les effets du frottement réciproque de ces pierres, entraînées dans le torrent, & sur les rochers qui lui servoient de lit, & qui furent même entamés & creusés dans plusieurs parties, en un mot ravinés. On voit, dans tous ces effets, des échantillons du travail de

la Nature dans l'arrondissement des cailloux roulés & dans l'approfondissement des vallons.

Dans les hautes montagnes, au tems de la fonte des neiges, où les torrens versent beaucoup d'eau sur des lits fort inclinés, & dans les endroits où il y a des cascades, on distingue très-bien le bruit occasionné par la chute des pierres, d'avec celui produit par la simple chute de l'eau. Les grandes pluies, les orages subits qui tombent sur les montagnes rapides, & qui rassemblent beaucoup d'eau dans des gorges étroites, produisent les mêmes effets sans avoir besoin d'être aidés par la fonte des neiges, qui n'est qu'un moyen de plus. Les ravins profonds qu'on voit se former d'un jour à l'autre ont la même origine. Il n'y a pas de pays en hautes montagnes où l'on ne soit témoin de pareils désastres, qui se multiplient chaque année. L'extension progressive des glaces sur le Globe, en la supposant vraie, ne peut en aucune sorte servir à prouver la diminution de la chaleur centrale. Cette extension seroit la cause autant que la preuve du froid que l'on éprouve à la surface de la terre ; mais elle ne pourroit être ni l'une ni l'autre à l'égard de la température du centre, à moins qu'on n'impute à cette même température centrale la première glace qui s'est formée sur les montagnes. On doit sentir que si une première congélation s'y est faite par une autre cause indépendante & extérieure, on ne peut plus en attribuer exclusivement les progrès ni à une cause centrale quelconque, ni même à la cause de la première glace, qui est extérieure ; car il suffit de la première glace & de sa présence seule pour produire un nouveau froid local, qui combattra & repoussera la chaleur ambiante de plus en plus. C'est là le cas où nécessairement l'effet devient cause à son tour : c'est le cas de la plus grande partie des massifs de glace qui se sont formés sur les Alpes, & qui prennent une certaine extension.

GLACIÈRE NATURELLE. On connoît une caverne à cinq lieues de Besançon, à l'est & dans la contrée de cette province appelée communément *Montagne*, & dans un bois voisin du village de Chaux : elle est au pied d'un roc élevé de quinze pieds ; elle a quatre-vingts pieds de hauteur ou de profondeur. Au mois de septembre 1711, on trouva que le fond de cette caverne, qui est plat, étoit couvert de trois pieds de glace qui commençoit à se fondre, & il y avoit trois pyramides de glace de quinze ou vingt pieds de haut, sur cinq ou six de large, qui étoient aussi beaucoup diminuées. Il commençoit à sortir, par le haut de l'entrée, un brouillard qui en sort tout l'hiver, & qui annonce ou accompagne le dégel de cette *glacière* : cependant le froid y étoit encore si grand, qu'on n'y eût pas pu y demeurer une demi-heure, & qu'un thermomètre qui, hors de la caverne, étoit à foixante degrés, y defcendit à dix. La glace de cette grotte y eft plus dure & plus compacte que celle des rivières : il y en a d'autant plus, qu'il fait plus chaud en été.

On a cru trouver la caufe de ce phénomène en obfervant que les terres du voifinage, & furtout celles de deffus la voûte, étoient pleines d'un fel nitreux. On conjecture que ces fels, mis en mouvement par la chaleur de l'été, fe mêlent facilement avec les eaux, qui, coulant par les fentes du rocher, pénètrent jufque dans la grotte. Ce mélange les glace précifément de la même manière que fe font nos glaces artificielles. On dit qu'il y a à la Chine des rivières qui gèlent en été par la même raifon.

GLAÇONS des grandes rivières. Quelques phyficiens prétendent que les glaçons que charient les grandes rivières fe forment d'abord fur le fond ; mais, fuivant le plus grand nombre, ces glaçons fe formoient le long de leurs bords & à leur fuperficie, comme les étangs & les eaux dormantes.

Quelque fyftème que l'on fuive fur la formation de la glace, il paroît que l'eau ne fe gèle que par le contact ou par l'approche de quelque corps dont le degré de froideur furpaffe celui qu'elle avoit actuellement, & va tout au moins jufqu'au froid de la congélation. Lorfque l'eau eft tranquille, il n'y a pas de doute qu'elle ne fe gèle par la fuperficie, étant expofée à l'action de l'air froid ; mais lorfqu'elle eft courante, on ne voit pas pourquoi l'air en faifiroit la furface plutôt que le fond, furtout lorfqu'elle coule dans le lit des rivières, qui, dans un tems de gelée, peut fe refroidir fuffifamment par l'action de la gelée ; & réduire en glaçons l'eau embarraffée dans les fables, & dont le mouvement eft très-peu confidérable fi on le compare à celui de l'eau de la furface. Plufieurs circonftances peuvent donc favorifer l'augmentation de la froideur du fond jufqu'à ce qu'elle foit parvenue au point de la congélation. Ce fond étant fédentaire, & l'eau qui le touche ayant très-peu de mouvement, ne feroient-elles pas dans un cas plus favorable que la furface extérieure du liquide, qui eft dans un mouvement continuel ?

D'après ces confidérations générales, il femble qu'il convient de faire parler les faits & les obfervations, & que toutes préventions doivent difparoître, puifque la théorie eft également favorable aux uns comme aux autres.

Les meûniers, les pêcheurs, les bateliers, les matelots des grandes rivières & ceux qui en fréquentent les bords, dépofent unanimement que la glace fe forme au fond des rivières & fur le terrain de leur lit, plutôt qu'à la furface de l'eau ; ils difent en avoir vu monter les glaçons ou les en avoir arrachés avec leurs crocs. Quelques-uns d'eux difent que le foleil détache ces glaçons du fond où ils s'étoient formés la nuit, ce qui les

attire pendant le jour à la fuperficie des rivières ; & pour prouver tous ces faits, ils nous difent avoir remarqué, fur quelques-unes des faces de ces glaçons flottans, des veftiges non équivoques du terrain & des graviers fur lefquels ils fe font formés, & fur lefquels en effet ils paroiffent avoir fé-journé quelque tems avant d'être voiturés par les eaux.

On ne peut pas dire, en examinant ces glaçons, qu'ils viennent des bords des rivières, des îles, des bancs de fable ; car les glaçons qui fe forment dans ces endroits font d'une glace folide & compacte, même ceux qui feroient fournis par les ruiffeaux & par les petites rivières qui fe jettent dans les grandes, au lieu que les glaçons chariés par les rivières font des glaces fpongieufes, & qui renferment, la plupart du tems, de la vafe & des graviers dans des efpèces de cellules.

À l'appui de toutes ces raifons viennent les obfervations de M. Hales, qui dit formellement avoir vu en même tems fur une rivière, & la glace de la fuperficie, & la glace adhérente au fond, & qui foutient que le fond des rivières fe refroidit plus tôt que les eaux de la fuperficie, qui font calmes ; en forte que le mouvement des eaux courantes s'oppofe plus à leur congélation, que la fituation du fond de la rivière à fon refroidiffement jufqu'au-delà du point de la congélation, & ces principes ne peuvent être conteftés lorfque les faits viennent à leur appui. Or, ce font ces faits que Hales foutient, tant d'après fa propre obfervation, que d'après le témoignage des gens de rivière.

Qu'oppofent maintenant à toutes ces raifons les phyficiens contraires à ce fyftème ? Aucun principe folide. Ils ne répondent point d'abord à la diftinction de l'état des glaces compactes & fpongieufes fuivant les lieux où elles fe forment, & c'eft d'après leur examen que les gens inftruits ont adopté toutes les obfervations des matelots, ou plutôt il y a des gens inftruits qui ont vérifié ces faits ; & qui ont vu les glaçons fpongieux réfidant fur le fond.

Ils nous difent bien que des grumeaux de glace formés fur toute la fuperficie de l'eau, & principalement vers les bords de la rivière, font entraînés, atténués de toutes parts, & ; chargés de toutes les matières étrangères qu'ils portent avec eux ou qu'ils rencontrent fur leur chemin de terre, de vafe, d'écume, ils forment au deffus ou au deffous des gros glaçons cette fuperficie âpre & grumeleufe qui n'y eft pas moins ordinaire ; & c'eft ainfi, dit-on, que ces glaces portent l'empreinte du terrain fur lequel ils ont pris naiffance. Cette formation paroît fort compliquée, & beaucoup moins fimple que celle de la formation fur le fond avec tous les interftices des graviers de la vafe, qui forment autant de cellules dans les glaçons. D'ailleurs, les grumeaux de glace fpongieufe qui viennent flotter à la furface de l'eau font

les

les élémens des *glaçons* fpongieux qui fe font détachés du fond avant d'avoir groffi à un certain point, & acquis un volume un peu confidérable. Ainfi même ces grumeaux font une preuve de la formation des *glaçons* fur le fond. Ces explications pénibles prouvent qu'on n'a pas faifi le procédé de la Nature & fa marche, qui eft plus fimple que ces moyens compliqués qu'on imagine en fe bornant à de petits faits.

Glaçons qui flottent fur la mer.

Il eft néceffaire de diftinguer deux fortes de *glaçons* de mer, les glaces qui fortent des rivières des continens, & celles qui font fournies par les terres voifines des pôles : les unes font produites par les eaux courantes, & les autres par les glaciers des côtes.

Les premières font chariées dans la mer par les fleuves & les rivières, & proviennent des golfes qui fe gèlent en tems calme & froid. La marée les foulève & les détache en glaçons. Ces différentes fortes de glaçons couvrent de grandes étendues de mer, qui entourent les pays froids.

Ces glaces font reconnoiffables en ce qu'elles n'ont jamais une grande épaiffeur, & qu'elles fe trouvent difperfées le long des côtes : leur rencontre annonce même affez fouvent l'approche des terres.

Comme les côtes bordées de glaces font fouvent gelées & couvertes de neige, les vents qui prennent la température du fol fur lequel ils paffent, y font très-froids lorfqu'ils viennent de terre. Tous ces détails nous ont été tranfmis par les navigateurs qui les ont recueillis.

Quant aux glaces polaires, il paroît que ce font les produits des glaciers réfidant le long des côtes des terres polaires.

Nous devons à M. Cook dans fon deuxième voyage, & à Forfter dans le cinquième volume de ce voyage, de nous avoir fait voir que la mer n'a pas befoin de terre pour geler. Il paroît que l'opinion contraire étoit très-fondée par rapport aux glaces qui viennent de l'intérieur des continens ou qui fe forment le long des côtes.

On connoît bien à préfent, & à peu de chofe près, l'étendue des glaces polaires. Plus les baleiniers & les navigateurs habiles ont avancé vers les pôles, plus les glaces éparfes fe font trouvées ferrées de manière à faire des maffes folides qui ne laiffent plus de vides entre les *glaçons* primitifs.

Si la chaleur diminue à proportion de ce que les rayons folaires font plus obliques, il s'enfuit que, fuivant l'obfervation, plus on avance vers le pôle, & plus il y a de glace; mais nous devons dire qu'il fe peut, & que même il doit arriver que des caufes accidentelles & rares faffent que, dans le court été des mers polaires, des orages & des vents chauds du fud aient pu, pour quelques jours, éloigner & difperfer de grandes parties de

glaces, & avoir rendu ces parties navigables pour un tems, & que certains navigateurs s'y foient trouvés dans ces intervalles de tems.

On doit conclure de ces faits, combien ces mers font dangereufes, puifque le moindre vent contraire pourroit ramener les glaces & y renfermer les navigateurs. On dit même qu'en un inftant de calme de grandes étendues de mer font prifes, & que les vaiffeaux ne peuvent être dégagés que par des coups de vent qui caffent & difperfent les glaces.

Nous favons que ces glaces varient de forme & de volume comme d'emplacement, fuivant les ouragans & les tempêtes qui les tourmentent. Tantôt elles fe forment & s'accumulent, tantôt l'eau de la mer, qui eft moins froide au fond, & où elles plongent fi avant, les fait fondre & crevaffer.

Les grandes glaces polaires, ainfi que les blocs qui s'en détachent & font pouffés jufque dans les latitudes chaudes par les vents & les courans, font remarquables par leur grande hauteur, qui eft bien fupérieure à celle des glaces côtières, car ces montagnes de glace ont cent & cent cinquante pieds de hauteur.

Les phyficiens favent que leur formation commence, comme celle des autres, par des champs de glaces, qui, dans le calme, fe trouvent ébauchés : la marée & les tempêtes les caffant, leurs bris font pouffés par les vents, qui les accumulent les uns fur les autres, furtout s'il fe rencontre un point d'appui, comme un gros *glaçon* déjà formé, & particulièrement une île, un banc de fable. Voilà comment, dans les mers polaires les plus éloignées des terres, les glaces commencent fans qu'elles aient befoin de la proximité des terres. Les plus groffes maffes font réfiftance; les vagues les pouffent, & il fe forme de grands blocs.

Mais de plus, relativement à ces grandes glaces, il faut remarquer que, quand des tempêtes les ifolent, & qu'elles ne touchent pas le fond, fi le poids devient plus fort d'un côté que de l'autre, la maffe, ayant perdu l'équilibre, fait la culbute pour que le centre de gravité occupe la partie inférieure. Les matelots occupés à la pêche de la baleine font fouvent témoins de pareils effets, & nos grands voyageurs nous rapportent avoir eu plufieurs fois le plaifir de voir de ces culbutes, & d'entendre en même tems l'affreux craquement des glaces dans les dégels ou les tourmentes des ouragans.

Il faut obferver que la première difpofition des lames de glace ne fe trouve plus dans le même fens après ces culbutes; car les additions qui fe font, s'adaptent toujours dans la partie inférieure, & il en réfulte des maffes immenfes de toutes pièces.

Les neiges, les brumes & le brouffin de la mer font des caufes plus que fuffifantes pour augmenter la hauteur des *glaçons*, qui devient effrayante, &

qui s'élève toujours jusqu'à la borne que la Nature a prescrite à chaque chose.

On voit donc que les mers polaires sont infestées de glaces, qui varient sans cesse de forme & de place, suivant que le plus ou moins de calme en forme les élémens ; que les tempêtes les brisent, en accumulent les débris, & que les diverses additions s'adaptent aux noyaux primitifs.

D'après cette exposition des moyens que la Nature emploie dans la formation des glaces, on sent que les mers polaires doivent en être couvertes : il en résulte aussi que les mers polaires gèlent à leur superficie sans le secours des terres, sans le chariage des fleuves.

Plus on avance vers les pôles, plus on trouve de ces glaces plates ou bien de débris de champs de glaces.

La différence qu'il y a entre les glaces polaires & les glaces des côtes, c'est que les unes proviennent des mers, quelque vastes qu'elles soient vers les pôles, & que les autres sont formées le long des côtes, ou produites par le chariage de fleuves. Il est vrai aussi que les vents chassent souvent, ou contre les côtes ou dans des latitudes éloignées des pôles, les glaces des pôles mêmes ; mais ces circonstances sont rares : alors les mers polaires sont dégagées entièrement de glaces, mais cet état dure peu.

GLAISE. C'est à la propriété qu'a la *glaise* de retenir les eaux & de ne point leur donner passage, que sont dues la plupart des sources & des fontaines que nous voyons sortir de la terre, & c'est au niveau des lits de *glaise* que sont assujettis ceux des sources ; ainsi lorsque la couche de *glaise* est au dessous du fond-de-cuve des vallées, il n'y a point de source qui abreuve cette vallée. Au contraire, si elles résident à une grande hauteur dans les massifs des croupes des vallées, les sources versent leurs eaux le long de ces croupes & à différens points, où les couches de *glaise* viennent aboutir & sont interrompues. Il en est de même de l'eau des puits, qui suit aussi ce niveau des couches de *glaise*. Lorsque la *glaise* est à la surface de la terre, l'eau pluviale ne peut pénétrer aucune des vallées, & par conséquent toutes sont à sec : l'eau n'y coule qu'en torrens pendant les pluies & quelques jours à la suite, jusqu'à ce que ces eaux soient écoulées.

GLANDÈVES. Le ci-devant diocèse de *Glandèves* contenoit environ cinquante-six paroisses. La partie septentrionale du diocèse de Nice le bornoit du levant au nord, les vallées d'Entrevaux & de Colmars de l'est au nord, le diocèse de Senez au couchant, & celui de Vence au midi. Une partie de ce diocèse étoit située dans les montagnes alpines : celle du midi est dans un climat plus doux, & tient aux sousalpines maritimes. Il est séparé du diocèse de Senez par le Verdon. La vallée d'An-

not commence à la montagne nommée le *Col de Saint-Michel* ; elle est entourée de montagnes, dont les unes, à droite en allant à Entrevaux, sont de nature calcaire ; & les autres, à gauche, sont de grès. Le terrain de cette vallée, formé par les débris de ces montagnes, tient de leur nature sablonneuse ; il est léger & poreux. La Vaize prend naissance à l'extrémité nord de cette vallée, & la traverse dans toute sa longueur. Le climat de la vallée d'Annot est assez doux l'été par son exposition au levant, mais les hivers y sont encore fort rudes. Tous les coteaux sont, comme dans la basse Provence, couverts de plantes aromatiques. Tous les étés, une grande quantité d'hommes & de femmes accourent sur ces coteaux ; là, munis d'alambics, ils dressent des tentes & distillent la lavande, qui est alors en fleurs. Ce travail fait négliger les moissons ; il cause encore un autre mal, en ce qu'il dépouille ces coteaux des plantes qui empêchent les eaux pluviales d'y causer des ravages.

La petite ville d'Entrevaux est bâtie au pied d'une montagne au bas de laquelle le Var coule à l'est ; elle est près du comté de Nice. Ce fleuve, grossi par les torrens qui descendent des montagnes, est déjà considérable à Entrevaux. Les vieillards de cette ville assurent que, dans leur jeunesse, ils passoient le Var avec la plus grande facilité, n'ayant pas de l'eau jusqu'à la cheville : aujourd'hui cela n'est plus possible.

Les montagnes de grès occupent toute la partie septentrionale d'Entrevaux jusqu'au dessus de Guillaume. Les torrens qui vont se jeter dans le Var charient du quartz, de la pierre d'argile, parmi lesquels on trouve des indices de minéraux, comme du plomb, du cuivre, & surtout de fer. On voit quantité de marcassites ferrugineuses tout le long du torrent qui coule sous les murs d'Entrevaux. Le passage nommé la *Clue de Montauban* est fort scabreux : c'est une montagne coupée en deux, formée par de grandes couches ou lits de pierres calcaires, la plupart inclinés à l'horizon. L'Esteron passe au milieu, & coule avec plus ou moins de fracas, suivant la profondeur de son lit & l'aspérité des rochers. Les neiges qui s'amoncèlent en hiver, dans cet espace resserré, & la hauteur des montagnes, dont les cimes semblent se toucher, rendent ce passage difficile, obscur & effrayant.

Le petit village de Saint-Auban est adossé à la montagne de la Clue. On peut regarder ce canton comme formant un point de partage entre les eaux qui coulent, d'un côté, vers l'ouest, & celles que leur pente entraîne vers le midi. Les premières, après avoir fourni quelques petites rivières, vont se jeter dans celles d'Artubi & de Verdon, qui s'embouchent avec la Durance ; les secondes suivent le cours de l'Esteron, lequel passe par les territoires de Muges, de Briançon, sort de la Clue de Montauban, traverse les territoires de Collongues, Sallegrifon, Aiglun, Cigale & de la Roque , & se jette dans le Var , vis-à-vis de Saint-Martin dans le comté de Nice. Le lit de l'Esteron est encaissé en plusieurs endroits , rétréci en d'autres par la base des montagnes dont la cime s'élargit en éventail. Cette rivière est dangereuse après la fonte des neiges & les grandes pluies.

Il y a dans le territoire de Saint-Auban une fontaine que le peuple nomme la *Fontaine de Carestié*, dont Soleri & Bouche ont parlé. Cette merveilleuse fontaine a donné lieu à un préjugé singulier ; elle ne coule que dans le tems de disette & de mauvaise récolte , & annonce , dit-on , que les blés se vendront fort cher. Dans les années abondantes elle tarit entièrement. On ne sera pas étonné de ce phénomène si l'on fait attention qu'en Provence les grandes pluies & les orages sont les causes des mauvaises récoltes , au lieu que dans les années de sécheresse , ou lorsqu'il ne pleut qu'aux tems convenables , la fontaine de Carestié reste à sec & annonce l'abondance. Le territoire du diocèse de Glandèves n'est pas également fertile partout ; il est léger & sablonneux dans les vallées de Fausse , d'Annot , jusqu'à Entrevaux. Les montagnes supérieures ont leur terrain mêlé d'argile & de terre calcaire. L'argile fertilise les bas-fonds. La terre calcaire , mêlée de sable , de gravier & de pierres roulées , ne sauroit produire d'abondantes récoltes. La terre nommée *Roubino* y est très-abondante , surtout dans les bas-fonds ; elle est tantôt sous forme sèche & schisteuse , dénuée de tout suc végétal ; tantôt sous forme glutineuse , imprégnée de sucs aigres , & dans laquelle les sucs vitrioliques tombent quelquefois en efflorescence : elle fait le désespoir des cultivateurs.

GLARIS. Ce canton offre , dans son étendue , plusieurs objets intéressans. Nous les allons présenter succinctement en débouchant par le territoire de Schwitz , & par Bilten , premier village de ce canton. On voit à Bilten les mêmes agrégations de pierres roulées par les eaux jusqu'à Nider-Urnen. Ces amas de galets agglutinés , qui continuent de se montrer sur les croupes inférieures des montagnes à différentes hauteurs , sont appliqués contre les roches calcaires , & non pas dessous ; ce qui prouve que ces dépôts de galets sont postérieurs aux roches calcaires , qui sont par couches fort hautes , & quelquefois surmontées de pics.

Une autre preuve que les terrains de niveau qui sont sur les bords de la Linth ont été occupés par les eaux , c'est que ces agrégations de pierres roulées sont souvent par couches & par lits. On y trouve effectivement stratifiés des graviers , des suites de gros galets , puis de petits , puis de moyens , & quelquefois ils sont distingués par des couches de sable interposées. Ces lits sont faciles à reconnoître dans l'espèce des matériaux qui les

composent. Enfin , on remarque que les terrains qui vont en pente vers la plaine ne sont également composés que de ces galets déplacés , & que les pâturages qui les couvrent quelquefois n'empêchent pas de reconnoître leur composition.

On trouve ensuite , sur sa route , le lac de Wallenstatt , qui est dans une gorge : il a environ trois lieues de longueur sur une de largeur ; il est entouré de très-hautes montagnes calcaires , la plupart escarpées à pic. La navigation y est très-dangereuse , parce qu'il y a peu d'endroits pour aborder , & que les vents sont terribles lorsqu'ils s'engoufrent dans cette vallée.

On ne trouve plus d'agrégations de cailloux un peu avant d'arriver à Noefels. Il est bon d'observer que tous les galets qui composent ces agrégations ou poudingues sont calcaires , de différentes couleurs , & qu'il est rare d'y trouver d'autres sortes de pierres , & des granits en particulier. Noefels , & Mollis qui vient à la suite , sont situés dans un bassin dont le fond est de niveau , & qui est tout entouré de très-hautes montagnes calcaires. Sur celles qui sont du côté de *Glaris* il y a de la neige. L'entrée du vallon qui y conduit , est fort étroite. *Glaris* est dans une position si resserrée entre des montagnes si hautes , qu'on les voit , de l'intérieur du bourg , dominer au dessus des maisons. La rivière de Linth traverse ce vallon. Au-delà de *Glaris* , dans le même fond , est Enneda , petit village. A l'ouest de *Glaris* est le Glarnisch , montagne extraordinairement haute , sur laquelle il y a différens glaciers qui se forment , comme les autres glaciers , par l'amas & par la chute des neiges supérieures , & dont la glace s'étend dans les bassins inférieurs.

C'est à *Glaris* que se prépare le *schabzieger* ou fromage vert dans lequel il entre différentes herbes , entr'autres le mélilot. Ce fromage est fort vanté pour ses bonnes qualités ; mais il n'est pas du goût de tout le monde. C'est aussi dans ce canton que se recueillent les plantes dont on compose le thé suisse.

En sortant de *Glaris* on côtoie le pied de Glarnisch & l'on passe par Miroldi , paroisse d'où l'on voit le bas du glacier de Glarnisch. Schwanden , gros lieu , est à la tête de deux vallons , dont l'un est la continuation de celui de *Glaris* , & la Linth y coule ; il conduit au canton d'Uri & aux Grisons. On apperçoit dans le fond des montagnes couvertes de neige. On le nomme *Grosthal*. Celui qui est à la gauche est le Kleinthal ou le petit vallon , où coule la Sernft ; il est si resserré , qu'il n'y a place , dans le fond , que pour l'écoulement de la Sernft. On monte continuellement jusqu'à Mat. La partie droite du vallon n'est que de pierres composées , mais très-variées par leurs mélanges , & souvent de substances qui ne paroissent pas faites pour être jointes ensemble.

Dans certaines pierres ferrugineuses , les mélanges sont des pierres ollaires vertes , des parties

& des veines de quartz, quelquefois de l'ardoise ou des schistes noirs, des jaspes rouges & d'un grain fort fin. D'autres jaspes sont verts ou d'autres nuances mêlées de petits filons de quartz. Toutes ces sortes de pierres sont dans des blocs par petites & par grandes taches, & quelquefois en filons par bandes étroites ou larges. Les différens sens suivant lesquels ces pierres sont cassées, augmentent ou diversifient les accidens.

La montagne où l'on trouve ces pierres en est formée dans le haut, dans le milieu & dans le bas, où l'on en trouve des masses énormes. A une certaine distance plus loin, ces substances deviennent des schistes argileux de diverses couleurs, & ces schistes se lèvent & se détachent par couches minces. Pour rendre ces mélanges encore plus singuliers, il y a des blocs composés de schiste rouge & vert, traversé d'un filon qui n'est rempli que de petits cristaux de quartz très-clairs & de cristaux de spath calcaire. A quoi tiennent tous ces mélanges? Des montagnes entières sont ensuite composées de schistes feuilletés d'un rouge-foncé & de serpentines, le tout traversé de filons quartzeux.

On monte toujours dans ce vallon : on y trouve des chalets, des pâturages & quelques bois. Les mêmes schistes rouges & verts continuent jusqu'au haut du vallon; ils ne sont pas toujours par couches parallèles entr'elles; mais les feuillets en sont quelquefois ondés & contournés, & se replient sur eux-mêmes, & toujours des filons de quartz sont interposés entre ces lames de schistes.

Il descend de Muliba-Cher-Thal un torrent qui fait des dégâts considérables dans ces montagnes. La montagne de même nom est aussi de semblables schistes rouges : sur le haut il y a une grande partie qui est d'un beau gypse blanc, dont on peut tirer un bon parti.

Après avoir passé Mat on trouve le mont Blattenberg, où il y a une belle carrière d'ardoise, dont nous avons parlé à son article. Ensuite un torrent qui vient de Kraucher-Thal, & qui charie les mêmes schistes rouges & verts dont on a fait mention ci-dessus, des pierres de sable & des pierres calcaires avec des veines de spath. La montagne qui borde le même côté est une sorte de grès fort compacte & fort dur; il est par couches. Plus loin, un autre torrent ne charie que des schistes d'un beau noir, qui sont traversés en tout sens de veines d'un spath blanc. Tout à côté, dans un autre torrent, on ne trouve que des grès & des pierres de sable. On voit par ces détails, quelle diversité il y a dans la composition des montagnes d'un circuit dont l'étendue est assez peu considérable. On sent combien il seroit intéressant d'avoir les positions respectives de toutes ces masses, leur enchaînement & leurs hauteurs, & de savoir comment leurs différentes substances sont placées les unes par rapport aux autres : il n'y a qu'un savant habitant de ces contrées qui puisse faire de pareilles recherches, & les pousser à un certain point. Il n'est pas douteux qu'on retrouveroit dans les montagnes qui n'ont pas éprouvé de certains désordres, des lits & des filons de la même sorte de substance qu'on pourroit suivre à de grandes distances avec soin; car après de nombreux circuits on retrouve souvent les mêmes substances, & on reconnoît que ce sont des suites de ce qu'on a vu & remarqué à de grandes distances. Dans ce pays sauvage, des pâturages, un petit hameau & quelques champs plantés en pomme de terre occupent un petit espace assez bien exposé. Le fond du vallon est borné par de très-hautes montagnes couvertes de neige.

Parmi ces montagnes on distingue le Falzaber, dont le sommet est couronné de pointes & d'aiguilles au dessous desquelles on remarque une couche horizontale. Une montagne de forme conique est en avant, & successivement plusieurs autres qui sont très-rapides. Celles qui sont les plus proches sont visiblement formées des débris de celles qui sont derrière; elles sont boisées & couvertes de sapins. Ce qu'il y a de remarquable dans le haut de la montagne de Falzaber est un trou percé en rond, qui paroît avoir environ trois pieds de diamètre vu du village d'Elm. Les 3, 4 & 5 mars, & les 14, 15 & 16 septembre, le soleil passe derrière ce trou : on en voit le disque en plein les 4 & 5, & il éclaire alors le clocher du village d'Elm. Les habitans disent que le trou a vingt-cinq pieds de diamètre. On jugera si cette montagne est élevée, puisque le village d'Elm, couvert par cette montagne, est privé, en hiver, de la vue du soleil pendant six semaines.

GODMARD (Val), vallée du ci-devant Dauphiné, dont les montagnes, contiguës avec celles de la Berade-en-Oisons, de la Valouise, de l'Argentière & du val Joffrey, sont les plus élevées de la province, sans en excepter le Viso-en-Gueyras. Les plantes des pays les plus froids, la renoncule glaciale, les *aretia*, les saxifrages ou mousses des Pyrénées, & autres plantes des hautes-Alpes, se trouvent vers leur milieu, & l'on ne voit souvent au dessus que quelques rochers couverts de *lichen*, de *byssus*, & des amas de neige immenses, qui sont interrompus par des crevasses qui ont ordinairement vingt-cinq à trente pieds de profondeur. L'épaisseur de ces amas de neige est composée de plusieurs couches distinctes & inégales. Les supérieures peuvent avoir trois pieds d'épaisseur ou environ, les autres un peu moins, & celles qui suivent, diminuent sensiblement, au point que les dernières sont si minces, qu'on ne peut plus les compter facilement. Leur distinction est marquée par une ligne grise ou noirâtre, qui sans doute est due à la poussière que les vents portent dessus pendant les mois de juillet & d'août, pendant lesquels il tombe le moins de neige.

L'on compte ordinairement, par ces différentes

couches, le nombre des années que ces amas de neiges sont à se former; mais ce calcul peut très-bien n'être pas juste; car comme il peut tomber, dans les mois de juillet & d'août, de la neige à plusieurs reprises, & que, pendant le tems qui s'écoule entre une chûte de neige & une autre, les vents peuvent porter des terres sur les differens lits de neige produits dans ces deux mois, l'on se trompera en regardant ces lits comme les produits d'autant d'années. D'ailleurs, cette idée auroit été détruite facilement si l'on eût suivi attentivement ce qui se passe lors de la fonte des neiges pendant le printems & l'été. Quelquefois les pluies sont si abondantes & si continues pendant ce tems, qu'elles en entraînent & en font fondre beaucoup, & même souvent toute celle qui est tombée l'hiver qui a précédé.

De plus, ces amas de neige fondent par leur surface inférieure, & par conséquent les lits doivent diminuer chaque année, non-seulement en épaisseur, mais encore en nombre.

Le mécanisme par lequel les crevasses se forment, paroît bien simple. On ne voit jamais de ces crevasses dans les endroits creux & enfoncés, ni dans les endroits plats, & dont la surface est horizontale; rarement dans les pentes égales & sur un même plan; mais on les remarque très-fréquemment sur la partie inégale des montagnes, sur les extrémités des plans horizontaux ou inclinés, & toujours sur la partie déclive. Comme les neiges remplissent, en hiver, les creux & les vallons, la surface extérieure, qui forme un plan uni, n'est pas égale à la surface du terrain sur lequel porte la neige. L'inégalité de cette base est cause que la neige ne diminue pas également sur toute sa surface, mais plus vîte dans les endroits creux, à cause de la chaleur de la terre. Il arrivera donc que la neige s'enfoncera dans l'endroit qui répond à ce creux, à cet enfoncement. S'il en arrive autant à côté ou à quelque distance, la neige qui se trouvera dessus sera obligée de se fendre: il s'ouvrira successivement ainsi une ou plusieurs fentes ou crevasses. D'un autre côté, la neige fond beaucoup plus vîte dans la partie déclive, où l'eau se porte abondamment; ce qui produit d'abord des excavations dont les voûtes, se trouvant chargées du poids énorme des neiges supérieures, s'affaissent; ce qui fait que la neige s'enfonce & qu'il en résulte une crevasse plus ou moins grande, & dont les faces sont plus ou moins droites, plus ou moins courbes, à raison de l'étendue des excavations & des autres circonstances de l'affaissement des amas de neige.

GOLCONDE (Mines du royaume de). Le royaume de *Golconde* & celui de Visapour ont assez de mines pour fournir tout l'Univers de diamans. Il est vrai que leurs Rois ne permettent de fouiller qu'en certains endroits, de peur, comme ils l'imaginent, qu'ils ne deviennent trop communs. Ils interdisent aussi les lieux qui produisent les plus gros diamans, en y entretenant des ouvriers qui travaillent pour leur usage particulier; de sorte qu'on n'en trouve qu'une petite quantité en comparaison de ceux qu'on pourroit trouver, & seulement d'une grosseur médiocre.

Il y a vingt mines de diamans dans le royaume de *Golconde*. Quolure est la première qu'on ait découverte: la terre en est un peu jaunâtre & assez semblable à notre gravier sec. En certains endroits elle est plus blanche, & abonde en cailloux polis, pareils à quelques-uns de ceux qu'on trouve dans les sablonnières en Angleterre. On en rencontre ordinairement beaucoup dans les veines, si on peut leur donner ce nom; car les diamans ne se trouvent pas à la suite les uns des autres comme on pourroit l'imaginer; mais ils sont souvent si écarrés, qu'on fouille quelquefois l'étendue d'un quart d'acre de terre à deux ou trois brasses de profondeur sans rien trouver, surtout s'il y a dans la mine de grandes pierres près de la surface de la terre, & à environ trois brasses de profondeur. On ne peut pas creuser plus bas, parce que cette mine est située dans une vallée près d'une rivière. En d'autres endroits on trouve des pierres raboteuses, au dessous desquelles on ne creuse guère, quoique la terre soit profonde en cet endroit, parce que la terre change & la veine ne va pas plus bas; ce qu'on conjecture à la vue de petites pierres qu'on trouve dans la terre, qui sont le principal guide qu'on ait dans ce pays pour découvrir une mine.

Les diamans qu'on trouve dans la mine de Quolure sont en général d'une belle forme, la plûpart pointus: leur eau est belle, vive & blanche. Il y en a aussi de jaunes, de bruns en petit nombre, & de quelques autres couleurs. Leur grosseur ordinaire est depuis le poids d'un sixième de mangeline (ceux-là sont en petit nombre), jusqu'à celui de cinq ou six mangelines chacun: il y en a quelques-uns qui en pèsent dix, quinze, vingt; mais ceux-là sont très-rares. On en trouve souvent dont la croûte est transparente, tirant un peu sur le vert, quoique le cœur de la pierre soit très-blanc.

Les mines de Podawilleul, Malabar & Buttephallem ont une terre rouge tirant sur l'orangé, qui teint les habits des ouvriers qui y travaillent. On creuse à la profondeur de quatre brasses. On trouve en général des pierres d'une très-belle eau, dont la croûte est crystalline, plus petites que celles de Quolure. Les terres de Ramiah, Gurem & Muttampellée sont jaunâtres comme celles de Quolure: leurs diamans sont semblables à ceux des deux premières mines, mais on en trouve parmi quelques-uns d'une eau bleue. Ces cinq mines sont dans le même gouvernement que celle de Melwillée, où réside le gouverneur.

La mine qu'on trouve ensuite est celle de Purrure, la plus fameuse & la plus ancienne de toutes;

on y a trouvé des diamans qui pefoient quatre-vingt-une pagodes & demie (neuf onces poids de Roi). On ne la travaille que pour le Souverain. Les diamans qu'on y trouve, font ordinairement gros, & on n'en trouve guère de petits. Leur croûte eft en général brillante & tire fur le vert-pâle, mais intérieurement ils font très-blancs. La terre dans laquelle on les trouve, eft rouge comme la plupart de celle des autres mines.

On trouve auprès de Purrure les mines de Lattawaar & de Ganjecconta, qui font dans le même fol que Purrure, & donnent des pierres femblables. On en trouve beaucoup à Lattawaar qui reffemblent à l'extrémité d'une lame de rafoir, étant minces d'un côté & épaiffes de l'autre; elles font très-blanches & d'une très-belle eau. Jonagevre, Pirai, Dugulle, Purvillée & Anuntapellée ont aufli des terres rouges; elles donnent beaucoup de groffes pierres, dont une partie eft d'une eau verdâtre. Mais les principales mines font celles de Wazzergerée & de Munnemurg. On confidere plutôt des foffes que des mines. On perce en cet endroit des rochers, & on creufe au deffous de leur bafe jufqu'à ce qu'on ait rencontré l'eau; ce qui, en quelques endroits, va jufqu'à quarante ou cinquante braffes. La furface du rocher eft d'une pierre dure & blanche, dans laquelle on fait un puits de quatre, cinq & quelquefois de fix pieds de profondeur avant de venir à une croûte de pierre minérale, qui reffemble à de la mine de fer. Alors on remplit le trou de bois, auquel on met le feu, qu'on entretient pendant deux ou trois jours, jufqu'à ce qu'on le croie affez échauffé: on le remplit d'eau, ce qui diffout & ramollit la pierre & le minéral. Lorfque le tout eft refroidi on continue de creufer, & on emporte tous les débris des pierres & tout ce que l'on peut avant de l'échauffer une feconde fois. Cette croûte a rarement plus de trois ou quatre pieds d'épais, au deffous defquels on trouve la terre, qui ordinairement fe continue fous le rocher l'efpace de deux ou trois acres, & quelquefois plus loin. On la fouille partout, & fi la première tentative réuffit, on continue à travailler en creufant de la même manière, aufli profondément qu'on le peut, jufqu'à ce qu'on rencontre l'eau que les mineurs de ce pays n'ont pas le fecret d'épuifer, faute des machines & des engins connus en Europe: & quoique la veine foit plus baffe, on ne va pas au-delà; on rompt tous les morceaux de mines qu'on trouve, & on y découvre très-fouvent des diamans. Ces mines coûtent beaucoup à faire travailler; mais on eft ordinairement bien dédommagé de ces dépenfes. La terre qu'on en tire eft rouge; on y trouve beaucoup de groffes pierres. Les plus petites font du poids d'un dixième de mangeline. Il y en a de différentes eaux, mais la plupart font bonnes. Seulement la forme n'eft pas toujours avantageufe; plufieurs font raboteufes, d'autres paroiffent avoir été rompues. Cependant on n'a point entendu dire

qu'on en ait trouvé deux morceaux qui fe rapportaffent parfaitement, même parmi ceux qui paroiffent avoir été rompus depuis peu.

A Langumboot on eft obligé de creufer comme à Wazzergerée & à Munnemurg. Le rocher n'eft cependant pas fi folide; mais les pierres & la terre qu'on y trouve, font tout-à-fait femblables.

Wootoore eft auprès de Purrure. On trouve dans cette mine des pierres prefque femblables par leur groffeur, leur figure & leur eau, à celles qu'on tire de la mine de Purrure. On ne la travaille que pour le Roi. Ce qu'elle a de fingulier, c'eft que les diamans qu'on y trouve, font dans une terre noire.

Munnemurg l'emporte de beaucoup fur toutes les autres mines par la forme de fes diamans, leur eau & le brillant de leur croûte, fière en quelque manière des beautés qu'elle renferme, auxquelles on ne peut rien trouver de comparable dans les autres mines. Il y en a beaucoup de veineux, mais qui font d'une forme & d'une eau fi belle, qu'il eft très difficile de les diftinguer des bons, furtout lorfqu'ils font petits. On en trouve de différentes grandeurs, depuis le poids d'un dixième ou d'un douzième de mangeline, jufqu'à celui de fix ou fept mangelines: il y en a même de plus gros. La terre eft rouge. Cette mine eft fituée dans les bois, & l'eau y eft fi mauvaife, qu'elle occafionne des fièvres à tous ceux qui n'ont point été élevés dans le pays; ce qui oblige la plupart des entrepreneurs de l'abandonner, quoiqu'elle foit plus lucrative que pas une autre, par le peu de profondeur de la veine & la grande quantité de diamans qu'on y trouve. La rivière de Kishna, dont les eaux font excellentes, n'en eft qu'à neuf milles; mais les mineurs & les marchands font fi pauvres ou craignent fi fort que le gouverneur ne les taxe, qu'ils n'ofent pas faire la dépenfe d'envoyer chercher leur eau. Il y a bien des gens qui penfent que la fituation de la ville, qui eft dans un fond, & environnée de marais & de montagnes, en rend l'air infecté & mal fain.

Melwillée ou la nouvelle mine eft ainfi appellée, parce qu'elle a été découverte, ou du moins qu'on n'a permis de la travailler que depuis l'année 1670. Alors même on ne la travailla qu'un an, & elle fut abandonnée jufqu'en 1673, que les mineurs qui travailloient à Quolure s'étant plaints que la mine étoit épuifée, on donna de nouveau la permiffion de la fouiller. La terre dans laquelle on fouille eft rouge, & on la trouve adhérente à beaucoup de pierres, comme fi elle y avoit été attachée pendant qu'elles étoient encore molles & avant qu'elles euffent acquis leur dureté: on a peine à l'en détacher en les frottant fur une pierre raboteufe avec du fable dont on fe fert pour les nétoyer. Les pierres de cette mine font ordinairement bien figurées. Leur groffeur eft depuis un cinquième ou un fixième de mangeline, jufqu'à quatorze ou quinze mangelines. On en trouve même de plus grosses, mais le plus grand nombre est d'une grosseur médiocre. La plupart ont une croûte épaisse & molle. Elles tirent sur le jaune, & ne sont pas aussi dures & aussi brillantes que celles des autres mines. Il y en a très-peu qui soient d'une belle eau, & qui aient une croûte transparente. On dit qu'elles sont sujettes à avoir des pailles lorsqu'on les taille ce qui fait qu'on les croit un peu plus molles que celles des autres mines. Il y en a beaucoup qui séduisent d'abord par leur blancheur apparente pendant qu'elles sont brutes, mais qui découvrent leur mauvaise qualité lorsqu'elles ont passé par le moulin, & ont souvent une teinture jaune. Mais ce qu'elles perdent en bonté, elles le réparent par leur abondance; ce qui, joint à leur mauvaise qualité, les rend à meilleur marché que les autres.

.GOLFES. Ce sont des enfoncemens de l'Océan dans les terres, qui sont plus considérables que les baies. Plusieurs font partie des méditerranées. Tous les golfes ont des formes différentes : les uns sont étroits & alongés; d'autres ont une grande ouverture : les uns communiquent immédiatement avec l'Océan; d'autres avec d'autres golfes ou avec des méditerranées. Je mets au nombre des golfes longs & étroits, 1°. le golfe arabique ou la Mer-Rouge, qui communique avec l'Océan indien. Il a l'Afrique à l'ouest, & l'Arabie à l'est. Il se prolonge jusqu'à la ville de Suez, & son extrémité aboutit à une langue de terre qui sépare le golfe de la Méditerranée, & qu'on nomme l'isthme de Suez. (Voyez MER-ROUGE.). Il reçoit un petit nombre de rivières.

2°. Le golfe persique ou de Bassora, qui communique avec l'Océan indien près de l'île d'Ormus. Il s'étend du sud-est au nord-ouest, entre la Perse à l'est, & l'Arabie à l'ouest, jusqu'à l'ancienne Chaldée, où il reçoit l'Euphrate & le Tigre, qui se joignent un peu avant de se jeter dans ce golfe. Il paroît que ce golfe, comme une infinité d'autres, a été formé, ouvert, creusé par l'eau de ces fleuves, que les vagues & les fortes marées de l'Océan indien ont poussée contre les terres & ont élargi le golfe.

3°. Le golfe de Californie. Il court, du midi au nord, entre les côtes occidentales du Mexique & la Californie, & se termine à Tatonteac. Il est maintenant certain que la Californie est une presqu'île.

4°. Le golfe de Nankin ou de Gang qui s'étend du sud au nord, entre la Corée & la Chine, vers la Tartarie. Il reçoit un assez grand nombre de rivières pour avoir contribué, avec des forces suffisantes, à son approfondissement.

5°. Le golfe de Venise. (Voyez ADRIATIQUE.)

6°. Les deux golfes de Bothnie & de Finlande, qui sont des branches de la mer Baltique.

Les golfes qui sont fort larges doivent cette forme ouverte & arrondie à l'action des fleuves qui débouchent des différens points des côtes qu'on trouve au fond de ces golfes, combinée avec celle des courans qui ont une direction vers l'ouverture de ces golfes. Je remarque d'ailleurs que la plupart de ces golfes renferment dans leur sein des archipels peuplés d'un grand nombre d'îles qui sont les restes des massifs dont ces golfes occupent la place, & qui ont cédé à l'action combinée des eaux courantes des fleuves & des marées.

1°. Je mets à la tête de ces golfes celui du Mexique, où je trouve toutes ces circonstances réunies d'une manière aussi frappante qu'instructive (Voy. MEXIQUE, GOLFE.) il reçoit un très-grand nombre de rivières considérables.

2°. Vient ensuite le golfe au milieu duquel sont les Maldives, les Laquedives, qui reçoit plusieurs fleuves & présente un nombreux archipel, qui est terminé par deux golfes étroits.

3°. Le golfe de Bengale ou du Gange. Il communique avec l'Océan indien par une ouverture tournée au nord, & qui s'étend entre l'Inde & la presqu'île de Malais, & outre le Gange il reçoit beaucoup d'autres rivières célèbres. Il est borné par les côtes de Bengale & celles d'Orixa & de Pégu.

4°. La Mer-Blanche ou le golfe de Russie communique avec la mer septentrionale vers le nord, & s'enfonce dans les terres entre le Lapland & les terres d'Onéga jusqu'à Archangel. Il reçoit plusieurs rivières, entr'autres la Dwina.

GOLFE PERSIQUE. Le Golfe persique est un bras du golfe arabique, qui a plus de deux cent cinquante lieues d'étendue dans les terres. Il est bien visible que le Golfe persique est l'ouvrage des eaux du fleuve qui s'y jette, refoulées de tems en tems par la marée, qui y est violente & qui s'y élève à une hauteur assez grande. Ce golfe est réuni à l'Océan par le détroit d'Ormus. On a cru que le Golfe persique communiquoit, par des souterrains, à la mer Caspienne, dont il recevoit ainsi le trop-plein; mais ce sont des suppositions aussi fausses qu'absurdes. Le Golfe persique reçoit une assez grande quantité d'eau par le fleuve dont il est l'embouchure, pour avoir pris la forme que nous lui voyons.

La marée y remonte fort avant dans les terres, & recouvreroit des terres basses qui sont aux deux côtés du canal du fleuve si elles n'étoient défendues par des digues qui favorisent les établissemens considérables que de nombreuses peuplades ont fait dans un terrain factice & fertile. Il paroît, par l'étendue de ces dépôts, que le Golfe persique étoit autrefois beaucoup plus large que nous ne le voyons aujourd'hui. La marée a aussi favorisé ces dépôts en tenant l'eau du fleuve gonflée à une certaine hauteur, & débordée sur une largeur assez considérable.

Il faut bien y faire attention : l'Océan seul, sans le secours des eaux courantes intérieures, ne peut

entamer confidérablement les bords du continent
fec ; mais une action fuccédant à l'autre & fe combinant avec les destructions, il en réfulte des *golfes*
plus ou moins étendus. Lorfqu'il n'y a qu'une embouchure de fleuve, la forme du *golfe* est plus
fimple, & préfente celle d'un entonnoir évafé.

GOLFES TERRESTRES. Il est affez difficile
de déterminer l'étendue du *golfe* de la Loire, qui
a reçu l'invafion de la mer & fes dépôts pendant
fon féjour ; car les laves des volcans couvrent les
croupes orientales de la chaîne de Fix à Pradelles,
& dérobent la vue de ces dépôts. Mais malgré cet
inconvénient, on ne peut douter qu'il y a de ces
dépôts, beaucoup plus hauts, dans le *golfe* de la
Loire, que dans celui de l'Allier. Cette dernière
vallée n'a pas beaucoup de largeur, & n'offre que
des granits à la même hauteur où j'ai rencontré
des couches horizontales dans le *golfe* de la Loire.
Il y a grande apparence que la vallée de l'Allier
n'a pu recevoir les eaux de la mer auffi facilement que la vallée de la Loire, foit par défaut d'é-
vafement, foit par défaut de niveau. Les couches
horizontales les plus élevées dans le golfe de
l'Allier femblent s'être terminées à Brioude &
dans tout le contour de la Limagne. Je pourrois
ajouter cependant qu'il y a des couches horizontales dans la vallée de l'Allagnon, & affez près du
pied du Cantal.

D'un autre côté, j'ai reconnu dans le *golfe* de la
Loire des couches horizontales ; ce qui me paroît
faire, quant à la difpofition des dépôts de la mer &
à leur étendue, une différence de plus de douze à
quinze lieues. Il eft vrai que l'on trouve des couches
inclinées à Langeac & au-delà ; mais ce font des dépôts qui différent des couches horizontales & d'un
ordre bien antérieur. Mais auffi on rencontre dans
le *golfe* de la Loire des amas de pierres, de fables,
à des niveaux fort élevés. Il paroît donc que le
canal de l'Allier, quoiqu'il n'offre pas en général
la même étendue de dépôts que celui de la Loire,
peut en offrir, dans les vallées latérales, d'auffi
élevés, & la même diftinction de dépôts en couches inclinées qui appartiennent incontestablement
à la moyenne-terre ; car les dépôts qui font à la
hauteur de Langeac prouveroient que la mer y
auroit pénétré dans des tems bien plus reculés
que ceux où fe font formées les couches horizontales à la hauteur de Brioude. Ceci mérite d'être
conftaté par des obfervations fuivies ; & furtout
par des comparaifons qui ne peuvent donner que
des réfultats très-piquants, quant aux différentes
invafions de la mer dans les vallées des grandes
rivières, ou dans toutes les parties des continens
qui bordent l'ancienne terre, lefquelles ont reçu
l'Océan parce qu'elles avoient été approfondies
par les eaux courantes.

La vallée de la Loire en général me paroît avoir
été beaucoup plus évafée, beaucoup plus approfondie que celle de l'Allier, avant que les dépôts

foumarins s'y foient opérés à la fuite de l'invafion
de l'Océan, & ces dépôts fe montrent fort étendus
aux environs du Puy ; mais enfuite cette vallée fe
refferre au deffous de Chamalières, de manière à
ne plus offrir de veftiges de dépôts, quoique la
mer ait pénétré inconteftablement par cette partie
inférieure de la vallée. Mais dans une partie fupérieure paroiffent les couches inclinées de pierres,
de fables, & enfin les dépôts difparoiffent une
feconde fois pour ne reparoître plus qu'à Roanne,
où font certainement d'autres limites ; ainfi l'on
trouve dans les deux vallées, beaucoup d'avantages
& de défavantages. Dans la vallée de l'Allier, la Limagne, qui commence à Brioude, offre beaucoup de
dépôts horizontaux, tandis qu'il n'y en a plus dans
les parties correfpondantes de la vallée de la Loire.
Mais nous avons vu que cette vallée offroit des
dépôts très-remarquables & très-multipliés, beaucoup plus loin & plus haut que celle de l'Allier,
qui, d'un autre côté, eft plus intéreffante, beaucoup plus bas, & vis-à-vis d'une partie du petit
golfe de la Loire, où les dépôts ont difparu parce
qu'il eft fort refferré, & que les eaux torrentielles qui ont travaillé dans cette partie, y ont agi
avec force & avantage, vu la foibleffe des dépôts
& leur peu de folidité.

Cette marche de l'eau courante dans l'Allier &
dans la Loire, la forme de leurs vallées en conféquence de leur travail, la fuite des invafions de la mer
& leur étendue dans l'une & l'autre vallée & à deux
époques différentes, la diftribution de ces dépôts
qui nous en retrace les démarches comme autant
de témoins, & leurs effets combinés avec ceux des
eaux courantes, font une maffe de faits très-pi-
quans, & qui ne peuvent qu'autorifer des conféquences très-importantes, relativement à l'hydrographie phyfique ; & je ne doute pas que fi ces
phénomènes étoient fuivis avec foin, expofés &
développés fur des cartes, il n'en réfultât de
grandes vérités fur les démarches de la mer d'un
côté, & celle des eaux de l'intérieur des continens de l'autre. C'eft ce qui me fait defirer de
ne m'occuper que de ces objets dans un ouvrage
particulier, fous le nom d'*Anecdotes de la Nature*.

Pour exécuter ce travail, je crois qu'il conviendroit de faire figurer les parties fupérieures de la
vallée de la Loire, à échelle double & adoffée aux
parties correfpondantes de la vallée de l'Allier,
traitées de même ; de faire figurer auffi, dans l'une
& dans l'autre vallée, les dépôts foumarins avec
leurs limites & leurs niveaux. Quant à la détermination des niveaux de l'eau dans les deux rivières,
à même hauteur, à même latitude, ainfi que celle
des niveaux où fe peuvent trouver les dépôts de
la mer, il n'y a guère qu'une grande fuite d'opérations qui pût nous la donner, avec exactitude,
dans des coupes très-détaillées ; mais ce feroit un
beau travail, quant aux conclufions qu'on feroit
autorifé à en tirer.

Je n'ai que des obfervations affez importantes

il est vrai ; mais les comparaisons précises des phénomènes que présentent les deux vallées me manquent. Je ne puis les exécuter sans avoir les niveaux à chaque point correspondant des deux vallées.

Il y a une considération générale & qui est fort précieuse, c'est que ces invasions de la mer supposent l'excavation déjà faite des vallées par les eaux courantes, dont la marche s'étoit faite librement. Sans cette condition on ne peut concevoir que ces excavations se soient faites ; & ce qu'il y a de certain, c'est que les seuls flots de la mer n'ont pu détruire & pénétrer à mesure dans des vallées profondes, comme celles de la Loire & de l'Allier ; car elle auroit pu former ainsi de semblables golfes dans les parties des bords de l'ancienne terre, où il n'y auroit point eu de rivières semblables, & l'examen le plus exact que j'en ai fait, m'a convaincu qu'on ne trouve aucun enfoncement pareil le long des contours de l'ancienne terre, à moins qu'il n'y ait un courant d'eau bien déterminé & d'une certaine force.

La forme des vallées devenues golfes par la suite, & redevenues vallées, indique assez qu'avant comme après l'invasion de la mer elles doivent être considérées comme l'ouvrage des eaux courantes des rivières, tant principales que latérales ; car elles se sont élargies, elles se sont ramifiées suivant que des ruisseaux ou des rivières latérales sont venus se réunir au tronc principal : on y voit même de petits golfes particuliers, assujettis à l'embouchure des rivières secondaires, & même des dépôts sousmarins circonscrits par les bords de ces vallées étroites & profondes : tels sont, dans la Limagne, les golfes particuliers de la rivière d'Ambert, de celles de Lempde & de Massiac, de l'Alagnon, & dans la vallée de la Loire le golfe de la Borne, & ceux des rivières de Saint-Ostien, de Monistrol & de l'Auffonne.

L'excavation des vallées, avant qu'elles soient devenues des golfes par l'invasion de la mer, prouve que le changement de son bassin & du niveau de ses eaux est venu à la suite ; mais on ne peut dire de quelle manière. On fait cependant que, dans la première excavation d'une longue vallée, tout a été approfondi proportionnellement dans le même tems, autant dans les parties intérieures & supérieures, que dans des parties voisines de l'embouchure. Ainsi la mer n'a pu être introduite dans les vallées à mesure qu'elles ont été creusées ; car comme dans ses invasions elle s'est introduite à une hauteur de cent à cent cinquante toises, à en juger par les dépôts qu'elle a formés, il a fallu que la vallée fût excavée de toute cette quantité avant que la mer y vînt. Mais si la mer avoit eu, à l'embouchure de la vallée, la même élévation qu'elle a dû avoir depuis lorsqu'elle s'y est introduite & qu'elle y a formé les dépôts que nous trouvons dans les golfes dont nous avons parlé, il est certain que la vallée n'auroit pu

se creuser sans le jeu libre des eaux courantes des rivières actuelles.

Il est donc nécessaire que la mer se soit élevée dans la vallée après qu'elle a été creusée comme elle l'est aujourd'hui, & que pendant son approfondissement la mer ait été à une certaine distance de son embouchure, & à un niveau inférieur de cent cinquante à deux cents toises du point où elle s'est élevée ensuite, ou rapidement ou par des progrès insensibles. Mais toujours est-il certain que la mer a changé de niveau, & varié à plusieurs reprises : c'est ce que l'état des choses exige, & ce qu'on ne peut se refuser de croire lorsqu'on a analysé tous les faits, & qu'on les a placés chacun suivant l'ordre qu'ils doivent avoir dans les opérations de la Nature, qui ont pour objet les vallons-golfes. Voici l'ordre des choses : vallée excavée par les eaux courantes, puis golfe envahi par la mer, & comblé par elle de dépôts en couches horizontales ; ensuite vallée creusée au milieu de ces dépôts, dont l'enlèvement a été plus ou moins complet ; retour de la mer dans cette nouvelle vallée, & nouveaux dépôts fort abondans & étendus, lesquels ont été enlevés après la seconde retraite de la mer, & ces enlèvemens font chaque jour des progrès.

Je le répète : il est impossible que la vallée ait été creusée sur une longueur de trente à quarante lieues lorsque la mer étoit élevée à plus de deux cents toises au dessus du niveau du fond de la vallée ; car les eaux courantes des rivières n'auroient pas eu un jeu libre pour couler contre les vagues de la mer, qui s'y seroient d'ailleurs précipitées.

La forme des bords de la vallée est la plus forte preuve que la vallée a été creusée librement, & avant que la mer y ait fait invasion. Mais, d'un autre côté, la disposition & la matière des dépôts de la mer, où se trouvent des cailloux roulés, tels que les flots ont dû les arrondir dans un golfe, établissent incontestablement l'invasion de la mer & son séjour dans le golfe.

Toute cette théorie sur les vallons-golfes est contraire à l'opinion de ceux qui pensent que toutes les démarches de la mer sur les continens se réduisent d'abord à un long séjour sur certaines parties, & à une retraite à la suite d'une diminution du volume de ses eaux. Ici nous trouvons qu'il y a eu invasion dans une vallée, en conséquence d'une élévation des eaux de l'Océan au dessus d'un niveau qui avoit duré assez long-tems pour que la vallée ait pu se creuser plus ou moins profondément, & de manière à favoriser la première invasion ; ensuite il a succédé, à un séjour assez long, une retraite qui a produit un retour au premier niveau, pendant lequel les eaux courantes ont dû reprendre leur jeu dans le golfe devenu vallée, & ont creusé une seconde vallée au milieu des dépôts de la mer, formés pendant son premier séjour. Lorsque les eaux courantes ont eu creusé une vallée par l'enlèvement des premiers dépôts, & poussé son approfondissement au-delà, la mer s'est élevée de nouveau dans cette vallée, & a constitué un golfe où des dépôts d'une autre nature se sont formés, & même à une hauteur très-considérable. Ces dépôts secondaires m'ont paru appartenir à la nouvelle terre depuis qu'ils ont été mis à découvert par la seconde retraite de la mer, laquelle a rétabli entiérement le derniér état des vallées actuelles.

Je dois observer que les eaux courantes, après la seconde invasion de la mer & pendant la durée de son séjour, ont interrompu le travail d'excavation des premiers dépôts; & qu'ensuite, après sa retraite, elles l'ont repris, & ont agi contre les deux sortes de dépôts dont l'ancienne vallée avoit été comblée. On voit, par ces détails, que les eaux courantes sont rentrées dans la vallée, & qu'elle a cessé aussitôt d'être un golfe; & comme les derniers dépôts étoient peu solides, ils ont été les premiers entamés, & actuellement même ils continuent de l'être avec les premiers dépôts; ce qui a mis à découvert l'ancien fond de la première vallée. Ainsi les eaux ont agi contre les granits dès que les dépôts leur ont manqué; & au moyen de toute cette suite de destructions on voit les différens fonds, puis les dépôts de cailloux roulés, sans aucune régularité de lits & de couches; ensuite les restes des dépôts soumarins qui restent distribués sur les bords des différentes vallées; soit principales, soit latérales. Tous ces détails présentent à un naturaliste des suites de matériaux fort instructives, à l'aide desquelles il peut remonter jusqu'aux événemens qui se sont succédés depuis la première excavation des vallées jusqu'à la seconde & dernière retraite de la mer, qui a constitué l'état actuel de ces vallées, mis à découvert les dépôts de la mer, & mis en activité les eaux courantes dans les parties inférieures des vallées occupées par l'Océan.

GOLFOLINE, montagnes de Toscane. La grande ressemblance que ces montagnes ont entre elles nous engage à en parler ensemble. En outre, la plus grande partie des montagnes qui forment la Toscane sont de la même nature que les deux que nous allons faire connoître.

La montagne de la *Golfoline* & le mont Ceceri sont composés de filons parallèles, posés les uns sur les autres, non dans une situation horizontale, mais inclinés. Dans la montagne de la *Golfoline*, les filons vont du nord-est au sud-est. La partie la plus élevée du filon est au nord-est: la plus profonde est au sud-est. Dans le mont Ceceri la partie élevée est au midi, la plus basse au nord. Ces filons ne forment pas une masse continue de pierre, mais ils sont composés de différentes masses dont la longueur & la largeur varient, cependant presque de la même hauteur; de sorte que ces masses approchent du parallélépipède, dont les arêtes sont vives. Ces masses sont si près les

unes des autres par leurs faces latérales, qu'elles paroissent tenir ensemble: c'est pourquoi on peut y faire de profondes excavations, & faire servir de voûte l'un de ces filons. Ces filons varient considérablement dans leur hauteur: les plus hauts vont jusqu'à quinze brasses, & les plus petits ont à peine un doigt de hauteur. Entre ces deux extrêmes, il y en a une infinité de grandeurs intermédiaires.

Ils varient encore beaucoup par la nature des pierres qui les composent: il y a peu de filons qui soient totalement semblables entr'eux.

Les noms que les architectes donnent communément aux différentes pierres de la *Golfoline* & de Fiesole, deux noms, celui de pierre serène & celui de pierre bigia; & ces deux espèces de pierres sont grossières ou fines, dures ou tendres. Les caractères distinctifs de ces pierres sont que la serène est de couleur d'un bleu-clair: la pierre bigia est de couleur de terre ou fauve-sale. Généralement cette dernière est plus dure, & résiste mieux aux injures de l'air que la pierre serène; quoiqu'il y en ait de celle-ci qui dure long-tems à découvert.

Dans les carrières de Fiesole on observe que ces masses parallélépipèdes, retirées tout-à-fait du filon & cassées avec des coins, paroissent vers le centre d'une couleur de bleu-céleste lavé, & qu'elles y sont moins dures. Vers la circonférence elles sont de couleur de tufo ou de tabac de différentes nuances, mais toutes plus foncées vers la superficie externe, & plus claires vers le centre, jusqu'à la couleur bleuâtre ou plombée. Cette croûte des massifs de couleur fauve, s'appelle pierre bigia, & la partie moins dure, de couleur bleuâtre, qui est la partie intérieure de ces massifs, est la pierre serène. On observe en outre que ces masses, le plus ordinairement parallélépipèdes quand elles sont dans leurs filons, ne s'adaptent pas parfaitement les unes aux autres, excepté quelques-unes, mais qu'elles sont séparées plus ou moins, depuis l'épaisseur d'une feuille de parchemin, jusqu'à celle de quatre ou cinq doigts. Ces interstices sont remplis d'un petit filon de bol ou terre tenace qui happe à la langue, & se liquéfie dans la bouche comme du beurre, & ne diffère du bol d'Arménie que par la couleur. Celui de la *Golfoline* & de Fiesole n'est pas d'un si beau rouge, mais plus pâle, & tirant sur la couleur de chair. Il y en a aussi de couleur fauve.

Les massifs de pierre de la *Golfoline* & de Fiesole ne sont pas composés d'une seule & même matière similaire, mais ils renferment des corps hétérogènes; ce qu'avoit déjà observé Cesalpin. On voit dans la pierre serène de petites lames de talc argentin, des fragmens de pierre d'une autre nature, parmi lesquels on remarque la pierre fuocaia, semblable à la pierre noire d'Angleterre, des lames d'une espèce de pierre semblable à la lavagna, & beaucoup de charbon fossile. Ce charbon exhale une odeur fétide quand on le brûle, & laisse une cendre jaunâtre comme le charbon de terre.

Quelques-unes de ces masses de pierre serène, celles surtout entre lesquelles on ne trouve point de bol, sont couvertes, à l'extérieur, d'une matière blanche, vulgairement appelée *tarsa*, de la nature du gypse ou de la sélénite ; elle se fend en lames, & est composée de cristaux presque cubiques. Quelques-unes de ces masses ne sont pas seulement recouvertes de cette substance, mais elles en contiennent, dans leur intérieur, qui est disposée le plus souvent en lignes droites, qu'on distingue très-bien quand ces pierres sont sciées. On apperçoit alors des lignes blanches marbrées. Les ouvriers appellent ces lignes *religatures;* mais on les trouve plus rarement dans la pierre serène de Fiesole, que dans celle de la *Golfoline.* On trouve parmi les filons de pierre serène de ces montagnes, des filons d'autres pierres. Il y en a d'une espèce de pierre de couleur plombée, mais d'un grain très-fin, qui contient beaucoup de lames de talc : on l'employoit autrefois pour les manteaux de cheminées, où elle faisoit un bel effet.

Il y a encore une autre sorte de pierre dans ces montagnes, mais moins dure que les précédentes, qui se divise en tables minces à peu près comme l'ardoise ; mais elle est sèche, & ne résiste pas comme celle de Gênes. On la nomme *tramezzuolo.*

On y trouve aussi quelques filons de pierre de corne (*sassocorno*) & de mortaione, sorte de pierre d'un grain plus fin que la pierre serène, mais peu dure, & qui se détruit lorsqu'elle est exposée à l'air. On tire aussi à Fiesole la pierre morte ou pierre de sable ; elle est d'un grain plus gros que la pierre serène commune, un peu plus poreuse & moins dure ; elle est de la couleur du tufo.

A Fiesole, vers la partie du nord, sous la *tour à Scossi* & à *Montemagherini*, il y a des filons d'une espèce de brèche, composée de pierres roulées écornées, semblables au gravier des fleuves ; elles sont de différentes couleurs, mais tirant toutes sur le vert-foncé, & réunies par une pâte pierreuse, de couleur noire ou vert-foncé, qui surpasse la pierre forte en dureté ; elle a quelques veines de spath blanc.

Enfin on trouve mêlés avec la pierre serène divers filons de pierre composée de grains de sable grossier & d'un gravier souvent très-dur, qui ressemble à des morceaux de jaspe de différentes couleurs, qu'on a nommé *cicerchina* à cause de sa ressemblance avec des pois. Cette pierre varie beaucoup par la différence de grosseur & par la combinaison des grains dont elle est composée : on ne l'emploie point dans les ornemens des édifices, parce que la dureté de son grain ne souffre pas le poli, & qu'elle devient poreuse ;

mais elle est fort bonne pour les murailles, parce qu'elle prend bien la chaux.

La pierre serène, étant brûlée, devient rousse, & perd beaucoup de sa dureté. Au feu du four à chaux elle ne se calcine ni ne se vitrifie, mais elle se réduit en farine, & devient rouge comme de la brique. Les faces des massifs de cette pierre, qui ont été exposées pendant quelque tems à l'air, soit dans la carrière ou dans les édifices, se couvrent de poussière, & se réduisent en petites écailles, selon la variété du grain qui les compose. Les eaux pluviales qui s'insinuent par les interstices des filons & des masses, & qui dégouttent des fentes de la voûte des cavités, sont très-limpides, fort bonnes à boire, & ne contiennent point de tartaro, sans doute parce qu'elles n'enlèvent rien à cette sorte de pierre, comme elles font dans la pierre calcaire & dans le travertin.

Les montagnes de Fiesole & de la *Golfoline* ne sont pas les seules de la Toscane, qui soient composées de pierre serène (pierre de sable), mais encore les montagnes de Malmantile, celles d'Artiminio vis-à-vis de la *Golfoline*, celle de Lastra vis-à-vis Fiesole, la chaîne des monts Scalari, & une grande partie de celle di Prato-Magno ; le mont de Monsoglio, une grande partie de la montagne de Pistoia, de Lucques & de la Garfagnana. Enfin il faut remarquer que les montagnes de pierre serène confinent presque toujours à celles qui sont composées d'alberèse ou pierre calcaire, & de galestro.

GOLO (Département du), l'un des départemens dont est composée l'île de Corse. Une chaîne de montagnes occupe le milieu de cette île, & s'étend en général du nord au sud. La partie la plus haute de ces montagnes est appelée *Monte-Rotondo* ; elle est sous le sixième degré trois minutes à l'est du méridien de Paris, & sous le quarante-deuxième degré douze minutes de latitude. On donne à son sommet treize cent soixante-onze toises, & au Monte-d'Oro treize cent soixante-une toises au dessus du niveau de la mer. C'est dans cette partie que sont les deux plus grandes rivières de l'île.

Le *Golo*, qui arrose de l'ouest au nord est le district de la Porta, & se jette dans une lagune où, resserré entre l'île & un banc de sable, il a le nom de canal de *Golo*.

Le Tavignano commence de l'autre côté des montagnes, un peu au sud du *Golo* du nord-ouest sud-est, passe tout près au nord & à l'est de Corté, & se rend dans la mer après avoir arrosé le district de Corté.

On peut encore regarder comme des rivières considérables le Tiravo & le Tavaria, qui se rendent à l'ouest dans le golfe de Valince.

En général, la côte occidentale n'est pas à beaucoup près aussi bien arrosée ni aussi saine que la côte orientale.

La superficie de ce département est d'environ un million dix-sept mille quatre cent soixante-douze arpens carrés, ou cinq cent dix-neuf mille trois cent un hectares. Sa population est de cent trois mille quatre cent soixante-six individus. Il est composé de trois cent quarante-cinq communes, & divisé en trois arrondissemens communaux ou sous-préfectures, en trente-neuf cantons & justices de paix. La préfecture de ce département est à Bastia. Calvi & Corté sont les sièges des sous-préfectures. Ce département dépend de la vingt-troisième division militaire, dont le commandant réside à Bastia. Il est du ressort du tribunal d'appel séant à Ajaccio, département du Liamone, & dans la vingt-huitième conservation forestière. Les principales villes sont Bastia, Calvi & Corté.

Les rivières qui prennent leur source dans ce département sont au nombre de onze.

Il y a deux golfes, qui sont Galesia & Saint-Florent.

Un canal, celui de Golo; quatre étangs & trois îles.

Productions. La Corse, en raison de ses montagnes, n'est pas aussi fertile que le promettoit l'étendue de ses terres. Il y a dans ces plaines des parties bien cultivées; cependant celles où il n'y a pas eu de dessèchement sont mal-saines. On y trouve des mines de jaspe, qui ne demandent qu'à être exploitées. Les principales productions sont des vignes, des grains, des olives, & des fruits de différentes espèces. Il faut y ajouter la soie, les bois de construction & de charpente, qui sont d'assez gros objets de commerce par l'exploitation qu'on en fait.

Quant au commerce d'importation, il consiste en comestibles, épiceries, drogueries, & en étoffes de laine & de soie.

GONFREVILLE, village du département de la Seine-Inférieure, canton de Montivilliers, & à une lieue un quart de cette ville, près du château de l'Orcher, sur le bord d'une falaise escarpée. On voit des incrustations, des cristallisations, des stalactites formées par l'eau d'une source qui se répand sur les rochers, dont les groupes & les cul-de-lampes composent des grottes admirées par les curieux. La fontaine minérale, située près du même château, contient plus de fer que de sel; & les environs de cette côte sont remplis de parties ferrugineuses, avec des pyrites, des bois pétrifiés, & de deux sortes de silex, l'un noir, qu'on emploie à bâtir; l'autre, d'une couleur blonde & transparente, qui sert de pierre à fusil.

GORÉE (Ile de). Cette île, située sur la côte ouest d'Afrique, est formée par une montagne escarpée, au pied de laquelle s'étend une plaine assez considérable. Tous ces massifs sont visiblement des produits du feu d'un volcan. Une des preuves qu'on peut en donner, & que j'ai le premier discutées & reconnues, sont de grands assemblages de prismes qui sont placés verticalement les uns à côté des autres, excepté dans la partie inférieure du pic, où ces prismes sont inclinés sous différens angles. Les prismes de cinq côtés sont ceux qui sont les plus nombreux. La lave dont ils sont tous composés est d'un grain fort fin & de couleur noirâtre, & elle est assez dure pour donner des étincelles avec l'acier.

Dans certaines parties la montagne volcanique est couverte d'une terre rougeâtre, qui est visiblement le produit de la décomposition des terres cuites spongieuses & des scories; ce qui me paroît établir l'ancienneté du volcan.

A une lieue & demie de Gorée, les îles de la Magdeleine offrent les mêmes produits du feu. (Voyez l'article de ces îles.)

La température de cette île est fort chaude. Le thermomètre n'y descend guère plus bas que 12 degrés, & monte quelquefois jusqu'à 24. Heureusement qu'il règne presque sans cesse une brise fraîche qui tempère l'ardeur du soleil. L'air est fort sain à Gorée, excepté dans la mauvaise saison, qui commence ordinairement avec le mois de juillet, & qui dure trois ou quatre mois. Il tombe alors environ trente-six ou quarante pouces d'eau, & cela pour toute l'année.

GORGE DE MONTAGNES. C'est l'aspect des vallées profondes, qui sont terminées des deux côtés par des croupes arrondies. Lorsque les vallées ont peu de pente, on apperçoit les gorges les unes au dessus des autres. Enfin, lorsque plusieurs vallées viennent se réunir dans une seule, on apperçoit plusieurs gorges.

GOSCHIZA, ruisseau de Dalmatie, qui, après avoir passé sous Ottacez, se jette dans un gouffre à Suizza, & dont les eaux souterraines reparoissent dans la mer près de San-Georgio, sur le grand canal Morlaque.

GOTHARD (Mont Saint-). On est dans l'usage de nommer mont Saint-Gothard un assemblage & un arrondissement de différentes montagnes considérables, entassées les unes sur les autres, au dessus desquelles s'élèvent différentes cimes qui les dominent, & en sont comme le centre. Ces cimes sont proprement le Saint-Gothard, dont la totalité a pris le nom. Ces masses énormes embrassent dans leur contour une vaste circonférence; elles s'étendent par différentes branches dans les Alpes, & c'est pour en donner une idée plus complète, que nous avons indiqué, dans les articles ALTORF & AIROLE, les différentes routes par lesquelles on parvient à ce centre.

Les habitans de ce pays ne sont pas d'accord sur les limites de ce qu'ils comprennent dans le circuit du Saint-Gothard. Au reste, la montagne du Saint-Gothard doit être considérée comme un des points les plus importans en géographie ; elle mériteroit des recherches particulières ; mais il faudoit en avoir une bonne carte, comme de tous les environs.

C'eſt au ſortir du village de l'Hôpital, qu'on monte véritablement le *mont Saint-Gothard*. Le chemin eſt pavé & bien entretenu. Par un vallon à droite deſcend le Garceren, torrent qui vient des glaciers. Son eau eſt blanchâtre ; elle ſe jette dans la Reuſs, & en trouble la limpidité. Les rochers ſont de plus en plus dépouillés & arides. C'eſt là qu'on trouve les derniers buiſſons des aunes rabougris. La Reuſs tombe de rocher en rocher. Des blocs & des quartiers de pierres énormes, qui rempliſſent ſon lit, lui barrent ſouvent le paſſage. Ses eaux s'élancent par-deſſus lorſqu'elles ne peuvent les tourner. Enfin on ne voit, en montant, que des rochers, des abîmes, des précipices : on marche néanmoins en ſûreté au milieu de ce déſordre de la Nature.

Sur un rocher à droite, à une lieue environ de l'Hôpital, on trouve taillées dans le roc les limites entre le pays d'Urſeren & la partie italienne ; la vallée de Livenen ; auſſi tout le ſommet du *mont Saint-Gothard* appartient-il à la partie italienne qui eſt actuellement ſujète du canton d'Uri. On parvient enfin ſur un terrain plus uni & une eſpèce de plateau : c'eſt le haut du *Saint-Gothard*. A une demi-lieue ſur la droite, entre des rochers fort hauts, fort eſcarpés, eſt une eſpèce d'entonnoir où ſe raſſemblent les eaux des neiges fondues ; elles y forment le petit lac de Luzéndro, gelé les trois quarts de l'année, d'où la Reuſs tire ſa ſource en partie ; car les glaciers du mont de la Fourche, dans le haut Vallais, fourniſſent auſſi un torrent qui eſt regardé comme la ſeconde ſource de la Reuſs. Le Rhône prend ſa ſource dans la partie oppoſée du même glacier.

Le haut du *Saint-Gothard* eſt un vrai vallon, puiſque des cimes, des pyramides, des montagnes prodigieuſes, compoſées toutes de rochers, s'élèvent au deſſus & l'entourent de tous côtés. Les montagnes qui couronnent ce vallon ſont Sella, Soreſcia & Proſa à l'eſt ; Fiendo, Fibia ſu Pettino, Luzendro & Orſino à l'oueſt. L'eſpace qui eſt entre ces rochers a une forme à peu près circulaire : il paroît avoir été un fond qui a été élevé & comblé juſqu'au point où il eſt par les débris des montagnes qui le dominent, & qui s'y amoncèlent encore actuellement ; il a une eſpèce de niveau qui va un peu en pente du côté du midi & du côté du nord, par leſquels ſe fait l'écoulement des eaux fournies en conſéquence de la fonte des neiges, & dont la Reuſs & le Teſin ſont les débouchés.

Des maſſes étonnantes de rochers rempliſſent la ſurface de ce vallon ; elles y ſont placées dans un déſordre extrême. Ces maſſes iſolées ſont toutes de granit compoſé de quartz, de feldſpath & de

mica verdâtre. Le chemin qui traverſe ce vallon tourne autour de ces maſſes. Il faut que les pics élevés qui bordent ce vallon aient été beaucoup plus hauts qu'ils ne le ſont maintenant pour avoir pu fournir des débris ſuffiſans pour combler cette ſurface, qui a une lieue au moins d'étendue. Il n'eſt pas douteux non plus que les grandes montagnes qui ſont au pied de toutes celles qui forment l'enceinte du *Saint-Gothard*, au moyen deſquelles on trouve un accès plus facile & des rampes plus douces pour s'élever comme par degrés à cette hauteur, qui compoſent enfin ces maſſes étonnantes, ne doivent leur exiſtence aux débris de ces coloſſes qui dominent tout. L'examen de ce qui ſe paſſe journellement ſous nos yeux ne peut nous laiſſer aucun doute ſur l'abaiſſement des montagnes. Il n'y a point de torrent, point d'écoulement d'eau, quelque petit qu'il ſoit, qui n'entraîne, en deſcendant des montagnes, des terres, des graviers ou des ſables pour les porter plus bas. Les grands torrens, les rivières, gonflés par les fontes des neiges & des glaces, entraînent des rochers entiers, creuſent de vaſtes & de profonds ravins. Ces maſſes de rochers diminuent par le choc & par le frottement qu'elles eſſuient entr'elles & ſur les rochers ſur leſquels elles paſſent, & dont elles occaſionnent réciproquement la démolition. Ce ſont les débris de cette eſpèce de trituration qui troublent les eaux, & dont le dépôt élève inſenſiblement les bords des rivières, qui forment le limon qui féconde les plaines, & va former, juſque dans le ſein des mers, ces dépôts, ces barres, ces bancs qui en reculent les côtes. Les rochers les plus durs, ces granits que les meilleurs outils ont tant de peine à façonner, ne réſiſtent point aux intempéries des ſaiſons. Leur ſuperficie s'altère & ſe décompoſe au point qu'on à peine à la reconnoître. Des lichens, de petites mouſſes s'inſinuent dans leurs tiſſus : l'eau y pénètre, & l'action de la gelée fait l'office de coin entre deux parties qui lui préſentent un léger réduit. S'ils ſe trouvent placés ſur une pente de façon à ne pouvoir être entraînés par les eaux, la plus groſſe maſſe ſe trouve bientôt réduite à peu de choſe après avoir parcouru un plan incliné. Quels changemens ne doit pas avoir opérés cette marche conſtante de la Nature ! Pour peu qu'on réfléchiſſe que les montagnes fourniſſent continuellement aux plaines, & que celles-ci ne rendent rien aux montagnes, on pourra ſe faire une idée vraie des changemens que la révolution des ſiècles a produits à la ſurface de la Terre : auſſi n'eſt-ce que ſur les montagnes qu'on apperçoit d'une manière plus ſenſible les matériaux qui ont ſervi & qui ſervent aux créations nouvelles que la Nature opère journellement. C'eſt en examinant bien la marche de tous ces débris & leur emploi lent & ſucceſſif, que le naturaliſte obſervateur reconnoît les véritables agens de la Nature, & qu'il écarte en même tems toutes les catastrophes que les esprits hypothétiques imaginent.

Température du Saint-Gothard.

La température du *Saint-Gothard* est comme celle du Saint-Bernard. (*Voyez cet article.*) Le chaud, le froid s'y succèdent rapidement, souvent dans le même jour & à la même heure. Elle dépend des vents qui dominent : il y gèle, il y neige, il y pleut, il y tonne dans une même nuit d'été. Les orages sont bien moins fréquens sur le sommet que vers le milieu & le bas de ces montagnes élevées, parce que les vents rabaissent & accumulent dans les fonds les nuages qui s'étoient d'abord rassemblés autour des sommets. Souvent les orages y durent plusieurs jours de suite, jusqu'à ce que les vents dissipent les nuages. (*Voyez* l'article du MONT SAINT-BERNARD, où nous exposons plus en détail ces phénomènes météorologiques, qui sont les mêmes pour toutes les hautes montagnes.)

Rivières qui découlent du Saint-Gothard, & masses qui le composent.

Les quatre grands fleuves & les rivières sans nombre qui sortent de l'arrondissement des masses dont le *Saint-Gothard* fait le centre, & auxquelles il donne son nom, sont une nouvelle preuve de l'importance de ce point & de son élévation. Le *Saint-Gothard* se trouve placé aux confins du canton d'Uri, du val Levantine (ou vallée de Livenen), du canton de Berne, du Vallais & du pays des Grisons. La Reuss a sa source au midi, & coule au nord jusqu'au lac des quatre cantons forestiers, communément appelé *le lac de Lucerne*. L'enceinte de ce qu'on nomme *le Saint-Gothard* s'étend de ce côté jusqu'à Amsteeg : il y a au moins sept lieues de cet endroit jusqu'au sommet du *Saint-Gothard*, & on monte toujours en côtoyant la Reuss. Le canton de Berne est à l'ouest du *Saint-Gothard*. Le Mayen, gros torrent, prend ses sources de ce côté, & va se jeter dans la Reuss à Vassen. Au sud du *Saint-Gothard* est le mont Fourche, où naît le Rhône, qui, après avoir traversé le Vallais dans toute sa longueur de l'est à l'ouest, se jette dans le lac de Genève. Le Grimsel, très-haute montagne, fait partie de cette masse, & tient à la Fourche. L'Aar prend sa source dans les glaciers de cette montagne, coule au nord-ouest, &, après avoir traversé les lacs de Brientz & de Thun, passe à Berne & à Soleure, & va grossir les eaux du Rhin.

Le mont Pettine est entre la Fourche & le *Saint-Gothard* : c'est sur cette montagne que le Tesin prend une de ses sources, ainsi que des lacs qui sont sur le *mont Saint-Gothard*. Il coule du nord au sud, & se jette dans le lac de Locarno après avoir traversé le val Levantine ou de Livenen. Les montagnes de Platta, de Prosa & le Cospis sont à l'est du *Saint-Gothard*. Au-delà,

du même côté, sont le Crispalt, le Badutz, le Luckmannier, qui font partie de l'état des Grisons : c'est de ces dernières masses que le Rhin tire ses nombreuses sources, après qu'elles se sont réunies à Richenau. Le Rhin coule au nord & va se rendre au lac de Constance. Un grand nombre de montagnes sont intermédiaires, & renfermées entre celles que nous venons de nommer, & toutes ensemble forment proprement le groupe le plus considérable & le plus intéressant qu'il y ait dans les Alpes ; en un mot le *Saint-Gothard*, où ils s'en détachent comme des branches. Il sera plus facile de faire connoître en détail cet amas de montagnes entassées les unes sur les autres, ou adossées les unes aux autres, quand on aura une bonne carte, & que les masses montueuses y seront dessinées comme il convient.

C'est en suivant séparément toutes ces rivières, toutes ces eaux courantes, qu'on prendra une idée générale de la quantité d'eau qui se distribue sur les différentes pentes du *Saint-Gothard*, & de la quantité de matériaux que ces eaux entraînent. On voit quelle est l'activité de cet agent infatigable pour détruire, surtout lorsqu'il est favorisé par des pentes aussi rapides.

On a la facilité, le long de ces eaux courantes, d'examiner une grande variété de pierres de natures différentes, & de connoître en abrégé les rochers qui composent ces masses : il ne reste plus qu'à reconnoître leurs positions relatives. On voit aussi que toutes les pierres s'arrondissent de plus en plus à mesure qu'elles parcourent un plus grand trajet dans les canaux des rivières, & qu'elles ont été précipitées de plus haut par les eaux qui les ont amenées. Si l'on a la constance de suivre une sorte de pierre jusqu'au lieu de son origine, on l'y trouvera anguleuse, & n'y ayant subi d'autres changemens que ceux produits par l'intempérie des saisons. On verra qu'à mesure qu'elles s'éloignent de leur première position, leurs angles & leurs parties saillantes s'émoussent, & qu'elles finissent par prendre une forme un peu ronde, suivant leur dureté & la longueur du chemin qu'elles ont fait. Au reste, il ne faut pas confondre ces pierres roulées seulement dans les rivières & même dans leurs parties supérieures, avec celles qui ont été roulées sur les bords de la mer : celles-ci sont bien mieux dégrossies, arrondies & polies, malgré leur dureté, que les premières ; & il y a des circonstances où il importe de les bien distinguer. (*Voyez* CAILLOUX ROULÉS.) Ici nous voulons faire envisager particuliérement la grande masse & la grande étendue des transports qui se font chaque jour, depuis les sommets élevés des Alpes jusque dans les plaines, & appuyer sur la considération que nous avons déjà présentée au commencement de cet article.

Hauteurs mesurées du Saint-Gothard.

La hauteur du *Saint-Gothard* a été mesurée par

différentes personnes. Selon M. Cassini, le sommet de cette montagne est de mille deux cent quatre-vingt-deux toises au dessus du niveau de la mer. Selon Micheli, il s'élève à deux mille sept cent quatre-vingt-deux toises. M. Cassini ne s'est pas expliqué sur ce qu'il a pris pour le *Saint-Gothard*, dont il prétendoit déterminer la hauteur. Quant aux déterminations de Micheli, les instrumens & la méthode qu'il a employés ne peuvent assurer les résultats de ses calculs. Toutes sortes de raisons nous engagent à donner la préférence aux opérations de M. de Saussure.

Selon M. de Saussure, le lac de Genève est au dessus de la Méditerranée, de 187 toises 4 pieds.

Les capucins du *Saint-Gothard* sont au dessus du lac de Genève, de	873	3
Et la pointe du Fiendo, une des montagnes ou pics qui bordent le vallon, est au dessus du lac de Genève, de...	1190	2

De là il résulte qu'un des sommets du *Saint-Gothard* (la pointe du Fiendo) est à 1378 toises au dessus de la Méditerranée. Le Pere Pini a trouvé, par les mêmes moyens, la hauteur du mont Fiendo au dessus du lac Majeur, de 1304 toises $\frac{1}{5}$.

Sur la mer, de 1431 toises $\frac{2}{3}$.

Sur le couvent des capucins, de 325 toises $\frac{2}{3}$.

Le Pere Pini diffère donc de M. de Saussure de 53 toises.

L'hospice du *Saint-Gothard* est occupé par deux capucins italiens, qui reçoivent fort bien les étrangers que la nécessité oblige d'avoir recours à leur hospitalité. A côté de l'hospice est une écurie où un hospitalier vend ce qui est nécessaire pour les bêtes de somme, qui, au nombre de douze cents, sont occupées au transport des marchandises qui passent le *Saint-Gothard*. Cette route est fort fréquentée l'hiver comme l'été : les transports s'y font même plus aisément l'hiver, au moyen des traîneaux. Cette montagne est plus praticable que le Saint-Bernard, par les chemins qui sont faits, & aussi bons qu'ils peuvent l'être dans un pareil pays ; mais le *Saint-Gothard* est plus dangereux que le Saint-Bernard, à cause des avalanches.

A peu de distance de l'hospice il y a un petit lac de trois à quatre cents toises de longueur : trois autres sont à peu de distance & ont à peu près les mêmes dimensions. On dit qu'ils sont très-profonds. Ces lacs communiquent les uns aux autres, & les environs en sont marécageux. Ce sont les sources du Tesin, ainsi qu'un cinquième plus petit, situé du côté de la montagne de Furg, nommé *Lago del Pettine*. Tous ces lacs sont mal placés sur les cartes géographiques. Lorsque ce plateau est dégagé de neiges en été, on y voit un court gazon entre les masses des rochers ; mais on n'apperçoit aucune trace de végétaux sur ces rochers qui entourent le vallon du sommet du Saint-Gothard ; ils sont couverts de neige & de glace, & très-souvent entourés de nuages qui sont le centre des orages. Ce n'est qu'avec des difficultés très-grandes que des cristalleurs ou mineurs qui cherchent des cristaux de roche parviennent à se guinder sur ces rochers pyramidaux. Ce sont ces pointes neigées qui réfléchissent dans un beau tems les rayons du soleil long-tems avant le lever de cet astre & long-tems après son coucher.

Roches qui se trouvent sur le Saint-Gothard.

Quoique nous ayions fait mention dans différens articles, & dans ceux d'AIROLE & d'ALTORF en particulier, des rochers qui se trouvent sur les divers aspects du *Saint-Gothard*, & que nous ayions indiqué leur nature & leur composition, nous croyons devoir rassembler ici & rapprocher ces variétés que les eaux amènent de dessus ces hauts pics, & dont elles ont composé différens amas, des espèces de montagnes au pied de ces roches pyramidales.

1°. Roche sablonneuse, mêlée de feldspath très-blanc & luisant, entre-mêlée d'un mica blanc-argentin.

2°. Autre de la même sorte, avec un mica couleur de molybdène.

3°. Autre plus compacte, plus dure, avec des parties quartzeuses, sans feldspath jaunâtre & blanc, avec un mica très-fin, jaune & brillant.

4°. Roche sablonneuse, où les parties micacées noires dominent.

5°. Roche schisteuse de quartz blanc & de mica très-blanc.

6°. Roche sablonneuse, dont le sable est très-fin : il y a du mica fort fin qui s'y trouve mêlé.

7°. Autre roche dont les parties quartzeuses sont plus visibles, & dont le mica est noir.

8°. Roche schisteuse par raies alternatives de mica brun & de quartz. Le mica domine.

9°. Roche schisteuse verdâtre, composée presque toute de mica & d'un peu de quartz.

10°. Même sorte, dont les parties micacées sont plus grandes, plus luisantes.

11°. Roche schisteuse, dont les raies éprouvent des renflemens par des grains de quartz & de feldspath.

Ces différentes variétés de pierres suffisent pour faire connoître que ces sommets, outre le granit ordinaire, offrent des composés qui rassemblent les parties élémentaires du granit différemment distribuées, & quant à leur arrangement, & quant à leur proportion. Il est certain, au reste, que toutes ces substances ne peuvent venir que des rochers qui couronnent le plateau du *Saint-Gothard*. Il ne peut y avoir d'erreur à ce sujet, vu qu'elles se trouvent au pied de ces masses verticales. D'ailleurs, les déplacemens qui s'y font faits, ne peuvent être que les effets d'agens dont on fuit facilement les opérations, l'intempérie des faisons & l'eau.

On demandera peut-être comment fe font formés ces rochers ; mais ils reffemblent fi fenfiblement à ceux qu'on rencontre dans les pays de granit du centre de la France, & qu'on peut vifiter & examiner à fon aife, que la folution d'un pareil problème doit être naturellement la fuite de l'étude de ces cantons. L'élévation des maffes ne peut y avoir apporté d'autres changemens qu'en favorifant l'accumulation de l'agent deftructeur fous la forme de neige & de glace, mais dont la Nature fait enfuite bien faire ufage fous là forme torrentielle.

GOUFRE. C'eft ainfi qu'on indique ces tournoiemens d'eau caufés en mer par plufieurs courans oppofés. Le plus grand goufre de cette forte que l'on connoiffe, eft celui de la mer de Norwège, connu fous le nom de *maelhftrom*. (*Voyez* ce mot, où tous ces phénomènes font décrits.)

On appelle auffi *goufre* un trou profond rempli d'eau, foit au milieu des terres, foit dans le lit d'une rivière ; ce font la plupart du tems des ouvertures de canaux fouterrains par où l'eau s'engoufre ou bien même fe dégorge. Nous en indiquerons plufieurs dans différens articles de ce Dictionnaire. (*Voyez* DÉGORGEOIRS, MAELH-STROM.)

GOUSSAINVILLE, village du département de Seine & Oife, canton de Goneffe, fur le Crou, & à trois quarts de lieue de cette ville. On trouve, près de ce village, une fontaine d'eau minérale, connue fous le nom de *fontaine d'Épuifars*. Il y a des fabriques de dentelles.

GOUST, village du département des Baffes-Pyrénées, arrondiffement d'Oléron, canton de Laruns, fur le bord du gave de Pau, à une lieue fud de ce village. Dans les montagnes à l'oueft de ce village, il y a des pierres calcaires & des fchiftes. A l'eft au-delà du gave eft un lieu nommé les *Eaux-Chaudes* à caufe des fontaines minérales qui y fourdent. Dans cet endroit les montagnes font compofées de bancs prefque horizontaux de marbre gris, immédiatement placés fur des maffes de granit. Le gave coule fur cette roche, mais elle eft couverte, fur les deux bords, par des matières calcaires & argileufes. A l'eft-fud-eft des Eaux-Chaudes, vers le quartier de Gourzy, on voit des couches de fchifte qui fe lève par feuilles, & enfuite des bancs de marbre gris. La montagne de Cezy, dont la hauteur eft confidérable, fournit du gypfe folide & de l'albaftrite. Sur la rive droite du torrent de Fufoen s'élèvent des montagnes de marbre gris, qui renferment, près du quartier de Cezy, quelques couches de fchifte de deux pieds d'épaiffeur, qui ont pour bafe des maf-

fes de granit. A la montagne de Cezy, dans le quartier de Hougens, il y a une mine de cuivre. Près de cette mine, dans un ravin au deffous du col de Loudet, eft une mine de plomb en galène, dans une roche verdâtre, argileufe & quartzeuze : on y voit auffi des efflorefcences cuivreufes. A la Pene de Cezy, on trouve un ancien travail fur la mine de plomb, dans lequel on voit encore du minerai.

GRAINS, forte de coups-de-vent qui fe caractérifent par plufieurs phénomènes que nous allons indiquer.

Les *grains* ont leur fource dans les nuages, fuivant la quantité de matière aqueufe qu'ils renferment, & fuivant la force du vent qui les accompagne ; ils fe réfolvent, ou en pluie, ou en grêle, ou en autres météores aqueux.

Il y a des *grains* qui ne donnent que du vent ; il en eft qui ne donnent que de l'eau, mais le plus fouvent ils donnent l'un & l'autre : quelquefois ils portent la foudre. Le peu d'étendue qu'ils embraffent, les rend dépendans du vent qui règne & qui les force à fuivre fon cours parce qu'il il y concourt comme caufe ou comme circonftance principale ; mais affez fouvent ils influent fenfiblement fur le vent en le faifant varier quelquefois de plufieurs aires de vent. Outre cela, on a remarqué que prefque toujours le paffage d'un *grain* à un autre eft occupé par un moment de calme. Voilà les faits : ils font affez curieux, & nous pouvons les préfenter en nous bornant à ces détails fans hafarder rien fur les caufes. Dans cette pofition, nous ferons plus à portée de les découvrir par la fuite, que fi nous étions prévenus par une hypothèfe plus ou moins féduifante.

GRAINS DES PIERRES. (*Voyez* PIERRES.)

GRAISSESSAC, village du département de l'Hérault, canton de Bédarieux, à deux lieues & demie de cette ville. Il y a des mines de houille en exploitation.

GRAMAT, ville du département du Lot, à trois lieues fud-oueft de Saint-Céré. Il y a plufieurs bancs de pierres calcaires, dont on tire des blocs qu'on taille.

GRAMMONT, village du département des Vofges, canton de Bains, & à deux lieues & demie de cette ville. Il y a une verrerie.

GRANCEY-LE-CHATEAU, bourg du département de la Côte-Dor, à cinq lieues d'Is-fur-Tille. On trouve près de cette commune, fur la rivière d'Ouche, une forge pour la fabrication de la tôle.

GRAND-CHAMP, village du département du Calvados,

Calvados, à deux lieues & demie d'Isigny. Les soles qu'on pêche le long des côtes voisines de ce village sont très-estimées.

GRAND-GENT, village du département de la Charente-Inférieure, arrondissement de Saint-Jean-d'Angely, & à deux lieues un quart de cette ville. On trouve, dans cette commune, des silex qui ont la plupart une eau fort claire. Il sont situés à une toise de profondeur, dans une terre grasse & molle. Ces silex se taillent en pierres à fusil, & font l'objet d'un commerce considérable.

GRAND-VILLARD, village du département du Bas-Rhin, arrondissement de Béfort, & à trois lieues de cette ville. Il y a deux forges & deux martinets pour la fabrication des instrumens aratoires : outre cela, une tirerie en fils de fer. On y trouve aussi des tourbières.

GRAND-VILLIERS, bourg du département de l'Oise, arrondissement de Beauvais. Ce bourg est un des plus considérables & des mieux situés du département pour le commerce : il s'en fait un très-étendu en étoffes de laine, de serges & de bonneterie : on y fabrique de l'huile de navette, & le cidre y est excellent. Il y a enfin des *bétoires* (*voyez ce mot*) comme à Formerie.

GRANIT. Cette pierre mérite d'être décrite ici parce qu'elle occupe une place considérable à la surface de la Terre, & que d'ailleurs, par sa structure, elle se distingue de toutes les autres. Le *granit* est un assemblage de trois ou quatre principes tous cristallisés, & liés entr'eux au moyen d'un ciment plus ou moins tendre, plus ou moins dur. Ces principes sont le quartz, le feldspath, le mica & une espèce de gabbro ou schorl. Souvent on ne trouve réunis que deux de ces principes, le feldspath & le quartz ; quelquefois trois, le feldspath, le quartz & le gabbro ou schorl. Dailleurs, leur proportion varie beaucoup. Le feldspath domine dans certains *granits;* dans d'autres c'est le gabbro ou schorl ; enfin, dans d'autres le mica en grandes lames domine sur le quartz & sur le feldspath. Une autre sorte de variétés, qui mérite une grande attention dans les *granits*, c'est celle des volumes de chacun de ces principes : on en voit des uns renferment de gros cristaux de feldspath sous forme trapézoïdale, ou même de grandes lames de mica ou talc, & que pour cette raison on nomme *talcites*. Enfin, la disposition de ces principes paroît avoir été arrangée par la Nature sur deux systèmes totalement différens dans de grandes masses de *granits*, où l'on trouve tous ces principes distribués uniformément, & formant des mélanges égaux partout. Ainsi le feldspath est, d'un côté, contigu au quartz, & touche au mica de l'autre ; de même les points ou lames noires de gabbro sont disséminés également dans toute la masse. Je considère ce *granit* comme bien différent, soit quant aux masses, soit quant à la distribution des principes de celui que les Allemands appellent *kneis*. Je nommerois volontiers celui-ci *granit rayé*, parce que les principes sont distribués chacun sur des lignes ou raies plus ou moins larges, & qui se distinguent d'autant plus facilement, qu'elles sont mieux suivies.

Les principes du *granit* & le ciment qui les lie, varient par la couleur : on en trouve dont le fond est blanc & quartzeux ; dans d'autres il est rouge & de la nature du feldspath ; dans d'autres enfin le feldspath est verdâtre ou jaunâtre, & paroît être très-dur & de couleur variée. Ces couleurs sont beaucoup plus distinctes lorsque le *granit* est assez dur pour recevoir le poli. Dans le cas où le *granit* est tendre & a pour base le feldspath ou spath fusible, il se décompose très-aisément, & le feldspath donne pour lors, par sa décomposition, une substance blanche & farineuse. Le ciment qui unit les principes du *granit* donne, étant exposé à l'air, prise à l'action de l'eau & de la sécheresse. On a remarqué que certains *granits*, même ceux d'Égypte, qui prennent un si beau poli, s'altéroient sur les faces exposées aux mauvais vents, & surtout à l'air de la mer ; mais en général la plus grande partie des *granits* se décompose facilement, parce que les principes eux-mêmes & le ciment n'ont pas une consistance assez forte pour résister, même dans le sein de la Terre, à l'action de l'eau & de l'air.

Mais ici nous ne nous occuperons pas des différentes qualités des *granits* & de la richesse des carrières d'où on les tire ; nous ne considérerons que l'étendue des massifs de cette pierre, & leur position relative avec les autres massifs d'une nature & d'une organisation différentes.

Nous dirons d'abord que les *granits* s'offrent partout à la surface de la Terre, en massifs proprement dits, & sans aucune distinction de couches ou de lits, soit qu'ils soient composés de principes mélangés uniformément, soit qu'ils soient un assemblage de principes distribués par raies & par rubans ; mais on remarque, dans ces massifs, un grand nombre de fentes distribuées sous tous les sens, & qui sont visiblement des fentes produites par la retraite des matières sur elles-mêmes en conséquence de la dessiccation & du travail de la pétrification qui s'est continuée long-tems même après ou pendant la formation de ces fentes.

Il résulte de là que les *granits* ne sont point les produits des dépôts de l'eau, comme tous les autres massifs dont les différentes parties sont distribuées par couches & par bancs la plupart horizontaux.

Lorsque l'histoire naturelle de la Terre aura été cultivée suivant les principes de la géographie-physique, qui consistent à déterminer les limites des massifs de nature différente, & qu'en particulier ceux de *granits* auront été reconnus & bien circonfcrits, on verra quelle grande quantité de ces maffifs fe montre à la furface, & leur étendue ; combien il y en a qui font couverts à moitié fous d'autres maffifs, fans que ceux du granit annoncent, par la diftribution relative des matières, qu'ils aient pour bafe d'autres fubftances qu'eux-mêmes, ou les recouvrent.

Il paroît, par l'indication des différentes provinces d'où l'on tire du granit, que c'eft une pierre affez commune ; ainfi nous indiquerons des maffifs fort beaux & fort étendus de granit aux environs de Syene dans la haute Égypte : il y en a de même en Arabie & en Paleftine, dans la plupart des îles de l'Archipel : on en voit dans l'île de Chypre, dans l'île de Corfe. L'île d'Elbe eft un maffif de granit. Dans les Alpes on en trouve de gros maffifs ou découverts ou fervant de bafe à des fchiftes & à des couches calcaires. Une grande partie des Alpes du Dauphiné, des provinces du Velay, du Forez, du Lyonnois, du Vivarais, des Cévennes, de l'Auvergne, du Rouergue, de la Marche, du bas Poitou, de la Bretagne, de la baffe Normandie, font de granit : on en trouve dans le Charolois, dans le Morvan, dans les Vofges. Les montagnes les plus élevées du Limoufin font compofées de granit à criftaux uniformément diftribués : telles les chaînes de Saint-Silveftre & de Grammont, celles de Compreignac & de Blond, celles de Saint-Gouffaud & de Chatelus, puis celles de Sauviac, de Bourganeuf & d'Eymoutiers, auxquelles il faut ajouter celles de Treignac, Meyffac & d'Égletons, avec les appendices des Allois. De même un femblable appendice fe détache des montagnes de Compreignac, paffe à la Barre, & va rejoindre une autre chaîne élevée qui court vers Chalus.

Ce qu'il y a de remarquable, c'eft que ces maffifs de granits à criftaux uniformes font enveloppés, fous tous les afpects, de maffifs compofés de granits rayés & feuilletés, qui occupent les croupes correfpondantes aux vallées baffes, & même le fond des vallées baffes qui féparent les hautes montagnes. D'après ce fyftème, les granits rayés font adoffés aux granits à criftaux uniformément diftribués. Nous avons vu, à côté de cette dernière forte de granit, des granits rayés, ou talcites à raies verticales, qui s'étendoient au nord, & nous en avons vu au midi après avoir franchi un maffif de granit à criftaux uniformément diftribués. Ces mêmes granits rayés fe continuent fur différentes croupes de montagnes de droite & de gauche dans le vallon de Montboucher : on y rencontre beaucoup de talcites, de pierres de corne, de granits feuilletés terreux, & quelquefois des grains à criftaux uniformes fe montrent à l'extrémité des coupures, derrière les adoffemens de talcites.

C'eft au fond de ces mêmes golfes, fur les bords defquels font les talcites, que fe trouve la mine de charbon de Bofmoreau, dont le filon a fept ou huit pieds d'épaiffeur.

Les fommets des montagnes du fecond ordre des environs de Sauviat, formées de granits à grains uniformément diftribués, font arrondis comme ceux des grandes montagnes : les croupes font arrondies de même. Les vallons font comblés des débris de ces pierres, qui fe décompofent aifément. C'eft furtout fur le plateau de Milevaches, que ces effets fe remarquent davantage.

Granit rayé. Il y a dans les maffifs des fentes de defficcation qui fe font élargies par la fuite, & remplies des différens principes dont cette pierre eft compofée : on les y voit mêlés uniformément, & criftallifés enfemble fous leur forme particulière, & fans aucune raie ou feuilletis. On trouve auffi, dans ces fentes, des filons de quartz : ce font des quartz parafites. Ces rempliffages annoncent un travail de la Nature, non-feulement poftérieur à la première formation du granit rayé & feuilleté, mais furtout aux effets de la defficcation, c'eft-à-dire, aux fentes qui coupent ces raies & ces feuilletis fous différens angles.

Comment les fentes de defficcation, dont les faces fe touchent prefque dans une grande partie de leur allure, fe font-elles élargies ailleurs de manière à recevoir des filons qui ne diffèrent de la maffe primitive que par la diftribution des principes ? La maffe au milieu de laquelle les fentes fe font formées, a-t-elle continué à fe retraire, ou bien auroit-elle éprouvé une compreffion fucceffive par l'affluence des matières du filon, qui fe font entaffées dans les fentes ? Peut-être que l'une & l'autre circonftance fe font réunies ; en tout cas, les feuilletis paroiffent courbés & fléchis fur les bords des fentes, & les matières du filon font très-adhérentes & ferrées contre les parois des fentes.

Il eft vifible, d'après tous ces détails, que les filons de rempliffage ont été formés par l'eau, qui s'eft chargée de tous les principes du granit feuilleté, & qui les a dépofés dans les vides où elle a pénétré. Ces filons, comme on voit, offrent des granits fecondaires à criftallifation uniforme : c'eft donc autant par leur pofition que par leur organifation, que l'on peut reconnoître ce travail.

Il me femble que les parties des fentes de defficcation, qui ne renferment point de filons, fe trouvent à côté d'autres fentes de même efpèce, qui en contiennent ; en forte que ce ne peut être que dans un certain intervalle que l'élargiffement des fentes a pu s'opérer pour recevoir un filon plus ou moins confidérable, & encore cette difpofition des chofes ne s'obferve bien diftinctement que dans les granits rayés & feuilletés, & non dans les autres.

Toutes les diftinctions des veines & des filons que les mineurs ont données jufqu'à préfent, & qu'ils n'ont annoncées par aucun caractère bien précis, doivent, dans tous les cas de gîtes qu'on peut fuppofer, fe réduire aux intervalles des bancs

& dès couches, ou aux fentes de defficcation ; car toutes les variétés que les gîtes des mines ont offertes, dépendent des altérations-qui font survenues dans les intervalles des couches par les enlévemens, ou bien dans les fentes de defficcation par les retraites confidérales, ou enfin par le travail de l'eau dans ces deux circonftances. Il réfulte de là que les fubftances métalliques doivent occuper ces différens vides ou gites que la Nature a fu préparer, comme je viens de l'indiquer très-clairement, foit dans les maffifs de première ou de feconde formation.

Granits décompofés. Un exemple dont je veux faire mention fe voit près de Steinbach en Saxe. Dans cet endroit on peut obferver une montagne de granit, dont la furface eft entiérement décompofée, & préfente, au premier coup-d'œil, une maffe de fable & de gravier. En l'examinant de près, on reconnoît que les grains de quartz ont la même couleur & la même forme que dans les *granits* des environs, & qu'ils étoient difpofés de la même manière, mais dans un feld-fpath entiérement décompofé. Cette décompofition pénétroit, à une grande diftance, dans la roche : c'eft ce dont je me fuis convaincu en cheminant dans une galerie, & ce ne fut qu'après m'être avancé de quelques toifes, que je trouvai le *granit* ferme & fans aucune altération. Je fuis perfuadé qu'en plufieurs endroits on regarde comme des graviers produits par des transports ce qui n'eft qu'un *granit décompofé* en place. Si l'on s'enfonçoit dans ce prétendu gravier, on trouveroit bientôt la roche folide.

Ce n'eft pas ici le lieu de m'étendre fur l'action deftructive des élémens & fur fes effets. Je traiterai cette matière dans plufieurs autres articles, & avec fes conféquences. Je montrerai, par une fuite de faits, ce qu'elle a déjà produit fur les *granits*, les grès, les bafaltes & fur prefque toutes les roches. J'y ferai voir qu'agiffant continuellement & fans interruption pendant une longue férie de fiècles, elle a pu & dû produire de très-grands effets fur la croûte folide du Globe, qu'elle a fortement concouru à façonner les inégalités que nous préfente fa furface, & à regret je m'y verrai contraint de combattre l'opinion des géologues, qui penfent que la marche lente & uniforme que tout nous montre être celle de la Nature, doit répugner à tout bon naturalifte. Souvent ils ne peuvent croire qu'un filet d'eau ait creufé de grandes vallées. On doit objecter à ces incrédules, que la Nature a tout le tems à fa difpofition, & qu'une opération finie, répétée une infinité de fois, produit des réfultats infiniment grands.

Je reviens aux roches, dans lefquelles on remarque deux efpèces de décompofitions différentes. D'abord, dans les montagnes de gneifs & de granit, il n'y a de décompofé que le feldfpath ; il eft converti en une terre de porcelaine blanche, dans laquelle on trouve le quartz & le mica prefque

fans aucune altération. On voit de pareilles décompofitions, non-feulement dans le toit & dans le mur de plufieurs filons, principalement de ceux dont les minerais contenoient de l'acide carbonique, mais encore à la fimple fuperficie des montagnes, par l'action de l'atmofphère.

On a un exemple de gneifs ainfi décompofé fur les falbandes de plufieurs filons près de Freyberg. On trouve auffi un *granit décompofé* fur les falbandes d'un filon de mine de fer brune. A Freyberg, à l'extrémité du faubourg, on voit un gneifs entiérement décompofé à la furface du terrain, & il s'étend à une affez grande diftance & profondeur. Non loin de Schneeberg, la furface de la montagne préfente également un *granit* tout-à-fait décompofé. Dans le diftrict de Freyberg, prefque tous les filons de la première, de la feconde & de la troifième formation contiennent de ce gneifs vert & plus ou moins décompofé. Dans le Grund, entre Freyberg & Drefde, on voit des roches de porphyre, adjacentes à des filons de galène, & qui préfentent la même décompofition. Entre Freyberg & Meiffen, l'on voit auffi une roche de fchifte argileux décompofée dans le voifinage d'un filon.

Parmi les exemples frappans de la décompofition des *granits*, je dois encore citer les deux fuivans. Auprès de Bantzen en Luface, on voit, dans un vallon creux & profond, une coupe faite dans un fol granitique, qui n'eft qu'un affemblage de boules de *granit*, dont la plupart ont plus d'une toife de diamètre, & dont les interftices font un *granit* tellemens décompofé, qu'il a l'apparence d'un gravier. Les boules offrent comme une écorce confiftant en plufieurs couches, d'un *granit* qui tombe en décompofition. J'en ai vu une qui étoit enveloppée de treize de ces couches, dont chacune avoit à peu près un pouce d'épaiffeur. D'ailleurs, elles étoient d'autant plus décompofées, qu'elles étoient plus éloignées du noyau. Une boule détachée de la montagne, & qui avoit été partagée par le milieu, m'a fourni l'occafion d'obferver la nature & la ftructure de ce noyau. J'ai donc vu qu'il confiftoit en un beau *granit* folide, d'une dureté & d'un ton de couleur qui indiquoient qu'il n'avoit éprouvé aucune altération. Il ne préfentoit abfolument aucune fiffure ni rien qui pût donner l'idée d'une ftructure à couches concentriques. Voici comme j'explique toutes ces particularités. La roche granitique étoit primitivement divifée par des fentes tant horizontales que verticales ; car toutes les montagnes de *granit* font prefque toujours dans ce cas. La décompofition provenant de l'influence de l'atmofphère a d'abord affecté les angles folides & les arêtes ; elle les aura réduits en cette efpèce de gravier dont nous avons parlé, & les maffes auront pris la forme de boules. La décompofition pénétrant enfuite graduellement dans leur intérieur, en aura fucceffivement détruit le tiffu, & formé ainfi les couches concentriques. Enfin, la partie qui n'aura pas encore été atteinte par l'influence

Qq 2

de l'atmosphère conservera sa solidité de tissu, sa continuité de massif, & ce sera le noyau. Un des effets de la décomposition a été d'oxider le fer qui se trouvoit dans le feldspath, & de là vient la couleur rousse & sale du gravier, des couches concentriques & de toute la partie altérée, tandis que, dans le noyau, le feldspath est d'un blanc-bleuâtre très-net. Cette oxidation du fer, opé-réé par l'influence de l'atmosphère, est la cause de plusieurs desseins que présentent les roches, notamment les roches calcaires. Dans une des boules qui étoit à la superficie du terrain, l'hémisphère su-périeur des couches manquoit entièrement, & le noyau, non décomposé & solide, étoit à décou-vert, tandis qu'au dessous il étoit enveloppé par l'hémisphère inférieur des couches, qui étoient décomposées : le supérieur avoit été emporté par les vents, les pluies, &c. Je rapporte ce fait pour faire remarquer que quoique certaines masses mi-nérales, pics, rochers, &c. que nous voyons à nu, nous présentent toujours une surface très-ferme, qui semble braver toute décomposition, elle n'en est pas moins en proie à l'action destruc-tive du tems & des élémens, pour parler plus exac-tement. Mais à mesure que les parties élémentaires de leur surface extérieure, cédant à cette action, se décomposent, elles sont emportées & lavées; de sorte que nous n'avons sous nos yeux que les parties solides, qui n'ont pas été encore atteintes par la décomposition qui nous a été occupés jusqu'à pré-sent. (*Voyez l'article* TERRE (ancienne) & MAS-SIFS DE L'ANCIENNE TERRE. *Voyez aussi le mot* ALPES.)

GRANSON (Bailliage de), qui dépend en même tems des cantons de Berne & de Fribourg. La chaîne du Jura, qui fait partie de ce bailliage depuis Gex jusqu'en Provence, est en amphi-théâtre sur le lac de Neuchâtel; elle est cultivée & peuplée jusqu'au sommet. Un des points les plus élevés fait partie de la montagne de Thevenon, qui est de quatre cent trente-huit toises au dessus du lac de Neuchâtel, & de six cent cinquante-deux toises au dessus de la Méditerranée.

GRANVILLE, ville & petit port de mer dans le département de la Manche, en partie sur un rocher, & en partie dans la plaine, à cinq lieues d'Avranches. Cette ville maritime est dans le ci-devant Cotantin & en basse Normandie, près de l'embouchure du Bosc. Son port est au pied du rocher, vers le midi, & est fermé par un grand môle de deux cents toises de long, sur cinq toises d'élévation & autant de largeur. Ce port, quoique petit, fait un commerce important : c'est peut-être un de ceux de France d'où l'on expédie le plus de bâtimens pour le banc de Terre-Neuve, où se pêche la morue verte. Les négocians en expédient de même beaucoup à la pêche de la morue sèche à la grande baie. La sorte de navigation que l'on

nomme *cabotage* y verse encore de grandes riches-ses. Elle consiste à faire courir sur les côtes, c'est-à-dire, terre à terre, de petits brigantins, des ga-barres, des bateaux dont la petitesse permet de s'introduire dans les anses les moins profondes, où les grands vaisseaux ne peuvent mouiller; d'y porter & d'en rapporter des marchandises d'é-change. Les huîtres, si connues sous le nom de *Cancale*, viennent du port de *Granville* : ce sont les femmes & les filles des matelots qui font cette pêche pendant que les hommes vont à la mer. Ce port, qui n'est propre que pour de petits navires, peut en contenir jusqu'à soixante environ. Ses pro-ductions territoriales consistent en seigle, orge, lin & pommes à cidre. Il y a d'ailleurs, dans les environs de cette commune, plusieurs carrières de pierres de toutes sortes de grandeurs. Les îles de Chaussey, éloignées de quatre lieues, fournissent du granit fort beau : on en fait des linteaux de por-tes & des chambranles de cheminées. Tous les ou-vrages des ports de *Granville* & de Saint-Malo sont faits de cette matière.

GRASSE, chef lieu d'arrondissement dans le département du Var. Cette ville, bâtie à l'exposi-tion du midi, sur le penchant d'une montagne cal-caire très-élevée, jouit d'un climat tempéré. Ses habitans, à la fois cultivateurs, manufacturiers & commerçans, enrichissent leurs champs des profits de leur industrie, & ajoutent au luxe de la végé-tation naturelle, celui de la culture la plus recher-chée. Leurs terres, soutenues en terrasses par des murs magnifiquement construits, forment un im-mense amphithéâtre de jardins suspendus, où l'o-ranger, le rosier, la cassie, le jasmin, la tubé-reuse, exhalent ces doux parfums qui, recueillis avec soin, & fixés avec goût dans diverses subs-tances, font en faveur dans tout l'Univers. L'es-pèce d'olivier qu'on y cultive, la plus belle de toutes, & plus belle encore à *Grasse* que partout ailleurs, pousse des tiges élevées, qui s'assimilent aux arbres des forêts. Ses fruits donnent une huile excellente & fort recherchée. L'amateur de la belle culture a encore à voir, dans cette ville, avec quel art on tire parti des sites les moins favorables; comment on y assortit les plantes aux terrains; com-ment on supplée, par la chaleur des engrais, aux rayons affoiblis du soleil d'hiver, & comment on rend utile une source abondante, qui, naissant au haut de la ville, arrose, de chute en chute, ses jardins & ses prairies, & met ses usines en mouve-ment. Nul site, dans le département, n'offre une aussi belle vue que celle dont on jouit sur la pro-menade du cours : de là s'élèvent en groupes, sous les yeux du spectateur, une quantité d'habi-tations rurales plus ou moins embellies, mais tou-jours utiles à des champs créés par l'industrie. Les îles de Lerins terminent cette perspective en ar-rêtant les regards au moment où ils vont se per-dre dans l'horizon vaporeux de la Méditerranée.

Le territoire de *Grasse* est en partie dans le pays calcaire, & en partie dans le pays granitique. Au nord de la ville sont plusieurs belles variétés de marbres & du superbe albâtre. Son industrie, autrefois si brillante, consiste encore en des parfumeries, des teintureries, des filatures de soie, des savonneries, des chapelleries, des fabriques de burat & de sergette.

GRAUX. Ce sont les différens ports formés à l'embouchure d'une rivière ou au débouché d'un étang.

Les *graux* sont souvent barrés, & toujours menacés d'être comblés par les sables amenés par le courant littoral, aidé souvent des vents qui viennent de l'est. Ces sables se déposent en assez grande quantité pour former des barres en conséquence du ralentissement que les eaux éprouvent dans les *graux*.

GRAVIER. C'est ainsi qu'on désigne les gros sables qui ne sont guère que des fragmens de pierres plus ou moins dures, comme des spaths, des quartz, des éclats de silex, de meulières, des débris de granits. La grosseur & la proportion des parties du *gravier* sont fort inégales, ainsi que leur dureté. Les *graviers* se trouvent dans les anses des rivages de la mer, sur le bord des rivières, le long des croupes de plusieurs vallées, au pied des collines & des montagnes arrosées par des torrens, & même à l'extrémité des ravines, qui transportent souvent ces *graviers* sur les terres cultivées. On voit par ces détails, que, dans quelques endroits où les *graviers* se trouvent, ils y ont été apportés & déposés par les eaux, attendu qu'une grande partie des fragmens de pierres qui les composent, ont été brisées, rompues & même un peu usées par les eaux; ce qui provient du roulement en conséquence des transports. Un grand nombre de rivières donnent du *gravier* de bonne qualité, surtout la rivière de Seine, la Marne & toutes les rivières secondaires qui s'y jettent. J'ai toujours remarqué que ces *graviers* sont très-abondans au fond des rivières qui reçoivent les eaux torrentielles des ravines, dont j'ai parlé ci-dessus.

GREIFFENSÉE (Lac). Ce lac est situé dans le canton de Zurich, à six mille pas en longueur & deux mille de largeur; il n'a rien de remarquable. Il est fort poissonneux, comme sont tous les lacs qui ne reçoivent pas les eaux torrentielles fournies par la fonte des neiges & des glaces.

GRENADE. La très-belle situation de la ville de *Grenade* est au pied d'une montagne d'Espagne, fort élevée & d'une grande étendue. Cette montagne est toujours couverte de neige : c'est pour cette raison qu'elle est appelée *Sierra-Nevada*. Le sommet de Sierra-Nevada est composé d'un bloc énorme de rocher, sans fentes verticales ni obli-

ques. Il sort de cette montagne un grand nombre de sources qui proviennent des neiges fondues : la plus grande quantité de ces eaux tombe dans le Genil, qui passe à *Grenade*. Quoique nous ayions dit que toute la montagne qui domine *Grenade* soit une masse énorme de rocher, il est bon d'observer que dans plusieurs endroits elle est décomposée & couverte de terre fertile; que dans d'autres on trouve du gypse blanc & veiné, & des pierres agglutinées ensemble. Il y a de ces mêmes pierres dans le Genil, mais il ne les charie pas loin; car quelque rapide qu'il soit en été lors de la fonte des neiges, on ne voit plus une de ces pierres près de l'Oxa.

Les coteaux du second ordre, situés autour de la Sierra-Nevada, varient entr'eux. Les uns sont composés de rochers avec des fentes verticales & obliques; d'autres de marbre, veiné depuis le sommet jusqu'à la base. Ce qui mérite le plus d'attention est que la plus grande partie de ces coteaux sont remplis de filons de mines d'argent & de cuivre.

A deux lieues de *Grenade* on trouve une carrière de serpentine : c'est une serpentine verte, pleine de blende, & susceptible d'un beau poli. Quelques personnes la préfèrent au fameux vert antique, si recherché par les Romains anciens & modernes.

Grenade est aussi très-renommée pour ses albâtres & ses marbres. Quelques-uns de ces albâtres sont très-blancs, très-brillans & d'une belle transparence; mais ils sont très-mous & d'un poli difficile. D'autres sont moitié blancs & moitié couleur de cire jaune, ou même de différentes couleurs.

La propriété qu'ont certains albâtres de se dissoudre dans les acides fait douter que les vases où les Anciens conservoient leurs baumes précieux, fussent réellement d'albâtres calcaires; car quelques-uns de ces baumes, contenant des acides, devoient dissoudre les vases formés de ces derniers albâtres. Il est donc à présumer que ces vases étoient faits de ces gypses durs & solides, couleur de cire, qui sont indissolubles aux acides, & qui pouvoient renfermer long-tems les baumes en question.

GRENADE, l'une des Antilles. Cette île n'est éloignée du continent que d'environ trente lieues. Sa longueur, du nord au midi, est de neuf à dix lieues, sur une largeur de quatre à cinq. Elle est entourée de plusieurs petites îles appelées les *Grenadins*. Le sol en paroît bon; mais comme la population n'y est pas assez abondante pour la cultiver, il ne produit que très-peu de denrées : on y trouve plusieurs rivières, dont les eaux peuvent servir aux arrosemens. Les eaux y sont très-salubres. La volaille s'y engraisse aisément. On y trouve des tortues & des poissons de mer fort abondans; enfin de très-beaux arbres, propres à l'ébénisterie & à la teinture, peuvent former un objet de commerce.

GRENELLE (Plaine de), près Paris. Le fond de cette plaine a donné, dans une fouille qui a été faite en 1751, 1752 & 1753, un banc de cailloux roulés, de dix-huit pieds d'épaisseur : une partie de ces cailloux réunis en poudingue, d'un pied & demi d'épaisseur : une roche de couleur jaune, de quatre pouces d'épaisseur, sous laquelle suintent les premières eaux de la plaine, sur un banc de glaise de même couleur, de quatre pieds ; ce qui forme en tout quatre pieds quatre pouces : une glaise ardoisée, mêlée de bois pourri, d'un pied six pouces : une glaise bleue comme celle des potiers de terre, mais peu propre au travail de ces ouvriers, mêlée de parties pyriteuses, cinq pieds : une glaise un peu brune, nette, bonne à la poterie, cinq pieds : une glaise un peu noire & sableuse, sans liaison, de six pieds : une glaise d'un vert-pâle, propre à la poterie, de cinq pieds : une glaise cendrée, d'une forte consistance, très-bonne pour tenir l'eau, deux pieds : une glaise brune, mêlée d'un sable luisant & de bois à demi pourri, pénétrée de parties pyriteuses, de quatre pieds : une glaise remplie de roches blanches, de la grosseur des moëlons ordinaires, mais argileux, & qui se fondent dans l'eau, quatre pieds : un roc bien entier, de huit pouces d'épaisseur, de couleur bleue, enveloppé de deux couches pyriteuses, mêlées de bois pourri, épaisses chacune de trois pouces, un pied deux pouces : une glaise grise, mêlée de rocher semblable au précédent, trois pieds dix pouces : une glaise grise & sans mélange, un pied : un roc dur, bien entier, & traversant sans rupture toute la largeur de l'excavation, couvert supérieurement de parties pyriteuses, quatre pieds : un banc formé de morceaux de roche rangés les uns contre les autres, en mauvais ordre, dont quelques-uns sont enveloppés de bois pourri ; les intervalles sont remplis d'une glaise sableuse & grise, deux pieds huit pouces : une glaise mêlée de rouge & de jaune, de cinq pieds : une glaise grise & sablonneuse avec des pyrites, du bois pourri par morceaux de dix à douze pouces de longueur, sur quatre à cinq de largeur, de quatre pieds : une glaise d'un bleu-pâle, très-dure, avec une glaise semblable aux précédentes & moins dure, trois pieds : un banc assez semblable, avec la même différence dans la consistance, trois pieds : une glaise de glaise fond brun, mêlée de sable, avec des paillettes argentées & talqueuses, de six pieds ; la même avec une petite couche de bois pourri, de quatre pouces, de deux pieds : un crayon blanc, parsemé de cailloux & de glaise bleue, de cinq pieds : une glaise d'un bleu-pâle, avec des pyrites en grappes de raisin & serrées les unes contre les autres, cinq pieds : un mélange de moëlons extrêmement durs & propres à faire de la chaux, dix pieds : les mêmes pieds ci-dessus, bien liés, trois pieds : pierres à fusil, sem-

blables à celles avec lesquelles on bat le briquet, trois pieds : un banc de pierres franches, interrompu par des fentes à travers lesquelles l'eau monte dans le puits & le fournit suffisamment, vingt-huit pouces.

La profondeur totale du puits est de cent trente-cinq pieds huit pouces. On voit que les matériaux de tous les bancs sont dus en partie à la Seine & aux eaux des croupes : c'est de leur travail combiné que les arbres ont été ensevelis à une grande profondeur. Les glaises qui occupent une si grande épaisseur, avec les pierres argileuses plus ou moins durcies, ont été déposées par les mêmes agens. (*Acad. des Sc.* 1753, *pag.* 80.) Sur ces cent trente-cinq pieds, il y a soixante-huit pieds de glaise.

GRENOBLE (Montagnes des environs de). La pierre de ces montagnes a le grain fort fin : outre cela elle est assez infiltrée pour prendre un beau poli. On y trouve encore un assez grand nombre de coquilles marines, dont les formes sont conservées, pour croire que le reste est dû aux mêmes corps marins qui, réduits en pâtes, ont fourni les matériaux de toutes les masses calcaires. Les bancs de ces pierres sont la plupart bien distincts ; ils ne paroissent assujettis à aucun ordre dans leur arrangement, si on les considère, soit relativement à la grosseur de leur grain & à sa couleur, soit relativement à leur niveau ou à leur épaisseur. Des bancs de deux, de trois ou de quatre pieds d'épaisseur se trouvent, ou mêlés ensemble, ou bien avec d'autres bancs de quarante à cinquante pieds.

Ces bancs sont inclinés sous différens angles, & dans des directions on ne peut pas plus variables. Quelques-uns de ces bancs sont perpendiculaires à l'horizon ; d'autres inclinés de quarante-cinq ou de soixante degrés. Les uns s'inclinent du levant au couchant ; d'autres du couchant au levant : il y en a dont la tête est au midi, & l'extrémité inférieure au nord. Dans d'autres systèmes de bancs c'est tout le contraire : souvent un très-petit espace de terrain offre des lits qui varient dans leur direction comme dans leurs inclinaisons.

Il seroit très curieux de pouvoir rapporter tous ces effets à quelques lois générales, qui éclairassent sur l'état primitif de ces rochers & sur l'étendue de leurs progrès ; enfin, sur la cause de leurs déplacemens. Quelquefois le même banc, après s'être incliné, se relève comme les bandes du point de Hongrie : il y en a même plusieurs qui rentrent les uns dans les autres, en formant un angle aigu où ils viennent aboutir.

GREOUX, village du département des Basses-Alpes, arrondissement de Digne, sur le Verdon. On y trouve des eaux thermales, très-salubres, qui ont à peu près les mêmes principes que celles de Digne. L'inscription qu'on y voit gravée, *Nymphis Grifelicis*, a donné lieu de juger que, dans le tems où elle fut faite, ces eaux formoient quelques fources féparées, dont chacune avoit fa Nymphe particulière.

GRÈS. C'eft une pierre compofée de grains de fable quartzeux, liés enfemble d'une manière plus ou moins intime à l'aide d'un gluten particulier & fort fouvent calcaire. Il paroît que le *grès* des environs de Paris eft par couches plus ou moins fuivies, établies fur des lits de pierres calcaires, & recouvertes par de femblables lits. Plufieurs parties des couches où fe trouvent les *grès* font encore compofées de fables ou fablons fous forme pulvérulente. Depuis quelques années on a découvert, dans les gréferies de Belle-Croix près Fontainebleau, des criftaux rhomboïdes, ou folitaires, ou en groupes, offrant les affemblages les plus bizarres.

Le *grès* occupe une grande étendue de terrain autour de Paris : il y en a des carrières où l'on en exploite de grandes parties, foit du côté d'Étampes, de Fontainebleau, de Nogent, de Provins, de Château-Thierry, de Meaux, dans le Vexin normand ou français, enfin pour le pavé de toutes les routes à une grande diftance de Paris, & pour le pavé de cette capitale.

A l'infpection de toutes ces gréferies & de la diverfité des formes de cette pierre dans les bancs où on l'exploite, il paroît que le travail de la Nature, dans la formation de cette pierre, eft de plufieurs époques, c'eft-à-dire, que le gluten qui en lie les principes a été formé dans plufieurs circonftances ; ce qui nous prouve qu'il y a des bancs de grès très-anciens, & d'autres qui continuent à fe former tous les jours par des progrès infenfibles. Comme l'eau eft le véhicule qui apporte le gluten pour lier les grains de fable du *grès*, & qu'elle les arrange en forme de ftalagmite, on peut fuivre ce travail dans plufieurs endroits des environs de Paris.

Il faut diftinguer le *grès* qui fert à faire des pavés, de la pierre de fable des rémouleurs ou de la pierre de fable qui fert à bâtir. Il paroît que la pierre de fable des rémouleurs eft de deux fortes ; l'une qu'on trouve en couches horizontales, & qui renferme des grains de fable de différente nature, comme la pierre de Saint-Geome près de Langres ; l'autre en couches inclinées, où il fe trouve quelques lits de mica avec ceux des grains de fable de nature différente : telle eft la pierre de Langeac dans la haute Auvergne.

La pierre de fable à bâtir fe trouve en couches difperfées autour des granits & des fchiftes micacés ou talcites. (*Voyez* PIERRE DE SABLE.)

GRÈVES, fables fur les bords de la mer. Il y à des partiès de côtes qui font enfablées, parce que la mer qui vient les battre y dépofe des amas de fables ; mais il y en a d'autres où elle ne forme que des dépôts argileux. Il y a des parties de côtes où ces amas de fables s'étendent en furface, dont la pente eft douce & alongée dans le baffin de la mer ; mais d'autres fois, outre ces plateaux ou platins, les fables s'accumulent en monticules qui forment, le long des côtes, plufieurs rangées de dunes. (*Voyez* DUNES.)

On peut être curieux de favoir à quoi tiennent ces différens phénomènes.

J'ai cru remarquer que les fables, fur les bords de la mer, font dus aux embouchures des grandes rivières qui les charient & les verfent dans la mer : ce font ces matériaux que les flots jettent & accumulent fur les bords, fuivant leur difpofition. Si les vents y foufflent, que les fables foient abondans, alors il fe forme des dunes ; mais j'ai remarqué que fur une côte un peu élevée il ne fe forme aucun dépôt, furtout fi elle eft éloignée de l'embouchure de quelque rivière.

GRIMAUCOURT, village du département de la Meufe, canton de Commercy, fur la Deu. Il y a une forge pour le fer en barres.

GRIMAULD, village du département du Var, arrondiffement de Draguignan, & à cinq lieues de Fréjus. Cette petite ville eft fituée fur un ruiffeau, à trois quarts de lieue au deffus de fon embouchure dans la mer ou dans le golfe de Saint-Tropés. Il y a deux mines de plomb en rognons, qui ont été exploitées pendant quelque tems pour le vernis des poteries.

GRIMONVILLE, village du département de la Manche, à une lieue trois quarts de Coutances, commune de Régneville. Il y a un petit port qui communique avec Redanville. On y débarque des vins & d'autres denrées, & on y embarque, pour Saint-Malo, la chaux qui fe fait à Monchaton, où il y a plufieurs fours à chaux.

GRIMSEL. C'eft une de ces montagnes qui féparent le Vallais du canton de Berne. En s'élevant fur cette montagne par un fentier très-efcarpé & inégal, on paffe en revue les différens degrés de la végétation. Dans la vallée & dans les parties inférieures de la montagne, on voit des terres à blé, de riches moiffons & d'abondantes prairies ; un peu plus haut, de belles forêts de fapins & de mélèzes. A une région fupérieure on rencontre une herbe courte, avec différentes efpèces de plantes qui procurent aux beftiaux d'excellens pâturages : à cela fuccèdent différentes familles de mouffes & de lichens ; enfin, le rocher nu & la neige. Cette échelle de la végétation, dont le *Grimfel* préfente un tableau intéreffant parce que les différens degrés en font bien rapprochés & figurent fur une même ligne verticale, fe retrouve dans tous les environs, mais diftribuée fur une plus grande étendue de terrain & fur des plans infiniment variés. Ainfi les fommets de ces hautes montagnes font ftériles, & ne produifent, comme on voit, aucune plante. Un peu plus bas il n'y poulfe que des moulfes & des lichens. Les moulfes & les lichens, qui réfiftent le mieux au froid, pourroient former le premier degré de l'échelle qui ferviroit à montrer les rapports entre les produits de la végétation & la température de l'atmofphère : puis viennent certaines plantes & des arbuftes des pays froids ; fur des cordons de terrains inférieurs, des fapins & des mélèzes rangés fur des lignes bien fuivies, bien horizontales. Dans les réduits ou au milieu des plaines qui avoifinent les plus bas niveaux font les pâturages, qui fe lient aux terrains cultivés en feigle, en blé, en prairies artificielles ou naturelles très-abondantes.

GRINDELWALD (Vallon & glaciers du). Après avoir palfé le pont qui eft au delfous de Zweylutchin, on entre dans le vallon du Grindelwald. Les premiers objets qui frappent la vue font cinq aiguilles ou pics fur la haute montagne de Mettenberg, & le Wetter-Horn, qui s'élève majeftueufement, & domine fur tout ce qui l'environne. Cette montagne eft couverte de neige : il femble qu'on aille la toucher avec la main, quoiqu'elle foit éloignée de plus de trois lieues. Après avoir palfé le hameau de Zweylutchin, les rochers de la droite, qui forment la chaîne qui fépare le vallon de Lauterbrunn, offrent les mêmes couches horizontales, & de la même épailfeur qu'elles ont été indiquées lorfqu'il a été queftion de ce vallon : ce font aulfi des pierres calcaires que les torrens charient. Des terres cultivées & des arbres fruitiers, de différentes efpèces, rendent ce vallon très-vivant : fa largeur varie aulfi beaucoup. Des couches verticales de roches calcaires fe trouvent ici placées à côté de couches horizontales ; mais après un peu d'examen on reconnoît que c'eft une partie de montagnes, qui, après avoir glilfé, s'eft renverfée. Au-delà d'un petit hameau on trouve, dans des rochers, les mêmes couches contournées, qu'on a vues dans le vallon de Lauterbrunn. Les arbres fruitiers continuent, & les grappes des fureaux y mûrilfent. On monte beaucoup, & les chemins font bons jufqu'à Grindelwald. Dans la partie élevée, des rochers énormes y ont été culbutés : on y voit de beaux pâturages & un fuperbé malfif dé pierres calcaires à pic, avec des couches un peu inclinées & un ruilfeau garni d'aunes.

C'eft alors qu'on commence à voir le glacier inférieur, & le vallon fe rétrécir beaucoup. Une cafcade de beaux rochers, des aunes, un fond couvert de roches arides, très-élevées, couvertes de neiges ; le glacier, au pied duquel font des

fapins & d'autres arbres, tels font les objets qui fe développent à mefure qu'on s'approche du village de Grindelwald.

Plus on eft près du glacier, plus on eft furpris de voir le pays couvert d'habitations, des granges & des chalets nécelfaires pour ferrer les fourages qui doivent nourrir de nombreux troupeaux pendant l'hiver. Le vallon, riche & fertile, eft large & ouvert du côté de Grindelwald. Le village eft fitué fur une pente de montagne, compofée de fchiftes minces, argileux, noirs & feuilletés ; qui vont en s'élevant du côté de l'orient.

Nous remarquerons ici que c'eft la fonte des glacières & des glaciers qui en été entretient la fraîcheur & l'humidité nécelfaires pour la production de cette abondance étonnante de fourages & de pâturages excellens, qui font toute la relfource & la richelfe des hautes montagnes. Dans les pays fitués dans des climats plus doux, qui n'ont pas de ces amas de neige, les montagnes, qui font de la même hauteur que celles du fecond ordre de la Suilfe, qui font même beaucoup plus balfes, font quelquefois fèches & arides, & ne fournilfent pas de ces pâturages précieux qui font verts toute l'année tant que la terre n'eft pas couverte de neige. La plupart ne font pas propres à l'entretien des nombreux troupeaux que l'on voit en Suilfe, où les beftiaux montent à mefure que les neiges difparoilfent. Ils fuivent les productions du printems à mefure qu'il s'étend lui-même, jufqu'au moment où les nouvelles neiges de l'automne les obligent de rétrograder, pour aller confommer pendant l'hiver les fourages amalfés dans les vallons moins élevés, où la même fraîcheur & les mêmes eaux provenues de la fonte de ces neiges ont procuré trois ou quatre récoltes de fourages.

Glaciers du Grindelwald.

Quoiqu'il y ait beaucoup de glaciers en Suilfe, plus grands & plus beaux que ceux du Grindelwald, les curieux vont de préférence vifiter ceux de ce vallon, à caufe de la moindre fatigue qu'il y a pour les aborder. On voit communément ces glaciers du village même de Grindelwald, fans fortir du chemin. Le plus confidérable, celui qui a le plus bel afpect, eft le glacier inférieur. On peut jouir de ce grand & fingulier fpectacle chez le curé. Beaucoup de curieux, qui ne voyagent pas pour s'inftruire & pour voir en détail, fe contentent de cette infpection fuperficielle. Comme les deux glaciers de ce vallon font les plus connus de la Suilfe, nous les avons choifis, par la même raifon, pour en donner une defcription plus ample & plus détaillée que de tout autre. Leur fituation, les diminutions, les augmentations qu'ils ont éprouvées, concourent à les rendre propres à faire connoître les principaux phénomènes des glaciers, fuffifent pour donner une idée des autres, & rempliffent parfaitement le but de notre travail. On fuppofe qu'on

aura

aura lu l'idée générale qu'on a donnée des glacières & des glaciers à cet article. C'est une efpèce
d'introduction à la théorie de ces phénomènes,
dont le détail actuel ne peut être confidéré que
comme un exemple & une application. Pour fuivre
la marche que nous avons commencée, nous parlerons d'abord du glacier inférieur.

Les montagnes & les glaciers qui en defcendent,
font féparés du village de *Grindelwald* par un vallon profond. Le glacier inférieur ou Unter-Gletf-
cher eft placé entre deux montagnes très-hautes,
qui font toutes calcaires : celle de la gauche eft le
Mettenberg ; elle eft fort large & très-confidérable, & fépare ce glacier d'avec le glacier fupérieur. A droite du glacier eft la montagne Breit-
Eigher-Horn, auffi très-élevée. Hériffées l'une
& l'autre d'aiguilles de rochers en pyramides,
découpées de différentes formes bizarres qui les
couronnent, ces montagnes s'élargiffent par la
bafe, font très-rapides, du plus difficile accès, &
inabordables en beaucoup d'endroits. Les neiges
& les eaux ont enlevé les terres des fommets, les
ont entraînées plus bas, & ont dépouillé prefque
partout ces maffes de rochers, de façon qu'on en
diftingue de loin les lits & les couches, particulièrement fur la face latérale, à droite du glacier,
où le rocher eft à pic. Dans les endroits où
quelque peu de terre a pu s'arrêter, comme fur
les avances ou efpèces de gradins qui forment
les extrémités des couches du rocher, il y a quelques légers gazons, puis quelques arbres rabougris. En defcendant, le terrain fe couvre de plus
en plus de fapins : il y a tout au bas, des bois &
des forêts qui ne font compofés abfolument que
de la même efpèce d'arbres, entre lefquels il y a
des pâturages d'un beau vert. La bafe de la montagne, dont l'intérieur n'eft qu'un affemblage de
couches de pierres, eft formée, à l'extérieur, des
débris & des décombres des parties fupérieures.
On remarque les endroits par où les eaux qui
ont entraîné ces matériaux, fe font écoulées, &
les dépôts coniques qu'elles ont produits, & qui
fe font enfuite déformés en d'autres endroits par
de nouvelles alluvions qui ont détruit ces anciens
dépôts, y ont formé des ravins, & ont tranfporté
plus loin ces matériaux, au moyen defquels ils ont
prolongé ces hors-d'œuvres. C'est fur ces terrains
formés de matières tranfportées & amoncelées
que croiffent ces bois, ces forêts, &, quand il s'eft
formé une couche de terre végétale fuffifante, on
y établit des pâturages en défrichant les bois : le
fond même du vallon peut être confidéré comme
s'étant élevé aux dépens des montagnes. Dans les
ravins & les ruiffeaux qui l'ont fillonné, on voit
que ce fond n'eft compofé que de débris de même
nature que ces montagnes, que le tems & le travail des hommes ont égalifé, pour en favorifer les
produits, en y formant des prés & des pâturages.
Sur ce fond il y a des aunes qui croiffent dans les
endroits les plus expofés au froid, comme nous

l'avons déjà remarqué dans plufieurs articles de cet
ouvrage, & furtout dans celui du Vallais.

On ne peut s'empêcher d'être faifi d'étonnement en voyant, au plus fort de l'été & au milieu de cette grande quantité d'arbres, de pâturages & de verdure, un immenfe torrent de glace,
& l'on ne conçoit pas comment les productions
qui exigent la chaleur de l'été peuvent fe trouver
mêlées & confondues avec celles de l'hiver le plus
rigoureux ; car, du village, les glaces paroiffent
derrière les arbres qui les entourent, & l'on ne
peut appercevoir l'extrémité inférieure du glacier
par le grand nombre d'arbres qui font au-devant.
Vers le bas de ce qu'on apperçoit du glacier, il y
a des efpèces d'ondes & des inégalités ; plus haut,
une quantité confidérable de pyramides de glaces ;
elles paroiffent d'autant plus blanches & plus brillantes, que le foleil les éclaire davantage : le glacier en eft tout hériffé. Un torrent d'autres pyramides paroît s'écouler, & venir par derrière la
montagne de Breit-Eigher-Horn : au-delà, de
grandes maffes de glaces plus unies s'étendent de
droite & de gauche, & forment différens plans ;
elles font bornées & entourées par plufieurs maffes
de rochers fort hauts & fort efcarpés, qui forment
une efpèce d'enceinte circulaire. Sur les flancs de
ces arides rochers il y a des neiges que des parties faillantes ont retenues & fixées, & les fommets
font couverts de neiges perpétuelles, c'est-à-dire,
qu'il y en a dans toutes les faifons de l'année, &
à peu près également. Sur la gauche, à côté & en
avant du glacier, eft une marème ou enceinte
qu'on diftingue lorfqu'on eft accoutumé à voir des
glaciers. Voilà les principaux objets qu'on apperçoit du village de *Grindelwald* ; mais nous ne nous
bornerons pas à ces apperçus. Nous allons paffer à
un examen plus particulier de ce glacier, & à une
defcription circonftanciée en conféquence.

Après avoir defcendu la pente rapide qui conduit du *Grindelwald* dans le fond du vallon, &
avoir traverfé les prés & les fapins qui font en
avant du glacier, on trouve une enceinte ou marème qui borde tout ce côté du glacier ; elle eft
compofée de fable, de graviers, de pierres, & de
blocs de rochers de quartz & de mica par raies
alternatives, & de granits compofés de feldfpath
& de mica, mais en moindre quantité que des
précédentes. Lorfque la chaleur de l'été a fondu
les glaces, il y a un intervalle entre la marème &
le glacier ; mais il y a encore des reftes de glaçons
qui tiennent aux matériaux de la marème ; ce qui
prouve qu'avant la deftruction de la partie de la
glace par la chaleur de l'été, le glacier touchoit
à la marème, & que le glacier étoit, avant cette
faifon, dans fon plus grand accroiffement de ce
côté. Les glaces qui du village paroiffent d'un
blanc éblouiffant font fales fur les bords du glacier, couverts en partie de terres & de pier-
railles qui, ainfi que de plus grandes maffes de
pierres, font répandues en divers endroits : outre

cela, la surface du glacier est remplie de fentes & de crevasses larges & profondes : les faces en font fondues, & les bords arrondis par le soleil. On entend couler l'eau dessous le glacier, & quelquefois elle est bruyante comme celle d'un torrent.

Comme la largeur des fentes & des crevasses empêche de traverser le glacier, il faut continuer sa visite sur le côté, ensuite grimper les rochers escarpés qui le bordent, pour éviter les pyramides effrayantes provenantes de la grande épaisseur des glaces qui remplissent, en certains endroits, des fonds considérables. A tout moment on entend la chute de ces énormes glaçons de plus de soixante pieds de haut ; ce qui produit un grand fracas. Lorsqu'on est arrivé au point le plus élevé du glacier, on en apperçoit un autre qui descend par derrière le Breit Eigher-Horn, & vient mêler ses glaces au premier ; ce qui occasionne la grande épaisseur des glaces dont nous avons parlé ; aussi est-il tout hérissé de pyramides. Un peu au dessous, on voit un espace absolument sans glaces ; mais on a reconnu que le fond du rocher y est à pic coupé ; de sorte que les glaces ne peuvent pas y rester, mais qu'elles sont obligées de se précipiter & de dégarnir ce fond.

Il résulte de cet examen, que, dans les parties où ce glacier a le plus d'étendue, il est moins chargé de pyramides, & qu'il offre à sa surface des inégalités qui ressemblent aux vagues de la mer agitée ; que les pierres qui sont sur le glacier, comme celles de l'enceinte, sont toujours quartzeuses, mêlées de mica ou de granit, & proviennent du Viescher-Horn.

La hauteur des neiges qui sont sur cette montagne, & dont on distingue parfaitement la coupe, paroît encore étonnante après la fonte qui s'en fait en été, & surtout après les masses qui s'en précipitent dans les bas. Cette hauteur paroît être de quarante à cinquante pieds. Ces torrens de neiges se précipitent avec un fracas épouvantable, & qui se continue jusqu'à ce que tout soit tombé dans les fonds. Ces chutes occasionnent des courans d'air très-froids, outre cela un obscurcissement momentané par les parties de neige qui voltigent, & que les vents transportent comme une très-fine poussière ; preuve du grand froid qu'il fait encore sur les sommets, & qui réduit la neige à cette forme pulvérulente.

La montagne de Mettenberg qu'on côtoie dans ces courses est entiérement composée de roches calcaires de différentes couleurs. Dès qu'on est parvenu derrière le Mettenberg on trouve la pierre feuilletée, sur laquelle la pierre calcaire est adossée. C'est de cette partie que les neiges & les glaces voiturent les granits qui se trouvent sur le glacier & dans la marème. Cette vallée de glace, depuis le pied du glacier jusqu'au Viescher-Horn, paroît avoir à peu près deux lieues de longueur en droite ligne.

Après avoir vu le haut & le milieu du glacier il faut aussi en visiter les parties inférieures. Quoiqu'on voie ici moins de glaces à la fois, elles sont beaucoup plus instructives que sur le glacier ; car, pour se résumer, on voit sur ce glacier un torrent de glace polie, luisante, & qui réfléchit vivement la lumière du soleil. Elle est, dans certains endroits, hérissée de pyramides à plusieurs pointes & déchirées. La masse plus en avant est entrecoupée de larges fentes & de crevasses, avec des trous & des cavités oblongues.

Au lieu que quand on est au pied du glacier on voit les glaces au dessus de soi. Les glaces se trouvant sur un terrain plus bas, & par conséquent moins froid que le reste du glacier, elles en sont plus poreuses, remplies de trous & de cavités : l'eau en distille & en découle de tous côtés. Les parties les moins épaisses laissent passer les rayons de la lumière, elles ont une couleur verdâtre qui prend différentes nuances, jusqu'à la plus obscure dans les grandes cavités. Le peu de dureté & de solidité de ces glaces fait que, bien loin de se former en glaçons solides, elles continuent à se fondre, & distillent continuellement de l'eau. Des morceaux s'en détachent fort souvent avec grand fracas. Les eaux du torrent formé par le produit de la fonte générale du glacier augmentent vers le soir. Ce torrent est proprement l'égout de toutes ces eaux : on le nomme lutschin blanc. En effet, les eaux en sont blanchâtres & troubles, parce qu'elles sont chargées de sables & des débris de pierres calcaires détruites en raison des trajets qu'elles ont faits dessous les glaces. Quand on prend de cette eau dans un verre, il s'y forme peu après un dépôt. Les aiguilles de glaces qui sont voisines de la partie inférieure du glacier sont fort poreuses & peu solides, & il est aisé d'en détacher des morceaux ; aussi paroissent-elles être en train de destruction & ont beaucoup de pointes.

Enfin, on trouve sur le bas du glacier les mêmes pierres qui sont sur le haut, & tout-à-fait au pied un amas considérable de sable, de graviers, de pierres, de blocs des mêmes pierres quartzeuses & micacées, & des granits que nous avons décrits ci-dessus. C'est cet amas que nous avons nommé marème. Elle est appuyée contre les glaces. On voit que les pierres amenées du haut par les glaçons s'amassent à cette extrémité, & qu'elles forment une espèce de rempart autour des glaces. Dans le moment où le glacier avance, il est facile de concevoir que le poids de cette masse énorme de glace pousse devant elle toutes ces pierres ou rochers qui ne tiennent pas au sol, ainsi que toute autre masse qui n'a pas de forces capables de lui résister. Si, par une suite de la chaleur de la saison ou des pluies chaudes, le pied du glacier vient à fondre, & que la masse totale diminue, on le reconnoît à cette enceinte de pierre, qui est toujours la marque certaine du point où s'est avancé le glacier. On en a cité différens exemples, surtout en décrivant le glacier du Rhône. (*Voyez cet article.*)

Comme il ne reste aucune trace d'enceinte en avant du glacier dont il est ici question, on peut assurer qu'il est à son plus grand accroissement & qu'il n'a jamais été plus avancé.

Un peu sur le côté du glacier, à une portée de fusil, on voit un bois d'aunes d'une fort belle venue : on est tout surpris de le trouver rempli de fraises d'un parfum exquis. Une quantité d'autres fleurs propres au printems, d'autres à l'été, étoient répandues aux environs ; ainsi l'on voyoit au même moment & au même lieu les produits des saisons opposées, & les moins faits pour se trouver rassemblés.

Il est prouvé, par des titres, que des biens appartenans à des particuliers étoient situés dans le vallon occupé actuellement par le glacier. La tradition commune de ce pays rapporte que ce même vallon, parcouru actuellement par le glacier, dont la partie supérieure est une mer de glace inabordable, étoit un passage fréquenté de ce pays au haut Vallais. Au lieu qu'en conséquence de cette obstruction il n'existe actuellement de communication entre le canton de Berne, dont le *Grindelwald* fait partie, que par le chemin extraordinaire de la Gemmi, dont nous avons parlé à cet article.

On n'a peut-être pas encore assez remarqué les changemens qui ont pu arriver dans plusieurs parties de la surface de la Terre par le moyen des neiges & des glaces. Ce n'est que par l'étude & la comparaison de ces amas, de leur marche & de leurs révolutions, qu'on pourra en tirer quelques conséquences générales ; mais on doit redouter de les étendre arbitrairement à des objets éloignés.

Glacier supérieur du Grindelwald.

Pour aller au glacier supérieur, Ober-Gleitscher, on prend sur la gauche en sortant du village de *Grindelwald.* Après avoir beaucoup monté, on passe le torrent de Bergelbach, qui descend de Grindelalp. Il est rempli de schistes argileux dont cette montagne est composée : on y trouve aussi des marbres gris & noirs, & quelques blocs de granits roulés ; mais il faut considérer en même tems les grandes masses de brèches qui y sont. Le glacier a le plus bel aspect de loin. Ses glaces sont blanches, & ne sont pas salies par la terre comme celles du glacier inférieur. Après avoir traversé le vallon & un bois de sapins & de mélèzes, on parvient à l'ancienne marème ou enceinte du glacier : elle est très-considérable, & prouve que les glaces ont pris depuis long-tems leur écoulement par ce vallon ; elle est composée de quartiers de rochers fort gros, entassés depuis long-tems les uns sur les autres, & le tout est recouvert presqu'entièrement de gazon, de végétaux & d'arbres, dont les troncs de quelques-uns sont plus gros

que la cuisse. Cette enceinte a plus de trente pieds de haut, & forme un talus rapide pour arriver au glacier, qui en est éloigné de quelques toises.

D'après la tradition & des pièces authentiques qui font mention des possessions qui ont été envahies par ce glacier, il faut que les glaces aient bien diminué depuis ce tems, puisqu'il a crû entre cette marème & le glacier des sapins gros comme la jambe. Ce glacier paroît être dans l'époque de son accroissement ; il a déjà renversé & abattu partie des sapins qu'il a trouvés sur son chemin. Il est bien difficile qu'il aille plus loin que son ancienne marème, attendu qu'il sera borné en même tems par la montagne qui est en face, & contre laquelle son ancienne marème est appuyée, qui elle-même a eu le tems de se consolider, & de faire corps au moyen des terres, des arbres & de leurs racines, & de lui opposer une très-forte barrière qui lui résistera peut-être : on dit peut-être parce que ce glacier est fort en pente, qu'il est d'ailleurs dominé par de très-hautes montagnes rapides, entourées de glacières & de neiges immenses, qui fourniront une augmentation successive à ce glacier.

Il sera curieux de voir par la suite si le glacier ne s'élèvera pas jusqu'au niveau de son ancienne barrière, ou s'il ne se détournera pas sur la gauche, où le vallon présente une pente continue. Il est très-probable qu'il prendra cette route, pour peu qu'il vienne s'appuyer contre son ancienne marème. Ceci prouve combien il seroit intéressant qu'on eût des plans exacts de ces sortes d'amas de glaces, afin qu'on pût les suivre & connoître leur accroissement ou leur diminution. Il se trouvoit en 1777, au pied du glacier, une enceinte composée, ainsi que l'ancienne, de granits & de pierres quartzeuses, mêlées de mica. L'eau qui s'écoule du bas du glacier se nomme *schwartz lutschin* (lutschin noir) : cette eau est cependant blanchâtre & trouble comme celle du glacier inférieur ; mais un ruisseau qui descend de la montagne du Scheideck, se mêlant à celle qui sort du glacier, lui communique une couleur noire qu'il a contractée en traversant les schistes argileux dont la montagne de Scheideck est composée.

Le glacier supérieur est, comme nous l'avons dit, entouré de montagnes fameuses par leur hauteur, entr'autres le Schreck-Horn (corne de la terreur), auquel Micheli donne deux mille sept cent vingt-quatre toises au dessus de la mer. On voit ce pic de différens endroits très-éloignés, même depuis Berne. Le Schreck-Horn est comme le point central d'où découlent les glaces des environs. On a déjà parlé du Mettenberg, qui est sur la droite du glacier supérieur, & le sépare du glacier inférieur. Derrière le Mettenberg est le Gletscherberg, & ensuite différentes montagnes couvertes de neiges, qui, prises en général, peuvent être considérées comme les magasins des neiges & les réservoirs des glaces. Au dessous est une suite de rochers qui forment l'enceinte du glacier de ce côté. C'eſt, comme je l'ai dit ailleurs, par la chute des neiges, dans ces portions de vallons, que ſe forment & ſe renouvellent les glaciers après que ces neiges ont été fondues & regelées enſuite. La pointe du Schreick-Horn s'élève au deſſus de ces montagnes de neiges. Enfin, ſur la gauche eſt le Wetter-Horn (ou corne des orages), parce qu'elle eſt preſque toujours entourée de nuages. Cette montagne eſt fort élevée à pic du côté du vallon, d'où l'on voit des neiges gliſſer & ſe précipiter très-ſouvent quand la chaleur eſt un peu forte. Sur les parties inférieures du Wetter-Horn & aux environs, il y a de beaux pâturages & de petits bois de ſapins ſur les terrains qui ſe ſont formés des débris précipités du haut de la montagne. Les arbres diminuent de grandeur à meſure qu'ils approchent de la région des neiges : ſon ſommet, ainſi que celui du Mettenberg, en eſt couvert. Ces deux montagnes ſont calcaires. A en juger par les pierres qui ſont ſur le glacier ou qui compoſent la marème, on doit croire que les rochers qui leur ſervent de baſe, ſont des granits & des pierres quartzeuſes mêlées de mica; car on n'en voit pas de calcaires ſur le glacier, quoique le pied du glacier ſoit entre deux montagnes calcaires.

Le fond de ce glacier eſt tout couvert de pyramides de glaces, qui ſont plus hautes & plus groſſes que celles du glacier inférieur. Ces pyramides diminuent inſenſiblement de hauteur en deſcendant, & les glaces prennent la forme de vagues, entre leſquelles il y a des fentes & des crevaſſes. On trouve, dans cette deſcription, les principaux phénomènes qu'on rencontre dans les glaciers en général. Au reſte, on verra, dans l'article GLACIER, tous ces détails rapprochés avec le plus grand ſoin.

GRISANCHE (Glaciers de), du département de la Doire. Ces grands glaciers ſont inclinés ſur la vallée de Griſanche; ils s'étendent entre cette vallée & celle de Rème, depuis les grandes ſommités des Alpes juſqu'à Notre-Dame-de-Rème.

GRISANCHE (Val de), vallée du département de la Doire, riche en pâturages, entre les glaciers de Griſanche & le Ruitor. Val-Griſanche en eſt le chef-lieu. Elle a cinq lieues de longueur du nord-eſt au ſud-oueſt.

GRISOLO (Val), vallée du département du Pô, arroſée par ce fleuve depuis ſa ſource juſqu'à Robella; elle a cinq lieues de longueur, & eſt très-reſſerrée.

GRISONS, canton dont il importe de connoître l'hiſtoire naturelle, ſurtout après qu'on a parcouru avec attention, & dans les mêmes vues, des objets ſemblables dans les cantons de Glaris & d'Uri. (Voyez ces articles.)

Du village d'Elm on continue à monter un petit vallon pendant une heure & demie, au milieu des mêmes ſortes de pierres que nous avons décrites en parlant du ſol que renferme le canton de Glaris. En paſſant à travers des forêts de ſapins & de quelques pâturages, on parvient au pied du Bund-Ner-Berg, montagne des Griſons, qui ferme la tête du vallon. On laiſſe à droite un fond entouré de très-hautes montagnes inacceſſibles pour s'inſinuer à gauche entre des rochers fort reſſerrés, & au milieu deſquels coule un torrent. Tout eſt aride dans cet endroit : il n'y a plus d'arbres ni de végétaux : ce ſont des rochers entaſſés les uns ſur les autres. Ce lieu paroît d'autant plus affreux que le paſſage a été ſubit, & qu'en ſortant des bois & des forêts on ſe trouve tout à coup parmi des rochers qui s'élèvent comme des murailles, & dont on ne voit pas la cime. Cette gorge ou cette entrée, qui ſe nomme Jetz, eſt le commencement du canton de Glaris aux Griſons. Ce paſſage eſt très-curieux pour la lithologie; car il eſt rare de trouver autant de phénomènes raſſemblés, & des ſubſtances pierreuſes auſſi variées quant à leurs diſpoſitions relatives. Il faut ſe ſouvenir que depuis Glaris juſqu'à cet endroit on monte toujours, & qu'on ſe trouve au pied de ces montagnes & de ces pics qui dominent les hautes Alpes. D'ailleurs, on trouve ici la facilité peu commune de voir ſur le pied ou les fondemens de ces grandes maſſes, parce que, dans d'autres lieux, ils ſont ordinairement entourés de leurs débris & des décombres qui en cachent le pied. Ici c'eſt une roche de ſchiſte bleuâtre, dure & compacte, traverſée de filons de quartz blanc. Cette roche s'élève à une hauteur étonnante; elle eſt preſque verticale, & ſes couches ſont inclinées de quatre-vingts degrés à l'horizon. On eſt effrayé de voir de pareilles maſſes ébranlées, & déplacées au point d'avoir fait preſqu'un quart de converſion.

Après avoir monté & ſuivi cette roche parmi les pierres & les décombres, on trouve ces ſchiſtes ſurmontés d'autres rochers fort hauts qui ſont calcaires, & dont les lits ſont horizontaux. Les ſchiſtes qui ſont immédiatement ſous les rochers calcaires conſervent la même inclinaiſon qu'ils ont à leur baſe.

Au milieu de ce paſſage, & entre ces roches ſchiſteuſes, eſt un mamelon compoſé de rochers calcaires, ſur lequel il y a quelques ſapins rabougris. Ces ſapins, s'étant trouvés bien abrités dans ce fond, ſont la ſeule production végétale qu'on y trouve.

Les ſchiſtes rouges & verts, les pierres vertes compactes & de différentes nuances dont nous avons parlé à l'article GLARIS, en montant à Elm, ſe retrouvent dans le torrent qui parcourt ce paſſage. De hautes & belles caſcades y tombent par-deſſus des lits de pierres calcaires, qui ſont horizontaux & tranchés à pic.

A différentes repriſes on paſſe ſur de grands

amas de neiges dans une gorge qui en conferve en tout tems plus ou moins. On parvient enfin à un petit vallon qui eft prefque de niveau ; il n'eft rempli que de pierres, de blocs & de maffes de rochers de toutes grandeurs. Toutes les fortes de pierres dont nous avons parlé ci-devant fe retrouvent ici, & plufieurs autres qui, par leur peu de dureté & de liaifon, fe détruifent avant d'être arrivées dans le bas. On peut remarquer que toutes les pierres qui fe détachent des montagnes font anguleufes, comme fi l'on venoit de les détacher du rocher ; ce qui prouve qu'elles font dans le lieu où elles ont été formées, au lieu que dans la Sernft, torrent qui parcourt le vallon, les mêmes fortes y font arrondies ou roulées, ou ufées : c'eft ainfi qu'on les trouve à Elm & plus bas. C'eft une règle que, lorfqu'on pourra fuivre les mêmes fortes de pierres jufqu'aux hauteurs d'où elles defcendent, on les y trouvera toutes entières anguleufes, parce qu'elles n'ont pas éprouvé de frottement ni de roulis, & que ces mêmes pierres feront un peu arrondies & diminuées dans le bas des torrens, en raifon de l'efpace qu'elles auront parcouru. Ce vallon eft dominé fur la gauche par des maffes calcaires, dont les fommets font couverts de beaucoup de neige & font à une hauteur prodigieufe.

Dans cette grande quantité de roches calcaires dont on voit communément les flancs bien découverts, on n'apperçoit pas de filex ou des pierres à fufil, fi communes dans les roches calcaires des pays de plaines & de collines baffes : on n'y apperçoit point non plus de pétrifications.

Outre les fortes de pierres que nous avons défignées, on trouve encore, dans ce petit vallon, des pierres de fable peu liées, des fchiftes noirs, différentes fortes de colubrines feuilletées, verdâtres, jaunâtres, entre les feuillets defquelles il y a de petits filons & de petits rognons de quartz ; de la pierre ollaire, auffi mêlée de quartz ; un fchifte vert par couches, mais ftrié & fibreux, reffemblant beaucoup à l'asbefte. Toutes ces fortes de pierres, à l'exception de la première, fe détruifent aifément par le roulis, raifon pour laquelle on n'en trouve que peu ou point dans le bas de ce torrent.

On monte encore un peu plus haut, & l'on trouve un fond où les eaux fe perdent & s'infiltrent dans l'intérieur de la montagne : il n'y a pas d'écoulement d'ailleurs. C'eft par l'infiltration de ces eaux fur les hautes montagnes, qu'elles rempliffent les baffins ou les réfervoirs qui font l'origine des fources qu'on voit fortir du pied de ces montagnes.

On retrouve ici la roche fchifteufe entièrement à découvert. Ce n'eft plus la pierre calcaire qui eft ici fur le fchifte, mais une pierre de fable grife, qui eft dépofée horizontalement & par couches ; elle n'eft pas affez dure pour faire feu au briquet. La partie inférieure de cette pierre de fable eft

mélée de parties de fchiftes, dont les lames fe trouvent entre la pierre de fable. Des filons de quartz également horizontaux traverfent ces pierres de fable. Ces quartz font quelquefois ftriés perpendiculairement à la couche au milieu de laquelle ils font renfermés.

Paffé ce fommet au midi, fur le revers de cette montagne, les fchiftes font encore plus détruits. A droite eft un glacier fort grand, nommé, *Hanfiftock*. Ce glacier eft furmonté de rochers beaucoup plus élevés que la montagne qu'on vient de décrire ; ils font de fchiftes ou d'ardoifes pures. Leurs débris & leurs éboulemens forment de grands adoffemens qui ont la forme de montagnes. Ce côté du midi paroît moins pierreux & plus couvert de gazon.

D'après ce qu'on vient de dire de ce paffage & de ces hautes montagnes, on peut juger de la diverfité des fubftances qui entrent dans leur compofition, & que ce n'eft pas une règle fi conftante qu'on l'a cru, que les hautes montagnes font compofées de granit. Que de recherches ne pourroit-on pas faire dans un pareil pays fi l'on y avoit quelque loifir & quelqu'aifance ?

Tout le revers de montagne que l'on defcend enfuite eft de fchiftes argileux de couleur grife. En général, ils font traverfés par des filons de quartz de toutes fortes d'épaiffeurs, dont il y en a de très-larges. Quelquefois ces quartz font mêlés, dans leur même direction, par des filons de fpath calcaire. Les couches de fchifte font fouvent ondoyantes, & les filons de quartz fuivent les mêmes finuofités ; ils font très-faillans, parce qu'ils font plus durs & ne fe détruifent pas fi facilement que les fchiftes. On trouve auffi des pierres fchifteufes fort belles, & rares par leur couleur gris de lin : elles font fibreufes comme de l'asbefte ; elles font compofées cependant de couches fur lefquelles font des raies verdâtres & jaunâtres, & où il y a quelquefois du quartz : il y a des endroits fur ce revers, où eft une quantité confidérable de fchiftes verts ; mais ils font détachés & viennent des hauteurs, & fur le fommet enfin on voit des roches calcaires & des pierres de fable.

On découvre, au bas de la montagne, un vallon où eft Panix. Ce vallon paroît être encore à une grande profondeur. Les eaux des neiges fondues s'y jettent en différens endroits. Après avoir beaucoup defcendu pour entrer dans un petit vallon, on y voit partout des fchiftes bleus, parce qu'ils font fecs & qu'ils paroiffent noirâtres lorfqu'ils font mouillés. Les premiers arbres qu'on rencontre, font de vieux fapins à branches pendantes jufqu'à terre, & des genévriers font les premiers arbriffeaux.

Plus bas on trouve des montagnes formées du débris des autres qu'on vient de quitter. Tout y eft confondu. Il y a des fchiftes de toutes couleurs, des pierres de fable, des pierres calcaires qui font fur les hauteurs ; car c'eft toujours le même ordre dans la Nature. On descend, on monte à plusieurs reprises, & on arrive à Panix. Cet endroit est encore fort élevé : on y cultive un peu d'orge. Le reste est en pâturages. On passe ensuite par Cedret. Dans le fond est Waltensbourg, situé sur un plateau. Au-delà du plateau, dans un vallon profond, passe le Rhin, dont on suit le cours fort loin, sur le bord duquel est Ilantz, petite ville du pays des *Grisons*. Derrière le plateau de Waltensbourg, & au-delà du Rhin, est une montagne spacieuse, couverte de champs, de terres labourées, de pâturages, de villages & d'habitations : c'est la communauté d'Uber-Sax. De là on arrive à Briegels en côtoyant des rochers de pierres ollaires, de schistes verdâtres, & au milieu des terres cultivées & des pâturages. Dans le fond, au-delà du Rhin, est Rinckenberg. Après beaucoup de marche on parvient au fond du vallon où coule le Rhin.

On ne trouve dans ce fond & au bord du Rhin que des granits roulés, où il y a beaucoup de schorl ; ils sont de la sorte que les Italiens nomment *granitello*, petits granits, parce que les taches noires ou le schorl y sont par petites parties sur un fond blanchâtre. Il y a quelques granits en grandes masses avec des parties de feldspath, des veines de quartz, où le schorl & le mica dominent.

Le vallon où coule le Rhin, en remontant vers Disentis, se nomme *Cadic* ; il est fertile en tout, & bordé de très-hautes montagnes qui y concentrent la chaleur. De la droite en-deçà de Sonvic il descend, des montagnes qui sont frontières du canton d'Uri, une quantité considérable de granits. Les plus élevées de ces montagnes sont couvertes de neige. Passé Campadels, il se trouve aux environs une très-grande quantité de granits, dont quelques-uns sont verdâtres & très-beaux. Les ravins qui descendent de l'autre côté du Rhin n'apportent que des pierres calcaires. A droite il se précipite, avec l'eau d'une cascade, une belle variété de granits & des pierres vertes, dont nous avons parlé ci-devant. A l'inspection seule du bas des cascades, il est facile de connoître de quoi sont composés les sommets des montagnes élevées.

Le pays s'ouvre en s'approchant de l'abbaye de Disentis : il y a beaucoup de pâturages & d'arbres fruitiers : on y sème du seigle & de l'orge. Pour aller de Disentis aux sources du Rhin on monte, & l'on ne voit que des granits & des pierres vertes dans les torrens, & les masses qui bordent en avant le vallon, des deux côtés, sont des adossemens composés de décombres, & derrière on voit des pics & des sommets arides couverts de neiges. Les fonds sont en pâturages, cependant on y recueille quelques seigles qui se sèment à la fin de mai, & ne sont pas mûrs à la fin de septembre.

On monte toujours. Le vallon se rétrécit beaucoup, & le Rhin coule dans un vallon très-pro-

fond. Il y a quelques villages, & des moissons encore sur pied après la mi-septembre. Les torrens de la droite charient des pierres schisteuses, composées de quartz & de mica. Du même côté est l'entrée du vallon de Stumer, qui conduit au canton d'Uri ; il est aride & rempli de neiges. Un second vallon communique également au canton d'Uri ; il est également sans aucune végétation : les torrens qui en débouchent, roulent des granits. Plus loin, Valdinss, semblable vallon, qui va au même canton ; Selva, & plus haut Chiamut, sont les derniers endroits habités. Tout ce canton est en pâturages : on y voit aussi, avec surprise, des moissons à cette hauteur, & des hommes d'une grande & forte corpulence.

Sources du Rhin.

Le vallon derrière Chiamut est entouré de très-hautes montagnes, dont les sommets, couronnés de pics & d'aiguilles, sont couverts de neiges. En sortant de ce hameau on côtoie à gauche le Caveradi, au bas duquel il y a quelques aunes rabougris, dernière production en arbres ; ensuite le laurier-rose & beaucoup d'airelles, après lesquels on ne trouve plus que des pâturages & une herbe courte dans les lieux où les végétaux peuvent croître. A droite de ce vallon est le mont Crispalt, composé de plusieurs montagnes, entre lesquelles est le petit vallon de Surpatisse : plus loin est le vallon de Nourchelas. Entre le Crispalt & le mont Baduz, qui est une communication de la vallée d'Urseren au mont Saint-Gothard, le mont Baduz ferme le fond de vallon ; il est surmonté de petites pointes de rochers. A gauche, en retour, est la pointe la plus élevée du rocher Caveradi. Au milieu du vallon est un gros mamelon ou montagne, nommé *Toma*. Telle est la position des montagnes qui entourent ce vallon, & telles qu'on les voit du bas. Il est visible qu'elles font partie de l'arrondissement connu sous le nom de *Saint-Gothard*, du côté de l'est.

Ce n'est qu'après trois heures de marche qu'on parvient au haut du Toma, qui, vu du bas, ne paroît pas fort élevé, à cause de la hauteur du Baduz, qui le surmonte beaucoup. La montée du Toma n'est pas difficile. On chemine toujours sur le gazon ou sur la mousse : il s'y trouve peu de rochers saillans. Cette montagne paroît être formée de décombres : on la reconnoît aisément par sa forme bombée & arrondie. Son plateau est très-vaste & couvert de pâturages d'été : il y a des parties marécageuses par la quantité d'eau qui y séjourne. Trois ruisseaux y font beaucoup de détours avant de se réunir pour tomber du Toma, où les eaux forment une cascade & descendent du côté de Caveradi. Le cours des deux ruisseaux sur la gauche conduit au pied du Baduz. La fonte des neiges qui sont à son pied, & de celles qui sont au dessus, fournit les eaux des deux ruisseaux. Les pics qui furmontent le Baduz font énormes pour la groſſeur, & ne paroiſſent cependant que comme de petites tours ruinées. A la quantité d'eau qui deſcend & s'écoule de ces rochers, il faut qu'il y ait encore beaucoup de neiges au deſſus, qu'on ne voit pas parce que cette partie de rocher eſt à pic, & ſurplombé en pluſieurs endroits. Le troi-ſième ruiſſeau, qui eſt ſur la route de Baduz, four-nit ſeul autant d'eau que les deux autres réu-nis : il falloit voir d'où il provenoit. Après avoir monté trois quarts d'heure & ſuivi la route du ruiſſeau, on parvient à un petit lac qui a trois cents toiſes environ; il eſt placé entre pluſieurs aiguilles ou pointes de rocher, qui s'élèvent par derrière à une grande hauteur. Cet eſpace eſt à moitié rempli par une quantité de blocs de rochers qui s'y ſont précipités.

Les rochers de toutes les parties élevées qu'on vient de détailler ſont ſchiſteux ou compoſés de couches minces de quartz & de couches micacées, ordinairemeut noires; quelquefois les mica ſont blancs, jaunes & de différentes nuances. Il y a des couches étonnantes, prêtes à ſe détacher du rocher, qui ſont dans differens degrés d'inclinai-ſon. Une partie des rochers qui ſont autour du petit lac eſt en couches preſque perpendiculaires à l'horizon : ces rochers ſont fort durs. D'autres rochers ne ſont compoſés que de parties micacées fort fines, & toujours par couches, dans leſquelles il n'y a pas de quartz apparent, quoiqu'elles ſoient compoſées de ſables : ces dernières ſont ſouvent verdâtres & jaunâtres, de différentes nuances. Il s'eſt trouvé à côté du petit lac d'autres combinai-ſons des principes du granit, mais point de granit ordinaire.

En retournant à Chiamut on peut voir les mon-tagnes qui ſont derrière le Caveradi & le pied du mont Criſpalt, où l'on place communément les ſources du Rhin. Il ſort un ruiſſeau du petit ruiſſeau de Surpatiſſe : pluſieurs ſources y fourni-ſent; mais ce ſont particuliérement des fontes de neiges qui ſont au fond du vallon. Ce ruiſſeau porte le nom de *Rhin*, fait tourner un moulin, & ſe jette dans le ruiſſeau qui coule dans le vallon, & dont les eaux viennent des hauteurs du Baduz : ce dernier porte auſſi le nom de *Rhin* dans le pays. Ces eaux réunies s'écoulent par le vallon de Chia-mut, juſque vis-à-vis l'abbaye de Diſentis.

D'après ce qu'on vient de dire, le Bas-Rhin ſort du mont Criſpalt; mais il faut y joindre les trois autres ſources qui ſortent du mont Baduz & du lac dont nous avons parlé.

Ce ſont des ſources & la fonte des neiges qui produiſent les ſources du Rhin du milieu, qui ſont au midi du Bas-Rhin. Le Rhin du milieu eſt ſéparé du Bas-Rhin par une grande chaîne de montagnes, qui ſe termine vis-à-vis l'abbaye de Diſentis. Le vallon qu'il parcourt, ſe nomme *Medels*, eſt fort reſſerré par le bas. L'un & l'autre Rhin réunis

continuent leur cours vers Ilantz & Coïre juſqu'à Richenau.

De Thruns, le chemin ſuit les bords du Rhin, qui dans ce retour eſt à droite. Il occupe beau-coup de terrain dans les inondations, & fait de grands ravages : on ne voit que des granits roulés ſur ſes bords. Les pierres micacées, moins dures, ſe détruiſent davantage. Au deſſous de Rincken-berg, le vallon eſt aſſez étroit. Il y a des ſapins & des bouleaux au-delà du Rhin, au pied des rochers. Sur la gauche, le ſol étant mieux expoſé, il n'y a plus de ſapins, mais des arbres de différentes eſpèces. Les montagnes ſont de ſchiſtes, ſur leſ-quels il y a d'énormes maſſes de tuf : il y en a de groſſes comme des maiſons. Elles ſe ſont écrou-lées de plus haut : on les voit dans le haut de la montagne, en deſcendant de Waltensberg.

Route de Thruns à Ilantz.

Au ſortir de Thrüns on paſſe le Rhin ſur un pont. Après deux heures de marche les torrens de la droite ſont remplis de pierres ſchiſteuſes mêlées de quartz & de mica, & les rochers qui ſont en avant ſont auſſi ſchiſteux, mêlés de rognons de quartz. Ces roches ſont à pic & très-élevées; auſſi il s'en eſt précipité de grandes maſſes dans les bas. La même ſorte de pierre continue ſur la droite : ſeulement elle change de couleur en de-venant bleuâtre & verdâtre. On fait près d'une lieue dans un bois d'aunes, dont les arbres ſont fort grands. A gauche, au-delà du Rhin, eſt la communauté de Waltensberg, dont on a déjà parlé, & à droite celle d'Uberſax. Le torrent qui paſſe derrière Waltensberg & qui va ſe jeter dans le Rhin ſe nomme *Stargantz*; il a formé de grands terrains par les matériaux qu'il a amenés. Plus loin on voit une grande quantité de ſchiſtes de différentes couleurs, dont il y a beaucoup de verdâtres qui inondent & couvrent un grand terrain. En approchant d'Ilantz le pays eſt plus ou-vert : il y a beaucoup de terres labourées, & des ſchiſtes mêlés de quartz & de mica : on y trouve auſſi des roches calcaires qui ſont établies ſur une baſe de rochers argileux par couches alternative-ment bleuâtres & verdâtres.

Ilantz eſt la capitale de la quatrième commu-nauté de la Ligue griſe. Le vallon qui eſt derrière Ilantz eſt entouré de très-hautes montagnes. Le fond eſt en cultures ou en pâturages. La rivière de Glumer, qui ſe jette ſur la droite d'Ilantz dans le Rhin, fait de grands ravages, & charie une grande quantité de pierres du haut des montagnes d'où elle deſcend.

Route d'Ilantz à Richenau.

Les mêmes ſchiſtes bleus continuent ſur la gauche du Rhin. On trouve Sebleven, village : on monte pour y arriver. On rencontre des pierres schisteuses, quartzeuses; des pierres vertes & des granits qui viennent des montagnes supérieures. Après Sogens, village, on trouve des rochers calcaires qui ne paroissent pas tenir au sol; & en montant on retrouve des schistes verdâtres. Lorsqu'on s'est élevé au dessus de Nider-Sogens on monte continuellement sur un terrain calcaire rapporté, & dans les hauteurs il y a de grandes masses des mêmes pierres qui ont pu fournir aux éboulemens.

Grand ravin.

On parvient à côté d'un ravin d'une profondeur considérable & d'une grande largeur : on peut y voir commodément l'intérieur de la montagne ; elle est toute composée de débris de pierres calcaires ; d'autres petites montagnes, dans le bas, formées de la même manière, sont creusées & minées par les mêmes agens. Le Rhin passe au pied du ravin. En continuant à monter, & laissant le village de Lax sur le côté, on trouve, sur la hauteur, des masses isolées de schiste vert. Après avoir marché deux heures & demie on se trouve à la tête du grand ravin : on reconnoît qu'il a été creusé par un petit ruisseau ; on voit en même tems que ce sont les mêmes eaux qui ont amassé ces matériaux immenses & qui les excavent. Mais en considérant l'espèce de terrain dans lequel l'eau s'est ouvert un passage, on conçoit les facilités qu'elle a trouvées & les progrès qu'elle a dû faire dans ces terres mal liées, comme sont toutes ces masses produites par des alluvions.

Tous les environs sont en désordre : on ne voit que des pierres & des masses de rochers déplacées, & tous les mamelons qui entourent cet endroit sont également de pierres rapportées, & l'on ne voit nulle partie assez élevée pour avoir pu fournir à tant de débris & de décombres. Un petit ruisseau à côté charie aussi des schistes verts. Mais en descendant on voit une montagne fort élevée : c'est de là que sont venus tous les matériaux qui ont couvert cette partie & y ont formé des montagnes considérables de décombres. On voit ensuite un large & grand vallon qui est bordé par une roche calcaire à pic, d'une hauteur prodigieuse, qui va en retour sur la gauche, d'où sont venues toutes les alluvions qui ont transporté les débris calcaires. Au milieu du vallon est le village de Fleins, entouré de bons pâturages & de terres labourées. Le fond du vallon est également de matières calcaires rapportées, sous lesquelles sont des schistes verts qu'on voit dans les ravins. Plus on approche de la montagne calcaire, plus on est étonné de sa prodigieuse hauteur ; elle est par couches à son extrémité.

Après avoir remonté quelque tems on passe à portée de Wick. Toutes les roches du canton sont calcaires, du moins dans les hauts, & le pays est fertile. Après avoir passé Trius, qui est un bon village entouré d'arbres fruitiers & de champs, on

descend, & l'on apperçoit les deux Rhins qui serpentent dans la plaine. Le Bas-Rhin tourne au pied de petites montagnes formées de matériaux rapportés, qui sont à la suite du grand ravin. Ses bords sont à pic. Le Haut-Rhin serpente dans un grand & beau vallon entouré de très-hautes montagnes. Il tourne, & se joint au Bas-Rhin à Richenau. On y trouve des roches schisteuses & au dessus des roches calcaires.

Environs de Richenau.

Des montagnes formées par des alluvions, couvertes de pâturages, sont au pied des grandes & belles roches calcaires. Ces roches sont par couches inclinées, d'environ quarante-cinq degrés au dessus de l'horizon. Les deux Rhins, venant de côtés diamétralement opposés, se gênent réciproquement dans leur cours ; de telle sorte que si la fonte des neiges ou la pluie en a grossi les eaux, les deux rivières forment une grosse vague qui monte à une hauteur de neuf à dix pieds dans les fortes crues. La plupart des pierres roulées qu'on trouve dans le lit du Haut-Rhin, au dessus de Richenau, sont des pierres schisteuses mêlées de quartz & de mica, beaucoup de schistes noirs sans mélange, beaucoup de pierres calcaires dont les montagnes des environs sont composées; des pierres de sable rouge, la même sorte mêlée de quartz ; des pierres vertes argileuses & fort dures; une autre traversée de filons de quartz ou de spath jaune ; quelques pierres ollaires vertes, d'autres de diverses couleurs ; des schistes verts, mêlés de taches rouges; des schistes rouges, des pierres micacées noires, d'autres verdâtres, où il y a de petits rognons de quartz ; un granit d'un beau vert ; quelques autres granits ordinaires, mais en très-petite quantité. Toutes ces pierres sont roulées.

GRIVERGNÉE, village du département de l'Ourthe, canton de Liége, & à trois quarts de lieue sud-est de cette ville. Il y a deux hauts fourneaux & une fabrique de poterie de fer.

GRIZELLES, village du département de la Côte-Dor, canton de Laignes, sur un tertre près de la Laigne. Il y a des tourbières.

GRIZY, village du département de Seine & Oise, arrondissement de Pontoise, & à deux lieues nord de cette ville. On trouve dans le territoire de ce village des carrières à plâtre & des veines de mines de fer imparfaites, qui donnent de l'or & de l'argent en très-petite quantité.

GROENLAND. A la pointe de l'Islande commence la partie autrefois habitée de l'ancien *Groënland*. Un détroit fort profond s'ouvre, & traverse le *Groënland* près du havre de Jacob, jusqu'au détroit

détroit de Davis, de manière qu'il isole cette contrée. Maintenant il est entièrement obstrué par les glaces, & c'est de là que sortent annuellement les plus grandes montagnes de glaces qui viennent flotter dans les mers voisines. Un peu au nord de l'entrée orientale sont deux montagnes fort élevées, appelées *Blaaserk* & *Huitserk*, enveloppées d'une ceinture immense de glaces. Tout ce pays, à l'extrémité méridionale, est composé de semblables montagnes, dont quelques-unes offrent à nu les pierres dont elles sont formées; mais la plupart sont des glaciers qui s'élèvent en pics jusqu'aux nues, ou en larges sommets hérissés de glaçons.

Cette horrible contrée a été habitée, pendant plusieurs siècles, par une colonie de Norwégiens qui y établirent des évêchés, & même des couvens. On raconte même qu'un de ces couvens avoit été construit près d'un volcan qui avoit fourni de la lave & de la pozzolane pour cette construction. On ajoute qu'il y avoit une source d'eau bouillante près de la maison, où l'on en avoit conduit les eaux pour les usages domestiques. Il paroît que ces aventuriers furent chassés par la glace, qui forme, sur la côte orientale, une barrière insurmontable à tous ceux qui voudroient faire des tentatives pour s'y établir. Ce n'est qu'un front effrayant de glaçons depuis la latitude quatre-vingt-une jusqu'au cap Farewell, son extrémité méridionale. Les deux côtes sont profondément creusées par des baies, & bordées de promontoires de glace. Plusieurs de ces baies pénétrables divisoient autrefois cette contrée en plusieurs îles; mais comme elles sont entièrement obstruées par des masses de glaces, la terre & l'eau font un tout également solide. On sait que Forbisher pénétra l'espace de six lieues dans un de ces détroits, qui porte son nom; mais il ne put aller plus loin pour s'ouvrir un passage au Cathay.

Le *Groënland* fut repeuplé en 1721 par de nouveaux établissemens norwégiens, par le zèle de M. Égède. Au cap Farewell commence une vaste ouverture entre le *Groënland* & la terre de Labrador, ouverture qui conduit à la baie d'Hudson. Entre la côte occidentale du *Groënland* & quelques îles s'étendues est le détroit de Davis, qui conduit à la baie de Baffin. Voilà ce que nous connoissons de ce pays. Si nous entrons dans le *Groënland*, si nous en tentons la description d'après les renseignemens que nous a fournis cette seconde expédition, nous le représenterons comme un amas confus de neiges, de glaces & de montagnes. Quelques-unes de ces montagnes ont jusqu'à mille toises de hauteur, s'élevant en précipices escarpés ou en pointes pyramidales fort aiguës, sur des vallées qui ne sont couvertes que d'un tapis de mousses & de quelques plantes aquatiques & marécageuses. Dans quelques parties sont d'autres montagnes à sommets plats, couverts de neige & de glace. M. Égède a remarqué, à la latitude de

Géographie-Physique. Tome IV.

soixante & soixante-un degrés, de petits genévriers, des saules & des bouleaux. Ces deux dernières espèces d'arbres étoient hautes de six à neuf pieds, & grosses comme la jambe d'un homme. Davis a vu aussi quelques bouleaux & des saules, à la latitude de soixante-cinq degrés; mais le pays, au lieu de s'améliorer, devient de jour en jour moins habitable. Les glaciers empiètent constamment sur les vallées, & détruisent toute espérance de changement avantageux dans cette contrée.

Les étonnans glaciers situés sur la côte occidentale du *Groënland* sont bien décrits par M. Crantz. C'est un amas immense de glaces, situé à l'embouchure d'une petite baie; il s'élève à une hauteur si considérable, que l'éclat des glaces frappe les navigateurs à plusieurs lieues de distance en mer. A la base de ce glacier, les blocs de glace ont la forme d'arcades magnifiques, qui se continuent dans l'étendue de huit lieues, sur une largeur de deux. Entre ces arcades étonnantes sont d'énormes quartiers de glace précipités des hauteurs voisines, & que la marée, dans le reflux, entraîne à la mer: c'est ainsi que ces glaciers fournissent continuellement à la mer des glaçons qui remplacent ceux qui se brisent ou se fondent dans des parages un peu moins froids que ceux-ci. Les détroits aujourd'hui fermés sont probablement ouverts dans le fond par de semblables arcades, qui fournissent également des quantités de glaçons énormes qui débouchent dans la mer. Ceci est un effet de la marche continuelle des glaçons depuis la région des neiges supérieures aux glaces jusqu'à la mer, & des déplacemens qui ont lieu en conséquence des pentes du terrain & du petit dégel que la glace éprouve à la surface de la terre: c'est le même mécanisme que nous avons décrit à l'article GLACIER, & que nous avons si bien vus dans les alpes de la Suisse & de la Savoie.

J'ai parlé des îles de glace à l'article du SPITZBERG: celles du *Groënland* leur ressemblent parfaitement en tout: peut-être les couleurs en sont-elles plus vives & plus éclatantes. La couleur verte est produite, selon M. Égède, par la congélation de l'eau douce; la seconde, couleur bleue, par celle de l'eau salée. Ici on trouve de grandes étendues d'eau de mer gelée; car il y a des communications de glace d'une île à l'autre, & d'un bord à l'autre d'une baie.

Là marée s'élève sur la côte méridionale, à la latitude de soixante-cinq degrés de dix-huit pieds; de douze sur la côte occidentale. A Disco, latitude soixante-cinq, de six pieds, & plus loin, vers le nord, elle ne s'élève plus que d'un pied. Dans les grandes marées, surtout en hiver, on a observé que des sources d'eau douce se formoient, & jaillissoient dans des endroits du rivage, où l'on n'en avoit pas vu auparavant.

Durant le long jour du court été de ce climat, la chaleur y est considérable. Le long hiver y est un peu égayé par l'aurore boréale, qui se montre avec plus d'éclat & d'activité dans la saison du printems & vers le tems de la nouvelle lune. Les brouillards sont fort fréquens & même épais en été, & les vapeurs des glaces fumantes sont très-abondantes en hiver. Cette fumée froide s'élève des glaçons qui flottent sur la mer, & surtout des ouvertures qui s'y trouvent.

Les *Groënlandais* se regardent comme des hommes par excellence ; ils sont cependant une branche des Esquimaux, race petite, abâtardie, & confinée sur toutes les côtes arctiques. Ils tirent leur origine des Samoïèdes, qui, en passant dans le Nouveau-Monde, ont une suite d'habitations non-interrompues, depuis le détroit du Prince Guillaume, au côté occidental, latitude soixante-un degrés, jusqu'à la partie méridionale & orientale de la terre de Labrador ; ils se sont dispersés par degrés au moyen de leurs petits canaux, diminuant toujours de taille, jusqu'à ce qu'ils soient venus au terme de leur dégénération, sous le nom d'*Esquimaux* & de *Groënlandais*. Un peuple semblable a été vu depuis le détroit du Prince Guillaume jusqu'au nord du détroit de Bering : M. Hearne l'a retrouvé ensuite à la latitude de soixante & douze degrés. Suivant le rapport des *Groënlandais* de la baie de Disco, il y en a dans la baie de Baffin, latitude soixante & dix - huit degrés.

C'est une race faite pour le climat ou plutôt par le climat, & elle ne pourroit pas plus supporter son transport sous un ciel tempéré, qu'un animal de la zône torride ne pourroit vivre dans notre climat, où la température est si variable : outre cela, la privation de sa nourriture habituelle produiroit bientôt sa destruction. On a trouvé une ressemblance de mœurs, de vêtemens, d'armes & de langage dans toutes les colonies de cette race que nous avons indiquée & reconnue depuis le détroit du Prince Guillaume jusqu'à la terre de Labrador ; ce qui forme un espace d'environ mille cinq cents lieues. Cette même race paroît n'habiter que les côtes ; elle est partout exposée à la persécution des Indiens, qui lui ont voué une haine éternelle, & qui la poussent continuellement vers la mer en l'excluant de l'intérieur des terres.

Le nombre des *Groënlandais* est aujourd'hui excessivement diminué. En 1730, il y avoit trente mille ames : actuellement on ne peut guère compter que sur dix mille, & c'est principalement aux ravages de la petite vérole qu'est due cette dépopulation aussi rapide.

Les quadrupèdes de cette contrée sont le renne, qui n'est absolument ici qu'un objet de chasse : leur nombre est considérablement diminué, & l'on n'en trouve plus que dans les parties les plus éloignées ; les chiens, qui ressemblent aux loups par la figure, la grandeur & les inclinations. Abandonnés à eux-mêmes, ils chassent par meutes le peu d'animaux du pays, dont ils font leur proie ; ils ressemblent aux chiens des Esquimaux du Labrador.

Il est probable qu'ils ont été apportés là par leurs maîtres, qui s'enfuirent de ce pays pour s'établir dans le *Groënland* & le peupler.

Les renards arctiques y sont très-nombreux, & avec les ours polaires, ils infestent le pays. Le glouton existe en petit nombre dans les parties méridionales, où il vit de rennes & de lièvres blancs. On présume avec vraisemblance, qu'il a été primitivement apporté sur les glaces, & avoir fait le trajet de la terre de Labrador ici ; car cette terre qu'il habite, est le lieu le plus voisin du *Groënland*.

Le lièvre changeant y est très-commun. Le valruse & cinq espèces de veaux marins habitent aussi ces mers. Le commun, le grand, l'hérissé, le capuchonne, le harp ; les ours polaires, les veaux marins & les manati sont originaires de ces contrées : les autres quadrupèdes y ont passé sur des îles de glace. Le renard arctique s'est servi de la même voiture pour se transporter du *Groënland* en Islande, comme il a passé avec le renne au Spitzberg. C'est probablement du Labrador qu'ont été transportés au Spitzberg, la belette commune & le renard rouge ou commun. La souris, dont j'ai parlé à l'article ISLANDE, a manqué le *Groënland* ; mais elle a pu arriver en Islande & s'y multiplier. Le glouton & le lièvre changeant n'ont jamais atteint plus loin que le *Groënland*. Tels sont à peu près la marche & les progrès du passage des quadrupèdes dans la zône glaciale, aussi loin qu'il y a des terres.

Oiseaux de terre & d'eau.

Passons maintenant aux oiseaux de terre & d'eau du *Groënland*. On trouve, dans cette contrée, l'aigle cendré, le faucon du *Groënland*, le gerfaut, le faucon à collier, le hibou à longues oreilles, le hibou de neige, le corbeau, le ptarmigan, l'ortolan de neige, le lulu, le petit rouge-gorge, la mésange huppée, le héron commun, la bécassine, le jadreka, la guinette rayée, celle des Hébrides ; la petite guinette brune, le pluvier doré, à gorge noire ; le pluvier annèle, le phalarope gris, le phalarope rouge, le grand pingouin, le pingouin à bec de rasoir, le bec noir, le plongeon, le guillemot noir, le plongeon du nord, le plongeon à rouge-gorge, la grande hirondelle de mer, le goëlan au dos noir, le goëlan cendré, le goëlan d'un blanc-verdâtre, le goëlan d'ivoire, le turrock, l'arotique, le puffin gris-blanc, le petrel, le friseur d'eau, le harle à gorge rouge, l'oie du Canada, l'oie sauvage, le cravant, la bernacle, le canard à duvet, le canard roi, le garrot, la queue d'épingle, la longue queue, l'arlequin, le mallard, le morillon.

Poissons.

Le nombre des poissons qui fréquentent les mers glaciales des environs du *Groënland* est très-considérable. Elles sont d'abord le grand rendez-vous des baleines, & la pêche des Hollandais commence dans la baie de Difco dès le mois d'avril. Les naturels du pays en prennent dans d'autres faifons, mettent en morceaux les parties qui donnent l'huile, & la confervent avec l'os de baleine comme un article de commerce. Il eft certain qu'ils ne boivent point de cette huile, comme font les vrais Efquimaux & les autres nations de la même race.

Les autres efpèces qui fe trouvent fur les côtes du Groënland font le narval, le monodon fpurius, rare efpèce, avec deux dents d'environ un pouce de longueur, qui fortent de l'extrémité de la mâchoire fupérieure; la baleine commune, la baleine à foufflet, la baleine à lèvres rondes, la baleine à long grouin, le fouffleur à longue tête, le cachalot à tête ronde, le cachalot à tête mouffe, le dauphin orque ou perfécuteur des grandes baleines, le marfouin, le dauphin, le grampus; la baleine *beluga*, qui éclaire l'eau autour d'elle par fa blancheur éblouiffante.

Parmi les efpèces cartilagineufes font le goulu blanc, également vorace depuis l'équateur jufqu'au cercle polaire arctique; le goulu à pointes, le basking, l'efpadon ou baleine à fcie, le maffif fuceur, qui eft d'une grande reffource pour la nourriture des habitans du Groënland; le fuceur épineux, le fuceur huileux, le petit.

Parmi les poiffons offeux fe trouve l'anguille, qui fe pêche, mais rarement, dans les rivières du midi. Le loup de mer paroît au printems avec le lump, & difparoît en automne. La lance, le ferpent vert & le merlus font abondans en hiver. La morue bariolée & la morue commune fréquentent les côtes au printems & en automne. La morue verte ou lamproie, la morue à fécher & le grand brafme, font des efpèces de morue qui fe pêchent auffi dans ces mers. La tête du taureau armé, le père foueteur, poiffon très-commun & d'un très-grand ufage; le chabot fcorpion ou à quatre cornes, fe trouvent dans l'eau falée. Le zeus gallus, poiffon des parages les plus chauds de l'Amérique méridionale, eft foupçonné de fe trouver ici. L'holibut & le flétan à langue de chien y font fort communs. L'ancien labre, la truie de Norwège & le faumon y font extrêmement rares à préfent; cependant, du tems de Davis, ce fut un des préfens que lui firent les Sauvages, & Baffin en vit des bancs nombreux dans le détroit de Cockin. Sur cette côte occidentale, à la latitude de foixante-cinq degrés quarante-cinq minutes, le faumon carpio eft un des poiffons les plus communs & les plus utiles: on en trouve beaucoup dans les lacs, & dans les rivières vers leur embouchure. Le char fraternife avec ce premier, & eft auffi commun. Il faut ajouter le faumon d'étang, efpèce nouvelle qu'on a trouvée dans les lacs fitués entre les montagnes. Le faumon de ruiffeau, le faumon arctique ou capelin des pêcheurs de Terre-Neuve, eft le dernier de ce genre, mais c'eft celui dont les Groënlandais retirent le plus grand avantage. Le harang

commun, ainfi que l'anchois, eft rare dans ces mers.

Jean Davis, habile marin, a le premier examiné & vifité le côté occidental du Groënland: on ne connoiffoit, avant lui, que la partie orientale. Il a fait trois différens voyages en 1685, 1686 & 1687. Après avoir doublé le cap Farewell, il fonda, & ne trouva pas le fond à trois cents braffes. Au nord de ce qu'il appelle *Terre de Défolation*, il arriva dans une eau falée, noire & ftagnante, de la profondeur de cent vingt braffes; il trouva du bois flotté à la latitude de foixante-cinq degrés, & un arbre entier de foixante pieds de long, avec fes racines. Les efpèces de ces bois étoient du fapin, des fpruces & des genévriers, qui étoient defcendus de lieux très-éloignés, fur les bords des rivières de la baie d'Hudfon. On fait d'ailleurs qu'aujourd'hui même, dans certaines années, une grande quantité de bois de charpente eft voiturée avec la glace, à l'embouchure des rivières de cette baie. Davis trouva auffi, dans ces parages, des pierres-ponces noires, qui avoient été apportées des volcans voifins, brûlant ou éteints: à moins qu'on n'aime mieux croire qu'elles avoient été voiturées fur l'eau depuis l'Iflande. La pierre du Groënland eft en général du granit: on y trouve auffi de la pierre de fable & du marbre d'un grain fort groffier. La pierre ollaire s'y trouve auffi en grandes maffes, & elle eft d'une grande reffource pour les naturels du pays, qui en font de la poterie: il y a auffi de la pierre à plâtre, des grenats & des pyrites cuivreufes que les navigateurs ont pris fouvent pour de l'or. On voit, fur les rochers, des indices de mines de cuivre; mais jamais l'avidité des gens qui exploitent les mines ne les déterminera de faire ce voyage, de féjourner dans ces contrées pour arracher ces richeffes du fein de la terre.

Davis s'éleva jufqu'à la latitude de foixante & douze degrés, & nomma le pays *Côte de Londres*. Le détroit qu'il paffa entre la côte occidentale du Groënland & les grandes îles porte fon nom. Il paroît qu'il s'engagea entre les grandes îles; il paffa un autre détroit au fud-oueft, trouva quatre-vingt-dix braffes d'eau à l'entrée; mais, dans le milieu, il ne put atteindre le fond à trois cent trente braffes. Les marées s'y élevoient à fix ou fept braffes; mais, comme cela arrive fréquemment entre les îles, le flot venoit de tant de directions différentes, qu'il ne put diftinguer la direction principale, & par conféquent ne remporta aucune affurance du paffage qu'il cherchoit au nord-oueft.

Le détroit de Davis eft fréquenté par quelques pêcheurs anglois de la baleine; ils partent d'Yarmouth au commencement de mars, & arrivent vers le milieu d'avril, au détroit, qu'ils remontent jufqu'à deux cents lieues, vers la baie de Difco. Dans ces mers, les baleines font plus groffes, mais moins nombreufes que dans les mers du Spitzberg: les veaux marins y font auffi plus rares. Cependant la pêche de la baleine se fait souvent avec une grande célérité dans les parages du *Groënland*. On a vû des vaisseaux, partis le 11 avril d'Yarmouth, le 17 mai tuer la première baleine, & repartir le 23 juin, avec la charge de sept baleines, pour l'Angleterre, où ils arrivoient le 8 juillet.

Les Groënlandais, race de peuple arctique qui habite certaines côtes du *Groënland*, sont de petite taille : il y en a peu qui aient cinq pieds de hauteur. Ils ont le visage large & plat, les joues rondes, mais dont les os s'élèvent en avant; les yeux petits & noirs; le nez écrasé; la lèvre inférieure un peu grosse; la couleur olivâtre; les cheveux plats, roides & longs : ils ont peu de barbe parce qu'ils se l'arrachent; ils ont aussi la tête grosse, mais les mains & les pieds petits, ainsi que les jambes & les bras; la poitrine élevée, les épaules larges, & le corps bien musclé; ils sont tous chasseurs ou pêcheurs, & ne vivent que des animaux qu'ils tuent. Les veaux marins & les rennes sont leur principale nourriture; ils en font dessécher la chair avant de la manger, quoiqu'ils en boivent le sang tout chaud; ils mangent aussi du poisson desséché, des sarcelles & d'autres oiseaux qu'ils font bouillir dans l'eau de mer; ils font des espèces d'omelettes de leurs œufs, qu'ils mêlent avec des baies de buissons & de l'angélique dans de l'huile de veau marin; ils ne boivent pas de l'huile de baleine; ils ne s'en servent que pour brûler. L'eau pure est leur boisson ordinaire. Les mères & les nourrices ont une sorte d'habillement assez ample par-derrière pour y porter leurs enfans. Ce vêtement, fait de pelleterie, est chaud, & tient lieu de lange & de berceau : on y met l'enfant nouveau-né tout nu. Les Groënlandais sont en général si mal-propres, qu'on ne peut les approcher sans dégoût : ils sentent le poisson pourri. Les femmes, pour détruire cette mauvaise odeur, se lavent avec de l'urine; mais les hommes ne se lavent jamais. Ils ont des tentes pour l'été, & des huttes pour l'hiver. La hauteur de ces habitations n'est que de cinq à six pieds; elles sont construites ou tapissées de peaux de veaux marins & de rennes : ces peaux leur servent aussi de lits. Leurs vitres sont des boyaux transparens de poissons de mer. Ils avoient des arcs, des flèches qui sont remplacées par des fusils qui leur servent à la chasse. Pour la pêche ils font usage de harpons, de lances, de javelines armées de fer ou d'os de poisson, & de bateaux assez grands, dont quelques-uns portent des voiles faites avec le chanvre & le lin qu'ils tirent des Européens, ainsi que le fer & plusieurs autres choses qu'ils reçoivent en échange des pelleteries & des huiles de poisson qu'ils leur donnent. Ils se marient communément à l'âge de vingt ans, & peuvent, s'ils sont aisés, prendre plusieurs femmes. Le divorce en cas de mécontentement est non-seulement permis, mais d'un usage commun. Tous les enfans pour lors suivent la mère, & même après sa mort ne retournent pas auprès du père.

Au reste, le nombre des enfans n'est jamais grand. Il est rare qu'une femme en produise plus de trois ou quatre. Les femmes accouchent aisément, & se relèvent dès le jour même pour vaquer à leurs occupations ordinaires; elles laissent tetter leurs enfans jusqu'à trois ou quatre ans. Les femmes, quoique chargées de l'éducation de leurs enfans, des soins de la préparation des alimens, des vêtemens & des meubles de toute la famille, quoique forcées de conduire les bateaux à la rame, & même de construire les tentes d'été & les huttes d'hiver, ne laissent pas, malgré ces travaux continuels, de vivre plus long-tems que les hommes, qui ne font que chasser ou pêcher; car les hommes ne parviennent guère qu'à cinquante ans, tandis que les femmes vivent soixante-dix & quatre-vingts ans.

Les Groënlandais ressemblent plus aux Kamtzchadales, aux Tunguses, aux Calmouks de l'Asie, qu'aux Lappons d'Europe. Les usages, soit superstitieux, soit raisonnables, de ce peuple sont d'ailleurs assez semblables à ceux des Lappons, des Samoïedes & des Koriaques. Plus on les comparera, plus on reconnoîtra que tous ces peuples, voisins de notre pôle, ne forment qu'une seule & même race différente de toutes les autres dans l'espèce humaine, à laquelle on doit encore ajouter celle des Esquimaux du nord de l'Amérique, qui ressemblent aux Groënlandais & plus encore aux Koriaques du Kamtzchatka.

GROTTES. Pour donner une idée de ces *grottes*, nous en avons décrit plusieurs en particulier, parce qu'elles sont toutes différentes les unes des autres, pour l'étendue & la distribution des cavités, la figure des principaux groupes de stalactites. Cependant comme elles se ressemblent toutes par la nature & la forme essentielle de la matière qu'elles contiennent, & par la marche de l'agent qui les a creusées, nous en ferons un article particulier. Une *grotte*, dans le sens dont il s'agit ici, est une cavité souterraine, formée naturellement ou pratiquée par art, au dedans ou au dessous d'un rocher de pierres calcaires, & située de façon que l'eau des pluies puisse y pénétrer à travers le rocher; car l'eau est le principal agent dans la formation des stalactites, mais elle ne produit cet effet que lorsqu'elle arrive dans les *grottes* en petite quantité à la fois, qu'elle y tombe goutte à goutte, & que son écoulement dure long-tems. Toutes ces circonstances sont nécessaires pour l'accroissement & la formation des stalactites. Ordinairement la plus grande partie de l'eau des pluies s'écoule par la pente naturelle du terrain qui est au dessus de la *grotte* : une autre partie s'imbibe dans la terre qui se trouve sur le rocher, & dans ses fentes, ou coule au loin, sur le premier banc de pierre qu'elle rencontre. Il n'y a donc qu'une petite quantité d'eau qui pénètre à travers la masse du rocher qui sert de toit à la *grotte*. Cette eau eſt filtrée dans la pierre, ou au moins elle lave toutes les faces de chaque bloc & les graviers qui ſe trouvent dans les fentes verticales ou dans les intervalles qui ſéparent les différens lits. Par ces ſortes de lotions, l'eau détache des particules de pierres, & tient en diſſolution parfaite tous les principes qui font la matière du ſpath; elle s'en charge, & les entraîne avec elle dans les petites routes par leſquelles elle parvient juſqu'à la *grotte*.

Ces routes ſont ouvertes en différens endroits de la voûte & des parois latérales. Si nous conſidérons d'abord celles dont l'origine eſt au plafond, l'eau, y étant parvenue juſqu'à l'extrémité de ſon petit canal, eſt retenue ſur les bords de l'orifice, s'y amaſſe, & forme une goutte qui reſte ſuſpendue juſqu'à ce que, ſon volume étant augmenté à un certain point, elle tombe par ſon propre poids. Dans le tems que la goutte eſt ſuſpendue, les molécules de matière ſolide dont elle eſt chargée, & qui ſont le plus près des bords du petit canal dont elle ſort, s'y attachent ſous la forme d'un petit cercle de matière de ſtalactite; mais les molécules qui en ſont plus éloignées ſont emportées dans la chute de la goutte, & tombent avec elle ſur le ſol de la *grotte*, s'y fixent, & y forment une petite éminence après que l'eau eſt écoulée ou évaporée. Cette éminence du ſol, de même que le petit cercle qui eſt ſur les bords de l'orifice du plafond, ſeroit à peine ſenſible ſi elle n'étoit que le produit d'une ſeule goutte d'eau; mais comme les gouttes ſe ſuccédent les unes aux autres, la maſſe de matière ſolide s'augmente peu à peu de part & d'autre, & parvient, par la ſuite des tems, au point de former ſur le ſol un cône qui y tient par ſa baſe & au plafond, un tuyau qui eſt une continuation du canal que l'eau parcourt dans le rocher. Ce tuyau groſſit à l'extérieur, parce qu'il reçoit l'eau d'autres canaux du plafond, qui arroſe les dehors du tuyau, & y laiſſe des couches de matière ſolide. D'un autre côté, le cône s'alonge par le haut pendant que le tuyau s'élève par le bas, & à la fin ils ſe rencontrent dans leur accroiſſement mutuel, & forment, en ſe joignant, une ſorte de colonne qui s'étend depuis le ſol juſqu'au plafond de la *grotte*.

On peut juger, par la manière dont ſe fait l'accroiſſement du cône & du tuyau dont je viens de parler, qu'ils ſont tous les deux compoſés de couches additionnelles, & que la colonne eſt ſolide; mais toutes les ſtalactites qui ſont ſuſpendues au plafond des *grottes* n'ont pas un tuyau dans leur intérieur. Pour former ce tuyau, il faut d'abord que l'orifice du canal qui eſt dans ce rocher, & d'où ſort la goutte d'eau, ſoit à peu près horizontal, afin que la goutte reſte ſuſpendue à tous les points de ſes bords, & qu'elle y forme un cercle entier de matière ſpathique. Au contraire, ſi l'orifice du canal eſt incliné de façon que la goutte ne tienne qu'à la partie inférieure des bords de l'orifice, il eſt évident que les molécules de ma-

tière ſolide ne peuvent s'attacher qu'à cet endroit. Dans ce cas, la ſtalactite eſt ſolide; de même que celles qui ſont formées par l'eau qui ſort des parois inclinées ou latérales de la *grotte*. L'eau, en coulant le long de ces parois & en deſcendant juſqu'au ſol, laiſſe dans ſa route, & dépoſe dans le bas pluſieurs couches de matière ſolide, les unes ſur les autres. Il arrive auſſi que le tuyau des ſtalactites du plafond s'obſtrue & ſe remplit en entier.

Des corps ainſi formés par l'eau ſont ſujets à de grandes variétés de figures. D'ailleurs, les inégalités des parois d'une cavité de rocher contribuent beaucoup à donner aux ſtalactites des contours irréguliers & extraordinaires: c'eſt pourquoi l'aſpect d'une *grotte* revêtue de ſtalactites ſurprend tous ceux qui y entrent pour la première fois. De quelque côté que l'on jette les yeux, on apperçoit des groupes figurés de tant de manières différentes, diſtribués d'une façon ſi variée, que l'on imagine y trouver de la reſſemblance avec des choſes connues, comme des tables, des cu de-lampes, des bornes, des tuyaux d'orgue, des colonnes, des draperies, des figures d'hommes, de quadrupèdes, d'oiſeaux, de fleurs, de fruits, de plantes, &c.; auſſi donne-t-on des noms particuliers aux différens endroits des *grottes* les plus fameuſes & les plus fréquentées. Mais lorſque l'on conſidère toutes ces différentes apparences ſans ſe livrer à l'idée du merveilleux, on n'y voit que les traces & la repréſentation de pluſieurs chutes d'eau: ce ſont des caſcades qui ſemblent avoir été fixées & conſolidées dans l'inſtant où elles formoient des nappes & des bouillons.

La différence des formes de ſtalactites les plus remarquables aux yeux d'un naturaliſte eſt à leur ſurface. Les unes ſont hériſſées de tubercules, de pointes ou d'éminences taillées à facettes, tandis que les autres ſont preſque liſſes, & à peu près unies dans leurs différens contours. La cauſe de cette variété de configuration vient de la qualité de la combinaiſon des matières, dont les ſtalactites ſont formées, & de la quantité de l'eau qui a été l'agent de ce travail. Lorſqu'il ſe trouve plus de matière ſpathique que d'autre matière brute, & que l'eau ne coule qu'en petite quantité, les particules du ſpath ſe criſtalliſent en ſe réuniſſant en ſtalactites, & forment des eſpèces de criſtaux à la ſurface extérieure de chaque groupe: mais s'il y a plus de matière brute que de ſpath, elles ſont retenues entre les particules terreuſes, groſſières, & maſquées par elles; elles ne peuvent s'approcher ni s'arranger régulièrement. De même, ſi l'eau les apporte en trop grande quantité & les amoncèle trop bruſquement, elles reſtent en déſordre, parce qu'il n'y a pas aſſez de tems ni aſſez d'eſpace pour faire un arrangement régulier, & même aſſez ſouvent des criſtaux de ſpath bien formés ſe trouvent recouverts par une matière terreuſe & pierreuſe brute. Ainſi différentes ſtalactites s'uniſſent & ſe confondent: c'eſt ce qui arrive le plus ſouvent,

& ce qui doit néceſſairement arriver par la ſuite du tems à toutes les ſtalactites des *grottes* qui ſe trouvent ſous de grands rochers.

Il ſe forme des ſtalactites en différens endroits d'une *grotte* en même tems, ſoit dans le milieu, ſoit contre les parois. Ces ſtalactites s'accroiſſent continuellement, ou au moins tant que dure l'écoulement des eaux de pluie; ainſi il doit ſuinter de l'eau, preſqu'en tout tems, dans les *grottes* qui ſont ſituées à une grande profondeur. Quand même le cours de l'eau ſeroit interrompu, il eſt certain qu'il ſe renouvelleroit pluſieurs fois chaque année; par conſéquent il doit arriver que les ſtalactites s'étendent au point de ſe toucher les unes les autres, & de remplir l'eſpace de la *grotte* en entier ſi la maſſe de pierre qui l'environne, peut fournir aſſez de matière pour cet effet : alors il ſe trouve une carrière d'albâtre à la place de la *grotte*. Le tems néceſſaire pour opérer ce changement n'eſt peut-être pas auſſi long qu'on pourroit le croire : quelques années d'obſervations ſur l'accroiſſement des ſtalactites pourroit nous mettre en état de le calculer. Mais l'on ſait, par expérience, que les ſtalactites qui ſe forment ſous les voûtes ou ſur les murs bâtis avec du mortier de chaux & de ſable, & qui ſont compoſées de particules de chaux, s'accroiſſent bien plus promptement que les ſtalactites de ſpath, qui viennent de la pierre calcaire non calcinée. La formation des ſtalactites de chaux ſe fait auſſi par la filtration de l'eau.

Tout rocher de pierre calcaire peut produire de l'albâtre par la filtration des eaux, qui, comme nous venons de le dire, forment des ſtalactites dans les cavités & dans les *grottes*; mais les ſtalactites n'ont pas toujours toutes les qualités de l'albâtre. Il faut diſtinguer, dans les ſtalactites, deux ſortes de matières & de conformation. Les unes ſont des parties pures, transparentes, figurées régulièrement comme les criſtaux, & iſolées par leurs extrémité : c'eſt le ſpath. Les autres ſont compoſées de parties plus ou moins groſſières, à demi transparentes ou preſqu'opaques. L'union de ces différentes ſubſtances, les unes aux autres, forme l'albâtre; ainſi les ſtalactites qui viennent d'un rocher qui n'a que peu de matières terreuſes brutes ne renferment que des criſtaux de ſpath : il y en a dont les parties ſpathiques, quoique pures, ſont confondues & uniés de façon qu'elles ne compoſent qu'une ſeule maſſe; mais on y reconnoît aiſément le ſpath à ſa transparence & aux reflets des lames dont il eſt compoſé. Au contraire, les ſtalactites qui ſortent d'un rocher mêlé de terre & de ſubſtances métalliques ne contiennent preſque que du ſpath imparfait, coloré, & chargé de matière groſſière & opaque. Ce mélange conſtitue l'albâtre qui a différens degrés de beauté & de fineſſe dans le poli, relativement à la nature de la pierre dont il ſort, & des matières qui entrent dans ſa compoſition : de là vient la différence des albâtres.

Lorſqu'une *grotte* eſt remplie d'albâtre au point

qu'il ne peut plus y entrer de matière de ſpath, l'eau change ſon cours, & va dépoſer la matière dont elle eſt chargée aux environs, entre des graviers calcaires, des fragmens de pierres qui varient pour le grain : c'eſt alors qu'on voit tous ces matériaux imparfaitement unis par la ſubſtance du ſpath. On trouve des couches de ce travail de l'eau dans les fentes des rochers : on en diſtingue même différentes veines dans des marbres, tels que les lumachelles, les brocatelles modernes & antiques, les marbres des Pyrénées & ceux de Flandres. On voit pluſieurs échantillons des marbres de Sicile, ſurtout où il y a tant de *grottes* qui ſont en partie marbre & en partie albâtre. Ce qui eſt albâtre eſt ſouvent coloré d'une teinte rougeâtre, & les criſtaux de ſpath n'ont que le degré de transparence de l'albâtre. C'eſt par ce travail intérieur de l'eau non-ſeulement, que les marbres ont reçu un degré d'infiltration qui les a rendus ſuſceptibles de poli, mais encore qu'il s'y trouve des parties de ſpath pur & transparent qui ſont placées dans le milieu des blocs & qui occupent un eſpace plus ou moins étendu. Non-ſeulement la matière de l'albâtre ſe trouve jointe à celle du marbre, mais le marbre peut auſſi, comme la pierre brute, produire de l'albâtre. Il y a lieu de croire que les albâtres orientaux, qui ſont plus durs & mieux colorés que les albâtres communs, viennent du marbre, parce que les particules métalliques qui colorent le marbre entrent dans la compoſition des ſtalactites.

Cet expoſé de la formation des différens albâtres fait voir pourquoi les carrières qu'on en exploite en Italie, en Eſpagne & ailleurs ne ſont pas diſpoſées par bancs ni par lits horizontaux interrompus par des fentes verticales, comme on en voit dans les couches de pierre & de marbre. Ceci donne auſſi les moyens d'expliquer différens phénomènes que l'on remarque dans l'albâtre : ſa demi-transparence vient de celle du ſpath dont il eſt compoſé : ſes diverſes couleurs ſont produites par les différentes matières qui ſe mêlent aux principes du ſpath. Les veines de l'albâtre, dirigées en cercles, en ondes, en lignes droites ou contournées de toutes manières, ſont viſiblement formées par les différentes couches de ſtalactites : on trouve même quelquefois des vides entre les couches, parce que l'eau y paſſoit en trop grande abondance pour que les particules de matière qu'elle charioit, puſſent s'attacher à la ſtalactite; car l'eau, qui eſt la principale cauſe de la formation de l'albâtre lorſqu'elle filtre en petite quantité, s'oppoſe à toutes ſortes de dépôts lorſqu'elle coule en grand volume & avec une certaine viteſſe.

Je n'ai plus qu'une obſervation à faire d'après cette même conſidération. Les parties des *grottes* qui reçoivent par leur plafond & leurs parois des eaux un peu abondantes reſtent toujours vides, & ne ſe rempliſſent d'aucune ſorte de ſtalactites : c'eſt pour cela qu'on trouve des *grottes* remplies d'un côté, & presqu'exactement comblées d'albâtre, pendant que d'autres restent vides; & cet état subsistera jusqu'à ce que l'eau qui afflue dans ces grottes vienne à diminuer.

Grottes en dômes.

Il faut remarquer que plusieurs grottes offrent à leurs voûtes des dômes concaves plus ou moins profonds: c'est l'ouvrage de l'eau qui se fait jour à travers les voûtes & qui en détruit une partie. On en trouve de semblables à la voûte d'une salle de la grotte d'Arcy. Dans la grotte de Noce l'on rencontre comme des espèces de petites chambres de forme ovale, & surmontées de voûtes en dômes.

J'ai visité plusieurs fois la grotte de Miremont dans le ci-devant Périgord, & j'y ai trouvé plusieurs dômes de différentes formes & grandeurs, les uns de forme ovale, les autres circulaires, mais en général d'une grande profondeur & d'une régularité extrême. Les voûtes en dôme de la cathédrale de Périgueux ne me parurent pas d'une plus belle proportion. (Voyez MIREMONT.)

Amas d'eau dormante dans les grottes.

A l'extrémité de la grotte de Balme en Dauphiné est une flaque d'eau qu'on appelle communément le lac, & qu'on peut considérer comme tel. Il a environ six cents pieds de longueur. Sa largeur n'est pas uniforme; en certains endroits il n'y a que la place pour passer un bateau; dans d'autres il a de trente à quarante pieds de largeur. La hauteur de la voûte de la grotte au dessus du lac est communément de douze à quinze pieds; mais dans les endroits où le lac s'élargit, la voûte semble s'élever à proportion. La profondeur du lac est de huit à dix pieds. L'eau en est claire & limpide, & l'on n'y remarque aucune agitation ni aucun mouvement particulier. On trouve partout, sur les bords du lac comme au bas des murs de la grotte, des madrépores branchus, ainsi que plusieurs autres corps marins pétrifiés. Les madrépores sont les plus nombreux, & la plupart sont changés en silex. Ils paroissent rangés sur des lignes horizontales, à peu près dans la même situation où ils ont été formés dans le bassin de la mer; mais ce phénomène appartient au dépôt sousmarin, & n'a rien de commun avec la grotte dont l'excavation est un travail postérieur au séjour de la mer & a été produit par des agens bien étrangers à la mer. On trouve dans le lac de cette grotte un reste des eaux intérieures dont l'action a pu seule exécuter cette fouille naturelle, comme nous le faisons voir dans cet article.

Grottes où se trouvent des ruisseaux.

Dans la grotte du parc de Dunmore, près de Kilkeny en Irlande, il sort d'une salle un ruisseau qui forme plusieurs cascades.

Dans la grotte de Noce il roule, au milieu des salles excavées au sein de la montagne, un courant d'eau qui murmure en tombant.

Dans la grotte de Balme en Dauphiné on trouve des bassins disposés les uns au dessus des autres, qui reçoivent l'eau de l'intérieur, laquelle forme des nappes & des cascades naturelles. On voit sortir outre cela, d'une des galeries de cette grotte, un courant d'eau qui se perd au milieu des graviers, reparoît ensuite vers l'entrée de la grotte, & va se jeter dans le Rhône. En remontant le courant souterrain on trouve que dans certains endroits à peine y a-t-il de l'eau, & que dans d'autres il y a des étangs; & après un assez long trajet on rencontre une cavité fort spacieuse, d'où l'eau sort à gros bouillons. Tous ces détails annoncent les restes des souterrains qui donnoient passage aux eaux d'une source abondante.

Nous avons trouvé de même, dans la grotte d'Arcy, des bassins formés par des dépôts naturels, & remplis d'eau de manière à offrir des cascades comme la précédente: outre cela un courant d'eau traverse une partie de la grotte, & va déboucher, sur un des bords de la Cure, assez abondamment pour faire tourner un moulin. Il y a quelqu'apparence que ces eaux sont fournies par une source dont l'origine est dans l'intérieur de la colline, & qui a contribué aux excavations de la grotte, conjointement avec l'eau qui se détache du courant de la Cure pour s'insinuer dans la pointe de l'angle saillant au sein duquel est la grotte. (Voyez ARCY (grotte d').)

Grottes où l'on trouve des os.

Dans la grotte de Bauman, près de Blakembourg, on a trouvé des os connus sous le nom de licorne fossile.

Dans les antres de la forêt d'Hyrcinie on trouve des os par tas, ainsi que dans les grottes des Dragons, près de Marsleek.

Les grottes de Galeinreuth, dans le margraviat de Bareuth surtout, présentent une énorme quantité d'ossemens qui ont été décrits par M. Cuvier, & qui se rapportent principalement à des espèces d'ours & de carnassiers qui n'existent plus.

GRUISSON (Étang de), département de l'Aude, canton de Coursan, & à trois lieues sud de cette ville; il tient à la mer, & a du nord au sud une lieue deux tiers de long, & de l'est à l'ouest trois quarts de lieue. Il y a un canal au nord de l'étang, qui va se rendre dans l'Aude à ●● lieue trois quarts nord-est de Narbonne.

GRUNSTEIN. On donne le nom de grunstein à cette espèce de roche qui appartient à la formation des basaltes ou des traps, & qui est composée de grains de hornblende, de feldſpath, & plus ra-rement de mica. Le grunſtein, comme le baſalte, forme la ſommité de pluſieurs montagnes quand il ſe trouve avec cette dernière roche ; il eſt preſ-que toujours deſſus. L'hornblende qui entre dans la compoſition du grunſtein eſt ordinairement en petits grains, rarement en gros grains, plus ſou-vent en grains très-petits. Cette dernière variété eſt ſouvent mêlée avec plus ou moins de baſalte, & forme la tranſition au vrai baſalte. On trouve des roches de grunſtein ſur la montagne baſaltique de Labau dans la haute Luſace, ſur le Weiſner ou Meiſner en Heſſe, & auprès de Dranſfeld, non loin de Gottingue. Sur le Weiſner, on voit le grunſtein très-bien caractériſé, principalement ſur le Kolbe ; il conſiſte en hornblende à gros grains, mêlé avec beaucoup de feldſpath auſſi bien caractériſé. Dans cet endroit on nomme cette roche dukſtein. D'après une obſervation que M. de Napion a pu-bliée ſur la nature de la montagne de Taberg en Suède, il réſulte que le grunſtein des Suédois ap-partient également aux roches de trap. On peut très-convenablement donner le nom à toute cette formation qui comprend les roches de baſalte, de porphirs-chiefer (ſchiſte porphyrique), de man-deſtein (pierre amygdaloïde), ainſi que de grunſtein, roches qui ont de grands rapports les unes avec les autres.

La ſiénite & le grunſtein ſont l'un & l'autre eſ-ſentiellement compoſés de grains de feldſpath & d'hornblende ; mais dans la ſiénite c'eſt ordinaire-ment le feldſpath qui domine, & dans le grunſtein c'eſt l'hornblende. Dans la ſiénite, le feldſpath eſt le plus ſouvent rouge ; dans le grunſtein il eſt blanc. Au reſte, c'eſt principalement dans leur giſſement que ces deux roches diffèrent eſſentiellement. La ſiénite appartient à la formation des porphyres ; elle ſe trouve preſque toujours avec eux, & le grunſtein ap-partient à la formation des traps. On voit des filons de grunſtein près de Bautzen, non-ſeulement dans le voiſinage de la Sprée, mais encore auprès d'une carrière de pierres devant la ville, ſur la route de Garlitz.

GUADALCANAL. Les cimes des montagnes qui entourent ce petit bourg ſont toutes arrondies en forme de dômes, & tiennent les unes aux au-tres par leur baſe ; elles ſont, outre cela, d'une hauteur fort égale. Les pierres dont elles ſont com-poſées ſont des pierres de ſable très-dures, & qui reſſemblent, par leur couleur, aux pierres de Tur-quie, qui ſervent à aiguiſer. Elles ont cependant cela de particulier, 1°. que leur diſpoſition géné-rale reſſemble à celle des ardoiſes, puiſque les fen-tes qui les diviſent, ſont verticales, & qu'elles ſont dans la direction de l'oueſt à l'eſt ; 2°. que ni l'eau ni l'huile n'y mordant pas, elles ne peuvent être employées comme pierres à aiguiſer.

A une demi-lieue de Guadalcanal eſt une mine compoſée de quartz, de ſpath, d'ardoiſe ferrugi-neuſe, de hornſtein, d'un peu de plomb & de beaucoup d'argent : on y trouve auſſi abondam-ment des pyrites.

GUADALQUIVIR (Baſſin du). En com-mençant l'examen de ce baſſin par les lieux qui ſont voiſins de la ſource du fleuve & à ſa droite, je trouve d'abord Alcaraz, remarquable par une mine de calamine : la terre qui la renferme, eſt dure & d'un jaune-foncé.

A quelque diſtance à l'oueſt, mais au pied de la Sierra-Morena, il y a une mine d'antimoine.

En s'approchant de Linarez, on trouve une plaine très-vaſte, & qui eſt terminée, à l'oueſt & au nord, par deux vallons profonds. Les collines qui entourent cette plaine ſont, à leur ſommet, per-cées de puits de mines exploitées par les Maures. Dans tout ce trajet on ne trouve aucune mine dans la pierre calcaire ; mais il y a une mine de plomb dans un granit gris-brun. Le filon a, dans certains endroits, ſoixante pieds de large, & dans d'autres il n'a pas plus d'un pied. C'eſt une véri-table galène dont les cubes ſont gros, & donnent ordinairement ſoixante à quatre-vingts livres de plomb par quintal ; mais chaque quintal de cette même galène ne donne que trois quarts d'once d'argent.

En allant vers Andujar, on trouve abondam-ment une ſorte d'argile blanche, dont on fait en Eſpagne les petites cruches qui ſervent à conſer-ver l'eau fraîche en été : dans d'autres endroits cette argile eſt rouge, & l'on en fait les buca-ros. Ces vaſes, couleur de ſang de bœuf, ſont, ainſi que les cruches, fort minces, poreux, liſſes & à demi cuits. En y mettant de l'eau, ils répandent une odeur ſemblable à celle de la terre ſèche en été, & , l'eau filtrant à travers, ces vaſes ſont tou-jours dans un état d'humidité ; mais l'eau parvenue à l'extérieur, s'évaporant à meſure, il en réſulte un froid autour du vaſe, qui rafraîchit la liqueur contenue dans ſon intérieur.

Des terrains ſablonneux, remplis de cailloux roulés, occupent à peu près tout l'eſpace qui s'é-tend juſqu'à Cordoue. Près de cette ville il y a des maſſes de marbre.

Cordoue eſt à une lieue de la Sierra-Morena : on y voit un très-grand nombre de moulins conſ-truits ſur des batardeaux qui traverſent le Guadal-quivir. Comme cette rivière ne charie pas à cet endroit des pierres roulées, ces batardeaux ne ſe trouvent jamais encombrés.

Coſtantina n'eſt pas à une très-grande diſtance de Cordoue. Ce village a donné ſon nom à une mine qui renferme dans ſa partie ſupérieure, des pyrites, une blende de plomb, & de l'argent dans du ſpath. A une plus grande diſtance on trouve de l'argent minéraliſé & du plomb mêlé d'argent : les filons s'étendent du nord au ſud, & traverſent des ſchiſtes ardoiſés. On voit aux environs, & dans pluſieurs endroits, des ſcories qu'on attribue à d'anciens d'anciens volcans, sans en avoir ni reconnu ni décrit les circonstances.

En remontant à deux lieues de Cazala, vers le couchant, on trouve une mine de cuivre. Le filon est renfermé dans du quartz qui est parsemé de pyrites, & qui s'étend du nord au sud.

A Cazala on trouve une mine d'argent vierge dans du spath, de l'argent minéralisé dans des pyrites cuivreuses, renfermées dans du quartz.

Alcanis, qui vient ensuite, est remarquable par une mine de cuivre pyriteuse qui s'étend du sud au nord, & qui traverse de l'ardoise & des masses calcaires. Mais la mine la plus considérable de ce canton est celle qui se trouve à une demi-lieue du petit bourg de *Guadalcanal*. Comme ce lieu mérite un détail particulier, nous renvoyons à son article.

En descendant au sud on entre dans la belle plaine où est Ségovie. On ne trouve point de pierre dans les environs : de là vint que les Romains en firent les murailles d'une sorte de mortier qui s'est tellement durci, qu'il a la consistance de la pierre : de là vient aussi que cette ville n'est encore pavée que de cailloux roulés.

Le *Guadalquivir*, en continuant sa route par le sud-ouest & formant plusieurs îles, va se rendre à la mer par une embouchure assez considérable. Avant d'y arriver on trouve, sur la gauche, des marais fort étendus.

Je terminerai les détails que je dois donner du lit du *G. adalquivir*, en faisant quelques remarques sur les lieux les plus intéressans qui se trouvent à la gauche de ce lit.

Le *Guadalquivir*, au sud de Linarez, reçoit à sa gauche les eaux de la Bravata, qui vient de l'est. Cette rivière est grossie des eaux qui s'y rendent de la Sierra-Nevada.

Jaën est situé plus à l'ouest, sur une petite rivière. C'est dans ce canton qu'on trouve des coteaux presque tous composés de pierres lisses assez belles, de la forme & de la grosseur d'un œuf. On ne peut attribuer leur poli & leur arrondissement aux pluies ni même aux eaux courantes des environs, attendu qu'elles ne sont pas répandues à la surface de la terre, mais amoncelées & entassées dans le corps des coteaux.

Au sud-ouest de Jaën sont des collines de marbre & d'autres pierres calcaires : il y en a aussi de terreuses, mais elles sont moins élevées. Presque partout les cailloux roulés sont détachés les uns des autres, & ne forment pas de masses agglutinées comme dans beaucoup d'autres endroits.

Alcala la Reale est dans une situation élevée. On trouve dans les environs du gypse blanc veiné, & sur les plus hautes montagnes du canton.

Le Xenil, qui coule de l'est à l'ouest, a sa source peu éloignée de Grenade. Cette rivière devient très-grosse & fort rapide à la fonte des neiges.

Grenade est dans une belle situation. Les montagnes qui l'environnent, sont couvertes de neiges une grande partie de l'année. Quelques-unes n'offrent que des rochers nus, & d'autres sont couvertes de terres rouges, & de plusieurs espèces d'arbres & de plantes. La plus grande partie des coteaux renferme des mines d'argent & de cuivre.

A deux lieues de Grenade on trouve des carrières de serpentine, au bord & au niveau du Xenil. Cette serpentine est verte & pleine de blende; elle prend un très-beau poli. En différentes parties de ces mêmes montagnes on en trouve différentes masses. Grenade est d'ailleurs renommée pour ses albâtres & pour ses marbres. On distingue des albâtres transparens, mais très-mous; une plaine peu inclinée, d'environ dix lieues de tour, & arrosée par différens ruisseaux, forme la campagne de Grenade.

En sortant de cette ville pour suivre le cours du Xenil, on est long-tems dans une belle plaine : on trouve ensuite des montagnes de pierres de sable, puis un vallon où sont des couches calcaires; enfin une plaine où l'on cultive du blé, du lin, du chanvre & des légumes. Sur une colline très-haute, formée de cailloux roulés, agglutinés ensemble, & formant une brèche solide, se trouve la ville de Loxa. La route se continue en passant alternativement sur des collines & dans des plaines.

Teija, où l'on parvient en continuant le cours de cette rivière, est l'endroit le plus chaud de l'Andalousie. Cette ville est entourée de collines peu élevées & fertiles, dont les terres sont argileuses. On trouve au nord de la rivière une plaine de terre non calcaire, mêlée de cailloux roulés & de pierres de sable; elle est couverte de lentisques, de cistes & de chênes-verts. Ce sol, un peu inégal, mais cultivé, se continue jusqu'à Cordoue, dont nous avons déjà parlé.

GUADELOUPE. Il y a, dans cette île une montagne qui jette de tems en tems de la fumée, & même des flammes, par deux bouches placées à son sommet. Cette montagne est extrêmement haute. Les nuages passent à peu près à la moitié de sa hauteur. On emploie deux heures à y monter, ou plutôt à y gravir en se cramponnant aux pierres. On éprouve un froid excessif lorsqu'on est parvenu au sommet. Près des bouches qui sont à ce sommet il y a un étang dont on ne connoît pas le fond, & qui contient du poisson de mauvaise qualité. Avant 1738 l'île étoit sujète aux tremblemens de terre. Vers cette année les deux bouches s'agrandirent, & la matière brûlante du volcan, trouvant une issue plus facile, causa moins de secousse dans l'île. Depuis 1745 les bouches se sont fermées, & on trouve en leur place une multitude de petites crevasses d'où il sort de la fumée, & où l'on ramasse facilement à la main la plus belle fleur de soufre. Il est aisé de voir pourquoi la grande quantité de fumée qui sort de la montagne rassure les habitans sur les tremblemens de terre.

Le 13 août 1766 on vit à la *Guadeloupe* le ciel

comme en flamme au couchant. Les habitans étoient dans la consternation ; cependant ils n'essuyèrent qu'un grand vent. Dès le 18 septembre les mêmes apparences s'observèrent. On ressentit dans l'île quatre secousses de tremblemens de terre ; mais le jour étant venu, on vit la soufrière jeter de la fumée plus qu'à l'ordinaire ; ce qui rassura les habitans. On voit maintenant par quels motifs ils furent rassurés.

GUADIANA, rivière d'Espagne. C'est en suivant le cours de cette rivière, que nous allons faire connoître la géographie physique de son bassin. Une chaîne de montagnes qui court dans la direction du nord-est au sud-ouest, & parallélement à ces deux fleuves, sépare le bassin de la *Guadiana* de celui du Tage.

Les sources de la *Guadiana* sont les fontaines qui contribuent à son entretien dans la partie supérieure de son bassin. Ainsi les fontaines qui versent leurs eaux dans la Xiguela & le Zancara doivent être considérées comme faisant partie des sources de la *Guadiana*, outre celles qui portent ce nom dans le pays ; & qu'il convient de faire connoître par leur singularité.

Tout le pays qui est au nord-est est fort élevé : c'est là que les eaux se divisent pour se rendre d'un côté dans l'Océan, & de l'autre dans la Méditerranée. C'est cependant à ces points élevés que, dans certains endroits, on trouve des amas de pierres roulées & arrondies, des pierres de sable & de quartz ; & à côté, dans la même chaîne, on trouve, à la surface de la terre, des rochers de pierres à chaux, mêlés avec des pierres de sable. En descendant de toutes ces hauteurs, on parvient aux grandes plaines de la Manche, elles sont si vastes, que, dans une étendue qu'on ne peut parcourir d'un coup-d'œil, on ne trouve ni arbres ni arbustes. Une pierre calcaire, sans culture & sans sources ni fontaines, n'y laisse croître que des plantes foibles & rares, telles que le thym & l'absinthe.

En se rapprochant des sources de la *Guadiana* on commence à s'appercevoir du voisinage de l'eau par la quantité de joncs que la terre produit. Dans certains endroits l'eau paroît n'être qu'à quelques pieds sous terre, & dans d'autres les puits creusés ne donnent de l'eau qu'à près de cent pieds de profondeur. On a observé que ces puits ne manquent jamais d'eau, quoiqu'ils n'en contiennent jamais plus que cinq à six pieds : c'est vers le midi que se trouvent les sources de la *Guadiana*.

Elles sortent de plusieurs étangs que dans le pays on nomme *lagunas* : ils reçoivent les eaux de sources perpétuelles, & les versent au dehors pour former la *Guadiana* : elle coule pendant quelque tems vers le nord-ouest, puis disparoît dans des prairies ; elle a peu d'eau en été, mais un gros volume en hiver. A quelque distance, à l'ouest, la rivière reparoît dans d'autres étangs que l'on nomme les *Yeux de la Guadiana*. Au sortir de ces marais on voit une rivière qui a cent pieds de largeur & qui fait tourner plusieurs moulins. On appelle *Pont de la Guadiana* l'espace de terrain qui se trouve entre les premiers étangs & les seconds.

Un peu plus bas, en suivant le lit de la *Guadiana*, on trouve Almaden, célèbre par ses mines de vif-argent. (*Voyez l'article* ALMADEN.)

En allant d'Almaden à Alcocer on ne trouve que des montagnes de pierres de sable. Il est vrai que le terrain change en s'approchant de ce dernier endroit ; car au sortir des montagnes on voit une belle plaine traversée par des couches de pierre calcaire & des bancs d'ardoise. C'est assez près d'Alcocer & d'une montagne de pierre de sable avec des filons de quartz que l'on tire le bel émeri d'Espagne.

Au-delà du fleuve est une mine de fer dans de la pierre de sable & de bel ocre. C'est dans ce canton que se trouve la chaîne de montagnes appelée *Sierra de Guadalupe*.

Cette partie de l'Espagne est curieuse par ses productions minérales : on y trouve, dans un espace fort peu étendu :

1°. Un filon de spath phosphorique, qui, comme on sait, mis sur les charbons allumés, donne une flamme d'un bleu-violet ;

2°. Une mine d'argent dans une pierre blanchâtre, avec du mica blanc ;

3°. Une mine de cuivre dans du schiste jaspé de bleu & de vert.

Dans tout ce canton la pierre dominante est le granit ; car les maisons en sont construites.

En continuant de suivre la *Guadiana* on trouve les pâtures de la Serena, qui ont neuf lieues d'étendue ; elles paroissent situées sur un massif de granit.

Plus loin est une plaine de sable qui est assez fertile en blé, en vin, en fruits & en légumes, parce qu'elle est suffisamment arrosée. C'est après avoir traversé plusieurs endroits sans cultures & des massifs de granit que l'on arrive à Mérida, dont le sol mérite d'être connu.

Plusieurs ruisseaux traversent ce canton & vont se jeter dans la *Guadiana*. La rivière & les ruisseaux restent ordinairement à sec pendant l'été, parce que leurs eaux sont absorbées au milieu d'une large plaine de sable. D'un autre côté, ces eaux minent peu à peu les collines, & favorisent la décomposition du granit & des pierres de sable ; aussi voit-on dans la plaine les débris du granit & de la pierre de sable dans le même ordre qu'ils existent dans les collines d'où les eaux les ont entraînés. Ainsi, lorsque sur les hauteurs dominent les granits, on trouve dans la plaine une étendue correspondante de débris & de sables graniteux. Si les collines élevées sont de pierres de sable, on le trouve comminué & réduit en gros sables dans la plaine. Souvent toutes ces matières, tous ces élémens sont mêlés ensemble, parce qu'ils s'étoient primitivement dans les montagnes d'où les eaux les ont tirées.

En s'avançant, vers l'ouest, à Talavera, entre Mérida & Burgos, on trouve une grande plaine sablonneuse, remblayée par la *Guadiana*, qui mine sans cesse les collines situées sur ses bords, & qui forme dans son lit un grand nombre d'îles où paissent de nombreux troupeaux. Quelquefois cependant la rivière, dans des crues subites, emporte, avec partie de ces dépôts, les troupeaux & les bergers.

A Badajoz le terrain change : ce ne sont plus des sables, mais des pierres calcaires & des terres de la même nature. Dans tout ce pays on ne trouve aucune source un peu abondante.

La *Guadiana* tourne ensuite au sud en côtoyant d'abord une montagne calcaire à l'est, puis vers le sud les montagnes de l'Algarve, & se jette à la mer.

GUANCAVELICA est une bourgade située dans une quebrada formée par une suite d'éminences. Le mercure du baromètre y descend, & s'arrête à dix-huit pouces une ligne & demie, & sa plus grande variation y est de $1\frac{1}{4}$ à $1\frac{1}{2}$. La hauteur du bourg est donc de dix-neuf cent quarante-neuf toises au dessus du niveau de la mer. Au haut de la montagne où se trouve la mine de mercure de *Guancavelica*, & qui est habitable partout, le mercure descend, & s'arrête à seize pouces six lignes. Sa hauteur est donc de deux mille trois cent trente-sept toises deux tiers au dessus du niveau de la mer. Ainsi la haute superficie du mont où est la mine de mercure est à trois cent quatre-vingt huit toises au dessus du fond de la profondeur où se trouve la bourgade.

C'est dans ces masses montueuses & élevées à cette hauteur même dans la mine de mercure, qu'on a trouvé des coquilles fossiles en très-grande quantité & de diverses espèces. La plupart de ces coquilles sont de l'espèce des bivalves, & de celles surtout qu'on appelle communément *coquilles de pélerin*, ayant une écaille convexe d'un côté & plane de l'autre, connues par les naturalistes sous le nom de *peignes*. Toutes ont des côtes & des parties saillantes & rentrantes, qui s'engrènent les unes dans les autres au bord des deux valves, qui sont pour la plupart complètes & couchées sur le plat. Quelques-unes font corps avec la pierre qui les enveloppe ; d'autres sont par lits & par amas sans aucune matière interposée qui les lie ; enfin, elles annoncent un dépôt formé par la mer & dans son bassin. Le bassin de la mer a donc été élevé à deux mille trois cent trente-sept toises au dessus de son niveau actuel, & la masse des eaux de l'Océan a recouvert tout le sol du Pérou, du Chili, jusqu'à cette ligne au moins.

Si l'on fait attention à la hauteur extrême à laquelle les montagnes qui renferment ces coquilles s'élèvent au dessus du niveau de la mer & au gisse-

ment de ces coquilles qu'on trouve dans les rochers, on doit en conclure que ces masses se sont pétrifiées par la succession des siècles, tant au fond du bassin de la mer, que depuis sa retraite ; que les dépôts de la mer étoient primitivement composés de matériaux qui se sont lités par une juxtaposition successive sous les eaux, & que c'est par le travail postérieur de l'infiltration de l'eau, que ces matériaux se sont liés ensemble, & ont formé des bancs & des couches solides & continues.

Ce n'est donc qu'après la retraite de la mer que toutes ces masses de dépôts sousmarins, organisées par couches & par bancs horizontaux, ont été dégradées par les pluies après avoir présenté des superficies planes, dont les sommets de certaines montagnes isolées par les quebradas sont les restes & les témoins. Les coquilles pétrifiées qu'on trouve dans les rivières où elles sont entraînées par les eaux courantes prouvent que les excavations ont détruit les dépôts de la mer dans ces vides, & continuent à le faire malgré la dureté de leurs masses. On trouve ces coquilles, ou totalement séparées des rochers qui les renfermoient, & avec toutes leurs stries intactes, surtout les peignes dont j'ai parlé, ou bien avec un fragment de pierre, qui atteste la nature des bancs d'où ces débris ont été tirés. Ces dégradations des masses ont les effets, non-seulement des pluies, comme je l'ai dit, mais des gelées & des neiges, qui hâtent encore ces destructions. C'est par ces agens que les coquilles se détachent de leurs lits à proportion qu'elles y sont moins retenues ; elles suivent les eaux qui les charient jusque dans les rivières. (*Voyez les articles* QUEBRADAS, PÉROU, PÉTRIFICATIONS.)

Outre cet amas de coquilles marines intéressant à ce niveau, *Guancavelica* nous offre encore le phénomène d'eaux chaudes, qui couvrent d'incrustations les corps qui y tombent, & qui forment des dépôts si considérables dans les bassins des sources, qu'on les exploite comme des carrières très-abondantes. Le bourg de *Guancavelica* est bâti de ces pierres qu'on tire de l'eau.

L'eau de ces sources pétrifiantes est si chaude, qu'elle fume continuellement, surtout en sortant de la source. Quoiqu'elle ne soit pas au degré d'ébullition, on ne peut y tenir long-tems la main. Cette eau ne forme aucune incrustation sur les côtés de son bassin ni sur le fond : on y voit croître certaines espèces de plantes ; mais dès que ces eaux s'échappent de ces réservoirs, & baignent les terrains extérieurs, elles déposent partout une croûte mince, de couleur jaunâtre, & qui prend différens accroissemens avec le tems. Ces dépôts n'ont pas d'abord une certaine dureté ; mais à mesure qu'ils prennent du volume, ils prennent plus de consistance. Les plantes, les feuilles qui s'arrêtent dans les endroits où l'eau est moins rapide, s'incorporent avec les mêmes incrustations. Cette pierre est légère ; mais malgré sa porosité elle se lt moins que l'eau ; elle se taille facilement. Il y en a de deux sortes, l'une d'un gris-cendré-clair, l'autre d'un jaune-orangé, & la première a plus de consistance que la seconde, & se tire d'une carrière différente.

La saveur de l'eau pétrifiante est très-mauvaise ; aussi seroit-elle malfaisante si on en faisoit usage. Les animaux ne veulent pas en boire, quelqu'altérés qu'ils soient. Elle n'a pas cependant d'odeur désagréable comme les eaux des bullicames d'Italie, qui répandent au loin une odeur de foie de soufre : on s'en sert pour les bains, & l'on n'a pas remarqué qu'elle ait jamais produit de mauvais effets aux personnes qui s'en servent pour cet usage.

Ce qu'il y a de singulier, c'est que cette eau qui pétrifie ainsi est si claire & si limpide, qu'elle ne paroît aucunement contenir de corps étrangers. En cela elle diffère aussi des bullicames, que je viens de citer, & dont les eaux sont louches & paroissent chargées de matières d'un blanc-terne.

Près de *Guancavelica* se présente une montagne de hauteur ordinaire, que l'on appelle *Potocohe*. Il sort du pied de cette masse des sources, dont les unes sont très salubres & d'une saveur agréable, & les autres extrêmement nuisibles, quoiqu'à peu de distance des premières : les unes sortent avec le degré de température du climat ; les autres sont chaudes, & répandent une fumée qui, dans les tems froids, forme comme un nuage, tant elle est épaisse. Il n'y a cependant qu'une distance d'un demi-quart de lieue des unes aux autres. On voit donc par-là que ces eaux n'ont aucune communication dans les entrailles de la Terre, quoiqu'elles sortent de la même montagne, & qu'on en voie alternativement de chaudes & de froides au dehors.

Les eaux chaudes sont fort ordinaires dans la partie haute du Pérou ; elles se rencontrent dans plusieurs contrées, mais elles sont plus abondantes aux environs de *Guancavelica*. Il paroît que ces eaux, chaudes à un certain point comme elles le sont dans leurs premiers bassins, ne forment pas de dépôts, & que les incrustations n'ont lieu que lorsque l'eau a éprouvé un certain refroidissement, & une évaporation, comme quand elle s'échappe des réservoirs qu'on lui a pratiqués au pied de la montagne d'où elle sort. C'est pour raison que les canaux souterrains qui servent à la circulation intérieure de ces eaux ne s'obstruent jamais. (*Voyez* BULLICAMES.)

Frézier nous apprend que l'eau de *Guancavelica* est blanche, tirant même sur le jaune, ce qui la rapproche des eaux d'Italie : il ajoute même qu'il suffit de remplir de cette eau un vaisseau de la forme dont on veut avoir une pierre, & quelques jours après on obtient une pierre ainsi qu'on le désire.

Les statuaires n'ont pas non plus besoin d'un grand travail pour faire les draperies, & les traits de leurs statues, dès que les moules sont bien

finis & bien réparés ; ils n'ont besoin que de les remplir d'eau à la source, & peu après ils en obtiennent des statues auxquelles ils n'ont plus qu'à donner le poli pour les rendre transparentes. De ces faits on peut conclure que cette eau doit contenir une prodigieuse quantité de matière hétérogène, ce à quoi contribue sans doute en partie le mouvement & en partie la chaleur que l'eau contracte dans les entrailles de la Terre. Plus l'eau est chaude, plus elle doit en tenir en dissolution. Or, la chaleur peut être portée à un degré étonnant dans un lieu convenablement fermé, quoiqu'à l'air libre elle ne reste pas chaude à plus de cent degrés. L'éloignement où la formation du sédiment ou dépôt pierreux s'opère, répond certainement au degré de chaleur avec lequel l'eau peut en faire le transport jusqu'à cet endroit.

GUBERLINSK en Sibérie. Les monts Guberlinsk sont composés généralement d'une roche cornée, grossière, tirant sur le brun-noirâtre & verdâtre, ou un schiste qui devient bientôt plus argileux ou talqueux, & se change incontinent après en schiste calcaire, dont les couches suivent la même direction que celles du cos ou queux, qui les précédent. On trouve, dans quelques endroits de ces couches, du vrai talc vert & de la serpentine. Toutes ces montagnes, ainsi que celles qui s'étendent en remontant le long du Samara, qui sont de la même nature, paroissent très-propres à la production des métaux, & contenir surtout une grande quantité de cuivre, &c. *Guberlinsk*, qui est séparé par une des plus hautes de ces montagnes, est composée de ce même schiste corné, affecté à ce district.

On trouve le long des bords du Jaïk, outre quantité de cailloux de jaspe, de gros morceaux de feldspath parsemés de petits grains de schorl noir, & qui paroissent avoir été amenés d'assez loin par le Jaïk. Plus loin la chaîne s'élève encore davantage, & deux hautes montagnes de roches font revoir encore, souvent à l'extérieur de leurs flancs, un schiste corné, uni & talqueux, dans lequel on trouve quantité de morceaux dont la superficie paroît filandreuse comme l'asbeste. Cette pierre contient effectivement par-ci par-là quelque peu d'amiante, mais on ne sauroit en détacher qu'une petite quantité de filets, qui d'ailleurs sont très-cassans. On trouve de ces pierres fibreuses, & même en assez grande quantité, qui paroissent avoir éprouvé une sorte de calcination par l'action du soleil & du grand air ; elles en sont devenues toutes blanches & plus tendres, & leurs fibres se détachent facilement à leur superficie ; cependant elles résistent au feu, & ne sont point attaquées par les acides. On n'observe cette efflorescence ou maturité imparfaite que dans les morceaux exposés à l'air & couverts de mousse ; mais elle s'y manifeste dans tous les différens degrés. On rencontre toujours de ces pierres talqueufes, & affez fouvent des indices très-diftinCts de mines de cuivre lorfque l'on va en montant vers la redoute Rasboinoi, fur ces fommités de roches arides, où l'on rencontre, dans quelques endroits, une roche parfemée de quartz blanc, qui eft une forte de granit. Aux environs de la redoute, il y a quelques montagnes d'une pierre argileufe rouge, recouverte d'une terre graffe argileufe, rougeâtre. Il y a du côté d'Orskaja des collines à pente douce : la pierre dont elles font compofées préfente déjà un jafpe d'un vert pâle ou ftrié de rouge, & ce genre de roche fe manifefte de toutes parts aux environs d'Orsk, & dans les collines qui s'étendent vers le nord, le long du Jaïk. En remontant on en trouve des fragmens dans tous les ravins & dans tous les lits de torrens & de ruiffeaux.

GUCHAN, village du département des Hautes-Pyrénées, canton de Vielle, près de la Nefte. Sur la montagne de *Guchan* il y a une mine de plomb & argent, qui a été exploitée. Les travaux, défignés par numéros, occupent un petit efpace.

GUCHEN, village du département des Hautes-Pyrénées, canton d'Arreau, fur la Nefte. Il y a du marbre gris & des bancs de fchifte dans le territoire de ce village.

GUDANNES, village du département de l'Arriège, canton de Foix, & à une lieue & demie de Tarafcon. Il y a une mine de fer, qui paroît enduite de l'émail le plus noir, & qui donne de très-bon fer ; il y a auffi une forge pour l'exploitation de cette mine précieufe.

GUDINGEN, village du département de la Sarre, canton d'Arneval, près de la Sarre, & à deux lieues & demie fud-eft d'Arneval. Il y a une mine de plomb.

GUÉMENÉ, ville du département ou arrondiffement de Pontivy, & à quatre lieues oueft de cette ville. On trouve aux environs des criftaux de roche non exploités.

GUÉPIE (la), village du département de l'Aveyron, arrondiffement de Villefranche, à cinq lieues de cette ville. Le gouvernement a fait ouvrir en 1671 une mine de cuivre rouge qu'on n'exploite plus aujourd'hui.

GUÉRANDE, ville du département de la Loire-Inférieure. On trouve dans fon territoire des marais falans. Le fel qu'on en tire, eft le plus eftimé de France. Il s'y fait un grand commerce de beftiaux, de chevaux, de fel blanc & de foude.

GUEUGNON, bourg du département de Saône & Loire, à trois lieues nord de Digouin. Il y a deux forges, deux fourneaux & un martinet dans cette commune, fituée fur l'Arroux. Au nord & près de *Gueugnon* on trouve des couches de deux ou trois pouces d'épaiffeur, qui traverfent l'Arroux. Ces lits font compofés de gravier quartzeux, uni par un gluten fous la forge de *Gueugnon*. On trouve dans le lit de l'Arroux des couches de fchifte grifâtre très-mou, & qui fe détruit facilement à l'air. La même efpèce de pierre a été découverte près de la roue qui fait mouvoir le gros marteau ; mais ce fchifte eft communément d'une couleur rougeâtre. Le bourg de *Gueugnon* eft fitué au milieu d'une plaine que l'Arroux arrofe, rivière qui l'a couverte des débris des montagnes fans l'avoir fertilifée. Comme ces dépôts ne confiftent qu'en terres fableufes qui proviennent de la deftruction des granits, on ne doit pas être étonné fi elles ne rapportent pas de froment, efpèce de blé qui ne fe plaît que dans un fol dont la nature eft de bonne qualité. Au-delà du château d'Effenlai, fitué à mille toifes oueft de ce bourg, on trouve des maffes de granits & des couches de fchiftes. A Beauchamp, dépendance de *Gueugnon*, il y a une fonderie.

GUIANE. Cette colonie s'étend depuis la rivière des Amazones jufqu'à celle de Marony ; ce qui offre un peu plus de deux cents lieues de côtes, fur une profondeur auffi confidérable que celle de la France, & arrofée de grandes rivières plus larges que le Rhin, & d'un grand nombre de petites, & de criques qui y affluent en tout fens.

Les rivières principales font, au fud, celles d'Aronari, de Vincent-Pinçon, de Macari, de Carfevène, de Conani, de Cachipour, d'Oyapock, d'Aprouague, de Kaw & de Mahury ; au nord, celles de Kourou, de Malmanoury, de Sinnamary, de Conamama, d'Iracoubo, d'Organabo, de Mana ; enfin de Marony. Elles fe déchargent toutes dans l'Océan atlantique, & font fufceptibles plus ou moins de recevoir des bâtimens de différentes grandeurs ; ce qui eft bien avantageux pour l'exportation des denrées coloniales.

Depuis la rive droite de l'Amazone jufqu'à quelques lieues de la rivière d'Oyapock, la côte eft baffe, & couverte de forêts entières de cacaotiers, plantés naturellement & par reproduction, qui font beaucoup plus forts & plus vigoureux que ceux cultivés par les colons dans l'intérieur des terres. L'exploitation de ces cacaotiers produiroit un revenu certain fi, non loin d'eux, on établiffoit les bâtimens néceffaires pour en faire fécher, reffuyer & refferrer le fruit.

Jufqu'à la rivière de Macari il y a des terres excellentes, où l'on pourroit former des habitations & des ménageries pour le gros bétail : on y trouveroit également des étangs très-poiffonneux.

C'eft au Macarique que l'on pourroit faire, comme autrefois, la pêche du lamentin ou phoque ;

& de plufieurs autres, tels que le machoireau jaune
& blanc, l'efpadon, &c. On pourroit de même y
cultiver du manioc, du coton, du tabac, & y
élever du bétail dans les pâturages auffi délicats
qu'abondans qui s'y trouvent. J'en dirai de même
de l'Oyapock, des terres hautes & baffes de la
rivière d'Aprouage, des environs de Cayenne &
des rivières du nord jufqu'au Marony.

La *Guiane* peut être confidérée fous plufieurs
afpects ; mais nous nous bornerons à confidérer fa
conftitution relativement à la nature du terrain &
au travail des eaux, qui en dégradent une partie
pour en former une autre.

C'eft en général un pays bas, coupé par beaucoup de rivières, traverfé par des ruiffeaux fréquens, & couvert par des eaux qui s'amaffent dans
ces lieux creux & enfoncés. Dans la partie voifine
de la mer, jufqu'à vingt-cinq lieues dans les terres,
le fol n'eft qu'un limon récemment dépofé par les
eaux. Au-delà le terrain s'élève, & offre des montagnes couvertes de forêts. Ajoutez à cela, qu'il
pleut fur toute cette fuperficie pendant fept &
quelquefois huit mois de fuite, & que les pluies
tombent ordinairement deux ou trois jours de fuite
fans interruption & par torrens : d'où on peut conclure les ravages que les eaux produifent dans certaines parties, qui offrent des pentes & les remblais
immenfes qui s'opèrent dans les lieux bas.

On peut fe former, d'après ces confidérations générales, une idée de la *Guiane*, & furtout des parties les plus baffes, inondées pendant fept mois de
l'année, depuis les bords de la mer, jufqu'à vingt-
cinq lieues dans les terres. On y voit la mer courrou-
cée, qui ne rencontre ni dunes ni promontoires qui
s'oppofent à fes efforts, enfuite fe répand fur ces
terres ouvertes & fans défenfe, mêle fes eaux à celles des lacs, des rivières, des torrens, & façonne
infenfiblement les nouveaux dépôts que les eaux fupérieures y forment. Cependant quelques portions
de ce même terrain étant plus hautes que les eaux,
dans les tems mêmes des plus grandes inondations,
femblent autant d'îles qui fortent d'une vafte mer.
Les terrains inondés d'un autre côté n'en entretiennent pas moins des plantes de toute efpèce,
des arbres, des forêts ; ils nourriffent de nombreux
troupeaux de quadrupèdes, des efpèces d'oifeaux
prefqu'innombrables, des infectes & des reptiles
qu'on ne connoît point ailleurs, & qui nulle part
ne font auffi grands ni auffi variés. C'eft là qu'à
l'ombre des forêts, paiffent des troupeaux de pé-
caris, des acouchis, des agoutis : c'eft là que fe
jouent, fur les branches des arbres, des finges, à
côté de qui courent des lézards de trois à quatre
pieds de long, tandis que des irabes, qui montent
& defcendent, fe fufpendent par leurs pinces aux
mêmes branches. D'un autre côté, des oifeaux,
auffi frappans par leur forme que par l'éclat de leur
plumage, fe repofent fur les arbres ou planent
dans l'air, les uns pour y faifir leur proie, & les
autres pour la découvrir dans les eaux quand elle

fe montre à leur furface. Des amphibies, des reptiles, des poiffons, nagent parmi les arbres, les
arbuftes & les plantes. On voit que toutes les richeffes de la Nature font prodiguées dans ces lieux
fans fe confondre. L'homme feul manque fur cette
terre féconde, ou n'y paroît que rarement. On y
voit quelques canots d'Américains qui fufpendent
leurs hamacs aux branches des arbres, & ils ajoutent au fpectacle de la Nature que nous venons
de décrire, celui de l'homme couché entre les
branches des arbres, parmi les oifeaux & d'autres
animaux, & au milieu de tous les êtres fur lefquels il femble dominer.

La defcription que nous venons de faire de la
Guiane ne convient, comme on l'a déjà obfervé,
qu'aux terres les plus baffes, à celles qui font incultes & abandonnées, & ne repréfente l'état des
chofes que tel qu'il eft dans la faifon des pluies.
Quand celle de la fechereffe, qui dure quatre
mois, y fuccède, les eaux décroiffent, les rivières
& les ruiffeaux rentrent dans leurs lits, le fol fe
découvre : les feuls endroits les plus bas & les plus
enfoncés reftent fous l'eau. Les poiffons, les amphibies, tous les animaux qui vivent dans les eaux
ou fur les bords des rivières & des étangs, fuivent
leur cours, fe retirent avec elles, & vivent alors
dans les endroits où ils trouvent leurs élémens.

Cette defcription étonnera peut-être une partie
des lecteurs, & les effraiera fur le fort des Européens tranfportés fur cette terre nouvelle : ils n'y
verront que l'image de la mifère, là même où la
Nature étale toutes fes richeffes ; mais il eft facile
de leur montrer que cette même terre n'attend,
comme tant d'autres qu'on a civilifées, que les
révolutions que le tems amène, & furtout des
mains qui les fécondent pour nourrir de nombreux
habitans.

Les rivières, les torrens, la mer qui pouffe fans
ceffe fur fes bords les corps qui ont roulé parmi
fes flots, dépofent, lentement à la vérité, mais
fans interruption, la terre, les fables & les fubftances de toute efpèce que ces eaux ont entraînés.
Le terrain s'élève, le lit des fleuves fe forme & fe
creufe. La mer elle-même accumule fur fes bords
des dépôts qui deviendront des digues infurmon-
tables à fes flots. Alors la terre s'affermit encore
davantage par la détermination fixe de fes limites,
& chaque élément occupe une place féparée &
nourrit les animaux qui lui font propres.

Mais quelle ne fera pas par la fuite la fécondité d'un fol neuf ainfi formé, engraiffé par des
dépôts qui font l'ouvrage de plufieurs fiècles ! Le
naturalifte, habitué à voir les états variés des
cantons qui doivent leur formation à des époques
différentes, loin d'accufer la Nature, regardera ces
vaftes portions de continens comme des réferves
qu'elle femble ménager pour les tems où d'autres
fols cultivés, épuifés de leurs fucs, cefferont de
pouvoir fournir aux befoins de leurs habitans cul-

tivateurs ; mais en même tems il voit que s'il veut accélérer ces tems qui n'étoient pas réservés pour lui, & cultiver une terre deftinée pour fa poftérité, la Nature ne lui défend pas de concourir à fes travaux & d'en précipiter le terme.

L'Européen, guidé par ces principes, tranfporté à la *Guiane*, y verra le fol fe découvrir, fe deffécher, devenir fertile fous fes mains laborieufes : il dirigera & redreffera le cours des rivières, trop long ou trop tortueux ; il en élevera les bords par de fortes digues ; il en débarraffera le lit des bois, des rochers & des obftacles différens ; il abattra des forêts dont l'ombre empêche l'action du foleil, & dont la maffe attire & fixe les nuages. C'eft ainfi que, dans les diverfes parties du Globe, de tout tems l'homme a obtenu fur des terres nouvelles, & qu'il s'eft approprié des récoltes qui étoient le fruit de fes travaux & de fon induftrie. Si le travail qui attend le nouvel habitant de la *Guiane* eft grand, les profits en feront immenfes.

Nous ne pouvons pas manquer l'occafion qui fe préfente ici, de montrer fous tous les afpects l'état de la Nature à la *Guiane*, en faifant envifager les biens & les maux de l'Américain qui nous femble abandonné fur cette terre que nous venons de décrire : ces traits acheveront un tableau qui n'eft point étranger à la géographie-phyfique.

Nous plaignons le fort de l'Américain : examinons-le. L'habitude rend nuls pour lui la folitude, le filence des forêts, la vue d'une terre inondée, tous ces différens traits d'un tableau dont l'afpect nous a étonnés ci-devant & dont l'enfemble effrayoit notre imagination. Il parcourt des forêts, mais il y erre à fon gré ; il n'y trouve ni barrières ni réferves : toutes les parties lui en font ouvertes. Il commande & difpofe en maître partout où il arrive ; il couche dans un hamac fufpendu au deffus des eaux ; mais il eft libre de l'attacher où il veut. Sa main & fon caprice dirigent fon canot. S'il fent les atteintes de la faim, il trouve auffitôt fous fa main de quoi la fatisfaire. Des fruits, de ceux dont nous ne pouvons orner nos tables fans les payer chèrement ; des oranges, des limons de plufieurs efpèces, des ananas, s'offrent à fa main pour les cueillir. Il ne lui en coûte que la peine ou peutêtre l'amufement de lancer fes flèches pour fe procurer des poiffons, des quadrupèdes, des oifeaux ; & ces derniers, outre leur chair dont il fe nourrit, lui fourniffent leurs plumes pour en compofer fa parure.

Libre dans l'abondance, fans idée de la propriété, & par conféquent fans les paffions cruelles qu'elle produit ; fans envie, fans avarice, quels biens peut-il defirer ? Mettra-t-on en parallèle avec la tranquillité dont il jouit, avec la certitude de ne jamais manquer ; mettra-t-on, dis-je, cet état de paix intérieure en parallèle avec quelques maux phyfiques. Loin donc que la Nature ait refufé fes dons à l'habitant paifible de la *Guiane*, s'il a

un reproche à lui faire, c'eft de l'en avoir accablé. De cet état d'abondance, de cette facilité à pourvoir à fes befoins naît, il eft vrai, fa nonchalance habituelle, & cette apathie où fon ame eft plongée. S'il manque quelque chofe à fon bonheur, c'eft de connoître les defirs qui mettent la va eur à la jouiffance. Mais pourfuivons, & voyons les maux auxquels il eft expofé.

Un des plus frappans, le plus grand de tous peutêtre, eft caufé par un foible infecte, par un être qui femble vivre à peine, mais que le nombre prodigieux des individus rend redoutable ; enfin, par les maringouins, ces infectes que nous connoiffons fous le nom de *coufins*. La *Guiane*, fous un ciel toujours échauffé, couverte d'eaux ftagnantes, dans lefquelles les maringouins fe multiplient & vivent long-tems avant que de fe répandre dans l'air, eft un des climats les plus favorables à leur propagation ; auffi n'eft-il point de pays où l'on en voie des nuages plus fréquens, plus épais, plus incommodes. L'habitant de la *Guiane*, pour fe garantir de leurs atteintes, eft obligé de fe couvrir la peau d'un vernis de rocou, d'allumer du feu, fous un ciel brûlant, dans les endroits où il s'arrête, fi c'eft un terrain fec, ou de fufpendre fon hamac le plus haut qu'il lui eft poffible fi c'eft au deffus des eaux, parce que ces infectes ne s'élèvent qu'à une hauteur médiocre ; mais ce fléau n'eft pas particulier à la *Guiane* : on l'éprouve dans tous les climats couverts d'eau, de forêts, & que l'homme habite rarement ; dans ceux mêmes qui, condamnés à un froid & à une ftérilité perpétuelle, n'offrent au voyageur aucun avantage en dédommagement. Nous-mêmes, dans nos climats, nous ne pourrions fupporter une nuit d'été paffée dans une forêt, au bord d'un étang ou d'une mare, le bourdonnement & les piqûres des coufins. Dans les campagnes délicieufes de l'Italie, dans toutes celles qui font au midi de l'Europe, on eft obligé, ou de repofer entouré de rideaux de gaze fi l'on veut jouir du frais, ou de s'enfermer au fond des habitations, fans laiffer d'ouverture ni aucun accès à l'air extérieur. On voit qu'un infecte fans force eft partout, comme à la *Guiane*, le fléau de l'homme ; il boit fon fang depuis un pôle jufqu'à l'autre, fous les deux zônes tempérées & fous la torride.

Un des dangers les plus à craindre enfuite eft la morfure des vipères ; elles y font grandes, nombreufes & d'efpèces variées : la plûpart caufent une mort inévitable. Il ne faut pas confondre avec ces reptiles les couleuvres qui peuvent mordre pour fe défendre, mais qui, n'ayant point de venin, ne fauroient infecter la maffe du fang ; elles fervent à purger le pays de crapauds, de rats, de mulots, dont elles font leur nourriture.

Les animaux les plus dangereux, après les vipères, font les requins & les caïmans ou crocodiles : les premiers habitent dans la mer, ou n'entrent qu'à l'embouchure des grandes rivières ; les fe-

conds préfèrent les eaux douces & celles qui ne
font que faumâtres. Tous les deux font formidables
pour l'homme qui cherche le frais dans les rivières.
Il eſt vrai que l'Indien combat le requin avec avantage. Obligé de ſe retourner pour faiſir ſa proie,
lent & ſans ſoupleſſe dans ſes mouvemens, l'Indien qui le découvre dans l'eau lui porte ſous le
ventre des coups mortels avant qu'il ait pu ſe mettre
en état de l'attaquer.

Les caïmans, preſqu'auſſi dangereux, habitent
des eaux qui, moins profondes, moins pures,
offrent moins d'attraits à l'homme épuiſé par la
chaleur; mais ils ne ſont pas obligés, comme le
requin, de demeurer dans l'eau; ils en ſortent,
gagnent la terre; ils y courent; & quoiqu'ils
reſpectent l'homme, à moins qu'il ne les ait pro-
voqués, ils oſent lui diſputer les proviſions qu'il
ramaſſe pour ſa nourriture, & ſurtout les animaux. Nous devons dire ici, relativement aux
dangers des requins & des caïmans, qu'il ſeroit
facile, dans un pays habité, de préparer pour le
bain des lieux inacceſſibles aux requins; en ſecond
lieu, que l'eſpèce des caïmans ſeroit naturellement
diminuée par la proximité de l'homme & ſa multiplication. Si les crocodiles n'ont point été en
Egypte un obſtacle à la population, comment les
caïmans, qui ſont le même animal, le ſeroient-
ils en Amérique ſi d'ailleurs les conditions ſont
égales.

Ce ſeroit ici le lieu de parler des effets d'un
climat chaud & humide, de ceux d'un air chargé
des exhalaiſons d'une terre détrempée qui ſe ſèche,
& des moyens de remédier à ces inconvéniens,
qui n'excèdent pas les forces de l'homme réuni
en ſociété & laborieux.

Concluons donc que les biens offerts par la
Guiane à l'homme qui l'habite, ſont, comme partout ailleurs, balancés par des maux que ſa population, ſon induſtrie, peuvent reſtreindre par une
ſuite de travaux qui mettront à la place tous les
avantages qu'on trouve dans les pays cultivés &
peuplés.

GUICHEN, village du département d'Ille &
Villaine, à trois lieues de Bain & à quatre lieues de
Rennes. La carrière de la Prévotais, voiſine de ce
village, fournit des grès très-durs, propres à faire
d'excellens pavés : on les emploie auſſi pour ferrer
les grandes routes. Les environs de Guichen offrent
une ſource d'eaux minérales, acides, vitrioliques,
ferrugineuſes, ſouveraines pour diverſes maladies,
& recommandées, comme toniques, par les médecins. On apporte, à Rennes, de cette eau en
bouteilles.

GUIENNE ET GASCOGNE, grand gouver-
nement général, borné au ſeptentrion par la Saintonge, l'Angoumois, le Limouſin & l'Auvergne;
au midi par les Pyrénées, le Béarn & la Navarre;
au levant par le Languedoc, & au couchant par

l'Océan. On lui donne quatre-vingt-dix lieues de
longueur, ſur quatre-vingts lieues de largeur.

Les principales rivières qui arroſent ce gouvernement ſont la Garonne, la Dordogne, l'Adour,
le Tarn, l'Aveyron & le Lot. La Guienne propre
renfermoit le Bordelois, le Médoc avec la petite
Flandre de Médoc, les landes de Bordeaux, le pays
de Buſch, le pays de Born, le Benauge, le pays
d'Entre-Deux-Mers, le Baſadois, le Périgord,
l'Agenois, le Quercy & le Rouergue. La Guienne
fait actuellement partie des départemens de la
Dordogne, de la Gironde, de l'Aude, du Lot, de
Lot & Garonne & de l'Aveyron.

Le Périgord eſt intéreſſant en ce qu'il offre les
limites de l'ancienne terre ſur une aſſez grande
étendue; que dans l'intérieur, & ſurtout vers les
limites, ſont des dépôts torrentiels qui couvrent
les ſommets des collines : ces dépôts ſont venus de
l'ancienne terre du Limouſin; que les eaux qui
viennent du Périgord ont pour origine les rivières
de l'ancienne terre du Limouſin.

Dans l'intérieur du maſſif du Périgord on y
trouve beaucoup de corps marins ſiliſiés, une famille de coquillages nouveaux & inconnus, dont
l'amas s'étend auſſi dans l'Angoumois.

Il y a des mines de fer le long des limites de
l'ancienne terre, & de la manganèſe connue anciennement ſous le nom de pierre de Périgueux; il
y a auſſi un pierre de ſable littorale.

C'eſt en Périgord que ſe trouvent la grotte de
Miremont & de Doma, &c. ; le ruiſſeau de Tre-
molac, qui donne de l'air inflammable; la perte de
la Dordogne deſſous un rocher qui en traverſe le
canal. (Voyez DORDOGNE.)

Les landes méritent un examen particulier.

L'Entre-Deux-Mers offre beaucoup de dépôts:
1°. les dépôts torrentiels; 2°. les dépôts terreux,
le long de la Garonne & de la Dordogne.

Les landes s'étendent au-delà de l'Entre-Deux-
Mers & même dans le Périgord, & un peu dans le
petit Angoumois.

L'Agénois eſt un pays de nouvelle terre, traverſé par la Garonne, le Lot, qui y ont fait des
dépôts de l'ancienne terre.

Il en eſt de même du Condomois & du Baſadois,
où quelques rivières des landes font des dépôts.

GUILLAUME (Détroit du Prince), vaſte détroit ſur la côte occidentale de l'Amérique ſeptentrionale, à la latitude de ſoixante-un degrés
trente minutes, à l'abri d'une longue île appelée
Montague, qui s'étend obliquement & le traverſe
du nord-eſt au ſud-oueſt. Autour de ce havre la
terre a une hauteur conſidérable & eſt couverte
d'une neige épaiſſe. La végétation paroît diminuer
& ſe ralentir, ſi on la compare avec celle des
contrées plus au ſud. Les principaux arbres ſont le
ſapin & la ſapinette du Canada, & quelques-uns
ſont d'une groſſeur médiocre.

Outre les quadrupèdes qu'on trouve à Nootka
(voyez

(*voyez cet article*), il y a une variété d'ours d'une couleur blanche, qui n'est pas l'ours polaire, parce que celui-ci n'habite que les climats les plus rigoureux, ceux où il peut trouver des tanières enfoncées dans la neige & des îles de glace. On y voit un animal de l'espèce de l'hermine, des blaireaux d'une couleur très-brillante & la marmote sans oreilles : il s'y trouve aussi des veaux-marins-lions.

Parmi les oiseaux étoient les pies de mer noires à bec rouge, un canard égal en grosseur à notre canard sauvage, mais avec des couleurs variées ; un plongeur, les suce-miel où colibris, certaines espèces de petrels, & surtout des petrels bruns.

L'espèce humaine offre ici quelque variation & des différences assez remarquables avec la nation du détroit de Nootka. Les habitans sont en général au dessus de la taille commune, mais plusieurs restent au dessous : ils ont une forte charpente, la peau basanée ; ils se fendent la lèvre inférieure ; ils peignent leur visage ou tatouent leur peau ; ils ont deux espèces de bateaux, qui sont faits de peaux d'animaux tendues sur les côtes de bois, & semblables aux bateaux des Groënlandais & des Esquimaux. Leurs armes pour la pêche ou pour la chasse des quadrupèdes sont les mêmes que celles des Groënlandais, & elles sont égales en nombre.

Du détroit du Prince *Guillaume* la côte tire au nord-ouest, & se termine par deux promontoires appelés le *cap Élisabeth* & le *cap Bède* : ces deux caps, avec le cap Bancks sur le rivage opposé, forment l'entrée de la rivière de Cook. (*Voyez* Cook (Rivière de).)

GUILLASTRE, village du département des Alpes, arrondissement d'Embrun, & à trois lieues & demie nord-est de cette ville, sur le Rioubel. Son territoire est couvert de neige pendant la plus grande partie de l'année. Il y a une usine à quelque distance pour la fabrication du fer.

GUILLON, village du département de l'Yonne, arrondissement d'Avallon, & à trois lieues & demie est de cette ville. On trouve dans le territoire de ce village des pierres ardoisières, où sont empreintes plusieurs ramifications intéressantes. Il est situé sur le Serin.

GUINES, ville du département du Pas-de-Calais, dans un pays marécageux, à deux lieues & demie sud de Calais. La ville de *Guines* est un lieu de passage très-fréquent pour les pierres des carrières de Ferques & les bois de la forêt de *Guines*. C'est l'entrepôt des charbons de terre d'Hardighen, qui se transportent par le canal aux lieux circonvoisins. Il y a une fabrique de poterie, tuiles & pannes assez belles. Cette ville fait un commerce considérable de bestiaux de toute espèce. On exploite des tourbières dans les environs.

GUINGAMP, village du département des Côtes-du-Nord, sur le Trieu, rivière qui traverse de vastes prairies. Il se trouve, dans le territoire de *Guingamp*, des terres bolaires sigillées, très-propres aux potiers de terre, & une manufacture où se fabriquent des berlinges.

GUOLLE (la), ville dans le département de l'Aveyron, à trois lieues ouest de Saint-Uruze. On y fabrique des draps du pays & des bas de laine à l'aiguille.

GURJEF en Sibérie. *Gurjef* n'est pas grand, mais c'est, de toutes les petites forteresses élevées le long du Jaïk, la plus régulière, & dont les ouvrages sont le mieux construits. La situation de cet endroit est si mal-saine, qu'on auroit infiniment de la peine à trouver un séjour plus nuisible à la santé, que *Gurjef*, depuis le printems jusqu'en automne. Son commerce, par cette raison, ne peut être susceptible du moindre accroissement. La forteresse est bâtie au milieu d'un marais salé, que les eaux de la mer, chassées dans l'embouchure du fleuve par les vents du sud, inondent souvent, surtout à la fin de l'hiver. On a bien peu exhaussé le sol dans la forteresse même ; mais sa nature saline & argileuse ne permet point qu'il perde son humidité naturelle. On y respire par conséquent toujours un air putride, qui conserve la mauvaise odeur du limon marin, lors même que l'atmosphère est le plus violemment agitée par les vents. L'intérieur des maisons est tapissé de blastes & de cloportes, & dès qu'on vient à l'air, surtout lorsqu'on sort de la place, on est assailli par un nuage de cousins, auxquels se joignent encore, en été, les taons de la grosse espèce, *tabanus bovinus occidentalis*. Il n'est pas étonnant que tant de différens fléaux réunis sur un seul lieu n'occasionnent quantité de maladies parmi les habitans.

C'est sans contredit à la salure des marais dont *Gurjef* est environné, qu'il faut attribuer ces rosées salées si remarquables, qui sont fréquentes, durant l'été, dans ce canton, phénomène qui doit paroître incroyable à bien des personnes. Qu'on trouvât de la rosée salée sur les feuilles des plantes, il n'y auroit là rien d'extraordinaire, puisque tous les végétaux de ces contrées exhalent une grande abondance de molécules salines ; mais ce sont les gouttes de rosée qui s'attachent en plein air aux surfaces polies, & l'humidité dont les habits se pénètrent, qui décèlent une salure très-sensible. Il n'est donc pas étonnant que plusieurs chimistes se soient apperçus qu'en faisant dissoudre & évaporer de nouveau des sels, & en réitérant plusieurs fois la même opération, ces sels subissoient une diminution sensible, & qu'ils en aient conclu que les sels pouvoient se résoudre entièrement en eau & en terre, & en quelque manière se détruire. Cette rosée saline se remarque également plus haut en suivant le Jaïk, & l'on peut préfumer que les rofées malfaifantes, qui ont lieu dans d'autres lieux falins où il règne de grandes chaleurs, font de la même nature.

On ne doit pas attribuer la falure du terrain des environs de *Gurjef* aux feules eaux de la mer ; car ce font, pour la majeure partie, les eaux amoncelées du fleuve, qui inondent la contrée. Lors même que ce font les vents de mer qui règnent, à peine la falure des eaux du Jaïk eft-elle fenfible. C'eft donc plutôt à des fources cachées qui font de nature faline, qu'eft due cette falure du fol ; & un petit rocher de gypfe qu'on voit, non fans admiration, s'élever d'un terrain bas & marécageux, paroît affez naturellement indiquer, d'après les obfervations que nous avons rapportées plus haut, un amas de fel caché, qui fe manifefte encore par les eaux demeurées, après les inondations, dans quelques foffés que ces eaux avoient rencontrées par hafard, & qui contractent bientôt une forte falure. Il part de ce monticule un banc de terre mêlé de coquillages, qui s'étend jufqu'à la mer ; mais ce qui fert encore à fortifier davantage cette conjecture concernant les amas de fels que cette contrée recèle, ce font les lacs falés qu'on trouve de l'autre côté du Jaïk, dans la fteppe kirgifienne, à l'eft de *Gurjef*, où la garnifon de cette place a la liberté d'aller prendre gratis toute fa provifion. Ces lacs varient de forme & d'étendue. On ne trouve point de fel au printems au deffus de la vafe qui en compofe le fond : tout eft alors converti en eau fortement falée ; mais il fe forme en été, fur cette vafe noire, une croûte de fel très-fin, très-blanc & bien compacte, qui acquiert près d'une palme d'épaiffeur. D'ailleurs, on affure qu'il exifte dans toutes les faifons, au deffus de la vafe de ces lacs, dont l'épaiffeur n'eft pas tout-à-fait d'une palme, un fel gemme & folide. Il y a bien des perfonnes qui emportent à *Gurjef* de l'eau falée de ces lacs, qui contient beaucoup de fel amer, & l'on emploie cette eau avec fuccès, à l'extérieur, contre la gale & d'autres éruptions cutanées. La vafe de l'un de ces lacs eft rouge, & fes eaux dépofent un fel de la même couleur & d'un goût très-défagréable ; ce qui fait donner à ce lac le nom de *Malinuwœ-Ofero*, qui veut dire *lac de framboife*.

Les environs de *Gurjef*, ainfi que tous les bras & toutes les anfes, tant du fleuve que de la mer, abondent en poiffons de toute efpèce, propres au Jaïk.

Lacs falés de Gurjef.

L'on compte que le moins éloigné des lacs qui font à l'eft de *Gurjef* en eft à cent werftes. Ces lacs font pareillement à l'eft de l'embouchure du Jaïk dans la fteppe kirgifienne. Les bateaux qui y conduifent, côtoient les rivages de la mer, navigant dans des eaux très-baffes, & remplies de joncs & de rofeaux. On paffe à côté de diverfes îles qui donnent afyle à de groffes troupes de fangliers, qui fe rendent à la nage d'une île à l'autre, & s'y nourriffent de joncs & d'autres racines. La mer forme immédiatement derrière ces îles un long golfe dans les terres, & c'eft à l'extrémité de ce golfe, à une certaine diftance du rivage, que font fitués ces lacs qui vont nous occuper.

Il n'y a proprement ici que deux lacs qui dépofent du véritable fel de cuifine, & un troifième au fond duquel il fe forme du fel amer. Tous les autres ne font que médiocrement falés, & tous enfemble font connus fous la dénomination de *lacs de Gurjef*. Le premier eft fitué le plus près du rivage de la mer, dans une vallée, & n'a guère plus de deux cents toifes de longueur, fur environ la moitié de largeur. Le fond de ce lac eft, comme celui de tous les autres lacs falés, compofé d'une vafe noire, argileufe, dans laquelle on enfonce aifément, & qui couvre, à ce que l'on prétend, d'autres croûtes de fel. L'eau falée n'a nulle autre part au-delà d'une archine de profondeur. C'eft vers le mois de juin qu'il fe forme, fur cette vafe, une croûte blanche & très-pure de fel de cuifine, qui prend plus d'une palme d'épaiffeur. Les Cofaques brifent ce fel à coups de hache, en forment des tas avec la pelle ; ils le lavent enfuite avec de l'eau falée, tant pour en enlever le limon qui s'y attache, que pour lui ôter une légère amertume qu'il contracte à fa fuperficie. Enfin, ils l'emportent fur des bateaux.

GURGIS-LA-VILLE, village du département de la Côte-Dor, canton de Ricey-fur-Ource, fur l'Aubette, à fix lieues de Châtillon. Il y a deux forges fur un étang.

GUSSEGEINS, village du département du Nord, canton de Bavay, & à deux lieues du Quefnoy. Il y a dans cette contrée beaucoup de rocs & de marbres bleus.

HALBERG, village du département de la Sarre, canton d'Harneval, & à une demi-lieue de cette ville. Il y a une forge, quatre affineries, deux gros marteaux, un martinet & une fonderie.

HALLOVILLE, village du département de la Meurthe, canton de Blamont, & à une lieue de cette ville. Il y a une fontaine minérale à côté de la verrerie de Fontieuse & au milieu des bois.

HALLWELL (Lac de). Ce lac, situé dans le canton de Berne, au bailliage de Lenzbourg, a deux lieues de longueur, sur une demi-lieue de largeur. Il reçoit la petite rivière d'Aa, qui a sa source dans les montagnes voisines de Sempach, au canton de Lucerne. Cette rivière traverse d'abord le petit lac de Heidegg, & ensuite celui de *Hallwell*. Ce dernier lac est très-poissonneux : on y pêche une espèce de poisson très-estimée, & surtout une grande quantité d'écrevisses.

HALOUZE, hameau du département de l'Orne, canton de Domfront, & à deux lieues de cette ville. Il y a des forges considérables.

HAMOIR, village du département de l'Ourthe, arrondissement d'Huy, & à cinq lieues sud-est de cette ville. On y trouve du marbre rouge-pâle qui n'est pas exploité.

HARANCOURT, village du département de la Meurthe, à trois lieues de Nancy. Il y a un puits d'eau salée de onze degrés.

HARBERG, village du département de la Meurthe, canton de Sarrebourg, & à deux lieues & demie de cette ville. Il y a une verrerie.

HARDINGHEM, village du département du Pas-de-Calais, à trois lieues nord-est de Boulogne-sur-Mer. On a découvert dans cette commune une mine de houille. On tire journellement de cette mine une quantité de charbon très-utile pour les forges, les fours à chaux & les fours à cuire les briques : on le transporte ensuite, par le moyen des canaux, à Calais, Gravelines, Dunkerque, Saint-Omer & ailleurs. On y trouve aussi des carrières de marbre en exploitation. Près les fosses de charbon de terre est établie une belle verrerie, où l'on fabrique des bouteilles à 18 francs le cent.

HARENG. Les *harengs* sont des poissons de passage, remarquables & intéressans par l'ordre qu'ils observent lorsque, partis des contrées voisines du nord, ils descendent sur nos côtes pour aller jusque dans le midi fournir aux habitans de toutes les côtes qu'ils parcourent, une nourriture saine & abondante; car on sait que la chair de ce poisson est grasse, molle, de bon goût & de bon suc. Le *hareng* multiplie beaucoup; il nage en troupes.

M. Anderson croit que le pays ordinaire de cette espèce de poisson est dans les parages du nord les plus reculés, & il se fonde sur ce que les glaces immenses de ce pays leur présentent une retraite sûre pour la conservation de leur frai, leur accroissement, & parce que les cétacées leurs ennemis, qui ne peuvent respirer l'eau couverte de glace, & qui ne pourroient pas vivre dans ces contrées, ne les inquiètent pas. On prétend aussi que certains *harengs* fraient sur les côtes d'Angleterre; du moins il est certain qu'ils arrivent pleins, & qu'ils se vident avant de quitter ces côtes.

En quelqu'endroit que soit le premier domicile des *harengs*, il paroît que leur principale station est entre la pointe de l'Écosse & les côtes de la Norwège & du Danemarck. Il en part tous les ans des colonies & des peuplades qui enfilent à différentes reprises le canal de la Manche. Après avoir rangé la Hollande, la Flandre, l'Angleterre & l'Irlande, ils viennent se jeter sur les côtes des départemens du Nord & de la Seine-Inférieure. Les pêcheurs n'ont été au-devant d'eux que jusqu'aux îles de Shetland, du côté de Fayrhill & de Bochenefs, où les Hollandais se rendent tous les ans avec leurs buyses & leurs barques; ils y tendent des filets entre deux buyses qu'ils opposent à la colonne des *harengs*, qui y passe alors en venant du nord. Ils en prennent, par ce moyen, des quantités prodigieuses à la fois.

M. Anderson nous apprend qu'on trouve dans les goltes de l'Islande, & même dans les parages plus voisins du pôle, les *harengs* les plus gros & les plus gras, & en si grande abondance, qu'il seroit aisé aux habitans des côtes d'établir en peu de tems un commerce des plus avantageux s'ils étoient en plus grand nombre & plus habiles pour ces sortes d'entreprises.

Suivant le même naturaliste, qui s'est fort occupé de ce qui concerne les *harengs*, la grande colonne de *harengs* sort du nord peu après le commencement de l'année. Son aile droite se détourne vers l'ouest, & tombe, au commencement de mars, vers l'Islande. L'aile gauche s'étend vers l'orient. Cette colonne se subdivise encore : les uns vont par détachement au banc de Terre-Neuve; d'autres, arrivés à une certaine hauteur, dirigent leur course vers la Norwège, & tombent en partie, par le détroit du Sund, dans la mer Baltique; l'autre partie va gagner la pointe du nord du Jutland, défile le long de cette côte, & se réunit promptement par les Belts avec la colonne de la mer Baltique: il en reste une colonne qui côtoie le Holstein, le Texel & le Zuiderzée. La colonne de l'ouest, qui maintenant est la plus nombreuse, s'en va droit au Hitland & aux Orcades, où les pêcheurs hollandais l'attendent, & de là se dirige vers l'Écosse, où elle se divise. Une partie fait le tour de l'Angleterre, & va se rendre le long des côtes de la Frise, de la Zélande, du Brabant & de la France; l'autre partie va aux côtes de l'Irlande: puis ces deux divisions se rejoignent dans la Manche. De toutes ces colonies il se détache une colonne assez nombreuse, qui se jette dans l'Océan atlantique. C'est là qu'un Anglais en a suivi en détail la marche, & l'a décrite. Nous donnerons par la suite ces détails, avec la carte qu'il en a dressée.

Quelques naturalistes nous disent que toutes ces colonnes dispersées par troupes que nous venons d'indiquer & qu'on nomme *flots de harengs*, se réunissent pour former de nouveau deux seules colonnes d'une épaisseur énorme, & retournent ainsi dans leur patrie: l'une y arrive du côté de l'orient, & l'autre du côté de l'ouest.

Le tems du départ des *harengs* paroit fixé également; ils quittent nos côtes dès les mois de juin & d'août. Ces poissons partent ensemble, & ils continuent, de côte en côte, leur marche jusqu'au terme marqué. Comme ce peuple est nombreux, le passage est long. Dès que le gros des colonnes est passé, il n'en paroît plus jusqu'à l'année suivante. On a cherché ce qui pouvoit inspirer aux *harengs* le goût ou le besoin de voyager, qu'elle étoit la police qu'ils observoient dans leur route, & enfin ce qui leur faisoit desirer de retourner dans leur patrie. Nos pêcheurs français & ceux de Hollande ont remarqué qu'il naissoit en été, dans le bassin de la Manche, une multitude innombrable de certains vers & de petits poissons dont les *harengs* se nourrissent; c'est une nourriture appropriée qu'ils viennent recueillir exactement dans le tems qui leur convient. Quand ils ont tout enlevé, durant l'été & l'automne, le long des côtes septentrionales de l'Europe, ils descendent vers le midi, où une nouvelle pâture les appelle. Lorsque ces nourritures manquent ou sont moins abondantes, le passage des *harengs* est plus prompt & la pêche moins bonne: tous ceux au reste qui échappent aux filets des pêcheurs continuent leur route pour remplir ailleurs le grand but de la Nature, c'est-à-dire, pour produire les générations de l'année suivante.

Si quelque chose est encore digne d'admiration, c'est l'attention que ceux de la première rangée qui marchent en file, & qui sert de signal aux autres, portent sur les mouvemens de ceux qui les conduisent. Lorsque les *harengs* débouchent du nord, les colonnes font incomparablement plus longues que larges; mais dès qu'elles entrent dans une vaste mer, elles s'élargissent au point d'avoir une étendue en largeur plus considérable que celle de l'Angleterre & de l'Irlande réunies. S'agit-il d'enfiler un canal ou un détroit, aussitôt la colonne ou le banc flottant s'alonge aux dépens de sa largeur, sans que la vitesse de la marche soit ralentie à un certain point: c'est ici surtout où les mouvemens font un spectacle digne d'admiration quant à l'instinct ou à quelque chose de plus.

Le *hareng* fréquente aussi les côtes de l'Amérique septentrionale, mais on en voit beaucoup moins qu'en Europe; il ne va pas plus loin que les fleuves de la Caroline. Il y a grande apparence que ces *harengs* sont les mêmes que ceux qu'on voit disparoître dans l'Océan atlantique, comme nous l'avons dit plus haut. A l'égard des *harengs* d'Amboine & de Banda, que l'on y sale & que l'on y enfume, c'est une espèce de poisson qui ressemble au nôtre: il n'en est pas de même du *hareng* qui se trouve au Cap de Bonne-Espérance; on l'y voit par troupes semblables à nos *harengs* d'Europe.

HARGARTEN-AUX-MINES, village du département de la Moselle, à deux lieues & demie de Sarre-Libre. Près de ce village est une mine de plomb mêlée avec le charbon de terre, que les mineurs mettent au nombre des mines rares: il y a aussi plusieurs autres mines de charbon de terre.

HARGNIÈS, village du département des Ardennes, à quatre lieues un quart de Rocroy. On y trouve des sulfures de fer.

HARMATAN. C'est le nom d'un vent remarquable, qui règne particulièrement pendant les mois de décembre, janvier & février, sur les côtes de Guinée, situées entre le Cap-Verd & le Cap-Lopez. Il souffle de l'est-sud-est dans les îles de Cos, qui sont un peu au nord de Sierra-Leona, au sud du Cap-Verd: il est nord-ouest à la Côte-Dor, & nord-nord-est au Cap-Lopez, ainsi que sur la rivière de Gabon. Les Français & les Portugais qui fréquentent la Côte-Dor le nomment simplement *nord-est*, du nom de la partie de l'horizon d'où il vient.

L'*harmatan* souffle indistinctement à toute heure de la journée, dans tout état de la marée, & à tout point lunaire. Quelquefois il ne dure qu'un jour ou deux; d'autres fois il se fait sentir cinq ou six jours, & on l'a vu régner pendant quinze jours. Il revient ordinairement à trois ou quatre reprises chaque année. Sa force est modérée & un peu moindre que la brise de mer, qui tous les jours de la belle saison souffle de l'ouest-sud-ouest ou du sud-ouest, mais un peu plus considérable que celle du vent de terre, qui est nord & nord-ouest pendant la nuit. Un brouillard ou une brume constante est la première circonstance qui accompagne l'*harmatan*. Ce brouillard produit une telle obfcurité, que du fort anglais de Juida on ne peut diftinguer ni celui des Français ni celui des Portugais, entre lefquels il eft fitué, quoique l'un & l'autre n'en foient pas éloignés d'un quart de mille. Le foleil, qui demeure caché pendant la plus grande partie du jour, ne perce que pendant quelques heures de l'après-midi ; il eft alors d'un rouge-pâle, & l'on peut en foutenir la vue fans incommodité. Ce brouillard dépofe fur le gazon, fur les feuilles des arbres & même fur la peau des Nègres, des particules qui les font paroître blancs. Il feroit intéreffant de connoître la nature de cette fubftance. Ce fingulier brouillard, au refte, ne s'étend pas fort loin fur la mer : à deux ou trois mille il eft déjà moins épais qu'à la côte, & on ne le trouve plus à la diftance d'environ cinq milles, quoique l'*harmatan* fe faffe fentir jufqu'à celle de dix à douze lieues, & qu'il y fouffle même avec affez de force pour changer la direction des courans.

Une féchereffe extrême eft un fecond caractère de ce vent extraordinaire : auffi long-tems qu'il règne il ne tombe point de rofée, & il n'y a pas la moindre apparence d'humidité dans l'atmofphère. Les végétaux de toute efpèce fouffrent beaucoup : la plupart des plantes de jardin périffent ; le gazon devient fec ; les feuilles des arbres toujours verts fe flétriffent, fe grillent : tout fe reffent de la pernicieufe influence de l'*harmatan*. Les naturels du pays profitent de cette grande féchereffe pour mettre le feu à l'herbe haute, aux brouffailles dont la campagne eft couverte. Ils mettent le feu furtout dans le voifinage des routes, non-feulement pour les ouvrir aux voyageurs, mais auffi pour ôter à leurs ennemis la facilité des embufcades. La flamme fe répand fi rapidement, que les voyageurs qui fe trouvent fous le vent courent les plus grands rifques. Le feul parti qu'ils prennent alors eft de mettre le feu à la campagne devant leurs pas, & de fuivre la trace de ce nouvel embrafement. La féchereffe produite par ce vent eft telle, qu'elle fait éclater les panneaux des portes. Des parquets de bois fec, bien affemblés, s'écartent d'un travers de doigt, & fe rejoignent très-exactement lorfque le vent ceffe. On eft forcé de rebattre fréquemment les tonneaux dont les cercles font de fer : quant aux barriques d'eau-de-vie, il faut les tenir fans ceffe mouillées, fans quoi les cercles tomberoient.

Ce prodigieux defféchement ne fe manifefte pas moins fur les parties qui font expofées à l'air. Les yeux, les narines, le palais, en font fort incommodés. On éprouve à tout moment le befoin de boire, à caufe de la féchereffe défagréable qui fe fait fentir à la gorge ; & quoique la chaleur de l'air foit affez vive, on éprouve fur toute la peau la fenfation d'un froid piquant. Au bout de quatre à cinq jours l'épiderme s'exfolie fur le vifage & fur les mains, & fi le vent d'*harmatan* dure quel-

ques jours de plus, le même effet a lieu fur toutes les autres parties du corps.

Si l'évaporation de l'eau étoit, pendant toute l'année, égale à celle qu'on a obfervée pendant la courte durée d'un *harmatan* modéré, elle iroit à cent trente-trois pouces, au lieu de foixante-quatre pouces que donne l'évaporation annuelle ordinaire fans le vent.

Une troifième propriété de ce vent, c'eft fa grande falubrité. Malgré les effets dont nous venons de faire mention, fur les végétaux & fur les corps animés, il eft très-favorable à la fanté des habitans. La dyffenterie & les fièvres intermittentes ceffent pour l'ordinaire quand l'*harmatan* furvient. Il paffe pour contribuer efficacement à la guérifon des ulcères & des éruptions cutanées, & ceux qui fe trouvent atteints de la petite vérole font prefqu'affurés d'un prompt rétabliffement.

On auroit tort d'attribuer à ce vent les exhalaifons malignes & infectes qui caufent des vomiffemens de bile, des dyffenteries, des fièvres putrides : ces maladies viennent à la fuite des pluies périodiques, qui tombent en mars & dans les mois fuivans ; pluies accompagnées de tonnerres, d'éclairs & de violentes ondées. La terre, détrempée par ces pluies, & recevant, auffitôt que l'orage a ceffé, des rayons d'un foleil brûlant, produit ces exhalaifons meurtrières.

Telle eft l'hiftoire de l'*harmatan*, de ce vent périodique qui fouffle de l'intérieur de l'Afrique fur l'Océan atlantique. Ses effets font affez extraordinaires pour mériter l'attention des naturaliftes & des phyficiens, de ceux furtout qui étudient les caufes des météores. (*Voyez* VENTS PARTICULIERS.)

HARRIETTE, village du département des Baffes-Pyrénées, à deux tiers de lieue fud eft de Saint-Jean-Pied-de-Port. Sous le château d'*Harriette* on trouve des maffes confidérables de marbre gris.

HARSKINGE, village du département du Bas-Rhin, à deux lieues nord de Feneftrange. Il y a une fonderie en cuivre, une fabrique de potaffe & falin, cinq tuileries & briqueteries.

HASLI (Pays de). Nous allons faire connoître ce pays intéreffant en décrivant le trajet de Grindelwald à Meyringen.

En fortant de Grindelwald on commence à monter, & on laiffe fur la droite les deux glaciers dont nous avons parlé à l'article de GRINDELWALD. Les montagnes qui font en avant & à côté de ces glaciers font, comme on l'a dit, toutes calcaires. La partie fur laquelle eft fitué le village de Grindelwald eft toute de fchiftes argileux. Elle confifte auffi en montagnes fort hautes, & en fommets couverts de neige. Celle qui domine eft le Gemsberg. C'eft fur ces fchiftes qu'on chemine en mon-

tant continuellement. On a devant foi une montagne en retour, qui ferme le haut du vallon, &
va s'appuyer contre le Wetter-Horn ; c'eſt le
Scheideck, qu'il faut franchir pour aller dans le
pays de Haſti. Les ſchiſtes ſont feuilletés & d'un
bleu-noir. Les maſſes, qui ſont ſaillantes en différens endroits, ſont d'une ſi énorme grandeur,
qu'elles paroiſſent appartenir aux rochers qui compoſent la chaîne des montagnes par leſquelles le
vallon eſt ceint de ce côté ; mais l'inclinaiſon des
couches obſervées attentivement prouve que ces
maſſes ſont détachées & déplacées. Les ſchiſtes des
ſommets ſont tous horizontaux, & prouvent que
ceux qui ſont plus bás, & dont les couches ſont
inclinées en tout ſens, ont été culbutés. Ce retour du Scheideck, qui va s'appuyer ſur le Wetter-Horn, qui eſt une montagne calcaire, n'offre
rien de contraire à la loi conſtante de la Nature,
que les rochers calcaires ſont toujours ; ou établis
ſur les roches ſchiſteuſes & graniteuſes, ou bien
adoſſées contr'elles ; & les parties ſchiſteuſes &
graniteuſes qui ſe trouvent élevées au deſſus des
pierres calcaires ne ſont qu'une continuation des
baſes ſemblables qu'on trouve dans les parties inférieures.

Les maſſes calcaires dont ſont formées les montagnes de l'Egher, le Mettenberg & le Wetter-
Horn, qui ſont en avant & entre les glaciers du
Grindelwald, quelque hautes qu'elles ſoient,
& quoique perpétuellement chargées de neige, ſont
des maſſes formées par la Nature, poſtérieurement aux maſſes ſchiſteuſes & graniteuſes qui leur
ſervent de baſe, ou contre leſquelles elles ſont
adoſſées, comme nous l'avons prouvé par les débris de pierres ſchiſteuſes & quartzeuſes micacées
que les glaciers détachent & amènent. Dans le cas
préſent on voit que les hautes maſſes calcaires
ſont placées & formées ſur le pied de la maſſe
ſchiſteuſe qui leur eſt oppoſée ; que celle-ci eſt
établie elle-même ſur le maſſif de granit qui eſt
derrière le Wetter-Horn, & que bien loin que
ce qui compoſe le Scheideck ſoit ſur le Wetter-
Horn, au contraire c'eſt le maſſif de celui-ci qui
porte ſur le Scheideck. Ces rochers calcaires, monſ-
trueux pour leur hauteur, qui ſont actuellement
dégradés & eſcarpés, ont dû fournir d'immenſes
débris dans leur écroulement, débris qui non-
ſeulement ont été enlevés des vallons lorſqu'ils ſe
ſont approfondis, mais encore qui les ont comblés enſuite en partie en recouvrant l'ancien fond.
Ces débris ont couvert ici le pied ou les fondemens ſchiſteux ſur leſquels repoſent les montagnes
calcaires. C'eſt par la deſtruction & la décompoſition de ces ſchiſtes, que ſe ſont affaiſſées & écrou-
lées les maſſes calcaires qui étoient deſſus, &
celles qui reſtent maintenant à pic annoncent par
leurs faces eſcarpées les reſtes des derniers écroulemens. C'eſt ce que nous avons déjà fait voir à
l'article de la GEMMI & de l'Oiche, dans le haut
Vallais. Le ſeul moyen de fixer l'attention ſur ces

grands phénomènes eſt de dreſſer des plans & des
cartes de chacun de ces maſſifs ; c'eſt avec ces
ſecours qu'on peut ſe paſſer des deſcriptions &
même de l'inſpection des lieux.

Il faut regarder cette partie du Scheideck, qui
ferme le haut du vallon pour aller s'appuyer contre
le Wetter-Horn, comme un reſte des anciens maſſifs détruits par les moyens ſimples dont nous avons
parlé. On trouve ſur le Scheideck des pâturages
d'été, c'eſt-à-dire, des pâturages qui ſont les plus
élevés que les beſtiaux ne peuvent fréquenter que
pendant les plus grandes chaleurs, parce qu'ils
ſont au pied des ſommets couverts de neige. Cette
montagne eſt fort haute, &, quoiqu'en partant de
Grindelwald déjà fort élevé, il faut encore marcher deux heures & demie pour arriver à ſon ſommet. Quand on y eſt placé de manière à pouvoir
contempler les deux vallons en même tems, dont
le Scheideck fait la ſéparation, on voit la même
chaîne calcaire qui règne dans le vallon de Grindelwald, ſe prolonger dans le vallon de *Haſti* qui
eſt de l'autre côté, ainſi que la chaîne des montagnes ſchiſteuſes ſe prolonge également du côté
oppoſé.

Le haut du Scheideck eſt abſolument nu, c'eſt-
à-dire, ſans aucune production ligneuſe. Les dernières qu'on trouve à une demi-lieue de ſon ſommet ſont le laurier des Alpes & quelques genévriers rabougris & ſans graines, & toute la terre
eſt couverte d'un gazon très-fin. Les mares d'eau
ſtagnante qui ſont en divers endroits de cette montagne ſont jaunes & même rouges, tant elles ſont
chargées des principes ferrugineux des ſchiſtes.

Le premier objet qui attire les regards du côté
du vallon de *Haſti* eſt une ſuite prodigieuſe de
grandes & ſuperbes aiguilles ou pics de rochers,
qui couronnent la chaîne de roches calcaires qui
règne ſur la droite, & forme, comme nous l'avons
déjà remarqué, la ſuite de celles qui bordent le
vallon de Grindelwald ; elles ſont fort élevées. A
côté du ſommet du Scheideck eſt le glacier de
Schwartz-Wald ; il deſcend du Wetter-Horn ; à
ſa gauche eſt le Weu-Horn. Ce premier glacier
eſt fort élevé au deſſus. Suivant la règle générale,
il y a de grands amas de neige : Il ſe termine ſur
un rocher à pic, d'où les glaces ſe ſont précipitées,
& ont formé un autre glacier au deſſous, qui eſt
encore fort conſidérable. Ce dernier s'étend ſur
un rocher en pente, & il eſt également terminé
par un rocher à pic, où la chute de la glace ſe fait
de même, & au bas de ce rocher il ſe forme déjà
un glacier, car on y trouve une certaine quantité
de neige & de glace que la chaleur de l'été ne peut
pas fondre.

De cette hauteur du Scheideck on parcourt de
l'œil tout le vallon de *Haſti* ; il eſt étroit, entrecoupé de pâturages ou de bois. On apperçoit auſſi
le vallon où eſt ſitué Meiringen. Il y a cinq lieues
du haut du Scheideck à Meiringen. Les premiers
ſapins qu'on rencontre après avoir deſcendu pen-

dant quelque tems la montagne, font fort gros, fort anciens, & couverts de longues mousses. Le chemin est fort scabreux à cause des schistes roulans sur lesquels on n'a pas le pied assuré. En parcourant ce vallon de *Hasli* on n'entend que du bruit & du fracas, occasionnés par la chute des glaces & des neiges qui descendent par les vallons latéraux qui sont ouverts entre les pics dont nous avons parlé : une partie de ces neiges est réduite en poussière. On voit outre cela, au pied de ces pics, des monticules ou adossemens formés de leurs décombres. Sur la gauche on suit la continuation des rochers de schistes, & de belles cascades s'y précipitent. Plus bas, dans un endroit où le vallon est plus ouvert, on apperçoit un amas de glace à travers les sapins; c'est le glacier Rosenlavi.

Ce glacier descend de Wetter-Horn : il y a au dessus des amas immenses de neiges, qu'on ne reconnoît bien qu'à une demi-lieue de l'embouchure du glacier; il va beaucoup en pente, & présente un amphithéâtre, comme si l'amas de glace étoit placé sur une suite de marches; il s'enfonce dans le milieu, n'a que très-peu de pyramides sur la droite, & la marème est du même côté. Un rocher qui est sur la gauche, vers le haut, a interrompu sa marche, & l'a forcé de se replier à droite, où il s'est dirigé & où il descendra de plus en plus, vu la masse énorme de neiges & de glaces surincumbantes qui le pressent dans les parties supérieures, la pente rapide sur laquelle le glacier descend, & le peu d'obstacle qu'il trouve dans le bas; aussi n'a-t-il pas d'enceinte ou très-peu. Les rochers qui sont sur ses côtés sont calcaires. Le pic qui est au dessus du glacier est la Tosse : à droite est une partie du Wetter-Horn. Les rochers de la gauche sont nommés *Bourg-Horner* (cornes des châteaux), parce qu'ils ressemblent en effet à d'immenses ruines, à des tours & à des châteaux. Les eaux qui découlent de ce glacier & des autres forment le beau ruisseau de Richenbach. La suite des montagnes de la gauche est toujours schisteuse; mais il s'est placé en avant des roches calcaires qui sont beaucoup élevées. On en distingue parfaitement les couches, qui sont de couleurs différentes. Elle est étroitement liée à la masse schisteuse qui est derrière, & s'est mise de niveau avec elle, puisqu'il en tombe une cascade qui vient de la fonte des neiges qui sont sur le sommet. Cette cascade est une des plus hautes qu'il y ait en Suisse. De l'autre côté du vallon, à droite, les couches sont également horizontales dans la montagne calcaire. Enfin, on parvient dans une petite plaine cultivée où est placé Meiringen, chef-lieu du pays de *Hasli*. De belles cascades tombent du milieu des montagnes qui sont derrière Meiringen. On y trouve des pâturages, des arbres, des bois, des cabanes & quelques champs labourés. L'Aar passe au milieu de ce vallon. La descente continue à être rapide. Sur la gauche, une brume épaisse

s'élève à une grande hauteur; elle est occasionnée par la chute du Richenbach, qui se précipite à travers les rochers qu'il a creusés.

Meiringen est un bourg bien bâti. On y trouve, ainsi que dans le canton qui l'environne, une belle race d'hommes. Il n'est pas rare d'en voir de six pieds, & des femmes de cinq pieds quatre pouces; elles ont la figure intéressante & noble. Le fond du vallon où se trouve situé Meiringen est visiblement formé par un dépôt des eaux, vu qu'il est de niveau partout, & qu'il s'étend ainsi l'espace de trois lieues en longueur jusqu'au lac de Brientz, à la suite duquel est le même terrain nivelé qui s'étend jusqu'au lac de Thun, dont nous avons parlé à l'article BERNE.

Une autre observation qui concourt à favoriser ce sentiment, c'est que toutes les roches calcaires qui bordent ce vallon sont à pic; qu'on y remarque des cavités circulaires & des enfoncemens à la même hauteur, qui annoncent la fouille des eaux & leur action contre ces faces. La terre végétale est bonne dans ce fond par le mélange de la terre calcaire & de la terre argileuse, comme sont presque tous les sols fertiles.

L'Aar, qui traverse ce vallon, y fait des ravages affreux par les débordemens qu'occasionne la fonte des neiges. On retrouve sur les bords de cette rivière, à une lieue de Meiringen, le pied de la masse schisteuse, & qui est recouverte par une masse calcaire. Les schistes sont remplis de cornes d'ammon, dont un grand nombre sont pyriteuses.

Derrière la paroisse de Meiringen il y a deux très-belles cascades à côté l'une de l'autre : ce sont l'Alpbach & le Dorfbach, qui se précipitent du haut de roches calcaires à plus de deux cents pieds.

A l'orient du vallon on monte, & l'on passe la croupe du Balmberg, qui ferme la vallée de *Hasli*. L'Aar s'y est ouvert un passage où il n'y a de place que pour ses eaux, qui y sont resserrées entre deux rochers calcaires, sur lesquels l'eau a tracé du haut en bas les différens progrès de l'approfondissement de cette brèche. On descend ensuite tout à coup dans un petit vallon entouré de rochers à pic fort hauts, dont les couches sont inclinées de six à sept degrés. Il y a quelques années, l'Aar, à la suite de grandes pluies & d'une fonte de neige abondante, ayant entraîné une quantité de bois, le passage dont on vient de parler se trouva fort obstrué, inonda tout le vallon à une grande hauteur, & y forma un lac. Le fond du vallon y est de niveau comme celui de Meiringen : il y a beaucoup de pâturages, d'arbres fruitiers, & quelques terres cultivées autour d'un hameau. A droite, sur le haut d'un petit vallon, est le glacier d'Urbach : c'est le revers de celui de Rosenlavi. L'Aar entre dans ce vallon par une gorge fort étroite, qu'elle s'est creusée à travers un rocher calcaire. On trouve, sur ses bords & dans son lit, des granits

& des pierres schisteuses mêlées de quartz & de mica.

On quitte le vallon de *Hasli* pour monter au Mulithal. Ce vallon est fort étroit : il y a dans son fond des pâturages & des arbres fruitiers. Le Gentel, torrent, y passe avec grand bruit, profondément encaissé entre les rochers. Les roches schisteuses, qui servent de fondement aux calcaires, y sont très-distinctes, & méritent d'être remarquées. Ces dernières sont fort hautes, & couronnées de pics & d'aiguilles. On tire à Mulithal une mine de fer d'une roche schisteuse, toute revêtue extérieurement d'une roche calcaire. C'est encore une preuve de ce que nous avons observé souvent, que les roches calcaires sont formées postérieurement aux roches schisteuses, sur lesquelles ces premières masses posent en les enveloppant de toutes parts.

HASPARREN, bourg du département des Basses-Pyrénées, à trois lieues ouest d'Ustaris. On voit près de l'église de cette commune une terre jaune, fine, & très-propre à servir de tripoli. Il y a plusieurs tanneries. Le commerce de cuirs & de pelleteries qui se fait dans ce bourg, avec l'Espagne & autres villes du nord, est assez considérable.

HAUDAINVILLE, village du département de la Meuse, canton de Verdun, & à une lieue sud-est de cette ville. Il y a aux environs une carrière de pierre de taille en exploitation & en couches suivies, lesquelles se retrouvent à Haudiaumont, avec les mêmes circonstances intéressantes, à trois lieues de Verdun.

HAUGAROU, village du département des Hautes-Pyrénées, à deux lieues trois quarts d'Argelès. On trouve dans le territoire de ce village, à la montagne de l'Espone, une mine de plomb : outre cela, les montagnes près de ce village offrent du marbre gris. Il y a d'ailleurs la mine de fer en chaux brune & solide de Lombie, que l'on convertit en fer dans les forges de Nogaro & de Saint-Paul.

HAUKADAL. C'est dans le voisinage de cet endroit que sont les plus remarquables de toutes les sources d'eau bouillante qu'on trouve en Islande. Ces sources sont à la distance d'environ trente-six milles du mont Hécla, & à douze milles environ au nord-est du village de Skalholt. La route qui y conduit, traverse un pays plat, un peu marécageux, mais qui abonde en pâturages excellens.

On peut voir de seize milles au moins la vapeur qui s'élève des principales sources ; elle monte verticalement en colonne à une très-grande hauteur quand l'air est calme ; elle s'étend ensuite en nuages qui s'entassent les uns sur les autres, & se perdent ensuite dans l'atmosphère.

Les sources jaillissent pour la plupart dans une plaine, entre une rivière qui la traverse & la base d'une chaîne de coteaux peu élevés. On en voit aussi un certain nombre qui sortent des flancs de ces collines, & quelques-unes près de leurs sommets. On en compte plus d'une centaine dans une circonférence de deux milles.

La plus remarquable de toutes jaillit à peu près au centre de cette contrée, vers le pied des collines. On la nomme *Geyser*, mot qui dérive de *geysa*, qui signifie *jaillir*. La source la plus forte après celle-ci sort à la distance de cent quarante verges de la première, & proche le pied de la colline. On l'appelle *le nouveau Geyser*, parce qu'il n'y a pas effectivement long-tems qu'elle jaillit avec la violence qu'on observe actuellement. Aucune des autres n'approche de ces deux Geysers quant à la beauté des jets ; elles ressemblent beaucoup à celles que nous décrirons à l'article Ryкuм, & qui sont dans la vallée de ce nom. Ce sont des chaudières de trois à quatre pieds de diamètre, où l'eau bout sans cesse, & d'où elle s'élance en jets abondans par intervalles. Cette eau est souvent rendue trouble par la glaise colorée qu'elle délaie, ainsi qu'on le voit dans la vallée de Rykum ; mais ici la glaise rouge paroît dominante. On y trouve aussi, comme dans l'autre vallon, de petites sources qui donnent des vapeurs sulfureuses, & dont les bords sont incrustés de soufre en couche légère.

On ne pouvoit appercevoir le mont Hécla ni depuis la plaine ni des hauteurs voisines, mais seulement de celles qui sont situées à l'ouest. Les montagnes les plus élevées qu'on découvre au loin sont couvertes de neige : elles appartiennent à un assemblage de jokuls qui occupent une étendue considérable dans l'intérieur de l'île ; elles sont pour la plupart de forme conique, &, d'après leur ressemblance avec d'autres montagnes de l'île qui ont fourni des courans de lave, on peut les croire volcaniques ; elles ne sont pas disposées à former des chaînes continues, mais au contraire elles paroissent isolées, & en conséquence les neiges qui se sont accumulées sur leurs croupes depuis des tems très-reculés ne se sont pas étendues dans les vallons & n'ont point formé de glaciers, tels qu'on en trouve dans les Alpes de Suisse & de Savoie.

Je reviens aux sources qui, comme je l'ai observé, jaillissent de divers lieux dans les flancs des coteaux de la vallée de *Haukadal*, & dans l'espace compris entre le pied de ces coteaux & la rivière. Le sol à travers lequel les sources se font jour est un amas de débris détachés des hauteurs voisines par l'action des eaux pluviales ; il est réduit, en quelques endroits, à l'état de glaise : dans d'autres, les fragmens de rochers se distinguent encore

encore de manière à être reconnus, ou bien ils sont réduits sous forme pulvérulente.

Partout où la vapeur des sources a pénétré le sol, ces fragmens de laves sont changés en glaises. Ailleurs, la surface du terrain est couverte d'incrustations déposées par les sources. Je ne parle pas des végétaux qui s'y trouvent, & qui sont étrangers à notre objet.

Au dessus de la grande source, le coteau se termine par un rocher à deux têtes, qui s'est trouvé à trois cent dix pieds au dessus du niveau de la rivière. Les élémens de ce rocher se divisent en lames qui ressemblent à un schiste ou banc d'ardoise. C'est une pierre grisâtre, d'un grain très-serré, dont les fragmens, tout divisés qu'ils sont, ne se cassent pas, suivant une direction particulière. On seroit tenté de croire cette pierre du genre argileux, & modifiée ainsi par l'action des feux souterrains; elle ne paroît pas avoir été dans un état de fusion. Quel que soit le degré de cuisson qu'elle puisse avoir éprouvé, elle ne contient ni substances hétérogènes, ni cavités ou boursouflures dans lesquelles des agates, des zéolites ou des substances vitrifiées d'aucune espèce auraient pu se former.

Tous ces rochers, qui ont été ou produits ou modifiés par le feu, sont beaucoup plus susceptibles de décomposition que d'autres. On voit entre le Geyser & le rocher pointu dont nous avons fait mention, des amas de débris entassés, semblables à ceux que nous avons observés à Rykum. Des sources bouillonnent à travers quelques-uns de ces amas, au milieu desquels la glaise colorée paroît dominer.

Les deux grandes sources ressemblent en général à celles de Rykum; mais il y en a cinq ou six qui d'ailleurs présentent des phénomènes particuliers, & qui lancent leurs eaux à des hauteurs très-considérables. Leurs bassins sont de forme irrégulière; ils ont quatre à six pieds de diamètre. Dans quelques-uns, l'eau sort sous toutes sortes de directions. Les jets ne sont jamais de longue durée, & avec des intervalles de quinze à trente minutes. Les périodes d'écoulemens sont en général très-variables. L'une d'elles lance l'eau avec un bruit considérable, & on l'appelle *le Geyser grondant.* Ses jets ne cessent point : l'eau jaillit avec violence toutes les quatre à cinq minutes, & couvre de ses dépôts un grand espace de terrain : ils sont divisés en un nombre infini de filets, & environnés de grands nuages de vapeur. Cette source est à quatre-vingts verges du Geyser & sur la pente du coteau.

Nous essaierons maintenant de décrire cette fontaine célèbre, distinguée, comme par excellence, par le nom de *Geyser* d'après sa prééminence sur tous les autres phénomènes de cette espèce qu'offre l'Islande.

Le dépôt successif des substances dissoutes dans cette eau a formé, pendant une longue suite d'an-

nées & peut-être de siècles, un monticule d'une trentaine de pieds de hauteur, du centre duquel jaillit le Geyser; il sort d'un tuyau cylindrique, profond de soixante-un pieds, & de huit pieds & demi de diamètre. Ce tube se termine dans un bassin en forme d'entonnoir, de cinquante-neuf pieds d'un bord à l'autre. Ce bassin est circulaire, & ses côtés, ainsi que ceux du tube, sont polis par le frottement de l'eau. Leur forme est si régulière, qu'on les prendroit pour un ouvrage de l'art. La pente du monticule commence immédiatement dès les bords du bassin. Les incrustations sont polies en quelques endroits par l'effet de l'eau qui a versé par-dessus les bords; mais partout ailleurs elles s'élèvent en forme de têtes de choux-fleurs.

Ces incrustations sont de couleur brun-clair, & s'étendent assez loin dans toutes les directions, à partir des bords du bassin : elles se prolongent du côté du nord jusqu'à quatre-vingt-deux pieds, à l'est de quatre-vingt-six, au sud de cent dix-huit, & de cent vingt-quatre à l'ouest; elles sont très-dures, & ne paroissent pas être disposées à subir la plus légère décomposition. En examinant les divers échantillons de ces dépôts, on les trouve en quatre états différens. L'un est fort poreux, presque friable, blanchâtre, & sa surface supérieure est disposée par ondes qui correspondent sans doute à celles de l'eau qui l'a formé. Un autre est plus dense, & dans sa fracture on voit des veines demi-transparentes comme la calcédoine. Un troisième échantillon présente à sa surface un grand nombre de petites aspérités, comme s'il eût été primitivement l'incrustation de quelque mousse dont on n'apperçoit cependant pas de traces dans la cassure, & dont les faces sont assez denses. Enfin, le quatrième est évidemment une incrustation de plantes graminées & comme d'une forte paille, dont les brins confusément assemblés. Les deux premiers d'entre ces échantillons ont des rapports très-frappans avec les incrustations de la Solfatare près de Tivoli.

Nous ne suivrons pas les détails des jets & des éruptions du Geyser. Nous remarquerons d'abord que tous ces jeux sublimes & magnifiques de l'eau de cette source & de celle du nouveau Geyser sont précédés par des chocs que le sol paroît éprouver sous les pieds des spectateurs, & ils sont suivis d'un bruit sourd, ressemblant à celui d'une canonnade entendue de loin. Aussitôt l'eau du bassin paroît dans un état d'ébullition violente, & se soulève comme si une force expansive eût travaillé au dessous; elle monte même de quelques pieds au dessus des bords du bassin. Enfin, après deux ou trois secousses accompagnées des mêmes bruits sourds, le spectacle change; l'atmosphère se trouve tout à coup remplie de tourbillons de vapeurs, qui s'entassent les uns au dessus des autres par des mouvemens rapides & majestueux. Des colonnes d'eau, mêlées d'écume, jaillissent à travers jusqu'à des hauteurs qui ont été appréciées de quatre-vingt-seize à cent pieds.

Une partie de l'eau qui retombe, rencontrant dans sa chute de nouveaux jets, remonte avec eux. Enfin, le bassin étant rempli, l'eau, qui est agitée à la surface par de grosses vagues, commence à couler de tous côtés en ruisseaux le long des flancs du monticule. Pendant qu'une partie des jets se dissipe en vapeur, une autre plus considérable retombe en pluie fort serrée. Les jets se suivent de trop près pour qu'on puisse les distinguer à l'œil. A leur sortie du bassin, leur densité les fait paroître du bleu le plus pur & le plus brillant; mais plus haut on ne distingue point de couleurs. Quelques-uns montent verticalement; mais d'autres, qui s'élancent avec une légère inclinaison, prennent des courbures fort élégantes.

La vitesse de ces jets est inconcevable. Ceux qui s'élèvent sans rencontrer d'obstacles se terminent en pointe aiguë, & s'évanouissent dans l'air. Les éruptions, changeant de formes à tous les instans, durent dix à douze minutes; l'eau descend ensuite dans le tuyau & disparoît entièrement.

Ces éruptions se succèdent avec quelque régularité, mais elles ne sont égales ni en durée ni en intensité. Quelques-unes durent à peine huit à dix minutes, pendant que d'autres se soutiennent avec une violence égale pendant quinze à dix-huit minutes. Dans l'intervalle de tems qui sépare les grandes éruptions, & pendant que le bassin & le tuyau se remplissent, l'eau jaillit à une hauteur considérable à plusieurs reprises; mais ces jets partiels ne durent guère plus d'une minute, & souvent beaucoup moins.

Dans l'espace d'une heure & demie, pendant lequel il remplit en partie le tuyau & le bassin, on compte vingt de ces jets. Cette eau paroît alors agitée fréquemment, & bout avec une grande violence. On remarque que les jets sont plus beaux & plus durables à mesure que l'eau augmente dans le bassin. La résistance étant plus grande, leur force, jusqu'à un certain point contrariée, & leur forme plus divisée offrent des jeux plus variés dans les mouvemens de l'écume & de la vapeur.

Tandis que le tuyau se remplit, si l'on jette dedans plusieurs pierres d'un poids considérable, on remarque que, chaque fois que l'eau est lancée avec violence, elles sont projetées beaucoup plus haut que le liquide lui-même; & que lorsqu'elles rencontrent en tombant des colonnes d'eau ascendantes, elles remontent & descendent ensuite alternativement. On distingue aisément ces pierres au milieu de l'écume blanche, & elles contribuent à accroître la singularité & la beauté du spectacle du grand Geyser.

Lorsque le bassin est à peu près rempli, ces éruptions secondaires sont annoncées par des secousses dans le sol, assez semblables à celles qui précèdent les grandes éruptions, &, immédiatement après le choc, la masse entière de l'eau du bassin se soulève considérablement: une violente ébullition succède. On voit de grandes vagues partir du centre, d'où jaillit enfin l'énorme colonne qui termine ce jeu des eaux.

Après quelque tems de repos dans le bassin, la température de l'eau ne passe pas soixante-cinq degrés de Réaumur; mais immédiatement après une éruption; elle s'élève à soixante-quatorze. On a fait cuire dans cette eau un morceau de saumon qui se trouva excellent, sans le moindre goût de soufre. L'eau de Rykum n'avoit pas donné d'aussi agréables résultats pour la cuisson du même poisson. (*Voyez* RYKUM.)

L'eau que produit le grand Geyser se joint, au bas du monticule, à celle qui coule de la source du Geyser grondant. Le ruisseau formé par ces sources réunies se jette dans la rivière, à trois ou quatre cents pas de distance, & la température de l'eau se trouve réduite à dix-sept degrés $\frac{7}{8}$ de Réaumur. Le dépôt de ces eaux est encore la fort abondant, & toutes les plantes qu'elles arrosent, sont couvertes de belles incrustations.

Le nouveau Geyser est à la même distance de la colline que le grand Geyser. Son tuyau paroît avoir une forme aussi régulière; il a six pieds de diamètre, & quarante-six pieds six pouces de profondeur. Il ne s'ouvre pas dans un bassin, mais il est environné à peu près d'un rebord ou d'une sorte de muraille de deux pieds de hauteur. Après chaque éruption, le tube se vide, & l'eau y rentre graduellement, comme dans le grand Geyser. Pendant près de trois heures que le tuyau met à se remplir, les éruptions secondaires ont lieu assez rarement, & ne s'élèvent pas très-haut; mais l'eau bout pendant tout ce tems, & souvent avec une grande violence. La température, après chaque éruption, s'est trouvée constamment de deux cent onze degrés (point de l'ébullition de Fahrenheyt). Il y a peu d'incrustations autour de cette source, mais on en trouve dans le ruisseau qu'elle forme.

Les grandes éruptions ne sont précédées par aucun bruit, comme le sont celles du grand Geyser. L'eau se met soudainement à bouillir, & se trouve en conséquence soulevée jusqu'au dessus des bords du bassin; ensuite, après avoir un peu redescendu, elle jaillit dans l'air avec une violence inconcevable. La colonne d'eau demeure entière jusqu'à ce qu'elle ait atteint la plus grande hauteur, & là elle se divise en jets innombrables. Sa direction est verticale, & sa plus grande hauteur de cent trente-deux pieds. Ces éruptions, comme celles du grand Geyser, offrent plusieurs jets qui se succèdent avec une grande rapidité. Les pierres qu'on jette dans le puits sont lancées à cent vingt-neuf pieds de hauteur: pour lors, parvenue à cette hauteur, elle se divise tellement, qu'elle retombe froide. Pendant dix ou quinze minutes l'eau jaillit avec la même impétuosité, ensuite elle diminue, & enfin la vapeur seule lui succède. A mesure que l'eau baisse dans le tuyau, l'abondance de la vapeur diminue aussi ; de manière que l'eau ayant disparu entièrement, la vapeur s'évanouit de même.

Il ne peut guère exister d'opinions différentes sur la cause immédiate de l'ascension de l'eau dans ces sources. Elle est évidemment due à la force élastique d'une vapeur aqueuse, qui cherche à se faire jour au dehors. C'est aussi, selon toute apparence, la forme du cylindre ou tuyau par lequel l'eau s'élève, qui lui donne cette force projectile si prodigieuse.

On ne peut rien dire sur l'ancienneté de ces sources, sinon qu'elles sont désignées comme lançant l'eau à une très-grande hauteur par Saxo Grammaticus, dans la préface de son *Histoire de Danemarck*, écrite dans le douzième siècle. D'après la disposition générale du local & des environs, il paroît vraisemblable qu'elles sont très-anciennes. Les effets des feux souterrains paroissent en général dater d'une haute antiquité. Toutes les montagnes & collines de cette île prouvent avec quelle violence ces feux ont agi pendant des siècles.

Si nous revenons aux Geysers, nous trouverons que le nouveau Geyser n'avoit pas jailli fortement avant 1789 ; mais comme au mois de juin de cette année cette île éprouva de fortes secousses de tremblemens de terre, il n'est pas invraisemblable que quelques-unes des cavités qui communiquent avec le fond du tuyau, furent alors agrandies, & que de nouvelles sources se firent jour dans leur intérieur. On peut d'ailleurs expliquer la différence qu'il y a entre les éruptions de cette fontaine & celles du grand Geyser, par cette circonstance particulière, qu'il n'y a pas de bassin au dessus du tuyau de la première, dans lequel une eau tranquille fasse obstacle aux jets dans le moment où ils s'élèvent. On n'a pas découvert de correspondance entre les éruptions des fontaines. (*Voyez les articles* RYKUM & ISLANDE.)

HATTEM, village du département du Bas-Rhin, à trois lieues de Weissembourg. On y exploite avec succès les terres propres à la poterie.

HAUTE-PIERRE, village du département du Doubs, à deux lieues de Dormans. On y trouve des incrustations très-curieuses, faites par les dépôts de l'eau.

HAUTEVILLE, village du département de la Haute-Saône, à une lieue & demie de Luxeuil. Il y a un fourneau & une forge dite *de Bouchot*.

HAUTES TERRES de l'Amérique septentrionale. On appelle ainsi une plaine peuplée en bois ou en prairies, & qui sert de retraite aux bisons ou buffles, aux cerfs, aux daims de Virginie, aux

ours & à une grande quantité de gibier. Elle occupe une étendue prodigieuse de pays, depuis les grands lacs du Canada jusqu'au golfe du Mexique. Ces *hautes terres* sont bornées à l'est par une chaîne de montagnes connues sous le nom d'*Apalaches*, qui sont les alpes de cette partie de l'Amérique septentrionale.

HAUTES PLAINES. Assez près du pays dont nous venons de parler dans l'article précédent, se trouvent ces *hautes plaines*. Ce vaste pays est une terre extraordinaire fertile. Il commence à la rivière de Mohock, s'étend fort près du lac Ontario, & se confond vers l'ouest avec les vastes plaines de l'Ohio, d'où il s'étend fort loin au-delà du Mississipi. De grandes rivières y prennent leurs sources, & coulent vers tous les points de l'horizon, d'abord dans le lac Ontario, ensuite dans la rivière d'Hudson, & enfin dans la Delaware & la Susque-Hama. La marée de la rivière d'Hudson remonte très-loin dans son lit profond, & même jusqu'à une petite distance des sources de la Delaware. Cette rivière, après un cours précipité sur une longue pente qui n'est interrompue que par des *rapides*, rencontre la marée assez près de son embouchure dans l'Océan. D'après cela l'on doit penser que les deux plans inclinés, dans lesquels les rivières ont creusé leurs lits, diffèrent infiniment, quant à la distribution de leurs pentes.

HAUTEVILLE-LA-GUICHARD, village du département de la Manche, à trois lieues de Coutances. On y trouve des mines de houille non exploitées.

HAUTPOUL, village du département de l'Hérault, à quatre lieues de Saint-Pons. On y exploite du marbre griote très-estimé & une carrière à plâtre.

HAUX, village du département des Basses-Pyrénées, à deux lieues & demie de Mauléon. Au nord de ce village, à la montagne de Lavaquia, on trouve une mine de fer, exploitée pour la forge de l'Arrace, ainsi qu'une autre mine de fer en filon, située à la montagne de Hargo. Il y a aussi une mine de cuivre dans le même territoire.

HAVANNE, île dans le golfe du Mexique, aux extrémités de la zône torride & dans le voisinage de la zône tempérée. La ville se trouve à vingt-trois degrés dix minutes de latitude nord : d'un côté elle a la baie, & de l'autre la grande mer. Le reste est un pays plat, où il se trouve à la vérité quelques éminences, mais éloignées les unes des autres & peu considérables ; ce qui n'empêche pas les vents de parcourir toute la contrée. Les observations qu'on a faites à la *Havanne*, relativement à la température de cette île, l'ont été en partie dans la ville, & en partie à Guanabacoa, hameau qui en eſt diſtant de deux lieues. Cet endroit eſt même moins chaud & plus ſain que la ville, parce qu'il eſt ſitué ſur une hauteur moyenne, où il eſt expoſé au ſouffle des vents qui modèrent les rayons ſolaires.

Le 7 février 1778, à ſix heures du matin, le thermomètre étoit à dix-huit degrés & demi dans la ville, & à midi & demi à vingt degrés. Vers le ſoir il y eut des coups de vent & une pluie conſidérable : cela dura juſqu'au 19, que la chaleur augmenta ; de ſorte qu'à ſix heures du matin, le thermomètre étoit à vingt degrés, & à vingt-deux & demi à midi. Depuis trois juſqu'à quatre heures après midi, le tems changea, devint pluvieux & le vent tomba ; à cinq heures, le vent tourna au nord & le tems ſe rafraîchit. Le jour ſuivant, le thermomètre étoit à dix-ſept degrés à ſix heures du matin, & reſta à ce point le reſte du jour & les deux qui ſuivirent.

Les grandes chaleurs de l'été commencent en mai à la Havanne. Le thermomètre y fut, dans ce mois, à vingt-deux degrés & demi à ſix heures du matin ; à vingt-cinq & demi à midi ; à vingt-deux & demi vers onze heures du ſoir. Le 23 juin il monta à vingt-ſix degrés & demi, & deſcendit à vingt-trois degrés & demi à onze heures du ſoir. On obſerva la même marche à peu près dans le courant des mois d'août & de ſeptembre. La chaleur fut modérée en octobre ; le thermomètre fût inconſtant ; cependant il y eut des jours où la liqueur s'éleva juſqu'à vingt-cinq degrés. Le point le plus ordinaire eſt vingt-trois degrés & demi & vingt-quatre. En novembre, ce même point eſt de vingt-un & demi à vingt-trois & demi à deux heures après midi. La même marche de la chaleur a lieu en décembre & en février, qui ſont les mois de l'hiver, dans leſquels on dit qu'on y ſent du froid ; & cependant la différence des deux ſaiſons n'y eſt que de trois degrés. Le thermomètre étoit placé dans une chambre ouverte, où il étoit expoſé à l'impreſſion de l'air libre, mais non aux rayons mêmes du ſoleil ; car lorſqu'on l'y a expoſé, il a monté juſqu'à quatre-vingt-dix degrés & demi.

Les vents ſoufflent toujours du nord, à la Havanne, dans les mois d'hiver. La liqueur du thermomètre ſe condenſe, & c'eſt alors qu'on ſent plus de fraîcheur. Dans les mois d'été, quoiqu'il pleuve preſque continuellement, la chaleur ſe ſoutient toujours, parce que la pluie eſt ordinairement ſuivie de calme, & qu'alors les vents ſont tournés au ſud ; ce qui entretient la chaleur. Ce qu'il faut remarquer ici dans les obſervations dont on vient de voir les détails, ce n'eſt pas tant les degrés auxquels monte la liqueur, que la conſtance avec laquelle il s'y maintient, & le peu de variation qu'on y voit d'une ſaiſon à l'autre. En effet, la liqueur du thermomètre s'élève au même degré dans la zône tempérée, même dans les contrées ſeptentrionales ; mais cela n'a lieu que pendant un court eſpace de tems, comme d'un mois & même dans certains jours, après cela elle deſcend peu à peu au point d'où elle étoit montée. En décembre, lorſque le ſoleil eſt au tropique du capricorne, il ſe trouve à quarante-ſept degrés du zénith de la Havanne. On voit par ces obſervations, que quoique la Havanne ſoit éloignée de l'équateur à la diſtance du tropique, ce n'eſt pas une raiſon ſuffiſante pour que la chaleur s'y trouve moindre que dans les contrées qui ſont près de la ligne, en ſuppoſant néanmoins la même uniformité, quant à la poſition des lieux. En effet, le ſol eſt bas, plat près de la mer, dans les endroits dont je compare ici la température. (Voyez PORTO-BELO, PANAMA, &c.)

La cauſe de ce phénomène eſt la direction des rayons ſolaires, qui reſte plus long-tems perpendiculaire à la Havanne, que dans les contrées qui ſont près de l'équateur ; car le mouvement du ſoleil eſt ralenti dans ſa déclinaiſon lorſqu'il s'approche des tropiques, au lieu qu'il eſt accéléré lorſque cet aſtre ſe trouve vers la ligne. Voilà pourquoi il échauffe plus la terre, & la pénètre avec plus d'activité à la Havanne, que dans les contrées voiſines de l'équateur, ſur leſquelles il paſſe avec célérité. Le ſoleil eſt au zénith de la Havanne, à la différence d'un degré, depuis le 21 juin juſqu'au 12 juillet ; ce qui fait un eſpace de vingt-deux jours. Mais dans les deux ſaiſons où il paſſe par le zénith de Panama, ſavoir, en avril & en août, il y eſt onze jours en tout, c'eſt-à-dire, cinq jours & demi à chaque paſſage. Ceci fait donc la moitié du tems pour la direction des rayons perpendiculaires du ſoleil dans ces endroits voiſins de l'équateur, relativement à cette même direction pour la Havanne.

Il reſte encore une conſidération à joindre à celle-ci : il y a un intervalle de ſix mois entre ces deux tems, de cinq jours & demi. C'eſt alors que la chaleur acquiſe pendant ces cinq jours & demi va toujours en diminuant, pour recommencer pendant les derniers cinq jours & demi. Il s'enſuit donc que la chaleur acquiſe par le terrain de Panama par l'action perpendiculaire des rayons ſolaires doit être moindre que celle de la Havanne, où cette impreſſion dure douze jours conſécutifs.

Pour mieux comprendre ces effets & leur différence, il faut conſidérer qu'un même degré de chaleur, répandu dans la terre qui le reçoit pendant pluſieurs jours, devient, pendant chacun de ces jours, plus fort qu'il ne l'étoit les jours précédens ; car les rayons ſolaires frappant la terre, déjà pénétrée de chaleur les jours précédens, la trouve d'autant plus diſpoſée à la retenir, que la communication de cette chaleur a été plus ſouvent répétée : d'où il réſulte que la chaleur de la Havanne, ſituée preſque ſous le tropique, doit être plus grande que dans les contrées qui s'éloignent de ce cercle en ſe rapprochant de l'équateur. C'eſt auſſi par toutes ces circonſtances, que les effets de la zône torride.doivent y être & y font réellement plus fenfibles que dans les autres pofitions de cette zône.

Pour que la terre perde la chaleur qu'elle a acquife pendant quatre mois de fuite, il faut beaucoup plus de tems qu'il n'en faudroit fi ces quatre mois avoient été interrompus par un efpace de tems pendant lequel le foleil feroit refté plus éloigné du zénith. Voilà pourquoi, lors même que cet aftre eft hors de cet efpace, fa chaleur fe foutient à la *Havanne*, comme on le voit en feptembre & même pendant plufieurs jours d'octobre. En effet, le thermomètre eft alors au même point que quand le foleil eft dans les dix degrés qui précédent immédiatement ceux du zénith; auffi y remarque-t-on les effets que les rayons perpendiculaires du foleil produifent fur les eaux fouterraines; car elles y font chaudes, tandis que partout ailleurs elles fe trouvent fraîches, comparées avec la température de l'air pendant ces mois-là. Ces effets s'obfervent conftamment dans la température des eaux de fource, qui fortent de la terre. La caufe n'eft autre que la chaleur du foleil, qui, étant comme ftationnaire, échauffe la terre & la pénètre d'autant plus, qu'il refte plus long-tems au zénith & aux environs du zénith, Or, cette chaleur ne diminue que peu à peu, & pendant le même efpace de tems qu'elle avoit mis à parvenir au dernier point. Lorfque les eaux fortent du fein de la terre, elles prennent infenfiblement la température de l'air extérieur; & quoiqu'elles fe montrent avec le degré de chaleur qu'elles ont contracté dans leur marche fouterraine, elles le perdent bientôt pour fe remettre au degré de l'atmofphère.

Les vents contribuent auffi plus ou moins au degré de la chaleur, fuivant le point d'où ils fouflent. S'ils viennent du nord, la chaleur diminue fenfiblement; mais au contraire elle augmente confidérablement fous les vents du fud. Les vents du nord régnent à la *Havanne*, fans cependant y être continuels, depuis novembre jufqu'en mars, mais plus exactement jufqu'en février: on les appelle *brifes*. (*Voyez cet article.*)

Le foleil produit auffi une plus grande chaleur à proportion qu'il eft plus de tems fur l'horizon. Lorfqu'il eft au zénith de Panama, il paroît onze heures douze minutes fur l'horizon: ainfi la nuit proprement dite eft de onze heures quarante-huit minutes. Mais quand il eft au zénith de la *Havanne*, il refte treize heures vingt-fix minutes fur l'horizon; ce qui fait dix heures trente-quatre minutes pour la nuit: ainfi il y échauffe la terre pendant une heure & quatorze minutes de plus qu'à Panama. Or, on s'apperçoit fenfiblement à la *Havanne*, que cette plus longue ftation du foleil empêche la terre & l'atmofphère de fe rafraîchir la nuit autant qu'à Panama.

HÉCLA, volcan d'Iflande. Le mont *Hécla* a toujours été compté parmi les volcans les plus fa-

meux de l'Univers, à caufe de fes terribles éruptions. Il eft actuellement un des moins dangereux de cette île; car depuis plufieurs années il s'eft formé de nouveaux volcans, qui ont fait pendant ce tems autant de ravages que l'*Hécla* en faifoit ci-devant. De ce nombre font les montagnes de Koetlegan & d'Oreife ou Draife dans le canton de Skaftefield, & le mont Krafle dans le canton du Nord. (*Voyez* VOLCAN D'ISLANDE.)

L'*Hécla* n'a jeté des flammes que dix fois dans l'efpace de huit cents ans; ce qui eft environ le tems que l'Iflande eft habitée; favoir : dans les années 1104, 1157, 1222, 1300, 1341, 1362, 1389, 1558, 1636, & la dernière fois en 1693 : cette fois il commença à jeter des flammes le 13 février, & continua jufqu'au mois d'août fuivant. Les incendies précédens n'ont de même duré que quelques mois.

On voit que l'*Hécla* ayant fait les plus cruels ravages au quatorzième fiècle, à quatre fois différentes, il a été tout-à-fait tranquille au fiècle fuivant, & qu'il a ceffé de jeter des flammes pendant cent foixante-neuf ans de fuite.

Actuellement on n'apperçoit fur l'*Hécla* ni feu, ni exhalaifons, ni fumée : on n'y trouve uniquement que de l'eau bouillonnante & chaude dans quelques petits creux. De pareilles eaux, & même de plus chaudes, fe trouvent encore dans beaucoup d'endroits de l'île. (*Voyez* ISLANDE.)

Quoique l'*Hécla* ait fait de grands ravages par fa dernière éruption, en difperfant fur de bons pâturages une grande quantité de fables, de cendres & de pierres-ponce, on ne s'en reffouvient guère que par le bien qui en eft réfulté; car les fables & les cendres pouffés par le vent dans les marais les ont deffechés & rendus propres à produire de bons pâturages. En d'autres endroits il s'eft formé une croûte de terre par-deffus les cendres qui fe trouvent aux environs, à un ou deux pieds de profondeur, & les pâturages d'autour de l'*Hécla* font en général beaucoup meilleurs qu'ils ne l'étoient auparavant. On trouve même, tout auprès de ce volcan, des métairies & des maifons qui ne font plus incommodées de ce voifin jadis fi dangereux.

L'*Hécla* eft une montagne très-haute & une des plus grandes de l'Iflande, mais non pas la plus élevée; car le Weftre-Jockul l'eft encore davantage. L'*Hécla* a fon fommet continuellement couvert de glace & de neige.

HEILGELAND *ou* ILE SACRÉE, vis-à-vis l'embouchure de l'Elbe & du Wefer, dans la mer, eft le refte d'une île célèbre par Tacite pour le culte de Herthum ou la terre mère commune que les nations voifines adoroient de fon tems. Elle formoit jadis une terre d'une étendue confidérable; mais différentes caufes l'ont réduite à fa petiteffe actuelle. L'on cite parmi ces caufes différentes inondations arrivées entre 800 & 1649. La grande île de Nord-Strandt, qui n'en eſt pas éloignée, fut, par la même cauſe, en 1634, réduite à une paroiſſe au lieu de vingt qu'elle contenoit. Cinquante mille têtes de bétail & environ cinq à ſept mille ames furent entraînées ſous les eaux par ce déſaſtre affreux.

HÉLÈNE (Sainte-). Cette île eſt un rocher volcanique ſitué entre l'Afrique & l'Amérique, au milieu de l'Océan atlantique, à ſoixante lieues au moins éloigné de toute côte. Sur les produits du feu, le tems, par la décompoſition des ſcories, a produit une couche d'un pied, & demi de terre végétale très-fertile : c'eſt là que croiſſent des orangers, des figuiers, des grenadiers au milieu des récoltes de froment & à côté de plantations de café. Auprès d'un arbre chargé de fleurs on apperçoit le même arbre chargé de fruits, & au milieu de ces cultures, des montagnes qu'on apperçoit de vingt-cinq lieues en mer s'élèvent couvertes & couronnées d'une éternelle verdure. Les vaiſſeaux s'y fourniſſent de légumes frais, ainſi que de bétail qu'on enlève en ſi grande quantité, que les habitans de l'île ſe trouvent réduits à la viande ſalée; mais ces enlévemens ſe réparent promptement, vu l'excellence des pâturages. Quelquefois, dans les grandes ſéchereſſes, on eſt obligé de tuer les bœufs faute de fourage; mais les ſéchereſſes ſont ici très-rares. On n'a pas, à Sainte-Hélène, ces longues ſaiſons de pluies, qui rendent les colonies d'Amérique ſi mal ſaines. La ſérénité du ciel n'y eſt interrompue que par de douces ondées. Au dixième degré de latitude le ſeul fléau qu'aient à redouter les habitans, ce ſont des nuées de ſauterelles qui dévorent leurs moiſſons; mais dans ce cas ils ne ſont jamais expoſés à une diſette. Outre les légumes & les fruits qui ne leur manquent jamais, la Nature, qui ſemble avoir tout fait pour cette île heureuſe, a raſſemblé tout autour les meilleurs poiſſons en abondance : on en compte juſqu'à ſoixante-dix eſpèces dans les mers qui l'environnent.

HÉMERSWEILLER, village du département du Bas-Rhin, canton de Soultz, eſt à une lieue un tiers à l'eſt de cette ville. On a obſervé depuis long-tems, dans les prairies attenantes au pied d'une colline ſituée entre ce village & celui de Lampertſloch, des fontaines, ſur l'eau deſquelles nage du bitume que les habitans ramaſſent, & qu'ils emploient à divers uſages.

HÉRAULT, rivière qui prend ſa ſource dans la montagne de l'Eſperou, & dont le ſable eſt un débris de granit & de talcite. Cette rivière, à une aſſez petite diſtance de ſa ſource, fournit des paillettes d'or aux orpailleurs qui s'occupent de cette récolte : ils ne cherchent ces paillettes d'or qu'à deux, trois, quatre ou cinq lieues de la montagne, & dans une étendue de terrain qui n'a

preſque pour rochers que les granits & les talcites. C'eſt par le moyen du lavage des terres que ſe fait cette récolte. Les orpailleurs cherchent ces paillettes, non-ſeulement dans les endroits de la rivière où l'eau eſt dormante & dans les ſinuoſités, mais principalement ſur les rives, & fort ſouvent bien avant dans les terres qui ſont voiſines de la rivière, & dans les dépôts qui ont appartenu en certains tems à ſon ancien lit. C'eſt dans ce terrain que l'on trouve les plus groſſes paillettes. Jamais les orpailleurs ne font mieux leurs affaires qu'après les grandes inondations, quand les eaux ont pénétré fort avant dans les terres & en ont fait ébouler une partie : c'eſt là où l'on trouve beaucoup plus de paillettes que partout ailleurs. Il faut ſouvent, au reſte, creuſer bien profondément pour trouver la bonne terre aurifère; ce n'eſt preſque toujours qu'un dépôt de terres fait par ſucceſſion de tems, & que les ruiſſeaux & la rivière ont entraînées des montagnes voiſines, & qui ne ſont que des débris légers de granits & de talcites. Ce qui fait conjecturer que les mines d'or ſont contenues dans cette nature de ſol, c'eſt qu'après avoir quitté toutes les montagnes de granit & de talcite, on ne trouve plus de paillettes d'or, les dépôts de la rivière étant d'une toute autre nature.

Partout où le granit ſe trouve, la terre végétale eſt fort légère; elle eſt facilement emportée par les eaux pluviales, à cauſe de la grande pente du terrain. Les groſſes pluies entraînent le ſable, qui n'eſt qu'un débris du granit tendre dans les ruiſſeaux & les petites rivières qui les portent dans l'Hérault & de là dans la mer. Il eſt viſible que cette nature de ſable eſt la plus abondante ſur les côtes du Languedoc, & que leur tranſport & leurs dépôts ſont dus à l'Hérault & aux rivières ſemblables qui viennent des Gévennes & ſe rendent à ces parties de la Méditerranée où ſe trouvent des plages fort chargées de ſable, comme celles de l'Hérault.

HÉRAULT (Département de l'). Ce département tire ſon nom de ſa principale rivière, qui le traverſe du nord au ſud, & ſe rend immédiatement à la Méditerranée.

Il comprend preſqu'entièrement les évêchés de Montpellier & de Lodève.

Ses bornes ſont, au nord-eſt, au nord-oueſt, les départemens du Gard & de l'Aveyron; au ſud-eſt, la Méditerranée; au ſud, le département de l'Aude, & à l'oueſt celui du Tarn.

Les principales rivières ſont non-ſeulement l'Hérault, mais encore l'Orbe, à quoi il faut ajouter les étangs depuis Lunel juſqu'à l'étang de Vendres.

L'Hérault pénètre dans le département par Ganges, enſuite paſſe à Aniane, Saint-André-de-Sangouis, Aſpiran, Pezenas & Florenſac. Il ſe rend à la mer près d'Agde, & il communique avec

le canal du midi par fa droite, & à une certaine
diftance de la mer. Il reçoit auffi à droite deux
rivières, puis l'Ergue, qui paffe à Soubès & Lodève; enfuite la rivière de Fontès, celle de Ron-
jau qui arrofe ce village, & Pézenas; enfin l'I-
vron, qui paffe à Magalas. A gauche, l'Hérault
reçoit la rivière de Saint-Martin-de-Londres, celle
de Saint-Pargoire.

L'Orbe entre de même dans le département par
le nord, arrofe Bedarrieux, le Poujol, Foffenon
& Béziers.

Il reçoit à droite le Mura, qui arrofe Saint-
Gervais, & fe réunit à l'Orbe au deffous de Be-
darrieux, enfuite Janfe, qui a fa fource à Pont-
Thomières, & paffe à Olargues, puis les rivières de
Saint-Thinian & de Liron. A gauche il ne reçoit
que la rivière de Lunas.

Si nous fuivons l'examen des eaux courantes à
l'oueft, nous trouverons Caffethère, Larn & La-
gout, qui n'ont aucune fuite dans leur marche. Il
y a plus de difpofition régulière dans les rivières
côtières, tels que le Vidourle, de même la rivière
qui paffe à Caftries, la Cadourle, qui tombent
dans l'étang de Manio; la Berange, qui paffe à
Montpellier; le Perouillet & le Meffon, qui fe
rendent à la même plage. Il en eft de même de la
rivière de Mèze, qui tombe dans l'étang de
Thau.

On y cultive des vignes & des oliviers, & on
y fabrique beaucoup d'étoffes de laine.

Les principales villes & habitations font Montpellier, Béziers, Lodève & Agde.

Agde, petit port fur l'*Hérault*, commerce de
blé, de vin, d'huile, légumes & falicor.

Aniane, petite ville: on y fabrique du fel de
tartre.

Bedarrieux, commerce de droguets & étoffes
de laine.

Béziers, petite ville fur une colline, près l'Orbe,
commerce d'amande, d'huile d'olives, & filature
de foie. Elle eft renommée pour la falubrité de
l'air qu'on y refpire. Cette petite ville a un port
de mer d'où l'on entre dans le canal du midi: il
s'y fait un tranfport de marchandifes par mer. Il y
a une rafinerie de fucre, une favonnerie & une
manufacture de tabac.

Clermont-de-Lodève, fabrique d'étoffes de
laine.

Frontignan, vins de liqueur.

Ganges, fabrique de bas de foie.

Livindère: il y a dans fon territoire cinq abîmes
d'eau d'une grande profondeur.

Lodève, petite ville au pied des Cévennes,
fur l'Ergue, fabrique de draps pour le Levant.

Lunel, commerce en excellens vins mufcats.

Montagnac, petite ville, commerce en laines,
ferges, ratines & droguets.

Montpellier, grande ville fur le Merdenfon,
près le Lez, commerce en draperies, vert-de-
gris, fruits fecs, huiles d'olives & olives.

Saint-Pont-de-Thomières: on y fabrique de
gros draps.

HERCULANUM. (*Voyez* POMPÉIA).

HIÈRES. (*Voyez* HYÈRES).

**HISTOIRE NATURELLE GÉOGRAPHI-
QUE.** Je crois qu'il eft plus important que jamais
de circonfcrire les limites de l'*hiftoire naturelle*.
On voit tous les jours des chimiftes qui, après
avoir foumis à toutes les épreuves que la nouvelle chimie a dans fon pouvoir, une fubftance
minérale, croient avoir fait l'*hiftoire naturelle* de
cette fubftance, & ne voient rien au-delà de leurs
réfultats. Ils appuient fur eux toutes les réflexions
qu'on peut rifquer fur l'origine de cette fubftance
& l'emploi que la Nature en a fait à la furface
du Globe. Je ne puis diffimuler ici combien ils
fe trompent. L'*hiftoire naturelle* peut recevoir
quelques éclairciffemens de quelques effais chimiques; mais ce n'eft pas là où doivent fe borner
ceux qui s'appliquent à l'*hiftoire naturelle* de la
terre. Ils favent de quel prix eft l'obfervation bien
précife de toutes les fubftances, & encore plus
les obfervations comparées. C'eft un des moyens
les plus fûrs pour les placer dans l'ordre de chofes
que la Nature leur a prefcrit. La chimie s'enrichit
par les réfultats de fes analyfes, comme l'*hiftoire
naturelle* s'enrichit par les réfultats des obfervations. Ainfi l'emploi que la Nature a fait de telle
ou telle matière minérale, la place qu'elle occupe
dans le globe de la terre, les révolutions que fon
état indique, tout cela fait proprement l'objet de
fon *hiftoire naturelle*. Cette *hiftoire* n'eft proprement qu'une defcription raifonnée de la fubftance
relativement à la place qu'elle occupe dans le
globe de la terre: on doit y comprendre ces deux
vues, en même tems fes qualités particulières &
fes rapports à l'enfemble.

Les épreuves de la chimie ne fuppofent guère
de difcuffions: elles font toutes dirigées d'après
un même plan, une même formule; mais les difcuffions de l'obfervation exigent beaucoup plus de
reffources dans l'efprit de l'obfervateur, beaucoup
plus de combinaifons dans les faits analogues ou
correfpondans, beaucoup plus d'attention & de
difcernement pour apprécier au jufte toutes les
circonftances décifives & négliger les détails inutiles.

Je ne doute pas qu'il ne foit poffible de tirer de
l'obfervation comparée, des caractères différens
pour reconnoître chaque fubftance minérale. Ceux
que nous donnent les chimiftes font utiles pour
connoître la nature des matières qui entrent dans
leur compofition; mais en vain voudroit-on s'y
borner, & nous défigner les réfultats des procédés
chimiques pour ceux des faits de l'*hiftoire natu-
rulle*; car l'*hiftoire naturelle* étant la connoiffance
des faits de la Nature, ou plutôt le catalogue des

êtres qui figurent comme agens ou comme réful-tats de ses opérations, doit être une énumération raisonnée de ces faits ; mais cette énumération ne sera pas plus l'*histoire naturelle*, que les tables chronologiques ne peuvent être considérées comme l'histoire morale des Empires ; & comme les tables chronologiques ne sont que le dépouillement des événemens plus détaillés que présente l'histoire, de même les nomenclatures devroient être la suite du dépouillement de tous les faits plus étendus que les observateurs développèrent dans leurs recherches. Il est vrai que l'*histoire naturelle*, minéralogique surtout, envisagée sous ce point de vue, est peu avancée ; que l'observation qui recueille les circonstances de tous les faits, n'a pas été suivie avec autant d'exactitude qu'elle le mérite, & avec autant de principe qu'il en falloit pour la rendre féconde en conséquences ; mais si l'on a méconnu la vraie route, il ne s'ensuit pas qu'on ne puisse quelque jour revenir sur ses pas.

On pourroit suivre la comparaison de l'*histoire naturelle* avec l'histoire civile, & l'on y trouveroit les mêmes raisons d'y établir & distinguer des époques nécessaires dans l'une & l'autre partie de nos connoissances, pour servir de repos à l'esprit observateur, & de cadres aux différentes masses de faits qui concernent un certain ordre d'événemens.

On a cru que M. de Buffon avoit parlé des méthodistes par un esprit détracteur, & on l'a même accusé de s'être élevé contre Linnée & d'autres nomenclateurs par des vues particulières. Mais M. de Buffon, pénétré de son objet, sentant l'importance de l'*histoire naturelle*, telle qu'il la traitoit, & la futilité & l'ignorance des plans de la plupart des méthodistes, la maigreur de leur travail & le peu de ressemblance de leurs courtes descriptions avec la majesté de la Nature qu'il vouloit faire connoître ; outre cela, envisageant l'étendue des parties qu'il avoit entrepris de décrire, sentoit intimement combien le public avoit pris le change sur les formes qu'il convenoit de donner à l'*histoire naturelle*. Il étoit d'ailleurs bien convaincu que les nomenclateurs & les chimistes n'étoient pas plus naturalistes les uns que les autres. Quels grands faits ont-ils recueillis ? quelles suites d'événemens ont-ils liés ensemble pour faire connoître la marche de la Nature & l'économie de ses opérations ? Cependant ne nous abusons pas, c'est en cela que consiste l'*histoire naturelle*.

Les sciences prennent toujours une forme dépendante du genre de vie le plus commun que mènent les savans. Ils sont rassemblés dans les villes ; ils aiment à pouvoir étudier les objets de l'*histoire naturelle* dans le repos. Or, ces objets ne s'y trouvant qu'en abrégé, & d'ailleurs les manipulations qui s'exécutent dans un laboratoire de chimie étant plus faciles que toutes autres, on a dû les multiplier, les varier ; & enfin, par une suite de la même illusion, on a cru que les résultats de ces opérations sédentaires étoient de grands faits de la Nature, pendant que les agens de la chimie n'ont souvent rien de commun avec les agens de la Nature, ou que du moins ils en altèrent beaucoup les résultats ; car la chimie n'indique que la nature des substances, & la plupart du tems cette nature est indépendante de l'emploi qu'en a fait la Nature. La pierre calcaire, par exemple, se trouve par couches horizontales ou inclinées. Celle à grain serré diffère infiniment du simple falun, composé de débris grossiers de coquillages, & quant à sa position, & quant à ses époques ; cependant ces substances se combinent de même avec les acides. Il seroit aisé de prouver par d'autres comparaisons, les inconvéniens qui résulteroient de l'étude de l'*histoire naturelle* si l'on s'appuyoit sur la décision des agens chimiques, & qu'on n'eût pas recours à l'observation & à l'analyse de toutes les circonstances qu'elle peut nous faire connoître.

Je reviens maintenant à la comparaison de l'histoire civile avec celle de la Nature. J'observe d'abord que les tables chronologiques sont bien mieux rédigées, relativement à l'histoire civile, que ne le sont les catalogues des nomenclateurs, relativement à l'*histoire naturelle*.

Il y a beaucoup de désordre dans ces catalogues : la filiation des événemens n'y est point indiquée par la disposition des substances : leur ordre est même interverti toutes les fois que leur nomenclature est seulement dirigée par les épreuves chimiques, qui n'indiquent que les rapports des substances avec les agens chimiques & point avec ceux de la Nature.

Il y a, par exemple, des coquilles marines fossiles qui se trouvent dans différens états : les unes dans l'état calcaire, & les autres dans l'état d'agate. Or, les agens de la chimie mettront ces coquilles dans deux classes différentes, pendant que, suivant l'ordre des opérations de la Nature, elles n'appartiennent qu'au même événement. Voilà donc une production naturelle, dont l'ordre est interverti par la chimie & ses agens. Il faut donc que l'observation décide cet ordre. La disposition des coquilles par bancs horizontaux, voilà le grand caractère qu'il importe de bien saisir. Il y a des nomenclateurs qui ont placé le quartz avec l'agate & avec les coquilles agatifiées. Or, ceci me paroît un déplacement peu raisonné, & l'*histoire naturelle*, éclairée par l'observation, ne peut approuver l'arrangement des quartz en cailloux roulés, des agates en cailloux roulés, qu'on distribueroit dans une même classe ; car il est visible que l'on ne retrouvera les analogues des premiers que dans l'ancienne terre, & que les analogues des autres ne se montreront que dans la nouvelle. Quoique l'on ait eu occasion de voir toutes ces substances dans les dépôts littoraux, il est évident que les nomenclateurs ont confondu ce qu'ils devoient distinguer.

De là je conclus que c'est après avoir discuté les

les grands faits de l'*histoire naturelle*, qu'on doit les ranger dans une nomenclature, bien loin qu'on puisse faire précéder les recherches quelconques par une nomenclature. C'est ainsi qu'on ne donne de tables chronologiques que lorsque les différens points de l'histoire civile sont éclaircis, & exposés dans une étendue convenable.

Dans l'histoire civile on peut distinguer deux classes de faits, ceux du tems présent & ceux des siècles précédens. On ne peut être instruit des premiers que parce qu'on est contemporain ou qu'on y a eu part; & l'on a connoissance des seconds, parce que l'on peut consulter les écrivains qui les ont transmis. Dans l'*histoire naturelle*, au contraire, nous pouvons être pour ainsi dire contemporains de tous les faits si nous perfectionnons notre méthode de voir. Il est vrai qu'il y a des événemens dont nous sommes proprement témoins; & c'est, à ce qu'il me paroît, par ceux-là que nous devons commencer nos recherches. Outre cela, les événemens passés subsistent encore à nos yeux par les vestiges qui en restent. Ce sont autant de médailles des événemens qu'il faut recueillir. C'est alors qu'on peut établir les différens ordres de faits qui se suivent, & qui sont subordonnés les uns aux autres.

Je vois dans une classe de nos nomenclatures actuelles une suite de substances, dont je ne retrouve que quelques-unes ensemble dans le cours de mes observations. Si je m'attache à ces nomenclatures, je dois me persuader que je trouverai les autres dans les mêmes circonstances; mais je suis bientôt désabusé par l'observation, & je reconnois que les nomenclatures sont un principe de désordre dans les faits, & de confusion dans les événemens. Si ces méthodes ne doivent pas conduire dans les recherches, à quoi peuvent-elles donc servir? Aux arrangemens des cabinets! Mais il y a long-tems que la plupart de ces collections sont entre les mains des plus ignorans en *histoire naturelle* & même en chimie. C'est le goût de l'ostentation & de la magnificence qui y préside, & le désœuvrement qui les entretient; car il est immense dans les grandes villes. Ce sont cependant ces gens qui voudroient donner le ton : c'est sur leur approbation qu'est fondée la réputation de ces professeurs d'*histoire naturelle*, qui, ne connoissant que le grès qui pave les rues de Paris, parlent de tout suivant leurs idées, mais au milieu de Paris.

On me dira peut-être qu'il vaut mieux avoir des arrangemens imparfaits, que d'être au milieu de la confusion & du désordre, & qu'il est impossible d'avoir une nomenclature exécutée d'après mon plan, parce qu'il est impossible d'avoir discuté toutes les révolutions dont telle substance sera le résultat.

A cela je réponds qu'il faut se contenter de savoir ce qu'on sait, & que c'est, en tout genre de connoissances, la vanité de savoir ce qu'on devroit avoir la bonne foi d'ignorer, qui s'oppose aux

progrès de la véritable science; que les arrangemens actuels entretiennent l'ignorance, au lieu que celui que je propose, montre également ce qu'on sait & ce qu'on ignore. Les vides des nomenclatures ne doivent se remplir que d'après des observations intéressantes & lumineuses; en sorte que la nomenclature est en tout point assujettie aux progrès de l'*histoire naturelle*. Cependant dans la plupart des parties de la science naturelle, la nomenclature est faite, & les véritables connoissances viendront quand elles pourront; mais ce ne sera guère par le secours de la nomenclature, qui n'amuse tout au plus que les sots.

En second lieu, quand je propose de donner une nomenclature fondée sur les faits de l'*histoire naturelle*, je ne prétends pas qu'il faille auparavant remonter jusqu'aux premières causes, & indiquer leur jeu & leur marche avant de classer les substances qui appartiennent à une classe particulière de certaines opérations de la Nature.

Je crois qu'il suffit de se borner aux circonstances caractéristiques de ces faits, & que ces circonstances se réduisent à trois ou quatre, & il est toujours possible de discuter ces circonstances. Je rencontre, par exemple, des pierres calcaires; je remarque d'abord leurs grains gros ou fins, & je reconnois par-là si la matière première a été bien communiée; ensuite, si le travail de la pétrification est bien avancé. Tous ces détails se voient & se notent aisément. En second lieu, j'observe si ces pierres calcaires sont établies par couches horizontales ou inclinées, dessus des granits ou des talcites, ou à côté; si les couches horizontales sont sur des couches inclinées; si elles sont par bancs suivis ou par morceaux détachés, comme dans les dépôts littoraux; si ces morceaux sont arrondis & usés par leurs faces, ou s'ils sont brisés & anguleux, & montrent les inégalités des cassures. Voilà quelles sont à peu près les circonstances que nous offrent les pierres calcaires. Or, selon moi, ce sont ces circonstances différentes, qui seules autorisent à placer dans des classes particulières les pierres calcaires, qui jusqu'à présent n'en avoient occupé qu'une seule. Pourquoi? Parce qu'en établissant certaines classes, je suis guidé par tous les caractères qui appartiennent à tel ou tel événement, & à ce qui en porte l'empreinte. C'est donc cette empreinte qu'il m'importe de saisir, tant pour m'assurer des opérations de la Nature, que pour ranger par ordre leur véritable résultat. C'est cette double considération qu'il importe de suivre & de ne perdre jamais de vue dans l'analyse des observations quelconques.

Lorsqu'on parcourt nos nomenclateurs actuels, on y trouve la note d'un grand nombre de substances, dont ils ne considèrent point les variétés. Ils n'ont pas senti que c'étoient ces variétés qui servoient à distinguer une révolution d'une autre, une époque d'une autre.

Par exemple, les cailloux roulés ne sont point

claffés dans nos nomenclatures, parce qu'ils ont pour bafe des quartzs, des marbres, des pierres calcaires brutes, des agates ou filex, des pierres de fable, des talcites, des granits, des ferpentines, des laves, &c. Outre ces variétés de fubftances qui déconcertent nos nomenclateurs, la forme & les amas de ces cailloux roulés n'entrent point dans les vues qu'ils fe font propofées ; c'eft pour cela qu'ils n'en ont pas fait un article.

Cependant ces cailloux roulés tiennent une des places les plus diftinguées dans l'ordre des pierres déplacées, & des pierres déplacées, arrondies & polies. Il en eft de même des mines de fer : il y en a qui appartiennent à l'ancienne terre, & d'autres qui forment des dépôts fur les limites de l'ancienne & de la nouvelle. Ces mêmes mines ont en conféquence une forme dépendante de leurs diverfes fituations. Il conviendroit donc de les placer dans des claffes différentes. Les circonftances que je viens d'établir comme les feuls fondemens de la diftinction des fubftances autorifent leur difpofition dans les claffes différentes. On fent aifément qu'en fuivant ce plan de nomenclature, on aura une diftribution vraiment lumineufe des fubftances minéralogiques, & que ce travail aura le double avantage d'être le réfultat des obfervations, & d'offrir le catalogue raifonné des pièces juftificatives de l'*hiftoire naturelle*.

Ce plan de nomenclature fera difparoître ces diftributions arbitraires & vagues qui fe trouvent dans la plupart des claffes de nos méthodiftes. Ainfi les marbres feront claffés d'après la place qu'ils occupent dans l'ordre des chofes, & les circonftances que leur organifation & leur fituation indiqueront, étant fufceptibles de précifion, leur claffification fera auffi exacte. Ainfi les brèches, les marbres falins, les marbres coquilliers, les marbres infiltrés, feront diftingués, non-feulement fuivant les époques auxquelles ils appartiennent, mais encore fuivant le travail qui les a perfectionnés. On ne fera point dépendre cet arrangement des couleurs qui ne tiennent qu'à des circonftances négligeables, & qui font l'effet de hafards peu importans.

Je dois avouer que plufieurs nomenclateurs n'ont pas pris, pour bafe de leurs catalogues, les réfultats des agens chimiques ; mais comme ils n'ont fuivi aucune autre loi que leur fantaifie & certains à-propos peu lumineux, leur travail n'a produit aucune fenfation, & perfonne ne l'a adopté ; ainfi je dois le confidérer comme un effort qui n'a ni fervi la fcience ni nui à fes progrès.

Je crois qu'il convient auffi d'affujettir à la marche rétrograde de ma méthode analytique la nomenclature que je me propofe de rédiger, & cette façon de commencer par les productions les plus nouvelles & les moins défigurées n'eft pas hors de la comparaifon avec l'hiftoire civile, que certains écrivains ont commencée à écrire, en remontant de notre tems vers les époques les plus anciennes. Ce qu'il importe furtout dans une nomenclature comme dans les tables chronologiques, c'eft qu'une fubftance naiffe naturellement d'une autre, ou qu'elle faffe fuite dans les événemens. Ainfi, comme il importe fort que ce foit le père ou le fils qui commence la ligne, pourvu qu'il y ait une correfpondance intime entre l'un & l'autre, comme entre un effet & une caufe, cela fuffit pour que la fuite des objets ne foit point interrompue ou gratuitement fuppofée.

J'ai remarqué d'ailleurs beaucoup d'autres défauts dans les nomenclatures, telles que nous les voyons naître les unes des autres chaque jour. Le premier eft de ne donner, ni plus de place ni plus de détail pour une forte de fubftance qui occupe le tiers du Globe, que pour un échantillon qu'on trouve rarement, & qui n'intéreffera jamais l'*hiftoire naturelle*, parce que les petites maffes ni leurs caractères ne peuvent m'indiquer les moindres caufes fenfibles. Cette fubftance occupera dans l'efprit de ceux qui étudient l'*hiftoire naturelle*, dans les cabinets ou d'après ces méthodiftes, la même place que les différentes fortes de granits. Il peut très-bien arriver que les réfultats des épreuves chimiques foient encore plus curieux pour cette fcience qui abforbe toute leur étude, que les granits qu'ils n'ont jamais vus dans leur fituation naturelle, & dont ils ne connoiffent point l'étendue.

Dans l'*hiftoire naturelle*, l'importance d'un objet doit fe tirer de fa maffe & de la multiplication de fes différens maffifs, qui fe montrent en différentes contrées de la furface de la Terre, ou fous la même forme ou avec les mêmes caractères, ou fous une forme différente & avec des caractères différens. Or, ceci eft bien loin des vues de nos nomenclateurs, qui n'ont point fait d'obfervations fuivies des maffifs, & pour qui une obfervation eft un travail qui les effarouche & qui les déconcerte.

Je puis citer comme un exemple de pierres qui font femblables à la nature des fubftances qui entrent dans leur compofition, mais qui diffèrent quant à l'organifation & à la difpofition de ces fubftances, les grès & les pierres de fable. Les grès fe trouvent bien par couches comme les pierres de fable ; mais cette dernière eft formée de légers fédimens, peu épais & accumulés les uns fur les autres, de façon que la diftinction de chacun eft très-reconnoiffable. Le grès, quoique faifant partie de couches horizontales, n'eft pas lui-même un affemblage de fedimens fucceffifs : outre cela, le grès ne fe trouve que parmi les couches de la nouvelle terre, au lieu que la pierre de fable ne fe trouve que fur les limites de l'ancienne terre, qu'elle enveloppe par une ceinture continue. On ne peut pas faire de meule à aiguifer avec le grès, mais on peut en faire avec la pierre de fable, parce que fon organifation par lit la rend moins compacte & plus tendre que ne peut être le grès. La pierre de meule n'eſt pas toujours par couches horizontales : il y en a qu'on tire de couches inclinées ; alors ces pierres de ſable ont des lits de mica fort ſuivis. Ce n'eſt pas ce que nous appelons braſier, qui eſt par couches horizontales ou foiblement inclinées, & compoſé d'un grain rouge ou gris uniforme.

Seroit-ce à la fineſſe & au mélange des principes ſablonneux & micacés qu'on doit attribuer la compoſition des pierres de ſable, au lieu que le grès eſt un compoſé de ſimples ſables quartzeux, agglutinés au milieu du banc plus ou moins épais, mais formés d'élémens mobiles ?

A quoi pourroit-on attribuer la diſtinction des couches dans des matières homogènes, comme dans certaines pierres de ſable ? Seroit-ce à la ſeule différence dans le tems des dépôts ? Outre cela, l'hétérogénéité dans les matériaux peut être conſidérée comme la principale cauſe de cette diſtinction, & cet effet devient encore plus ſenſible lorſqu'un aſſemblage de couches, par une deſſiccation longue & inégalement diſtribuée ſur des matériaux d'une denſité différente, ſe ſont encore plus ſéparées l'une de l'autre.

Je crois qu'on pourroit parvenir à ſe procurer de grands éclairciſſemens à ce ſujet en délayant différentes matières dans l'eau, & formant avec ces matériaux différens dépôts ſucceſſifs : on verroit ſi, ſans aucune autre circonſtance que celle des tems ſucceſſifs, on obtiendroit une ſuite de couches diſtinctes, comme elles ſe trouvent dans les bancs des carrières actuelles. Quelques phyſiciens ont prétendu que la diſtinction des bancs qui ſe trouvent dans les carrières des environs de Paris proviennent des inondations ſucceſſives & des différentes retraites de la mer ; en ſorte que chaque retraite produiſant un deſſéchement à la ſurface de chaque couche, & la mer ſe portant de nouveau ſur ces baſes deſſéchées, & y formant des ſédimens, il en réſultoit un nouveau banc diſtinct du premier. Je ſuis convaincu que toutes ces prétendues retraites de la mer ſont des ſuppoſitions gratuites, & qu'on peut faire, au fond d'un vaſe, une ſuite de couches diſtinctes, ſans que l'eau en ſoit enlevée en tems. D'ailleurs, l'eau de la mer, qui auroit humecté les premières couches à la ſuite de ces retours, les auroit ramollies de manière que les nouveaux ſédimens s'y ſeroient unis bien intimement, & qu'il n'y auroit pas eu de diſtinction ni de ſéparation.

Si l'on délayoit dans l'eau des matières d'une nature différente, & que, d'intervalle à autre, on y mêlât certaines ſubſtances d'une nature particulière, il ſeroit très-poſſible qu'on obtînt au fond du vaſe une diſtinction de couches, déterminée par un lit plus ou moins épais de matières particulières propres à ne pas prendre une certaine union avec les autres qui entreroient dans la compoſition des bancs.

J'ai employé beaucoup de mots connus pour exprimer avec préciſion des phénomènes nouveaux ; je ne crois pas que l'uſage les adopte dans le ſens que je leur donne ; mais ils peuvent reſter ainſi dans la langue ſavante. Le public ne ſe ramène guère à cette préciſion. Que veulent dire, dans ces idées, cailloux, roc, rocher ? Rien de précis dont la nature ou les diſpoſitions ſoient déterminées au juſte. Les naturaliſtes qui en font uſage doivent aller plus loin que le public ; & comme, dans l'expoſition d'une ſcience, il faut éviter d'employer des mots qui ne réveillent aucune idée préciſe, & comme la marche de la ſcience ſe fait par l'enchaînement des idées nettes qui naiſſent les unes des autres, les mots qui doivent les amener ſucceſſivement doivent être précis comme elles ; & par conſéquent un des grands inconvéniens d'un ouvrage eſt de manquer de ces mots ſcientifiques qui abrègent la marche & qui tracent la marche des opérations de l'eſprit, qui lient les faits & qui développent les obſervations. Les purs littérateurs emploient les mots ſans en connoître la ſignification primitive : il faut que les ſavans remédient à cet inconvénient continuel lorſqu'ils écrivent.

Il y a encore, & dans les collections & dans les nomenclatures qui en ſont proprement les catalogues, une mépriſe qui me paroît importante à relever & à détruire. On recueille & on claſſifie des morceaux rares & curieux par leur rareté. Deux motifs peuvent déterminer à former ces collections : le goût de propriété de choſes que peu de perſonnes poſſèdent, ou bien les conſéquences ſingulières qui en réſultent pour l'analyſe chimique ; mais ces raiſons n'entrent guère dans le plan d'un ſavant qui étudie les grands phénomènes de la Nature ; il ne ſe propoſe de recueillir que les échantillons des grandes maſſes & avec les caractères qui décident la marche des agens de la Nature dans leur formation. La poſſeſſion de ce que tout le monde peut avoir le flatte infiniment davantage que celle d'un morceau unique qui ne tient qu'à des écarts ſans ſuite, comme ſont les plus beaux morceaux de mines : ce ſont, dit-on, des morceaux qu'un directeur de mines ne trouve qu'une fois tous les dix ans.

L'illuſion à ce ſujet ne peut pas être plus générale, tant parmi les amateurs, que parmi les perſonnes qui ont une certaine inſtruction, parce que même ces dernières n'ont ſouvent vu la Nature que dans les cabinets ou les laboratoires de chimie, & n'eſtiment les choſes que par les réſultats extraordinaires ; mais lorſqu'on a de l'*histoire naturelle* l'idée que les obſervations raiſonnées donnent, quel cas peut-on faire de ces nomenclateurs qui rangent d'une manière pénible, dans des claſſes particulières & avec des détails étendus, une matière dont on trouve à peine quelques morceaux épars, pendant qu'ils nomment ſuccinctement des ſubſtances qui occupent des provinces entières, & qui ſont les réſultats de révolutions très-marquées & très-étendues ? Voilà cependant ce que nous voyons chaque jour dans une ville qui eſt le centre des ſciences, & dans un ſiècle qui ſe dit éclairé ; c'eſt qu'on n'étudie pas l'hiſtoire naturelle minéralogique par obſervation.

HOLLANDE. La *Hollande* ſe diviſe en deux parties, en *Nort-Hollande* & en *Sud-Hollande*. Dans le diſtrict de la *Nort-Hollande* on comprend les terres qui ſe trouvent au nord de l'Ye ; ſavoir : toute l'étendue de pays qui eſt renfermée dans le cercle que forme la mer du Nord depuis Egmont, autour du Helder, avec le Zuiderzée & l'Ye, juſqu'au Kennemerland, près de Sparendam.

La *Hollande* méridionale comprend les terres qui ſe trouvent ſituées au ſud de l'Ye, depuis le Kennemerland, le long de la mer d'Allemagne, juſqu'à la Zélande, en y comprenant les îles qui ſont dans ces limites, & qui, ſe prolongeant le long des frontières du Brabant hollandois, de la Gueldre & d'Utrecht, juſqu'à l'extrémité de Lamſtelland & le Grooiland, nous ramènent le long du Zuiderzée juſqu'à l'Ye, près de Sparendam.

Nous remarquons d'abord que la *Nort-Hollande* eſt diviſée en trois grands cantons, le Kennemerland, le Waterland & la Weſt-Friſe. Le Kennemerland renferme les diſtricts de Harlem, de Bevervyk, des Egmonts, de Huiſduinen, de Helder & de Nieuwburgen.

La plus grande partie du ſol du Kennemerland eſt ſablonneuſe : on y trouve auſſi beaucoup de terres argileuſes. Il ne paroît pas qu'il y ait des tourbières, excepté du côté du Rhinland, du moins il n'y en a point d'exploitées.

On regarde généralement les dunes qui s'étendent dans le Kennemerland le long de la mer d'Allemagne, comme les plus hautes de toute la *Hollande* ; ce qui l'empêche pas qu'entre ces dunes il n'y ait de grandes vallées & des marais : on en trouve ſurtout dans la plaine derrière Petten & près d'Egmont. Mais ce qui eſt plus remarquable encore, c'eſt que, dans une plaine derrière les dunes, aux environs de Caſtricum, les eaux qui en découlent, augmentées par d'autres filets d'eau, forment un ruiſſeau qui devient un canal navigable, & qui s'étend au-delà de l'Immen. La ſource de ce ruiſſeau, dont l'eau eſt très-bonne & potable, eſt le Waterſtal ; & on lui a donné, à cauſe de ſon cours circulaire, le nom d'*Hoek-Beek* (*Ruiſſeau du Cerceau*). Le ruiſſeau nommé le Kraantje-Lek, près d'Overveen, produit également de la filtration de l'eau des dunes ; forme un grand baſſin & un canal de navigation. On trouve encore quelques autres ruiſſeaux dans les dunes du Kennemerland, mais ils n'ont pas un ſi grand volume d'eau ni un cours auſſi étendu. L'autre partie du Kennemerland, principalement entre Sparendam & Harlem, eſt marécageuſe & pleine de pâturages. Il faut attribuer cet état d'inondation au paſſage des eaux de l'Ye au deſſus du Slaperdick

ou digue dormante, qui ne ſuffit pas pour empêcher le débordement de l'Ye lorſqu'il y a de hautes marées : on doit auſſi regarder cet état d'inondation, ſurtout pendant l'hiver, comme produit auſſi par l'eau intérieure qui ſort du lac de Harlem.

En s'avançant davantage dans le Kennemerland, vers le nord, on y trouve ſurtout des terres baſſes & unies, qui ſont auſſi marécageuſes. Ce diſtrict eſt coupé en tout ſens, par des canaux & des foſſés ; ce qui l'a rendu habitable, & peuplé de villages & de métairies très-fertiles en pâturages.

Cette marche nous conduit dans le Waterland. On y trouve d'abord le diſtrict de Monikkendam. On y voit cinq lacs deſſéchés & entourés de digues, connus ſous les noms de *Buiſlotermeer*, de *Broakmeer*, *Belmermeer*, *Putmer* & *Wide-Vormer*.

Outre ces deſſéchemens conſidérables on trouve encore, dans le Waterland, une infinité de petits lacs, de canaux, de foſſés, de marécages & des pâturages immenſes. Le Wide-Vormer eſt un terrain deſſéché & entouré de digues ; il renferme plus de quatre mille cinq cents arpens de Paris. Le Purmer, également deſſéché & entouré de digues, a plus de ſept mille cinq cents arpens de Paris. L'intérieur eſt diviſé par pluſieurs canaux qui ſervent à ſon deſſéchement, le long deſquels ſont pluſieurs rangées d'arbres entre leſquelles ſont des métairies où l'on élève beaucoup de bétail, & où l'on fait le fromage d'*Hollande*. Toutes ces richeſſes ſe trouvent au fond de ce terrain deſſéché, qui eſt au deſſous du niveau de la mer.

De là, en s'avançant vers le nord, on entre dans un des plus beaux cantons des terres deſſéchées, tant de la *Sud* que de la *Nort-Hollande*, ſavoir : le Beemſter. On compte qu'il a deux lieues de long ſur une & demie de large. Les terres de tout le Beemſter ſont bien cultivées, & diſtribuées en métairies bien tenues.

En s'avançant à l'oueſt & même au nord, on trouve pluſieurs parties deſſéchées & entourées de digues ; parmi leſquelles on diſtingue le Schermermeer, qui contient quinze mille arpens.

Je ne fais mention de tous ces terrains deſſéchés que pour faire voir quelle étoit la conſtitution du ſol de la *Nort-Hollande*, qui étoit couverte de lacs aſſez profonds, puiſqu'il faut continuer à en tirer l'eau par le moyen des moulins à vent ; en ſorte que les terres ſont au deſſous du niveau du ſol naturel, qui contenoit les eaux des lacs deſſéchés, habités & cultivés, & même au deſſous du niveau de la mer du Zuiderzée.

Il ſera curieux de ſavoir à quelle cauſe on doit attribuer ces anciens lacs auxquels ont ſuccédé les polders dont nous venons de parler, & de pluſieurs autres que nous avons omis.

Paſſons maintenant dans la Weſt-Friſe.

Les terres ſituées entre les villes de Horn, Enkuyſen & Medenbleck ſont naturellement protégées contre les invaſions de la mer, par des bancs de vafes & de limons qui entourent la Weft-Frife de ce côté. Ces terres font en général fort baffes, excepté entre Medenbleck & Schagen. On compte même que la furface du fol naturel eft à quatre ou cinq pieds plus bas que le *Peil* ou marque de la marée ordinaire; de forte que la Veft-Frife, quoique garnie de fortes digues le long du Zuiderzée, a fouvent couru rifque, ainfi que toute la *Nort-Hollande*, d'être fubmergée.

La Weft-Frife contient d'excellens pâturages, & dans les polders deſféchés il y a de bonnes terres labourables, & dans les terres connues fous le nom de *Veen-Hoop* le fol renferme beaucoup de tourbe.

§. 1ᵉʳ. *Recherches fur les terres hautes & baffes de la Hollande.*

M. l'Epie, dans fon *Traité fur la fituation naturelle de la Hollande*, a fait voir, d'une manière aſſez probable, l'éboulement & l'affaiſſement de quelques terrains dans la Weft-Frife, fur quoi M. Lulofs a fait une remarque que nous croyons devoir placer ici. « Si un pareil affaiſſement a véritablement eu lieu, dit-il, dans les terres de » Weft-Frife, ou plutôt fi on remarquoit un pa-» reil changement dans la hauteur de la mer, re-» lativement aux terres, ce qu'on ne peut pas » tout-à-fait nier, quoique ce changement pa-» roiſſe moins confidérable que le prétend M. l'E-» pie, on pourroit croire, avec raifon, que les » terres limitrophes de la *Sud-Hollande* ont » éprouvé le même fort. » Ce que nous avons principalement en vue ici, c'eft l'état de la *Sud-Hollande* comparée avec celui de la *Nort-Hollande*. M. Lulofs penfe que les terres de la *Sud-Hollande* doivent fe trouver dans le même état que celles de la *Nort-Hollande*; mais je fuis d'un fentiment tout-à-fait contraire; car comme le terrain de la *Sud-Hollande* eft plus élevé que celui de la *Nort-Hollande* & qu'aſſurément il a été de même dans les fiècles paſſés, il eft inconteftable que la *Sud-Hollande*, quoiqu'elle ait pu être fubmergée par des marees extraordinairement hautes, doit avoir été moins expofée aux fureurs de la mer du Nord, que la *Nort-Hollande* & la Weft-Frife. Nous fommes perfuadés que la *Sud-Hollande* a toujours été un pays plus folide, plus élevé & plus fûr, dont les couches ont été plutôt rehauf-fées après le déluge univerfel ou d'autres inon-dations antérieures & inconnues, par le déborde-ment de la Meufe, du Rhin, &c. que par celui de la mer, tandis que la *Nort-Hollande* & la Weft-Frife, au contraire, ont non-feulement été fub-mergées par les eaux de la mer, mais encore par celles du Rhin, qui avant, & plus encore après l'engorgement de cette rivière, s'y raſſembloient en grande quantité; de forte que le terrain en étoit toujours couvert d'eau & marécageux. Joignez à cela une plus grande proximité de la

mer aux côtes de la *Nort-Hollande*, dans des tems pofterieurs, dont il a déjà été parlé : d'où l'on peut conclure que, dans des tems plus reculés, la *Sud-Hollande* étoit plus éloignée encore de la mer que la *Nort-Hollande*, laquelle, fuivant la con-noiſſance la plus ancienne que nous ayions de ce pays, étoit, comme nous l'avons dit, couverte d'eau, ainfi qu'on en peut juger par le grand nom-bre de lacs qu'on y a vus dans ces derniers tems. C'eft auſſi fans doute dans ce fens que Tacite a dit que l'île des Bataves étoit fituée *inter vada*, entre des eaux guéables; car, fuivant nous, il a entendu, par l'île des Bataves, la partie haute & ferme de la *Sud-Hollande*, avec les terres voi-fines; & par les eaux guéables entre lefquelles fe trouvoit cette île, il a voulu dire les terres baſſes qui étoient inondées par les rivières, dont les dé-bordemens les rendoient marécageufes.

Nous ne déciderons pas fi l'on peut attribuer la différence de la hauteur ancienne & actuelle de la mer, depuis quatre à cinq fiècles ou plus, à cet affaiſſement des terres de la Weft-Frife; mais il eft certain que toutes les terres de la *Hollande*, qui ont été inondées par les eaux des lacs ou des tour-bières, s'affaiſſent toujours après qu'on les a deſ-féchées, ou plutôt fe reſſerrent, & deviennent des couches plus compactes & par conféquent plus baſſes; ce qui eft d'autant plus facile à remarquer, que ces terres font plus cultivées, plus habitées ou plus foulées par les beftiaux, comme on peut le voir dans toutes les terres deſſéchées, & parti-culiérement dans celle du Diemer-Meer.

Nous croyons qu'il eft facile auſſi de prouver, par ce deſſéchement & cet affaiſſement des tour-bières, la différence qu'il y a entre les terres hau-tes & les terres baſſes & fpongieufes de la *Hollande*, différence qu'il eft eſſentiel de remarquer ici ; car fi nous voulons nous borner à parler des tems où nous avons commencé à avoir quelque connoiſſance certaine de la fituation & de la popu-lation de ce pays, & fi nous faifons abſtraction du changement qu'en a dû éprouver le terrain, il eft fans doute digne de remarque qu'il n'y a jamais ou du moins très-rarement, deſſus ou deſſous des couches de tourbe, quelques veſtiges qu'elles aient été habitées, tandis qu'au contraire on trouve beaucoup de marques non équivoques d'ha-bitations fur les couches d'argile & de fable des terres élevées. Cette obfervation n'a pas échappé à M. Wofmaar dans fa préface placée à la tête des *Lettres fur les Antiquités de la Hollande*, de M. Van-Lier, où il dit que dans les couches de tourbes on trouve fort rarement quelques veſtiges de l'antiquité. Il eft vrai que M. Schook parle d'armes & de médailles qu'on a trouvées dans les couches à tourbes. Si cela eft, il fe peut que ces armes aient été enfouies du tems où, fuivant Ta-cite, les Bataves ont fait périr tant de chevaliers & de foldats romains dans les marais. C'eft ainfi qu'on a trouvé dans le bois de Harlen, des armes espagnoles à une grande profondeur sous terre. Comme cette observation sert à confirmer notre opinion, que dans ces tems les terres à tourbes étoient très-distinctes des terres hautes & cultivées, la situation des couches à tourbes dans des tem. postérieurs me paroît une preuve assez grande pour oser prétendre que, depuis cette époque indiquée, elles se sont rehaussées de plus en plus, ou, si l'on veut plutôt, que, demeurant toujours marécageuses, elles ont été rehaussées annuellement de plus en plus par la décomposition des plantes : c'est du moins ce qu'on peut remarquer dans les terrains marécageux des fossés, &c. Si donc on peut tirer des vestiges d'anciens bâtimens quelques preuves du rehaussement des terres, ou, pour nous en tenir à notre première idée, de l'ancienne élévation & solidité du terrain de la Sud-Hollande, & si, d'un autre côté, on peut prouver la situation basse d'autres terrains, je crois alors qu'il ne reste aucun doute que les fondemens des anciens bâtimens ne soient des preuves convaincantes que le terrain où on les trouve, a été à sec & élevé. De même le défaut de semblables monumens dans les couches à tourbes prouve clairement que les autres terres de la Sud-Hollande ont été marécageuses, & par conséquent basses. Il nous paroît donc incontestable que les couches de tourbes, quoiqu'elles soient devenues plus compactes en se resserrant avec le tems, lorsqu'on a entouré les terres de digues, ont cependant été anciennement, ainsi qu'elles le sont encore aujourd'hui, plus basses relativement aux terres plus élevées, & que les plus basses de toutes ont été couvertes par les débordemens des rivières, de couches de sable ou d'argile ; ce qui fait aussi, à ce que nous croyons, qu'en plusieurs endroits de la Hollande, & particuliérement de la Nort Hollande, on trouve aux bords actuels ou anciens des rivières, de la tourbe sous le sable ou sous l'argile, tandis que dans les tourbières plus hautes on trouve la tourbe à la surface, cependant toujours entre des terres plus élevées. Ces terres élevées, & nommément celles de la Sud-Hollande, n'ont pas éprouvé de si grands changemens depuis qu'elles ont été habitées par les anciens habitans, que les terres de la Nort-Hollande, de la Zélande, & les terres basses & humides de la Meuse & du Rhin, comme plusieurs terres affaissées & des bâtimens enfouis nous le prouvent.

Partout ce que nous venons de dire, il est facile de voir que nous pensons que le terrain de la Hollande a été beaucoup élevé par le sédiment des rivières & de la mer, mais que nous ne prétendons pas que ce rehaussement ait eu lieu depuis le tems que les Romains ont été dans ce pays ; quoique nous reconnoissions cependant que, depuis cette époque, il a éprouvé plusieurs changemens, soit par l'élévation du terrain, soit par son éboulement, causé par le battement des eaux. Nous avons des raisons pour penser que les pavés, les rues, les puits & les autres ouvrages semblables ne sont

pas tous des travaux des Romains ; & ce n'est sans doute pas rendre justice aux anciens Germains & aux Bataves, que de croire qu'ils étoient assez barbares pour avoir ignoré l'art de faire des briques, comme il paroît que Tacite le fait entendre.

D'ailleurs, ces pavés & ces puits qu'on trouve sous terre ne sont pas des preuves que le terrain a été rehaussé dans ces endroits par le limon des rivières. C'est aussi le sentiment de M. Lulofs, en parlant des puits, des rues & des fondemens qu'on a trouvés à une grande profondeur sous terre à Dordrech, à Egmont-sur-Mer & dans d'autres endroits. On ne peut cependant disconvenir que le Dorsche-Waart n'ait été souvent inondé, & que son terrain n'ait été elevé par le limon des rivières ; mais on ne peut chercher la preuve de ce rehaussement du terrain dans les rues, les pavés, dont on vient de parler, & qui ne sont, à ce qu'il paroît, que les restes de quelques caves construites par les Moines dans des tems postérieurs, & par conséquent long-tems après le changement considérable que ce terrain a dû éprouver. Tel est, par exemple, l'ouvrage qu'on a trouvé dans la seigneurie de Warmond. Près d'un ancien mur de l'église qui a été brûlée, on voit une espèce de maçonnerie ronde, qu'on appelle encore aujourd'hui la Tour des Moines. Dans cette tour il y avoit un escalier à noyau, de pierre maçonnée, qui descend à une grande profondeur sous terre, & qui se termine à une route qui se prolonge assez loin sous terre, & qu'on a parcourue à plus de cent pas. Elle aboutissoit à un couvent dont le terrain est aujourd'hui couvert de prairies & de bois, & qui se nomme encore Kloosterland (le terrain du couvent). J'ai trouvé, dit Lulofs, de pareilles voûtes dans deux maisons dont j'avois fait l'acquisition derrière une église à Leyde. Voici un exemple encore plus frappant. En 1757 on découvrit dans le terrain de l'ancien Alkemade, à un quart de lieue de Warmond, les fondemens d'un bâtiment circulaire, dont le diamètre étoit de trente-six pieds. Le mur circulaire avoit huit pieds d'épaisseur d'aplomb, & étoit construit de briques rouges de douze pouces de long sur six de large, & trois d'épaisseur, jointes ensemble avec un ciment pur. Au nord-est on trouva, après avoir abattu quelques rangées de briques, un espace d'un pied & demi en carré, maçonné de toutes parts, se trouvant hors de l'épaisseur du mur. A environ trois pieds sous terre, du côté du sud-est, il y avoit une espèce de pavé de la largeur de deux pieds à deux pieds & demi, fait de briques plates, allant au sud-est du bâtiment. En comparant la situation de ce bâtiment avec celle d'autres de ce même genre, & particuliérement de la tour des Moines, on peut assurer que non-seulement la haute partie de la Sud-Hollande, mais même la partie basse, qui tient à la Nort-Hollande, c'est-à-dire, qui se trouve derrière les dunes, aux environs des rivières, n'a pas éprouvé de révolution depuis le tems des Romains, & que les plus grands changemens dans les couches de terre, opérés par la mer ou par les rivières, n'ont pas eu lieu partout dans un même tems ; car en examinant les briques du bâtiment circulaire dont nous venons de parler, on verra qu'elles sont de la même espèce & de la même grandeur que les briques du Burg, de Leyde, & que celles du château de Britten, trouvées à Rhymsburg & à Roomburg. Le plan en est aussi dans le goût romain. Il est donc probable que ce bâtiment a été construit par ces conquérans du Monde, quoiqu'il y ait des écrivains qui le regardent comme un reste de l'ancien Alkemade. Mais suppofons que cela soit ainsi : les briques de la tour des Moines sont plus petites, & la manière de bâtir est d'un tems moins reculé & plus connu, ayant été fondé en 1410 par Jean I, seigneur de Warmond & d'Yffelmonde. Ces deux bâtimens, qui se trouvent à environ un quart de lieue l'un de l'autre, sont à peu près à une même profondeur sous terre, dans un terrain ferme & dur, & qui plus est, sur une même couche suivie. Ce terrain n'a donc pas pu subir un changement considérable pendant le laps de tems qui s'est écoulé depuis la construction de ces deux bâtimens jusqu'à nos jours : la terre a seulement été plus habitée, plus cultivée, & plus excavée par la fouille des tourbes. Cet intervalle a été au moins de douze cents ans, si l'on compte depuis le tems des changemens que les côtes & les terres ont essuyés après la demeure des Romains dans ce pays. Toutes ces raisons prises ensemble nous prouvent donc que ces bâtimens en voûtes, &c. qu'on peut trouver sous terre, ne sont pas des preuves que les couches du terrain ont été rehaussées, quoiqu'à la vérité il y en ait d'autres qui viennent à l'appui de ce sentiment, comme nous l'avons fait voir plus haut.

Mais, sans nous arrêter davantage à discuter ces différentes opinions, nous nous bornerons à en tirer cette conclusion. Nous considérons d'abord la Hollande, depuis le commencement du Monde, ou si l'on veut après le déluge universel, comme se formant du sédiment en couches uniformes & parrallèles sur les fondemens de la terre, qui nous sont inconnus. Après la consolidation de ces couches, ce pays doit avoir été long-tems désert, inconnu & inhabité, se trouvant dans le même état que toutes les autres contrées du nord, dont Job a sans doute parlé, lorsqu'il a dit : C'est lui (c'est-à-dire Dieu) qui fait reposer le pôle du septentrion sur le vide ; ce qui s'accorde avec la connoissance que nous avons de l'état des pays septentrionaux dans les tems moins reculés. Il est sans doute impossible de marquer avec quelque certitude les changemens que les couches de la Hollande ont éprouvés, & de quelle manière ces changemens ont pu s'opérer. Mais, d'après la nature des choses, nous pouvons supposer un second changement à une époque moins reculée, c'est-à-dire, depuis la première irruption des sources du Rhin & de la Meuse, & par conséquent depuis

l'instant où ces rivières ont commencé à porter, & ont ensuite continué à porter leurs eaux, leur limon & leur sable dans ce pays. La troisième cause de changement doit être attribuée à la proximité, à l'éloignement & à la situation haute ou basse de la mer du Nord. Voilà tout ce que nos connoissances bornées nous permettent de conjecturer sur des faits aussi difficiles à approfondir.

§. II. Rivières de la Hollande.

Il faut d'abord remarquer que la Hollande est arrosée & traversée par deux ou plûtôt par quatre grandes rivières principales ; savoir : le Rhin, la Meuse, le Leck & l'Issel ; mais comme ces deux dernières se forment du Rhin & de la Meuse, on ne doit regarder comme rivières principales que les deux premières. Le Rhin mérite le premier rang.

Le grand Rhin, en arrivant sur le territoire de la Hollande, se divise, près d'Emmerick, en deux branches presqu'égales entr'elles, le Wahal & le Rhin proprement dit. Le lit de chacune de ces branches est à peu près égal à celui de la rivière entière avant la division ; & quand les eaux grossissent, elles sont également hautes dans l'une & dans l'autre. La seconde branche se divise de nouveau vers Arnheim pour former l'Issel, & la section de l'Issel n'est pas fort différente de celle du Rhin. La première division de toutes les eaux du Rhin a été commencée sous les généraux romains Drusus & Corbulon ; elle a été ensuite continuée, dans les siècles postérieurs, par un grand nombre d'autres subdivisions. Cette grande multiplicité de canaux, en procurant de très-grands avantages à la navigation & au commerce de la Hollande, entraîne avec elle les conséquences les plus funestes, qui sont que les eaux, divisées en tant de branches, perdent la vitesse & la force dont elles auroient besoin pour soutenir & pousser en avant les matières hétérogènes qu'elles transportent. Le rehaussement continuel du fond rend toujours plus grands les dommages que souffrent de vastes terrains lorsqu'il se fait quelques ruptures, & menace le pays d'une ruine totale.

La Meuse n'est pas moins fameuse que le Rhin lui même, avec qui elle a une liaison si étroite en Hollande, que ces deux rivières prennent souvent le nom l'une de l'autre, ou qu'elles en portent ensemble de nouveaux. Ainsi toutes les moindres rivières qui arrosent la Hollande, & dont nous allons aussi suivre le cours dans cet article, ont leur source dans ces deux rivières principales.

La Meuse, que les Romains ont nommée Mosa, est appelée par les Allemands Mase, & par les Hollandais Maaze. Cette rivière a sa source en Champagne, province de France, à environ six lieues de Langres, près des villages de Meuse & de Montigny-le-Roi, qui est un fort bâti sur une haute montagne : de là elle continue son cours par Saint-Thiébaud, où elle commence à porter bateau, paſſe par le duché de Lorraine & de Bar, par Neuchatel, Vaucouleurs, Saint-Mihiel, Verdun & Mouzon, où elle reçoit la petite rivière de Chers. En prolongeant ſon cours elle baigne Mézières, Charleville, Bouvines, Dinant & Namur. Après s'être augmentée des eaux de la Sambre, elle paſſe l'évêché & par la ville de Liége : de là elle ſe rend à Maëſtricht & à Ruremonde, où elle prend les eaux de la Roër, puis elle deſcend par Venloo, Graves, Raveſtein & le comté de Mégen. Après avoir baigné encore quelque tems à gauche les terres ſituées entre la Meuſe & le Waal, elle s'unit, près de Herwerden ou Heerwaarden, avec le bras du Rhin, nommé le Vahal, & forme, par cette réunion, une ile du Bommelerwaard. A l'extrémité occidentale de cette île, la Meuſe & le Vahal ne forment plus qu'une ſeule rivière, qui, à la hauteur de Woudrichen, prend le nom de *Merwe*, & continue ſon cours ſous ce nom juſqu'au deſſous de Dordrech, baigne enſuite Rotterdam, Schiedam, & paſſe entre Maaſlandſluis & la Briel, où elle ſe jette enfin dans la mer du Nord après avoir repris le nom de *Meuſe* par ſa réunion avec une ancienne branche de cette rivière.

Telle eſt la deſcription ordinaire qu'on nous donne de la Meuſe; mais pour examiner plus particuliérement le cours de cette rivière en *Hollande*, nous allons revenir à l'endroit où elle commence à baigner cette province, à la pointe de terre qui ſe trouve entre la Meuſe & le Vahal. C'eſt là que la Meuſe communique avec le Vahal par trois branches différentes; de ſorte que la proximité & le concours de ces deux rivières ont fait donner à cette portion de terre le nom de *Pays de Meuſe & de Vahal*, qui s'étend depuis Nimègue juſqu'au Tieler-Waard & au Bommeler-Waard.

Tandis que le Vahal baigne le côté droit du Bommeler-Waard, la Meuſe coule du côté gauche, & deſcend depuis de Roſſum, devant le village de Briel, vers le fort de Crèvecœur, où elle forme un canal de communication par lequel on ſe rend à Bois-le-Duc. En deſcendant de Crèvecœur, elle continue ſon cours le long de Veen, Aalſt, Andel & Gieſſen, vers le fameux château de Loeveſtein; & c'eſt entre ce château & la ville de Woudrichem que ſe fait la parfaite jonction de la Meuſe & du Vahal. Ces deux rivières continuent à deſcendre de là avec rapidité, changent en même tems leurs noms, & prennent celui de *Merwe*. Cependant la plupart des bateliers qui naviguent ſur la Meuſe, l'appellent encore ici de ce nom, tandis que ceux qui deſcendent le Vahal lui donnent le nom de *Vahal* juſqu'au deſſous de Gorinchem; mais les géographes déſignent cette rivière par le nom de *Merwe* dès qu'elle approche la ville de Gorinchem.

C'eſt auprès de cette ville que la Merwe reçoit une petite rivière nommée la *Linge*, laquelle, deſcendant de l'Overbetuwe, & s'étant unie dans le Tieler-Waard avec le Vliet, baigne les villes d'Aſperen, Leerdam & Heukelum, & ſe jette par Gorcum dans la Merwe. Elle ſe diſperſe au deſſous de cette dernière ville en un grand nombre de branches qui forment pluſieurs îles connues ſous le nom général de *Warden*, au nombre de plus de ſoixante-dix, tant grandes que petites. L'eau qui baigne ces îles ſe partage en pluſieurs lits, qui tous ſe jettent dans le Biesboſch ou le pays ſubmergé de la *Hollande* méridionale. Mais on compte que la Merwe ſe termine ici par trois, quatre ou même cinq branches nommées le *Bruine-Kil*, le *Hooge-Kil*, le *Baſſe-Kil*, le *Groote-Weſt-Kil* & le *Weſt-Kil*. Aux eaux de ces cinq branches ſe réuniſſent dans le Biesboſch, à la hauteur de Gertruidenberg, non-ſeulement la Donge, qui deſcend de la mairie de Turnhout, par la baronie de Bréda, vers la ſeigneurie de Geërtruidenberg, mais encore l'ancienne Meuſe. Cette rivière paroît avoir coulé anciennement depuis le château de Bokhoven dans le pays de Henſden, & être deſcendue par-là juſque près de Gertruidenberg; car on trouve encore près de cette ville une crique qui porte le nom d'*ancienne Meuſe* ou de *Maaſe*. Pluſieurs géographes prétendent qu'anciennement cette rivière couloit par le pays de Putten, vers Geervliet, où elle doit s'être réunie avec la Merwe ou la nouvelle Meuſe. Quoi qu'il en ſoit, il eſt certain que toutes ces eaux ont éprouvé de grands changemens, tant par la ſubmerſion du Zuid-Hollandſche-Waard, que par la réunion de la Meuſe avec le Vahal, près de Woudrichem; ce qui a augmenté le courant de la rivière entre Woudrichem & Gorinchem.

Nous allons quitter pour un moment le cours de la vieille Meuſe, afin de pouvoir mieux ſuivre celui de la nouvelle Meuſe ou de la Merwe. Cette rivière, en paſſant entre Woudrichem & Gorinchem, continue ſon cours entre Hardinkendam, dans le grand Zuid-Hollandſche-Waard, vers Gieſſendam, ſitué dans l'Alblaſſer-Waardi. Ici la Merwe forme un canal nommé le *Gieſſen*, qui va juſqu'à Zerikerdyk. De Gieſſendam la Merwe paſſe devant Slydrecht & le Groot-Wiel, entre leſquels cette rivière forme un canal aſſez large, où il y a quelques bas-fonds couverts de fange juſqu'au-delà de Dordrech. Le concours des eaux forme, de cette ville & des terres de ſa juridiction, une île parfaite; car la Merwe baigne ſes terres à l'eſt & au nord-eſt, tandis qu'elles ont, au ſud-eſt le Bieſchboſch, & le canal de S'Gravendeel ou de Dordrech à l'oueſt. A l'embouchure de ce canal ſe trouve une petite île nommée le *Krabbe*.

Depuis Dordrech la mer deſcend par deux bras ſpacieux, dont l'un continue à couler le long de l'Alblaſſer-Waard, & retient le nom de *Merwe*; l'autre bras prend le nom de *Vieille-Meuſe*. Le premier de ces deux bras forme de l'autre côté un canal qui, ſous le nom d'*Alblaſtroom*, ſe perd dans les terres de l'Alblaſſer-Waard. L'eau de la

Merwe

Merwe, s'étant réunie près de Crimpen avec le Leck, prolonge son cours dans les terres d'Isselmonde, de Roon & de Portugal : ces terres sont baignées par cette rivière d'un côté, & par la Vieille-Meuse de l'autre. C'est à cette île que la Merwe reçoit l'Issel, à la hauteur du village d'Isselmonde, qui de là a pris son nom. La Merwe, se trouvant ainsi réunie au Leck & à l'Issel, coule le long de ces terres vers Rotterdam. C'est par cette ville que la Merwe, qui y reprend le nom de *Nouvelle-Meuse*, communique avec deux grands canaux, la Rotte (1) & le Schie. La Rotte, qui a donné son nom à Rotterdam, traverse le district de Zevenhuizen, où ce canal finit. Le Schie, de qui Schiedam a pris son nom, traverse par le moyen de canaux artificiels qui ont même communication avec le Rhin, tout le Delfland, qui verse ses eaux superflues, tant à Rotterdam qu'à Delfshaven, & particuliérement à Schiedam, par le Schie dans la Meuse. La Meuse, continuant à couler depuis Rotterdam devant Delfshaven, Schiedam & Vlaardingen, se partage, un peu au dessous de Vlaardingen, en deux nouvelles branches, après avoir formé, près de Vlaardingen, un canal intérieur, qui, en traversant Schiplui, se rend à Delft. L'une de ces branches, se jetant à gauche, tombe avec un large bras dans la Vieille-Meuse, vis-à-vis d'une petite île nommée le *Taruwe-Zand* ; & l'autre branche, tirant à la droite, coule devant Maassluis, sous le nom de *Scheur* ou de *Sluische-Diep*. Ici la Nouvelle-Meuse, après avoir baigné l'île de Roozenburg ou de Blankenburg, se réunit tout-à-fait avec la Vieille-Meuse (c'est pourquoi quelques écrivains conservent jusqu'à cet endroit, à la Nouvelle-Meuse, le nom de *Merwe*) ; & après avoir ensuite formé quelques bancs de sable qui tous les ans changent de situation, elle coule dans la mer du Nord, près du coin de *Hollande*.

La seconde branche de la Merwe, dont nous avons parlé plus haut, qui de Dordrech coule le long du Zwyndrechschen-Waard vers le Hoeksche-Waard, & prend le nom de *Vieille-Meuse*, passe autour & par le milieu du Beyerland & du pays de Putten, jusqu'à ce qu'elle commence à se réunir avec la Nouvelle-Meuse près de la petite île de Taruwezand, dont nous avons parlé. De-là elle prolonge son cours dans l'île de Roozenburg ou Blankenburg & le pays de Woorn devant le Briel, & par le Brielsche-Diep, le long des terres d'Oostvoorn, où elle se réunit enfin entiérement avec la Nouvelle-Meuse, & coule avec elle dans la mer du Nord par l'embouchure dont il a été parlé. Mais, en faisant le tour des terres dont nous avons parlé, elle forme une autre branche de l'autre côté du Hoeksche-Waard & du pays de

Voorn : ici elle coule dans le Haring-Vliet devant Hellevoet-Sluis, & tombe, en passant du côté droit d'Overflakkée & de Goerée, dans le Gorésche-Gat (le pertuis de Goerée) & le Spleet ou le Kwaks-Diep, par où elle verse enfin ses eaux dans la mer du Nord. De plus, elle communique encore, par le Vrouwerak, avec le Krammer, & coule du côté gauche d'Overflakkée & de Goerée par le Rieningen ou Grevelingen & le Brouwershavenschegat (le pertuis de Brouwershaven), le long des côtes de la Zélande dans la mer du Nord.

Il nous reste à remarquer que la Meuse & ses différentes branches sont d'une largeur fort inégale en *Hollande*. Son lit est souvent fort resserré, tandis qu'ailleurs il est extraordinairement large. En quelques endroits cette rivière est fort bourbeuse, & ses bords sont peu élevés ; dans d'autres elle coule entre des bords fermes & solides. La largeur de la Merwe est plus inégale encore. Elle a, par exemple, sa plus grande largeur à la hauteur de Gornichem ; de sorte que plusieurs radeaux de bois peuvent y passer de front, pendant qu'à Hardinksveld son lit est si étroit, qu'il ne peut y passer qu'un seul radeau à la fois. Il faut observer que ces radeaux ou trains de bois ont quelquefois deux à trois cents pieds de long, & qu'ils sont larges à proportion.

L'inégalité du courant de cette rivière est cause qu'elle est sujète à des bancs de sable & à des amas de fange, principalement au dessus & au dessous de Dordrech, où la rapidité du courant est ralentie par les branches qu'elle forme dans les terres qui privent le courant de la force nécessaire pour entraîner la vase jusqu'à la mer ; ce qui, au confluent de la Meuse & de la Merwe, forme plusieurs bas-fonds & bancs de sable, & fait qu'il y a tant de lits ou *killen* peu profonds, qui changent souvent de situation, comme on le voit pour ainsi dire tous les jours aux environs de Putten. On entend ici par *killen* ou lits les criques rentrans ou saillans formés par les efforts des eaux contre les anciens bords de la rivière, dans lesquels & aux environs desquels l'eau, par ces efforts continuels, a inondé les terres ou formé de nouvelles petites îles, comme nous l'avons déjà dit en parlant de ce qu'on nomme les *Waarden*. Le Gouvernement prend tous les soins imaginables ; & fait des dépenses extraordinaires pour prévenir les engorgemens de vase & de sable, l'affoiblissement des rivières & le grand frottement des eaux contre les digues, soins qui jusqu'à présent ont préservé la *Hollande* des malheurs dont elle paroît menacée. Au reste, le cours de la Meuse est fort rapide ; mais plus cette rivière approche de la mer & du confluent des eaux de la Zélande, plus elle est sujète au flux & au reflux, & aux changemens de la marée, ce qui expose souvent les terres voisines aux inondations, & la rivière même se trouve quelquefois par-là engorgée de fange & de vase.

---

(1) La Rotte ou Rottera est un ruisseau qui descend du nord au sud, & qui tombe dans la Meuse à Rotterdam. (M. de Lalande, *des Canaux de navigation*, pag. 493.)

S'Gravefande, Wittichius & Cruquius, qui, par ordre des États-Généraux, examinèrent, en 1750, avec tout le foin poffible, la fituation & le cours de la Meufe & de la Merwe, ont donné des obfervations très-exactes fur la rapidité du cours de ces deux rivières. Ils ont trouvé qu'à la hauteur de Hardinkfveld, la rapidité du courant eft d'environ cinq mille roedens dans les vingt-quatre heures, ainfi qu'ils l'ont marqué fur une carte très-bien exécutée. Ces mêmes obfervations portent que cette rapidité de la rivière eft plus ou moins grande, felon que fes eaux s'approchent des branches collatérales plus ou moins confidérables, ou coulent fur un lit plus ou moins élevé.

Après avoir ainfi fuivi le cours du Rhin & de la Meufe, nous obferverons les petites rivières qui y prennent leur fource. Il femble d'abord que le Vahal & le Leck font les principales rivières de fecond ordre; mais, en effet, ce font plutôt l'Iffel, le Vecht & l'Amftel, & l'on peut joindre à ces derniers le Vliet, le Does, le Zyle, la Maarne, la Linge, le Schie & plufieurs autres eaux qu'on pourroit regarder comme de petites rivières; mais comme ce ne font prefque tous que des canaux artificiels qui n'ont point d'embouchures particulières dans la mer, & ne prennent point leur fource dans quelques rivières, nons ne nous y arrêterons point, en ayant déja dit quelque chofe en parlant des branches ou des canaux d'évacuation de la Meufe & du Rhin.

Le Vahal, nommé en latin *Vahalis*, a été reconnu des anciens hiftoriens pour le premier & le principal bras du Rhin; & c'eft peut-être fa féparation éloignée du Rhin qui a fait donner à cette rivière le nom allégorique de *Rhenus bicornis* dont fe fert Virgile. Nous n'examinerons pas fi fon nom hollandois de *Waal* lui vient de *Waalen dwaalen*, *Afdwaalen*; ce qui veut dire errer, ne point tenir de cours réglé, parce que de pareilles étymologies font plutôt des jeux d'efprit que des vérités utiles, qui n'ont au refte aucun rapport à la nature de cet ouvrage. Du tems de Tacite cette rivière portoit déja le nom de *Vahalis* & de *Waal*. D'autres écrivains, & entr'autres Jufte-Lipfe, lui ont donné le nom de *Nabalia*, par où l'on entend cependant communément l'Iffel de la Gueldre. Mais nous ne difcuterons point cette queftion; car il eft certain qu'aujourd'hui cette rivière porte le nom de *Vahal*; & quoiqu'elle coule principalement en Gueldre, elle a néanmoins tant de rapport avec la Meufe & le Rhin, qu'il eft néceffaire d'en donner ici une idée exacte. Le Vahal eft une eau courante, qui quittoit autrefois le Rhin près du fort de Schenk, mais qui fort aujourd'hui de cette rivière à deux lieues au deffous de ce fort, à la hauteur du Panderfche-Gat. Commençant de là fon cours particulier, elle defcend vers Nimègue & Thiel, & paffe le long du Bommel-Waard, à l'extrémité

duquel, comme nous l'avons dit en parlant de la Meufe, elle fe jette dans cette rivière près du château de Loeveftein; après quoi elle perd fon nom, ainfi que la Meufe, entre Loéveftein & Gorinchem, & prend celui de Merwe.

Le Leck eft la feconde rivière intérieure qui prend fa fource dans la vallée du Rhin; il commence à Wykte-Duurftède, & defcend vers Kuilenburg, Everdingen, Hageftein, Honfwyk-Waal, jufqu'à Vianen. A la hauteur de cette ville cette rivière s'approche, pour la dernière fois, du Rhin; de l'autre côté, près de Vreefwyk, par un canal nommé *le Vaartfche-Rhyn*, qui va à Utrecht. Le Leck formoit autrefois, au deffous de Vreefwyk, l'iffue intérieure où l'Iffel de Gouda defcendoit jufqu'à ce qu'il fe jetât près de Crimpen dans la Merwe, qui lui fait perdre fon nom. Il eft très-large en fortant du Rhin, & fe rétrécit beaucoup en defcendant; ce qui fait que, vers le bas, fes eaux font fouvent hautes & inondent les terres; de forte que, lorfqu'il defcend beaucoup d'eau, cette rivière monte quelquefois à dix pieds au deffus de fa hauteur ordinaire; & fi fes eaux groffiffent davantage, elles renverfent alors les digues & les chauffées. Au refte, les bords du Leck font d'une argile ferme, & cette rivière charie auffi beaucoup d'argile que le Rhin y jette. On a obfervé, dans l'efpace de vingt & quelques années, le lit du Leck a hauffé, près d'Ameide, de plus de quatre pieds d'argile ou de fange (1). On a tiré de l'argile du lit de cette rivière & de fes branches (Kille), près de Lekfmond & au deffus de Vianen, & l'on trouve qu'elle étoit mêlée d'une grande quantité de petits cailloux polis, dont les habitans ferrent les grands chemins. Les avantterres (2) des digues du Leck reftent prefque toujours découvertes pendant l'été, & la plupart font très-fertiles. Les terres, en dedans des digues, font prefque toutes fablonneufes; mais comme jadis elles ont été fouvent inondées, il y a une légère couche d'argile.

Après le Leck, c'eft l'Iffel qui eft la principale rivière de la *Hollande*, c'eft-à-dire, l'Iffel intérieur ou l'Iffel de *Hollande*, communément nommé le *Goudfcht-Iffel* (l'Iffel de Gouda), pour le diftinguer de l'Iffel de Gueldre ou de Doesburg.

On croit que l'Iffel de Gouda tire fa fource du Leck, un peu au deffous de Vreefwyk ou du Vaart, d'où il coule vers Iffelftein. Refferré aujourd'hui entre des chauffées au deffus d'Iffelftein,

---

(1) « Cela vient, dit M. de Lalande dans fes *Canaux de navigation, &c.*, pag. 503, parce que les digues étant trop voifines, le lit eft trop étroit & fe comble trop tôt; cependant les digues ont déjà vingt-quatre pieds de haut, & le terrain eft trop foible pour foutenir une élévation beaucoup plus confidérable. »

(2) C'eft-à-dire, les terres entre le lit de la rivière & les digues.

il prolonge son cours de cette ville par Monsoort & à travers Oudewater. Ici il forme un canal spacieux qui se rend par Linschoten à Woerden, & de là se jette dans le Rhin. Les eaux de l'Issel arrosent, par le cours que nous venons de suivre & par d'autres canaux & fossés, plusieurs terres & polders. L'Issel, en coulant d'Oudewater, le long de Haastreeht, passe enfin à Gouda, où il a une largeur assez considérable; ce qui rend la navigation intérieure de cette ville florissante. En traversant Gouda, l'Issel forme une rivière nommée le *Gouwe*, qui, en passant le long de Boskoop, coule jusqu'à l'écluse de Gouda, qui la sépare du Rhin (1); d'un autre côté l'Issel, en quittant la ville de Gouda, coule au sud-ouest, entre Moordrecht & Gouderak, par Ouderkerk, le long de Kapelle-sur-Issel, jusqu'à ce qu'il se jette enfin plus bas dans la Merwe, à la hauteur d'Ysselmonde, où il perd son nom. L'Issel, ainsi réuni avec la Merwe, éprouve, surtout depuis qu'on l'a resserré entre des chaussées au dessus d'Isselstein, le flux & le reflux, ainsi que toutes les eaux qui, depuis Dordrech jusqu'à Briel, sont réunies avec la Meuse & la Merwe, à cause de la proximité de la mer du Nord.

L'Issel coule sur un lit d'argile beaucoup plus fine que celle du Leck, qu'on vend avec avantage aux briqueteries. Les briques qu'on en fait sont d'un jaune-pâle, tandis que celles qu'on fait avec de l'argile tirée sur les bords du Rhin sont plus grises & plus rougeâtres, parce que sans doute cette dernière argile est plus exposée à l'air & se trouve plus mêlée de la décomposition de plantes, de racines & d'autres objets; elle éprouve aussi de grands changemens & contient plus de parties ferrugineuses & sulfureuses que l'argile de l'Issel, qui, étant nouvellement tirée du lit de cette rivière, ne contient que des parties purement de terre. Cependant l'argile du Rhin ou celle du Vahal & du Leck contient aussi les qualités propres à faire des briques jaunes lorsqu'on la tire des endroits convenables.

Revenons vers Utrecht pour examiner le cours du Vecht. Les écrivains ont beaucoup disputé sur l'origine & l'ancien cours de cette rivière, que quelques-uns même ont fait venir de la province d'Over-Issel par le Zuiderzée dans la province d'Utrecht; mais nous ne nous arrêterons pas à cette discussion: elle sert certainement aujourd'hui de décharge au Rhin, qui se partage à Utrecht en deux branches, dont l'une, sous le nom de *Rhin*, coule à l'ouest du côté de Woerden, & l'autre

sous le nom de *Vecht*. Cette rivière continue son cours, sous ce même nom, depuis Utrecht, par Zuilen & Maarsen, jusqu'à Breukelen. Ici le Vecht se partage en deux branches, &, poursuivant avec l'une son cours dans la même direction, il descend devant Loenen, Vreeland & Nichtevecht, par Wesop, & tombe enfin à Muiden dans le Zuiderzée, où en se déchargeant il forme un banc de sable appelé le *Muiderzant* (le banc de Muiden).

L'autre branche qui forme l'Aa se prolonge vers Nieuwer-Aa, où elle est séparée par une écluse de pierre, d'une autre eau nommée l'*Angtel*, mais à laquelle on donne communément, quoique mal-à-propos, le nom de *Krommen-Amstel*, à cause de ses sinuosités. A l'Amstel se joint la première branche du Vecht, par le moyen d'un canal artificiel à la hauteur de Nieuwersluis. Cette eau coule le long de Baambrugge, vers Abconde, & continue son cours à la droite, tant vers Wesop, que vers Diemen, tandis qu'à la gauche elle se réunit avec le Holendrecht, & Bullewyk, qui se jette à Ouderkerk dans l'Amstel, & prolonge son cours sous ce nom jusqu'à Amsterdam.

Le Vecht n'a point de digues, mais est seulement bordé par le grand chemin & de simples chaussées qui servent à contenir les eaux dans leur lit. La rivière est remplie de plantes aquatiques, & partout fort garnie de roseaux. Sur ses bords on voit de très-belles maisons de campagne & des fiefs qui appartiennent aux négocians d'Amsterdam & aux plus riches habitans d'Utrecht, qui, cherchant tous à se surpasser par la magnificence de ces habitations, font un séjour enchanté de tout ce qu'on rencontre le long du Vecht.

Après avoir suivi le Vecht, qui, comme nous l'avons vu, communique avec l'Amstel, il est naturel que nous passions maintenant à l'Amstel même, qui est compté aussi parmi les principales rivières de la *Hollande*. L'Amstel, qu'on appeloit anciennement *Aemstel* & *Amstella*, est, avec la digue de l'Amstel, situé le long de l'Ye; ce qui a fait donner le nom à la ville d'Amsterdam, ou plutôt d'Amsteldam, formé de ceux d'Amstel & de Dam, qui veut dire digue ou chaussée. L'Amstel a aussi donné le nom d'*Amstelland* (pays d'Amstel), aux terres qu'il arrose, de même que le Rhin a donné le sien au Rhinland.

L'Amstel prend sa source un peu au dessus d'Uithoorn, au confluent du Drecht, du Kromme & du Midrecht ou Miert, qui reçoivent beaucoup d'eau de différentes branches du Rhin; de sorte qu'on peut dire que l'Amstel est formé des eaux du Rhin. En descendant, l'Amstel reçoit les eaux du Zydelmeer & de l'Oude-Waver, & continue son cours vers Ouderkerk, où le Holendrecht & le Bullewih se jettent dans cette rivière. De là l'Amstel prolonge son cours dans un lit large & profond, le long des terres d'Ouderkerk & de celles du lac desséché de Diemer (Diemermeer). C'est dans

---

(1) Le canal de Gouda fut fait vers l'an 1281. La branche du Rhin, qui tenoit le milieu des trois, ayant été obstruée, & les eaux qui alloient auparavant dans le Leck & dans l'Issel n'y allant plus, on conduisit à Gouda dans l'Issel un ruisseau appelé *Goloda*. (*Voyez* Walvis & Boxhorn, *Theatrum urbium Hollandiæ*.)

ces environs que l'Amſtel communique avec une eau qui ſe partage au Diemerbrug (pont de Diemer) en deux branches, dont l'une ſe rend à Muiden, & l'autre à Weeſp, & un peu plus bas il ſe réunit par le Sulpbrug (pont de Schulp) avec le Ringſloot, le long de la digue qui entoure le Diemer, lequel Ringſloot communique avec l'Ye par le Nieuwe-Diep & l'écluſe d'Yperſloot. De l'autre côté, l'Amſtel arroſe, au moyen de pluſieurs canaux, les terres de l'Amſtelland, juſqu'à ce que ces canaux ſe rendent de nouveau du côté de l'Overtoom, & ailleurs dans le lac de Harlem. Plus bas, l'Amſtel s'avance dans un lit large & entre des bords agréables juſqu'à Amſterdam, qu'il traverſe par pluſieurs grands canaux garnis d'arbres & d'édifices magnifiques; & quoique ſon cours y ſoit fort lent, il ne laiſſe pas de rafraîchir & de renouveler ſenſiblement l'air de cette ville. L'Amſtel, en traverſant Amſterdam, ſe perd dans l'Ye par le moyen des écluſes; ce qui fait que cette eau n'eſt pas ſujète à l'action des marées, ou l'eſt du moins très-foiblement.

L'Ye eſt une des rivières principales de la Hollande; elle baigne particuliérement à toute la Nort-Hollande une libre communication, & ſe jette dans le Zuiderzée. Elle eſt auſſi ancienne que le Zuiderzée (1); elle pourroit être regardée comme en faiſant partie. Mais comme l'Ye reſſemble plus à une rivière ou eau courante, & qu'on doit regarder le Zuiderzée comme un golfe ou comme un grand lac, on peut le placer ici parmi les rivières de la Hollande.

On prétend que l'Ye commence au Pampus, banc de ſable ou plûtôt de fange qui ſe trouve à l'embouchure du Zuiderzée. Quelques écrivains penſent qu'il prend ſa ſource au Beverwyk; mais d'autres, dont le ſentiment paroît plus probable, ſoutiennent que l'Ye tire ſon nom du lac de Harlem ou de l'ancien Almera, dénomination ſous laquelle ce lac eſt connu. Quoi qu'il en ſoit, l'Ye reçoit aujourd'hui la plus grande partie de ſes eaux du Zuiderzée, & prend communément le nom d'Ye à la hauteur de Durgerdam, près de l'Ye-Oord, au Pampus. Il coule de là devant le Diemermeer, l'Amſtelland & Amſterdam; enſuite il arroſe une partie du Kennemerland, en paſſant par Polanen ou à moitié chemin de Harlem, juſqu'à Sparendam. Entre Amſterdam & Harlem (Halfwegen), l'Ye eſt ſéparé par une digue du lac de Harlem. On a pratiqué trois écluſes dans cette digue, afin de conſerver la communication du lac de Harlem & l'écoulement de ſes eaux dans l'Ye. Il y a quatre autres écluſes dans la même digue à Sparendam, tant pour la facilité de la navigation, que pour conduire dans les tems de baſſe

marée & par un vent favorable, les eaux ſurabondantes du Rhin, par l'Ye, dans la mer.

De l'autre côté d'Amſterdam, l'Ye baigne la Nort-Hollande, le long de Durgerdam, Schellingwoude, Nieuwendam, Buikſloot; les diſtricts d'Ooſtzaänen, de Weſtzaanen & d'Aſſendelft, juſqu'à ce qu'il s'arrête devant le Beverwyk, où il ſe perd pour ainſi dire dans un marais formé par la fange & la vaſe qu'il y porte; de ſorte que les vaiſſeaux qui vont ou qui viennent du Beverwyk ont beaucoup de peine à paſſer par-deſſus ces baſ-fonds, ſurtout lorſque la marée eſt baſſe.

L'Ye ſe réunit par Durgerdam, Nieuwendam, Buikſloot, Zaandam, & ailleurs à pluſieurs canaux, qui à leur tour communiquent avec d'autres, dont le nombre eſt trop conſidérable pour en faire ici l'énumération; ce qui procure à toutes les villes & aux villages voiſins de la Nort-Hollande une navigation commode & utile.

La principale de ces eaux, c'eſt le Zaan, qui doit ſon origine à l'écoulement des lacs de la Nort-Hollande, qui, par le moyen d'écluſes, dépoſent leur ſuperflu dans l'Ye, à Zaandam & à Nauwerna. Le Zaan, qu'on nomme auſſi le Binnen-Zaan (Zaan intérieur), pour le diſtinguer du Buiten-Zaan ou Voor-Zaan (Zaan extérieur), qui eſt un golfe où l'Ye eſt arrêté par les écluſes de Zaandam; le Zaan, dis-je, eſt une rivière aſſez large, très-agréable, qui coule le long d'un grand nombre de villages qui touchent pour ainſi dire les uns aux autres, ſur une étendue de plus de deux cents lieues de chaque côté du Zaan. On voit auſſi ſur ſes bords une grande quantité de moulins à vent pour différentes manufactures; ce qui rend le Zaan une des rivières les plus renommées de la Hollande. Les villages que le Zaan baigne ou traverſe, ſont Ooſt & Weſt-Zaandam, & Weſt-Knollendam. C'eſt à ce dernier village que le Zaan communique avec un canal artificiel, qui paſſe devant Krommenie, & qui ſe décharge à Nauwerna dans l'Ye, d'où il a pris le nom de canal de Nauwerna.

Le Zaan communique encore avec pluſieurs autres canaux, ſurtout du côté d'Alkmaar & de Hoorn, & pour ainſi dire dans toute la Nort-Hollande (1). Ces canaux artificiels & ces foſſés ne méritent cependant pas que nous nous y arrêtions davantage, d'autant moins qu'ils portent preſque tous le nom des terres qu'ils traverſent, & que les principaux ſont ceux qu'on nomme Ringſlooten, c'eſt-à-dire, des canaux qui entourent les marais ou lacs deſſéchés, tels que ceux du Beemſter, du Schermer & du Purmer, du Heerhuigen-Waard, du Womer & pluſieurs autres, & qui n'ont d'autre rapport à cet ouvrage que celui

---

(1) A la fin du treizième ſiècle l'Ye étoit ſéparé du Zuiderzée, & ne communiquoit qu'avec les lacs de Nort-Hollande.

(1) La communication du Zaan avec le canal de Hoorn ſe trouve arrêtée à Avenhorn par une digue, par-deſſus laquelle on paſſe les barques avec des roues; c'eſt ce qu'on nomme un overtoom ou pont à rouleaux.

que nous leur avons déjà affigné en parlant de ces terres. Il fuffira de remarquer ici que tous les canaux qui traverfent ces terrains deffechés font tirés au cordeau; de forte qu'ils offrent une auffi grande régularité que celle de la *Hollande* méridionale.

L'eau qui defcend des dunes, ainfique celle qu'on raffemble dans les canaux des lacs deffechés, n'eft que de l'eau de pluie raffemblée & douce; mais lorfqu'on approche des côtes, l'eau étant mêlée avec celle de l'Ye & du Zuiderzée, devient faumâtre & falée. A l'égard des autres eaux qui communiquent avec le Zuiderzée, & qui baignent les principales villes & des villages fitués près de ce golfe, nous en parlerons ci-deffous en traitant du Zuiderzée & des lacs de la *Nort-Hollande*.

Après avoir examiné & fuivi les rivières & les principales eaux qui arrofent la *Hollande*, nous croyons devoir dire quelque chofe de l'Ems, quoiqu'elle appartienne à la province d'Utrecht, & ne tienne par conféquent pas à notre fujet; elle fe trouve néanmoins fi près de la *Hollande*, qu'elle mérite ici quelques obfervations, d'autant plus qu'elle a fon embouchure pour ainfi dire fur les frontières de cette province, dans le Zuiderzée.

L'Ems eft la feule rivière dans le voifinage de la *Hollande*, qui ait une fource naturelle; elle fe forme des ruiffeaux qui defcendent des collines du Veluwe & d'Amersfoort. On trouve dans ce diftrict plufieurs ruiffeaux, lefquels, en fe réuniffant tous au deffus d'Amersfoort, y forment l'Ems. Mais la vraie fource de cette rivière eft dans le Veluwe, qui appartient à la province de Gueldre, près de Someren, Haffelaar & Santbrink. L'eau qui defcend de ces endroits fe groffit continuellement, &, en fe réuniffant un peu au deffus d'Amersfoort à celle des autres ruiffeaux, elle forme une rivière qui, fous le nom d'Ems, traverfe cette ville. De là elle dirige fon cours entre le Hoogeland & l'Iffel, & coule devant Melmer, vers l'éclufe d'Overflaag, d'où il tombe dans un territoire qui a pris le nom d'Emfland (pays d'Ems), defcend enfuite dans les terres au-delà de la digue, & fe jette enfin avec rapidité dans le Zuiderzée.

Des rivières en général.

Par la defcription que nous venons de faire du cours & de la fituation des rivières & des principales eaux de la *Hollande*, on a pu voir que toutes les eaux courantes de cette province (excepté l'Ems), qui auffi n'appartient pas à la *Hollande*, mais à la province d'Utrecht, prennent leur fource des deux principales rivières le Rhin & la Meufe, & que tous les canaux fe forment principalement de ces mêmes eaux. Les pertuis où ces rivières fe perdent, contribuent de même à arrofer les terres du côté où ils font fitués; car, pour ce qui regarde l'eau de pluie, quoiqu'elle tombe en grande quantité en *Hollande*, elle ne fert qu'à

former quelques marécages dans les terres baffes de cette province, & ne pourroit, à beaucoup près, lui fournir l'eau néceffaire. La fucceffion des fiècles & les altérations arrivées dans le cours des eaux n'ont pas peu contribué à caufer des changemens confidérables dans les embouchures des deux principales rivières; ce qui a furtout eu lieu relativement au Rhin, qui anciennement avoit trois embouchures, & qui aujourd'hui n'en a plus que deux.

On donnoit anciennement trois embouchures au Rhin, favoir: l'embouchure orientale, *Flevum*, & celle du milieu, qui confervoit le nom de *Rhin*. C'eft ainfi que Pline décrit la grande île des Bataves & de leurs voifins: *In Rheno ipfo, propè centum M. paff. in longitudinem, nobiliffima Batavorum infula, & Cannenufatum, & aliæ Frifiorum, Cauchorum, Frifiabonum, Sturiorum, Morfatiorum quæ fternuntur inter Helium ac Flevum. Ita apellantur oftia, in qua effufus Rhenus, ab feptentrione in lacus, ab occidente in amnem Mofam fe fpargit: medio inter hæc ore, modicum nomini fuo cuftodiens alvеum* (1).

C'eft-à-dire: « Dans le Rhin même eft la célèbre des Bataves & des Cannénufates (2), qui a près de cent mille pas de longueur, & d'autres qui appartiennent aux Frifiens, aux Khauques, aux Frifiens-Avons (3), aux Sturiens (4), aux Martatiens (5). Elles font fituées entre l'Hélie & le Flève. On appelle ainfi deux embouchures par lefquelles le Rhin fe dégorge au feptentrion dans un lac, & à l'occident dans la Meufe. Au lieu de ces deux embouchures, le Rhin garde fon nom & pourfuit fon cours; mais fon lit fe trouve confidérablement affoibli par le partage. » (*Trad. de Poinfinet de Sivri.*)

Par l'embouchure Helium on entend l'évacuation du Rhin par le Vahal dans la Meufe, & enfuite dans la mer entre Hellevoet & la Briel. Ces endroits confervent encore aujourd'hui des noms dérivés de celui de Helium. Hellevoet, qui veut dire pied, comme fitué au pied ou à l'extrémité du Helium, ou bien, comme d'autres le prétendent, de hel ou hol, qui fignifie profondeur, & de voet (pied), dont on a formé Hellevoet, ainfi que Breehiel, Breehel & par contraction Briel, peut venir de bree (large) & de hel, Helium. La feconde embouchure dans le lac Flevum, le Vlie, qui par des inondations s'eft augmentée jufqu'à former le Zuiderzée, exifte encore, & eft devenu plus confidérable par l'augmentation du lac de Harlem. Le Vlie, près de Vlieland, conferve encore aujourd'hui le nom de cette embou-

---

(1) *Plin. Hift. nat. lib. IV, cap. 15.*
(2) Kennemers ou habitans du Kennemerland.
(3) Frieffe Stewoners habitans des villes de la Frife; ce qui fignifie ceux du Waterland.
(4) Steerchmers, Staveres, ou ceux du Saveren.
(5) Marfchers ou Meerzaten; ce qui veut dire peuple habitant fur le bord de la mer. (*Voyez*, fur ces explications, Menzo Alting.)

chure. L'embouchure du milieu, qui a gardé le nom de *Rhin*, se perd dans le sable près de Katuyk, comme nous l'avons vu.

Ces raisons nous engagent donc à ne donner à toutes les rivières de la *Hollande* que deux embouchures générales; savoir: l'une par la Meuse, & l'autre par le Zuiderzée, dans la mer du Nord, & ensuite dans l'Océan général, qui est le grand réservoir de toutes les rivières & de toutes les eaux du globe de la Terre.

Croyant avoir donné un détail assez exact du cours des rivières, nous terminerons cet article par quelques observations sur le flux & le reflux de la mer du Nord sur cette côte.

§. III. *Observations essentielles faites en 1775 sur les côtes maritimes de la Hollande*, par M. Agge-Roskamkool.

Par une marée ordinaire, & lorsque l'eau est à sa plus grande hauteur, la grève devant le village de Wyk-sur-Mer est de cinquante roedens, & près du village de Ter-Hey elle n'a que vingt roedens tout au plus.

Depuis Kamperduin, devant le Hondsbosch, & jusqu'au nord de Petten, la grève a vingt roedens de large.

Au nord de Petten se trouve un large banc appelé le *Krabbegat*, qui se prolonge depuis la grève jusqu'à la digue de Zype.

Il y a une pareille barre devant & au nord du Keeten.

Le reste de la grève de la côte de *Hollande* est à peu près de trente roedens de large.

La grève diminue en plusieurs endroits, principalement devant le Kamperduin & Ter-Hey. A la hauteur de ce dernier village elle est, suivant le rapport d'un écrivain moderne, de vingt-deux pieds & demi tous les ans.

Le coude que forme la grève entre les deux pointes de Kamperduin & de Ter-Hey est d'environ un mille.

Les courans le long des côtes de la *Hollande* se portent vers le coude que forme la grève; mais, sur le Bree-Veertien, ils vont au sud-ouest & nord-est.

Le jusant est de neuf heures, & le flux de trois heures.

Il n'est pas généralement connu que la mer, le long des côtes de la *Hollande*, ne monte que pendant trois heures, quoiqu'elle y descende pendant neuf heures, tandis qu'il passe néanmoins devant ces côtes un flux & un reflux constant de six heures; ce qu'on peut assurer comme un fait certain, & dont il est très-essentiel que les marins soient instruits.

Pour faire mieux comprendre un fait d'aussi grande importance, nous joignons ici une table des heures de la plus haute & de la plus basse mer, au tems des nouvelles & des pleines lunes, dans neuf différens endroits des côtes de la *Hollande*.

Lorsque la lune est nouvelle ou pleine, il y a:

	Avant-Marée.	Haute-Mer.
Devant la Meuse,	.... à 10 heures,	à 1 heure.
Devant Ter-Hey,	.... à 11 h.	à 2 h.
Devant Scheveningen,	à 12 h.	à 3 h.

Devant Katwyk-sur-Mer, Noordwyk-sur-Mer, Egmont-sur-Mer & Petten, il y a de même avant-marée à 12 heures, & haute-mer à 3 heures.

Aux quartiers de la lune il y a:

	Avant-Marée.	Haute-Mer.
Devant la Meuse,	.... à 4 heures,	à 7 heures.
Devant Ter-Hey,	.... à 5 h.	à 8 h.
Devant Scheveningen,	à 6 h.	à 9 h.

Devant Katwyk-sur-Mer, Noordwyk-sur-Mer, Zandwort, Wyk-sur-Mer, Egmont-sur-Mer & Petten, il y a de même avant-marée à 6 heures, & haute-mer à 9 heures.

Devant le Texel, à la balise extérieure de l'Oude-Gat & près de la grève, il y a, aux nouvelles & pleines lunes, avant-marée à deux heures, & alors l'eau commence déjà à croître; à huit heures avant-jusant, & alors l'eau commence déjà à descendre.

Près de la balise extérieure du Nieuwe-Gat le flux & le jusant commencent de même deux heures plus tard que devant l'Oude-Gat à la balise extérieure & près de la grève; mais le flux & le jusant, sur les côtes de l'île de Texel, près de Nieuwe-Gat, viennent à peu près dans le même tems qu'à la balise extérieure de l'Oude-Gat & sur la côte de cet endroit.

Les marées sont, à ces deux endroits, de six heures, par conséquent il y a six heures de flux & six heures de jusant.

Au nord-ouest du village de Koogh, dans l'île du Texel, & à un mille de la côte, il se trouve, sur le fond de la mer, un amas d'arbres que les pêcheurs appellent le *vergier* (boomgaard), qui a un mille de long sur un demi-mille de large (1): c'est là, à ce qu'on prétend, qu'a été la maison de campagne de la comtesse Ada, pendant qu'elle fut exilée dans l'île de Texel.

A l'ouest de Wyk-sur-Mer, à deux lieues & demie ou trois lieues de la côte, & par conséquent à la profondeur de quinze à quatorze brasses d'eau, il y a un endroit auquel les pêcheurs ont le nom de *hegten* : là il y a de grands bancs de terre glaise, d'où les pêcheurs tirent avec leurs filets des racines d'arbres; ce qui a de même lieu à une égale distance de la grève devant Petten.

Devant Wyk-sur-Mer les dunes & la grève y gagnent beaucoup de terrain. On apperçoit même les premiers accroissemens des dunes par le genêt

(1) On trouve des détails aussi circonstanciés que curieux sur ces amas d'arbres couverts d'eaux dans l'ouvrage de M. Paludanus, intitulé *Oudheeden Natuur-Kundige Verhandelingen*.

qui croît fur la grève devant les petits monticules qui font au pied de dunes.

Les dunes ou falaises gagnent de même du terrain devant Egmont-fur-Mer, mais non pas autant qu'à Wyk-fur-Mer.

On trouve dans la *Vie de l'amiral de Ruyter*, que lorsqu'en 1672 les flottes de la France & de l'Angleterre cinglèrent devant les côtes de la *Hollande*, ils en dérangèrent totalement la situation par les décharges de leur artillerie.

Suivant la tradition, on tira alors, de l'une de ces flottes, un boulet de canon qui porta jusque dans la muraille de l'école de Wyk-fur-Mer. Ce qu'il y a de certain du moins, c'est qu'en 1775 on voyoit encore un boulet de quatre livres dans la muraille près de la cheminée, à deux pieds & demi de terre. Dans la situation actuelle des dunes, cela n'auroit pas été possible, à cause de leur hauteur. Peut-être pourroit-on calculer par-là de combien les dunes ont été rehaussées dans l'espace d'un siècle.

§. IV. *Lacs de la Hollande.*

Après avoir donné une idée concise de la situation des terres & du cours des principales rivières, il ne nous reste plus qu'à parler des golfes, lacs, &c. qu'on trouve en *Hollande*, pour achever la description géographique de ce pays.

Il y a, dans la *Sud* & *Nort-Hollande*, un grand nombre de golfes, lacs & marais, dont plusieurs se trouvent tellement réunis aux rivières & autres eaux, qu'on ne peut souvent les reconnoître que par la connoissance qu'on a des anciennes terres que ces lacs couvrent aujourd'hui, & qui deviennent de jour en jour plus grands, tant par la fouille des tourbes où l'eau se force un passage, que par les inondations des eaux qui descendent du haut pays dans les terres basses & dans les polders : ces deux causes réunies font de la *Hollande* un pays humide.

Lac de Zuiderzée.

Le premier & principal golfe qui mérite de fixer notre attention, c'est le périple du Zuiderzée, qu'on peut aussi regarder comme une mer méditerranée ou comme un grand lac. Son étendue est si considérable, qu'une grande partie des côtes de la *Hollande*, de la Gueldre, de l'Over-Issel & de la Frise est baignée par ce golfe, qui se trouve séparé de la mer du Nord par les îles du Texel, de Vlieland, de Terschelling & d'Ameland, qui font situées au nord du Mars-Diep. On donne au Zuiderzée une étendue de vingt-un milles du sud au nord, c'est-à-dire, depuis Harderwik jusqu'au Texel. Sa plus grande largeur, de Pampus jusqu'à Vollenhoven, dans l'Over-Issel, est de quinze grandes lieues, & sa longueur la moins considérable est de cinq lieues & demie à six lieues, ainsi qu'on le compte depuis Stavoren jusqu'à Enkhuizen.

Dans cette étendue du Zuiderzée font néan-moins comprises plusieurs autres eaux qui de la mer viennent s'y mêler, telles que les eaux du Texel & du Vlie, &c.; mais comme ces eaux ont déjà été anciennement réunies au Zuiderzée lors de son agrandissement par l'irruption arrivée près de Stavoren, elles n'ont retenu que leur ancien nom, qui ne subsiste même pour ainsi dire plus. Dans les tems reculés, le Zuiderzée n'étoit connu que sous le nom de *Rhin du nord* ou de *Flie*, que les Romains appeloient *flevo lacus*. C'est ainsi que Pline distinguoit, comme nous l'avons déjà dit, les deux embouchures du Rhin par *in Helium & Flevum : Ita appellantur ostia, in qua effusus Rhenus, ab septentrione in lacus, ab occidente, in amnem Mosam se spargit* (1); ce qui prouve que *Flevus* ou le *Flie*, embouchure septentrionale du Rhin, étoit déjà alors un lac; mais ce lac a été appelé dans la suite, ou peut-être même étoit-il déjà appelé alors, par les habitans, *Zutherazea* ou *Zuiderzée*. Il étoit dans ce tems un lac tel qu'est aujourd'hui le lac de Harlem, & couloit par son propre cours (*Flevus fluviens*) le Vlie dans la mer. C'est de cette rivière qu'une partie du Zuiderzée conserve encore son nom, comme nous l'avons déjà remarqué plus haut, c'est-à-dire, dans sa partie orientale, située entre les embouchures du Zuiderzée & les côtes qui le bordent. Cependant, après que l'ancien Vlieland fut submergé en grande partie cinq cents ans plus tard, le Zuiderzée fut pour ainsi dire réuni avec la mer du Nord, dont il ne resta séparé, ainsi qu'il l'est encore aujourd'hui, que par l'île du Texel, le reste du Vlieland, &c. Il faut cependant regarder comme une ligne de séparation entre le Zuiderzée & la mer du Nord les bancs de sable qui se trouvent placés de ce côté-là, & dont les principaux sont, après l'île de Wieringen & le Woorland, le Vogelzand, le Grind, l'Abt, &c. C'est entre ces bancs de sable, ces bas-fonds & ces lits (*killin*) qu'on conserve le souvenir de l'ancienne embouchure du Rhin; *Flevum*, sous le nom de *Vliestroom*, qui se jette dans la mer entre les îles de Vlieland & de Terschelling.

Les autres ouvertures ou passages du Zuiderzée font connues sous d'autres noms qu'ils ont reçus dans les tems moins reculés, d'après la situation des bancs de sable & des endroits les plus voisins, ou bien de quelqu'autre cause relative à la navigation. Les principales de ces ouvertures par où le Zuiderzée communique avec la mer du Nord, sur les côtes de la *Hollande*, font le Lands-Diep, le Mars-Diep (2), entre le Helder & le Texel, &

---

(1) *Plin. Hist. nat. lib. IV, cap.* 15.
(2) Le Mars-Diep, le Lands-Diep & l'Oude-Gat font des noms différens qu'on a donnés à la grande ouverture du Texel, dont on peut placer le commencement dans le Zuiderzée, à la balise blanche, qui se trouve à peu de distance de la digue, entre le Helder & Kykduin (les dunes de Kyk, & qui finit dans le dehors, à la balise noire qui flotte en mer devant l'entrée de ce pertuis, sur cinq brasses d'eau.

Au sud-est de cette ouverture il y a plusieurs bancs de sable l'Eyerlandfche-Gat, qui paffe entre les îles d'Eyer-land & de Vlieland. Les deux premiers, en venant de la mer, fe perdent dans le Mars-Diep, où eft la première & la meilleure rade, qui par les dunes du Helder fe trouve à couvert des vents de fud-oueft.

L'Eyerlandfche - Gat (le pertuis d'Eyerland) n'eft prefque plus fréquenté aujourd'hui par les grands vaiffeaux, à caufe de fon peu de largeur; il fe rétrécit même encore tous les jours par l'en-taffement des fables. Il y a encore derrière le Helder le Nieuwe-Diep, qui eft une bonne retraite pour les pilotes & les barques des pêcheurs. Après cela on trouve, de ce même côté, le Zuidwal, le Balg & le Weftwald, où les fonds deviennent plus étroits & plus bas dans plufieurs criques & canne-lures. Du côté du Texel il y a, en venant de la mer, le Drooge-Hors, le Duitjesplaat & le Laan. On trouve enfuite, à l'eft de cette île, le Mofcovi-che & le Coopvaarders-Reed, qui nous conduifent à la grande eau qui coule le long du Waard, par le Vlieter, dans le Wieringer-Vlaak. Outre les ou-vertures & iffues du Zuiderzée, dont nous venons

que les marins appellent Zout-Hollen, fur lefquels on a placé des balifes blanches. C'eft entre ces balifes & la côte que fe trouve le pertuis nommé le Schulp-Gat. En 1973, l'Oude-Gat éprouva une révolution fi grande, que depuis cette an-née, & même encore aujourd'hui (en 1775), il ne peut plus y paffer de gros vaiffeaux. D'un autre côté, le Schulp-Gat s'eft élargi vers la côte, & y a pris plus de profondeur; de forte que les pilotes côtiers font aujourd'hui paffer par cette ouverture les plus gros vaiffeaux qu'ils doivent con-duire à la rade du Texel.

On a donné le nom de Nieuwe-Gat à l'entrée, qui fe nom-moit autrefois le Nieuwe-Spanjaars-Gat.

Il n'y a aujourd'hui (en 1775) point d'autres ouvertures aux environs du Helder & de ce côté-ci du Texel, que celles qui nous venons de nommer, Le Spanjaards-Gat, par lequel le Grand-Penfionnaire Jean de Witt fit paffer fa flotte en mer, en 1672, avec autant d'adreffe que de bon-heur, eft aujourd'hui obftrué par le fable, ainfi que le Booms-Gat; ce qui fait que le Noorder & le Zuyder-Haak à forment aujourd'hui un banc de fable.

Depuis Kykduin jufqu'au Helder & le Nieuwe-Diep, il n'y a point de dunes; ainfi les vaiffeaux ne s'y trouvent point à l'abri des vents du fud-oueft.

La digue de Kykduin jufqu'au Helder a été renforcée beaucoup depuis quelques années, par le terrain qu'on y a gagné fur la mer, & au moyen de pierres qui for-ment une pente douce; mais depuis le Helder jufqu'au Nieuwe-Diep, il n'y a ni grève ni avant-terrain.

En 1771 & 1772 cette digue s'eft éboulée devant le Hel-der & même plus loin. Quelque tems après on l'a confidé-rablement fortifiée en dedans.

L'ouverture d'Eyerland eft totalement comblée par le fa-ble, & le Texel fe trouve joint à l'Eyerland par une digue.

Il y a un fiècle que les grands vaiffeaux marchands trou-voient une bonne rade dans le Nieuwe-Diep & aux envi-rons. Depuis ce tems cette rade a été comblée de fable; mais en 1775 les vaiffeaux qui prenoient dix à onze pieds d'eau, & peut-être davantage, pouvoient de nouveau y entrer & mouiller à l'abri des vents & des glaces. D'un autre côté, le paffage entre le Texel & le Drooge-Hors a beaucoup moins d'eau qu'il n'en avoit il y a quarante ans.

de parler, il y en a encore d'autres, mais de peu d'importance, auxquelles il eft par conféquent inutile de nous arrêter.

Lac de Harlem.

Le lac de Harlem eft une grande mare d'eau méditerranée, qui autrefois n'étoit qu'un grand marais, & qui dans la fuite eft devenu un lac par les eaux du Rhin qui s'y font jetées. Ancienne-ment il fe trouvoit, ainfi que tous les autres lacs, de niveau avec le Zuiderzée: d'où vient le nom d'Almeer ou d'Almera (tout lac) qui fe donnoit au Zuiderzée & à tous les lacs qui y étoient réunis. Il déchargeoit alors fes eaux, ainfi qu'il le fait en-core aujourd'hui, tant par le lac même, que par le Spaarne, dans l'Ye, & de là par le Flevum ou le Flie, dans la mer du Nord. Le Rhin fe trouvant arrêté près de Katwyk, le lac a pris plus d'eau, & s'eft étendu de plus en plus en fuperficie, furtout depuis que plufieurs lacs connus fous les noms de Harlemmer-Meer, de Kager-Meer, de Venneper-Meer & de Spieringer-Meer fe font réunis enfem-ble, & n'ont formé qu'une feule maffe d'eau. Au-trefois il y avoit une affez grande langue de terre près du château nommé le Kuifter-Kart ou Zwa-nenburg, qui aujourd'hui eft baigné par le lac qui communique dans cet endroit avec l'Ye, par le moyen d'éclufes. On pouvoit auffi fe rendre par terre, de Killegom par Aalfmeer, de même que par Ryk & Slooten, jufque dans l'Amftelland. Du Ringenhock jufqu'au Vennip, on ne trouvoit que quelques foffés, & la petite île de Bienfdorp n'étoit féparée du Venip que par un canal.

Toutes ces terres, & plufieurs autres, font au-jourd'hui tellement fubmergées ou emportées dans l'eau, qu'à peine peut - on en trouver quelque trace; de forte qu'après le Zuiderzée, le lac de Harlem eft maintenant la plus grande étendue d'eau qu'on trouve dans les terres de la Hollande. Il gagne même encore tous les jours tant de ter-rain dans quelques endroits, que l'intendant & le maître des digues du Rhinland, qui ont l'infpec-tion de ce lac, ont enfin férieufement penfé à faire garnir de digues fes bords du côté d'Aaffmeer; d'un autre côté, la Société des fciences de Harlem a cherché à feconder ce louable projet, en propo-fant pour queftion: les meilleurs moyens d'empê-cher que l'eau ne gagne davantage fur les terres; queftion à laquelle M. David Meefe, favant bo-tanifte, a pleinement fatisfait. Il eft furprenant que, parmi les moyens qu'on a cherché à employer pour cet effet, on n'ait pas fongé à augmenter les rofoyes, & à planter des bourfaults & des frênes le long des rivières, des chauffées, des tourbières & des polders, ainfi qu'en plufieurs endroits du lac de Harlem, tandis que les perfonnes inftruites en font ufage pour garantir leurs terres du plus grand effort de l'eau.

Le lac de Harlem fe trouve fitué au milieu de

la

la partie du Rhinland, la plus fertile & la plus riche en bestiaux, & reçoit dans son sein presque toutes les eaux de ce district, dont nous avons parlé en faisant la description du Rhinland & du Rhin. On compte que ce lac, du nord au sud-ouest, cinq lieues de long; &, suivant la mesure faite par M. Bolstra, ce lac de Harlem, en y comprenant les tourbières qui y ont été réunies, a trente mille *morgens* ou, mesure du Rhin, ou soixante & quinze mille arpens de Paris (1). On doit observer ici, quant à la dénomination, que, quoique cette grande étendue d'eau porte en général le nom de *lac de Harlem*; il a cependant plusieurs noms particuliers, & se trouve partagé en différentes sous-divisions. Du côté de Harlem, cette eau porte proprement le nom de lac, de *Harlem*; du côté de Leyde, on lui donne celui de lac de *Leyde* (Leidse-Meer), de même lac, du côté du village de Kage; on lui a donné celui de lac de Kage (Kager-Meer); celui de lac de *Vennip* (Venniper-Meer) dans l'endroit où se trouve le Vennip submergé; à la partie qui s'étend du côté de Polanen, le nom de lac de *Spiering* (Spieringer-Meer). Mais ces divisions & d'autres sous-divisions encore sont toutes comprises sous la dénomination générale de lac de *Harlem*.

Il ne sera peut-être pas inutile que nous fassions ici quelques observations sur le lit & la qualité des eaux de ce lac. L'eau en est douce, mais en quelques endroits, où les fonds sont saumaches, tels que près de Slooten & du côté d'Amsterdam, elle est un peu salée. Cependant la grande abondance des eaux du Rhin & le concours d'un grand nombre de petits lacs & d'autres eaux empêchent que le goût saumâtre y domine; ainsi l'on peut dire qu'en général l'eau de ce lac est douce.

Le fond de ce lit du lac de Harlem est presque partout marécageux & d'une terre propre à faire de la tourbe, principalement du côté où ce lac se joint aux tourbières submergées. Il y a cependant des endroits où l'on trouve quelquefois de l'argile, tel que dans les environs de Riesdorp & de Vennip.

Les bords de cette grande mare d'eau sont pour ainsi dire partout garnis de roseaux dans les basses terres avancées. En plusieurs endroits même on a planté des boursaults, &, là où l'effort des eaux est le plus considérable, on a élevé de fortes chaussées. On s'est occupé, pendant un nombre considérable d'années, à empêcher que ce lac ne s'étende davantage du côté d'Aalsmeer. Quant à la profondeur du lac, elle n'est pas en général fort considérable (1). Les endroits où il y a le plus d'eau sont ceux qui ont été les anciens lits du lac de Harlem & du lac de Leyde. Il est donc nécessaire que les bateliers qui conduisent les bateaux qui prennent une certaine quantité d'eau connoissent bien la direction qu'ils doivent suivre. On doit observer encore que, quoique ce lac n'ait pas de marée réglée, il peut cependant y avoir un flux & un reflux si grands lorsqu'il est agité par des tempêtes ou par de grands vents, que l'on a vu la Leyde, devant Warmond, passer quatre fois dans un jour par-dessus ses bords peu élevés; & l'on a remarqué que, pendant ce tems, tous les fossés se trouvoient sans eau. Il en est de même de toutes les autres terres situées aux environs de ce grand lac, & qui sont inondées par ses eaux lorsqu'il fait de grands vents ou des tempêtes.

Petits lacs de la Nort-Hollande.

Le nombre des lacs, & marais de la *Nort-Hollande* est de plus de quatre-vingts, dont le Lange-Meer, formé de plusieurs petits lacs, est le plus considérable. Mais il faut observer que, dans la *Hollande* méridionale, ces lacs, & marais sont formés par le cours réglé des rivières & la fouille des tourbes; au lieu que dans la *Nort-Hollande* ils doivent leur existence en partie aux eaux superflues qui descendent dans le pays, & en partie à celles de l'Ye & du Zuiderzée, ainsi qu'aux irruptions & inondations auxquelles ce pays étoit anciennement très-exposé.

Outre le lac de Harlem, il y a encore un grand nombre d'autres petits lacs dispersés dans la *Sud* & *Nort Hollande*, dont on a desséché plusieurs successivement, qui portent encore le nom de *lacs*. On trouve aussi d'autres eaux connues sous le nom de *tourbières* (veenen), & de *mares* (plassen), à qui on pourroit donner de même le nom de *lacs*. Cependant, il faudroit plutôt appeler ces derniers *marais*, à cause de leur fond marécageux & bourbeux. On en compte au moins cinquante dans la *Sud-Hollande*.

§. V. *Marais de la Hollande.*

Par marais, on entend les terres marécageuses & fangeuses, lesquelles, quoiqu'il se trouve dessous cette fange une terre à tourbe, n'ont cependant pas encore été fouillées. Il est question ici de ces terres basses, qui ne sont pour ainsi dire ni terre

(1) M. de Lalande, dans ses *Canaux de navigation*, &c., pag. 495, ne donne au lac de Harlem que vingt-cinq mille morgens ou soixante mille arpens de Paris de superficie. Ce savant dit aussi qu'on calcule que la fouille des tourbes ajoute toutes les années une douzaine de morgens ou trente arpens de Paris, à la superficie de ce lac.

(1) « Lorsqu'un vent extraordinaire pousse les eaux du Zuiderzée dans l'Ye, & que celui-ci passe par-dessus les digues, il augmente de huit pouces la hauteur du lac de Harlem; mais un écoulement de deux ou trois jours suffit pour faire baisser les eaux de six pouces. » (M. de Lalande, *des Canaux de navigation*, &c., pag. 497.)

ni eau, dont la fuperficie n'eft pas navigable , quoiqu'elle foit couverte de plus ou de moins d'eau ,
ou bien qui , lorfqu'il n'y a point d'eau , font d'une
confiftance fi peu folide , qu'on s'y enfonceroit
en fe hafardant d'y marcher.

Il y a en *Hollande* un grand nombre de ces terres
marécageufes , lefquelles , principalement en hiver , font molles & humides. La plus grande partie des polders mêmes , dont le nombre eft infini
dans ce pays , doivent être garantis par des chauffées & des moulins , des eaux extérieures , & dé-
chargés tous les ans des eaux intérieures , fans
quoi ils deviennent en peu de temps de vrais
marais.

Ces polders proviennent de la fituation baffe
des terres. Outre ces polders , il y a encore une
autre efpèce de marais qui font formés au milieu
des terres élevées par l'eau qui découle des collines
ou des dunes. Il y en a même de cette efpèce en
Hollande, mais en petit nombre , à moins qu'on
ne veuille y comprendre quelques-unes des eaux
qui font dans les quartiers de Gueldre , d'Over-Is-
fel & du Brabant. Dans ce cas on devroit regarder
comme les principaux de ces marais ce qu'on
nomme les *peelanden*, & près du pays de Kuik &
de Raveftein; car toute cette étendue de terre
n'eft qu'un grand marais fitué entre des terres
élevées , & dont on tire même la tourbe. Mais
au centre de la *Hollande* , on ne trouve point de
marais fi confidérable de cette efpèce , quoique
peut-être il y en ait eu beaucoup avant que ce
pays eût été peuplé. Cependant il y a par-ci par-
là , entre les dunes , des vallées affez grandes ,
comme il a été dit , qui font de véritables marais
de cette nature , lefquels , formés par l'eau qui defcend des dunes , reftent humides & fangeux. Les
principaux de ces marais fe trouvent marqués
avec une exactitude fingulière dans l'atlas de la
Sud-Hollande, publié , il y a quarante ans , par
Ottens : tels font les fables fangeux près du Helder , nommés le *Koegras* , le *Quellerduin* , &c. ,
qui font très-dangereux à paffer , à moins qu'on
n'ait pour guide quelques habitans du pays. Mais
on peut ranger ces derniers & les autres marais voifins parmi les goufres de fable ou les fables mouvans qu'on trouve en grand nombre fur les grèves
de la *Hollande* , & qui méritent que nous en difions
quelque chofe ici. Nous croyons que la caufe naturelle de ces goufres de fable doit être attribuée à
l'eau de la mer , laquelle , portée par le flux par-deffus les bancs fermes pofés fur de l'argile , jufqu'aux
endroits où il n'y a point de fond d'argile , croupit
fur un fond de fable , qui fe deffèche & perd fa
confiftance , furtout après les petites marées : à
quoi il faut ajouter une communication fouterraine plus ou moins grande que ces goufres de
fable ont avec la mer , qui , en bouillonnant par-
deffus , tient le fable dans cet état mouvant , en
emporte l'affife , & l'empêche de s'entaffer pour

former un terrain folide , ainfi que cela eft naturel au fable que la mer jette fur des bancs folides.
Peut-être auffi que cela provient de ce que l'eau ne
s'imbibe pas auffi promptement dans l'argile que
dans le fable , ou bien qu'étant portée par-deffus
les bancs , elle y eft retenue , tandis qu'elle eft
entraînée ailleurs par le reflux. Quoi qu'il en foit ,
il eft furprenant que ces goufres de fable changent quelquefois de place ; de forte qu'ils deviennent , avec le tems , un terrain ferme , tandis
qu'il s'en forme d'autres ailleurs ; ce qui doit
fans doute être attribué aux changemens qui arrivent dans le cours de la marée , foit par les tempêtes ou par des profondeurs. Ces goufres font
très-dangereux , furtout lorfque la marée monte ,
parce que , croyant pofer le pied fur un terrain folide , on enfonce tout à coup dans le fable ; de
forte que , fans un mouvement prompt & léger , on
court rifque de ne pouvoir plus s'en retirer.

§. VI. *Température de l'atmofphère de la Hollande.*

La *Hollande* eft fituée à peu près entre le
cinquante-unième dégré & demi & le cinquante-
troifième degré & demi de latitude feptentrionale ;
de forte que la *Hollande* fe trouve à peu près fous
le même parallèle que la plus grande partie de
l'Angleterre , de la Weftphalie , d'une partie de la
Saxe , du Brandebourg & de la Pologne. Cette
pofition , jointe à la nature baffe & aquatique de
fes terres , doit nous donner d'abord l'idée d'une
atmofphère épaiffe & humide.

Son climat eft fujet à des changemens continuels , & pour ainfi dire très-irréguliers. La
pefanteur de l'air y augmente ou diminue tout à
coup confidérablement ; le plus grand froid y eft
fouvent fuivi de la plus grande chaleur ; de forte
que quelquefois , en vingt-quatre heures ou en
moins de tems encore , on éprouve de grands
changemens. Les obfervations de M. Noppen &
de quelques autres favans nous en donnent des
preuves inconteftables. On trouve , par exemple ,
par rapport à la pefanteur de l'air , dans les tables
remifes par M. Noppen à la Société des Sciences
de Harlem , que , le 5 avril de l'année 1751 , le
baromètre fe trouvoit dans la matinée à vingt-neuf
pouces neuf lignes & un quart ; à midi , à vingt-
neuf pouces quatre lignes , & le même foir à
vingt-neuf pouces ; de forte que , dans l'efpace de
quinze heures , l'atmofphère éprouva un changement de neuf lignes & un quart. Les tables de ce
favant font remplies de pareilles obfervations :
quelquefois même la différence a été plus confi-
derable encore dans un moindre efpace de tems.
Cette même année , par exemple , le baromètre fe
trouvoit , le 7 feptembre au matin , à vingt-neuf
pouces & un quart de ligne , & au bout de cinq
heures le mercure monta à trente pouces. A l'é-
gard des obfervations au fujet de la chaleur , on

en trouve fans nombre dans les mêmes tables fur le changement fubit arrivé à cet égard dans l'atmofphère de la *Hollande*.

Le 18 feptembre 1751, le thermomètre fe trouvoit, à midi, à foixante-trois degrés, & le 19 il n'étoit qu'au quarante-fixième degré. Le 23 avril 1752, à midi, il étoit à foixante-huit degrés, & le jour fuivant il ne fe trouvoit plus qu'au cinquante-quatrieme. Le premier du mois de mai fuivant il étoit monté, à la même heure de midi, à foixante quatre degrés, & le jour fuivant on le vit à quarante-huit degrés. Ces obfervations, qu'on pourroit multiplier à l'infini, fuffifent pour prouver quelles variations fubites il fe fait dans l'atmofphère de la *Hollande*, tant par rapport à la denfité qu'à fa chaleur, & nous pouvons en conclure que l'air y eft beaucoup plus pefant, en général, que dans plufieurs autres contrées. Une caufe fans doute beaucoup à cette pefanteur de l'air, c'eft la nature aquatique du pays. D'après les obfervations faites par plufieurs habiles phyficiens de la *Hollande*, touchant la différence qu'occafionne à cet égard la plus grande ou la moindre humidité des terres, M. Noppen a trouvé une différence fenfible & marquée dans la quantité d'évaporation, de même que dans la pefanteur & la température de l'atmofphère dans l'enceinte, ou plutôt à la diftance d'une lieue. Le 7 janvier 1742 le thermomètre fe trouvoit, à Harlem, à quinze degrés, tandis qu'il n'étoit qu'à quatre degrés à Zwanenburg. Il obferva auffi que l'air, dans l'enceinte de Harlem, comme plus éloigné du lac de Harlem que le château de Zwanenburg, étoit moins chargé d'eau évaporée que l'air de ce dernier endroit. On peut appliquer, en général, ces obfervations à la différence de l'air au deffus des terres en *Hollande*, qui fe trouvent plus près ou plus éloignées des grandes rivières & des lacs; mais nous traiterons plus particuliérement de cette matière dans la fuite. Il n'y a d'ailleurs aucun habitant de la *Hollande*, ou même aucun étranger, pour peu qu'il s'y foit arrêté, qui ignore combien ce pays eft fujet aux exhalaifons humides, & à quel degré la température de l'atmofphère y diffère d'un jour à l'autre, même dans un jour; différence qui quelquefois eft fi confidérable, qu'on croiroit avoir paffé, pour quelque tems, d'une faifon à l'autre, c'eft-à-dire, du printems à l'hiver, & de l'hiver au printems, ou de l'été au printems, & du printems à l'été, ou bien à l'automne, qui à fon tour paroît être l'été. Muffchenbroek a obfervé les effets de l'hiver pendant l'été même. « Au milieu du mois de juin de l'année 1737, un jour » fec & ferein fut fuivi par un vent eft-fud-eft, « d'un fi grand froid, qu'on trouva de la glace » dans les foffés, & l'on voit fouvent, dans ce pays, » une grande chaleur fuivie d'un froid fubit. »

Les orages font fouvent accompagnés d'une grêle qui eft beaucoup plus groffe que celle qui tombe pendant qu'il gèle : on en voit même des grains qui pèfent jufqu'à trois & quatre onces, & quelquefois plus encore; ce qui détruit des moiffons entières, & fouvent les villes mêmes en reffentent les plus funeftes effets. On voit auffi quelquefois, quoique rarement, qu'à la fin de l'hiver ou au commencement du printems, les fortes gelées font fuivies d'une chaleur fubite. On trouve marqué à ce fujet, dans la *Chronique de Hoorn* de l'année 1615, écrite par le favant Velius, ce qui fuit : « Il eft digne d'être obfervé que, pendant » que l'eau étoit encore glacée, & que la glace » étoit encore affez forte pour porter beaucoup » de monde, le tems fut fi beau & fi chaud, que » les enfans fe baignèrent dans les ouvertures » qu'on avoit faites dans la glace. »

Il faut obferver, à la vérité, que la glace dont parle Velius étoit, à ce qu'il dit, formée de neige, & l'on n'ignore pas que cette glace fe fond beaucoup plus promptement par un dégel fubit, qu'une autre glace ferme, laquelle, lorfque le dégel eft venu, peut flotter pendant quelque tems dans l'eau. Cependant le récit de Velius n'en eft pas moins furprenant, & fert à prouver l'inconftance de la température de l'air en *Hollande*. M. Wagenaar, dans fa *Defcription de la ville d'Amfterdam*, nous fournit un autre exemple remarquable à ce fujet. « Dans l'automne de cette année (1674), dit-il, on eut de nouveau une preuve frappante des changemens fubits auxquels l'atmofphère de ce pays eft fujette. La gelée, qui commença au mois de février, fut fi violente, & continua pendant fi long-tems, qu'on pouvoit encore traverfer l'Ye à la fin de mars. Le 3 avril même fix perfonnes fe rendirent d'Uitdam à l'île de Marken, & le lendemain une perfonne traverfa encore à patins le lac de Harlem; mais le 7 le tems fut fi chaud, que les enfans nagèrent dans le canal de Harlem à la porte de cette ville, tandis que l'Ye & le Zuiderzée charioient encore de la glace plus de huit jours après. »

Malgré cette circonftance naturelle du climat de la *Hollande* & de l'humidité de fon atmofphère, on a cependant des exemples de grandes féchereffes & de chaleurs extraordinaires qui rendent quelquefois le terrain humide de ce pays fec & aride : nous avons un exemple frappant de cette nature, dont plufieurs perfonnes âgées confervent encore le fouvenir.

La chaleur qui furvient fouvent fort fubitement, & qui dure quelques jours, eft quelquefois très-grande, & même fi confidérable, qu'il y a des perfonnes qui ne peuvent y réfifter, d'autant moins que les habitans de la *Hollande* n'y font pas accoutumés à caufe du froid & de l'air humide & condenféqui y domine ordinairement; car, comme la chaleur eft d'autant plus grande, que l'atmofphère & les nuages font plus élevés & moins condenfés, & qu'en *Hollande* il circule pour ainfi dire continuellement, près de la terre, beaucoup de

nuages & une grande quantité de vapeurs aqueu-
ſes, il en réſulte que la chaleur doit paroître exceſſive aux habitans de ce pays, & faire une grande
impreſſion ſur eux lorſqu'elle arrive par un tems
ſerein, & quand le ſoleil darde ſes rayons verticalement. On obſerve auſſi que l'air eſt toujours ſerein en *Hollande* lorſqu'on y éprouve une grande
chaleur, & qu'il devient d'autant plus ſerein, que
le degré de chaleur augmente & dure plus long-
tems. D'ailleurs, la chaleur eſt ordinairement accompagnée, en *Hollande*, d'une grande tranquillité
dans l'atmoſphère; & l'on peut prédire que le
tems deviendra plus froid auſſitôt qu'il commence
à ſe former quelque nuage ou à régner un vent régulier; ce qui la plupart du tems eſt ſuivi d'un
orage. Pluſieurs phyſiciens ont, d'après leurs obſervations, fixé différens degrés auxquels la chaleur peut monter en *Hollande*. Muſſchenbroek dit
que, pendant ſeize années d'obſervations qu'il a
faites à Leyde, il n'a vu qu'une ſeule fois, au mois
de juillet de l'année 1750, le thermomètre monter
à quatre-vingt-dix degrés; que les jours les plus
chauds il va ordinairement à quatre-vingts & juſqu'à quatre-vingt-ſix degrés; mais que, dans l'eſpace
de dix-ſept ans, il n'a vu à Utrecht, une fois, au
mois de juillet 1733, le thermomètre au quatre-
vingt-quatorzième degré. Boerhaave aſſure que la
chaleur va rarement, en *Hollande*, juſqu'à quatre-
vingt-dix degrés au thermomètre de Farhenheit;
il prétend même que, lorſque la chaleur monte à
ce degré, les habitans de ce pays ont de la peine à
y réſiſter. Quelques ſavans, s'appuyant ſur d'autres
obſervations (qu'ils prétendent être plus exactes),
ſoutiennent que le thermomètre a monté, à
Amſterdam, juſqu'au quatre-vingt-douzième degré au ſoleil, & juſqu'au quatre-vingtième degré
à l'ombre, & même juſqu'au quatre-vingt-dix-
ſeptième (1). Dans ce même ouvrage on trouve
pluſieurs autres obſervations ſur la chaleur en
Hollande, faites particuliérement à Amſterdam,
par leſquelles il paroît qu'on doit conclure que la
chaleur peut monter dans ce pays à un plus haut
degré que celui auquel Boerhaave l'a fixé. Mais
nous croyons qu'il faut s'en tenir au jugement de
ce grand-homme touchant le climat de la *Hollande*, c'eſt-à-dire, que la chaleur y devient inſup-
portable lorſqu'il va au-delà de quatre-vingt-dix
degrés ſur le thermomètre, quand (& c'eſt à quoi
il faut bien prendre garde), quand, dis-je, ſuivant les paroles mêmes de ce ſavant, on a ſoin,
en obſervant le thermomètre, de conſulter en
même tems le baromètre ſur la peſanteur de l'atmoſphère: cela eſt de la dernière conſéquence;
& il eſt très-probable que la différence conſidérable du thermomètre de Zwanenburg & de celui
d'Amſterdam, obſervés tous deux en même tems
en 1757, doit être attribuée à cette cauſe. Le 7

juillet de la même année, le thermomètre d'Amſterdam étoit à quatre-vingt-dix-ſept degrés & demi,
& ce même jour, ainſi que tout le reſte du mois, il
ne paſſa pas, à Zwanenburg, quatre-vingt-ſix degrés.
Il eſt difficile d'accorder cette différence; cependant comme les obſervations, à Zwanenburg, ont
été faites par ordre du Gouvernement, avec toute
l'exactitude poſſible, il ne faut pas les rejeter in-
conſidérément, mais plutôt en conclure (comme
il eſt dit dans une note des *Traités choiſis*) qu'on
peut tirer peu de fruit de pareilles obſervations
pour déterminer le degré de chaleur de l'atmoſphère: c'eſt pourquoi auſſi je préfère de ſuivre le
ſentiment que cet écrivain propoſe comme une
concluſion de ces obſervations, ſavoir: « que la
» règle qui a lieu ſur tout le Globe ſubſiſte auſſi en
» *Hollande*, c'eſt-à-dire, que la chaleur y fait rare-
» ment monter le mercure du thermomètre de
» Farhenheit à quatre-vingt-dix degrés; que ce-
» pendant la chaleur naturelle peut bien monter au-
» delà, car il n'eſt pas démontré qu'elle puiſſe aller
» en *Hollande* à cent degrés. » Il n'eſt pas poſſible
que pluſieurs cauſes particulières concourent à
pouſſer la chaleur à un plus haut degré en *Hollande*,
quoique cependant cela ne paroiſſe guère poſſible
dans un pareil climat. Il eſt à eſpérer qu'avec le tems
on pourra acquérir des connoiſſances plus exactes
ſur cet objet, lorſque le travail & les obſervations
des perſonnes inſtruites & laborieuſes auront
acquis toute leur maturité. Au reſte, il eſt en
général certain que la plus grande chaleur ſe fait
ſentir en *Hollande* dans les mois de juillet & d'août,
ou après le ſolſtice d'été, & qu'elle demeure
très-peu de tems au même degré; de ſorte qu'il
fait beaucoup plus chaud un jour que l'autre, &
même une heure que l'autre. Cette chaleur ſe dé-
clare auſſi ſouvent très-ſubitement, & ſuccède
quelquefois à une nuit très-fraîche ou à une nuit fort
froide; ce qui paroît dépendre beaucoup du vent,
qui apporte cette chaleur en *Hollande* ou qui la
chaſſe de ce pays. La chaleur y vient ordinairement
par un vent d'oueſt & ſud-oueſt, mais ſurtout par
celui du ſud, quoique, lorſque le tems eſt ſerein, il
faſſe auſſi quelquefois fort chaud en *Hollande* par
d'autres vents. Les ſuites de ces chaleurs ſubites
ſont ſouvent très-dangereuſes dans ce pays. On a des
exemples ſans nombre de perſonnes qui, jouiſſant d'une parfaite ſanté, ſont mortes ſubitement
en travaillant, & on n'y a pas moins de preuves de
maladies cauſées par la chaleur. Il eſt ſouvent fait
mention; dans les Annales, des peſtes qui ont été
la ſuite des étés fort chauds, quoiqu'on ait lieu
de croire que la ſimplicité de nos aïeux & l'ignorance des médecins de ce tems ont fait prendre
des maladies épidémiques pour la peſte. La chaleur
eſt donc beaucoup plus variable, & par conſéquent infiniment plus ſenſible en *Hollande*, que
dans d'autres pays où elle conſerve un degré plus
égal, où les vents ſont plus conſtans, & où l'air
eſt moins chargé de vapeurs humides; ce qui eſt

---

(1) *Uitgezogte Verhandelingen*, tom. V.

trop généralement connu pour nous y arrêter plus long-tems.

Degrés du froid.

Quant à ce qui regarde le froid en *Hollande*, il y est beaucoup plus commun & plus confidérable que la chaleur : il se passe peu d'hivers sans qu'on éprouve les effets des vents perçans d'est & de nord-est. Il n'y a point d'année que le froid ne se fasse violemment sentir dans un tems ou l'autre à la terre; & si nous avons des exemples de tems chauds & secs, il y en a bien davantage d'hivers très-longs & très-rudes. Cependant quelques physiciens prétendent que les hivers, pris l'un dans l'autre, ne sont plus si rudes qu'ils l'étoient il y a quelques siècles, & même que le siècle dernier, puisqu'il ne se passoit pas alors d'hiver en *Hollande* qu'on ne ressentît des froids violens, que les eaux ne fussent gelées, & qu'il ne tombât surtout beaucoup de neige, tandis qu'il y a eu, de nos jours, plusieurs hivers tempérés & humides qui se sont passés sans qu'il y ait eu de fortes gelées ou qu'il soit tombé beaucoup de neige. Mais je doute fort si ces prétendues observations pourroient souffrir un examen rigide. Dans les siècles qui ont précédé le nôtre, les années 1520, 1607, 1682 ont eu de grands hivers; & dans ce siècle on croit que le froid le plus violent a régné (pour ne pas parler des autres années) en 1709, 1740, 1755, 1757 & 1760, dont les hivers de 1709 & de 1740 sont regardés comme les plus longs & les plus rigoureux, puisqu'alors plusieurs personnes & un grand nombre d'animaux sont morts de froid, & qu'on a même trouvé les oiseaux gelés dans les bois.

On a différentes observations touchant le degré de froid de ces années dans plusieurs pays, parmi lesquelles on trouve celles de quelques physiciens de la *Hollande*, qui ont cherché à déterminer le plus grand degré de froid dans cette province. Nous passerons sous silence les observations faites à cet égard, dans les pays étrangers, pour ne nous arrêter qu'à celle qui regarde la *Hollande*.

Le froid de 1709 a été jusqu'à dix-huit degrés au dessous de zéro, & celui de l'année 1740 a été, le 11 janvier, à quatre degrés au dessous de zéro au thermomètre de Farhenheit, c'est-à-dire, trente-six degrés au dessous du point de congélation. Le froid de l'année 1755 a été, le 9 février, entre seize & zéro, & celui de 1757 jusqu'à trois degrés au dessus de zéro; mais suivant les observations de Zwanenburg, il n'a été qu'à onze degrés au dessus de zéro. Le baromètre étoit alors, pendant le plus grand froid, à vingt-huit pouces. Enfin, le plus grand froid, en 1760, a marqué vingt-trois degrés au dessous du point de congélation, & a été observé à neuf degrés au dessus de zéro. On trouve les principales observations touchant le froid, en *Hollande*, dans une table dressée avec autant d'exactitude que de travail (travail qui n'est connu que

des personnes instruites), par M. Palier, qui l'a communiqué à la Société de Harlem, avec les observations sur le mois de janvier de l'année 1767. Cette table peut servir à faire connoître les différens degrés de froid pendant l'hiver, depuis l'année 1735 jusqu'en 1767 inclusivement; & l'on trouvera dans le neuvième volume, troisième partie, des *Mémoires de la Société de Harlem*, le Traité entier de M. Palier, qui est très-instructif pour ce qui regarde cet objet. On y verra aussi que, d'après cette table, M. Palier conclut que le plus grand froid se fait ordinairement sentir après le solstice d'hiver, le thermomètre ayant constamment marqué pendant trente-deux ans le plus grand degré de froid après ce tems, excepté l'hiver de l'année 1761, le thermomètre se trouvant alors, le 13 décembre, au vingtième degré, & le 26 janvier suivant au vingt-septième degré. On y verra aussi que les deux plus grands froids avant & après le solstice d'été se sont trouvés au même degré; savoir : le 20 décembre 1745 & le 24 janvier 1746, le thermomètre étant ces deux jours au trente-troisième degré; & ainsi de même le 21 novembre 1763 & le 2 mars 1764, le thermomètre se trouvant ces deux jours au vingt-huitième degré. Ces observations, dont plusieurs ont été faites sur le thermomètre de Farhenheit, nous apprennent que le froid, en *Hollande*, lorsqu'il est très-violent, se fixe ordinairement entre seize & zéro, & qu'il va rarement à zéro, & que, s'il passe au-delà, il marque un plus grand froid qu'on ne l'a communément éprouvé pendant les mêmes années; ce qui nous autorise de nouveau à croire, avec Boerhaave & Musschenbrock, que le plus grand degré de froid qu'on éprouve ordinairement en *Hollande* peut être fixé à zéro sur le thermomètre de Farhenheit. Mais il faut observer ici que le degré du froid, ainsi que celui de la chaleur, peut différer en divers endroits, & même dans les villes voisines en *Hollande*, telles, par exemple, qu'Amsterdam, Harlem & Leyde; ce qui peut provenir du rhumb de vent, de la situation du lieu & d'autres causes inconnues. On en a déjà vu des exemples dans la comparaison des observations faites dans des pays voisins, qui nous ont prouvé qu'il peut y avoir une forte gelée dans un endroit, tandis qu'il n'y en a aucune apparence dans un lieu voisin; mais comme cela nous écarteroit trop de notre plan, & appartient à la détermination des différens degrés de chaleur de l'Europe en général, nous renvoyons le lecteur qui veut suivre ces calculs, aux ouvrages du savant Musschenbroek, & au Traité exact & curieux sur la comparaison des degrés du froid, qui se trouve dans les *Traités choisis*, que nous avons déjà cités plus haut.

§. VII. *Vents & trombes de la Hollande.*

Les vents qui, en plusieurs contrées de la Terre, règnent en des tems réglés, ne viennent en *Hol-*

lande qu'en des tems illimités ou , pour mieux dire , incertains , & il eſt facile de s'appercevoir que leur direction y varie beaucoup ; ce qui , en grande partie , eſt cauſe de l'inconſtance des ſaiſons. Quoique cela ſoit très-vrai en général, on doit cependant faire obſerver que les vents ne règnent pas toujours également en même quantité dans ce pays , puiſqu'on remarque que quelques vents y ſoufflent plus conſtamment & avec plus de force que d'autres.

Quelques phyſiciens qui pendant pluſieurs années ont fait des obſervations exactes, ont déterminé d'une manière plus préciſe les rhumbs des vents qui ſe font ſentir en *Hollande* , & ont par conſéquent jeté ſur cette matière un plus grand jour qu'on ne croyoit autrefois qu'il étoit poſſible de le faire. Muſſchenbroek , entr'autres , a joint à ſa *Théorie des Vents* des obſervations très-curieuſes ſur ceux qui règnent en *Hollande*. Le fameux géomètre Cruquius avoit déjà porté un regard attentif ſur ce point intéreſſant d'hiſtoire naturelle ; & rien n'eſt plus exact que les tables d'obſervations faites conſtamment depuis pluſieurs années à Zwanenbürg , & qui continuent encore aujourd'hui. Ces obſervations fourniront ſans doute, avec le tems, le moyen de déterminer d'une manière plus exacte encore la direction & la force des vents qui parcourent la *Hollande*.

On diviſe les vents en *Hollande* , comme dans les autres pays , en quatre vents cardinaux ou principaux ; ſavoir : le nord, l'eſt, le ſud & l'oueſt ; puis en ſeize , & enſuite en trente-deux rhumbs , airs ou points. Mais on n'obſerve guère cette dernière ſous-diviſion en trente-deux rhumbs ſur les eaux intérieures de la *Hollande* , ainſi que cela eſt néceſſaire aux marins qui fréquentent les hautes mers. Quant à la définition du vent même , pluſieurs phyſiciens diſent avec Muſſchenbroek , « que c'eſt » une certaine portion de l'air de notre atmoſphère » qui paſſe d'un lieu à un autre ; en ſorte qu'on peut » ſentir ſon mouvement & l'appercevoir. » D'autres phyſiciens regardent le vent comme un être réel & actif , qui agite l'air & le pouſſe. Suivant ce ſyſtème , la véritable cauſe du vent ſeroit encore un myſtère impénétrable. Il eſt cependant probable que c'eſt l'air même qui cauſe le vent ; car une ſuite d'expériences nous ont appris que l'air a la propriété de ſe dilater & de ſe contracter , & nous apprennent que cette qualité élaſtique de l'air peut occaſionner le vent.

Muſſchenbroek commence ſa *Théorie des Vents* qui règnent en *Hollande* , par donner une idée de la ſituation géographique de ce pays. Voici comme il s'exprime : « Le terrain des ſept Provinces-Unies des Pays-Bas eſt aſſez uni , & n'a que peu de montagnes. Les côtes de la mer ſeptentrionale , qui ſont à l'oueſt , ont quelques dunes ou falaiſes ſablonneuſes , mais peu élevées. La Zélande n'eſt preſque compoſée que d'îles fort baſſes , où il y a quelques dunes. Toute la province de *Hollande* eſt un pays bas & plat. Le terrain de celle d'Utrecht eſt un

peu élevé , mais il eſt pourtant uni , excepté entre Utrecht, Rhenen & Amersfort , où il y a quelques collines , mais qui ne ſont pas fort hautes. Une grande partie de la Gueldre eſt auſſi un pays fort plat , mais il y a quelques collines dans le Weluwe. Il en eſt de même de l'Over-Iſſel , ſi ce n'eſt qu'on trouve quelques collines dans la contrée de Tewente. La Friſe & la ſeigneurie de Groningue avec les Ommelandes , qui ſont les cinq petites contrées circonvoiſines , doivent encore être regardées comme un pays plat. Il n'y a donc rien , dans tous ces quartiers , qui puiſſe arrêter le cours des vents & les rompre ; mais ils peuvent y être portés , & les traverſer librement. »

Ces remarques de Muſſchenbroek ſur la poſition des ſept Provinces-Unies, relativement à ſes obſervations ſur les vents qui ont régné à Utrecht, peuvent auſſi s'appliquer à la *Hollande* en général , mais cependant avec quelques reſtrictions. Il eſt vrai que la *Hollande* eſt un pays bas & uni , & peut-être même eſt la partie la plus baſſe des ſept Provinces-Unies ; mais ſes côtes le long de la mer du Nord ſont garnies de dunes ou falaiſes aſſez hautes, principalement le long du Rhinland , du Kennemerland & du reſte de la *Nort-Hollande*. On y trouve des falaiſes de ſable fort hautes, non-ſeulement près de la mer , mais même aſſez avant dans les terres , & en quelques endroits juſqu'à une lieue.

Par une ſuite d'obſervations que ce phyſicien a faites pendant pluſieurs années à Utrecht , il a trouvé « que le vent du nord y ſouffle quarante- » deux jours par an , le nord-oueſt trente-trois » jours , l'oueſt ſoixante-dix-ſept jours , le ſud-eſt » cinquante-huit jours , le ſud trente-trois jours ; » le ſud-eſt vingt-ſix jours , l'eſt cinquante-trois » jours , le nord-eſt quarante-trois jours. » En ſuivant ce calcul , on voit que ces obſervations n'ont été faites que ſur les huit principaux vents ; ce qui ſuffit ſans doute parce que les rhumbs collatéraux ne peuvent pas être regardés comme des vents principaux, quoiqu'à la vérité les huit vents du troiſième rang ſoufflent avec aſſez de violence. Cependant, pour plus d'exactitude, j'ai remarqué les uns & les autres d'après les tables de Zwanenburg , & j'ai trouvé qu'en y comprenant les vents principaux , ils s'approchent aſſez du calcul ci-deſſus mentionné , eu égard à la différence de la ſituation des lieux. Mais écoutons encore ce que nous dit Muſſchenbroek : « Nous avons preſqu'en » même tems les vents d'oueſt & ceux qui tirent » ſur l'eſt. Il eſt vrai qu'il règne en Zélande un » doux vent de ſud-oueſt , qui ne pénètre pas juſ- » qu'à Utrecht , de même que nos vents de nord , » de nord-eſt & autres ne ſoufflent pas juſqu'en » Zélande ; mais tous les vents des ſecond, troi- » ſième & quatrième degrés de force & de vi- » teſſe ſont communs aux provinces de Hol- » lande, de Zélande & d'Utrecht..... » Après quoi Muſſchenbroek donne une table avec le calcul de la direction, ainsi que de la force & de la quantité des seize vents pendant les années 1733, 1734, 1735 & 1736, dressée par Cruquius, & qu'on trouve dans l'*Essai de Physique* de Musschenbroek. Ensuite ce physicien continue ainsi : « On voit donc que la plupart des vents qui règnent dans ce pays sont des vents d'ouest ou de sud-ouest. Cela ne viendroit-il pas de ce que la mer du Nord est à l'ouest à l'égard de la *Hollande* ? Comme le soleil échauffe alors la terre-ferme plus que la mer, & qu'il communique en même tems plus de chaleur à l'air qui repose sur notre Continent, cet air se raréfie, il s'élève & va se répandre par-dessus l'autre : d'où il arrive que l'air qui repose sur la mer, & qui se trouve plus froid, plus condensé & plus pesant, va se joindre à celui qui est raréfié & qui fait moins de résistance ; de sorte qu'il se répand alors vers notre Continent, & forme par conséquent en même tems un vent d'ouest ou de sud-ouest. Cela doit surtout avoir lieu en été, parce que la chaleur est alors plus grande ; & ce qui me fait croire que cela est vrai, c'est que la plupart des vents d'ouest soufflent en été. On pourroit soupçonner aussi ce vent d'ouest de n'être pas une partie du vent général de nord-est, qui, après avoir traversé la Mer atlantique, va se rompre contre les terres élevées de l'Amérique, & se trouve comme repoussé vers les parties septentrionale & occidentale de la Terre, en traversant le canal, d'où il est porté vers la *Hollande* par l'Angleterre. Cela paroît aussi assez vraisemblable ; de sorte que ces deux causes pourroient avoir lieu ; que la dernière paroît être cherchée de trop loin, tant à cause de l'éloignement de l'Amérique & de ses côtes, qu'à cause de la mer spacieuse que ce vent devroit repasser.

» Il paroît par notre liste des vents, que les vents de sud-est sont ceux qui règnent le moins. Cela ne viendroit-il pas de ce que nous avons au sud-est le pays de Clèves, où il y a de fort hautes montagnes, de même que le duché de Berg, l'électorat de Trèves & de Luxembourg, qui sont pleins de montagnes, lesquelles empêchent les vents de sud-est de passer librement jusqu'à nous, qui habitons un pays plus bas & plus enfoncé. D'ailleurs, comme ce pays est tout plein d'eau, & tout coupé de lacs & de rivières, il s'échauffe moins que les autres pays d'Allemagne, comme cela paroît par les raisins & autres fruits qui mûrissent moins ici qu'en Allemagne. L'air de la *Hollande* est donc plus froid que celui des autres pays ; il ne s'élève pas non plus si haut, & il y aborde par conséquent beaucoup plus tôt que celui de ces pays ne se rend ici.

» De là vient encore qu'il doit souffler vers la *Hollande* beaucoup plus de vents de nord qui viennent des pays froids septentrionaux, & qui traversent librement le Zuiderzée jusqu'à nous ; aussi voyons-nous qu'il y a presque deux fois autant de vents de nord, que de vents de sud-est. On trouve aussi qu'il y règne beaucoup de vents d'est ; car

ils sont presque la septième partie de tous les vents. Ces vents d'est sont toujours froids, même au milieu de l'été, & ils amènent la gelée en hiver ; car il gèle rarement, du moins il ne commence presque jamais à geler sans qu'il souffle un vent d'est. Ils ramènent aussi le beau tems ; mais ils sont accompagnés de pluie en été, à moins qu'ils n'apportent aussi la gelée, comme cela arrive effectivement quelquefois. Comme les vents de nord-est sont froids, ils sont toujours fort sensibles, & ne manquent jamais d'être les avant-coureurs de la gelée. Mais ces deux vents nous viennent de Pologne, de Prusse, de la mer Baltique, de la Marche de Brandebourg, de Hanovre & de Westphalie. On trouve ces pays plus froids que le nôtre : il y gèle plus long-tems & beaucoup plus fort qu'en *Hollande* ; de sorte que les vents qui en viennent, doivent plus causer le froid que le chaud ; & comme ils traversent des pays secs, ils doivent rendre l'air sec & serein comme dans l'hiver. Cependant lorsque les vents d'ouest ont transporté dans ce pays beaucoup de nuages qui s'étoient élevés de la mer, les vents d'est les rapportent ordinairement ensuite ; & comme il rencontre alors d'autres nuages qui se trouvent suspendus au dessus de ce pays, ils les compriment & les font tomber en pluie.

» Notre pays est plus chaud que les endroits par où ces vents d'est se rendent jusqu'à nous ; de sorte que notre air est plus raréfié, plus subtil & de moindre résistance ; ce qui donne souvent lieu à l'air le plus froid de se répandre vers celui de ce pays qui y est plus chaud. Cela arrive cependant beaucoup plus en hiver qu'en été ; car la différence qui se trouve entre la chaleur de notre air & celle de cet air est plus considérable en hiver qu'en été, parce que les jours sont plus courts en hiver. Ne pourroit-on pas aussi établir que le vent d'est doit être un vent général qui règne par toute la Terre, & que par conséquent celui qui règne dans ce pays, en étant une partie, doit souffler aussi souvent, & qu'il le feroit plus fréquemment s'il n'en étoit empêché par d'autres causes.

» Quels avantages retirons-nous dans ce pays, de ce que les vents de nord-ouest y règnent si rarement ? Ces avantages sont considérables, puisqu'autrement nos digues & tout ce qui doit servir d'obstacle à la mer du nord ne seroient pas en état de soutenir & de défendre ce pays ; car il ne pourroit alors résister à l'impétuosité des eaux de la mer du Nord, qui y sont poussées directement à l'aide de ces vents. Mais pourquoi donc ne sont-ils pas plus fréquens ? Cela ne viendroit-il pas de ce que nous avons beaucoup de vents d'est qui arrêtent ceux du nord-ouest ? Mais ce qui rompt encore davantage ces vents de nord-ouest, ce sont les hautes montagnes qui sont en grand nombre en Écosse, & qui ne laissent passer que rarement ces vents jusqu'à nous. Peut-être même que ceux qui pénètrent jusqu'ici sont le plus souvent des vents de nord-ouest, qui, après avoir traversé la mer du

Nord, vont fe rompre contre les montagnes d'É-coffe, d'où ils retournent, par la mer, dans ce pays.

» Les vents de fud font rares, parce qu'ils font portés des pays chauds vers les pays froids; ils font ordinairement doux & toujours accompagnés de chaleur. Ils fe rendent dans ce pays après avoir traverfé la France, le Luxembourg & Namur, qui font des pays montagneux, & qui les empêchent par conféquent de fe tranfporter ici librement. »

HOLLANDE (Nouvelle-). *Voyez* l'article des TERRES AUSTRALES, où font réunis tous les renfeignemens de géographie-phyfique, relatifs à la *Nouvelle-Hollande*, à la terre de Van-Diemen, à la Nouvelle-Galles & autres contrées environnantes.

HOLSTEIN. Ce pays eft intéreffant par les Marches, lifières de terrains fertiles qui produifent d'excellentes prairies, & qui règnent fur les bords de l'Elbe & fur le long de la côte de la Baltique. Ces lifières font préfervées des inondations par des digues couvertes de paillaffons : c'eft là que s'élèvent & fe nourriffent les bœufs de Hambourg & les chevaux du *Holftein*.

Il paroît que ce fol a été abandonné par la rivière & par la mer Baltique; car on remarque, à une de fes extrémités, une bordure élevée qui indique les limites du féjour de l'eau. Plus loin on ne trouve plus que des fables dans lefquels font enfevelis de gros morceaux de granit ou pierres perdues; & ceci règne dans tout l'intérieur du *Holftein*. Les Hollandois tirent beaucoup de ces pierres pour leurs digues.

Il y a trois fortes de côtes : une défendue par des digues de terre & de pierres : ce font les côtes baffes ; les côtes défendues par les dunes ou les fables, & les côtes baffes que la mer envahit.

Il paroît que les terrains fertiles des Marches font comme les terrains argileux de la Hollande, & le même fol.

Les îles qui font dans la vallée de l'Elbe, au deffus de Hambourg, font auffi diguées, & défendues ainfi des inondations de la rivière, qui éprouve un reflux de huit à quinze pieds, fuivant les tems des marées.

Nous croyons ne pouvoir mieux faire connoître cette côte de la mer du Nord qu'en donnant ici le Mémoire que M. Coquebert de Montbret a compofé à cet effet.

Obfervations fur la géographie-phyfique de la baffe Allemagne, faites pendant une réfidence de quinze ans à Hambourg, par M. de Montbret, conful général de France.

« La baffe Allemagne eft une vafte plaine de fable, qui s'étend depuis le pied des montagnes du Hartz jufqu'à la mer, dans une largeur de quarante à cin-

quante lieues. Il feroit intéreffant de déterminer où fe terminent les alifes les plus baffes des montagnes qui bordent & dominent cette plaine, & de tracer fur une carte phyfique les limites exactes des unes & des autres. En allant de Hambourg directement au midi, ce n'eft qu'à une lieue environ au-delà d'Hanovre, que le terrain commence à s'élever en collines calcaires; il prend alors un afpect tout différent de celui qu'on a traverfé jufque-là, & dont le parfait niveau n'eft interrompu que par des hauteurs de fables que le vent paroît avoir formées. Je n'entreprendrai point ici de pénétrer dans les montagnes : d'excellens naturaliftes ont rempli cette tache. Je me bornerai à faire connoître la plaine de la baffe Allemagne, c'eft-à-dire, la partie feptentrionale des cercles de Weftphalie & de la baffe Saxe. Toute cette étendue de pays eft à peu près de la même nature : on pourroit même y joindre la province d'Over-Iffel, le Brabant hollandois & une partie de la Flandre autrichienne.

» Le fol eft en général d'un fable blanc, affez fin, dont le vent fe joueroit partout comme il le fait en bien des endroits fi la bruyère, qui eft prefque la feule plante qui y croiffe naturellement, ne lui donnoit pas quelque liaifon par fes racines. Ce pays eft marécageux, faute de pente pour écouler les eaux que l'humidité du climat y amaffe une grande partie de l'année. Cette circonftance a produit beaucoup de fonds de tourbières, les unes déjà defféchées par la Nature, & les autres qui pourroient l'être fi l'induftrie des hommes s'en occupoit. Il eft connu que dans ces tourbières, dont quelques-unes font fort étendues & ont peut-être été autrefois des lacs, on trouve beaucoup d'arbres avec leurs branches & leurs racines, couchés horizontalement dans une direction qui annonce qu'ils ont été renverfés par les vents du nord, qui font les plus violens dans tout le pays. Aujourd'hui il n'y a pas beaucoup de forêts dans la baffe Allemagne, mais on y trouve prefque partout, fur les bruyères & fur les terrains cultivés, des chênes ifolés. On fent qu'un pays auffi fablonneux eft difficile à mettre en valeur. Les effais qu'on a faits pour le cultiver n'ont pas eu grand fuccès. Dès qu'on détruit la bruyère, le vent enlève le fable. D'ailleurs, ce pays, fi marécageux en hiver, manque d'eau en été. Le meilleur parti qu'on en puiffe tirer eft d'y élever des moutons qui mangent volontiers la jeune pouffe des bruyères, qu'on a foin à cet effet de renouveler de tems en tems en mettant le feu aux anciennes tiges : on y tient auffi beaucoup de mouches à miel. Les autres produits ne font que quelques feigles miférables & du farafin. On fent, d'après ce que nous venons de dire, que l'afpect du pays doit être généralement fort trifte; cependant partout où il eft fillonné par quelques eaux courantes, il devient fort agréable. C'eft là qu'on trouve les villages compofés de maifons placées irrégulièrement, entourées de vergers,

vergers, de jardins & de chênes superbes qui rendent ces petits paysages charmans : on y trouve aussi des moulins & des usines. Entre ces petites vallées qui renferment les seuls lieux un peu considérables, on ne rencontre le plus souvent que des maisons isolées, servant d'asile aux voyageurs. Il y a des parties du pays d'Hanovre, surtout dans la grande bruyère de Lunebourg, entre cette ville & celle de Zell, où les villages sont à sept ou huit lieues les uns des autres.

»Si l'on ne jugeoit le pays que par ce que nous venons de décrire, on en prendroit sans doute une opinion très-défavorable, & c'est celle que doit en concevoir tout voyageur qui ne fait que le traverser; car les grandes routes sont tracées dans les parties les plus stériles & les moins habitées. Mais on en auroit une idée bien différente si l'on visitoit les terrains bas qui sont le long des fleuves de l'Ems, du Weser, de l'Elbe & de la mer du Nord. Ces terrains, formés du limon que les eaux y ont déposé, sont aussi gras, aussi féconds, que les autres sont arides & maigres. Des digues entretenues avec le plus grand soin les mettent à l'abri des ravages que les eaux ne manqueroient pas d'y faire, & y ont faits effectivement dans les anciens tems. C'est surtout sur la côte occidentale de la presqu'île du Jutland, que ces ravages ont été les plus considérables. Ils y ont réduit à une lisière assez étroite & à quelques îles, un pays autrefois fort considérable, qui portoit le nom de *Frise septentrionale*. Les habitans de cette côte ont encore aujourd'hui une langue & des mœurs particulières. Les terrains bas dont nous venons de parler, qui règnent tout le long des côtes de la basse Allemagne & du Jutland (à la réserve de quelques parties où il se trouve des dunes), portent le nom de *Marches*, tandis que l'on nomme *geeſt* les terrains de sable qui composent le reste du pays. Les eaux de pluie couvrent les terres basses depuis le mois de novembre jusqu'en mai. Il n'y a alors de communication, entre les habitans, que par les digues & les chaussées. Mais lorsque les premiers beaux tems ont asséché ces terres, & qu'on en a fait écouler les eaux au moyen des moulins qui les élèvent, & des écluses qui leur donnent passage, la végétation la plus vigoureuse présente un spectacle vraiment enchanteur. Ce sont ici des blés superbes, là des champs de colza, de navette, de lin; plus loin des pâturages superbes, couverts de bestiaux sans nombre, & de la plus belle espèce. Les *Marches* du Jutland ont été fameuses de tout tems par les bêtes à cornes & les chevaux qu'on y élève. On en tire des chevaux estimés partout, sous le nom de *chevaux danois*. Les Hollandois y viennent chercher beaucoup de bœufs qu'ils achèvent d'engraisser en Hollande. Pour donner une idée de la population de ces marches & de celles surtout qui règnent le long de l'Elbe, il suffit de dire que les maisons sont contiguës le long des digues, l'espace de quinze ou vingt lieues, sans compter celles qui en sont situées dans un plus grand éloignement. La terre y paie avec usure aux habitans les efforts qu'ils font sans cesse pour se préserver de l'élément terrible qui les menace; & les souverains ont senti que ceux des leurs sujets dont l'industrie a conquis ces terrains précieux, paient trop à la nature pour ne pas être traités d'ailleurs très-favorablement; aussi les laissent-ils jouir de privilèges & de franchises qui contrastent fortement avec le servage dans lequel vivent les habitans du reste du pays. Le despotisme féodal n'a jamais pû s'établir dans ces heureuses contrées. L'homme y jouit de tous ses droits, & l'on peut dire que, sous les loix d'un monarque, il n'est guère moins libre que dans les républiques.

»Avant de quitter la basse Allemagne, nous dirons un mot des minéraux qu'elle renferme. On sent bien qu'un pays de sable, tel que celui-ci, ne contient pas de mines proprement dites. Il y a de la mine de fer limoneuse dans plusieurs marais, mais je n'ai point connoissance qu'on en fasse aucun usage. On trouve, dans un endroit de la bruyère de Lunebourg, une espèce de pissasphalte, dont on se sert sur les lieux pour graisser les essieux des voitures. Ce produit bitumineux est peut-être dû aux végétaux qui ont existé anciennement dans ces sables. On trouve aussi dans certaines parties de cette bruyère, de petits morceaux de succin. Mais ce qui mérite le plus l'attention du naturaliste, c'est que, dans ces vastes bruyères, on rencontre presque partout de très-gros blocs de granit posés sur la surface de la terre, ou recouverts de quelques pouces de sable, & parfaitement isolés. Il y a de ces granits de toutes les couleurs & diversement mélangés. Quelques-uns contiennent des schorls verts ou noirs en assez grande quantité; d'autres renferment des grenats. Les Hollandois, qui savent si bien tirer parti de tout pour leur utilité, se sont approprié beaucoup de ces granits énormes, & les ont transportés chez eux, où ils les emploient à leurs digues. Je crois même que quelques souverains de la basse Allemagne, craignant que leur pays ne vînt à manquer de pierres, en ont défendu l'exportation.

»En effet, à la réserve de quelques silex qu'on trouve répandus dans les champs, & qui contiennent ordinairement des corps marins, ce pays n'a guère d'autres pierres que celles qui se trouvent ainsi dispersées. Comme ces granits sont fort difficiles à tailler, on ne construit presque qu'en briques. Ceux qui, à Hambourg, veulent de la pierre de taille, la font venir des carrières de Pirna, dans l'électorat de Saxe. Les substances calcaires sont fort rares dans la basse Allemagne; on n'y emploie guère d'autres chaux que celle que l'on prépare en faisant calciner des coquilles. Quant au plâtre, je connois deux montagnes qui en donnent; l'une est dans la ville même de Lunebourg; l'autre est dans le Holstein, à peu près à moitié chemin entre Hambourg & Lubeck, près de la petite ville de Segeberg. Cette dernière, que j'ai visitée avec soin, n'est point par couches; c'est en quelque façon un gros bloc homogène, d'une pierre gypseuse assez pure, & ressemblant à du spath. Ce bloc, qui forme une colline conique assez élevée, est absolument isolé, & ne tient à aucune hauteur de même nature. On m'a assuré qu'il reposoit même sur le sable, & qu'on s'en étoit assuré par des fouilles.

» On pourroit donc en quelque sorte le comparer, pour la manière d'être, aux blocs de granit dont nous avons parlé, s'il n'excédoit toute comparaison pour la grandeur. Il est digne de remarque qu'à Lunebourg il y a un puits salé qui forme une branche importante de revenu, & qu'à peu de distance de la colline gypseuse de Segeberg en Holstein, il s'en trouve un autre également en valeur près du bourg d'Oldesloh. Je ne connois au reste, dans la plaine de la basse Allemagne, point d'eaux minérales proprement dites, quoique j'en aie trouvé quelques-unes qui étoient légèrement martiales.

» J'ai oublié de rapporter un fait qui peut servir peut-être à la connoissance de notre Globe. Je me suis assuré que les lacs du Holstein avoient éprouvé des oscillations & même une effusion assez considérable le même jour & à peu près à la même heure où Lisbonne fut détruite par un tremblement de terre, le 1er. novembre 1755, au matin. Ces phénomènes dûrent être bien marqués, puisque les gazettes du pays, qui parurent à Hambourg le 3 ou le 4 novembre, en firent mention, & avec détail, tandis que les nouvelles de Lisbonne n'arrivèrent qu'un mois après. »

HONDURAS. Cette contrée, comprise entre le lac de Nicaragua & le cap de *Honduras*, occupe cent quatre-vingts lieues de côtes, & s'enfonce dans l'intérieur des terres jusqu'à des montagnes fort hautes, & plus ou moins éloignées de la mer. Le climat de cette région est fort sain & même tempéré. Le sol est communément en plaines très-bien arrosées, & propres à toutes les productions qu'on peut cultiver entre les tropiques. On n'y est pas exposé à ces fréquentes sécheresses, à ces terribles ouragans qui détruisent si souvent, dans les îles du golfe du Mexique, les plus belles récoltes.

HONGRIE (Mines d'or & d'argent de la). La *Hongrie* a sept mines principales d'or & d'argent, & qui sont peu distantes les unes des autres; savoir: celles de Cremenitz, de Schemnitz, de Newsol, de Konigsberg, de Bochantz, de Windschacht & de la Trinité. Cremenitz est la plus riche en or: il y a neuf cents ans qu'on la travaille; elle a plusieurs milles d'Angleterre de long, & environ cent soixante brasses de profondeur. Ses veines sont dirigées au nord & à l'est. Il y a des mines d'or qui sont blanches; d'autres qui sont noires, rouges ou jaunes. Celle

qui est blanche, avec des taches noires, est estimée la meilleure, ainsi que celle qui est auprès des veines noires. Cette mine n'est pas assez riche pour qu'on puisse en faire l'épreuve sur de petits morceaux, comme on fait dans les autres mines, pour connoître la proportion du métal qu'elles contiennent; mais on en broie une très-grande quantité, & on la lave dans une petite rivière qui passe auprès de la ville. Cette rivière, qui est divisée en plusieurs petits canaux, coule continuellement sur la mine, & en enlève toutes les parties terreuses. De claire & transparente qu'elle étoit au dessus de la ville, elle devient, en coulant au travers de tous ces canaux & sur toute cette mine broyée, d'un jaune obscur au dessous de la ville, de la couleur de la terre de ces montagnes.

On a trouvé des morceaux d'or pur dans cette mine, & quelques-uns aussi larges que la paume de la main; d'autres moindres, & plusieurs attachés à une pierre blanche; mais ils sont très-rares.

La terre jaune qui se trouve partout autour de Cremenitz contient un peu d'or, quoiqu'on ne la regarde pas ordinairement comme une mine. On a vu une grande partie d'une montagne qu'on avoit fouillée, & dont on avoit mis la terre dans les ateliers pour la laver comme la mine broyée, qui avoit donné un très-grand profit. Quelques passages de ces mines, qui avoient été pratiqués dans le roc, ayant été abandonnés, se sont rétrécis. Cela n'arrive que dans les lieux humides. Ces passages ne se réunissent pas du haut en bas, mais d'un côté à l'autre.

Il y a, dans cette mine, du vitriol blanc, rouge, bleu & vert, & des eaux vitrioliques: on y trouve aussi une substance qui s'attache à la mine d'or, semblable à des aiguilles qu'on appelle *antimoine d'or*; il y a en outre des cristaux, dont quelques-uns sont teints en jaune.

Les mineurs ne veulent pas convenir qu'on y ait trouvé de mercure ni de soufre; cependant il y a du soufre dans l'antimoine d'or dont on vient de parler, comme il est aisé de s'en convaincre en le faisant brûler.

Il y a, dans les montagnes circonvoisines, une mine de vitriol, voisine d'une mine d'or: la terre ou la mine en est rougeâtre & quelquefois un peu verte. Elle sert, après l'avoir fait bouillir d'après les procédés qu'il convient, à faire de l'eau-forte ou l'eau séparatoire dont on se sert à Cremenitz.

Il y a différentes mines d'argent à Schemnitz: les principales & celles qu'on travaille le plus sont celles de Windschacht & de la Trinité.

Il n'y a en cet endroit aucune rivière, mais en revanche il y a beaucoup d'eau dans les mines; ce qui est un double inconvénient, car on est forcé d'envoyer une grande partie de la mine à Hodratz & autres lieux, où il y a de petites rivières qui font mouvoir les soufflets & les marteaux, & où on la broie, où on la lave, & où l'on fait les autres préparations requises.

La mine de la Trinité a foixante & dix braffes de profondeur; elle eft fort eftimée, parce qu'elle eft pour la plus grande partie dans la terre. Plufieurs veines font dirigées vers le nord; les plus riches vers le nord-eft.

La mine noire d'argent eft eftimée la meilleure; elle eft fouvent mêlée avec une fubftance ou marcaffite jaune & brillante, qui fait beaucoup de plaifir aux mineurs lorfqu'elle n'eft pas en trop grande quantité, parce qu'elle difpofe la mine à la fluidité, ou la rend plus propre à fondre; mais fi elle eft trop abondante, ils s'imaginent qu'elle s'eft formée dans la mine aux dépens de l'argent, & qu'elle le volatilife dans les fourneaux; ce qui fait qu'ils l'appellent le *voleur*, comme une fubftance qui diminue la richeffe de la mine.

On trouve fouvent une fubftance rouge qui croît fur la mine, & qu'on appelle *cinnabre*, *cinnabre d'argent*, *cinnabre naturel* ou *berg-cinnober*. Cette fubftance, broyée avec de l'huile, égale, fi elle ne furpaffe pas, le vermillon qu'on fait avec le cinnabre fublimé: on y découvre auffi du foufre.

On trouve auffi dans les fentes des rochers de ces mines, des criftaux, des améthyftes, & des pierres qui en ont la couleur. On rencontre auffi du vitriol criftallifé naturellement dans la terre de plufieurs de ces mines.

Mines de cuivre de la Hongrie.

Herncrund eft une petite ville fort élevée, fituée entre deux montagnes, fur un terrain qui porte le même nom; elle eft éloignée d'un mille de *Hongrie* de Newfol. Dans cette ville fe trouve l'entrée d'une mine de cuivre fort travaillée. On n'y eft point incommodé de l'eau. La mine étant élevée dans la montagne, les eaux s'écoulent facilement; mais en revanche on y eft expofé à des vapeurs & à une grande quantité de pouffiere.

Les veines de cette mine font larges & entaffées. La mine eft très-riche, & la plus grande partie eft fi fort adhérente aux rochers, qu'on a beaucoup de peine à l'en détacher. Il y a plufieurs efpèces de mines, mais leur principale différence eft entre le jaune & le noir: celle qui eft jaune eft de cuivre pur; la noire contient de l'argent.

On ne trouve pas d'argent-vif dans cette mine. La mère de la mine eft jaune. La mine de cuivre, échauffée & jetée dans l'eau, la rend femblable à celle des bains fulfureux.

On a beaucoup de peine à féparer le métal de la mine.

On trouve dans cette mine différentes fortes de vitriol, du vert, du bleu, du rouge & du blanc: il y a auffi une terre verte, ou plûtôt le fédiment d'une eau verte qu'on appelle *berg-grun*. On y trouve encore de très-belles pierres bleues, vertes, & une entr'autres fur laquelle on a vu des turquoifes: ce qui l'a fait appeler *mine des turquoifes*.

On y voit auffi deux fontaines d'eau vitriolique, qu'on affure changer le fer en cuivre: on les appelle le vieux & le nouveau *cement*; elles font dans le fond de la mine.

HUDSON (Baie d'). Cette baie fut découverte en 1610 par Henri Hudfon, qui lui donna fon nom. Son objet, comme celui des autres navigateurs qui ont fait des découvertes dans ces parages, étoit de trouver un paffage pour arriver aux Indes orientales. En 1742 on fit une tentative: le capitaine Middleton s'avança jufqu'au fond du golfe de Welcome, & l'obftacle qu'il y rencontra, lui fit donner à cette partie le nom de *baie de Répulfe*. Dans les effais qui fuivirent, on foupçonna l'eau de Wager de fournir un paffage qui conduifoit à l'Océan occidental; mais en 1747 on en découvrit l'extrémité, & l'on trouva qu'elle fe terminoit à deux rivières.

L'entrée de Chefterfield fut de même prife quelque tems pour le paffage défiré; mais en 1762 MM. Norton & Chriftopher, dans un floop & un cutter appartenans à la compagnie de la baie d'*Hudfon*, pénétrèrent jufqu'à la dernière extrémité. A la diftance de cent trente-huit milles à peine y avoit-il une marée fenfible, & trente milles plus loin elle ne l'étoit plus, & la terre fe rétréciffoit en un paffage très-refferré. Les deux navigateurs y entrèrent avec le cutter, & découvrirent qu'elle fe terminoit au grand lac d'eau douce, auquel on a donné le nom de *Baker*. La terre étoit très-unie, couverte de gazon, & remplie de bêtes fauves. Enfin, ils trouvèrent le fond de la crique inacceffible aux vaiffeaux; il fe termine en un petit courant d'eau, avec plufieurs bancs de fable à fon embouchure & trois cafcades. Après l'avoir vu diminuer jufqu'à la hauteur de deux pieds, ils revinrent pleinement fatisfaits de leurs obfervations.

L'entrée de la baie d'*Hudfon* eft fituée entre les îles de la Réfolution au nord, & les îles Button fur la côte de Labrador, au midi, formant l'extrémité orientale du détroit d'*Hudfon*. Les côtes font très-hautes & compofées de rochers. Leurs fommets font pleins d'inégalités, & hériffés de précipices en certains endroits; mais à leurs pieds on trouve auffi de larges grèves. Les îles de Salisbury, de Nottingham & de Digges font de même fort hautes, & offrent également des rochers dépouillés. La profondeur de l'eau dans le milieu de la baie eft de cent quarante braffes. Depuis le cap Churchil jufqu'à l'extrémité méridionale de la baie, les fondes font très-régulières. Près du rivage, la profondeur diminue confidérablement fur un fond limoneux & fablonneux. Au nord du cap Churchill les fondes font irrégulières. Le fond eft de roches, & dans quelques parties ces roches s'élèvent au deffus de l'eau dans la marée baffe. Depuis l'embouchure de la rivière Moofe ou le fond de la baie jufqu'au cap Churchill, la terre eft plate, marécageufe & couverte de pins, de mélèzes, de bouleaux & de faules. Depuis le cap Churchill jufqu'à l'eau de Wager, toutes les côtes font hautes & compofées de rochers jufqu'au bord de la mer,

& dénuées de bois, excepté aux embouchures des rivières. Le dos des collines est nu, & ce n'est qu'à une grande distance dans les terres que les arbres commencent à croître.

Toutes les rivières, à leurs embouchures, sont remplies de bancs de sable, excepté celle de Churchill, où peuvent entrer les plus grands vaisseaux. Mais dix milles plus haut, le canal est obstrué de bancs de sable comme les autres. Outre cela toutes ces rivières, aussi loin qu'on a pu les remonter, ont offert des chutes ou rapides, & des cataractes de dix à soixante pieds de hauteur perpendiculaire. Aussi loin que vont dans l'intérieur du pays les établissemens de la compagnie de la baie d'*Hudson*, c'est-à-dire, à six cents milles vers l'ouest, c'est un pays plat, & l'on ne sait pas jusqu'à quelle distance vers l'est s'étend la grande chaîne de montagnes vue par les navigateurs qui ont fréquenté la mer du sud à ces mêmes latitudes nord.

Le climat même, aux environs de la rivière Haye, à la latitude cinquante-sept, est, durant l'hiver, excessivement froid. La neige commence à tomber en octobre, & continue à diverses reprises pendant tout l'hiver; & lorsque le froid est très-rigoureux, elle tombe sous la forme du sable le plus fin. La glace sur les rivières a huit pieds d'épaisseur. Le vin de Porto se gèle en une masse solide. L'eau-de-vie même se coagule. L'haleine de l'homme tombe sur les couvertures des lits en gelée blanche. Le jour le plus court est de cinq heures cinquante minutes, & le plus long est de dix-huit heures en été.

La glace commence à disparoître en mai, & la chaleur à se faire sentir vers la mi-juin; & quelquefois elle est si violente, que le soleil brûle la face des chasseurs. Le tonnerre n'y est pas fréquent, mais il est accompagné de violens orages. Ainsi l'on voit que la chaleur & le froid doivent varier par de grandes différences dans cette vaste étendue de pays comprise depuis la latitude de cinquante degrés quarante minutes, jusqu'à la latitude de soixante-trois.

Pendant l'hiver le ciel offre d'assez beaux spectacles. Les faux soleils ou parélies sont assez fréquens: outre cela ils sont fort brillans, & richement teints de toutes les couleurs de l'arc-en-ciel. Le soleil se lève & se couche avec un large cône de lumière jaunâtre. La nuit est éclairée par l'aurore boréale, qui répand mille couleurs différentes sur la voûte du ciel, & leur vivacité est telle, que l'éclat de la pleine lune ne l'efface pas.

La baie d'*Hudson* est fort mal pourvue en poissons. La baleine commune y est fort abondante. La compagnie anglaise attachée à cette baie a tenté d'établir une pêcherie de ce poisson, & dans cette vue, s'étant procuré des hommes exercés sur les vaisseaux du Spitzberg, elle a fait des tentatives considérables entre la latitude de soixante-un degrés & de soixante-neuf; mais, le peu de succès

qu'elle a eu, l'a obligée d'y renoncer en 1771. La glace empêchoit, dans la saison de la pêche, de gagner la station convenable : outre cela les vents, violens & le prompt retour du froid privoient les pêcheurs des moyens de se procurer des chargemens complets.

La pêche de la beluga ou baleine blanche a eu plus de succès; elle se tient dans les embouchures des rivières au mois de juin aussitôt qu'elles sont libres de glaces, & on peut en prendre un grand nombre dans ces parties de la baie. On en distingue deux variétés : l'une a une teinte de bleu; l'autre est d'un blanc sans mélange d'autre couleur.

Belette rayée. La Nature les a pourvues d'une défense supérieure à la force des dents & des griffes; ce qui leur a fait donner la dénomination de bêtes puantes. C'est une vapeur empestée qu'ils rendent par l'anus lorsqu'ils se croient en péril. Les animaux ne redoutent pas moins que l'homme cette émanation si terrible. Les chiens bien dressés qui osent l'attaquer, sont obligés de s'enfoncer le nez en terre avant de retourner à la charge, pour achever de se saisir de cette proie. Cet animal grimpe sur les arbres avec une grande agilité; il se nourrit de fruits & d'insectes. C'est un grand ennemi des oiseaux, dont il dévore les œufs & les petits. S'il peut se glisser dans un poulailler, il détruit toute la volaille. Il fait ses petits dans des trous sous terre ou dans des creux d'arbres, & il y laisse sa jeune famille tandis qu'il va chercher sa proie & leur nourriture.

Le bœuf musqué. Le domicile de ces animaux, sur le Globe est très-circonscrit; ils paroissent d'abord dans l'étendue qui est entre la rivière Churchill & celle des veaux marins, sur le côté occidental de la baie d'*Hudson.* Ils deviennent fort nombreux entre les latitudes de soixante-six, soixante-treize nord, & c'est s'étendre aussi loin que les tribus indiennes, qui ne vont pas au-delà. Ils vivent par troupeaux de vingt à trente. On en a vu dans les hautes latitudes, plusieurs troupeaux dans l'espace d'un seul jour. Ils se plaisent surtout dans les montagnes, au milieu des rochers stériles, & fréquentent rarement les cantons couverts de bois. Sa chair est très-salutaire pour rétablir promptement la santé des équipages. Les Indiens les chassent, & les tuent pour en manger la chair & en avoir la peau, qui fait d'excellentes couvertures.

On en trouve encore dans le pays des Cristinaux & des Assiniboels, & chez une nation qu'on place vers la source de la rivière des Veaux-Marins, probablement à peu de distance de la mer du Sud. L'espèce se trouve encore en descendant vers le sud, jusqu'aux provinces de Quivera & de Cibola.

On a découvert quelques crânes d'une espèce du bœuf musqué dans les plaines de Mousse, qui avoisinent l'embouchure de l'Oby en Sibérie, on ne dit pas à quelle distance de la mer. Si c'est fort avant dans les terres, on pourroit en conclure qu'ils ont été, dans des tems anciens, communs au nord de l'Afie & de l'Amérique. Si c'eft près du rivage, il eft très-probable que les fquelètes en ont été portés d'Amérique en flottant avec les glaces juf-qu'aux lieux où l'on en a rencontré les dépouilles. On en a trouvé de femblables fur les côtes du Groënland. Les Efquimaux du nord-oueft de la baie d'Hudfon fe font de la queue du bœuf mufqué un bonnet d'une hideufe apparence, mais qui fert à les préferver des mofquites.

L'ours noir de l'Amérique feptentrionale fe trouve auffi à la baie d'Hudfon. Cette efpèce eft ordinairement plus petite que celle de l'ancien continent. Elle fe nourrit de graines fauvages, de fruits & de légumes de toute efpèce. Ces animaux recherchent les patates, qu'ils tirent de la terre avec facilité. Ils font de grands dégâts dans les terres enfemencées de maïs. Ils aiment beaucoup les harengs qu'ils prennent dans la faifon, lorfque ce poiffon remonte en vaftes bancs jufque dans les petites baies.

Ils ne font aucun mal à l'homme tant qu'on ne les irrite pas.

Les ours du Kamtzchatka reffemblent à ceux de l'Amérique : ils ne font, comme ceux-ci, ni très-grands ni cruels ; ils defcendent auffi des collines dans les baffes terres durant l'été, & fe nourriffent également de graines & de poiffon.

Les ours américains ne logent pas dans les creux ou fentes des rochers comme ceux d'Europe à la baie d'Hudfon. Les ours forment leurs tanières fous la neige, & laiffent quelques glaçons pendans pour en mafquer l'ouverture, pour mieux cacher leur retraite. Ceux des parties méridionales habitent le creux des vieux arbres. Le chaffeur les découvre en frappant d'une coignée fur l'arbre qu'il foupçonne leur fervir de retraite, & va fe cacher auffitôt. L'ours s'éveille, avance la tête hors du trou pour reconnoître la caufe de l'alarme, & ne voyant rien il fe recouche en paix ; alors le chaffeur le force à quitter fon afile en lui jetant des rofeaux alumés ; & il le tire tandis qu'il defcend du tronc de l'arbre ; ce qu'il fait avec une grande agilité ; & il ne monte pas moins leftement fur les arbres les plus élevés pour y chercher leurs graines & leurs fruits.

La longueur du tems que ces animaux peuvent fubfifter fans manger eft furprenante ; mais voici dans quelles circonftances ils fupportent une diète auffi longue. Lorfqu'ils ont pris un embonpoint exceffif par l'abondance des fruits que leur procure l'automne, ils fe retirent dans leurs tanières, & alors cet animal, qui tranfpire peu de repos, peut foutenir une diète fi extraordinaire ; mais lorfqu'ils ne tirent plus aucune fubfiftance de leur fond & qu'ils commencent à reffentir la faim aux approches de l'hiver, ils quittent leur tanière pour chercher pâture : c'eft alors qu'ils defcendent par troupeaux dans les parties baffes de la Louifiane, où ils arrivent très-maigres, & bientôt ils s'en-graiffent avec les végétaux de ce climat plus doux.

Jamais ils ne s'écartent beaucoup des bords du Mififfipi, & dans leur marche ils forment un fen-tier battu comme la trace des hommes.

Le raccoon, petite efpèce dans le genre des ours, habite les parties tempérées de l'Amérique feptentrionale, depuis la Nouvelle-Angleterre jufqu'à la Floride. Il fe trouve auffi au Mexique. Il vit de même que les autres efpèces dont nous avons parlé. Ceux qui habitent près des rivages de la mer vivent principalement de coquillages, & particuliérement d'huîtres ; ils mangent auffi des crabes. On le recherche pour la fourure. Son poil fait les meilleurs chapeaux, après ceux faits de poil de caftor.

On trouve dans les rivières de cette contrée des efturgeons de petite efpèce ; on en trouve abondamment dans les lacs fort éloignés de la mer ; & depuis le poids de fix livres jufqu'à quarante livres. Il y a grande apparence que ce font les mêmes que ceux des grands lacs du Canada, & peut-être que ceux du Danube & du Wolga.

La lote eft auffi fort commune dans les rivières, & fe prend à l'hameçon le foir. Ce poiffon groffit jufqu'à acquérir le poids de huit livres. Il eft fi vorace, qu'il fe nourrit du brochet. Il jette fon frai vers le mois de février, & il a beaucoup d'œufs.

Un allié à ce poiffon eft la morue de terre des Anglais, poiffon qui abonde dans les lacs du nord. Il croît jufqu'à la longueur de trois pieds & au poids de douze livres.

La *perca fluviatilis* ou perche commune fe trouve dans les rivières ; mais en petite quantité. Le pinoche, au contraire, y eft fort abondant. Le faumon commun fe prend en abondance depuis juin jufqu'au mois d'août dans des filets placés le long des rivages de la mer : on en prend fort peu au midi de la rivière de Churchill.

La truite des lacs, qui a la tête, le dos, la nageoire dorfale & la queue d'un bleu-foncé, fe prend à l'hameçon dans les lacs qui font reculés au milieu des terres.

Le faumon *guiniade* eft très-abondant. Il y a une petite efpèce qui eft fort nombreufe en automne, au tems précis où les rivières font toutes glacées. On obferve que le faumon arctique ou capelin précède le faumon ordinaire ; & quelquefois les vents violens en jettent fur le rivage des quantités prodigieufes.

L'*omifco maycus* eft une efpèce de truite qui fe prend en mai dans la rivière Albany, & qui n'ex-cède pas quatre pouces & demi de longueur.

Le brochet remplit tous les lacs, mais il n'y atteint pas la groffeur du brochet d'Europe. De bons obfervateurs n'en ont pas vu au deffus du poids de douze livres. Les carpes font fort nombreufes dans les rivières & les lacs méditerranés.

Cette mer a très-peu de coquillages. La moule eft la feule efpèce abondante ; mais pour les péton-cles, on n'en voit que les coquilles. Par le nombre de ces dépouilles d'animaux marins qu'on trouve en creusant sur l'espace de dix milles en avançant dans les terres, on peut juger qu'un terrain plat & marécageux a été abandonné par les eaux de la mer ; mais on ne nous apprend pas, pour décider l'époque de cette retraite de la mer, si ces coquillages appartiennent à la mer actuelle ou à d'anciennes mers.

Des troupes d'oiseaux se retirent dans cette contrée éloignée, ainsi que dans le Labrador & à Terre Neuve, & y viennent des parties du midi assez éloignées, peut-être même des Antilles. On observe aussi que, dans d'autres saisons, la plupart de ces oiseaux, avec nombre d'autres oiseaux aquatiques, retournent vers le sud, accompagnés de leur jeune famille, pour chercher des climats plus favorables. Les sauvages, à quelques égards, règlent & comptent leurs mois sur l'apparition des oiseaux. Ils ont un mois qu'ils nomment *goose* à l'apparition des oies, lesquelles viennent du midi au printems. Tout le genre des gélinotes à longue queue, des corbeaux, des corneilles cendrées, des mésanges & du pinson de Laponie affrontent l'hiver le plus rigoureux, & plusieurs des faucons & des hiboux cherchent un abri dans les forêts.

Les rennes passent par troupeaux nombreux en octobre, & s'enfoncent dans les contrées du nord en cherchant le froid le plus âpre. Les ours polaires mâles courent les mers sur les glaçons flottans, la plus grande partie de l'hiver & jusqu'en juin. Les femelles restent cachées dans les bois le long des bords des rivières jusqu'en mars : alors elles sortent avec leurs deux jumeaux, & dirigent leur marche vers la mer, où elles vont chercher les pères. On en tue quantité dans leur passage. Les femelles & les petits oursins qui ne sont pas interrompus dans leur route vont jusqu'au bord de la mer. En juin, les mâles reviennent au rivage, & dans le courant du mois d'août ils se réunissent à leurs compagnes. Leurs petits alors ont acquis un accroissement considérable.

HUERS. Il y a, dans plusieurs vallées de l'Islande, des fontaines d'une nature bien singulière, & qu'on nomme *huers* ; elles lancent de tems à autre des jets d'une eau bouillante, qui s'élèvent jusqu'à quatre-vingt-dix pieds de hauteur, & qui ont près de trente pieds de diamètre, & offrent, comme on voit, à l'œil les plus magnifiques jets d'eau qu'il y ait sur le Globe. Ils sortent du sein de tuyaux cylindriques naturels, dont la profondeur est inconnue. A la surface ces espèces d'ajutages ont la forme d'entonnoirs fort évasés, où l'on remarque des ondulations successives & concentriques, formées par les dépôts de l'eau. Le jeu de ces étonnantes gerbes est annoncé par un bruit considérable : on voit tout aussitôt le cylindre intérieur se remplir d'eau qui s'élève par degrés jusqu'au bord, & forme petit à petit un jet qui augmente de hauteur en jetant des tourbillons de

vapeurs, & lançant des pierres énormes. Lorsque le jet est parvenu à sa plus grande élévation, il décroît & s'abaisse par degrés, jusqu'à ce qu'il disparoisse entièrement. Ces jets d'eau bouillante, ainsi que les fontaines d'eau chaude, se rencontrent fort fréquemment dans l'Islande.

Le principal de ces jets d'eau bouillante est celui qu'on nomme *Geyer*, & qui se trouve dans une plaine remplie de petites collines, d'où l'on apperçoit un grand nombre de montagnes de glace, au milieu desquelles l'Hécla domine avec ses trois sommets.

Le gramen de montagne croît en abondance dans le voisinage de ces eaux bouillantes & jaillissantes. A peu de distance du Hugel brûlant ou du tertre formé à l'entour d'un de ces jets d'eau est un lac où des cygnes viennent nager, & un ruisseau où l'on pêche une assez grande quantité de truites ; ainsi l'eau fraîche & l'eau bouillante sont assez près l'une de l'autre. A l'est & au sud sont des étendues considérables de terrains couverts de masses de lave.

Entre plusieurs sources qui sont près de Skacholl, il y en a deux fort remarquables. Les Islandais s'en servent pour faire bouillir leur lait & pour faire cuire leur viande, ainsi que pour blanchir leur linge & pour fouler les étoffes de laine ; ils les emploient même à ramollir les os desséchés des bœufs & des moutons.

Ces *huers* ou jets d'eau ne sont pas bornés à la terre-ferme : on en voit qui s'élèvent dans le bassin de la mer, & l'on voit jaillir de l'eau bouillante au milieu des flots, à des distances assez considérables des côtes ; & la nouvelle île volcanique qui est sortie de la mer à douze milles de la pointe de Reickeness prouve que les feux souterrains & les eaux chaudes s'étendent fort loin de la terre-ferme, & qu'ainsi les eaux jaillissantes des *huers* peuvent être distribuées également à un certain éloignement des côtes.

Les phénomènes que nous présentent les jets d'eau bouillante d'Islande & les dépôts qui se forment autour les rapprochent infiniment des bullicames qu'on trouve dans plusieurs cantons d'Italie, & particulièrement dans les cantons volcanisés. On y voit également des eaux bouillantes former des jets plus ou moins abondans, plus ou moins élevés, & s'entourer de dépôts pierreux, qui s'étendent dans toute l'étendue où se répand l'eau : on en voit même qui, comme les *huers*, sont intermittens. Ainsi cette comparaison des jets d'eau d'Islande avec des jets d'eau observés attentivement dans un pays plus accessible que l'Islande ne peut que jeter du jour sur ces phénomènes, en diminuant surtout le merveilleux qui résulteroit de ces effets naturels s'ils étoient particuliers à l'Islande.

HUMUS. Quelques naturalistes ont donné ce nom à la couche de terre végétale qui est produite par les détrits des végétaux : c'est une espèce de terreau naturel. En cela ils ont été plus fondés que ceux qui ont donné ce nom à la couche universelle qui sert, selon eux, d'enveloppe à notre Globe, & qu'ils ont supposé couvrir la surface des continens terrestres jusqu'à un demi-pied de profondeur. Je distinguerai ici l'*humus* de la terre végétale formée de la décomposition des pierres ou des lits de terres qu'elle recouvre, au lieu que l'*humus* est le résultat de la pourriture des végétaux seulement.

M. de Buffon nous dit que la terre végétale n'est peut-être pas en moindre quantité sur le fond de la mer, où les eaux des ruisseaux, des rivières & des fleuves la transportent & la déposent de tous les tems. Mais nous ne devons parler que de ce qui est ici sous nos yeux : nous remarquerons que la couche de terre productive & féconde ; enfin l'*humus* est toujours plus épais dans les lieux abandonnés à la seule Nature, que dans les pays habités, parce que cette terre étant le produit du détritus des végétaux, sa quantité ne peut qu'augmenter partout où l'homme ne détruit pas les végétaux, & ne les emploie pas à ses besoins. Là, les bois, au lieu d'être abattus au bout de quelques années, ne tombent de vétusté que dans la suite des siècles, pendant lesquels leurs feuilles, leurs menus branchages & tous leurs déchets naturels & superflus forment à leurs pieds des couches de terreau qui bientôt se convertit en terre végétale. La quantité de cette terre devient ensuite bien plus considérable par la chute de ces mêmes arbres trop âgés. Ainsi d'année en année, & bien plus encore de siècle en siècle, ces dépôts d'*humus* se sont augmentés partout où rien ne s'est opposé à leur accumulation. La couche d'*humus* est plus mince sur les montagnes que dans les vallons & dans les plaines, parce que les eaux pluviales dépouillent les sommets de cette terre, & la transportent au loin. Les contrées nouvellement découvertes offrent partout de grandes forêts, dont le fond est couvert d'*humus*. Les sommets nus des hautes montagnes, les régions polaires, telles que le Spitzberg & la terre de Sandwick, où la végétation ne peut exercer sa puissance, sont par cette raison dénués de cette terre végétale.

HYÈRES, ville du département du Var, qua-

trième arrondissement maritime. Elle est bâtie en amphithéâtre sur le penchant méridional d'une montagne très-élevée & schisteuse, & à quinze kilomètres de Toulon. C'est sous l'abri de cette montagne qu'on élève l'oranger, le cédrat, le citronier, le poncire & leurs métis, arbres puissans de vie & de force, qui nourrissent en même tems la fleur naissante, l'embryon qui se noue, le fruit qui croît & celui qui mûrit ; présentent, réunis sur la même tige, tous les âges de la production. L'orange n'atteint sa parfaite maturité que huit à neuf mois après la chute de sa fleur ; & si elle passe sur l'arbre l'époque de la floraison, elle y perd son suc, mais elle le recouvre quand les nouveaux fruits sont noués. On cueille à *Hyères* les oranges destinées pour les pays lointains dès que le plus petit point jaune a marqué leur écorce. Elles sont expédiées en cet état, & achèvent de mûrir en moins de quarante jours. Cette récolte se fait au commencement de l'automne. C'est encore dans la même saison que des légumes de toute espèce, savoureux autant que hâtifs, vont représenter le printems sur les tables du Nord.

Les champs les moins précieux produisent en abondance l'huile, le vin, la câpre, la figue & la pêche. Une dérivation du Capeau facilite les productions ; mais, comme s'il falloit que le mal fût partout à côté du bien, des marais pestilentiels infectent ce territoire si riche des complaisances de la Nature, & y entretiennent des fièvres inflammatoires & putrides. En 1773 & en 1781 elles furent épidémiques. Il reste à *Hyères* des landes immenses, où l'olivier, la vigne & le châtaignier pourroient être cultivés avec succès. L'agriculture n'attend, pour diriger ses conquêtes vers ces déserts, que le desséchement ou l'avivement des marais.

Hyères a des salines où l'on travaille pendant cinq mois. Leur produit annuel est de deux cent mille minots de sel. Le chêne blanc & le chêne vert croissent dans ses vallées incultes ; mais les arbres les plus communs dans ses forêts sont le liége, le petit & le grand pin maritime.

Le terrain des îles d'*Hyères* est schisteux, & renferme des amas de quartz, de mica & quelques grès. Louis XIV faisoit élever des faisans à Porquerolles, l'une de ces îles.

JAÏK, fleuve de Sibérie. Le *Jaïk* est, de tous les fleuves ou rivières qui coulent vers l'ouest & prennent leurs sources dans le mont Ural, le seul qui ait la sienne dans la partie orientale de ces monts, & qui perce ou traverse la roche granitique proprement dite, qui se prolonge vers le sud dans la Steppe kirgisienne. C'est vers Guberlinskaja & Illinskaja-Krepost que le *Jaïk* s'ouvre ce passage; car la chaîne de montagnes appelée *Obtschisint*, qui s'étend entre ce fleuve & la Samara, n'appartient proprement qu'à la chaîne de montagnes à couches horizontales, qu'il ne faut regarder que comme une branche de la chaîne primitive, quoiqu'on la regarde communément pour une véritable prolongation de l'Ural, & qu'on puisse néanmoins l'envisager comme la ligne de démarcation entre l'Europe & l'Asie, & la prolonger jusqu'à la mer Caspienne, tandis qu'elle détermine aussi très-strictement cette ligne en tirant, vers le nord, jusqu'à la Mer-Glaciale & à l'embouchure du fleuve Oby.

Steppe de la contrée du Jaïk.

Dès qu'on a quitté le vallon agréable qu'arrose la Saratschik, on parvient à des marais desséchés, où l'on ne voit que des roseaux secs, & cette même nature de terrain continue jusqu'au lieu appelé la *Redoute de Gurjef*, qui n'est autre chose qu'un amas de quelques buttes de terre ou de clayonnage entouré d'un petit fossé & garni de chevaux de frise. On a construit tout auprès une tour d'observation. Les amples sinuosités du *Jaïk*, si multipliées, & d'autant plus difficiles à reconnoître, que les inondations du printems en changent souvent la direction, commencent ici. Toute la contrée n'est au surplus qu'un marais salé, où l'on est tourmenté par les cousins pendant l'été, d'une manière tellement insupportable, qu'on ne pourroit imaginer de plus rude supplice pour des malfaiteurs, que de les exiler dans ce canton, où il seroit aisé, par exemple, de les occuper à tirer de la cendre de soude des plantes salines. Excepté les roseaux & le gramen de marais, il ne vient, dans toute cette contrée, presque point d'herbes propres à faire du foin; ce qui fait que le bétail, & particuliérement les chevaux, y est en très-mauvais état.

C'est principalement au dessous de la redoute, que le *Jaïk* forme des sinuosités si étonnantes, qu'au bout d'une navigation de huit wersts & au-delà, on ne se trouve pas encore à un werst & demi en ligne directe de l'endroit d'où on est parti. En général, le chemin de cette redoute à Gurjef, qui n'est que d'environ vingt wersts, se trouve alongé de près du double par les détours que décrit le fleuve. Les bords du *Jaïk* commencent déjà, au dessus de Saratschik, à se garnir de roseaux; & plus on approche de la mer, plus ces mêmes roseaux augmentent en quantité & en hauteur; de sorte qu'il n'est pas rare d'en voir de neuf & même de douze pieds de haut, & d'un pouce de diamètre. Ces roseaux occupent non-seulement les bords du lit principal du fleuve, mais remplissent encore à peu près tous ses bras adjacens.

Lorsqu'on voyage dans cette aride contrée on est souvent réduit à la nécessité de se servir de la boussole, attendu qu'il n'existe aucune route frayée dans la Steppe, excepté quelques sentiers faits par les bestiaux que l'on mène boire à la mer, quelquefois à quatre-vingts wersts de distance. C'est ainsi qu'on est obligé de passer quatre jours dans ces déserts, sans y trouver d'asile à plus de la moitié de la Steppe qu'on appelle *la Sablonneuse*. Ces sables ne sont autre chose que la prolongation ou l'extrémité de ce qu'on appelle les *Rin-Pezki*. Il commence au dessous du lac d'Elton, & il est partout très-abondant en sel.

Après avoir passé ces sables, il reste encore à traverser l'autre moitié de la Steppe appelée *Péremiot*, qui est entièrement unie, mais absolument dépourvue d'eau douce. Le voyageur est obligé de chercher de l'eau dans le sein de la terre, & les anciennes fosses pratiquées par les Calmouks pendant leurs stations passagères dans la Steppe, fournissent des indications à cet égard. Mais la sécheresse dans la belle saison y est si extraordinaire, qu'elle fait retirer les veines d'eau plus profondément en terre, & l'eau ne paroît souvent qu'à une profondeur de plus de six pieds, qu'on est obligé souvent d'en creuser de nouveaux, étant aussi salée que celle des flaques. Quoiqu'il soit difficile de trouver de ces sources d'eau douce & fraîche, il n'est pourtant pas extraordinaire d'en rencontrer, & tout auprès des premières, à une si petite distance, que cela paroît d'abord incompréhensible; mais lorsqu'on a examiné avec plus d'attention la nature des eaux de la Kamysch-Samara, en se procurant des notions exactes sur cet objet, ce phénomène paroît tout-à-fait naturel.

Il est une preuve presque sûre qu'excepté les eaux que la mer Caspienne répand sur sa rive, toutes les eaux fraîches qu'on rencontre dans cette Steppe viennent de la Kamysch-Samara; car il faut nécessairement que ces eaux, qui s'augmentent &

se grossissent continuellement de celles que la petite rivière d'Uzeni y conduit, s'écoulent par des canaux qui s'ouvrent des passages par lesquels ils se répandent dans la Steppe ; mais comme toute la Steppe est parsemée de places salées, il est naturel que les ruisseaux ou filets d'eau qui traversent dans leur cours quelques-unes de ces places salées, ou qui atteignent quelquefois les grandes masses de sel, fournissent de l'eau devenue salée : de là vient l'origine de tant de petits lacs salés, dont cette contrée abonde. Mais les filets d'eau qui se fraient un passage à travers le sable ou des terres argileuses conservent leur eau pure, &, supposé même qu'il s'y mêlât quelquefois un peu de sel, elle ne tarde pas à en déposer les molécules en se filtrant au travers de ces lits de sable dont nous avons parlé ; ce qui paroît démontré par les puits creusés sur les rivages de la mer, où l'eau de mer devient entièrement douce au moyen de la filtration.

JAMES. C'est ainsi qu'on nomme en esclavon les dégorgeoirs qui, après des pluies abondantes, vomissent des colonnes d'eau qui s'élèvent quelquefois à la hauteur de vingt pieds, & inondent des vallées fort étendues dans la Dalmatie. Une quantité surprenante de poissons sort aussi des entrailles de la Terre avec l'eau des james. Après un certain tems de stagnation, ces mêmes dégorgeoirs deviennent des goufres absorbans, où l'eau rentre avec les poissons. Les habitans du pays saisissent le tems de la retraite des eaux pour prendre abondamment de ce poisson, en tendant des filets ou des nasses à l'ouverture des goufres absorbans.

Il paroit que les james ne dégorgent que lorsque les souterrains qui communiquent avec eux sont pleins d'eau, & que l'eau n'y rentre que lorsqu'ils sont à sec.

On a remarqué que les james se bouchent de plus en plus par les murs que les habitans y ont construits pour y établir leurs nasses, & que par ces travaux mal entendus la rentrée des eaux est plus lente & le dessèchement des vallées plus retardé ; ce qui a plusieurs inconvéniens. (Voyez DÉGORGEOIRS, FRAIS PUITS, ABSORBANS (Goufres).)

JAVA. Cette île offre une récolte dont nous allons présenter les détails. On trouve sur le cap deux cavernes qui se prolongent horizontalement dans le roc ; elles contiennent en grande quantité ces nids d'oiseaux recherchés avec tant d'empressement par les connoisseurs de la Chine. Ils paroissent composés de filamens déliés, réunis par un gluten transparent, assez semblable à cette gelée que l'on voit sur les pierres que la marée couvre & découvre alternativement, ou bien à ces substances animales gélatineuses que l'on voit souvent flotter sur les bords de la mer. Dans ces cavernes les nids se touchent tous, & sont disposés en

lignes régulières contre les parois des cavernes. L'oiseau qui les construit, est une très-petite hirondelle noirâtre en dessus, & qui a le ventre d'un blanc-sale. Elle est connue des naturalistes nomenclateurs, sous le nom de salangane (hirundo esculenta). Lorsqu'on pénètre dans ces cavernes, on rencontre un très-grand nombre de ces oiseaux qui voltigent autour des gens qui vont les observer.

On prétend qu'on trouve également ces nids dans les montagnes du centre de l'île de Java, & à une grande distance de la mer ; mais dans ce cas ces hirondelles ne tireroient aucun secours de la mer, soit pour leur subsistance, soit pour la construction de leurs nids ; car il n'est pas probable que ces oiseaux passent des montagnes fort élevées jusqu'aux bords de la mer, pour se procurer leur nourriture ou les matériaux avec lesquels ils construisent leurs nids. Elles vivent des insectes ailés qu'elles prennent en volant sur les eaux stagnantes, entre les montagnes. Leur large bec leur facilite cette chasse : dès-lors elles composeroient leurs nids avec le superflu de leur nourriture. Les oiseaux de proie font la guerre à ces hirondelles, & les enlèvent quelquefois à leur passage, soit qu'elles entrent dans les cavernes, soit qu'elles en ressortent. La couleur & le prix des nids dépendent de la quantité & de l'espèce des insectes que prennent les hirondelles, & peut-être aussi du lieu qu'elles choisissent pour cette construction. On juge de la valeur des nids par la finesse & la délicatesse de leur texture : ceux qui sont blancs & transparens sont les plus estimés. Ils se vendent à la Chine pour leur poids d'argent ; en sorte que c'est un objet important de commerce pour les Javanais, que ces nids d'hirondelles. Il y a beaucoup d'hommes de cette chasse dès leur enfance. Les oiseaux emploient environ deux mois à mettre leurs nids en état de recevoir deux œufs qu'ils couvent ensuite ; & lorsque les petits peuvent voler, on enlève les nids. Cet enlèvement se répète deux fois l'année. On descend dans ces cavernes avec des échelles de bambou ou de cordes : on se sert de flambeaux faits d'une gomme qui découle d'un arbre du pays, & qui ne s'éteint pas aisément au milieu des vapeurs souterraines. Quelques voyageurs soupçonnent qu'il y a deux espèces de ces hirondelles, dont les nids sont également recherchés. (Voyez le Voyage de lord Macartney à la Chine).

ICEBERGS, glaciers des terres voisines du pôle nord. Ces glaciers sont une des plus étonnantes merveilles du Spitzberg & du Groënland ; ils sont au nombre de sept dans le Spitzberg, mais placés à des distances considérables l'un de l'autre. Chacun remplit des vallées dont on ne connoît pas l'étendue, parce qu'elles se trouvent dans une région dont l'intérieur est totalement inaccessible. Les glaciers de la Suisse, si l'on en croit les voyageurs, ne sont rien en comparaison de ceux-ci ;

Ccc

mais les *icebergs* préfentent fouvent un front à peu près femblable aux glaciers des Alpes, dans quelques-unes des vallées du Spitzberg. Mais le plus fouvent ils préfentent fur les côtes de la mer un front de glace de trois cents pieds d'élévation, & qui a la couleur de l'émeraude. En différens endroits, des cafcades abreuvées par la fonte des neiges fe précipitent du fommet de ces maffifs énormes de glace; & de noires montagnes pyramidales, rayées de blanc, bordent les côtes, & s'élèvent cimes fur cimes, à un éloignement auffi confidérable que celui que l'œil peut atteindre dans le fond de ces perfpectives.

De tems à autre d'immenfes fragmens de glace fe brifent & tombent dans la mer avec un fracas épouvantable. Pour juger du volume de ces fragmens, il fuffit de dire qu'un glaçon d'un vert brillant s'étant trouvé, après fa chute, fur un fond de vingt-quatre braffes, fe trouva encore élevé de cinquante pieds au deffus de la furface de l'eau. De pareils glaciers fe rencontrent partout dans toutes les régions polaires, & c'eft à leurs écroulemens fréquens que font dues principalement les montagnes de glace folides qui flottent dans ces parages.

La congélation qui a lieu fur ces glaciers donne aux glaçons les formes les plus extraordinaires; mais l'imagination achève de compléter des figures de bâtimens, qui certainement n'y exiftent pas.

Ces *icebergs* font l'ouvrage du tems; ils croiffent continuellement par la chute des neiges & des pluies qui fouvent fe gèlent à mefure qu'elles tombent, & réparent les pertes occafionnées par l'action du foleil. Il faut confidérer ces amas de glace comme affujettis de la même manière que les glaciers des Alpes, à une marche régulière qui porte les glaçons vers la partie baffe voifine du bord de la mer, & qui les répare dans les parties fupérieures par l'écoulement des neiges & des glaçons formés par l'eau congelée de la fonte de ces neiges.

Je ne féparerai pas les *iceblink* ou *iceglunte* du Groënland des *icebergs* du Spitzberg. Ces glaciers du Groënland font fitués fur la côte occidentale: ce font des amas de glaces immenfes accumulés à l'embouchure d'une petite baie, & d'une élévation incroyable, dont l'éclat frappe les yeux des navigateurs à plufieurs lieues de diftance. Vers leur bafe ils préfentent une fuite d'arcades magnifiques, fur une étendue de huit lieues de longueur fur deux de largeur. Outre ces arcades étonnantes, de vaftes quartiers de glaces, précipités des différens glaciers qui occupent l'intérieur des terres, font entraînés aux reflux de la marée, & fourniffent continuellement à l'Océan des glaces flottantes, très-propres à remplacer celles qui fe brifent, fe fondent & difparoiffent. Les détroits maintenant fermés à la navigation font probablement ouverts dans le fond par des arcades femblables à celles dont on vient de parler; car une immenfe quantité de glaçons fortent annuellement de leurs embouchures, & vont flotter fur les mers voifines.

Il paroît d'ailleurs que, dans l'intérieur du pays, les neiges, les glaces font liées les unes aux autres. Quelques-unes des montagnes de glace ont, fuivant M. Crantz, jufqu'à mille toifes de hauteur, s'élevant en forme de pics & de pyramides fur des vallées qui n'ont d'autres tapis qu'une mouffe. On y voit auffi quelques fommets plats couverts de neiges & de glaces toujours renouvelées par les neiges.

D'après tous ces détails il paroît que, fuivant l'opinion de M. Grouner, les glaciers du pôle nord font formés, détruits & renouvelés de la même manière que les glaciers des Alpes. Seulement ces glaciers fe trouvent en conféquence de la région & de fon climat, à un niveau beaucoup plus bas que ceux des Alpes, qui ne fe trouvent qu'à une certaine élévation au deffus du niveau de la mer. Mais les glaces s'y détruifent & cheminent; & ce qui prouve ces mouvemens & cette marche, c'eft l'écoulement fréquent des glaçons qui fe précipitent dans la mer, & qui vont flotter à fa furface en fi grand nombre, qu'on doit confidérer les *icebergs* comme un des moyens qu'emploie la Nature pour couvrir les mers de glaçons de certaine forme.

ICHTYOLITHES. Ce font des pierres qui renferment des empreintes ou des arêtes de poiffons, & qu'on trouve affez fréquemment dans les carrières d'ardoifes ou de pierres calcaires feuilletées: il y en a même dans les marnes qui fervent de féparation & de diftinction pour les couches de pierres à plâtre. Quelquefois ces poiffons font en relief, & adhèrent à la pierre noire fchifteufe; d'autres fois, lorfque les pierres calcaires feuilletées fe féparent, on voit le relief d'un côté & l'empreinte de l'autre; fouvent auffi on n'a que l'empreinte de toute la charpente offeufe du poiffon avec les écailles: on trouve d'ailleurs des parties de poiffon d'un beau détail, des têtes, des ouies, des nageoires, des queues, des vertèbres, des dents & des mâchoires; quelquefois, foit les poiffons entiers, foit ces parties, font minéralifés fous forme brillante & pyriteufe, ou en mine de fer. On trouve très-abondamment, au mont Bolca dans le Véronois, des empreintes de poiffons au milieu de gros blocs de pierre calcaire feuilletée. On en trouve dans des fchiftes aux environs d'Eifleben, de Pappenheim, de Mansfeld, d'Ofterode en Allemagne, ainfi que dans le duché de Deux-Ponts & en Suiffe. Parmi ces *ichtyolithes* il y a des poiffons d'eau douce ou fluviatiles, & des poiffons de mer fouvent mêlés enfemble; en forte que les dépôts fchifteux ou même calcaires ont été formés dans la mer en partie avec les matières entraînées par les eaux courantes des continens, qui fe déchargeoient dans quelques golfes. (*Voyez l'article* ARDOISE.)

ICHTYOPÈTRES. Nous connoissons trois carrières d'*ichtyopètres* assez remarquables, celle d'Aix, celle d'Œningen & celle de Monte-Bolca, dont nous donnerons les principaux détails. En attendant nous croyons qu'il importe d'expliquer leur formation. Nous remarquerons d'abord que les empreintes & en général les restes des poissons fossiles, quoiqu'ils ne soient pas rares, le sont cependant beaucoup plus que ceux des coquillages; en sorte qu'on n'en rencontre que dans quelques carrières. Il n'est pas moins remarquable qu'en revanche les carrières où l'on en trouve, en contiennent de grandes quantités, & qu'on les voit déposés comme par couches dans une épaisseur de pierres calcaires assez considérable. Il est à croire que les carrières qui renferment ces poissons ont été anciennement le fond de quelques lacs qui recevoient les eaux douces de l'intérieur des terres, & qui en même tems communiquoient avec la mer. Il a suffi que les eaux de l'intérieur des terres entraînassent beaucoup de vase pour que le lac se soit rempli définitivement, & que les poissons aient été ensevelis dans des dépôts successifs.

On explique, par cette hypothèse, pourquoi l'on trouve dans la même carrière des poissons d'eau douce & des poissons d'eau salée, & pourquoi il n'y a pas de poissons sur tous les terrains qui ont été des fonds de mer. (*Voyez* AIX, ŒNINGEN, BOLCA (Monte-).)

JENISEI, fleuve de Sibérie. M. Gmelin, comme naturaliste, voudroit qu'on plaçât à ce fleuve la ligne de démarcation de l'Europe & de l'Asie. Effectivement, à partir de ses bords orientaux, toute la Nature change & prend une autre face. Une certaine vigueur extraordinaire se fait remarquer dans tous les êtres qu'on y voit. Des animaux nouveaux, tels que l'argali ou mouton sauvage & plusieurs autres, commencent à se montrer; plusieurs plantes européennes disparoissent, & d'autres, qui sont propres à l'Asie, se manifestent & marquent par degrés le changement.

Le *Jenisei* est presqu'égal à l'Oby; il se forme particuliérement de deux rivières, Ulu-Kem & Bei-Kem, à cinquante-un degrés trente minutes de latitude nord. Son cours est dans la direction du sud au nord. Son embouchure dans la Mer-Glaciale est semée d'un grand nombre d'îles. Son lit est en grande partie établi dans un sol pierreux & sablonneux. Son cours est rapide, & les poissons qu'on y pêche, sont très-délicats. Ses rives, surtout celles de l'orient, sont bordées par des montagnes & des rochers peu fertiles; mais depuis le fort Saiaemes jusqu'à la rivière Dubiches, ils sont formés d'une terre riche & cultivée.

Ce fleuve reçoit un grand nombre de rivières même considérables, parmi lesquelles les deux Tangusca, haute & basse, sont les plus célèbres. La première sort, près d'Irkentz, du grand lac Baikal, sous le nom d'*Angara*, entre deux vastes rochers naturels qui ont toute l'apparence d'avoir été coupés par les hommes, & elle tombe sur des rochers énormes dans un lit qui a un mille de largeur sur un mille de longueur. L'Angara coule presque nord pendant un long espace; ensuite elle prend le nom de *Tangusca*, tourne à l'ouest & joint le *Jenisei* à la latitude de cinquante-huit degrés. La Tangusca basse prend sa source bien avant dans le sud-est; approche de très-près la Léna, & tombe dans le *Jenisei* à la latitude de soixante-cinq degrés quarante minutes. Au dessus de sa jonction est la ville de Mangazea, célèbre par son grand marché de fourrures. Les environs de cette ville & de la rivière sont le rendez-vous d'une multitude d'espèces d'oiseaux aquatiques.

De l'embouchure du *Jenisei*, l'immense promontoire de Taimura s'étend très-loin, au nord de toute cette région, dans la Mer-Glaciale, assez près du soixante-dix-huitième degré de latitude. A l'est de ce cap, la Chatunga, l'Anabara & l'Olenck, rivières dont le cours est peu connu, se jettent dans la même mer, &, ce qui est fort remarquable, c'est que chacune d'elles a une large baie à son embouchure. On a fait des observations sur la marée, qui remonte dans la Chatunga à la pleine & à la nouvelle lune, & l'on a trouvé qu'elle s'élevoit seulement de deux pieds, & beaucoup moins dans les autres phases de la lune : d'où l'on peut conclure que si elle ne s'élève pas plus haut dans ce lieu resserré & dans le golfe de Kara, sa crue doit être bien peu sensible sur les rivages libres & étendus de la Mer-Glaciale. Au-delà de l'Olenck, la grande rivière de Léna, qui prend sa source près de Baikal, après un cours libre & paisible sur un fond de sable ou de gravier, se décharge par cinq grandes bouches, dont la plus orientale & la plus occidentale laissent entr'elles un très-grand intervalle. Pour donner une idée de cette rivière & de sa grande largeur, il suffit de remarquer qu'à Jakutsk, à soixante-un degrés de latitude, & à douze degrés de son embouchure, elle a près de trois lieues de largeur. Au-delà de cette rivière la terre se rétrécit, & est bornée au sud par le golfe d'Ochotz.

Les rivières de Jana, Indigirska & Kolyma, comparées à la Léna, ont un cours fort abrégé. La Kolyma est la plus orientale des rivières remarquables qui tombent dans la Mer-Glaciale. (*Voy.* GLACIALE (Mer-), SIBÉRIE, &c.)

IERRE (Rivière d'). Cette rivière, voisine de Paris, prend sa source à Courchamps, près Jouy-le-Châtel en Brie, & se jette dans la Seine.

Cette rivière présente plusieurs singularités dans son cours. Il y a plusieurs endroits, surtout en approchant de sa première source, où elle disparoît & se perd en terre, & elle y coule tant qu'elle ne trouve pas d'issue pour en sortir de nouveau. Dans les lieux où elle a son cours hors de terre, son lit n'est pas fort vaste; mais dans ceux où l'eau sort de dessous la terre, elle a quelquefois deux ou trois toises de profondeur. Elle y paroît outre cela immobile, très-claire & transparente. Les bassins d'où elle sort de terre sont fort étendus en longueur, & continuent assez régulièrement depuis Varennes jusqu'à Quincy, c'est-à-dire, dans le trajet d'une lieue & demie ou deux lieues au dessus d'Ierre : de là vient que cette rivière ne gèle jamais, parce qu'elle est entretenue par des sources & des fontaines qui ont leurs débouchés tant dans le fond, que sur les côtés de son lit. On observe aussi qu'elle ne déborde que rarement.

Depuis Comble-la-Ville, où il y a un goufre dans un endroit appelé le *Pont-au-Diable*, on en voit, en remontant la rivière, plusieurs autres semblables. Il en existe un entre Sognole & Ivry-lès-Châteaux; un autre, qui est considéré comme un des plus considérables, est au dessus de Sognole, & placé dans le bas de la paroisse de Soulairs.

Lorsqu'il y a des averses un peu soutenues, l'eau couvre le dernier goufre; elle y est tranquille & presque sans mouvement. Il faut cependant qu'elle y entre abondamment; car lorsqu'on s'avance jusqu'à Sognole, on trouve que l'eau y diminue & qu'elle y disparoît presqu'entièrement, quoiqu'il n'y ait qu'un bon quart de lieue de Soulairs à Sognole, & en moins de trois ou quatre jours toute l'eau produite par cinq ou six jours d'averses se trouve absorbée.

Quoique le goufre de Soulairs soit considérable & qu'il boive ainsi une grande quantité d'eau en si peu de tems, cependant plusieurs autres le sont beaucoup plus, nommément ceux des environs des Étais, village situé à une demi-lieue ou trois quarts de lieue au plus de Soulairs; ils sont tous très-connus dans le canton, comme ceux des environs de Chaumes, de Creuil, d'Argentières, qui se voient sur le bord de la rivière, en continuant de la remonter. Ce grand nombre de goufres doit sans doute absorber une si grande quantité d'eau, qu'il faut que la rivière en rassemble beaucoup pour qu'il en reste encore dans l'endroit où elle disparoît entièrement. Il faut même que ceux dont on a parlé ne soient pas les seuls, puisque cette rivière est quelquefois plusieurs années à sec au dessus de Chaumes, surtout lorsque les années sont peu pluvieuses. D'ailleurs, on en trouve beaucoup d'autres en remontant cette rivière jusqu'à sa source; car pour peu qu'on en suive le cours dans ces parties supérieures, on voit que les goufres se multiplient à mesure qu'on approche de sa source, & que plusieurs parties de son lit sont à sec, & enfin, peu après les étangs, qui sont les vraies sources de l'Ierre; on rencontre de ces trous où l'eau s'engoufre assez facilement, & même disparoît entièrement lorsque les étangs en fournissent peu.

Cette première partie de l'Ierre étant observée ainsi en détail, il est plus intéressant ensuite de faire l'examen de cette même rivière lorsqu'elle a reparu après ces grandes pertes : il faut donc la voir à Varennes, où elle est fort considérable. On est tout étonné de la trouver en cet état dans un endroit aussi peu éloigné d'un goufre qui absorbe encore beaucoup d'eau. Il faut donc que cette rivière ait dans son lit des sources qui lui fournissent de l'eau, outre les fontaines qui sont sur ses bords, & dont les eaux abondantes se rendent dans cette rivière.

La fontaine qui en donne le plus est celle de Villé: on la regarde même, dans le pays, comme la source de l'Ierre; mais il n'y a pas d'apparence que cette seule source puisse suffire à alimenter une rivière qui a au moins trois toises de largeur & presqu'autant de profondeur. Il faut y comprendre aussi l'eau de la fontaine de Sainte-Geneviève; mais comme, entre Sognole & Ivry-lès-Châteaux, il y a un goufre, l'eau qu'il absorbe, doit diminuer considérablement la rivière malgré les augmentations des eaux de la fontaine, qui ne sont pas absorbées. Il y a grande apparence d'ailleurs que la quantité d'eau qui se perd continue à couler dans des fossés souterrains qu'elle s'est creusés le long du lit de la rivière, & qu'elle reparoît dans certains endroits de ce lit en formant des sources comme elle paroît le faire dès les villages de Varennes & de Quincy, & des sources assez abondantes pour rendre l'Ierre en état de porter bateau.

Nous avons dit qu'elle recevoit aussi des augmentations par l'abord de l'eau des fontaines nombreuses qui s'épanchent des côtes voisines du son lit. On doit mettre de ce nombre les fontaines d'Ierre, & celles surtout voisines du château, parmi lesquelles la fontaine Budée, célèbre par les grands-hommes à qui cette habitation a appartenu, en donne considérablement.

Pour peu qu'on suive avec attention la marche des eaux latérales qui affluent dans le lit de l'Ierre, & qu'on remonte un peu avant dans les terres, on trouve de ces eaux qui se perdent, & après avoir coulé vers la rivière, à une certaine profondeur en terre, reparoissent, soit dans son lit même, soit par des sources apparentes & séparées, dont les eaux s'y rendent. Il paroît que la circulation du terrain se prête à cette circulation des eaux. Il y a, par exemple, un ru dont l'eau se perd dans le parc de Panfou, paroisse de Villemeu; un autre au dessous de ce premier, qui se perd aussi dans le parc de Villemain; un troisième qui donne de l'eau au moulin de la Grange-le-Roi, paroisse de Grisy, se perd à un peu moins d'un quart de lieue de ce moulin; un quatrième est absorbé par un goufre qui est dans les environs de Liverdi; enfin, un cinquième disparoît dans ce qu'on appelle les *goufres de Presle*.

Tous ces différens endroits que je viens d'indiquer sont peu éloignés les uns des autres, & les points où l'eau des rus disparoît, sont à peu près, dans le même alignement; de forte qu'il est fort vraisemblable qu'il y a un canal souterrain qui conduit ces eaux vers la rivière. Le plus considérable de tous ces rus est celui des goufres de Presle ou plutôt de Vilginard. Ces goufres sont près d'un moulin qui porte ce nom : un d'eux sert de *noue*. L'eau qui fait tourner la roue y est conduite par un chenal d'environ un pied de largeur, tombe par-dessus cette roue, & se perd ensuite dans le goufre qui l'absorbe assez promptement, & qui est à sec lorsque le moulin ne tourne pas. Le fond du goufre est naturellement pavé par un banc de pierres à chaux blanches, entre lesquelles l'eau se perd.

L'eau qui sert à faire tourner le moulin de Vilginard n'est pas la seule qui soit absorbée dans cet endroit. Outre cette eau, il y a celle que fournit un petit étang qui est au dessus & tout près du moulin, laquelle va se perdre, à quelques pas de la maison, dans un amas de petites pierres qui forment probablement les premiers bancs de la carrière, dont le fond du goufre du moulin offre les lits les plus bas. L'eau se perd sans bruit, & d'un mouvement continu : c'est une imbibition semblable à celle qui se fait de l'eau à travers d'une terre sèche & aride.

En été, ce trop-plein de l'étang est peu abondant, mais en hiver il est bien plus considérable. Dans cette saison l'eau du ru est aussi très-forte, & le goufre ne peut absorber à mesure l'eau que fournit la roue du moulin; elle se répand alors dans les environs, mais elle disparoît fort vite dans d'autres trous voisins du goufre, & qui ont huit à dix pieds de diamètre à leur ouverture. Ce qui n'est pas absorbé s'écoule dans une prairie, & parvient jusque vers Ozouer-le-Vougis, & gagne ainsi la rivière d'*Ierre* par un cours superficiel. Il est à croire que la partie qui est absorbée se rend, par des canaux souterrains, dans la même rivière. La pente qui se trouve entre le fond des goufres & le lit de la rivière principale, que je considère comme l'égout de ces eaux, favorise bien cette réunion.

Une rivière aussi bien fournie d'eau, qui ne tarit jamais, qui ne gèle point, qui pourroit être très-utile à Paris par sa communication avec la Seine, mériteroit sans doute qu'on fît quelque travail pour augmenter ses eaux en s'opposant à leur perte. On pourroit aussi donner une attention particulière à la conservation des eaux des petits ruisseaux qui s'y rendent en hiver, & qui perdent même en cette saison une partie de leurs eaux. Celui de Vilginard en particulier seroit facilement conservé, ainsi que les deux autres, de Villeneu & de Villemain. Si l'on réussissoit à conserver ces eaux, l'*Ierre* deviendroit alors une rivière digne d'attention, & pourroit être d'une certaine utilité pour les propriétaires riverains. Les détails dans lesquels on est entré dans cet article pourront faire naître l'idée des travaux qu'il faudroit entreprendre pour parvenir à un but aussi utile. Les faits d'histoire naturelle bien développés, outre leur curiosité, deviennent encore plus intéressans lorsqu'ils sont rapprochés de nos besoins, & c'est là principalement où doivent tendre les recherches des bons observateurs.

JERSEY, île située dans le détroit de la Manche. On a découvert en 1787, à la baie de Saint-Ouen, dans l'île de *Jersey*, plusieurs arbres, en si grand nombre, qu'il sembloit que c'étoit une forêt qui avoit été renversée dans la mer & engloutie. Ces arbres occupoient sur la plage un espace de terrain de plusieurs arpens, & le même *stratum* paroissoit s'étendre assez avant dans la mer. Plusieurs de ces arbres étoient entiers, & avoient au moins quarante pieds de longueur. Leurs racines étoient adhérentes à la terre; ce qui donna lieu de croire qu'ils avoient cru dans l'endroit même occupé par la baie & la mer voisine. Il faut que la surface du sol air bien changé depuis l'enfouissement de ces arbres; car, dans l'espace de plusieurs milles autour de la baie, la surface de la terre est toute couverte de sable à une très-grande épaisseur; en sorte qu'on n'y voit pas un seul arbuste.

JEZERO, lac de Dalmatie, dans le district du Primorie. Il a environ dix milles de longueur. Son bassin est tout environné de montagnes. Son eau est très-limpide & très-pure; aussi le nomme-t-on *Jezero* ou le lac par excellence, parce que c'est le plus grand de cette contrée. Dans quelques endroits on voit des ruines de maisons; ce qui pourroit accréditer la tradition des habitans du voisinage, qui porte que ce lac étoit autrefois une plaine cultivée, & qui étoit couverte par un lac intermittent, dont les eaux s'écouloient par des canaux souterrains dans un pays abandonnant le pays. Vers le sud, il subsiste encore une de ces ouvertures d'un canal souterrain qui entre dans la caverne de Czemivir, & qui, après un cours de deux milles sous terre, se décharge dans le canal Noir, lequel à son tour se réunit à la rivière de Narenta, à deux milles de la mer. Le lac de *Jezero* se sèche cependant quelquefois, & les cultivateurs morlaques profitent alors du terrain gras qu'il offre, comme des fonds de la vallée de Rostok, pour y semer des grains pourvu que les eaux s'écoulent dans une saison convenable. Jezeras est un petit lac qui a peu de profondeur, &, qui, par cette raison, se dessèche tous les ans, à moins que les pluies ne tombent avec une abondance extraordinaire.

Aux environs de ces lacs & de la plaine de Coccorich, le sol est alternativement montueux & en plaines. C'est que les montagnes, par les canaux souterrains qui sont distribués dans leur base, que les eaux inondent les plaines & les abandonnent successivement. On retrouve dans ces lacs à peu près les mêmes phénomènes qui ont si fort étonné dans le lac de Czernitks. (*Voyez cet article.*) Plus on observera, plus on trouvera qu'il n'y a point de dispositions uniques & singulières; que pour avoir une idée vraie d'un de ces phénomènes, il faut avoir vu & observé leurs correspondans.

IFS-SUR-LAISON, village du département du Calvados, à trois lieues trois quarts de Falaise. Il y a une source d'eau minérale qui est fort salutaire pour la vue.

IGÉ, village du département de l'Orne, à une lieue & demie de Bellesme. Il y a des carrières de grès, que l'on coupe & que l'on taille en pierres de grand appareil.

ILDEFONSE (Saint-) en Espagne. Ce lieu, qui se trouve dans le bassin du Douero, est dans un sol ingrat, où les arts ont prodigué toutes leurs ressources. Le climat même sembloit s'opposer à la possibilité d'en faire un lieu agréable.

Le sommet & le milieu de la montagne sont d'une roche composée d'argile & de sable fin, & il est vraisemblable que c'est de la décomposition de cette roche que se forme principalement la couche de terre qui la couvre, & qui sert à la végétation des pins, des arbustes & des plantes qu'on voit le long des escarpemens de la montagne.

La base de cette montagne est le granit dont on fait des meules de moulin qu'il faut repiquer assez souvent, parce qu'elles se polissent assez promptement par le service.

A quelque distance du château, vers l'ouest, tout est composé de granit rouge & gris, de la roche dont j'ai parlé, de quartz & de pierre de sable. Le quartz court en filons, au milieu desquels on voit des grains d'or. Ils s'étendent du midi au nord pendant l'espace d'une demi-lieue : on en a tiré quelques morceaux à demi transparens, & qui ressembloient au cristal de roche.

Les montagnes qui s'étendent de *Saint-Ildefonse* à l'Escurial sont toujours composées de granit gris & rouge, avec des filons de quartz blanc. On y trouve aussi des mines de cuivre & de plomb, & enfin quelques masses de pierre calcaire. Les croupes de ces montagnes versent des eaux abondantes, qui servent à l'arrosement des prairies où croît d'excellent foin.

ILE. (*Voyez* ISLE.)

ILHET, village du département des Hautes-Pyrénées, à deux lieues trois quarts de la Barthe. Il y a dans les environs une fonderie que l'on nomme *fonderie de Portaillet*. Elle est située sur la rivière de la Neste. Près de cette fonderie il y a des carrières de fer, & outre cela des bancs de schiste plus ou moins feuilleté. On en trouve aussi qu'il seroit difficile de diviser par feuillets.

ILLE, rivière du département d'Ille & Villaine, canton d'Antraim. Elle prend sa source à une lieue & demie de Bazouges, verse ses eaux au sud-

ouest, puis au sud, en serpentant dans la plaine, & se rend dans la Villaine à l'ouest de Rennes. Réunie à la Villaine, elle a donné son nom au département d'Ille & Villaine.

ILLE ET VILLAINE (Département d'). Ce département est ainsi dénommé d'après deux de ses principales rivières réunies ensemble. C'est un des cinq départemens qui partagent aujourd'hui l'ancienne province de Bretagne.

Les bornes de ce département sont, au nord, la Manche; au nord-est, celui de la Manche; à l'est, celui de Mayenne; au sud, le département de la Loire-Inférieure; à l'ouest, celui du Morbihan & celui des Côtes du Nord.

Les principales rivières sont :

La Villaine, qui a source à l'est, au-delà de Vitré, passe à Vitré, à Châteaubourg, à Rennes & à Redon. Elle reçoit à droite la Seiche, qui passe à la Guerche & à Marcille; plus bas la Bruc, qui arrose Ercé-en-Lame; enfin le Cheré; à gauche, elle reçoit l'Ille, le Garun & le Men, qui se réunissent à Montfort-Mordelles; enfin à Redon, l'Aphte & l'Oust réunis se jettent dans la Villaine.

Dans l'angle nord-est on trouve le Coësnon & l'Oison, qui se réunissent à Antraim, & continuent ensuite leur cours jusqu'à la rade de Cancale.

Dans l'angle du nord-ouest, on voit la Rance, où la marée monte jusqu'à Dinan, & les principales villes sont Rennes, Saint-Malo, Vitré & Dol.

Rennes, ancienne & grande ville sur la Villaine : son commerce consiste en beure renommé, en bois de construction, toiles à voiles & autres fils, chapelleries & cireries.

Saint-Malo, ville & port de mer, commerce d'importation & d'exportation, surtout en toiles.

Vitré, ville sur la Villaine : son commerce consiste en toiles, fils, bas & gants de fil.

Cancale, petite ville située au bord de la baie à laquelle elle donne son nom.

Noyal-sur-Villaine, commerce & fabrique de toiles à voiles & toiles écrues.

ILLETZKY (Salines d'). On lit dans la traduction d'un ouvrage allemand, que les salines d'Illetzky sont situées à soixante-quatre verstes d'Orenborrg, tout près d'Illetzkaya-Satschita, petite forteresse construite en bois. Les buttes qui servent de demeure aux gens chargés de l'exploitation de ces mines peuvent monter à environ cent cinquante; elles occupent un terrain placé entre la forteresse & un lac salé oblong, qui a cent toises de long à peu près. Les ouvriers destinés à extraire le sel gemme pour le compte de la couronne se nomment *Bomcies*; ils ont à leur tête un capitaine qui est chargé de l'inspection des travaux.

A environ quarante toises de la forteresse s'élève en pain de sucre un rocher de gypse absolument nu & tout blanc : la pierre dont il eſt compoſé renferme de l'albâtre en quelques endroits, mais la majeure partie eſt en druſe ; elle eſt très-poreuſe, ſélénitique, & par-ci par-là de couleur rougeâtre : on y trouve d'ailleurs aſſez fréquemment du ſpath feuilleté.

Comme on tient conſtamment un piquet armé ſur ce monticule eſcarpé, dont la vue embraſſe une très-vaſte étendue de pays, on lui a donné le nom de *karaulnaja-gora*, qui veut dire *montagne de la garde*. On voit à ſon ſommet une fiſſure qui formoit une caverne, dans laquelle on pouvoit autrefois pénétrer à une profondeur conſidérable, mais qui eſt actuellement comblée.

Les Kirgiſiens ont une grande vénération pour cette montagne, qu'ils regardent comme ſacrée, & ils étoient ci-devant dans l'uſage de jeter dans la caverne dont nous venons de parler, des pelleteries & d'autres babioles en manière d'*ex-voto* ; ils viennent encore même ſolemnellement faire une proceſſion autour du pain de ſucre, & y réciter leurs prières à genoux après s'être baignés & purifiés dans l'eau des environs. On raconte qu'avant que cette caverne fût comblée, un homme guidé par la cupidité ou par la curioſité, s'y fit deſcendre avec des cordes, & qu'il y éprouva un froid qu'il ne put ſupporter long-tems.

Il y a au pied du rocher de gypſe, dans la partie qui regarde le ſud-oueſt, un puits taillé dans la pierre, dont l'eau eſt douce & bonne à boire. Le monticule jette à l'eſt une branche en dos d'âne, très-abaiſſé, qui va ſe terminer à un autre rocher de gypſe moins élevé que le premier. Toute cette contrée eſt couverte par un nombre de couleuvres, *coluber natrix*, & de vipères les plus communes, *coluber beçus*.

On s'eſt aſſuré, par différentes foſſes qu'on a ouvertes juſqu'à préſent, que ce terrain contient une maſſe conſidérable de ſel gemme ; il commence tout près du rocher de gypſe, & immédiatement à côté du lac, du côté qui tient à la for253tereſſe. Son petit diamètre juſqu'à la rivière d'Illek peut avoir environ ſix cents toiſes, & ſon grand diamètre ſix cent cinquante. Tout ce qu'on connoît de ce terrain juſqu'à préſent annonce un ſol ſec, aride & ſableux, dans les endroits ſurtout qui ont de l'élévation. Dans les parties déclives, il naît beaucoup de plantes.

La grande inégalité du ſol qui recouvre le ſel gemme a fait que, pour y parvenir, on a été obligé de creuſer, dans quelques endroits, juſqu'à trois à quatre toiſes de profondeur, tandis que dans d'autres ce ſable ne couvre le ſel qu'à la hauteur de quelques archines, qu'on n'en compteroit pas même la valeur d'une entière dans plus d'un lieu ; de ſorte qu'il eſt facile de voir pour ainſi dire ce ſel à la ſurface, & qu'on peut pénétrer juſqu'à lui avec une lame de ſabre ou une baguette à fuſil dans certaines poſitions plus ou moins déclives.

Dans preſque tous les endroits de ce diſtrict où l'on a creuſé, & particuliérement dans l'enceinte de la mine de ſel, on a trouvé l'eau à des profondeurs inégales, tantôt à deux archines, tantôt à dix ou douze, quelquefois même à dix-huit : les ſources en ſont ſouvent très-abondantes, quelquefois ſalées, mais aſſez communément douces. Il paroît qu'elles ſe raſſemblent des hauteurs voiſines ſur les maſſifs qui ſont extérieurs, & elles ſont cauſe que, dans la plus grande partie des foſſes qu'on a faites, on ne peut parvenir juſqu'au ſel, ou du moins continuer les travaux.

Ce qui fournit l'idée la plus diſtincte de la compoſition, tant de ce maſſif de ſel, que de la terre qui le couvre, c'eſt l'examen de la foſſe couverte qu'on exploite depuis nombre d'années ; elle eſt ſituée près de la montagne de la garde, & a déjà (en 1769) ſoixante toiſes de long, & en quelques endroits neuf ou dix de large. On a pénétré de côté & d'autre, dans la maſſe du ſel, juſqu'à la profondeur de trois toiſes, & le travail ſe pourſuit actuellement dans une direction plus verticale ; au lieu qu'auparavant, pour l'obtenir avec moins de peine, on exploitoit la mine en élargiſſant toujours la foſſe à ſa partie ſupérieure. Mais cette manière de procéder, auſſi négligente que mal entendue, on ſe mettoit dans le cas, non-ſeulement d'avoir à combattre les eaux de ſource, mais encore d'avoir à vider au printems les eaux que la fonte des neiges raſſembloit en grande abondance dans une foſſe auſſi large. Cette pénible opération, qui devoit précéder tout autre travail, s'exécutoit d'ailleurs avec d'autant moins d'intelligence & d'économie, que tous les épuiſemens ſe faiſoient avec des puiſoirs & des ſeaux : ce n'eſt que depuis que les travaux ſe font ſous les yeux du directeur actuel, que ces travaux ont pris une forme plus régulière & mieux entendue.

Voici comme on procède aujourd'hui à l'exploitation de cette mine. On taille dans le maſſif avec des haches fort aiguiſées & des coins de fer, des rainures très-étroites & aſſez enfoncées pour pouvoir détacher de la maſſe un bloc de ſel, qui a depuis plus d'une archine d'épaiſſeur, juſqu'à une toiſe & demie & deux toiſes de long. On détache enſuite ce bloc de la grande maſſe, tantôt avec des madriers qu'on lance deſſus en les balançant avec des cordes, tantôt avec des coins & des maſſues qui deviennent auxiliaires, & avec leſquels on le briſe pour pouvoir le tranſporter avec plus de commodité de l'endroit d'où on le tire, à des hangars qui ſont conſtruits dans la proximité.

On n'apperçoit dans toute l'étendue de cette vaſte foſſe, au deſſus de la maſſe du ſel pur & compacte, qu'un ſablon jaunâtre diſpoſé en monticules, & qui s'élève de deux à trois toiſes au deſſus du maſſif. Le ſable qui touche la ſuperficie de la couche de ſel eſt pénétré de molécules, où il n'a plus conſervé d'humidité. On peut voir aſſez diſtinctement au ſimple examen de la foſſe, que la maſſe de ſel n'eſt ni entièrement unie ni abſolument horizontale à sa superficie, mais qu'elle doit se comporter comme le fond des couches ondulées. Il paroît, lorsqu'on regarde du milieu de la fosse, que cette masse s'incline vers les extrémités septentrionales & méridionales de cette fosse en pente très-douce, comme cela arrive dans les collines qui s'aplatissent ; mais on n'a pas encore pu déterminer d'une manière positive jusqu'à quel degré de profondeur cette masse de sel peut pénétrer.

M. Pallas fit trouer avec une tarière de mineur ce massif dans les endroits les plus bas de la fosse, pour en sonder l'épaisseur. Après de grandes difficultés qu'offroit la dureté du bloc qu'on avoit à percer, on arriva à vingt & quelques archines sans rencontrer autre chose que du sel tout pur. A la fin on atteignit une pierre noire si dure, que la tarière refusa tout-à-fait d'y mordre, & l'on fut obligé d'abandonner ce travail.

Le sel de cette mine est en général très-pur, très-compacte & de couleur blanche, n°. 1. Lorsqu'on le détache, il laisse paroître très-aisément la forme cubique qui lui est propre, & quelquefois, lorsqu'on le détache, il se sépare en différentes pièces qui laissent des cubes très-réguliers.

La dissolution de ce sel dans l'eau se fait plus lentement que celle du sel marin ordinaire dans l'eau commune. On prétend même s'être convaincu par des preuves économiques, qu'il ne sale pas aussi bien que les sels marins d'Indercki & de beaucoup d'autres lieux.

On rencontre dans différens endroits, surtout à la superficie, des masses distinctes d'une grandeur médiocre, & dont le poids surpasse rarement celui d'un poude ; elles affectent ordinairement la figure cubique, avec une pureté & une transparence qui égalent souvent celle du cristal de roche le plus parfait. Ils nomment dans ce pays ce sel très-pur *cœur de sel*, & le bas-peuple l'emploie très-fréquemment dans les maladies des yeux quand ils ne font pas usage de sucre, qui est aussi un de leurs remèdes les plus familiers dans ces circonstances.

On a trouvé dans ces nouvelles exploitations aux endroits où il y avoit eu d'anciennes fosses, nonseulement des coins, des leviers & d'autres ustensiles de bois, mais encore des charbons qui étoient entiérement recouverts par la masse solide du sel, & il est aisé de voir que ces corps étrangers y ont été renfermés lorsque des eaux qui avoient séjourné long-tems dans des masses de sel ont été chariées dans les lieux où étoient ces ustensiles, & ont fini par s'y cristalliser ou s'y solidifier.

On voit sur les deux rives de la Soljanka une grande quantité de ces fosses, dont la majeure partie se trouve pleine d'une eau fortement saturée de sel, qui est due aux eaux pluviales & aux neiges fondues, & aux veines souterraines qui filtrent entre les différentes couches, & qui dissolvent le sel pur qui est dans les cavités, & s'en saturent. M. Pallas trouva, à la suite d'une longue sécheresse, cette eau saline si pesante, qu'un très-bon

hydromètre y monta au dessus du niveau ordinaire ; ce qu'on a attribué à quelques mélanges de sels amers. Le fond de ces petites mares d'eaux salées se couvre ordinairement d'une forte croûte de sel qui affecte la forme de glaçons.

Les Kirgisiens regardent cette eau, qui paroît bourbeuse & d'une couleur tirant sur le brun, comme très-salutaire dans différentes maladies, & se rendent fréquemment dans ce lieu pour s'y baigner. On trouve près de Torba en Transilvanie des fosses semblables remplies d'eau saturée de sel, & les Valaques s'y baignent, de même que les Kirgisiens dans celles dont nous parlons. M. de Born rapporte qu'on voulut lui faire croire qu'il n'étoit pas possible d'aller à fond dans cette eau salée.

La dissolution de cette eau salée passe pour être si chargée, qu'on avance que, dès qu'une personne s'y enfonce jusqu'à la poitrine, elle se sent soulevée, & qu'elle peut se coucher sur la surface en y surnageant comme une planche. Ce que dit M. de Born se rapporte à cela.

On assure généralement, dans le pays, qu'il y a des tems, & cela souvent même dans l'arrière-saison, où cette eau salée, qui à la vérité est toujours froide à sa surface, devient si chaude dans le fond, qu'il n'est pas possible d'y laisser séjourner la main ; ce qui est très-probable : nous en avons pour preuve les marais salans de l'Europe.

La plante la plus commune dans ces lieux est la *saticornia herbacea*. Les essais qui ont eu lieu sur cette plante dans un laboratoire d'Orenborrg ont fait connoître que le sel marin qu'elle contient, y est dans une proportion extrêmement forte. Soixante & seize livres de ce végétal desséché ont donné vingt livres de cendres très-salées, & c'est beaucoup.

On remarque encore dans ce voisinage différens petits lacs qui se touchent. Ils commencent à environ deux cents toises du rocher de gypse que nous avons décrit, & ils s'étendent depuis une autre colline jusqu'à la Soljanka. L'eau qu'ils renferment vient d'un ruisseau voisin ; elle est limpide, très-bonne au goût & nullement salée ; aussi nourrit-elle des poissons & des tortues, & cependant les bords de ce ruisseau, du côté du nord, ne présentent qu'un sol très-salé & très-abondant en plantes salines. On a même creusé près de là, à vingt toises de distance, différentes fosses qui sont totalement remplies d'eau salée ; & ce qui est étonnant, c'est que, dans les lieux où ces lacs s'approchent de la Soljanka, on peut découvrir le sel gemme sous le sable, presqu'à la surface du sol de la rive qui lui appartient.

Cependant on sera moins surpris en réfléchissant qu'il est impossible que les eaux douces ne viennent pas d'un endroit où il ne s'est fait aucune dissolution de sel marin, parce qu'il ne s'y en trouve pas là ; qu'il n'est pas moins impossible qu'en coulant sur des rives voisines du sel marin elles s'imprègnent de la solution de ce sel, parce que quoiqu'infiniment

près

près du fel gemme, elles ne le font pas affez pour être en contact. Nous avons obfervé antécédemment qu'un petit ruiffeau d'eau pure, douce & limpide s'échappoit à travers les mines de Wiéliczka en Pologne; mais ce qui paffoit autrefois pour merveilleux dans cette circonftance s'eft évanoui dès qu'on s'eft affuré que ce ruiffeau couloit fur des fubftances pierreufes incapables de fe diffoudre & de fournir aucune de leurs qualités à l'eau qu'elles fupportent. M. de Born fait mention de dix-fept lacs remplis d'eau douce, & qui fourmillent de poiffons dans les falines domaniales de l'Empereur, où la mine de fel eft abfolument à côté de ces différens réfervoirs d'eau douce.

Les fels d'*Illetzky* s'exploitent, pour la majeure partie, pendant l'été: on y paie les ouvriers qu'on y emploie à raifon d'un demi-copeck par poude de fel; mais le plus grand transport s'en fait en hiver, & le fel eft envoyé de la mine vers la petite rivière d'Afchkadeo, où il eft embarqué fur des bâtimens qui le conduifent par la Béluka & le Kuma dans le Wolga. A la faveur de ces débouchés il fe transporte dans tout l'Empire ruffe, où il peut fe répandre en trois années plus d'un million de poudes. Il n'eft pas douteux que les changemens avantageux qui ont été introduits nouvellement dans l'exploitation de ces mines, & l'établiffement de deux nouveaux entrepôts fur l'Ik & fur la Samara, ne procurent encore par la fuite un débit beaucoup plus confidérable.

Les échantillons qu'on a pu fe procurer de la mine d'*Illetzky* font, n°. 1, une efpèce de cube alongé, d'une très-grande blancheur & affez tranfparent; n°. 2, c'eft un fragment d'une maffe de fel, dont la criftallifation étoit confufe; il forme un fel blanc, demi-tranfparent & d'une très-bonne qualité; n°. 3, fel de couleur rofée, en maffe demi-tranfparente, paroît contenir beaucoup de parties féléniteufes.

Ces fels ne me femblent pas différer beaucoup de ceux de la Pologne, qu'on vient de décrire; & l'on croit d'ailleurs que les fels gemmes en général, de quelques pays qu'ils foient, à quelque nuance de couleur ou de pureté près, doivent fe rapprocher infiniment les uns des autres.

Après avoir fait connoître celle de toutes les mines de la Sibérie, qui paroît la plus curieufe, & dont les auteurs fe font le plus occupés, nous ne pafferons pas fous filence les fources d'eau chargée de la même fubftance, defquelles la Sibérie tire le plus grand avantage, & qui paroiffent le plus mériter quelqu'attention.

Auprès des monts Gouffelmi, dans le pays des Jakoutes, fur la rive droite du ruiffeau de Kaptindei, qui fe jette dans le Vilowi, il y a plufieurs fontaines falées qui fortent de terre, qui contiennent une grande quantité de fel blanc comme de la neige; il fe trouve mêlé dans l'eau en petites parties criftallines, tel qu'on le prendroit pour du fable très-fin. Ce fel fe dépofe autour & au

deffus des fontaines en morceaux qui reffemblent à des pierres très-blanches, formées du fable le plus fin. Les canaux de la fource ne s'engorgent pas: l'eau apporte fans ceffe de nouveau fel, qui, fe joignant à celui dont les fontaines font couvertes, s'élève quelquefois jufqu'à quatre pieds au deffus de fa furface.

A environ fept lieues de cet endroit, vers l'orient, fur la même rive du Kaptindei, on voit une montagne de fel haute de trente toifes, longue de cent vingt, compofée, jufqu'aux deux tiers de fa hauteur, de gros criftaux cubiques très-durs, tranfparens, réunis & très-purs: leur partie fupérieure eft recouverte d'une argile rouge qui contient un talc blanc, tranfparent, de la plus grande beauté.

Il y a, du côté de Solikamskaia & dans la Permie, des falines renommées; elles font excellentes pour la quantité & pour la qualité du fel. Les plus confidérables font celles qu'on nomme *Novo-Ouffolie.* Quand on y creufe des puits pour les falines, c'eft un très-bon figne de rencontrer une argile grife: dans celles de Solikamskaia cette faline contient de petites marcaffites cubiques, de couleur d'or pâle. On trouve auffi du fel très-pur à Straganow & à Piskore. On remarque que les puits ont en général d'autant plus de fel & de durée, qu'ils font plus profonds.

M. Gmelin, dans fon *Voyage en Sibérie,* parle d'un lac falé très-fameux à Jamicha, à deux lieues à l'orient du fort qui lui doit fon nom; il a une figure ronde & plus de deux lieues de tour. L'eau eft extrêmement chargée; elle eft rouge au foleil, comme celle qui réfléchit les premiers rayons du jour: on y voit du fel criftallifé au fond. Les bords de ce lac font tout couverts de ce fel, qui a la blancheur de la neige & la criftallifation cubique. Il y en a une telle quantité, qu'on en chargeroit en peu de tems plufieurs bateaux; & dans les endroits où l'on en prend, il s'en reforme du nouveau, fi vîte & fi facilement, qu'au bout de cinq à fix jours il ne paroît pas qu'on en ait pris. Ce fel, qui fournit les provifions de Tobolsk & de Jenifei, ne coûte que huit deniers la livre.

Nous pouvons faire ici une réflexion qui confirme celles que nous avons déjà faites fur les mines de fel des autres pays de l'Europe, c'eft que, d'après la defcription des auteurs, ces lacs falés & ces montagnes de fel gemme dont nous venons de parler font tous entourés de terrains qui contiennent une grande abondance de gypfe & de foffiles de tout genre; ce qui ne laiffe pas plus de doute fur l'origine foufmarine des mines de fel de Sibérie, que fur celles des mines de fel de la Pologne, de l'Autriche, de la Tranfilvanie, &c.

Il faut encore faire obferver que le fel d'*Illetzky* ne diffère point, quant à l'extérieur, des fels blancs de Pologne; il a la même tranfparence, la même forme cubique; mais on lui trouve une pefanteur fpécifique plus confidérable.

Ddd

ILLENGEN, village du département de la Sarre, à deux lieues oueſt-ſud-oueſt d'Otweiler : il y a des mines de houille qui ſont exploitées avec ſuccès.

ILLY, village du département des Ardennes, canton nord de Sedan, & à trois quarts de lieue de cette ville : on trouve, aux environs, des carrières d'ardoiſe, de l'argile & du ſable.

IMBRECHIES, hameau du département de Jemmapes, canton de Chimay, & à deux lieues oueſt de cette ville : il y a un fourneau de forges.

IMBRECHY, village du département du Nord : il y a des forges.

IMBRESCHACH, village du département du Mont-Tonnerre, canton de Vinveiler, & à une demi-lieue nord-eſt de cette ville. Il y a pluſieurs mines de cuivre dans les environs de Reichines-bribe & de Hect.

IMÉCOURT, village du département des Ardennes, à une lieue & demie de Grand-Pré : il s'y fabrique du fer & des boulets.

IMPHY, village du département de la Nièvre, canton de Nevers, & à deux lieues de cette ville. Il y a deux forges & une fenderie dans laquelle il ſe fabrique du fer marchand de tout échantillon. Le territoire d'ailleurs eſt un vignoble : il y a auſſi des pâturages & des bois.

INCRUSTATIONS. Les chutes d'eau des hautes montagnes du Dauphiné ont cela de remarquable, qu'elles incruſtent les corps ſur leſquels elles tombent ou coulent. Les dépôts qu'elles font, ſont ordinairement aſſez abondans pour lier les cailloux que les eaux lavent, & donnent ainſi naiſ-ſance à des maſſes conſidérables d'une eſpèce de poudingue. Je citerai ici pour exemple une de ces chutes d'eau qu'on trouve à un bon quart de lieue de Cervières. L'eau de cette chute eſt fournie par une fontaine qui ſort à une certaine hauteur dans la montagne d'où elle tombe ; elle ſe diviſe, en tombant, en trois parties, qui forment chacune une croûte de tuf aſſez conſidérable, de dix à douze pieds de largeur, & qui enveloppe les parties apparentes des bancs, & outre cela lie enſemble les pierres iſolées qui ſe trouvent à l'extrémité de la chute.

Aſſez près de là il y en a deux autres moins conſidérables. Lorſqu'on eſt à environ une lieue de Briançon on en voit une quatrième, dont la nappe d'eau peut avoir trente ou quarante pieds de largeur ; elle coule entre des rochers d'un ſchiſte dont une partie eſt calcaire & aſſez abondante pour que l'eau ſoit chargée ſuffiſamment de cette ſubſtance pour former ſes dépôts & les incruſtations

dont nous avons parlé. Effectivement, les pou-dingues formés par ces cimens naturels, & qu'on trouve non-ſeulement dans ce canton, mais encore ailleurs, ſont très-conſidérables ; mais les parties qui les compoſent, ne ſont pas très-fortement lisées enſemble, & aſſez pour permettre de ſcier ces maſſes & d'en former des tables auxquelles on puiſſe donner le poli : cela prouve que la ſubſtance du dépôt de l'eau n'a pas reçu une infiltration aſſez ſuivie, aſſez long-tems continuée pour que les criſtaux ſpathiques qui lient les pierres ſoient bien unis enſemble, de manière à ne laiſſer aucun vide, & à préſenter partout une ſurface pleine & glacée. (Voyez l'article PÉTRIFICATION, où l'on explique les différens progrès du travail de la Nature dans l'infiltration des bancs des rochers calcaires.)

Tous les dépôts, non-ſeulement des chutes d'eau dont on vient de parler & de toutes celles qui ſont ailleurs, & qui offrent les mêmes phéno-mènes, ſont d'un blanc-jaunâtre ; ce qui n'annonce pas la préſence d'une certaine quantité de parties ferrugineuſes mêlées dans ces dépôts. Il n'en eſt pas de même de celui que forme l'eau d'une fon-taine qui eſt à un endroit nommé Terre-Rouge, & qui eſt ſituée après la troiſième des chutes d'eau dont il vient d'être queſtion. L'eau de cette fon-taine paroît d'un rouge d'ocre lorſqu'on eſt à une certaine diſtance, & cette même couleur ſe re-marque dans le dépôt qui incruſte le canal qu'on lui a pratiqué. Il y a grande apparence que l'eau de la fontaine, filtrant à travers de certaines cou-ches ocreuſes de la montagne d'où elle ſort, ſe charge de ces terres, qu'elle dépoſe après qu'elle eſt ſortie de ces couches, & qu'elle a parcouru un certain trajet dans les canaux de conduite qu'on lui a pratiqués.

Incruſtations ſiliceuſes. La découverte des incruſ-tations ſiliceuſes qui ſe forment autour de la ſource bouillante du Geyzer en Iſlande eſt due aux re-cherches du ſavant chimiſte Bergmann. De ce grand fait on a conclu que la ſubſtance ſiliceuſe, celle qui forme le criſtal de roche, & qui entre en ſi grande proportion dans la matière des montagnes de granit, étoit ſoluble dans l'eau dans certains cas.

D'un autre côté, les chimiſtes avoient décou-vert depuis long-tems ce qu'ils appeloient *liquor ſilicum* : c'eſt un verre compoſé, comme les verres ordinaires, d'un mélange de ſable ſiliceux & de ſel alkali, mais qu'on rend diſſoluble dans l'eau en forçant dans le mélange la doſe d'alcali. Voilà donc la terre ſiliceuſe rendue ſoluble à l'eau par l'intermède d'un agent qui la diſſout d'abord à l'aide d'une forte chaleur, & qui, étant lui-même enſuite très-diſſoluble, entraîne dans ſa ſolution cette terre d'ailleurs inattaquable par ce liquide ſeul lorſqu'on emploie tout autre procédé.

Depuis ce tems on a trouvé une *incruſtation* ſili-ceuſe nouvellement formée par les vapeurs d'une source extrêmement chaude, découverte près du château de Saſſo dans la province de Volterra en Toſcane. Cette ſource eſt une de celles qui ſont connues dans la contrée ſous le nom d'*i lagoni di Saſſo*, décrites par les docteurs Targioni, & Maſcagni, profeſſeur d'anatomie à Sienne.

Les mêmes obſervateurs naturaliſtes ont annoncé pluſieurs découvertes en ce genre. On a trouvé pluſieurs ſtalactites ſiliceuſes, tranſparentes comme le criſtal de roche dans la montagne de Santa-Fiora, dite *Montamiata* en Toſcane. Elles occupoient les cavités d'une lave très-dure, &, à la plus légère action du feu, elles devenoient opaques & prenoient une apparence perlée. Des ſtalactites provenant des monts Enganiens, dans les environs de Padoue, offrent les mêmes phénomènes lorſque, par l'action de la flamme du chalumeau, les fendillemens ſe multiplient après que les ſtalactites ſont devenues opaques; elles ſe réduiſent en pouſſière entre les doigts.

Dans l'île d'Iſchia on a trouvé de petites ſtalactites ſiliceuſes, très-limpides, dans les vides des pierres-ponces éparſes au milieu des amas de tuf qu'on rencontre en montant du lac aux étuves de Saint-Laurent : il y en a auſſi aux environs. Dans la lave décompoſée qui forme l'enceinte de l'ancien cratère volcanique de la ſolfatare de Pouzzol on rencontre des *incruſtations* ſemblables, qui ſe préſentent auſſi dans la ſolfatare elle-même ſous mille formes diverſes; elles étoient tantôt rayonnantes, tantôt mamelonées, tantôt blanches & opaques, tantôt tranſparentes comme du verre. Ici elles formoient des *incruſtations* ſur la lave décompoſée : là elles agglutinoient enſemble ſes fragmens, & formoient des pierres fort dures de ces aſſociations. Partout où la lave décompoſée à l'état de terre blanche & friable offroit à l'extérieur une apparence ſolide & une certaine conſiſtance, ces états étoient dus à la croûte de ces *incruſtations* qui la recouvroient, & qui la préſervoient de l'attaque des eaux pluviales.

Au bord de l'ouverture d'où le torrent de lave a enſeveli la ville de Torre-del-Greco en 1794, on remarque un ſable volcanique, couvert d'une pouſſière blanche ſemblable à une effloreſcence ſaline, & qui n'eſt qu'un vernis ſiliceux, dont les grains proéminens repréſentent autant de petites perles. Cette croûte ſubtile devenoit tranſparente lorſqu'elle étoit pénétrée d'eau.

Dans l'île d'Iſchia, dont nous avons parlé, autour des fumaroli, on trouve à Monticeto, au deſſus de Caſamicciola, des vapeurs humides qui font monter le thermomètre de Fahrenheit à deux cent deux degrés, & qui ont une odeur de brûlé, mêlée de celle de l'acide ſulfureux. Ce qu'il y a de remarquable & ce qui peut éclairer ſur leurs cauſes, c'eſt qu'on obſerve contre les parois des trous d'où ſort la fumée, des effloreſcences de gypſe, d'alun & des ſtalactites ſiliceuſes, tantôt cylindriques ou co-

niques, ou ramifiées, ou mamelonées, mais toutes très-fragiles. En creuſant un peu on trouve auſſi des croûtes ſiliceuſes plus ſolides, & dans la bouche même des fumaroli en activité des groupes de ces ſtalactites de la plus grande blancheur, mais tellement picotantes, qu'on ne pouvoit les manier avec les doigts. On ſait que l'on a reconnu dans l'analyſe des eaux du Geyzer en Iſlande la préſence de l'alcali minéral, qui eſt le diſſolvant connu de la terre ſiliceuſe par la voie ſèche.

On ſait auſſi, à n'en pouvoir douter, que preſque toutes les eaux thermales d'Iſchia abondent en alcali minéral, tantôt libre, tantôt uni avec l'acide marin ſous la forme de ſel marin. Le ſel de Glauber de la ſolfatare de Pouzzol en indique auſſi la préſence dans ce foyer d'*incruſtations* ſiliceuſes.

Ceux qui ſavent que le ſel marin forme une partie notable des produits de toutes les éruptions du Véſuve ne s'étonneront pas de la préſence de l'alcali minéral dans les vapeurs thermales qui s'en exhalent, & ſe perſuaderont aiſément que ces ſtalactites ſiliceuſes, tranſparentes ou perlées ne ſont autre choſe que le réſultat de la ſolution de la terre ſiliceuſe par l'alcali minéral ou la ſoude, par la voie humide, à l'aide de la forte chaleur des vapeurs.

Comme le lieu de leur ſortie varie, il eſt probable que les ſtalactites qui ſe trouvent au deſſous des étuves de Saint-Laurent ſont dues aux mêmes vapeurs qui ſervent actuellement à ces étuves, & que leurs voûtes ſouterraines ſe trouveront, avec le tems, chargées de ſemblables dépôts, ainſi qu'on les obſerve à la ſolfatare de Pouzzol.

Je pourrois ajouter beaucoup d'autres endroits où ſe trouvent des *incruſtations* pareilles, mais ils ſe trouveront dans les autres articles de ce Dictionnaire.

En rendant compte des *incruſtations* ſiliceuſes qui ont été ſuivies & décrites dans les différentes contrées volcaniques d'Italie, je ſuis fort éloigné de préſenter tous ces détails comme étant des effets auſſi concentrés que certains obſervateurs ſemblent avoir voulu nous le faire croire. Nous devons dire que ces ſortes de productions ſiliceuſes occupent des contrées bien étendues, & qu'elles s'y préſentent ſous des formes bien plus variées que nous les avons indiquées ci-deſſus; car dans les mêmes contrées volcaniques & dans d'autres qui ont été touchées par le feu on trouve ces productions, ſous forme d'agates, qui ſont les réſultats de l'infiltration qui s'eſt opérée au milieu des maſſifs que le feu a cuits, & au milieu deſquels la baſe de l'alun a été dégagée de toute autre aſſociation qui s'oppoſoit aux effets de l'infiltration, auquel j'attribue la formation des agates d'Oberſtein.

INDERSKI. Les monts *Inderſki* forment une chaîne de collines aſſez élevées, qui ne paroît pas s'étendre au-delà de trente à quarante verſtes en largeur vers le Jaïk, mais qui doit ſe prolonger aſſez loin vers l'eſt, dans la Steppe kirgiſienne.

La Nature femble avoir voulu accompagner partout, dans cette contrée, fes tréfors de fels fouterrains par des montagnes de gypfe. On trouve ces montagnes proche des grandes falines d'Ilietzky. Le lac *Inderski*, dont nous parlerons bientôt, eft pareillement environné de montagnes de gypfe, dont il jaillit de toutes parts des fources fortement chargées de fel. On voit auffi près de Gurjef, au milieu d'un marais falé, un monticule féléniteux. Dans un diftrict très-riche en fel, fitué à la hauteur de Tfchernoyar, à cent cinquante verftes environ du Wolga, diftrict qui renferme non-feulement le lac falé de Bafchuntfchazki, mais encore, à ce qu'on prétend, du fel foffile, fe trouve, au milieu de la Steppe, un roc efcarpé de gypfe.

A en juger par l'afpect que préfentent en général les monts *Inderski*, il faut qu'ils foient principalement compofés de gypfe, d'argile & de différens genres de marne : on y rencontre quantité d'éboulemens de terre, de crevaffes & de cavités, où les eaux de pluie & de neige fe raffemblent comme dans autant d'entonnoirs, & pénètrent dans l'intérieur de la montagne. Quelques-unes de ces cavités ont dans la vallée des ouvertures qui conduifent à de vaftes grottes fouterraines, où l'air eft d'un froid infupportable; propriété commune à toutes les cavernes pratiquées dans des roches de nature gypfeufe.

La pente & le fond de la plupart de ces enfoncemens ou éboulemens de terre font couverts de brouffailles, telles que le petit arbriffeau à pois, le rofier fauvage, dont les rofes font très-odoriférantes, le prunellier, la douce-amère ou morelle rampante, &c. On ne trouve pas une feule fource d'eau douce dans toute l'étendue de cette montagne, & l'on n'y rencontre pas cependant de places extraordinairement falées, quoique le fol annonce partout, comme dans toutes ces contrées, par la nature des plantes qu'il produit, quelque chofe de falin.

Auffitôt qu'on eft parvenu fur le haut de la montagne, on voit devant foi le lac dans toute fon étendue, femblable à une vafte plaine qui jette un éclat resplendiffant comme celui de la neige; il eft entouré de collines dans toute fa circonférence. Dans quelques endroits, l'on n'a pas un verfte à defcendre pour atteindre la rive; de forte qu'abftraction faite de la hauteur de ces bords & de tout le refte, ce lac eft manifeftement fitué beaucoup au deffus du niveau du Jaik. On peut effectivement & à jufte titre appeler ce lac une *merveille de la Nature*; & il mérite inconteftablement cette dénomination, non-feulement à caufe de fon étendue, mais auffi pour les fingularités très-remarquables qu'il offre tant en lui-même, que dans tout ce qui l'environne. Sa diftance du Jaik n'eft que de dix verftes en ligne droite, & il eft fitué à trois cents verftes de Jaitzkoi-Gorodok, directement au fud de cette place. Les Cofaques évaluent communément fon circuit à quatre-vingts verftes. Il paroît en

général peu profond, & toute fa rive baffe eft très-unie; elle eft compofée d'une vafe argileufe & fablonneufe, & l'on peut aller à cheval dans le lac jufqu'à une demi-verfte du bord avant d'avoir de l'eau jufqu'au poitrail. Mais, dans tous les côtés du nord, de l'eft & de l'oueft, les collines environnantes forment une rive à efcarpement brufque, qui a trois ou quatre toifes d'élévation, & dont il jaillit dans le lac quantité de fources, dont les unes font permanentes, & d'autres tariffent dans les étés fecs : toutes fourniffent une eau limpide & en partie complètement faturée de fel. L'eau du lac même l'eft auffi à un tel point, qu'il fe forme continuellement fur la partie plate de fon rivage, à moins que l'humidité de la faifon n'y mette obftacle, des cubes de fel, qui, lorfque les vents agitent violemment l'eau falée, fe trouvent répandus fur la vafe, ni plus ni moins que s'ils y avoient été femés (1). Comme le lac, qui reçoit continuellement des eaux fi richement chargées de fel, préfente une furface immenfe à l'évaporation, il n'eft pas étonnant que fon fond foit couvert partout d'une croûte de fel auffi folide que la glace. Cette croûte de fel eft auffi dure que la pierre; elle eft blanche, fine, & préfente, dans fes fractures, une criftallifation régulière. Quant à fa fuperficie, elle offre à la vérité quantité de criftaux cubiques; mais la majeure partie des grains qui la compofent, font irréguliers (2), & dans laquelle on peut enfoncer, comme dans un fable mouvant, une lance de Cofaque de plus de neuf pieds de longueur fans en rencontrer le fond. Il n'eft guère poffible d'en déterminer l'épaiffeur, vu que cette couche eft vraifemblablement fuivie d'un lit de vafe, dans laquelle la lance n'éprouveroit pas plus de réfiftance. Quant au fel, lorfqu'on le tire avec la pelle, il s'éboule continuellement des deux côtés. C'eft de ce fel que les Cofaques ont principalement foin de fe fournir, parce qu'il eft facile à recueillir, déjà réduit en petits grains, & par conféquent plus propre à la falaifon.

---

(1) On trouve dans l'argile qui entoure le réfervoir d'eau falée des falines de la haute Autriche, des cubes de fel de trois lignes de diamètre, qui y font comme incruftés. (*Born*, pages 351 & 352.)

(2) Le paffage fuivant, tiré de la Defcription que Schober a donnée des falines de Wielizka en Pologne, pourra contribuer en quelque chofe à l'application de ces phénomènes. « Lorfqu'on vida, en 1746, les chambres ou réfervoirs Sielik & Kotzlow, qui depuis quelques années étoient reftés » pleins d'eau, on y trouva, dans le fond, des criftaux de » fel qui s'étoient formés dans cette eau pendant cet inter- » valle, & qui compofoient, dans toute l'étendue de ces » chambres, une couche de la hauteur d'environ fix pouces. » Ces criftaux étoient, en quelques endroits, fi petits, qu'au » premier coup-d'œil on les auroit pris pour du fel produit » par la cuiffon; mais, dans d'autres places, ils avoient, en » les mefurant par les côtés, une ligne & demie de long; » & s'ils avoient feulement été adhérens, je fuis certain que » perfonne n'auroit jamais pu foupçonner qu'ils fe fuffent » formés auffi récemment & de cette manière. » (*Born*, pages 352 & 353.)

Ils chargent ce fel fur le lac même dans leurs petits chariots, &, pour le purger de la vafe dont il eft mélangé, ils ont la précaution de l'arrofer avec de l'eau du lac avant d'en fortir, & cela jufqu'à ce qu'il ait perdu fuffifamment de fa couleur grife. Il n'eft pas facile d'expliquer comment ce fel friable & grumeleux s'eft engendré dans le lac ; & il ne l'eft pas davantage de rendre raifon de la for-mation de ce fel blanc & très-fin, que les Cofaques appellent *famofatç-kajufol*. Il femble, au premier coup-d'œil, que ce foient autant de gros & de petits grêlons, femés fur la vafe du rivage, lefquels parois-fent ne toucher la terre que par un feul point. On les croiroit fphériques ; mais, dans le fait, leur forme eft affez régulière, & leur furface raboteufe. Les plus gros grains de ce fel font communément de la taille d'une petite noix : le plus grand nombre eft de la groffeur d'un pois, & les plus petits font comme la plus fine grêle. Leur blancheur eft éblouif-fante, & ils font fouvent fi compactes, qu'on a bien de la peine à les brifer entre les doigts. On ne fau-roit y diftinguer aucune configuration criftalline, même avec le microfcope ; & leur fubftance tient, quant à l'extérieur, de la nature de l'albâtre, dont les parties conftituantes font prefqu'imperceptibles. Ce fel, qui fe maintient très-fec, fe diffout, malgré la féchereffe de fa compofition, encore plus len-tement que le fel gemme. Si l'on mêle dans l'eau chargée de ce fel du fel lixiviel en diffolution, elle devient très-fortement laiteufe : la fait-on éva-porer fans aucun mélange, fa falure fe criftallife, pour la majeure partie, en criftaux de fel de cui-fine ; mais elle depofe encore bien plus de fel au vafe dans lequel s'eft fait l'évaporation, & monte, au-delà de quelques pouces, le long des parois du vaiffeau. Ce n'eft qu'après une longue féchereffe, accompagnée de violens coups de vents, qu'on trouve ce fel que nous venons de décrire. Or, vers le mois de feptembre, fi ce fel n'a pas été ramaffé, les pluies d'orages l'emportent totale-ment, & les chaleurs qui fuccèdent au retour du beau-tems ne paroiffent pas en engendrer de nou-veau, quoique la vafe de ce même rivage foit en revanche abondamment parfemée de fel en cubes, dont on en apperçoit rarement dans la belle faifon, mais bien quelques croûtes de fel femblables à des glaçons qui fe forment fur la fuperficie de plufieurs petites flaques d'eau répandues çà & là fur le ri-vage. On pourroit inférer de tout ceci, que ces grains de fel dont nous venons de parler font formés de particules falines que le vent & un air chargé de vapeurs falines raffemblent, & qui fe réuniffent par une forte d'attraction ; car nous avons dans les rofées falées de Gurjef une preuve très-claire que l'air fe charge de particules de fel marin, qui fe mêlent avec l'évaporation.

Les bords de ce lac remarquable font entiére-ment compofés de marne, d'argile & d'autres ter-res de diverfes couleurs : toutes ces terres ont été bouleverfées par le déplacement des eaux, de fa-

çon que les terres fèches, tant les terres en pouf-fière que les marneufes, n'occupent que la couche fupérieure, & qu'on trouve fouvent immédiate-ment au deffous les terres argileufes ; mais les terres graffes & tenaces compofent conftamment la partie la plus baffe & la plus intérieure du ri-vage, & paroiffent fe prolonger en profondeur. Les plus belles couches argileufes, & qui embraf-fent un diftrict affez étendu du rivage, font ou d'un rouge-foncé ou d'un vert-pâle, l'une & l'autre finguliérement tenaces, & mêlées, mais de manière que c'eft tantôt l'une & tantôt l'autre qui a le deffus. En d'autres endroits ils s'entre-mêlent en forme de marbre. On trouve auffi quelquefois, dans ces couches, des argiles jaunes, grifes & noires, mêlées de gravier, mais en petite quan-tité. L'argile verte, qui eft fur les lieux d'un vert céladon des plus agréables, perd en féchant la plus grande partie de fa couleur, furtout lorfqu'on l'a dépouillée, par le lavage, des fels dont toutes ces argiles font pénétrées. La rouge & toutes les autres perdent également, par ce procédé, beau-coup de la vivacité de leur couleur. Il n'eft pas poffible de tenir cette argile parfaitement féche, vu même qu'après en avoir ôté tout fon fel, elle a encore la propriété d'attirer à elle l'humidité de l'air (ce qui a été pareillement obfervé de l'argile qui eft pénétrée de fel des falines de la haute Au-triche). On trouve dans les environs un fchifte gris fablonneux, dont les couches s'enfoncent dans une direction prefque perpendiculaire. En tirant de là vers le fud, on voit une certaine éten-due du rivage entiérement compofée d'une terre alumineufe, féche, ou tout au plus marneufe, de couleur grife, blanche, & jaune-clair entre mê-lées. On en retire par une fimple leffive près du quart du poids de la maffe de terre en crif-taux d'alun pur. Cette terre eft en même tèms très-fulfureufe. Lorfqu'on la fait rougir au feu, fes couleurs, agréablement diaprées de jaune-clair & de gris, fe changent en brun café, &, lorf-qu'on la leffive enfuite, en couleur de rouille. Dans ce dernier procédé elle laiffe appercevoir plus de qualités vitrioliques. Pendant qu'on la fait rougir, elle exhale une vapeur fulfureufe très-pénétrante, qui emporte plus des cinq feizièmes du poids de fa maffe. Lorfqu'on leffive cette terre fans l'avoir fait calciner, il fe précipite, au mo-ment de la première criftallifation, une matière compofée de petites aiguilles prefqu'impercep-tibles, dont le goût tient beaucoup de l'alun, & qui paroit être un véritable alun de plume. Au deffous de cette partie alumineufe & fulfureufe du rivage, on voit jaillir, parmi des pierres, une fource d'une eau claire comme le criftal, extrêmement falée, qui exhale une forte odeur de foie de foufre ou d'œufs pourris (*voyez* l'article *Tarnowitç en Siléfie*), & qui dépofe immédiatement fur les pierres d'entre lefquelles elle fort, une quantité de matière vifqueufe d'un rouge-pâle, &, fur la partie du rivage qu'elle traverse dans le cours qu'elle prend, un limon noir, couvert d'un dépôt blanc de lait. Cette source est la plus forte de toutes celles qu'on a observées autour du lac, & elle est, ainsi que toutes les autres, salée presque jusqu'au point de saturation.

On apperçoit, dans une des cavités de ces rivages, une argile qui contient quantité de fragmens de grosses huîtres & de bélemnites. Au dessus de cette argile grise, & en d'autres endroits au dessus de la rouge, on trouve une terre très-noire, combustible, compacte & sèche, qui se fend volontiers en cubes, quoiqu'elle n'ait rien d'argileux, & qu'elle se laisse réduire en poussière; elle est disposée par blocs & par petites couches interrompues. Le meilleur noir de cheminée n'est pas plus noir que cette terre. Lorsqu'on l'allume sur du charbon ou à la chandelle, elle brûle en exhalant une vapeur de charbon de terre, & ne s'éteint pas facilement; mais elle n'est pas tout à fait assez compacte, & ses couches ne sont pas assez constantes. Il est cependant très-probable qu'on pourroit découvrir des lits de véritable charbon de terre dans les environs du lac. *Inderski*. Il y a, dans la partie la plus élevée de ses bords, une marne en poussière fine, sèche, & d'un rouge vif; elle est très-abondante: les Calmoucs, ainsi que les Kirgisiens, en viennent chercher pour peindre les baguettes de leurs tentes de feutre. On assure même que ces derniers en teignent aussi, ou plutôt en enduisent la laine dont ils fabriquent leurs feutres. Il y a des collines entières de cette montagne, qui ne sont composées que de cette marne.

Le même phénomène a lieu dans toutes les salines de la Transilvanie, & dans celles de Marmarosa & de la haute Autriche. Celles qu'on exploite près de Wielizka en Pologne sont pareillement accompagnées de gypse; & M. de Haller dit positivement dans sa *Description des salines d'Aigle*, au canton de Berne, que les montagnes qui y fournissent l'eau salée sont comme revêtues d'une cuirasse de gypse, qui se trouve en quantité d'endroits imprégné de soufre. Ne se pourroit-il pas que l'acide marin, comme très-proche parent, peut-être même une production directe de l'acide vitriolique, ait eu le pouvoir de convertir en gypse la terre calcaire qu'on rencontre pareillement dans la proximité de toutes les salines, surtout si ce mélange s'est fait dans un tems où la chaux, encore molle, pouvoit être aisément pénétrée par l'acide, & se pétrifier avec lui? M. de Born appuie encore cette conjecture sur les raisons suivantes: 1°. sur la propriété qu'a le gypse de se dissoudre dans le sel de cuisine, les eaux salées imprégnées d'acide marin déposant constamment dans les canaux par lesquels on les fait couler, une matière gypseuse qui est intimement liée avec le sel; 2°. sur le sel de Glauber, qui s'engendre partout où l'on fait du sel, mais surtout dans les salines de la

haute Autriche, où il se manifeste en grande quantité, sous la forme de gros cristaux blancs à plusieurs faces & séléniteux, dans les engelots des chaudières, & dans les grands réservoirs destinés à imprégner l'eau de plus de sel, au fond desquels ce sel de Glauber se précipite lorsqu'on en fait couler l'eau salée. Il est même très-remarquable que dans les salines de la couronne, en haute Autriche, ce sont précisément celles qui sont les plus riches en sel de Glauber, qui sont les plus environnées de gypse. C'est aussi la raison pour laquelle Aussen est le lieu qui fournit le plus de sel de Glauber, tandis qu'il s'en forme moins à Hallstatt & à Ischel; 3°. sur ce que Haller a observé pendant l'évaporation de l'eau salée de la saline d'Aigle, que la vapeur qui s'en exhaloit, contenoit des parties vitrioliques que l'ébullition faisoit exalter; 4°. sur ce que M. Pallas a remarqué que la terre argileuse qui environne le lac salant d'*Inderski* déceloit pareillement, lorsqu'on la faisoit rougir au feu, quelque chose de vitriolique, & exhaloit sur le charbon ardent une odeur sulfureuse. Enfin, sur ce que d'autres auteurs avoient déjà soupçonné que l'acide marin pourroit fort bien n'être autre chose qu'un acide vitriolique déguisé, conjecture que M. Pott lui-même ne contredit pas absolument. Mais il est encore réservé à des hommes très-exercés dans les expériences chimiques, & capables de porter des vues profondes dans les secrets de la Nature, de donner à ces conjectures un plus haut degré de vraisemblance. (*Born*, dans ses *Mémoires d'une Société particulière de savans en Bohême*, tom. 1.)

INDOSTAN. L'*Indostan* est le pays renfermé entre l'Indus & le Gange, deux fleuves célèbres qui vont se jeter dans les mers des Indes, à quatre cents lieues l'un de l'autre. Ce long espace est traversé, du nord au midi, par une chaîne de hautes montagnes qui, le coupant par le milieu, va se terminer au cap Comorin, en séparant la côte de Malabar de celle de Coromandel.

Par une singularité frappante & peut-être unique, cette chaîne est une barrière que la Nature semble avoir élevée entre les saisons opposées. La seule épaisseur de ces montagnes y sépare l'été de l'hiver, c'est-à-dire, la saison des beaux jours de celle des pluies; car on sait qu'il n'y a point d'hiver entre les tropiques; mais par ce mot on entend, aux Indes, le tems de l'année où les nuages que le soleil pompe au sein de la mer, sont poussés violemment par les vents contre les montagnes, s'y brisent & se dissolvent en pluies accompagnées de fréquens orages: de là se forment des torrens qui se précipitent, grossissent les rivières & inondent les plaines. Tout nage alors dans des ténèbres humides, épaisses & profondes. Le jour même est obscurci des plus noires vapeurs; mais, semblable à l'abîme qui couvroit les germes du Monde avant la création, cette saison nébuleuse est celle de la fécondité. C'eft alors que les plantes & les fleurs ont le plus de fève & de fraîcheur; c'eft alors que la plupart des fruits parviennent à leur maturité.

L'été fans doute conferve mieux fon caractère que l'hiver dans cette région du foleil. Le ciel, fans aucun nuage qui intercepte fes rayons, y préfente l'afpect d'un airain embrâfé. Cependant les vents de mer, qui s'élèvent pendant le jour, & les vents de terre, qui foufflent pendant la nuit, y tempèrent l'ardeur de l'atmofphère par une alternative périodique; mais les calmes qui régnent par intervalles étouffent ces douces haleines, laiffent fouvent les habitans en proie à une fechereffe dévorante.

L'influence des deux faifons eft encore plus marquée fur les deux mers de l'Inde, où on les diftingue fous le nom de *mouffons fèche & pluvieufe*. Tandis que le foleil, revenant fur fes pas, amène au printems la faifon des tempêtes & des naufrages pour la mer qui baigne la côte de Malabar, celle de Coromandel voit les plus légers vaiffeaux voguer fans aucun rifque fur une mer tranquille, où les pilotes n'ont befoin ni de fcience ni de précaution. Mais l'automne à fon tour, changeant la face des élémens, fait paffer le calme fur la côte occidentale, & les orages fur la mer orientale des Indes; tranfporte la paix où étoit la guerre, & la guerre où étoit la paix. L'infulaire de Ceilan, les yeux tournés vers la région de l'équateur aux deux faifons de l'équinoxe, voit alternativement les flots tourmentés à fa droite, & paifibles à fa gauche.

Pour faire connoître l'*Indoftan* relativement à fon hydrographie, nous donnerons ici tous les détails que le major Rennel a publiés fur les fleuves & les rivières qui l'arrofent.

Les fleuves du Gange & du Burram-Pooter, avec leurs branches nombreufes, coupent le Bengale dans toutes fortes de directions, & donnent les moyens de naviguer intérieurement dans ce pays avec la plus grande facilité. Ces canaux naturels font diftribués d'une manière fi égale & fi avantageufe dans cette contrée parfaitement plate, qu'en exceptant les cantons de Burdwan & du Birboom, qui font environ la fixième partie du Bengale, il n'y a pas un endroit de la plaine, qui n'ait, même dans la faifon fèche, un canal navigable, à vingt-cinq milles de diftance. Ordinairement la diftance des canaux navigables, aux lieux habités, n'eft guère que de huit milles.

On croit que cette navigation intérieure emploie trente mille matelots: on n'en fera pas étonné en réfléchiffant que tout le fel & la plus grande partie des fubfiftances confommées par dix millions d'individus font communément tranfportés par eau, à quoi il faut ajouter le tranfport des importations & des exportations du commerce, qui monte ordinairement à cinquante millions par an;

les échanges des denrées & des produits des manufactures, les pêcheries, les voyages, &c.

Ces deux fleuves, que l'on a qualifiés de frères & de rivaux, fe reffemblent on ne peut pas plus, foit pour la maffe de leurs eaux, foit pour leur couleur, leur cours uni, l'afpect de leurs bords, les îles qu'ils forment, l'étendue qu'ils parcourent, enfin la hauteur à laquelle ils parviennent dans leurs crues après les pluies périodiques. Le Burram-Pooter eft le plus confidérable des deux; mais la différence n'eft pas fenfible à l'œil. On fait maintenant que l'un & l'autre prennent leur fource dans les montagnes du Tibet, & commencent à couler dans des directions oppofées. Le Gange fe dirige d'abord à l'oueft, & le Burram-Pooter à l'eft pour gagner les plaines de l'*Indoftan*. L'un & l'autre parcourent, pendant un long efpace, des vallées étroites, & des défilés dans des contrées défertes. Le Gange, après avoir fait huit cents milles dans les montagnes, débouche dans les plaines, & réjouit, par fa préfence, les habitans du Bengale.

Depuis Hurdoar, fous le trentième degré de latitude, où ce fleuve fe montre dans les plaines, il parcourt un efpace de treize cent cinquante milles avant d'arriver à la mer; il eft navigable dans toute cette étendue, où il répand l'abondance, foit par les fubfiftances qu'il fournit, foit par les facilités qu'il donne pour leur tranfport. C'eft une route qui traverfe tout le pays, & par-là il rend les magafins inutiles. Les avantages qu'il offre furpaffent de beaucoup ceux de la navigation intérieure de l'Amérique, parce qu'il n'y a pas de portages.

Pendant fa traverfée de la plaine le Gange reçoit onze rivières, dont quelques-unes égalent le Rhin par la maffe de leurs eaux, & dont aucune n'eft pas moins confidérable que la Tamife. Beaucoup d'autres rivières de moindre importance fe joignent également à ce grand fleuve. C'eft à la réunion de ce nombre prodigieux de rivières qu'il faut attribuer la grande fupériorité du Gange fur le Nil quant à la maffe des eaux, quoique le cours du Nil foit d'un tiers plus long. Quant à cette longueur du cours, le Gange eft auffi furpaffé par plufieurs rivières du nord de l'Afie; mais il n'y a pas lieu de croire qu'aucune de ces rivières voiture une quantité d'eau auffi confidérable dans la mer, parce qu'elles ne fe trouvent pas dans les limites des pluies périodiques annuelles.

Le lit du Gange, ainfi qu'on peut l'imaginer, varie beaucoup en largeur. Depuis fon arrivée dans la plaine jufqu'à fa confluence avec la Jummah, la première grande rivière qu'il reçoit, il a entre un mille & un mille un quart de largeur, & fes finuofités ont moins d'étendue que dans la dernière partie de fon cours. Il acquiert plus de largeur, & fon cours eft plus tortueux. Il reçoit fucceffivement la Gogra, la Soane, la Gonduch & beaucoup d'autres rivières, & après cette réunion il acquiert la plus grande largeur qu'il conferve, quoique, dans les fix cents milles qu'il parcourt à la fuite, fa maffe d'eau s'accroiffe encore par la confluence d'un affez grand nombre de rivières importantes.

Dans cette partie de fon cours, il n'a jamais moins d'un demi-mille, & jamais plus de trois milles de largeur dans les endroits où il n'y a pas d'îles. Ses eaux croiffent & décroiffent conftamment, fuivant la faifon. Lorfqu'elles font au plus bas, ce qui arrive au mois d'avril, le principal canal du fleuve varie de quatre cents yards, à un mille & un quart, mais il n'a guère de largeur moyenne qu'environ trois quarts de mille.

Au deffus du confluent de la Jummah, il y a des endroits où le Gange eft guéable; mais malgré cela la navigation n'en eft pas interrompue. Au deffous de ce point, le fleuve devient très-profond, & la réunion des autres rivières augmente fucceffivement fa profondeur; plus que fa largeur. A cinq cents milles de la mer, le canal a trente pieds de profondeur, même dans les baffes eaux. Cette profondeur continue ou s'augmente en fe rapprochant de la mer, jufqu'à ce que la grande largeur acquife tout à coup par le fleuve l'ait privé de la force néceffaire pour balayer les barres que les vents violens du fud forment dans fes embouchures; en forte que la principale bouche du Gange ne fauroit recevoir de gros vaiffeaux.

A deux cent vingt milles de la mer en ligne directe, ou à trois cents milles fi l'on fuit le cours du fleuve en ligne directe, on voit fe former le delta du Gange, dont la fuperficie eft au moins deux fois plus étendue que celle du delta du Nil. Les deux branches de l'oueft, nommées le *Coffinbuzar* & le *Jellinghy*, s'uniffent pour former le Hoogly, qui eft le port de Calcuta, & le feul bras du Gange dans lequel les gros vaiffeaux entrent communément. Le Hoogly ou le bras de l'oueft a plus de fond à fon embouchure, que le principal canal du Gange. Cet état du lit eft probablement dû à ce qu'il charie moins de vafe. La maffe de fes eaux eft, à celle du grand canal, dans le rapport d'un à fix. D'après les obftacles que l'on trouve à l'entrée du Hoogly, on peut croire que, dans fon intérieur, il manque de fond; mais ces obftacles font des bancs de fable qui n'occupent que fon entrée, & qui fe prolongent affez avant dans la mer pour rendre les canaux qui les féparent, très-difficiles à diftinguer lorfqu'on approche des côtes.

Le Coffinbuzar eft prefqu'à fec depuis le mois d'octobre jufqu'au mois de mai; & le Jellinghy, quoiqu'il reçoive toute l'année une autre rivière, n'eft fouvent pas navigable pendant les deux ou trois mois les plus fecs; en forte que la feule des branches inférieures du Gange, dans laquelle la navigation ne foit jamais interrompue, eft le Chundnah, qui commence à Moddapour, & fe termine à Hoozingotta.

La partie du delta, qui eft voifine de la mer,

eft un labyrinthe de rivières & de criques falées, & les bras qui communiquent au grand canal du Gange font les feuls dont l'eau foit douce. Cet efpace, connu fous le nom de *forêts* ou *funderbunds*, a une étendue égale à la principauté de Galles, & eft fi complétement couvert de bois & infefté de tigres, que jufqu'ici on n'a pas pu le défricher. Les nombreux canaux qui le coupent, fe croifent de tant de manières, qu'ils forment une navigation intérieure, facile dans toute la partie baffe du delta; ce qui difpenfe de faire un long circuit par fon fommet, ou de fe hafarder fur mer. C'eft là que fe fait & fe tranfporte, avec une égale facilité, tout le fel qui fe confomme dans le Bengale; & c'eft là auffi qu'on trouve tous les bois néceffaires à la conftruction des chaloupes. La longueur de la bafe du delta paffe cent quatre-vingts milles. Si l'on y ajoute la largeur des deux bras du Gange les plus diftans, on trouvera que ce fleuve embraffe ou occupe à fon embouchure un efpace de deux cents milles.

Nous avons dit que le pays arrofé par le Gange depuis Hurdoor eft très-plat, du moins il paroît tel à l'œil; car la pente eft trop peu confidérable pour être fenfible à la vue. Une fection du fol, figurée parallélement à une des branches du Gange, fur un efpace de foixante milles, a donné la pente du fleuve de neuf pouces par mille, en la calculant fuivant la ligne droite; & avec la correction dépendante de la courbure de la terre. Mais les détours du fleuve font fi nombreux, que la pente réelle de fon cours ne peut être évaluée qu'à quatre pouces par mille; & en comparant la rapidité de l'eau à l'endroit où cette mefure a été prife avec celle du courant dans d'autres endroits, on a lieu de penfer que la moyenne de la pente générale du fleuve n'eft pas au deffus de quatre pouces par mille. La Condamine a trouvé de même que la pente de la rivière des Amazones, dans un efpace de dix-huit cent foixante milles pris en ligne droite, étoit d'environ vingt pieds anglais, c'eft-à-dire, de fix pouces un quart par mille. Dans le Gange, les détours prennent environ un mille ⅓ fur trois, à ne calculer que la traverfée de la plaine. Si l'on fuppofe les mêmes finuofités dans la rivière des Amazones, la pente réelle n'excéderoit probablement pas quatre pouces par mille.

Dans les mois de féchereffe, la moyenne de la viteffe du courant eft au deffous de trois milles à l'heure. Dans la faifon pluvieufe & tandis que les eaux s'écoulent des terres inondées, le courant eft de cinq à fix milles à l'heure. Il y a des exemples d'une viteffe de fept à huit milles dans certains lieux & en certaines circonftances. On fait, par exemple, qu'une chaloupe defcendit cinquante-fix milles en huit heures, & cela cependant avec un vent fi violent, que la chaloupe n'avoit évidemment aucun mouvement progreffif au travers des eaux. Si l'on confidère maintenant que la viteffe du courant eft de trois milles dans une faifon, & de cinq

cinq dans une autre, ſur la même pente de quatre pouces par mille, & que le mouvement dès eaux de l'inondation n'eſt que d'un demi-mille par heure, ſur une pente beaucoup plus forte, on pourra ſe convaincre facilement que la viteſſe des eaux courantes dépend peu de la pente. C'eſt donc à l'impétuoſité du cours dans les parties les plus élevées du fleuve, ou dans les lieux où il reçoit d'autres eaux, impétuoſité qui ſe communique ſucceſſivement à la maſſe entière, qu'il faut principalement attribuer cette rapidité du courant variable, ſelon la quantité d'eau qui coule.

Communément une des rives du Gange offre un bord eſcarpé, dont la hauteur varie ſuivant la ſaiſon, & auprès duquel il y a un fond conſidérable, tandis que le bord oppoſé eſt en pente ſi douce, qu'on ne peut en approcher avec les chaloupes. Cela eſt ſurtout remarquable dans les endroits où les détours du fleuve ſont nombreux, parce que la direction tortueuſe produit néceſſairement un eſcarpement d'un côté, & une pente douce de l'autre. Le courant eſt plus rapide dans le côté extérieur de la courbe formée par le ſerpentement du fleuve, & l'eau, agiſſant continuellement contre le rivage, le ſape ou l'approfondit.

Dans les endroits où le courant eſt très-rapide & le ſol très-ſablonneux, le fleuve entraîne, dans une ſeule ſaiſon, une étendue de terre qui étonneroit ceux qui n'ont pas d'idée de la maſſe & de la force des eaux raſſemblées dans les grandes rivières, pendant la ſaiſon pluvieuſe, entre les tropiques. Ce déplacement du ſol produit néceſſairement des changemens graduels dans le lit des fleuves. Ce qui eſt enlevé d'un côté ſe trouve ajouté de l'autre par la ſeule action du courant; car les maſſes qui s'éboulent bientôt diviſées, & entraînées peu à peu par le courant, qui les dépoſe à l'endroit où le fleuve commence à ſe détourner pour prendre une autre direction. Le cours étant moins rapide dans ce point, la vaſe s'y arrête; & forme peu à peu cette pente douce oppoſée au nouvel eſcarpement. (*Voyez* SERPENTEMENT DES RIVIÈRES, PLANS INCLINÉS & BORDS ESCARPÉS.)

Pour expliquer la molleſſe du courant après la pointe du banc de ſable, il faut ſe ſouvenir que la grande maſſe d'eau, au lieu de tourner bruſquement après la pointe, continue à ſe mouvoir dans la direction qu'elle avoit, c'eſt-à-dire, obliquement à travers le lit du fleuve ou de la rivière, vers l'eſcarpement oppoſé qu'elle côtoie, juſqu'à ce qu'un nouveau cap l'oblige à changer de direction.

Dans les endroits où le fleuve a un cours direct, & qui ſont rares, les bords changent peu de forme, parce que le courant leur eſt parallèle; mais la moindre flexion du cours jette les eaux contre un des bords; & ſi le ſol de ce bord ſe trouve ſablonneux il en réſulte un ſerpentement.

On voit donc que les alluvions ſont formées aux

dépens du lit du fleuve; mais cet effet eſt balancé par l'éroſion qui a lieu du côté de l'eſcarpement, car les fragmens qui s'en détachent, comme nous l'avons obſervé, ſervent à former de nouveaux bancs, ou à faire naître des îles & des bas-fonds dans le lit du fleuve. On voit donc alternativement des bancs & des eſcarpemens ſur les deux bords; & c'eſt ainſi que le cours du fleuve varie ſans ceſſe dans les parties où ce cours éprouve un ſerpentement. Chaque détour tend à éloigner l'eau de plus en plus de la direction moyenne du fleuve, parce que les eaux agrandiſſent ſans ceſſe les échancrures, & étendent les promontoires juſqu'à ce que le fleuve coupe l'iſthme devenu trop étroit, & retrouve pour un tems un cours direct.

Pluſieurs des détours du Gange offrent ces phénomènes, & l'expérience de ces changemens doit détourner d'entreprendre aucun canal d'une certaine étendue dans la partie la plus élevée du pays, & doit faire préſumer que, dans la partie baſſe, il ſeroit impoſſible d'en conſerver aucun navigable pendant un certain tems. Dans l'eſpace de onze ans l'embouchure de la rivière de Jellinghy a deſcendu peu à peu de trois quarts de mille; & il paroît, d'après deux reconnoiſſances des bords faites à neuf années de diſtance l'une de l'autre dans un même lieu, qu'une étendue d'un mille & demi avoit été enlevée par le courant. C'eſt au reſte le changement le plus rapide dont on ait connoiſſance. La moyenne des changemens du lit du fleuve dans les lieux où ſon courant agit avec le plus de force eſt d'environ un mille dans dix ans : dans ces endroits-là le fleuve creuſe des golfes d'une grandeur conſidérable. Ces golfes affectent la direction de la partie la plus forte du courant.

Deux cauſes très-différentes l'une de l'autre occaſionnent les ſinuoſités d'une rivière : l'une eſt l'irrégularité du terrain qu'elles parcourent, laquelle les oblige d'errer à la recherche de la pente; l'autre cauſe eſt le peu de conſiſtance du ſol qui cède facilement à l'action des eaux, & ſurtout à leur frottement. Dans le premier cas, les ſinuoſités du cours de la rivière ſont auſſi irrégulières que la ſurface du pays qu'elle parcourt; mais dans le ſecond, les ſinuoſités ſont tellement calculables de telle ſorte, que deux rivières de grandeurs différentes prennent, dans des circonſtances ſemblables, des circuits proportionnés à leur largeur reſpective. Ainſi lorſque les eaux d'une rivière ſont aſſez baſſes pour que celle-ci n'occupe qu'une partie de ſon lit, elle ne ſuit plus alors ſon ancienne direction; elle ſe creuſe un canal nouveau qui ſerpente de côté & d'autre en croiſant l'ancien lit. On ſait d'ailleurs que, de deux rivières de même maſſe, celle qui a le moins de courant ſerpente le moins dans ſon cours; car, comme dans la dernière ſuppoſition, les détours ne ſont dus qu'aux empiétemens opérés ſur les bords par la force du courant, ou, en d'autres termes, les dimenſions des détours ſe trouvent déterminées par le degré

E e e

de force de l'action de l'eau contre les bords. Il n'est pas douteux que les détours du Gange dans la plaine ne soient surtout dus au peu de consistance du sol. Leurs changemens continuels servent à le prouver ; car dans les cas où les sinuosités sont dues à l'inégalité du terrain , ces changemens arrivent fort rarement.

De là il résulte que si le cours tortueux du Gange étoit converti en un canal en ligne droite , cette direction régulière seroit de peu de durée : le sol mouvant d'un des bords se dégraderoit ; il s'en formeroit une cavité d'où il résulteroit une légère flexion du courant ; sa direction oblique creuseroit bientôt un enfoncement , une baie , qui rejeteroit le courant de l'autre côté , & , chemin faisant, il déposeroit la terre qu'il auroit détachée, laquelle deviendroit un banc de sable au bord du canal. C'est ainsi que se forment les sinuosités qui doivent leur existence à la nature du sol. On voit que la baie s'approfondissant donne peu à peu une direction nouvelle au courant & au canal ; car les matières déposées contribuent à rejeter le fleuve sur le bord opposé , où il se forme une nouvelle baie par un procédé semblable à celui que nous venons de décrire.

L'action du courant produit aussi l'approfondissement du lit auprès du bord , & , quand le courant s'approfondit, il augmente de vitesse. Un canal tel que nous l'avons supposé dans le Gange deviendroit donc peu à peu une portion du lit du fleuve, semblable aux autres. Il y a plusieurs exemples d'un changement même total dans le cours des rivières de Bengale. La Cosa, qui est égale au Rhin, passoit autrefois à Purnech , & joignoit le Gange vis-à-vis le Rajemal ; elle le joint maintenant à quarante-cinq milles plus haut. Gour , ancienne capitale du Bengale, étoit située sur le bord du Gange , & ses ruines sont maintenant à quatre ou cinq milles du fleuve.

A juger par les formes du terrain , il paroît que le Gange avoit autrefois son lit dans la contrée occupée maintenant par des lacs & des marais , entre Nattore & Jaffierjunge , & qu'il se séparoit de son lit actuel à Beauleah , pour passer par Pootyah. Les mêmes apparences, jointes à la tradition , indiquent que le Gange passoit autrefois par Dacca , & se joignoit près de Fringybazar au Burram-Pooter ou Megna. La réunion de ces deux fleuves immenses avoit coupé le lit prodigieux que la Megna a conservé. Le Burram-Pooter prend le nom de Megna dans la partie inférieure de son cours. La Megna se jette dans le Burram-Pooter , &, quoique fort inférieur en masse d'eau, lui donne son nom jusqu'à la mer.

En suivant la côte dans toute l'étendue du delta , on ne trouve pas moins que huit embouchures , dont chacune a probablement été dans son tems la principale bouche du Gange. Le changement du cours du canal principal n'a pas été vraisemblablement la seule cause des changemens qui se sont opérés & s'opèrent dans les dimensions du delta. On observe en général que les deltas des grands fleuves, surtout de ceux situés entre les tropiques , gagnent considérablement sur la mer ; ce qui ne peut être dû qu'au dépôt successif des sables & des vases que ces fleuves charient. Leurs eaux sont tellement chargées de ces vases , qu'elles troublent les eaux de la mer quelquefois jusqu'à vingt lieues de distance des côtes. Aujourd'hui les bancs de sable & de vase s'étendent jusqu'à vingt milles des îles situées dans les bouches du Gange & du Burram-Pooter. Ces bancs s'élèvent , dans quelques endroits , jusqu'à quelques pieds au dessus de la surface des eaux. Les générations à venir verront probablement ces bancs formant des îles, & d'autres générations les cultiveront. On voit , par ces détails , que rien ne change plus promptement la face du Globe que le cours des fleuves des tropiques. Dans un espace de tems beaucoup plus court que celui d'une vie d'homme , il se forme des îles très-considérables dans le Gange. Quelques-unes de ces îles, de cinq à six milles d'étendue , se forment aux détours du fleuve ; elles sont d'abord des bancs de vase ou de sable formés comme nous l'avons expliqué ci-dessus , & qui ont été séparés par une brèche que le courant a faite. D'autres fois ils naissent dans le milieu du lit du fleuve; mais il est probable qu'elles doivent leur première formation à quelques fragmens de terrain détachés des bords. Un arbre ou un canot submergé a pu servir de noyau. Enfin un obstacle quelconque suffit pour occasionner l'accumulation des sables , qui se fait avec une rapidité étonnante jusqu'à ce que le banc parvienne à la surface de l'eau. Cette masse de terre nouvelle qui occupe une partie du lit rejette les eaux contre les deux bords ; aussi remarque-t-on le plus souvent que, vis-à-vis des îles ainsi formées, les deux bords sont escarpés. Cette inondation périodique ajoute de la matière à cette île croissante ; elle s'élève en même tems qu'elle s'étend , & sa hauteur parvient enfin jusqu'au niveau des bords du fleuve. Elle a pour lors assez de terre végétale pour être cultivée avec avantage , parce que , dans chaque baisse des eaux , la vase s'est déposée par lits successifs.

Tandis que le fleuve forme ainsi de nouvelles îles , son courant en fait disparoître d'autres , & pendant cette destruction l'on peut observer comment avoient été disposées les couches successives lors de la formation de ces îles anciennes , & l'on y découvre que la pesanteur relative des matières y a déterminé l'ordre de leur superposition. On n'y trouve jamais un lit de terre sous un lit de sable , parce que les particules de la vase flottent plus près de la surface de l'eau plus long-tems ; mais les sables , plus pesans , se précipitent les premiers. On a compté jusqu'à sept couches dans la section d'une de ces îles qui se détruisoient. Ce qu'il y a de remarquable , c'est que la plupart des bords efcarpés du fleuve offrent la même diftribution dans les matières qui font entrées dans leur compofition : d'où l'on peut conclure que les maffifs au milieu defquels les canaux du fleuve fe trouvent creufés dans la plaine, font les produits des dépôts affez femblables à ceux des îles ; ce qui s'eft opéré par le travail des eaux des fleuves pendant une longue fuite de fiècles.

On peut obferver en preuve de ce que nous venons de dire & de la marche des differens canaux du Gange dans toute l'étendue du delta, qu'il n'y a aucune terre vierge, c'eft-à-dire, dans fon ancien giffement, depuis les monts Tiperah à l'eft, jufqu'à la province de Burdwan à l'oueft, & jufqu'à Dacca & Bauleah au nord.

Dans toutes les fections des criques du delta on ne trouve que du fable & de la vafe noire en lits réguliers, puis enfin de la glaife qui forme la bafe. On ne voit aucune fubftance auffi groffière que du gravier, jufqu'à la diftance de quatre cents milles de la mer, où une pointe de rocher qui fait partie de la bafe d'une montagne voifine s'avance fur la rivière. Dans l'intérieur du pays, à une grande diftance du fleuve, la terre eft rouge, jaune ou d'un brun-foncé.

Nous fommes d'autant plus autorifés à conclure la formation des plaines du Bengale comme le produit du travail des eaux des fleuves qui les parcourent à préfent, que, dans un verre de l'eau du Gange, il y a, pendant les grandes eaux, une partie de vafe fur trois d'eau. Il n'eft donc pas furprenant que, dans la baiffe des eaux, il fe foit fait des dépôts fort étendus, & qu'il s'en faffe encore de manière que le delta gagne, comme nous l'avons dit, fur la mer.

INDRE (Département de l'). Ce département a pris fon nom de la principale rivière qui le traverfe par le milieu du fud-eft au nord-oueft.

Il eft formé de la partie occidentale de l'ancienne province de Berry.

Les bornes de ce département font au nord celui de Loir & Cher ; à l'eft celui du Cher, au fud celui de la Creufe & de la Haute-Vienne, à l'oueft ceux de la Vienne & d'Indre & Loire.

Les principales rivières font l'Indre qui paffe à Sainte-Severe, à la Châtre, à Châteauroux, Buzançois, Palluau & Châtillon-fur-l'Indre. Cette rivière reçoit à droite celle de Saint-Chartier & de Teffones au deffus de Buzançois, puis à gauche celles de Magny & de Vanvre réunies, & plus celle d'Ozance entre Palluau & Châtillon. Entre l'Indre & la Creufe on voit la Chaife & le Lofon, qui reçoivent quatre chaînes d'étangs à gauche, & paffent à Mézier-en-Brienne & Mortizay.

Si l'on paffe à la Creufe on trouve un fyftême d'eaux courantes qui arrofent la partie fud-oueft de ce département ; ainfi la Creufe paffe à Éguzon, Argenton, Saint-Gautier & au Blanc. Elle reçoit à droite l'Orfenne, & la Bouzanne, groffie du

Lofon & du Gourdon ; enfuite la Mance, qui paffe à Rofnay, & dont la partie fupérieure eft une chaîne d'étangs. A gauche, la Creufe reçoit l'Anglin, groffi du Porte-Feuille & de l'Ablon, & qui paffe à Belabre & à Mérigny.

Si nous remontons vers le nord-eft nous rencontrerons la Théole, groffie de la Taguife, & de l'Arnon, qui paffe à Neuvipaillou, à Iffoudun & à Reuilly, puis, plus au nord, le Nahon, groffi du Feufon, & du Fourion, qui prend fa naiffance à Levroux, puis paffe à Valencé, lefquelles rivières, réunies à Chabris, fe joignent au Maden. C'eft ainfi qu'on peut diftinguer, dans ce département, deux fortes de pentes de terrains affez régulières.

Les principales villes & habitations font Châteauroux, Iffoudun, la Châtre & le Blanc.

Aigurande, petite ville fur la Bouzanne : il s'y fait commerce de bétail.

Argenton, petite ville fur la Creufe, commerce de toiles communes.

Belabres, ufines & forges de fer.

Le Blanc, fur la Creufe, commerce de vins & de poiffons.

Châteauroux fur l'Indre, manufacture de draps confidérable.

Iffoudun, fitué fur le Théols, commerce en draps, chapellerie & bonneterie.

Saint-Benoît-du-Sault, commerce de peaux de chèvres.

Valencé, forges.

Vatan, centre de culture.

Ce département eft fertile en grains & en fruits. Il y a beaucoup de pâturages. On y élève beaucoup de moutons, dont la laine eft d'une bonne qualité.

INDRE ET LOIRE (Département d'). Ce département tire fon nom de deux de fes rivières les plus remarquables.

Il renferme une grande partie de l'ancienne province de Touraine.

Les bornes de ce département font, au nord, celui de la Sarthe, au nord-eft celui de Loir & Cher, au fud-eft celui de l'Indre, au fud-oueft celui de la Vienne, & à l'oueft celui de Mayenne & Loire.

Ses principales rivières font la Loire, qui le traverfe de l'eft à l'oueft, & qui reçoit dans ce trajet, à droite, la Brenne qui paffe à Château-Renaud, puis les rivières de Luines & de Langeois, la Vienne, qui reçoit à droite la Maufe qui paffe à Sainte-Maure, & à gauche, qui reçoit la Vende & l'Amable, laquelle arrofe Richelieu, & le Doigt, qui arrofe Bourgueil, & à gauche la Maffe, qui paffe à Amboife ; le Cher, qui arrofe Bleré ; l'Indre, qui paffe à Loches, à Cormery, à Montbazon & à Azay-le-Rideau ; enfin la Vienne, qui fe jette dans la Loire à Candes, après avoir arrofé l'Ifle-Bouchard & Chinon ; & avoir reçu la Creufe, groffie par la Claife, qui paffe à Preuilly & au

Grand-Précigny ; enfin par le Brignon , & l'Eſtri-gneuil, qui arroſe Ligueil. Vers la limite ſepten-trionale ſe trouve la Deme, l'Eſcotais, qui paſſe à Neuille & à Saint-Chriſtophe , & le Meaune.

Les principales villes de ce département ſont Tours, Amboiſe , Loches & Chinon.

Amboiſe , petite ville ſituée ſur la Loire : il y a des manufactures de boutons d'argent , de cuivre doré, de boucles , de petits draps & pout-de-ſoie noire, ſous le nom d'*Amboiſe*.

Bourgueil, petite ville ſur le Cher , commerce de vins , blé & millet.

Chinon, ancienne ville ſur la Vienne, dans une plaine fertile & agréable : commerce de peaux de veau corroyées , chèvres & baſannes.

Langeois, petite ville ſur la Loire : les melons qu'on y cultive ſont très-bons.

Sainte-Maure, ſur la Mauſe, commerce de pru-neaux.

Tours , ancienne, grande & belle ville , dans une plaine fluviale , entre la Loire & le Cher. Son commerce conſiſte en grains , fruits & en diffé-rentes étoffes de ſoie.

Vouvray, ſitué au confluent de la Ciſe & de la Loire. Son commerce conſiſte en bons vins.

Les terres du département ſont très-fertiles, ſurtout en fruits : on y recueille auſſi des grains & de bons vins.

INÉGALITÉS DE LA SURFACE DU GLOBE. En conſidérant les terrains que nous offre la ſurface du Globe, on en voit de fort élevées, qui forment des chaînes de montagnes, & d'autres plus baſſes qui nous préſentent de longs tractus de collines : c'eſt entre ces différens maſſifs que ſe trouvent des eſpèces de baſſins d'un côté, & des vallées de l'autre, où les eaux ſe raſſem-blent, & circulent juſqu'à ce qu'elles ſoient par-venues dans le lit de l'Océan.

On voit de plus que ces montagnes, quoiqu'en apparence ſéparées dans certaines parties de leurs ſommets, forment cependant , par leur conti-nuité , des ſuites de terrains élevés, dont les unes ſont parallèles à l'équateur, & les autres ſe diri-gent d'un pôle à l'autre. J'ajouterai à ces détails les endroits remarquables , ſoit entre les chaînes de montagnes, ſoit entre les pays de collines, qui, par leur étendue ou par leur hauteur, ſe diſtinguent ſous le nom de *plateaux* : c'eſt de là que partent non-ſeulement les ramifications des chaînes de montagnes ou de collines, mais encore les diffé-rentes diſtributions des eaux par les ruiſſeaux, les rivières ou les fleuves. Il y a deux de ces plateaux en Europe, l'un dans la partie ſeptentrionale de la Ruſſie , l'autre en Suiſſe. On en rencontre un fort grand en Aſie, au nord de l'Inde : c'eſt le Tibet ; un autre, en Afrique, occupe le milieu de la Cafre-rie : c'eſt le mont Lupata ; enfin deux autres ſont en Amérique, l'un au nord-oueſt du Canada, l'autre entre le Bréſil & le Chili : c'eſt le Mato-

Groſſo. Il y en a bien un plus grand nombre en-core, ſurtout ſi l'on obſerve plus en détail les dif-férentes contrées de ces quatre parties du Monde, & qu'on ſuive en même tems chacune des chaînes de montagnes qui partent de ces plateaux pour ſe joindre à d'autres chaînes , & qu'on y réuniſſe les ſources des fleuves & des rivières qui ſont toutes placées, par la Nature, dans les parties de la Terre les plus élevées.

1°. J'obſerve d'abord que les îles, les bancs de ſable , les rochers à fleur d'eau, que l'on appelle *vigie*, ne ſont autre choſe que des portions ou des reſtes de continens qui ſe trouvent plus ou moins élevés au deſſus du fond de la mer. Il eſt aiſé de reconnoître ces veſtiges, & de déterminer à quelles parties de la terre-ferme ils ont appartenu, & quels ſont les courans qui les ont détachés des continens ou qui en ont détruit les ſommités.

2°. La direction des maſſes montueuſes ſervant à déterminer l'enceinte des baſſins, ſoit des fleuves, ſoit des golfes, il s'enſuit que ces baſſins ne peu-vent éprouver le moindre changement tant que ces enceintes conſerveront leur diſpoſition géné-rale ; car les fleuves & les rivières occupent à peu près les mêmes lits qu'ils occupoient il y a deux ou trois mille ans : outre cela, l'hiſtoire naturelle de la Terre nous offre , à ce ſujet, des preuves qu'en vain on chercheroit dans la comparaiſon de la nou-velle géographie avec l'ancienne.

3°. Quoiqu'il ſoit vrai , généralement parlant, que les degrés de chaud & de froid ſoient produits, dans chaque pays, relativement à leur diſtance de l'équateur, ou, ce qui revient au même, à l'éloi-gnement où ils ſe trouvent de la zône torride, dont les habitans ont le ſoleil au deſſus de leur tête , cependant on peut aſſurer que ce principe admet beaucoup d'exceptions ; &, par exemple, les peuples de France & ceux du Canada , ſitués à peu près à la même latitude, éprouvent une différence conſidérable dans la température de leurs climats. Ce ſont les circonſtances ſecondaires qui produi-ſent ces différences : telles ſont la hauteur & la diſpoſition des montagnes , la diſtribution des grandes forêts & des eaux raſſemblées dans des lacs, d'où elles s'échappent plus ou moins abon-damment par les vallées & les lits des fleuves ; la force des vents & leur direction relativement à celle des montagnes. D'un autre côté, un pays habité, cultivé, deſſéché eſt moins froid ; un pays ſitué le long des côtes de la mer eſt auſſi, à la même latitude, moins chaud & moins froid.

Inégalités ſuperficielles de la Terre ; ligne de diſtribu-tion des eaux par les fleuves.

Le premier moyen qui m'a paru propre à donner une idée des *inégalités* de la ſurface de la Terre eſt d'indiquer les points de partage des eaux : ce ſont les lignes continues qui traverſent les continens, & d'où les pentes ſuivies verſent les eaux des pluies & des sources vers les différentes mers qui en font l'égout général. C'est ce beau système que j'ai cru devoir exposer sur les cartes de mon Atlas.

Ces lignes de distribution des eaux ont une infinité d'embranchemens qui se dirigent vers les différens points de l'horizon, & ces embranchemens ont une infinité de subdivisions dont les intervalles sont plus ou moins profonds, à proportion de la hauteur des reliefs. Il résulte donc de tout ce système d'*inégalités* superficielles une suite de reliefs en sommets ronds ou plats qui reçoivent les eaux, ou de profondeurs étroites & larges qui servent à leur circulation : c'est ce que l'on a nommé *montagnes* ou *collines* pour les reliefs, *vallons* ou *vallées* pour les profondeurs ; en sorte que les vallées ne sont que le résultat des montagnes, comme les montagnes ne sont que le résultat des vallées ; ainsi les deux sortes d'effets ne doivent avoir pour origine de leur forme & de leur distribution que la même cause. Je le répète : ces deux sortes de formes, l'une saillante à la superficie de la Terre, & l'autre rentrante dans sa masse, & servant à fixer les limites de la première, couvrent ensemble la surface de tous les continens, & forment toutes les *inégalités* qui méritent l'attention des observateurs.

Je vois d'ailleurs que ces formes ont été taillées dans des massifs qui avoient primitivement des pentes nécessairement déterminées vers les points vers lesquels les eaux coulent actuellement & ont toujours coulé. Ces pentes primitives sont la première condition qui a influé sur l'existence de ces *inégalités*, puisqu'elles sont assujetties à ces pentes, ainsi que la marche des eaux courantes, qui nous atteste ces pentes par la distribution des rivières & des fleuves.

Si l'on suit ces lignes des points de partage des eaux, telles que nous les avons tracées sur les cartes de notre Atlas, on verra qu'elles peuvent nous donner une idée des bassins des grands fleuves & des rivières qui y ont toute leur origine ; que souvent même il y a plusieurs de ces fleuves qui prennent cette origine dans une petite étendue de cette ligne & autour de très-petits plateaux.

Quels que soient les contours & les sinuosités que prouvent ces lignes des points de partage, je remarque que la distribution des eaux se fait toujours sur deux pentes plus ou moins directement opposées, suivant l'allure de la direction de cette ligne. Je dois faire remarquer, outre cela, que les sommets parcourus par la ligne des points de partage varient infiniment, quant à leur hauteur ; & pour peu que l'on ait observé & suivi ces lignes principales, on a dû reconnoître cette différence énorme dans les niveaux. (*Voyez* NIVEAUX.)

Je dis plus : j'ai reconnu que cette variation dans le niveau des hauteurs par lesquelles passe la ligne des points de partage des eaux est telle, qu'elle admet même des interruptions dans les sommets & dans les montagnes ; en sorte que souvent de larges

coupures, ou plaines basses se trouvent dans ces alignemens, & par conséquent annoncent un autre ordre de massifs au-delà de ces interruptions, & la nécessité de réunir l'observation de la nature des terrains à la forme indiquée par la distribution des eaux. Sans cela on ne pourra rendre raison de ces inégalités qui se remarquent dans les lignes des eaux.

D'après cette considération, on doit concevoir qu'au milieu des continens il y a des îles comme au milieu des mers ; & dès-lors, quant à la distribution des eaux, voici ce que j'y ai vu. Lorsque cette partie de la superficie des continens, qui s'élève au dessus des plaines, est de peu d'étendue, & ne forme que des contrées bornées & des îles entièrement détachées, leur sommet n'est ordinairement qu'un point autour duquel, comme un centre commun, les eaux des pluies & des sources se rendent dans les rivières des environs. Il en est de même des îles marines qui ont la même forme, & qui versent leurs eaux dans la mer.

Lorsque ces superficies sont plus longues que larges, comme on en trouve plusieurs dans la France & dans l'Allemagne, & dans les îles marines de Java & de Sumatra, le sommet principal forme une ligne dirigée à peu près suivant la longueur des parties isolées, & alors les eaux n'ont que deux principales directions, dont l'une est entièrement opposée à l'autre.

Lorsque les parties élevées au dessus des mers ont une étendue très-considérable en longueur & en largeur, ce qui forme le sommet n'est plus une seule ligne, c'est une grande superficie de terrains qui ont plusieurs pentes opposées vers les mers, & un centre vers lequel les eaux ont formé des lacs & des méditerranées. C'est le cas où se trouve toute l'Asie, qui n'envoie aux mers que les eaux de son contour, mais qui rassemble toutes ses eaux intérieures dans différens lacs, dont celui de la mer Caspienne est le plus considérable. Cette partie du Monde n'est pas divisée, comme l'Europe & l'Amérique, par un seul sommet principal & direct ; mais elle en renferme un circulaire, dont les montagnes de l'Arménie, les monts Caucase & Taurus & les chaînes de l'Imaüs sont les principales parties. Cette ceinture de montagnes renferme une infinité de bassins particuliers & de très-vastes pays, séparés les uns des autres par des sommets entrelacés : l'on y trouve aussi des déserts de sable d'une immense étendue, & des plaines de cent lieues couvertes d'excellens pâturages sans eau, & où cependant l'herbe ne laisse pas d'y croître d'une hauteur extraordinaire. En général, ces contrées sont très-élevées au dessus du niveau des mers : ce ne sont que des régions vagues, qui n'offrent aucune de ces habitations propres à l'établissement d'une nation nombreuse & policée ; en sorte que de tout tems les hommes y ont été errans & vagabonds. (*Voyez* TARTARIE.)

Les déserts de la Barbarie, les grandes contrées

de la Nigritie & des autres royaumes de l'intérieur de l'Afrique, montrent différens fommets très-intéreffans. Le fommet qui traverfe l'Afrique, dans fa partie feptentrionale furtout, n'eft qu'une enceinte de montagnes qui laiffent au milieu d'elles de très-grandes régions fermées, dont la nature, à la chaleur près de la zône torride, reffemble fort à celle des baffins de l'Afie. Ces montagnes envoient par leur revers extérieur, des eaux dans l'Océan indien & atlantique, & même dans la Méditerranée; & au dedans ces eaux fe raffemblent dans des lacs, dans des marais, & enfin dans des déferts fablonneux où elles fe perdent. Il y a auffi quelques-uns de ces baffins, mais en plus petit nombre, dans l'Amérique méridionale; mais l'Amérique feptentrionale en contient un plus grand nombre, qui verfent leurs eaux dans les mers. Mais combien n'y en a-t-il pas qui ont raffemblé les eaux de plufieurs contrées, dont cependant la totalité n'a eu un débouché dans la mer : tels font en Europe les marais de Lithuanie & de Mofcovie, d'où le Mémel, le Boriflhène, le Wolga & autres tirent leurs fources : tels font en Amérique les lacs du Canada, d'où le fleuve Saint-Laurent & peut-être le Miffiffipi defcendent : tel eft enfin celui d'où le grand fleuve de la Plata tire fon origine.

Voilà le véritable enfemble fous lequel on doit confidérer les grandes *inégalités* de nos continens; enfemble où fe trouvent figurés, autant que la grandeur de la carte l'a permis, les fommets & les baffins qui divifent nos continens.

Après ces confidérations générales, je diftingue d'abord en Europe un fommet principal, qui fert de point de partage aux eaux, tant des fources que des pluies, qui de là fe jettent, les unes dans les mers du nord, & les autres dans les mers du midi. C'eft là le feul & le vrai fommet de cette partie du Monde, & c'eft lui qui y donne naiffance aux plus grands fleuves; il eft, comme on voit, fommet du premier ordre.

Je reconnois enfuite quelques fommets particuliers qui font hors de cette ligne, & qui n'ont point de liaifon entr'eux : ce font les premiers embranchemens du fommet général. Ces fommets font les intervalles que les torrens d'eau courantes ont laiffés entr'eux en marchant féparément & quelquefois parallélement. Ils fervent de points de partage aux eaux des pluies qui y tombent, & des fources qui fortent de leurs flancs, en déterminant leur cours vers une rivière ou vers une autre, vers un fleuve ou vers un autre, comme le fommet général le décide pour l'une & pour l'autre mer. On pourroit donc nommer ces *intervalles fommets du fecond ordre* : de ces fommets particuliers, il n'en fort ordinairement que des rivières. Comme ils ont auffi eux-mêmes des rameaux qui fe fubdivifent encore, & que l'on pourroit fuivre très-loin cette divifion du fommet des fleuves & des rivières, aux fommets des moindres rivières, aux fommets des ruiffeaux, & enfin à ceux des moindres fources, on trouveroit des fommets du premier, du fecond, du troifième & du quatrième ordre; & enfin, par une fuite de la diftribution des eaux qu'ils nous offrent, on diftingueroit de même dés rivières du premier, du fecond, du troifième & du quatrième ordre.

On fent bien que cette même fubdivifion devroit fe porter fur les vallées que forment tous les ordres de fommets par leurs flancs. Je regarde, par exemple, tout le terrain dont les eaux fe rendent à la Seine, rivière qui tombe du fommet général & fe jette dans la mer, comme formant une vallée du premier ordre; tout le terrain qui porte fes eaux à la Marne, comme une vallée du même ordre, attendu qu'elle commence au fommet général & fuit les mêmes pentes; tout le terrain qui porte fes eaux dans la Saux, laquelle tombe dans la Marne, comme une vallée du fecond ordre; tous les terrains qui portent leurs eaux dans le ruiffeau de Trois-Fontaines, comme une vallée de troifième ordre; enfin, les vallées & vallons qui portent leurs eaux dans le ruiffeau de Trois-Fontaines, comme une vallée du quatrième ordre, & ainfi de fuite. Il eft impoffible qu'aucun lieu de la Terre puiffe fe fouftraire à cette diftribution.

Je remarquerai ici que fouvent le troifième ou le quatrième ordre peut fe réunir au premier immédiatement; ainfi la Seine reçoit les ruiffeaux & les produits des fources qui tombent immédiatement dans fon lit.

Cette même diftribution peut avoir lieu dans le cas où il y auroit un plateau ifolé qui donneroit naiffance à plufieurs rivières, lefquelles en recevroient d'autres d'un autre ordre; & enfin celles-ci, d'autres ruiffeaux ou fources. Cette diftribution même eft plus aifée à faifir que les autres plus étendues, & la correfpondance des fommets, des rivières & des vallées eft plus nette & plus précife que dans les contrées voifines du fommet général. (*Voyez* FORGES (Plateau de).)

La ligne du fommet général de tout le continent de l'Europe commence aux montagnes de la Sierra-Morena dans l'Andaloufie, & fe termine aux fources du Wolga & du Boriflhène, où commence le fommet de l'Afie, qui fe ramifie en deux branches, dont l'une gagne la Sibérie, & l'autre fe dirige vers l'Arménie; & après s'être éloignées beaucoup l'une de l'autre, elles fe rapprochent & fe rejoignent vers les frontières de la Chine. Ces longs fommets forment, à la furface du vafte continent de l'Afie, des finuofités qu'on peut voir fur les cartes de l'Europe & de l'Afie.

Quant à ce qui concerne ces finuofités, il me paroît qu'elles dépendent non-feulement des *inégalités* produites par les vallées qui font l'ouvrage des eaux courantes, mais furtout de la conftitution primitive des terrains, qui a en tout tems une grande partie de ces *inégalités*. C'eft fur cette dernière confidération que j'infifte le plus, ayant reconnu par mes propres observations, que ces circonstances avoient lieu dans bien des cas.

Je puis apporter pour preuve de cette assertion la marche du sommet général du partage des eaux en France. Je le prends d'abord aux Pyrénées, d'où il se prolonge à l'est, puis il se dirige au nord & peut-être dans le milieu de la France ; il se replie ensuite vers l'est, passe par les Vosges, & redescend au sud-est. Or, je trouve dans les Pyrénées une constitution différente des terrains qui les réunissent aux Cévennes : ce sont entièrement des terrains calcaires, à couches inclinées de la moyenne terre, & à couches horizontales de la nouvelle. Les Cévennes au contraire sont composées de massifs graniteux, recouverts de couches inclinées, puis enfin de massifs graniteux seuls & apparens. A cet état de la surface de la Terre succèdent ces masses de pierres de sables, puis les massifs graniteux, puis la moyenne terre mêlée à la nouvelle ; enfin l'ancienne terre graniteuse des Vosges, enveloppée de pierres de sables en couches horizontales, & les alpes du Jura, qui sont composées de couches inclinées de la moyenne terre, &c.

Je dois faire observer que ces divers massifs ne peuvent être considérés comme réduits à un simple sommet d'une petite largeur ; car les Cévennes & leur massif, non-seulement se prolongent par le Forez, mais par la haute Auvergne, le Rouergue & le Limousin ; massif important & étendu, & dont l'enceinte est à peu près déterminée par les rivières qui y prennent naissance, & que je considère comme des rivières du premier ordre. Quoique cette considération du sommet général de distribution des eaux puisse entrer dans la géographie-physique comme importante, il s'en faut beaucoup que, dans la Nature, elle soit réduite à une allure simple & uniforme, comme si la surface de la Terre n'étoit composée que d'une matière homogène, & organisée de même ; mais si nous nous sommes attachés à cette considération d'un sommet général, si nous l'avons indiqué d'après les cartes, nous devons avertir de toutes les modifications qu'une observation suivie & sévère pourroit y apporter. Nous traçons cette ligne comme une ébauche, comme un moyen de rallier les observateurs autour de ces points, afin qu'ils nous fournissent tous les détails qui concernent les terrains environnans, d'après les mêmes distinctions & les mêmes principes que nous avons adoptés dans ce que nous avons dit de la partie du sommet général qui traverse la France.

Le même sommet général, en sortant de France, va traverser les Alpes, & continue à décrire en Autriche, & entre la Hongrie & la Pologne, une ligne pleine de sinuosités ; mais indépendamment de ces détours, qui embrassent des contrées fort étendues, ces grandes courbes ne sont composées elles-mêmes que d'une infinité d'autres plus petites ; en sorte qu'il est rare que ce sommet général parcoure plusieurs lieues sans changer sa direction. Nous avons indiqué les causes de ces variations en indiquant la suite des massifs qui se montrent dans tout ce trajet, & qui ont eu primitivement des formes particulières, & les ont conservées malgré leur réunion.

C'est en conséquence de cette disposition des massifs qu'on trouve, autour des noyaux de l'ancienne terre, des espèces de golfes tracés par cette ligne du sommet général entre la Bohême, la Hongrie & la Pologne. C'est aussi à ce même arrangement des massifs que l'on rencontre tant de golfes, où la tête de chaque rivière & de chaque fleuve un peu considérable, voisine du sommet, se trouve logée depuis long-tems ; en sorte que la suite de leur cours occupe ces enfoncemens qui appartiennent à la nouvelle terre : tels sont les golfes de l'Èbre en Espagne, de la Loire, de l'Allier & du Rhône en France ; du Rhin en Suisse & en Allemagne ; du Mein, de l'Elbe & du Danube en Allemagne ; de la Vistule en Pologne ; du Pô en Italie. (*Voyez*, dans ce *Dictionnaire*, GOLFES DU PÔ, DU RHÔNE, DE L'ALLIER & DE LA LOIRE ; *voyez aussi* SOURCES.) On verra à combien d'événemens & d'opérations de la Nature tous ces golfes doivent la forme de leurs côtes.

Inégalités de la surface de la Terre dans le voisinage des pôles.

Les pays du nord, dans les deux hémisphères, ne sont pas dessinés comme les autres pays du Monde : la distribution des eaux ne s'y est pas faite comme entre les tropiques & sous l'équateur. Les vallées n'y sont pas creusées profondément comme dans les autres climats. Les montagnes n'y sont pas proportionnelles aussi élevées. L'on n'y voit point, excepté le Saint-Laurent, de ces fleuves d'un long cours & continus comme dans toutes les autres régions ; mais il paroît qu'il est résulté de là, qu'au lieu de ces grands fleuves qui rassemblent les eaux d'une vaste étendue de pays, il s'y trouve, à la surface de la Terre, une plus grande quantité de bassins isolés, dont les eaux se réunissent dans des lacs & des puisards particuliers & très-multipliés, & que les *inégalités* de la superficie n'y étant pas dessinées à grands traits & à grandes pentes, elles y sont d'autant plus multipliées, qu'elles ont moins de profondeur.

On pense aussi que les parties des continens voisines des pôles ne sont pas aussi élevées au dessus des mers qui les entourent, que les continens voisins de l'équateur le sont au dessus des mers de l'équateur. Le degré de vitesse qu'a la rotation de notre Globe doit donner à l'orbe terrestre des continens une force centrifuge différente & plus énergique qu'à l'orbe des mers, attendu la différence qu'il y a entre la pesanteur de la terre & celle de l'eau. Si l'on suppose pour un instant deux globes de même diamètre, ayant chacun une rotation égale, mais dont l'un foit terreftre, & l'autre totalement aqueux, il eft conftant que l'équateur de ce dernier globe aura beaucoup moins de force centrifuge que l'équateur du premier : d'où il fuit, 1°. que, dans ces deux fphères, l'aplatiffement de leurs pôles feroit différent ; 2°. qu'il y auroit une moins grande différence entre les deux axes de rotation, qu'entre le diamètre des deux équateurs, & qu'ainfi dans un globe tel que le nôtre, qui réunit la terre & l'eau, les continens, fous l'équateur, doivent être beaucoup plus élevés au deffus des mers, que les parties des continens voifines des pôles ne font élevées au deffus des mers qui les baignent ; ce qui eft conforme au récit de tous les voyageurs qui ont vu ces deux pofitions extrêmes du Globe de la Terre.

INFILTRATION : c'eft la pénétration des fubftances pierreufes par l'eau, qui fe charge de la matière la plus pure de ces pierres, & qui y forme des incruftations, ou intérieurement, ou bien au dehors.

Je puis donner ici des exemples très-étendus, très-multipliés & infiniment variés de l'*infiltration*. Je vois, 1°. l'*infiltration* dans le premier & le plus fimple travail de la pétrification ; 2°. dans la feconde élaboration de ce premier travail, au milieu des blocs de marbres coquilliers. Dans ce dernier cas, il y a des *infiltrations* de deux fortes de nature différente, calcaire & filiceufe ; c'eft ce que j'ai trouvé dans le marbre de Diou, où le fond du travail de la marmorifation eft dû à une *infiltration* calcaire, & où certains fils poftérieurs à ce travail font quartzeux, & qui occupent des fentes de defficcation. Je vois des infiltrations calcédonieufes au milieu du cipolin ondé, dont le fond eft fchifteux, & la fubftance calcédonieufe eft auffi ondée : ce font tous dépôts lamelleux, qui ont été infiltrés en grande partie.

Toutes les matières des *infiltrations* font blanches ou très-peu colorées, ou colorées feulement fur les bords des taches, avec des nuances dégradées, depuis les bords jufqu'auprès du centre.

INFILTRATIONS CALCAIRES & QUARTZEUSES. Il y a deux fortes de matières dont l'eau infiltrante paroît avoir été chargée, fi l'on en juge par les effets de fon travail : la matière calcaire & la matière quartzeufe. Avec la première, l'eau forme des fpaths calcaires, des ftalactites calcaires, mais fans *infiltration*. Mais fi cette eau, formant le fpath, pénètre une maffe quelconque de fubftance calcaire, brute ou organifée, fon *infiltration* fera des marbres, des loumachelles, des marbres dont le grain fera plus ou moins fin. Ce font au refte les différens degrés d'*infiltration* qui font les degrés de poliment que peut prendre la maffe infiltrée. Si la matière infiltrante domine fur la matière infiltrée, la pierre ufée prendra un poli luifant : fi la partie

brute domine, comme cela a lieu dans les premiers tems de l'*infiltration*, il n'y a qu'un poli terne & brut & toujours terne.

Si l'*infiltration* rencontre une maffe calcaire dans différens états de comminution, alors les réfultats de l'*infiltration* feront différens comme les bafes : il y aura un grain gros, & la matière de l'*infiltration* fe montrera au milieu des petits vides. D'abord, dans les premiers tems de l'*infiltration*, il n'y aura que des lames fpathiques fimples ; mais par la fuite ces lames fe doublent, & prennent des furcharges qui font en raifon des *infiltrations* nouvelles que la première charpente a reçues. Il en eft de même s'il fe trouve de grands vides : le même travail de la Nature les remplit d'abord, & le même progrès fortifie le rempliffage : telles font les taches blanches qu'on remarque fouvent dans certaines fortes de marbres, dont la première bafe s'eft trouvée dans les circonftances que je viens d'expofer en détail.

Il eft une autre claffe d'*infiltrations* que je diftinguerai avec le même foin, parce que j'ai fuivi ce travail avec le même détail. Le fuc quartzeux dont l'eau fe trouve chargée, a fervi à l'*infiltration* d'un grand nombre de pierres de fables & de grès, à celle de grands maffifs de talcites, de gneifs ou granits rayés, de granits même à compofition uniforme. Ce ne font pas feulement ces petits vides, & même ceux d'une étendue médiocre, qui fe trouvent par des *infiltrations quartzeufes*, mais même de longues fentes préfentent des filons de quartz, qui font les produits d'une longue *infiltration*. Ces filons font ou bruts ou compofés de deux rangées de criftaux, dont les pointes pyramidales fe rencontrent de manière à remplir les vides les uns des autres. C'eft furtout ce travail qui fe trouve très-varié & très-multiplié dans les anciennes galeries des mines, ou même dans les vides des filons de plufieurs fortes avant leur exploitation.

J'ai trouvé même de ces petits filets quartzeux au milieu de certains marbres entièrement calcaires. Je les ai vus dans les marbres de Diou, fur les bords de la Loire.

Je pourrois joindre à ce travail celui des filex, qui me paroiffent être, dans plufieurs circonftances, l'effet d'une filtration de l'eau qui traverfe la craie ; car ces lames & ces filets de filex rempliffent les fentes & les vides qui fe trouvent dans les maffifs de la craie ou des pierres blanches. C'eft peut-être auffi le même travail qui infiltre les rognons de bizars ou de bizearres, qui fe trouvent diftribués de même au milieu de craies.

INN (l'), rivière qu'on peut confidérer comme la fource la plus haute du Danube, prend fon origine dans la ligue Caldée, pays des Grifons. Sa première fource eft dans le lac de Lungin ; car le ruiffeau qui en fort, prend le nom d'*Inn*. A quelque diftance de là ce ruiffeau entre dans le lac de *Sils*,

Sils, plus confidérable que le premier; il a près de deux lieues de longueur sur une de largeur. En hiver, il gèle au point qu'on peut le passer à cheval. L'*Inn*, à la sortie de ce lac, ne tarde pas à en former encore deux autres petits. Enfin, au dessous de ces deux derniers lacs, cette rivière en trouve ou en forme un troisième plus confidérable : c'est celui de Saint-Maurice. Près de Célérina, où le cours de l'*Inn* est très-rapide, cette rivière se jette dans un nouveau, plus petit que les précédens, & qu'on nomme *lac de Célérine*. Après un cours aussi bizarre, l'*Inn* traverse sans obstacles la haute & basse Engadine pendant seize lieues, & se trouve ensuite dans le Tirol. Quelques personnes regardent comme la seconde source de l'*Inn* la fontaine de Salmaden, qui est singuliérement abondante.

L'*Inn*, après avoir arrosé le Tirol & la Bavière, se joint au Danube, près de la ville de Passau. On observe, à ce sujet, que l'*Inn*, au moment de sa jonction avec le bras le plus profond du Danube, a jusqu'à huit cent quatre-vingt-dix pieds de largeur, & depuis trente-trois jusqu'à soixante & dix pieds de profondeur; au lieu que le Danube, avant cette jonction, n'a que sept cent quatre-vingt-quatre pieds de largeur, sur une profondeur depuis trente-neuf jusqu'à quatre-vingts pieds. On peut soutenir, avec raison, que la véritable source du Danube se trouve dans les alpes de la Suisse. Ce fleuve, le plus grand de l'Europe après le Wolga, aura un cours de sept cent vingt lieues avant de parvenir à la Mer-Noire.

INONDATION D'EAU, débordement d'eaux qui sortent de leur lit.

« Presque tous les pays arrosés par de grands » fleuves, dit M. de Buffon dans le premier vo-» lume de son *Histoire naturelle*, sont sujets à des » *inondations* périodiques sur tous les pays bas & » voisins de leur embouchure, & les fleuves qui » tirent leur source de fort loin sont ceux qui » débordent le plus régulièrement. » Tout le monde a entendu parler des *inondations* du Nil ; il conserve dans un grand espace, & fort loin dans la mer, la douceur & la blancheur de ses eaux. Strabon & les autres anciens auteurs ont écrit qu'il avoit sept embouchures ; mais aujourd'hui il n'en reste que deux qui soient navigables. Il y a un troisième canal qui descend à Alexandrie pour remplir les citernes, & un quatrième canal qui est encore plus petit. Comme on a négligé depuis fort long-tems de nétoyer les canaux, ils se sont comblés. Les Anciens employoient à ce travail un grand nombre d'ouvriers & de soldats, & tous les ans, après l'inondation, l'on enlevoit le limon & le sable qui étoient dans les canaux : ce fleuve en charie une très-grande quantité. Tout le pays plat de l'Égypte est inondé par le Nil ; mais ce débordement est bien moins confidérable aujourd'hui, qu'il ne l'étoit autrefois (*Voyez* FLEUVE), « car Hé-

Géographie-Physique. Tome IV.

» rodote nous dit que le Nil étoit cent jours à » croître, & autant à décroître. Si le fait est vrai, » on ne peut guère en attribuer la cause qu'à l'élé-» vation du terrain que le limon des eaux a haussé » peu à peu, & à la diminution de la hauteur des » montagnes de l'intérieur de l'Afrique, dont il » tire sa source. » Il est assez naturel d'imaginer que ces montagnes ont diminué, parce que les pluies abondantes qui tombent dans ces climats pendant la moitié de l'ann.^e entraînent les sables & les terres au dessus des montagnes dans les vallons, d'où les torrens les charient dans le canal du Nil, qui en emporte une bonne partie en Égypte, où il les dépose dans ses débordemens.

« Le Nil n'est pas le seul fleuve dont les *inondations* soient périodiques & annuelles. On a appelé la rivière de Pégu le *Nil indien*, parce que ses débordemens se font tous les ans régulièrement; il inonde ce pays à plus de trente lieues de ses bords, & il laisse, comme le Nil, un limon qui fertilise si fort la terre, que les pâturages y deviennent excellens pour le bétail, & que le riz y vient en si grande abondance, qu'on en charge tous les ans un grand nombre de vaisseaux sans que le pays en manque. Quelques autres fleuves débordent aussi tous les ans (*voyez* FLEUVE) ; mais tous les autres fleuves n'ont pas des débordemens périodiques, &, quand il arrive des *inondations*, c'est un effet de plusieurs causes qui se combinent pour fournir une plus grande quantité d'eau qu'à l'ordinaire, & pour retarder en même tems la vitesse du fleuve. » (*Voyez les articles* FLEUVE & DÉBORDEMENT.)

Débordemens de la Seine, observés aux environs de Paris.

J'ai vu, par les débordemens de la Seine, que l'eau torrentielle se portoit plus abondamment dans les parties de la plaine fluviale, qui sont plus à portée des bords escarpés. D'ailleurs, ce sont les parties les plus basses de la plaine fluviale, celles que la rivière paroît avoir abondonnées les dernières, & celles dans lesquelles elle doit rentrer plus tôt dans ses accès.

J'ai visité, le 9 février 1764, les débordemens de la Seine au bas de Chaillot & de Passy, & j'ai vu l'eau se répandre dans le cours la Reine jusqu'à la nouvelle chaussée, & refluant par l'égout.

La Seine devroit inonder le faubourg Saint-Honoré, & surtout le long du bord escarpé de Montmartre jusqu'au pied de Chaillot ; mais ces *inondations* ne commencent, à cause de l'exhaussement artificiel du terrain & des quais, dans Paris, qu'à la place Louis XV, & de ce point l'*inondation* se prolonge au pied du bord escarpé de Chaillot & de Passy.

D'un autre côté, l'*inondation* se propage par un arrondissement insensible dans la plaine de Gre-

Fff

nelle, & s'étend jusqu'au milieu de Vaugirard, se porte au dessous d'Issy, & va baigner les bords escarpés de Bellevue. J'ai observé que, dans ces parties de la plaine fluviale, l'eau de l'*inondation* a été plus abondante ; car elle y formoit une seule nappe continue jusqu'aux bords escarpés, & même jusqu'à la rencontre du plan incliné. Comme le canal de la Seine occupe le milieu des dépôts qu'elle a ensuite abandonnés, dans ces cas elle m'a paru déborder pour lors des deux côtés.

Comme les effets d'un débordement & sa marche fixoient toute mon attention, j'ai cru qu'ils méritoient d'être figurés. On y prendroit une idée de ce que pouvoient faire anciennement les rivières de Marne & de Seine pour éclairer ceux qui, raisonnant sur ce que peuvent les eaux-courantes d'après la considération de leur état le plus commun de fluvialité où elles sont réduites à un moyen volume d'eau, ne peuvent se prêter à ce que les résultats des opérations des eaux nous autorisent à conclure.

Je dois dire outre cela que j'ai vu la Seine, au dessus de Paris, jusqu'à la hauteur de Carrière, & que j'ai reconnu que toute la plaine fluviale étoit couverte d'eau. J'ai pensé en conséquence que, d'après cette observation, on pouvoit se convaincre, 1°. qu'un médiocre accès torrentiel suffisoit pour couvrir toute l'étendue de ces plaines fluviales qui bordent le canal actuel; 2°. que c'est la même eau qui a formé successivement les dépôts des plaines fluviales. On appercevoit effectivement les deux rivières formant, de chaque côté, une grande lisière de débordement, comme elle l'a toujours été dans les accès torrentiels anciens. Cette eau, dans ses débordemens, alloit raser les anciens bords d'escarpement ou de réaction dans les endroits libres. Je n'ai pu voir de semblables effets de l'*inondation* dans Paris, où l'exhaussement du terrain & des quais a défiguré les formes naturelles & primitives.

Je le répète : lorsqu'on voit l'étendue des plaines fluviales, & qu'on veut faire comprendre, à ceux qui n'ont pas suivi les résultats anciens des eaux courantes, qu'un état un peu plus pluvieux dans ces contrées comme dans d'autres a suffi pour que les rivières couvrissent les plaines fluviales entièrement. Ils ne peuvent se convaincre qu'elles fussent capables de s'étendre ainsi; mais s'ils suivoient, comme nous, les débordemens des rivières, ils seroient étonnés des effets que nous avons décrits, & du peu d'eau qui les produisent. Que seroit-ce si ces débordemens se maintenoient, pendant un certain tems, avec la même force & la même violence? (*Voyez* DÉPÔTS DES RIVIÈRES.)

INONDATION DE SABLE OU SUBMERSION PAR LE SABLE. Les côtes de Suffolk sont exposées à être submergées par le sable. Leur voisinage est rempli de monticules entièrement sablonneux, & seulement couverts d'une fine herbe par-dessus.

Les vents violens qui surviennent, renversent cette herbe, & portent en forme de pluie le sable caché dessous, dans toutes les plaines voisines, où il s'accumule & forme de nouveaux lits. Rien n'arrête les progrès de l'inondation; en sorte qu'elle gagne sans cesse du terrain. Dans quelques endroits mêmes la situation du sol favorise le déluge du sable, & lui permet de couvrir des centaines d'arpens. Il descend des collines avec la plus grande rapidité, passe à travers les haies, s'élève au dessus des coteaux, &, quand il gagne un village dans son cours, il ensevelit, en passant, les chaumières & les cabanes qui ne sont pas bâties à plus grands frais qu'elles ne valent. Il remplit les caves des maisons, & abat quelquefois, par sa pesanteur, les murs qu'il trouve sur sa route. Mais il faut lire les détails curieux que M. Wright a donnés de ce déluge sec dans les *Transactions philosophiques*, n°. 37.

La portion du pays de Suffolk, exposée à cette étrange submersion, est non-seulement sablonneuse par elle-même, mais située est-nord-est d'une partie d'un vaste terrain-plat, exposé à des vents impétueux qui emportent tout le sable qu'ils trouvent sur leur passage, & qui continuent d'agir avec leurs forces entières, en parcourant, sans être brisés ni interrompus, une grande étendue de terres.

On n'a point encore trouvé de meilleur secret pour garantir les habitations précieuses de cette submersion, que de les environner de haies de genêts épineux qu'on plante serrés par gradation les uns au dessus des autres. Ceux qui ont eu le courage de faire ces sortes de plantations ont le bonheur d'arrêter & de détourner les progrès du ravage, après avoir vu auparavant dans ces mêmes terres le sable élevé jusqu'à la hauteur de vingt pieds.

Près de Terford, ville de la province de Norfolk, plusieurs villages ont été entièrement détruits depuis plus de cent ans par les déluges de sable de Suffolk, & une bonne de la rivière de l'Ouse, appelée depuis la rivière de Thetford, en a été tellement bouchée, qu'il n'y a plus que de petits bâtimens qui puissent y passer, au lieu qu'auparavant les grands vaisseaux y naviguoient. Il est vrai que ce déluge de sable, en se jetant dans la rivière, a préservé une partie de la province de Norfolk de la submersion sablonneuse, qui n'eût pas manqué d'y ruiner une grande partie de son terrain plat, si fertile en blé.

Aux environs de Saint-Pol-de-Léon, en basse Bretagne, il y a sur le bord de la mer un canton qui, l'année 1666, étoit habité, & ne l'est plus à cause d'un sable qui le couvre jusqu'à une hauteur de plus de vingt pieds, & qui, d'année en année, gagne du terrain. A compter de l'époque marquée il a gagné plus de six lieues, & il n'est plus qu'à une demi-lieue de Saint-Pol; de sorte que, selon toutes les apparences, il faudra abandonner la ville. Dans le pays submergé on voit encore quelques pointes de clochers & des cheminées qui sortent de cette mer de sable.

C'est le vent d'est ou de nord-est qui avance cette calamité ; il élève ce sable qui est très-fin, & le porte en si grande quantité & avec tant de vitesse, que M. Deslandes, à qui on doit cette observation, dit qu'en se promenant en ce pays-là pendant que le vent charioit, il étoit obligé de tems en tems d'ôter son chapeau & son habit, parce qu'il les sentoit appesantis. De plus, quand le vent est violent, il jette ce sable par-dessus un petit bras de mer, jusque dans Roscoff, petit port assez fréquenté par les vaisseaux étrangers. Le sable s'élève dans les rues de cette bourgade, jusqu'à deux pieds.

Le désastre est nouveau, parce que la plage qui fournit ce sable n'en avoit pas encore une assez grande quantité pour s'élever au dessus de la surface de la mer, ou peut-être parce que la mer n'a abandonné cet endroit & ne l'a laissé découvert que depuis un certain tems. Elle a eu quelque mouvement sur cette côte ; elle vient présentement dans le reflux une demi-lieue au-delà de certains rochers où elle ne venoit pas autrefois. Ce malheureux canton, inondé d'une façon si singulière, ainsi que les déluges de sable de la province de Suffolk dont nous avons parlé au commencement de cet article, ne justifie que trop ce que les Anciens & les Modernes rapportent des tempêtes excitées en Afrique, qui ont fait périr par des déluges de sable des villes & même des armées. (*Histoire de l'Académie des Sciences*, 1722.)

INTERLAKEN, pays du canton de Berne, remarquable par les lacs de Thoun & de Brientz, au milieu desquels il est situé & d'où il a pris sa dénomination. Ce même pays comprend sur ses côtes la vallée de Lauterbrunen, très-curieuse par ses glaciers ; la belle cataracte nommée *Stanbbach* ; la vallée de Grindelvald, aussi renommée par les glaciers qu'elle renferme & dont on approche de fort près, entre lesquels on distingue le Werterhorn, le Schrackhorn, la Scheidegg, le Mettenberg, & surtout le Grindelvald.

Cette plaine d'*Interlaken* est formée de sables & de pierres roulées, amenées entre les deux lacs par une rivière latérale, nommée *Gitlandeno*. Cette plaine est la digue du lac de Brientz.

INVASION DE LA MER. Je puis citer plusieurs contrées où la mer a fait *invasion*. Ce qui me paroît établir cette démarche de la mer, ce sont les immenses dépôts qu'elle a formés sur des terrains fort étendus & approfondis, sous forme de vallées, par les eaux courantes avant cette *invasion*. Telle est la vallée du Gard, comblée pour ainsi dire par des dépôts fort grossiers & visiblement sousmarins. Ainsi tout terrain creusé en vallée & surchargé de dépôts de la mer est un ter-

rain qui a été successivement envahi par cette masse d'eau, & ensuite abandonné par elle. C'est le cas de tous les *vallons-golfes*. Je mets de ce nombre la Limagne, creusée d'abord par l'Allier, puis comblée à un certain point par plusieurs sortes de dépôts pendant le séjour assez long qui a succédé à son *invasion*. Il en est de même de la belle vallée de la Loire dans le Velay.

Il faut bien distinguer les dépôts de la mer, qui occupent le fond des premiers approfondissemens de la vallée de la Loire, qui ont été incontestablement faits par les eaux courantes du fleuve, lesquelles montoient en grande liberté à la surface de la contrée, & par conséquent avant que la mer fût venue en dernier lieu par le même accident qui a contribué à l'*invasion* de la Limagne, & encore de la Vienne, &c.

Je pourrois profiter du plan général qui entoure l'ancienne terre du Limousin, pour donner une idée des autres *invasions de la mer*, lesquelles circonscrivent sensiblement les limites de la nouvelle terre.

Sans la crainte des répétitions, je dirois qu'un premier principe qu'il convient d'établir dans cette discussion est que les vallées n'ont pu être creusées que par les eaux courantes librement à la surface des continens secs, & qu'ainsi la mer n'occupoit pas les contrées où se sont creusées les vallées. Ce n'est donc que d'après leur approfondissement qu'il y a eu une *invasion de la mer*, que j'ose établir partout où les vallées quelconques ont été surchargées de dépôts. Ainsi nous pouvons citer les mêmes témoins de l'*invasion de la mer*, ceux que nous mettons en avant pour prouver ses retraites. La succession des différentes démarches de l'Océan dans les derniers tems pourra s'établir sur des preuves également claires & décisives, que l'observation suivie peut faire connoître très en grand & que je regarde comme incontestables. Peu de personnes sont accoutumées à observer & à reconnoître ces témoins que j'ai indiqués premiérement dans la vallée du Gard, aux environs d'Uzès, ensuite dans celle de l'Allier, puis en troisième lieu dans le Velay, vers la source de la Loire. (*Voyez* GOLFES TERRESTRES & VALLÉES GOLFES.)

On a dit que la mer avoit fait plusieurs retraites, c'est-à-dire, qu'elle avoit laissé à sec plusieurs parties de nos continens, après y avoir séjourné assez long-tems pour y former des dépôts considérables. Pour appuyer cette première assertion il suffit de montrer les dépôts ; mais maintenant, comment prouverons-nous que l'Océan a fait invasion, c'est-à-dire, qu'il est venu occuper des parties de continens qu'il ne couvroit pas autrefois ? L'étude que j'ai faite, d'une manière très-suivie, des différentes formes qu'a prises la surface de la Terre, surtout en France, m'a fait reconnoître que dans certaines contrées où cette superficie est restée à découvert & exposée à l'action des eaux pluviales & courantes, il s'est formé des vallées plus ou moins larges, plus ou moins longues & approfondies. Si donc j'ai rencontré des parties de vallées plus ou moins étendues & recouvertes ensuite par les dépôts de la mer, je pourrai indiquer très-sûrement les *invasions* de la mer, les différens retours opposés à ses retraites; en un mot, tous les balancemens de cette grande masse d'eau sur ses bords. C'est d'après la connoissance de ces mouvemens & de leurs témoins que l'on peut donner une explication raisonnée d'un grand nombre de phénomènes que nous présente la surface de la Terre, & l'on peut dire que les bases de toutes ces explications reposent sur l'examen & la forme des vallées & leur direction. Ce n'est donc qu'autant qu'on fera des progrès dans l'étude des vallées, qu'on parviendra à connoître un grand nombre de phénomènes mal analysés jusqu'à présent : du moins, plus l'observation m'a instruit dans ce genre de faits, plus j'entrevois les applications qu'on peut faire de ces traces du travail des eaux des pluies, des eaux courantes, auxquelles on doit ajouter les résultats des eaux tranquilles du bassin de l'Océan, & de leurs dépôts. Ce sont ces dépôts les plus apparens qui sont plus importans à reconnoître, que les premiers qui ont été creusés par les eaux & recouverts par ces derniers, les plus modernes & les plus intéressans, parce qu'ils servent à compléter la connoissance des démarches de l'Océan, que la géographie-physique a jusqu'ici moins exposées, comme elle devoit le faire. Les observations faites dans les environs d'Uzès & d'une vallée du Gard m'ont appris toutes ces circonstances dans les événemens qui concernent les déplacemens de la mer. Je pourrois de même indiquer les remplissages de la vallée de l'Allier en Auvergne, & ceux de la vallée de la Loire en Velay, dont j'ai donné les plus grands développemens dans ce Dictionnaire, & je m'y borne.

INVERNESS en Écosse (Rocher volcanique d'). « Ce rocher volcanique, dit M. Thomas West, est à un mille & demi d'*Inverness* : les habitans le nomment *Creck faterick* ou *rocher de pierre*. On laboure le terrain qui couvre sa base. La partie supérieure est extrêmement escarpée, raboteuse & de difficile accès. Elle m'a paru avoir tous les indices qui annoncent un ancien volcan. La plus grande partie du rocher semble avoir été calcinée & même fondue. Rien ne le prouve mieux que les morceaux que vous avez sous les yeux, & que j'ai ramassés moi-même. J'ai détaché les uns du rocher, même à coups de pioche : cela n'a pas été sans grande peine, car ce roc est très-dur. J'ai trouvé les autres dans un trou de quatre pieds de profondeur que j'avois fait sur le haut du rocher. La terre que j'en ai retirée, étoit légère & noirâtre. Exposée quelque tems à l'air, elle a pris une couleur cendrée & grisâtre.

» Sur le sommet du rocher, d'où l'on a une vue fort étendue & très-agréable, est une petite plaine de quatre-vingt-dix pas de long, sur vingt-sept de large, environnée de rochers de six à huit pieds de haut, comme d'un parapet extrêmement escarpé. L'accès, par dehors, est très-difficile; mais le milieu, depuis le parapet jusqu'au centre, est couvert d'un gazon très-fin.

» Je pensois d'abord que c'étoit là le cratère. L'uniformité de ce plateau me fit changer d'opinion. En vain cherchai-je soigneusement ses traces sur tous les côtés du rocher; je n'en trouvai pas la moindre apparence. Au lieu d'un seul cratère, le volcan aura peut-être fait ses éruptions par plusieurs petites ouvertures placées vers le haut du rocher. On y trouve aussi une petite source éloignée de cinquante verges du sommet, mais elle étoit à sec quand je l'ai vue, c'est-à-dire, vers la fin de juillet. Telle est la description de ce fameux rocher que personne n'avoit examiné auparavant, excepté un gentilhomme d'*Inverness*, & dont il n'existoit point de détail. Il n'en est fait aucune mention dans l'Histoire, quoiqu'il soit probable qu'il a influé en plus ou en moins sur le pays qui l'environne. Un gentilhomme des environs de Dinval, qui demeure à vingt milles d'*Inverness*, m'a assuré que près de sa maison on trouvoit un monceau de pierres semblables à celles du rocher de Creck faterick, que l'on appeloit *fortification vitrifiée*, mais que personne, jusqu'à présent, n'en avoit donné ni le détail ni l'explication.

» La Société royale de Londres, ayant examiné les échantillons envoyés par l'auteur de cette lettre, & les ayant comparés avec les productions volcaniques, les a reconnus pour de vraies laves, & elle croit que si tout le rocher en est composé, c'est un indice certain qu'il a été autrefois un volcan. »

Enfin, voilà des traces de volcan en Angleterre. Il n'est presque point de latitude où l'on n'en trouve. Si cette observation favorise le système de ceux qui prétendent que tout a été volcan ou produit de volcan, elle est bien opposée au système de ceux qui croient que les volcans ne peuvent exister que dans les hautes montagnes, les montagnes primitives.

JORAT. Ce pays a en partie une direction parallèle à celle du Jura, & s'étend du sud-ouest au nord-ouest. Il offre à sa surface plusieurs systèmes de collines qui se prolongent dans leur longueur, le long des bords des lacs de Neuchâtel & de Morat.

Cette superficie de terrain offre deux pentes principales & deux pentes secondaires qui sont la suite des premières. Celles-ci, dont une a sa direction du nord au midi, est marquée par le cours de toutes les rivières qui vont se jeter dans le lac de Genève, & qui toutes prennent leur origine dans le *Jorat* même, telles que la Paudaise; les deux Flons aux environs de Lausanne, la Morge, qui passe près de la ville du même nom. La seconde, qui a une direction opposée à celle de la première, & qui se porte du midi au nord, & qui se reconnoît par le cours des rivières qui vont se perdre dans le lac de Neuchâtel, telles que la Mantua, qui tombe dans ce lac près d'Yvoriens; le Santeruz, qui se joint à la Mantua; le Buron & le Talent, qui se jettent dans le lac près d'Yverdun.

Les deux autres pentes dont nous avons parlé, sont à l'occident celles indiquées par l'Orbe & la Venoge, qui, après avoir coulé dans le Jorat de l'ouest à l'est, tournent à travers les conches de mollasse, la première au nord-est, pour se rendre dans le lac de Neuchâtel, & l'autre au sud-est, pour se jeter dans le lac de Genève. A l'orient, les pentes déterminées par le cours de la Vevaise & de la Broye, qui, prenant toutes dans les alpes de Fribourg, & coulant quelque tems dans la direction de l'orient à l'occident, & se dirigeant ensuite, l'une au sud-ouest, & l'autre au nord-ouest, vont, à travers les conches de mollasse, gagner l'une le lac de Genève, & l'autre celui de Morat. Pour avoir une idée de la constitution du sol de ce pays, il faut lire les articles de LAUSANNE & de VEVAY, & prendre ensuite les détails des changemens qui y sont survenus & qui s'y opèrent chaque jour, voir les détails qui concernent les lacs de Neuchâtel, de Morat & de Bienne.

Des différens gites des matières bitumineuses du Jorat.

Après avoir fait connoître aux articles de LAUSANNE & de VEVAY la constitution du sol du Jorat, nous nous occuperons dans celui-ci des matières bitumineuses que ce pays renferme, & des circonstances qui les accompagnent; ce qui achèvera de donner une idée plus approfondie de ce sol.

Les bitumes du pays de Vaud forment des conches suivies dans la terre, ou bien se trouvent çà & là par amas isolés. Nous remarquerons d'abord que le plus abondant & le plus utile de ces bitumes, le charbon minéral, ne se trouve que sur les lisières orientales du Jorat, & dans les massifs de mollasse du canton de Fribourg, qui y touchent. D'un autre côté, les couches simplement bitumineuses, les pierres pénétrées d'asphalte & de pétrole n'occupent que ses parties occidentales.

Une autre observation générale, également intéressante, est que les parties orientales du Jorat sont plus riches en fossiles étrangers à la terre, que les cantons occidentaux. Les détails dans lesquels nous entrerons par la suite, offriront le développement de ces deux vérités importantes.

A une demi-lieue de Lausanne, près du village de Pandex, est une mine de charbon de terre. Les couches de la pierre qui sert d'enveloppe aux filons de charbon minéral courent du nord-est au sud-ouest, avec une inclinaison d'environ vingt degrés à l'horizon, de manière que la tête des filons est au nord-est, & que leur enfoncement est au nord-ouest, & porte les veines sous le lac.

Il y a deux couches ou filons de charbon minéral, dont le supérieur & le plus riche a une épaisseur qui varie depuis six jusqu'à neuf pouces. Le second est à dix pieds de profondeur au dessous du premier, & sa plus grande épaisseur ne va guère au-delà de quatre pouces. On l'a abandonné parce qu'il ne mérite pas les frais de l'exploitation. Dans les travaux de la fouille de cette mine on a reconnu que la puissance du filon supérieur étoit plus considérable près de la tête, &, en avançant au jour, que dans la profondeur. Outre cela le travail que l'on a fait dans la mine de Pandex a donné lieu de connoître la composition de la colline de Pandex, depuis le sommet jusqu'au filon du charbon minéral. Voici l'état des couches.

1°. Terre végétale.

2°. Mollasse ou pierre de sable grise.

3°. Marne pierreuse grise.

4°. Grès argileux gris, formant un banc épais de deux pieds deux pouces, fort dur, & dans lequel on ne peut pénétrer qu'avec la poudre.

5°. Marne pierreuse d'un gris noir à surface luisante, se divisant par feuillets irréguliers & se durcissant à l'air; elle est quelquefois alumineuse & remplie de petits cristaux transparens & séléniteux. Le banc qu'elle forme en épaisseur depuis quatre pouces jusqu'à onze. C'est la même substance qui a été indiquée ci-dessus, n°. 3.

6°. Pierre marneuse calcaire bitumineuse, d'un gris-brun, fort dure, coupée par des veines de spath blanc & de spath cubique calcaire, formant un lit épais depuis deux pouces jusqu'à six pouces.

7°. Pierre marneuse calcaire bitumineuse, plus brune & plus compacte que celle du numéro précédent. Ce lit n'a qu'environ deux pouces d'épaisseur.

8°. Pierre marno-sablonneuse par lames fragiles, grise, quelquefois alumineuse & remplie de petits cristaux séléniteux, lit épais d'un pouce.

9°. Petite couche de charbon minéral fort noir & luisant, de deux à trois lignes d'épaisseur, quelquefois très-compacte, & semblable au jayet; mais le plus souvent il est par lames qui se délitent à l'air, & s'y recouvrent d'efflorescences alumineuses. On trouve aussi, entre les feuillets, de petits cristaux de sélénite.

10°. Espèce de grès gris lamelleux, formant une petite couche de deux pouces d'épaisseur.

11°. Pierre marneuse calcaire, d'un gris-brun fort dure, formant un banc épais de quatre pouces.

12°. Pierre marno-sablonneuse, lit de deux pouces d'épaisseur.

13°. Pierre marneuse calcaire bitumineuse, d'un gris-brun très-compacte, & très-dure, qui sert à faire de la chaux assez bonne.

14°. Marne tendre & fragile, grise, qui se délite à l'air, & forme communément le toit de la couche de charbon minéral qu'on exploite actuellement. Ce banc a depuis six jusqu'à dix pouces d'épaisseur; mais quelquefois il est réduit à une ligne, & finit enfin par manquer entièrement; de sorte que c'est alors la pierre marneuse du n°. 13 qui sert de toit à la mine. Cette pierre est plus ou moins alumineuse, & remplie des mêmes petits cristaux de sélénite dont nous avons parlé aux n°s. 5, 9 & 10. On est obligé d'enlever la pierre de ce banc à coups de pic avant de pouvoir extraire le charbon minéral.

15°. Vient ensuite la couche de charbon minéral.

16°. Banc épais de pierre marneuse, un peu sablonneuse, qui se délite à l'air, & qui forme le sol de la mine & sert d'appui au filon.

Nous devons remarquer ici, d'après ce détail des couches de la mine de Pandex, que le charbon lui-même & plusieurs des couches qui l'accompagnent ou le renferment, offrent des corps étrangers plus ou moins nombreux, soit coquilles, soit impressions de plantes, & qui méritent d'être décrits ici.

Entre les feuillets que forme souvent le charbon minéral on trouve souvent de minces croûtes blanches, excessivement fragiles & légères: ce sont les dépouilles d'animaux à coquilles. Cette substance est calcaire, & se dissout entièrement aux acides. Il ne reste qu'une pellicule fine & transparente, conservant la forme du corps détruit. Outre ces dépouilles de testacées on trouve, entre les mêmes feuillets, du charbon, ainsi que dans la substance pierreuse du n°. 13, un grand nombre de coquillages fossiles calcinés, mutilés, brisés, ou simplement déformés. On remarque seulement que, dans ce cas, la pierre du n°. 13 est moins compacte, plus blanche, se délite plus facilement, & est outre cela coupée par de petites veines de charbon minéral. Ces coquilles, si semblables au premier coup-d'œil à des cornes d'ammon de la petite espèce, sont fluviatiles, attendu qu'elles n'ont ni concamérations ni siphon, & elles ont au contraire tous les caractères des vrais planorbis, dont on trouve les analogues vivans dans le lac de Genève. Ces coquilles se trouvent nonseulement fossiles conservées, mais même pétrifiées dans la pierre du banc n°. 6 ci-dessus. Outre les planorbis, on y trouve aussi des moules de lacs & l'espèce qu'on voit dans le lac de Genève.

Nous finirons par remarquer ici que la pierre du banc n°. 16, qui sert d'appui au filon principal de Pandex, n'offre aucun vestige de coquilles ou de corps organisés du règne animal, mais des empreintes de feuilles & de tiges de gramens, dont la substance est le plus souvent noire & bitumineuse.

Le charbon minéral de Pandex est souvent, comme nous l'avons déjà dit, d'un noir luisant & assez compacte, mais d'autres fois il est très-fragile. Il brûle avec la plus grande facilité, & se convertit en grande partie en une scorie martiale boursouflée; il pourroit servir aux usages domestiques si on le préparoit à la méthode de Liége ou de Flandre.

A une lieue de Lausanne & à la même distance de Pandex, au nord-est, sont les mines de charbon de Bémont, abandonnées. A en juger par les échantillons qu'on peut se procurer près d'anciens travaux, on y trouve même qualité de charbon, les mêmes couches pierreuses remplies des mêmes coquilles fluviatiles fossiles, & par conséquent le même ordre de choses qu'à Pandex.

Si du bailliage de Lausanne on se porte à celui d'Oron, on trouve encore à un quart de lieue & à une demi-lieue de cette dernière ville plusieurs mines de houille. Par l'examen des travaux faits pour l'extraction de ce charbon, on a reconnu, 1°. que la couche du charbon minéral est partout encaissée entre deux couches de pierre marneuse remplie des mêmes coquilles fluviatiles, & surtout des mêmes planorbis qui se trouvent dans les mines de Pandex & de Bémont; 2°. que la houille d'Oron est plus dure & plus compacte que celle du bailliage de Lausanne; 3°. qu'entre les feuillets du charbon minéral d'Oron, on trouve des veines d'un bois minéralisé & durci par le bitume.

La pierre marneuse dure qui accompagne la couche de charbon s'enfonce près de Châtillon, & y forme le seul banc dont la pierre soit propre à faire de bonne chaux. C'est le seul endroit du bailliage, où l'on ait rencontré cette pierre calcaire, les autres carrières des environs de Châtillon n'ayant fourni que des pierres de sable. Cependant il faut dire qu'on retrouveroit ce banc entre Oron & Semsale, où les couches marneuses calcaires, propres à faire de la chaux, reparoissent au jour, avec les filons de charbon de terre qu'elles accompagnent constamment.

Effectivement, à une lieue un quart d'Oron vers l'Orient, dans le territoire de Semsale, on trouve un système de couches, dont les unes sont de molasse, & les autres de pierres marneuses; entre lesquelles sont des couches de charbon minéral, le tout recouvert d'une brèche dont nous avons fait mention à l'article de VEVAY.

Les mines de charbon de Semsale renferment les filons les plus puissans & le minéral de la meilleure qualité que l'on connoisse dans le *Jorat*. Il existe aux environs de Semsale plusieurs filons, sans compter de petites veines qui ne méritent pas les frais d'exploitation: on ne travaille qu'à l'exploitation d'un seul filon qui, comme toutes les couches du massif au milieu duquel il se trouve, est incliné d'environ cinquante degrés à l'horizon vers le sud-ouest. La plus grande épaisseur qu'on lui ait reconnue va jusqu'à deux pieds; mais cette épaisseur est assez variable. Au reste, dans cette fouille, les couches

se succedent suivant cet ordre, dessous la terre
végétale:

1°. Un banc épais de pierre de sable, à grain fin
& dur;

2°. Mollasse tendre, grise, formant un autre
banc épais;

3°. Pierre marneuse grise, en lames minces de
quelques lignes;

4°. Pierre marno-sablonneuse;

5°. Pierre marneuse, lamelleuse, grise, dont les
faces sont souvent luisantes, & qui se décompose à
l'air: ce banc est souvent épais de neuf pouces;

6°. Pierre marneuse, bitumineuse, dure & susceptible de poli. Ce banc, dont l'épaisseur est le
plus souvent de huit à neuf pouces, renferme communément des amas de coquilles fluviatiles, telles
que des moules & des planorbis: viennent ensuite;

7°. Des bancs de mollasse, mêlée de couches marneuses, comme celle du n°. 3;

8°. Un filon de charbon minéral, d'environ deux
pouces;

9°. Un banc très-épais de pierre marneuse calcaire, dure, bitumineuse, semblable à celle du
n°. 6, & coupée par des veines minces de charbon,
dans l'ordre suivant:

1°. Pierre marneuse calcaire, de l'épaisseur d'un
pouce;

2°. Charbon minéral, de six lignes d'épaisseur;

3°. Pierre marneuse calcaire, de six lignes d'é-
paisseur;

4°. Deux petites veines de charbon parallèles,
souvent réunies, de trois lignes;

5°. Pierre marneuse calcaire, coupée de veines
de charbon irrégulières, & qui se croisent, de cinq
pouces d'épaisseur.

On emploie la pierre de marne calaire, dure, à
faire de la chaux, qui est d'une assez bonne qualité, quoique la pierre ne se calcine pas en entier.
On remarque, non-seulement entre les couches de
cette pierre, mais aussi entre celles du charbon,
des coquilles fluviatiles assez nombreuses, & des
mêmes espèces dont nous avons parlé en décrivant les fossiles de Pandex.

Le charbon minéral de Semsale est de meilleure
qualité que celui du bailliage d'Oron: il est aussi
moins pyriteux que celui de Pandex; il s'enflamme
moins facilement, & moins promptement que les
charbons d'Oron & de Lausanne; il donne plus de
chaleur, & par conséquent il peut être employé
avec plus d'avantage.

De toutes les observations que nous venons d'exposer sur les mines de charbon de terre du Jorat,
on peut conclure, 1°. que les mines de Semsale &
celles d'Oron & de Pandex, étant semblables, tant
par rapport à la direction & à l'inclinaison des couches de charbon de terre, que par rapport à la
nature des bancs de pierres qui les accompagnent,
on doit les regarder comme les mêmes filons qui,
sur une étendue de plus de trois lieues & demie,
tantôt s'enfoncent dans la profondeur de la terre,

& tantôt reparoissent au jour dans les différens
endroits que nous avons indiqués; 2°. que le charbon minéral d'Oron pouvant être réputé meilleur
que celui de Pandex, & celui de Semsale supérieur
à tous les autres, il s'ensuit que, dans le Jorat,
le charbon minéral est d'autant meilleur, que les
filons sont plus-éloignés de leur plateur ou plus
grand point d'approfondissement: en second lieu,
que les filons d'une certaine épaisseur, & qui donnent le minéral le plus estimé, se trouvent plus près
de la surface de la terre, que dans la profondeur.

Après avoir parlé des couches de charbon de
terre que renferme le Jorat, il convient de décrire
les masses ondulantes & isolées de ce minéral, que
l'on y rencontre assez fréquemment, & de faire
connoître leur nature, & en quoi elles different des
filons plus suivis du même pays.

Dans les carrières du grand & du petit Mont,
près de Bétuzy, dans plusieurs autres endroits des
environs de Lausanne, & en général dans les collines de pierres de sable de la Suisse, on rencontre
souvent des bois bitumineux & alumineux, c'est-
à-dire, des bois changés en charbon minéral, &
imprégnés d'alun & de vitriol martial. Ces bois
ne forment ni des couches ni des amas considérables: pour l'ordinaire ils sont
logés dans les fentes des rochers. Le plus souvent,
à côté de ce charbon, on trouve du bois non décomposé, qui est pourri & friable, & pénétré
d'ocre de fer ou de pyrite martiale; il offre également le tissu ligneux, & passe à l'état d'une terre
ou pierre noire bitumineuse.

Ces sortes de bois fossiles sont des fragmens
cylindriques de branches, où l'on a cru reconnoître les coups de la hache; mais ces sortes d'indices
sont ou trop équivoques, ou ont été annoncés jusqu'à présent par des gens peu croyables. Ils se décomposent plus ou moins promptement à l'air, suivant l'état de la pyrite qui les pénètre; ils s'enflamment aussi fort facilement.

Nous avons déjà remarqué que si, d'un côté,
les charbons de terre purs & solides se trouvoient
dans la partie orientale du pays de Vaud, on ne
rencontreroit au contraire, le long des lisières
occidentales, que des terres ou pierres bitumineuses, ou bien plus ou moins pénétrées de bitume,
ou bien du pétrole pur & fluide, & que ces derniers dépôts étoient beaucoup plus abondans vers
le nord, contre le Jura, & resserrés dans un canton
où il semble que les couches de cet ancien massif,
réunies entre Orbe, Champvent & Chamblon,
formoient une espèce d'anse favorable à ces
dépôts.

Les mines de pierre bitumineuse, les plus voisines de Lausanne de ce côté, sont à quatre lieues
environ au nord-nord-ouest de cette ville, dans le
bailliage d'Echallens, à un quart de lieue du village de Chavornai: c'est là qu'on trouve une mollasse tendre & bitumineuse. Nous allons donner ici
la suite des différentes couches qu'on a pu y distin-

guer & y reconnoître, en commençant par celles que baigne de ses eaux le Talent.

1°. Le premier banc qui s'enfonce sous le lit du Talent offre une mollasse bitumineuse, noirâtre ou d'un gris-obscur, qui, d'abord friable, se durcit à l'air. Ce premier banc doit être fort épais.

2°. A la hauteur d'environ quinze pieds au dessus de l'eau se présentent des couches marneuses colorées.

3°. Puis un banc, bien plus épais encore, de pierre de sable marneuse.

4°. Enfin un banc de mollasse d'environ douze pieds d'épaisseur, qui n'est bitumineux que par veines.

Il découle souvent de ces couches, lorsqu'elles sont échauffées par le soleil, & surtout du banc inférieur, n°. 1, une si grande abondance de pétrole noir, que l'eau qui baigne le pied du roc en est chargée.

On a extrait de cette mollasse bitumineuse, dans deux endroits de la rive gauche du Talent, peu distans l'un de l'autre. Outre cela, on a trouvé que des rochers situés à la rive opposée de la même rivière donnoient en abondance du pétrole; mais les éboulemens des terres supérieures de la colline ont presqu'entièrement recouvert cette mine, & continuent chaque jour à l'ensevelir davantage.

Si l'on vouloit tirer parti de cet amas de bitume, qui paroît fort riche, vu l'épaisseur du banc où il se trouve, & son étendue, il faudroit, 1°. détourner le cours du Talent; 2°. entreprendre une exploitation en forme, au moyen de laquelle on pourroit se procurer la pierre bitumineuse dans l'épaisseur des bancs & à des profondeurs convenables.

Au-delà de l'Orbe on a découvert un banc de pierre bitumineuse, qu'on exploite actuellement. Ce banc est à un quart de lieue & à l'orient de la ville d'Orbe, dans la colline du Creux-Genou. Les exploitations se poursuivent le long de la pente méridionale des couches, & à trente pieds environ au dessus du niveau de la rivière d'Orbe; & comme son lit est peu profond en cet endroit, on voit aisément qu'il est creusé en partie dans la pierre calcaire du Jura, sur laquelle sans doute les couches de formation postérieure, qui renferment le bitume, ont été établies.

La colline du Creux-Genou étant presqu'entièrement recouverte par ses matériaux éboulés, qui s'en sont détachés, il est assez difficile de déterminer la succession & la nature des différentes couches qui la composent; mais cependant on est parvenu à se procurer les résultats suivans avec assez d'exactitude.

1°. Couche de terre végétale, épaisse d'environ un pied.

2°. Plusieurs lits de terre mêlée de sable & de cailloux roulés, formant ensemble une épaisseur d'environ dix-sept pieds six pouces.

3°. Lits minces & alternatifs de pierre de sable lamelleuse tendre, & de pierre marneuse d'un rouge plus ou moins foncé, formant ensemble une épaisseur d'environ trois pieds dix pouces.

Ces lits paroissent inclinés d'environ dix à quinze degrés du sud-ouest au nord-est.

Vient ensuite, 4°. le banc bitumineux. C'est une pierre de sable d'un gris-foncé & tendre dans la mine, mais qui durcit à l'air. Son épaisseur apparente est d'environ cinq pieds trois pouces.

Le bitume est dispersé inégalement dans ce banc. Les parties les plus foncées en couleur & les plus tendres sont les plus chargées de bitumes. Celles qui sont moins riches forment une pierre plus dure, & il en découle abondamment une huile de pétrole noir, comme à Chavornai. Au fond de la galerie poussée dans ce banc on le trouve coupé presqu'en deux lits par une veine horizontale, d'une pierre marneuse, grise ou rougeâtre, de quelques lignes d'épaisseur.

Jusqu'à présent la longueur connue de cette couche de mollasse bitumineuse est d'environ quinze à vingt pieds; mais il paroît que son épaisseur doit être très-considérable. On la trouve ordinairement dessous les alternatifs de la pierre de sable & de la pierre de marne colorée, qui lui servent assez constamment de toit. A juger par analogie on peut présumer que l'on trouveroit, sous ces lits sablonneux & marneux colorés dans la profondeur du massif de la colline, un second banc de mollasse bitumineuse, peut-être plus riche encore & plus épais que le premier.

Il est aisé maintenant, en comparant la mollasse bitumineuse de Chavornai & d'Orbe avec le véritable asphalte du val Travers, de voir combien ces deux substances different entr'elles, & combien peu les dénominations d'asphalte conviennent à la pierre des deux premiers endroits. (Voyez l'article de VAL TRAVERS, où les qualités de cet asphalte sont exposées.) Il nous reste maintenant à résumer les qualités de la pierre bitumineuse de Chavornai & d'Orbe.

1°. Elle n'a que la solidité & la pesanteur d'une pierre de sable ordinaire.

2°. Elle n'a jamais la couleur noire ou brune de l'asphalte, mais n'est que d'un gris plus sombre que celui de la mollasse pure.

3°. Elle a à peu près la dureté de la mollasse.

4°. Elle s'égrène, & se pulvérise facilement sans que les grains de sable s'agglutinent ensuite ensemble, de sorte qu'on n'en peut obtenir aucun ciment par son mélange avec la poix.

5°. Si l'on en extrait de l'huile par distillation, qu'on cuise cette huile & qu'on la réduise à une certaine consistance en la mêlant à la poix, on en obtiendra un ciment assez tenace, mais d'une qualité inférieure à celui produit par le mélange de la poix & de l'asphalte.

6°. Enfin, cette pierre ne donne qu'une flamme très-peu vive & très-peu durable.

On voit, par ces détails, combien peu d'utilité on

peut

peut retirer de la pierre bitumineuse de Chavornai & d'Orbe. Nous passons maintenant à une matière d'un autre ordre, qui est plus généralement répandue dans ce pays, & dont on peut retirer plus d'avantage.

On exploite de la tourbe dans le bois de Sauvabelin, près de Lausanne : on en trouve aussi de la même qualité entre les monts Lutri, à une lieue & demie de cette ville. Les tourbières qu'on y exploite sont travaillées suivant la méthode hollandoise, & ont été poussées jusqu'à quatre à cinq pieds de profondeur. La tourbe qu'on en extrait, & en général celle de toutes les tourbières de ce pays, est d'une qualité fort mêlée dans la même couche. Celle qui est de bonne qualité se rapproche beaucoup de la tourbe limoneuse, brûle sans odeur, & laisse, après la combustion, des cendres d'un gris-blanchâtre & qui peuvent former un bon engrais.

Dans toutes les tourbières de ce pays, comme dans celles des autres pays, on ne trouve aucun vestige de corps testacées, marins ou autres. Effectivement, les tourbes sont en général d'une origine bien plus moderne qu'aucune des couches de dépôts marins, mais non des aterrissemens fluviatiles qui ont pu contribuer à la formation & à la conservation des tourbes. C'est ainsi que nous avons indiqué des tourbes dans les marais qui environnent les lacs de Morat & de Bienne, & autour du petit lac de Brai. (*Voyez ces articles.* *Voyez aussi l'article* TOURBE.)

JOURDAIN. Ce fleuve est le seul qui arrose la Palestine ; il la traverse toute entière, & se jette ensuite dans le lac de Tibériade, & de là va se perdre dans la Mer-Morte ou Asphaltide. Le lac de Tibériade n'a guère que six à sept milles de largeur, sur une longueur de dix-huit à dix-neuf milles. La Mer-Morte borne la plaine de Jéricho. On amasse, à la surface de ses eaux, une sorte de bitume qui lui a fait donner le nom d'*Asphaltide*. Les eaux de ce lac sont salées, d'un mauvais goût, amères, & exhalent une mauvaise odeur ; mais il est faux que les oiseaux qui volent au dessus ou autour tombent morts. On trouve même sur ses bords plusieurs coquillages qui font croire que cette mer peut avoir aussi quelques autres poissons. Le *Jourdain* est un fleuve qui, après avoir alimenté deux lacs en grande partie, va perdre son cours au second, & c'est dans la vallée de ce fleuve que sont placés les bassins de ces deux lacs.

JOUX. C'est tout à-la-fois le nom d'une chaîne de montagnes, d'une vallée & d'un lac du pays de Vaud, dans le canton de Berne en Suisse.

Le mont *Joux*, *mons Jovius* ou *mons Jovis*, est une portion du mont Jura. Le mont Jura est une longue chaîne de montagnes, qui s'étend depuis le Rhin près de Bâle, jusqu'au Rhône, à quatre lieues

au dessous de Genève. Cette chaîne est tantôt plus, tantôt moins élevée ; elle a aussi plus ou moins de largeur ; enfin elle prend, dans cette étendue, différens noms particuliers. Le long du Rhône c'est le Grand-Crédo ; c'est le mont Saint-Claude dans la Franche-Comté & le Bugey ; c'est le mont *Joux* ou le mont de *Joux* vers les sources du Dain & du Doubs en Franche-Comté ; c'est aussi les monts de *Joux* dans le bailliage de Romain Moutier au canton de Berne, frontière du comté de Bourgogne ; c'est Pierre-Pertuis, *Petra-Pertusa*, dans l'évêché de Bâle. La montagne, en effet, y a été percée par les Romains : on y voit encore une inscription qui en fait foi. C'est par-là qu'on entre dans le Monsterthal ou la vallée de Montier-Grand-Val. Tirant plus loin, du côté de Bâle & de Soleure, le mont Jura est appelé *Boutzberg*. Je ne m'arrête qu'aux dénominations les plus générales. Autrefois toute cette chaîne divisoit le royaume de Bourgogne en deux parties, en Bourgogne cisjurane, & en Bourgogne transjurane : aujourd'hui elle sépare la Suisse de la Franche-Comté & du Bugey.

Dans cette partie du mont Jura du comté de Bourgogne, qui porte aussi le nom de *mont Joux*, est une petite ville avec un château à une lieue de Pontarlier. Sept lieues plus loin, vers le midi, il y a encore un village du même nom de *Joux*, avec une abbaye & un lac.

Le mont *Joux*, dans le bailliage de Romain-Moutier, a de même donné le nom à un lac & à une vallée. Là le mont Jura s'élargit considérablement dans le pays de Vaud ; il forme trois vallées qui se communiquent par des gorges. Celle de *Joux* est la plus grande & la plus élevée, d'où on passe à celle de Vanillon, & de là à celle de Vallorbe qui est la plus basse. La partie la plus basse de la vallée de *Joux* est occupée par un lac de deux lieues de longueur, sur demi-lieue dans sa plus grande largeur. Ses eaux sont limpides & légères. Son élévation au dessus du lac d'Yverdun, mesurée avec le baromètre, est de deux cent quatre toises. La dent de Vanillon, montagne qui domine, a trois cent cinquante-huit toises au dessus du même lac.

Toute la vallée a plus de quatre lieues de longueur, & environ deux de largeur. Le lac a, vers son extrémité, un étranglement comme un canal, où l'on a planté un long pont de bois. Le lac s'élargit de nouveau ; ce qui forme un autre bassin qu'on nomme le *Petit-Lac*. De l'extrémité du pont s'élève une montagne, qui forme une nouvelle vallée du côté de la Franche-Comté. Cette vallée s'appelle le *Lieu*, d'un village de ce nom. Là est un troisième lac, qui n'est qu'un grand étang qu'on appelle *Latier*, peut-être de *lacus tertius*. Cet étang paroît communiquer, par des souterrains, au lac de *Joux*. Une rivière entre dans celui-ci, qui est le plus grand des trois lacs : c'est l'Orbe, qui vient du lac de Rousses. Grand nombre de ruisseaux y tombent auffi de toutes parts. L'Abbaye eft un grand village qui eft prefqu'au milieu de la vallée : c'étoit autrefois une dépendance du Prieuré de Romain-Moutier. A une portée de canon de ce lieu-là on voit fortir, du pied d'un rocher, une petite rivière qui coule avec rapidité & va fe jeter dans le lac; elle a dix pieds de largeur fur deux pieds de profondeur. Malgré cette quantité d'eau qui entre fans ceffe dans le lac, aucune n'en fort extérieurement; mais on voit des bouches au fond de l'eau, en divers endroits, où l'eau s'engoufre & fe perd. Les payfans appellent ces trous *entonnoirs*, & ils font attentifs à ce qu'ils ne fe bouchent pas. Il paroît qu'une partie de cette eau coule par-deffous diverfes montagnes du côté de l'Isle, dans le bailliage de Morges. Le principal des entonnoirs eft à l'extrémité du petit lac, à une demi-lieue du pont. Dans cet endroit on a conftruit des moulins que l'eau, dans fa chute, avant de fe perdre dans les fentes des rochers, fait tourner. Les moulins font bâtis au deffous du niveau du lac, dans un grand creux qu'il y a dans le rocher.

Quoiqu'il n'y ait aucun fruit dans cette vallée, elle eft très-agréable & très-riante en été. Il y croît de l'orge & de l'avoine : les pâturages y font fort bons. Le lac eft abondant en poiffons, furtout en excellens brochets. Le pays eft très-peuplé. Ce pays, affez chaud durant trois mois d'été, offre au botanifte curieux une grande variété de belles plantes. Dans un marais qui eft au haut du lac, on trouve une fource légérement martiale. Sur l'herbe de ces marais on voit, en juillet, une quantité d'araignées faucheurs, qui jettent de longs fils : on peut les dévider aifément, & fuivre ainfi la route de l'infecte. Il y a trois grandes paroiffes dans ce pays, compofées chacune d'un village principal & de plufieurs hameaux, l'Abbaye, le Chenit & le Lieu.

A une lieue de l'Abbaye, fur la montagne du côté du pays de Vaud, on voit un grand trou large d'une douzaine de pieds; il communique perpendiculairement à une caverne très-profonde, où l'on entend des eaux fouterraines couler avec bruit. Du côté oppofé, c'eft-à-dire, du côté de la Franche-Comté, on voit au milieu des bois un puits ou trou femblable, mais au deffous duquel on n'entend point de bruit d'eau courante.

On ne doute point que l'eau du petit lac, qui s'échappe vers les moulins, n'aille former au deffous, dans la vallée de Vallorbe, la rivière de l'Orbe, qui fort en effet toute formée d'un rocher, à une demi-lieue au deffus du village de Vallorbe. Cette fource a au moins feize pieds de largeur fur trois pieds de profondeur au fortir du rocher.

On peut conclure de là, & de l'infpection des lieux, qu'il ne feroit pas impoffible de couper à travers des rochers un canal pour vider les lacs, & les faire couler par le canal de l'Orbe : ce feroit gagner du large dans un pays très-ferré & fort peuplé.

Les habitans de cette contrée font ingénieux & induftrieux. On y trouve de bons horlogers, des ferruriers fort adroits, un grand nombre de lapidaires & de boiffeliers.

Il y a beaucoup de mines dans les montagnes voifines : on y rencontre des pyrites globuleufes & des marcaffites anguleufes. Les payfans ne manquent point de prendre les dernières, à caufe de leur éclat, pour des mines d'or. On s'eft avifé de travailler fur ce minéral au mont Dor, en Franche-Comté, à quelques lieues de là. Des Français, ou ignorans ou trompeurs, ont fait dépenfer inutilement une fomme affez confidérable à des particuliers peu inftruits : on n'a pas fu feulement à faire du vitriol. On y trouve auffi, furtout fur les revers du côté du midi & du conchant, des pétrifications, comme des térébratules, des cornes d'Ammon & des bélemnites. Dans le chemin de la vallée de *Joux* à celle de *Vanillon*, on ramaffe quelques gloffopètres, & plus bas on voit une pierre ollaire, dont on pourroit peut-être tirer parti : il y a auffi des couches d'ardoife qui y eft négligée.

*I*RENTIKK, lac de la province d'Ifett en Sibérie.

A huit verftes de Tfcheljabé on laiffe à la droite du chemin un lac falé que les Bafchkires appellent, ainfi qu'un autre fitué plus à l'oueft, *Irentikk*, tandis que les Ruffes ne les défignent que fous la dénomination générale de *Gorkje-Ofera* (lac amer). On affure que les eaux en étoient douces autrefois. L'un & l'autre de ces lacs ont leurs bords couverts de joncs, & donnent afyle, de même que nombre d'autres lacs de la province d'Ifett, furtout de ceux qui font grands & un peu falés, à une quantité de canards d'une efpèce rare, qu'on ne voit point fur les eaux de l'intérieur de la Ruffie. A quatre verftes de là on trouve à gauche encore un lac que les Cofaques appellent *Kamifchonoë* (lac de joncs), dont les eaux font pareillement falées, de même que celles d'un autre lac appelé *Polowinnoi*, qui commence à deux verftes plus loin; ce qui n'empêche pas que l'un & l'autre n'abondent en tanches.

L'Ek ou l'Iikul eft un lac dont la fortereffe dite *Etkulskaja*, habitée par des Cofaques, eft fituée fur l'un des bords les plus élevés de ce lac.

Les eaux de ce lac font fraîches & potables, quoique le fond de ce lac foit vafeux; auffi ne fournit-il pas beaucoup de poiffons, & ceux qui s'y trouvent, ont une triple variété de gris, de noir & de jaune. Vers Kitfchigina l'on trouve le grand & le petit Sarikul, & le Dawankul. Le grand Sarikul a jufqu'à trente verftes de circonférence; mais il eft en même tems fi peu profond, qu'il n'y a prefque partout de l'eau que jufqu'aux genoux; auffi gèle-t-il aujourd'hui prefqu'entiérement en hiver, & ne fournit-il que des poiffons en petite quantité. Les Cofaques racontent au fujet du Dawankul, que ce lac n'exiftoit point encore lorfqu'on érigea la fortereffe de Kitfchigina, &

même jufqu'à l'année 1760, mais qu'il y avoit, à la place qu'il occupe, un pâturage humide, traverfé dans toute fa longueur par un grand chemin. Pendant une année fort pluvieufe, foit que le fol fe fût affaiffé, ou que des fources fouterraines s'y fuffent frayé un paffage, ce terrain fe convertit en lac, qui fut bientôt peuplé de poiffons & d'oifeaux aquatiques; mais enfuite fes eaux étant devenues faumaches, les poiffons en ont entiérement difparû. Ce lac n'offre pas au refte le feul exemple d'une pareille révolution dans la nature des eaux, & l'on en pourroit indiquer d'autres fans fortir de la province d'Ifett.

D'après le témoignage de tous les payfans qui habitent cette contrée, c'étoit autrefois un lac d'eau douce, fi bas, qu'on pouvoit le traverfer à cheval par le milieu; mais des révolutions par la fuite l'ont confidérablement augmenté: il s'eft emparé de tout le fond où il eft fitué en devenant falé, au point que tout le poiffon qu'il renfermoit en réferve de la karaffe, y eft mort. La falure de ce lac eft actuellement au point que l'hydromètre y indique huit degrés & demi de fel de cuifine.

Vis-à-vis le village de Kurtamyche le pays fe découvre, & l'on ne voit plus que quelques bouquets de bois de bouleau répandus çà & là; mais on trouve partout des traces de fel, au point que les bords de la rivière de Kurtamyche font couverts, dans une affez grande largeur, d'une couche de fel amer en effloref cence, qui tient beaucoup du natron. Cette couche a près d'un doigt d'épaiffeur, & l'on peut en amonceler avec les mains le fel qui fe préfente en forme de pouffière blanche trè-fèche. La nature faline du fol de cette contrée ne le rend pas des plus propres à la culture. Les meilleures terres ne produifent pas, dit-on, plus de trois ou quatre ans, & même le froment n'y réuffit jamais bien. On fe plaint déjà beaucoup des violentes tempêtes qu'on y éprouve, ainfi que des gelées blanches & des nuits froides qui y règnent jufqu'au mois de juin, & cette plainte eft affez générale dans toute la Sibérie.

Le fol de ces contrées, & généralement celui de prefque tous les diftricts falins qui s'étendent entre le Tobol, le Tfchim & l'Irtifch, ainfi que celui des Steppes des deux bords de la dernière de ces rivières, a la propriété de fe décompofer fans ceffe confidérablement en fel amer ou de cuifine, qui tire plus ou moins fur le natron. Au printems ce fel femble fe pouffer hors de terre en bouillie poreufe ou écume blanche très-aqueufe, qu'une féchereffe un peu continue change en une efpèce de farine blanche comme la neige. Il y a peu de ces fels que le bétail veuille lécher. Il eft vrai qu'il y en a quelquefois, furtout où la terre a reçu du fumier, autour duquel le fel fe raffemble en grande abondance, qui a contracté un goût d'urine. Nous rappellerons à cette occafion, que lorf qu'on fouille dans ces terrains falés, on ne rencontre, à quelque profondeur qu'on pénètre, que

du fable, & par-deffous, tantôt une argile graffe, de couleur jaune & vifqueufe, tantôt une argile compacte, noirâtre, qui n'eft pénétrée de fel que dans fa furface fupérieure, & devient ainfi le lit fur lequel le fel fe ramaffe, amené vraifemblablement par des filets d'eau de fources imperceptibles qui ne coulent qu'au printems, & qui s'accumulent de préférence dans les fonds, tandis que, dans les autres endroits où il ne fe trouve pas de pareilles couches d'argile, ces eaux ne rencontrent au deffous d'elles que du fable où des terres poreufes s'y filtrent & s'y difperfent néceffairement. C'eft par la même raifon que, fur toutes les Steppes falines jufqu'à l'Irtifch & à l'Oby, ce ne font prefque jamais les terrains élevés qui font de nature falée, mais les terres baffes, fituées au pied des terres hautes, & furtout les bas-fonds, dont la furface unie s'approche le plus près de cette couche argileufe qui règne prefque partout dans cette contrée fous la terre végétale. Sur un de ces terrains, imprégné de fel & de natron, près du village d'Obunina, peu éloigné de Kurtamyche, il y a des places confidérables où le fel amer, très chargé de natron, fe décompofe fur la fuperficie du fol humide, dans une telle abondance, qu'il y forme un lit qui a fouvent jufqu'à deux pouces d'épaiffeur, & qui reffemble à de la neige poreufe, ou plutôt à de l'écume de fucre, avec une furface brifée. Il monte même plus haut de quelques pouces le long des tiges de la falicorne & du *chenopodium maritimum*, autour defquelles il s'attache de l'épaiffeur d'un demi-pouce. Là où il fe deffèche on le prendroit pour un lit de la plus fine farine; auffi eft-il bientôt emporté par les vents. Il ne fe criftallife en aucun endroit, mais il fe manifefte partout en bouillie & faturé de beaucoup d'eau. Souvent un rayon de foleil un peu chaud en fait fondre de nouveau une partie avant qu'il ait eu le tems de fe fécher.

En s'éloignant enfuite de la Kurtamyche, & fe rendant par Jarkofokaja fur le Tobol, à Kaminfkaja-Sloboda (ce lieu eft compofé de bons cultivateurs à leur aife), on voit que les inondations rendent fouvent cette contrée marécageufe, & la multitude de lacs dont la contrée eft comme tapiffée y attirent une quantité d'oifeaux aquatiques de toute efpèce. Avec tout cela on y fouffre une grande difette d'eau potable. Du refte, le pays eft encore bien affez fourni de bois & de gibier.

La contrée près des nouvelles lignes Tobol-Ifchimiennes, qui tient aux frontières d'Oremboug, eft d'une grande étendue de pays, très-remarquable par l'innombrable quantité de lacs falés & amers dont il eft parfemé jufqu'à l'Ifchim, & de là plus loin jufqu'à l'Irtifch, le long d'une vallée faline également parfemée de lacs, & enfin le long du ruiffeau qui fert de cette vallée. Ces lignes, qui coupent la Steppe Ifchimienne en travers, font en totalité finguliérement remarquables par la quantité incroyable de lacs dont elles font bordées, & qui forment une efpèce de chaîne. Ils font, pour la majeure partie, ou faumaches ou amers : il y en a même dans le nombre, qui font fortement falés ; mais la nature faline du fol fait auffi que ces lignes ont une grande difette de bonne eau, n'étant couvertes d'aucune rivière.

La nature généralement faline de la Steppe d'Ifett, ainfi que celle de la Steppe fituée entre le Tobol & l'Irtifch, doit néceffairement provenir des montagnes fecondaires ou difpofées par couches horizontales du voifinage. Il y en a de ce genre, mais baffes, qui s'étendent le long de l'Ifett, en defcendant le long du Tobol & de l'Irtifch, & fur quelques cent verftes au fud de la Steppe Kirgifienne. Il faut donc bien plutôt avoir recours à cette chaîne confidérable & continue de montagnes qui fe prolonge depuis le Jaïk vers l'eft, traverfe la Steppe Kirgifienne, & va fe joindre à la grande chaîne altaïque. Il eft inconteftable que ce font les branches étendues & nombreufes de cette fuite de montagnes fecondaires, qui fourniffent aux plaines immenfes dont elles font environnées, cette quantité de fources falées dont elles font pénétrées en une infinité d'endroits ; car toutes les plaines fituées au nord de ces montagnes jufqu'aux frontières de l'empire de Ruffie, & toute la Steppe Kirgifienne, entre le Jaïk & l'Irtifch, font remplies de lacs & de terrains falés, tout comme la Steppe Barabinienne, qui, s'étendant plus loin vers l'eft, depuis l'Irtifch jufqu'à l'Oby, tient probablement cette même nature faline des monts Altaïques & Obiens. Cette chaîne dont nous parlons, & qui traverfe la Steppe Kirgifienne, eft compofée de montagnes contiguës. Toutes les eaux qui en defcendent vers le nord tombent dans le Tobol & dans l'Ifchim en defcendant, & qui font riches en minéraux, paroiffent avoir une connexion avec cette même chaîne. A quarante verftes environ de Sweringolofskaja, l'on trouve dans la Steppe le lac Tfchebatful, d'une belle étendue & très-poiffonneux ; & quoique fes eaux foient douces, fes bords font, dit-on, falés dans tout leur contour ; ils font même fouvent couverts d'une couche épaiffe de fel amer décompofé.

En fuivant la route le long de l'Uk, à travers des bois de bouleaux, humides & montueux, où le pays, en s'élevant, devient plus froid & plus tardif, on defcend des hauteurs dans l'environnement des plaines baffes & marécageufes qui rempliffent tout l'intervalle qui fépare l'Uk du Wagai (rivières) : là on voit, dans les contours, des fonderies argileufes, du fel amer, mêlé de natron en efflorefcence, qui devient toujours plus fréquent en approchant du Wagai.

En cheminant le long de la rive gauche du Wagai, l'on rencontre encore des efpaces confidérables de terrains falés & des places marécageufes couvertes de fel amer, mêlé de natron, qu'on prendroit pour de la neige. La contrée eft d'ail-

leurs plus élevée & plus fèche, & le terrain ne ceffe pas de s'élever & de s'abaiffer alternativement en ondes plates, tantôt découvert, tantôt boifé en bouleaux jufqu'aux bords de l'Ifchim. En defcendant le long du Wagai, où font fitués plufieurs flobodes dans un fond humide, beaucoup d'endroits font couverts de fel en efflorefcence.

La rive orientale de l'Ifchim, & plus loin vers l'Irtifch, fur toute la Steppe Abuzkienne (c'eft le nom général qu'on lui donne), eft moins élevée que la partie qui eft à l'occident ; auffi le fol eft partout falin près d'Aubskaja.

Sloboda eft un lieu très-chétif, dont la juridiction s'étend fur toute la vallée, de côté & d'autre de cette rivière. Dans une étendue de quelques verftes, il y a un bas-fond très-humide & très-falin où l'on voit, quantité de fourmillières (de ces fourmis jaunes qui infeftent affez ordinairement les pays falins, & qui s'introduifent même dans les maifons) qui occupent fur toute la furface du fol des buttes en pain de fucre, qui font toutes blanches de ce fel décompofé, mêlé de natron, dont il a déjà été queftion ailleurs.

Le pays élevé qui borde ce bas-fond forme un rivage très-efcarpé. Le fol en eft argileux & propre à la culture ; cependant les laboureurs fe plaignent qu'au bout de peu d'années l'herbe, & furtout la mauvaife, prend tellement le deffus dans leurs champs, qu'ils en deviennent incultes. Ce fol eft d'ailleurs trop poreux & trop fpongieux pour que les grains y réuffiffent auffi bien que fur l'autre rive de l'Ifchim & de la Karaffum.

La partie de la Steppe Ifchimienne, qui eft Turkaja, renferme de très-grands lacs où le gibier aquatique abonde : on y voit furtout, en très-grand nombre, la grande grue blanche, qui a, debout, la hauteur d'un homme.

A vingt verftes ou environ de ces derniers, pour arriver à Tinskalinskaja Sloboda (endroit peuplé par des colons ruffes & par des exilés, bâti depuis 1763, ainfi que les villages d'alentour & quelques autres flobodes voifines), les bois de bouleau vont ordinairement en diminuant jufqu'à l'Irtifch, & font voir, fur la droite, quantité de lacs peuplés de karaffes, qui deviennent toujours plus fréquens à mefure qu'on approche de Katai. Près de la première ftation de pofte qu'on rencontre, après avoir paffé la flobode dont nous avons parlé ci-deffus, on trouve quantité de places falines, où la terre eft fouvent couverte, à un pouce d'épaiffeur, du plus beau natron, femblable à de la farine, & mêlé de fel de Glauber ; de forte qu'on pourroit en faire d'abondantes récoltes. Du refte, le fol commence à devenir ici plus fec & meilleur, quoique la mauvaife herbe (le *peucedanum*), commune à tous les environs de l'Irtifch, & qui indique toujours un fol un peu falin, y croiffe en abondance.

Près de la ftation de Samiralowo, à vingt-cinq verftes de Bekifchewo, le terrain eft élevé, &

fablonneux ; mais il s'abaiffe tout-à-coup par un efcarpement très-rapide, qui forme une vallée humide & faline.

Note fur la terre propre à faire la porcelaine qui fe fabrique dans la province d'Ifett.

Tout autour des lacs de Tfchebar ou Tfchebarkul & de Jelowoi, qui entr'eux renferment fept îles, dont les unes font marécageufes, les autres font plus élevées, mais toutes couvertes de broufſailles tout autour de ces lacs, avons-nous dit, de même qu'à l'entour de celui de Jelandshik, la roche eft compofée d'une pierre micacée, d'un gris-roux, mêlée de couches de fchifte corné, & l'on a trouvé dans cette roche, en plufieurs endroits, particulièrement dans le côté attenant à l'Ural, des indices de *glacies maria* (pierre fpéculaire ou verre de Ruffie), dont on a même ouvert quelques carrières qui en fourniffent toute la province d'Ifett & fes environs.

Une de ces carrières eft fituée à plufieurs vertes, au nord-eft de la forterefſe de Tfchebarkul, dans un terrain un peu élevé & rocailleux, entièrement compofé d'un quartz rougeâtre ou blanc, fec & très-fouvent fracturé, paroiffant feuilleté dans la fracture, & pénétré de blende fans aucune régularité. La terre végétale qui la couvre, eft une argile rougeâtre, mêlée de fable micacé. C'eft dans cemême quartz que l'on trouve cette pierre fpéculaire ou *glacies maria* : on la diftingue par la grofſeur de la blende où elle eft renfermée en tables, en couches & fous diverfes formes ; elle eft rarement pure, médiocrement tranfparente, & tout au plus de la grofſeur d'une palme. On rencontre auſſi, dans la partie méridionale du lac, une pierre fpéculaire en grofſes maſſes, toute noire à l'extérieur, & qui fe fépare en lames très-fines, mais un peu caſſantes ; elle forme un filon d'une aune & demie de hauteur dans une roche verdâtre. Cette blende fe trouve jetée, pêle-mêle, dans la gangue, en grandes & petites tables, & mêlée en divers endroits avec une concrétion argileufe de couleur blanche. Les feuilles minces de ce *glacies maria* ont, lorfqu'on les oppofe à la lumière, une couleur verdâtre ou d'un brun-olivâtre, &, lorfqu'on les paſſe au feu, elles fe féparent ou deviennent poreufes fans fubir pour cela le moindre changement dans leurs couleurs.

Fabrique de la porcelaine.

A fix lieues de la forterefſe on voit le lieu où on lave & on prépare la terre à porcelaine de la province d'Ifett pour la manufacture impériale de Pétersbourg. Cette fabrique préparatoire, appelée *Glinoptomiurlna fabrica*, eft établie depuis 1752, & confifte en deux bâtimens ; pour les lavoirs, un hangar pour faire fécher la terre à porcelaine,

une maifon pour le maître, & une dixaine pour fes dix-huit élèves, outre les magafins néceſſaires pour l'argile non préparée. Tous les travaux s'exécutent avec beaucoup de propreté. On y emploie environ vingt-quatre grands baquets, outre cent quatre tonneaux de dépôt, qui ont chacun près de fix pieds de hauteur. L'argile crue, qui aujourd'hui ne fe tire plus d'ailleurs que des bords de la Misjeek, fe met d'abord dans les grands baquets, où l'on a foin de la délayer exactement dans de l'eau bien pure en l'agitant beaucoup. Il lui faut alors fix à huit heures de tems pour dépofer toutes les parties grofſières & fablonneufes ; ce qui fe fait, dit-on, beaucoup plus vîte lorfque le tems eft ferein, que dans les jours fombres & pluvieux ; enfuite on fait paſſer cette argile, délayée avec de l'eau, à travers de fins tamis de crin, dans d'autres baquets, où on lui laiſſe encore le tems de dépofer ; après quoi l'on paſſe la liqueur la moins épaiffe par des tamis de taffetas, & l'on en remplit les hauts tonneaux de dépôt dont nous avons parlé. C'eft là que fe dépofe la fine terre blanche à porcelaine, & à mefure que l'eau s'éclaircit on la fait écouler par les différens trous, fermés chacun d'un bondon, que l'on a pratiqués dans ce tonneau, à différentes hauteurs. Lorfqu'il n'y reſte plus qu'une bouillie affez épaiffe, on la tire des tonneaux de dépôt pour la verfer toute enfemble dans des baquets placés en trois rangées, pofées les unes fur les autres. Après ce petit repos à chaque reprife, on fait couler cette bouillie, par une ouverture, du baquet fupérieur dans celui du milieu, & de celui-ci dans l'inférieur, afin que les parties les plus grofſières & ce qui reſte de fable puiffent encore fe précipiter au fond de ces baquets : c'eft par-là que fe termine l'opération.

L'argile, ainfi purifiée, fe porte dans une maifon, dont l'intérieur eft échauffé fortement au moyen de quelques poêles : on la verfe dans des cadres garnis de toiles à voile, & pofés fur des chevalets pour que l'eau puiffe en dégouter plus facilement. Enfin, lorfque cette argile à porcelaine, devenue blanche comme la neige, eft parvenue à une certaine confiftance, on en forme, en la battant, de très-grandes briques, dont trois, lorfqu'elles font entièrement fèches, pèfent un poude. On les marque toutes d'une empreinte particulière. Cinquante poudes d'argile brute fe réduifent, après avoir fubi toutes les manipulations, à environ fept poudes & demi de fine terre à porcelaine, dont on prépare entre trois à quatre poudes chaque mois. On livre chaque hiver la provifion de l'année à la chancellerie provinciale d'Ifett, qui l'expédie, au commencement du printems, à Blagodat-Kufchuwndskoi-Sawods, au tribunal des mines qui y réfide, & qui expédie le tout, par des bâtimens, dans la Kama, &, de cette rivière, dans le Wolga, jufqu'à Pétersbourg, à l'adreſſe du cabinet impérial.

Cette terre à porcelaine, généralement connue sous la dénomination d'*argile Isett-Kienne*, est d'une blancheur extrême, & contient effectivement ces molécules de spath fusible qu'on exige dans une matière propre à faire de la véritable porcelaine; mais il est en même tems certain qu'à force de multiplier & de soigner ces lavages, une partie de ces molécules spathiques est séparée de l'argile, parce qu'elles sont un peu plus grossières que les molécules argileuses : separation qui semble devoir être nuisible, & qu'on supplée vraisemblablement dans la fabrication par une addition de quelque substance analogue. Au reste, on n'a pas lieu de craindre de manquer de terre à porcelaine dans la province d'Isett ni dans toute la plaine orientale qui touche aux montagnes; car il se manifeste des argiles blanches dans une infinité d'endroits, le long de l'Uwelka, de la Koelga, du Mieess, de l'Isett & de la Pyschma; & plusieurs de ses argiles, particuliérement celle qu'on trouve proche d'Arlamowo ou Werchnowelskaja-Sloboda, paroissent ne le céder en rien pour la bonté & la nature de leurs molécules constituantes, à celles qu'on exploite dans le voisinage des lacs dont nous avons déjà parlé; elles paroissent même plus fines dans leur état naturel.

IRLANDE. Cette ile est d'une figure ovale, & à peu près grande comme la moitié de l'Angleterre. Sa longueur, du midi au nord, est d'environ quatre-vingt-dix lieues : sa largeur, du couchant au levant, n'en a pas plus de soixante. Quant à son circuit, il est tellement coupé par des baies & des golfes, qu'on ne peut l'apprécier facilement. Sa distance de la Grande-Bretagne varie aussi suivant l'inégalité des côtes des deux pays; la plus commune est de quinze lieues.

L'île est coupée par un grand nombre de lacs & de rivières, dont la plus grande est le Shanon, qu'on peut à juste titre nommer un fleuve. Le Litry coule en serpentant par le comté de Kildare, où il reçoit plusieurs ruisseaux, & vient former une cataracte à deux lieues de Dublin, où les eaux se précipitent de dessus les rochers escarpés. On l'appelle le *Saut-du-Saumon*, parce qu'on prétend que ce poisson, voulant remonter la rivière en cet endroit, est obligé de sauter pour franchir le rocher; mais lorsqu'il manque son coup, ce qui a lieu quelquefois à cause de la rapidité de l'eau & de la hauteur de la cataracte, il retombe dans des paniers que les pêcheurs ont soin de placer au bas pour le recevoir.

Le lac Neagh, au nord de l'*Irlande*, a dix lieues de large : ses eaux, comme beaucoup d'autres, ont la propriété de former des incrustations autour des différens corps qui sont enfoncés pendant quelque tems dans ce lac. Si cette incrustation se fait sur du bois, la moitié de la masse a toutes les propriétés de la pierre, pendant que l'autre, à l'intérieur, conserve la qualité du bois, fibreuse &

combustible. On a remarqué d'ailleurs que la pétrification se fait non-seulement dans le lac, mais encore dans les environs, jusqu'à deux ou trois lieues de distance, même sur des lieux élevés & au milieu des terres sablonneuses.

Ce qui mérite le plus l'attention des curieux est la Chaussée-des-Géans au comté d'Antrim, dans la partie septentrionale de cette île. On sait maintenant qu'elle est l'ouvrage de la Nature, surtout depuis que j'en ai trouvé de semblables masses en Auvergne & en Italie. Cette chaussée s'étend depuis le pied d'une montagne jusque fort avant dans la mer. Sa longueur apparente, quand la mer est basse, est d'environ six cents pieds. C'est un assemblage d'une quantité prodigieuse de prismes pentagones, héxagones & heptagones, dont la plus grande partie est régulière, pendant que d'autres sont irréguliers. Leur grosseur varie depuis quinze jusqu'à vingt-cinq pouces de diamètre; mais en général elle est de vingt. Tous ces prismes se touchent par des côtés égaux si l'on considère ceux qui sont en contact d'un prisme à l'autre contigu; mais ils sont fort inégaux dans le même prisme.

Aucun des prismes n'est d'une seule pièce; ils sont tous composés de plusieurs morceaux, qui ont depuis un jusqu'à deux pieds de hauteur. Ce qu'il y a de singulier, c'est que ces pièces ne se joignent pas par des surfaces planes; elles s'emboîtent les unes dans les autres par des surfaces concaves & convexes, très-polies, de même que les côtés des piliers qui se touchent. Cette pierre est extrêmement dure; elle a le grain fin & luisant; en un mot, c'est une lave qui se fond au feu.

Outre la chaussée dont je viens de parler, on découvre, sur la côte, des colonades, des assemblages de prismes aussi curieux, tant par leur situation, que par les différentes masses qui les accompagnent, & qui tiennent à la même cause.

IRROULEGNY, village du département des Basses-Pyrénées, canton de Saint-Etienne de Baïgory. Il y a une mine de cuivre dans les montagnes de Jara, situées dans le territoire de ce village. Ces montagnes sont calcaires, & leur rocher est abondamment garni de mines de cuivre jaune, qui donne jusqu'à quarante pour cent de cuivre très-doux. On voit aussi quelques filets de blende courir dans ces rochers, & l'on y rencontre même de la mine de fer spathique qui y est disséminée.

ISCHIA. L'île d'*Ischia*, que l'on voit quand on est à Baies ou à Cumes, mérite d'être examinée. On y trouve beaucoup de fontaines minérales & d'anciens vestiges de volcans. L'éruption de 1302 dura deux mois, & fit déserter cette île.

ISCHULKINA (Sources sulfureuses d'). Il y avoit autrefois à cinq verstes au dessus du Ruisseau-de-Lait, près du village d'*Ischulkina*, situé à peu de diſtance des bords de la Surgut en Sibérie, deux ſources ſulfureuſes; & l'on trouve dans ces environs-là, ſous un lit épais d'une terre noire fort chargée de ſalpêtre, une eſpèce de pouſſière ſemblable à de la cendre, contenant des pierres calcaires poreuſes, qui paroiſſent avoir été calcinées. Nous laiſſerons à d'autres à décider ſi l'on peut inférer de la nature de ce terrain, & de la forme de la plupart des collines de ce canton, que les choſes y ont été miſes dans cet état dans des tems très-reculés, par l'effet de quelque feu ſouterrain. Peut-être qu'une couche de terre bitumineuſe & ſulfureuſe, qui s'étendoit au travers de cette contrée, aura été conſumée par le feu, & que dans cet incendie les parties ſulfureuſes de cette couche ſe ſeront en quelque ſorte ſublimées dans les cavités des montagnes calcaires ſous leſquelles elle ſe trouvoit, & qu'actuellement les ſources qui coulent au travers de ces cavités entraînent peu à peu ce ſoufre. Nous ne donnons ceci que comme de pures conjectures.

ISÈRE, rivière de France, qui coule dans la vallée de Gréſivaudan après ſon entrée dans le Dauphiné. Elle ſépare Grenoble en deux quartiers, & reçoit enſuite le Drac. L'une & l'autre rivière éprouvent des crues ou accès torrentiels qui cauſent des ravages conſidérables. Dans la vallée de l'*Iſère*, comme dans celle du Drac, on trouve des amas de cailloux roulés, à peu près de même nature. Ce ſont des granits gris ou blancs, des quartz mêlés de talc, des ſerpentines de diverſes couleurs, des fragmens de pierres calcaires qui varient pour le grain, ainſi que pour la conſiſtance & la dureté.

Ces différentes matières ſont entraînées dans le lit de ces rivières par les eaux des ruiſſeaux qui parcourent les croupes des montagnes, dont ces rivières baignent le pied depuis leur ſource; celle de l'*Iſère* eſt dans les alpes de la Tarantaiſe. Après avoir arroſé la Savoie, cette rivière entre en Dauphiné, &, ayant reçu le Drac, elle paſſe à Saint-Marcellin & à Romans, & ſe jette dans le Rhône à une lieue au deſſus de Valence. Quant au Drac, il vient de Champſaur. Si l'on conſidère maintenant les deux chaînes de montagnes qui ceignent la vallée de Gréſivaudan, ſoit au deſſus, ſoit au deſſous de Grenoble, on deſire de ſavoir quelles ſont les cauſes qui ont non-ſeulement formé la grande ſéparation de ces maſſes, mais encore les immenſes dépôts de pierres roulées qui ſe trouvent auſſi dans la vallée particulière du Drac.

ISÈRE (Département de l'). Ce département tire ſon nom de la rivière qui l'arroſe de l'eſt à l'oueſt. Il a au nord le Rhône, qui le ſépare du département de l'Ain; à l'eſt les Alpes, au ſud les départemens des Hautes-Alpes & de la Drôme, & à l'oueſt le Rhône. Il eſt fort montagneux dans la partie orientale, Il comprend quelques-unes des diviſions de l'ancienne province du Dauphiné, & touche au nord-eſt à la Savoie, dont les principales routes paſſent, l'une par le Pont-de-Beauvoiſin, l'autre par le fort Barraux.

La ſuperficie de ce département eſt d'environ un million ſix cent quarante-huit mille deux cent trente arpens carrés, ou huit cent quarante-un mille deux cent trente hectares. Sa population eſt de quatre cent quarante-un mille deux cent huit habitans. Il eſt compoſé de cinq cent ſoixante-une communes, & diviſé en quatre arrondiſſemens communaux ou ſous-préfectures.

Les principales rivières de ce département ſont le Rhône, & l'*Iſère*, qui prend ſa ſource dans la ci-devant Savoie, coule dans ce département, & ſe dirige entre deux chaînes de montagnes, qui forment d'abord ſa vallée & ſon lit juſqu'à Grenoble. Au ſortir de cette ville, elle reçoit le Drac ſur ſa gauche, & remonte vers le nord, toujours dirigée par les mêmes montagnes juſqu'à ce qu'elle ſe jette dans le Rhône.

Les principales villes ſont Grenoble, Vienne, Saint-Marcellin & la Tour-du-Pin.

Les rivières, tant navigables que non navigables, ainſi que les ruiſſeaux qui y prennent leur ſource, ſont extrêmement nombreux. La ſource du ruiſſeau de Saſſènage, à une lieue & demie oueſt de Grenoble, eſt la plus remarquable, en ce qu'elle eſt fort abondante, & qu'elle ſort de cavités profondes creuſées dans les bancs de pierre calcaire, ſemblable à celle du Jura.

La Romanche eſt une rivière digne d'être citée pour la profondeur de ſon encaiſſement, & principalement par la direction de ſon cours, qui traverſe des roches très-dures; elle prend ſa ſource auprès de la montagne des Rouſſes, où elle reçoit les eaux de pluſieurs belles caſcades.

La montagne la plus conſidérable de ce département eſt celle des Rouſſes; elle eſt le ſéjour des neiges perpétuelles, & c'eſt preſque la ſeule de nature granitique, tandis que toutes les autres ſont calcaires, notamment celle qui borde l'*Iſère* depuis Montmélian juſqu'à Grenoble, & qui renferme le maſſif de la Grande-Chartreuſe.

On compte vingt-un lacs dans le département de l'*Iſère*, parmi leſquels on remarque principalement les ſept lacs ſitués ſur la ſommité d'une montagne, aux ſources de la Romanche, le grand lac, le petit lac, &c.

Les mines de fer carbonaté d'Allevard ſont d'un grand rapport, & ne ſont pas les ſeules du département. On trouve auſſi des mines de cuivre & de plomb, des mines d'argent oxidé & ſulfuré à Allemont. Ce département eſt un de ceux qui renferment le plus de ſources minérales: les plus renommées & les plus ſalutaires ſont celles de la montagne d'Orel, où eſt une fontaine, dont les eaux ſont ſpécifiques contre les fièvres tierces. Celles de Gap guériſſent la fièvre quarte. Il en eſt une autre meilleure encore, qui paroît ſortir de deſſous la rivière du Drac, dans l'ancien pays nommé le *Gréfivaudan*, au pied d'un précipice à fix lieues au midi de Grenoble. Ses eaux, plus chaudes que celles d'Aix en Savoie, font fort eftimées pour des maladies d'eftomac, les rhumatifmes, les paralyfies, &c.

Le département de l'*Ifère* préfente prefque toutes les plantes des Hautes-Alpes, & fes animaux fauvages font auffi ceux de cette région. Les montagnes qui bordent la Romanche fervent de retraite aux chamois, aux lièvres blancs, aux perdrix blanches ou lagopèdes. Les coqs de bruyère s'y voient quelquefois. Les aigles font leur aire fur les Rouffes & fur les montagnes qui dominent la mine d'argent d'Allemont.

ISLANDE. Cette île, fituée dans la partie fupérieure de l'Océan atlantique, s'étend de foixante-trois degrés quinze minutes, à environ foixante-fept degrés dix-huit minutes de latitude nord. Elle a cinq cent foixante milles anglais de longueur, fur deux cent cinquante de largeur. Ses côtes font très-inégales en hauteur. Elle eft coupée par des baies profondes, qui préfentent des retraites affurées pour les vaiffeaux. Une mer d'environ trente-cinq lieues de large la fépare du Groënland.

L'*Iflande* eft traverfée par de vaftes chaînes de montagnes, dont les plus hautes, appelées *Jockuls*, font la plupart couvertes de glace. Elles forment les glaciers de cette île. On croit que la plus élevée de toutes à un peu plus de mille toifes de hauteur; c'eft la montagne d'Œfian, compofée de grands rochers gris, entaffés les uns fur les autres irrégulièrement. Les autres ont depuis trois cents toifes jufqu'à cinq cents & au-delà de hauteur. Il eft aifé de diftinguer les montagnes en maffes ou en couches, qui font compofées de matériaux qui n'ont point été touchés par le feu, ni dérangés par aucune éruption. On y voit des granits, des pierres de fable, des fchiftes, des ftéatites, des jafpes de différentes efpèces. Ailleurs font des amas de pierres calcaires, dans les cavités defquelles on trouve des fpaths calcaires rhomboïdes, communs ou tranfparens, connus autrefois fous le nom de *criftal d'Iflande*; dans d'autres endroits font des calcédoines par couches, des zéolites, qui font la plupart du tems mêlées avec les fubftances volcaniques.

Comme nous n'avons que des notions vagues fur les opérations du feu dans cette île, nous donnerons ici un détail curieux de la dernière éruption volcanique qui a eu lieu en *Iflande*. Le premier juin 1783, l'on reffentit, dans la partie occidentale de la province de Shaptarfiall, des fecouffes de tremblement de terre, qui ne firent qu'augmenter jufqu'au 11 du même mois. Elles devinrent fi fortes, que les habitans furent obligés d'abandonner leurs maifons, & de paffer la nuit en plein champ, fous des tentes. Pendant tout ce tems on remarqua, dans les parties inhabitées, au nord de la province, une fumée & une vapeur continuelle, qui s'élevoient de la terre. Le feu fe fit jour en trois endroits, & s'élança à une hauteur fi prodigieufe, qu'on remarqua les jets enflammés jufqu'à foixante milles à la ronde. Ils étoient mêlés d'une quantité prodigieufe de foufre, de fcories, de pierres-ponces & de cendres. Ces matières, lancées avec autant de force que de bruit, furent difperfées dans les environs du foyer commun des éruptions. Le vent, qui étoit violent, les porta à une diftance très-confidérable fur les champs enfemencés, fur les villes & les villages. L'atmofphère en étoit remplie, de manière qu'elles formoient une obfcurité continuelle avec les tourbillons de fumée qui les accompagnoient. La pierre ponce, qui tomboit dans les villages toute rouge & embrafée, y fit un dommage confidérable: il tomboit auffi en grande quantité, avec les pierres & les cendres, une fubftance noire, femblable à la poix, qui prenoit, au milieu de l'atmofphère, la forme de petites boules. Il eft facile de penfer que la chute & la difperfion de ces matières ardentes détruifirent toutes les productions végétales qui y furent expofées.

Le jour même de la première éruption du feu & des matières enflammées, il tomba dans tous les environs une pluie abondante, qui fit prefque autant de mal que ces matières enflammées; car cette eau, tombant à travers l'immenfe nuage de fumée dont on a parlé plus haut, s'étoit fortement imprégnée des fels & des autres fubftances volatilifées, qu'elle en avoit contracté une qualité fi âcre & fi corrofive, qu'elle caufoit une douleur très-cuifante lorfqu'elle tomboit fur les mains & fur le vifage.

A une plus grande diftance du centre de cette éruption, il régnoit un grand froid dans l'atmofphère; il tomba même en quelques endroits trois pieds de neige. L'herbe & généralement tous les végétaux déjà brûlés par les matières enflammées furent couverts auffi par des cendres & par le réfidu de la fumée, que la pluie entraîna & dépofa.

Au premier moment de l'éruption il y eut une crue d'eau très-confidérable dans la rivière de Skapta, à l'eft de laquelle un des jets de feu fe trouvoit fitué: on obferva en même tems une femblable inondation dans la grande rivière de Piorfa. Le 11 juin, la première de ces rivières fe trouva totalement deffécchée en moins de vingt-quatre heures, & le lendemain fon lit commença à fe remplir par un courant prodigieux de lave rouge & brûlante produite par l'éruption. Le lit de la Skapta eft très-profond; il a de chaque côté de grands rochers & des bords élevés dans toute la longueur du cours de cette rivière. Non-feulement ce profond canal fut rempli par ce courant de lave, mais il déborda, fe répandit dans toute la vallée, couvrant & rempliffant tous les terrains bas des deux côtés; & n'ayant pas d'iffue fuffifante pour s'écouler, s'écouler, il s'éleva à une très-grande hauteur, couvrant les pieds des coteaux. Les collines, dans ce canton, ne forment pas une chaîne longue & suivie; elles sont séparées & détachées les unes des autres, & il coule entr'elles de petits ruisseaux; de sorte que, loin de se borner à remplir la vallée où couloit la rivière Skapta, la lave se répandit en se faisant jour entre les collines, & couvrant d'un lac de matières enflammées tout le pays voisin. Ce lac, augmenté sans cesse & de plus en plus par les jets de lave, ne tarda pas à remonter dans la partie supérieure du cours de la rivière, jusqu'à ce que le torrent de lave se trouvât arrêté par le flanc de la colline où la rivière prend sa source. Ce courant de lave couvrit tout le village de Barland, consuma l'église, les maisons, les fermes & tout ce qui se trouva sur sa route. On prétend même qu'il s'étendit sur une largeur de six milles.

La lave ne borna pas son cours aux parties supérieures du lit de la Skapta; elle suivit son lit, qu'elle descendit toujours avec la même abondance, ravageant une étendue considérable de terrain. Ce courant de lave chemina ainsi depuis le 14 juin jusqu'au 16 août, après quoi il s'arrêta; mais il n'éprouva qu'un refroidissement fort lent. Dès qu'il se formoit une croûte à la surface, elle se brisoit en mille morceaux, qui se trouvoient dispersés de part & d'autre avec un craquement prodigieux. On voyoit aussi sortir de la même surface, de petits jets de feu qui continuèrent pendant quelque tems. Dès le moment que la lave eut commencé à se répandre dans un pays plat, & qu'elle se fut dégagée du canal étroit de la rivière, on remarqua que ses bords avoient jusqu'à soixante-dix toises de hauteur perpendiculaire. Ce déluge de feu envahit trois villages, dont deux avoient été inondés par l'eau de la rivière, détournée de son cours à la suite de l'obstruction que la lave y avoit causée en s'emparant de son lit.

La lave s'avançant ensuite sans relâche, & couvrant les villages qu'elle rencontroit sur sa route, elle entra dans la grande rivière de Kudafliord, par le côté oriental de laquelle elle dirigea son cours au sud, jusqu'à ce qu'elle eût atteint le village de Hraum, où cette branche du torrent s'arrêta. Un peu au dessus de l'endroit où la lave entrée dans le lit de la Kudafliord, elle fit un nouveau coude qui s'étendit au sud-est, & arriva à l'est de Hraum. C'est ainsi que, continuant à descendre le lit de la Skapta, elle se répandoit à droite & à gauche, suivant que le terrain se prêtoit à ses épanchemens.

Dans cette étendue du cours de la Skapta se trouve une fort grande cataracte d'environ quatorze brasses de hauteur, où la chute violente de la lave en jeta une partie sur les deux côtes à une distance considérable, avec les pierres qu'elle arrachoit. Tous les villages, toutes les rivières qui s'abouchoient à la Skapta, furent inondés par la lave qui continua sa marche jusqu'à Strendarholt.

Quelques-uns de ces villages furent aussi inondés par les eaux des rivières de Steinsmyrifliot & de Peddaquist, que la lave avoit chassées de leur lit.

Les jets volcaniques continuant toujours de fournir une quantité énorme de lave nouvelle, & tout passage au sud ou vers les terres basses se trouvant fermé, le courant s'étendit au nord-est sur une étendue de pays longue de huit milles & large de six. Comme tout cet espace est stérile & inhabité, on n'y a point observé la marche du courant. Tout ce qu'on en sait, c'est qu'il dessécha les rivières de Tuna & d'Axafirdi. Les hautes collines qui sont à l'est de Hwerfissliot, empêchèrent la lave de se diriger plus avant à l'est. Il n'y eut alors, pour la lave, d'autre issue que le lit de la rivière de Hwerfissliot. Cette branche sortit du corps principal environ à un quart de mille d'Yeridatur & d'Eystridatur, deux villages situés vis-à-vis l'un de l'autre de chaque côté de la rivière; ainsi la lave, coulant dans le lit de la rivière, non-seulement entre ces deux villages, mais encore beaucoup plus bas entre deux autres, se trouva dans une plaine ouverte & unie; elle s'y étendit, & forma une plate-forme longue de deux milles sur un mille de largeur. Le seul dommage qu'elle fit fut de détruire les blés, les herbages & quelques bois. D'ailleurs, aucun village n'en fut atteint, & elle s'arrêta le 16 août.

En résumant toutes les observations qu'on fut à portée de faire, on trouva que la plus grande étendue de terrain couvert de lave, & offrant l'apparence d'un lac de matières enflammées, étoit de quinze milles de longueur & de sept de largeur. Le cours entier de la lave, en comptant toute la partie au sud de Buland, avec ses sinuosités, qui s'étendent du côté du midi, a plus de trente milles de longueur. La hauteur perpendiculaire du bord du courant est de seize à vingt pieds: c'est avec cette épaisseur de laves qu'il a couvert, non-seulement tous les villages qu'il a rencontrés sur sa route, mais encore plusieurs plaines & même des collines.

Le nombre total des villages entièrement détruits, soit par la lave, soit par l'inondation des rivières détournées de leur lit, est de vingt à vingt-un. Environ trente-quatre ont reçu des dommages considérables. Enfin, douze rivières ont été desséchées.

Cette éruption, dont nous venons de voir les effets assez semblables à ceux qu'on retrouve dans les produits d'un grand nombre de volcans éteints en Auvergne, en Velay & en Vivarais, a été accompagnée de deux circonstances aussi étonnantes. La mer a enfanté en même tems deux îles nouvelles: l'une s'est élevée, au mois de février 1784, dans un endroit où l'eau avoit plus de cent brasses de profondeur; elle est située à environ seize milles de distance de la grande île, & à huit mille à peu près de l'assemblage des petites îles connues sous le nom de *Gierfugla*, & dont le fond se trouve à quarante-quatre braffes. Le fond eft compofé de fable noir, qui n'eft autre chofe que le *pumex arenaceus*, matière fréquemment vomie par les volcans. Cette île a continué de brûler avec une grande véhémence, & de jeter une quantité prodigieufe de pierre-ponce & d'autres matières volcanifées; elle a un peu plus d'un demi-mille de circonférence, & elle furpaffe la furface de l'eau d'une hauteur égale à celle de la montagne d'Efian, dont nous avons parlé. L'autre île a été foulevée à une plus grande diftance de l'*Iflande*; elle eft fituée au nord-oueft, & fe trouve placée entre cette île & le Groënland. Elle a, comme la première, brûlé jour & nuit fans interruption, pendant un tems confidérable; elle eft très-haute, & d'un plus grand circuit que la première.

On fait, en partie par les marins & par des lettres de Drontheim en Norwège, qu'avant l'éruption volcanique d'*Iflande*, il y en avoit eu une très-remarquable dans les parties inhabitées du Groënland, & que, fur les côtes feptentrionales de la Norwège, qui font vis-à-vis cette terre enfevelie fous la glace, le feu en avoit été très-longtems vifible. Ces faits font confirmés par des avis qu'on a reçus d'*Iflande* même, & qui portoient que, lorfque le vent étoit au nord, une grande quantité de pierres-ponces, de cendres, &c. étoit tombée fur les côtes feptentrionales & occidentales de cette île, & que ces pluies volcaniques ont eu lieu pendant tout l'été, toutes les fois que le vent fouffloit du nord : outre cela, l'air étoit imprégné d'une très-forte odeur de foufre, & rempli d'une fumée plus ou moins épaiffe.

Pour revenir à l'*Iflande*, depuis le premier moment où l'éruption a éclaté, la plus grande partie des pêcheries ont été dérangées; car les bancs où fe trouvoit ordinairement le poiffon font tellement changés & bouleverfés, que les pêcheurs ne peuvent plus les reconnoître.

Pendant la chute de la pluie âcre dont nous avons fait mention plus haut, on a remarqué qu'il étoit tombé à Drontheim & dans d'autres endroits de la Norwège, ainfi qu'à Feroë, une pluie âcre & falée fort abondante, qui defféchoit & brûloit les feuilles des arbres & toutes les plantes qui la recevoient. A Feroë particulièrement, il eft tombé une quantité remarquable de cendres, de fable volcanique, de pierres-ponces, qui a couvert la furface de la terre partout où fouffloit le vent qui venoit d'*Iflande*. Il faut obferver que la diftance entre les deux pays eft au moins de quatre-vingts milles. Des vaiffeaux qui faifoient voile entre Copenhague & la Norwège ont été fréquemment couverts de cendres qui s'attachoient aux voiles, aux mâts & aux ponts, & d'une matière noire femblable à de la poix.

Si nous remontons à des époques fort anciennes, nous trouverons une lifte chronologique de toutes les éruptions des volcans fort connus dans cette île. L'Hécla, qui eft le plus célèbre de

tous, en a éprouvé dix-neuf depuis 1004 jufqu'en 1771; le Reikenèfe, huit depuis 1210 jufqu'en 1420; le Trolledynger, trois depuis 1151 jufqu'en 1359; le Knappefelds-Jockul, deux depuis 1332 jufqu'en 1360; le Katilegiaa, deux depuis 1721 jufqu'en 1755; les autres n'ont éprouvé qu'une feule éruption, & font au nombre de douze.

Salfahamar eft une contrée qui n'offre que des produits du feu, foit fous forme de fcories, foit fous forme de bafaltes prifmatiques, foit fous forme de lave compacte irrégulière. D'ailleurs, le grand nombre de volcans que nous venons d'indiquer offrent, autour des bouches ouvertes, autant de courans de laves, qu'il y a eu d'éruptions un peu marquées.

On trouve en conféquence toutes les fortes du produit du feu, qui fe rencontrent ailleurs, depuis les fcories ouvertes, jufqu'aux laves les plus compactes. On connoît depuis long-tems le verre noir de volcan fous le nom d'*agate d'Iflande*; enfin, toutes les fortes de ponces s'y trouvent; & outre le futurbrandt, dont nous parlerons par la fuite, on y voit du jayet en grande quantité.

On a découvert & exploité, près de Myvatu, un lit de foufre, qui a depuis neuf pouces jufqu'à deux pieds d'épaiffeur. Immédiatement au deffus de ce foufre eft un lit de terre-bleue, & au deffus de celui-là un de terre vitriolique, qui tient de l'alun. Ce foufre a été travaillé & affiné par la compagnie de commerce de Copenhague.

Il y a, dans les vallées, des fontaines d'une nature bien extraordinaire, qu'on appelle *huers*; elles lancent, de tems à autre, des jets d'une eau bouillante de quatre-vingt-dix pieds de hauteur & de trente pieds de diamètre, & offrent, comme on voit, à l'œil les plus magnifiques jets d'eau qu'il y ait dans la Nature; ils fortent du fein de tuyaux cylindriques naturels, dont la profondeur eft inconnue. A la furface, ces efpèces d'ajutages ont la forme d'entonnoirs fort évafés, & compofés d'un dépôt formé par l'eau par ondulations fucceffives & concentriques. Le jeu de ces étonnantes gerbes eft annoncé par un bruit confidérable : on voit alors le cylindre intérieur fe remplir d'eau, qui s'élève par degrés jufqu'au bord, & forme, petit à petit, des jets qui augmentent de hauteur en jetant des tourbillons de vapeurs & lançant des pierres énormes. Lorfque le jet eft parvenu à fa plus grande élévation, il décroît, & s'abaiffe par degrés jufqu'à ce qu'il difparoiffe entièrement : ces jets d'eau bouillante, ainfi que les fontaines d'eau chaude, font fort fréquens dans l'île.

Le gramen de montagne croît en abondance dans leur voifinage, & à peu de diftance du Hugel-Brûlant ou du tertre formé à l'entour d'un de ces jets d'eau eft un lac où des cygnes viennent nager, & un ruiffeau où fe trouve une affez grande quantité de truites; ainfi l'eau fraîche & l'eau bouillante font fort près l'une de l'autre. A l'eft & au fud font des étendues confidérables de terrains couverts de masses de laves. Entre plusieurs sources qui sont près de Skalcholl, il y en a deux de fort remarquables : les Islandais s'en servent à faire bouillir leur lait & à faire cuire leur viande, ainsi que pour blanchir leur linge & pour fouler les étoffes; ils les emploient même à ramollir les os desséchés des bœufs & des moutons.

Ces huers ou jets d'eau ne sont pas bornés à la terre-ferme; ils s'élèvent dans le bassin de la mer même, & l'on voit jaillir de l'eau bouillante au milieu des flots.

Si des îles nouvelles ont été produites en 1783, d'autres ont été englouties & abîmées sous les eaux : tel a été autrefois le sort des neuf îles de Gouberman, qui étoient à quatre lieues de San-daness, entre Patrixfiord & le Cap-Nord; elles ont disparu tout-à-coup : leurs noms seuls existent sur les cartes; mais on ne distingue leur place dans la mer que par la grande profondeur de l'eau dans le lieu où elles étoient assises.

Les bois d'*Islande* se sont évanouis depuis long-tems : on n'y voit plus qu'un petit nombre de bou-leaux avortés, de dix pieds de haut & de quatre pouces de diamètre, & une très-petite espèce de saule dont on ne tire aucun avantage un peu marqué; mais il leur vient en abondance du bois flotté de l'Europe & de l'Amérique : on le recon-noît aux espèces qu'on trouve sur les rivages, & particuliérement sur la côte du nord, comme à Langaness au nord-est, & à Hornstrandt au nord-ouest. La preuve incontestable qu'il y avoit autre-fois des forêts considérables dans ces tems reculés, c'est la quantité de suturbrandts qu'on y rencontre en plusieurs endroits, & qui conservent les carac-tères bien marqués de leur origine végétale; tels que les marques des branches & les cercles con-centriques de l'accroissement annuel des troncs d'arbres : il y a même quelques pièces de ces bois fossiles qui peuvent être travaillées. On le trouve dans les fentes des rochers, souvent comprimé par les masses surincumbentes, souvent aussi en mor-ceaux assez grands pour en faire des tables. On l'emploie quelquefois pour le chauffage; mais le plus souvent on y supplée par le bois-flotté, par la tourbe, qui est assez abondante, & par d'autres matières combustibles. Les forgerons préfèrent le suturbrandt au charbon de terre.

Ces suturbrandts sont la preuve certaine des an-ciennes forêts qui existoient autrefois dans l'île, & qui ont été renversées & ensevelies par plu-sieurs événemens dont le feu a pu être la cause principale.

On a prétendu que cette île avoit été formée par une éruption volcanique; mais il suffit d'envi-sager, comme nous l'avons fait voir ci-devant, les matières intactes qui en composent la plus grande partie, & surtout le noyau, pour écarter cette idée. Comment peut-on comparer de petits rochers produits par quelques éruptions lentes & successives avec l'*Islande*, qui a trois cent soixante

milles de longueur. Pourquoi apporter en preuve de ces prétentions le petit rocher de *Santorin*, & quelques îles peu considérables, dont l'état volca-nique n'est pas constaté par des physiciens pour établir des bouleversemens & des changemens qui ne se font point opérés, ou qui ne se font pas opérés de cette manière.

L'*Islande* présente donc au physicien naturaliste dés matières intactes de différens ordres, des ma-tières qui appartiennent à l'ancienne terre; d'autres qui sont d'une époque plus moderne, & qui sont des dépôts de la mer, des lits suivis de pierres cal-caires, au milieu desquels, comme nous l'avons observé, se trouvent des stalactites, du spath cal-caire rhomboïdal ou du cristal d'*Islande*, & parmi ces dépôts l'on ne remarque aucun bouleversement. Viennent ensuite les matières altérées ou fondues par le feu des volcans, qui occupent une grande partie de l'île, & dont quelques cantons sont même assez fertiles, surtout ceux où se trouvent les terres cuites; les laves légères décomposées; ce qui forme un grand contraste avec ces grands courans de laves compactes, qui sont voués à une stérilité com-plète. Dans les premières on trouve de bons pâ-turages, même des prairies qui donnent du soin pour la provision du bétail pendant l'hiver. Enfin, on y sème du blé & d'autres grains.

On compte que les habitans de l'*Islande* ne pas-sent pas soixante mille, &, en considérant le sol & le climat de cette île, on voit que cette popula-tion est peut-être tout ce qu'elle peut comporter. Outre la cherté des vivres faute de bonne cul-ture, la continuelle humidité, le froid & les tra-vaux pénibles abregent les jours des habitans, & ces travaux sont encore décuplés par l'avidité & la tyrannie de leurs maîtres. Ces habitans sont obligés de vendre leur poisson, qui fait le princi-pal objet de leur commerce, à des fermiers-géné-raux qui ont mis leur industrie au prix le plus bas. C'est donc dans les fautes de l'administration, qu'il faut mettre la cause principale & la plus puissante de la dépopulation de cette île.

Si nous passons aux quadrupèdes, nous trouve-rons les espèces très-peu nombreuses : de petits chevaux courageux & forts; des vaches la plupart sans cornes, dont la chair & les peaux sont des ar-ticles considérables d'exportation. On trouve de grands troupeaux de moutons dans chaque ferme; la laine en est manufacturée sur les lieux; la chair en est salée, & l'on en vend une grande quantité à la Compagnie. Les chèvres & les cochons y sont rares faute de nourriture appropriée.

Les chiens sont riches en poil. Il y a des chats domestiques; mais la plupart, devenus sauvages, multiplient parmi les rochers, au point de devenir nuisibles. Il est inutile de rappeler ici que ces chats & les autres animaux domestiques, dont nous ve-nons de parler, ne sont point naturels à l'*Islande*, mais y ont été introduits originairement par les Norwégiens.

Les rats & les souris paroissent avoir été introduits involontairement.

Le renard commun & le renard du nord y sont assez communs ; mais on les chasse avec soin, dans la crainte des ravages qu'ils feroient parmi les troupeaux.

L'ours polaire y est souvent transporté du Groënland sur des îles de glace qui abordent dans cette île ; mais l'arrivée de ce grand ennemi n'est pas plutôt connue, qu'on le poursuit jusqu'à ce qu'on l'ait détruit.

La chauve-souris commune se trouve dans cette île, & termine la liste des animaux terrestres.

A la tête des quadrupèdes amphibies sont les veaux marins, dont il y a deux espèces naturelles à cette île ; le commun, parce qu'il se tient le long des côtes, & le grand. Les autres espèces sont de passage : on distingue le harp. Ces animaux quittent les mers d'Islande en mars, &, passant à travers le détroit de Davis, pénètrent très-avant dans le nord, y font leurs petits, & reviennent en mai par le nord du Groënland. Ils sont pour lors extrêmement maigres, & se montrent au nord de l'Islande. Ils continuent leur route ; puis reviennent à cette île, en décembre surtout, sur les glaçons flottans, & c'est alors qu'on en fait la chasse & qu'on les harponne. Le veau marin à capuchon est rare dans ces parages, ainsi que le walrus, qui y arrive du Groënland, porté de même sur les glaçons.

On ne s'attend pas à voir une nombreuse famille d'oiseaux habiter un pays d'un climat aussi rigoureux, & si éloigné des continens méridionaux. Il est, comme les autres contrées du pôle, l'asyle des oiseaux aquatiques, qui viennent y faire leur ponte & élever leurs petits ; mais comme il est habité, ils le fréquentent moins que les terres désertes, plus reculées dans le nord. Le canard goëland pourroit bien être un oiseau attaché au pays ; les autres, soit de terre, soit de mer, sont communs à la Norwège & à d'autres parties de l'Europe. Les grands pingouins sont ici en plus grand nombre que partout ailleurs ; ils nichent & pondent dans les rochers devant la pointe de Rakeness, la partie la plus méridionale de l'île. On doit compter que seize oiseaux de terre : l'aigle de mer, l'aigle cendré, le faucon d'Islande, le gerfaut, le lanier, la scops, le corbeau, la gélinote blanche, la gélinote de noisetier, l'étourneau, la petite alouette des champs, l'ortolan de neige, le movis, la bergeronnette, le cul-blanc & le roitelet.

La mer qui environne l'Islande passe pour être plus salée que ne le sont d'ordinaire les autres mers ; elle dépose sur les rochers des incrustations de sel marin que les naturels grattent & emploient à leur usage. A dix lieues à l'ouest de Geir-Fugl-Skier, M. de Kerguelin a trouvé deux cent cinq brasses de profondeur à la mer. Les marées de l'équinoxe y montent de seize pieds, & les autres de douze. Les côtes sont escarpées dans tout le tour de l'île, excepté dans les baies ou criques, où l'on trouve une grève d'un sable menu.

Les baies, surtout celles du sud, qui sont le plus exposées au froid du Groënland, sont glacées toute l'année. Celle de Patrix-Fiord est encore fermée au 15 mai ; mais la mer, qui est voisine des côtes, n'éprouve pas les effets de la gelée, parce qu'étant fort profonde, elle y est agitée d'un mouvement violent. La glace redoutable aux habitans de cette île est celle qui vient du Groënland & du Spitzberg par grandes îles flottantes, & qui souvent couvre, même pendant tout l'été, le détroit qui se trouve entre ces trois îles. Souvent même ces glaces viennent s'appuyer le long de la côte septentrionale de l'Islande, & s'étendent ainsi à une grande distance de la terre.

Cette glace est de deux espèces : la glace en forme de montagnes, appelée *sœl-jakar*, & la glace par plateaux unis, dont l'épaisseur n'est pas considérable, nommée *hellu-is*. Les glaces arrivent ordinairement en janvier, & se dissipent en mars. Quelquefois elles n'atteignent qu'en avril les côtes, où elles se fixent pendant un tems considérable, & causent aux insulaires les plus grands maux en leur amenant une armée d'ours polaires, qui font un grand dégât parmi le bétail lorsqu'on ne peut pas écarter cet ennemi, & un froid violent qui refroidit l'atmosphère dans l'espace de plusieurs milles le long de la côte. C'est le retour de ces glaces qui est la cause de l'état avorté & souffrant des chétifs de ce pays, état qui paroît avoir succédé à un tems plus heureux, où l'île fut peuplée de forêts considérables.

Le fond de la mer, aux environs de l'Islande, est rempli de rochers ; on y trouve beaucoup plus de varech que dans les mers de la Grande-Bretagne. Ces plantes donnent un abri favorable à d'innombrables poissons, source de richesses pour les habitans s'ils pouvoient en jouir librement, ou pour les peuples voisins, dont les vaisseaux viennent tous les ans à la pêche de la morue. Les pêcheurs, ordinairement hollandais & français, se tiennent de quatre à six lieues du rivage, & pêchent sur quarante à cinquante brasses d'eau ; d'autres sont à la distance de quinze lieues, & pêchent à la profondeur de cent brasses. La pêche commence en mars & finit en septembre. On débute à la pointe de Brederwich ; on s'étend autour du Cap-Nord par l'île de Grim, jusqu'à la pointe de Lengeness.

Les Anglais avoient abandonné entièrement cette pêche depuis qu'ils étoient en possession de Terre-Neuve ; mais ils ont commencé à reprendre depuis peu la pêche de la merluche. Ils partent vers le milieu d'avril & reviennent à la fin d'août. Les naturels opprimés pêchent dans les baies avec des chaloupes qui contiennent un homme & jamais plus de quatre. S'ils en avoient de plus grandes & un équipage plus nombreux, & qu'ils se hasardassent à plus de huit milles de distance des côtes, ils feroient obligés de vendre leur poiſſon à la Compagnie & à un vil prix.

Ces mers, comme nous l'avons déjà dit, ont peu d'eſpèces de poiſſons; mais le nombre des poiſſons des eſpèces les plus utiles eſt incroyable, & en particulier le nombre des morues. Les harengs paſſent près de cette île dans leurs migrations annuelles, & pendant quelque tems rempliſſent toutes ſes baies. (*Voyez l'article* HARENG & la carte de cette marche.) La pauvreté & le défaut de ſel empêchent ces malheureux habitans de profiter de cet objet de pêche, qui eſt d'une reſſource infinie pour les autres nations.

L'*Iſlande* eſt le lieu le plus nord où l'on voie ce poiſſon; car on ne le trouve point dans les eaux peu profondes du Spitzberg, & il n'eſt pas probable qu'il double le Groënland, & qu'il ſe retire dans l'Océan glacial, où l'eau manque également de profondeur. N'iroit-il pas plutôt ſe réfugier dans les vaſtes abîmes de ces mers ſeptentrionales, où l'on trouve ſix cent quatre-vingts braſſes de profondeur, à la latitude de ſoixante-cinq degrés, entre l'*Iſlande* & le nord de la Norwège, ou dans les parages un peu plus au nord, où la ſonde, ſur une longueur de huit cent quatre-vingts braſſes, n'a pu atteindre le fond? Les autres poiſſons de l'*Iſlande* ſont en général ceux du Groënland, & je crois devoir renvoyer à cet article, où l'on trouvera cet objet détaillé comme il convient à notre plan de travail.

Inflammation des tourbes en Iſlande.

Cette île a été ravagée en 1783 & 1784, par des feux qui paroiſſent avoir parcouru certaines parties de la ſurface de la Terre ſeulement, & avoir été alimentés par les tourbes des marais. Un de ces feux commença le 7 juin 1783, dans la montagne de Skapta-Glaver, du diſtrict de Skapta-Field; s'étendit enſuite au ſud-ſud-oueſt vers Bydgt, entre Skapta-Tunge & Lüdu, & vers la paroiſſe de Laudbrort; ce qui fait dix milles de long ſur deux milles de large, & il ne s'éteignit qu'à la fin d'avril 1784. Les endroits où il s'eſt montré, ſont un mélange d'une ancienne lave & d'une terre de tourbe. Huit fermes ou petits villages ont été entiérement détruits par le feu. De ce nombre ſont les villages de Keikenfelder, de Holm-Sahle & de Skaul : outre cela, vingt-deux autres fermes ſont devenues inhabitables. Les terres ſur leſquelles le feu a agi, ſont d'une couleur rouge de cuivre. La rivière de Sklapac, qui dans quelques endroits avoit ſept à huit braſſes d'eau, a été entiérement miſe à ſec à la ſuite de cet incendie.

Un autre feu commença à ſe manifeſter dans la partie orientale, preſqu'à la même époque, dans la rivière de Hoervieſiodl, courut du ſud à l'eſt dans la longueur de huit à neuf milles, ſe diri-

geant vers la mer; il endommagea quatre grandes fermes.

Ces deux feux étoient éloignés l'un de l'autre d'environ cinq milles, qui ont été épargnés; car cet intervalle eſt encore habité; mais les habitans ont beaucoup ſouffert des évaporations ſulfureuſes, & des cendres que le vent enlevoit & diſperſoit au loin ſur les deux limites; auſſi preſque tous les beſtiaux ont péri par la mauvaiſe qualité des pâturages.

Le feu oriental n'a brûlé la ſurface de la terre que dans la largeur d'un demi-mille; mais il étoit très-vif, & ne s'eſt éteint que dans le mois de mai 1784. Avant ſon extinction, il s'en eſt manifeſté un troiſième à la montagne de Broydemerkar, dans le voiſinage du feu occidental. Ce dernier incendie ſe ſoutenoit encore en juin, & s'étendoit vers l'eſt; il étoit terrible, & faiſoit de grands ravages lorſqu'il rencontroit des alimens propres à ſa propagation. Ces feux ne paroiſſent avoir rien eu de commun avec les inflammations des volcans : ce ſont ſeulement des incendies ſuperficiels de tourbes. (*Voyez* TOURBES, INCENDIES.)

ISLE, étendue de terre environnée d'eau.

Les *Iſles* proprement dites diffèrent, ou par leur ſituation, ou par leur grandeur. A l'égard de leur ſituation, il y en a dans l'Océan, dans les fleuves, les rivières, & même dans les lacs & les étangs.

Pour ce qui eſt de leur grandeur, elles diffèrent extrêmement les unes des autres. Quelques *iſles* ſont aſſez grandes pour contenir pluſieurs Etats, comme la Grande-Bretagne, Ceilan, Sumatra, & Java. Quelques-unes forment un ſeul royaume, comme la Sicile, la Sardaigne, &c.; d'autres ne renferment qu'une ville avec un territoire médiocre, comme quantité d'*iſles* de l'Archipel, de la Dalmatie, &c.; d'autres n'ont qu'un petit nombre d'habitations diſperſées; d'autres enfin ſont ſans habitans.

Il y a des *iſles* qui paroiſſent avoir été toujours telles : il y en a d'autres qui ont commencé à paroître dans les lieux de la mer, où elles n'étoient pas auparavant; d'autres ont été détachées du continent, ſoit par des tremblemens de terre, ſoit par les grands efforts de la mer, ſoit par l'induſtrie & par le travail des hommes. Il eſt certain qu'il ſe forme de tems en tems des *iſles* nouvelles, non-ſeulement par des aterriſſemens, comme celle de Tſongming à la Chine, dans la province de Nankin, ou par des coups de mer qui les ont ſéparées du continent, comme les Anciens ont prétendu que la Sicile, & peut-être la Grande-Bretagne, ont été formées; mais il y en a même qui ſont ſorties de deſſous les flots, comme autrefois Santorin, & depuis les trois nouvelles *iſles* qui ſe ſont formées tout près d'elle, & c'eſt ſur quoi on peut voir les *Mémoires des Miſſions du Levant*, imprimées en 1715.

On eſt préſentement aſſuré que le continent que nous habitons, & où ſe trouvent l'Europe, l'Aſie & l'Afrique, eſt une grande iſle que la mer environne de toutes parts. On pourra dire ſans doute la même choſe de celui qu'on appelle le *Nouveau-Monde*, lorſqu'on aura pénétré au nord & à l'oueſt de la baie d'Hudſon. Juſque-là on ignore quelles ſont les limites ſeptentrionales de ce continent. Les Arabes, faute d'avoir un mot particulier pour exprimer une preſqu'*iſle*, donnent le nom d'*iſles* à toutes les péninſules.

Les terres arctiques, que l'on croyoit être un pays continu, ſont vraiſemblablement de grandes *iſles*, dont on ne ſait pas encore le nombre & l'étendue. La Californie, que l'on prenoit au contraire pour une *iſle*, eſt une partie du continent. Ce que l'on avoit cru être le commencement d'un grand continent au midi de l'Amérique s'eſt trouvé n'être qu'une *iſle* aſſez vaſte, environnée d'autres petites *iſles*.

On peut compter dix ou douze *iſles* de la première grandeur; ſavoir: en Europe, la Grande-Bretagne, l'Iſlande, la Nouvelle-Zemble; en Afrique, Madagaſcar; en Aſie, Niphon, Manille ou Luçon, Bornéo, Sumatra; en Amérique, Terre-Neuve & la Terre-de-Feu.

On compte ordinairement dix autres *iſles* de différentes grandeurs; ſavoir: dans la mer Méditerranée européenne, la Sardaigne, la Sicile, Candie; dans l'Océan, l'Irlande, Java, Ceilan, Mindanao, Célèbes; en Amérique, Cuba, Saint-Domingue.

Il y a d'autres *iſles* auxquelles on peut donner le ſurnom de *moindres*, parce qu'elles ne ſont pas ſi grandes que les précédentes, comme l'*iſle* de Zélande en Danemarck; la Corſe, Négrepont, Majorque, Chypre dans la mer Méditerranée européenne; Gilolo, Timor, Amboine en Aſie; la Jamaïque en Amérique; dans la mer du Nord, l'*iſle* Iſabelle; l'une des *iſles* de Salomon dans la mer du Sud.

Le nombre des petites *iſles* eſt preſqu'infini. On peut dire qu'elles ſont innombrables, avec d'autant plus de vérité, que l'on eſt encore bien éloigné de connoître toutes les mers. Il y reſte à découvrir beaucoup de côtes dont nous ignorons les détails, pour ne point parler de celles qui nous ſont inconnues. On pourroit cependant faire trois claſſes de ces petites *iſles*: la première ſeroit de celles qui, quoique ſeules & indépendantes des autres, ne laiſſent pas d'avoir de la célébrité: telles ſont, dans la mer Baltique, Aland, Bornholm, Falſter, Fune, &c.; dans la mer Méditerranée, Rhodes, Minorque, Corfou, Malte, Chio, Cérigo, Iviça, Céphalonie, &c.; dans l'Océan atlantique, entre l'Afrique & le Bréſil, Sainte-Hélène, l'Aſcenſion & Saint-Thomé; près du détroit de Gibraltar, Madère; & en Afrique, à l'entrée de la Mer-Rouge, Zocotora.

La ſeconde claſſe comprendroit les *iſles* que l'on connoît ſous un nom général, quoique la plupart aient chacune un nom particulier. Les principales ſont les Weſternes au couchant de l'Écoſſe; les Orcades au nord de l'Écoſſe; les *iſles* de Schetland au nord-eſt des Orcades; les Açores dans la mer du Nord; les Canaries, les *iſles* du Cap-Verd, dans la mer Atlantique; les *iſles* de l'Archipel dans la Méditerranée; les Lucayes & les Antilles dans la mer du Nord; les Maldives, les Moluques, les Philippines, le Japon, les Mariannes dans la mer des Indes & dans l'Océan oriental; les *iſles* de Salomon dans la mer du Sud.

La troiſième claſſe contiendroit les *iſles* des fleuves & des rivières, comme celles du Nil, du Niger, de Gambie en Afrique; de l'Indus, du Gange & autres en Aſie; du fleuve Saint-Laurent, du Miſſiſipi, de l'Orénoque, de l'Amazone en Amérique; enfin celles de nos rivières d'Europe, dans le Pô, le Danube, le Rhône, la Seine, &c. Les lacs d'Irlande, d'Écoſſe ont quantité d'*iſles*; le lac de Dambée en Éthiopie en a auſſi pluſieurs.

Il y a des *iſles* artificielles, & preſque toutes les places fortes, dont les foſſés ſont remplis des eaux d'une rivière, ſont en ſens de véritables *iſles*. Amſterdam & la plupart des villes de Hollande ne ſont pas ſeulement des *iſles*, mais chaque ville, ſelon ſon étendue, eſt compoſée d'un certain nombre plus ou moins grand de petites *iſles*. La ſeule ville de Veniſe n'eſt autre choſe qu'une fourmillière d'*iſles* jointes enſemble par des ponts.

ISLE FLOTTANTE. Les hiſtoires de tous les tems ſont pleines de relations d'*iſles flottantes*. Les Anciens l'ont avancé de Délos, de Théraſie & des Calamines. Pline (liv. III, chap. 25) fait mention d'une *iſle* qui nageoit ſur le lac de Cutilie, & qui avoit été découverte par un oracle. Elle ſe ſoutient, aſſure-t-il, ſur l'eau, & eſt non-ſeulement portée de côté & d'autre par les vents, mais même par de ſimples zéphyrs, ſans être fixé ni jour ni nuit. Théophraſte & Pomponius-Méla nous parlent auſſi d'*iſles flottantes* en Lydie, ſi mouvantes, que la moindre cauſe les agitoit, les chaſſoit, les éloignoit & les rapprochoit. Sénèque n'eſt pas moins poſitif ſur les *iſles flottantes* d'Italie. Pluſieurs de nos Modernes ont auſſi pris le parti d'en décrire de nouvelles en divers pays du Monde.

Je ne répondrai point que tous les faits qu'on cite, ſont également fabuleux & dénués de tout fondement: j'oſerai dire néanmoins que la plus grande partie ſont entiérement faux ou ſinguliérement exagérés. Il eſt très-ridicule de vouloir nous expliquer comment un grand nombre d'*iſles*, autrefois flottantes, ſe trouvent ſi ſolidement fixées depuis tant de ſiècles. Laiſſons donc Callimaque comparer l'*iſle* de Délos à une fleur que les vents ont portée ſur les ondes. Laiſſons dire à Virgile, que cette *isle* a été long tems errante au gré des vents, tantôt cachée & ensevelie sous les eaux ; tantôt, par une révolution contraire, s'élevant au deffus de ces mêmes eaux ; qu'enfin Jupiter la rendit également immobile & habitable en faveur de Latone, sans permettre qu'elle fût davantage soumise à ses anciens changemens.

Immotamque coli dedit, & contemnere ventos.

Toutes ces peintures sont fort jolies dans la Fable & dans les poëtes ; mais la physique n'époufe point de pareilles merveilles.

En effet, tout ce qu'elle voit sous le beau nom d'*isles flottantes* n'est autre chose que des concrétions de portions de terre spongieuse, légère, sulfureuse, qui surnagent, ou feules, ou entre-mêlées d'herbes & de racines de plantes, jusqu'à ce que les vents, les vagues, les torrens ou le calme les aient fixées sur la rive pour y prendre corps : c'est ce qui arrive le plus communément dans les lacs, comme dans le lac Lomond en Écoffe, où de pareils amas acquièrent finalement une étendue affez confidérable, fe joignent enfemble, touchent le fond d'un baffin qui n'est pas égal, s'y arrêtent, & y font une liaifon. Les efpèces d'*isles flottantes* qu'on a vue fe former pendant quelque tems près de l'*isle* de Santorin étoient un amas de rochers & de pierres-ponces jetées par des volcans fur la furface de l'eau, mais qui n'ont produit aucune *isle* fixe. On fait que les prétendues *isles flottantes* d'un lac, près de Saint-Omer, ne font proprement que des tiffus de racines d'herbes mêlées de vafe & de terre graffe. Enfin, il ne refte aucune preuve de la vérité des anciennes & des nouvelles relations qui ont été faites de tant d'*isles* mouvantes : toutes ces *isles* ont difparu, & nous ne connoiffons plus que des *isles* fixes.

Isles terrestres.

Ce font les témoins les plus apparens des déblais immenfes que les eaux pluviales & courantes ont faits à la furface de la Terre. D'après cette confidération générale, ces maffes de terres où de pierres méritent l'examen le plus fuivi dans les contrées où elles fe montrent fur des plateaux faillans à l'horizon. Je crois qu'il convient de comprendre dans cet examen, non-feulement la difpofition relative de ces *isles*, mais encore la détermination de la nature des matériaux qui font entrés dans la compofition des couches ou des autres maffifs, dont il est vifible que ces *isles terrestres* ne font que les reftes.

Quant à ce qui concerne leur fituation dans les différentes contrées de la Terre, je crois être autorifé, par l'obfervation, à dire qu'elles fe rencontrent dans deux circonftances remarquables & qui peuvent nous donner une idée des différentes caufes qui ont contribué à ces formes intéreffantes des terrains. D'abord, je les ai vues fur les fommets des bords élevés des vallées de nos rivières principales, particuliérement vers les parties inférieures de leur cours. Au contraire, vers les parties fupérieures, la totalité des couches de la fuperficie de la Terre s'y voit fans interruption & fans coupures, excepté dans les vides des vallons de tous les ordres.

J'ai remarqué, par exemple, qu'au deffus & au deffous de Paris, le long des vallées de la Marne, de la Seine, du Grand-Morin, toutes les *isles terrestres* étoient les reftes des couches fuperficielles des meulières.

Ces *isles terrestres* fe trouvent auffi dans d'autres circonftances, & même je dois dire que ce font les cas les plus fréquens, dans les endroits où les eaux de deux ou trois ruiffeaux coulent fur différentes pentes, & qu'elles embraffent les contours de certaines maffes qu'elles rongent & arrondiffent : il en est réfulté de ces *isles*. Il est vifible que cette diftribution des ruiffeaux n'a lieu que dans les points de partage des eaux, tant aux environs des plateaux de la nouvelle terre, que dans ceux de l'ancienne, & même affez fouvent dans les lignes de divifion de baffins de plufieurs rivières fecondaires, qui font partie des grands baffins des rivières principales, & en occupent les parties fupérieures.

Au refte, les *isles terrestres* font beaucoup plus fréquentes dans l'ancienne terre que dans la nouvelle, parce que l'eau fuperficielle qui circule, est plus abondante dans l'ancienne terre. Outre cela, l'eau s'y trouvant à tous les niveaux, il est inconteftable que les traces de fon travail doivent s'y rencontrer de même, & particuliérement fur les lieux les plus élevés.

Il auroit été à fouhaiter que la figure de ces *isles* eût été marquée avec exactitude dans les planches de la carte de France. On auroit pu, en étudiant ces cartes, & d'après leur infpection, en tirer un principe général, qui rentreroit dans ce que j'ai conclu de mes obfervations & de mes recherches particuliéres à ce fujet.

Il y a des cas, & furtout dans les montagnes de l'ancienne terre, où il n'est pas difficile de rendre raifon de ces différentes formes de terrain, puifque les eaux courantes font encore en activité au pied des maffes, & embraffent tous leurs contours très-exactement, & de manière à montrer qu'ils dépendent de la marche des eaux ; mais, dans d'autres cas, ces caufes font fort éloignées, parce que diverfes circonftances ont écarté les eaux qui circuloient autour des *isles* : ajoutez à cela l'approfondiffement confidérable des vallées qui ont leur origine au pied de ces *isles*, & qui fe trouvent à un niveau bien inférieur.

L'obfervation de ces *isles*, au refte, m'a paru intéreffante, parce que nous pouvions en conclure les déblais immenfes que les eaux ont opérés à la furface de nos continens depuis qu'ils font expofés à leur action. On peut fe convaincre, par la conſervation de certaines parties des couches de l'ancienne ſuperficie de la Terre, que les autres parties intermédiaires qui en formoient la ſuite ont été détruites ; ce qui nous met à portée d'en eſtimer la maſſe & l'étendue, & en même tems de rétablir l'état primitif de la Terre dans les premiers tems où nos continens, abandonnés par la mer, ſe ſont trouvés à ſec & expoſés à recevoir l'eau des pluies, &c.

Il reſte à conſidérer la hauteur & l'épaiſſeur de ces iſles : les unes ont très-peu de hauteur & ne comprent guère que deux des couches ſuperficielles. Le reſte eſt un grand maſſif fort étendu, où ſe trouvent les autres couches jnſqu'au niveau des vallées les plus profondes.

D'autres fois, & ce ſont les plus belles iſles, elles offrent dans un maſſif bien arrondi & d'une très-petite étendue, la totalité des couches qui ſe retrouvent dans les caps des continens voiſins. Elles occupent le milieu des vallées, & elles paroiſſent avoir été coupées par une ou deux rivières aſſez fortes. Les unes ſont placées au milieu de la vallée actuelle, & fort près du canal des rivières ; les autres ſont ſur les bords de ces mêmes vallées, & ſemblent, malgré cela, être le réſultat des eaux courantes qui y ont autrefois circulé, & laiſſé ces formes après leur déplacement.

Ce n'eſt pas, au reſte, ſeulement à ces iſles qu'on peut s'attacher pour en conclure la deſtruction qui s'eſt opérée à la ſurface des continens : on a encore d'autres témoins : ce ſont les débris des couches ou des maſſifs ſuperficiels qu'il eſt en conſéquence important de bien connoître & de bien analyſer en parcourant les différens amas qui s'en montrent en différens endroits.

Dans cet examen il y a deux ſortes de comparaiſons : d'abord celle des matériaux avec ceux qui conſtituent les iſles terreſtres. Il eſt facile d'en reconnoître les débris. En ſecond lieu, s'il n'exiſtoit pas des iſles terreſtes, on pourroit comparer les débris diſperſés à la ſurface du terrain avec les couches qui ſubſiſtent encore, & qui peuvent offrir des matériaux ſemblables à ceux réſidans au milieu de ces couches.

En ſuppoſant des iſles terreſtres de différens ordres, on conçoit que ces iſles correſpondront aux couches voiſines de la ſurface de la Terre, & dès-lors on ſent de quelle importance il eſt de bien connoître, ſur une certaine étendue de terrain, les couches les plus élevées, enſuite les couches qui viennent à la ſuite pour déterminer la ſérie des iſles d'après celles des couches primitives : ceci eſt bien important, & dès-lors les coupes des terrains ſont d'une reſſource ſi grande pour l'étude de la conſtitution phyſique d'une contrée, que c'eſt par-là qu'il convient de commencer ſi l'on veut mettre un certain enſemble dans ſes obſervations.

Dans l'examen des différentes iſles terreſtres &

continentales que j'ai rencontrées en parcourant, ſoit les cartes de France, ſoit les contrées elles-mêmes, j'ai vu que les bords de ces iſles offroient autant de revers favorables à la diſtribution des eaux, de telle ſorte que la plupart pouvoient être conſidérées comme des points de partage des eaux courantes dans les embranchemens primitifs des rivières.

J'ai reconnu d'ailleurs que, dans les cas où ces revers étoient alongés, des ſources ſe trouvoient d'une force proportionée à l'étendue de la ſuperficie de ces rivières, qui recevoient les pluies alimentaires de ces ſources, & c'étoit alors que la proximité des moulins annonçoit l'abondance de ces ſources ou débouchés des eaux pluviales. Ce ſont ces circonſtances que je me propoſe de rapprocher en ſuivant la diſtribution des iſles terreſtres & continentales ſur les planches de la carte de France, & de faire connoître dans la deſcription des diverſes cartes topographiques de France. (Voyez les iſles de la planche de Saint-Jean-d'Angely.) Je me ſuis attaché à l'étude des diverſes cartes de la France, avec d'autant plus de ſoin, & d'après les principes de la géographie-phyſique, que ces cartes, vu l'étendue de la France, dont elles nous offrent le tableau phyſique, pouvoient être conſidérées comme un échantillon de la ſurface de la Terre, & nous donner une idée du travail de la Nature dans les autres contrées de l'Europe, de l'Aſie, &c., & par conſéquent comme nous offrant des principes généraux qui pourront avoir une application utile & lumineuſe pour tous les pays qui ſont étrangers à la France, & qui n'ont pas de cartes topographiques. J'ai remarqué de même que les ruiſſeaux latéraux, quelle que ſoit l'étendue de leur cours, recueilloient les eaux des différens plateaux qui formoient les appendices des iſles terreſtres le long des vallons des rivières déjà formées; que pluſieurs de ces ruiſſeaux avoient pour lors très-peu approfondi leurs vallons, & ne nous offroient que des baſſins foiblement creuſés & approfondis.

Ceci fait un des caractères les plus remarquables des iſles terreſtres inconnues juſqu'à préſent quant à leur exiſtence totale. Ceci prouve auſſi que la diſtribution des eaux ſur le Globe tient à beaucoup de circonſtances qu'il faudra réunir avec ſoin pour ſuivre & obſerver particuliérement ces iſles. Je dois donner en conſéquence le dénombrement de toutes ces iſles terreſtres dans chacune des planches de la carte de France ; ce qui fera un dénombrement très-important & très-étendu, & qui ſuppoſera d'ailleurs l'indication raiſonnée & la connoiſſance des dernières couches ſuperficielles de la Terre, que les eaux pluviales ou courantes auront miſes à découvert définitivement. On pourra d'ailleurs conclure de la conſervation & de la deſtruction des environs de ces iſles, la conſtitution phyſique de toutes les contrées environnantes. C'eſt ainſi que j'ai vu certaines pierres qui

qui entroient dans la composition des *isles terrestres*, & qu'on remarquoit dans les plaines en pierres perdues.

Dans le dénombrement dès *isles terrestres* je comprendrai tous les centres d'éruption dans les pays volcaniques, les culots; quelque nombreux qu'ils soient; les cratères, qui sont distribués dans les pays de la dernière époque, qu'on a annoncés sous le nom de *Puy*, comme *Puy-de-Dôme*, *Mont Rognon*, le *Puy-de-Coran*, le *Puy-d'Usson*, &c.

Il y a plusieurs *isles terrestres* fort remarquables autour des sources de la Meuse, vers Clermont, vers Montigny-le-Roi, situé en partie sur un monticule escarpé, encore adhérent au plateau par une langue de terre de quelques toises. On voit aussi une butte semblable à Andilly, qui appartient au plateau. On en voit vers la Mance, aux sources de la Vingeanne, auprès d'Heuilly, Colon-du-Pallier, de Chassigny, de Mont-Saujeon. Ces pics n'ont pas une élévation qui excède quarante toises; mais ils sont plus élevés vers les sources de la Tille & de la Seine. Mais quand on passe aux plateaux des Cévennes, ou des Vosges, ou de la Suisse, on voit ces buttes s'élever insensiblement autant au dessus du terrain, que le terrain est élevé au dessus du niveau de la mer, & peu à peu ces buttes devenir très-hautes, & former des pics inaccessibles. Leur position, toute pareille à l'égard des points de partage des eaux, nous doit faire juger que leur origine ne peut être autre que celle des buttes les moins élevées du plateau de Langres & des environs. Il est visible que toutes ces formes & ces plateaux detachés en particulier sont, quant à leur bordure & à leurs escarpemens, l'ouvrage des eaux, qui ont dégradé dans plusieurs directions, c'est-à-dire, des eaux pluviales & des eaux de source. On voit d'abord que des ébauches des vallons, formées dans tous ces points de partage, ont donné naissance à des vallons plus distincts; qu'ensuite ces vallons se sont approfondis, en sorte que ces vallons, qui dans les premiers tems étoient fort écartés les uns des autres, se font unis par la succession des tems & à la suite des destructions. Il en est résulté des plate-formes en dos d'âne, qui se sont tellement rétrécies, que chacune de ces éminences n'a plus formé que des pics isolés; ainsi leur grand nombre a généralement hérissé la ligne des points de partage des eaux, soit que ces points de partage aient été les plus élevés, soit qu'ils se soient trouvés à des niveaux inférieurs. Si nous passons aux buttes qui se trouvent dans les plaines basses, il n'y a pas plus de difficulté de concevoir la formation de ces *isles terrestres*, que l'approfondissement de ces vallées; car présentant sur leurs flancs des couches semblables à celles que les escarpemens voisins des bords des vallées nous offrent, & qui ont été mises à découvert & coupées de même par les eaux, il est visible que ce sont des masses epargnées par ces eaux, mais détachées, par ce travail, de toutes les côtes avec lesquelles elles étoient unies. (*Voyez* BASSIN DE RHEIMS, BERU (Isle terrestre de).)

ISLE-DE-FEU. (*Isla-del-Fuego*), île de l'Océan atlantique, & l'une de celles du Cap-Verd, à l'occident de la pointe la plus méridionale de San-Iago, & au septentrion de l'île de Brava. Les *Tables hollandaises* lui donnent trois cent cinquante-un degrés quarante-huit minutes de longitude, & quatorze degrés cinquante minutes de latitude. M. Delisle met le bout septentrional de l'*Isle-de-Feu* par les quinze degrés de latitude; & comme elle peut avoir cinq lieues de vingt au degré dans sa longueur nord & sud, il se peut que les Hollandais n'aient eu égard qu'à la partie méridionale de l'île. Le géographe français met la longitude trois cent cinquante-trois degrés douze minutes. Au reste, cette île n'est proprement qu'une haute montagne remarquable par les flammes sulfureuses qu'elle vomit, comme le mont Etna & le Vésuve, & qui incommodent beaucoup le voisinage. Ces flammes ne s'apperçoivent que la nuit; mais on les voit alors de bien loin en mer. Il sort de l'ouverture quantité de pierres-ponces portées par les courans de côté & d'autre, & qui viennent jusqu'à San-Iago. (*Voyez* Dampier & Owington en attendant mieux.)

ISLE (l'), rivière du département de la Vienne. Elle prend sa source au pied des montagnes du Limousin par la réunion d'un grand nombre de ruisseaux, à cinq lieues de Limoges; traverse le département de la Dordogne, passe à Savignac-lès-Églises, reçoit plus bas le haut Vezer, va à l'ouest arroser Périgueux, puis, coulant au sud-ouest, baigne Astier, Mussidan, Montpont, reçoit la Dronne à l'ouest de Coutras, passe au sud de Guitre, &, descendant au sud, va se rendre dans la Dordogne, à la ville de Libourne, après cinquante lieues de cours: le mascaret y remonte.

ISLE-ADAM, bourg du département de Seine & Oise, sur l'Oise, & à deux lieues nord-est de Pontoise. Le prince de Conti faisant construire un puits à l'*Isle-Adam*, on trouva dans la fouille un lit d'une terre qui brûle, & qui, par la distillation, donne une liqueur inflammable comme le charbon de terre. Au milieu de ce lit on trouve aussi un amas de coquilles pyriteuses & de petits débris d'ambre jaune en succin. Il y a, près de ce bourg, des eaux minérales ferrugineuses, & des carrières de grès dur pour le pavé.

ISLE-ADAM (forêt de l'), canton de l'*Isle-Adam*, à deux lieues nord-est de Pontoise. Elle a, du nord-ouest au sud-est, deux mille cinq cents toises de longueur, & du nord-ouest au sud-ouest dix-huit cents toises de largeur.

ISLOTS ou ISLETS. Ce sont des portions de

terres qui se forment tous les jours près de la terre-ferme, par les dépôts de limon, de sable & de terre que les eaux des fleuves & de la mer accumulent dans les lieux de morte-eau. La plupart de ces *islots* commencent par être des bancs de sable, & finissent par être des îles d'une grandeur médiocre.

Ces sortes d'*islots* sont très-nombreux dans les contrées où les pluies sont très-abondantes, & où les rivières d'un cours rapide entraînent toutes les terres qu'elles lavent, & les déposent vers leurs embouchures. Il y a de nombreux *islots* ainsi formés près des côtes de la Martinique.

ISPICA en Sicile. Ce prétendu château n'est qu'une portion de rocher très-éminente, & qui s'élève au dessus d'un banc de pierre qui le précède & qui le suit dans la cavée d'*Ispica*. Sa figure, jointe aux habitations qu'on y a creusées, lui a fait donner le nom de *château*. Ce ne sont pas, dans le moment présent, les habitations souterraines qui attirent notre attention, mais un filet d'eau qui sort du rocher par un petit canal que la Nature a creusé, & qui se répand dans un des appartemens du rez-de-chaussée. Pour recevoir cette eau on a pratiqué au dessous du trou qui sert de débouché, & dans la roche même, une cuvette assez semblable à un petit sarcophage. C'est une singularité assez curieuse, que le jet de cette eau au milieu d'un massif de rocher; mais nous offrirons quelques exemples encore plus remarquables de semblables phénomènes dans divers articles de ce Dictionnaire. (*Voyez* le *Voyage en Sicile*, de Houel.)

ISPOURE, village du département des Basses-Pyrénées, canton de Saint-Jean-Pied-de-Port. A la montagne d'Arradoy, située près de ce village, on trouve du schiste sauvage, qui renferme de la mine de cuivre noir & de la malachite sans gangue.

ISSAC-DE-MONT-RÉAL, village du département de la Dordogne, canton de Montagnac, à une lieue & demie de Mussidan. Dans les caves du château de cette commune on voit du cristal de roche, & outre cela les rochers sont couverts de congélations & de stalactites.

ISSAUDON, village du département de la Corrèze, canton d'Ayen. Il y a une mine de plomb non exploitée.

ISSAUX, village du département des Basses-Pyrénées, canton d'Accous. Il y a une forêt dans le territoire de ce village, avant laquelle, dans l'endroit que l'on appelle *le Puy*, il y a de la molybdène. On tire de ce même territoire de jolies brèches & quelques marbres veinés. A treize cents toises sud-ouest d'*Issaux* on trouve une mine de cuivre située sur la montagne de Bérète. Outre

cela on voit une mine de plomb sur un petit plateau nommé *le Tosset de la mine*, quartier de Tosse. Avant d'arriver au Pas-d'Azun il y a des couches de schiste, qui se divise très-facilement par feuillets. Des masses énormes de marbre gris s'élèvent comme deux remparts inaccessibles sur les côtés du passage. Le désordre affreux qu'on y voit, permet à peine de distinguer quelques bancs. Cependant on apperçoit, dans quelques pierres calcaires, des couches d'ardoise argileuse. Au Pas-d'Azun on rencontre des bancs de marbre gris. Ces bancs, à une certaine distance à l'ouest, présentent une surface ondoyante. Au sud de ce col on trouve des couches de schiste; avant le pic d'Anie, des bancs de marbre gris & des couches d'ardoise argileuse. Le sommet de cette montagne est formé de bancs calcaires.

ISSAUX, forêt à mâture, canton d'Aramitz. Elle a, de l'est à l'ouest, trois mille huit cents toises, &, du nord au sud, deux mille toises.

ISTHME : c'est une portion de terre resserrée entre deux mers, & qui réunit un grand continent à un autre, ou un continent à une presqu'île. Les principaux *isthmes* sont ceux de Suez & de Panama. Le premier est produit par la Mer-Rouge, & en partie par la Méditerranée, & il réunit l'Asie à l'Afrique. Le second est de même produit par le golfe du Mexique, qui présente une large ouverture de l'est à l'ouest, & la mer du Sud. C'est par cet *isthme* que l'Amérique méridionale communique avec la septentrionale, ou que le Pérou se trouve joint au Mexique. On connoît encore d'autres *isthmes* assez célèbres pour être cités dans cet article : tels sont celui de Corinthe, qui joint la Morée au reste de la Grèce; l'*isthme* d'Erisso, qui joint le Mont-Athos à la Macédoine; l'*isthme* de Malaie, qui joint la presqu'île de ce nom au royaume de Siam. On voit que, dans toutes les circonstances où se trouvent les *isthmes*, ils réunissent de grandes portions de continens à d'autres, ou des presqu'îles aux continens. Dans plusieurs cas, les *isthmes* sont formés, surtout à leur centre, par le prolongement des chaînes de montagnes qui vont d'un continent à l'autre. L'*isthme* de Panama ne paroît formé que par le rétrécissement de la chaîne des Cordillières, qui se continue du Pérou dans le Mexique.

Il me resteroit à présenter le détail des travaux qu'on a faits en différens tems pour ouvrir un de ces *isthmes*, celui de Suez, par un canal qui auroit fait la communication de la Méditerranée à la Mer-Rouge ; mais je me bornerai à regretter ici que ce vaste projet n'ait pas été terminé.

Quant à celui de Panama, on attend des éclaircissemens sur les moyens de franchir cette langue de terre par des bâtimens qui ouvriroient au commerce une route directe du golfe du Mexique dans la mer du Sud. (*Voyez* PANAMA.)

Quelques naturalistes ont fait des recherches sur plusieurs *isthmes* qui ont été ouverts naturellement & ont fait place à des détroits. C'est l'objet d'une Differtation qui fut couronnée par l'Académie d'Amiens.

ISTRES, département des Bouches-du-Rhône. On voit à quelque diftance d'*Iftres*, un coteau dont la bafe eft fablonneufe. La nature de fes couches pierreufes & fon organifation intérieure annoncent vifiblement les dépôts fuccessifs des eaux de la mer. C'est au bas de ce coteau, allant du midi au nord, qu'on trouve l'étang d'*Iftres*, qui n'étoit autrefois qu'un marais formé par les eaux pluviales. Depuis l'introduction des eaux de la Durance dans ce territoire, fon étang devient tous les jours plus confidérable : on lui donne une lieue de circonférence. Il eft peu éloigné de la ville. Ses eaux font beaucoup moins fa'ées que celles de la mer. Un canal fait communiquer cet étang avec celui de Berre.

L'étang d'*Iftres*, ainfi que celui de Berre, nourrit des moules; mais celles de l'étang d'*Iftres* font beaucoup plus délicates & plus douces que celles de l'étang de Berre. La nature des eaux de cet étang, qui tient le milieu entre le doux & le falé, contribue à donner à ces moules la délicatesse dont les autres ne font point pourvues. Mais quand les averfes adoucissent trop les eaux, quand elles s'altèrent faute d'être mifes en mouvement par le souffle des vents, les moules périffent prefque toutes.

ITALIE (Obfervations fur l'). L'*Italie* eft peut-être un des pays fur lequel il eft le plus difficile d'établir un plan minéralogique; elle a été fi bouleverfée par les volcans, que tout y paroît être dans un état de confufion qui a dérangé l'ordre & la fuite des montagnes. M. Guettard n'a pas laissé que d'y trouver des indices du fyftème général de minéralogie qu'il s'eft formé d'après une fuite d'obfervations. Suivant ce fyftème, l'*Italie* devoit être un pays calcaire, & faire partie d'une bande métallique; mais les obfervations de M. l'abbé Guénée & celles de M. Allioni de Turin, de M. Spada de Vérone, l'ont mis en état de reconnoître que l'*Italie* eft, du moins pour la plus grande partie, un pays marneux ou formé de pierres calcaires, & que ce pays confine à un terrain rempli de marbres; car il faut mettre quelque différence entre les marbres & les pierres calcaires communes. Ce pays des marbres eft borné par les hautes montagnes qui forment la bande fchifteufe ou métallique.

Cette bande métallique fe divife encore dans fa hauteur; car on diftingue les montagnes à filons & les montagnes à couches, les unes que M. de Buffon regarde comme le produit du feu, les autres qui lui paroissent avoir été formées par l'eau;

car le feu & l'eau font fouvent les agens des mêmes phénomènes & des mêmes mixtes.

Le pays des pierres calcaires ordinaires commence dès le Piémont, & communique même avec celui de la France; car on trouve ces pierres calcaires vers Lyon, Grenoble, Marfeille & Toulon; dans la Savoie & dans les environs de Turin, où on les emploie à faire de la chaux; elles fe voient encore depuis Montcallier jufqu'à Cafal, & dans plufieurs autres endroits de l'*Italie*, furtout dans le voifinage de l'Apennin. Si le Piémont n'eft pas tout entier dans la bande marneufe, il y eft du moins en grande partie. M. Guettard en juge par l'*Oritographie du Piémont* qu'a donnée M. Allioni, où l'on voit des corps marins foffiles trouvés dans toutes les parties du Piémont; ainfi le Piémont eft réellement calcaire.

Ce pays calcaire fe continue dans le Montferrat, puifque Bourguet a trouvé à Montafia des corps marins foffiles. M. Guettard en a remarqué à Franca-Villa & à Novi. La même bande calcaire a été aussi reconnue à Pife, à Livourne, à Velletri, à Sezze, à Terracine, à Gaëte, & jufqu'à S. lerne dans le royaume de Naples.

L'autre côté de l'*Italie*, fitué fur la mer Adriatique, eft également calcaire. La pierre des environs de Lorette & d'Ancône eft calcaire, ainfi que la montagne fur laquelle eft bâtie la ville de Saint-Marin, & celles où font Padoue, Vérone, Brefcia. Ainfi il eft très-probable que dans l'intérieur de l'*Italie*, de même que fur les côtes, les pierres les plus communes font calcaires, & que la plus grande partie de l'Apennin eft de pierres calcaires.

Le marbre eft encore une forte de pierre calcaire qui fe trouve en quantité dans l'*Italie*; mais il paroît, dit M. Guettard, que les marbres font placés dans des endroits plus voifins des hautes montagnes, que la pierre calcaire commune. On les trouve, furtout près du lac de Côme, à Rovere.do, à Vérone, à Trente, à Padoue, le long des montagnes du Tirol, & enfuite en Iftrie, en Dalmatie, en Albanie, c'eft-à-dire, de l'autre côté du golfe Adriatique.

La bande fchifteufe & métallique eft formée par les hautes montagnes qui font derrière les montagnes de marbre. En effet, les granits & les fchiftes s'obfervent près des hautes montagnes, furtout du côté du Tirol. On trouve le fchifte brillant aux îles Boromées, & du côté de Trente, de Colman, de Brixen, & jufqu'à Infpruck, qui eft du Tirol. Ce même canton donne aussi du granit. Les montagnes du Dauphiné & du Languedoc, aussi bien que celles d'Iftrie & de Dalmatie, contiennent des fchiftes, des granits & des métaux de toute efpèce.

Les montagnes de Gênes contiennent beaucoup de fchiftes & d'ardoifes. Dans celles de la Superga, près Turin, il y a du granit, des fchiftes, du quartz & du fpath. Il y a furtout beaucoup de granit au nord de Milan; mais il eft à gros grains, mal lié, rempli de paillettes talqueufes & de pa'ies noirâtres. Il est moins beau que celui de plusieurs départemens de France.

Les volcans indiquent ordinairement un terrain qui n'est point calcaire ; aussi les environs des lacs de Vico & d'Albe, du côté de Rome, renferment des granits ou des schistes talqueux. On trouve beaucoup de parties talqueuses dans les matières du Vésuve. Si ces montagnes talqueuses sont si près de celles qui contiennent des pierres calcaires, M. Guettard conjecture que c'est parce qu'elles sont le reste de quelques chaînes de montagnes détruites par les secousses des tremblemens de terre, qui, par leur destruction, ont probablement donné lieu à l'introduction des eaux de la mer, qui ont formé la Méditerranée.

Le royaume de Naples est en grande partie dans la bande métallique. En effet, Davity parle de beaucoup de mines qui sont dans la Calabre, mines d'or, d'argent, de fer, d'aimant, de plomb, d'azur, de vermillon, de soufre, de poix, de sel, d'albâtre & de cristal.

Il faut aussi renfermer dans cette bande métallique quelques autres endroits de l'*Italie*, où l'on trouve des mines : tels sont la Toscane, la Marche-Trevisane, qui fournit de très-bon acier, & le Frioul, où l'on trouve de toutes sortes de métaux ; les mines d'Idria, fameuses par le mercure qu'elles fournissent ; le pays de Vicence, de Bresce & de Bergame, qui contient aussi des mines ; le Plaisantin, où il y a une source de pétrole ; une partie du Piémont, où il y a du schiste, de l'ardoise & des mines ; la vallée de Lucerne & de Lens, où il y a des mines d'argent, de vitriol & d'alun, & divers endroits du Piémont, où l'on trouve du fer & même de l'or.

Ces trois bandes partagent l'*Italie*. La première est la bande calcaire ou marneuse ; la seconde comprend les marbres ; la troisième renferme les granits, les schistes & les métaux : toutes trois paroissent se prolonger jusque dans les îles de la Méditerranée. La Sicile & l'île de Caprée paroissent calcaires. La Corse & la Sardaigne pourroient bien n'appartenir qu'à la bande métallique, ou n'avoir qu'une petite partie des deux autres bandes. Quand on aura suivi le progrès de ces trois bandes, & qu'on aura déterminé leur position en un grand nombre de points, on sera en état de tracer une carte minéralogique de l'*Italie*.

Les principales montagnes de l'*Italie* sont les Alpes, qui la bornent au nord & au couchant, & l'Apennin, qui la divise suivant sa longueur dans sa partie méridionale.

Les Alpes forment la plus haute chaîne de montagnes de tout l'ancien continent. La partie la plus élevée de cette chaîne est comprise entre le mont Saint-Gothard & le petit Saint-Bernard ; & de là jusqu'à la Méditerranée au midi, & jusque dans le Tirol au nord-est, les Alpes s'abaissent continuellement.

Cette chaîne a quarante ou cinquante lieues de largeur en ligne droite ; elle est composée de plusieurs chaînes parallèles, qui sont coupées çà & là par des vallées transversales. Ces vallées diffèrent beaucoup des vallées longitudinales qui résultent du parallélisme des chaînes particulières. Celles-ci, plus longues, plus régulières, plus profondes, paroissent aussi anciennes que les montagnes elles-mêmes ; quoique les eaux & les révolutions que la Terre a subies, aient pu y apporter des changemens considérables. Les vallées transversales, qui sont pour l'ordinaire tortueuses & beaucoup moins profondes, paroissent avoir été creusées depuis la formation des montagnes par les eaux des pluies & des neiges fondues. Je dis que celles-ci sont beaucoup moins profondes. En effet, il est bien remarquable que, dans toute l'étendue des Alpes qui renferment l'*Italie* depuis le Tirol jusqu'à Nice, il n'y ait aucune vallée transversale, c'est-à-dire, aucun passage par lequel on puisse traverser cette chaîne de montagnes sans être obligé de gravir à la hauteur de six ou sept cents toises au dessus du niveau de la mer, tandis que les vallées longitudinales qui sont au pied de ces passages n'ont souvent que deux ou trois cents toises au dessous du même niveau.

Quant à la nature même des montagnes dont les Alpes sont composées, on peut dire en général qu'elle varie en raison de leur distance à la chaîne centrale, qui est communément la plus large & la plus haute. La chaîne extérieure la plus basse, la plus éloignée du centre, est composée, tant du côté de l'*Italie*, que du côté opposé, de collines qui ne sont autre chose que des lits ou des amas de débris des chaînes intérieures : ce sont des sables, des argiles, des grès, des poudingues, des cailloux roulés, & même de grands blocs détachés des hautes montagnes & entraînés par les eaux dans les grandes révolutions de la Terre.

Après cet amas de débris, les premières chaînes que l'on rencontre en pénétrant dans les Alpes, sont du genre de celles que les naturalistes nomment *secondaires* ou de *seconde formation* ; elles sont composées de pierres à chaux, de serpentine ou pierre ollaire, & de schistes de diverses espèces.

Enfin, la chaîne centrale renferme les montagnes primitives ; savoir : les roches feuilletées, quartzeuses, & les granits.

C'est dans la jonction des secondaires aux primitives, & dans les lignes extérieures de ces montagnes primitives, que se trouvent pour l'ordinaire les mines métalliques. Les marbres se rencontrent plus fréquemment vers le bas des chaînes secondaires.

Mais cette disposition générale est sujette à un grand nombre d'exceptions. Les granits se montrent quelquefois dans des plaines, comme à Saint-Ambroise, sur la route de Turin, & la pierre calcaire occupe, en quelques endroits, le centre de la chaîne : tels sont les schistes micacés, calcaires, qui composent le haut du Mont-Cenis.

L'Apennin, que l'on peut considérer comme un rameau des Alpes, se détache de celles-ci entre Gênes & Turin, & descend de là jusqu'à l'extrémité méridionale de l'*Italie*, en se rangeant plus près de la côte occidentale que de l'orientale. Il est, comme les Alpes, bordé par en-bas de collines composées de sables, de grés & d'autres débris, mais moins abondans & d'un moins grand volume que ceux des Alpes. Les montagnes de l'Apennin sont presque toutes de seconde formation, calcaires, ollaires, schisteuses : il y a cependant quelques places où le granit perce au travers de ces pierres secondaires.

On peut regarder comme une branche de l'Apennin les collines du Mont-Ferrat, qui commencent auprès de Turin, passent à l'ouest de Parme & de Plaisance, & vont se réunir à l'Apennin, dans le duché de Modène. Leur nature est en général la même que celle de l'Apennin, & on y trouve, comme dans celui-ci & dans les Alpes, des mines & des marbres.

Dans toutes ces montagnes & ces collines on rencontre en grande abondance un genre de pierre que la Nature a prodigué en *Italie* plus que partout ailleurs, & qui s'observe, par exemple, beaucoup plus fréquemment sur le revers méridional des Alpes, que sur les pentes septentrionales. C'est la serpentine ou pierre ollaire, connue en *Italie* sous les noms de *gabbro*, *gabretto*, *gesso di sarto*, &c. Cette pierre, qui est la matrice de l'amiante, se trouve, ou pure, ou mélangée avec la pierre calcaire. Ses variétés sont innombrables, & pour la couleur, & pour la dureté, il y en a qui est dure comme le jade (le plus dur de tous les cailloux après les pierres précieuses), & l'on trouve de la serpentine qui a la mollesse de la craie. Le gypse est aussi extrêmement commun en *Italie* : il y en a des montagnes entières dans les Alpes, au Mont-Cenis, par exemple, & ailleurs. Les beaux marbres se trouvent aussi fréquemment en *Italie* : ceux de Suze, de Carrare, de Seravezza, de Sienne méritent la célébrité dont ils jouissent. L'albâtre de Volterra est aussi justement célèbre. On trouve dans la Toscane & dans les collines du Mont-Ferrat, des jaspes, des agates & des calcédoines qui ne sont pas de beaucoup inférieures aux orientales.

L'*Italie* n'est pas moins remarquable par ses plaines que par ses montagnes. La plaine de Lombardie est une des plus belles & des plus riches qu'il y ait au Monde.

Une autre jolie plaine est celle de la Campanie heureuse, renfermée par le golfe de Naples & par les Apennins. Son extrême fertilité, sa population, sa situation charmante, la rendent vraiment digne du nom qu'elle porte.

Au nord de cette plaine, de l'autre côté des Apennins, on trouve dans la Pouille, sur le golfe de Manfredonia, de grandes & de belles plaines, qui sont aussi très-fertiles.

Toutes les plaines & même les collines de l'*Italie* ont été recouvertes par les eaux de la mer dans des tems antérieurs à tous les monumens historiques, mais pourtant postérieurs à la formation des montagnes & aux premières révolutions de notre Globe. C'est ce qu'atteste l'immense quantité de coquillages marins, parfaitement conservés, & qui sont même quelquefois encore colorés, que l'on trouve épars dans les plaines de la Lombardie & de la Toscane, & jusque sur les collines du Mont-Ferrat & sur les basses montagnes de l'Apennin. On voit en plusieurs endroits du Piémont, de la Lombardie & de la Toscane, des champs absolument blanchis par les coquilles dont ils sont couverts; d'autres dont elles empêchent la culture par leur nombre & par leur volume, presque toujours disposées par famille, comme on les trouve au fond de la mer. La plupart paroissent avoir été abandonnées par une retraite tranquille de ses eaux; car on trouve très-fréquemment les bivalves, les huîtres, par exemple, dans leur situation naturelle, & les deux valves encore appliquées l'une sur l'autre, quoiqu'elles ne soient point adhérentes, & que la plus légère secousse eût pu les séparer. Quelques-uns de ces coquillages ont leurs analogues vivans dans les mers qui baignent actuellement l'*Italie*; d'autres n'ont leurs analogues connus que dans les mers des Indes : il y en a enfin dont on n'a point encore trouvé les analogues. On peut en dire autant des poissons pétrifiés du mont Bolca dans le Véronois.

Les bois pétrifiés sont très-communs en *Italie*, & surtout dans le Piémont. On trouve aussi, dans la Toscane, des bois qui ont été changés en charbon de pierre. Enfin, les ossemens d'animaux exotiques d'hippopotames, & surtout d'éléphans, sont si fréquens dans quelques parties de l'*Italie*, & principalement dans la Toscane, le long des bords de l'Arno, que la plupart des laboureurs les connoissent, & que dans certains endroits, par exemple, à Cassel-Franco di Sopra, ils assurent qu'ils ne labourent jamais un champ sans que la charrue n'amène quelques fragmens osseux. On y trouve des défenses d'éléphans de tout âge; ce qui semble indiquer qu'ils ont été anciennement sauvages dans ce pays-là, puisque ces animaux ne multiplient point dans l'esclavage. Ces ossemens d'éléphans se trouvent là, comme en Amérique & en Sibérie, mêlés avec des cailloux roulés, des sables & des argiles qui ont été chariés & accumulés par les eaux.

L'*Italie* présente aussi un grand nombre de vestiges de l'action des feux souterrains. Si l'on n'en trouve pas dans le centre des Alpes, ce n'est pas la masse de ces montagnes ni l'étendue de leurs racines sous les plaines voisines, qui les en a préservés, puisque les Cordillières, bien plus hautes que les Alpes, sont remplies de volcans jusqua dans leur centre. On croit que le voisinage de la mer est nécessaire à l'embrâlement des matières inflammables renfermées dans le sein de la Terre. Les Alpes en fourniroient un exemple ; car dans les lieux où elles s'approchent de la mer Adriatique, dans le Vicentin, par exemple, on a trouvé des vestiges considérables de volcans. MM. Jean Arduini & Jérôme Festari ont décrit les amas de basaltes & les autres productions volcaniques du val d'Agno & d'autres parties des Alpes Vicentines. Non loin de là, dans les plaines du Padouan, sont les collines Enganéennes, entiérement volcaniques, renfermant aussi des basaltes, des granits à demi fondus, & d'autres singulières productions des feux souterrains, qui ont été très-bien décrites par M. Strange.

Mais dans toute la chaîne des Alpes, qui s'étend depuis le mont Baldo près de Vérone inclusivement, jusqu'à la mer, entre Gênes & Nice, on n'a trouvé aucun indice certain de l'action des volcans. Les montagnes désignées comme des volcans dans quelques cartes des Alpes de la Suisse, n'ont rien de volcanique, & les indices que quelques observateurs inexacts avoient cru y appercevoir dans ces mêmes Alpes, se sont aussi trouvés absolument faux. On peut en dire autant de ceux que le Père Beccaria a cru voir sur le Monte-Barone & dans le voisinage d'Yvrée. C'étoient des pierres quartzeuses ou des pierres calcaires qu'il avoit prises pour des laves.

L'Apennin même ne montre aucun vestige de volcans dans le voisinage des Alpes ; car les pierres noirâtres du passage de la Bocquette, sur la route de Turin à Gênes, que l'on a dit être volcaniques, sont des pierres ollaires qui n'ont jamais été touchées par le feu. Les vestiges connus des anciens volcans les plus voisins des Alpes, que l'on rencontre dans l'Apennin, sont sur le mont Traverso, entre Bologne & Florence. Depuis là ils deviennent continuellement plus fréquens à Radicofani, Acquapendente, Boliena. Le lac même dont cette dernière ville porte le nom est entiérement entouré de laves & de basaltes.

Les environs de Rome sont aussi volcaniques. Les catacombes sous la ville même ont été creusées dans une espèce de tufa ou pouzolane rougeâtre, qui est évidemment une production de volcan. Les lacs de Vico, de Bracciano & de Castel-Gandolfo ne paroissent être que des cratères d'anciens volcans. Mais les eaux ont aussi exercé leur action sur le sol & sur les environs de cette ville fameuse : on a trouvé de grands ossemens de poissons dans ces mêmes catacombes, & le Monte-Mario, de même que d'autres collines voisines de Rome, présente des alternatives singulières du travail de l'eau & de celui du feu.

La route de Rome à Naples passe presque partout sur des vestiges de volcans éteints, & les environs de Naples n'offrent que des productions volcaniques. Les îles voisines, telles que Procida,

Ischia, Ventotiene, Monte-Christo, sont entiérement volcaniques ; mais Caprée est calcaire, de même que dans le cœur de l'Apennin. A l'orient de Naples, au milieu de tant de volcans éteints, le Vésuve est le seul dont les feux soient encore allumés. Je ne parle point du feu de Pierra-Mala, qui n'est point un volcan, mais la flamme légère d'une vapeur combustible ; & quant à l'Etna & aux volcans des îles Éoliennes, ils n'appartiennent pas proprement à l'*Italie*.

Les grandes & belles plaines de la Lombardie, les collines du Mont-Ferrat & les bords de l'Adriatique ne renferment aucun vestige connu de l'action des feux souterrains, excepté les collines Enganéennes dont nous avons déjà parlé. Il en est de même des plaines de Lucques, de Pise, de Livourne, de celles de la Pouille & des maremmes de la Toscane & de la Romagne.

Il ne s'ensuit pas que ces plaines n'ont réellement jamais été ravagées par les feux souterrains. Peut-être que les sables, les graviers, les atterrissemens qui les recouvrent, dérobent à nos yeux les vestiges des anciennes opérations de ces feux : c'est ce que l'on voit du moins dans la Campanie heureuse. Le fond de cette plaine est tout volcanique ; mais il est entiérement recouvert d'épaiss. couches de sable, de gravier & de galets chariés par les eaux, & mêlés même encore de coquillages. Enfin, dans les lieux mêmes que les volcans semblent avoir le plus respectés, on trouve fréquemment d'autres indices de l'action des feux souterrains, telles que des sources chaudes, des vapeurs enflammées, des bullicames ou fontaines qui paroissent bouillantes. Il est donc bien vraisemblable que la plus grande partie de cette belle contrée recèle dans son sein de grands amas de matières inflammables.

Quant à la nature des productions volcaniques que l'*Italie* renferme, leur variété est immense. On se contentera d'indiquer les classes sous lesquelles on peut les ranger.

1°. Les laves proprement dites, qui sont des pierres ou des terres vitrifiées ou du moins fondues par l'action des feux souterrains. Cette classe peut se subdiviser en laves informes, laves à formes régulières ou basaltes, laves poreuses, laves filamenteuses ou pierres-ponces, débris atténués des différentes espèces ou pouzolanes, &c.

2°. Les terres ou pierres qui n'ont été qu'à demi fondues, & qui ont conservé en partie les formes & les caractères qu'elles avoient avant d'être attaquées par le feu : tels sont les granits volcaniques des collines Enganéennes, dont est pavée en grande partie la ville de Venise, & dans lesquels on reconnoît encore les cristaux de feldspath, les fragmens de quartz, &c.

3°. Les pierres qui ont entiérement surmonté ou éludé l'action des feux volcaniques ; celles, par exemple, qui ont été lancées par des explosions souterraines, sans avoir subi aucune altération, comme ces fragmens de marbre que l'on trouve epars fur les flancs du Véſuve, &c.

4°. Les mélanges de terre, de pierres & de laves briſées, qui ont été vomies par les volcans fous la forme d'une bouillie aqueuſe, & qui ont acquis enſuite une plus ou moins grande conſiſtance; tels que le tufa de Naples, le peperino de Rome; telle fut encore la matière qui engloutit Herculanum.

5°. Les laves ou autres productions de volcans qui ont été décompoſées par l'action, ſoit de l'eau, ſoit de l'air, ſoit des fumées ſulfureuſes, comme les laves blanchies & les argiles de la Solfatare.

6°. Les matières qui, après être ſorties des volcans fous quelques-unes des formes précédentes, ont été diſſoutes par les eaux, & enſuite criſtalliſées ou agglutinées fous des formes entiérement nouvelles, comme les hydropoles de Vicence, les brèches volcaniques du val-d'Agno, & les matières criſtalliſées qu'on trouve dans les laves.

La température de l'*Italie* n'eſt point uniforme dans toute ſon étendue; elle eſt même ſujète à des exceptions locales, extrêmement remarquables. Il femble pourtant que, d'après les productions propres à chaque contrée, on pourroit diviſer l'*Italie* en quatre climats, qui auroient chacun deux degrés en latitude. Le climat ſeptentrional, qui comprend toute la Lombardie & une partie de la Romagne, juſqu'aux pentes de l'Apennin, du côté de Florence, & qui ſe termine ainſi vers le quarante-troiſième degré & demi de latitude, ne produit ni oliviers ni agrumi (ce font en général tous les arbres du genre des orangers, citroniers, &c.). Dans cette partie (excepté dans les abris privilegiés, tels que la côte de Gênes & les bords du lac de Lugano, de Côme, &c.), les froids, en hiver, font aſſez rigoureux. Le thermomètre y deſcend aſſez fréquemment juſqu'au dixième degré au deſſous de la congélation.

Le ſecond degré renferme Florence, Rome & fes environs, juſqu'à Terracine. Il eſt par conſéquent compris à peu près entre les degrés quarante-trois & demi & quarante-un & demi de latitude. Là, les oliviers & les orangers ſauvages, *manci forti*, réſiſtent aux froids de l'hiver; mais les oranges douces, les citrons & les bergamotes ne peuvent point proſpérer en plein air.

Le troiſième climat comprend la moitié ſeptentrionale du royaume de Naples, depuis le quarante-onième degré & demi, juſqu'au trente-neuvième degré & demi. Dans cette latitude, les agrumi de toute eſpèce réuſſiſſent en plein air, fans aucun abri; mais il gèle pourtant encore, même dans les lieux peu élevés au deſſus du niveau de la mer, & l'on y voit, à Naples, par exemple, le thermomètre deſcendre juſqu'à deux ou trois degrés au deſſous de zéro.

Enfin, dans le climat le plus méridional, celui de la Calabre ultérieure, comme dans la Sicile, il eſt infiniment rare d'y voir, même dans les hivers les plus froids, le thermomètre deſcendre au deſſous de zéro. La neige, ou n'y paroît point, ou n'y prend aucune conſiſtance. Non-ſeulement les agrumi, mais le palmier, le grand aloé, le grand figuier d'Inde, proſpèrent en plein champ. Ces deux dernières plantes leur ſervent même de clôture. On fait des toiles avec le fil de l'aloé, & le fruit du figuier d'Inde ſert, en quelques endroits, de nourriture au peuple. Mais cette température ne règne qu'au bord de la mer ou dans des lieux peu élevés au deſſus de ſon niveau; car là, comme ſur tout le reſte du Globe, l'air ſe refroidit à meſure que l'on s'élève. Toutes les montagnes ſe couvrent de neige en hiver, & l'on en trouve même en été ſur l'Etna, malgré la chaleur du foyer qu'il recèle.

L'*Italie* eſt peut-être le pays le plus fertile de toute l'Europe, parce qu'elle eſt très-anciennement cultivée, & furtout parce que les Alpes & l'Apennin verſent de tous côtés des eaux qui l'arroſent avec abondance; en forte que l'on y voit les plus belles prairies & les plus beaux ombrages avec la chaleur & les productions des pays les plus méridionaux. On ne laiſſe pas repoſer la terre: on voit preſque partout la charrue ſuivre pas à pas les moiſſonneurs, & rendre à la terre ſa fertilité en variant habilement les récoltes, ſurtout au moyen des lupins qui, renverſés par la charrue avec leur tige & leurs feuilles ſucculentes, fourniſſent à la terre un excellent engrais.

La Lombardie produit une quantité conſidérable de riz, que l'on exporte, à dos de mulet, au travers des Alpes, en Suiſſe & en Allemagne. Les prairies nourriſſent une quantité de beſtiaux, dont les fromages font auſſi l'objet d'un commerce & d'une exportation conſidérables; & cette contrée eſt la ſeule de l'*Italie*, qui jouiſſe de cet avantage.

Toutes les plaines de l'*Italie* font fertiles en blé, & en produiſent fort au-delà de ce qu'il en faut pour la conſommation intérieure. On y cultive pluſieurs eſpèces de blé, & deux furtout fort diſtinctes: l'une a le grain plein, arrondi, blanc, tendre, & donne un pain extrêmement délicat & d'une grande blancheur; mais ce grain ne pouvant ni ſe conſerver long-tems ni ſupporter le tranſport, ſe conſomme en entier dans le pays. L'autre, d'une forme alongée, dur, rougeâtre, demi-tranſparent, contient beaucoup de matière glutineuſe, ſe tranſporte au dehors, ſoit en nature, ſoit fous la forme de différentes pâtes, & peut ſe conſerver pluſieurs années.

La ſoie eſt, de toutes les productions de l'*Italie*, celle qui y fait entrer le plus d'argent. Dans les provinces méridionales elle eſt plus forte, mais n'eſt point auſſi fine ni auſſi douce & auſſi brillante que dans les pays ſeptentrionaux de l'Europe. Cela vient de ce que dans la Calabre, de même que dans la Sicile, les vers ne font pas nourris, comme en France, de la feuille de mûrier blanc, mais de celle du mûrier noir, qui, étant plus épaiſſe

& plus dure, ne donne pas un aliment aussi délicat, mais résiste mieux à la chaleur du climat. On ne plante de mûriers blancs qu'autant qu'il en faut pour nourrir les vers pendant qu'ils ne sont pas encore assez forts pour entamer la feuille du mûrier noir.

Les vins de l'*Italie* n'ont ni le feu ni la délicatesse de ceux de Champagne & de Bourgogne; mais ils sont pleins de corps & de force lorsque les vignes qui les produisent, sont basses & cultivées comme en France; car ceux qui viennent de ces fameuses vignes chantées par les poètes, dont les magnifiques guirlandes se répètent à trois ou quatre étages jusqu'à la cime des peupliers, ne peuvent plaire qu'à ceux qui y sont accoutumés. Les raisins ne parviennent point ensemble à une pleine & entière maturité. Les grappes les plus basses commencent à pourrir lorsque les plus hautes ont à peine changé de couleur, & ce mélange produit des vins aigre-doux qui paroissent détestables aux étrangers.

Les huiles d'*Italie* n'ont pas la finesse de celles de Nice & de Provence; aussi les Italiens trouvent celles-ci trop fades; ils veulent que l'huile ait, comme ils disent, le goût du fruit; mais il y a lieu de croire que cette différence tient à la manière de les extraire & de les conserver; car quelques particuliers de Naples qui ont essayé de préparer leurs huiles suivant la méthode usitée en Provence, disent en avoir obtenu de tout aussi douce.

Ce n'est guère que sur la côte de Gênes & dans la Calabre ultérieure que les oranges, les citrons, les bergamotes & les autres agrumi se recueillent en assez grande abondance pour que ces fruits & les essences qu'on en retire, fassent un objet d'exportation & de commerce. La chaleur du climat n'est pas la seule condition nécessaire pour la production de ces fruits: il leur faut de plus des arrosemens considérables. Ils ne réussissent point à moins qu'on ne puisse les inonder entièrement. Les plus magnifiques jardins de ce genre sont dans les environs de Reggio en Calabre. Tous les arbres de ces jardins ont, autour de leur pied, un creux revêtu de terre, & l'on fait entrer dans chaque jardin un ruisseau qui, par des conduits pratiqués avec art, vient remplir ces creux une ou deux fois par jour. Le ruisseau, qui appartient au seigneur, lui fait un revenu considérable, parce qu'il en loue les eaux aux possesseurs des jardins à un très-haut prix, proportionné au nombre de minutes pendant lesquelles ils en jouissent.

La manne, les figues, les raisins secs & les amandes sont encore des productions de l'*Italie* méridionale, dont il se fait une exportation avantageuse.

La mer qui baigne les côtes de l'*Italie* est extrêmement poissonneuse & en général la Nature a été tellement prodigue de ses biens en faveur de l'*Italie*, surtout de l'*Italie* méridionale, que le plus léger travail suffit à l'homme pour lui procurer sa subsistance. C'est, à plusieurs égards, le plus délicieux pays de l'Univers; mais l'insalubrité de presque toutes les campagnes dans les plaines, excepté celles de la Lombardie, le danger des tremblemens de terre, la paresse du peuple & les maux qui en sont la suite, sont des compensations suffisantes pour consoler les habitans des pays envers lesquels la Nature a été moins libérale.

La population de l'*Italie* l'emporte sur celle de la France, relativement à son étendue.

On trouvera dans la description des différentes parties de cette belle contrée, le caractère physique & moral de ses habitans.

JURA (Mont). Le *mont Jura* est une longue chaîne de montagnes, qui s'étend depuis le Rhin, près de Bâle, jusqu'au Rhône, à quatre lieues au dessous de Genève. Cette chaîne est tantôt plus, & tantôt moins élevée; elle varie aussi beaucoup dans sa largeur; enfin, elle prend, dans cette étendue, différens noms particuliers. Le long du Rhône c'est le *Crédo*; entre la Franche-Comté & le Bugey, c'est le mont *Saint-Claude*; c'est le mont du *Joux* vers les sources de l'Ain & du Doubs en Franche-Comté. Ailleurs on trouve les monts de *Joux* dans le bailliage de Romain-Moutiers; dans l'evêché de Bâle, *Pierre-Perthuis*. Plus du côté de Bâle & de Soleure, le *mont Jura* est appelé *Boutzberg*. Le *Jura* n'est pas, comme on voit, une seule chaîne de montagne, mais en renferme plusieurs. Il présente cependant, dans ses diverses parties, le même système de composition dont l'exposition simple & succincte doit intéresser les naturalistes. Le roc qui fait la base de ces montagnes est en général de pierre calcaire. En conséquence de certains déplacemens survenus dans les couches de la bordure des diverses chaînes du *Jura* & des routes souterraines que les eaux de la fonte des neiges & des pluies se sont faites, ces eaux, après avoir circulé dans les vallées supérieures, sont absorbées par des entonnoirs, & reparoissent dans les vallées inférieures en sources très-abondantes. L'industrie des hommes a trouvé le moyen de mettre à profit l'eau dans ce trajet, en construisant au milieu de ces ouvertures souterraines des moulins qu'elle fait tourner dans sa chûte: on en trouve au Locle, à la Chaux-de-Fond, au dessus de Couvet & à la Brevine. Les usines sont construites à une grande profondeur au dessous de l'ouverture des issues supérieures. C'est à la suite de cette distribution de l'eau, que la source de la Reuss sort tranquillement & abondamment de dessous les rochers au fond du val de Travers, & que cette rivière se trouve incontinent en état de faire tourner plusieurs moulins. Il en est de même de la source de la Servière, qui est encore plus abondante.

Le *Jura* est une des montagnes qui nous intéressent le plus, & qui est d'ailleurs très-distinguée de plusieurs autres qui l'environnent, par des caractères qu'on a très-peu observés & encore moins analysés.

analyfés. Il offre dans fa longueur trois bandes ou lifières très - diftinctes, fort remarquables, & d'une largeur inégale entr'elles : au couchant, on trouve la baffe plaine qui faifoit ci-devant partie de l'ancienne Breffe ; elle a trois lieues de largeur ; vient enfuite le premier degré des montagnes, qui s'élève affez fubitement, & forme un plateau de quatre lieues de largeur : enfin, fuccède la partie entièrement montueufe, parfemée de fommets & de vallées, laquelle préfente au levant une bordure à peu près auffi large que les deux premières divifions prifes enfemble.

Si nous reprenons l'examen de ces trois ordres de contrées, nous trouverons dans la lifière occidentale, des vignes, des champs cultivés, de vaftes prairies, des réunions d'habitations plus ou moins nombreufes, un fort grand nombre d'étangs, beaucoup de ruiffeaux & de petites rivières qui fe réuniffent à un rendez-vous général dans le Doubs.

Pour peu qu'on s'élève pour gagner la feconde lifière du plateau, on y rencontre de fort belles forêts de chênes, qui font diftribuées dans la baffe plaine, & enfuite les vignobles qui règnent fur toute la longueur de la côte rapide, qui fe réunit au premier degré d'élévation : c'eft alors qu'on trouve une diminution très-marquée dans la culture, des forêts d'arbres communs, fort chétives, & qui conduifent à des cimes couvertes de buis, & plus loin, à des bouquets de fapins, diftribués fur une ligne conftante ; enfin, fur les fommets les plus élevés font des pâturages couverts de neige fix mois de l'année. C'eft à ce premier niveau des montagnes du *Jura* que l'on rencontre auffi, lorfque les neiges ont difparu, des gorges ou vallées, dont la plupart font dirigées de l'eft à l'oueft, & qui defcendent vers la plaine baffe de l'Ain & du Doubs.

Dans la baffe plaine on rencontre un climat humide, &, dans la belle faifon, affez chaud ; il eft fec & doux fur la côte, fec & frais dans la contrée plus avancée du premier plateau, froid & graduellement plus froid dans les monts plus élevés. Le quatre faifons ne font pas également caractérifées, même dans la plaine baffe : le printemps s'y remarque à peine ; l'automne, au contraire, y a des charmes plus durables, & l'été y eft affez chaud, & propre à la maturité des fruits, furtout le long de la côte, à la maturité des raifins : dans la haute montagne, on ne connoît guère que deux faifons, l'hiver de huit mois, & l'été de quatre.

Les eaux font abondantes dans la baffe plaine ; quelques-unes y font ftagnantes, mais beaucoup d'autres y ont une circulation animée ; dans la côte, elles font furtout plus vives, fort faines, & fujettes à des accès torrentiels dans les montagnes élevées. Nous ne pouvons oublier furtout

Géographie-Phyfique. Tome IV.

les fources d'eau falée qui occupent une affez grande étendue de la baffe plaine, dans les vallées qui coupent le premier plateau : en rapportant ces détails peu circonftanciés, nous nous réfervons de donner une hydrographie mieux raifonnée de tout ce canton montueux, aux articles DOUBS, AIN, NEUFCHATEL, JORAT, &c.

Quant aux bois, ils font abondans partout, vigoureux dans la plaine, d'une foible végétation fur le plateau, & enfin vigoureux fur les fommets élevés. Le chêne eft dominant dans la plaine baffe ; le hêtre partage avec lui les forêts du plateau. Les fapins méritent une confidération particulière, quant au niveau conftant qu'ils occupent fur les montagnes, ainfi que les buis, qui couvrent un grand nombre de cimes & de coteaux, lefquels n'offrent que cette production à toutes les expofitions, mais ne croiffant en liberté, & n'ayant un grand développement que dans les forêts méridionales du grand plateau, fur la rive droite de l'Ain.

Le fer eft le feul des métaux qui fe montre en certaine abondance à la furface de la terre, foit fous la forme de grains, par couches, à un ou deux pieds de profondeur, foit fous forme de rochers & de maffes affez pures & fans mélanges. J'ajoute que c'eft auffi le métal dont on tire le plus grand parti.

Les autres foffiles, tels que la marne calcaire ou argileufe, l'argile, les coquillages, les madrépores de plufieurs efpèces, fe trouvent fur tout le long de la lifière du plateau, & fe découvrent fur les coupures des vallées à différentes profondeurs, au milieu des lits & des bancs calcaires : c'eft auffi dans ces mêmes contrées que font des marbres affez communs. On peut citer encore des fragmens de bois pétrifiés dans la plaine, au milieu des couches horizontales : nous indiquerons également la tourbe comme un foffile fort remarquable, vu les différens états où il fe trouve, les lieux où il gît, & les matières premières dont la nature fe fert pour fa formation. Nous dirons donc que les tourbières font fort communes dans les hautes montagnes, & qu'il n'y a guère de vallons, dans cette partie élevée du *Jura*, qui n'offrent une tourbière connue & en exploitation. Il n'eft pas douteux que ces contrées, couvertes de neiges les deux tiers de l'année, offrant des végétaux de toutes efpèces, dont les débris ont été chariés par les torrens dans les autres faifons de l'année, n'aient préfenté toutes les circonftances les plus favorables à la formation de ces dépôts confidérables, qui fourniront long-temps à la confommation des habitans. Une remarque affez curieufe, c'eft que ces dépôts ne font pas précifément placés au fond des vallons, mais fur les parties inférieures des croupes ; le fond du vallon étant tout-à-fait dégarni de ces dépôts par les eaux courantes qui y circulent. Les élémens de la tourbe, déposés sur la pente douce des côtes, un peu au-deſſus du point de raſſemblement des eaux, ſe ſont conſervés ſur cette pente, & même ont continué à s'y former, de manière à fournir aux exploitations des habitans, leſquels profitent d'un travail de la nature qui s'eſt fait ſans eux & avant eux.

Les mêmes circonſtances n'exiſtant pas dans la moyenne région, ſur le plateau intermédiaire entre la baſſe plaine & les hautes montagnes, on ne trouve point de ces dépôts. Dans la baſſe plaine, au contraire, on rencontre de la tourbe, parce que pluſieurs parties de cette plaine ſont expoſées à recevoir les dépôts des matières végétales qui deſcendent des cimes élevées.

D'ailleurs, les plantes aquatiques ayant une production ſucceſſive & annuelle au milieu des eaux ſtagnantes, il en réſulte des couches de tourbe très-bien ſuivies, mais propres à ces ſeuls terrains inondés, juſqu'à ce qu'ils ſoient parvenus au-deſſus du niveau.

Après avoir préſenté ces objets les plus propres à faire connoître le *Jura*, nous allons citer ici, plus en détail, quelques productions de ce pays.

Le buis, comme nous l'avons déjà dit, couvre ſeul une multitude de cimes & de côtes, les plus arides, indiſtinctement dans différentes expoſitions de la partie montueuſe; il n'y acquiert guère que quatre à cinq pieds de hauteur; on le coupe en buailles pour chauffer les fours & faire des balais. Celui qui vient dans les forêts, qui eſt plus fort & plus vigoureux, eſt un objet de commerce & d'exportation. Il ſe trouve communément dans les forêts méridionales du plateau, à la rive droite de l'Ain, particulièrement dans celles des Vieilles-Maiſons & de Vaucluſe. Là, ſes tiges s'élèvent à plus de quinze pieds de hauteur, ſur une groſſeur proportionnée; elles ſont fort droites, preſque ſans nœuds, & propres à tous les ouvrages, excepté celui des tabatières. Les tiges, qui ſe trouvent le long des haies & des chemins, ſont courtes, tortues, & donnent ſeules des racines noueuſes qui peuvent être tournées en tabatières marbrées.

Les buis des forêts, qui ſont les plus foibles, après qu'on les a dépouillés de leurs ſommités propres à chauffer les fours, comme nous l'avons dit, ſervent à faire des échalas. Les plus forts ſont employés très-avantageuſement à faire des écritoires, des inſtrumens de muſique, des uſtenſiles de cuiſine, des manches d'outils & pluſieurs ouvrages de tour; & enfin, les racines ſervent à faire des tabatières.

C'eſt à Menouil que le buis ſe travaille en cuillers; & ſous toutes formes, à Saint-Claude & à Saint-Étienne en Forez: pour être envoyé dans cette dernière ville, on l'embarque ſur l'Ain à Vaucluſe, & il deſcend à Lyon par eau, pour cette deſtination. Quant aux échalas, ils ſont vendus aux vignerons de Lons-le-Saunier,

tantôt à la forêt même, tantôt aux marchés d'Orgelet & de Lons-le-Saunier, &c.

Les *étangs*, qui forment un grand moyen de revenu, & qui demandent des ſoins ſuivis & combinés, ſont très-multipliés dans la plaine baſſe. Près de quatre-vingts, dans le ſeul canton de Colonne, peuvent être conſidérés comme une portion du fermage de la terre. Ceux qui les louent, ſe chargent de les deſſécher tous les ſix ans. C'eſt en hiver que ſe fait cette opération: enſuite, le ſol à découvert eſt enſemencé au printemps en avoine ou en maïs; il reprend l'eau en ſeptembre & ſans aucune préparation du terrain, car les inégalités des ſillons reſtent ſenſibles pendant un an, & ne s'effacent qu'à la ſeconde année par le mouvement des eaux.

C'eſt dans ces étangs que ſe fait l'éducation régulière du poiſſon, ſuivant les principes ſuivans. On y met d'abord de la carpe en abondance, puis du brochet, enſuite la tanche & la perche en moindre nombre, avec très-peu d'anguilles. Pour faire l'éducation de la carpe & du brochet comme il convient, il faut trois étangs. Dans la première année, on y met la carpe grande ſur le pied de cent par journal, en obſervant de mettre deux femelles *œuvées* pour un mâle *laité*. Ce poiſſon donne ſon frai dans l'année, & fraie même deux fois, la première en mai, & la ſeconde en juillet; la ſeconde année en mars. Le petit poiſſon, dit *feuille* ou *carpillon*, eſt mis dans un étang à part, où il prend croiſſance ſous le nom de *carpeau*. La troiſième année, au mois de mars, il fraie encore: le carpeau ſe met dans un autre étang, y fraie ſans produit; ſeulement il y prend du volume, s'y engraiſſe, & n'en ſort que pour être vendu.

On mêle toujours, avec le carpeau, de brocheton du même âge, dans la proportion d'un ſur dix. Ce nouvel aſſocié empêche la carpe de ſe multiplier, afin qu'elle trouve plus de nourriture, qu'elle prenne du volume & qu'elle s'engraiſſe. Ces deux eſpèces vivent enſemble juſqu'au deſſéchement de l'étang, & ſe pêchent pour être vendues ſous les noms de *carpe* & *brochet*. A meſure qu'on pêche, on remet la même quantité, ſoit de carpeaux, ſoit de brochetons, que nous avons indiquée ci-deſſus. Ceux-ci dévorent le frai de la carpe auſſitôt qu'il eſt répandu, & les carpillons ne leur échappent jamais lorſqu'il arrive à quelques œufs d'éclore.

Si, ce qui eſt ordinaire, le propriétaire ne peut pas diſpoſer de trois étangs pour faire à lui ſeul une éducation complète, il tient la partie qui lui convient le mieux. Il trouve le carpillon chez ſon voiſin, qui trouve la carpe ou le carpeau chez lui. Mais la ſuite des opérations que nous avons indiquées, eſt le vrai ſyſtème d'éducation qu'il faut adopter, ſi l'on veut obtenir les plus grands produits.

Nous terminerons cet article par la confidération d'un objet d'économie rurale très-important
dans le *Jura*. C'eft la fabrication des fromages.

C'eft dans les ateliers particuliers, nommés *fruiteries*, que fe fabriquent les fromages de Franche-
Comté, connus auffi fous le nom de *Gruyère*.
Dans les grands chalais fupérieurs, chaque propriétaire a fa fruiterie ; mais un grand nombre
de petites habitations où l'on entretient quelques
vaches, fourniffent à des fruiteries communes
la quantité de lait que ces beftiaux leur donnent
chaque jour, pour compofer des meules de fromage qui puiffent être exportées du département, & faire un objet de commerce, comme
les maffes qui fe font dans les grands chalais.

Tous les jours, foir & matin, une fille occupée du foin de la vacherie des petits chalais, apporte le lait qu'elle obtient de fes beftiaux ; le
fruitier qui préfide au travail de l'affociation,
marque chaque recette fur une double coche,
femblable aux *tailles* des boulangers ; ainfi tous
ces différens laits fe réuniffent pour la cuite commune, qui fe fait alternativement, pour être délivrée à quelqu'un des affociés. A la fin de la
faifon, le fruitier, d'après le dénombrement des
quantités de lait fournies & des fromages qui
en font les produits journaliers, règle un compte
exact, où tout eft compenfé avec une juftice
diftributive qui fait le bien de tous.

Le fromage ne fe fait qu'une fois par jour,
c'eft-à-dire, le matin. Le lait de la traite du foir
fe dépofe dans des vafes de fapin plats & ronds,
d'environ dix-huit pouces de diamètre, & de
trois à quatre pouces de profondeur. Au moyen
de cela, ils offrent une fuperficie fort grande &
une foible épaiffeur, à travers laquelle la crême
mönte très-vîte & fe fige à la furface, de
manière qu'on peut la recueillir tous les matins
dans une feule barate. Le beurre s'en tire chaque
jour pour être diftribué tour à tour à chacun
des affociés, le même jour où le fromage fe fabrique pour lui ; & c'eft une perfonne attachée
à l'atelier commun, qui bat le beurre & qui l'arrange. Quant au lait du matin, il ne donne pas
de crême, étant foumis à la préfure incontinent
après qu'il eft tiré, & mêlé avec la portion de
lait écrémé dont nous venons de parler, ce qui
fe fait promptement ; enfuite on dépofe toutes
ces portions dans un chaudron fait de cuivre jaune,
de quatre pieds de diamètre, fur trois pieds de
profondeur, & qui peut contenir quatre à cinq
cents livres de lait, lequel, devenu fromage,
pèfe environ cent livres.

Une demi-potence en bois, mobile fur un pivot
de fer, & au moyen d'un collet qui la maintient
dans la partie fupérieure, fert à fufpendre le chaudron ; le fruitier le place fucceffivement fur le
feu, & l'y laiffe jufqu'à ce que le lait ait acquis le

degré de cuiffon qui convient pour que la pâte
de fromage foit entièrement dégagée du petit-lait.
Ces opérations demandent beaucoup d'attention,
& la plus grande adreffe de la part du fruitier :
quand le lait eft cuit, & que la préfure a fait
fon effet, le fruitier approche la potence & le
chaudron d'une table attachée au mur de l'atelier, &, les manches de fa chemife retrouffées
jufqu'aux épaules, enfonçant les bras dans la liqueur, il retire la pâte du fromage poignée à
poignée, & la dépofe dans un grand cercle de
bois, où, en fe confolidant, elle prend la forme
d'une meule, qui eft celle que l'on connoît au
fromage de Gruyère. Sitôt que toute la fubftance
apparente du fromage eft extraite du petit-lait,
le fruitier replace le chaudron fur le feu, fait
bouillir le petit-lait jufqu'à ce que les dernières
parties cafeufes s'en dégagent par la précipitation fous forme de nuage ; ce qui fert à faire un
fromage fecondaire, lequel eft employé à la confommation des diverfes habitations voifines de la
fruiterie.

A côté de l'appartement où fe travaille le fromage, il y en a un autre où il fe dépofe fur
des tablettes bien rangées autour des murs, où
on le fale & le retourne tous les jours, & où
il fe raffine à la longue. Il lui faut plufieurs mois
de *cave* (c'eft ainfi qu'on nomme cet appartement) pour qu'il foit parvenu à fon point de
perfection.

On a vu que le beurre fe fait tous les matins,
avec la crême recueillie fur le lait du foir précédent ; elle n'a donc que douze à quinze heures
de traite, & ne peut être plus fraîche ; auffi
donne-t-elle un beurre exquis, & qui a beaucoup
plus de réputation que celui de la plaine baffe
de ce département.

JURA (Département du). Ce département
prend fon nom d'une chaîne de montagnes (*voyez*
JURA), dont il occupe une partie des cimes, &
s'étend depuis les Alpes de Suiffe jufqu'aux
Vofges : il renferme la partie de l'ancienne province de Franche-Comté, qui eft au fud-eft.

Il eft borné au nord par le département de la
Haute-Saone, à l'eft, par ceux du Doubs & du
Léman, & par une partie de la Suiffe ; au fud, par
le département de l'Ain ; enfin, à l'oueft, par
ceux de Saone & Loire & de la Côte-d'or.

Les principales rivières font :

Le Doubs, qui en traverfe une partie de l'eft à
l'oueft, & qui, dans ce trajet, arrofe la ville de
Dôle ; il reçoit la *Loue*, qui paffe à Mont-Barey,
& plus au fud, la Granfanne, groffie de la Glante-
relle, qui paffe à Poligny.

Vers le fud on voit la Seille, qui prend fa fource
à Château-Châlons.

Enfin, la Vielle, qui paffe à Lons-le-Saunier.

Au milieu du département, l'Ain prend sa source & reçoit la Serpentine, & vers le sud-est la Bienne, grossie du Tacon, qui passe à Morey & à Saint-Claude.

Les principales productions de ce département sont : les excellens vins d'Arbois, les sels qu'on tire des sources que l'on exploite en différens lieux, mais surtout à Salins & à Lons-le-Saunier.

Les principales villes sont : Lons-le-Saunier, Dôle, Saint-Claude, Salins & Arbois.

JURANES (Montagnes). Je nomme ainsi les montagnes sous-alpines, parce qu'elles ont la même constitution que celles du Jura, de Franche-Comté & de Dauphiné. J'ajoute à ces masses les sous-alpines de Provence. Leur principal caractère actuel est d'offrir un assemblage de pierres calcaires en couches inclinées, de renfermer de nombreuses grottes & de grandes sources, & de présenter, dans leurs couches, des fossiles dont les analogues, non-seulement d'espèces, mais aussi de genres, ne nous sont point connus, tels que les bélemnites, les entroques, les nautilites, les ammonites, &c.

C'est aussi principalement dans les montagnes juranes que se trouvent les BÉTOIRES naturels (voyez ce mot), les combes, les entonnoirs qui servent à abreuver les grandes sources.

Le calcaire qui compose ces montagnes, a été distingué comme formant une roche particulière par quelques naturalistes, qui l'appellent calcaire du Jura. Il a reçu de quelques autres la dénomination de calcaire à cavernes.

IVOIRE FOSSILE. On a trouvé & l'on trouve encore tous les jours en Sibérie, en Russie & dans les autres contrées septentrionales de l'Europe & de l'Asie, de l'ivoire en grande quantité. Ces défenses d'éléphant se tirent à quelques pieds sous terre ou se découvrent par les eaux, lorsqu'elles entraînent les terres des bords des fleuves. Ces ossemens sont en tant de lieux différens & en si grand nombre, qu'on ne peut plus se borner à dire que ce sont des dépouilles de quelques éléphans amenés par les hommes dans ces climats froids. On est maintenant forcé, par les preuves réitérées, de convenir que ces animaux y étoient fort nombreux, & quelques naturalistes croient même qu'ils étoient autrefois les habitans naturels des contrées du Nord, comme ils le sont aujourd'hui des contrées du Midi ; & ce qui paroît rendre le fait plus merveilleux & plus difficile à expliquer, c'est qu'on trouve ces dépouilles des animaux du midi de notre continent, non-seulement dans les provinces du nord de ce continent, mais aussi dans les terres du Canada & des autres parties de l'Amérique septentrionale. Il semble

nécessaire que ces animaux, qui ne peuvent subsister & ne subsistent en effet aujourd'hui que dans les pays chauds, aient existé autrefois dans les climats du Nord, & que par conséquent cette zone froide fût alors aussi chaude que l'est aujourd'hui notre zone torride : à moins qu'on ne dise que la constitution ou l'habitude réelle du corps des animaux ait pu changer au point, que ces animaux du Midi, qui ont besoin d'une grande chaleur pour subsister, eussent pu vivre & se multiplier dans les terres du Nord. Gmelin, qui a parcouru la Sibérie, & qui a ramassé lui-même plusieurs ossemens d'éléphans dans ces terres septentrionales, cherche à rendre raison du fait, en supposant que de grandes inondations, survenues dans les terres méridionales, ont chassé les éléphans vers les contrées du Nord, où ils auront tous péri à la fois par la rigueur du climat. Mais on est obligé de dire que cette cause supposée n'est pas proportionnelle à l'effet. On a peut-être tiré du Nord plus d'ivoire que tous les éléphans des Indes, actuellement vivans, n'en pourroient fournir ; & il y a quelqu'apparence qu'on en tirera bien davantage lorsque ces vastes déserts du Nord, qui sont à peine reconnus, seront peuplés, & que les terres en seront remuées & fouillées par la main des hommes. Comment concevoir que, par une inondation des mers méridionales, les éléphans eussent été chassés à mille lieues dans notre continent, & à trois mille lieues dans l'autre ? Conçoit-on comment un débordement des mers des grandes Indes auroit envoyé des éléphans en Canada, ni même en Sibérie, & en si grand nombre que l'indiquent leurs dépouilles ?

Au reste, en attendant qu'on puisse expliquer ce fait d'une manière plausible, il convient, pour prévenir toutes difficultés, d'observer que l'ivoire fossile qu'on trouve en Sibérie, en Canada & dans certaines contrées de l'Europe, est de l'ivoire d'éléphant, & non pas de l'ivoire de morse ou de vache marine, comme quelques voyageurs l'ont prétendu. On trouve aussi, dans les terres septentrionales, de l'ivoire fossile de morse ; mais il est différent de celui d'éléphant, & il est facile de les distinguer par la comparaison de leur texture intérieure. Les défenses, les dents mâchelières, les omoplates & les autres ossemens trouvés dans les terres du Nord, sont certainement des os d'éléphans : on les a comparés aux différentes parties respectives des squelettes entiers d'éléphans, & l'on ne peut douter de leur identité de genre.

En second lieu, les os & les défenses des anciens éléphans sont au moins aussi grands & aussi gros que ceux des éléphans actuels ; ce qui prouve qu'ils avoient acquis leurs plus hautes dimensions.

D'ailleurs, la grande quantité que l'on en a déjà trouvé dans ces terres presque désertes, où personne ne cherche, suffit pour démontrer que ce n'est ni par un seul ou plusieurs accidens, ni

dans un feul & même temps, que quelques individus de cette espèce se font trouvés, & ont péri
dans ces contrées du Nord.

Et ce n'est pas seulement dans les terres du
Nord qu'on a trouvé cet *ivoire fossile*, on en a
trouvé encore dans tous les pays tempérés, en
Allemagne, en Angleterre, en France & en
Italie.

Ces défenses fossiles annoncent des animaux
beaucoup plus grands que ceux d'aujourd'hui, &
n'ont pu appartenir qu'à des éléphans d'une taille
bien supérieure à celle des éléphans actuellement
existans. Je puis citer en particulier une défense
qui est au Cabinet du Roi, & que j'ai trouvée
dans une carrière des environs de Rome : en ras-
semblant les différens morceaux que nous posé-
dons, ceux qui ont été distraits, on peut conjecturer que cette défense entière avoit près de
quatorze à quinze pieds de longueur : on doit
concevoir par-là quelle a dû être la taille colos-
fale de l'animal qui portoit une telle défense.

Cet *ivoire fossile* ne se trouve que très-peu en-
foui dans la terre, & ne paroît pas avoir fait partie
des couches horizontales. Il paroît avoir été charié par les eaux & déposé dans d'anciens lacs,
dans des marais comblés, &c.

KADIAK (Ile de), sur la côte ouest de l'Amérique septentrionale ; elle fait partie des îles d'Efdokiff. Ces îles, visitées par plusieurs voyageurs, ont été reconnues comme formées par des masses de granit commun, sur lesquelles croissent quelques plantes rabougries, & encore dans des lieux très-enfoncés. L'extrémité méridionale de l'île de Kadiak forme une pointe basse, que le capitaine Cook a nommée Cap de la Trinité. Ce cap tient à une chaîne de montagnes peu élevées, & qui se prolonge dans la mer en se rétrécissant beaucoup. En dehors du cap, & à un mille de distance, est l'île d'Egitalik. Les canaux qui séparent ces îles ont de seize à trente-six brasses d'eau, sur un fond de corail & de coquillages. La partie occidentale de Kadiak est montueuse & entrecoupée de vallées qui ne produisent que quelques arbustes, & qui, à quelque distance, ressemblent à de petites criques. Une ceinture de rochers défend l'approche de cette partie de l'île.

Près de cette côte se trouve une petite île que les indigènes appellent Nafikan, & qui n'est qu'à deux cents toises de celle de Kadiak. Dans le canal qui les sépare, la sonde rapporte constamment un fond de rocher avec vingt-quatre à vingt-cinq brasses d'eau.

L'île de Nafikan est très-remarquable ; elle a deux milles de long sur un mille de large, & ne consiste qu'en deux montagnes à sommets arrondis, qui ont engagé le capitaine Cook à l'appeler la pointe à deux têtes. Ce navigateur a donné en même temps le nom de Cap Barnabas à un promontoire très-avancé, qui est à trois milles de Nafikan. Le cap Barnabas forme, outre cela, la pointe méridionale de l'île de Kounakan. Entre ces deux îles est le passage qui conduit dans la baie de Kadiak, passage qui a un mille de large à son entrée, & où les sondes donnent cinquante, soixante-dix & soixante-quinze brasses.

L'île de Kadiak & le reste du groupe dont elle forme une partie, ont une population qui comprend environ treize cents hommes, douze cents jeunes garçons, & à peu près autant de femelles.

Il y avoit, dans le moment de la relâche du capitaine Cook à Kadiak, occupés de la chasse pour le compte de la compagnie de Schelikoff, plus de six cents doubles baïdars, contenant chacun deux ou trois insulaires : ces chasseurs étoient divisés en six détachemens, chacun sous les ordres d'un seul Russe.

Les habitations des insulaires de Kadiak sont différentes de celles des Ounalaschkans ; elles ne sont que peu enfoncées dans la terre, & ont une porte qui se présente au levant, & est garnie de peaux de veau marin. Il y a un foyer dans le centre, une ouverture dans le toit, directement audessus du foyer. Cette ouverture sert à donner du jour & à laisser évaporer la fumée. Les côtés, dans les différens réduits de la hutte, sont divisés par compartimens, où il y a des estrades pour s'asseoir & pour se coucher, estrades qui sont couvertes de nattes moins bien travaillées que celles des Ounalaschkans. Chaque hutte a un appartement adjacent, où l'on prend des bains de vapeur.

Parmi les insulaires de Kadiak & des îles voisines, l'homme le plus considéré est celui qui se distingue par sa force & son adresse dans les combats. Après lui vient le chasseur habile & léger : le premier enlève beaucoup de butin & se fait dés esclaves de ses ennemis ; l'autre achète des femmes & des domestiques, & le talent auquel il doit le moyen de se les procurer, lui fournit aussi celui de les entretenir.

A Kadiak, la femme la plus féconde est toujours la plus chérie. Les femmes de ces contrées sont idolâtres de leurs enfans. Craignant pour leurs fils les terribles effets de la guerre & les dangers de la chasse, quelques mères les élèvent d'une manière très-efféminée, & on leur apprend à s'occuper de tous les travaux du ménage.

Les indigènes de Kadiak & des autres îles d'Efdokiff ne connoissent point de cérémonies pour le mariage : les moyens de nourrir des femmes, donnent le droit de les prendre pour épouses lorsqu'elles y consentent. Pour lors les époux futurs sont conduits, par les parens de la femme, dans un bain de vapeur qu'on a eu soin de préparer, & on les y laisse ensemble.

Toutes les cérémonies qu'on pratique à la naissance d'un enfant, consistent à le laver & à lui donner un nom.

Les insulaires des îles d'Efdokiff sont vêtus comme ceux d'Ounalaschka, mais moins élégamment ; ils vont trafiquer dans les environs de la rivière de Cook ; ils ont des dards & des lances avec lesquels ils tuent les animaux marins.

La première chose que font les habitans de Kadiak aux personnes qui leur rendent visite, c'est de leur présenter une coupe d'eau fraîche & propre. Quand les personnes se sont un peu reposées de leur fatigue, ils leur servent de la chair de baleine, de la viande de vache marine, du poisson arrosé d'huile de poisson, du farana bouilli & assaisonné aussi avec de l'huile : il est d'usage que les convives mangent tout ce qu'on leur présente. Pendant ce temps-là, on leur fait chauffer un bain ; & lorsqu'on les y a conduits, on leur porte à boire une jatte de graisse de veau, ou d'ours marin, fondue.

Les habitans des îles d'Esdokiff vont à la chasse en février, sur la côte méridionale de *Kadiak*; ils continuent la chasse de l'ours blanc tout le mois de mars. En avril ils partent de *Kadiak*, & se rendent dans les îles voisines pour y chasser les loutres marines, dont la fourrure n'est jamais plus belle qu'en avril & mai : ils poursuivent dans le même temps les veaux marins & les lions de mer, & ils ramassent les œufs des oiseaux aquatiques. Le 1er. juin, ils commencent la pêche de la baleine & des autres poissons; ils ramassent le sarana, racine qu'ils mangent en hiver, & cueillent diverses espèces de baies.

Le premier poisson qui paroît dans les mers, est la plie : elle est suivie de près par le saumon de différentes espèces. Les insulaires continuent la pêche & la chasse jusqu'à la fin d'octobre, temps où ils regagnent leurs habitations d'hiver.

On observe à *Kadiak* les mêmes espèces d'oiseaux qu'on voit à Oünalaschka. Ces oiseaux sont : l'oie sauvage, les mouettes, l'épervier à crête & huppé, le pétrel d'un brun-sale, des guillemots, des plongeons, & plusieurs espèces de canards.

Il paroît de temps en temps des ours dans l'île de *Kadiak*. Ils s'y rendent en traversant le canal qui sépare cette île de celle d'Alaska, & qui a cinq milles de large. Les marmottes sifflantes y sont en très-grand nombre. On y voit de renards ordinaires & de renards bleus. Les insulaires sont en état de faire la chasse aux animaux marins, parce qu'ils savent conduire les petits canots de cuir avec lesquels ils prennent très-adroitement le lion, l'ours, la loutre de mer, les marsouins & les veaux marins.

Le lion de mer est le plus grand & le plus fort de l'espèce des phoques. Quelques individus ont environ huit pieds de long. Les chasseurs coupent en aiguillettes la chair de cet animal, la font sécher, & la regardent comme un bon manger. La seconde espèce de phoques, pour la grandeur, est l'oursin de mer; il a environ six pieds de long, & est couvert d'un très-beau poil gris & argenté.

La fourrure la plus précieuse est celle de la loutre de mer. Le poil des jeunes loutres de mer est long & rude, d'un brun-clair; aussi cette fourrure n'a point de valeur, au lieu que les fourrures des loutres de moyenne taille sont plus brunes & plus estimées; mais les plus recherchées sont celles qu'on appelle *matka*.

Les plus grandes loutres de mer ont cinq pieds de long; leur fourrure est très-épaisse & presque noire. L'on ne trouve presque plus de loutres de mer sur les côtes de Kamtchatka : on poursuit ces animaux avec tant d'ardeur & tant d'adresse, à cause du haut prix de leur fourrure, qu'on en a diminué le nombre; en sorte que bientôt l'espèce en sera presqu'entièrement détruite.

Les baleines abondent aux environs de *Kadiak*; les insulaires les poursuivent dans leurs petits baïdars, & ils en tuent beaucoup. On remarque à *Kadiak* la même espèce de saumon que l'on pêche à Okotsk; on y trouve des pétoncles qui pèlent une livre chaque. Les plies qu'on pêche dans ces mêmes mers sont extrêmement grandes.

Les productions végétales de *Kadiak* sont le sureau, qui y croît en abondance, le petit saule, les oignons sauvages & les mêmes racines qu'on mange au Kamtchatka, une immense quantité de groseillers & de framboisiers.

Dans l'intérieur de l'île croissent des pins communs qui donnent de beau bois de charpente, & à la pointe orientale il y a une forêt de sapins d'où l'on tire de quoi construire les huttes & réparer les canots.

KAISERSLAUTERN, ville du ci-devant département de Mont-Tonnerre, sur la Lauter, qui l'arrose. Il y a une forge, celle de Fischeret, près de cette ville.

KAMA, grand fleuve de Sibérie qui prend sa source dans la province de Perm, & qui vient se jeter dans le Volga, auprès de Kasan.

KAMEN (Cap Serdze). Le cap *Serdze Kamen*, sur la côte est de l'Asie septentrionale, gît par 67 d. 3′ de latitude, & 188 d. 11′ de longitude (méridien de Greenwich). C'est un promontoire assez haut; on y remarque un rocher escarpé en face de la mer, & plusieurs autres au-dessus. Il a reçu le nom qu'il porte de Beringh, qui le reconnut en 1728, & qui l'appela ainsi, à ce que dit Muller, parce qu'il s'y trouve un rocher qui a la forme du cœur. La côte est haute & escarpée à l'est de ce cap; mais à l'ouest elle est basse. Elle se prolonge au nord nord-ouest, & elle conserve presque toujours cette direction jusqu'au Cap-Nord. Les fondes ne varient jamais lorsqu'on les prend à la même distance de la côte; ce qui arrive également sur la côte d'Amérique située vis-à-vis : la plus considérable est de vingt-trois brasses : durant la nuit, quand le ciel est brun, elles ne sont pas un mauvais guide pour longer l'une ou l'autre de ces deux côtes.

KAMENSKOÏ. C'est une des plus anciennes forges de la Sibérie. Elle a été établie lors de la fondation d'Ekaterinbourg, sur le ruisseau de Kamena, qui se jette dans l'Isett, à peu de distance de Kounarskoé.

Ces forges sont peu en usage maintenant.

KAMPFSTEIN, dans le ci-devant département de Rhin & Moselle. Il y a un lieu de ce nom où l'on exploite une mine de plomb.

KAMTCHATKA, province de l'empire de

Ruſſie, ſituée à l'extrémité la plus orientale de notre hémiſphère. Elle borne l'Aſie au nord-eſt, & termine le continent vers les confins de la Sibérie.

Depuis le cap des Tſchutskis, la terre s'étend au large vers l'oueſt, & borne de ce côté le vaſte golfe d'Anadyr, dans le fond duquel ſe décharge la rivière du même nom. Cette rivière eſt la limite du territoire des Tſchutskis. Entre le cap & le golfe Pengenskoi, à l'extrémité de la mer d'Ochotsk, eſt l'iſthme qui unit au continent la fameuſe preſqu'île de *Kamtchatka*. Elle a une largeur d'environ 120 milles, & s'étend en longueur depuis le 52e. juſqu'au 61e. dégré de latitude nord. Les côtes ſont bordées de falaiſes d'une hauteur extraordinaire en pluſieurs endroits, mais le plus ſouvent elles s'abaiſſent. Vis-à-vis, dans la mer, on voit des pointes de rochers qui s'élèvent au-deſſus des eaux, & qui ſervent de retraites aux veaux marins & aux lions de mer. La côte a peu de ports, quoiqu'elle ait pluſieurs grands promontoires. Le plus remarquable eſt le Northaad, avec ſes rochers en aiguilles, à l'entrée de la baie d'Avatcha. La péninſule s'élargit conſidérablement dans le milieu, diminue enſuite, & s'aiguiſe en pointe au cap Lopatka, qui s'abaiſſe & finit en côte baſſe & plate, & forme l'extrémité méridionale du *Kamtchatka*. La preſqu'île eſt diviſée, ſur toute ſa longueur, par une chaîne de hautes montagnes, comme toutes les preſqu'îles. Elles ſont fréquemment couvertes de neiges, à travers leſquelles des cimes coniques fort élevées s'élancent & montrent des têtes fumantes par des éruptions volcaniques; quelques-unes de ces cimes n'offrent que des cônes tronqués, où ſont des cratères, veſtiges des anciennes éruptions. Le volcan qui eſt dans le voiſinage d'Avatcha, ceux de Tolbatchick & de la montagne de *Kamtchatka*, ſont actuellement en action; ils vomiſſent aſſez ſouvent des flammes qui ont quelquefois mis le feu aux forêts voiſines; ces flammes ſont mêlées de tourbillons de fumée qui obſcurciſſent l'atmoſphère, & qui finiſſent par répandre des pluies de cendre & de matières brûlantes qui couvrent le pays à 30 milles à la ronde : la mer en fureur ſoulève en même temps ſes flots à une hauteur prodigieuſe.

Dans les différentes parties de la preſqu'île ſont des ſources d'eau chaude, & d'une chaleur égale à celle de l'Iſlande; elles forment de même dans cette île, en quelques endroits, des jets d'eau accompagnés d'un grand bruit, mais qui s'élèvent rarement au-delà d'un pied & demi.

L'hiver eſt extrêmement rigoureux au *Kamtchatka*, car en deſcendant juſqu'à Bolcheretsk, à 52 d. 30′ de latitude, toute communication entre les hommes eſt fermée; ils n'oſent ſe montrer à l'air, dans la crainte d'avoir quelques parties du corps gelées. La neige ſéjourne ſur la terre à la hauteur de ſix à huit pieds juſqu'au mois de mai; pendant ce

temps, les vents ſoufflent avec une grande violence. Les vents dominans viennent de l'oueſt, & paſſant ſur les déſerts glacés de la Tartarie & de la Sibérie, ajoutent encore à la rigueur pénétrante des hivers du *Kamtchatka*.

Le froid ſe fait ſentir juſqu'au milieu de juin; alors l'été commence, & ſe ſoutient juſqu'à la mi-ſeptembre; mais c'eſt un été où les pluies & les brouillards dominent ſous un ciel qui ſe reſſent toujours du voiſinage des pays gelés & des mers glacées. Le ſeigle, l'avoine & l'orge ſont confiés, le plus tôt qu'il eſt poſſible, à la terre; mais ils viennent rarement à maturité. La ſubſiſtance des peuples du *Kamtchatka* dépend preſqu'uniquement de l'importation de la Sibérie.

Dans quelques cantons, cependant, l'herbe croît à une grande hauteur, & on y récolte du foin d'une ſubſtance très-nourriſſante pour engraiſſer le bétail. Les grains paroiſſent réſervés pour les ſeuls colons ruſſes; les naturels ont d'autres reſſources que la néceſſité leur a inſpirées : à l'exception de quelques portions de terrains, c'eſt un pays d'une ſtérilité que les ſoins de l'agriculture ne peuvent pas vaincre aiſément.

Dès qu'on aura épuiſé les fourrures précieuſes des loutres de mer & d'autres animaux, le *Kamtchatka* ſera déſert de Ruſſes, à moins qu'ils ne continuent à établir des colonies dans le continent de l'Amérique; entrepriſe que pourront ſoutenir leur commerce de pelleteries & l'exploitation des mines qu'ils ont commencé à y trouver.

Dans un climat auſſi dur, & ſous un ciel auſſi peu favorable, les plantes qui viennent ſpontanément ne ſont pas fort nombreuſes; cependant les habiles botaniſtes qui en ont fait la recherche & le catalogue, ont remarqué que les plantes qui avoient diſparu de la Sibérie, aux environs du Jeniſei, reparoiſſoient aſſez abondamment dans le *Kamtchatka*; ils ont auſſi fait une comparaiſon des plantes qui ſont communes à la côte oppoſée de l'Amérique, & cette comparaiſon doit intéreſſer la géographie-phyſique lorſqu'elle ſera plus complète; ils ont été plus loin encore, ils ont étendu cette comparaiſon juſque ſur les plantes qui appartiennent aux côtes orientales de l'Amérique ſeptentrionale, correſpondantes à celles de l'Aſie, dont il eſt ici queſtion; mais ce travail n'étant qu'ébauché, il ſuffira de l'indiquer. Nous allons donc nous borner à parler ici de quelques-unes des plantes du *Kamtchatka*, que les habitans de cette preſqu'île emploient à des uſages particuliers.

L'*heracleum panaceum* (la panacée) étoit du plus grand uſage chez les Kamtchadales lorſque les Ruſſes s'établirent chez eux, car elle entroit comme ingrédient dans tous leurs mets; mais la paſſion des liqueurs fortes eſt ſi ardente chez les Ruſſes, que, depuis leur arrivée dans cette contrée, on l'emploie uniquement à la diſtillation. Au commencement de juin on cueille les tiges & les

feuilles

feuilles les plus succulentes, &, après en avoir
gratté le duvet, on les met en tas & par couches
pour les faire fermenter; quand elles font devenues sèches, on les met dans des sacs, &
dans peu de jours elles se couvrent d'une poudre
sucrée. On ne retire de trente-six livres pesant de
cette plante, qu'un quarteron de cette poudre,
qui a le goût de la réglisse. Les Kamtchadales en
extraient les parties les plus solubles dans l'eau,
en mettant infuser des paquets de cette plante;
ensuite ils soumettent cette liqueur à une nouvelle
fermentation, en y ajoutant les baies du chèvre-
feuille & du *vaccinium uliginosum*. Ils continuent
cette extraction & cette fermentation, en versant d'autre eau à la place de la première liqueur
qu'ils ont obtenue de cette infusion. Quand ils
ont une certaine quantité de la liqueur, ils la
versent dans un alambic, y ajoutent le marc,
& en tirent, par la distillation ordinaire, une
liqueur spiritueuse égale en force à l'eau-de-vie.
C'est par hasard qu'on découvrit la propriété de
cette plante. Une certaine année que les naturels du pays avoient recueilli une plus grande
quantité qu'à l'ordinaire de graines de cet *heracleum* pour leur provision d'hiver, ils trouvèrent
au printemps qu'une partie avoit fermenté &
ne pouvoit plus servir à leur nourriture, & c'est
alors qu'ils essayèrent de les mêler à leur boisson.

Le *moucho-more* des Russes, *agaricus muscarius*,
est encore une autre plante d'où l'on tire un principe enivrant. C'est une espèce de champignon
que les Kamtchadales & les Cosaques mangent
quelquefois sec, & quelquefois trempé dans une
liqueur fermentée, faite avec le laurier-rose,
qu'ils boivent malgré ses terribles effets. Ils sont
d'abord saisis de convulsions dans tous leurs membres, ensuite d'un délire comme dans une fièvre
chaude. La passion de l'ivresse, dans ces contrées,
est telle, que nulle considération ne peut empêcher
les naturels de s'abreuver de cette dangereuse &
terrible boisson.

Le *sarane*, ou lis de *Kamtchatka*, est la plante
qui leur fournit leur principal aliment. Ses racines font cueillies par les femmes dans le mois
d'août, séchées au soleil & serrées pour l'usage :
c'est en quelque sorte le pain du pays. Après
qu'on les a fait cuire au four, on les réduit en
poudre, & elles servent comme corps farineux
dans des soupes & dans plusieurs mets. Quelquefois on les lave & on les mange comme nous
mangeons nos pommes de terre : elles sont extrêmement nourrissantes, & ont un goût d'une
amertume légère qui est agréable; souvent on
les fait bouillir à demi, & on les pile avec plusieurs sortes de graines pour en faire un mets d'un
assez bon goût.

Ce lis est répandu fort abondamment dans la
presqu'île; & ce qu'il y a d'heureux encore,
c'est qu'il abonde pendant le temps où le poisson
est rare.

Ce n'est pas seulement au travail de leurs
femmes que les Kamtchadales doivent cette récolte : le rat économe (*mus economus*, Pallas)
leur épargne la peine de la faire. Le sarane fait
partie des provisions d'hiver de ce petit animal;
il le ramasse dans la saison qui convient, & en
fait des magasins considérables; il a encore l'instinct de le mettre de temps en temps dehors, pour
qu'il sèche au soleil dans les jours chauds. Les
Kamtchadales vont à la recherche de leurs greniers; mais une attention prudente de leur part
en laisse une partie aux rats laborieux, dans la
crainte de faire mourir de faim des pourvoyeurs
aussi utiles.

Toute espèce de fruit, autre que des baies,
est refusée à ce dur climat; mais les habitans savent y suppléer par plusieurs sortes de ces baies,
qu'ils mangent fraîches, dont ils font des con-
serves de bon goût, & avec lesquelles ils assai-
sonnent le poisson, soit qu'elles soient fraîches,
soit qu'on les ait conservées pour l'hiver : telles
sont les baies du *lonicera xylosteum*, du *rubus cha-
mamorus*, des *vaccinium mirtyllus* & *uliginosum*,
& de l'*oxycoccos* ou *bil-berries*, &c. de la bruyère à
fruit noir, du *prunus padus*, de l'épine blanche à
fruits rouges & noirs, du genièvre commun,
enfin du *sorbus aucuparia*, ou sorbier commun.

Avec l'*epilobium*, ou herbe Saint-Antoine à
larges feuilles, on brasse une boisson ordinaire,
&, avec le secours de l'*heracleum panaceum*, on en
fait un bon vinaigre. Les feuilles sont employées
comme une sorte de thé, & la moelle est mêlée
avec la plupart des mets, & servie verte à la
fin des repas.

La renouée bistorte se mange fraîche ou sé-
chée, & souvent pilée avec le caviar, c'est-à-
dire, avec la préparation des œufs de l'esturgeon.
La verge-d'or se sèche pour être mêlée au poisson
lorsqu'on le fait cuire.

L'*allium ursinum*, notre ail sauvage, est fort
commun, & aussi utile en médecine que pour
l'assaisonnement des alimens. Les Russes & les naturels en cueillent de grandes quantités pour l'hiver; ils le mettent tremper dans l'eau, ensuite
ils le mêlent avec des choux, des oignons & autres légumes, & ils mangent ce mélange froid :
c'est aussi le principal remède contre le scorbut.
Dès que cette plante commence à se montrer au-
dessus de la neige, on brave cette terrible maladie,
& on la guérit quand même elle seroit portée à
son dernier degré. Le terrible poison de la ciguë
est mis en usage par les praticiens du pays pour
les rhumatismes au dos : ils font suer abondamment le malade, & ensuite ils lui frottent le dos
avec cette plante, évitant de toucher les reins,
ce qui, selon eux, donneroit la mort sur-le-
champ.

Les arbres qui fournissent aux usages de ces
peuples sont : 1°. une espèce naine du *pinus cimbra*,
ou pin à amandes comestibles. Il croît abon-

damment, tant sur les montagnes que dans les plaines couvertes de mousses ; sa tige rampe sur la terre. Les naturels mangent ses amandes, & même ses cônes, qui occasionnent le tenesme ; mais le principal usage qu'on en fait, est de l'employer contre le scorbut.

Le *pinus larix* & le mélèze ne croissent que sur les bords de la rivière de *Kamtchatka*, & le long des rivières qui s'y jettent : ces arbres servent à la construction des maisons, des bateaux, &c. Les Kamtchadales emploient avantageusement aux mêmes usages le peuplier blanc. Enfin, le bouleau commun, arbre précieux aux peuples du Nord, sert à faire les traîneaux & les canots : ils en coupent l'écorce fraîche en petites lames comme du vermicelle, & les mangent avec leur caviar sec ; ils percent aussi ces arbres & boivent la liqueur qui en découle, sans autre préparation. Avec l'écorce de l'aune ils teignent leurs cuirs ; mais cet arbre, comme tous les autres en général qui viennent près de la côte, est abâtardi & avorté : en sorte que les naturels sont obligés de se porter dans l'intérieur des terres pour trouver des bois de charpente d'une grandeur convenable.

Le *triticum*, ou froment, est aussi d'un usage fort varié dans l'économie domestique : il croît abondamment le long des rivages ; on le fauche, & l'on fait, avec sa paille, des nattes qui servent de couvertures & de rideaux ; on en fait des manteaux doux & lisses d'un côté, velus de l'autre, qui sont à l'épreuve de la pluie. L'ortie commune est une autre plante fort employée ; les Kamtchadales l'arrachent au mois d'août ou de septembre, la lient par gerbes & la font sécher sur leurs huttes, puis ils la battent & la nettoient ; ensuite ils la filent à la main : c'est la seule matière qu'ils aient pour faire leurs filets, qui se pourrissent bientôt, & ne durent qu'une saison, faute de savoir les préparer. Je ne puis finir ces détails sur les végétaux du *Kamtchatka*, & sur les usages qu'en font les habitans, sans faire remarquer avec quels soins ils tirent parti de ceux que la nature leur donne, & qui sont presque tous négligés dans des climats plus heureux où l'on ignore les avantages qu'ils pourroient offrir, parce qu'on y possède d'autres ressources.

On peut mettre à la tête des quadrupèdes du *Kamtchatka*, l'ours brun, qui est carnivore, & qui fait de temps en temps sa proie du mouton sauvage ou argali ; mais il n'attaque point l'homme qu'il ne soit provoqué.

L'argali à la chair excellente : les naturels font de ses cornes de petites coupes, des cuillers & des plats.

Les chiens ressemblent à ceux de Poméranie ou au chien de berger, mais ils sont beaucoup plus gros ; le poil en est plus rude. Les chiens servent aux attelages : on les y dresse dès leur bas âge, en les attachant avec des courroies à des pieux, en vue de leur nourriture, placée à une petite distance au-delà de leur portée & de l'étendue de leur lien. C'est ainsi que, par un travail & des efforts continuels contre ce lien, ils acquièrent à la fois une force de muscles assez considérable, & l'habitude du tirage.

Les manati à queue de baleine, ou morses, qu'on nomme aussi *vaches marines*, sont des animaux d'une énorme masse ; ils ont dix à douze pieds de longueur, & leur poids ordinaire est de douze cents livres. Ils fréquentent les bas-fonds & les parties sablonneuses des rivages, près des embouchures des petites rivières de l'île de Bering, en sorte qu'ils paroissent rechercher l'eau douce ; ils vont par bandes : les pères & les mères marchent, ou se traînent plutôt derrière la troupe, & chassent les jeunes devant eux ; quelquefois ils les tiennent à côté d'eux pour les protéger. A la marée montante, ils approchent des rivages : ils vivent en familles voisines les unes des autres ; chacune est composée d'un mâle, de sa femelle, d'un petit de l'année précédente, & d'un nouveau de l'année.

Ce sont des animaux des plus voraces parmi les amphibies ; ils nagent doucement l'un après l'autre, une grande partie de leur dos restant au-dessus de l'eau. Quand la marée se retire, ils suivent les flots en nageant ; mais quelquefois les petits restent sur le rivage jusqu'au reflux : excepté dans cette circonstance, ils ne quittent jamais cet élément.

Ils ne changent point de séjour : on les a vus pendant dix mois entiers fréquenter les mêmes rivages. Au commencement de l'été ils sont si maigres, qu'on peut compter leurs côtes ; ainsi l'on voit par-là qu'ils n'évitent pas les inconvéniens de l'hiver par des migrations comme d'autres animaux. Les veaux marins communs, ou phoques, sont fort nombreux sur ces côtes, & vivent sédentaires également.

Les oiseaux nommés *pingouins* sont peu nombreux sur les rivages du *Kamtchatka*.

Le *Kamtchatka* est dépourvu de toute espèce de serpens & de grenouilles, mais les lézards y sont fort communs. Le climat est peu favorable aux insectes.

L'énumération des poissons de cette côte n'est pas longue, mais elle est trop intéressante pour n'en pas offrir ici les détails qui entrent dans notre plan. Il ne paroît pas, effectivement, qu'il y ait une grande variété de genres, mais les individus de chaque espèce sont très-nombreux : c'est par cette ressource que les habitans, privés de celle du bétail & des grains, se trouvent fort amplement dédommagés la plus grande partie de l'année. Leurs végétaux suffisent pour corriger la putridité du poisson mal séché, & forment un ingrédient dans leurs différens mets ; celui qu'ils nomment le *jonkola* se fait avec du saumon coupé & séché, soit à l'air, soit à la fumée. La laite & les œufs des poissons servent de base à un autre mets fort estimé de ces peuples : après les avoir féchés à l'air ou devant le feu, & roulés dans des feuilles de différentes plantes, ils en font une nourriture fort fubftantielle & très-vifqueufe, qu'ils avalent avec l'écorce du bouleau ou du faule. Mais leur grand régal eft le poiffon dépofé dans une foffe, jufqu'à ce qu'il foit entièrement pourri. Le Kamtchadale s'approche avec plaifir d'un mets qui exhale une odeur infupportable à tout autre qu'à lui.

Une forte de baleine eft fort commune dans ces parages; on en fait la pêche, on en mange la chair, & on en tire d'ailleurs de grands fervices: la graiffe eft confervée pour les ufages de la cuifine & pour alimenter les lampes. Avec les fanons, les Kamtchadales font les affemblages de leurs canots, & des filets pour les gros poiffons: les os de la mâchoire inférieure forment les appuis gliffans de leurs traîneaux; ils façonnent auffi en couteaux les os plats, qu'ils aiguifent. Ils en fabriquent également des faux pour couper le gazon; enfin, ils conftruifent une partie de leurs habitations avec les côtes de ces baleines; les inteftins nettoyés, foufflés & féchés, forment des facs pour conferver les graiffes & l'huile, & les peaux fourniffent les femelles de leurs chauffures, & des lanières qui fervent à plufieurs ufages.

Le grampus, efpèce de dauphin, eft très-abondant dans ces mers: il eft fort redouté, & on lui adreffe des prières pour qu'il ne renverfe pas les bateaux des pêcheurs; mais quand quelques-uns de ces poiffons échouent fur le rivage, on ne les refpecte plus, & on en tire de grands avantages.

Le goulu blanc eft au nombre des poiffons dont ces peuples tirent parti: ils en mangent la chair, &, des inteftins, ils font des facs ou des outres pour contenir leur huile.

Les lamproies, les anguilles, le loup marin, la morue commune, le merlus, fe trouvent dans la mer de *Kamtchatka*; mais les plus intéreffans des poiffons fur lefquels la fubfiftance des habitans eft principalement fondée, font les efpèces anadromes, ou qui remontent de la mer dans les rivières & dans les lacs, à des faifons marquées: ils font, pour la plupart, du genre des faumons. En automne, ils quittent l'eau falée; plufieurs des variétés particulières à la prefqu'île, remontent les rivières par troupes fi nombreufes, que les habitans ont donné à leurs mois les noms des poiffons: l'un eft appelé le *mois des poiffons rouges*; l'autre, le *mois du grand poiffon blanc*, &c.

Il eft à remarquer que chaque troupe d'une efpèce fe tient écartée des autres, & choifit une rivière particulière, quoique les embouchures foient très-voifines les unes des autres; ils remontent fouvent par troupes fi prodigieufes, qu'ils font refluer l'eau devant eux, ferment la rivière comme une éclufe, & forcent l'eau de fe répandre par-deffus fes bords; en forte que, quand les eaux rentrent dans leur lit, il refte à fec une multitude de ces poiffons qui répandent au loin des ex-

halaifons fétides que les vents ne tardent pas à diffiper: d'ailleurs, les chiens & les ours en dévorent une grande quantité, ce qui diminue d'autant les effets de la corruption.

Chaque efpèce de faumon meurt dans la même rivière & dans le même lac où elle eft née; c'eft auffi dans ces mêmes endroits qu'elle vient fidèlement dépofer fon frai. Le poiffon d'un an refte dans les lacs ou près des fources des rivières, & ne fe rend à la mer qu'en novembre, avec les nouveau-nés, auxquels il fert, en quelque forte, de guide & d'introducteur dans l'Océan.

Les faumons de cette contrée ne fraient, dit-on, qu'une fois en leur vie: ceux de Sibérie & d'Europe, dont les rivières font profondes & offrent plus de nourriture, font en état de renouveler leurs amours & leurs produits pendant une plus longue durée de temps. Les rivières du *Kamtchatka*, au contraire, font peu profondes, rapides, pleines de rochers, & dépourvues de la nourriture fuffifante pour des poiffons fi nombreux: auffi ceux qui ne peuvent pas pénétrer jufqu'au voifinage des courans tièdes, ou retourner à temps à la mer, périffent généralement; mais la nature a des reffources inépuifables dans le frai, car on ne remarque guère que ces troupes qui remontent, foient moins nombreufes une année que l'année précédente.

Il eft fingulier que, ni les lacs, ni les rivières ne poffèdent aucune efpèce de poiffons que celles qui viennent de la mer. Tous les lacs dont cette contrée eft remplie, communiquent avec la mer; mais leur entrée, comme celle de la plupart des rivières, eft barrée par les fables que les vents impétueux y accumulent, ce qui concentre le poiffon dans les eaux douces la plus grande partie de l'année: il n'a la liberté de regagner la mer que dans les temps où les vents, prenant une direction contraire, difperfent les fables & leur ouvrent ainfi le paffage.

L'efpèce que nous mettons à la tête, eft le *tfchawytfcha*; elle eft la plus groffe. Quelques-uns pèfent de cinquante à foixante livres. Tant qu'ils font dans la mer, leur chair eft rouge; elle blanchit dans les eaux douces. Cette efpèce paroît attachée au côté oriental de la péninfule, aux rivières de *Kamtchatka* & d'Awatcha, &, dans le revers occidental, à la rivière de Bolchaia-Reka & à quelques autres. Jamais on ne la voit au-delà du 54e. degré de latitude; elle entre dans les rivières vers la mi-mai avec une fi grande impétuofité, que l'eau s'élève en vagues devant elle. Cependant elle remonte en troupes moins nombreufes que les autres efpèces; elle eft infiniment recherchée, & on la réferve pour les grands feftins.

Les habitans voifins des rivières qu'elle fréquente, font fort attentifs à fon arrivée, qui eft annoncée par le bruit des vagues & par l'action des poiffons, qui les divifent en les foulevant.

Le noerka eft une autre efpèce dont la chair eft

fort rouge : jamais ces poiſſons n'excèdent le poids de ſeize livres. Ils commencent à remonter dans les rivières, en grandes troupes, dans le mois de juin, & pénètrent juſqu'à leurs ſources ; en ſeptembre, ils retournent à la mer, en faiſant quelque.ſéjour dans les endroits profonds des lacs qui ſe trouvent dans ce trajet. On les prend avec des filets, ſoit dans les baies lorſqu'ils approchent dès rivières, ſoit dans les rivières mêmes après qu'ils ont quitté la mer.

Le poiſſon blanc des Ruſſes remonte les rivières en juillet, & particulièrement celles qui viennent des lacs intérieurs, & il y reſte juſqu'en décembre, temps où tout le poiſſon vieux périt, & où le jeune ſe rend à la mer. Il eſt d'une couleur d'argent luſtrée ; mais, dans les rivières, il prend une nuance de rouge : ſa chair eſt rouge avant qu'il quitte la mer ; elle blanchit dans l'eau douce : il paſſe pour le meilleur des poiſſons d'une couleur brillante.

Le kaiko reſſemble au précédent quant à la la forme & au volume, mais la chair en eſt blanche. Cette eſpèce eſt ſi commune, que le joukola, qu'on fait avec lui, s'appelle *pain de ménage*.

Le boſſu arrive en même temps que l'eſpèce précédente : dans ſa forme il reſſemble à l'ombre ; il n'excède jamais un pied & demi de longueur. Après un ſéjour de quelque temps dans l'eau douce, il change de forme, ſurtout le mâle, d'une manière ſurprenante ; ſes mâchoires & ſes dents s'alongent, le corps maigrit, & la chair devient mauvaiſe.

Le malma ou le golet des Ruſſes groſſit juſqu'à peſer vingt livres, & croît juſqu'à environ vingt-huit pouces de longueur. Les individus de cette eſpèce & des deux ſuivantes ſont épars, diſperſés, & ne vont jamais par bandes. Ils remontent, avec ceux de la précédente, les rivières, & pénètrent juſqu'à leurs ſources. Les Kamtchadales ſalent les golets qu'ils prennent en automne, & conſervent gelés ceux qui ſont pêchés au commencement de l'hiver.

Le milht-ſchitch eſt une eſpèce rare. Le mykiſs paroît d'abord fort maigre, mais bientôt il s'engraiſſe ; il eſt très-vorace ; il ſe nourrit non-ſeulement de poiſſons, mais encore d'inſectes & de rats en remontant les rivières ; il aime ſi fort les baies du myrtil, qu'il s'élance hors de l'eau pour en ſaiſir les feuilles & les fruits qui pendent ſur les bords. La ſaiſon de ſon arrivée n'eſt pas connue. Steller conjecture qu'il gagne les rivières en paſſant ſous la glace.

Le kunſha fréquente les baies de cette contrée, mais ſans s'enfoncer dans les terres. C'eſt un poiſſon rare dans le pays ; mais, près d'Ochotsk, il remonte les rivières par grandes bandes.

Le ſaumon commun abonde auſſi dans ce pays, dont il remonte les rivières. Au nombre des ſaumons que Linné a diſtingués par le nom de *coregoni*, nous ferons mention de l'inghafitſh, qui reſſemble à une petite carpe, avec des écailles fort larges. Il arrive au printemps & dans l'automne, &, dans les deux ſaiſons, il eſt rempli de frai & a l'odeur de l'éperlan.

Le plus ſingulier de tous eſt l'ouiki ou le *ſalmo catervarius* de Steller : il appartient aux *oſmeri* de Linné. Il nage par bancs immenſes ſur la côte orientale du *Kamtchatka* & des îles Aléoutes ou Aléoutiennes : il fournit une nourriture mal-ſaine.

Pour terminer cette liſte des ſaumons du *Kamtchatka*, on doit ajouter l'ombre, le *ſalmo albula*, le *ſalmo cylindraceus*, l'éperlan commun, aux eſpèces qui remontent les rivières.

Le hareng, tant de l'eſpèce commune que de ſa variété trouvée dans le golfe de Bothnie, viſite les côtes du *Kamtchatka* par bancs auſſi épais & auſſi étendus que ceux qu'on voit en Europe. Il les parcourt en deux ſaiſons : la première, vers la fin de mai ; la ſeconde, en octobre. Ces poiſſons ſont d'une beauté & d'une groſſeur remarquables ; ils remontent les rivières & entrent dans les lacs ; les émigrans d'automne y reſtent empriſonnés par l'accumulation du ſable à l'embouchure des rivières, & y demeurent pendant tout l'hiver. L'été, on les prend dans ſes filets ; mais l'hiver, la pêche en eſt bien plus conſidérable : on en exprime une huile de couleur blanche.

La mer, d'où les Kamtchadales tirent leur ſubſiſtance, eſt on ne peut pas plus propre à ſervir d'aſyle au poiſſon & à le conſerver. Comme ſon fond n'eſt pas plat & uni, elle n'eſt pas ſujette à être agitée profondément par les tempêtes. Son baſſin offre, au contraire, des vallées profondes & des reſſifs nombreux qui procurent des retraites également-ſûres & tranquilles aux poiſſons qui l'habitent : ce qui m'autoriſe à émettre cette idée ſur cette mer, ce ſont les réſultats des ſondes qui, dans certaines places, ſont deſcendues ſeulement à vingt-deux braſſes, pendant qu'ailleurs à peine atteignoient-elles le fond à cent ſoixante. A de pareilles profondeurs, le poiſſon peut vivre ſans aucun trouble, & ſans ſe reſſentir des tempêtes qui tourmentent la ſurface de la mer.

La nature prépare d'ailleurs une nourriture abondante pour ces poiſſons dans le grand nombre de plantes marines qui ſe trouvent dans ces parages.

Dans les hâvres de Saint-Pierre & Saint-Paul, la plus grande hauteur des marées a été trouvée de cinq pieds huit pouces à la pleine & à la nouvelle lune, & très-régulière toutes les douze heures. Les phyſiciens ruſſes ont obſervé un phénomène ſingulier dans le flux & le reflux de la mer. Deux fois, dans vingt-quatre heures, il y a une grande & une petite marée ; la dernière s'appelle *manikha*. A certains temps, on ne voit dans le canal de la rivière que ſes ſeules eaux ; dans d'autres, au temps du reflux, ſes eaux débordent. Dans le manikha, après un reflux de ſix heures, l'eau baiſſe environ de trois pieds, & la marée remonte pendant trois heures ; mais elle ne s'élève pour lors pas plus d'un pied. Un reflux de sept heures succède, entraîne toute l'eau de la mer, & la baie reste à sec : ces mouvemens ont lieu trois jours avant & trois jours après là pleine lune ; puis après, la grande marée diminue, pendant que la petite augmente.

Les rivières, dans toute la presqu'île, prennent leur origine dans la grande chaîne de montagnes qui la traverse sur la longueur, & suivent des deux côtés les pentes qui entraînent leurs eaux, l'une dans la mer d'Ochotsk, & l'autre dans celle du *Kamtchatka*. Elles donnent la facilité de traverser en peu de temps la presqu'île dans des bateaux ou canots, au moyen de quelques transports par terre. Leurs eaux ne produisent aucun poisson qui leur appartienne ; mais elles sont, comme nous l'avons vu, la retraite de cette multitude de poissons étrangers qui s'y rendent des mers voisines.

La presqu'île du *Kamtchatka* & le pays à l'ouest sont habités par deux nations : le nord, par les Koriaques, qui se divisent en Koriaques errans & en Koriaques fixes ; le midi, par les Kamtchadales proprement dits. Les premiers mènent une vie vagabonde dans la contrée, bornée par la mer Penschincka au sud-est, la rivière Kowina à l'ouest, & l'Anadyr au nord ; ils errent avec leurs rennes, cherchant les cantons où croît la mousse ou le lichen, qui sert de nourriture à ces animaux, leur unique richesse. Les vrais Kamtchadales possèdent depuis la rivière Ukoi jusqu'au cap Lopatka, qui forme la pointe méridionale la plus avancée. A l'égard de leur religion, ils paroissent fort choqués du mal physique ; ils reprochent à leur dieu d'avoir fait trop de montagnes, de précipices, d'écueils, de bancs de sable, de cataractes ; d'exciter trop de tempêtes, de verser trop de pluie sur la terre ; & lorsque, l'hiver, ils descendent dans leurs rochers stériles, ils le chargent d'imprécations pour la fatigue que ce déménagement leur occasionne.

C'est l'avarice, & l'appât des riches fourrures qui ont porté les Russes à conquérir ce pays sauvage, dont ils tirent de grands avantages ; c'est par ces motifs qu'ils ont ajouté à leur Empire cette extrémité de l'Asie, quoiqu'elle soit à une distance énorme de leur capitale.

Le voyage dans cette presqu'île est accompagné des plus grandes difficultés ; il faut traverser de grands déserts, gravir de hautes montagnes, & il seroit peut-être impraticable, sans les rivières de la Sibérie, qui facilitent le trajet, & ne laissent que des intervalles de terre très-courts à franchir.

Les voyageurs partent ordinairement de Jakutz en Sibérie, sur la rivière de Lena, à 62 degrés de latitude ; ils vont par eau le long de cette rivière jusqu'à sa jonction avec l'Aldan, & le long de l'Aldan jusqu'à celle de Mai ; ils suivent cette dernière jusqu'à la rivière d'Indoma, & enfin ils se rendent du voisinage de la source de l'Indoma

à Ochotsk. A ce port, ils s'embarquent & traversent la mer d'Ochotsk jusqu'à Bolschaia-Reka. Le voyage entier emploie ordinairement toute la durée du court été de ces climats. Le chemin par les collines & les montagnes jusqu'à Ochotsk, celui qui est le plus commode, a été suivi par Steller en trente-quatre jours, sans y comprendre sept jours de repos.

Des montagnes, des volcans, des rivières, de la température, &c.

Les montagnes dont le *Kamtchatka* est couvert, offrent trois volcans remarquables. Le premier, celui d'Awatcha, au nord de la baie de ce nom, est dans un groupe isolé, dont le sommet principal présente un cratère d'où il sort de la fumée & rarement du feu.

Le second, situé entre la rivière du *Kamtchatka* & celle de Tolbatchik, lance, à certaines époques, une grande quantité de flammes qui ont même quelquefois incendié les forêts voisines.

Le troisième est dans la montagne la plus haute de la péninsule, & aussi sur les bords de la rivière du *Kamtchatka* ; il offre à son sommet un large & profond entonnoir ; sa plus grande éruption connue se fit en 1737, & dura plusieurs jours : ce phénomène fut accompagné de grands bruits souterrains & de tremblemens de terre, dont les secousses, réitérées pendant plusieurs mois, causèrent des ravages considérables.

Les contrées qu'arrose le *Kamtchatka* se ressentent de l'abondance que répand partout ce beau fleuve : on y trouve des bois également propres à la construction des maisons & à celle des vaisseaux.

Les légumes qui ont besoin d'un certain degré de chaleur, prospèrent peu dans ce pays ; mais les plantes qui ne demandent qu'un sol humide, comme les navets, les radis, les betteraves, sont plus abondantes, plus nourries, & de meilleure qualité le long du fleuve que partout ailleurs : on y a semé de l'orge & de l'avoine avec succès.

Le terrain produit des pâturages où l'herbe croît fort abondamment, & peut être fauchée jusqu'à trois fois dans l'été. C'est aux pluies du printemps & à l'humidité de la terre qu'il faut principalement attribuer ce genre de fécondité qui conserve le foin fort avant en automne, & lui donne même du suc & de la sève en hiver : aussi les bestiaux y acquièrent beaucoup de grosseur, & les vaches donnent du lait en toutes saisons. Les cantons voisins de la mer sont communément stériles ; mais les endroits un peu élevés & les collines sont assez fertiles, & se cultivent avec succès. Comme la saison de l'été est ici fort courte, lorsqu'il y pleut beaucoup, les moissons ne peuvent mûrir, & la gelée surprend les grains en fleur.

Le *Kamtchatka* cependant n'a pas toujours un hiver aussi rude que l'annonce sa position ; mais, s'il eft fouvent modéré, il eft toujours long & durable. Le printemps eft court, &, quoique pluvieux, il offre quelques beaux jours. L'été eft plus long, mais beaucoup plus inconftant & plus incommode par les retours fréquens du froid. Le voifinage de la mer & la fonte des neiges y occafionnent des vapeurs abondantes qui couvrent le ciel, & que le foleil ne diffipe guère qu'à midi : on peut très-rarement, par cette raifon, s'y paffer de fourrures. La plus belle faifon eft l'automne, qui donne de beaux jours dans le mois de feptembre, mais ces jours font troublés à la fin de ce mois par des vents & des tempêtes qui annoncent trop promptement l'hiver.

Les animaux de terre font la richeffe de cette contrée : les habitans ne leur font la chaffe que pour en avoir les fourrures. Ces peaux fourniffent à leur befoin, à leur luxe & à leur commerce; les peaux groffières fervent à les habiller & à les couvrir; les plus belles font employées à leur parure, & enfin à leurs échanges.

Les chiens font attachés aux traîneaux & remplacent les chevaux : à leur mort, leur dépouille fert à leur maître. Les renards du *Kamtchatka* ont un poil fi beau, fi luifant & tellement épais, qu'aucune des fourrures de la Sibérie n'a rien de comparable. Les Kamtchadales ne font point de cas des peaux de martres & d'hermines; elles font trop fines & trop belles pour ce peuple groffier.

Des habitans.

Les Kamtchadales reffemblent, par bien des traits, à quelques nations de la Sibérie; mais ils ont le vifage moins long & moins creux, les joues plus faillantes, la bouche grande, les lèvres épaiffes, les épaules larges; ils font petits & bafanés, ont les cheveux noirs, les yeux enfoncés, les jambes grêles & le ventre pendant. On croit qu'ils tirent leur origine des Kalmoucks; mais on ignore en quel temps ces peuples ont commencé à habiter cette prefqu'île. Malgré les inondations, les ouragans, les bêtes féroces, le fuicide & les guerres inteftines qui contribuoient à dépeupler ce pays, cette nation étoit très-nombreufe quand les Ruffes y arrivèrent.

Chaque famille a fa cabane d'hiver & fa hutte d'été : pour le logement d'hiver, on creufe un terrain à quatre pieds & demi de profondeur, & dont la largeur & la longueur proportionnées au nombre des perfonnes qu'elle doit contenir. Toute la charpente eft revêtue de terre & de gazon : au milieu du toit on ménage une ouverture qui tient lieu de porte, de fenêtre & de cheminée.

Au printemps, les Kamtchadales fortent de leurs huttes d'hiver & fe font d'autres logemens fitués ordinairement près des rivières, qui deviennent, dès-lors, le domaine des habitans; ils fe tiennent en grand nombre vers l'embouchure de ces rivières, pour faifir, au paffage, les poiffons qui re-

tournent à la mer; ils en font fécher pour leur provifion; ils en confervent la graiffe, qui fert pour apprêter leur nourriture. Avant l'arrivée des Ruffes, les Kamtchadales fe fervoient d'os d'animaux & de pierres dures, au lieu de métaux, pour leurs outils; ils en faifoient des couteaux, des lancettes, des haches. C'eft avec ces inftrumens qu'ils fabriquoient leurs meubles & qu'ils conftruifoient leurs habitations.

Ces peuples voyagent dans des traîneaux tirés par des chiens : un attelage de quatre de ces animaux ne coûte que 25 écus. Les grandes incommodités qu'ils éprouvent, font d'être furpris dans les déferts par des ouragans accompagnés de neige : ces ouragans durent quelquefois des femaines entières. Alors ils font obligés de fe réfugier promptement dans les bois, & d'y refter jufqu'à ce que l'orage foit diffipé & que la neige ne tombe plus. Lorfque l'ouragan les furprend dans une plaine, ils cherchent un abri au pied de quelque colline, &, afin que la neige, en s'accumulant fur eux, ne les étouffe pas, ils font obligés de fe lever à chaque inftant pour la fecouer; mais comme les vents de fud-eft font ordinairement accompagnés de neiges humides, il arrive fouvent que ceux qui en ont reçu pendant quelques jours, font tranfis de froid, parce que les ouragans finiffent prefque toujours par des vents de nord.

De la baie d'Awatska.

Cette baie, qui renferme le port de Saint-Pierre & Saint-Paul, doit nous occuper particulièrement, parce que c'eft le feul point d'attérage du *Kamtchatka*. Elle eft fituée fur la côte nord-eft, & plus près de la pointe de la péninfule, que de l'ifthme.

A l'article AWATSKA, nous avons indiqué fa fituation géographique d'une manière plus précife, & nous avons décrit fon entrée. Cette entrée a d'abord près de trois milles (anglais) de large, & un mille & demi dans la partie la plus étroite; fa longueur eft de quatre milles, & fa direction nord-nord-oueft. Le derrière de l'embouchure offre un très-beau baffin de vingt-cinq milles de circonférence, avec les vaftes hâvres de Tareinska à l'oueft, de Rakoweena à l'eft, & le petit hâvre de Saint-Pierre & Saint Paul, fitué au nord.

Pour compléter la defcription de cette baie, il ne nous refte plus qu'à faire connoître ces trois hâvres avec quelques détails.

La largeur du hâvre de Tareinska eft d'environ trois milles, & fa longueur de douze; il fe prolonge à l'eft-fud-eft, & au fond il eft féparé de la mer par une langue de terre étroite. Le mouillage n'y préfente ni rochers ni bancs de fable. La glace empêche quelquefois de pénétrer au fond; mais, dans toutes les parties qu'elle permet d'examiner, les fondes n'ont jamais rapporté moins de fept braffes.

Le hâvre de Rakowéena mériteroit la préférence fur les deux autres, fi fon entrée n'étoit pas embarraffée par un bas-fond qui eft au milieu du canal : en général, il faut y entrer à la remorque, à moins qu'on ait un vent très-favorable. Sa plus grande largeur eft d'un mille, & fa plus petite d'un demi-mille : il a trois milles de longueur ; il fe prolonge d'abord au fud-eft, & enfuite à l'eft : les fondes y indiquent de trois à treize braffes.

Le petit hâvre de Saint Pierre & Saint-Paul eft, en ce genre, un des plus commodes qu'on puiffe trouver. Il contiendroit aifément fix vaiffeaux amarrés de l'avant & de l'arrière, & il offre beaucoup de facilité pour y faire toutes fortes de radoubs. La côte méridionale eft formée par une langue de terre baffe & fablonneufe, extrêmement étroite, fur laquelle eft bâti l'oftrog ou village ; les vaiffeaux peuvent prefqu'en toucher la pointe, car la mer a trois braffes de profondeur au pied. La fonde rapporte fix braffes & demie au milieu du canal, qui n'a que deux cent foixante-dix-huit pieds de largeur ; elle n'en donne jamais plus de fept, & l'on trouve un fond de vafe partout.

KANAGA (Ile de), l'une des Aléoutiennes, fur la côte nord-oueft de l'Amérique ; elle renferme une fource chaude qui coule au pied d'une montagne volcanique. A douze milles de diftance de Kanaga, à peu près à la même latitude, on rencontre la petite île de Bobrovoi, qui doit fon nom à la grande quantité de loutres de mer qui s'y raffembloient autrefois.

On trouve d'ailleurs, fur les rochers de l'archipel des Aléoutiennes ou îles du Renard, plufieurs fortes de moules & de lépas qui y font attachés, & ne dépaffent pas la marque où l'eau refte à baffe mer ; ils font bien pleins, & leur chair eft ferme.

Des baleines font fouvent jetées fur la plage fablonneufe de la pointe du Tanaga (autre île voifine), & fourniffent alors aux habitans de Kanaga de quoi fe nourrir & s'éclairer long-temps.

KAOLIN, PETUN-SEÉ ou TERRE A PORCELAINE. (Voyez YRIEX (Saint-).)

KARASSUM. On trouve le long de la Karaffum, dans la Sibérie méridionale, ainfi qu'en remontant les bords de l'Ifchim, qui fe jette dans l'Irtifch, beaucoup de débris d'éléphans. C'eft dans le temps que les inondations du printemps viennent à enlever la furface des terres argileufes, graffes & jaunâtres, qui font parfemées de coquillages brifés à la profondeur d'une palme, vers les rivages de ces rivières, qu'on trouve de ces offemens à découvert. M. Pallas, dans fes

Voyages, eut, d'un habitant de ces contrées, une énorme dent molaire d'éléphant, qui avoit été tirée de terre avec d'autres offemens très-grands, & une défenfe du même animal, au bord de la rivière de Karaffum, à peu de diftance du village de Korkina. L'intérieur de la défenfe s'étoit encore affez bien confervé pour pouvoir être travaillé. Quant à la dent molaire, qui fans doute avoit féjourné long-temps dans l'eau, elle avoit contracté une couleur bleue, & fe trouvoit déjà tellement cariée, que fes lames commençoient à fe féparer ; elle pefoit neuf livres, poids de Ruffie. Sa longueur, d'un angle à l'autre, étoit de neuf pouces fix lignes au pied de Paris. On conferve à Tobolsk une défenfe de ce même animal, trouvée au bord de l'Ifchim, laquelle a quatre aunes & demie de long, & dont la groffeur eft fi monftrueufe, que M. Pallas dit n'en avoir vu nulle part de femblable. On y voit auffi divers autres offemens d'éléphans, ainfi qu'une corne de buffle d'une grandeur prodigieufe : tous ces débris ont été tirés, dit-on, des contrées arrofées par l'Ifchim, le Wagai & l'Irtich.

On en trouve auffi fur les bords de la Sviaga, du Volga, de l'Irguis, de l'Oufa, de la Toura, de l'Irtifch & de l'Obi.

KARGUSCH - KUGISCHTAU. (Montagne brûlante.)

Il y a dans le diftrict des Bafchkirs-Murfalarfkiens, en Afie, non loin du village de Sulpa, qu'on appelle auffi Muffataul, une montagne brûlante. Cette montagne, appelée Kargufch Kugifchtau, s'éloigne, en décrivant un grand demi-cercle, de la rivière de Jurjufe, qui décrit pareillement une courbe. La Jurjufe paffe entre la partie feptentrionale & la plus élevée de cette côte efcarpée, dont elle fe rapproche à une autre montagne fituée vis-à-vis, appelée Mangilfchat. C'eft à l'endroit où la vallée fe refferre, qu'on voit, dans la defcente très-rapide de la première de ces montagnes, qui regarde le fud, & qui eft coupée dans cette partie par des enfoncemens très-profonds, fur trois des plus confidérables de ces coupures, de grandes places rougeâtres entièrement dénuées de bois, tandis que tout le refte de la montagne en eft couvert. Ce font proprement ces places rougeâtres qui brûlent, ce que l'on peut voir de très-près, à la faveur d'un fentier affez périlleux, pratiqué dans le flanc de la montagne. Toutes les plantes qui environnent cet incendie avancent en floraifon beaucoup plus vite que dans les autres diftricts, ce qu'il faut attribuer à la chaleur qu'elle exhale, qui y contribue inconteftablement beaucoup.

De ces trois coupures de la montagne qui brûloient en 1770, c'étoit celle de l'oueft qui étoit la plus élevée ; & Pallas, qui la vit le 26 mai de cette année, eftime qu'elle avoit cent toifes perpendiculaires. Il y avoit près de trois ans que cette partie brûloit, mais avec moins de véhémence que celle du milieu, dont tout le côté méridional étoit calciné, qui entretenoit, difoit-on, le feu fouterrain depuis près de douze ans.

Les anciens Bafchkirs, établis dans cette contrée, difent que cet incendie a pris naiffance en 1758 ou 1759; que la foudre étant tombée fur un gros pin fortement enraciné tout au pied de la colline du milieu, vers l'ouest, mit le feu à cet arbre & le confuma jufque dans fes racines. Ce même feu fe communiqua au refte de la montagne, qui, depuis cette époque, a brûlé intérieurement fans interruption; de manière cependant que l'incendie étoit, en 1770, éteint au pied de la montagne, & qu'il s'en falloit encore de beaucoup qu'il en gagnât le fommet. Toute la partie méridionale, qui fe trouvoit alors tout-à-fait nue, étoit auparavant, comme tout le refte, entièrement couverte d'arbres & de brouffailles, que le feu a totalement confumés partout où il a déployé fon activité, & cela dans un efpace dont le petit diamètre, près du pied de la montagne, avoit plus de 70 toifes, & le grand au-delà de 100. L'incendie avoit auffi gagné les collines attenantes du côté de l'ouest, & s'étoit étendu fur un efpace affez confidérable. A l'époque où Pallas vifita ce pays, tout étoit éteint, & l'on y voyoit fleurir diverfes plantes; mais la partie la plus orientale de la montagne, à laquelle le feu ne s'eft communiqué qu'en 1767, en parcourant une bande fort étroite, au travers d'une vallée couverte de bouleaux, brûloit toujours avec beaucoup de violence, & laiffoit voir une place incendiée prefqu'auffi étendue que celle de la colline du milieu.

La roche dont la montagne eft compofée, particulièrement aux endroits incendiés, confifte, en partie, en une pierre à moellon, qui, quoique calcinée en confiftance de bonne brique, & quoique fonore, eft cependant de nature calcaire; le refte eft une pierre fchifteufe, friable, calcinée & divifée en feuillets très-minces, qui paroît avoir renfermé entre fes couches une autre matière, dont il ne refte que la cendre. On a fait fouiller dans la partie orientale de la montagne, auffi avant que la chaleur de l'incendie le permettoit, & l'on obferva que les couches fupérieures fe divifoient en affez groffes tables de roche groffière; mais que plus on enfonçoit, plus elles devenoient minces & friables, & que ces couches paroiffoient s'incliner de l'ouest à l'eft, quoiqu'il fût en général affez difficile de diftinguer l'ordre de leur pofition, à caufe de l'éboulement de la partie incendiée. On y rencontroit, en plufieurs endroits, une pierre ferrugineufe calcinée, tantôt femblable à la fanguine ou à l'hématite, tantôt n'étant qu'un ochre jaune; & au pied de la montagne d'ouest on trouvoit partout, entre la pierre, une terre marneufe très-friable, d'un rouge-vif. Les places incendiées étoient remplies de crevaffes &

de fiffures, de forte qu'on n'y pouvoit marcher fans rifque. On enfonçoit quelquefois jufqu'aux genoux dans la terre végétale que la calcination avoit réduite en pouffière en certains endroits, & l'on avoit peine à s'en tirer fans reffentir les impreffions de la chaleur. Il fortoit continuellement des crevaffes une vapeur fubtile, trémulante au foleil, & d'une chaleur brûlante, dans laquelle on ne pouvoit réfider, & qui allumoit des copeaux de bouleau bien fecs en peu de minutes. Dans les nuits orageufes & fort fombres, on voyoit auffi fortir, de ces crevaffes brûlantes, des flammes rougeâtres & fubtiles, ou une vapeur enflammée qui s'élançoit à quelques pieds de hauteur. Nonobstant tout cela, il n'exiftoit pas dans toute la montagne le moindre veftige de vapeur fulfureufe ou de la nature de celle qu'exhale le charbon de terre; & les exhalaifons qui s'élevoient, n'avoient ni plus de conftance ni plus d'odeur que la vapeur fuffocante qu'exhale un four ardent, lorfque le feu en eft entièrement confumé. A quelque profondeur qu'on creufât, on ne s'apercevoit pas qu'il y eût pour cela plus d'ardeur; & cependant les pierres devenoient à la fin fi brûlantes, que tout liquide qu'on jetoit deffus s'évaporoit à l'inftant avec bruit, & que les pelles de bois s'allumoient.

Ce n'étoit pas feulement dans fon contour, mais auffi tout au milieu de la place incendiée, qu'on trouvoit des endroits entièrement refroidis, qui fe recouvroient déjà de plantes, entr'autres de quantités d'arroche vulgaire, qui paroît le moins craindre le voifinage du feu. Le pied de la colline du milieu étoit tout couvert d'un bois taillis d'une très-forte venue, qui, fi l'on en croit les Bafchkirs, n'exiftoit point avant l'incendie. On y trouvoit beaucoup de vipères, mais elles y étoient déjà très-communes avant l'incendie. En hiver on affure, & comme il eft naturel de le préfumer, que la neige ne tient point fur ces collines brûlantes, mais que tout le contour des places qui brûlent, conferve conftamment un beau vert, & qu'il n'eft pas rare d'y voir des plantes en fleurs long-temps après la chute des neiges.

KASTEL, village du département de la Mofelle, à deux lieues fud-ouest de Mertzig. Il y a des mines de fer & de cuivre, des forges & une fenderie.

KATTEN-NORDHEIM, dans le pays d'Eifenach en Saxe. On exploite dans ce lieu des couches de bois bitumineux.

KATZENBACH, dans le ci-devant département du Mont-Tonnerre. Il y a près de cet endroit une mine de mercure fulfuré peu abondante.

KAUTENBACH, dans le ci-devant département

ment du Rhin & Moselle. Mines de cuivre & de plomb, qui font l'objet d'une exploitation peu productive.

Près de *Kautenbach* on trouve auffi une fource cuivreufe, dont les eaux préfentent quelques degrés de chaleur.

KAYE (Ile de). Elle eft fituée fur la côte oueft de l'Amérique feptentrionale : c'eft la dernière de ces parages : elle a onze ou douze lieues de longueur dans la direction du nord-eft au fud-oueft, mais fa plus grande largeur n'eft pas de plus d'une lieue ou d'une lieue & demie. La pointe fud-oueft, qui gît par 59 d. 49' de latitude & 216 d. 58' de longitude (méridien de Greenwich), eft très-remarquable, car c'eft un rocher nu, très-élevé, au-deffus des terrains qui fe montrent par-derrière. On diftingue auffi, par le travers de cette pointe fud-oueft, un rocher élevé, qui reffemble à un château ruiné lorfqu'on le regarde de certains endroits. L'île préfente, du côté de la mer, des rochers nus en pente, environnés d'une grève qui a peu d'étendue, & qui eft parfemée de gros cailloux, entre-mêlés, en quelques endroits, d'un fable argileux brunâtre que la mer femble y dépofer, après les avoir roulés dans fon fein & les avoir reçus des parties plus élevées, d'où ils font entraînés par les ruiffeaux ou les torrens.

Ces rochers font d'une pierre bleuâtre qui eft partout dans un état de décompofition, fi l'on en excepte quelques endroits. Il y a des parties de la côte qu'interrompent de petites vallées ou des gorges. Chacune de celles-ci recèle un ruiffeau ou un torrent qui fe précipite avec une impétuofité confidérable : on peut fuppofer que les ruiffeaux & les torrens dont on parle, font approvifionnés par la neige, & qu'ils tariffent après la fonte des neiges.

Des pins qui commencent au bord de la mer, mais qui fe prolongent feulement jufqu'à mi-chemin de la partie la plus haute, ou du milieu de l'île, rempliffent les vallées. La partie boifée commence partout immédiatement au-deffus des rochers, & il y a auffi avant de la première bordure d'arbres qu'on vient de décrire ; en forte que l'île offre une large ceinture de bois, étendue fur celui de fes côtés qui eft renfermé entre le fommet de la côte, femé de rochers, & les parties plus élevées qui fe trouvent au centre. La groffeur des arbres n'a rien de remarquable ; il en eft peu qu'on ne puiffe environner avec fes bras ; leur hauteur eft de quarante à cinquante pieds : ainfi on n'en tireroit que des mâts de perroquet ou d'autres chofes pareilles. Il eft difficile de déterminer la groffeur de ceux qui croiffent fur le continent voifin ; mais parmi les bois qu'ont dépofés les flots fur la grève de l'île, on n'en aperçoit pas de plus gros. Tous les pins femblent être de la même efpèce, & l'on n'y voit ni pins du

Canada, ni cyprès ; mais il y en a quelques-uns qui paroiffent des aunes ; ceux-ci font petits. On remarque fur la bordure des rochers, & fur quelques-uns des terrains en pente, une efpèce de gazon d'environ un pied & demi d'épaiffeur, lequel femble être de la mouffe ordinaire. Le fommet où la partie fupérieure de l'île offre à peu près la même apparence de couleur ; mais quelle qu'en foit la caufe, on y juge la verdure plus épaiffe. On obferve parmi les arbres, des grofeillers, des aubépines, une petite violette à fleurs jaunes, plante qu'on croit être l'*heracleum* de Linné & l'herbe-douce.

On ne peut entrer dans aucun détail fur les productions de l'autre côté de l'île : des collines élevées, des chemins efcarpés & remplis de bois, en interdifent l'examen à l'obfervateur qui voudroit parcourir ce canton.

On aperçoit autour des bois quelques corneilles & des aigles à tête blanche. Près de la côte on voit une multitude d'oifeaux pofés fur les flots, ou voltigeant dans les airs en troupes ou par paires : les principaux font des plongeons, des canards ou de gros pétrels, &c. On remarque en outre un oifeau folitaire, qui femble de l'efpèce des goelans ; il eft d'un blanc de neige, & il porte du noir dans une partie du côté fupérieur de fes ailes. Un renard forti du fond des bois, quelques veaux marins que l'on vit en travers de la côte, font les feuls quadrupèdes qui aient été aperçus, & rien n'annonce que des hommes aient été fur cette île. On trouve au côté nord-oueft de l'extrémité nord-eft de l'île de *Kaye*, une feconde île qui fe prolonge au fud-eft & au nord-eft l'efpace d'environ trois lieues, à trois lieues & demie auffi de l'extrémité nord-oueft de la baie du Contrôleur, qui fe trouve côté feptentrional du cap Suckling.

La pointe méridionale de l'île de *Kaye* forme le cap Saint-Elie du commodore Berringh. Elle eft peu élevée, excepté du côté fud, où il y a une montagne blanche & ftérile qui a la forme d'une felle, & qui eft extrêmement efcarpée.

Un rocher ifolé, & de la même nature que celui qui compofe la montagne, fe voit à quelques braffes du côté fud, du côté de l'eft ; & à un mille & demi de diftance, il y a plufieurs autres rochers qui font cachés fous l'eau.

Le mont Saint-Elie eft très-élevé, & toujours couvert de neige.

KELCHAFFE, dans le département des Vofges. Il y a dans ce lieu une mine de plomb fulfuré, qui paroît être la même que celle de Gefelchaft.

KELMIS, dans le ci-devant département de l'Ourthe. On exploite dans cet endroit la calamine ou zinc oxidé.

KEMFELD, village du département de la

Sarre, à une lieue & demie d'Allenbach. Il y a une forge dite *Katzentach*, quatre affineries, deux martinets & une fenderie.

KERGUELEN (Terre de).

Cette terre a reçu le nom du premier navigateur qui y aborda en 1773. C'est une île de peu d'étendue, d'une stérilité complète, & que le capitaine Cook auroit appelée *île de la désolation*, s'il n'avoit voulu conserver à M. de *Kerguelen* la gloire de l'avoir découverte. Aucune des terres reconnues jusqu'ici dans l'un ou l'autre hémisphère, à la même hauteur, n'offre peut-être un champ moins vaste aux recherches des naturalistes. La verdure qu'on y aperçoit, lorsqu'on est à peu de distance de la côte, donne l'espoir d'y trouver un assez grand nombre de végétaux; mais on se trompe beaucoup. En débarquant, on reconnoît qu'une petite plante, peu différente de quelques espèces de saxifrages, produit cette verdure: elle croît en larges touffes dans un espace qui s'étend assez loin sur les flancs des collines; elle forme une surface assez grande, & on la rencontre sur de la tourbe pourrie, dans laquelle on enfonce à chaque pas, d'un pied ou deux. On pourroit, au besoin, sécher cette tourbe & la brûler; c'est la seule chose qu'on trouve propre à cet usage. Aucun arbre, aucun arbrisseau, ne se rencontrent dans les différens districts de cette terre malheureuse. Nul quadrupède n'y pourroit vivre ou y trouver un abri; on n'y voit que des animaux marins, tels que des phoques, & une quantité considérable d'oiseaux du genre des manchots, *aptenodytes* Linn., unique ressource des vaisseaux qui abordent à cette terre sauvage & aride. Son seul avantage est de renfermer dans son sein des ruisseaux d'une eau excellente; le reste de ses productions ne mérite aucun détail. Elles consistent en un très-petit nombre de plantes, dont trois seulement peuvent être de quelqu'utilité, & dans une herbe grossière qu'on coupe çà & là pour la nourriture du bétail des équipages.

Un ciel souvent gris, des brumes épaisses, une mer remplie d'écueils, des côtes escarpées, de hautes collines, des montagnes, des rochers, des précipices, un sol nu & dégarni, voilà ce que ce triste canton présente à l'observateur qui le parcourt.

La terre de *Kerguelen* est entourée de caps, de hâvres, de baies, d'anses & de promontoires. Le cap qui a le meilleur hâvre est celui qu'on appelle *Cap français*; il est sûr & commode; partout il offre un bon mouillage; les autres sont le cap Cumberland, le cap Digby, &c., où se trouvent des baies plus ou moins étendues, dont les fonds aboutissent communément à des grèves de sable; mais chacun de ces caps est environné de brisans, d'îles, de rochers qui élèvent leurs têtes au-dessus des flots, & de vastes lits de *fucus* ou d'algues marines qui rendent la navigation d'une extrême difficulté.

Les collines sont médiocrement élevées; cependant la plupart de leurs sommets sont couverts de neige, même dans la saison qui répond à l'été de notre climat. Le pied ou les flancs de quelques-unes offrent une quantité considérable de pierres entassées d'une manière irrégulière. Les flancs des autres, qui forment, du côté de la mer, des rochers escarpés, sont séparés du haut par des fissures, & ils semblent d'autant plus prêts à tomber, qu'il y a, dans les crevasses, des pierres d'une grosseur énorme, placées comme des coins.

Il doit presque toujours pleuvoir sur cette île, car les lits des torrens qu'on aperçoit de tous côtés sont très vastes, & le pays, même sur les collines, n'est presque qu'une fondrière & un sol marécageux où l'on enfonce à chaque pas. Lorsque la pluie tombe, elle enfle tellement les ruisseaux, que les flancs des collines paroissent couverts d'une nappe d'eau; elle s'insinue dans les crevasses & les ouvertures des rochers qui forment l'intérieur des collines, & elle se précipite ensuite en gros torrens.

Les rochers qui servent de base aux collines sont composés principalement d'une pierre très-dure, d'un bleu-foncé, entre-mêlée de petites particules de mica ou de quartz. Il semble que cette pierre est une des productions les plus universelles de la nature, car elle remplit toutes les montagnes de la Suède, de l'Ecosse, des îles Canaries & du Cap de Bonne-Espérance. Une autre pierre cassante & de couleur brune forme à la terre de *Kerguelen* des rochers considérables. Une troisième, qui est plus noire, & qu'on trouve en fragmens détachés, renferme des morceaux de quartz grossier. On y rencontre aussi de petits morceaux de grès d'un jaune-pâle ou couleur de rouille, & d'assez gros morceaux d'un quartz demi-transparent, qui est disposé irrégulièrement en cristaux. On voit dans les ruisseaux de petits morceaux de la pierre ordinaire, arrondis par le frottement; mais aucun d'eux n'a assez de dureté pour résister à la lime. L'eau-forte ne mord pas sur les autres pierres, & l'aimant ne les attire point.

Nulle apparence d'un minerai ou d'un métal.

En quittant ces parages, souvent le ciel est obscurci par des brumes épaisses, & l'on vogue quelquefois pendant quinze jours dans des ténèbres profondes.

Cap de Digby.

Le cap de Digby, qui forme l'extrémité orientale de la terre de *Kerguelen*, gît par 49 d. 23ʹ de latitude sud, & 70 d. 34ʹ de longitude est.

Entre la pointe Howe & le cap Digby, la côte offre (outre plusieurs baies & hâvres d'une moindre étendue) une grande baie qui se prolonge plusieurs lieues au sud-ouest, où elle semble se perdre en plusieurs bras qui courent entre les montagnes. Elle est remplie d'une quantité prodigieufe d'algues marines. Quelques-unes de ces algues fe trouvent d'une longueur énorme, quoique leur tige ne foit pas plus groffe que le pouce. Sur les bafes où elles croiffent, la fonde ne donne point de fond avec une ligne de vingt - quatre braffes; la profondeur de l'eau y eft donc plus grande. Comme ces plantes ne pouffent pas dans une direction perpendiculaire; comme elles font un angle très-aigu avec le fond, & que la partie étendue fur la furface de la mer eft extrêmement longue, on peut dire que leur longueur eft quelquefois de plus de foixante braffes.

A la bande feptentrionale de la côte du cap Digby, on aperçoit un pli qui femble annoncer un mouillage; mais il fe rencontre auprès un bas-fond qui paroît aller jufqu'à la côte, & cet écueil ne permet point d'y aborder : on eft alors forcé de courir une lieue au large dans la direction de l'eft-quart-fud-eft, où la profondeur de la mer eft de vingt-cinq braffes. Dans cette direction, pouvant enfuite gouverner le long de la côte, on a la même profondeur d'eau avec un fond de joli fable : cependant, on ne peut ni mouiller ni débarquer. Du cap Digby, la côte court fud-oueft-quart-fud l'efpace d'environ quatre ou cinq lieues, jufqu'à une pointe baffe à laquelle Cook a donné le nom de *pointe Charlotte*. Cette pointe eft la plus méridionale de celles qu'on trouve fur les terres baffes.

En examinant le terrain bas des environs du cap Digby, il reffemble à tous les terrains bas de la terre de *Kerguelen*, c'eft-à-dire, qu'il eft en partie nu & en partie revêtu de gazon de faxifrage. La côte eft formée de grèves fablonneufes fur lefquelles on aperçoit une multitude de pingouins & d'autres oifeaux de mer.

A fix lieues au fud-oueft, un demi-rumb oueft du cap Digby, la côte offre une pointe affez élevée, & que le fameux navigateur anglais a appelée *pointe du prince de Galles*. La pointe la plus méridionale de la terre de *Kerguelen*, que Cook a nommée *Cap Georges*, gît fix lieues au-delà dans la même direction, par 49 deg. 54' de latitude fud, & 70 deg. 13' de longitude eft (méridien de Greenwich).

Entre la pointe Charlotte & celle du prince de Galles, à l'endroit où le terrain au fud-oueft commenfe à redevenir montueux, il y a une entrée profonde, nommée par Cook le *canal royal*. Il court à l'oueft, jufqu'au pied des montagnes qui le terminent au fud-oueft. La terre baffe dont on parloit tout à l'heure, le borne au feptentrion. Il y a des îles à l'ouverture, & auffi loin que la vue peut s'étendre : on en trouve d'autres en remontant. A mefure qu'on avance au fud, on aperçoit, au côté fud-oueft de la pointe du prince de Galles, une autre entrée qui donne dans le canal royal, & l'on voit alors que cette pointe eft la pointe orientale d'une grande île fituée à l'embouchure du canal qu'on vient de décrire. Cette entrée

offre plufieurs petites îles, & une en particulier qui eft environ à une lieue au fud de la pointe du prince de Galles.

Tout le terrain au côté fud - oueft du canal royal, jufqu'au cap Georges, eft formé de très-hautes collines qui s'élèvent directement de la mer, l'une derrière l'autre : la plupart de leurs fommets font couverts de neige, & elles paroiffent auffi nues & auffi ftériles qu'aucune de celles qu'on rencontre dans ce trifte canton. On n'aperçoit pas dans l'intérieur du pays ou fur la côte, le moindre veftige d'un arbre ou d'un arbriffeau, & l'on croit pouvoir affurer que cette terre n'en produit aucun.

KER-GUELIN, anfe du département du Morbihan, canton de Port-Louis, à trois quarts de lieue de ce port; elle a, du côté de l'eft, le promontoire de Lune, & à l'oueft la longue pointe de Kerpape & l'embouchure du Blavet.

KERKA, rivière qui fépare le comté de Zara du comté de Sebenico, en Dalmatie. Cette rivière fort d'une caverne avec un volume d'eau très-confidérable. Outre cela elle reçoit, au-deffus de Topolye, un torrent qui amène les eaux des montagnes, & qui a trente pieds de largeur. Les eaux de ce torrent font chargées d'une grande quantité de matière féléniteufe qu'elles dépofent abondamment fous la forme d'incruftations. C'eft à ces eaux que la *Kerka* doit la propriété de former du tuf qui eft plus ou moins compacte, fuivant l'inclinaifon du lit qu'il recouvre. Ce tuf renferme une grande quantité de plantes aquatiques qu'il incrufte très-fortement, en forte qu'on peut s'en fervir pour la conftruction des voûtes, étant léger, facile à travailler, & réfiftant aux injures de l'air.

Le torrent fe précipite d'un plateau entièrement compofé de tuf, & d'une hauteur perpendiculaire d'environ cent pieds. Le pied de la montagne eft tout bouleverfé, & montre une grande confufion dans fes couches, compofées de marbre commun & blanchâtre. On y trouve auffi des morceaux d'une vetachetée de rouge & de gris-cendré.

A ce même endroit on voit dans les couches différentes courbures en arcs de cercle, que nous avons décrites auffi à l'article CLISSA. Deux lits font courbés de manière que les deux extrémités fe touchent. Tout ce qui accompagne ces lits, annonce un grand défordre & menace ruine.

C'eft au-deffous de cet efcarpement, vraiment fingulier, que fortent abondamment les eaux de la *Kerka*. Les montagnes de Topolye font partie de la même chaîne, & renferment des marbres & des pierres calcaires d'un grain moins ferré, femblables à celles que renferment les montagnes d'où fort la Celtina, dans une direction oppofée.

La longueur du chemin entre Topolye & Knin

eft de cinq milles : en allant par le fommet des collines qui bordent le lit de la rivière, on voit beaucoup de blocs de pierres qui ont perdu leur équilibre, & des amas confidérables d'une brèche compofée de gravier.

Sous les murs de Knin, le cours de la *Kerka* eft d'une lenteur extraordinaire : fans digue, cette rivière déborde fouvent, & forme des marais qui infeftent l'air des environs. Entre la colline de Verbuik & celle de Monte-Cavallo, la *Kerka* paffe dans un lit étroit & tortueux : un peu au-deffous s'unit avec elle la rivière de Butimfchizza, qui retardé fon cours en y portant des amas de fable & de gros gravier.

La Butimfchizza fe forme fous la montagne de Stermizza, du concours de trois torrens qui rempliffent de gravier le lit de la rivière ; ce qui produit un refoulement dans les eaux de la *Kerka*, & l'inondation fucceffive de la fertile plaine de Knin.

Six milles plus bas, la *Kerka* coule dans un lit affez large, & entre des bords où les rochers font coupés à pic. Une petite île de tuf, formée au milieu du lit, retarde fon cours de manière que fes eaux préfentent l'afpect d'un lac rempli de rofeaux. Ces dépôts de tuf s'accroiffent continuellement, & tendent à obftruer peu à peu les deux canaux par lefquels la rivière s'écoule aux deux côtés de l'île ; de forte que, par le progrès de cet encombrement, les eaux de la *Kerka*, refoulées de plus en plus vers Knin, augmenteront chaque jour l'étendue des marais fous cette ville, au grand dommage de la culture & de la population.

On a des preuves certaines que le cours de la *Kerka* n'étoit pas dans le même état du temps des Romains : car on a trouvé, en creufant dans le tuf à fept pieds de profondeur, un architrave & une corniche de marbre grec, ornés de bas-reliefs élégans ; ce qui prouve que le lit de la rivière s'exhauffe confidérablement par les dépôts du tuf. On trouve dans les rochers qui bordent le lit de la *Kerka*, après la chute de Baboudol, des pifolithes dont la ftructure reffemble aux beffards & aux *confetti di Tivoli*, excepté qu'ils font moins blancs & moins durs.

Depuis Knin jufqu'à S. Archangelo, la rivière coule toujours entre des montagnes dont le fommet eft compofé en partie d'une brèche graveleufe, en partie de marbre dalmatique. A mi-côte on voit des couches d'une pierre feuilletée, qui tantôt s'exfolie & tantôt eft mêlée de galets : ainfi l'on eft tenté de croire que ces couches ne font qu'un dépôt formé anciennement par la rivière.

Proche Rochiflop, la rivière a une quatrième chûte. Les environs de cette cafcade font remplis de rochers détachés des montagnes voifines : on en obferve un entr'autres qui eft tombé de cent cinquante pieds, & qui en a foixante-douze de

circonférence. Il eft compofé de pierres roulées, blanches, rougeâtres, grifes, enfin de toutes couleurs & de différens degrés de dureté : on y voit des lenticulaires. Par ces détails on peut voir quels grands changemens la furface du globe a éprouvés & éprouve chaque jour, furtout dans les pays de montagnes : cette vérité fe reconnoît particulièrement dans l'état où fe trouvent les pays arrofés par la *Kerka*, & par les autres contrées remplies de rivières & de torrens. Il fuffit de confidérer les changemens du lit des rivières, du niveau des mers, & tant d'autres événemens qui fe préfentent à tout inftant aux yeux des obfervateurs attentifs & intelligens, pour fe convaincre de cette vérité importante.

La cafcade de Rochiflop offre un coup d'œil intéreffant. Dans cet endroit, la rivière a trois cents pas géométriques de largeur ; mais toute l'eau de la rivière ne tombe pas à découvert : une grande partie s'écoule deffous les rochers, qui occafionnent le faut.

La *Kerka* forme des incruftations dans les endroits feulement où fon eau rencontre des obftacles qui la divifent, & où fon cours acquiert plus de rapidité & éprouve des chutes marquées. Dans les plaines de Knin, elle n'incrufte ni les plantes ni les racines qu'elle baigne, parce qu'elle coule lentement dans un lit égal fans rencontrer aucune réfiftance.

Les incruftations de tuf fe trouvent, au contraire, dans les anfractuofités des maffes de rochers, qui, divifant l'eau, caufent une évaporation favorable à ces dépôts. D'ailleurs, fi le tuf acquiert, dans certains endroits où le cours eft moins rapide, un plus grand volume, celui qui fe dépofe dans des canaux plus étroits & plus inclinés, eft plus pefant & plus compacte.

Les couches de brèche qui occupent les fommets des montagnes entre lefquelles la *Kerka* coule dans un canal creufé très-profondément, ont une tendance générale à fe précipiter dans fon lit : on trouve cette même tendance dans des vallées latérales qui fourniffent auffi des eaux à la *Kerka*. A la droite de Rochiflop, une petite vallée eft toute remplie des rochers précipités des deux croupes qui la bordent.

Le ruiffeau, ou, pour mieux dire, le torrent de la Cicola fe jette dans la *Kerka*, après avoir reçu les eaux du Verba, augmentées de celles du Mirilovich. Sur le rivage droit de la Cicola eft le bourg de Dernifch, dont la campagne eft extrêmement fertile & d'un afpect agréable.

En defcendant la *Kerka* de Rochiflop à Viffovaz, la rivière eft très-large & coule fort lentement, parce que les digues des moulins de Scardona, qui la barrent cinq milles plus bas, foutiennent les eaux & y produifent un refoulement fenfible.

La cafcade de Scardona eft la dernière & la plus belle de la *Kerka*. Près de cette chute fe forme un tuf veiné avec des grains difperfés dans les veines

& ce mélange peut, à la première vue, être pris pour du bois pétrifié, parce que les divisions des couches des dépôts, provenues de la différence des matières qui les forment & du temps où elles ont été formées, semblent être les traces des fibres du bois : quelques gros graviers, qui peuvent être pris pour les nœuds du bois, achèvent de tromper ceux qui, ne ramassant pas par eux-mêmes les produits naturels sur les lieux où ils ont été formés, ne peuvent être détrompés par les circonstances des lieux où ils se trouvent.

A trois milles de Scardona on rencontre un petit torrent qui, parmi beaucoup de pierres communes, charie des morceaux de terre bleue, durcie & remplie de corps marins fossiles : parmi les corps marins enveloppés dans cette terre, sont des numismales, des lenticulaires, des porpites, des noyaux de boucardites & des étoiles de mer. A Scardona on trouve beaucoup de turbinites dans du marbre commun, & à Roppe, de grandes dents de carcharias ou requins.

KERTSCH (Presqu'île de). C'est la presqu'île de la Crimée ou Tauride ; elle n'a guère plus de cinq lieues de longueur, sur une largeur qui varie depuis cinq jusqu'à douze lieues ; elle présente, vers l'isthme qui la réunit au continent de la Tauride, des plaines unies qui se couvrent de collines, & près de Kertsch, de petites montagnes.

Les bords de la presqu'île, dans toute son enceinte, sont élevés & escarpés, tant sur la Mer-Noire que le long de la mer d'Azow. Ce sont de petites collines d'argile, dont quelques-unes pénètrent dans les terres assez avant pour interrompre la continuité des plaines.

Entre les collines, tant de l'intérieur de la presqu'île que des bords de la mer, on rencontre des lacs salés, grands & petits, qui occupent certaines parties des vallons : il est aisé de juger, d'après la position de leur bassin, qu'ils occupent les anciens golfes de la mer. Plusieurs de ces lacs n'en sont même séparés que par des chaussées étroites & basses, dont les matériaux annoncent un travail moderne fait par cette mer ; car ce sont des sables & des débris de coquilles, que les vagues ont accumulés à l'entrée de ces petits golfes.

Tous ces lieux où l'on voit ainsi des lacs, manquent absolument de rivières : seulement quelques foibles ruisseaux y sillonnent à peine le sol, & leur eau sale & bourbeuse tarit en été. Aussi les habitans de ces contrées, comme ceux qui occupent le trajet de Perécop à Ealghir, sont réduits à faire usage de l'eau des puits, qui même est quelquefois saumâtre, suivant la nature du fond dans lequel on les a creusés ; mais, aux environs de Kertsch & de Jenicalé, les collines & les montagnes fournissent d'excellentes sources, dont l'eau est amenée par des conduits souterrains dans ces deux villes.

Le sol en général, à l'exception des marais salans qui sont autour des lacs salés, peut passer pour fertile. Il est formé, ainsi que la plus grande partie de la Crimée ou Tauride (voyez CRIMÉE), d'une terre argileuse couverte d'une terre ou terreau noirâtre très-productif & très-aisé à ameublir par la culture : aussi le cercle de Kertsch est-il le plus abondant en grains de toute la contrée ; outre cela, on y trouve de beaux pâturages. Les vignes & les arbres fruitiers y réussiroient sans grande dépense : témoins les jardins qu'on voit auprès de Kamisch - Bouroune, à une lieue & demie de Kertsch, & ceux des environs de Jenicalé.

La presqu'île est absolument dépourvue de bois ; mais, à en juger par les succès qu'on ont eus les plantations des arbres des jardins & de quelques arbustes qu'on rencontre autour des habitations, il semble qu'on pourroit facilement y multiplier différentes espèces d'arbres.

L'isthme d'Arabat forme une partie séparée de la presqu'île, & mérite des observations particulières. Il se dirige presqu'en droite ligne du nord au sud, entre les mers d'Azow & de Sivasche ; il a environ cinq lieues de longueur, & sa largeur varie, ayant tantôt plus, tantôt moins d'un quart de lieue.

Le fond de son sol est de sable & de débris de coquilles, & on n'y remarque que quelques collines disperfées dans un terrain uni : on y rencontre aussi quelques petits lacs salés, sur lesquels, ainsi que sur les bords de la mer de Sivasche, le sel se forme dans les grandes chaleurs de l'été. L'eau douce & pure ne se trouve que dans quelques puits creusés à une certaine profondeur, mais elle est saumâtre dans la plupart ; on n'y trouve aussi que quelques espèces de plantes qui sont analogues à ces terrains nouveaux & imprégnés de sel.

Les montagnes qui commencent à une lieue & demie de Kertsch, & vont se terminer à l'extrémité de la presqu'île, forment différentes chaînes entre lesquelles sont des vallées fort larges & bien ouvertes. Les bancs de pierre calcaire qui les forment, sont remplis de coquillages dans divers états de pétrification.

Dans les vallées du canton de Kertsch, on rencontre une certaine quantité de buttes élevées, de différentes longueurs & largeurs, rangées sur la même ligne à côté les unes des autres : ce sont les tombeaux des anciens habitans de ces contrées. L'herbe qui les recouvre leur donne l'apparence de collines produites par la nature.

Les bancs argileux des collines qui règnent le long des bords de la Mer-Noire, & en particulier le long de ceux du golfe de Jenicalé, sont mêlés de lits de la même pierre calcaire qu'on trouve dans les montagnes de la presqu'île, & particulièrement à l'endroit où ce bord forme un cap avancé dans la mer. Dans d'autres on ne trouve guère, dans les bancs argileux, qu'un peu de mine de fer, de l'ochre & des débris de coquilles marines qui ne fe font pas confolidées en pierre. La couche fuperficielle eft partout de terre noire ou terreau productif, comme nous l'avons dit. Vient enfuite l'argile jaunâtre, d'une toife d'épaiffeur. La troifième couche eft d'une terre brune, ferrugineufe, mêlée d'ochre & de différens débris de coquilles. Les coquilles font quelque-fois remplies d'ochre bleu. Au-deffous de celle-ci eft une argile blanche, mêlée de coquillages, & qui s'étend par lits diftincts jufqu'à une grande pro-fondeur.

Près de Takelmiffe, à plus de fix lieues de *Kertfch*, où le bord élevé & fort efcarpé de la mer eft ainfi formé de pareilles couches, l'on trouve une grande quantité de mine de fer limon-neufe, que les vagues de la mer détachent, & qu'elles rejettent enfuite fur le rivage. Par fa du-reté elle reffemble à du fer fondu; mais, dans les lits d'argile du bord de la mer, la mine de fer eft très-fragile & couverte de taches bleues. On trouve auffi aux pieds de ces mêmes efcarpemens, de la terre verte qui doit vraifemblement fa cou-leur au mélange de l'ochre jaune avec les taches bleues. Près de Kamifch-Bouroune ou cap des Joncs, qui n'eft qu'un amas de fable très-peu élevé, & s'avançant à une demi ou trois quarts de lieue, en forme de prefqu'île, dans la mer, on ren-contre, en quelques endroits, du fable ferrugi-neux noir; & les lits inférieurs des fables du même bord ont une teinte verdâtre affez bien foutenue & bien marquée.

C'eft là auffi qu'on voit le plus de fer bleu, & des conglomérations de coquilles pétrifiées & unies enfemble par la mine de fer qui en a pé-nétré la fubftance.

Quant aux coquilles en général, renfermées partout dans les bancs des collines de la côte, elles font, pour la plupart, analogues à celles que la mer rejette encore de nos jours; elles ne font ainfi dans des lits fitués à des niveaux diffé-rens, foit dans la profondeur, foit dans l'éléva-tion au-deffus du fol actuel, que parce qu'elles ont été dépofées, comme les différens lits dont elles font partie, à des temps où la mer fe trou-voit à ces différens niveaux.

La côte de la mer d'Azow eft affez femblable, dans prefque toute fon étendue, à celle que nous venons de décrire: feulement on y remarque moins de coquilles pétrifiées; mais elle abonde également en matières ferrugineufes, parmi lef-quelles fe trouvent l'ochre jaune & l'argile rouge.

En s'approchant de *Kertfch*, les bords du golfe de Jenicalé forment une affez grande baie, dont l'extrémité fud-eft eft fort élevée & à pic: de-là, jufqu'à Jenicalé & dans tous les environs, le bord eft fort élevé & de la même nature, étant com-pofé d'argile blanchâtre marneufe, mêlée d'ochre jaune & de pierres calcaires formées uniquement de débris apparens de coquilles marines.

Vers le nord, à peu de diftance de Jenicalé, les fources falées, fituées fur les cimes des montagnes, méritent d'être obfervées; elles fortent de terre par une forte ébullition, & font chargées de pé-trole qui, furnageant l'eau, fe recueille ainfi à fa furface dans des baffins creufés autour des fources: on connoît les différens ufages de cette fubftance.

La terre argileufe autour de ces fources eft im-bibée de ce pétrole de telle forte qu'elle en a pris la couleur, & qu'elle s'allume facilement lorfqu'on en approche un corps enflammé, en ré-pandant une odeur forte & défagréable.

A une lieue un quart de-là, vers le nord-oueft, on trouve également, fur le fommet d'une mon-tagne, un marais rempli d'un limon noir fulfu-reux, qui eft au fond d'une eau falée, amère, la-quelle répand l'odeur d'hydrogène fulfuré: auffi le foie de foufre ou fulfure de potaffe s'attache-t-il aux plantes qui croiffent dans ce marais.

KHAKHARKHAI, grotte fingulière dans une montagne du même nom, chez les Tartares bou-ratis. La grotte fe trouve à moitié de la montée, & fon ouverture eft environnée de grands pins & de bouleaux: elle eft haute d'environ trois pieds, & large de quatre pieds & demi. L'entrée & le dedans font tapiffés d'une glace épaiffe; le thermomètre placé en dehors de la grotte & à l'ombre, indique quatorze degrés au-deffus de la glace, lorfqu'un autre, placé à cinq pieds en de-dans, defcend auffitôt de quatre degrés au deffous. Il fort de la grotte un vent frais qui gèle en été les objets qu'il frappe, & eft remplacé en hiver par une vapeur qui a un effet contraire. Parmi les nombreufes plantes qui croiffent près de la grotte, on voit le *rheum rhaponticum*.

KHORASAN. C'eft la plus orientale, la plus vafte & la plus importante province de la Perfe: elle eft fituée fous un climat doux & tempéré; l'eau & l'air y font bons, les habitans forte-ment conftitués, pleins d'efprit, de force & de fagacité.

KILKENNY & NEWRY, lieux d'Irlande où l'on exploite d'abondantes mines de charbon de terre.

KINARDSEY, village du comté de Shrop en Angleterre, environné de vaftes marais, qui étoient autrefois appelés *marais boifés*, ainfi que ceux de Kent, du Yorkshire, par les Saxons.

Ces marais étoient anciennement fi couverts de bois, comme des faules, des aunes, des épines, que les habitans étoient obligés de pendre, au cou des vaches qui y paiffoient, des fonnettes, afin de les retrouver plus aifément. Le fol de ces marais femble n'être compofé que des débris de ces bois, & du fédiment que les inondations ont laiffé fur la terre quand les eaux fe font retirées. Ce fédi-ment a trois ou quatre pieds d'épaiffeur.

On trouve auffi, en creufant, des racines & des troncs de chênes à trois ou quatre pieds au-deffous de la furface, & on tire de la tourbe de ce fol.

Le marais appelé anciennement *Vafta regalis*, eft devenu, par le deffechement, un excellent pâturage, dont l'herbe engraiffe les bœufs à un point exceffif.

KINROSS-SHIRE, petit comté d'Écoffe, où l'on trouve de la houille. Il eft à peu de diftance & au nord d'Edimbourg.

KIRCHHOFE, dans le pays d'Eifenach. On y exploite des bois bitumineux.

KIRGIS, KIRGISES ou KIRGUISES, nation errante qui campe dans les fteppes qui font au nord de la Cafpienne, entre celle-ci & la mer d'Aral, ainfi qu'au nord & à l'eft de cette mer d'Aral.

Ces enfans du défert, quoique livrés à des brigandages fuivis, peuvent être d'un grand avantage pour le commerce des caravanes de la Bucharie. Ils élèvent une multitude innombrable de chameaux, de bêtes à cornes, de chevaux & de moutons dans les plaines immenfes où ils ont leurs pâturages; ils vendent enfuite les différentes têtes de bétail à leurs voifins, c'eft-à-dire, qu'ils reçoivent en échange des objets de peu de valeur, tels que des pièces d'habillemens neufs & vieux. Ils conduifent annuellement à Orenbourg trois à quatre cent mille moutons.

Comme ce peuple eft nomade, que conféquemment il a befoin d'une grande quantité de chofes pour l'ufage ordinaire de la vie, & furtout d'armes & de fer, fes relations & échanges avec fes voifins font très-fuivies & très-animées. Les différentes tribus font indépendantes les unes des autres. Ces Tartares reffemblent beaucoup aux Arabes; ils font fidèles à leur parole comme ces derniers: ils font auffi, comme eux, avides de pillage & entreprenans dans leurs expéditions.

Les *Kirgis* enlèvent tous les ans beaucoup de Ruffes, tant auprès de la Cafpienne que dans d'autres contrées, & les vendent en Chine. Ces malheureux, qui font condamnés à des travaux pénibles, y mènent une vie miférable, étant très-mal nourris & prefque nus.

Dans la fteppe kirguifienne on rencontre un lac falé, remarquable par l'odeur de violette de fon eau, qui en outre eft de couleur rouge. Il porte le nom de *lac Framboife* ou *Malmouve-ofero*. Il a près d'une demi-lieue de circonférence. Son rivage eft dans tout fon pourtour entièrement fec, fablonneux, & entre-mêlé d'une grande quantité de coquilles qui ont pris une couleur noirâtre & rouge. L'eau falée du lac paroît trouble;

& lorfqu'on la voit de loin, & que le foleil donne deffus, elle femble abfolument rouge comme du fang. Elle n'a pas plus de quatre pieds dans fa plus grande profondeur; elle eft fingulièrement amère au goût; auffi n'eft-elle, à très-peu de chofe près, imprégnée que d'un fel de Glauber tout naturel, qu'elle tient en diffolution. Elle dépofe, en été, une croûte de fel, grife, très-mince d'abord, mais qui acquiert, dit-on, dans de longues féchereffes, jufqu'à une palme d'épaiffeur, & prend, par l'action du foleil, une couleur toute rouge, qui fe perd auffitôt que le temps fe met à la pluie.

KIRN, ville du ci-devant département de Rhin & Mofelle, à trois lieues fud-eft de Kirchberg. Près de cette ville paffe la Nah, & le Hahnenbach la traverfe. On fabrique dans cette commune des cuirs excellens, & on y a abandonné une fabrique de fulfate d'alumine & de fer. On trouve aux environs du cuivre, du charbon de terre, & un alun pur qu'on y affine.

KIRSWALD, dans le même département. Mines de cuivre & de plomb en exploitation.

KISSŒTASCH, près du village de Schaïtan-Aoul, dans le gouvernement d'Oula, en Sibérie, lequel eft environné de diverfes collines garnies partout de bouleaux: on voit la croupe de la montagne très-élevée de Kara-Gaï, & près du hameau d'Idrefs, fitué fur cette montagne, eft une caverne.

Cette montagne forme, à la rive gauche de la Jurjufe, immédiatement au-deffous de l'endroit où le ruiffeau de Kylicly s'y jette, une muraille de rochers qui a deux cent cinquante toifes environ de longueur, fur trente-cinq à quarante de hauteur. On y diftingue facilement les couches du fchifte calcaire dont la montagne eft compofée. La direction de ces couches forme avec l'horizon, en s'inclinant de l'eft à l'oueft, un angle dont l'ouverture eft à peine de vingt degrés. Les Bafchkirs appellent ce mur de rocher, ainfi que la caverne qu'il renferme; *Kiffœtafch*. L'entrée de cette caverne, qui eft de trente toifes plus élevée que le niveau de l'eau, fituée dans la partie orientale d'un enfoncement que le rocher forme dans cet endroit-là, offre, ainfi que tout ce mur énorme, un afpect des plus impofans & des plus pittorefques, & repréfente une grande grotte en forme de portail, qui a vingt-quatre pieds de large, & à peu près autant de haut, mais qui fe rétrécit bientôt dans l'intérieur. Au fond de cette voûte, qui a deux toifes de profondeur, fe trouve l'entrée de la caverne intérieure. Cette entrée n'a que neuf pieds de largeur fur fept & demi de haut; mais à la droite il y a, dans une faillie du rocher, une fiffure qui fe prolonge à quatre toifes, & forme, dans l'efcarpement le plus roide de ce même rocher, une autre ouverture carrée de feize pieds en.tous fens.

La caverne même s'enfonce dans la montagne par une galerie dirigée au nord, à laquelle les couches fchifteufes & penchées du rocher forment une couverture entièrement plate. Cette galerie, qui n'a d'abord que huit pieds de largeur, augmente près de l'entrée, & préfente une grotte à droite & une autre à gauche, moins grandes que la première, & qui font diftantes l'une de l'autre de cinquante pieds. Dans le fond de la grande grotte de droite, il y a une fiffure qui perce le rocher horizontalement jufqu'au jour. Cette galerie ne conferve que pendant la longueur d'une toife affez de hauteur pour qu'on puiffe s'y tenir debout; les couches du rocher la diminuent enfuite par degrés, au point qu'on eft obligé de marcher à quatre l'efpace de trois toifes, où elle n'a que quatre pieds de haut. Elle conferve toujours néanmoins, malgré ce grand affaiffement, vingt pieds de largeur, & fa couverture plate eft décorée d'une bordure de ftalactites fingulièrement dentelées; enfuite la galerie fe relève à hauteur d'homme, & l'on marche un certain efpace de chemin tout droit, dans une largeur de feize pieds, après quoi la galerie s'élargit à plufieurs reprifes, & forme une chambre alongée par le travers, dont la longueur de droite à gauche eft de foixante pieds, & même un peu moins dans la moitié de la gauche. Cette chambre fe termine à l'eft & à l'oueft par une grotte angulaire. On peut pénétrer l'efpace de quelques toifes dans celle de la gauche, mais elle ne mène pas plus loin; en revanche on retrouve, vis-à-vis de l'entrée, un peu de biais vers la droite, une continuité de galerie à voûte plate, très-raboteufe, dans le roc vif. Il faut ramper la longueur de trois toifes pour y arriver, & l'on eft encore obligé de fe baiffer en marchant. Cette galerie, qui eft fort tortueufe, donne iffue à quantité de grottes latérales; & lorfqu'on eft au bout, l'on trouve une autre galerie plus étroite, qui s'étend en pente vers l'oueft, dans la direction des couches calcaires : elle eft enduite de fuie & tapiffée en quelques endroits de ftalactites. L'eau y coule de tous côtés, tandis que tout le refte de la caverne eft parfaitement fec. Cette galerie, qui n'eft pas profonde, reffemble à un aqueduc creufé de main d'homme. A l'extrémité l'on trouve, dans les enfoncemens du fol, de l'eau qui dépofe au fond de fon réceptacle une matière calcaire en forme de bouillie. L'air de cette galerie eft frais; dans tout le refte de la caverne, la température diffère peu de celle de l'air extérieur, parce qu'elle eft placée près de la fuperficie de la montagne. On y trouve partout quantité d'offemens d'animaux, de la fuie, des crottes de moutons, & d'autres veftiges qui indiquent affez que cette caverne a fervi d'habitation.

On voit auffi, le long de la même rivière de Jurjufe, au-deffus de l'embouchure du ruiffeau de Kulikly, des rochers qui s'élèvent à une hauteur effrayante. On y remarque une petite grotte fituée tout au bas fur le rivage, & plus loin l'entrée d'une caverne dans l'efcarpement d'un rocher faillant & inacceffible aux hommes qui ne font pas exercés dans l'art que poffèdent les Bafchkirs, qui, au moyen de cordages, favent gravir ces périlleufes roches, pour aller dénicher des oifeaux de proie du genre des faucons.

KITTIS, montagne de la Laponie fuédoife, voifine de Pello, village habité par quelques Finnois, à 66 d. 48' 20" de latitude nord. En y montant, on trouve une fource abondante d'eau la plus claire qui foit, & qui, dans les plus grands froids de l'hiver, conferve fa liquidité pendant que la mer du fond du golfe de Bothnie & tous les fleuves & rivières des environs font couverts de glaces épaiffes. Cette eau coule comme au fort de l'été : ceci prouve qu'il exifte, à une certaine profondeur, dans les premières couches de la terre, où l'eau circule & fe raffemble pour alimenter les fources, une température propre à conferver l'eau dans fon état de fluidité, malgré la rigueur du froid extérieur.

KLINGEN-MUNSTER, village du département du Bas-Rhin, arrondiffement de Weiffembourg, & à deux lieues un quart au nord de cette ville. Il y a des couches d'argile propre à la fabrication de la poterie.

KLIUTSCHI. Le village de *Kliutfchi* eft le plus beau lieu entre Ekaterimbourg & Kungour, dans la Sibérie. Les rivières qui affluent dans l'Oural, y préfentent de toutes parts des points de vue très-agréables. A une lieue de ce village il fort, d'un groupe de collines, une fource qui prend un cours rapide & charie une matière fulfureufe, fous forme d'une écume toute particulière, laquelle s'attache fur les bords du ruiffeau & s'y dépofe. Ce dépôt eft même fi confidérable, que tous les habitans du village de *Kliutfchi*, qui eft très-peuplé, & leurs voifins, en tirent un parti avantageux. C'eft un foufre très-épuré, qui ne contient aucune partie hétérogène; de forte qu'il peut fervir, fans autre préparation, à foufrer des allumettes.

La colline eft compofée de pierre de roche commune, & l'on n'aperçoit aucun indice qui puiffe conduire à quelqu'explication fatisfaifante fur l'origine de ce foufre.

Cette fource n'eft pas la feule qui charie du foufre; on en voit deux autres près du village de Mefchtfcherake en Bafchkirie, fitué fur la petite rivière de Sikajœk, lequel fe manifefte non-feulement fur le rivage, mais s'attache auffi, comme de la vafe, aux rofeaux & aux petits morceaux de bois couchés dans le lit de la rivière.

KŒNISBERG.

KŒNISBERG. C'est une montagne du ci-devant département du Mont-Tonnerre, qui renferme des mines de mercure.

KOLIWAN, en Sibérie. C'est le chef-lieu d'un gouvernement établi sur le fleuve Oby. On y exploite des mines d'or, d'argent & de cuivre.

KORIAQUES, peuples qui habitent la partie septentrionale du Kamtchatka; ils sont errans comme les Lapons, & ils ont, comme eux, des troupeaux de rennes qui font toutes leurs richesses: ils prétendent guérir les maladies en frappant sur de petits tambours. Les plus riches épousent plusieurs femmes, qu'ils entretiennent dans des endroits séparés, avec des rennes qu'ils leur donnent. Ces *Koriaques* errans diffèrent des *Koriaques* fixes ou sédentaires, non-seulement par les mœurs, mais aussi par les traits. Les *Koriaques* sédentaires ressemblent aux Kamtchadales, mais les *Koriaques* errans sont encore plus petits de taille, plus maigres, moins robustes, moins courageux; ils ont le visage ovale, les yeux enfoncés, des sourcils épais, le nez court & la bouche grande: les vêtemens des uns & des autres sont de peaux de rennes. Les *Koriaques* errans vivent sous des tentes, & habitent partout où il y a de la mousse pour leurs rennes: il paroît que la vie errante des *Koriaques* tient au pâturage des rennes. Comme ces animaux sont, non-seulement tout leur bien, mais qu'ils leur servent d'ailleurs, ils s'attachent à les entretenir & à les multiplier; ils sont donc forcés de changer de lieux d'habitation dès que leurs troupeaux en ont consommé les mousses: il en est de même des Lapons & des Samojèdes, parce qu'ils entretiennent de même des rennes dont ils tirent les mêmes avantages.

Ainsi les *Koriaques*, les Lapons & les Samojèdes, si semblables par la taille, la couleur, la figure, le naturel & les mœurs, doivent donc être regardés comme une même race d'hommes dans l'espèce humaine prise en général. Cette ressemblance provient de l'influence du climat, qui est le même pour tous ces peuples, ou bien est entretenue d'une manière incontestable par cette influence.

KORSCHOWITZ, arrondissement des mines du bannat de Temeswar, dans lequel l'épaisseur du banc métallifère est de plus de six cents pieds.

KOTOO (Ile). Cette île est la plus occidentale des petites îles du groupe qui se trouve au nord & au nord-est d'Annamooka, dans l'archipel des Amis.

A l'ouest de *Kotoo*, on trouve un ressif de rochers qui s'étend fort au loin vers le nord. Les ressifs de corail qui l'environnent, rendent l'île de *Kotoo* à peine accessible aux canots: elle n'a pas plus d'un mille ou deux milles (anglais) de longueur, & sa largeur est moindre encore.

L'extrémité nord-ouest est basse, comme les îles d'Hapaée; mais elle s'élève tout-à-coup vers le centre, & elle est terminée à l'extrémité sud-est par des dunes argileuses & rougeâtres, qui ont environ trente pieds de hauteur. Le sol, dans cette partie, est de la même nature que celui des dunes; mais dans les autres, c'est un terreau friable & noir. Elle produit les fruits & les racines que l'on trouve sur les îles de ces parages; elle est assez bien cultivée, quoique les habitans n'y soient pas en grand nombre; elle produit du fourrage pour le bétail des vaisseaux.

KOVIMA. Cette rivière prend sa source dans la chaîne des montagnes de Virkhoyansky; elle traverse un espace de quatre cent cinquante lieues dans une direction presque nord-est, & se rend dans la mer du Nord.

Le rivage oriental de la *Kovima* est partout montueux, & on y trouve aussi partout des agates, du jaspe, du porphyre & des cristaux. Les montagnes sont composées de granite & de quartz: on voit sur la plage, aux environs de Saredni, beaucoup d'oignons sauvages, du thym, de la tanaisie, des groseilles, des églantiers, des genévriers, & des cèdres rampans qui croissent dans les fentes des rochers. Les habitans des environs de Saredni forment, à travers la rivière, une espèce de digue, en plantant, d'un bord à l'autre, des pieux très-rapprochés, excepté dans quelques endroits, où ils laissent des ouvertures pour y placer des filets & des nasses: c'est par ce moyen qu'ils peuvent se procurer une quantité considérable de poisson.

Les filets & les nasses sont visités deux fois par jour, & fournissent aux pêcheurs un grand nombre de saumons de différentes espèces, de harengs & d'esturgeons.

Voici une énumération des poissons qu'on prend le plus souvent, avec l'indication de la saison de leur pêche.

D'abord l'esturgeon, que l'on pêche depuis juillet jusqu'en octobre.

Le nelma, sorte de saumon blanc qui a deux pieds & demi jusqu'à quatre pieds de long, & qui pèse jusqu'à soixante livres, de juillet en octobre.

Le tchir, saumon qui a environ vingt pouces de long, de mai en novembre.

Le muksoun, troisième espèce de saumon qui a quinze à dix-huit pouces, en septembre.

L'omoul, saumon qui a douze à quatorze pouces, en novembre.

Le fild, espèce de hareng, en septembre.

Le sieg, autre espèce de hareng qui a douze à quinze pouces de long, de mai en novembre.

Le nalimé. Ce poisson est assez semblable à la morue pour la forme & pour le goût; il est barbu & a cinq pieds de long: son foie est extrêmement gras, & donne, en le faisant cuire, une pinte d'huile très-claire.

Le peledi : il a la forme de la carpe ; ſes écailles ſont très-blanches.

Le tchoukoutchan. C'eſt un poiſſon preſque rond, long d'environ vingt pouces, de ſept à huit pouces de diamètre, diminuant graduellement vers la queue, qui eſt fourchue. Sa tête eſt aplatie, ſon muſeau cartilagineux & pointu ; ſa bouche eſt placée en deſſous, à environ deux pouces du bout du muſeau : il a la chair blanche.

L'okon ou perche.

Le kranaya-riba ou la truite.

Le tetehoux ou brochet. Il y en a d'une grandeur extraordinaire dans leur eſpèce ; on en prend dans les lacs qui ont ſix pieds de long, & qui pèſent quatre-vingt-dix-neuf livres poids de marc : il a le même goût qu'un brochet ordinaire.

Le mokſoun, l'omoul & le ſild fréquentent, dans le mois de ſeptembre, les endroits de la rivière où il y a très-peu d'eau, & y ſont extrêmement abondans pendant une quinzaine de jours ; mais ils diſparoiſſent dès que les gelées commencent.

Le nelma, le tchir & le ſieg ſe pêchent toute l'année, depuis l'embouchure de la *Kovima* juſqu'à Virchni. Les habitans des bords de cette rivière tirent la plus grande reſſource de ces poiſſons ; la pêche s'en fait au printemps & en été ; on les fend pour les faire ſécher, on met à part la graiſſe & les groſſes arêtes, dont on extrait une grande quantité d'huile : le foie du ſild en rend beaucoup, comme nous l'avons dit.

L'oſètre, auquel nous avons donné le nom d'*eſturgeon*, eſt le même poiſſon que le ſterlet : on ne trouve de différence que dans la groſſeur & le volume. L'oſètre ne pèſe pas plus de quarante livres ; mais ſon poids ordinaire eſt de cinq à dix livres.

Tous les poiſſons dont nous venons de parler ſe trouvent, à l'exception de l'oſètre, dans les lacs. Comme ils y paſſent dans le temps des inondations, ils y proſpèrent bien, ſurtout le tchif & le ſieg.

Le printemps & l'été, les habitans des bords de cette grande rivière pêchent à la Seine ; l'hiver, ils pratiquent, dans le canal des rivières, des eſtacades où ils ménagent des ouvertures pour y placer des filets & des naſſes.

Nous allons faire connoître les quadrupèdes qui fréquentent les forêts voiſines de la *Kovima*, & indiquer en même temps la ſaiſon où on leur fait la chaſſe.

D'abord l'élan, enſuite le daim.

On prend ces deux eſpèces d'animaux en ſeptembre, octobre & novembre, en leur tendant des piéges. En avril & au commencement de mai, on les chaſſe, & on ſe ſert de raquettes pour marcher ſur la neige. Pendant le jour, le ſoleil fait fondre la neige ; mais le froid de la nuit la fait geler de nouveau, & la durcit aſſez pour qu'elle puiſſe porter les hommes & les chiens, mais les daims & les élans s'y enfoncent, & ne peuvent pas s'en débarraſſer.

En août, les daims quittent les bords de la Mer-Glaciale pour retourner dans les forêts ; & alors on en tue beaucoup, tandis qu'ils paſſent les rivières à la nage. Ils ſe rendent au printemps ſur les bords de la Mer-Glaciale pour fuir les mouches qui infeſtent les forêts : leur migration mérite attention. Ils ſe raſſemblent pour partir. Une partie des mâles forme l'avant-garde, & l'autre ferme la marche, pendant que les femelles ſont dans le centre. Les ours & les loups ſe mettent à la ſuite de cette immenſe troupeau, & fondent ſur les daims qui ont le malheur de s'écarter des autres. Les renards viennent derrière, & ramaſſent ce que les ours & les loups n'ont pu dévorer.

Pendant la migration des daims, les aigles & les autres oiſeaux de proie planent au-deſſus de leurs troupeaux, ce qui fait connoître aux chaſſeurs qu'ils approchent. Dès que ces animaux entrent dans la rivière, les chaſſeurs ſe mettent dans des canots, deux hommes dans chacun, & s'arment de lances, tandis que les femmes & les jeunes garçons ſont dans d'autres canots avec de longues cordes qu'ils jettent autour des cornes des animaux bleſſés, & dont ils attachent un bout aux arbres & aux pieux qui ſont ſur le rivage.

Une peau d'élan ou de daim mâle ſe vend deux roubles ; celle des femelles ne ſe vend que la moitié de ce prix.

L'ours. On lui fait la chaſſe depuis le mois de mai juſqu'à la fin de ſeptembre.

Une peau d'ours vaut ordinairement un rouble.

Le glouton. On le chaſſe pendant tout l'hiver ; il n'eſt pas très-commun : ſa peau ſe vend depuis deux juſqu'à dix roubles.

Le loup. Sa peau vaut de deux à huit roubles.

Les renards ſont très-nombreux, & on s'occupe beaucoup de leur faire la chaſſe en octobre & en novembre. Une peau de renard ſe vend depuis un juſqu'à cinq roubles, ſuivant la qualité.

L'iſatis. On le chaſſe tout l'hiver ; ſa peau vaut un demi-rouble.

L'hermine. Elle rôde tout l'hiver dans les bois voiſins des habitations, & autour des magaſins de farine ; ſa fourrure ſe vend cinq à ſix ſous.

Le lynx. On le chaſſe l'automne & l'hiver ; ſa peau ſe vend de trois à dix roubles, ſuivant la longueur du poil.

La loutre. On la prend l'été ; ſa peau vaut de huit à dix roubles.

La zibéline. On en prend très-peu dans les environs de la *Kovima* ; ſa fourrure ſe vend dix roubles.

Le mouton ſauvage. Il fréquente les montagnes où la *Kovima* prend ſa ſource, & toute la chaîne depuis Virkhoyansky juſqu'au Kamtchatka ; ſa peau ſe vend un rouble.

Le lièvre ſe chaſſe tout l'hiver, mais principalement lorſque les premières neiges tombent.

La marmotte Boback. Les Yakouts la recherchent beaucoup, parce qu'ils se nourrissent de sa chair & se vêtissent de sa peau. Cet animal se terre pendant l'hiver ; sa peau coûte huit à dix sous.

L'écureuil se chasse le printemps & l'automne ; sa peau coûte de trois à cinq sous. Les trois espèces d'écureuils vivent sous terre comme les marmottes : ce sont les écureuils volans, le zébré ou suisse, & l'écureuil commun.

Oiseaux.

Voici les noms des oiseaux qui fréquentent les environs de la *Kovima*, dans les différentes parties de son cours.

D'abord le cygne. Il paroît en avril, & part en septembre.

L'oie. Elle paroît & part un peu plus tard que le cygne.

Le canard. Il est en grand nombre, & de plusieurs espèces.

L'aigle. Il est noir ; il y en a une espèce particulière qui a la tête & la queue blanches.

L'omezan. Cet oiseau tient de l'aigle & du faucon ; il plonge pour prendre le poisson.

La chouette (*strix*).
La mouette (*larus*).
La mouette à tête noire (*larus atricapillus*).
La grue (*ardea grus*).
La cigogne (*ardea ciconia*).
La perdrix (*tetrao perdix*).
Le corbeau (*corvus*).
La corneille (*corvus cornix*).
Le plongeur (*mergus*).
Le merle (*turdus merula*).
Le pic-vert (*picus viridis*).
La grive (*turdus viscivorus*).
L'ortolan de neige (*emberiza nivalis*).
La bécasse (*scolopax*).
Le coucou (*cuculus canorus*).

L'aigle & le faucon restent tout l'hiver endormis dans des trous d'arbres.

Arbres & arbustes.

Le mélèze. C'est l'arbre principal dont on se sert dans les environs de la *Kovima*, & pour bâtir & pour brûler ; il est aussi le plus commun. Jusqu'à Virchni, le mélèze est assez grand ; mais au-delà, c'est-à-dire, dans un espace de trois cents lieues, où l'on trouve des bois, il vient mal. Il croît par bouquets sur les monticules, jusqu'à huit lieues avant d'arriver à la Mer-Glaciale ; mais lorsqu'on atteint la latitude de 68 deg. 30', on n'en voit pas un seul.

Le bouleau. On le trouve jusqu'à quelque distance au-dessous de Saredni ; mais il y est petit & rabougri.

Le peuplier & le tremble. Ils sont de moyenne grandeur, & croissent dans des îles abritées par les montagnes, dans les parties supérieures de la *Kovima* ; il n'y en a pas aussi bas que Virchni.

Le frêne de montagne. On en trouve beaucoup jusqu'à Virchni, & au-dessous de Virchni il est rare.

L'aune & le saule. Dans le voisinage de Virchni, le tronc de l'aune & du saule a communément dix-sept à dix-huit pouces de circonférence, & environ deux toises de hauteur ; mais à mesure qu'on descend la *Kovima*, on le voit d'une moindre dimension, & l'on en trouve là où le mélèze cesse de croître.

Le cèdre rampant, le buisson, le groseiller noir, le groseiller rouge, le rosier, le genévrier, se trouvent jusqu'à Neizchni ; il y a même des buissons & des saules nains sur les bords de la Mer-Glaciale, mais ils n'ont jamais plus de six à huit pouces de hauteur. Le cèdre nain (*pinus cembra*) produit en abondance un fruit de forme conique, semblable à la pomme de pin, mais qui ne vient à maturité qu'au bout de deux ans. Les habitans recueillent une grande quantité de ce fruit, & quelquefois ils en trouvent des amas considérables dans les trous des écureuils, car il est la principale nourriture de ces animaux. On extrait de ce fruit une huile très-douce & très-claire.

Baies & fruits.

Les graines de frênes des montagnes sont ramassées par les habitans des bords de la *Kovima* ; ils s'en servent pour donner un goût agréable à leur boisson.

Les groseilles rouges, les groseilles noires sont très-abondantes dans ces contrées ; on les conserve dans des tonneaux avec de la glace ; on en fait aussi bouillir pour les conserver. Les groseilles noires ne se trouvent pas plus bas que Saredni, mais il y en a de rouges jusqu'à Neizchni.

Les mûres de ronce. Ce fruit est rare, & on ne le trouve pas au-delà de Saredni ; on le conserve toujours sans le faire cuire.

Les graines de vaciet (*vaccinium vitis idæa*). On en trouve beaucoup jusqu'à Neizchni ; on les conserve sans les faire cuire.

Les gouloubniks. Ces baies sont très-communes ; elles viennent surtout dans les endroits pierreux qui sont inondés au printemps. Leur couleur est d'un bleu-foncé, & leur goût très-agréable. L'arbuste qui le produit, ressemble au myrte. Pour conserver ce fruit, on le fait bouillir.

Les maroschkas (*rubus chamæmorus*). C'est l'espèce de baies que préfèrent les habitans des bords de la *Kovima* : elles viennent dans les endroits couverts de mousse & marécageux, & surtout près des lacs. On les regarde comme des antiscorbutiques, & on les conserve toujours sans les faire cuire.

Les *fiekhas*. Ces baies font le fruit d'une efpèce de bruyère rampante qui a des feuilles courtes & pointues, & qui croît dans les endroits pierreux & voifins des montagnes. Ces baies font noires, très-petites, & ont des pepins; on en ramaffe beaucoup, & on les fait cuire.

Nous allons faire connoître le genre de vie des habitans des contrées qu'arrofe la *Kovima*. Quelquefois ils font bouillir ou frire le poiffon, dont ils font leur principale nourriture, comme dans les pays voifins; mais plus fouvent ils font des foupes avec des nalimés, des kares ou des perches; ils font auffi bouillir les parties fupérieures de la tête du nelma, du fieg & du tchir, efpèce de faumon, & la fervent froide avec des oignons falés & du jus de mûres de ronce au lieu de vinaigre : ce plat eft un hors-d'œuvre pour exciter l'appétit. Après avoir fait bouillir le poiffon, ils en enlèvent les arêtes & le pilent dans un mortier, jufqu'à ce qu'il foit réduit en pâte; ils y mêlent des filds, des têtes de faumon, où, ce qui eft encore plus eftimé, du foie de nelma; enfuite ils le font cuire, en y ajoutant par fois des oignons. Ils pilent auffi dans un mortier les œufs de poiffon, y mêlent de la farine & les font frire avec des oignons. Ils appellent ce mets du *baraban*. Mais quand ils font frire les œufs de poiffon fans oignons, qu'ils leur donnent la forme d'un gâteau, & qu'ils mettent par-deffus des baies cuites, ils appellent ces gâteaux des *changis*. Ils pèlent le brochet, le hachent bien, l'affaifonnent, & en font des boulettes qu'ils mêlent dans les foupes & dans les pâtés de poiffon; fouvent ils donnent à ces boulettes la forme de gâteaux, qu'ils font frire & qu'ils nomment des *telnits*.

On fait bouillir les gros inteftins du poiffon, principalement ceux du nelma; lorfqu'ils font froids, on les mêle avec des baies.

Les habitans de tout ce pays extraient le jus des baies dont nous avons parlé, le font fermenter & le boivent avec de l'eau. Ils font du vinaigre, ou du moins une liqueur acide qui le remplace, avec des oignons mis en fermentation avec de la farine ou avec la feconde écorce de mélèze bien pilée. Ils prennent comme du thé, une infufion de thym fauvage, de branches & de fleurs d'églantier.

On trouve beaucoup de dents de mammouth, ou éléphant foffile, dans les parties élevées & fablonneufes des rivages de la *Kovima*, & ces dents font ordinairement à une grande profondeur; mais dans les endroits où les débordemens qui ont lieu au printemps emportent le fable, elles reftent à découvert. On ne doit pas être furpris que ces dents foient fi profondément enterrées, car chaque année les inondations dépofent une grande quantité de fable & de terre fur les bords des rivières de cette partie de la Ruffie. Ce dépôt annuel eft en général de deux ou trois pouces d'épaiffeur.

Les défenfes de mammouth égalent celles des éléphans vivans pour la blancheur & la fineffe de l'ivoire; mais elles font d'ailleurs peu différentes, en ce qu'elles font plus arquées. La plus grande qu'on ait vue pefoit cent treize livres & demie poids de marc. L'extérieur de cette dent étoit noirci, parce qu'elle avoit été long-temps expofée à l'air : il y avoit, outre cela, une fente d'environ un pouce de profondeur; le dedans étoit parfaitement bien confervé & extrêmement blanc.

On trouve fréquemment, dans les environs de la *Kovima*, des cornes d'un autre animal, lefquelles font encore adhérentes à une partie du crâne, & reffemblent beaucoup aux cornes du buffle. Les Tongouths font grand cas de ces cornes, parce qu'elles font élaftiques, & ils s'en fervent pour donner plus de force à leurs arcs.

KRAPACK ou CRAPATHE (*Carpathus*), chaîne de montagnes qui bornoit, chez les Anciens, la Sarmatie européenne du côté du midi; elle fépare aujourd'hui la Pologne d'avec la Hongrie, la Tranfylvanie & la Moldavie.

Les *Krapacks* font les principales montagnes de la Hongrie. Ce nom leur eft commun avec toute la fuite des montagnes de Sarmatie qui féparent celles de Hongrie de celles de Ruffie, de Pologne, de Moravie, de Siléfie & de celles de la partie d'Autriche au-delà du Danube; leurs fommets élevés & effrayans, qui font au-deffus des nuages, s'aperçoivent de très-loin. On leur donne quelquefois, un nom qui défigne qu'ils font prefque toujours couverts de neiges, & un autre nom qui fignifie qu'ils font nus & chauves. En effet, les rochers de ces montagnes l'emportent fur ceux des Alpes d'Italie, de Suiffe & du Tirol, pour être efcarpés & pleins de précipices. Ils font prefqu'impraticables, & perfonne n'en approche, à l'exception de ceux qui font curieux d'admirer les merveilles de la nature.

KRIN, lieu voifin de Seigu en Dalmatie, remarquable furtout par des lacs fitués dans des baffins autour defquels le terrain tremble fous les pas de ceux qui y marchent. Dans les prairies de Murgude, où ces lacs fe trouvent, il s'en forme quelquefois de nouveaux par l'enfoncement fubit de la fuperficie du fol. On voit effectivement, dans cet endroit, la terre s'enfoncer fur une étendue de trente pieds, & à la place fuccéder un lac d'eau bourbeufe. Ces fubmerfions de terrains couverts d'herbes & de plantes dans les prairies baffes de Seigu font fouvenir de femblables croûtes marécageufes qu'on rencontre dans le Polefin & le Dogado, & dans d'autres contrées inondées qui nagent fur les eaux des marais fouterrains, & qu'on peut, à jufte titre, nommer des *terrains flottans*. La nature du fol des prairies de *Krin* & des Cuores en Italie eft la même.

Ils font compofés les uns & les autres par les racines entrelacées des plantes marécageufes. Quand on entame ces terrains avec la charrue, l'eau fe répand tout de fuite à leur furface, qui s'enfonce & qui en eft fubmergée.

KRUMEN-HÜBEL, village de Siléfie, dont tous les habitans font occupés à des préparations himiques.

KUNGSBERG en Norwège. Il y a dans ce lieu de riches mines d'argent.

KUNGUR. A très-peu de chemin de *Kungur*, près de Perm, capitale du gouvernement de Permie en Sibérie, en remontant la rive droite de la rivière de Sylwa, qui fe jette dans la Kama, font des montagnes entièrement compofées d'albâtre, & qui en fourniffent à toutes les contrées voifines. C'eft dans une de ces montagnes, appelée *Ledjanaja-Gora* (montagne de glace), que fe trouve, au bord même de la rivière, la fameufe caverne dont M. de Strahlenberg fait mention dans la Defcription de la Ruffie. Le Péchin, dans fes Voyages, fut pour la vifiter en 1770; il trouva l'entrée entièrement bouchée par une glace très-épaiffe; mais il loua des ouvriers qui furent occupés jufqu'au lendemain à lui procurer une ouverture. Ce favant parcourut, en attendant, avec fa fuite, toutes les hauteurs des environs, & vit de toutes parts des affaiffemens de terrain de dix à douze toifes de profondeur, qui formoient des entonnoirs de la forme d'un cône renverfé. Cette obfervation lui fut d'un heureux augure, eu égard à la réalité de ce qu'on racontoit de cette caverne, où il defcendit, avec fes compagnons, le 11 août. Ils trouvèrent entr'autres une grotte de quatre-vingt-dix pas de longueur, fur vingt en largeur : on y voyoit quantité de glace en différentes places. Une autre falle très-vafte avoit à peu près les mêmes dimenfions, & beaucoup d'inégalités dans fa voûte; une troifième avoit quatre-vingts pas de long fur vingt pas en largeur, & deux toifes & demie de haut : au fortir de cette dernière, on pénétroit dans une petite grotte dont le fol eft prefqu'entièrement couvert de glace, par une galerie très-étroite, longue de cinquante pas, & fi baffe, qu'il falloit y être entièrement courbé. Ce fut dans cette grotte qu'ils aperçurent le premier affaiffement de la furface de la montagne qui eût pénétré dans fon intérieur, & qui formoit un gros tas de terre végétale & d'autres couches, le tout pêle-mêle. On fortoit de cette grotte par une galerie étroite de cinquante pieds de long, qui communiquoit à une falle longue de cent pas, à l'entrée de laquelle on trouvoit d'énormes quartiers de roche qui en rendoient le paffage très-difficile. On voyoit à gauche deux cheminées ou tuyaux qui venoient du haut de la montagne, & dont il dégouttoit de l'eau. Il y avoit plus avant une autre

falle, dans laquelle on voyoit une groffe maffe de glace, & plus loin encore, une grotte tout-à-fait régulière, qui fembloit avoir été faite par les hommes, & qui étoit large d'environ cinquante pas : les parois étoient tapiffées de ftalactites de diverfes figures, & de concrétions lapidifiques produites par l'eau. Cette falle étoit fuivie d'une autre qui pouvoit avoir cent foixante pas en longueur & trente en travers; fa partie de derrière étoit pareillement remplie de glace : toutes les fiffures de la voûte l'étoient également, & l'on voyoit, en quelques endroits, des colonnes entières de glace. Dans la première de ces grottes, il y avoit une communication qui menoit à une autre grande falle de cent pas de long fur environ cinquante de large, au milieu de laquelle on voyoit quantité de pierres entaffées en monceaux. Dans cette même falle on voyoit encore, fur la gauche, un tas de débris formé par un affaiffement de la montagne, & à droite, un tuyau circulaire qui pénétroit, autant qu'on put juger, à cent toifes environ dans le roc : l'eau dégouttoit continuellement de ce tuyau. Tout au haut de ce tuyau, la pierre d'albâtre étoit liffe & même polie, & l'on pouvoit diftinguer les couches fupérieures de la montagne, jufqu'à la terre végétale. On pénétroit encore dans une autre falle qui furpaffoit toutes les autres en grandeur, puifqu'elle avoit foixante-dix-huit pieds de long fur cinquante de large. Deux autres grottes offroient de petits étangs d'une eau très-limpide. Les habitans de *Kungur* affurent qu'on pouvoit cheminer autrefois beaucoup plus loin dans ces cavernes, & que la totalité de leur circuit s'étendoit à deux lieues & demie; mais actuellement il y en a eu quantité qui fe font écroulées.

Cette grotte eft figurée dans l'*Hiftoire de Ruffie* de Leclerc.

KUPFERLOCHER, dans l'ex-département français de Rhin & Mofelle. On y exploite une mine de plomb & une mine de cuivre.

KURILES ou KOURI (Les îles). C'eft une férie d'îles courant au fud, depuis la pointe du Kamtchatka jufqu'à Teffos, & qui ferme, en quelque forte, la mer d'Oskoth; elles gifent par le 51e degré de latitude nord. Sur le Paramoufer, feconde île de la chaîne, eft une haute tête montueufe en forme de pic, & qu'on croit volcanique; fur la quatrième île, appelée *Araumakutan*, eft un autre volcan. Il y en a un troifième fur l'Uruss, deux fur le Storgu, & un fur le Kunatir. Ces trois dernières montagnes font partie de la terre d'Jefo. A la fuite de ces volcans font ceux du Japon, comme on peut le voir dans Kæmpfer; en forte que, depuis le Kamtchatka jufqu'au Japon, fe trouve une rangée de centres d'éruptions volcaniques très-nombreux. Les voyageurs qui ont obfervé ces lieux, ont été portés à croire que toutes ces îles & prefqu'îles avoient fait partie du continent, & qu'elles n'en avoient été détachées que par le travail continuel de la mer & des feux souterrains.

Les Russes ont bientôt ajouté ces îles à leurs conquêtes : la mer des environs abondoit pour lors en loutres marines, & la terre étoit couverte d'ours & de renards. Dans quelques-unes se trouvoit la martre zibeline ; mais ces fourrures ont été si recherchées, qu'aujourd'hui elles sont devenues extrêmement rares, tant dans ces îles qu'au Kamtchatka.

La chaîne des îles *Kouriles* s'étend depuis la pointe méridionale du Kamtchatka au sud-ouest, tournant sur une courbe parabolique jusqu'au détroit de Tessos, qui sépare l'île de Maisoumet,

dernière des *Kouriles* du continent de la Tartarie chinoise. Il paroît, par la position générale de ces îles, par leur distance & leur situation respective, qu'elles faisoient partie d'un grand espace de terre ferme que la mer a détruit : elle a travaillé à peu près cette même masse comme elle l'a fait aux Antilles, creusant & minant une grande bande de terre, à travers laquelle elle s'est ouvert plusieurs passages pour former le golfe qui constitue le bassin de la mer d'Amur & de celle de Pengina. Quoi qu'il en soit, on ne peut déterminer le nombre des îles *Kouriles* d'une manière bien sûre : la carte de notre Atlas en présente vingt-deux, qui sont bien connues. (*Voyez*, dans l'Atlas, le Détroit de Beering.)

LAACH, village du département de Rhin & Moſelle, auprès duquel on a trouvé une ſource d'eau minérale. Le petit lac de *Laach*, auſſi voiſin de ce village, renferme beaucoup de poiſſons.

LABOUR (Le). Ce pays faiſoit ci-devant partie de la ci-devant province de Gaſcogne & du pays des Baſques : borné au nord par l'Adour & par les Landes; au levant par la Navarre françaiſe & le Béarn; au midi par les Pyrénées, qui le ſéparent de la Navarre & de la Biſcaye eſpagnoles, & au couchant par l'Océan & le golfe de Gaſcogne, ce petit pays peut avoir huit lieues dans ſa plus grande longueur, du levant au couchant d'hiver. Le climat en eſt fort tempéré, excepté en été, où les chaleurs y ſont très-fortes. Comme il eſt très-montueux, il eſt auſſi peu fertile en blé & en vin; mais il abonde en fruits, avec leſquels on parvient à faire de bon cidre. Quoique les terres y ſoient ſablonneuſes, il y a de bons pâturages ſur les montagnes & ſur les bords des rivières d'Adour, de Bidaſſoa, de Nive & de Nivelette : le gibier y eſt abondant & de très-bonne qualité. Les habitans parlent une langue particulière, que l'on nomme *le baſque*. Les principaux lieux ſont Bayonne, Saint-Jean-de-Luz, Andaye & Laruns, île terreſtre fort élevée. C'eſt par ce canton que les Gaſcons, &, après eux, les Sarraſins, ont commencé à pénétrer dans l'Aquitaine. On attribue aux marins de ce pays la découverte de la pêche de la baleine ſur les côtes du Groënland, & l'art de vider & de ſaler le hareng ſur mer, dont les Hollandais, les Hambourgeois & autres pêcheurs de la mer Baltique retirent aujourd'hui un ſi grand avantage : ils vont auſſi à la pêche de la morue. Ce pays fait actuellement partie du département des Baſſes-Pyrénées.

LABRADOR (Terre de), ſur la côte nord-eſt de l'Amérique ſeptentrionale, limite de la baie d'Hudſon vers l'eſt. La partie ſeptentrionale de ce pays a une côte droite, défendue par une rangée d'îles fort nombreuſes : une vaſte baie eſt dans l'intérieur, & s'ouvre dans la baie d'Hudſon par le golfe de Haſard. C'eſt en ſuivant ce débouché que les baleines, *beluga*, débouchent par bandes. Ici, la compagnie de la baie d'Hudſon avoit un établiſſement pour la pêche de la baleine & pour le commerce de fourrure avec les Eſquimaux; mais le peu d'avantage qu'elle en retiroit, la força de l'abandonner en 1759. La côte occidentale eſt d'une ſtérilité que ne pourroit vaincre aucun moyen de culture. La ſurface du terrain eſt couverte de maſſes de pierres d'une grandeur extraordinaire. D'un autre côté, les vallées en ſont très-

fertiles; elles ſont arroſées par une chaîne de lacs alimentés, non par des ſources, mais par les eaux de pluie & celles de la fonte des neiges, qui ſont ſi froides, qu'elles ne peuvent entretenir que de petites truites.

Les montagnes ſont d'une hauteur ſurprenante, & n'offrent que de la mouſſe ou des arbuſtes rabougris : les vallées mêmes ſont remplies d'arbres avortés, tels que les pins, les ſapins, les bouleaux, les cèdres. Enfin, à la latitude de 60 degrés, la végétation ceſſe ſur cette côte. Tout le rivage, comme celui de l'oueſt, eſt auſſi couvert par des îles qui ſont à peu de diſtance de la terre. Les habitans qu'on y a trouvés, ſont des Indiens dans les montagnes, & des Eſquimaux le long des côtes. Les chiens des premiers ſont fort petits; ceux des Eſquimaux ſont grands. Quoique ces peuples aient le renne, jamais ils ne l'attèlent à leur traîneau : ce ſont les chiens qu'ils y emploient pendant l'hiver. Les vaches marines viſitent un endroit de la côte appelé *Nuchwunk* (lat. 60 deg.) : c'eſt de ces animaux qu'ils tirent les dents dont ils arment leurs flèches.

La terre de *Labrador* au cap Charles (lat. 52 d.) tire vers le ſud-oueſt. Entre ce cap & l'île de Terre-Neuve commence le détroit de Belliſle, paſſage où il y a vingt à trente braſſes d'eau, mais qui ſouvent eſt bouché, même à la mi-juin, par les glaces flottantes qui viennent du Nord : il débouche dans la vaſte golfe triangulaire de Saint-Laurent, borné au nord par la terre de *Labrador*, à l'oueſt par la Nouvelle-Ecoſſe, à l'eſt par le Cap-Breton & l'île de Terre-Neuve.

Cette fameuſe pierre de *Labrador*, qui réfléchit un grand nombre de couleurs fort vives lorſqu'elle ſe préſente ſous certains aſpects, ſe trouve dans ce pays en morceaux détachés : c'eſt un feld-ſpath qui prend un fort beau poli, quoiqu'il ne ſoit pas très-dur. Cette pierre, au reſte, n'eſt pas particulière à ce pays, car on en trouve dans les environs de Péterſbourg & des lacs voiſins de cette capitale.

LACS. Ce ſont des amas d'eau raſſemblés au milieu des continens, & dont les baſſins ſe trouvent dans différentes ſituations : les uns ſont placés dans les points de partage des eaux courantes, & à l'origine des vallons; leurs digues ſont formées par les roches qui gliſſent & ſe déplacent chaque jour : ils donnent naiſſance à de petits ruiſſeaux; les autres ſont placés dans les vallées des rivières, & alimentés par ces rivières; leurs digues ſont des amas de pierres roulées & de terres accumulées par les rivières latérales ou par les flots de la mer, qui y réſidoit. Ces *lacs* reçoivent les rivières par différens points de leur baſſin, & verfent leurs eaux ou leur trop plein par une iſſue qui ſe trouve dans la digue : ainſi ces *lacs* reçoivent les eaux des rivières, & les rendent aux rivières ſans en interrompre le cours. Enfin, la troiſième claſſe de *lacs* offre des amas d'eau qui ſe trouvent à l'extrémité des rivières, & qui ne verſent rien au dehors. Ainſi ces trois claſſes de *lacs* ſont, 1°. des baſſins qui ne reçoivent rien d'apparent, mais qui donnent des eaux courantes ; 2°. des baſſins qui reçoivent des rivières, & qui verſent au dehors l'équivalent ; 3°. enfin, des baſſins qui reçoivent & ne verſent rien. En Suiſſe, en Dauphiné, en Ruſſie & dans la Tartarie chinoiſe, ſont les *lacs* de la première claſſe, diſtribués dans les lignes du point de partage des eaux : on y obſerve généralement que ces *lacs* ſont tous ſurmontés par des ſommets beaucoup plus élevés que leurs baſſins ; auſſi ſont-ils placés au pied des pics ou ſur la cime des montagnes inférieures. Un *lac* ne diffère d'un étang, qu'en ce que l'étang a une digue artificielle, & que le *lac* a une digue naturelle ; mais les uns & les autres ont leurs baſſins dans des vallons quelconques, approfondis avant leur formation.

On a donné ſouvent la dénomination d'*étang* à des *lacs* diſtribués ſur les bords de la mer, comme ſont ceux des landes de Bordeaux, par exemple : il en eſt de même de ceux qu'on trouve ſur la côte du Languedoc & du Rouſſillon.

Il y a de très-grands *lacs* qui peuvent être conſidérés comme des mers : telle eſt la Mer-Caſpienne, qu'on doit ranger dans la troiſième claſſe, puiſqu'elle reçoit les eaux des grands fleuves, & qu'elle n'en verſe point au dehors ; telle eſt encore la Mer-Noire ou le Pont-Euxin, qui eſt un *lac* de la ſeconde claſſe, car il reçoit les eaux des plus grands fleuves de l'Europe, & en verſe le trop plein par le détroit de Conſtantinople. Le *lac* Titicaca eſt auſſi très-étendu, & doit être rangé dans la troiſième claſſe, car c'eſt l'égout des grands fleuves.

Nous allons maintenant indiquer beaucoup d'autres *lacs*, dont nous ne ferons connoître les différentes circonſtances qu'à leurs articles particuliers. La mer de Harlem eſt un *lac* ſur lequel d'aſſez gros vaiſſeaux font voile. Le *lac* Aral, voiſin de la Mer-Caſpienne, a cent lieues de longueur ſur cinquante de largeur ; il eſt de la ſeconde claſſe. On peut compter parmi les grands *lacs*, ceux de Ladoga & d'Onega en Moſcovie, le Palus Méotides à l'embouchure du Don, le *lac* Majeur en Lombardie, le *lac* Neagh en Irlande, le *lac* des Iroquois, les *lacs* Huron, Supérieur & Michigan, dans le Canada & le long du fleuve Saint-Laurent ; en Europe, les *lacs* de Genève, de Conſtance, &c.

Différentes cauſes peuvent concourir à la formation des *lacs* : nous les avons décrites ci-devant, en indiquant les trois claſſes de *lacs* que nous avons diſtinguées. Dans un *lac*, il y a trois choſes dont il faut ſuivre les diverſes circonſtances : le concours des eaux ſuivant qu'elles ſe portent dans le *lac*, le baſſin du *lac* qui reçoit ces eaux, & la digue qui ſoutient ces eaux dans le baſſin. Ceux qui ſe ſont occupés de la formation des *lacs*, n'ont pas porté leurs vues ſur l'examen de ces trois parties des *lacs* ; s'ils l'euſſent fait, ils n'auroient pas attribué leur formation à des cauſes accidentelles, comme des tremblemens de terre, des inondations, ſoit de mer, ſoit de terre.

Les *lacs* qui ſe trouvent placés dans la vallée des fleuves qui reçoivent leurs eaux & qui les verſent au dehors à meſure, ne ſont point ſalés ; ceux, au contraire, qui reçoivent les eaux des fleuves ſans aucun écoulement au dehors, ni déperdition, autrement que par l'évaporation, ſont ſalés. A l'égard des *lacs* qui ſe trouvent en Sibérie, entre les rivières d'Irtiſch & de Jaïk, leurs eaux ſont tantôt douces & tantôt amères & ſalées, ſuivant qu'ils tirent leurs eaux de cantons remplis d'amas de ſel, ou bien de contrées abreuvées par de ſimples eaux pluviales ; ces faits ſont aiſés à reconnoître & à conſtater par les obſervateurs attentifs.

On trouve des *lacs* qui préſentent des phénomènes ſinguliers dans le changement des ſaiſons : ainſi les eaux de certains *lacs* deviennent tout-à-coup rougeâtres comme du ſang : on a beaucoup d'autres exemples de *lacs* qui, en très-peu de temps, ont pris d'autres couleurs. Quelques naturaliſtes ont reconnu que ces phénomènes étoient dus à des plantes qui venoient fleurir à la ſurface des eaux, & laiſſoient voir, à travers une lame d'eau peu épaiſſe, leur couleur comme à travers un tranſparent. On a raconté auſſi beaucoup d'autres effets merveilleux de différens *lacs*, mais je les ſupprime, parce qu'ils ont été mal décrits, & encore plus mal expliqués.

Pour faire connoître beaucoup mieux les *lacs* dont nous venons de parler, nous en ferons une deſcription ſuivant les divers pays où ils ont été obſervés, parce que chacun de ces divers *lacs* a des phénomènes dépendans des circonſtances où il ſe trouve dans ces contrées ; & par conſéquent, en rapprochant ces circonſtances, on eſt en état de voir l'enſemble de toutes les cauſes qui concourent à la formation & à l'entretien de tous les *lacs*.

Baſſins des lacs.

Il paroît qu'en général les baſſins des *lacs* ſont des parties d'anciennes vallées creuſées bien antérieurement à l'époque où l'eau s'eſt trouvée ſoutenue dans ces *lacs* par de nouvelles chauſſées : la plupart de ces vallées appartiennent à des maſſifs de l'ancienne ou de la moyenne terre ; elles ont enſuite été encaiſſées & diguées par les dépôts de la nouvelle terre : c'eſt auſſi pour cette raiſon que les baſſins des *lacs* ſe trouvent placés vers les limites de la nouvelle terre, & au milieu des dépôts littoraux formés par l'ancienne mer. Ainſi, dans un *lac* dont la digue eſt formée par des amas de

caillou**x**

cailloux roulés, le fond du baffin eft une pierre calcaire d'un grain fin & appartenant à la moyenne terre : tel eft le *lac* de Genève. C'eft ainfi que le *lac* de Gerardmer fe trouve placé au milieu des granits, & que le fond du vallon où il eft fitué, ainfi que la digue, font formés de dépôts de la nouvelle terre : on y trouve des cailloux roulés & de la pierre de fable : ceci explique pourquoi ces *lacs* font fi profonds, car ils occupent le fond des vallées de l'ancienne & de la moyenne terre. On trouve également tous les *lacs* des cantons de Zurich, de Lucerne, &c., placés dans les mêmes circonftances.

Les terrains de formation d'eau douce, dont la découverte eft due à Lamanon, & l'étude bien approfondie à MM. Cuvier & Brongniart, font auffi des produits qui ont été dépofés par les eaux douces dans les vallées de l'ancienne terre, comme à Montbrifon & dans la Limagne; dans la moyenne terre, comme à Vauclufe, & enfin dans la nouvelle terre, comme aux environs de Paris, où ils forment les maffes de gypfe, & aux environs d'Aix en Provence, où ils font de même nature.

Les digues de ces *lacs* ont été partout rompues, & nous n'avons de preuves de leur exiftence, que dans les dépôts remplis de coquillages fluviatiles qu'ils nous ont laiffés.

Plages des lacs.

Si l'on fuit la plupart des *lacs* diftribués le long des quatres rivières de la Suiffe qui verfent au nord, & toutes fe réuniffent dans le Rhin, on trouve que, tant au-deffus de ces *lacs* que dans leurs intervalles, les terres ou plages font baffes, & prefqu'au niveau des rivières qui coulent dans ces plaines, où fe jettent dans les *lacs* : telles font les terres baffes qui bordent l'Orbe au-deffus du *lac* de Neuchâtel, & qui fe retrouvent entre ce *lac* & ceux de Morat & de Bienne, & les plaines fablonneufes qui font au-deffous du *lac* de Bienne.

On retrouve de même des terres baffes au-deffus du *lac* de Brientz, entre ce *lac* & celui de Thoun; à côté & au-deffous du *lac* de Thoun; vers l'ancienne embouchure de la Kandel; le long de la Reufs, au-deffus du *lac* des Quatre-Cantons; vers Altorf, à côté de l'embouchure des rivières qui fe jettent dans le *lac* de Lucerne & au-deffous de ce *lac*.

Enfin, le long du Limat & de la Linth, de Sargans à Vallenftadt, entre ce *lac* & le Gafter, & fur le côté oppofé du Limat, les terres, prefqu'au niveau des deux *lacs* de Vallenftadt & de Zurich, font très-baffes : or, ces plages font l'ouvrage des dépôts du Limat en entrant dans le *lac* de Vallenftadt, de la Linth, qui a fait la digue du même *lac*, & dont les dépôts plats s'étendent jufqu'à Nœfels.

L'ancienne vallée ne fe trouve que dans les parties des *lacs* de Vallenftadt & de Zurich qui

font entourées de montagnes efcarpées : dans l'état actuel, on voit les rivières de Setz & de Limat qui coulent habituellement à pleins bords. C'eft en conféquence d'une plus grande quantité d'eau qu'elles ont fait ces plages autrefois, & en conféquence des crues qu'elles les continuent maintenant.

Toutes ces circonftances, qui s'offrent fi généralement dans les vallées où font les *lacs*, viennent très-bien à l'appui de la théorie de la formation des *lacs* qui font dans les vallées des rivières, & tiennent au même travail qui a digué ces *lacs* & qui les a conftitués tels; enfuite les progrès des dépôts fe continuent plus ou moins à la tête des *lacs*, ou à la queue vers la digue : ce dernier travail eft prouvé par les dépôts de la Kandel, auprès de la digue du *lac* de Thoun, & qu'on a été obligé d'interrompre par un grand & hardi percement.

LACS DE SOUDE. Il s'eft établi dans le cómitat de Bihar, en Hongrie, trois fabriques de foude, où l'on prépare une partie de celle que fourniffent quelques *lacs* de cette contrée. Quoique ces fabriques foient en pleine activité, elles ne mettent pas encore à profit la vingtième partie des *lacs* de cette nature, qui font répandus en différens cantons de la Hongrie ; on dit même que cette foude eft d'une excellente qualité, & que le débit en eft confidérable.

Les quatre *lacs* près defquels les fabriques dont on vient de parler ont été établies, font entre Debrezen & Groffwardein, à une lieue l'un de l'autre, excepté le quatrième, qui eft éloigné de fept lieues de la grande route. Ces *lacs* ont depuis un quart de lieue jufqu'à une grande demi-lieue de tour : on leur donne, ainfi qu'au canton où ils font fitués, le nom de *Feyrto*, qui veut dire, en langue hongroife, *lacs blancs*, parce qu'en été ils font en effet tout blancs, tant par la blancheur de leur fable, que par celle de la foude qui s'effleurit à leur furface.

Ces *lacs* n'ont point du tout de profondeur naturellement, mais ils en ont acquis d'un pied & demi à deux pieds, & même trois, après de longues pluies, par l'effet des fouilles faites pour en tirer de la terre alcaline & le fel de foude. L'afpect de ces *lacs*, & le témoignage de Pline & de plufieurs autres écrivains, prouvent l'ancienneté de cette exploitation, dont l'effet a été, en approfondiffant le milieu de leur lit, de diminuer leur étendue en furface & d'augmenter celle de leurs bords, qui font couverts à préfent de plantes du genre du *kali*. Autrefois on employoit ce fel à la teinture & à différens ufages domeftiques, ainfi que pour la médecine; mais à préfent, tout ce qu'on en recueille, fert à la fabrication du favon, par le mélange qu'on en fait avec du fuif. Ce favon eft blanc, léger & parfaitement diffoluble, foit dans l'eau, foit dans l'efprit de vin ;

c'eſt à Debrezen que cette fabrication a le plus d'activité. Les ſavonniers tirent la terre alcaline directement des *lacs*, à un prix qui varie ſuivant que l'année eſt ſèche ou pluvieuſe. Le ſavon ſe tranſporte dans toute la Hongrie en parallélipipèdes de ſix, dix, & juſqu'à vingt-cinq livres.

Ces *lacs* ſont ſitués dans la plaine qui règne le long de la chaîne des montagnes primitives qui traverſe la Hongrie. Les terrains de la baſſe Hongrie ſont; les uns ſablonneux, quoique fertiles, les autres compoſés d'un mélange d'argile, de terre calcaire & de ſable, qui a quinze à vingt pieds de profondeur, toujours d'une excellente qualité, & qui eſt entièrement exempt de pierres. L'extrême fertilité de ce pays eſt connue : il y a fort peu de cantons où l'on faſſe uſage de fumier; en pluſieurs endroits, on en prépare des mottes à brûler comme les pains de tourbe.

Le nombre des *lacs de ſoude* eſt ſi grand, qu'il ſeroit facile de retirer chaque année cinquante mille quintaux de la ſoude la plus pure, preſque ſans travail. La plupart des comitats ſe trois ou quatre de ces *lacs* : celui de Bihar & quelques autres en ont treize ou quatorze; ceux qui ne ſont pas ſitués à portée de Debrezen ſont regardés par les habitans comme des eſpaces inutiles; ils aimeroient mieux des champs propres à la culture. Ces *lacs* ſont contigus à d'autres, où le ſel de Glauber s'effleurit de la même manière, à des terrains ſalpétrés, à des ſables & à des eaux fortement alumineuſes; & ce qui eſt très-remarquable, c'eſt que chacune de ces ſubſtances affecte des arrondiſſemens ſéparés, & ne ſe mêle point avec les autres. On croit que ces différens ſels ſe trouvent diſtribués dans les ſables; que les eaux douces qui ſourdent de deſſous terre, à travers les couches profondes que forment ces ſables, les leſſivent & dépoſent enſuite à la ſurface de la terre, par évaporation, les ſubſtances ſalines dont elles s'étoient chargées.

Le fond des *lacs* que l'on exploite actuellement pour les fabriques eſt de ſable très-fin, d'un gris-blanchâtre à quelque profondeur, très-micacé & fortement efferveſcent, point ſalé au goût & un peu ferrugineux, en quelques endroits il eſt mêlé de mine de fer en grain. Cette couche de ſable, qui a depuis deux pieds juſqu'à cinq de profondeur, repoſe ſur une argile bleue. Pour que l'on creuſe ſur les bords de ces *lacs*, on y trouve de bonne eau à boire, mais non pas dans les *lacs* eux-mêmes.

Ces *lacs* ſont complètement à ſec dans les années où il tombe très-peu d'eau, à l'exception de quelques endroits qui ont été creuſés de main d'homme; mais auſſi une pluie abondante ſuffit pour les remplir : alors l'eau, qui eſt le produit de la pluie, s'évapore de nouveau en quatre ou cinq jours, ſurtout s'il règne un vent violent, comme on l'éprouve aſſez ſouvent dans ce pays.

Quelques jours après que les *lacs* ont été deſ-

ſéchés, on en voit le fond couvert d'un pouce ou deux d'une effloreſcence ſaline qui reſſemble à de la cendre : on la ramaſſe en tas avec des râbles, & cette même effloreſcence ſe renouvelant au bout de trois ou quatre jours, on continue à la recueillir de la ſorte pendant toute la belle ſaiſon, c'eſt-à-dire, dans les années favorables, depuis le mois d'avril ou de mai juſqu'en octobre, & même juſqu'aux premiers jours de novembre.

L'eau qui reſte dans le milieu de ces *lacs*, qui ont quelque profondeur, finit par contenir juſqu'à cinquante pour cent de ſoude, qui ſe criſtalliſe dans les nuits froides de l'automne; on conduit cette eau dans les fabriques, & on la retient en réſerve pour le travail de l'hiver. D'autres *lacs* ſont tellement plats, qu'ils ſe deſſèchent entièrement, ce qui procure une récolte de ſoude très-abondante.

Outre ces *lacs*, on trouve dans les prairies, & même le long des chemins, de grands eſpaces d'une terre ſablonneuſe qui ne produit que des kalis, & qui eſt, outre cela, chargée de ſoude.

Pluſieurs perſonnes, aux environs de ces *lacs*, ſe baignent dans les eaux alcalines, & croient ces bains utiles dans pluſieurs cas : on a conſacré à cet uſage un *lac* beaucoup plus petit & plus profond que les autres, & qui ne ſe deſſèche jamais : on le nomme *Fingo-to*. Il eſt près des autres *lacs* & de la route de Debrezen, & ſes eaux contiennent depuis un demi pour cent juſqu'à trois pour cent de ſoude.

Je vais ajouter aux détails précédens quelques notes tirées ſurtout de Pazmaud, dans ſon Traité intitulé : *Idea natri Hungariæ veterum nitro analogi.* Vindobonæ, 1770.

La ſoude native, ou le *natrum*, qui eſt analogue au *nitrum* des Anciens, ſe trouve, comme nous l'avons dit, ſurtout dans la haute Hongrie, entre le Danube & le Theis, dans la baſſe Cumanie, où elle a pour entrepôt la ville de Keskemet, enſuite au-delà du Theis, c'eſt-à-dire, plus à l'eſt dans les comitats de Czongrad, Czanad, Bekes, Szathmar, Szaholt, Bihar, &c., & particulièrement dans les landes des environs de Debrezen, qui n'offrent qu'une vaſte plaine ſans bois, de vingt-cinq lieues d'étendue : le *natrum* de cette partie de la haute Hongrie ſe vend à Debrezen. Avec cette ſoude native on fait du ſavon pour le commerce dans les deux villes de Keskemet & de Debrezen, ſans parler de celui que les femmes font elles-mêmes pour leur uſage particulier. Le ſulfate de ſoude eſt plus abondant dans la baſſe Hongrie que dans la haute : il eſt ſurtout en diſſolution dans les eaux du *lac* de Neuſiedel (en hongrois *Ferto*, en latin. *lacus Peiſonis.*), ſitué entre les comitats d'Œdembourg & de Wieſelbourg, ainſi que dans les marées voiſines & dans celles du *lac* Bogod, près d'Albe-Royale.

Pazmaud donne au ſel de Glauber natif le nom de *ſzik*, & celui de *natrum pecorum*, à cauſe de l'uſage que les Hongrois en font pour leurs beſriaux. Il obferve cependant que la foude native ne leur déplaît pas non plus : *Natrum nequè à palato pecorum alienum.* (*Voyez* NATRON (Lac).)

LACS SALÉS. Tout *lac* qui reçoit le goût des eaux d'un fol imprégné de fel, & qui n'a pas de débouché pour verfer au dehors fes eaux, non-feulement eft fort falé, mais il donne une quantité plus ou moins confidérable de criftaux de fel qu'on peut en extraire. C'eft par cette raifon que le *lac* de Mexico a une moitié d'eau douce, & que l'autre eft fort falée. La première eft plus élevée d'un pied que la feconde ; & comme elle renouvelle fes eaux pour les verfer dans la feconde, elle ne contracte aucune falure fenfible. La feconde, au contraire, ne verfant pas au dehors fes eaux, & n'ayant d'autre iffue que l'évaporation, eft fort falée ; elle fournit même une quantité de fel très-abondante, & dont l'on tire un grand parti. Le *lac* Mœris, en Égypte, qui fut creufé très-anciennement, eft devenu falé depuis qu'il ne communique plus avec le Nil.

La Sibérie eft la contrée qui renferme le plus de *lacs falés* : on en connoît plufieurs centaines, parmi lefquels nous nous contenterons de faire mention de quelques-uns.

Il y a, furtout dans les environs d'Aftracan, plufieurs *lacs falés* : les uns ne contiennent que du fel amer ou magnéfie fulfatée ; d'autres, du fel marin avec plus ou moins de fel amer. Il y a auffi une quantité de petits *lacs*, légèrement falés, le long des deux rives du Wolga : le fel fe dépofe au fond de ces *lacs*, après que l'ardeur du foleil en a fait évaporer l'eau furabondante à la criftallifation, & il fe préfente pour lors fous une couleur auffi blanche que la neige. Le *lac* Malinova ou *lac* Framboife eft le plus remarquable : on lui a donné ce nom, parce que le fel qu'on en tire, a une couleur approchante du pourpre, & une odeur femblable à celle de la framboife. Les *lacs* qui contiennent du fel amer en grande quantité, forment, en fe criftallifant, une couche qui n'a pas plus de deux doigts d'épaiffeur. Dans ceux qui contiennent du fel amer & du fel marin, on diftingue les divers lits de ces fels par la différente forme de leurs criftaux, dont les uns font plus blancs & plus compactes que les autres.

En hiver, l'eau-mère prend le deffus, & la croûte de fel criftallifé eft fort mince ; le contraire arrive en été, lorfque le foleil fait évaporer l'eau furabondante.

La couche de fel marin recouvre, en tout temps, la furface du fond des *lacs* : on diftingue le plus fouvent deux à trois couches de fel les unes fur les autres, dont la fupérieure contient les plus petits criftaux, qui ne font pas bien compactes ; ceux de la couche qui vient enfuite, font plus grands ; ceux enfin de la couche inférieure font les plus grands de tous, & n'ont prefque point de confiftance. Lorfque ces couches de fel fe trouvent mêlées de fable & de terre végétale, elles prennent une couleur noire.

On n'exploite que les *lacs* qui rendent beaucoup de fel, & qui fe trouvent à proximité des rivières navigables. Quelques-uns de ces *lacs* font tellement remplis de vafe, que le fel n'a plus de qualité, étant mafqué par ce mélange.

Certains *lacs* qui fourniffoient de bon fel, n'en fourniffent plus, par la fuite, que de tellement amer, qu'on eft obligé de les abandonner : tout le travail de ces falines confifte à le brifer & le détacher du fond des *lacs* avec des bêches, enfuite à le laver dans l'eau-mère avec de larges pelles ; après quoi on le met en tas.

Le *lac* Bouskounzatskoi préfente des phénomènes particuliers ; il eft fitué à côté du mont Bogda ; il a quatre lieues de longueur, deux paffées de largeur & dix de circonférence. La croûte fupérieure du fel qu'il contient, a quatre à cinq pouces d'épaiffeur ; il eft très-blanc & de meilleure qualité que celui d'Aftracan. Ce *lac* eft peu profond, & les couches de fel qu'il renferme, font féparées par une couche de limon qui s'étend, chaque hiver, fur la couche formée pendant l'été précédent. Les couches inférieures font dures comme la pierre : auffi les ouvriers employés à détacher ce fel, n'enlèvent-ils ordinairement que la croûte fupérieure.

Lacs falés de Schaskojam.

L'on voit au-deffus du *lac* Ilmen, vers l'orient, deux *lacs falés* affez confidérables, dont la fource fe trouve fur une montagne à peu de diftance delà. On affure que fes eaux falées fe rendent de cette fource dans ces *lacs* par des canaux fouterrains. Le premier des deux eft plus petit & plus falé que le fecond ; l'eau en eft très-limpide, quoique le fond en foit fort fangeux. M. Gmelin a obtenu de quatre livres de cette eau, une once & demie de fel. Lorfque les habitans de ce canton manquent de fel, ils prennent de cette eau pour faire cuire leurs vivres. L'autre *lac* diffère du premier, en ce que fon eau eft moins chargée de parties falines, qu'elle eft moins pure, & que toute fa fuperficie eft couverte de mouffe d'eau (*conferva*) : l'un & l'autre fe rendent, par un feul canal de décharge, dans la Mfchacha. On trouve, dans les environs, des indications de pierres calcaires. (*Gmelin.*)

Lacs falés de Stararuffa.

Stararuffa eft une ville de moyenne grandeur, fituée dans une plaine au bord de la Poliffa, & entourée de beaucoup de bois. A peu près dans le milieu de la ville eft un *lac* falé qui a trois décharges, & dans lequel les eaux d'un autre *lac*, pareillement falé, font amenées au moyen d'un canal. On en tire le fel au moyen de bâtimens de graduation, & l'on prétend que la chaudière y rend en trois jours fix mille trois cent quatre-vingts livres de fel.

Pour fe rendre de Stararuffa aux monts Waldais, on paffe par Walai, gros village fitué fur le bord d'un *lac* qui a quatre lieues de long, & fe décharge dans un autre *lac* voifin par le ruiffeau de Waldaika. (*Gmelin.*)

Lacs falés de Baku, en Perfe.

Les productions des environs de Baku fe bornent au naphte & au fel marin. Quant à ce dernier article, il confifte non-feulement en fel gemme, mais encore principalement dans ce fel qui fe criftallife à la fuperficie d'une quantité de *lacs* répandus tout autour de Baku, & qui n'a prefque pas befoin d'être raffiné par le fecours de l'art.

Près du village d'Aecmetli, on voit encore la terre brûlante imprégnée de naphte qui paroît avoir la même origine que celle d'Apfcheron, &, de diftance en diftance, de petits *lacs falés* couverts de criftaux cubiques de fel marin, parmi lefquels font d'autres criftaux de fel de Glauber, ou fel amer.

On voit, par ces détails, que les bitumes fe trouvent affez communément dans le voifinage des fels foffiles, comme ces fels fe trouvent auffi dans celui des gypfes. (*Voyez l'article* BAKU.)

Lac falé de Halle en Saxe.

Dans les environs de Halle en Saxe eft un *lac falé* dont les eaux ont une couleur bleuâtre comme celle de la mer : elles viennent de plufieurs fontaines d'eaux falées, fituées dans une vallée dominée par des collines, qui eft elle-même arrofée d'eau falée. On trouve dans cette vallée la limbarde, la foude, le galega, & beaucoup d'autres plantes qui croiffent fur les côtes de l'Océan & le long des bords de la mer. Le fond de ce *lac* eft rempli d'un grand nombre de coquillages turbinés.

LAC SULFUREUX. Pallas décrit, dans fes Voyages, le *lac* de Sernoje-Ofero, dans le gouvernement de Nigegorod, dont les eaux font fuifureufes ; il eft fitué au pied d'une montagne calcaire qui n'eft qu'à la diftance d'un quart de lieue de Surgot, & occupe le bas d'un enfoncement affez confidérable, de la forme d'une chaudière. Le *lac* peut avoir environ foixante toifes de long fur quarante-cinq de large. L'afpect en eft effrayant, & l'odeur d'hydrogène fulfuré, femblable à celle d'œufs pourris, ou de foie de foufre, qui en exhale, fe fait fentir jufqu'à près d'une lieue, pour peu que le vent fouffle. Ce *lac* n'a point de mouvement fenfible, & ne gèle jamais ; auffi, lorfque M. Pallas fut le vifiter, le 15 octobre 1768, il trouva que la chaleur de fes eaux furpaffoit de 30 degrés celle de l'atmofphère : c'eft ce qui fait que, dans les temps de gelée, il s'élève ordinairement, de la furface de ce *lac*, une vapeur très-vifible. Ses eaux font très-limpides, & l'œil pourroit juger de leur profondeur, fi le fond n'étoit totalement couvert d'une matière noirâtre qui forme une efpèce de voile, dont la confiftance peut être comparée à celle des peaux d'animaux pourries ; ce voile recouvre le limon noir & tout ce qui tombe dans ce *lac* ; il a une ligne d'épaiffeur, & peut s'enlever par lambeaux. Sa couleur eft, en très-grande partie, d'un olivâtre ou d'un noir-verdâtre peu défagréable à la vue. On y aperçoit une certaine organifation, ou, fi l'on veut, des filamens extrêmement fins qui fe dirigent prefque toujours parallèlement ; ils femblent reluire à travers la fuperficie, & n'empêchent pas que cette fuperficie ne foit fort liffe. M. Pallas croit effectivement pouvoir attribuer à cette matière une faculté végétative.

Dans les endroits où cette forte de peau recouvre des fragmens de végétaux en décompofition, on trouve entre-deux une matière d'une nature très-fulfureufe, d'un rouge-pâle, qui reffemble à de la bouillie, & qui fe forme affez ordinairement dans d'autres eaux fulfureufes, autour des plantes.

LACS LONGS de la baffe Louifiane. Le Miffiffipi entraînant une maffe d'eau confidérable au milieu de fes dépôts formés de matériaux mobiles, & étant fujet à des crues ou débordemens périodiques, il eft naturel qu'il ait changé fouvent de lit. Plufieurs portions des anciens canaux où il couloit, forment aujourd'hui des *lacs longs*, où l'on reconnoît toutes les marques du paffage du fleuve. On y voit des battures de fable au-deffous des pointes ou anciens angles faillans, &, vis-à-vis, un bord efcarpé dans l'angle rentrant. Enfin, la largeur ordinaire de ces *lacs* eft la même, dans toute leur longueur, que celle du Miffiffipi, qui eft à peu près d'une demi-lieue. On trouve de ces *lacs longs* à plus de trente lieues du lit actuel de ce fleuve. Il y en a qui confervent encore une communication par une de leurs extrémités avec le Miffiffipi. En général, les *lacs* qui ne communiquent avec le fleuve que dans les hautes eaux, par le moyen des bayons (*voyez* BAYONS), font tous faumâtres ; auffi y trouve-t-on des caouanes & autres animaux marins qui recherchent l'eau falée. Il y a grande apparence que, fi ces *lacs* ne renouveloient pas auffi fouvent leurs eaux, ils feroient entièrement falés : l'eau qu'ils tireroient du fond feroit probablement chargée de fels, & l'évaporation achevant de concentrer cette eau, l'état de falure augmenteroit confidérablement.

LACS VOLCANIQUES. (*Voyez* PAVEN, CHAMEON, AIDAT, &c. (*Lacs*).)

LACARRE, village du département des Baffes-

Pyrénées, arrondiſſement de Mauléon. A vingt toiſes du château de ce village, on trouve des maſſes argileuſes très-ſuivies, dont on tire de la terre à potier.

LACK (La), rivière du département de la Meuſe-Inférieure, canton de Beringen, à une lieue & demie de laquelle ville elle prend ſa ſource dans un étang, coule à l'oueſt-ſud-oueſt, ſous le nom de *Swerte-Becke*, prend enſuite le nom de *Lack*, &, allant à l'oueſt, ſe rend dans la groſſe Nèthe, après cinq lieues de cours de l'eſt à l'oueſt.

LA-CLAIE-D'AMEN, dans le ci-devant département des Alpes-Maritimes : on y trouve des filons de cuivre.

LADRES (Fontaine des), dans le département de la Loire. C'eſt une ſource d'eaux minérales.

LAFREY, village du département de l'Iſère, canton de Vizille : il y a une mine qu'on avoit regardée comme une mine d'étain, mais qui n'eſt qu'une pyrite ſulfureuſe. On exploite à côté des carrières de pierre dure griſe qui ſert à bâtir, du marbre noir & du gypſe très-blanc & à grain très-fin.

LAGNY, petite ville du département de Seine & Marne, à l'eſt de Paris. Elle eſt ſituée ſur la Marne, qui oſcille beaucoup dans cette partie de ſon cours, & qui coule au pied d'une montagne nommée *le Carnetin*, dans laquelle on exploite de la pierre à plâtre & une couche aſſez épaiſſe d'albâtre gypſeux.

LAGON. Les marins & les navigateurs donnent le nom de *lagons* à de petits eſpaces d'eau de mer environnés de terre ou de ſable. Ces digues ſont ordinairement formées par les matières que la mer apporte ſur la plage dans les coups de vents & dans quelques autres circonſtances.

LAGON (Ile du). Cette île, ſituée dans la mer du Sud, gît par 18 dég. 47′ de latitude ſud, & par 139 dég. 28′ de longitude oueſt (méridien de Greenwich).

Cette terre eſt de forme ovale, avec un petit lac ou *Lagon* au milieu, qui en occupe la plus grande partie. La terre qui environne le *Lagon* eſt, en pluſieurs endroits, très-baſſe & très-étroite, ſurtout du côté du ſud, où elle conſiſte principalement en une bande de rochers; on remarque la même choſe à trois endroits ſur la côte du nord, de ſorte que la terre étant ainſi diviſée, elle reſſemble à pluſieurs îles très-boiſées. Elle eſt couverte d'arbres, parmi leſquels on diſtingue des palmiers & des cocotiers.

Les naturels de cette île, près de laquelle Cook ne fit que paſſer, parurent être grands & avoir la tête extraordinairement groſſe : peut-être étoit-elle enveloppée avec une étoffe. Ils ſont de couleur de cuivre, & ont de grands cheveux noirs; ils portent dans leurs mains des bâtons ou piques qui ont deux fois la hauteur de leur corps : il ſemble qu'ils ſont nus; & lorſque le vaiſſeau eut paſſé l'île, ils ſe couvrirent alors de quelque choſe qui les rendoit d'une couleur éclatante.

Leurs habitations ſont ſituées ſous des groupes de palmiers, qui reſſemblent de loin à des monticules.

LAGO - NEGRO (Cime del), ſommité des Alpes maritimes, entre le département de ce nom & celui de la Sture, à la ſource du torrent de Valdiero.

LAGONIS : nom qu'on donne, en Toſcane, à de grands amas d'eau, les unes chaudes, les autres froides, troubles ou limpides, & qui exhalent continuellement des vapeurs fétides & ſulfureuſes. La chaleur intérieure du ſol qui entoure les baſſins de ces eaux eſt ſi grande, que ſi l'on y creuſe une foſſe & qu'on y jette de l'eau froide, elle y entre promptement en ébullition & ſe diſſipe en vapeurs. Toutes les parties de ces ſols en proie à cette chaleur, notamment les bords des baſſins, s'écroulent & s'entr'ouvent chaque jour; & des perſonnes englouties dans une vaſe liquide & brûlante en ont été retirées auſſi maltraitées que ſi elles étoient tombées dans une cuve d'eau bouillante : quelques-uns de ces amas d'eau exhalent des vapeurs pénétrantes d'hydrogène ſulfuré.

Il y a auſſi des *lagonis* qui n'offrent aucun amas d'eau apparent, mais qui exhalent des vapeurs dont l'impétuoſité eſt très-grande; ces vapeurs ſont plus abondantes lorſque le temps ſe met à la pluie, & quelquefois elles ſortent enflammées, en exhalant une vive odeur d'hydrogène ſulfuré & de bitume. Les beſtiaux recherchent les environs de ces *lagonis* pour ſe réchauffer pendant l'hiver, & l'été pour ſe ſouſtraire à la pourſuite des inſectes.

Les terres & les pierres de ces *lagonis* ſe dégradent & ſe décompoſent d'une manière très-ſenſible : l'on y trouve ordinairement de l'alun.

A l'article BULLICAME, nous avons décrit les *lagonis* des environs de Viterbe, d'après Maſcagni; & nous avons également fait connoître ceux du mont CERBOLLI (*voyez ce mot*), d'après le même naturaliſte.

LAGUENGE, village du département des Baſſes-Pyrénées, arrondiſſement de Mauléon, & à trois lieues de cette ville. On trouve près de ce village des couches d'ardoiſes marneuſes & des maſſes de marbre gris. La petite rivière du

Gaison, qui y passe, est bordée jusqu'à ce lieu de hautes collines. A une petite distance au sud, il y a des bancs de pierres de la même espèce & de marbre blanc taché de rouge. Ces bancs traversent le val de Barianes.

LAGUNA. *Laguna*, dans l'île de Ténériffe, a pris son nom d'un lac voisin; elle est assez vaste, mais elle mérite à peine le nom de ville.

Pour aller de Sainte-Croix à *Laguna*, on traverse une colline escarpée, qui est très-stérile lorsqu'on la monte: en la descendant, on aperçoit quelques figuiers & plusieurs champs de blé. Ces espaces de terrain, mis en culture, sont de peu d'étendue, & ne sont pas découpés en sillons. Il paroît que les habitans ne récoltent du grain qu'à force de travail, car le sol est si rempli de pierres, qu'ils sont obligés de les rassembler, & d'en faire de larges monceaux, ou des murailles peu éloignées les unes des autres. Les grandes collines, qui se prolongent au sud-ouest, paroissent bien boisées.

LAGUNES: ce sont des espèces de petites baies qui, sur les bords du golfe de Venise, sont séparées de la pleine mer par le barrage naturel, qu'on nomme *lidos*. Ces barrages forment cinquante ouvertures, qui donnent passage au flux & reflux, & qui constituent autant de ports. D'abord, en commençant par le couchant, à l'embouchure de la Brenta, le prolongement de la terre ferme s'étend jusqu'à la première coupure, & forme le port de Chioggia. Ce port est fort ancien: il en est mention dans Strabon, & il a été connu long-temps sous le nom d'*Edrone*. La rive en dehors de la *lagune* est encore couverte de marais, parmi lesquels est l'ancien port de Brondolo, qui communiquoit à la *Fossa Clodia*, ou *Fosse Silissène* des Romains. Le port de Chioggia n'a de relations avec Venise que par un canal très-peu profond; on y trouve à présent quatre mètres d'eau, tout au plus, dans les grandes marées.

L'autre pointe du port de Chioggia est formée par l'extrémité méridionale de l'île Palestrina, laquelle fait partie de la digue d'enceinte, & s'étend jusqu'au port de Malamocco. Ce dernier est le plus considérable, & le meilleur de la *lagune*. Il n'a pas cependant toujours joui de cette prérogative: Chioggia lui fut long-temps préféré; mais depuis l'invasion des Génois, ce dernier ne put soutenir la concurrence. Le port Saint-Nicolas fut pour lui un rival plus dangereux que pour celui de Malamocco: il est situé au bout de l'île de ce dernier nom, laquelle fait aussi partie de la digue d'enceinte naturelle ou du Lido. Entre cette île & le prolongement de la rive du continent au nord-ouest, prolongement qui porte le nom de *littoral du Cavallin*, on trouve un îlot: deux canaux passent entre cet îlot & l'île de Mala-

mocco; ils forment, du côté de cette dernière, le port de Saint-Nicolas, & du côté de l'îlot, le port de Saint-Erasme. Enfin, de l'autre côté de l'îlot, on trouve le port connu sous le nom des *Trois-Ports*. Saint-Erasme & les Trois-Ports sont comblés par les sables: ils ne peuvent donner asyle qu'à des barques de pêcheurs.

Pendant long-temps, Saint-Nicolas attira l'attention du Gouvernement: il avoit autant de profondeur que les deux autres; son entrée étoit facile. D'un autre côté, Malamocco a des bancs changeans; en conséquence, les passes changent fréquemment de direction. Ces motifs firent naître l'idée de boucher le port de Malamocco, & de faire, par ce moyen, refluer les eaux dans celui de Saint-Nicolas, qui, par leur action, auroit pu s'approfondir. Il s'éleva de grands débats à cette occasion, qui durèrent depuis 1468 jusqu'en 1682. Pendant ce temps, la nature sembloit prendre plaisir à favoriser tantôt l'un & tantôt l'autre système, & chaque tempête, en faisant subir des changemens à ces deux ports, dans des sens différens, fournissoit alternativement des argumens à leurs partisans & à leurs antagonistes. Enfin, un hiver rigoureux décida la question, & Malamocco triompha. La mer combla presqu'entièrement les Trois-Ports, Saint-Erasme & Saint-Nicolas, qui ne peuvent plus aujourd'hui donner d'asyle qu'à de petits bâtimens de commerce.

Tout à l'extrémité du littoral de Cavallin, l'embouchure de la Piave forme le dernier port, appelé *port de Giesolo* ou *de la Piave*, qui n'est aujourd'hui d'aucune conséquence.

Le flux & le reflux produisent dans les *lagunes* des effets assez marqués: la mer y monte & baisse, aux nouvelles & aux pleines lunes des équinoxes, de 1,2 décimètres, & 0,8 dans les solstices. Les limites entre ces oscillations des eaux se rapprochent à mesure qu'on s'avance vers l'autre extrémité de l'Adriatique; la mer marne au plus de 0,32 centimètres dans le port de Corfou, & de 0,15 dans celui de Zante. Cette différence est due aux mêmes causes qui font croître les marées du double au fond des grands golfes de l'Océan, comme à Saint-Malo & autres endroits semblablement placés. Dans les forts coups de vent du sud-est, la mer se gonfle beaucoup plus: elle s'élève quelquefois de 14 à 16 décimètres au-dessus des quais de Venise, quoiqu'ils soient nivelés de 32 centimètres au-dessus de la caisse des vives eaux des équinoxes. Il résulte des mouvemens ordinaires & périodiques de l'eau dans les *lagunes*, & des mouvemens extraordinaires que les tempêtes leur impriment, deux effets bien précieux; ils établissent des courans qui approfondissent les canaux & les ports, & ils entraînent à la mer les saletés qui, en se corrompant, infecteroient l'atmosphère.

La vitesse des courans dans la *lagune* varie en raison de la pente des canaux & de la masse des eaux qui s'y dirige. Par une conséquence nécesfaire de cette loi générale, les attériffemens doivent s'accroître fans ceffe dans les parties où le courant a le moins de rapidité ; mais telle a été la difpofition que ces courans divers ont prife fpontanément, & celle des alluvions qu'ils ont dépofées, que la lagune entière fe trouve partagée en cinq lagunes différentes ; que chacune d'elles communique à la mer par un des ports dont on vient de parler ; qu'il n'y a de communication entr'elles que par de petits canaux factices, & que leurs eaux ne fe touchent qu'au moment de la pleine mer, pour être enfuite féparées entièrement comme dans des baffins abfolument ifolés. Mais les attériffemens s'élèvent fans ceffe dans les lagunes, &, lors des tempêtes, les talus de leurs lifières s'éboulent & tombent dans les embranchemens principaux, qui, par-là, fe trouvent obftrués à la longue, & finiroient, fans les fecours de l'art, par n'être plus navigables.

Le Gouvernement vénitien ne tarda pas à s'appercevoir de ces inconvéniens : il prit des mefures pour prévenir l'entière obftruction de fes ports. Le corps de magiftrature chargé de l'infpection des eaux délibéra beaucoup, mais agit peu. Les procédés les plus fimples, ceux qui fe trouvoient le plus à la portée du vulgaire, furent d'abord fanctionnés ; les grands moyens, foumis à de vains débats, furent employés rarement, & prefque toujours hors de faifon.

On ne s'étonnera pas, fans doute, qu'au moyen de ces précautions du fecond ordre, l'état de la lagune devint de jour en jour plus déplorable ; il falloit, en effet, de grands procédés pour combattre avec fuccès les caufes actives & périodiques des grands ravages, & toutes celles qu'on avoit employées n'avoient nulle proportion avec les effets auxquels on vouloit s'oppofer.

Cependant on entreprit quelques travaux confidérables : le cours de la Brenta fut changé ; fes eaux qui, paffant par divers bras, où elles portoient fouvent le ravage, fe répandoient en partie dans celui de Fufina, & y charioient de grands amas de fable, furent toutes dirigées dans un beau canal qui fuit le bord de la lagune, & va fe décharger en dehors de fon enceinte, dans le port de Brondolo. Un canal de dérivation, avec des Tas pour racheter l'excès de la pente, fervit à maintenir fans danger la navigation refpective entre la lagune & la ville de Padoue.

La Piave & le Silé faifoient dans le nord-eft de la lagune autant de dégâts que la Brenta dans le fud. Au moyen de quelques redreffemens, on a conduit la Piave à l'extrémité du littoral du Cavallin, & on lui a donné un déverfoir qui, dans les crues, porte une partie de fes eaux au port Sainte-Marguerite, près des bouches de la Livenza. De même le Silé fut conduit dans le lit de la Piave par un canal qui traverfe les marais de la Foffetta. Tous les grands fleuves ont donc été éloignés de la lagune : on n'y a laiffé que de pe-

tites rivières, & même des torrens, tels que la Deze, le Zero, le Marfenigo, le Meolo & la Vallio.

Si l'on fit peu pour l'amélioration ou l'entretien des lagunes, on écrivoit beaucoup fur cette intéreffante matière. Le Sénat employa les reffources pécuniaires qu'il avoit à fa difpofition, de manière à ralentir le mal ; mais il ne put en tarir la fource. On fe contenta d'enlever lentement & à grands frais, au moyen de machines à curer, les alluvions que le continent verfoit avec abondance à la mer, & d'entretenir péniblement, & même avec affez peu de fuccès, quatre canaux principaux : le premier qui conduit à Meftre, l'autre à Padoue, le troifième à Brondolo, & le quatrième à la Piave. Des pieux plantés fur les bords fervent à faire connoître leur direction. Tous les autres embranchemens furent négligés & abandonnés à l'inconftance de la mer & des vents. Enfin, il y a foixante ans qu'on creufa le canal de Malamocco pour le paffage des vaiffeaux de guerre à la mer. Depuis ce temps on a peu fait pour fon entretien, & il fe reffent des fuites de cet abandon ; mais ce n'eft pas feulement la lagune qui, par l'exhauffement progreffif de fon fond, donnoit au Gouvernement de juftes inquiétudes, & qui doit attirer notre attention ; les lidos qui les protègent, & qui éprouvoient de temps en temps des révolutions alarmantes, méritent de nous occuper ici. On les garantit particulièrement aux mufoirs qui formoient les paffes, avec des files multipliées de pieux, avec des fafcinages & des enrochemens ; mais la mer fe joua de ces frêles obftacles : elle détruifit tout en 1661. Les habitans des lagunes ne fuffifoient pas pour réparer ces défaftres avant le retour de la mauvaife faifon ; ceux de terre ferme, dans le Padouan & dans le Trévifan, furent appelés à combattre avec la nature. Les digues & les eftacades furent relevées avec une plus grande folidité ; on les arma d'épis obliques, prolongés dans la mer pour rompre les lames ; on n'épargna ni le travail, ni la dépenfe, & cependant, dès l'année fuivante, une tempête ne laiffa rien fubfifter. On conftruifit des talus en briques & en pierres, pour empêcher la mer de les prendre en revers en fe portant par-deffus ; on fonda des digues de 4 mètres d'élévation au-deffus du fol. En 1708 tout fut enlevé ; l'état des lidos empira tellement, qu'on craignit de voir toutes les lagunes bouleverfées, & qu'on fe détermina pour lors aux plus grands facrifices. La partie la plus foible, & qui étoit la plus expofée à l'action de la mer dans les tempêtes, fut enveloppée fur une longueur de 1400 mètres, par une muraille faite en gros blocs de marbre d'Iftrie, liés avec du ciment de pozzolane, une tempête ne laiffa cette muraille, qui étoit fondée au-deffous des baffes eaux, fur une bafe de pilotis, eft élevée à 3 mètres au-deffus des hautes eaux : c'eft un ouvrage digne des Romains. Les autres littoraux furent confolidés à moins de frais, mais avec une force de résistance proportionnelle à celle qui les attaque., & depuis ce temps un médiocre entretien, & peu dispendieux, a suffi pour garantir cette précieuse enceinte de tout événement.

La multiplicité des causes qui concourent à combler les *lagunes*, donneroit lieu de croire que la mer s'éloigne du continent par des progrès affez rapides. L'imagination de quelques naturalistes, qui franchit en un clin d'œil des intervalles immenses d'étendue & de temps, se représente déjà Venise & la plupart des îles peuplées qui l'entourent, comme prêtes à être abandonnées par la mer, & réunies à la terre ferme; mais il est aisé de se garantir à cet égard d'exagération. Il est hors de doute que le rivage du continent se prolonge à un certain point, & par des dépôts continuels; que les plaines où est la petite ville de Mestre sont, jusqu'à une certaine distance, fort plates, très-peu élevées au-dessus du niveau de la mer, remplies encore de marais salés. Les parties les plus basses sont couvertes quelquefois par les flots, quand il y a concours des grandes mers des équinoxes avec des coups de vent de sud-est. Il paroît que ces terres ont été laissées par la mer; & comme le fond s'élève aux environs, il paroît aussi qu'elle a une tendance à s'éloigner de plus en plus de cette rive. On voit encore, entre les embouchures de l'Adige & du Pô, des plaines que l'on ne peut s'empêcher de regarder comme des terres autrefois submergées; mais partout ailleurs, quoique l'élévation du fond soit journalière, elle est si lente, que l'on ne trouve aucune différence sensible entre les limites de la mer dans les époques les plus éloignées dont l'histoire fasse mention, & les temps où nous vivons.

Deux villes considérables furent fondées par les Étrusques, entre Brondolo & Ravennes; c'étoient Adria & Spina Pelasga. Nous avons encore des vestiges de la première dans les terrains les plus bas entre l'Adige & les divers bras du Pô, près des marais dont parle Pline, qui étoient desséchés de temps immémorial. Ce naturaliste les appelle *sept mers*. Elles s'étendoient entre Ferrare, Adria, Brondolo & Chioggia; elles portoient aussi le nom de *marais Adriens*. Les eaux douces du bord s'y mêlent avec celles de la mer; la végétation & les alluvions relevèrent le fond & firent disparoître les eaux. C'est par erreur que quelques auteurs ont confondu les marais Adriens avec la lagune supérieure, qui s'étendoit entre Chioggia, Aleino, Concordia & Dejailée; la dernière a toujours été navigable; l'autre ne l'est plus de temps immémorial, si ce n'est dans quelques petits canaux naturels ou factices.

Du temps de Tite-Live on comptoit quatorze milles de distance entre Padoue & le bord de la mer; on y compte à présent six milles d'Italie, qui valent vingt milles de Rome ancienne; c'est

là que les alluvions se sont le plus étendues, à cause des dépôts de la Brenta.

Long-temps avant la fondation de Venise, le pourtour des *lagunes* étoit cultivé; on a trouvé des pierres chargées d'inscriptions dans des excavations à plusieurs pieds de profondeur; elles servoient de démarcations entre les diverses propriétés. Ces propriétés existoient donc avant la fondation de Venise: on ne peut pas remonter plus loin, car l'histoire de Venise maritime, avant la fondation de cette puissance, au cinquième siècle, n'offre qu'incertitude & obscurité.

Toutes les campagnes autour de Mestre, au-dessus des marais qui ne sont pas encore en culture, ont été couvertes de forêts dans l'antiquité; on prétend même que Mestre étoit une ville des Latins, nommée *Aduonum*.

Altino paroît avoir été fondée à trois milles de la rive actuelle; cette ville étant située dans une plaine fertile, couverte de moissons, de bois & de bestiaux. Près d'elle s'élevoit la forêt Felontea; près d'elle encore passoit une grande route pour aller à Concordia.

Du côté d'Aquilée, les bords de la mer Adriatique paroissent encore moins changés. Pompée livra contre cette ville & Concordia une grande bataille aux Dalmates: dans les relations de cette affaire il n'est fait aucune mention du voisinage de la mer.

Cette partie de la *lagune* comprise entre Altino & Aquilée semble avoir eu, dans la plus haute antiquité, des limites peu différentes de celles qu'elle a encore aujourd'hui. Elle s'appeloit *laguna caprunensis*. Les Romains ont soutenu beaucoup de guerres contre les Carniens & les Istriens, & dans les relations qui nous en restent, rien ne donne lieu de croire que les villes assez voisines de la mer, & qui sont aujourd'hui méditerranées, fussent alors maritimes.

Les Romains avoient deux grandes voies militaires: l'une passoit par la terre Pamphilienne, entre la ville d'Adria & la mer; elle conduisoit aux îles & aux littoraux que forment les enceintes de la *lagune*; les couriers passoient dans des barques les coupures entre ces îles où sont les cinq ports: l'autre contournoit toute la *lagune* en partant du même point; elle passoit par Mestre ou Aduonum, Altino, Aquilea & Concordia. Aquilée fut, long-temps un dépôt de marine des Romains; ils y entretenoient une flotte qui correspondoit avec celle de Ravenne pour protéger leur commerce maritime.

Ces détails authentiques démontrent que l'Adriatique s'éloigne sans cesse, & par un mouvement progressif, du continent, mais aussi que ce mouvement est d'une extrême lenteur. Ceux qui prétendent que les anciennes *lagunes* se soient étendues depuis le Savio jusqu'au Lizonzo, depuis les montagnes de Padoue jusqu'à Trévise; que la ville de None ait été un port maritime;

ceux

ceux qui prolongent le domaine des eaux jusqu'à trois milles au-delà de Ravenne & à dix-huit milles au-delà de Padoue, & à quinze au de Trévise, ceux-là, dis-je, ne peuvent avoir raison qu'en faisant remonter ces états des eaux à une époque bien plus éloignée que toutes celles dont l'histoire & la tradition nous ont laissé des vestiges, & c'est à ces dernières que nous devons nous borner ici.

Quant à ce qui concerne les opérations de la nature dans une époque où l'on ne peut se dissimuler que l'Océan n'ait couvert toutes les terres plates comprises entre les Apennins & les Alpes, ceci appartient visiblement à un autre ordre de choses & d'événemens, & les dépôts sous-marins, d'après lesquels on doit se décider pour lors, annoncent incontestablement le travail d'une autre mer, d'une mer totalement différente de l'Adriatique, & quant à son bassin & quant à ses produits; aussi n'est-il pas étonnant qu'elle ait couvert toute la Lombardie, & même plusieurs golfes, comme la vallée de l'Adige. (*Voyez* ADIGE & VALLÉE GOLFE DU PÔ, &c.)

LAIGNES (La), rivière du département de la Côte-d'Or, canton de *Laignes*, où elle prend sa source; elle coule ensuite au nord & se rend dans la Seine à une lieue de Bar-sur-Seine. C'est une source très-remarquable & très-abondante, enfin telle, qu'il s'en trouve beaucoup sur la même ligne dans le département de l'Aube, à Vandœuvre, à Soulaines & à Sommevoire, &c.

LAIMONT, village du département de la Meuse, arrondissement de Bar-sur-Ornain. Cette commune est remarquable par une source d'eau minérale, appelée les *eaux de Blanc-Chêne* : on les regarde comme étant ferrugineuses.

LAISSAC, village du département de l'Aveyron, arrondissement de Milhaud. Il y a des mines de houille sèche qui ne sont pas exploitées.

LAISSE (La), rivière de Savoie qui prend sa source à deux lieues à l'est de Chambéry, coule d'abord à l'ouest, passe ensuite à Chambéry, &, remontant au nord, traverse & forme le lac du Bourget, d'où elle se rend dans le Rhône à Chanas, à sept lieues de sa source. Le lac du Bourget a trois lieues de long du nord au sud, sur une lieue de large.

LAISSES DE LA MER. Ce sont des terres de dessus lesquelles la mer s'est retirée, de manière qu'elle ne les couvre plus. Il y a aussi des *laisses de basse-mer*. On nomme ainsi les fonds que la mer découvre lorsqu'elle se retire pendant son reflux. Ces *laisses de la mer* sont des terrains qui se trouvent élevés par les alluvions que les rivières charient, & que les flots de la mer ont repoussés le long des côtes.

LAMBALLE, ville du département des Côtes-du-Nord & chef-lieu de canton. On y prépare le meilleur parchemin de la France. On trouve près de cette ville des terres bolaires & sigillées très-propres aux potiers de terre.

LAMPERTSLOCH, village du département du Bas-Rhin, à trois lieues de Weissembourg.
Dans une colline située à quelque distance sud de ce village, il y a une mine de bitume asphalte découverte par M. de la Siblonnière. Dans la prairie voisine de cette colline, il y a plusieurs fontaines dont l'eau se trouve continuellement chargée de bitume.

LA MURE, près Grenoble (département de l'Isère). On y a trouvé des tourbes pyriteuses.

LANDAS, village du département du Nord, canton d'Orchies, & à une lieue de cette ville. Il y a quatre forges où l'on fabrique des instrumens aratoires.

LANDAU, ville du ci-devant département du Bas-Rhin, arrondissement de Weissembourg, sur la Queisch. Landau a été fortifiée par M. le maréchal de Vauban, qui en a fait une des plus fortes places de l'Europe.
La rivière de Queisch, qui la traverse & qui arrose son territoire, rend cette contrée très-fertile en grains de toute espèce, en chanvre & en lin. Plusieurs fabriques qu'elle renferme, fournissent aux habitans une honnête aisance. Nous citerons ici deux ateliers d'armes, une fonderie en cuivre & en fer, six poteries de terre, deux taillanderies, une fabrique de poix noire, résine & goudron, cinq tuileries & briqueteries, enfin trente-six corderies.
Lorsque l'enceinte de *Landau* fut construite & fortifiée par M. de Vauban, à la fin du dix-septième siècle, la Queisch, qui traverse cette ville, n'étoit pas sujette à charier des sables comme elle en charie depuis soixante à soixante-dix ans; les montagnes d'Abers-Veiler & de Saint-Jean, à deux lieues à l'ouest de *Landau*, & qui fournissent des eaux à la Queisch, étoient couvertes de forêts. Vers 1730, l'électeur Palatin, les ducs de Deux-Ponts & de Lœventein, seigneurs souverains de ces montagnes, permirent à leurs sujets de défricher & d'y ouvrir quantité de carrières. Dès que les coteaux de ces montagnes furent dépouillés de leurs bois, les pluies & la fonte des neiges en entraînèrent les terres dans le lit de la Queisch, creusèrent même, sur la pente de ces coteaux, des ravins de quinze à vingt pieds de profondeur, dont les sables & autres débris terreux furent successivement transportés par la rivière à *Landau* & aux environs.
Avant le défrichement, les eaux de la Queisch, retenues pour le service de deux moulins, avoient,

P p p

dans les crues, plusieurs fuites dans les fossés & avant-fossés de la place, où elles ne causoient aucun désordre, parce qu'elles n'étoient pas bourbeuses. Depuis le défrichement des coteaux, ces mêmes fuites d'eau ont été pernicieuses à la fortification; elles déposèrent dans les fossés & avant-fossés, une énorme quantité de terres & de sabies. Cinq ou six grandes flaques, en quoi consistoit la principale défense de la place, furent recombrées presqu'entièrement, & les écluses, les bâtardeaux, les portes des galeries de mines, ensablés depuis trois jusqu'à six ou sept pieds de hauteur.

On eut beau faire enlever, à différentes reprises, partie de ces dépôts; malgré cela, les encombremens & les ensablemens sont devenus plus étendus & plus élevés que jamais.

En 1782, une crue subite de la Queisch inonda de plus de trois pieds un grand tiers de la ville, soit parce que les eaux de cette rivière n'avoient pas de débouché suffisant par les fossés, soit parce que la nouvelle constitution du sol des montagnes qui fournissoient l'eau de cette crue, avoit produit une plus grande masse d'eau & plus rapidement. Enfin, ces grandes eaux se renouvelèrent deux fois dans le mois de mars de l'année suivante, & ce ne fut que par des travaux considérables qu'on put remédier à tous ces accidens. La Queisch charie toujours, lors des pluies, une quantité de sable qui a successivement relevé de trois à quatre pieds son propre lit, & tous les fonds où ses eaux débordent depuis que son lit ne peut plus les contenir.

Enfin, tant que la cause physique de leurs dépôts dans la rivière & dans les fossés subsistera, il ne sera pas possible d'y remédier, sans craindre les retours du mal.

Nous ajouterons qu'en général, dans les environs de cette ville, les vallons sont fort larges, parce que les eaux courantes, qui prennent leur origine dans les forêts élevées, sont torrentielles. Tous les vallons sont abreuvés par des ruisseaux qui, sur la fin de leurs cours, coulent dans le fond de larges vallées, avec de foibles bordures qui les séparent. D'après cette distribution vague, toutes les parties des plaines sont encombrées par l'accumulation des sables que les eaux des rivières entraînent chaque jour: ceci s'observe particulièrement dans la plaine qui avoisine celle du Rhin proprement dite.

LANDERNAU, département du Finistère. On trouve du porphyre aux environs de cette petite ville.

LANDE-VIEILLE, département de la Vendée, à trois lieues & demie nord des Sables d'Olonne. Il y a des marais salans en grande activité.

LANDES. On appelle ainsi une grande étendue de pays qui n'offre que des terres incultes & sablonneuses, lesquelles ne produisent que du genêt, du jonc marin, de la bruyère & quelques genièvres. Il y a plusieurs sortes de landes, si on les considère relativement à leur position & aux causes qui ont concouru à leur formation. Quelques-unes se trouvent sur les bords de la mer, & sont formées en grande partie par le sable des dunes, qui est rabattu par le vent qui souffle de la mer; nous disons formées en partie, car la disposition primitive du sol paroît due aux rivières qui avoisinent ces landes, & ce sol doit avoir été ainsi applani par ces eaux courantes & abandonné ensuite par elles: telles sont les landes de Bordeaux, celles de Bois-le-Duc & de Maëstricht, &c.

Il y a des landes qui sont situées au milieu des continens, comme celles de Sologne & les landes du Mans, qui sont l'ouvrage des fleuves & des rivières qui traversent encore ces terrains sablonneux, d'une culture très-négligée faute de produits.

LANDES (Les), pays faisant partie de la ci-devant Gascogne, & qui comprend d'ailleurs les bords de la mer, depuis Bayonne jusqu'à l'embouchure de la Gironde. Le sol y est presque partout ingrat, sablonneux & couvert de bruyères. Ce pays est au couchant par la mer, au levant par la Chalosse & le Basadois, au midi par la contrée des Basques & la basse Navarre, & au septentrion par la Guienne propre & le territoire de Bordeaux. On lui donne, dans sa totalité, plus de vingt lieues de longueur, sur douze lieues de largeur, vers les deux extrémités; mais vers le milieu, vis-à-vis d'Albret, il a quinze lieues au moins de largeur. C'est cette partie du pays que l'on nomme petites Landes, c'est-à-dire, la contrée située entre Basas & Mont-de-Marsan, depuis le territoire d'Albret jusqu'au Condommois. On appelle grandes Landes tout ce qui reste des Landes depuis le pays de Marenne jusqu'aux environs de Bordeaux. Ce pays est la partie des Landes renfermée entre l'Adour & la mer, jusqu'au territoire de Dax; elle confine les grandes Landes au midi; au levant, ces grandes Landes sont bornées par le pays de Marsan, le territoire d'Albret & le Basadois; au couchant, par le pays de Born, ceux de Buschet & de Maransin: les villes chefs-lieux des pays de Buschet & de Born sont assez connoître leur situation. Celui de Maransin est au nord du pays de Marenne, presqu'au milieu des Landes, sur le bord de la mer. Les Landes proprement dites, outre ce que nous avons dit, renferment les territoires de Dax, d'Albret, de Tartas & d'Urt. On nomme Landes sauvages toute la lisière des Landes qui avoisine la mer, parce que c'est effectivement la moins habitée.

On distingue donc, dans les Landes, le pays des Landes proprement dit, les grandes Landes, les petites Landes, les landes de Bordeaux, le pays de

Marenne, celui de *Maranfin*, la *Chaloffe* & le *territoire de Marfan*.

Le pays de Maranfin étoit rempli de marais & de terrains vagues, mais ils ont difparu depuis qu'on a fupprimé les dunes ; outre cela, il eft prefque partout couvert de pins qui fourniffent une affez grande quantité de poix & de réfine. Il y a auffi des pâturages propres à nourrir des moutons.

Le pays de Marenne, qui règne le long de l'Adour, depuis Dax, eft affez fertile, furtout en vignobles qui donnent de fort bon vin.

Les *petites Landes* font fituées au nord de la rivière de Douze, & occupent une partie du territoire de Marfan & du Bafadois.

Nous revenons aux *grandes Landes*. C'eft une contrée généralement ingrate & ftérile, dans laquelle on ne recueille guère que du petit feigle ; les pins y fourniffent de la réfine & du goudron, & l'on y nourrit des moutons. Les quatre territoires de Dax, d'Albret, de Tartas & d'Urt, dont nous avons déjà fait mention, & qui forment les *Landes propres*, font affez productifs.

Les *landes* de Bordeaux offrent un pays de fables, de bruyères, de bois & de forêts de pins, dont l'on tire de la réfine & de petits mâts. Il y a auffi de petits chênes-verts & des liéges ; le tout eft en plaine.

Les *Landes* fuivent la mer, comme nous l'avons dit, depuis Bordeaux jufqu'à Bayonne. Les pins plantés en 1788 ont déjà acquis une grande circonférence, & donnent de la réfine. Les plantations faites fur les dunes, il y a une douzaine d'années, ont augmenté la verdure & ont occafionné l'établiffement de quelques marais, ce qui a doublement fait changer d'afpect ce pays, autrefois fi fec & fi aride.

LANDES (Département des). Ce département tire fon nom de la nature du fol de la plus grande partie du terrain qu'il renferme, & où l'on trouve beaucoup de bruyères, des marais & des étangs le long de la mer. Il a toujours été connu fous le nom de *grandes* & *petites Landes*.

Ses bornes font, au nord, le département de la Gironde, au nord-eft celui de Lot & Garonne, à l'eft celui de Gers, au fud celui des Baffes-Pyrénées, & à l'oueft le golfe de Gafcogne.

Les principales rivières font l'Adour & la Douze, qui réuniffent prefque toutes les rivières qui arrofent la plus grande partie du département.

L'Adour pénètre dans le département par la ville d'Aire, enfuite il paffe à Grenade, à Saint-Séver, à Mugron & à Dax. Il reçoit d'abord, à droite, la Douze, qui paffe à Saint-Juftin, à Roquefort, à Mont de-Marfan & à Tartas, & qui reçoit elle-même, à droite, l'Eftampon, la Gouanère, le Lerigon, le Bès qui arrofe Arguzan, & le Retjon qui y tombe au-deffous de Tartas : à gauche, la Douze reçoit le Midou qui paffe à Vil-

leneuve-de-Marfan, & enfuite reçoit le Ludon. L'Adour reçoit enfin, toujours à droite, le Duzou. Si nous paffons à la gauche de l'Adour, nous trouverons qu'il reçoit le Bahus qui arrofe Montgaillard, puis Lebas qui paffe à Geaune, & fe réunit au Gabes, puis le Louts qui arrofe Hagetmau au-deffous de Dax, l'Uy de France, groffi de la rivière d'Amon ; enfin, le Gave-de-Pau qui paffe à Peyrehourade.

En remontant vers le nord, on trouve l'Eyre qui paffe à Piffol & qui reçoit la Gave de Calens.

Outre cela, le long de la mer, les étangs de Cazau & de Bifcaroffe, avec la rivière qui paffe à Parentis, & qui fert à alimenter le dernier, lequel a pour émiffaire la rivière de Corrent, augmentée par deux ruiffeaux qui viennent des *Landes*.

Plus bas eft l'étang de Léon, alimenté par le ruiffeau qui paffe à Caffets.

Puis les étangs de Soufton, qui reçoivent leurs eaux des *Landes* & fe déchargent dans la mer.

Enfin, deux autres petits étangs qui font alimentés par un ruiffeau qui paffe à Saint-Vincent de Tiraffe, & qui ont leurs débouchés dans la mer.

Les feules villes remarquables de ce département font : Mont - de - Marfan, Tartas, Saint-Séver & Dax.

Dax, ancienne ville ; il y a de belles eaux minérales chaudes. On y fait un commerce de réfine & de térébenthine.

Mont - de - Marfan. Le commerce confifte en grains.

Peryehourade : belle pêcherie de faumons fur le Gave-de-Pau.

LANDEVAN, village du département du Morbihan, à quatre lieues eft de Lorient. Sur le territoire de cette commune, au lieu dit *Rivalar*, il y a une mine de plomb.

LANDRECIES, ville du département du Nord, près des fources de la Sambre. On trouve dans fes environs des mines de houille abondantes.

LANDRETHUN, village du département du Pas-de-Calais, à trois lieues de Calais. Dans le territoire de cette commune font des carrières de pierres calcaires fort utiles dans les conftructions.

LANDRICHAMP, village du département des Ardennes, près de l'Hoaille. Il y a fix fourneaux & plufieurs batteries. On y emploie la calamine de Limbourg, le cuivre rofette de Suède & les mitrailles de cuivre jaune. Les produits font des plaques, des feuilles & des chaudrons.

LANDSBERG, dans le ci-devant département du Mont-Tonnerre. Cette commune renferme une montagne en grande partie composée de roches basaltiques qui passent à la Wacke, & au milieu desquelles sont une mine de mercure en exploitation, & des veines de houille dont on n'a encore tiré aucun parti.

LANDSTUHL, bourg du même département, sur un rocher, & à trois lieues ouest de Kaiserslautern. Aux environs il y a des carrières très-considérables de grès rougeâtre très-dur & en exploitation.

LANDUNVEZ, village du département du Finistère, à cinq lieues de Brest. Vis-à-vis de ce village est un rocher élevé de deux cents pieds au-dessus du niveau de la mer. Les habitans le considèrent comme le point qui sépare l'Océan de la Manche; aussi, à Landunvez, jouit-on de la vue d'Ouessant & du magnifique coup d'œil du coucher du soleil au sein de l'Océan. On y voit aussi les immenses ruines du château de Châtel, dont les pierres ont servi à bâtir l'église de Saint-Louis & la comédie de Brest.

LANET, village du département de l'Aude, à quatre lieues de la Grasse. Il y a aux environs une mine de cuivre argentifère fort riche, dont le filon avoit un pied & demi de large.

LANGEAC, ville du département de la Haute-Loire, sur l'Allier. On trouve beaucoup de mines d'antimoine dans le territoire de cette commune; outre cela, une carrière de pierre meulière exploitée, & quantité de pierres à creuser & de grès propres à aiguiser.

LANGENBOGEN, dans le comté de Mansfeld. Carrières où l'on exploite du bois bitumineux ou lignites.

LANGESSE, village du département du Loiret. Il y a dans le territoire de cette commune des carrières de pierres à bâtir, calcaires; outre cela, des amas de terre avec laquelle on construit de la brique qui est fort renommée.

LANGRES. Cette ville est située dans le département de la Haute-Marne, à l'extrémité d'un cap terrestre qui fait partie d'une des plus hautes collines calcaires de la France. Cette chaîne de collines, élevée au-dessus de toutes les plaines de la Champagne, s'étend en Bourgogne jusqu'à Arnay-le-Duc, &, dans une direction opposée, domine les plaines de la Lorraine & de la Franche-Comté. Ce cordon continu est entièrement calcaire, & renferme de nombreux débris de corps marins, dont les analogues vivans n'ont point encore été observés; d'un côté il verse ses eaux dans l'Océan par la Meuse, la Marne, l'Aube, la Seine & l'Armançon, & de l'autre les verse à la Méditerranée par les rivières qui aboutissent à la Saône. En partant de ce cordon, les collines vont en s'abaissant à peu près également, en suivant les rivières qui se portent à la Seine comme celles qui se réunissent à la Saône. (Voyez, dans l'Atlas, la carte du plateau de Langres.)

En considérant les vallons qui prennent leur origine dans cette chaîne, on voit évidemment l'ouvrage des eaux, qui, lors de la retraite de la mer, & surtout après cette retraite, ont suivi les pentes primitives existantes à la surface de toute cette contrée. C'est ainsi que se sont creusées les vallées occupées par les ruisseaux qui coulent aux deux côtés de cette masse. On y observe que toutes les vallées ont été creusées par des eaux courantes régulières & constantes, mais se portant toujours de haut en bas; que les eaux ayant choisi les pentes les plus rapides qui les entraînoient, ont entamé les massifs les moins solides & les plus aisés à diviser. Cependant on voit qu'elles ont entamé des rochers fort solides, fort compactes, & les ont coupés à pic d'un côté, pendant que l'autre est couvert par des adossemens de terre prolongés en pente douce, & cela est arrivé toutes les fois que la force des eaux courantes s'est portée plus d'un côté que de l'autre. Il faut remarquer cependant que la direction des vallées est à peu près droite, & que leurs bords sont à peu près escarpés des deux côtés dans les parties supérieures des ruisseaux qui descendent de ces sommets plats des collines, parce que la pente est plus rapide & que les eaux ne se font pas balancées dans leur lit, & n'ont pas par conséquent formé des angles alternativement correspondans, c'est-à-dire, un bord escarpé d'un côté & un autre incliné de l'autre. Ces phénomènes ne se remarquent que dans les parties des vallées où la pente étant adoucie, les eaux ont organisé ainsi les bords de leur canal.

Ainsi, dans le voisinage du sommet de ces montagnes calcaires, les vallons commencent par une excavation circulaire & arrondie par l'effet de l'eau des sources qui a démoli les couches sur-incumbantes au point de leur sortie; de-là ces vallons vont toujours en s'élargissant & s'approfondissant, à mesure que le volume des eaux s'augmente & a plus de force & d'énergie.

Si l'on considère les massifs qui n'ont pas été entamés par les eaux, & qui servent à séparer les petits vallons nombreux qui se trouvent dans le voisinage du sommet de la montagne de Langres, on voit à leur surface une suite de petits caps escarpés en forme de gradins, & dont l'escarpement est tourné vers la pente générale & particulière des eaux courantes. C'est visiblement l'ouvrage des eaux pluviales, réunies aux eaux de sources, qui occupent le fond de tous les petits vallons. Ces gradins sont les extrémités de toutes les couches horizontales de pierres qui ont été brisées & rompues à mesure que le travail de l'approfondissement des vallées s'est exécuté.

Si l'on considère le plateau qui environne l'une des deux sources de la Marne près de *Langres*, on reconnoîtra qu'elle sort d'un demi-cercle coupé presqu'à-plomb ; & en examinant les lits de pierre de cette espèce d'amphithéâtre ; on voit que ceux des deux côtés & ceux du fond de l'arc de cercle qu'il présente, étoient autrefois continus & ne faisoient qu'une seule masse, que les eaux ont détruite dans la partie qui forme aujourd'hui le vide du demi-cercle ; on verra la même chose à l'origine des deux autres sources de la Marne, savoir, celle du vallon de Balesme & celle du vallon de Saint-Maurice. Tout ce terrain étoit continu avant la destruction opérée, comme nous l'avons dit, par l'action combinée des eaux des sources & des eaux pluviales. Nous pourrions indiquer beaucoup d'autres origines de ruisseaux qui se trouvent dans le même cas. Cette espèce de cap ou promontoire, sur lequel la ville de *Langres* est située, étoit, dans ce même temps de la retraite de la mer, continu non-seulement avec ces premiers terrains ; mais avec les caps de Peigney, de Beuvrone, de Noidant-le-Rocheux. Il est aisé de se convaincre, par l'examen & l'inspection de tout le canton, que c'est l'ouvrage des eaux des sources & des eaux pluviales qui l'en a séparé.

Si nous portons nos regards vers tous les côtés & les aspects des sommets de la montagne de *Langres*, nous trouverons les mêmes formes de terrain à l'origine des pentes qui conduisent les eaux dans la Meuse & dans la Saône ; ainsi les sources de la Meuse sortent de pareils culs-de-sac, origine de vallées très-étroites & très-escarpées. L'Amance & la Vingeanne, qui toutes deux se jettent dans la Saône, sortent aussi de vallées qui sont de l'autre côté du sommet, & où l'on observe les mêmes formes produites par les mêmes causes.

Dans tous ces premiers vallons, les coteaux sont voisins & escarpés, parce que les eaux ont trouvé de la pente ; mais à mesure que le volume des eaux est devenu plus considérable, en s'éloignant du sommet général & commun, & à mesure que les pentes se sont trouvées plus adoucies, les vallées ont été plus élargies & les coteaux moins escarpés, parce que le mouvement des eaux y étoit plus libre & moins rapide que dans la partie voisine du sommet. C'est ainsi que les eaux dont la pente primitive favorisoit le cours vers le midi, ont creusé, petit à petit, les vallons de la Tille, de la Venelle, de la Vingeanne, du Saulon & de l'Amance ; c'est aussi de ce côté que sont tournés les promontoires qui séparent chacune de ces vallées. Les eaux, au contraire, dont les pentes primitives favorisoient le cours vers le nord, ont de même creusé entièrement les vallons de Laujon, de la Suize, de la Marne & du Rognon, & les caps terrestres, les promontoires

ont leurs aspects vers le nord : on doit bien penser qu'il en a été de même des vallons qui versent leurs eaux dans la Meuse.

Lorsque la mer a laissé le sommet de la montagne de *Langres* à découvert, il y avoit donc des pentes primitives, dont les unes se sont trouvées dirigées vers le nord, & les autres vers le midi, de l'autre côté du sommet. Il n'est donc pas étonnant que le travail de l'eau pluviale surtout, & celui des eaux épanchées par les sources, ait eu lieu dans ces directions, & que les vallons qui sont les résultats de cet agent continuel & infatigable se trouvent dans cette même disposition. A côté de cette chaîne de la montagne de *Langres*, on trouve plusieurs terres & coteaux isolés, les uns en forme de cônes tronqués, les autres en forme elliptique, dont le grand axe est dans la direction de la pente primitive & du cours des eaux. La plupart de ces collines isolées sont moins élevées que les coteaux environnans & qui font partie de l'ancien massif, parce que l'eau, dans les premiers temps de l'approfondissement des vallons, a coulé long-temps sur le sommet de ces collines & en a démoli une partie, jusqu'à ce que l'approfondissement ayant entamé les flancs de ces collines, ait mis leurs sommets au-dessus du niveau des eaux courantes. Les coteaux qui bordent les vallons sont demeurés plus élevés que ces collines, parce que l'eau courante ne les a pas franchis ni baignés. Il faut observer que toutes ces collines isolées dont nous parlons, se trouvent toutes placées au milieu des vallons ; il n'est donc pas étonnant que leur sommet, qui autrefois a fait partie du fond du vallon ébauché, ait perdu quelques-unes des couches primitives qui le couvroient, & qui se retrouvent sur les coteaux voisins.

Après avoir ainsi décrit rapidement les environs de *Langres*, nous nous proposons d'exposer avec plus de détails ce qui est particulièrement relatif au plateau intéressant où la Marne prend sa source, ainsi que plusieurs autres rivières. Notre objet est de profiter en même temps de ce que peut offrir le cours de la Marne, pour rappeler & confirmer tout ce que nous avons avancé jusqu'à présent sur les vallées des rivières & des fleuves.

Le torrent de la Marne se trouve grossi, au-dessous de *Langres*, de tous les autres torrens qui descendent de Noidant, de Saint-Jesmes, de Molandon & des Orbigny. On peut juger de leur force par les dégradations qu'on remarque autour des revers de *Langres* & sur la côte de la Marne : cette côte étoit exposée à leurs chocs. C'est de-là que cette côte se montre aujourd'hui si escarpée & si roide. La force de ces eaux se fait surtout reconnoître en ce que, ne pouvant avoir plus d'une petite lieue de cours, cette côte escarpée a cependant plus de soixante toises de hauteur, & que le fond de la vallée de la Marne, au même endroit, est environ cent toises plus bas que ce long promontoire sur lequel est située la ville de

Langres. Toutes ces côtes, du plus haut au plus bas, offrent les impressions les plus éclatantes de la chute de ces torrens.

Le terrain, d'ailleurs, sur lequel la ville de *Langres* est établie, se trouve au confluent de plusieurs torrens, & ce ne sont point ces torrens qui l'ont déposé, comme il est arrivé dans tous les pays inférieurs; car, 1°. les pierres & les rochers détachés autrefois par leurs efforts, & que l'on voit aujourd'hui sur ces côtes, étoient dès-lors par lits de deux & de trois pieds d'épaisseur; leur nature d'une espèce de pierre à grains très-grossiers & d'une qualité déjà très-dure, puisqu'elle a conservé ses arêtes, ses angles & toutes ses formes; ce qui fait connoître que l'âge de la construction de ces blocs est bien différent que celui de leur démolition; 2°. les eaux de la Bonelle & de la Marne ne venoient point d'assez loin pour être chargées d'une quantité de matières étrangères, de sable & de vase propre à la construction d'une montagne de cent toises de hauteur; 3°. les dépôts dont les derniers torrens ont fait de nouvelles constructions, sont tous en pentes douces & insensibles, & ordinairement de sable & de terre, au lieu que toute la masse de *Langres* est escarpée de tous côtés & ne présente qu'un rocher. Sa figure provient, comme nous l'avons déjà dit, de ce que les terrains contigus ont été détruits de part & d'autre par l'éruption des sources & emportés par le torrent, au moins sur toute la hauteur qui en fait aujourd'hui la profondeur. Sans doute qu'à la longue, ce cap ou ce promontoire eût été aussi détruit; il a dû même être beaucoup plus alongé vers le village d'Husmes, car il paroît que la montagne des Fourches, qui est sous la ville, en a fait autrefois une partie continue.

Cette petite montagne est fort capable d'attirer l'attention des naturalistes, à cause de sa position & de sa nature. Tout le continent de *Langres* & des montagnes voisines est composé de pierres plus ou moins dures, posées lits par lits de différentes épaisseurs; mais cette montagne, qui est ronde par sa base, & entièrement isolée de tout le continent, paroît d'abord n'être qu'une pyramide ou un cône composé d'une vase grise & semblable à de la cendre; son sommet, qui n'a qu'une plate-forme de quelques toises, est d'environ vingt-cinq toises inférieur au niveau de la ville. Ce qu'il y a de singulier, c'est que, sur sa pointe, on découvre plusieurs blocs de roches isolés & culbutés, portant huit ou dix pieds de longueur, cinq à six pieds de largeur, sur deux à trois pieds d'épaisseur de lit. Ces roches sont de la même nature que celles du sol de *Langres*; mais elles ne se montrent point là dans une position que l'on puisse dire naturelle. La base de la montagne est entourée d'un fond de vase très-profond, ce que l'on reconnoît par l'excavation de la ravine qui côtoie le grand chemin de Chaumont,

Quelle qu'ait pu être la violence des eaux anciennes, il ne seroit pas raisonnable de croire que ces tables énormes de pierres aient été enlevées & portées sur ce pain de sucre par leur effort; il est plus juste de penser qu'ainsi qu'il y avoit des sources qui ont miné les faces latérales du promontoire de *Langres*, il y en a eu aussi dans cette partie une grande quantité qui, attaquant par-dessous tous les terrains par lesquels cette butte étoit auparavant unie au continent de *Langres*, les ont détruits & entraînés peu à peu. La vallée profonde par laquelle elle en est séparée aujourd'hui, est le vide & la place de tous les terrains qui ne sont plus.

Les vases dont ensuite tout le noyau a été investi & recouvert, sont aussi visiblement une production des grandes eaux; car on peut remarquer que le revers qui regarde la ville est pierreux & roide, & que celui qui lui est opposé ne l'est pas, parce qu'il étoit à l'abri du courant, & que l'autre ne l'étoit point.

La forme régulière & roide de cette montagne, & sa position précise à l'abri du promontoire, placée plus vers le couchant que vers le levant, s'explique par une autre opération des grandes eaux. Le continent de *Langres*, situé entre les deux vallées de la Marne & de la Bonelle, devoit produire, dans ces deux torrens, le même effet que produit, dans le courant d'une rivière, la pile d'un pont. Ces torrens, venant à se réunir au-dessous du promontoire, devoient y former des tournoiemens considérables, & les eaux auparavant resserrées, trouvant un plus grand emplacement, devoient aussi se réunir, mais avec une chute & avec des vitesses inégales, parce que le torrent de la Marne étant plus considérable que celui de la Bonelle, le plus fort devoit repousser le plus foible: par-là il est arrivé que le tourbillon se formoit, non au milieu juste des deux vallées réunies, ni positivement à la pointe du promontoire, mais plus près du cours de la Bonelle que du cours de la Marne, sans doute dans la proportion de leur force. Les vases & les matières légères que les eaux entraînoient dans ce tourbillon, après avoir pirouetté avec les lames & les colonnes d'eaux qui les poussoient, gagnoient à la fin le centre du tourbillon & s'y précipitoient: aussi en voit-on une plus grande quantité au nord qu'au midi, parce que c'étoit là le côté de l'abri; en sorte que le pied de cette montagne de vases s'est prolongé jusqu'à une lieue plus loin, vers Husmes, où se fait aujourd'hui la jonction de la Marne & de la Bonelle.

Il y a toute apparence que ces vases ont fourni autrefois une butte conique plus régulière par la pointe, mais qu'elles ont été emportées par les vents & lavées par l'eau des pluies; en sorte que le noyau qui en avoit été recouvert, s'est dégagé peu à peu, & a montré enfin sa pointe hérissée des roches culbutées que l'on y voit aujourd'hui,

Nous avons trouvé sur presque toutes les pier-
railles & les pierres brisées qui sont assez communes sur le revers méridional de cette butte, des
empreintes de très-grands coquillages. Il y a
dans les terres & les ruisseaux des environs de
Jorquenoy, une grande quantité de bélemnites.

Le revers de *Langres*, qui regarde cette montagne des Fourches, a cette singularité, qu'il est
recouvert de prairies qui montent presque sous
les dernières roches qui servent de base à ses remparts. Le fond de la terre en est bon & profitable, & la raison en est toujours la même ; cette
face de la montagne n'a jamais été exposée au
choc direct des eaux, & a recueilli une partie des
vases que les torrens charient. Ces vases, aujour-
d'hui continuellement rafraîchies par les sources
dont elles abondent, sont des terrains frais & assez
humides pour former des prairies.

On voit tous les jours dans ces contrées, sans
être étonné, une grande quantité de terre, c'est-
à-dire, de vase qui couvre les revers & les plaines les plus hautes comme les plus basses. Cette
abondance cependant a bien lieu de surprendre,
surtout vers les sources de la Marne & de la
Meuse, aux environs de Montigny-le-Roi, de
Bouilly, & autres lieux semblables du Bassigny. Il
n'y a rien d'étonnant d'en trouver à vingt & trente
lieues des sommets, de la tête des fleuves & des
rivières, parce qu'il est censé que les terrains d'en
haut les ont produits; mais sur cette monticule
des Fourches, sur le revers de *Langres*, par exemple, & surtout dans cette partie qui s'allonge vers
Husines, il est difficile d'imaginer d'où ces vases
pouvoient venir, le courant n'ayant encore eu là
qu'à peine une lieue de trajet, & les sommets supérieurs étant fort étroits.

La constitution du sol, sur le côté méridional de
la montagne de *Langres*, est en partie de mauvais
grès tendre & d'autres qualités de pierres qui en
approchent, ce qui a permis aux torrens d'y faire
de bien plus grands ravages, les terrains s'y dé-
truisant bien plus aisément. D'ailleurs, les rives
des vallées ont été écartées & reculées de façon
qu'il y a au pied de ces sommets de grandes plaines très-fertiles, au milieu desquelles il y a encore
des éminences considérables entièrement isolées,
qui sont les témoins des terrains contigus qui ont
été emportés. L'on peut très-aisément, en tournant tout autour, remarquer, pour chacun, quel
étoit le revers le plus exposé; & l'on voit que
c'est toujours le revers qui regarde le sommet de
Langres.

Si l'on considère au loin la ligne que forment les
sommets de cette contrée, on verra qu'il y a beaucoup de ces pains de sucre isolés, situés de droite
& de gauche à peu de distance, & même quelques-
uns sont entièrement sur la ligne même; si on les
examine en particulier, on reconnoîtra qu'ils sont
tous les restes des terrains contigus ou supérieurs,
qui ne sont plus. Il y en a plusieurs de fort remar-

quables autour des sommets de la Meuse, vers
Clermont, vers Montigny-le-Roi, vers Andilly.
On en voit aussi vers l'Amance, vers les sources
de la Vingeanne & auprès d'Heuilly, cantons de
Pallier, de Chassigny, de Mont-Saugeon. Il y en
a de fort élevés vers les sources de la Gille & de
la Seine ; mais si l'on continuoit de monter la
même ligne en allant vers les Cévennes ou vers
la Suisse par les Vosges, on verroit insensiblement
ces buttes isolées devenir par degrés très-hautes,
& former enfin des pics inaccessibles. Leur position, toute pareille à l'égard des sommets qu'ils
suivent & côtoient, nous conduiroit à la connoissance de leur origine, qui ne peut être autre
que celle des buttes les moins élevées des mêmes
sommets vers *Langres*. Quelqu'élevés, quelqu'isolés qu'ils soient ailleurs, quelque bizarres qu'ils
puissent être, ils ne sont que les restes de terrains
contigus qui ont disparu. Veut-on ici analyser leur
nature ? Il s'en faut beaucoup qu'elle soit simple :
il n'y a point de pays au monde plus stérile en
productions maritimes & en fossiles de toutes espèces que ces affreuses montagnes. Combien sont
donc grands les désordres qui les ont formées, &
de combien doivent-ils être plus antiques que
ceux qui depuis les ont détruites comme elles
sont, & ne nous ont laissé que les lambeaux de
l'ancienne terre !

Comme, dans tous les sommets, l'irrégularité
d'un grand nombre de torrens voisins l'un de l'autre, & variés dans leur direction, est ce qui a causé
tant de pics & de masses isolées dans les pays inférieurs, c'est parce que ces torrens ont été plus
réunis & moins multipliés, & que leurs directions
ont été plus uniformes, que l'on y voit moins de
ces masses errantes.

Si l'on cherche aussi la raison de cette diversité
de hauteur dans les terrains qui règnent au long
d'un même sommet, indépendamment des grands
affaissemens auxquels des masses entières de continent ont dû être sujettes, on peut l'attribuer encore au plus ou moins d'attaques que les eaux ont
livrées à ces terrains, & à la plus ou moins grande
résistance que ceux-ci y ont opposée par leur dureté. L'on sait que, dans les hautes montagnes, se
trouvent généralement les rochers les plus durs &
les plus compactes. Or, si l'on considère les différentes hauteurs de tout le sommet général qui
traverse la France, on remarquera cette singularité, que c'est à l'endroit le plus bas de toute
cette ligne que l'on trouve les vestiges & la tête
des torrens de plus long cours ; car c'est des environs de *Langres*, réputée la plus haute ville de
la France, quoiqu'elle soit au plus bas du sommet
général, que la Meuse, la Marne, l'Aube, la
Seine & toutes les rivières & ruisseaux qui se
jettent dans la Saône & dans le Rhone ensuite,
ont leur naissance : or, ces grandes & longues vallées, originaires de l'endroit le plus bas, donnent
lieu de croire que les sommets de *Langres* don-

noient autrefois plus d'eau encore que les sommets les plus élevés, & que c'est par la raison que ces sommets ont été plus détruits, qu'ils sont présentement les plus bas.

De cette disposition du sommet général par rapport aux sources des contrées circonvoisines de *Langres*, on pourroit peut-être s'imaginer que dans ces temps éloignés, & même aujourd'hui encore, les eaux qui sortoient du plus bas de cette ligne provenoient des lieux les plus hauts de cette même ligne; mais, dans ce cas-là, il faudroit que, sous cette ligne étroite qui descend des Cévennes & des Vosges vers *Langres*, il y eût eu ou qu'il y eût encore des conduits souterrains & des aqueducs naturels avec une infinité de rameaux qui, malgré les obstacles & les irrégularites d'une si longue chaîne de montagnes, & dans toutes les sinuosités & les inflexions de la ligne des sommets, ramperoient sous terre toujours régulièrement & parallèlement à ces continens. Il faudroit, en mille & mille endroits, admettre ces siphons ridicules & merveilleux par lesquels, selon l'opinion de plusieurs, l'eau descend de l'intérieur des montagnes les plus hautes, passe sous des vallées, des vallons, des plaines & sous des contrées entières, & s'élève au haut des montagnes des pays inférieurs ou collines. On voit combien une telle organisation est impossible & difficile à soutenir, sauf que l'on en soit plus avancé; car il ne faudroit pas moins chercher ensuite l'origine des sources qui fourniroient les premiers réservoirs de ces aqueducs imaginaires. L'hydraulique n'est pas dans ce cas, le moyen qu'emploie la nature, nous nous en servons pour produire des jets d'eau & des sources artificielles; mais ici, comme elle ne peut être admise & reçue, & que de plus les montagnes de ces contrées ne sont pas de nature à être facilement & généralement pénétrées par les eaux des pluies, pour qu'on le puisse regarder aussi comme l'unique principe de ces sources, il faut reconnoître que la nature a encore d'autres lois que celle de l'équilibre des liqueurs, & d'autres agens que nous ignorons; mais nous pouvons légitimement soupçonner que les sources les plus élevées, comme les sources les plus basses, sont propres & particulières chacune à leurs contrées; & qu'elles sont toutes indépendantes les unes des autres; enfin, que leur cause est presque toute intérieure, & que les dehors de la terre ne contribuent qu'à leur donner des directions diverses & à porter souvent, vers les points du Globe les plus opposés, les eaux des mêmes sources & des mêmes transpirations, comme cela a lieu sur les sommets de *Langres*.

Suite de Langres à Chaumont.

La multiplicité des sources qui, depuis *Langres* jusque vers Veseignes, se sont réunies à la Marne, a tellement déchiré le pays, que l'on ne voit le

long du cours de cette rivière, dans cette partie, que des vallées très-profondes qui y tombent de toutes parts, & entr'elles des croupes de montagnes fort étroites; on ne voit pas dans cet espace de trois lieues de longueur, des côtes continues & d'un talus régulier, comme on en observe plus bas, parce que ces terrains ont eu à souffrir moins du courant général des eaux, que de l'éruption d'une infinité de sources semées çà & là. La constitution du terrain, généralement tendre & gélisse, excepté sur les hauteurs, a dû aussi faciliter, & donner lieu à de grands ravages; néanmoins on peut remarquer, au pied de la plupart, des croupes qui se prolongent dans la vallée, des dégradations causées par le choc du torrent, lorsqu'il n'avoit plus qu'une quinzaine de toises de hauteur, & ces dernières impressions sont très-sensibles alternativement d'une rive à l'autre.

Au-dessous de Veseignes il se fait un changement dans la nature du terrain, en sorte que la vallée a pris une forme plus terminée, mais cependant beaucoup plus sinueuse & plus étroite. La vallée de la Marne n'est pas la seule dans ce cas; la vallée de Nogent-le-Roi, qui la suit à une lieue sur la droite, a, comme la première, au milieu de croupes fréquentes, une infinité de vallées larges & mal terminées, & ensuite elle se trouve de même réduite, vers Louvière, en un vallon profond & très-sinueux : ce qui fait connoître que toutes ces sources ont trouvé des terrains de même nature à leur origine, puisqu'elles y ont produit les mêmes effets, & que la différence du terrain qui a occasionné ce changement doit avoir à peu près la direction de Veseignes à Louvière.

De Veseignes à Chaumont, l'on peut suivre toutes les inflexions différentes & fréquentes du torrent, & la vallée, dans toute cette longueur, contient de très-merveilleux monumens du torrent qui l'a creusée. La côte qui est au-dessous de Veseignes présente beaucoup de couches culbutées & précipitées, & paroît, jusqu'à la descente de Marnay, avoir dégorgé une grande abondance d'eau : il y a encore aujourd'hui beaucoup de sources dans toute son étendue. Outre cette cause de destruction, le torrent de la Marne y tomboit avec impétuosité, & de-là s'engorgeoit ensuite dans ces terrains de plus dure consistance, où il a fait beaucoup de dégradations.

Il a ensuite souffert, jusqu'à Foulain, une infinité de réfractions : le terrain des contrées supérieures n'est plus revêtu d'une si grande abondance de bonne terre, ainsi qu'au-dessus de Veseignes; tout y annonce un terrain plus dur, plus sec & plus aride.

Avant que d'arriver à Foulain, le torrent de la Marne reçoit, au-dessous de Poulangy, le torrent de Nogent-le-Roi, dont la vallée, depuis Louvière, a éprouvé une quantité de détours; outre cela, elle est extrêmement profonde & escarpée dans la masse des rochers qui la bordent,

Aux

Aux lieux qui ont le plus souffert, on trouve de fort grands coquillages, qui sont des nautilites & des ammonites.

Au-dessous de Foulain, auprès d'un grand pont, la chute du torrent de la Marne se fait entièrement remarquer par une côte circulaire & très-roide, qui présente un singulier spectacle dans la coupe des terrains qu'elle nous offre. Cette masse, qui paroît ne faire aujourd'hui qu'une seule montagne, étoit cependant, avant les grandes eaux, un groupe de trois monticules séparées, qui se prolongeoient en pente douce dans l'espace qu'occupe la prairie aujourd'hui, & étoient séparées de deux petits vallons, dont il ne reste plus que les naissances supérieures, parce que le torrent, en ruinant les parties élevées des deux croupes, a fait disparoître les masses qui les bordoient & les formoient. Il est aisé de s'en convaincre en considérant l'ensemble & la disposition des vallons voisins qui sont leur entier, & des croupes qui les séparent.

Ces croupes entières & ce qui reste des autres, font connoître ce qui a été & ce qui n'est plus, ce qui reste du vallon, &c. Une coupe aussi extraordinaire fait voir clairement que les deux croupes existoient dans leur entier, & étoient en tout semblables à leurs voisines avant que le torrent de la Marne eût éprouvé cet accroissement prodigieux qui lui a fait remplir & élargir la vallée.

L'inspection de ce qui reste de ces vallons doit détruire l'opinion qu'ont bien des gens, que ce sont les pluies journalières qui ont donné lieu à la plupart des vallons qui se rendent dans toutes les vallées, & que les ravines formées tous les jours par les pluies peuvent devenir avec le temps des vallons semblables aux autres. Si les pluies avoient opéré ces effets depuis les grandes eaux, on ne peut disconvenir qu'elles n'aient aussi formé les vallons, & produit le même approfondissement sur leurs naissances; & en conséquence on doit croire que ces restes de vallées ayant les arêtes de leurs croupes tronquées, ne sont plus aujourd'hui dans l'état où les grandes eaux les ont laissés.

La plus grande hauteur de cette côte, à l'endroit de la coupe, est d'environ une trentaine de toises, & le terrain s'élève encore de beaucoup au-dessus de l'escarpement, mais en pente douce jusqu'aux sommets du Rognon, à deux lieues de-là sur la droite. La construction intérieure de tous ces terrains est d'être lits par lits horizontaux de quatre à six pouces de hauteur. Aux deux tiers de la côte, ces lits se séparent assez aisément; mais dans le bas ils sont tellement durs & tellement unis, qu'il est nécessaire d'employer la poudre pour les exploiter.

Sur tous les terrains qui forment les plaines les plus hautes de cette contrée, on y trouve çà & là des quartiers bizarres, dont le grain est étran-

ger à toutes les pierres du pays, & qui vraisemblablement sont les débris des anciens lits supérieurs qui ne sont plus.

Sur la hauteur, vis-à-vis & à une centaine de toises de Foulain, à environ trente-cinq toises au-dessus de la Marne, est une sablière, chose rare & peu commune dans cette contrée, où la Marne même ne charie point de sable : cette sablière est par ondulations, & le sable n'est que de pierre calcaire brisée, pierre du pays. Il n'est point rond & uni comme un sable qui a beaucoup roulé, mais sa figure irrégulière & sa nature font connoître qu'il ne pouvoit pas venir de fort loin; il est d'ailleurs un peu terreux & assez tendre. En considérant les environs de cette sablière, on voit que ce sable n'a pu être amené là que par un torrent qui se jetoit dans la Marne, entre Marnay & Foulain. Le torrent pouvoit avoir une lieue de cours; mais il avoit une telle rapidité, qu'à tous les lieux où il a frappé, on voit des roches dressées aussi à-plomb que les revêtemens d'un bastion, auxquels même elles ressemblent en bien des endroits. Cependant le lit de cette vallée est aujourd'hui de beaucoup inférieur à la position de la sablière. Or, comme tout sable doit rouler sur le fond du torrent qui le charie, il faut que, lorsque ce sable a été apporté là, le lit du torrent ait été bien plus élevé qu'il ne l'est aujourd'hui, & que ce ne soit que depuis ces dépôts qu'il a été creusé, ce qui a dû être bien du temps à s'opérer dans des terrains si solides & si durs. Une autre réflexion non moins naturelle, c'est que, comme tout sable ne peut être charié que du haut en bas, ce sable, quoiqu'aujourd'hui sur une hauteur très-exposée, étoit alors dans un fond & dans un abri par rapport aux terrains circonvoisins & au torrent; & qu'ainsi les terrains entiers dont il est la démolition ne peuvent être que les terrains autrefois supérieurs à ceux d'aujourd'hui : ce qui justifie ce que nous avons dit ci-dessus, qu'il n'y a point de terrains si élevés qu'ils soient maintenant, qui n'en aient eu au-dessus d'eux de plus élevés encore.

La grande côte du pont de Foulain a renvoyé le torrent vis-à-vis de Luzy, de-là sur Verbiesles; il s'est porté ensuite sur l'autre rive, & il y a formé une côte des plus longues & des plus escarpées, qui décrit un demi-cercle presque parfait, depuis le Val-des-Ecoliers jusqu'au-dessous de Chamarandes. Rien n'est plus signifiant que la forme & la figure de ces montagnes déchirées. Dans tous les lieux que le torrent a frappés, on ne voit que roches nues & découvertes, qui offrent de loin le spectacle trompeur d'une ville en ruines, au lieu qu'à leur opposite se voient situés des terrains très-fertiles & abondans, contraste bien subit & bien sensible.

L'on jouit à la vue de toute cette vaste ravine, sur les avenues de Chaumont, en venant de *Langres*, en voyant comme dessous ses pieds la variété infinie des coteaux, des rochers, des terres labourables & des prairies avec le contour de la Marne qui y ſerpente d'une rive à l'autre , & les villages qui y ſont placés ; tout cela paroît au commun des hommes un bizarre aſſortiment que la variété ſeule rend agréable ; mais lorſqu'on a découvert qu'une choſe a une poſition qui lui eſt propre , & que cette poſition n'a pu être autre ; que rien n'eſt placé à l'aventure , que tout a ſuivi des loix uniformes que les effets font connoître , on eſt alors rempli d'une joie vraiment raiſonnable , & à une admiration vague en ſuccède une autre réfléchie , ſeule digne de l'homme qui penſe & qui a fait ſon étude de la nature.

Hydrographie du plateau de Langres.

En faiſant le tour de l'horizon du plateau de cette ville , & commençant par la Marne , voici le dénombrement & l'ordre des rivières qui y prennent leur ſource , & qui ſont diſtribuées ſur les différentes pentes qui environnent ſon ſommet.

1°. La Marne , qui réunit les eaux de pluſieurs ruiſſeaux , forme une patte d'oie.

2°. La Meuſe , qui reſte alimentée par pluſieurs ruiſſeaux , eſt auſſi formée par des vallons diſtribués en patte d'oie ſur une aſſez grande ſuperficie.

3°. L'Amance , qui réunit les eaux de quatre ruiſſeaux , a pluſieurs pattes d'oie , & qui s'étendent ſur une grande ſurface.

4°. Le Saulon , qui réunit les eaux de deux ruiſſeaux , eſt également en patte d'oie.

5°. La Vingeanne , qui réunit les eaux de trois ruiſſeaux , a la même diſpoſition.

6°. L'Aube , qui raſſemble même au-deſſus d'Auberive les eaux de ſix ruiſſeaux , commence en patte d'oie.

7°. L'Aujon eſt alimenté , au-deſſus de Rochetaillée , par les eaux de deux ruiſſeaux , dont l'un eſt terminé par des vallons en patte d'oie.

8°. Enfin la Suize , dont la ſource , ainſi que la partie ſupérieure du canal , occupe un eſpace fort reſſerré , & préſente peu de vallons latéraux.

A ces huit rivières , nous en pourrions joindre quelques autres ſecondaires , un peu plus éloignées du plateau , & dont les ſources ſont diſtribuées de même par vallons en patte d'oie. Ainſi nous trouvons après la Marne , 1°. la Treire , qui regagne la Marne après un cours de quatre à cinq lieues ; 2°. le Rognon , qui ſe rejoint auſſi à la Marne après un cours de douze à treize lieues ; 3°. l'Apance , qui raſſemble les eaux de cinq à ſix ruiſſeaux , dans leſquels ſe ſubdiviſe le baſſin de Bourbonne-les-Bains ; 4°. le Mouzon , qui raſſemble les eaux de quatre ruiſſeaux , dont deux ſont terminés en patte d'oie ; 5°. deux ruiſſeaux qui ſe jettent dans l'Amance , leſquels ont leur origine en patte d'oie ; 6°. l'Ource , qui , après un fort long cours , ſe jette dans la Seine , un peu au-deſſus de Bar-ſur Seine.

On voit par ce détail , que quatorze vallées principales raſſemblent les eaux du plateau de Langres , & ſe diſtribuent vers tous les points de l'horizon. En ſuivant ce même plateau , alongé vers le midi , on trouve de même une ſuite de rivières qui verſent à l'eſt & à l'oueſt juſqu'au plateau d'Arnay-le-Duc , où ſont quatre rivières principales , ſous quatre aſpects différens.

En parcourant ce plateau & en jetant les yeux ſur le détail des vallons qui s'y trouvent figurés dans la carte de France , on eſt étonné non-ſeulement de leur grand nombre , mais encore de la multiplicité des filets d'eau qui y circulent , & qui ſe raſſemblent dans les vallées principales des rivières dont nous venons de parler. Ceci prouve que , par ſon expoſition & ſon élévation , le plateau de Langres reçoit une quantité d'eau pluviale fort abondante , laquelle , après avoir pénétré dans les couches ſuperficielles , ſe montre aſſez promptement au dehors par les coupures & les culs-de-ſac des vallons.

Nous remarquerons auſſi que les petits vallons qui forment les pattes d'oies à l'extrémité des ruiſſeaux originels des rivières ſont tous diſpoſés entr'eux ſous des angles aigus : ce qui , ſuivant le principe que nous avons développé aux articles CONFLUENCE & AFFLUENCE , prouve que ces vallons ſont diſtribués ſur un ſol en pente ; & ce qui eſt une ſuite de ce principe , la pointe ou le ſommet de l'angle ſe préſente conſtamment vers l'aſpect de l'horizon , où la pente détermine le cours de l'eau. Cette diſpoſition , qui nous paroît ici très-générale , eſt eſſentielle pour nous donner une idée de la forme du plateau de Langres , & de la marche des eaux qu'il fournit dans tout le contour occupé par les rivières.

Nous obſerverons également que les ruiſſeaux latéraux qui ſe jettent dans les rivières principales dont nous venons de faire le dénombrement , s'y réuniſſent de même ſous un angle aigu dans les parties ſupérieures de leur canal. Nous trouvons ceci ſurtout le long des vallées de la Suize , de la Marne , de la Treire , du Rognon , de la Meuſe , du Mouzon , de l'Amance , du Saulon , de la Vingeanne & de l'Aube ; au lieu que cette inſertion des vallons latéraux varie beaucoup à meſure que les rivières s'éloignent de leur ſource , & qu'elles coulent ſur des pentes moins décidées & moins rapides , & peut-être vagues & incertaines.

Les rivières qui partent de ce ſommet ſe réuniſſent l'une à l'autre , ſuivant l'ordre des pentes qu'elles ont ſuivies dans leur marche. Ainſi , par exemple , comme la Seine eſt la rivière principale , elle reçoit l'Ource d'abord , enſuite l'Aube , puis la Marne ; de même , vers un autre aſpect oppoſé , on voit la Pance , l'Amance , le Saulon & la Vingeanne ſe réunir à la Saône dans l'ordre des pentes que ces rivières ont ſuivies. On ſent que cela eſt néceſſaire , mais on ſent auſſi que c'eſt le prolongement régulier de ces pentes premières qui facilite la diftribution des vallées & des eaux qui y coulent. (*Voyez* la carte du plateau de *Langres*, dans l'Atlas du *Dictionnaire de Géographie-Phyfique.*)

LANGUEDOC (Vents particuliers à la ci-devant province de), & defcription phyfique de cette province.

Il fouffle fouvent, en *Languedoc*, un vent d'occident qui balaie la partie méridionale de cette province dans toute fa longueur, depuis Touloufe jufqu'à la mer Méditerrannée, & dont le rumb varie entre le nord-ouest & le fud-ouest. Ce vent eft modéré dans le haut *Languedoc*; il augmente à mefure qu'il avance, & il eft déjà violent à Carcaffonne; mais il eft d'une violence extrême dans le bas *Languedoc*, principalement à Narbonne, à Beziers & à Agde, où il va fe perdre dans la mer, ne s'étendant guère jufqu'à Montpellier & à Nîmes, que lorfqu'il fuit le rumb de l'ouest ou de l'ouest-fud-ouest, ce qui eft affez rare. Ce vent eft toujours froid, mais il ne l'eft pas toujours au même degré. Il fert à modérer la chaleur en été, & il contribue par-là à la falubrité de l'air.

On appelle, en *Languedoc*, ce vent *cers*, ou *le vent de cers*.

Il règne dans le *Languedoc* un autre vent oppofé au précédent, dont la direction eft par conféquent entre l'eft & le fud-eft, & même le fud; il eft foible à Narbonne & à Agde, où l'on commence à le fentir. Il fe renforce en avançant, &, après avoir paffé Caftelnaudary, il fouffle avec une fi grande violence, qu'on peut dire, fans exagération, qu'il ébranle les maifons, qu'il enlève les toits & qu'il déracine les arbres. Ce vent eft chaud & lourd; il engourdit & abat les hommes & les animaux, il rend la tête pefante, il ôte l'appétit, & il paroît gonfler tout le corps. Pline femble en avoir fait la defcription en parlant du vent du midi : *Noxius, aufter & magis ficcus, fortaffis quià humidus, frigidior eft : minùs efurire eo fpirante creduntur animantes.*

On donne à ce vent le nom de *vent d'autan* (*altanus*), apparemment parce qu'il fouffle de la mer. *Ab alto.* Ce vent eft très-froid & très-violent, furtout depuis Avignon jufqu'à l'embouchure du Rhône. Strabon l'a décrit affez exactement fous le nom de *melamboreas*, c'eft-à-dire, de borée noir, en parlant de la Crau, ou *Campus lapideus*, près d'Arles. « Le pays, dit-il, qui eft au-deffus » de cette campagne, eft fort expofé au vent fep-» tentrional d'une violence horrible. On dit qu'il » ébranle & qu'il entraîne les pierres, qu'il enlève » les voyageurs de deffus leurs voitures, & qu'il » leur arrache leurs armes & leurs habits. »

Diodore de Sicile a parlé du même vent comme d'un vent particulier aux Gaules, & il en a rapporté les mêmes circonftances : qu'il fouffle du feptentrion ou du couchant d'été; qu'il eft extrême-

ment violent; qu'il fait mouvoir & qu'il foulève les pierres; qu'il renverfe les voyageurs, & qu'il les dépouille de leurs vêtemens.

Ce vent eft connu aujourd'hui fous le nom de *bife*, & ce nom répond à la fignification de celui de *melamboreas*, c'eft-à-dire, de borée noir, que Strabon lui a donné.

Le fecond vent qui règne dans le même endroit eft directement oppofé à la bife, qu'on vient de décrire, & fouffle par conféquent du fud au nord contre le courant des eaux du Rhône. Sa violence fe fait fentir furtout à Valence, à Vienne, & quelquefois même jufqu'à Lyon. Comme il vient directement de la mer, il n'eft connu que fous le nom de *vent marin*; il s'étend du côté occidental du Rhône, aux environs d'Uzès, & principalement dans le Vivarais : il y amène ordinairement la pluie, & alors il eft moins incommode; au lieu que quand il eft fec, ce qui arrive fouvent dans l'été, il y produit les mêmes effets que le vent d'*autan* dans le haut *Languedoc*.

Enfin il règne fur les côtes de *Languedoc*, depuis Leucate jufqu'au Rhône, des vents périodiques qui foufflent de la mer, & feulement dans l'été; qui ne foufflent même, en été, que dans les jours les plus chauds; qui ne commencent à fe faire fentir que vers les neuf ou dix heures du matin; qui ceffent vers les cinq heures du foir; qui fervent à tempérer l'ardeur du foleil, & qui rendent la chaleur du jour plus fupportable ordinairement que celle de la nuit.

Ces vents viennent de la mer en droite ligne; ainfi ils foufflent du fud au nord, ou du fud-eft au nord-ouest, fuivant la direction des côtes de *Languedoc*, qui font une efpèce de courbure ou de grande anfe, pour former le golfe de Lyon.

Telles font les obfervations qu'une longue expérience a donné lieu de faire fur les vents qui règnent en *Languedoc*. Il s'agit à préfent d'en rendre raifon par la difpofition connue de la furface de cette province : mais il faut pour cela prendre la chofe de plus haut.

La partie méridionale & occidentale du *Languedoc*, depuis le bas *Languedoc* jufqu'à la Garonne, n'eft qu'un long vallon qui s'étend en droite ligne depuis Agde & Narbonne jufqu'à Touloufe, & qui eft borné d'un côté par les montagnes des Pyrénées, dont le pied s'étend jufque près de Narbonne, d'Alet & de Mirepoix, & de l'autre par les montagnes de Saint-Pons, de Caftres & de Lavaur, dont la chaîne fait partie de l'ancien mont *Cenimenus*. Ce vallon fe trouve fort refferré dans le milieu de fa longueur, entre les montagnes de Limoux & celles de Carcaffonne; il va en s'élargiffant vers fes deux extrémités oppofées, & forme par conféquent comme un double entonnoir.

A juger de ce vallon par la ligne qui le partage dans fa longueur, il gît de l'ouest-nord-ouest à l'eft-fud-eft; mais comme il va en s'élargiffant par les deux bouts, on peut y diftinguer plufieurs autres directions, depuis celle du nord-nord-ouest au sud-sud-est, jusqu'à celle de l'ouest-sud-ouest à l'est-nord-est.

L'endroit le plus élevé de ce vallon se trouve vers Castelnaudary. C'est par-là que les montagnes des Cévennes semblent tenir aux Pyrénées ; c'est là que les eaux se partagent pour couler, les unes vers l'Océan, & les autres vers la Méditerranée ; enfin, quand on a voulu faire le canal de communication entre les deux mers, c'est là qu'il a fallu trouver le moyen de conduire de l'eau pour la distribuer des deux côtés ; mais cette élévation n'est pas fort grande. Il n'y a que quarante-cinq écluses le long du canal, depuis l'étang de Taur jusqu'au bassin de Naroufe, où est le point de partage. Ainsi, en donnant à chaque écluse huit pieds de haut, l'une portant l'autre, cela ne fait que trois cent soixante pieds ou soixante toises de différence, entre le niveau du bassin de Naroufe & celui de l'étang de Taur. Sur cette description il est aisé de comprendre, 1°. que tous les vents qui soufflent entre le nord-nord-ouest & l'ouest-sud-ouest, doivent s'engouffrer dans l'ouverture que le vallon qu'on vient de décrire leur offre dans le haut *Languedoc*, & que ces vents, dirigés par la position de ce vallon, doivent exciter dans le bas *Languedoc* le vent connu sous le nom de *cers*.

2°. Que ce vent doit être foible dans le haut *Languedoc*, du côté de Toulouse, parce que l'entrée du vallon est large, & qu'il y est peu pressé ; mais qu'à mesure qu'il avance vers Carcassonne, il doit se renforcer, parce qu'il se trouve resserré de plus en plus entre les montagnes qui se rapprochent.

3°. Que ce n'est qu'après avoir acquis toute la vitesse que le rétrécissement du vallon, dans le diocèse de Carcassonne, peut lui donner, qu'il arrive dans le voisinage de Narbonne, de Beziers & d'Agde ; qu'ainsi il doit y souffler avec impétuosité, à peu près de même que l'eau qui a franchi l'arche d'un pont, coule avec une vitesse plus grande.

4°. Que la direction la plus ordinaire de ce vent est de l'ouest-nord-ouest à l'est sud-est, parce que c'est dans ce sens que la position même du vallon le dirige ; mais que cette direction n'est pas si constante, qu'elle ne varie souvent de l'un ou de l'autre côté, & que quelquefois ce vent souffle plus du nord, & quelquefois plus de l'ouest.

5°. Que, quand ce vent vient de l'ouest-nord-ouest, &, à plus forte raison, quand il vient plus du nord, il ne s'étend pas au-delà d'Agde, parce que les montagnes des environs de Saint-Pons ne lui permettent point, dans cette direction, de pouvoir s'écarter sur la gauche ; mais que, quand il souffle de l'ouest à l'est, & encore mieux quand il souffle de l'ouest-sud-ouest à l'est-nord-est, il balaie alors le *Languedoc* jusqu'au Rhône, & il s'étend même dans la Provence, parce que les montagnes de Saint-Pons ne sauroient l'arrêter dans cette direction.

6°. Cependant que, dans ce cas-là même, il ne sauroit atteindre jusqu'à Vienne (Drôme), ou, pour mieux dire, qu'il ne peut pas même s'étendre au-delà de Valence, parce que les montagnes du bas Vivarais lui opposent une digue insurmontable qui l'empêche d'aller plus loin. C'est là, sans doute, ce que Pline a entendu, quand il a dit que ce vent n'atteint pas la ville de Vienne, se trouvant arrêté un peu en deçà par des montagnes qui sont assez peu élevées.

7°. Que ce vent est toujours froid, parce qu'il souffle d'un pays beaucoup moins chaud que le bas *Languedoc*, & que c'est par-là qu'il contribue à la salubrité de l'air ; mais qu'il n'est pas toujours également froid, & qu'il est sujet, à cet égard, à des variations qui dépendent de la direction suivant laquelle il souffle. Il est, par exemple, beaucoup plus froid lorsqu'il vient d'un point de l'horizon plus proche du nord, & il est beaucoup moins lorsqu'il vient de l'ouest, ou d'un point encore plus méridional.

L'explication du vent d'*autan* n'est que l'inverse de l'explication du vent de *cers*. 1°. Tous les vents qui soufflent dans le bas *Languedoc*, entre l'est-nord-est & le sud-sud-est, doivent s'engouffrer dans l'ouverture méridionale du vallon que nous avons décrit, & doivent produire dans le haut *Languedoc* le vent d'*autan*.

2°. Ce vent doit être assez foible dans le bas *Languedoc*, parce qu'il y est au plus large ; mais il doit se renforcer en avançant, parce qu'il est plus resserré à mesure qu'il avance.

3°. Près de Carcassonne, où il se trouve plus resserré, il acquiert toute l'impétuosité dont il est susceptible, & il doit, au sortir de-là, souffler avec la dernière violence dans la direction de Saint-Papoul & de Toulouse.

4°. Ce vent souffle ordinairement de l'est-sud-est à l'ouest-nord-ouest, parce que c'est dans ce sens que gît le vallon qui le dirige ; mais comme ce vallon s'élargit par les bouts, ce vent est susceptible de plusieurs autres directions, les unes plus au midi & les autres plus au levant.

5°. C'est par-là qu'on doit ordinairement juger du degré de chaleur qu'il cause dans le haut *Languedoc*, parce que l'expérience fait voir qu'il est ordinairement plus ou moins chaud, suivant qu'il souffle par une direction plus ou moins méridionale.

6°. Il est pourtant vrai qu'il y a une autre cause, qui sert à contre-balancer & à modifier celle qu'on vient de rapporter : c'est qu'il arrive souvent que l'*autan*, lorsqu'il approche plus du vent du midi, se trouve plus humide, parce qu'il vient alors directement de la mer Méditerranée, ce qui fait qu'il est plus frais ; au lieu que, lorsqu'il souffle du côté du levant, il est plus sec & plus chaud, parce qu'il vient des côtes sèches & brûlantes de la Provence & du bas *Languedoc*.

7°. Enfin, comme tous les vents qui soufflent

entre le nord-nord-ouest & l'ouest-sud-ouest, dans l'étendue d'un quart de l'horizon, peuvent produire le vent de *cers*, en s'engouffrant par un bout dans le vallon qui s'étend depuis Toulouse jusqu'à Narbonne, de même tous les vents contraires, qui soufflent dans le quart opposé de l'horizon, entre l'est-nord-est & le sud-sud-est, peuvent produire le vent d'*autan* en s'engouffrant dans le même vallon par l'autre bout. Ces deux vents contraires partagent donc entr'eux la moitié de l'horizon, & doivent par conséquent souffler ordinairement l'un ou l'autre la moitié de l'année, ce qui est conforme à l'expérience.

On peut aisément prévoir ce que nous avons à dire des deux vents contraires qui règnent alternativement le long du Rhône, dans la partie orientale du *Languedoc*, par ce que nous venons d'établir à l'occasion des deux vents contraires qui sont propres à la partie occidentale de la même province.

Le lit du Rhône est placé dans le milieu d'un vallon qui s'étend depuis Lyon jusqu'à la mer, & par conséquent du nord au sud, & qui est borné d'un côté par les montagnes du Vivarais, qui font la partie orientale du mont *Cenimenus*, & de l'autre par les montagnes de la partie occidentale du Dauphiné. L'endroit le plus resserré de ce vallon est entre les montagnes du Vivarais, depuis la Voulte jusqu'au bourg Saint-Andéol; & les montagnes du Dauphiné, depuis Livron sur la Drôme, jusqu'à Pierre-Latte. Les deux bouts opposés, l'un du côté de Lyon, & l'autre du côté de la mer Méditerranée, sont beaucoup plus larges. On voit par-là que tous les vents qui viennent du côté du septentrion, dans une certaine étendue, doivent s'engouffrer dans ce vallon, qui se présente à eux dans cette direction; que l'impétuosité avec laquelle ils y soufflent, doit aller en augmentant, à mesure que ce vallon se rétrécit; qu'après avoir passé l'espace qu'il y a de Livron à Pierre-Latte, & de la Voulte au bourg Saint-Andéol, où ils sont le plus resserrés, ils doivent s'étendre depuis le Pont-Saint-Esprit jusqu'à la mer, avec toute la violence dont ils sont susceptibles; enfin, qu'ils doivent être extrêmement froids, puisqu'ils viennent directement du Nord.

C'est là le *melamboreas* ou borée noir dont parle Strabon, ou, pour dire quelque chose de mieux connu, c'est là la *bise* qui règne si souvent & avec tant de violence, depuis Avignon jusqu'à la mer. Ce vent s'étend souvent sur le Vivarais & sur les diocèses d'Uzès, d'Alais & de Nîmes, surtout lorsqu'il est dans son origine nord-est, ou même nord-nord-est, parce qu'alors sa direction primitive, dont il retient quelque chose, le porte sur cette partie du *Languedoc*.

Par la raison contraire, tous les vents qui viennent du côté du Midi dans une pareille étendue, s'engouffrent dans le même vallon dans un sens opposé, se renforçant à mesure qu'ils avancent,

parce qu'ils se trouvent plus resserrés; enfin, après avoir passé Livron & la Voulte, ils produisent un vent de midi très-violent à Valence, à Vienne, & même jusqu'à Lyon.

Comme ce vent vient directement de la mer Méditerranée, il porte avec soi beaucoup de nuages, & produit la pluie dans les pays où il souffle. Dans ce cas il est humide, & par conséquent assez frais; mais quand il arrive qu'il ne fait pas pleuvoir, ce que l'on observe souvent dans l'été, il est alors chaud & brûlant, & il produit, dans les pays qui y sont exposés, les mêmes effets que le vent d'*autan* dans le haut *Languedoc*.

Pour ce qui est des vents réglés qui soufflent en été sur les côtes du *Languedoc*, & qui y sont connus sous le nom de *garbin*, ils dépendent de l'inégale raréfaction de l'air. Comme, dans l'été, la terre des côtes est sèche & échauffée par qui la couvre, doit être plus aisément raréfié par la chaleur du soleil, que celui qui couvre la mer voisine : par-là, l'air frais de la mer doit se mouvoir vers les côtes, dont l'air plus raréfié lui résiste moins, & doit, par ce moyen, exciter un vent assez sensible, à peu près de la même manière & par la même raison que l'air froid du dehors pénètre, par les fentes, dans une chambre qui est échauffée par le feu qu'on y fait, & qu'en y entrant il produit un vent coulis inévitable.

Cela suffit pour rendre raison de tout ce que ce vent a de plus particulier. Il commence à souffler vers les neuf ou dix heures du matin, parce qu'il a fallu tout ce temps-là pour que la chaleur du soleil ait pu causer, dans l'air des côtes & dans celui de la mer, une inégalité de raréfaction dans l'air des côtes & dans l'air de la mer; il est alors à son plus haut point.

Il cesse sur les cinq heures du soir, parce que la chaleur du soleil qui diminue, ne peut plus entretenir dans la raréfaction de l'air des côtes & dans celui de la mer, une inégalité qui puisse maintenir ce vent.

Il ne souffle que dans l'été, parce que ce n'est que dans cette saison que les terres sont assez sèches & assez échauffées pour disposer l'air qui les couvre, à prendre un degré de raréfaction supérieur à celui dont l'air de la mer se trouve susceptible.

Enfin, il souffle d'autant plus violemment, que la chaleur est plus grande, parce que c'est dans la plus grande chaleur que l'inégalité de la raréfaction, qui arrive à l'air des côtes & à l'air de la mer, se trouve la plus grande.

On voit assez, par ce qu'on vient d'exposer, quels sont les vents qui amènent la pluie dans les différentes parties du *Languedoc*. Il pleut dans le haut *Languedoc* par un vent d'ouest-sud-ouest qui vient du côté de Bayonne par le chemin le plus court qu'il y ait de la mer au haut *Languedoc* : il y pleut aussi quelquefois par le vent d'*autan*, mais rarement, & seulement lorsque ce vent tient le

rumb du fud-eft, c'eft-à-dire, lorfqu'il vient directement du milieu de la mer Méditerranée.

Dans le bas *Languedoc* jufqu'à Carcaffonne, de
même que dans le Gevaudan, le Vivarais & le
Vélay, il y pleut lors des vents du midi, qui foufflent directement de la mer Méditerranée, & qui,
par cette raifon, y portent le nom de *vents marins*.
Il eft pourtant certain qu'il pleut quelquefois dans
le Gevaudan, & même dans les baffes Cévennes,
par le vent d'oueft, mais cela eft rare.

Enfin à Carcaffonne, qui tient le milieu entre
le haut & le bas *Languedoc*, il y pleut également
& par le vent d'oueft-fud-oueft, & par le vent
d'eft-fud-eft, c'eft-à-dire, par chacun des vents
qui amènent la pluie dans le haut & dans le bas
Languedoc.

LANGUIN en Bretagne. On trouve des mines
de houille près de cet endroit. (*Voyez* le *Journal
des Mines*, tome II, page 86.)

LANNE, village du département des Baffes-
Pyrénées, arrondiffement d'Oléron, & à trois
lieues de cette ville. Il y a, près de ce village, des
couches de fchifte jaunâtre, folide & en feuillets,
qu'on emploie comme des ardoifes pour couvrir
les habitations.

LANNION, ville du département des Côtes-
du-Nord. Cette ville, peu éloignée de la mer,
eft fituée à mi-côte fur la rive droite du Loquet ;
on y voit, près d'un quai fort large, une fource
d'eau minérale très-abondante, & dont on fait ufage
contre différentes maladies. Outre cela, nous indiquerons près de cette ville des mines d'argent,
de fer & d'amethyfte, & d'ailleurs, à une certaine
diftance dans la forêt du Buiffon, deux autres mines d'argent.

LANQUE, village du département de la Haute-
Marne, canton de Nogent. Il y a une batterie,
un fourneau & deux forges, où l'on fait ufage de
minerai tiré d'exploitations voifines.

LANS-LE-BOURG ou LANSBOURG, à
quatre lieues de Modane, eft un village affez confidérable, fitué fur l'Arc, à fix lieues de fa fource.
La fource de l'Arc, au pied du mont Iferan, n'eft
éloignée que de trois lieues de celle de l'Ifère,
qui eft dans un autre vallon au nord de la même
montagne, & qui fuit la Tarentaife, comme l'Arc
fuit le comté de Maurienne. Ces montagnes font
comme le point de partage d'où defcendent les
rivières, dont les unes vont former le Pô du côté
de l'orient, les autres fe décharger dans le Rhône
du côté de l'occident. Elles renferment des carrières de marbre en exploitation, & des mines
métalliques de plufieurs fortes.

LANTARAT, vallée dans le département des
Baffes-Pyrénées, arrondiffement de Mauléon. Elle

commence à trois lieues & demie fud-oueft de
Saint-Palais, & finit avec la rivière qui coule au
milieu, & qui fe jette dans la Bidoufe, à une demi-lieue de Saint-Palais.

LANTILLY, village du département de la
Nièvre, canton de Corbigny, & à deux tiers de
lieue de cette ville. Il y a, près de ce lieu, des
mines de houille non exploitées.

LAPONIE, grande étendue de terrain partagée
entre les Suédois & les Ruffes, & qui eft fituée
dans la partie la plus feptentrionale de la prefqu'île de Scandinavie, confinant à la Norwège
vers l'oueft, & à la Finlande vers le fud-eft.

La *Laponie* eft entourée au nord par la Mer-
Glaciale, & à l'eft par le golfe de Finlande. Son
territoire eft montueux ; fon climat exceffivement
rigoureux. L'été a trois mois de jour confécutif,
& l'hiver trois mois de nuit. L'air y eft fec. Ce
pays eft fans culture. Les principaux animaux font :
les rennes, les élans, les ours marins, les glou-
tons, les caftors, &c.

Les habitans font de très-petite taille (quatre
pieds & demi) ; leur tête eft groffe, le nez plat,
les yeux écartés, le teint bafané, ce qui leur eft
commun avec les Finnois, dont on ne peut guère
les diftinguer, excepté qu'ils ont l'os de la pom-
mette un peu plus fort & plus élevé. Outre cela,
ils ont les yeux bleus, gris ou noirs, ouverts &
formés comme ceux des autres peuples de l'Europe. Leurs cheveux font de différentes couleurs,
quoiqu'ils tirent ordinairement fur le brun-foncé
& fur le noir ; ils ont le corps robufte & bien fait.
Les hommes ont la barbe fort épaiffe.

On a débité beaucoup de fables au fujet des
Lapons. Par exemple, on a dit qu'ils lançoient des
javelots avec une adreffe extraordinaire, & il eft
cependant certain qu'ils en ignorent actuellement l'ufage, de même que celui de l'arc &
des flèches ; ils ne fe fervent que de fufils dans
leurs chaffes. La chair d'ours ne leur fert jamais de nourriture : ils ne mangent rien de cru,
pas même le poiffon, en quoi ils diffèrent des Samojèdes ; de même ceux-ci ne font aucun ufage
de fel, au lieu que les Lapons en mettent dans
tous leurs alimens. Il eft encore faux qu'ils faffent
de la farine avec les os de poiffon broyés : cette
pratique n'eft en ufage que chez quelques Finnois,
habitans de la Carélie. Les Lapons ne fe fervent,
pour faire de la farine, que de cette fubftance
douce & tendre, ou de cette pellicule fine & dé-
liée qui fe trouve fous l'écorce du fapin, & dont
ils font provifion au mois de mai. Après l'avoir
fait fécher, ils la réduifent en poudre, & en mêlent avec la farine dont ils font leur pain. L'huile
de baleine ne leur fert jamais de boiffon : il eft vrai
qu'ils emploient, pour apprêter leur poiffon,
l'huile fraîche qu'on tire des foies & des entrailles
de la morue, huile qui n'eft pas dégoûtante & n'a

aucune mauvaise odeur tant qu'elle est fraîche. Les hommes & les femmes portent des chemises ; le reste de leurs habillemens est semblable à celui des Samojèdes, qui ne connoissent point l'usage du linge. Dans plusieurs relations, il est fait mention des Lapons indépendans : peut-être a-t-on voulu parler de ceux dont la chasse & la pêche exigent qu'ils changent souvent de demeure, & qu'ils passent souvent d'un territoire à l'autre. D'ailleurs, c'est la seule race des Lapons entièrement semblable aux autres qui n'ait pas encore embrassé le christianisme, & qui tienne encore beaucoup du sauvage ; ce n'est que chez eux que se trouvent la polygamie & des usages superstitieux. Les Finnois ont habité, dans des temps reculés, la plus grande partie des contrées du Nord.

Depuis plus d'un siècle, les Lapons se sont en partie civilisés : ceux qu'on appelle *Lapons moscovites*, les seuls qui fréquentent Archangel, ont adopté en entier la religion & en partie les mœurs russes. Il y a eu, par conséquent, des alliances & des mélanges entre ces deux peuples : il n'est donc pas étonnant qu'ils n'aient plus aujourd'hui les mêmes superstitions, les mêmes usages bizarres qu'ils avoient autrefois. On ne doit par conséquent pas accuser les anciens voyageurs d'avoir débité des fables à leur sujet. De même les Suédois & les Danois ont aussi policé les Lapons leurs plus proches voisins ; & dès que la religion s'établit & devient commune à deux peuples, tous les mélanges s'ensuivent, soit au moral pour les opinions, soit au physique pour les actions.

Ainsi les Lapons qui n'ont pas embrassé le christianisme, ont conservé dans leur pureté leurs mœurs & leurs anciennes formes. Ceux d'aujourd'hui ressemblent particulièrement aux Finnois, à l'exception qu'ils ont encore les os des pommettes plus élevés : ce dernier trait les rapproche des Samojèdes. Leur taille, qui est au-dessous de la médiocre, les y réunit encore, ainsi que la couleur de leurs cheveux noirs ou d'un brun-foncé. Ils ont du poil & de la barbe, parce qu'ils ont perdu l'usage de se l'arracher, que les Samojèdes ont conservé. Le teint des uns & des autres est de la même couleur ; les mamelles des femmes également molles, & les mamelons également noirs dans les deux nations. Les habillemens sont les mêmes ; le soin des rennes, la chasse, la pêche, la stupidité & la paresse à peu près la même. Nous avons donc été fondés à dire que les Lapons & les Samojèdes ne font qu'une seule & même race d'hommes qui diffère des nations de la zône tempérée.

Les Lapons furent de tout temps des hommes pasteurs ; ils ont de grands troupeaux dont ils font leur nourriture principale : il n'y a guère de famille qui ne consomme au moins un renne par semaine, & ces animaux leur fournissent encore du lait abondamment, dont les plus pauvres se nourrissent. Ils ne mangent pas par terre comme le Groënlan-

dois & les Kamtchadales, mais dans des plats faits de gros drap, ou dans des corbeilles posées sur une table : ils préfèrent pour leur boisson l'eau de neige fondue aux eaux courantes des rivières ; ils habitent sous des tentes faites de peaux de rennes ou de drap ; ils couchent sur des amas de feuilles sur lesquels ils étendent une ou plusieurs peaux de rennes. Ce peuple, en général, est plutôt errant que sédentaire : il est rare que les Lapons restent plus de quinze jours dans le même endroit. Aux approches du printemps, la plupart se transportent, avec leurs familles, à vingt ou trente milles dans les montagnes.

Ils n'ont aucun siége dans leurs tentes : aussi tous s'asseyent par terre. Dans leurs transmigrations, ils attèlent leurs rennes à des traîneaux pour transporter leurs tentes & les autres effets. Ils ont aussi des barques pour voyager sur l'eau & pour pêcher.

Les femmes laponnes sont robustes ; elles accouchent avec peu de douleur ; elles baignent souvent leurs enfans en les trempant dans l'eau froide jusqu'au cou. Toutes les mères nourrissent leurs enfans, &, dans le besoin, elles y suppléent par le lait de leurs rennes. La superstition de ce peuple est sotte & puérile : chaque personne, chaque année, chaque mois, chaque semaine a son dieu. Tous, même ceux qui sont devenus chrétiens, ont des idoles & des formules de divination, des tambours magiques, & certains nœuds avec lesquels ils prétendent lier ou délier les vents.

Depuis un siècle, les côtes occidentales de la *Laponie* ont été bien reconnues & même peuplées par les Danois ; les côtes orientales l'ont été par les Russes, & celles du golfe de Bothnie par les Suédois ; en sorte qu'il ne reste en propre aux Lapons qu'une petite partie de l'intérieur de leur presqu'île. Ainsi cette race est resserrée de toutes parts, & bientôt ce ne sera plus une nation séparée & nombreuse, si, comme quelques voyageurs nous l'apprennent, les Lapons sont réduits à douze cents familles.

LAPRAT, en Savoie. On trouve près de ce village une mine de fer spathique en exploitation. En hiver, le minerai est charié sur la neige de l'ouverture de la mine aux fourneaux sur des traîneaux formés avec des peaux de chèvres.

LARBE, village du département des Basses-Pyrénées, à deux lieues d'Oléron. Ce village est dominé à l'est par une montagne composée de bancs calcaires qu'on appelle *Binet*. On trouve à côté des eaux minérales chaudes & des bancs de pierre calcaire grise de la nature du marbre. A une demi-lieue sud de *Larbe*, on voit des couches de schiste friable & noirâtre ; plus loin, vers le sud, on rencontre des couches de pierre calcaire, qui se séparent par lames très-facilement. On a ouvert plusieurs ardoisières dans les montagnes qui dominent la rive gauche du gave de *Larbe*, au lieu dit *Aspe*.

LARBOUT, village du département de l'Ariège, canton de la Bastide de Saron. Dans cette commune, au lieu dit des *Attids*, on voit d'anciens travaux abandonnés d'une mine de cuivre, qui sont très-vastes, & qui étoient en activité en 1760; maintenant les ouvertures sont comblées. On a trouvé dans les déblais du vert & du bleu de montagne, ou cuivre oxidé.

LARCAT, village du département de l'Ariège, canton de Cabanes. Il y a des minières dans la montagne de *Larcat* : elles fournissent en partie à la consommation de la forge de Gudannes; d'ailleurs, les montagnes du bois de *Larcat* offrent beaucoup de pyrites martiales.

LARENCAS, dans le département de l'Aveyron. On trouve dans ce lieu des schistes alumineux que l'on lave pour en retirer du sulfate de fer (ou vitriol vert), & du sulfate d'alumine ou alun.

LARGITZEN, village du département du Haut-Rhin, arrondissement d'Altkirch. Il y a des tourbières qu'on exploite.

LARNAGE, village du département de la Drôme, canton de Tain. Il y a dans son territoire des terres propres à faire des creusets, qui sont employés avec succès aux affinages de Lyon : cette même terre sert aussi à faire des pipes.

LARRAU, village du département des Basses-Pyrénées, canton de Tardets. A environ quinze cents toises de ce village, il y a une mine de cuivre en filon; ce filon montre au jour de l'ochre mêlé de mine de cuivre jaune, de vert de montagne & de spath calcaire. Il a été exploité en 1759. Un pareil filon se trouve à la montagne de Pista, frontière d'Espagne. Il y a une forge dans le territoire de *Larrau*, laquelle est située près de la source du gave de Mauléon. Les mines de fer qu'on exploite pour cette forge sont :

1°. Celle qu'on tire de la montagne de Burkegni. Cette mine est en masse & en bancs très-épais; sa cassure est schisteuse.

2°. Celle du quartier de Bagohec, de la montagne de Bosmandiète : cette mine est renfermée dans des rochers calcaires.

3°. Celle qui est sur la pente de la même montagne : celle-ci est schisteuse, bleue ; elle forme une nappe sous le gazon.

4°. Enfin, celle qui est située au lieu nommé *Crucaldia*, même montagne. Elle est en filon encaissé dans des rochers calcaires gris-bleuâtres.

On trouve, en montant à *Larrau*, des montagnes de galets qui s'élèvent sur la rive gauche du torrent qui coule sous ce village. La rive droite du même torrent présente des bancs presque horizontaux de marbre gris. A une petite distance de *Larrau* on trouve des masses d'ophite; ces masses s'offrent aussi à la jonction des ruisseaux qui coulent proche la forge de *Larrau*. A une petite distance sud de la forge, on rencontre des masses de marbre gris; enfin, à la forge même on voit des bancs de schiste gris qui se divisent difficilement par feuillets.

LARREY, village du département de la Côted'Or, à deux lieues un quart de Châtillon. Il y a un haut fourneau où l'on fond une grande quantité de minerai de fer.

LARUNS, village du département des Basses-Pyrénées, canton de Mauléon, & non loin du gave de Mauléon.

Près de ce village on trouve une exploitation abandonnée d'une mine de plomb dans les schistes. Cette exploitation est située au lieu dit le *Turon de l'Artigue*.

Le même canton fournit aussi un marbre gris pétri de coquilles fossiles, & du minerai de fer qu'on prend au minier de Point, & qui alimente la forge de Beon.

Enfin, on a trouvé une mine de cobalt au mont de la Grave & au col de la Trappe près de *Laruns*, ainsi qu'une veine de cuivre sulfuré à la montagne de Neuf-Pont, qui n'en est pas éloignée.

LARZAC, rocher du département de l'Aveyron, canton de Cornus. Ce rocher borde une grande montagne où est situé Cornus, & domine un beau plateau qui a deux lieues & demie de longueur sur trois à quatre lieues de large. Ce plateau calcaire renferme des couches de houille sèche que l'on exploite dans différens endroits.

LASALLE, dans le département de l'Aveyron. On fabrique de l'alun dans cette commune, en lessivant des schistes des environs qui contiennent les principes de ce sel.

LASSAINECO, rivière du département des Basses-Pyrénées, arrondissement de Mauléon. Elle prend sa source à six lieues de Saint-Jean-Pied-de-Port, coule au nord-nord-est, fait marcher les usines de la forge de fer d'Eschaux, celles de la fonderie de cuivre de la vallée de Baigorry, & se rend dans la Nive à deux lieues de Saint-Jean-Pied-de-Port.

LASSUR, village du département de l'Ariège, canton de Cabanes. On trouve près de ce lieu, & sur les bords mêmes de l'Arriège, des mines de fer en masses grises, dont les échantillons sont en tout pareils aux fragmens ou graviers qu'on rencontre rencontré dans la même rivière, particulièrement dans les endroits où elle charie des paillettes d'or.

LATERA ou LA TERRA (Mine d'alun de). Le village de *Latera* est situé dans le territoire de Valentano, vers l'extrémité occidentale du patrimoine de Saint-Pierre, à trois milles environ de Bolsena & à vingt-cinq lieues de Rome; il est placé sur une colline dont le sol est très-analogue à celui des environs de Naples. Le territoire de *Latera* a été fouillé, selon toutes les apparences, dans les temps les plus reculés, pour en tirer du soufre & de l'alun. On y trouve un très-grand nombre de souterrains, dont la plupart ne sont point accessibles, à cause des mofettes qui en défendent l'entrée; d'autres se sont écroulés en quelques endroits, & l'on court quelque danger à les visiter. Dans une de ces mines, surnommée *del Mulino*, on trouve attaché aux parois de la voûte le plus bel alun de plume cristallisé en petites aiguilles, blanc, argenté, tantôt très-pur, tantôt mélangé avec du soufre; on y trouve aussi une pierre argileuse bleuâtre, crevassée, au milieu de laquelle l'alun s'est fait jour pour se cristalliser en efflorescence. Le tuf volcanique, qui sert de matrice au soufre pur, n'a presque pas subi d'altération, comme on le voit, à l'embouchure de cette mine; mais lorsque l'acide sulfurique attaque le tuf & toutes les variétés de pierres volcaniques qui s'y trouvent renfermées, ces pierres subissent toutes un changement considérable, qui peut les rendre méconnoissables pour ceux qui ne suivent pas tous les degrés d'altération par lesquels elles passent; elles perdent leur couleur, leur dureté, & deviennent semblables à de l'argile blanche. Ce tuf ne reste cependant pas long temps dans cet état de légèreté & de friabilité; s'il se trouve à portée d'être comme pénétré par des eaux vitrioliques, il s'imbibe de ces sels jusqu'à la saturation, il acquiert de la solidité & du poids, il devient enfin une véritable pierre.

Une des principales choses que l'on trouve dans ces mines, est une eau très-chargée d'acide sulfurique qui découle du haut des voûtes; les habitans de *Latera* la nomment *eau-forte*, & les apothicaires des environs s'en servent au lieu d'acide sulfurique artificiel. Cette eau, en filtrant au travers des couches qui forment les voûtes des mines, y forme une croûte & dépose un alun natif que l'on trouve cristallisé dans plusieurs pierres.

Les mines le plus rarement exploitées auprès de *Latera* sont celles de la Puzzola; le soufre s'y trouve dans un tuf noirâtre qui n'a presque point souffert d'altération, si ce n'est que les parties en sont moins adhérentes que celles du tuf simple, parce que le soufre, en se cristallisant entr'elles, les a écartées les unes des autres. Il y a de l'alun aux mines de la Puzzola comme dans

Géographie-Physique. Tome IV.

celles del Mulino, & il s'y cristallise en efflorescences qui couvrent les parois des voûtes.

Il y a une grande quantité de mines de soufre & d'alun aux environs de *Latera*, mais elles sont abandonnées; celles qui se trouvent dans la plaine des Pazzi sont très-abondantes, mais les mofettes y sont si violentes, qu'on ne peut y pénétrer sans danger.

Sources acides alumineuses des environs de Latera.

On trouve dans ce même canton un grand nombre de sources acides d'odeurs différentes & de divers degrés d'acidité. Il y en a deux auprès des mêmes mines del Mulino dont nous venons de parler, dont l'une bout à froid, sans déborder jamais du bassin où elle est renfermée (*voyez l'article* BULLICAME), & qui a environ vingt-cinq pieds de circonférence; son eau est chargée d'une terre alumineuse blanchâtre, qui lui donne un goût très-styptique & qui agace les dents. Les habitans de *Latera* se servent de cette eau pour guérir les maladies de la peau des animaux. Le bassin n'est pas toujours également plein, & le limon que les eaux abandonnent, ainsi que les petites branches & les herbes qui restent à sec, se recouvrent d'une croûte alumineuse qui s'en détache aisément, & qui est sans aucun mélange de terre. Aucune plante ne végète dans les eaux de ces deux sources, qui exhalent une odeur très-désagréable d'hydrogène sulfuré; celle qui est trouble, & dont le volume d'eau est plus considérable, est beaucoup plus puante que celle qui est limpide. On voit dans cette source de petits vermisseaux ressemblant parfaitement aux anguilles du vinaigre; mais ces vers se plaisent davantage dans l'eau alumineuse claire, où ils multiplient prodigieusement, ainsi qu'on le voit dans une autre source à dix pas de celle-ci, & qui n'est pas trouble.

Auprès d'une prairie que l'on appelle *il Cercone*, au fond d'une grotte percée horizontalement, se trouve une autre source, ou plutôt un bassin rempli d'eau qui bout à froid avec plus de violence que celle dont nous avons parlé ci-dessus, & qui soulève une écume blanche jusqu'à environ un demi-pied au-dessus de son niveau: l'odeur n'en est pas moins désagréable que celle des deux premières sources, mais elle n'en a pas le goût styptique; elle semble seulement saturée d'acide sulfurique. Un thermomètre à mercure, qui, dans l'eau fraîche d'un puits, tomboit de 24 à 13 degrés, plongé dans cette eau vitriolique, est tombé jusqu'à 10 degrés. Cette eau occupe un puits creusé par un habitant de *Latera* qui cherchoit du soufre. Une mofette (*voyez* ci-après) s'empara d'abord du trou, & l'eau y survint ensuite. Quoique cette eau bouillonne avec tant d'impétuosité, elle ne déborde jamais, & ne se décharge par aucun endroit visible. A quelques pas de la grotte dont nous avons parlé, il y a encore une autre source dont l'eau est plus spiritueuse que les autres ; elle est même agréable à boire ; elle n'a rien de styptique, rien de sulfureux ; son goût est acide, vineux & très-piquant ; ses bouillonnemens sont presqu'aussi violens que ceux de l'eau de la grotte, mais ils ne produisent aucune écume. Les plantes aquatiques communes végétent très-bien dans cette eau, & les grenouilles s'y plaisent autant que dans l'eau douce.

Des mofettes des mines de soufre de Latera.

Toutes ces mines sont occupées par des exhalaisons suffocantes, qui en défendent la plupart du temps l'entrée. On y compte environ quarante mofettes qui sont à découvert, & il suffit, dans plusieurs endroits de la plaine, de creuser un pied ou deux pour en découvrir de nouvelles. Les arbres & les vignes sèchent de très-bonne heure dans ce terrain, & aussitôt que leurs racines se sont étendues jusqu'à la couche mofétique. Les mineurs, qui ordinairement travaillent en hiver, écartent la mofette avec le feu, mais il arrive très-souvent qu'elle persiste opiniâtrément & qu'elle éteint le feu ; dans ce cas on attend le vent du nord, au souffle duquel toute mofette cède & s'affoiblit. Plus le vent approche du sud, plus la vapeur est élevée & dangereuse ; l'air pluvieux la corrige sensiblement.

Dans un coin des mines de la Puzzola, au-dessus du niveau de la mofette, on entend un petit bruit sourd, semblable à celui du vent qui se fait jour par des fentes ou des trous fort étroits : c'est la mofette elle-même qui fait ce bruit. Il arrive quelquefois que les mineurs, en creusant, rencontrent des bouffées de vent extrêmement violentes, & qui, se faisant avec force un passage à travers l'ouverture qui vient d'être faite, enlèvent des pierres & les jettent en l'air, & tout à l'entour : bientôt des exhalaisons mofétiques très-fortes s'emparent de la mine, & si les travailleurs ne prennent aussitôt la fuite, ils y sont suffoqués, & périssent sans qu'il soit possible de les secourir.

Cette force impulsive des exhalaisons mofétiques se manifeste d'une manière sensible à *Latera*, par le bouillonnement violent des sources alumineuses, ou simplement sulfuriques qui s'y trouvent. Lorsque le hasard conduit une veine d'eau souterraine dans quelques-uns de ces endroits où la mofette existe, cette vapeur fait bouillonner cette eau à froid, avec la même force que si elle étoit renfermée dans un vase exposé à un degré de feu très-violent. On peut aisément se convaincre de cette activité des mofettes, en remplissant d'eau un trou fait exprès dans le terrain mofétique ; l'eau y devient acide dans quelques minutes, & commence à bouillonner à froid sans verser des bords. S'il y a abondance de soufre & d'alun dans les couches où l'on a creusé le puits, l'eau prend

l'odeur désagréable d'hydrogène sulfuré, ou le goût styptique de l'alun, au lieu du simple goût vineux qu'elle acquiert quand la mofette seule agit sur elle.

Les vapeurs mofétiques de *Latera*, outre qu'elles suffoquent comme toutes les autres, font encore mal aux yeux en les picotant ; elles noircissent aussi l'argent qu'on y expose, & couvrent le cuivre d'un vernis plombé ; elles ont, au reste, toutes les propriétés du gaz acide carbonique : elles rougissent la teinture de tournesol, précipitent l'eau de chaux, éteignent la lumière, &c.

LATTES, village du département de l'Hérault, à une lieue de Montpellier, à l'embouchure de la rivière du Lez. Le bord de la mer qui sépare l'étang de *Lattes* est une plage fort belle ; cet étang rendoit ce quartier de l'ancienne Gaule un poste assuré contre les pirates.

LAUFERSWEILLER, dans le ci-devant département de Rhin & Moselle. On a trouvé dans cet endroit un filon de minerai de cuivre à découvert.

LAUFFEN, château établi au-dessus de la belle cascade du Rhin, près de Schaffhouse en Suisse.

Pour en faire connoître les environs, nous décrirons le sol, depuis Bulach jusqu'à la cascade. Bulach est entouré de vignes. Près de cette ville, le Rhin est bordé de terres sablonneuses & de galets par couches. Il est remarquable qu'on ne voie pas de granites parmi tous ces galets, ni aux environs de Zurich, ni même le long de la route jusqu'à Schaffhouse & *Lauffen*. La quantité de pierres calcaires, dont les détritus se mêlent à l'argile dont tous ces terrains sont couverts, ne contribue pas peu à leur fertilité. A une petite lieue de *Lauffen* on entend un murmure, puis un bruit sourd : on aperçoit le Rhin qui blanchit, puis une vapeur & une brume qui s'élèvent ; c'est la chute du Rhin, cette belle & grande cascade. La quantité d'eau qui s'y précipite, les différentes formes qu'elle prend, & le bruit qu'occasionne sa chute, suffisent pour former un grand spectacle. La cascade vue de face se trouve partagée en trois chutes très-considérables, par deux rochers saillans & isolés qui s'élèvent au milieu des bouillons de l'eau écumante. Le mouvement des eaux est prodigieux par la hauteur de la chute & par ses obstacles. Il s'élève du pied de la cascade une brume, un nuage d'eau en vapeur, qui est transporté par le vent comme une poussière légère ; mais voici ce qui peut intéresser davantage les naturalistes. Les rochers environnans & ceux sur lesquels le Rhin se précipite, sont calcaires : ceux qui s'élèvent & partagent la cascade sont amincis & usés dans le bas par le frottement des pierres que les eaux entraînent continuellement avec elles. Plus les eaux sont basses, plus on voit cet étranglement qui va en s'arrondiffant par le haut. Les roches qui font au bas de la montagne fur laquelle eft le château de *Lauffen*, font également arrondis & creufés en deffous par le même frottement des pierres, ainfi que tous ceux que nous avons remarqués & cités comme étant dégradés par les eaux. C'eft en examinant ces fortes d'endroits qu'on fe met à portée de juger de ce qui eft arrivé dans les lieux où l'on trouve les mêmes effets, quoiqu'il n'y ait plus d'eau. Sans fortir de *Lauffen*, les roches calcaires qui font au haut de la montagne, & fur lefquelles le château repofe, paroiffent ufées & dégradées par la même caufe; en forte qu'on eft tenté de croire que le Rhin, ou toute autre eau courante, ait paffé à côté ou par-deffus ces roches; & il n'eft pas extraordinaire que le fond de la cafcade foit tombé de cette hauteur, puifque celle de Piffe-Vache a creufé le rocher qui eft au-deffous; que le Trient & d'autres fe font formé des lits bien plus profonds. La cafcade actuelle diminuera certainement de hauteur par la même raifon. Les anciennes defcriptions donnent cent cinquante, cent, d'autres quatre-vingts pieds à cette chute, qui paroît réduite actuellement à trente pieds. Les rochers ifolés qui font implantés deffus fe détruiront, comme il eft arrivé à d'autres qui y étoient, & qu'on voit fur d'anciennes eftampes de cette cafcade; il eft même tombé, il y a moins de trente ans, un de ces rochers, que les habitans du pays fe fouviennent d'avoir vu. La Suiffe & tous les pays de hautes montagnes offrent partout des exemples de rochers ufés & détruits par les eaux.

A quelques toifes de la cafcade, au-deffous de *Lauffen*, les roches concrètes commencent; elles font compofées de galets & de cailloux roulés fortement agglutinés enfemble: la violence de la chute paroît les avoir rejetés fur les côtés.

Il y a une pêche de faumons très-abondante au bas de la cafcade & dans le baffin qui l'environne: cette cafcade eft le *nec plus ultrà* pour ce poiffon, fi commun dans le Rhin. On a tenté vainement de mettre des faumons au-deffus de la cafcade, jamais on n'en a pêché au-delà.

LAUMONT, grande montagne du département du Doubs. Elle commence à une lieue de Befançon, s'étend enfuite le long du Doubs, jufqu'à une demi-lieue de Baume, où elle eft interrompue par la rivière de Cufançon, puis par le Doubs, & va fe terminer dans le département du Haut-Rhin, à une lieue de Porentruy. Dans tout ce trajet on peut étudier la variété des couches qu'elle offre fur fes croupes fort élevées.

LAURENT (Baie Saint-). Cette baie fe trouve dans la côte eft de l'Afie; elle a au moins cinq lieues de large à l'entrée, & quatre de profon-

deur; elle fe rétrécit vers le fond, qui paroît affez bien à l'abri des vents de mer. Le capitaine Cook ignore fi elle eft acceffible aux vaiffeaux. Quoiqu'il defirât beaucoup trouver dans ce parage un hâvre où il pût fe retirer le printemps fuivant, il ne perdit point fon temps à l'examiner: il avoit befoin d'un port qui offrît du bois, & il favoit qu'il n'en rencontreroit point ici. Depuis la pointe méridionale de cette baie, qui gît par 65 deg. 30′ de latitude, la côte fe prolonge oueft-quart-fud-oueft l'efpace d'environ neuf lieues, & elle forme une autre baie très-enfoncée ou une rivière; & peut-être le terrain y eft fi bas, qu'il ne frappa point les regards du navigateur anglais.

Les côtes de cette baie font habitées par une peuplade qui doit être celle des Tfchutsky, que les Ruffes n'avoient point encore foumis à l'époque où Cook parcouroit ces mers, & aucun n'approcha des vaiffeaux.

LAURENT (Fleuve Saint-). (*Voyez* SAINT-LAURENT (Fleuve), & l'article AMÉRIQUE SEPTENTRIONALE.)

LAUSANNE, ville de Suiffe, dans le canton du Léman. Pour faire connoître plus particulièrement la conftitution du fol du Jorat (*voyez ce mot*), nous allons donner en détail le réfultat des obfervations qui ont été faites aux environs de cette ville. Si des bords du lac de Genève, vis-à-vis de *Laufanne*, on parcourt l'intérieur du pays, on trouve d'abord ordinairement, à la fuperficie du terrain, la terre végétale où le fable domine; enfuite des graviers, des cailloux roulés, mêlés de fable & de débris de végétaux, jufqu'à la profondeur de deux à trois pieds; plus bas, une couche de marne plus ou moins blanche, quelquefois rouge; au-deffous, une couche de fable, & enfin la pierre de mollaffe par couches, & d'une dureté plus ou moins confidérable. Il faut obferver que les marnes renferment quelquefois des coquilles fluviatiles fort petites, & qu'elles font ftratifiées avec le fable dans un ordre très-variable.

La mollaffe ou pierre de fable eft communément fort tendre & fort facile à fe décompofer à l'air, furtout fi elle a réfidé un certain temps dans les couches voifines de la fuperficie: on y trouve auffi des cailloux roulés, difperfés irrégulièrement, mais à une plus grande profondeur. La pierre de fable eft fort dure, diftribuée par bancs réguliers horizontaux, ou inclinés plus ou moins, fouvent lamelleufe. Toutes les couches font féparées ou diftinguées par des lits de marne d'une certaine épaiffeur.

Ces couches de pierre de fable font quelquefois coupées fur leur longueur par des fentes remplies, ou d'incruftations fpathiques, ou d'autres matières brutes chariées par les eaux. Enfin, cette pierre fait efferve fence avec les acides; ce qui a fait connoître un gluten calcaire & ferrugineux qui lie enſemble les molécules de ſable dont cette pierre eſt compoſée, en grande partie, & les proportions des divers principes qui ont concouru à ſa formation.

Puiſque les rochers, les terres ſuperficielles & le ſable des environs de *Lauſanne* contiennent des parties marneuſes & calcaires, il n'eſt pas étonnant que les eaux qui circulent dans l'intérieur de ces différentes couches, ſoient chargées à un certain point d'un principe de même nature ; cependant, en général, les eaux de ſources, les eaux courantes, qui ſont abondantes dans le Jorat, ſont limpides, légères, bonnes à boire, & propres à tous les uſages domeſtiques & économiques. La plupart des ſources ſont très-abondantes ; mais quelques-unes diminuent ou tariſſent preſqu'entièrement dans les grandes ſéchereſſes, & ſe troublent après des pluies fortes & ſoutenues pendant un certain temps.

On trouve auſſi quelques eaux minérales qui jouiſſent d'une certaine réputation : telles ſont les eaux de la Poudrière, légèrement alcalines, ferrugineuſes & gazeuſes.

En ſuivant les différens ruiſſeaux & torrens diſtribués à la ſuperficie du Jorat, on ne peut méconnoître les progrès étonnans du travail des eaux dans les maſſifs de la pierre de ſable ; en ſorte que ces eaux circuloient autrefois à un niveau bien plus élevé qu'aujourd'hui. Ainſi, dans les coupures des gorges étroites, au fond deſquelles les ruiſſeaux coulent à préſent, on trouve les traces viſibles de l'action des eaux qui couloient à trente ou quarante pieds au-deſſus du fond de ces gorges, & que par conſéquent toutes ces gorges, toutes ces vallées ſont l'ouvrage des eaux courantes à la ſuperficie du Jorat. Ces obſervations, au reſte, ſont rapportées ici, moins comme atteſtant un phénomène particulier, que comme une preuve des opérations générales de l'eau à la ſurface de la terre.

Voici encore d'autres monumens naturels qui atteſtent les changemens que les eaux ont opérés dans le Jorat. Ce ſont les blocs immenſes, iſolés, de pierres d'une nature différente de celles qui conſtituent les rochers du pays, leſquels ſont jetés çà & là à la ſurface de la terre, & dans des endroits où l'on ne trouve que des ſables mouvans : n'ayant pu ſe former où on les trouve aujourd'hui, ils ont donc été tranſportés d'ailleurs. Ces maſſes, trop groſſes, trop peſantes pour avoir été arrondies auſſi parfaitement que les cailloux roulés que l'on rencontre auſſi en grande quantité partout dans les premières couches de la terre, ont conſervé preſque toute leur forme ; cependant leurs arêtes anguleuſes, un peu effacées & foiblement arrondies, prouvent que ces blocs ont éprouvé un frottement aſſez violent ; & comme ce ſont des fragmens de granites de roches quartzeuſes, micacées & feuilletées, ſemblables à ceux qui compoſent les rochers de certaines parties des

Alpes, il eſt viſible que ces blocs en ont été détachés & tranſportés enſuite par les eaux courantes. Il eſt difficile, au reſte, de dire par quelles ſuites de tranſports ces blocs ſe trouvent aux environs de *Lauſanne*, ou même dans les baſſins des lacs de Neuchâtel & de Morat ; pluſieurs circonſtances ayant pu contribuer à des déplacemens ſucceſſifs, on voit un de ces blocs du côté d'Echallens, à un peu plus d'une lieue de *Lauſanne*. Cette pierre eſt preſque d'une forme cubique ; elle a onze pieds de hauteur & ſept de largeur. Non loin du Tolard, un autre bloc, ſemblable & de même nature, a dix-ſept pieds de hauteur & cent neuf pieds de circonférence. Nous ne citerons pas d'autres blocs qui ſe trouvent dans les différens cantons du Jorat ; on peut juger de leurs dimenſions par celles des blocs que nous venons d'indiquer.

En ſe rapprochant de la partie occidentale du Jorat, on trouve le bailliage d'Echallens, limitrophe de celui de *Lauſanne*, où l'on voit, aux environs de Goumoëns, le Crau, Eſſertines, &c., des carrières de pierre calcaire marneuſe, dont les couches ſont un peu inclinées vers le ſud. Les aſſiſes, à découvert dans cette carrière, montrent d'abord du terreau, enſuite une couche de terre mêlée de ſable, d'environ deux pieds d'épaiſſeur ; puis un lit de marne argileuſe & ferrugineuſe, de quatre pieds d'épaiſſeur ; plus bas, un banc de pierre à chaux, de quatre pieds ; enfin, le fond de la carrière offre une couche de pierre marno-ſablonneuſe, de deux pieds.

On voit aiſément que la pierre à chaux de la carrière de Goumoëns, par les ſubſtances qui l'accompagnent, n'eſt pas étrangère au Jorat ; elle ne l'eſt pas davantage non plus par ſa nature. Cette pierre a non-ſeulement des rapports très-marqués avec celle qui accompagne les couches du charbon minéral du Jorat, mais encore, ce qui eſt bien important, elle en a par les foſſiles qu'elle renferme, leſquels ſont ſemblables à ceux des couches du pays de Vaud.

Le dernier bailliage dont nous ayons à parler ici, & qui eſt auſſi limitrophe de celui de *Lauſanne*, eſt celui de Morges. La plaine de ce bailliage eſt caillouteuſe & ſablonneuſe, comme toutes celles de ce pays, formées par les dépôts des rivières ; dans les coupures des vallées on trouve d'abord du terreau ou terre végétale ; deſſous, un banc de mauvaiſe mollaſſe qui ſe délite à l'air & ſe ſépare par feuillets, dont l'épaiſſeur eſt de quatre pieds ; plus bas, une marne pierreuſe & ſablonneuſe qui forme pluſieurs lits, puis un lit peu épais de marne bleue ; enfin, le fond des vallées offre un banc de mollaſſe mêlée de marne.

LAUTARET, montagne du département des Hautes-Alpes, canton de la Glave ; elle eſt très-haute & très-dangereuſe pour les voyageurs qui ſe rendent en Piémont, à cauſe des cols & des précipices qu'ils doivent traverser, de la grande quantité de neiges & de glaces qui y féjournent, & des ouragans qu'on y effuye en hiver.

LAUTERBRUNN (Vallon de), en Suiffe. Le premier objet qui fe préfente dans ce vallon eft le ruiffeau qu'on nomme *le Lutfchin blanc*, pour le différencier de celui qui vient du vallon du Grindelwald, dont les eaux font noires. Les rochers qui bordent le vallon font fort refferrés; il n'y a fouvent d'efpace que pour le ruiffeau & le chemin. Ces rochers font calcaires, compofés de couches horizontales & parallèles entr'elles, d'environ fix pouces d'épaiffeur. On peut remarquer auffi la correfpondance des couches d'un bord à l'autre du vallon, & on ne peut douter, d'après ces circonftances, qui fe trouvent d'ailleurs prefque partout, que les eaux n'aient creufé la vallée en s'y frayant un paffage. Dans les endroits du vallon plus ouverts, il y a en quelques points, au pied de ces rochers, des monticules & de petites collines adoffées qui ne font formées que de leurs débris; elles font couvertes d'arbres & de brouffailles. On voit enfuite un très-gros rocher, qui offre une coupe droite & perpendiculaire à l'horizon comme un mur. Les couches en font parfaitement diftinctes & parallèles entr'elles; mais fi on le confidère fur une autre face, on voit que fes couches s'inclinent de fix à fept degrés du côté de la montagne.

C'eft alors qu'on découvre tout-à-coup une efpèce de vapeur & de brume; c'eft le Staubach qui fe précipite d'un rocher à pic; il tombe d'abord de la moitié de fa hauteur fur un banc de rocher d'où il eft renvoyé, & l'eau defcend enfuite par différentes cafcades jufqu'au bas. La hauteur de fa première chute eft fi confidérable, qu'une partie de fon eau fe divife en petits globules que l'air emporte au loin; c'eft ce qui lui a fait donner le nom de *Staubach* ou *ruiffeau de pouffière*, de forte qu'il n'y a qu'une partie de l'eau qui parvienne jufqu'au bas du rocher, où fa chute a creufé cependant un baffin dont le contour s'eft élevé par les matériaux que l'eau a précipités par fa chute. Cette cafcade fait beaucoup de bruit, & occafionne un grand courant d'air qui entraîne avec lui des parties aqueufes. Nous ne parlerons pas ici des couleurs de l'arc-en-ciel que réfléchit l'eau de cette cafcade quand le foleil donne deffus.

Le rocher d'où l'eau fe précipite eft à pic, comme nous l'avons dit, & entièrement calcaire; il peut avoir neuf cents pieds de hauteur; il s'étend vers le fond du vallon. Trois autres cafcades, d'un moindre volume d'eau, fe précipitent du haut de ce même rocher. L'humidité continuelle qu'elles y répandent, a fait croître & entretient dans une belle verdure des arbres & des arbriffeaux qui fortent des fentes du rocher, ou qui font placés fur les collines formées des décombres que l'eau amène.

En avançant davantage dans cette vallée, on la trouve toujours étroite; elle fe termine en montagnes arides & en rochers efcarpés, dont la plupart font couverts de neiges à une très-grande hauteur, & fur leurs fommets inférieurs il y a des glaciers qui s'écoulent du Gros-Horn & du Breit-Horn. On voit qu'on eft arrivé à des déferts affreux, couverts de glaces & de neiges. Outre les deux montagnes que nous venons de nommer, on diftingue, parmi celles qui forment cette enceinte, celles de Jungfrau-Horn, de Steinberg, de Breit-Eger-Horn. Le chemin pour parvenir à ces déferts glacés eft très-difficile, & demande une journée entière.

Dans les rochers, vis-à-vis du Staubach, qui bordent la partie occidentale de la vallée, il y a un grand nombre de grottes, & celle qu'on nomme *Chorbalm* eft furtout intéreffante.

De *Lauterbrunn*, pour aller voir les glaces & les mines, on fuit le vallon, en côtoyant la Lutfchinen jufqu'à Sichellavinen. Le torrent de Sichellavinen charie des ardoifes rouges femblables à celles d'Engeftlen, & de la mine de fer qui eft due à la grande couche de fer que l'on voit en allant de Sichellavinen à Trachfellavinen. Cette couche fe trouve dans les rochers calcaires de la partie orientale du vallon, ou du même côté où fe trouve l'efpèce de promontoire qu'on nomme *le Moine*. Les mines de *Lauterbrunn* font de deux fortes, celles de la partie orientale de la vallée & celles de la partie occidentale: les premières fe trouvent fur la montagne Hohalp, qui, comme toutes les autres de cette vallée, eft calcaire vers le haut & granitique vers le bas. Il y a deux filons dans cette mine: le premier donne de la mine d'argent grife, femée en grains très-fins dans du quartz; la mine de l'autre filon eft une galène enveloppée de fpath pefant, blanc, opaque. Le rocher eft un mélange de quartz & de ftéatite un peu verdâtre, auquel fe joint du mica & même un peu de feld-fpath. Près du filon la ftéatite eft blanche, & donne à l'ouverture & au chevet de ce filon un faux air d'afbefte.

Les mines de la partie occidentale de la vallée font fur le Steinberg. Le minéral eft une belle galène, la gangue eft du fpath pefant, le rocher un granit compofé de quartz, d'ollaire blanche & de ftéatite verte, de mica & de feld-fpath, dans lefquels le quartz & l'ollaire dominent ce fingulier granit, en effet femblable au gneifs décrit par M. Charpentier.

Le fecond filon en exploitation renferme une fuperbe galène, dont la gangue eft auffi du fpath pefant.

Avant de quitter ce vallon, il nous refte une chofe à remarquer, c'eft que le paffage de la pierre calcaire au granite s'y fait par une pierre calcaire mêlée de points quartzeux, pendant qu'au Grindelwald la pierre calcaire repofe, comme en beaucoup d'autres lieux du Vallais, fur le fchifte micacé. Si d'ailleurs on veut voir les beaux glaciers qui rempliffent le fond de cette vallée, il faut monter fur le Steinberg, d'où on les découvre tous enfemble; & ceux qui ont plus de temps & de courage peuvent les traverfer depuis les hauteur d'Oberhorn, au pied des Tfchingel, & revenir par Breitlavinen & Hohalp; finon on rétrograde environ deux lieues pour fe retrouver au point de Zweylutfchin & prendre le vallon à gauche qui conduit au Grindelwald. (*Voyez ces articles.*)

LAVAL, ville du département de la Mayenne, qui renferme dans fon enceinte, ou plutôt dans un de fès faubourgs, une carrière de marbre connue fous le nom du *haut de Beauvais*. Ce marbre eft fond noir, veiné de blanc & de gris; il renferme des térébratules.

Il y a auffi près de cette ville une mine de houille.

LAVAL-SAINT-ÉTIENNE, village du département de l'Ifère, à quatre lieues de Grenoble. On a découvert dans le territoire de cette commune, au-deffus du village de la Boutière, des filons de charbon de terre, dont l'un a environ neuf pieds de large; ce charbon, éprouvé par les ferruriers du pays, a été trouvé de bonne qualité.

LAVANGES. On donne ce nom aux AVALANCHES (*voyez ce mot*) dans quelques vallées des Alpes; dans d'autres lieux, & furtout en Suiffe, on les nomme auffi LAWINES : ce mot vient de *labi*, qui fignifie *tomber*.

LAVE. On nomme ainfi des matières fondues par le feu des volcans, & qui font forties par les flancs entr'ouverts de ces montagnes enflammées fous la forme de courans : tels font les bafaltes ou *laves* compactes, les *laves* trouées, les terres cuites, les fcories de toutes fortes qui fervent d'enveloppes aux courans de *laves*. Toutes ces matières ont fubi l'action du feu dans le foyer des volcans, & renferment des mélanges de fubftances terreufes, métalliques, falines, plus ou moins fondues & plus ou moins altérées par le feu. Dans quelques-unes de ces *laves* on trouve des granites & des talcites dont certains principes ont été altérés & fondus, pendant que les autres font reftés intacts fous leur forme primitive; mais ce qu'il eft le plus étonnant, c'eft que cette fonte partielle a fuffi pour communiquer à la maffe totale un certain écoulement, comme on le remarque dans les autres courans compofés de *laves* entièrement fondues.

Quelques-unes de ces matières que le feu a chauffées violemment, & qui fe font prêtées à une vitrification parfaite, ont donné des filons de verre qui fe trouvent difperfés au milieu des courans; c'eft à ces différentes bafes touchées par le feu, c'eft aux réfidus des matières qui fervent à l'entretien des feux fouterrains, que font dues les *laves* compactes & d'un tiffu ferré, dures, & fufceptibles de poli. Celle dont on fe fert à Naples & à Rome pour paver les rues & dans la conftruction des édifices, eft une *lave* compacte & fort folide, fufceptible cependant d'être taillée; fa couleur eft d'un gris-fale, parfemé de taches noires. En Auvergne on fait ufage de *laves* fpongieufes qui fe trouvent difperfées fur les bords des courans, qu'on taille avantageufement en forme de pierres d'affifes ou de briques, pour être employées à des conftructions de murs & de voûtes plates, dans les appartemens bas & dans les galeries. Outre la folidité & la confiftance qu'ont ces pierres, leur légéreté & leur porofité les rendent également propres à ces conftructions & à prendre le mortier, qui lui-même devient promptement folide & forme de bonnes liaifons, étant fait de chaux mêlée aux débris de la taille de ces briques.

Prefque toutes les *laves* ont été dans un état de liquidité, pour pouvoir cheminer & s'étendre, au fortir des volcans, fous la forme de courans. C'eft dans ces tranfports lents, mais qui s'accéléroient par les pentes du fol, que les *laves* fpongieufes, les fcories qui fervoient d'enveloppes au noyau de *laves* compactes, ont pris différentes formes bizarres qu'elles ont confervées enfuite en fe refroidiffant : on en trouve auffi de grands amas au milieu & fur les flancs des montagnes à cratères encore ouverts. Ces *laves* fpongieufes ont toutes fortes de tiffus & de couleurs : les unes font noirâtres ou rougeâtres, jaunâtres ou grifes; il y en a de blanches; elles renferment même fouvent des matières intactes, des micas, des morceaux de talcites & de granites qui n'ont éprouvé aucune forte d'altération, des paquets de fchorls, de gabbro, quelques éclats de *laves* vitreufes, parfemées de points blancs quartzeux; enfin, on y trouve des blocs de terres cuites plus ou moins friables. Il y a de ces *laves* fcories qui ont pris la forme de ftalactites & de grappes de raifin lorfqu'elles ont pu pénétrer, dans l'état de liquidité, dans des grottes par des fentes qui n'en admettoient que de petits filets.

C'eft par la comminution de ces *laves* fpongieufes, expofées, pendant la marche des courans, à des refroidiffemens brufques, que font dues certaines pozzolanes connues à Naples fous le nom de *rapillo*, & dont font couverts les flancs du Véfuve.

C'eft à travers les amas de rapillo, & en y enfonçant jufqu'à mi-jambe, qu'on parvient fur la tête de ce volcan.

Nous ne parlerons pas ici de certaines formes affez régulières qu'ont prifes certaines *laves*, & furtout les *laves* compactes qui occupent les centres des courans & s'y montrent, ou au milieu ou vers les extrémités, fous forme de boules folides & à couches concentriques, ou bien fous celle

de colonnes prifmatiques. Comme ces phénomènes demandent des développemens confidérables, nous les réfervons pour les articles BA-
SALTE-LAVES, BOULES DE LAVES.

C'eft pour n'avoir pas fuivi, comme nous l'a-
vons fait dans nos obfervations fur les produits
du feu des volcans, la diftinction des *laves* compactes & des fcories ou terres cuites, ainfi que la
difpofition de ces *laves* autour des cratères & dans
les courans, qu'on a débité tant d'erreurs fur la
décompofition des *laves* à l'air libre, & fur la
formation de la terre végétale à la fuperficie des
torrens couverts de *laves*. On y auroit vu que
toutes les terres végétales qui font fi fertiles, font
en grande partie produites par la décompofition
ou comminution des fcories, des terres cuites &
de leurs mélanges, pendant que les *laves* compactes, d'un tiffu ferré & bien homogène, réfiftent conftamment à la décompofition, & ne fourniffent aucune terre végétale. C'eft ainfi que les
belles & grandes forêts qui environnent l'Etna à
la feconde région, fe trouvent fur un fond de *laves*
folides non détruites, mais recouvertes de terres
volcaniques produites de la comminution des fcories; c'eft ainfi que les prairies du Mont-d'Or,
du Salers & du Cantal font fi abondantes, &c.;
mais c'eft une erreur que d'attribuer la fécondité
de la Limagne d'Auvergne à la décompofition des
laves, car les terres fertiles de cette belle contrée
ne font point volcaniques; c'eft un fond d'argile
& de marne mêlée de fable, de calcaire d'eau
douce & de terres bitumineufes qui fe pulvérifent
aifément.

Nous terminerons cet article en renvoyant aux
articles ANTRIM, AUVERGNE, BASALTE, BOU-
LES BASALTIQUES, ETNA, HÉCLA, LIPARI,
VÉSUVE, & furtout à celui des VOLCANS, dans
lequel nous donnerons la defcription complète
des coulées de *lave* moderne & de *lave* ancienne
que nous avons obfervées autour des centres d'é-
ruption des monts Dôme & des monts d'Or.

LAVELANET, bourg du département de l'Arrière, à une lieue trois quarts de Belefta. Près de
ce bourg eft une mine de jais, jayet ou lignite,
qu'on exploite & qu'on travaille dans le département de l'Aude, pour en former des grains de
colliers ou de chapelets.

LAVELINE, commune du département des
Vofges, à deux lieues de Sainte-Marie-aux-
Mines, fur le territoire de laquelle il exifte une
mine de manganèfe oxidé, & des veines de cuivre, d'argent & de plomb.

LAWINES. (*Voyez les articles* LAVANGES &
AVALANCHES.)

LAYE (La), en Alface. Il y a près de ce lieu
une mine de houille.

LAYEN (La), près de Sarguemine, département de la Mofelle. On y exploite une faline.

LEBERTHAL (Vallée de). En Alface, dans
la vallée appelée *Leberthal*, près de Geesbach, qui
eft une ancienne mine, il fort d'une caverne une
liqueur fale, graiffeufe, huileufe, qui, quand elle
eft bouillie pendant quelques heures dans un vaiffeau bien luté, paffe, dit-on, pour un excellent
baume, utile dans la guérifon des plaies & des
ulcères anciens. Cette eau eft fans doute chargée
de fulfate de fer ou de cuivre, & produit ainfi
l'effet d'un remède aftringent.

LEDUIS, village du département des Baffes-
Pyrénées, canton d'Oléron. Dans le territoire de
Leduis on voit des bancs de fchifte jaunâtre un
peu grenu, & qui n'a point une grande dureté;
ces bancs font couverts de maffes roulées de marbre, de fchifte & de granite. Les granites fe pulvérifent fous les doigts fort aifément.

LEÈS, village du département des Baffes-Pyrénées, canton d'Accous, près du gave d'Afpe.
Il y a dans le territoire de ce village de fort
jolies brèches calcaires & quelques marbres veinés, au quartier d'Aniches. La montagne de Men-
chicot, à mille toifes de diftance de *Leès*, renferme une mine de cuivre.

Il y a une autre mine du même métal au pied
de cette montagne & près du gave, qui porte le
nom de *mine de Tapie*.

LEFFOND, village du département de la Haute-
Marne, canton d'Arc en Barrois, à trois lieues de
Chaumont. Il y a un fourneau & une forge où
l'on emploie du minerai qui provient des environs.

LÉFOOGA (Ile). Cette île eft une des quatre
qui compofent le petit groupe connu fous le nom
général d'*Hapaée*, dans l'Océan pacifique. Les
plantations y font affez nombreufes & étendues;
cependant le terrain eft encore en friche dans
quelques diftricts fitués vers la mer, & furtout au
côté oriental : cela vient peut-être de ce que le
fol y eft fablonneux, car il fe trouve beaucoup
moins élevé que celui des îles voifines. Il eft meilleur au centre de l'île, & tout y annonce une population confidérable & une culture foignée. On
y voit de vaftes plantations enfermées par des
haies qui font parallèles l'une à l'autre, & qui
forment de grands chemins fi beaux & fi fpacieux,
qu'ils embelliroient des contrées où les agrémens
& les commodités de la campagne ont été portés
à une extrême perfection; on y voit de vaftes
cantons couverts de mûriers, & les plantations
en général offrent toutes les racines & les fruits
que produit cette belle partie du Globe. L'île n'a
pas plus de fept milles (anglais) de longueur, &

ſa largeur, en quelques endroits, n'eſt que de deux ou trois. Le côté oriental, qui eſt expoſé au vent aliſé, offre un reſſif d'une largeur conſidérable, ſur lequel la mer briſe avec beaucoup de vio-lence. Ce reſſif, en ſe prolongeant, joint *Lefooga* à Foa, qui n'eſt eloignée que d'un demi-mille ; & comme il eſt à ſec en partie lorſque la marée eſt baſſe, les naturels peuvent paſſer à pied d'une terre à l'autre. La côte eſt un rocher de corail, élevé de ſix ou ſept pieds, ou une grève ſablon-neuſe plus haute que celle du côté occidental, lequel eſt élevé ſeulement de trois ou quatre pieds au-deſſus du niveau de la mer, & terminé par une grève de ſable dans toute ſa longueur.

LEGE, village du département de la Haute-Ga-ronne, canton de Saint-Beat-ſur-Laune. Près de cette commune il y a des mines de plomb argen-tifère. Autour de ce village, les montagnes ſont compoſées de bancs de marbre gris ; plus loin, elles préſentent des bancs de ſchiſte dur.

LÉMAN (Lac) ou lac de GENÈVE. (*Voyez ce dernier mot.*)

LENA, rivière de Sibérie très-conſidérable, tant par ſon cours propre que par ſes affluens. La *Lena* prend ſa ſource dans un petit lac ſitué entre des montagnes voiſines du lac Baykal, & à environ vingt-cinq lieues de Katſchouga-Priſtan : elle eſt déjà aſſez conſidérable près de Katſchouga, quoi-qu'en été il y ait des hauts-fonds qui y gênent la navigation juſqu'à trois cent milles de ſa ſource; plus bas, elle devient très-profonde. Son cours eſt plein d'oſcillations, mais toujours dans une direction eſt-nord-eſt juſqu'à Yakoutsk, & de-là, juſqu'à la Mer-Glaciale, elle ſe porte tout-à-fait dans la direction du nord.

L'aſpect qu'offrent les bords de la *Lena* ſont ſin-gulièrement variés : là, ſon lit eſt bordé des deux côtés par de hautes montagnes couvertes de pins ; ici, les montagnes ſont ſtériles, pelées, & ſe prolongent dans la rivière, de manière qu'elles la forcent de faire un détour. Leurs formes reſ-ſemblent quelquefois à des ruines de châteaux, de tours & d'égliſes, & préſentent de vaſtes cre-vaſſes, bordées tout autour d'aubépines, d'églan-tiers, de groſeilliers & d'autres arbuſtes. Plus loin, les montagnes s'éloignent & laiſſent entr'elles & la rivière de grandes plaines, qui ſemblent être des plaines fluviales : on y voit quelques villes mal-bâties, ainſi que des villages environnés de champs de blé, de jardins & de prairies avec quelque bétail. Ces plaines ſont très-nombreuſes & à des diſtances très-inégales ; il y a quelque-fois juſqu'à dix lieues de France de l'une à l'au-tre, & d'autres fois il n'y en a qu'une ou deux. On y voit toujours des villages juſqu'à Olekma, qui eſt à quatre cent cinquante lieues de Kat-ſchouga-Priſtan. Le pays qui s'étend au-delà d'O-

lekma eſt déſert ; il ne s'y trouve d'autres habita-tions que les villes éloignées de Pokroffsky, de Yakoutsk, de Gigansk, & quelques miſérables cabanes qu'habitent les exilés qui gardent les che-vaux pour la poſte. La meilleure des trois villes dont nous venons de parler n'eſt qu'un aſſemblage de huttes habitées par des Popes, par leurs do-meſtiques & par quelques détachemens de coſa-ques. La *Lena* a ſon embouchure à 71 d. 30' de latitude nord, & à 127 de longitude à l'eſt du mé-ridien de Greenwich ; elle parcourt une étendue de pays de trois mille quatre cent cinquante milles géographiques.

Voici les noms des rivières qui ſe jettent dans la *Lena* : d'abord l'Ilga, à quarante-deux lieues de Katſchouga-Priſtan.

Le Kout, à cent vingt lieues. Très-près du lit de cette rivière, il y a un lac ſalé très-peu profond ; on y a établi des ſalines qui appartien-nent à l'iſpravinsk du diſtrict : chaque fois qu'on fait bouillir les chaudières, on en retire mille quatre-vingts livres peſant de ſel fabriqué.

La Marakoffka, à cent cinquante lieues.

La Makarova, à cent ſoixante-douze lieues.

La Kiringa, à cent quatre-vingt-quinze lieues.

La Witima, à deux cent quatre-vingt-quatorze lieues. Cette rivière ſort du lac ſitué à l'eſt du lac Baykal ; elle eſt preſqu'auſſi large & auſſi pro-fonde que la *Lena*, & elle eſt fameuſe par les martres zibelines, les lynx, les renards, les écu-reuils & les daims qu'on chaſſe ſur ſes bords, comme ſur ceux de la Kovima.

Les zibelines des rives de la Witima & du Momo, qui ſe joint à la première à ſoixante-quinze lieues au-deſſus de ſon embouchure, ſont d'une qualité ſupérieure. Un grand nombre de Tongouths s'y rendent pour les chaſſer.

À une lieue environ au-deſſus de la ſource de Witima ſont les montagnes qui renferment du talc : on voit des morceaux de ce talc de vingt-huit pouces carrés, & auſſi tranſparent que du verre. Toutes les fenêtres de ces contrées en ſont garnies.

Le Pellidoui, à trois cents lieues. Les bords de cette rivière ſont fameux, & parce qu'on y trouve les mêmes animaux que ſur ceux de la Wi-tima, & parce que c'eſt le dernier endroit qui produiſit du blé. Les moineaux & les piés ne ſe trouvent pas plus avant dans le Nord : ils n'y ſont venus que depuis que l'on a commencé à cultiver du blé dans ce canton.

La Nonye, à trois cent ſoixante-dix lieues.

La Yerba, à trois cent ſoixante-quinze lieues. Près de l'embouchure de la Yerba, la *Lena* eſt rem-plie d'îles, où les Tongouths réſident de temps en temps pour faire la pêche.

La Pama, à trois cent quatre-vingt-quatorze lieues.

L'Ounaghtal, à quatre cents lieues.

L'Olekma, à quatre cent cinquante lieues.

L'Aldan,

L'Aldan, à fix cent cinquante lieues.

Diverfes autres rivières fe jettent également dans la *Lena* plus avant dans le nord, mais elles font très peu confidérables.

Yakoutsk eft fitué fur un bras de la *Lena* très-peu profond, & à une lieue à l'oueft du principal lit de cette rivière, qui a, près d'Yakoutsk, auffi une lieue de large : cette ville eft dans une plaine baffe & fablonneufe, qui a quinze lieues d'étendue de l'eft à l'oueft, & trois lieues feulement du nord au fud, & qui ne produit guère que de l'abfinthe, des chardons, quelques fleurs & des oignons fauvages. On y voit de loin en loin quelques touffes d'ofier & quelques pieds d'aubépine, d'églantier, de grofeiller & de framboifier. Cette plaine eft bornée à l'oueft pas une chaîne de montagnes peu élevées & couvertes d'arbres. Le bras de la rivière fur laquelle la ville eft fituée commence à manquer d'eau vers le milieu de juillet, & il refte à fec pendant tout l'hiver; ainfi il faut que les habitans aillent chercher l'eau à trois quarts de lieue de diftance. Quoique la *Lena* foit poiffonneufe dans toute fon étendue, ils tirent le poiffon qu'ils confomment, ainfi que la viande, des environs de la Vilouye, qui eft à cent lieues de chez eux, & ils font venir les légumes & les herbages de Kiringua, fitué fur la *Lena*, à quatre cents lieues plus haut que Yakoutsk.

Dans le mois de juin, toutes les chofes néceffaires à la vie font portées à Yakoutsk par des bateaux qui defcendent la *Lena*, & cette foire s'appelle *le Yarmank*. On appelle auffi *Yarmank* les plaines voifines de Yakoutsk, parce qu'elles font le rendez-vous général des voyageurs, des marchands, des voituriers qui vont dans l'eft & le nord-eft de l'Empire ruffe.

Il y a dans les plaines de Yakoutsk de vaftes prairies, où les pâturages font excellens. La plante qui s'y trouve le plus communément eft le lin fauvage, foit à fleurs bleues, foit à fleurs blanches; on y trouve abondamment une plante que les Ruffes appellent *zemlannoi-laudon*, c'eft-à-dire, *encens de la terre* : elle ne produit point une gomme, mais fa racine eft aromatique. La capillaire abonde auffi dans ces contrées; les Cofaques la ramaffent, la font fécher, & s'en fervent au lieu de houblon: outre cela, les habitans de Yakoutsk la font infufer, & y mêlent du jus de grofeille, de framboife & d'autres baies, ce qui leur fournit une boiffon agréable. Quelques parties fablonneufes des plaines d'Yakoutsk font couvertes de raiforts & d'oignons fauvages.

Tout le pays qu'on traverfe depuis Yakoutsk jufqu'à l'Anga, offre un afpect fort varié : on y voit des bois, de belles prairies émaillées d'une immenfe quantité de fleurs, des lacs, dont quelques-uns très-étendus & remplis de jolies îles; on y voit auffi beaucoup de canards, de courlis & d'autres oifeaux aquatiques, & on en tue beaucoup.

De l'Anga à l'Aldan on rencontre un pays montueux, très-boifé, & ayant beaucoup moins de pâturages que celui qui s'étend entre la *Lena* & l'Anga.

Les habitations fituées fur la rive feptentrionale de l'Aldan confiftent en quelques huttes, dont une appartient aux Cofaques qui gardent le bac, & les autres aux Yakoutsk, qui ont des chevaux. Ce lieu eft à quatre-vingt-trois lieues de Yakoutsk. Là, l'Aldan a cinq cents toifes de large : il coule vers l'oueft, & le poiffon y abonde ainfi que dans les lacs voifins. Les bois font remplis de bêtes fauvages & de gibier; les plaines font habitées par de riches Tartares, qui ont d'immenfes troupeaux de cheveaux & de bêtes à cornes.

Vers le midi, l'Aldan a fur fes bords une montagne qui s'élève verticalement de foixante-dix toifes, & dont la bafe eft compofée d'une pierre vitrifiable très-dure, & remplie de gros arbres pétrifiés. Tous ces arbres foffiles font placés de la même manière, les racines tournées vers le nord-oueft, & les branches vers le fud-eft. Au-deffus des arbres il y a une couche de pierres vitrifiables détachées & de coquillages, avec un mélange de terre verdâtre qui a une forte odeur & un goût de couperofe : on y voit auffi des boules de foufre. Au-deffus eft une autre couche de pierre très-dure, très-compacte, & remplie d'écailles d'huîtres, de pétoncles & d'autres coquillages plus gros. La quatrième couche eft compofée de goémons & de bois pétrifiés, & la cinquième eft d'une pierre grife extrêmement dure, dans laquelle il y a beaucoup de petites coquilles de moules : on trouve dans quelques-unes de ces coquilles de très-beaux criftaux. Cette montagne a environ une lieue & demie de long, & fe trouve au moins à cent vingt-cinq lieues de la mer.

En s'éloignant de l'Aldan on ne voit plus de plaines fertiles & habitées, car on traverfe un pays inégal, rempli de bois & de marais. Les rivières & les torrens s'y précipent du haut des montagnes, & d'ailleurs les productions de la nature y font différentes de celles des campagnes que nous avons décrites ci-deffus; les pins même & les mélèzes y croiffent mal, & font d'une bien plus petite efpèce : on aperçoit de grands efpaces couverts de rhubarbe fauvage & de romarin; on voit enfin du genièvre, du genêt, du thym & des œillets.

LENTICULAIRES (Amas de) ou de Numismales.

Nous croyons qu'il conviendroit de diftinguer de l'amas des cérithes ou vis celui des *lenticulaires*, qui domine en grande abondance dans certaines contrées fituées au nord du premier. Nous ne penfons pas qu'il foit auffi étendu que ces amas de cérithes; mais en général les individus de ces corps organifés font beaucoup plus abondans que ceux de l'amas des cérithes; d'ailleurs, ces *lenticulaires* fe trouvent mêlées avec un moindre nombre d'efpèces différentes de coquilles. Il est vrai que quelques couches de pierres calcaires, formées visiblement des débris de plusieurs autres espèces de coquilles, se trouvent placées au-dessus & au-dessous des bancs qui contiennent les *lenticulaires* presque seules & bien conservées.

LENTO, en Corse. Il y a des mines de fer & de cuivre en exploitation dans ce lieu.

LENTURGHEM, lieu du département du Pas-de-Calais, dans lequel on exploite des carrières de marbre & de pierre dure.

LÉSINA, île de la mer de Dalmatie, située à la hauteur de Narenta. La longueur de cette île est de quarante-quatre milles, & sa plus grande largeur de huit. Elle renferme une grande variété de pierres; la plus belle est un marbre salin d'un grain fin & de couleur de chair, distribuée par bandes. Il ne se trouve pas par bancs suivis, mais par rognons, comme les albâtres, qui sont aussi fort communs dans cette île. Une autre espèce de marbre, beaucoup plus intéressante pour le naturaliste que pour le marbrier, se trouve dans cette île par bancs très-étendus; elle est d'un blanc-sale, mais d'une pâte très-dure & très-compacte. Les fragmens des corps marins s'y montrent sous la forme d'un spath jaunâtre. L'espèce de marbre d'un rouge-foncé, connue à Venise sous le nom de *rosso da cattaro*, s'y rencontre communément. La breccia colorata y est aussi en grande quantité : ses taches varient depuis la couleur de vin jusqu'au bleu-foncé, & outre cela elles paroissent toutes avoir été roulées, parce qu'elles sont arrondies. Ces brèches occupent ordinairement le sommet des montagnes; ce qui forme une correspondance marquée de cette île avec les parties du continent qui sont voisines, & dont les hauteurs offrent la même espèce de pierres, & ce qui indique en même temps l'ancienne contiguité & des îles entr'elles & des îles avec le continent.

Il faut observer aussi que les pierres roulées qui entrent dans la composition des brèches, & qui renferment des corps marins, annoncent une suite d'événemens très-intéressans; car en voyant des corps marins pétrifiés dans ces taches dont les brèches sont composées, il faut nécessairement admettre le travail de la mer, qui a formé ces masses; outre cela il y a eu des époques postérieures où ces pierres ont été détachées des montagnes, ensuite roulées par la mer qui avoit abandonné son premier travail; enfin, tous ces matériaux ont été réunis par un ciment qui, ayant reçu une infiltration conjointement avec les taches, en a formé la brèche dont il est question. Il est également utile & satisfaisant de s'occuper des révolutions attestées par l'état des matériaux qui se trouvent en différentes parties de la surface du Globe, & qui portent les empreintes des mêmes causes.

L'ordre de ces revolutions & leur nombre sont prouvés par les observations les plus exactes, & nous ne pouvons nous refuser aux inductions qu'on est en droit d'en tirer; nous les rappellerons dans beaucoup d'autres articles de ce Dictionnaire.

L'île de *Lésina*, quoique pierreuse & stérile dans la partie la plus élevée, renferme cependant des lisières d'un sol fertile & productif; de-là vient qu'elle est une des plus peuplées de la mer d'Illyrie : plusieurs de ses villages surpassent, par le nombre de leurs habitans, quantité de petites villes.

Le plus considérable est celui de Civita-Vecchia. Il est situé au bord de la mer; dans ce seul endroit la terre gagne visiblement sur la mer. La preuve frappante de ce prolongement de la plage est le penchant de la côte, qui s'élève doucement & qui se termine aux pieds des plus hautes montagnes. Les eaux pluviales & torrentielles qui descendent de ces montagnes déposent les terres dont elles sont chargées, & c'est ainsi que s'augmente l'étendue du terrain qui s'avance dans la mer.

De Civita-Vecchia jusqu'au petit golfe de Zukova, on trouve, sur le rivage de la mer, les carrières des tables d'un marbre blanchâtre, dont les insulaires de la Dalmatie se servent pour couvrir leurs maisons. En fendant les lames les plus épaisses de cette pierre, il arrive assez souvent qu'on découvre sur leurs faces des impressions de plantes marines & de poissons inconnus.

Les circonstances locales ne forcent pas la mer à s'éloigner du rivage; au contraire elle gagne sur la terre, & submerge peu à peu les couches de marbre feuilleté où les squelettes des poissons sont enfermés. Ces couches seront couvertes avec le temps par le gravier & par les débris des testacées de la mer Adriatique. Si quelque naturaliste veut à l'avenir examiner la carrière submergée, & comparer les dépôts formés sur cette base par la mer actuelle, il trouvera, ce nous semble, dans ces différentes productions de la nature, les caractères qui distingueront les temps de leur formation; il verra que les squelettes de poissons de Zuckova n'appartiennent pas à la mer qui aura fait une superfétation sur les couches qui les renferment, & ce nouveau travail aura un grain tout autre que celui du marbre feuilleté. C'est par de semblables indices qu'on reconnoît aisément dans les mêmes mers, en pêchant le corail, que les morceaux de marbre lenticulaire qu'on tire des plus grandes profondeurs n'ont rien de commun avec les coquilles & les madrépores formés dans la mer actuelle, & nul naturaliste ne s'y méprend.

Près d'un petit hameau nommé *Verbagn*, assez loin de la mer, se trouve une carrière du même marbre fissile qui renferme des squelettes de poissons. Ce village est éloigné de deux milles de Varboska, d'où l'on se rend à Gelsa par une route de quatre milles. Dans ce trajet on rencontre une production de la nature qui mérite une grande attention. Une grande partie du chemin, comme aussi une colline presqu'entière, sont composées d'un tuf ou dépôt fait par l'eau. La formation de ce tuf est due à quelque source qui s'est perdue. Il est visible d'ailleurs que ce tuf est de beaucoup postérieur aux couches de marbre qui sont répandues dans toute l'île; outre cela, comme il occupe une plaine & une vallée, il est postérieur encore aux événemens qui ont figuré le massif de l'île en vallées & en montagnes.

Gelsa est un grand village bien peuplé; il est avantageusement situé sur un bon port, qui reçoit les eaux de ruisseaux permanens; il est au pied des collines de marbre dont les couches inclinées se perdent insensiblement dans la mer. On voit dans les environs le plus beau marbre, soit dispersé sur les chemins, soit employé en pavés ou en chétifs bâtimens. La brèche de Gelsa est composée de morceaux anguleux de marbre blanc liés par un ciment d'une terre rougeâtre bien infiltrée; aussi cette brèche est-elle susceptible d'un beau poli: quelquefois cette brèche a des morceaux ou taches irrégulières de couleurs variées & dignes de la décoration des édifices les plus magnifiques; mais il faut savoir faire choix des blocs bien entiers & bien sains, & éviter surtout d'extraire dans cette carrière, comme dans toute autre, les couches extérieures, ordinairement dégradées par les injures de l'air & l'action de l'eau, & plus encore par l'air salé de la mer. Les marbres de Gelsa sont très-beaux, & leur poli est aussi brillant que celui des plus belles brèches qu'on voit à Rome, & qui probablement y ont été apportées de la Dalmatie; mais quand les morceaux polis sont exposés au soleil & à la pluie, le ciment qui unit les taches souffre une altération notable qui détériore l'égalité & la continuité du poli. Outre ces brèches, on trouve aussi dans les environs de Gelsa le marbre lumachelle blanc & noir; le fond noir en est formé d'une terre bitumineuse durcie, & les taches blanches sont des orthocératites changées en spath.

L'île de Lésina étant la plus peuplée des îles de la mer Adriatique, est aussi la plus riche en productions de toute espèce. On y recueille du vin, de l'huile, des figues, des amandes, du safran, du miel. Les plaines y produisent du froment. La douceur du climat y fait multiplier les aloès, dont on peut tirer du fil pour la fabrique des filets. Les palmiers, les orangers, les caroubiers y viennent très-bien.

La saline fait la branche la plus importante du commerce des habitans de Lésina; autrefois ses habitans fournissoient de sardines l'Italie & la Grèce.

LESMONT, bourg du département de l'Aube, canton de Brienne-le-Château, près de l'Aube. Dans l'examen que j'ai fait de la grande plaine de Brienne, j'ai reconnu que Lesmont occupoit le cap inférieur d'un tertre alongé, placé au milieu de la plaine, & sut les croupes duquel sont situés les trois villages de Précy-Saint-Martin, de Saint-Léger-sous-Brienne & d'Espagne. Outre cela, à la tête du même tertre est un mont arrondi, au sommet duquel est bâti le château de Brienne, & d'où l'on jouit de la plus belle vue. Le sol de la plaine a pour fond le gravier calcaire plat.

LESTRE, département de la Manche, près de la mer, à une lieue sud-ouest du port de la Hougue, & à une demi-lieue du petit port de Quineville. On a fait des recherches de houille dans cet endroit.

LEUGNE, département de la Haute-Saône, village situé à l'orient de Vesoul. On y trouve une grotte de trente-cinq pas de longueur sur soixante de largeur. Au haut de la voûte, qui a cinquante pieds d'élévation, sont suspendues des colonnes de glace d'un poids considérable. Le ruisseau qui occupe une partie de ce réduit, est glacé, dit-on, en été, & coule en hiver.

LEVI, dans le département de l'Allier, commune dans laquelle il y a une fabrique de porcelaine.

LIBAN, montagne de Syrie, dont le sommet a 1491 toises d'élévation au-dessus du niveau de la mer. Ce sommet se trouve couvert de neige pendant une partie de l'année; mais il s'en dépouille entièrement l'été, excepté dans certains enfoncemens où elle reste à l'abri du soleil pendant une partie du jour, du côté du nord & du nord-est. La chaîne du Liban se prolonge du nord-est au sud-ouest; elle est coupée par des ravins profonds que les eaux des pluies & de la fonte des neiges y ont creusés. Plusieurs montagnes d'une moyenne élévation s'appuient sur les flancs de la chaîne supérieure, & paroissent avoir résisté à l'impétuosité des torrens qui se précipitent des sommets les plus élevés.

Le Liban est composé presque partout de couches calcaires parallèles entr'elles, & un peu inclinées vers l'ouest. Tout près de Cosseya l'on trouve, dans une vaste étendue de terrain au-dessous des amas de brèches calcaires, des lits de cailloux roulés qui ont été arrondis & déposés ainsi par la mer.

Les eaux qu'entretiennent les neiges qui subsistent toujours dans les enfoncemens dont nous avons parlé, minent la montagne en divers endroits; elles y creusent des souterrains dont les voûtes s'écroulent de temps en temps.

A l'ouest du sommet le plus élevé du Liban, où le Cadicha prend sa source, les eaux ont creusé un canal souterrain qui se prolonge à plus de cinq cents toises du côté du glacier. Si la voûte de ce canal minée par les eaux s'écroule, le Cadicha sera forcé de prendre un autre cours.

On trouve du schiste bitumineux au pied de la montagne d'Ycbel Martias du côté du sud, & dans un autre lieu appelé *Delratel* : dans ce dernier endroit il y a une terre argileuse colorée en rouge, dans laquelle on trouve du succin lorsqu'elle a été lavée par les pluies.

Le *Liban* proprement dit est habité par des Maronites : ils y sont réunis en villages. Après la fonte des neiges, quelques tribus d'Arabes bédouins viennent s'établir auprès d'Elhadet ; ils y vivent du produit de leurs troupeaux, & y récoltent la gomme adragant, qu'ils vendent aux Grecs des villages voisins de Damas : ceux - ci l'emploient dans les apprêts de leurs étoffes.

Les Maronites cultivent le maïs, le froment, l'orge, le millet, le sorgho, la vigne & le coton; ils élèvent beaucoup de vers à soie, & si ces insectes viennent à éclore avant le développement des feuilles des mûriers blancs, ils les nourrissent avec les feuilles de la petite mauve.

Les Maronites ont aussi des abeilles : quelques-uns les renferment dans des ruches auprès de leurs habitations; d'autres vont les déposer au milieu des forêts voisines. Ces abeilles allant butiner sur les arbres résineux, donnent un miel délicieusement parfumé.

La récolte du froment ne se fait, sur les montagnes, que vers la fin d'août, environ deux mois plus tard que dans les plaines : on le sème en septembre, & il passe l'hiver sous la neige. On n'est pas dans l'usage d'engraisser les terres; elles produisent environ dix pour un. Dans les montagnes on est assuré d'une récolte par an, au lieu qu'elle manque quelquefois dans les plaines. Celle de Balbec, faute de pluies, fut sans rapport pendant trois années consécutives, & quoiqu'on eût semé tous les ans, le blé ne germa que la troisième année, & donna pour lors une moisson fort abondante.

Le maïs réussit bien sur la montagne : on l'arrose en pratiquant des rigoles qui conduisent les eaux dans les champs où il croît; il produit souvent quarante pour un. Une mesure de maïs récolté sur la montagne pèse environ un neuvième plus que la même mesure de celui qui a été récolté dans la plaine. On sème le millet au commencement de juin; il sert à nourrir la volaille. On en mêle aussi la farine avec celle du froment pour faire du pain.

La vigne est cultivée à plus de sept cents toises au-dessus du niveau de la mer ; elle n'est pas soutenue sur des échalas ; aussi la chaleur de la terre accélère-t-elle la maturité du raisin. Dans les jardins où elle est appuyée, on récolte le raisin un mois plus tard que dans les environs. Les habitans du *Liban* font évaporer jusqu'à une certaine consistance le suc qu'ils expriment du raisin : il en résulte un sirop très agréable ; ils le

clarifient en y mettant un peu de terre argileuse.

Les cèdres du *Liban* sont à l'ouest du glacier, & à environ quatre cents toises au-dessous on en compte encore près de quatre-vingts, dont sept sont beaucoup plus grands & plus anciens que les autres : ceux-ci ont quatre-vingts à quatre-vingt-dix pieds de hauteur. Le tronc du plus gros a neuf pieds de diamètre, & les autres à peu près huit.

On trouve aussi des cèdres à Elhadet & dans plusieurs autres lieux voisins du *Liban*. Il n'y a pas de goitreux au *Liban*, quoique le goût pour l'eau froide soit porté à un tel point, que les habitans de cette montagne mangent beaucoup de neige, & qu'ils s'en servent comme d'un remède assuré pour la guérison de plusieurs maladies.

Pendant l'été, la plupart des bergers dorment en plein air, ce qui leur occasionne souvent une ophtalmie suivie d'une opacité plus ou moins grande de la cornée transparente. Les peuples du *Liban* ont des mœurs douces : dissimulés & timides comme un peuple esclave, il est rare qu'ils emploient la force pour se procurer ce qu'ils désirent.

La gomme adragant que donne le *Liban* est en gros morceaux, dont la plupart ont une couleur jaune ou ambrée : quelques autres morceaux sont passablement blancs & transparens ; mais tous ces morceaux ont le coup d'œil de la belle gomme des cerisiers & de la gomme arabique commune, & ne ressemblent point à la gomme adragant du commerce.

Un des caractères de cette gomme du commerce est de n'avoir qu'une demi - transparence. Les morceaux les plus beaux sont blancs; ceux qui sont inférieurs sont roux ; mais les uns comme les autres sont un peu opaques. En général, la belle gomme adragant est blanche & en petits morceaux contournés comme des vermisseaux, &, dissoute dans l'eau, elle forme une belle gelée: celle du *Liban* étant dissoute dans l'eau en proportion double, ne donne qu'un mucilage épais & point de gelée, & par conséquent elle est inférieure à la gomme adragant du commerce.

LIBBIANO en Toscane (Solfatares de). Les solfatares sont situées dans un lieu nommé le *Chinse di Sopresso*. La première, plus petite, est dans une vallée d'environ cent brasses de surface. Dans le fond de cette petite vallée sortent d'entre une multitude de petites roches, des filets d'eau froide avec beaucoup de bulles d'air accompagnées d'un grand bruit comme celui de l'eau qui bout. Parmi ces trous il y en a un d'où il sort du vent avec un bruit semblable à celui que le vent fait en sortant d'un tuyau. Dans d'autres endroits de cette vallée, on voit des ruisseaux de cette eau qui bouillonne, quoique froide. Les pierres baignées par ces eaux, & celles qui en sont voisines, sont couvertes d'une matière blanchâtre & un peu jaune ; elles s'écroûtent & se fendent avec une grande facilité. On y trouve une espèce de sélénite fragile qui n'a aucune odeur, ainsi qu'un dépôt semblable à une sorte d'amiante farineuse qui fait pâte avec l'eau. Tous ces lieux sont privés d'herbe ; elle n'y croît point du tout. On y sent une odeur très-forte de soufre & d'hydrogène sulfuré, qui se répand au loin. Ces eaux sulfureuses & celles de pluie s'écoulent dans un fossé qui finit dans la Trossa, & forment une espèce d'écume membraneuse très-dure, qui, desséchée & pulvérisée, brûle comme le soufre. Cette solfatare rend peu de soufre.

Une plus vaste & plus abondante solfatare est située au couchant de celle que nous venons de décrire ; elle est divisée en deux vallées, dans la plus grande desquelles on voit quelques sources qui jaillissent avec bruit d'entre une multitude de petites roches. Dans l'autre vallée est une petite source d'une eau noire, qui forme sur la surface une substance onctueuse peu acide & d'un goût assez agréable. Au-dessous de cette source il y en a d'autres d'eaux froides qui ne sont pas noires, mais plus ou moins acides les unes que les autres. Toutes ces eaux s'écoulent dans un marais où croissent des joncs & d'autres plantes marécageuses.

Dans un autre endroit on voit un filet d'une eau rousse saturée d'une terre rousse & insipide, semblable au safran de mars, ou oxide qui provient de la décomposition du sulfate de fer.

Le soufre se tire de cette solfatare en grande quantité. On lui donne le nom de *soufre de croûte*. Ce soufre coûte moins de manipulation que celui qu'on tire de l'intérieur de la terre, parce qu'il faut creuser des puits pour avoir celui-ci, & souvent les garnir de charpente : il est vrai que cette dernière espèce rend beaucoup plus que le soufre de croûte. On peut toujours tirer le soufre de la première espèce ; mais il faut attendre, pour avoir le second, pendant quelques années, jusqu'à ce que les exhalaisons des eaux sulfureuses en aient reproduit de nouveau. L'espace de dix ans est suffisant pour la formation d'une croûte de soufre grosse à peu près de deux doigts, & propre à fondre.

Il n'y a dans cette vallée aucune apparence d'incendie ou de chaleur souterraine. Il n'y croît point d'herbe. Il y a cependant aux environs de ces solfatares des très-beaux châtaigniers & beaucoup de chênes, qui ne sont nullement endommagés par ces vapeurs sulfureuses, & les animaux boivent de ces eaux qui s'écoulent dans un petit lac. (*Voyez* BULLICAMES & LATERA.)

LIBLAR, près de Cologne, dans le ci-devant département français de la Roër. Il y a des exploitations de terre d'ombre en ce lieu.

LIGNE DE LA GLACE ET DE LA NEIGE.

Les glaciers du Dauphiné sont à 1300 toises au-dessus du niveau de la mer, & n'ont que peu d'épaisseur. Dans le Vallais il y a des glaciers qui sont à huit ou neuf cents toises : ceci prouve qu'il n'y a pas, pour la conservation de la glace, une *ligne constante* dans les montagnes de la Suisse & de la France ; il en est de même de la *ligne neigée*, que Bouguer a trouvée sous la *ligne* & aux environs de Quito.

L'élévation au-dessus du niveau de la mer n'est pas la seule cause de l'existence des glaciers ; la coupe du terrain, la position des vallées relativement au soleil & au vent, influent beaucoup sur la variation de la *ligne neigée*. C'est par des circonstances locales qu'on doit expliquer le double phénomène des petits glaciers sur les plus hautes montagnes du Dauphiné, & des glaciers immenses dans plusieurs vallées assez basses de la Suisse & de la Savoie ; c'est aussi la raison pour laquelle il y a des glaces dans des vallées où il n'y en avoit point autrefois. Il est inutile de recourir à la supposition du refroidissement de la terre : il suffit, pour expliquer le progrès des glaciers vers une *ligne* assez basse dans les vallées, de considérer que la tendance naturelle de la glace une fois formée dans les parties élevées, est de descendre & d'aller par conséquent refroidir ces vallées par des avalaisons plus ou moins considérables ; il ne s'ensuit pas de-là que ces vallées soient plus froides aujourd'hui qu'elles ne l'étoient autrefois. L'augmentation des glaciers ne vient pas de ce que la neige est permanente dans les lieux où elle fondoit anciennement, mais de ce que le poids des masses de neiges & de glaces les entraine dans des parties de vallées où elles ne fondent que très-lentement. Dans les années chaudes il y a plusieurs de ces vallées qui se dégagent des glaces aventurières pour ainsi dire, & qui restent long-temps libres ensuite. (*Voyez* RÉGION des montagnes, & l'article des plantes ALPINES.)

LIGNIÈRE-LA-DOUCELLE, village du département de la Mayenne, à cinq lieues nord-est d'Alençon : il a dans son territoire des eaux minérales ferrugineuses.

LIGUEIL, ville du département d'Indre & Loire. Près de *Ligueil* est un étang dont l'eau forme des incrustations pierreuses autour des objets qui y séjournent quelque temps. La plaine voisine de cette ville est remplie d'une infinité de coquilles fossiles de falun, qui, réduites en poudre, servent à amender les terres.

LIGURIE ou ÉTAT DE GÊNES, dépendant maintenant du roi de Sardaigne. En approchant de la Méditerranée, les Alpes abaissent leurs cimes & se partagent en deux branches : l'une va former les montagnes de Provence, dont nous nous sommes occupés ; l'autre s'étend dans l'État de Gênes, & présente les pentes intéressantes de la rivière du Ponent, & l'arête qui la sépare de la vallée du Piémont. Ce n'est qu'entre Savone & Gênes que commence la chaîne des Apennins : ces montagnes qui, près du passage de la Bochétta, n'ont que trois à quatre mille pieds de hauteur, s'élèvent à plus de six mille pieds vers les confins de la Toscane ; leurs cimes aplaties donnent à la Ligurie orientale (la rivière du Levant) des vallées plus larges, des cultures plus étendues, des routes plus faciles, & en général un aspect moins âpre & moins escarpé que ne l'est celui de la rivière du Ponent. Ici les Alpes liguriennes offrent des pentes fort rapides, des ravines bien suivies depuis les cimes, & les eaux torrentielles s'y précipitent jusqu'au bord de la mer ; c'est là où règne cette corniche qui laisse à peine la route d'un chemin frayé par les mulets & les soldats.

Le granite montre rarement ses formes trapézoïdales dans les Alpes liguriennes : il disparoît au centre de l'Apennin. Des serpentines, des jaspes, des schistes ardoises, des marbres de toutes sortes composent le corps de cette chaîne, qu'on affecte de comparer aux Alpes. Les revers des Apennins, qui s'étendent aux environs de Gênes, offrent des cavernes remarquables qui paroissent avoir été creusées par les flots de la mer, des massifs de marne durcie qui contiennent des pholades vivantes, enfin des carrières de pierres très-propres aux constructions.

Défendue par une partie de l'Apennin, présentant de grandes pentes & des abris considérables & inclinés vers le midi, enfin bordée par une mer ouverte, la Ligurie n'éprouve jamais ces froids vifs qui, en Dauphiné & en Lombardie, rappellent le voisinage des glaciers de la Suisse. La température y est très-douce, même en hiver : on a même reconnu qu'en octobre, par une forte bise, la chaleur de l'après-midi s'approchoit du 20ᵉ degré du thermomètre de Réaumur. Telle est la douceur du climat, que l'on y voit mûrir les fruits de Naples, pays plus méridional de 4 à 6 degrés. La petite ville de Bordighera, près San-Remo, cultive beaucoup de palmiers, dont on envoie des branches à Rome pour les cérémonies de la Semaine-Sainte. Sur toute la côte on voit, entre les caps calcaires, le fond de chaque petit golfe orné de plantations d'orangers, de citronniers, de figuiers, de cédratiers, de jasmins d'Arabie, &c. Les rochers les plus arides se couronnent de grands aloès : de leurs fentes s'élancent des opuntias, ou figuiers de l'Inde. Les lauriers-roses, les romarins, les bruyères en arbres, les myrtes, les cistes en feuilles de laurier agitent leurs tiges fleuries sur les croupes des terrasses qui dominent les bords de la mer ; sur les hauteurs moyennes des rivières du Levant & du Ponent on voit l'olivier mêler sa verdure bleuâtre aux teintes plus douces de la vigne, au vert-foncé des caroubiers & des mûriers, & au vert-clair des pins maritimes. La force de la végétation y est

souvent étonnante ; les caroubiers y viennent en quelques endroits aussi gros que ceux de la Sicile. Les huiles du golfe de la Spezzia sont surtout fort estimées ; les vins de la Ligurie sont loués par Pline, ils tiennent du muscat ; les soies de Novi sont en petite quantité, mais leur blancheur, leur finesse & leur égalité leur donnent un grand avantage pour les fabriques de gaze. Le revers des Apennins opposé à celui des rivières, offre des sources de pétrole, de nombreux dépôts de coquillages marins entassés pêle-mêle avec les débris d'anciennes forêts, & avec les impressions de plantes appartenant à des climats lointains.

Les Génois & tous les habitans des rivières ne négligent aucun coin de terre, & ils y ont formé des jardins qu'ils agrandissent chaque jour, par la destruction des rochers qui peut leur fournir un peu de terre végétale. C'est dans ces jardins qu'ils récoltent en tout temps des fleurs & des fruits.

En général, les cimes les plus élevées de l'Apennin sont nues & stériles ; quelques hêtres cependant y végètent parmi de tristes bruyères. Le pin maritime n'y croît que dans les régions inférieures.

Ce n'est guère que dans les larges vallées calcaires de la rivière du Levant que l'on rencontre de gras pâturages & de vastes cultures en froment : aussi Gênes, obligée de tirer des vivres des contrées voisines, éprouve-t-elle assez souvent de grandes disettes ; même le golfe de Gênes n'est pas poissonneux. La réunion de la Ligurie au Piémont ouvre aux Génois les fertiles plaines qu'arrosent le Pô & le Tésin : ils pourront donner les beaux fruits de leurs côtes en échange des grains d'une région tempérée.

Les deux rivières de la Ligurie offrent à la navigation des Français & des Italiens plusieurs ports & mouillages. Dans la rivière du Ponent on distingue ceux de San-Remo, d'Albenga, de Vadi, & l'on regrette celui de Savone, que les Génois ont comblé par jalousie. La rivière du Levant présente successivement les ports de Porto-Fino, de Sestri, où il y a des chantiers de construction ; puis le golfe de la Spezzia, rade immense qui renferme trois ou quatre grands ports. Enfin, l'embouchure de la Magra offre le dernier port ligurien sur les limites de la Toscane. Nous donnerons, à l'article de cette rivière, la description de son bassin, qui est fort étendu.

Au fond de ce vaste amphithéâtre maritime, dont le contour est semé de golfes, de forêts, de villes, de villages & de jardins, se trouve renfermé un autre amphithéâtre plus arrondi & plus riant : c'est là que s'élève Gênes la superbe, avec ses palais, son port & son phare, son pont aérien qui joint deux montagnes, ses aqueducs, ses édifices publics, construits en marbre. Nous ne nous occuperons pas de la notice de tous ces monumens ;

déjà décrits & connus ; nous ne parlerons pas de sa population : il nous suffira d'indiquer que la majeure partie de cette population consiste en pêcheurs & en matelots. Il y avoit avant la guerre des manufactures fort intéressantes, & dont le Gouvernement français ne négligea pas d'encourager le rétablissement : telles étoient les fabriques de velours de soie unis, répandues même avantageusement dans les villages & les hameaux. Il y avoit autrefois un grand nombre de moulins à papier, dont les produits, connus sous l'enseigne des trois O de Gênes, se débitoient surtout dans l'Amérique espagnole ; mais la principale source de l'ancienne richesse de la ville de Gênes doit être considérée comme ayant son origine dans les affaires de change que faisoit la banque de Saint-Georges. Enfin, les Génois ont cherché à établir des chantiers de construction, qui ne tarderont pas à devenir importans ; les barrières des douanes étant détruites, les forêts des Alpes italiennes descendront dans les ports de la Ligurie, & les rempliront de bâtimens assortis à leur commerce devenu libre.

Il nous resteroit à faire mention des revenus de la république ligurienne ; mais cet objet, outre qu'il n'entre pas dans notre plan, ne présente d'ailleurs rien de précis ni d'intéressant. Il en est de même des beaux-arts, qui ne doivent être bornés qu'à celui des constructions de bâtimens, dirigées d'après des principes modernes de mauvais goût, & que les artistes génois paroissent avoir empruntés de France. Quoi qu'on ait dit des Génois, de leurs mœurs, nous ajouterons ici que les voyageurs éclairés & exempts des préjugés italiens, ont estimé à leur juste valeur, le courage, l'industrie, la patience, la probité commerciale & la tolérance religieuse des Génois. (*Voyez l'article* APENNIN.)

LIKA, rivière de la Bosnie qui prend sa source du côté de Graccas, & se perd dans un gouffre au pied du mont Morlaque, dans la vallée de Gozoigne, à une journée de la mer. On prétend que les sources qu'on voit près de Starigrad au bord de la mer, proviennent de la rivière *Lika*, qui débouche dans cet endroit.

LIMA, capitale du Pérou. Les environs de cette ville annoncent la plus abondante fertilité : il n'y manque que de la pluie pour arroser la terre ; mais l'industrie supplée à l'humidité que les nuages refusent, & rend la terre féconde, malgré la sécheresse du climat. On trouve un grand nombre de canaux qui distribuent l'eau des rivières dans toutes les campagnes de *Lima*. On y arrose les champs de froment & d'orge, les prairies, les vastes plantations de cannes à sucre, d'oliviers, de vignes. A Quito, les récoltes n'ont point de saison déterminée : au lieu qu'ici la terre se couvre de moissons en certains temps,

les arbres se dépouillent de leurs feuilles dans d'autres. La seule culture que demandent les arbres, est le soin de nettoyer les rigoles qui conduisent l'eau au pied de chacun d'eux.

On mange à *Lima* des fruits frais toute l'année, parce que les saisons étant alternatives dans les montagnes & dans les vallées, lorsqu'ils cessent dans un canton, ils mûrissent dans l'autre.

Le pays des vallées, ce long espace qui s'étend entre les Cordilières & la mer du Sud, est la partie du Pérou la plus agréable. L'été est chaud sans qu'on ait lieu de se plaindre que la chaleur soit portée à l'excès ; car elle y est tempérée par des vents qui soufflent modérément dans cette saison. L'hiver ne ressemble point à celui des zônes tempérées ; mais le froid est assez marqué pour obliger à quitter la toile & à prendre le drap. La terre se couvre alors d'un brouillard qui empêche les rayons du soleil de pénétrer jusqu'à elle ; il se maintient fort bas toute la matinée, & à midi il commence à s'élever sans se dissiper : il n'offusque plus la vue, mais cache seulement le soleil pendant le jour, & les étoiles pendant la nuit ; quelquefois il s'éclaircit & laisse apercevoir l'image du soleil sans en laisser sentir la chaleur. Les vapeurs seulement se résolvent en rosée, humectent la terre, font renaître la verdure & ramènent le printemps.

Une singularité fort étrange dans toutes ces vallées, c'est qu'il n'y tombe jamais de pluie & qu'on n'y voit jamais d'orages, quoique le ciel soit, comme nous l'avons dit, couvert de nuages. On ignore dans cette contrée ce que c'est que le tonnerre.

Entre Cusco & Arequipa est le fameux lac Titicaca, le plus grand que l'on connoisse dans cette partie de l'Amérique : il a quatre-vingts lieues de circuit, & près de cent brasses de profondeur. Sa figure est ovale, & plusieurs rivières y portent leurs eaux & y terminent leur cours. Ce lac renferme plusieurs îles ; & comme il est très-abondant en poissons de différentes espèces, les peuples qui habitent ses bords ne s'attachent qu'à la pêche, dont les produits forment pour eux un objet de commerce.

LIMAN ou LÉMAN. Ces expressions se trouvent souvent dans les cartes russes. Nous avons cru devoir en donner ici une courte explication. *Liman* ou *léman* ont probablement une origine celtique, ainsi que l'ancienne dénomination du lac de Genève semble encore l'indiquer. Il signifie peut-être un lac ; mais les Russes l'emploient dans une acception un peu différente.

Ils nomment *liman* l'embouchure d'une rivière, lorsque cette embouchure, formant une espèce de golfe, ne communique avec la mer que par un canal fort resserré. Un *liman* sera donc un long lac qui aura une communication directe avec la mer ; cependant un lac qui, en communiquant avec la mer, n'y verseroit pas en même temps les eaux de quelques grandes rivières, ne seroit pas un *liman*; & de même une rivière qui, en se jetant dans la mer, ne formeroit point à son embouchure un golfe ou un lac terminé par un détroit, n'offriroit pas un *liman*. D'après ces diverses explications, si l'on jette les yeux sur une bonne carte du Danube, on verra bientôt que l'embouchure de ce fleuve n'a point de *liman*. D'ailleurs, il paroît que les Russes emploient exclusivement ce terme pour quelques golfes ou embouchures avec détroit dans la Mer-Noire. Ils disent communément le *liman* d'Ots'chakof, du Niéper, du Dniester ou d'Akirman, &c., mais ils ne diront pas le *liman* de la Neva, de la Dwina.

LIMAT ou LIMMATH. C'est une des rivières les plus considérables de la Suisse; elle sort du mont nommé *Limmeren-Alp*, au canton de Glaris, sur la frontière des Grisons. On l'appelle en cet endroit *Limmeren-Bach*; elle reçoit le Sundbach, & prend alors le nom de *Lintz*, qu'elle conserve jusqu'à son embouchure dans le lac de Zurich. A sa sortie du lac, la Lintz prend d'abord le nom d'*Aa* & ensuite celui de *Limmath*, partage la ville de Zurich en deux parties inégales, va à Baden & se perd dans l'Aar, près de Vogelsang. Cette rivière étant navigable au moins entre Zurich & Baden, on en tire une grande utilité pour faciliter le commerce intérieur du pays, quoique la navigation en soit assez dangereuse, surtout entre Fahr & Wettingen.

LIMBERG, dans le Palatinat. Il y a près de cet endroit des mines de mercure, dont l'exploitation remonte jusqu'au quinzième siècle.

LIMBOURG, dans le ci-devant département de l'Ourthe. On y exploite une mine de calamine ou zinc oxidé.

LIMITES DE L'ANCIENNE ET DE LA NOUVELLE TERRE. Nous avons parlé, dans plusieurs articles de ce Dictionnaire, des *limites* des massifs qui se montrent à la surface du Globe, comme de ces lignes de démarcation importantes auxquelles il falloit s'attacher, surtout dès qu'on se proposoit d'étudier chacun d'eux. Effectivement, c'est en suivant ces lignes que l'on peut observer les contrastes les plus marqués qui s'offrent dans leur intérieur. Nous ne pouvons douter qu'un tracé très-exact & très-complet de toutes les *limites* ne présentât des résultats fort curieux, & qu'on y vît une détermination fort précise des contours des massifs, de leur étendue relative, de leurs différentes élévations au-dessus du niveau de la mer, des formes particulières que les inégalités de la surface de la terre, dans ces contrées, pourroient offrir. Outre cela, d'après les connoissances de la qualité des sols, dans chacun d'eux, on tireroit des connoissances assurées sur les avantages dont les

habitans peuvent jouir, relativement à la culture ou à d'autres exploitations du sol. Ainsi, en contemplant l'étendue relative de l'ancienne terre avec la moyenne, & de celle-ci avec la nouvelle, on y reconnoîtroit d'un coup d'œil la situation respective de ces massifs par rapport aux pays de montagnes, de collines ou de plaines, aux contrées centrales des continens ou aux bords des mers, soit de la Méditerranée, soit de l'Océan. Ces massifs étant bien connus, on pourroit indiquer dans chacun d'eux les subdivisions de certains amas ou *tractus* qui s'y trouveroient renfermés; ce travail s'établiroit à la suite d'une étude plus approfondie de certains massifs, & d'après l'importance des amas & des *tractus* qui mériteroient l'attention des naturalistes.

Nous n'avons encore parlé que du tracé des *limites* simples qui pourroient servir à circonscrire les différens massifs que nous offre la surface de la terre: ces *limites* ne sont pas le plus souvent déterminées par des lignes simples, mais occupent de grandes largeurs, où se présentent des phénomènes qu'il convient de faire connoître avec quelques détails.

Nous avons vu dans les environs de la ville d'Aubrun, du Dognon en Limousin, des buttes arrondies à côté de tombelles alongées, toutes dans la même direction. Les mêmes formes de collines se retrouvent entre les Vosges & près la ville de Lure. Nous indiquerons de semblables collines au pied des Pyrénées. Partout cette configuration du terrain se présente comme l'effet des eaux torrentielles, qui, après avoir quitté l'ancienne terre, se précipitoient à travers les bordures de la nouvelle, dont le niveau étoit beaucoup plus bas. Dans ce passage, les eaux trouvoient un espace fort étendu, en conséquence duquel leur cours incertain a donné ces formes arrondies aux parties des amas qu'elles avoient traversés.

Ce qu'on observe ensuite prouve non-seulement l'immensité des terrains enlevés par les eaux de la surface de l'ancienne terre, mais encore les excavations faites par le même agent sur la nouvelle. On peut se convaincre de ce double travail des eaux courantes, en visitant les matériaux appartenans à l'ancienne terre qui ont été transportés dans les vastes plaines voisines de la ligne qui sépare l'ancienne terre de la nouvelle, & qui s'étendent particulièrement sur la nouvelle, & même assez loin.

Ces dépôts ne sont pas de la date la plus ancienne; ils appartiennent à l'époque torrentielle qui exerça de grands ravages après la retraite de l'ancienne mer; mais si l'on étend ses vues plus loin, & qu'on joigne à cette première considération celle des dépôts intérieurs qui ont été faits dans le bassin de cette ancienne mer & par les eaux tranquilles, alors l'étonnement augmentera à la vue de la grande masse de ces matériaux déplacés & tirés tous de la surface de l'ancienne

terre:

terre : ces feconds dépôts font diftribués par couches fuivies & horizontales. Nous en avons trouvé, par exemple, depuis Juillac en bas Limoufin jufqu'à Hautefort. On remarque auffi que les dépôts littoraux font moins élevés à mefure qu'on s'éloigne d'Ayen, & que leur fuperficie fuit une pente affez fenfible depuis Juillac jufqu'à Hautefort; en forte qu'aux environs d'Ayen & à Saint-Robert, ils font recouverts par des couches peu épaiffes; mais dès qu'on eft parvenu vers Hautefort, les couches de fable difparoiffent, & fe perdent deffous un affemblage très-confidérable de couches de pierres calcaires. C'eft la même difpofition & le même arrangement en fe portant d'Ayen à Terraffon, fur les bords de la Vezère, au fud & au fud-oueft. Nous avons retrouvé même des amas de cailloux roulés, engagés dans les couches de pierres de fable, le long des bords de la Vezère, près de Montignac & à l'oueft de cette ville.

On remarque donc généralement que, fur les bords de l'ancienne & de la nouvelle terre, les couches horizontales de pierres de fable diminuent d'épaiffeur & de hauteur à mefure qu'on s'éloigne de la vraie ligne de la limite de l'ancienne terre, & que les bancs calcaires qui les recouvrent, augmentent au contraire d'épaiffeur en même raifon.

Lorfqu'on a bien fuivi toutes ces difpofitions des bancs de fable, on eft curieux de reconnoître les centres primitifs d'où les eaux, circulant à la furface de l'ancienne terre, ont pu tirer tous ces fables pour les verfer dans la mer & en former des dépôts littoraux arrangés comme nous l'avons dit, foit fuperficiellement, foit recouverts de couches calcaires.

Nous en avons trouvé de femblables autour du noyau granitique des Vofges, avec ou fans cailloux roulés, tout autour des montagnes de la Forêt-Noire, tout-autour du Limoufin, de la Marche, de la Limagne d'Auvergne, de la vallée fupérieure de l'Allier & de la Loire dans le Vélay.

Il eft néceffaire de diftinguer ici plufieurs fortes de pierres de fable, des pierres de fable gris-blanc & rouge qui font diftribuées par couches mêlées de micas.

Des brafiers à gros grains de quartz, de feldfpath, des brafiers à débris de granites, des brafiers débris de granites & de grumeaux calcaires.

Quant aux cailloux roulés qui fe trouvent difperfés dans les couches dont nous venons de faire mention, ils font primitivement des quartz, des granites durs, des ferpentines dures, des bafaltes-laves, des fchorls. Tous ces cailloux roulés paroiffent fouvent avoir été entraînés dans le baffin de la mer de parties de l'ancienne terre peu éloignées, fi l'on confidère les pentes poffibles qui ont pu favorifer leurs tranfports. Le peu d'efpace qu'ils ont eu à parcourir, joint à leur forme arrondie, donne lieu de croire que la mer les aura

long-temps ballottés fur fes bords avant de les dépofer dans les bancs où ils font réfidans. On conçoit aifément que le travail des vagues aura perfectionné ce que les torrens avoient à peine commencé.

Quant aux fables rouges, il paroît que certaines maffes en couches inclinées ont fourni aux eaux torrentielles des matériaux que la mer a ftratifiés enfuite par bancs fuivis & horizontaux. Tous les réfultats des opérations des eaux torrentielles font bien fenfibles aux environs de Meiffac, de Brive & d'Ayen.

Il feroit peut-être fort facile de trouver la réunion des mêmes circonftances dans les Vofges & les Pyrénées, car les réfultats font parfaitement femblables.

Il y a cependant quelques difficultés au fujet des pofitions où fe trouvent les pierres de fable; car certains fommets fort élevés en font recouverts, & ces fommets font au-deffus du niveau des maffes montueufes granitiques des environs; d'autres fois ces granites, bien moins élevés, fervent de bafe aux couches horizontales de pierres de fable rouge & gris. Ces fortes d'arrangemens fe rencontrent fur le chemin de Tulle à Brive. On voit par-là qu'il eft poffible que l'eau de l'ancienne mer qui baignoit les côtes du Limoufin, ait recouvert tous ces granites, & qu'elle y ait dépofé des couches de fable produites de fes laves, & qu'en plufieurs endroits ces couches ayant été détruites par les eaux pluviales & torrentielles, ces eaux auront mis à découvert les granites.

Nous croyons, outre cela, qu'il faut diftinguer deux fortes de pierres de fable, relativement aux époques auxquelles ces dépôts littoraux peuvent appartenir : celles qui font en couches horizontales, qui font compofées des débris de granites ou des lits de pierres de fable inclinés & courbés de mille manières. Ces pierres de fable font mêlées d'une fubftance calcaire qui leur fert de ciment, & qui les rend fufceptible de faire effervefcence avec les acides : celles-ci font de la même époque que les pierres calcaires qui environnent l'ancienne terre fchifteufe & granitique du Limoufin. Les autres pierres de fable en couches inclinées ont exifté à une époque antérieure; elles font partie de dépôts au milieu defquels fe trouvent enfevelis des filons de charbon de terre qui occupent l'ancien golfe de la Dordogne, au-deffus de Meyffac. Plus on étudiera ces maffes, plus on reconnoîtra ce qui fert à les diftinguer, favoir, la difpofition générale des lits, la nature des matériaux qui les accompagnent, & les diverfes circonftances qui ont pu préfider à leur formation.

Il réfulte de ce que nous avons dit, que plufieurs pierres de fable ou dépôts littoraux font appuyés fur des granites de l'ancienne terre ou fur des couches inclinées de la moyenne terre, foit granitique, fchifteufe ou calcaire. (Voyez l'article MORVAN.)

Ttt

LIMOGES (Haute-Vienne). On trouve du tungftein aux environs de cette ville, &, à peu de diftance, des maffes de kaolin en exploitation, & des roches de béril ou d'émeraude très-volumineufes.

LIMON. On entend en général par *limon* la fubftance terreufe un peu graffe qui a été délayée & entraînée par les eaux des rivières, & qu'elles ont enfuite dépofée. On voit par-là que le *limon* ne peut être regardé comme une terre fimple ; mais, au contraire, on le confidère comme un mélange de terres où celles de nature calcaire ou marneufe dominent ; mais les dépôts où les fables font plus abondans, ne. peuvent être confidérés comme limoneux. Les eaux des rivières, en paffant par des contrées différentes, doivent entraîner des terres d'une nature toute particulière : ainfi une rivière qui traverfera des plaines crayeufes, fe chargera de craie ou de terres calcaires ; fi cette même rivière paffe enfuite fur un fol argileux & glaifeux, le *limon* participera de toutes ces fubftances terreufes. Il paroît cependant qu'il doit y avoir de la différence entre ce *limon* & la glaife ordinaire, vu que les matières qui fe font mêlées à la glaife l'ont rendue plus meuble & moins tenace ; par conféquent elle a pris des qualités totalement différentes, & fort fouvent ce *limon* eft une terre très-propre à la poterie, à la tuile, comme font les dépôts limoneux de la Meufe, entre Roterdam & Gouda.

Ce qui vient d'être dit du *limon* des rivières, peut auffi s'appliquer à celui des marais, des lacs & de la mer même. En effet, les eaux des pluies, des ruiffeaux & des fleuves qui vont s'y rendre, doivent y porter des terres de différentes natures & de diverfes qualités. A ces terres il s'en joint affez fouvent une autre qui eft formée par la décompofition des végétaux. C'eft furtout à celle-ci que l'on doit attribuer particulièrement la partie vifqueufe & la couleur noire ou brune de certains *limons* qui ont réfidé long-temps au fond des eaux courantes ou ftagnantes.

Le *limon* que dépofent les rivières mérite toute l'attention des naturaliftes ; il eft propre à leur faire connoître la formation de plufieurs des couches dont nous voyons que certains terrains font compofés. On peut en juger par plufieurs obfervations que nous citerons dans plufieurs articles de ce Dictionnaire, & furtout par celles que M. Schober, directeur des mines de fel gemme de Wieliska en Pologne, a faites fur le *limon* que dépofe la Sala. (*Voyez* SALA, NIL.)

Pour peu qu'on ait obfervé les grandes rivières, telles que le Rhin, le Danube, la Meufe, la Loire, la Garonne, la Dordogne, le Rhône, on voit qu'elles ont entraîné une quantité confidérable de *limon*, tant le long de leurs bords que dans la mer, au voifinage de leurs embouchures. C'eft par ces dépôts immenfes & fucceffifs, que non-

feulement le lit de la mer s'eft hauffé confidérablement, mais même que les bords de fon baffin fe reculent affez rapidement. Les fleuves tranfportent ainfi dans la mer une grande quantité de terre qu'ils dépofent à une diftance plus ou moins grande, & en raifon de leur rapidité. Ces terres tombent au fond de la mer & y forment d'abord de petits bancs qui s'augmentent tous les jours, font des bas-fonds, & enfin forment des îles qui deviennent fertiles à mefure qu'elles s'élèvent au-deffus des eaux.

La Loubère, dans fon voyage de Siam, dit que les bancs de fable & de terre augmentent tous les jours à l'embouchure des grandes rivières de l'Afie, par les *limons* & les fédimens qu'elles y apportent ; en forte que la navigation de ces rivières devient de jour en jour plus difficile, & il préfume qu'elle deviendra quelque jour impoffible. On peut dire la même chofe des grandes rivières de l'Europe, & furtout du Wolga, qui a plus de foixante-dix embouchures dans la Mer-Cafpienne (*voyez* WOLGA), du Danube, qui en a fept dans la Mer-Noire, &c.

Comme il pleut très-rarement en Egypte, l'inondation régulière du Nil vient des torrens qui tombent dans l'Ethiopie. Il charie une grande quantité de *limon* ; & ce fleuve a non-feulement dépofé fur le terrain de l'Egypte, qu'il couvre de fes eaux, plufieurs couches annuelles, mais même il a jeté bien avant dans la mer les fondemens d'une alluvion qui pourra former avec le temps un nouveau pays ; car avec la fonde on trouve, à plus de vingt lieues de diftance de la côte, le *limon* du Nil au fond de la mer, qui s'élève tous les ans. On prétend même que la baffe Egypte, où eft maintenant le Delta, étoit autrefois un golfe fort profond & fort étendu.

La ville de Damiette, éloignée maintenant de plus de dix milles de la mer, étoit, en 1243, du temps de Saint-Louis, un port de mer.

(*Voyez*, à ce fujet, les articles MISSISSIPI & AMAZONES, où l'on décrit les immenfes dépôts produits par le *limon* de ces fleuves.)

Cependant tout le *limon* ne va point à la mer ; il en refte une grande partie qui fe dépofe en route dans les parties des bords des rivières qui font favorables à ces amas de terres. Suivant la nature du *limon* qui fe dépofe ainfi, il s'eft formé & il fe forme tous les jours différentes couches qui, par la fuite des temps, fe durciffent & fe pétrifient. C'eft de cette manière que fe font agrandis les bords des rivières, & que fe font accumulés une multitude de lits terreux que nous voyons fe fuccéder les uns aux autres dans la plupart des plaines fujettes aux inondations des grandes rivières.

Nous diftinguons ici les dépôts fablonneux des rivières, des dépôts terreux ou limoneux : ceux-ci produifent ordinairement de bons effets fur les terres qu'ils recouvrent, parce qu'ils les engraif-

sent. C'est ce qu'on voit surtout dans les inondations du Nil, dont le *limon* gras & onctueux fertilise le terrain fablonneux de l'Egypte. Le plus
souvent, au contraire, les dépôts fablonneux, les
graviers nuisent aux terres sur lesquelles ils sont
répandus. (*Voyez* GRAVIER.) Au reste, le *limon*
ne fait du bien aux fols qu'il recouvre, qu'autant
qu'il résulte de son mélange avec le sol, une terre
substantielle & meuble.

LIMON OU TERRES LIMONEUSES. On ap-
pelle ainsi des terres qui s'affaissent aisément, &
qu'on est obligé de diviser par le moyen des marnes calcaires blanchâtres, par du crau, du *falun*
& même des matières crayeuses. Ces sortes de
terres se retournent d'une seule pièce avec le soc
de la charrue, & on ne les ameublit, comme nous
venons de le dire, que par le moyen des fumiers,
& surtout des engrais terreux. Il y a beaucoup
de ces terres en Brie, dans le Soissonnois, dans le
Thimerais, dans le Perche.

LINCOLNSHIRE, l'un des comtés d'Angleterre. Le marais qu'on appelle ordinairement l'*île
d'Axolm*, situé en partie dans le comté de Lincoln
& en partie dans celui d'Yorck, a été autrefois un pays de bois : témoin la grande quantité de
chênes, de sapins & d'autres arbres qu'on a trouvés
dans ce marais. Il y a de ces chênes qui ont cinq
brasses de tour & seize de long ; il y en a de plus
petits & de plus longs. On trouve encore près
d'eux une grande quantité de glands un peu plus
enfoncés que le pied de l'arbre, & près d'eux, leurs
racines, qui sont toujours plantées dans la terre
ferme au-dessous du marais, comme si les arbres
étoient encore debout. Les sapins sont plus nombreux, & d'un pied ou quinze pouces plus profonds que les chênes. Il y en a plusieurs qui
ont jusqu'à trente brasses de long ; on en a tiré un
qui en avoit trente-six, outre la tête ; il étoit couché près de sa racine, qui étoit comme si l'arbre
eût encore été sur pied ; il n'avoit pas été coupé,
mais brûlé. Les habitans du pays ignorent absolument à quelle époque ces arbres ont été enfouis.

LINGEART, village du département de la
Manche, canton de Poix. Il y a une carrière de
granite gris qui est exploitée avec activité.

LIOBART, dans le département du Lot. Il y a
près de ce village des mines de fer en exploitation.

LIORANT, passage ou défilé du Cantal, sur
la route de Saint-Flour à Aurillac, avant le village
des Chazes. Ce défilé est remarquable par la belle
suite de roches porphyroïdes qu'on y observe.
C'est près de ce lieu, au village même des Chazes,
que l'on trouve le pechstein-porphyre ou obsi-
dienne verte du Cantal. On y voit aussi des argi-
lolites rubanées. Le *Liorant* est dominé par le

Puy-Griou, montagne basaltique remarquable par
sa forme conique & la disposition en faisceau des
prismes dont elle est formée.

LIPARI, îles volcaniques. Ces îles sont au
nombre de dix : elles sont situées dans la Méditerranée, entre la Sicile & le royaume de Naples ;
elles étoient autrefois connues sous les noms de
Vulcania & *Eolia insula*. Leur état volcanique,
quoique connu des Anciens, est devenu seulement
dans ces derniers temps l'objet des observations
de quelques naturalistes.

Ils nous parlent d'abord de Stromboli, située à
trente milles de Lipari & à cinquante de la Sicile :
elle a une forme conique, dont la base, divisée en
deux masses, présente une circonférence de trente
milles environ, &, au milieu de sa hauteur, un
cratère ouvert & renommé par ses éruptions continuelles. Il lance une grêle abondante & soutenue
de laves spongieuses de différens volumes, accompagnée d'une poussière très-fine de lapillo, auxquelles on donne improprement le nom de *cendres*.
Dans les plus grandes éruptions de ce volcan, on
voit au-dessus de son cratère un grand nombre de
débris de matières fondues, qu'il lance à la hauteur d'un demi-mille & quelquefois d'un mille :
les moindres jets de pierres ne vont pas au-delà
de cinquante pieds, & sont toujours accompagnés
d'un bruit éclatant.

Les laves enflammées forment, au-dessus du
volcan, une vive lumière, & ensuite des rayons
divergens qui se distribuent sur les pentes de la
montagne.

Le cratère de Stromboli est depuis plus d'un
siècle placé au milieu de la hauteur de la masse de
l'île. En examinant l'ouverture du volcan de près,
on a reconnu que les intermittences des éruptions,
regardées par quelques voyageurs comme périodiques, étoient rarement de trois à quatre secondes, & devoient par conséquent être considérées comme continues.

Lorsqu'on contemple l'intérieur du cratère, l'on
voit qu'il a très-peu de profondeur, & que ses
parois internes, incrustées de substances volcaniques jaunâtres, se rétrécissent en forme de cône
tronqué renversé. Jusqu'à une certaine hauteur,
le cratère est rempli d'une matière liquide enflammée, agitée sensiblement d'un mouvement
intérieur, & d'un autre mouvement chassant haut
la matière liquéfiée, de laquelle s'élèvent de grosses
bulles. Lorsque celles-ci se crèvent, elles chassent les laves embrasées & encore demi-fluides,
qui s'unissent entr'elles lorsqu'elles se heurtent.

Une chose digne de remarque, c'est que le trajet
de mer où tombent les produits volcaniques de
Stromboli n'est presque jamais rempli de matière
volcanique. Les laves qui tombent en débris sont
très-spongieuses & se broient facilement : il arrive
de-là que plusieurs d'elles sont réduites en poudre
avant d'arriver à la mer, & que d'autres, qui y

Ttt 2

tombent entières, se broient facilement par le choc fréquent & alternatif des flots, le mouvement des eaux étant presque toujours très-impétueux dans ce bras de mer. Toutes les scories étant réduites en menus débris, sont transportées au loin par la violence des courans.

Les produits du Stromboli se réduisent au sable volcanique, aux scories, aux terres cuites ou tuf, aux pierres-ponces. On observe d'ailleurs, dans l'île, trois espèces de scories. La première est très-légère, d'une couleur entre le noir & le gris, & offre quelques morceaux recouverts d'un vernis vitreux; les autres sortes sont en général composées, pour la plus grande partie, de filets vitreux semi-transparens. La seconde espèce dont se forme la grêle, quoique peu différente de la première, est beaucoup plus pesante; elle est sans filets vitreux: c'est un débris de lave brute, d'une texture uniforme & d'un grain peu fin. Enfin, la troisième espèce de scorie renferme du spath; elle appartient à l'ancien volcan, & elle se trouve sous le sable à une certaine profondeur dans l'île.

Ce qu'il y a de plus remarquable après l'examen de ces produits du feu aussi variés, ce sont des espèces de porphyres ou de granites qui ont été plus ou moins altérés par les feux souterrains, quoique cette action du feu n'en ait pas fait disparoître la structure primitive.

Avant d'abandonner ce qui a trait à l'histoire du volcan de Stromboli, nous devons dire que l'époque la plus ancienne de ses incendies qui est venue à notre connoissance, est de 290 ans environ avant l'ère chrétienne: puis, en supposant que ce volcan ait eu des repos de plusieurs siècles, on sait que ses éruptions non interrompues ne s'étendent pas au-delà d'une période de 200 ans. Quant aux substances qui alimentent un feu aussi continu, les naturalistes supposent que ce sont des quantités immenses de soufre, de pyrites de fer, auxquelles ils ajoutent du pétrole, quoiqu'on n'ait pas pu découvrir des indices de ce bitume. Mais ces naturalistes devroient se résoudre à ignorer ce que l'observation ne leur a pas fait connoître jusqu'à présent.

Nous ajoutons à cette description de Stromboli une mention fort abrégée des autres îles Eoliennes, telles que Basiluzzo, Boltero, Lisca Bianca, Dattolo, Panaria, & des salines qui se trouvent dans certaines. Les cinq premières îles se trouvent au-dessous de Lipari & de Stromboli, & quelques-unes sont plutôt des rochers que des massifs considérables de terres & de pierres.

Basiluzzo a environ deux milles de circonférence, & toute la masse qui le constitue est très-peu élevée au-dessus de la mer. Sa superficie est susceptible d'une très-petite culture, parce qu'elle ne présente à sa surface qu'une légère couche de lave décomposée, au-dessous de laquelle on découvre la lave solide granitique en plusieurs endroits, & semblable à celle dont le reste de l'île est formé.

Boltero & Lisca Bianca sont deux masses de rochers formés de laves décomposées par des vapeurs alumineuses. A peu de distance de ces deux rochers on en trouve un autre, nommé Dattolo, formé encore de laves plus décomposées; & plus près de Lipari, on voit l'île de Panaria, composée de granite volcanisé, en partie décomposé, avec une circonférence de plus de huit milles, & une certaine élévation de la masse au-dessus du niveau de la mer.

Quelques naturalistes ont cru que chacun de ces rochers & îlots ne devoit pas son origine à un volcan particulier, mais qu'ils sont les restes d'une île très-ancienne, en partie détruite. Mais toutes ces conjectures sont fort hasardées, & ce qui subsiste encore offre peu de fondement à une hypothèse quelconque. Heureusement que l'intérieur des continens nous offre des produits volcaniques moins altérés par la mer, & beaucoup plus instructifs sur les différentes époques des inflammations des feux souterrains.

La dernière île que nous joindrons à ces rochers, est celle appelée anciennement Gemella, & aujourd'hui Saline, à cause du sel marin que l'on tire d'un angle de la plage: son circuit a plus de cinq lieues; son extrémité se termine en trois pointes, & est formée d'un amas de laves en couches distinctes, provenant probablement des sommets de quelques-unes des hauteurs où l'on a cru reconnoître quelques vestiges de cratères.

Nous passons à une des îles Eoliennes la plus intéressante, c'est-à-dire, à Vulcano. Cette île a trois lieues trois quarts de circonférence, & renferme outre cela, par le moyen d'une langue de terre qu'une grande éruption a produite, un îlot dont le sol est fort rouge; elle a la figure d'un triangle scalène, dont les deux côtés, qui s'enfoncent dans la mer, sont composés de laves épaisses de plusieurs pieds, qui, brisées par les flots, présentent maintenant comme une muraille, sur laquelle on distingue plusieurs produits de volcans. Les premiers produits sont des espèces de cimens très-noirs, très-brillans, tour-à-fait opaques, aisément friables & contenant du spath ou le résidu d'une infiltration calcaire: ce ciment offre encore des bosses parsemées de festons & de gros filets qui sont tous dans la direction de la montagne à la mer. L'intérieur présente une lave grisâtre, avec une base de silex & de feld-spath.

L'autre sorte de lave se trouve par lits & au milieu de l'eau, en forme de boules enveloppées de tufs volcaniques. La mollesse de cette lave pourroit être attribuée au refroidissement subit qu'elle a éprouvé dans l'eau: c'est à cette circonstance qu'on peut attribuer ses fentes & son état de friabilité.

Ces laves paroissent être les productions du cratère principal, qui est éloigné de la mer de deux cents pas ou environ. Ce cratère eſt rempli de terre, & conſerve encore la forme d'un cône renverſé d'une profondeur de quatre-vingts pieds, d'une circonférence au fond de ſoixante-dix pieds environ, & à l'ouverture ſupérieure d'un ſixième de mille. Autour du cratère s'élèvent des traînées d'une fumée blanche; & des fentes d'où elle ſort, on voit de temps en temps, pendant la nuit, s'élancer de petites flammes.

En viſitant les grottes, les exhalaiſons & les vapeurs d'acides ſulfuriques qu'on trouve dans cette île, on peut ſe convaincre que la décompoſition des laves eſt produite par cet acide, & non par le muriatique, comme l'ont ſoupçonné des chimiſtes qui n'ont pas vu ce travail de la nature en grand.

De toutes les obſervations que l'on a faites en différens temps dans l'île de Vulcano, on peut conclure que Vulcano, comme le Véſuve & l'Etna, a éprouvé, dans ſes diverſes éruptions, des changemens de cratères, mais que depuis, l'aliment du feu étant moins abondant, les éruptions ont été moins conſidérables & moins fréquentes. Il réſulte auſſi de l'autorité de pluſieurs écrivains, que le feu de cette montagne date de temps très-reculés, puiſqu'il étoit en activité du temps de Thucydide, qui floriſſoit 475 ans avant l'ère chrétienne : mais ce qui peut faire croire que ces embraſemens datent d'une époque très-ancienne, c'eſt que toute la maſſe de l'île a été ſucceſſivement volcaniſée.

Vulcano, du côté de *Lipari*, n'offre à la vue aucun végétal; ce n'eſt qu'à l'oueſt & au ſud que cette île eſt ornée de végétaux & même de gros arbres, comme des chênes & des yeuſes.

Du reſte, l'île de *Lipari* atteſte, ſoit ſur ſes côtes, le long de la mer, ſoit dans ſon intérieur, les ravages des feux ſouterrains.

LISBURNE (Cap). Ce cap eſt ſitué ſur la côte ſeptentrionale de l'Amérique; il gît par 69 d. 5′ de latitude, & 194 d. 42′ de longitude (méridien de Greenwich).

Il paroît aſſez élevé, même juſqu'au bord de la mer : au reſte, il y a peut-être au-deſſous des terrains bas qu'il étoit difficile d'apercevoir, puiſque le capitaine Cook, lorſqu'il l'obſerva, étoit à la diſtance de dix lieues; partout ailleurs il avoit trouvé, en s'élevant au nord, un rivage abaiſſé, d'où le ſol prenoit enſuite une hauteur moyenne. La côte qui ſe préſentoit devant lui, n'offroit de la neige que dans un ou deux endroits, & elle avoit une teinte verdâtre; mais il n'y vit point de bois.

LISSA, une des îles de la mer de Dalmatie.

Le ſol de cette île offre d'abord du marbre commun, rempli d'orthocératites dans les couches inférieures & de numiſmales dans les ſupérieures. Cette diſpoſition des couches ſe trouve quelquefois dans un ordre renverſé. Parmi les pierres qui s'obſervent ſur la côte de la mer, près du port de la ville de *Liſſa*, on voit un marbre feuilleté & une eſpèce de ſchiſte blanchâtre peu propre à couvrir les maiſons, à cauſe de la fragilité & de l'irrégularité des lames qu'on en détache : on y trouve auſſi une grande quantité d'os foſſiles enveloppés dans une pierre ſemblable à celle qui renferme auſſi des os dans les îles d'Ozero & de Rogos-Nizza; on les rencontre ſurtout dans les fentes perpendiculaires des rochers d'une petite vallée nommée *Ruda*; & l'on aſſure qu'on en trouve encore une plus grande quantité dans les rochers d'un petit îlot voiſin, appelé *Budicovaz*.

L'intérieur des montagnes doit être compoſé de brèches compactes, comme l'extérieur l'eſt de pierres molles & poreuſes. La terre eſt rougeâtre comme une argile ſaturée d'ochre. Les lieux élevés ſont remplis de ſable & de gravier.

Dans les temps anciens, le vin étoit la production la plus importante de cette île : aujourd'hui ce vin eſt d'une très-médiocre qualité, parce qu'on a négligé le choix & la culture des bonnes eſpèces de raiſins, ainſi que l'art de faire le vin. Le ſol & la ſituation ſont favorables à toutes les denrées. L'olivier, le mûrier, l'amandier & le figuier y réuſſiſſent parfaitement bien. Les plantes odorantes donnent au miel un goût exquis; mais on prétend que les abeilles font de très-petites récoltes de cire. La viande des agneaux, des chevreaux, le lait & les fromages ſont de la meilleure qualité; mais les laines ne ſont pas belles, parce qu'on prend peu de ſoin des troupeaux.

La pêche eſt la branche la plus importante du commerce de *Liſſa*. En peu de temps, dans une nuit obſcure, une ſeule barque prend ſoixante, cent & même cent cinquante mille ſardines; mais, dans ces derniers cas, la trop grande abondance devient un objet d'affliction & d'embarras. Par une de ces petites vues qui conduiſent ſouvent les ſouverains & qui cauſent de grands maux, l'île de *Liſſa*, placée dans la ſituation la plus commode pour faire la plus riche pêche, n'a point de magaſins de ſel. Les pêcheurs, ſurchargés de poiſſon, ſont forcés, pour le conſerver, d'aller à la diſtance de quarante milles chercher le ſel dans les magaſins de Léſina; mais déſeſpérant le plus ſouvent de pouvoir aller & revenir avec la célérité néceſſaire, ils jettent cinquante & même cent mille poiſſons à la mer. Ce ſeroit donc une bonne économie, avantageuſe au gouvernement vénitien, que l'établiſſement d'un magaſin de ſel à *Liſſa* : ceci eſt une preuve du mal que font l'eſprit fiſcal & les arrangemens excluſifs.

Ce n'eſt pas ſeulement aux nuits obſcures des mois d'été que ſe borne la pêche des habitans de *Liſſa*. La douceur de ſon climat permet aux pêcheurs d'exercer leur métier pendant tout l'hiver. L'affluence des poiſſons, qui aiment à hiverner entre les rochers couverts des environs, les dédommage des inconvéniens de la ſaiſon. Tous les poiſſons, ſur les côtes de *Lissa*, sont plus grands que dans les parages voisins du continent de l'Italie. On confit dans de la gelée les dorades & les dentales qu'on prend en hiver, & on les vend ainsi préparées.

Les pêcheurs quittent quelquefois les environs de leur île pour aller pêcher près de l'île de Pelagosa; ils ne portent pas pour lors leurs prises à Venise; ils trouvent plus de profit à les vendre dans le royaume de Naples, dont les côtes orientales, qui sont baignées par la mer Adriatique, manquent de la ressource de la pêche.

LISY, village du département de l'Aisne, & à deux lieues de Laon. On y exploite des terres noires pyriteuses, semblables à celles qu'on recueille à Beru; & dans beaucoup de points de la bordure occidentale, de la craie de Champagne.

LISY-SUR-OURCQ, bourg du département de Seine & Marne, sur la rive droite de l'Ourcq, vis-à-vis une île qu'elle forme, & près de son confluent avec la Marne. Il y a près de ce bourg un grand amas de coquilles fossiles isolées dans le sable; ce sont les mêmes que celles de la pierre à bâtir employée à Paris.

LITHUANIE. Cette partie du royaume de Pologne est couverte de bois & de marais, & arrosée par un grand nombre de rivières; on en a défriché une partie, & le terrain fourniroit de tout, excepté du vin, si les habitans étoient plus laborieux. Elle offre aussi de nombreux pâturages, où l'on entretient quantité de bétail, mais surtout des brebis dont la laine est estimée.

LITIS en Macédoine. On y recueille de la soude, qui portoit le nom de *chalastriam*.

LITS DE LA TERRE. Ce sont les différens produits des dépôts formés dans le bassin de la mer, & qui correspondent à ce que les naturalistes ont appelé *couches*. Il paroît que les *lits* sont en général d'une épaisseur beaucoup moindre que les couches & les bancs. On dit un *lit de pierre*, un *lit de carrière*, un *lit de marne*, un *lit de glaise*. On a soin que les pierres soient taillées & placées dans toutes les constructions sur le *lit*, sans cela ces pierres se décomposeroient très-aisément, & se fendroient par la séparation des lames dont sont composés les *lits*. Il y a certaines pierres dont les parties élémentaires & constituantes ne sont pas rangées & disposées par *lits*, mais sans aucun ordre; alors tous les principes sont dans une confusion & un désordre qui permet de les placer dans les constructions comme on le juge à propos, & sur toutes les faces qui conviennent après qu'on les a taillées: tels sont les granites à grains uniformément distribués, les pierres ollaires, les serpentines, &c.

Lorsqu'on dit que les pierres se *délitent*, on

indique la séparation des parties élémentaires des *lits*, qui sont ordinairement des lames fort remarquables. L'effet de la gelée sur les pierres est le plus souvent un *délit*; aussi presque toutes les pierres gélisses sont des pierres composées de lames ainsi mal soudées ensemble.

Les *lits*, comme les couches, sont plus ou moins inclinés à l'horizon, mais leur situation naturelle est l'horizontale; outre cela ils sont constamment, dans toutes les couches, disposés toujours parallèlement les uns aux autres, quelle que soit leur situation relativement à l'horizon.

LITS DES RIVIÈRES. (*Voyez* à l'article RIVIÈRES.)

LITRY (dans le Calvados), village voisin de la mer, & auprès duquel on exploite une mine de houille. Les eaux qui sortent de cette mine sont minérales; elles contiennent du sulfate de chaux, du sulfate de magnésie ou sel de Glauber, & du sulfate de fer.

LIVADIE (Lac de). Ce lac reçoit plusieurs rivières qui arrosent cette partie de la Béotie; mais ses eaux éprouvent un écoulement souterrain à travers le massif d'une montagne située entre le lac & la mer; on y remarque même jusqu'à quarante issues où l'eau s'engouffre dans certaines, lorsque les rivières qui ont leur égout dans le lac grossissent par les pluies: comme ces issues souterraines ne peuvent pas suffire, le lac déborde, & couvre les parties de la plaine voisine de ses bords sur une étendue de plusieurs lieues.

Ce lac peut être considéré comme étant de la troisième classe, c'est-à-dire, qu'il est l'égout de plusieurs rivières; mais outre cela, comme il verse, par des canaux souterrains, son trop plein dans la mer, il peut, sous ce point de vue, être rangé dans une autre classe; car les lacs, égouts des rivières & des fleuves, rassemblent leurs eaux dans des bassins terrestres, & ne se débarrassent continuellement de leur trop plein que par l'évaporation; mais ici le lac de *Livadie* s'en débarrasse par le moyen de canaux souterrains qui ont leurs débouchés à la mer.

LIVENEN (Vallée de). Vallée fort étroite qui commence au pied du mont Saint-Gothard; elle est arrosée surtout par le Tésin, auquel se réunissent plusieurs autres rivières, ainsi que les trop pleins d'un certain nombre de petits lacs. Le climat & les productions de cette vallée varient beaucoup dans l'étendue de huit lieues qu'elle occupe; d'abord des glaciers & des lacs, puis, à une région inférieure, des pâturages & des forêts de châtaigniers; enfin, à un niveau plus bas, on y voit des cultures de froment & des vignes.

LIVERNON, village du département du Lot, à trois lieues de Figeac. On trouve dans les environs des pierres de taille calcaires & de l'albâtre fort blanc.

LIVIGNAC (Le haut), bourg du département de l'Aveyron, à une lieue & demie de Saint-Albin. Il y a des mines de houille sèche qui sont exploitées avec avantage.

LIVOURNE, ville de Toscane. *Livourne* est situé à six lieues de Pise & à vingt lieues de Florence ; c'est le seul port de la Toscane, & le siége principal du commerce de l'Etat.

Livourne est bien bâti, & une de ses principales commodités est d'avoir un canal de cinq lieues de long qui aboutit dans l'Arno, & par lequel on va jusqu'à Pise.

La ville a environ trois cent cinquante toises de longueur, & autant de largeur. Il y a une grande & belle place, de laquelle on voit les deux portes opposées, savoir, la porte *Colonnella*, qui regarde la mer, & la porte de Pise, du côté du continent.

Le port de *Livourne* a environ trois cents toises de long, & vingt brasses ou trente-six pieds d'eau dans les endroits les plus profonds ; il est sujet à des attérissemens auxquels on remédie assidument par le moyen des pontons, qui servent à en retirer le sable & les immondices.

A l'égard du commerce actif de *Livourne*, il consiste en huiles & autres denrées de la Toscane, & en marchandises du Levant, que les négocians de *Livourne* font venir pour leur compte ; coton filé & non filé, café en fèves que l'on tire par la voie d'Alexandrie, soufre, alun, laques fines & autres drogues du Levant ; anis de Rome, essences, &c. On envoie en Espagne & même en Angleterre, des peaux de chèvres : on envoie beaucoup d'habits dans le Levant, & surtout pour les matelots ; on y fait des liqueurs, & celles de Bologne y sont fortement prohibées.

Le corail est le principal objet de manufacture à *Livourne* : cette matière se tire des côtes de la Sardaigne & de la Corse, & surtout des environs de Bizerte en Afrique, près de Tunis.

Vents dominans à Livourne.

Livourne, à cause de sa position, est très-exposé aux vents de mer. Le *libeccio* ou sud-ouest, & le *scirocco* ou sud-est, élèvent avec tant de force les eaux de la mer, qu'elle couvre beaucoup plus de terre que de coutume : ce gonflement de la mer commence un peu avant que ces vents soufflent à *Livourne*, principalement celui de sud-ouest, qui occasionne les tempêtes ; ce qui fait que les gens exercés peuvent prédire quand & pendant combien de temps ce vent doit souffler.

Cette élévation de l'eau se nomme simplement *empisondo*, pour la distinguer de l'élévation régulière du flux de la mer, qu'on nomme *empisondo della luna*.

Le vent de sud-ouest enlève par sa violence une multitude de gouttes d'eau infiniment petites, qui forment un brouillard humide qu'on nomme *polverino* : ce brouillard gâte les peintures, rouille le fer & le cuivre, corrode les tendres rameaux des arbres, & laisse sur les feuilles & sur les fruits une efflorescence saline qui les rend salés, & ne permet pas aux arbres de s'étendre du côté qui regarde la mer. Quand le vent de sud-ouest souffle fort, les vaisseaux qui viennent à *Livourne* courent risque de se perdre, parce que ce brouillard occasionne une telle obscurité deux heures avant le coucher du soleil, qu'on ne peut voir ni les montagnes ni le fanal ; il faut alors qu'ils s'arrêtent à l'île de Corse, & qu'ils en partent le jour d'après à l'aurore, & ils sont sûrs d'entrer à *Livourne* à pleines voiles vers l'heure de midi. Ces vents occasionnent un autre phénomène remarquable ; c'est que le plus souvent ils font passer avec une grande rapidité les nuages sur *Livourne*, sans leur donner le temps de se résoudre en pluie, & ils les déposent sur les monts de Pise & du Florentin : il arrive de-là qu'il pleut beaucoup moins à *Livourne* qu'à Pise, quoique ces deux villes soient peu distantes l'une de l'autre.

Les vents de terre ne sont pas si furieux. Quand la *tramontane* ou le vent du nord, & le *maestrale* ou nord-ouest ont soufflé pendant quelques jours, ils font abaisser l'eau de la mer, & l'éloignent quelquefois de la terre à la distance de dix brasses. Ces mêmes vents occasionnent des tempêtes dans la mer d'Afrique, où ils élèvent les eaux à de grandes hauteurs, tandis que les vents de sud y abaissent les eaux & font des tempêtes sur les côtes de Toscane.

Le *maestrale* se lève ordinairement, dans l'été, à midi, dure jusqu'à la nuit régulièrement tous les jours, & diminue sensiblement la chaleur de la saison : quelquefois il continue de souffler pendant plusieurs jours, & il a tant de force alors, qu'il change le courant ordinaire de la mer du couchant au levant, de manière que, dans le canal de Piombino, il retarde le voyage de ceux qui vont à *Livourne*, & qu'il accélère celui des barques qui vont de *Livourne* à Piombino.

LOCLE (Le), village au centre d'une mairie du pays de Neuchâtel, près duquel, dans le quartier appelé *les Roches*, on a établi des usines propres à la mouture des grains & au sciage des bois : par ces établissemens on tire un grand parti des eaux qui se précipitent dans certaines fentes des rochers. On ne descend pas sans frémir dans les souterrains où se trouvent les usines, & l'on n'en sort pas sans admirer le courage & l'industrie qui ont su mettre à profit des circonstances aussi singulières où se trouvent placées ces forces & ces moyens.

LOD, village du département du Doubs, à deux lieues d'Ornans. Il y a une manufacture très-importante de fil de fer, de broches à tricoter & de cloux d'épingles dits *de Paris*; de baguettes de fusils, de cloux pour les caissons & les garnitures de casques.

LODELINSART, village du ci-devant département de Jemmapes, à une lieue de Châtelet. Il y a deux fours à verre; près de ce village on exploite un grand nombre de houillères.

LODÈVE, ville du département de l'Hérault, au pied des Cévennes. On trouve dans ses environs des carrières de plâtre gris & blanc qui sont en exploitation.

LODI. *Lodi* est une ville célèbre du Milanez, sur l'Adda, à sept lieues de Milan & à dix de Plaisance.

Le climat de *Lodi* est tempéré, l'air y est bon, l'eau saine & belle; son territoire est fertile & supérieurement arrosé, mais par cela même un peu humide & sujet aux brouillards; il abonde surtout en bestiaux. Les fromages connus en France sous le nom de *Parmesan* se font exclusivement dans le pays de *Lodi*, à la gauche du Pô, dans le Pavesan & le long de l'Adda. Cette rivière est remarquable par les rochers de poudingues qui sont dans l'espace que parcourent ses eaux. Ces pierres servent à faire des meules & sont employées pour les digues.

LOICHE, dans le Vallais, lieu remarquable par ses bains. Depuis le Rhône jusqu'au village de Sierre, on passe par Claré & Salges, en laissant le Rhône sur la droite; tout ce terrain est couvert de pierres calcaires. A Faxen on commence à monter la montagne de Faren; le chemin est rapide. On trouve sur le haut de cette montagne des blocs isolés de granite composés de quartz, de feld-spath & de mica. On ne voit que des rochers calcaires, & point de masses plus élevées au-dessus de ces blocs. On passe ensuite par un bois de pins, & l'on parvient enfin à un escarpement à pic d'une hauteur prodigieuse. On est étonné de voir le gouffre qu'on a devant soi, & l'on ne sait comment on parviendra dans ce fond, où l'on a peine à distinguer la Dala, gros torrent qui y coule. On a taillé à grands frais un sentier tortueux dans cette roche toute calcaire; on a eu soin de garnir le côté du dehors de ce sentier avec des pierres ou des garde-fous, pour rendre ce passage moins dangereux pour les chevaux & pour les hommes. Ces précautions ne peuvent guérir de la peur de voir tomber d'énormes quartiers de pierres suspendus au-dessus des voyageurs, & qui sont fendus & crevassés partout.

Quand on est descendu au tiers environ de cet énorme fond, on passe sur les décombres de cette vaste montagne calcaire, dont la base est formée par un lit de schiste argileux ou d'ardoise feuilletée sans mélange, qui se détruit dans différens endroits, & qui est affaissé & incliné dans d'autres. Il est aisé de voir en même temps qu'on examine cette base, que c'est sa destruction qui a occasionné la chute d'une partie de cette montagne; elle est partout à pic de ce côté, & a subi successivement ces renversemens qui paroissent plus anciens les uns que les autres; car ces débris sont plus ou moins couverts de terres, de bois, d'arbres & d'autres productions végétales.

On continue la route à mi-côte à travers ces débris. Le sommet de ces montagnes a différentes formes. Les neiges qu'on aperçoit en plusieurs endroits produisent des chutes d'eau, des cascades, dont une partie se réduit en vapeurs avant d'atteindre le bas. Le haut des montagnes qu'on voit au-delà de ce vallon est également calcaire: elles sont plus basses, couvertes d'arbres & de sapins, au lieu que les premières sont nues & arides; elles atteignent la région des neiges.

Après avoir fait un long trajet, on est surpris de trouver à cette hauteur un beau village; c'est Juden, entouré de beaux pâturages: on voit de tous côtés des châlets, des granges, des cabanes, des habitations. Après avoir encore descendu & monté à différentes reprises, on arrive enfin aux bains de *Loiche*.

Comme ce vallon n'est ouvert aux vents que des deux côtés du nord-est & de l'ouest, ces vents y sont très-fréquens: celui d'ouest s'engorge avec violence dans la plaine, qu'il rase dans toute sa longueur, de manière qu'il emporte & déracine souvent les arbres & renverse les châlets.

Les hivers sont fort longs dans cette vallée, qui dans ce temps est fréquentée par des ours & des loups.

LOIR ET CHER (Département de). Ce département tire son nom de deux rivières qui l'arrosent dans deux contrées séparées. Il comprend à peu près toute la partie méridionale de l'ancien gouvernement de l'Orléanois, où se trouve cette partie sablonneuse & stérile, connue sous le nom de *Sologne*. Ses productions sont le blé, & surtout le vin. Les bornes de ce département sont au nord celui d'Eure & Loir, au nord-est le département du Loiret, à l'est celui du Cher, au midi celui de l'Indre, au sud-ouest celui d'Indre & Loire, & enfin au nord-ouest le département de la Sarte.

Les principales rivières sont d'abord le *Loir*, qui arrose sa partie septentrionale, qui passe à Vendôme & à Montoire; puis le Cher, qui arrose la partie méridionale; ensuite la Loire, qui traverse ce département par le milieu & passe à Blois; elle reçoit à droite la Bièvre, le Beuvron & le Cosson. Le *Loir* reçoit la Saudre grande & petite; il passe à Salbris, à Romorantin, à Saint-Aignan & à Montrichard.

Les

Les principales villes font Blois, Vendôme & Romorantin.

LOIRE. Cette grande & belle rivière prend fa fource près le gerbier de Joux, une des plus grandes maffes volcanifées du Mezin.

Au-deffous du Puy-en-Velay elle reçoit, à droite, le Lignon, la Dunière :& la Semène ; puis, quelques lieues plus bas, le Furand & la Coize, & encore après, la Teranche & la Loize.

En confidérant la marche de la *Loire* & en la comparant avec les limites de fon baffin, & par fuite de cette obfervation avec les différens cours des rivières qui s'y réuniffent à fa droite, on voit que toutes ces rivières font petites, fi l'on en excepte cependant l'Arroux ; auffi fon baffin prend-il, à la hauteur d'Autun, une extenfion affez rapide.

A mefure qu'on defcend vers Nevers, où fe joint l'Allier, & au-deffous, le cours des rivières affluentes fe raccourcit, de manière qu'à Briare, par exemple, les bords du baffin n'ont prefque plus de pente, & donnent une plus grande facilité aux eaux pluviales pour fe verfer dans le baffin de la Seine.

La *Loire* paroît avoir été déterminée vers le bord droit de fon baffin par les rivières de la gauche, qui font fort confidérables, mais furtout par l'Allier, qui a depuis fa fource une direction parallèle à celle de la *Loire*.

Cette tendance de la *Loire* pour fe rapprocher du bord droit de fon baffin fe foutient jufqu'à Orléans, après quoi elle s'en détourne ; & à mefure que cette difpofition augmente, les rivières qu'elle reçoit, deviennent plus confidérables & ont beaucoup plus de pente ; telles font le Loir, la Sarte & la Mayenne.

Après Serde il n'y a plus d'eaux courantes qui tombent dans la *Loire* fur fa droite.

Nous devons faire obferver qu'à confidérer la nature des terrains que la *Loire* parcourt, on trouve que, depuis fa fource jufqu'à Roane, elle ne traverfe guère que des pays granitiques qui n'offrent qu'un golfe fort profond, comblé par des dépôts marins, ou des fables, ou des couches calcaires.

Les rivières que la *Loire* reçoit fur la gauche partent également, comme l'Allier, de l'ancienne terre ou terre granitique ; ce font le Cher, l'Indre, la Creufe, la Vienne : c'eft dans ces contrées que les eaux courantes ont paffé de l'ancienne terre dans la nouvelle, où elles ont trouvé un rendez-vous général dans le lit de la *Loire*.

Cette nouvelle terre a formé le dernier golfe occupé par la mer, & dont les limites fupérieures font fi remarquables, furtout à une certaine élévation.

La levée de la *Loire*, ce monument dont l'origine nous eft inconnue, eft, ainfi qu'on le fait, une digue de plus de trente lieues d'étendue qui

borne depuis plufieurs fiècles le cours de cette rivière fur fa droite ; elle la fépare non-feulement de fes plaines pluviales & d'inondation, mais encore des eaux latérales des croupes de la vallée, car ces eaux circulent dans la plaine fluviale & y ont même un cours décidé, furtout dans les parties où la *Loire* fe trouve diguée. Ces eaux latérales n'étant pas fujettes à des accès d'inondation, ne font qu'arrofer le terrain des plaines, au lieu que la *Loire*, dans fes débordemens, les ravageroit en y portant des dépôts confidérables.

A confidérer les terrains factices & de nouvelle formation, qui font l'ouvrage des eaux de la *Loire* & des rivières latérales, on voit pourquoi ces terrains font plus ou moins fertiles, fuivant la proportion des matériaux qui viennent d'amont avec ceux qui font chariés des croupes & des parties latérales plus éloignées.

Ce font ces plaines fluviales qui ont été rendues à la culture par les levées qu'on a établies le long d'une grande partie du lit de la *Loire*, & fouvent d'un feul côté, le long duquel les plaines fluviales font les plus étendues.

Rivières parallèles à la Loire, & qui coulent dans fes plaines fluviales.

Le Loiret eft une des premières rivières parallèles à la *Loire*, & qui coulent à fa gauche dans fa plaine fluviale. Cette rivière, dans un cours d'environ huit lieues, coule d'abord jufqu'à Lafource par plufieurs canaux, la Dhuy & le Leux, qui ont ordinairement peu d'eau ; ce n'eft guère qu'à Lafource qu'elle prend un accroiffement confidérable, & que fon cours devient intéreffant par le nombre d'habitations qu'elle abreuve, de fabriques & de moulins qu'elle met en mouvement.

On trouve enfuite, & du même côté, la rivière de Limes, qui prend fa fource vers Saint-André-de-Cléry & fe jette dans la *Loire* près Saint-Andrant. Son cours eft d'environ cinq lieues & demie dans la plaine fluviale de la *Loire*, & fort près des côtes.

Enfin le Coffon, qui tombe dans la *Loire* un peu au-deffous de la Lime, préfente les mêmes phénomènes le long du bord méridional de la vallée de la *Loire* ; il pénètre dans cette vallée vis-à-vis le faubourg de Vienne, & va fe réunir à la *Loire* proche Cande, au-deffus du confluent du Beuvron. Ce trajet eft de deux lieues & demie, & offre une fort belle plaine.

De l'autre côté de la *Loire*, le long de fes côtes feptentrionales, eft un autre ruiffeau, la Tronne, dont le cours commence à Courbouzon & finit à l'île Saint-Dié. Il parcourt la plaine fluviale de la *Loire* l'efpace de deux lieues, & affez près des côtes.

Mais de ce côté, la rivière parallèle à la *Loire* la plus confidérable, celle qui a le plus long cours, le cours le mieux décidé, c'eft la Cife de Landezon qui commence à couler dans la plaine fluviale de la *Loire* à Chouzy, & ne se réunit à cette rivière principale qu'après un cours de huit lieues, au bac de Cise ; elle recueille pendant cet intervalle les eaux de cinq ruisseaux & de trois rivières, le Masland, la Ramberge, & la Branle. Le Masland coule dans la plaine fluviale, parallèlement, environ cinq quarts de lieue avant de se réunir à la Cise. La *Loire* est diguée dans tout cet intervalle, & la plaine fluviale, qui est cultivée, a près d'une demi-lieue depuis le canal de la *Loire* jusqu'aux bords élevés & septentrionaux de la vallée.

Revenant sur le bord méridional, on trouve ensuite la petite rivière de Blaison qui coule dans la plaine fluviale de la *Loire* & ne s'y réunit qu'à Juigné, après un cours de deux lieues & demie.

Après quoi on trouve encore le haut Louet, qui se détache de la *Loire* & embrasse une île d'une étendue considérable. Cet embranchement se termine à Behuare, à la confluence de la rivière de Laubancy. Un autre embranchement succède ensuite sous le nom de *Louet*, embrasse près de la moitié de la plaine fluviale de la *Loire* jusqu'à l'embouchure du Layon ; c'est là que recommence un autre embranchement qui, ainsi que l'île qu'il renferme, a plus de deux lieues d'étendue.

Plus bas on voit encore une petite rivière parallèle qui reçoit plusieurs ruisseaux venant de l'intérieur des terres.

En face, c'est-à-dire, sur la rive septentrionale, est l'embranchement de Montrelais, lequel est alimenté par cinq ruisseaux assez abondans, & renferme une portion très-considérable de la plaine fluviale.

A gauche, au-dessous d'Ancenis, tombe une dernière rivière parallèle qui reçoit plusieurs affluens.

Après la Cise, la rivière de l'Authion est une des plus considérables de la rive droite ; mais nous nous sommes abstenus d'en parler, parce que, réunie à plusieurs autres par des embranchemens de canaux, elle présente autant le travail de l'homme que celui de la nature.

LOIRE (Département de la). Il est borné au nord par les départemens de Saône & Loire & de l'Allier ; à l'est par ceux du Rhône & de l'Isère ; au sud par ceux de l'Ardèche & de la Haute-Loire ; enfin, à l'ouest par ceux du Puy-de-Dôme & de l'Allier.

Sa plus grande dimension est du sud-est au nord ; il n'est, à proprement parler, qu'une portion de la vallée de la *Loire*. Son territoire est montueux. Ses rivières sont, 1°. la Loire, qui entre au midi un peu au-dessous d'Aurec (département de la Haute-Loire) ; elle se dirige constamment vers le nord, fait peu de circonvolutions, & passe à Roane avant de sortir du département. 2°. Le Furand ; 3°. la Coise ; 4°. la Loise ; 5°. la Bo-

nande ; 6°. le Rhin, qui lui-même résulte de la réunion de plusieurs autres, sont les affluens de droite qui se rendent à la Loire.

A gauche, les affluens de cette rivière sont : 7°. l'Andrable, la Mure ; 8°. l'Écotayet, qui se réunit au Viserg ; 9°. le Liguon, & 10°. l'Isable.

Le Gier ou Guyer a sa source dans le département, & en sort vers l'est pour aller tomber dans le Rhône à Rives de Gier.

Le bassin de Montbrison est un des points remarquables du cours de la Loire. (*Voyez ce mot.*)

Les villes principales sont Roane, Montbrison, Saint-Étienne & Feurs.

LOIRE-HAUTE (Département de la). Ce département porte une dénomination qui indique sa situation élevée, & la rivière qui l'arrose du sud au nord, dans sa partie orientale surtout. Il est également arrosé par l'Allier, autre belle rivière qui traverse sa partie occidentale.

Ce pays portoit autrefois le nom de *Velay*, & faisoit partie du Gouvernement du Languedoc.

Ses bornes sont au nord, les départemens du Puy-de-Dôme & de la Loire ; au sud-est, celui de l'Ardèche ; au sud-ouest, celui de la Lozère ; & à l'ouest, celui du Cantal. Ses principales rivières sont la Loire & l'Allier. La Loire pénètre dans ce département par quelques embranchemens qui environnent sa source ; elle passe à Solignac, à Vorey, à Monistrol, à Bas en Basset. Cette rivière reçoit à droite le Colempie, qui passe au Monastier, plus bas la Sumène, la rivière de Saint Julien-de-Chapteuil, le Beaulien, le Remel, qui passe à Issengeaux, la terrasse qui arrose Fay-le-Froid, & le Lignon qui passe à Tence & se réunit à la Danière, enfin la Semène. A gauche, la Loire reçoit une petite rivière qui vient d'Alègre & qui passe au Puy, grossie de la rivière de Saint-Privat, puis l'Auzon, qui tombe dans la Loire à Vorey, ensuite l'Ance.

L'Allier débouche dans le département de même par le sud-ouest, passe à Saint-Privat, à Langeac, à la Voute, à Saint-Ilpise, à Vieille-Brioude, à Brioude & à Auzon ; à droite il reçoit la Senoure, qui prend sa source à la Chaise-Dieu, passe ensuite à Paulhaguat, & tombe dans l'Allier à Brioude. Plus bas vient une rivière au-dessous d'Auzon ; à gauche, l'Allier reçoit plusieurs ruisseaux au-dessus de Langeac, ensuite au-dessus de la Voute, l'Arceuil & la rivière de Vieille-Brioude ; enfin l'Alagnon, qui passe à Brasle & à Lempde, après avoir réuni les eaux de trois embranchemens à sa gauche. Les principales villes sont le Puy, Brioude, Issengeaux, Vieille-Brioude, où l'on voit un pont d'une seule arche, qui est l'ouvrage des Romains.

LOIRE-INFÉRIEURE (Département de la). Ce département a pris son nom de la rivière près de l'embouchure de laquelle il se trouve : il renferme une fort grande partie de la province de Bretagne.

Il a pour limites, au nord le département d'Ille & Vilaine, à l'est le département de Mayenne & Loire, au fud celui de la Vendée, au fud-ouest les côtes de l'Océan, voisines de l'embouchure de la Loire, enfin au nord-ouest celui du Morbihan.

Les principales rivières sont :

La Loire, qui traverse ce grand département, depuis Ingrande jusqu'à Saint-Nazaire, &, dans ce trajet, arrose Varades, Ancenis, Thouars, Nantes, Coueron & le Pallerin, Paimbœuf & Saint-Nazaire. Elle reçoit à droite la Divate, puis à Nantes la Sèvre, grossie de la Sangoise & de la Maine, & au-dessous de Nantes le trop plein du lac de Grand-Lieu, avec l'eau du Tenu qui s'y réunit à l'émiffaire de fa digue ; à gauche, la Loire reçoit la rivière d'Ancenis, puis à Nantes l'Erdre, qui arrose Riaille & la Chapelle-fur-Er-dre, & qui s'y réunit à deux autres rivières ; enfin, au-deffus de Saint-Nazaire, le Brivé qui paffe à Pont-Château, & la Douvé-Reuxie près de Gue-rande. Une rivière va baigner les falines de ce canton.

Le lac de Grand-Lieu reçoit lui-même dans fon baffin, l'Ognon, l'Iffoire & la Boulogne.

Si l'on parcourt maintenant les bords du dé-partement, en commençant par l'est, nous trou-vons la rivière de Châteaubriant, puis le Don qui traverse de l'est au nord, paffe par Iffe, Guémené, & va fe réunir à la Vilaine ; plus bas l'Iffe, qui a un cours parallèle & fe réunit à la même rivière principale.

Les principales villes font Ancenis & Bourg-neuf.

Guérande, petite ville fituée entre les embou-chures de la Loire & de la Villaine.

Machecoul, fituée fur une des branches du Tence.

Nantes, grande & belle ville, avec un port intérieur fur la Loire.

Nort, bourg fur l'Erdre : c'est l'entrepôt des fers & charbons de terre que l'on conduit à Nan-tes. Il y a dans fon territoire une mine de char-bon de terre.

Paimbœuf, bourg & port de mer près l'embou-chure de la Loire, entrepôt de marchandifes d'exportation.

Ce département est fertile en grains : on y trouve beaucoup de prairies, des fruits & des vignes.

LOIRET, petite rivière de France, dans la ci-devant province de l'Orléanois, nommée par Gré-goire de Tours *Ligeretus*, par d'autres *Ligerecinus*, & par plufieurs modernes *Ligerulus*.

Elle tire fa naiffance au-deffus d'Olivet, du milieu des jardins du château de Lafource, & coule jufqu'au-delà du pont de Saint-Mefmin, où elle fe jette dans la Loire après un cours d'environ deux lieues.

Il s'en faut de beaucoup que le *Loiret* foit une rivière dès fon origine ; elle ne mérite même le nom de *rivière* qu'un peu au-deffus du pont de Saint-Mefmin, jufqu'à fon embouchure dans la Loire ; c'est-à-dire, dans l'étendue feulement d'une petite demi-lieue.

Cependant, prefque tous les auteurs ont parlé du *Loiret* comme d'un prodige, & nous ont re-préfenté le *Loiret* auffi gros à fa naiffance qu'à fon embouchure, partout navigable, & capable de porter bateau à fa fource même.

Toutefois l'abondance des deux fources dont le *Loiret* tire fon origine, est remarquable. On voit fortir du fein de la terre, par ces deux fources, feize à dix-huit pieds cubiques d'eau, qui rendent le *Loiret* capable dès-lors de former un ruiffeau affez confidérable. La grande fource du *Loiret* prend de fi loin fon effor de deffous la terre, que l'antre d'où elle s'élève, est un abîme dont il n'a pas été poffible, jufqu'à préfent, de trouver le fond en en faifant fonder la profondeur avec trois cents braffes de cordes attachées à un boulet de canon.

Cette expérience a été faite en 1583 par M. d'En-tragues, gouverneur d'Orléans, au rapport de François Lemaire ; & milord Bollingbrocke ré-péta la même tentative, vers 1732, avec auffi peu de fuccès. Toutefois cette manière de fonder ne prouve pas abfolument ici une profondeur auffi confidérable qu'on l'imagine, parce que le boulet de canon peut être entraîné obliquement par l'ex-trême rapidité de quelque torrent qui fe précipite au loin par des pentes fouterraines.

Non-feulement la petite fource du *Loiret* ne fe peut pas mieux fonder, mais elle a cette fingula-rité, que, dans les grandes eaux de la Loire, la fienne s'élance avec un bourdonnement qu'on en-tend de deux ou trois cents pas.

On affure que les deux fources du *Loiret* annon-cent dans le pays, par leurs crues inopinées, le débordement de la Loire vingt ou vingt-quatre heures avant qu'on aperçoive à Orléans aucune augmentation de cette rivière.

On vante beaucoup, dans le pays, les pâturages des prairies du *Loiret*, le laitage & les vins de fes coteaux. L'eau de cette rivière est légère ; elle ne gèle, dit-on, jamais ; du moins ce doit être très-rarement, parce que c'est une eau fouterraine & de fources vives.

Les brouillards épais qui s'élèvent du *Loiret* venant à fe répandre fur les terres voifines, les préfervent auffi de la gelée, & conservent la ver-dure des prairies d'alentour.

Enfin, les eaux du *Loiret* font d'un vert-foncé à la vue, & celles de la Loire blanchâtres. La raifon de ce phénomène procède de la différence du fond, dont l'un a beaucoup d'herbes, & l'autre n'est que du fable qu'elle charie fans ceffe dans fon cours.

LOIRET (Département du). Ce département a reçu fon nom d'une rivière qui coule parallèlement à la Loire avant de s'y rendre : c'est le produit d'une belle source. (*Voyez* LOIRET.)

Les bornes de ce département sont au nord, ceux de Seine & Oise & de Seine & Marne; à l'est, celui de l'Yonne; au sud-ouest, celui de Loir & Cher; & au nord-ouest celui d'Eure & Loir.

Les principales rivières sont :

La Loire, qui passe à Beaugency, Orléans, Saint-Benoît-sur-Loire, Poilly, Gien & Châtillon-sur-Loire, & reçoit dans ce trajet, à gauche, le canal d'Orléans & celui de Briare, lesquels canaux se réunissent à Montargis dans le Loing, qui se trouve alimenté par le Vernisson & l'Ouane. A droite, la Loire reçoit le *Loiret*, qui a sa source au-dessous du château de Lasource, puis la rivière de Pouilly. Vers le nord, la rivière d'Essonne qui reçoit le Caux, qui arrose Pithiviers, passe à Malesherbes. Au midi, on ne trouve que le Cosson & le Beuvron. (*Voyez l'article* LOIRE.)

Les principales villes de ce département sont Orléans, Gien, Montargis, Beaugency, Château-Renard, Pithiviers & Saint-Denis-de-l'Hôtel.

LOIX, village du département de la Charente-Inférieure, canton de Saint-Martin, dans l'île de Ré. Il y a des salines ou marais salans dont le sel est fort estimé.

LOMBRIVE (Grottes de). La montagne de *Lombrive*, formée de bancs de pierre calcaire fort dure & d'un grain fort serré, est à un demi-quart de lieue au midi de Tarascon, dans le département de l'Arriège (ci-devant pays de Foix); elle renferme dans son sein un grand nombre de grottes qui communiquent les unes aux autres par de longues galeries : il y en a même qui forment différens étages les unes au-dessus des autres. L'entrée est une ouverture irrégulière de trente-un pieds de hauteur & de quatre-vingt-seize de largeur; après qu'on a franchi une galerie de deux cents pieds, on trouve une vaste salle de huit cents pieds de longueur sur quatre-vingts de largeur. Le sol est uni en certains endroits, raboteux & plein de concrétions dans d'autres. Les parois, qui présentent des concavités, sont tantôt à nu, tantôt couvertes d'incrustations. La voûte est en berceau, & se trouve remplie de stalactites.

Il est facile de voir que toutes ces cristallisations sont l'effet du travail de l'eau qui distille goutte à goutte. En traversant les bancs, elle entraîne avec elle ces particules pierreuses, & les dépose d'abord en pointes, puis en forme de tuyaux, par l'apposition successive des molécules cristallines élémentaires. Les tuyaux s'alongent ainsi, & forment les stalactites & les incrustations qu'on voit aux voûtes & aux parois : la même eau, chargée de semblables principes, tombe aussi sur le sol au-dessous de chaque stalactite de la voûte, & y produit, par des dépôts successifs, les concrétions, les bosses, les mamelons qui sont distribués sur le

sol. Ces bosses sont plus ou moins grosses, suivant que les stalactites auxquelles elles correspondent, sont plus ou moins considérables, & qu'il se distribue sur leur surface convexe plus ou moins d'eau.

Parmi les stalactites de cette grande salle, il y en a de grises & de blanches : la surface de quelques-unes est polie, unie, pendant que celle des autres est chagrinée & remplie de petites éminences & ondulations. C'est principalement au fond de la salle qu'on voit un nombre infini de colonnes blanches de différente hauteur & de diverse grosseur : il y en a qui ont depuis quatre jusqu'à huit pieds de hauteur, sur un, deux & même cinq de diamètre. Enfin, d'autres s'élèvent jusqu'à la voûte & paroissent être alors formées de la réunion du travail de l'eau à la voûte, & de celui qui lui correspondoit sur le sol. Ces colonnes se touchent par leurs bases, mais leurs sommets sont séparés & distincts.

Les parois des salles & des galeries de la grotte offrent des variétés sans nombre. Parmi les masses de stalactites, quelques-unes sont adhérentes aux rochers, & d'autres en sont un peu éloignées : les unes sont plates, unies, lisses; les autres, ondées, plissées & luisantes : tantôt ce sont des congélations qui, à raison de leur disposition en pente, semblent être les produits d'autant de cascades; tantôt ce sont des grappes de raisin quand les gouttes d'eau ont été dispersées; enfin, l'on observe d'autres formes qu'il est inutile de parcourir, faute de pouvoir indiquer clairement toutes les circonstances qui y ont concouru.

Les stalactites qui pendent des voûtes paroissent être ou des cônes ou des pyramides renversées : quelques-unes sont creuses dans l'intérieur, & ces vides occupent toute leur longueur : il y en a qui descendent de la voûte jusqu'à terre, & d'autres qui n'atteignent pas le sol : elles sont ordinairement sèches à leur surface, & ce n'est qu'à la pointe qu'on y trouve des gouttes d'eau. Il en est dont les tuyaux se sont obstrués & remplis, & pour lors celles-là sont solides.

Dans la même salle où sont les stalactites qu'on vient de décrire, on trouve, à la distance de 220 pieds environ, une ouverture qui conduit à une galerie voûtée de 840 pieds de longueur, & qui varie pour la largeur; ensuite on arrive à une seconde salle de 200 pieds de longueur sur 80 de largeur, & dont la voûte est fort élevée.

Au bout de cette galerie se présente une suite de bancs de pierres calcaires sur une grande hauteur, & qui sont revêtus d'un grand nombre de congélations de différentes formes & d'une couleur roussâtre.

Les salles & les galeries qu'on vient d'indiquer peuvent être considérées comme le rez-de-chaussée d'un grand édifice, & qui est surmonté d'un système d'appartemens au premier étage. Il consiste d'abord en un salon voûté, qui a 100 pieds de longueur fur 33 de largeur : le fol eft garni d'un fable blanchâtre & durci. Enfuite viennent, à gauche, plufieurs pièces, dont la première a 300 pieds de longueur fur 27 à 30 de largeur : il y a de l'eau en certains endroits : de ce falon on paffe dans un autre de 100 pieds de longueur fur 24 de largeur ; enfuite on parvient dans une troifième falle de 650 pieds de longueur fur 30 de largeur : on y fait remarquer un écho affez fidèle. Cette dernière falle conduit à une quatrième qui a 112 pieds de longueur, dont le fol offre une nappe d'eau claire, fraîche & bonne à boire, de huit pouces d'épaiffeur.

La falle qui fuit, eft furtout remarquable par la grandeur de l'excavation : elle a 1500 pieds de longueur fur 33 de largeur ; elle communique à deux autres, dont l'une a 100 pieds fur 33, & eft terminée par un trou fort profond, & dont l'autre a 510 pieds fur environ 30 ; elle eft la moins élevée de toutes ces falles : car la voûte, qui eft formée par des bancs de pierres qui ont le grain d'un marbre de différente couleur, n'a que 10 pieds de hauteur.

L'air eft tempéré dans ces grottes. La liqueur du thermomètre de Réaumur, qui, à l'air extérieur, marquoit 21 degrés au-deffus de la glace, defcendit au 9e. dans les grottes inférieures, & au 12e. feulement dans les grottes fupérieures.

On voit par ces détails, que les grottes de Lombrive offrent des excavations immenfes ; mais il ne paroît pas que ceux qui nous ont décrit les différentes falles & galeries creufées dans le fein de cette montagne, fe foient attachés à déterminer la marche du travail de l'eau dans l'approfondiffement de fouterrains auffi étendus, & nous aient montré comment les matériaux fe font vidés ; en un mot, comment l'eau s'étoit raffemblée dans ces vaftes réfervoirs, s'étoit portée au dehors pour former des fources & des fontaines qui paroiffent entièrement à fec. Toutes ces vues, que nous indiquons ici, pourront être remplies par des obfervateurs qui pourront s'occuper d'autres objets plus intéreffans que les formes des ftalactites & des congélations.

LONBRESSAC, bourg du département du Lot, à une lieue de Saint-Céré, près duquel on exploite avantageufement une carrière d'un marbre dont les couleurs font variées.

LONGEVILLE, village du département du Doubs, canton d'Ornans. A deux lieues de cet endroit il y a des tourbières en exploitation.

LONGEVILLE, village du département de la Haute-Marne, canton de Montierender, près du ruiffeau d'Ene. Il eft très-long. Les hauteurs qui le bordent, renferment des amas de groffes huîtres foffiles, & le fond de la plaine préfente des débris de ces foffiles, ainfi que des nautilites & des gryphites.

Il eft d'ailleurs fitué au pied d'un tertre qui occupe l'angle aigu de la confluence des rivières de Voire & de celle de la belle fource de Soulaine.

LONGNY, bourg du département de l'Orne, à trois lieues de Bar-fur-Seine. Il y a deux belles forges, c'eft-à-dire, le fourneau de Beaumont & celui de Rainville, où l'on fabrique des pièces de fer pour l'agriculture & l'artillerie.

LONGUYON, ville du département de la Mofelle, à trois lieues de Longwy. On trouve aux environs beaucoup de mines de fer qui alimentent deux forges confidérables, un fourneau & un martinet fur la Crune, où l'on fait d'excellens canons de fufils. Il y a auffi des manufactures de platines de fufils.

LOPSAN, village du département du Bas-Rhin, près duquel on a découvert une mine de houille.

LORETTE. Lorette eft une ville agréable & bien peuplée, fituée dans le Piceno, fur les confins de la Marche d'Ancône, à quatre lieues d'Ancône & à un demi-mille de la mer Adriatique, fur une petite montagne.

La route de Lorette à Ancône eft belle & riante ; elle eft coupée par le Mufone & l'Afpido. On remarque fur toute cette côte une très-grande quantité de ruiffeaux & de rivières qui defcendent de la partie orientale de l'Apennin.

LOT (Département du). Ce département a pris fon nom de la rivière confidérable qui l'arrofe & le traverfe de l'eft à l'oueft par fon milieu. Il comprend la province de Quercy, qui faifoit partie du gouvernement de la Guyenne.

Ses bornes font au nord le département de la Corrèze ; à l'eft, celui du Cantal ; au fud-eft, ceux de l'Aveyron & du Tarn ; au fud, celui de la Garonne ; à l'oueft, ceux du Lot & Garonne & de la Dordogne.

Les principales rivières font : le Lot qui le traverfe dans le milieu ; l'Aveyron qui l'arrofe dans la partie du fud, & la Dordogne dans celle du nord-oueft.

Le Lot, qui traverfe le département à l'oueft, après en avoir fuivi la limite, y entre à Cajare, paffe enfuite à Saint-Géry, à Cahors, à Luzech, à Puy-l'Evêque. Cette rivière reçoit à droite la Selle, qui eft alimentée par les deux embranchemens de la Rance & de la Veyre, & qui, après avoir arrofé Florac, reçoit le Droufon & une autre rivière latérale, enfuite la rivière de Saint-Géry, puis les rivières de Cazals & de Duravel.

L'Aveyron traverfe le département de l'eft à l'oueft & paffe à Nègre-Peliffe, Réalville, &, &.

après fa jonction avec le Tarn, paffe à Moiffac. L'Aveyron reçoit à droite le Coud, qui paffe à Puy-la-Roque & à Cauffade; le Tarn reçoit l'Amboulas & la Lute avec un grand embranchement, puis les deux Barguelones. Après quoi vient la Garonne, qui eft étrangère au département.

Enfin, en remontant au nord-oueft, on trouve la Dordogne qui paffe à Vairac & à Souillac. Cette rivière principale reçoit à droite le Moumon & la Tourmente, & à gauche le Cer groffi de l'Efcomals, puis la Bave, qui arrofe Saint-Cere, enfuite l'Alzou, qui paffe à Gramat & la Fenelle. Nous ne parlerons pas ici de la Ceufe, qui paffe à Gourdon & qui va fe joindre hors du département à la Dordogne.

Les principales villes & habitations de ce département font : Cahors, Figeac, Gourdon & Saint-Ceré.

Ce pays eft fertile en blés, en vins & en fruits. On y fait un grand commerce de pruneaux ; on en tire auffi beaucoup de laines eftimées.

LOT ET GARONNE (Département de). Ce département a pris fon nom de deux rivières qui l'arrofent & qui le pénètrent fur deux pentes oppofées. Il répond à peu près à l'ancienne province d'Agenois.

Ses bornes font au nord le département de la Dordogne; à l'eft, celui du Lot; au fud, celui du Gers; au fud-oueft, celui des Landes ; à l'oueft, celui de la Gironde.

Ses rivières principales font d'abord le Lot, & enfuite la Garonne.

La Garonne traverfe le département de l'eft à l'oueft, & arrofe Auvillard, Agen, Port-Sainte-Marie, Aiguillon, Tonneins, le Mas d'Agen, Marmande, Sainte-Bazeille; à droite elle reçoit la Saoune, le Lot, qui paffe à Fumel, à Villeneuve-d'Agen, Caftelmoron & Clairac, & qui reçoit tant de part que d'autre l'Allemagne, & arrofe Montaignac, Mont-Flanquin, Chaffeneuil; plus loin le Dat, qui arrofe Montclar, enfuite les rivières de Marmande, qui paffent à Saint-Barthelémy & à Gontaud; enfin la rivière de Sainte-Bazeille. Le Lot reçoit le Bauduffon, qui arrofe Tournon & Penne. A la gauche la Garonne reçoit la Girolle, puis le Gers, qui arrofe Eftafort & Layrac, les deux rivières de Bruch & de Montagnac; enfuite la Baize, qui paffe à Lavardac, à Verac ; enfin la rivière de Montcrabeau. Plus bas, la Garonne reçoit l'Ourbife, qui arrofe Villefranche, & encore l'Avance, qui paffe à Cafteljaloux & à Bouglon, & qui tombe au-deffous de Marmande.

Enfin, fur la lifière feptentrionale fe trouve la vallée du Dropt, qui paffe à Duras, à la Sauvetat, à Cahufac, à Caftilliones & à Villeréal.

Les principales villes de ce département font : Agen, Marmande, Nérac, Tonneins, Villeneuve-d'Agen, &c.

Ce département produit beaucoup de grains & de vins.

LOUBIE-SOUBIRON, village du département des Baffes - Pyrénées, canton de Laruns. A une petite diftance de ce village, il y a des bancs de marbre gris & blanc ; il s'en trouve auffi du blanc à grandes écailles, dur & tranfparent. On pourroit l'employer comme marbre ftatuaire ; mais il eft difficile de trouver des blocs parfaitement blancs. Sa couleur eft prefque toujours altérée par des lignes grifes.

Le beau marbre blanc de *Loubie* eft tranfparent comme celui de Carrare. Le marbre blanc à petites écailles de la même montagne de *Loubie* peut être comparé à celui de Serraveffa, avec cette différence que celui-ci femble plus dur.

Il y a d'ailleurs auprès de ce village, d'autres exploitations de fer oxidé, dont les produits alimentent en partie les forges de Bréon; on y a reconnu auffi des indices de cuivre.

LOUESCH, eaux minérales dans les Alpes du Vallais.

LOUISIANE, grande province de l'Amérique feptentrionale, bornée au fud par le golfe du Méxique, à l'eft par les Etats-Unis, à l'oueft le Méxique, & au nord par les parties les plus méridionales du Canada. Elle eft bornée au levant par le Miffiffipi, & tout fon territoire eft baigné par les affluens de cette grande rivière.

§. Ier. *Defcription de la Louifiane.*

Pour avoir une idée de ce pays, il faut fe repréfenter un terrain bas d'environ quatre cents lieues de longueur, fur plus de cent de largeur, où l'on ne trouve ni rochers, ni couches de pierres, ni vallées, ni collines. Si l'on en excepte quelques lacs, des bras de rivières & un petit nombre de prairies abondantes en foin, on ne trouve à la furface de ce vafte terrain, entièrement formé de vafe fluviale, que de grands arbres dont les branches font comme étouffées fous une longue mouffe, que les Français nomment *barbe efpagnole*; & comme le fol eft extrêmement fertile dans cette baffe contrée, les intervalles qui fe rencontrent entre ces arbres font remplis de rofeaux de trente à quarante pieds de haut, & fi proches les uns des autres, qu'on ne peut fe frayer de chemin entre ces arbres fans en couper une partie. Un grand nombre d'animaux fe réfugient & vivent dans ces forêts immenfes, où ils font défendus par le grand nombre de rofeaux. Ces plantes ne croiffent de cette grandeur & ne fe multiplient, ainfi que nous l'avons dit, que dans les lieux les moins humides ; car dans les lieux entièrement marécageux, on ne trouve ordinairement que de grands cyprès qui forment une des richeffes du pays par l'exploitation qu'on en fait. Ainsi ce pays n'est qu'un amas de vase plat, bas & humide, formé par l'un des plus beaux fleuves du monde, qu'il continue de fertiliser & d'élever par ses débordemens & ses dépôts limoneux ; enfin, un amas couvert de forêts, d'arbres & de roseaux.

La figure de la basse *Louisiane* est, dans toute son étendue, fort irrégulière ; elle forme, du côté du nord, un angle aigu dont le sommet se termine près des Illinois, à quatre cents lieues de la mer ; mais du côté du sud elle forme un angle obtus dont le sommet est la principale embouchure du Mississipi, & où l'on a construit le fort de la Balise. Ce vaste pays est, comme nous l'avons dit, entièrement formé des dépôts du fleuve. En suivant les limites de ces dépôts, on reconnoît la forme du golfe ancien que la mer & le fleuve ont occupé successivement, golfe qui est bien plus sensible encore dans la partie septentrionale, parce qu'il se rétrécit en approchant du pays des Illinois, & qu'il semble se terminer un peu au-dessus de l'Ohio. Ce golfe s'étendoit pour lors jusqu'aux embouchures des grandes rivières qui sont devenues des branches du Mississipi ; & il est visible que ce n'est que par une suite du travail de toutes ces eaux qui charioient des débris des continens, que ce golfe a été comblé. Ce n'est que dans la suite des siècles que ces rivières devinrent des branches du fleuve principales, & qu'en conséquence de la retraite de la mer, les dépôts ayant continué, cette vaste étendue de pays a été prolongée jusqu'aux bords actuels de la mer, qui s'étendent depuis la rivière mobile jusqu'à la baie Saint-Bernard, ce qui fait une largeur d'environ deux cents lieues.

Les côtes maritimes de la basse *Louisiane* sont toutes à fleur d'eau, & couvertes de joncs & de mangliers. Il faut être très-proche de cette côte pour la distinguer. Heureusement que l'on trouve fond à cinquante lieues au large. Quoique le mouillage soit assez bon près de terre, il y a néanmoins du risque à s'en approcher, à cause des écueils nommés *moutons* : ce sont des bas-fonds formés d'une terre grasse très-compacte, très-liante, & qui a une certaine consistance. Ces parties argileuses s'accumulent & se fixent dans ces parages ; mais le sable pur & sans mélange étant très-mobile, est porté par les courans de la mer jusque dans les baies les plus reculées du golfe : celui qui va vers l'est est porté sur les côtes de Pensacola & de la Floride, où le long des bords de petites îles que la mer forme & détruit assez souvent.

Ces matériaux, chariés par le fleuve & jetés dans la mer, ne s'étendent pas plus loin ; ils ne sont pas entraînés par le grand courant de mer qui se porte constamment de la pointe de Jucatan sur celle de la Floride. Il n'y a que les arbres entraînés par le fleuve qui débouchent par le canal de Bahama, & qu'une suite de courans fait voyager jusque sur les côtes du Groënland & de l'Islande, qui soient entraînés par le grand courant. (*Voyez* FLORIDE (Courant de la).)

On voit que ce sont uniquement des remous ou courans locaux & peu étendus qui déposent les sables sur les bords du golfe du Mexique, & fixent les argiles dans le voisinage des terres : on doit attribuer à ces remous le malheur qui arrive aux vaisseaux lorsqu'ils manquent l'entrée du fleuve, car ils sont jetés près la baie Saint-Bernard sur de grands bancs d'huîtres, où ils périssent entièrement.

C'est à deux ou trois cents lieues de la mer, & le long des bords intérieurs du golfe comblé, que l'on trouve les preuves de l'ancien séjour de la mer dans cette étendue de pays plat & purement vaseux : on y voit de grands amas de coquilles marines qui ont été reconnus par les sauvages eux-mêmes. Ces monumens sont incontestables, & suffisent pour établir que la mer a occupé toute la basse *Louisiane* ; mais ce qui achève de démontrer cette vérité, c'est l'examen des limites des nouvelles terres & des anciens bords de la mer. On y reconnoît même près du pays des Opeloussas, nation sauvage, des îles qui montrent des caractères d'ancienneté qui les distinguent des terres basses & nouvelles qui les environnent de tous côtés.

On ne trouve à l'occident du Mississipi que des terres basses, des terres du dépôt du fleuve jusqu'à vingt lieues au-dessous du premier village des Illinois. Du côté de l'est on en voit encore au Bâton-Rouge, qui est à quatre-vingts lieues du fort de la Balise ; mais quatre lieues plus haut sont les grands Écores blancs qui ont environ cent pieds de hauteur : ce sont des masses de sable fin & blanchâtre qui se trouve lié si foiblement, qu'une légère commotion suffit pour en séparer les grains & réduire les blocs en poudre. Le premier roc un peu dur que l'on trouve en montant aux Illinois, se nomme *Roche à Davion*, qui se trouve à vingt lieues plus haut que les Écores blancs & du même côté. C'est à peu près la même constitution de pierre de sable, dont les grains ont peu d'adhérence ensemble. Les dunes qui en sont formées, ne présentent ni couches apparentes, ni fentes, excepté à la superficie. Le fleuve, vu le peu de solidité de la pierre, la sappe aisément, & en détache des blocs énormes. On trouve aussi dans la Rivière rouge de pareilles montagnes de sable sans couches, & qui ont pris une certaine consistance solide ; mais ce ne sont encore que des amas de sable liés ensemble par une infiltration assez forte. Pour qu'on pût tirer quelques conséquences décisives de l'existence de ces masses, il faudroit en connoître mieux la composition & la nature, en avoir déterminé avec plus de précision le gisement & la position relative. Ce seroit alors qu'avec des caractères de ces masses qui les distingueroient bien des terres basses, dépôts du fleuve, on décriroit bien les limites de l'ancien sol & du sol nouveau.

Si l'on connoissoit aussi particulièrement l'organisation du sol des plaines de la *Louisiane*, on seroit en état de décider si la mer n'a pas, avec le fleuve, contribué à la formation de cette plaine immense; si les matériaux apportés par le fleuve n'ont pas été arrangés dans le bassin de la mer, à peu près de la même manière que se sont formés & que se forment tous les jours les dépôts immenses qui sont cachés sous les eaux, & qui s'étendent à cinquante lieues plus loin que les côtes de la mer. On peut mettre au même rang ces amas immenses de sable que les vents & les vagues accumulent sur les côtes à la Vera-Cruz & à la Floride; mais cette décision suppose un examen suivi de tout ce pays, & des observations combinées avec soin sur des principes.

§. II. *Lacs de la Louisiane.*

Les principaux lacs de la *Louisiane* sont appelés *Borgne*, *Pontchartrain*, *Maurepas*. Ils environnent la partie du nord & de l'est de l'île de la Nouvelle-Orléans, & sont formés par la mer qui s'introduit entre cette île & le continent. On peut considérer ces lacs comme un golfe dont la mer entretient, par le mouvement continuel de la marée, les digues & les passes. Cette même distribution de terres & d'eau se remarque sur les côtes de Languedoc, où ces amas d'eau sont connus sous le nom d'*étangs*; ils sont alimentés, de même que ceux-ci, par les eaux de l'intérieur des terres. Nous allons faire connoître en détail ce mécanisme.

Les eaux qu'on tire du Mississipi & celles qui s'amassent par les pluies vont se rendre aux lacs Borgne, Pontchartrain & Maurepas dans toute l'étendue de l'île où est située la Nouvelle-Orléans, étendue qui comprend soixante-huit lieues depuis l'embouchure du fleuve jusqu'au canal, qu'on appelle improprement *rivière d'Iberville*, c'est-à-dire, du sud-est au nord-ouest, en comptant les sinuosités du fleuve.

L'entrée de la mer qui se porte aux lacs s'appelle *la Rigole*; elle est assez large pour admettre toutes sortes de vaisseaux; elle a seize à dix-huit pieds d'eau du côté de la mer, & dans toute sa longueur douze brasses de profondeur; mais cette profondeur décroît ensuite jusqu'à onze ou douze pieds : c'est la profondeur qu'elle a au lac de Pontchartrain. En sortant de ce lac on entre dans celui de Maurepas, de sorte que la longueur du canal de communication, qui est de trois lieues, forme une étendue d'eau qui a au moins cinquante pieds de profondeur à son entrée & à sa sortie.

Le premier de ces trois lacs, appelé *Borgne*, est moins profond que les deux autres, & n'a que six ou huit pieds d'eau du côté de l'est. Cette eau est lourde, de mauvais goût, & d'une odeur rebutante. La couleur en est verdâtre comme celle des mares, qui est couverte de beaucoup de plantes aquatiques; mais depuis le milieu du lac jusqu'à l'ouest, la couleur de l'eau est la même que celle du fleuve, & elle est bonne à boire : cette différence vient de ce qu'il n'y entre de ce côté-ci aucun canal ni lagunes qui altèrent les épanchemens du Mississipi comme de l'autre côté. On arrive de ce lac à la mer, & la rigole se trouve près de son embouchure : or, cette rigole est l'entrée des deux autres lacs de Pontchartrain & de Maurepas. Les eaux en sont salées & se mêlent avec les eaux douces qui s'y rendent par différens canaux & étangs, où l'on va prendre celle dont on use dans l'île de la Nouvelle-Orléans.

Tout l'horizon se découvre sur ces trois lacs. Quoique les eaux n'y soient pas fort profondes, elles sont cependant très-agitées lorsqu'il s'élève un vent impétueux : on ne peut y voguer que sur des barques couvertes. Les passes & les bancs de sable qui sont dans les canaux de Saint-Jean & autres qui se rencontrent près de la Nouvelle-Orléans n'admettent pas de plus grands bâtimens. En effet, l'eau n'a sur ces derniers qu'un pied & demi à deux pieds de profondeur. On y pêche beaucoup de poissons de différentes espèces, & surtout des dorades fort grandes. Ce sont ces lacs qui fournissent à l'approvisionnement de la Nouvelle-Orléans & des habitans des bords du Mississipi dans les environs de son embouchure. (*Voyez* MISSISSIPI.)

§. III. *Climat & température de la Louisiane.*

Le plat pays de la *Louisiane* paroît être le fond d'une eau stagnante, & avoir été formé, d'un côté, des sables & de ce que la mer rejette, & de l'autre des vases & des bois que le Mississipi entraîne pendant une inondation de trois mois, & qu'il y dépose; à quoi il faut ajouter les feuilles des arbres qui tombent pendant l'hiver, & les roseaux qui croissent en grande quantité & qui pourrissent. En creusant au-dessus de la Nouvelle-Orléans pour faire un puits, on trouva, vers vingt pieds de profondeur, un cyprès dont le tronc avoit trois pieds de diamètre. Le sol s'étoit donc élevé de vingt pieds depuis que cet arbre avoit été abattu. Or, ce bois étant très-léger, & surnageant toujours, il n'est pas à présumer qu'il se soit enfoncé de lui-même dans le sol amolli de l'île.

Au reste, les rives du fleuve qui se trouvent plus élevées que les terres intérieures du pays, prouvent qu'elles ont reçu cet accroissement par les dépôts de la vase & du limon que l'eau charrie, & dont elle laisse une moindre quantité dans les terres à mesure qu'elle s'éloigne du lit du fleuve. On trouve même à cent lieues de la mer des monticules qui ne sont formées que par des amas de coquilles d'huîtres. Une tradition s'est même conservée parmi les habitans de ces contrées, que la mer

mer s'étoit étendue jusqu'à ces collines; mais les dépouilles des animaux sont des monumens beaucoup plus sûrs de l'ancien séjour de la mer. Si donc l'on examine attentivement la constitution du sol de la *Louisiane*, on verra que c'est une de ces contrées qui ont été abandonnées par la mer en différens temps, à cause des dépôts que le fleuve y forme chaque jour. Tel est effectivement la côte, tant à l'ouest qu'à l'est de l'embouchure du Mississipi; elle est encore inhabitable, parce qu'elle n'est pas encore au-dessus des eaux.

La *Louisiane* est un de ces pays qui fournit une des preuves les plus frappantes de la différence qui subsiste dans la température des climats de l'Amérique, indépendamment du plus ou moins d'éloignement de l'équateur. Les chaleurs qu'on éprouve pendant les quatre mois d'été à la Nouvelle-Orléans, qui en est la capitale, savoir, depuis juin jusqu'en septembre, y sont plus grandes qu'à la Havane & que dans d'autres contrées qui sont encore plus rapprochées de l'équateur : or, cette capitale est à 30 d. $\frac{1}{2}$ de latitude nord. Pendant les mois d'hiver, les froids & les chaleurs se succèdent si souvent, qu'après trois ou quatre jours de fortes gelées, on y éprouve, pendant plusieurs autres jours, des chaleurs presqu'aussi fortes que dans l'été; mais ce qu'il y a de plus remarquable, c'est que le vent sous lequel il gèle en hiver, est le même sous lequel on éprouve en été les plus fortes chaleurs. Ces phénomènes, ces successions d'effets variables par les mêmes causes, paroissent propres aux climats de la *Louisiane*. Il paroît contraire à l'ordre de la nature qu'on éprouve alternativement pendant le froid, les neiges & la gelée, des chaleurs aussi fortes que si les rayons du soleil tomboient perpendiculairement sur le pays. Les vents y changent continuellement ou n'y restent tout au plus que deux jours au même point. En hiver il y pleut par les vents de sud-est & de sud; mais à la même heure qu'il cesse de pleuvoir, le vent tournant au nord, le froid se fait sentir. S'il s'y maintient plus de vingt-quatre heures, on est sûr d'avoir de la gelée; mais s'il n'est pas constant & qu'il passe à l'est, quoique pour peu de temps, le froid n'est pas considérable; alors il quitte l'est pour passer au sud ou au sud-ouest : aussitôt la pluie recommence, il tombe de la neige, & le vent fait encore le même tour qu'auparavant.

Les vents de nord-ouest & de nord y causent des gelées très-fortes; mais ces mêmes vents y produisent en été une chaleur si suffocante, que si elle duroit deux ou trois jours, les habitans ne pourroient la supporter, & beaucoup périroient infailliblement.

La cause du froid que ces vents produisent en hiver à la *Louisiane* est la même qu'on a observée dans tout l'hémisphère septentrional; mais celle de la chaleur vient de ce que ces mêmes vents traversant de vastes plaines, de très-grands marais qui exhalent des vapeurs ardentes qui s'y volatilisent par l'effet de la grande activité des rayons solaires, l'air échauffé par ces moyens y devient suffocant au lieu de rafraîchir la poitrine; & dans ce cas la chaleur est beaucoup plus insoutenable que quand elle est accompagnée d'un grand calme.

Nous pouvons confirmer ces variations singulières de la température du climat de la *Louisiane* par les résultats des observations météorologiques qui y ont été faites. Les jours où la chaleur se fit le plus sentir, en 1767, à la Nouvelle-Orleans, furent les 12, 13 & 14 du mois d'août. Le 12, à cinq heures du matin, le thermomètre étant dans une salle dont les portes & les fenêtres étoient ouvertes, marqua 23 d. $\frac{1}{2}$ exposé à l'air. Dans une galerie spacieuse & couverte, il marqua 22 d. $\frac{1}{2}$. A trois heures après-midi, étant dans la salle, il marqua 27 d., & 32 d. dehors. A minuit on eut 26 d. $\frac{1}{2}$ en dedans de la salle, & 26 dehors. Le temps fut très-clair le jour & la nuit. Le matin il n'y eut point de vent. A trois heures après-midi il souffla foiblement de l'ouest-sud-ouest, & fut ouest-nord-ouest pendant la nuit.

Le 13 du même mois, à cinq heures du matin, le thermomètre marqua 24 d. en dedans de la salle & dehors. A deux heures & demie après-midi il monta à 27 d. $\frac{4}{5}$, & dehors à 33 d. $\frac{3}{4}$. A trois heures & demie après-midi il marqua 28 d. en dedans, & 32 d. $\frac{3}{4}$ dehors. A cinq heures il étoit à 28 d. $\frac{3}{4}$ en dedans, & à 32 d. $\frac{1}{2}$ dehors. A minuit il étoit à 27 d. $\frac{1}{3}$ dedans & dehors. Le vent étoit nord & foible.

Le 14, à cinq heures du matin, le thermomètre étoit à 25 d. $\frac{1}{2}$ dans la salle, & à 25 d. dans la galerie ouverte. L'atmosphère étoit sans nuages & le vent nord. Voici l'état du thermomètre pendant les heures suivantes du même jour.

A neuf heures, dans la salle 26 d. $\frac{3}{4}$, & dans la galerie 30 d. $\frac{1}{2}$.

A deux heures après-midi, dans la salle 27 d. $\frac{1}{2}$, & dans la galerie 32 d. $\frac{1}{2}$.

A trois heures & demie 28 d. $\frac{1}{2}$ dans la salle, & 32 d. $\frac{3}{4}$ dans la galerie.

A cinq heures trois quarts 29 d. $\frac{1}{2}$ dans la salle, & 32 d. $\frac{1}{3}$ dans la galerie.

A minuit 27 d. $\frac{1}{2}$ dans la salle, & 28 d. dans la galerie.

Le baromètre étoit le même jour à 27 pouces 7 lignes.

Depuis neuf heures du matin, le vent & la grande chaleur cessèrent. On sentit seulement de temps à autre quelque foible souffle de nord-est. L'atmosphère fut chargée de nuages. On vit quelques éclairs la nuit : ils étoient la suite de la grande chaleur.

Le 15 on sentit dès le matin les effets que la chaleur du jour précédent avoit produits dans l'atmosphère. Les thermomètres étoient donc à 26 d. à cinq heures du matin; ainsi plus haut qu'à la même heure le jour précédent, ce qui indiquoit plus de chaleur; mais le vent étoit déjà tourné à l'est-sud-est par le nord-est : c'est pourquoi le thermomètre fut à 27 d. dans la salle à quatre heures. & demie de l'après-midi, temps où l'on sentit la plus grande chaleur ce jour-là : il étoit pour lors à 29 d. dans la galerie. A minuit il fut à 24 d. en dehors, & à 24 d. ⅞ en dedans. Le baromètre fut successivement à 27 pouces 7 lig. ⅔, à 27 pouces 8 lignes ⅛ & à 27 pouces 9 lignes ½. Il parut quelques nuages élevés & comme déchirés dans l'atmosphère, & dès cinq heures du matin le vent s'étoit fait sentir avec assez de force du sud-est.

Suivant les habitans du pays, la chaleur fut pendant ces trois jours plus grande qu'on ne l'éprouve ordinairement dans cette saison ; en effet elle fut moindre en 1766 & 1768. Cette dernière année le thermomètre ne monta qu'à 26 d. dans la salle, le 18 août à trois heures & demie après-midi, & à 30 d. ⅔ dans la galerie. Le vent étoit nord-ouest & foible, & il y eut quelques nuages rougeâtres dans l'atmosphère, & le baromètre se trouva à 27 pouces 1 ligne ¼.

En 1766, ce fut depuis le 17 juillet jusqu'au 25 qu'on éprouva la plus grande chaleur : le jour le plus chaud fut le 21. Le thermomètre monta dans la salle à 27 d., & à 31 d. dans la galerie. Le temps étoit clair, le vent foible & nord-ouest. Les autres jours le thermomètre varia de 26 d. à 26 d. ⅞, & dans la galerie de 29 d. à 31 d. On ne sentit aucun vent, ou s'il souffloit, c'étoit du nord-ouest.

L'été est fort long à la *Louisiane*, car depuis le mois de mars, on éprouve de fortes chaleurs. Dans le plus chaud du jour, le thermomètre monte à 23 d. ½ dans la salle, & à 27 d. dans la galerie, non pas cependant tous les jours. En octobre 1767, il monta les 7, 8, 9, à 24 & 25 d. dans la salle, & dans la galerie, de 28 à 29 d., ce qui est le degré de la plus forte chaleur en Espagne : ainsi l'été dure cinq mois complets à la *Louisiane*, & il se maintient assez chaud, sans compter les mois qui le précédent, depuis mars jusqu'en mai, temps où l'on commence à sentir de la chaleur, même très-forte, pendant certains jours. On n'y comprend pas non plus l'espace de temps compris depuis octobre jusqu'en novembre, pendant lequel la chaleur diminue pour faire place à l'hiver.

On éprouve aussi dans la *Louisiane* les effets de la grande chaleur avec des circonstances qui ne se rencontrent guère dans les autres pays. Si l'on sort dans la campagne après le coucher du soleil, on est tout surpris d'entrer subitement dans une température bien plus chaude que celle qu'on quitte ; cela dure l'espace de vingt ou trente pas, après quoi on sort de cette zone chaude aussi subitement qu'on y étoit entré pour passer à une zone dont la température est la même que la première ; comme s'il y avoit effectivement par intervalles des zones plus chaudes les unes que les autres. Or, on éprouve ces alternatives trois ou quatre fois dans un quart de lieue.

Quoiqu'on puisse supposer plusieurs causes de ces phénomènes, il n'est pas facile de découvrir la véritable : il paroît cependant vraisemblable que cela vient de ce que certaines colonnes d'air, prises horizontalement, restent tranquilles après le coucher du soleil, tandis que d'autres sont en mouvement & changent de lieu. De cette manière il arrive que les premières conservent la chaleur qu'elles avoient lorsque le soleil les frappoit, au lieu que les secondes la perdent par le mouvement & le transport, si même elles l'ont contractée au même point. Ajoutons à ces réflexions que, quand on éprouve ces changemens de température, on ne sent pas absolument de vent.

Les coups de soleil sont un autre effet remarquable de la chaleur dans la *Louisiane*. Les rayons du soleil y agissent avec tant de force & de célérité, que ceux qui en sont frappés tombent morts presque subitement, & en laissant apercevoir des signes non équivoques de la cause qui leur a ôté la vie. Ces accidens arrivent plus ordinairement à ceux que des travaux retiennent certain temps dans un même lieu : il est rare qu'il se passe une année sans qu'on en voie des exemples. Il est donc prouvé par les observations précédentes, qu'on éprouve à la Nouvelle-Orléans, située au-delà du 20e degré de latitude, des chaleurs beaucoup plus fortes qu'à la Havane & qu'dans les autres contrées qui avoisinent l'équateur. (*Voyez* HAVANE.) Cependant le soleil n'approche jamais que de 6 degrés ½ le zénith de la capitale de la *Louisiane*. La raison de cette différente température vient de l'uniformité des plats pays, couverts d'ailleurs de forêts très-épaisses & très-hautes. Or, les vents y étant en général très-foibles dans cette saison, ne parviennent point aux lieux habités. Outre cela, la Nouvelle-Orléans se trouvant éloignée de la mer, les vents qui y règnent ne se portent dans les terres aussi enfoncées qu'avec difficulté, & sont amortis ; d'où il arrive communément que l'on n'y sent aucun courant d'air frais dans le fort de l'été. Si le vent vient du nord ou du nord-est, il se porte dans les terres, traverse de vastes plaines & de grandes forêts en se chargeant des vapeurs qui s'en exhalent.

Il résulte de toutes ces circonstances que le soleil est à une plus grande distance du zénith, plus actif dans la *Louisiane* que dans les contrées qui en sont moins éloignées, ce qui paroît contraire à l'ordre naturel.

Quoique la chaleur soit à la *Louisiane* telle qu'on vient de l'exposer en détail, elle ne pénètre pas cependant dans la terre comme à la Havane, & ses effets n'y durent pas de même dans les parties souterraines. On remarque au contraire que les eaux du Mississipi, qu'on trouve chaudes à la superficie du fleuve, sont fraîches lorsqu'on les prend au fond ; cela prouve que la chaleur du soleil ne pénètre pas jusqu'au fond de l'eau, qui peut avoir près de la Nouvelle-Orléans, vingt à vingt-cinq braſſes. La chaleur eſt dans ce cas augmentée par le défaut des vents, & par les vapeurs qui s'élèvent des forêts & des lieux humides, & qui ſe joignent à la chaleur naturelle des rayons ſolaires.

Dans un pays où la chaleur monte à un tel degré & ſe ſoutient ſi long-temps, on auroit peine à préſumer que le froid & les gelées fuſſent pendant l'hiver auſſi conſidérables qu'ils le ſont. Ces effets, parmi pluſieurs autres cauſes, pourroient venir de ce que le ſol ne contracte pas une cer-taine chaleur permanente.

La température du mois de novembre eſt régulièrement de 17 à 18 degrés à ſix heures du matin, de 19 à 20 degrés vers deux heures après-midi, & de 17 à 18 degrés à onze heures du ſoir. En certains jours, le thermomètre baiſſe de 7 à 8 degrés, & remonte le jour ſuivant aux mêmes points où il étoit, & avec autant de célérité. En 1768, les gelées commencèrent le 8 janvier, mais la plus forte gelée eut lieu le 17 & le 18 du même mois. Pendant ces jours le thermomètre deſcendit, à ſix heures du matin, à 2 deg. ½ au-deſſous de zéro dans la ſalle, portes & fenêtres fermées ; dans la galerie il deſcendit à 7 deg. ½. À deux heures après-midi il remonta à 3 deg. ½ au-deſſous de zéro, & à onze heures du ſoir il ſe trouva de 2 deg. plus bas que zéro. Dans la galerie il deſcendit de 5 à 6 deg. au-deſſous de zéro. Les bords du Miſſiſſipi furent gelés à une diſtance aſſez conſidérable de chaque côté ; il gela auſſi le 19 & le 20 du même mois, mais modérément. Le 21 on ſentit quelque chaleur ; le 22, à ſix heures du matin, le thermomètre marqua dans la ſalle 12 deg. au-deſſus de zéro, & 11 d. ½ dans la galerie. A quatre heures après-midi il monta à 16 d. ½ & à 17 d. ½ ; à onze heures du ſoir, il étoit à 15 d. ½ dans la ſalle, & à 14 d. ½ dans la galerie. Le 23 il monta à 17 d. ½ dans la ſalle, & à 21 d. ½ dans la galerie. Ainſi l'on éprouva, pendant ce court intervalle de trois à quatre jours, les températures oppoſées des pays froids & des pays chauds, qui s'annoncèrent par de fortes gelées & de grandes chaleurs. Ces alternatives de froid & de chaud ſont fort communes à la Nouvelle-Orléans, mais non également marquées comme celles que l'on a rapportées. Les paſſages de la température froide à la chaleur ſont ordinairement de 8 à 10 degrés ; les arbres y annoncent le printemps dans l'hiver même. Lorſque les grands froids ceſſent en décembre, la chaleur leur ſuccède : les feuilles & les boutons pouſſent aux orangers, mais les retours des froids cauſent la perte de ces produits hâtifs de la végétation. Ces accidens ne ſont pas rares, vu l'irrégularité de la température : elle eſt telle, qu'on n'eſt pas ſûr que l'hiver ait ceſſé totalement juſqu'à la fin de mars & même au commencement d'avril, quoiqu'on éprouve de temps à autre les chaleurs de l'été.

En 1766, le 14 mars, à ſix heures du matin, le thermomètre étoit à 2 d. ¾ au-deſſus de zéro. Le 8 il avoit été à 10 d. ⅓ à la même heure. Le 16 il fut à 16 d. ⅔ ; le 17 il ne fut qu'à 1 d. ½ au-deſſus de zéro. Le 22 il monta à 13 d. ½ à la même heure : de ſorte que dans l'eſpace de quatorze jours, il y eut trois étés & deux hivers. Or, ces changemens ne furent produits que par la variation des vents froids quand ils furent au nord, & chauds quand ils ſe trouvèrent au ſud. Ces variations, dont on ne peut abſolument s'aſſurer que par expérience, ſont d'autant plus extraordinaires, qu'il n'y a pas de montagnes dans les contrées voiſines, ni même à pluſieurs centaines de lieues de la Nouvelle-Orléans, & que conſéquemment il n'y a pas de neiges, puiſqu'elles diſparoiſſent dans les vaſtes plaines où elles tombent, ſous le ſouffle des vents du midi. La cauſe de ces froids ſubits & de ces alternatives de chaleur auſſi ſubites ne peut être que les glaces des grands lacs qui ſont au nord du Miſſiſſipi, en remontant au-delà du 42ᵉ degré de latitude nord. Les vents qui paſſent ſur ces glaces y contractent ce froid qu'ils répandent juſque dans la Louiſiane. Cette cauſe accidentelle y produit un froid auſſi accidentel qu'elle ; mais ces froids diſparoiſſent & font place au chaud, dès que les vents du nord-eſt, ou d'eſt, ou de ſud ſoufflent, parce qu'ils viennent de la mer.

En comparant les températures de Panama & de Portobelo avec celles de la Louiſiane, on trouve dans ce court eſpace des différences très-étonnantes, & qui ne correſpondent pas à la diſtance dont ces pays ſont de l'équateur. D'ailleurs, il eſt ſingulier que les chaleurs ſoient plus grandes dans un pays où les rayons ſolaires ne tombent jamais perpendiculairement, que dans d'autres contrées qui ſont ſituées dans la zone torride ; & enfin que le froid s'y faſſe ſentir beaucoup plus que dans d'autres contrées de la zone tempérée contiguë, où il doit être naturellement plus conſidérable.

Le printemps commence en mars à la Nouvelle-Orléans, comme dans l'hémiſphère ſeptentrional. En 1768, depuis le 20 avril, la chaleur fut de 17 degrés & au-delà à la Nouvelle-Orléans, vers ſix heures du matin, & de 21 degrés à trois heures après-midi. Or, la Nouvelle-Orléans ſe trouve à 30 d. ½ de latitude nord, & Belle-Vue, dans le Pérou, à 11 degrés de latitude ſud : cependant la chaleur a été plus grande de 10 degrés à la Nouvelle-Orléans, variant de 4 degrés du matin à midi ; avec cette différence, que le ſoleil ſe trouvoit en avril à 18 d. ½ du zénith de la Nouvelle-Orléans, & en octobre à 1 d. ½ ſeulement de celui de Belle-Vue.

En comparant la température du Pérou avec celle de la Louiſiane, on voit une différence frappante entre l'une & l'autre. Du côté du Pérou, proche Lima, il n'y a de différence entre l'hiver

& l'été que de 9 degrés , qui commencent à trois au-deſſous de la congélation, & ſe fixent à ſix au-deſſus. A la *Louiſiane* il y a une variation de 41 deg. ½, depuis 7 deg. ½ plus bas que le terme de la congélation juſqu'à 33 deg. ¾. L'hiver eſt interrompu à la Nouvelle-Orléans par des jours de chaleur, & la variation de la température eſt de 7 deg. ½ de gelée juſqu'à 21 deg. ½ de chaleur; au-lieu que dans la partie haute du Pérou, la différence, priſe de la rigueur du froid au chaud, ſoit l'été, ſoit l'hiver, n'eſt guère que de 4 à 5 degrés, & ne conſiſte que dans l'état du froid, dont l'un eſt ſec & l'autre humide. (*Voyez l'article* PÉROU, TEMPÉRATURE DES SAISONS.)

§. IV. *Végétaux de la Louiſiane.*

Les vignes croiſſent naturellement au milieu de la *Louiſiane*, & avec le même ſuccès que ſi elles avoient été plantées à la main & cultivées avec le plus grand ſoin. C'eſt ce qu'on voit entre les *Opeluſas* & les *Natchirocas*. Les vignes s'y élèvent en forme de ceps & pouſſent avec vigueur. Dès le commencement de mai, on les voit chargées de grappes; elles promettent de donner de bons fruits & en abondance; mais le raiſin n'y vient pas à maturité, à cauſe des cerfs & des ours qui le dévorent avant qu'il ſoit mûr.

Les fraiſes ſont pareillement naturelles à la *Louiſiane*, & la qualité en eſt auſſi bonne que celle des fraiſes qui ſont cultivées dans nos jardins de l'Europe; ces plantes croiſſent auſſi naturellement & ſont répandues dans pluſieurs provinces du royaume de Chili, & dans les campagnes voiſines de la ville de la Conception. Ces campagnes ſont cependant plus élevées que celles de la *Louiſiane*, dont nous venons de parler. On voit, par ces détails, le rapport qu'il y a entre ces deux contrées, malgré le grand intervalle qui les ſépare.

Les champs de la *Louiſiane* ſont fort abondans en plant s; ce qui eſt, comme nous l'avons déjà remarqué, une conſéquence néceſſaire du climat qui leur eſt le plus favorable, c'eſt-à-dire, celui où elles ont alternativement les rayons du ſoleil & les pluies. Elles y ſont indigènes, & croiſſent ſans culture avec la plus grande vigueur.

Le ſaſſafras eſt l'arbre le plus commun; c'eſt celui qui contribue le plus à rendre les bois épais & impénétrables. La capillaire y croît abondamment juſqu'aux hauts pays du Miſſiſſipi, dans le pays des Illinois, & encore plus avant dans le nord.

Dans les contrées qui s'étendent plus au nord juſqu'à l'intérieur du fleuve Miſſouri, qui va confiner à Santa-Fé, dans la Nouvelle-Eſpagne, au bord même de cette province, on trouve la mandragore, qui eſt voiſine du ginſeng des Chinois.

Ce qui manque en arbres dans les hauts pays du Pérou, ſe trouve en abondance dans la *Louiſiane*. Le ſol en eſt ſi couvert, qu'il n'eſt pas poſſible de

s'y frayer des routes, ſurtout le long du Miſſiſſipi, & même à une certaine diſtance dans les terres. On doit juger de l'étendue de ces forêts, ſi l'on conſidère le grand nombre de fleuves & de rivières dont elles couvrent les bords, & ſi l'on réfléchit que l'on ne trouve de campagnes découvertes qu'à certains éloignemens des fleuves, où ſont des prairies très-étendues.

Les arbres les plus communs ſont ceux qu'on appelle *ſiples*, dont le bois eſt fort reſſemblant à celui des pins du nord de l'Europe. On y voit auſſi communément le laurier, le rouvre, le peuplier, le ſaule & le pin. Outre cela, on y trouve deux eſpèces d'arbres qui ſemblent être particuliers à ce pays : une eſpèce de noyer nommé *pacanos*, & l'arbre de cire.

Quelqu'épais que ſoit le feuillage qu'on remarque aux arbres du Miſſiſſipi, le branchage le plus denſe eſt toujours garni d'une plante paraſite, qu'on aperçoit en été à la chute des feuilles : on connoît cette production végétale ſous le nom de *barbe eſpagnole*. Elle forme un aſſemblage de filamens minces, & ſe ſubdiviſe en une infinité de ramifications flexibles; elle reſſemble à un écheveau de fil. Cette plante s'attache à l'écorce des arbres & y végète. On l'emploie pour faire des matelas, après l'avoir fait ſécher & battre; elle a pour lors la forme d'un paquet de crin ou de poil friſé.

L'anil ou indigo eſt une des plantes qu'on cultive le plus dans les terrains de la *Louiſiane*, de même que le tabac & la canne à ſucre. Le ſucre y eſt de qualité inférieure, vu l'humidité du ſol. D'ailleurs, comme les chaleurs s'y font ſentir trop bruſquement, le ſuc de la canne n'a pas le temps de prendre toute la conſiſtance dont il ſeroit ſuſceptible. On y ſème la canne à ſucre d'une année à l'autre, & l'on n'y fait qu'une récolte, parce que les froids ſe font ſentir lorſqu'elle eſt parvenue à ſa maturité. Il en eſt tout autrement dans la partie baſſe du Pérou, appelée *Vallées*, & dans les *Quebradas* de la haute contrée : dans la *Louiſiane*, à la Havane & dans les autres contrées, où les deux ſaiſons diffèrent beaucoup, & où il règne une chaleur exceſſive, le ſucre ne forme pas alors un corps concret bien élaboré; & l'on n'occupe les moulins que lorſque le temps eſt favorable.

On ne cultive pas le tabac en grande quantité : il eſt cependant meilleur que celui de la Virginie & de la Nouvelle-Angleterre, & il mérite auſſi la préférence ſur ceux de Hollande & du nord de l'Allemagne; c'eſt pourquoi, s'il avoit la faveur qu'il mérite, il deviendroit une branche de commerce très-avantageuſe pour ce pays, comme l'eſt celui de Virginie, du Bréſil & d'autres contrées d'Amérique.

LOURY, village du département de la Haute-Saône, près duquel ſont ſituées des mines de plomb & de cuivre.

LOUZARA (Fontaine de), en Galice.

Le P. Jean Eufèbe de Nieremberg a publié quelques compilations fur l'histoire naturelle, où il a inféré fans beaucoup de difcernement tout ce qui s'eft préfenté à fes recherches. C'eft dans une de ces compilations, intitulée. *De miraculofis naturis in Europâ*, qu'il parle d'une fontaine à flux & reflux, appelée, à ce qu'il dit, *Louzara*, & qu'il place dans la Galice en Efpagne, fur les montagnes de Cebreri, près de la fource de la rivière de Lorus. *In montanis Cebreri juxta exordium Lori fluvii mirus erumpit fons, dictus* L'ouzara; *intumet fluctibus & defervet quemadmodum pelagus, à quo viginti leucas diftat. Idem incrementum ver & hyems confervat.*

Varen n'a eu garde de manquer à s'approprier ce fait; mais en le rapportant il l'a altéré, en mettant *Cabretti* au lieu de *Cebreri*. Nous ne favons le jugement qu'on doit porter de cette obfervation du P. de Nieremberg, mais nous avouons qu'un fait qui n'eft appuyé que fur l'autorité d'un compilateur auffi crédule, ne nous paroît pas mériter beaucoup de créance.

LOXA. Cette ville du Pérou eft fituée à quatre degrés au-delà de la ligne équinoxiale, environ cent lieues au fud de Quito, & un degré plus à l'eft. Par des obfervations de baromètre, *Loxa* eft d'environ 1100 toifes au-deffus du niveau de la mer, & fur un plan de 400 toifes inférieur au plateau de Quito, différence qui en produit une très-fenfible dans le climat. A Quito, l'air eft toujours tempéré; on n'y connoît ni le chaud ni le froid. A Loxa, la chaleur eft quelquefois incommode : la hauteur des montagnes voifines de ces deux villes diffère beaucoup plus que celle de leur fol. En allant de Quito à *Loxa*, on ceffe de voir de la neige vers deux degrés & demi de latitude auftrale. Dès qu'on a paffé l'endroit appelé *le Paramo de l'Afuay*, où les deux branches jufque-là parallèles de la Cordilière fe confondent & fe réuniffent, c'eft-à-dire, que, paffé ce terme, les plus hautes pointes de la Cordilière n'ont plus 2200 toifes au-deffus du niveau de la mer, hauteur où les académiciens français ont remarqué conftamment, dans la province de Quito, que la neige & la glace ne fe confervent pas.

Depuis Cuença, le terrain continuant à baiffer, on perd de vue peu à peu tous ces fommets arides & inhabitables, efpèces de landes connues fous le nom de *Paramos*, qu'on rencontre fi fréquemment dans la Cordilière; & les montagnes des environs de *Loxa*, couvertes de bois & de verdure, ne font plus que des collines en comparaifon de celles des environs de Quito. Cependant celle de Caxanuma, célèbre par l'excellent quinquina qui y croît à deux lieues & demie au fud de *Loxa*, fait le point de partage des eaux de la province, & donne naiffance à trois belles rivières qui y prennent un cours oppofé : celle de Catamayo coule

à l'occident, & va fe rendre dans la mer du Sud, près du port de Paytá. C'eft fur le confluent de deux petits ruiffeaux qui defcendent du nord de Caxanuma & qui tournent à l'eft, & qui, groffis de plufieurs autres, forment la rivière de Zamora, qui prend plus bas le nom de *San-Jago*, & fe jette dans le Maragnon immédiatement au-deffus du Pougo; enfin, la rivière de Chinchipe y prend encore fa fource.

LOZÈRE (Département de la). Ce département a pris fon nom d'une petite chaîne de montagnes qui fait partie de celles comprifes fous le nom de *montagnes du Gévaudan*. En conféquence il eft formé du ci-devant pays du Gévaudan & d'une partie des Cévennes dépendant de la ci-devant province du Languedoc : la fuperficie de ce département eft d'environ 997,961 arpens carrés; fa population eft de 155,936 individus. Il eft compofé de cent quatre-vingt-treize communes, & l'étendue en fuperficie des forêts eft de 42,348 arpens.

Les principales rivières font le Lot & le Tarn.

Les principales villes font : Langogne, Marvejols, Florac, Mende, Villefort, Saint-Chély, &c.

Les rivières qui prennent leur fource dans le département font au nombre de foixante-dix, ce qui donne lieu de penfer quelle eft l'abondance des eaux qui l'arrofent.

Il y a, outre cela, quatre lacs, qui font : Born, Saillans, Souverols & Saint-Andéol-Verdrauge. Il y a beaucoup de montagnes, parmi lefquelles fe diftinguent celles d'Aignal, de Bouges, de Faltre, de Margueride, de la Lozère, de Peyrou, de Ramponenche & de Mont-Redorte.

Ses productions confiftent en grains, vins médiocres, fruits de toutes efpèces & pâturages excellens. Ce pays, peu fertile, eft froid, en conféquence de l'élévation du fol & de l'abondance des eaux.

Le territoire renferme plufieurs mines de plomb tenant argent, de cuivre & de foufre. On y trouve auffi des mines de charbon de terre, de jayet, & des pyrites cuivreufes, arfénicales & fulfureufes.

LUBLIN. Cette ville, capitale de la Galicie ou Pologne autrichienne, offre, dans fes environs, un objet de culture très-remarquable. C'eft là que fe fait la récolte du kermès du Nord. On nomme ainfi un petit infecte plein d'un fuc purpurin, qu'on trouve adhérent vers la fin de juin à la racine d'une plante; on le ramaffe au folftice d'été avec une efpèce de petite bêche faite en forme de houlette : d'une main l'on tient la plante & on la lève de terre, & avec l'autre, armée de cet inftrument, on en détache les infectes; après avoir féparé la cochenille de fa terre par le moyen d'un crible fait exprès, on a foin que les petits qu'elle renferme ne puiffent éclore. Pour cet effet, on l'arrofe de vinaigre & on la porte dans un lieu chaud, ou bien on l'expose au soleil pour la faire mourir : quelquefois on sépare la partie colorante de ces insectes de leurs vésicules, en les preffant doucement avec les doigts, & on en forme de petites pelottes rondes. On achète cette marchandise réduite ainsi, beaucoup plus cher que lorsqu'elle est en graine; on la vend surtout aux Arméniens & aux Turcs, qui l'emploient à teindre la laine, la soie, le cuir, le maroquin & la queue de leurs chevaux. Les femmes s'en servent pour se rougir les pieds & les mains.

LUC (Grand & petit), village du département de la Vendée, arrondiffement de Montaigu. Les carrières de ce village fourniffent abondamment des pierres calcaires blanches & tendres, & outre cela des pierres propres à faire des meules de moulin.

LUC (Lacs de), dans le département de la Drôme. Ces lacs font dans le Dauphiné ; & leur baffin occupe une partie du lit de la Drôme. Le grand eft affez alongé.

A l'endroit même de la digue de ce grand lac, il y a une rivière latérale qui se jette dans la Drôme ; mais on ne peut pas attribuer la formation de cette digue à cette circonftance : on prétend qu'elle eft due, ainfi que celle du petit lac, à des éboulemens de rochers qui font très-confidérables, & qu'on reconnoît encore par la difpofition des matériaux des digues, & par l'état de défordre qui fe remarque dans les anciens gîtes de ces matériaux.

LUCAY-LE-MALE, village du département de l'Indre, canton de Valancay. Il y a une forge dans laquelle on fait de la moulerie & très-peu de fer forgé.

LUCERNE (Lac de), en Suiffe. Les bords de ce lac, fitué dans le vallon de la Reufs, font des rochers fouvent à pic & d'une très-grande élévation, & la profondeur de fes eaux eft proportionnée. Ces roches font toutes calcaires, & fouvent remarquables par la forme fingulière de leurs couches. A une demi-lieue environ de Fiuelen, fur la droite en descendant le lac, on voit des couches d'environ fix pouces d'épaiffeur, qui font difposées en zigzags comme une tapifferie de point de Hongrie ; & à une lieue & demie plus bas, à côté d'un fyftème de couches horizontales, il y en a de contournées en forme circulaire & elliptiques. Le lac tourne fubitement à l'oueft. A quelques toifes du bord s'élève un rocher ifolé d'environ cinquante pieds d'élévation ; il a la forme d'une barrique alongée. Les couches calcaires qui le compofent, font divifées par des fentes verticales, & lui donnent l'apparence de l'*opus reticulatum* des Romains. La partie de montagne qui eft derrière, eft couverte de beaux hêtres, qui font les premiers qu'on trouve à cette hauteur. En defcendant, on voit des chênes plus rares encore que les hêtres dans les Alpes.

Les rochers & les montagnes s'abaiffent en approchant de *Lucerne*. Le mont Pilate y paroît avec plus d'avantage ; il eft tout-à-fait ifolé : élevé fur fa propre bafe, il en paroît plus haut ; fes rochers font tous calcaires & renferment beaucoup de pétrifications. Il domine fur un grand pays couvert de villes & de villages, bien cultivé & arrofé par une multitude de rivières, de lacs & de ruiffeaux, dont on voit toutes les parties repréfentées comme fur une carte topographique.

A deux ou trois cents toifes de *Lucerne*, on voit au bord du lac quelques roches compofées de galets agglutinés & liés enfemble : il y a plufieurs collines autour du lac qui font compofées de cette efpèce de brèche qui paroît avoir été formée comme celle qui compofe les rochers de Saint-Saphorin, au bord du lac de Genève. Ces collines de brèches ou poudingues s'étendent depuis *Lucerne* partout l'Entlibuch, par l'Emmenthal, par Berne & Fribourg jufqu'au lac de Genève. Il y en a de pareilles qui fe prolongent vers le lac de Conftance, & la belle cafcade de Schaffhoufe eft compofée de femblables poudingues, dont la bafe eft une pierre de fable diftribuée par couches : la trace de ces amas de galets indique d'une manière non équivoque le bord de l'ancienne mer. Nous ferons voir par la fuite combien ces amas de cailloux roulés & dépofés par la mer ont contribué à former les digues des lacs.

La rivière la plus confidérable qui fe jette dans le lac de *Lucerne*, eft la Reufs; elle y entre par la tête du lac & en reffort à l'extrémité oppofée, où eft fituée la ville de *Lucerne*. La navigation de ce lac eft dangereufe, en ce qu'on ne peut aborder que dans un petit nombre d'endroits, lorfqu'il furvient une bourrafque ou une tempête.

Malgré ces obftacles, la navigation fur ce lac eft fort animée pour le tranfport des marchandifes de l'Allemagne & de la Suiffe en Italie, & pour le retour des marchandifes d'Italie par le mont Saint-Gothard.

La pêche, dans ce lac, eft très-abondante en poiffons délicats & recherchés, & furtout en lottes.

Excepté fur les bords des côtes voifines de Kuffnacht, de *Lucerne* & d'Alpnacht, le lac de *Lucerne* ne gèle point dans les hivers les plus rigoureux ; fa profondeur extraordinaire y met obftacle ; au lieu que dans les parties qui font des embouchures de rivières, ayant peu de profondeur, il n'eft pas étonnant qu'il gèle.

LUCHON, vallée du département de Haute-Garonne. Cette vallée commence au pied des Pyrénées, à la fource de la Pique, & renferme la ville de Bagnères ; après laquelle eft la vallée de Lauriffe, où la Pique prend le nom de l'*Aune* juf-

qu'à la Garonne. On trouve dans ce trajet plufieurs indications de mines de cuivre. (*Voyez*
BAGNÈRES.)

LUCIE (Sainte-), l'une des Antilles, dont la
latitude eft de 13 d. 55' 15", & la longitude de
65 d. 21' 8" à l'oueft du meridien de Paris.

Autour de cette île le flux & le reflux font
réglés comme en France ; mais l'élévation des
marées y eft bien moindre, puifque la mer ne
hauffe & ne baiffe, les jours de nouvelle & de
pleine lune, que de vingt-deux pouces, & de
vingt-fept dans le temps des equinoxes.

La plus grande longueur de cette île, du fud-
oueft au nord-eft, eft de onze lieues, & fa plus
grande largeur de fix.

La chaîne des montagnes de *Sainte-Lucie* s'a-
baiffe du côté du nord-oueft par une pente très-
rapide jufqu'à la mer, & l'on préfume que cette
pente eft la même au-deffous des eaux, puifque
les plus gros vaiffeaux peuvent s'approcher très-
près du rivage. Du côté oppofé la pente eft très-
douce, la mer moins profonde, & les brifans
plus forts.

Les montagnes font diftribuées en très-grand
nombre à la furface de cette île ; la plus haute n'a
que quatre cent cinq toifes. La diftribution des
eaux, qui paroît affujettie à ces diverfes élévations,
eft réglée fur deux pentes ; car certaines rivières
fe jettent dans la mer à l'eft, pendant que d'autres fuivent la direction oppofée à l'oueft, & tous
les deux fyftèmes de rivières coulent perpendiculairement à la chaîne principale des montagnes où
elles prennent leurs fources ; mais aucune n'eft
affez forte pour fervir à la navigation intérieure
de *Sainte-Lucie*.

Sainte-Lucie offre, comme nous l'avons déjà
dit, une grande quantité de bons mouillages à
l'oueft : ceux qui font à l'eft, quoique peu fûrs,
font fréquentés par les perfonnes qui font le commerce interlope, parce que les vaiffeaux de guerre
ne peuvent approcher de cette côte & s'oppofer
à la contrebande.

Sainte Lucie eft encore couverte de beaucoup
de bois épais, qui font traverfés & même embarraffés, comme dans tout le Nouveau-Monde,
par des plantes farmenteufes, connues fous le nom
de *lianes*, qui en défendent l'entrée. Ces forêts
contiennent des bois propres à la charpente & à
la menuiferie : celui qui fert à la charpente eft tiré
de l'arbre à grandes feuilles, du bois de fer, du
bois perroquet, de l'acomat & du bois d'Inde.
Les bois de menuiferie font fournis par le cour-
baril, l'acoupa, le mancenilier, le bois épineux,
l'ébène & l'acajou. Toutes ces efpèces de bois
font extrêmement compactes & pefantes.

On pourroit croire que le terrain de *Sainte-Lucie*
renferme des mines, parce qu'il eft traverfé par
plufieurs chaînes de montagnes fort aiguës à leur
fommet, & compofées de granite & de schifte

granîteux ; néanmoins on n'y trouve que quelques pyrites martiales, d'où on peut conclure
que cette île ne fera jamais utile que par les produits de la culture & par fa pofition avantageufe.

Les eaux qu'on boit à *Sainte-Lucie* font, ou de
rivière ou de pluie. Quelques rivières roulent des
eaux falubres & limpides à leur fource ; mais elles
s'altèrent bientôt par la lenteur de leur cours,
qu'occafionnent la grande quantité de plantes qui
y croiffent & qui y périffent, les arbres qui font
fur leurs bords, & la vafe argileufe qui obftrue
leur lit.

Les eaux de pluie, fi falutaires ailleurs, le font
peu à *Sainte-Lucie*, parce qu'elles forment des fédimens rougeâtres & verdâtres pour peu qu'elles
foient gardées. D'ailleurs, comme on les reçoit
dans des vaiffeaux de bois, elles s'y corrompent
bientôt.

Les colons n'en font pas incommodés, parce
qu'ils en boivent peu, & qu'ils la corrigent avec
des liqueurs fpiritueufes, ou en y faifant infufer
des plantes aromatiques.

Prefque tous les attérages de *Sainte-Lucie*,
& furtout l'entrée du port de Caftries, contiennent des bancs immenfes de polypiers, qui font
déjà parvenus à les obftruer fenfiblement ; leur
accroiffement eft très-rapide : ils ont leur origine
près du rivage, à plufieurs pieds de profondeur,
& s'avancent horizontalement vers les terres. Un
particulier en ayant fait enlever dans un certain
endroit pour faire de la chaux, obferva cette
brèche étoit entièrement réparée au bout de deux
ans.

On trouve partout dans cette île un grand nombre de criftaux tranfparens & incolores, dont la
forme eft celle d'une pyramide à plufieurs faces,
& qui font de même nature que les criftaux qu'on
ramaffe fur les bords du Rhin.

Il y a auffi des jafpes & des agates de plufieurs
fortes ; enfin, des bois pétrifiés, dont il eft difficile
d'affigner ni l'efpèce ni l'époque de la pétrification.

Près le quartier de la Raze, la mer eft couverte en toute faifon, & furtout dans les temps orageux, d'une grande quantité d'une efpèce de zoo-
phyte peu connue. Sa forme & fa groffeur font
celles d'un œuf d'oie un peu alongé ; il eft creux
intérieurement, & fa charpente eft une membrane
muqueufe & gluante, parfemée de quelques fibres longitudinales & tranfverfales, dont l'épaiffeur eft de quelques lignes. Il y a fur fa longueur
un repli de trois pouces de long, que l'animal
a la faculté de contracter & de relâcher, & qui
lui fert comme de voile. Du refte, on ne lui voit
ni tête, ni bouche, ni organes, ni humeurs, &
il ne donne aucun figne de fenfibilité ni d'ir-
ritabilité. De fon ventre il part plufieurs appendices qu'on a prifes mal-à-propos pour des
jambes. Ces appendices font fort gluantes, & fe

collent à tout ce qu'elles touchent : on peut les étendre jufqu'à vingt-cinq pieds de longueur ; c'eft en elles que paroît refider la vie de la *galère*, car c'eft ainfi qu'on nomme cet animal. Le refte ne paroît en être que la bafe & le foutien. Quand on examine ces appendices, elles paroiffent être un amas innombrable de petits animaux blancs, qui ont la faculté de s'alonger & de fe raccourcir jufqu'à la longueur de deux pouces : ils ont une bouche béante, garnie de quatre tubercules femblables à des clous de girofle ; ils tiennent par leur queue à une membrane fine & délicate, qui leur eft commune, & qui les embraffe lorfqu'ils fe contractent.

Lorfqu'on retire la galère de l'eau, toute la maffe fe partage en fept à huit parties diftinctes qui préfentent des couleurs brillantes, parmi lefquelles le violet domine. Cet animal eft d'une caufticité qui lui fait produire fur les parties du corps qu'il touche, la fenfation d'un feu très-actif. Les orties de mer, qui reffemblent beaucoup à la galère quant au tiffu, produifent les mêmes accidens. Ce font feulement les appendices de la galère qui produifent ces effets étonnans, car on peut en manier le corps impunément. Cet animal fe trouve partout dans les parages de la zone torride, & même en certaine quantité dans les zones tempérées.

On trouve au fommet des marnes qui dominent le quartier de la Souffrière, une grande quantité de pierres calcaires, & même de coquillages de mer de toute efpèce : la rencontre de ces corps à cent quatre-vingts toifes au-deffus du niveau de la mer actuelle eft un fait qui, réuni à tant d'autres femblables, attefte l'abaiffement de la mer au-deffous de fon ancien niveau.

Les anciens habitans de *Sainte-Lucie* & des autres Antilles furent des hommes de couleur jaune ou bafanée, qui avoient des cheveux longs & plats comme les Européens, & qui s'appeloient *Caraïs* : on les a nommés *Caraïbes*. Ce peuple doux & détruit prefque partout. Depuis qu'il a été chaffé de *Sainte-Lucie*, cette île a été habitée par des Européens de toutes nations, dont les Français font les cinq fixièmes par leurs affranchis & leurs efclaves. Le dénombrement fait en 1788 a donné deux mille cent foixante Européens, mille cinq cent quatre-vingt-huit hommes de couleur libres, tant nègres que mulâtres & métis, & mille fept cent vingt-un efclaves : on croit que le recenfement de ceux-ci, qui eft fait par les maîtres, n'eft pas à beaucoup près exact, & qu'il y a un bien plus grand nombre d'efclaves. On a trouvé que le nombre total des morts eft à peu près d'un fur vingt-quatre : ce qui rend la vie moyenne beaucoup moins longue qu'en France, où le nombre des morts eft à celui des vivans dans le rapport d'un à trente-deux ; il y a cependant des quartiers de cette île qui font fort fains, & où l'on trouve cette proportion.

Dans les jours les plus chauds, le thermomètre monte jufqu'à 30 & 31 degrés à l'ombre, & dans les jours les plus froids il defcend à 16. Sur les montagnes, au foleil, le thermomètre a marqué 39 degrés, & 41 degrés dans les plaines : c'eft à peu près la chaleur à laquelle les nègres font expofés toute l'année, depuis fix heures du matin jufqu'à midi, & depuis deux heures jufqu'à fix : auffi l'influence de cette chaleur eft-elle marquée par la lenteur & l'apathie de ces hommes.

Les variations du baromètre font moins grandes dans la zone torride qu'en Europe : le terme moyen des ofcillations du mercure obfervées à *Sainte-Lucie* eft à vingt-fept pouces fept lignes & demie. Souvent le mercure monte dans le temps de pluie, & defcend quand le temps eft au beau : ce que nous avons obfervé fort fouvent à Paris.

Plufieurs phyficiens ont remarqué dans le baromètre des mouvemens d'abaiffement & d'afcenfion qui fe renouveloient deux fois dans vingt-quatre heures : on a obfervé le même phénomène à *Sainte-Lucie*, mais affez peu fenfible & régulier ; on a cru remarquer auffi que ces effets fuivoient les marées.

Quant aux variations des vents, on a vu que les plus grandes étoient de l'eft-fud-eft à l'eft-nord-eft ; que le vent ne s'arrête jamais long-temps au nord-eft ni au fud-oueft ; qu'il va & revient prefque toujours au nord & au fud, & qu'il ne paffe à l'oueft que dans les grandes crifes & les mouvemens violens de l'atmofphère.

Il s'élève ordinairement au même air de vent vers les huit heures & demie ; il augmente à midi & ceffe au coucher du foleil.

On doit fans doute attribuer au vent l'humidité exceffive des Antilles, parce qu'il n'y arrive jamais qu'après avoir parcouru la vafte étendue des mers.

Le ciel eft très-beau à *Sainte-Lucie*, & il n'y a pas de jour, quelque pluvieux qu'il foit, où le foleil ne fe montre pendant quelques heures, parce que les nuages n'occupent jamais la totalité de l'horizon ; pour l'ordinaire ils ne découvrent qu'une petite partie du ciel, & toujours vers l'eft. Ces nuages ont l'apparence de maffes fufpendues dans l'air : auffi les pluies qu'ils donnent par leur chute font-elles fortes & abondantes. La maffe des nuages & la viteffe du vent étant connues, on devine fort fouvent le point où ils doivent aller crever, & il eft rare qu'on s'y trompe.

On évalue la quantité d'eau qui tombe à Saint-Domingue à cent vingt ou cent vingt-cinq pouces, & l'on n'a eu que la moitié de ce réfultat à *Sainte-Lucie*, quoique cette île foit réputée une des plus humides des Antilles. La quantité d'eau qui tombe chaque jour fur les montagnes de cette île eft d'une ligne cinq fixièmes par jour, & la quantité d'eau qui s'évapore d'une ligne quatre cinquièmes, c'eft-à-dire, d'un cinquantième de ligne moindre que celle de l'eau qui tombe. On fera peut-être

étonné

étonné que, dans les régions chaudes de la zone torride, où il souffle un vent presque continuel, l'évaporation ne soit pas double de celle qui a lieu en France : on attribue ce phénomène à l'état de l'atmosphère, qui dans la zone torride tient toujours beaucoup d'eau en dissolution, & ne peut s'en charger d'ailleurs autant qu'il le feroit sans cela.

Les substances volcanisées qu'on rencontre dans les Antilles, depuis la pierre-ponce jusqu'à la lave la plus compacte, prouvent aux yeux des naturalistes instruits que ces îles ont éprouvé plusieurs éruptions de volcans ; c'est particulièrement à *Sainte-Lucie* qu'on en trouve des vestiges assez remarquables pour faire penser que les feux souterrains ne font pas entièrement éteints. On y voit encore le cratère du volcan qui a embrasé cette île ; il se trouve au milieu d'une chaîne de montagnes élevées & escarpées qui la traversent du nord-est au sud-ouest. Il exhale du sol qui l'avoisine une quantité de vapeurs d'hydrogène sulfuré si considérable, qu'il faut avoir soin de ne porter aucun bijou d'or ou d'argent quand on l'approche : ces vapeurs dont on est environné ne nuisent point aux habitans, qui jouissent d'une santé robuste. La chaleur de la terre en quelques endroits est telle, que si l'on n'avoit pas soin de se munir de souliers épais, on courroit le risque de se brûler.

Les terres jusqu'auprès du cratère sont extrêmement fertiles, ainsi que celles qui sont dans le voisinage du Vésuve ou de l'Etna. On descend dans ce cratère par une pente assez rapide pour qu'on ne puisse y aller à cheval. A mesure qu'on en approche, le terrain devient très-chaud, & il en sort des vapeurs plus abondantes. Le bassin qu'il forme, a cinquante toises de profondeur & soixante de longueur ; il est élevé à peu près de cinquante toises au-dessus du niveau de la mer. Sans doute l'éruption des feux souterrains a formé le bassin du cratère en divisant la montagne qui les renfermoit ; car les deux côtés de la gorge font également élevés, & ils font composés des mêmes matières, & d'ailleurs les pentes du terrain font à peu près les mêmes.

La solidité du terrain sur lequel on marche, varie beaucoup ; il est d'autant plus chaud, qu'il approche davantage du centre du cratère. Les matières qui le forment sont légères & friables, & entr'ouvertes d'espace en espace par des soupiraux naturels, d'où s'élèvent des vapeurs sulfureuses fort épaisses, & dont les bords font garnis de soufre cristallisé : un bâton enfoncé dans le sol donne lieu à l'éruption de semblables vapeurs, & les bords du trou qu'il forme donnent aussi du soufre. Le terrain est traversé par un ruisseau dont la source paroît être dans une montagne qui domine le cratère au sud-ouest. L'eau de ce ruisseau laisse échapper quelques bulles d'air qui, étant rassemblées, font nuisibles aux

animaux ; on la croiroit chargée de gaz acidule ; cependant lorsqu'on retire l'air qu'elle contient, au moyen d'un appareil pneumato-chimique, cet air ressemble à celui de l'atmosphère, ce qui montre qu'il ne fait que la traverser sans s'y mêler. De tous les objets que renferme le cratère, les plus remarquables font vingt-un bassins d'eau bouillante, dont quelques-uns ont vingt pieds de diamètre. Les bouillons s'élèvent jusqu'à cinq pieds de haut, & le thermomètre y monte au-dessus du degré de l'eau bouillante : cependant on peut y plonger la main sans se brûler, ce qui prouve que l'élévation des vapeurs qui sortent du fond de ces chaudières est ce qui produit l'ébullition, & que l'élévation de la liqueur dans le thermomètre est due à ces mêmes vapeurs qui traversent l'eau sans rien perdre de leur chaleur, & qui agissent sur lui dans cet état.

La couleur du terrain est généralement d'un blanc-terne ou d'un jaune-pâle : il est parsemé de cristaux de soufre, de sélénite, de fragmens de quartz & de vitriol ferrugineux, qui tous se reconnoissent aisément par des indices qui leur sont particuliers. La dernière de ces substances est vraisemblablement le résultat de la décomposition des pyrites martiales, qui ont éprouvé l'action de l'air & de l'eau. Le foyer qui les contient est sans doute d'une grande étendue, puisqu'on trouve des sources d'eau chaude à une distance assez éloignée. Au reste, le soufre est la matière la plus abondante qu'on trouve dans ces lieux : on le rencontre répandu en substance sur une surface de plus de cent toises de longueur sur trente de large ; mais il est difficile d'en tirer un certain parti. Des essais donnoient du soufre qui, purifié, revenoit à un écu la livre ; peut-être ce mauvais succès doit-il être attribué à une exploitation mal entendue, & dirigée par des personnes peu instruites des procédés économiques en usage dans les mines de soufre. Les dépenses en bois feroient très-peu-considérables ; & en établissant des fourneaux sublimatoires au-dessus des crevasses dont nous avons parlé ci-dessus, il feroit possible de se procurer assez de chaleur pour sublimer le soufre dans des aludels.

La médecine pourroit retirer de grands avantages du volcan de *Sainte-Lucie* : les vapeurs sulfureuses qui s'en exhalent, peuvent être utiles dans les maladies de la peau. La chaleur que l'on éprouve au milieu de ces vapeurs peut offrir des ressources qu'on tire des eaux dans les maladies chroniques. Le voisinage offre des eaux thermales analogues à celles de Barèges & d'Aix-la-Chapelle ; ces eaux pourroient être d'une utilité d'autant plus grande, qu'elles épargneroient aux colons américains la nécessité de faire des voyages en Europe pour y chercher la guérison de bien des maux ; elles offrent d'ailleurs la ressource des douches, parce qu'il y a des endroits où elles tombent de haut.

LUÇON, ville du département de la Vendée. Elle est située à deux lieues de la mer, dans une plaine marécageuse dont l'air est mal-sain. La ville de *Luçon* a un port, & un canal qui y conduit toutes les productions de la plaine ; elle est exposée aux invasions de la mer, contre lesquelles on est obligé de lutter continuellement.

LUÇON (Ile de), l'une des îles Philippines, à peu de distance de la ville de Manille. Dans l'île de *Luçon* est un ruisseau considérable dont l'eau est à 69 degrés de chaleur, & dans cette eau si chaude il y a non-seulement des plantes, mais même des poissons de trois à quatre pouces de longueur ; cependant le thermomètre de Réaumur, qui marqua 69 degrés, ne fut plongé dans cette eau qu'à une lieue de sa source. Avec un pareil degré de chaleur, on seroit peut-être tenté de croire que nulle production de la nature ne pourroit y subsister ; cependant M. Sonnerat y vit trois arbrisseaux très-vigoureux, dont les racines trempoient dans cette eau bouillante, & dont les têtes étoient environnées de vapeur qui étoit si considérable, que les hirondelles, qui osoient traverser le ruisseau à la hauteur de sept à huit pieds, tomboient sans mouvement. Un de ces arbrisseaux étoit un *agnus castus*, & les deux autres des *aspalatus*. Cette eau refroidie est fort bonne à boire. On est bien étonné de trouver des êtres vivans, comme les poissons dont nous avons parlé, dans une eau dont le degré de chaleur ne permet pas d'y plonger les doigts. Nous devons faire remarquer à cette occasion que nous avons en France des eaux dont le degré de chaleur est très-considérable, & même de 65 degrés, comme celles de Chaudes-Aigues dans la haute Auvergne, & au milieu desquelles plusieurs plantes croissent & végètent sans paroître affoiblies par la chaleur.

LUCQUES en Italie. *Lucques* est situé à cinq lieues de la mer de Toscane, & à quatre lieues au nord de Pise, près du fleuve Serchio. Cette ville est si ancienne, qu'on en ignore la fondation ; elle est bien bâtie, les rues sont pavées de grandes pierres comme à Florence, ce qui la rend très propre.

Son territoire a environ huit lieues de longueur sur autant de largeur. Le terrain est fort montueux ; il y a cependant quelques plaines, par exemple, celle où est la ville de *Lucques* : c'est la première vallée que forme l'Apennin au sud-ouest.

L'agriculture est dans la plus grande vigueur dans ce petit Etat ; le peuple est très-industrieux. Les terres rendent quinze à vingt pour un dans la plaine, & un même champ donne ordinairement trois récoltes en deux ans, savoir, du blé, du millet & autres menus grains, & des raves qui servent à nourrir les bestiaux pendant l'hiver ; elles se sèment dans les mois de juillet & d'août.

Les montagnes sont presque toutes plantées de vignes, d'oliviers, de châtaigniers, de mûriers, & l'on y trouve même de petits champs à blé. Il n'y a presque ni forêts ni lieux incultes, & en donnant beaucoup d'attention à l'agriculture, on tire parti de montagnes qui, partout ailleurs, seroient abandonnées ; aussi ce terrain est-il divisé entre plusieurs propriétaires qui n'en ont chacun qu'une portion médiocre. On y suit le précepte de Virgile, *exiguum colito*, secret excellent pour la perfection de toute espèce de régie. Il n'y vient cependant pas assez de blé, & l'on est obligé d'en tirer de l'étranger, à cause de la grande population de ce petit Etat.

Le pays étant très-bas du côté de la mer, on y nourrit beaucoup de bestiaux, qui fournissent du laitage en abondance ; mais il y a peu de chevaux. Le poisson y est très-bon, & en si grande abondance, surtout dans le lac de Sesto & dans celui de Massaccuoli, qu'on en porte dans les provinces voisines. Les truites & les anguilles qu'on prend dans les eaux qui coulent des montagnes sont fort estimées, de même que les crustacés de mer & ceux d'eau douce.

Les vers à soie qu'on y élève, donnent chaque année vingt-cinq à trente mille livres pesant de soie, & une partie se fabrique dans le pays même ; c'étoit autrefois une branche de commerce extrêmement considérable, qui avoit fait appeler cette ville *Lucca l'industriosa* ; on y travaille encore actuellement beaucoup d'étoffes de soie.

La récolte de l'huile forme un objet très-considérable pour le pays, d'autant plus qu'une partie est de la première qualité parmi les huiles de toute l'Italie. Les olives sont surtout recherchées, & l'on en fait plus de cas que des huiles. On en recueille quarante mille barils (pesant chacun soixante-seize de nos livres) ; douze mille suffisent pour la consommation du pays, le reste s'exporte. Au bas de la plaine, surtout du côté des rivages de *Via-Reggio*, il y a un grand espace marécageux, mal-sain, & qui ne produit presque rien ; le niveau en est plus bas que celui de la mer, en sorte qu'on n'a aucune espérance de parvenir à un entier desséchement.

LUGANO (Lac de), à peu de distance de Bellinzona, dans le Tirol italien. Il a huit lieues de longueur du levant au couchant, & en quelques endroits sa largeur est de trois lieues, quoiqu'elle se borne assez généralement à une lieue. Ce lac forme plusieurs sinuosités, suivant les portions de vallées où ses eaux refoulées ont pu s'étendre. Le bras qui s'avance de *Lugano* à Riva vers le levant, a au moins trois lieues de largeur ; ce lac éprouve, entre *Lugano* & la Pière d'Agno, une profonde courbure à l'extrémité de laquelle il se décharge dans la Tresa, petite rivière qui communique avec le lac Majeur. Quelques écrivains pensent que le silence des Anciens sur le lac de

Lugano peut autorifer à croire qu'il faifoit un feul lac avec le lac Majeur, dont ils ont fait mention fous le nom de *lacus verbanus*, ou plutôt que ce lac n'étoit qu'une lagune voifine de ce dernier : ils ajoutent même que c'eft de cet état marécageux qu'il a pris la dénomination de *Lugano*, qui paroît un dérivé de *Lacunum*. On donne divers noms aux différentes branches du lac : ainfi on appelle *Lago di Marcote*, la partie limitrophe du bourg de Marcote ; *Lago d'Agno*, cette courbure qui eft entre *Lugano* & la Piève d'Agno ; enfin, *Lago di Trefa*, la partie du lac qui fe décharge dans la Trefa.

LUNEL-LA-VILLE, dans le département de l'Hérault, à deux lieues & demie fud de Sommières. La ville de *Lunel* eft remarquable par les excellens vins mufcats qu'on y recueille, & par fes raifins fecs qui ont un goût exquis & qu'on conferve dans des boîtes de fapin.

LUNES, village du département de la Dordogne, à deux lieues de Lodève. Il y a des mines de cuivre & de plomb très-riches en argent.

LUNEVILLE, département de la Meurthe. Les environs n'offrent rien de plus intéreffant qu'une carrière à plâtre qui eft à Serbeville, village peu éloigné. Les bancs dont cette carrière eft compofée font dans cet ordre : 1°. un lit de terre, de vingt-huit pieds ; 2°. un cordon rougeâtre, de trois pieds ; 3°. un lit de chalin noir, de quatre pieds ; 4°. un cordon de jaune, de deux pieds ; 5°. un lit de chalin verdâtre, de quatre à cinq pieds ; 6°. un lit de craffes, moitié bonnes, moitié mauvaifes, de trois pieds ; 7°. un lit de pierres appelées *moutons*, de quatre pieds ; 8°. un filet d'un pouce de tarque ; 9°. un lit de carreau bon pour la maçonnerie, d'un demi-pied ; 10°. un de plâtre gris, d'un pied ; 11°. un lit de moellon, de pierre calcaire jaunâtre, bleuâtre ou mêlée des deux couleurs & coquillière, d'un pied. On y voit des empreintes de cames, de peignes ou des hoyaux de ces coquilles, & de jolies dendrites noires.

Ce dernier banc eft fuivi d'autres bancs de différentes épaiffeurs : on ne les perce que lorfqu'on fait des canaux pour l'écoulement des eaux pluviales, car il n'y en a point d'autres dans une carrière qui eft à ciel ouvert ; on voit qu'on l'exploite avec plus d'intelligence qu'on ne faifoit autrefois dans les carrières des environs de Paris.

Les uns & les autres des bancs de cette carrière, & furtout les moins épais, offrent des ondulations qui donnent à penfer que les dépôts auxquels ils font dus ont été faits par les eaux.

Quoique l'on faffe une diftinction entre ces plâtres, & qu'on donne aux uns le nom de *blanc* & aux autres celui de *noir*, celui-ci n'eft pas réellement noir ; il n'eft feulement qu'un peu moins

blanc que l'autre. On met à part le plus blanc, & l'on mêle enfemble les autres efpèces, qui font le noir, la craffe, le rouge, le tarque, le mouton & le très-noir. Le rouge eft d'une couleur de chair ou de cerife pâle ; le tarque eft brun-noirâtre, & la craffe tire fur le gris-blanc : les uns & les autres bancs en fourniffent de fibreux d'un beau blanc foyeux, & qui a une forte de tranfparence.

Les environs de Serbeville ont été fouillés depuis long-temps & dans beaucoup d'endroits. Ce n'eft pas qu'on ne trouve auffi du gypfe dans d'autres lieux circonvoifins de *Luneville* ; mais les ouvriers prétendent qu'il y eft moins beau & moins abondant, & que toutes les tentatives qu'on a faites pour en tirer n'ont pas eu de fuccès.

La compofition des montagnes des environs de *Luneville*, de Moyenvic & de Château-Salins, eft peu différente de celle des plâtrières que nous venons de décrire. On y voit auffi des lits de terre verdâtre & couleur de lie de vin, qui font ondés & un peu inclinés à l'horizon ; le haut des montagnes fournit des pierres calcaires. Dans celles de Vic, on trouve des gryphites, de la pierre calcaire jaunâtre & bleuâtre, & de la pierre à plâtre : c'eft le même fyftème de diftribution de toutes les fubftances pierreufes qu'aux environs de *Luneville*.

Nous devons ajouter ici que la vallée où fe trouve *Luneville* renferme de très-grands dépôts de cailloux roulés par les eaux de la Meurthe, qui a fa fource dans les Vofges, & qui en a entraîné des quartz gris & blancs, des granites gris, blancs, rouges & blancs.

LURCY-LÉVI, bourg du département de l'Allier, à trois lieues & demie de Cérilly. Il y a une manufacture de porcelaine à une lieue & demie de la forêt de Tronçais ; elle offre les fpéculations les plus avantageufes, tant par les richeffes immenfes de fes bois, que par fa pofition au centre de la France, & la facilité du tranfport par eau de fes marchandifes aux deux mers. D'ailleurs ce canton, riche en bois & en charbon de terre, argiles & fables de toutes efpèces, eft favorable aux fabriques.

LURE, bourg du département de la Haute-Saône, à quatre lieues de Luxeuil. On trouve dans fon territoire deux mines de charbon de terre. Le charbon s'y préfente fous une épaiffeur de trente toifes de roches feuilletées.

LURE (Montagne de). La montagne de *Lure* forme une chaîne qui s'étend de l'eft à l'oueft d'environ huit à neuf lieues, dans les départemens des Baffes-Alpes & de Vauclufe, depuis Pepin, village fitué au-deffous de Sifteron, jufqu'à Raillannette, où cette chaîne eft interrompue ; elle va fe lier avec le mont Ventour. La partie de cette montagne qui porte proprement le nom de *Lure*, en la prenant depuis Saint-Étienne & Cruis, villages situés à son extrémité méridionale, jusqu'à sa cime, peut être divisée en cinq zones : la première est stérile ; la seconde est couverte de chênes blancs ; la troisième de hêtres ; la quatrième est gazonnée, & la cinquième est entièrement nue & pelée. Sa plus grande élévation est d'environ neuf cents toises au-dessus du niveau de la mer. La partie méridionale de cette montagne est beaucoup plus nue que la septentrionale, où il existe encore quelques vieux sapins qui semblent dater de plusieurs siècles, tant leur vétusté & leur grosseur sont remarquables.

Cette montagne, qui est taillée à pic dans quelques endroits, où l'on découvre de grandes couches de pierres calcaires inclinées à l'horizon, ne présente, du côté du nord, que des précipices & des rochers ; c'est de ce côté que vient la rivière de Jabron pour aller se jeter dans la Durance vers l'est.

Les Chevalets sont la partie la plus escarpée de cette montagne ; c'est là où sont les plus beaux sapins. Les neiges couvrent *Lure* la plus grande partie de l'année ; à peine fondent-elles au mois de juillet. Les abîmes creusés dans l'intérieur de cette montagne, le degré d'inclinaison de sa partie septentrionale, la profondeur de la vallée où coule le Jabron en absorbant toutes les eaux pluviales, sont les causes certaines de l'aridité qu'on observe à la base méridionale. Il y a quatre abîmes fort profonds dans l'espace de quatre lieues ; ces abîmes effrayans ont des sinuosités qu'on ne peut sonder, & qui répondent à des abîmes plus profonds encore ; les plus considérables sont ceux de Coutelle & de Cruis.

Le premier se trouve au milieu d'une côte rapide, plantée d'un bois taillis de chênes blancs. La bouche de cet abîme a environ quinze à dix-huit pieds de diamètre : elle ressemble à la cuvette d'une fontaine taillée en voûte dans son milieu. On ne peut sonder cet abîme qu'à vingt toises de profondeur ; sa direction change alors, devient fort oblique, & s'étend du côté du midi. Quand on examine d'un œil attentif sa profondeur, en se tenant couché sur les bords, en portant la tête en avant, on découvre une grande concavité latérale que la nature a pratiquée dans l'intérieur de la roche, dont le toit est parsemé de plusieurs groupes de belles stalactites.

Soixante pas au-dessous, toujours sur la même côte rapide, se trouve une autre caverne taillée en cône renversé ; on y descend à l'aide d'un rocher disposé en glacis, & d'un tas de pierres & de terre qui ont éroulé de la montagne. Dans le fond de l'abîme paroît une grotte dont la voûte s'élève presqu'en dôme. Il faut monter sept à huit degrés formés par le roc pour arriver à une niche de sept pieds de haut, deux de large, & autant de profondeur ; elle est remplie de quantité de stalagmites adossées contre ses parois ; quelques-unes

ressemblent à des cariatides qui soutiennent le poids des rochers qui les dominent.

La voûte de cette niche est ornée de quantité de stalactites figurées en mamelons & en petites chandelles, toutes percées à leur bout dans le plan de leur axe. Il suinte continuellement de la voûte de cette caverne, excepté dans les grandes sécheresses, une eau limpide d'un goût styptique, qui dépose des molécules crayeuses sur les racines attenantes. Cette eau lapidifique qui se filtre à travers la roche, paroît être l'agent de toutes ces cristallisations. Il y a au pied de la niche un trou où l'on peut à peine passer le bras ; il communique avec un abîme encore plus profond, ainsi qu'il est aisé d'en juger en y jetant des pierres, dont le bruit se fait entendre long-temps.

Les concavités des Baumettes sont également curieuses & par leur forme & par la quantité de stalactites dont leurs parois sont enrichies.

L'autre abîme considérable est celui de Cruis. C'est une opinion commune parmi le peuple, qu'il n'a point de fond. On lit dans l'*Histoire générale de Provence*, qu'un prêtre s'y étant fait descendre, fut tellement frappé de sa profondeur & des spectres effrayans qu'il crut y voir, qu'il devint fou pour le reste de ses jours. Un observateur qui l'a sondé, a trouvé néanmoins que le plomb s'arrêtoit constamment à la profondeur perpendiculaire de cent quatre-vingt-dix-huit pieds.

Le thermomètre de Réaumur qui, placé à l'ombre, vers le nord, étoit à 18 degrés au-dessus de zéro, plongé à diverses profondeurs de l'abîme, & retiré avec toute la célérité possible, donna les résultats suivans : à trente pieds où il fut tenu l'espace d'un quart d'heure, il étoit à 16 degrés au-dessus de zéro ; à soixante pieds il étoit au 11e.5 ; à cent pieds au 10e. ; tenu à cent quatre-vingt-seize pieds l'espace d'une heure, & retiré avec toute la célérité possible, il étoit au 8e. degré. Cette température est un peu au-dessous de celle des caves de l'Observatoire de Paris. On la trouve communément dans les grottes & les cavernes assez profondes, à moins que quelques vents particuliers ou des sels incrustés contre la pierre ne la changent. Une lanterne descendue jusqu'au fond de l'abîme, où on la tint plus d'une heure, ne s'éteignit point : cette expérience, répétée dans différentes saisons, a toujours donné le même résultat.

Cet abîme est situé au pied de la montagne de *Lure*, du côté du midi, peu éloigné du village qui lui donne son nom ; il est creusé dans le sein d'un rocher de nature calcaire, dont l'ouverture, disposée en glacis, penche vers le midi ; sa bouche a cent pieds environ de circonférence.

Quoique la montagne de *Lure* soit généralement de nature calcaire, les vallons contiennent cependant des pierres vitrescibles qui ont été détachées de ses sommets. Les schistes argilo-calcaires & les terres marneuses qui couvrent la base des coteaux inférieurs rendent les terres très-fertiles. Cette disposition règne bien au-delà de la Durance; aussi les récoltes sont-elles abondantes dans tous ces environs. L'atmosphère de *Lure* est presque semblable à celle des Alpes. Il y a de très-belles plantes à l'ombre de ses forêts.

La chaux qu'on retire des pierres calcaires de cette montagne est de la plus grande force, & excellente pour les travaux hydrauliques; elle n'est pas inférieure à celle que fournissent les pierres des Pyrénées, où elles sont en grande partie de la nature du marbre.

LUS, ville du département des Hautes-Pyrénées, à quatre lieues d'Argelés. On trouve aux environs, au lieu dit *Saint-Sauveur*, des sources d'eaux minérales qui ont la même vertu de guérir les blessés & les malades que celles de Barèges : ces eaux ne diffèrent que par le degré de chaleur. Il y a peu d'hiver dans ce lieu; ce qui donne aux blessés & aux malades la facilité de s'y rendre de très-bonne heure.

LUSSE, village du département des Vosges, à deux lieues & demie de Saint-Dié. Il y a près de ce village des mines de cuivre argentifère.

LUTTERBACH, village du département du Haut-Rhin, canton de Mulhausen. Il y a près de ce village plusieurs tourbières, dont on tire un grand parti.

LUXEUIL, ville du département de la Haute-Saône, à quatre lieues de Lure. Dans un des faubourgs de cette ville il y a cinq bains : 1°. le grand bain; 2°. le bain des pauvres; 3°. le bain des moines; 4°. le bain des dames; 5°. le bain des capucins. Le grand bain se remplit par deux sources chaudes de qualité & de nature différentes; la seconde source sort de dessous un roc taillé pour asseoir les baigneurs; le bain des pauvres est celui dont on use en boisson & en lavement, aussi bien qu'en bains : la source est fort abondante & fournit l'eau par deux robinets. La source de ce petit bain est distante de quarante pieds de celle du grand bain, & vient d'un puits de dix pieds de diamètre, & de plus de soixante pieds de profondeur. Outre les sources d'eau chaude qui alimentent les cinq bains, il y en a deux d'eaux froides minérales, une autre d'eaux ferrugineuses; elles sont situées près du grand bain. On trouve dans le territoire de *Luxeuil* des carrières de grès rouge avec lequel on bâtit.

LUZERATH, village du ci-devant département de Rhin & Moselle, arrondissement de Coblentz. Les environs présentent çà & là des traces de volcans; on en a observé surtout à Bestrich, où se trouvent ces bains chauds si renommés & déjà connus du temps des Romains.

L'eau sort du pied d'un rocher, & les bains qu'elles alimentent, sont, dit-on, très-propres à guérir la goutte, les maladies de nerfs & celles occasionnées par l'âcreté des humeurs.

LUZY, village du département de la Haute-Marne, canton de Chaumont, près la Marne. Il y a un fourneau, une forge & une batterie dits *de Moiron*.

LUZZANO, vallée voisine de Seigu, dans le comté de Spalatro en Dalmatie. Cette vallée est séparée de la mer par une vaste chaîne de montagnes qui a bien seize milles de largeur, & où l'on trouve les preuves les plus incontestables que les couches qui composent l'intérieur des montagnes sont l'ouvrage de l'Océan.

Des collines basses bordent la vallée de *Luzzano*; elles sont formées d'une terre argileuse, tantôt blanchâtre, tantôt bleuâtre, remplie de turbinites & de coquillages bivalves à demi calcinés. Toutes les couches n'en contiennent pas une si grande quantité; elles ne sont pas non plus ni de la même consistance ni de la même couleur. Les lits des terres durcies des collines de la vallée de *Luzzano* ont des divisions horizontales si bien marquées, qu'on en peut emporter de grandes lames, comme celles de l'ardoise. Les canaux que les eaux torrentielles ont creusés sur le dos des collines, en gagnant le fond de la vallée, montrent au jour la nature & la disposition des matières.

LYON, ville de France & chef-lieu du département du Rhône.

La ville de *Lyon* est placée sur les croupes de Fourvières, sur celles de la Croix-Rousse & sur la pointe de la plaine fluviale qui se trouve entre la Saône & le Rhône.

Il est aisé de voir que cet emplacement est entièrement formé par les rivières. Le bord élevé de Fourvières a été détaché de la Croix-Rousse par la Saône, qui s'est ouvert une gorge de 450 pieds de largeur; c'est par cette ouverture qu'elle débouche dans la ville.

La montagne de la Croix-Rousse est proprement un cap, dont l'aspect est au midi; l'une des faces regarde le levant, & le Rhône coule majestueusement à son pied, comme la Saône au bas de sa face occidentale.

Ce cap s'abaisse dans la plaine fluviale dès deux rivières par une pente rapide d'abord; mais ensuite on trouve une langue de terre qui se prolonge jusqu'à près 880 toises entre lesdites rivières, dont elle est visiblement un dépôt, à en juger par la forme, la situation & la nature des matières, qui sont des sables, des pierres roulées & des veines d'argile irrégulières & peu suivies.

Ces collines, tant de la Croix-Rousse que de Fourvières, sont composées de dépôts torrentiels amenés par les deux fleuves qui coulent au pied.

d'argile grife & de terres friables, de quelques couches calcaires ; enfin le granite paroît en être la bafe & le noyau.

Les cailloux roulés furtout y font fort nombreux, forment des poudingues fort épais, & ils font partie ou d'amas fortuits ou de couches fuivies ; ils femblent appartenir à deux époques, à celle de l'invafion de la mer & à celle du creufement des vallées par les torrens.

Des vents du Lyonnais.

Les vents qui foufflent avec le plus de violence dans le Lyonnais font ceux du fud & du nord.

Le vent du fud, qui n'arrive qu'après avoir traverfé des pays fort chauds & une vafte étendue de mers, y amène ordinairement des pluies chaudes, des orages & une chaleur exceffive ; il eft quelquefois fi impétueux, qu'il déracine les arbres ; il fouffle fouvent pendant plufieurs jours de fuite fans donner de pluie ; il eft alors appelé *vent blanc.*

Le vent du nord étant diamétralement oppofé au vent du fud, fouffle un froid cuifant ; & comme il ne traverfe que des terres avant d'y arriver, il eft fort fec ; mais auffi ce vent froid & fec donne plus de reffort à l'atmofphère.

Il offre fouvent un fpectacle qui mérite de fixer l'attention des phyficiens. Les montagnes de la

Suiffe & des Alpes font éloignées de vingt-cinq à trente lieues de *Lyon* au nord-eft. Pendant que le vent du nord règne, ces montagnes font entièrement cachées ; mais dès qu'elles fe découvrent, elles annoncent l'arrivée du vent du fud ; ce figne eft infaillible, l'on n'y eft jamais trompé. Ces montagnes reftent découvertes pendant tout le temps que fouffle le vent du fud. Il eft bien furprenant que celui du nord, qui a la propriété de diffiper les vapeurs, dérobe la vue de ces montagnes, & que celui du fud permette de les voir diftinctement, quoiqu'il entraîne avec lui beaucoup de vapeurs : il femble que cela foit diamétralement oppofé aux règles générales, mais tel eft le fait.

Le vent de l'oueft ou du couchant donne des pluies longues & abondantes.

Le nord-oueft, appelé, à *Lyon*, la roanaife, apparemment parce qu'il vient en droiture de Roane, eft fort pluvieux, & ordinairement accompagné de froid.

Enfin, il n'y a pas à *Lyon*, dans l'année, de temps plus favorable pour la fanté que celui où le vent eft à l'eft, parce qu'alors l'air eft ferein & jouit d'un degré modéré de chaleur ; mais ce vent, qu'on appelle, à *Lyon, le matinal*, y fouffle très-rarement. Cependant on obferva, en 1762, que le vent fut prefque toujours à l'eft ; & c'eft vraifemblablement ce qui fut la caufe phyfique de la longue féchereffe qu'on effuya cette année.

MACALUBBÉ, *monte Macaluba*, en Sicile : lieu fitué au milieu d'une plaine, entre Aragona & Girgenti, & dont le fol, plus élevé, paroît toujours nouvellement remué & profondément labouré. L'étendue de *Macalubbé* eft circulaire ; fon diamètre a environ quinze toifes : il eft bombé dans le milieu, & paroît avoir une forme convexe affez régulière, dont le centre eft élevé de huit à dix pieds au-deffus des bords. De toutes les parties de ce terrain, ainfi convexe, il fort une multitude de petites fources qui ne donnent d'eau que ce qu'il en faut pour réparer la perte qu'occafionne l'évaporation, & celle que produit le fol qui en abforbe auffi une partie.

Autour de cette enceinte on voit jaillir beaucoup de fources femblables ; l'eau de ces fources eft trouble, & contient beaucoup de particules d'une terre blanche qu'elle a délayée & qu'elle dépofe : l'eau de ces fources fe gonfle à peu près tous les quarts d'heure, & alors elle s'épanche & coule le long des petites monticules, & y dépofe la terre blanche qu'elle contient, terre dont le dépôt accroît fans ceffe ces monticules. Cette eau eft froide : dans fes accès d'augmentation elle laiffe échapper plufieurs groffes bulles d'air qui crèvent après avoir duré une minute ou deux. Le 30 feptembre 1777, une demi-heure après le lever du foleil, on entendit dans ce lieu un bruit fouterrain qui augmentoit de moment en moment ; il devint fi fort, qu'à la fin il furpaffa le bruit du plus affreux tonnerre : on ajoute même que la terre trembla dans tous les environs. Il s'ouvrit pour lors diverfes crevaffes d'où il fortit une épaiffe fumée, & de la principale de ces crevaffes il s'éleva une quantité prodigieufe d'eau & de boue, qui s'élancèrent en colonnes à la hauteur d'une quinzaine de toifes, &, entraînant avec elles des fragmens de pierres & des pelottes de glaife & de marne, produifirent une maffe qui, retombant fur elle-même, fe répandit également dans une enceinte d'environ quinze toifes, & donnèrent à tout le terrain la forme qu'il préfente maintenant.

Cette première éruption dura une demi-heure, & après un quart d'heure d'intervalle il en fuccéda une feconde, & puis trois autres après à des diftances égales. Sous le terrain foulevé on entendoit toujours du bruit, qui retentiffoit à plus de trois milles. Ce fracas fouterrain ceffa le jour même : bientôt on accourut pour obferver l'étrange renverfement de ce terrain, qui, comme nous l'avons déjà remarqué, reffemble à une terre labourée profondément, & où jailliffent de petites fources d'eau chargées de boues, & féparées par de petits intervalles de deux, de quatre, de fix ou de huit pieds : ce font ces petites fources qui depuis ont formé ces petites monticules dont ce lieu eft parfemé.

MACARSKA, ville principale du Primorie, diftrict de la Dalmatie : cette ville eft fituée au pied d'une grande montagne nommée *Biocova*. (*Voyez l'article* PRIMORIE.) Le fol, autour de *Macarska*, produit abondamment de l'huile, du vin, des amandes ; il y a des plantations de mûriers qui réuffiffent bien : le terroir eft léger & graveleux fans manquer d'humidité, comme la plus grande partie des côtes de Dalmatie.

Le terroir de *Macarska* commence près du petit village de Brella, placé fur une hauteur à côté de la Vrallia. Les petites bandes de plaines qui règnent entre la mer & les montagnes mêmes, les collines qui font quelquefois au pied des montagnes, font affez mal cultivées : on laiffe la plus grande partie de ce terrain en pâturages.

Malgré le vent de nord trop fréquent, tout le territoire de *Macarska* eft très-propre à la culture de l'olivier, de la vigne & des arbres fruitiers. Les marafques y réuffiffent fort bien : c'eft une efpèce de cerife qui fournit, après la fermentation, la liqueur qu'on nomme *marafquin*, qui fe diftille en plufieurs endroits de la Dalmatie, & principalement à Zara. Le noyau des marafques contribue auffi à donner le parfum à la liqueur.

Avec l'huile & le vin, les figues & les amandes forment le principal produit des arbres fruitiers.

La récolte des vignes ne va guère au-delà de quatre pour cent : les ceps font plantés à deux pieds de diftance, & faute de bois on laiffe ramper les branches par terre ; les plants de vigne vieilliffent avant trente ans, parce que la quantité d'arbres qui font plantés au milieu des vignes épuife le terrain. D'ailleurs, quand un cep ceffe de donner du fruit, on ne peut guère le remplacer à caufe de l'ombre qui empêcheroit de croître les provins. Les cultivateurs du Primorie prennent donc le parti de femer, dans les endroits vides, du blé qui leur donne de mauvaifes récoltes.

Quelques hommes intelligens avoient formé le projet de réformer, par leur exemple, l'agriculture dans cette contrée : ils commencèrent par étudier le climat du pays & la nature du terroir ; ils prirent en conféquence le parti d'élever les ceps de vigne à trois pieds de terre, & de les lier à des perches pofées horizontalement, & tournées de manière qu'elles traverfent la direction du vent du nord dont nous avons parlé. Entre des rangées de ceps on avoit ménagé un efpace fuffifant pour femer du blé, de manière qu'on tiroit du même terrain deux productions fans l'épuifer. La vigne ainfi cultivée donnoit des récoltes plus abondantes, plus mûres & de meilleure qualité. Les arbres fruitiers & les mûriers, dans le même plan de culture, avoient été difpofés autour des champs cultivés, en forte qu'ils ne pouvoient apporter aucun préjudice ni aux blés ni aux vignes. Les oliviers furent en conféquence placés le long des chemins & des routes, où ils donnèrent plus de fruit: on eut foin d'entretenir foigneufement les murailles fèches qui foutiennent les terrains en pente, & qui s'oppófent aux dégradations des eaux.

C'eft ainfi que les propriétaires inftruits peuvent introduire des réformes vraiment utiles dans leurs cantons, en prenant pour bafe ce qui exiftoit déjà. C'eft d'après de tels effais, c'eft d'après leurs fuccès foutenus qu'on peut écrire fur l'art de la culture. On ne doit donc pas compter fur des expériences faites dans des jardins ou lieux circonfcrits, où les préparations du terrain & les arrofemens font fi faciles. Un travail fait pour affurer les progrès, eft celui qui embraffe toutes les circonftances favorables ou défavorables d'un canton étendu, & qui fait affoiblir les obftacles & augmenter les avantages.

MACGUNAGA en Piémont, vallée dans laquelle on trouve des mines d'or & des pyrites aurifères.

MACON, ville du département de Saône & Loire, auprès de laquelle fe trouve la mine de manganèfe oxidé de romanefche.

MADAGASCAR (Ile de). Cette île, féparée du continent de l'Afrique par le canal de Mofambique, eft fituée à l'entrée de l'Océan indien, entre le 12ᵉ. & le 25ᵉ. degré de latitude, & entre le 62ᵉ. & le 70ᵉ. deg. de longitude; elle a 336 lieues de longueur, 120 dans fa plus grande largeur, & environ 800 lieues de circonférence.

Les côtes de cette grande île font généralement mal-faines; ce malheur tient à des caufes phyfiques qu'on pourroit changer; elles font couvertes de forêts & de marécages qui corrompent l'air. Les pluies, comme dans les autres pays fitués entre les tropiques, y ont des temps marqués; elles forment des rivières qui, cherchant à fe dégorger dans l'Océan, trouvent leurs embouchures fermées par les fables que le mouvement de la mer y a pouffés pendant la faifon fèche, c'eft-à-dire, lorfque les eaux n'avoient pas affez de volume & de viteffe pour s'ouvrir un débouché fuffifant; arrêtées par cette barrière, elles refluent dans les plaines, y font quelque temps ftagnantes, & rempliffent l'atmofphère d'exhalaifons meurtrières, jufqu'à ce que, furmontant l'obftacle qui les retenoit, elles fe frayent une iffue. Cette explication paroîtra d'une vérité fenfible, fi l'on fait attention que les côtes ne font mal-faines que dans la mouffon pluvieufe, & que la maffe d'air corrompu ne s'étend jamais bien loin; que le ciel eft toujours pur dans l'intérieur des terres, & que le rivage eft conftamment falubre dans tous les lieux où, par des circonftances locales, le cours des rivières eft libre, & n'éprouve aucun obftacle.

Par quelque vent que les navigateurs arrivent à Madagafcar, ils ne rencontrent fur le rivage qu'une lifière de fable d'une ou deux lieues de largeur. Dans le refte de l'île, la nature, toujours en végétation, produit feule, dans les forêts ou fur les terres découvertes, le coton, l'indigo, le chanvre, le poivre blanc, le fagou, les bananes, le chou caraïbe, & mille plantes nutritives; tout eft rempli de palmiers, de cocotiers, d'orangers, d'arbres à gomme, de bois propres à la conftruction & aux arts. Il n'y a proprement à Madagafcar de culture que celle du riz.

Des habitans de Madagafcar.

Les hommes qui font diftribués le long des côtes orientales de l'Afrique & de l'île de Madagafcar, quoique plus ou moins noirs, ne font pas nègres; outre cela, dans les parties montagneufes de cette grande île, comme nous l'avons remarqué au fujet de l'intérieur de l'Afrique, on trouve des hommes blancs; on a même dit qu'il y avoit dans le centre de l'île, dont les terres font les plus élevées, un peuple de nains blancs. Cette race forme, dans l'intérieur de la grande île de Madagafcar, un corps de nation confidérable, appelée Quimos en langue madégaffe. Le caractère diftinctif de ces petits hommes eft d'être blancs, ou du moins plus pâles en couleur que tous les noirs connus; d'avoir des bras très-alongés, de façon que la main atteint au-deffous du genou, fans plier le corps; & pour les femmes, de marquer à peine leur fexe par les mamelles, excepté dans le temps qu'elles nourriffent, encore dit-on qu'elles font obligées de recourir au lait de vache pour nourrir leurs nouveau-nés.

Quant aux facultés intellectuelles, les Quimos fe difputent aux Madégaffes, que l'on fait être fort fpirituels & fort adroits, quoique livrés à la plus grande pareffe; on ajoute même que les Quimos, beaucoup plus actifs, font auffi plus belliqueux. En conféquence de cette vertu guerrière, ils n'ont jamais pu être opprimés par leurs voifins, qui ont de fréquentes querelles avec eux. Quoiqu'attaqués avec des armes inégales, les Quimos fe font battus toujours courageufement, & maintenus libres dans leurs rochers, dont l'accès difficile a contribué le plus efficacement à leur confervation; ils y vivent de riz, de différens fruits, de légumes & de racines; ils y élèvent un grand nombre de beftiaux, comme des bœufs à boffe & des moutons à groffe queue, & ces animaux fourniffent

fent aufli à leur fubfiftance. Ils ne communiquent avec les différentes caftes de *Madagafcar*, dont ils font environnés, ni par le commerce, ni par les alljances, ni de quelqu'autre manière, tirant tout ce qui eft néceflaire à leurs befoins du fol qu'ils poffedent.

Comme l'objet de toutes les petites guerres que fe font entr'eux les autres habitans de cette île eft de s'enlever réciproquement quelque bétail ou quelques efclaves, la petiteffe de nos Quimos les mettant prefqu'à l'abri de ces brigandages, ils favent, par amour de la paix, fe réfoudre à fouffrir le premier tort. Ainfi quand ils voient, du haut de leurs montagnes, quelque formidable appareil de guerre qui s'avance contr'eux, ils prennent d'eux-mêmes le parti d'attacher, à l'entrée des défilés par où il faudroit paffer pour pénétrer jufqu'à eux, quelque fuperflu de leurs troupeaux dont ils font le facrifice, bien réfolus à fe défendre fi l'on venoit les inquiéter fur leur terrain.

Leurs armes font la zagaie & le trait, qu'ils lancent on ne peut pas plus jufte. On prétend que, s'ils pouvoient s'aboucher avec les Européens & en tirer des fufils, & des munitions de guerre, ils pafferoient volontiers de la défenfive à l'offenfive.

A trois ou quatre journées du fort Dauphin, les gens du pays montrent, avec beaucoup de complaifance, une fuite de petits mondrains, ou tertres de terre élevés en forme de tombeaux, qu'ils affurent devoir leur origine à un grand maffacre de Quimos défaits en plein champ par leurs ancêtres, ce qui fembleroit prouver que les Quimos ne fe feroient pas toujours tenus tranquilles dans leurs montagnes. Quoi qu'il en foit, on n'a dans l'île aucun doute fur leur exiftence actuelle. Au refte, il eft étonnant qu'on n'ait encore aucune obfervation de faits fur les lieux, & que, foit les gouverneurs des îles de France & de Bourbon, foit les commandans particuliers des différens poftes que les Français ont tenus fur les côtes de *Madagafcar*, aucun n'ait entrepris de faire pénétrer en force dans l'intérieur des terres, dans le deffein de joindre cette découverte à tant d'autres qu'on auroit pu faire en même temps. L'expédition a été tentée, mais fans fuccès, parce que l'homme qu'on y envoyoit, manquant de réfolution, abandonna fon monde & fes bagages à la feconde journée : la méfintelligence qui, depuis ce temps, a fuccédé à la confiance qui régnoit entre les deux nations, faillit même devenir funefte, par la fuite, aux Français peu nombreux qu'on laiffa au fort Dauphin.

En 1770, M. Commerfon a vu au fort Dauphin, une femme quimofe âgée d'environ trente ans, haute de trois pieds fept à huit pouces, dont la couleur étoit effectivement de la nuance la plus éclaircie qu'on puiffe voir parmi les habitans de *Madagafcar* : cette femme étoit très-membrue dans fa petite ftature, ne reffemblant point aux petites perfonnes fluettes, mais plutôt à une

femme qui a les proportions ordinaires dans le détail, mais feulement raccourcie dans fa hauteur; fes bras étoient effectivement très-longs, & atteignoient, fans qu'elle fe courbât, à la rotule du genou; fes cheveux étoient courts & laineux; fa phyfionomie étoit affez agréable, fe rapprochant plus de l'européenne que de la madégache. Elle avoit habituellement l'air riant, l'humeur douce & complaifante, & le fens commun, à en juger par fa conduite, car elle ne favoit pas parler français.

Quant au fait des mamelles, il fut auffi vérifié, & il ne s'en trouva que le bouton, comme dans une fille de dix ans, fans la moindre flaccidité de la peau qui pût faire croire qu'elles fuffent paffées. Mais cette obfervation feule eft bien loin de fuffire pour établir une exception à la loi commune de la nature. Combien de filles & de femmes européennes, à la fleur de leur âge, n'offrent que trop fouvent cette défectueufe conformation! Cependant il paroît qu'on doit croire, tant fur cet échantillon que fur d'autres preuves, à cette dégradation de l'efpèce humaine, qui a fes caractères dans fa taille comme dans fes mœurs.

Si l'on ne veut pas fe rendre, fur l'exiftence de cette race de nains blancs, aux preuves qu'on en a données, & qui certainement devroient être plus multipliées, il faut faire du moins attention qu'il exifte des Lapons à l'extrémité boréale de l'Europe; que la diminution de notre taille à celle du Lapon, eft à peu près graduée comme celle du Lapon au Quimos; que l'un & l'autre habitent des pays froids & des montagnes très-élevées; que les montagnes de *Madagafcar* font évidemment élevées de 16 à 1800 toifes au-deffus du niveau de la mer. Pour peu qu'on confidère, en même temps, que les végétaux qui croiffent naturellement fur ces hauteurs ne font que des avortons, comme le pin & le bouleau nains, & tant d'autres qui, de la claffe des arbres, paffent à celle des plus humbles arbuftes, par la feule raifon qu'ils font devenus habitans des montagnes; enfin, s'il ne faut pas être trop crédule, il convient auffi de ne pas fixer le terme des variétés de la nature.

Effectivement, fi les montagnes où habitent les Quimos ont 16 ou 1800 toifes d'élévation au-deffus du niveau de la mer, il y fait affez froid pour les blanchir & les rapetiffer à la même mefure que la taille des Groënlandois & des Lapons. Cependant il feroit affez fingulier que la nature eût placé l'extrême du produit du froid fur l'efpèce humaine dans des contrées voifines de l'équateur.

On a prétendu de même qu'il exiftoit dans les montagnes du Tucuman une race de pygmées de trente-un pouces de hauteur, au-deffus du pays habité par les Patagons. Quelques voyageurs parlent auffi d'une race d'Américains blancs, & fans aucun poil fur le corps, qui fe trouvent également

Zzz

ment dans les terres voifines du Tucuman ; mais tous ces faits ont grand befoin d'être vérifiés & éclaircis.

L'opinion de l'exiftence des pygmées eft très-ancienne. Homère, Héfiode & même Ariftote en font également mention. M. l'abbé Banier a fait une favante differtation à ce fujet. Après avoir comparé tous les témoignages des Anciens fur cette race de petits hommes, il eft d'avis qu'ils formoient effectivement un peuple dans les montagnes d'Ethiopie, & que ce peuple étoit le même que celui défigné fous le nom de *Péchiniens* par les hiftoriens & les géographes ; mais il penfe, avec raifon, que ces hommes, quoique de très-petite taille, avoient bien plus d'une ou deux coudées de hauteur, & qu'ils étoient à peu-près de la taille des Lapons. Les Quimos des montagnes de *Madagafcar* & les Péchiniens d'Ethiopie pourroient bien n'être que la même race, qui s'eft maintenue dans les plus hautes montagnes de cette partie du monde.

MADÈRE (Ile de). Cette île a environ cin-quante-cinq milles anglais de long & dix de large ; elle fut découverte en 1419 par Gonzalès Zarco.

Funchiale eft la feule cité. L'île a d'ailleurs fept villes, Calhetta, Camara de Lobos, Ribeira, Braba & Ponta de Sol, dans la capitainerie de Funchiale. Les trois autres font dans la capitainerie de Mexico, & portent les noms de Mexico, San-Vincento & Santa-Cruz.

L'île de *Madère*, vue de la mer, préfente un très-bel afpect ; les flancs des collines font entie-rement couverts de vignes, prefque jufqu'à la hauteur où l'œil peut diftinguer les objets : elles y font vertes, tandis que tous les autres végétaux font abfolument brûlés, excepté dans les endroits ombragés par les vignes, & çà & là fur les bords des petits ruiffeaux.

L'île eft compofée d'une grande montagne ; les flancs s'élèvent de tous côtés de la mer, & fe réuniffent au fommet & au centre, & l'on dit qu'il y a au milieu une vallée qui eft toujours couverte d'une herbe délicate & tendre. Il y a de grandes raifons de croire que toute cette île eft fortie an-ciennement du fein de la mer par l'explofion d'un volcan. Toutes les pierres femblent avoir été brû-lées ; elles font remplies de trous & d'une couleur noirâtre : la principale partie eft de la lave. Le fol eft partout un terreau mêlé d'un peu de craie, de chaux & de fable, & il reffemble beaucoup à quelques terres que l'on trouve fur l'île de l'Af-cenfion. Cette circonftance & l'élévation du fom-met de la montagne portent à croire que jadis un volcan produifit la lave & les parties ochreufes, & que la vallée étoit alors le cratère.

Les différentes montagnes qu'on trouve dans ce pays font très-élevées ; la plus haute, le pic Ruivo, a 5668 pieds de hauteur, c'eft-à-dire, près d'un mille anglais perpendiculairement au-deffus de la plaine qui lui fert de bafe, & qui eft très-haute. Les côtes des diverfes montagnes font couvertes de vignes jufqu'à une certaine élévation, au-deffus defquelles fe trouvent des bois de pins & de châ-taigniers d'une étendue immenfe ; & enfin, plus haut, des forêts d'arbres de différentes efpèces inconnues en Europe, comme le *mirmulano* & le *paobranco*, dont les feuilles, furtout celles du der-nier, font fi belles, qu'elles feroient un grand or-nement dans nos jardins.

Plufieurs fources d'eau & plufieurs ruiffeaux defcendent des parties hautes dans des vallons & des crevaffes profondes qui entre-coupent l'île ; mais on n'y aperçoit point les plaines dont parlent plufieurs navigateurs : le cours des eaux s'y por-teroit vraifemblablement s'il y en avoit quelques-unes. Les lits des petites rivières font couverts de pierres de différentes groffeurs, que la violence des pluies d'hiver, ou la fonte des neiges, a en-traînées.

Des canaux conduifent l'eau au milieu des vi-gnobles, & chaque propriétaire en a l'ufage pen-dant un certain temps : plufieurs ont la permiffion d'en jouir continuellement ; d'autres s'en fervent deux fois, trois fois, ou une feule fois par femaine. L'arrofement étant abfolument néceffaire aux vi-gnobles, à caufe de la chaleur du climat, on ne peut planter qu'à grands frais un nouveau plant de vignes ; & le propriétaire doit acheter l'eau fort cher de ceux qui en ont la jouiffance.

On cultive des vignes partout où le fol, l'expo-fition & l'eau le permettent. Des fentiers d'environ trois pieds entre-coupent chaque vigne. Ces fen-tiers font renfermés par des murailles de pierres de deux pieds de haut : des lattes forment au-deffus des berceaux d'environ fept pieds de hauteur : le long des bords, des colonnes de bois foutiennent, à des diftances régulières, un treillage de bam-bous qui, retombant des deux côtés jufqu'à un pied & demi ou deux pieds de terre, s'étend à cette élévation fur toute la vigne : de cette ma-nière les raifins fe tiennent élevés, & les vignerons ont de la place pour ôter les mauvaifes herbes. Au temps des vendanges ils fe gliffent fous le treillage & ils coupent les grappes, qui pèfent quelquefois plus de fix livres. Cette méthode de tenir le ter-rain propre & humide, & de faire mûrir le raifin à l'ombre, contribue à donner aux vins de *Madère* cette faveur excellente & ce corps qui les ont rendus fi célèbres. On eft obligé d'employer cer-tains cantons à la culture des bambous néceffaires aux treillages.

Les vins ne font pas tous d'une égale bonté : le meilleur eft celui qu'on tire d'un plant que l'infant de Portugal fit tranfplanter de Candie : on l'appelle *Malvoifie de Madère*.

Les vignes font enceintes de murailles & de haies de poiriers, de grenadiers, de myrtes, de ronces & de rofiers fauvages. Les jardins offrent une grande variété de productions. On y trouve beaucoup de fruits de l'Europe, tels que les pê-ches, les abricots, les coings, les pommes, les poires, &c.; on y voit auſſi des plantes des deux Indes, entr'autres le bananier, le goyavier, l'arbre à pain, l'ananas, le mangouſtier, qui fleuriſſent & donnent des fruits preſque ſans ſoins. Le ſol de cette île eſt ſi riche, la plaine & les montagnes ont des climats ſi différens, qu'à peine y a-t-il une ſeule production recherchée de l'Europe & des deux Indes que la culture ne puiſſe donner ici.

Les habitans plantent des patates douces, dont ils font une grande conſommation, ainſi que des châtaignes qui croiſſent dans les bois, ſur les parties les plus élevées de l'île où il n'y a point de vignes; ils ſement du blé & de l'orge dans les cantons où la vigne eſt trop vieille, & dans les nouvelles plantations. Le blé eſt de la meilleure qualité, d'un beau & gros grain : l'île en pourroit produire en grande quantité, mais les habitans n'en récoltent pas pour que de trois mois, & ils ſont obligés de recourir à ceux d'Europe & de l'Amérique ſeptentrionale, qu'ils échangent contre leurs vins. La culture de la vigne eſt la principale occupation du peuple; & comme cette branche d'induſtrie demande peu de ſoin la plus grande partie de l'année, il eſt très-porté à l'oiſi-veté.

On trouve à Madère tous les animaux domeſtiques d'Europe : le mouton, le bœuf & le porc y ſont excellens. Les chevaux, malgré leur petiteſſe, ont le pied ſûr, & ils grimpent avec beaucoup d'agi-lité les chemins, qui ſont partout difficiles.

Il y a peu de quadrupèdes ſauvages : on n'y voit guère que le lapin. Les oiſeaux ſont plus nom-breux.

Il n'y a aucun ſerpent à Madère, mais les maiſons & les jardins fourmillent de lézards.

Les côtes de cette terre & des îles voiſines ne manquent pas de poiſſons.

On trouve peu d'inſectes, & les eſpèces en ſont connues. On fera à cette occaſion une remarque générale qui peut s'appliquer à toutes les îles où le capitaine Cook relâcha dans ſes voyages. Les qua-drupèdes, les reptiles amphibies & les inſectes ne ſont pas nombreux dans les îles un peu éloignées d'un continent, & tous ceux qui y ſont, ont été tranſportés par les hommes. Il y a une plus grande quantité de poiſſons & d'oiſeaux, parce que ceux-ci ont plus de facilité pour s'y rendre.

Le climat eſt excellent à Madère : le temps eſt en général doux & tempéré en été : la chaleur eſt très-modérée ſur les parties les plus élevées de l'île, où ſe retirent les gens riches durant cette ſaiſon : en hiver, la neige y ſubſiſte pluſieurs jours, tandis qu'elle ne dure jamais plus de vingt-quatre heures dans les parties baſſes.

Les marées vont au nord & au ſud dans les pleines & les nouvelles lunes : les hautes s'élèvent de ſept pieds, & les baſſes de quatre.

Le bas peuple a le teint baſané : il eſt d'ailleurs bien fait, quoiqu'il ait de larges pieds, ce qui provient peut-être de ce qu'il eſt obligé de gravir les ſentiers eſcarpés de ce pays montueux. Les vi-ſages des inſulaires ſont oblongs, avec des yeux noirs : leurs cheveux noirs ſe bouclent naturelle-ment; quelques Indiens les ont crépus, proba-blement à cauſe de leur mélange avec les Nègres : en général leurs traits, quoique durs, n'ont rien de déſagréable. La nature ne ſemble pas avoir fa-voriſé les femmes : elles n'ont point ce teint bril-lant & fleuri qui eſt le complément de la beauté; elles ſont petites, brunes; elles ont les os des joues proéminens, un large pied, & un maintien dénué de grâces. Les juſtes proportions de leurs corps, la belle forme de leurs mains, leurs yeux grands & animés, compenſent en quelque manière ces dé-fauts.

La ſobriété & la frugalité des gens de la cam-pagne ſont extrêmes; ils ſe nourriſſent de pain & d'oignons, ou d'autres racines, & ils mangent peu de viande. Ils boivent ordinairement de l'eau pure, ou une piquette qu'ils font en jetant de l'eau ſur la peau du raiſin, après qu'il eſt ſorti du preſ-ſoir. Cette eau acquiert, par la fermentation, un goût aigrelet, mais elle ne le conſerve pas long-temps. A peine avalent-ils quelques gouttes du vin que préparent leurs mains, & qui rend leur île ſi fameuſe. Ils ne recueillent que quatre dixièmes du produit de leurs vendanges; ils en paient quatre en nature au propriétaire, un dixième au Gouver-nement, & un dixième au clergé. Travaillant ainſi pour les autres, & jouiſſant d'un ſi petit béné-fice, ils font peu d'amélioration de culture. Malgré leur oppreſſion, ils conſervent cependant du contentement & de la gaieté : ils adouciſſent leur travail par des chanſons, & le ſoir ils s'aſſem-blent & danſent au ſon d'une guitare.

Les habitans des villes plus malheureux que ceux de la campagne; & outre la pâleur & la maigreur de leurs viſages, il y en a d'autres preu-ves. Les hommes portent des habits français, communément noirs, qui ne leur ſiéent point du tout; les traits de leurs femmes ont de la délica-teſſe & de l'agrément.

Les maiſons & les édifices publics préſentent, dans les détails de l'architecture, cette élégance & cette ſimplicité orientale qu'on ne trouve point dans nos maiſons étroites. On ne voit aucune voi-ture à roues dans le pays, privation qu'il faut peut-être moins attribuer au défaut d'invention des habitans, qu'à leur manque d'induſtrie pour former des chemins praticables. Les routes ſont en effet ſi mauvaiſes, qu'il ſeroit impoſſible à aucune voi-ture d'y paſſer. On ne ſe ſert que de chevaux & de mules, qui ſont très-propres à de pareils chemins; on les emploie cependant pas pour le tranſport des vins : des vignes où on les fait, on les tranſ-porte à la ville, dans des outres ou peaux de boucs, que des hommes chargent ſur leurs têtes.

MADRID, ville capitale de l'Espagne, est situé dans le bassin du Tage, sur quelques collines basses, composées de sable grossier & terreux. Quelques-unes des maisons de cette ville sont construites en granite, dont les carrières ne sont pas fort éloignées. Les grandes rues sont pavées en silex taillé d'échantillon; les autres en cailloux roulés qu'on trouve dans les environs.

Les campagnes voisines de *Madrid*, du côté de l'orient & du midi, sont remplies de couches suivies & continues de silex, dont on fait des pierres à fusil. Les couleurs de ces pierres disparoissent lorsqu'on les calcine : elles conservent, outre cela, leur forme concave & convexe; & quoiqu'aucun acide ne puisse les dissoudre, elles ne se fondent pas moins à l'eau, & même avec plus de violence que la véritable pierre calcaire; & en mêlant cette sorte de chaux avec le sable grossier des environs de *Madrid*, on en fait un excellent mortier.

Au milieu de ces couches & dans leurs fentes, on trouve des cristaux de roche.

On observe dans les carrières où l'on exploite ces silex, que la partie supérieure est couverte d'une matière blanchâtre, & que la partie inférieure est une croûte terreuse couleur de chocolat, mais qui devient blanche au feu. Ces substances sont douces au toucher & comme savonneuses. Lorsqu'on les expose en plein air, elles ressemblent à l'argile : ce sont des sortes de stéatites qui ne sont ni dans l'état argileux ni dans celui des pierres à chaux.

Les environs de *Madrid* offrent un pays uni, égal, presque sans côtes & sans vallons; cependant, quand on le parcourt en détail, on y trouve une quantité considérable de ravins & d'inégalités.

Les causes de ces inégalités sont la dégradation des roches, la résistance de certaines terres, l'instabilité du lit des rivières, la rapidité des ruisseaux, la force des torrens, qui, à la suite des pluies abondantes & soutenues, charient & transportent tout ce qu'ils rencontrent dans leurs inondations.

Si l'on ajoute à tous ces effets, ceux des destructions & des décompositions qui s'opèrent par le temps dans les différentes couches, on aura la solution de tous les phénomènes qu'on voit aux environs de cette capitale.

Le tiers au moins des terres entre *Madrid* & Aranjuez est gypseux : à une demi-lieue hors des portes de *Madrid* il y a beaucoup de couches de gypse, parmi lesquelles se trouve la sélénite cristallisée par petits groupes.

Les parties de cailloux qu'on trouve dans les environs de Pinto, sur le chemin d'Aranjuez, sont des collines de pierre à plâtre. Le Tage passe au milieu de ces collines, & le lit de la rivière est rempli de pierres arrondies non calcaires, de même que toutes les parties du vallon : ce qui prouve que la rivière a changé de lit successivement. Quand on voit ces cailloux roulés du Tage

à Aranjuez, & qu'on les compare avec ceux qui sont au-dessous de Tolède, on reconnoît aisément que leur arrondissement est des temps antérieurs à l'approfondissement du vallon du Tage & à l'action des eaux courantes de ce fleuve.

L'eau du Tage, en passant par les collines dont nous avons fait mention plus haut, entraîne différens principes qui la rendent dure & mauvaise au goût; néanmoins elle perd sa mauvaise qualité lorsqu'elle est arrivée au-dessous de Tolède : alors on n'y trouve plus la sélénite qu'elle tenoit en dissolution avant d'arriver à cette ville.

L'eau qu'on boit à *Madrid* est extrêmement pure & légère; elle n'altère pas la constitution des étrangers qui en font usage. Ces eaux y viennent des montagnes de Guadarrama; elles traversent l'espace de sept à huit lieues dans un terrain de gravier & de sable qui ne leur communique aucun principe étranger.

Les fontainiers conduisent les eaux de *Madrid* avec beaucoup d'intelligence & de simplicité; ils creusent un puits d'environ trois pieds de diamètre, jusqu'à ce qu'ils rencontrent une source; ils étendent ensuite une corde qui part du centre, & percent dans sa direction une galerie de vingt-cinq pieds de longueur, après quoi ils creusent un autre puits : de celui-ci ils étendent un cordeau pour creuser une galerie de vingt-cinq pieds de longueur, à l'extrémité de laquelle ils creusent un autre puits. De cette manière, de puits en puits, de galerie en galerie, ils forment une conduite d'eau qui va déboucher à la fontaine qu'ils veulent entretenir.

Les vents du nord règnent à *Madrid* pendant l'hiver, & ils y sont très-froids, très-secs & très-pénétrans : ceux de l'ouest, au contraire, y sont chauds & pluvieux. Le sol de cette capitale est très-élevé relativement au niveau de la mer, car on descend continuellement depuis *Madrid* jusqu'à la Méditerranée; & d'un autre côté les eaux des ruisseaux & des rivières qui en arrosent les environs vont se joindre au Tage, pour se perdre ensuite dans l'Océan. Les montagnes de Guadarrama se voient de *Madrid*, ainsi que leurs sommets couverts de neige pendant plusieurs mois de l'année.

MAGDELAINE. (Iles de la). Ces îles, situées sur la côte d'Afrique, près du Cap-Vert, à une lieue & demie de Gorée, offrent d'immenses assemblages de prismes de basalte, semblables à ceux d'Auvergne & du Vélay. La mer, en se brisant avec violence contre ces amas, a formé, dans quelques parties, de larges escarpemens qui ont mis à découvert plusieurs rangées de ces prismes; mais l'assemblage de toutes les anciennes parties du volcan ne s'y retrouve plus assez dans son entier pour qu'on puisse juger, d'après l'inspection de ces prismes, que ce sont des produits du feu.

MAGDELAINE (Ile). Les îles *Magdelaine*, *Saint-Jean* & *Anticofti*, dans le golfe du fleuve Saint-Laurent en Amérique feptentrionale, font remarquables par le grand nombre de *walrus* ou vaches marines qui s'y rendent au printemps. Ces îles font un lieu deftiné par la nature pour ces animaux, à caufe des places commodes pour defcendre à terre qu'elles y trouvent, & qu'on nomme *échoueries* : ces animaux s'y traînent en grand nombre, & y reftent quelquefois quatorze à quinze jours de fuite fans prendre aucune nourriture lorfque le temps eft beau ; mais à la moindre apparence de pluie ils fe précipitent dans la mer avec la plus grande hâte. Hors de l'eau, ces animaux font lourds & fe meuvent très-difficilement ; ils pèfent de 1500 à 2000 livres, & donnent, fuivant leur groffeur, depuis une jufqu'à deux bariques d'huile qu'on extrait en faifant bouillir la graiffe qui eft entre la chair & la peau.

Auffitôt après leur arrivée dans ces îles, les femelles mettent bas leur petit & conçoivent de nouveau dans les deux mois fuivans : elles n'ont jamais plus de deux petits à la fois, & rarement plus d'un.

Les échoueries des îles *Magdelaine* font difpofées comme il convient aux vaches marines ; elles font formées par la pente douce de quelques rochers liffes, comme il y en a beaucoup, larges d'environ quarante à cinquante toifes au bord de l'eau, & affez fpacieux pour contenir un fort grand nombre de ces animaux. On les laiffe aborder ainfi & s'amufer pendant un temps confidérable, jufqu'à ce qu'ils foient enhardis à un certain point : car lorfqu'ils commencent à defcendre à terre, ils font fi timides, que perfonne ne peut les approcher ; mais après quelques femaines ils s'affemblent en grand nombre, & l'on en fait des chaffes très-abondantes & fort avantageufes.

MAGELLAN (Détroit de), fitué à la pointe méridionale de l'Amérique, & féparant la terre de Feu de ce continent. Ce détroit & fon ouverture indiquent que des eaux échappées de l'extrémité & des revers des Cordilières du Pérou & du Chili ont creufé une double vallée, dont l'une s'eft portée dans l'Océan atlantique, & l'autre dans la mer du Sud. La partie la plus élevée de cette contrée, & le point de partage des eaux, étoit le cap de Quade : à l'oueft de ce dernier cap devoit être d'abord une vallée qui defcendoit vers la mer Pacifique, & à l'eft de la pointe du paffage devoit être une autre vallée d'un cours oppofé, qui defcendoit vers l'Océan atlantique. Le plus grand effort des eaux s'eft fait dans l'étendue de la première vallée, car les côtes du détroit, qui femble avoir fuccédé à la vallée, font prefque partout efcarpées fur les deux bords. Les eaux courantes ont non-feulement creufé le maffif qui rempliffoit cette ravine, mais la mer a dû achever ces deftructions en enlevant tous les obftacles qui

nuifoient à la marche de la marée & en fe creufant un canal fort profond, tant à travers des parties élevées que des parties baffes, qui étoient ouvertes par les eaux courantes defcendues des Cordilières. Ceci s'accorde avec ce que l'on obferve dans les détroits en général, où la partie du canal tranchée regarde le point de partage d'où les eaux courantes font parties. C'eft pour cette raifon que les efcarpemens font placés dans le détroit partout de manière à nous montrer la direction des eaux qui les ont formés ; & la marée fuit encore cette marche, puifque, dans ces gorges étroites qui font à l'entrée du côté de l'eft, elle repouffe les vaiffeaux qui s'y préfentent, ce qui rend cette route fort dangereufe, & qui même la fait abandonner pour doubler la terre de Feu.

L'inclinaifon des fommets de cette contrée vers l'eft nous confirme que les eaux en ont fapé les fondemens, & que c'eft à la fuite de cette excavation par le pied, que tous ces maffifs ont été fubmergés dans leurs parties inférieures.

Nous retrouvons dans le détroit de *Magellan* la même diftribution des eaux qu'on peut remarquer dans l'Amérique méridionale, où elles fuivent conftamment les rives occidentales du nord au midi, & où les fleuves ont des cours fort étendus vers l'eft, tandis que, fur l'autre revers, on ne rencontre que des torrens courts & rapides, des contrées fablonneufes & arides : c'eft ainfi que les eaux courantes, par leurs mouvemens en conféquence des pentes, ont entraîné des terrains, y ont fait des ouvertures à travers des maffifs que les mers n'auroient pu rompre malgré leurs vagues ; au lieu que ces terrains une fois rompus, ont donné lieu à des détroits, à des golfes & à des anticipations plus ou moins étendues de la mer fur les continens.

MAGNÉTISME DES ROCHERS. M. de Humboldt a trouvé dans le Spitzberg un énorme rocher de ferpentine qui poffédoit une telle vertu magnétique, qu'elle agiffoit fur la bouffole à la diftance de vingt-quatre pieds. Cette maffe a deux pôles qui fe trouvent fur la même ligne à peu près que les deux pôles magnétiques de la terre, mais fitués en fens contraire fur cette ligne. Le pôle nord de la maffe regarde le pôle fud du Globe, & *vice verfâ*. Chaque morceau détaché de la maffe acquiert auffitôt deux pôles, comme il arrive dans les pierres d'aimans. Mais ce qu'il y a de plus fingulier dans cette ferpentine, ce qui la diftingue de tous les autres aimans, c'eft que cette même pierre qui agit avec tant de force fur l'aiguille aimantée, qui attire l'aimant & en eft attirée, n'attire aucunement le fer. Si l'on en approche un morceau de fer, ou même de la limaille de fer la plus fine, il n'agit point fur elle.

M. Humboldt a fait l'analyfe chimique de cette pierre, & n'y a trouvé que peu de fer ; & le peu qu'il y a rencontré eft en état d'oxide, c'eft-à-dire, ne peut poſſéder aucune vertu magnétique. M. Humboldt a répété toutes ces expériences avec un morceau détaché de la maſſe. M. Klaproth, qui en a auſſi reçu un échantillon, après l'avoir analyſé, penſe que ce n'eſt pas une ſerpentine, mais une pierre du genre des hornblendes. Au reſte, quels que ſoient les élémens chimiques qui la compoſent, elle préſente toujours ce phénomène inoui juſqu'à préſent, celui d'un corps attirable à l'aimant & non au fer.

On a parlé d'un tuf volcanique trouvé au pied du Monte Albano, & qui a les mêmes propriétés; de même d'un petro-ſilex noirâtre de Corſe : mais ceci ne tend pas à éclaircir la cauſe de phénomènes qui doivent être ſuivis & généraliſés pour être utiles à l'hiſtoire naturelle du Globe.

MAHLSTROM, eſpèce de gouffre de l'Océan ſeptentrional, ſur la côte de Norwège, nommé par quelques géographes *umbilicus maris*. Il eſt entre la petite île de Wéro au midi, & la partie méridionale de l'île de Loffouren ou Loffoden au nord, par les 68 d. 10 à 15′ de latitude, & vers le 28ᵉ. degré de longitude. Ce gouffre, que pluſieurs voyageurs nous peignent des couleurs les plus effrayantes, n'eſt qu'un courant de mer qui fait grand bruit en montant tous les jours durant ſix heures, après leſquelles il eſt plus calme pendant le même eſpace de temps : tant que ce calme dure, les petites barques peuvent aller d'une île à l'autre ſans danger. Le bruit que fait ce courant eſt vraiſemblablement cauſé par de petites îles ou rochers qui repouſſent les vagues tantôt au ſeptentrion, tantôt au midi; de manière que ces vagues paroiſſent tourner en rond.

La largeur du courant de *Mahlſtrom* eſt d'environ deux milles, & ſa longueur de cinq milles à peu près.

On trouve dans pluſieurs ouvrages des deſcriptions étonnantes de ce gouffre & de ce courant; mais la plupart de ces circonſtances ne ſont fondées que ſur des bruits populaires. On dit que ce gouffre fait un bruit horrible, & qu'il attire à une très-grande diſtance les baleines, les arbres, les barques & les vaiſſeaux qui ont le malheur de s'en approcher; qu'après les avoir attirés, il les réduit en pièces contre les rochers pointus qui ſont au fond du gouffre. C'eſt de cette prétendue propriété qu'eſt venu le nom de *Mahlſtrom*, qui ſignifie courant qui moud. L'on ajoute qu'au bout de quelques heures il rejette les débris de ce qu'il avoit englouti. Cela dément le ſentiment du Père Kircher, qui a prétendu qu'il y avoit en cet endroit un trou ou un abîme qui alloit au centre de la terre, & qui communiquoit avec le golfe de Bothnie. Quelques auteurs ont aſſuré que ce courant n'étoit jamais tranquille; mais on a publié en 1750, dans le tome XII des *Mémoires de l'Académie royale des Sciences de Suède*, une deſcription du *Mahlſtrom* qui ne laiſſe plus rien à deſirer, &

qui, en faiſant diſparoître tout le merveilleux, réduit tous ces phénomènes à la ſimple vérité. Voici comme on nous le décrit :

« Le courant a ſa direction pendant ſix heures du nord au ſud, & pendant ſix autres heures du ſud au nord; il ſuit conſtamment cette marche. Ce courant ne ſuit point le mouvement de la marée, mais il en a un tout contraire. En effet, dans le temps que la marée monte & va du ſud au nord, le *Mahlſtrom* va du nord au ſud, &c. Lorſque ce courant eſt le plus violent, il forme de grands tourbillons ou tournoiemens qui ont la forme d'un cône creux renverſé, qui peut avoir douze pieds de profondeur; mais loin d'engloutir & de briſer tout ce qui s'y trouve, c'eſt dans le temps que ce courant eſt le plus fort, que l'on y pêche avec le plus de ſuccès; & même, en y jetant un morceau de bois, il diminue la violence du tournoiement. C'eſt dans le temps que la marée eſt la plus haute & qu'elle eſt la plus baſſe, que le gouffre eſt le plus tranquille; mais il eſt très-dangereux dans le temps des tempêtes & des vents orageux, qui ſont très-communs dans ces mers : alors les navires s'en éloignent avec ſoin, & le *Mahlſtrom* fait un bruit terrible. Il n'y a point de trous ni d'abîme en ce lieu, & les pêcheurs ont trouvé avec la ſonde, que le fond du gouffre étoit compoſé de rochers & d'un ſable blanc qui ſe trouve à vingt braſſes dans la plus grande profondeur. M. Schelderup, à qui cette deſcription eſt due, dit que tous ces phénomènes viennent de la diſpoſition dans laquelle ſe trouve cette rangée d'îles, entre leſquelles il n'y a que des paſſages étroits qui font que les eaux de la pleine mer ne peuvent y paſſer librement, & par-là s'amaſſent & demeurent en quelque façon ſuſpendues lorſque la marée hauſſe; d'un autre côté, lorſque la marée ſe retire, les eaux qui ſe trouvent dans le golfe que ſéparent ces îles du continent, ne peuvent point s'écouler promptement au travers de ces mêmes paſſages étroits. »

Les marins donnent en général le nom de *Mahlſtrom* à tous les courans d'eau qui ſe trouvent dans la mer. Les voyageurs rapportent qu'il y en a un très-conſidérable dans l'Océan, entre l'Afrique & l'Amérique : les navigateurs l'évitent avec grand ſoin. Les gouffres de Sylla & de Charybde ſont auſſi des eſpèces de *Mahlſtroms*.

MAILLERAY. Les tourbières de *Mailleray* ſont ſituées dans le département de la Seine-Inférieure, à ſept lieues de Rouen & à deux petites de Caudebec, au pied de la forêt de Brotonne & à deux cent cinquante toiſes au plus du bord gauche de la Seine. L'épaiſſeur du banc de tourbe qu'on y exploite depuis plus de ſoixante ans eſt de onze pieds; mais les eaux abondantes qu'on rencontre, ne permettent pas de l'extraire à plus de huit pieds. L'étendue de cette tourbière eſt d'environ quatre cents acres. L'exploitation, qui eſt d'un acre par an, n'a lieu qu'au printemps & en été.

Ces tourbes font en usage à Rouen.

MAÏRE (Vallée de), en Piémont, au midi de la vallée de Vraitici, laquelle suit celle du Pô. Les montagnes qui la forment, ont aux environs de Dronero beaucoup de couches de pierre à chaux & de marbre; mais en suivant la crête depuis Bergamond & depuis Strop jusqu'à l'Arche, on les trouve d'une pierre schisteuse, quartzeuse & propre aux mines. Au village d'Aceil, vers le sommet de la vallée, on en a exploité une de galène de plomb à grain fin, imprégnée de pseudo-galène contenant quelque peu d'argent. Cette mine est maintenant abandonnée.

Il y a au-dessous d'Elva, dans une montagne de nature corneo-calcaire, un filon qui se dirige d'orient en occident de huit à dix pouces d'épaisseur, & qui est d'une qualité de mine livide, contenant de six à huit onces d'argent par quintal, avec du cuivre. Après quelques tentatives d'exploitation on l'a abandonné.

A Storp on trouve aussi des indices de mines de la même nature, & à Busque il y a des carrières renommées d'albâtre ou marbre d'un fond canelle, nuancé de veines blanches & cristallines dans quelques endroits. Ce marbre prend un beau poli; il est mince pour l'ordinaire; & quoiqu'il y en ait des couches plus épaisses, on ne peut en tirer que des pièces de rapport.

MAIRE (Détroit de Le). Ce détroit est borné à l'ouest par la terre de Feu, & à l'est par l'extrémité ouest de la terre des Etats, toutes deux situées sur la côte de l'Amérique méridionale; il a environ cinq lieues de long & autant de large. La baie du Bon-Succès est à peu près vers le milieu du détroit, sur la terre de Feu; on la découvre tout de suite en entrant dans le détroit par le nord: elle a une pointe au sud qui peut être reconnue par une trace sur la terre qui se montre comme une grande rade, conduisant de la mer dans l'intérieur du pays. L'entrée de la baie a une demi-lieue de large, & s'étend de l'est à l'ouest environ deux milles & demi; l'ancrage est sûr partout, de dix à sept brasses d'eau, bon fond: on y trouve en abondance de très-bon bois & de l'eau. La marée monte dans la baie aux pleines & aux nouvelles lunes, vers les quatre ou cinq heures, & s'élève de cinq ou six pieds; mais le flot dure deux ou trois heures plus long-temps dans le détroit que dans la baie, & le jussant ou le courant qui porte au nord, descend avec une force presque double de la marée montante.

On dit dans le Voyage de l'amiral Anson, qu'il est difficile de déterminer exactement en mer le gisement du détroit sur la seule vue de la terre de Feu, quelque bien connue qu'elle soit, sans avoir aussi la vue de la terre des Etats; que quelques navigateurs ont été trompés par l'aspect de trois montagnes de la terre des Etats, qu'ils ont prises pour les Trois-Frères de la terre de Feu, erreur qui leur a fait dépasser le détroit; mais tout vaisseau qui côtoie la terre de Feu sans la perdre de vue, ne peut manquer l'entrée du détroit, qui est par elle-même très-aisée à reconnoître. Quant à la terre des Etats, que forme le côté oriental, on peut la distinguer encore plus facilement, car il n'y a point de côte sur la terre de Feu qui ressemble à celle-là. On ne peut manquer le détroit de Le Maire qu'en portant trop loin à l'est, & en perdant de vue la terre de Feu; mais si ce malheur arrive, on peut en effet dépasser le détroit, quelque distinctement qu'on ait vu la terre des Etats. Il ne faut tenter l'entrée du détroit qu'avec un bon vent & un temps modéré, & à l'instant même où la marée y porte; ce qui arrive dans les pleines & les nouvelles lunes, vers une ou deux heures; le mieux sera aussi de ranger la côte de la terre de Feu d'aussi près que le vent le permettra: avec ces précautions, un vaisseau peut pénétrer dans le détroit en une marée, ou aller au moins, jusqu'au sud de la baie du Bon-Succès, dans laquelle il sera plus prudent d'entrer si le vent vient du sud, que de tenter de doubler la terre des Etats avec un vent & un courant qui peuvent jeter le vaisseau sur cette île.

Entre le détroit de Le Maire & le cap Horn, quand on est près de la côte, on éprouve un courant très-fort qui a sa direction au nord-est: on le perd quand on est à une distance de quinze ou vingt lieues.

MAKKREA. C'est ainsi que l'on nomme dans le royaume de Pégu, aux Indes orientales, une lame d'eau formée par le reflux de la mer, qui se porte avec une violence extraordinaire vers l'embouchure de la rivière de Pégu. Cette masse d'eau, appelée makkrea par les habitans du pays, a communément douze pieds de hauteur; elle occupe un espace très-considérable, qui remplit toute la baie, depuis la ville de Negrais jusqu'à la rivière de Pégu. Elle fait un bruit si effrayant, qu'on l'entend à une distance de plusieurs lieues; elle est d'une force si grande, qu'il n'y a point de navire qui n'en soit renversé. Cette masse d'eau est portée contre la terre avec une rapidité & une violence qui font qu'il est impossible de l'éviter.

MALDIVES. Ces îles s'étendent le long de la côte de Malabar en ligne droite du midi au nord. On peut en compter plus de quinze cents presque contiguës, mais divisées en treize portions, & assemblées par pelotons ou groupes. La plupart de ces îles n'offrent que des monceaux de sable ou des masses de rochers dépourvus de végétation: quelques-unes sont si petites & si basses, que la mer les couvre souvent. Ces dernières îles ne sont pas habitées; il n'y a que le petit nombre de celles qui font élevées au-deffus des flots & d'une certaine étendue, qui font habitées, cultivées, & même fréquentées par les navigateurs.

Chaque groupe eft féparé des autres par un canal ou détroit qui a quelquefois fi peu de profondeur, qu'on pourroit traverfer de l'un à l'autre groupe fans trouver plus de trois pieds d'eau. Quelques autres détroits font ouverts aux navires, & le plus grand a près de vingt lieues en largeur. On appelle *province* ou *atollon* chacun des groupes féparés par un détroit. La figure de ces groupes eft ronde ou ovale, & les plus grands n'ont guère plus de trente ou quarante lieues de circuit ; ils forment, dans leur enfemble, une longue chaîne qui en a plus de deux cents d'étendue.

On croit que ces groupes ne formoient autrefois qu'un feul maffif & une feule île, que l'effort des vagues a ainfi divifés en ouvrant, comme on voit, les détroits ; & on fe confirme dans cette opinion d'autant plus, qu'on a obfervé avec plus de foin la force des courans des parages voifins, & les ravages qu'ils continuent de faire contre les maffifs de ces îles.

Quoique les *Maldives* foient voifines de l'équateur, les chaleurs n'y font pas cependant infupportables. Les nuits, toujours égales aux jours, y font très-fraîches, & les rofées abondantes qui ne manquent point de précéder le lever du foleil, contribuent encore à tempérer la chaleur du jour. La divifion des faifons eft ici à peu près la même que fur la côte de Malabar : l'hiver commence au mois de mai & finit au mois d'octobre ; l'été occupe les fix autres mois, & eft amené & entretenu par un vent contraire.

MALHOLM, qui donne fon nom au lac, eft un village du comté d'Yorck en Angleterre, fitué fur le côté méridional d'une haute montagne qui eft jointe à une autre par un rocher très-élevé, fur lequel on voit une efpèce de canal qui paroît avoir été celui d'un ruiffeau qui tomboit autrefois de ce précipice, & qui maintenant a trouvé un paffage fous terre ; il fort du pied du rocher, & eft appelé *la tête de la rivière d'Air.* Le rocher fe nomme *Malholm cove.*

Entre cette montagne & quatre autres moins confidérables eft fitué le lac *Malholm,* dont l'étendue peut être de trois ou quatre cents acres : fa forme eft celle d'un parallélogramme dont la longueur eft double de la largeur. Il n'y a aucune herbe, & dans un jour tranquille on peut en obferver le fond calcaire & blanc dans des endroits de douze pieds de profondeur. Il eft furprenant que Camden n'ait point parlé de ce lac, puifqu'il décrit des précipices qui font fur les côtés du nord des montagnes qui l'entourent. On ne voit que deux fources qui fourniffent l'eau de ce lac.

L'eau fuperflue de ce lac s'écoule par un ruiffeau d'environ quatre pieds de large & de trois pouces de profondeur, qui, après avoir couru fur

une longueur de huit cents pieds, s'enfonce fous la terre à deux endroits différens, éloignés de vingt-huit pieds l'un de l'autre.

Les gens du pays difent qu'à environ un mille au-deffous du village de *Malholm,* il y a deux fources qui fe jettent dans la rivière d'Air à vingt-huit pieds l'une de l'autre, & que, fi l'on jette dans l'un ou l'autre de ces ruiffeaux, de la paille à l'endroit où ils fe précipitent dans la terre, on la voit fortir, au bout de huit heures, par la plus grande ou la plus petite fource, & jamais par les deux à la fois, & fe jeter dans la rivière d'Air, qui eft à peu près éloignée de deux milles & demi du lieu où ces ruiffeaux difparoiffent.

Il paroîtroit, par ce que nous venons de dire, que ces deux ruiffeaux ne fe mêlent point dans leur courfe fouterraine.

Ce lac abonde en truites & en perches : on ne les pêche qu'à l'hameçon, parce que le fol pierreux coupe les filets.

MALMEDY (dans le ci-devant département de l'Ourthe). Il exifte près de cette ville, au rapport de M. d'Omalius de Halloy, un amas qu'on doit plutôt appeler un dépôt de cailloux roulés qu'une maffe de brèches. La plupart de ces cailloux font quartzeux, quelques-uns calcaires ; ils font foiblement agglutinés par un ciment rougeâtre qui a l'apparence d'une argile ferrugineufe : la ftratification n'y eft pas très-fenfible, mais on y reconnoît des couches horizontales. Dans la partie inférieure il y a des cailloux très-confidérables ; leur groffeur diminue enfuite à mefure qu'on s'élève ; les dernières couches ne préfentent même que des maffes argileufes, qui empâtent de petits grains de quartz & de fchifte verdâtre. Cet amas a un peu moins de deux lieues & demie de longueur, fur une largeur d'un quart de lieue à une demi-lieue ; il s'étend le long de la rivière de Warge & fe montre principalement fur la rive droite, mais fe retrouve auffi fur une portion de la rive gauche ; il conftitue toute la pente, & s'élève à plus de fix cents pieds au-deffus du niveau de la vallée. Il ne paroît pas qu'il s'enfonce davantage, car le fond de la rivière eft formé d'ardoifes. Il n'y a pas de liaifon entre les brèches ou cailloux roulés dépofés horizontalement, & le terrain d'ardoifes en couches verticales ; la tranfition eft toujours brufque ; de telle forte qu'on ne peut concevoir la formation des premiers qu'en fuppofant qu'ils ont été dépofés à la manière des failles ou filons, dans un creux pratiqué au milieu des ardoifes. Mais en outre il paroît que ce dépôt a eu lieu avant le creufement de la vallée ; car fi cette vallée eût exifté, le dépôt de cailloux roulés fe fût répandu dans une grande étendue, plutôt que de fe grouper à *Malmedy,* au point d'y former des efcarpemens de plus de fix cents pieds ; & cependant, ce qui eft très-digne de remarque, c'eft qu'on ne trouve rien de femblable dans aucune

partie

partie de l'Ardenne, qui eſt le pays environnant.

MALTE, l'une des principales. îles de la Méditerranée. Quoique cette île ſoit en grande partie une maſſe de bancs pierreux & calcaires, cependant on peut dire que le ſol en eſt fertile, & qu'il ſe prête à une culture fort animée. Comme il n'y a pas de montagnes proprement dites, les vents y exercent ſucceſſivement leur empire ; & c'eſt à leur influence qu'on doit attribuer la ſalubrité d'un climat dont la température fait parvenir les habitans, & ſurtout les agriculteurs, dans un âge très-avancé, ſans éprouver les infirmités de la vieilleſſe.

On peut diſtinguer à *Malte* deux ſortes de terrains quant à la culture ; les uns naturels, que la décompoſition des bancs ſuperficiels produit, & les autres artificiels, qui ſont les réſultats de quelques mélanges d'engrais bien entendus. Les naturels offrent différentes qualités de terre qui varient d'un endroit à l'autre ; il y en a de calcaire & d'argileuſe. Sa profondeur varie auſſi ; en général elle en a fort peu, mais malgré cela les plantes y croiſſent on ne peut pas mieux dans les temps même les plus ſecs de l'été, au moyen des roſées de la nuit, qui ſont ſurtout fort abondantes le long des côtes de la mer. On a remarqué d'ailleurs que les bancs pierreux qui ſervent de baſe à la terre végétale, offrent un tuf poreux qui s'imbibe fort abondamment de l'eau des pluies, & la retient de manière qu'il conſerve long-temps un état de fraîcheur & d'humidité, dont il diſtribue avec économie les utiles influences aux végétaux qui croiſſent dans la terre végétale. On doit penſer que les productions varient ſuivant les différens états de ce tuf ; mais les cultivateurs habiles ont reconnu qu'ils pouvoient, par des fouilles pouſſées à une certaine profondeur, en faciliter la décompoſition ou le mettre en état de le pénétrer plus facilement de l'eau des pluies & des roſées.

C'eſt en multipliant les fouilles & en enlevant avec des coins de fer les bancs des rochers ſaillans, qu'on parvient à former des terrains artificiels. On donne au nouveau ſol qu'on travaille ainſi, une pente favorable à l'écoulement des eaux pluviales ; enſuite on diſtribue à ſa ſurface les débris comminués des rochers : ce ſont d'abord de gros fragmens jetés ſans ordre ſur une épaiſſeur de huit à dix pouces ; enſuite viennent les plus petits fragmens de pierres, & enfin le tout eſt recouvert d'une couche de terre de la même épaiſſeur, qu'on a miſe en réſerve avant le travail, ou qu'on a tirée des endroits où la terre végétale eſt naturellement fort épaiſſe, ou même de certaines cavités de rochers : telle eſt la compoſition des terrains artificiels qui, au moyen de fumiers & d'engrais terreux, donnent des récoltes très-abondantes pendant dix à douze ans.

Quoique cette île ait une ſuperficie fort unie, ſans aucun de ces ſommets élevés qui fixent les nuages & déterminent la chute des pluies & l'origine des ruiſſeaux & des rivières, malgré cet état on y trouve un grand nombre de ruiſſeaux. La partie occidentale, où la pierre poreuſe eſt ſuſceptible d'une forte & abondante imbibition de l'eau des pluies, eſt arroſée par un grand nombre de ruiſſeaux dont les ſources ſortent du pied de quelques foibles collines. On y compte environ quatre-vingts ſources, qui alimentent autant de ruiſſeaux qui ſuffiſent pour l'arroſement de tous les terrains qu'ils parcourent.

Dans certains endroits où ces reſſources manquent, on a eu recours aux puits ; ils ſe trouvent ſurtout dans la partie orientale de l'île. Lorſqu'on a pouſſé les fouilles à une certaine profondeur, les eaux s'y raſſemblent aſſez abondamment pour fournir aux arroſemens des jardins & des potagers du voiſinage.

MAMMOUTH. Les Ruſſes donnent ce nom à une eſpèce d'éléphant perdue, dont on trouve des os, des dents, & même de la peau garnie de très-longs poils, dans tout le nord de l'Aſie, dans les glaces de la mer du Nord, & auſſi dans les terrains d'alluvion de toutes les contrées de l'Europe.

Ce même nom de *mammouth* a été donné par les Américains à un autre animal, dont les débris ſe trouvent ſur les rives du fleuve Ohio : c'eſt celui que M. Cuvier a nommé *maſtodonte*. (*Voyez l'article* OS FOSSILES.)

MANCHE, canal ou détroit qui ſépare la France de l'Angleterre.

Si, dans ce bras de mer, l'eau baiſſoit ſeulement de vingt-cinq braſſes, elle laiſſeroit à découvert une crête de montagnes qui joint Calais à Douvres, & qui n'eſt pas une iſthme, parce qu'elle eſt toujours ſubmergée.

Si elle baiſſoit encore un peu plus, les Sorlingues & l'île de Wight deviendroient des montagnes ſéparées de l'Angleterre par une vallée qui ſeroit alors à ſec ; enfin, ſi elle baiſſoit juſqu'à ſoixante braſſes, l'Angleterre elle-même ſeroit une vaſte montagne ſéparée par une grande vallée de la Normandie, tenant à la Flandre par l'iſthme dont nous avons parlé, & le fond de la *Manche* à ſon ouverture, qui s'étendroit alors depuis les Sorlingues juſqu'à l'île d'Oueſſant, deviendroit en cet endroit le rivage de la mer.

Cet exemple, que je cite ici d'après un examen particulier que j'ai fait de cette mer intérieure, peut faire comprendre que les îles ſont des portions de continens ſemblables à celles dont elles ont été détachées, & qu'elles ont conſervé des traces de leur ancienne union par des élévations couvertes par les eaux, mais dont la ſonde conſtate l'exiſtence. C'eſt le ſujet que j'ai traité dans une Diſſertation que j'ai préſentée à l'Académie d'Amiens, & qui a été couronnée par cette Académie.

On ſait que les marées ne ſont pas égales dans

tous les points des rivages de la *Manche*, & que leur hauteur sur la côte septentrionale de la Bretagne va toujours en augmentant depuis Brest jusqu'à Saint-Malo, où elles sont si hautes dans les nouvelles & les pleines lunes, qu'elles montent jusqu'à soixante & quatre-vingts pieds, tandis que, depuis Saint-Malo, cette hauteur va toujours en diminuant le long des côtes de Normandie.

Pour rendre raison de ce phénomène, il suffit de jeter les yeux sur la forme & la disposition des côtes de la *Manche*. La marée, qui de la grande étendue de l'Océan atlantique vient se répandre sur la côte septentrionale de Bretagne, rencontre en même temps l'embouchure de la *Manche*, qui est un espace beaucoup plus resserré que celui d'où elle vient; il faut qu'elle s'enfle à l'entrée de ce canal, & qu'elle prenne en hauteur ce qui manque en largeur au détroit pour contenir l'eau qu'elle apporte; ensuite le détroit se resserre davantage, & l'eau s'élève encore plus. La ville de Saint-Malo est située dans cette espèce d'angle rentrant que font les côtes de Bretagne & de Normandie. La marée est obligée de prendre la même direction que la côte septentrionale de Bretagne, c'est-à-dire, une direction sud-ouest. Suivant cette direction, elle va frapper la côte de Cornouaille en Angleterre, d'où elle est réfléchie & repoussée avec force précisément dans l'enfoncement où est Saint-Malo : les eaux retenues & comme renfermées ne peuvent que s'élever le long des côtes.

MANCHE (Département de la). Ce département est un de ceux qui tirent leurs noms de leur position; sa plus grande dimension est du nord au sud. A l'ouest & au nord-est il forme la côte de la *Manche*; plus à l'est, il est à peu près limité par la Vire, & confine au département de l'Orne; au sud, il est limitrophe des départemens d'Ille & Vilaine & de la Mayenne.

Ses principales rivières sont : 1°. la Vire, qui prend sa source à une lieue de la ville de ce nom, dans le département de l'Orne; son cours est de vingt lieues de longueur, & n'est navigable qu'auprès de Saint-Lô; 2°. la Taute, qui prend naissance dans les environs de Coutance, & se porte à Carentan, où elle reçoit à gauche la Douve; elle se jette dans l'Océan à deux lieues au-dessous de cette rivière, après dix lieues de cours; 3°. la Soulle, qui a huit lieues de longueur, passe à Soulle, Cérisi & près de Coutance, après quoi elle s'unit à la Sienne, petite rivière de quinze lieues de cours, qui reçoit elle-même l'Airou; 4°. le Beuvron & le Couesnon, dont les embouchures se confondent; elles sont remarquables en ce qu'elles servent de limites aux deux départemens de la *Manche* & d'Ille & Vilaine.

Les principales villes du département de la *Manche* sont : Avranches, Mortain, Saint-Lô, Carentan, Valogne & Cherbourg.

Il y a des salines auprès d'Avranches; on remarque aussi près de cette ville le mont Saint-Michel, rocher de granite (au milieu des sables que la mer couvre dans le flux), & au pied duquel on ne peut arriver quand elle est basse.

Cherbourg est devenu un port remarquable, depuis qu'on y a creusé un bassin immense dans le granite : ce bassin seroit un ouvrage digne des Romains; il l'est aussi des Français qui l'ont exécuté.

MANGEEA (Ile). Cette île est située dans l'Océan pacifique; elle gît par 21 d. 57' de latitude sud, & 201 d. 53' de longitude orientale. Les portions de la côte examinées par le capitaine Cook sont environnées d'un récif de corail, en dehors duquel la sonde ne rapporte point de fond; elle a cinq lieues de tour, & elle est d'une élévation modérée & assez égale. Lorsque le ciel est serein, on doit la découvrir à dix lieues de distance; elle offre, vers le milieu de son diamètre, de petites collines, du haut desquelles le sol descend peu à peu jusqu'à la côte, qui, dans la partie du sud-ouest, est escarpée & de grès brunâtre, & n'a pas plus de dix à douze pieds de hauteur: le battement des flots y a produit plusieurs excavations. L'inclinaison du terrain est cachée par des arbres d'un vert-foncé, très-épais, mais de peu de hauteur, & qui paroissent tous de la même espèce, excepté près du rivage, où il y a un grand nombre de l'espèce des dracæna, qu'on trouve dans les bois de la Nouvelle-Zélande. On en voit aussi de dispersés en d'autres endroits.

La côte de la bande nord-ouest se termine par une grève sablonneuse, derrière laquelle le sol, coupé en petites ouvertures & en ravins, offre une large bordure d'arbres qu'on prendroit, d'après sa régularité, pour un ouvrage de l'art, si son étendue n'en donnoit pas une idée contraire. On voit sur les petites collines quelques arbres clair-semés d'une plus haute taille. La surface de ces collines est stérile, de couleur rougeâtre, & couverte d'une plante qui ressemble à de la fougère.

Comme les habitans paroissent nombreux & bien nourris, les moyens de subsistance que fournit cette terre doivent être abondans; mais cette belle île, qui sembloit propre à satisfaire tous les besoins de l'équipage du fameux navigateur anglais, ne lui offrit aucun mouillage. Le ressac bat partout avec violence là côte du sud, & le récif qui l'environne, fait juger qu'il est impossible de mouiller ou de débarquer sur la bande méridionale : on ne trouve de fond qu'à une encâblure des brisans. La sonde y rapporte de trente à quarante brasses, & elle indique des rochers de corail aigus; en sorte que l'ancrage est encore plus périlleux que le débarquement.

Les insulaires de *Mangeea* sont d'une belle figure, & ils ressemblent à ceux d'Otaïti & à ceux des Marquises, plus qu'à aucune autre des peuplades de la mer du Sui. Leur peau est douce, & on ne voit pas leurs muscles; leur teint est basané; leur chevelure noire, longue & droite; leur stature moyenne, mais robuste & disposée à l'embonpoint; leur caractère est gai.

MANILLE, dans l'île Luçon, l'une des Philippines.

Il y eut à *Manille*, en 1750, un tremblement de terre qui dura trois jours avec des secousses presque continuelles, qui se termina par l'éruption d'une petite île dans le milieu d'un grand lac, autour de laquelle on ne trouve pas le fond. Le troisième jour après le commencement de l'éruption, il parut dans ce même lac quatre îles plus petites, toutes brûlantes. Environ à un mille de distance de l'une de ces îles il sortit de l'eau un feu continuel, dans un endroit où l'on ne trouve le fond qu'à cent brasses de profondeur. M. Williams Pye a vu ce phénomène, qu'il décrit dans les *Transactions philosophiques de Londres* (année 1756).

MAQUEREAU. C'est un poisson de l'espèce de ceux qui se rassemblent par troupes pour faire annuellement de grands voyages le long des côtes de la mer; il semble, ainsi que le hareng, s'offrir dans ces courses à la plupart des peuples de l'Europe: on croit que ce poisson passe l'hiver dans les mers du Nord. Au printemps il vient côtoyer l'Islande, le Hittland, l'Ecosse & l'Irlande, & se jette de-là dans l'Océan atlantique, où une colonne, en rasant les côtes de Portugal & d'Espagne, va se rendre dans la Méditerranée, pendant qu'un détachement s'arrête en route & pénètre dans la Manche, où il paroît en mai sur les côtes de France & d'Angleterre, & passe de-là devant les côtes de Hollande & de Frise. Ce détachement étant parvenu en juillet sur la côte du Jutland, il s'en détache une division qui, faisant le tour de la pointe, se jette dans la mer Baltique, pendant que le reste, après avoir côtoyé la Norwège, retourne au Nord. Les insectes & les petits vers de mer qui se trouvent en différens temps dans ces parages, sont l'appât naturel qui attire les *maquereaux* & les détermine dans leur marche.

Les *maquereaux* qui fréquentent nos côtes depuis la fin d'avril jusqu'à la fin de mai, sont dans leur état de perfection; & ceux qu'on pêche à la fin de juillet & en août, ont jeté leurs œufs & leur laite. (*Voyez l'article* HARENGS.)

MARAGNON. C'est l'ancien nom de la rivière des Amazones, le plus grand fleuve du monde, qui traverse d'occident en orient presque toute l'Amérique méridionale. Il prend sa source dans le haut Pérou, au lac de Lauricocha, vers le 11e. degré de latitude australe; puis il se porte au nord dans l'étendue de 6 degrés jusqu'à Jaën de Braccamoros, & ensuite il se dirige à l'est jusqu'au cap Nord, où il se jette dans l'Océan sous l'équateur

même, après avoir couru depuis Jaën, où il commence à être navigable, 30 degrés de longueur, c'est-à-dire, 750 lieues communes, évaluées par les détours à 1000 ou 1200 lieues. Son embouchure dans l'Océan est plutôt un grand golfe qu'un fleuve.

Depuis les hautes montagnes des Cordilières jusqu'au voisinage de la côte orientale d'Amérique, ce n'est plus qu'une vaste plaine couverte d'une forêt immense que traversent le *Maragnon* & un nombre prodigieux de rivières qui s'y jettent. Les bords de celles de ces rivières qui tirent leurs sources du haut Pérou, forment des débouchés par lesquels on peut descendre de cette province sur les bords du *Maragnon*, où sont établies les Missions espagnoles.

Ce qu'on doit remarquer surtout, relativement au lit de ce fleuve, ce sont ses détroits ou pongos qui resserrent extraordinairement son lit. Le plus fameux de ces pongos est celui qui se trouve entre San-Jago & Borja: c'est une porte que le fleuve s'est ouverte en se creusant un lit étroit & tortueux entre deux espèces de murailles de rochers taillés à pic & fort élevés. Le *Maragnon*, large immédiatement au-dessus de deux cent cinquante toises, se trouve obligé de passer dans un lit où il n'en a pas vingt-cinq. On peut donc juger de la rapidité du courant & du bruit des vagues dans cette étroite & profonde galerie: des radeaux poussés par ces vagues parcourent en peu de minutes toute la longueur du détroit, c'est-à-dire, plus de deux lieues.

Un point intéressant dans le détail des rivières qui se jettent dans l'Amazone, est la communication que l'on a long-temps regardée comme constante avec l'Orénoque, autre grand fleuve qui prend comme lui sa source dans les montagnes des Cordilières, & va se jeter dans la mer du Nord, à 7 ou 8 degrés de latitude septentrionale, près de l'île de la Trinité. Cette communication auroit lieu par deux rivières ayant avec l'Orénoque une source commune: la première se nomme *Yupura*, & l'autre *Rio Negro* ou rivière noire. C'est par cette dernière que les Portugais, établis près de son embouchure dans le *Maragnon*, disent avoir remonté jusqu'à l'Orénoque. La nature a fait, pour la jonction de ces deux fleuves du Nouveau-Monde, ce que l'art & l'industrie ont exécuté dans plusieurs endroits de l'ancien.

Dès le fort de Pauxis, environ deux cents lieues au-dessus de l'embouchure de l'Amazone, on commence à s'apercevoir d'un gonflement de ses eaux causé par la marée, &, qui comme elle, est sujette au retardement ordinaire; mais ce qu'il y a de remarquable, c'est que, dans le trajet depuis Pauxis jusqu'à la mer, on trouve de distance en distance que la haute rivière se fait apercevoir en même temps que la haute mer, tandis que, dans des lieux intermédiaires, l'eau se trouve basse à ces mêmes heures. Ce phénomène, en apparence si singulier, est produit par les espèces d'ondulations que le flux excite dans cette énorme masse d'eau que l'Amazone porte à la mer, & qui se communique successivement; en sorte que le mouvement que l'on ressent, par exemple, au bout de la douzième ondulation, en même temps que la mer agit sur la première, n'est pas l'effet de cette pression actuelle, mais la douzième précédente, à qui il a fallu ce temps pour se communiquer jusque-là. Il y aura donc une suite de hautes & de basses eaux dans le même temps, sur le fleuve, dans toute l'étendue de son cours où la marée se fera sentir.

Toutes les anciennes cartes représentent l'embouchure de l'Amazone comme coupée d'une infinité d'îles; au lieu de ce grand nombre, il s'en trouve une nommée *Marajo*, qui est fort grande. C'est à cette embouchure qu'on observe un second phénomène de marée, plus étonnant que le premier, & qu'on nomme *la pororoca*.

Pendant les grandes marées, la mer, au lieu d'employer cinq ou six heures à monter, parvient en une ou deux minutes à sa plus grande hauteur; on entend, de deux ou trois lieues, un bruit effrayant, qui annonce le terrible flot; bientôt après on voit s'avancer une masse d'eau de douze à quinze pieds de hauteur, suivie de plusieurs autres pareilles. Cette lame court avec une rapidité prodigieuse, & brise tout ce qui lui résiste. Ce phénomène n'arrive que proche l'embouchure des rivières, lorsque le flux montant rencontre en son chemin un banc de sable ou un haut fond qui lui fait obstacle. Dès qu'il a atteint la hauteur de ce banc, il commence à retarder, puis il arrête enfin le cours du fleuve qui lui résiste, jusqu'à ce que le flux, qui croît toujours, l'emporte, rompe la digue & déborde au-delà en un instant. On observe quelque chose de semblable aux îles Orcades & à l'entrée de la Dordogne: on nomme cet effet des marées le *mascaret*.

Le lit de ce fleuve s'élargit près de la Mission de Saint-Paul si considérablement, qu'un seul de ses bras a quelquefois 800 toises de largeur; c'est là que commencent de grandes îles qui servent à séparer ces bras. La grande ouverture du canal du fleuve donne au vent beaucoup de prise, ce qui occasionne au milieu des terres de grandes tempêtes; on ne trouve alors d'abri que dans la vallée d'un ruisseau latéral, où le vent ne pénètre pas avec la même violence. Les voyageurs qui naviguent sur ce fleuve s'éloignent rarement de ses bords; cependant ils ont soin de ne pas trop s'en approcher, car un des plus grands périls de cette navigation est la rencontre des troncs d'arbres, de racines précipitées dans le fleuve & engravées dans les sables ou la vase, & cachées sous l'eau. En suivant les bords de trop près, on est menacé de la chute subite de quelqu'arbre, soit par sa caducité, soit parce que le sol qui le soutenoit s'abîme

tout-à-coup, après avoir été miné long-temps par les eaux du fleuve.

Il en est de ce fleuve comme d'un grand arbre nourri par un grand nombre de racines, sans qu'on puisse donner la préférence à l'une d'elles. Ses sources sont si nombreuses, qu'on peut en compter autant qu'il y a de rivières qui descendent des Cordilières, depuis le gouvernement de Popayan jusqu'aux environs de Lima.

MARAIS: ce sont des endroits bas, où les eaux s'assemblent & croupissent au milieu d'une vase abondante & de plantes aquatiques plus ou moins nombreuses. Il y a des lacs qui sont entourés le long de leurs bords d'une ceinture de *marais*. Le sol de certains *marais* est noirâtre, poreux, mou, fangeux, rempli de débris de corps organisés, comme roseaux & autres plantes aquatiques: il y a de même des étangs qui ont, comme les lacs, une ceinture marécageuse composée de vase, de roseaux & de plantes aquatiques, parce qu'ils se comblent par ces bords.

Les *marais* les plus étendus que l'on connoisse, sont à Surinam; ils ont plus de cent lieues d'étendue. En Asie, les *marais* de l'Euphrate & les Palus Méotides sont très-fameux: les plus renommés de l'Europe sont ceux de Moscovie, à la source du Tanaïs; ceux de Finlande, entre la Baltique & la Mer-Blanche; ceux de Hollande & de Westphalie.

La contrée de la Guiane, en Amérique, n'est presque qu'un *marais* continu dans toute l'étendue des plaines qui bordent ses rivières; la terre & la mer semblent se disputer la possession de ces vastes marécages.

C'est surtout à l'extrémité de quelques vallons qui aboutissent dans les plaines de certaines rivières, que se trouvent des *marais*; c'est ce que l'on voit au-dessus & au-dessous d'Amiens, attendu que la confluent des ruisseaux qui se réunissent à la Somme, se trouve envasé, ce qui en retarde la décharge & l'écoulement dans cette rivière; & pour peu que les roseaux & les plantes aquatiques y abondent, ces *marais* forment en peu de temps des tourbières: c'est ainsi qu'aux environs de Troyes, les *marais* d'Argenteuil sont devenus des *marais* à tourbe. On trouve de même sur les bords de la Limagne, en Auvergne, un peu au-dessus de Clermont, un vaste *marais* qui n'a pu être desséché qu'en creusant une profonde décharge aux eaux à travers le dépôt terreux que les ruisseaux qui viennent des montagnes y ont accumulé, & qui forme une retenue pour les eaux du *marais*.

Il y a beaucoup de *marais* sur les bords des landes de Bordeaux & dans le Médoc, le long de la Gironde: ces derniers *marais* ont été desséchés avec la plus grande intelligence par des Flamands, qui y ont établi une bonne culture & une éducation de bêtes à laine longue de leurs provinces.

Je pourrois conclure de tous ces détails que les *marais* se trouvent dispersés le long des bords des rivières d'un certain ordre, & qu'ils occupent surtout les extrémités des vallons latéraux qui se trouvent envasées par la rivière principale.

J'ai trouvé des *marais* dans des bassins où il afflue un grand nombre de petits filets d'eau qui n'ont pas la force de se frayer une route, ni de vider leur égout : tel est le *marais* de Saint-Gond, à l'origine du Petit-Morin ; l'eau de la source de cette rivière ne paroît dégagée des vases & des plantes aquatiques, au milieu desquelles elle a un séjour forcé, qu'à l'extrémité du *marais*. Ces mêmes effets sont aussi la suite du peu de pente que les eaux trouvent dans cette ligne de la limite de la craie & de la bordure des meulières.

Marais desséchés de Bourneville.

Sur les bords de la petite rivière d'Ourcq, près la Ferté-Milon, il y avoit une assez grande étendue de prairies tourbeuses, dont le sol fangeux & mobile n'y permettoit pas l'introduction des bestiaux.

Depuis l'exploitation de la tourbe qui a été faite dans ces prairies, il y est resté des excavations souvent fort profondes, & qui se sont remplies d'eau.

Pour remédier à ces inconvéniens, on est parvenu à rendre une partie de ces terrains solide, en les couvrant à une épaisseur convenable d'une terre excellente, qui permet de les cultiver & d'en tirer toutes sortes de productions.

Voici quels sont les moyens employés pour opérer ces changemens & cette amélioration : on a fait un fossé le long de ces trous inondés, dans lequel on a introduit un petit ruisseau qui charioit dans son cours, surtout à la suite des orages & aux époques de la fonte des neiges, une vase de très-bonne qualité. En dirigeant l'eau du fossé dans les terres voisines, elle s'y est répandue & a déposé à leur surface le limon qu'elle charioit avec elle. L'épanchement de cette eau étoit circonscrit dans l'espace qu'on vouloit recharger par des digues élevées du côté où elle tendroit à s'échapper trop promptement pour se jeter dans la rivière d'Ourcq.

C'est ainsi qu'en peu d'années ce terrain inutile, rempli d'excavations profondes, a été rendu à l'agriculture.

MARAIS PONTINS, *Paludi Pontine*. Ces *marais* comprennent un espace d'environ huit lieues de long sur deux de large, situé dans la campagne de Rome, sur les bords de la mer, & tellement inondé & marécageux, qu'on ne peut ni le cultiver ni l'habiter.

Les eaux qui descendent des montagnes, & qui coulent ensuite avec peu de pente, forment ces marécages. L'Amaseno, qui prend sa source aux environs de Piperno, y porte les eaux de plusieurs sommets ; la Cavatella, autre rivière produite par des sources qui naissent des montagnes de Sezze & de Sermonetta, y tombe avec l'Aquapezza ; le fleuve Ninfa va se jeter dans la Cavata, dont le lit est incapable de le contenir lorsqu'il éprouve des crues ; c'est ce qui en occasionne ses fréquens débordemens ; le torrent Teppia, qui porte un volume d'eau considérable, réuni au Fosso di cisterna, autre torrent qui passe à Velletri, décharge ses eaux troubles dans les *Marais Pontins*.

Ces amas d'eaux stagnantes, très-étendus, produisent, en été, des exhalaisons si dangereuses, qu'on les regarde comme étant la cause du mauvais air qu'on redoute à Rome, quoiqu'éloignée de quatorze à quinze lieues. En traversant ces *marais*, on remarque sur la figure du petit nombre des habitans qu'on y rencontre, les effets de ce séjour mal-sain. Les fièvres y sont communes en septembre & octobre.

Ce pays étoit, dans les premiers temps, si peuplé, qu'on y compta vingt-trois villes & beaucoup de maisons de campagne dont les ruines se remarquent en plusieurs endroits. Ce pays étoit délicieux par sa situation, par sa fertilité en grains, en huiles, en fruits, & distingué par la bonté de ses vins, & par les plaisirs de la chasse & de la pêche. Aussi les Romains prirent-ils soin de procurer l'écoulement des eaux, & d'empêcher les effets des débordemens.

Appius Claudius, 310 ans avant l'ère chrétienne, paroît être le premier qui fit travailler aux *Marais Pontins*, en faisant passer sa route au travers, sur leur longueur ; il y fit faire des canaux, des ponts & des chaussées. Deux cents ans après, il y fallut faire des réparations considérables ; le sénat donna au consul Cethegus, qui les entreprit, une partie des terrains qu'il avoit desséchés.

Auguste reprit, après Jules-César, le projet de desséchement ; & il fit creuser un grand canal qui recevoit les eaux des rivières & des marais, & sur lequel on naviguoit la nuit.

L'inondation des *Marais Pontins* recommença dans la décadence de l'Empire. Théodoric les abandonna à Décius pour les dessécher, & il paroît que cette entreprise eut un certain succès.

Au treizième siècle, le pape Martin V fit creuser le canal qu'on appelle *Rio Martino*, qui paroît, même à présent, avoir été un ouvrage considérable. Sixte V fit faire un autre canal en 1585, qui est connu sous le nom de *Fiume Sisto*, & procura, par ce moyen, un débouché aux eaux dans la mer, par une large embouchure ouverte au pied du mont Circello, & fit faire aussi des chaussées ; mais ces travaux furent détruits après sa mort.

Huit papes, jusqu'à Clément XIII, firent faire des visites, formèrent des projets, mais n'exécu-

tèrent rien ; celui-ci s'en occupa férieufement, &
le pape Pie VI y a fait travailler avec un certain
fuccès ; mais le parfait defféchement eft très-
éloigné. On trouve dans ces *marais* des fangliers
& des cerfs, & les buffles y pâturent en grand
nombre. Les joncs qui y croiffent, fervent d'échalas pour foutenir les vignes des coteaux voifins ;
les payfans en font auffi des torches pour s'éclairer dans leurs maifons.

La partie de ces *marais* qui avoine les montagnes
de Sezze & de Piperno, reçoit des fources d'eau
foufrées qu'on appelle *aqua puzza* ; ce font ces
eaux qui forment des amas de concrétions qu'on
nomme *travertin*. La pellicule graffe de ces eaux
fert à frotter ceux qui ont la gale.

MARBRE. C'eft une pierre dure, calcaire,
d'un grain fin, fufceptible d'un poli plus ou moins
luifant, teinte de différentes couleurs variées, faifant efferve fcence dans les acides, fe laiffant rayer
par le fer non trempé, fe changeant en chaux
vive par la calcination, &c. En général, ils font
opaques, & c'eft en cela qu'on les diftingue des
albâtres, qui font demi-tranfparens & d'une ftructure particulière.

Les couches de *marbre* font quelquefois fort
épaiffes ; elles fuivent dans leurs lits la même difpofition que les autres pierres calcaires, & les
bancs fe fuivent exactement fur une certaine étendue, comme ceux des pierres à gros grains. On
trouve auffi des *marbres* dans leurs carrières, par
blocs & rognons, d'un volume confidérable, &
qui font féparés les uns des autres par des intervalles terreux.

Il eft vifible que l'état de *marbre* que prennent
les pierres à chaux, dépend du degré d'infiltration que les bancs ont reçu dans leur lit de carrières, après, toutefois, que la pâte de ces
pierres a reçu une première préparation de grain
plus ou moins fine. C'eft ce double travail de la
nature qui nous paroît devoir être fuivi par les naturaliftes qui font l'étude des *marbres*, parce qu'il
a contribué à en compofer toutes les variétés les
plus frappantes. C'eft d'après cet examen que nous
diftinguons trois variétés générales dans les *marbres* :
1°. les *marbres brèches*, qui font de trois fortes ;
2°. les *marbres* d'une feule pièce, ou infiltrés ; &
3°. les *marbres falins*.

Les trois fortes de brèches font, 1°. les *marbres*
purement coquilliers ; 2°. les *marbres* formés moitié
de coquilles & moitié de fragmens calcaires & anguleux ; & 3°. les *marbres* à morceaux arrondis,
ou poudings calcaires.

On fait que les *marbres* brèches font compofés
de fragmens exiftans féparément, & d'un mortier
ou ciment qui en fait la liaifon ; ainfi, dans les *marbres* brèches à corps organifés, on rencontre
des coquilles plus ou moins confervées, & dont
les débris font liés par un ciment terreux qui a
reçu une infiltration plus ou moins complète, en

même temps que les débris de coquilles ; il y en
a où l'on voit une grande quantité de débris de
madrépores, d'entroques, de bélemnites, d'orthocératites.

Lorfque les coquilles, ou leurs débris, font
d'un petit volume, & que leur liaifon eft faite
uniformément par le travail de l'infiltration, ces
marbres fe nomment *lumachelles* ; il y en a de gris
& de couleurs variées : ordinairement ce font de
petites huîtres qui ont été ainfi liées. Lorfque ces
coquilles font turbinées & qu'elles font également réunies par un ciment qui n'eft pas fort abondant, on les nomme *brocatelles* : ces *marbres* font
encore précieux par un affortiment de couleurs
qui paroiffent affecter certaines parties des coquilles & le ciment. On trouve les mêmes accidens dans les *marbres* coquilliers, dont la bafe eft
un amas de grandes coquilles qui offrent des taches d'une certaine couleur, contraftant avec
celle du ciment ; ces accidens font encore bien
mieux marqués lorfque les *marbres* coquilliers font
compofés de débris de corps marins & de morceaux de pierres unis & à grain fin ; les débris
affectent une même couleur, tandis que les morceaux de pierres unis en offrent une autre ; &
enfin, tous ces corps fe diftinguent encore du
ciment par une teinte qui eft propre à fon grain
& au travail qu'il a éprouvé.

Plus le grain des *marbres* eft fin, plus ils font
fufceptibles d'un beau poli, à degré égal d'infiltration ; c'eft ce degré d'infiltration qui a lié tellement tous les matériaux qui font entrés dans la
compofition des *marbres*, que tous préfentent un
glacé bien égal & bien uniforme, lorfqu'on leur
donne le poli, d'où il réfulte un éclat très-vif
dans les différentes couleurs de ces *marbres*.

Fort fouvent auffi le travail de l'infiltration eft
tellement imparfait, que le poli de ces différentes
parties en eft inégal, & furtout celui du ciment
dans les brèches. Les corps organifés, les morceaux de pierres unis & déjà infiltrés féparément
font plus difpofés à recevoir l'effet de la dernière
infiltration que le ciment, qui eft fouvent un amas
de terres brutes que les premiers écoulemens du
fuc lapidifique n'ont pu pénétrer ni élaborer auffi
facilement que le refte.

Les marbriers ont dénommé une grande quantité de *marbres*, où ils diftinguent furtout le grain
& les couleurs ; dans le grain ils reconnoiffent
la manière dont il convient de les employer pour
les placer fur leur lit ; dans les couleurs ils reconnoiffent les différentes carrières d'où on les
tire. Ils les diftinguent auffi par les caractères que
nous avons indiqués ci-deffus, en brèches, en lumachelles, en brocatelles, en *marbres* falins ; d'après
les couleurs ils leur donnent les noms de *griottes*,
de *bardigeo*, de *bleu turquin*, de *jaune*, de *vert* &
blanc, de *noir* & *blanc*, de *blanc veiné*, de *blanc
ftatuaire*. Les blancs de Carrare & de Paros font
ceux qui ont été les plus connus des Anciens & des

Modernes ; ce font des *marbres* falins : ils ont fourni la matière des plus belles ftatues de l'antiquité.

On place parmi les *marbres* d'une feule couleur, le *marbre* gris de Lesbos, le *marbre* bleu turquin de Siti, le bardiglio bleu, le *marbre* jaune de Numidie & le noir brillant d'Affouan (qui n'eft pas un *marbre*), & les *marbres* fecondaires ou de tranfition, tels que les *marbres* noirs de Dinant, de Namur, de Barbançon, de Laval, le portor.

Les *marbres* mélangés renferment toutes les couleurs dont nous venons de parler, diftribuées par veines, par zones & par taches, de manière à en former des variétés très-agréables. Ainfi, dans le *marbre* vert antique, le fond eft d'un vert-tendre, parfemé de taches noires, blanches, d'un vert-foncé & d'un vert-obfcur. Ces morceaux colorés font diftribués dans une forte de talcite qui en forme le fond, & à laquelle ils n'adhèrent que par juxta-pofition ; c'eft une efpèce de brèche où il eft difficile de diftinguer les taches du fond & le fond des taches, & encore moins de reconnoître le ciment qui a lié toutes ces parties enfemble, car le fond n'eft pas un ciment.

Le *marbre* brèche n'eft autre chofe qu'un affemblage de petits morceaux de *marbre* de différentes formes & couleurs, fortement unis enfemble par un ciment d'un tiffu & d'un grain différent ; ainfi, la brèche d'Alep eft un mélange de gris, de rougeâtre, de brun & de noirâtre, fur lefquels la teinte de jaune-clair domine. Il eft aifé de voir le ciment dans certaines parties de mélange, furtout lorfqu'il eft abondant ; dans quelques-uns de ces amas, les morceaux des taches font anguleux, & les caffures correfpondantes s'obfervent d'un morceau à l'autre ; mais fouvent auffi ces morceaux font arrondis, & pour lors le ciment occupe leurs intervalles, car ils ne peuvent fe toucher qu'en peu de points.

La brèche violette eft un compofé de fragmens blancs violets, & quelquefois bruns ; la brèche grife eft compofée de fragmens gris, noirs, blancs & bruns.

Il y a une grande quantité de *marbres* brèches, parmi lefquels on diftingue furtout ceux de Memphis, de Florence, de Saravèze, de Sauvetère ; &c.

L'examen de ces différens *marbres* brèches prouve que ce font les produits d'amas confus dus au hafard ; c'eft vifiblement l'ouvrage des alluvions qui ont amoncelé ces fragmens de pierres avec des mélanges de terres calcaires, fans aucun ordre & fans aucune proportion conftante. Tout paroît devoir être attribué à la nature des dépôts qui fe font faits fucceffivement fous l'eau qui en étoit le véhicule, & dont chaque partie étoit pénétrée.

Le *marbre* cipolin, ou *marbre* falin, *marbre* primitif & dolomie de quelques naturaliftes, fe fait diftinguer par de larges bandes blanches ou vertes, en lignes droites ou bien ondées ; il paroît que le vert

eft un fond de talcite dont les lames font courbées de mille manières, lequel a reçu des zones blanches dont certaines parties font filiceufes, & par conféquent donnent des étincelles fous le choc du briquet. Ces parties filiceufes font tellement dures, que, dans le travail du poli, elles n'ont pas cédé comme les parties purement calcaires ; auffi excèdent-elles vifiblement les parties voifines. Les bandes du cipolin, tant blanches que vertes, qui font ondées, font quelquefois en zigzag à peu près comme le point de Hongrie.

Dans notre article ACIDE (auquel nous renvoyons), en traitant de la *combinaifon* de l'acide carbonique avec la chaux dans la nature, nous avons donné l'énumération des principaux *marbres*, & notamment de ceux que l'on rencontre en France.

Quant aux gifemens de ces *marbres*, nous en traiterons dans les articles des lieux géographiques où l'on trouve chacun d'eux. (*Voyez* BRÈCHES.) Nous nous contenterons de donner ici la fynonymie italienne des principaux *marbres* employés par les Anciens dans leurs monumens, foit en Italie, foit en Grèce.

§. Ier. *Brèches*.

1°. *Seme fanto, antico* : femence fainte, antique. C'eft une brèche formée de petits débris de pierres infiltrés en blanc, & dont le ciment eft rougeâtre.

2°. *Seme fanto, antico.* C'eft une brèche également formée de débris blancs, avec ciment rougeâtre. Ces fragmens font beaucoup plus gros que les précédens.

3°. *Breccia corallina, antica chiara* : brèche coralline antique, claire. Les taches font blanches & liées par un ciment rougeâtre.

4°. *Breccia corallina amendola* : brèche coralline à amandes. La plupart des taches font blanches ; quelques-unes feulement font rougies par le ciment, qui eft d'une couleur affez foncée.

5°. *Breccia corallina antica* : brèche coralline antique. Les taches font d'un blanc-fale & liées par un ciment rougeâtre qui règne autour de ces grands & petits débris pierreux.

6°. *Breccia di fette bafe antica* : brèche des fept bafes, antique. Cette brèche a des taches blanches un peu teintes en jaune, le long de leurs bords, par le ciment rouge-foncé & terne qui les unit. On l'appelle ainfi, parce qu'on a tiré cette efpèce de *marbre* dans un monument compofé de fept colonnes.

7°. *Breccia di fette bafe antica* : brèche des fept bafes antiques. C'eft la même brèche que la précédente, à cela près qu'elle eft plus infiltrée.

8°. *Breccia in paglia antica* : brèche antique couleur de paille. Les taches, d'un jaune foible, font grandes & liées par un ciment d'un rouge-foncé.

9°. *Fior di persico antico* : fleur de pêcher antique. C'est une brèche avec des taches colorées en rouge-clair ; le ciment est d'un rouge-foncé ; il y a des infiltrations salines blanches.

10. *Occhio di paone antico* : œil de paon antique. C'est une brèche avec des taches blanches liées par un ciment rouge.

11°. *Porta santa rossa antica* : porte - sainte rouge antique. C'est le *marbre* qui sert à décorer la Porte-Sainte qu'on ouvre au jubilé ; c'est une brèche dont le ciment est rougeâtre, & les taches rouges & d'un certain volume.

12°. *Porta santa rossa antica* : porte - sainte rouge antique. Autre brèche dont les taches sont d'un gris mêlé avec un ciment rougeâtre ; c'est une variété du *marbre* précédent.

13°. *Breccia africana, cupa, antica* : brèche africaine de couleur foncée. Les taches sont blanches, avec une teinte d'un rouge-vif en certaines parties ; le fond ou ciment est d'un violet-foncé.

14°. *Breccia africana antica* : brèche africaine antique. Ce *marbre* a des taches rouges & un ciment verdâtre ; c'est une variété du précédent : il y a quelquefois des points calcédonieux qui remplissent des fentes ouvertes, tant dans les taches que dans le ciment.

15°. *Breccia gialla anora antica* : brèche jaune-doré antique. Les taches, assez grandes, sont d'une jaune-doré, & le ciment rougeâtre.

16°. *Giallo di Siena moderno* : jaune de Sienne moderne. Ciment violet & taches d'un jaune égal & assez foncé.

17°. *Giallo di Verona moderno* : jaune de Vérone moderne. Les taches sont d'un jaune un peu lavé, avec des points blancs infiltrés ; ce *marbre* est brèche dans certaines parties.

18°. *Breccia carnagione antica* : brèche couleur de chair, antique. Les taches sont couleur de chair, avec des bandes de ciment noirâtre & des veines d'infiltrations blanchâtres.

19°. *Breccia di Saravezza moderna* : brèche de Saravezza moderne. Cette brèche, dont les taches sont fort grandes & de différentes couleurs, est liée avec un ciment violet & verdâtre, très-variable dans l'intensité de ses nuances.

20°. *Verde antico cupo* : vert antique foncé. Ce *marbre* est le beau vert antique ; il a des taches noires & blanches, avec un ciment vert dont la teinte est assez foncée.

21°. *Verde antico chiaro* : vert antique clair. C'est une variété du précédent, & dont le vert est plus clair.

22°. *Verde di Prato* : vert de Prato moderne. C'est une brèche avec un ciment verdâtre ; on la tire de Toscane, dans les environs de la petite ville de Prato.

23°. *Marmo di Sicilia moderno* : marbre de Sicile moderne.

24°. *Marmo di Sicilia brecciato* : marbre de Sicile brèche.

25°. *Marmo di Sicilia venato* : marbre de Sicile veiné. Ces trois variétés sont d'un même *marbre*, dont les couleurs sont aussi vives que bien distribuées.

26°. *Marbre* d'Espagne en macles. Ce *marbre* est singulier, & pour la couleur & pour les morceaux carrés qui s'y trouvent assemblés.

§. II. *Marbres salins ou primitifs.*

27°. *Marmo greco salino Pario* : marbre grec salin de Paros. C'est le beau *marbre* statuaire de Paros, qui prend un beau poli luisant, comme tous les *marbres* salins grecs.

28°. *Greco salino antico* : marbre grec salin antique. Ces *marbres* salins sont formés de petites lames comme celles des grains de sel marin.

29°. *Greco salino venato bigio* : grec salin gris-veiné.

30°. *Cipolino marino, venato salino* : cipolin vert de mer, salin veiné. Il a des lignes droites, verdâtres.

31°. *Cipolino undato salino* : cipolin ondé salin. Les veines sont ondées & verdâtres ; & dans le fond salin il y a quelques points de calcédoine.

32°. *Cipolino marino undato, salino col calcedonia* : cipolin vert de mer ondé, salin avec des veines calcédonieuses. C'est le beau cipolin grec dont on voit tant de grandes colonnes à Rome ; ces ondes font surtout un bel effet.

33°. *Cipolin ondé* : il est composé de plusieurs petites raies vertes & blanches, qui sont pliées & toujours parallèles dans leurs plis & dans tout leur contour.

34°. *Bardiglio di Carrara moderno* : gris ou bleu de Carrare moderne. C'est un fond salin teint légèrement en gris, que les marbriers appellent *bleu*.

35°. *Bardiglio di Carrara venato* : gris ou bleu de Carrare veiné. C'est le même fond que le précédent, avec la même teinte distribuée différemment.

36°. *Bigio venato antico* : bleu veiné antique.

§. III. *Marbres infiltrés.*

37°. *Cipolino marino amandolo* : cipolin vert de mer à taches d'amandes. C'est un joli *marbre* composé de petits morceaux soudés ensemble sans ciment marqué.

38°. *Cipolino amandolo cupo* : cipolin à taches d'amandes roussâtres. C'est un cipolin qui a perdu sa couleur verte, & qui en a pris une roussâtre dans les incendies de Rome.

39°. *Fior di persico antico* : fleur de pêcher antique. Ce *marbre*, avec un fond de rouge-tendre tirant sur le violet, a beaucoup de veines d'infiltrations salines.

40°. *Cotanello moderno* : cotanel moderne. C'est

un

un *marbre* composé de plusieurs morceaux séparés par plusieurs fils ou fentes, avec des infiltrations salines qui les ont remplis.

C'est à cette division qu'appartiennent la plupart de nos *marbres* de France.

§. IV. *Marbres coquilliers.*

41°. *Lumachella antica* : lumachelle antique. Ce *marbre* est formé d'un assemblage de petites coquilles réunies par un ciment brut.

42°. *Marmoo diaspro di Sicilia lumachellato* : marbre ou jaspe de Sicile lumachelle. C'est une partie de ce *marbre* formé de la réunion de plusieurs coquilles, avec une pâte fine & de la même couleur que les coquilles.

43°. *Brocatellone antico* : grande brocatelle antique. Ce *marbre* est formé de grandes coquilles infiltrées, avec un fond rouge.

44°. *Occhio di paone antico* : œil de paon antique. C'est une brocatelle où l'on voit, comme dans l'espèce précédente, des coquilles infiltrées au milieu d'un fond dont la teinte est d'un beau rouge.

MARCHE-TRÉVISANE.

Au commencement du printemps de l'année 1754, cette contrée, & particulièrement le bourg de Loria, ont commencé à être inquiétés par des feux d'une espèce singulière ; ces feux naissoient de la surface même des corps qu'ils attaquoient, & surtout de celle des toits de paille & des haies de roseau : ils n'avoient point d'heure marquée, paroissant tantôt le jour, tantôt la nuit. L'humidité ni le vent n'ont pas paru leur être contraires ; les grandes pluies même qu'il a fait pendant le printemps & pendant l'été ne les ont en aucune façon interrompus. On ne les a jamais observés dans les lieux clos, mais toujours au dehors, & ils ont paru affecter de préférence certains endroits. Un seul hameau en a été attaqué une trentaine de fois, & une seule maison seize. On a remarqué pendant ce temps plusieurs fois des étincelles voltigeant dans la campagne ; mais elles avoient si peu de consistance, que l'approche du spectateur les faisoit évanouir. Ces feux ont été presque toujours précédés par une forte odeur de soufre dont le pays abonde, & par le chant des coqs & le hurlement des chiens, occasionnés, à ce qu'on croit, par cette odeur. Ce n'est pas, au reste, la première fois que de semblables phénomènes ont été observés dans le pays. Gottigne, Rossan, Rainou & Gallière, lieux situés un peu au sud de Loria, ont été autrefois infestés de feux de cette espèce. On remarqua cependant quelques différences entre les feux observés dans ce temps & ceux de 1754 : les premiers ne paroissoient que pendant la sécheresse, au lieu que les derniers ont paru malgré l'humidité, les vents & les pluies. On observa dans ce même temps des flammes volantes, & en

1754 on n'a vu que quelques étincelles, & les flammes ont toujours paru naître des corps mêmes qu'elles attaquoient : un seul des feux vus anciennement s'est montré le jour, & aucun n'a paru attaquer les haies de roseau. Les derniers de 1754, au contraire, n'ont point affecté d'heure particulière, & semblent avoir attaqué de préférence les haies de roseau. Il n'est pas inutile d'ajouter ici que le terrain de la *Marche-Trévisane* est en général fort fertile, quoique coupé, en quelques endroits, par des amas de gravier & quelques débris de terres & de pierres qu'y dépose un torrent appelé *le Murjon*, dans ses débordemens, qui sont assez fréquens. On peut aussi observer à ce sujet que, dans quelques contrées de France, & même de la ci-devant province de Champagne, on voit voltiger beaucoup de feux-follets : un peu plus de force & d'activité dans ces feux, une certaine quantité de matières combustibles bien sèches, pourroient y faire paroître les mêmes phénomènes.

MARÉCAGE.

Ce sont des lieux bas & humides parsemés de marais ; des *marécages* se trouvent dans tous les fonds de vallées où les eaux affluent le long des bords & ne peuvent trouver d'écoulement. Il y a de très-grands *marécages* en Angleterre, dans le Lincolnshire, près de la mer ; on y trouve, quand on y fouille, une fort grande quantité d'arbres ensevelis. Les *marécages* se rencontrent principalement le long des rivières à tourbes, suivant que les tourbes sont plus ou moins abondantes ; il y en a beaucoup dans la vallée de la Somme, de la rivière d'Essonne, le long des bords de la mer, dans la Flandre maritime, dans la Frise, &c. ; mais ces amas d'eau stagnante entre deux terres tiennent à des circonstances différentes. D'abord on sait que les rivières à tourbes s'envasent par les plantes qui forment la matière des tourbes ; & comme les eaux latérales se trouvent retenues par ces envasemens, il n'est pas étonnant qu'une grande partie de ces vallées devienne marécageuse. On voit aussi beaucoup de marais dans la partie intérieure des côtes qui sont bordées par les dunes ; ces *marécages* se terminent par des étangs ou lacs rangés le long des bords de la mer, qui sont généralement plats.

MARÉCAUX,

dans la commune de Doyet, département de l'Allier. Il y a près de ce lieu une petite exploitation de houille.

MARÉE.

Ce sont les deux mouvemens contraires & périodiques par lesquels la mer s'élève & s'abaisse alternativement deux fois par jour, en se portant de l'équateur vers les pôles, & des pôles vers l'équateur. Tous les jours l'eau de l'Océan est entraînée pendant six heures de suite du midi au septentrion, & s'élève tantôt plus, tantôt moins sur les côtes : c'est ce qu'on appelle le *flux de la mer*, ou son *intumescence*. Elle conserve environ quinze minutes la même hauteur, après quoi elle se retire & s'abaisse d'autant en sens contraire. Ce retour des eaux du nord au midi, & de nos côtes vers la haute mer, est cet abaissement qu'on appelle *reflux* ou *détumescence* : l'eau pour lors reste environ quinze minutes dans son plus grand abaissement, après quoi l'oscillation recommence vers les terres. Cette inaction de deux fois quinze minutes en vingt-quatre heures, fait que ces deux mouvemens de la mer sont assujettis au cours de la lune : aussi pense-t-on que c'est l'action de cet astre qui opère ce double phénomène ; aussi a-t-on pleine lune & grande *marée* dans le même temps, au lieu que la plus basse *marée* est dans le dernier quartier. Les Newtoniens attribuent cet effet à l'attraction que le soleil & la lune exercent sur les eaux de l'Océan. La plus grande hauteur des *marées* n'a lieu que deux ou trois heures après que la lune a passé au méridien, & l'on a remarqué qu'en pleine mer l'eau ne s'élève jamais que de deux à trois pieds; mais il n'en est pas de même sur les côtes, car l'eau, dans son flux, monte sur les côtes de France, par exemple, depuis douze jusqu'à quarante-cinq pieds. En général, les *marées* retardent tous les jours d'environ trois quarts d'heure, c'est-à-dire, de la même quantité dont la lune, par son mouvement propre d'occident en orient, arrive chaque jour plus tard au méridien : elles sont aussi plus fortes ou plus foibles, suivant que ce satellite est plus loin ou plus près de la terre. Les *marées* sont plus grandes & plus rapides dans le même mois aux environs de la nouvelle & de la pleine lune, que dans les quadratures; elles sont aussi plus grandes aux temps des équinoxes qu'aux temps des solstices. Les grandes *marées* précèdent l'équinoxe du printemps, & succèdent à celui d'automne. Les bancs de sable, les détroits & leurs directions, les golfes, leur largeur, leur profondeur & leur disposition, les vents, les courans irréguliers, les inégalités des côtes, les distances de l'équateur, occasionnent, dans les *marées*, des accélérations ou des retards, en un mot des variations qui ne sont point assujetties à l'action du soleil ni à celle de la lune.

On ne connoît point de flux régulier dans la Méditerranée, excepté au fond du golfe de Venise; il en est de même dans la mer Baltique, qui a une si petite communication avec l'Océan.

On ne doit pas être étonné que les eaux de la Mer-Noire & de la Mer-Caspienne, qui sont des amas d'eau isolés, des lacs, n'éprouvent aucun de ces mouvemens; mais les *marées* sont très-sensibles dans la Mer-Rouge & dans le golfe Persique, qui sont ouverts à toutes les agitations d'une vaste mer.

On nomme *morte eau*, l'état de la mer qui n'éprouve que la plus foible oscillation du flux & reflux, c'est-à-dire, le temps qu'elle monte le moins & s'abaisse le moins; & l'on donne le nom de *flot*

aux vagues de la mer montante qui viennent couvrir les plages ou même qui s'insinuent avec une certaine impétuosité dans les embouchures des rivières, & qui s'annoncent par une sorte d'ourlet qui traverse les rivières, & qui, remontant contre leur cours, en suspend le mouvement ; du moins à la surface, jusqu'à ce que l'eau de la *marée* se soit mise en équilibre avec l'eau de ces rivières. Cet ourlet, ce flot, se nomme *barre* dans la Seine, *mascaret* dans la Dordogne, & enfin *pororoca* à l'embouchure du fleuve des Amazones. (*Voyez ces mots.*)

Les grandes *marées* nous procurent des avantages considérables : en remontant dans le lit des fleuves, elles en rendent le lit plus profond & plus accessible aux bâtimens qui, pouvant profiter de ce mouvement, se trouvent portés dans une *marée* jusqu'aux ports éloignés de la mer. Les navires attendent les crues d'eau qui favorisent, ou leur arrivée dans les rades, ou leur sortie de ces rades, sans qu'ils soient exposés à toucher le fond, & sans courir risque de s'ensabler. Les alternatives du flux & reflux font que les côtes sont battues sans cesse par les vagues, qui en enlèvent de petites parties qu'elles emportent & déposent au fond : c'est à la *marée* montante & descendante que sont dus ces mouvemens de roulement qu'éprouvent les pierres qui s'arrondissent & se polissent sur le bord de la mer; en un mot, que se forment les GALETS. (*Voyez ce mot.*)

MAREME ou MORAINES. En Savoie on nomme *mareme* les enceintes qui sont au pied de la plupart de glaciers, & quelquefois sur les côtes, suivant la disposition du terrain. Elles sont composées de terre, de gravier, de pierres & de gros blocs de rochers.

La première idée qui vient, à leur aspect, c'est que les *moraines* sont formées par les éboulemens des montagnes ou des rochers les plus voisins; mais le plus souvent on remarque que ces montagnes sont de nature calcaire, tandis que les élémens des *maremes* sont granitiques. Il a donc fallu faire des recherches pour connoître les lieux d'où provenoient ces granites, & déterminer la marche qu'ils ont suivie pour parvenir aux lieux où on les observe. En voyageant sur les glaciers & en gagnant leur sommet, on s'est assuré que les pierres puises sur ces glaciers ou dans leur *moraine* étoient les mêmes que celles qu'on retrouve dans les montagnes qui dominent leur fond, les mêmes par conséquent que les neiges avoient pu entraîner dans leur chute; & enfin il paroît constant, par la suite de ces recherches, que la marche des glaces les fait parvenir aux bords & aux pieds de ces glaciers : ce sont ces pierres qui forment les enceintes & les *maremes*.

Le volume de ces *maremes* peut faire juger de l'ancienneté des glaciers & de leurs positions antérieures : elles peuvent, outre cela, donner une connoiffance bien folide dés accroiffemens & décroiffemens de ces amas de glace. Lorfque l'extrémité d'un glacier touche à fa *mareme*, c'eft une preuve qu'il eft dans fon plus grand accroiffement, c'eft-à-dire, qu'il avance, & que fon énorme maffe appuyant fur le fol, pouffe devant elle la terre & les pierres qu'elle trouve dans fon chemin.

Quelquefois les glaciers ont tout autour de leur extrémité inférieure différentes *maremes* très-remarquables : elles ont toutes la même forme à peu près circulaire qui eft propre à l'extrémité du glacier, & font concentriques. C'eft une preuve que le glacier diminue, & qu'il s'eft retiré des différens intervalles qui font entre la plus intérieure & la plus avancée des *maremes*. Celles-ci font les diverfes bornes du glacier, & les marques des endroits où il s'eft arrêté après avoir rétrogradé.

Il faut remarquer auffi que, dans le cas de plufieurs *maremes*, les *maremes* intérieures font moins confidérables pour la quantité de débris & de rochers dont elles font compofées, que les extérieures. C'eft toujours celle qui eft la plus éloignée qui eft la plus forte ; car lorfque le glacier qui a plufieurs *maremes* avance de nouveau, & prend fon accroiffement de manière à atteindre la *mareme* la plus éloignée, il pouffe devant lui tous les matériaux des *maremes* intérieures, & les ajoute à cette dernière, qui fe trouve formée de tous les matériaux des intermédiaires.

S'il furvient par hafard une fonte de neiges ou de glaces extraordinaire dans un glacier, & qu'au produit de cette fonte foit ajoutée l'eau d'une pluie chaude, alors le volume d'eau qui dégorge fubitement des glaciers entraîne les terres, les graviers & les pierres de la *mareme*, & y forme une brèche plus ou moins étendue ; & cette brèche refte long-temps dégarnie, vu la lenteur du travail du glacier dans l'accumulation des matériaux qui compofent fes *maremes*.

MAREMME. La *Maremme*, ou la partie maritime de la Tofcane, s'étend depuis la Magra jufqu'au Tibre. C'étoit anciennement la partie la plus peuplée & la plus fertile de la Tofcane, avant que celle-ci tombât au pouvoir des Romains ; mais les déprédations de ce peuple, & celles des barbares qui détruifirent leur Empire, en dépeuplant cette contrée, l'ont réduite à l'état où on la voit aujourd'hui.

La *Maremme* manquant d'habitans, fe couvrit de bois ; les eaux de cette contrée n'étant plus contenues dans leurs canaux inondèrent les plaines & formèrent de nombreux marais. Le terrain de la *Maremme* eft en partie de montagnes primitives, en partie de collines & de plaines. Les folfatares & les lagoni (*voyez ces mots*) ne font point les caufes de l'infalubrité de la *Maremme*,

non plus que les mines des différens métaux qu'on y trouve.

Les collines y font très-infalubres, tant à caufe de leur fituation qu'à caufe de la nature de leur fol : elles font plus voifines de la plaine, & plus expofées aux vapeurs qui s'en exhalent ; elles font en outre entourées, en tout ou en partie, de montagnes primitives revêtues de bois, lefquels refufant paffage aux vents impérueux de terre, empêchent le renouvellement de l'air infect qui eft alors forcé de féjourner. Le terrain de ces collines retient beaucoup d'humidité ; les eaux qui en découlent fous la forme de fontaines font mauvaifes à boire, & font la caufe principale des nombreufes maladies épidémiques qui défolent la *Maremme*.

La plaine de la *Maremme* eft la partie la plus mal-faine, & celle qui vraiment dévore fes habitans ; fon terrain eft fertile & engraiffé de plus en plus par la putréfaction des végétaux dont elle eft couverte.

Les marais de ce canton font ou permanens, ou temporaires, c'eft-à-dire, qu'il y a des lacs, des marais, des lames ou mares, & des rivières qui débordent ; mais ils ne font pas en grand nombre ni d'une très-grande étendue. Il y a des pays dans l'Italie plus remplis de lacs & de marais que la *Maremme*, & qui ne font pas, à beaucoup près, fi infalubres. Mais fans parler de la Lombardie, on trouve en Tofcane les lacs de Fucecchio, de Bientina & ceux delle Chiane, qui font infiniment moins peftilentiels que ceux de Groffetana, quoique ces derniers foient beaucoup moins étendus. La raifon de cette énorme différence eft que, dans la Tofcane fupérieure, les environs font cultivés & bien aérés, tandis que ceux de la *Maremme* font couverts de bois immenfes qui retiennent les exhalaifons de ces marais, & en augmentent ainfi le danger de leur voifinage. Si ces exhalaifons putrides étoient emportées par les vents, ces marais feroient beaucoup moins dangereux, comme cela arrive fur tant d'autres plages maritimes d'un climat femblable à celui de la *Maremme*. Quoique ces marais reçoivent les eaux qui s'écoulent des lagoni (*voyez ce mot*), ils fe deffèchent dès les premières chaleurs de l'été ; la vafe pétrifiée qu'ils contiennent, exhale alors des vapeurs nuifibles, ce qui n'arriveroit point s'ils reftoient pleins d'eau.

Les marais de la *Maremme* dans lefquels l'eau douce eft mêlée avec l'eau de la mer, font d'un plus mauvais caractère encore que les autres, & paroiffent être ceux de Vada, de Caldane, de Scarlino, de Caftiglione.

Les dunes ou tomboli, que la violence des vents & des flots élève fur la *Maremme*, contribuent infiniment à l'infalubrité de cette partie de la Tofcane ; ces dunes empêchent les eaux de la plaine de s'écouler , & les forcent de rester stagnantes & de se corrompre par le repos.

Enfin , les bois & les nombreux buissons de la *Maremme* sont les principales causes de son insalubrité , & celles dont nous venons de parler sont inséparables du terrain de ce canton ; il y en a aussi qui dépendent de l'atmosphère.

Climat de la Maremme.

Le ciel de la *Maremme* est sujet à de grandes variations dans le même jour ; les changemens les plus prompts arrivent dans le voisinage des montagnes maritimes , & les pluies y sont excessives. Sur le rivage elles ne sont pas si fréquentes, parce que les vents de mer transportent les nuages vers les montagnes ; mais les vents du sud-ouest, qu'on nomme dans le pays *libeccio* , portent un nuage léger d'eau de mer , qu'on nomme *spolverino* , qui dépose partout une efflorescence saline. Ces vents changent souvent sur le rivage ; & causent des vicissitudes de saison qui font passer dans un moment les pauvres habitans du froid au chaud ; en outre , ces vents prennent les qualités nuisibles des lieux sur lesquels ils passent , & les portent au-delà sur les villes qui se trouvent dans leur direction. Massa est très-mal-saine pour cette raison.

Les montagnes distribuées en amphithéâtre réfléchissent , dans les chaleurs d'été , les rayons du soleil , ce qui rend l'air très-suffocant. Cette réverbération est aussi occasionnée par les campagnes nues & les tractus de sable. Dans la partie basse , la chaleur est encore plus incommode par l'humidité dont l'air stagnant est chargé. D'un autre côté , les collines sont plus exposées à la furie & à la fraîcheur des vents , d'où il résulte beaucoup d'incommodités pour les habitans qui passent de la plaine sur les collines , pour se transporter dans un air en apparence plus salubre.

Le temps où l'air de la *Maremme* est le plus mauvais , est depuis le lever du soleil , quand il est tombé beaucoup de rosée , jusqu'à ce que cette rosée soit entièrement dissipée.

Les nuits y sont très-froides , même dans les plus fortes chaleurs de l'été , à cause de la grande humidité.

La saison la plus pernicieuse est communément depuis le solstice d'été jusqu'à l'équinoxe d'automne ; mais cette règle varie selon l'année , parce que la saison devenant plus chaude , l'air commence à devenir mauvais dès le mois de mai , & continue ainsi jusqu'au milieu d'octobre. Mais il devient plus sain aux premières pluies abondantes d'automne , lorsqu'elles sont suffisantes pour remplir le lit des marais que les chaleurs de l'été avoient desséché. Lorsque les neiges paroissent sur les montagnes , c'est alors que l'air est beaucoup plus salubre ; ces neiges sont pour ainsi dire

le contre-poison de l'air de la *Maremme* , car c'est une règle certaine , que quand les montagnes deviennent inhabitables à cause de la neige , on peut alors habiter la *Maremme* avec beaucoup de sécurité.

Telles sont les causes naturelles de l'insalubrité de cette partie de la Toscane , qui sont en quelque sorte , selon l'expression de Doni (1) , congénères à ce pays.

MARIAN (Mont & cap), dans le comté de Spalatro en Dalmatie. Le sommet de la montagne est composé de marbre commun de Dalmatie & de pierres dures lenticulaires, mêlées de cailloux en couches horizontales. Tout le corps de la montagne qui sert de base à ces lits , est formé d'une matière entièrement différente ; c'est une terre argileuse qui a pris différens degrés de consistance. Cette même substance se trouve dans l'intérieur des montagnes , sous les lits de marbre , depuis Zara jusqu'à Duare , ce qui occupe un espace de plus de cent milles en ligne droite. Cette même substance se montre encore dans une grande étendue de pays vers la mer , & l'on peut la voir ainsi partout où les massifs des montagnes présentent des escarpemens à découvert. Outre cela , elle se trouve dans le mont de *Marian* en couches inclinées ou filons ; on y distingue aussi des mélanges de pierres lenticulaires , grises , en filons , des pierres à aiguiser , &c. Il est aisé de voir la séparation des couches formées par ces diverses substances , en suivant les intervalles terreux qui les distinguent ; & il en résulte la preuve des déplacemens immenses qu'elles ont éprouvés.

Sur les rivages qui environnent le port de Spalatro on rencontre la même variété dans les argiles , tantôt mêlées de sable , tantôt de terres calcaires avec des coquillages marins.

MARIANES (Iles) ou DES LARRONS. Ces îles forment un groupe alongé qui s'étend depuis le 13e deg. jusqu'au 22e. dans la mer du Japon ; plusieurs ne sont que des rochers ou des écueils, mais on en compte neuf qui ont de l'étendue. C'est là que la nature , riche & belle , offre des arbres chargés en même temps de fleurs & de fruits.

Dans cet archipel l'air est ordinairement pur & le climat assez tempéré , quoique sous la zone torride.

MARIENBOURG , ville située dans le département de l'Aisne , sur la rivière de Liron.

Je parle de ce lieu pour indiquer l'erreur commise par un observateur qui a beaucoup voyagé , mais peu analysé les faits qu'il a été à portée de recueillir. Ce naturaliste a cru reconnoître dans

---

(1) *De restituendâ salubritate agri romani.*

le baffin de *Marienbourg*, les veftiges d'un ancien lac ; & il apporte pour preuve les ondulations des côtes qui entourent le baffin, lefquelles donnent lieu de croire, felon lui, à un écoulement fpontané des eaux.

J'avoue qu'il m'eft impoffible d'admettre de femblables preuves. Les bords efcarpés du baffin de *Marienbourg* reffemblent à tous ceux des vallées des fleuves & des rivières, & leur configuration attefte l'action de l'eau courante à mefure qu'elle creufoit fa vallée.

Mais pourquoi veut-on que le baffin ait été plein, & qu'il s'y foit formé un lac, puifque l'on n'y montre rien de ce qui caractérife les lits des anciens lacs, ni les dépôts de l'eau ftagnante, ni les veftiges de la digue qui, dans l'hypothèfe, auroit dû foutenir les eaux de la rivière ? De pareilles conjectures prouvent que ceux qui les hafardent ne connoiffent pas les circonftances qui doivent établir l'exiftence des anciens lacs, & le peu d'analyfe qu'on a apporté dans l'étude des formes du baffin de *Marienbourg* relativement à ces circonftances, le démontre fuffifamment.

MARIE-FERDINANDE : mine de plomb & de cuivre anciennement exploitée dans les environs de Trarbach, dans le ci-devant département de Rhin & Mofelle.

MARNE. La *Marne* eft une des principales rivières du baffin de la Seine ; elle prend fon origine dans les environs & fur la bordure nordoueft du plateau de Langres. Sa fource peut être confidérée comme la réunion de plufieurs ruiffeaux diftribués à l'eft & à l'oueft de cette ville, & qui viennent tous aboutir à Rolandpont ; ceux de l'eft font au nombre de trois, avec une vingtaine d'embranchemens ; ceux de l'oueft font auffi au nombre de trois, avec fept embranchemens prefque tous réunis à la tige principale fous des angles aigus ; auffi coulent-ils fur un terrain dont les pentes font très-rapides. La *Marne* chemine ainfi jufqu'à Foulain, où elle reçoit la Traire, dont la fource remonte jufqu'à la hauteur de Rolandpont ; cette rivière eft affez confidérable. La *Marne*, après cette augmentation, coule dans une vallée profonde & étroite jufqu'à Chaumont, au-deffous de laquelle ville elle reçoit la Suize, dont la fource eft à la même hauteur que les fiennes. La Suize occupe une vallée fort refferrée, au fond de laquelle elle ofcille beaucoup. Cette forme de vallée fe continue jufqu'à Bologne, où plufieurs ruiffeaux viennent fe rendre à la *Marne* ; enfuite fa vallée s'élargit & éprouve plufieurs ofcillations où fe voient les plus beaux détails des plans inclinés & des bords efcarpés. Ces formes intéreffantes, ouvrage des eaux courantes qui ont ceffé d'être rapides, règnent jufqu'à Donjeux, où le Rognon fe jette dans la *Marne*. On peut confidérer le Rognon, quant à la hauteur & au niveau où il

prend fon origine, comme une rivière du fecond ordre ; fa fource eft formée de la réunion de cinq ruiffeaux affemblés fous des angles fort aigus, Vers Forcey, le Rognon paroît fouffrir une diminution confidérable jufqu'à Vigne, où il reçoit le Dardignon & la Marnoife.

Après la jonction du Rognon, la *Marne* coule, jufqu'à Joinville, dans une plaine affez large, & reçoit fept ruiffeaux dont les embouchures ont altéré les formes des croupes de la vallée. Au-deffous de Joinville elle fe rétrécit confidérablement, & fe maintient étroite & profonde ; on trouve dans fon lit des bancs de pierres fort épais, & offrant, furtout à Chevillon & à Savonnières, des pierres de taille compofées de débris de coquilles très-comminués, & d'une bonne qualité. C'eft au-deffous de Saint-Dizier que s'ouvre une large plaine formée & couverte de dépôts de graviers calcaires que les eaux de trois rivières, la *Marne*, la Saulx & l'Orne y ont fait par leur concours. Cette plaine, connue autrefois fous le nom de *Perthois*, ne laiffe pas que d'être fertile, parce que ces rivières y ont entraîné, avec des graviers plats, calcaires, une terre fubftantielle qui s'y trouve mêlée en grande proportion ; c'eft au-deffous de Vitri que la Saulx & l'Orne réunis fe jettent dans la *Marne*. L'Orne & la Saulx prennent leur fource dans la même contrée. La Saulx a pour feconde branche le ruiffeau de Lorge ; elle coule, ainfi que l'Orne, dans un canton où il y a des fources fort abandantes & fort fréquentes. Dans la plaine du Perthois, la Saulx & l'Orne coulent fur les bords des dépôts qu'ils ont formés, & fans aucune forme de vallée déterminée ; auffi ces rivières ont-elles plufieurs lits. C'eft à Vitry que, fans berges élevées, commence le maffif de craie qui fe continue jufqu'au voifinage d'Epernay. La vallée de la *Marne* eft, dans tout ce trajet, fort large & évafée ; les bords en font abattus, & le fond eft tout couvert de graviers plats, calcaires, mêlés de fort bonne terre à la profondeur de dix à douze pieds, après quoi le fol de craie. Il eft vifible que c'eft le peu de dureté de la craie qui a contribué à la forme qu'ont prife les croupes de la vallée de la *Marne*, au-deffus & au-deffous de Châlons. Dans l'intervalle de l'embouchure de la Saulx à Epernay, la *Marne* reçoit huit tant ruiffeaux que rivières, qui tous ont leur origine dans le fol de craie. A gauche eft la rivière d'Ifton qui coule prefque toujours parallèlement à la *Marne*, & dans fa plaine fluviale ; enfuite la Côle, qui eft affez confidérable, puis le ruiffeau de Thibie ; enfin la rivière de Jaalons, formée de la réunion du Soudron, du Sous, du Ladut & de la rivière de Vertus ; celle-ci fort de la bordure formée des couches de pierres calcaires & du banc de meulières qui recouvre le maffif de la craie. A droite font le ruiffeau de Fion, la rivière de Moivre, celle de Moucets & celle de la Veuve, réunies à l'eau des Noirs-Foffés, qui prennent leur source dans la plaine fluviale de la *Marne*.

Au-deffous d'Epernay, la *Marne* entre dans le plateau très-élevé de la Brie, & reste très-encaissée jusqu'aux environs de la Ferté-sous-Jouare ; elle reçoit, à sa droite, la Semoigne, presqu'en face de Dormans, l'Ourcq qui tombe à Lisy, & la Thérouane, entre ce village & Meaux.

A gauche, les affluens ne sont pas plus nombreux ; ce sont : le Sarmelin, qui passe à Arbois & à Condé ; le petit Morin, qui se réunit à la *Marne* près de la Ferté-sous-Jouare, après avoir approché Montmirail, & le grand Morin qui tombe entre Meaux & Lagny. Ce dernier, qui prend sa source sur la côte au-dessus de Sezanne, passe à Jouy & Coulommiers, & reçoit l'Aubertin entre cette petite ville & Crécy.

La *Marne* arrivant auprès de Saint-Maur, fait ensuite, en plaine, un grand détour au pied de la montagne de Champigny, se rapproche encore de Saint-Maur, &, suivant le coteau de Saint-Maurice, va se joindre à la Seine un peu au-dessous du pont de Charenton.

Dans l'article LANGRES nous avons décrit, avec beaucoup de détails, la première partie du cours de la *Marne*, la plus intéressante sous le rapport de l'hydrographie.

MARNE (Département de la). Ce département, qui faisoit partie de la ci-devant province de Champagne, est bordé au nord par les départemens de l'Aisne & des Ardennes ; à l'est par ceux de la Meuse & de la Haute-Marne ; au sud par ce dernier & ceux de l'Aube & de Seine & Marne ; enfin, à l'ouest, par ceux de l'Aisne & de Seine & Marne.

Le sol de ce département, l'un des plus étendus de la France, est presqu'uniquement composé de craie pure ; c'est ce que l'on appeloit autrefois la *Champagne pouilleuse*. Néanmoins il présente presque partout la bordure de cette craie.

Ainsi, depuis Sezanne jusqu'au-dessus de Reims, se voit une côte élevée, de nature tantôt sablonneuse, tantôt calcaire, & sous laquelle la craie s'enfonce. Cette côte se maintient à un même niveau sur toute sa longueur, & porte, sur son penchant, les vignes de Vertus, d'Avize, d'Ay, & sur son sommet, des forêts dont la principale est celle de Reims, qui est situé sur une sorte de cap avancé, & ce n'est que vers Bery, au Bac-Fismes & Craonne, que cette côte devient nue & forme de grands plateaux calcaires, tels que ceux du Laonnois, qui d'ailleurs sont contigus.

Au nord, la craie est limitée par des sables qui sont à son niveau, & dans lesquels passe la rivière d'Aisne.

Ce n'est guère que vers Rétel-Mazarin, au nord-est, que la craie commence à se relever pour former, du côté de l'est, & dans la direction du nord au sud, la rampe dite des *monts de Champagne*, qui est parallèle à la première dont nous

venons de parler. L'Aisne coule au pied de ces monts de Champagne, depuis Sainte-Ménehould jusqu'à Rétel, dans une large vallée nommée *le Vallage*, dont le terrain est un mélange de craie & d'argile verte.

Enfin, près de Vitry-le-Français, la limite orientale de la craie est le Perthois, plaine assez vaste, & dont le terrain est tout d'alluvion.

Vers le sud, la craie se prolonge jusque près de Tonnerre, & comprend la plus grande partie du département de l'Aube.

Deux rivières seulement entrent dans le département du côté de l'est ; ce sont l'Aisne & la Marne, qui percent, perpendiculairement à leur direction générale, les monts de Champagne, pour pénétrer dans le territoire crayeux ; elles en sortent à l'ouest, ainsi que la Vesle, en perçant la bordure de la Brie, & après avoir reçu les affluens qui coulent à la surface de la craie, dans des vallées très-peu profondes. Ces affluens sont la Retourne & la Suippe pour l'Aisne ; la rivière de Jaalons & la Somme-Soude pour la Marne, &c.

En général ce pays est plat, aride, peu arrosé ; le sol est presque de craie pure, si l'on en excepte les bords des rivières, où l'on trouve de la terre végétale, & où l'on voit quelques arbres. Les bordures de cette craie sont seules productives, & le cadre, ou l'entourage du département, rapporte plus que la superficie intérieure. La bordure occidentale fournit les vins de Champagne si estimés ; la bordure orientale en produit de moindre qualité. Enfin, le Vallage & le Perthois seuls donnent des fourrages pour les bestiaux, & des récoltes de blé abondantes.

Les plaines crayeuses n'en sont pas moins cultivées, mais les blés y viennent mal ; les épis sont chétifs, & le plus souvent écartés les uns des autres de huit ou dix pouces. A peine les habitans peuvent-ils subsister du produit de leurs récoltes.

Les bois y sont aussi très-rares ; à peine en aperçoit-on quelques bouquets sur les buttes de sable qu'on trouve de distance en distance. Ceux qu'on emploie sont apportés de la forêt d'Argonne, ou de celle de Reims, ou bien encore des bois qui sont à l'ouest de Sezanne sur le plateau de la Brie.

Dans ce département, les pierres de construction sont aussi rares que le bois ; la plupart des villages sont bâtis en craie, & les villes en charpente & en craie. On va chercher quelquefois des pierres solides, dont l'emploi est nécessaire pour les portes & fenêtres, &c. afin de pouvoir y établir des scellemens, jusqu'à douze lieues de distance. Les principales carrières sont au Mont-Aimé & aux environs de Vertus. (*Voyez l'article* CRAIE.)

Les villes principales du département de la *Marne* sont Reims, Châlons, Epernay, Sainte-Ménehould, Vitry-le-Français, Fismes, Verzy, Dormans, Vertus, Suippe, &c.

MARNE (Département de la Haute-). Il faisoit partie, comme le précédent, de la ci-devant province de Champagne. Il est borné au nord par les départemens de la Meuse & de la Marne; à l'est par ceux de la Haute-Saône & des Vosges; à l'ouest par ceux de l'Aube & de la Côte-d'Or, & au sud par celui de la Haute-Saône.

Le sol de ce département est de calcaire compacte, renfermant des ammonites, des gryphites, de grandes huîtres, &c. Il est presqu'entièrement coupé de collines plus ou moins élevées, & il présente dans son centre le plateau de Langres, qui est le point de départ de plusieurs rivières remarquables, telles que la Meuse, la Marne, l'Aube, &c. (*Voyez l'article* LANGRES.)

Il renferme beaucoup de sources & est bien arrosé; la végétation y est assez vigoureuse. Le fer oxidé, limoneux, y abonde & alimente un grand nombre de forges, qui se fournissent de combustible dans des forêts assez vastes qu'il contient.

On y trouve les eaux minérales de Bourbonne-les-Bains.

Les principales villes de ce département sont: Chaumont, Langres, Wassy, Saint-Dizier, Varenne, Bourbonne, &c.

MARQUENTÈRE, pays situé entre la Somme & l'Authie en Picardie. Ce golfe, aujourd'hui comblé, s'ouvroit autrefois par la falaise du Bourg-d'Ault, &, du côté du Boulonnois, par celle d'Etapes. Sa profondeur dans les terres étoit d'environ trois lieues, & il servoit de baie commune aux rivières de Somme, d'Authie & de Cauche. Toute cette profondeur se trouve maintenant attérie, si l'on en excepte cependant les baies des trois rivières qui ouvrent un libre passage à leurs eaux.

Pour opérer ce comblement, la mer a usé d'un moyen dont elle s'est servie partout: elle a formé un banc de sable & de galets sur la ligne qui court directement du côté d'Ault à celle d'Etapes, enfermant un vaste étang entre la terre ferme & ce banc de sable. C'est ainsi que la Méditerranée a formé, sur les côtes de Languedoc, les étangs de Cette & de Maguelonne, & l'Océan atlantique, sur les côtes de Gascogne, les bassins d'Arcachon, d'Hourtin, de Biscarosse, de la Canau, &c.: insensiblement ces étangs ont été gagnés par les plantes aquatiques, & ont été comblés par la tourbe. C'est le banc qu'a formé cette tourbe qui constitue le fond du marais du *Marquentère*. Ce banc de sable, dont la naissance avoit formé l'étang dont nous venons de parler, a pris un tel accroissement, que sa surface a gagné sur la mer plusieurs lieues carrées; & quand cette surface n'a plus été couverte par la marée, c'est alors que se font établies, à l'aide du vent seul, des dunes ou montagnes de sable qui sont très-élevées. Tous les jours on peut suivre cette singulière opération

de la nature; tous les jours on voit que, sitôt que la mer s'éloigne, le vent sèche le sable, & que le sable séché, courant & voyageant sous la forme d'une poussière mobile en rasant le sol, finit par établir une petite butte; que, sur cette butte, il se ménage une pente suivie qui toujours est exposée à l'action du vent, lequel, à l'aide de cette pente, pousse toujours le sable vers le sommet de la butte: telle est la forme de la haute dune de Merlimont, dans la *Marquentère*.

Dans ce pays intéressant, tout prête à l'observation: dans les dunes, dont la largeur est de près de deux lieues, sous la dune elle-même, le naturaliste trouvé pétrifiés la plupart des fruits du Midi, tels que citrons & oranges, & en outre les dépouilles de certains quadrupèdes, autrefois habitans de nos forêts.

Dans le corps de ces montagnes de sable, depuis leur cime jusqu'à leur base, on observe que, quoique le sable soit absolument homogène, des zones s'y rencontrent, dont les unes sont sèches & les autres humides: ces zones sont horizontales. Dans les divers sites du pays, on voit croître avec plaisir plusieurs plantes propres à fixer les sables, & surtout l'*arundo arenaria*, plante précieuse, dont la propriété est d'assembler les sables de la dune, de les fixer par ses nombreuses racines, & d'empêcher d'envahir toute la contrée.

MARQUISE, dans la partie du département du Nord qui correspond à l'ancien Boulonnois. Les principaux bancs de marbre de ce département règnent depuis *Marquise* jusque près de la ci-devant abbaye de Beaulieu. Des escarpemens en mettent les couches à découvert des deux côtés, dans cette partie, sur plus de cent pieds de hauteur; leur épaisseur varie depuis six pouces jusqu'à trois pieds; elles sont en général un peu inclinées vers le couchant, mais beaucoup plus en approchant de *Marquise*. Il se trouve au-dessus des bancs de marbre plusieurs toises d'épaisseur de tuf gris calcaire, disposé en lits assez minces, dont on fait de la chaux & du moellon. Il a généralement l'odeur fétide, mais surtout celui qui recouvre, & peut-être composé en entier, une petite monticule près de Beaulieu, dont l'élévation est d'environ quarante pieds.

On a observé un banc parfaitement vertical de trois à quatre pieds d'épaisseur, & de la même nature que les bancs horizontaux de marbre, qui les traverse tous sans les déranger, en se dirigeant du sud au nord; il ne pénètre point les couches de tuf, ce qui démontre que leur formation est bien postérieure à celle des bancs de marbre. Il règne entre deux de ces bancs une veine de terre ochreuse d'environ six pouces d'épaisseur.

A près de trois quarts de lieue au nord de *Marquise* sont d'autres carrières de marbre de la même qualité; elles sont ouvertes dans la commune de Ferques, sur une assez grande longueur: leurs bancs font inclinés vers le midi d'environ 45 deg.

Il y a une autre carrière femblable dans la commune de Fiennes.

On tire auffi des marbres du territoire de Halinghen.

Ces carrières occupent beaucoup d'ouvriers qui, après avoir extrait des blocs de marbre, les taillent groffièrement fur place.

La plupart des marbres du Boulonnois reçoivent un beau poli. Il y en a de noirs, de bruns & d'un gris-fombre ou clair ; plufieurs font traverfés par de petites veines blanches ou rougeâtres. Il s'y rencontre des coquilles, des madrépores, du fpath calcaire & différens accidens agréables.

L'abondance de la pierre à chaux dure & du combuftible le plus propre à fa calcination, donne à ce diftrict de grandes facilités pour employer la chaux à l'amendement des terres, ainfi qu'on le pratique avec fuccès dans une grande partie de l'Angleterre, dans toute l'Irlande, & dans les départemens de la Manche & du Calvados.

La rareté du bois n'a pas permis de faire ufage de la mine de fer qui s'offre en plufieurs endroits des environs de *Marquife*, & dans le reftant du Boulonnois.

MARQUISES (Iles des). Ces terres ont été découvertes par l'Efpagnol Mendana, en 1595 : il leur donna le nom général & les noms particuliers qu'elles portent. Elles font au nombre de cinq : la Magdalena, San Pedro, la Dominica, Sainte-Chriftine & l'île de Hood. Cette dernière, qui eft la plus feptentrionale de ce groupe, a été découverte feulement en 1774 par le capitaine Cook, & elle fut appelée ainfi en honneur de celui qui l'aperçut le premier. Elle gît par 9 deg. 26' de latitude fud, & nord 15 deg. oueft, à cinq lieues & demie de la pointe eft de la Dominica, qui eft la plus grande de toutes ces îles, & qui s'étend à l'eft & à l'oueft l'efpace de fix lieues. Elle a une largeur inégale, & environ quinze ou feize lieues de tour ; elle eft remplie de collines efcarpées, qui s'élèvent en chaînes droites hors de la mer : ces chaînes font féparées par des vallées profondes, revêtues de bois, ainfi que les côtés de quelques-unes des collines : l'afpect de cette île eft ftérile, mais elle eft habitée. Sa latitude eft de 9 deg. 44' 30" fud.

San Pedro, qui a environ trois lieues de tour, & qui eft affez haut, gît au fud, à quatre lieues & demie de l'extrémité orientale de la Dominica : on ignore s'il eft habité ; la nature n'y a pas répandu fes largeffes avec trop de profufion, & fon étendue n'eft pas de plus de trois lieues.

Sainte-Chriftine gît fous le même parallèle, trois ou quatre lieues plus à l'oueft. Cette île, qui court nord & fud, a neuf milles de long dans cette direction, & environ fept lieues de circonférence. Une chaîne étroite de collines d'une élévation confidérable, fe prolonge dans toute la longueur

de l'île ; d'autres chaînes fortent de la mer & fe joignent à celle-ci, dont elles égalent la hauteur. Des vallées refferrées & profondes coupent ces montagnes.

La Magdalena n'a été vue que de loin par le navigateur anglais ; fa pofition eft à peu près 10 d. 25' de latitude, & 138 deg. 50' de longitude. Ces îles occupent l'efpace d'un degré en latitude, & à peu près un demi-degré en longitude, favoir, du 138e deg. 47' au 139e deg. 13' oueft, longitude de l'extrémité occidentale de la Dominica (méridien de Greenwich).

Les cantons des différentes îles de ce groupe qui ont été examinés, préfentent un fol très-fertile, compofé d'un riche terreau, fur lequel on trouve de belles plantations & des bocages de différens arbres fruitiers.

Les rochers contiennent des productions volcaniques ou diverfes laves, dont quelques-unes font remplies de coquillages blancs & verdâtres. Par leurs minéraux ces îles refferrent donc auffi à celles de la Société, qui paroiffent avoir des montagnes brûlantes. La Dominica furtout, par fes roches efcarpées, des fommets creux entaffés au centre de l'île, fa partie orientale déchiquetée & en ravins, prouve que des volcans & des tremblemens de terre ont bouleverfé la furface de ce pays.

En général, les terres baffes qui bordent la grève des îles des *Marquifes* font remplies de grands arbres qui femblent bons pour la charpente : ceux qu'on trouve dans les bois épais de l'intérieur du pays font principalement le rattas ou le noyer d'Oaïti, d'une groffeur & d'une hauteur confidérables, & de beaux arbres à pain : on trouve ces deux efpèces dans les riantes plaines des îles de la Société, où la chaleur eft moins violente qu'aux *Marquifes*. Les arbriffeaux & les plantes font prefque tous femblables à ceux qu'on remarque à Otaïti. On en rencontre très-peu qui ajoutent aux tréfors que l'hiftoire naturelle réunit dans ces contrées.

Les productions confiftent, ainfi qu'aux îles de la Société, en bananes, fruits à pain, noix de cocos & plufieurs autres fruits falutaires. Différentes racines, comme des ignames, des plantains, &c. accroiffent les reffources des habitans de ces parages. Tous les endroits cultivés préfentent des plantations fpacieufes tenues dans un ordre admirable, & qui fe découvrent après avoir gravi les collines, en marchant à travers des bois d'arbres fruitiers, ferrés, touffus, & dont les rameaux épais rencontre un ombrage rafraîchiffant. Çà & là on rencontre un cocotier folitaire qui, loin d'élever avec fierté fa tête majeftueufe, fe trouve abaiffé & caché par des arbres d'une efpèce inférieure. En général, le palmier aime un terrain bas, & ne croît pas bien fur les montagnes ; & voilà pourquoi il abonde fur des bancs

de

de corail qui offrent à peine affez de fol pour y prendre racine.

On n'entrera dans aucun détail fur les oifeaux qui embelliffent ces contrées ; ils font moins nombreux & moins variés que ceux d'Otaïti. Enfin, les *Marquifes* ne différent des îles de la Société qu'en ce qu'elles n'ont pas les jolies plaines qui environnent celles-ci, ou le reffif de corail qui forme leurs excellens hâvres.

On ne remarque fur ces terres d'autres quadrupèdes que les cochons, & un petit nombre de rats : les coqs & les poules font les feuls animaux apprivoifés ; leur groffeur eft affez confidérable, & leur chair eft de bon goût.

La mer ajoute aux jouiffances des infulaires ; elle abonde en différens poiffons, &, dans un certain temps de l'année, on en pêche une quantité prodigieufe.

Indépendamment de tous ces avantages, la plupart des îles des *Marquifes* en poffèdent un infiniment précieux ; c'eft d'être bien arrofées par les eaux excellentes qu'elles renferment dans leur fein, & qui font utiles aux végétaux ainfi qu'aux habitans.

Les naturels des îles des *Marquifes* font la plus belle race de tous les peuples de la mer du Sud : ils paroiffent furpaffer toutes les autres nations par la régularité de leur taille & de leurs traits ; cependant la reffemblance de leur langage à celui que parlent les infulaires d'Otaïti & des îles de la Société, prouve qu'ils ont une même origine. Ils font d'une belle figure ; leur phyfionomie agréable & ouverte annonce de la vivacité ; ils ont des yeux grands & noirs, mais moins expreffifs & moins animés que ceux des habitans des autres îles ; leurs dents font auffi moins belles. La couleur de leurs cheveux varie comme parmi nous : néanmoins on n'en trouve point de rouges, & beaucoup d'entr'eux les ont noirs, bouclés & forts. Leur barbe eft peu fournie, à caufe des cicatrices laiffées par le tatouage, dont les deffins très-variés offrent un afpect étrange, leur donnent un afpect fombre, & les font paroître beaucoup plus noirs qu'ils ne le font. En effet, les femmes, qui ont peu de ces piqûres, les jeunes gens & les jeunes enfans qui n'en ont point du tout, ont le teint auffi blanc que celui des Européens. La taille des hommes eft ordinairement de cinq pieds dix pouces à fix pieds (anglais) : leur corps, prefqu'entièrement tatoué, empêche d'apercevoir l'élégance de leurs formes ; mais parmi les jeunes gens qui n'ont point encore fubi cette opération, on diftingue aifément leur beauté, fi frappante, qu'elle excite l'admiration de ceux qui la contemplent. On n'en aperçoit pas un feul de difforme & de mal fait ; ils font tous forts, grands & extrêmement agiles. Leur pofition contribue à leur activité, & l'exercice qu'ils font obligés de prendre dans un pays fi montueux, conferve probablement

cette fuperbe confo:mation que leur a donnée la nature.

Les femmes font d'une ftature inférieure à celle des hommes ; mais elles font bien proportionnées, & les traits de quelques-unes approchent du contour agréable des Otaïtiennes d'un rang diftingué. En général, leur teint ne différe pas de celui des gens du peuple des îles de la Société : néanmoins on en voit de beaucoup plus blanches ; & comme la plus grande partie fe dérobèrent aux regards des navigateurs anglais, peut-être ne font-ce pas les plus belles qui ont été vues.

Le caractère des habitans des *Marquifes* a beaucoup de rapports avec celui des naturels des îles de la Société : comme eux ils accueillent avec amitié les étrangers qui abordent fur leurs côtes. Ils font hofpitaliers, peu défians, & le reffentiment ne fubfifte point dans leur ame. La bonté, la gaieté, la franchife, les diftinguent ; mais le vol eft auffi familier qu'aux autres nations de la mer Pacifique. Il paroît qu'ils aiment le plaifir, & leur danfe, ainfi que leur mufique, ont une extrême reffemblance avec celle des Otaïtiens.

La plupart des hommes feroient entièrement nus fans le *morra* (comme on l'appelle à Otaïti), c'eft-à-dire, fans une bande de toile qui paffe autour de la ceinture, & tombe entre les jambes. Ce fimple vêtement fuffit au climat. Les femmes font vêtues d'une pièce d'étoffe qui enveloppe leurs reins en forme de jupon qui defcend au-deffous du milieu de la jambe, & un manteau flottant couvre leurs épaules. Leurs parures de tête font très variées & artiftement faites, & les deux fexes font chargés d'ornemens divers.

Les habitans des *Marquifes* fe nourriffent furtout de végétaux, quoiqu'ils aient des cochons & des volailles, & qu'à certaines époques ils pêchent une quantité confidérable de poiffons. Ils ne boivent que de l'eau, car les noix de cocos paroiffent rares fur ces îles. Il eft à croire cependant que, puifqu'ils ont la racine de poivre, & qu'ils s'en fervent comme d'un figne de paix, ainfi que les naturels des îles de la Société & des Amis, ils en tirent auffi le breuvage enivrant connu fous le nom de *kava* ; mais s'ils font ufage de cette boiffon pernicieufe, il eft probable que c'eft avec modération, puifqu'on ne remarque point parmi eux les effets funeftes qu'on aperçoit chez les autres peuples.

Leurs habitations font placées dans les vallées, fur les côtés des collines & près de leurs plantations ; elles font conftruites de la même manière qu'à Otaïti ; mais elles font beaucoup moins bonnes, & feulement couvertes de feuilles d'arbres à pain. La plupart font bâties fur un pavé de pierres, carré ou oblong, élevé un peu au-deffus du niveau du terrain. Il y a auffi de femblables pavés près de leurs maifons, & les naturels vont s'y affeoir & s'y récréer.

Ils paroiffent avoir des afyles ou fortereffes au

sommet des plus hautes collines, mais ces lieux n'ayant point été examinés, on ne peut en offrir la description.

Leurs massues & leurs piques, ressemblent à celles d'Otaïti, mais elles sont un peu mieux faites: ils ont aussi des frondes avec lesquelles ils jettent fort loin des pierres; mais ils n'ont pas une extrême adresse pour toucher le but.

Leurs pirogues, sont de bois, & de l'écorce d'un arbre mou qui croît près de la mer en grande abondance, & qui est très-propre à cet usage; elles ont de seize à vingt pieds de long, & environ quinze pouces de large : deux bouts solides forment l'avant & l'arrière; l'arrière s'élève, ou se courbe un peu, mais dans une direction irrégulière, & finit en pointe; l'avant se projecte horizontalement, & offre une ressemblance grossière d'un visage humain sculpté : elles se manœuvrent avec des pagayes, & plusieurs ont une sorte de voile latine de natte.

Des étoffes d'écorce d'arbres, des parures de tête, des hausse-cols, des éventails, composent à peu près les objets de fabrication & d'industrie qu'on trouve chez ce peuple.

Le nombre des habitans des *Marquises* ne peut pas être fort considérable, parce que ces îles sont très-petites, comme on l'a vu au commencement de cet article. Les terrains propres à la culture sont très-peuplés sur ces terres; mais comme elles sont toutes remplies de montagnes & de landes stériles, il est douteux que ce groupe d'îles contienne cinquante mille ames.

Les Espagnols qui les découvrirent, y trouvèrent un peuple doux & paisible; ils eurent cependant un petit différent à Magdalena, probablement à cause de quelque mal-entendu, ou du caractère violent & impétueux de ces navigateurs; mais l'accueil qu'ils firent au capitaine Cook, prouve à quel point ces insulaires ont de rapport avec les Otaïtiens. Les habitans des *Marquises* ne peuvent pas goûter les avantages que procurent à ceux des îles de la Société, les fertiles plaines qui bordent leurs côtes. Après avoir cultivé le terrain nécessaire à leur subsistance, il ne reste plus d'espace pour ces plantations étendues de mûriers, qui frappent partout les yeux à Otaïti, & lors même qu'ils auroient de l'emplacement, ils ne pourroient pas y employer le temps qu'exige cette branche de culture. On ne remarque aux *Marquises*, l'opulence & le luxe, la profusion d'alimens, la quantité & la variété d'étoffes dont jouissent les voluptueux Otaïtiens, mais les naturels y ont le nécessaire. Ils sont tous égaux, actifs, bien portans, & rien ne peut les priver de ce qui fait leur bonheur. Les Otaïtiens ont plus d'aisance; ils sont peut-être plus habiles dans les arts, & ils mènent une vie plus raffinée; mais ils ont perdu leur égalité primitive; une partie vit des travaux de l'autre, & des maladies les punissent déjà de leurs excès.

MARSAC. (Fontaine). (*Voyez l'article* MIREMONT.)

MARSEILLE (Environs de). Dans le département des Bouches-du-Rhône, faisant partie de la ci-devant province de Provence, les montagnes qu'on voit sur les bords de la mer, depuis le cap Couronne jusqu'au-delà de Cassis, n'ont pas deux cents toises d'élévation au - dessus de son niveau : elles sont presque toutes calcaires; le grès abonde dans quelques-unes; il s'y trouve en grandes masses, ou bien en cailloux détachés & roulés, liés ensemble par un gluten argileux, qui en fait une espèce de poudingue. La partie méridionale de ces montagnes est nue & pelée : on y trouve diverses espèces de coquilles-pétrifiées, des cerithes, des ampullaires, des cames & autres bivalves, &c.

Les montagnes qui bornent l'arrondissement de *Marseille* au levant & au nord, sont couvertes de bois dans certaines parties. L'enchaînement des collines & des montagnes qui commencent à Simiane-lès-Aix, & s'étendent parallèlement à celle de Sainte-Victoire du levant au couchant, forme un espace qui renferme beaucoup de mines de houille sèche. Ces montagnes bornent l'horizon de *Marseille* au nord; elles sont liées du côté du midi avec des coteaux qui renferment aussi des carrières de houille, dont quelques-unes sont exploitées. Ces carrières se prolongent par Pepin, Valdone, Saint-Zacharie jusqu'à Roquevaire. On en trouve encore dans les terroirs d'Auriol & d'Aubagne.

La grande mine de Valdone est à cent quatre pieds d'élévation au-dessus du niveau de la mer. Le toit de cette mine est une pierre calcaire grisâtre, dont la direction, inclinée à l'horizon, va du levant au couchant; on y remarque l'empreinte de divers coquillages. A quelque distance de cette mine il y en a une autre qui a brûlé plusieurs années de suite vers 1760; il en sortoit une fumée peu épaisse, mais qui avoit l'odeur marquée de la houille. Près de là on en voit encore une autre qui a brûlé plus de cinquante ans sans qu'on ait jamais songé à l'éteindre; on prétend qu'elle a pris feu naturellement.

La plupart des villages dont nous venons de parler, comme Roquevaire, Saint-Zacharie, Auriol, Aubagne, sont en plaine, dans une position des plus riantes; des collines & des montagnes les mettent à l'abri de l'impétuosité des vents; les eaux de l'Huveaune en fertilisent les terroirs. Cette rivière avoit été anciennement précédée par des marais qui, ayant été desséchés, ont donné occasion aux eaux courantes de se former un lit. Quand on fouille un peu profondément dans ses environs, on y trouve les débris des végétaux, & la vase ou tourbe, qui indiquent l'existence des marais qui ont précédé. Les couches du terrain qui avoisinent ces anciens ma-

-rais renferment tantôt des coquilles de mer, comme des cames striées, tantôt des coquilles fluviatiles, le tout posé dans l'argile, ce qui indique plusieurs révolutions occasionnées, tant par les eaux de la mer que par celles des marais.

Il y a de très-belles carrières de gypse dans le voisinage d'Auriol, entr'autres un gypse soyeux d'une grande blancheur. On a trouvé dans le terroir des Pennes, des carrières de marbres brèches, dont les couleurs variées font un bel effet.

Pour construire la chaussée qui va d'Aix à *Marseille*, on a été obligé de couper plusieurs coteaux, entre les couches desquels on a trouvé une grande quantité de coquilles pétrifiées, des huîtres surtout à grandes valves.

Le terroir de *Marseille* est formé d'une espèce de poudingue ou de cailloux calcaires, liés ensemble par un gluten argileux; les murs de la ville, du côté du nord, en sont bâtis: où le trouve à deux ou trois pieds de profondeur. La culture l'a fait disparaître en quelques endroits; il s'étend même jusque dans la mer. Un terrain de cette espèce est naturellement stérile, mais les travaux & les engrais ont forcé pour ainsi dire la nature, & l'ont rendu fertile. L'Huveaune en arrose une partie, ainsi que les ruisseaux qui descendent des montagnes voisines. Ces montagnes forment deux chaînes, dont l'une s'étend du midi au levant, & va se lier avec la montagne de la Sainte-Baume; l'autre, dans la direction du levant au nord de cette ville, vient se terminer du côté de Simiane & d'Albertas: elles sont toutes calcaires. La carrière vis-à-vis le cap Couronne, dite l'*Arguet*, présente une pierre de couleur rouge, d'un grain assez beau: la plupart des édifices de la vieille ville en ont été construits. Ces pierres sont chargées de coquillages, dont les analogues (de genre seulement) sont encore dans le golfe de *Marseille*: telles sont les bucardites, les pectinites de toutes espèces, les ostracites, &c. Les glossopètres de la grande & petite espèce sont communs dans ces carrières; on y trouve toutes ces pétrifications pêle-mêle & en tous sens. Les masses de poudingue qu'on voit dans les vallons, depuis le cap Couronne jusqu'à l'Estaqué, sont appuyées horizontalement sur des bancs d'argile: elles sont quelquefois surmontées par des blocs de grès spongieux, dont les parties peu compactes se désunissent aisément, & dans lesquels on trouve quelques cailloux & des quartz qui forment le poudingue. La plus considérable des montagnes aux environs de *Marseille* s'appelle *Marsillo-Veiré*, ainsi nommé parce qu'on y a placé une vigie pour signaler les vaisseaux: elle a deux cent trente-quatre toises d'élévation au-dessus du niveau de la mer; c'est dans cette montagne que se trouve la grotte de Rolland. On parvient à cette grotte par un sentier fort escarpé, qui conduit à une

petite plaine, couverte de masses considérables de pierres détachées de la montagne supérieure; on aperçoit à la droite un petit plateau situé au bord d'un précipice. Le moyen le moins dangereux pour arriver à ce plateau, est de se glisser dans une ouverture que la nature a pratiquée du côté gauche: c'est une espèce d'étui, dans lequel on est enfermé pendant sept ou huit minutes, & qui conduit sans danger sous la voûte; on est alors à soixante-onze toises d'élévation au-dessus de la mer. On ne voit d'abord aucune ouverture pour entrer dans la grotte; mais en se traînant quelques pas sur les rochers qui sont au fond de la voûte, on trouve un boyau de trois pieds de diamètre, dans lequel on se glisse pour parvenir à la grotte.

Cette grotte peut se diviser en cinq parties: les stalactites qu'on voit dans la première, sont unies en masses, rarement isolées, & peuvent être regardées comme de vraies stalagmites: de-là on descend dans la seconde partie de la grotte, qui s'élargit insensiblement; on y voit des stalactites isolées, à tubercules, dont quelques-unes tiennent au sol par leur base, & se terminent en cône. Dans la troisième partie on franchit d'abord une profondeur de sept à huit pieds, entre deux grandes masses de stalagmites; après quelques pas on monte de nouveau pendant un court intervalle, & l'on descend ensuite par une pente très-rapide, formée par une seule couche de stalagmites de plus de trente pieds de longueur. La quatrième partie est la plus curieuse: c'est une grande salle, au milieu de laquelle s'élève une grande masse d'albâtre de deux pieds de haut, sur deux & demi de large. De chaque côté on voit deux grandes stalactites en forme de colonnes; ce sont plusieurs cônes renversés, d'un pied de diamètre, cannelés irrégulièrement. L'ensemble représente un autel. La voûte de cette salle est d'une hauteur considérable; une énorme stalactite, figurée en draperie, est suspendue vers son milieu.

A la gauche de cette espèce d'autel s'élève en talus une couche de stalagmites d'environ vingt-cinq pieds de longueur, terminée par une colonne isolée qui fait l'effet d'un *cippe*, & qui fait nommer cet endroit *le mausolée*. Il y a au bas du mausolée une ouverture ronde de deux pieds de diamètre; on prétend qu'elle communique avec d'autres salles inférieures.

Derrière l'autel est la cinquième partie de la grotte, qu'on nomme *la sacristie*: elle est d'un accès assez facile. La grotte, dans cette partie, est en boyaux tortueux; son sol est en pente douce; elle a depuis quatre jusqu'à douze pieds de largeur. A l'extrémité de cette cinquième partie est une ouverture de deux pieds de diamètre, dans laquelle on n'a point pénétré. En divers endroits de la grotte on voit suinter sur les parois, & plus particulièrement sur les parties qui sont en plan incliné, une matière blanche, fluide, crayeufe ; c'eft là fans doute la fubftance qui fert à la formation des parties criftallines des ftalaҁites : elle eft plus abondante dans les faifons pluvieufes qu'au temps de fécherefſe ; fouvent elle eft mêlée avec une argile rougҽâtre qui diminue la tranſparence des criftaux, dans les ftalaҁites furtout. Les ftalaҁites qui font figurées en chandelles font par couches & à rayons divergens ; elles font quelquefois creufes dans le centre. Les ftalagmites y font par couches, depuis une ligne jufqu'à deux pouces d'épaiſſeur. On voit dans cette grotte une ftalagmite dans laquelle on trouve beaucoup de petites cavités qui repréſentent des cames ſtriées, efpèce de coquillage bivalve ; on y découvre auſſi, au moyen de la loupe, des fragmens de vis & de cœurs. La fuperficie de ces ftalaҁites eft un peu humide tant qu'elles ne font pas expoſées à l'air libre, où elles durciſſent aifément : elles reçoivent bien le poli. La grotte de Rolland a quatre cent trente-quatre pieds de longueur, depuis fon entrée jufqu'au fond du boyau, nommé la facriftie ; fa direҁion eft de l'oueft à l'eft : celle de Saint-Michel d'eau douce eft au midi de la précédente ; elle a cent dix-fept toiſes d'élévation au-deſſus de la mer. On y trouve une grande ftalaҁite de figure conique, de près de trente-fix pieds de hauteur, dix-huit de circonférence, douze dans le milieu, & fix à l'extrémité fupérieure. Le thermomètre de Réaumur fe tient conftamment à 10 ou 11 degrés au-deſſus de la congélation dans ces grottes, au lieu que dans celles dont l'ouverture eft plus conſidérable, il fuit les variations de l'atmofphère.

Il eft prefqu'impoſſible de calculer le temps que la nature emploie à former ces fortes de concrétions ; des dates & des noms gravés fur les ftalagmites, depuis plus de foixante ans, ne font point encore tout-à-fait effacés.

Au fud-ҽft de Marſeille on traverſe la montagne de Ginefte, entièrement pelée & de nature calcaire, pour aller à Caſſis, dont le port eft entouré de rochers couverts de zoophites. Entre Caſſis & la Ciotat, le grès commence à fe manifeſter. La montagne du Bec-de-l'Aigle a près de deux cents toiſes d'élévation au-deſſus de la mer : elle eft couverte d'une efpèce de poudingue calcaire, dont les pierres réunies par un gluten argileux paroiſſent avoir été roulées ; il y en a beaucoup qui font libres, défunies & d'un gros volume. La montagne du Bec-de-l'Aigle eft percée de plufieurs cavités qui recèlent beaucoup de ftalaҁites attachées à leurs voûtes.

La montagne de la Sainte-Baume eft éloignée d'environ fix lieues de Marſeille ; elle fe lie d'une part avec celles qui bornent la mer de Marſeille au midi, & de l'autre à celles de Saint-Maximin & de Porcious au couchant. Cette montagne, dont la direҁion eft du levant au couchant, eft couverte de bois du côté du nord & du couchant ;

on lui donne plus de quatre cents toiſes d'élévation au-deſſus de la mer : elle eft coupée verticalement à fon extrémité occidentale : on appelle ce côté le précipice. Il fort de cette montagne plufieurs fources abondantes, & même des rivières qui fertilifent tous ces environs : telles font la petite rivière qui va fe jeter dans la mer près de Caſſis, & l'Huveaune, qui prend fa fource dans la partie feptentrionale de cette montagne. La grotte qui eft au-deſſous de l'ancien couvent des Dominicains eft formée dans une roche calcaire ; les eaux pluviales qui fe filtrent à travers les fentes des rochers tombent dans un petit réfervoir pratiqué dans le roc : l'atmofphère de cette grotte eft d'une fraîcheur furprenante. La montagne eft pelée du côté du midi ; du côté de l'eft, la pointe de Saint-Caſſien contient auſſi une grotte de ftalaҁites calcaires. La pierre calcaire qui forme la plus grande partie de cette montagne reçoit très-bien le poli.

MARTIGNY ou MARTIGNACH, en Vallais. C'eft auprès de cet endroit, ainſi qu'aux environs de l'embouchure du Rhône dans le lac de Genève, que ce fleuve a dépofé une fi grande quantité de pierres, de terres & de fables, qu'il a formé des attériſſemens très-étendus, maintenant très-fertiles, parce qu'ils font compoſés d'un mélange de différentes terres recouvertes par des limons que les eaux y amaſſent. Effeҁivement les pluies & les inondations y amènent de toutes parts les engrais & les graines des terrains fupérieurs, que recouvrent les produits de la décompoſition & de la deftruҁion d'une grande quantité de végétaux dont la putréfaҁion forme une couche de bonne terre végétale d'une épaiſſeur confidérable.

C'eft auſſi là qu'on voit les effets des agens que la nature emploie pour combler infenfiblement les baſſins des lacs qui, comme celui de Genève, font traverſés par des fleuves ou des rivières. On diftingue aifément les terrains nouveaux, qui font l'ouvrage du Rhône & des ruiſſeaux qui affluent dans cet endroit.

MARTINIQUE, une des îles Antilles ; elle a dix-huit lieues de longueur & quarante-cinq lieues de circonférence ; on y trouve un grand nombre de collines ou mornes aſſez élevés ; outre cela il y a trois montagnes remarquables ; la principale, vers l'extrémité occidentale de l'île, porte tous les caraҁères d'un ancien volcan. Les terres des environs, à plufieurs lieues à la ronde, ne font compoſées que de pierres-ponces ou de débris de fcories comminués. Une grande partie de cette maſſe volcanique eft couverte de bois, ce qui, joint à fon élévation, détermine les nuages à s'y fixer : on l'appelle la montagne pelée. Son fommet offre une efpèce de plate-forme d'une médiocre étendue. Il eft rare de trouver des terrains unis au haut des montagnes de la *Martinique*; leurs cimes se terminent presque toujours ou en pointe conique ou en tranches.

La seconde, dans la partie orientale, se nomme *Vauclin*, du nom de la paroisse où elle est située; elle est moins haute & plus accessible que la précédente.

La troisième, encore moins élevée que les deux autres, est un groupe de monticules qui ont toutes une forme conique; elle n'est éloignée de la première que d'une lieue & demie; on l'appelle *les pitons du carbet*. On ne peut pas douter qu'un grand nombre de collines & des montagnes de la *Martinique* n'aient été couvertes des eaux de la mer, du moins jusqu'à une certaine hauteur, puisqu'on y trouve des coquillages marins jusque près de leur sommet.

Les rivières de la *Martinique* ne font, à proprement parler, que des ruisseaux qui, dans les temps ordinaires, n'ont environ que sept à huit pouces d'eau. Une pluie de quelques heures en fait aussitôt des torrens impétueux. Le plus grand nombre ont leur source & leur origine dans la montagne pelée, & se répandent dans la cabesterre; c'est le nom qu'on donne, dans les îles, aux terres basses qui sont le long des bords de la mer exposés aux vents alisés. Les eaux les plus claires, les plus légères & les plus salubres sont celles qui traversent les matières volcaniques: celle de la rivière du fort Saint-Pierre produit sur les étrangers le même effet que l'eau de Seine à Paris sur ceux qui n'y sont pas habitués.

MASANDERAN, pays de la Perse, voisin de la Mer-Caspienne.

Lorsqu'on s'approche d'Amul, le pays, qui jusque-là a été très-uniforme, devient plus beau; on quitte les bords de la Mer-Caspienne, & les montagnes s'éloignent. On compte deux cent cinquante rivières, grandes & petites, qui vont se jeter dans cette même mer, sur le chemin de Rudizar à *Masanderan*, & rendent souvent la communication très-difficile. Il est vrai que l'on comprend dans ce nombre beaucoup de torrens qui sont tellement à sec pendant l'été, qu'on a peine à trouver quelques traces de leur embouchure; mais il y en a d'autres d'une largeur & d'une profondeur considérables, qui se gonflent tellement au printemps, de même que tous les petits torrens, que les routes en sont quelquefois impraticables des semaines entières.

MASBOUTIN (département du Puy-de-Dôme). Près de la petite ville de Montaigu, qui faisoit autrefois partie de la basse Auvergne, dans la portion appelée *le Combraille*, à une demie-lieue au sud-ouest, & à deux cents toises du village de *Masboutin*, sont des mines de plomb qui furent ouvertes pour la première fois il y a cent ans

environ, & qui ont été entamées une seconde fois vers 1775.

Ces mines étoient pratiquées dans l'épaisseur & dans la direction de trois filons à peu près parallèles de plomb sulfuré, dont deux étoient écartés seulement de quelques pieds, & le troisième de douze à quinze toises; ils courent dans une même montagne peu élevée, & forment, avec la direction d'une petite vallée à laquelle elle concourt à donner naissance, un angle très-aigu.

Ces travaux, mal entrepris, sont encore abandonnés, quoique le minerai paroisse très-riche.

Tous les environs de *Masboutin* & d'Youx (lieu voisin, près duquel sont aussi des mines de plomb) sont d'un granite en grandes masses, composé de quartz, d'amphibole, de mica & de feld-spath rougeâtre. Les courans d'eau les plus proches sont la source du Cher & la petite rivière de la Boublie.

MASCAREIGNE ou ILE-BOURBON. Quoique cette île soit plus grande que l'Ile-de-France, elle n'est cependant qu'une grosse montagne, qui est comme fendue dans toute sa hauteur & en trois endroits différens. Son sommet est couvert de bois & inhabité, & sa pente, qui s'étend jusqu'à la mer, est défrichée & cultivée dans les deux tiers de son contour: le reste est recouvert de laves d'un volcan qui brûle lentement & sans bruit; il ne paroit même un peu ardent que dans la saison des pluies.

Faute de port assuré, les vaisseaux n'osent guère rester à l'ancre auprès de cette île, surtout pendant la saison des pluies, où *Mascareigne* est sujette à de terribles ouragans, qui les mettent dans un grand danger; c'est néanmoins dans cette saison qu'ils sont obligés d'y aller à leur retour en France, tant pour faire des vivres que pour charger du café, qui fait le principal commerce de l'île.

Ces ouragans, que les marins appellent *coups de vent*, se font sentir aussi à l'Ile-de-France, mais communément avec moins de furie & de dommage; soit que *Mascareigne* étant plus élevée & formée d'une seule montagne qui n'a que trois crevasses, & qui n'est pas composée de plusieurs chaînes comme à l'Ile-de-France, les torrens formés par les pluies qu'amènent les ouragans fassent de plus grands ravages, parce qu'ils ne sont pas partagés par un grand nombre de vallées, & qu'ils sont plus rapides en conséquence de la grande hauteur de leur chute.

Les ouragans n'ont coutume d'arriver que depuis le mois de décembre jusqu'à la fin d'avril. On les craint surtout dans les nouvelles ou pleines lunes. Dans cette saison les vaisseaux ne vont guère mouiller à l'*Ile-Bourbon* que quatre à cinq jours après la nouvelle ou la pleine lune; ils n'y restent que cinq ou six jours, ou même moins, dans la crainte de s'y trouver aux environs de ces deux terribles phases. Cette précaution, quoique prudente à l'égard du moindre séjour possible, n'est pas toujours infaillible pour éviter les coups de vent ou les ouragans.

Bory de Saint-Vincent est le voyageur le plus récent qui nous ait donné des détails sur l'île *Mascareigne* ou de *Bourbon*, dont il a publié une bonne carte dans l'atlas de son Voyage dans les quatre îles principales de la mer d'Afrique.

Cette île fut découverte par les Portugais en 1545; ils lui donnèrent le nom de *Mascareigne*, du nom de don Mascarenhas qui les commandoit. Les Français en prirent possession en 1646, & ce n'est qu'à cette époque qu'on commença à l'habiter, en en formant un lieu d'exil; elle servit ensuite de refuge à un certain nombre de malheureuses familles françaises arrachées à leur patrie par la révocation de l'édit de Nantes.

Dans son plus grand diamètre, qui va de la pointe des Galets à celle de la Table, l'île entière a environ quatorze lieues de deux mille huit cent cinquante-trois toises; le petit diamètre peut être de neuf lieues, & la circonférence, en suivant les principales sinuosités des côtés, en a trente-huit.

Une lisière d'une lieue & demie de largeur, parallèle à la côte, & interrompue par un grand espace de pays brûlé, est tout ce qu'on a encore défriché dans l'île.

L'île entière semble composée de deux montagnes volcaniques, dont l'origine remonte sans doute à deux époques éloignées l'une de l'autre; la plus petite est la plus méridionale; les feux souterrains y exercent encore leur tyrannie; celle du nord est bien plus vaste. Les éruptions volcaniques qui l'ont jadis bouleversée ne s'y font plus fait ressentir : des espèces de bassins ou de vallons, des rivières rapides, cernées par des remparts perpendiculaires, des monticules jetées dans ces vallons, & dans les torrens dont ils embarrassent le cours, des prismes basaltiques souvent disposés en colonnades régulières, des couches de laves les plus variées, des fissures profondes, des indices d'un délâbrement général, tout rappelle d'anciennes & terribles révolutions physiques.

La plage étroite, quand il y a n'est composée, comme à Ténériffe, que de galets basaltiques ou d'autres laves roulées; ces galets sont entraînés à la mer par les pluies. On ne trouve nulle part de vrai sable; ce qu'on désigne improprement par ce nom, est composé de débris calcaires & de corps marins jetés au rivage par les vagues, & présente, en petit, la collection de toutes les laves de l'île que le roulement des flots a réduites en parcelles arrondies très-petites, d'un aspect bleuâtre & ardoisé. On reconnoît dans le sable beaucoup de parties basaltiques & de là chrysolithe de volcan; la proportion de ces substances varie selon les lieux.

Ce qu'on nomme *la partie du vent* est la plus riante; celle de sous le vent passe pour la plus riche, mais elle est un peu sèche, & les sources y sont rares. La première, plus égale, s'élevant de la mer au faîte de l'île, en pente douce, tempérée par des brises continuelles & cultivée avec propreté, retrace souvent l'Europe, & particulièrement le Languedoc, lorsque de loin on ne peut distinguer la nature de la végétation; des girofliers qui ressemblent à des bosquets d'agrément, des caféteries immenses & des champs d'épis dorés, agités par un mouvement de fluctuation continuel, parent cette terre dont ils font la richesse.

Plus on s'approche de Saint-Denis (chef-lieu du pays), plus la plaine semble devenir étroite; les montagnes se rapprochent du rivage, leur pente devient plus brusque; enfin, l'encaissement de la rivière des Pluies, qui forme une fracture immense de la figure d'un V très-régulier, entre des montagnes boisées, offre un tableau sauvage & un contraste frappant avec l'aspect de la plaine cultivée.

Saint-Denis, l'endroit principal de *Mascareigne*, n'est positivement pas une ville; c'est un véritable bourg, dont les rues, bordées de palissades ou de murs d'entourage, ressemblent à des chemins de campagne. Les maisons, toutes en bois, sont généralement agréables & disposées pour la fraîcheur. Les haies sont le plus souvent de pignon d'Inde (*jatropha curcas* Linn.), & les rues sont ombragées par des manguiers (*mangifera indica*).

Les arbres le plus généralement cultivés sont le bambou, le limonier à trois feuilles, le carambolier, le cherembelier, le bilimbi, le cacaoyer, le prunier malegache, le tamarinier, la roussaille & divers autres jambrofes, le filao, le dattier, l'avocayer, le louganier & le letchis. Dans les enclos on voit aussi le netcholis (*justicia grandarussa*) qui décore tous les parterres de ses petites charmilles touffues.

Les végétaux européens qui bravent le climat brûlant de cette île le sont principalement le jasmin, le rosier, la vigne, le grenadier, le pêcher, &c.

On y cultive presque tous nos légumes dans les potagers, & de plus la morelle (*solanum nigrum*) que l'on mange bouillie avec du petit salé, comme à l'Ile-de-France, & sous le nom de *brèdes*.

L'air est très-sain & fort propre au rétablissement des équipages qui ont beaucoup souffert d'une longue traversée.

Lors de la découverte de l'île, elle étoit boisée dans tous ses points; à mesure que les cultures se sont étendues, les bois ont été restreints.

Les rivières de *Mascareigne* ne sont pas, comme celles de la plupart des autres pays, des nappes d'eau qui arrosent tranquillement, dans un cours à peu près uniforme, les vallons frais qu'elles embellissent, & dont les eaux s'élèvent jusqu'au niveau du terrain qu'elles parcourent : ce sont des torrens qui, tantôt foibles, tantôt impétueux, arrivent d'une cime très-élevée, jusqu'à la mer, entre des gorges qu'ils ont formées ou agrandies pendant une longue succession de temps. Ces rivières se sont fait des encaissemens souvent impofans par leur profondeur. On y rencontre des éboulemens & des fractures, à l'aide desquels l'obfervateur reconnoît tantôt l'effet subit des feux souterrains, tantôt l'action moins brufque & continue des eaux pluviales.

Il n'y a point de ravine qui n'ait un encaissement plus ou moins profond, & les ravines fillonnent partout les pentes des montagnes; elles fe fourchent ou fe confondent de telle manière, qu'en parcourant l'île on trouve des précipices à chaque pas : les parois de ces encaissemens font rapides.

La rivière de Saint-Denis a, dès fon embouchure, un lit très-large : il eft rempli de laves roulées réduites en galets d'un volume plus ou moins fort. On en rencontre parfois d'immenses blocs, que, dans leurs crues, les eaux entraînent avec un fracas épouvantable. Cette rivière peut avoir au plus deux lieues & demie de longueur; elle defcend à peu près du fud au nord. Dans fon Voyage M. Bory de Saint-Vincent décrit longuement les productions volcaniques de l'île de *Mafcareigne*. Nous en traiterons au mot VOLCAN.

MASCARET. C'eft l'effet du reflux ou de la première pointe du flot qui, près de l'embouchure de la Dordogne, fait monter le courant & le repouffe vers l'amont fous la forme d'un bourrelet qui traverfe d'un bord à l'autre de la rivière : on voit que les grandes marées, en repouffant ainfi l'eau des fleuves & la faifant remonter bien avant dans les terres, en rendent le lit affez profond pour que les vaiffeaux puiffent arriver dans les ports qui font fitués proche des embouchures. Après avoir indiqué ainfi en quoi confifte le *mafcaret* & fes avantages, il ne nous refte plus qu'à faire connoître les différentes circonftances qui accompagnent cet effet vraiment curieux & étonnant.

Le bourrelet dont nous venons de parler, en paffant par deffus l'eau qui defcend, une lame d'eau élevée quelquefois de quatre à cinq pieds, qui roule avec bruit en fe brifant fur tous les endroits où il y a peu d'eau, & furtout contre les bords des bancs de fable & ceux de la rivière.

Il y a des *mafcarets* dont le bruit fe fait entendre de trois lieues, & qui, lorfque les eaux font baffes, font chaffer les ancres des vaiffeaux & rompent quelquefois les câbles : cette lame fracafferoit les bateaux qui fe trouveroit dans fon chemin, fi l'on n'avoit foin de lui oppofer les pointes de terre qui la détournent, ou bien fi on ne fe tenoit au milieu de la rivière & dans un endroit où l'eau eft profonde, & où fa marche n'eft ni forte ni rapide.

Le nom de *mafcaret* eft propre à la Dordogne. Le même phénomène porte, aux Indes orientales, la dénomination de *makkrea*, celle de *proroco* à l'embouchure du fleuve des Amazones, de *bore* à celle du Gange, & de *barre* à celle de la rivière de Seine.

MASCARETS ou BORES du Gange & du Burrampooter. On obferve dans les principales branches du Gange & de la Megna, un phénomène qu'on nomme *bore*. C'eft un courant de la marée qui pénètre tout-à-coup dans le fleuve. La Hoogly & les paffages entre les îles & les bancs de fable du golfe font particulièrement expofés à ce courant extraordinaire. Il paroît dû en grande partie à ce que l'embouchure de cette rivière & de ces paffages eft très-large relativement à leurs canaux; en forte qu'une grande maffe d'eau fe trouve ainfi engagée, par le courant de la marée montante, dans un paffage relativement plus étroit. Une autre circonftance encore qui peut rendre ces courans plus fenfibles dans ces paffages, c'eft qu'il n'y a pas d'ouverture confidérable affez à portée pour fervir à dégorger promptement les eaux accumulées par la marée montante. Dans la Hoogly ou la rivière de Calcutta, le *bore* commence à la pointe de Hoogly, qui eft l'endroit où le lit de la rivière fe refferre & fe fait fentir jufqu'au-deffus de la ville de Hoogly. Le courant en eft fi rapide, qu'il parcourt un efpace de foixante-dix milles en moins de quatre heures. Le *bore* fait quelquefois monter les eaux fubitement de cinq pieds à Calcutta. Dans toute l'étendue des canaux qu'il agite, les bateaux, à fon approche, quittent les bords pour gagner le milieu de la rivière, où ils ont moins à craindre de ce mouvement violent.

Dans les canaux qui féparent les îles de l'embouchure de la Megna, le *bore* forme un bourrelet d'eau qui a plus de douze pieds d'élévation, & il eft tellement redouté par les matelots, qu'aucun bateau ne fe hafarde à paffer pendant les marées du printemps au-deffus des îles. On ne voit d'autre trace des effets du *bore*, qu'une élévation fubite des eaux à mer montante.

MASINO (Bains de). Les bains de *Mafino* dans la Valteline, à vingt lieues de Milan, ont une célébrité qui mérite qu'on entre dans quelques détails.

Ces bains de *Mafino* font placés au fond d'une longue & étroite vallée, vers la fource du *Mafino*, qui, après s'être précipité au travers des plus affreux rochers entre deux cimes de montagnes d'une hauteur énorme, fe jette dans l'Adda, une lieue au-deffous de *Mafino*, & quatre lieues au-deffus de l'embouchure de ce fleuve dans le lac de Côme. Ces montagnes, toutes horribles & toutes défertes qu'elles font, font un fpectacle admirable même pour ceux mêmes qui ont déjà traverfé les Alpes : on y voit de tous côtés des cafcades qui tombent d'une fi grande hauteur, que l'eau fe convertit en écume & reffemble à de la neige; il y en a qui font formées par des torrens entiers, qu'on voit tomber de 200 pieds de hauteur. Les productions de la nature y font d'une variété singulière.

On va chercher les eaux minérales dans les déferts, malgré les chemins presqu'impraticables, où l'on est obligé de se faire porter avec beaucoup de peine : ces eaux font thermales. On assure qu'elles font très-apéritives & résolutives : on les prend intérieurement, on s'y baigne, on y prend les douches, on en applique les boues, & l'on en éprouve de bons effets.

MASSIFS TERRESTRES. Pour peu qu'on ait observé les différentes matières qui composent les parties du Globe voisines de sa surface, & où l'on peut faire des fouilles à l'aide desquelles on connoît non-seulement leur nature, mais encore leur disposition intérieure, il est visible qu'il y a différens *massifs* qui appartiennent à des époques particulières par leur structure & leur position relative.

Plusieurs chaînes de montagnes, par exemple, font composées de matières quartzeuses, feldspathiques, micacées, argileuses ; on n'y trouve aucune dépouille de corps marins. Ces substances forment des *massifs* qui occupent depuis les plus grandes profondeurs jusqu'aux sommets les plus élevés. On les considère comme les substances les plus anciennes, & on les a généralement désignées sous le nom de *primitifs* : ce font spécialement les granites, les gneiss, &c.

Les schistes argileux, les porphyres, les serpentines, les pierres argileuses dures, les trapps, les stéatites, les ollaires, composent d'autres *massifs* anciens, mais postérieurs aux précédens. Dans certains cantons on ne trouve qu'une seule substance ; dans d'autres deux mêlées ensemble ; ailleurs trois, & enfin toutes sortes de mélanges. La distribution de ces matériaux n'est pas faite par bancs ni par couches, mais par grandes masses qui ne font séparées que par des fentes de dessiccation, bien différentes en cela des lits calcaires ou autres bancs distincts.

Les filons métalliques qui se trouvent dans ces *massifs* ne suivent aucune règle dans leurs allures, & n'offrent que des remplissages de larges fentes distribuées en tous sens.

Les autres tractus offrent des mélanges dans lesquels il se trouve des substances calcaires & des matières vitrifiables distribuées par couches & par bancs, soit séparées, soit unies ensemble. On trouve très-rarement, dans ces mélanges, des coquillages ou des impressions de plantes & de poissons.

Le plus souvent ces tractus ne forment pas des montagnes fort élevées, mais des collines adossées aux autres *massifs* primitifs dont nous avons parlé, & qui en recouvrent les pieds & les différentes limites ; ce qui semble prouver leur formation est de beaucoup postérieure à celle de ces *massifs* anciens qui leur servent de base. Il est visible que

ce font des dépôts de l'Océan : ce font des montagnes à couches horizontales.

Enfin, on trouve dans de grands tractus de la surface de la terre, des collines ou petites montagnes composées de graviers calcaires, de sables vitrescens, d'argile, de craie, de cailloux roulés, de coquillages marins ou d'eau douce, toutes substances distribuées par couches bien distinctes. Parmi ces matières, quelques-unes font pétrifiées & durcies, d'autres font sous forme de tuf ou de poussière.

Ces derniers tractus diffèrent des premiers *massifs* & quant aux matériaux & quant à leur arrangement : ce font des débris du premier *massif* & des seconds tractus entraînés par les eaux dans la mer, roulés & arrondis par les flots, & déposés dans le plus grand désordre.

Ces dépôts se trouvent quelquefois avec les produits volcaniques, ou même les recouvrent ; mais on ne peut former une même classe de ces deux différentes matières.

Si nous jetons les yeux sur les plaines toutes formées d'alluvions & de matériaux entraînés au fond des vallées par les eaux pluviales qui les ont enlevés aux collines & aux montagnes, d'autres fois formées sur les bords de la mer par les dépôts des fleuves que les flots rejettent dehors de son bassin, nous en ferons un ordre particulier de tractus.

Reprenons maintenant les plus anciens *massifs*. Il est aisé de voir que le granite composé de quartz, de mica & de feld-spath, occupe les parties les plus profondes de la surface du Globe, de manière qu'on ne trouve jusqu'à présent aucune autre matière qui ait paru lui servir de base ; en sorte qu'on peut le considérer comme formant les *massifs* les plus anciens, puisque tous les autres composés se trouvent nécessairement appuyés dessus cette ancienne base.

Malgré la certitude des caractères sur lesquels je me suis appuyé pour former la distinction des différens ordres de *massifs* que je viens d'établir, je crois devoir y en ajouter d'autres plus clairs & plus précis que ceux dont je viens de parler.

Ces connoissances font trop importantes pour le progrès de l'histoire naturelle, surtout pour fixer les départemens de chacune des substances minérales, de manière qu'on ne fasse pas de fausses recherches pour les trouver.

Je pense que, pour bien faire distinguer un *massif terrestre*, on doit rechercher avec soin & bien décrire quatre caractères principaux, qui font tirés :

1°. De la *nature de la matière première*, ou plutôt *principale*, qui compose ce *massif* ;

2°. De l'organisation de cette matière, soit en amas, soit en couches horizontales, inclinées ou tordues, soit en coulées, soit en dépôts, &c. &c. ;

3°. De la structure ou de son tissu, soit en masse solide, ou en parties grenues & friables de son grain, &c. ;

4°. Enfin,

4°. Enfin, & c'est le plus important, de la position relative de ce *massif*, par rapport à ceux sur lesquels il est établi, & à ceux auxquels il peut servir de base.

Une fois que les différens *massifs* seront circonscrits & figurés, on pourra facilement déterminer leur étendue, les rapports qu'ils peuvent avoir les uns avec les autres, leurs différens niveaux, leurs formes, leur allure ou direction, &c.: chacune des conséquences qu'on tirera d'après les résultats de ce travail, sera générale & nullement hypothétique.

Des formes & des aspects des massifs terrestres.

On se tromperoit fort si l'on envisageoit les formes des différens *massifs terrestres* comme la suite d'une disposition primitive qui n'auroit éprouvé aucun changement; mais à la suite d'observations raisonnées, & à la lumière de l'analyse, on est bientôt convaincu que les formes qu'ils présentent, sont le résultat de destructions successives, & un dernier résultat. Il s'en faut bien qu'on puisse du premier coup d'œil reconnoître dans ce résultat l'état primitif & les plus anciennes formes. Pour remonter à cet état, il faut saisir quelques caractères qui n'aient pas été altérés au milieu des destructions successives, & le lier à un autre qui indique ces destructions. C'est ainsi que, dans les *massifs* à couches inclinées, on a un caractère de leur ancienne organisation dans la distinction & la séparation des couches, & qui sert à les reconnoître malgré les destructions & les changemens qu'ils ont essuyés par l'inclinaison de ces couches. Tout ceci étant bien conçu, on y joint aisément les formes arrondies des sommets, ou leurs aspects, en combles & en demi-combles qui les annoncent de si loin à des yeux exercés à les voir.

C'est en suivant les mêmes principes d'analyse qu'on peut reconnoître les *massifs* de la nouvelle terre, les tractus des couches horizontales, & qu'on parvient à les distinguer en saisissant de même les caractères de leur organisation primitive. Comme ces caractères ont été beaucoup moins altérés, on les retrouve facilement dans la distinction des lits & dans leur disposition horizontale, d'où il résulte ces formes de plateaux horizontaux qu'offrent les superficies des coteaux des collines, & par la continuité & le prolongement de ces superficies plates, tant que les causes qui ont dû les altérer n'ont pu agir: ces caractères forment un contraste assez frappant, qui met le tractus de la nouvelle terre en opposition avec les formes tourmentées des *massifs* de la moyenne terre, où se trouvent les couches inclinées.

Dans toute cette discussion, notre principe de la séparation & de la distinction des couches par les intervalles terreux interposés nous ont été d'une très-grande ressource; c'est par ce principe que

nous trouvons le moyen de rapprocher deux sortes de tractus quant à leur formation primitive comme sédimens & dépôts sous-marins, puisque l'un & l'autre sont des assemblages de couches distinctes, qui n'ont pu être organisées ainsi que par l'eau & sous l'eau. Mais ensuite nous avons un grand avantage pour établir ce qui est propre & particulier à chacun d'eux, en suivant l'effet des destructions qui ont modifié différemment leur état primitif: c'est ce qui nous reste à développer & à présenter bien en détail d'après l'observation que nous en avons faite.

Dans les tractus de la moyenne terre calcaire, dans les *massifs* à couches inclinées, la plupart des sommets ont la forme de demi-comble, produite par l'inclinaison des couches, qui ont été disposées comme les croupes d'un toit; & ces croupes sont d'autant plus marquées & alongées, que les bancs de pierres sont plus solides & d'une largeur plus considérable, sans fentes de dessiccation. Si la distinction des couches est la suite d'intervalles terreux fort épais, que le grain des pierres soit très-fin, les fentes de dessiccation sont très-multipliées; alors les destructions, les déformations des couches ne présentant que des résultats d'un petit volume, les formes extérieures des montagnes sont plus arrondies, & les couches approchent de la disposition verticale. Dans cet état les pluies détruisent & décomposent les masses avec un grand avantage, parce que les différentes parties de ces masses se prêtent plus facilement à leur action.

D'abord les petits blocs, résultats de la dessiccation, se prêtent à la démolition des couches dans le sens de leur longueur & de leur largeur; les délitemens dans le sens de leur épaisseur s'opèrent de même, & l'on sent que ce dernier travail s'accélère d'autant plus, que les intervalles terreux sont plus épais, & que les pierres se présentent sur la tranche à l'action de l'eau. On voit bien que le déplacement des parties terreuses, résidantes entre ces couches, suit la démolition des mêmes couches, & que le délitement se fait plus facilement lorsque l'eau peut agir sur les faces des élémens de la démolition qui sont à découvert.

En conséquence de ces démolitions & de leur marche, les *massifs* qui renferment un système de couches où le principe terreux est interposé & très-abondant, sont plus couverts de terres végétales sur les flancs que sur les sommets, & toutes les formes pour lors sont arrondies.

On conçoit facilement que, dans les *massifs* où le principe terreux est peu abondant, outre que les démolitions sont très-peu étendues, l'ossature se montre à découvert, & on y trouve très-peu de terre végétale, surtout lorsque les couches ne se présentent pas facilement à la décomposition dans le sens de leur épaisseur, & aux délitemens.

Quelques-uns des *massifs* qui ne présentent au-

D d d d

cune fuite de couches inclinées, régulières & fuivies, n'ont point de formes arrondies; on ne voit partout que défordre & confufion; ce font des maffes que les eaux ont tourmentées de mille manieres. Il eft facile de les diftinguer de loin des maffifs dont nous venons de parler, quoiqu'ils fe trouvent difperfés parmi eux.

Si l'organifation primitive des maffes a modifié la marche des deftructions, les formes extérieures font donc dépendantes de cette organifation; mais elles ne font que des réfultats d'un travail qui a altéré & qui altere chaque jour l'état primitif. Comment peut-on diftinguer les montagnes primitives, qui ne font qu'un dernier réfultat, & qui n'ont, dans leur forme, rien de fixe & de durable qu'un certain caractere qui eft dépendant de l'état primitif?

MATIGNOLLE, lieu du département des Ardennes, commune de Treignes, près duquel on a trouvé une mine de plomb fulfuré peu abondante, & ne renfermant que très-peu d'argent.

MATRICES MÉTALLIQUES, font ordinairement des corps pierreux ou folides qui renferment les métaux; elles paroiffent être le laboratoire de la nature, où fe combinent les principes des métaux, tant purs que minéralifés. Ces matrices exiftoient avant la réunion des métaux qui s'y font logés, ou du moins elles fe font élaborées pendant cette réunion. En général, ces matrices font les bords des fentes des filons; ainfi, d'après cette idée des matrices minérales, les falbandes ou les lifieres des filons peuvent être confidérées comme telles. Ces matrices, qui fe trouvent dans le fein de certaines montagnes, non-feulement fervent à la formation, mais encore à la confervation des métaux; car elles les retiennent dans leur fein, & les préfervent de l'action de l'air, de l'eau & de la chaleur, moyens fuffifans pour décompofer, altérer & détruire les mines; enfin, ces matrices fervent fouvent d'intermède pour la fonte & la purification des métaux. Au refte, nous nous bornons ici à confidérer les matrices comme de fimples gites de métaux, & des lieux propres à les raffembler; car quant à leur formation, on ne voit rien dans ces matrices qui ait pu y contribuer en aucune maniere.

MAUGUIO & PÉROLS (Étangs de), près Montpellier. Ces étangs font aujourd'hui moins étendus qu'ils n'étoient autrefois, & ils diminuent tous les jours. Le Vidourle & le Viftre qui s'y jettent du côté de Lunel, & qui n'ont aucune iffue dans la mer, y ont produit & y produifent encore journellement des attériffemens confidérables. Les étangs de Mauguio & de Pérols ne font prefque plus que des marais. Même avant la révolution, les Etats de Languedoc avoient été obligés d'y faire creufer un canal pour entretenir la navigation jufqu'au Rhône. Les attériffemens font un peu confidérables néanmoins, parce que le grau de Palavas, qui eft vis-à-vis de l'embouchure du Lez, fournit une ouverture aux eaux de cette riviere & au limon qu'elles entraînent, pour s'échapper dans la mer. Il n'y a que l'étang de Thau qui paroiffe fe maintenir dans le même état, apparemment parce qu'il n'y a point de riviere qui s'y jette, & peut être auffi à caufe d'un gouffre qui y vomit continuellement de l'eau.

MAURIAC, dans le département du Cantal. On connoit de l'alun natif près Mauriac, entre Fontanges & Saint-Martin-de-Valmeroux. Feu Beffon croyoit que cet alun ne s'y trouvoit qu'accidentellement, & qu'il étoit produit dans quelques fentes au moyen de feux fouterrains.

MAURIENNE (Saint-Jean-de-). Saint-Jean-de-Maurienne eft une petite ville de Savoie. La vallée qui eft aux environs eft cultivée: on y trouve des vignes, du grain, des fruits, des pâturages, beaucoup de noyers, car l'huile de noix fe mange dans ces montagnes. Ces productions font d'autant plus étonnantes, que l'on eft obligé de difputer quelques coins de terre cultivable aux eaux, aux lavanges & aux rochers qui viennent fouvent les couvrir.

La carriere de Beffan, qui eft à douze lieues de là, donnoit un marbre fort approchant du vert antique; mais on n'y travaille plus.

Ce diftrict a plufieurs mines de fer, de cuivre & de plomb, les unes en exploitation, les autres, en plus grand nombre, reconnues & non exploitées; il eft auffi riche en ce genre de productions que pauvre en produit de culture.

Il n'y a pas de pays où l'exploitation des mines doive être plus encouragée. La grande route de l'Italie par le Mont-Cenis, monument français qui traverfe cette vallée, pourroit y donner lieu à un commerce floriffant.

Il y a dans l'étendue de la commune de Laprat, près celle de Saint-André, fur la grande route du Mont-Cenis, un fourneau à deux feux où l'on fond du minerai de fer fpathique, & dont le produit annuel s'éleve à cent vingt-cinq milliers de fer. Lalande parle, dans fon Voyage en Italie, des mines de cuivre & de plomb exploitées tout près de là, à Modane. Ce minerai renferme trente-un centiemes de plomb, & fix onces fix gros d'argent par quintal.

Dans la commune de Saint-Michel il y a une mine de houille d'affez bonne qualité.

A Epierre eft une bonne forge qui rend annuellement trois cents milliers de fer; celle d'Argenture en rend trois cent vingt-cinq milliers, & celle de Randens, près d'Aiguebelle, cent foixante milliers.

Tous ces fers font de bonne qualité, & ont toujours valu, dans le commerce, un tiers ou un quart de plus que ceux de la Haute-Saône, de la Côte-d'Or, du Doubs & du Jura. Il n'y a pas de meilleure gueufe pour faire de l'acier. Les aciéries de Rives-de-Gier ne peuvent fe paffer des forges de ce pays. Le département de l'Ifère & la partie de celui du Mont-Blanc qui l'avoifine, peuvent approvifionner feuls la France entière en acier auffi bon que celui de la Styrie & de la Carinthie, pourvû qu'on le fabrique avec le même foin.

Ces fers proviennent de deux montagnes, l'une fituée au-deffus d'Aiguebelle, près de l'angle formé par la réunion de la rivière d'Arc & de l'Ifère, l'autre de l'autre côté de l'Arc. La première prend fon nom de la commune de Bonvillars; l'autre eft connue fous celui de montagne des Heurtières ou Hürtières.

La montagne de Bonvillars contient, en outre, deux filons de plomb tenant argent, un grand filon de cuivre, & près du mas du Châtelet, une mine de houille. Le Val du Châtelet paroît être le foyer principal de la mine de plomb; elle fe porte enfuite vers la montagne Sainte-Hélène, où l'on connoît des affleuremens de filons de plomb, mêlé à du bifmuth & à de l'antimoine, mais qui n'ont pas été fuivis régulièrement. Il eft très-remarquable que toutes les mines de cuivre & de plomb font pour ainfi dire encaiffées & recouvertes de mines de fer.

Les mines fituées dans la montagne des Heurtières ont été vifitées, en 1789, par le célèbre Sauffure, & depuis par le fieur Haffenfratz.

Nous allons rapporter leurs obfervations.

«Aiguebelle, dit le dernier de ces minéralogiftes, eft une petite ville placée fur la rivière d'Arc, dans la vallée de la Maurienne, à deux ou trois lieues de la jonction de cette rivière avec l'Ifère.

» A l'oueft de cette ville, en remontant un peu la rivière, eft une montagne qui contient des mines de fer & de cuivre. La pierre qui la compofe eft un mélange de quartz & de mica, en couches plus ou moins minces, de quartz pur & de quartz mêlé avec le mica. Ces couches fucceffives paroiffent en général adhérer fortement enfemble, quoiqu'elles fe féparent quelquefois; elles font contournées en différens fens.

» Au plus haut de la montagne eft un filon contenant un fulfure de cuivre très-peu abondant en parties métalliques; ce filon eft extrêmement variable dans fes dimenfions. Quelquefois on trouve un efpace confidérable rempli de fulfure de cuivre, & tout-à-coup l'on perd toute efpèce de trace de minerai. Quoique cette mine puiffe être confidérée comme une mine en rognons, on ne peut cependant difconvenir que les efpaces remplis de mine n'obfervent une direction à peu près parallèle à la furface extérieure de la montagne; ils en fuivent les finuofités, éprouvent dans leur épaiffeur des variations continuelles, & ne reffemblent pas mal à une couche ou à un filon couché.

Les parois de ce filon font de quartz, ainfi que les intervalles qui féparent les efpaces occupés par le minerai. Les mineurs donnent à ce quartz le nom de marbre.

» Au-deffous de la mine de cuivre eft un filon de mine de fer fpathique qui femble n'en être qu'un prolongement; il eft parallèle, comme le premier, aux finuofités extérieures de la montagne. On ne trouve vers le fommet de cette montagne, que du fulfure de cuivre; plus bas on rencontre un mélange de fer & de cuivre, & encore au-deffous, de la mine de fer fpathique fans mélange.

» Le filon de mine de fer paroît affez régulier; fon épaiffeur varie entre fix & trente-fix pieds.

» La mine de cuivre eft exploitée par une compagnie; celles de fer le font par les habitans de la commune voifine, qui les regardent comme leur propriété, & y travaillent pendant l'hiver lorfqu'ils ne font point occupés des travaux de la campagne. Leurs ouvrages font très-confidérables, mais fans aucune régularité. »

MAYEN, île fituée dans la mer du Nord, près de la côte du Groënland, par 71 deg. de latitude nord, & 9 deg. de longitude eft.

La montagne fituée dans cette île eft d'une fi grande hauteur, qu'on peut la voir à trente lieues de diftance; un grand nombre de parties de la côte font hautes de vingt & trente braffes: à l'extrémité feptentrionale, la mer eft fouvent glacée jufqu'à dix milles du rivage, & l'on voit dans un canton de l'île trois prodigieux icebergs ou montagnes de glace. A la hauteur de l'extrémité nord-eft, il regne en mer des calmes alternatifs & des coups de vent fubits, pareils à des tourbillons, ce qui engage les navigateurs à éviter d'aborder l'île de ce côté.

Le fond de la mer, à l'entour de l'île, eft inégal, plein de rochers, & la profondeur, en conféquence, varie beaucoup. Il y a des endroits où il n'y a que fix ou fept braffes d'eau avec un fable noir, & à une légère diftance l'eau eft profonde de trois cents braffes; un petit nombre de criques, dans lefquels on ne peut pénétrer que par des paffages étroits & difficiles, peuvent feuls, dans ces lieux horribles, offrir un abri à quelques chaloupes; mais les vaiffeaux font obligés de jeter l'ancre en dehors, & avec la plus grande circonfpection.

Les vaiffeaux qui vont à la pêche de la baleine du Groënland, commencent fouvent par vifiter cette île pour y chercher des veaux marins qui s'y trouvent en grand nombre fur la glace; on les tue pour en avoir de l'huile; on en tire auffi les peaux qu'on fale & qu'on garde dans des caiffes; elles fervent, en Angleterre, après avoir été tannées, pour faire des empeignes de fouliers & des bottes. Les vaiffeaux anglais fortent de leurs ports en février, arrivent à la hauteur de cette île en mars

ou avril; si c'est en mars, ils trouvent ordinairement la mer pleine de glace; ce qui, toutefois,
dépend des vents, car il en est qui, à cette époque,
les chaffent tout-à-fait, & rendent la mer libre. Les
vaiffeaux demeurent ordinairement dans cette mer
jufqu'au commencement de mai; alors ils font
voile vers l'est, & fe livrent à la pêche de la baleine aux environs du 79e. deg. de latitude; ils
vont même jufqu'au 81e.

MAYENNE (Département de la). Ce département tire fon nom d'une rivière qui le traverfe
du nord au fud.

Il a été formé d'une partie de l'ancienne province du Maine. Ses productions font des grains
& du vin. Il est borné au nord par les départemens de l'Orne & de la Manche, à l'est par celui
de la Sarthe, au fud par celui de Mayenne &
Loire, & à l'ouest par celui d'Ille & Vilaine.

Ses principales rivières font la Mayenne, qui
paffe à Ambrières, à Mayenne, à Laval, à Châ-
teau-Gonthier, & qui reçoit, à droite, l'Aifne;
l'Arou qui paffe à Bayl; les deux Etailles, l'Ouette
& le Berch, & fur la gauche, le Colemont, l'A-
nouvre, l'Ernée, le Vicoin.

En fuivant maintenant les limites orientales,
on trouve épars le Merdereau réuni à la Kandelle;
plus bas, l'Erve & la Vaige; enfin, à l'angle du
fud-ouest, l'Oudon qui paffe à Coffe & à Craon.

Ses villes principales font Mayenne, Laval &
Château Gonthier.

MAYENNE ET LOIRE (Département de). Ce
département a pris fon nom des deux plus grandes
rivières qui l'arrofent; il comprend à peu près
l'ancienne province d'Anjou.

Les bornes de ce département font, au nord,
celui de la Mayenne; au nord-est celui de la Sarthe; à l'est celui d'Indre & Loire; au fud-est celui
de la Vienne; au fud celui des Deux-Sèvres; au
fud-ouest le département de la Vendée; enfin,
à l'ouest le département de la Loire-Inférieure.

Les principales rivières font la Loire, qui traverfe le département depuis Ville-Bernier jufqu'à
Ancenis, & paffe à Saumur, au Pont-de-Cé, à
Ingrande & à Saint-Florent; elle reçoit dans ce
trajet, à droite, la Dive & le Touet qui paffent
à Montreuil-Bellay, lefquels, après leur réunion,
fe jettent dans la Loire au-deffous de Saumur;
plus bas la Laubame, qui paffe à Briffac & fe réunit
à la Loire à Chalonne; enfuite le Layon qui arrofe
Thouarcé & fe réunit au même point; enfin,
l'Erve & la Vremes réunies, dont la première
paffe à Beaupreau & à Montrévaut, fe joignent
à la Loire près de Saint-Florent de Montglonne.
Dans le même canton, la rivière de Moine paffe
à Chollet & à Montfaucon.

Si nous paffons à la gauche de la Loire, nous
trouverons l'Authion, formé de trois embranche-

mens, du Doigt, de l'Alan & du Couefnon
réunis, qui fe jette dans la Loire au-deffus de
Pont-de-Cé; & à quelque diftance au-deffous,
la Mayenne, groffie du Loir, de la Sarthe & de
l'Oudon, qui a reçu deux embranchemens réunis à
Segré. Le Loir arrofe Durtal, la Sarthe Moranne &
Châteauneuf; enfin la Mayenne, Montreuil, Bel-
froy & Angers.

Les principales villes font Angers, Saumur, Châteauneuf & Chollet.

Outre les ardoifières d'ANGERS (voyez cet article), ce département offre des exploitations de
houille affez remarquables dans plufieurs cantons,
& notamment à Saint-Aubin de Luigné, fur les
territoires de Chaudefond, Montjean, & en divers
lieux circonvoifins. Ces exploitations fe font très-
irrégulièrement, & il est à defirer qu'on parvienne à les régularifer. Le voifinage de la Loire
& du canal du Layon leur offriroit des moyens
de débouché extrêmement commodes.

A Saint-Georges-Châteloifon, fitué entre Vihiers & Doué, il y a une mine à l'ouest de cette
dernière commune, qui offre une exploitation
plus régulière & plus importante, quoique fes
établiffemens aient beaucoup fouffert dans les troubles intérieurs qui ont ravagé ces contrées. Ses
produits s'élèvent à environ 300,000 myriagrammes par an.

Aux environs de Saumur & de Vihiers, ainfi
que fur plufieurs autres points du département,
on connoît plufieurs autres mines de houille; mais
la plupart ne font point exploitées, ou ne le font
encore que foiblement.

MAYO (Ile de), l'une des îles du Cap-Vert,
dans l'Océan pacifique. On voit, près de la partie
nord-est, deux collines de forme ronde; par-delà,
une autre grande colline plus élevée, & à peu
près aux deux tiers de la longueur de la côte, une
quatrième colline à pic détaché. Quand on examine cette île à trois ou quatre milles de diftance,
aucune apparence de végétation ne frappe les
yeux; on n'y aperçoit que cette couleur brune
& inanimée qui domine dans les terres où il n'y
a point de bois.

Quand on fe trouve dans ces parages, on éprouve
quelque calme, & de petites brifes qui varient
du fud-est à l'est. On peut en conclure que les
îles du Cap-Vert, ou font affez étendues pour
rompre la force du vent alifé, ou qu'elles font fituées au delà de fa carrière, dans l'espace où l'on
commence à trouver des vents variables lorfqu'on
approche de la ligne. La première fuppofition est
la plus vaifemblable; car Dampierre y rencontra
un vent d'ouest au mois de février, époque où
l'on fuppofe que le vent alifé s'étend le plus vers
l'équateur. La chaleur y est étouffante, & il y tombe
de la pluie par intervalles. Une blancheur terne
qui femble tenir le milieu entre la brume & les
nuages, domine prefque toujours dans le ciel. En

général, les régions du tropique ne jouiffent guère de cette atmofphère pure qu'on obferve dans les climats fujets aux vents variables, & le foleil n'y brille pas d'une manière auffi éclatante. Il paroit que c'eft un avantage: fi les rayons de cet aftre n'y trouvoient point d'obftacles, il feroit impoffible d'en fupporter la chaleur. Les nuits y font fouvent belles & fereines.

MÉANDRE, fleuve de l'Afie mineure, entre la Lydie & la Carie, tombant dans la mer Egée. De tous les terrains de nouvelle formation produits à l'embouchure des rivières, il en eft peu fur lefquels l'hiftoire ancienne nous ait laiffé des détails auffi circonftanciés que fur ceux de la plaine & du fleuve *Méandre*, dans l'Afie mineure. Non-feulement elle nous apprend que ce fleuve a diftribué un limon fort abondant dans la plaine où il coule & où il ofcille; mais encore elle nous donne les moyens de reconnoître les différentes fituations où s'eft trouvé le rivage de la mer en différens temps depuis une époque affez reculée.

Le *Méandre* vient d'abord de la Phrygie, où il reçoit une grande quantité de torrens; & il traverfe enfuite une grande plaine que l'on appeloit autrefois *la plaine du Méandre*, & va fe jeter à la mer dans l'Archipel, en face de l'île de Samos. Comme le fol de la Phrygie, dans les parties fupérieure de la vallée du fleuve, eft compofé de terres mobiles & friables, il n'eft pas étonnant que les eaux torrentielles qui alimentent le *Méandre*, y aient entraîné ces limons que le fleuve charie; & qui occafionnent fes ofcillations à mefure qu'il les dépofe le long de fon lit, & particulièrement dans les parties voifines de fon embouchure: ces dépôts font néceffairement favorifés, & par l'adouciffement de la pente du terrain, & par le refoulement des eaux de la mer.

Le *Méandre* eft furtout remarquable par les détours qu'il fait fur lui-même, & les ofcillations multipliées qu'il préfente dans toute l'étendue de fon cours; ce qui, comme nous l'avons dit, eft une preuve des dépôts confidérables qu'il a faits le long des bords de fon lit.

Il eft réfulté des mêmes dépôts que la plaine du *Méandre* s'eft accrue confidérablement, s'eft prolongée vers les rivages de la mer, qui a dû quitter l'efpèce de golfe qui exiftoit d'abord dans la partie inférieure de la plaine. Pour cela il fuffit de prouver que quelques villes qui étoient autrefois fur les bords de la mer, font actuellement fort avant dans les terres; il ne faut, pour s'en convaincre, que confulter une carte où les ruines de Milet, qui étoit autrefois un port de mer, fe trouvent dans les terres & fur les bords du *Méandre*. Dans la forme des attériffemens, on peut y reconnoître les veftiges des ports de cette ancienne capitale de l'Ionie. D'un autre côté il y avoit plufieurs petites îles au devant de Milet, que l'on peut reconnoître dans les maffifs plus élevés d'une

autre époque & d'une autre organifation que les dépôts qui les entourent. Deux îles furtout font figurées dans la carte de M. Kauffer, & dans les vues de la plaine du *Méandre* qu'ont données Chandler & Choifeul-Gouffier : ce font deux tertres, fur le plus élevé defquels fe trouve fitué un village. Deux autres îles, au rapport de Pline, lib. II, c. 89, s'étoient jointes au continent devant Milet: ce qui prouve que tout étoit difpofé pour enfabler les environs des îles voifines du continent.

On cite auffi la ville de Priène : elle étoit fituée fur les bords de la mer; elle avoit deux ports, dont un fe combloit; mais aujourd'hui elle eft plus éloignée de la mer que les ruines de Milet, & fes ruines fe retrouvent au pied du mont Micale, dans un lieu appelé *Samfon*. Chandler a trouvé des infcriptions où le nom des Priéniens eft marqué.

Au fond du lac de Bafi on voit encore des ruines confidérables, qui font probablement celles d'Héraclée : il eft vrai que cette ville étoit fur le bord de la mer; mais il eft à croire que le lac de Bafi s'eft formé, parce que le fleuve *Méandre* a entraîné dans la mer des matériaux qui en ont élevé la digue. On fait d'ailleurs que l'emplacement du lac étoit un golfe, & que les autres golfes de la côte ont été comblés.

Autrefois cette côte étoit fort finueufe; & fans parler de la plaine du *Méandre*, qui étoit un golfe, il y en avoit un autre affez profond qui commençoit à Milet, & qui s'avançoit fort avant dans les terres : c'étoit fur les bords de ce golfe qu'étoit Héraclée, & il portoit le nom de *Latmicus finus*, parce qu'il touchoit au mont *Latmus*. On voit donc que le fond de ce golfe a donné lieu au baffin du lac de Bafi, & que, comme nous l'avons dit, il a été comblé par les attériffemens du *Méandre*, qui l'ont digué.

Il paroît qu'un autre fleuve que le *Méandre*, le *Gœfon*, a contribué à ces différens attériffemens: il defcendoit du Micale; c'étoit un torrent le plus fouvent à fec l'été; mais l'hiver il étoit rempli d'eau, & arrachoit à la montagne une grande quantité de terres qu'il dépofoit vers fon embouchure: autrefois cette embouchure formoit un lac que l'on appeloit *Gæfonis*, & dans lequel le *Gœfon* fe déchargeoit; mais le lac a été comblé.

Il réfulte de tout ce que l'on trouve dans les écrits d'Hérodote, de Strabon, de Paufanias, de Pline & de Méla, comparé avec les obfervations des Modernes, que, vers l'an 1180 avant l'ère chrétienne, le rivage de la mer bordoit la ville de Priène; qu'environ trente ans après l'ère chrétienne, la plaine de *Méandre* s'étoit accrue de quarante ftades ou d'une lieue & demie devant Priène; de manière que l'embouchure du *Méandre* n'étoit alors diftante que de trente ftades ou d'une lieue de Milet; & enfin, qu'entre les années 130 & 170 de l'ère chrétienne, ce fleuve fe déchargeoit auprès de la ville de Milet. Paufanias remarque à ce fujet que l'étendue de mer qui exiftoit autrefois entre Milet & Priène, avoit été comblée très-promptement par les atterriffemens du *Méandre* : ce fut pour lors que le golfe de Latmicus fut digué. Dans un temps poftérieur, c'eft-à-dire, l'an 866 de l'ère chrétienne, le *Méandre*, au rapport de Cedrenus, avoit fes embouchures au-deffous de Milet. Enfin, le terrain s'eft accru depuis, & le rivage s'eft prolongé jufqu'au point où il fe trouve aujourd'hui.

On peut ajouter que l'entrée du golfe Latmicus fût obftruée dans l'efpace qui s'écoula entre le temps de Pline-& celui d'Arrien : le fond du golfe devint un lac, & c'eft celui que l'on nomme maintenant *le lac de Bafi.*

Il paroît que la nature du *Méandre* a toujours été de depofer des terres; mais il n'a pu le faire qu'en parcourant les parties fupérieures de fa vallée, d'où il tiroit les matériaux avec lefquels il atterriffoit les parties inférieures; car c'eft ainfi que cela s'opère partout où il y a atterriffement. Nous avons cité les faits tirés des auteurs anciens, parce qu'il nous manque, pour conftater les progrès de ces opérations de la nature, les recherches & les obfervations d'un naturalifte accoutumé à diftinguer ce qui eft dépôt d'un fleuve, de ce qui appartient à l'ancienne conftitution phyfique du fol; & c'eft à la diftinction de ces terrains divers que nous invitons les naturaliftes inftruits, habitués à reconnoître les différens fols d'après leur organifation : malheureufement nous ne pouvons citer que des antiquaires dans nos autorités modernes. Il eft, au refte, fort heureux que différens écrivains anciens aient pu obferver en gros les progrès des atterriffemens, & nous aient tranfmis les réfultats de leurs remarques toujours précieufes; il eft heureux que le *Méandre* fe foit trouvé dans une contrée qui étoit à portée des voyageurs favans, & qui aient fait des opérations de la nature l'objet de leurs notes, tels qu'Hérodote, Strabon & Paufanias. Ceci eft précieux, & ne fauroit être recueilli avec trop de foin : les naturaliftes par la fuite nous apprendront, 1°. l'étendue de la plaine factice, comme celle de l'ancien fol qui n'a pas été formée par le fleuve; 2°. ils nous feront connoître les dépôts des golfes qui ont été comblés de même, & quels font les fleuves voifins qui y ont contribué.

MÉDITERRANÉES ou MERS INTÉRIEURES.

Nous avons toujours reconnu que les mers *méditerranées* & les golfes que certains auteurs ont fait creufer par des courans de l'Océan, ne pouvoient avoir eu cette origine; car il eft évident que l'approfondiffement de leurs baffins doit naturellement être de la même époque que la réunion des eaux de tous les grands fleuves qui s'y déchargent : ces fleuves étant les produits des fources, des pluies ou de la fonte des neiges, il eft néceffaire que les lacs ou les golfes qui en

font les égouts, aient été creufés par ces fleuves mêmes à mefure qu'ils ont eu vers ces égouts un cours déterminé par toutes les circonftances qui ont préfidé à leur marche. Nous favons bien que, pour contenir toutes les eaux qui fe portent dans un lac, dans un golfe ou dans une *méditerranée*, il eft néceffaire que ce lac, ce golfe, cette *méditerranée*, aient été creufés dans la plus grande partie de l'étendue qu'ils ont maintenant : mais nous doutons que, dans les temps antérieurs, ces befoins des eaux courantes aient été prévenus par des caufes auffi fortuites que les courans de la mer; car, de ce que les fleuves qui fe déchargent dans le golfe Adriatique ou dans la Mer-Noire ont eu befoin, pour contenir leurs eaux, de toute l'étendue des baffins du golfe Adriatique & de la Mer-Noire, il ne s'enfuit pas qu'une irruption de l'Océan ait ouvert & creufé ces baffins précifément dans la pofition convenable au rendez-vous des eaux, & d'une étendue convenable à leur quantité. De-là nous concluons que ces baffins ont été creufés par ces eaux elles-mêmes, à mefure qu'elles fe font trouvées accumulées par la décharge des fleuves. D'ailleurs, les agitations, les mouvemens violens d'une maffe d'eau battue par les vents, contribuent, avec l'impétuofité de leurs courans, à creufer les baffins qui les reçoivent : il eft vrai que la difpofition primitive du terrain a de même concouru à l'approfondiffement de ces égouts. On ne peut donc pas rendre raifon autrement de la forme & de l'étendue du baffin d'une *méditerranée*, qu'en l'envifageant comme l'ouvrage fucceffif de l'eau des fleuves qui s'y font rendus d'abord, & qui ont creufé un baffin plus ou moins profond, plus ou moins étendu, fuivant les circonftances : 1°. de la forme primitive du terrain qui n'a pas laiffé une iffue à l'eau des fleuves pour continuer & leurs lits & leurs cours; 2°. de la maffe des eaux accumulées qui fe font élevées & difperfées jufqu'à ce que l'évaporation ait été en proportion des produits des fleuves. Voilà, ce nous femble, les règles certaines que nous pouvons pofer fur ce point important du travail des eaux courantes à la furface des continens, aux environs des baffins de toutes les *méditerranées*. Il n'eft pas étonnant, d'après ces confidérations, que plufieurs lacs *méditerranées* fe foient ainfi creufés & agrandis, & qu'ils n'aient formé par la fuite qu'une feule mer *méditerranée* par leur réunion. Auffi tous ces golfes, tous ces embranchemens d'une mer *méditerranée*, nous paroiffent avoir été creufés féparément par l'accumulation des eaux de quelques fleuves un peu confidérables ou de plufieurs torrens. Nous voyons qu'enfuite tous ces baffins fe font réunis les uns aux autres. Si l'on veut fuivre en détail toutes les parties de la mer *Méditerranée* & de la Baltique, &c. on reconnoîtra qu'elles ont été ainfi ébauchées d'abord, & réunies enfuite par le progrès infenfible du travail de toutes les eaux courantes qui y affluent encore de toutes parts : il subsiste même encore quelques vestiges d'une des forces qui a contribué à cette réunion des golfes entr'eux ; ce sont les courans très-marqués qui versent les eaux surabondantes d'un golfe dans un autre. Les premiers golfes qui versent sont les plus éloignés : ce sont d'ailleurs ceux qui ont une surface évaporante moindre que celle qui seroit nécessaire pour emporter une quantité d'eau égale à celle que les fleuves y charient dans tous les temps ; & ceux qui reçoivent l'eau des premiers ont une surface plus grande que n'exige celle qu'ils peuvent perdre : c'est donc le défaut d'équilibre & la tendance à l'équilibre qui a réuni tous ces golfes de *méditerranées*, & c'est l'effet de cette tendance qui entretient toutes les parties du bassin au même niveau à peu près, comme l'observation d'une certaine étendue de côtes peut en convaincre. Il faut remarquer ici que les courans sous-marins qui se portent d'un golfe à l'autre, voisins & contigus, sont dans la direction de l'extrémité des culs-de-sac ou des embouchures des fleuves vers leurs débouchés : ce mouvement paroît être la suite de celui des eaux des fleuves qui se déchargent dans le golfe, & qui continuent leur marche jusqu'à une certaine distance des bords du bassin.

C'est à cette direction des courans qu'on doit attribuer le peu d'élévation qu'a le flux dans les *méditerranées* ; car l'eau de l'Océan qui s'y insinue, peut à peine vaincre tous ces courans, le flux sensible n'étant que l'excès du mouvement de l'intumescence sur les courans particuliers de tels ou tels golfes, occasionnés, comme nous l'avons dit, par le versement continuel de l'eau des fleuves qui s'y déchargent.

D'après ces considérations, on conçoit que la première ébauche des golfes dont la réunion forme partie des contours du bassin des *méditerranées*, est l'ouvrage des eaux courantes des fleuves qui s'y rendent de toutes parts, & non celui des eaux de l'Océan, avec lequel ces *méditerranées* communiquent : bien entendu que les eaux des fleuves réagissent contre les bords des terres qui les contiennent, & que, lorsqu'elles font parvenues à se réunir avec les eaux de l'Océan, elles étendent & prolongent leur premier bassin jusqu'à celui de l'Océan même. Il ne faut pas prendre le change sur l'origine & le progrès de ce travail : on feroit agir la nature sans cette économie qui fait qu'elle modifie ses effets suivant les différens résultats auxquels ses agens conduisent naturellement.

Pour convaincre tout observateur attentif que telle a été la marche de la nature dans la formation du bassin des *méditerranées*, il suffit de lui faire considérer la forme des bords de ces bassins, & de comparer, par exemple, cette forme avec l'ouverture du détroit de Gibraltar. Il verra que cette ouverture est trop peu large pour qu'une irruption de l'Océan qui se seroit insinuée par cet étranglement, ait pu creuser tout le bassin alongé de

la *Méditerranée*, & se soit porté dans les culs-de-sac des golfes qui font ouverts sous tous les aspects.

N'est-il pas plus simple & plus raisonnable de supposer que la Mer-Noire, le golfe Adriatique & quelques autres golfes particuliers se sont formés d'abord, & qu'ensuite ils se soient réunis par l'activité des différentes eaux courantes, suivant que les eaux des fleuves étoient plus ou moins abondantes & se pottoient contre les bords de leurs bassins avec plus ou moins de masse & d'énergie ; & enfin, suivant que la pente des terrains se prêtoit au prolongement de leurs lits ?

L'ouverture du détroit de Gibraltar prouve que l'Océan a très-peu contribué à l'approfondissement du bassin de la *Méditerranée*. Les courans dont nous avons décrit la marche ci-devant ne se trouvant pas contre-balancés dans plusieurs circonstances par les eaux du flux, & l'impétuosité de l'intumescence ne l'étant pas par les courans, l'une & l'autre force ont dû se faire sentir assez vivement contre les obstacles qui s'opposoient à la circulation des eaux, lesquelles se répandoient sur le fond du bassin ; & c'est ainsi que se sont faites à la longue les réunions de tous les golfes, telles que nous les voyons aujourd'hui.

Une des grandes méprises des écrivains qui ont raisonné sur les révolutions du Globe, est d'avoir considéré un grand effet comme la suite d'une grande cause qui agit par une énergie subite. Ils n'ont pas pensé que la nature a le secret de produire, par une activité soutenue, les plus grands événemens par ses plus petites causes.

Nous passons maintenant au bassin de la Mer-Caspienne. On peut voir d'abord qu'à la suite du travail dont nous venons de développer la marche & les progrès, bien loin que l'Océan y ait contribué, la masse des eaux que cette mer reçoit, devoit au contraire se porter ou jusqu'au golfe Persique ou bien jusqu'à la Mer-Noire, si le terrain l'eût permis, ou que la masse des eaux qu'elle reçoit des fleuves & des torrens qui s'y déchargent eût exigé un bassin plus étendu ; mais l'extension & son approfondissement n'auroient eu d'autre principe ou d'autre cause active que l'accumulation des eaux des fleuves qui se réunissoient vers un centre commun.

Si quelques observations constatent la réunion de la Mer-Caspienne avec le golfe Persique, elles prouvent en même temps que le bassin de la Mer-Caspienne a été plus étendu, & que les fleuves qui s'y déchargent y portoient une masse d'eau beaucoup plus abondante, en conséquence de laquelle le bassin de la Mer-Caspienne pouvoit atteindre ou le golfe Persique ou l'Océan : car la Mer-Caspienne est proprement un grand lac dont les eaux font, comme nous l'avons dit, le produit des grands fleuves qui s'y jettent, soit des parties du nord, soit de celles du nord-est ou de l'est. Or, depuis que les canaux des fleuves sont creusés, la décharge de l'eau qu'ils charient a été nécesfaire, & par conféquent le baffin ou l'équivalent du baffin actuel de la Mer-Caſpienne qui les contenoit a dû ſubſiſter en même temps, indépendamment des courans venus du ſud & de leur irruption contre les côtes de la Perſe par le golfe Perſique, &c.; par conféquent ſi la mer des Indes a couvert la Perſe, qu'elle y ait laiſſé des veſtiges de ſon ſéjour, c'eſt plutôt la ſuite d'un débordement de la Mer-Caſpienne que de l'Océan. Nous voyons d'un côté la cauſe active de l'accumulation de l'eau des fleuves, & de l'autre nous ne découvrons aucune cauſe capable de produire le moindre effet ſenſible; car l'évaporation étant une fois donnée, elle détermine la ſurface du réſervoir, qui peut raſſembler une certaine quantité d'eau. Si les eaux qui affluent, ſont plus abondantes que le produit de l'évaporation, leur ſurface s'étend juſqu'à ce que l'une & l'autre ſoient en équilibre.

Nous ne pouvons raiſonner de même par rapport au golfe Adriatique & à tous les golfes voiſins de la *Méditerranée*. Les fleuves qui ſe déchargent dans ces golfes y portent une quantité d'eau qui, pour être enlevée par évaporation, a beſoin d'un baſſin égal au moins en ſuperficie à celui qu'occupe cette partie de la *Méditerranée*.

Maintenant il reſte une conſidération à diſcuter: c'eſt celle des veſtiges du ſéjour de la mer que l'on a trouvés, ſuivant certains auteurs, entre la Mer-Caſpienne & le golfe Perſique, ainſi que ſur toute la largeur de l'iſthme de Suez. Ils prétendent qu'en examinant la nature des terres aux environs de l'iſthme, on reconnoît que la mer y a coulé. On pourroit demander à ces auteurs quel eſt le caractère des dépôts que la mer a laiſſés dans les contrées où elle a fait des irruptions paſſagères, comme ils le ſuppoſent: en quoi ces dépôts diffèrent de ceux qui ſont la ſuite du long ſéjour qu'elle a fait dans une infinité de parties de nos continens, qui ſervent de bords à la mer: en quoi les dépôts des *méditerranées* & des lacs, occaſionnés par des débordemens fortuits, différeroient des dépôts de l'Océan ſtationnaire d'eau dans un baſſin fixe & déterminé? Si l'on n'eſt pas parvenu, par une ſuite d'obſervations diſcutées & comparées, à diſtinguer réellement la différence de ces dépôts, il n'eſt pas poſſible de rien conclure des conjectures des auteurs que nous réfutons pour établir les événemens haſardés dont ils ont cru entrevoir les traces. Au reſte, ce qu'on allègue pour prouver que l'intervalle de la Mer-Caſpienne au golfe Perſique a été couvert par la mer, eſt plus propre à établir que la Mer-Caſpienne a pu inonder ces contrées, mais non que l'Océan s'y eſt porté par une irruption particulière dont nous ne connoiſſons pas d'exemple.

Nous ajoutons au ſurplus que l'Océan, la mer des Indes, a pu couvrir la Perſe, les environs de l'iſthme de Suez, &c., & enſuite les abandonner après un ſéjour plus ou moins long; mais il ſera convenable de déterminer quel eſt cet Océan; ſi c'eſt celui qui baigne les côtes actuelles de la Mer-Rouge, & qui eſt renfermé dans le golfe Perſique, ou bien celui qui a formé toutes les couches horizontales qu'on rencontre dans ces contrées. On ne peut décider cette queſtion intéreſſante qu'en examinant les dépouilles que les animaux marins y ont laiſſées; & en les comparant avec les analogues qu'on trouve dans les mers, il nous paroît qu'on perfectionnera tellement l'obſervation de certains corps naturels, qu'il ſera poſſible de reconnoître à leurs caractères les cauſes auxquelles il conviendra de rapporter telle ou telle révolution dont ils font partie; mais on ne parviendra pas à ces moyens en ſe renfermant dans les indications vagues auxquelles ſe ſont attachés les auteurs dont nous diſcutons les idées ſyſtématiques. Il faut des obſervations très-préciſes pour être en état de diſtinguer les différentes époques, & nous les trouvons difficilement dans les voyageurs, & ſurtout dans ceux qui ont parcouru la Perſe; il faut de même ſavoir décider que telle maſſe, organiſée de telle manière, annonce le dépôt d'une mer tranquille & ſédentaire; que telle autre diſpoſition caractériſe les ſédimens d'une mer qui fait une violente irruption dans les terres, ou qui répand ſes eaux par des inondations accidentelles. D'après ce plan méthodique, on marchera ſûrement dans l'examen des faits qui peuvent ſervir de preuves juſtificatives de toutes les révolutions qui nous intéreſſent; on ſaura, d'après ces principes, réduire à leur juſte valeur les aſſertions des voyageurs, & ſurtout de ceux qui, comme Buffon & Paw, oſent les apprécier dans leur cabinet. (*Voyez les articles* CASPIENNE (mer), PERSIQUE (golfe), ROUGE (mer), BALTIQUE (mer).)

Golfes des mers intérieures ou méditerranées.

Nous croyons avoir prouvé par le développement des conſidérations précédentes ſur les *méditerranées* & certaines parties de ces mers intérieures, que nous appellerions plus volontiers mers extérieures à l'Océan, que ces amas d'eau, ainſi que leurs baſſins, étoient l'ouvrage des fleuves qui s'y déchargent, &, qui, en y portant leurs eaux, ont creuſé néceſſairement ces baſſins dans une étendue proportionnelle à la quantité des eaux qu'ils y verſoient. Cet état de *méditerranée* ſe décide par la comparaiſon entre le produit des eaux courantes & celui de l'évaporation ſur une ſurface donnée: or, il eſt aiſé de voir que ces deux produits ſont égaux dans les golfes. Mais il ne paroît pas qu'on puiſſe généraliſer cette aſſertion & l'appliquer à toute l'étendue du baſſin de l'Océan, & même de certains grands golfes: il eſt certain, au contraire, que l'évaporation de l'Océan eſt plus conſidérable que les produits des fleuves, car il tombe une quantité d'eau par les pluies ſur l'Océan, laquelle eſt auſſi évaporée, puiſque cette maſſe d'eau ne déborde pas. En ſuppoſant donc que, dans les premiers temps, les fleuves aient formé

la

la partie du baffin de l'Océan néceffaire pour y renfermer la maffe d'eau que chacun d'eux y verfoit, il ne paroît pas qu'ils l'aient étendue au-delà. Il eft vrai qu'à mefure que la maffe d'eau raffemblée s'eft trouvée réunie fans obftacles, elle a détruit fes bords & fes digues, & augmenté la furface évaporante. Au refte, il n'eft pas poffible de croire que l'équilibre ait été long-temps à s'établir, ou qu'il ait été troublé dans beaucoup de circonftances.

D'ailleurs, il eft affez probable que l'eau circulante à la furface du Globe étant autrefois plus confidérable, elle aura dû offrir dans les baffins des mers une plus grande étendue en fuperficie, & que l'évaporation aura été proportionnellement plus abondante; mais, dans tous les cas, le baffin de la mer ne fe fera pas augmenté au-delà de ce qui aura été néceffaire : fi enfuite l'eau des fleuves a diminué, l'évaporation a diminué de même. Il n'y a guère que la température de l'atmofphère qui ait occafionné des dérangemens dans cette économie de la nature, ou bien un plus grand approfondiffement dans le baffin de la mer, qui auroit détruit des maffes aux furfaces évoporantes. Nous terminerons cette difcuffion par obferver que, dans cette queftion, il eft affez difficile de réunir toutes les circonftances qui ont pu concourir à l'établiffement de l'équilibre qui doit toujours fubfifter entre toutes les parties de la maffe d'eau qui circule à la furface du Globe, & qui paffe des fleuves à la mer, & de la mer aux fleuves. En tous cas, il eft difficile de décider fi le baffin de la mer a été formé tel qu'il eft par la feule eau des fleuves, quoique nous foyons fondés à croire que cette opération de la nature ait une grande analogie avec ce qui a eu lieu dans la formation des mers *méditerranées* & des grands golfes.

Baffins des méditerranées.

Dans les réflexions que nous avons faites fur la formation des *méditerranées* & des golfes alongés par les fleuves qui s'y déchargent, nous n'avons pas parlé d'une circonftance importante, & qui eft effentielle à l'explication de ce travail de la nature; ce font les matériaux immenfes que les eaux des fleuves ont dû tirer des *baffins des méditerranées* & des golfes, à mefure qu'elles ont creufés & agrandis. Par l'examen des différens bords des golfes & des *méditerranées* que nous avons eu occafion de faire, nous avons reconnu, à la correfpondance des lits & des bancs, & à la difpofition générale des maffifs qui font à découvert fur ces bords, que les couches ont été coupées & détruites, & que les matériaux qui rempliffoient ces parties creufées ont été enlevés par les mêmes eaux courantes; mais comment ces terres & ces pierres auroient-elles pu être déplacées de leur gifement naturel? comment auroient-elles pu être enlevées, fi le golfe ou la portion des côtes de la *Méditerranée* qui avoit été dégradée, n'avoit pas eu une iffue & un débouché dans l'Océan?

Pour fuivre les progrès de tout ce travail de la nature, il faut fe repréfenter les eaux du Pô & des autres rivières, par exemple, qui fe jettent dans le golfe Adriatique, coulant à la furface des terrains qui occupoient ce golfe, s'y creufant de larges vallées qui fe prolongeoient jufqu'à l'Océan; que ces vallons fe font élargis à mefure que les eaux courantes y ont ofcillé & qu'elles ont augmenté en quantité, par les obftacles que leur ont oppofés, ou la forme des terrains qu'elles avoient à parcourir, ou bien les eaux des autres parties de la *Méditerranée* fournies par d'autres rivières, lefquelles devoient avoir un courant particulier, & qui cherchoient à fe creufer un baffin qui leur fût propre. C'eft ainfi que les eaux de la Brenta, du Pô, du Garigliano, du Tibre, de l'Arno, de la Magra, fe font réunies à celles du Rhône, & qu'aidées par les eaux des rivières d'Efpagne, elles fe font creufé un baffin dont les matériaux font fortis par le détroit de Gibraltar, qui a fuccédé à la réunion des premiers vallons. Nous le répétons, les eaux des fleuves qui affluoient dans la *Méditerranée* des différentes parties des côtes de cette mer, ont creufé d'abord des vallons particuliers; ces vallons fe font élargis à mefure que l'énergie des courans a éprouvé des accès. Enfin, des lacs ont fuccédé aux canaux des vallons, & l'eau, par fa réunion, ayant ceffé d'avoir une direction & des canaux libres, a été retardée dans fa marche vers l'Océan, & elle a rempli, aux îles près, toute la fuperficie qu'occupe la *Méditerranée*, à mefure qu'elle a dégradé les bords des lacs où elle fe trouvoit raffemblée.

On doit fuppofer des progrès lents dans ce travail des eaux courantes venues de l'intérieur des terres; mais il n'eft pas poffible qu'elles aient pu creufer aucune partie de ce vafte baffin fans qu'il y ait eu, dès les premiers temps, communication des courans des fleuves avec l'Océan, qui recevoit en même temps & les eaux des fleuves & les matériaux qu'ils charioient. Il faut néceffairement, ou que le détroit de Gibraltar ait été ouvert, ou que les eaux qui ont travaillé au baffin de la *Méditerranée* fe foient déchargées par des routes femblables à ce détroit. Enfin, il eft néceffaire, que, de tout temps, le cours & la pente des eaux des rivières & des fleuves, circulant dans les premiers vallons, aient toujours été dirigés depuis l'embouchure actuelle des fleuves jufqu'à quelque point des côtes de l'Océan.

Mais on ne peut concevoir, & nulle obfervation décifive n'autorife à le fuppofer, que l'Océan ait pu faire une irruption dans les terres, & qu'il fe foit creufé gratuitement un baffin dont il n'avoit aucun befoin, par des efforts fubits, ou par une fuite d'entreprifes répétées fouvent. Nous ne voyons pas comment les flots de la mer auroient pu agir contre les terres avec assez d'avantage pour y faire une excavation aussi irrégulière & aussi étendue que la *Méditerranée*, & qu'à la suite de cette irruption ils aient entraîné dans l'Océan les matériaux qu'ils auroient pu en détacher. La nature, qui n'a creusé ce bassin que pour les besoins des fleuves qui s'y jettent des différentes parties des continens, l'a laissé faire à ces fleuves.

Nous finissons toute cette discussion par une considération qui nous semble d'un très-grand poids pour décider la question présente ; c'est la forme du bassin de la *Méditerranée* qui paroît dépendante de l'affluence des différens fleuves qui s'y jettent actuellement : les golfes qui subsistent encore sont les anciens vallons alongés & élargis des fleuves particuliers qui ne se sont pas réunis. Au contraire, les parties les plus vastes, & dont le champ est le plus étendu, ne sont que l'effet de la réunion de plusieurs courans qui s'y sont portés comme vers un centre commun, & où ils aboutissoient aux différens points de la circonférence. Cela devient sensible par les détails géographiques qu'on peut suivre sur les cartes, tant de la *Méditerranée* que de la Baltique, & des golfes qui sont dans les mêmes circonstances.

La forme de la *Méditerranée* est telle, qu'on pourroit rétablir dans bien des cas les anciennes embouchures des fleuves : on en voit les restes dans les étranglemens des détroits, & dans les îles qui subsistent encore à côté de ces détroits. En suivant ces détails pied à pied, on retrouveroit les anciennes inondations ; car l'eau, depuis la formation du bassin, ayant plus de profondeur, n'a pas conservé la même superficie. On pourroit réunir l'observation des sondes avec celle des étranglemens & des détroits ; & voir si, comme au détroit de Calais, il y auroit un fond plus élevé. Ces premières circonstances étant bien éclaircies, serviroient à établir la marche générale de toutes les eaux des fleuves sur la superficie du bassin ; jusqu'à ce qu'elles soient parvenues à l'Océan, qui devoit les recevoir en dernière analyse.

Si l'on considère de même la forme du bassin de la Baltique, & surtout des golfes de Bothnie & de Finlande, qui en forment les prolongemens, on verra que les gisemens des côtes sont dépendans de la direction des embouchures des fleuves qui sont perpendiculaires à ces côtes ; en sorte qu'on reconnoît, par cette forme, la double marche de l'eau qui alimente cette mer, & qui en a creusé le bassin jusqu'à son débouché dans la mer du Nord. Qu'on examine de même les autres *méditerranées*, comme la mer de Californie, les mers de la Chine, &c. , on y verra la même dépendance. Nous renvoyons à leurs articles, où nous nous occuperons des mêmes considérations.

Nous ne pouvons terminer cet article sans jeter un coup d'œil sur les golfes plus ouverts qu'alongés, & dans l'approfondissement desquels la mer a influé à un certain point, & beaucoup plus que les fleuves des bords de la mer.

Nous commençons par considérer la facilité plus ou moins grande qu'ont eue, soit les eaux courantes de l'intérieur des terres, soit l'Océan, pour former & élargir les bassins des *méditerranées*. Il est à croire d'abord que l'une & l'autre cause ont concouru également dans plusieurs cas ; mais il en est plusieurs, où les efforts de l'Océan ont été plus forts & plus violens, & ont été continués plus long-temps ; d'autres fois ce sont les eaux courantes de l'intérieur qui ont pu creuser & entraîner les terres au dehors, & dans ce cas les *méditerranées* doivent à cette seule cause leur approfondissement & leur prolongement dans les continens. Lorsque l'Océan a eu plus d'avantage, il a pu faire disparoître toutes les traces des eaux courantes, & ceci se voit d'une manière bien sensible dans les golfes qui sont très-ouverts, parce que l'Océan a détruit la plus grande partie des terres qui servoient de bords aux vallées des fleuves, & qui en faisoient la séparation. Il est vrai que ces embouchures des fleuves, & leurs vallées, offertes aux efforts de l'Océan, en ont considérablement facilité le travail ; ainsi on voit aisément que ces considérations générales doivent servir de base à toutes autres recherches & examens des différentes formes que les bassins des *méditerranées* ont prises. Nous voyons qu'il est très-aisé de décider quel est l'agent qui en a ouvert le premier sol, & nous présumons que ce sont le plus souvent les eaux courantes intérieures, toujours en activité, qui ont entamé le sol toujours inférieur au principe de leurs mouvemens ; & pour en juger d'une manière sûre & définitive, il suffit de voir & d'observer ce qui a lieu maintenant. Ensuite le second agent qui a combiné son action avec le premier, peut montrer les restes de sa marche primitive par les mouvemens auxquels il se trouve encore livré quant à présent : tels sont les mouvemens auxquels la mer est en proie au golfe du Mexique.

MÉDITERRANÉE (Mer). Il paroît que la mer *Méditerranée*, ou plutôt son bassin, s'est creusé par l'action de l'eau des fleuves qui s'y jettent ; que dans les premiers temps, soit que le bassin ne fût pas assez vaste, soit que les eaux des fleuves qui s'y rendent, fussent plus abondantes qu'elles ne sont actuellement, les eaux de la *Méditerranée* se sont élevées à un niveau plus haut le long des terres qui se trouvent border son bassin. D'abord on voit que cette élévation du niveau a duré assez de temps pour que la moyenne terre ait été formée, tant le long de l'Apennin que le long des Alpes, en Provence, en Languedoc & dans les provinces d'Espagne, sur une lisière de cent lieues d'étendue ; après quoi les eaux de la *Méditerranée* ont baissé considérablement, & il s'est formé des vallées à la superficie de la moyenne terre. C'est

alors que les vallées creusées à la surface de l'ancienne terre, & comblées par les dépôts de la
moyenne terre, ont été approfondies de nouveau,
& même dans des massifs de pierres calcaires d'un
grain fin, serré & compacte. Cet intervalle de
temps a duré suffisamment pour que les vallées
fussent assez profondes.

Après cela, l'eau a remonté assez pour que la
nouvelle terre vînt se former sur la partie inférieure des croupes des vallées creusées dans la
moyenne terre, & même pour que certaines parties des massifs fussent couvertes entièrement.

Cet état a duré assez de temps pour que la nouvelle terre ait été formée.

Courans de la Méditerranée.

On sait que l'action du flux & du reflux n'est pas
sensible dans la mer Méditerranée, mais elle n'est
pas absolument anéantie, & ses effets se remarquent dans quelques circonstances. Au reste il paroît que les eaux qui s'élèvent dans le flux, cherchant à se placer de niveau, glissent le long des
côtes qu'elles ne peuvent surmonter, & entrent
avec impétuosité dans les ouvertures qu'elles y
rencontrent, tels que les golfes, les ports, les
embouchures des rivières; on peut citer principalement le détroit de Gibraltar par l'effet du flux
qui se fait sentir dans la Méditerranée. Comme il
ne trouve aucun obstacle qui oblige les eaux à
refouler sur elles-mêmes, elles se répandent sur
la superficie de cette mer avec d'autant plus de
facilité, qu'à peu de distance du détroit la Méditerranée s'élargit considérablement du côté de l'Europe, pendant que, le long des côtes d'Afrique,
qui sont, sur toute leur longueur, en ligne droite,
elles ne rencontrent aucune sinuosité, aucune inflexion propre à leur causer le moindre dérangement. Comme le volume d'eau qui vient par
le flux de l'Océan dans la Méditerranée est un
corps poussé avec une certaine vitesse, il doit
suivre la détermination de son impulsion tant qu'il
n'en est pas détourné, & conserver la même quantité de vitesse tant qu'il ne communique pas de
son mouvement.

A mesure que cette masse d'eau entre dans la
Méditerranée, la vitesse avec laquelle elle est poussée doit diminuer par la communication de son
mouvement aux matières & aux obstacles qu'elle
trouve sur sa route; d'ailleurs, les côtes n'étant
pas parallèles, & la côte d'Afrique étant en ligne
droite par rapport aux inflexions de celles d'Europe, il s'ensuivra que la face de ce volume
d'eau déclinera de sa première direction, puisque
l'extrémité de cette face qui glisse le long de la
côte d'Afrique doit plus avancer que celle qui
suit la côte d'Europe. Il est donc certain que de
toutes les parties du volume d'eau porté par le
flux dans la Méditerranée, celles qui coulent le
long de la côte d'Afrique arriveront les premières

à la côte de Syrie, & qu'étant soutenues successivement par celles qui les suivent, au lieu de refouler sur elles-mêmes, par la rencontre de cette
côte, elles suivront sa direction, & iront du sud
au nord jusqu'à la côte de Caramanie, de laquelle,
par la même raison, elles suivront encore la direction en coulant de l'est vers l'ouest. Il est encore certain que le mouvement de ces eaux étant
entretenu par les produits successifs du flux qui
surviennent, ainsi qu'on l'a déjà expliqué, elles
persisteront à se mouvoir toujours de même, &
suivront les côtes d'Europe. Il faut observer cependant que, lorsqu'elles arriveront à l'entrée de
l'Archipel, elles seront emportées par les courans
qui viennent du Pont-Euxin, & qui, par l'obstacle de l'île de Candie, étant obligés de se détourner vers l'ouest, entrent dans le golfe de
Venise; dont elles suivent exactement les côtes
jusqu'au détroit de Messine.

Dans ce détroit il règne alternativement deux
courans réglés aux heures du flux & du reflux,
c'est-à-dire, que pendant six heures ils vont au
sud, & que pendant six autres heures ils vont au
nord; c'est ce que les pilotes & les habitans du
pays appellent la rême. On peut aisément comprendre la régularité de ces courans, si l'on veut faire
attention qu'au détroit de Gibraltar les eaux sont
poussées pendant six heures, après lesquelles l'impulsion cesse; que, nonobstant cette cessation, les
eaux continuent de se mouvoir malgré la diminution de leur vitesse, de manière qu'elles sont encore en mouvement lorsqu'elles sont atteintes par
les eaux qu'amène l'impulsion d'un second flux;
que ces nouvelles eaux, dont la détermination du
mouvement est la même, se mêlent avec les premières, &, se mouvant ensemble, redonnent à ces
premières la vitesse qu'elles avoient perdue, ce
qui arrive pareillement à chaque nouvelle impulsion; en sorte que les eaux recevant de douze en
douze heures une impulsion qui en dure six, leur
vitesse devient alors plus grande & bien plus sensible, surtout dans les détroits: ainsi les eaux qui
ne peuvent passer entre le cap Bon en Afrique &
le cap Tanaro en Sicile, coulent le long de la côte
septentrionale de cette île, passent avec violence
dans le détroit de Messine, pendant six heures que
dure l'impulsion du flux, & par conséquent vont
au sud.

Lorsque les courans qui viennent du golfe de
Venise rencontrent ceux du détroit de Messine
allant au sud, ils sont arrêtés, & cette suspension
produit le gonflement des eaux dont on s'aperçoit
à Venise, qui dure six heures de même que l'impulsion, après quoi les courans du golfe ne trouvent plus de résistance, &, suivant la première
détermination de leur mouvement le long des
côtes, ils forcent les courans du détroit de Messine de les suivre dans une direction contraire,
& d'aller avec eux vers le nord: alors l'élévation
des eaux diminue à Venise, & elles reviennent

dans le même état où elles étoient avant leur intumescence.

Ces courans ayant passé le détroit de Messine, & la cause de leur mouvement subsistant toujours la même, ils persistent à suivre la direction des côtes d'Italie, de France & d'Espagne, jusqu'au détroit de Gibraltar. La manière dont on a expliqué la cause & la régularité des courans, est susceptible d'une objection qui paroît d'abord difficile à résoudre. Il semble que les courans qui sortent de la *Méditerranée* doivent être arrêtés au détroit lorsqu'ils rencontrent le flux qui y entre: on ne disconvient pas qu'alors leur cours ne puisse être retardé; on s'aperçoit même sur les côtes d'une augmentation régulière des eaux d'environ deux ou trois pouces, qui ne peut venir que de l'opposition & du choc des deux courans; mais on doit considérer que ce n'est pas un choc d'un instant, qu'il est continu, ou, pour mieux dire, composé d'une infinité de chocs successifs; que les fluides sont composés de parties extrêmement mobiles, qui par conséquent ont une très-grande facilité à glisser les unes contre les autres; qu'il faudroit, pour faire une résistance, que toutes les molécules qui se meuvent de même sens dans les deux courans opposés, se rencontrassent toujours directement; & supposé que cela arrivât ainsi, il faudroit encore avoir égard à la masse de ces courans, à leur base, à leur vitesse : or, quand leurs masses & leurs bases seroient égales, leur vitesse ne peut jamais l'être, parce que celle qui est causée par l'impulsion du flux, quoique peut-être plus grande, ne dure que six heures, tandis que celle des courans qui rentrent dans l'Océan est continue. Ainsi il ne peut résulter de leur choc qu'un médiocre refoulement de ceux qui viennent de l'est, qui diminue à proportion que la distance du flux devient moindre, & à mesure que les parties du fluide, au lieu de s'entre-choquer, glissent les unes contre les autres. Aussi arrive-t-il que la largeur du détroit est partagée par ces deux courans, & qu'ils vont dans un sens opposé, comme s'ils couloient chacun dans un lit séparé. La manœuvre constante que font les pilotes au passage de ce détroit est une preuve convaincante de cet arrangement naturel. Ceux qui vont de la *Méditerranée* dans l'Océan, rangent toujours la côte d'Espagne ; & au contraire ceux qui viennent de l'Océan pour entrer dans la *Méditerranée*, rangent celle d'Afrique.

Il suffit de connoître la marche constante des courans assujettie aux côtes du Languedoc, pour comprendre facilement qu'ils entraînent les matières qu'ils rencontrent déjà en mouvement sur leur chemin, & par conséquent les sables & les graviers qu'entraînent les rivières dont ils traversent les embouchures; & l'on sent qu'à mesure que ces courans perdent de leur vitesse, soit en communiquant leur mouvement, soit par les obstacles que leur opposent les côtes, les sables & les

graviers se déposent : de-là viennent les atterrissemens des plages & leur accroissement, tel que celui qu'on voit derrière le bâtiment de la savonnerie de Cette. Il y a près de cent cinquante ans que la mer battoit les murailles de ce bâtiment; elle en est éloignée présentement de plus de deux cents toises. C'est aussi ce qui produiroit le comblement des ports, si l'on n'avoit soin de le prévenir par une vigilance extrême & par une attention continuelle à faire enlever les dépôts. On doit remarquer que les ports situés à l'ouest d'un grand fleuve exigent un travail plus assidu; tels sont le port de Civita-Vecchia, le port de Cette, &c. L'entretien du premier, qui est situé à l'ouest du Tibre, demande un travail aussi considérable que celui qu'on fait au port de Cette, situé à l'ouest du Rhône, pendant que ceux de Marseille, de Toulon, &c. qui sont à l'est, n'occupent que la quatrième partie des machines qu'on emploie au dessablement de chacun des autres. Ce qui donne une grande preuve des effets des courans lorsqu'ils traversent les embouchures des grandes rivières ou des fleuves.

MEDNOI (Ile) ou DE CUIVRE, est située dans le détroit de Bering, & au sud-est de l'île de Bering. Une grande quantité de cuivre natif se trouve au pied d'une rangée de montagnes calcaires qui règnent sur la côte orientale, & peut se recueillir sur les rivages en grandes masses qui paroissent avoir été originairement fondues par le feu des volcans. On trouve à la surface de cette île un grand nombre de monticules qui offrent à leur sommet des bouches de volcans, ce qui prouve que leur éruption n'est pas d'une époque fort éloignée. Lorsqu'on considère les glaces & les mouvemens de la mer dans les environs de cette île & sur ses côtes, on n'est pas étonné que, par de tels agens, non-seulement elle diminue continuellement, mais encore qu'elle ait été séparée du continent. Les courans amènent chaque jour sur les côtes de cette île beaucoup de bois qui y forment comme des bordures semblables à celles de l'île de Bering : on y remarque surtout des troncs de camphrier & d'une autre espèce de bois odorant qui croît au Japon; en sorte que la mer, depuis le Japon, fait des convois de bois flotté jusqu'à l'île *Mednoi*, par une suite de courans non interrompus. Ces courans sont une cause beaucoup plus générale & plus active, & plus certaine dans ces mers pour la séparation des îles du détroit de Bering, soit entr'elles, soit des continens, que de prétendus tremblemens de terre, dont plusieurs écrivains, livrés aux agens hypothétiques, empruntent le secours pour produire brusquement des changemens que la nature opère par des progrès insensibles, mais qui n'échappent pas aux yeux des bons observateurs.

MEHADIA en Hongrie. Les eaux thermales

de *Mehadia*, connues dès le temps des Romains, sont dans une vallée très-étroite qui se dirige de l'est à l'ouest, & dont les deux côtés sont de calcaire compacte ; elle est arrosée par la rivière de Czerns. La crête des montagnes qui sont au midi de cette vallée, forme la limite du Bannat & de la Valachie.

MEILLERIE, près du lac de Genève. Il y a des mines de houille dont les lits sont situés au milieu de la pierre calcaire.

MEIRINGEN, bourg, chef-lieu du pays de Hasli en Suisse. Le fond du vallon où est situé *Meiringen* est visiblement formé par le dépôt des eaux ; il est de niveau, & s'étend pendant trois lieues en longueur jusqu'au lac de Brientz, au débouché duquel est le même terrain nivelé qui va jusqu'au lac de Thoun.

Une autre observation qui favorise ce sentiment, c'est que toutes les roches calcaires qui entourent le vallon sont à pic. La terre végétale est bonne dans le fond, parce qu'elle est un mélange de terre argileuse avec la terre calcaire, comme sont presque toutes les terres déposées par les eaux.

L'Aar, qui traverse ce vallon, y fait de grands ravages par ses débordemens, que la fonte des neiges occasionne. A une lieue de *Meiringen* on voit une montagne dont la base est composée de schistes remplis de cornes d'ammon ; elle est recouverte par des roches calcaires. Derrière la paroisse de *Meiringen* il y a deux très-belles cascades voisines l'une de l'autre ; c'est l'Alpbach & le Dorsbach, qui se précipitent du haut de roches calcaires à plus de deux cents pieds ; elles ont formé deux beaux bassins par leurs chutes : outre cela, l'Alpbach a déjà creusé une partie du rocher dans le haut de la chute. Lors de la fonte des neiges, ces torrens s'enflent de manière à dévaster, en différens temps, les environs de *Meiringen*, & l'on a construit une longue & forte digue pour en éloigner les désastres le plus qu'il est possible. On voit aussi de *Meiringen* la pointe du Vetter-Horn s'élever entre deux montagnes qui occupent le devant, & enfin une quatrième montagne qui domine la vallée de *Meiringen*. Cette dernière masse, très-escarpée, descend par des rampes rapides & par différens plans. On y voit plusieurs faces de rochers à pic, & à leur pied des adossemens immenses, formés de débris précipités des parties supérieures, & qu'on peut considérer comme des montagnes en hors-d'œuvre & de seconde formation.

De *Meiringen* on va au Grund ; c'est là que le vallon se sépare & qu'il s'ouvre deux routes, dont l'une mène par Mullithal, Engstlen, Engelberg, dans les petits cantons ; l'autre conduit par Guttamen, au Grimsel, aux glaciers de l'Aar, à la Fourche & au Saint-Gothard, ou dans le haut Vallais. Cette dernière route, est très-intéressante,

parce qu'elle offre, dans un arrondissement peu étendu, ce que les Alpes ont de plus grand, de plus étonnant & de plus instructif. Nous en parlerons dans d'autres articles, & surtout à l'article HASLI.

MEISSNER, montagne de la Hesse qui renferme un immense amas de houille & de bois fossile recouvert par un massif très-considérable de basalte-lave.

La basse Hesse, arrosée par la Fulde & la Werra, deux rivières qui prennent le nom de *Weser* après leur réunion à Munden, est un pays intéressant pour les minéralogistes & les géologistes. On y trouve réuni presque tout ce que le règne minéral offre de plus remarquable dans différens sols, de la houille & du bois fossile carbonisé, des schistes alumineux & des bois imprégnés d'alun, des argiles réfractaires au feu, des sources salées, des minerais de cuivre abondans, contenus dans un schiste marneux & bitumineux, distribué par couches ; du cobalt dans des failles ou filons des mêmes mines ; enfin des basaltes-laves, du trass, & la plupart des substances qui sont regardées généralement comme appartenant aux volcans éteints.

Nous nous proposons de passer en revue ces différens objets ; nous parlerons d'abord d'une montagne célèbre par son élévation, sa fertilité, ses belles forêts, ses plantes sous-alpines, mais intéressante surtout par une mine de combustible qui s'y trouve placée entre le grès & le basalte.

Cette montagne est le *Meissner* ou *Meissner* : elle est située entre la Fulde & la Werra ; mais beaucoup plus près de cette dernière rivière, à sept lieues à l'est-sud-est de Cassel, & à peu près à la même distance au sud de Goettingue, on aperçoit de ces deux villes son sommet élevé de sept cents toises au-dessus de la Werra, à ce que l'on prétend, & qui domine visiblement sur tout le pays. A deux lieues au nord-est est la fameuse saline d'Allendorf, & quatre lieues plus loin, dans la même direction, la montagne conique isolée, nommée le *Donnersberg*, au pied de laquelle est la ville de Heiligenstædt dans l'Eichsfeld. Au nord-ouest sont les villages de Gross-Almerode & d'Etterode, qui ont des mines d'alun, & où l'on fabrique avec une argile très-pure les fameux creusets de Hesse, ainsi que de la poterie, des billes & des pipes. Enfin on trouve du côté du sud, & presqu'au pied du *Meissner*, les schistes cuivreux de Wellingerode, dont les couches se prolongent par Witzenhausen, Soudre & Kornberg, jusqu'aux mines de Riegelsdorf, qui sont de la même nature.

L'étendue de cette montagne est d'une lieue & demie de l'est à l'ouest, & de trois quarts de lieue du nord au sud.

Sa pente est beaucoup plus rapide du côté de la belle vallée de la Werra, c'est-à-dire, au nord-est, que sur le revers opposé. Ses flancs sont boisés &

couverts de blocs & de fragmens plus ou moins gros de basalte prismatique qui ont roulé de la cime. Son sommet est plat & marécageux. Il coule de la partie moyenne de la montagne des eaux abondantes & pures qui, après avoir circulé dans les fentes du basalte, se font jour à l'extérieur à travers la couche de combustible, la nature des couches placées au-dessous ne leur permettant pas de pénétrer plus avant.

Ce sont, 1°. un mélange de pierre calcaire, d'argile & de sable imprégné de bitume environ 3 pieds; 2°. sable fin, 12 pieds; 3°. argile blanche, 24 à 36 pieds; 4°. argile bleue, 60 pieds; 5°. sable blanc, 96 pieds; après quoi l'on rencontre un massif de grès rouge d'une profondeur inconnue, qui forme la base de la montagne.

Ces différentes couches offrent des plans parallèles entr'eux, inclinés à l'horizon, de huit à neuf degrés vers le sud, en sens contraire de la pente de la montagne.

Il n'en est pas de même du basalte ou de la lave compacte qui sert de toit au combustible. Sa surface inférieure, au lieu d'être dans un même plan, est remplie de sinuosités sans cesser d'être continue. Il résulte de cette différente disposition du toit & du mur du combustible, que l'épaisseur de cette couche varie extrêmement; tantôt elle n'est que de quelques pieds, & tantôt elle va jusqu'à plusieurs toises.

On l'exploite dans une partie de son étendue & de son épaisseur; ce qui empêche de l'exploiter en entier, c'est, 1°. qu'un côté de la montagne est en proie à un incendie local qui s'est manifesté il y a cent soixante-dix ans dans le combustible, & qui continue à brûler; 2°. que la couche n'est pas également bonne dans toute son épaisseur: dans la plupart des mines de houille, le combustible acquiert de la qualité dans la profondeur; le contraire a lieu dans celle-ci. La partie supérieure de la couche est de véritable houille, abondante en bitume & propre à tous les usages auxquels convient cette substance; mais à mesure qu'on descend, la proportion de bitume diminue, & la partie inférieure n'est pas digne de l'exploitation, parce que ce n'est plus de la houille, mais du bois fossile carbonisé, dans lequel on distingue parfaitement le tissu ligneux avec les couches annuelles concentriques, & même les nœuds & les branches des arbres.

L'exploitation de la houille ne se fait pas par puits, mais par galeries doubles, qui servent tout à la fois à la circulation de l'air dans les travaux, à l'extraction du combustible & à l'écoulement des eaux. Il auroit été assez difficile d'approfondir des puits dans le massif de la lave compacte, & la situation de la couche de houille à mi-côte a dispensé de prendre cette peine.

La montagne que nous venons de décrire a paru à quelques savans offrir des raisons de refuser au basalte une origine volcanique; ils ont cru que la houille, qui occupe la partie supérieure de la couche du combustible, ne seroit pas demeurée de bonne qualité si elle avoit subi le degré de chaleur qu'auroit dû lui communiquer une couche de lave épaisse. Cependant il est aisé de voir que tous les faits que nous avons exposés peuvent s'expliquer dans le système des volcanistes. Nous ajoutons que beaucoup d'autres circonstances favorables à l'existence des feux souterrains & à la formation du basalte par l'action de ces feux, auroient pu être rassemblées par les observateurs; mais nous devons nous borner à ces détails, comme les seuls qui ont été recueillis jusqu'à présent.

MELADA ou ZAPUNTELLO, île du comté de Zara en Dalmatie. La plus belle substance que l'on y trouve, est une pierre calcaire de la plus grande blancheur, & presqu'aussi dure que le marbre, quoiqu'elle soit un peu farineuse en se brisant: on y trouve des empreintes de plantes & d'insectes marins. Il paroît, outre cela, que des madrépores & des coralines ont été enveloppés par la pâte molle dont cette pierre a été formée. Le sable qu'on rencontre sur le port est rempli de petites coquilles microscopiques, du genre des nautilites & des cornes d'ammon, & semblables à celles qui ont été décrites & figurées dans l'ouvrage de Janus Plancus, médecin de Rimini.

MENIL (Montagne du). La montagne du *Menil* a pour limites celles d'Oger, de Gionges & de Vertus (département de la Marne). Quoique contiguë à la première, elle est plus haute d'environ trente pieds, car elle a près de quatre cent cinquante pieds d'élévation verticale. La montagne du *Menil* est de même nature que celle d'Oger: on y voit les mêmes couches calcaires coquillières dans une semblable disposition. La terre végétale est un sable ochracé & mêlé d'argile; on trouve dans cette terre beaucoup de petits silex colorés par le fer; les uns en noir, les autres en jaune, & la plupart en rouge. Sous cette couche est un limon très-coloré; ensuite une autre pierre calcaire tendre, composée de coquilles, qu'on reconnoît presque toutes à leurs formes. Dans ces pierres se trouvent éparses, dans plusieurs endroits, de grandes masses de silex poreux, & rempli de terre ochracée: c'est une espèce de pierre meulière. Sous la couche de pierres se trouve du sable coloré, ensuite de petites masses de grès rougeâtre. A la profondeur de trente pieds est une argile jaune, renfermant des petits cailloux & des pyrites: viennent ensuite de la marne grisâtre, du tuf calcaire, & enfin le massif de craie si profondément qu'on ne le fouille. Si l'on observe la descente escarpée de la montagne vers la plaine, & les ravines très-profondes formées par les eaux, on reconnoît que, sous l'argile & le sable, est le tuf calcaire, & le banc de craie qui occupe encore plus de hauteur jusqu'au niveau de la plaine. Depuis un bois ifolé fur le fommet de la montagne, furnommée *la Houppe*, jufqu'aux environs de Gronges, & même ceux de Saint-Quentin, la montagne a une autre organifation.

La couche de l'humus, qui a trois pieds d'épaiffeur, eft une terre limonneufe, jaunâtre, & qui contient beaucoup de fable : ce fol eft cultivé & très-fertile autour des villages. Dans cette terre on rencontre feulement des filex épars, colorés; & fous cette couche eft une terre calcaire contenant beaucoup de coquilles, enfuite de la pierre calcaire, tendre, poreufe, formée entièrement de vis, de fabots & d'autres coquilles marines : enfuite on rencontre du fable & du grès en petites maffes; puis de la marne, du tuf calcaire à la profondeur d'environ vingt pieds; enfin, le banc de craie à la profondeur de vingt-cinq pieds.

MER. C'eft cette réunion des eaux dans des baffins immenfes qui environnent de tous côtés les continens; ces baffins pénètrent en plufieurs endroits dans l'intérieur des terres, tantôt par des ouvertures affez larges, tantôt par des détroits refferrés, ce qui forme des *mers* méditerranées, dont les unes participent immédiatement à tous les mouvemens des grandes *mers*, & dont les autres ne femblent avoir rien de commun que leur continuité avec elles.

La forme des bords des divers baffins de la *mer* tient à tant de circonftances variées, qu'on ne peut ici en préfenter les détails : on les trouvera développés d'une manière précife & raifonnée dans les articles MÉDITERRANÉE, GOLFES, DÉTROITS, BASSIN DE LA MER.

L'eau de la *mer* eft la plus abondante qu'il y ait fur le globe de la terre; elle eft d'une faveur âcre, amère, falée, d'une odeur particulière; fa pefanteur fpécifique eft à l'égard des eaux pures & douces dans le rapport de foixante-dix à foixante-treize, c'eft-à-dire, qu'un pied cube d'eau de *mer* pèfe foixante-treize livres, tandis qu'un pareil volume d'eau de rivière ne pèfe que foixante-dix livres. C'eft à caufe de cet excès de pefanteur, dû aux parties de fel marin & autres dont elle eft chargée, qu'elle gèle difficilement, & qu'elle s'évapore à l'air moins promptement que les eaux douces; c'eft encore par la même raifon qu'un vaiffeau déplace une moindre quantité d'eau dans la *mer* que dans un fleuve, & qu'il y enfonce moins.

L'eau des différentes *mers* eft plus ou moins chargée de fel. Les navigateurs atteftent que, dans la *mer* du Sud, fous l'équateur & dans les contrées méridionales, il y a plus de fel en pleine *mer*, & que l'eau y eft plus froide que vers les pays du nord, & aux environs des pôles de la terre. La *mer* des côtes de Hollande contient un neuvième de fel; fur les côtes d'Efpagne & de la Méditerranée elle en contient bien davantage.

En Suède, près de Carlfcrone, l'eau de la *mer* ne contient qu'un treizième de fel; plus loin elle eft fi peu chargée de fel, qu'elle gèle en grande maffe dans les golfes de Bothnie & de Finlande. C'eft par cette raifon que la *mer* qui environne les côtes du Groënland & du Spitzberg eft prefque toute couverte de glaçons continus, ce qui la fait nommer *Mer-Glaciale*. La *mer* étant plus falée en certains endroits que dans d'autres, on peut en attribuer la caufe à la différence de l'évaporation. On fait, par exemple, que dans la *mer* du Sud, où le foleil agit furtout entre les tropiques plus ou moins perpendiculairement, l'évaporation eft certainement plus forte que dans nos climats; auffi la *mer* y eft-elle plus falée. L'évaporation & la falure font peu confidérables dans les *mers* du Nord, parce que le foleil eft moins vertical & moins actif dans ces climats glacés. D'ailleurs, il eft de fait qu'il y pleut bien moins communément, tandis que les pluies caufées par l'évaporation des eaux des contrées méridionales tombent abondamment dans la zone torride : on peut encore ajouter que le grand volume d'eau douce que les fleuves portent dans les *mers* du Nord en diminue la falure dans des parages fort étendus; c'eft par cette raifon que la *Mer-Blanche* n'eft que foiblement falée à l'embouchure de la Dwina. Quant à la caufe de la falure de la *mer*, on a formé plufieurs conjectures, dont nous préfenterons ci-après la difcuffion à l'article *Salure de la mer*.

Nous avons dit que l'eau de la *mer* éprouvoit une évaporation qui varioit comme les climats; c'eft en conféquence de ce grand effet que s'élèvent de la furface des *mers* des vapeurs qui, étant condenfées, forment ces nuages qui, tombant en pluie, portent la vie & l'abondance fur la vafte étendue des continens. (*Voy*. les articles NUAGES, VAPEURS, PLUIES.)

§. Ier. *Baffin de la mer.*

Les bords du baffin de la *mer* font dans le cas des bords d'un grand vallon; & les falaifes ou côtes coupées à pic dans les golfes & dans les méditerranées ne préfentent que les couches & les lits naturels qui compofent les maffifs de l'intérieur des continens. D'ailleurs, fi l'on compare les deux bords d'un golfe, on trouve la plupart du temps des couches & des lits qui fe correfpondent avec une régularité étonnante, ou bien des maffifs d'une autre nature; nous ne parlons ici que des bords du baffin actuel. Leur infpection fait voir que toutes les parties efcarpées font dans le train d'une deftruction continuelle par l'action des vagues qui en fapent les fondemens. Ceci nous donne lieu de croire que tous les golfes, toutes les méditerranées, toutes les côtes d'une île, toutes les côtes de la partie du continent qui correfpondent aux premières, fe détruifent chaque jour. Ainfi nous croyons qu'en remontant vers les temps anciens des golfes & des méditerranées, on doit trouver des preuves que les côtes de la mer étoient plus refferrées & moins éloignées entr'elles; que, par conféquent, les baffins des golfes & des méditerranées fe font agrandis.

Ces deftructions des côtes efcarpées ont formé par la fuite des temps de grands amas dans le baffin de la mer, & fouvent à une diftance peu confidérable des côtes.

Mais l'eau des fleuves qui circulent à la furface des continens eft la principale caufe des changemens dans le baffin de la mer; ils y tranfportent la plus grande quantité des matières, qui y forment des dépôts plus ou moins étendus, & plus ou moins épais, fuivant la force & l'activité du cours de ces fleuves, & la qualité des matières qu'ils chârient. La diftribution de ces matières paroît dépendre auffi de l'obftacle qu'oppofent les eaux de la mer aux eaux qui s'y déchargent par l'embouchure des fleuves : les matières les plus pefantes fe dépofent dans les parties les plus voifines de l'embouchure, & dans les points où l'eau des fleuves conferve encore une partie de fon activité, au lieu que les matières les plus légères fe difperfent au loin, & que moins de mouvement peut contribuer à leur tranfport. D'après cette diftribution des matériaux entraînés dans la mer par les fleuves, il paroît conftant qu'à une certaine diftance des côtes il ne fe fait aucun dépôt, aucun rempliffage; & le fond du baffin de la mer fera toujours le même fans éprouver le moindre changement, à moins que les courans de la mer n'entraînent des dépôts à une diftance fort grande des côtes & de l'embouchure des fleuves.

On a remarqué conftamment qu'à une certaine diftance de l'embouchure des fleuves, ou fur une côte où l'on trouve très-peu de ces embouchures, il n'y a aucun de ces dépôts, aucun amas de matières qui comblent les golfes ou chargent la côte d'amas de fable. (Voyez DUNES.)

Il eft à croire que les différens dépôts qui fe forment dans le baffin de la mer, quelque part qu'ils fe forment, font par lits parallèles, placés les uns au-deffus des autres, fuivant l'abondance des matériaux qui font fournis, ou par la deftruction des côtes, ou par les tranfports des fleuves & des rivières.

Ces diverfes matières, prenant infenfiblement une certaine confiftance, formeront d'abord des bas-fonds fur lefquels les animaux marins & les plantes marines une fois établis, acheveront d'élever cette bafe au-deffus de la mer.

Ainfi ce nouveau travail de la mer reffemble à tout ce que nous offre l'intérieur des continens quant à la diftribution des matériaux par couches & par lits.

Une circonftance qui mérite la plus grande attention, c'eft que le baffin de la mer actuelle ne produit pas les mêmes efpèces de coquillages que ceux que la mer ancienne, qui a formé les continens, nourriffoit dans fes eaux; en forte que les dépôts qui fe forment actuellement ne doivent pas offrir les mêmes dépouilles que nous trouvons dans la nouvelle terre. Ainfi la révolution, quelle qu'elle foit, qui a produit l'abaiffement du niveau des eaux de la mer au point où il fe trouve maintenant, a changé auffi le climat de la mer, &, par une fuite naturelle, les familles des coquillages qui peuplent nos parages; en forte que la mer actuelle ne continue pas le travail de la mer ancienne. quant à la nature des matériaux, mais feulement quant à leur difpofition par couches. C'eft donc un nouvel ordre de chofes, & qu'on ne peut confidérer comme la fuite & le prolongement des continens.

§. II. Niveau de la mer.

L'hiftoire naturelle de la moyenne & de la nouvelle terre nous prouve que la mer a changé plufieurs fois de niveau; mais ces changemens ontils été bornés à des diminutions, à des abaiffemens fucceffifs, comme plufieurs naturaliftes l'ont avancé? ils ont cru que l'abaiffement de niveau qui a mis à découvert les différentes parties de la nouvelle terre, étoit une fuite des premiers abaiffemens qui avoient d'abord mis à découvert les parties les plus élevées de la moyenne, qu'ils ont confidérée comme les montagnes primitives; enfuite ils ont fuppofé un fecond abaiffement intermédiaire entre ces deux, qui s'eft fixé au fommet des collines, & s'y eft arrêté tout le temps qu'il a fallu pour que tous les matériaux de ces dépôts fuffent formés.

Outre cela ils ont cru que, pendant toute la longue fuite de fiècles que ces diminutions du niveau de la mer fe font opérées, l'eau de la mer a pu nourrir les mêmes efpèces d'animaux & de plantes marines.

Nous ne doutons pas que le niveau de la mer n'ait éprouvé d'énormes changemens, ainfi qu'on l'a conclu d'abord des grandes parties des continens appartenantes à la nouvelle terre, & qui, formées dans le baffin de la mer, fe trouvent à fec & fort élevées au-deffus de fon niveau actuel, & même jufqu'au-delà de deux cents toifes; mais nous allons plus loin : nous prétendons que tout le maffif de la moyenne terre qui fe trouve par couches, étant l'ouvrage de l'eau, a de même été couvert par les eaux de la mer, & enfuite abandonné par cet élément. Ainfi l'élévation & l'étendue du baffin de la mer font déterminées par les maffes où les fubftances fe trouvent diftribuées par couches; en fecond lieu, que l'immenfe diminution de l'abaiffement du niveau de la mer, qui a mis à découvert la moyenne terre, ne peut pas être confidérée comme le commencement de ces mêmes mouvémens qui ont laiffé à fec la nouvelle terre; car nous avons trouvé des parties de

la

la moyenne terre fillonnées de vallons, qui ont été enfuite recouvertes par la nouvelle : or, il réfulte de ces faits, que la *mer*, par fa retraite, a expofé ces parties de la moyenne terre à l'action des eaux pluviales pendant tout le temps néceffaire à l'excavation, & que ces parties des anciens continens, de vallons profonds, font redevenues le baffin de la *mer*, où la nouvelle terre s'eft formée. Voilà donc un balancement, une ofcillation avérée dans les mouvemens qui ont produit les changemens de niveau dans la *mer*.

Les vallées du Rhône, de la Loire & de l'Allier offrent prefque partout les preuves de cette vérité dans toute l'étendue des parties où fe trouve la moyenne terre. Ainfi l'on y voit la preuve d'un abaiffement des eaux de la *mer*, pendant lequel la première vallée du Rhône & un grand nombre de vallons latéraux ont été approfondis par les eaux courantes, & dont le cours étoit libre à la furface de la terre, & fans que les eaux de la *mer* s'oppofaffent à leur mouvement.

Enfuite on voit une partie de ces grandes excavations comblée de nouveau par les dépôts de la *mer* en couches horizontales, & compofées de débris de coquillages marins : la *mer* y eft donc revenue, & a laiffé de nouveau à fec les dépôts qu'elle y a formés, & qu'on diftingue très-facilement des premiers dépôts de la moyenne terre, fillonnés par les eaux pluviales. Ainfi les changemens de niveau dans les eaux de la *mer* font la fuite de plufieurs balancemens, où les diminutions & les abaiffemens ont été fuivis de retours qui ont reporté les eaux de la *mer* fur les parties des continens qu'elles avoient abandonnées.

Il eft vrai que les retours n'ont jamais reporté les eaux au point d'où elles étoient parties; mais il fuffit que les ofcillations aient eu lieu, pour qu'on ne puiffe pas attribuer la retraite de la *mer* à une diminution abfolue de fes eaux.

On a imaginé, fur la caufe de cette diminution, plufieurs fyftèmes qu'il eft fort difficile d'établir par des preuves folides, & qui prouvent feulement l'embarras où l'on eft d'expliquer un fait extraordinaire : les uns, comme De Maillet, ont dit que la quantité de l'eau de la *mer* diminue abfolument; d'autres foupçonnent qu'elle s'eft évaporée par l'action de quelque comète; plufieurs foutiennent qu'elle a rempli des rangées de cavernes fouterraines à deux ou trois étages, dont les tremblemens de terre ou les volcans ont ouvert les voûtes; enfin, quelques autres ont penfé que la *mer* avoit inondé certaines parties du Globe, tandis qu'elle en a laiffé d'autres à découvert. Nous n'entreprendrons pas de difcuter chacune de ces opinions, qui ne portent fur aucune bafe folide.

Nous nous contenterons feulement de faire obferver que l'eau de la *mer*, fuivant qu'elle a pris différens niveaux, n'a pas donné les mêmes dé-

pouilles d'animaux marins, & que par conféquent le changement de climat paroît avoir fuivi les différens degrés de diminution de ces eaux. A plus forte raifon les retours de cette même eau ont-ils donné des dépouilles encore plus différentes, quoiqu'elles aient formé des dépôts au-deffus de ceux de la moyenne terre; car la moyenne terre montre des coquilles d'une famille totalement différente & pour la forme & pour le tiffu, de la famille qui a fourni les matériaux de la nouvelle terre qui la recouvre.

La *mer*, en changeant de niveau, n'a donc pas continué à nourrir les mêmes animaux & les mêmes plantes dans les parties inférieures, comme dans les parties plus élevées, & dans les retours comme dans les abaiffemens primitifs.

§. III. *Dépôts de la mer.*

On a dit qu'il y avoit deux fortes de dépôts, les uns faits en pleine *mer*, les autres fur les côtes; dans les uns on trouve des coquilles foffiles couchées fur le plat, & conférvées; dans les autres, des fables & des cailloux roulés.

Les uns ont été faits auffi dans un temps où la *mer* étoit calme, & les autres lorfqu'elle étoit agitée.

De-là les dépôts calcaires affujettis au plan de l'horizon. Les autres dépôts de fable mêlés de cailloux roulés font irréguliers, parce qu'ils ont été ftratifiés au milieu de grandes agitations.

Cette diftinction des dépôts eft abfolument futile; car les pierres calcaires, débris de coquilles comminuées, prouvent certainement une deftruction & une décompofition des corps marins, & un affez grand mouvement dans les eaux de la *mer* pour l'opérer. Les grands bancs qui font le réfultat de ces deftructions, fe trouvent à toutes les hauteurs. Il en eft de même des couches de fable qui les recouvrent exactement auffi à différentes hauteurs. Tous ces bancs, débris de coquillages, n'ont pu être un fond de *mer*, tandis que les autres, qui font parallèles aux premiers, auroient été fucceffivement un bord de *mer*, fuppofitions hafardeufes & mêmes abfurdes.

D'abord la diftinction n'eft pas fondée fur des caractères bien folides, bien marqués. Les bancs de fable peuvent avoir été facilement dérangés à la furface, même dans l'intérieur de la terre; mais plufieurs font fort réguliers encore, & bien précifément d'une égale épaiffeur partout.

Les bancs de fable qui ont été véritablement, & fans équivoque, formés au bord de la *mer*, font bien différemment conftitués que ceux des environs de Paris.

Comment admettre autant d'ofcillations dans le baffin de la *mer*, qu'il y a d'alternatives de couches calcaires & de bancs de fable remplis de cailloux roulés ?

Quel eſt le principe actif qui a promené ainſi les eaux de la *mer* depuis la côte actuelle juſqu'aux bords connus de l'ancienne *mer* ?

Il y auroit bien plus d'irrégularités dans la ſuite des couches calcaires & des bancs de ſable qu'on n'en voit ; il y auroit beaucoup de repriſes ſenſibles qui marqueroient les différentes ſtations de la *mer*.

La *mer* montante & deſcendante doit, dans cette ſuppoſition, avoir fait un travail différent, & on ne nous montre pas ce travail.

Ceci exigeroit ſurtout des pentes dans les bancs, & il s'en faut bien qu'il y en ait d'aſſez ſenſibles.

Comment trouvera-t-on, dans les falaiſes qu'on détruit, de quoi former la continuité d'un banc qui occupe ſouvent une grande étendue de la ſurface de la terre ?

On ſe trompe lorſqu'on ſuppoſe que les couches calcaires, débris des coquillages, ont été faites tranquillement, car ſouvent les petites lames qu'elles contiennent ne ſont point parallèles entr'elles ni à l'horizon. Il s'eſt fait là un lavage comme dans les couches de ſable.

La falaiſe que la *mer* détruit, comment a-t-elle pu fournir la continuité des mêmes matériaux ? & quelle eſt la force active dans la nature qui aura fait monter la *mer*, lorſqu'elle n'avoit plus de matériaux, pour former des couches à tel ou tel niveau ? Il faut autant de niveaux de falaiſe que de paſſages des couches calcaires aux couches de ſable, & autant de circonſtances favorables pour faire monter ou deſcendre la *mer*.

Lorſque l'on aura fait une étude ſuivie des couches de la terre, des tractus qu'occupe chacune de ces couches, on pourra être aſſuré que les explications qu'on haſarde aujourd'hui ſont conformes aux phénomènes. Il eſt vrai que les principes qu'on met en avant ſont fort vagues, & pourroient ſe prêter aux phénomèmes contraires.

Ceci, au reſte, n'eſt pas nouveau. Sulzer avoit ſuppoſé une marche dans le baſſin de la *mer*, ſemblable à celle qu'on admet pour expliquer la diſtinction des couches de la terre. Il les met à découvert & leur donne une certaine conſiſtance, pour qu'elle ne faſſe pas corps avec les couches ſurincombantes.

On a beaucoup répété que le temps ne coûte rien à la nature : il faut ajouter que partout elle économiſe & le temps & ſes forces, & que dans les probabilités il vaut mieux faire venir les matériaux dans le baſſin de la *mer*, que d'aller chercher les matériaux par la *mer*. Or, nous trouvons l'économie de ſes forces en faiſant faire toutes les couches dans le même baſſin.

Nous avouons que s'il y a beaucoup de difficulté à faire, dans le même baſſin, des couches d'une certaine étendue, il peut y avoir auſſi une grande difficulté de tranſporter certains matériaux à une diſtance des côtes conſidérable ; nous avouons

cette difficulté, mais nous ne voyons pas pour cela que les baſſins de la *mer* aient été multipliés à l'infini, & que les oſcillations aient été auſſi fréquentes que ſembleroient l'exiger les paſſages des couches priſes ſur l'épaiſſeur des maſſifs.

§. IV. *Fond de la mer.*

Si la deſcription de la terre commence à être reſſemblante dans ſes principales parties, ne peut-on pas dire de celle du fond de la *mer*, qu'elle n'eſt encore que très-foiblement ébauchée ? Les ſondes, c'eſt-à-dire, le braſſiage & la nature des fonds ont toujours paru un objet intéreſſant à connoître, ſurtout à l'ouverture des détroits & dans les parages des terres baſſes difficiles à apercevoir, qu'on craint d'approcher, & auprès deſquelles, en général, la *mer* a peu de profondeur ; mais les progrès de cette connoiſſance ont été lents, parce que la plupart de ceux qui s'en ſont occupés, quoique capables à certains égards, avoient des connoiſſances trop reſſerrées. Combien donc n'eſt-il pas conſolant pour les navigateurs, de voir paroître ſucceſſivement les réſultats des travaux maritimes ?

De tous temps les marins ont ſondé & ont rapporté leurs ſondes ſur des plans ou des cartes, au lieu où ils croyoient être ; mais combien d'incertitude ſur ce lieu ! combien de cartes mal dreſſées ! La défectuoſité des anciens inſtrumens, & mille circonſtances qu'on connoît aſſez pour ſe diſpenſer d'en faire l'énumération, ont dû influer ſur la détermination des latitudes ; & l'eſtime, ſeul moyen qu'employoit encore le plus grand nombre, n'a jamais pu procurer rien de certain, ni même d'à peu près pour celle des longitudes, ſi ce n'eſt dans le cas où la vue des terres & de bonnes opérations auront peu après donné lieu de corriger les erreurs : il a donc fallu avoir recours aux ſondes faites exprès, en s'éloignant peu à peu des côtes, & on remarque que c'eſt la voie qu'on ſuivie quelques anciens ; mais en dreſſant les cartes qu'ils nous ont laiſſées, la plupart ont ſi mal rendu la partie géographique, qu'ils ne paroîtroient mériter de confiance à aucun égard, ſi une tradition conſtante & une vérification non interrompue ne nous euſſent dévoilé ce qu'on pouvoit recueillir de leur travail, & ſi nous n'euſſions ſu trouver les moyens combinés d'en faire uſage : d'autres nous ont préſenté un meilleur enſemble, des giſemens moins haſardés ; mais l'inſpection comparée de leurs cartes fait voir, qu'au lieu de ceſſer de ſonder, lorſqu'ils n'ont plus trouvé de fond avec des lignes d'une longueur ordinaire, ils auroient dû continuer leur route : par un moyen ſi ſimple ils auroient, avec les mêmes lignes, trouvé un peu plus au large des repriſes de fond qui ont été rencontrées avant & après leurs opérations.

Les entretiens avec des pilotes de toutes langues, la diſcuſſion des cartes & des ſondes écrites, anciennes & récentes, l'examen des corps qui s'attachent à la fonde, l'infpection des rivages, des bancs, celle des couches qui forment l'intérieur de la terre jufqu'à une profondeur à peu près femblable à la longueur des lignes de fondes les plus ordinaires; quelques réflexions fur ce que la phyfique, la cofmographie & l'hiftoire naturelle ont de plus analogue avec cet objet, nous ont fait foupçonner, nous ont même perfuadé qu'il doit exifter, dans bien des parages, deux fonds différens, dont l'un recouvre fouvent l'autre par intervalles : le fond ancien ou permanent, qu'on peut nommer *fond général*, & le fond accidentel ou particulier. Le premier, qui doit faire la bafe d'un tableau général, eft le fol même du baffin de la *mer*; il eft compofé des mêmes couches que nous trouvons partout dans le fein de la terre, telles que la marne, la pierre, la glaife, le fable, les coquillages, que nous voyons difpofés horizontalement, d'une épaiffeur égale, fur une fort grande étendue. L'épaiffeur de quelques-uns de ces lits va jufqu'à plus de cent pieds, & leur longueur traverfe des provinces entières. On en pourroit citer bien des exemples. Les navigateurs, qui ne font fouvent-ni phyficiens ni naturaliftes, peuvent cependant s'en convaincre à l'afpect des falaifes efcarpées qu'ils ont lieu de ranger. Quelle que foit la caufe de l'arrangement de ces lits, elle n'eft pas notre objet; c'eft l'état des chofes qui nous intéreffe. Il y a lieu de penfer que fi la *mer* forme des couches, elle les forme comme nous les voyons en terre; fi, au contraire, elle a creufé fes baffins, ce doit être dans ces mêmes couches : de toutes façons on peut conclure qu'elle a pour fond général & permanent, des couches femblables à celles qui compofent la terre. Ici ce fera un fond de marne; là, un de granite, de fable, de roches, &c. Enfin, le nombre des fonds généraux qu'on peut difcerner par la fonde, ne va guère qu'à fix ou fept efpèces principales. Les plus étendues & les plus-baffes de ces couches fe trouvent découvertes ou coupées en bifeau, formant dans la *mer* de grands efpaces où l'on doit reconnoître le fond général, indépendamment ce que les courans & autres circonftances peuvent y dépofer d'étranger à fa nature. Il eft encore des fonds permanens dont nous n'avons point parlé : ce font ces étendues immenfes de madrépores, de coraux qui recouvrent fouvent un fond de roche, & ces bancs d'une énorme étendue de coquillages, que la prompte multiplication ou d'autres caufes y ont accumulés; ils y font comme par peuplades. Une efpèce paroît occuper une certaine étendue ; l'efpace fuivant eft occupé par une autre, comme on le remarque à l'égard des coquilles foffiles dans une grande partie de l'Europe, & peut être partout. Ce font même ces remarques fur l'intérieur de la terre, & des lieux où la *mer* découvre beaucoup, où l'on voit toujours une efpèce dominer comme par cantons, qui nous ont mis à portée de conclure fur la prodigieufe quantité des individus,

& fur l'épaiffeur des bancs du fond de la *mer*, dont nous ne pouvons guère connoître, par la fonde, que la fuperficie.

Le fond accidentel ou particulier offre une quantité confidérable de détails fugitifs, qui femblent avoir jufqu'ici déconcerté les projets de ceux qui fe flattoient d'en donner le tableau. C'étoit, à la vérité, une efpérance bien flatteufe; mais l'expérience démontre combien elle étoit vaine. Ce fond eft compofé d'une quantité prodigieufe de pointes d'ourfins de toutes efpèces, que les marins nomment *pointes d'alêne* ; de fragmens de coquilles, quelquefois pourries; de cruftacés, de madrépores, de plantes marines, de pyrites, de granites arrondis par le frottement, de particules de nacre, de mica, peut-être même de talc, auxquels ils donnent des noms conformes à l'apparence; quelques coquilles entières, mais en petite quantité, & comme femées dans des étendues médiocres; de petits cailloux, quelques criftaux, des fables colorés, un léger limon, &c. Tous ces corps difféminés par les courans, l'agitation de la mer, &c., provenant en partie des fleuves, des éboulemens de falaifes & autres caufes accidentelles, ne recouvrent fouvent qu'imparfaitement le fond général, qui fe repréfente à chaque inftant quand on fonde fréquemment dans les mêmes parages.

C'eft principalement en fe procurant un grand nombre de fondes en nature, dont la place fera bien conftatée, & dont on fera une difcuffion claire & méthodique, en la rapprochant de celle qu'on aura foin de faire enfuite des cartes & des fondes écrites, anciennes & modernes, toujours dans les vues, avec les connoiffances & les fecours que nous avons indiqués, qu'on aura la fatisfaction de remarquer quelqu'uniformité dans les réfultats, & qu'on pourra en conclure le fond général : c'eft ainfi que l'on remarque que, depuis près d'un fiècle, une grande partie des fonds généraux du golfe de Gafcogne & de la Manche n'ont prefque pas changé.

Dans la defcription de la *mer*, il femble que c'eft au fond général qu'il faut s'attacher principalement, & en prévenir le navigateur, qui, vigilant & attentif en fondant fouvent dans le même parage, pourra le reconnoître indépendamment du fond accidentel, & ne fera plus livré à la contradiction que repréfentent les détails qu'on a fur ce dernier, mobile & paffager, mais dont la connoiffance, qui a cependant fon utilité, pourroit être traitée à part & d'une autre manière. On n'ignore pas que, furtout aux approches des côtes, il fe trouve des parages où il femble que des fonds divers ne laiffent pas d'être en quelque forte permanens; mais cela eft affez rare, & le deviendra d'autant plus, qu'on cherchera avec foin à diftinguer le vrai fond des lieux où l'on eft dans l'ufage de marquer les fonds divers. Si, après un mûr examen, on étoit obligé d'en revenir à cette indication, alors elle feroit moins fréquente, & affez bonne pour ne plus laiffer que de légeres incertitudes.

§. V. *Évaporation des eaux de la mer.*

Quoique beaucoup d'auteurs aient traité cette queſtion par l'expérience & le raifonnement, elle n'en eſt pas moins reſtée une énigme, pour avoir été compliquée & obſcurcie. L'on eſt parti communément de l'expérience du docteur Halley, qui donne pour l'évaporation de l'eau de la *mer* une ligne un cinquieme en douze heures dans les jours les plus chauds de l'été : elle a été confirmée preſque généralement, parce qu'on s'y eſt toujours pris de la même maniere pour la répéter ; & l'on a ainſi jugé du petit au grand ; l'on a même prétendu que cet argument étoit *à fortiori*. Cependant les phyſiciens ſe ſont bien convaincus par le fait, que cette évaporation eſt au contraire d'autant moindre, que le baſſin de l'expérience eſt plus profond, & que, dans un marais ſalant, par exemple, elle ſera en même temps de plus de deux & trois lignes, parce que l'air & la chaleur pénetrent & agitent le fond même du baſſin auſſi violemment que la ſurface : il en eſt bien autrement de la pleine *mer*; ſes couches inférieures ne peuvent ni ſentir la température du jour le plus chaud, ni même permettre aux ſupérieures de le partager abſolument; de ſorte qu'en appliquant à la *mer* le réſultat de l'expérience faite ſur le plus grand baſſin artificiel, il doit y avoir beaucoup à rabattre.

Quoi qu'il en ſoit, évaluant enſuite, avec le même docteur Halley, le produit moyen de tous les fleuves qui coulent dans la Méditerranée, l'on trouve que, dans le même intervalle de douze heures, ils ne lui rendent guere plus que deux cinquiemes de ligne d'eau ſur toute la ſuperficie. Or ; perdant par l'évaporation cinq cinquiemes, & n'en recouvrant que deux par les fleuves, on ſe croit en droit de conclure qu'elle diſſipe trois fois plus qu'elle ne reçoit ; & qu'en douze heures ſeulement elle ſouffriroit un vide de quatre cinquiemes de ligne de hauteur, ou 3453 millions de tonneaux, ſi le détroit de Gibraltar ne les ſuppléoit.

Mais ce réſultat, quoiqu'il fût néceſſaire & même inſuffiſant encore à cette opinion, eſt évidemment faux & exagéré, 1°. parce que le produit des fleuves eſt ici ſuppoſé tel qu'il doit être continuellement, tandis que l'on ſait que pendant les douze heures du jour le plus chaud, que l'évaporation peut être de ſix cinquiemes de ligne : il s'en faut bien qu'elle ſoit pareille durant les vingt-quatre heures du même jour, & pendant les douze mois de l'année : elle eſt bien moindre alors, mais très-ſouvent elle eſt plus que compenſée & réparée par la fraîcheur des nuits, des hivers, des brouillards, &c. ; 2°. parce qu'il auroit fallu défalquer du déficit la

reſtitution directe que les pluies font immédiatement à la *mer*, & qui, d'après toutes les expériences connues, ne peut pas être eſtimée moins de dix-huit pouces par an, c'eſt-à-dire, moins de trois cinquiemes de ligne par jour moyen.

Quand donc on admettroit que l'évaporation enleve à la Méditerranée ſix cinquiemes de ligne par jour, & trente-ſix pouces & demi de hauteur d'eau par an, ce qui n'eſt pas croyable, ſurtout ſi la pluie n'en rend que dix-huit pouces ; que tous les fleuves ne lui rapportent que deux cinquiemes de ligne, ou douze pouces un ſixieme par an, ce que l'on peut admettre ; enfin, que les pluies ne lui rendent immédiatement que trois cinquiemes de ligne, ou dix-huit pouces un quart, ce qui eſt certainement au-deſſous plutôt qu'au-deſſus du vrai ; ce ne ſeroit, en fin de compte, qu'un déficit d'un cinquieme de ligne par jour & de ſix pouces par an, c'eſt-à-dire, 900 & non pas 3453 millions de tonneaux que le détroit de Gibraltar auroit, dans ce cas, à lui fournir ; c'eſt-à-dire encore, que cette fourniture du détroit n'auroit pas beſoin, même dans cette ſuppoſition, d'être plus de la moitié de celle des fleuves réunis, au lieu que, ſur l'apparence trompeuſe de la largeur & de la rapidité de ce détroit, l'on eſtime qu'elle eſt réellement huit fois plus grande : quel phénomene ſeroit plus inexplicable ! Mais ce n'eſt pas tout. Il eſt bien clair que cette perte journaliere & ce déficit annuel, quoique réduits de beaucoup, ſont encore exagérés, parce que, ſi l'évaporation d'une journée ardente de l'été n'eſt que de ſix cinquiemes de ligne ou un dixieme de pouce, il n'eſt pas vrai que celle de l'année entiere ſoit de trente-ſix pouces. D'après des expériences mieux circonſtanciées que celles de Halley, on a penſé qu'elle ne pouvoit pas excéder vingt-neuf pouces ; & ſur celles qu'on a faites depuis, on n'a pas cru devoir la fixer à plus de vingt-un : d'où il s'enſuivroit que, loin d'un déficit de ſix pouces d'eau à emprunter de l'Océan, ſuivant le calcul de Halley, & de quatre-vingt-ſeize pouces ſuivant l'eſtime ordinaire, la Méditerranée auroit réellement neuf pouces de trop à lui rendre annuellement.

Si l'on examine cette nouvelle propoſition en elle-même, & indépendamment des inductions qui l'ont amenée, on la trouvera très-vraiſemblable, & preſque démontrée ; car s'il y a un principe certain ſur cette matiere, c'eſt que l'évaporation générale d'une part, & la pluie générale de l'autre, ſont une & même quantité. Quoique les évaporations & les pluies locales ſoient ſouvent fort différentes, l'on ne doit pas admettre de grande différence à l'égard de la Méditerranée, dont le département embraſſe juſqu'à 45 degrés de longitude & 65 de latitude. Il faut donc conclure, 1°. que ſon baſſin reçoit à peu près directement, & par les pluies ſeules, autant d'eau que l'évaporation lui en enleve, comme il arriveroit évidemment à la *mer* univerſelle, ſi elle couvroit toute la terre ; car de ce qu'elle en a laissé un tiers à sec, on n'y voit aucune différence, si ce n'est que ce continent partage les pluies avec elle assez également par tiers, mais qu'il lui en rend toujours une partie par les fleuves, & que cette partie est exactement ce qu'il a omis de restituer à l'atmosphère par l'évaporation, & ce que la mer se charge par conséquent d'y envoyer pour lui & de plus que lui ; 2°. que presque partout, ce que les fleuves apportent à la Méditerranée est en sus de ce qui devoit lui revenir, attendu que c'est le produit restant des pluies qu'a reçues le continent qui l'environne, & qui, étant lui-même environné par la grande mer, en étoit redevable à celle-ci bien plus qu'à la Méditerranée, & dans le rapport des surfaces de l'une & de l'autre ; 3°. que l'évaporation commune étant de vingt-un pouces, & la mer générale n'en recevant que dix-huit par les pluies directes, elle a besoin que les continens & les fleuves lui rapportent encore trois pouces. Or, si tous les continens, dont la superficie n'est que moitié de la mer générale, lui fournissent néanmoins trois pouces d'eau, les parties de l'Europe, de l'Asie & de l'Afrique qui versent dans la Méditerranée doivent lui en porter au moins douze pouces, puisqu'elles ont notoirement une surface plus que double de la sienne ; elle doit donc en retenir trois pouces pour remplir le vide qu'y a causé la différence entre sa pluie & son évaporation, & il faut bien qu'elle renvoie les neuf pouces restans à la grande mer, qui les avoit réellement fournis.

Le raisonnement s'accorde donc avec l'observation pour prouver que, visible ou non, il doit y avoir un courant par lequel la Méditerranée se décharge dans l'Océan. Certes on peut nier les fixations adoptées ci-dessus, tant pour le produit que pour la dépense des pluies, des fleuves & de l'évaporation ; mais si l'évaporation y est trop foible, la pluie l'est sûrement aussi, & à plus forte raison. Quelques changemens qu'on y fasse, l'on verra que le résultat n'en peut guère différer ; & quelques exceptions locales qu'on veuille admettre pour une mer, pour un lac, pour un continent particulier, on ne peut s'écarter beaucoup d'une théorie aussi simple & aussi évidente.

Cependant, pour que tous les continens ensemble puissent fournir trois pouces d'eau à la mer, qui est double en surface, il faut qu'ils lui en envoient par les fleuves six des dix-huit qu'ils ont reçus par la pluie ; ce qui se trouve vérifié par la Méditerranée, puisqu'elle reçoit réellement, par cette voie, douze pouces ; c'est-à-dire, quatre fois plus que la mer générale, parce que son continent particulier est proportionnellement quadruple : il faut donc aussi qu'ils renvoient par l'évaporation les douze pouces restans ; excepté la petite partie qu'ils en retiennent & qui se terrifie. Mais supposons que la restitution des douze pouces est entière, & qu'elle est la même sur tous

les autres continens : dans ce cas l'évaporation générale & moyenne ne pourroit plus être de vingt-un pouces, à moins que celle en particulier de la mer ne fût de vingt-cinq pouces & demi, pour suppléer ce défaut. Mais, comme on l'a déjà dit, il seroit absurde de supposer qu'en total la mer reçoit plus & l'atmosphère moins qu'elles ne dépensent. Il faut donc en revenir là, malgré toutes les observations qui pourroient y être contraires, & dire que la pluie moyenne & générale est aussi de vingt-un pouces ; que le continent en rend quinze directement à l'atmosphère, & six par les fleuves à la mer générale, qui seroit par-là surchargée de trois pouces, si son évaporation particulière n'étoit de vingt-quatre pouces au lieu de vingt-un ; c'est-à-dire, que l'atmosphère demande à la mer actuelle vingt-quatre pouces d'eau pour ne lui en rendre que vingt-un, tandis qu'elle en envoie aussi vingt-un pouces aux continens pour ne leur en reprendre que quinze ; & il n'en sera pas moins vrai que la Méditerranée, quoique dépensant aussi vingt-quatre pouces, continuant de recevoir les douze pouces du tribut des fleuves avec les vingt-un pouces de pluie commune, aura toujours neuf pouces à renvoyer à l'Océan : tant ce principe de météorologie est nécessaire & vrai dans toutes les suppositions.

§. VI. *Température des eaux de la mer.*

Plusieurs navigateurs habiles ont reconnu, par expérience, que l'eau de la mer, en certains temps, près des côtes, des bancs de sable, des bas-fonds & des écueils, étoit plus froide de neuf à dix degrés que l'eau de la pleine mer : ils ont cru en conséquence, qu'en faisant usage d'un thermomètre, les marins pourroient s'assurer de la proximité des écueils, des bancs de sable, par la marche de la liqueur de cet instrument.

Ce n'est pas seulement à la surface de l'eau qu'on a remarqué cette diminution de chaleur dans le voisinage des terres : on l'a reconnue de même lorsqu'on sondoit plus avant & qu'on approchoit davantage le thermomètre du fond du bassin de la mer. Ainsi les sondes ont appris que l'eau de la mer, en hiver, étoit d'autant plus froide, que la profondeur du bassin étoit moindre. Il est visible que cet effet physique tient à la même cause que l'effet précédent que nous avons exposé au commencement de cet article ; car à mesure que ces terres, dans toutes les occasions, peuvent contracter de l'atmosphère ses diverses températures, elles les transmettent à l'eau qu'elles touchent.

Ceci est encore une suite de ce que nous avons établi & prouvé également par expérience, en parlant de la glace des rivières qui se forme sur le fond de leur lit.

Le rapprochement de tous ces faits nous paroît très-utile, en ce qu'il donne lieu de saisir toutes les circonstances les plus frappantes sur les grands phénomènes des glaces qui se trouvent dans certains parages.

Ne doit-on pas penser que ces circonstances ont influé sur le grand refroidissement de la mer voisine du pôle méridional, à cause de son peu de profondeur, qui fait que les terres sont peu éloignées des eaux de la surface?

Cette disposition des terres du fond des mers du pôle méridional nous paroît plus propre à hâter le refroidissement de cette partie de l'Océan, que l'étendue de ces mers que cite M. de Buffon : cet écrivain ne nous dit point par quelle raison une partie de la surface de la terre, couverte d'eau, doit être, ainsi qu'il le suppose, plus froide qu'une semblable partie qui est à découvert. Il n'a pas vu que ce qui a refroidi considérablement les mers voisines du pôle méridional étoit le peu de profondeur de leur bassin, comme l'expérience le prouve : ici la mer n'est bien froide que par la proximité des terres.

C'est aussi d'après ces mêmes circonstances que les glaçons se forment & s'étendent le long des côtes de la mer; en second lieu, que les glaçons que les rivières charient & transportent dans la mer, se conservent surtout le long des côtes voisines de leurs embouchures. Comment, les côtes de la mer étant froides, comme celles de la mer Glaciale, par exemple, & presque toujours à la température de la glace, l'eau qui les touche ou qui se trouve dans leur voisinage ne contracteroit-elle pas, à la longue, la même température, & ne la conserveroit-elle pas? Ce sont ces correspondances des terres aux mers qui influent, comme on voit, sur les phénomènes généraux que nous venons d'exposer dans cet article. On verra le développement de ces circonstances dans les articles particuliers de ce Dictionnaire qui concernent les glaces des rivières & des mers.

§. VII. Couleur de la mer.

C'est une erreur de croire que la mer est d'autant plus verte, qu'elle est plus salée; car dès que l'on est en pleine mer, l'eau paroît noirâtre & plus foncée que l'azur; cependant, plus on avance, plus elle est salée, comme on s'en est convaincu avec un pèse-liqueur qui étoit chargé d'un peu de mercure au fond : cet instrument s'éleva d'un pouce & demi au-dessus des eaux de la mer dans les dunes, se tint à deux pouces 24 deg. lorsque l'on fut sorti de la Manche, hauteur à laquelle il resta toujours jusqu'à la Jamaïque, la mer étant sans doute si imprégnée de sel, qu'elle n'en pouvoit plus dissoudre; ce qui détruit une autre observation, que la salure de la mer augmente à mesure qu'on approche des tropiques.

On conçoit que la couleur de la mer & ses exhalaisons doivent beaucoup varier, comme celles de la terre; ce qui doit la rendre plus mal-saine en

certains endroits qu'en d'autres, car son odeur n'est pas la même dans les détroits & en pleine mer : & quant à la couleur, elle est d'un vert de mer, & plus mal-saine aux dunes qu'à Torbay, à la côte de Plymouth qu'à Lands-End, & dans la baie de Biscaye qu'en pleine mer; ce qu'on peut attribuer en partie à la différence des vagues, qui sont fort petites dans la baie de Biscaye, quoiqu'on ne soit point alors à quatre-vingt lieues du cap Finistère en pleine mer; les vagues sont longues, roulantes, & ne se brisent pas : dans la Floride, la Virginie & la Nouvelle-Angleterre, les vagues sont longues, roulantes, mais elles se brisent. La mer, qui, en allant dans ces différentes contrées, passoit du vert au noirâtre, ensuite au bleu, étoit, au retour, d'abord bleue, noirâtre, ensuite verte. Lorsqu'on se trouve à la latitude des Barbades, & que l'on s'en croit éloigné de soixante-dix ou quatre-vingts lieues, on voit la mer trouble, noire, & non pas d'un bleu-transparent comme auparavant : l'écume qui se forme aux côtés du vaisseau est trouble, & d'une consistance différente de celle qu'elle a paru jusqu'alors. Il semble qu'on ne l'a jamais vue ainsi. On pense d'abord que cela vient de ce que le soleil n'est pas assez haut pour lui donner sa véritable couleur : c'est pourquoi l'auteur de cette observation attendit que cet astre fût plus élevé; mais la mer prit alors une couleur verte. Le capitaine du vaisseau sur lequel il se trouvoit, à qui il en parla, lui dit que l'on étoit à soixante lieues des Barbades, & qu'on pouvoit jeter la sonde en cet endroit, ce qu'on ne pouvoit faire jusque-là : la mer étoit bleue à l'endroit du mouillage des Barbades, & blanche où elle avoit peu de profondeur : de même à la Jamaïque, elle est blanche & transparente sur le rivage, & bleue à trois brasses du bord.

Mer laiteuse.

La surface de la mer paroît blanche quelquefois en plusieurs endroits, & cette couleur approche beaucoup de celle du lait. Ces apparences laiteuses ne se manifestent que très-rarement sur le rivage ou le long des côtes, ainsi que l'assure M. Newland. L'eau de la mer, lorsqu'elle a cette couleur blanche, étant portée dans l'obscurité, paroît très-lumineuse, phénomène qui est dû à un amas considérable d'animalcules. M. Baudouin explique ce phénomène en l'attribuant aussi à des animaux. M. l'abbé Nollet avoit déjà observé cette lumière de la mer en 1760. M. Grisellini publia en 1750 une dissertation qui a pour objet une scolopendre marine & luisante, que Vianelli avoit, en 1749, appelée lucioletta de l'eau de mer, & que M. Fougeroux découvrit à Venise en 1766, sur une feuille du goémon, espèce d'algue-marine. Cet insecte n'excède pas la grosseur d'une très-petite tête d'épingle; son corps est quelquefois simplement transparent; souvent il en sort des jets

de lumière qui répandent la clarté à quelque diftance de lui : cet animalcule étant écrafé fur du
papier, y dépofe une longue traînée de matière
lumineufe, bleuâtre & tranfparente. Si l'on met à
fec ces petits animaux, leur lumière s'éclipfe à
mefure que l'humidité fe diffipe, ce que M. Go-
dehen de Reville obferva très-bien en 1754 fur
les côtes du Malabar & des Maldives. Mais avant
les auteurs que nous venons de citer, Imperati,
Colomna, Aldrovande, Kircher, Vallifnieri, &c.
avoient dit que la lumière des eaux de la mer étoit
due à des infectes qui brilloient comme les vers
luifans des campagnes. (*Voy.* MER LUMINEUSE.)

Taches jaunes fur la mer.

Aux environs de Rio-Janeiro, affez près de la
côte de l'Amérique méridionale, la mer eft couverte de grandes bandes de couleur jaunâtre, dont
plufieurs ont un mille anglais de longueur & quatre
cents verges de largeur. L'eau de la mer, dans ces
endroits, eft remplie d'une multitude innombrable de petits corps terminés en pointe, & d'une
couleur jaunâtre ; ils n'ont pas plus d'un quart de
ligne de longueur. MM. Banks & Solander, qui les
ont examinés au microfcope, ont cru voir comme
des faifceaux de petites fibres entrelacées les unes
dans les autres, & affez femblables à ce que l'on
aperçoit dans les nids des mouches aquatiques
nommées *caddices* : il y a grande apparence que ce
font des efpèces de petits polypes ainfi colorés.

§. VIII. *De la phofphorefcence de la mer.*

Plufieurs voyageurs fe font occupés de la caufe
qui rend la mer lumineufe. Plufieurs poiffons,
mollufques ou vers marins qui ont la propriété
d'être luifans dans l'obfcurité, & furtout les médufes & les pyrofomes, ont donné lieu de foupçonner que la lumière de la mer pouvoit bien n'être
due qu'à une multitude d'animaux ou d'infectes
plus petits, qui la rendent lumineufe par eux-mêmes ou par leurs émanations.

D'autres ont prétendu que la lumière de la mer
étoit due à une matière phofphorique contenue
dans fes eaux, qui fe raffembloit à fa furface en
petits grains, lefquels, en fe crevant par le choc
des vagues ou des corps folides, s'y étendoient
en répandant de la lumière. Enfin, d'autres ont
reconnu que cette prétendue matière phofphorique étoit des corps organifés fort nombreux,
qui, dans certaines circonftances, rendoient une
lumière fort vive.

En examinant le goëmon & autres herbes marines, on y voit dans l'obfcurité une infinité d'é-
tincelles très-brillantes, & en féparant les feuilles
fur lefquelles on voit briller ces étincelles, on
reconnoît aifément qu'elles font dues à des animaux qui fe promènent fur la feuille, & qui font
changer de place aux points lumineux. En exami-

nant ces points lumineux, ou plutôt ces animaux
à la loupe, on n'a pas de peine à reconnoître que
ce font des fcolopendres marines, des néréides.
Cet infecte brille comme les animaux terreftres
lumineux quand il lui plaît, & il eft le maître de
rendre fa lumière plus ou moins vive : quelquefois
fon corps n'eft que tranfparent, & quelquefois auffi
il en fort des jets de lumière qui forment une
étoile, & éclairent à quelque diftance autour de
lui : c'eft par toute la partie poftérieure qu'il brille :
fa tête feule demeure opaque ; & fi on écrafe l'infecte fur du papier, il y laiffe une longue traînée
de lumière bleuâtre & tranfparente.

Il ne luit que tant qu'il a l'humidité néceffaire,
& il périt en fe deffechant ; mais en confervant le
goëmon, chargé de ces infectes, dans l'eau de
mer, & ayant foin de la renouveler, ils confervent long-temps leur lumière ; & lorfqu'on agite
le goëmon dans l'eau, elle donne des étincelles
qui produifent quelquefois une traînée de lumière.
Il paroît que ces animaux brillent lorfqu'ils éprouvent quelque choc.

La lumière de ces animaux eft un peu bleuâtre,
& affez femblable à celle des vers luifans ou lam-
pyres : il y en a de différentes grandeurs, & peut-
être de différentes efpèces ; mais ils fe comportent
également quant à la lumière qu'ils rendent. Tels
font les principaux phénomènes que l'on a
vus à plufieurs reprifes dans les lagunes de Venife
& fur les côtes de l'Océan, & même dans les mers
de l'Inde.

Mais les autres petits animaux qui ne font que
des points de matière phofphorique organifés, ont
été vus avec plus de foin, plus de fuite, &
il paroît qu'ils rendent auffi de la lumière lorfqu'ils éprouvent quelque choc ; mais en général ils flottent en grand nombre dans l'eau de
mer, & en puifant cette eau on s'en procure une
quantité fuffifante pour faire des obfervations fuivies, & même les varier comme on le juge convenable.

Malgré les expériences & les obfervations qui
conftatent que la mer doit fa lumière à des animaux
de différentes efpèces, plufieurs naturaliftes inclinent à penfer qu'ils ne font pas la feule caufe
de la lumière de la mer, & femblent perfuadés que
ceux qui foutiennent que les infectes en queftion en
étoient l'unique caufe, ont trop étendu leur idée ;
ils reconnoiffent de même que ceux qui l'ont uniquement attribuée aux feux électriques fe trompent
également. Selon ces phyficiens, les deux caufes
peuvent avoir lieu, & peut-être s'y en joint-il une
troifième, favoir, une matière phofphorique pro-
venue de la pourriture des corps marins, des poiffons & des plantes, &c. Dans l'une & dans l'autre
hypothèfe, & même en les adoptant toutes les
deux, il fera toujours facile d'expliquer pourquoi
la mer n'eft lumineufe que dans certains temps,
puifque les animaux d'une part, l'électricité ou la
matière phofphorique de l'autre, ont befoin de

circonstances favorables pour produire de la lumière, & que ces circonstances n'existent pas toujours. Les matériaux de cette matière phosphorique existent dans la mer, mais on croit que le concours de l'air est nécessaire pour la faire briller. Outre cela il semble, comme on l'a déjà dit, que l'agitation & le mouvement y concourent aussi. Ainsi l'effort des rames, le choc des bâtimens, par leur sillage, causent un certain mouvement aux corps chargés de cette matière, que leur légèreté fait monter à la surface. Au reste, nous pensons qu'on doit considérer les vers & insectes lumineux & phosphoriques comme la cause de la lumière que rend l'eau de la mer, la plus probable & même la mieux établie par l'observation & l'expérience.

§. IX. Division des mers.

On divise les mers en mers extérieures & en mers intérieures; mais comme les secondes ne sont presque toutes que des extensions des premières, il convient de les rapprocher, en faisant connoître les divers rapports qu'elles ont entr'elles. (Voyez la Mappemonde.)

On distingue quatre mers extérieures, qui sont:

1°. Le grand Océan, qui s'étend d'un pôle à l'autre entre l'Europe & l'Afrique d'un côté, à l'est, & l'Amérique de l'autre, à l'ouest.

2°. La mer des Indes, à l'est de l'Afrique, & baignant les parties méridionales de l'Asie.

3°. La grande mer ou mer du Sud, s'étendant d'un pôle à l'autre entre l'Amérique & l'Asie.

4°. La mer Glaciale, vers le pôle arctique.

I. Le grand Océan, appelé, dans sa partie septentrionale, mer du Nord, s'étend à l'est & à l'ouest entre les terres, & forme plusieurs mers intérieures.

1°. Il forme à l'est, par le détroit du Sund, la mer Baltique, laquelle se prolonge au nord par le golfe de Bothnie, & à l'est par celui de Finlande. (Voyez BALTIQUE.)

2°. En s'enfonçant à l'ouest entre les terres d'Amérique, l'Océan forme, par le détroit de Davis, la baie d'Hudson & celle de Baffin.

A partir de la hauteur des îles britanniques jusqu'à l'équateur, l'Océan prend le nom d'Atlantique; il se réunit:

1°. A l'est, au moyen du détroit de Gibraltar, à la Méditerranée, qui s'avance entre l'Europe au nord & l'Afrique au midi, jusqu'aux côtes de l'Asie les plus occidentales: une partie de cette mer forme, entre l'Italie & la Turquie d'Europe, le golfe de Venise; à l'est de la Grèce, la mer de l'Archipel; puis en se prolongeant au nord-est entre l'Europe & l'Asie, d'abord par le détroit des Dardanelles, la mer de Marmara, qui s'étend jusqu'au canal de Constantinople; puis, au-delà de ce détroit, la mer Noire, qui se réunit au détroit de Caffa; enfin vient la mer d'Azof, dont fait par-

tie l'embouchure du Don, où l'Europe & l'Asie forment, à droite & à gauche, les rives de ce fleuve.

2°. A l'ouest l'Océan atlantique forme le golfe du Mexique, entre l'Amérique méridionale & l'Amérique septentrionale; c'est là qu'on trouve, au nord-ouest de la presqu'île d'Yucatan, la baie de Campêche, & vers le sud, la baie d'Honduras.

Les parties méridionales du grand Océan communiquent avec la grande mer par le détroit de Magellan, qui coupe la pointe sud de l'Amérique, & plus au sud encore par le détroit de Lemaire, entre la terre de Feu & la terre des Etats: plus loin se trouve la portion de mer qui environne le pôle antarctique, & qui est couverte de glaces en grande partie.

A l'est l'Océan communique avec la mer des Indes par la partie qui baigne le cap de Bonne-Espérance, le cap des Aiguilles, &c., & que quelques géographes nomment mer des Caffres.

II. La mer des Indes, qui s'étend au sud de l'Asie, depuis les côtes orientales de l'Afrique jusqu'aux îles Philippines & aux grandes parties des terres australes qui la séparent de la grande mer, forme cinq golfes remarquables.

1°. La mer Rouge, entre l'Egypte & l'Arabie, depuis le détroit de Babelmandel jusqu'à l'isthme de Suez; sans lequel il y auroit communication avec la Méditerranée.

2°. Le golfe Persique, entre les côtes orientales de l'Arabie & les côtes du sud-ouest de la Perse; il s'étend depuis le détroit d'Ormus jusqu'à l'embouchure du Tigre, grossi des eaux de l'Euphrate.

3°. Le golfe de Bengale, entre les deux presqu'îles de l'Inde: on peut y ajouter l'archipel des Indes, qui est rempli d'une grande quantité d'îles, où se trouve le détroit de la Sonde, entre les îles de Java, Sumatra & Bornéo; & le détroit de Malaie, entre la presqu'île du même nom & l'île de Sumatra.

4°. Le golfe de Siam, & 5°. celui de Tonquin.

III. La grande mer, ou, comme on dit, la mer du Sud, forme, vers la partie du nord, des golfes considérables. En descendant au sud on trouve à l'est la mer Vermeille, entre la presqu'île & le Nouveau-Mexique, & plus bas le golfe de Panama, nommé ainsi d'après l'isthme qui sert de jonction aux deux Amériques.

A l'ouest & plus au nord on trouve le golfe de Kamtchatka, & au-dessous celui de Leaton ou de Corée, voisins des presqu'îles qu'ils avoisinent.

IV. La mer Glaciale, au nord de l'Europe & de l'Asie, forme, sur la côte septentrionale de la Russie européenne, la mer Blanche, à l'est de laquelle est le détroit de Waigatz, qui sépare la Russie de la Nouvelle-Zemble, & dont le passage est souvent impraticable à cause des neiges & des glaces dont il est ordinairement encombré: outre cela, les parties de cette mer voisines des embouchures

chures de plusieurs grands fleuves qui s'y jettent, ne sont pas souvent accessibles aux navigateurs.

Nous renvoyons nos lecteurs à chacun des articles dont les noms sont cités dans ce paragraphe, comme ceux-ci : MÉDITERRANÉE, CASPIENNE, MER-GLACIALE, MER-NOIRE, MER-MORTE, BALTIQUE, AZOF, OCÉAN, &c. &c.

MER-GLACIALE. On appelle ainsi une partie de l'Océan comprise entre le Groënland & le détroit de Bering, sur la côte septentrionale de la Sibérie.

Plusieurs auteurs ont cru que la mer ne pouvoit geler : cependant la Mer Baltique & la Mer-Blanche gèlent tous les ans, & les mers plus septentrionales restent gelées une grande partie de l'été. On sait, il est vrai, que l'eau salée se gèle plus difficilement que l'eau pure, & qu'elle a besoin d'un plus grand froid pour se convertir en glace; mais on sait aussi que l'eau des mers voisines du pôle est moins chargée de sel que les eaux des mers qui sont dans les zones tempérées.

D'ailleurs, lorsqu'on examine les circonstances qui contribuent à la congélation de l'eau de la Mer-Glaciale, on cesse d'être étonné de la quantité, de la masse & de l'étendue des glaçons qu'offre cette mer. Les fleuves du Nord transportent dans la Mer-Glaciale une prodigieuse quantité de glaçons qui, venant à s'accumuler, forment ces masses énormes de glaces qui se promènent dans cette mer : un grand nombre des glaçons sont formés d'eau douce, & descendent dans les golfes & dans les embouchures des fleuves lors du dégel & de la débâcle qui en est la suite. Un des endroits de la Mer-Glaciale où les glaçons sont les plus abondans, est le détroit de Waigatz, qui est couvert de glaces en entier pendant la plus grande partie de l'année : ces glaces sont formées en grande partie des glaçons que le fleuve Oby transporte dans ces parages; elles se fixent le long des côtes, & s'élèvent à une hauteur considérable aux deux côtés du détroit. Le milieu du détroit est l'endroit qui gèle le dernier, & où la glace est la moins élevée. (Voyez WAIGATZ & NOUVELLE-ZEMBLE.)

Les vaisseaux qui vont au Spitzberg pour la pêche de la baleine au mois de juillet, & qui en partent dans le mois d'août, rencontrent quelquefois d'énormes glaçons de soixante & même de quatre-vingts brasses qui se sont détachés des côtes garnies de glaces, & qui voyagent dans la haute mer : outre ces glaçons détachés, il y a souvent de grandes plaines de glaces qui occupent différens parages de la Mer-Glaciale, (suivant que le vent en détermine la position. Nous exposerons à l'article du SPITZBERG tout ce qui concerne la formation des glaces côtières & des plaines de glaces qu'on a rencontrées dans la Mer-Glaciale au nord de l'Europe & de l'Asie.

Quant à ce qui concerne la Mer-Glaciale du nord de l'Amérique, il paroît par les récits des na-

Géographie-Physique. Tome IV.

vigateurs qui en ont approché, que cette mer est aussi investie par les glaces, qui occupent en grandes masses la plupart des golfes & des détroits les plus voisins du pôle : ils nous assurent que les montagnes de Frisland sont entièrement couvertes de neige, & que toutes les côtes sont revêtues de glaces qui forment un boulevard qui ne permet pas de pénétrer au-delà. On trouve dans la mer des îles de glace formées d'eau douce qui ont plus d'une demi-lieue de tour, & dont la superficie au-dessus de l'eau surpasse l'extrémité des mâts des gros navires, tandis que la partie qui plonge dans la mer a plus de soixante.à quatre-vingts brasses : ces îles ou montagnes de glace sont si mobiles, que, dans les temps orageux, celles qui présentent une grande surface hors de l'eau, suivent la course des vaisseaux.

Lorsque ces masses énormes de glace viennent à se rompre & à se détacher des glaces côtières, & viennent enfin se précipiter dans la mer, cette séparation se fait avec un bruit & un fracas terribles. Plusieurs voyageurs ont tâché d'expliquer comment des amas de glace se formoient dans la baie de Baffin & dans le détroit d'Hudson; ils nous disent donc que les côtes sont fort élevées tout le long des bords de la mer, tant dans la baie de Baffin que dans le détroit d'Hudson; & elles sont de plus de cent brasses dans une quantité de petits golfes dont les cavités sont remplies de neige & de glace : ces masses de glaces se détachent des côtes & sont entraînées dans le détroit, où elles augmentent en masse même pendant l'été, où tout ce qui tombe de l'atmosphère est gelé; ce qui, joint aux vagues de la mer, produit un accroissement continuel aux montagnes de glaces flottantes; & comme le vent de nord-ouest souffle pendant neuf mois de l'année, tout le pays y est pendant ce temps à une température semblable à celle des cantons des Alpes où sont les glaciers de la Suisse. Une grande partie des glaces qu'on voit près du Groënland est fournie par les rivières de la Moscovie & de la Sibérie, & le reste par les glaciers qui sont distribués le long des côtes de ce pays, qui chaque jour est de plus en plus investi par les glaces. (Voyez GROENLAND, HUDSON (baie d'), &c.

MER-MORTE. La Mer-Morte est connue dans l'Écriture-Sainte par plusieurs autres noms; elle y est appelée la mer de sel, la mer d'Orient, la mer de soufre, &c. Les Turcs la nomment ula degnizi; les Arabes bahar loth, la mer zogar, &c. Les géographes latins lui donnent le nom de lacus asphaltites, & mare mortuum.

Les auteurs ne sont pas parfaitement d'accord sur la grandeur de cette mer. Josèphe lui donne une longueur qui revient à soixante-douze milles anglais, & une largeur de dix-huit milles. Pline la fait un peu plus grande. Diodore de Sicile fixe sa longueur à soixante-deux milles, sa largeur à fept. Manndrel lui donne vingt-quatre milles de long, fur fix à fept de large. Pockoke prétend que fa longueur eft de douze milles d'Allemagne, & fa largeur de deux. Quelques voyageurs allemands fixent la longueur de cette mer à treize milles. Il fe pourroit que cette différence dans les calculs vînt de ce que les uns ont mefuré la mer avec toutes fes finuofités, tandis que les autres ont calculé quelle étoit fa longueur en droite ligne.

Quoi qu'il en foit, cette mer eft fituée dans la vallée fertile de Siddim, dans laquelle fe trouvoient les cinq villes de Sodome, de Gomorre, d'Adama, de Zeboim & de Zoar.

La forme de cette mer a été différemment tracée fur les différentes cartes; il paroît que celle de La Rue approche le plus de la vérité. Elle eft fituée du nord au fud, & forme prefqu'un demi-cercle, dont le côté creux eft tourné vers l'oueft. En été, cette mer étoit guéable en plufieurs endroits. Il paroît que ces bas-fonds étoient furtout vers le milieu de la mer, ainfi que Bachienne l'a marqué dans fa carte.

Les eaux de cette mer font claires & limpides, malgré ce qu'en difent Troilo, Vander-Groben & Cotwyk. Pockoke dit qu'il femble qu'il y ait une fubftance oléagineufe qui couvre les eaux de cette mer. Quand on y mêle de la noix de galle, elle devient pourprée, & avec de l'huile de tartre per deliquium, elle devient bourbeufe.

Les eaux de cette mer font tellement faturées de fel, que le fel marin n'y fond pas. Cette abondance de fel la rend extrêmement pefante. Pockoke affure que fon poids eft à celui de l'eau douce comme fix à quatre. Galien dit qu'à caufe de cela, aucun être vivant tombant dans cette mer n'y va à fond. Strabon affure qu'un plongeur ne peut point, dans cette mer, parvenir au fond, à caufe de la pefanteur de fes eaux; mais que, dès qu'il y eft enfoncé jufqu'à la moitié du corps, il eft foudain repouffé. Vefpafien fit, dit-on, jeter dans l'eau plufieurs perfonnes qui ne favoient pas nager, les mains liées fur le dos; elles n'allèrent pas à fond.

On ne peut trop dire pourquoi la Mer-Morte furpaffe en falure toutes les autres mers. Il eft apparent que toutes les terres voifines font remplies de fel, & qu'elles le communiquent à cette mer. Comme, d'ailleurs, la Mer-Morte eft fituée dans l'endroit le plus chaud de la Paleftine, on peut penfer que l'évaporation y eft telle, qu'il ne refte à la fin que l'eau falée la plus pure.

Cette qualité étoit fort utile à la Paleftine dans un temps où elle étoit plus habitée qu'aujourd'hui, puifqu'elle fourniffoit fans peine du fel à fes habitans.

Comme cette mer eft entourée partout de hautes montagnes, les eaux de neige que le printemps produit, la font groffir confidérablement; elle fort de fes bords, & elle laiffe après elle une couche de fel. On a porté des doutes fur la bonté de ce fel.

Capforius (1) & le prince Radzivill ont foutenu que ce fel étoit amer comme le fiel, mais ils fe font trompés. Le fel de la Mer-Morte eft un pur fel marin. Pockoke dit qu'il eft très-blanc, & Arvieux, auffi bien que Thevenot, affurent qu'il eft très-tranfparent. Si on y trouve un peu d'alun & de bitume, il y en a en fi petite quantité, que cela n'influe pas fur le goût de ce fel.

Ce bitume eft une fubftance dure, luifante, noire, attirée du fein des montagnes, ou par le feu ou par la chaleur du foleil, ou fimplement par l'air. Pockoke affure que le bitume de cette mer eft extrêmement puant, & il dit qu'il y a autour de la Mer-Morte des pierres qu'on appelle pierres de Moïfe, qui ont cette même puanteur. Les Arabes les brûlent comme du bois. Manndrel & Thompfon affurent que le feu leur fait perdre leur poids, mais non leur groffeur. Le Jéfuite Neret affirme qu'elles font fi chaudes au moment où elles fortent du fein de la mer, qu'on ne fauroit les toucher. Il y a des auteurs qui difent que, lorfque de grands vents agitent les eaux de cette mer, le bitume fort de fon fond, & qu'il fe répand fur fes bords. Shaw raconte que cette matière étoit pouffée en haut fous la forme de demi balles; que dès qu'elles étoient en plein air, elles crevoient avec un grand éclat, & qu'elles répandoient une odeur très-forte: il penfe que ce bitume étoit mêlé de foufre.

On fe fervoit anciennement de ce bitume en Égypte pour embaumer les corps des perfonnes du peuple : on en faifoit des torches, on s'en fervoit pour la teinture des laines; on en mêloit auffi dans certaines médecines.

Plufieurs auteurs ont foutenu qu'il ne pouvoit vivre aucun animal dans cette mer; d'autres prétendent y avoir trouvé des coquilles, & Pockoke affure qu'on lui a dit qu'un religieux y avoit pêché du poiffon.

Cependant aucun voyageur n'a vu lui-même des être vivans dans la Mer-Morte. Comment, en effet, pourroient-ils fubfifter dans une eau de cette nature? D'ailleurs, fi, comme nous l'avons dit, les eaux de cette mer font fi pefantes que tous les êtres y font repouffés à la fuperficie, comment des poiffons y pourroient-ils nager? Tous les poiffons qui des eaux douces du Jourdain entrent dans la Mer-Morte, doivent donc y mourir. Les auteurs que nous avons déjà nommés y ont vu de ces poiffons morts, & c'eft peut-être parc qu'il ne fe trouve rien de vivant dans cette mer, qu'on l'a appelée Mer-Morte.

Tout concourt à faire croire qu'il y a un feu fouterrain fous cette mer. Ces vapeurs, cette fumée qui, au dire de Shaw, fort fouvent du fond de cette mer, ne font vraifemblablement que des éruptions de ce feu fouterrain. Tous les auteurs font d'accord fur ce fait. Mais comment expliquer

(1) Apparatus hiftoricus antiquitatum facri Codicis, p. 719.

ce feu, furtout quand on confidere que tous les environs font remplis de naphte & de foufre, matières extrêmement combuftibles? On peut voir ce que dit là-deffus le prophète Ifaïe, chap. 34, verf. 9, 10. Strabon attefte la même chofe.

Pline & Tacite nous apprennent que les exhalaifons de cette mer font mortelles, & que, dans certains temps de l'année, ceux qui habitent fes bords font obligés de fuir dans l'intérieur des terres. Pockoke ajoute que les moines qui habitent ces quartiers ont fouvent vu mourir fubitement ceux qui, pendant l'été, approchoient de cette mer.

Parmi les mauvais effets de ces vapeurs, il faut compter celui que les anciens auteurs leur attribuent, de couvrir les métaux d'une rouille. Comme le fond de la Mer-Morte eft un compofé de fel, de falpêtre & de naphte, il fe peut aifément que cette réunion ait une forte action fur les métaux.

Le Jourdain & plufieurs rivières moins confidérables fe jettent dans la Mer-Morte. Quelques perfonnes ont jugé de-là qu'il falloit que l'eau de cette mer fe perdît par des gouffres fouterrains, ou qu'elle eût quelque communication avec d'autres mers, puifque le Jourdain feul lui fournit journalièrement fix millions de tonneaux d'eau; mais M. de Buffon prétend que l'évaporation fuffit pour faire perdre tous les jours plus de cette quantité d'eau à la Mer-Morte. En adoptant le fyftême de Halley, que l'évaporation enlève journellement 6914 tonneaux d'eau à un mille carré de la mer, cette mer ci en évaporeroit tous les jours neuf millions.

Il paroît que ces calculs font un peu exagérés, & qu'il n'eft pas néceffaire de fuppofer des canaux fouterrains. Souvent les eaux de cette mer fe débordent; fouvent auffi elles fe retirent de beaucoup, & laiffent fes bords à fec. Arvieux croit avoir vu dans cette mer des débris de bâtimens & des ruines d'anciens édifices. L'Ecriture-Sainte rend cela probable: elle nous dit qu'il y avoit jadis une plaine fertile dans l'endroit où eft actuellement la Mer-Morte. Roland nie ce fait, & fuppofe que les eaux du Jourdain s'écouloient anciennement par des conduits fouterrains; que ceux-ci fe font bouchés, & qu'ainfi la mer s'eft formée.

M. Michaelis a donné une théorie entièrement nouvelle de cette mer. La terre, felon lui, s'eft affaiffée après avoir porté pendant des fiècles les villes dont fon affaiffement a caufé la ruine. La nature du fol, léger & compacte, affez femblable à une île flottante fur des eaux qui font beaucoup plus pefantes que les eaux ordinaires, lui paroît propre à avoir porté ainfi ces poids pendant un long temps.

Pour expliquer la manière dont, dans ce cas, les eaux du Jourdain fe perdoient, M. Michaelis ne croit pas néceffaire de recourir aux canaux fouterrains; il dit que les évaporations font bien plus grandes quand les eaux font mêlées à de la terre

que quand elles fe réuniffent en maffe, & qu'ainfi l'évaporation a fuffi pour enlever tout le fuperflu des eaux du Jourdain. Il paroît, au contraire, que ces terres bitumineufes qui couvroient les eaux, & faifoient une croûte au-deffus d'elles devoient empêcher l'évaporation, & cela doit d'autant plus avoir lieu, que la terre fe couvre de plantes, & devient de plus en plus compacte.

La Mer-Noire eft entourée à l'eft & à l'oueft de rochers très-hauts & très-efcarpés, qui ne font point du tout fertiles. Quand on en approche du côté de Jéricho, on trouve les campagnes couvertes de fel. On trouve auffi dans cet endroit l'herbe nommée kali; les Arabes font le verre & le favon avec les cendres de cette plante. Au nord les bords du lac font fablonneux. A fept ou huit pouces fous un fable très-blanc, on trouve une couche très-noire d'un terrain vifqueux & puant par le bitume. Il eft périlleux de marcher fur ce fable, parce qu'en bien des endroits il cède fous les pieds, & on y enfonce.

On trouve très-peu de plantes près de cette mer, du moins du côté de l'oueft. Il y croît un arbre qui porte un fruit affez femblable à une pomme ou à une grenade, qui eft d'un très-beau rouge, & qui, dit-on, tombe en pouffière dès qu'on le touche. Il y a des auteurs qui penfent que ce phénomène n'a lieu qu'après que ce fruit a été attaqué par une efpèce de guêpe nommée tenthredo, qui ne laiffe que l'écorce du fruit.

De quelques lacs de la Paleftine.

Le lac de Tibériade eft, après la Mer-Morte, le plus confidérable; il en eft éloigné de foixante-quinze milles: il fut d'abord nommé Rennereth ou Renneroth, depuis lac de Genefaret & de Galilée. Il eft formé par le Jourdain, & eft entouré de montagnes du côté de l'eft. Au nord & au fud il a de grandes plaines. Le Jourdain paffe au travers de ce lac: fon eau eft douce & très-potable; il eft très-poiffonneux. On n'eft pas trop d'accord fur fon étendue. F. Jofèphe l'a fixé à environ dix-huit milles de long fur cinq de large. Pockoke croit qu'il n'a guère que quatorze à quinze milles de long. Du côté du fud il fe termine en pointe, & fe perd dans le Jourdain.

Le lac Pamahonites ou Maron, que de La Roque nomme le marais du Jourdain: il eft bien plus grand au printemps que dans aucun autre temps de l'année, à caufe de la fonte des neiges de l'Antiliban. Les eaux de ce lac font épaiffes, bourbeufes & vifqueufes. Excepté vers le milieu, où le Jourdain y entre & conferve fes eaux pendant quelque temps, ce lac eft entouré de rofeaux & de brouffailles, dans lefquels les quadrupèdes fauvages & carnaffiers fe retirent.

Le lac Phiala eft la fource du Jourdain: il doit ce nom à fa figure ronde.

Sur le Jourdain.

Le Jourdain coule en ligne droite du nord au sud. Après avoir passé Panéas, son cours est augmenté par quelques ruisseaux, & il forme, à trois lieues de sa source, un petit lac appelé anciennement *Samochonitis*, & aujourd'hui *lac du Jourdain*. Dès-lors il devient trouble & sale ; mais comme il passe ensuite sur un sol pierreux, sa vase dépose & il redevient clair. Il parvient de-là, par un cours rapide, jusqu'au lac de Tibériade, s'y répand & en ressort au sud-ouest ; après avoir tourné un peu du côté de l'ouest, il reprend sa direction vers le sud, & à la hauteur à peu près de Jérusalem il se perd après quelques détours dans la *Mer-Morte*.

Il y a des endroits où, dans l'été, ce fleuve n'a que six à sept pieds d'eau. Il n'en est pas de même au printemps ; alors le Jourdain est très-impétueux & charie beaucoup de limon : cette différence fait aussi que les différens auteurs qui ont décrit cette rivière ne sont pas d'accord sur sa largeur. Près de Jéricho elle peut avoir soixante pieds de large ; il croît sur ses bords des roseaux d'une si grande hauteur & épaisseur, qu'on ne voit pas le cours du fleuve : c'est le repaire de plusieurs animaux voraces, &c.

On parle du grand & du petit Jourdain ; quelques personnes ont cru qu'il étoit question de deux rivières différentes, mais c'est une erreur : on l'appelle le *petit Jourdain* depuis sa source jusqu'au lac, près Tiberias ; de-là jusqu'à la *Mer-Morte*, le grand Jourdain.

On peut comparer ce fleuve, presqu'en tout, avec le Rhône, tant pour sa rapidité, que parce qu'il conserve ses eaux dans toute leur pureté à travers une grande partie de la *Mer-Morte*.

MER-NOIRE. La *Mer-Noire* est un grand lac qui se trouve placé à l'extrémité de nos *mers* intérieures, & qui ne communique avec elles que par un canal étroit, qui sépare le continent d'Asie d'avec celui de l'Europe. La surface de cette *mer* ressemble à celle d'une plaine immense qui est circonscrite par des montagnes. Vers l'ouverture du canal, les côtes s'écartent beaucoup de part & d'autre ; les vagues de cette *mer* sont courtes, mauvaises & inégales, tant à cause de leur fréquence & de la proximité des côtes que des courans, surtout lorsqu'il s'élève un vent du nord, dont l'effet est de presser les ondes les unes contre les autres, tandis que le choc du rivage en renvoie d'autres en sens contraire. Quoique le fond de la *Mer-Noire* soit rempli de vase en pleine mer, & couvert en divers endroits de bancs de graviers, ses côtes ne présentent ni vases ni sables.

L'eau de cette *mer* est blanchâtre, parce que son bassin a peu de profondeur ; elle est aussi peu chargée de sel, vu l'abondance d'eau douce qu'y charient continuellement plusieurs fleuves considé-

rables : c'est par cette raison que les grands froids la gèlent très-aisément, & la *mer* d'Azof encore plus promptement ; ce qui vient de ce que ce lac, dans sa petite étendue, renferme une plus grande portion d'eau douce, & reçoit aussi de certaines rivières une quantité de gros glaçons. C'est une chose digne d'être observée, que cette *mer* reçoit elle seule plus de grands fleuves que tous les autres golfes de la *mer* Méditerranée ensemble. Le Danube y porte toutes les eaux du continent depuis les Alpes : il en est de même du Don ou Tanaïs, du Niéper ou Borysthène, &c. Cette énorme quantité d'eau qui tombe sans cesse dans ce bassin immense n'a, pour se vider, que l'unique issue du détroit du Bosphore. Cependant on ne s'aperçoit pas que cette *mer* grossisse, ce qui peut faire juger de la prodigieuse évaporation qu'elle éprouve dans sa large surface par l'action de l'air & du soleil.

On a cru qu'autrefois elle n'avoit point d'issue par où elle déchargeoit son trop plein ; mais que l'abondance des eaux pluviales ayant franchi toute barrière du côté de Constantinople, elle s'étoit ouvert le canal actuel pour se répandre dans les bas-fonds de l'Archipel. Cette conjecture, dont nous ferons voir par la suite le peu de fondement, se lie avec les anciennes traditions d'un déluge qui a submergé une partie des terres de la Grèce, & a séparé toutes les îles de la *mer* Egée.

Il s'en faut peu que la *mer* d'Azof ne soit comblée par les sables ; presque partout sa profondeur n'est que de six à sept brasses. On rapporte que cette *mer* ne formoit qu'une même *mer* avec le Pont-Euxin ; aujourd'hui ce n'est plus qu'un lac d'eau douce, & la Crimée paroît être un attérissement considérable qui a diminué une grande partie de l'ancien bassin de ces lacs.

La *Mer-Noire*, dans l'état actuel, n'a de circuit que sept cent soixante-dix lieues marines, de vingt au degré.

Les principaux fleuves qui se jettent dans cette *mer* sont le Danube, le Dniester, le Bog, le Niéper, le Kouban.

Elle communique au nord à la *mer* d'Azof par un canal étroit ; la *Mer-Noire* a de l'autre côté un golfe appelé *Léman*, dans lequel tombent le Niéper & le Bog réunis.

MER-ROUGE. Ce golfe, qui sépare l'Arabie de la haute Ethiopie, a trois cent cinquante lieues de long sur quarante de large. Comme nul fleuve un peu considérable ne s'oppose à la force du flux de l'Océan, ce golfe participe d'une manière bien plus sensible à ses mouvemens que les autres baies situées à peu près sous la même latitude ; il est peu sujet aux orages, & ne connoît presque point d'autres vents que ceux du nord & du sud, qui y sont périodiques comme la mousson dans l'Inde ; & qui fixent invariablement dans cette *mer* le temps de l'entrée & de la sortie des navires. On peut partager ce golfe en trois bandes : celle du milieu est nette, sans obstacle, & navigable nuit & jour, sur une profondeur de vingt-cinq à soixante brasses d'eau ; les deux autres, qui bordent les côtes, sont pleines d'écueils : on y trouve un nombre considérable d'îles arides & sans eau ; aussi ces deux bandes sont-elles d'une navigation très-difficile.

MERSCHING, mines de fer du département de la Moselle. Ces mines, ainsi que celles de Hargarten, Erbring, Direm & Castel, se présentent à la surface du terrain en couches plus ou moins épaisses, qui en général n'excèdent pas trois mètres. On les exploite à tranchée ouverte, & quelquefois par petites fosses séparées qui ont trois mètres de profondeur ; on y exploite des oxides de fer très-argileux, quelquefois très-durs, & présentant des belles impressions de roseaux & de fougères : des amas de même espèce se retrouvent en plusieurs endroits du pays de Nassau-Sarbruck. Il paroît que toutes les minières de cette partie sont d'une formation plus récente que celles qui existent à l'ouest du département de la Moselle.

MERTENDORFF en Saxe, dans la Thuringe. On y exploite des couches de bois bitumineux de plus de trente-six pieds d'épaisseur, & qui sont recouvertes, 1°. de limon ; 2°. de gravier ; 3°. d'argile ou limon, & 4°. de terreau ou terre végétale.

MERVEILLES DU DAUPHINÉ. L'Académie des Sciences, lors de son renouvellement, ayant résolu d'examiner par elle-même, ou par ses correspondans, les effets de la nature, tourna bientôt les yeux sur les *merveilles du Dauphiné* ; elle engagea, en *1699*, M. Dieulamant, ingénieur du Roi dans le département de Grenoble, à l'éclairer sur la fontaine brûlante. M. Dieulamant décida que ce n'étoit pas une fontaine ; que le feu étoit produit par une vapeur qui sortoit d'une fente faite à un rocher, & non d'un trou ; qu'on ne voyoit point dans cet endroit de matière qui pût servir d'aliment au feu ; que les rochers des environs étoient d'une pierre qui se détruisoit aisément à la pluie, & qu'enfin ces rochers se couvroient d'une espèce de sel. Par ces premières observations, M. Dieulamant renversa tout le merveilleux, en rappelant ces effets aux lois ordinaires de la nature. (*Voyez* ci-après la description de la *fontaine brûlante*.)

En *1700*, le même ingénieur fit tomber tout le merveilleux de la Balme : on prétendoit qu'il y avoit dans cette grotte un lac lequel étoit un gouffre qui absorboit tout ce qu'on jetoit dans ce lac. M. Dieulamant trouva que ce lac n'avoit pas plus de vingt toises de longueur, & qu'il n'y avoit pas de gouffre ; cette Balme ne fut donc

plus qu'une grotte où il se formoit des stalactites, & qui renfermoit, comme beaucoup d'autres, un amas d'eau.

Trois ans après, M. Valbonnois, premier président de la Chambre des Comptes de Grenoble, & M. Cosset, secrétaire de M. Bouchu, intendant du Dauphiné, nous apprirent que la montagne inaccessible n'étoit pas un cône renversé, mais une masse de rochers escarpés, établie sur une montagne ordinaire ; ce prétendu cône renversé fut redressé, dit M. de Fontenelle.

MM. Dieulamant & Valbonnois avoient commencé, comme on voit, en observateurs éclairés, à réduire les *merveilles du Dauphiné*, qu'ils avoient examinées, aux formes simples des phénomènes semblables connus ailleurs. En 1721, M. Lancelot, de l'Académie des Inscriptions & Belles-Lettres, en parlant des observations de ces physiciens, entreprit de traiter des sept *merveilles*, auxquelles il ajouta une mention détaillée de la fontaine vineuse & du ruisseau de Barberon. Il finit son Mémoire par rapporter quelques faits sur la fontaine minérale de la Motte, que personne n'a mise parmi ces *merveilles*, & qui, suivant M. Lancelot, méritoit, plus que tout autre phénomène, d'y avoir place. Il en décrit très-bien la situation, mais la conjecture qu'il rapporte au sujet de sa chaleur, paroît plus que hasardée : on a voulu que cette chaleur lui vînt de ce que son eau passoit dessous la fontaine brûlante de Saint-Barthélemy, qui est éloignée d'une bonne lieue de cette fontaine. Cette idée, à ce qu'il paroît, a eu pour principe celle de M. de Fontenelle, qui regardoit les environs de la fontaine brûlante comme un volcan : car on verra, dans l'article de cette fontaine, que la vapeur inflammable qui s'élève de ce terrain ne peut être attribuée à un volcan allumé dans le sein de la terre, & qu'ainsi l'on doit avoir recours à une autre cause pour expliquer sa chaleur comme celle des eaux minérales chaudes.

Fontaine brûlante du Dauphiné.

Ce n'est point une fontaine, c'est un petit terrain de six pieds de long sur trois ou quatre de large, où l'on voit une flamme légère errante, & telle qu'une flamme d'eau-de-vie attachée à un rocher schisteux ; c'est une espèce d'ardoise pourrie qui se délite à l'air : ce terrain est en pente assez roide. Environ à douze pieds au-dessous & autant à côté, il tombe des montagnes voisines un petit torrent qui peut-être a coulé plus haut & plus près du terrain brûlant, ce qui aura fait croire que les eaux rendoient des flammes.

On ne remarque point que la flamme sorte d'un trou, mais d'une fente de rocher par où l'on pourroit soupçonner qu'elle auroit son origine dans quelque caverne embrasée ; on ne voit point de matière qui puisse servir d'aliment à la flamme : on s'aperçoit feulement qu'elle fent beaucoup le foufre; elle ne laiffe point de cendres.

On prétend que le feu eft plus ardent en hiver qu'en été, & dans les temps humides que dans les temps fecs; il diminue peu à peu dans les grandes chaleurs, & même s'éteint fouvent fur la fin de l'été, enfuite il fe rallume de lui-même : il eft fort aifé de le rallumer avec d'autre feu, ce qui fe fait promptement & avec un certain bruit.

Aux environs du feu le terrain fe fend, s'affaiffe & coule bas; ce qu'on doit attribuer à la nature des pierres qui fe décompofent aifément, & aux eaux qui, pénétrant les fchiftes, creufent & emportent les débris. Cet effet eft fi grand, fi confidérable & fi prompt dans quelques endroits du Dauphiné, & furtout dans le pays qu'on nomme *Chanfeaux*, que quelquefois deux habitations fituées fur deux revers de collines ou de montagnes différentes, & qui ne pouvoient fe voir à caufe de l'interpofition de certaines maffes qui fe décompofent ainfi, ont commencé à s'appercevoir par leur deftruction & l'enlèvement des matériaux par les eaux des torrens.

MESSARGES. C'eft une forge de la commune de Sauvigny, à trois lieues à l'oueft de Moulins, département de l'Allier. La mine exploitée eft de fer limoneux ou de fer oxidé en roche, avec un peu d'hématite. On la tire des bois de Dreuil, de Buffière, de Largne, de Gripfy & de Meffier, fitués à peu de diftance, & fourniffant auffi le combuftible néceffaire aux travaux de la forge.

MÉTHODE D'OBSERVATION POUR LA DISTINCTION DES ÉPOQUES DE LA NATURE. Nous voyons que des obfervateurs, d'ailleurs fort attentifs, n'annoncent que des chofes vagues dans la defcription des différentes contrées qu'ils ont parcourues. Il eft aifé de voir que c'eft faute de connoître les diftinctions des maffifs, dont nous avons indiqué les caractères & les époques des révolutions que nous y avons fait remarquer. Ils ont confondu les différens matériaux, leur organifation, leur difpofition relative, faute de s'être formé une méthode analytique de l'hiftoire naturelle du Globe. Surtout ce qui nous paroît avoir introduit dans leur travail le plus de vues incomplètes, c'eft l'ignorance des circonftances qui ont figuré dans la quatrième époque, & qui ont tant altéré les états primitifs des trois premières, & fait méconnoître les opérations de la nature qui ont produit ces états. Au refte, on ne peut guère fentir les avantages d'une bonne méthode d'obferver, que par la confidération des inconvéniens que nous trouvons dans la marche des naturaliftes qui n'en ont point, ou même une mauvaife & incomplète.

Quand nous difons incomplète, nous ne prétendons pas que la nôtre fatisfaffe à tous les phénomènes; mais nous avons lieu de croire qu'elle

eft fufceptible de fe prêter aux principaux, & furtout à ceux qui conftituent chaque ordre de chofes. Cette méthode, en décompofant les problèmes compliqués, a l'avantage de ne faifir que les différentes faces des objets qui s'éclairent mutuellement, & qui font diftingués de tout autre qui n'appartient pas à la même époque, au même ordre des opérations de la nature.

Lorfque nous avons propofé comme un principe fondamental de commencer à difcuter tous les événemens de l'hiftoire naturelle d'une contrée plus ou moins étendue par ceux que nous avons placés fous la quatrième époque, nous avons offert un moyen de claffer ainfi les phénomènes les plus compliqués, & ceux qui ont le plus altéré ceux qui appartiennent à des ordres de chofes plus anciens. C'eft en fuivant cette marche que nous reconnoiffons les matériaux immenfes dégradés & voiturés par les eaux courantes des rivières & des fleuves, & que nous pouvons les remettre à leur place & dans leur fituation naturelle; & après que nous aurons comblé toutes les vallées creufées & approfondies par ces deftructions, nous pourrons parvenir à un certain état qui nous donnera la forme ancienne & primitive du Globe, à la furface de tel ou tel maffif, avant tout le travail des eaux pluviales; puis revenant de cet état à celuici, nous embrafferons fa totalité, ordre de chofes appartenant à la quatrième époque: voilà une fuite d'événemens que nous pouvons circonfcrire par des limites fixes. Il ne nous refte donc plus qu'à difcuter les opérations fucceffives de la nature renfermées dans ces limites. Nous appelons cette époque la première dans l'ordre analytique : le fuccès de ce premier travail nous encouragera enfuite à parcourir ainfi les autres époques que nous avons diftinguées.

Or, maintenant on conçoit de quelle utilité peut être ce plan méthodique & analytique des révolutions du Globe; on voit comment tout fe fimplifie par cette marche; l'un conduit à l'autre, & jette du jour fur celui qui fuit. Un des grands avantages de cet ordre, c'eft que la liaifon des faits une fois connue, les faits eux-mêmes fe trouvent expliqués les uns par les autres : les obfervations ne nuifent point comme quand on recueille les faits fans choix & fans aucun cadre.

Comme les réfultats d'un événement s'y trouvent placés à côté des réfultats d'un événement qui eft mafqué ou défiguré en grande partie par le fecond, il eft néceffaire de fuivre les événemens de la même claffe, parce que leur dénouement fe trouvera plus facilement par la liaifon de l'un à l'autre; mais fi nous paffons d'un ordre à un autre, nous courons rifque de manquer cette fuite.

Ainfi toutes les difficultés que l'on trouve à tirer des conféquences de ces obfervations, ne nous paroiffent venir que de ce que l'on a pris en gros les faits de différens ordres & de diverfes époques; que l'on n'a pas trié ces faits; que l'on n'en a pas affigné les caractères qui peuvent déterminer à les ranger fous telle ou telle claffe : on ne peut fuivre des obfervations avec avantage que lorfque l'on a la clef des opérations de la nature, en s'attachant à notre méthode analytique. C'eft auffi d'après un tel guide qu'on peut fe flatter d'indiquer la filiation des événemens, l'ordre des compofitions, des décompofitions, des recompofitions : fans cela, plus on recueille de faits, plus on voit de contradictions dans les principaux points de l'hiftoire naturelle de la terre.

C'eft faute d'une telle méthode que Buffon a confondu les faits concernant l'approfondiffement des vallons avec ceux de la formation des couches de la terre. Auffi a-t-il méconnu les effets des eaux courantes, les formes des bords des vallées, parce qu'il a été chercher au fond du baffin de la mer un agent qu'il avoit fous les yeux, & en pleine activité à la fuperficie des continens ; il a rangé fous la feconde époque des événemens qui appartenoient à la première & à la feconde, mais féparément & dans des circonftances bien différentes.

On a prétendu qu'il falloit toujours recueillir des faits, quand même on ne pourroit ni les difcuter ni les apprécier ; mais on ne confidère pas que ce qu'on recueille ainfi, bien loin de pouvoir être rangé parmi les faits, n'a pas été obfervé de manière à pouvoir entrer dans l'enfemble des autres faits, parce que la plupart des circonftances de raccordement ayant été omifes, on n'en peut faire aucun ufage. Telles font les obfervations confignées dans les Mémoires de Guettard ; elles font fi peu inftructives, que, pour en tirer quelqu'utilité, il faut recommencer à les revoir dans toute leur étendue pour en tirer parti.

Combien de gens n'ont jamais fenti ces imperfections dans les obfervations, ni dans l'ufage qu'on peut en faire ! C'eft qu'ils n'ont jamais obfervé de fuite, ni éprouvé de quelle importance il étoit, qu'un certain nombre de faits foient vus & difcutés complètement, pour qu'on puiffe les rapprocher convenablement & établir la connoiffance toute entière d'une révolution. Si vous voyez légèrement, vous ferez obligé de revoir & de détruire de faux réfultats. Combien de travaux imparfaits dans ce genre ont été perdus faute d'une étude raifonnée ! Les efforts vagues & incertains, non-feulement ne font faire aucun progrès à l'hiftoire de la terre, mais même les retardent en mettant des erreurs à la place des vérités.

Pour développer davantage notre méthode d'obferver, & fon application à plufieurs ordres de faits, il eft néceffaire de difcuter bien en détail ce qui concerne les différentes époques que nous avons cru devoir diftinguer.

Nous appelons *époques* les limites d'un temps déterminé qui correfpond à une certaine maffe de faits, à un certain ordre d'événemens.

Nous appelons *révolution* le paffage du Globe d'un état pendant lequel fe font opérés des faits compris fous une époque, à un autre état pendant lequel un ordre différent d'événemens qui appartiennent à une autre époque, a lieu. On voit par-là que les révolutions du Globe ne peuvent être défignées & comptées que par les caractères mêmes des époques.

Toutes les époques doivent être circonfcrites pour être des époques, fans quoi on ne peut déterminer la révolution qui les diftingue. Une révolution qui s'opère encore ne peut être cenfée limitée ; mais elle peut avoir différens temps, celui du progrès & celui du retour. Il y a dans une révolution des opérations qui fe préparent lentement, & qui s'exécutent de même ; mais enfuite les réfultats de ces premières opérations s'altèrent par l'intromiffion de nouvelles circonftances, & c'eft ce que nous appelons le *retour*, fi ce font les mêmes opérations, le même travail, les mêmes agens affujettis à d'autres circonftances. La révolution doit renfermer & le progrès & le retour ; mais fi le retour eft la fuite d'un agent différent, le progrès & la perfection d'une opération formeront une époque, & le retour une autre.

Il faut que l'opération de la nature, pour former une époque, foit une de ces grandes démarches qui change à un certain point l'état du Globe ; en un mot, qui faffe révolution, comme nous l'avons indiqué ci-devant d'une manière affez précife ; car une opération quelconque ne peut pas faire elle feule une époque, feulement elle fera partie des événemens rangés fous une époque, comme un événement contemporain & parallèle à d'autres.

Le caractère de l'époque eft non-feulement d'être diftinct de toute autre, mais encore d'indiquer en même temps une correfpondance marquée entre ce qui précède & ce qui fuit ; outre cela, l'époque annonce un nouveau fpectacle dans l'Univers, un nouvel ordre de chofes, un progrès dans les opérations de la nature. Sans ces caractères, la diftinction de l'époque eft fans fondement comme fans utilité.

Quoique l'époque foit proprement la collection de certains faits, on ne doit pas en écarter les caufes fi elles fe préfentent d'elles-mêmes. Ainfi les couches horizontales appartiendront à une époque comme dépôts de l'ancienne mer ; mais nous ne ferons pas une époque des dépôts de mer avant d'avoir difcuté ce qui concerne les couches horizontales. Ainfi le caractère de cette époque fe tirera des faits d'abord, & fe complétera par la confidération des circonftances de la caufe, qu'il eft fi facile d'y réunir.

Ainfi la retraite de la mer, qui n'eft qu'un fait, & qui n'a pas de veftiges de caufes, formera une époque ; il eft vrai que nous ne pouvons la fixer par une trace de révolution qui fubfifte, c'eft l'exiftence des vallées creufées à la furface des maſſifs de la moyenne terre, & nous la terminons par le commencement des vallées approfondies à la ſurface de la nouvelle. Nous avons ces deux limites dans les parties correſpondantes de la nouvelle terre, ce qui ſuffit pour compléter une époque. Nous pouvons ajouter, comme une circonſtance de cet événement, les pentes des continens découverts qui ont dirigé ſa marche.

Le baſſin actuel de la mer peut former une époque; nous avons pluſieurs obſervations qui nous autoriſent à croire qu'il eſt creuſé dans certains maſſifs ſur ſes bords, & que c'eſt ainſi que ſe ſont formés les détroits & les îles voiſines de ſes bords.

La retraite de la mer & l'approfondiſſement de ſon baſſin ſont deux époques dont les cauſes ſont à trouver pour les ſubſtituer à celles qu'on a imaginées; mais comme cette révolution eſt prouvée néceſſaire par les faits, parce que la mer occupoit autrefois un baſſin plus étendu vers certaines parties des continens, il faut ſuppoſer que cette retraite a eu des cauſes ou lentes & inſenſibles, ou bruſques.

L'époque peut ſubſiſter ſans qu'on puiſſe indiquer les cauſes des événemens, pourvu qu'ils aient un caractère commun & diſtinct qui leur convienne, & qu'on puiſſe reconnoître & leur appliquer facilement.

D'un autre côté les époques peuvent prendre leurs noms des cauſes connues qui y ont figuré principalement; telle eſt l'époque de la formation des vallons par les eaux torrentielles, que nous pouvons dénommer *époque torrentielle*.

La diſtinction des époques & de leur ordre doit-elle être déterminée par l'analyſe ou par la ſynthèſe? Nous penſons que leur importance exige bien l'un & l'autre ſyſtème d'arrangement, & c'eſt une bien bonne marche que de vérifier le réſultat de l'analyſe par la ſynthèſe; mais nous croyons que pour étudier, pour faire des découvertes & s'apprivoiſer avec les objets, il faut s'attacher à l'analyſe, & pour bien diſcuter les faits, la ſynthèſe peut être enſuite d'un grand avantage. Au reſte, il faut une méthode pour faire quelques progrès dans cette étude des objets qu'on doit ranger ſous des époques; car ſans méthode on ne nous annonce ſouvent que des circonſtances vagues d'un fait, au lieu de nous donner une belle obſervation qui ſoit bien caractériſée, & prenne ſa place dans telle ou telle époque.

Ici nous ne conſidérons les époques que comme un moyen de faciliter l'étude de la nature & de mettre un certain ordre dans les faits qu'on raſſemble, parce qu'on les raſſemble toujours ſuivant l'ordre qui leur convient. Les époques, ſuivant Buffon, ont été diſtinguées & imaginées pour appuyer ſon ſyſtème, mais point pour l'étude.

MEULIÈRES (Pierres), *ſilex molaire, pierres à meules*. Si l'on conſulte Agricola & d'autres naturaliſtes, on trouvera qu'ils donnent le nom de *pierres meulières* à des pierres de nature différente, & il eſt viſible que ce ſont les pierres qui, dans certaines contrées, ſont propres à la mouture, quelle que ſoit leur compoſition primitive. Partout ces ſortes de pierres ſont remplies de vides plus ou moins grands, avec des cloiſons ou parois ſuſceptibles de s'aiguiſer ſous le marteau, & aſſez dures pour réſiſter aux chocs & aux efforts qu'elles éprouvent en moulant les grains. C'eſt par ces caractères & cette ſorte de compoſition que les ſortes de pierres qui nous occupent, peuvent ſe reſſembler & former l'objet de cet article, n'étant point de la même nature dans les différens pays, & n'ayant de commun que les propriétés dont on vient de parler. D'ailleurs, ce qui nous intéreſſe après l'utilité dont peuvent être ces pierres, ce ſont les lieux où elles ſe trouvent, & les tractus qui les fourniſſent.

Nous paſſons donc à la deſcription des lieux où la *pierre meulière* ſe trouve aux environs de Paris, & nous nous bornons à ce que nous ont offert les carrières d'Houlbec, près de Pacy en Normandie, & de celles qui ſont à côté de la Ferté-ſous-Jouare.

Ce n'eſt qu'improprement qu'on peut conſidérer comme des carrières les différentes fouilles auprès d'Houlbec, d'où l'on tire les *pierres meulières*; car ces pierres ſe trouvant iſolées çà & là, ne forment point de bancs ſuivis, ce qui oblige à faire un trou, ou un puits, pour chaque pierre que l'on veut tirer; & quoique les meules qui ſe font à Houlbec ne ſoient jamais d'une ſeule pièce, rarement trouve-t-on aſſez de ces pierres dans un même trou pour en faire deux meules.

Pour parvenir à ces pierres, les ouvriers ſont obligés de creuſer des puits de plus de quarante pieds de profondeur. La terre franche enlevée, ils trouvent d'abord un ſable rouge aſſez gros, & mêlé de petits graviers blancs de différente groſſeur, & qui a communément vingt pieds d'épaiſſeur, & quelquefois juſqu'à trente & quarante. Ils rencontrent enſuite un banc de gravier de quinze à vingt pieds d'épaiſſeur, mêlé de cailloux roulés, de ſilex, que les ouvriers appellent *bizards* ou *bizets*; ils ſont quelquefois ſi gros, qu'ils forment des pierres de dix pieds de large, qui obligent les ouvriers de ſuſpendre leur fouille par la difficulté ou l'impoſſibilité de pouvoir percer cet obſtacle. Après ce banc ils trouvent un ſable jaune dans lequel ſe forme la pierre appelée *rochard*, & qu'ils regardent comme un indice qu'ils trouveront la *pierre meulière* au-deſſous. Enfin, au-deſſous du rochard on découvre la *pierre meulière* qui repoſe ſur un lit de terre glaiſe. Les morceaux qu'on en trouve ſont, comme nous l'avons dit, rarement aſſez grands pour faire une meule: auſſi les ouvriers les forment-ils d'un bloc principal qu'ils environnent d'autres fragmens.

Les endroits d'où l'on tire les *pierres meulières* près

près de la Ferté-fous-Jouare, font de véritables carrières où la pierre eft fituée beaucoup plus avantageufement que dans les environs de Houlbec, étant bien plus voifine de la fuperficie ; mais elles ont l'inconvénient de fe remplir d'eau, inconvénient qui devient un fléau pour les ouvriers, par la peine qu'ils ont à l'épuifer ; encore fouvent n'y parviennent-ils pas, & font-ils obligés de travailler les pieds dans l'eau.

Dans ces carrières, les différentes couches de matières qui fe trouvent au-deffus des *meulières* ne font pas tout-à-fait les mêmes qu'à Houlbec. La première couche, après la terre franche, eft formée d'un fable jaunâtre de dix à douze pieds d'épaiffeur ; après ce fable on rencontre un banc de fix à fept pieds d'une glaife très-fableufe, veinée de couleurs tirant fur le jaune & le rouge : c'eft au-deffous de ce banc que fe trouvent les *meulières*. Le maffif de ces pierres eft fi épais dans quelques endroits, qu'il a jufqu'à vingt pieds ; auffi tire-t-on d'un feul bloc jufqu'à fix meules de deux pieds d'épais chacune, & qui ont près de fept pieds de diamètre ; car la plupart des meules qu'on tire de ces carrières ont cet avantage fur celles de Houlbec, qu'elles font d'une feule pièce ; mais cet avantage eft compenfé par la difficulté qu'il y a de les détacher des gros blocs.

A Houlbec, pour avoir les *pierres meulières*, on eft uniquement obligé de fe débarraffer des terres qui les environnent ; aux environs de la Ferté-fous-Jouare il faut cerner, dans les blocs, la meule qu'on veut avoir, ce qui exige un grand travail ; car pour cette opération il faut faire dans le rocher une entaille circulaire de deux pouces de largeur & de trois pieds de profondeur, qui embraffe de plus de fix pieds & demi, qui eft le diamètre de la meule, enfuite enfoncer dans cette entaille des coins de fer garnis, fur chacune de leurs faces, de morceaux de bois, & frapper fur ces coins jufqu'à ce que la meule fe détache.

Cette pratique n'eft pas la même que celle qui eft rapportée par la Hire dans les anciens *Mémoires de l'Académie des Sciences* ; car, fuivant cet académicien, au lieu de coins de fer, ce font des coins de bois qu'on fait fécher au four, & qu'on enfonce enfuite à coups de maillet dans la rainure qui cerne la meule, lefquels venant à fe renfler par l'humidité, produifent un fi grand effort, que la meule fe détache. Peut-être cette pratique eft-elle mife en ufage dans d'autres carrières : l'effet en paroît d'autant plus fûr, qu'on connoît la force extraordinaire des cordes & des bois mouillés.

Au refte, ce n'eft pas feulement à faire des meules de moulin que font employées les *pierres meulières* des environs de Paris, qui s'étendent à plus de trente lieues autour de ce centre ; on en fait ufage auffi dans plufieurs conftructions comme de matériaux i finiment utiles, en ce que ces pierres ne fe laiffent pas pénétrer par le falpêtre comme

la plupart des pierres calcaires, & furtout des moellons des environs de Paris.

Les *meulières* de la meilleure qualité font celles qui font faites d'une pierre bleuâtre bien ouverte, ou qui a beaucoup de trous & peu d'endroits pleins.

Il y a plufieurs fortes de *pierres meulières* ; les carriers en diftinguent de trois fortes : l'une eft blanche, la feconde rouffe, & la troifième bleue ou bleuâtre ; & lorfque les couleurs différentes fe trouvent dans une même pierre, on la diftingue par cette variété de couleurs : on l'appelle *blanche-rouffe*, *blanche-bleue* ou *bleue-rouffe*, fuivant le mélange des couleurs.

Quoiqu'on dife que c'eft aux environs de la Ferté-fous-Jouare qu'on trouve des *pierres meulières*, cependant les carrières font à une certaine diftance de cette ville. L'endroit le plus proche d'où l'on tire les *meulières* fe nomme *Tartera*. Il y a encore des carrières aux Bondons, à Mont-Menard, à Morey, à Fontaine-Breban, à Fontaine-Cerife, & furtout à Mont-Mirail ; mais on prétend qu'elles font moins bonnes qu'au voifinage de la Ferté.

Outre Houlbec, on trouve des *meulières* dans plufieurs communes de ce canton, favoir, Sainte-Colombe, Hérianville, Antouillet, dans un endroit appelé *les Acres*, & à Mère. Au refte, la *pierre meulière* n'eft pas rare ; les fommets de toutes les collines des environs de Paris en offrent abondamment, mais ces pierres n'y font qu'en très-petites maffes ; elles ne forment point de bancs fuivis, & fi on en trouve quelques-unes de difperfées dans les montagnes, elles font fi rares, qu'on n'y fait point attention. Au fud de Paris on voit de ces pierres le long du chemin de Melun, comme à Villeneuve-Saint-George, Soify, Eftiole, Champofé & dans la forêt de Senar, d'où tous ces villages les tirent principalement : elles font fort communes à Corbeil. On en tire furtout dans un endroit des environs, appelé *Pleffis-Chenai*, qui fe trouve le long du chemin de Fontainebleau. On revoit encore ces pierres entre Corbeil & Melun, en paffant par Ponthiery, & il paroît qu'elles continuent jufqu'à l'abbaye de Vaux.

Si l'on dirige fa route au fud-oueft de cette ville, on retrouve de la *meulière* à Monceaux, Ormoy, Menecy, Villeroi, Fontenai-le-Vicomte, Efcharcon, Val-le-Petit & Saint-Urain. Il eft vifible que toutes les parties de ces communes les plus élevées en font couvertes.

Le canton de Limours, qui eft au fud-oueft de Paris, en renferme auffi, & un endroit qui eft à trois quarts de lieue de Limours n'a probablement le nom de *Molières*, que parce que cette pierre y eft commune.

En fe rapprochant de Paris, on la retrouve encore, fi l'on paffe par Befneire, Chaumuffon, Gometz, Saint-Clair, Lacinoi, Saint-Remy,

Hhhh

Chevreufe, Vaugien & Saint-Aubin. La plaine de Saclé en offre encore, de même que les environs de Bièvre, Vauboyau, le Pleffis-Piquet, les hauteurs de Fontenai-aux-Rofes, de Châtillon, de Clamart.

A l'ouest de Paris, les parcs de Meudon, de Bellevue, de Ville-d'Avray, de Verfailles en donnent dans plufieurs endroits de leurs enceintés; encore plus à l'ouest de Paris, le haut des montagnes de Sèvres, Marne, Garches, la Selle, Saint-Michel & Bougival en fourniffent; les murs des maifons de tous ces villages & ceux du parc de Saint-Cloud en font bâtis.

Au nord-ouest, les environs d'Argenteuil, de Cormeille & d'Herblay en offrent abondamment, de même que ceux de Soiffi, Saint-Leu-Taverni, Frépillon & les bois de Montmorency.

Au nord-eft on en trouve toujours à Dammartin-en-Goelle, à Annet, Montjay, Bordeaux, Mareuil-les-Mareux, Mont-Fermeil & Gagny.

A l'eft, ou à très-peu près, on en voit à Condé-Saint-Libiaire, Coupevert, Montery, Cheffy, Montevrain, Lagny, Nogent-fur-Marne, Champigny, Chenevières, Amboille, Bonneuil, Suffy-Noifeau, Liméil, Gros-Bois & le Piple. En montant la montagne au fommet duquel ce dernier endroit eft placé, on en rencontre des roches confidérables.

Toutes les hauteurs, depuis la Ferté-fous-Jouare jufqu'à Montmirel, depuis Montmirel jufqu'à Vertus, depuis Vertus jufqu'à la montagne de Reims, enfin jufqu'à Soiffons & Château-Thierry, toutes les fommités offrent des meulières. A l'extrémité de la montagne de Reims on en trouve qui eft dans un état imparfait, mais qui a cependant un certain degré de dureté.

Le grand nombre d'endroits que nous venons d'indiquer, prouvent que la pierre meulière occupe, aux environs de Paris, une grande fuperficie de terrain, fe montre particulièrement dans les lieux élevés, & forme une couche où fe trouvent les fragmens de cette pierre avec une enveloppe fabulo-argileufe qui contient l'eau : c'eft le premier niveau d'eau. Nous devons ajouter qu'on trouve au même niveau une couche de pierre qui n'a pas reçu la préparation, l'élaboration, l'infiltration qui, dans la plupart des lieux que nous avons cités, a eu lieu, & a fervi à former les meulières ; c'eft là le gîte naturel où elles doivent fe trouver, lorfqu'il n'eft pas furvenu des éboulemens, des déplacemens, comme il y en a dans une grande partie de cette grande fuperficie. Nous devons ajouter ici que la couche de pierre meulière occupoit auffi toute la furface de la craie, & qu'il en refte encore des fragmens dans certains endroits les plus élevés de ce maffif, dans ces efpèces d'îles où le terrain n'a pas été détruit comme aux environs. (Voyez l'article CRAIE, où on difcute tout ce qui concerne cette antique couverture, qui fe termine à la bordure d'Epernay à

Vertus & à la montagne de Reims, mais qu'on retrouve à Beru, à Somme-Vefle, à Somme-Puits, &c.)

MEURTHE (Département de la). Ce département, qui a pris fon nom de la principale rivière qui l'arrofe, à peu près dans la direction du fud au nord, renferme les villes de l'intérieur de l'ancien duché de Lorraine.

Il eft borné au nord par le département de la Mofelle, à l'eft par celui du Bas-Rhin, au fud par celui des Vofges, & à l'ouest par celui de la Meufe.

Les principales rivières font :

La Meurthe, qui a fa fource dans les Vofges, fort près de la fource de la Mofelle, defcend au nord, paffe à Saint-Diey, à Lunéville, à Nancy, & fe jette au nord-ouest dans la Mofelle.

La Mofelle, après avoir reçu le Brenon, qui paffe à Vaudemont & à Vezelife, continue fon cours, d'abord à l'ouest, avant de fe rendre à Toul, puis defcendant vers le nord, paffe à Pont-à-Mouffon.

La Seille prend fa fource à l'eft de Dieufe, paffe à Moyenvic, prolonge fon cours par le nord-ouest, paffe près de Nomeny, & va fe rendre dans la Mofelle à Méry.

La Vezouze, qui a fa fource près celle de la Sarre, coule par le nord-ouest & l'ouest, paffe à Blamont au nord de Lunéville, & fe rend dans la Meurthe à l'ouest de cette ville.

La Sarre parcourt la partie orientale de ce département dans la direction du fud au nord, & paffe à Sarbourg & à Feneftrange.

Les principales villes de ce département font Nancy, Lunéville, Toul, Pont-à-Mouffon, Château-Salins, Dieufe, Phalsbourg, &c.

MEUSE. Cette rivière prend fa fource dans le plateau de Langres; elle coule enfuite dans un baffin fort étroit, jufqu'à ce qu'elle fe foit réunie au Mouzon à Neufchâteau : c'eft à une lieue au-deffus de cette ville que les eaux de la Meufe fe perdent, de manière que fon cours apparent en eft interrompu, & elles ne reparoiffent que vers Neufchâteau. La rivière du Mouzon & quelques ruiffeaux de ce canton éprouvent à peu près les mêmes pertes : elle continue fon cours avec les eaux que les fources abondantes des environs de Neufchâteau lui reftituent, & le baffin dont elle recueille les eaux eft toujours fort étroit, jufqu'à ce qu'il s'élargiffe affez confidérablement vis-à-vis des embouchures de la Chiers, du Semoi, de l'Ourthe d'un côté, & de la Sambre de l'autre; enfuite il fe rétrécit, & la Meufe chemine en réuniffant les eaux des rivières dont le cours, excepté la Roër & la Nieffe, eft peu étendu, jufqu'à ce qu'elle fe joigne au Rhin par le Vahal, & alors elle devient un grand fleuve ou plutôt un golfe, où les Hollandais ont porté les principaux dépôts.

de tout ce que la navigation du Rhin & de la *Meuse* leur procure.

Le lieu où la *Meuse* disparoît entièrement est fort voisin du grand chemin, & près de Bazolle. Le lit de la rivière est rempli de cailloux : c'est entre ces cailloux que l'eau se perd sans qu'il y ait de gouffre sensible ; c'est une imbibition de l'eau à travers les terres qui sont recouvertes par les cailloux. En hiver, lorsque l'eau est abondante, elle remplit le lit de la *Meuse*, & passe par-dessus l'endroit où elle disparoît entièrement l'été.

Il y a beaucoup d'entonnoirs ou petits gouffres qui ont probablement une communication avec le lit souterrain que cette rivière doit avoir, & surtout avec le point où elle reparoît.

Lorsqu'il y a une quantité moyenne d'eau dans la rivière, on voit l'eau s'engouffrer par ces entonnoirs. Il paroît que la *Meuse* se perd à peu près de la même façon que les rivières de Normandie, dont les eaux disparoissent par de petits gouffres, & sont réduites à un très-petit volume lorsqu'elles arrivent au lieu où elles disparoissent totalement. Seulement la *Meuse* diffère en cela de ces rivières, en ce qu'elle reparoît dans un même lit, & à la suite de ces pertes.

MEUSE (Département de la). Ce département est indiqué sous le nom de la principale rivière qui le traverse sur sa plus grande longueur.

Il renferme le pays appelé *Clermontois* & l'ancien duché de Bar, qui a été attaché à la Lorraine.

Il a pour limites au nord les départemens des Ardennes & des Forêts, à l'est ceux de la Moselle & de la Meurthe, au sud le département des Vosges, au sud-ouest celui de la Haute-Marne, enfin à l'ouest celui de la Marne.

Les principales rivières sont : la *Meuse*, qui prend sa source dans le département de la Haute-Marne, descend au nord, passe à Neufchâteau, à Vaucouleurs, Commercy, Verdun & Stenay. Au nord-est sont les différens embranchemens du Chiers, qui sont l'Oison & l'Othain, & qui arrosent Marville & Montmédy ; & dans la partie occidentale on voit l'Ornain, qui prend sa source dans le département de la Haute-Marne, & arrose Gondrecourt, Ligny & Bar-sur-Ornain.

La rivière d'Air, dont le cours est parallèle à l'Aisne, qui a sa source à la hauteur de Commercy, passe à Clermont & à Varennes.

Les principales villes sont Bar-sur-Ornain, Verdun, Stenay, Clermont, Vaucouleurs & Saint-Mihiel.

MEWSTONE. C'est le nom d'un rocher situé dans la partie la plus méridionale de la côte de la terre Van-Diemen. Il est élevé & de forme ronde : il gît à cinq ou six lieues du cap sud-ouest de cette terre, dans la direction du sud, 55 d. est.

MEXIQUE (Lac du). Une partie des eaux de ce lac est douce & stagnante, pendant que l'autre est salée, & éprouve un flux & reflux qui n'est pas assujetti à des heures fixes, & qui paroît occasionné par le souffle de vents qui rendent quelquefois le lac aussi orageux que la mer même ; l'eau douce est plus haute que l'eau salée : on la voit se mêler avec l'eau salée, s'y précipiter sans retour. Tout le lac peut avoir cinquante lieues de circuit ; la ville de Mexico est située au milieu de ce lac, & il est probable que la langue de terre qui traverse en quelque sorte le lac, & où est bâtie cette ville, s'oppose à la communication générale de ces deux sortes d'eau, & par conséquent à l'établissement de leur niveau commun. Le lac d'eau douce reçoit de tous côtés des eaux courantes qui, le faisant déborder, occasionnent un versement continuel dans l'autre lac qui est moins plein & toujours à un niveau plus bas ; quant à la salure des eaux du dernier lac, on l'attribue à des infiltrations souterraines qui traversent des amas de sel. Mais on a tort ; le second lac est salé, parce qu'il est dans le cas de tous ceux qui, recevant des eaux de rivières, n'ont point d'issue : en sorte que ces eaux se chargent continuellement des sels que charient les eaux courantes, tandis qu'elles perdent beaucoup d'eau douce par l'évaporation.

MEZIN (Mont), dans le département de l'Ardèche.

La chaîne de montagnes qui embrasse le département de l'Ardèche au nord, au nord-est & à l'est, peut être généralement regardée comme étant de granite, mais d'un granite particulier, de gneiss & autres pierres dites *primitives* : elle porte dans sa partie septentrionale le nom de *Boutières* (lieu principal, Saint-Agrève), & dans sa partie méridionale, celui de *Tanargues* (lieu principal, Valgorges).

Parallèlement à cette chaîne, règne une bande de terrain houillier, c'est-à-dire, composé en plus grande partie de bancs alternatifs de grès micacés & de schiste, renfermant des veines de houille.

Enfin, dans une direction encore à peu près parallèle, se trouvent des montagnes calcaires qui s'étendent jusqu'au Rhône & portent les noms de *Cévennes* proprement dites (lieu principal, Aubenas), de *Maillagnès* (lieu principal, Villeneuve-de-Berg), de *Samzon* & de *Gras*, ainsi nommés d'après les deux communes de ces noms.

Telle paroît du moins avoir été la disposition des montagnes dans ce département avant les incendies souterrains dont il offre aujourd'hui les vestiges ; car maintenant aux trois bandes que nous venons d'indiquer, il faut en ajouter une quatrième, d'une formation probablement très-postérieure, qui, s'étendant du nord-ouest au sud-est, coupe à angle droit les précédentes, dont la direction générale est du nord-est au sud-ouest.

Cette dernière bande communique avec les anciens volcans des départemens de la Haute-Loire, du Cantal, du Puy-de-Dôme, & peut en être regardée comme le prolongement & l'extrémité orientale. Dans la partie où elle coupe la direction de la chaîne granitique, entre les Boutières & le Tanargue, elle porte par excellence le nom de *montagnes* (lieu principal, Pradelle, département de la Haute-Loire), & ce nom lui est dû en effet, puisque c'est là que se trouve le mont *Mezin*, montagne d'origine volcanique, dont la cime s'élève au-dessus de toutes les autres du département. En tirant vers le sud-est, la bande volcanique atteint le calcaire : là, elle forme cette haute plaine nommée *le Coyron*, dont le bourg de Mirabel peut être regardé comme le chef-lieu. Enfin, elle va expirer au bord du Rhône, où l'on trouve presque vis-à-vis, & à moins de deux lieues de Montélimart, les buttes basaltiques de Rochemaure.

M. Cordier, qui a étudié le mont *Mezin* avec soin, le regarde comme appartenant à un système volcanique analogue à ceux du Puy-de-Dôme & du Mont-d'Or, mais beaucoup mieux caractérisé. On y voit deux ordres de matières volcaniques, savoir, celles qui sont antérieures à la dernière période du cataclysme diluvien, & celles qui ont été vomies postérieurement à toutes les révolutions. La masse des montagnes est composée presqu'entièrement des premières; cette masse, considérée en grand, est conique, très-aplatie : son rayon est de dix lieues. M. Ramond a reconnu qu'elle a mille sept cent soixante-quatorze mètres au-dessus du niveau de la mer : elle domine d'environ huit cents mètres le plateau granitique sur lequel elle repose ; elle est la ruine d'un colosse volcanique qui étoit, sans contredit, beaucoup plus élevé & plus étendu. On y observe cette particularité extrêmement remarquable, c'est que la plupart des déjections inhérentes n'ont éprouvé aucune altération, & n'ont point été changées en tuf ou en brèches. Les scories rouges en fragmens, les scories noires capillaires, se présentent avec tous les caractères que le feu leur a imprimés. Il faut ajouter que tous les courans, ou les segmens de courans, sont accompagnés de leurs croûtes scorifiées inférieures & supérieures. L'intérieur de ces courans ne présente que des laves lithoïdes, depuis le porphyre basaltique jusqu'au porphyre à base de feld-spath compacte, terreux ou grenu à grains très-fins ; ces trois variétés de base feld-spathique se rencontrent souvent dans le même courant, & offrent aussi le passage des trois roches dont on a fait des espèces différentes, la domite, la base du grunstein & le kleingstein.

Les laves modernes sont peu nombreuses au *Mezin* ; toutes sont formées de basalte porphyrique à beaux cristaux de péridot & de pyroxène,

mêlés de nœuds de péridot granuleux. On retrouve ces mêmes nœuds & les mêmes cristaux dans les scories qui composent les cratères d'où ces laves sont sorties. Les courans modernes s'étant presque tous écoulés dans des vallées étroites & profondes, les torrens ont repris leur lit en creusant dans la lave un énorme sillon : il en résulte pour l'observateur des coupes admirables, soit par leur élévation, puisqu'elles ont quelquefois jusqu'à deux cents pieds, soit par la régularité & les dimensions des prismes de basalte, soit par leur étendue, car elles se prolongent souvent des lieues entières. Ces magnifiques rideaux sont garnis de scories par en haut & par en bas. La décomposition des scories inférieures donne lieu, dans de certains endroits, à un phénomène curieux ; le tuf (ou wacke) qui en résulte, se mêle avec le limon fluviatile ou le sable que la lave avoit recouvert, & ces endroits-là offrent un passage dans le genre de ceux que M. Werner admet : celui du sable ou de l'argile au basalte.

Les colonnades basaltiques modernes du *Mezin* sont les plus belles qui aient encore été observées.

Tout le système volcanique du *Mezin* repose sur un nouveau genre de granite, dans lequel la pinite entre pour un vingtième ou un dixième, & même un tiers. Cette roche occupe un espace de plus de deux cent cinquante lieues carrées, & se prolonge jusque dans le ci-devant Forez, où elle sert de matrice à cette substance qu'on avoit prise pour de l'émeraude, & qui n'est que de la pinite translucide, ainsi que M. Cordier s'en est assuré sur les lieux.

MICHEL (Saint-). *Saint-Michel*, à trois lieues de Saint-Jean-de-Maurienne, est un ancien bourg situé sur la croupe d'une montagne. Ce pays étant plus élevé, est aussi plus froid qu'Aiguebelle ; aussi l'on n'y récolte point de soie, & la neige n'y fond qu'après la Saint-Jean ; cependant le vin de Saint-Martin & de Saint-Julien qu'on y boit, est assez bon, & tout le terrain qui n'est pas couvert de rocher sec, y est cultivé avec soin. A deux lieues de *Saint-Michel*, c'est-à-dire, à la moitié du chemin de *Saint-Michel* à Modane, on trouve la montagne de Saint-André ; cette montagne est toute schisteuse. Près de cet endroit on a reconnu une mine de houille.

MICHEL (Saint-), rocher granitique situé sur le bord de la mer, dans le département de la Manche. Il est tout-à-fait isolé lors de la haute-mer, & l'on ne peut y aller à pied sec que quand la marée est basse.

MICHEL (Saint-), dans les Vosges, près de Giromagny. Il y a dans la montagne de ce nom une mine de plomb pur qui a été abandonnée à cause de la petitesse de son filon, quoique ce filon soit de bonne espérance.

MIDDELBOURG ou EOOA. Cette île eſt une de celles qui compoſent le vaſte archipel des îles des Amis, ſituée vers le 22e. degré lat. mérid. & le 104e. degré de longitude occidentale.

Cette petite terre a environ dix lieues de tour, & elle eſt aſſez haute pour qu'on la voie à douze lieues. La plus grande partie des bords de cette île eſt couverte de plantations, & ſurtout aux côtes ſud-oueſt & nord-oueſt. L'intérieur eſt peu cultivé, quoique très-propre à l'être. Ces campagnes en friche accroiſſent cependant la beauté du pays, car on y voit un mélange agréable de cocotiers & d'autres arbres, des prairies revêtues d'une herbe épaiſſe; çà & là, des plantations & des chemins qui conduiſent à chaque partie de l'île.

Lorſque des vaiſſeaux on regarde cette île, elle offre un aſpect très-différent de celles qu'on aperçoit dans ces parages, & elle préſente un payſage magnifique. On ne voit point, depuis la Nouvelle-Zélande, de terre auſſi haute qu'Eooa. De ſon ſommet, qui eſt preſqu'aplati, elle s'abaiſſe doucement vers la mer. Comme les îles de ce groupe ſont aplanies, on n'y découvre que des arbres, lorſqu'on les contemple du milieu des vagues; mais ici là terre s'élève inſenſiblement, & elle préſente un point de vue étendu, où l'on aperçoit des bocages formant un agréable déſordre à des diſtances irrégulières, & de belles prairies dans l'intervalle de l'un à l'autre. Près de la côte elle eſt entièrement couverte de différens arbres, parmi leſquels ſe trouvent les habitations des inſulaires.

En gagnant la partie la plus élevée de l'île on traverſe, à mi-chemin, une vallée profonde, dont le fond & les côtés, quoique compoſés preſqu'en entier de rochers de corail, ſont néanmoins revêtus d'arbres. L'élévation alors excède de deux à trois cents pieds le niveau de la mer, & cependant on y voit le corail rempli de trous & d'inégalités, comme dans les rochers de cette ſubſtance expoſés à l'action de la marée. Du corail, dans le même état, s'offre partout, juſqu'au moment où l'on approche des ſommets des plus hautes collines. Il faut remarquer que ces collines préſentent ſurtout une pierre jaunâtre, tendre & ſablonneuſe. Le ſol y eſt d'une argile rougeâtre, qui paroît très-profonde en bien des endroits. On rencontre, ſur la partie la plus haute de l'île, une plate-forme ronde, ou un amas de terre ſoutenu par une muraille de pierre de corail, qu'on n'a pu conduire à cette élévation qu'avec beaucoup de peine. A quelques pas de cet endroit on trouve une ſource d'une eau excellente, & environ un mille plus bas, un ruiſſeau qui, à ce que diſent les inſulaires, ſe jette dans la mer quand les pluies ſont abondantes.

Arrivé à la plus grande hauteur, l'île entière s'offre aux regards, excepté une partie de la pointe méridionale. Le côté ſud-eſt, dont les hautes collines ſur leſquelles on ſe trouve alors ne ſont pas éloignées, s'élève immédiatement du bord de la mer d'une manière très inégale, en ſorte que les plaines & les prairies, qui ont quelquefois une grande étendue, occupent toutes les côtes nord-oueſt; elles ſont ornées de touffes d'arbres, entremêlées de plantations.

Les productions & la culture de Middelbourg ou Eooa ſont les mêmes qu'à Amſterdam ou Tongatabao, avec cette différence, qu'une partie de la première eſt cultivée, & que la ſeconde l'eſt entièrement. Dans l'une & dans l'autre la nature y étale ſes riches tréſors, tels que les arbres à pain, les cocotiers, les plantains, les bananiers, les ignames & quelques autres racines, la canne à ſucre, & un fruit ſemblable au brugnon; en un mot, on y compte la plupart des productions des îles de la Société, & pluſieurs particulières à ces deux terres fortunées. Les chemins y ſont beaux & coupés d'une manière très-judicieuſe; ils ſont garantis des rayons d'un ſoleil brûlant par les arbres qui les ombragent. On ne voit ni bourgs ni villages. Les maiſons ſont bâties çà & là dans les plantations des inſulaires, & le ſoin qu'ils prennent de les entourer de buiſſons en fleurs y procure la plus douce ſenſation par l'air embaumé qu'on y reſpire.

Le mouillage, connu ſous le nom de rade angloiſe, a été ainſi nommé, parce que Cook a été le premier qui y ait pénétré. La rive eſt d'un ſable groſſier; elle s'étend à deux milles de la terre, & la ſonde y rapporte de vingt-une à quarante braſſes d'eau. La petite crique qu'on voit devant offre un débarquement convenable pour les bateaux dans tous les temps de la marée, qui, dans cette île, ainſi que dans les autres, s'élève à quatre ou cinq pieds, & qui eſt haute, aux pleines & nouvelles lunes, à environ ſept heures. Un reſſif de rochers de corail qui s'étend hors de la côte, à environ cent braſſes plus ou moins, la met à l'abri de la mer. La force des vagues ſe briſe ſur ce rocher avant qu'elles atteignent la terre. Telle eſt, en quelque ſorte, la poſition de toutes les îles du tropique, que l'on connoît dans la mer du Sud: c'eſt ainſi que la nature les a ſouſtraites aux uſurpations des flots, quoique la plupart ne ſoient que des points en comparaiſon du vaſte Océan dans lequel elles ſont ſituées.

MIKUSCHKINA en Sibérie, lac ſulfureux. La partie la plus remarquable du pays qu'arroſe la Sock, celle où les fontaines ſulfureuſes ſont en plus grand nombre & les plus riches en ſoufre, eſt habitée par des Tſchuwaſches, dont pluſieurs ſont encore païens. Le pays ſitué au ſud de Saparowa, vers la ſource de la petite rivière de Surgut, recommence à devenir fort montagneux, & il ſe trouve entre les villages Mikuſchkina & Malaja Mikuſchkina, ſur la rivière de Tſchumbulat, dans un terrain humide, deux petits lacs d'eau ſulfureuſe à peu de diſtance l'un de l'autre. Le plus grand a vingt à vingt-cinq toiſes de long ſur huit de large, & très-peu de profondeur ; l'eau en eſt très-ſulfureuſe ; elle dépoſe ſur le limon quantité de matières calcaires & ſulfureuſes, & répand une odeur très-forte. Il y a dans une eſpèce de cale de ce petit lac, laquelle ne gèle jamais, même dans les hivers les plus rudes, une ſource très-forte qui ſort en bouillonnant, & amène avec elle une matière griſe qui reſſemble à de la cendre. Les Tſchuwaſches & d'autres habitans de cette contrée ſe ſervent avec ſuccès de toutes ces eaux ſulfureuſes pour ſe guérir de la gale & autres éruptions cutanées.

MILAN, capitale du Milanez. La ville de *Milan* a cinq mille toiſes ou un peu plus de deux lieues de tour ; elle eſt payée de pierres roulées & arrondies par l'Adda ou par les autres rivières des environs ; ces galets ſont toujours des granites rouges, verts, gris ou d'autres couleurs, ou des pierres qui reſſemblent au porphyre. Ce granite eſt très-commun à *Milan* ; il y en a ſurtout un qui tire ſur le rouge ; il y en auſſi qui eſt blanchâtre : le premier vient d'une carrière qui eſt près de Baveno, village à cinquante milles de *Milan*, aux environs du Lac-Majeur ; le ſecond ſe tire des environs de Margozzo, autre village ſitué auſſi ſur le Lac-Majeur, à cinquante-quatre milles de *Milan* ; il ſert à différens ornemens publics & particuliers.

Cette abondance de granite eſt un avantage conſidérable pour la bâtiſſe à *Milan*, de même que le marbre blanc qu'on tire des montagnes du lac de Côme. Ce marbre n'eſt pas auſſi parfait que celui de Carrare ; mais il ne laiſſe pas d'être encore fort beau. La carrière en fut découverte dans le temps que les ducs de *Milan* entreprirent l'immenſe édifice de la cathédrale ; on continue toujours à l'exploiter, & le marbre en eſt plus beau que jamais ; il provient d'une veine qu'on dit avoir cinq milles de longueur ſur quinze à vingt pieds de profondeur.

Les deux grands canaux qui joignent *Milan* avec l'Adda & le Téſin, ſont la principale cauſe de la fertilité du territoire de cette ville, & l'une des premières reſſources du commerce. Le canal du Téſin, *navilio di Gaggiano, navilio grande*, tire ſon nom du canton de Gaggiano, par lequel il paſſe.

Le canal de l'Adda, appelé *navilio della Marteſana* à cauſe d'un canton d'où il vient, & qui porte ce nom, tire ſes eaux du fleuve Adda. Etant arrivé à un mille au nord de *Milan*, il ſe trouve plus haut de cinq pieds que le *navilio grande* qu'on tire du Téſin. Pour les réunir dans la ville ſans inondation & ſans chute, on a pratiqué cinq écluſes qui portent le nom de *canal de l'Adda*, juſque dans le canal du Téſin.

Non-ſeulement ces canaux ſont utiles pour la fertilité des campagnes, mais ils ſont encore d'un très-

grand ſecours pour le commerce : la Marteſana amène du bois & d'autres proviſions néceſſaires à la ville ; le grand canal apporte les marbres du Lac-Majeur, & établit avec *Milan* une communication très - intéreſſante. La ſcience des eaux & l'architecture hydraulique ſont employées dans toute l'Italie avec autant d'intelligence que de ſuccès.

MILANEZ ou LOMBARDIE. Ce pays contient un excellent territoire. On y trouve des terres qui ne ſe repoſent jamais, & donnent deux récoltes par an, l'une de froment, l'autre de blé de Turquie, de millet ou d'autres menus grains. Beaucoup de prés ſe fauchent trois fois l'an ; ceux qui ont de l'eau (& c'eſt le plus grand nombre) peuvent ſe faucher juſqu'à quatre fois ; ceux qui n'en ont point ne donnent quelquefois que deux récoltes de foin.

Les champs, ſéparés par des alignemens d'arbres, ſont en même temps couverts d'arbres fruitiers, de mûriers, de vignes, de légumes & de moiſſons.

Ces riches cultures attirent principalement l'attention des voyageurs, par l'art avec lequel on dirige les arroſemens ; on raſſemble les eaux près des ſources dans de grands réſervoirs, d'où on les diſtribue dans pluſieurs autres ſucceſſivement moins élevés, &, avec des rigoles, on les conduit dans tous les terrains inférieurs.

Le ſol du *Milanez*, quoiqu'expoſé à une température plus froide que celui du reſte de l'Italie, ne laiſſe pas d'être très-favorable à la culture de toutes eſpèces de fruits & de légumes. Le riz, le lin, le chanvre & la vigne y ſont cultivés avec le plus grand ſuccès ; le cotonnier, le caprier & l'olivier même s'y cultivent avec avantage ; les mûriers y produiſent des feuilles deux fois l'année ; les premières ſervent à nourrir quantité de vers à ſoie ; les ſecondes ſuppléent à la pâture des beſtiaux. Les plantations de ces arbres ne ſont nulle part auſſi multipliées.

Parmi les choſes que l'on remarque en arrivant en *Lombardie*, il y a une plante peu connue en France ; mais qui eſt fort cultivée dans cette contrée, ainſi que dans toute l'Italie, & qu'on y appelle *ſagina*. On en fait des balais & même des broſſes, & les cannes ſervent à faire des nattes & à couvrir des maiſons, à peu près comme en France les roſeaux. La petite eſpèce de *ſagina* à tête ramaſſée donne une graine que les payſans font entrer dans le pain.

On cultive auſſi beaucoup, dans le *Milanez* & toute l'Italie, le blé de Turquie ou maïs ; il y eſt appelé *gran-turco*, & c'eſt probablement de-là qu'eſt venu le nom français blé de Turquie ; ce n'eſt pas qu'on ait reçu des Turcs cette eſpèce de culture, mais parce que la tête nue & le panache des épis les ont fait comparer à une tête de Turc. Il n'y a guère de pays en Europe où il y ait tant de lacs, & d'où l'on tire tant de poiſſons, que des pays ſitués entre la France & le *Milanez*. Sur un eſpace de ſoixante-quinze lieues on trouve les lacs de Genève, de Neufchâtel ou d'Yverdun, de Morat, de Bienne, de Quinti, de Lucerne, de Conſtance, de Valenſtat; le lac de Côme, celui de Lugano, le Lac-Majeur & le lac de Garda, qui a douze lieues de long. Tous ces lacs ſont remplis d'excellens poiſſons, ſurtout de truites; le *curpione* du lac de Garda eſt plus délicat que la truite & le ſaumon, mais il n'eſt pas ſi grand: on n'en trouve pas de plus de dix à douze livres.

Le ſol du *Milanez* eſt calcaire. Toutes ces riches plaines qui en ſont un pays ſi productif, ont été recouvertes par les eaux de la mer dans des temps antérieurs à tous les monumens hiſtoriques, mais pourtant poſtérieurs à la formation des montagnes & aux premières révolutions de notre Globe. C'eſt ce qu'atteſte l'immenſe quantité de coquillages marins, parfaitement conſervés, que l'on trouve épars dans ce canton.

Les montagnes du *Milanez* ſont, comme celles de l'Apennin, compoſées de pierres ollaires & ſchiſteuſes; elles renferment auſſi de beaux marbres, & il y a beaucoup de granite au nord de Milan. Le principal commerce du *Milanez* eſt celui de la ſoie, dont la vente rapporte au pays huit à neuf millions. On ne s'étendra pas ſur les autres objets d'exportation de ce peuple, dont on connoît les reſſources & l'induſtrie.

MILO, île de l'Archipel grec, ſituée à l'entrée de la mer Egée, par 36 d. 50' de latitude, & 22 d. 10' de longitude.

Cette île, viſitée en 1793 par MM. Olivier & Bruguières, leur parut, lorſqu'ils y abordèrent, être entièrement le produit du feu. La côte d'Apollonia leur préſenta partout des porphyres plus ou moins décompoſés, des terres blanches aſſez ſemblables à celles de cimolis, des laves griſes peſantes en grandes maſſes. A un quart de lieue du monaſtère de Sainte-Marine ils virent exploiter de beau gypſe dans une couche de terre profonde mélangée de cendre volcanique, de fragmens de pierres-ponces & de pozzolane: cette couche terreuſe s'étendoit à une grande diſtance, & montroit en pluſieurs endroits des excavations d'où l'on avoit pareillement extrait la pierre à plâtre à des époques différentes.

Après avoir paſſé la nuit dans le monaſtère, & avoir gagné la ville de *Milo* le lendemain, à travers les amas des matières volcaniques, ils allèrent viſiter la montagne de Calamo, que je conſidère comme un des centres d'éruption des feux ſouterrains: elle n'eſt pas bien élevée. Quand on a quitté la plaine, on trouve des terres à cultes volcaniques, mêlées de fragmens de pierre-ponce. Avant d'arriver au ſommet, nos voyageurs furent avertis du voiſinage de quelqu'ouverture volcanique par l'odeur de ſoufre qui les frappa. Un

peu au-deſſous de la cime conique de la montagne, ils aperçurent un déchirement d'une certaine étendue qui s'étoit fait au milieu d'un maſſif de lave compacte, & qui étoit recouvert d'une croûte ſaline dans laquelle on enfonçoit juſqu'à mi-jambe. Il y avoit quelques crevaſſes d'où il ſortoit une fumée très-fétide; & d'ailleurs, en quelqu'endroit qu'on creuſât, la chaleur y étoit ſi forte, qu'il étoit impoſſible d'y tenir la main à un pied de profondeur: lorſqu'on enlevoit la croûte ſaline, on trouvoit deſſous du ſoufre ſublimé en belles aiguilles jaunes d'une très-grande fragilité.

Il s'élevoit auſſi de la fumée des fentes qu'offroient les rochers voiſins. Plus loin une autre bouche préſentoit des bourſoufflures d'une matière blanche ſemblable à la terre cimolée, plus ou moins chargée d'alun. Diverſes autres ouvertures rendoient une odeur ſulfureuſe tellement fétide, qu'on pouvoit à peine reſpirer dans le voiſinage; enfin, la chaleur du ſol ſe faiſoit ſentir en même temps. On voit, par toutes ces obſervations, que la montagne eſt fort échauffée vers ſon ſommet, & que les effets de cette chaleur & des évaporations ſalines & ſulfureuſes contribuent à la décompoſition des ſubſtances primitives, ou même des laves compactes, en une terre blanche que l'on peut pétrir à volonté, & de la même nature que la terre cimolée: phénomènes déjà reconnus depuis long-temps aux environs du Véſuve. Dans les parties voiſines de la baſe de Calamo, MM. Olivier & Bruguières eurent occaſion d'obſerver des couches de différentes matières toutes plus ou moins altérées par le feu de ce petit volcan. Ce ſont des laves compactes ferrugineuſes, des fragmens de pierre-ponce, des terres ochreuſes mélangées, des cendres volcaniques griſes, très-fines, très-légères. Ces produits du feu leur donnèrent l'idée que les exploſions qui ont eu lieu au ſommet de Calamo étoient très-anciennes; car la décompoſition des laves eſt déjà fort avancée, & reſſemble à celle qu'on peut obſerver dans toutes les parties de l'île. D'ailleurs, les couches ſupérieures ſont en très grande partie paſſées à l'état terreux. Le gypſe a eu le temps de former des dépôts dans quelques unes de ces couches; & celles qui ont encore de la ſolidité, ſont très-ferrugineuſes, & peu différentes, quant à l'aſpect, des ſcories de fer.

En continuant de parcourir cette île intéreſſante, nos voyageurs viſitèrent avec ſoin le quartier où ſe forme l'alun de plume, dont les Anciens & les Modernes ont également parlé. Ils y aperçurent d'abord de grands bancs de terres blanchâtres, dans leſquels pluſieurs fouilles ont été faites pour l'exploitation de l'alun: enſuite ils pénétrèrent dans une grotte qui leur offrit à ſon entrée des criſtaux de gypſe groupés. A meſure qu'ils s'enfoncèrent dans ce ſouterrain, ils ſentirent que la chaleur augmentoit de manière à leur faire éprouver de la difficulté à reſpirer.

Toutes les parois de cette grotte étoient revêtues d'une croûte saline alumineuse plus ou moins épaisse. Quelques-unes des parties de cette croûte ressembloient au premier aspect à du coton cardé très-fin qui auroit été appliqué contre ces parois. On y découvroit, avec la loupe, un assemblage de très-petites aiguilles disposées en tous sens ; & si l'on détachoit ces croûtes salines, elles montroient des filamens très-déliés, réunis par faisceaux qui avoient depuis une jusqu'à dix ou douze lignes de longueur. C'est ce travail de la nature que les Anciens, comme les Modernes, ont connu sous le nom d'*alun de plume.*

On distinguoit aisément l'alun de plume des cristaux de gypse qui se présentent dans la même grotte ; car ceux-ci avoient la forme d'aiguilles, au lieu que l'alun est distribué, comme nous l'avons dit, en filamens très-déliés, étroitement serrés entr'eux.

De retour à la ville de *Milo*, les voyageurs s'assurèrent que toute la partie de l'île, située à l'est & au sud de la ville, étoit chaude à une certaine profondeur ; qu'il sortoit de la fumée de certaines grottes, & qu'on trouvoit dans quelques autres une eau extrêmement âcre & salée ; enfin, que l'alun se montroit partout, tandis que le soufre ne paroissoit qu'en certains endroits.

La pierre dont on se sert dans l'Archipel & en Dalmatie pour former de plusieurs blocs joints ensemble des meules de moulin, vient de *Milo.* On fait usage de cette sorte de pierre, parce qu'elle est fort légère : on la préfère aux plus pesantes, parce qu'en tournant avec plus de vitesse, elles font plus de farine sans l'échauffer.

L'examen de la pierre de *Milo*, fait par plusieurs naturalistes, leur a donné lieu de connoître qu'elle ressembloit parfaitement aux pierres-ponces noires & pesantes des anciens volcans ; l'usage qu'on en fait pour meules de moulin n'est pas sans inconvénient ; puisque les cloisons des cellules irrégulières dont elle est parsemée, s'usent & s'enlèvent par le travail de la mouture, ce qui occasionne le mélange des parties vitrifiées & anguleuses dans la farine.

MINGRANILLA. Cette jurisdiction du royaume de Valence en Espagne est remarquable par une grande quantité de salines, dont quelques-unes sont exploitées. Le sel gemme qu'elles donnent, est très-bon, & il est toujours plus salé que le sel produit par évaporation ; car il a moins d'eau, de cristallisation, & conséquemment il attire très-peu l'humidité de l'air, & beaucoup moins que le sel de fontaines salées, qui se dissout assez facilement lorsqu'il est exposé à l'air humide.

A une demi-lieue du village de *Mingranilla*, on descend un peu lorsqu'on entre dans un massif gypseux distribué par collines dont le circuit peut avoir environ une demi-lieue. Au-dessous de la couche de plâtre on trouve un banc solide de sel

gemme, parallèle à cette couche, dont on ne connoît pas l'épaisseur, parce que quand les fouilles passent la profondeur de cinquante toises, l'extraction du sel étant trop coûteuse, ne se continue pas plus avant. D'ailleurs, si le terrain s'enfonce ou qu'il se remplisse, on se trouve, dans ces circonstances, forcé d'abandonner les puits, & d'en ouvrir d'autres à côté. Cette exploitation se fait sur une masse énorme de sel, quelquefois mêlé avec un peu de terre gypseuse, & d'autres fois pur, rougeâtre & cristallisé pour la majeure partie. Le sel de la *Mingranilla* est fort solide, mais il ne l'est pas autant que celui de Cardona, car ses cristaux se brisent comme ceux d'un spath fragile.

En examinant attentivement les environs de cette masse de sel, il est aisé de voir que les eaux pluviales ont détruit une partie du terrain, & ont mis par là cette mine à découvert ; car on trouve des pierres arrondies, des cailloux épars dans les lits des torrens & dans les petites vallées ; tous ces corps isolés sont enveloppés de plâtre, & ont une consistance fort solide. D'un autre côté on voit les mêmes matières qui sont dispersées encore sur le sommet des collines, de manière que par l'inspection des bancs de pierre à chaux, de gros sable & de plâtre qui subsistent encore dans certaines parties, on ne peut pas douter que, dans l'état primitif des choses, l'ensemble des collines ne fût composé ainsi : d'abord à la surface, des bancs de pierre à chaux, des quartz roulés, mêlés d'un gros sable, & unis ensemble par un ciment naturel ; ces bancs étoient suivis d'un autre lit de gros cailloux mastiqués de même : on trouvoit ensuite une couche de plâtre dur, blanc & rouge, parsemé d'hyacinthes, & au-dessous, enfin, la masse de sel qui avoit deux cents pieds de diamètre. D'après ces détails, il y a grande apparence que la masse saline de *Mingranilla* avoit d'abord au-dessus d'elle environ huit cents pieds de toutes ces matières que nous venons d'indiquer, & que les eaux ont entraînées du sommet des collines dans la plaine, où l'on peut contempler ces débris. Il en résulte deux considérations que nous rappellerons ici : 1°. que la formation de la masse saline n'a pu se faire que dans une mer qui avoit une assez grande profondeur pour qu'il se formât au-dessus cette variété & cette épaisseur de dépôts ; 2°. que les changemens survenus à la surface de la terre par la destruction des couches peu solides qui résidoient à cette surface, sont très-considérables, & peuvent souvent s'apprécier par les témoins qui restent dans les lieux des déblais, & par les débris qui sont remarquables à la surface des remblais.

MINHO (Bassin du). Le bassin du *Minho*, ou, pour se conformer à la prononciation espagnole, du *Migno*, commence au nord dans des montages élevées de la Galice, dont la plupart sont calcaires. Ce fleuve, resserré à sa droite, est grossi
considérablement

confidérablement par les eaux d'un grand nombre de rivières & de ruisseaux qui s'y rendent, furtout à fa gauche; la plus confidérable eft la Sil, qui vient du nord.

La chaîne de montagnes qui donne naiffance à toutes ces eaux eft auffi calcaire comme les premières. (*Voyez* DUERO.)

MINIER DES INDES (Grotte du). Cette grotte, qui eft fort intéreffante par la nature des ftalactites qu'elle offre, fe trouve creufée dans la montagne des Pyrénées, nommée *Batère*, fur la commune de Corfevi, & à la diftance d'environ trois lieues d'Arles en Rouffillon (département des Pyrénées orientales).

L'entrée, qui a deux pieds de largeur, eft difficile; la galerie qui fuit, a 120 pieds de longueur; il n'y a pas de criftallifation dans ce veftibule, mais il annonce de belles chambres qu'on rencontre enfuite. On en trouve deux à droite & cinq à gauche qui fe communiquent entr'elles; les unes ont deux toifes de longueur fur une de largeur; la longueur des autres eft de quatre toifes, & leur largeur de trois, & toutes n'ont guère plus de deux à trois pieds de hauteur. Quand on eft dans ces falles, on a fur fa tête environ 540 pieds de terre, & on entend le murmure des eaux qui coulent par-deffus entre deux couches, fans qu'on puiffe en découvrir le cours: l'eau pourtant fuinte toujours de la voûte & des parois de ces grottes.

Les ftalactites dont elles font garnies offrent un magnifique fpectacle qui frappe bien plus avantageufement que celui des ftalactites des grottes de Lombrive & de Bedeillac; celles-ci font blanches, luifantes, & brillent comme le criftal. Toute la furface de ces chambres, la voûte comme les parois, en font tapiffées; il y en a même fur le fol. Dans certains endroits le fol eft couvert d'une grande nappe de fpath femblable à une glace unie, & épaiffe d'un ou de deux pouces; dans d'autres endroits cette nappe eft furchargée d'une quantité innombrable de figures irrégulières, & il en fort des arbriffeaux pareils à ceux qui pendent de la voûte ou qui recouvrent les parois.

Ces ftalactites ont ordinairement pour bafe une large plaque de la même matière dont elles font compofées; de cette plaque fortent différens troncs dont la longueur & la groffeur varient infiniment; il y en a qui ont un demi-pied, un pied; un pied & demi, deux pieds de longueur, fur fix, huit, dix lignes, & un pouce de diamètre. Enfin, il y en a quelques-uns qui furpaffent toutes les dimenfions de ces troncs, portent un grand nombre de branches de différentes longueurs & groffeurs qui s'entrelacent entr'elles, & les vides qu'elles laiffent, font remplis d'une infinité de petits rameaux qui naiffent les uns des autres en tous fens; il y en a qui font auffi fins & auffi déliés que des cheveux.

La furface des troncs, des branches, des rami-
Géographie-Phyfique. Tome IV.

fications, eft hériffée de petites pointes luifantes. La matière feule dont ces criftaux font compofés eft un objet agréable à la vue; mais la beauté des formes fous lefquelles on la peut contempler dans les grottes, l'emporte de beaucoup fur la matière elle-même.

Nous avons déjà dit que ces ftalactites font d'une couleur blanche; néanmoins après les avoir tirées des grottes & expofées à l'air extérieur, la couleur de la furface fe ternit, mais elles confervent, dans leur intérieur, toute leur blancheur. Lorfqu'on caffe les troncs, on remarque fur la caffure de petits filets en forme de rayons, qui partent du centre & aboutiffent à la circonférence, & que ces filets, très-fins & très-multipliés, font d'un blanc brillant; leur compacité eft affez confidérable, & pour caffer une branche il faut employer une certaine force. Ces ftalactites fe calcinent au feu & fe diffolvent dans les acides minéraux.

Elles font qualifiées dans le pays de *flos ferri*, quoiqu'elles n'aient rien de commun avec le fer; elles reffemblent & paroiffent avoir les mêmes caractères que le *flos ferri* de Styrie.

L'air eft affez tempéré dans ces fouterrains; car le mercure du thermomètre de Réaumur qui, à l'air extérieur, fe tenoit au 29e. degré au-deffus de la glace, s'eft trouvé, dans les grottes, à 14 d. au-deffus du même terme.

A une certaine diftance de la grotte du *Minier des Indes* eft la petite caverne d'*Eu-Pey*; elle eft voifine de Lafon, précipice affreux qui fépare la paroiffe de Corfevi de celle de Montferré; elle eft creufée dans un maffif de rocher fort dur, d'une couleur grife; l'eau naît au fond de cette caverne & y eft ftagnante. On pourroit croire que cette eau forme & opère l'accroiffement des rochers, en dépofant fucceffivement la matière dont ils font compofés; la forme de cafcades qu'ils préfentent, & qui font les réfultats de dépôts fucceffifs, femble favorifer cette opinion. Cependant d'autres dépôts, faits par des eaux étrangères à celles qui font raffemblées dans la caverne, peuvent avoir contribué à la formation des rochers au milieu defquels elle eft creufée; on y trouve des ftalactites, des criftallifations remarquables par leur figure & leur volume. Ce font furtout des pyramides triangulaires qui forment des groupes de différentes hauteurs; quelquefois ces pyramides font groupées fur un feul, & on y découvre pour lors les trois faces qui s'appuyent fur la bafe commune, & qui viennent fe terminer au fommet. Souvent il y a un grand nombre de petites pyramides adhérentes à chacune des faces extérieures des grandes pyramides, & qui leur font parfaitement femblables; car leur figure eft toujours la même, non-feulement dans les groupes confidérables, mais encore dans chaque partie de ces groupes.

Ces ftalactites font calcaires & de la nature du

fpath compofé de lames appliquées les unes fur les autres : mis en diffolution dans les acides, il y excite une violente effervefcence.

Cette forme de ftalactites, ou plutôt de crif-tallifations de la caverne d'*Eu-Pey*, mérite une cer-taine attention ; car toutes celles que nous offrent un grand nombre d'autres grottes en différent beaucoup ; ceci doit tenir probablement à la mar-che de l'eau dans fes dépôts, & les obfervateurs qui nous ont fait part des faits qui précèdent, n'y ont pas joint ces confidérations importantes.

MINIER DE SOURNIA (Grotte du), départe-ment de l'Aude. C'eft dans les montagnes des Cor-bières qu'eft fituée la grotte du *Minier de Sournia*, à une demi-lieue & à l'eft du village de ce nom. Elle eft creufée dans un rocher efcarpé & fort élevé ; elle offre plufieurs rues ou galeries. On ne fauroit en donner une meilleure idée qu'en la re-préfentant comme réfidant au fein d'une monta-gne dont les rochers, en croulant & tombant les uns fur les autres, ont dû, par leur rencontre mu-tuelle, former les cavernes dont on va parler.

L'entrée a treize pieds de largeur & dix de hauteur. Les parois des rochers font a nu dans certains endroits, & couvertes en d'autres de fta-lactites qui imitent des grappes de raifin ; plus loin eft une chambre de pareille dimenfion à peu près, dont la voûte offre de groffes grappes de raifin, & ailleurs des groupes de fleurs & de fruits ou des choux-fleurs. Pendant les temps fecs il n'y coule point d'eau ; par conféquent le travail des ftalactites fe trouve interrompu ; mais fitôt que les pluies ont humecté la terre, & que l'eau pénètre à travers les rochers, ce travail recom-mence. La matière que l'eau charie alors fert à l'accroiffement des ftalactites ; il y en a qui font d'un bleu clair, d'autres d'une couleur jaunâtre, & quelques-unes, qui font blanches, contraftent d'une manière frappante avec le ton de quel-ques autres, qui font brunes & même tirant fur le noir. Cette diverfité de couleurs dans les fta-lactites provient vraifemblablement de la diffé-rente qualité des matières dont elles font compo-fées, & des principes métalliques qui s'y joi-gnent.

La chambre dont nous venons de parler préfente trois ouvertures qui conduifent à autant de rues, dont une a fix pieds de longueur fur autant de largeur ; la feconde s'étend fur une profondeur de foixante pieds. Nous ne nous arrêterons pas à décrire toutes les variétés des concrétions qu'on y rencontre ; nous dirons feulement qu'elles of-frent ici des pralines, des choux-fleurs : ailleurs, ce font des concrétions tendres, friables & auffi blanches que la neige, fous la forme de choux-fleurs ; à une autre rue il y a une ouverture d'un pied en tous fens, d'où fort un courant d'air froid & affez fort pour éteindre une chandelle qu'on approche du trou : cet effet indique un mou-

vement d'une eau intérieure qui circule dans une galerie profonde. La troifième rue conduit à une chambre qui a dix pieds de long fur fept de large : elle préfente dans le fond une grande ouverture, d'où partent cinq rues, dont la première a foixante pieds de longueur ; la feconde & la troifième n'ont que vingt pieds de longueur fur trois pieds de lar-geur ; la quatrième, de trente-fix pieds de lon-gueur, offre à la voûte une quantité confidérable de ftalactites tubulaires ; la cinquième enfin, fur une longueur de vingt pieds, préfente à fon pla-fond un grand nombre de ftalactites, qui en gé-néral font courtes, un peu dures & d'un beau blanc. Dans quelques-unes de ces chambres l'eau coule fur des pentes rapides : au refte, on doit dire que tout le maffif de la montagne eft percé d'un grand nombre d'autres rues fouterraines qui parcourent fon intérieur, & qu'on ne vifite pas parce qu'il peut être dangereux de s'y égarer.

MINORQUE, l'une des îles Baléares, dans la Méditerranée. A *Minorque* on voit un rocher ef-carpé, dans lequel des bancs de fchifte font fenfi-blement parallèles, & forment avec l'horizon un angle de 30 degrés.

MISSISSIPI, grand fleuve de l'Amérique fep-tentrionale. Les terrains font fi bas à l'emb-ouchure de ce fleuve, qu'il y en a une grande par-tie fous l'eau ; de forte qu'on ne peut les dif-tinguer que par les joncs qui s'élèvent au-deffus : c'eft ce qui rend d'un abord fi difficile toutes les côtes voifines. En effet, la mer les couvre tota-lement, & il eft impoffible de les reconnoître de loin ; d'autres terrains fe trouvent fous l'eau à marée montante, & au-deffus lorfque la mer s'eft retirée ; ce qui fe remarque jufqu'à quinze lieues dans l'intérieur des terres, en deçà de l'embouchure : il y a même fi peu de différence dans le niveau des terrains, en remontant le fleuve au-delà de la limite des quinze lieues, que les habitans ne préviennent les inondations, lors des crues d'eau, qu'en élevant des digues au niveau de la plus grande hauteur où l'expé-rience leur a appris que les eaux pouvoient monter. La même chofe arrive à peu de diffé-rence près dans les pays que ce fleuve parcourt au nord, au-delà des trois cent cinquante lieues connues de fon cours ; cependant il eft facile de voir que les pays s'élèvent à proportion qu'ils font plus éloignés de l'embouchure du fleuve. D'ailleurs, la pente du fleuve, quelque foible qu'elle foit, prouve démonftrativement l'éléva-tion du fol : auffi, à mefure que les terrains s'éloi-gnent de la côte, ils font moins expofés à être fub-mergés, quoique les eaux s'élèvent à marée mon-tante prefqu'à la hauteur des digues dont nous avons parlé.

Il en eft de même du vafte efpace qui s'étend à l'oueft & au nord de la Louifiane : ce font de grands pays plats, entre-coupés de rivières qui, réunies à d'autres, vont se jeter dans le *Mississipi*, & dont la surface plane n'est interrompue que par quelques montagnes ou collines isolées, jetées çà & là dans ces plaines. Ainsi le bassin du *Mississipi* s'étend sur un espace immense, compris depuis les monts Apalaches jusqu'aux montagnes de l'Amérique septentrionale, dont la chaîne se porte vers la mer de Californie; ainsi, dans cette partie de l'Amérique, il y a plus de terrains plats que de pays élevés & montueux.

On ne connoissoit autrefois ce fleuve que jusqu'à la rivière Saint-Pierre, au-dessous même de la cascade de Saint-Antoine; depuis on l'a remonté jusqu'au fleuve Saint-François, c'est-à-dire, jusqu'à seize milles anglais au-delà de la cascade. Le fleuve Saint-François se joint au *Mississipi* en deçà du 45ᵉ. degré de latitude septentrionale. Tout ce qu'on sait de la partie supérieure du cours de ce grand fleuve se réduit aux récits des Indiens. Au sud-ouest se trouve le Lac-Rouge, à peu de distance du Lac-Blanc, qui est à peu près aussi grand que le rouge. On croit que celui-ci doit être considéré comme faisant partie des eaux du Nord, d'où sort le *Mississipi*, & que ce lac peut sans erreur en être regardé comme la source la plus éloignée, & on l'a placé au 47ᵉ. degré de latitude nord.

D'après ces détails on estime que le *Mississipi* parcourt un espace de neuf cents lieues, en y comprenant toutes les sinuosités; & en ligne droite environ 16 degrés ou quatre cents lieues. Les vaisseaux d'une certaine grandeur ne peuvent le remonter que jusqu'à l'embouchure de l'Ohio : ce n'est même qu'avec beaucoup de peine qu'ils arrivent jusque-là, vu les sinuosités fréquentes de son canal & la rapidité de son cours.

L'eau du *Mississipi* est très claire jusqu'au confluent du Missouri qui s'y jette, & la trouble alors par le limon dont ses eaux sont chargées.

Le *Mississipi* déborde ordinairement en certains temps. Dupraz nous apprend que c'est au commencement de mai, lorsque les neiges abondantes du Nord fondent & en augmentent considérablement les eaux. Alors ce fleuve se jette de tous côtés jusqu'à vingt & trente lieues dans les terres; ce qui dure jusqu'à la fin de juillet. Les bords du fleuve étant beaucoup plus élevés que les terres adjacentes ou éloignées de son canal, les eaux débordées ne peuvent y rentrer; une partie de l'inondation s'écoule vers l'est par le Manhac, qui est un canal naturel communiquant avec le lac Maurepas : de ce lac elle gagne celui de Pont-Chartrin, & de-là elle se rend à la mer. L'autre partie des eaux s'écoule à l'ouest dans le golfe de l'Ascension; ce qui en reste dans les lieux les plus bas forme des lagunes, des marais, des lacs & des espèces de courans d'eau que l'on appelle *Bayons* dans le pays, & ceci se remarque très-fréquemment tout le long du cours de ce fleuve.

Les rives en sont bordées de bois, au moins dans la plus grande partie de son canal : cependant il coule çà & là entre des montagnes escarpées qui contiennent ses eaux; ses débordemens jettent beaucoup de limon dans les terres, & entraînent quantité d'arbres déracinés, outre ceux que ses eaux courantes détachent journellement de ses bords, & qui tombent dans son lit : ces arbres s'arrêtent près des bancs de sable, dont ils occasionnent l'accroissement. Si ces arbres s'arrêtent en certaine quantité sans être voiturés à la mer, ils servent de base à de nouvelles îles qui, se formant & s'agrandissant avec le temps, changent le cours du fleuve. Le limon d'ailleurs & la vase que ses eaux déposent, élèvent aussi sensiblement les parties de son lit, sur lesquelles se font chaque jour ces précipités.

Les eaux du *Mississipi* paroissent les plus impures & les plus nuisibles aux animaux, si on les juge à la vue : cependant l'expérience a prouvé le contraire; quoiqu'elles soient toujours troubles & si chargées de limon (1), qu'elles forment des dépôts dès qu'elles sont gardées dans des vases; on y voit même les particules terreuses s'agiter en si grande quantité, qu'elles déplaisent à la vue. Dans le temps des grandes eaux, ce fleuve arrache quantité de bois de ses bords, & qu'il charie ensuite des contrées les plus éloignées; on y voit des arbres avec toutes leurs branches & leurs feuilles, ou bien des troncs énormes secs & en partie pourris. Il ne paroît pas cependant que cette quantité de bois flottés contribue en aucune manière à imprégner l'eau d'aucun mauvais principe; car l'expérience prouve que l'eau de ce grand fleuve est très-salubre & bienfaisante pour les animaux qui en boivent; cependant il s'y jette un très-grand nombre de ruisseaux & de rivières, dont les eaux sont chargées de matières étrangères qui pourroient communiquer aux siennes des principes nuisibles. Mais comme la partie des eaux du fleuve qui est pure, l'emporte de beaucoup sur celles des autres rivières, celles-ci ne peuvent y porter, par leur mélange, aucune mauvaise qualité sur laquelle la bonne qualité du fleuve ne prédomine. En été, temps où les eaux du fleuve sont les plus basses, elles sont claires, limpides, mais moins salubres : ce qui vient de ce que celles de la mer y entrent très-avant avec les marées; malgré cela elles ne sont pas préjudiciables à la santé : on les trouve alors chaudes à la surface & fraîches au fond.

Quelque chargée de limon que soit l'eau du *Mississipi*, elle n'engendre pas la pierre : cependant, quelque clarifiée qu'elle soit, elle conserve toujours quelques principes limoneux; on en emplit ordinairement plusieurs vases pour lui donner le temps de s'épurer, & l'on boit celle qui s'est clarifiée la première.

(1) Depuis le point où tombe le Missouri.

Quand même on la laifferoit repofer pendant
fort long-temps, on n'y aperçoit réellement aucun figne de corps étranger, tant elle eft diaphane & criftalline; mais tranfvafée dans un autre
vafe, elle donne, un ou deux jours après, un
fédiment limoneux très-fin, femblable à du favon, & que l'on voit auffi furnager dans les
grands vafes où on la met pour l'épurer. Le peuple & ceux qui trafiquent le long du fleuve, la
boivent trouble comme elle fe préfente naturellement; mais l'on n'a pas d'exemple qui prouve
qu'elle foit nuifible, même lorfqu'on la boit en
fueur & après avoir été fatigué à ramer.

La fraîcheur de l'eau de ce fleuve provient
fans doute de ce qu'il defcend du nord, & de la
quantité des eaux de la fonte des neiges qui s'y
jettent: il eft même probable que c'eft aux glaciers qu'il doit fon origine: il reçoit enfuite dans
fon cours les eaux qui fe rendent dans fon canal
des vaftes plaines dont nous avons parlé, qui s'é-
tendent au nord & à l'oueft depuis le 47e. degré
de latitude & au-delà. Dans ce long cours il fe
charge de la partie limoneufe des terrains qu'il
parcourt, & de celle qu'entraînent les eaux des rivières qu'il reçoit. Le grand mouvement dans lequel il les tient pendant un fi long trajet, divife
ces principes & les atténue au point que nous avons
dit. En effet, lorfqu'on met de cette eau dans un
verre, ces molécules terreufes paroiffent comme
une vapeur qui en remplit toute la capacité. Quelques perfonnes penfent que c'eft ce limon très-
atténué qui donne à l'eau la qualité précieufe
qu'elle a de faciliter la digeftion, d'aiguifer l'appétit, & même de maintenir la fanté à l'abri des
alternatives qui réfultent de l'ufage de celles qui
ne font pas fi falutaires.

Ce fleuve, dont les eaux s'élèvent dans les
crues au-deffus des terrains voifins, & les inondent
où elles ne font pas retenues par des digues, eft
d'un grand avantage aux différens pays qu'il parcourt; on en tire par des faignées l'eau dont on a
befoin pour faire tourner les moulins à fcie, ce
qui fait la principale induftrie des riverains ou de
ceux qui habitent dans le voifinage du fleuve.

Quoique le lit du Miffiffipi foit vafte & profond,
il eft certain qu'il ne fait pas fur fes bords autant
de ravages que d'autres fleuves, on attribue cet
avantage à fa profondeur: c'eft au fond du lit que
la plus grande force du courant fe développe &
fe fait fentir; c'eft là où le poids de la maffe des
eaux, ainfi qu'une certaine viteffe, fe réuniffent:
voilà pourquoi les levées ou digues qu'on y conftruit pour arrêter fes débordemens, ne font pas
larges, & n'ont de hauteur que celle à laquelle
l'eau monte ordinairement dans les plus grandes
crues.

La pente qu'ont les terrains voifins du courant
du fleuve, & qui favorife la décharge de fes eaux
du côté des lacs, fait voir que le limon dépofé
par le fleuve élève peu à peu les terres qu'il baigne,

& qu'il rehauffe fon lit; enfin, la néceffité où l'on
eft d'élever continuellement des digues pour empêcher le fleuve d'inonder les habitations & les
terres que l'on défriche pour la culture. Au refte,
on ne connoît pas la différence qu'il y a entre la
hauteur qu'avoient autrefois les eaux du fleuve,
& celle qu'elles ont maintenant; mais on connoît,
par des indices certains, que le lit du fleuve eft
rehauffé à fon embouchure. En effet, il avoit
vingt-quatre pieds d'eau à la barre il y a cinquante ans, & il n'en a plus que douze dans les
pleines marées; mais il paroît que, dans l'intérieur
du pays, il conferve fa même profondeur aux environs furtout de fon embouchure. Il pourroit
fe faire cependant que la barre s'élevât aux différentes embouchures fans que le fond du lit fe
rehauffât; mais le volume d'eau étant fuppofé le
même qu'autrefois, & conféquemment la réfiftance qu'il oppofe aux flots de la mer étant auffi
forte, il s'enfuit que ce ne font pas les fables qui
s'amaffent en plus grande quantité au-deffus de ce
niveau, mais que c'eft le fond qui s'eft élevé
& qui a fait prendre plus d'étendue aux eaux:
d'où il réfulte qu'elles agiffent avec moins de
force que quand elles fe déchargeoient par des
bouches plus étroites & plus profondes.

L'attention avec laquelle nous venons de détailler ce qui concerne l'origine & la qualité des
eaux du *Miffiffipi*, dont nous avons parlé, nous
donne lieu d'y comparer les eaux chaudes de la
partie haute du Pérou, & particulièrement celles
du gouvernement de Guancavelica: celles-ci font
criftallines, claires à la vue, & malgré cette apparence elles forment les carrières des terrains
qu'elles baignent & qu'elles pénètrent, couvrant
d'incruftations les corps ifolés qui y tombent;
celles du fleuve, au contraire, font troubles, fur-
chargées de limon, de principes terreux, & de la
partie mucilagineufe des arbres qui y flottent,
fans cependant engendrer la pierre dans ceux qui
en boivent, ni caufer le moindre dérangement
dans l'économie animale. Nous avons dit qu'elles
étoient même bonnes & falubres: ces deux propriétés oppofées, qui réfultent de deux caufes contraires, ne peuvent avoir lieu que parce que les
premières contiennent dans des états impercep-
tibles, des principes propres à unir & endurcir
la terre auffitôt qu'ils fe trouvent interpofés dans
fes interftices; tandis que les fecondes ne contiennent qu'un limon dont les molécules font très-
atténuées, flottantes & incapables de fe réunir
de manière à former une concrétion, parce qu'elles
ne contiennent pas les principes qui font dans les
premières eaux, ni combinées de même. Au refte,
il y a long-temps qu'on fait par expérience que
les eaux qui produifent des dépôts & des concrétions abondantes, comme l'eau d'Arcueil &
autres, ne contribuent en rien à la formation de
la pierre dans la veffie, & qu'elles font auffi falubres que les eaux qui ne forment aucun dépôt de

quelque manière que ce foit. Au refte, il eft certain que les eaux de Guancavelica n'ont rien de commun avec celles du Miffiffipi.

Le Miffiffipi fait, en certains endroits, de fi grands détours, qu'il en réfulte quelquefois des péninfules de plufieurs lieues de longueur, & dont l'ifthme n'a pas plus de deux cents pas de largeur, & quelques-uns de ces ifthmes font coupés par le fleuve; cependant, en d'autres endroits, le Miffiffipi eft très-droit.

Dans les fortes eaux, le fleuve rafe la furface de toutes les terres de la baffe Louifiane, & même les couvre dans plufieurs parties voifines de fon embouchure; mais dans les eaux baffes, les berges ont jufqu'à quarante pieds d'élévation. Depuis la Rivière-Rouge, la hauteur des rivages du fleuve va toujours en diminuant jufqu'à la mer; ce qui paroît avoir fuivi la hauteur des eaux du fleuve elles-mêmes, qui, fur la fin de fon cours, baiffent beaucoup, vu le grand nombre de canaux dans lefquels elles fe partagent & fe divifent à droite & à gauche.

Les bateaux qui montent aux Illinois dans les eaux baffes, font beaucoup plus de chemin dans les eaux baffes que dans les hautes; car, dans le premier cas, les paffages les plus courts reftent à fec, & il fe découvre alors lors de grandes battures de fable de plus d'un quart de lieue de longueur, qui forcent à des détours.

Les terres baffes que le Miffiffipi inonde au printemps, reçoivent tous les ans un petit accroiffement en élévation par les dépôts des eaux : ce ne font pas fimplement les principes terreux dont elles font chargées qui produifent ces dépôts; ils font auffi formés par les débris de végétaux qui font arrêtés par les arbres, les rofeaux, les buiffons, furtout le long des bords des principaux canaux du fleuve. Auffi ces bords forment-ils les terrains les plus élevés des plaines fluviales, & le fol à droite & à gauche offre-t-il des pentes affez fenfibles : tellement que, dans les débordemens, les eaux une fois coulant fuivant ces pentes ne rentrent plus dans le fleuve, mais gagnent la mer par une infinité d'égouts & de canaux multipliés; ces canaux, ces débouchés des eaux inondées, fe nomment Bayons, ainfi que nous l'avons dit. Les égouts des Cyprières font fi abondans, qu'ils ont donné naiffance à une forte de rivière qui fe rend dans le lac de Pont-Chartrain. Cette rivière d'eau prefque morte formant une petite baie, a été auffi nommée Bayon ; c'eft ce Bayon qui a fait donner le même nom à tous les égouts du Miffiffipi. Il y en de confidérables : tels font la Fourche des Chitimachas, à foixante lieues de la Balife; le Bayon de Plaquemine, à foixante-dix lieues; celui de Manchac, à foixante-douze; celui de Latanache, à quatre-vingt-quinze; celui de Tchafalaya, à plus de cent lieues de la mer, & plufieurs autres dont l'énumération feroit trop longue. Tous ces canaux font à l'oueft du fleuve,

excepté celui de Manchac, qui fépare ce que l'on appelle l'île de la Nouvelle-Orléans, du pays des Chactas & des Natchez; mais il faut obferver que cette prétendue île eft partagée en beaucoup d'autres par de femblables canaux, & que le Bayon de Manchac refte à fec la plus grande partie de l'année. Il n'en eft pas de même du Tchafalaya; il ne manque jamais d'eau, & équivaut à peu près à un quart du fleuve : il va déboucher à la mer près de la baie Saint-Bernard, & l'on dit que l'entrée n'en eft pas mauvaife pour les petits vaiffeaux. On affure qu'il étoit très-peu confidérable autrefois, mais qu'il s'eft élargi au point de former une grande rivière; on préfume même que le fleuve entier prendra fon cours vers ce côté, parce qu'une batture de gravier jette tout le courant dans l'anfe où ce Bayon fe trouve. C'eft donc à tort que les géographes ne figurent pas fur leurs cartes cette confidérable branche du Miffiffipi.

Comme le pays eft très-peu habité, on néglige ces canaux; & comme ils font encombrés d'arbres que le grand courant y amène ou qui y tombent du rivage même, ils deviennent infenfiblement impraticables à toute forte de navigation. Si les bords de ces Bayons étoient défrichés & habités, on n'y laifferoit pas pourrir cette grande quantité d'arbres; les Bayons deviendroient libres & formeroient autant de canaux de communication pour toutes les parties de la baffe Louifiane. Il feroit auffi très-utile en même temps de fermer entièrement les plus petits canaux où les grands bateaux ne peuvent entrer, parce qu'ils contribuent à empêcher le fleuve de monter affez haut, dans fes débordemens, pour fertilifer les terres à riz. On s'eft aperçu qu'à cet égard les débordemens avoient éprouvé une grande diminution, depuis qu'on a formé les canaux artificiels pour y établir des moulins à fcier les planches : il eft vraifemblable auffi que l'accroiffement du Tchafalaya a contribué au même effet. Ces petits canaux artificiels n'ont guère qu'une demi-lieue de longueur; ils fe perdent dans les Cyprières voifines.

On conçoit qu'au milieu de ces immenfes dépôts mélangés de fable & de limon, le fleuve a dû changer fouvent de lit; plufieurs endroits qu'il a fucceffivement abandonnés, forment aujourd'hui des lacs longs, autour defquels on reconnoît les traces de fon ancien lit. On y voit des battures de fable au-deffous des pointes ou angles faillans, des bords efcarpés dans les anfes ou angles rentrans, & des égouts fur les bords par où les eaux fe répandoient de tous côtés dans les crues, & enfin les terres plus élevées le long de ce qui formoit le rivage qu'à une certaine diftance de ces bords; enfin, la largeur la plus commune de ces lacs eft à peu près, dans toute leur longueur, la même que celle du Miffiffipi, c'eft-à-dire, d'environ une demi-lieue, largeur ordinaire de ce fleuve. Ce qui prouve les grandes ofcillations que fon lit a éprouvées, les grands changemens de fon cours, ce font ces lacs longs qui exiftent à plus de trente lieues du lit actuel. Il eft de ces lacs qui ont dix à douze lieues de longueur, & qui confervent encore une communication avec le *Miffiffipi* par une de leurs extrémités : on nomme ces fortes de culs-de-fac *fauffes rivières*.

En général, les lacs qui ne communiquent avec le fleuve que dans les hautes eaux, & par le moyen des Bayons, font tous faumâtres : auffi y trouve-t-on communément des caouanes, des poiffons armés & autres animaux marins.

Le fond du *Miffiffipi*, devant la Nouvelle-Orléans, eft falé, à caufe de fa grande profondeur qui permet à l'eau de la mer d'y pénétrer. Il y a grande apparence que c'eft cette caufe qui y produit une petite marée d'un demi-pied, & cette marée ne paroît pas retarder le courant du fleuve en aucune manière.

Un autre phénomène qu'on obferve journellement, c'eft que le courant du fleuve eft beaucoup plus rapide la nuit que le jour : une cajette, forte de radeau formé de pièces de bois de conftruction, qui fait une lieue par heure à la dérive pendant le jour, ne met que cinquante minutes à la faire pendant la nuit.

On trouve auffi fur ce fleuve des gouffres capables de faire périr de grandes pirogues. Ces tourbillons d'eau fe trouvent ordinairement entre un remoux & un courant d'eau rapide ; c'eft toujours le gifement des bords qui les occafionne, en faifant communiquer deux courans en fens contraire : auffi ces gouffres ne font-ils bien à craindre que dans les hautes eaux, & lorfque le courant eft très-fort.

Le *Miffiffipi* porte beaucoup de fables dans la mer ; mais le plus groffier eft dépofé dans la baffe Louifiane. A mefure que ce fleuve forme des anfes ou des angles rentrans en creufant des terrains fablonneux, il remplit l'extrémité des plans inclinés oppofés, où le courant eft foible, avec du gros fable : on en trouve la preuve dans le temps des baffes eaux fur les battures qui fe montrent à découvert. Le plus gros fable eft à l'extrémité de ces battures, & le plus fin dans les parties les plus élevées. La raifon en eft bien fimple. C'eft ainfi que font difpofés les matériaux dans les dépôts des fleuves qu'on peut fuivre aifément dans différentes provinces de France, & même aux environs de Paris : on y voit les progrès de la formation des plaines de la Seine.

Comme le *Miffiffipi* ne coule que dans la partie orientale de la baffe Louifiane, on ne trouve à l'oueft que des terres baffes jufqu'à vingt lieues du premier village des Illinois ; mais du côté de l'eft, on en voit dès le Bâton-Rouge, qui eft à quatre-vingts lieues de la Balife. Quatre lieues plus haut font celles qu'on nomme les grands *Ecores blancs*, qui ont environ cent pieds de hauteur : elles font compofées de fable fin & blanchâtre, dont le

ciment qui l'unit eft fi foible, qu'une légère commotion fuffit pour en féparer les grains & réduire la maffe en poudre. Le premier roc dur que l'on trouve en montant aux Illinois, a été nommé *roche à Davion* ; il eft à vingt lieues des Ecores blancs, & du même côté. Malgré le peu d'adhérence que les élémens des pierres ont enfemble, il paroît que c'eft un granite qui n'a pas reçu une infiltration fuffifante. Les collines que forme ce rocher, n'ont de couches apparentes que près de la fuperficie. C'eft une maffe d'ailleurs où l'on ne voit ni trace de couches, ni veftiges de fentes, & qui a fi peu de folidité, que le fleuve vient à bout de la faper aifément & d'en détacher des blocs énormes. On trouve auffi dans la Rivière-Rouge, à cinquante lieues du *Miffiffipi*, de pareilles montagnes de fable fans couches, & qui ont pris une certaine confiftance de rocher folide : ce ne font que des fables amoncelés, & qui ont été liés enfemble par un ciment naturel ; mais pour qu'on pût tirer quelques conféquences fondées fur l'état de ces pierres, il faudroit les connoître mieux & en avoir déterminé plus en détail le gifement & la pofition.

Sur les attériffemens du Miffiffipi, & fur la baffe Louifiane.

La baffe Louifiane étant formée par les dépôts du *Miffiffipi*, comme la baffe Égypte l'eft par ceux du Nil, il n'eft point étonnant d'y trouver plufieurs traits d'analogie avec cette dernière contrée. Si les Égyptiens éprouvent une difette dans les années où le Nil ne fertilife pas leurs terres par fes inondations, les habitans de la baffe Louifiane n'en fouffrent pas moins quand le *Miffiffipi* ne monte pas affez haut. Dans ce cas les récoltes de riz manquent, & l'on ne peut fortir les pièces de bois de conftruction hors des Cyprières fans faire des frais confidérables. Les débordemens du *Miffiffipi* fe font régulièrement comme ceux du Nil ; tous deux fe perdent en une infinité de canaux qui divifent le pays en une multitude d'îles ; tous deux fe partagent en deux branches principales qui bornent un pays dont la figure approche d'un triangle, ou du delta des Grecs. Le Nil courant du fud au nord eft en cela contraire au *Miffiffipi*, qui court du nord au fud ; mais leurs embouchures principales fe trouvent fous la même latitude. Enfin, ces deux fleuves font également remplis de crocodiles monftrueux par leur groffeur, quoique d'efpèces différentes.

Pour avoir une idée claire de la baffe Louifiane, il faut fe repréfenter un pays bas, de quatre cents lieues de long fur plus de cent de large en quelques endroits, qui n'a ni rochers, ni cailloux, ni vallons, ni coteaux. Si l'on excepte des lacs, des rivières & un petit nombre de prairies où il ne croît que de l'herbe, on ne voit partout que de grands arbres, dont les branches font comme étouffées sous une longue mousse que les Français nomment *barbe espagnole*; & comme la terre est prodigieusement fertile dans cette basse contrée, les espaces entre ces arbres sont remplis de roseaux de trente à quarante pieds de haut, & si près les uns des autres, qu'un homme ne peut se frayer un chemin à travers sans une serpe à la main pour les couper. Les petits animaux se réfugient dans ces espèces de forts naturels. Les roseaux ne croissent que sur les endroits les moins humides; les lieux marécageux n'ayant pour l'ordinaire que de grands cyprès, qui forment une des richesses du pays par l'exploitation que l'on en fait. Ainsi ce pays n'est qu'une vaste forêt plate, basse & humide, que l'un des plus beaux fleuve du monde fertilise par ses débordemens & ses dépôts limoneux.

La figure de la basse Louisiane est, dans toute son étendue, fort irrégulière : elle forme du côté du nord un angle aigu, dont le sommet se termine près des Illinois, à quatre cents lieues de la mer; mais du côté du sud elle forme un angle obtus, dont le sommet est à la principale embouchure du fleuve où l'on a construit le fort de la Balise. Cette vaste plaine est, comme nous l'avons dit, entièrement formée des dépôts du *Mississipi*; & les preuves en sont si palpables, que les sauvages même qui l'habitent ont cru de tous temps que l'Océan l'avoit entièrement couverte. On reconnoît encore aujourd'hui la forme du golfe que la mer formoit dans la partie septentrionale, lequel se rétrécissoit en approchant des Illinois, & finissoit un peu au-dessus de l'Ohio. Après que ce golfe fut comblé par les grandes rivières qui y portoient les débris du continent (la Rivière-Rouge, le Ouachitas, la rivière des Yaoux, celle des Arkansas, la Rivière-Blanche, celle de Saint-François, l'Ohio, &c., tomboient immédiatement dans la mer; ce n'est que dans des temps subséquens qu'elles sont devenues des branches du *Mississipi*), toutes ces rivières dûrent se réunir en un seul fleuve; mais les dépôts continuant toujours, prolongèrent ce pays bas qui ne cesse d'avancer de tous côtés vers la pleine mer. Déjà il s'étend depuis la rivière mobile jusqu'à la baie Saint-Bernard; ce qui fait, en cet endroit, une largeur de deux cents lieues. On voit clairement que ce pays nouveau est plus grand que toute la France.

Les côtes maritimes de la Louisiane sont toutes à fleur d'eau, & couvertes de joncs ou de mangles. Il faut être, pour ainsi dire, dessus la terre pour la voir; heureusement que l'on trouve fond à cinquante lieues au large, & que la couleur de l'eau indique ce fond. Quoique le mouillage soit assez bon près de terre, il y a néanmoins du risque à s'en approcher, à cause des écueils nommés *moutons* : ce sont des pointes & des éminences d'une terre grasse durcie. Le même sable, que sa forme & sa légèreté rendent très-

mobile, est porté par les courans de mer jusque dans les baies les plus reculées du golfe; celui qui sort à l'est, est jeté sur les côtes de Pensacola & de la Floride, ou sur de petites îles que la mer forme & détruit assez souvent : ce sablon est en quelques endroits si blanc, que les yeux ont de la peine à en soutenir l'éclat.

Ces débris du continent ne sont point entraînés par le grand courant de mer, qui se porte constamment de la pointe du Jucatan sur celle de la Floride; les arbres que le *Mississipi* charie, & qui font ensuite bien du chemin, car la mer les emporte par le canal de Bahama jusque sur les côtes de Groënland, & que le vent du nord pousse au large, sont seuls entraînés par ce grand courant; ainsi ce sont uniquement des remoux ou courans particuliers qui déposent les sables sur les bords du golfe du Mexique. Il est bon de remarquer ici que c'est un de ces remoux qui entraîne souvent les navires qui ont le malheur de manquer l'entrée du fleuve, & qui les jette près la baie Saint-Bernard sur de grands bancs d'huîtres, où ils périssent entièrement : il y a de ces bancs d'huîtres qui s'étendent à sept ou huit lieues au large. Si l'on élevoit un phare assez haut à la Balise, ces accidens seroient plus rares.

C'est à deux & trois cents lieues de la mer, & sur les bords du golfe, qui est aujourd'hui comblé, que se trouvent les coquilles marines & les dunes de sable qui ont fait connoître aux sauvages que la mer avoit occupé toute la basse Louisiane; mais ce qui achève de démontrer cette vérité, c'est qu'on voit encore près des Opelousas, nations sauvages, les restes curieux de quelques îles qui existoient lorsque la mer occupoit le pays. Ce sont de petites montagnes isolées, qui montrent des caractères d'ancienneté que n'ont point les terres basses qui les environnent de toutes parts. Ajoutons que partout où l'on a creusé des puits, à vingt & trente pieds de profondeur. Toutes ces preuves ne doivent laisser aucun doute sur ce sujet.

MISSOURI, grande rivière de l'Amérique septentrionale dans la Louisiane, & l'une des plus rapides qu'on connoisse : elle court nord-est & sud-est, & tombe dans le Mississipi, cinq ou six lieues plus bas que le lac Illinois. Quand elle entre dans le Mississipi, on ne peut guère distinguer quelle est la plus grande des deux rivières, & le Mississipi ne conserve apparemment son nom que parce qu'il continue à couler sous le même air de vent. Du reste, elle entre dans le Mississipi en conquérante, y porte ses eaux blanches jusqu'à l'autre bord sans les mêler, & communique ensuite à ce fleuve sa couleur & sa rapidité. Le P. Marquette, qui, selon le P. Charlevoix, découvrit le premier cette rivière, l'appelle *Pébitanoui*. On lui a substitué le nom de *Miſſouri*, à cauſe des premiers ſauvages qu'on rencontra ſur ſes bords en la remontant, & qui s'appellent *Miſſourites* ou *Miſſoarites*.

MITBORNE (Triple ſource de). Dans le dio-cèſe de Paderborn, à deux lieues de cette ville, il y a une triple ſource appelée *Mitborne*, qui a trois courans, dont deux ne ſont pas éloignés l'un de l'autre de plus d'un pied & demi, & cependant leurs qualités ſont très-différentes. L'un de ces courans eſt d'une eau limpide, bleuâtre, tiède, formant de petites bulles, & imprégnée de diffé-rens ſels ſulfuriques & magnéſiens; on l'emploie contre l'épilepſie, le mal de rate & les vers: l'au-tre eſt froid comme de la glace, trouble & blan-châtre; l'eau eſt plus forte au goût & plus peſante que la première: elle contient auſſi beaucoup de ſels. Tous les oiſeaux qui en boivent, en meurent; c'eſt ce qui a été éprouvé en la donnant à des poules après qu'elles avoient mangé de l'avoine, de l'orge & de la mie de pain. Dès qu'elles en eu-rent bu, il leur ſurvint des vertiges, des tremble-mens; elles ſe roulèrent ſur leur dos, avec des con-vulſions violentes, & moururent en étendant for-tement leurs jambes. Si on leur donnoit du ſel commun immédiatement après qu'elles avoient bu, elles ne mouroient pas ſitôt; mais on leur ſauvoit la vie en leur faiſant prendre du vinaigre: néanmoins, ſept ou huit jours après, elles étoient attaquées de pépie. Cependant quelques perſonnes incommodées de vers, ayant pris un peu de cette eau coupée avec de l'eau commune, ont obſervé que ce remède tuoit les vers, & en ont rendu un grand nombre: l'uſage de cette eau les rendit ma-lades, mais ne les fit point mourir. Quant au troi-ſième courant, qui eſt un peu plus bas que les deux autres, à environ vingt pas de diſtance, il eſt d'une couleur verdâtre, très-clair, d'un goût ai-gre, doux & aſſez agréable; ſa peſanteur ſpécifi-que eſt comme moyenne entre les deux autres, ce qui fait conjecturer que c'eſt un mélange de ces deux premières qui ſe rencontrent alors enſemble. On eſt confirmé dans cette idée, en mêlant des quantités égales des deux premières eaux, & y ajoutant un peu d'eau commune; il réſulte de ce mélange, après qu'on l'a agité & laiſſé repoſer, une eau préciſément de la même couleur & du même goût que celle que fournit ce troiſième courant.

MODANE en Maurienne. Lalande, dans ſon *Voyage en Italie*, parle de mines de plomb & de cuivre exploitées à *Modane*, près de la route du Mont-Cenis, non loin des communes de Laprat & de Saint-André, au lieu dit *les Fourneaux*.

Le minerai de plomb contenoit trente-une livres & demie de plomb par quintal, & ſix onces ſix gros d'argent.

MODÈNE en Italie. A peu de diſtance de Mo-dène, du côté de l'Apennin, on voit un rocher eſcarpé & ſtérile qui s'élève au milieu d'un vallon, & qui donne naiſſance à pluſieurs ſources d'huile de pétrole. On deſcend dans l'intérieur de ce ro-cher par un eſcalier taillé dans le roc, au bas du-quel on trouve un petit baſſin rempli d'un eau blanchâtre qui ſort du rocher, & ſur laquelle l'huile de pétrole ſurnage: il ſe répand à cent toiſes à la ronde une odeur très-forte. Cette ſource a été décrite par l'Arioſte il y a trois ſiècles. Ce poëte vante ſurtout ſa bonne odeur.

On amaſſe l'huile de pétrole deux fois par ſe-maine ſur le baſſin principal, environ ſix livres à chaque fois. Le terrain eſt rempli de feux ſouter-rains qui s'échappent de temps en temps avec vio-lence. Quelques jours avant ces éruptions, les beſtiaux fuient les pâturages des environs par un preſſentiment qu'ils doivent à la fineſſe de leur odorat.

Le terrain ſur lequel eſt établie *Modène*, eſt ſecondaire & même d'alluvion. Dans une fouille de vingt-trois pieds de profondeur, faite dans cette ville, on a trouvé des ruines d'anciens bâ-timens, de la terre dure, de la terre limoneuſe mêlée de joncs, & à quarante-cinq pieds de pro-fondeur, de la terre blanche & noire, mêlée de feuilles, de branchages & d'eau bourbeuſe; ce qui a forcé les travailleurs à ſoutenir les terres avec des murs de brique. On a trouvé enſuite les couches ſuivantes:

1°. Un lit de craie de dix-huit pieds, rempli de coquilles marines.

2°. Une couche de limon de trois pieds, mêlée de feuilles & de branchages.

3°. Des couches alternatives de craie & de limon.

4°. Et enfin, à trois cent trois pieds de pro-fondeur, un banc de cailloux roulés, épais de huit pieds, mêlés de coquilles, de troncs d'ar-bres, &c. Au-deſſous on rencontre une nappe d'eau qui doit s'étendre fort loin, car les environs ſont remplis de ſources que les plus grandes ſé-chereſſes ne tariſſent point.

MOELLON. C'eſt la pierre de qualité infé-rieure qui ſe trouve dans certains bancs des car-rières des environs de Paris. Cette pierre eſt ordi-naire, d'un grain groſſier & tendre; c'eſt auſſi ſouvent la partie ſupérieure ou inférieure d'un banc, la plus voiſine des intervalles terreux qui ſéparent ce banc d'un autre. La pierre ren-ferme auſſi quelques mélanges de ces intervalles, ce qui a contribué à la rendre un peu molle.

MOËRE de Flandre. Les étangs des bords de la mer ſont entretenus par les eaux de l'intérieur des terres: telles ſont *les moëres* de Flandre, qui ont été diguées par le refoulement des ſables le long des bords de la mer. Le baſſin de ces *moëres* étoit au-deſſus de la baſſe mer, & tous les travaux qu'on qu'on a faits ont à peine suffi pour mettre leurs eaux de niveau avec la basse mer.

MŒRIS (Lac), en Egypte, sur la gauche du Nil. Un des travaux les plus glorieux des rois d'Egypte, est le lac *Mæris*. C'est un large bassin d'environ soixante-quinze lieues de circonférence, creusé entre deux montagnes. Ce terrain étoit autrefois couvert d'un sable stérile. Des milliers d'hommes creusèrent ce sol aride, & établirent un canal de quarante lieues de long sur trois cents pieds de large, pour y conduire les eaux du Nil. Ces eaux, portées par le canal dans le temps de sa crue, s'élèvent dans cette vaste enceinte entourée de digues & de montagnes. Pendant les six mois que le Nil baisse, on ouvre les écluses ; & une circonférence d'environ quatre-vingts lieues, plus élevée de trente pieds que le niveau du Nil, forme une seconde inondation que l'on dirige à volonté.

Une partie retourne au fleuve & sert à la navigation ; l'autre partie, divisée en ruisseaux, porte la fécondité jusque sur les collines sablonneuses. De peur que cette mer artificielle ne rompe ses barrières, on a percé un canal de décharge à travers la digue du lac, par lequel on verse dans la Lybie les eaux surabondantes. Le lac *Mæris* a cent pieds dans sa plus grande profondeur : on voit que cet ouvrage suppléae aux crues médiocres, en retenant des eaux précieuses qui se seroient perdues dans la mer.

Il faut ajouter à ces détails, 1°. que, dans les premiers temps, le Nil coulant sur le revers des montagnes du côté de l'Afrique, ses eaux avoient une tendance vers l'ouest ; 2°. que la vallée du fleuve sans eau recevoit pour lors une dérivation du Nil ; 3°. que, suivant la tradition, les eaux qui couloient dans la vallée du fleuve sans eau, ont été rejetées dans la vallée actuelle ; 4°. qu'il fallùt par conséquent barrer la vallée ; 5°. que les eaux n'en conservèrent pas moins la tendance vers l'ouest ; 6°. qu'en suivant la direction de la vallée du fleuve sans eau, on voit, en la remontant, qu'elle devoit aboutir à l'emplacement du lac *Mæris*. De toutes ces considérations il résulte que le lac *Mæris* n'a pu remplir la destination que les Anciens lui ont assignée ; il a dû être digué & non creusé. D'ailleurs, il restera bien constaté que la marche des sables de la Lybie étant de l'ouest à l'est, ces sables ont toujours été poussés vers la vallée du fleuve sans eau, & ont eu une tendance à combler cette vallée, qui l'est déjà considérablement.

Nous ajouterons ici que la vallée du fleuve sans eau devoit avoir reçu beaucoup de sables à l'époque où l'on a commencé à former le lac. Cè sont ces sables qu'il falloit déblayer, pour que le fond de ce bassin se trouvât au niveau du sol de l'Egypte : c'est de-là qu'est venue l'opinion que le bassin du lac *Mæris* avoit été creusé, tandis

qu'il paroît certain qu'il n'occupe qu'une vallée déjà bien approfondie, mais ensuite déblayée par l'enlèvement des dépôts qui s'y étoient faits.

MŒRSFELD, dans le ci-devant département du Mont-Tonnerre. Les mines de mercure connues sous le nom de *Mœrsfeld*, sont situées dans le Palatinat du Rhin, au bailliage d'Alzey, canton d'Erbiesbidesheim, à peu de distance au nord du village de *Mœrsfeld*, plus près encore d'un hameau nommé *Dambacherhoff*.

Là montagne, ou plutôt la colline qui les renferme, fait partie de cette chaîne du Donnersberg, qui va toujours en s'abaissant jusqu'à ce qu'elle se perde & disparoisse tout-à-fait dans la plaine fertile qui, depuis la Nahe, borde la rive gauche du Rhin.

C'est une montagne secondaire de la nature de celles que les Allemands nomment *flœtzgebirge*, c'est-à-dire, *stratifiées* ; mais elle a de particulier que ses couches se brouillent & se confondent entr'elles souvent à des profondeurs de douze, dix-huit, même jusqu'à trente pieds & plus, & se rétablissent ensuite dans le même ordre qu'elles observoient auparavant.

Sa formation antérieure consiste en schiste argileux, noir & gris ; en grès ou pierre sableuse d'un gris tirant sur le blanc, le jaune ou le rouge, & dont la dureté varie ; en argile durcie, blanche ou grise, bleuâtre ou noirâtre, & souvent mêlée de grains de quartz & de pyrites ; en une sorte de pétro-silex dont la couleur est le gris tombant dans le bleu, & qui a la cassure dense : on y trouve aussi la baryte sulfatée & la chaux carbonatée ; mais le genre de pierres qui y domine, est une sorte de *mandelstein* ou *wake* ferrugineuse à bulles pleines, stéatiteuses ou calcaires, qui forment des taches irrégulières grises, jaunes, vertes ou rougeâtres, sur un fond argileux gris-brun, quelquefois très-obscur & rapproché du noir. Cette pierre, presque toujours mélangée de pyrites granuleuses, se décolore & s'altère facilement lorsqu'elle est exposée à l'action de l'air : elle est la gangue la plus ordinaire du minerai, & on a observé que les filons ne rendoient plus aux endroits où elle ne se trouvoit pas, ou le pétro-silex.

Ces mines sont exploitées depuis le douzième siècle. En 1500 elles étoient florissantes.

Le minerai est compacte & d'un rouge-foncé ; il donne plus de moitié de son poids de mercure. On le trouve quelquefois mélangé de pyrites jaunes, de gouttes de mercure coulant, & de cristaux de ce métal transparent & d'un beau rouge. Quelquefois aussi il est mêlé à de la galène en cubes.

On trouve dans ces mines ; ainsi que dans celles de Munster - Appel, des poissons pétrifiés dans l'intérieur d'un schiste noirâtre ; ils sont pénétrès de taches & de points de mercure rouge ou de cinnabre, & ils n'ont que l'épaisseur d'une feuille de papier.

Le baron de Beroldingen a cherché à prouver que le mercure qu'on trouve dans les mines de ce pays, y a été sublimé par l'action des feux souterrains; il appuie cette hypothèse sur les observations suivantes:

1°. La rive gauche du Rhin, & particulièrement le district qui renferme les mines de mercure, offre un grand nombre de volcans éteints. La plus considérable est celle qu'on rencontre près de Neukirch, en allant de Wolfstein au Stahlberg; les autres sont entre Munster-Appel & *Mœrsfeld*, entre Moschel-Lansberg & Spontheim près de Wolffstein, & enfin près de Bingert, entre Moschel-Lansberg & Spontheim: la dernière porte le nom de *Lansberg*. Dans tous ces endroits on voit des boules de laves en couches concentriques: celles qu'on trouve près de Neukirch ont jusqu'à douze pieds de diamètre.

2°. C'est rarement dans la profondeur que se trouve le minerai de mercure, surtout à l'état de cinnabre, mais au contraire dans la partie supérieure des montagnes & près de la surface du terrain. Les galeries profondes qu'on a creusées pour l'écoulement des eaux, n'en ont ordinairement point offert d'indices: à *Mœrsfeld* cependant le mercure est moins superficiel que dans toutes les autres mines de ce canton.

3°. On sait que dans plusieurs de ces mines on trouve avec le mercure, ou dans les veines que ce métal occupe, des gouttes d'asphalte ou de pétrole endurcies, le plus souvent dans des druses de spath calcaire, quelquefois aussi dans une argile molle qui en a été pénétrée.

La montagne de *Mœrsfeld*, moins bouleversée que les autres montagnes en couches de ce pays, est celle où il s'en rencontre le plus, toujours dans la partie supérieure des fentes verticales, & surtout dans celles qui ne se terminent pas au jour. Le baron de Beroldingen attribue cet asphalte à l'action du feu des volcans sur les houilles qui existoient à une certaine distance de leur foyer. Cette action étoit-elle violente; la houille a été consumée, & il n'en reste plus de traces: a-t-elle été moindre; la houille a subi seulement une espèce de distillation. Le bitume qu'elle contenoit se retrouve dans le haut des fentes verticales, surtout lorsque l'issue en étoit fermée par un banc d'argile. Partout où l'on trouve ces gouttes d'asphalte, on a lieu d'espérer que le minerai de mercure sera riche & abondant; sans doute parce que le degré de feu qu'il a fallu pour distiller la houille sans la brûler, est le même qui étoit également nécessaire pour sublimer le mercure sans le dissiper.

4°. Le cinnabre ou mercure sulfuré, qui a dû se former par la sublimation simultanée du soufre & du mercure, se trouve ordinairement plus haut que le mercure coulant, qui paroît être retombé après sa sublimation, en vertu de sa fluidité, & de sa pesanteur; aussi lorsque, dans le travail de ces mines, on rencontre du mercure coulant, le re-

garde-t-on presque toujours comme de mauvais augure pour la durée de l'exploitation. Au-dessous du gazon on trouve du cinnabre noir & fuligineux, communément dans une couche d'argile fine qui lui a bouché le passage & l'a forcé de se condenser. Le cinnabre en cristallisations distinctes ne se rencontre que dans des fentes très-étroites, & la plupart perpendiculaires.

5°. En plusieurs endroits de ces mines le mercure se trouve, comme l'on sait, tenir à l'argent, & formant avec lui un amalgame naturel. Dans la mine de Frischenmuth, près *Mœrsfeld*, l'argent s'est trouvé presque pur, sous la forme de folioles, quelquefois flexibles & semblables à de l'étain en feuilles, tel, en un mot, qu'il devroit se rencontrer, si, après avoir été uni au mercure, celui-ci en avoit été séparé par la volatilisation.

6°. Aux environs d'Essweiler, de Kusel & de Baumholder on trouve, immédiatement au-dessous de la terre végétale, une roche semblable au porphyre, formant une couche fort mince, pénétrée entièrement de cinnabre; mais au-dessous de cette couche on n'a pas trouvé de minerai, quelque nombre de fouilles qu'on ait faites sur cette indication, & bientôt on a atteint l'amygdaloïde & le basalte. M. de Beroldingen assure même avoir trouvé du cinnabre dans de vraies roches basaltiques.

Il conclut de tous ces faits, qu'il faut distinguer dans l'histoire de ces montagnes deux temps bien distincts. Dans la première époque, les couches dont le terrain de ce pays est composé se sont déposées lentement & sous les eaux, comme le prouvent évidemment les poissons qu'on trouve dans le schiste à Munster-Appel; dans la seconde époque, ce pays a été en proie à l'action des feux souterrains qui ont brisé & bouleversé la plupart de ces couches, consumé ou distillé les matières bitumineuses qu'elles recevoient, & sublimé, ensemble ou séparément, le mercure & le soufre. C'est alors que les poissons, dont les dépouilles se trouvoient entre les feuillets du schiste de Munster-Appel, ont été convertis en mercure & en cinnabre.

Si l'on admettoit le système de M. de Beroldingen, il s'ensuivroit nécessairement que les mines de mercure devroient se rencontrer dans le voisinage des volcans; c'est aussi ce qu'il cherche à établir, en rapportant les passages des différentes descriptions qui lui ont semblé favorables à son hypothèse. Il est vrai qu'on n'a pas toujours vu des volcans éteints où il s'en trouvoit réellement. Ce n'est que depuis quelques années que les naturalistes, avertis de l'existence des montagnes de cette espèce dans les lieux où on les soupçonnoit le moins, s'appliquent à les reconnoître & à les décrire; mais ces descriptions en général ne sont pas assez détaillées pour qu'on puisse en rien conclure; & il est à craindre qu'on ne veuille voir des volcans dans toutes les montagnes coniques, des cratères dans tous les enfoncemens qui avoisinent leurs fommets, & des fubftances volcanifées dans les trapps, les roches de corne ou horn-blende, en un mot dans tout ce qui reffemble aux laves noires compactes & au vrai bafalte. (*Ch. Coqueb. I. des M.*)

Les poiffons pétrifiés de ces mines ont été l'ob-jet des recherches de l'ingénieur Beurard. Il en a rencontré dans les flancs d'une montagne ftratifiée, dont un côté porte le nom de *Spreit*, & l'oppofé celui d'*Himmelsberg*. La forme de cette montagne eft celle d'un promontoire ou cap qui s'avance entre deux vallons étroits, vers un troifième plus large, & fe confond avec une des chaînes du Mont-Tonnerre.

Cette montagne eft fituée à dix lieues fud-oueft de Mayence, au fud-eft de Munfter-Appel, vil-lage qui faifoit autrefois partie du rhingraviat de Grehweiller, & qui a appartenu à la France pen-dant vingt années. Sa hauteur eft de fix cents pieds environ. Les couches qui la compofent, font le fchifte argileux & un peu bitumineux, le fchifte fableux & le grès. Le fchifte argileux y forme la pre-mière écorce, comme en général dans la plupart des montagnes de cette contrée, puis c'eft le fchifte fableux, & enfin le grès : Ces couches ont leur di-rection du fud au nord : leur inclinaifon varie de-puis fix jufqu'à douze degrés.

Le côté qui porte le nom de *Spreit* eft celui de l'expofition nord-eft ; l'*Himmelsberg* eft l'oppofé : dans le premier, c'eft le fchifte fableux qui fe montre plus à découvert, & quelques fragmens de ce fchifte ayant été anciennement aperçus avec des indices de mercure fulfuré, on a tenté une fouille de recherches dans cette partie, mais elle n'a rien produit ; une vieille fouille & une halde font les uniques traces actuelles de ces travaux. Du côté de l'Himmelsberg ce font les couches de fchifte argileux & bitumineux que l'on voit le mieux, & c'eft dans celles-ci que font trouvées les dépouilles & les empreintes de poiffons mou-chetées, ou, fi l'on peut s'exprimer ainfi, truitées de mercure fulfuré.

La couleur de ce fchifte eft le gris de cendre, paffant au gris de fumée, & quelquefois au gris-noir ou noir-grifâtre. Il fe divife, mais pour l'ordi-naire affez difficilement, en feuillets plats ou lames très-minces ; quelques variétés fe caffent en fragmens cubiques ou rhomboïdaux. On l'extrait de la montagne par dalles, dont l'épaiffeur varie depuis un pouce jufqu'à deux pouces & demi, fur une furface qui a un à deux pieds carrés ; mais fou-vent ces dalles font tellement imbibées d'eau, qu'elles fe rompent au moindre effort, & alors la caffure eft terreufe ; fouvent auffi elles font fort dures, & en général médiocrement pefantes.

La divifion des feuillets préfente la dépouille de l'animal fur une des faces intérieures, & fur l'autre fon empreinte en creux.

Ces dépouilles font tellement comprimées, que les plus fortes ont à peine une demi-ligne d'épaif-

feur. L'animal eft parfaitement reconnoiffable dans toutes fes parties ; cependant les nageoires, la queue, les opercules des ouïes & quelques autres parties de la tête font fenfiblement plus marquées. Quoiqu'il foit en général affez aifé de les détacher, même quelquefois dans leur entier, cependant on ne peut guère les manier fans qu'elles ne fe brifent. Dans quelques-unes, la caffure eft feuil-letée ; dans d'autres elle eft en fragmens folides, indéterminés, à bords aigus & tranchans. Le mercure fulfuré fe montre difféminé fur la furface en filets ou traits déliés & courts, qui fuivent & rendent plus fenfibles les faillies ou raies des écail-les, fouvent en en deffinant parfaitement la for-me, ou bien il eft par taches fuperficielles, in-formes, qui fe voient auffi fur les faces des feuil-lets intérieurs.

M. Beurard a trouvé dans quelques dalles du fchifte le plus dur & le plus noirâtre, des efpèces de noyaux oblongs, renflés par le milieu, com-pofés d'une fubftance bitumineufe d'un noir par-fait, nuancée par une infinité de petires taches de mercure fulfuré d'un rouge-violacé. On ne fauroit déterminer précifément leur origine. M. Beurard dit qu'à en juger par leurs formes extérieures, on les prendroit pour des mufculites, & il penfe que ce font peut-être des moules ou des pholades bituminifées ; mais il eft à remarquer que cette couleur violacée eft affez généralement celle du mercure fulfuré fur les fchiftes les plus durs & du grès le plus noirâtre, tandis que fur les plus tendres c'eft prefque le rouge de brique. Quelque-fois ces fchiftes offrent auffi des fulfures de fer & de cuivre, également en taches fuperficielles & irré-gulières, parmi celles du mercure fulfuré ; mais alors ces dernières font plus rares & plus ternes, la couleur en eft fenfiblement altérée, & l'on en voit qui font comme bronzées par la vapeur des fulfures ; d'autres fragmens de ce même fchifte ont préfenté quelque peu de manganèfe ftrié.

Ces taches de mercure fulfuré ne s'aperçoivent que fur les reftes des poiffons, & jamais fur aucune autre partie du fchifte qui les renferme ; & même les lits de ce fchifte, quoique farcis entièrement de ces dépouilles, n'en offrent cependant que quelques-unes avec de femblables taches.

De plus, quoiqu'il ne foit pas rare de rencontrer la chaux carbonatée mêlée à ce fchifte argileux, foit formant fur les tranches de quelques dalles une efpèce de croûte, foit s'étendant en couches pa-pyracées entre leurs feuillets, on ne peut cepen-dant pas dire qu'elle faffe partie d'aucune de ces dépouilles ; car dans le grand nombre de fragmens que M. Beurard a examinés, il ne l'a jamais vue que comme appliquée fuperficiellement, & femblable à une couche légère de colle de farine deffechée, affez tranfparente pour laiffer apercevoir la cou-leur de la fubftance qu'elle voile & celle des taches.

A ces détails fur les ichtyolithes des mines de

Marsfeld & autres avoisinantes , M. Beurard fait connoître une nouvelle particularité de la contrée qui les renferme. La mine de mercure, généralement connue sous le nom de *Munfter-Appel*, qui se trouve dans une montagne oppofée à celle qui a été décrite ci-deffus ; donne un minerai de mercure qui rend à la diftillation une très-grande quantité d'huile de pétrole. Cette même mine fournit encore de très-belles ramifications de fulfure cuivreux fur un fchifte argileux gris de cendre , qui ; quelquefois auffi , offre des points de mercure fulfuré. Ces ramifications ont été rencontrées dans le mur du filon principal , à l'endroit où il s'eft montré le plus riche.

MOFETTES , exhalaifons délétères & de nature variée , qui exiftent naturellement dans certaines grottes & cavernes, ou qui fe produifent dans les galeries des mines. Les plus communes font d'acide carbonique (*voyez l'article* ACIDE) ; les autres font de gaz hydrogène fulfuré ou carboné.

Chacune des violentes éruptions du Véfuve produit ordinairement des vapeurs méphitiques qui fortent de deffous les anciennes laves, & qui s'infinuent dans les puits & dans les caves des maifons fituées dans le voifinage du volcan. Elles font femblables à celle qui eft permanente dans la *Grotte du Chien*, près du lac Agnano , & qu'on a prouvé être principalement de l'acide carbonique.

Elle remplit les puits comme feroit un liquide ; elle s'élève enfuite d'environ un pied au-deffus de leur bord fupérieur, & retombe à terre en reprenant fon niveau.

Une *mofette* obfervée dans une carrière voifine des eaux minérales de Pyrmont, eft vifible & fous forme de brouillard ; fon odeur eft fulfureufe : elle fait périr généralement tous les animaux qui en approchent. L'Hemann parle d'exhalaifons qui fortent d'une grotte de Hongrie, près de Ribard, au pied des monts Krapacks, qui font fi meurtrières, que les oifeaux qui en approchent, périffent auffi fubitement que les mouches qui volent autour d'une diffolution d'arfenic. Il en eft d'autres qu'on rencontre dans les mines de houille, qui paroiffent fous la forme de flocons blancs de fil ou de toiles légères, femblables à celles des araignées, qui s'enflamment fubitement aux lampes des ouvriers avec un fracas & une explofion épouvantables ; elles bleffent ou tuent en un inftant ceux qui ont le malheur d'en être atteints ; on leur a donné le nom de *feu terrou* ou *brifou*. Lorfque les ouvriers voient ou entendent quelques mouvemens qui dénotent la préfence de ces fils, ils les faififfent & les écrafent entre leurs mains, avant qu'ils puiffent s'allumer à leurs lampes ; lorfqu'ils font en trop grandes quantités, ils écartent ou éteignent la lumière, fe jettent ventre à terre, & avertiffent, par leurs cris, leurs camarades d'en faire autant. La vapeur

enflammée paffe fur leur dos, & ne leur fait aucun mal. Si l'on a été un jour fans travailler dans ces fortes de mines, elles deviennent dangereufes. On a coutume, en Angleterre, d'y faire defcendre, avant les autres, un homme couvert de linges mouillés ou de toile cirée ; il a un mafque avec des yeux de verre ; il tient une perche au bout de laquelle eft une lumière, s'approche ventre à terre de l'endroit où fe réuniffent les exhalaifons pernicieufes ; bientôt l'inflammation & la détonation s'annoncent avec le bruit du tonnerre. Le méphitifme s'échappe par l'ouverture du puits le plus prochain ; l'air eft purifié dès ce moment, & l'on peut, fans crainte, defcendre dans la mine ; mais les parois qui fuintent le méphitifme, laiffent renouveler bientôt ces dangereufes émanations.

Des vapeurs condenfées en maffes arrondies, qui femblent recouvertes d'une efpèce de toile d'araignée, & qu'on nomme *ballons*, offrent encore des phénomènes très-particuliers. Lorfque par malheur ces facs crèvent dans la partie baffe des mines, ils font périr tous ceux qui s'y rencontrent.

L'on obferve fouvent dans les travaux de mines abandonnées & recouvertes d'eau, une vapeur blanche, fenfible à la vue, & qui caufe aux ouvriers les accidens les plus funeftes. Il eft bien important, lorfqu'on fait des galeries d'écoulement pour fe débarraffer des eaux, de recommander aux ouvriers de s'éloigner dans le moment où on leur livre paffage, & furtout de ne rentrer qu'après avoir effayé l'air qui a pris la place de l'eau.

On vient d'inventer en Angleterre des lanternes à l'ufage des mineurs, dont la carcaffe fe compofe d'une toile métallique d'un tiffu affez ferré. L'interpofition de cette toile entre les vapeurs inflammables & la lumière, fuffit pour empêcher les détonations.

Généralement il paroît que les gaz qui font le plus de ravages dans les mines, font le gaz acide carbonique & le gaz inflammable ou hydrogène. Les autres efpèces d'exhalaifons ou de gaz fe rencontrent beaucoup plus rarement, & on devra toujours employer à peu près les mêmes moyens contre leurs funeftes effets.

Le fecond de ces gaz, ou le gaz inflammable, a été le plus ancienmement reconnu dans les travaux des mines ; on lui a donné quelquefois, ainfi que nous l'avons déjà dit, le nom de *feu brifou*. Il fe dégage fouvent des mines de houille ; il prend feu à l'approche d'une lumière, & produit, en détonant, une explofion plus ou moins forte ; il afphyxie d'autant plus promptement, qu'il agit davantage fur le fyftème nerveux, ce qui eft prouvé par l'efpèce de tétanos que l'on a remarqué fur les animaux qu'on y plonge. Si l'on trouve leurs poumons moins affaiffés & moins gorgés de fang que ceux des animaux qui font fuffoqués par le gaz acide carbonique, c'eft que, dans le premier cas ;

lès animaux périssent plus yite , & avant que l'engorgement soit formé.

Le gaz acide carbonique, quoique moins actif
que le précédent , cause des effets très-prompts ,
présente à très-peu de chose. près les mêmes phénomènes , & produit les mêmes symptômes que le
gaz hydrogène.

MOLARD (le) , hameau de la commune d'Allemont , près le bourg d'Oisans , département de
l'Isère. Situé sur la rive droite de la rivière d'Olle,
ce lieu a offert un filon de plomb sulfuré aurifère,
qui a été exploité en 1785 pour le service de la
fonderie d'Allemont.

Le minerai du *Molard* contient 60 de plomb par
100 , & 61 grammes 143 millièmes d'argent, &
1 gramme 272 millièmes d'or pour 50 kilogrammes
de plomb d'œuvre.

MOLFETTA. Cette petite ville de la Pouille
est remarquable par une nitrière naturelle qui se
trouve à un mille de distance, & qui a été découverte par l'abbé Fortis.

Cette nitrière s'annonce par un enfoncement de
terrain, comme si une masse circulaire du sol s'étoit
affaissée tout-à-coup. C'est ce qu'on nomme *Pulo*,
qui comprend non-seulement cette excavation circulaire d'environ 400 pieds de circonférence &
de 81 pieds de profondeur, mais encore toutes
les grottes qui sont distribuées tout autour.

Les parois qui forment cette excavation s'éloignent quelquefois de la perpendiculaire ; mais elle
ressemble beaucoup plus à un cylindre droit qu'à
un cône renversé ou cratère. Si on l'a représenté
sous cette dernière figure, c'est que les substances
dont les parois sont formées, se décomposent,
se détachent d'en haut, &, en s'accumulant trop
près des parois, roulent vers le milieu du *Pulo*,
& lui donnent cette apparence. L'intérieur ou le
fond du *Pulo* est bien différent aujourd'hui de ce
qu'il étoit du temps qu'on en a fait la découverte;
car non-seulement on en a tiré une grande quantité
de terre qu'on y a accumulée pour la lessiver,
mais on y a construit, pour cet usage, un long
bâtiment au milieu, où l'on a creusé un puits assez
profond pour avoir de l'eau.

Les parois du cylindre sont formées, en général,
de pierres calcaires en couches horizontales. C'est
principalement sur une de ces couches , plus
blanche que les autres, qu'on remarque une petite inclinaison des couches vers l'horizon. C'est
vers la mer qu'elles descendent le plus , tandis que,
du côté opposé, elles s'élèvent de façon que leur
direction monte à la surface du terrain : ce ne sont
proprement que les deux tiers environ du *Pulo*
qui en sont la partie la plus intéressante, le reste
de l'amphithéâtre étant encore couvert de terre
& d'herbages.

La nature de la pierre calcaire qui forme le *Pulo*
est variée : celle qui domine, est la pierre calcaire

compacte à grain fin & à cassure écailleuse, de
couleur plus ou moins blanchâtre. On trouve
principalement trois couches de cette espèce de
quatre & cinq pieds de hauteur. Ces bandes sont
situées alternativement avec celles d'une pierre
calcaire moins compacte, à cassure terreuse, d'une
couleur plus jaunâtre ou plus foncée : la première
pierre calcaire a produit quelquefois des stratifi-
cations minces d'oolithes : elle contient outre
cela, mais rarement, du spath calcaire à petites
pyramides triangulaires, dans lequel se trouvent
quelques pétrifications. C'est dans la pierre moins
compacte qu'on trouve communément des ostracites , & qu'on voit çà & là de la sélénite.

On rencontre quelquefois dans la pierre calcaire
en masses isolées (*nidulans*), de la terre bolaire
ordinairement rouge, quelquefois grise & verdâtre.

Telles sont les différentes matières qui constituent le *Pulo*. Pour ce qui est de la manière dont
ce cylindre est formé, on a déjà remarqué que les
deux sortes de pierres calcaires, alternativement
situées & stratifiées horizontalement, entroient
dans sa composition pour la plus grande partie : les
autres espèces de matières dont on a parlé n'y sont
qu'accessoires. La surface de cette voûte stratifiée
n'est rien moins que lisse ; elle est au contraire criblée d'une multitude de petits trous qui ressemblent
très-souvent à des terriers de lapins, & percée
en outre de plusieurs grandes ouvertures à différens étages. Ces ouvertures sont les embouchures de grandes grottes qui vont dans l'intérieur
du terrain : ces embouchures ont souvent 10
pieds de hauteur, & quelquefois jusqu'à 100 pieds
de profondeur; elles se subdivisent en d'autres
galeries, de sorte que l'on compte jusqu'à dix-huit
embouchures pour autant de galeries souterraines
qui aboutissent dans une seule grotte. La plupart
de ces conduits souterrains ont leur surface criblée
en tous sens, comme celle du reste de la grotte.
Lorsque l'on considère ces grottes & leurs surfaces
plus attentivement, on s'aperçoit que tous ces
trous se sont formés par la décomposition de la
pierre calcaire. Il semble que l'action seule de l'atmosphère n'a pas été suffisante pour déterminer
cette singulière décomposition, mais qu'elle a été
aidée par un agent ou dissolvant interne ; opinion
qui sera démontrée par les observations.

Cette force motrice interne consiste dans les sels
marins & nitreux contenus dans la pierre calcaire ;
le nitre est en beaucoup plus grande quantité que
le sel marin. Les formes sous lesquelles ces sels ,
toujours combinés, se montrent à l'observateur,
sont très-variées. On ne parlera cependant que du
nitre, le sel marin étant trop peu intéressant & par
sa quantité & par sa qualité.

On trouve le nitre dans les grandes grottes vers
la mer, c'est-à-dire à l'ouest & au nord-ouest,
dans la pierre calcaire en petites couches, souvent
d'un demi-pouce d'épaisseur. Ces couches sont

ordinairement horizontales, comme leur matrice; mais il en part d'autres qui la traversent perpendiculairement. On voit encore le nitre former des couches plus minces, irrégulièrement cristallisées, qui ont fait éclater en écailles la pierre la plus dure; de sorte que la surface concave, aussi bien que la surface convexe, de ces écailles, sont couvertes de nitre. Ce sel domine si fort dans ces grottes, qu'il est le seul qu'on sente au goût, quoique l'analyse démontre qu'il s'y trouve une portion de sel marin; outre cela, le nitre forme sur la grande partie découverte du *Pulo*, des efflorescences plus ou moins riches en nitre. Ces efflorescences se montrent quelquefois en croûte dure, combinée avec la terre calcaire, quelquefois sous la forme d'un enduit comme du coton ou de la laine fine, très-riche en nitre.

Quelquefois ce sont des excroissances en forme de cloux ou de cylindre, qui sortent de plus de neuf lignes hors de la pierre. On voit encore de ces excroissances de la grosseur du petit doigt s'élever sur la matrice en forme de boudins. Quelquefois cette efflorescence ressemble à du sucre-purifié, cristallisé, très-blanc, mais dont les cristaux ne sont ni grands ni réguliers; quelquefois enfin, on voit le nitre sortir sous la forme de pustules qui, s'agrandissant & s'approchant les unes des autres, s'entre-mêlent & forment une croûte entière. Au reste, il est évident que ces diverses configurations dépendent principalement des différentes matières hétérogènes mêlées au nitre, ainsi que des localités.

On avoit cru que le nitre existoit sous ces différentes formes, non-seulement sur l'extérieur des parois du *Pulo*, mais encore dans les grottes & les galeries moins exposées à l'air, & même à une profondeur de plus de 66 pieds. L'observation a démontré que ni la matrice ni le lieu du *Pulo* ne sont indifférens au nitre. La pierre calcaire compacte produit non-seulement plus de nitre, mais aussi du plus pur. La seconde espèce de pierre calcaire, ou celle qui approche d'un tuf, en donne moins & de moins pur, tandis que l'argile rouge ou la terre bolaire en contient très-peu : sur cette dernière substance on ne voit que des flocons, ou un enduit lanugineux.

Les grottes & les galeries les plus riches en nitre se trouvent du côté de l'est & du nord-est. On a donné des noms à plusieurs des grottes les plus riches; par exemple, *Ferdinanda*, *Carolina* & *Gravina*, la dernière étant ainsi nommée, parce qu'on croit que sa galerie souterraine s'étend jusqu'à *Gravina*. On a donné à une autre le nom de *Fortis*, en honneur de celui qui a découvert les richesses du *Pulo*. Les grottes trop exposées à l'air donnent moins de nitre que les autres. La terre du fond de ces grottes étoit extraordinairement riche en nitre du temps de la découverte. Le *Pulo*, vierge alors & intact depuis nombre d'années, avoit produit une immense quantité de nitre, sans qu'on l'en

eût privé. Ce nitre, formé principalement à la surface des parois, avoit fait éclater la pierre, l'avoit fait tomber avec lui dans le fond, &, en s'y accumulant, avoit imprégné le sol même.

Pour ce qui regarde les différentes sortes de nitre, on y trouve, selon Fortis, 1°. le *nitrum terrâ involutum*; 2°. le *nitrum terrâ mineralisatum*; 3°. le *nitrum basi calcareâ*. Selon l'analyse de MM. Vairo & Pittaro, habiles chimistes de Naples, une simple lixivation suffit pour tirer des deux premières espèces un nitre très-pur.

Il y a un nitre à base alcaline comme aux Indes orientales, au Thibet & en Espagne. On en voit qui, après avoir été simplement lessivé dans l'eau pure, est en gros cristaux bien formés de deux pouces de longueur, & parfaitement nets.

Le professeur Vairo a trouvé que huit pouces cubiques de terre nitreuse du *Pulo* contenoient 24 onces de nitre & 4 onces de sel marin. (Il est à remarquer que ce calcul de M. Vairo a été fait lorsque la terre, ou le fond de la nitrière, n'étoit pas encore gâté par l'eau saumâtre.)

La pierre calcaire mérite à juste titre d'être appelée la *matrice du nitre*, puisque non-seulement elle le contient, mais qu'elle le reproduit à plusieurs reprises, en grande quantité & fort vîte. En général, tout le *Pulo* reproduit le nitre qu'on lui enlève, en plus ou moins de temps. Les grottes les plus riches le reproduisant & plus vîte & plus abondamment, la reproduction se fait plus promptement en été qu'en hiver. La terre des grottes du *Pulo* a besoin pour cela de sept jours en hiver, & de trois jours en été. Les parois ou la pierre calcaire râclée demandent quatre semaines, & même, en d'autres endroits, huit semaines pour cette opération.

Lorsqu'on augmente la surface de la pierre, elle reproduit le nitre en plus grande abondance. De même que dans des hachures faites à coups de marteau, on voit en peu de temps ces petits renfoncemens se remplir d'un nouveau nitre. Une palme cubique de terre nitreuse, lessivée la première fois, donna vingt-quatre onces de nitre, & trois mois après, trois livres cinq onces & demie de nitre nouveau. La reproduction moyenne est, selon M. Vairo, de deux livres cinq onces & demie par huit pouces cubiques. C'est cette reproduction prompte & continuelle qui fait la richesse de la nitrière. M. Vairo a évalué, d'après diverses expériences, la terre qui se trouvoit auprès des parois du *Pulo*, à environ 4,806,182 palmes cubiques (1), & la valeur moyenne des terres tirées de douze différentes grottes, à 10 onces 572 grains. La masse totale du nitre du *Pulo* seroit entre 30 & 40,000 quintaux, & la seconde reproduction seroit de plus de 50,000 quintaux. Ces calculs sont les résultats d'une longue suite d'expériences & de recherches.

(1) La palme équivaut à huit de nos pouces.

Le *Pulo* de *Molfetta* n'est pas la seule nitrière de la Pouille. M. le baron de Gioveni a fait un voyage par ordre du Gouvernement, dont voici quelques résultats. Il y a près d'Altamura, Gravina, Minervino, Bari, Montrone, Maffafra, Matera & Ginofa, des nitrières dont quelques-unes sont assez riches; elles se trouvent toutes sur un fond calcaire. Le *Pulo* ou la nitrière d'Altamura est considérable, & forme un creux semblable à celui de *Molfetta*, mais d'un mille de circonférence, & de 133 pieds de profondeur : il est divisé, comme la nitrière de *Molfetta*, en plusieurs vastes grottes, dont quelques-unes servent quelquefois d'étables aux troupeaux des habitans; & ce qu'il y a de remarquable, c'est que les grottes habitées par les hommes & par les animaux sont celles qui fournissent le moins de nitre. La nitrière de Gravina, qui n'est éloignée de celle-ci que de quatre milles, pourroit rendre plus de 36,000 livres de nitre si elle étoit bien traitée; elle a plus de 46 pieds de profondeur. Il se trouve encore aux environs de la ville un assez grand nombre de petites grottes plus ou moins riches en nitre. Voilà beaucoup de sources de richesse de cette espèce. On peut encore ajouter à cela que la Calabre n'est pas dépourvue de nitrières, à la vérité peu connues jusqu'à présent.

M. Vairo pense que le nitre doit sa formation à un gaz nitreux qui sort de la terre même; il est porté à le croire, parce que la base alcaline s'engendre dans la pierre à l'intérieur de la terre, & sans le concours des végétaux, & sans celui de l'atmosphère.

Suivant ce qui est rapporté de Malte, tous les édifices sont construits avec une pierre calcaire d'un grain fin & d'un tissu assez lâche : elle est naturellement molle; elle acquiert de la dureté à l'air, & résiste long-temps. Mais il est une circonstance qui hâte sa destruction & qui la réduit en poussière; c'est lorsqu'elle a été mouillée par l'eau de la mer : alors elle reste toujours humide, se recouvre d'une efflorescence saline, & il s'y forme une croûte de plusieurs lignes d'épaisseur, mêlée de sel marin & de nitre à base calcaire & alcaline. La pierre s'égrène d'elle-même sous cette incrustation, & se réduit en poussière. La croûte saline se détache & tombe, & il s'en forme une nouvelle successivement, jusqu'à ce que toute la pierre soit détruite. Une seule goutte d'eau de la mer suffit pour placer dans la pierre ce germe de destruction; elle y forme une tache qui s'étend peu à peu, & qui fait participer toute la masse à ce genre de carie, qui ne se borne pas à cette seule pierre lorsqu'elle est employée dans un mur, mais se communique, avec le temps, aux pierres voisines, & s'annonce toujours par l'efflorescence. Les pierres les plus facilement attaquées sont celles qui contiennent le plus de terre magnésienne; elles résistent davantage lorsqu'elles ont un grain plus fin & plus serré. Cette

carie contagieuse attaque toutes les pierres de Malte exposées à l'eau de la mer.

On ajoutera à cette observation, que les nitrières de la Pouille sont peu éloignées de la mer.

MOLIÈRES. On donne généralement ce nom à des terres grasses imbibées d'eau, & tellement ramollies, que les chevaux & les voitures courent grand risque de s'y enfoncer : ces sortes de *molières* sont fort fréquentes, surtout à l'embouchure des rivières qui se jettent dans la mer, & où se forment, par le moyen du remous qu'occasionne le flux, des attérissemens glaiseux fort considérables; il y en a de même de fort dangereuses dans les dépôts que de grandes rivières ont le plus souvent formés dans l'angle de leur confluence. Je pourrois citer le vaste terrain qu'on trouve entre l'Allier & la Loire avant leur réunion, & toutes les plaines un peu élevées où ces grandes rivières ont oscillé avant de se creuser un lit encaissé & de balancer leurs eaux dans des plaines fluviales particulières. On rencontre aussi des *molières* dans les fonds de cuves, des vallées à tourbes. Les animaux sont exposés à s'y perdre.

MOLINA, ville d'Espagne dans l'Arragon. La chaîne de montagnes où cette ville est située se trouve exposée au froid pendant neuf mois de l'année : elle sert de point de partage pour les eaux de plusieurs rivières; car, d'un côté, le Gallo qui passe à *Molina*, va se joindre au Tage, tandis que de l'autre les eaux que versent ces montagnes se rendent dans l'Ebre.

Les rochers des environs de *Molina* sont de marbre blanc & couleur de chair; ils sont distribués partie en blocs ou rognons, & partie en couches. On en voit sur les sommets des coteaux, au-dessous desquels on trouve une pierre à plâtre dont la teinte est rouge ou d'un gris cendré sur un fond blanc; enfin, plus bas, sont des bancs de pierres roulées, agglutinées ensemble au moyen d'un ciment sablonneux & quartzeux. Parmi ces collines on en distingue une qui est entièrement composée de marbre dont le fond est blanc avec des taches de rouge & de jaune; outre cela le grain en est salin comme dans le marbre de Carrare.

A une demi-lieue de *Molina*, à la rive méridionale de la rivière, il y a une colline sur le sommet de laquelle on trouve des rochers de marbre en morceaux isolés qui posent sur des bases de pierre à plâtre rousses & blanches, au-dessous desquelles on voit, au niveau du lit de la rivière, de grandes couches de pierre de sable aussi rousses, qui renferment des cailloux roulés de quartz roux ou blanc.

Le château de *Molina* est bâti sur une colline très-élevée, dont le sommet est composé d'une masse de petits quartz arrondis, agglutinés ensemble par un ciment de sable & de terre calcaire infiltrés : le noyau de la colline offre du marbre en blocs & par couches , & la bafe eft de la pierre à plâtre auffi par couches. On peut remarquer ici que c'eft à peu près le même fyftème de compofition & de diftribution de matériaux qui règne dans toutes les maffes des environs de *Molina*, & qu'elles doivent leur formation aux mêmes circonftances réunies. Ce que nous allons voir par la fuite confirmera ces réflexions.

A côté du coteau de la Platille il y en a un autre compofé de pierre de fable en couches inclinées, qui font établies fur un lit de cailloux roulés de quartz fortement conglutinés enfemble; ils font de la même nature, de la même couleur, & à peu près du même volume que ceux du fommet de la colline de *Molina*. Le banc des cailloux roulés de quartz fuit la même inclinaifon que celle des couches de pierre de fable.

En defcendant la rivière de *Molina* jufqu'au village de Prados-Redondos, on rencontre un ravin profond que l'eau s'eft creufé, en minant un rocher dans une profondeur de plus de cent cinquante pieds. En obfervant avec foin la coupure de cette maffe, on remarque que fa décompofition a concouru à l'accélération du travail de l'eau; car dans certains endroits les rochers fe fendent par lames parallèles aux lits, & dans d'autres par blocs irréguliers.

Au-deffous de Prados-Redondos on trouve une petite colline près d'un moulin, qui, avec une fuite d'autres, forme une chaîne baffe; elle eft compofée de pierre à chaux en couches très-inclinées, où l'on remarque des fentes horizontales & obliques de toutes grandeurs, depuis fix pieds jufqu'à l'épaiffeur d'une carte.

Derrière ce moulin il y a un petit coteau formé de pierre calcaire remplie des coquilles foffiles fuivantes; de térébratules, dont les formes font très-variées; de cœurs de bœuf, grands & petits; de cames, de tellines, de petites huîtres ftriées, de petites huîtres liffes, de bélemnites avec des articulations.

Toute la matière qui compofe la colline paroît être le produit de la communication des coquilles foffiles, dont il eft aifé de reconnoître les débris, à l'exception des bélemnites, qui font féléniteufes & fpathiques. On voit beaucoup de ces coquilles qui font éparfes fur la terre & le long des croupes de la colline, parce qu'elles ont été détachées de la maffe où elles étoient enfevelies, & où elles ont été confervées à caufe de leur forme & de leur plus grande confiftance.

A un quart de lieue de Caftille-la-Neuve, hameau fitué fur la rivière de *Molina*, & à un quart de lieue du moulin dont nous avons parlé, on trouve dans des terres cultivées toutes les coquilles foffiles que renferme la colline du moulin, à l'exception des univalves. On y rencontre plufieurs morceaux de pierres fans aucune fente, &, en les brifant, on remarque que toutes les coquilles bivalves fe féparent en deux, & que la cavité intérieure qu'occupoit l'animal eft remplie par un noyau terreux plus ou moins pétrifié. Il a fallu pour cela que la terre s'y foit introduite en poudre extrêmement fine; car autrement elle n'auroit pas pu pénétrer dans les coquilles exactement fermées. Outre cela, l'eau paroît avoir travaillé cette matière après fon introduction, puifqu'elle a pris non-feulement la dureté de la pierre brute, mais encore qu'elle annonce fouvent une belle criftallifation fpathique.

Quelques-unes de ces coquilles foffiles font intactes, fans aucune altération, & ont confervé leurs couleurs & leur vernis; mais d'autres font tellement oblitérées & même détruites, que l'on ne peut pas en diftinguer l'efpèce, parce qu'elles n'ont pas confervé leurs formes lorfqu'elles ne font pas encaiffées dans la partie la plus folide des couches.

Dans la matière qui remplit la cavité des coquilles, on diftingue quelquefois non-feulement des débris de ces mêmes coquilles aifés à reconnoître, mais encore de petites coquilles de même efpèce.

Enfin, on voit de gros morceaux de pierre qui font compofés de fragmens de toutes ces coquilles, pétris & conglutinés enfemble, avec quelques-unes qui font reftées entières au milieu de ces débris.

D'après ces détails on peut conclure qu'il y a des couches de pierres calcaires qui font formées de coquilles tellement comminuées, qu'on n'en diftingue plus les fragmens, & que même ils font réduits en une pâte qui a reçu l'infiltration du marbre; que, d'autres fois, cette matière fe trouve réduite en poudre à tel point, qu'elle a perdu tous veftiges de fon ancienne organifation animale, & qu'elle eft devenue une terre calcaire fertile, & qui n'annonce plus qu'elle ait été coquille. On voit auffi par-là qu'il y a eu, dans le baffin de la mer, des coquilles diffoutes en poudre calcaire, laquelle a rempli les coquilles entières & qui en a formé les noyaux : il en eft de même des autres matières mêlées à la poudre de coquilles, & qui ont été introduites en même temps.

Si toutes les pierres & les terres calcaires fe font formées ainfi des débris des coquilles, il s'enfuit que la plus grande partie des montagnes élevées, comme les collines, font des productions du règne animal. Quelle immenfe production, & quelle étonnante transformation!

A une demi-lieue de *Molina*, du côté où eft fituée la mine de la Platille, il y a un ravin d'environ cent cinquante pieds de profondeur & de trente à quarante pieds de largeur, formé au milieu des couches de pierres de fable rouge qui pofent fur des bancs de cailloux roulés, quartzeux, conglutinés avec un ciment fablonneux.

On trouve dans les deux maffifs divifés par la coupure du ravin, des fentes perpendiculaires qui les partagent en plufieurs morceaux. En les examinant

minant avec soin, on voit que les fentes, dans les bancs de cailloux roulés quartzeux, sont dues particulièrement à la décomposition du ciment qui les unissoit; car on trouve quelques-uns de ces cailloux qui sont détachés, & qui se précipitent au bas de la ravine avec le sable au milieu duquel ils étoient auparavant engagés.

Si l'on examine les rives du ravin, on remarque que les bancs de pierre de sable de l'une correspondent aux bancs de l'autre, & que les fentes de destruction sont à peu près les mêmes des deux côtés; elles affectent non-seulement la longueur & la largeur des couches, mais encore leur épaisseur, en offrant leur délitement par lames.

Dans les environs de *Molina* il y a plus de cinquante carrières de plâtre: quelques-unes sont situées sur le sommet des montagnes, & d'autres à leur pied; quelques-unes ont plus de soixante pieds de profondeur, & un grand nombre de couches ont depuis deux lignes jusqu'à deux pieds d'épaisseur, & paroissent avoir été déposées par succession, non pas tant suivant la couleur de leurs feuillets, que suivant la distinction des intervalles terreux, comme nous l'avons dit à l'article DISTINCTION DES COUCHES.

D'après cette même théorie, nous avons prétendu que les feuillets de marne qu'on trouve souvent étendus entre les pierres à plâtre, non-seulement sont de vraies couches, mais encore servent à distinguer les bancs de plâtre. Ces feuillets de marne sont placés de cette manière, parce qu'ils ne font point partie des bancs de pierre à plâtre, & qu'ils n'ont rien de commun avec eux.

A un quart de lieue de *Molina*, le terrain est propre à faire le salpêtre sans le secours de la base alcaline des plantes; ce sel, avec sa base alcaline, paroît tout formé dans des parties du sol, & peut s'extraire sans aucune difficulté par la simple ébullition & la cristallisation, sans qu'il soit nécessaire d'y ajouter d'autres matières, comme je l'ai vu depuis très-long-temps à la Roche-Guyon, & comme je l'ai fait connoître à l'Académie des Sciences, lorsqu'elle publia son programme, où les commissaires ont fait honneur de cette remarque à un autre membre de cette compagnie, qui n'en avoit été instruit que par moi.

MOLLESSE DE LA TERRE. Si, par quelqu'accident, les lits de la terre eussent été construits rapidement & accumulés les uns sur les autres, & que les vallées & les montagnes s'y fussent formées dans le même temps, comme le suppose le P. de Lignac, *Lettre V*, par l'effet des nuages du déluge chargés d'une substance laiteuse propre à former des pierres, pour lors la surface de la terre devroit avoir, dans la figure extérieure des collines & dans leur masse intérieure, une disposition différente de celle que nous y observons; car nous n'y verrions aucun escar-

pement extérieur ni aucune fracture; car les coteaux n'auroient été formés que par l'écoulement de la vase liquide; en sorte que nous ne trouverions au dedans & au dehors de leur masse, que la suite de cette *mollesse* primitive qui auroit existé dans cette révolution. Nous ne pouvons concevoir comment des nuages affaissés auroient pu former des bancs distincts & d'une dureté différente.

Il paroissoit évident & manifeste, d'après la forme des terrains qui s'offroient à la suite des dégradations que l'on rencontroit partout, que les continens, dans l'époque de leur émersion, s'étoient trouvés aussi capables de résistance & presqu'aussi solides qu'ils le sont aujourd'hui. Si les premières eaux courantes eussent traversé des vases molles & fraîchement accumulées, elles les eussent sillonnées profondément & entraînées avec elles dans la mer; nous n'aurions pas dans nos vallées des bords escarpés, des rochers d'une coupe effrayante; on n'observeroit pas à tous les coudes, à tous les détours des vallées, ces terrains élevés au pied desquels coulent les rivières; on ne verroit pas ces énormes quartiers de rochers que les eaux ont détachés de leurs anciens lits, & qui sont distribués sur le fond des vallées; enfin, l'on ne verroit pas, au milieu de nos provinces & sur le bord des mers, s'élever des montagnes isolées, des pics inaccessibles, où l'on remarque l'extrémité de tous les bancs, de toutes les assises & tranchées, comme dans un rempart démoli.

Il y a mille monumens qui prouvent que les eaux courantes ont rencontré la terre composée de bancs solides, & tous les massifs de la plus grande consistance, même dans les premiers temps qu'elles ont parcouru les terrains abandonnés par la mer: il est vrai cependant que, dans certains golfes qui ont reçu plusieurs rivières & un fleuve prolongé, les dépôts terreux mal consolidés se sont trouvés entraînés, de manière que les anciennes vallées qui avoient donné lieu à ces golfes, ont été creusées de nouveau dans une grande partie de leur étendue: telle est la vallée du Rhône & celles des rivières du Dauphiné qui y affluent, & enfin la vallée du Gard. Les seules parties des dépôts qui subsistent encore, occupent visiblement les intervalles des rivières, & les lieux où leur cours ne s'est pas porté dans les premiers temps,

MOLUQUES, groupe d'îles situées sur la ligne équinoxiale, entre la Nouvelle-Guinée & les îles de la Sonde, au nord de la Nouvelle-Hollande & au sud des Philippines.

La plupart de ces îles sont volcaniques, & sont sujettes à des éruptions & à des tremblemens de terre.

Ile Soréa. — Les vents d'est avoient soufflé pendant environ six ou sept semaines, jusqu'au 4 juin 1693; ce jour, la montagne de l'*île Soréa* commença, vers le point du jour, à jeter plus de feu qu'à l'ordinaire. Cela continua cinq à six jours, pendant lesquels le temps étoit couvert & obscur, jusqu'à ce qu'enfin elle vomit, non-seulement une flamme prodigieuse, mais encore une vapeur noire & sulfureuse si abondante, que les maisons d'Hislo, village le plus voisin de la montagne du côté de l'ouest, en furent entièrement couvertes; elles furent suivies d'un courant continu de soufre brûlant, qui consuma tout ce qui se trouva sur son passage.

Les habitans de ce lieu s'aperçurent ensuite qu'une partie de la montagne avoit été engloutie. Une autre partie le fut trois ou quatre jours après, & ainsi de temps en temps, jusqu'à ce que le lac brûlant fût devenu presqu'aussi grand que la moitié de l'île. Les habitans se réfugièrent sur leurs vaisseaux & leurs barques, d'où ils voyoient tomber d'énormes masses de la montagne, dans ce lac de feu, comme dans un abîme sans fond, avec un fracas épouvantable. Mais ce qu'il y avoit de plus remarquable, c'est que plus le feu acquéroit de véhémence, moins l'île étoit ébranlée. Les habitans d'une autre ville nommée Woroc, à l'est de l'île, se croyant plus en sûreté, parce que le cratère ou lac de feu étoit encore éloigné, demeurèrent un mois de plus dans leurs foyers, jusqu'à ce qu'ils vissent le lac s'approcher d'eux sans relâche. Ils observèrent qu'à mesure qu'il tomboit de grandes masses & que le gouffre s'agrandissoit, le bruit devenoit plus grand; en sorte qu'ils ne purent plus douter que l'île ne dût être engloutie toute entière. En conséquence ils résolurent de se transporter à Banda, autre île du même groupe, & laissant tous leurs meubles faute de vaisseaux, ils arrivèrent à Amboine le 18 juillet 1693.

Plusieurs volcans se sont remplis & éteints; d'autres ont commencé à s'ouvrir & à jeter du feu, comme dans l'île Chians.

Banda. — La montagne de *Banda* vomit une prodigieuse quantité de fumée, de feu, & souvent beaucoup de cendre; elle fait entendre un bruit pareil à celui de la plus forte batterie de canon. Elle a jeté tant de pierres, dont quelques-unes ont près de six pieds de long, que la mer adjacente, qui a eu quarante ou cinquante brasses de profondeur, est maintenant comblée à plusieurs brasses au-dessus du niveau de l'eau.

Célèbes. — Il y a aussi une montagne brûlante dans l'île *Célèbes*; & dans un nombre infini d'endroits, on n'a qu'à creuser à dix pieds de profondeur pour trouver des eaux chaudes.

Ternate. — On entend perpétuellement un bruit terrible dans la montagne de *Ternate*, comme si c'étoient des cris d'un nombre infini de personnes tourmentées par le feu; elle jette souvent des pierres. Probablement l'abîme est très-profond; & c'est sans doute le même feu qui se manifeste par plusieurs soupiraux dans les différens volcans des *Moluques*.

Après avoir plusieurs fois tenté vainement d'examiner la conformation des cratères de la montagne brûlante dans l'île de *Ternate*, on arriva enfin à son sommet, non-sans avoir éprouvé de grandes difficultés, & sans avoir été obligé de grimper à travers des précipices très-dangereux. En approchant de ce terrible gouffre de feu, dans lequel on entendit un bruit inexprimable, on ne put rien voir des parties intérieures, à cause de la fumée. On s'éloigna en conséquence à quelques pas pour attendre un moment plus favorable; quelque temps après, voyant que la fumée étoit beaucoup moindre, on saisit l'instant pour s'avancer vers le cratère. On vit une ouverture qui étoit en dessous du côté du nord, d'où la cavité s'étendoit vers le sud jusqu'à l'endroit où les bords des deux côtés venoient s'unir à celui du côté du nord qui s'est abîmé. On avança à l'est pour y voir la cavité opposée; mais on ne vit autre chose qu'une substance brûlante & enflammée, & les voies par où elle passoit: on n'osa pas aller du côté du nord pour visiter les cavités du sud, tant à cause du vent du midi qui souffloit, que parce que, suivant toute apparence, les antres les plus spacieux sont du côté du midi, & poussent la fumée du côté opposé.

Le côté septentrional de cet abîme brûlant forme le faîte de la montagne. On voit à l'est & à l'ouest, de chaque côté, une éminence plus élevée que les bords du cratère: toutes deux sont couvertes d'une espèce de roseau, que les habitans nomment *canna canna*. Celle de l'ouest est la plus proche de la partie septentrionale du cratère, où l'on monta du côté du midi; celle de l'est en est plus éloignée & va vers le sud. L'orifice de ce gouffre terrible est comme défendu, du côté de l'ouest & du côté du sud-est, par un large fossé. Les petites éminences les plus voisines du gouffre sont entièrement stériles & de pierre nue; mais la plus éloignée est couverte de roseaux épais. Autour du cratère on trouve en quantité la matière qui a été lancée, & l'on reconnoît qu'elle a dû être molle en sortant, parce qu'elle s'est applatie & a pris la forme du lieu où elle est tombée. Sa couleur est d'un vert foncé tirant sur le gris; sa consistance est communément peu solide, & elle se divise comme la bouse de vache. Il y en a de gros & de petits fragmens, qui sont maintenant des pierres noirâtres & spongieuses dans le milieu, avec des taches blanches.

Le 9 novembre 1694, un autre volcan dans *l'île de Ternate* fit une éruption vers le sommet du mont Gownong-Apy. Le 22, la flamme parut; les jours suivans, le feu alla toujours en augmentant du côté de l'ouest, & il étoit accompagné d'explosions pareilles à la décharge des plus grosses pièces d'artillerie; de sorte que l'on craignoit que la montagne entière ne vînt à s'écrouler. Quelquefois la montagne faisoit entendre un bruit pareil à celui que caufe la p'us violente tempête dans les agrès d'un vaiffeau ou dans un édifice. Il s'enfuivit du côté de l'oueft une grêle de pierres qui atteignoit jufqu'à la mer, & formoit un horrible fpectacle. Les pêcheurs rapportent qu'il eft tombé tant de pierres, que l'endroit où l'on avoit coutume de pêcher à la ligne, à quarante braffes de profondeur, eft maintenant à fec. Le feu fortoit de l'eau avec véhémence, & cette eau étoit fi chaude, qu'on ne pouvoit en approcher : la montagne a continué long-temps de brûler du côté de Loutoir. Les arbres à l'eft furent entièrement détruits, & le côté de l'oueft eft couvert d'une couche de pierres dont on ne connoît pas l'épaiffeur. L'odeur de foufre pendant la mouffon de l'oueft eft fi infupportable, qu'on a de la peine à y réfifter, même dans les rues de Niéra, où elle caufe une grande incommodité. L'eau qui en tombe n'a pas le goût naturel à l'eau ; elle eft acide. Les jardins qui étoient fur le mont Gownong-Apy, & qui rapportoient une grande quantité de fruits, furent en partie couverts de pierres & en partie déferts.

A Niéra il ne refta ni feuilles, ni herbes ; la terre fut couverte de cendres & de pierres, & dans la moitié de la campagne haute, beaucoup d'arbres étoient morts en tout ou en partie, les autres languiffans. Il n'y eut point de maifon dans Niéra qui n'éprouvât quelques dommages ; plufieurs furent renverfées de fond en comble par le poids des cendres.

Celles de Denter, de Weyer, de Celam & de la côte intérieure, jufqu'à Walking, craignirent auffi cette calamité. Les tremblemens de terre affailiffent auffi quelquefois cette contrée, & lui font effuyer de rudes fecouffes.

La montagne de Kemas, ou les Frères, dans le territoire de Manado, a fait explofion en 1697, avec un bruit affreux, femblable à celui du tonnerre ; l'éruption a été accompagnée d'une grande obfcurité, d'un tremblement de terre, de coups de vent furieux & d'autres fignes défaftreux à Ternate : on a entendu le même bruit à Amboine. La montagne de foufre appelée Wawan'y, qui eft fur Amboine, brûloit auffi d'une manière terrible.

Il paroît évident, d'après tous ces détails, qu'il y a dans ces parages des feux fouterrains qui communiquent les uns avec les autres, & qui pourroient bien un jour abimer la plupart de ces îles, & opérer un changement notable dans cette partie de la furface du Globe. Des voyageurs dignes de foi affurent que, lorfqu'on y creufe la terre à dix ou douze pieds, on trouve toujours de la chaleur dans ce terrain.

MONOMOTAPA. On comprend fous ce nom toute la partie de l'Afrique orientale qui s'étend depuis le fleuve de Zambéfé jufqu'à la rivière Manica ou du Saint-Efprit, dans une étendue d'environ cent foixante lieues du midi au nord ; mais le Monomopata s'élargit dans l'intérieur des terres depuis les embouchures jufqu'aux fources de ces deux fleuves, qui en font une prefqu'île. Ce pays eft habité par les Caffres.

Le Zambéfé fe jette dans la mer par plufieurs embouchures ; mais fon origine eft fi loin dans les terres, qu'on ne la connoît pas : celle-ci, au refte, a, comme le Nil, des cataractes qui coupent la navigation, & des crues réglées, pendant lefquelles fes eaux engraiffent & fertilifent les terres voifines de fes bords. Ce fleuve, celui du Saint-Efprit, & toutes les rivières qui s'y déchargent, font remarquables par le fable chargé de paillettes d'or qu'ils voiturent avec leurs eaux.

Une grande partie de cette contrée jouit d'un air affez tempéré, & ne manque pas de fécondité. On y nourrit de grands troupeaux de moutons, dont les habitans emploient les peaux pour fe couvrir. Le long du Zambéfé le pays eft montueux, couvert de bois, & arrofé par quantité de ruiffeaux.

La haine des Caffres pour les Portugais leur a fait abandonner les côtes de la mer pour fe retirer dans l'intérieur des terres, où l'on prétend qu'ils font fort nombreux ; mais ils nous ont fait connoître, par leur commerce avec les Européens, les productions de leur pays, qui font de l'or, de l'ivoire, de l'ambre & des efclaves, que ces peuples donnent en échange pour des foies & des toiles des Indes, dont ils compofent leur parure ordinaire. La culture de la terre & le foin des troupeaux font la principale occupation de ces peuples ; le riz, le maïs, les légumes font les denrées qu'ils cultivent avec le plus de foin.

Les Jaggas occupent, dans l'intérieur de l'Afrique, des régions immenfes, & forment une nation puiffante. Ces peuples ne fe plaifent que dans les lieux où abondent les palmiers, dont ils aiment la liqueur avec paffion. Leur méthode pour obtenir ce vin eft de couper ces arbres par la racine, & de laiffer le tronc à terre pendant plufieurs jours. Ils y font enfuite deux trous, l'un au milieu & l'autre au fommet, & il fort chaque jour, pendant près d'un mois, quatre ou cinq pintes de liqueur, après quoi l'arbre fe deffèche & périt.

Depuis le tropique du cancer jufqu'à celui du capricorne, cette contrée eft peuplée d'habitans noirs, demi-noirs & bafanés : cette diverfité de couleurs eft vifiblement l'effet du climat. La noirceur des nègres eft donc une qualité accidentelle qui n'a d'ailleurs aucun principe dans la nature des habitans. Ce fut le premier fujet d'étonnement qui frappa les voyageurs lorfqu'ils aperçurent ces peuples, & leur furprife ayant été communiquée aux favans de l'Europe, on a vu naître à ce fujet des conjectures & des difputes fans nombre. Les uns, pour expliquer ce phénomène, ont eu recours à la boiffon de certaines eaux, qu'ils ont confidérées comme très-propres à produire cette couleur; mais cette opinion n'a pas fait fortune. D'autres ont prétendu que ce changement de couleur a pu se faire par la force de l'imagination des mères : ce sentiment, qui explique un effet général & permanent par une cause particulière & accidentelle, n'est pas plus soutenable que le précédent.

Ceux qui ont attribué la noirceur des nègres à la malédiction divine de la race de Chanaan, ne peuvent être fondés sur la distribution des individus de cette race qui n'occupe que la Syrie, où elle n'a produit aucun noir.

Quelle est donc la cause naturelle qui a pu produire ces générations nombreuses d'hommes noirs qui peuplent presque tout le continent de l'Afrique? C'est le climat, c'est le soleil. La nature de l'homme n'a pu se changer ainsi sans le concours des mêmes causes physiques. Les Portugais, dont la postérité existe encore aujourd'hui en Afrique, commencèrent à y fixer leur demeure vers le milieu du quatorzième siècle; ils peuplèrent les côtes & les bords des rivières depuis le Cap-Blanc jusqu'au Cap-Vert; ils n'étoient point noirs alors, mais semblables au reste de leur nation. Ceux qui s'établirent dans l sîles, où ils sont restés de pères en fils depuis trois siècles, n'ont point changé de couleur, ils ne sont qu'un peu plus basanés. Ceux des côtes d'Afrique, plus voisins de la zone torride, frappés des influences du climat & par l'action d'un soleil brûlant, se sont vus, après quelques générations, presqu'aussi noirs que les naturels du pays; & n'en sont distingués que par leurs coutumes, leur langage & leur religion. Les alimens & les exhalaisons du sol contribuent aussi à ce phénomène. Les négrillons nouveau-nés ressemblent aux enfans des blancs, à l'exception d'un filet noir qui borde l'extrémité des ongles, & d'une petite tache de pareille couleur au bout du scrotum : ces marques sont un signe certain que l'enfant deviendra noir, & les pères nègres qui soupçonnent la fidélité de leurs femmes n'ont pas besoin d'autres preuves. Cette tache est grise chez les Indiens, & d'un rouge-pâle chez les mulâtres.

Mais, nous dira-t-on, si le climat produit des phénomènes aussi étonnans, pourquoi les nègres transportés dans d'autres pays y conservent-ils leur couleur, eux & leur postérité, lorsqu'ils ne s'allient point avec les blancs? On répond qu'il n'est pas vrai qu'ils gardent cette même couleur noire. Il est certain que les enfans nés de parens noirs en Amérique, par exemple, perdent insensiblement, d'une génération à l'autre, une partie de la couleur de leurs pères.

MONONGAHELA.

Cette rivière de l'Amérique septentrionale prend sa source en Virginie, au pied des monts Laurel, qui font partie de la chaîne des Alleghanys; ensuite se dirigeant à l'ouest, elle traverse la Pensylvanie, &, ayant

de se réunir à l'Alleghany, elle reçoit dans son cours les rivières de Chéat & Youghiogheny, qui affluent au sud-sud-est. Le territoire arrosé par cette rivière est très-fertile : aussi les établissemens formés sur ses bords sont très-rapprochés les uns des autres. C'est à Morgan-Town qu'elle commence à être navigable.

De toutes les petites villes situées sur la Monongahela, celles où le commerce & l'industrie ont le plus d'activité, sont New-Geneva & Rodstone. On y construit de grands bateaux employés au commerce du Kentucky. Les eaux de la Monongahela deviennent troubles dès qu'il pleut quelques jours dans les monts Alleghanys, où elle prend sa source, comme nous l'avons dit.

MONSERRAT.

Cette montagne est à neuf lieues de Barcelonne en Espagne; elle peut avoir environ huit lieues de circuit. D'un certain côté elle ressemble à un jeu de quilles. Ses pyramides sont séparées les unes des autres, & elle est entourée, vers sa base, de plusieurs collines qui la joignent aux Pyrénées. Elle est composée de pierres calcaires arrondies & de différentes couleurs, conglutinées ensemble au moyen d'une terre calcaire jaune mêlée d'une petite quantité de sable; elle ressemble parfaitement à la brèche d'Alep, à la différence près que le grain des taches de la brèche n'est pas aussi fin, & qu'elles sont plus grosses. On y trouve aussi des pierres de sable enchâssées dans la brèche, des quartz blancs arrondis & veinés de rouge, avec des pierres de touche.

Comme le ciment qui unit ces élémens de la brèche s'est détruit dans plusieurs endroits, les eaux ont emporté les débris du ciment qui résultoient de cette décomposition, & ont formé des ravines qui partagent la montagne en un nombre infini de masses angulaires qui bordent les différens vides.

En général, le corps de la montagne est formé de masses énormes de rochers distribués par couches d'une épaisseur variable, depuis un demi-pied jusqu'à cent pieds, avec des divisions horizontales & des fentes verticales. La direction des couches & leur inclinaison font de l'est à l'ouest.

D'après ces détails, il paroît que la mer a roulé d'abord & arrondi ensuite tous les élémens de la brèche; qu'ils ont été déposés par couches, & ensuite conglutinés par la matière du ciment précipitée en même temps par dépôts successifs.

Les parties inférieures de la montagne se sont décomposées plus promptement & plus abondamment que le sommet; aussi sont-elles couvertes d'une bonne terre végétale : il reste cependant quelques bancs de pierre qui servent comme de degrés pour parvenir sur la hauteur. Dans les endroits où le terrain n'est pas cultivé, on trouve plus de deux cents espèces d'arbres, d'arbustes & de plantes.

À mesure que l'on monte, on s'aperçoit que les

rochers font plus durs, & qu'ils fe font moins prêtés à la décompofition; les plantes deviennent plus rares en même raifon. On ne trouve dans le haut que des rochers nus, féparés en colonnes qui forment des pyramides depuis cent jufqu'à cent cinquante pieds d'élévation.

MONT. On appelle ainfi des maffes confidérables de terres & de pierres qui font élevées au-deffus des parties de la furface du Globe qui les environnent. Ces maffes offrent plufieurs fyftèmes de fubftances, dont la difpofition, ainfi que l'arrangement relatif, varient beaucoup; ces maffes offrent à leur furface un grand nombre de vallées, où les eaux courantes ont fait & continuent à creufer des lits profonds qui ont mis à découvert toute l'organifation intérieure de ces maffes.

On donne ce nom à des maffes ifolées ou à des chaînes qui fe prolongent fur une grande étendue de terrain. C'eft ainfi que les voyageurs nous indiquent le mont Atlas en Afrique; le mont Caucafe; les monts Pyrénées, qui féparent la France de l'Efpagne; le mont Apennin, qui traverfe toute l'Italie par le milieu; les monts de Norwège; le mont Liban; les monts de la Lune en Ethiopie; les monts Krapacks, qui féparent la Hongrie de la Pologne; le mont Liban, le mont Olympe, le mont Etna, le mont Hecla, le mont d'Or, le mont Mezin, le mont Saint-Bernard, le mont Saint-Gothard, le Mont-Blanc, le Mont-Jura, &c. Nous croyons qu'il eft important d'indiquer ici ces maffes comme préfentant des phénomènes très-variés, que le peuple qui les nomme, que les voyageurs qui en parlent, ne fe font pas donné la peine d'examiner & de réduire à des claffes particulières diftinguées par des caractères frappans.

MONTAGNE. C'eft le nom qu'ont reçu les grandes inégalités de la terre; elles font rarement ifolées; le plus fouvent elles femblent entaffées les unes fur les autres; de forte que lorfqu'on eft arrivé au fommet de l'une, on trouve une plaine où commence le pied d'une autre montagne. Il y a des montagnes qui s'étendent à travers de vaftes pays, & qui fouvent leur fervent de bornes en formant des chaînes.

Leur forme générale varie beaucoup: tantôt elles font plates au fommet & à bords abrupts, comme les montagnes du Jura; d'autres fois elles font parfaitement coniques ou en forme de dôme, comme les montagnes volcaniques; enfin, les fommets des plus élevées font comme déchiquetés, & préfentent des pics nombreux: ce font, par exemple, les montagnes de granite ancien.

Leur nature & leur compofition font auffi très-variables: les unes font filiceufes, les autres calcaires. Il y en a de volcaniques, de fchifteufes, de trapéfiennes, de porphyritiques, de granitiques, &c.

Certaines d'entr'elles ne préfentent point de ftratification: les plus nombreufes, au contraire, font formées de couches ou de bancs parallèles entr'eux, tantôt parfaitement horizontaux, d'autres fois inclinés ou contournés.

Les unes font formées par criftallifation, les autres par dépôts: ces dernières contiennent fouvent des débris de corps organifés plus ou moins anciens, & de nature, foit marine, foit d'eau douce, &c.

Les groupes de montagnes ont été remarqués & ont reçu des hommes des noms particuliers, tels que ALPES, APENNINS, ALLEGHANYS, AT-LAS, ATLAI, CEVENNES, JURA, LOZÈRE, CAU-CASE, KRAPACKS, ANDES ou CORDILIÈRES, PYRENÉES, VOSGES, &c. &c.

Quelques naturaliftes, en réuniffant les principales chaînes de l'Europe & de l'Afie, en ont formé une feule qui commence au fond de l'Efpagne, gagne les Pyrénées, s'étend en France par l'Auvergne & le Vivarais, paffe par les Alpes en Allemagne, en Grèce, en Crimée, atteint le Caucafe, le Taurus, l'Imaüs qui environnent la Perfe, Cachemire & le Mogol au nord jufqu'au Thibet, d'où elle s'étend dans la Tartarie chinoife & arrive vis-à-vis la terre d'Yéço.

Cette longue chaîne eft compofée de chaînes plus petites, de même que chaque chaîne eft compofée de chaînons; & comme ces chaînons font prefque parallèles entr'eux dans leur entrelacement, il s'enfuit que les chaînes font à peu près parallèles entr'elles dans leur développement; ce qui provient, dans l'un & l'autre cas, du peu de divergence des embranchemens, & fe rend particulièrement fenfible au midi de l'Europe; en forte que c'eft entre les chaînes de l'Efpagne que ce parallélifme eft le plus remarquable: il fubfifte encore entre la direction des Pyrénées & des Alpes, diminue promptement dans les chaînes conftituantes de celles-là; & à mefure que l'on s'élève au nord, les embranchemens paroiffent devenir de plus en plus divergens, les chaînes s'éloigner totalement du parallélifme, & la ftructure des montagnes éprouver des changemens qui correfpondent peut-être à ceux qu'éprouve leur difpofition.

La plupart des fleuves qui naiffent dans ces chaînes, font dirigés par les intervalles qui les féparent, & que l'on doit regarder comme autant de vallées primitives, puifqu'elles font deffinées par des rochers primitifs. C'eft même le cours des eaux qui fupplée fouvent à ce que leur direction oblitérée par les dépôts poftérieurs de la mer, par le dépériffement actuel des roches primordiales, par le comblement des vallées profondes, auroit pu préfenter d'incertain: l'Ebre marque celle qui règne entre les Pyrénées & une chaîne qui s'y embranche dans les Afturies. Les autres fleuves de l'Efpagne tracent de femblables vallées, côtoient de femblables chaînes, tombent parallèlement à l'Ebre dans l'une ou l'autre mer.

En France, le Gave & la Garonne, après s'être frayé dans la maffe des Pyrénées une route perpendiculaire à la direction de la chaîne que fuivent les torrens, fe ralentiffent, fubiffent la loi des grandes vallées primordiales, & fe courbent pour tomber dans l'Océan parallèlement à la chaîne.

Le Pô fuit, entre les Alpes & les racines de l'Apennin, le chemin que lui tracent les degrés par lefquels la première de ces chaînes defcend dans la Méditerranée.

Le Danube eft dirigé de même par les échelons de la même chaîne qui defcendent vers l'Océan feptentrional; mais le Rhin & le Rhône, contenus dans la même direction au fein des Alpes proprement dites, profitent, à l'iffue de ces monts, de la ceffation fubite & fimultanée de plufieurs chaînons qui ne font pas immédiatement remplacés, & cèdent à l'inclinaifon du continent en débouchant de leurs vallées; tandis que la Loire, dirigée à fa naiffance par la même lacune qui dirige le Rhône vers fon embouchure, reprend, dans fon long cours, la direction que le Rhône a quittée. Plus au nord, la divergence des embranchemens multiplie les irrégularités; & une feule circonftance différente fuffit pour changer l'afpect de la terre.

Telle eft l'opinion de ces naturaliftes. Nous ne croyons cependant pas aux vallées primitives que l'on dit deffinées par des rochers primitifs. Ne voit-on pas que ces vallées ont été creufées au milieu des maffes de rochers? Ainfi ce ne font point des vallées primitives. Ces vallées ne font point des intervalles entre ces chaînes.

C'eft ainfi que l'Ebre a féparé, par un approfondiffement poftérieur, les deux maffes des Pyrénées & l'embranchement des Afturies.

On voit que les chaînes n'ont point contribué au cours des fleuves, mais que ce font les fleuves qui ont donné la forme aux chaînes.

Après cela, lorfque les fleuves font dans les larges plaines qui n'ont rien de commun avec les hautes montagnes, elles n'ont pas plus contribué, dans un fi grand éloignement, à leur direction. C'eft la pente des derniers dépôts de la mer qui leur trace leur marche.

D'après ces fauffes idées que nous venons de combattre, nous ne voyons pas que le cours des principaux fleuves de l'Europe foit bien décrit & apprécié comme il convient, & furtout ceux du Rhône & de la Loire.

Comme chacune des chaînes particulières qui compofent la grande chaîne, a une crête qui en eft la ligne la plus élevée, celle où fe féparent les eaux qui defcendent vers les différens afpects de l'horizon, & comme cette crête eft tracée par la fucceffion des fommets les plus hauts & des extrémités des vallées les plus élevées, de même plufieurs de ces chaînes, confidérées comme réu-

nies, ont une crête commune qui opère entre les eaux une féparation plus générale, & partage, par exemple, celles qui appartiennent à l'une des mers intérieures de celles qui appartiennent à une autre mer intérieure ou à l'Océan. Cette crête générale eft formée de la fucceffion des fommets les plus hauts & des vallées les plus élevées de ce diftrict, &, en paffant d'une chaîne à une autre, elle ne parcourt qu'une portion de chacune des crêtes particulières; enfin, la chaîne univerfelle a une crête univerfelle deffinée par tout ce qu'il y a de plus haut dans les chaînes compofantes & dans les vallées primitives intermédiaires: celle-là effectue la divifion la plus générale des eaux; elle en détermine la direction dans toute l'étendue qu'elle parcourt entre le nord & le midi.

Cette crête, au refte, cette arête du continent, n'eft point unique dans le nôtre; l'exiftence des mers intérieures la force à fe divifer en Afie: là, fa branche fupérieure partage les eaux entre l'Océan feptentrional & les mers intérieures, & la branche inférieure le partage entre les mers intérieures & l'Océan méridional: celle-ci pourroit avoir fes racines en Afrique.

Chaînes de montagnes du baffin de la Méditerranée.

Celles des chaînes qui prennent le nom d'*Alpes*, & qui acquièrent en Suiffe, en Savoie & en Piémont, la hauteur qui fixe depuis long-temps l'attention des naturaliftes, ont leur origine dans les hauteurs qui dominent le Bofphore & qui, fe remplaçant immédiatement l'une l'autre, s'avancent vers nous fans interruption. On peut les confidérer dans leur étroit enchaînement comme une chaîne unique, & on la voit, dès ce fameux détroit, deftinée à partager les eaux entre la Mer-Noire & la Méditerranée. Côtoyant de très-près le golfe Adriatique, elle s'élève fenfiblement en Dalmatie, commence à fe hériffer dans la Carniole, côtoie la Carinthie, & entre par l'évêché de Brixen en Tirol, où elle fe rallie avec une chaîne defcendue de l'Autriche par l'évêché de Saltzbourg & la haute Styrie. Sa hauteur s'accroît de cette réunion, & au midi d'Infpruck elle porte déjà des glaces permanentes. On ne fait s'il y en a dans le Brenner, où cet accroiffement de hauteur eft déjà fort remarquable; mais le Gro-Werner, qui le fuit de près, en eft chargé.

Dans les Alpes proprement dites on obfervera ces chaînes & leurs crêtes avec encore plus d'attention. Le chaînon qui traverfe le Tirol finit aux bords de l'Inn, rivière qui naît dans les *montagnes des Grifons* & qui tombe dans le Danube, c'eft-à-dire, dans la Mer-Noire; mais la crête fe repliant au midi paffe à un chaînon plus méridional, dont les branches couvrent le pays des Grifons, & dont la crête particulière devient la crête générale; elle fépare ici les Grifons de l'évêché de Trente & de la Valteline. Ses fommets principaux font le Braulio aux fources de l'Adda, la Bernina, le Set & la Moloya, vers lefquels fe trouvent les fources de l'Inn ; enfin, le Splugi & l'Adula, voifins des fources du Rhin. Là ce rang fe termine à un rang plus feptentrional, & la chaîne reçoit l'embranchement de la crête du continent de cette arête qui, depuis les bords de l'Océan feptentrional, a féparé les eaux qui s'y rendent de celles qui coulent vers les mers intérieures ; qui, tantôt marquée par des bandes de rochers primitifs, tantôt par des amas fecondaires qui les féparent, fouvent par un fimple exhauffement du continent, formant entre les fources du Wolga, de l'Elbe, du Danube & le cours du Rhin, de bizarres ofcillations, vient pour la première fois augmenter la chaîne des A'pes par fa réunion, & les élever à la dignité de crête du continent.

C'eft aux fources du Rhin que s'opère cette jonction ; & comme un fleuve s'accroît de toutes les rivières qui s'y rendent, les Alpes fe rehauffent de toutes les chaînes qui s'y raffemblent. La maffe des monts Adules, à qui l'Adula donne fon nom, & dont le Saint-Gothard fait une partie principale, commence ce nouvel ordre de chofes, & femble en même temps le fermer. La maffe des Alpes fe fend à la Fourchue en deux branches qui fe partagent l'emploi de divifer les eaux du nord & du midi ; elles font peu divergentes. Le Valais les fépare, & le Rhône, né dans le lieu même de leur féparation, groffi des eaux de toutes deux, parcourt leur intervalle, & ne leur échappe que par une iffue dérobée. La plus feptentrionale de ces deux branches verfe bien fes nombreux torrens. On y diftingue d'abord, vers les fources de l'Aar, le Grimfel, dont la hauteur eft fameufe ; le Wetterhorn, encore plus élevé ; le Schreckhorn, qui ne connoît d'autre fupérieur que le Mont-Blanc ; mais cette hauteur s'abaiffe dans le Gemmi, encore plus dans le Gelten, & finit par expirer dans la plaine qui fert de baffin au lac de Genève.

Le fecond rang eft dirigé vers le midi ; il alimente le Pô : on y voit auffi, dès le commencement de fa féparation, des montagnes célèbres. Le Latifer, le Simplon, le Silvio, le Veinda, furpaffés en hauteur par le mont Rofa qui les fuit, & qui, placé vis-à-vis le Schreckhorn, dont il eft le rival, ne le cède, comme lui, qu'au Mont-Blanc : après lui les monts ne fouffrent pas l'abaiffement qui fuit le Schreckhorn. Le Saint-Bernard & le mont Velan ne s'abaiffent que très-peu, & la chaîne fe repliant vers la branche feptentrionale, fe termine par le Mont-Blanc.

S'il s'agiffoit, entre les deux chaînes, de maintenir la fupériorité d'élévation des bafes, qui eft celle dont dépend la féparation des eaux, le rang méridional ne fauroit conteffer l'avantage au rang feptentrional. Si la branche feptentrionale eft fpécialement deftinée fur la Suiffe & la France, l'arête du continent, la branche méridionale, a reçu l'emploi d'y prolonger la crête de la chaîne.

Cette dernière, favorable au Rhône, qui eft à moitié fon ouvrage, abaiffe brufquement en Dauphiné tous fes chaînons pour le laiffer paffer & en relever quelques-uns dans le Vivarais, pour prolonger fur la France & l'Efpagne les mêmes hauteurs ; en forte que la première chaîne s'enfonçant quelque temps fous des couches calcaires, leur tranfmet la fonction de partager les eaux entre l'Océan & la Méditerranée. Comme ces deux mers font plus voifines, & que le continent a moins de largeur, un feul rang de montagnes fuffit pour opérer ce partage des eaux.

Le premier remplacement du cordon feptentrional eft le Jura, la plus longue des montagnes calcaires connues ; celui-ci fe fubftitue d'autres amas de même forte, foutenus & coupés de diftance en diftance par des rangs de rochers primitifs dont les matières fecondaires rempliffent les lacunes ou comblent les intervalles fuivant les lois que la difpofition de ces rochers primitifs a impofées au travail des mers. La crête du continent, parvenue ainfi dans le Montbelliard, entre l'Alface & la Franche-Comté, profitant en chemin de tous les chaînons primordiaux qu'elle rencontre dans ces contrées, fe replie en arrière entre les fources de la Mofelle & de la Saône, gagne Langres, Dijon, Autun, & continuant entre les cours à la fois parallèles & oppofés de la Loire & du Rhône, va trouver dans le Forez & le Vivarais les extenfions du rang méridional qu'elle a quitté au lac de Genève, & réunit encore une fois l'arête du continent à la crête des Alpes.

C'étoit donc au rang méridional des Alpes qu'il convenoit de prolonger la crête des Alpes, & de maintenir la fupériorité de la roche primitive fur les dépôts fous-marins poftérieurs. Un de fes chaînons principaux fe replie vers le midi ; il defcend vers la Méditeranée & fe joint à l'Apennin ; d'autres s'écartent en différens fens. Le rang du Mont-Cenis pénètre dans le Briançonnois & le Gevaudan, mais il s'abaiffe promptement ; c'eft une branche de chaînon dont on vient de tracer la route. D'autres branches fe prolongent de même, & s'abaiffent de même dans les diftricts de Gap & d'Embrun, & jufque dans le comtat Venaiffin ; toutes ces branches enfin fe replient ; s'écartent & expirent dans la vallée du Rhône, mais plufieurs fe relèvent au-delà.

Leurs monts, bouleverfés en Vivarais & en Auvergne par les feux qui brûlèrent autrefois dans leurs entrailles, s'étendent encore dans le Limoufin, le Rouergue & le Poitou, & y rempliffent, relativement au partage des eaux, des offices fecondaires ; tandis que l'arête du continent, réunie entre le Vivarais & le Velay d'autres chaînons qui fe relèvent de l'abaiffement qu'ils ont fubi dans le Dauphiné, paffe vers les fources de la Loire, de l'Allier & du Lot, traverfe le Languedoc après les Cévennes, gagne la montagne Noire ou le baffin de Saint-Ferreol, fournit au canal des eaux qu'il partage entre les deux mers, & tournant droit au midi, va joindre les Pyrénées dans le Capfic, vers Puyvalador, entre le comté de Foix & le Rouffillon. La crête des Pyrénées devient alors le point de féparation des eaux de l'Océan & de la Méditerranée, jufqu'en Navarre, où s'embranchent les montagnes d'Aralar, qui prolongent la chaîne vers la Bifcaye & le royaume des Afturies, & fe fubftituent aux Pyrénées proprement dites dans l'emploi de divifer les eaux.

Aux fources de l'Ebre enfin, la crête du continent fe courbe en arrière, & paffant d'une chaîne à l'autre, defcend perpendiculairement à la direction de ces chaînes, coupe, en ferpentant, les deux Caftilles, fépare le royaume de Murcie de l'Andaloufie, arrive dans le royaume de Grenade, fe replie au couchant, &, ferrant de près la Méditerranée, termine à Gibraltar la longue & vafte enceinte qui commence au Bofphore. Au midi de la Méditerranée, le même fpectacle fe préfente. Il femble que les chaînes des Alpes & des Pyrénées, après être defcendues dans fon baffin, fe relèvent en Afrique, & vont former le Mont-Atlas : celui-ci naît, comme on voit, au détroit de Gibraltar, côtoie la Méditerranée jufque vers l'Egypte, où d'autres chaînes le remplacent, s'étendent dans l'Abyffinie jufqu'aux fources du Nil, s'approchent de la Mer-Rouge & s'arrêtent au détroit de Babelmandel. Là elles font remplacées par de nouvelles chaînes qui côtoient le bord oriental de cette mer, fe prolongent tout le long de l'Arabie, & vont en Syrie fe fondre dans le Liban, en féparant la Méditerranée du golfe Perfique & du cours de l'Euphrate, fe replient vers l'Afie mineure, profitent des hauteurs du Taurus, & atteignent enfin le Bofphore, où les Alpes leur fuccèdent.

Il exifte donc un vafte baffin qui appartient excluivement à la Méditerranée, quoiqu'elle n'en rempliffe qu'une partie, tandis qu'il en refte à fec une autre dont l'enceinte eft tracée par des monts primitifs, aux enchaînemens & à la liaifon defquels font foumis les amas fecondaires qui en rempliffent les lacunes. Les Alpes & les Pyrénées concourent à la forme & à l'enceinte de ce grand baffin. On ne doit donc pas s'étonner de trouver une étroite liaifon entre ces montagnes & le baffin. Il eft aifé de reconnoître que les Alpes font fi particulièrement deftinées à le border, que c'eft toujours dans leurs branches méridionales que l'on a trouvé, avant le Tirol comme après le Valais, le plus de conftance à maintenir leur hauteur; que les Pyrénées font fi fidèles à la même fonction, que c'eft toujours dans leurs branches méridionales que l'on trouve les grandes élévations, & que, dans les endroits mêmes où

l'une & l'autre chaîne eft la plus haute, elle forme immédiatement les bords de ce grand baffin.

On feroit donc fondé à croire que c'eft relativement au lit de cette mer, & non aux afpects folaires, que les pentes de ces maffes montueufes font plus efcarpées au midi.

Et cette conjecture prendra un nouveau degré de probabilité, quand on remarquera que cette difpofition paroît moins fenfible & plus dérangée dans les Pyrénées, du côté defquelles le rétréciffement de la mer annonce une moindre profondeur, & explique pourquoi certaines pentes font plus adoucies fur fes bords. On fera même tenté de fuppofer, en examinant le cours des eaux du côté de l'Afrique & de l'Afie, que le mont Atlas a fes efcarpemens plus roides au nord, & le mont Liban au couchant. Mais ce qui confirme cette conjecture, c'eft que les efcarpemens latéraux des Alpes & des Pyrénées, ces efcarpemens qu'elles s'oppofent l'une à l'autre, vont actuellement rentrer dans la même difpofition; car fi ce baffin a pu être rempli quand le Bofphore, le détroit de Gibraltar & celui de Babelmandel étoient encore fermés, & s'il l'a été en effet dans les temps où Buffon a imaginé les deux mers frapper à la fois les *montagnes* de Langres, que l'on a indiquées ci-deffus comme faifant partie de l'enceinte de la Méditerranée & en creufer les ravins & les vallées, alors le rang des Pyrénées qui s'abaiffe fubitement devant la vallée d'Arau, celle qui eft efcarpée en Rouffillon vers la Méditerranée, celle enfin des Alpes, où l'on voit la chaîne defcendue brufquement de la hauteur du Mont-Blanc ramifier fes chaînons le long du lit du Rhône, étoient toutes trois en dedans de l'enceinte que rempliffoit cette mer, & formoient trois promontoires plus ou moins faillans. A cet afpect l'oppofition difparoît, tout ce qu'il y a de commun dans tous ces efcarpemens fe raffemble fous un même point de vue; ceux du midi, ceux du levant & du couchant, tous font relatifs à la Méditerranée, & dirigés vers elle; & cette grande dépreffion de la terre, quittant le caractère d'accident, primordiale comme les *montagnes* de fon enceinte le font, entre inconteftablement dans le premier deffein de notre hémifphère.

Nature des montagnes.

Les *montagnes* ont été principalement divifées en primitives & fecondaires, d'après la nature des matériaux qui entrent dans leur compofition.

Ainfi, les granites appartiennent aux anciens maffifs, tandis que les marbres doivent être rangés dans les maffifs poftérieurs. La différence de leur matière eft clairement marquée : les unes font feu avec l'acier & font très-dures; les autres fe laiffent rayer avec la pointe du couteau; les unes fe réduifent en verre, & les autres en chaux; les
unes

unes réſiſtent aux acides, & les autres font effer-
veſcence avec eux.

Si nous conſidérons la diſpoſition intérieure
des maſſifs, nous trouverons que les granites ſont
par maſſes remplies de fentes, mais ſans aucune
diſtinction de couches ; le marbre, au contraire, eſt
par bancs plus ou moins épais : les accidens les
diſtinguent encore, car les criſtalliſations des granites ſont de quartz, matière vitreſcible, avec des
fondans, & celles du marbre ſont des ſpaths de matière calcaire ; enfin, jamais on n'a trouvé de corps
marins dans le granite & dans les maſſifs qui le contiennent ; ceux de marbre, au contraire, en contiennent le plus ſouvent.

Ces caractères déſignent évidemment les deux
claſſes de maſſifs que nous avons diſtinguées ; mais
il ne faut pas croire qu'ils ſoient toujours auſſi
marqués. Ainſi l'on trouve des maſſifs de ſchiſtes
& d'ardoiſes qui ſont par couches horizontales ou
très-peu inclinées, & qui renferment des productions marines ; auſſi nous les conſidérerons comme
appartenant à la ſeconde claſſe de maſſifs, quoique
peut-être ils puiſſent être rapportés à une autre
époque, & qu'ils méritent d'être diſtingués des
maſſifs renfermant un grand nombre de corps marins
& des lits bien ſuivis de pierres calcaires ; mais on
eſt beaucoup plus embarraſſé pour claſſer ces maſſes
d'ardoiſes, dont les feuillets ſont preſque verticaux ou tortillés & pliés ſingulièrement, & parmi
leſquels on ne trouve plus aucun corps marin ni
des impreſſions de plantes, quoiqu'ils ſe rapprochent infiniment des couches calcaires, & qu'ils
annoncent à peu près le même travail.

Mais il y a une obſervation qui peut contribuer
à ranger dans leur véritable place les maſſifs de
ſchiſtes ou de pierres argileuſes feuilletées, c'eſt
leur poſition conſtante deſſous les pierres calcaires des grandes *montagnes*, & leur diſtribution
aſſez fréquente autour des maſſifs de granites. Ces
arrangemens à part, pour ainſi dire, ſemblent nous
indiquer les maſſifs des pierres ſchiſteuſes comme
formant une nuance entre les maſſifs primitifs &
les maſſifs ſecondaires.

Nous avons encore un caractère bien remarquable, c'eſt que les ſchiſtes qui ne renferment
aucun corps marin ſont les principaux gîtes des
métaux ; car c'eſt là qu'on trouve communément
les filons & les veines métalliques qui coupent ces
maſſifs pour l'ordinaire de haut en bas, ſans donner aucun indice d'avoir été formés par la mer ;
& ce qui achève de le prouver, c'eſt que les maſſifs
qui ſont le produit de ſes dépôts, lorſqu'ils ſe
trouvent dans le voiſinage des premiers, les recouvrent en tout ou en partie : ainſi les maſſifs de
ſchiſtes ſont d'une époque antérieure aux maſſifs
qui ſont inconteſtablement l'ouvrage de la mer.

On trouve auſſi des maſſifs dont l'intérieur eſt
diſpoſé par couches comme les maſſifs calcaires,
mais qui en différent, parce qu'on n'y trouve pas
de corps marins ; cependant on y voit ſouvent des

pierres roulées, arrondies, qui ont été fournies primitivement par les anciens maſſifs, autour
deſquels ces maſſifs compoſés de ſables ſont ordinairement rangés. Ces maſſifs de pierres ſableuſes
ſont fort étendus ; il y en a même quelques-uns
qui recouvrent les anciens maſſifs de granite, particulièrement ſur les bords mêmes, quelquefois ſur
leurs ſommets les plus élevés. L'examen de ces
maſſifs de pierres de ſable ou braſier nous prouve
également que les dépôts formés dans la mer, le
long des bords de l'ancienne terre graniteuſe, ſe
ſont formés dans des parties du baſſin de la mer où
les animaux marins ne ſe multiplioient pas, parce
que ces matériaux combloient apparemment &
envaſoient ces parages.

Si nous revenons aux maſſifs anciens, ils nous
offriront des granites de différentes couleurs, compoſés de principes de nature & de forme totalement
différente ; on y voit d'abord une matière criſtal-
line opaque, que les naturaliſtes nomment *quartz*,
puis une autre matière par lames brillantes de diverſes couleurs ; enfin, une ſubſtance ſous forme
trapézoïdale, plus ou moins rouge, & qu'on
nomme *feld-ſpath*. Les granites en grandes maſſes
forment tous les maſſifs les plus anciens ; ils ſont
ſouvent recouverts par d'autres maſſifs, mais ils
n'en recouvrent jamais : où ſont ces pierres à grains
on trouve même au milieu des granites, des maſſifs
de ſerpentine & des jaſpes, des porphyres, des
pierres ollaires qui ont les mêmes caractères que
les granites, c'eſt-à-dire, que les matières ne ſont
pas diſtribuées par couches, mais remplies de
fentes en tous ſens plus ou moins fréquentes,
comme la retraite qui réſulte de la deſſiccation a
dû les produire ; outre cela nul veſtige de corps
marins.

En conſidérant ces divers maſſifs, il eſt facile
d'en ſaiſir la différence, & quant à la nature des
ſubſtances qui les compoſent, & quant à l'époque de leur formation. On voit, par exemple,
que, dans l'arrangement de ces maſſes, il y en a
qui ſont toujours au-deſſus des autres, & qui,
par cette raiſon, doivent avoir été formées les
premières ; que celles qui ſont établies deſſus, ont
dû ſuccéder à d'autres. C'eſt ainſi que nous pouvons juger que le maſſif de l'ancienne terre a précédé celui de la moyenne, & ſucceſſivement celui
de la moyenne eſt antérieur au maſſif de la nouvelle terre.

Entre les corps étrangers qui ſont mêlés aux
ſubſtances terreſtres accumulées par la mer, tandis
qu'elle formoit la nouvelle terre, & qui ſont diſtribués par couches, on trouve des échantillons
& des empreintes de végétaux, des dépouilles
d'animaux terreſtres en grande quantité, & particulièrement dans les parties voiſines des limites
de l'ancienne & de la nouvelle terre. Ces monumens intéreſſans, qu'on a juſqu'ici ramaſſés ſans
trop faire attention à leur poſition, nous prouvent
d'une manière inconteſtable qu'il exiſtoit des parties

M m m m

de continens non couvertes de la mer qui étoient peuplées de végétaux & d'animaux, & qu'il y avoit à la surface de ces terrains fertiles & peuplés, des eaux courantes qui voituroient dans le bassin de la mer voisine les végétaux & les animaux dont nous retrouvons les vestiges & les dépouilles au milieu des couches.

Quoique nous reconnoissions quelques-unes des espèces de végétaux & d'animaux dont les débris sont ensevelis dans les couches des bords de la nouvelle terre, il y en a une énorme quantité que nous ne connoissons pas. Quelques-uns même ont été retrouvés dans l'hémisphère opposé au nôtre, ou dans des régions très-différentes en température ; mais d'autres ne l'ont été nulle part. Il s'ensuit que ces deux dernières classes, tant de végétaux que d'animaux terrestres, existoient dans des circonstances qui ne sont plus, & que l'état de la surface de la terre a changé considérablement quant aux productions animales & végétales, quoique les anciens sols qui les produisoient n'aient pas été détruits.

Si nous rassemblons maintenant tous ces résultats des observations faites en différens temps par les naturalistes, nous verrons, 1°. que la mer couvroit autrefois une grande partie de nos continens qu'elle ne couvre plus ; 2°. qu'il existoit en même temps des parties de continens qu'elle ne couvroit pas, & qui étoient peuplées de végétaux & d'animaux qu'on ne retrouve plus sur les mêmes terrains qui subsistent encore.

Lorsque la mer couvroit les continens de la nouvelle terre, son bassin a d'abord eu pour fond un sol plein d'inégalités qui avoient été formées en grande partie lorsque ce sol étoit à découvert : il y avoit donc des *montagnes* & des vallées ; plusieurs des montagnes s'élevoient au-dessus du niveau de cette ancienne mer en forme d'îles, & ce bassin étoit circonscrit par de grandes parties de la surface du Globe, composées des anciens massifs de l'ancienne ou de la moyenne terre.

Cette mer ancienne avoit un flux & reflux, & des courans, éprouvoit des tempêtes qui pouvoient agir sur les matières molles dispersées sur le fond primordial de son bassin : ces faits sont prouvés par les accumulations qu'elle a faites de matières de différente nature, & où l'on ne trouve pas toujours des corps marins. Les fleuves portoient à la mer des débris de végétaux & d'animaux terrestres ; la mer elle-même en en'voit de dessus ses bords, & ses courans transportoient toutes ces matières qui formoient les dépôts qui s'accumuloient dans son bassin.

Il est question maintenant de rechercher les causes & les circonstances qui ont présidé à la retraite de la mer de dessus les continens de la nouvelle terre. Nous avouons que les observations ne nous apprennent rien à ce sujet, & que, si l'on veut expliquer cette grande révolution, on est réduit à imaginer des éboulemens & des affaissemens

dont les causes ne peuvent être établies par aucun fait. Tout ce qu'on a imaginé à ce sujet nous paroît purement hypothétique ; & nous sommes obligés de dire qu'il ne satisfait pas entièrement aux phénomènes.

Il est constant d'abord que l'ancienne mer a occupé à la surface du Globe le même sol à plusieurs reprises ; par conséquent sa retraite ne s'est pas toujours faite dans le même sens : ainsi une suite d'affaissemens ne peuvent expliquer ces oscillations dans la masse des eaux & avec des intervalles très-considérables. Nous pouvons citer, par exemple, de grandes étendues de terrain appartenant à la moyenne terre calcaire, composées de couches suivies, dont la plus grande partie des matériaux sont des débris de coquillages d'une certaine espèce. Ce premier travail de la mer a été ensuite mis à découvert & travaillé par les eaux courantes, qui y ont tracé des vallons de différentes largeurs & profondeurs au milieu d'un massif d'un grain serré & compacte, & qui par conséquent a demandé un long intervalle de temps pour être ainsi excavé & approfondi en vallons. C'est sur cette surface aussi régulièrement travaillée par les eaux courantes, que la mer est revenue & qu'elle a fait un nouveau séjour assez long pour y former de nouveaux sédimens, de nouvelles couches calcaires où se trouvent les débris d'une toute autre famille de coquilles, & qui n'ont pas reçu la même élaboration que le premier système de couches & de lits ; puis après le dépôt de ces seconds sédimens, la même mer a fait une seconde retraite, & par conséquent a livré de nouveau toute cette grande superficie à l'action des eaux pluviales & torrentielles qui y ont creusé de nouveau des vallons, lesquels ont mis à découvert les anciens par l'enlèvement d'une partie des dépôts secondaires. Où trouver une cause intermittente qui produise d'abord l'invasion de la mer sur une grande superficie ; puis sa retraite après un séjour assez considérable pour former un massif d'une grande épaisseur ; ensuite le retour de la même masse d'eau qui recouvre à peu près la même portion de notre continent, y séjourne, & puis finit par l'abandonner ? Il faudra donc un nouvel échafaudage pour satisfaire à ces observations qui sont peu connues, il est vrai, mais qui déconcertent toutes les hypothèses qu'on a mises en avant pour expliquer la simple retraite de la mer.

Mais si nous ne pouvons assigner les causes de tous les mouvemens de la mer, dont les observations nous ont fourni des preuves, nous n'en sommes pas moins autorisés à les admettre comme des faits, & à tirer toutes les conséquences qui en découlent nécessairement. Effectivement, il résulte de la retraite de la mer de dessus la surface de la moyenne & de la nouvelle terre, plusieurs phénomènes qu'il faut exposer & suivre : le premier effet un peu considérable, est le changement de température qui s'en eſt ſuivi pour les maſſifs déjà élevés au-deſſus du niveau de l'ancienne mer. Il n'eſt donc pas étonnant que les maſſifs élevés aient perdu peu à peu de leur fertilité ; car ſe trouvant, après la révolution, dans une région de l'atmoſphère beaucoup plus haute, la chaleur a dû y diminuer, les végétaux, & ſurtout les arbres, y languir, y périr même ; la neige s'y eſt en même temps accumulée, & puis les glaces, dont les progrès varient d'une année à l'autre.

Cependant, quoique la mer ſemble occuper, en conſéquence de la révolution, un baſſin beaucoup plus bas & plus chaud, on n'y trouve pas les coquillages qui vivoient & croiſſoient dans ſon ancien baſſin. Les analogues de ces coquillages, ou ne ſe trouvent point ailleurs, ou ſe trouvent ſeulement dans des mers ſituées ſous des zones plus chaudes. Nous diſons plus, les reſtes des végétaux & des animaux terreſtres ſont dans le même cas que les corps marins, c'eſt-à-dire, que leurs analogues ſont ou perdus ou exiſtent dans d'autres pays extrêmement éloignés de ceux qui les ont produits, & qui ont pu les verſer dans le baſſin de l'ancienne mer. Ainſi la révolution opérée par la retraite de la mer a changé, non-ſeulement la température des anciens maſſifs qui ſervoient de bords à la mer, des terrains ſecs & fertiles, mais encore l'état de la mer dans un nouveau baſſin.

Ainſi il s'eſt fait des changemens dans la latitude & dans la hauteur des lieux, en conſéquence du déplacement de la mer ; d'où nous conclurons que des animaux & des végétaux qui, par leur nature, ne paroiſſent pouvoir ſubſiſter que dans une chaleur plus conſtante que celle de nos climats, ont pu néanmoins, avant la révolution, être placés dans des parties de continens ſituées de manière que les fleuves & enſuite les courans de la mer aient tranſporté leurs dépouilles dans les lieux où nous les trouvons aujourd'hui.

Claſſification des différentes eſpèces de montagnes, par M. Werner.

Quelque ſemblables que paroiſſent les montagnes qui couvrent notre Globe, à les examiner de plus près on y découvre une très-grande variété. Il eſt probable que toutes les eſpèces de montagnes qui exiſtent, ſont actuellement connues, puiſque les obſervations des perſonnes qui ont voyagé dans les pays les plus éloignés, ſur la nature des montagnes, coïncident ordinairement avec les notions que nous avons des différentes eſpèces de montagnes qui nous ſont connues en Europe.

Cependant il règne dans les anciens minéralogiſtes une confuſion étonnante ſur la nature des pierres dont les montagnes ſont compoſées, & tous les noms y ſont ordinairement confondus.

Une *fixation* préciſe de ces dénominations eſt d'autant plus néceſſaire, qu'on écrit actuellement de tous côtés ſur la géographie phyſique du Globe, & que les claſſifications faites par les anciens minéralogiſtes ne peuvent plus être d'aucun uſage, à cauſe des découvertes eſſentielles faites ſur ce ſujet par des auteurs plus récens.

C'eſt ce à quoi on va s'attacher, en n'admettant comme réellement exiſtantes que les ſortes de pierres dont les maſſes ont été bien reconnues ; car il eſt auſſi abſurde que dangereux de ſe livrer à des ſyſtèmes, & d'admettre comme des diſtinctions ou des diviſions nouvelles, de légères variations qui rentrent en effet dans la même claſſe.

Toutes les eſpèces de montagnes peuvent, quant à leur nature & à leur origine, être rangées ſous quatre claſſes principales : 1°. montagnes originaires ou primitives ; 2°. montagnes ſecondaires ; 3°. montagnes volcaniques, & 4°. montagnes dues aux inondations. Toutes ces formes de montagnes ſe raccordent entr'elles, excepté les montagnes volcaniques, c'eſt-à-dire, que les montagnes originaires dégénèrent en ſecondaires, &c.

Des montagnes originaires. Les hautes montagnes ſont de la plus ancienne formation, & portent toutes les marques d'une origine qui doit être attribuée à l'eau.

Les montagnes originaires ſont celles qu'on peut connoître avec le plus de certitude. Le plus grand nombre des montagnes ſont de différentes matières : il y en a très-peu qui ſoient d'une ſeule eſpèce de pierres. Parmi celles dont les matières ſont mêlées, les unes ont toutes ces matières pêle-mêle entr'elles ; les autres ont, au contraire, une maſſe d'une eſpèce principale, & d'autres matières y ſont iſolées & répandues çà & là. Celles où tout eſt en confuſion ſont ou d'une matière cornée, ou d'une matière qui tire ſur l'ardoiſe.

Dans les montagnes primordiales, les eſpèces de pierres qui la compoſent, ſont ordinairement de la même eſpèce, & n'alternent pas avec d'autres pierres de montagnes primordiales : ainſi une partie d'une montagne de granite conſiſte en granite ſans mélange d'autre pierre ; il en eſt de même du porphyre, &c.

Les montagnes primordiales ont encore un autre diagnoſtic ; c'eſt qu'on n'y trouve aucune pétrification.

Les eſpèces de pierres qui compoſent les montagnes primordiales ſont : le granite, le gneiſs, l'ardoiſe compoſée de mica, le ſchiſte argileux, l'ardoiſe-porphyre, le porphyre, le ſerpentin, la pierre calcaire, le quartz & les rochers de topaze.

L'argilo-ardoiſe ou ſchiſte argileux & le ſerpentin ſont des pierres vraiment primordiales ; la pierre calcaire & le quartz ſont homogènes : toutes les autres eſpèces ſe trouvent mêlées enſemble. Le granite, le gneiſs, l'ardoiſe compoſée de mica, le rocher de topaze, ſont mêlés de manière qu'une des efpèces de pierres fe trouve au milieu des autres ; mais l'ardoife-porphyre, le porphyre, &c., fe trouvent toujours en maffe.

Le *granite* eft une efpèce de pierre compofée de feld-fpath, de quartz & de mica, qui font tellement mêlés enfemble, que chaque partie eft entrée dans l'autre & criftallifée. Le feld-fpath eft la partie la plus abondante du granite, & le mica celle qui y domine le moins. Quelquefois, mais rarement, on trouve quelques taches d'amphibole dans le granite, plus rarement encore quelques grenats ; quelquefois auffi le feld-fpath a dégénéré dans le granite en pierre de porcelaine, & le mica s'y trouve en grandes lames. Une partie des *montagnes* primordiales font de granite : le granite contient quelquefois des matières métalliques, furtout de l'étain & du fer.

Il y a une efpèce particulière de granite dans laquelle le mica eft mêlé de *hornblende*, ou bien où le *hornblende* fe trouve au lieu de mica. Cette efpèce paroît être d'une origine beaucoup plus récente que le vrai granite. On en trouve de la première efpèce à Scharfenberg, Meiffen, Altenberg ; de la feconde efpèce près de Meiffen, de Drefde, dans la Luface fupérieure & ailleurs.

Le *gneifs* confifte auffi en feld-fpath, quartz & mica ; ces matières font liées entr'elles dans le tiffu d'une ardoife épaiffe. Ici auffi le mica forme la plus petite partie ; il y eft cependant plus abondant que dans le granite. Le feld fpath & le quartz fe trouvent dans le gneifs par parties égales ; mais le feld-fpath domine dès qu'il fe rapproche du granite, & le quartz y abonde lorfqu'il fe rapproche de l'ardoife micacée. Quelques minéralogiftes mettent à tort le gneifs dans la claffe du granite ; d'autres mettent l'ardoife micacée au rang du gneifs. Cette dernière efpèce fe diftingue encore du granite, en ce qu'elle ne contient prefque jamais de grenats, tandis qu'on en trouve quelquefois dans le granite, & en ce que l'on rencontre quelquefois des couches d'argile dans le gneifs, & jamais dans le granite.

On a, près d'Ehrenfriedersdorf, du granite dans lequel on trouve des *tranches* affez grandes de *gneifs*, preuve que le granite eft le plus ancien ; mais on ne trouvera nulle part des preuves que le gneifs foit venu poftérieurement à l'ardoife argileufe & au porphyre. Prefque partout les métaux fe plaifent dans le gneifs.

L'*ardoife micacée* (glimmer *fchieffer*). Cette ardoife eft mêlée de quartz & de mica : il y a plus de mica dans fa contexture que dans celle du gneifs, & très-fouvent on y trouve des grenats, au point qu'on pourroit regarder le grenat comme une des parties conftituantes de cette efpèce d'ardoife. On trouve des couches calcaires & des minéraux dans l'ardoife micacée.

L'*ardoife argileufe* doit être regardée comme compofant la matière d'une *montagne* fans mélange. Cette efpèce d'ardoife contient du quartz,

& rarement du feld-fpath, du fchorl noir ou du hornblende. Cette efpèce de *montagne* fe fubdivife en plufieurs autres, telles que le *hornfchieffer*, l'ardoife d'alun, &c.

Les *montagnes* primordiales d'ardoife argileufe dégénèrent en *montagnes* fecondaires de la même efpèce ; mais il n'y a que les premières qui foient riches en métaux : on les y trouve & par couches & dans des filons.

L'*ardoife-porphyre* eft une efpèce de pierre mélangée qui, quoiqu'on la trouve en maffe, n'eft pas encore parfaitement décrite, & tient le milieu entre le hornftein & le pechftein, & dans laquelle on voit par-ci par-là du feld-fpath & du hornblende. La maffe de cette efpèce de *montagne* eft de couleur grife ou verdâtre ; dans le plus épais, elle reffemble à de l'ardoife ; dans les bords, elle eft tranfparente & à moitié dure.

Cette efpèce de *montagne* a ceci qui la diftingue des autres, c'eft qu'en général elle fe forme en pointes ifolées, faites en forme de quilles dans lefquelles on voit des fentes verticales, après lefquelles la *montagne* s'élève fous la forme d'une colonne difforme ; & en cela ces *montagnes* de porphyro-ardoife ont une grande analogie avec les *montagnes* de bafalte : on n'y rencontre point de métaux.

Les *montagnes* de cette nature font communes dans les *montagnes* du milieu de la Bohême, dans celles des environs de Sittau, près de Fulde, &c.

Ces ardoifes font très-différentes de ce que les auteurs appellent *hornfchieffer*. C'eft une efpèce d'ardoife très-dure qui fe rencontre dans les *montagnes* d'argilo-ardoife, & en particulier dans les *montagnes* fecondaires, &c.

Le *porphyre*. Cette efpèce de pierre mélangée a beaucoup de rapport avec la précédente ; elle confifte dans une maffe compofée d'argile, de jafpe, de hornftein ou de pechftein. On y trouve du feld-fpath, du quartz & du hornblende : ces parties-là fe trouvent ordinairement criftallifées dans le porphyre. Le feld-fpath y tient le premier rang. C'eft à cette efpèce de *montagne* qu'on doit rapporter le *faxum metalliferum Bornianum* : quelquefois on trouve des métaux dans le porphyre, quelquefois il eft difpofé par couches.

Le *bafalte* forme auffi des *montagnes* de nature mélangée : on y trouve du hornblende, des grains de criftal, des chryfolites & rarement des zéolithes. Le bafalte fe fait connoître par la forme de quille qu'ont toutes les *montagnes* qui en font compofées, & par les colonnes ifolées qui les compofent. Le bafalte eft fouvent magnétique, au point que l'aiguille perd fa vertu quand on en approche. On n'y trouve point de métaux, mais le bafalte porte avec lui un peu de fer.

Le *mandelftein* forme des *montagnes* mélangées : on y rencontre la calcédoine, l'agate, la zéolithe, le fpath calcaire, le fteinmark & une terre verte ; quelquefois encore le *mandelftein* contient dès criftaux de hornblende. La maffe de cette pierre eft peu dure ; elle tire fur le gris-foncé ou fur le brun. Il faut ranger fous cette efpèce les toadftones du Derbyshire , & cette lave qu'on trouve en Bohême , proche de Schalkewerth. Rarement cette pierre contient-elle des métaux : on ne fait fi on doit la ranger parmi les roches primordiales ou parmi les fecondaires.

La *ferpentine* eft une pierre non mélangée ; elle a fous elle plufieurs efpèces, comme l'asbefte , l'amiante , le talc , le pechftein , le fteinmark , le mica , le grenat. Il n'y a jamais de métaux dans la *ferpentine*, fi ce n'eft du fer.

La *pierre calcaire primordiale* (dolomie & marbres faccharoïdes). La pierre calcaire dont les *montagnes* primordiales font compofées, eft feuilletée & cornée ; mais quelquefois elle a un grain fi fin , que fon tiffu paroît continu. Quelquefois on y trouve du quartz & du mica , quelquefois auffi du hornblende & des rayons de fchorl. On peut regarder cette pierre comme fubordonnée au gneifs , à l'ardoife , au mica & à l'ardoife argileufe. On n'y trouve jamais de pétrifications , & rarement des métaux.

Le *quartz*. On doit regarder le *quartz* dont les *montagnes* font compofées, comme non mélangé, quoique quelquefois il renferme du mica. Rarement le *quartz* s'étend au loin ; mais lorfque cela arrive, il forme des roches & s'élève au-deffus des *montagnes*. On doit regarder le *quartz* comme fubordonné au gneifs & à l'ardoife micacée.

La *roche de topaze* eft une roche mélangée, mais qu'on trouve rarement ; elle confifte en *topaze* , quartz , fchorl noir & fteinmark mêlés enfemble & étroitement liés. On ne la connoît guère en maffe que dans les *montagnes* de Saxe, proche Auerbach.

Des montagnes fecondaires. Les montagnes fecondaires ont une origine plus récente que les primordiales , & il eft très vraifemblable qu'elles dérivent de ces dernières. On les reconnoît toujours en ce qu'elles ont toutes des pétrifications , & quelques-unes en énorme quantité. Ces *montagnes* font prefque toutes calcaires & argileufes, tandis que les primordiales font plus graveleufes & argileufes. Enfin , dans ces montagnes fecondaires on trouve de différentes efpèces de pierres par couches qui alternent.

Les *montagnes calcaires fecondaires* fe diftinguent des *montagnes* calcaires primordiales , en ce qu'elles font de couleur grife , & fouvent très-variées ; qu'en caffant cette pierre calcaire , elle éclate en petits morceaux , & que prefque toujours elle eft remplie de pétrifications. On la trouve ordinairement entre-mêlée de couches de marne; elle porte des métaux dans fon fein , foit par couches , foit dans des filons. Deux des *montagnes* fecondaires les plus fameufes font , la *montagne* d'ardoife cuivreufe dans la Thuringe , & le peak dans le Derbyshire.

Le *fandftein* eft compofé furtout de particules quartzeufes de différente groffeur, parmi lefquelles fe trouvent quelquefois des grains de *feld-fpath*, de *hornfchieffer* & de *pyrites*. Ces parties font liées entr'elles au moyen d'une terre argileufe qui fouvent contient de l'ochre ferrugineux, de la marne ou du quartz. On y trouve, au refte, rarement des métaux.

Il faut rapporter à cette efpèce le puddingftone , qui eft compofé de petits fragmens arrondis, de quartz , de hornfchieffer & de cailloux du genre des pyrites. Elles font liées entr'elles par une argile très-compacte, par de l'ochre ferrugineux, par du jafpe ou par une maffe de quartz , même quelquefois par le *fandftein*. Le puddingftone eft toujours fans mélange d'aucun métal.

La houille ou charbon de terre ne fe trouve jamais que dans ces *montagnes* fecondaires ; fes couches alternent avec celles de marne & d'ardoife argileufe, où l'on trouve l'empreinte de plantes, quelquefois avec la pierre calcaire & le *fandftein*. Les charbons de terre bitumineux (forte particulière), *pechkohlen*, fe trouvent fouvent dans une efpèce de bafalte. Les mines du Meiffner en Heffe & de l'île Feroé fourniffent des exemples de cette efpèce.

Les *montagnes de craie* font toujours compofées de couches très-épaiffes de craie, dans lefquelles on trouve des pyrites & des filex ; on y rencontre fouvent des foffiles.

Le *fel gemme* fe trouve en plus ou moins grands blocs dans des *montagnes* fecondaires d'argile, qui elle-même eft imprégnée de plus ou de moins de fel, & qui contient fouvent du bitume (*erdpech*) & des particules de gypfe ; quelquefois on le trouve dans le fandftein & dans des couches caillouteufes. Jamais le *fel* ne fe trouve par couches.

Le *gypfe*, foit qu'il foit compacte, foit feuilleté, ou fe préfentant comme *talc*, fe trouve par couches. Cette efpèce eft fouvent mêlée de pierre calcaire , de fandftein, de marné ou de menues couches d'argile. On n'y trouve ni pétrifications, ni métaux lorfqu'elle avoifine les *montagnes* primordiales ; mais lorfqu'elle eft fupérieure au calcaire fecondaire , elle contient de nombreux offemens d'animaux dont les efpèces font perdues, & des coquillages très-voifins de ceux qui vivent actuellement dans les eaux douces.

Il y a dans la Siléfie fupérieure , dans la Luface, en Pologne & en Angleterre, des *montagnes* d'une argile ferrugineufe qui alterne avec l'argile ordinaire.

Il paroît que la *calamine* n'appartient à aucune des efpèces dont on a fait mention jufqu'ici , & qu'il faut la ranger dans une claffe des *montagnes* fecondaires. On en trouve près de Cracovie en Pologne , à Boleflau , &c. Il y en a auffi dans les Ardennes.

Quelquefois l'ardoife argileufe , la pierre glandulaire (*mandelstein*) & le basalte doivent être rangés dans la classe des *montagnes* secondaires.

Les *montagnes volcaniques*. Il y a des *montagnes volcaniques* qui doivent réellement leur exiſtence au feu. Il y en a d'autres qui ſont produites par une autre cauſe : celles-ci tiennent à la nature de l'argile.

Les *montagnes* qui doivent leur origine au feu conſiſtent en véritables laves, qui ſont griſes, rougeâtres ou noires, qui contiennent des bulles, qui ſont ſouvent pas parfaitement dures, & dans leſquelles on trouve fréquemment de petits criſtaux pyramidaux à huit faces, qu'on nomme *schoen*, & qui, dans le fait, ſont une eſpèce de criſtaux de hornblende. On y trouve des pierres-ponces griſes & noirâtres, des cendres volcaniques qui reſſemblent à de la terre, & qui ſont mêlées de petites pierres-ponces & de lave. Quand ces cendres volcaniques ſe ſont jointes & endurcies enſemble juſqu'à un certain point, elles obtiennent le nom de *tuf* ou de *trafs*. Ces *montagnes* ſont aſſemblées ſans aucun ordre, & toutes les matières qui les compoſent s'y trouvent comme jetées pêle-mêle entr'elles ; on y trouve ordinairement du ſoufre & du ſel ammoniac. Souvent on rencontre, dans les environs de ces *montagnes*, des ſources chaudes : on y aperçoit ordinairement quelques cratères. Lorſqu'elles brûlent encore, on en voit ſortir du feu, de la fumée. Souvent ces *montagnes* ont ſubi une ſubverſion totale ; elles ſont enfoncées ; alors on trouve quelquefois de petits lacs ſur leur ſommet.

Les fauſſes *montagnes volcaniques* ſont d'une couleur noire ou rougeâtre ; les roches qui les forment, contiennent de grands vides ſous la forme de groſſes bulles, ſont pleines de crevaſſes, & ne préſentent autre choſe que l'argile calcinée. Ces *montagnes* doivent leur origine au feu intérieur cauſé par le charbon qui s'y eſt allumé ; auſſi ont-elles conſervé leurs couches. On trouve dans quelques-unes du jaſpe, de la terre de porcelaine, l'empreinte de plantes, &c. ; ce qui prouveroit que, dans leur origine, elles étoient de l'ardoiſe argileuſe, dans laquelle ces empreintes ſont communes. On trouve pluſieurs de ces *montagnes* dans la Bohême ; il y en a près de Sarrebruck, &c.

Les *montagnes* de baſalte, une partie de celles de porphyre, de *mandelstein*, appelé par quelques perſonnes *tuf volcanique*, & que pluſieurs minéralogiſtes attribuent au feu, ne ſont que des *montagnes* ſecondaires. Il eſt à préſumer que l'agate d'Iſlande, la prétendue lave des environs de Tokai & celle de Madagaſcar ne ſont point du tout des produits volcaniques.

Aux *montagnes* dont on a décrit les eſpèces, on peut ajouter les *montagnes* compoſées, c'eſt-à-dire, celles qui, par des inondations ou d'autres accidens ſemblables, ſe ſont formées des débris des trois autres eſpèces de *montagnes*. On peut ranger dans cette claſſe les *montagnes* ſavonneuſes

(*seiffen gebirge*), les dunes ou *montagnes* de ſable, les hauteurs compoſées de limon, &c. &c.

Élévation & forme des montagnes.

1°. On a trouvé que les plus hautes *montagnes* de Suiſſe ſont élevées d'environ ſeize cents toiſes au-deſſus du niveau de la mer, ce qui eſt plus que le Canigou, qui eſt une des plus hautes des Pyrénées ; auſſi ſont-elles les plus hautes de toute l'Europe.

Les *montagnes* les plus élevées de l'Aſie ſont le mont Taurus, le mont Imaüs, le mont Caucaſe & les *montagnes* du Japon, & l'on croit qu'elles ſurpaſſent celles de l'Europe.

Celles d'Afrique, le grand Atlas & les monts de la Lune, ſont au moins auſſi élevées que les *montagnes* d'Aſie dont nous venons de parler ; mais les plus conſidérables de toutes ſont celles de l'Amérique méridionale, ſurtout celles du Pérou, qui ont juſqu'à trois mille toiſes de hauteur au-deſſus du niveau de la mer.

On a dit que les *montagnes* ſituées entre les tropiques étoient plus élevées que les *montagnes* des zones tempérées, & celles-ci plus que les *montagnes* des zones froides ; de ſorte que plus on approche de l'équateur, plus les inégalités de la ſurface de la terre étoient conſidérables ; mais il s'en faut beaucoup que l'on connoiſſe aſſez les *montagnes* des différentes parties du monde pour en conclure cette aſſertion.

Les *montagnes* différent beaucoup en hauteur ; les collines ſont les plus baſſes de toutes ; enſuite viennent les *montagnes* du ſecond ordre, qui ſont ſuivies d'un troiſième rang de *montagnes* encore plus élevées.

2°. La forme des *montagnes* eſt différente, ſuivant les maſſifs de la terre dont ces *montagnes* ſont partie : ainſi, dans la nouvelle terre, les *montagnes* ſont continues & offrent des plateaux ſitués à peu près à la même hauteur ; elles ne ſont coupées que par des vallons d'une profondeur à peu près égale partout ; outre cela les *montagnes* ont des contours réguliers. Dans ces mêmes cantons on trouve deux ſortes de plaines, les unes qui couronnent les *montagnes*, les autres qui occupent le fond des larges vallées diſperſées au milieu de ces *montagnes*.

Dans la moyenne terre la forme des *montagnes* eſt plus variée, parce que les croupes offrent plus de déſordre & des déplacemens plus conſidérables ; leur ſommet eſt en arêtes & en demi-combles ; enfin, dans l'ancienne terre, les *montagnes* ont moins d'irrégularité, quoique leur forme ſoit plus variée encore : quelques-unes des *montagnes* de l'ancienne terre ont à leurs ſommets élevés des plaines étendues, mais cependant avec de fréquentes inégalités.

Dans les pays volcaniſés, les *montagnes* ſont plus interrompues & plus iſolées ; on les voit s'élever au-deſſus des plaines baſſes ou même au-deſſus de la mer en forme de cônes : tels ſont le pic de Ténériffe, le pic de Saint-George dans l'une des Açores, le pic d'Adam dans l'île de Ceylan, les trois pics de la Martinique.

Il y a même des îles volcanisées qui ne font que des centres d'irruption élevés avec un système de courans dilatés tout autour de ces centres à différens niveaux & à diverses époques : telles font l'île de Sainte-Hélène, l'île de l'Ascension, Otaïti, Tabago, &c.

Dans la plupart des îles, des promontoires & des presqu'îles, & des parties de continens qui s'avancent dans la mer, il y a toujours une partie, qui est ordinairement celle du milieu, qui domine fur tout le reste ; & de ce point les hauteurs se dégradent & s'abaissent dans le sens de la plus grande longueur, & toute cette chaîne divise ordinairement ces portions de terre en deux : telles sont les îles de Sumatra, de Luçon, de Bornéo, de Célèbes, de Cuba, de Saint-Domingue & de Corse. (*Voyez* surtout l'article CORSE (île de), où toutes les circonstances de cette forme générale sont décrites & bien expliquées : telle est aussi l'Italie, qui est traversée dans toute sa longueur par l'Apennin, la presqu'île de Corée & celle de Mélage.)

De la direction des montagnes.

L'étude des différens massifs qui se montrent à la surface du Globe apprend, à mesure qu'on en suit plus attentivement les formes, les limites & leur correspondance, qu'il n'y a pas de direction constante & non interrompue dans les *montagnes* du Globe : ainsi nous voyons que chacun de ces massifs qu'on trouve en France est terminé par de grandes vallées qui interrompent leur allure, & qui ne permettent pas de supposer des chaînes de sommets bien suivis & assujettis à une direction bien apparente depuis l'extrémité d'un continent jusqu'à l'autre opposée. Par exemple, les *montagnes* élevées des Pyrénées ne se prolongent certainement pas par les Cevennes, l'Auvergne, le Forest, le Velay, dans les Alpes ; car les sommets des Pyrénées sont de pierres calcaires, & ceux de l'Auvergne, du Rouergue, du Velay, sont de granite sans aucun vestige de couches qui recouvrent les sommets. Il est vrai que les couches inclinées sont adossées aux massifs de granite dans la partie méridionale, mais elles ne courent pas sans interruption ni en Dauphiné d'un côté, ni dans les Pyrénées de l'autre. Les couches de la nouvelle terre remplissent les vides qui s'y trouvent, & comblent en partie les vallées basses au fond desquelles ces massifs s'abaissent.

On ne peut pas envisager comme une suite de hauteurs intéressantes des massifs d'une nature différente & diversement enchaînés ; ce n'est pas le produit d'un travail de la nature qu'on puisse présenter comme un tout. Cette distinction nécessaire des massifs du Globe en a même aussi dans la hauteur & la suite des sommets, & l'on ne peut pas plus se

flatter d'avoir, depuis l'Espagne jusqu'à la Chine, une chaîne continue de hautes *montagnes*, qu'un massif de substances de même nature & également organisées.

Nous voyons que les massifs de granite font interrompus par la vallée du Rhône, & ne se prolongent point en Dauphiné pour aller rejoindre de semblables massifs qui se montrent dans certaines parties des Alpes.

Nous voyons de même que les Vosges graniteuses ne se continuent pas ni du côté de la Forêt-Noire, ni du côté de Beffort, ni du côté de Phalsbourg, mais que c'est un massif isolé, entouré par des pierres de sable qui finissent aussi & ne forment pas des bandes ou chaînes continues.

Il faut donc se défier de tous ceux qui nous présentent une distribution générale des chaînes de *montagnes* fur le Globe, tant dans l'ancien continent que dans le nouveau, sans aucune discussion des massifs, de leur nature & de leur organisation, car sans doute le but des vues générales est de présenter l'effet en grand d'un travail de la nature, en un mot un grand résultat ; & lorsqu'on a parcouru en détail une partie de ces résultats, il se trouve que rien n'annonce moins un ensemble que la multiplicité : les effets forcent à multiplier les causes, & à distribuer leur action autant fur un grand espace de terrain que fur un grand intervalle de temps.

Forme des talus des montagnes.

Ce n'est pas parce que les lits supérieurs des collines font de pierres tendres, & les inférieurs de pierres dures, que les collines sont toujours plus larges à la base & plus pointues & plus étroites au sommet. Il est vrai que les eaux pluviales qui ont creusé les vallées & ont donné la figure aux contours des *montagnes*, ont usé latéralement les matières dont la *montagne* est composée, & les ont dégradées de manière à entamer toujours d'abord les couches du sommet ; c'est pour cela que les couches supérieures ont souffert une plus grande diminution fur leur largeur, & ont été usées latéralement plus que les couches inférieures, parce que les débris des couches supérieures ont recouvert les talus de la *montagne* & ont préservé les couches inférieures. On ne peut donc pas attribuer cette forme que prennent assez communément les collines, à la distribution des lits qui sont plus tendres par le haut & plus durs par le bas, car ceci ne se trouve pas toujours.

Il est bien vrai que, dans les massifs formés de lits d'une matière plus compacte & plus dure, & qui ont été plus en état de se défendre contre l'action des eaux, les couches supérieures n'ont pas souffert de diminution latérale par l'action des eaux courantes. C'est fur ces différens états de dureté des bancs de pierres qu'on doit estimer la pente du talus des *montagnes*. Cette pente devient chaque jour plus douce, à mesure que les terres du sommet

& les fragmens de pierres de la couche supérieure délitée, comme nous l'avons dit, ont coulé & ont été entraînés par les eaux des pluies.

Ainsi, certaines *montagnes* composées de couches, dont la plupart sont tendres, ont un talus plus doux & une pente moins rapide que celle des *montagnes* composées de matières calcaires infiltrées : celles de granites durs, celles de roc vif sont ordinairement coupées à pic à des hauteurs considérables, parce que les massifs ont également résisté partout à l'action des eaux, qui n'a pu les user & les entamer que coulant en masse & faisant torrent ; ainsi il n'y a que très-peu de pente & de talus dans certaines *montagnes* de l'Apennin, qui sont de marbres & de pierres calcaires infiltrées, dures & compactes au milieu de certains granites durs.

Mais les *montagnes* de granites tendres se délitent aisément & prennent des talus très-adoucis ; les *montagnes* de roc vif, qui se délitent en trapézoïdes, les pierres calcaires tendres, les mélanges de sables, d'argiles &, de pierres y sont sujets.

Les talus des *montagnes* se modifient effectivement sur les différens degrés de dureté des couches de toute nature ; les couches supérieures se trouvent d'un certain degré de dureté ; ils conservent des bords escarpés, lorsqu'ils le sont primitivement ; mais ces bords escarpés s'évasent lorsque les matières sont tendres à un certain point : ainsi plusieurs causes contribuent à donner la forme aux croupes des *montagnes*, & de la pente plus ou moins grande à leurs talus.

Étude des montagnes.

Nous observerons à ce sujet que, pour bien faire l'histoire des hautes *montagnes*, il faudroit commencer par en visiter le sommet, ensuite le milieu, puis le pied ; on trouveroit les sommets composés d'une ou de deux sortes de pierres qui, descendant plus bas, se joignent à d'autres substances. Dans le milieu on verroit des couches composées de matériaux d'une nature qui n'a rien de commun avec les masses qui dominent dans le sommet. La destruction des uns & des autres massifs par les eaux torrentielles, versées des hauteurs, confond de plus en plus les divers matériaux pour en former de nouveaux hors-d'œuvre adossés aux pieds des *montagnes* ; mais ce travail de l'eau n'a rien de commun avec la composition des autres masses.

La suite des temps couvre de bois & de forêts ces terrains, où la végétation réussit en conséquence des différentes substances qui s'y trouvent mêlées. Les superficies s'égalisent insensiblement par la comminution & la décomposition des matériaux ; ce n'est que par des coupures profondes ou des ravins fortement excavés par les eaux qu'on peut reconnoître le véritable état de l'intérieur de ces *montagnes*. L'extérieur en impose souvent, car les

plus grosses masses de rochers y restent souvent à découvert & saillantes ; elles sont quelquefois d'une grandeur si démesurée, qu'on les prend pour des massifs qui sont attachés au sol. On pourroit croire que tout l'intérieur de la *montagne* est composé du même rocher, tandis qu'il ne s'y trouve placé qu'accidentellement, parce que ces masses énormes y ont été précipitées des parties supérieures. On auroit mal vu, & on se seroit trompé, en jugeant ces masses précipitées adhérentes au sol. Il est assez rare, comme nous l'avons dit plusieurs fois, de voir les massifs sur lesquels reposent les *montagnes*, & surtout ceux qui sont distribués par couches, surtout lorsque ces bases sont recouvertes de matériaux éboulés. Les pays qu'on connoît le mieux sont ceux où il y a des escarpemens ou des vallons approfondis : quand il n'y en a pas, on n'a d'autres ressouces que dans des fouilles.

Il arrive quelquefois que des masses d'un grand volume, qui descendent d'une hauteur escarpée, sont lancées & transportées fort loin par la vitesse qu'elles ont acquise, & sont même jetées sur le revers des *montagnes* qui sont de l'autre côté d'un vallon étroit. Dans pareille circonstance on croit que ces masses appartiennent à la *montagne* au pied de laquelle elles se trouvent placées, & l'on peut commettre de grandes erreurs, si l'on ne se défie pas de ces transports : avant tout il faut bien voir, examiner les massifs, leurs véritables limites, & ne déduire des résultats généraux que sur des examens réitérés.

MONTAGNE BRULANTE DE DOUTHWEYLER. (*Voyez à l'article* SARREBRUCK.)

MONTAGNES DE GLACE. On nomme *montagnes de glace* ces amas immenses de glace, tant en étendue qu'en hauteur, qu'on rencontre dans les mers du Nord, du Groënland, du Spitzberg, dans la baie de Baffin, le détroit d'Hudson & autres mers septentrionales.

Ces glaces entassées sont si monstrueuses, qu'il y en a de quatre ou cinq cents verges, c'est-à-dire, de douze ou quinze cents pieds d'épaisseur ; c'est sur quoi on pourroit citer les relations de plusieurs voyageurs ; mais ces citations ne nous expliqueroient point comment ces *montagnes* prodigieuses se forment.

Plusieurs auteurs ont essayé de résoudre cette question, entr'autres le capitaine Middleton, Anglais, qui a donné à ce sujet les conjectures les plus vraisemblables.

« Le pays, dit-il, est fort élevé tout le long de la côte de la baie de Baffin, du détroit d'Hudson, &c., & il l'est de cent brasses ou davantage tout près de la côte. Ces côtes ont quantité de golfes, dont les cavités sont remplies de neiges & de glaces gelées jusqu'au fond, à cause de l'hiver presque continuel qui règne dans ces endroits,

Ces

Ces glaces se détachent & sont entraînées dans les endroits où elles augmentent en masses plutôt qu'elles ne diminuent, l'eau étant toujours extrêmement froide pendant les mois de l'été; elles refroidissent aussi tellement l'air, qu'il se fait un accroissement continuel à ces *montagnes* de glaces par l'eau de la mer qui les arrose à chaque instant, & par les brouillards humides & très-fréquens dans ces endroits, qui tombent en forme de petite pluie & se congèlent en tombant sur la glace. Ces *montagnes* ayant beaucoup plus de profondeur au-dessous de la surface de la mer qu'elles ne s'élèvent au-dessus, la force des vents ne peut pas faire un grand effet sur elles pour les mouvoir; car quoique le vent souffle du côté du nord-ouest pendant neuf mois de l'année, & que par-là ces îles soient poussées vers un climat plus chaud, leur mouvement est néanmoins si lent, qu'il leur faudroit un siècle pour avancer de cinq ou six cents lieues vers le sud. »

Les amas de glaçons qu'on voit près du Groënland ont commencé par se détacher des grandes rivières de Moscovie, en flottant dans la mer, où ils se sont accrus chaque année par la chûte de la neige qui ne s'est pas fondue, pendant l'été, en aussi grande quantité qu'elle étoit tombée. De plus, l'eau des vagues de la mer, qui se brisent sans cesse contre les masses de glace & qui en rejaillissent, ne manque pas de se geler à son tour, & forme insensiblement, dans les contrées froides, des masses énormes & anguleuses de glace, comme le remarquent ceux qui naviguent en Groënland. On voit de ces *montagnes* de glace s'élever au-dessus de l'eau aussi haut que deux tours, tandis qu'elles sont enfoncées au-dessous jusqu'à la profondeur de quarante brasses, c'est-à-dire, plus de deux cents pieds. C'est pourquoi les navigateurs rencontrent dans les mers du Nord, des *montagnes* de glace qui ont quelques milles de tour, & qui flottent sur la mer comme de grandes îles. On en peut lire les détails dans la pêche du Groënland, par Zordrager.

MONTAGNE INACCESSIBLE ou MONTAGNE DE L'AIGUILLE (une des merveilles du Dauphiné). Cette *montagne* est placée dans un bassin assez étroit: il peut être d'un quart de lieue ou d'une demi-lieue de largeur, sur plus d'une lieue en longueur, en prenant ces mesures de la base des *montagnes*, & faisant abstraction des basses *montagnes* qui sont dans ce bassin.

Le mont est au nord; sa figure est un carré long, arrondi cependant par les côtés qui regardent le couchant & le levant. Cette masse de rocher est sans lits ou couches distinctes, d'un jaune d'ochre dans plusieurs endroits; il est posé sur une *montagne* composée de petits bancs de pierres calcaires presque horizontaux, séparés par des lits d'argile grise: elle est étendue, & sa base fait le cône ou la trémie. Quant au rocher qui est posé sur

cette *montagne*, & qui porte spécialement le nom de *mont inaccessible*, ce n'est, à proprement parler, que le noyau d'une partie de la *montagne* sur laquelle il est porté. Il paroît que les terres ont été soustraites, & probablement une grande partie de la masse des rochers qui forment ce noyau, qui est de pierre calcaire. Ce n'est point un cône renversé ou un pain de sucre, comme on l'a dit, mais plutôt un carré long, dont quelques côtés sont coupés à pic. Depuis le temps où l'on dit qu'on y est monté avec tant de peine & tant d'appareils, cette *montagne* a probablement souffert des changemens qui faciliteroient le moyen de parvenir jusqu'au haut en y apportant quelque précaution; on y a même monté jusqu'à environ un tiers de sa hauteur, sans aucun des moyens qu'on pourroit y employer: s'il y a eu autrefois des chamois sur le sommet de cette *montagne*, il paroît qu'il n'y en existe plus actuellement. On ne conçoit pas qu'il puisse y avoir eu une fontaine au sommet, cette *montagne* n'étant point dominée par celles qui en sont proches, & l'élévation de celles-ci n'étant pas aussi considérable que celle de ce noyau, quoiqu'elles soient fort hautes: la prairie qu'on dit avoir trouvée à son sommet doit être peu considérable, l'étendue de ce noyau ne l'étant pas elle-même.

Il faisoit sans doute partie d'une *montagne* composée comme toutes celles de ce canton. Cette *montagne* avoit probablement des terres argileuses jusqu'vers les deux tiers de sa hauteur; ces terres ont été peu à peu emportées, & ont fait partie de celles qui sont dans la vallée, ou de celles des *montagnes* argileuses qui sont au bas des *montagnes* calcaires qui sont derrière celles-ci; ces argiles étant ainsi emportées, le noyau calcaire s'est ensuite peu à peu détruit en grande partie. Comme les rochers sont inclinés, l'eau des pluies & des neiges s'est facilement insinuée entre les bancs, les a aisément fait tomber par éclats, ce qui a été cause que presque tous ceux qui sont restés sont coupés à pic.

Il est arrivé à cette *montagne* ce qui arrive actuellement à plusieurs de celles qui ont encore des terres argileuses; ces terres se dégradent insensiblement, & sont emportées dans les vallées par les ruisseaux qui les sillonnent & forment des ravins considérables. Il n'y a guère lieu de douter qu'il n'y ait par la suite plusieurs *montagnes* du Dauphiné qui soient ainsi plus ou moins inaccessibles d'un côté; celle de Saint-Barthélemi, par exemple, qui touche le Buis, forme une pointe élevée de rocher qu'on ne peut monter du côté du couchant: si les terres qui la couvrent au midi, sont emportées par la suite, elle sera inaccessible.

C'est à une pareille perte des terres que les rochers nus d'un endroit appelé *la Rochette*, qui est entre Saint-Julien & les Fories, sont dus: ces rochers, qui descendent jusque sur le chemin, sont entièrement découverts de terre; ils forment comme un mûr de peu d'épaiffeur ; on y a percé une porte dans la partie la plus baffe & la moins épaiffe, & qui ne l'eft guère dans cet endroit que de deux, trois ou quatre pieds. Les voyageurs font oblgés de paffer par cette porte : il y a quelques maifons le long de ce rocher, du côté du Buis ; & de ce côté le rocher eft coupé à pic. On prétend qu'il y avoit autrefois un gros endroit dans cette partie, & que le rocher portoit un château dont ce rocher étoit une efpèce de fortification naturelle. Les rochers qui couronnent le haut des *montagnes* les plus élevées de ce canton, & qui font plus ou moins déchirés & pointus, ne font auffi nus, à ce qu'il y a lieu de croire, que par la caufe qui a découvert ceux dont il s'agit. Ils feront peut-être, par la fuite des temps, des rochers inacceffibles, plufieurs d'eux étant même déjà difficiles à gravir.

MONTAIGU, département du Puy-de-Dôme, dans le Combraille. (*Voyez* MASBOUTIN.) Il y a près de ce lieu des mines de plomb & de houille.

MONT-AIMÉ, petite montagne du département de la Marne, près de Vertus. Le *Mont-Aimé*, ifolé fur les plaines crayeufes de la Champagne, eft d'une toute autre nature de pierre que le fond de craie : or il eft vifible, par la fimple infpection de cette montagne, de fa bafe & des environs, qu'elle a été détachée de la maffe des montagnes voifines ; c'eft un refte & un témoin de ces terrains de la lifière qui fervent de bordure à la craie, lefquels, ayant été détruits aux environs du *Mont-Aimé*, ont mis à découvert la bafe crayeufe. En comparant donc l'affemblage des couches & des matières qui compofent la maffe du *Mont-Aimé* avec l'affemblage des couches & des matières qui compofent la lifière de la craie, les efcarpemens de cette bordure, il eft aifé de voir que le *Mont-Aimé* en faifoit partie, & qu'il en a été féparé par l'effet des eaux courantes qui ont depouillé la craie dans cette contrée, & en ont fait une île terreftre très-intéreffante du *Mont-Aimé*. (*Voyez* CRAIE.)

MONTALET, près d'Ufez, département du Gard. Il y a une mine de calamine ou de zinc oxidé.

MONTAMIATA, montagne de Tofcane dans le Siennois. La Tofcane offre au naturalifte un champ peu vafte par fon étendue, mais riche & très-intéreffant par fa pofition & par le nombre & la variété des grands objets qu'il renferme : on doit avoir une connoiffance de ce pays, lorfqu'on a parcouru les voyages de Targioni Tozzetti, qui a décrit avec foin & fyftématiquement les maffifs que la Tofcane nous offre, depuis l'Apennin jufqu'à la mer qui en baigne les côtes occidentales. C'eft là qu'on peut fuivre les chaînes & les embranchemens des montagnes primitives ou à filon,

& celles des montagnes fecondaires qu'il indique fous la dénomination de *collines* ; c'eft là que ce voyageur infatigable nous a tracé la marche de toutes les eaux des fleuves & des rivières, & nous a indiqué les moyens dont la nature a fait ufage dans l'approfondiffement des vallées & la formation des plaines qui féparent les différens fyftèmes des collines.

C'eft fur cette bafe que récemment le docteur Santi a fait fes obfervations ; & voici l'extrait de ce qu'il nous donne fur le *Montamiata*.

Avant de quitter le pays volcanique de *Montamiata*, qu'il nous foit permis, dit-il, de jeter un coup d'œil fur l'afpect général que préfente cette montagne, fur l'antiquité des temps où elle remonte, fur les lieux où étoient autrefois des cratères, lefquels vomiffoient des flammes ; enfin, fur les changemens que cette maffe énorme a éprouvés par le laps des temps.

Il y a long-temps que nous avons fait fentir la néceffité de la diftinction des *époques des volcans* dans l'étude des différens produits des feux fouterrains qui fubfiftent en diverfes contrées de la terre ; mais nous ajouterons que les caractères de ces époques ne pouvoient être mis en évidence qu'autant qu'on auroit joint à la defcription des cratères & des courans de laves, des plans topographiques bien détaillés. Ici le docteur Santi n'a pas joint ces fecours à fon travail.

La montagne de *Montamiata* eft ifolée, & s'élève à une grande hauteur. Ses bafes font entourées fort au large & à une très-grande diftance par des terres qui préfentent clairement l'afpect d'un pays autrefois couvert des eaux de la mer. C'eft ce qu'on voit de grands amas d'une marne argileufe, blanche ou bleuâtre, fouvent crevaffée, & formant des excavations fort profondes. Là font auffi des bancs de pierre calcaire, des rochers continus de grès blanchâtre, & d'un grain plus ou moins fin. Près de ceux-ci paroiffent des pierres *cicerchines*, formées de cailloux infiniment petits, & offrant le paffage infenfible du grès aux poudings ; ces derniers, diftribués par couches fort épaiffes, font compofés de petits cailloux plus ou moins émouffés & arrondis par le mouvement des eaux qui les ont tranfportés féparément, avant qu'ils fe réuniffent par amas pierreux amalgamés folidement enfemble.

On voit à peu de diftance de ces couches, & fouvent même immédiatement, fuccéder des tufs ou rochers fablonneux, plus tendres & plus friables, dans la compofition defquels on diftingue des fables, des coquilles & autres corps marins en différens états. Enfin, ces mêmes couches fe montrent comme ayant éprouvé les plus grandes altérations, foit par l'action des eaux pluviales & des torrens, foit par les injures des temps, mais de telle forte cependant que l'on y reconnoît toujours des fonds de mer, & les réfultats des dépôts de l'Océan.

Ces amas de fédimens argileux, ces rochers dépierres calcaires, de grès, de *cicerchina*, ces bancs de poudings, ces tufs, ces couches de corps marins, enfin tous les vestiges du travail des eaux de la mer disparoissent dans la région de la montagne la plus élevée. C'est là que se montre le *peperino* : on y voit aussi succéder aux produits de l'eau ceux du feu, qui, sans interruption, continuent jusqu'au sommet le plus élevé de la montagne. On n'y aperçoit plus de toutes parts sur ses flancs que des roches de *peperino*, tantôt dur & compacte, tantôt tendre & friable, sans apparence de couches & de bancs suivis & successifs. Les feld-spaths mêlés aux restes terreux des peperines décomposés & conservant leurs formes, se rencontrent en plusieurs endroits; plus bas ils sont rompus, émoussés & défigurés; ailleurs des paillettes de mica, unies à des sables qui forment des fonds de pouzolanes, paroissent déposés ensemble en divers points de la montagne, & surtout dans les vallons profonds; on découvre aussi au fond de ces excavations des fragmens de granite, de porphyre & de feld-spath enveloppés dans de grandes masses de *peperino*; enfin on y voit du carbure de fer, de l'argile ochracée, des lits de bol jaune & de bol obscur, ou terre d'ombre. En un mot ce sont partout les débris de substances plus ou moins altérées par le feu.

C'est surtout au pied de tous ces vestiges d'un ancien incendie, qu'on observe de divers côtés des sources d'eaux chaudes, qui annoncent que si le volcan a cessé ses explosions, le feu intérieur continue jusqu'à un certain point ses effets toujours remarquables.

Le docteur Santi, après cette exposition des dépôts de la mer & des produits des feux souterrains, ajoute que, dans le temps que les eaux de la mer couvroient ce pays, le volcan qui s'alluma sous ces dépôts, souleva toutes les couches terrestres qui recouvroient le foyer, & les força à s'élever au dessus de la surface de la mer. L'on vit alors paroître, suivant l'idée du docteur, au milieu de la mer & au-dessus de son niveau, la terre & le feu. Cependant, toujours d'après le même système, cette montagne enflammée, élevée au milieu de la mer, continua à vomir des matières & à s'accroître en dehors aux dépens de sa composition intérieure : par ce moyen la croûte extérieure de la terre, qui d'abord formoit le fond de la mer, étant soulevée, éclatée & rompue, laissa jaillir par ses fentes, devenues cratères, la masse ramollie & pâteuse du *peperino* qui la recouvrit tout autour dans une vaste étendue; mais soit que la force d'éruption diminuât ou qu'elle ne fût plus capable de lancer des matières enflammées jusqu'au sommet, il s'ouvrit d'autres bouches sur les flancs de la montagne, ce qui a donné lieu à des cratères inférieurs & latéraux.

Ces cratères qui se trouvent dans le Valle inferno, dans le Valle grande, dans la piccola Valle, offrent les traces de ruines semblables à celles du grand sommet; ce qui nous donne une idée de l'étendue qu'ont occupée les feux souterrains de cette contrée.

D'un autre côté, il est aisé de voir que le grand cratère qui occupoit le sommet principal & le plus élevé de la montagne, a dû se dégrader & se détruire de plus en plus; de sorte qu'à peine peut-on aujourd'hui en trouver le moindre vestige dans les roches décomposées qu'il offre partout : c'est en conséquence que ces masses énormes de *peperino* qui composoient cette grande crête se voient sur les flancs de la montagne qui sont en destruction, culbutées confusément les unes sur les autres; le plus grand nombre de ces masses réduites en petits fragmens, en sables, en terres, &c.

Telle est la marche que, conformément au système du docteur Santi, la nature a suivie, tant pour composer la masse énorme du *Montamiata*, que pour la réduire à l'état où elle se trouve aujourd'hui; cependant il semble qu'on pourroit supposer, avec plus de raison, que les opérations des feux souterrains se sont exécutées sur les noyaux volcaniques qui en forment l'intérieur, avant que la mer vînt couvrir de ses dépôts la base de cette montagne & des montagnes latérales où se voient les cratères inférieurs : au moyen de cette nouvelle disposition, le feu a pu agir sur la masse de cette montagne sans la déplacer, & l'élever au point où elle se trouve actuellement. Seulement il aura exercé son action sur les masses de granite, de porphyre & de feld-spath qui en constituoient le fond, & les aura réduites en *peperino*, comme on les observe actuellement après les dégradations qu'elles ont essuyées. C'est par cette raison que les dépôts de la mer qui occupent la région inférieure de la montagne, comme formés postérieurement à l'époque des opérations volcaniques des feux souterrains, ne paroissent pas en avoir reçu aucun mélange.

D'ailleurs nous ajouterons que, suivant les observations de Micheli, de Targioni & les nôtres, la montagne de Radicofani, qui est un noyau de volcan, situé dans la même contrée, paroît avoir brûlé bien avant l'invasion de la mer qui l'a enveloppée de couches horizontales semblables à celles dont nous parle le docteur Santi, & élevées au même niveau; ce qui écarte toute idée de volcan sous-marin dans ces deux circonstances, & réduit les opérations du feu à la marche ordinaire que nous avons eu lieu d'observer dans tous les lieux où les matières volcaniques ont été couvertes, comme dans plusieurs contrées d'Italie, par les dépôts de l'Océan. Nous bornerons ainsi nos réflexions à ces seules considérations, qui nous paroissent appuyées par des faits très-multipliés.

Le professeur Santi décrit ensuite Peretta & ses soufrières : il remarque d'abord que la pierre de grès est celle qui domine dans tous les environs. On n'y trouve aucun vestige de testacés ni de pierre calcaire. C'est à plus de trois milles que l'on exploite une mine de foufre par des puits qui communiquent entr'eux, au moyen de galeries fouterraines creufées à différentes profondeurs. Le minéral que l'on extrait de ces galeries fe tire des puits par le moyen de plufieurs tours qui font à leurs embouchures. Les mottes ou glèbes qui renferment ce minéral, font un mélange de foufre tout formé & de diverfes terres, d'oxide rouge de fer, & fouvent même d'antimoine; on en fépare le foufre au moyen de la fufion, puis on le verfe dans des baquets : quand il eft refroidi, il s'y fige & forme une maffe, & c'eft ainfi qu'il circule dans le commerce : au fond de la matière mife en fufion on trouve l'antimoine & l'oxide rouge de fer, appelé vulgairement *finople*, dont on fe fert pour marquer les moutons ou pour d'autres ufages.

Ce qu'il y a de plus remarquable dans cette exploitation, ce font les puits qui font remplis de mofettes qui s'y maintiennent à différentes hauteurs, & qu'on reconnoît par l'extinction des lampes, par des exhalaifons fuffocantes & par une chaleur fatigante & extrêmement fenfible. Dans le froid vif & rigoureux de l'hiver, lorfque le vent fec du nord vient à fouffler, la mofette defcend dans les fouterrains & devient moins active; mais dans les temps pluvieux, lorfque le vent eft au midi, elle s'élève davantage, & développe une action plus vive & plus dangereufe.

Pour la détruire ou au moins pour la refferer dans des réduits plus profonds, & faciliter aux ouvriers le moyen de pratiquer avec fécurité les puits & les galeries, on fait defcendre des fagots de bois enflammé jufqu'à la furface de la mofette; un ouvrier defcend en même temps pour entretenir ce feu & l'abaiffer à mefure que la mofette s'abaiffe elle-même. C'eft ainfi qu'on parvient à détruire entièrement la mofette, ou à la forcer de gagner les parties des fouterrains où il n'eft pas néceffaire de travailler. Un amas trop confidérable de mofettes, outre l'inconvénient de rendre le travail des ouvriers fort difficile, feroit dans le cas de s'enflammer fubitement, & l'explofion feroit lors fauter en l'air les étais & les madriers qui foutiennent les galeries & les terres dans lefquelles on a creufé ces puits.

Dans quelques-uns de ces puits la mofette eft continuelle, de manière qu'on ne peut s'en garantir qu'en la concentrant continuellement au moyen de combuftions. Le docteur Santi fut curieux de vifiter un de ces puits à mofette : il y defcendit de manière à s'approcher de la furface de la mofette, que deux ouvriers étoient occupés par un feu foutenu à fixer un certain point; mais ayant hafardé d'avancer la tête jufqu'à cette furface, il fe trouva frappé de manière à perdre la refpiration : en conféquence il s'empreffa de fe relever. Une chandelle plongée dans la mofette s'y éteignit; la folution de tournefol y devint abfolument rouge; l'eau de chaux renfermée dans une petite bouteille débouchée qu'on y defcendit,

devint tout-à-coup laiteufe & dépofa un fédiment blanc, &c. D'après ces expériences & beaucoup d'autres, dont nous fupprimons les détails, le docteur Santi eft porté à croire que ce territoire renferme, à une certaine profondeur, un grand travail de la nature, une efferveffence & une décompofition continuelle de fulfures qui, en s'élevant de ces laboratoires fouterrains par les puits & les galeries, fourniffent fans ceffe des émanations de gaz hydrogène le plus fouvent fulfuré, de gaz acide carbonique & de calorique libre. Ainfi c'eft à la fuite de cette compofition que les ouvriers, à force de feu, confument le gaz hydrogène fulfuré & réduifent la mofette au feul gaz acide carbonique, qui, par fon propre poids, fe concentre au fond des puits : ainfi, quand la mofette ne contient pas d'acide carbonique, ils la confument entièrement; mais quand le dernier y domine & s'élève feul en rempliffant la capacité des puits, comme on n'a aucun moyen de s'en débarraffer, les ouvriers font obligés de les abandonner tout-à-fait.

On trouve dans cette plaine un grand nombre de fources d'eaux fulfureufes qui coulent en petits ruiffeaux; elles font acides & corrofives à raifon de l'acide fulfurique qu'elles tiennent en diffolution : plufieurs de ces fources, autour defquelles il n'y a aucune production végétale, font fangeufes ou abfolument fèches en été, ne renfermant plus que les émanations de gaz hydrogène fulfuré; mais en hiver les eaux courantes, les boues & les émanations aériformes font dans une action fi forte, fi continue, qu'on court rifque de s'approcher de ces contrées méphitiques.

Nous paffons de là avec notre obfervateur au Mont-Alcino & à fes environs. La charpente de cette maffe montueufe offre des bancs de pierre, de fable & de *cicerchine* : celle-ci, dont on trouve fréquemment des maffes confidérables fur les croupes de la montagne, varie pour le grain & la couleur; elle eft fufceptible que d'un poli groffier. Enfin, ce font des brèches compofées de petits cailloux, les uns quartzeux, les autres calcédonieux & rarement calcaires, tous réunis par un empâtement ou ciment faifonneux de diverfe nature; fouvent il eft filiceux; quelquefois calcaire; avec de nombreux filets d'oxide de fer jaune ou rouge.

Ces couches ou bancs de pierres, qui ont tous des rapports & de l'affinité entr'eux, fe trouvent fur tous les coteaux & diverfement inclinés; ils font conftamment pofés les uns fur les autres; de manière que c'eft tantôt un banc de grès qui domine, tantôt un banc de cicerchine; d'autres-fois ils fe fuccèdent tellement les uns aux autres en maffes contiguës, qu'il n'exifte aucun intervalle marqué entr'eux.

On trouve fouvent dans ces contrées la pierre calcaire avec des filets de fpath : on en voit auffi plus fouvent encore qui font percées de cellules ou de trous de pholades, ce qui doit paroître extraordinaire au milieu des terres. Cependant le grand nombre de corps marins bien conservés, qu'on trouve dans ce voisinage, rend ce phénomène plus facile à comprendre : effectivement on y voit une grande quantité d'opercules, de strombites, de volutes, de pectinites, de chamites & d'ostracites d'une grandeur peu commune, & souvent avec un grand noyau spathique. Ces productions sont non-seulement détachées & isolées, mais encore réunies en brèches lumachelles, dans lesquelles les volutes dominent.

A une certaine distance on trouve également de grandes masses de couches calcaires trouées par les pholades, & dans le voisinage, des échinites, des ostracites, des turbinites & divers autres coquillages fossiles. Nous observerons à cette occasion que les trous de pholades au milieu des couches calcaires n'ont pu avoir lieu que dans le bassin de la mer ou près des côtes, ce qui prouve que les débris de coquilles qui ont concouru à la formation des couches calcaires, avoient pris une certaine consistance dans son bassin, pendant que les pholades s'y établissoient en creusant leurs cellules. Ainsi l'on voit que ces débris consolidés en couches se sont trouvés assez long-temps à côté des coquillages eux-mêmes, bien conservés sous leur forme primitive.

Nous suivrons ici maintenant notre naturaliste à San-Quirico & aux bains de Vignone. Dans la colline sur laquelle est San-Quirico, on trouve une grande quantité de dépouilles marines, comme coquilles bivalves, madrépores, dents de poissons, des glossopètres ; ces corps marins sont le plus souvent disposés par couches, & d'autres fois errans çà & là à côté de ces bancs à moitié détruits.

Outre les marnes & les tufs, on voit dans les environs des bancs d'argile tantôt compacte & tantôt désunie, & séparée en petits fragmens ; ils renferment dans différens états des morceaux d'agate, de calcédoine & de jaspe, qui sont d'un très-petit volume, mais d'une très-belle eau, & qu'on peut employer fort utilement dans les arts.

En passant de-là au *bagno di Vignone*, on trouve ces bains au pied d'une montagne dont le massif est composé d'une terre calcaire mêlée à une terre rouge ferrugineuse qui renferme de fréquens morceaux de manganèse noire, & qui n'ont aucune forme décidée. Les bains offrent des sources qui se manifestent à leur sortie par un mouvement d'ébullition continuelle, & par les bulles d'air qui viennent crever à leur surface. Cette eau thermale est constamment si abondante, que non-seulement elle sert à l'usage des bains, mais encore va faire tourner plusieurs moulins situés au-dessous de la chute rapide des bassins qui servent aux baigneurs. Cette eau, peu agreable à boire, a un goût légèrement acide qui se dissipe bientôt : il est produit par un fluide aériforme qui s'en échappe continuellement, & qui est un gaz acide carbo-

nique, car il rougit la teinture de tournesol & éteint la lumière, &c.

L'eau des différens bassins, si on la laisse en repos, ainsi que celle qu'on garde dans des vases découverts, dépose un sédiment que l'analyse chimique a prouvé être un composé de sulfate & de carbonate de chaux.

A deux ou trois cents pas des bains chauds, il y a une source d'eau acidule, qu'on emploie souvent avec succès comme apéritive & tonique. D'après les essais chimiques ordinaires, il paroît que l'eau acidule froide a beaucoup de ressemblance avec celle des bains chauds, eu égard à l'acide carbonique qu'elles tiennent l'une & l'autre en dissolution ; car on n'y voit d'autre différence que dans la quantité surtout de l'acide carbonique, qui est abondant dans l'une & qui est fort rare dans l'autre. De plus, l'une est chaude, & l'autre est froide.

Une observation que nous devons ajouter à la suite de celle-ci, c'est la grande quantité de travertins qu'on trouve dans les environs des bains : d'abord tous les rochers qu'on rencontre dans leur enceinte, tant au-dessus qu'au-dessous, sont des masses de travertins ; ils se prolongent même à une certaine distance, surtout à l'ouest, le long du cours du fleuve Orcia. Quoiqu'on en voie de gros rochers dans les lieux à présent éloignés des sources d'eau, on ne peut cependant douter que ces sources d'eau chaude coulèrent autrefois dans ces divers lieux, & qu'après avoir formé à leur sortie de la terre & le long de leur cours, le travertin qu'on y voit aujourd'hui, elles furent forcées, après avoir obstrué leurs conduits, à changer de cours & à faire leurs dépôts ailleurs. Il est même très-vraisemblable que les sources que nous voyons maintenant subiront le même sort, si l'on néglige d'entretenir leur écoulement, si on les abandonne à la marche de la nature.

Le travertin des bains de Vignone est très-blanc ; & quoiqu'il soit plein de trous & de cellules, il est fort dur & fort solide, surtout lorsqu'il est exposé à l'air : aussi en voit-on de grandes carrières dont on tire continuellement des blocs de différentes formes & de différens volumes.

MONT-BLANC. C'est le nom de la plus haute montagne de l'Europe, & c'est la sommité la plus considérable de la chaîne des Alpes.

Cette masse de montagnes, située en Savoie, est creusée par trois rivières principales, l'Arve, l'Isère & l'Arc, qui forment trois vallées particulières : celle de Cluse, celle de la Tarentaise, & celle de la Maurienne.

Elle est composée de roches granitiques.

Sa pente va ensuite en baissant jusqu'au Rhône ; & les montagnes qui lui sont adossées, changent de nature dans leur abaissement.

L'espèce de pierre qui compose les hautes montagnes le long du Rhône, est de calcaire primitif.

Les montagnes intermédiaires entre les granites & les calcaires primitifs font des efpèces de gneifs, des pierres compofées de quartz & de mica, & de quartz & d'amphibole ou fchorl.

La hauteur abfolue de cette montagne, au-deffus du lac de Génève, a été évaluée à 2288 toifes par M. Roi; à 2286 par Trembley; à 2261 par M. Laplace, & à 2233 par Deluc. M. André de Gy l'eftime à 2482 toifes au-deffus du niveau de la mer.

Le *Mont-Blanc* étant formé de l'affemblage de plufieurs montagnes différentes, & offrant des points qui ont été bien étudiés par les plus célèbres géologues, nous croyons devoir renvoyer aux articles qui traitent de ces points curieux ou de ces montagnes. (*Voyez* ARVE, ALPES, VA-LORSINE, BUET, CHAMOUNY, SERVOZ, GLA-CIERS, &c.)

MONTCARVILLE, près de Coutance, dans le département de la Manche. On prétend qu'il a été autrefois exploité une mine de plomb dans la paroiffe de *Montcarville*; on aperçoit encore, en effet, quelques traces d'anciens travaux dans un petit champ qui a confervé le nom de *jardin de la mine*.

MONT-CENIS, département de Saône & Loire. Au Creufot, lieu peu éloigné de la petite ville de *Mont-Cenis*, il y a une mine de houille difpofée en amas & fituée dans un vallon placé fur le côté de la vallée tranfverfale de la rivière d'Arroux, qui fe jette dans la Loire près de Digoin. La houille eft placée immédiatement contre le granite, & fa maffe préfente des fchiftes & des grès mêlés, difpofés par veines.

Le Creufot eft d'ailleurs remarquable par les forges & la manufacture de criftaux qui y font établies.

MONT-CENIS, montagne des Alpes & paffage de la route de France en Italie. Sa hauteur eft de huit cents toifes environ au-deffus du niveau de la mer. Les montagnes qui lui font fubordonnées, & qui s'étendent à fa gauche, fe fuivent à différens reffauts jufqu'à Notre-Dame de Charmey, au col de la Roue & de Bardonèche. De-là la chaîne continue par le mont Genève & par les hauteurs de Pragelas jufqu'au mont Vifo, qui forme un pic très-apparent, d'où fortent le Pô & la Durance : toujours variée par différentes élévations & par différens abaiffemens, elle pourfuit fon cours par les cols de Riftolas, de l'Agnel, de Saint-Veran & Longet, & par les cimes de la vallée de Maïre, pour aller former les montagnes de l'Argentière, de Saint-Dalmas-le-Sauvage & d'Entrarnes, qui donnent leurs fources à la Sture, à la Tinée & au Var. A ces endroits les Alpes fe relèvent, & féparent le comté de Nice des vallées de la Sture & du Gès.

Lorfque les Français réparèrent la route du *Mont-Cenis*, ils percèrent d'immenfes couches de gypfe alternant avec ces roches fchifteufes micacées. M. Cordier fuppofe que ces couches forment à peu près la vingtième partie de la maffe des montagnes, & il a obfervé qu'elles fe montrent également dans les parties les plus baffes comme dans les plus élevées.

MONT-D'OR. C'eft le nom de trois groupes de montagnes ; l'un fitué dans le Jura, l'autre auprès de Lyon & au fud-oueft de cette ville, & le troifième en Auvergne, où il forme un centre d'éruption des anciens volcans de ce pays. Pour ce dernier, *voyez* VOLCANS ÉTEINTS.

MONTE-NUOVO (royaume de Naples), montagne produite le 29 feptembre 1538 & les jours fuivans, par une éruption volcanique dans le golfe de Pouzzole.

Nous allons rendre compte d'abord des détails curieux qui nous ont été confervés fur cet événement extraordinaire ; enfuite nous difcuterons les conféquences que plufieurs phyficiens & naturaliftes en ont prétendu tirer.

On reffentit pendant deux ans, aux environs de Naples & de Pouzzole, de fréquens tremblemens de terre ; ils redoublèrent le 27 & le 28 feptembre 1538 : on effuya ces deux jours une vingtaine de fecouffes, tant fortes que foibles. La plaine qui étoit fituée entre le lac d'Averne, le Monte-Barbaro & la mer, fut un peu foulevée ; elle fe fendit en plufieurs endroits ; l'eau jaillit par les crevaffes, & en même temps le rivage de la mer fut mis à fec fur une diftance de deux cents pas ; de manière que les poiffons demeurèrent fur le fable, & que les habitans de Pouzzole s'en emparèrent. Outre-cela, dans la partie que la mer avoit quittée, on vit jaillir deux fources, l'une d'eau chaude & falée, & l'autre d'eau douce.

Le 29, environ deux heures après le coucher du foleil, on aperçut des flammes entre les bains chauds & Tripergola. Elles fe montrèrent d'abord près des bains ; elles s'étendirent enfuite vers Tripergola, & fe fixèrent dans le vallon fitué entre le Monte-Barbaro & la colline del Pericolo. Le feu y fit de tels progrès, que la terre s'entr'ouvrit dans cet endroit : il s'y forma un gouffre énorme qui vomit une fi grande quantité de cendres & de pierres-ponces mêlées d'eau, que tous les environs de Pouzzole en furent couverts. A Naples même il tomba, pendant une grande partie de la nuit, une très-forte pluie de cendres mêlées d'eau. On entendit en même temps un bruit fourd & violent, égal à celui du tonnerre le plus terrible. Les différens jets de matières enflammées, les tourbillons de fumées noires & blanches, s'élevoient à une grande hauteur.

L'éruption continua le lendemain 30, & ne ceffa pas de toute la journée. Les matériaux lancés & retombés fur les maifons de Pouzzole en effrayèrent tellement les habitans, qu'ils abandonnèrent tellement leurs foyers. La mer paroiffoit deffé-chée par la quantité de cendres & de pierres-ponces brifées qui avoient été jetées dans fon baffin pendant ces deux premiers jours de l'érup-tion : on vit pendant tout ce temps fortir du gouffre de grands tourbillons de fumées noires & blanches, au milieu defquels s'élançoient des flammes fort vives; & enfin, des cendres & des pierres tant groffes que petites. Le bruit qui ré-fultoit de tout ce fracas, étoit femblable à celui que produit la décharge de groffes pièces d'ar-tillerie.

Le choc des jets de flammes & la force des matières réduites en vapeur élevoient les cendres & les pierres à une prodigieufe hauteur; en forte que, lorfque ces matières en expanfion rencon-troient un air vif & froid qui leur réfiftoit, elles fe rapprochoient, fe condenfoient & retomboient avec une accélération proportionnée à la hau-teur à laquelle elles étoient parvenues. Il y eut une grande quantité de ces matières lancées par la bouche du volcan qui ne s'élevèrent qu'à la portée d'une carabine, & qui retombèrent ou fur les bords du gouffre, ou dans le gouffre même.

La boue que vomit le volcan étoit très-fluide dans les commencemens; mais peu à peu elle de-vint plus dure, & fut rejetée en fi grande quan-tité, qu'en moins de douze heures elle forma, avec les pierres plus ou moins groffes, une mon-tagne haute de plus de mille pieds: non-feulement Pouzzole & les environs furent inondés de cette boue, mais plufieurs palais de Naples en furent endommagés.

Le volcan lança toutes ces matières par des jets & des accès qui fe renouvelèrent fréquemment pendant deux jours & deux nuits, au bout duquel temps la force de la flamme & l'abondance de la fumée diminuèrent.

Ceux qui montèrent fur le *Monte-Nuovo* le troi-fième jour, virent dans le gouffre, qui offroit un trou circulaire d'environ un quart de mille de circonférence, un bouillonnement de matières fondues au milieu defquelles flottoient les pierres qui y étoient retombées.

Le quatrième jour, l'éruption recommença deux heures avant le coucher du foleil, & avec un fra-cas horrible. Il s'élança du gouffre des colonnes de fumée qui entraînoient dans leur torrent une quantité confidérable de cendres & de pierres, grandes & petites, qui retomboient fi abondam-ment en pluie, qu'une grande partie du golfe de Pouzzole en fut couvert de nouveau.

Un grand nombre de témoins oculaires affurè-rent que la force du vent avoit tranfporté les cendres enflammées jufqu'en Calabre; & qu'aux diff rens endroits où elles étoient tombées dans l'intervalle, elles avoient brûlé & deffé-ché les plantes & les arbres, dont quelques-uns, dans le

golfe de Pouzzole, furent écrafés fous leur poids.

Le vendredi & le famedi il ne fe montra que très-peu de fumée dans le cratère; tout parut ap-paifé. Cet état de calme encouragea beaucoup de monde à vifiter la nouvelle montagne fi fubite-ment formée. Ce fut alors qu'on reconnut bien en détail que les pierres & les cendres qui avoient été vomies, avoient formé, dans l'ancien vallon dont nous avons parlé, une montagne qui n'avoit pas moins de trois milles de circonférence, & prefqu'auffi élevée que le Monte-Barbaro qui en étoit voifin; que cette nouvelle montagne cou-vroit Canettaria, le château de Tripergola, tous les bâtimens & la plupart des bains des environs; qu'elle s'étendoit au fud vers la mer, au nord vers le lac d'Averne, à l'eft jufqu'au pied du Monte-Barbaro, & à l'oueft jufqu'aux bains chauds : qu'ainfi le lieu avoit tellement changé de face & de forme, qu'il n'étoit plus recon-noiffable. On étoit étonné qu'une montagne auffi confidérable eût pu fe former en fi peu de temps.

A fon fommet on trouva une ouverture en forme de coupe, qui avoit, comme nous l'avons déjà dit, environ un quart de mille de circonfé-rence : il en fortit conftamment de la fumée jufqu'au 6, qu'il furvint, deux heures après le coucher du foleil, une éruption fi fubite & fi affreufe, que la fumée étouffa plufieurs de ceux qui s'étoient le plus hafardés dans l'examen du *Monte-Nuovo*.

Depuis cette éruption, tout fe réduifit à quel-ques jets de flamme que lança le gouffre : ils n'é-toient guère vifibles que la nuit, & étoient fem-blables à des éclairs. On remarqua que toutes les éruptions avoient éclaté à peu près aux mêmes heures & vers le coucher du foleil.

Beaucoup de circonftances méritent toute notre attention dans cet événement : tels font les trem-blemens de terre, la formation de nouvelles fontaines, la retraite & le deffèchement de la mer fur fes bords; la pluie de cendres, tant brû-lantes que mêlées d'eau; leur tranfport à une grande diftance du centre de l'éruption; enfin, la formation affez prompte d'une montagne par le foulèvement des matières déjà fondues ou fcori-fiées anciennement, qui fe trouvoient dans cet endroit. Il nous refte maintenant à nous élever contre les conféquences que quelques naturaliftes ont cru pouvoir en tirer, en nous affurant que la plupart des montagnes ont été ainfi formées par l'action des feux fouterrains : ils n'ont pas vu que cette montagne annonce non-feulement par fa forme extérieure, mais encore par la difpofition des matériaux qui la compofent, & furtout par leur nature, qu'elle eft entièrement l'ouvrage du feu & le réfultat d'une éruption volcanique; s'ils euffent examiné le *Monte-Nuovo*, & qu'ils euffent fait une application de fa conftitution générale à celle des autres montagnes qu'ils vouloient lui comparer, ils auroient reconnu que rien de femblable ne s'y rencontroit ; que., dans toutes les autres montagnes, toutes les couches sont suivies & horizontales ; que leurs matériaux n'ont point été altérés par le feu, & qu'en un mot tout y subsiste depuis la base jusqu'au sommet, dans le même état de régularité où cet ouvrage des eaux est sorti du bassin de la mer, sans que les feux souterrains y aient rien altéré ni dérangé.

Nous ajoutons même que certaines montagnes pourroient montrer à leur base des matières volcaniques recouvertes ensuite par un assemblage de bancs suivis sur une certaine étendue & parfaitement horizontaux, sans qu'on pût être par-là autorisé à dire que ces collines ont été soulevées par les feux souterrains. Nous pouvons citer à cette occasion les chaînes des collines du Vincentin, dont la plupart ont pour bases des amas de matières volcaniques nivelées par la mer, & recouvertes ensuite par des couches de pierres calcaires déposées par la même mer : tels sont les monts Euganiens, telles sont les collines qui bordent la vallée de Ronca, &c.

MONTE-ROTONDO en Toscane (Lagoni de). Dans le fond d'une étroite & profonde vallée, située entre les montagnes de *Berto* & de la *Meta*, on voit une longue bande de *Lagoni*, ou *Buliçami*, ou *Fumacchi*, comme on les appelle ici, qu'on reconnoît de plusieurs milles de distance, par la fumée abondante qu'ils exhalent ; leur direction est du midi au nord : ils commencent un peu au-dessus du château, & s'étendent vers le haut de la vallée qui sépare les deux montagnes. Il est à remarquer que les vastes *Lagoni di Sasso* sont derrière ceux de *Monte-Rotondo*, sur la pente opposée ; d'où l'on a inféré qu'il y a, dans l'ossature de cette montagne, beaucoup de filons de matière sulfureuse propre à maintenir les *Lagoni*. Il y a encore de semblables *Lagoni* dans la commune de *Lustignano*, sur la pente septentrionale du *Monte-Rotondo* ; il y en a d'autres sur la colline de Cerboli, qui part de la même montagne. On voit enfin dans le voisinage de *Monte-Rotondo* un grand lac d'eau sulfureuse, nommé le lac dell' *Edifizio*. De ce grand nombre de *Lagoni* on doit conclure que la nature a déposé, dans les filons des montagnes primitives de la Toscane inférieure, une grande quantité de soufre & de métaux.

Targioni visitant les *Lagoni de Monte-Rotondo*, un matin qu'il faisoit très-mauvais temps, observa qu'ils faisoient un très-grand fracas, & qu'ils exhaloient une fumée extrêmement épaisse. Le *Lagone Cerchiaio* est le plus grand de tous, mais il l'est beaucoup moins que celui du mont Cerboli ; tous les autres sont des trous irréguliers le long d'un torrent très-semblable à ceux de Castel-Nuovo. On a fait dans le voisinage de ces *Lagoni* deux trous, dans lesquels on se baigne pour guérir les maladies de la peau.

Le terrain des environs, ainsi que les bords des *Lagoni*, est sulfureux, & couvert d'espèces de pierres-ponces & de ces pierres qui se fendent & se réduisent en poussière comme la chaux éteinte. Un de ces *Lagoni* du *Monte-Rotondo*, très-impétueux, avoit commencé à s'ouvrir cinq ans avant les autres. Sur le bord de ce *Lagoni*, Targioni vit une plante (le *genista juncea*) sur laquelle il observa un phénomène curieux ; les vapeurs aqueuses qui sortent du *Lagone*, sous la forme d'une fumée épaisse & blanche, s'attachoient à la superficie des rameaux de cette plante sèche, & par le froid de l'air s'étoient converties en glace si belle, que toute la plante paroissoit un cristal assez uniforme, mais plus gros dans sa partie inférieure qui regardoit le *Lagone*. Il en prit un morceau qui étoit formé de couches posées les unes sur les autres ; il le mit dans sa bouche, & ce morceau se fondit bientôt en eau, sans aucun goût & parfaitement inodore. Il sort d'une roche voisine d'un autre *Lagone*, un filet d'eau roussâtre un peu moins âpre que la teinture de-fer, & qui laisse, sur les pierres où elle coule, une trace rougeâtre.

On trouve çà & là, dans la vallée, de grandes masses nues d'*alberèse*, composée de couches entre quelques-unes desquelles on voit du jaspe de couleur brunâtre. C'est sous ces masses que sont communément les *Fumacchi*. En continuant de monter le long des *Lagoni*, vers un lieu nommé *Aquaviva*, on trouve une grande quantité de soufre natif, cristallisé en pyramides à trois faces, autour de trous d'où il sort une fumée blanche. La fumée sort non-seulement de la surface de l'eau des *Lagoni*, mais encore de quelques trous qui sont sur leurs bords, & des fentes de roches d'*alberèse* qui contiennent du spath, qu'on nomme dans le pays *pierre à chandelle*. Les vapeurs des *Lagoni* macèrent & réduisent en poussière la pâte crétacée de l'*alberèse* ; mais les lames spathiques, qui résistent plus long-temps à l'action de ces vapeurs, restent, & font paroître la pierre toute caverneuse. On trouve plus haut beaucoup de morceaux d'une sorte de brèche composée de fragmens d'*alberèse*, unis par une pâte spathique mélangée de craie ; on voit encore beaucoup de places blanches & nues, couvertes de matière pierreuse, mais friable, semblable à l'alun calciné : dans quelques-unes de ces places blanches il y a des mofettes.

Les plus élevés de ces *Lagoni de Monte-Rotondo*, vers le haut de la vallée, jettent très-peu d'eau, mais ils fument beaucoup & font un grand bruit.

De même qu'il s'ouvre à *Monte-Rotondo* de nouveaux *Lagoni*, on voit que plusieurs anciens s'épuisent par le défaut de matière propre à la fermentation, ce qui arrive quand ils sont baignés par les eaux pluviales & souterraines. Targioni en a reconnu plusieurs dans le bas du château, qui paroissoient épuisés depuis long-temps.

Les eaux des *Lagoni*, ainsi que celles qui s'écoulent des collines *di Berto* & de la *Meta*, se rassemblent
blent

blent en un torrent qu'on nomme *Riputide*, nom qui s'est formé de *Rivulo-Patrido* que ce torrent portoit anciennement.

Le long de ce torrent, qui descend vers la Millia, on trouve une colline nommée *il Poggio alle Pietrelle*, dans laquelle on voit des masses d'*alberèse* de couleur de cendre, avec des nids de marcassites incorporés dans leur intérieur; ce qui fait voir que la matière ou la pâte des filons de cette pierre étoit une vase liquide crétacée, mêlée de sucs pyriteux & spathiques qui se sont cristallisés. La *marcassite* s'est cristallisée en cubes, le spath en lames formées de pyramides à trois faces, & la vase purement crétacée a formé l'*alberèse*. On emploie à *Monte-Rotondo*, en place de sable pour le ciment, une terre grise ou noirâtre, vitreuse, semblable à la pouzolane de Rome, & qui se trouve dans un lieu nommé *le Rene*; elle fait le même effet que la pouzolane, & résiste très-bien à l'humidité. Peut-être est ce un *detritus* des ponces des *Lagoni* épuisés, ou peut-être encore une cendre de quelque petit volcan éteint, semblable à celui de *Pietramale*.

MONTE-SANTO ou ATHOS, grande & célèbre montagne sur les côtes maritimes de la Macédoine, dans une presqu'île dont elle occupe toute la longueur. On donne ordinairement à cette presqu'île quarante lieues de circuit, & c'est dans cette enceinte que se trouve la base du mont *Athos*. Il est regardé par plusieurs auteurs comme une des plus considérables masses convexes qui soient dans ces contrées; c'est une chaîne de plusieurs sommets, & pour ainsi dire à plusieurs étages, parmi lesquels il en est un qui, par sa hauteur & le nombre des habitations qu'on y a établies, attire l'attention des voyageurs : c'est celui que l'on appelle proprement *Athos* ou le *Monte-Santo*. Sa hauteur n'a point été mesurée comme celle du pic de Ténériffe, mais on a prétendu en donner une idée par l'étendue de l'ombre projetée qu'elle fait. Pline & Plutarque rapportent qu'au solstice d'été, vers le coucher du soleil, la place du marché de Myrrhina, dans l'île de Lesbos, aujourd'hui Stalimène, recevoit l'ombre du mont *Athos*. Des observations faites depuis ont confirmé le fait, & l'on sait que de l'île à la montagne il y a dix-sept à dix-huit lieues de distance. Aux anciens philosophes de la Grèce qui se retiroient dans les environs de cette montagne, ont succédé vingt-deux couvens de moines grecs, & une multitude d'hermitages & de grottes; ils vivent des produits de leur culture, mais surtout des aumônes que leur font les fidèles & les princes de l'Eglise grecque. On dit que quelques-uns de ces moines s'occupent de l'étude & de la contemplation; ce n'est toutefois que celle de la nature : car pourquoi cette masse intéressante dans toutes ses parties n'auroit-elle pas fait l'objet des recherches & des observations de ces religieux, qui,

en nous communiquant leurs résultats, nous auroient plus instruits sur le mont *Athos* que les Anciens, au merveilleux desquels nous nous trouvons encore réduits?

MONT-FERRIER (département de l'Hérault), c'est-à-dire, montagne à pierre noire & couleur de fer; c'est un culot d'un petit volcan enveloppé de couches calcaires de la moyenne terre. M. Joubert a donné un Mémoire sur ce petit volcan.

MONT-JEAN, près de Vizille (Isère). On trouve près de cette commune une mine de plomb sulfuré.

MONT-JEAN, dans les Vosges. C'est le nom d'une montagne qui renferme la mine de plomb, cuivre & argent de Saint-Pierre, & la mine d'argent de Saint-Georges; elle se lie à la montagne dite *de la Suisse*.

MONTMALARD, hameau du département de l'Allier, commune de Brenay. Il y a près de cet endroit une mine d'antimoine dont l'exploitation abandonnée paroît susceptible d'être reprise : elle est située sur le sommet d'une petite colline.

MONTMARTRE, colline ou butte isolée, située au nord de Paris. Sa forme est à peu près conique, mais plus étendue de l'est à l'ouest que du nord au sud. Elle est séparée du Mont-Valérien par la vallée de la Seine; des buttes de Sanois, d'Orgemont & de Cormeilles, par la plaine de Saint-Denis, & de la butte Chaumont par un col élevé, dans lequel arrive le canal de l'Ourcq.

Cette butte est très-remarquable, en ce que, dans son étude, on peut, en quelque sorte, faire celle de tout le terrain gypseux des environs de Paris.

Je vais décrire, successivement & avec détails, d'abord d'après MM. Brongniart & Cuvier, les couches de sable marin & de marnes marines qui couronnent cette butte; ensuite, d'après mes propres observations, les trois masses de gypse calcaire ou gurh qui en constituent le corps; enfin, d'après les recherches de mon fils & de M. Prévost son ami, les couches les plus inférieures & celles sur lesquelles elles reposent.

N°. 1. *Sable & grès quartzeux.* — Le quartz qu'on trouve au sommet de *Montmartre* est quelquefois aggluriné & forme des grès rougeâtres, mais friables, qui renferment des moules de coquilles. La matière de la coquille n'existe plus, & on ne voit même dans le sable aucun débris de ces coquilles. Ce grès est composé de grains de quartz assez gros, peu arrondis, mais point cristallisés; il ne fait aucune effervescence, & est infusible sur le feu de porcelaine. Les moules de coquilles qu'ils renferment, sont tous de coquilles marines généralement semblables à celles de Grignon ou de la

O o o o

pierre calcaire coquillière en ufage dans les conf-tructions de Paris. MM. Cuvier & Brongniart y ont déterminé principalement deux cérithes, un cadran, une calyptrée, trois cythérées, une cor-bule, une huître, l'*oftrea flabellata*, &c.

N°. 2. *Sable argileux jaunâtre*. Il eft d'un jaune-fale; il ne fait point effervefcence, par conféquent n'eft pas calcaire, mais il éprouve un commence-ment de vitrification au feu de porcelaine : réuni au précédent, ces deux bancs ont enfemble quatre-vingts à quatre-vingt-dix pieds d'épaiffeur.

N°. 3. *Marne calcaire blanchâtre*. Elle eft très-friable, très calcaire, & prefqu'entièrement com-pofée de petites huîtres (*oftrea linguatula*, La-marck) brunes & de débris de ces coquilles. Elle a un décimètre d'épaiffeur.

N°. 4. *Marne argileufe jaunâtre*, d'un jaune-pâle, fale & par fragmens. Elle renferme moins de co-quilles que la précédente.& que la fuivante : ce font des débris d'huîtres.

N°. 5. *Marne calcaire fragmentaire*, fe brifant facilement en petits morceaux affez folides. Elle contient beaucoup de petites huîtres (*oftrea ligu-lata*). Son épaiffeur eft de trois, fept à huit pouces environ.

N°. 6. *Marne argileufe grife*, marbrée de jaune, fragmentaire. Elle ne renferme à fa partie fupé-rieure que quelques petites huîtres, lefquelles font plus abondantes dans fon milieu, qui eft plus argi-leux. Sa partie inférieure, auffi très-argileufe, eft brune & ne fait qu'à peine effervefcence. Ce banc a près de trois pieds d'épaiffeur.

N°. 7. *Marne argileufe blanchâtre & marbrée de jaunâtre*, de deux pieds environ d'épaiffeur. Elle eft fragmentaire à fa partie fupérieure, ne con-tient pas de coquilles, & devient fiffile & plus grife vers fa partie inférieure.

N°. 8. *Marne calcaire blanchâtre* (quatre pouces), friable dans quelques parties & dure dans d'au-tres, au point d'acquérir la folidité & la caffure ferrée de la chaux carbonatée compacte. Elle ren-ferme des coquilles d'huîtres d'une efpèce diffé-rente des précédentes (*oftrea canalis* Lam.); quel-ques-unes ont jufqu'à près de trois pouces dans leur plus grande dimenfion. On trouve dans le même lit des débris de crabes & des fragmens de balanes.

N°. 9. *Marne argileufe brune, jaune, verdâtre*, fragmentaire, ne renfermant point de coquilles & étant pénétrée de félénite, ne faifant que légère-ment effervefcence, de l'épaiffeur de la précédente.

N°. 10. *Marne argileufe fablonneufe*, un peu plus épaiffe, dure, d'un gris-jaunâtre, faifant une vive effervefcence avec l'acide nitrique. Elle contient des moules de coquilles bivalves indéterminables.

N°. 11. *Marne argileufe jaune*, d'un pied & demi d'épaiffeur, pétrie de débris de coquilles, prefque toutes écrafées, mais parmi lefquelles on peut reconnoître une nérite, une ampullaire, le *cerithium plicatum*, la cythérée élégante, la nu-cule margaritifère, un pecten, un cardium, &c.

Cette marne eft plus fragmentaire que fiffile; les coquilles y font toutes aplaties. On y trouve auffi des fragmens de palais d'une raie analogue à la raie aigle, & des aiguillons d'une autre raie voifine de la paftenague.

N°. 12. *Marne argileufe très-feuilletée, à feuillets ondulés*, d'un violet noirâtre lorfqu'elle eft hu-mide; elle fe gonfle & fe ramollit dans l'eau, & fait effervefcence dans l'acide nitrique. Cette ef-pèce de vafe argileufe endurcie eft percée de trous entièrement remplis de la marne fupérieure, comme s'ils avoient été faits par des pholades & remplis poftérieurement.

N°. 13. *Marne calcaire grife* de huit à neuf pouces d'épaiffeur. Elle eft dure dans quelques en-droits, mais généralement friable; elle ne ren-ferme pas de coquilles.

N°. 14. *Marne argileufe fiffile* (épaiffe de deux pieds quatre pouces), en feuillets alternatifs & nombreux, plus ou moins colorés de blanc, de jaune ou de verdâtre. Elle eft affez folide & fait à peine effervefcence.

N°. 15. *Marne calcaire blanche* (deux pouces & demi à trois pouces) femblable à la marne n°. 13, mais plus folide & plus blanche.

N°. 16. *Marne argileufe* (dix-huit pouces), fiffile comme la marne du n°. 14, & faifant à peine effervefcence.

N°. 17. *Marne calcaire verdâtre* (très-mince). Elle eft peu folide & affez argileufe.

N°. 18. *Marne argileufe verte* (épaiffe de douze pieds). Elle eft d'un vert jaunâtre; elle n'eft point fiffile, mais friable; elle ne contient que fept cen-tièmes de chaux. Elle fait cependant une affez vive effervefcence avec l'acide nitrique, & fe réduit, par la fufion, en un verre noirâtre homo-gène. On n'y voit aucun débris de corps organi-fés. Cette marne renferme des géodes globuleu-fes, mais irrégulières, qui fe diffolvent entière-ment dans l'acide nitrique. Ces géodes verdâtres ont leur fiffure & leur intérieur tapiffés de crif-taux de chaux carbonatée. On trouve vers leur centre un noyau mobile de même nature que l'enveloppe.

La marne verte eft le banc le plus apparent, le plus conftant, & par conféquent le plus carac-térifique de la formation gypfeufe.

N°. 19. *Marne argileufe* (dix pouces). Elle eft très-feuilletée, & renferme entre les feuilles un peu de fable fin jaunâtre & de petits criftaux de félénite. On ne voit point de coquilles dans les feuillets fupérieurs.

Au-deffous on obferve une marne femblable & auffi feuilletée, mais renfermant des coquilles. C'eft dans cette marne que fe trouve ce lit mince de cythérées qui règne avec tant de conftance dans une très-grande étendue de terrain. A Mont-martre néanmoins ces coquilles ne fe font point remarquer, mais elles font remplacées par quel-ques *cerithium plicatum* ou par de petits fpirorbes.

Au-deſſous de ces lits on en trouve d'autres en-core de la même marne, mais beaucoup moins fiſſile & d'un vert-ſale jaunâtre : elle contient, immé-diatement au-deſſous des coquilles précédentes, des rognons de ſtrontiane ſulfatée, terreuſe, compacte, qui fait un peu effervescence avec l'acide nitrique.

N°. 20. *Gypſe marneux en lits ondulés* (onze pouces). Les zones gypſeuſes alternent avec des zones de marne calcaire friable.

N°. 21. *Marne blanche compacte* (vingt pouces). Elle eſt d'un blanc-griſâtre, marbré & racheté de jaunâtre; elle eſt aſſez compacte, & fait une vio-lente effervescence avec l'acide nitrique.

N°. 22. *Marne calcaire fragmentaire* (deux pieds). Elle eſt blanchâtre : ſes fragmens ſont aſſez gros & ſolides; quoique tendres.

N°. 23. *Marne calcaire peſante* (deux pouces). Elle eſt aſſez dure, quoique fragmentaire. Sa couleur eſt le blanc-ſale. A Pantin & à la butte Chaumont, les marnes correſpondantes à celles des n°s. 21, 22 & 23 contiennent des coquilles d'eau douce du genre des lymnées.

N°. 24. *Marne argileuſe, friable, verdâtre* (un pied). Elle reſſemble en tout aux marnes feuille-tées du n°. 19, mais on n'y trouve point de co-quilles ni d'empreintes; on y voit ſeulement quel-ques débris de poiſſons.

N°. 25. *Marne calcaire ſablonneuſe* (fort mince). Elle eſt friable, blanchâtre, avec ſes ſalbandes ochracées.

N°. 26. *Marne calcaire à fiſſures jaunes* (trois pieds quatre pouces). Elle eſt très-fragmentaire; ſes fragmens ſont parallélipipédiques. Leurs ſur-faces ſont recouvertes d'un vernis jaune d'ochre, ſurtout vers la partie inférieure, qui ſe con-fond avec le numéro ſuivant.

N°. 27. *Marne argileuſe verdâtre* (deux pieds & demi). Elle eſt aſſez ſolide & même fragmen-taire dans ſes parties ſupérieures. Ses fiſſures ſont teintes d'un enduit d'ochre. Vers ſon milieu, & ſurtout vers ſon lit, elle eſt feuilletée & rubanée de vert & de blanchâtre.

Ses feuillets ſont traverſés par des eſpèces de tubes, ondulés, remplis de marne ochreuſe; elle fait très-peu effervescence.

N°. 28. *Marne calcaire tendre, blanche* (un pied & demi), très-fragmentaire, & formant trois zones blanches, qui ſont ſéparées par de petites couches de marne argileuſe brun-verdâtre : il y a au milieu de cette couche un petit lit de gypſe très-diſtinct.

N°. 29. *Argile figuline brun-verdâtre*, ne faiſant pas effervescence & ayant neuf pouces d'épaiſ-ſeur.

N°. 30. *Marne calcaire blanchâtre* (un pied). Elle eſt d'un blanc-verdâtre & un peu plus brune vers le bas : elle ſe diviſe en fragmens aſſez gros.

N°. 31. *Marne argileuſe compacte* (vingt pouces), en lits alternatifs jaunâtres & blancs.

N°. 32. *Marne argileuſe brun-verdâtre* (même épaiſſeur), ne faiſant que très-légèrement effer-veſcence : elle eſt fiſſile, même friable, & ren-ferme beaucoup de ſélénite.

N°. 33. *Marne calcaire blanche* (quatre pieds), ſe diviſant en fragmens dont les fiſſures ſont teintes de jaune d'ochre.

N°. 34. *Marne calcaire jaunâtre* (vingt-trois pouces), feuilletée & fragmentaire. Ses fiſſures ſont couvertes de dendrites, & renferment des criſtaux de ſélénite.

N°. 35. *Gypſe marneux.* Il eſt friable, un peu jaunâtre dans ſes fiſſures; il fait une vive effer-veſcence; il varie d'épaiſſeur entre moins d'un pouce & quatorze pouces.

N°. 36. *Marne calcaire jaunâtre rubanée* (trente-deux pouces). Elle eſt fiſſile, aſſez tendre, & renferme quelques criſtaux de ſélénite.

N°. 37. *Marne calcaire blanchâtre fiſſile* (quinze pouces). Elle eſt blanche, fiſſile, avec des infil-trations ochracées; elle renferme, entre ſes feuil-lets, de petits lits de gypſe marneux.

N°. 38. *Gypſe marneux* (ſix pouces). C'eſt le même que celui du n°. 35 : il eſt tantôt réuni avec cette couche de gypſe, tantôt il en eſt ſéparé par les couches de marne n°s. 36 & 37.

N°. 39. *Marne calcaire blanchâtre, fragmentaire* (neuf pouces), d'un blanc-jaunâtre. Ses nom-breuſes fiſſures ſont couvertes d'un vernis jaune & de dendrites noires : *c'eſt dans cette marne qu'on a trouvé un palmier foſſile pétrifié en ſilex.*

N°. 40. *Gypſe marneux* (quinze pouces). C'eſt le troiſième banc de gypſe : ſa partie ſupérieure eſt moins impure que la partie inférieure, qui eſt très-marneuſe.

N°. 41. *Marne argileuſe friable, jaunâtre* (un pied). Elle eſt un peu feuilletée; les ſurfaces des fiſſures ſont d'un jaune d'ochre. Elle renferme des infiltrations de ſélénite.

N°. 42. *Gypſe marneux* (ſix pouces). C'eſt le quatrième de cette nature; il eſt plus dur que les deux couches précédentes, & fait moins d'ef-fervescence dans l'acide nitrique.

N°. 43. *Marne calcaire blanche* (trois pieds quatre pouces). Elle eſt un peu jaunâtre & ſe di-viſe en gros fragmens aſſez ſolides. Ses fiſſures ſont recouvertes de dendrites noirâtres.

N°. 44. Cinquième banc de *gypſe marneux* : il eſt blanc, friable, aſſez effervescent.

N°. 45. *Marne calcaire tendre* (trente pouces). Elle eſt blanchâtre, avec des zones horizontales jaunâtres & des petits filets de ſélénite.

Ici commence la première maſſe de plâtre ex-ploitée. La plupart des bancs qui la forment, ſont de gypſe ſaccharoïde.

C'eſt dans l'intérieur de ces bancs que l'on a trouvé les oſſemens d'une quantité d'eſpèces d'a-nimaux perdus, dont la plupart rentrent dans les genres nommés *anoplotherium* & *palæotherium* par M. Cuvier, qui les a décrits & figurés.

On y voit auffi des offemens d'un farigue, d'un rongeur, de divers carnaffiers, de tortue trionyx, des poiffons d'eau douce, des ornitholites, & une coquille que l'on rapporte au *cycloftoma mumia*.

Ces mêmes débris fe voient également dans la feconde maffe.

Première ou haute maffe.

N°. 46. *Pilotin*. — Ce banc, dont l'épaiffeur eft peu confidérable, eft compofé d'un plâtre fort dur; il offre des prifmes dont les faces font fort unies & les arêtes très-vives. C'eft la première couche où le plâtre a éprouvé une retraite affez forte pour produire les formes prifmatiques. Il a befoin d'une cuiffon plus foignée que celui des bancs fupérieurs, qui font beaucoup plus tendres & fe cuifent très-aifément, l'eau y étant moins adhérente & moins abondante.

N°. 47. *Bancs gris & fableux*. — Ils offrent du plâtre dont le grain eft fort gros, & où fe trouve un certain mélange de marne : de-là les formes prifmatiques imparfaites qu'on y voit.

N°. 48. *Banc de trois pieds*. — Ce banc n'a pas toujours trois pieds ; mais, dans tous les cas, il renferme des prifmes d'un affez gros volume : auffi leurs faces embraffent-elles deux ou trois des affifes dont il eft compofé, & jamais la totalité.

N°. 49. *Rouffes*. — Ce banc eft compofé d'une bonne qualité de plâtre fort tendre : auffi renferme-t-il peu de fentes de defficcation.

N°. 50. *Gros banc*. — Il eft compofé d'un plâtre brut de même grain & qualité que celui des bancs qui précèdent. Cependant il a éprouvé une certaine retraite, en conféquence de laquelle les prifmes qu'il renferme font affez réguliers dans certaines parties.

N°. 51. *Hauts piliers*. — Ce banc paroît partagé en deux affifes, qui offrent l'une & l'autre des prifmes dont les faces fe raccordent. Ces prifmes, comme nous l'avons déjà fait remarquer, font les plus beaux & les plus réguliers de toute cette haute maffe.

N°. 52. *Hautes urines*. — Ce banc eft compofé de quatre affifes fort diftinctes. Les prifmes qu'on y voit, quoiqu'en général affez bien formés, préfentent des différences d'une affife à l'autre, & furtout relativement à leur volume.

N°. 53. *Foies de cochon*. — Sorte de mauvais plâtre tendre & friable, qui n'a éprouvé ni fentes ni gerçures verticales ou autres : auffi le grain en eft fort gros ; il s'y trouve même un certain mélange de marnes. Il ne fe fépare pas de la tête des *pots à beurre*, qui s'y trouve comme enveloppée ; mais les *hautes urines*, qui font placées deffus, en font féparées par une moyence nette & liffe.

N°. 54. *Pots à beurre*. — Ils font compofés d'un plâtre d'une dureté moyenne : auffi offrent-ils des prifmes renflés ordinairement par le milieu. Ils font enveloppés à leur bafe par le banc fuivant.

N°. 55. *Crottes d'âne*. — Compofées, ainfi que les *foies de cochon*, d'un plâtre à gros grain, tendre & friable, mêlé d'une certaine portion de marne dans les interftices des criftaux lenticulaires qui s'y trouvent difperfés, & en affez grand nombre.

N°. 56. *Piliers noirs*. — Plâtre d'un grain fort fin & fort dur : auffi ne le cuit-on pas ; on le réferve pour moellon. Ce banc offre, dans la plus grande partie de fon étendue, des prifmes dont les faces font fort unies. Quelques parties de leurs têtes fe confondent dans les *crottes d'âne*. Ils fe détachent facilement par la bafe inférieure des *baffes urines*, furtout par leurs *cales*.

N°. 57. *Baffes urines*. — Elles comprennent quatre affifes fort diftinctes : 1°. les *urines vertes* ; 2°. les *urines* ; 3°. le *pilotin* ; 4°. les *urines grenues*. En général, ces affifes offrent des prifmes affez réguliers, & comme le doivent comporter la fineffe du grain & la dureté de la matière.

N°. 58. *Fufils*. — Ce banc eft compofé d'un plâtre brut, mais d'un grain fin. Il eft affez dur en certaines parties pour faire feu avec les inftrumens dont fe fervent les ouvriers pour fon exploitation : c'eft ce qui lui a fait donner le nom de *fufils*. Il eft prifmatifé affez régulièrement, & les faces des prifmes font affez liffes. Cet état des prifmes fuit, comme nous l'avons vu, la compacité de la matière.

Cette première maffe a foixante pieds environ d'épaiffeur totale.

Seconde & moyenne maffe.

N°. 59. *Couche* de mauvais plâtre *en pélage*. — On ne peut pas le cuire.

N°. 60. *Œufs & têtes de moines*. — C'eft un banc de marnes, dans la partie fupérieure duquel font des rognons de plâtre où la marne domine : ce font les *têtes de moines*. Dans la partie inférieure on voit d'autres rognons de plâtre : ce font les *œufs*. On ne cuit que les *œufs*, & l'on met au rebut les *têtes de moines*. Il eft aifé de remarquer que les rognons des œufs ont fait partie de *petits piliers*, comme ceux des *pilotins*. Ils ont pris la forme de rognons par l'action des eaux qui fe font fait jour à travers les filets & les fentes primitives de la defficcation.

N°. 61. *Grand banc de marnes*. — Ces marnes ne font pas pures : auffi leurs fentes font très-irrégulières, & même rares. On trouve au milieu de ce banc de grands criftaux gypféux lenticulaires ; puis viennent quelques lits de *chiens* affez diftincts, & cet enfemble a cinq ou fix pieds d'épaiffeur, avec des fentes de defficcation.

N°. 62. *Faux ciel*. — Couche de pierre dure qui fert de ciel lorfqu'on enlève le *fouchet* pour procurer la chute des couches furincombantes. On ne cuit pas cette pierre, qui est un mélange fort dur de plâtre & de marne infiltrés. On y rencontre des cristaux gypseux lenticulaires, entiers, d'une fort belle eau & d'un assez grand volume.

N°. 63. *Souchet.* — Banc de marne rempli de fentes en tous sens, & plus irrégulières que celles des *cailloux.* Ces fentes, assez nombreuses, doivent être distinguées en primitives & secondaires. Les premières sont visiblement les effets de la desiccation intérieure, & les secondes ont été produites à l'air libre, à la suite de l'exploitation. Lorsque cette marne est humide, elle est grisâtre, marbrée de brun ; lorsqu'elle est sèche, elle est compacte dans sa partie supérieure, très feuilletée dans sa partie inférieure.

Cette marne est vendue dans Paris sous le nom de *pierre à détacher ;* elle ne fait effervescence que lentement. C'est dans cette couche que se trouvent les gros rognons de strontiane sulfatée de la seconde masse.

Ces rognons volumineux, quoique compactes, le sont moins que ceux de la première masse ; on n'y voit point les fissures tapissées de cristaux qu'on remarque dans la strontiane sulfatée de la première masse ; mais on y observe un grand nombre de canaux, tantôt vides, tantôt remplis de marnes.

N°. 64. *Chiens.* — Banc de plâtre brut, recouvert par quelques feuillets de marnes de trois pouces & demi d'épaisseur. On y voit des fentes qui tendent à former des prismes. Dans sa partie inférieure, que les ouvriers appellent *la racine,* ce banc offre quelques prismes dont les faces, au nombre de cinq ou de sept, sont autant de plans. Ses deux assises renferment du plâtre grenu d'une certaine dureté. On en fait du moellon qui sert à bâtir, car on ne le cuit pas. Les marnes, de trois pouces & demi d'épaisseur, ont quelques fentes qui ne sont pas le prolongement de celles qu'ont éprouvées les deux assises inférieures.

N°. 65. *Marnes.* — Ce banc offre des fentes de desiccation fort ouvertes, assez constamment verticales ; elles traversent pour lors l'épaisseur du banc. On n'y trouve point de feuillets comme dans les *foies* dont nous allons parler. Elles ont des dendrites noires.

N°. 66. *Foies.* — Banc de marnes argileuses feuilletées, & noircies sur les faces de fentes multipliées & verticales qu'on y rencontre. Les feuillets s'en délitent aisément, & n'ont guère qu'une demi-ligne d'épaisseur. Malgré ces *moyences,* leur assemblage a éprouvé à peu près les mêmes effets de la desiccation que les marnes qui précèdent ; mais les résultats de la retraite ont moins de volume, & leurs faces sont moins larges. Cette marne fait peu d'effervescence.

N°. 67. *Cailloux.* — Sorte de marne calcaire fort dure. Cette couche offre des fentes verticales fort larges, dont il est résulté des espèces de cubes. Dans la partie inférieure, il y a une bordure composée de plusieurs feuillets de marnes qui n'ont pas éprouvé les mêmes effets de desiccation qu'on remarque dans l'assise supérieure, dont le grain est plus fin & plus serré. Elle est arborisée de noir.

N°. 68. *Fleurs.* — Sorte de plâtre brut, en petites lames, dans l'intervalle desquelles il y a des feuillets de marnes fort minces. Quatre moyences figurent dans ce banc, ainsi que des fentes de desiccation différentes dans chacun des quatre lits séparés par ces moyences. Les fentes du lit le plus bas sont plus nettes & plus larges que celles des autres lits : aussi a-t-il un grain plus fin & plus serré. Il est effervescent dans certaines parties, pur dans d'autres : sa partie inférieure renferme des grains arrondis de sable calcaire.

N°. 69. *Dents de loup.* — Ce sont des assemblages de cristaux lamelleux de gypse, en forme de dents de loup. Ces lames sont plus larges & plus longues que celles des *laines :* elles ont d'ailleurs une semblable disposition verticale. Lorsque les *dents de loup* manquent, elles sont remplacées par un boufin composé de petites lames de plâtre dans la partie inférieure, & dans le haut par un lit semblable à ceux des *fleurs,* quant au grain, & prismatisé de même.

N°. 70. *Moutons.* — Banc de plâtre d'un grain serré. On y voit des prismes en certain nombre & fort peu réguliers, mais dont les faces sont fort unies. Il paroît que les *laines* adhèrent très-fortement aux parties inférieures de sa masse, lesquelles n'ont éprouvé aucun des effets de la desiccation, & que d'ailleurs elles s'y perdent.

N°. 71. *Laines.* — Gros cristaux gypseux formant une rangée suivie qui occupe la bordure inférieure des *moutons.* Les lames des *laines* ne sont pas groupées, mais sont disposées parallèlement entr'elles & dans une situation verticale. Ces cristaux sont composés de deux lames réunies sur un même plan : ils sont établis, comme nous l'avons dit, dans une masse de plâtre brut, infiltré, & qui n'a pas éprouvé les effets de la desiccation.

N°. 72. *Gros boufin.* — On distingue dans ce banc quatre rangées de cristaux de gypse lamelleux & verticaux, avec plâtre brut qui leur sert d'attache dans les intervalles. Les plus gros sont ceux du bord inférieur, dont les pointes sont engagées dans un fonds de plâtre grenu infiltré. Le second rang offre des cristaux semblables, plus petits, moins serrés, plus irrégulièrement placés, mais toujours dans le même fonds. Le troisième est d'une largeur moyenne ; les cristaux ont une pointe aplatie, lenticulaire & un peu serrée dans le même fonds. Le bord supérieur est couvert de feuillets de marnes.

On ne remarque aucun des effets de la desiccation ni dans le *gros* ni dans le *petit boufin :* aussi les cristaux gypseux y dominent-ils, & d'ailleurs c'est le plâtre grenu infiltré qui en fait le fonds : toutes circonstances qui en rendent l'exploitation difficile, ainsi que la cuisson des matières qu'on en extrait.

N°. 73. *Cliquart.* — Plâtre brut, en lits distincts, au milieu desquels il y a une bande de cristaux gypseux, verticaux, d'une grandeur moyenne. On n'y remarque aucune fente de dessiccation, en conséquence de l'infiltration qui a produit la rangée des cristaux gypseux. Ce plâtre est fort dur à exploiter & à cuire.

N°. 74. *Tendrons du pilotin.* — Ce banc est un plâtre grenu, friable, distribué par petits lits, comme les *tendrons* du *gros banc*, & aisé à percer comme eux; ils sont aussi ondés de la même manière. C'est la multiplicité des feuillets de marnes visibles sur les faces des petits lits qui facilite l'exploitation de ce banc; car chacun d'eux paroît d'un grain assez serré. Dans la partie supérieure de ces tendrons on voit quelques rubans de gypse mat, avec des feuillets de marnes interposés.

N°. 75. *Petit boufin.* — Ce banc est composé de trois parties fort distinctes. Vers le bord supérieur on voit un fonds de plâtre grenu un peu infiltré, au milieu duquel sont sept à huit rubans de cristaux gypseux dispersés sans suite, & souvent solitaires. Plus bas, le long du bord inférieur, règne une bande d'autres cristaux à lames, fort beaux, groupés ensemble & verticaux. Toutes ces espèces de cristaux offrent des lames plus larges à leur partie supérieure qu'à leur base, laquelle est enveloppée de légers feuillets de marnes dans les intervalles des rubans. Ce banc est très-difficile à exploiter, & le plâtre qu'on en extrait se cuit difficilement. Ceci nous a paru la suite de l'infiltration du plâtre lors de la formation des cristaux: on n'y voit non plus, par cette même raison, aucune fente verticale de dessiccation; l'interposition des cristaux s'étant opposée à cet effet, comme nous l'avons vu dans d'autres cas pareils.

N°. 76. *Tendrons.* — Ce banc est un plâtre grenu & un peu friable, distribué par petits lits peu épais, dans les intervalles desquels on voit des rubans de cristaux gypseux à filets. C'est la facilité de percer dans ce banc qui lui a fait donner son nom. Les lames des lits particuliers sont un peu ondées, comme ayant pris cette forme de la base inégale sur laquelle ils reposent. Les faces des fentes de dessiccation des tendrons se continuent quelquefois dans le même plan que celles du *gros banc*, avec lequel ces tendrons paroissent assez liés; car leur moyence est assez peu sensible. Ce gypse ne fait point effervescence.

N°. 77. *Gros banc.* — Ce banc, à sa partie supérieure, offre un plâtre d'un grain assez fin & assez égal. On y trouve quelques moyences dont on profite pour son exploitation; mais les fentes de dessiccation verticales qui en partagent toute la masse en cylindres plus ou moins aplatis, ou en prismes irréguliers, sont d'un plus grand secours pour ce travail. Les faces qui résultent de ces fentes sont fort lisses & fort unies.

On a remarqué surtout dans ce banc, que les fentes verticales laissent voir plusieurs degrés d'ouvertures. Les premières servent souvent à détacher des blocs considérables qu'on déplace sans effort; mais lorsqu'il faut les débiter, les carriers savent trouver des joints ou des faces qui sont moins ouvertes, & la séparation des divers fragmens s'exécute à l'aide du coin. Malgré cela, les éclats présentent des faces fort nettes; ce qui prouve qu'il n'y a pas eu de rupture ni de cassure dans ces parties. Il faut cependant observer qu'alors les fentes ne se font pas étendues dans toute l'épaisseur de l'assise, parce que la bordure inférieure renferme une bande de cristaux gypseux & verticaux à lames, qu'on appelle *grignard du gros banc*. Cette bande a environ deux pouces & demi d'épaisseur. Vers la tête de ces cristaux, cette partie du banc a éprouvé une infiltration remarquable qui a resserré les faces des prismes, comme nous l'avons vu dans la bordure inférieure des *moutons*.

N°. 78. *Grignard du gros banc.* — C'est une espèce de lit très-peu épais, qui a pour fonds des prismes rares comme dans les pilotins, & une bordure de filets gypseux assez suivie, & qui n'a guère que deux pouces & demi d'épaisseur.

N°. 79. *Nœuds.* — Ce banc renferme du plâtre grenu, distribué par petites assises, au-dessous desquelles sont deux rubans de cristaux de gypse à lames verticales assez suivies. On y voit aussi des fentes de dessiccation aussi fréquentes & aussi unies que dans le banc inférieur des *rousses*. C'est par le moyen de ces fentes que s'exécute avec la plus grande facilité l'exploitation de l'un & l'autre banc: aussi en détache-t-on des prismes plus ou moins réguliers, d'un assez gros volume, & dont les faces sont fort unies.

Ce banc est séparé des *rousses* par quelques feuillets de marnes grises, appelés les *ardoises*.

N°. 80. *Rousses.* — Ce banc offre trois parties assez distinctes. L'assise supérieure est un plâtre grenu, ordinaire, un peu sali par une teinte rousfâtre, ce qui lui a fait donner le nom de *rousses*; elle présente aussi des fentes de dessiccation assez fréquentes & fort unies. Plus bas on voit une rangée de cristaux gypseux à lames, dans un fonds de plâtre grenu, & semblable à celui de l'assise supérieure; puis vient une suite de petits lits de plâtre grenu & tendre.

Après un certain intervalle rempli par des marnes feuilletées, ce banc offre une bande de cristaux gypseux verticaux, sous la forme de dents de loup, dont les pointes, émoussées & ternes, sont noyées dans de la marne, & dont la base est établie sur un assemblage de lames de plâtre grenu, infiltré, avec des marnes interposées. Cette troisième partie du banc se sépare aisément des deux supérieures. En général toutes ces séparations, toutes ces moyences, sont les effets de feuillets de marnes interposés entre les lits de plâtre grenu & les bandes de cristaux gypseux.

Cette seconde masse a trente pieds environ de hauteur totale.

Troisième & basse masse.

N°. 81. *Souchet.* — Banc de marnes blanchâtres, tachetées de jaune, coupées par des fentes verticales multipliées, dont les faces sont très-unies & souvent prolongées assez loin sur la même ligne & dans le même plan. Ces fentes peuvent être considérées comme primitives ou secondaires. Les primitives sont visiblement l'effet de la retraite des couches dans le sein de la terre, retraite produite par la dessiccation générale. Ces fentes primitives sont plus uniformes, plus nettes, plus longues, plus sur les mêmes plans que les fentes secondaires, qui ne paroissent formées que depuis le temps où ces couches ont été mises à découvert par les excavations latérales, & enfin par les fouilles actuelles. Ce banc est partagé par des marnes feuilletées, au milieu desquelles on voit des gypses à filets.

On observe d'ailleurs, qu'en général la partie supérieure offre des fentes plus larges & plus multipliées que les assises inférieures.

N°. 82. *Fleurs & pieds d'alouettes.* — La partie supérieure de ce banc, qui occupe environ le tiers de son épaisseur, paroît d'un grain assez fin & d'une couleur particulière : c'est ce que l'on nomme les *fleurs*. Elle est prismatisée en assez petits modules. Les prismes qu'on y observe ont des faces assez nettes, quoique les arêtes n'en soient pas toujours bien prononcées, & que quelques-unes de leurs faces soient arrondies au lieu d'être planes. Cette partie se sépare très-aisément de la partie du milieu, dont le grain est plus gros, & dont les fentes de dessiccation sont plus rares & n'ont rien de commun avec celles des *fleurs* : car il n'y a que les grandes fentes qui s'étendent dans les deux assises prismatisées.

Les *fleurs* sont couvertes d'un lit de plâtre fort compacte, dont la bordure inférieure est ondée, & qui est sali par une teinte roussâtre. On y voit des fentes fort larges, produites par la dessiccation. Enfin, à sa superficie, il est couvert par une croûte de cristaux lenticulaires, noyés dans les marnes. A côté on y voit quelques bandes de cristaux blanchâtres, engagés dans les fentes qui servent à la formation des prismes qu'on voit au milieu des *fleurs*.

Après l'assise du milieu viennent les *pieds d'alouettes*, qui forment deux rangées de cristaux gypseux très-peu larges. La rangée supérieure offre des cristaux groupés & verticaux, bien suivis ; l'inférieure ne présente que des cristaux irréguliers quant à la forme : car ils sont ternes, gros & courts. Quant à la position, leur extrémité inférieure est engagée dans la bordure du banc, qui est en lames brutes, & qui sert à forcer la *moyence*. C'est la

même disposition de matériaux, qu'on retrouve dans la *moyence* du gros banc.

N°. 83. *Grosses marnes.* — Ce banc a éprouvé les effets de la dessiccation, & de la retraite qui en est la suite. Il est divisé par des fentes verticales qui l'ont partagé en prismes peu réguliers, mais à faces très-nettes & très-unies. Ces prismes sont la plupart quadrilatères ; quelques-unes des faces de dessiccation sont fort larges.

N°. 84. *Pains de quatorze sous.* — Le fonds de ce banc est une couche de marnes qui enveloppe des rognons de plâtre infiltré, fort dur & fort pesant, lesquels ont pour la plupart la forme d'un pain aplati. Ils occupent différentes parties de la couche, & sont plus ou moins gros, plus ou moins abondans. Outre cela, cette couche a des fentes de dessiccation qui lui sont communes avec celles du banc qui suit ; mais elle en offre de particulières & de plus rares. Des chimistes ont trouvé de la strontiane sulfatée dans les *pains de quatorze sous*.

N°. 85. *Marnes.* — Ce banc, composé entièrement de marnes, offre des fentes verticales fort nettes, & dont les faces sont très-unies. Cependant on y distingue certaines parties friables, & parsemées de petites taches de gypse informe. Ceci a produit des dérangemens dans les fentes de dessiccation : il y en a de pareilles dans le n°. 83.

N°. 86. *Moutons & tendrons.* — Sorte de plâtre grenu ordinaire. Les tendrons sont distribués par petits lits de différentes couleurs & sans cristaux ; mais au-dessous sont deux rangées de cristaux gypseux qui renferment des groupes de lames fort grosses, verticales & ondées par places. On pourroit rapporter ces rangées aux bandes de cristaux du gros banc, auxquelles ils ressemblent beaucoup, tant par leur disposition que par le fonds de plâtre brut, au milieu duquel ils sont placés ; mais ils sont séparés du gros banc par des marnes interposées qui font *moyence*, & qui sont au-dessous de la rangée des gros cristaux. C'est là qu'on voit aussi des bandes de gypses à filets enduits de marnes à leurs bases.

N°. 87. *Gros banc.* — Le fonds de ce banc est d'un plâtre à grain fin & qui paroît avoir reçu une certaine infiltration. A la partie supérieure sont deux rangées de cristaux gypseux dont les lames sont groupées ensemble, & dans une position verticale. Ces bandes sont distribuées, dans certaines parties, sur des lignes droites, & offrent en d'autres des contours très-variés : c'est ce que l'on appelle *grignard du gros banc*. Ensuite viennent trois petites bandes de cristaux qui occupent le milieu. Vers la partie inférieure sont trois rangées des mêmes cristallisations, dont la supérieure est assez large, celle qui vient ensuite fort étroite ; enfin la troisième, d'une largeur médiocre, forme proprement une frange le long de la bordure du banc. Tous ces cristaux sont implantés sur une base de plâtre brut & infiltré.

En affiftant à la démolition de ce gros banc, on y a remarqué cinq *moyences* bien nettes ; ce qui forme fix lits bien diftinés.

Nº. 88. *Marnes prifmatifées.* — Ce banc offre un grand nombre de fentes, la plupart verticales, toutes en lignes droites, fort unies, & affectant le plus exact parallélifme entr'elles. Il paroît partagé, au tiers de fon épaiffeur, par une *moyence* horizontale, qui ne nuit pas à la continuité des fentes verticales qui règnent d'un bord à l'autre. Les marnes de ce banc renferment, outre cela, des criftaux de gypfe à filets, qui rempliffent quelques-unes des fentes de defficcation. C'eft vifiblement un dépôt formé depuis la retraite qui a produit ces fentes : il eft vifible que ce travail de l'eau eft affez récent.

Nº. 89. *Petit banc.* — Plâtre infiltré d'un grain affez ferré. C'eft à la fuite de ces opérations de la nature que l'on y trouve des vides qui font produits par la retraite locale. Outre cela, l'on y voit des fentes verticales de defficcation qui ne font bien fenfibles que lors de la démolition de ce banc ; car pour lors les prifmes, réfultats de la defficcation, fe féparent fans effort, fans rupture, par des faces affez nettes & affez uniformes. A la furface de l'affife inférieure, & dans la moyence, il y a une croûte marneufe au milieu de laquelle on rencontre quelques rubans gypfeux, produits du travail de l'infiltration qui a rempli les fentes fucceffives de la retraite des marnes, lefquelles fe trouvent vers la bordure inférieure.

Nº. 90. *Marnes.* — On peut diftinguer trois lits dans ce banc de marnes. Le lit fupérieur eft une marne jaunâtre dont les fentes verticales font fort nettes, bien alignées, & d'une certaine largeur : il y en a quelques-unes qui font remplies de criftaux gypfeux à filets. Il paroît que ces fentes ont reçu ces lames du petit banc qui recouvre ce premier lit, & avec lequel il a quelque liaifon.

Au-deffous de cette première affife eft un fecond lit marneux, dans lequel font difperfés fans ordre des criftaux gypfeux fort nombreux & lenticulaires, & qui n'offre, dans toute fon étendue, que les effets du travail de l'eau fans aucune fente apparente.

Enfin, le lit du bord inférieur eft une marne grife dont les fentes font la plupart peu ouvertes. En jetant les yeux fur les deux lits des bords fupérieur & inférieur de ce banc, on remarque que leurs fentes offrent un détour & un dérangement marqués, & fe refferrent fenfiblement à mefure qu'elles atteignent le lit du milieu, qui n'a pas éprouvé une égale retraite. Il y a grande apparence que le travail de l'eau, qui a raffemblé au milieu de cette affife les criftaux gypfeux lenticulaires, s'eft oppofé à cette retraite. Nous avons déjà vu, d'ailleurs, un pareil phénomène dans ces mêmes circonftances, & nous en obferverons par la fuite qui donneront encore plus de poids à cette remarque.

Lorfque l'on étudie cette marne avec foin, on ne tarde pas à reconnoître des indices de coquilles dont elle eft comme pétrie. MM. Defmareft fils & Prevoft en ont raffemblé une collection affez nombreufe.

Ces veftiges font plus abondans à la partie inférieure de la marne qu'à la fupérieure : ce ne font que les empreintes extérieures de coquilles dont le teft a totalement difparu ; mais leur bel état de confervation permet de les regarder, pour la détermination, comme les coquilles elles-mêmes. En général, elles paroiffent comprimées, ce qui eft beaucoup plus fenfible encore pour les univalves que pour les bivalves. La partie inférieure au cordon gypfeux ne préfente pas la moindre trace de coquilles.

Les coquilles de la partie fupérieure à la ligne de criftaux font toutes analogues à celles de Grignon, qui, ainfi qu'on le fait, appartiennent à la formation de notre calcaire coquillier ou à cérithes.

Nº. 91. *Banc rouge.* — Ce banc, compofé de plâtre brut, eft ondé au bord fupérieur, & couvert de marnes feuilletées qui en enveloppent une partie. C'eft le meilleur plâtre de toute cette maffe : il ne paroît pas avoir de grain ; l'on y remarque plutôt des ruptures que des fentes, & ces ruptures n'ont rien modifié dans ce banc. Quelques parties ont reçu une infiltration qui leur a donné la demi-tranfparence de l'albâtre, & vers le bord fupérieur on remarque quelques criftaux de gypfe lenticulaires, enveloppés par des feuillets de marnes. On peut placer ce banc parmi ceux qui n'ont pas éprouvé les effets de la defficcation. Vers le milieu de fon épaiffeur, ce banc préfente quelques feuillets de marne argileufe.

Nº. 92. *Banc de marne avec les foies feuilletés.* — Dans la partie inférieure, les foies occupent prefque la moitié du banc, qui, dans fa totalité, nous montre les effets de la defficcation. Des fentes verticales & fort nettes y font diftribuées fur des lignes droites & fort longues. Ce banc fert de ciel ou de voûte dans les excavations que les ouvriers font pour accélérer l'exploitation de cette maffe. On commence par enlever les couches des nºˢ. 92, 93, 94, 95 & 96, & l'on foutient ce banc avec des planches & des piliers ; & lorfque l'excavation eft parvenue à une certaine profondeur, on enlève ces piliers. Alors la totalité des couches furincombantes s'éboule & fe détache de la maffe. On démêle enfuite dans les débris des divers bancs dont nous avons donné la defcription ci-deffus, les fragmens de plâtre qui conviennent, & l'on met à part les marnes, qu'on tranfporte fur les bords de la fouille. Les foies ou feuillets feuilletés de ce banc renferment des débris de corps rameux, brunâtres, que l'on ne peut déterminer, mais qui ont l'apparence de plantes marines.

Nº. 93. *Caillou blanc.* — Pierre dure coquillière. On y voit des noyaux de cérithes & de quelques autres

autres espèces de coquilles. Ce banc a été infiltré dans la partie inférieure par les eaux, qui y ont déposé des rubans de gypse au nombre de cinq à six. On n'y remarque que quelques fentes verticales, parce que la pâte, formée de débris de coquilles, est très-réduite & a un grain fin. Ces coquilles sont du genre des cérithes, & analogues à l'une de celles qu'on voit si abondamment dans les couches moyennes de la formation calcaire; elles diffèrent non-seulement par leurs caractères de celles que l'on trouve dans la marne n°. 90, mais encore elles ont cela de particulier, qu'elles ne sont point comprimées & qu'elles présentent un moule intérieur. La pâte qui les renferme, est un calcaire marneux, blanc, dur, solide, à grain serré.

N°. 94. *Souchet.* — Banc de terre marneuse blanchâtre. Des cristaux de gypse lenticulaire sont dispersés irrégulièrement au milieu de cette couche. La forme complète de ces cristaux, comme on l'a dit ailleurs, est une double lame lenticulaire, dont l'une est inclinée sur l'autre sous un angle fort aigu. Le long de la bordure inférieure du *souchet*, on voit deux ou trois pouces de marnes feuilletées, brunes. Ce banc n'a d'autres fentes que les fentes générales & perpendiculaires qui affectent toutes les épaisseurs de masses, qu'on nomme *filets*, & dont nous parlerons bientôt. Il renferme des empreintes extérieures de coquilles turriculées, qu'on ne sauroit rapporter plutôt à une genre des turritelles qu'à celui des cérithes. On y voit de plus des bivalves striées, quoique fort rarement.

N°. 95. *Marnes feuilletées.* — C'est un assemblage d'assises qui ont très-peu d'épaisseur.

N°. 96. *Pierre blanche.* — Ce banc renferme une sorte de plâtre à grain fin & à tissu compacte. C'est un assemblage de lits dans l'intervalle desquels on voit deux à trois bandes de cristaux gypseux rubanés. Vers le bord inférieur sont des rangées horizontales d'autres cristaux de gypse à filets, très-étroites; car elles n'ont chacune que deux ou trois lignes d'épaisseur. La superficie de ces rubans est en partie couverte de marnes qui, la plupart du temps, ont servi à séparer les lames cristallisées. Au moyen de ces enveloppes marneuses, il y a plusieurs irrégularités dans le parallélisme des rubans. C'est aussi à la suite de ces divers cristaux que les fentes de dessiccation sont très rares, & n'offrent, d'ailleurs, aucun plan uniforme.

N°. 97. *Terre glaise*, qui fait le *pélage.* — C'est la couche où se terminent l'exploitation de la troisième masse & toutes les fouilles de *Montmartre* : elle tient l'eau.

Des différentes fentes reconnues dans les bancs de plâtre & de marnes, & dont la plupart sont verticales.

Nous avons distingué plusieurs ordres de fentes

dans l'examen des couches que nous ont offert les trois masses précédentes, & surtout la seconde masse; & comme nous avons reconnu principalement que les variétés de leur disposition dépendoient des circonstances qui avoient concouru à la formation des prismes, nous avons cru devoir rapprocher ici ces circonstances.

Ainsi, 1°. les fentes verticales régulières, bien suivies & bien ouvertes, nous ont paru formées à la suite d'une dessiccation lente, & uniformément distribuée dans toute la masse des bancs : aussi nous en avons jugé par l'état où se trouvoient les plâtres grenus & les marnes, & leurs différens degrés de dureté & de compacité.

2°. Certains progrès dans les différens degrés d'ouvertures de ces fentes nous ont paru produits par l'action continuée de la dessiccation & de la retraite des matières : action assujettie constamment à une marche toujours la même.

3°. Les fentes inclinées à un certain point sont venues à la suite d'une dessiccation qui a changé sa marche : aussi, dans ce cas, les assises des bancs sont coupées sur leur plus grande épaisseur. Il n'est donc pas étonnant que ces derniers effets diffèrent de ceux qui ont été produits par la dessiccation primitive. Mais ces fentes ne sont ni aussi nettes ni aussi suivies que les *verticales*. D'ailleurs, il y a grande apparence que leurs ouvertures se sont opérées d'une manière plus brusque que celles des fentes primitives.

4°. Les fentes que l'exposition des bancs au grand jour a dû occasionner à la suite des fouilles, diffèrent aussi, par des caractères bien marqués, des fentes anciennes & primitives qui ont coupé les différens bancs de plâtre & de marnes, à mesure qu'ils ont pris une certaine consistance depuis qu'ils sont sortis du sein des eaux. Nous les avons indiqués dans la description de plusieurs bancs, & surtout dans celle des bancs de la haute & première masse.

5°. Il y a des fentes qui ont été soudées ensemble plus ou moins fortement depuis leur formation, & pour lors elles ne s'ouvrent de nouveau qu'à la suite des efforts que font les ouvriers qui débitent les différens blocs : c'est ce qu'ils appellent *chercher le joint.* Ces ouvriers sont réduits à cette manœuvre toutes les fois que les fentes sont peu sensibles. C'est donc par le secours de ces fentes, en quelqu'état qu'elles soient, qu'ils parviennent à se rendre maîtres des gros blocs de plâtre. Le *joint*, qui, suivant que nous l'avons dit, est le produit surtout des fentes primitives, diffère de la *moyence* en ce qu'il est l'effet d'une fente quelconque produite par la dessiccation; au lieu que la *moyence* est la séparation d'une couche ou d'une assise, à la suite de dépôts horizontaux, ou de plâtre, ou de marne, sur la base de même nature ou de nature différente. La *moyence* sert avantageusement aux exploitations de *Montmartre*, conjointement avec les fentes, attendu que les cou-

Pppp

ches n'ont pas contracté d'union, particulièrement dans les lignes qu'elles fuivent. En obfervant les différens travaux de l'exploitation de certaines couches, nous nous fommes affurés que les gros blocs de *moutons*, par exemple, fe débitoient en morceaux d'un moyen volume, dès que les ouvriers parvenoient à entr'ouvrir, par leurs coins, une fente infenfible qui s'étendoit plus ou moins dans le corps du bloc, & qui fe prolongeoit même par une fuite des mêmes efforts. C'eft alors que nous avons reconnu qu'il y avoit plufieurs ordres de fentes primitives verticales ou inclinées; & ce qui achevoit de nous en convaincre, c'eft ce que nous apercevions, fur les faces des morceaux de plâtre débités, celles qui étoient dues aux fentes, lefquelles étoient fort liffes & fort unies, & différoient fenfiblement des parties brifées & caffées par l'action feule des coins de fer. C'eft alors qu'on peut juger inconteftablement du nombre des fentes primitives & fecondaires qui font peu ouvertes, ou qui ont été foudées, & de la néceffité de les diftinguer de celles qui font fort apparentes quant aux effets de la prifmatifation.

6°. Nous aurions beaucoup d'autres confidérations à faire envifager & à rapprocher ici relativement aux fentes; mais il nous a paru fuffifant de nous en être occupés dans la defcription de quelques bancs de la *feconde & moyenne maffe.*

Des filets ou fentes perpendiculaires; de leurs caufes & de leurs époques.

Il ne faut pas confondre les fentes verticales dont nous avons traité en nous occupant de la prifmatifation, avec les *fentes perpendiculaires*, connues des ouvriers de *Montmartre* fous la dénomination de *filets*. Ce font plutôt des lézardes que des fentes ou des gerçures. On peut s'en affurer par l'examen des deux faces de quelques-unes de ces longues interruptions qui, par leurs inégalités, leur dentelures, les inflexions obliques, annoncent des *ruptures* faites avec effort, & en conféquence d'un déplacement à la fuite de l'affaiffement de la bafe d'une partie des maffes rompues.

Le plus grand nombre de ces *filets* embraffent des affemblages entiers de couches mifes à découvert par l'approfondiffement des vallons, quelle qu'en foit l'épaiffeur; & les *filets* qui fe rencontrent dans la colline de *Montmartre* s'étendent dans la totalité d'une maffe de trente à quarante couches, ou de foixante à foixante-dix pieds d'épaiffeur. Ces *filets* varient beaucoup relativement à leur ouverture, qui, fouvent même, n'eft pas plus grande vers le haut que vers le bas.

Comme ces *filets* fe terminent toujours à la furface de la terre, les eaux pluviales y pénètrent facilement & y circulent plus ou moins abondamment, fuivant les pentes qui ont pu en verfer dans leurs ouvertures. Ces eaux ont laiffé pour lors des témoins de leur paffage dans plufieurs parties de ces longues lézardes; affez fouvent elles ont verni les faces de leurs parois par des incruftations plus ou moins épaiffes: quelquefois même ces eaux, en traverfant les couches de plâtre & les lits de marne, fe font tellement chargées des divers principes ou gypfeux ou calcaires qu'elles rencontroient dans leur route fouterraine; qu'elles ont rempli la capacité des ouvertures en y formant des maffes, ou d'albâtre gypfeux, ou d'albâtre calcaire, diverfement colorées. Le plus fouvent auffi les eaux y ont entraîné des amas de terres mobiles & de fables, qui y ont formé des obftructions très-complètes. Enfin, quelques-uns de ces *filets* ont donné paffage à des courans d'eau fouterrains & fort abondans, de telle forte qu'ils ont été élargis & arrondis par leurs faces, & qu'ils préfentent des cavités non interrompues affez femblables à des tuyaux de conduite.

Tels font les accidens que nous avons eu occafion d'obferver dans les *filets* ou *fentes perpendiculaires*, foit à *Montmartre* & à *Belleville*, foit dans les autres carrières à plâtre des environs de Sanois ou de Lagny. Ce qu'il y a d'ailleurs de remarquable, c'eft qu'en comparant les effets de la defficcation, tels que nous les avons décrits dans les tableaux précédens des *trois maffes*, avec ceux produits dans l'affemblage des couches par les *filets*, il eft aifé de voir que ces *fentes perpendiculaires* font poftérieures à la prifmatifation particulière des bancs: car fouvent les parties correfpondantes des prifmes & des autres formes plus ou moins régulières fe trouvent, par la rupture, aux deux côtés des *filets*; la moitié d'une ou de plufieurs faces des prifmes occupant une des parois, pendant que la paroi oppofée préfente l'autre moitié.

Par conféquent la defficcation qui a opéré des chofes fi étonnantes dans l'intérieur des couches de plâtre & de marne, n'a rien de commun avec les *fentes perpendiculaires*; & les circonftances qui ont concouru à ces accidens font de beaucoup poftérieures à celles de la defficcation. D'ailleurs, les *filets* qui fe montrent plus ou moins ouverts dans les différentes maffes, n'annoncent aucune régularité dans leur diftribution, qui d'abord nous a paru n'avoir lieu qu'au hafard.

Cependant, plus nous avons examiné cette diftribution, plus nous avons été tentés de croire qu'elle étoit la fuite des grandes excavations faites à la furface de la terre, foit par l'approfondiffement des vallons latéraux, foit par le travail des fouilles. Des maffes continues fe font trouvées, par ces excavations, non-feulement à découvert, mais encore fans aucun foutien latéral; & pour lors quelqu'adhérence que, dans cet état d'efcarpement, les matières formant les couches de plâtre ou de marne euffent entr'elles, elles ont dû éprouver plufieurs ruptures en conféquence de la nouvelle affiette qu'elles ont dû prendre dans cet état, jufqu'à ce que l'équilibre troublé ait été rétabli.

Nous avons reconnu d'ailleurs qu'à certains degrés d'approfondissement dans les vallons, il s'étoit formé entre les couches interrompues & le long des masses escarpées, des épanchemens de filets d'eau si nombreux, que les bases des bancs pierreux horizontaux ayant été tourmentées, il a fallu nécessairement que ce qu'elles soutenoient en souffrît & éprouvât plusieurs déplacemens, & les ruptures que nous pouvons observer à la suite de tous ces premiers accidens.

Ce que nous avons observé & décrit à *Mont-martre* se retrouve dans beaucoup de points des environs de Paris, avec cette différence seulement que, dans beaucoup d'endroits, comme au Mont-Valérien & à Antony, par exemple, les couches inférieures ne se retrouvent point, parce que le sol primitif étoit plus relevé lors de la cristallisation du gypse dans l'immense lac d'eau douce que présentoient les environs de Paris. Alors seulement les marnes supérieures & la première masse de gypse existent.

Partout ces couches sont parfaitement horizontales. (*Voyez* PARIS (environs de).)

MONT-MÉNARD, près de Giromagny, dans les Vosges. Il y a près de ce lieu des mines d'argent, de cuivre & de plomb non exploitées, & que l'on dit très-riches.

MONT-MERVEILLE (Fontaine de), près de Cracovie, dans la Pologne autrichienne. On attribue à une fontaine du palatinat de Cracovie en Pologne, *la propriété de suivre le mouvement de la lune.* Voici la description que J. B. Denys, médecin ordinaire du Roi, en a faite dans une brochure imprimée à Paris en 1687, sous le titre de *Relation curieuse d'une fontaine découverte en Pologne, laquelle, entr'autres propriétés, a celle de suivre le mouvement de la lune.* Il prétend que ce qu'il en dit, est extrait fidèlement de la relation qui lui avoit été envoyée par M. Conrade, premier médecin de la reine de Pologne, Marie de la Grange, femme de Jean Sobieski.

« Il y a, dit-il, une montagne dans la petite Pologne, au palatinat de Cracovie, appelée *Mont-Merveille,* qui n'est éloignée que d'une lieue à l'ouest du bourg de Rimanow; elle est à l'est de Doucla, qui en est à trois lieues; du côté du septentrion, Crasno en est à deux lieues, & du côté du midi, les montagnes de Hongrie.

» Au milieu de cette montagne, du côté du midi, il y a une grande fontaine, que les habitans ont revêtue de bois en manière de puits. L'eau en est fort belle & claire; & comme elle sort de terre avec impétuosité & par des secousses continuelles, elle forme quantité de bouillons, dont le bruit se fait entendre à plus de deux cents pas, & l'on voit paroître sur sa surface plusieurs petites bouteilles qui ne sont pourtant accompagnées d'aucune écume.

» Le mouvement de cette source a grand rapport avec celui de la lune; car à proportion que la lune approche de son plein, l'eau se hausse peu à peu, poussant ses bouillons plus haut de jour en jour; & quand la lune est pleine, elle monte si haut, qu'elle se répand par-dessus les bords qui la renferment; mais au décours elle s'abaisse peu à peu, & tous les bouillons qu'elle pousse dans le dernier quartier de la lune, semblent s'enfoncer & rentrer dans les mêmes endroits d'où ils sortent.

» On ajoute que l'eau de cette fontaine ne se gèle jamais dans sa source pendant les hivers les plus rigoureux; qu'elle s'enflamme, si l'on approche un flambeau allumé, & qu'elle semble brûler comme de l'esprit de vin; enfin, qu'elle est salutaire pour plusieurs maux qu'on rapporte dans la relation. »

On trouve le même détail dans l'*Histoire naturelle & curieuse du royaume de Pologne* du P. Gabriel Azaczynski, Jésuite polonois, imprimée en latin à Sandomir en 1721, & l'on y cite l'extrait qu'on avoit fait dans le *Journal de Leipsick,* du Mémoire de M. Denys, dont on vient de parler. Mais en supposant la vérité de cette relation, il est visible que cette fontaine n'est point une fontaine à flux & reflux, puisqu'au lieu de hausser & baisser deux fois chaque jour, comme la marée, elle ne hausse & ne baisse qu'une fois le mois, suivant que la lune est pleine, ou qu'elle est en décours.

Il paroît, par ce qu'on vient de dire, qu'il y a peu de fontaines périodiques auxquelles les observateurs même les plus indulgens aient accordé la qualité de fontaines à flux & reflux. A peine avons-nous pu en recueillir six, encore bien que de celles que l'on a jugé à propos de comprendre dans ce nombre, il y en ait qui ne méritent pas d'y trouver place. Telles sont, par exemple, les sources d'eau chaude de l'île qui est à l'embouchure du Timavo, où, à mesure que la mer s'élève, l'eau qui coule de ces sources doit être retenue, &, en regorgeant vers la source, doit s'élever, sans qu'il soit besoin de supposer dans l'intérieur de la source le moindre changement.

La plupart des autres auxquelles l'on a donné le nom de *fontaines à flux & reflux,* ne paroissent être que des fontaines purement périodiques, dont l'écoulement cesse & recommence plusieurs fois dans le jour, sans suivre en aucune manière le cours des marées. Telle est, par exemple, la fontaine de Dourgue, près de Castres en Languedoc, & que Borel qualifie mal-à-propos de fontaine à flux & reflux.

Enfin, supposé qu'il y ait des fontaines qui suivent l'ordre des marées, & qui aient, de même qu'elles, les trois caractères essentiels de ne couler que deux fois dans vingt-quatre heures, de laisser près de douze heures d'intervalle d'une période à l'autre, & de retarder tous les jours, il n'est pas encore démontré qu'on doive les regarder comme des fontaines à flux & reflux.

MONT-MEZIN. (*Voyez* MEZIN.)

MONTMIN, près d'Annecy en Savoie. La mine de houille de *Montmin* est située au sommet de la montagne qui forme la limite des communes de *Montmin* & de Saint-Ferréol. Cette montagne est composée de calcaire compacte coquillier, souvent bitumineux, dont les couches, sujettes à des ondulations fréquentes, se dirigent du nord-nord-ouest au sud-sud-est, & inclinent généralement d'une quarantaine de degrés vers l'est.

La couche de houille principale a la même allure ; elle vient affleurer sur la pente septentrionale de cette montagne ; elle a pour toit & pour mur un calcaire brun, violacé, terreux, bitumineux & fétide. La houille qu'on en tire est très-légère, brillante dans sa cassure, & brûlant avec une flamme vive, presque sans résidu ; elle est quelquefois remplacée par une argile schisteuse & bitumineuse très-friable.

La houillière de *Montmin*, quoique d'excellente qualité, est si peu abondante, au moins dans ce qu'on connoît jusqu'ici, & l'accès en est si difficile, que l'exploitation ne peut qu'en être défavantageuse.

MONTMORENCY, village des environs de Paris, à quatre lieues au nord-est de cette ville. Ce village est surtout renommé à cause de la belle vallée qu'il domine, & dont les deux côtes sont gypseuses & correspondantes par leurs couches, avec les collines isolées de Montmartre, du Mont-Valérien, de Belleville, &c.

« En quittant Montmartre & allant à l'ouest, la première colline gypseuse qu'on rencontre, est celle de Sanois. C'est une colline très-élevée que l'on voit à l'horizon de presque toutes les campagnes du nord-est de Paris, & qui n'est pas moins remarquable que Montmartre par sa structure & par la puissance des couches de gypse qu'elle renferme.

» Les lits y sont disposés presque de la même manière. Ainsi on trouve sur les sommets des amas épais de sable gris & rouge : ceux de la butte de Sanois, beaucoup plus élevée que la butte d'Orgemont, portent des meulières d'eau douce ; ceux de la butte d'Orgemont, qui a à peu près la même hauteur que Montmartre, renferment des coquilles marines analogues à celles qu'on trouve dans les sables qui recouvrent le sommet de cette dernière colline.

» Ces sables de diverses couleurs forment un banc d'environ trois pieds & demi.

» On trouve ensuite des couches alternatives de marnes & de gypse tout-à-fait analogues avec celles de Montmartre.

» Le gypse exploité qui est au-dessous, se distingue, comme à Montmartre, en première ou haute masse, & en seconde ou basse masse. »

En remontant vers le nord-ouest & traversant la vallée sèche de *Montmorency*, dont les buttes de Sanois, d'Orgemont & de Cormeilles forment un côté, on arrive au côté opposé, qui est formé par le grand plateau gypseux sur lequel est placée la forêt de *Montmorency*. La colline proprement dite est composée de marnes vertes, d'une masse très-épaisse de sable argilo-ferrugineux sans coquilles, & enfin d'une couche mince de calcaire d'eau douce. Entre les marnes & le sable, se présentent en quelques points, & notamment dans la colline de *Montmorency*, les huîtres qui recouvrent toujours ces marnes.

« Le plâtre est très-peu élevé au-dessus du niveau de la plaine ; il y a des carrières tout le long de la côte, depuis *Montmorency* jusqu'à Frépillon. Les ouvriers y reconnoissent deux masses : la masse supérieure a généralement de neuf à douze pieds ; c'est à Saint-Prix qu'elle est la plus puissante. On assure qu'il y a jusqu'à quarante-huit pieds d'épaisseur ; on trouve des os de mammifères des genres *anoplotherium* & *palæotherium* dans ces couches, comme dans celles de la première masse de Montmartre.

» Les marnes argileuses vertes qui recouvrent le plâtre, sont très-peu épaisses ; en sorte que les collines très-élevées qui composent cette chaîne sont presqu'entièrement formées de sables siliceux rougeâtres, souvent mêlés d'argile.

» Avant d'arriver à Saint-Brice, on voit à gauche de la route la dernière carrière à plâtre de la colline de *Montmorency*. Elle ne présente qu'une masse à peine recouverte de marnes blanches, jaunes & verdâtres, en couches minces & sans coquilles : on a trouvé des os fossiles dans la masse du gypse.

» On doit regarder comme suite ou appendice de cette longue colline les buttes de Groslay, de Pierrefitte & d'Ecouen. La structure de la butte de Pierrefitte est la même que celle du coteau de *Montmorency* ; les carrières de gypse sont situées à son pied, & presqu'au niveau de la plaine : la masse a une vingtaine de pieds d'épaisseur ! on n'y a pas rencontré d'os fossiles. Au-dessus on trouve les marnes vertes recouvertes de sables & de grès sans coquilles ; plus à l'ouest, mais à l'est de Garges, est une élévation très-sensible, dans laquelle on exploite du plâtre.

» La butte de Sarcelle tient à celle de Pierrefitte.

» Le plâtre n'en est point exploité ; mais ses masses d'argile verdâtre alimentent de fortes briqueteries établies sur le bord de la route.

» La butte d'Ecouen est comme isolée. Les carrières de plâtre qui sont voisines de Villiers-le-Bel sont situées, comme dans les autres coteaux de cet arrondissement, presqu'au niveau de la plaine.

La maſſe a neuf à douze pieds d'épaiſſeur , & renferme des os foſſiles ; elle eſt recouverte par des
lits puiſſans de marnes blanches & de marnes argileuſes qui alternent entr'elles & avec des marnes
jaunes. On retrouve, au-deſſous de ces bancs de
marnes , les coquilles d'huîtres qui appartiennent
à la formation gypſeuſe & qui la caractériſent , &
au-deſſus les ſables qui la couronnent.

» Enfin , en allant plus au nord , on arrive aux
collines qui bordent la bande gypſeuſe de ce côté :
ce ſont les buttes de Chatenay , de Mareil , & la
colline qui domine Luzarche , & qui porte Epinay
& Saint-Martin-du-Tertre. On exploite du plâtre
dans pluſieurs points de ces buttes & collines.

» Les dernières buttes de plâtre du côté de
l'oueſt ſont celles de Cormeilles, Marines & Griſy.
Ces buttes appartiennent à la ligne qui forme le
coteau occidental de la vallée de *Montmorency* : le
plâtre n'y forme qu'une ſeule maſſe , qui a dix-
huit à vingt pieds de puiſſance ; elle eſt recouverte
de marnes blanches, de marnes vertes , & d'un
banc aſſez puiſſant de ſable & de grès à coquilles
marines. Cette diſpoſition eſt la même dans les
trois collines qu'on vient de nommer ; mais il n'y
a que la butte de Griſy où le plâtre ſoit exploité.
Le vallon entre Griſy & Cormeilles eſt rempli de
fragmens de calcaire & de ſilex à coquilles d'eau
douce.

» La vallée de *Montmorency* eſt une vallée ſèche ;
ſon fond eſt une plaine encore aſſez élevée, où
ſont ſitués les bois de Pierrelaie, les villages de
Margency, Soiſſy , Deuil , Saint-Gratien , Franconville, &c. Elle eſt bordée au ſud-eſt par les
coteaux de Sanois , d'Orgemont, de Cormeilles , &c. ; & au nord-eſt par celui de la forêt de
Montmorency.

» C'eſt une grande vallée ſans col , ſans rivière
dans ſon milieu , enfin très-différente des vraies
vallées des pays de montagnes ; mais ſi elle en diffère pour ſa forme, elle en eſt auſſi très-différente
par ſa ſtructure géologique. Le fond & les deux
extrémités de cette eſpèce de vallée ſont d'une toute
autre nature que ſes bords. Ce ſont deux collines
gypſeuſes qui forment ceux-ci, tandis que le fond
de la vallée a pour ſol le terrain d'eau douce & les
couches ſupérieures du plateau de calcaire marin,
qui forme des maſſes ſi conſidérables aux environs
de Paris. En effet , de quelque point qu'on arrive
dans cette vallée , ſoit de Louvres , ſoit de Pon-
toiſe , ſoit d'Herblay ou de tout autre bord du
plateau calcaire , il faut monter & s'élever au-
deſſus des dernières aſſiſes de ce plateau. Le terrain qui conſtitue le ſol de cette vallée n'a été entamé que dans peu de points, & encore très-
peu profondément ; cependant on peut en connoître les premières couches , en les examinant
dans les carrières de grès de Beauchamp, ſituées
dans les bois de Pierrelaie , entre ce village &
Franconville.

» On y remarque les couches ſuivantes au-deſſous de la terre végétale.

» 1°. Fragmens de marne d'eau douce compacte
& dure dans un ſable calcaire , avec quelques
fragmens de ſilex corné ſemblable à celui que l'on
voit dans les gypſes. Cette couche a ſix pieds environ d'épaiſſeur.

» 2°. Sable verdâtre agglutiné, renfermant un
grand nombre de petites coquilles turbinées du
genre mélanie , ou d'un genre très-voiſin : cette
couche n'a que ſix à ſept pouces environ.

» 3°. Sable fin, blanc , renfermant les mêmes
mélanies que le banc précédent, avec des lymnées,
des cycloſtomes très-bien conſervés, & quelquefois un lit mince de pierre calcaire ſableuſe, remplie de ces petites mélanies. Deux pieds.

» 4°. Grès dur , même luiſant , renfermant une
immenſe quantité de coquilles marines très-bien
conſervées, & diſpoſées généralement par lits horizontaux. On y remarque en outre , mais très-
rarement, des coquilles d'eau douce du genre des
lymnées, abſolument ſemblables à celles du ſable
précédent. Ces bancs ſont quelquefois au nombre
de deux, ſéparés par une couche de ſable contenant une prodigieuſe quantité de coquilles marines.

» Il y a ici un fait fort ſingulier ; c'eſt le mélange réel des coquilles d'eau douce avec les coquilles marines. MM. Brongniart & Cuvier, dont
l'excellent travail ſur la Géographie minéralogique des environs de Paris nous a fourni cet article, font remarquer, 1°. que ce mélange a lieu
dans un ſol marin, & non dans un calcaire ou ſilex
d'eau douce conſtituant ce qu'ils appellent proprement *terrain d'eau douce* ; 2°. que ce ſingulier
mélange s'offre dans un terrain meuble, & pour
ainſi dire d'alluvion , placé immédiatement au-
deſſous du calcaire d'eau douce bien caractériſé ;
3°. qu'ils en ont auſſi aperçu des indications dans
quelques autres points des environs de Paris (notamment dans les marnes calcaires de Meudon &
de Saint-Maur) ; mais que ce mélange n'a jamais
lieu que dans les derniers lits les plus ſuperficiels
du calcaire marin , & que , s'il y a réellement dans
ces lits des coquilles d'eau douce , elles y ſont
extrêmement rares, tandis que les coquilles marines , qui ne ſont guère que des cérithes & des
cardium obliquum , y ſont au contraire très-abondantes.

» La plaine qui eſt au pied du penchant ſeptentrional du coteau de *Montmorency* , & qui forme
encore une ſorte de large vallée ſans eau, bordée au nord par les coteaux gypſeux de Luzarche, Mareil , &c. préſente une ſtructure abſolument ſemblable à celle de la vallée de *Montmorency*. On y rencontre partout à ſa ſurface, c'eſt-
à-dire, depuis Ecouen juſqu'à la grande deſcente
qui eſt preſque vis-à-vis de Maſlier, au-delà de
Moiſſelles, le calcaire d'eau douce généralement
blanc, compacte, aſſez dur, quoique facilement

deſtructible à l'air. Ce calcaire recouvre immédiatement le grès marin, ſouvent coquillier vers ſa ſurface ſupérieure, ſouvent mêlé de calcaire, & quelquefois même entièrement remplacé par du calcaire marin en couches très-minces. C'eſt preſqu'au pied de la butte d'Ecouen, à l'oueſt & au nord-oueſt de cette butte, & ſurtout près d'Ezanville, que ſe voit le mieux la diſpoſition du grès à coquilles marines entre le calcaire d'eau douce & le grès ſans coquilles. Les coquilles que renferme ce petit banc de grès ſont preſque toutes ſemblables pour les eſpèces, & même pour le mode de conſervation, à celles du grès de Pierrelaie, &c. On y remarque ſurtout en quantité prodigieuſe la petite mélanie que nous avons déja mentionnée. (Cuvier & Brongniart, Géogr. min. des environs de Paris.)

Le grès coquillier de Béauchamps n'eſt qu'à 126 pieds au-deſſus du niveau de la Seine, au point o de l'échelle du pont de la Tournelle. — La butte d'Orgemont, 402 pieds. — Celle de Sanois, 519 pieds. — Le plateau de la forêt de Montmorency, 450 pieds. — Le village de Montmorency, 246 pieds. — Celui de Saint-Leu, 180. — Celui de Moulignon, 195; & celui de Saint-Prix 273, ce qui eſt la hauteur des marnes du gypſe dans cette vallée.

MONTOLIEU, ville du département de l'Aude. Cette ville eſt ſituée au confluent de deux rivières, l'Alzan & l'Adure, & dans un vallon profond où l'on voit le granite au-deſſous des bancs horizontaux de pierres calcaires. On remarque quelques variétés dans les rochers granitiques: là ſont des granites très-durs, compoſés de quartz partie dominante, de feld-ſpath très-blanc & de très-peu de mica argentin; plus haut ſe trouvent la même compoſition & le même mélange, excepté que le feld-ſpath a pris une teinte de couleur de chair ou roſacée.

Ce qui eſt expoſé à l'air dans ces roches, annonce une décompoſition plus ou moins avancée; & plus on remonte vers les bords ſupérieurs de la vallée, plus on trouve que les granites ſont friables & ſuſceptibles de s'exfolier au moindre effort qu'on fait pour en examiner l'intérieur; & pour lors le feld-ſpath ſe ternit & tend à ſe réduire en argile. Le mica argentin ou le ſchorl noir, non-ſeulement perdent leur brillant, mais auſſi leurs lames ſe déſuniſſent très-facilement.

C'eſt ſur ces maſſes de rochers, qui n'offrent que des fentes de deſſiccation & aucun lit ſuivi, que ſe trouvent ſuperpoſés des bancs de pierres calcaires qui règnent dans tous les environs à peu près à la même hauteur. Nous citons cette vallée comme très-remarquable, parce qu'on peut y obſerver les rochers de granites occupant toujours la partie inférieure des croupes, & les bancs calcaires rangés dans la partie ſupérieure. On y voit, de manière à n'en plus douter, que le granite étoit

le fond de la mer, dans le baſſin de laquelle les dépôts horizontaux ont été formés du débris des coquillages & des autres animaux marins.

MONTPENSIER (Butte de), département du Puy-de-Dôme. Cette maſſe, qui peut avoir quatre-vingts pieds de hauteur, eſt iſolée des environs; elle eſt formée de différens bancs horizontaux de pierres calcaires entre-mêlées de quelques lits de pierre à plâtre qui n'ont guère qu'un pouce d'épaiſſeur, & n'offrent que des amas de criſtaux gypſeux par lames diſpoſées en tous ſens, les unes par rapport aux autres, & groupées ſur des plaques de plâtre brut ou compoſé de lames plus confuſes. Ces lits de plâtre ſont plus ou moins éloignés les uns des autres, par l'interpoſition des bancs calcaires.

Quelques-uns de ces lits, ſoit de pierres calcaires, ſoit de criſtaux gypſeux, ſont interrompus par des fentes inclinées qui les coupent en formant des angles plus ou moins aigus. Ces fentes, qui ſont viſiblement la ſuite de la deſſiccation & de la retraite des matières qui compoſent les couches horizontales dans le ſens de leur longueur & de leur largeur, ſont remplies de la matière du plâtre qui, entraînée par l'eau des pluies, y a formé des criſtaux gypſeux toujours ſous forme de lames. Par ce travail de l'eau, le plâtre diſperſé dans les autres couches, même dans les couches de pierres calcaires, ſe trouve rapproché d'une manière très-propre à ſon exploitation.

MONT-PERDU. Le Mont-Perdu eſt la montagne la plus élevée de la chaîne des Pyrénées. (Voyez PYRÉNÉES.)

MONT-PILAT, montagne ſituée ſur les limites des anciennes provinces du Forez & du Vivarais, & qui ſert auſſi à circonſcrire les départemens de Rhône & Loire & de l'Ardèche; elle occupe le canton placé entre Saint-Chamond, Condrieu, Saint-Etienne & le Bourg-Argental. Cette montagne s'étend du ſud-oueſt au nord-eſt; elle appartient à l'ancienne terre graniteuſe qui occupe le centre de la France.

La circonférence du Mont-Pilat a plus de ſix lieues d'étendue. L'étymologie la plus raiſonnable du nom de cette montagne ſe tire du latin pileus, bonnet ou chapeau, parce qu'elle eſt preſque toujours couverte d'une eſpèce de chapeau de nuées.

Un fait qui eſt certain, c'eſt que preſque tous les orages qui éclatent dans le Lyonnois & aux environs, ſe forment ſur cette montagne. Ils commencent par une petite maſſe de vapeur; peu à peu la vapeur augmente & s'agrandit à vue d'œil. A meſure qu'elle acquiert un plus grand volume, elle deſcend, ſe change en une nuée fort noire, qui devient le centre d'un orage violent. Ceux qui ſont ſur le ſommet de la montagne voient quelquefois l'orage ſous leurs pieds, mais ils n'en font pas plus en fûreté ; la foudre, dans ces éclats terribles , est dirigée indifféremment , tantôt au-deffous , tantôt au-deffus des nuages qui la renferment.

Toutes les fois qu'on aperçoit de Lyon le fommet du *Mont-Pilat* couvert d'un petit brouillard ou d'un nuage très-léger, on peut affurer que la journée ne fe paffera pas fans pluie ou fans orage, & ce préfage eft comme infaillible. L'expreffion ufitée pour lors dans le Lyonnois , c'est que le *Mont-Pilat* a pris fon chapeau.

La forme des différentes parties du *Mont-Pilat* eft fort variée : les unes s'étendent par des fommets dont la hauteur eft affez égale ; d'autres font coupées par des vallons très-profonds. L'on trouve des plaines fur quelques-unes de ces montagnes ; mais elles font fort élevées, & toujours de difficile accès. Elles préfentent , la plupart , des pâturages fort abondans , où dominent plufieurs plantes de très-bonne qualité.

Les vallons qui font dans les environs des montagnes du *Mont-Pilat* ne produifent en grande partie que des feigles , & encore faut-il, pour l'ordinaire , laiffer repofer les terres avant que de les enfemencer de nouveau. La mauvaife qualité des terres , ou plutôt le peu de profondeur qu'elles ont , ôte le pouvoir de les mettre plus fouvent en rapport. Sans doute qu'indépendamment de la mauvaife qualité des terres , les orages fréquens qui fe forment au fommet de ces montagnes , & qui éclatent enfuite dans les plaines & les vallons , font la véritable caufe de leur ftérilité , ou peut-être vient-elle en partie de la longueur des hivers , qui font pour l'ordinaire exceffifs dans ces contrées , & qui font féjourner trop long-temps la neige fur la terre.

La préparation de ces terres confifte à arracher toutes les herbes & le chaume qu'on y trouve , & à les faire fécher pendant long-temps. On travaille enfuite avec la pioche le terrain qu'on veut enfemencer; l'on fait brûler ces herbes & les plantes que l'on a ramaffées en tas , & on en répand les cendres fur le terrain préparé. C'eft le feul engrais dont on fe ferve.

La température des fommets du *Mont-Pilat* eft toujours très-inégale ; elle change d'un moment à l'autre , & ces changemens font fi fubits, que fouvent , dans l'efpace d'une heure , on paffe , pour ainfi dire , de l'hiver à l'été ; même dans les jours les plus chauds de l'année , il y gèle ; mais ce fait peut fe rapporter à toutes les hautes montagnes. Du refte , on ne prétend pas raconter un événement bien extraordinaire ; on parle d'un pays où les hivers font très-longs , & où il arrive même , ainfi qu'on l'affure , qu'il y gèle quelquefois tous les mois de l'année.

MONT-PILATE (*Pileatus mons*) , en Suiffe. Le *Mont-Pilate* eft fitué dans le canton de Lucerne , à peu près au centre de la Suiffe. Il commence à s'élever à l'occident du lac de Lucerne , & fa chaîne , d'environ quatorze lieues , s'étend du nord au fud jufqu'on dans le canton de Berne. Cette montagne eft ainfi appelée , parce qu'elle eft prefque toujours enveloppée d'une maffe de nuées comme d'une efpèce de chapeau. Il eft remarquable par fa fituation ; il eft ifolé , & c'eft la plus haute montagne de la Suiffe à certains égards. Le mont *Titlio* , le mont Saint-Gothard & quelques montagnes du pays des Grifons ont la cime plus élevée ; mais ce font des chaînes de montagnes affifes les unes fur les autres , & dont la racine eft fort au-deffus du niveau du lac de Lucerne. Le *Mont Pilate* n'eft d'un accès difficile que depuis la pointe appelée l' *Ane* jufqu'à la pointe de la *Pierre branlante* , diftantes d'une lieue & demie : on compte fept cimes entre-deux. Cette montagne eft beaucoup plus efcarpée du côté de l'oueft que de l'eft ; une pierre jetée de Brundlen met deux minutes à arriver à terre. Il fe détache du rocher des morceaux d'une groffeur énorme.

Auprès de Brundlen on voit un petit lac , & prefque tous les orages fe forment fur ce lac ; ils commencent par une petite vapeur de la largeur d'un chapeau , qui va fe coller contre une roche plus élevée que le lac. Si cette vapeur paffe par-deffus le rocher , elle fe diffipe ; mais fi elle s'y attache , elle agrandit à vue d'œil. A mefure qu'elle augmente , elle defcend , forme une nuée épaiffe , & renferme dans fon fein des tonnerres affreux : ceux qui font fur le fommet croient l'orage fous leurs pieds.

Ce lac eft très-profond ; il a trente-huit pieds de circonférence : fa forme eft fi alongée & fi étroite , qu'on peut la franchir.

Il y a auprès une caverne. Il fuinte du rocher de la mouffe d'eau qu'on appelle *crème de lune* ; elle fe durcit : les médecins de Montpellier en achètent.

Un peu plus haut eft un endroit appelé *Viderfeld* , où l'on s'entend très-diftinctement à trois-cents pas fe hauffer la voix ; & un coup de piftolet , qui fe fait à peine entendre à la même diftance , eft entendu bien plus loin. Pour peu que les rochers dominent , la voix ne s'entend pas fi bien ; le coup de piftolet s'entend beaucoup mieux.

Il y a auffi un petit lac au-deffous du Viderfeld. Tout auprès eft la fource du torrent *Rumiligu* ; dans les temps orageux , enflé par les eaux , il roule une quantité de pierres ; on trouve de l'or dans fon fable : c'eft ce torrent dont les eaux battues en vapeur produifent prefque tous les arcs-en-ciel qu'on voit en ce pays-là dans la vallée d'Eigen-Thal. On a trouvé fur le *Mont-Pilate* une variété de coquillages pétrifiés , des arêtes & des fquelettes de poiffons , & du corail. Les lames d'ardoifes portent prefque toutes l'empreinte d'un poiffon. Ces montagnes ont été couvertes d'eau : on y trouve des dents de poiffons que l'on nomme improprement *langues de serpent* ; car on a trouvé des mâchoires garnies des ces dents pétrifiées, ainsi qu'un manche de couteau (*solen*).

L'air est si vif, qu'il faut manger continuellement pour ne pas se trouver mal.

Voyez le *Journal étranger*, mars 1756., pag. 26.

MORAGNE (Ochrière de). L'*ochrière de Moragne*, à six lieues nord-est de Bourges, département de l'Ain, est située dans les bois aux Etats, près la Morte-d'Humbrigny, dans un canton marécageux; elle a environ une demi-lieue d'étendue.

Les puits que l'on a ouverts pour en tirer l'ochre n'ont guère que vingt à vingt-cinq pieds de profondeur sur six à sept de largeur. Avant que d'arriver à l'ochre, on rencontre quatre bancs de terres différentes qui précèdent cette matière; ces bancs sont sensiblement parallèles : leur direction est de l'est-nord-est à l'ouest-sud-ouest.

Le premier, qui a à peu près cinq pieds d'épaisseur, est composé de plusieurs couches d'un pouce ou deux d'une terre noirâtre, entre-mêlée de sable quartzeux; au-dessus de ce banc on trouve une couche de sable homogène, jaunâtre, qui a trois pouces & demi d'épaisseur; le troisième banc est d'une argile bleuâtre, tirant sur le noir. Il est suivi immédiatement d'un autre banc de terre argileuse grise, mêlée de quartz, dont on voit des portions qui paroissent entrer en décomposition. Ce banc a environ quatre pouces d'épaisseur; c'est sous lui qu'on rencontre l'ochre, dont l'épaisseur est de deux pouces & demi; il repose sur un sable fin qui en fait le fond.

On ignore encore s'il existe après ce sable des couches d'ochre. Plusieurs observations qu'on a eu occasion de faire, font croire que l'on pourroit en rencontrer des bancs, même plus épais que les premiers; mais les ouvriers ne percent point ce sable; ils se contentent d'y creuser deux ou trois chambres pour détacher l'ochre qui en forme le plafond; ils continuent d'y travailler, tant qu'un danger pressant ne les oblige point à cesser de miner ainsi sous terre. On a vu quelquefois des ouvriers y périr victimes de leur imprudence.

L'ochre ne se trouve point par morceaux séparés, comme on rencontre souvent la sanguine dans les glaisières, mais elle forme un lit continu dans dans toute sa longueur, & conserve presque partout son épaisseur. L'ochre est tendre dans la mine & se laisse facilement couper; elle n'est jamais mélangée de glaise ni de sable; ces substances ne font qu'y adhérer du côté qu'elles la touchent, ce qui forme une espèce de croûte.

L'ochre est jaune lorsqu'on la tire de la terre; elle prend à sa superficie, en se desséchant, une couleur légèrement brunâtre. Lorsqu'on a soigneusement séparé la glaise & le sable qui peuvent y être restés adhérens, & qu'elle a commencé à se sécher, on la transporte dans des espèces de hangars ou greniers, & on l'y arrange sur des soliveaux placés à de très-petites distances. Lorsqu'elle est parfaitement sèche, on la met dans de vieux fûts pour l'envoyer à sa destination.

Voilà tout l'art qu'on emploie ordinairement dans l'exploitation de l'ochre jaune; surtout lorsqu'on se propose de la vendre en gros. Les ouvriers donnent quelquefois une petite préparation à celle qui est destinée à être vendue en détail. Ils en forment, après l'avoir pétrie dans leurs mains, des parallélipipèdes qui ont sept à huit pouces sur toutes les faces; ils font sécher ces pains, & les mettent ensuite dans des fours semblables à ceux dont on se sert pour l'ochre en quartier.

Cette ochre est vendue dans le commerce à raison de 40 à 50 sous le quintal. On en transporte en Angleterre, en Hollande, en Italie; il n'y a qu'en Hollande où les procédés pour la porter à l'état de rouge de Prusse soient en usage. Mais un savant chimiste qui, dans un de ses ouvrages, a fait l'analyse de cette ochre jaune, pense que l'on pourroit aussi la préparer en grand en France, & l'amener à l'état de rouge de Prusse.

Il seroit à desirer qu'on fît usage du procédé qu'il indique; cette préparation deviendroit une source de richesse pour le Berry, qui abonde en *ochrières*; & bientôt il enleveroit aux Hollandais le tribut que leur industrie nous a imposé jusqu'à présent.

MORAT (Lac de). Ce lac est situé dans l'Etat de Fribourg, & occupe le fond de la vallée de la Broye. Il est parallèle à celui de Neuchâtel. Son bassin est au milieu de collines de pierre de sable qui régnent tant le long de sa rive orientale que le long de la rive opposée. Ses deux bords septentrionaux & méridionaux sont formés par des amas de sables encore en grande partie inondés & dans l'état marécageux.

Ce lac a environ deux lieues de longueur sur une lieue de largeur. Le niveau de ses eaux est de deux toises & demie plus élevé que celui du lac de Neuchâtel, dans lequel il verse son trop plein par la Broye. Le fond & les bords de ce lac sont composés de mollasse ou pierre de sable, & recouverts de sable & de gravier. Sa profondeur varie beaucoup; il y a deux endroits où l'on a trouvé une profondeur de soixante toises. L'un est entre Guévau & Motiers, non loin d'un banc de sable; l'autre vers le milieu du lac, entre Motiers & *Morat*; puis on rencontre vingt, trente, & même quarante toises de profondeur en d'autres endroits.

Le lac de *Morat* est fermé à son extrémité sud-ouest par la Broye, qui, de concert avec la Glane & le Noiraigue, forme, entre Salavaux & Faug., des amas de sables, dont les accroissemens rapides & continuels tendent à le combler le long de ces bords. On remarque même, le long de sa rive

occidentale,

occidentale, une liſière de ſable d'environ qua-rante toiſes de largeur, qui fait des progrès cha-que jour en hauteur & en largeur ; enfin, les fonds de marais de la vallée de la Broye, ſitués entre l'extrémité méridionale du lac & la ville de Payerne, offrent des couches de ſable ſtatifiées alternativement avec des lits d'argile, qui chaque année, au printemps, s'augmentent au moyen des inondations qu'éprouve la Broye.

D'après ce qui vient d'être dit, & d'après les obſervations locales qui font voir que la côte qui borde la plaine de la Broye, entre la ville d'Avanche & le village de Don-Didier, s'abaiſſe inſenſible-ment, on a lieu de croire que cette côte bornoit le lac, dont les eaux s'étendoient alors juſqu'à ces hauteurs, & en venoient battre le pied au-deſſous d'Avanche & de Don-Didier ; & en ſui-vant ces mêmes formes du terrain juſqu'où elles s'étendent, il y a lieu de préſumer que toute la plaine de la Broye, ſur une étendue de deux lieues, entre Avanche & Payerne, eſt un terrain ferme & conquis par cette rivière ſur le baſſin du lac, & qu'il y a eu un temps où l'embouchure de la Broye, au lieu de ſe trouver, comme elle eſt au-jourd'hui, près de Salavaux, étoit ſituée près de Payerne même. On a remarqué que les envaſemens produits par les rivières qui ſe jettent dans le lac ſe trouvent du même côté que les grandes profon-deurs de ce lac ; outre cela, que les eaux du lac gagnoient du même côté & rongeoient les bords ; ce qu'on attribue avec raiſon à ce que le courant de la Broye & de la Glane réunies eſt encore, à ſon entrée dans le lac, ſi rapide, que non-ſeulement ces rivières ne peuvent ſe deſſaiſir des ſables qu'elles charient qu'au-deſſous de Valament, mais qu'elles minent continuellement le pied de la côte entre cet endroit & leur embouchure.

Ce n'eſt pas ſeulement du côté d'Avanche que le baſſin du lac a perdu en étendue ; l'on obſerve la même diſpoſition de terrain du côté de *Morat*, d'où l'on peut conclure que les bords du lac étoient reculés à près d'un quart de lieue plus loin.

Les bords du lac, dans pluſieurs endroits, ſont compoſés d'un gravier très-remarquable par la na-ture différente des ſubſtances qui le compoſent, comme celles des bords du lac de Neuchâtel : on y trouve d'ailleurs les mêmes troncs d'arbres noircis, compactes, roulés, arrondis, que dans le grand lac, les mêmes poiſſons, &c.

Le lac de *Morat* n'eſt ſéparé de celui de Neu-châtel que par le pays de Vuilli. Ce pays, qui s'é-lève au-deſſus de ces deux lacs, n'eſt qu'une maſſe de pierre de ſable ou mollaſſe ſtratifiée avec des lits de marne plus ou moins ſablonneuſe.

Le lac de *Morat* ſe décharge dans celui de Neu-châtel par la Broye, comme ce dernier ſe décharge dans celui de Bienne par la Thielle. Ces canaux naturels forment une communication prompte & facile entre les trois lacs. Près la pointe du Sugi, le lac de *Morat* ſe rétrécit peu à peu, & la Broye

commence à prendre un cours marqué. Son lit eſt fort profond un peu au-delà de ſa ſortie du lac ; enſuite ſes eaux ſont ſi baſſes, qu'on en voit partout le fond, juſqu'à ce qu'elle ſe jette dans le lac de Neuchâtel. La Broye coule entre les deux lacs, au milieu de marais d'où l'on tire de la tourbe de bonne qualité.

MORBIHAN (Département du). Ce départe-ment a pris ſon nom d'un grand lac ou baie qui tient au bord de la mer au ſud de Vannes ; il fait partie de l'ancienne province de Bretagne au ſud.

Ce département eſt borné au nord par celui des Côtes-du-Nord, à l'eſt par le département d'Ille & Vilaine, au ſud-eſt par le département de la Loire-Inférieure, au ſud par les côtes de la mer, & à l'oueſt par le département du Finiſtère.

Les rivières principales ſont d'abord celles qui ſont les prolongemens des rivières qui parcourent la bordure méridionale du département des Côtes-du-Nord, qui ſont, 1°. l'Aphte & 2°. l'Ouſt, groſſi par la Claye & l'Arbe, leſquelles ſe jettent dans la Vilaine, qui, après avoir arroſé Rieux & la Roche-Bernard, ſe jette dans un petit golfe. En ſe portant vers l'oueſt, on trouve la rivière qui arroſe Muzillac ; puis la Marle, qui arroſe Vannes & ſe jette dans le *Morbihan* ; puis l'Auray, qui paſſe à Auray & a ſon embouchure dans le *Morbihan*, vers l'iſthme qui le joint à la mer ; enfin, plus à l'oueſt, on rencontre le Blavet, qui traverſe le département tout entier. A ſon embou-chure à Lorient & au port Louis, le Blavet re-çoit à droite le Juel, & à gauche le Scorf. Plus loin, dans l'angle du nord-oueſt, on rencontre l'Elle & le Laita, qui, réunis, dirigent leur cours dans le Finiſtère.

Les principales villes ſont Vannes, Lorient & Belle-Iſle.

MORIGUE en Dalmatie, lac ſalé qui commu-nique à la mer par un canal naturel ; il eſt dans le voiſinage de la ville & du port de Sibenico. Le circuit du lac eſt de trois milles, & ſon embou-chure a cent cinquante pieds de largeur. Le fond eſt de vaſe, où ſe trouvent un grand nombre de plantes marines, & ſi hautes en pluſieurs endroits, que, pendant tout l'été, les ſommités des algues reſ-tent à fleur d'eau. La ſource de Ribnich, qui y dé-charge ſes eaux, y attire les poiſſons, qui d'ailleurs y ſont retenus par une nourriture abondante. Il ſeroit très-aiſé de faire de ce lac un vivier fermé où l'on pourroit entretenir une grande quantité de poiſſons de toute eſpèce.

Les teſtacés du lac de *Morigue* ſont à peu près les mêmes que ceux des bas-fonds de Comacchio & des lagunes de Veniſe. Quand la mer y amène les eſpèces qui arrivent des profondeurs, elles ne s'y multiplient pas, & elles retournent dans des parages plus profonds. Parmi les teſtacés microſ-copiques, on y voit des coquilles voiſines des cor-nes d'Ammon, & d'autres petits coquillages ordinaires à tous les fonds sablonneux de la mer Adriatique; on y observe aussi des porpites semblables à ceux que déposent les ruisseaux à Bologne quand ils ont lavé les collines d'alentour formées par la mer.

Les terres voisines du lac de *Morigue* sont de la même qualité que celles des environs de Zablachie (*voyez cet article*) : elles font ensemble une partie du Campo d'Abasso, qui est le meilleur canton du territoire de Sibenico. Le marbre commun de Dalmatie est une espèce de pierre molle remplie de lenticulaires qui dominent dans les côtes élevées près de la mer. En s'approchant du pied des hautes montagnes, on les trouve composées d'une argile durcie comme celle des rivages voisins de Zara. (*Voyez* ZARA.)

MORNE, terme qu'emploient les Français de l'Amérique, pour signifier un cap élevé ou une petite montagne qui s'avance en mer ; c'est pour cela qu'ils nomment *gros morne* une haute montagne de l'Amérique septentrionale dans l'île de la Martinique, près du bourg de la Trinité & de l'anse du Gallion. Vainement nous voudrions rejeter aujourd'hui ces sortes de termes barbares, nous nous trouvons forcés de les adopter.

MORNES. On nomme ainsi des masses montueuses, la plupart du temps arrondies, qui se trouvent dans les îles, soit à Saint-Domingue, soit à la Martinique & à la Guadeloupe. On voit surtout du Cap trois *mornes* fort élevés, détachés les uns des autres, & qui sont visiblement des culots de volcans bien arrondis & tronqués par le sommet : ils donnent leur nom à un quartier, qui est celui des *trois Mornes*. Nous avons décrit dans un article particulier tout ce que l'examen qu'en ont fait des observateurs instruits nous ont appris sur leur composition. On appelle aussi *mornes*, à Saint-Domingue, surtout les élévations de terrain que nous nommons *coteaux* & *collines* en France, & *mornets*, de petits tertres peu élevés, & qui occupent un espace de terrain peu étendu.

MORTER, île du comté de Sibenico en Dalmatie. Le marbre de cette île & des petites îles voisines, qui sont fort nombreuses, est rempli de corps marins qui appartiennent aux orthocéralites. On ne cultive que très-peu les vignes dans cette île, parce que les propriétaires exigent la cinquième partie du vin qu'on y récolte ; & comme les cultivateurs se sont mis sur le pied de ne rien donner des autres productions, ils préfèrent la culture de l'olivier, quoique sujette à plus d'accidens que celle de la vigne, ou bien ils se bornent à des pâturages.

Ces mêmes insulaires ne s'appliquent guère non plus à la pêche, quoique les thons se promènent en troupes nombreuses dans les canaux voisins de l'île : un assez grand nombre de ces poissons y passent l'hiver, particulièrement dans les bas-fonds où il y avoit autrefois des marais salans. Les habitans de l'extrémité occidentale de l'île s'occu-

pent à ramasser, rouir, filer & tisser le genêt, qu'ils vont chercher jusque sur les côtes de l'Istrie, & dans les îles du golfe de Quarnaro ; ils le rouissent dans l'eau de la mer, & en font des toiles de différentes qualités pour des sacs, & même pour l'habillement des femmes de la campagne. Si la préparation de la matière qu'on extrait du genêt étoit faite avec plus de soin, il n'est pas douteux que les toiles qu'on en fabriqueroit, pourroient être l'objet d'un commerce intéressant. Cette même industrie se trouve dans la province du Languedoc, où l'on tire un assez bon parti de cette plante pour la fabrication du gros linge de ménage. (*Voyez* les *Mémoires de la Société royale d'agriculture*.)

MORVAN, contrée de la France qui comprend une partie des départemens de la Côte-d'Or & de Saône & Loire.

Lorsqu'on observe attentivement la disposition de l'ancienne terre du *Morvan* & de la nouvelle terre du Nivernois, & qu'on réfléchit sur les raisons de cette disposition, on reconnoît que la surface de la nouvelle terre, qui forme différens contours & diverses sinuosités autour de l'ancienne, est dans toute son étendue au-dessous du niveau de ce premier massif ; car après avoir parcouru le *Morvan*, on voit aisément que c'est une portion de la surface du Globe que les eaux de la mer qui l'entouroit n'ont pu atteindre ni couvrir, parce que son niveau le mettoit au-dessus des vagues qui venoient se briser contre ses côtes, au lieu que la nouvelle terre du Nivernois n'est que le résultat des dépôts formés sur les parties du bassin de l'ancienne mer, soit par les matériaux que les rivières du *Morvan* ont voiturés dans les parages de la mer qui en formoient l'enceinte, soit par les dépouilles des animaux marins à coquilles fort nombreux que l'on y trouve.

Ces différentes constitutions de l'une, & l'autre terre m'ont fait sentir la nécessité de rechercher les limites de l'une & les bords de l'autre, & les différentes observations que j'ai eu occasion de faire dans des courses entreprises à ce dessein, n'ont pas peu contribué à me confirmer dans l'opinion que l'ancienne terre étoit au-dessus du niveau de la nouvelle, & que d'ailleurs cette ancienne terre étoit composée de substances graniteuses & schisteuses, dont les formes trapézoïdales annonçoient un massif particulier, tandis que la nouvelle terre offroit des couches horizontales suivies, renfermant des pierres calcaires mêlées avec des produits de transports voiturés par les eaux courantes du *Morvan*.

Lorsque je passois du *Morvan* en Nivernois, j'apercevois le contraste frappant d'un trajet semé de masses montueuses, & sillonné de vallons étroits & profonds, auxquels succédoient des plaines fort peu ouvertes, d'où il sortoit des eaux courantes, qui, après avoir pris leur source dans les

collines, qui compofoient les bords de cette ancienne terre, s'échappoient par une marche rapide
pour aller circuler lentement & plus paifiblement
dans les vallons qu'elles avoient approfondis au
milieu des plaines de la nouvelle terre.

J'ai toujours remarqué une régularité fuivie &
foutenue dans toutes les formes relatives de terrain, tant que j'ai porté mes obfervations fur une
étendue circonfcrite de la furface de la terre,
m'étant attaché à fuivre les limites d'une maffe
de l'ancienne terre, & à lui comparer les bordures de la nouvelle qui l'entouroient fur une
largeur de vingt à trente lieues. Les petites exceptions que j'y trouvois, offroient des explications faciles & naturelles dans les circonftances
locales, & ne m'avoient rien fait craindre qui pût
apporter la moindre anomalie dans cette belle
économie de la nature.

J'ai remarqué que, foit autour du *Morvan*,
foit le long de la limite de l'ancienne terre des
Vofges & du Limofin, les couches calcaires formées à une certaine diftance des côtes fervoient
de digues aux dépôts des matériaux fournis par
cette ancienne terre; c'eft ce qui a déterminé
la maffe des pierres de fable à ne former qu'une
bordure très-peu-étendue, & à s'abaiffer infenfiblement fous les flots de telle forte que les coquilles les recouvriffent par leurs dépouilles & par
leurs débris.

J'ai reconnu par une fuite d'obfervations, qu'en
étudiant ces bords on pourra recueillir, comme
je l'ai fait, beaucoup de détails intéreffans qui
nous mettront fur la voie pour connoître quels
font les progrès des rempliffages du baffin de la
mer, foit par les dépôts littoraux, foit par les
dépouilles des animaux marins. D'après toutes ces
recherches, il eft facile de s'affurer qu'on peut
tirer de ces différens examens des lumières très-
propres à nous éclairer fur les époques de la formation de chacun des maffifs que nous rencon-
trons à la fuperficie de certaines contrées de la furface du Globe; en un mot, propres à nous guider
dans l'étude des phénomènes, qui font partout
uniformes, furtout fur la ligne de la jonction des
deux terres. D'ailleurs, le fujet eft fort piquant,
puifqu'on affifte pour ainfi dire à une opération
de la nature, où tous les agens que nous connoiffons s'annoncent par des réfultats très-précis &
très-diftincts.

Outre les différentes fubftances intérieures que
j'ai fuivies & décrites fur les limites du *Morvan*
& du Nivernois, je dois annoncer différentes formes que m'ont offert les parties de la fuperficie
de la terre, qui fe montrent dans tout le contour
du *Morvan*. Ainfi le cordon extérieur à l'ancienne
terre offre une fuite de fommets efcarpés fur la
nouvelle; ils couvrent les extrémités du granite,
lefquelles s'enfoncent deffous l'affemblage des couches horizontales, & leur fervent de bafe.

La bordure extérieure de la nouvelle terre eft à

Sauvigny-le-Bois, à Seaux, à Montréal & à Tre-
milly. On tire de la pierre de lave, ou pierre calcaire en feuillets plats, à Montelon.

Entre les plaines baffes de la nouvelle terre &
ces hauteurs, il règne un foffé continu & fans interruption, plus ou moins large, fuivant que les
rivières forties de l'ancienne terre ont éloigné fes
bords.

Dans tous les environs d'Avalon on voit une
complication de divers plans creufés par les eaux courantes élevées, qui fe portoient d'une feule pente
fur la nouvelle terre; ce font ces différentes démarches des eaux qui ont dégarni de leur couverture certaines parties de l'ancienne terre & les
ont mifes à nu, tandis que d'autres parties font
reftées couvertes de dépôts.

On voit par-là qu'il y a beaucoup d'inégalités
fur la ligne des bords, & que, dans certaines parties, il y a eu des dépôts confidérables de la mer qui
fubfiftent encore, & qui prouvent les anciennes
inégalités qui y ont donné lieu.

Cette bordure extérieure eft conftamment beaucoup moins élevée que certaines parties peu éloignées de la limite commune, mais elle eft plus
élevée que les parties des limites que nous avons
confidérées comme les hauteurs fecondaires que
les eaux ont dégradées. Il paroît que les unes &
les autres difpofitions ont eu lieu dans plufieurs
endroits.

Les eaux ont eu de grands avantages pour détruire & faire des enlèvemens dans la limite, parce
qu'elles font fort abondantes dans l'ancienne terre,
qu'elles s'y trouvent à toutes fortes de niveaux,
& que les pentes favorifoient leur action; qu'enfin
elles y ont trouvé, après la retraite de la mer,
beaucoup de fables, de terres mobiles & de vafes,
de pierres mêlées avec des terres & en couches
peu fuivies. Les dépôts littoraux fe font trouvés
affez confidérables le long de la bordure, mais ils
dominoient avec plus d'abondance vers Curgy,
Chaufferoffe, Ayfy & Montlay. (*Voyez la Carte.*)

Après la retraite de la mer, les eaux pluviales
qui tomboient fur l'ancienne terre, déjà fillonnée
par un grand nombre de vallons, & fur la nouvelle, qui offroit une fuperficie uniformément
plate, détruifirent d'abord les parties de la nouvelle
terre voifines des bords & formées de vafes,
de terres mobiles aifées à délayer, & de fragmens
de pierres peu liées enfemble. Ces parties étoient
par conféquent moins folides, moins en état de
réfifter que d'autres plus éloignées, parce qu'elles
étoient d'une compofition plus récente; auffi ne
trouve-t-on que des reftes fort peu confidérables
de ces dépôts littoraux qui n'ont aucune fuite, &
font la plupart fablonneux.

Les eaux d'ailleurs qui avoient pour origine
l'ancienne terre, avoient plus de force pour dégrader & pour détruire les couches voifines de la
bordure.

D'après toutes ces circonstances, il n'est pas étonnant qu'il se soit formé un fossé qui règne sans grandes interruptions tout autour du *Morvan* & à une certaine distance de ses limites, & constamment creusé dans la bordure de la nouvelle terre.

Il y a cependant des cas où des matériaux fort abondans, entraînés par les eaux de dessus la superficie de l'ancienne terre, ont été distribués sur certaines parties de la nouvelle, & pour lors il n'y a plus de fossé; mais on y rencontre des plaines couvertes de ces matières de transport fort éparses : c'est ainsi qu'en parcourant la bordure extérieure, on y voit plusieurs formes variées très-remarquables.

Nous croyons devoir comprendre dans ces effets les différentes proportions de matériaux qui sont entrés dans la composition des pierres de sable qu'on observe aussi le long de la bordure extérieure de la nouvelle terre.

Circulation de l'eau dans les limites de l'ancienne terre du Morvan & dans la bordure de la nouvelle terre.

Tous les vallons, dans l'ancienne terre du *Morvan*, renferment de l'eau courante : cette distribution de l'eau est en cela conforme à celle que nous avons observée en Limosin. Les sinuosités du canal des rivières sont souvent excavées dans les dépôts qui forment la plaine fluviale, & alors ces oscillations n'ont aucune correspondance avec la disposition des bords escarpés & des plans inclinés. Toutes les rivières n'ont qu'un simple canal sans dépôts dans les plaines fluviales; elles ont un cours oscillant jusqu'au-dessous de Sauvigny.

La marche des eaux dans les vallées de l'ancienne terre est assujettie à toutes les configurations des croupes, dont les parties inférieures sont baignées par ces eaux & en modifient visiblement le cours actuel, comme les formes de ces bords ont toujours opéré dans les divers progrès de l'approfondissement des vallées. Ce sont en particulier les rivières torrentielles qui offrent ces phénomènes, & surtout celles qui coulent dans l'ancienne terre : la Cure & le Serein sont dans ce cas, jusqu'à ce qu'elles aient atteint la nouvelle terre; alors leur canal change de figure, ainsi que leurs vallées.

Les vallons sont secs jusqu'à Voutenay; c'est là que, sur les bords de la Cure, on trouve une source & un ruisseau versé par un vallon latéral; beau bord escarpé & plan incliné, régulièrement opposé dans les parties inférieures du vallon de la Cure, car les parties supérieures n'offrent que des escarpemens; il y a même des parties de cette vallée dont les croupes sont escarpées depuis le haut jusqu'en bas, & qui tiennent au système torrentiel.

Le fond de la plaine fluviale de la Cure à Saint-Moré & au-dessous est chargé de dépôts qui annoncent & occasionnent l'oscillation de l'eau courante; aussi les bords escarpés & les plans inclinés reparoissent-ils fort réguliers, & les dépôts de la plaine fluviale sont-ils formés de fragmens de silex, de quartz roulés, ainsi que de sables granitiques voiturés du *Morvan*.

L'eau de la Cure se perd à deux cents toises au-dessus des Deux-Ponts, ainsi qu'au-dessous. Aux Deux-Ponts cette perte est très remarquable, mais elle est plus abondante dans la galerie supérieure des grottes d'Arcy. Il est visible que la rivière à pénétré dans ces grottes par cette galerie, où elle a fait de grandes excavations jusqu'aux souterrains de la grotte. En visitant la pointe du revers du plan incliné qui se trouve en avant de l'ouverture latérale de la grotte, on voit des amas de sables granitiques mêlés de quartz, ce qui prouve que la rivière s'est élevée jusque-là; & ce qui le prouve encore davantage, c'est que les mêmes dépôts se retrouvent dans les réduits de la grotte fort élevés & fort voisins de ses voûtes.

Les eaux baissent dans les réservoirs de la grotte & diminuent comme celles de la Cure : cette rivière a donc une grande communication avec les souterrains de la grotte; & pour peu qu'on examine ces souterrains, on reconnoît aisément que les eaux courantes de la rivière ont contribué à leur excavation dans les différens états d'approfondissement & d'élévation.

On ne trouve de sources qu'au niveau de la plaine fluviale de la Cure, proche Voutenay, comme on l'a dit ci-dessus; les autres rivières de ces contrées ne reçoivent le produit des sources qu'à dix ou douze lieues de distance de l'ancienne terre du *Morvan*, parce que leurs vallons, avant cette distance, ne sont pas creusés jusqu'au niveau de la couche d'argile qui recueille & contient les eaux, & les verse au dehors; mais c'est un contraste frappant, lorsqu'on remonte jusqu'à l'ancienne terre, où chaque petit vallon donne son tribut d'eau à tous les niveaux.

MOSCHE, courans de la mer. Un des plus fameux courans & des mieux observés, est celui de *Mosche*, sur les côtes de la Norwège, dont un savant Suédois a donné une description très-circonstanciée.

Ce courant, qui a pris son nom de Moschensicle, situé entre les îles de Tofode & de Wœrœn, s'étend à quatre milles vers le sud & vers le nord. Il est extrêmement rapide, surtout entre le rocher de *Mosche* & la pointe de Lofode; mais plus il approche des deux îles de Wœrœn, moins il a de rapidité : il achève son cours du nord au sud en six heures, puis du sud au nord dans le même temps.

Ce courant est si rapide, qu'il produit un grand nombre de petits tournans que les habitans du pays ou les Norwégiens appellent *gargamer* (*gurges*).

Son cours ne fuit point celui des eaux de la mer dans leur flux & dans leur reflux, il fuit plutôt une direction contraire; car lorsque les eaux de l'Océan montent, elles vont du fud au nord, & alors le courant va du nord au fud. Lorsque la mer fe retire par un mouvement du nord au fud, le courant pour lors va du fud au nord.

Ce qu'il y a de plus remarquable, c'eft que, tant en allant qu'en revenant, il ne décrit pas une ligne droite, ainfi que les autres courans qu'on trouve dans quelques détroits, mais il fuit une portion de ligne circulaire.

Quand les eaux de la mer ont monté à moitié, celles du courant vont au fud-fud-eft. Plus la mer s'élève, plus il tourne vers le fud: de-là il fe dirige vers le fud-oueft, & du fud-oueft vers l'oueft.

Lorfque les eaux de la mer ont monté entièrement, le courant va vers le nord-oueft & enfuite vers le nord; &, vers le milieu du reflux, il recommence à tourner après avoir fufpendu fon cours quelques momens.

Le principal phénomène qu'on obferve alors, eft le retour du courant par l'oueft, en fe portant du fud-fud-eft vers le nord, comme du nord vers le fud-eft. S'il ne revenoit pas par le même chemin, il feroit fort difficile, pour ne pas dire impoffible, de faire la traverfée de la pointe de Lofœde aux deux grandes îes de Woërœn & de Roeft: ceux qui veulent paffer de la pointe de Lofœde à ces deux îles, attendent que la mer ait monté à moitié, parce qu'alors le courant fe dirige vers l'oueft; lorfqu'ils veulent revenir de ces îles vers la pointe de Lofœde, ils attendent le demi-reflux, car alors le courant eft dirigé vers le continent, ce qui fait qu'on paffe avec beaucoup de facilité.

Pour avoir une idée des circonftances qui contribuent au mouvement des eaux du courant, il fuffit de confidérer qu'il y a une petite langue de terre qui s'étend à feize milles du continent de la Norwège dans la mer, depuis la pointe de Lofœde, qui eft le plus à l'oueft, jufqu'à celle de Lofdingue, qui eft le plus à l'eft. Cette petite langue de terre eft environnée par la mer, & foit pendant le flux, foit pendant le reflux, les eaux y font toujours arrêtées, parce qu'elles ne peuvent avoir d'iffue que par fix petits détroits ou paffages qui ont découpé cette langue en autant de parties; quelques-uns de ces détroits ont tout au plus un quart de mille de largeur, & d'autres moitié moins. Lorfque la mer monte, les eaux qui vont vers le nord s'arrêtent en grande partie au fud de la langue de terre; elles font donc bien plus élevées vers le fud que vers le nord: lorfque la mer fe retire & va vers le fud, il arrive pareillement que les eaux s'arrêtent en grande partie au nord de la langue de terre, & font par conféquent bien plus hautes vers le nord que vers le fud.

Les eaux arrêtées de cette manière, tantôt au nord, tantôt au fud, ne peuvent trouver d'iffue qu'entre la pointe de Lofœde & celle de l'île de Woërœn, & entre cette île & celle de Roeft.

La pente qu'elles ont lorfqu'elles defcendent, caufe la rapidité du courant, & c'eft par cette raifon que cette rapidité eft plus grande vers la pointe de Lofœde que partout ailleurs. Comme cette pointe eft plus près de l'endroit où les eaux s'arrêtent, la pente y eft auffi plus forte; & plus les eaux s'étendent vers les îles de Woërœn & de Roeft, plus il perd de fa viteffe.

D'après tout ce qui précède, il eft aifé de concevoir pourquoi le courant eft toujours diamétralement oppofé au mouvement des eaux de la mer libre. Rien ne s'oppofe à celles-ci, foit qu'elles montent, foit qu'elles defcendent; au lieu que celles qui font arrêtées au-deffus de la pointe de Lofœde ne peuvent plus fe mouvoir ni en ligne droite ni au-delà de cette même pointe, tant que la mer n'eft pas defcendue plus bas, & n'a pas fait place, en fe retirant, à ces eaux arrêtées au-deffus de Lofœde.

Au commencement du flux & du reflux, les eaux de la mer ne peuvent pas détourner celles du courant; mais lorfqu'elles ont monté ou defcendu à moitié, elles ont affez de force pour changer fa direction. Comme il ne peut alors fe tourner vers l'eft, parce que l'eau eft arrêtée près de la pointe de Lofœde, il faut néceffairement qu'il fe porte vers l'oueft, où la pente le détermine. (*Voyez Journal étranger*, février 1758, pag. 25.)

On voit par tous ces détails, que les courans de la mer font principalement modifiés par la forme des côtes ou du fond, & que leur première exiftence & les détails de leur mouvement font des effets dépendans de cette forme; effets qui, par conféquent, la fuppofent pour avoir lieu. Comment a-t-on pu imaginer que ces courans & leur force active fur le fond du baffin de la mer, avoient creufé fur ce fond uni les vallées des grandes rivières & de toutes les eaux qui circulent à la fuperficie des continens? Si vous voulez avoir des courans, modifiez le fond de la mer ou les côtes de telle ou telle manière, & vous ferez fûr d'obtenir ces effets. Cette affertion eft prouvée par la defcription précédente du fameux courant de *Mofche*: c'eft en cela furtout qu'elle nous paroît précieufe, & c'eft dans ces vues que nous avons conferé tous les détails dans lefquels entre l'auteur fuédois qui nous la fait connoître. Mais fi vous voulez modifier de telle ou telle manière le fond du baffin de la mer, y creufer des vallées, vous n'avez, par exemple, pas de moyens dans la nature, à moins que vous ne diftribuez des courans fur un fol uni & libre. Il n'y a guère que l'intérêt d'un fyftème beaucoup plus vif que tous les autres intérêts, fans doute, qui puiffe donner cette confiance.

MOSELLE, rivière de France. La *Moselle*
prend sa source dans les Vosges; elle a deux
branches: la première a son origine un peu au-
dessus de Bussang, & suit une vallée profonde &
étroite qui débouche à Remiremont; c'est là que la
seconde branche de la *Moselle* se réunit à la première; elle prend son origine au lac de Lispac, &
suit de même une vallée étroite & profonde, semblable à la tige principale de la *Moselle*. Nous avons
observé dans ces deux vallées ce que nous avons
remarqué ailleurs en pareille circonstance; c'est
que tous les vallons latéraux, quoique nombreux
& multipliés, la plupart très-peu alongés & ayant
des pentes assez rapides, sont généralement abreuvés par un ruisseau d'eau courante, ce qui prouve
que les sources se trouvent à tous les niveaux
possibles. Le pays est aussi granitique, & la même
distribution des eaux a lieu en Limosin, dans
l'Auvergne, en Velay & dans les Cevennes, &c.
C'est en 1760 que nous avons fait la première
fois cette observation dans les Vosges; &, depuis ce temps-là, des courses multipliées au centre
de la France nous ont fourni les occasions fréquentes de la généraliser & d'en faire un principe.

A quelques lieues au-dessous de Remiremont,
la *Moselle* reçoit la Vologne, qui, comme la *Moselle*, a deux branches: la plus longue prend son
origine dans les lacs de Retournemer, Longemer
& Gerardmer, & dans un ruisseau qui reçoit le
trop plein de ces lacs; la plus courte prend son
origine du côté de Gerbepal. Elles coulent d'a-
bord du sud au nord-ouest, &, après leur réunion,
du nord-est au sud-ouest, elles viennent chercher
la *Moselle*. Cette rivière coule à l'ouest, ensuite
au nord-ouest, & après avoir reçu le Durbion &
l'Euron à sa droite, & à sa gauche le Madon du
second ordre, & qui prend sa source près celle
de la Saône, elle se rend à Toul, en tournant à
l'ouest. Toul est le point de son plus long détour
vers l'ouest. C'est là qu'elle change son cours &
semble aller chercher la vallée de la Meurthe, qui
est bien plus vaste & plus étendue que la sienne.
Effectivement, la Meurthe reçoit les eaux d'une
grande superficie de terrain, dont une partie est
comprise dans le massif granitique des Vosges:
elle a sa source près de Lubine, à l'extrémité de
la Lorraine; elle reçoit, un peu au-dessus de Saint-
Diey, les rivières du Valtin, dont la source est
voisine de celle de la Vologne & de la seconde
branche de la *Moselle*; à Raon-l'Etape, la plaine
qui coule du nord-est au sud-ouest. Les deux rivières réunies suivent la diagonale jusqu'à Lunéville, où la Meurthe se réunit à la Vezouze, qui
rassemble les eaux de plusieurs ruisseaux considérables. Enfin, à une lieue au-dessous de Lunéville,
la Meurthe se trouve grossie par la Mortagne, qui
prend son origine entre Bruyère & Saint Diey.

MOSELLE (Département de la). Ce département a pris son nom de sa principale rivière qui
l'arrose du sud au nord.

Il comprend une partie de l'ancien duché de
Lorraine & le pays Messin, l'un des trois évêchés
qui faisoient partie de ce duché.

Il est borné au nord par le département des Forêts & celui de la Sarre, à l'est par le département
du Bas Rhin, au sud par celui de la Meurthe, & à
l'ouest par celui de la Meuse.

Les terres de ce département sont très-fertiles.

Les principales rivières sont:

La *Moselle*, qui, ayant pris son origine dans les
Vosges, descend au nord, & traversant depuis Pont-
à-Mousson jusqu'à Sierck, arrose Metz & Thionville, & reçoit à sa droite la Meurthe & va se
rendre dans le Rhin à Coblentz. La *Moselle* reçoit
la Seille à sa droite, qui traverse les mines de
sel.

Si l'on se porte vers l'est, on trouve dans ce département la Sarre, qui passe à Sarewerden, Sa-
ralbe, Sarguemine, Sarrebruck, Sarailhe & à
Mertzig; c'est au-dessus de cette ville qu'elle reçoit la Nied française & la Nied allemande, qui,
après leur réunion, circulent beaucoup au milieu
du département. Vers l'ouest on voit l'origine de
l'Orne & les embranchemens du Chiers, dont l'un
passe à Longwy & l'autre à Longuion.

Les deux Nieds méritent grande attention:
l'une a son origine à l'ouest de Pottelange, passe à
Fouquemont, & se nomme la *Nied allemande*;
l'autre à sa source à l'ouest de Morhange, & se
distingue par le nom de *Nied française*: elles se
réunissent au sud-ouest de Boulay, &, sous la dénomination de *Nied*, arrosent Bouzonville, puis se
jettent dans la Sarre au nord-ouest de Sar-Louis.

Les principales villes du département sont
Metz, Thionville, Longwy, Sar-Louis.

MOUSSONS, sortes de vents périodiques qui
se montrent dans certains lieux & dans certaines
saisons: on appelle aussi *mousson*, la saison où soufflent
ces vents.

1°. Les *moussons* ont lieu particulièrement dans
la mer des Indes, & ne vont point au-delà de l'Archipel des Moluques & des Philippines. Cette
mer des Indes n'est, à proprement parler, qu'un
grand golfe formé par les côtes d'Afrique, d'Arabie, de Perse, des Indes, des îles de la Sonde &
de la Nouvelle-Hollande, entièrement fermée au
nord par les terres. (*Voyez* MER DES INDES.)
2°. Les *moussons* ne sont pas les mêmes au nord &
au sud de l'équateur, car les vents sont ou nord-
est ou sud-ouest dans la partie septentrionale, &
sud-est ou nord-ouest dans la partie méridionale.
Ainsi, tandis que le vent est nord-est au septentrion
de la ligne, il est nord-ouest au sud de la même
ligne; au contraire, lorsqu'il est sud-ouest au nord
de l'équateur, il est sud-est au sud de la ligne.

3°. L'étendue des *mouffons* differe auffi : au nord de la ligne elles règnent fucceffivement de l'équiteur jufqu'au fond du golfe de la mer des Indes, par vingt degrés de latitude, tandis qu'au fud de l'équateur, la *mouffon* du nord-oueft ne s'étend pas plus loin que huit à neuf degrés de latitude, excepté vers la Nouvelle-Hollande, où elle fe prolonge jufqu'à douze à treize degrés. Dans le *Neptune oriental* de M. Daprés, qui nous fournira tous les faits que nous citerons par la fuite, on a tracé fur la carte une ligne ponctuée pour ces limites. 4°. Les vents de nord-eft de la partie feptentrionale, & ceux de nord-oueft qui leur correfpondent dans la partie méridionale, durent fix mois, c'eft-à-dire, depuis le 15 octobre environ jufqu'au 15 avril : alors les vents de fud-oueft au nord de la ligne & ceux de fud-eft au midi leur fuccèdent pendant fix autres mois, c'eft-à-dire, depuis le 15 avril environ jufqu'au 15 octobre. Ainfi, le vent de nord-eft ou vent alifé ordinaire fe fait fentir dans la partie feptentrionale, & lorfque le foleil eft dans l'hémifphère auftral, & il y devient fud-oueft, c'eft-à-dire, qu'il fe porte vers les terres, lorfque le foleil a paffé au nord de la ligne. Ainfi, dans la partie méridionale, le vent alifé de fud-eft a fon cours ordinaire lorfque le foleil eft dans l'hémifphère boréal, & le vent de nord-oueft change cet ordre lorfque le foleil eft au fud de l'équateur.

Nous allons faire voir maintenant que toutes les combinaifons de ces vents dépendent des dilatations & des condenfations locales de l'atmofphère par l'action du foleil, ainfi que nous l'avons expliqué bien en détail à l'article des *vents variables*. Nous allons commencer cette application de nos principes aux faits par la *mouffon* du fud-oueft au nord de la ligne, & celle du fud-eft dans l'hémifphère auftral.

De la mouffon du fud-oueft au nord de la ligne, & de celle du fud-eft qui lui correfpond au fud de l'équateur.

Nous avons expliqué aux articles des *vents variables* & des *vents alifés*, comment la chaleur du foleil produifoit fur la terre la différence des combinaifons des vents qui règnent dans certains temps & dans certains lieux. Nous avons prouvé qu'à plufieurs égards l'action du foleil pouvoit être confidérée comme la caufe unique des vents, parce que toutes les autres circonftances qui y concourent, en dépendent toujours d'une manière très-fenfible & très-marquée.

C'eft particulièrement dans une région fituée fous la zone torride, où les terres réfléchiffent fortement les rayons folaires, que l'on obferve mieux ces effets; c'eft là qu'on retrouve en grand ces phénomènes qu'on remarque en détail; mais toujours affoiblis dans plufieurs autres parties de

la terre. Ainfi, quelque temps après que le foleil à paffé au nord de la ligne, on doit juger que les terres de l'Indoftan, de l'Arabie, de Siam, doivent recevoir & réfléchir une chaleur forte & puiffante; alors c'eft au-deffus de ces parties du continent, plutôt qu'à l'équateur, au-deffus des mers, que doit avoir lieu la plus forte dilatation de l'air. Les colonnes d'air fituées au fud de ces terres doivent donc fe porter vers elles avec une force d'autant plus grande, que la chaleur réfléchie eft plus forte, & auffi parce qu'il n'y a point de terre au fud qui puiffe affoiblir ou contre-balancer cet effet. Ainfi, depuis le 15 avril jufqu'au 15 octobre, les chofes doivent fe paffer comme nous l'avons dit & comme on l'obferve. Le vent doit fe porter alors vers les terres, & c'eft une fuite néceffaire de la forme du golfe de la mer des Indes, ouvert au fud & fermé par des côtes au nord. Les détails de ce qui fe paffe aux changemens de la *mouffon* du fud-oueft & pendant fa durée font encore très-propres à fervir d'appui à notre explication. En effet, la *mouffon* commence plus tôt proche des terres, & quelquefois s'y établit un mois plus tôt que de fe faire fentir en pleine mer; les diverfes côtes ne l'ont point non plus en même temps; elle eft plus tardive fur les côtes de la prefqu'île de l'Indoftan, qu'au-deffus des vaftes terres du continent d'Afie; il y a de même un mois de différence entre les parties qui la reçoivent le plus tôt, & celles où elle fe montre le plus tard. Enfin, cette *mouffon*, d'abord foible & variable, fe fortifie à mefure que le foleil s'avance dans l'hémifphère boréal, & elle eft dans fa plus grande force en juin, juillet & août; puis elle décroît jufqu'à fon changement, qui fe manifefte par des effets variés jufqu'aux calmes.

Tous ces faits ne prouvent-ils pas que la caufe des *mouffons* du fud-oueft ne vient pas du large, mais qu'elle eft la fuite de la chaleur des terres, ainfi que du gifement & de la nature de ces parties du continent, plus ou moins difpofées pour recevoir & réfléchir les rayons du foleil?

Dans cette même faifon, depuis avril jufqu'en octobre, rien ne gêne dans l'hémifphère auftral le cours ordinaire du *vent alifé*; & conféquemment on doit y trouver les vents du fud-eft pendant tout le temps que les vents de fud-oueft règnent dans l'hémifphère boréal. (*Voyez l'article* VENT ALISÉ.)

Nous devons remarquer ici un défaut d'exactitude & de précifion dans la direction des *mouffons*; car il femble d'abord que, d'après nos principes, les *mouffons* devroient être du fud, au-lieu qu'elles règnent du fud-oueft, d'où peut venir cette tendance qu'a le vent à fe ranger de la partie de l'oueft. Nous retrouvons ici un effet que nous avons remarqué fur les côtes de la Caroline & de l'Amérique feptentrionale. Il eft aifé de voir d'abord que la difpofition des côtes d'Ajan & de l'Arabie, en brifant le vent du fud, l'oblige à prendre la direction du gifement de la côte vers l'oueft; de même les terres de l'Indoftan, des Maldives & de Ceylan, qui, avançant beaucoup au fud, facilitent ce changement de direction en raréfiant l'air, & rendent ainfi le vent fud-ouest au lieu de fud. La côte orientale de l'Indoftan, qui court auffi au nord-eft, & les terres de Siam, de Malaye & des îles de la Sonde, qui forment l'enceinte du golfe à l'eft & qui raréfient l'air, produifent la même modification dans le golfe du Bengale & dans la partie orientale de la mer des Indes.

Au refte, il ne faut pas croire que la direction du vent de fud-ouest foit fans exception partout. On fait que, près des côtes de Coromandel, le vent, pendant cette *mouffon*, au lieu d'être fud-ouest, eft plus fouvent fud & fud-fud-eft, & il varie même jufqu'à l'eft. On y trouve même des brifes de terre & de mer. Ce n'eft qu'au large que la *mouffon* du fud-ouest eft plus marquée, & encore les vents y font-ils le plus fouvent fud, comme on le voit page 24 du *Neptune oriental*; jufqu'à ce que l'on approche des côtes de Siam & de Malaye : auffi le temps de la *mouffon* du fud-ouest eft ce que l'on appelle *l'arrière-faifon*, parce que le vent y eft moins régulier, moins marqué dans la *mouffon* du nord-eft, qui eft le vent naturel, comme nous l'avons dit en parlant du *vent alifé*. Dans les mers de la Chine il y a *mouffon* du fud-ouest dans le même temps que dans la mer des Indes; mais le voifinage des terres rend cette *mouffon* fujette à de grandes viciffitudes. Il ne paroîtra pas étonnant, au refte, que l'île de Bornéo ne gêne point le cours de vent de fud-ouest par la raréfaction qu'elle doit occafionner à l'air, lorfqu'on faura qu'il y pleut pendant onze mois de l'année. (*Voyez l'article* BORNÉO.)

De la mouffon du nord-eft au nord de la ligne, & de celle du nord-ouest qui lui correfpond au fud de l'équateur.

Depuis le 15 octobre jufqu'au 15 avril, c'eft-à-dire, quelque temps après que le foleil eft dans l'hémifphère auftral, pendant tout le temps qu'il y refte, & même un peu après, le vent eft nord-eft au nord de la ligne, parce que les terres du fond du golfe étant moins échauffées, n'interrompent plus, par une raréfaction fupérieure, le cours ordinaire du vent alifé, & que pour lors, vers l'équateur, eft rétablie la plus forte dilatation de l'air. On a remarqué que, près des côtes de Malabar, de Guzurate & de Guadel, il y a une exception à la *mouffon* du nord-eft; de forte que les vents y font de l'ouest au nord-ouest pendant cette faifon, comme nous l'apprend le *Neptune oriental*, page 25. Ce n'eft qu'au large qu'on retrouve le vent de nord-eft, & nous avons vu à l'article des *vents variables*, qu'il en étoit de même aux côtes de Guinée & du Pérou; mais comment, dans le même temps, le vent peut-il être nord-ouest au fud de la ligne? C'eft ce qui nous refte à examiner. Nous avons déjà remarqué que cette

mouffon du nord-ouest ne s'étendoit qu'à huit ou neuf degrés au fud de la ligne, excepté en approchant des côtes de la Nouvelle-Hollande, où elle s'étendoit jufqu'à douze ou treize degrés. Cette dernière circonftance nous indique très-naturellement l'influence de la raréfaction caufée par les terres de la Nouvelle-Hollande, furtout dans la faifon où le foleil les échauffe le plus puiffamment. Nous avons auffi remarqué qu'elle n'avoit pas lieu à l'ouest du méridien qui paffe par la pointe nord de Madagafcar. En effet, l'île de Madagafcar & la côte de Mofambique, par leur gifement & par la raréfaction qu'elles caufent dans l'air, ont leurs *mouffons* particulières du nord-eft & du fud-ouest, mais de telle forte que celle-ci dure huit ou neuf mois de l'année, parce que c'eft le vent alifé du fud-eft qui, en fe brifant fur la côte, devient fud-ouest, & que la *mouffon* du nord-eft ne fe montre que dans les mois où le foleil, placé verticalement au-deffus de ces terres, ou même au fud d'elles, y caufe une grande dilatation à l'air qui peut recevoir l'impreffion de leur chaleur réfléchie : auffi cette *mouffon* du nord-eft eft-elle accompagnée de tempêtes fréquentes, occafionnées par le choc des vents de nord-eft qui règnent dans le canal, & des vents du fud-eft au fud-ouest qui font en dehors, comme nous l'apprend le *Neptune oriental*, pag. 16.

On ne peut nous accufer de fauffes fuppofitions lorfque nous faifons brifer ainfi le vent fur les côtes. Nous avons déjà remarqué la même chofe aux côtes de la Caroline & de l'Amérique feptentrionale; & pour prouver combien les faits autorifent les conféquences que nous tirons de nos principes, nous obferverons que le même effet a lieu aux côtes du Bréfil fituées de la même manière. Les vents à cette côte font huit mois au fud-ouest & quatre mois au nord-eft, pendant que le foleil eft vers le tropique du capricorne.

Il faut remarquer, en général, que c'eft quelque temps après que le foleil a pu produire une certaine chaleur fur les terres, que la plus grande raréfaction de l'air a lieu : c'eft qu'alors elles en réfléchiffent davantage; de la même manière que les plus grandes chaleurs que nous éprouvons dans nos climats n'ont lieu qu'aux mois de juillet & d'août, & non conftamment au mois de juin.

Si nous revenons à la *mouffon* du nord-ouest au midi de l'équateur, on la connoiffoit peu, parce qu'on fréquentoit rarement, pendant le temps de fa durée, les parages où elle règne. On favoit, en général, que l'on n'y trouvoit plus les vents de fud-eft, & il étoit affez naturel de l'appeler *mouffon du nord-ouest*, par oppofition à celle de fud-eft, puifque, dans la partie boréale, on voyoit le vent de fud-ouest fuccéder à celui de nord-eft. C'eft en 1767 que M. le chevalier de Grenier, enfeigne des vaiffeaux du Roi, donna lieu d'acquérir quelques notions de plus fur ce mouvement de l'air,

en

en imaginant que l'on pouvoit tirer parti de ce vent pour aller de l'Ile-de-France à Pondichéry, & dans le golfe du Bengale pendant la durée de cette *mousson*. Cet officier trouva des contradicteurs. Comme l'objet valoit la peine d'être éclairci, le roi de France arma des bâtimens pour l'examen de cette route, & voici ce que cet examen nous a appris : « On trouve par cinq degrés de latitude sud jusqu'à la ligne, une bande de vent d'ouest qui souffle depuis novembre jusqu'en avril : ces vents sont foibles ; ils varient, & le plus souvent ils sont réduits au calme. Pour avoir le plus de frais possible, il faut se tenir entre 4 d. & 4 d. 40' de latitude. » Telle est la *mousson* du nord-ouest : l'on voit par-là qu'elle mériteroit mieux le nom de *mousson de l'ouest*, ou plutôt que ce vent ne doit point avoir la dénomination de *mousson*, qui semble annoncer un vent frais déterminé. Il paroît évident que c'est l'action du soleil sur l'atmosphère qui détruit le vent alisé du sud-est, en raréfiant fortement l'air, comme on a vu que pareils effets avoient lieu sous la ligne, dans l'Océan atlantique, où l'on trouve des calmes interrompus de temps en temps par des orages & des brises variables ; cependant, dans la circonstance présente, il paroît que quelque cause plus particulière détermine le vent à se ranger vers l'ouest, & qu'il convient de la faire connoître : cet effet paroît provenir de la raréfaction occasionnée par les terres des îles Moluques & de la Sonde, car près de ces terres le vent, dans cette même saison, est, ainsi que le gisement des côtes, du nord-nord-ouest à l'ouest ; & cette explication devient encore plus probable par l'étendue de cette même *mousson* en latitude jusque par treize degrés en approchant de la Nouvelle-Hollande. Les vents de sud-ouest & les orages du canal de Mosambique peuvent concourir à ce changement. Ce qui rend ce concours vraisemblable, ce sont les pluies considérables & continuelles aux côtes de Coromandel pendant cette saison, comme il y en a pendant la *mousson* du sud-ouest aux côtes de Malabar. La qualité de ces vents d'ouest ajoute encore à la vraisemblance de cette explication : ils sont foibles, variables, & le plus souvent calmes ; ce qui dénote des causes accidentelles & de peu de puissance. Si ces colonnes d'air, d'ailleurs, se condensant, se dirigent vers l'est, c'est qu'elles ne peuvent s'échapper au midi, à cause des vents de sud-est qui y sont perpétuels ; ni au septentrion, où il règne alors des vents de nord-est ; ni au couchant, où il y a des vents très-marqués de sud-ouest au sud pendant la plus grande partie de l'année, & des orages pendant l'autre partie, & qu'il est naturel en conséquence qu'elles prennent leur cours vers l'est, où les terres des îles de la Sonde, des Philippines & des Moluques produisent une grande raréfaction dans l'atmosphère.

On pourroit peut-être objecter contre cette hypothèse, & demander pourquoi un effet semblable n'a pas lieu dans l'Océan atlantique & dans

la mer du Sud ; mais on répondra que l'on trouve dans ces deux mers, comme dans celle des Indes, sous l'équateur, une bande d'air raréfié sujette aux calmes, aux orages & à de petites brises variables qui soufflent souvent de l'ouest, & surtout lorsqu'on a les terres plutôt à l'orient qu'à l'occident : mais si ces effets sont moins fréquens dans la mer des Indes ; c'est que la côte de Mosambique est la seule qui, par son gisement nord-est & sud-ouest, & par une île considérable ayant la même situation, forme un canal où les vents resserrés soufflent avec force, & de manière à s'opposer à ce que cette bande d'air raréfié suive son cours vers l'ouest, où devroient naturellement l'entraîner les vents de nord-est & ceux de sud-est qui la bordent.

Mais on peut objecter encore que la bande d'air raréfié par les rayons solaires se trouve ici presqu'entièrement dans la partie australe, tandis que, dans les autres mers, elle est au contraire presque toute entière dans la partie boréale, & paroît en effet devoir s'y trouver d'après le principe très-sensible, que l'hémisphère austral, plus froid, occasionne une pression plus forte, & capable de surmonter la raréfaction causée par la chaleur. Cette observation est juste ; mais nous répondrons que la bande d'air raréfié est plus resserrée dans la mer des Indes que dans les autres mers, puisqu'elle n'a guère au-delà de huit degrés de latitude, tandis qu'on a vu à l'article des *vents variables*, qu'elle en a jusqu'à onze dans l'Océan atlantique. M. Daprés indique de se tenir entre 4 d. & 4 d. 40' de latitude sud pour trouver plus de frais à la *mousson* de l'ouest, dont nous venons de discuter toutes les circonstances. On pourroit en conclure qu'elle s'étend plus loin au sud que de 4 d. 40', ainsi que nous l'avons déjà dit ; mais alors elle est plus calme, plus sujette aux vicissitudes & à la puissance latérale du vent alisé de sud-est, à peu près de la même manière que le milieu du lit d'un courant d'eau est plus rapide & plus marqué, & que les bords sont sujets à des remoux & à des mouvemens irréguliers d'eau.

MOUTIERS EN TARENTAISE, dans le ci-devant département du Mont-Blanc. Ce lieu, il y a deux années, étoit encore le siége de l'école pratique des mines ; il est situé au milieu d'une vallée qui renferme les plus grandes richesses minérales. On y indique vingt-trois mines de houille, cinq de fer, dix-sept de cuivre, deux de plomb, sept de plomb & argent, quatre d'or, quatre d'antimoine, trois de soufre ; il y a quatre endroits d'où l'on peut extraire du cristal, quatre sources d'eau minérale, trois fontaines salées & le roc salé d'Arbonne ; enfin, neuf carrières d'ardoise, cinq de marbre & trois usines. On se propose de fonder à Saint-Etienne, dans le ci-devant Forez, une sorte d'école pratique pour remplacer celle de Moutiers, & dans laquelle on ne recevra pour élèves que des jeunes gens sachant lire & écrire.

MULHEIM, dans le ci-devant département français de la Roër. Une fouille faite dans ce lieu a présenté les résultats suivans :

1°. Sable mêlé de pierres, recouvert d'une légère couche de marne................. 36 pieds.

2°. Terre à foulon, fine & douce au toucher....................... 12

3°. Terre jaune très-divisée, mêlée d'ochre & d'argile................ 24

4°. Schiste brun................ 48

5°. Gros sable gris.............. 30

6°. Lit de houille divisé en plusieurs assises distinctes, incliné d'environ six degrés, du sud-est au nord-ouest..... 4

Total........... 154 pieds.

A quelques toises plus bas est une autre couche de houille, mais peu abondante.

MUNSTER-APEL, dans le ci-devant département du Mont-Tonnerre. Il existe près de ce lieu des mines de mercure sulfuré, dans lesquelles on trouve, comme à Mœrsfeld, des vestiges de corps organisés, & notamment des ichtyolites mouchetés de mercure sulfuré rouge.

MUTSCHEID, dans le ci-devant département de Rhin & Moselle, arrondissement de Bonn. Il y a près de cet endroit des mines de plomb sulfuré, dont l'exploitation, abandonnée depuis la guerre de trente ans, a été reprise en 1809, ainsi que celle d'un grand nombre d'autres mines. Elle a été abandonnée de nouveau.

NAGIAG ou NAGYAG. Les mines de Certes & de *Nagyag* font situées dans les montagnes de Cétras en Tranfylvanie. Ces montagnes font compofées de porphyre fyénite, dont le feld-fpath & le hornblende font ordinairement très-compofés. Il y a aufli des grès, & c'eft dans un terrain de cette dernière nature que font les filons de *Nagyag*.

Ils font au nombre de huit; leur direction eft du fud au nord. Tous, à la réferve d'un feul, s'inclinent de l'oueft à l'eft, en fens contraire de la pente de la montagne. Leur épaiffeur eft de fix à fept pouces. L'orpiment (arfenic fulfuré rouge) qu'ils renferment y eft abondant, & mêlé au tellure, au plomb fulfuré, à la manganèfe, au zinc & au fer; c'eft le mélange qui eft connu des minéralogiftes fous le nom d'*or de Nagyag*.

Les mines de *Nagyag* font non-feulement les plus riches de la Tranfylvanie, mais aufli celles dont l'exploitation eft conduite avec le plus de régularité. Les profondes galeries qu'on y a faites prouvent qu'on ne s'occupe pas feulement du préfent, mais qu'on fonge aux intérêts de la poftérité.

NANT-SAUVAGE. Les montagnes des environs de Salanches en Savoie, & de Saint-Martin dans la vallée de l'Arve, en Savoie, font prefque toutes d'ardoifes, & dans plufieurs endroits d'ardoifes décompofées; elles renferment des efpèces de baflins fort étendus, dans lefquels les orages accumulent une immenfe quantité d'eau. Lorfque ces eaux parviennent à une certaine hauteur, elles rompent tout-à-coup quelqu'une des parois peu folides de leurs réfervoirs, & defcendent alors avec une impétuofité terrible. Ce n'eft pas de l'eau pure, mais une efpèce de boue liquide, mêlée d'ardoife décompofée & de fragmens de rochers. La force impulfive de cette bouillie denfe & vifqueufe eft incompréhenfible; elle entraîne des rochers, renverfe les maifons qui font fur fon paffage, déracine les plus grands arbres, & dévafte les campagnes en creufant de profondes ravines, & en couvrant les terres d'une épaiffeur confidérable de limon, de gravier & de fragmens de rocher. Lorfque les gens du pays voient venir ce torrent, qu'ils nomment *Nant-Sauvage*, ils pouffent de grands cris pour avertir ceux qui font au-deffous de fuir loin de fon paffage. On comprend que, dès que le réfervoir eft vide, le torrent ceffe, ou du moins diminue confidérablement: il dure rarement plus d'une heure.

Cet accident eft très-rare: « Je ne ne l'ai vu, dit M. de Sauffure, qu'une feule fois en 1767; & quoiqu'au moment où je le rencontrai, il fût déjà fur fon déclin, j'en vis affez pour m'en former une idée. On ne peut pas imaginer un fpectacle plus hideux; ces ardoifes décompofées formoient une boue épaiffe, dont les vagues noires rendoient un fon fourd & lugubre; & malgré la lenteur avec laquelle elles fembloient fe mouvoir, on les voyoit rouler des troncs d'arbres & des blocs de rochers d'un volume & d'un poids confidérables. »

NAPHTIA en Dalmatie. Ce lac, ou plutôt ce baflin, voifin de la colline où réfidoit l'antique ville de Palica, n'a que vingt-toifes de diamètre; il eft à peu près rond, & dans fon centre il a fix ou huit pieds de profondeur: encore n'a-t-il cette étendue qu'en hiver, lorfque fes eaux font dans leur plus grande abondance; en été ce petit lac fe trouve divifé en fix petits baflins, fitués à peu près au milieu du baflin général, c'eft-à-dire, que le lit de ce lac étant à-fec, l'eau ne fe montre plus que dans fix trous un peu plus profonds. Alors ces baflins contiennent une eau qui exhale une très-forte odeur de bitume.

Ces vapeurs font très-malfaifantes, tant pour les hommes que pour les animaux qui ne prennent pas le deffus du vent en approchant de ce lac.

Les eaux de ce lac font toujours agitées par un vent ou par des émanations fouterraines qui les font bouillonner: il femble que ces eaux fortent en abondance; mais ce n'eft toujours, comme nous venons de le dire, que l'effet d'une émanation qui fe fait jour à travers cette eau, laquelle ne croît pas. Ces émanations actives emportent avec elles des particules de bitume qu'elles exhalent en s'évaporant dans tous les environs.

Cette eau eft verdâtre & boueufe. Un de ces lacs offre l'eau jailliffante à une plus grande élévation. La forme de ce jet eft celle d'une gerbe qui a trois pieds de hauteur, & quelquefois davantage.

Lorfqu'on enfonce une canne dans le trou par où elle s'échappe, on ne peut atteindre le fond; mais quand on le trouveroit, on n'en feroit pas plus éclairé fur la caufe de ces phénomènes, car le canal fouterrain qui amène cette eau dans le baflin du lac ne doit pas avoir une direction verticale comme celle d'un puits, & doit venir de très-loin. Les eaux de ce dernier baflin font beaucoup plus jaunes que celles des premiers. Ce qui prouve d'une manière bien décifive que tous les phénomènes dont nous avons parlé, relativement aux mouvemens de ces eaux, font dus à des émanations fouterraines, c'eft que, lorfque les eaux font baffes dans le baflin général, on voit des cavités qui demeurent à fec, & qui ont des trous d'où il s'é-

chappe perpétuellement un courant d'air. Lorfqu'on en approche l'oreille, on entend le bruit qu'il
fait en fe dégageant de ces paffages tortueux &
obftrués en grande partie.

Les vapeurs chargées de bitume, en s'exhalant dans l'atmofphère, fe mêlent aux nuages &
produifent un phénomène qu'on nomme *fata mor-
gana*.

Tout le terrain du fond du grand baffin du lac
eft très-mou, & cependant a une forte d'élafticité.
Lorfque le lac eft plein, l'ébullition des petits
baffins fe fait toujours apercevoir, quoiqu'ils ne
forment plus qu'un lac avec lui; les jets de leurs
fources & des émanations qui les accompagnent,
font très-vifibles & très-remarquables, malgré la
couche d'eau qui les recouvre.

NAPLES. (Royaume & ville de). Le royaume
de *Naples*, une des plus belles parties de l'Italie,
préfente toutes les richeffes d'un fol extrêmement
fertile, les produits curieux de l'ancienne action
des feux fouterrains, & les phénomènes étonnans
du mont Véfuve toujours en activité.

L'Apennin, qui s'étend jufqu'à l'extrémité méridionale de l'Italie, forme la chaîne des montagnes qui fe trouvent dans le royaume de *Naples*;
il eft, comme les Alpes, bordé par en bas de
collines compofées de fables, de grès & d'autres
débris, mais moins abondans & d'un moins grand
volume que ceux des Alpes. Les montagnes de
l'Apennin font prefque toutes de feconde formation, calcaires, ollaires, fchifteufes, remplies
de mines & de marbres. Depuis le mont Traverfo,
entre Bologne & Florence, on y trouve fréquemment des veftiges d'anciens volcans; mais ils deviennent plus communs à mefure qu'on approche
de *Naples*, où tous les environs n'offrent que des
productions volcaniques. Les îles voifines, telles
que Procida, Ifchia, Ventotiene, Monte-Chriflo,
font entièrement volcaniques. A l'orient de *Naples*,
au milieu de tant de volcans éteints, le Véfuve
eft le feul dont les feux foient encore allumés.

Parmi les phénomènes phyfiques que la nature
étale dans ce pays, on remarque la grotte du Chien,
fameufe par la mofete qui en fort, & la Solfatare,
ainfi nommée à caufe de la quantité de foufre
qu'elle contient, & dont, en certains endroits,
le terrain eft brûlant à la furface.

Les plaines de ce beau royaume, ainfi que toutes
celles de l'Italie, ont été recouvertes par les eaux
de la mer dans des temps antérieurs à tous les
monumens hiftoriques, mais pourtant poftérieurs
à la formation des montagnes & aux premières
révolutions de notre Globe. Celle de la Campanie
heureufe a éprouvé l'action des feux fouterrains;
fon fonds eft tout volcanique; mais il eft entièrement recouvert d'épaiffes couches de fable, de
gravier & de galets chariés par les eaux, & mêlés
même encore de coquillages; enfin, dans les lieux
mêmes que les volcans femblent avoir le plus ref-

pectés, on trouve fréquemment d'autres indices
de l'action des feux fouterrains, tels que des
fources chaudes, des vapeurs enflammées, des
bullicames ou fontaines qui paroiffent bouillantes.

La variété des pierres de cette contrée eft immenfe : on fe contentera d'en indiquer quelques-
unes.

1°. Les laves proprement dites, qui font des
pierres ou des terres fondues par l'action des feux
des volcans. Les unes font informes, & d'autres
font en prifmes réguliers ou bafaltes; on y trouve
auffi des laves poreufes, des laves filamenteufes
ou pierres-ponces, & des débris atténués de ces
différentes efpèces ou pouzolanes, &c.

2°. Les terres ou pierres qui n'ont été qu'à
demi fondues, & qui ont confervé en partie les
formes & les caractères qu'elles avoient avant
d'être attaquées par le feu : tels font les granites
volcaniques, dans lefquels on reconnoît encore les
criftaux du feld-fpath, les fragmens du quartz, &c.

3°. Les pierres qui ont entièrement éludé ou
furmonté l'action des feux volcaniques; celles,
par exemple, qui ont été lancées par des explofions fouterraines fans avoir fubi aucune altération, comme ces fragmens de marbre que l'on
trouve épars fur les flancs du Véfuve, &c.

4°. Les mélanges de terre, de pierres & de
laves brifées qui ont été vomies par les volcans
fous la forme d'une bouillie aqueufe, & qui ont
acquis enfuite une plus ou moins grande confiftance, tels que le *tufa* de *Naples*, le péperino de
Rome; telle eft encore la matière qui a englouti
Herculanum.

5°. Les laves ou autres productions de volcans
qui ont été décompofées par l'action, foit de l'eau,
foit de l'air, foit des fumées fulfureufes, comme
les laves blanchies & les argiles de la Solfatare.

6°. Les matières qui, après être forties des
volcans fous quelqu'une des formes précédentes,
ont été diffoutes par les eaux & enfuite criftallifées
ou agglutinées fous des formes entièrement nouvelles, comme les hydropales de Vicence, les
brèches volcaniques du Val-d'Agno, & les matières criftallifées qu'on trouve dans les laves.

Le climat de ce royaume eft extrêmement chaud.
Les plantes d'orangerie de toute efpèce réuffiffent
en plein air fans aucun abri ; mais il gèle pourtant
encore, même dans les lieux peu élevés au-deffus du niveau de la mer.

Le territoire eft d'une fertilité prodigieufe en
grains, fruits, & tout ce qui peut rendre la vie
agréable & heureufe.

Les vignes font abondantes dans ce royaume;
elles font toutes élevées fur des peupliers : cela
rend les campagnes très-fraîches & très-riantes.
On ne peut rien voir de plus agréable que celles
où l'on paffe en arrivant de Rome à *Naples* par
Capoue ; le chemin eft bordé par des campagnes
couvertes de grands peupliers; ces arbres font
joints par des vignes qui vont fouvent de l'un à

l'autre en forme de guirlandes. Il y a trois ou quatre ceps de vigne à chaque peuplier, & dix à douze pas de diftance d'un arbre à l'autre. Dans bien des endroits, les bords du chemin font couverts, par des buiffons de myrte *mâle* : cet arbriffeau, que les Italiens appellent *mortella*, eft toujours vert; fa feuille eft alongée & d'un vert-tendre, à la différence de celui qu'ils appellent improprement *myrte femelle*, dont la feuille eft plus courte & d'un vert plus foncé : fon fruit, qu'on appelle *myrtille*, eft une petite baie comme celle du genièvre, mais d'un goût plus agréable. On y voit auffi, même à la fin de décembre, des fleurs de toute efpèce, & furtout des narciffes qui y croiffent naturellement & en abondance.

C'eft à tort qu'on a écrit que, dans ce climat, la vieille feuille ne tombe point des arbres qu'elle ne foit pouffée par la nouvelle : cela n'eft pas étonnant par rapport aux pins, cyprès, leccini ou chênes-verts, & par rapport aux orangers qui font verts en toute faifon; mais à l'égard des chênes ordinaires, des ormes, des noyers & autres arbres qui chez nous quittent leurs feuilles pendant l'automne, ils les quittent également dans les environs de *Naples*, feulement fix femaines plus tard qu'en France, & ils les reprennent fix femaines plus tôt; ces arbres s'y élèvent moins hauts qu'en France & dans le Nord : la grande chaleur les rend tortueux & petits, & ils fe couronnent de bonne heure; mais ils font plus denfes, & furtout beaucoup plus durs que les nôtres : les ormes, les chênes, & même les noyers d'Italie employés au charronnage, durent fix fois plus que chez nous.

La verdure du printemps eft plus belle dans le royaume de *Naples* : le vert des arbres eft moins obfcur qu'il ne l'eft en France.

Les mûriers y font très-cultivés; mais il y en a plus de noirs que de blancs, ce qui rend la foie moins belle que dans le refte de l'Italie.

Beaucoup de ruiffeaux & de rivières contribuent à l'extrême fertilité de ce beau pays. Plufieurs ports de mer excellens y entretiennent un commerce avantageux : ceux de *Naples*, de Gaëte, de Baies, de Reggio, font précédés de golfes & de rades qui font très-favorables : celui de Tarente eft un des meilleurs de la Méditerranée.

Le commerce de *Naples* confifte en blé, huile, laine, troupeaux, foie écrue, taffetas, chanvre, poil de peaux de lapins, merrain pour les tonneaux, manne, effences, marbres & autres objets.

Le caractère des Napolitains eft extrêmement tranquille : les jaloufies cruelles, les vengeances atroces, qui étoient fi communes dans les derniers fiècles, ne paroiffent plus aujourd'hui; les Grands vivent en fociété ainfi qu'à Paris, & avec la même liberté. La fociété y eft extrêmement agréable. La nobleffe y eft riche, magnifique, & vit d'une manière pleine d'aifance & de charmes. Le peuple y eft peu laborieux, ce qui nuit à la profpérité de

cet Etat, qui offre d'immenfes reffources, tant du côté de l'agriculture que du côté du commerce &. de la marine. Parmi les arts agréables qu'on y cultive, la mufique fe fait diftinguer; elle eft le triomphe des Napolitains. Il femble que, dans ce pays-là, les cordes du tympan foient plus tendues, plus harmonieufes, plus fonores que dans le refte de l'Europe. : la nation eft toute chantante; le gefte, l'inflexion de la voix, la profodie des fyllabes, la converfation même, tout y marque & y refpire l'harmonie & la mufique : auffi *Naples* eft-elle la fource principale de la mufique italienne & des grands compofiteurs.

NAPLES, ville capitale de ce royaume, préfente le plus fuperbe afpect. On ne peut rien imaginer de plus beau, de plus grand, de plus orné, de plus fingulier à tous égards, que le coup d'œil de cette ville, de quelque côté qu'on la voie : elle eft placée au fond d'un baffin appelé en italien *Cratere*, qui a deux lieues & demie de largeur & autant de profondeur; il femble prefque fermé par l'île de Caprée qui fe préfente du côté du midi, & quoiqu'à fept lieues de diftance, termine agréablement la vue. On croit voir aux côtés de cette île, deux ouvertures; mais l'une a plus de huit lieues de largeur, & l'autre feulement une lieue : quoique vues de *Naples*, elles femblent prefqu'égales. Le contour de ce baffin eft orné, du côté de l'orient, par le palais de Portici, par les villages & les maifons de campagne qui fe fuivent fans interruption depuis *Naples* jufqu'au-delà de Portici. Le Véfuve, qui s'élève par-delà, rend ce fpectacle plus grand & plus impofant; Herculanum & Pompeïa font du même côté. A l'occident font les maifons agréables & la grotte fingulière de Paufilipe, les feux de la Solfatare & la grotte du Chien : tout ce qui environne ou avoifine le baffin de *Naples*, eft extraordinaire & fameux. Du côté du nord elle eft entourée par des montagnes qui forment une couronne autour de la ville; enfin, on y voit l'extrémité de la terre de Labour, c'eft-à-dire, de ces campagnes fertiles & célèbres que les Romains appelèrent la *Campanie heureufe*, & qu'ils regardoient comme le pays le plus riche & le plus beau de l'Univers.

Naples eft fituée au fond de ce théâtre, fur le penchant d'une montagne; elle embraffe la mer par une vafte étendue de fauxbourgs, la domine par des châteaux, l'embellit par des maifons fuperbes, diftribuées en amphitéâtre depuis le haut de la montagne jufqu'en bas; ce développement & ce coup d'œil font une des plus belles chofes qu'il y ait au monde, & tous les voyageurs conviennent qu'ils ne connoiffent rien de comparable à la beauté de cette fituation. On ne peut lui oppofer que la vue de Conftantinople & celle de Gênes, qui en approchent le plus.

Le baffin de *Naples* eft terminé fur la droite par le cap de Mifène; fur la gauche par le cap de Maffa,

Entre l'île de Caprée & chacun de ces deux caps, on voit l'immensité de la mer comme par une échappée. Ce coup d'œil noble & vaste agrandit l'imagination, sans offrir une monotonie ennuyeuse, comme les vues qui n'ont absolument que la mer pour borner l'horizon.

Le Sebeto, petite rivière qui descend des collines situées du côté de Nola, fertilise les environs de Naples, & se jette dans la mer sous le pont de la Madeleine, qui est situé dans la partie la plus orientale de la ville. La plus grande partie des eaux qu'il rouloit autrefois a disparu dans une éruption du Vésuve; on dit même qu'il étoit resté à sec, & qu'il reparut dans l'endroit qui a conservé le nom de la Bulla ou la Volla, qui est une espèce de petit étang à deux lieues de Naples; d'où l'on tire l'eau pour la ville.

La ville de Naples, ainsi que toutes les villes de l'Italie, est très-bien fournie d'aqueducs & de fontaines; il y a deux grands cours d'eau qui se distribuent dans la ville: l'un a sa source vers Santa-Agata, vingt-six milles au nord-est de Naples; l'autre a deux sources éloignées qui viennent se réunir à la Volla, à deux lieues de Naples.

Le port de Naples, qui est dans la partie orientale de la ville, est un carré d'environ cent cinquante toises en tous sens, défendu par un grand môle qui le ferme à l'occident & au midi, & par un petit môle qui le défend au nord: il est petit, mais la rade est très-bonne vis-à-vis de Sainte-Lucie, entre le château neuf & le château de l'Œuf.

Il y a dans le golfe un courant singulier qui vient de Portici, passe près du port, & va joindre le Pausilipe à l'occident de Naples; c'est peut-être une suite de celui qui fait tout le tour des côtes de la mer Méditerranée.

La plus grande longueur de Naples, du nord au sud, est de 2300 toises, & sa largeur d'orient en occident est de 2030 toises. Cette ville est pavée de larges dalles, qui sont d'une véritable lave.

Comme nous l'avons vu plus haut, le climat de Naples est extrêmement chaud, non-seulement par sa position, qui n'est qu'à 41 degrés de latitude, mais encore à raison des montagnes environnantes, qui concentrent & répercutent la chaleur, & peut-être encore à raison des fourneaux souterrains de la Solfatare & du Vésuve.

Cependant le thermomètre n'y monte guère au-delà de 24 degrés de Réaumur, & bien des gens trouvent l'été de Naples plus supportable que celui de Rome, où le scirocco, vent du sud-est qui règne en été, cause un abattement général dans certains temps. Cette saison y est incommode pour les Français, jusqu'à ce que les pluies qui viennent à la fin de septembre y aient un peu modéré la chaleur; mais aussi l'hiver y est délicieux, & l'on ne s'y chauffe jamais.

Cependant on passe quelquefois très-subitement du chaud au froid, & le vent du nord y cause des maladies de poitrine; aussi les Napolitains aiment mieux le scirocco, qui est aussi le vent le plus ordinaire, & qui ne produit pas le même effet qu'à Rome.

Il ne neige presque jamais à Naples; il y pleut moins souvent qu'à Paris; mais la quantité de pluie y est plus considérable. On peut juger par-là que Naples n'est pas exempte des vicissitudes de pluie & de beau temps, qu'on a toujours dans les zones tempérées au bord de la mer. Ce n'est que dans la zone torride où sur les hautes montagnes, en Europe, qu'on n'éprouve point ces vicissitudes, parce que les nuages & les vapeurs ne s'y élèvent que difficilement, & que l'air y est à peu près également pur & léger.

Le climat de Naples étant beaucoup plus chaud que le nôtre, est aussi beaucoup plus sujet aux insectes: la zanzara, entr'autres, qui est une espèce de cousin, est très-incommode.

La tarentule est un des animaux les plus singuliers dont on ait parlé, & même une des choses extraordinaires du royaume de Naples: c'est une grosse araignée qui a huit pieds comme les nôtres, & dont le corps est composé de deux parties séparées par un canal très-mince. On a dit & imprimé mille fois que sa piqûre causoit la mort, si l'on ne faisoit danser le malade jusqu'à la défaillance, & que la musique étoit le spécifique de cette espèce de poison; mais cette fable est détruite par des expériences faites sans aucun inconvénient de la morsure de cette araignée; & Serrao, célèbre physicien de Naples, assure que le mal qu'elle fait, n'est pas plus considérable que celui d'une guêpe: d'ailleurs, la tarentule se trouve dans des pays plus chauds que la Pouille, où l'on n'a jamais fait de pareils contes à son sujet.

Placée dans un territoire extrêmement fertile, entourée de campagnes riantes où la nature prodigue étale ses plus précieux trésors, Naples compte encore au nombre des agrémens que sa position lui procure, celui d'une pêche abondante, variée & facile.

Les catacombes de Naples sont fameuses; elles sont bien plus grandes & bien plus belles que celles de Rome, qui sont taillées dans un gravier ou sable tendre, & qui sont basses & étroites: celles de Naples passent pour avoir deux milles de longueur. Ces souterrains ne s'étendent pas sous la ville, ainsi que ceux de Rome; ils sont pratiqués au nord de Naples, au travers d'une montagne, & creusés les uns sur les autres; ils ne sont pas, comme on l'a dit plusieurs fois, taillés dans le roc vif, mais en partie dans la pierre dont on se sert à Naples pour bâtir, & en partie dans une terre compacte, ou, pour mieux dire, dans une espèce de sable d'un jaune-roussâtre, ferme & même dur dans certains endroits, qui est une véritable pouzzolane durcie qu'on prendroit quelquefois pour du tuf. Il y a apparence que, dans l'origine, ce n'étoit que des excavations de sable ou des espèces de carrières. Plus on examine ces souterrains, plus on s'aperçoit qu'ils ne peuvent avoir été creusés pour d'autres objets : tout l'indique ; la nature du fable que l'on en tire, qui est de véritable pouzolane, les finuofités des routes, qui n'ont été occafionnées que pour ne pas perdre les veines de ce fable fi recherché, à caufe de fa dureté dans les conftructions fous l'eau. Toute autre origine paroit infiniment moins vraifemblable.

Grotte du Chien.

Cette grotte eft fituée à côté du lac d'Agnano, entre *Naples* & *Pouzzole*, fur le chemin qui conduit à cette dernière ville, à deux milles de la première, & fur le revers d'une des montagnes qui fervent d'enceinte à la *Solphatara*, autrefois *Forum Vulcani*.

Cette fameufe mofette a pris le nom moderne qu'elle porte, de ce qu'on éprouve communément fes effets pernicieux fur les chiens ; elle ne laiffe pas cependant d'être également funefte aux animaux qui fe trouvent expofés aux vapeurs qui y flottent. On dit que Charles VIII, roi de France, en fit l'effai fur un âne, & que deux efclaves, qu'un vice-roi de *Naples* eut la cruauté d'y mettre la tête en bas, y perdirent la vie. Au refte, fans s'arrêter à tous ces traits hiftoriques, nous croyons plus important de donner une defcription de la grotte.

Elle a environ huit pieds de hauteur, douze de longueur, fur fix de profondeur : il s'élève de fon fond une vapeur chaude, tenue, fubtile, qu'il eft aifé de difcerner à la vue. Cette vapeur forme un jet continuel qui couvre toute la furface du fond de la grotte. Il y a cette différence entre cette vapeur & les vapeurs ordinaires, que la vapeur malfaifante ne fe difperfe point dans l'air, mais qu'elle retombe un moment après s'être élevée à une très-petite hauteur qu'elle ne franchit pas ordinairement. La couleur des parois de la grotte, qui eft d'un vert-foncé, eft la mefure de fon élévation, qui eft d'un peu plus de dix pouces : ce qui eft au-deffus a confervé la couleur ordinaire de la terre dont on les a enduites.

Le docteur Mead s'eft tenu debout dans la grotte, la tête haute, fans en recevoir la moindre incommodité, & tout animal dont la tête fe trouve, par fa petiteffe, au-deffous de la marque que nous avons indiquée pour la furface de la vapeur, & en reçoit par conféquent l'impreffion, perd tout-à-coup le mouvement comme s'il étoit étourdi ; enfuite, au bout d'une trentaine de fecondes, il a perdu tout fentiment comme les perfonnes qui tombent en défaillance. Bientôt après, fes membres font attaqués de tremblemens convulfifs. A la fin, c'eft-à-dire, dans l'efpace d'une minute, il ne conferve d'autre figne de vie qu'un battement prefqu'infenfible du cœur & des artères, qui ne tarde pas même à ceffer lorfqu'on laiffe l'animal un peu trop long-temps, c'eft-à-

dire, deux ou trois minutes, & pour lors fa mort eft infaillible. Si, au contraire, d'abord après la défaillance, on le tire dehors de la grotte, il reprend fes fens & fes efprits, furtout lorfqu'on le plonge dans le lac d'Agnano, qui eft à vingt pas de la grotte.

Au refte, cette dernière circonftance n'eft pas d'une néceffité abfolue : il fuffit de jeter le chien fur l'herbe d'une prairie qui avoifine la grotte, pour que peu de temps après il reprenne fa vigueur ordinaire au point de courir. On conçoit même que, fi l'on jettoit le chien, au fortir de la grotte, affez avant dans le lac pour qu'il eût befoin d'y nager, étant immobile dans ce moment, il pourroit bien y périr plutôt que d'en revenir.

Nous obfervons que l'expérience fe fait ordinairement par celui qui a la clef de la grotte, & qui la tient fermée. Il fait pour cela ufage de fon chien, lorfque quelque voyageur le défire. Pour lors il couche toujours cet animal à terre dans la grotte, pour lui faire éprouver l'effet de la vapeur ; mais après qu'il a donné des fignes de détreffe, fon maître l'en retire & le plonge doucement dans le lac.

Il eft vifible que les animaux éprouvés de cette manière refpirent, au lieu d'air, un air fixe qui, n'ayant pas le reffort de l'air & fa pureté, interrompt les fonctions de la refpiration ; en forte que, bien loin de faciliter le cours du fang dans les poumons, il s'oppofe au jeu des véficules pulmonaires, qui s'affaiffent de manière que la circulation du fang vient à ceffer. Lorfqu'au contraire on tire à temps l'animal de la vapeur, la petite portion d'air qui refte dans les véficules, après chaque expiration, peut avoir affez de force, avec l'air extérieur, pour expulfer le fluide pernicieux, furtout fi l'on plonge l'animal dans l'eau. En effet, on peut préfumer que l'eau aidant, par fa froideur, la contraction des fibres, fait reprendre au fang fon premier cours, comme on l'éprouve tous les jours dans les fyncopes ; mais fi cette ftagnation continue trop long-temps, il devient auffi impoffible de rendre la vie à l'animal, que s'il étoit étranglé, & le lac Agnano même n'eft d'aucune utilité dans ce dernier cas : ce qui montre que fon eau n'a pas plus de vertu qu'une autre, & qu'elle n'eft pas un fpécifique particulier contre la vapeur de la grotte refpirée un certain temps.

D'après cette explication des effets de la vapeur de la grotte du Chien, il femble qu'on eft difpenfé de recourir à un poifon particulier réfidant dans cette vapeur, pour expliquer la mort des animaux qui y périffent, fi l'on confidère furtout que ces animaux, quand on les tire promptement hors de la grotte, reviennent à eux fans conferver aucun figne de foibleffe, ni aucun des fymptômes que l'on remarque dans ceux qui ont refpiré un air imprégné de particules malignes par elles-mêmes. De plus, les corpufcules malfaifans devroient infecter, pour le moins à quelque degré, l'air qui règne dans la partie fupérieure de la grotte, & cependant ceux qui le refpirent n'en reçoivent aucun dommage. On peut ajouter encore que, par l'ouverture des animaux auxquels la vapeur du bas de la grotte a caufé la mort, on ne découvre rien d'extraordinaire qui annonce l'action des vapeurs malignes; mais ce qui achève d'établir l'étiologie des effets de la vapeur que nous avons expofée, ce font les expériences que l'on a faites dans ces derniers temps, & qui démontrent, d'après la doctrine des airs, que la vapeur eft un air fixe ou méphitique qui n'a d'autre inconvénient que de n'être pas refpirable.

Quant à la grotte, il y a grande apparence qu'en creufant à peu près fur la même ligne, on pourroit donner iffue à des vapeurs femblables qui s'échapperoient de deffous les maffes volcanifées qui s'y trouvent.

Ce qui nous donne lieu de le croire, c'eft que nous avons trouvé une femblable vapeur dans une cave creufée à côté d'un courant de matières fondues qui s'étoit échappé du flanc de Graveneire, à une lieue de Clermont, & qui s'étoit porté à une demi-lieue de la même ville. Cette cave, où des accidens à peu près pareils à ceux qu'on fait éprouver aux chiens dans la grotte de Pouzzole font arrivés plufieurs fois à des hommes qui y dépofoient du vin, a pris à cette occafion le nom de *Leffoufy*. (*Voyez cet article.*) On voit que *Leffoufy* fe trouve dans les mêmes circonftances que la grotte du Chien, c'eft-à-dire, au milieu de pays où font des amas de matières volcanifées, & tout ce qui annonce les produits des feux fouterrains. (*Voyez* ACIDE CARBONIQUE.)

NAPPE D'EAU. On a dit qu'il y avoit partout une *nappe d'eau* recueillie fur une couche d'argile non interrompue, & que cette *nappe d'eau* fervoit à l'entretien des fources; mais les écrivains ne paroiffent pas avoir fuivi comme il convenoit, ni cette *nappe d'eau*, ni les couches d'argiles qu'ils diftribuent ainfi partout. Ces affertions vagues ne font fondées fur aucun fait, ni fur aucun examen un peu détaillé : à cela oppofons ce que les obfervations nous apprennent.

Nous penfons que fi cette couche d'argile eût entré primitivement dans le plan de la nature, & qu'elle eût exifté dans les commencemens, elle n'exifteroit plus, actuellement que les couches fuperficielles du Globe ou les maffifs ont été entamés & détruits dans plufieurs endroits & de différentes manières.

Comme il ne fe trouve pas des couches partout, il eft évident que les couches d'argile n'y recueillent pas l'eau des fources : on auroit dû montrer ce qui fupplée dans le cas de cette exception.

Il y a fouvent des endroits où l'on ne trouve pas d'argile, & où l'on voit des fources ou bien de l'eau ftagnante dans les puits.

Enfin, il y a fouvent plufieurs lits d'argile les uns fur les autres, qui fervent à recueillir l'eau pluviale, & l'on voit pour lors plufieurs niveaux dans les fources.

Lorfque la première couche a été détruite, l'eau pluviale fe raffemble fur les couches inférieures, qui fuppléent & forment des fources à des niveaux plus bas.

Ainfi, aux environs de Paris, on a compté jufqu'à trois couches d'argile qui fervent à recueillir l'eau affez abondamment pour fournir à des fources qui fe perdent auffitôt dans les fables.

Lorfque la totalité des couches a été confervée, on voit fouvent ces niveaux d'eau, qui font aifés à reconnoître, quoiqu'établis les uns fur les autres. Il eft vrai que les premières couches donnent plus abondamment que les couches inférieures, & que la dernière, lorfqu'elle eft feule, en fournit bien plus que lorfque les fupérieures exiftent. Ce que nous difons des fources qui fourniffent à un écoulement continuel ou périodique, nous le difons des puits, où ces mêmes effets fe retrouvent avec un raccord très-marqué; mais ces diftributions de couches argileufes ne fe continuent pas de la même manière partout, quoiqu'elles reparoiffent en plufieurs endroits.

Il n'eft pas même néceffaire que ces couches foient fuivies, car dans les dépôts des rivières où elles font fouvent interrompues, il y a des fources & des puits abreuvés continuellement.

NARBONNE, ville du département de l'Aude. Il paroît qu'autrefois la rivière d'Aude, qui aujourd'hui eft éloignée de la ville de *Narbonne*, la traverfoit & favorifoit un commerce affez étendu : cette marche des eaux de l'Aude contribuoit également à fa falubrité; car comme elle étoit très-peuplée fous l'Empire romain, ceci exigeoit une certaine police relativement à la température qui y régnoit, & furtout à l'état des environs, qui étoient arrofés par plufieurs fources, dont les eaux devoient avoir un débouché facile, vu la proximité des eaux de la mer Méditerranée. Le vent de nord-oueft n'y arrivoit qu'après avoir traverfé la montagne Noire & les gorges des collines qui étoient couvertes de forêts; ainfi les habitans d'une ville qui joignoit l'élégance à la propreté de fon enceinte, avoient des dehors cultivés & productifs. On peut s'autorifer enfin fur ce paffage du poëme de Sidoine Apollinaire, dans lequel il lit ces mots : *Salve Narbo, potens. falubritate,* pour établir les circonftances de cette agréable fituation.

Les premières caufes de la décadence de *Narbonne* datent de 407, époque où les Vandales commencèrent leurs ravages, qui furent fuivis de ceux des Vifigoths; mais une des caufes qui nous intéreffe le plus, qui entre le plus dans notre plan, c'eft l'éloignement infenfible & fucceffif de la rivière d'Aude par des attériffemens & des envafemens

mens qui caufèrent des inondations locales, & en même temps la ruine de fon commerce.

La côte de la mer s'étant agrandie & éloignée par des enfablemens, les lacs & les étangs ayant ceffé d'avoir des débouchés faciles qui renouve-loient les eaux, & les forêts ayant été auffi dé-truites en même temps, la ville de Narbonne s'eft trouvée expofée à l'influence des eaux maréca-geufes.

L'influence des faifons contribue beaucoup à donner aux habitans' de Narbonne des fièvres in-termittentes. Quand l'hiver eft fec & qu'il eft fuivi d'un printemps également fec, les amas d'eaux fe deffèchent entièrement, & ils ne laiffent échap-per aucune exhalaifons putrides par la deftruc-tion des végétaux & des fubftances animales.

De l'expofition des caufes de l'infalubrité nous croyons devoir paffer à l'indication des moyens d'y remédier. Ce qui occafionne inconteftable-ment l'infalubrité de Narbonne, ce font, outre les circonftances générales que nous avons expofées, les amas d'eaux raffemblées dans les bas-fonds fitués au nord-eft de Livière & au fud de l'étang de Salin, fujets à être fubmergés à la moindre des inondations. Au fud quart-eft de la ville; le marais appelé le Cercle tient toute l'année une maffe d'eau ftagnante, d'où & de tout le terroir de la Rou-quette partent des émanations qui caufent les ma-ladies dont nous avons parlé. Il eft aifé de voir, en conféquence, quels avantages il y auroit de deffécher avec précaution le marais du Cercle, & de tenir fubmergés à volonté les terrains bas & aquatiques de Livière & de l'étang Salin : quant aux autres moyens, qui font des objets de la po-lice intérieure & extérieure de la ville ; nous les fupprimerons comme n'étant pas compris dans notre plan.

Il feroit à defirer qu'on rédigeât avec foin une carte topographique de l'ancienne ville de Nar-bonne & de fes environs, & qu'on y traçât les li-mites des divers attériffemens de l'Aude; qu'on s'occupât auffi à diftinguer les terrains propres à la culture, de ceux qui font encore imprégnés de fel; enfin, où l'on mît en évidence les grandes ref-fources qu'on peut avoir maintenant pour éviter les épanchemens qui nuifent quelquefois à des récoltes confidérables : telles font les différentes vues que nous avons cru devoir expofer dans l'ar-ticle AUDE de ce Dictionnaire. (Voyez cet article.)

NARENTA, rivière dont l'embouchure fe trouve à l'extrémité de la côte du Primorie, dif-trict de la Dalmatie; elle prend fa fource dans la Bofnie, au-deffus de Moftar; elle reçoit le Trebizat & le Norin, & d'autres rivières du côté de Xarabie. (Voyez ces articles.) Malgré la lar-geur de la Narenta, les grandes barques ne peuvent la remonter que jufqu'au village de Metkovich, & les petites beaucoup plus haut.

La pêche la plus confidérable qui fe faffe dans les marais de la Narenta eft celle des anguilles, qui y montent de la mer voifine en grande abon-dance. Il eft certain que le produit de cette pê-che, fi l'on faloit les anguilles, feroit confidérable. Dans l'état préfent du lac marécageux, le poiffon qu'on y prend & qu'on mange tout de fuite eft mal-fain, & l'on en fait ufage fans danger, feu-lement lorfqu'il eft falé, ou qu'il a eu le temps de dégorger dans des viviers particuliers.

Outre les anguilles du marais, on pêche dans la Narenta plufieurs efpèces de poiffons des plus délicats. On y trouve des faumons, & les truites defcendent en grande quantité des parties fupé-rieures de la rivière. Vers fes embouchures & aux environs de l'île Opus, les muges, dans le temps du frai, s'y affemblent en grand nombre, & le peuple en prend une grande quantité.

Dans les endroits que l'eau de la rivière ne couvre pas continuellement, le fol eft fablon-neux, comme doit être un terrain fréquemment inondé par une rivière qui fe répand librement, & qui reçoit les eaux torrentielles des montagnes, & les terres dont elles font chargées. Par ces al-luvions qui fe forment encore à préfent, le fol de l'île Opus a hauffé depuis le temps des Ro-mains de dix-huit pieds; car on trouve cette épaif-feur dans les dépôts fucceffifs qui couvrent des fragmens de verre & de poterie romaine. Malgré cet attériffement confidérable, l'île ne peut pas être cultivée dans fon entier : il y refte encore de grands efpaces marécageux, qu'il feroit cependant poffible de deffécher & de mettre en valeur.

L'abondance de toutes les productions de la plaine de Narenta devroit naturellement exciter l'induftrie des habitans, fi le mauvais air ne les rendoit pareffeux. C'eft pour cela que le pays de Narenta n'eft pas peuplé, & qu'il eft moins fré-quenté par les étrangers, qui craignent les effets du mauvais air. Au refte, la mauvaife qualité de cet air n'eft pas fans remède; plufieurs parties de ce pays font devenues habitables depuis qu'on a cultivé les environs. A mefure que l'agriculture s'introduira dans ce canton, on pourra le rendre riche & agréable, comme il l'étoit anciennement.

Les collines des environs de la plaine de Na-renta font d'un marbre dont la pâte ne diffère pas de celle du marbre des îles décrit dans l'article LESINA. La partie montueufe eft rem-plie de gouffres & de cavernes qui abforbent une grande quantité d'eaux courantes ou pluviales.

NASSAU-DILLENBOURG. Les montagnes ou le plateau connu fous le nom de Wefterwald font une continuation tirant vers l'oueft de toutes les hauteurs qui fe trouvent dans la principauté de Dillenbourg. Elles confiftent en une pierre argileufe très-dure & très-compacte, bleuâtre, & contiennent du fpath calcaire & même de la

Ssss

pierre calcaire en couches ; on trouve auſſi dans ce canton du *hornſtein*, de l'ardoiſe rouge, du ſable & de la pierre à aiguiſer. La pierre calcaire eſt remplie de madrépores & de pétifications ; mais rien n'eſt plus commun dans cette petite province que le baſalte & la lave, & la quantité de cette ſubſtance qu'on y trouve, la multitude de grottes & de caverens qui s'y rencontrent, indiquent abondamment combien elle a été ravagée par les feux des volcans. Cette lave eſt compacte & d'une couleur gris-bleu ; ſouvent la première couche en eſt brunâtre ou couleur de chair, & contient des particules vitrifiées. Toute cette lave forme une continuation de monticules qui ont environ trente pieds d'élévation.

Ici coule le Nieſter, rivière ou plutôt torrent qui naît entre Brethauſen & Willingen, & ſort de quelques ſources & des marais. En été ce torrent eſt partout guéable, mais au printemps & en automne il eſt furieux, inonde les environs, & traîne dans ſes flots des blocs de baſalte d'une groſſeur conſidérable.

Les marais ſont très-abondans dans ces cantons, & l'on ne peut y voyager ſans péril qu'en ſuivant les routes battues : ſouvent, pour abréger, a-t-on voulu traverſer une prairie, le cheval & le voyageur y ont diſparu, & jamais on n'en aperçut la trace.

Une des plus hautes montagnes de cette principauté eſt le *Salzburger-Korf* ; c'eſt une quille formée de baſalte, dont la pointe eſt renverſée, ce qui arrive ſouvent aux montagnes de cette matière. On voit dans ce baſalte du ſchorl & quelques petits feuillets de mica. M. Voigt, célèbre naturaliſte, a obſervé dans le pays de Fulde, que le baſalte ſe changeoit ſouvent en *peckſtein*, & l'on croit avoir obſervé ici la même choſe. On y trouve vers Driedorf ce *peckſtein* entourant partout le baſalte.

Mais le baſalte le plus remarquable qui ſe trouve dans cette principauté eſt celui du comté de Weſterburg. Il eſt parfaitement priſmatique : ces priſmes ont environ ſept à huit pouces de diamètre ; ils ont cinq, rarement ſix faces : dans ce dernier cas il y en a une étroite ſur cinq de larges.

La montagne dont ce baſalte ſe tire peut avoir cent cinquante pieds d'élévation ; les colonnes de baſalte s'y trouvent dans une inclinaiſon de 40 deg. ſud. Le baſalte y eſt noirâtre, eſt preſque ſans amphibole, & contient au contraire beaucoup de ſpath calcaire. Les colonnes ont de dix à quinze pieds de longueur ; elles ſont liées enſemble, mais ſe ſéparent ſans ſe briſer : elles ont une reſſemblance parfaite avec les aiguilles de baſalte de Fornich (1). Ces aiguilles ou colonnes ſont attachées à de la véritable lave, qui eſt d'une couleur rougeâtre & d'un grain très-fin ; il contient beaucoup d'amphi

bole noir, & quelque peu de mica & de zéolite. Plus le baſalte a d'amphibole, & plus ſa caſſure eſt inégale. Cette reſſemblance entre ces baſaltes prouveroit qu'il y a une connexion intime entre les hauteurs des environs du Rhin & le Weſterwald.

Mais la montagne de baſalte la plus remarquable eſt dans le Belſtein. Les colonnes de baſalte y ſont diſpoſées ſans ordre, & elles ont d'un à dix pieds de long ; leur diamètre eſt de dix à douze pouces. Les petites ont cinq pouces de diamètre ; pluſieurs ſont couchées horizontalement les unes ſur les autres, & fort peu ſont encore debout ; leur couleur eſt d'un gris-foncé ; on y voit des points brillans qui reſſemblent à du verre. Il eſt poſſible, & ce bouleverſement des colonnes ſemble l'indiquer, que ce ſoit dans ce point qu'avoit exiſté le cratère qui a vomi toute la lave qui a donné naiſſance à ces hauteurs.

Le baſalte de ces cantons ſe change volontiers en argile. On a cru remarquer que le baſalte qui n'a point de forme régulière ſubit plus aiſément cette mutation que celui qui a la figure pyramidale & priſmatique.

Le Weſterwald, qui jadis poſſédoit des forêts immenſes, manque de bois. Sans ſes mines de bois foſſile, il ne conſerveroit pas un tiers de ſes habitans. Dès l'année 1385 on en fit la découverte ; depuis on a fait des fouilles régulières, en particulier à Stockhauſen & à Hoen.

Voici la ſérie des couches ſous ou parmi leſquelles on trouve ce bois ſouterrain.

1°. Une toiſe de terre ordinaire.

2°. De la lave changée en argile, mêlée de peckſtein & d'un bol rougeâtre ; 1 toiſe.

3°. De la lave. *Nota.* On aperçoit la tranſition en argile, &c. ; 1 toiſe.

4°. Du baſalte d'un bleu-noirâtre ; 3 toiſes ⅞.

5°. Des morceaux de baſalte mêlés d'argile & de peckſtein ; 1 pied.

6°. Argile brune, 4 pieds.

7°. Argile verdâtre, 2 pieds.

8°. Argile griſe, mêlée de ſable, 2 pieds.

9°. Argile plus noirâtre, 2 pieds.

10°. Charbons de bois très-ſerrés, 1 pied.

11°. De l'argile gris de perle, 1 toiſe.

12°. Du charbon pas ſi ſerré, 3 pieds.

13°. Argile & charbons, 1 ½ pieds.

14°. Charbons, 1 pied.

15°. Argile & charbons, 1 pied.

16°. Couches régulières de charbon, 3 pieds.

17°. Argile, ſable & petits charbons, couche qu'on nomme *ſchram*, ⅗ de pied.

18°. Secondes couches régulières de charbon, 3 pieds.

Ces couches ne ſont pas toujours ainſi régulières ; mais la quatrième ne manque jamais, & juſqu'à ce qu'on ait percé le baſalte, on ne trouve jamais le charbon. Quelquefois ſeulement la couche eſt beaucoup plus épaiſſe dans un canton que

(1) *Voyez* Deluc, tome II, pages 67 & 68.

dans un autre. C'est toujours l'argile bleue ou grise qui sert de couverture au charbon. Le vrai nom à donner à ce bois souterrain est *xylantrax*, *petroleum ligno inhærens*. (*voyez* Gerhard, *Chimie*, page 270), ou *lignum fossile bituminosum*. (*Voyez* Vogel, *Système de Minéralogie*, tom. I, pag. 37.) Ces noms sont préférables à celui de charbon de bois souterrain.

Dans l'une & dans l'autre de ces carrières de charbon de bois, dès qu'on a percé la couche d'argile on trouve deux couches de charbon, chacune d'un pouce & demi d'épaisseur, séparées par une couche d'argile de même épaisseur. Ce charbon est très-serré, mais tellement entre-mêlé d'argile, que son exploitation ne rend pas les frais. Après une nouvelle couche d'argile on vient à la véritable couche de bois, qui a souvent jusqu'à 10 & 13 pieds de profondeur; elle est séparée d'une pareille seconde couche par une couche d'argile proportionnée à l'épaisseur des couches de bois; quelquefois elle a 1 ½ toises d'épaisseur.

Les couches à Hoen n'excèdent guère 6 pieds. L'inclinaison de ces couches est de 5 à 6 degrés, quelquefois de 10 du nord au sud; leur direction est d'orient en occident.

On trouve dans les couches de charbon de bois les mêmes parois de pierre qu'on découvre dans les mines de charbon de pierre, & que les Anglais nomment *dykes*, les Liégeois *failles*. Dans les carrières de Hoen on rencontre de ce bois pétrifié, qui donne du feu au briquet.

Ce charbon a toute l'apparence de bois brûlé, & il paroît que c'est du chêne; mais on n'y reconnoît point d'écorce, de fibres, de racines, &c. Souvent, quand on le tire de la terre, il est entouré d'une croûte d'ochre. Le bois bitumineux qu'on tire du mont Meissner au pays de Hesse est absolument semblable à celui-ci.

On trouve parmi ce charbon de bois des espèces de masses pierreuses qui, au premier aspect, ne paroissent être que de l'argile brune & endurcie; mais aux fibres ligneuses qu'on y aperçoit, on reconnoît aisément que c'est du bois qui, prêt à se pourrir, s'est durci & pétrifié. On s'en sert pour chauffer les fours.

Sur le charbon de bois on trouve souvent de petits cristaux séléniteux, ayant deux faces larges & deux étroites; ils s'en détachent facilement lorsque le charbon a été quelque temps à l'air.

On a fait une remarque aussi singulière qu'elle est infaillible; c'est que, plus la montagne est haute, plus le charbon est dur & compacte.

On se sert dans les familles de ce charbon de bois au lieu de bois ordinaire; il brûle de même & ne répand aucune odeur; il donne une flamme égale, & chauffe plus que le bois.

Il est si clair qu'on ne doit point appeler ce bois souterrain charbon de bois; qu'on en fait du charbon de bois. Mille livres pesant de ce bois étant brûlé, donnent environ cinq cent quatre livres de charbon.

La pluie & le vent ne détériorent point ce bois bitumineux, mais le soleil le fait écailler, & à la longue il tombe en poussière. Les cendres font un excellent engrais pour les prairies.

Le travail dans les carrières de bois souterrain est accompagné de beaucoup de péril. 1°. Les chutes de la carrière sont à craindre; 2°. il s'y élève souvent une vapeur qui asphyxie les travailleurs; heureusement qu'ils en sont avertis parce que la lumière à laquelle ils travaillent s'éteint, & qu'avant de s'éteindre (alors le mal est arrivé) la flamme devient bleue. Une autre remarque, c'est que plus le temps est mauvais & orageux, plus l'air intérieur des carrières est à craindre.

NÈGRES. Cette race d'hommes est non-seulement distincte des autres par la couleur de la peau, mais encore par des caractères de formes très-remarquables & très-faciles à saisir. Ils ont, par exemple, la face très-prolongée, la bouche grande, les lèvres épaisses & rebordées, le nez court & camus, les membres grêles, le poil & les cheveux courts, laineux & frisés, ce qui ne se remarque dans aucune autre race d'hommes. Ils habitent sous la ligne équinoxiale, & dans des pays peu élevés au-dessus du niveau de la mer, & sujets à des vents extrêmement chauds; ce qui a fait penser que la chaleur de ces vents étoit la cause principale de la coloration de leur peau.

Parmi les *nègres* il y a cependant quelques variétés dont on doit tenir compte. Les uns, comme les Bochismans, ont les fesses énormes, & les mamelles de leurs femmes sont étranglées; tandis que les Mozambiques ont des traits fort réguliers, &c.

Les *nègres*, sur le monde entier, n'habitent que trois régions; savoir: 1°. le Sénégal, la Guinée & les autres côtes occidentales de l'Afrique; 2°. la Nubie ou Nigritie; 3°. la terre des Papous ou Nouvelle-Guinée. Ainsi le domaine des *nègres* n'est pas aussi vaste, ni leur nombre à beaucoup près aussi grand qu'on pourroit l'imaginer; & nous ne savons sur quel fondement quelques auteurs ont prétendu que le nombre des *nègres* est à celui des blancs comme 1 : 23.

On ne peut avoir à ce sujet que des aperçus bien vagues; mais lorsqu'on réfléchit que l'intérieur de l'Afrique est peuplé d'hommes blancs, on est fort porté à croire que les vrais *nègres* ne forment pas la centième partie du genre humain.

Les *nègres* de la Nubie ne s'étendent pas jusqu'à la Mer-Rouge. Toutes les côtes de cette mer sont habitées par les Arabes ou par leurs descendans. Dès le 8e degré de latitude nord commence le peuple de Galles, divisé en plusieurs tribus qui s'étendent de-là peut-être jusqu'aux Hottentots,

& ces peuples de Galles sont la plûpart blancs.

Dans ces vastes contrées comprises entre le 18e. degré de latitude nord & le 18e. degré de latitude sud, on ne trouve des nègres que sur les côtes & dans les plaines voisines de la mer ; mais dans l'intérieur, où les terres sont élevées & montagneuses, tous les hommes sont blancs & même presqu'aussi blancs que les Européens, parce que toute cette terre de l'intérieur de l'Afrique est fort élevée, & n'est pas sujette à d'excessives chaleurs. D'ailleurs, il y tombe de grandes pluies continuelles dans certains saisons, qui rafraîchissent la terre & l'air au point de faire de toute cette région un climat tempéré.

Les montagnes qui s'étendent depuis le tropique du cancer jusqu'à la pointe de l'Afrique au cap, partagent cette presqu'île dans sa longueur, & sont toutes habitées par des peuples blancs ; ce n'est que dans les contrées où les terres s'abaissent, que l'on trouve des nègres : or elles se dépriment beaucoup du côté de l'occident, vers les pays de Congo, d'Angole, & tout-à-fait du côté de l'orient, vers Melinde & Zanguebar. C'est dans ces contrées basses, excessivement échauffées, que se trouvent des hommes noirs, les nègres à l'occident & les Caffres à l'orient. Tout le milieu de l'Afrique est un centre assez pluvieux & tempéré, une terre d'ailleurs fort élevée, & partout peuplée d'hommes blancs ou seulement basanés.

Les peuples qui habitent le haut du Sénégal sont en effet des hommes noirs, des nègres même plus beaux que ceux du Sénégal ; mais les habitans de Berber, pays qui s'étend le long des deux bords du Nil, quoique voisins des Nubiens, ne sont pas noirs comme eux ; ils ne sont que basanés ; ils ont des cheveux & non pas de la laine ; leur nez n'est pas écrasé ; leurs lèvres sont minces ; enfin, ils ressemblent aux Abyssins montagnards, desquels ils ont tiré leur origine.

M. Littre, qui fit, en 1702, la dissection d'un nègre, observa que le bout du gland qui n'étoit pas couvert du prépuce étoit noir comme tout le reste de la peau, & que les parties qui étoient recouvertes étoient parfaitement blanches. Cette observation prouve que l'action de l'air est nécessaire pour produire la noirceur de la peau des nègres. Leurs enfans naissent blancs ou plutôt rouges, comme ceux des autres hommes ; mais deux ou trois jours après qu'ils sont nés, la couleur change ; ils paroissent d'un jaune-basané qui se brunit peu à peu ; au septième ou au huitième jour ils sont déjà tout noirs. On sait que deux ou trois jours après la naissance, tous les enfans ont une espèce de jaunisse ; dans les blancs, elle n'a qu'un effet passager & ne laisse aucune impression à la peau ; dans les nègres, au contraire, elle communique à la peau une couleur ineffaçable, & qui noircit toujours de plus en plus. Les enfans des Hottentots, qui naissent blancs comme ceux d'Europe, deviennent olivâtres par l'effet de cette

jaunisse qui se répand dans toute la peau trois ou quatre jours après la naissance de l'enfant, & qui, dans la suite, ne disparoît plus : cependant cette jaunisse n'est pas la cause première de la noirceur, car les enfans des nègres ont, dans le moment même de leur naissance, du noir à la racine des ongles & aux parties génitales. L'action de l'air & la jaunisse serviront, si l'on veut, à étendre cette couleur & à accélérer le développement ; mais il est certain que tout ce qui peut former la couleur noire est communiqué aux enfans par les pères & mères, & qu'en quelque pays qu'un nègre vienne au monde, il sera noir comme s'il étoit né dans son propre pays, & que, s'il a quelque différence dès la première génération, elle est insensible ; cependant cela ne suffit pas pour qu'on soit en droit d'assurer qu'après un certain nombre de générations cette couleur ne changeroit pas sensiblement. Au reste, toutes sortes de raisons sont présumer que, comme elle n'est produite originairement que par l'ardeur du climat & par l'action long-temps continuée de la chaleur vive, elle s'effaceroit peu à peu par la température d'un climat froid, & que par conséquent, si l'on transportoit des nègres dans une province du Nord, leurs descendans à la dixième ou douzième génération seroient beaucoup moins noirs que leurs ancêtres, & peut-être deviendroient à la suite aussi blancs que les peuples originaires du climat froid où ils habiteroient.

Les anatomistes ont cherché dans quelle partie de la peau résidoit la couleur noire des nègres : le plus grand nombre admettent que ce n'est ni dans le corps de la peau ni dans l'épiderme, mais dans la membrane réticulaire qui se trouve entre l'épiderme & la peau ; d'autres ont prétendu que le sang des nègres étoit beaucoup plus noir que celui des blancs, & que la couleur des nègres venoit de celle de leur sang ; d'autres disent faussement que l'épiderme des nègres est noir, que leur peau est rouge, & que ces effets sont produits par la bile qui, dans les nègres, n'est pas jaune, mais toujours noire comme de l'encre. La bile teint en effet la peau des hommes blancs en jaune lorsqu'elle se répand, & il y a grande apparence que, si elle étoit noire, elle la teindroit en noir ; mais dès que l'épanchement de la bile cesse, la peau reprend sa couleur naturelle : il faudroit donc supposer que la bile est toujours répandue dans les nègres, ou bien qu'elle fût si abondante, qu'elle se séparât naturellement dans l'épiderme en assez grande quantité pour lui donner cette couleur noire. En tous cas il y a grande apparence que la bile & le sang sont plus bruns dans les nègres que dans les blancs ; mais ces faits ne peuvent pas expliquer la cause de la noirceur de la peau, car au lieu de demander pourquoi les nègres ont la peau noire, on demandera pourquoi ils ont la bile ou le sang noir, ce qui éloignera la question bien loin de la résoudre : il paroît définitivement qu'il faut en revenir au fait général, qui nous autorise à croire que la même cause qui nous brunit, lorsque nous nous exposons au soleil, fait que les Espagnols sont plus bruns que les Français, & les Maures plus que les Espagnols, & que les *nègres* le sont plus que les Maures. D'ailleurs, nous ne voulons point discuter ici comment cette cause agit, mais seulement nous assurer qu'elle agit, & nous nous bornons à la seule circonstance des climats qui intéresse la géographie-physique.

NEIGE. La *neige* est produite par la chûte plus ou moins abondante de gouttes d'eau condensées & glacées par le froid dans la moyenne région de l'air, où flottent les nuages qui les produisent ; elle tombe en petits flocons blancs fort rares, & qui sont d'autant plus menus que le temps est plus froid. Lorsque les molécules aqueuses qui se sont élevées dans l'atmosphère sous forme de vapeurs retombent en pluie, elles forment de la *neige* si la congélation les saisit avant qu'elles soient réunies en grosses gouttes.

La *neige* tombe plus abondamment & plus souvent dans les pays septentrionaux que dans les pays tempérés ; elle tombe aussi plus souvent dans les pays de montagnes que dans les pays de plaines, où la température est plus modérée.

Les *neiges* qui couvrent le sommet des hautes montagnes, influent beaucoup sur la constitution de l'atmosphère, non-seulement de ces sommets, mais encore sur celle des contrées qui les environnent: C'est aussi par la même raison que ces pays élevés influent sur les vents & contribuent à rendre ceux qui y règnent ou qui les traversent, plus froids ou moins chauds qu'ils ne devroient être.

Ces *neiges* séjournent plus ou moins long-temps sur les sommets élevés dont nous venons de parler : il y en a même beaucoup où elle ne fond jamais entièrement. Nous avons fait voir à l'article GLACIER, que ces *neiges*, très-durables à certains niveaux, en coulant sur les pentes des sommets qui se trouvent au-dessus de la glace constante, fournissent à ces glaciers de quoi réparer la fonte journalière des glaces.

La *neige* occupe pendant près de deux tiers de l'année toute la surface des zones glaciales, & même des parties de la limite des zones tempérées contiguës aux zones glaciales.

C'est toujours par la partie inférieure de la *neige*, par celle qui touche à la surface de la terre, qu'elle se fond, tandis qu'elle reste glacée dans les parties supérieures, par lesquelles elle reçoit journellement de nouvelles couches.

La fonte trop subite des *neiges*, surtout dans les zones tempérées, cause des inondations considérables.

La *neige* tombe sur le Pitchincha, montagne de la chaîne des Cordilières, dans l'Amérique méridionale, tous les jours, & de même elle se

fond par la chaleur intérieure de la terre. C'est cette fonte journalière qui entretient toute l'année dans le Pérou, & surtout dans la partie voisine de la mer du Sud, des torrens & des rivières qui prennent leur origine dans la chaîne des Andes.

Les montagnes de la Suisse que la *neige* couvre toujours, ont au moins 1500 toises de hauteur au-dessus du niveau de la mer. En effet, celles dont les sommets ne s'élèvent pas à ce point, ne conservent guère leur *neige* ; & comme l'on prétend que la région des vapeurs & des nuages n'excède pas 3600 toises de hauteur, il n'est pas possible qu'il existe de *neige* au-dessus de cette ligne, car elle ne peut tomber que des nuages. Au reste, le point de la région de l'air où il gèle continuellement, & où la *neige* peut se conserver une fois qu'elle est tombée, n'est pas, à beaucoup près, le même sur toute la terre. A l'équateur, cette ligne est à 2440 toises ; elle descend ensuite à 2100 au pic de Ténériffe ; aux Alpes & aux Pyrénées ; elle paroît fixée entre 15 ou 1600 toises, d'où elle descend par degrés jusqu'à la surface des plaines vers les cercles polaires.

On sera peut-être curieux de savoir comment on voyage dans les contrées de la terre qui sont continuellement couvertes de *neige*. Nous citerons ici pour exemple ce qui se passe en Laponie, où le terrain est toujours sous la *neige*. Dès le commencement de l'hiver on marque, avec des branches de sapin, les chemins qui doivent conduire d'un lieu habité à un autre. A peine les voitures, qui sont des traîneaux & de petits bateaux, ont foulé la première *neige* qui couvre ces chemins, & ont commencé à les creuser, que la nouvelle *neige* que le vent répand de tous côtés, les relève & les met de niveau avec le reste de la campagne ou avec la surface des lacs & des fleuves. Les voitures qui passent ensuite refoulent de nouveau cette *neige*, que d'autre *neige* vient bientôt recouvrir ; & ces chemins, creusés alternativement par les traîneaux & recouverts par le vent qui met partout la *neige* de niveau, quoiqu'ils ne paroissent pas plus élevés que le reste du terrain, sont cependant des espèces de chaussées formées de *neiges* foulées : de-là il arrive que, si l'on s'égare à droite ou à gauche, on tombe souvent dans des trous de *neiges* fort profonds. On est donc fort attentif à ne pas s'écarter de ces routes, dont la direction & la trace sont remarquables par un sillon que les traîneaux qui y passent & qui sont traînés par les rennes, y laissent toujours ; mais dans le fond des forêts, dans ces lieux qui ne sont pas fréquentés, il n'y a pas de ces chemins. Les Finnois & les Lapons ne se retrouvent alors que par quelques marques faites aux arbres. Les rennes eux-mêmes enfoncent quelquefois dans la *neige* jusqu'aux cornes ; & si, dans ces lieux, les voyageurs étoient surpris par quelques-uns de ces orages pendant lesquels la *neige* tombe avec tant d'abondance, & est jetée de tous côtés par le vent avec tant de fureur qu'on ne peut voir à deux pas de soi, il leur feroit impoffible de reconnoître ou de fuivre aucun chemin, & ils périroient infailliblement, furtout s'ils ne s'étoient pas munis de tentes pour fe mettre à couvert des principaux effets des orages. On obferva en 1729, que, près du Vildaras, fur les frontières de Suède & de Norwège, il y tomba une quantité fi affreufe de *neige*, que quarante maifons en furent totalement couvertes, & que tous les hommes & les animaux qui s'y trouvoient renfermés furent étouffés.

S'il arrive qu'on veuille franchir une montagne fort élevée & remplie de rochers qu'une grande quantité de *neige* cache, & où elle recèle des cavités dans lefquelles on peut être abîmé, il y a deux manières de le faire; l'une en gliffant fur deux planches étroites, longues de huit pieds, au moyen defquelles on fe préferve d'enfoncer dans la neige, lorfqu'on fait bien les faire manœuvrer; l'autre en fe confiant aux rennes, qui peuvent faire un pareil voyage par la manière dont ils marchent & s'avancent dans les lieux élevés.

Les habitans de Kamtchatka voyagent de même fur la *neige* avec des rennes & des chiens qui fervent à traîner les voitures; c'eft auffi la méthode de voyager dans les parties de la Sibérie, où la neige fond pendant tout le temps qu'elle couvre la terre. Dans la prefqu'île de Lopatki, les *neiges* font très-abondantes; elles ont même la folidité de la glace, de telle forte qu'elles réfléchiffent les rayons du foleil avec tant de force, qu'il eft impoffible aux habitans d'en foutenir l'éclat. Les habitans portent ordinairement dans le printemps des couvertures percées de petits trous, ou des réfeaux de crin noir, afin de brifer une partie des rayons; mais, malgré ces précautions, ils ont la peau bafanée comme les Indiens; & la plupart du temps, des yeux fi affoiblis & fi malades, qu'un grand nombre finiffent par perdre la vue.

Les montagnes que la *neige* couvre feulement pendant cinq ou fix mois de l'année, font peuplées de plantes très-vertes & très-bien nourries, après que la *neige* fondue a laiffé un libre cours à la végétation, qui n'eft pas même fouvent interrompue fous les couches de neige. Il faut, pour cela, que les fommets de ces montagnes, ainfi que leurs revers, fe dégagent lentement de ces *neiges*; car autrement elles pourriroient & détruiroient l'organifation des végétaux qui pouffent fous cette couverture: rien n'eft furtout plus pernicieux aux plantes & aux arbres que la *neige* qui, féjournant fur la terre, fe fond en partie pendant le jour, pour fe geler de nouveau la nuit fuivante.

La *neige* qui couvre pendant plus des deux tiers de l'année certaines contrées de la Laponie, de la Norwège & de la Sibérie, oblige les habitans à fe pratiquer des habitations fouterraines pour fe préferver du froid exceffif qu'on y éprouve fans cette reffource. Effectivement, il eft conftant qu'il

fait moins froid fous la *neige* qu'à l'air extérieur, & que plus la couverture de *neige* eft épaiffe, plus la température dont on peut jouir fous cette couverture eft douce. Dans ces contrées, lorfque les hommes font pris de la nuit en voyageant, ils fe conftruifent des cabanes avec la *neige*, où ils paffent les nuits les plus froides, fans éprouver aucune incommodité de la rigueur du temps.

Les *neiges* qui couvrent la furface de la terre pendant l'hiver dans les hautes & moyennes latitudes, fervent indubitablement d'enveloppe à la terre pour la défendre contre les vents piquans qui viennent des régions polaires pendant la faifon froide. L'air, difféminé entre les molécules de *neiges* & retenu par elles, empêche efficacement que la chaleur de la terre ne fe diffipe, tandis qu'au contraire la glace la laifferoit paffer facilement dans les températures au-deffous du terme de la congélation. C'eft donc encore l'air qui fert d'enveloppe à la terre.

Les vents polaires, malgré les vaftes continens qu'ils parcourent, gardent leur âpreté auffi longtemps que le fol qu'ils balayent eft couvert de *neiges*; & ce n'eft qu'après être arrivés à l'Océan, qu'ils acquièrent, par leur contact avec fes eaux, la chaleur que la *neige* ne permet pas qu'ils enlèvent au Globe. C'eft là que leur froid piquant s'adoucit par degrés, & qu'ils finiffent par terminer leurs cours.

On trouve, en général, les vents plus froids lorfque la terre eft couverte de *neige*, que lorfqu'elle eft nue, & l'on fuppofe d'ordinaire que le froid eft communiqué à l'air par la *neige*; mais c'eft une erreur, car ces vents font, en général, plus froids que la *neige* elle-même. Ils gardent leur température, parce que la *neige* les empêche de s'échauffer aux dépens de la terre; & c'eft là encore un des ufages effentiels de la *neige* dans des latitudes froides.

Cependant nous devons obferver que quelques phyficiens ont cru pouvoir expliquer ces prolongemens de l'action des vents froids, en fuppofant au contraire qu'ils contribuoient à l'évaporation de la *neige*, laquelle occafionnoit ce froid, comme on s'en eft affuré d'ailleurs en d'autres circonftances.

Il eft à remarquer que ces vents foufflent rarement des poles directement vers l'équateur, mais qu'ils ont une tendance marquée de la mer vers la mer; car on fait que fur la côte orientale de l'Amérique feptentrionale, les vents froids viennent du nord-oueft; mais fur la côte occidentale de l'Europe, ils foufflent du nord-eft.

Il n'eft pas étonnant de les voir tendre vers les régions où leur pefanteur relative les entraîne; il ne l'eft pas de même de les voir mourir dans ces régions à mefure que l'air s'y dilate en s'y réchauffant; & fi l'on peut fe permettre quelque conjecture fur l'un des principaux ufages des mers à la furface du Globe, ou fur la raifon de l'excès considérable de l'eau sur la terre dans le Globe tertaqué, c'est peut-être parce que l'eau, suivant plusieurs expériences, est destinée à maintenir une température plus égale dans les différens climats, en réchauffant ou en refroidissant les vents qui, dans certaines époques, soufflent des grands continens.

Il est certain que les vents froids s'adoucissent beaucoup en passant sur la mer, & que les vents chauds sont au contraire rafraîchis par leur contact avec ses eaux. C'est encore un fait que les vents de mer sont, dans tous les climats, beaucoup plus tempérés que ceux de terre. Ainsi les vents brûlans du midi qui désolent quelquefois les côtes septentrionales d'Afrique le long de la Méditerranée, n'ont pas traversé cette mer; car le *sirocco* d'Italie, quoique très-chaud, est encore très-éloigné de la chaleur brûlante de ces vents qu'on diroit sortir d'une fournaise.

La grande douceur du climat des îles britanniques est due sans aucun doute à leur séparation du continent, &, dans toutes les situations pareilles, les causes analogues ont des effets semblables.

Ces vents froids du nord-ouest qui règnent en hiver sur la côte de l'Amérique septentrionale, s'étendent rarement plus de cent lieues en mer: d'ailleurs, leur froideur & leur activité diminuent à mesure qu'ils s'éloignent de la terre.

Les vents périodiques des continens d'Europe & de l'Amérique septentrionale règnent surtout vers la fin de février & dans le mois de mars; ils peuvent être très-utiles pour hâter l'arrivée du printemps & procurer une année abondante, relativement aux productions de la culture, surtout s'ils sont très-violens dans le mois de mars, & si, dans ce temps-là, le sol est couvert de *neige*; car alors ils transportent pour ainsi dire l'atmosphère polaire sur l'Océan: c'est là qu'elle se réchauffe & se sature d'eau: il est évident pour lors qu'une grande accumulation d'air sur la mer, étant produite par ces vents de terre long-temps continués, lorsque cette accumulation a atteint son maximum, ils commencent à revenir de la mer sur les continens, sous la forme de doux zéphyrs qui viennent aider le soleil à enlever à la terre le reste de son froid contracté en hiver, & à donner la vie aux végétaux sans nombre que le printemps fait développer.

Cet air, qui a acquis sa chaleur par le séjour sur l'Océan, arrive saturé d'eau; de-là proviennent les pluies chaudes d'avril & de mai, & qui sont si utiles à la végétation.

L'Océan peut donc être considéré comme le grand réservoir de la chaleur, & comme conservant, par ses influences bénignes, une température moyenne dans l'atmosphère, parce que ces influences opèrent ainsi dans toutes les saisons & dans tous les climats. Les vents chauds qui soufflent de la terre dans la zone torride, sont rafraî-

chis par le contact de ses eaux & les brises de mer, qui, à certaines heures du jours, arrivent sur les terres, y apportent en retour la fraîcheur & pour ainsi dire la vie & la vigueur aux animaux & aux végétaux accablés par l'extrême chaleur des terres. Combien de vastes pays, maintenant les plus fertiles à la surface du Globe, seroient inhabitables & stériles sans ces brises bienfaisantes! N'est-il pas plus que probable que les extrêmes de chaleur & de froid, dans les différentes saisons, seroient absolument intolérables sans l'influence de l'Océan pour adoucir ces différens excès?

Cette masse d'eau dispersée sur le Globe doit être considérée comme merveilleusement appropriée à ces effets, non-seulement en vertu du grand pouvoir qu'a l'eau d'absorber la chaleur à cause de la profondeur & de la vaste étendue des mers (telles qu'on peut à peine supposer qu'un seul été ou qu'un seul hiver y produise un effet sensible), mais encore à raison de la circulation continuelle qui a lieu dans l'Océan lui-même par le moyen des courans. Les eaux de la zone torride, transportées par ces courans vers les régions polaires, sont là rafraîchies par leur contact avec les vents froids, &, communiquant ainsi leur chaleur à ces tristes régions, reviennent ensuite apporter de la fraîcheur aux régions équatoriales.

Si l'on réfléchit encore que l'eau est une des substances dont la chaleur spécifique est la plus considérable, qui, sous un poids donné & une température égale, contient réellement le plus de feu, & peut, par conséquent, en donner & en prendre davantage; si l'on remarque, enfin, combien l'agitation causée par les vents, en multipliant & variant les surfaces de contact entre l'eau & l'air, favorise le double emprunt de feu & d'eau que fait l'air, selon les circonstances, en passant sur la mer, on sentira fort facilement la justesse des vues que nous avons exposées ci-dessus, & les rapports incontestables des effets aux causes.

On a souvent mis en question les avantages qui peuvent résulter, quant à l'économie générale de la nature, de la distribution des continens & des mers à la surface du Globe. L'immense étendue de l'Océan a été citée comme une preuve du peu d'harmonie qu'il y avoit dans les parties principales de la surface de la terre; mais de tout ce que nous avons dit, ne résulte-t-il pas au contraire que, plus nous acquérons de lumières sur la constitution réelle des élémens & sur leurs usages variés, plus nous découvrons dans les différentes parties du monde visible, une marche & une correspondance qui concourent au bien-être général de ses habitans?

Ligne neigée.

La hauteur du sommet pierreux de Pitchinka est à peu près celle du terme inférieur constant de la *neige*: ce sommet est élevé de 2434 toises au-deſſus du niveau de la mer. La *neige* tombe beau-coup plus bas; mais, ainſi que nous l'avons déja dit, elle eſt ſujette à ſe fondre le jour même, au lieu qu'au-deſſus elle ſe conſerve toujours ſans ſe fondre dans toute la partie des Cordilières, qui eſt à une certaine diſtance de l'équateur au ſud & au nord. Quelques montagnes qui n'atteignent pas ce point n'ont jamais de *neige* permanente; d'autres qui y touchent, en offrent une certaine couche; d'autres, en très-grand nombre, qui s'élèvent plus haut, ont toujours leur partie ſupérieure continuellement couverte de *neige*, & par conſéquent inacceſſible, parce que la *neige* s'y convertit en glace; car ſa ſurface ne peut manquer de ſe fondre pendant le jour lorſque la montagne n'eſt pas cachée dans les nuages. Mais le ſoleil ceſſe-t-il d'agir, il ſe forme comme du verglas, la ſurface de la *neige* devient glacée, & polie comme un miroir.

Ce terme de la *neige* permanente dépend d'un trop grand nombre de diverſes circonſtances pour n'être pas ſujet à de grandes irrégularités. Plu-ſieurs montagnes, par exemple, dans le Pérou, ont une diſpoſition prochaine à l'incendie, car preſ-que tous les ſommets iſolés & en forme conique ont été des volcans: une certaine chaleur inté-rieure dans une grande maſſe peut éloigner le terme de la congélation. D'un autre côté, la partie neigée, lorſqu'elle eſt d'une certaine étendue, produit un effet tout contraire; elle cauſe à la ronde un plus grand froid, capable de congéler l'eau un peu plus bas; cependant ces anomalies ne ſont pas grandes. Pour peu qu'on parcoure avec attention les mon-tagnes neigées, on remarque aiſément que la par-tie inférieure de la *neige* forme comme une ligne de niveau dans toutes ces montagnes; de ſorte qu'on peut juger de leur hauteur par un ſimple coup d'œil.

Mais ſi nous conſidérons ce phénomène en grand, & que nous généraliſions cette conſervation de la *neige* ſur toutes les parties du Globe qui ſe trou-vent élevées à un certain point, nous trouverons que la ligne neigée n'eſt pas exactement parallèle à la ſurface de la terre: il eſt évident qu'elle doit aller en deſcendant d'une manière graduée, à me-ſure qu'on s'éloigne de l'équateur & de la zone torride, ou qu'on avance vers les pôles. Cette ligne, comme nous l'avons vu, eſt élevée de 2434 toiſes au-deſſus du niveau de la mer dans le mi-lieu de la zone torride; elle ne ſera plus élevée à l'entrée des zones tempérées que de 2100 toiſes, en paſſant par le ſommet du pic de Ténériffe, qui a cette hauteur à peu près. En France & dans le Chili, cette ligne paſſera à 15 ou 1600 toiſes de hauteur, & continuant à deſcendre à meſure qu'on s'approchera des zones glaciales, elle viendra tou-cher enſuite la terre au-delà des cercles polaires, quoique nous ne conſidérions ſon état que pen-dant l'été, où la plus grande action de la chaleur a lieu.

On peut appeler cette ligne celle du terme in-férieur de la *neige*; car il doit y en avoir une au-tre, celle du terme ſupérieur, mais que, ſuivant toutes les apparences, les plus hautes montagnes de la terre n'atteignent pas. S'il y en avoit d'aſſez élevées pour porter leurs cimes au-deſſus de tous les nuages, ces plus hautes pointes ſeroient exemptes de *neige* dans leurs parties ſupérieures; & comme elles pénétreroient vraiſemblablement dans cette même région où l'air n'eſt plus agité, on jouiroit en haut, ſi l'on pouvoit y parvenir, d'une ſéré-nité parfaite & perpétuelle, comme on l'a ſou-vent mal-à-propos ſuppoſé de l'Olympe, du mont Ararat & du pic de Ténériffe, quoique ce der-nier atteigne à peine le terme inférieur de la con-gélation. Il y a quelques-unes des montagnes du Pérou, comme le Cotopaxi, qui ont une partie neigée de 6 à 700 toiſes de hauteur perpendi-culaire; le Chimboraço, à 3227 toiſes au-deſſus du niveau de la mer, a plus de 800 toiſes dans ſa partie neigée; ſi les nuages paſſent beaucoup plus bas, ce qui permet de voir le ſommet de la mon-tagne au-deſſus, ils paſſent auſſi quelquefois beau-coup plus haut. En un mot, l'intervalle entre les deux termes, le ſupérieur & l'inférieur, dans le ſens perpendiculaire, eſt pour le moins de 11 ou 1200 toiſes dans la zone torride. Ainſi, s'il y avoit des montagnes aſſez hautes, on leur ver-roit une ceinture ou zone de glace qui com-menceroit à 2440 toiſes, & qui finiroit à 3500 ou 3600 toiſes, non pas pour la ceſſation du froid, puiſqu'il eſt certain que le froid augmente à meſure qu'on s'éloigne de la terre dans l'atmo-ſphère; mais parce que les nuages ou vapeurs ne peuvent pas monter plus haut.

NEUCHATEL. Ce pays offre une variété de climats & de productions réunies dans une très-petite étendue. Les vignes ſont la principale cul-ture de la partie la plus baſſe, qui borde un lac de huit lieues de longueur ſur cinq quarts de lieue de largeur moyenne. Deux vallées principales qui s'étendent dans l'intérieur du Jura, occupent une région un peu plus froide, & produiſent des grains & des fourrages.

La partie ſupérieure, qui confine avec la Franche-Comté, ne produit que des pâturages & du bois; l'air y eſt froid, même dans les vallées, & l'on ne peut élever des arbres fruitiers à cette hau-teur. Ainſi l'on trouve dans ce pays, intéreſſant d'ailleurs par ſon induſtrie & ſa population, trois climats agraires bien diſtingués par les carac-tères que nous venons d'expoſer, tirés de leurs productions; ce qui nous indique une gradation dans les degrés de température qui influent ſur ces productions.

NEUCHATEL (Lac de). Ce lac peut être conſidéré, ainſi que nous l'avons dit, comme ayant ſon baſſin dans la vallée de l'Orbe, groſſie par des torrens. La plus grande longueur de ce lac, entre
Saint-Blaiſe

Saint-Blaise & Yverdun, est de huit lieues, & sa plus grande largeur, entre Cudrefin, Vuilli & *Neuchâtel*, n'est que de deux lieues. Le bassin de ce lac, très-étroit relativement à sa longueur, présente assez la forme d'une vallée. Quant à sa profondeur, elle varie beaucoup, non-seulement en partant des bords pour sonder au milieu, mais encore dans les différentes parties du milieu ou des bords; il y en a même qui pensent qu'un observateur attentif & à portée de renouveler les sondes assez souvent, trouveroit que sa profondeur change sensiblement d'une année à l'autre. M. de Saussure ayant sondé à une demi-lieue du bord au midi de *Neuchâtel*, a trouvé le lac profond de 325 pieds. Le niveau de ses eaux au-dessus de celui du lac de Genève, a été trouvé de 26 toises, qui, ajoutées à l'élévation du lac de Genève au-dessus de la Méditerranée, donnent pour la hauteur du lac de *Neuchâtel* 214 toises ½ au-dessus de la même mer.

Les différens auteurs qui ont parlé de ce lac ont remarqué qu'il a été grand autrefois qu'il ne l'est actuellement. En effet, on observe presque partout des traces de la retraite de ses eaux à différentes époques le long de ses bords, & particulièrement sur la longueur vers son extrémité méridionale : on peut s'assurer que cette époque n'est pas bien reculée. Les marais qui se prolongent d'un côté jusqu'à Entre-Roches, aux environs de la Sara, à trois lieues des bords actuels du lac, & de l'autre presque jusqu'à Orbe, donnent lieu de croire que les embouchures de l'Orbe, du Talent & du Buron, étoient bien plus reculées qu'elles ne le sont. On sait d'ailleurs par une tradition constante, qu'au-dessous de la ville d'Orbe le marais a diminué considérablement dans ce siècle, & que les dépôts de la rivière, dans ses inondations annuelles, y ont beaucoup plus contribué que les travaux qu'on y a faits. Par la même raison le lac s'est retiré assez loin des murs de la ville d'Yverdun, qu'il battoit autrefois de ses eaux; il en est éloigné de plus de 200 toises. D'ailleurs, on a trouvé à la distance d'un quart de lieue des bords du lac, des restes d'anciens murs & des pavés ensevelis sous les sables depuis trois pieds jusqu'à douze. On observe assez généralement que, dans plusieurs maisons d'Yverdun, les offices sont plus bas que le niveau du pavé des rues, ce qui ne peut avoir lieu que par l'exhaussement du terrain de la plaine; mais une preuve moins équivoque encore de l'ancienne étendue du bassin du lac, se tire de la nature même de la plaine qui environne ses bords, & qu'il a abandonnée. Cette plaine en général est humide, marécageuse, & composée de couches peu distinctes & d'une épaisseur variable : 1°. de terre noire de marais; 2°. de tourbe plus ou moins combustible; 3°. enfin d'argile mêlée de sables, de graviers, de cailloux roulés & des mêmes coquillages que l'on trouve dans le lac.

Ces mêmes attérissemens s'observent aussi dans plusieurs endroits de sa rive méridionale. Au-dessous d'Yvonens, par exemple, on trouve une plaine très-marécageuse à sa surface, car elle offre en quelques endroits de grands joncs; ce marais peut avoir environ 63 toises de largeur sur une demi-lieue de longueur : le fonds est un limon mêlé de sable. Cette plaine porte tous les caractères d'un terrain assez récemment abandonné par les eaux dont il est inondé chaque année au printemps, & qui en étoit recouvert il y a trente à quarante ans. Il existe même à Yvonens une tradition confirmée par l'observation des phénomènes que nous venons d'indiquer, d'après laquelle il paroît constant que les eaux du lac alloient battre autrefois le pied de la côte sur laquelle le village est situé en grande partie; d'où l'on peut conclure que, sur cette rive, le bassin du lac s'étendoit à un quart de lieue dans les terres plus avant qu'aujourd'hui. Au reste, les matériaux de ces attérissemens sont chariés par la Mantua, dont l'embouchure est voisine d'Yvonens.

L'extrémité septentrionale du lac de *Neuchâtel* est en grande partie formée par les attérissemens de la Broye, par laquelle le lac de Morat se décharge dans celui de *Neuchâtel*; ils présentent, entre Cudrefin & la Sauge, une plaine d'un quart de lieue de largeur, couverte de marais : il subsiste encore, entre la Thielle & la Broye, des amas de sable si considérables, qu'ils forment une chaîne de monticules assez semblables aux dunes que l'on observe le long des côtes de la mer en Hollande & ailleurs. Les grandes moules d'eau douce que l'on trouve parmi ces dépôts, & qui n'habitent que dans le lac de Morat, ne laissent aucun doute que ces dépôts ne soient ceux de la Broye.

Outre les terrains d'alluvion, actuellement à sec, dont nous venons de parler ci-dessus, il est aisé de reconnoître, en suivant les bords du lac de *Neuchâtel*, qu'il règne le long de sa rive orientale, & intérieurement dans son bassin, une lisière de sable qui peut avoir environ un quart de lieue de largeur. On la suit de l'œil par une teinte grise que prend l'eau, & qui contraste sensiblement avec le vert des eaux profondes. Toute cette partie du lac est fort embarrassée de joncs & de roseaux; de sorte que cette lisière ou bordure qui s'exhausse chaque année par des inondations annuelles & accidentelles parviendra peut-être, avant qu'il soit un siècle, à se montrer à la surface de l'eau, & à resserrer d'autant les limites du bassin.

On voit donc que ce lac se comble continuellement, surtout à ses extrémités, par des dépôts qu'y forment les rivières qui s'y jettent. Ces dépôts, d'abord accumulés aux environs des embouchures, s'étendent peu à peu de part & d'autre, & envasent autant les rives occidentales que les bords orientaux : c'est ainsi qu'entre Cheyre & Estavoyer, & dans beaucoup d'autres endroits, le sable s'élève environ de trois à quatre pieds au-deſſus des plus hautes eaux, & forme des amas où l'on démêle quelques lits diſtincts, renfermant beaucoup de moules fluviatiles briſées ou entières, mêlées de cailloux roulés. Lorſque de pareils lits de ſable viendront à ſe durcir, il en réſultera des pierres de ſable, des poudingues, des couches coquillières, &c.

La plupart des coquillages qui ſe trouvent dans le lac de *Neuchâtel* ſont à peu près les mêmes que ceux du lac de Genève. On trouve outre cela, dans le même lac, & ſurtout le long de ſes bords, une grande quantité de morceaux de bois roulés & arrondis par les eaux qui les ont chariés, entraînés & dépoſés dans ſon baſſin; ces morceaux de bois ont contracté, par un certain ſéjour, une couleur du plus beau noir, comme les bois foſſiles que l'on trouve dans le ſein de la terre en pluſieurs endroits de la Suiſſe. Pluſieurs de ces morceaux ſont enſevelis dans les ſables à une profondeur plus ou moins conſidérable; mais beaucoup d'autres réſident ſeulement au fond des eaux, dans les différentes parties du baſſin du lac, tant au milieu que le long des bords; & ſi l'on en voit ſe communément près de ſes rives orientales, c'eſt que le lac y étant moins profond, laiſſe apercevoir de ces bois lorſque l'eau eſt calme & tranquille : c'eſt ſurtout depuis le bois d'Yverdun juſqu'à la Sauge qu'on en rencontre plus abondamment & qu'on en voit de toutes dimenſions; ils ſont couchés ſur le fond ſablonneux du lac, les uns à côté des autres, ſans aucun ordre.

Il paroît que ces arbres ont été déracinés par les torrens aux bords deſquels ils étoient, lorſqu'ils ont éprouvé des débordemens conſidérables, enſuite entraînés & dépoſés dans les lacs; ce ſont des chênes, plus rarement des châtaigniers, & quelquefois des aunes. On ſait d'ailleurs que la Broye charie un aſſez grand nombre de troncs d'arbres dans le lac de Morat, d'où il eſt probable que cette même rivière en tranſporte auſſi dans le lac de *Neuchâtel*; mais les rivières qui s'y jettent immédiatement paroiſſent avoir contribué davantage à ces convois de bois & à leurs dépôts dans le lac, que la Broye.

Les bords du lac de *Neuchâtel*, ſurtout ſa rive orientale, offrent une grande abondance de cailloux roulés, de ſubſtances pierreuſes infiniment variées. Il ſeroit intéreſſant de bien déterminer leur nature & leurs caractères, & de les indiquer ſous les dénominations qui leur conviennent.

NEWENHAM (Cap). Le promontoire auquel on a donné le nom de *cap Newenham* eſt une pointe de rocher aſſez élevée, qui ſe trouve dans la côte oueſt de l'Amérique ſeptentrionale & très-près du continent. Sa latitude eſt de 58 deg. 42', & ſa longitude de 197 deg. 36' (méridien de Greenwich).

Il y a par-deſſus ou en dedans de ce cap deux collines hautes qui s'élèvent l'une derrière l'autre;

la plus intérieure ou la plus orientale eſt la plus élevée. Le pays, dans l'eſpace qui a été examiné, ne produit ni arbres ni arbriſſeaux. Les collines ſont pelées; mais, ſur les terrains plus bas, on voit de l'herbe & des plantes. On n'y découvrit d'animaux qu'une daine & ſon faon, & le cadavre d'un cheval marin ou d'une vache marine giſant ſur la grève.

La côte ſe prolongeant au nord depuis le cap *Newenham*, ce cap eſt la borne ſeptentrionale de la grande baie ou du golfe ſitué devant la rivière de Briſtol. Le cap Ooncemak en forme l'extrémité méridionale. Il gît à quatre-vingt-deux lieues du cap N. wenham, dans la direction du ſud-ſud-oueſt.

A peu de diſtance de ce cap, la côte eſt compoſée de collines, de terrains bas, & elle ſemble former pluſieurs baies. La mer a peu de profondeur, & la ſonde ne rapporte que ſix braſſes, quelquefois même deux ſeulement. On voit en dehors de ces terrains bas, un banc de ſable & de pierres qui eſt à ſec vers le milieu du juſſant. Toute cette partie de la côte eſt remplie de bas-fonds qui rendent la navigation dangereuſe. Le flot porte au nord, & le juſſant au ſud. La mer s'élève de cinq ou ſix pieds, & Cook croit qu'elle eſt haute à huit heures dans les pleines & les nouvelles lunes.

NIAGARA (Caſcade ou Saut du). C'eſt ainſi que l'on nomme une caſcade formée par la chute des eaux du *Niagara* ou fleuve Saint-Laurent, dans l'Amérique méridionale, qui produit un des ſpectacles les plus étonnans qu'il y ait au monde. Suivant les deſcriptions que les voyageurs du Canada nous en ont données, cette caſcade forme la figure d'un fer à cheval, coupé en deux par une île fort étroite, & qui peut avoir un demi-quart de lieue de longueur; ce qui fait deux nappes d'eau d'une largeur conſidérable, & que l'on juge avoir à peu près cent vingt pieds de hauteur perpendiculaire. Cette prodigieuſe caſcade eſt reçue ſur un rocher qu'elle a creuſé, comme on en juge par le bruit qu'on entend, qui reſſemble à celui d'un tonnerre ſouterrain ou éloigné. La rivière ſe reſſent très-long-temps de la ſecouſſe qu'elle éprouve par cette chute précipitée, dont le fracas ſe fait entendre à une diſtance très-grande; d'ailleurs, l'eau diviſée & atténuée par la violence de ſa chute forme un brouillard épais que l'on aperçoit de fort loin, & qui ſert encore à relever un ſpectacle ſi merveilleux.

Le *Niagara* eſt la partie du fleuve Saint-Laurent qui traverſe le pays des Iroquois. Il ſort du lac Eryé & va ſe jeter dans le lac Ontario. La caſcade eſt ſituée à quatre lieues au-deſſus de ſon embouchure : ſans elle on pourroit aller avec de grandes barques à deux cents lieues plus loin, & ne point interrompre la navigation dans ſa courſe.

Mais la plus fameuſe cataracte eſt celle de la rivière Canada, en Canada; elle tombe de cent cinquante-six pieds de hauteur perpendiculaire comme un torrent prodigieux, & elle a plus d'un quart de lieue de largeur; la brume ou le brouillard que l'eau fait en tombant se voit de cinq lieues, & s'élève jusqu'aux nues : il s'y forme un très-bel arc-en-ciel lorsque le soleil donne dessus. Au-dessous de cette cataracte il y a des tournoiemens d'eau si terribles, qu'on ne peut y naviguer jusqu'à six milles de distance; & au-dessus de la cataracte, la rivière est beaucoup plus étroite qu'elle ne l'est dans les terres supérieures. (Voyez *Transact. philosoph. abr.*, vol. VI, part. II, pag. 119.) Voici la description qu'en donne le Père Charlevoix : « Mon premier soin fut de visiter la plus belle » cascade qui soit peut-être dans la nature ; mais » je reconnus d'abord que le baron de la Hontan » s'étoit trompé sur sa hauteur & sur sa figure, » de manière à faire juger qu'il ne l'avoit point » vue.

» Il est certain que, si on mesure sa hauteur par » les trois montagnes qu'il faut franchir d'abord, » il n'y a pas à rabattre des six cents pieds que lui » donne la carte de M. Delisle, qui sans doute n'a » avancé ce paradoxe que sur la foi du baron de » la Hontan & du Père Hennepin; mais après que » je fus arrivé au sommet de la troisième mon- » tagne, j'observai dans l'espace de trois lieues » que je fis ensuite jusqu'à cette chute d'eau, quoi- » qu'il faille quelquefois monter, il faut encore » plus descendre, & c'est à quoi ces voyageurs pa- » roissent n'avoir pas fait assez d'attention. Comme » on ne peut approcher la cascade que de côté, » ni la voir que de profil, il n'est pas aisé d'en me- » surer la hauteur avec les instrumens. On a voulu » le faire avec une longue corde attachée à une » longue perche ; &, après avoir souvent réitéré » cette manière, on n'a trouvé que cent quinze » ou cent vingt pieds de profondeur; mais il n'est » pas possible de s'assurer si la perche n'a pas été » arrêtée par quelque rocher qui avançoit; car » quoiqu'on l'eût toujours retirée mouillée, aussi » bien qu'un bout de la corde à quoi elle étoit at- » tachée, cela ne prouve rien, puisque l'eau qui » se précipite de la montagne rejaillit fort haut en » écumant. Pour moi, après l'avoir considérée de » tous les endroits d'où on peut l'examiner à son » aise, j'estime qu'on ne sauroit lui donner moins » de cent quarante ou cent cinquante pieds.

» Quant à la figure, elle est en fer à cheval, & » elle a environ quatre cents pas de circonférence; » mais précisément dans son milieu elle est parta- » gée en deux par une île fort étroite, & d'un » demi-quart de lieue de long, qui y aboutit. Il est » vrai que ces deux parties ne tardent pas à se re- » joindre; celle qui étoit de mon côté, & qu'on » ne voyoit que de profil, a plusieurs pointes qui » avancent; mais celle que je découvrois en face » me parut fort unie. Le baron de la Hontan y » ajoute un torrent qui vient de l'ouest : il faut » que, dans la fonte des neiges, les eaux sauvages

» viennent se décharger là par quelque ravine. » (Voyez *Transact. philosoph. abr.*, vol. VI, part. II; pag. 119.)

NICARAGUA, lac de l'Amérique septentrionale; il participe au flux & reflux de la mer, dont il n'est éloigné que d'environ quatre lieues. On lui donne environ quatre-vingts lieues de circuir, & les vaisseaux peuvent y entrer & naviguer commodément. Dans la grande île située au milieu de ce lac, il y a un volcan qui jette beaucoup de flammes; & n'est guère moins considérable que celui de Guatimala.

NICE (Comté & ville de). Le comté de *Nice* est un pays très montueux, occupé en grande partie par les Alpes maritimes, borné au levant par le Piémont & l'Etat de Gênes ; au midi par la Méditerranée ; au couchant par le fleuve du Var, qui le sépare de la France ; au nord par le Dauphiné & le Piémont.

Sa longueur est de vingt lieues environ ; sa largeur de dix; sa population de cent vingt mille ames.

La température de ce beau canton est telle, qu'on auroit peine à en trouver une aussi douce, même en Italie. Le climat de Naples n'est pas plus doux en hiver, & il est plus brûlant en été. Le mois de mai est rarement aussi beau en France, que le mois de février l'est à *Nice* ; & c'est au mois de février que la température y est moins douce, & le temps plus inconstant.

L'été est fort chaud sans doute, car la température moyenne est de 22 degrés; mais le thermomètre ne passe presque jamais 24, & cette chaleur est agréablement tempérée par une brise de mer, qui tous les jours s'élève à dix heures du matin, & souffle jusqu'au coucher du soleil, moment où commence la brise de terre, qui est également rafraîchissante.

On vit long-temps dans ce pays. La pleurésie est presque la seule maladie qui soit commune.

La campagne ou le territoire de *Nice* répond parfaitement à ce qu'un ciel si beau semble promettre ; c'est une plaine coupée par des coteaux, derrière lesquels s'élèvent trois rangs de montagnes gradués dans leur hauteur, dont le dernier rang se confond avec les Alpes. C'est à ce triple rempart qu'on doit l'avantage d'une si douce température ; c'est cet abri naturel qui met tant de différence entre la température de *Nice* & celle des lieux voisins qui n'ont pas la même exposition : aussi cette campagne est très-peuplée.

Les coteaux sont couverts de *bastides*, ou petites maisons peintes de différentes couleurs, qui tranchent fort agréablement au travers du feuillage terne des oliviers. Les terres sont plantées en vignes, soutenues d'espace en espace par des figuiers, des amandiers, des pêchers; entre lesquels on lie des cannes ou roseaux, très-commodes pour cet usage.

Dans l'intervalle on sème alternativement du blé & des féves qui entretiennent une verdure très-agréable, & donnent l'idée d'un printemps continuel. Les oliviers, les orangers, les citronniers, les cédrats, les aloès, les caroubiers, les lauriers, les myrtes, les grenadiers, contrastent agréablement vers les Alpes, qui se découvrent à deux ou trois lieues de distance; & qui sont souvent chargées de neige.

La culture se fait toute à bras d'hommes avec un seul outil, dont la forme est celle d'une pioche fort large & presque carrée.

Les denrées y sont abondantes & bonnes : l'huile qu'on y recueille est comparable à celle d'Aix & coûte moins cher; le vin peut le disputer aux meilleurs vins de la côte du Rhône, & porte moins à la tête. Les fruits à noyaux y sont délicieux & en abondance; il y croît peu de fruits à pepins, mais les habitans en tirent quantité de la Provence septentrionale.

Le commerce consiste en huile, vin & soie. On exporte encore des suifs, des savons, des oranges, des citrons, des essences & des fleurs; comme œillets, giroflées, anémones, renoncules; on en envoie par la poste à Paris, & même à Londres, pendant l'hiver : elles arrivent très-fraîches dans de la mousse.

Nice est située au midi de Turin, à la distance de trente-trois lieues en ligne droite, & à pareille distance de Gênes & de Marseille; elle est le refuge des étrangers que le froid & l'humidité incommodent, & il en est peu qui passent de France en Italie sans reconnoître ce pays, justement célèbre par la douceur du climat & la beauté de ses campagnes; d'ailleurs, le plus grand nombre des géographes l'ont compris dans cette belle contrée de l'Europe, en donnant à l'Italie pour limite occidentale, le Var qui tombe dans la mer à une lieue de *Nice*.

Cette ville est adossée à un rocher : on distingue la ville vieille & la ville neuve : celle-ci est tirée au cordeau; les maisons en sont bien bâties. Elle s'étend le long de la mer, où l'on a fait un beau rempart & une superbe terrasse, d'où l'on découvre, par un temps clair, les montagnes de Corse. Au pied de cette terrasse est une promenade couverte, & près de-là une place spacieuse. La ville vieille n'a qu'un quart de lieue dans l'enceinte des remparts. Les rues sont tortueuses, étroites, inégales, extrêmement sombres & fort sales : cette partie ancienne forme un amphithéâtre sur la pente occidentale du rocher.

Le port étoit séparé autrefois de la ville par le même rocher qui le resserre d'un côté, tandis qu'il est borné de l'autre par une montagne de pierres calcaires : il y a dix-sept pieds de profondeur d'eau, ce qui suffit pour les bâtimens de trois cents tonneaux. On a distribué avec intelligence, vers le port, les eaux d'une fontaine très-abondante & très-bonne, avantage qui est surtout apprécié par les marins.

Des environs de Nice.

M. Risso, savant naturaliste de *Nice*, a donné, dans plusieurs Mémoires, des notions fort intéressantes sur ce beau pays. C'est dans ces Mémoires que nous puiserons les détails que nous allons rapporter ci-après.

Le pic de Senestré, dont le sommet s'élève à 2500 mètres au-dessus du niveau actuel de la mer, est au nord du comté de *Nice*, & en constitue le point le plus élevé. C'est de-là, comme d'un centre, qu'on voit s'étendre, d'un côté, la chaîne de montagnes qui, se prolongeant à l'est, donne naissance aux Apennins liguriens, & qui, se développant de l'autre côté, à l'ouest, forme les monts inégaux de la Provence. Les Alpes maritimes, placées au milieu, prennent leur direction vers le sud, & vont, après différentes ramifications, se joindre insensiblement à la Méditerranée.

La vue magnifique qui se développe à cette élévation, l'aspect imposant des sommets de montagnes nues & arides, la direction sinueuse des vallées qui se dessinent sur leurs flancs tourmentés, frappent l'esprit de tout observateur qui contemple cet immense amphithéâtre. Bientôt il croit y suivre assez distinctement les traces des révolutions physiques que cette partie des Alpes a subies. Tantôt il voit l'Océan, dès-lors habité, comme aujourd'hui, par une innombrable quantité de corps marins, se retirer rapidement & avec précipitation, en renversant tout ce qui s'oppose à son passage; tantôt, au contraire, il voit les eaux calmes de la mer séjourner long-temps dans les mêmes parages, abaisser insensiblement leur surface, mettre lentement à découvert les rocs qu'elles avoient cachés, & former, par les dépôts tranquilles de couches successives, une partie de ces montagnes calcaires que nous regardons aujourd'hui comme primitives.

Tout, ici, semble encore indiquer la trace d'une longue submersion : là des corps marins attestent, par la régularité des couches dans lesquelles on les voit déposés, le séjour des eaux calmes & stationnaires; plus loin, c'est un désordre, une confusion qui ne retracent que trop évidemment la rapidité & la fureur des courans. De tous côtés, des masses renversées, irrégulières, dont les fragmens constitués de débris d'êtres aquatiques, sont des preuves, des monumens irrécusables de leur existence antérieure dans les mêmes lieux. Enfin, tout, dans ces montagnes, semble prouver que l'énorme étendue d'eau dont elles étoient couvertes, a renversé avec violence & rapidité les obstacles qui s'opposoient à sa chûte, & a produit ainsi ces ruptures immenses qu'on remarque

fur les grandes maſſes de roches, la plupart ſa-
pées dans leurs antiques fondemens.

Une chute auſſi précipitée ſeroit-elle devenue
la cauſe naturelle de ces grandes profondeurs, de
ces abîmes ſous-marins dont la plage de *Nice* eſt
environnée, & qui ſervent maintenant de lieux
de retraite, d'abri & de refuge à tant de poiſſons extraordinaires qui abondent dans ces mers?

Ces ruines de montagnes, ces bancs de pierres
roulées, ces énormes amas de poiſſons, ces dépôts de coquilles, enfin ces empreintes multipliées de corps organiſés, n'offrent-ils point
partout l'effrayant tableau des anciens cata-
cliſmes dont le naturaliſte ne peut plus aſſigner
les époques?

Les eaux de la mer de *Nice*, portion du vaſte
baſſin de la Méditérranée, viennent baigner ces
décombres aux pieds des Alpes maritimes. Le
mouvement de leur flux & reflux journalier,
très-peu ſenſible, n'eſt réellement remarquable,
chaque année, que dans le mois de février. Leur
température à la ſurface ſuit à peu près les variations & les intempéries de l'atmoſphère; mais à
de très-grandes profondeurs, on les a conſtamment
trouvées plus froides de moitié dans les ſaiſons les
plus chaudes.

La mer s'étend en ligne droite depuis le Var
juſqu'à la Taggia, ſur un eſpace de 28,000 toiſes.
Cette plage, vue de la haute mer de Saint-Hoſpice,
ſe préſente comme un golfe immenſe, bordé de
falaiſes calcaires & de grès friables qui, s'avançant
en pointes, baiſſent graduellement leur front dans
la mer. On y diſtingue également des rives nues,
arides, couvertes de cailloux roulés ou de ſable
fin. Tout cet horizon eſt coupé du nord au ſud
par des rivières & de petits golfes, par les ſinuoſités des vallons & les caſcades des ravins, qui
donnent à cette côte ainſi aperçue de loin, l'apparence d'une terre couverte de ruines & de deſtruction. Quelques pins, nés iſolément & à de
grandes diſtances ſur les pics de ces élévations
ſtériles, ſemblent limiter les eſpaces, qu'on ne
croiroit plus habités par des êtres vivans. Ces enfans des ſiècles ſemblent ſeuls vivifier de triſtes
contrées, animer de leur verdure un morne rivage, ſi différent en réalité de ſa trompeuſe apparence.

La profondeur de cette partie de la Méditerranée varie ſuivant l'élévation des côtes. On obſerve, en général, que, dans les parages qui correſpondent aux plaines, les eaux ſont très-baſſes, &
qu'au contraire elles s'approfondiſſent exceſſivement au bas des montagnes, en raiſon de la hauteur
de ces dernières. C'eſt ainſi que, ſur les côtes de
San-Remo, de Vintimigle, de la Bordighera, la
mer eſt peu profonde; qu'à Menton, à Monaco,
elle deſcend à quinze cents pieds; que vers Villefranche, elle en a trois mille ſix cents; qu'on en
reconnoît ſix mille dans l'anſe de *Nice*, & qu'elle

ſemble enfin incommenſurable dans le lointain de
Bauſſi-Rouſſi.

Ces grandes profondeurs ſont hériſſées de rochers, & ne ſont fréquentées que par les poiſſons
des genres ſquale, baliſte, chimère, xiphias,
gade, caranx, centronote, lépidolèpre, trigle,
centropome, holocentre, bodian, tétragonure,
pomatome, &c.

A neuf cents pieds de profondeur, en avançant
vers la terre, le fond de la mer eſt recouvert de
fange & de limon, ſéjour impur des raies, des
lophies, des cépoles, des zées, des pleuroneétes,
des oligopodes, enfin de tous les poiſſons à chair
molle & baveuſe.

En continuant à s'élever à quatre cent cinquante
pieds de profondeur, à peu près, la végétation
ſe manifeſte: les algues, les caulimes, les ulves,
les conſerves, les varecs & les zoophytes qui ta-
piſſent ce ſéjour, y appellent les ophidi-s, les
ſtromatées, les murènes, les uranoſcopes, les
vives, les ſcorpènes, les périſtédions, les labres,
les ſpares, les lutjans, les éſoces, les murœno-
phis, &c.

Viennent enſuite les rochers du rivage, où les
ſyngnathes, les centriſques, les blennies, les ba-
trachoïdes, les gobies, les notoptères font leur
demeure accoutumée.

Enfin, les belles plaines de galets & de ſable,
où ſe nourriſſent les lépadogaſtres, les ammody-
tes, les callionymes, les lépidopes, les gymnè-
tres, les oſmères, les ſcombréſoces, les argentines, les athérines, les ſtoléphores, les mugils,
les clupées & les ſerpes.

Les cétacés qui viſitent les rivages de *Nice* ſont:
la baleinoptère rorqual, le dauphin, le marſouin,
l'orque & quelquefois le cachalot macrocéphale.
On prit dans les madragues, en 1787, une baleinoptère muſeau pointu, du poids de près de quatre-
vingt-quatorze milliers.

Le nombre des poiſſons que M. Riſſo a obſervés
comme provenant de la mer de *Nice*, s'élève à
près de trois cent cinquante, parmi leſquels un
grand nombre d'eſpèces n'avoient jamais été décrites par les ichtyologiſtes. Il a reconnu que les
plages de *Nice* nourriſſoient beaucoup de poiſſons que les auteurs avoient annoncé habiter les
mers d'Amérique, d'Afrique & de la Norwège,
& pluſieurs autres dont on n'avoit point juſqu'à
préſent indiqué la patrie.

Si les environs de *Nice* ſont intéreſſans par le
nombre prodigieux des poiſſons de ſon golfe &
par les cultures d'arbres des pays les plus chauds
qu'on y remarque, ils ne le ſont pas moins ſous
le rapport de la géologie. Le rocher auquel eſt
adoſſée la ville, eſt calcaire; ſes fiſſures ſont remplies d'une ſingulière brèche, entièrement compoſée de fragmens d'os de ruminans & d'autres
eſpèces d'animaux, dont les deux ſeules qu'on ait
pu bien déterminer, ſe ſont trouvées appartenir à
des animaux que nous ne connoiſſons plus. Mais

ce qui eſt le plus étonnant, c'eſt que ces brèches ſont abſolument ſemblables par les os & les coquilles terreſtres ou d'eau douce qui y ſont mêlés, de même que par la pâte ou ciment rouge de brique qui les unit, aux brèches que l'on a obſervées à Gibraltar, à Terruel en Arragon, à Cette, en Corſe, en Dalmatie & à Cérigo.

La preſqu'île de Saint-Hoſpice a principalement offert à M. Riſſo des dépôts marins très-remarquables, qu'il a fait connoître dans un Mémoire inſéré au *Journal des Mines*, n°. 200 (1813), & dont nous allons donner un extrait.

Du haut du col de Montalban, à l'orient de la ville de *Nice*, on voit ſe détacher de la dernière chaîne des montagnes ſubalpines, qui ſervent de bordure ſeptentrionale à la Méditerranée, une portion de terre qui, ſe prolongeant dans la mer, ſe diviſe à ſon ſommet en deux pointes, dont une, prenant la direction de l'eſt-ſu-eſt, ſert à former le golfe de Saint-Hoſpice, & l'autre, en ſe courbant vers le ſud-ſud-oueſt, fait partie de la baie de Villefranche.

Cette preſqu'île renferme une immenſe quantité de débris foſſiles d'animaux marins. Vers ſon milieu elle préſente une petite colline de cent quatre-vingts pieds d'élévation, nommée le *cap Ferrat*; vers le nord de ce cap Ferrat, le terrain de la preſqu'île qui tient à la grande terre s'abaiſſe inſenſiblement à cent cinquante mètres au-deſſous du ſommet du cap. Il eſt planté de vignes, d'oliviers & d'autres arbres fruitiers, & il s'étend aſſez conſidérablement de l'eſt à l'oueſt, mais en s'affaiſſant peu à peu du côté de la baie de Villefranche. Au pied de cette riche pente ſe fait, dans un eſpace horizontal aſſez bien cultivé, élevé d'environ cent vingt pieds au-deſſus du niveau de la mer, le point de partage des eaux pluviales vers l'une & l'autre baie.

A une médiocre diſtance du cap Ferrat, toujours en remontant vers le nord, le ſol ſe relève & prend la forme d'une monticule iſolée, peu exhauſſée, mais cependant plus haute que le cap Ferrat, dont elle coupe la vue; il eſt bien garni d'oliviers & de caroubiers. Plus loin, & toujours en avançant vers le ſeptentrion, ſuccède un vallon plus creux, qui, étendu de l'oueſt à l'eſt entre les deux baies de Villefranche & de Saint-Hoſpice, eſt borné au nord par la dernière & plus baſſe chaîne des montagnes ſubalpines. A l'eſt-nord-eſt de la baie de Saint-Hoſpice, ce vallon ſe termine par une agréable plaine dite du *Beaulieu*, élevée de dix-huit à vingt-quatre pieds au-deſſus de la mer, & couverte de jardins d'orangers, de cédratiers & de limoniers.

A l'eſt, ſi l'on ſuit le contour du golfe de Saint-Hoſpice, on atteint, toujours ſur le même plan & à la même élévation, l'anſe dite de *Saint-Jean*, où ſe fait la pêche des thons & autres eſpèces de ſcombres: la pente de la côte qui borde cette anſe, eſt ménagée de manière à former une ſorte

d'amphithéâtre de l'oueſt-nord-oueſt par le ſud, au ſud-ſud-eſt.

C'eſt à peu près du pied de ce coteau, & vers le milieu du bord oriental de la grande preſqu'île, que part dans l'eſt-ſud-eſt, mais à un niveau plus bas, une pointe nommée *Saint-Hoſpice*, qui forme le côté ſud de la baie du même nom. Outre l'anſe Saint-Jean, il y en a une moins grande plus avant dans l'eſt, & on en diſtingue deux autres ſur le bord méridional. Par la manière dont ces quatre criques ſe correſpondent, toute la pointe vue de la crête de la hauteur prend la figure de zigzags.

Au ſud du cap Ferrat s'élève, du ſein des eaux, un plateau paſſablement étendu, formé d'un calcaire compacte, rempli de fiſſures dans leſquelles croiſſent l'ophrys jaune (*ophrys lutea*), le romarin officinal (*roſmarinus officinalis*), & quelques myrtes rabougris. Plus au midi encore, le terrain ſe relève & forme un tertre iſolé de la même nature, qui ſe prolonge vers la baie de Villefranche, au point où eſt établi le fanal.

Du cap Ferrat on découvre auſſi Antibes, Villefranche, Eſa, la Turbie, Monaco, Menton, Vintimigle & juſqu'à la Bordighera; un cap avancé dérobe le reſtant de la côte; mais lorſque le temps le permet, l'œil eſt dédommagé par la vue très-diſtincte de l'île de Corſe.

En quittant ce ſommet d'un aſpect ſi agréable, les environs vont nous intéreſſer ſous un autre point de vue. Vers le commencement de la péninſule, du côté de la baie de Villefranche, dans l'endroit nommé *Deux-Rubs*, & ſous un ſol propre à la culture, s'annoncent, vers l'eſcarpement du bord de la mer, d'épaiſſes couches, tantôt perpendiculaires, tantôt horizontales, d'un calcaire marneux bleuâtre, paſſant au gris-verdâtre par l'action de l'air; tendre, qui ſe laiſſe entamer facilement avec le couteau, happe foiblement à la langue, dont la caſſure eſt terreuſe, preſqu'écailleuſe, ſes pièces ſéparées à bords aigus, & l'odeur argileuſe. Ce calcaire ſe durcit à l'air, mais en même temps ſe fendille & tombe en éclats.

En approchant de la pointe, ſur laquelle ſe trouvent les débris d'une ancienne batterie, cette ſubſtance devient plus dure & contient moins de parties argileuſes; ſes couches s'inclinent inſenſiblement, & plongent dans la mer; quelques-unes ſont pleines de gryphites jaunâtres de toutes grandeurs & de formes variées; d'autres ſont parſemées de pyrites ferrugineuſes, & traverſées en tous ſens par des filets de chaux carbonatée lamellaire d'un beau blanc, accompagnés de ſuperbes criſtaux rhomboïdaux.

Ce qui a droit de frapper vraiment l'obſervateur, c'eſt que les gryphites qui compoſent cet immenſe amas, ſemblent, par la manière dont elles ſont régulièrement placées, être encore attachées au banc ſur lequel elles vivoient. Si on les enlève, on eſt étonné de trouver pluſieurs de ces coquilles remplies d'une matière plus dure, plus compacte, faisant un feu très-vif au briquet, & peu d'effervescence avec les acides, très-différente du rocher de calcaire marneux auquel elles adhèrent; d'autres, au contraire, ne présentent à l'intérieur que la substance dans laquelle elles sont contenues.

Au-delà de cette pointe, la mer s'avance pour former une anse qui porte le nom de *Grosneil.* Dans le pourtour de cette anse, au milieu des couches tourmentées de calcaire marneux qui le formoient, on trouve des espèces de filons irréguliers, remplis d'une marne grisâtre, au milieu de laquelle sont des térébratules & de gros tuyaux de vers marins qu'on ne connoît pas vivans en Europe.

Une excavation faite dans cette partie de la presqu'île a fourni à M. Risso le sujet des observations suivantes. C'étoit un puits éloigné de cinquante à soixante pieds de la mer actuelle, & commencé à soixante au-dessus de son niveau. Les fouilles ont offert :

1°. Un lit supérieur de terre végétale de trois pieds d'épaisseur, dans laquelle on ne trouve que des détritus des coquillages terrestres qui vivent dans cet endroit;

2°. Une couche d'argile rougeâtre mêlée de cailloux, & de six pieds environ de puissance;

3°. Un amas de sable marin blanchâtre, de quinze pieds d'épaisseur, contenant une grande quantité de corps marins, dont on retrouve tous les analogues vivans dans la mer de *Nice.* Voici l'énumération des espèces recueillies par M. Risso dans cet amas, avec l'indication de celles qui n'ont pas encore été décrites.

MOLLUSQUES.

Conus mediterraneus. Brug. Encycl.
—— *franciscanus.* Brug.
Cypræa pediculus. Linn.
—— *triticea.* Lam.
Volvaria miliacea. Lam.
Mitra buccinoidea. Spec. nov.
—— *mediterranea.* Spec. nov.
Columbella mercatoria. Roiffy. Lam.
Nassa neritoidea. Lam.
—— *torulosa.* Spec. nov.
Purpura hæmastoma. Lam.
Buccinum plicatile. Freminville. Bull. phil.
—— *corniculatum.* Lam.
—— *costatum.* Spec. nov.
—— *oblongum.* Spec. nov.
Dolium galea. Lam.
—— *perdix.* Ejusd.
Cassidaria thyrrhena. Ejusd.
—— *echinophora.* Ejusd.
Cassis sulcosa. Ejusd.
Strombus pes pelecani, Linn.
—— *claviformis.* Lam.
Ranella pyramidata. Ejusd.

Murex squammiger. Lam.
—— *melomilus.* Ejusd.
—— *succintus.* Ejusd.
—— *craticulatus.* Ejusd.
—— *anus.* Ejusd.
—— *brandaris.* Ejusd.
Fasciolaria cingulifera. Lam.
Cerithium vulgatum. Brug. Bosc.
—— *morus.* Ejusd.
—— *perversum.* Ejusd.
Trochus magus. Linn.
—— *muricatus.* Linn.
—— *undulatus.* Spec. nov.
Turbo mediterraneus. Freminville. Inédite.
—— *tricolor.* Spec. nov.
—— *zonatus.* Ejusd.
—— *variegatus.* Ejusd.
—— *sulcatus.* Ejusd.
Rissoa cancellata. Freminville. Bull. phil.
—— *acuta.* Ejusd.
—— *hyalina.* Ejusd.
—— *costata.* Ejusd.
—— *oblonga.* Ejusd.
—— *plicata.* Ejusd.
—— *versicolor.* Ejusd.
—— *violacea.* Ejusd.
Monodonta labeo. Roiffy.
—— *Pharaonis.* Roiffy.
Phasianella rubra. Spec. nov.
Nerita viridis. Schroeter. Bosc.
Natica glaucina. Bosc. Roiffy.
Bulimus truncatus. Spec. nov.
Haliotis tuberculata. Linn.
Fissurella græca. Ejusd.
Patella vulgata. Ejusd.
—— *cærulea.* Bosc.
—— *cypria.* Linn.
—— *lusitanica.* Linn.
Chiton fascicularis. Linn.
Lucina circinaria. Bosc.
Tellina variegata. Pol.
Donax irus. Linn.
Cardium edule. Ejusd.
—— *rusticum.* Ejusd.
—— *oblongum.* Ejusd.
Mactra pellucida. Gmel. Bosc.
Arca noe. Linn.
—— *barbata.* Ejusd.
—— *lactea.* Ejusd.
—— *pella.* Ejusd. Brug. Bosc.
Mytilus edulis. Linn.
—— *barbatus.* Linn.
Petunculus pilosus. Roiffy.
Lima squamosa. Lam. Bosc. Roiffy.
Pecten varius. Bosc. Roiffy.
—— *maximus.* Bosc. Roiffy.
—— *jacobæus.* Bosc. Roiffy.
—— *glaber.* Bosc.
Spondylus gæderopus. Linn.
—— *regius.* Linn.

Ostrea plicatula. Freminville. Efp. inédite.
Anomia ephippium. Linn.
Venus verrucosa. Linn.
Chama fessilis. Brug.
Anatifa lævis. Brug. Bofc.

ANNÉLIDES.

Dentalium entalis. Linn.
Serpula vermicularis. Muller.

CRUSTACÉS.

Cancer spinifrons. Latreille.
Maia squinado. Fabr.
Pagurus bernardhus. Fabr.

RADIAIRES.

Echinus esculentus. Linn.

POLYPES.

Corallium rubrum. Lam.
Ocullina hirtella. Ejufd.
Astrea favosa. Ejufd.
Fascicula cespitosa. Ejufd.
Cariophylia cyathus. Lam.
Favosita perforata. Ejufd.

M. Riffo n'héfite point à confidérer ces êtres comme foffiles, & il remarque que la plupart d'entr'eux font recouverts d'un fable marin, agglutiné par un ciment argileux. La couche infé-rieure qui les renferme, paroît être l'ancien fonds de la mer, fur lequel vivoient plufieurs de ces ani-maux, puifqu'on trouve aujourd'hui les mêmes efpèces, dans les mêmes circonftances, avec le même fable, fur plufieurs points de la même côte; ce qui porte affez à croire que la mer a féjourné pendant un temps affez confidérable à ce niveau, & que ce dépôt de foffiles n'eft pas accidentel, car il falloit au moins plufieurs années aux grandes efpèces pour prendre tout leur accroiffement & fe multi-plier en fi grande abondance. La couche fupé-rieure, au contraire, préfente beaucoup de débris de foffiles, dont les analogues ne vivent aujour-d'hui que dans les moyennes & grandes profon-deurs; ce qui attefteroit, dans ce dernier cas, un vrai tranfport dans ce local par l'effet des vagues de la mer, ou à la fuite de quelques cataftrophes.

4°. La formation du calcaire marneux à gry-phites, d'un bleu plus foncé que celui qui eft fitué fur les bords actuels de la mer, vers le commen-cement de la péninfule, fe trouve immédiatement au-deffous du dépôt des coquilles analogues à celles des côtes. La première couche de ce calcaire mar-neux eft très-tendre & fort facile à enlever; les autres, placées en deffous, ont plus de vingt-fept pieds d'épaiffeur; elles forment un maffif très-

dur & très compacte, que la poudre feule peut faire fauter. On trouve dans leur milieu quelques pyrites ferrugineufes criftallifées, dont plufieurs, en fe décompofant, ont coloré en jaune d'ochre différens blocs de cette maffe.

5°. Enfin, à cinquante-un pieds environ de profondeur, jaillit une eau limpide, potable, & le niveau des eaux falées fe trouve encore à neuf pieds en deffous.

En fuivant le contour du bord de la mer, l'on arrive peu après dans une anfe beaucoup plus fpa-cieufe que celle de Grofneil, & qu'on nomme *lon grand paffable.* Le petit fentier qu'on fuit pour y arriver eft bordé de lentifques (*piftacia lentif-cus*), d'aphyllantes (*aphylantes monfpelienfis*) & de chênes-verts. Sur l'efcarpement de la mer fe manifefte le même fyftème calcaire marneux à gryphites, contenant de gros tuyaux d'annélides inconnus dans la mer actuelle. C'eft dans ces bancs, dont l'inclinaifon eft du fud-eft à l'eft, qu'on voit les dernières traces des nautilites & autres ani-maux perdus qu'on rencontre dans ce terrain.

Les vagues agiffant continuellement fur ce ro-cher, détachent ces pétrifications, les arrondif-fent, les mêlent avec les coquilles marines ac-tuelles & les dépouilles des mollufques terreftres entraînées par les eaux pluviales; le tout fe dépofe avec le fable, les galets & l'argile du rivage dans les creux que préfentent les couches anciennes, & forme de nouveaux dépôts.

Au-deffus de cette anfe on en trouve une plus petite, nommée auffi *paffable*, vers laquelle les bateaux abordent ordinairement. Ici fe termine le fyftème calcaire marneux à gryphites que nous fuivons depuis le fond de la baie, & c'eft là qu'il s'adoffe à un calcaire compacte blanc, à grain fin, qui forme la plus grande partie du refte de la prefqu'île.

Ce calcaire, qui eft la plus ancienne formation de cette butte, fe relève en monticule pour for-mer le cap Ferrat, fur lequel on a établi un cymo-phore. Ses couches, vers la baie de Villefranche, font dirigées de l'eft à l'oueft, & s'approchent de la pofition horizontale, ce qui a valu à cet endroit le nom de *petra plana*, pierre plane.

En continuant à s'avancer vers le fud-oueft, à travers les ciftes (*ciftus monfpelienfis*) & les eu-phorbes (*euphorbia dendroides*), l'on voit que le fommet de ce calcaire compacte forme des efpèces d'aiguilles ou de crêtes qui préfentent un peu l'afpect des grandes maffes primitives; toutes ces pointes s'abaiffent infenfiblement & fe cachent dans la mer vers le phare placé à la pointe occi-dentale de la péninfule.

De cette pointe, fi l'on fe dirige vers l'eft, on voit fe développer un grand plateau incliné fous un angle de quarante degrés environ, compofé d'une pierre coquillière ou lumachelle groffière, qui eft adoffée au calcaire compacte. Les couches inférieures de ce dépôt ont un peu plus de trois
pieds

pieds de puissance , & se dirigent presque du nord au sud ; elles sont d'un blanc de chair & fourmillent de débris de corps marins , tels que peignes, huîtres , lépas , pointes d'oursins , & divers polypiers dans le plus grand état de trituration ; néanmoins ces débris ont conservé leurs couleurs , & plusieurs d'entr'eux ont paru être les analogues de quelques coquilles de la côte. M. Risso regarde cette lumachelle comme formée sous les mêmes circonstances , mais à une époque antérieure à celle de la couche de sable rempli de coquillages dont les analogues se retrouvent dans la mer de Nice , qui a été observée dans le puits de Grossueil dont il a été fait mention ci-dessus. Les portions de ces couches qui sont baignées par les flots passent au brun-rougeâtre , & renferment encore plus de fossiles ; quelques-unes se trouvent traversées par des espèces de filons de brèches rougeâtres semblables à celles du château de Nice , qui contiennent des ossemens fossiles. Les bancs supérieurs sont plus épais , blanchâtres ; leurs fragmens sont brillans & sonores , ne présentent aucune trace d'êtres organisés , & sont traversés, en certains endroits , par du spath calcaire en lames , d'un beau blanc. On trouve quelquefois des fragmens de ces lumachelles couverts de longues cannelures , qui les rendent semblables au calcaire madréporique en place du cap Martin décrit par M. Faujas-Saint-Fond.

Après avoir traversé ce plateau l'on arrive à la plus petite langue de terre , qui , du pied du cap Ferrat , s'avance en amphithéâtre dans l'est-sud-est pour aller former la pointe de Saint-Hospice. La différence considérable de son niveau beaucoup plus abaissé , l'aspect du sol & la disposition des couches , annoncent au premier coup d'œil que cet appendice de la presqu'île est un terrain d'une formation différente de celui qu'on vient de parcourir.

La petite anse que l'on remarque au commencement de cette langue de terre est connue dans le pays sous le nom de Bouyou. Le terrain qui l'entoure est un calcaire marneux , d'une couleur moins foncée que celui dont on a eu occasion de parler ci-dessus , & qui renferme différentes espèces d'ammonites. La bordure sud-est de cette anse est ornée d'anthyllis (anthyllis barba Jovis), de stahelines (stahelina dubia) & de pins d'Alep. Presqu'au niveau de l'eau s'étend un grand banc rempli de gryphites & de quelques ammonites à demi rongées par les vagues , & qui servent de retraite aux balanes vivant actuellement sur ces bords.

Au-delà de cette anse le sol se relève insensiblement & forme un petit promontoire qui se rattache à un autre un peu plus élevé , où est située la chapelle de Saint-Hospice.

Toute cette pointe est formée d'un calcaire marneux peu différent de celui des Deux-Rubs , mais d'une couleur grisâtre ou jaunâtre , plus abondant en particules argileuses, & pénétré de

Géographie-Physique. Tome IV.

gros tuyaux d'animaux marins qui paroissent avoir vécu dans cet endroit , ainsi que leur réunion & leur position portent à le faire croire. On y voit aussi quelques pyrites , du spath calcaire blanc , & beaucoup de débris de coquillages que les flots ont disposés en bancs horizontaux.

Telle est la disposition que conservent les couches du calcaire marneux de ces deux promontoires vers la partie méridionale ; quelques-unes seulement s'inclinent à peu près vers l'ouest du côté de l'enfoncement de l'endroit dit les Forchettes ; & il est facile de voir que ces couches , sans perdre de leur parallélisme , s'inclinent & se brisent pour suivre la pente d'un ravin qui se dirige du nord au sud , jusqu'à l'embouchure de ce ravin dans la baie de Saint-Hospice.

En côtoyant cette partie de la presqu'île que la mer du golfe de Saint-Hospice dessine en zigzags , l'on voit que tout le système qui compose ce contour est du même calcaire marneux que celui de la baie de Villefranche. Ses couches sont abruptes , escarpées & presque perpendiculaires à l'horizon ; elles sont coupées par une infinité de fissures qui les subdivisent en tranches ; la plupart sont pleines d'une argile marneuse chloritée , renfermant des térébratules , des nautilites , des arches , des ammonites , &c. Vers le milieu de ce golfe se trouvent de grosses huîtres passées à l'état siliceux , rongées & détruites par les vagues de la mer ; elles sont mêlées avec d'autres fossiles également brisés en parties si tenues , qu'on ne peut reconnoître à quelles espèces d'animaux ils ont pu appartenir.

En approchant vers l'endroit où la péninsule se joint à la chaîne qui tient à la grande terre , tout le terrain n'est qu'un amas immense de nummulites disposées en forme de bancs , & à peine liées par un calcaire marneux grossier , où se trouvent également des débris d'orbulites , de planulites , & des peignes qui commencent à s'approcher par leur forme de ceux qui vivent aujourd'hui dans la mer.

Telle est la description exacte de la presqu'île de Saint-Hospice , si intéressante sous le rapport de la géologie.

On peut distinguer trois époques principales dans sa formation.

La première est celle du dépôt du calcaire compacte à grain fin qui sert de base à tous les autres systèmes , & dans lequel on ne rencontre presque jamais de corps organisés. Ce calcaire , quoique le plus ancien , est celui qui a le moins souffert de dérangement dans sa stratification , & qui est le moins altéré par l'action de l'air.

Dans la seconde époque , l'Océan change de nature , ou du moins dépose des roches différentes & nourrit une immense quantité de corps organisés dont on ne connoît plus les analogues vivans ; mais qui présentent une succession dans leur apparition. On trouve d'abord le calcaire marneux à gryphites , ensuite la marne chloritée qui enveloppe ce grand amas de bélemnites , d'ammonites, &c., & puis le calcaire groffier renfermant des nummulites, des peignes, des orbulites, &c. Le calcaire à gryphite, qui, fur ces montagnes, s'élève à plus de fix mille pieds, a éprouvé de violentes cataftrophes, atteftées par fon bouleverfement & le défordre de fa ftratification. Celui qui renferme les bélemnites & les nummulites préfente au contraire une ftratification régulière & peu inclinée, qui annonce qu'il a été dépofé par une eau calme & tranquille.

Enfin, nous voyons dans la troifième époque les traces d'une mer qui nourriffoit des êtres femblables à ceux qui vivent actuellement dans la Méditerranée, & qui femblent avoir formé deux ordres de dépôts particuliers, d'abord la lumachelle de la pointe méridionale de la prefqu'île, & enfuite l'amas de fable calcaire de Groffueil.

Ces dépôts qui, par la nature de leurs coquilles, femblent fe rapprocher fi fort de nous, ne pourroient-ils pas, dit M. Riffo, appartenir aux temps hiftoriques? En effet, ajoute-t-il, les auteurs grecs nous parlent d'une époque où la Méditerranée n'étoit qu'une immenfe vallée renfermant un lac vafte & profond, uniquement entretenu par les fleuves qui s'y rendoient naturellement. Strabon affirme qu'originairement l'Euxin ne débouchoit pas du côté de Byzance, mais que, dans la fuite, fes eaux, réunies à celles de la mer Cafpienne, firent une violente irruption par la Propontide & l'Hellefpont, & fe dégorgèrent dans le vallon méditerranéen. Diodore de Sicile a recueilli des notions précieufes fur la rupture des cyanées, & c'eft dans ces temps reculés qu'il place le déluge de Samothrace: l'immenfe quantité d'eau de l'Euxin qui dégorgea par le Bofphore de Thrace & de l'Hellefpont dans la Méditerranée, retenue du côté de l'Océan par l'ifthme de Calpé, dut augmenter confidérablement le niveau de cette mer, & peut l'avoir élevé à cent cinquante pieds au-deffus du point où nous le voyons aujourd'hui.

NICOLAS (Saint-). Saint-Nicolas eft une plaine fituée près des Echelles (département de l'Ifère), montagnes auxquelles on a donné ce nom à caufe de leur rapidité: là on voit une belle cafcade à deux branches, formée par la Cénife qui fe précipite du haut du rocher, & prend enfuite fon cours dans la plaine qui fépare la Savoie du Piémont. On la paffe fur un pont, au-delà duquel on fe trouve en Italie.

Près-de-là eft un paffage étroit, où l'on a creufé un chemin fous le rocher pour préferver des lavanges.

La nature talqueufe qui compofe les rochers de cet endroit, leur donne un brillant qui a fait croire à M. l'abbé Richard qu'il y avoit du cuivre.

NIÈGLE, département de l'Ardèche, près d'Aubenas. Très-près de ce village & du ruiffeau nommé l'Alignon on voit, en allant du nord au fud, le granite faire place au poudingue, & celui-ci à un grès entre-mêlé de fchifte argileux plus ou moins micacé. C'eft le commencement d'un terrain houillier qui s'étend jufque vers Aubenas. La première mine de houille qu'on rencontre en allant dans cette direction, eft celle de Caffagnères, commune de Nièğle, anciennement exploitée. On a été forcé de l'abandonner à caufe du feu qui s'y eft mis en 1778, & qui fait, depuis cette époque, de grands ravages dans la partie orientale de la colline, où le terrain s'eft même affaiffé en quelques endroits; mais dans le voifinage il y a de petites exploitations fur le territoire de la même commune, les unes au fommet, les autres à de petites profondeurs de la montagne. Des affleuremens fans nombre annoncent l'abondance de la houille; & on y reconnoît la marche régulière de fept ou huit couches au moins, qui fe dirigent au nord & s'inclinent au fud-oueft en plongeant dans la montagne. Leur puiffance eft de trois à fix pieds & plus; le toit eft un fchifte pourri, ou même une argile compacte qui ne peut recevoir le nom de fchifte. La houille qu'on extrait n'eft pas de bonne qualité, & ne convient qu'aux filatures de foie; mais en approfondiffant, elle devient meilleure, & propre même pour la forge.

Ces mines font mal exploitées, & ne rapportent que fix milliers par jour, tout au plus.

NIÉPER. Ce fleuve offre un canal de navigation important quant au verfement des denrées de l'ancienne Pologne à Conftantinople & dans la Crimée. C'eft fous ce point de vue que nous l'allons confidérer.

La branche du milieu du Niéper eft la feule navigable; & comme elle n'a que fix ou fept pieds de profondeur à fon embouchure près de Kiffmis, fitué à environ fept lieues au-deffous de Cherfon, les feuls navires de ce tirant d'eau peuvent remonter ce fleuve.

Le Niéper forme dans cette partie un golfe auquel on a confervé le nom de Liman: pour y pénétrer du côté de la mer, il faut fuivre un canal qui, dans quelques endroits, a jufqu'à foixante pieds de profondeur, & dix-huit feulement dans d'autres.

Le cours de ce fleuve fe dirige entre Oczakow & Kilbouroum; il eft refferré du côté d'Oczakow par un banc couvert de fix pieds d'eau; du côté de Kilbouroum par un banc de fable qui fe réunit à ce premier dépôt.

Pendant environ deux mois de l'année, ce canal eft fermé par les glaces: le Niéper en eft couvert ordinairement du 1er au 15 décembre, & elles fe fondent que du 10 au 20 février. Le dégel de ce fleuve eft plus tardif en raifon de fa plus grande élévation vers le nord. Quelquefois des vents violens du fud, qui règnent dans l'intervalle, font remonter les eaux de la mer, &, par une fonte prématurée, rendent le fleuve navigable; mais le retour du vent

du nord, qui a lieu infailliblement dans cette faifon, en fait geler de nouveau toute la furface.

Ce fleuve, d'ailleurs, eft gelé vers fa fource jufqu'à la fin du mois d'avril : c'eft là l'époque de fon
entière débâcle, & il ne ceffe de charier des glaçons que dans le courant du mois de mai : accru
pour lors confidérablement par la fonte des neiges
& par les pluies, il déborde & forme, en plufieurs
endroits de fon cours, des lagunes dont la plupart
ne font pas deffechées entièrement par les chaleurs
de l'été.

Ce fleuve a treize cataractes qui font diftribuées
fur un efpace d'environ quinze lieues; & comme
ces cataractes gênoient confidérablement fa navigation, on a déblayé une partie de ces obftacles;
de telle forte que le lit du fleuve eft devenu plus
ouvert aux bateaux ou aux radeaux, qui peuvent
le defcendre ou le remonter fans retard comme fans
danger.

NIÈVRE (Département de la). Ce département
a pris fon nom d'une petite rivière peu remarquable; il renferme à peu près l'ancienne province
de Nivernois.

Les bornes de ce département font au nord
celui de l'Yonne, à l'eft celui de la Côte-d'Or, au
fud-eft celui de Saone & Loire, au fud celui de
l'Allier; enfin, à l'oueft le département du Cher.

Ses principales rivières font la Loire qui paffe à
Decife & à Nevers, & reçoit à droite, & au-deffus
de Decife, l'Aroux, qui raffemble plufieurs ramifi-
cations; d'abord celle de la Baleine, qui arrofe
Luzi & la Roche-Millay, puis quatre autres, dont
la première paffe à Moulins-en-Gilbert; enfuite la
Canne qui arrofe Montigny, Orcy-la-Tour; &
Landarge, qui paffe à Anlezi; enfin l'Yxeuf, qui
arrofe Saint-Bertin-d'Azy; après quoi vient la
Nièvre, qui fe jette dans la Loire à Nevers.

Si nous fuivons les rivières que la Loire reçoit
à gauche, nous y verrons l'Acolin qui arrofe Lu-
cenay-lès-Aix; l'Abron qui paffe à Saint-Germain-
de-Very, & l'Acolate; enfin l'Allier, au-deffous
de Nevers, au bec d'Allier.

Au deffous de bec, la Loire paffe à la Charité, à Pouilly, à Cofne & à Neuvy: dans ce trajet
elle reçoit le Narcy, qui paffe à Châteauneuf-en-
Val-de-Bargis, le Nohain qui arrofe Antrain &
Donzy, & va tomber dans la Loire à Cofne; enfin
la rivière de Saint-Amant, qui s'y jette à Neuvy.

Au fud-eft du département, l'Yonne paffe à
Château-Chinon & à Moret-Rouillon, puis reçoit
à droite l'Anguifon qui paffe à Corbigny, & à
gauche le Beuvron, qui s'y réunit à Clamecy: les
deux embranchemens de la Cure, qui arrofent
Braffy & Mont-Sauche, appartiennent également
au département de la Nièvre.

Les principales villes de ce département, celles
qui peuvent donner une idée de fon induftrie, font
Nevers, la Charité, Cofne, Clamecy, Cervon,
Decife, Donzy, Guerigny, Pouilly, &c.

Les principaux produits du département confiftent en fer, en bois & en vins.

NIGRITIE. Ce pays eft une des plus vaftes régions de l'Afrique. Elle confine à l'Abyffinie & à la
Nubie, qui la bornent à l'orient; elle tire fon nom
de la couleur noire de fes habitans. Ce pays eft
féparé du refte du Monde par des déferts arides,
par des montagnes efcarpées: on trouve beaucoup
d'or dans plufieurs de fes contrées, & furtout dans
le royaume de Tombut. Pour peu qu'on y remue
la terre, on en trouve dans les moindres fouilles:
la plupart des rivières qui defcendent de l'eft, en
entraînent en poudre & en grain, furtout après les
grandes pluies & les débordemens. Il fe trouve
dans la vafe: il ne faut que râcler la fuperficie de
la terre, la laver dans une febille, en verfer l'eau
par inclinaifon, pour obtenir une certaine provifion d'or en poudre, & fouvent même des grains
confidérables: cette façon de tirer parti de la richeffe du fol, n'eft caufe qu'on n'exploite que l'extrémité des rameaux, fans pénétrer jufqu'au filon
principal. Il eft vrai que les rameaux font pour l'ordinaire fi riches & d'un or fi pur, qu'il n'a pas
befoin d'être purifié avant qu'on le mette en œuvre; & dix hommes font fouvent plus d'ouvrage
que deux cents dans les plus riches contrées du
Pérou & du Bréfil.

Les nègres ne favent pas diftinguer les terres
qui contiennent plus ou moins d'or; ils favent, en
général, qu'on en trouve prefque partout; & quand
ils rencontrent quelque veine abondante, ils s'y arrêtent jufqu'à ce qu'elle ceffe de produire: cependant fi la veine continuoit de produire abondamment du métal à une certaine profondeur, ils l'a-
bandonneroient & n'iroient pas plus avant, faute
de connoître les moyens de travailler dans des galeries profondes. Comme cette contrée ne produit
prefque que de l'or, il fert aux habitans pour fe
procurer tout ce qui eft néceffaire à la vie: on leur
fournit, au moyen de l'échange de l'or, toutes les
marchandifes dont ils ont befoin; & dans le fein
de la ftérilité on voit régner la plus grande aifance.

Au nord de la Nigritie eft le vafte défert de Sara,
qui, du levant au couchant, a plus de huit cents
lieues, & près de quatre cents du nord au fud: ce
pays eft plat, fablonneux & ftérile. Les caravanes
qui le traverfent, éprouvent fouvent une telle difette d'eau, qu'on en a vu périr plufieurs; d'autres
ont été enfevelies fous les fables.

Les nations répandues dans le défert de Sara font
des Arabes & des Maures: leurs habitations ne font
que des affemblages de tentes rangées en cercle,
dont le centre eft occupé par les beftiaux. Quand
ces beftiaux ont confommé tous les pâturages d'un
canton, ils vont s'établir dans un autre. Nous ne
parlerons ni de leurs mœurs ni de leur nourriture;
ils fe nourriffent & fe conduifent comme les Arabes: c'eft la même manière de camper, de voyager,
de nourrir les beftiaux, de cultiver la terre, de

conferver le grain, de vivre dans leur famille; c'eft le même amour pour leurs enfans, le même foin pour leurs chevaux, le même attachement pour leurs femmes; ce font les mêmes fêtes, les mêmes amufemens, la même fuperftition, la même ignorance.

NIL, grand fleuve d'Afrique, décrit à l'article ÉGYPTE. (*Voyez ce mot.*)

On voit qu'on n'a pas fu fuivre les progrès de l'approfondiffement de la belle vallée de ce fleuve, ni difcuter les reffources que la nature a mifes en ufage pour creufer cette tranchée dans l'état où elle eft. On les a méconnus à tel point, qu'on a ofé dire que les hommes avoient contribué, à force de patience & de génie, à la formation du lit de ce fleuve. Il eft vifible qu'il y auroit eu plus de patience que de génie dans ce travail. Cette idée répugne à toutes les opérations de la nature dans l'approfondiffement des vallées. Le *Nil* s'eft fait à lui-même non-feulement fon lit, mais encore fa vallée, à force de changer de lit. Nous devons ajouter que comme ce fleuve eft fujet à des débordemens périodiques chaque année, dans cet état torrentiel il a dû creufer fa vallée beaucoup plus tôt que les autres fleuves, qui font réduits à des états plus tranquilles & plus uniformes. D'après cette confidération, nous croyons qu'il convient d'envifager les débordemens périodiques des fleuves dont les fources font entre les tropiques, comme une circonftance qui a favorifé l'approfondiffement de leurs vallées, & en même temps l'alongement de leurs Delta. Nous finiffons donc par ce principe, que « tous les fleuves qui font expofés » à recueillir les pluies de la torride, lefquelles » régnent abondamment pendant plufieurs mois » de l'année, ont dû fe creufer plus promptement » leur lit & leurs vallées, que ceux dont le cours » eft uniforme; & par une fuite du paffage de » l'état torrentiel à l'état fluvial, les attériffemens » de l'embouchure de ces premiers fleuves ont » dû fe prolonger avec la même célérité. »

Telles font les lumières qu'on peut retirer de l'obfervation de toutes les circonftances qui fe rencontrent dans la nature, & qui concourent à la production d'un grand effet.

NITRIA, en Egypte. Le natron ou carbonate de foude étoit fort connu des Anciens. Les Juifs le nommoient *nether*, & leurs poëtes en font mention. L'auteur des *Sentences morales*, connues fous le nom de *Proverbes*, compare l'effet qu'une gaieté bruyante produit fur un cœur affligé, à l'action du vinaigre fur le natron (chap. XV, verf. 20); & un autre auteur affure que les iniquités de fa nation ne pourroient s'effacer, quand même elle fe laveroit avec une diffolution de natron, & multiplieroit avec foin l'herbe borith, qui étoit peut-être la foude. (*Jérém.*, chap. XI, verf. 22.) Jé-rôme dit expreffément que le nitre venoit de la ville de *Nitria* en Egypte, où la chaleur du foleil donnoit lieu à cette efflorefcence. Il ajoute que les Egyptiens s'en fervoient pour fe nettoyer la peau, & qu'il faifoit effervefcence avec les acides. Il ne refte donc aucun doute que le nitre des Anciens ne fût l'alcali minéral natif. Cette ville de *Nitria* exifte encore, au rapport de Huntingdon, qui y fut le fiècle dernier. Elle eft fituée dans le défert, à l'oueft de Delta, à dix lieues au fud-oueft de la ville de Téranée, fur le Nil, où cette production eft embarquée. Ce défert porte auffi le nom de *Chaïat*, *Scerté*, ou *Afkit* & *Saint-Macaire*. On y trouve une foffe naturelle de trois à quatre lieues de long, fur un quart de lieue de large, dont le fond eft folide & pierreux : cette foffe eft à fec pendant neuf mois de l'année; mais en hiver il tranf-fude de la terre une eau d'un rouge-violet qui remplit le lac à cinq ou fix pieds de hauteur. Le retour des chaleurs la faifant évaporer, il refte une couche de fel épaiffe de deux pieds & très-dure, qu'on divife à coups de barre de fer. On en retire jufqu'à trente-fix mille quintaux par an; c'eft là ce qu'on nomme le *lac de Natron*, dont l'eau a été analyfée par Leigh (*Tranfactions philofophiques*). Ce natron, dit Forfkaël (*Flora ægyptiaco arabica*), eft de couleur rougeâtre, & fait effervefcence avec les acides; on le vend au Caire 1 para le rotl, ce qui fait environ 1 liard la livre. On en fait ufage dans le pays pour le blanchiffage, en y ajoutant de la chaux. Les Egyptiens rendent les viandes plus tendres en les faifant tremper quelque temps dans une diffolution de natron. Cet auteur dit qu'on en importoit autrefois beaucoup en France, où les boulangers s'en fervoient pour faire mieux lever leur pâte; mais que les médecins ayant imaginé, on ne fait pourquoi, que cette fubftance pouvoit nuire à la fanté, cet ufage a été abandonné. Il s'eft confervé en Egypte, felon Haffelquift.

NIVEAU DE L'OCÉAN (Hauteur des principaux points du Globe au-deffus du).

1°. *Grandes montagnes de l'Europe.*

Mont-Blanc (Alpes)	4775 m.
Mont-Rofe (*idem.*)	4736
Orfler (Tirol)	4699
Fifterahorn (Suiffe)	4362
Jung-Fran (*idem.*)	4180
Mulaharen (Grenade)	3555
Mont-Perdu (Pyrénées)	3436
Col du Géant (Alpes)	3426
Vignemale (Pyrénées)	3356
Le Cylindre (*idem.*)	3332
Etna (Sicile)	3237
Pic du Midi (Pyrénées)	2935
Budofch (Tranfylvanie)	2924
Sural (*idem*)	2924

Legnone..................... 2806 m
Canigou (Pyrénées)................ 2781
Pointe Lomnis (Krapacks)........... 2701
Monte-Rotondo (Corse)............ 2672
Monte-d'Oro (idem.)............... 2652
Lipze (Krapack).................. 2534
Snéehaten (Norwège)............. 2500
Monte-Vellino (Apennin).......... 2393
Mont-Mezin (Cevennes)........... 2001
Olympe (Grèce).................. 1988
Lacha (idem.)................... 1988
Mont-d'Or (France).............. 1888
Cantal (idem.).................. 1857
Sierra d'Estre (Portugal)......... 1700
Puy Mary (France).............. 1658
Wenside (Yorkshire)............. 1727
Hussoko (Moravie).............. 1624
Schneckoppe (Bohême)........... 1608
Adelar (Suède)................. 1578
Succfials-Iokull (Islande)........ 1559
Mont des Géans (Bohême)........ 1512
Puy de-Dôme (France)........... 1477
Le Ballon (Vosges)............. 1403
Pointe Noire (Spitzberg)........ 1372
Ben Nevis (Nivern-Shire)........ 1325
Fichtelberg (Saxe).............. 1212
Vésuve (Naples)............... 1198
Mont-Parnasse (Spitzberg)....... 1194
Mont-Erix (Sicile).............. 1187
Snowden (pays de Galles)........ 1155
Broken (Harrz-Saxe)............ 1140
Sierra de Foja (Algarbes)........ 1100
Shehelien (Ecosse)............. 1039
Hekla (Islande)................ 1015

2°. Grandes montagnes de l'Asie.

Le pic le plus élevé du Thibet........ 7400
Pic de la frontière de la Chine & de la
   Russie...................... 5135
Ophyt (Sumatra)................. 3950
Mont-Liban..................... 2906
Petit Altaï (Sibérie)............. 2202
Elburs (sommets du Caucase)...... 1762

3°. Grandes montagnes de l'Amérique & des îles de l'Océan pacifique.

Chimborazo (Pérou)............. 6530
Cayambé (idem.)................ 5954
Antisana (volcan du Pérou)....... 5833
Cotopaxi (idem.)................ 5753
Mont Saint-Elie, côte nord-est de l'Amé-
   rique........................ 5513
Popocatepec (volcan du Mexique)... 5400
Pic d'Orizaba................... 5295
Mowna-Roa (île Sandwich)........ 5024
Sierra-Nevada (Mexique)......... 4786
Montagne du Beau-Temps, côte nord-
   ouest de l'Amérique............ 4549

Nevado de Moluca (Mexique)....... 4621 m
Coffre de Perote................. 4088
Montagnes d'Otaiti (mer du Sud).... 3223
Montagnes bleues (Jamaïque)...... 2218
Volcan de la Solfatare (Guadeloupe).. 1557

4°. Grandes montagnes de l'Afrique & des îles adjacentes.

Pic de Ténériffe................. 3710
Montagne d'Ambotismène (Madagas-
   car)........................ 3507
Montagne du Pic (Açores)......... 1412
Mont Salaza (île Mascareigne)...... 3315
Montagne de la Table (Cap-de-Bonne-
   Espérance)................... 1163

5°. Hauteurs de la limite inférieure des neiges perpétuelles sous diverses latitudes.

A 0° de la latitude ou sous l'équateur.. 4800
A 20°......................... 4600
A 45°......................... 2550
A 65°......................... 1500

6°. Hauteurs de quelques lieux habités du Globe.

Métairie d'Antisana.............. 4101
Ville de Mienipampa (Pérou)....... 3618
Ville de Quito.................. 2908
Ville de Caxamarca (Pérou)....... 2860
Santa-Fé de Bogota.............. 2661
Ville de Cuença (province de Quito).. 2633
Mexico........................ 2277
Hospice du Saint-Gothard......... 2075
Village de Saint-Veran (Alpes-Mari-
   times)...................... 2040
Village de Breuil (vallée du Mont-Cer-
   vin)........................ 2007
Village de Maurin (Basses-Alpes).... 1902
Village de Heas (Pyrénées)........ 1465
Village de Gavarnies (idem.)....... 1444
Briançon...................... 1306
Village de Saint-Remi............ 1604
Village de Barrège (Pyrénées)...... 1290
Palais de Saint-Ildefonse (Espagne).. 1155
Pontarlier..................... 828
Madrid........................ 608
Inspruck....................... 566
Munich........................ 538
Berne......................... 536
Lausanne...................... 507
Augsbourg..................... 475
Salzbourg...................... 452
Neuchâtel...................... 438
Plombières..................... 421
Clermont-Ferrand (préfecture)..... 411
Genève........................ 372
Ulm.......................... 369
Ratisbonne.................... 362

Moſcow . . . . 300 m.
Gotha 285
Turin 230
Dijon 217
Prague 179
Caſſel 158
Vienne (Autriche) 156
Lyon 155
Gœttingue 134
Milan (jardin botanique) 128
Bologne 121
Parme 93
Dreſde 90

7°. *Paſſages des Alpes qui conduiſent d'Allemagne,*
de Suiſſe & de France en Italie.

Paris (Obſervatoire, 1er. étage) 73
Rome (Capitole) 46
Wirtemberg 44
Berlin 40
Paſſage du Mont-Cervin 3410
——— de Furka 2530
——— du Col de Seigne 2461
——— du grand Saint-Bernard 2428
——— du Col Terret 2321
——— du petit Saint-Bernard 2192
——— du Saint-Gothard 2075
——— du Mont-Cenis 2066
——— du Simplon 2005
——— du Splugen 1925
——— la porte du Mont-Cenis 1906
——— le Col de Tende 1796
——— les Taures de Raſtadt 1559
——— du Brenner 1420

8°. *Paſſages des Pyrénées.*

Port de Pinède 2516
——— de Gavarnie 2331
——— de Cavarère 2259
Paſſage du Tourmallet 2194

9°. *Hauteurs des principaux points des Alpes, du*
Jura, des Voſges, du Morvan & des plaines qui
ſéparent ces chaînes de montagnes, meſurées à
l'aide des baromètres, par M. André de Gy.
(Journal des Mines, n°. 108.)

Lieux où étoient les baromètres ſédentaires qui ont
ſervi à ces obſervations.

Genève, dont le lac eſt 377
Beſançon, ſur le bord du Doubs, au
bas de la ville, vis-à-vis le moulin
Toragno 236
Pontarlier, ſur le bord du Doubs, vis-
à-vis les ci-devant Capucins 811
La Grand-Combe-des-Bois, au presby-
tère 996
Grai, ſur le bord de la Saône 209

Dijon, ſur le bord de la rivière, près du
Pont-aux-Chèvres . . . . 236 m.
Belfort, ſur le bord de la rivière, près
la maiſon des ci-devant Capucins 351
Saint-Diez, ſur le bord de la rivière . . . 332

Première ſérie. Les Alpes, depuis le Saint-Gothard juſqu'à la perte du Rhône.

Saint - Gothard, à l'hoſpice, par des
moyennes entre trente huit obſerva-
tions 2142
La Proſe, montagne qui domine l'hoſ-
pice du Saint Gothard, au levant 2739
Fieüt ou Fieüdo, montagne qui domine
le même hoſpice, au couchant 2741
Lac Majeur, pied ſud du Saint Go-
thard 207
Lac de Lucerne, pied nord du Saint Go-
thard 428
Fibia, cime à l'oueſt de Fieüdo, *par eſ-*
timation 3235
Andermatt, au bas de la vallée d'Ur-
ſeren 1444
La Fourche, col entre la vallée d'Urſe-
ren & le Vallais 2520
Gleterſcherberg, au nord de la Fourche,
ſur la ligne qui ſépare les terres du
Vallais de celles de la vallée d'Urſeren, *par eſtimation.* Il eſt cependant
certain que c'eſt la plus haute cime
des environs 3411
Au pied du glacier du Rhône, un peu
plus haut que les ſources 1842
Munſter, dans la plus haute plaine du
Vallais 1442
Grimſel, ſommet du paſſage 2179
Lac de Thun, pied nord de Grimſel . . . 577
La plus haute plaine du Vallais, au-deſ-
ſus d'Obergeſtlen, pied ſud du Grim-
ſel, & pied nord du Griés 1452
Le Finſteraar, montagne au nord du Val-
lais, près des ſources de l'Aar 4299
Kipel, village de la vallée de Lœtſchen
ou Letſcher 1471
La Gemmi, ſur une monticule, à côté
de la ſommité du col 2315
Les bains de Loüeſch ou Leuch 1430
Le Rhône, au bas de Loüeſch, pied ſud
de la Gemmi 559
Lens, village à deux lieues nord-eſt de
Sion, ſur un replat 1103
Au - deſſus de Lens, à la plus haute
pointe de la chaux, dite *Bellalui* 2489
A Sion, maiſon des Capucins 567
Les Griés, ſommité du col 2383
Formazza ou Pomat, pied ſud du Griés
& pied nord du Col de Boſco 1263
Cerentino, pid ſud du Col de Boſco . . . 986
Le Simplon, à la ſommité du paſſage . . . 2019
Le Rhône, au bas de Brigue, pied nord

du Simplon................................	670ᵐ.
Dumo d'Offola, pied fud du Simplon.	306
Simplon, le village....................	1474
Les Tavernettes, hameau, en remontant au Simplon depuis Brigue..........	1621
Le Mont-Rofe............................	4736
Macugnaga, village fitué dans le cirque du Mont-Rofe, environ 3500 mètres plus bas que les plus hautes cimes, & à peu près 1200 mètres au-deffus de la mer...................................	1169
Pié-di-Mulera, à l'entrée du val An-zafca qui conduit au Mont-Rofe....	283
Phé, village à quatre lieues nord du Mont-Rofe............................	1834
Safs, chef-lieu de la vallée de Safs ou val Sofa.................................	1581
Mont-Cervin, fommité du col........	3383
Cime de la pyramide du Mont-Cervin, dite Matter-Horn (corne de Matt)..	4502
La Doire, près de Châtillon, pied fud du Mont-Cervin.......................	526
Zer-Matt, ou Praborn, pied nord du Mont-Cervin............................	1633
Hauteur où finit la végétation des arbres, près de Zermatt & dans les environs.	2490
Lair-du-Champ ou Lardexan Alp, à l'oueft de la vallée d'Annivier, près du lac...................................	2610
Sommet d'une pyramide triangulaire, une lieue eft du lac de Lair-du-Champ.	2945
Le Rhône, près de Grange, pied nord de Lair-du-Champ....................	503
Grand-Saint-Bernard, à l'hofpice, fommité du paffage........................	2466
La cité d'Aoft, pied fud du Grand-Saint-Bernard.................................	590
Le Rhône, au bas de Martigny, pied nord du Grand-Saint-Bernard.......	446
Mont-Vélan ou Mont-Moru, deux lieues à l'eft de l'hofpice du Grand-Saint-Bernard, par M. Murith, chanoine du Grand-Saint-Bernard & prieur de Lidde. On n'y a point fait d'autres obfervations, parce qu'il eft dange-reux d'y monter......................	3800
Baraffon, fommet de la pyramide, entre le Grand-Saint-Bernard & le Mont-Vélan. C'eft la plus haute des monta-gnes voifines après le Mont-Vélan...	2982
Bourg-Saint-Pierre......................	1664
Liddes...................................	1312
Orfières..................................	865
Sambrancher............................	723
Dent de Chalem ou dent du Midi, près de Saint-Maurice en Vallais, hauteur prife au niveau, depuis la pointe de Baraffon...............................	2998
Dent de Morcles, près Saint-Maurice en Vallais, au nord, hauteur mife au	

niveau, depuis la pointe de Baraffon.	2974ᵐ.
Le Rhône, à Saint-Maurice, pied des deux dents précédentes..............	413
Sommité du col dit la Forclaz, entre Martigny & Trient...................	1551
Près du pont, au-deffus de Trient....	1267
Sommité du Col de Balme............	2200
Près de la Borne, au nord du Col de Balme...................................	2305
Valorfine, au presbytère..............	863
Sommité du Mont-Blanc.............	4775
Chamouni, fur le bord de l'Arve, pied nord du Mont-Blanc..................	1039
Courmayeux, pied fud du Mont-Blanc.	1218
Buet, féparé du Mont-Blanc par la vallée de Chamouni.........................	3077
Cramont, féparé du Mont-Blanc par l'al-lée Blanche............................	2729
Col Ferret, extrémité eft de l'allée Blanche..................................	2329
Col de la Seigne, extrémité oueft de l'allée Blanche.........................	2462
Col dit la Forclaz, entre la vallée de Chamouni & Saint-Gervais........	1491
Le Brefon, montagne au fud de Bonne-ville....................................	1838
Sommité du Mole.......................	1848
Sommité des Voirons...................	1378
Le Piton, fommité du Mont-Salève....	1364
Mont de Sion, au plus haut du paffage..	639
Le Rhône au pont de Lucey..........	294

Seconde férie. La plus haute chaîne du Jura, de-puis le fort de l'Eclufe jufqu'au Rhin, avec les montagnes voifines comprifes entre cette chaîne & la Bienne, le Doubs & la Birce.

Le Reculet, fommité qui domine fur Toiry, & la plus haute du Jura.....	1717
Le Rhône, près de Peney-Deffus, pied eft du Reculet........................	349
La Valferine, entre Chefery & Lelex, pied oueft du Reculet..............	585
Sommité du Mont Colombier.......	1684
Gex, pied nord-eft du Mont-Colom-bier....................................	548
La Valferine, une demi-lieue au bas de Mijoux, pied oueft du Mont-Colom-bier....................................	700
La Faucille, au plus haut de la route, entre Gex & Mijoux.................	1333
Au-deffus de Beaumont, limites des gros granites.................................	727
La Dole, à la fommité..................	1692
Lac Léman, pied eft de la Dole.....	377
Les Rouffes, pied nord-eft de la Dole..	1115
Chalet de la Dole, au fud...........	1419
Cret de Chalem........................	1263
La Valférine, pied eft du Cret de Cha-lem....................................	584
Grange de Chalem, pied oueft du Cret:	

c'eſt à peu près le niveau du plateau des Bouchoux...................... 1209 m.

Les Mouſſières...................... 1266

Viry.............................. 783

Saint-Claude., ſur le bord de la Bienne, du côté de Saint-Lupicin........... 393

La ſeconde ſommité à gauche du plus haut du chemin de Saint-Claude à Septmoncel : c'eſt à peu près le niveau des montagnes aux environs de Saint-Claude, de l'eſt à l'oueſt par le ſud.. 1160

La ſommité dite *Frenois*, au nord de Saint-Claude : c'eſt à peu près le niveau des montagnes aux environs de cette ville, de l'eſt à l'oueſt par le nord.......................... 1004

Sommité dite *Chabau*, au ſud de Saint-Claude....................... 863

Sommité dite *Baillard*, qui domine Saint-Claude au nord................... 943

Sommité de la montagne d'Avignon... 920

Sommité de la montagne entre Saint-Claude & Saint-Georges.......... 1072

Sommité du Rizoux qui domine la Chapelle-des-Bois................. 1290

La Chapelle-des-Bois................. 1091

Sommité de la Landoz, montagne entre la ſource du Doubs & le lac de Joux. 1426

La ſource du Doubs, près de Mouthe.. 928

Sommité du Mont-Tendre........... 1688

Lac de Joux, pied oueſt du Mont-Tendre....................... 994

Lac Léman, pied oueſt du Mont-Tendre. 377

Au-deſſus de Coudre, entre le lac Léman & le lac de Joux, limites des cailloux roulés................... 1091

Dent-de-Vaulion.................... 1493

Lac Brenet, pied oueſt de la Dent-de-Vaulion........................ 994

Sommité du Mont-d'Or............. 1462

Rochejean, pied oueſt du Mont-d'Or.. 877

Valorbe, pied eſt du Mont-d'Or..... 741

Au plus haut de la route, près de Jougne, du côté de Pontarlier............. 908

Sommité du Suchet................ 1569

Lac d'Yverdun ou de Neuchâtel, pied eſt du Suchet.................... 442

Hauteur moyenne de l'échancrure, près de Sainte-Croix ; on y trouve encore des gros blocs de granite........ 1238

Sommité du Sucheron.............. 1598

Au-deſſus du Monbourget, ſur un replat ; limites des gros blocs de granite. 1185

Sur le premier replat, à une demi-lieue au-deſſus de Grançon, une ſuite horizontale de poudingues dirigées comme le lac. (Ces poudingues paroiſſent indiquer le bord du lac, autrefois auſſi élevé qu'eux)................... 468

Au plus haut de la gorge de Saint-Sul-

pice, entrée du val de Moutier-Travers, du côté de Pontarlier. (On voit dans ce lieu un bloc de granite ſi gros, qu'on fut obligé de le caſſer en partie pour dégager la route)........... 932 m.

Sommité de la montagne entre Moutier-Travers & la Brévine............ 1306

Une glacière, en allant à cette dernière ſommité depuis Moutier-Travers... 1140

Hauteur moyenne du val de Moutier-Travers......................... 735

Sommité de la montagne dite *la Cluſette*.......................... 1201

Sommité de la montagne dite *la Tourne*. 1286

Sommité de la montagne dite *Tête-de-Ran*, entre Valengin & la Chaux-de-Fond.......................... 1396

Valengin.......................... 635

Sommité de Chaumont, entre Valengin & Linière...................... 1236

Sommité de la plus haute corne de la Chaſſerale...................... 1618

Linière, pied ſud de la Chaſſerale, ſur un grand plateau................ 795

Lac de Bienne, au bas du grand plateau de Linière...................... 439

Sommité de l'île Saint-Pierre, dans le lac de Bienne.................... 477

Sommité de Jule-Mont, à une demi-lieue eſt du Landron.................. 552

A une lieue du Landron, en allant à Berne.......................... 573

Au-deſſus de Bienne, en allant à la Chaſſerale, une ſuite horizontale de cailloux de différentes ſortes, arrondis, mêlés & dirigés comme le lac. (Ces cailloux répondent aux poudingues au-deſſus de Grançon)...... 674

En montant à la Chaſſerale depuis Bienne, limites des gros blocs de granite & des cailloux roulés.................. 1128

Sommité de la chaîne de montagnes, à l'oueſt de Saint-Imier............ 1261

Une échancrure, avec un grand replat, au nord de la Reuchenette......... 1099

Au plus haut de la route, entre Soncoboz & Tavannes................ 817

Pierre-Pertuis, en deſcendant à Tavannes, depuis Soncoboz............ 787

Sommité de Grangeberg............ 1419

Sommité d'Azematt, ſud-eſt de Soleure. 1452

Grange Wiſſenſtein qui domine ſur Soleure........................... 1288

Sommité de la montagne dite *Rouge*, *Roety*........................... 1400

La Balme, dans l'eſcarpement de la montagne, à l'oueſt de Soleure......... 844

Soleure, ſur le bord de l'Aar......... 417

Lebreberg, cinq lieues eſt de Soleure, près de la Cluſe.................. 1210

Au point le plus bas du Jorat, entre les lacs de Genève & de Neuchâtel.... 548 m.

Au plus haut du passage du Jorat, en allant de Lausanne à Berne.......... 893

Col de Jaman, à trois lieues de Vevey, en allant au lac de Thun........... 1485

Sommité de Montlezon, à l'ouest de Bulle : c'est à peu près le niveau des montagnes entre Bulle & le lac de Thun....................... 2041

Sur le bord de la Trême, pied est du Montlezon.................... 774

Fribourg en Suisse, maison des Capucins..................... 589

A Arberg, 9 mèt. 74 centim. au-dessus de l'Aar................... 466

Au plus haut de la route, entre Arberg & Berne..................... 719

A Berne, vis-à-vis le Faucon, 7 mèt. 79 cent. plus haut que la rue...... 524

Sur le bord de l'Aar, au bas de Berne, du côté de Soleure.............. 439

Sommité du Mont-Pilate, près de Lucerne...................... 2257

Lac de Lucerne, pied du Mont-Pilate. 427

Rigiberg, deux lieues & demie est de Lucerne, sur le bord du lac........ 1873

Les hauteurs suivantes sont sur la rive droite du Doubs ; jusqu'à Saint-Ursane ; on peut les regarder comme la seconde chaîne du Jura.

Sommité de la montagne, entre le lac de Saint-Point & la route de Jougne à Pontarlier................... 1103

Sommité du Mont-Larba, entre les hopitaux & les Fourgs............... 1232

Le plateau des Fourgs............. 1121

Pontarlier...................... 811

Sommité du Gros-Taureau, une lieue nord-est de Pontarlier........... 1318

Mont-de-Sey, entre Mont-Benoît & les Gras....................... 1193

M. Ledoubs, à Mont-Benoît, pied ouest du Mont-de-Sey........... 746

Sommité de Châteleu, une lieue sud de Morteau.................... 1290

Morteau, pied nord de Châteleu.... 606

La Brévine..................... 1037

Sommité de Pouilleret............ 1277

La Chaux-de-Fond, pied est de Pouilleret....................... 984

Le Doubs, pied ouest de Pouilleret.. 614

Sommité de la montagne de Noirmont. 1099

Sommité de Bémont, près de Seigne-Ligier...................... 1068

Hauteur moyenne du plateau, entre Noirmont, les Breuleux, Bellelai, Saint-Braix & Seigne-Ligier....... 1041

A un quart de lieue de Mont-Faucon, du côté de Seigne-Ligier......... 1033

Saint-Ursane, au coude du Doubs.... 431 m.

La Sâle, montagne à une lieue & demie est de Bellelai................ 1343

A l'entrée des roches, du côté de Cour, sur le bord de la Birce......... 670

Mouthier-Grand-Val............. 515

Sommité de Tramont, montagne isolée dans la vallée de Delémont........ 606

Sommité de la montagne où se trouve la mine de Séprais, dans la même vallée. 526

Confluent de la Sorne & de la Birce, près de Delémont.............. 327

Sommité de la montagne de Courroux. 801

Sommité de Grand-Mont, nord-est de Mervillier................... 1047

Sommité de la montagne de Corbon... 937

Sommité du Stierberg, à une lieue est de Mervillier................. 1220

Troisième série. Depuis Avignon, près de Saint-Claude, jusqu'au coude du Doubs, en suivant la rive gauche de cette rivière.

Cette chaîne de montagnes est encore assez bien suivie ; & peut être regardée comme la troisième du Jura.

Sommité de la montagne, au-dessus d'Avignon....................... 920

Château-des-Prés................ 906

Abbaye du Grand-Vaux, au presbytère. 860

Au Cernois, hameau à l'est de l'abbaye du Grand-Vaux.................. 1047

A Salave, village au-dessus de la Combe du Grand-Vaux.................. 831

Les Prés-Hauts, sommité de la montagne, entre Foncine-le-Haut & la Chapelle-des-Bois.................. 1251

Sommité du Mont-Chamvent, à l'est de la Chaux-Neuve................ 1201

Au plus haut de la montagne, entre Mouthe & Remorai.............. 1033

Au plus haut de la montagne, entre Remorai & Vaux................ 1037

A Vaux, dans un vallon transversal.... 885

Au plus haut de la Chaux-d'Ailly, entre Frâne & Miège................ 840

Au plus haut de la montagne, entre la planée & la rivière, lieu dit *Saint-André*..................... 1012

Au plus haut de la montagne, entre Pontarlier & le lac de Saint-Point...... 1029

Au-dessus de Chaffoy............ 912

Aux Uziers, au presbytère......... 783

Sommité de la montagne, à l'est des Uziers..................... 881

Au plus haut de la gorge, en allant de Pontarlier à la source de la Loue.... 826

Mont-Pelé, à l'ouest de Bugny...... 1037

Mont-Cicon, à l'est de Nodz........ 978

Arc-sous-Cicon................. 768

Une glacière, à la fommité de la montagne, à l'eft d'Arc-fous-Cicon..... 1019 m.

Crêt Moniot, à l'oueft de la Chaux-de-Gilley................. 1076

Le mont dit *au-deffus des guérites*, au fud de Surmont-de-Laval.......... 994

La Grand-Combe-des-Bois, au presbytère................. 996

Sommité de la montagne, près des Granges-Marchands 1035

Le Ruffey, au presbytère........... 881

Au plus haut, entre Trévillers & Indevillers..................... 793

Au plus haut, entre Indevillers & le Doubs...................... 776

Au coude du Doubs, près de Saint-Urfane................... 431

Quatrième férie. Depuis le confluent de l'Ain & de la Bienne, près de Conde, jufqu'à Saint-Hippolyte, au confluent du Doubs & du Défoubre.

On trouve dans cette chaîne quelques fuites de montagnes affez longues & bien marquées, mais elle eft interrompue en plufieurs endroits par de grandes plaines.

Au confluent de l'Ain & de la Bienne.. 292

Sommité du mont Sublières, paroiffe de Leét.......................... 780

Au-deffus de la côte, & allant du pont de la Pile à Moirans............. 522

Au plus haut de la route, entre Moirans & le Petit-Villars.............. 643

Près du moulin du Petit-Villars, fur la route.................... 589

Sur le bord du lac Dentre........... 772

Aux Crozets, au presbytère........ 780

A Eftival, au-deffus de Châtel-de-Joux. 838

A Clairvaux-les-Vauxdain........... 493

A la Chaux-du-Dombier, au presbytère. 897

Les ruines du château de l'Aigle, fur la roche Maclus................ 980

A Champagnole, fur le bord de l'Ain. 491

Sommité de Montrival, proche Champagnole...................... 772

A Nozeroy, maifon des Cordeliers... 764

Ruines du château de Chalamont..... 865

A Villars, fous Chalamont.......... 704

Ruines du château de Mont-Mahon.... 799

Sommité de la côte d'Efervillers, lieu dit *la Flie*.................. 834

Sommité de la côte de Reugney..... 882

A Reugney, au presbytère......... 709

Sommité de la côte d'Evillers........ 920

A Evillers, au presbytère.......... 741

Source de la Loüe............. 530

Sommité du rocher qui domine perpendiculairement la fource de la Loüe... 635

Sommité de la roche de Haute-Pierre.. 893

A Loüe, fur le bord de la Loüe; pied de la roche de Haute-Pierre........ 388

A Efchevannes, hauteur moyenne de la plaine, au-deffus d'Ornans..... 630 m.

A Ornans, fur le bord de la Loüe.... 364

Villars-fous-Montron.............. 507

Roche-Punet, près de Villars-fous-Montron.................... 579

Ruines du château de Montron....... 496

A Trepot, au presbytère.......... 516

Sommité de la montagne, entre Trepot & Mamirolle............... 635

Sommité de la côte de Naifey....... 735

A Naifey, au presbytère.......... 550

La Glacière, près de la Grâce-Dieu.. 589

Sommité de la montagne de Paffavant.. 733

Au plus haut de la montagne, entre Courtelain & Paffavant......... 694

Sommité du Pêu-de-l'Aviron........ 879

A Pierre-Fontaine-les-Vautran...... 709

Sommité de Bémont ou Brémont.... 955

Sur le bord de la Reverotte, au bas de Pierre-Fontaine.............. 509

Sommité de la côte de Venne....... 971

A Confolation, fur le bord du Défoubre. 496

A Surmont-de-Laval............ 797

Hauteur moyenne des montagnes, près de Bonnétage................ 963

Sommité de la montagne dite *Fauvergé*, à une lieue fud-oueft de Meiche..... 967

A Meiche, au presbytère......... 780

Sommité de la montagne dite *les Miroirs*, trois quarts de lieue nord-eft de Meiche.................. 971

A Moutandon, au presbytère 893

A Saint-Hippolyte, au confluent du Défoubre & du Doubs............ 376

Cinquième férie. La rive droite de l'Ain, depuis fon confluent avec la Valoufe, jufqu'à Arêche, au-deffus de Salins.

Au confluent de l'Ain & de la Valoufe. 259

Ruines de l'ancien château dit *Holiferme*. 764

Ruines de l'ancien château dit *Boutavent*. 633

L'Ain, au pied de ces châteaux; c'eft fon confluent avec la Bienne...... 292

A Vefcles..................... 528

Sommité du Mont-Charvey, qui domine fur Arintho................ 772

A Arintho, au presbytère........... 429

Sur le bord de la Valoufe, au bas d'Arintho..................... 312

Sommité dite *la Croutte*, un quart de lieue fud-eft de Deffia........... 636

A Deffia, au presbytère........... 600

Sur la route, près du château de Pimorin..................... 550

A Orgelet, jardin des ci-devant Capucins..................... 491

Sommité de la côte, demi-lieue nord d'Orgelet................ 604

Sur le bord de l'Ain, près du Pont-de-la-Pile.................................. 351 m.

Près de Mirebel, fur la route, au bas de la côte, en allant à Lons-le-Saunier............................... 557

Ruines de l'ancien château de Mirebel. 676

Aux Faiffes, jardin du presbytère..... 572

Sommité de la côte entre les Faiffes & le Pont-du-Navois.................... 725

Sur le bord de l'Ain, près le Pont-du-Navois............................... 468

Ruine de l'ancien château de Monrond. 669

Sur la route près de Monrond, du côté de Poligny........................... 563

Près d'Arêche, au plus haut de la montagne................................. 698

Sixième férie. La chaîne la plus baffe du Jura, depuis Céyfériat, près de Bourg-en-Breffe, jufqu'à Bâle, en paffant au-deffus de Saint-Amour, Lons-le-Saunier, Salins, Befançon, Baume & Porentrui.

Bourg-en-Breffe, à l'eft, fur le bord de la rivière......................... 222

Céyfériat............................. 312

La roche Quiron....................... 550

Sommité du mont Trécona............. 581

Au-deffus de Simiandre, fur le bord de la rivière........................... 288

Sommité de la montagne, au fud de Simandre............................. 585

Au bas de Monfleur, fur le bord de la rivière............................... 304

Sommité de la montagne de Pouillat... 799

Sommité de la montagne d'Andelot.... 598

Au bas de Saint-Amour, fur le bord de la rivière............................. 181

Sommité de la côte des Buis, près de Carny............................... 524

Sommité de la montagne de Veyria.... 612

Au plus haut de la route, à une lieue d'Orgelet, en allant à Lons-le-Saunier. 569

Ancienne églife de Saint-Etienne-de-Coldre............................. 516

A Lons-le-Saunier, fur la route du côté de Saint-Amour...................... 236

Sur la route, à une demi lieue de Cranfot, du côté de Lons-le-Saunier..... 530

A Voiteur, fur le bord de la rivière... 251

A Château-Châlon..................... 437

Au plus haut du plateau, près la route, à un quart de lieue de Plane, du côté de-Château-Châlon................... 573

A Poligny, verger des ci-devant Capucins.................................. 298

Au plus haut du plateau, entre Chamole & Monrond......................... 569

Au plus haut de la montagne, à droite de la route, en allant de Poligny à Arbois.............................. 614

A Arbois, fur le bord de la rivière.... 287

Sommité de la montagne, entre Arbois & Yvori............................. 548 m.

A Salins, fur le bord de la rivière, au bas de la maifon des ci-devant Capucins, pied fud de Poupet........... 310

Fort Saint-André, près de Salins, au niveau du faîte des bâtimens......... 596

Fort Belin, près de Salins............ 575

Sommité de la montagne dite *Poupet*, près de Salins........................ 850

Sommité de la côte de Ronchaux...... 526

A Quingey, fur le bord de la rivière... 244

Sommité de la côte à l'oueft de Quingey. 483

Au plus haut de la route entre Beurre & Bufy................................ 396

Sommité de la roche de Pugey........ 430

Sommité du mont d'Arguël........... 499

Ruine de l'ancien château d'Arguël... 485

A Befançon, fur le bord du Doubs, vis-à-vis le moulin Taragno, pied de la montagne de Chaudanne............. 236

A la citadelle de Befançon, dans la guérite dite *du Roi*................... 372

Sommité de la montagne de Chaudanne, près la tour........................ 409

Sommité de la montagne dite *Rofemont*. 452

Sommité de la montagne dite *Planaife*.. 478

Sommité du mont de Bregille........ 452

Sommité d'une monticule, au fud de la Chapelle-des-Buis................. 458

Au plus haut de la route de Befançon à Sône, lieu dit *Trou-au-loup*....... 450

Sommité des roches de Montfaucon... 604

Au Grand-Sône...................... 421

Sommité du Laumont, à une demi-lieue fud du château de Vaîte...... 577

A Bouclans........................... 503

Sommité de la montagne dite *Aigremont*. 522

Sommité de la côte d'Efnans........ 526

A Baume, fur le bord du Doubs...... 263

Sommité de la montagne, au fud de Guillon............................. 524

Au Grand-Crozey.................... 524

Sommité du mont Triève, au-deffus de Vellerot-les-Belvoir................ 746

Sommité de Laumont, près de Vit-les-Belvoir............................. 791

A Pont-de-Roide, fur le bord du Doubs. 322

Sommité de Laumont, près de Montecheroux.......................... 768

Sommité de Roche-d'Or, lieu dit *Fauxdanfon*........................... 850

Sommité de la montagne, entre Porentrui & Saint-Urfane................ 967

A Saint-Urfane, fur le bord du Doubs. 431

A Porentrui, fur le bord de la rivière. 386

Sommité du *Mont-Terri* ou *Terrible*, ou Jules-Céfar........................ 793

Sommité de la montagne dite *les Tronchats*, à gauche de la route de Porentrui

trui à Delémont, une demi-lieue de Borrignon.......................... 990 m.
Lucelle, ancienne abbaye............. 596
Sommité de la montagne de Colbert... 803
Sommité de la montagne de Hautchél... 854
A Sainte-Marie-de-la-Pierre.......... 511
Château de Dornach.............. 501
A Bâle, sur le bord du Rhin........ 216

Les trois montagnes suivantes peuvent être regardées comme une dépendance du Jura.

Sommité de la montagne d'Escot, près du village, à une lieue nord-nord-est de Ponderoide................. 516
Sommité de la montagne dite *la Chassagne*, demi-lieue nord-nord-ouest de Ponderoide................. 579
Sommité de la montagne dite *Grandmont*, à l'est de Montbouton............ 565

Septième série. Entre le Doubs & l'Oignon.

A Verdun, au confluent du Doubs & de la Saône................. 171
Près d'Heuilley, au confluent de la Saône & de l'Oignon................. 197
A Dole, sur le bord du Doubs....... 197
Au plus haut de la Forêt-de-Chaux, entre Dole & la Grande-Loie........ 258
Sommité du Mont-Rolan, une lieue nord de Dole................. 314
Au plus haut de la route, entre Auxon & Besançon................. 392
Au plus haut de la route, entre Voray & Besançon, près des Granges-Rancenière................. 357
Ruines du château de Châtillon-le-Duc. 417
Voray, sur le bord de l'Oignon........ 232
Sommité des roches de Bonnay, dans le bois de Chaillux................. 555
A Marchaud, au presbytère.......... 355
Sommité de la côte d'Amagney....... 477
Sommité de la côte de Luzans........ 437
Sommité moyenne des montagnes, au nord de Baume................. 524
A Grammont, au plus haut du village... 372
Sommité de la montagne dite *la Chèvre*. 514
Au bas de Courchaton, dans les prés... 310
Sommité du Mont-Barre, une lieue ouest de Monbeillard................. 448
Au-dessus du Cavallier de l'ancienne citadelle de Monbeillard.......... 351
Ruines de l'ancien château d'Estobon.. 542
Au plus haut de la route, entre Lure & Belfort................. 505
A Saint-Barthelemy, sur le bord de l'Oignon, pied ouest du Mont-de-Vanne. 349
Sommité du Mont-de-Vanne......... 680
A Fresse, pied est du Mont-de-Vanne.. 425
Sommité de la montagne dite *Hircey*, au nord de Fresse................. 700

Sommité de la montagne dite *Sapeau*... 885 m.
A Plancher-le-Bas, sur le bord de la rivière................. 390
A Cravanche, pied est du Grand-Salbert. 418
Sommité de la montagne dite *Grand-Salbert*................. 652
A Belfort, sur le bord de la rivière, près de la maison des ci-devant Capucins.. 351

Huitième série. Entre la Saône & l'Oignon.

Au bas de Pesme, sur le bord de l'Oignon................. 207
Au bas de Gray, sur le bord de la Saône. 209
Maison des ci-devant Capucins de Gray, au premier................. 242
A Gy, au bas du moulin de l'Etang.... 222
Sommité du bois dit *Natois*, trois quarts de lieue sud de Gy................. 386
Ruines de l'ancien château d'Oizelai.... 452
Au plus haut de la montagne, entre Fondremont & Pannecière........... 411
Au bas de Vesoul, sur le bord de la rivière, du côté de Besançon, pied sud de la Motte-de-Vesoul................. 234
Sommité de la Motte-de-Vesoul....... 392
Sommité du Mont-Cita, à une lieue sud de Vesoul................. 388
Sommité de la montagne dite *la Roche*, près de Noroy-l'Archevêque......... 466
Sommité de la montagne de Génevreuille, près de la route................. 339
Mont-Jaro, proche l'ancienne abbaye de Bithaine................. 396
Ruines de l'ancien château de Montdorez. 394
Au plus haut de la route, entre Anchenoncourt & Saint-Remy........... 343
A Faverney, sur le bord de la Lanterne. 236

Nota. Les hauteurs suivantes sont à la droite de la Saône.

Sommité de la montagne dite *Saint-Martin*, à une lieue nord est de Champlitte. 368
Au bas de Champlitte, sur le bord de la rivière................. 230
Sommité de la montagne dite *Roche de Morey*................. 440
Au bas de Morey, sur le bord du ruisseau, pied est de la roche.......... 255
Sommité de la montagne dite *les Crayes*, une lieue sud-ouest de Jussey....... 361
Au bas de Jussey, dans les prés....... 240
Au-dessus de Jussey, maison des ci-devant Capucins................. 288
Sommité de la montagne, entre l'ancienne abbaye de Vaux-la-Douce & la Manse, près de Rosières................. 407

Neuvième série. L'arête qui sépare les plaines du Rhin de celles de la Saône, & qui joint les Vosges au Jura.

Entre Miécourt & la Gronge-Montingo,
sur la ligne de la féparation des eaux
du Rhin & de la Saône, une lieue &
demie nord-eft de Porentrui........ 530 m.
Entre Suerce & Saint-Ulrich, sur la ligne de la féparation des eaux du Rhin
& de la Saône..................... 401
Au plus haut, entre les Montureux & Dan-
nemarie, sur la ligne de la féparation
des eaux du Rhin & de la Saône..... 370

Dixième férie. Les Vofges, depuis Darney jufqu'au Grand-Donnon inclufivement, en paffant
par le Ballon-d'Alface.

1°. A la gauche de la Mofelle, depuis Darney
jufqu'au Ballon-d'Alface.

A Darney, fur le bord de la Saône..... 246
Au plus haut des Grès, en montant à
Saint-Balmont..................... 363
Au fommet de la montagne de Saint-
Balmont.......................... 417
Au bas de Jefonville, où la ligne de fé-
paration des eaux des deux mers eft
fort abaiffée pendant trois quarts de
lieue............................. 339
Au plus haut des Grès, en montant à
Harol............................ 359
Sommité de la montagne d'Harol...... 421
A Épinal, fur le bord de la Mofelle.... 317
Sommité des montagnes, à une lieue
nord d'Épinal..................... 448
A Vioménil, fource de la Saône....... 396
Une montagne à un quart de lieue eft-
fud-eft de Vioménil, la plus élevée des
environs.......................... 462
Fontenoy-le-Château, fur le bord de la
rivière........................... 248
Sommité de la montagne de Fontenoy-
le-Château, du côté de l'hermitage.. 349
Saint-Loup-en-Vofges, fur le bord de
la rivière......................... 249
Luxeuil, fur le bord de la rivière...... 306
Plombières, maifon des ci-devant
Capucins.......................... 444
Au plus haut, entre Plombières &
Ruaux............................ 550
Sommité de la montagne, entre Plom-
bières & Valdajot.................. 622
A Valdajot......................... 366
A Erival........................... 546
Sommité de la montagne, entre Erival
& Remiremont..................... 768
Remiremont, fur le bord de la Mofelle. 396
Sommité du mont Permont, une lieue
nord-oueft de Remiremont.......... 600
Au Saint-Mont, bibliothèque des ci-

devant Bénédictins (1)............. 680 m.
Sommité du mont Saint-Arnoux (2).... 754
Sommité de la montagne dite *Haut-de-*
Freffe, une lieue nord-eft de Corra-
villers............................ 725
A Corravillers, au presbytère, au pre-
mier.............................. 464
Une roche de grès dite *la Louvière*.... 760
A Faucogney, fur le bord de la rivière.. 386
Sommité de la montagne de Chauvil-
lerain, dite *Forêt-des-Mottes*........ 575
Sommité du mont Taudain, près de
Faucogney........................ 694
Sommité de la côte, une demi-lieue à
l'oueft de Ternuay................. 452
Sommité de la montagne, au nord du
Brechot, hameau de la paroiffe de
Servance.......................... 643
A la fource de l'Oignon, prife dans Châ-
teau-Lambert...................... 694
Au plus haut, entre Château-Lambert &
Corravillers....................... 758
Au plus haut, entre Château-Lambert &
la Vieille-Fonderie................. 934
Au Tillot, fur le bord de la Mofelle.... 508
Sommité du Ballon-de-Servance....... 1210
A la verrerie de Mielin.............. 694
Au plus haut, entre la verrerie de Mielin
& Plancher-le-Haut................ 889
A Plancher-le-Haut, fur le bord de la
rivière............................ 497
Sommité du Ballon-de-Lure, dit *la Haute-*
Planche.......................... 1134

2°. La plus haute chaîne des Vofges, depuis le
Ballon-d'Alface jufqu'au Grand-Donnon.

Sommité du Ballon-d'Alface.......... 1257
Au plus haut de la route qui paffe près de
la fommité du Ballon.............. 1171
Giromagny, pied fud du Ballon-d'Alface. 468
Sewen, pied eft du Ballon-d'Alface.... 485
Sommité de la montagne, entre Giro-
magny & Sewen, dite *Behrenkopff*... 934
Saint-Maurice, fur le bord de la Mofelle,
pied nord du Ballon-d'Alface....... 544
Au plus haut de la route, entre Buffan &
Orbai, au-deffus de la fource de la
Mofelle. La grande chaîne eft ici cou-
pée profondément................. 725
Sommité dite *le Haut-d'Honec*........ 1341
Sommité de la montagne dite *les Chau-*
mes, au-deffus de la ci-devant abbaye
de Pairis.......................... 1281
Sommité de la montagne dite *le Bré-*
foir.............................. 1247
A Sainte-Marie-aux-Mines, maifon des

_____

(1) (2) Ces deux montagnes font à la droite de la Mofelle, vis-à-vis Remiremont.

ci-devant Cordeliers, pied nord du Brésoir .... 388 m.

Au plus haut de la route, entre Lusigny & Framont, lieu dit *le Plateau*, pied sud du Grand-Donnon 733

Sommité du Grand-Donnon............ 1019

3°. Revers occidental des Vosges.

A Raon-l'Étape 292

A Saint-Diez, sur le bord de la rivière.. 335

Sommité de la montagne d'Ormont..... 871

Sommité de la montagne dite *Saint-Martin* 768

Sommité des roches de la côte de Châtel. 659

Sommité de la montagne, entre Fraize & la Croix-aux-Mines................ 791

Ruines de l'ancien château de Bruyères. C'est à peu près la hauteur de plusieurs monticules de sable, aux environs de Bruyères........................ 526

A Bruyères, maison des ci-devant Capucins........................ 483

A Gircour, pied des Vosges.......... 347

Sommité de la montagne de Chambray. C'est à peu près le niveau des montagnes voisines................... 715

A Gérarmer..................... 665

Sur le bord de la Vologne, au bas de Gérarmer..................... 647

Au plus haut de la route, entre Gérarmer & Vagney.................... 865

Sommité du *Haut-du-Thau* ou *Neuve-Roche*..................... 994

Près de l'étang, pied nord-ouest du *Haut-du-Thau*..................... 815

Sommité du *Haut-du-Rhau*......... 969

A la Bresse, sur le bord de la rivière, pied nord-ouest du *Haut-du-Rhau*.... 629

La petite Moselle, près de Vagney, pied nord-ouest du *Haut-du-Rhau*........ 409

4°. Revers oriental des Vosges.

Masvaux...................... 403

Thann....................... 333

Saint-Amarin, pied sud-ouest du Ballon de Sultz..................... 349

Sommité du Ballon de Sultz, la plus haute des Vosges, quoiqu'elle ne soit pas dans la grande chaîne; on l'appelle aussi *Ballon de Murbach*, & simplement *le Ballon*...................... 1419

A Sultz, sur le bord de la rivière..... 273

Sommité de la montagne, entre Offenbach & Sultzbach................... 772

A Munster, maison des ci-devant Béné-

dictins, Val-Saint-Grégoire........ 386 m.

Sommité recouverte de grès, au sud du château d'Honach............... 1004

Hauteur moyenne des montagnes qui dominent les plaines du Rhin, de chaque côté de l'entrée du Val-Saint-Grégoire. 750

A Vinpach, sur le bord de la rivière. 277

A Colmar, sur le bord de la rivière,... 199

A Strasbourg. { Pied de la Tour....... 154 / Le bas de la lanterne de la tour............... 285 / Sommité de la tour..... 298

Onzième série. La ligne de la séparation des eaux des deux mers, à prendre depuis un point de la route de Bourbonne à Luneville, près de la Marche, dit *le Haut-de-Salins*, jusqu'à la montagne dite *Haute-Joux*, trois lieues sud de Cluny, avec les montagnes voisines, en passant par Bourbonne, Langres, Saint-Seine, Sembernon, le Mont-Saint-Vincent, le Mont-Suin & Cluny.

Le Haut-de-Salins, près de la Marche, sur la route de Bourbonne à Luneville.................... 427

A la Marche, sur le bord du Mouzon... 343

Sommité de la côte dite *les Fourches*, près de la Marche................ 491

Sommité de la montagne, entre Mont & Serqueux................... 466

Sommité de la montagne, entre Pouilly & Beaucharmoy................ 405

A Bourbonne-les-Bains............ 273

Au plus bas d'une échancrure dans la montagne, entre Marcilly & Neuil'y, sur la ligne de la séparation des eaux.. 341

Sommité de la montagne, près de Montlandon.................... 390

Au plus haut de la montagne, à une lieue de Langres, sur la route de Dijon, où se fait la séparation des eaux........ 452

A Humes, sur le bord de la Marne, à une lieue de Langres, sur la route de Chaumont................... 516

A Longeau, deux lieues de Langres, sur la route de Dijon................ 300

Sommité de la montagne, entre Crilley & Auberive................... 460

Sommité de Montaigu, près de Beneuvre. (C'est à peu près la hauteur des montagnes voisines, aux environs de Poiseul-la-Grange, d'Echalot, de Salive, de la Neuvelle, de Chalmessin, de Musseaux & de Chalencey)........ 497

Confluent de la Tille & du Lignon, près d'Is-sur-Tille................... 287

Au Val-Suzon, sur le bord de la rivière. 337

A Dijon, sur le bord de la rivière, près du Pont-aux-Chèyres............ 236

Sommité du Mont-Afrique. . . . . 571 ᵐ.
Roche-Aigue, territoire d'Ancey. (C'eſt
à peu près la hauteur des montagnes,
aux environs de Saint-Seine, de
Chanceau, d'Agey & de Sombernon). 563
Sommité de la montagne dite *Taſſelot*,
entre Trouhant & Fromenteau : c'eſt
la plus haute des environs de Dijon. 602
Source de la Seine. 435
Sommité dite *Montoillé*, nord-oueſt de
Pouilly. (Depuis ce point, la chaîne
de la ſéparation des eaux s'abaiſſe
beaucoup, & ſe trouve coupée en
bien des endroits.) 532
Près de Mielly, au ſud-oueſt, point le
plus élevé entre trois fontaines qui
donnent de l'eau à la Seine, à la Loire
& à la Saône. 400
Arnay-le-Duc. 341
Sommité de la montagne, près de Foiſſy. 474
Sommité de la montagne, nord-eſt de
Thomirey. 394
Sommité de la montagne, près de Beſſey-
en-Chaumes. 571
Sommité entre Orche & la Grange-Ra-
meçon. 538
Sommité dite *Hautmont*, près de Châ-
teau-Neuf. 522
Au bas de Château-Neuf, dans les prés. 325
Sommet du mont de Reme; c'eſt une
motte iſolée. 481
Sommet de Rome-Château; c'eſt une
motte iſolée. 516
Sommité de la montagne des Trois-Croix. 479
A Santenay, ſur le bord de la rivière. . . 183
Sommité dite *Ruauté*, près de Couches. 421
A Mont-Cénis. 400
Près de l'étang *Longpendu*. 296
Au pied du Mont-Saint-Vincent. 376
Sommet du Mont-Saint-Vincent; c'eſt
une motte iſolée. 585
Près de l'Abergement, point le plus bas
entre le Mont-Saint-Vincent & le
Mont-Suin, ſur la ligne de la ſépara-
tion des eaux. 359
Au pied du Mont-Suin. 271
Sommet du Mont-Suin; c'eſt une motte
iſolée. 592
Sommité dite *Jaloupière*, en allant du
Mont-Suin à Cluny. 403
Sur le bord de la Grône, près de Cluny. 234
Sommité de la montagne, près de l'an-
cienne chapelle de Saint-Romain. . . . 577
Sommité de la montagne dite *Haute-Joux*. 994
Sommité de la montagne dite *Aiguillette*,
à l'eſt de Saint-Antoine-Douroux. . . 831
A Mâcon, ſur le bord de la Sône. 150

10°. *Hauteurs de pluſieurs points du département du*
Puy-de-Dôme, meſurées avec le baromètre, par
M. Ramond, de l'Inſtitut.

Puy-de-Dôme, hauteur corrigée par de
nouvelles obſervations. . . . . 1476 ᵐ.

Au nord du Puy-de-Dôme.

Petit Puy-de-Dôme, hauteur corrigée. 1276
Grand-Suchet. 1249
Petit-Suchet, appelé auſſi par quelques-
uns le *Grand-Clierſon*. 1214
Clierſon. 1212
Puy de Filhou, près du Puy de Côme. . 1089
— de Barmet, près du Puy de Filhou. 1088
— de Côme, hauteur corrigée. . . . 1273
— Pariou, comme ci-devant. 1223
— des Goules, comme ci-devant. . . 1157
Chemin des Goules, au point culmi-
nant. 1009
Grand-Sarcoui, comme ci-devant. . . . 1158
Puy de Fraiſſe. 1130
Butte du Creux-Morel. 1021
Petit-Sarcoui. 1048
Puy de Chaumont. 1118
— Chopine. 1192
— des Gouttes. 1144
Petit lac du Puy des Gouttes. 1073
Puy de Lantegy, au couchant du Puy
des Gouttes, ſur la route de Pontgi-
baud. 1028
— de Jumes. 1173
— de la Coquille, tenant à Jumes,
côté de l'orient. 1166
— de Leironne, tenant à la Co-
quille, à l'occident. 1074
— Tunuiſet, tenant à Jumes, au
nord-eſt. 1087
— de Louchadière. 1206
— de la Nugér. 1001
— de la Louve, ſur le flanc nord-eſt
de la Nuguère. 915
La Bannière, montagne au-deſſus de
Volvic, au nord. 738
Volvic, ville. 514
Tournoëde, château. 611
Malauzat, village. 512
Sayat, village. 455
Sources de Saint-Vincent, au-deſſus de
Blauzat. 417
Feligonde, domaine. 518
L'Etang, village. 663
Chanat, village. 805
Chuquet de Montlibout. (Il eſt écrit *Me-*
rilibot dans le fragment de carte joint
au Mémoire de M. Deſmarets, t. VI
des Mémoires de l'Inſtitut.) 785
Puy de Chanat. 936
Egaules, village près Chanat. 812

Au midi du Puy-de-Dôme.

Le Petit-Sault, au fud-ouest du Puy-
de-Dôme .... 1042 m.
Le Grand-Sault, contigu au précédent,
en allant au fud 1091
Puy de Beface, à la fuite des précédens,
toujours en allant au fud 1126
—— des Gromanaux, plus connu fous
le nom de *Puy de Manfon* 1145
—— de Salomon 1169
—— de Montché 1119
—— de Lafchamp, comme auparavant. 1279
Village de Lafchamp 984
Puy de la Moreno 1179
Point culminant de la route de Rochefort, au pied de la Moreno 1075
Puy de Monchar 1199
—— de Barme, féparé des précédens,
& ifolé au couchant 1115
—— de Pourcharet, voifin de celui de
Mont-Tillet. Il a un cratère complet,
& eft éloigné des Puys de Mercœur
& de Lafchamp : c'eft auffi le plus
élevé de ce groupe latéral 1184

Mont-Tillet : il forme un croiffant peu
élevé au-deffus du fol, ouvert au
couchant, & dont le dos eft tourné
vers le col qui fépare les Puys de Lafchamp & de Mercœur ; par fa pofition
c'eft celui qui porte le nom de *Pourcharet* dans la carte 1103

Mont-Jughat, fuperbe cratère complet ;
encore un nom tranfpofé avec les
deux précédens 1167
Mont-Gy, cratère ouvert au fud 1156
Monchal ou Monchaux 1103
Puy de Laffola ou de la Gravoufe, comme
ci-devant 1202
—— de Lameye ou Puy Noir 1152
Sur fa lave : Fontfredde, village ... 853
Theix, village 821
Chanonat, village 488
Puy de la Vache, hauteur corrigée ... 1185
—— de Vichatel 1107
—— de Charmont 1150
—— Fontclairan, village au pied de ce
Puy 956
—— de la Rodde, hauteur corrigée . 1146
—— de Chalard, petit Puy ou bouche
à feu fur le flanc nord du Puy de la
Rodde 1073
—— de la Touppe, indiqué fur la carte
fous le nom de la *Taupe* 1085
—— de Brouffou 1074
—— de Combegraffe, indiqué dans la
carte fous le nom de *Puy de Pôme* ... 1134
Lagarendie, village au pied de ce Puy. 1025

Puy de Monteynard .... 1190 m.
Zanière, village au pied de ce Puy ... 1051
—— de l'Enfa ou Puy d'Enfer, près le
Puy de Combegraffe 1097
Narfe-d'Efpinaffe, au bas du Puy d'En-
fer 1002
Efpinaffe, village 1057
Sauzet-le-Froid, village 1058

Environs de Saint-Genès-Champanelle.

Barzay, village, élévation moyenne,
prife entre le haut & le bas du vil-
lage 817
Barzay (Puy de), montagne au pied de
laquelle fe trouve le village, & celui
Saint-Genès-Champanelle 977
Bonne, village 918
Champeaux, hameau au nord-eft du
Puy de Barzay 799
Chaptrat, village 942
Chaptrat (Puy de), éminence qui do-
mine le village du même nom 1028
Pafredon, village 911
Pafredon (Puy de), éminence qui do-
mine le village 1010
Thedde, village au nord de Saint-
Genès 851
Mont-Redon, vieux château fur un Puy
fitué à la tête de la vallée de Saint-
Amant-Tallende 888

Près de Clermont.

Romagniat, village au pied de Gergovia ;
hauteur prife au feuil de l'églife 467

Monts-d'Or.

Baffaud, village, dans la vallée de Chaf-
treix, au couchant du Mont-d'Or ... 1176
Bonne d'Ordenche, au nord du Mont-
d'Or, au-deffus de Laquille & de
Murat-le-Quayre 1526
Bourboule (La), village, dans la vallée
du Mont-d'Or 854
Bozat (Puy de), au couchant du
Capucin 1517
Buges (Plateau des), dans la vallée de
Chaftreix, au-deffus du village de
Baffaud 1231
Cacadogne, fommet attenant au Mont-
d'Or, au nord-eft, & qui paroît être
celui qui eft mal à-propos défigné par
le nom de *Durbife* dans la carte de
M. Defmarets 1807
Capucin (Le Rocher du), au-deffus
des bains du Mont-d'Or 1481

Chabano

Chabano (Puy de), à la tête du vallon
de Lacour , parallèle au vallon d'En-
fer.. 1757.ᵐ

Chamablanc (Plateau de), entre le
vallon de la Roche-Vendeix & la
vallée du Mont-d'Or................ 1259

Chambon, village, à la tête du lac &
dans la vallée de ce nom, à l'orient
du Mont-d'Or......................... 896

Chambon (Lac du)................... 882

Chaftreix, village, à l'ouest du Mont-
d'Or...................................... 1061

Courlande (Roc de), à l'ouest du Mont-
d'Or, au-dessus de Chaftreix : c'est
l'extrémité d'une arête de montagne
qui commence au Puy de Chabano,
ci-dessus mentionné, arête où l'on remarque en outre le Puy de Clujade &
celui de Pouge, & que j'ai aussi me-
surés. Le roc de Courlande est le moins
élevé..................................... 1509

Croix-Morand (Le bassin de la), son
élévation à la Croix.................. 1398

Cuzau (Roc de) : c'est ce que M. Desmarets a indiqué sous le nom de Cacadogne (voyez ci-dessus) ; & c'est
ce roc qui forme la tête de la Dur-
bise....................................... 1746

Dent-du-Marais, au-dessus du lac du
Chambon ; au nord..................... 1034

Diane, hameau sur le chemin du Mont-
d'Or à Murol, sous le Puy de la
Tache & le Puy Poulet............... 1342

Finistre, village, dans la vallée du Mont-
d'Or, près de la Bourboule......... 922

Fougères, village dans la vallée du
Mont-d'Or, au pied du Puy Gros... 1049

Geneftous (Le), village dans la vallée
du Mont-d'Or........................... 957

Guéry (Lac de), sur la route des bains
du Mont-d'Or à Rochefort, par Ro-
che-Sanadoire.......................... 1247

Herment, bourg au nord du Mont-
d'Or, l'une des stations de M. Delambre.................................... 829

Labro, domaine près de Chaftreix, à
l'ouest du Mont-d'Or................. 1078

Lac de Chambon, lac de Guéry. (Voyez
ces mots.)

Lac Paven, au sud-est du Mont-d'Or,
entre Vassivières & Besse............ 1203

Laguière, village à l'est du Mont-d'Or,
en allant au lac Chambon............ 1134

Légal, hameau dans la vallée du Mont-
d'Or, au pied du Puy Gros.......... 1034

Leffard, village dans la vallée de Chaftreix, en remontant de Labro vers
Géographie-Physique. Tome IV.

Courlande.............................. 1105.ᵐ

Mont-d'Or, village des Bains, sur la
place nouvellement construite (hauteur corrigée).......................... 1053

Murat-le-Quayre, village à l'entrée de
la vallée du Mont-d'Or, sur la place
de l'église................................ 1023

Idem, emplacement du château, actuellement détruit...................... 1046

Murol, village à l'issue du lac du Chambon ; hauteur prise au pont......... 834

—— château actuellement en ruine ;
hauteur prise dans la cour supérieure. 961

Ourdine (Roc d'), entre la Banne d'Ordeuche & le Puy Gros................ 1403

Pailhoux, hameau en montant des
bains du Mont-d'Or au lac de Guéry. 1083

Peffy (le), village de la vallée du Mont-
d'Or, près Murat-le-Quayre......... 981

Prénioux (le), village dans la vallée
du Mont-d'Or........................... 1006

Prentigarde, maison à l'embranchement
de la grande route des Bains & de
celle de la Croix-Morand............ 1028

Puy de l'Aiguillier à la Croix-Morand,
appelé par quelques-uns Puy de la
Croix Morand........................... 1536

—— de l'Aiguillier au Mont-d'Or, faisant partie de celui-ci, & dont le
sommet domine la vallée d'Enfer... 1848

—— Baladou ou Puy Plat, à côté du
Puy de l'Aiguillier-Croix-Morand, le
chemin entre-deux...................... 1470

—— du Cliergue, au fond de la vallée
du Mont-d'Or, rive gauche de la
Dordogne................................. 1712

—— de la Croix-Morand, inscrit sous
ce nom dans la carte de Cassini, autrement nommé Puy Poulet.......... 1532

—— Ferrand : c'est la partie du Mont-
d'Or qui se prolonge à l'est, du côté
de la vallée du Chambon............. 1864

—— de la Grange, attenant au Mont-
d'Or, & faisant la tête des deux vallons d'Enfer & de la Cour.......... 1790

—— Gros, faisant partie du Mont-d'Or,
au sud, & se prolongeant à l'ouest sur
la vallée de Chaftreix................. 1806

—— Gros, au nord des Bains du Mont-
d'Or...................................... 1498

—— de Haute-Chaix, attenant au Puy
de Langle du côté du nord.......... 1715

—— de Langle, au-dessus des Bains du
Mont-d'Or, vers le sud-est.......... 1752

—— de Loucire, au-dessus de la roche
Sanadoire qui en fait partie, & à côté
du Puy de l'Aiguillier................ 1520

Puy de Mareilh, attenant au Puy de Langle, du côté des Bains du Mont-d'Or............................... 1573 m.

—— de Montcha, dominant le lac Paven à l'ouest.................... 1416

——* Pailher, au fud du Mont-d'Or, au-deſſus de Vaſſivières................ 1753

—— de Sancy, vulgairement Puy de la Croix, ſommet principal du Mont-d'Or (hatiteur corrigée)......... 1897

—— de la Tâche, entre le Puy de Langle & le Puy Poulet ou Puy de la Croix-Morand....................... 1642

—— Tartaret, dans la vallée du Chambon, entre le lac & Murol......... 951

—— Tribou ou Puy de Mone, ſommet de la montagne du Barbier, entre le Puy de Langle & le Puy de la Tache ci-deſſus...................... 1704

—— Trouléròu, au centre du baſſin de la Croix-Morand............. 1411

—— de Vivanſon : c'eſt l'extrémité orientale de la longue arête, dont la Baume d'Ordeuche forme l'extrémité occidentale. Ce Puy eſt voiſin de celui de Loueire................... 1493

Quayre, village entre Murat-le-Quayre & la Bourboule................ 890

Rigolet haut, hameau au-deſſus & vis-à-vis les Bains du Mont-d'Or...... 1184

—— bas, village au-deſſous & au nord du précédent, ſur le même plateau. 1072

Roc de la Monteilhe, attenant au Puy Gros, au-deſſus du village de Fougères................... 1375

Roche Sanadoire, au bas du Puy de Loueire.................. 1299

Roche Vendeix ou Roche du Siége, au nord-oueſt des Bains du Mont-d'Or, vis-à-vis la Bourboule......... 1181

La Tour, anciennement la Tour d'Auvergne, bourg ſur la place dite du Foirail.................. 1010

L'Uſclade, village dans la vallée du Mont-d'Or, face occidentale du Puy Gros................... 1073

Quereilh, village près des Bains du Mont-d'Or................. 999

Vaſſivières, chapelle au-deſſus du lac Paven.................. 1306

Peſſade, village ſur la petite route de Clermont au Mont-d'Or......... 1193

Beſſe, ville................ 1037

Puy de Chambourguet, entre le lac Paven & le Mont-d'Or......... 1534

Puy de Chacourdet, au-deſſus du vallon de Chaudefour............. 1551

Mounaux, village dans le vallon de Chaudefour................... 1140 m.

Saint-Sauves, bourg au nord du Mont-d'Or.................... 857

Pont de Saint-Sauves, au-deſſous du bourg, ſur la route d'Aurillac...... 791

Les Eſcures, château ruiné, entre Saint-Sauves & le Mont-d'Or........ 951

La Maleroche, plateau baſaltique au-deſſus des Eſcures............ 1014

Laqueuille, château & village ſur la route d'Aurillac............ 1021

Partie occidentale du département, ſur la droite de l'Allier.

Thiers, à l'auberge de Duffaud...... 402

Château de Mauzun ou Mozun...... 654

Village de Mozun............. 607

Ambert................ 546

Saint-Amant-Roche-Savine, ſur la route d'Ambert à Clermont........ 908

La Croix-Touttée, près Saint-Amant-Roche-Savine, point culminant de la route de Clermont......... 1013

Les Martinanges, château près Saint-Amant-Roche-Savine, à côté de la route.................. 655

Puy de Montoncelle............ 1299

Puy de Mur ou Puy de Dallet...... 612

Autour du Puy de Nadailhat & du lac d'Aydat.

Nadailhat, village............ 900

Chagourdat, domaine.......... 669

Redon au-deſſous de Theix, au château. 765

Varenne, village au-deſſous de Theix.. 742

Sauzet, entre Theix & Ceyrat...... 663

Roulhat-Haut-Village, au dos du Puy de Nadailhat............. 889

Château de Mont-Redon, à la tête de la vallée de Saint-Amant-Tallende... 887

Ponteix, village ſur la lave d'Aydat.... 764

Le Mas, hameau............. 912

Cournols, village............ 801

Fohet, village.............. 908

Phialleix, village............. 936

Saint-Julien, village au-deſſous d'Aydat. 967

Poudur, domaine ſur le lac d'Aydat... 892

Aydat, village.............. 854

Sauteyras, village ſur le lac d'Aydat... 866

Puy-Sabreſſou ou Puy de la Caſſière, à l'oueſt-nord-oueſt du lac de ce nom.. 975

Vallée de Saint-Amant-Tallende.

Saint-Amant-Tallende, à l'église...... 465

Chadrat, village............. 635

Saint-Saturnin, au château......... 536

Le Marran, château........... 561

Château de Saint-Sandoux...... 629 m.
Bafaltes de Saint-Sandoux........... 685
Saint-Sandoux, village............. 616
Chénat, village fur la route de Saint-
  Saturnin à Lydeffe.............. 626
Puy de Barnère ou Mont-Tilly de la
  carte de Caffini.............. 860
Puy d'Oloix................. 1019
Puy d'Auzenne ou petit Puy d'Oloix... 927
Oloix, village au château......... 876
Ribeyrolles, hameau............ 734
Moulin-Ribeyrolles, fur la Mône.... 708

Hauteurs des environs de Paris, mefurées à l'aide du baromètre. (Extrait de la *Géographie minérale des environs de Paris*, par MM. Brongniart & Cuvier.)

1. Cuvette du baromètre de l'Obfervatoire, au-deffus du *niveau de
  l'Océan.*................. 73
2. Point *zéro* de l'échelle d'étiage du
  pont de la Tournelle, au-deffus
  du *niveau de l'Océan.*........ 33
3. Seuil de la porte du nord de l'Obfervatoire................ 66
4. Le parapet de la plate-forme du même édifice............... 93
5. Le fond des caves............. 38,5
6. Sol du Panthéon............. 64
7. Pavé en face de Notre-Dame.... 42
8. Sol de la Bourfe (commencé en
  1808)................. 43,2
9. La porte Saint-Martin......... 42,2
10. L'abattoir de Rochechouart (commencé en 1809.)........... 71,2
11. Les coquilles d'eau douce dans un
  puits de cet abattoir........ 48,4
12. Barrière de Clichy............ 65
13. Sommet de Montmartre, au fol de
  la porte du cimetière........ 138
14. Plateau de la pyramide de Montmartre................. 125
15. Banc d'huîtres foffiles (*Voy. l'art.*
  MONTMARTRE)............ 110
16. Sommet de la première maffe de
  gypfe à la carrière de l'abbaye de
  Montmartre.............. 96
17. *Idem*, carrière du midi, un peu vers
  l'ouest................. 95
18. *Idem*, carrière de l'ouest....... 87
19. *Idem*, carrière du nord........ 80
20. *Idem*, carrière de l'est........ 93
21. Fond de la première maffe à l'ouest. 69
22. *Idem*, au nord............. 64
23. *Idem*, à l'est.............. 71
24. Sommet de la feconde maffe, à
  l'ouest................. 69
25. Fond de la même maffe à l'ouest. 60
26. Sommet de la troifième maffe à la

Hutte-au-Garde (ouest)...... 71 m.
27. Fond de la troifième maffe au même
  lieu.................. 63
28. Saint-Ouen, fommet du terrain
  d'eau douce.............. 51
29. Bord de la Seine à Saint-Ouen,
  quatre mètres au-deffous de l'é-
  chelle d'étiage du pont de la
  Tournelle............... 29
30. Plaine de Saint-Denis, niveau
  moyen................. 57
31. Sommet de la butte d'Orgemont.. 134
32. Sommet du gypfe de cette butte.. 85
33. Sanois (Butte de).......... 177
34. Montmorency (fol de l'églife)... 115
35. Saint-Leu, fommet du gypfe.... 96
36. Moulignon (fommet du gypfe).. 98
37. Saint-Prix.............. 125
38. Saint-Brice (fommet du gypfe)... 89
39. Plateau fableux de Montmorency.. 183
40. Moulin des Champeaux....... 173
41. Beauchamp près Pierrelaie (terrain
  d'eau douce)............. 77
42. Calcaire fous Paris, banc vert fous
  la rue de l'Odéon.......... 35
43. *Idem*, le même banc vert, dans les
  caves de l'Obfervatoire....... 37,3
44. Ouverture du puits de la carrière
  du petit Mont-Rouge........ 72
45. Carrières de Gentilly, terre végétale.................. 83
46. *Idem*, banc de roche......... 71
47. *Idem*, argile plaftique, ou argile
  à potier................ 56
48. Ouverture du puits de la carrière
  de Châtillon, numéroté 52..... 98
49. Maffe de roche dans cette carrière. 77
50. Bagneux (carrière Jeulin)...... 115
51. Fond de la maffe de gypfe dans
  cette carrière............. 88
52. Clamart, ouverture du puits de
  la carrière à plâtre......... 128
53. Fond de la maffe de gypfe dans
  cette carrière............. 98
54. Sceaux, banc d'huîtres fupérieur
  au gypfe............... 99
55. Antony, ouverture du puits de la
  carrière à plâtre........... 86
56. *Idem*, fond de la maffe de gypfe.. 60
57. Longjumeau, banc de fable d'eau
  douce................. 108
58. *Idem*, banc d'huîtres......... 91
59. La Bièvre, à Bièvre.......... 86
60. L'Yvette au moulin de Vofgien... 76
61. *Idem*, au moulin de Longjumeau. 66
62. Niveau du fol de l'ancienne Ecole-
  Militaire, à l'est........... 44
63. La craie dans le fond du puits de
  cet établiffement, 18 met. au-
  deffous du point zéro de l'échelle.

du pont de la Tournelle......   15 m.

64. Argile plastique à Vaugirard.... { 42 / 40 / 33

65. Attérissement au bas des mouli-
neaux près Meudon...........   37

66. La craie, à Meudon (au plus haut
point)...................   56

67. L'argile plastique de Meudon, à jour.   66

68. Sommet du calcaire au même lieu.   96

69. Plateau sableux de Meudon, au rez-
de-chaussée du château........   194

70. Sommet du calcaire dans l'enclos
de la manufacture de porcelaine
de Sèvres................   100

71. Sommet du calcaire au haut du
vallon de Sèvres............   102

72. Sommet du plateau sableux au lieu
dit *le Trou pouilleux*, près Ville-
d'Avray.................   180

73. Sommet du plateau sableux au But-
tard près Sèvres............   173

74. Pied de la lanterne dans le parc de
Saint-Cloud..............   113

75. Rez-de-chaussée du château de Verfailles.................   174

76. Sommet de la montagne de Roquen-
court, entre Bailly & Marly....

77. Sommet de la colline de Sataury..   185

78. L'étang de Trappes...........   160

79. Barrière de l'Etoile, à Paris, à la
base de l'arc de triomphe commencé................   64

80. Sommet calcaire de Passy.......   63

81. Bois de Boulogne (rond des Vic-
toires)................   61

82. *Idem*, porte des Princes........   47

83. Plaine des Sablons, près la porte
Maillot...............   51

84. Carrière de pierre calcaire à Neuilly.   51

85. Plateau de la croix de Courbevoie.   82

86. Sommet du Mont-Valérien......   169

87. Le moulin sur le plateau au-dessus
de Ruel...............   96

88. Saint-Germain, sommet du plateau.   96

89. Bougival, sommet de la craie.....   128

90. Grignon, sommet du banc friable
à coquilles variées..........   112

91. Liancourt près Chaumont en Vexin,
sommet du calcaire.........   131

92. Gisors, argile plastique, immédiatement sur la craie au Mont-Ouin.   98

93. Sommet du calcaire au Mont-Ouin.   144

94. Bassin de la Villette..........   59

95. Butte Chaumont, au sommet....   115

96. Pied du télégraphe de Belleville..   143

97. Plaine Saint-Denis, au carrefour
près Pantin.............   57

98. Saint-Maurice près Vincennes, à
la demi-lune.............   75

99. Champigny, sommet du calcaire
siliceux.................   83 m.

100. Plateau de sable & de la formation
d'eau douce sur la route, à l'a-
lignement du château de Cœuilly.   111

101. Butte du Griffon près de Ville-
neuve-Saint-Georges.........   130

NOËL (Ile de). Cette île, située dans l'Océan pacifique, gît par 1 deg. 38' de latitude nord, & par 202 deg. 28' de longitude est (méridien de Greenwich).

Cette terre, comme la plupart de celles qu'on rencontre dans cet Océan, est bordée d'un ressif de rochers de corail qui se prolonge à peu de distance de la côte. Il y a en dehors de ce ressif, au côté occidental, un banc de joli sable qui s'étend à un mille en mer. La profondeur de l'eau y varie, & elle offre un bon mouillage si on le choisit entre dix-huit ou vingt brasses; si on jetoit l'ancre à moins de dix-huit, le ressif seroit trop près, & à plus de trente on ne seroit pas assez éloigné du bord du banc. Le vent de l'est ou de l'est-quart-sud-est est toujours frais dans cette relâche; celui qui vient du nord y produit une grosse houle qui cause un ressac prodigieux sur le ressif.

L'île de *Noël* présente un aspect singulier; elle a environ quinze à vingt lieues de circonférence; elle paroît destinée en demi-cercle ou présenter la forme de la lune lorsque cette planète se trouve dans le dernier quartier. Les deux cornes sont au nord & au sud, & elles gisent entr'elles nord-quart-nord-est & sud-quart-sud-ouest à la distance de quatre ou cinq lieues. Le côté occidental, ou la petite île située à l'entrée de la lagune, se trouve par 1 deg. 59' de latitude nord & 202 deg. 30' de longitude est. De chaque côté de cette petite île il y a un canal qui mène à la lagune, & qui est accessible seulement aux canots; la lagune elle-même a très-peu de profondeur.

Toute cette terre forme autant de petites îles réunies & aussi stériles les unes que les autres. Le sol est en quelques endroits léger & noir. Il paroît clair que c'est un composé du détriment des végétaux, de fiente d'oiseaux & de sable. Il y a des cantons où l'on n'aperçoit que des productions marines, telles que des pierres de corail brisées & des coquilles; ces pierres de corail brisées & ces coquilles offrent, dans une direction parallèle à la côte de la mer, des sillons étroits d'une grande longueur, qui ressemblent à un champ labouré, & elles doivent avoir été jetées par les vagues, quoique les flots en soient aujourd'hui éloignés d'un mille. Ce fait semble prouver d'une manière incontestable que l'île a été produite par des matières rejetées par la mer, & qu'elle augmente de jour en jour.

On ne peut trouver d'eau douce sur cette terre, mais on y rencontre plusieurs étangs d'eau salée, lesquels n'ont aucune communication visible avec la mer : selon toute apparence, ils se rempliffent par l'eau qui filtra à travers le fable dans les marées hautes. La partie fud-eft de l'île offre du fel aux navigateurs qui abordent à ce canton fi peu favorifé de la nature.

On n'aperçoit pas fur l'île la plus légère trace d'un être humain ; & fi l'un des habitans des terres voifines avoit le malheur d'être jeté ou abandonné fur celle-ci, il lui feroit extrêmement difficile de prolonger fon exiftence. On y trouve, il eft vrai, une quantité confidérable d'oifeaux & de poiffons, mais on n'y voit rien qui puiffe fervir à étancher la foif, & on n'y découvre aucun végétal qui puiffe tenir lieu de pain, ou détruire les mauvais effets d'un régime diététique purement animal, lequel ne tardéroit pas vraifemblablement à devenir funefte. Les cocotiers que l'on rencontre ne font pas au nombre de plus de trente; ils portent très-peu de fruits, & en général les noix que l'on cueille n'ont pas pris toute leur groffeur, ou leur fuc eft falé ou faumâtre. En relâchant à l'île de Noël on ne doit donc efpérer que du poiffon & des tortues, mais on peut compter fur une quantité confidérable de ces deux articles.

Il y a des arbres peu élevés en divers cantons de l'île, quelques petits arbriffeaux, deux ou trois petites plantes & deux efpèces de gramen; mais chacune de ces productions végétales eft en fi petite quantité & d'une végétation fi foible, qu'elles ne femblent pas devoir fe perpétuer.

NONA, ville du comté de Zara en Dalmatie, fituée fur une petite île au milieu d'un port qui n'eft plus qu'un marais infect depuis qu'un ruiffeau bourbeux qui parcourt, pendant l'efpace de fix milles, les campagnes fertiles de cette contrée abandonnée, en a tout-à-fait bouché l'entrée. Le marécage falé qui environne les murs de Nona entretiendroit une quantité de poiffon confidérable, & furtout des anguilles dont on tireroit une grande utilité, fi l'on y employoit de bons pêcheurs & une bonne méthode pour faler le poiffon.

A côté de Nona fe voient, le long de la mer, les ruines d'anciens bâtimens qui, autrefois conftruits fur la terre ferme, font entourés d'eau, la mer ayant formé un détroit que l'on peut paffer à gué. Ce détroit fépare le comté de Nona de l'île de Puntadura qui lui eft contiguë. La côte eft très-haute, & fi droite qu'on peut y diftinguer, comme à un mur, fes diverfes couches ou affifes, & les matériaux dont elles font compofées. Elles font toutes de fable ou de gravier, & l'on voit qu'elles ont été dépofées en cet endroit par quelqu'une courante. Quelques-unes de ces couches, & principalement les plus baffes, ont acquis, par l'infiltration de l'eau, la folidité de la pierre. On aperçoit fous l'eau, en quelques endroits de la côte, les couches de marbre qui formoient le fond du lit du fleuve; un grand nombre de pierres numifmales

& d'autres pétrifications du même genre font enveloppées dans le marbre.

En allant par terre de Zara à Nona, on obferve que le terrain eft fingulièrement partagé par les arbuftes qui croiffent dans une longueur de treize milles, & qui en ont fait la diftribution à leur gré. A une lieue de Cofino on trouve un petit bois de genévrier fauvage, & fans aucune autre efpèce d'arbre ; à une lieue de là, des lentifques qui occupent un petit efpace bien déterminé, enfuite de la bruyère, des arboufiers & du chêne-vert profpérant bien enfemble ; à ce mélange fuccèdent des genévriers, & enfin, près de Nona, le paliure. Ce qu'il y a de remarquable, c'eft qu'il n'y a aucune différence fenfible dans le terrain que ces diverfes efpèces d'arbres occupent.

L'ilex cocci glandifera abonde le long du rivage & dans les îles voifines, mais on n'y découvre point de graine de kermès : ce feroit une entreprife utile que d'introduire dans cette contrée cet infecte précieux, en le faifant venir des îles du Levant, où il éclôt naturellement.

NOOTKA (Entrée de). Cette entrée, à laquelle le capitaine Cook a donné le nom d'Entrée du roi Georges, eft fituée dans la côte oueft de l'Amérique feptentrionale. Son ouverture fe trouve au coin oriental de la baie de l'Efpérance, par 49 d. 33′ de latitude nord, & 233 deg. 12′ de longitude eft (méridien de Greenwich). Une chaîne de rochers fubmergés, qui paroiffent s'étendre à quelque diftance du rivage, couvre la bande eft de cette baie, dans l'efpace entier qu'on traverfe, depuis la pointe des brifans jufqu'à l'ouverture de l'entrée; & il y a près de l'entrée, des îles & des rochers qui fe montrent au-deffus des flots.

Pour gagner l'entrée on paffe entre deux pointes de rochers qui font éloignées l'une de l'autre de trois à quatre milles, & dont la pofition refpective eft eft-fud-eft & oueft-nord-oueft. L'entrée s'élargit confidérablement en dedans de ces pointes, & elle s'avance dans l'intérieur du pays à au moins quatre milles, non comprifes plufieurs branches qu'on aperçoit vers le fond, & dont la profondeur n'a pas été reconnue. Les canots qui traverfent ces branches prefqu'à l'endroit où elles commencent, trouvent que l'eau y devient douce, & il y a lieu de croire qu'elles ne s'étendent pas bien loin. Les collines qui les bordent du côté de la terre, font couvertes d'une neige très-épaiffe, & on n'en aperçoit aucune tache fur celles qui fe montrent près de la mer ou près de l'endroit où l'on mouille, quoiqu'en général elles foient beaucoup plus hautes; d'où il réfulte un nouveau degré de probabilité en faveur de ce qui vient d'être dit. Le milieu de l'entrée offre plufieurs îles de diverfes grandeurs. La mer a de quarante-fept à quatre-vingt-dix braffes de profondeur, & peut-être davantage au milieu de l'entrée, & même tout près de quelques parties du rivage; elle préfente une multitude de hâvres & d'encrages. L'anse qui est au côté oriental de l'entrée, & au côté oriental de la plus grande des îles, est à l'abri de la mer, mais elle n'a guère d'autre mérite; car elle est exposée aux vents du sud-est, qui y soufflent avec beaucoup de violence : on aperçoit en bien des endroits les ravages qu'ils produisent par intervalles.

Le terrain qui borde la côte de la mer est uni & d'une moyenne élévation; mais en dedans de l'entrée il offre presque partout des collines escarpées qui annoncent une formation commune; car elles se terminent en sommets arrondis ou émoussés, & elles présentent sur leurs flancs des sillons de peu de saillie. Plusieurs de ces collines peuvent être réputées hautes, tandis que d'autres sont d'une élévation très-médiocre : elles sont toutes, même les plus élevées, couvertes entièrement de bois épais jusqu'à leurs sommets; chaque partie des plaines qu'on trouve vers la mer est également boisée; elle offre dans une largeur considérable de grands arbres droits qui présentent à l'œil un très-beau point de vue, & une vaste forêt. Il y a cependant des espaces nus sur les flancs de quelques-unes des collines; mais ils sont en petit nombre, & ils indiquent que ces collines sont en général des rochers : à proprement parler, elles n'ont d'autre sol qu'une espèce d'engrais d'au moins deux pieds de profondeur, qui vient du détriment des mousses & des arbres. Leurs fondemens ne doivent donc être regardés que comme des rochers énormes, d'une teinte blanchâtre & grise dans les endroits où ils ont été exposés à l'air; & lorsqu'on les brise, on les trouve d'un gris-bleuâtre, comme ces rochers qu'on rencontre partout à la terre de Kerguelen. Les côtes escarpées ne sont pas autre chose; & les petites anses qu'on voit dans l'entrée, ont des grèves composées de fragmens de ces rochers, & d'un petit nombre de cailloux. Toutes les anses offrent une quantité considérable de bois qu'y amène le flot, & des ruisseaux d'eau douce assez abondans pour remplir les futailles des vaisseaux. Les ruisseaux semblent provenir uniquement des nuages pluvieux & des brumes, suspendus autour du sommet des collines : on ne doit pas, en effet, compter sur beaucoup de sources dans un pays si plein de rochers, & l'eau douce qu'on voit dans la partie supérieure de l'entrée est vraisemblablement produite par la fonte des neiges. Les naturels du pays n'ont jamais dit que l'entrée reçût une rivière considérable, & l'on n'a d'ailleurs aucune raison de soupçonner qu'il existe une pareille rivière : l'eau des ruisseaux est parfaitement claire, & elle dissout le savon avec une grande facilité.

Le temps que le capitaine Cook éprouva pendant son séjour sur cette terre, approche beaucoup de celui qu'il avoit eu en travers de la côte. Lorsque le vent souffle des points du compas qui se trouvent entre le nord & l'ouest, le ciel est beau & serein; mais si le vent vient du sud ou de l'ouest, l'atmosphère s'embrume, & il tombe de la pluie. Le climat, autant qu'on en peut juger, est infiniment plus doux que celui de la côte orientale d'Amérique, au même degré de latitude & à la même époque de l'année, c'est-à-dire, au commencement du printemps. Le mercure du baromètre ne fut jamais au-dessous de quarante-deux degrés, même pendant la nuit, & durant le jour il s'éleva souvent à soixante. On n'apercevoit point de gelée sur les terrains bas; la végétation y étoit, au contraire, fort avancée, car on voyoit de l'herbe qui avoit déjà plus d'un pied de longueur. La mer est haute à 12 heures 20' dans les nouvelles & les pleines lunes; elle s'élève de huit pieds neuf pouces; on parle de l'élévation qui a lieu durant les marées du matin, & deux ou trois jours après la nouvelle & la pleine lune. Les marées de nuit montent alors de deux pieds plus haut. Cette élévation plus considérable fut très-marquée dans la grande marée de la pleine lune qui eut lieu après l'arrivée des navigateurs anglais. Il paroît donc clair qu'il en seroit de même lors des marées de la nouvelle lune. Au reste, la relâche de Cook ne fut pas assez longue dans l'entrée de Nootka pour s'en assurer d'une manière positive.

On ne doit pas passer sous silence quelques observations relatives à cette matière, qui eurent lieu tous les jours que les Anglais restèrent dans ce parage : ils trouvèrent beaucoup de bois flottans sur la côte de l'anse, où ils firent de l'eau & du bois; ils étoient obligés d'en enlever une partie pour arriver à l'aiguade : souvent de gros morceaux ou des arbres qu'ils avoient rangés durant le jour par-delà la laisse de la mer haute, se retrouvoient flottans le lendemain sur le chemin de l'aiguade. Tous les établissemens dont ils se servoient pour remplir les futailles, étoient jetés pendant la nuit loin des endroits où ils les avoient placés, quoiqu'ils demeurassent immobiles durant les marées de jour. Le bois qu'ils avoient fendu pour les cheminées de leurs vaisseaux, & déposé par-delà la laisse de la marée de jour, se remettoit également à flot pendant la nuit. Quelques-uns de ces événemens eurent lieu chaque nuit qui suivit les trois ou quatre jours des hautes marées, & durant cet intervalle les navigateurs anglais furent contraints d'attendre la marée du matin pour débarrasser le chemin de l'aiguade.

On ne peut dire si le flot tombe dans l'entrée du nord-ouest, du sud-ouest ou du sud-est. Cook pense qu'il ne vient pas du dernier point; il n'a là-dessus que des conjectures fondées sur les observations suivantes : les coups de vent du sud-est qu'il éprouva dans l'entrée, diminuèrent la hauteur de la marée au lieu de l'accroître, ce qui n'auroit guère pu arriver si le flot & le vent avoient eu la même direction.

La pointe occidentale de l'entrée présente une bourgade précédée d'une anse bien fermée, dans laquelle la sonde rapporte de neuf à quatre brasses, fond de joli sable. Les habitans de ce village sont

nombreux; ils accueillent les étrangers d'une manière très-amicale, & ces hommes hospitaliers leur
donnent toutes sortes de marques de politesse.

De ce village, en remontant la bande occidentale de l'entrée, la côte, dans l'espace d'environ
trois milles, est couverte d'îlots qui offrent plusieurs hâvres commodes, sur une profondeur qui
varie de trente à sept brasses, bon fond. Deux
lieues en dedans de l'entrée, on trouve au côté
ouest un bras qui se prolonge au nord-nord-ouest:
deux milles plus loin il y en a un second dont la direction est à peu près la même, & en face duquel
on voit une île assez grande.

On aperçoit les restes d'une bourgade un mille
au-dessus du second bras: il y a quelques verveux
devant ce village abandonné, mais on ne découvre
personne qui puisse en prendre soin. On voit au-
delà des ruines de ce canton, une plaine peu étendue, revêtue des plus gros pins qu'on ait jamais
rencontrés. Ceci est d'autant plus remarquable,
que le terrain élevé sur la plupart des autres parties de cette bande orientale de l'entrée est nu.

Sur la bande orientale on traverse un bras de
mer qui se prolonge au nord-nord-est, mais à peu
de distance. En face de l'extrémité ouest de la
grande île, on découvre sur le continent un village
assez considérable; mais les habitans n'ont pas la
politesse de ceux de la bourgade dont on a parlé
plus haut. Leur accueil est froid, plein d'humeur,
& les largesses qu'on leur fait ne changent rien à
cet air désagréable. Les femmes, au contraire,
s'empressent autour des étrangers, & leur témoignent le plaisir que leur vue leur cause.

On trouve surtout dans les bois, le pin du Canada, le cyprès blanc, le pin sauvage, & deux ou
trois espèces de pins non moins communes. Le pin
du Canada & le cyprès blanc forment presque les
deux tiers des arbres; on les confond de loin, car
ils offrent également des sommets épointés en aiguilles; mais on les distingue bientôt à leur couleur
lorsqu'on en approche: le second est d'un vert
beaucoup plus pâle que le premier. En général, la
végétation des arbres est très-forte, & ils sont tous
d'une grande taille.

On remarque peu de variétés dans les productions végétales; mais comme l'examen de cette
terre a été fait à l'époque peu avancée du printemps, il est probable que plusieurs des plantes ne
se développoient point encore. On trouve autour
des rochers & au bord des bois, des plants de
fraises & de framboisiers. On ne se permettra aucun détail sur les productions diverses de ce canton;
on se bornera à dire qu'elles sont, en général, de
l'espèce de celles qui croissent en Europe & dans
les parties connues de l'Amérique.

Les quadrupèdes qu'on trouve sur cette terre
présentent une branche de commerce très-considérable par les fourrures qu'on en retire. Les renards sont en grande abondance, & ils offrent bien
des variétés. Des loups, des daims, des ours, la

martre ordinaire, la martre de pin, une troisième
qui a la robe d'un brun plus clair, & les poils plus
grossiers que les deux premières; les hermines, les
ratons & les écureuils, telles sont les richesses que
les navigateurs peuvent se procurer dans ces contrées lointaines.

Parmi les quadrupèdes dont on vient de parler,
il en est deux qu'on ne peut décrire; leurs peaux
seules, & apprêtées par les naturels, ne permettent
pas à un certain point d'assigner le genre auquel
ils appartiennent; cependant il y a lieu de conjecturer que l'un est un élan, & l'autre une espèce de
chat sauvage ou de lynx: la longueur de la peau
de celui-ci, non comprise la tête, que les habitans
ôtent toujours, est d'environ deux pieds deux pouces; elle est couverte d'un très-beau poil follet, ou
d'une très-belle fourrure d'un brun-clair ou d'un
jaune-blanchâtre, entre-mêlée de longs poils noirâtres sur le dos, & d'un blanc d'argent sur les
côtés, où ils ont plus de longueur que sur le dos:
ils sont de la couleur du poil follet sur le ventre,
où ils sont plus longs qu'ailleurs; mais les poils
blanchâtres ou argentés dominent si souvent, que
la robe entière en prend la teinte: la queue a trois
pouces & une pointe noire.

La race des cochons, des chiens & des chèvres
ne s'est pas encore établie sur cette partie de l'A-
mérique.

Les baleines, les marsouins & les veaux marins
sont les animaux de mer qu'on aperçoit en travers
de la côte. La loutre de mer y est abondante: on se
dispenseroit de la décrire, si elle ne présentoit pas
des différences avec l'animal connu sous ce nom.
Elle offre un noir éclatant ou lustré; mais la plupart des poils étant blancs à la pointe, présentent au
premier coup d'œil une teinte grisâtre: la face,
le cou & la poitrine sont d'un blanc-jaunâtre ou
d'un brun très-clair, qui, dans la plupart des peaux,
se prolonge sur toute la longueur du ventre. Chacune de ses mâchoires a six dents incisives; deux
de celles de la mâchoire inférieure sont très-petites & placées en dehors, & à la base des deux
dents du milieu. Cette espèce paroît différer sous
ces rapports des loutres de mer qu'ont rencontrées
les Russes; elle en diffère de plus en ce qu'elle n'a
pas les orteils des pieds de derrière bordés d'une
membrane. On remarque beaucoup de variété
dans la couleur des peaux, qui éprouvent des changemens aux différentes époques de la vie. Les jeunes loutres ont le poil brun & la robe peu fournie
au-dessous. Lorsqu'elles ont acquis toute leur crois-
sance, leur robe n'est plus noire; elles prennent
une couleur d'un brun-foncé ou de suie; mais
elles ont alors une fourrure bien fournie, où l'on
aperçoit de temps quelques longs poils. D'autres,
plus vieilles encore, sont de couleur de châtaigne,
& l'on remarque très-peu de peaux dont la couleur soit parfaitement jaune. La fourrure de ces
animaux est sûrement plus douce & plus fine que
celle d'aucun autre quadrupède, & la découverte

de cette partie de l'Amérique septentrionale où l'on rencontre un article de commerce si précieux, ne peut être une chose indifférente.

En général, les oiseaux sont rares, non-seulement quant aux diverses espèces, mais quant au nombre des individus ; ceux qu'on aperçoit sont si farouches, que, selon toute apparence, les habitans du pays les pourfuivent sans cesse, peut-être pour les manger, & à coup sûr pour s'emparer de leurs plumes, dont ils ont soin de se parer. Il y en a de fort beaux, & qui n'ont point été décrits dans les ouvrages sur cette partie de l'histoire naturelle.

Les oiseaux de mer qui fréquentent les côtes, & les oiseaux de terre qui aiment à vivre sur les eaux, ne sont pas en plus grand nombre ; mais on ne se permettra aucun détail sur cet objet.

Il y a plus de poissons que d'oiseaux, mais les espèces ne sont pas très-variées : diverses circonstances néanmoins donnent lieu de croire qu'elles le font davantage à certaines saisons. Les autres animaux de la mer sont une petite méduse en forme de croix, des étoiles de mer, &c.

La classe des coquilles présente des variétés plus étendues : il y en a qui ont été décrites, & d'autres qu'on n'a point encore aperçues à la même latitude dans l'un & l'autre hémisphère.

On rencontre dans les bois plusieurs reptiles, entr'autres des serpens bruns de deux pieds de longueur, qui ont des rayures blanchâtres sur le dos & sur les côtés, & qui ne font point de mal.

La famille des insectes paroît être plus considérable, quoique la saison où ils se montrent ne fît que commencer lors de la découverte de cette terre : ils doivent être plus multipliés l'été, & plus fatigans dans un pays si rempli de bois.

Quoique l'on trouve du fer & du cuivre dans cette partie de l'Amérique, il est difficile de croire que ces deux métaux viennent des mines du pays. On n'aperçoit aucune espèce de minerai, si l'on en excepte une substance grossière & rouge de la nature de la terre ou de l'ochre, dont les naturels se servent pour se peindre le corps, & qui vraisemblablement contient un peu de fer. On voit aussi du fard blanc & du fard noir qu'ils emploient au même usage, mais on ne peut dire précisément quelle est leur composition.

Outre la pierre dure ou le rocher des montagnes & des côtes, qui renferme quelquefois des morceaux d'un quartz grossier, on trouve, parmi les naturels, des ouvrages d'un granite noir qui n'est remarquable ni par sa dureté, ni par la finesse de son grain ; une pierre à aiguiser, grisâtre ; la pierre à rasoir ordinaire des charpentiers, & des morceaux d'une seconde, noire, & peu inférieure à la pierre fine à aiguiser ; ces morceaux étoient plus ou moins grossiers. Les naturels se servent aussi du mica à feuilles transparentes, ou du verre de Russie, & d'une espèce de substance ferrugineuse, brune & à feuilles ; ils ont encore du cristal de

roche assez transparent. Il est vraisemblable qu'on trouve les deux premières substances près de l'entrée, car les habitans paroissent en avoir une quantité assez considérable ; mais le cristal de roche semble venir de plus loin, où il est plus rare, puisque les sauvages n'en vendent qu'avec répugnance. Plusieurs des morceaux étoient octangulaires, & l'on juge que la main de l'ouvrier leur a donné cette forme.

La taille de ces sauvages est au-dessous de la taille ordinaire, mais ils ne sont pas minces en proportion de leur petitesse ; ils ont le corps bien arrondi, sans être musculeux : leurs membres potelés ne paroissent jamais acquérir trop d'embonpoint. Les vieillards sont un peu maigres : le visage de la plupart est rond & plein ; il est large quelquefois, & il offre des joues proéminentes ; il est souvent très-comprimé au-dessus des joues, où il semble s'abaisser brusquement entre les tempes : leur nez, aplati à la base, présente de larges narines & une pointe arrondie : ils ont le front bas, les yeux petits, noirs, & plus remplis de langueur que de vivacité ; les lèvres larges, épaisses & arrondies ; les dents assez égales & assez bien rangées, quoiqu'elles ne soient pas d'une blancheur remarquable. En général, ils manquent absolument de barbe, ou ils en ont une petite touffe peu fournie sur la pointe du menton, ce qui ne provient d'aucune défectuosité naturelle, mais de ce qu'ils l'arrachent plus ou moins ; car quelques-uns d'entre eux, & particulièrement les vieillards, portent une barbe épaisse sur tout le menton, & même des moustaches sur la lèvre supérieure, lesquelles descendent obliquement vers la mandibule inférieure. Leurs sourcils sont peu fournis & toujours étroits, mais ils ont une quantité considérable de cheveux très-durs, très-forts, & sans aucune exception noirs, lisses & flottans sur leurs épaules. Leur cou est court. La forme de leur bras & de leur corps n'a rien d'agréable ou d'élégant ; elle est même un peu grossière. Leurs membres, en général petits & en proportion des autres parties, sont courbés ou mal faits ; ils ont de grands pieds d'une vilaine forme, & les chevilles trop saillantes : ce défaut semble provenir de ce qu'ils s'asseyent beaucoup sur leurs jarrets, dans leurs pirogues & dans leurs maisons.

On ne peut deviner précisément la couleur de leur teint, parce que leur corps est incrusté de peintures & de saletés ; mais ayant engagé quelques individus à se bien nettoyer, la blancheur de la peau de ceux-ci égaloit presque la blancheur de la peau des Européens, & offroit la nuance pâle des peuples du midi de l'Europe. Les enfans dont la peau n'avoit jamais été couverte de peinture, égaloient les nôtres en blancheur. Quelques-uns des jeunes gens, comparés au gros du peuple, ont la physionomie assez agréable ; mais il paroît que c'est uniquement l'effet de cette teinte vermeille, naturelle à la jeunesse ; & lorsqu'ils sont arrivés à un certain âge,

leur

leur vifage n'offre plus rien de particulier. En tout, l'uniformité de la phyfionomie des individus de la nation entière eft très-remarquable ; elle manque toûjours d'expreffion, & elle annonce des efprits lourds & flegmatiques.

Les femmes ont à peu près la même taille, le même teint & les mêmes proportions que les hommes ; il n'eft pas aifé de les reconnoître, car on ne leur trouve pas cette délicateffe de traits, qui diftingue le fexe dans la plupart des contrées, & à peine en voit-on une feule, parmi les jeunes, qui puiffe avoir la moindre prétention à la beauté.

On ne peut voir fans une forte d'horreur ces fauvages chargés de leur attirail guerrier ; mais lorfqu'ils ne font point équipés de cette manière, lorfqu'ils portent leurs habits ordinaires & qu'ils gardent leur allure naturelle, leur phyfionomie n'offre pas la moindre apparence de férocité ; ils paroiffent au contraire d'un caractère doux, paifible, flegmatique & indolent ; ils femblent dénués de cette vivacité fi agréable dans le commerce de la vie. S'ils manquent de réferve, ils font loin d'être babillards ; leur gravité eft peut-être un effet de leur difpofition habituelle, plûtôt que d'un fentiment de convenance, ou la fuite de leur éducation ; car dans les momens où ils ont le plus de fureur, ils paroiffent incapables de s'exprimer complètement par leur langage ou par leurs geftes. Puifqu'ils mettent en vente des crânes & des offemens humains, on n'a que trop de raifon de croire qu'ils traitent leurs ennemis avec une cruauté féroce ; mais ce fait indique plûtôt un rapport général avec le caractère de prefque toutes les tribus non civilifées, dans chaque fiècle & dans chaque partie du Globe, qu'une inhumanité particulière dont on doive leur faire reproche, & l'on n'a pas lieu de juger défavorablement de leurs difpofitions à cet égard. Ils paroiffent avoir de la docilité, de la politeffe naturelle & de la bonté. Quoique d'un tempérament flegmatique, les injures les mettent en fureur, & comme la plupart des gens emportés, ils oublient auffi promptement le mal qu'on leur a fait : ils paroiffent déterminés à punir l'infulte, quoi-qu'il en puiffe arriver, & ne laiffent échapper aucun figne de frayeur.

Leurs autres paffions, & en particulier la curiofité, femblent être engourdies à bien des égards. Ils ne témoignent ni le défir de voir, ni d'examiner les chofes qu'ils ne connoiffent point, & qu'ils regardent avec une indifférence parfaite, ce qui prouve le peu d'envie qu'ils ont de s'inftruire ; ils ne cherchent jamais que les articles qu'ils connoiffent, & dont ils ont befoin : peut-être doit-on attribuer cette infouciance pour des objets nouveaux, à leur pareffe, qui femble fort grande. D'un autre côté, ils paroiffent fufceptibles, à certains égards, des paffions tendres, car ils aiment extrêmement la mufique : celle qu'ils font eft grave & férieufe, mais touchante.

La manière de commercer de ces infulaires eft

pleine de franchife & de loyauté : l'honnêteté la plus rigoureufe préfide à leurs échanges ; &, excepté la difpofition au vol, fi commune dans les parages de l'Océan pacifique, on ne peut qu'applaudir à la probité avec laquelle ils font leur commerce. Les habitans des îles de la mer du Sud volent tout ce qui leur tombe fous la main, fans jamais examiner fi leur proie leur fera utile ou de quelqu'ufage. La nouveauté des objets fuffit feule pour les déterminer au vol, d'où il réfulte qu'ils font excités par une curiofité enfantine, plûtôt que par une difpofition mal-honnête. Les naturels de *l'entrée de Nootka* font voleurs dans toute la force du terme, car ils ne dérobent que les chofes dont ils peuvent tirer parti, & qui ont à leurs yeux une valeur réelle, telle que le fer, le cuivre ou tout autre métal. En les voyant fi bien pourvus de ces objets précieux, on defire connoître par quels moyens ils ont fu fe les procurer. Il y a toute apparence que ce n'eft point par un commerce direct avec des vaiffeaux européens, car tout femble annoncer qu'avant la vifite que leur fit le capitaine Cook, ils n'avoient jamais vu de bâtimens européens. On eft donc fondé à croire qu'ils tirent ces articles utiles d'une fource conftante & habituelle, par la voie des échanges avec d'autres tribus de l'Amérique qui ont une communication immédiate avec les établiffemens européens du Nouveau-Monde, ou qu'ils les reçoivent par le canal de plufieurs nations intermédiaires. Dès les premiers momens qu'on fe trouve avec ces fauvages, on voit qu'ils font habitués à une forte de trafic, qu'ils aiment à faire des échanges, que c'eft parmi eux un ufage conftant, que cet ufage leur plaît beaucoup, & qu'ils favent fort bien tirer parti de ce qu'ils veulent vendre.

L'agriculture, fi utile à la fubfiftance des individus, & qui accroît leurs jouiffances par les productions dont elle les enrichit, eft abfolument négligée par cette peuplade. La pêche & la chaffe des animaux de terre & de mer paroiffent être la principale occupation des hommes, & la nourriture des familles : les végétaux qui croiffent fur cette contrée lointaine, achèvent de compléter leur régime diététique.

La mal-propreté de leurs repas répond parfaitement à la mal-propreté de leurs cabanes & de leurs perfonnes. La conftruction des habitations eft groffière & fans aucune régularité : les fentiers qui y conduifent, n'ont pas une apparence beaucoup plus agréable ; & ces fauvages paroiffent peu curieux de joindre aux fimples béautés de la nature, ce que les foins de la culture y ajoutent de richeffe.

D'après le grand nombre d'arcs, de traits, de frondes, de piques & d'armes de pierres ou d'autres matières qu'on voit parmi eux, il paroît fûr qu'ils font dans l'habitude de fe battre corps à corps, & que leurs querelles font fréquentes & meurtrières.

Leurs manufactures & leurs arts mécaniques font

bien plus étendus & bien plus ingénieux, par rapport au deſſin & à l'exécution, que ne l'annonce le peu de progrès de leur civiliſation à d'autres égards. Les femmes fabriquent les étoffes, dont elles tirent la ſubſtance des fibres de l'écorce d'un pin qu'on rouit & qu'on bat, comme on rouit & l'on bat le chanvre. Leurs étoffes ont différens degrés de fineſſe; quelques-unes reſſemblent à nos couvertures de laine les plus groſſières, & d'autres égalent preſque nos couvertures les plus fines; elle ſont même plus douces & plus chaudes. Le petit poil, ou plutôt le duvet, qui en eſt la matière première, paroît venir de différens animaux, tels que le renard & le lynx brun : celui qui vient du lynx eſt le plus fin, & dans ſon état naturel il a preſque la couleur de nos laines brunes groſſières; mais en les travaillant, ils y mêlent les grands poils de la robe des animaux, ce qui donne à leurs étoffes une apparence un peu différente. Les ornemens ou les figures répandues ſur leurs habits, ſont diſpoſés avec beaucoup de goût; ils offrent ordinairement diverſes couleurs : les plus communes ſont le brun-foncé ou le jaune; cette dernière, lorſqu'elle eſt fraîche, égale en éclat les plus beaux de nos tapis.

Les arts d'imitation ſe tiennent de fort près, & il ne faut pas s'étonner que ces ſauvages, qui ſavent travailler des figures ſur leurs vêtemens & les ſculpter ſur le bois, ſachent auſſi les deſſiner en couleur. On voit toutes les opérations de leur pêche de la baleine peintes ſur leurs chapeaux. Quoiqu'elles fuſſent groſſièrement exécutées, elles prouvent du moins que, malgré leur ignorance abſolue de ce qui a rapport aux lettres, & outre les faits dont ils gardent le ſouvenir par leurs chants & leurs traditions, ils ont quelque notion d'une méthode pour rappeler & repréſenter, d'une manière durable, ce qui ſe paſſe dans le pays.

La conſtruction des pirogues eſt fort-ſimple; mais elles paroiſſent très-propres à l'uſage auquel on les deſtine. Leur attirail de pêche & de chaſſe eſt ingénieux & d'une exécution heureuſe.

NORD (Mer du). La mer du *Nord*, après avoir baigné les côtes de Norwège, eſt reçue dans un vaſte baſſin, entre l'Ecoſſe, l'Allemagne & le Danemarck; là elle s'ouvre deux différens paſſages à l'orient; elle pénètre & s'étend fort avant dans le continent. En remontant du côté du *Nord*, elle forme la mer Baltique & les golfes de Finlande & de Bothnie. (*Voyez ces mots*.) Du côté de l'occident cette mer s'engage entre la France & l'Angleterre, où elle forme le canal qu'on nomme *la Manche*.

Le canal, depuis le Pas-de-Calais où il commence, juſqu'aux limites occidentales de la Bretagne où il ſe termine, iroit toujours en s'élargiſſant, ſi un prolongement du Cotentin ne le reſſerroit dans des limites plus étroites; mais

enſuite il s'élargit juſqu'aux extrémités des côtes qui ſe réuniſſent à l'Océan occidental.

Dans toute cette longueur le canal de la Manche eſt bordé par des rochers élevés, tantôt par des falaiſes dont l'élévation eſt médiocre, & tantôt par de petites éminences de ſables. Ici la grève paroît s'élever, & à une pente aſſez rapide du côté de la mer, qui ne peut pas s'étendre beaucoup dans le flux. Ailleurs une grève plate laiſſe à la marée une grande étendue de terrain qu'elle recouvre facilement; il en eſt de même de certaines rivières où elle remonte aſſez loin.

Les rochers, le galet, le gravier, les fragmens de coquilles, les ſables, les limons, l'argile, ſont couverts par les eaux.

Par ces détails on voit que les eaux qui baignent nos côtes le long du canal de la Manche peuvent ſervir de retraite à un grand nombre d'eſpèces de poiſſons. Cependant nos côtes ne ſont pas auſſi fécondes que celles d'Angleterre. Sur ces côtes les eaux ſont beaucoup plus profondes. Plus on avance vers la pleine mer, en quittant le rivage, plus on trouve la profondeur des eaux conſidérable. Le canal, d'ailleurs, a d'autant plus de profondeur, qu'on avance plus du Pas-de-Calais vers l'Océan.

NORD (Cap). Ce cap eſt ſitué dans la côte eſt de l'Aſie ſeptentrionale; il gît par 68 deg. 56' de latitude, & 180 deg. 51' de longitude (méridien de Greenwich). Cette pointe eſt eſcarpée & remplie de rochers. La côte qui ſe trouve derrière doit prendre une direction très-occidentale, car on n'aperçoit point de terre au nord. Une colline ou une autre pointe renflée ſe trouve près de ce cap, & l'une & l'autre reſſemblent à des îles.

De ce point on prend une vue aſſez exacte de la côte d'Aſie, qui reſſemble, à tous égards, à la côte d'Amérique, ſituée en face; c'eſt-à-dire, que le terrain eſt bas près de la mer, & plus élevé dans l'intérieur du pays. Elle eſt entièrement dénuée de bois, & même de neige, mais couverte d'une ſubſtance de la nature de la mouſſe, qui lui donne une teinte brunâtre. Il y a dans les terrains bas, ſitués entre les terrains élevés & la mer, un lac qui s'étend au ſud-eſt, au-delà de la portée de la vue, & il eſt probable qu'il communique avec la mer.

NORD (Département du). Ce département eſt du petit nombre de ceux qui tirent leur nom de leur poſition; il renferme, en effet, au *nord* Dunkerque, qui eſt la ville la plus ſeptentrionale de la France. Il eſt de forme alongée & s'étend du nord-oueſt au ſud-eſt. Il a pour limites au *nord* la mer d'Allemagne, à l'eſt la Belgique, au ſud le département de l'Aiſne, & à l'oueſt le département du Pas-de-Calais. On voit qu'il répond à l'ancien gouvernement de Flandre, qui comprenoit la Flandre françaiſe, le Hainaut & le Cambréſis.

Hydrographie.

Les principales rivières font la Lys, qui prend fa fource dans le département du Pas-de-Calais, à l'ouest de la ville d'Aire; coule à l'est, passe à Merville; à Armentières, & fert de limite au département; reçoit à fa droite la Brelle, la Déule, & entre à Menin dans la Belgique. La Deule, à fa naissance au fud-ouest de Lille, fous le nom de *Haute-Deule*, prend enfuite le nom de *Basse-Deule*, & fe réunit à la Lys au nord-est d'Armentières. En fe portant au fud on trouve la Scarpe, qui prend fa fource au-deffus d'Arras, passe à Douay, à Marchiennes, à Saint-Amand, & fe joint à l'Efcaut vers les limites du département.

L'Efcaut a fon origine au-deffus de Cambrai, qu'il arrofe; il fe réunit à la Cenfé, à Bouchain; & un peu plus bas à la Selle, & passe à Valenciennes & à Condé, où fe trouve le confluent de l'Aifne; enfin, en nous portant au *nord*, on rencontre l'Aa, qui fe joint à la Colme, après qu'elle a arrofé Bergues, & ces deux rivières côtières ont leur embouchure à Gravelines.

La Sambre a fa fource près du village de Novion & fe jette dans la Meufe à Namur. Elle eft navigable par éclufes depuis Landrecies jufqu'à Maubeuge, & dans cet intervalle elle reçoit la Helpe, après qu'elle a arrofé Avefnes.

Les principales villes du département du *Nord* font Dunkerque, ville confidérable, port de mer; Gravelines, à l'embouchure de l'Aa; Caffel, fur une montagne; Bergues, fur la mer; Douai.

NORFOLK, comté d'Angleterre. Le comté de *Norfolk*, confidéré fous le rapport de l'agriculture, doit être divifé en trois parties, celle de l'eft, celle de l'ouest & celle du fud; cette dernière eft foumife aux méthodes rurales de Suffolk, & n'offre pas le fyftème de la province dans toute fa pureté.

La partie de l'ouest fe compofe de pâturages marécageux, de bruyères étendues ou pâturages fecs deftinés aux moutons, & de nouveaux défrichemens; celle de l'eft préfente feule cet enfemble de pratiques d'agriculture qui a mérité aux fermiers de *Norfolk* l'honneur de fervir de modèles aux habiles cultivateurs.

Le climat de la partie de l'eft eft plus froid qu'il ne l'eft dans le refte de l'île, fous la même latitude, favoir, le 53e. degré, & les récoltes y font plus tardives de huit à dix jours, qu'elles ne le font dans le voifinage de Londres. Ce diftrict eft généralement plat. Dans le voifinage de la mer, le pays eft coupé. Dans les arrondiffemens du fud on trouve des marais étendus ou de petits lacs en affez grand nombre.

On y voit peu de rivières, & celles qui coupent le diftrict font peu confidérables; mais les ruiffeaux font très-multipliés, & arrofent ce canton d'une manière avantageufe.

Le Yare eft navigable depuis Norwich jufqu'à Yarmouth, & la Thyrn depuis Yarmouth jufqu'à Dilham, d'où la navigation continue par un canal jufqu'à Aylesham.

Les enclos ont en général peu d'étendue; les haies font fort élevées & fort garnies d'arbres qui bornent la vue de tous côtés, de manière qu'en traverfant ce diftrict on croit arriver à une vafte forêt clos de change, à mefure qu'on avance, en une fuite d'enclos dont l'intérieur eft cultivé. On ne trouve pas dans cette partie un feul acre de bois, mais on y voit de temps en temps des terrains vagues & incultes, furtout dans les arrondiffemens du nord.

Les marchés intérieurs font Nortwich, Yarmouth & Nortwalsham.

Les petits ports de Blakenes, Cromer & Munfley fervent à l'exportation pour les parties voifines de la côte dans les arrondiffemens du nord.

Le comté de *Norfolk* étoit habité autrefois par un grand nombre de petits propriétaires; mais les exemples fréquens de fortunes confidérables, faites par les profits des gros fermiers, les ont engagés à vendre leurs petites poffeffions pour s'adonner à une induftrie plus lucrative.

Les fermes du diftrict de l'eft font prefque toutes enclofes; il refte cependant quelques plaines cultivées, divifées en petites portions dépendantes de diverfes fermes, & l'on voit fréquemment de petits clos enclavés dans des poffeffions différentes.

L'étendue des fermes eft en général médiocre; leur prix varie de 50 à 300 livres fterlings par an. La plus grande partie de chaque ferme confifte en champs labourables. L'étendue & la valeur relative des prés & des pâturages font très-peu confidérables dans ce comté. Le caractère apparent des terres offre une grande uniformité; elles font en général légères & fablonneufes, mais leur qualité eft cependant affez variée.

La profondeur moyenne de la terre végétale eft de cinq à fix pouces feulement; on trouve au-deffous une couche dure dont la fubftance & l'épaiffeur varient, puis une très-grande profondeur de fable. Le lit fur lequel repofe la terre végétale eft un gravier pur ou bien une terre argileufe; la marne, quoiqu'elle fe trouve quelquefois à peu de profondeur, ne s'élève guère jufqu'à la terre végétale.

La dureté remarquable de la couche qui eft immédiatement au-deffous de la terre végétale, doit être attribuée à la manière uniforme dont les champs fe labourent; le foc eft plat, & dans l'action du labourage il gliffe horizontalement. Les roues & le talon de la charrue durciffent de plus en plus ce plan horizontal, que les cultivateurs nomment *le pan*, & qu'ils ont grand foin de ne jamais entamer. Lorfque, par l'ignorance ou la maladreffe du laboureur, le pan fe trouve entamé, les récoltes fuivantes en fouffrent, foit parce que l'humidité, fi néceffaire aux terres légères, s'échappe plus aifement, foit parce que les graines des mauvaifes herbes que les labours avoient enterrées jufqu'au pan, & qui ne germoient pas à caufe de la profondeur, germent en abondance lorfque la charrue les ramène près de la furface.

On remarque dans les champs de ce diftrict, de certaines étendues de terrain où les récoltes féchent fur la plante dès que la pluie a manqué depuis quelque temps. Cet accident eft probablement dû à la très-grande faculté abforbante de la fubftance inférieure, & au peu d'épaiffeur de la terre végétale dans ces endroits.

Les engrais dont on fait ufage dans le comté de *Norfolk* font la marne, la glaife, le terreau, la chaux, les cendres, le fumier & le mélange de terre & de fumier, le parc du gros bétail, le parc des moutons & la pouffière de la drèche.

Le principal engrais tiré du fein de la terre eft la marne; on en emploie de deux fortes avec un égal fuccès, la marne blanche calcaire & la marne grife argileufe: la première paroît d'un ufage très-ancien dans le pays, car on voit de très-gros chênes en décrépitude dans des creux évidemment deftinés autrefois à l'extraction de la marne. Quelques fermiers ont des préjugés contre l'ufage de la marne argileufe, qui eft plus récent.

La marne calcaire ne fe trouve point dans la terre par couches ou par bancs réguliers; elle y eft par maffes détachées qui affectent la forme de rognons plus ou moins arrondis. Les fubftances qui règnent dans les parties fupérieures de ces maffes font très-friables; à mefure qu'on approfondit davantage, on trouve la marne plus dure, plus femblable à de la craie, & contenant de la craie pure mêlée de filex.

Le contact de l'air décompofe promptement cette marne. Plongée dans l'eau, elle fe convertit en boue. Le feu lui fait perdre un tiers de fon poids & la réduit en chaux. Des expériences exactes fur la nature de cette terre compofée ont donné pour réfultats, fur les fubftances qui entrent dans fa compofition, quatre-vingt-cinq parties de terre calcaire, dix de fable filiceux, & cinq parties d'argile.

La marne argileufe fe trouve par couches épaiffes. Lorfqu'elle eft fèche, fa couleur, un peu moins foncée que celle de la terre à foulon, eft parfemée de tachés d'un jaune-brun. Sa texture reffemble affez à celle de la terre à foulon, mais on y remarque quelques grains de craie blanche. A l'air libre elle fe divife en petits cubes; elle fe réfout promptement dans l'eau; le feu la convertit en brique. Son analyfe donne cinquante parties d'argile, quarante-trois parties de terre calcaire, & fept de fable filiceux.

Outre les marnes & les glaifes, les fermiers de *Norfolk* emploient pour engrais la terre végétale, après l'avoir mêlée aux fumiers de la baffe-cour; cette terre fait, dans cet état de mélange, un engrais plus durable que le fumier pur.

Les fermiers, pour pouvoir compofer facilement ce mélange, ont le plus grand foin de ramaffer la terre des revers de foffés, celle qu'on tire des foffés mêmes, en les recurant, & les gazons des bordures des champs.

La chaux a la réputation d'un bon engrais, mais fon ufage n'eft pas général. Quelques fermiers même le réprouvent dans tous les cas, pour avoir vu l'exemple de fon inutilité dans certaines terres; car, en *Norfolk* comme ailleurs, on tire trop fouvent des inductions générales de faits & d'incidens particuliers. La chaux réuffit même, après la marne; elle eft particulièrement propre aux terres fablonneufes & arides: on doit la placer parmi les engrais qui tiennent l'humidité.

L'emploi des cendres eft moins ordinaire en *Norfolk*, qu'on ne l'imagineroit d'une contrée où tout ce qui tient aux amendemens excite beaucoup d'attention. Soit raifon, foit préjugé, les cendres font en général confidérées comme engrais de peu de valeur, & l'écobuage ou brûlement des terres n'y eft pas pratiqué.

On diftingue avec foin les diverfes qualités de fumier; celui que fourniffent les villes eft fort recherché. A Yarmouth & dans fes environs on fe procure un fumier d'une nature particulière. Comme cette partie y eft marécageufe, la paille y eft rare, & on y fupplée dans les étables par du fable de mer, qui fert de litière aux beftiaux. A mefure qu'il fe pénètre d'humidité, on le recharge avec du fable fec, jufqu'à ce que le tout foit faturé des excrémens des animaux: cet engrais produit les plus heureux effets fur les terres fubftantielles que le fable divife.

Le fumier des écuries où les chevaux font nourris de foin & d'avoine, eft réputé de première qualité; celui des beftiaux qu'on engraiffe vient enfuite; celui du bétail maigre; & en particulier des vaches, eft regardé comme étant d'une valeur inférieure; & enfin, le fumier des animaux nourris de paille paffe pour n'avoir qu'une très-petite valeur. On croit même que la paille qui a été fimplement foulée aux pieds des animaux, eft plus efficace comme engrais que celle qui a fervi à la nourriture des beftiaux maigres.

Le *compoft* eft l'engrais le plus ordinairement employé en *Norfolk*: il eft rare qu'on y faffe ufage du fumier pur. On le dépofe, foit près des étables, foit dans les champs, en gros tas compofés de lits alternatifs de terre, de marne ou de terreau mélangé de fumier, comme nous l'avons dit ci-deffus. Ces fubftances fe pénètrent réciproquement pendant un temps plus ou moins long, avant qu'on les répande fur les champs; & c'eft pour hâter ce double effet qu'on en prépare les tas fuivant ce fyftème, qu'on ne peut trop vanter pour qu'il foit adopté partout, & furtout dans les environs des grandes villes, & de Paris en particulier, qui fournit abondamment de quoi mêler aux substances terreuses.

Le parc du gros bétail comprend tout l'effet produit à la longue sur les terres par le fumier, l'urine, la sueur, la respiration, la chaleur & le piétinement des bestiaux qu'on enferme dans un espace étroit pour les y nourrir. L'efficacité de ce moyen d'engrais est très-diverse, & dépend surtout des animaux qu'on y renferme. Les bestiaux gras bonifient surtout le terrain; mais le séjour des bêtes maigres dans le parc n'a guère d'effet que par le piétinement, qui est profitable sur les terres légères.

Le parc des moutons n'est pas d'un usage ordinaire dans ce district; il n'est guère employé que par les possesseurs de grands fonds & par les particuliers très-riches. Ce n'est pas qu'on ignore la valeur de ce moyen d'amendement; mais l'industrie relative aux bestiaux étant particulièrement dirigée vers les bêtes à cornes qu'on engraisse, on ne juge pas, en général, que l'éducation des bêtes à laine puisse s'y réunir avec avantage.

La suie, les gâteaux de colza & la poussière de la drèche sont estimés de bons engrais, & s'emploient dans les parties du district où l'on peut se les procurer à bon prix.

Bêtes à cornes du comté de Norfolk.

La race des vaches de ce comté est particulière au pays comme celle des chevaux. Les bêtes à cornes sont petites, robustes & très-vives; elles s'engraissent aussi facilement à trois ans, que les races des autres pays à quatre ou cinq; elles ont les os petits, les jambes courtes, les côtes rondes, les reins larges, les cuisses minces, la tête belle, les cornes lisses, de moyenne grandeur & recourbées en dessus. La couleur la plus recherchée est le rouge-foncé avec la face blanche ou tigrée.

Soit que la qualité de la chair de cette race soit principalement due à l'espèce, ou à la manière de l'engraisser, les bouchers de Londres l'estiment plus qu'aucune autre; & cet avantage, joint à celui de prendre la graisse dès l'âge de trois ans, fait plus que compenser la petitesse de la race. Le poids ordinaire d'une bête de trois ans bien grasse est d'environ cinq cent soixante livres.

On a introduit dans quelques endroits des taureaux de la race de Suffolk, pour perfectionner la taille & la forme des élèves de Norfolk; mais ces expériences ont été faites par des personnes qui ne connoissoient pas toutes les qualités de la petite race du pays, & il est à craindre que, si cette race croisée se répand, on ne regrette l'ancienne, comme mieux appropriée au sol & au climat.

Le perfectionnement de la race de Norfolk doit probablement dépendre davantage de l'attention avec laquelle on choisit les taureaux du pays même, que de l'admission des taureaux étrangers. On n'obtiendra pas, à la vérité, un accroissement sensible dans les dimensions des individus, mais on corrigera les défauts de constitution, sans courir le risque de perdre l'avantage beaucoup plus précieux dans le système actuel d'économie rurale, d'engraisser les bestiaux dès l'âge de trois ans. C'est du moins là l'opinion des fermiers du pays qui sont consommés dans ce genre de spéculations.

Le principal but qu'on se propose en nourrissant des vaches en Norfolk, c'est d'élever des veaux. Le produit du lait n'a quelqu'importance que dans le voisinage des grandes villes. Le nombre des vaches que nourrissent les fermiers, même ceux qui font des élèves, est peu considérable. On peut regarder le nombre de dix vaches comme un nombre ordinaire sur une ferme de moyenne grandeur. Dans la partie de l'ouest, & surtout près des marais du Cambridge-Shire, on tient beaucoup de vaches pour faire du beurre qui s'envoie à Londres sous le nom de *beurre de Cambridge*.

Dans les environs de Norwich & de Yarmouth, on tient souvent des vaches pour engraisser des veaux : le beurre & les fromages sont aussi des objets de commerce aux environs de ces deux villes.

Les fermiers préfèrent, en général, d'élever des veaux de leurs propres vaches : c'est dans l'usage des turneps que gît principalement la différence entre la méthode d'élever en Norfolk & dans le reste du royaume. On peut dire que tous les veaux s'élèvent avec du lait & des turneps.

L'usage d'engraisser les bêtes à cornes avec les turneps commence à se répandre dans les différentes provinces; mais les fermiers de Norfolk en ont long-temps donné seuls l'exemple : ils nomment *bullocks* les bestiaux à l'engrais. Les deux races qui réussissent le mieux, sont celle du pays & celle d'Ecosse. Dans la partie de l'ouest on engraisse aussi des bœufs de la race du Yorkshire & du duché de Lincoln; mais dans celle de l'est, on trouve de l'avantage à préférer les premières. La race du pays fournit à l'engrais des bœufs, des génisses coupées, des génisses, des vaches & de gros veaux qu'on laisse accompagner leur mère partout.

Dans les bestiaux d'Ecosse on distingue ceux du comté de Galloway, ceux du pays plat, ceux des montagnes & ceux de l'île de Skys. La race de Galloway est grosse, fort basse sur jambes, le plus souvent sans cornes, large de reins, à côte ronde, à gros ventre, à belle tête, & d'une charpente solide. C'est une des plus belles races connues; elle s'est propagée depuis peu dans diverses parties de l'Ecosse, & surtout dans le voisinage d'Edimbourg. Il n'est pas rare que les individus de cette race pèsent, lorsqu'ils sont gras, onze cent vingt livres.

Les bêtes du plat pays font inférieures pour la taille à celles de Galloway, avec lesquelles cependant elles ont des rapports de constitution. Quelques-unes ont des cornes, & les autres n'en ont point; elles font noires & brunes: le poids d'une bête graffe de cette race eft d'environ huit cent quarante livres.

Les beftiaux des montagnes paroiffent être une race à part; elle eft fenfiblement plus petite que les deux précédentes: le poids moyen de cette race, qui a des rapports, pour la forme & la qualité de la viande, avec les Galloway, eft d'à peu près cinq cent foixante livres. Prefque tous les individus ont des cornes, en général petites, recourbées en deffus.

La race de l'île de Skys paroît une variété de la race des montagnes, que le climat & le fol ont beaucoup réduite pour la taille; les bêtes graffes de quatre ans varient en poids, depuis deux cent quatre-vingts jufqu'à cinq cent foixante livres.

Ces quatre races, que les marchands amènent aux foires où les fermiers de *Norfolk* fe pourvoient, ont prefqu'au même degré l'avantage d'une chair favoureufe, & de prendre facilement la graiffe.

L'âge le plus ordinaire des bêtes d'Ecoffe qui fe vendent dans les diverfes foires, eft de quatre ans; mais il y a des bœufs beaucoup plus vieux: il y a en même qui ont travaillé, mais c'eft le plus petit nombre. L'âge le plus recherché, lorfqu'il s'agit d'engraiffer immédiatement, eft trois ans pour les bêtes du pays, & quatre ans pour celles d'Ecoffe.

C'eft aux environs du 10 octobre qu'on met aux turneps les beftiaux du pays; ceux d'Ecoffe s'y mettent dès qu'on les a achetés. Il eft affez remarquable que, quoique ceux-ci n'aient jamais vu de turneps, il fuffit en général de les mettre à cette nourriture avec des beftiaux du pays, pour qu'ils s'y accoutument d'abord.

Les trois manières d'engraiffer, favoir, en plein champ, au parc domeftique ou fous un hangar, ont chacune leurs avantages & leurs inconvéniens. La première demande moins de foins, & eft très-utile aux terres légères; la fecon le confomme beaucoup de paille, mais fait une très-grande quantité de fumier; la troifième demande moins de litière, mais plus de foins: par un beau temps, les beftiaux s'engraiffent plus promptement dehors; par un temps humide & froid, ils profpèrent davantage à couvert. Le mieux eft donc de changer de méthode, fuivant le temps.

Le profit commun des fermiers fur l'engrais des beftiaux n'eft pas confidérable. On peut eftimer, en général, que chaque tête de bétail augmente en valeur de 2 fhellings & demi par femaine pendant cinq à fix mois. Si l'on ôte de la fomme produite par cet accroiffement, environ 15 fhellings qu'on peut eftimer la paille & les foins employés à engraiffer les beftiaux, il refte la fomme modique de 2 livres fterling 10 fhellings par

tête, qui repréfente à peu près un acre de turneps. Les fermiers très-habiles dans l'art d'acheter & d'engraiffer, tirent de 3 livres à 3 livres 10 fhellings d'un acre de turneps par cette induftrie; mais le véritable profit gît dans l'amélioration qui réfulte pour les terres, foit d'une augmentation confidérable d'un fumier de première qualité, parce qu'il provient de bêtes graffes, foit de l'influence du parc & du parcours du gros bétail.

NORFOLK (Ile de). Cette île, fituée dans la mer Pacifique, entre la Nouvelle-Calédonie & la Nouvelle-Zélande, gît par 29 deg. 2' 30" de latitude fud, & par 163 deg. 16' de longitude eft (méridien de Greenwich).

Sur la bande méridionale de cette terre font deux petits îlots habités par des oifeaux differens. De ce même côté, ainfi que fur celui du fud-eft, il y a une plage fablonneufe où le rivage eft en, grande partie revêtu de roches efcarpées, au pied defquelles on trouve feize & vingt braffes d'eau, avec un très-bon ancrage. Un banc de fable de corail, mêlé de coquillages, & fur lequel on a, depuis dix-neuf jufqu'à trente & quarante braffes d'eau, environne l'île, & s'étend fpécialement fur le côté méridional, à fept lieues au large. D'après les obfervations qui ont été faites, on juge qu'à la pleine & à la nouvelle lune, vers une heure, & que, dans le flot, les eaux s'élèvent pependiculairement de quatre ou cinq pieds.

L'île de *Norfolk* eft paffablement haute; elle renferme plufieurs grands rochers brifés, qui, de tous les côtés, fe projettent dans la mer; tous les autres font de la pierre de craie jaunâtre commune que l'on trouve à la Nouvelle-Zélande. On rencontre, en quelques endroits, de petits morceaux de lave poreufe, rougeâtre, qui femblent rongés de vétufté, ce qui fait foupçonner qu'il y a un volcan. Les végétaux y croiffent en grande abondance fur une riche couche de terreau noir, que les arbres & les plantes pourries y accumulent depuis des fiècles.

On y reconnoît beaucoup d'arbres & de plantes qui croiffent à la Nouvelle-Zélande, & fpécialement le lin, dont la végétation eft ici infiniment plus vigoureufe que fur l'autre terre; mais la principale production eft une efpèce de pin qui croît ici en abondance. Ces arbres ont la tige droite & de la plus belle élévation, & il en eft plufieurs que deux perfonnes peuvent à peine embraffer. Ce pin eft une efpèce moyenne entre ceux de la Nouvelle-Zélande & de la Nouvelle-Calédonie. Le feuillage diffère en quelque chofe des uns & des autres. Le bois n'eft pas fi dur que celui des premiers, ni fi léger, ni le grain fi ferré que celui des féconds. Depuis le rivage, dans un efpace d'environ deux cents verges, le terrain eft tellement fourré d'arbriffeaux & de plantes, que ce n'eft qu'avec peine qu'on parvient à pénétrer dans la contrée. Les bois font entièrement libres & dégagés d'arbriſſeaux, & le ſol paroît être fertile & profond.

Cette île a des ſources d'eau douce. Le ſol y produit en abondance des choux-palmiſtes, de l'oſeille ſauvage, du laiteron, du bacille ou fenouil marin : toutes ces plantes croîſſent en quantité ſur le rivage. Les palmiſtes ne ſont pas plus gros que la jambe d'un homme, & n'ont guère que de dix à vingt pieds d'élévation; ils ſont de la claſſe du cocotier; comme eux, ils ont de grandes feuilles empennées : c'eſt le même palmier que l'on a trouvé dans la partie ſeptentrionale de la Nouvelle-Galles méridionale.

Le chou eſt, à proprement parler, le bourgeon de l'arbre, & chaque arbre n'en produit qu'un; il ſort du ſommet où il pouſſe ſes feuilles. La coupe du chou détruit l'arbre; de ſorte qu'on ne peut jamais avoir qu'un chou de la même tige : le cocotier & quelques autres eſpèces de palmiers produiſent le chou comme celui-ci. Ce végétal eſt non-ſeulement ſalubre, mais encore d'un bon goût.

On trouve ſur cette terre les mêmes eſpèces de pigeons, de perruches, de perroquets qu'à la Nouvelle-Zélande, des râles & de petits oiſeaux. On y voit des poules d'eau, des boubies blancs, des mouettes, &c., qui ſe multiplient & vivent dans un doux repos ſur les rivages de la mer & ſur les rochers. Ces oiſeaux font un grand bruit ſur les côtes de cette île agréable & déſerte.

La côte eſt aſſez poiſſonneuſe, & fournit des reſſources aux navigateurs qui ſe trouvent dans ce parage, par les excellens poiſſons que la pêche leur donne.

NORIN, rivière qui prend ſa ſource à l'extrémité d'une chaîne de collines de marbre, qui ſervent de limites au Primorie, diſtrict de Dalmatie. Cette ſource paroît fournie par les eaux ſouterraines des lacs intermittens & des plaines inondées, ſeulement pour un temps, qui ſe trouvent dans le voiſinage. Les eaux de cette rivière, abandonnées à elles-mêmes, rendent marécageuſes de grandes étendues de terrain qui ne produiſent que des joncs, des ſaules & des aunes. Les habitans qui vont couper des joncs dans les marais, aſſurent qu'on y voit ſous les eaux les veſtiges d'une grande ville. Après un cours de ſix milles, le Norin ſe jette dans la Narenta, qui, augmentée par les eaux qui découlent des montagnes de Xarabie, s'élargit en forme de lac; après quoi elle ſe diviſe en deux grands bras qui ceignent l'île d'Opus : autour de cette île ſes eaux ſont ſaumâtres; car les eaux de la mer remontent ſouvent dans les terres douze milles & au-delà de l'embouchure du Norin.

NORTHWICH, mines de ſel qu'on trouve aux environs de cette ville, dans le comté de Cheſter en Angleterre. Ces mines offrent en quel-

que ſorte, dans un rapprochement inſtructif, tous les phénomènes qu'on peut voir dans les fameuſes mines de Wielizka en Pologne : elles méritent l'attention de tous les voyageurs qui aiment à voir de près ces amas ſouterrains.

Ces mines furent découvertes en 1670; on les trouva en ſondant pour du charbon de terre; elles étoient cependant indiquées par des ſources d'eau plus ou moins ſalées, qu'on trouvoit en creuſant à diverſes profondeurs dans les environs de Northwich : on les rencontre à Lawton-Yates, vers 180 pieds de profondeur; à Haſſal, aux environs de 141 pieds; à Whéclock, à 54 pieds, & près de Middlewich, à une moindre profondeur; & enfin à Northwich, près de la ſurface du ſol : ce qui ſemble indiquer que ces ſources paſſent entre des couches de glaiſe, aſſujéties à un plan horizontal. Lorſqu'on l'atteint en perçant avec la ſonde, elle jaillit avec impétuoſité, de telle ſorte que les ouvriers ont à peine le temps de ſortir des puits avant que d'être ſubmergés. Toutes ces ſources ſalées ſe rencontrent le long d'un ruiſſeau qui deſcend d'un coteau nommé Maucop, vers les bords du Stafford-Shire.

Les ſources ſalées de Northwich étoient connues & exploitées long-temps avant la découverte du ſel gemme qu'elles accompagnent. La ville même doit en partie aux travaux de cette exploitation ſa population & ſa proſpérité; elle eſt ſituée au bord d'une rivière : la Weaver & un canal de navigation vivifient tous les environs.

C'eſt à un mille de Northwich, & dans une petite plaine d'un demi-mille en carré, & qui occupe le fond d'un vallon, que ſe trouvent les rochpits ou puits par leſquels on arrive au ſel gemme : ils ſont au nombre de quinze, & appartiennent à divers particuliers.

Ces puits ſont de forme carrée, & bien étançonnés contre les éboulemens; ils ſont preſque tous de la même profondeur, ſavoir, d'environ 180 pieds. Chacun d'eux eſt couvert d'un hangar, ſous lequel eſt établi un tour que deux chevaux font mouvoir, & qui ſert à extraire le ſel de la mine, au moyen de grands ſeaux ou baquets ſuſpendus à des cordes, & que le tour fait alternativement monter & deſcendre; c'eſt là auſſi la voiture des curieux qui veulent viſiter ces ſouterrains. On s'y tient debout au moyen de la corde qui porte le baquet.

L'ouvrier, à meſure qu'on deſcend, a ſoin d'éviter les frottemens contre les parois du puits. Lorſqu'on approche du fond & qu'on regarde en haut, l'ouverture par laquelle on eſt entré paroît ſi petite, qu'on eſt étonné d'avoir pu y paſſer.

Arrivé à 40 pieds du fond, on ſe trouve comme ſuſpendu à la voûte d'une cathédrale, vers l'un des côtés de laquelle on entend un bruit prodigieux de marteaux qui font retentir la maſſe de ſel gemme. La curioſité s'en accroît, &

on quitte le baquet avec plaisir, sitôt qu'il a atteint le sol du souterrain, pour le parcourir à la lueur des flambeaux.

C'est une vaste caverne entièrement taillée dans le sel, & dont la voûte est soutenue par quatre énormes piliers de la même matière. En approchant du côté d'où se fait entendre le bruit des marteaux, on est surpris d'un spectacle curieux. A la hauteur du plafond, & le long d'une espèce de corniche qui forme comme un théâtre fort élevé, des ouvriers nus jusqu'à la ceinture, armés de très-gros marteaux, frappent tous en cadence sur des coins de fer plantés sur une même ligne dans la masse de sel pour en détacher un bloc considérable, qu'ils font tomber dans la caverne ; ce qui à chaque fois rétrécit d'autant la corniche sur laquelle le travail s'exécute successivement. Ce bruit, ce mouvement cadencé, l'état des parois du souterrain, dont les cristaux salins réfléchissent la lumière des flambeaux par mille points brillans, forment un spectacle très-frappant pour les observateurs qui descendent dans ces souterrains. Il paroît que ce genre de travail, tout violent qu'il est, & l'obligation où sont les ouvriers de changer très-brusquement de température, au moins deux fois par jour, c'est-à-dire, lorsqu'ils descendent dans ces souterrains & lorsqu'ils en sortent, ne nuisent point du tout à leur santé. Le thermomètre est à 10 degrés ¼, & l'hygromètre au terme extrême de l'humidité.

Le banc de sel qu'on exploite, a environ soixante pieds d'épaisseur ; il est mêlé çà & là d'une glaise farcie de gypse ; mais on y trouve des morceaux de sel très-pur, quelquefois rougeâtre, & d'autres fois blanc & transparent.

Le sol du souterrain offre une observation sur laquelle j'insisterai beaucoup, comme ayant déjà une grande analogie avec celle que j'ai faite dans les masses de plâtre de Montmartre. On y voit presque partout des compartimens polygones, & pour la plupart hexagones ou à six côtés. Ils rappellent, comme je l'ai dit, non-seulement ces masses de prismes basaltiques qui se trouvent dans les courans des volcans, mais encore les prismes de toutes les plâtrières des environs de Paris ; ce qui fait présumer que la masse du sel marin est naturellement divisée en prismes verticaux. On ne remarque rien de pareil dans les petits cristaux isolés de sel gemme qui tendent tous plus ou moins à la forme cubique, qui n'a rien de commun avec celle-ci. Au reste, on peut dire en général qu'à Northwich, comme à Montmartre, c'est la retraite régulière qu'ont éprouvée ces grandes masses, qui leur a donné ainsi la forme de cette prismatisation si constante & si générale.

On trouve, en sondant au-dessous du fond actuel du souterrain, environ vingt-cinq pieds de sel, puis douze à quinze pieds de roc ; puis on retrouve le sel au-dessous, jusqu'à une profondeur qui n'est pas indiquée. L'eau ne paroît pas incom-

moder ordinairement les fouilles ; mais si elle s'introduit une fois dans un puits avec une certaine abondance, elle force le plus souvent les ouvriers à l'abandonner.

Quoiqu'une partie de ce sel soit assez pure pour être employée, telle qu'on l'extrait, aux usages domestiques & aux salaisons, cet usage est prohibé sous peine de 2 livres sterlings d'amende pour chaque livre de sel. On en raffine une petite partie sur les lieux, & le reste s'envoie brut par le canal de navigation, à Liverpool, port le plus voisin, d'où on l'embarque pour l'Irlande ; le Danemarck & la Russie, où on le raffine, & où il s'en fait une exportation considérable ; car les droits régaliens sur les produits de ces mines montent à 150,000 livres sterlings par an, & ils ne représentent pas la dixième partie de ces produits.

On assure même, dans le pays, que les mines de Northwich l'emportent en abondance ou dans la célérité de l'exploitation, sur celles de Wielizka. Un seul des puits de Northwich a donné jusqu'à quatre mille tonnes de sel par année, c'est-à-dire, les deux tiers de la quantité totale fournie annuellement par les mines de Pologne. On peut juger du profit que font les propriétaires de ces puits, par les données suivantes : on paie 2 schellings 2 f. par tonne pour les frais d'extraction, & 1 schelling pour les frais de transport, par le canal, jusqu'à Liverpool, où la tonne se vend 100 schellings.

Indépendamment du sel gemme, qui donne ces avantages dans son exploitation, on exploite dans le même lieu des sources d'eau salée : les unes sont chargées de sel jusqu'à saturation, c'est-à-dire qu'elles contiennent à peu près le quart de leur poids de sel ; d'autres en contiennent moins ; alors on fait dissoudre du sel brut dans celles-ci, jusqu'à ce qu'il se précipite de la dissolution. On fait alors bouillir cette saumure dans de grandes chaudières plates, & quand l'évaporation qui en résulte a atteint un certain degré, la cristallisation du sel commence & se continue de suite : une vapeur aqueuse & d'une certaine odeur s'élève constamment au-dessus des chaudières, & les ouvriers, loin d'en être incommodés, s'en trouvent bien. Ce sel est très beau & très blanc ; une bonne partie s'exporte en Afrique. Les fermiers des environs achètent les eaux-mères ou résidus de la cristallisation, qui renferment, avec des matières étrangères, quelques parties de sel marin à base terreuse, les rebuts du sel des raffineries ; les mêlent avec du fumier, & il en résulte un excellent engrais : il s'en vend quelquefois, en une seule année, plus de trois mille tonnes pour cet usage. On arrose aussi avec avantage les prairies avec l'eau des sources salées, mais on ne fait cette opération qu'après la pluie. C'est dans ces vues que les habitans du comté de Cornouailles font grand usage du sable salé des bords de la mer, pour

amender

amender leurs terres. On fait, d'un autre côté, que le fel étoit regardé, chez les Anciens, comme le fymbole de la ftérilité : on femoit du fel fur le terrain des villes rafées, pour qu'il n'y crût pas même une plante. Virgile regarde un terrain naturellement falé comme très-nuifible aux arbres fruitiers, & comme nullement propre au labourage. Pline, en parlant du fel gemme, dit que les lieux où il fe rencontre font ordinairement ftériles. Enfin, le célèbre agriculteur Tull, obfervant combien le fel étoit contraire à toutes les plantes, excepté à celles qui croiffent naturellement fur les bords de la mer, avoit imaginé une méthode pour déterminer jufqu'où s'étendoient les racines horizontales de certaines plantes, en les environnant de fel jufqu'à une diftance qu'il fixoit.

On peut accorder ces opinions & ces faits, en fuppofant que l'action du fel, dans la végétation, eft analogue à celle qu'il exerce fur les matières animales. Si une grande quantité de fel les conferve, une petite quantité favorife leur décompofition dans l'eftomac des carnivores. Le fel employé comme engrais n'entreroit donc pas en qualité d'aliment dans la fubftance des plantes, mais il faciliteroit la putréfaction des matières végétales qui font les véritables engrais. On obferve auffi que les pâturages que la mer inonde quelquefois, engraiffent les beftiaux beaucoup plus vite que les autres. Quelques fermiers ont effayé avec avantage de femer du fel fur leurs champs de blé, immédiatement après la femaille, à la quantité de deux bufchels par acre.

NORTON (Entrée de). Cette entrée fe trouve fur la côte oueft de l'Amérique feptentrionale; elle fe prolonge au nord jufqu'à 64 deg. 55' de latitude (méridien de Greenwich). Elle offre plufieurs caps; le cap Darby, le cap Deubigh, qui eft la partie de la péninfule qu'on trouve dans cet endroit, & qui eft réunie au continent par une langue de terre baffe, fur chaque bande de laquelle la côte forme une baie. On mouille dans la baie la plus méridionale par cinq braffes, fond de vafe; les naturels du pays l'appellent *Chatktoole*: elle eft affez médiocre, car elle fe trouve expofée aux vents du fud & du fud-oueft. Cette entrée ne préfente aucun hâvre où les vaiffeaux puiffent fe mettre à l'abri des mauvais temps, fi communs dans ces parages.

Le ciel de ce canton eft femblable à celui qu'on rencontre à cette haute latitude; il eft fouvent fombre & brumeux; des pluies neigeufes, un vent violent, un air âpre & dur, tel eft à peu près l'état habituel de l'atmofphère.

Quant aux marées, on remarque que les flots de la nuit s'élèvent d'environ deux à trois pieds, & que le flot du jour fe diftingue à peine.

Du fommet des hauteurs qui fe trouvent au côté occidental, on voit la réunion des deux côtes.

Géographie-Phyfique. Tome IV.

L'entrée eft terminée par une petite rivière ou par une crique, devant laquelle il y a des bancs de fable ou de vafe; l'eau a partout peu de profondeur. Le terrain eft bas & marécageux à quelque diftance au nord; il s'élève enfuite en collines, & il eft aifé de fuivre la jonction de ces collines de chaque côté de l'entrée. On diftingue un grand nombre de vallées étendues, qui contiennent des rivières, qui font bien boifées, & bornées par des collines d'une pente douce & d'une élévation modérée. L'une de ces rivières, fituée au nord-eft, paroît être confidérable, & d'après fa direction on eft porté à croire qu'elle a fon embouchure dans la mer, au fond de la baie. A mefure qu'on avance dans l'intérieur des terres, on remarque que les arbres y ont plus de groffeur.

En parcourant l'intérieur du pays, on obferve que les endroits dénués de bois font couverts de bruyères & d'autres plantes, dont quelques-unes produifent une quantité confidérable de baies. Les fous-bois, tels que le bouleau, les faules & les aunes, rendent très-incommode la promenade parmi les arbres, qui font tous de l'efpèce du fpruce, & dont aucun n'a plus de fix ou huit pouces de diamètre; mais on en rencontre quelques-uns couchés fur la grève, qui font deux fois plus gros. Tout le bois qui flotte dans cette partie de la mer du Nord eft de fapin; on n'en voit pas un morceau d'une autre forte.

La baie qui eft au côté fud-eft du cap Deubigh préfente une terre un peu plus productive : on y trouve des grofeillers, des vaciers, des bruyères, &c. En traverfant une partie de la péninfule, on découvre en plufieurs endroits une herbe très-bonne, & l'on voit à peine un coin de terre où il n'y ait pas quelques végétaux. Le canton bas, qui joint cette péninfule au continent, eft plein de mares d'eau, dont quelques-unes, dès les premiers jours de feptembre, étoient déjà glacées. Il y a un très-grand nombre d'oies & d'outardes, mais elles font fi fauvages, qu'il eft impoffible de les tirer. On voit auffi des bécaffines & des perdrix de deux efpèces : les terrains bas offrent une quantité confidérable de moufquites.

Quant aux quadrupèdes, on n'aperçoit que des daims & des renards.

La mer eft abondante en poiffons, & fournit en grande partie à la fubfiftance des habitans répandus dans l'entrée de *Norton*.

Les naturels de cette partie de la côte d'Amérique ne diffèrent en rien de la taille & des traits des autres peuplades que l'on rencontre dans ces régions lointaines, fi l'on en excepte ceux de l'entrée de Nootka ou du roi Georges. Leurs vêtemens, compofés furtout de peaux de daims, ont la même forme, & ils font auffi dans l'ufage de fe percer la lèvre inférieure & d'y mettre des ornemens; ils paroiffent très-circonfpects, mais ils n'ont rien de fauvage dans leurs chanfons, ou dans les geftes dont ils les accompagnent.

A a a a a

Les habitations font près de la grève; elles n'offrent qu'un toit en pente, fait avec des morceaux de bois, & couverts de gramens & de terre. Les flancs font entièrement ouverts; le plancher eft auffi de morceaux de bois; l'entrée fe trouve à une des extrémités, & l'âtre ou le foyer par-derrière. Il y a près de la porte un petit trou qui donne une iffue à la fumée.

NORWÈGE. Ce pays occupe une étendue de plus de 1500 milles le long des côtes de la mer du Nord, dont les formes & les détails doivent nous intéreffer, ainfi que les parties correfpondantes de l'intérieur des terres.

La côte court vrai nord au cap Staff, qui eft la pointe la plus occidentale de Sondmor; enfuite elle tourne au nord-eft à fon extrémité au cap Nord. De hauts rochers de granites compofent le front de cette côte : la mer, dont la profondeur eft depuis une braffe jufqu'à trois cents, lave la bafe de ces rochers : une multitude de criques étroites pénètrent très-avant dans les terres & dans le maffif des rochers, qui, par leurs fommets élevés, dominent & ombragent tous ces réduits. Les bords de ces baies ont une profondeur égale à celle de celle le long des côtes voifines, & le canal du milieu, large depuis cinquante jufqu'à cent braffes, avec quatre cents braffes de fond, paroît avoir été creufé & approfondi par la force des rivières torrentielles qui s'y déchargent. D'innombrables légions de poiffons peuplent les bords de ces réduits.

Les criques font en plufieurs endroits les routes du pays; car les vallées qui le coupent dans l'intérieur des terres font tellement remplies de précipices, & les montagnes fi hériffées de rochers, qu'on ne peut les franchir : on eft donc obligé de pénétrer dans les vallées par les criques, & par conféquent de communiquer de l'une à l'autre en faififfant ces débouchés. Les vallées à l'ouverture defquelles ces débouchés ne fe trouvent pas ou ne font pas d'un accès facile, reftent inutiles, par l'impoffibilité où l'on eft de tranfporter les articles de commerce qu'elles pourroient fournir.

Un nombre infini d'îles grandes & petites, des écueils de toutes formes, font diftribués le long de cette côte. Les îles préfentent des bords efcarpés & des montagnes qui correfpondent à celles du continent, & quant aux matières & quant aux formes; ce qui prouve qu'elles ont été détachées du continent par la mer. Les montagnes de Loëffort au nord, le terrible gouffre de Maëlftrom, entre les îles de Moskoé & de Moskencas, gravées par Lebrun, peuvent donner quelque idée de cette côte. L'intervalle de quatre à fix lieues du continent & des îles offre ou des brifans ou des bancs de fable oblongs, courant nord & fud, & qui font à dix ou quinze braffes de profondeur : c'eft là où réfident des légions de poiffons, dont la pêche eft d'un très-grand rapport.

Au cap Nord on a remarqué que les fortes marées s'élevoient à huit pieds un pouce, & que les baffes ne montoient qu'à fix pieds huit pouces; devant le Naze & le long de plufieurs autres parties des côtes de la Norwège, elles font peu fenfibles, excepté dans les vents violens d'oueft, où elles s'élèvent à deux ou trois pieds, mais elles retombent alors avec ces vents.

Au fond de toutes les criques ou petites baies viennent fe décharger, comme nous l'avons dit, des rivières torrentielles qui traverfent les montagnes du continent jufqu'à une certaine arête : ces rivières font inutiles pour la navigation, mais elles font d'une grande reffource pour tranfporter le grand article du commerce de ce pays, les mâts & les bois de charpente qu'on tire par ce moyen du fein de ces forêts, qui feroient inacceffibles par toute autre voie de tranfport.

Les arbres coupés & précipités des fommets les plus efcarpés, & jetés dans ces rivières, franchiffent des cataractes nombreufes, jufqu'à ce qu'ils foient arrivés aux barres des pieux établis en travers du courant pour arrêter les matières qui flottent : c'eft à ces eftacades que fe rendent les propriétaires des bois pour les reconnoître.

L'efpèce de bois la plus utile eft le pin d'Ecoffe & le pin des forêts, de Linné : ce dernier croît dans les terrains les plus fecs, & vit fort & vigoureux près de quatre cents ans; il eft d'un ufage univerfel dans le Nord. Les arbres qui ne font pas deftinés à faire des mâts font équarris en poutres : le refte eft fcié fur les lieux dans un grand nombre de moulins à fcie, & enfuite tranfporté par les rivières. On tire auffi de ces arbres une quantité confidérable de goudron, & même de leurs racines, long-temps après la féparation du tronc. Le pin de Norwège eft moins eftimé; on en abat cependant annuellement des parties confidérables : c'eft le plus haut des arbres de l'Europe : il croît jufqu'à la hauteur de cent foixante pieds.

Il arrive fort fouvent fur ces rivages, comme fur ceux de l'Iflande, des Orcades & de Feroë, des bois de toutes fortes, des fruits qui font apportés de l'Amérique, & furtout du golfe du Mexique par des courans dont nous avons fait voir la fuite & la marche : outre cela, cette côte en fournit elle-même à l'Iflande; car le pin commun, le fapin, le tilleul & les faules y font tous, & probablement apportés de la Norwège.

Les montagnes de la Norwège font des objets de recherche très-intéreffans pour un naturalifte. Leur étendue immenfe, la variété des plantes qu'elles produifent, des animaux qui y vivent & des poiffons qui fe pêchent dans les lacs nombreux diftribués au fond des vallées étroites qui les féparent, mériteroient des voyages fuivis de la part des favans habitués à l'étude de chacun de ces objets. En attendant que nous ayons acquis, par des obfervations raifonnées, toutes les connoiffances dont nous aurions befoin, nous allons préfenter ici ce que nous avons pu recueillir des divers auteurs qui en ont parlé.

Il est difficile de dire où commence la chaîne de ces montagnes : en Scandinavie elle part du grand rocher Koëlen, à l'extrémité du Finmarck ; elle entre dans la *Norwège* par le diocèse de Drontheim, se dirige à l'ouest vers la mer, & s'y termine par une côte escarpée à Lheiretofs, à trois milles norwégiens de Lister. Une autre branche sépare la *Norwège* de la Suède, parcourt la Laponie, s'y élève & forme les sommets remarquables d'Horrilakero, d'Avatska & de Rittif, & se termine en masses éparses de granite dans la basse province de Finlande : elle enferme la Scandinavie en forme de fer à cheval, & la sépare des vastes plaines de la Russie sous le nom de *Seveberg ;* traduction de l'ancienne denomination que lui avoient donnée les Anciens, qui la connoissoient sous le nom de *Sevomons.*

Les montagnes, les îles & les côtes brisées dont nous venons de parler, offriroient effectivement aux naturalistes une variété d'objets de tout genre, une ample matière à discussion, dont ils pourroient tirer des résultats infiniment importans pour la géographie physique de ce pays.

Les hauteurs des montagnes de la Scandinavie ont été exagérées par l'évêque Pontoppidan & M. Browallius : les calculs plus justes & plus précis qu'en ont fait plusieurs savans, nous prouvent qu'elles ne sont nullement comparables, quant à leur élévation, avec les Alpes de Suisse, & encore moins avec les montagnes des Cordilières, situées sous l'équateur, & qu'ainsi on peut établir comme un principe certain, qu'il y a une augmentation progressive de hauteurs dans les montagnes depuis le nord jusqu'à l'équateur. M. Ascanius, professeur de minéralogie à Drontheim, assure, d'après des mesures récentes, que les plus hautes de ce diocèse n'excèdent pas six cents toises au-dessus du niveau de la mer ; que, dans les montagnes situées vers le côté occidental, il y a une dégradation régulière sur une étendue de huit à dix milles, & du côté oriental, sur une étendue de quarante-milles. La plus haute est, dans le Drontheim, *Duvre-Fial,* & dans le diocèse de Bergen, la montagne de Tille. En Suède il n'y a guère qu'une montagne qui ait été mesurée avec soin, & dont la hauteur ait été déterminée au-dessus du niveau de la mer. Kinnekulle, dans la Gothie occidentale, n'a que huit cent quinze pieds anglais de hauteur au-dessus du lac Wener, ou neuf cent trente-un au-dessus du niveau de la mer. Aorskata, montagne solitaire du Jamtland, à quatre ou cinq milles suédois des plus hautes montagnes qui séparent la *Norwège* de la Suède, a 6162 pieds anglais au-dessus des rivières les plus voisines ; Swuckustol, sur les confins de la *Norwège,* quatre milles six cent cinquante-huit au-dessus du lac Famund, qui lui-même est élevé de deux ou trois mille pieds au-dessus de la mer ; enfin Sylfiallen, sur les confins du Jamtland,

à trois mille cent trente-deux pieds de hauteur du sommet à la base. On sait que Pontoppidan donnoit aux montagnes de *Norwège* trois mille toises de hauteur, & que Browallius prêtoit à celles de Suède deux mille trois cent trente-trois toises ; ce qui les égaleroit aux plus hautes Alpes de la Suisse & de la Savoie, & même aux plus hautes cimes des Andes du Pérou.

Dans le Finmarck, les montagnes, en certains endroits, se prolongent sous la forme de caps fort élevés sur la mer : dans d'autres elles s'en éloignent, & laissent des plaines fort étendues entre leurs bases & la mer. On remarque que les sommets les plus élevés de ces chaînes sont ce qu'on appelle *le dos des Alpes* (*dorsum alpinum*) : là, les sommets sont couverts de neige : au pied est une ceinture de montagnes d'un ordre inférieur, composées de sable & d'une terre dure & compacte ; mais elles sont encore dépouillées de toutes sortes de végétaux, excepté aux endroits où les montagnes sont couvertes de terres végétales, de débris des rochers, & sur lesquelles se montrent diverses especes de saxifrages & la sanicle : le *diapensia laponica,* l'*azalea procumbens,* l'*andromeda carulea* & l'*hypnoïdes* y sont clair-semés : plus bas sont de vastes forêts de bouleaux, arbre utile aux Lapons comme aux Indiens de l'Amérique septentrionale. Sur les montagnes moins élevées croît en abondance le lichen de renne, qui est la seule nourriture de ce bétail ; le bouleau nain, dont les graines cachées sous la neige sont la nourriture des gélinottes blanches à longue queue pendant l'hiver de ce pays, qui est en même temps long & rigoureux ; l'arbousier des Alpes, l'arbousier *uva ursi,* & enfin l'*empetrum nigrum,* ou les graines mûres de bruyère noire, dont les Lapons font usage dans leurs mêts.

Le pin d'Ecosse & le sapin de *Norwège* forment, avec le bouleau, les immenses forêts de la Laponie. Le pin aime les terrains secs, le sapin se plaît dans les terrains humides, & ils y acquièrent un volume considérable ; mais comme ces forêts sont inaccessibles, les arbres qu'elles renferment, sont perdus pour les divers emplois qu'on pourroit en faire. Du côté du nord, ces mêmes arbres sont presque nus & dépouillés de leurs branches par l'action des vents du nord, & cette observation sert de boussole aux Lapons pour se guider dans ces forêts immenses. La foudre en brûle souvent de vastes étendues, & les arbres séchés sur pied par le feu sont renversés ensuite par les ouragans.

L'écorce intérieure du bouleau, pulvérisée & cuite au four, remplace le pain pour le peuple dévoué à ces rigoureux climats. Ces trois arbres, le bouleau nain, l'érable & le saule, dont il y a jusqu'à vingt-cinq espèces, forment tous les arbres de la Laponie : les autres qu'on voit en Suède, disparoissent à l'approche de cette contrée.

Il y a une grande analogie entre les plantes de ces Alpes du Nord & celles des hautes terres d'Écoſſe : un botaniſte phyſicien n'eſt jamais ſurpris de rencontrer, ſur les montagnes de même hauteur, des plantes ſemblables, quelle que ſoit leur diſtance locale. On a remarqué que de trois cent ſoixante-dix-neuf plantes qui croiſſent en Laponie, deux cent quatre-vingt-dix-neuf ſe trouvoient en Écoſſe, & que des cent cinquante plantes cryptogames, on en trouvoit quatre-vingt-dix-ſept dans le nord de la Grande-Bretagne.

Les montagnes, les bois & les marais de la Scandinavie nourriſſent un grand nombre de quadrupèdes inconnus dans d'autres pays : ceux qui bravent la rigueur du climat de l'extrémité ſeptentrionale de cette contrée, ſont l'élan, qui ſe trouve en beaucoup de lieux ; le renne, relégué dans les contrées les plus froides.

Chez les Lapons, cet animal remplace le cheval, la vache, les brebis & la chèvre des autres climats. Ce peuple plein d'innocence goûte même, ſous un ciel rigoureux, les douceurs de la vie paſtorale : il a tiré ces animaux de l'état ſauvage, & les a dreſſés & formés à pluſieurs fonctions utiles. Le Lapon accompagne ſes troupeaux de rennes, pendant l'été, juſqu'aux ſommets de ſes Alpes, comme ſur les bords des rivières & des lacs : il connoît l'art de la laiterie ; il tire le lait du renne devenu ſon bétail, & en fait ſon fromage ; il l'accoutume au traîneau, & retire de grands ſervices de cet animal ; il le chérit avec tendreſſe.

Le loup eſt le fléau de tous les autres animaux, & parcourt toutes les contrées où ſes beſoins le conduiſent. Le renard arctique occupe les rivages de toutes les régions ſeptentrionales, & ſurtout ceux de la mer du Nord : on peut ajouter à celui-là, le renard croiſé, le renard noir, qui ſont diſperſés partout ; le lynx ou loup cervier, qui habite les bois les plus épais ; l'ours & le glouton, qui recherchent les mêmes retraites.

La race de la zibeline qui a ſubſiſté en Laponie juſqu'au milieu du dernier ſiècle, y eſt éteinte aujourd'hui. La petite loutre de Suède eſt confinée dans la Finlande. Le caſtor ſe trouve encore dans un état ſauvage en pluſieurs endroits. L'écureuil volant ſe rencontre dans les forêts de la Finlande & dans celles de la Laponie. Le lemming eſt, dans certains temps, le fleau de la Norwège ; il deſcend en troupes de la chaîne de Koëlen. La vache marine ſe trouve quelquefois dans les mers de Finmarck. Le veau marin, le veau marin hériſſé, le capuchonné & le petit, habitent les mêmes contrées : le dernier ſe mange ſalé, non-ſeulement par les Lapons, mais même par les habitans aiſés du Finmarck.

Dans le nord de la Norwège, dans les grandes forêts de la Dalécarlie & de la Laponie, on trouve le glouton ou goulu, animal très-féroce.

On trouve auſſi dans la Norwège, l'orignal ou grand daim d'Amérique ; il habite, comme nous l'avons dit ailleurs, les régions froides & boiſées de l'Europe, de l'Aſie & de l'Amérique.

Des animaux qu'on trouve dans la Grande-Bretagne, le renard, le pinne-martin, l'hermine, la belette, la loutre, le lièvre changeant, l'écureuil commun, le rat d'eau, ſe voient juſqu'à la latitude du Finmarck. Le veau marin commun, le grand veau marin, fréquentent auſſi ſes rivages. Tous les animaux communs à la Scandinavie & à la Grande-Bretagne ceſſent de vivre en Norwège, & quelques-uns même de la Suède. La Scandinavie a reçu ces animaux de l'eſt ; mais ce qui les a empêchés d'aller plus loin, c'eſt la mer du Nord, celle d'Allemagne, qui forment pour eux une barrière qu'ils ne peuvent franchir entre cette région & la Grande-Bretagne. C'eſt pour cette raiſon que quelques-uns des animaux du Nord n'ont point atteint cette dernière île.

D'un autre côté, la Norwège & les provinces voiſines n'ont que très-peu d'oiſeaux que n'ait pas auſſi la Grande-Bretagne. On peut en excepter cependant le faucon à collier, le hibou ſcandinavien, le corbeau de rocher, le rollier, le pic noir, le pic à tête griſe, le pic à trois doigts, la gélinotte rehuſak & la gélinotte à noiſetier, l'ortolan, le pinſon arctique, la petite alouette huppée, le roſſignol de muraille à ramage, le gorge-bleue, le bougruſh, le bec-figue & la fauvette babillarde. Tous les oiſeaux aquatiques au pied fendu, excepté la ſpatule, la grue, la cicogne blanche & noire, la bécaſſine de Finmarck, la guignette ſtriée, le ſelningeron de rivage, des bois, le pluvier doré à gorge noire, l'alexandrine & toutes les eſpèces aux pieds membraneux, excepté le canard arlequin & le lap-mark, ſont communs aux deux pays.

Pendant l'été les litornes, le mauvis, les bécaſſes & la plupart des oiſeaux aquatiques ſe retirent de la Grande-Bretagne en Scandinavie pour y faire leur ponte en ſûreté, & l'hiver, nombre d'oiſeaux, tant de terre que d'eau, quittent cette région froide, forcés, par la diſette de nourriture appropriée, de chercher des climats plus doux.

On a trouvé que les poiſſons de cette côte étendue ne montoient qu'à cent onze eſpèces ; c'eſt vingt-huit de moins que celles fournies par les côtes de la Grande-Bretagne. Outre cela, les eſpèces de la mer du Nord, qui diffèrent des britanniques, ne ſont pas nombreuſes. La profondeur de l'eau & le grand nombre de plantes marines qui couvrent le fond des mers de Norwège, ſont la cauſe aſſurée de la préférence que leur donnent certaines eſpèces, ſeulement pour y établir leur réſidence. On y trouve une infinité de vermiſſeaux, de coquillages, de lithophites, de zoophites rares, & pluſieurs, avant qu'ils fuſſent reconnus par l'évêque Pontoppidan, paſſoient pour n'habiter que les mers les plus éloignées. Les poiſſons, que nous ne citons pas, ſont d'une foible reſſource ; mais nous nous occuperons des eſpèces qui ſervent à la ſubſiſtance du genre humain, & qui ſont abondantes fur cés côtes. C'eft ce bienfait de la nature qui a peuplé les côtes de la *Norwège* de pêcheurs intrépides : auffi la lifière des îles & des rivages eft la partie de ce royaume la plus peuplée. C'eft la mer qui fournit abondamment à leur befoin , & qui fupplée aux produits de la culture. C'eft près des bords de la mer qu'on a bâti les villes les plus confidérables , qui font des marchés des produits de l'Océan d'une part , & de l'autre part des produits des montagnes.

Le hareng , la morue commune , la grande morue à fécher & le faumon font la richeffe maritime de ce pays. Le hareng fait deux apparitions dans cette mer : la première depuis la fin de décembre jufqu'au commencement de février ; c'eft alors qu'arrive la grande efpèce , précédée de deux fortes de baleines qui l'attendent par inftinct. Les pêcheurs fe portent en foule fur les falaifes élevées pour découvrir les monftres cétacés, qui font les avantcoureurs du hareng.

Ces harengs fréquentent les grands bancs de fable, où ils dépofent leur frai ; ils font fuivis des harengs du printemps, efpèce plus petite, & qui approche beaucoup plus près des rivages : après eux viennent les harengs d'été, qui rempliffent & comblent prefque chaque crique ou baie. La pêche réunie de ces trois faifons eft d'un profit immenfe.

Les harengs qui vifitent cette côte ne font qu'une partie de la nombreufe armée du Nord, qui en abandonne annuellement les grands abîmes , & vient apporter de riches provifions à plufieurs nations de l'Europe.

Les morues fourniffent une autre pêche d'un trèsgrand profit ; elles arrivent immédiatement après la première hareng , & elles trouvent une nourriture fi abondante dans le frai de ces poiffons, qu'elles refufent l'appât. On eft donc réduit à les prendre dans de vaftes filets tendus à cinquante ou foixante-dix braffes de profondeur, & qu'on retire chargés de quatre à cinq cents grands poiffons qui s'y trouvent pris. Lorfque les harengs fe font retirés , la morue s'affame , & alors on peut la prendre à l'hameçon & à la ligne, dont l'appât eft le hareng. Dans une faifon plus avancée, d'autres variétés de la morue arrivent, & font prifes également à la ligne avec le turbot & d'autres poiffons. On peut juger de cette pêche par la quantité de fel qui s'emploie à faler fes produits, qui monte à cent foixante milliers de boiffeaux , qu'on importe de France dans la province de Bergen.

Le faumon , fi commun dans les provinces du Nord, remonte les rivières de *Norwège*, d'où l'on en envoie des quantités confidérables, falées ou marinées, en différens pays.

La Suède l'emporte fur l'Angleterre par le nombre des poiffons qu'on peut y pêcher dans l'eau douce. Outre la petite lamproie, l'anguille, le barbeau , le têtard , la perche, la *ruffe*, le *ftickle-back* à trois épines & celui à dix épines, la

loche , la truite, le *char*, l'ombre , le *lagwinia*, le brochet , la carpe, la tanche, la brême, le *crucian*, le *rude*, le rouget, le *graining*, le *cyprinus dobula* & l'âble, qui fe trouvent auffi en Angleterre, elle a le fterlet, le *blennius runinus*, la *perca lucioperca*, le *cobitis foffilis*, le *filurus glanis*, qui eft le plus grand des poiffons d'eau douce, le *falmo wimba*, le *falmo albula*, le *cyprus afpinus*, *idus*, *ballerufin griftagine*, *idharus*, *farenus*, *cultratus*, *biorkna*, *aphia* : tous ces poiffons fe trouvent dans les lacs & les rivières de Suède.

La Suède n'a , il eft vrai, ni le petit faumon, ni le barbeau, ni le goujon, ni le chabot, ni le graining, ni le minnow, qui font tous en Angleterre. La carpe eft un poiffon naturalifé en Suède, & qui de plus y eft fouvent apporté vivant d'Allemagne.

Le chêne ne fe trouve plus en Suède au-delà de 61 degrés 30' de latitude : on le trouve plus au nord, en *Norwège*, dans les cantons à portée de l'air de la mer, toujours plus doux que celui de l'intérieur des terres ; il eft très-abondant d'ailleurs dans les provinces de l'un & l'autre royaume. Les forêts de Scanie font pleines d'excellens bois de charpente, tant de chêne que d'autres arbres , à l'exception des pins & fapins.

Il fe trouve peu , dans cette province, de ces maffifs graniteux, de ces mines de fer qui, avec des forêts de pins , caractérifent le fol de la Suède. C'eft en Scanie que font placés les chantiers de Carlfcroon, dans le voifinage des forêts qui fourniffent à leur confommation.

Le frêne ne fe trouve pas plus haut qu'en Geftricie, au-delà du 61e. degré de latitude : en *Norwège* on n'en voit des plantations que jufqu'à Drontheim.

L'orme n'eft guère au-delà de la Geftricie.

Le tilleul eft commun dans tout le midi de la Suède , mais il croît rarement vers le nord.

Le hêtre : il y a de vaftes forêts de cet arbre en Scanie & en Smoland. On en rencontre partout dans la province de Bahus , mais rarement plus au au nord ; ou au-delà du 59e. degré de latitude.

Le charme : il fe trouve auffi dans les forêts ; il eft même commun en Scanie , mais plus rare en Smoland , furtout au-delà du Vexio , ou vers le 57e. degré de latitude.

Le tremble , *populus tremula*, fe trouve partout dans ces contrées, depuis les plus hautes montagnes de la Laponie jufqu'aux endroits les plus bas de la Scanie. Les rennes s'aiment beaucoup la feuille verte, que l'on recueille avec foin pour en nourrir le bétail pendant l'hiver : on lui prépare auffi l'écorce de ce même arbre pour complément de nourriture.

Le peuplier blanc eft répandu dans toute la Scanie, mais il n'en eft point originaire ; il y a été introduit depuis peu de temps avec le *populus nigra*, le peuplier noir, & il fupporte très-bien la rigu ur de l'hiver en Uplande. On ne fait pas fi ces arbres font indigènes en Ecoffe.

L'érable ou fycomore fe trouve dans les parties méridionales de la Suède, mais rarement fur les montagnes Hyka en Dalécarlie, l'une de fes provinces feptentrionales; il croît en plus grande quantité en Romidale & dans la *Norwège* méridionale: on en a fait des plantations dans le diocèfe de Drontheim. Les botaniftes anglais le croient étranger à la Grande-Bretagne.

Tous les arbres que nous venons d'indiquer fe trouvent dans quelques-unes des provinces de la Grande-Bretagne, qui, en général, eft plus heureufement favorifée de fa nature pour la production de certaines efpèces d'arbres & de plantes que le nord de la Suède.

Les pêchers, les pavies, les abricotiers, font en Suède confervés dans des ferres tant que l'hiver dure; mais malgré toute l'attention qu'on y donne, les étrangers, habitués à les fruits fucculens & mûrs, ne font pas grand cas de ceux que ces arbres donnent. Ce n'eft que dans les provinces méridionales qu'on cultive des pommiers, des poiriers, des pruniers, des cerifiers; encore il ne portent-ils que des fruits de très-médiocre qualité, à l'exception des cerifes. On doit dire, en fuivant la même comparaifon de la Suède & de l'Angleterre, que tous ces arbres réuffiffent fort mal en Ecoffe : à Edimbourg même, les non-pareilles & les reinettes dorées ne réuffiffent pas fans être abritées en efpalier bien expofé.

Les fraifes de bois font le fruit le plus délicieux que produife la Suède, & elle en donne en abondance, parce que ce fiuit continue de mûrir fous la neige.

On ne trouve guère que dans les provinces du fud, le froment & les grains de cette efpèce. L'orge, plus abondante, y eft la nourriture générale du peuple dans les parties des provinces voifines des montagnes; il n'y a que l'avoine qui parvienne à maturité.

L'hiver commence en Suède avec ce qu'on appelle *les nuits de fer*, & qui ont lieu, à la latitude d'Upfal, entre le 19 & le 31 août : après ces nuits l'orge ceffe de croître, & l'on ne laiffe plus en plein air les plantes qui ont befoin de paffer l'hiver dans les ferres.

Prefque toutes les efpèces d'oifeaux d'eau difparoiffent en automne. Dès le mois d'octobre, l'ours, le blaireau, le hériffon & la taupe fe retirent dans leurs quartiers d'hiver. Dans le même mois, la glace commence; on éprouve en novembre une alternative de glace, de dégel & de pluie. Les foffés font remplis d'eau jufqu'au moment où la neige couvre la terre, & enfuite la glace : alors l'hiver règne plufieurs mois fans interruption. Du 20 au 28 février, la glace des lacs fe fend dans

toute leur longueur; la charpente des maifons éclate avec grand bruit.

En mars commence un printemps peu agréable : la neige fond infenfiblement, ainfi que la croûte de glace qui couvre les murs; & les collines, dégagées des frimats, reprennent leur couleur naturelle. Au mois d'avril, l'eau des neiges fondues inonde tout le pays; les rivières dégelées charient des glaçons avec rapidité, & prennent leur cours naturel.

Diverfes efpèces d'oifeaux reparoiffent; la vue des épis de blé annonce qu'il n'y a plus de forte gelée à craindre, excepté quelques nuits du mois de mai, où la gelée a quelques retours. Cette dernière époque paffée, on eft en plein été, & le retour des oifeaux eft complet. En juin font les nuits qui arrivent en Suède huit jours après que la Laponie les a reffenties à la fonte des neiges. Telles font les révolutions de l'année fuédoife.

NOUVELLE-HOLLANDE ou AUSTRALASIE, vafte continent fitué dans l'hémifphère auftral, & au fud-eft des Moluques, dont la longueur eft de plus de onze cents lieues, & la largeur de huit cents.

La première connoiffance que l'on ait eue de ce pays a été donnée par Don Pedro Fernandez de Quiros, qui avoit employé quatorze années à parcourir une étendue de plus de vingt mille lieues. Selon lui, cette terre eft un continent moins vafte que l'Afie, mais plus confidérable que l'Europe. Il affure qu'on y trouve des mines d'or & d'argent, des épices, des perles, ainfi qu'un grand nombre d'habitans de diverfes couleurs. Quiros n'avoit point aperçu le détroit qui fépare la Nouvelle-Guinée de la *Nouvelle-Hollande*. Ainfi l'on ne doit point s'étonner qu'il ait regardé ces deux pays comme formant enfemble un continent d'une vafte étendue.

En 1616, un Hollandais, Théodore Hertoge d'Endracht aborda fur la côte occidentale de ce continent, entre le 24e. & le 25e. degré de latitude méridionale, & lui donna le nom de *terre d'Endracht*.

En 1618, une autre partie de la même côte, près le 15e. degré, fut découverte par Zeuchen, qui la nomma *Arnheim* & *Diemen*.

En 1619, Jean Van-Edels donna fon nom à la partie tout-à-fait occidentale de cette côte. Une autre partie, fituée entre le 30e. & le 38e. degré, reçut en même temps le nom de *Leuwin*.

En 1627, Peter Van-Nuytz aborda fur la côte qui communique avec le pays de Leuwin à l'oueft; il lui donna également fon nom, & la même année une grande partie de la côte occidentale, près le tropique du capricorne, reçut celui de *With*.

En 1628, Peter Carpenter, Hollandais, découvrit le grand golfe nommé depuis *Carpentaria*;

ce golfe divise le pays, & fait dans les terres un enfoncement de près de deux cents lieues.

En 1642, le capitaine Abel Jansen Tasman fut envoyé de Batavia avec ordre de prendre une connoissance exacte de ce pays, qui avoit alors reçu le nom de *Nouvelle-Hollande*, & dont le célèbre Guillaume Dampier nous a rendu un compte très fidèle.

Cet habile navigateur partit d'Achamack en Virginie au mois d'août 1683, & le 4 janvier 1688 il aborda près des côtes de la *Nouvelle-Hollande* : ayant jeté l'ancre dans une baie profonde, située au 16e. deg. 30′ de latitude, il y demeura jusqu'au 12 mars suivant. C'est Dampier qui, le premier, nous a transmis des notions exactes sur le sol, les productions & les habitans de cette partie du Globe ; mais le capitaine Cook est, avant les voyageurs qui ont très-récemment parcouru ces parages, celui des navigateurs modernes qui nous a donné le plus de détails sur la côte orientale de ce continent, à laquelle il appliqua le nom de *Nouvelle-Galles du Sud*.

Après avoir découvert un grand nombre de contrées jusqu'alors inconnues, & avoir séjourné quelque temps dans la *Nouvelle-Zélande*, il partit du cap Farewel le 31 mars 1770, faisant voile vers les côtes de la *Nouvelle-Hollande*, où il jeta l'ancre le 19 avril par le 38e. degré de latitude sud, à environ six degrés au nord de la terre de Van-Diemen, présumé alors le cap méridional de ce vaste pays.

Le capitaine Cook employa près de quatre mois à examiner la côte, qu'il remonta jusqu'au 10e. degré de latitude sud, parcourant ainsi un espace d'environ sept cents lieues.

Ce célèbre navigateur visita encore, dans son dernier voyage, la côte méridionale de la *Nouvelle-Hollande* ; il arriva le 24 janvier 1777 à la vue de la terre de Van-Diemen, & le 26 il jeta l'ancre dans la baie de l'Aventure par le 43e. deg. 21′ de latitude sud, c'est-à-dire, à neuf degrés plus au sud que la partie de cette même côte qu'il avoit observée en 1770 à son retour de la Nouvelle-Zélande ; mais il ne soupçonnoit pas alors l'existence du détroit que les Français de l'expédition commandée par le capitaine Baudin reconnurent en 1803, entre le continent de la *Nouvelle-Hollande* & la terre de Van-Diemen : ce même canal fut observé, à peu près à la même époque, par les voyageurs anglais Bass & Flinders.

En 1788 les Anglais fondèrent leur premier établissement sur la côte occidentale de la *Nouvelle-Hollande*, dans la baie Botanique reconnue par Cook, & dans une division particulière de cette baie, qu'ils nommèrent *Port-Jakson*. Ils y fondèrent la ville de Sydney-Cove, qui est le lieu de déportation choisi par le gouvernement pour recueillir les criminels coupables de vol, qui autrefois étoient punis de mort en Angleterre.

Cette colonie a pris un rapide accroissement,

& les navigateurs de l'expédition commandée par le capitaine Baudin la trouvèrent déjà très-florissante en 1803, c'est-à-dire, treize ans après sa fondation.

L'intérieur de la *Nouvelle-Hollande* est totalement inconnu. On n'a exploré que divers points de ses côtes, & c'est principalement dans la Nouvelle-Galles du Sud que l'on a le plus cherché à pénétrer dans les terres ; mais à peine s'y est-on enfoncé d'une centaine de lieues, tant on a éprouvé de difficulté. Nous ne pourrons donc décrire que les points d'attérage auxquels ont abordé les voyageurs, & nous choisirons parmi les relations, la plus récente, celle de Péron, parce que c'est celle qui nous offrira le plus de détails relatifs à la géographie-physique de la *Nouvelle-Hollande*.

Terre de Leuwin, sur la côte occidentale.

Ces terres se montrent extrêmement basses, stériles, sablonneuses, d'une couleur obscure, entre-mêlée de quelques taches blanchâtres. Les inégalités qu'offre la côte sont douces & arrondies ; souvent même ces côtes sont tellement égales, qu'une ligne légèrement ondulée pourroit en dessiner une partie considérable. Le rivage est partout bordé de collines qui viennent se terminer en pente peu rapide ; ces collines ou monticules ont un aspect triste ; on y remarque, en plusieurs endroits, des places blanches plus ou moins étendues, dont quelques-unes se développent sur toute la hauteur de la côte, & peuvent fournir des points importans de reconnoissance pour les navigateurs. En observant ces points, on reconnoît tous les caractères d'un terrain sablonneux, & cette constitution paroît appartenir à tout le prolongement de cette côte peu connue. L'aspect noirâtre qu'elle affecte assez généralement est occasionné par une végétation triste & languissante ; les lieux qui s'en trouvent dépourvus sont blanchâtres.

Vers le 33e. deg. 28′ de latitude sud & le 112e. deg. 35′ 7″ de longitude est, est le cap du Naturaliste, qui forme la pointe d'entrée sud d'une très-grande baie, qui a été nommée *baie du Géographe* par les navigateurs français de l'expédition du capitaine Baudin. En dehors, & presqu'au milieu de cette baie, il existe un récif très-étendu & très-dangereux. Le cap du Naturaliste est défendu de toutes parts par de grosses roches sur laquelle la mer se brise avec fureur ; ce qui rend son abord presqu'impossible. Le fond de l'anse qu'il forme, présente des couches régulières & multipliées d'une très-belle espèce de granite, & la côte vers le nord est assez droite. Une petite rivière vient se jeter à la mer, mais ses eaux sont saumâtres, & forment une sorte de petit lac ou de marais, sur lesquels nagent de nombreuses troupes de cygnes noirs, oiseaux particuliers à cette contrée. Les bords de cette baie, & surtout de cette rivière, sont boisés ; on y remarque beaucoup d'arbres, & notamment les *melaleuca*, dont le liber d'un tiffu très-fin, très-moelleux, adhère fi foiblement au bois, qu'il fuffit d'un léger effort pour l'enlever, par longues bandes, depuis le pied de l'arbre jufqu'à l'extrémité de fes branches, ce qui leur donne un afpect tout-à-fait particulier. La marche eft partout facile dans l'intérieur de cette forêt, à caufe du grand écartement des arbres. La furface du fol eft généralement revêtue d'une herbe courte, fine & légère. L'eau qui fuinte, lorfque l'on creufe la terre, eft faumâtre, & cette qualité faline du terrain femble repouffer tous les animaux. Les traces des kanguroos font rares; les infectes mêmes femblent exilés de ces bords, à l'exception toutefois des fourmis, dont les noires légions, cantonnées particulièrement fur les revers des dunes, fe préfentent partout innombrables autant qu'incommodes.

Lors de fa première excurfion dans ce pays, Péron remarqua que, malgré la variété prodigieufe des arbres & des arbriffeaux qui conftituent la végétation de ce fol fingulier, on ne voit cependant aucun fruit qui paroiffe fufceptible de fervir à la nourriture de l'homme ou des animaux frugivores. Cette même obfervation fe reproduit fur le refte du vafte continent de la *Nouvelle-Hollande*, fans qu'elle paroiffe fouffrir aucune exception bien fenfible. Seroit-ce donc à cette fingulière abfence, ou du moins à cette exceffive rareté des fruits mangeables, qu'il faudroit attribuer la non-exiftence des animaux exclufivement frugivores fur le continent dont il s'agit? Toujours eft-il certain que, jufqu'à ce jour, on n'y en connoît aucune efpèce, & que nulle part on n'en a découvert le plus léger veftige. Les finges, par exemple, dont les innombrables légions couvrent l'Afrique, l'Afie & l'Amérique méridionale, & un fi grand nombre d'îles (les Moluques) pour ainfi dire aux portes de la *Nouvelle-Hollande*, les finges ne paroiffent point exifter fur cette grande terre, & véritablement il feroit difficile de concevoir la manière dont des animaux de ce genre pourroient y fubfifter.

Les naturels font peu nombreux; ils fe tiennent principalement fur les bords de la mer, où ils trouvent leur nourriture. Leurs huttes ont trois pieds de haut, trois pieds de large, & fix pieds de longueur; elles font compofées de branches d'arbres fichées en terre par leur gros bout, & dont les rameaux font réunis en voûte vers leur extrémité; elles font recouvertes de bandes d'écorce de *melaleuca*, qui fert auffi à former des fortes de matelas fur lefquels ces naturels repofent; ceux-ci vont abfolument nus, à l'exception d'un manteau de peau de chien ou de kanguroo qui couvre les épaules de quelques-uns d'entr'eux; d'autres ont feulement les parties naturelles voilées, & une efpèce de ceinture autour des reins. On n'obferve dans aucun des formes belles & nourries. Leur taille eft ordinaire ou

même médiocre. Leur couleur eft d'un noir beaucoup moins foncé que celle des Africains. Leurs cheveux font courts, unis, droits & liffes; leur barbe longue & noire, leurs dents très-blanches. Ils font peu fociables, fuient les étrangers lorfqu'ils font en petit nombre, ou cherchent à les repouffer lorfqu'ils font réunis; alors ils brandiffent leurs zagaies ou font mouvoir leur caffe-tête avec beaucoup de rapidité. Ils vivent miférablement de produits de la mer & de bulbes de plantes orchidées, qui ont à peine la groffeur d'une noifette.

L'expédition de découverte aux terres auftrales éprouva une violente tempête dans cette baie du Géographe, & les deux vaiffeaux coururent les plus grands dangers. Le capitaine Baudin réfolut de remonter plus près de l'équateur, & dirigea fa route fur la baie des Chiens marins, qui eft fituée par le 25e. degré de latitude fud & le 112e. degré de longitude eft du méridien de Paris. On aperçut dans cette route, à plufieurs reprifes, la terre d'Endracht.

Terre d'Edels. Elle eft fituée plus au nord que la terre de *Leuwin*, dont elle eft la continuation. Sa pofition eft remarquable par la proximité de l'île de Rottneft, reconnue depuis long-temps par les premiers navigateurs qui ont exploré cette côte de la *Nouvelle-Hollande*. Cette île eft oblongue, & fes bords font très-efcarpés. On trouve dans fon milieu un vallon agréable, au fond duquel font plufieurs étangs d'eau falée qui nourriffent une prodigieufe quantité de coquillages bivalves. Elle eft habitée par des phoques.

La rivière des Cygnes, dont l'embouchure eft en face de l'île de Rottneft, a été découverte en 1697 par Flaming, & fut ainfi nommée des cygnes noirs qu'on y trouva en grand nombre. Son embouchure eft obftruée par une barre de roches difficile à franchir, même pour les petites embarcations. Une multitude prodigieufe de pélicans ont fixé leur féjour vers cette partie de la rivière. Le fol eft compofé de dunes de fable plus ou moins élevées; la roche qui les termine du côté de la mer eft toute de nature calcaire mêlée de fables, remplie d'excavations & de fentes, qui femblent être l'effet des eaux. Sur les dunes croiffent différentes efpèces d'arbriffeaux, parmi lefquels on remarque l'*eucalyptus refinifera*, & de grandes troupes d'oifeaux de terre, & de perruches élégantes furtout, voltigeant dans les arbres.

A peu de diftance de la mer, la rive gauche de la rivière devient à pic & préfente une couche de roches fablonneufes & calcaires, difpofées par bandes horizontales; bientôt après, l'efcarpement paffe à l'autre rive & fe montre fous la forme d'un grand mur circulaire couronné de verdure; partout on retrouve fur ces bords des traces évidentes du féjour ancien de la mer. Là roche eft prefqu'exclufivement compofée d'incruftations de coquilles, de racines, & même de troncs d'arbres pétrifiés;

phénomène

phénomène qui fe reproduit en différens endroits de la *Nouvelle-Hollande*. Du refte, le pays eft plat fur ce point, & n'offre de hauteurs un peu grandes qu'à une distance confidérable. Au-delà du mur circulaire dont on vient de parler, la forme efcarpée repaffe tout-à-coup fur la rive gauche, & préfente le même afpect de ruines, la même conftitution géologique que l'on vient de décrire : bientôt on arrive à un grand baffin formé par un terrain bas, fur lequel la rivière s'eft plus librement développée; un haut fond occupe prefque toute la largeur de ce baffin. Sur la rive gauche on obferve une efpèce de branche ou enfoncement, qui paroit devoir ouvrir une nouvelle communication avec la mer. Du fommet d'un des coteaux qui bordent la rivière des Cygnes, on découvre d'une part le cours fupérieur de cette rivière, qui remonte vers un plateau de montagnes lointaines, & de l'autre on pourfuit fon cours inférieur jufqu'aux rivages de l'Océan. Ses deux rives paroiffent prefque partout couvertes de belles forêts qui fe prolongent très-avant dans l'intérieur du pays. La roche, qui fe montre quelquefois à nu, eft de même nature que celles dont nous avons parlé précédemment; elle eft en effet, comme elles, calcaire, fablonneufe & coquillière, recouverte d'une couche de fable mêlée de débris de végétaux. Le cours de la rivière préfente, à une diftance affez confidérable de la mer, une ligne de petites îles baffes & noyées, défignées fous le nom d'*îles Hériffon*. C'eft près de ces îles que les cygnes noirs font communs. Plus haut encore, le pays eft très-bas & prefque noyé; une couche de fable à gros grains, & qui paroit provenir d'une roche d'ancienne formation, recouvre un banc d'argile très-épais, tenace & rougeâtre. A ce point on obferve une quantité de petites mares bourbeufes, des efpèces de petits lacs, ou bien les eaux coulent en petits filets, en petits ruiffeaux vers la rivière, dont les eaux, dès ce moment, commencent à perdre quelque chofe de leur falure; jufqu'alors ell s fe foutiennent prefqu'auffi falées que celles de la mer. Cette rivière, dans le point le plus profond, a huit à douze pieds de profondeur; mais elle offre des amas de vafe & des bancs de fable qui en rendent la navigation difficile. Les voyageurs qui fe chargèrent de la remonter n'allèrent pas jufqu'à la fource, quoiqu'ils naviguaffent deffus pendant trois jours confécutifs : ils rapportent qu'ils entendirent un hurlement terrible qui paroiffoit fortir des rofeaux, & que ce hurlement étoit femblable au mugiffement d'un bœuf, mais beaucoup plus fort; toutefois ils ne virent point l'animal d'où il étoit provenu.

— L'île de Rottheft renferme une petite efpèce de kanguroo de deux pieds environ de hauteur, & un quadrupède de la taille du rat, qui fait partie du genre *hydromis*. Les phoques y font très-nombreux, & s'avancent quelquefois dans l'intérieur des forêts à d'affez grandes diftances. Il y

en a de très-gros; ils font communément gris; d'autres font rougeâtres, & quelques-uns noirs : ces derniers font les plus petits, & peut-être de jeunes individus. On y a trouvé auffi plufieurs reptiles nouveaux & d'affez grande taille. Les poiffons, & furtout les requins ou chiens marins, font très-nombreux dans ces parages.

Terre d'Endracht. Elle offre à peu près le même afpect que la terre de Leuwin, c'eft-à-dire, partout un prolongement de côtes abaiffées, d'un niveau prefqu'uniforme, fablonneufes, ftériles, rougeâtres ou grifâtres, fillonnées, en différens endroits, de rayns fuperficiels, prefque partout taillées à pic, défendues fouvent par des refifs inabordables, en un mot juftifiant bien l'épithète de *fer* que lui donne M. Boullanger. Un groupe très-remarquable de refifs nommés *les Abrolhos*, fur lefquels Pelfar fit naufrage, eft à une certaine diftance de la terre.

La baie des *Chiens marins* fait partie de la terre d'Endracht. Son ouverture feroit affez large, fi elle n'étoit obftruée par les îles Dirck-Hartighs, de Dorre & Bernier, toutes déferres & ftériles.

Tout le périple de cette baie a un afpect auffi fauvage que les côtes de la *Nouvelle-Hollande* dont il a déjà été fait mention : on ne diftingue nulle part aucune trace de montagnes, aucune apparence de rivières, de ruiffeaux ou même de torrens; partout le rivage eft formé d'un fable rouge ou blanc, dépourvu de toute autre verdure que celle rembrunie de quelques arbriffeaux maigres & languiffans, difféminés à de grands intervalles.

A cette ftérilité hideufe du continent, la mer femble oppofer avec complaifance fes productions les plus variées & les plus nombreufes. De toutes parts les vaiffeaux de l'expédition (en juillet 1801) étoient entourés par de grands bancs de falpas, de doris, de médufes, de béroés, de porpites, dont le nombre prodigieux, les formes inconftantes & bizarres, les couleurs vives, l'agilité des évolutions, formoient un fpectacle très-intéreffant. Les ferpens marins, reptiles dangereux, abondoient auffi dans ces eaux, où ils pourfuivoient de petits poiffons du genre des clupées; ils fe diftinguent des reptiles terreftres par leur queue aplatie, en forme de petite rame, par leur corps comprimé comme celui d'une anguille, & prefqu'anguleux inférieurement; ils affectent des couleurs très-variées, & quelquefois très-brillantes : les uns ont le corps d'une teinte uniforme, ou grife, ou jaune, ou verte, ou bleuâtre; d'autres l'ont annelé de bleu, de blanc, de rouge, de vert, de noir, &c. : ceux-ci font marqués de grandes taches plus ou moins régulières; ceux-là ne préfentent que de très-petits points diftribués élégamment fur toute la furface de leur corps. L'une de ces efpèces eft furtout remarquable par la couleur de fa tête, qui eft d'un rouge de pourpre éclatant; c'eft le ferpent marin à tête rouge de Dampier. Les uns font venimeux, les autres ne le font point. Leur taille varie, selon les espèces, entre un & douze pieds. Leur habitation n'est pas bornée au rivage des mers; on en a observé à la distance de trois cents ou quatre cents milles de toute terre, & l'on n'en a jamais vu sur le continent ou sur les îles; en général, ces animaux paroissent confinés dans les mers les plus chaudes du Globe, dans l'Océan indien surtout, dans le golfe Persique, dans la Mer-Rouge, dans celle qui baigne les côtes du nord-ouest & du nord de la *Nouvelle-Hollande* : là haute température de ces mers, le calme dont elles jouissent habituellement, la multiplicité des animaux qui pullulent dans leur sein, & dont les serpens de mer se nourrissent, paroissent être les raisons principales de leur prédilection pour les mers équatoriales.

Les baleines abondent également dans la mer qui baigne les côtes de la terre d'Endracht, & même dans la baie des Chiens marins; elles y sont combattues par une espèce particulière d'espadon qui acquiert quinze pieds de longueur, & qui diffère principalement de l'espadon de notre hémisphère par deux franges ou lanières (longues d'un pied), qui, placées sur les côtés de l'épée, flottent librement au milieu des eaux.

L'île Bernier, qui est la plus septentrionale des trois îles qui ferment en partie la baie des Chiens marins, est de forme étroite & alongée; elle n'a guère plus de quinze milles de longueur sur cinq ou six milles de largeur. Sa côte de l'ouest, exposée à toute la fureur du vent du large, est de toutes parts hérissée de brisans, & la mer y déferle avec un bruit affreux. En avant de son extrémité nord est l'îlot de Koks, rocher sauvage, qu'une longue traînée de récifs semble rattacher à l'île principale. Toute la côte de l'est est anfractueuse, escarpée, mais offre quelques petites criques commodes pour le débarquement. Le sable du rivage est quartzeux, mêlé d'une grande proportion de débris calcaires fortement atténués; la substance de l'île même se compose, dans ses couches inférieures, d'un grès calcaire coquillier, tantôt blanchâtre, tantôt rougeâtre, déposé par couches horizontales, dont l'épaisseur varie de sept à onze pouces, &, qui, toutes, étant très-uniformes dans leur prolongement, pourroient offrir à la maçonnerie des pierres de construction naturellement taillées.

Les coquilles incrustées dans ces massifs de roches sont presque toutes univalves; elles appartiennent plus particulièrement au genre natice de M. Lamarck, & ont les plus grands rapports avec l'espèce de natice qui se trouve vivante au pied de ces rochers. Elles sont sans doute pétrifiées depuis bien des siècles; car, outre qu'il est très-difficile de les retirer intactes du milieu de ces grès, tant leur adhésion avec eux est intime, on les observe encore à plus de cent cinquante pieds au-dessus du niveau actuel de la mer. Quelque régularité que les bancs puissent affecter dans leur

disposition générale, ils ne sont cependant pas tous homogènes dans leur substance : il est surtout une variété de ces roches plus remarquable par sa structure; ce sont des galets calcaires agrégés dans une terre sablonneuse, ochracée, qui leur est tellement adhérente, qu'on ne sauroit détruire cette espèce de gangue sans les briser eux-mêmes. Tous ces galets affectent la forme globuleuse, & se composent d'un grand nombre de zones concentriques qui se développent autour d'un noyau central d'un grès scintillant & brunâtre. Ces diverses couches ont à peine quelques millimètres d'épaisseur, & affectent des nuances agréables qui varient depuis le rouge-brun jusqu'au jaune-clair. La disposition générale de cette brèche lui donne donc quelques rapports grossiers avec le granite globuleux de l'île de Corse, & par ses couches rubanées, concentriques, elle a quelque chose de l'aspect des *agates onyx*; elle est d'ailleurs susceptible de poli, & pourroit servir à divers objets d'agrément ou même de luxe.

Les bancs de grès divers dont on vient de parler constituent, à bien dire, la masse entière du pays où est située la baie des Chiens marins; mais sur les roches mêmes repose une couche de sable plus ou moins profonde qui se développe sur toute la surface de l'île, se relevant vers ses bords en une espèce de ceinture de dunes très-mobiles de soixante à quatre-vingts pieds de hauteur. Ce sable, de la même nature que celui du rivage, est très-calcaire, d'un grain très-fin; ce qui sembleroit devoir permettre aux vents d'en bouleverser aisément les masses, & de changer, pour ainsi dire, la surface de l'île au gré de leurs caprices & de leur violence.

La description de cette île est rigoureusement applicable à celles de Dorre & de Dirck-Hartighs; leurs productions animales & végétales leur sont aussi communes : on y trouve une assez grande quantité d'arbustes & de petits arbrisseaux, parmi lesquels une espèce de figuier, dont le fruit, insipide d'ailleurs, est à peine de la grosseur d'une noisette; deux ou trois espèces de petits *mimosa* à fleurs agréables & odorantes, un petit *melaleuca*, quelques *atriplex*, un *rumex*, & notamment un *spinifex* qui croît aux lieux les plus arides, forme des espèces de pelouses d'une étendue quelquefois assez grande, qui se dessinent naturellement de mille manières agréables. Cette plante se compose d'une innombrable quantité de feuilles pour ainsi dire capillaires, radicales, sessiles, roides & tellement aiguës, qu'il est impossible de toucher aucun de ces buissons de verdure, sans être percé de mille petits dards. C'est à cette plante, qui se décompose promptement, que l'on doit attribuer la petite quantité de terre végétale qu'on trouve en quelques endroits de ces îles. On y voit aussi un *mimosa* qui ne s'élève pas à plus de trois pieds, mais dont les pieds sont si serrés les uns contre les autres, & tellement garnis de branches enlacées, que les petits animaux qui viennent y chercher un gîte, font obligés de fe frayer des chemins couverts au milieu des haies inextricables que forment les branches, les feuilles & les racines de cette plante. Enfin, on y remarque une efpèce de *cyperus*, dont les racines longues & ftolonifères forment une efpèce de réfeau qui empêche l'effet des vents fur les fables mobiles des dunes, & ainfi leur donnent une certaine fixité.

On ne trouve fur ces bords aucune trace pofitive du féjour ou du paffage de l'homme. Une feule efpèce de mammifère s'y préfente ; c'eft le kanguroo à bandes (*kangurus fafciatus*, Péron & Lefueur), la plus petite & la plus élégante efpèce de ce genre extraordinaire des animaux de la *Nouvelle Hollande*, qui fe caractérife plus particulièrement par la forme conique de fon corps, par la difpofition de fes pieds, par la poche dans laquelle les petits font portés & nourris, &c.

L'efpèce dont il s'agit, fe diftingue au premier afpect de toutes celles connues jufqu'à ce jour, par douze ou quinze bandes tranfverfalement difpofées fur le dos, étroites, d'un roux légèrement brun, moins régulières, moins décidées à la hauteur des épaules, où elles commencent à paroître, mais devenant bientôt plus diftinctes & plus brunes à mefure qu'elles defcendent vers la queue, à la bafe de laquelle elles fe terminent. Ces fafcies viennent fe perdre fur les côtés, fans qu'on puiffe en obferver aucune trace fur le ventre ; la face & les pieds affectent une couleur légèrement jaune, tandis que l'abdomen eft d'un gris-clair & tant foit peu blanchâtre. Le refte du pelage eft gris de lièvre plus ou moins foncé dans les différens individus. Les oreilles, dans cette efpèce, font proportionnellement plus courtes que dans aucune autre de ce genre ; il en eft de même de la queue, qui fe trouve auffi plus foible, & qui, dépourvue de poils, offre beaucoup de reffemblance avec celle d'un très-gros rat ; du refte, même forme conoïdale du corps, même difproportion entre les pieds de devant & ceux de derrière, même diftribution des doigts, des ongles, &c., que dans les autres kanguroos.

Le kanguroo à bandes peuple de fes effaims les trois îles de Bernier, de Dorre & de Dirck-Hartighs, fans qu'on ait pu jamais en retrouver fur aucune partie du continent ou des îles qui l'accompagnent ; & ce qui eft furprenant, ce phénomène a lieu pour toutes les efpèces de kanguroos, c'eft-à-dire que chacune d'elles eft fixée par la nature fur telles ou telles îles, fur telle ou telle terre, fans qu'aucun individu paroiffe au-delà de ces limites particulières à leur efpèce.

Ces animaux, comme les lièvres de nos climats, ont un caractère doux & timide ; le plus léger bruit les alarme ; le fouffle du vent fuffit pour les mettre en fuite ; auffi, malgré leur grand nombre fur l'île Bernier, la chaffe en étoit-elle d'abord difficile & précaire pour nos navigateurs : ils fe tenoient dans les chemins creux, pratiqués dans les buiffons de *mimofa* dont nous venons de faire mention, & ce n'étoit qu'en en gardant les iffues, qu'on parvint à les tuer, lorfqu'on avoit battu les buiffons pour les effrayer & les en faire fortir. Leur chair eft analogue à celle des lapins de garenne, mais elle eft plus aromatique. Les femelles ne portent qu'un petit à la fois, pour lequel elles montrent le plus tendre attachement.

Les oifeaux de ces îles font des cormorans & diverfes efpèces de foux, de petrels, de goëlands, d'aigles de mer & d'huîtriers : on y voit auffi des gobe-mouches, des pies-grièches & une jolie méfange à collier bleu.

Les reptiles fe bornent à une efpèce de fcinque, un tupinambis de quatre à cinq pieds de longueur & un gecko, tous trois nouveaux.

Les rivages des trois îles qui nous occupent ne préfentent prefqu'aucune efpèce de poiffons, tandis que ces animaux abondent au fond de la baie des Chiens marins. On y rencontre feulement plufieurs efpèces de poulpes, d'affez grandes dimenfions. Les coquillages univales font nombreux, tandis que les bivalves fe réduifent à deux efpèces, dont une très-belle efpèce de moule (*mytilus effulgens*) & une huître analogue à celle que nous avons foffile en Angoumois, dont une valve (l'inférieure) eft beaucoup plus confidérable que la fupérieure qui lui fert d'opercule. C'eft l'*oftrea fcyphophilla* de Péron.

Les mêmes îles offrent encore quelques coquilles univalves auxquelles Péron & Lefueur ont donné les noms de *trochus fmaragdinus, patella gigantea, voluta nivofa, conus doreenfis* ; un bulime, une hélice très-abondante, mais toujours morte, &c. Deux cruftacés, les *portunus pleuracanthus* & *portunus euchromus*, couvrent les rochers de leurs troupes nombreufes ; peu d'infectes des genres *fourmis, blatte ou kancrelas, fauterelle, criquet*, &c. ; & à ce fujet Péron obferve que l'ordre des infectes orthoptères qui préfèrent généralement les lieux arides & fecs, offre un grand nombre d'efpèces fur le continent de la *Nouvelle-Hollande*, & que chacune d'elles y paroît exceffivement multipliée.

Cette même mer préfente une multitude de zoophytes plus ou moins curieux, des étoiles de mer, des ourfins, &c.

La baie des Chiens marins eft très-vafte ; fon ouverture eft au nord ; fon milieu préfente une vafte prefqu'île qui la partage en deux hâvres très-profonds, qui ont reçu les noms de hâvre *Freycinet* & de hâvre Hamelin. Sa côte orientale fe prolonge vers le nord, jufqu'au cap Cuvier ; enfuite, toujours dans la même direction & fous l'afpect nu, ftérile, bas, informe qu'elle affecte, comme dans tous les autres points que nous avons décrits, l'ouverture de la rivière du roi Guillaume qu'elle préfente, ne mérite fous aucun rapport l'importance qu'on feroit tenté de lui donner, d'après les anciennes cartes de cette partie de la *Nouvelle-Hol-lande*. Elle est étroite, barrée par des ressifs, embarrassée par des roches, & la direction qu'elle semble affecter porte à croire qu'elle n'est, comme toutes les autres prétendues rivières de ce continent, qu'une espèce de canal par lequel les eaux de la mer pénètrent plus ou moins dans l'intérieur des terres. On n'observe d'ailleurs à son embouchure aucun changement de couleur dans les flots, on n'éprouve aucune espèce de courant par son travers, & le continent, sur ce point, offre encore le même tableau de stérilité & de monotonie.

Le cap Murat est le cap ouest de la *Nouvelle-Hollande*; il se termine dans la mer par un ressif assez étendu, contre lequel les flots se brisent avec violence. Au nord & sur la même ligne, se présentent sept îles sablonneuses, stériles & basses, qui ont été nommées *îles de Rivoli* : elles sont peu considérables, la plus grande n'ayant guère plus de trois lieues de longueur.

Terre de Witt. Cette terre, au nord de la terre d'Endracht, commence immédiatement au-delà du cap Murat & des îles de Rivoli, & s'étend jusqu'au cap Nord de ce vaste continent; elle comprend ainsi dix degrés environ de latitude, sur quinze de longitude. La mer qui la baigne est remplie d'une multitude innombrable de méduses, de salpas, de porpites, &c., & indépendamment de ces zoophytes, des poissons des genres *balistes*, *chetodon*, *clupée*, &c., qu'il faut placer à la tête des poissons équatoriaux, des tortues, des baleines, des squales, des serpens marins, dont les uns sont verts, tachetés de roux & de brun, & les autres d'un vert plus obscur, marqués de grandes taches jaunes & noires, disséminées sur le dos.

L'Archipel *Forestier*, situé environ par 20° 35' 30" de latitude, & par 115° 12' 50" de longitude, est composé de dix îles principales, dont la plus grande n'a pas plus de trois ou quatre lieues de longueur; elles paroissent généralement basses & stériles, comme celles de Rivoli : néanmoins l'île de Puch, l'une d'elles, a un aspect tout particulier; les terres en sont plus hautes, les formes plus prononcées; elles présentent des roches aiguës, solitaires, qui, comme autant d'aiguilles, semblent s'élancer de la surface du sol. Toute l'île est volcanique; des prismes de basalte, le plus ordinairement pentaèdres, entassés les uns sur les autres, reposant le plus souvent sur leurs angles, en constituent la masse entière. Là, s'élèvent comme des murs de pierre de taille; ailleurs se présentent des espèces de pavés basaltiques analogues à ceux de la fameuse chaussée des Géans en Irlande. Dans quelques endroits on observe des excavations plus ou moins profondes; les eaux des parties voisines s'y réunissent, & forment des espèces de fontaines dont l'eau est ferrugineuse. Dans les lieux humides on remarque de beaux arbustes & quelques arbres plus gros

qui constituent de petits bosquets très-agréables. Tout le reste est d'une stérilité complète.

D'après sa conformation générale & la couleur de la partie du continent voisine, on juge qu'elle est d'une nature semblable & volcanique.

Cette île n'est pas habitée, & il paroit seulement que les sauvages de la grande terre y passent quelquefois. On croit y avoir vu un chien & un kanguroo. Les oiseaux sont des gobe-mouches, & des oiseaux de rivage. On y a trouvé un serpent gris, long de cinq pieds, & du genre des boas. Il y a beaucoup de sauterelles, de criquets, de mouches, &c.

Derrière l'Archipel Forestier, les terres continentales semblent former un grand enfoncement que l'on a nommé *Baie Forestier*; au-delà de cette baie elles deviennent très-basses.

L'île basse & sablonneuse de Bedout est située par 19° 33' lat. sud, & 116° 31' 45" long. est; les terres de la *Nouvelle-Hollande* qui lui correspondent, sont aussi très-basses. La mer qui l'entoure est peuplée de plusieurs espèces de méduses, dont une a plus de deux pieds de diamètre, & pèse plus de soixante livres. Il y a partout des bas-fonds, & la navigation y est très-dangereuse.

Le continent paroît assez peuplé, du moins si on en juge par le nombre des feux allumés par les naturels. Il semble que la stérilité y soit moins grande que sur les divers points reconnus des terres de Leuwin & d'Endracht.

Un vaste golfe porte le nom de *Laplace*, & un groupe de petites îles sablonneuses, mais recouvertes de quelque verdure, a reçu celui de *Lacépède*. Il y a quatre principales situées à peu de distance du continent; elles gisent par 16° 43' 30" latitude sud, & 119° 33' 30" longitude est. En avant d'elles se projettent une longue chaîne de ressifs & d'immenses bancs de sable, qui ont reçu le nom de *Bancs des Baleines*, à cause du grand nombre d'animaux de ce genre qu'on y rencontre; les mollusques, les poissons & les serpens marins abondent dans ces mêmes parages.

Au nord des îles Lacépède est un grand cap blanchâtre, celui qui a reçu le nom de *Borda*, par 16° 36' latitude ouest, & 120° 8' longitude est.

La baie Berthoud, située encore plus loin, est petite, profonde; ses rivages sont bas, stériles & sablonneux. Sa pointe nord est un très-grand cap (cap Molien) : ici la côte change tout-à-coup de direction pour tourner davantage à l'est.

En avant du cap Molien se trouvent une petite île & plusieurs bancs de sable, nommés *île & bancs du Géographe*.

Les îles de l'archipel Champagny sont stériles & blanchâtres; la plupart affectent une conformation bizarre & parfaitement semblable à celle d'un bol renversé (île Freycinet). L'île Lucas, qui est très-voisine, a la forme du comble d'un vaste édifice; les autres, moins remarquables, portent différens noms. La terre, au-delà de ce îles est uniforme, comme partout ailleurs sur la même côte.

Les îles d'Arcole, les premières de l'archipel Bonaparte, sont situées par 14° 47′ 50″ latitude est, & 122° 11′ 32″ longitude ouest ; elles sont défendues sur tous les points par de longues chaînes d'écueils, contre lesquels la mer brise avec fureur. Les marées montent de vingt-cinq pieds dans ces parages, & la navigation y est très-dangereuse ; aussi n'a-t-on pas pu reconnoître, comme on l'eût desiré, les îles d'Arcole. Elles offrent, dans leur ensemble, l'aspect le plus bizarre & le plus sauvage. De toutes parts s'élèvent, sous mille formes diverses, des îles sablonneuses, stériles & blanchâtres ; plusieurs ressemblent à d'immenses tombeaux antiques ; quelques-unes paroissent réunies par des traînées de récifs ; d'autres sont défendues par de grands bancs de sable, & tout ce qu'on peut distinguer du continent présente la même stérilité, la même monotonie dans sa couleur & dans sa constitution.

L'archipel Bonaparte se prolonge beaucoup dans la direction du sud-ouest au nord-est, & ses terres sont bordées de récifs & de brisans qui semblent former plusieurs lignes parallèles à la côte, & peu distantes les unes des autres, au dessus desquelles on voit les vagues s'élever successivement, se briser avec fureur & former une horrible cascade de quinze lieues de longueur environ. Partout on trouve des bas-fonds & des courans qui portent sur les brisans jusque vers le 13ᵉ. d. 15′ lat. austr. & par 123′ 30″ longitude orientale, où le grand archipel Bonaparte finit.

Terre Napoléon (1). On comprend généralement sous le nom de *côte du sud* & du *sud-ouest* de la *Nouvelle-Hollande*, toute la portion de ce continent qui du 33ᵉ. se prolonge jusqu'au 39ᵉ. degré sud, & qui, du 112ᵉ., se développe dans l'est jusqu'au-delà du 144ᵉ. degré de longitude orientale, formant ainsi comme une immense écharpe de huit ou neuf cents lieues de longueur, dont les deux extrémités viennent se rattacher d'une part au cap Leuwin, & de l'autre au promontoire Wilson vers le sud. De ce grand espace, la partie seule qui du cap Leuwin s'étend aux îles Saint-Pierre & Saint-François, étoit connue avant le voyage aux terres australes ; le reste a été reconnu par les voyageurs français, qui lui donnèrent le nom de *terre Napoléon*. Ils en explorèrent les côtes en remontant du sud-sud-est à l'ouest-nord-ouest, après avoir reconnu toute la partie orientale de la terre de Diemen & différentes îles du détroit de Bass. Ils atteignirent d'abord un grand cap, qui fut appelé *cap Richelieu*, lequel se prolonge fort en avant dans la mer, & forme l'entrée d'une baie profonde (la baie Talleyrand), sur la côte orientale de laquelle se trouve un port commode (le port Philip) ; le cap Marengo termine la baie Talleyrand vers le sud-ouest. Vers ce dernier cap, qui est boisé, ainsi que les terres dont on vient de faire mention, la côte est très-haute, & l'aspect de la *Nouvelle-Hollande* change tout-à-coup ; ce n'est plus qu'une immense falaise taillée partout à pic, d'une couleur grise ou jaunâtre, sans aucune trace de végétation ou de verdure, & qui, formant une foule de petites anses peu profondes & de petits caps, se dessine dans le lointain comme une longue suite de fortifications régulières. Le cap Volney est remarquable par une chaîne de roches qui se porte très avant au large. Cette côte est dépourvue d'animaux marins, si l'on en excepte quelques poissons volans. Les oiseaux qu'on y voit sont des mauves, des goélands, des foux, des plongeons.

L'île Fourcroy est située par 38° 26′ 15″ latitude australe, & 139° 52″ longitude orientale ; elle est d'une forme presque quadrangulaire, légèrement échancrée sur ses bords ; son sol est bas, uniformément aplati, d'une couleur triste & grisâtre, stérile comme le rivage du continent, & taillé à pic comme lui.

La baie Tourville est très-grande ; son ouverture est vers l'est : elle renferme une seconde île noirâtre, escarpée comme la précédente, aride & basse comme elle, & très-rapprochée de deux îlots d'une constitution analogue. Les flots qui la baignent, les îlots qui s'y rattachent, donnent asyle à d'innombrables légions d'oiseaux pélagiens. Le cap Montaigne termine à l'ouest la grande baie

---

(1) Cette partie des côtes de la *Nouvelle-Hollande* a été reconnue en 1802 & 1803, pour la première fois, par des navigateurs français qui ont imposé, suivant l'usage des Quiros, des Mendana, des Magellan, des Bougainville, des Cook, des Van-Couver, &c., à chaque île, à chaque promontoire ou cap, à chaque golfe, baie ou crique, des noms destinés à rappeler l'époque de la découverte. On ne sera donc pas surpris de trouver dans cet article (extrait du second volume du *Voyage aux Terres australes*, publié en septembre 1816, & sortant de l'Imprimerie royale) des dénominations qui sembleroient en reporter l'émission à des temps déjà éloignés. M. Freycinet, membre de la Légion d'honneur & chevalier de Saint-Louis, qui a pris la part la plus active à cette expédition, s'est chargé, en publiant le second volume, dont le savant & malheureux Péron avoit en grande partie achevé la rédaction, d'expliquer cette espèce d'énigme : « Je sens, dit-il, (page 7 de sa » préface, ligne dernière, & page 8), je sens tout ce que » certaines parties de la nomenclature géographique suivie » dans cette rédaction peuvent avoir de fâcheux & de pé- » nible pour le lecteur ; mais je ne pouvois employer d'au- » tres dénominations que celles qui sont usitées dans le pre- » mier volume. Péron (mort le 14 décembre 1810) avoit » conçu le projet de tous les noms qui devoient désigner les » différens lieux que nous avions visités, dont nous avions » déterminé la position ou fait la géographie. Ce projet » avoit été adopté par l'autorité : il devoit donc porter » l'empreinte de l'époque à laquelle notre expédition avoit

» été entreprise, & des circonstances où Péron en écrivoit » l'histoire ».

Il seroit d'ailleurs impossible de parler de ces lieux sans se servir des noms qui leur ont été imposés, puisque ce sont encore les seuls qu'ils aient reçus.

Tourville. Le cap Duquefne, fitué au-delà, a fes rivages ftériles, abaiffés & jaunâtres.

La baie Defcartes vient enfuite, & puis après le cap Bélidor, le cap Boufflers, la baie d'Eftaing, le cap Buffon, à partir duquel, jufqu'à la baie de Rivoli, le continent n'offre plus aucun enfoncement remarquable, aucune efpèce d'abri pour les plus foibles bâtimens. Expofée de toutes parts aux vents impétueux du fud-oueft, battue fans ceffe par les flots de l'immenfe Océan auftral, cette partie de la *Nouvelle-Hollande* eft plus affreufe encore que celles dont nous avons parlé jufqu'à préfent. Une lame terrible roule tout le long de fon prolongement, & fait entendre même, durant le calme, un bruit fourd & menaçant. La ftérilité la plus hideufe eft partout empreinte, & nulle part on ne découvre aucune trace du plus foible ruiffeau. La mer n'y préfente que quelques phoques, quelques falpas & des béroés, une belle efpèce de portune; les dauphins & les thons s'y montrent quelquefois par troupes nombreufes.

La baie de Rivoli fe préfente fous la forme d'un grand ovale de huit à dix milles de profondeur, & fe termine au fud par le cap Lannes, & au nord par celui de Jaffa. Vers ce dernier point, une groffe chaîne de reffifs en reftreint l'entrée. A cinquante milles au-delà s'ouvre la baie Lacépède, qui a fix à fept lieues de largeur, & dont les rivages font encore plus affreux que ceux dont il a été fait mention jufqu'ici. Ses roches font peuplées de cormorans, & il paroît que le fond en eft habité par les hommes. Les dauphins y font très-nombreux; ils vont par bandes fi confidérables, qu'on les prendroit pour d'immenfes chaînes de reffifs.

Au-delà d'une baie de dix milles d'ouverture environ, & qui a été nommée *baie Mollien*, on découvre d'abord la prefqu'île Fleurus, longue de quinze à feize lieues, formée de terres très-hautes, qui fe deffinent fur plufieurs plans de montagnes que tout annonce devoir être de nature granitique. A l'oueft de cette prefqu'île fe préfente un premier golfe, qui s'avance de cent milles dans l'intérieur des terres, & qu'on a nommé *golfe Jofephine*. En avant de ce golfe, & prefque par fon travers, eft l'île Decrès, de deux cents dix milles de tour, féparée par le détroit de Colbert, de la prefqu'île Fleurus à l'eft, & par le détroit de Lacépède à l'oueft, d'une feconde prefqu'île de cent vingt milles de longueur, qui a reçu le nom de *prefqu'île Cambacérès*. L'archipel Vauban, compofé de huit petites îles, en eft à peu de diftance, & vers fa pointe occidentale. Au-delà du cap Berthier, qui termine, à l'oueft, cette dernière prefqu'île, la *Nouvelle-Hollande* s'ouvre de nouveau pour former le golfe Bonaparte, qui s'enfonce plus de deux cents milles au travers de ce continent, & comporte plus de fix cents milles dans le développement de fes côtes. Ce vafte golfe fe préfente fous la forme de l'embouchure d'un

très-grand fleuve, & fe termine en fe rétréciffant infenfiblement vers le fond par des bancs de fable qui l'obftruent. Sur la côte occidentale du golfe, & tout près de fa pointe d'entrée, on découvre le port Champagny, l'un des plus beaux & des plus fûrs qu'offre la *Nouvelle-Hollande*, & dont le rivage eft revêtu de forêts épaiffes.

De petites îles, au nombre de huit, forment, auprès du port Champagny, un petit archipel particulier.

Non loin du golfe Bonaparte, la *Nouvelle-Hollande* forme un grand cap (cap Brune), puis elle fe renfonce dans un efpace de plus de foixante milles, fe relève à la hauteur du cap Correa, préfente, fur ce point, le groupe des îles Jérôme. Plus loin fe trouve la baie Lemonier, défendue par une chaîne de reffifs dangereux, Dépaffant les petites îles Cuvier, on fe trouve par le travers de la baie Louis, qui préfente un développement de côtes de plus de cinquante milles, & qui paroît peuplée.

A ce dernier point de la terre Napoléon, les îles fe multiplient, & d'abord l'archipel Saint-François préfente fes treize ou quatorze îles ftériles & blanchâtres. A peu de diftance, & dans le nord-eft de ce premier groupe, s'offre celui des îles Saint-Pierre, qui font au nombre de trois. Plus loin, & tout proche de la terre continentale, fe découvrent les îles Jofephine, hériffées, pour ainfi dire, de toutes parts de brifans & de hauts-fonds, &c. Ces îles qui, réunies à toutes celles qui accompagnent la terre Napoléon, s'évent à plus de cent foixante, font ftériles comme le continent.

Cette terre finit au cap des Adieux, par 32° 19' latitude auftrale, & par 128° 42' long. eft.

Après cette defcription fuccincte de la terre Napoléon, il convient de revenir avec quelques détails fur les principaux points de cette terre qui ont été vifités par les navigateurs français.

L'île Decrès eft de toutes celles qui fe rattachent au fyftème de la *Nouvelle-Hollande*, la plus grande qui foit connue: elle a près de cent milles de longueur de l'eft à l'oueft, fur une largeur de plus de trente milles environ du nord au fud, & fa circonférence n'a pas moins de trois cents milles. Toute fa côte méridionale eft expofée, fans abri, aux flots impétueux du grand Océan auftral. Le golfe Jofephine lui correfpond vers le nord, & le détroit Colbert, à l'eft, la fépare de la prefqu'île Fleurus. A l'oueft, la grande prefqu'île Cambacérès lui eft oppofée, & le détroit Lacépède préfente fur ce point fon magnifique canal. Ses côtes offrent plufieurs caps, notamment ceux qui ont reçu les noms de *Bedout* & de *Borda*, à l'oueft; les caps Forbin, Prony, Caffini, d'Eftaing & Vendôme fur la côte nord, le cap Delambre au nord-eft, le cap Sané à la pointe eft de l'île, & ceux de Linois, Gantheaume, Kerfain & du Couedic fur le rivage du fud. On y diftingue trois grandes baies, celle de Bougainville entre les caps Vendôme & Delambre, celle qui porte le nom d'*Estrée*, bornée par les caps Sané & Linois, & celle de Vivonne, limitée par les caps Gantheaume & Kersain : ces deux dernières ne sont pas tenables, tant la mer y brise avec violence. Au-delà du cap Bedout on découvre une ravine profonde, qui paroît servir de lit à quelque torrent, & qui a reçu le nom de *ravine des Casoars*, du grand nombre des animaux de ce genre qui existent dans l'île Decrès.

La baie de Bougainville est le plus considérable de tous les enfoncemens que présente l'île ; elle en est aussi le plus important sous tous les rapports : sa situation la met à l'abri des vents du sud-ouest, & son étendue la rend propre à recevoir des flottes nombreuses. Elle a plus de vingt milles d'ouverture sur une profondeur de huit à dix milles, & le fond en est bon & suffisamment profond.

L'île Decrès ne présente, malgré son étendue, aucune espèce de montagne proprement dite. La charpente entière du pays se compose de collines plus ou moins élevées, mais dont les sommets sont presque partout réguliers & uniformes. Tout le long de la côte méridionale, ces collines se développent sur un seul plan de deux à trois cents pieds de hauteur perpendiculaire. Les pentes en sont tellement unies, que, dans leur partie supérieure, elles paroissent glissantes ; mais au bord de la mer, ces mêmes collines sont taillées à pic & s'élèvent presque partout comme un rempart. Leurs couleurs sont tristes & sauvages ; elles varient, du gris au brun, ou même au noirâtre ; les espaces moins rembrunis sont d'un jaune d'ochre plus ou moins sale. Du cap Bedout jusqu'à la ravine des Casoars, la terre n'offre qu'un seul plan de collines parfaitement semblables à celles de la partie du sud, mais plus hautes ; & bien qu'elles soient dépourvues de toutes espèces d'arbres, on y distingue pourtant çà & là quelques traces de verdure. A travers cette chaîne, la ravine des Casoars laisse apercevoir dans l'intérieur d'autres collines dont quelques parties sont boisées. La côte du nord est aride & nue comme celle du sud, & se montre partout avec une constitution analogue.

Les rivages de la baie Bougainville sont formés eux-mêmes de collines peu élevées ; mais la verdure qui les couvre & les forêts dont les sommités se montrent sur divers points, donnent à cette partie de l'île un aspect plus riant & plus agréable.

L'eau est peu abondante sur l'île Decrès, & les nombreux kanguroos & casoars qui l'habitent, sont obligés, dans la saison chaude, de venir se désaltérer dans les eaux de la mer.

Les produits minéraux de l'île Decrès consistent essentiellement en diverses espèces de schistes primitifs, entre les couches desquels se trouvent quelques veines de quartz opaque, le plus ordinairement blanchâtre, & quelquefois rougeâtre. Toute la partie occidentale de la baie Bougainville est principalement composée d'un grès ferrugineux

rouge & très-dur. C'est à cette roche singulière que les petits caps de l'intérieur de cette baie, ainsi que le cap Vendôme, doivent la teinte rougeâtre & sombre qui les fait distinguer au loin. Deux autres espèces de grès existent encore sur l'île Decrès ; l'une, primitive, quartzeuse & très-compacte, forme des parties de côtes assez étendues ; l'autre, secondaire, calcaire & moins dure, joue dans l'histoire géologique du sol un rôle, sinon plus important, au moins plus singulier que la première espèce. C'est au milieu de cette roche que sont enfouis des arbres, on pourroit même dire des portions entières de forêts pétrifiées. En plusieurs endroits où les dunes sont taillées à pic, on distingue parfaitement les troncs de ces arbres ; on peut en suivre les plus petits détails ; on voit leurs rameaux, également pétrifiés, s'enfoncer & se perdre dans la gangue commune : il n'est pas jusqu'aux plantes parasites & grimpantes qu'on ne retrouve dans le même état de pétrification, & serpentant autour des arbres dont il s'agit. Sur quelques points les dunes de grès se sont éboulées ; les décombres en ont été successivement entraînés par les eaux pluviales, dispersés par les vents. Le sol s'est aplani & présente des surfaces plus ou moins égales, & quelquefois très-étendues. Là se montrent d'une manière encore plus remarquable ces singulières pétrifications. Coupés naturellement au niveau du sol, les troncs des arbres forment comme de larges mosaïques. En examinant ces troncs avec beaucoup de soin, on y reconnoît encore les diverses couches du tissu ligneux.

Sur plusieurs points de la baie de Bougainville on rencontre deux espèces de pierres calcaires ; l'une, d'un grain plus serré & d'un tissu plus homogène, se rapproche de la nature des grès ; l'autre ressemble davantage aux substances crétacées. Ces pierres calcaires sont ordinairement superposées aux roches schisteuses, ainsi qu'aux grès primitifs. On les observe à plus de cinquante ou soixante pieds au-dessus du niveau de la mer, & à cette élévation elles contiennent une grande quantité de détritus & de débris de coquilles pétrifiées. Le sable du rivage est très-fin, de nature quartzeuse, mélangé d'environ une cinquième partie de terre calcaire fortement atténuée. Ce sable, repoussé du bord de la mer par les vents & par les eaux, s'élève, sur une grande partie du rivage, en dunes de soixante à quatre-vingts pieds de hauteur. Dans le fond de la grande baie Bougainville on rencontre des forêts qui paroissent se prolonger assez loin vers l'intérieur du pays, & qui se composent, comme toutes celles de ces régions lointaines, de diverses espèces d'*eucalyptus*, de *banksia*, de *phebalium*, de *mimosa*, de *casuarina*, de *metrosideros*, de *leptospermes*, de *styphelia*, de *conchyum*, de *diosma*, d'*hakea*, d'*embothrium*, &c. Parmi ces arbres, & surtout parmi les plus gros, il en est un grand nombre qui sont si complètement gâtés à l'intérieur, qu'ils ne sauroient être employés à aucune sorte d'usage ; cette altération paroît dépendre, ainsi que le remarque Péron, de la maigreur du sol, qui ne fournit point à ces végétaux une quantité suffisante de sucs nutritifs, lorsque, parvenus à de fortes dimensions, ils exigent plus d'humidité pour leur entretien.

Trois espèces de mammifères habitent cette île, que l'homme semble n'avoir jamais fréquentée ; l'une appartient au genre des *dasyures* ; les deux autres sont nouvelles, & paroissent être les plus grandes de la singulière famille des kanguroos. Plusieurs de ceux de l'île Decrès sont de la hauteur d'un homme & plus, lorsqu'assis sur les jambes de derrière & sur la queue, ils tiennent leur corps perpendiculaire. Favorisée par l'absence de tout ennemi, la multiplication de ces grands quadrupèdes a été considérable dans cette île ; ils y forment de nombreux troupeaux. En quelques endroits plus habituellement fréquentés par eux, la terre est tellement foulée, qu'on n'y voit pas un brin d'herbe. De larges sentiers qu'ils pratiquent, ouverts au milieu des bois, viennent aboutir de tous les points de l'intérieur au rivage de la mer : ces sentiers, qui se croisent dans tous les sens, sont partout fortement battus. On pourroit croire, en les voyant d'abord, qu'une peuplade nombreuse & active habite dans ce voisinage.

Ce rivage présente encore l'otarie cendré (*otaria cinerea*), phoque de neuf à dix pieds de longueur, dont le poil est très-court, très-dur & très-grossier, & dont la graisse donne une huile aussi bonne qu'abondante ; on y voit aussi d'autres animaux du même genre, dont les fourrures sont de bonne qualité.

L'île Decrès réunit de grandes troupes d'oiseaux de terre & de mer. Les premières se composent d'une foule de belles espèces de perroquets, de cacatoès, de mésanges, de muscicapas, de bouvreuils, de grives, &c. On y voit le beau pigeon aux ailes d'or, la jolie mésange à collier bleu d'outre-mer, le bouvreuil à croupion rouge, l'autour blanc de la *Nouvelle-Hollande*, une espèce nouvelle de chouette, &c. Les tribus pélagiennes & de rivages offrent surtout aux observateurs, des pélicans à gorge jaune, à ailes mi-partie de blanc & de noir ; des mauves, dont une grande espèce se fait distinguer par la belle couleur lilas de son corps ; des sternes, des huîtriers, diverses espèces de procellaria, un grand aigle de mer, plusieurs sarcelles remarquables par l'éclat & la variété de leurs couleurs, &c. Mais de tous les oiseaux que l'île Decrès reçut en partage, les plus utiles à l'homme sont les casoars ; ces gros animaux paroissent exister sur l'île en troupes nombreuses ; mais comme ils sont très-agiles à la course, il est difficile de se les procurer.

Des lézards, tous, non encore connus des naturalistes, abondent dans ces lieux arides & sablonneux. Péron y a trouvé les espèces qu'il nomme

scinque noir (*scincus atterrimus*), gecko *pachyurus*, gecko *sphincturus*, scincoïde, ocellé (*scincoides ocellatus*), iguame de l'île Decrès, &c. &c., & les reptiles qu'il a décrits sous les noms génériques de *tridactyle* & de *tétradactyle*.

Les abords de cette île sont peu fréquentés par les poissons ; à peine en trouve-t-on dix à douze espèces, parmi lesquelles on remarque un maquereau assez semblable au nôtre, un labre gris & terne, un caranx à dos d'azur, un scombresoce très-brillant de couleur, un coryphène, deux sphyrènes, trois balistes, &c. Un très-grand squale abonde aussi dans cette baie, où Péron rassembla trois cent trente-six espèces, la plupart nouvelles, de mollusques, de crustacés, d'aranéides, d'insectes, de vers & de zoophytes. Les éponges, les ascidies, les astéries surtout, y abondent.

Le golfe Bonaparte, qui est, après celui de Carpentarie, le plus grand qu'on connoisse à la *Nouvelle-Hollande*, est étroit dans son fond, & ses côtes sont très-élevées & très-escarpées. Il reçoit sans doute une rivière, mais cette rivière ne sauroit être considérable, puisque l'on ne remarque aucun courant, ni aucune différence dans la salure de la mer à mesure qu'on en approche. Tout porte à penser que la rivière qui y afflue est torrentielle, ainsi que l'indiquent les nombreux bancs de sable qui encombrent le fond de ce golfe.

Le golfe Joséphine est aussi sans issue & même sans rivières à son fond.

La découverte & l'examen de ces deux enfoncemens de la mer détruit tout-à-fait l'espérance assez fondée qu'on avoit de trouver une communication entre le golfe de Carpentarie & l'enfoncement considérable que forment les côtes de la *Nouvelle-Hollande* au sud-ouest sur toute l'étendue, qui a été nommée *terre Napoléon*.

Dans le trajet que les Français firent dans le golfe Bonaparte, pour en relever les côtes, ils reconnurent un petit groupe d'îles qu'ils nommèrent *archipel de Léoben*, situé par 34° 30' 15" latitude sud, & 134° 3' 42" de longitude est. Ces îles sont basses & stériles, & furent appelées *Castiglione* (la plus grande), *Bassino*, *Dégo*, *Mondovi*, *Voltri*, *Millesimo* & *Rovérédo* vers 32° 2' & 32° 23' latitude australe, & 131° 26' longitude australe.

Plus à l'ouest sont les connues sous les noms de *Saint-Pierre* & *Saint-François*, découvertes en 1627 par le célèbre navigateur hollandais Peter Nuytz, mais très-imparfaitement reconnues depuis. Nos navigateurs observèrent que ces îles se divisent en quatre groupes principaux ; 1°. l'archipel Saint-François ; 2°. l'archipel Saint-Pierre ; 3°. l'archipel Joséphine, & 4°. l'archipel du Géographe. Aucune de ces îles ne présente un seul arbre, un seul arbrisseau ; pas une broussaille ne s'élève de leur surface, qui paroît couverte d'arides & sombres lichens. Plusieurs d'entr'elles ont leurs flancs écorés, & les canaux qui les séparent, semblent être

être profonds & fûrs. Les îles Saint-François & Saint-Pierre, d'après leur forme, leur abaissement, leur couleur, leur régularité, paroissent essentiellement formées de substances secondaires, ou même tertiaires ; mais en observant que les îles Josephine, qui leur ressemblent d'ailleurs sous tant de rapports, font cependant granitiques, il est difficile de ne pas croire que cette dernière origine soit commune à toutes les îles de cette partie de la *Nouvelle-Hollande*.

Un peu au-delà de ces îles est la baie Murat, à l'entrée de laquelle est l'île Eugène, tout aussi stérile que celles dont nous avons parlé jusqu'à présent. La baie est obstruée de brisans & de hauts-fonds qui la rendent très-dangereuse, même pour les plus petits navires, & les anses profondes qu'elle présente, notamment celle de Tourville, offrent les mêmes inconvéniens pour la navigation. L'île Eugène est bordée de galets d'un granite feuilleté de couleur gris-verdâtre, à très-petits cristaux, & la base de la même île paroît être d'un granite en masse avec des lignes noires, obliques & flexueuses, qui se compose de feld-spath, de quartz gras légèrement rougeâtre & de mica noir. On le retrouve aussi sur les parties voisines du continent avec des masses d'une troisième sorte de granite rougeâtre, d'un grain dur & très-âpre, qui se compose de feld-spath rougeâtre, de mica noir, & de quartz également rougeâtre.

Différens grès ont, les uns le grain très-fin, la texture presque graniteuse, la couleur agréable, d'un gris-rougeâtre, inattaquables par les acides ; parsemés de petites particules de mica : ceux-ci s'élèvent en grandes masses, & forment le cap d'Estrée & le cap de Vivonne dans l'île Decrès.

D'autres, à ciment silicéo-calcaire, font effervescence avec les acides ; ils sont d'une couleur grise, d'un grain fin & d'une dureté bien moins grande que ceux de la précédente espèce ; ils gisent aux mêmes lieux, & se trouvent quelquefois adossés à ces masses.

Une troisième sorte de grès beaucoup plus calcaire que les deux autres, d'un grain fin & d'une texture homogène, d'une couleur gris blanchâtre, & beaucoup moins dure que les précédentes, se retrouve, comme elles, en grandes masses tout le long de la côte continentale. Battues sans cesse par les flots de la mer qui les baigne, ces roches de grès se distinguent par une foule de crevasses, d'érosions, de fissures, de petites cavernes, de petites aiguilles, & de tubérosités remarquables & pittoresques.

Tous ces grès ne présentent, dans leur tissu, aucune trace de débris organiques. Il n'en est pas de même d'un autre grès a grain très-fin, presque pulvérulent & d'une couleur blanchâtre, que l'on trouve plus particulièrement dans l'anse Suffren & sur quelques points de la côte continentale, formant partout des couches horizontales & de peu d'épaisseur : son intérieur est parsemé

de diverses espèces de petites coquilles plus ou moins altérées. Une autre, qui appartient à la grande terre, est d'une nuance obscure, d'un tissu lâche & presqu'entièrement composé de coquilles qui laissent entr'elles de grands espaces vides & comme caverneux. Cette roche est extrêmement dure, & sa dureté paroît dépendre de la nature spathique du ciment qui réunit les coquillages & les autres parties qui entrent dans sa composition. Sur un grand développement des côtes de la baie Murat on reconnoît cette roche qui est presque partout en masses de plus de cinquante pieds de hauteur perpendiculaire au-dessus du niveau de la mer, toutes crevassées, & qui s'abaissent insensiblement jusqu'au rivage.

Au-dessus de ces granites & de ces grès repose une couche plus ou moins épaisse d'un sable très-fin, de couleur gris-blanc ou même rougeâtre, qui, sur plusieurs points, constitue des chaînes de dunes élevées, & qui, porté quelquefois par les vents vers l'intérieur des terres, y couvre de ses arbustes & même les arbres les plus hauts. Mélange singulier de parties calcaires & quartzeuses, ce sable est susceptible, dans plusieurs circonstances, de former, en peu de jours, une espèce de ciment très-dur & qui s'attache à tous les corps : c'est à lui qu'il faut rapporter l'origine de la plupart des grès secondaires qu'on trouve sur ces plages ; c'est encore lui qui joue le rôle principal dans cette foule de concrétions qui se présentent à chaque pas, & au milieu desquelles l'observateur étonné reconnoît non-seulement des coquilles, des ossemens d'animaux, mais encore des feuilles, des rameaux & des troncs d'arbres entiers : il n'est pas jusqu'à des excrémens de kanguroo & de phalangers qui ne puissent être enveloppés par ce ciment sablonneux, & qui ne se transforment, pour ainsi dire à vue d'œil, en autant de masses dures & pierreuses.

Exposées à tous les vents les plus rigoureux & les plus violens de l'hémisphère antarctique, soumises à de grandes vicissitudes dans leur température journalière, sans montagnes, sans vallées, sans rivières, sans eau douce, environnées d'une ceinture de dunes arides, recouvertes d'une couche épaisse de sable éminemment solidifiable, les tristes plages que nous décrivons ici sont encore plus stériles que celles dont nous avons parlé jusqu'à présent. Des innombrables végétaux que la nature semble avoir créés pour le sol ingrat de la *Nouvelle-Hollande*, qui se complaisent, pour ainsi dire, au milieu de ses sables ardens, il ne s'en trouve qu'un petit nombre d'espèces en ces lieux, & tous paroissent languir à la surface aride du terrain qui les porte.

Cette partie de la terre Napoléon a offert le chien marron, qui, particulier à la *Nouvelle-Hollande*, peuple de ses tribus diverses toute l'étendue de ce vaste continent.

L'île Eugène présente une nouvelle espèce de

Ccccc

kanguroo, pefant de huit à dix livres, ayant la fourrure épaiffe, le poil très-fin & d'une belle couleur rouffe tirant fur le brun : on y trouve auffi une nouvelle efpèce de phalanger & un phoque, que Péron appelle *otaria albicollis*, de huit à neuf pieds de longueur; il fe diftingue furtout par une grande tache blanche à la partie moyenne & fupérieure du cou.

Les oifeaux de terre font prefqu'inconnus fur ces rivages, & l'on n'y voit qu'une efpèce de gobe-mouche à queue étalée en roue, qui vit fous les brouffailles & fe nourrit de fourmis.

Parmi les oifeaux de mer on reconnoît le petit manchot bleu (*aptenodytes minor*), une efpèce de cormoran, d'innombrables volées de mauves, quelques hirondelles de mer & quelques gros pélicans.

On y trouve un lézard du genre fcinque, jufqu'alors inconnu. Il paroît que les tortues de mer y abordent à l'époque du printemps.

Les poiffons y font peu nombreux, & nos voyageurs n'y trouvèrent que de petits fcombres, un feul efox, une feule lophie & un feul tetraodon.

Les infectes y font rares, & l'on n'y voit guère que des blattes & de groffes fourmis noires, mais les mollufques & les zoophites y abondent : deux cents efpèces de ces animaux ont été recueillies par Péron & Lefueur en deux jours feulement.

On ne trouve aucune trace d'habitans fur ce point le plus occidental de la terre Napoléon, où commence la terre de Nuyts.

Terre de Nuyts. Cette grande étendue de côtes eft comprife entre la terre de Leuwin à l'oueft & la terre Napoléon à l'eft. Avec cette dernière elle forme ce vafte golfe fitué à la partie méridionale de la *Nouvelle-Hollande*, au fond duquel on penfoit qu'il pouvoit exifter une ouverture communiquant avec le golfe feptentrional de Carpentarie, & divifant le continent en plufieurs grandes îles; ouverture qui n'a point été reconnue par les navigateurs chargés de faire le relèvement complet des côtes de cette cinquième partie du Monde.

Vers l'extrémité occidentale de la terre de Nuyts, par 35° 3' 10" de latitude fud, & par 115° 38' 6" de longitude à l'eft du méridien de Paris, fe trouve le port du Roi-Georges, découvert en 1791 par Van-Couver; il eft d'une importance d'autant plus grande, que, fur une étendue de côtes au moins égale à la diftance qu'il y a de Paris à Pétersbourg, c'eft le feul point bien connu de la *Nouvelle-Hollande* où il foit poffible de fe procurer de l'eau douce en tout temps. Environné de terres très-hautes, il eft ouvert du côté de l'eft, & n'eft abrité fur ce point que par les petites îles Break-Sea & Michælmas. Trois baffins principaux conftituent l'enfemble de ce port fingulier. Le principal, & le plus oriental, offre partout un très-grand fond; & peut recevoir les plus gros vaiffeaux de guerre; c'eft le port ou la rade proprement dite. Dans le hâvre de la Princeffe-Royale qui n'eft féparé du port que par un ifthme fablonneux, les navires

d'un moindre tirant d'eau fe trouveroient placés comme dans un baffin; mais d'immenfes bancs de fable encombrent ce hâvre, & le canal par lequel il communique avec le port antérieur eft beaucoup trop étroit pour qu'il foit poffible d'y louvoyer avec fécurité. Le hâvre aux Huîtres eft d'un accès encore plus difficile que celui de la Princeffe, & ce n'eft guère que dans une efpèce de chenal de peu d'étendue qu'il feroit poffible de mouiller fans craindre de s'échouer fur les vaftes bancs de fable qui enveloppent ce dernier port.

La conftitution phyfique de cette partie de la terre de Nuyts offre un contrafte bien fingulier avec tout le refte de cette même terre & celle de Leuwin. Là s'élèvent le mont Bald-Head, qu'on découvre de quatorze lieues, & le mont Gardner, dont le fommet paroît à la diftance de plus de vingt lieues comme la pointe d'un cône immenfe porté fur les eaux. A mefure qu'on s'en rapproche, on le voit fe développer & s'étendre; il s'élargit fur fa bafe, fes flancs fe prolongent, & il refte ifolé comme une île gigantefque. Tout le pourtour de cette montagne eft tellement efcarpé, qu'elle fembleroit être inacceffible; on y diftingue cependant çà & là quelques traces de fillons diverfement entre-croifés, qui forment peut-être autant de crevaffes profondes; du refte, le mont Gardner eft de la plus effrayante ftérilité, fans arbres, fans arbriffeaux, d'une couleur fombre : fa maffe entière fe compofe de roches primitives.

Au fommet des monts fourcilleux qui entourent le port du Roi-Georges, viennent fe réunir d'abondantes vapeurs qui, condenfées par une température plus froide, fe réfolvent en une rofée féconde, & pour ainfi dire continuelle; de-là ces fources limpides qu'on voit jaillir de toutes parts, & qui, fuivant la difpofition des lieux inférieurs, forment des ruiffeaux ou des étangs, des lacs ou des rivières, dont les principaux font, 1°. fur la côte méridionale du port, trois milles à l'oueft de Bald-Head, deux ruiffeaux coulant fur le fond d'une anfe fablonneufe; 2°. fur la péninfule qui fépare le hâvre de la Princeffe d'avec le grand port, plufieurs étangs d'eau douce très profonds, & qui nourriffent une efpèce d'écreviffe particulière à ces rivages; 3°. dans le hâvre de la Princeffe, beaucoup de petites fources & trois ruiffeaux, dont le méridional furtout eft le plus important fous le rapport du volume & de la pureté des eaux qu'il roule; 4°. fur la rive occidentale du hâvre aux Huîtres, plufieurs marais faumâtres; 5°. une rivière, celle des Français, la plus remarquable de toutes, dont l'embouchure dans le même hâvre eft auffi large que la Seine à Paris, & dont la profondeur eft de fix, huit, dix & même douze pieds; cette rivière paroît venir de fort loin dans l'intérieur des terres; 6°. entre le hâvre aux Huîtres & le mont Gardner, plufieurs étangs d'eau douce. Vers le fond de la grande baie qui fe trouve à l'eft de cette dernière montagne il exifte plusieurs grands lacs semblables, qui forment une espèce de chaîne continue & sans communication directe avec la mer.

Toutes les côtes de cette partie de la terre de Nuyts sont essentiellement primitives, & présentent particulièrement, 1°. une espèce de granite remplie de grenats, dont quelques-uns sont de la grosseur du petit doigt ; 2°. une substance qui a été regardée comme de la mine de plomb ; 3°. une roche si riche en fer, que, dans les environs de Bald-Head, où elle se trouve plus abondamment, il fut impossible de faire des opérations sur la variation de l'aiguille aimantée ; 4°. vers le fond du hâvre aux Huîtres, & dans un très-petit nombre d'autres lieux, on trouve une espèce de mauvaise tourbe & de substance argilo-marneuse ; 5°. le sable de ces rivages est très-fin, d'une blancheur éclatante, & constitue tantôt des dunes énormes, tantôt de vastes bancs qui encombrent le port & ses dépendances ; 6°. les zoophytes fossiles du sommet du mont Bald-Head.

Le sol du port du Roi-Georges n'est pas, à beaucoup près, aussi fertile qu'on seroit tenté de le croire, d'après l'ensemble des circonstances physiques qui se rattachent à son histoire. En effet, tout le pourtour de la rade ou du port proprement dit est très-stérile ; la péninsule qui sépare le hâvre de la Princesse d'avec ce port ne nourrit, dans ses sables mobiles, que de misérables broussailles ; & si l'on en excepte quelques bosquets très-agréables qui se trouvent disséminés au bord des ruisseaux & des marais, il en est à peu près de même du hâvre de la Princesse. L'aspect de l'intérieur du pays est véritablement horrible ; les oiseaux même y sont rares ; c'est un désert silencieux. Les recherches des botanistes dans ce canton ont procuré plus de deux cents espèces de plantes, dont la plupart n'étoient point connues.

Le chien & le kanguroo sont les seuls mammifères terrestres dont on ait pu constater l'existence aux environs du port du Roi-Georges. Divers débris de baleines, accumulés vers le fond du hâvre de la Princesse, annoncent que ces parages sont fréquentés par ces animaux. Quelques phoques ont été vus çà & là dans la mer. Les oiseaux de terre & de mer sont également rares au port du Roi-Georges, & tous se montrent défians & farouches, ce qui indique qu'ils sont continuellement chassés par les habitans : parmi eux on remarque une espèce de sarcelle dont le bec est garni en dessous d'un appendice membraneux.

Les poissons y sont presqu'aussi abondans qu'à la baie des Chiens marins ; les espèces n'en sont pas très-variées ; mais elles sont excessivement nombreuses en individus : on y trouve entr'autres une sorte de scombres assez semblables aux maquereaux d'Europe, mais beaucoup plus petits que ces derniers, & qui seuls pourroient suffire aux besoins d'une flotte considérable ; les autres espèces appartiennent aux genres spare, mullet, scorpène,

labre, ostracion, squale, baliste, syngnathe, raie, murène, esox, &c.

Parmi les reptiles, on observe une jolie espèce de rainette (hyla), trois espèces de lézards, dont deux du genre scinque, un serpent long de six pieds, dont la gueule est armée de crochets venimeux, & qui doit former un genre nouveau, voisin de celui du boa.

Les insectes sont peu nombreux ; les crustacés offrent une quinzaine d'espèces, dont une seule (un astacus) est fluviatile. Les mollusques proprement dits, les vers, les zoophytes mous comptent sur ces bords de riches & nombreuses espèces : les trochus, les turbots, les haliotides, un cône d'une belle couleur rose, des lépas gigantesques, huit ou dix espèces de patelles, des stomatées, une belle janthine, des huîtres, des moules, &c. &c.

Les naturels de cette partie de la terre de Nuyts paroissent assez nombreux autour des lacs de l'intérieur du pays : ils sont en général grands, maigres & très-agiles ; ils ont les cheveux longs, les sourcils noirs, le nez court, épaté & renfoncé à sa naissance, les yeux caves, la bouche grande, les lèvres saillantes, les dents très-belles & très-blanches. L'intérieur de leur bouche paroît noir comme l'extérieur de leur corps. Ils se peignent le corps ou se teignent les cheveux avec une terre d'un rouge très-vif ; ils vont nus, & ne portent d'autres ornemens qu'une espèce de large ceinture composée d'une multitude de petits cordons tissus de poils de kanguroo ; ils parlent avec volubilité & chantent par intervalles toujours sur le même ton, & en s'accompagnant des mêmes gestes, &c.

Nouvelle-Galles du Sud. Ce nom, qui a été donné par Cook à la *Nouvelle-Hollande*, s'applique principalement à la côte orientale de ce continent qui se porte du nord au sud, depuis le cap Wilson, à 39° 10' latitude méridionale, & 144° 10' longitude orientale, jusqu'au cap Yorck, situé par 12° 8' latitude méridionale, & 140° longitude orientale, sans présenter de grands enfoncemens, comme on en remarque sur la côte nord de la *Nouvelle-Hollande* (le golfe de Carpentarie) ; ou sur la côte sud-ouest (les golfes Bonaparte & Josephine) (1) ; elle offre néanmoins les ports où hâvres auxquels aboutissent des rivières, les plus considérables qu'on ait encore reconnues sur les rivages déserts & stériles de ce grand espace terrestre. Aucune île un peu considérable n'accompagne les côtes de la Nouvelle-Galles du Sud ; mais les reśifs de coraux y abondent, & forment, sur une étendue de plus de 400 lieues, une chaîne presque continue & parallèle à peu près à leur direction. Ces reśifs augmentent chaque jour leurs énormes masses par le travail continu des polypes qui les forment ; ils se rapprochent davantage des

_____

(1) Au contraire, elle se porte à l'ouest, & forme une sorte de vaste cap entre les 25e. & 30e. degrés de latitude méridionale.

terres, à mesure qu'ils se portent vers le nord, & c'est dans cette partie principalement qu'ils sont dangereux pour les navigateurs.

Sur toute cette étendue de côtes, les caps principaux sont :

Howe, longitude orientale 147° 40', latitude méridionale 37° 30'.
St.-Georges, longitude 147° 30', latitude 35° 10'.
Byron, longitude 151° 30', latitude 28° 32'.
Capricorne, longitude 148° 31', latitude 35° 10'.
Glocester, longitude 146°, latitude 20'.
Tribulation, où Cook faillit se perdre, longitude 143° 10', latitude 16° 4'.
Griffon, longitude 143° 32', latitude 16° 55'.
Flattery, longitude 143° 4', latitude 14° 50'.
Greenwille, longitude 140° 35', latitude 12° 8'.
Yorck, longitude 140°, latitude 10° 43'.

Les ports ou hâvres les plus remarquables sont :

Botany-Bay, longitude 148° 51', latitude 34°.
Port Jackson, longit. 149° 50', latit. 33° 50'.
Broken-Bay, longit. 148° 50', latit. 33° 32'.
Port Stephens, longit. 149° 40', latit. 32° 45'.
Shoal-Bay, longitude 151° 8', latitude 29° 20'.
Baie Glasshouse, longit. 151°, latit. 26° 20'.
Wide-Bay, longitude 150° 35', latitude 25° 46'.
Baie Hervey, longitude 170° 30', latitude 25°.
Baie Keppel, longit. 148° 20', latit. 23° 29'.
Broad-Sound, longit. 146° 50', latit. 22° 40'.
Baie Repulse, longitude 146°, latitude 20° 40'.
Baie Edgcombe, longit. 145° 55', latit. 20°.
Baie Halifax, longitude 144°, latitude 19°.
Rivière Endeavour, longit. 142° 40', lat. 15° 20'.
Newcastle, longitude 139° 50', latitude 11° 6'.

Un seul point est habité par les Européens, c'est le port Jackson. Le pays qui avoisine ce port a reçu le nom de *comté de Cumberland*, & comprend tous les établissemens actuels de l'Angleterre à la Nouvelle-Galles du Sud. Il se trouve borné à l'est par le grand Océan austral ; au nord par Broken-Bay & la rivière d'Hawkesbury ; au sud par Botany-Bay & la rivière Georges ; à l'ouest par une chaîne de montagnes (les montagnes bleues) qui, en se recourbant au-dessus de Broken-Bay & au-dessous de Botany-Bay, enveloppe tout le comté comme dans une grande demi-lune. Ce système de montagnes n'est qu'une foible portion de la grande chaîne qui, du cap le plus nord de la *Nouvelle-Hollande* (Yorck), s'avance le long de la côte orientale de ce continent jusqu'à son extrémité la plus australe, & vient se raccorder, par le groupe de Kent & les îles Furneaux, avec les monts sourcilleux de la terre de Diemen, qui paroissent en être à la fois le prolongement & le point extrême.

Affectant, comme les Cordillères, la direction générale du nord au sud, les montagnes de la *Nouvelle-Hollande* offrent un rapport singulier dans leur disposition avec celles des Andes de l'Amé-

rique méridionale. Personne n'ignore, en effet, que cette chaîne puissante se rapproche tellement de la côte occidentale du nouveau continent, qu'elle ne laisse à ses pieds qu'une plaine très-étroite, tandis qu'à l'est de cette même chaîne se développent les immenses vallées au milieu desquelles roule l'effroyable masse des eaux de la Plata, de l'Orénoque & de l'Amazone.

Ce que la nature a fait pour l'Amérique australe, elle le reproduit, pour ainsi dire, à la *Nouvelle-Hollande*, mais dans un sens absolument inverse. C'est à la côte orientale de cette dernière terre qu'appartiennent les montagnes dont nous parlons ; non-seulement on en retrouve à peine quelques traces le long des rivages occidentaux du continent, mais encore tout ce qu'on a pu voir de cette dernière partie semble annoncer qu'il existe sur ce point des plaines analogues à celles de la Guiane, du Brésil & du Paraguay. Malheureusement on remarque entre ces plaines de l'Amérique australe & celles de la *Nouvelle-Hollande* une extrême différence : les premières, revêtues partout d'une couche riche & profonde de terre végétale, arrosées dans tous les sens par de grands fleuves & par d'innombrables rivières, reproduisent dans toute leur étendue le tableau séduisant d'une fécondité prodigieuse, tandis que les tristes plages de l'ouest de la *Nouvelle-Hollande*, couvertes d'un sable aride, privées de toute espèce de rivière, réduites à quelques foibles ruisseaux d'eau douce, paroissent avoir été vouées par la nature à la stérilité la plus hideuse.

Les montagnes bleues sont situées à cinquante milles environ du port Jackson. Vues de cette ville, elles présentent comme un rideau bleuâtre, peu élevé au-dessus de l'horizon, & dont l'uniformité laisse à peine soupçonner quelques plans inférieurs ; vues de plus près, elles offrent moins de régularité dans leurs crêtes ; on distingue çà & là quelques cimes plus hardies ; les plans se dessinent sur plusieurs lignes qui paroissent s'élever davantage à mesure qu'elles s'enfoncent dans l'intérieur du pays, & leur couleur, devenue plus sombre, semble indiquer une constitution aride & sauvage : vues encore de plus près, à huit ou dix milles de distance, près d'Hawkesbury, elles présentent comme un vaste rideau qui borne l'horizon du côté du nord-ouest ; aucune échancrure, aucun piton n'en dessine les contours ; une ligne horizontale, au-dessous de laquelle on distingue un plan régulier d'une teinte rembrunie, en forme le triste aspect. La seule échancrure qu'elles offrent sur ce point est celle d'où s'élance la rivière Grose, dont la source, encore inconnue, paroît remonter au loin dans l'intérieur de ces montagnes, & qui constitue, avec la Népan, la rivière d'Hawkesbury, qui va déboucher au fond de la grande baie appelée *Broken-Bay*.

La hauteur des premiers plans des montagnes bleues est à peine de deux ou trois cents toises, & la substance de ces premiers plans est exclusivement compofée de la même efpèce de grès quart-zeux qui forme tous les environs de la ville de Sidney au port Jakfon; les collines fur lefquelles elle eft affife, ainfi que toute l'étendue du pays, qui, des bords de la mer, fe développe jufqu'au pied des montagnes bleues. Partout où les Anglais ont pu pénétrer, ils n'ont rencontré que ces grès; ils ont fouvent tenté de franchir les montagnes bleues, & dans ces incurfions ils ont partout retrouvé ces immenfes couches de grès, & nulle part aucune efpèce de roche primitive; néan-moins la rivière d'Hawkesbury renferme dans fon lit des fragmens de roches qui ne laiffent aucun doute fur l'origine primitive & granitique de ces montagnes.

En 1789 les Anglais envoyèrent un premier dé-tachement de troupes pour effayer le paffage des montagnes; mais ce détachement put à peine pé-trer au-delà de neuf milles; il avoit été arrêté par des ravins impraticables, par des chaînes de ro-chers très-hautes, très-efcarpées, & bordées de précipices. En 1790, nouvelle tentative infruc-tueufe; en 1793 on équipe deux canots très-fins & légers, & on en donne le commandement à M. Paterfon. Cet officier entra avec fes deux ca-nots dans le Brok-en-Bay, & remonta la rivière d'Hawkesbury jufqu'au point où la Grofe s'y réu-nit, & même à dix milles & au-delà, dépaffant plufieurs cataractes, dont une avoit une rapidité de plus de dix ou douze milles à l'heure; bientôt après, la navigation devint impraticable, les deux canots furent détruits. Vainement on voulut con-tinuer la route vers l'intérieur des montagnes, les cataractes fe multiplioient; l'une d'elles n'avoit pas moins de quatre cents pieds de hauteur perpendicu-laire; d'effroyables précipices fe préfentoient de toutes parts; une crète de montagne efcaladée en laiffoit voir d'autres plus arides encore & plus inac-ceffibles; il fallut enfin fe décider à rebrouffer che-min. En 1794 un marin audacieux, nommé Hacking, & quelques compagnons non moins remplis de courage employèrent dix jours à chercher un paffage au travers des montagnes; leurs efforts ne furent pas tout-à-fait inutiles: ils pénétrèrent environ vingt milles plus loin que ceux qui les avoient précédés, mais cependant ils ne purent réuffir. MM. Bafs & Barrelier firent auffi des efforts fans fuccès. Les jour-naux ont annoncé dernièrement qu'enfin on étoit parvenu à dépaffer cette barrière jufqu'alors inex-pugnable, & qu'au revers des montagnes bleues on avoit trouvé des rivières dont le cours fe por-toit vers l'intérieur des terres.

La température, & en général les diverfes va-riations de l'atmofphère, offrent dans le comté de Cumberland des phénomènes bien remarquables. Tout devoit porter à penfer, par exemple, que les vents du nord & du nord-oueft, traverfant les montagnes bleues, devoient être froids comme tous les vents qui viennent des lieux élevés; au contraire ils font brûlans, élèvent jufqu'à trente-

deux degrés de chaleur la température de l'atmof-phère, détruifent les plantes, font périr les ani-maux, deffèchent les rivières, &c., & cela dans les mois de novembre, décembre, janvier & février.

Les orages font d'une violence extrême; ils éclatent toujours lorfque le vent fouffle des mon-tagnes bleues. Ils commencent par un changement dans la température de l'air, qui s'élève rapide-ment; il fe forme de gros nuages noirs, du milieu defquels partent de nombreux éclairs, & bientôt des torrens de pluie & de grêle couvrent & dévaftent la terre: ce qui eft furtout remarqua-ble, c'eft la forme prifmatique & anguleufe des grêlons, qui ont jufqu'à fix & huit pouces de lon-gueur fur deux doigts au moins d'épaiffeur.

Lorfque ces orages ont lieu, les rivières ou ruif-feaux, quelquefois prefqu'à fec, ne tardent pas à déborder d'une manière effrayante.

Port Jackfon & environs. Situé par 34° 50' latitude méridionale, & 149° 50' longitude eft, ce port a fon entrée à peine large de deux milles; il s'étend enfuite graduellement jufqu'à former un baffin fpa-cieux, ayant affez d'eau pour les plus grands navi-res, offrant affez d'efpace pour contenir en pleine fûreté tous ceux qu'on voudroit y raffembler: mille vaiffeaux de ligne pourroient y manœuvrer aifé-ment. Il fuit une direction occidentale, s'enfonce environ treize milles dans l'intérieur du pays, & contient au moins cent petites criques formées par des langues de terre fort étroites, dont le prolon-gement fournit d'excellens abris contre tous les vents. Pour l'étendue, pour la fûreté, le port Jackfon eft, fans contredit, l'un des plus beaux du Monde. Vers le milieu de ce port magnifique, & fur fon bord méridional, s'élève la ville de Syd-ney, capitale du comté de Cumberland & de toutes les colonies anglaifes aux terres auftrales. Affife fur le revers de deux coteaux, voifins l'un de l'autre, traverfée dans fa longueur par un petit ruiffeau, cette ville naiffante, offre un coup d'œil agréable & pittorefque; de grands bâtimens fer-vant d'hôpitaux, des chantiers de conftruction en pleine activité, attirent les regards avides du voya-geur qui a fuivi avec perfévérance tout le contour des côtes nues & ftériles de la Nouvelle-Hollande.

Il n'eft pas dans notre objet de décrire avec plus de détails cette intéreffante colonie, & nous de-vons nous borner à décrire le pays au milieu du-quel elle eft fituée. Cook avoit reconnu Botany-Bay & non le port Jackfon, & c'étoit dans le pre-mier lieu que le commodore Philipp devoit fe rendre, lorfque, en 1788, il amena dans ces con-trées lointaines les premiers déportés anglais; mais il découvrit & préféra le dernier. L'embouchure de la baie Botanique fe trouve à quelques lieues au fud du port Jackfon. Un chemin large & commode conduit par terre de la ville de Sydney à cette grande baie. Tout le pays intermédiaire, aride & fablonneux, ne paroît propre à aucune efpèce de culture. Une haute colline eft entre deux, & le terrain du côté de la baie Botanique se développe en une plaine sablonneuse qui s'étend jusqu'aux bords marécageux de la rivière de Cook, qui débouche vers le fond de cette baie. Diverses espèces d'*hakea*, de *styphelia*, d'*eucalyptus*, de *banksia*, d'*embothrium*, de *casuarina*, &c. croissent au milieu de ces sables, & de larges espaces sont exclusivement occupés par les *xanthorrea*, qui portent leurs épis gigantesques jusqu'à la hauteur de dix-huit à vingt pieds. Dans le lointain on distingue la fumée de quelques feux : ce sont ceux des hordes malheureuses qui vivent sur ces tristes rivages.

A mesure qu'on se rapproche de Botany-Bay, le terrain s'abaisse de plus en plus, & bientôt on arrive à des marécages dangereux, formés & entretenus par les eaux saumâtres de la rivière de Cook vers le nord, & de la rivière Georges vers le sud. Ces marais sont tellement étendus, & quelquefois si profonds, qu'il est impossible, en différens endroits, de les franchir pour arriver à la mer. Sur leurs bords, & tout le long des deux rivières dont on vient de parler, la végétation est très-active ; mille espèces d'arbres & d'arbustes, pressées à la surface du sol, donnent à cette partie de la contrée qui nous occupe, un aspect enchanteur, & lui prêtent une apparente fécondité si grande, que Cook, Banks & Solander y furent trompés eux-mêmes. Il s'en faut pourtant beaucoup que cette baie, tant célébrée par ces navigateurs, ait justifié les espérances que leur brillante description en avoit fait concevoir. Obstruée par de grands bancs de vase, ouverte aux vents de l'est & du sud, elle ne présente pas à la navigation toute la sûreté dont celle-ci peut avoir besoin en certains cas, & la nature marécageuse du sol des environs la rend à la fois très-insalubre & peu propre aux cultures ordinaires.

A 25 milles à l'ouest de Sydney est la ville de Rose-Hill ou Parramatta ; une grande route y conduit : ouverte au milieu de vastes forêts, elle se dessine au loin comme une immense avenue de feuillage & de verdure. Une douce fraîcheur, un agréable ombrage, règnent sous ces berceaux touffus, dont le silence n'est troublé que par les cris & les jeux des perruches éclatantes, & des autres oiseaux qui les peuplent.

Tout le terrain par lequel on s'avance vers Rose-Hill est généralement plat, & offre à peine quelques collines. A mesure qu'on s'éloigne du bord de la mer, il devient moins stérile, & la végétation y présente des produits plus variés. De nombreux établissemens bordent cette route. Tous les animaux d'Europe y abondent & y prospèrent.

Rose-Hill est assise au milieu d'une plaine agréable, sur les bords de la rivière appelée *Parramatta*, rivière que de petits bâtimens peuvent remonter jusque-là. Moins considérable que Sydney, elle ne se compose que de cent quatre-vingts maisons, & renferme environ quinze cents individus.

C'est aux environs de Parramatta que l'on élève & que l'on engraisse les bestiaux de la colonie. Lors du séjour de Péron à Sydney-Cowe, le nombre des bêtes à cornes dans les bergeries de l'Etat s'élevoit à 2450. Un seul particulier possédoit 4000 moutons, 182 bêtes à cornes, & 27 chevaux.

Les moutons multiplient prodigieusement, & leur laine s'améliore chaque jour. Les troupeaux sont doublés tous les trente mois.

Nos naturalistes recueillirent de nombreuses & brillantes espèces d'insectes aux environs de cette ville ; plusieurs lézards, stellions, scinques, geckos, &c. ; deux grenouilles, deux crapauds & plusieurs raînettes (*hyla*) ; ainsi qu'un grand nombre d'oiseaux & de quadrupèdes.

Castle-Hill est un village situé à six à huit milles au nord de Parramatta, & au nord-ouest de Sydney, à 15 milles à peu près. Les environs de ce village se composent d'un système de collines entre-coupées par de nombreux vallons, au travers desquels serpentent çà & là d'agréables ruisseaux. La terre végétale y est plus profonde qu'à Parramatta.

Les bancs de grès qui forment tout le sol de Sydney & des environs, se prolongent jusqu'à Parramatta, & même fort au-delà de ce point. A Parramatta ils recouvrent, à quelques pieds de profondeur, des schistes bitumineux tout remplis d'impressions de plantes, parmi lesquelles on remarque celles de diverses espèces de fougères. Ces schistes sont disposés par couches horizontales, & alternent avec des grès & des poudings imprégnés d'une matière noire & bitumineuse. C'est au milieu de toutes ces substances que coule le ruisseau de Parramatta.

S'il étoit permis d'en juger par l'analogie & par les indices nombreux que présente la constitution du terrain, on pourroit affirmer qu'il se trouve une grande quantité de houille sous le sol même de Parramatta. La découverte de cette substance, déjà faite dans le port de Stephen au nord, & dans celui d'Hacking, au sud du port Jackson, tend à confirmer cette présomption. On peut même croire que la houille de Parramatta doit exister à peu de profondeur au-dessous de la surface de la terre.

Quatre milles à l'ouest de Parramatta se trouve la ville naissante de Tongabée. Ce n'est qu'une espèce de village formé par des maisons éparses : il est situé sur le bord d'un ruisseau, dans une vallée féconde, entouré de collines peu élevées & toutes couvertes de culture, dont le froment constitue la principale. Un ruisseau salé coule près de Tongabée, ce qui sembleroit indiquer qu'il se trouve en contact médiat ou immédiat avec un amas de sel gemme (*soude muriatée cristallisée*), dont l'existence a été d'ailleurs reconnue dans le comté de Cumberland.

Hawkesbury est la dernière ville de ce comté ; elle est située sur la rivière qui porte son nom, &

débouche à Broken-Bay : c'est un amas de maisons irrégulièrement disposées.

Terre de Van-Diemen.

Cette terre reçut ce nom de Tasman, qui la découvrit au mois de novembre 1642. Elle n'a vu aucun navigateur européen jusqu'au mois de mars 1773, époque où le capitaine Furneaux y toucha. L'illustre Cook y aborda au mois de janvier 1777, & c'est dans son troisième voyage que nous allons d'abord puiser des détails sur cette partie presqu'inconnue du Globe ; elle est située à la pointe la plus méridionale de la *Nouvelle-Hollande*. Comme la terre de Feu, à la pointe de l'Amérique méridionale, elle forme, non un continent, mais une des plus grandes îles du Monde connu. Le détroit de Bass, récemment découvert, la sépare de la *Nouvelle-Hollande*.

La plus grande partie du sol est d'une grande hauteur ; on y trouve des collines & des vallées, & on y aperçoit partout cette teinte de vert qui annonce la fertilité. Le pays est bien boisé. Les grands arbres de haute-futaie sont d'une espèce différente de ceux qu'on trouve sur les parties les plus septentrionales de cette côte. Le bois en est d'un tissu très-serré & fort dur ; on peut en faire des espares, des rames, ou l'employer à beaucoup d'autres usages ; & si on découvre un moyen d'en alléger le poids, il offrira, au besoin, d'excellens mâts, & peut-être les meilleurs du monde.

Les flancs des collines distillent de l'eau dans les vallées ; on y trouve de petits ruisseaux en quelques endroits ; ces ruisseaux suffisent pour remplir les futailles des équipages qui abordent à cette île, mais ils ne sont pas aussi considérables que semble le promettre l'étendue de la terre de Van-Diemen : on en est d'autant plus étonné, qu'en tout elle est montueuse & bien boisée. Une foule d'indices annoncent que ce pays est très-sec, & sans ses bois on pourroit peut-être le comparer aux environs du Cap de Bonne-Espérance, quoique cette partie de l'Afrique gise dix degrés plus au nord. La terre Van-Diemen ne ressemble pas à la Nouvelle-Zélande, située à la même latitude, où la plus petite vallée offre un ruisseau considérable. La chaleur paroît aussi très-grande, car le thermomètre se tint toujours, pendant la relâche du capitaine Cook, à 64 & 70 degrés ; une fois il monta à 74. On observe que les oiseaux, une heure ou deux après qu'on les a tués, se couvrent de petits vers, ce qu'on ne peut uniquement attribuer qu'à la chaleur ; car on n'a aucune raison de supposer que ce climat ait une disposition particulière à putréfier les corps.

On n'aperçoit point de minéraux, & excepté le grès blanc, qui est fort abondant sur ce terrain, on n'y voit pas d'autres pierres.

Aucune des productions végétales que l'on trouve sur cette terre ne peut servir de comestibles. Les arbres des forêts sont des *melaleuca* ; ils s'élèvent très-haut ; ils sont parfaitement droits, & ils ne poussent guère de branches que vers le sommet. L'écorce en est blanche, & on diroit qu'on les a pelés ; elle est d'ailleurs épaisse, & on y trouve quelquefois des morceaux d'une gomme ou résine transparente, rougeâtre, & d'une saveur astringente. Les feuilles sont longues, étroites & épointées ; elles portent des grappes de petites fleurs blanches, dont les calices se répandent sur la terre en grande quantité, & se mêlent avec des calices d'une autre sorte, à peu près de la même forme, mais beaucoup plus larges, d'où il paroît résulter qu'il y a deux espèces de cet arbre. L'écorce des plus petites branches, le fruit & les feuilles ont un goût piquant & agréable, & une odeur aromatique qui approche de celle de la menthe. L'arbre a quelque affinité avec le *myrthus* des botanistes, & il est tout-à-fait inconnu en Europe.

Un arbre plus commun, & deux espèces d'arbrisseaux qu'on ne décrira point, se trouvent encore dans la terre de Van-Diemen. Les plantes y sont peu nombreuses, & ne demandent aucune description particulière.

Quelques espèces de quadrupèdes (des kangurocs), des oiseaux différens, mais rares & sauvages, sont répandus dans les bois.

La mer est plus peuplée d'animaux ; les poissons y sont très-variés & en grand nombre.

Les naturels de la terre Van-Diemen n'ont point ce regard farouche, ordinaire aux peuplades qui se trouvent à ce point de civilisation : ils paroissent au contraire doux & joyeux ; ils ne montrent ni réserve, ni jalousie ; ils s'approchent sans crainte, ou plutôt ils se présentent avec une extrême confiance, & dans toute la nudité & la simplicité de la nature. Cette familiarité & cette gaieté de caractère peuvent venir de ce qu'ils ont peu de chose à perdre & à garder.

On ne peut guère parler de leur vivacité ou de leur intelligence ; rien n'annonce qu'ils possèdent la première qualité à un degré remarquable, & ils semblent doués de moins de pénétration encore que les habitans de la terre de Feu, qui ne manquent point de matériaux, mais qui n'ont pas assez d'esprit pour se faire des vêtemens, & se défendre contre la rigueur du climat. Un petit bâton, grossièrement épointé, est la seule chose qui indique chez les insulaires de Van-Diemen un travail mécanique. Ils semblent ne mettre aucun prix ni aux outils de ce métal ; ils ignorent même l'usage des hameçons. En voyant des hommes qui leur ressembloient si peu, lorsque le fameux Cook descendit sur cette terre, & des choses qui leur étoient absolument inconnues, ils ne témoignèrent aucune surprise ; ils montrèrent de l'indifférence pour les dons qu'on leur fit ; ils ne parurent attentifs à rien, & il n'est pas besoin de citer d'autres preuves de l'engourdissement de leur esprit.

Leur teint est d'un noir-sale, & moins foncé que celui des nègres d'Afrique; la chevelure de même couleur & aussi laineuse que celle des nègres de Guinée. Leurs traits ne présentent rien de désagréable. Leur nez est large & plein, quoiqu'il ne soit pas aplati. La partie inférieure de leur visage s'avance en saillie, comme celle de la plupart des insulaires de la mer du Sud; en sorte qu'une ligne perpendiculaire, tombant du haut de la tête, couperoit une partie beaucoup plus considérable du menton que sur un Européen. Leurs yeux sont assez beaux, quoique d'une grandeur médiocre; il y a moins de blanc que dans les nôtres; &, sans être ni vifs ni perçans, ils donnent à leur physionomie un air de franchise & de bonne humeur. Leurs dents sont larges; elles ne sont ni égales, ni bien rangées; elles ne paroissent pas d'un blanc aussi parfait que celles des nègres, mais la saleté peut en être la cause. Leur bouche est un peu trop grande; elle l'est peut-être moins qu'elle ne paroît, parce qu'ils portent leur barbe longue. Leur stature est ordinaire, mais un peu mince; leur corps est d'ailleurs bien proportionné, quoique leur ventre soit un peu gros; ce qui peut venir de ce qu'ils ne portent point de ceintures comme les autres peuples de ces contrées. La plupart des enfans sont jolis, mais les femmes ne possèdent pas ce précieux avantage.

La terre Van-Diemen présente un cap dans la partie sud-ouest, un autre dans la partie méridionale. Le point où l'on trouve un excellent mouillage est celui où est située la baie de l'Aventure; c'est l'endroit où l'on trouve aussi une plus grande abondance d'eau douce pour l'approvisionnement des vaisseaux, & où l'on embarque facilement du bois à brûler.

La baie de l'Aventure, découverte en 1773 par le capitaine Furneaux, qui lui donna le nom du navire qu'il commandoit, appartient à la côte orientale de l'île Bruny; qui forme, avec la terre de Van-Diemen, le superbe canal d'Entrecasteaux. L'isthme Saint-Aignan, qui gît dans le nord-nord-ouest d'un cap appelé *Cap cannelé*, la sépare de ce canal. Les terres de l'isthme étant très-basses, & sa largeur étant à peine de quelques centaines de pas, il ne doit pas paroître étonnant que la découverte même du canal ait échappé successivement à Furneaux & à Cook, qui, long-temps avant l'amiral d'Entrecasteaux, avoient séjourné dans la baie de l'Aventure. Sa latitude est de 40° 20' sud, & sa longitude 145° 10' à l'est.

De tous les points de la terre de Diemen & des îles qui s'y rattachent, le mieux arrosé sans doute, & sous ce rapport le plus intéressant pour les navigateurs, est celui que présente la baie de l'Aventure. Cet avantage paroît dépendre moins encore de la hauteur des montagnes & de l'épais-

seur des forêts, que de la nature du sol; essentiellement composé de roches granitiques d'un grain très-fin & d'une couche de terre argileuse qui, reposant elle-même sous la terre végétale, se développe sur toute cette portion de l'île. L'eau des pluies & des rosées ne pouvant s'infiltrer dans l'intérieur du sol, est forcée de couler à sa surface, où elle forme de nombreux ruisseaux, & plusieurs étangs & marécages assez étendus pour nourrir quelques poissons d'eau douce.

Les productions végétales & animales de cette baie consistent en une espèce de kanguroo plus petite que celle de la terre de Van-Diemen. Il n'y a ni cygnes noirs ni pélicans.

Les végétaux consistent principalement en *melaleuca*, en *correa*, en *fagara*, en *conchium*, en *styphelia*, en *metrosideros*, qui forment d'agréables bosquets au-dessus desquels se projettent l'eucalyptus globuleux, le leptosperme géant, l'exocarpos, le casuarina, le banksia, &c.

L'île Tasman, ou plutôt la *presqu'île Tasman*, est un énorme plateau stérile, dont les flancs noirâtres s'élèvent du sein des eaux comme des remparts volcaniques. Sa pointe sud, ainsi que le cap Raoul, porte d'immenses colonnes basaltiques. Dans le cap Pillar, la même constitution, les mêmes déchirures se reproduisent; on les retrouve encore plus horribles dans le cap Haüy, qui, à la distance de quelques milles, se présente comme un immense jeu d'orgues reposant à la surface des eaux. Au-delà de ce cap est une baie (la baie Dolomieu) peu considérable, mais très-jolie. A droite & à gauche de cette baie s'élèvent des masses énormes, noires & stériles; leurs sommets sont déchirés & comme taillés en dents de scie. Vers le fond de la baie se présente une lisière charmante de verdure, qui fournit le contraste le plus heureux avec les flancs nus & sauvages des monts noirâtres qui l'entourent. Au-delà des premiers plans, & dans le lointain, s'élève une haute montagne, dont le sommet se termine par un triple piton. A peu de distance au nord de la baie Dolomieu, est la baie Monge, très-considérable, & qui n'est séparée de la baie Buache, du canal d'Entrecasteaux, que par un isthme étroit, bas & sablonneux dans toute son étendue. La baie Monge est terminée au nord par le cap Surville. Entre ce dernier & celui de Frederick-Hendrick, les terres sont très-hautes, coupées à pic à leur base, arrondies en larges dômes vers leurs sommets, & leur couleur est d'un vert-sombre. Vient ensuite la grande baie Marion, presqu'en face de laquelle est l'île Maria.

Cette île présente, au sud, un cap (cap Péron), en avant duquel est un rocher granitique, pyramidal, & ayant de cent cinquante à deux cents pieds d'élévation. De ce point, la côte de l'île se dirige brusquement au nord-nord-est, taillée à pic comme un immense rempart de granite. A partir du cap est, cette même côte se dirige au nord-nord-ouest, s'abaisse rapidement, & présente une baie
vaste

vaste & commode. Vers l'orient & le nord, le rivage préfente de toutes parts des murailles de
granite de trois cents & quatre cents pieds de
hauteur perpendiculaire, dont l'épaiffeur offre de
vaftes cavernes, où les eaux, en s'engouffrant
avec fracas, excitent de fourds mugiffemens femblables au bruit d'un tonnerre lointain. Partout le
rivage eft inacceffible.

La côte ouest de l'île Maria a fon afpect tout
différent; le fol s'abaiffe rapidement & développe,
fous l'abri de la terre de Diemen, une longue
plage fablonneufe qui fe continue fur toute fon
étendue; & notamment dans une grande baie
(baie aux Huitres) oppofée à celle que préfente
le rivage de l'eft. Les fucus y abondent, & ces
plantes marines ont jufqu'à deux cent cinquante
& trois cents pieds de longueur.

Au nord de l'île Maria fe préfente la longue
chaîne d'îles appelées *îles Schoutten*, qui fe projette
fur le flanc oriental de la terre de Van-Diemen,
en laiffant en apparence un large canal, ou plutôt
un long détroit entre cette terre & elles. Ces îles
font granitiques, prefque nues, & n'offrent de
couches horizontales que fur leurs côtes occidentales; elles s'élèvent brufquement de leur bafe, &
font toutes réunies par des terres extrêmement
baffes qui n'en font qu'une, & qui n'avoient point
été aperçues par Tafman, Furneaux & Flinders;
de plus, elles font jointes par une femblable terre
baffe à celle de Van-Diemen, de manière à former
avec elle une vafte baie.

En avant des îles Schoutten font les îlots Tail-
lefer, au nombre de fept, dont cinq ne font que
de groffes roches.

Détroit de Bafs. Ce détroit, qui fépare la terre
de Van-Diemen de la *Nouvelle-Hollande*, fut découvert par M. Bafs, chirurgien du navire anglais
envoyé à la pêche aux phoques, dix ans après l'établiffement de la colonie du port Jackfon. Il a cinquante lieues environ de largeur du nord au fud,
fur une longueur prefqu'égale de l'eft à l'oueft.
Son ouverture orientale fe trouve confidérablement diminuée par les Deux-Sœurs, les îles Furneaux, dont le nombre & la grandeur ne font pas
encore bien connus; l'île Clarke, celle de la Pré-
fervation, l'île Swan & le petit îlot qui en dépend.

Entre la terre de Diemen, l'île Swan & fon îlot
d'une part, & toutes les autres îles de l'autre,
il exifte un canal de dix milles de largeur. C'eft à
cette paffe du détroit principal que M. Flinders,
qui la découvrit le premier, a cru devoir donner
le nom de *détroit de Banks.* Entre les îles Furneaux
au nord & le promontoire Wilfon, qui forme
la pointe méridionale de la *Nouvelle-Hollande*,
& qui fe projette de plus de vingt milles vers l'intérieur du détroit, fe trouve le groupe de Kent,
les rochers très-nombreux du promontoire, la pyramide & plufieurs autres roches très-dangereufes,
qui obftruent la grande paffe du nord de l'ouverture orientale du détroit. A l'oueft fe préfentent

les îles Hunter, flanquées elles-mêmes d'un grand
nombre de rochers, de bancs, de reffifs redoutables. Plus vers le nord, & précifément au milieu
de l'ouverture occidentale du détroit, font fitués
la grande île King, les îlots du Nouvel-An, le
rocher des Éléphans, & plufieurs reffifs qui fe
rattachent au fyftème particulier de ce dernier
groupe.

Nous ne pouvons fans doute décrire toutes ces
îles; auffi renvoyons-nous à la carte, que nous
joindrons à notre Atlas pour la prefque totalité
d'entr'elles. Nous nous bornerons à donner quelques détails plus particuliers fur l'île de King, la
plus confidérable des terres de cette région auftrale après le continent de la *Nouvelle-Hollande* &
la terre de Diemen.

Ile King. Elle eft fituée au milieu de l'ouverture
occidentale du détroit de Bafs, à une diftance
prefqu'égale de la terre de Diemen & de la *Nouvelle-Hollande*, par 39° 49' 30" de latitude fud, &
par 142° 7' 2" de longitude eft.

La longueur de cette île, du nord au fud, eft
d'environ quarante milles, tandis que fa largeur,
de l'eft à l'oueft, n'eft que de vingt-cinq; fa circonférence totale eft de cent onze. Toute la partie
occidentale, étant fans abri contre les flots de
l'Océan auftral, fe trouve hériffée de brifans
dangereux; il en exifte auffi beaucoup vers le
Cap-Nord. Le braffiage eft en général affez confidérable autour de l'île, & même, à une petite
diftance de terre, on ne trouve guère moins de fix
à dix braffes. Le fond, prefque partout, eft d'un
fable vafeux & noir, très-propre au mouillage;
mais la couche en eft peu profonde, & recouvre des
roches tellement tranchantes, qu'il n'eft peut-être
pas d'endroit plus à craindre pour les navigateurs.
Cette île eft en outre expofée aux vents du fud-
oueft les plus impétueux & les plus redoutables
dans ces parages. Sa circonférence ne préfente aucun port, ni même aucune baie profonde.

Par fa pofition entre les hautes montagnes du
promontoire des îles Furneaux & de la terre de
Diemen, par fon ifolement & fon expofition aux
vents du fud-oueft, par l'épaiffeur des forêts qui la
couvrent & la nature des roches qui compofent
fon fol, l'île King paroît avoir habituellement une
température humide & froide. Il y pleut la plus
grande partie de l'année, & les pluies y font extrêmement froides. Les fources y abondent de
toutes parts.

Les produits minéraux de l'île King font très-
variés, & prefque tous appartiennent aux roches
primitives; parmi ces derniers on diftingue un
très-beau porphyre, qui contient des criftaux de
fer fulfuré, plufieurs efpèces de roches ferpenti-
neufes & argileufes, dont quelques-unes offrent
dans leurs fiffures comme de petits filons d'asbefte.
Sur divers points du rivage on rencontre des criftaux affez volumineux de quartz hyalin, des
fragmens de jafpe, & furtout de très-gros blocs

d'une brèche rougeâtre & très-dure, composée de cailloux de toutes grosseurs. Indépendamment de ces produits, on voit encore, çà & là, quelques roches schisteuses qui reposent sur des parties granitiques. Vers la pointe nord d'une baie qui a reçu le nom de *baie des Éléphans*, il existe un rocher qui, du bord de la mer, s'avance jusque dans l'intérieur d'une vallée voisine; & qui se compose entièrement d'un grès coquillier très-dur & très-compacte.

Toutes les eaux de l'île sont chargées d'une si forte proportion d'oxide de fer, qu'il paroît probable que le métal qui sert de base à cet oxide entre pour beaucoup dans la composition de certaines roches.

Les pêcheurs anglais établis sur cette côte prétendent qu'il y a dans l'intérieur du pays une colline entièrement composée de sel gemme; mais on ne sauroit garantir ni contester ce fait important.

Toutes les parties de l'île qui ont été reconnues par les navigateurs français présentent le tableau d'une végétation forte & vigoureuse; en divers endroits, les arbres & les arbrisseaux se trouvent tellement pressés à la surface du sol, & leurs débris sont partout si multipliés, qu'il est presqu'impossible de pénétrer au milieu des forêts; mais en général les végétaux qui les composent, n'offrent pas les proportions gigantesques que l'on admire dans ceux de la terre de Diemen: du reste ils appartiennent aux mêmes genres que ces derniers; comme eux, ils demeurent toujours verts; comme eux, ils sont encore dépourvus de toute espèce de fruits mangeables, & sont inutiles, sous ce rapport, à l'homme & aux animaux frugivores. Les familles des fougères, des mousses & des fungus présentent un grand nombre d'espèces aussi belles que vigoureuses; tous les rivages sont couverts d'une grande quantité de fucus.

Sur toute l'étendue de l'île de King on n'aperçoit aucune trace de l'espèce humaine, & tout annonce que cette île est également étrangère aux peuplades farouches de la terre de Diemen & de la *Nouvelle-Hollande*; en revanche il y a peu d'endroits, dans les régions australes, qui nourrissent autant d'animaux utiles. Péron & Lesueur y ont recueilli notamment deux dasyures élégans, deux kanguroos, le singulier animal que les habitans de la *Nouvelle-Hollande* connoissent sous le nom de *wombat*, & dont M. Geoffroy-Saint-Hilaire a composé le genre qu'il appelle *phascolome*; ils y ont également trouvé l'échidné soyeux, quadrupède très-remarquable. Tous les rivages sont couverts d'un nombre prodigieux d'amphibies, dont quelques-uns n'ont pas moins de dix-huit à vingt pieds de longueur, & qui sont devenus pour les Anglais la source d'un commerce intéressant.

L'intérieur des forêts recèle une grande quantité de casoars. Un rocher (celui des Éléphans) nourrit un nombre prodigieux de pétrels, de mauves & de manchots, dont plusieurs espèces sont nouvelles pour les naturalistes; enfin, la plupart des oiseaux de la terre de Diemen se retrouvent sur ces rivages brumeux.

La famille des reptiles présente surtout deux lézards & deux serpens; ces derniers, voisins du genre *boa*, sous le rapport des écailles, sont armés de crochets: on y a trouvé une espèce de crapaud.

Les mollusques, les vers, les zoophytes surtout abondent sur les côtes de cette île. Les espèces les plus abondantes appartiennent aux genres éponge, antipathe, gorgone, cellepore, retepore, actinie, ascidie, holothuries, doris, amphitrite, aphrodite, néréide, planaires, &c.

Les kanguroos de l'île de King ont une chair plus tendre & plus savoureuse que celle des animaux du même genre répandus sur le continent voisin. Le wombat, déjà domestique, fournit une chair délicate. La langue des phoques est regardée comme un bon manger par les pêcheurs. Le casoar donne des œufs de la grosseur de ceux de l'autruche, & plus délicats que ces derniers; la viande de cet oiseau, intermédiaire entre celle du coq d'Inde & celle du jeune cochon, est véritablement exquise. Les innombrables troupes de cormorans, de pétrels, de mauves, de manchots, fournissent, pendant une partie de l'année, des milliers d'œufs presqu'aussi bons que ceux de nos poules domestiques; enfin, les crustacés, les vers & les coquillages qui pullulent dans ces mers, complètent le riche ensemble des ressources que la nature ici présente à l'homme.

L'éléphant marin, qui est l'animal le plus remarquable de cette île, couvre les plages sablonneuses de son énorme corps, dont la couleur brune se détache fortement sur la couleur blanchâtre de la grève; il fait retentir le rivage de ses affreux mugissemens.

Les pêcheurs anglais, établis sur ces îles, se nourrissent de chair de kanguroos & de casoars, qu'ils font chasser par des chiens dressés à cet usage, qui courent seuls dans les forêts, & qui manquent rarement d'étrangler chaque jour plusieurs de ces animaux. L'expédition terminée, ces chiens abandonnent leur proie, accourent vers leurs maîtres, & , par des signes non équivoques, annoncent les succès qu'ils ont obtenus; quelques hommes se détachent alors, suivent les intelligens pourvoyeurs, qui, sans se tromper, les conduisent aux lieux où gisent leurs victimes.

Iles Hunter. Elles sont situées par 40° 25' 38'' de latitude australe, & par 142° 37' 7'' à l'ouverture occidentale du grand détroit qui sépare la *Nouvelle-Hollande* de la terre de Diemen. Elles ont été découvertes en 1798 par le capitaine Flinders; mais ce navigateur n'avoit pu déterminer exactement ni le nombre de ces îles, ni leur position relative, ni leur configuration particulière; il en étoit de même des canaux qui existent entr'elles, & du détroit plus important qui les sépare de la terre de

Diemen. La côte nord-ouest de cette dernière terre étoit également inconnue avant le *Voyage aux Terres australes*.

La plus occidentale des îles Hunter & la plus grande est nommée *île Fleurieu*; la seconde à reçu le nom de *Three hummock*.

Le sol de ces îles est granitique. Le terrain est en général bien boisé; mais les vents impétueux qui règnent dans ces parages renversent une grande quantité d'arbres, & ne permettent pas que les végétaux acquièrent ici les dimensions colossales & majestueuses qui caractérisent ceux dont se composent les forêts du canal d'Entrecasteaux à la terre de Diemen. Le détroit qui sépare cette dernière terre des îles de Hunter est obstrué par un très-grand nombre d'îlots & de ressifs; les vagues qui viennent se briser sur ces amas de roches offrent un spectacle effrayant; quelques-uns de ces ressifs, absolument à fleur d'eau, ne présentent à l'œil qu'une nappe d'écume blanchâtre; d'autres, plus élevés, mais d'une couleur noire, forment avec les premiers un contraste imposant & terrible.

Ici se termine la description succincte des principaux points de la *Nouvelle-Hollande* & des îles adjacentes. Nous nous abstiendrons de parler de la côte nord de ce continent, jusqu'ici trop peu connue. Nous nous contenterons de dire qu'on lui a donné les noms de *terres a'Arnheim* & de *Carpentarie*; que cette dernière renferme le vaste golfe de Carpentarie, tout récemment exploré par le capitaine Flinders, mais sur lequel nous ne possédons aucun détail de géographie-physique. Le détroit de Torres, compris entre le cap Yorck & la Nouvelle-Guinée, est rempli de bas-fonds qui en rendent le passage excessivement dangereux, si ce n'est très-près des côtes de la *Nouvelle-Hollande* où il existe une passe que Cook a nommée *détroit d'Endeavour*. (*Voyez l'article* BOTANIQUE (Baie).)

Notice sur la végétation de la Nouvelle-Hollande, par M. Leschenault.

De toutes les productions de la nature, les végétaux sans doute les plus immédiatement utiles à l'homme; les plantes céréales & les fruits forment généralement la base de sa nourriture; la nature, tant dans l'ancien que dans le Nouveau-Monde, a prodigué ces précieuses productions; l'homme, par la culture, les a multipliées, les a améliorées; & partout où l'agriculture a été le plus perfectionnée, la civilisation a fait le plus de progrès. La *Nouvelle-Hollande* offre une exception bien malheureuse pour ses habitans. Non-seulement ce pays sablonneux ne produit aucune plante céréale, mais encore aucun végétal propre à la nourriture de l'homme; car on ne peut regarder dignes d'être cultivées comme une ressource suffisante, l'espèce de fougère (*pteris esculenta*) dont les habitans de la terre de Van-

Diemen mangent les racines, les bulbes d'orchidées, & l'espèce de céleri que mangent les habitans de la terre de Leuwin, & les fruits du *cycas Riedlei*, qui ont besoin d'être torréfiés pour perdre leurs qualités malfaisantes.

L'histoire de la végétation de la *Nouvelle-Hollande*, très-curieuse sous le rapport des dissertations botaniques auxquelles elle peut donner lieu, & des plantes nouvelles qu'elle renferme, n'offre pas cet intérêt général qu'entraînent après elles les découvertes immédiatement utiles à la société; mais peut-être un jour ce pays, à peine connu, nous enrichira-t-il de quelques productions précieuses. Parmi les végétaux de ce vaste continent, il est à croire que plusieurs seroient de quelque utilité dans les arts & dans la médecine; mais les sauvages, dénués de toute industrie, n'ont aucune connoissance de leurs propriétés; le hasard, le temps & l'expérience peuvent seuls nous éclairer, & déjà quelques-unes de ces plantes, en les jugeant par leur analogie ou par leurs produits, méritent une attention particulière; telles sont principalement:

Les *xanthorea*, d'où découle très-abondamment une résine odorante, dont les naturels se servent pour boucher les sutures de leurs canots en écorces, & pour souder la hampe de leurs zagaies avec le morceau de bois dur qui leur sert de pointe;

L'*eucalyptus resinifera*, dont la gomme rouge est renommée, par les Européens, comme un très-bon remède contre les dyssenteries;

L'*hibiscus heterophyllus*, qui croît sur les bords de la rivière d'Hawkesbury, & dont l'écorce peut servir à faire des cordages;

Plusieurs *mimosa* qui donnent des gommes;

Plusieurs plantes de la famille des myrthes & de celle des composées qui sont éminemment aromatiques;

Une espèce d'indigotier du détroit d'Entrecasteaux, duquel on obtiendroit peut-être une fécule colorante;

Un casier du même lieu;

Deux espèces de lin de la côte occidentale;

Deux espèces de tabac de l'île Decrès.

On doit aussi mettre au nombre des plantes intéressantes le *casuarina torulosa*, le *xilomelum pyrifera*, dont les bois sont propres à la marqueterie; l'*atherosperma moschata* de l'île King, arbre dont le bois a une forte odeur d'anis; l'*eucalyptus robusta*, bel arbre qui parvient à une hauteur considérable, & fournit un bon bois de construction.

On trouve à la *Nouvelle-Hollande*, comme dans les parties méridionales de l'Afrique, d'innombrables légions de bruyères & de protées qui renferment plusieurs arbustes remarquables par leurs formes gracieuses & délicates, qui parent la stérilité de l'un & de l'autre climat.

La végétation des forêts de la *Nouvelle-Hollande* est généralement sombre & triste; elle a

l'afpect de celle de nos arbres verts ou de nos bruyeres; les fruits, pour la plupart, font ligneux; les feuilles de prefque toutes les plantes font linéaires-lancéolées, petites, coriaces & fpinefcentes. Cette contexture des végétaux eft l'effet de l'aridité du fol & de la féchereffe du climat; c'eft à ces mêmes caufes qu'eft due, fans doute, la rareté des plantes cryptogames & des plantes herbacées. Les graminées, qui ailleurs font généralement molles & flexibles, participent ici de la rigidité des autres plantes; on en voit des exemples remarquables dans l'*uniola dyftichophylla* Labillard., & dans une efpèce de *feftuca* que M. Lefchenault a trouvée fur la côte occidentale, dont toutes les feuilles font autant d'aiguillons.

La plûpart des plantes de la *Nouvelle-Hollande* appartiennent à des genres nouveaux, & celles qui fe rattachent à des genres déjà connus, font prefqu'autant d'efpèces nouvelles.

Les familles naturelles qui dominent, font celles des protées, des bruyères, des compofées, des légumineufes & des myrthoïdes. Les plus grands arbres appartiennent tous à cette dernière famille, & prefqu'exclufivement au genre *Eucalyptus*.

Le nombre des plantes de ce continent, déjà décrites, s'élève à plus de douze cents.

NOUVELLE-ZÉLANDE. Ces deux îles, d'une étendue confidérable, & favorifées des dons de la nature, gifent entre le 35°. & le 45°. degré de latitude méridionale, & les 165°. & 175°. degrés de longitude orientale.

L'abondance des productions indique affez la fertilité du fol. Excepté un petit nombre de collines qui font voifines de la mer, & revêtues d'arbriffeaux, toutes les autres préfentent une feule forêt de grands arbres, qui s'élèvent avec une vigueur qu'on ne peut imaginer fans les avoir vus, & qui offrent une majeftueufe perfpective à ceux dont l'efprit fait admirer les grands ouvrages de la nature.

La température agréable du climat contribue fûrement beaucoup à cette force peu commune de la végétation. L'été n'y eft jamais accompagné de chaleurs brûlantes; le froid de l'hiver y eft modéré; les arbres y confervent leur verdure, & il eft vraifemblable qu'ils gardent leur feuillage jufqu'à ce que la féve du printemps en pouffe un nouveau.

En général, on y jouit d'un beau temps; on y fouffre quelquefois du vent & de la pluie, mais les orages & les pluies ne durent jamais plus d'un jour, & il ne paroît pas qu'ils foient jamais exceffifs. On n'y trouve point, comme dans les autres pays, des torrens qui fe précipitent des collines, & les ruiffeaux s'enflent peu, fi l'on en juge par leurs lits. Les vents du fud font ordinairement modérés & accompagnés d'un ciel nébuleux ou de

pluie; ceux du fud oueft foufflent avec force, & ils font auffi accompagnés de pluie, mais il eft rare qu'ils aient de la durée. Les vents du nord-oueft font les plus communs, & quoique fouvent affez forts, un ciel pur les accompagne prefque toujours; en un mot, fi une partie de la *Nouvelle-Zélande* n'étoit pas trop montueufe, ce feroit une des plus belles contrées du Globe. On couperoit en vain les bois; les diftricts défrichés feroient moins propres aux pâturages qu'un terrain plat, & la culture y feroit toujours difficile, car on ne pourroit y employer la charrue.

Les grands arbres qui couvrent les collines font de deux efpèces: les uns, du diamètre de nos fapins les plus gros, croiffent de la même manière, mais les feuilles & les petites baies qu'ils portent fur leurs pointes reffemblent davantage à celles de l'if; c'eft de ceux-là que les navigateurs peuvent tirer la bière, fi utile à leurs équipages; l'autre arbre diffère peu de l'érable; il eft fouvent d'une groffeur confidérable, mais il ne procure que du bois de chauffage.

Les arbres offrent des efpèces plus variées fur les petites plaines qui font derrière les grèves; mais quoiqu'ils produifent des fruits que les naturels mangent, on fe difpenfera de les décrire.

Parmi un grand nombre de plantes dont on ne fera point la defcription, on diftinguera pourtant une efpèce de *cochlearia* infiniment fupérieur, pour l'ufage ordinaire, à celui qui porte ce nom en Europe; il eft facile à reconnoître à fes feuilles dentelées, & aux petites grappes de fleurs blanches qu'il offre à fon fommet.

Une autre plante encore (*phormium tenax*) mérite qu'on en faffe ici mention, car les naturels en tirent leurs vêtemens; elle produit un lin foyeux plus beau que celui d'Angleterre, & vraifemblablement au moins auffi fort. Elle croît partout aux environs de la mer & en quelques endroits affez avant fur les collines; elle forme des faifceaux ou des touffes; elle a des feuilles qui reffemblent à des joncs; elle porte, fur une longue tige, des fleurs jaunâtres qui font remplacées par une longue coffe ronde, remplie de graines noires, petites & luftrées.

Il y a beaucoup d'oifeaux, &, ainfi que les productions végétales, leurs efpèces font prefque toujours particulières à la *Nouvelle-Zélande*. Quoiqu'il foit difficile de les fuivre, parce que la terre eft couverte de fous-bois & de plantes grimpantes qui rendent les promenades très-pénibles, cependant un homme qui fe tient à la même place peut en tuer, dans un jour, la quantité néceffaire à la nourriture de fept à huit perfonnes. Parmi ces oifeaux, il y en a d'une extrême beauté par la richeffe de leurs couleurs. Il en eft bien peu de chantans; mais il en eft un qui produit des fons fi mélodieux & fi variés, qu'on fe croit environné de cent efpèces différentes d'oifeaux, lorfqu'il fait entendre fon ramage.

La mer abonde en poissons divers; un grand nombre de ruisseaux sont poissonneux près du canal de la Reine-Charlotte; chacune des anses en renferme un, & les naturels bâtissent ordinairement leurs cabanes dans ce canton, à cause de cet avantage : en un mot, cette riche terre offre aux navigateurs qui y abordent, des rafraîchissemens peu inférieurs à ceux qu'on trouve dans les relâches célèbres, tant dans le règne animal que dans le règne végétal.

On ne voit point de reptiles dangereux sur cette île; on n'y rencontre d'autres quadrupèdes qu'un petit nombre de rats, & une espèce de chien-renard qui vit en état de domesticité.

La base des montagnes, du moins dans la partie qui regarde la côte, est d'un grès jaunâtre, qui prend une teinte de bleu aux endroits où il est battu par les flots; il se prolonge en couches horizontales ou obliques; on y remarque de légères veines de quartz grossier qui sont peu éloignées les unes des autres, & qui suivent communément la direction du grès. Le terrain ou le sol qui couvre le grès & le quartz est aussi d'une couleur jaunâtre; il ressemble à de la marne, &, en général, il a un à deux pieds de profondeur.

Tout ce pays est bien arrosé; la plus petite vallée offre un ruisseau considérable.

Les naturels n'excèdent pas la stature ordinaire des Européens, & en général ils ne sont pas aussi bien faits, surtout dans la partie des bras, des jambes, & des cuisses. Cela vient peut-être de ce qu'ils demeurent accroupis trop long-temps, & de ce que les collines & les montagnes du pays les empêchent de se livrer au genre d'exercice qui contribue à rendre le corps droit & bien proportionné. Cette dernière remarque souffre néanmoins plusieurs exceptions; quelques-uns d'entre eux présentent une très-belle carrure & des muscles très-forts; mais il en est peu qui aient de l'embonpoint.

La couleur de leur peau varie depuis le noir assez foncé, jusqu'à une teinte jaunâtre ou olive: leurs traits ne sont pas non plus uniformes; quelques-uns ressemblent à des Européens: ils ont en général le visage rond, les lèvres pleines, & le nez épaté vers la pointe; mais leurs lèvres ne sont pas grosses, & leur nez n'est point aplati comme celui des nègres; on ne voit pas un nez qui soit véritablement aquilin. Leurs dents sont d'une largeur ordinaire, blanches & bien rangées; ils ont des yeux grands, d'une extrême mobilité, ce qui paroît un effet de l'habitude. Leur chevelure est noire, droite & forte; chez quelques-uns cependant elle boucle naturellement, & on rencontre des cheveux châtains. En général, la physionomie des jeunes gens est ouverte & assurée; mais celle de la plupart des hommes d'un âge mûr est sérieuse; elle annonce assez souvent de la mauvaise humeur & de la réserve, surtout s'ils sont dérangés. Les femmes sont plus petites que les hommes, mais leurs formes ou leurs traits ne sont guère plus gracieux.

Il n'y a pas, sur le Globe, de peuplade plus sensible aux injures; & plus disposée à la vengeance: ils sont d'ailleurs insolens lorsqu'ils ne craignent point d'être punis; & ce défaut est si contraire à l'esprit de la véritable bravoure, qu'on doit peut-être regarder leur ardeur à venger une injure comme l'effet d'un caractère féroce, plutôt que d'une grande valeur. Ils paroissent aussi soupçonneux & défians; ils volent tout ce qui leur tombe sous la main, s'ils ont la plus légère espérance de n'être pas découverts, & ils se réjouissent quand ils croient avoir trompé ceux avec lesquels ils font des échanges.

Ils sont affreux à voir dans leurs combats : ils coupent en morceaux les ennemis qu'ils ont vaincus, & ils les mangent, non avec répugnance, mais avec une satisfaction extrême.

On est tenté de croire que des hommes capables de pareils excès, n'ont aucune commisération ou aucun attachement pour ceux de leur tribu; cependant on les voit déplorer la perte de leurs amis, d'une manière qui suppose de la sensibilité. Les hommes & les femmes poussent des cris attendrissans lorsque leurs parens ou leurs amis ont été tués dans les batailles, ou sont morts d'une autre manière; & dans ces tristes occasions, ils se macèrent de la manière la plus cruelle. Leurs affections paroissent si fortes, qu'au retour de leurs amis, dont l'absence n'a pas été quelquefois bien longue, ils se découpent le visage & poussent, dans leur transport de joie, des cris frénétiques.

Ils paroissent avoir autant d'esprit d'invention & d'adresse de main-d'œuvre qu'aucune des peuplades qui se trouvent au même point de civilisation, car ils font, sans outils métalliques, leurs meubles, leurs vêtemens & leurs armes : leurs ouvrages ont de l'élégance & de la force, & ils sont de plus très-commodes; mais les Zélandais, contens de ces foibles avantages, & satisfaits du peu de connoissances qu'ils possèdent, n'essaient en aucune manière de les étendre. Leurs observations ou leurs recherches annoncent un esprit peu curieux; les objets nouveaux ne leur inspirent pas ce degré de surprise qu'il seroit naturel d'imaginer, & leur attention n'est jamais fixée un moment. Ils écoutent comme des gens qui ne comprennent point, & qui ne se soucient point de comprendre ce qu'on leur dit.

NOUVELLE-ZEMBLE. A l'extrémité septentrionale de la grande chaîne Uralienne est le détroit de Waygatz, qui la sépare de la *Nouvelle-Zemble*. Le passage est étroit, embarrassé d'îles, & souvent obstrué par les glaces. Ici, le flux & le reflux sont d'une hauteur incertaine par les vents; cependant quand ces mouvemens ne sont pas contrariés, la marée monte de quatre pieds dans ce détroit, dont la profondeur n'est que de dix à quatoize braffes. Les Hollandais ont tenté fouvent ce paffage pour fe rendre à la Chine; mais les amas de glaces flottantes ont toujours traverfé leurs efforts, & les ont forcés à retourner fur leurs pas.

La *Nouvelle-Zemble* eft compofée de cinq îles; mais les canaux qui les féparent, font toujours remplis de glaces: elles font entièrement défertes, mais fouvent fréquentées par les habitans des contrées voifines, qui vont y tuer des veaux-marins, des vaïrufes, des renards du Nord, des ours blancs, les feuls animaux de cette terre froide & reculée, fi l'on y ajoute quelques rennes qui s'y trouvent auffi.

On a tenté un paffage aux Indes orientales par la *Nouvelle-Zemble*; mais on n'a pas mieux réuffi par cette route, que par le détroit de Waygatz. Barentz doubla, en 1696, l'extrémité orientale de ces îles; mais il y fit naufrage, & il y paffa, lui & fon équipage, le plus déplorable hiver, fans ceffe affiégés par les ours du pôle. Une partie de l'équipage périt de fcorbut ou par l'excès du froid; ceux qui furvécurent, formèrent un petit navire des débris de leur vaiffeau, & arrivèrent heureufement en Europe; mais leur brave pilote fuccomba de fatigue.

Les côtes méridionales de ces îles font en quelque forte inconnues: entr'elles & le continent eft la mer Kara, qui forme une profonde baie dans le fud, où l'on a remarqué que la marée y montoit de deux pieds neuf pouces. Des pêcheurs s'y rendent annuellement par le détroit de Peczora, pour des objets de commerce.

Sous le règne de l'impératrice Anne, on fit des tentatives pour doubler le grand cap Jalmal, entre le golfe de Kara & le golfe de l'Oby. Une feule réuffit en 1738, après les plus grandes difficultés. De-là on peut conclure que fi, pour découvrir la Sibérie, il eût fallu en approcher par mer, elle feroit peut-être encore inconnue aujourd'hui.

La *Nouvelle Zemble* eft une île féparée du continent par le détroit de Waygatz, fous le 71.e degré de latitude, & qui s'étend vers le nord jufqu'au 75.e. L'île eft féparée, dans fon milieu, par un canal ou détroit qui la traverfe dans toute fon étendue, en tournant vers le nord-oueft, & qui tombe dans la mer du Nord, du côté de l'occident, fous le 63.e degré & quelques minutes de latitude. Ce détroit coupe l'île en deux portions prefqu'égales. On croit qu'il n'eft pas navigable, parce qu'on l'a toujours trouvé couvert de glaces. La furface de l'île, du moins autant qu'on en eft inftruit, eft tout-à-fait déferte & ftérile; elle ne produit que très-peu d'herbes, eft entièrement dépourvue de bois & même de brouffailles. Il eft vrai que perfonne dont on fe fouvienne n'a encore pénétré dans l'intérieur de l'île, au-delà de cinquante ou foixante werftes, & par conféquent on ignore fi, dans cet intérieur, il n'y a pas quelque terrain plus fertile, & des habitans. Mais comme les côtes font fréquentées tour à tour, & depuis nombre d'années, par un grand nombre de gens que la pêche y attire, fans qu'on ait jamais découvert la moindre trace d'habitans, & que d'ailleurs on a remarqué que les feuls animaux qu'on y trouve font ceux qui fe nourriffent de poiffons que la mer jette fur le rivage, ou bien de mouffe, tels que les ours blancs, les renards blancs & les rennes, & peu de ces autres animaux qui fe nourriffent de baies, de racines & de bourgeons de plantes & de brouffailles, il eft très-probable que le pays ne renferme point d'habitans. On doit donc préfumer que le petit nombre d'hommes que quelques voyageurs difent y avoir vus, n'étoient pas des naturels du pays, mais des étrangers qui s'étoient habillés comme les Samoïedes, ainfi que le pratiquent communément les Ruffes. Le froid de la *Nouvalle-Zemble* eft très-modéré en comparaifon de celui du Spitzberg. Dans cette dernière île, on ne jouit, pendant l'hiver, d'aucune lueur de crépufcule, au lieu que, dans la *Nouvelle-Zemble*, on diftingue le jour de la nuit par une foible lumière qui fe fait toujours remarquer vers le midi, même dans les temps où le foleil n'y paroît point.

Ceux qui ont le malheur d'être obligés d'habiter dans la *Nouvelle-Zemble* ne périffent pas, comme on le croit, par l'excès du froid, mais par l'effet des brouillards épais & mal-fains, occafionnés fouvent par la putréfaction des herbes & des mouffes du rivage de la mer, lorfque la gelée tarde trop à venir.

On fait, par une ancienne tradition, qu'il y a eu quelques familles qui fe réfugièrent & s'établirent dans la *Nouvelle-Zemble*, du temps de la deftruction de Novogorod. Un payfan ferf échappé, appartenant à la maifon des Stroganous, s'y étoit auffi retiré avec fa femme & fes enfans, & les Ruffes montrent les endroits où ces réfugiés ont demeuré; mais les defcendans de ces malheureufes familles ont tous péri en même temps, apparemment par l'effet des brouillards froids & mal-fains.

NOVARAIS (Mines d'or du), province du Piémont, dont la partie nord appartient à la chaîne des grandes Alpes.

Les recherches faites dans les cantons graniteux, fchifteux, quartzeux & ferpentineux des montagnes du haut *Novarais*, de la vallée de Sefia, du Biellois & des vallées de Challand & du mont Jouet, ont offert à Antigorio, dans la montagne de Crodo, des filons d'or dans des marcaffites & dans le quartz, & qui font l'objet d'une exploitation. On a trouvé de femblables mines d'or dans la vallée de Vedro: on rencontre auffi de ces mines d'or dans les vallées d'Antrona-Piana & de Bugnanc; l'on obferve furtout dans celle d'Anzofque, aux montagnes de Macugnaga, fept à huit filons de marcaffites aurifères en exploitation ; qui ont donné jusqu'à quarante à cinquante marcs d'or au titre de 16 à 18 carats. Dans la même vallée, vers les montagnes de Saint-Charles, aux fosses appelées *de Cand*, l'on a des mines pyriteuses, cuivreuses & aurifères, avec du plomb & de la pseudo-galène, qui ont été exploitées sur les hauteurs de Vogogne, & l'on rencontre des indices de mines de plomb & d'or à Ornavas. L'on voit à l'endroit nommé *Laidavon*, des veines de fer en masse de nature brune & de matrice serpentine, dont l'ouverture est au jour. De l'autre côté des montagnes de Macugnaga, au sommet de la vallée de la Sesia, se trouvent les mines d'or de Sainte-Marie & de Cava-Vecchia, sur un même filon principal ; la première a donné des minéraux d'argent, blancs, arsenicaux & aurifères, de 40 onces par quintal d'argent dans une matrice de quartz, des marcassites aurifères aussi dans le quartz, & de la terre rouge. En 1758, ce filon produisit cent soixante marcs d'or & trois marcs d'argent. On exploite dans les montagnes serpentineuses du village d'Alagne, les mines de cuivre pyriteuses qu'on trouve dans le schiste ou dans la pierre argileuse verte & douce, dans des couches décidées & très-importantes de Saint-Jacques & de Saint-Jean. Dans la vallée de Sermenza, qui est une branche de cette même vallée, l'on a, à Raza & à Carcosaro, des indices de cuivre ; l'on en a de mines d'argent & de plomb à Valmala, & d'or à Rimella, dans la vallée de Mastalon. On trouve à Valbella une mine de mauvais fer pyriteux.

En descendant encore la vallée, l'on rencontre à Valdagia, qui est une branche de la vallée de la Sesia vers l'orient, des indices de filons de plomb & de pseudo-galène. Cette vallée fournit aussi des carrières de marbre serpentin très beau, qui approche du marbre vert antique, d'où l'on a tiré entr'autres les fameuses colonnes du sanctuaire de N. D. de Varallo. L'on compte dans cette vallée plus de treize forges où l'on travaille le fer, & où l'on fabrique toutes sortes d'outils tranchans & de labourage.

Dans le même canton, sur les hauteurs de Crève-Cœur, on voit les anciennes mines de la Monta, qui fournirent des filons de marcassites aurifères qu'on tient en grande réputation, & on remarque les filons de galène argentifère & aurifère, qui régnent dans la région de Torjni. On trouve à Sessera, au-dessous du Mont-Marzo, des filons d'or & d'argent avec du plomb, qui sont exploités. Au pied de la vallée, au village de Cogiola, se trouve de la plombagine ou terre à creuset. Les montagnes de Softegno, vers la plaine, donnent aussi des indices de mine de plomb fusible. Ces mines sont dans des montagnes graniteuses, où l'on rencontre en divers lieux le feld-spath ou petun-sé, propre à la fabrication de la porcelaine.

La vallée d'Andorno, d'où le torrent Cerf prend son origine au Mont-Marzo, a été de tout temps renommée ; on y exploite près de Saillan une mine de cuivre qui a donné de grands produits, & de laquelle on a obtenu le cuivre natif, qui est aussi dendritique ; c'est encore là qu'existe la fameuse mine briquetée, la chrysocolle & la mine hépatique & pyriteuse. On découvre à Real-de-Mosse bien des indices d'une mine de cuivre & argent, dont l'exploitation est abandonnée depuis long-temps. Le Cerf donne, dans ses sables, de l'or que les habitans de Saillan recueillent. La serre d'Ivrée, qui sépare le Biellois du Cacavois, renferme des lieux aussi renommés par les lavages de l'or. Il en est de même de la vallée d'Aoste ou vallée de la Doire-Baltée, depuis le Mont-Jovet jusqu'à son confluent dans le Pô, & c'est principalement vers les montagnes de Challand qu'on trouve le plus de ce métal.

A Gresseney, au sommet de la Vallaise, on rencontre plusieurs mines de cuivre pyriteux, renfermant sept à huit pour cent de cuivre de rosette & contenant beaucoup de grenats.

NOYANT, département de l'Allier. Les mines de *Noyant* & de Fins en Bourbonnais sont situées dans un vallon étroit, bordé d'un côté par une chaîne de granites, & de l'autre par des montagnes quartzeuses. Le pied des granites offre des schistes & des grès, où l'on retrouve toutes les parties constituantes de cette roche antique : l'on y voit le quartz, le feld-spath, le mica & le schorl ; mais les angles en sont brisés, l'agrégation des parties n'est plus la même ; leur couleur est blanche & altérée, comme si elles avoient éprouvé une espèce de décomposition : les schistes offrent une prodigieuse quantité de mica.

L'autre côté de la vallée, que nous avons dire bordée de montagnes quartzeuses, présente bien des schistes & des grès, mais ils sont bien moins micacés & moins tendres ; ils se rapprochent davantage de l'état d'ardoise ; enfin, ils sont homogènes & plus durs : l'on n'y distingue qu'une pâte grise, étincelante.